2017

# 意大利葡萄酒年鉴

意大利大红虾控股有限公司 编

潘 洋 译



中国海关出版社
China Customs Press

## 图书在版编目（CIP）数据

意大利葡萄酒年鉴 . 2017/ 意大利大红虾控股有限公司编 .
—北京：中国海关出版社，2017.11
ISBN 978-7-5175-0235-7

Ⅰ . ①意…　Ⅱ . ①意…　Ⅲ . ①葡萄酒—酿酒工业—意大利—2017—年鉴　Ⅳ . ① F454.668-54

中国版本图书馆 CIP 数据核字（2017）第 252450 号

北京市版权局著作权合同登记号：01-2016-6494



# 2017 意大利葡萄酒年鉴

2017 YIDALI PUTAOJIU NIANJIAN


作　　者：意大利大红虾控股有限公司
译　　者：潘　洋
策划编辑：史　娜
责任编辑：史　娜
出版发行：中国海关出版社
社　　址：北京市朝阳区东四环南路甲 1 号　　邮政编码：100023
网　　址：www.hgcbs.com.cn
编 辑 部：01065194242-7535（电话）　　01065194231（传真）
发 行 部：01065194221/27/38/46（电话）　　01065194233（传真）
社办书店：01065195616（电话）　　01065195127（传真）
www.customskb.com/book（网址）
印　　刷：北京天宇星印刷厂　　经　　销：新华书店
开　　本：787mm × 1092mm　　1/24
印　　张：41.5　　字　　数：964 千字
版　　次：2017 年 11 月第 1 版
印　　次：2017 年 11 月第 1 次印刷
书　　号：ISBN 978-7-5175-0235-7
定　　价：180.00 元

# 英文版编委会

VINI D'ITALIA 2017
GAMBERO ROSSO®

Gambero Rosso S.p.A.
via Ottavio Gasparri, 13/17 - 00152 Roma
tel. 06/551121 - fax 06/55112260
www.gamberorosso.it
email: gambero@gamberorosso.it



出版商
Gr Usa Corp c/o Csc Services of Nevada Inc
2215-B RENAISSANCE DR
Las Vegas , NV 89119
email: gamberousa@aol.com

大红虾分社
USA and Canada
by Antique Collector's Club, Eastworks, 116
Pleasant St #18, Easthampton, MA 010207, USA;
UK and Australia by Antique Collector's Club Ltd
Sandy Lane, Old Martlesham, Woodbridge,
Suffolk IP12 4SD - United Kingdom



The final edit of Italian Wines was completed on 2 September 2016

ISBN 9781890142186

Printed in Italy for Gambero Rosso Holding S.p.A.
in November 2016 by
OMNIMEDIA S.r.l.
Piazza della Ferriera, 1
00015 Monterotondo Scalo (Roma)

GAMBERO ROSSO

GAMBA
TC

SIGISMONDO
SUPERARIMINENSIS
SANGIOVESE
SUPERIORE
LE ROCCHE MALATESTIANE

Kellerei Cantina Terlan
Terlan
Quarz
矿物元素
的记忆
Cantina Terlano • 39018 Terlano（意大利）• 电话：+39 0471 257 135
www.cantina-terlano.com

hmc.it
传统情怀
源自 1893
gant
Kellerei · Cantina
Andrian
Cantina Andriano - 39010 Andriano（意大利）- 电话：+39 0471 257 156
www.cantina-andriano.com

CAMPAGNA FINANZIATA AI SENSI DEL REG. UE N. 1308/2013
CAMPAIGN FINANCED ACCORDING TO EU REG. NO. 1308/2013
GIUSTI
A collection of 8.767 bottles
GIUSTI
UMBERTO I
Tenuta Abazia
ROSSO VENETO
ITALIA
www.giustiwine.com

50 ANNIVERSARY
1967 - 2017
CONSORZIO DEL VINO
BRUNELLO DI MONTALCINO
BRUNELLO
Surf our vineyards
Download the App!
Download on the App Store
GET IT ON Google Play
consorziobrunellodimontalcino.it
CAMPAIGN FINANCED ACCORDING
TO EU REG. NO. 1308/2013

# 目录



## 产区及酒庄



## 索引

GAMBERO ROSSO

# 导语

虽然我们已经尽了最大的努力，但是如果没有更多的鼓励令我们鼓起勇气，为第30版《意大利葡萄酒年鉴》（以下简称《年鉴》）撰写导语可不是一件易事。不过，那些从第一版年鉴就参与其中的工作人员此时一定会感到无比满足，正是他们推动着《年鉴》走到第30个年头，取得了里程碑般的胜利。在30年的漫长时光中，不仅葡萄酒世界，甚至整个世界都发生了翻天覆地的变化。举例来说，1987年的夏天，当第一版《年鉴》的第一页终于成型时，当时的意大利葡萄酒产业正竭尽全力试图从“黑暗”的历史中自救。出版《年鉴》是一项需要坚定信仰的工作，这意味着对一千名兢兢业业的意大利酿酒人负责，在那段日子里，这些勇敢的人们依然带着无尽热情和创造力努力展现意大利巨大的酿酒潜力。在葡萄酒生产图景发生决定性演化的时期，《年鉴》的出版将为新一代的美酒爱好者和美酒专家提供引导和建议。当我们的葡萄酒产业取得了全球性成功，并设立基金会时，许多难以置信、令人兴奋的好消息不断传来，我们迎来了意大利葡萄酒产业的复兴。30年来，《年鉴》的成功出版得益于我们接下来将要简要总结的一些因素。

每一款酒品的品鉴委员会都至少由三人组成，酒品品鉴在盲测情况下进行，酒标会被掩盖，也就是说评委不会因预先知道品鉴酒品的品牌而受到影响。30多个品鉴委员会、70多位经验丰富的品酒家，品鉴并评判最有意趣的意大利葡萄酒，并写下评论；继而包括《年鉴》的编辑以及各地主要品酒家领袖在内的委员会进行复审。在复审阶段，我们将从近1600款葡萄酒中评选出“三杯奖”得主（Tre Bicchieri，如今已经成为家喻户晓的“卓越美酒”的代名词）。今年获得“三杯奖”桂冠的美酒共计429款，而在第一版《年鉴》中，获得“三杯奖”桂冠的美酒只有32款，不过那时我们收到的参选酒品也仅有1500多款而已。如今我们的品鉴小组一年至少要品尝45000款佳酿，与此同时，参选酒庄的数量也从500家增至2400家。《年鉴》在出版的最初10年中，致力于加强组织能力和编辑框架，多年前我们就将《年鉴》翻译成其他语种，输出到英国和德国，最近又增添了中文版和日文版。在最近10年中，我们试图进一步巩固和加强《年鉴》的国际形象，每年在世界各地组织40余场意大利葡萄酒品鉴和宣传活动。30年来，《年鉴》从主要面向意大利国内葡萄酒市场指南型的精巧小规模出版物发展为面向全世界葡萄酒爱好者的年鉴，也是国际葡萄酒界专家的完备参考工具。我们的一杯、两杯和三杯评分体系如同国际金融评定机构公认的评分体系那样得到广泛采纳。多年来，没有1000多位品鉴专家的共同努力，就没有《年鉴》今天所取得的成功。在此，我们衷心感谢所有与我们合作的品鉴专家、支持机构、联合会和代理公司的付出与努力，是他们支持我们一路前行，抵达今天这一胜利的节点。

今天，我们在这里为历史性的第30版《年鉴》的品鉴结果做一总结。429款获得“三杯奖”的美酒中，包括80款托斯卡纳产区酒（Tuscany）、75款皮埃蒙特产区酒（Piedmont）、38款威尼托产区酒（Veneto）、27款上阿迪杰产区酒（Alto Adige）、26款弗留利产区酒（Friuli）、23款伦巴第产区酒（Lombardy）、22款坎帕尼亚产区酒（Campania）、21款西西里岛产区酒（Sicily）、20款马尔凯产区酒（Marche）、14款艾米利亚-罗马涅产区酒（Emilia Romagna）、12款阿布鲁佐产区酒（Abruzzo）、12款撒丁岛产区酒（Sardinia）、12款普利亚产区酒（Puglia）、10款翁布里亚产区酒（Umbria）、10款特伦蒂诺产区酒（Trentino）、7款拉齐奥产区酒（Lazio）、6款瓦莱达奥斯塔产区酒（Valle d'Aosta）、6款利古里亚产区酒（Liguria）、4款巴西利卡塔产区酒（Basilicata）、3款卡拉布里亚产区酒（Calabria）和1款莫利塞产区酒（Molise）。

每年，我们还会评选出表现最精彩的美酒，给予特别奖。在今年的品鉴中，奇亚罗蒙特酒庄（Chiaromonte）伟大的2013年份吉奥亚德科普里米蒂沃穆罗圣安杰洛康特拉达巴贝托（Gioia del Colle Primitivo Muro Sant'Angelo Contrada Barbatto）获得了"年度最佳红葡萄酒"；塔瓦尼亚诺酒庄（Tenuta di Tavignano）精美优雅的2015年份耶西古堡米斯克传统维蒂奇诺超级美酒（Verdicchio dei Castelli di Jesi Classico Superiore Misco）获得了"年度最佳白葡萄酒"；鲁杰里酒庄（Ruggeri& C）出品的2015年份朱斯蒂诺B系列瓦尔多比亚德尼极干型葡萄酒（Valdobbiadene Extra Dry Giustino B.）获得了"年度最佳起泡酒"，该款年份酒是这个偶像级别系列美酒的第20年出品，是我们品鉴过的以格雷拉葡萄（Glera）酿造的意大利上佳起泡酒之一；"年度最佳甜酒"花落弗留利产区（Friuli）丽兹诺瑞思酒庄（Lis Neris）的塔鲁克特别珍酿（Tal Lùc Cuvée Speciale），这款温和的伟大混酿调和了2006年酒和2008年酒；"年度最佳酒庄"得主是贝拉维斯塔酒庄（Bellavista），它是弗兰奇亚考达地区（Franciacorta）重要的酿造商，是莫莱提集团（Terra Moretti）的领袖酒庄，在弗兰奇亚考达和托斯卡纳以拥有众多顶级附属庄园和葡萄园而著称；"年度最佳性价比"由阿布鲁佐产区（Abruzzo）泰伯瑞奥酒庄（Tiberio）生产的2015年份卓越的佩克利诺（Pecorino）摘得；"年度最佳葡萄种植者"是埃蒙尼·维欧（Aimone Vio），这位极富天赋的利古里亚葡萄栽培师拥有充沛的精力和无限的热情；"年度新兴酒庄"由位于基安蒂（Chianti）的爱思婷酒庄（Istine）获得，该酒庄卓越的酒窖酿造工作预示着其必定光辉的发展前景；而我们非常关注的"年度最佳可持续葡萄栽培技术"则由翁布里亚产区的洛卡菲奥莱酒庄（Roccafiore）荣获，该酒庄不仅酿造出卓越的托蒂格莱切托（Grechetto di Todi），而且从酒庄从业伊始就以可持续发展为原则进行栽培和酿造。此外，读者们还会在本年鉴中看到88款获得"绿色三杯奖"的酒品，它们都来自得到认证的有机或者生物动力学葡萄园及酒窖。最后，我们还列出了88款价格在15欧元以下的获奖美酒，供读者探寻购买。

在此，我们要衷心感谢博尔扎诺（Bolzano EOS）、卡利亚里（Cagliari）和佩鲁贾（Perugia）的商会，奥尔特莱伯帕韦斯葡萄酒协会（Oltrepò Pavese Quality Wine District Association），翁布里亚（Umbria）葡萄酒和橄榄油行业协会的协调人员，阿莱佐的葡萄酒专线（Arezzo Strada dei Vini），耶西图特拉马尔齐加诺学院（Istituto Marchigiano di Tutela Vini di Jesi，IMT），奥菲达（Offida）的VINEA，皮切诺葡萄酒生产联盟（Picenos–Consorzio Vini Piceni），ERSA弗留利威尼斯朱利亚（ERSA Friuli Venezia Giulia），瓦伦扎诺地中海农学院（the Istituto Agronomico Mediterraneo of Valenzano），布雷夏尼酒业促进中心（the Ente Vini Bresciani），萨沃纳（Savona）的卡伊罗蒙泰诺泰市政局（the Municipality of Cairo Montenotte），科斯塔托斯卡纳科密塔托顶级葡萄园（Comitato Grandi Cru della Costa Toscana），西西里葡萄酒协会（Assovini Sicilia），西西里葡萄酒和烈酒生

产商联合会（Pro.vi.di.），玛萨拉（Marsala）的费利耶拉葡萄酒创新引导中心（the E. del Giudice Centro per l'Innovazione della Filiera Vitivinicola）等机构。另外，我们还对以下各地的葡萄酒行业保护协会深表谢意，包括嘉维（Gavi）、巴罗洛（Barolo）、巴巴莱斯科（Barbaresco）、阿尔巴（Alba）、朗格（Langhe）、罗埃罗（Roero）、托尔托内西山葡萄园（Vini Colli Tortonesi）、上皮埃蒙特内比奥罗（Nebbiolo dell'Alto Piemonte）、卡卢索（Caluso）、卡莱马（Carema）、卡纳维斯（Canavese）、奥尔特莱伯帕韦斯（Oltrepò Pavese）、维蒂瓦尔泰利纳（Vini di Valtellina）、弗兰奇亚考达（Franciacorta）、瓦尔卡里皮欧（Valcalepio）、维尼曼托瓦尼（Vini Mantovani）、卢嘉纳（Lugana）、科内利亚诺瓦尔多比亚德尼（Conegliano Valdobbiadene）、索阿维（Soave）、特莱蒂尼生产联盟（Consorzio Vini Trentini）、保格利（Bolgheri）、蒙塔奇诺布鲁奈罗（Brunello di Montalcino）、圣吉米亚诺（San Gimignano）、蒙特普齐亚诺（Montepulciano）、佛罗伦萨丘陵（Colli Fiorentini）、基安蒂鲁芬娜（Chianti Rufina）、斯堪萨诺莫雷利诺（Morellino di Scansano）、蒙特库科（Montecucco）、卡尔米尼亚诺（Carmignano）、经典奇安蒂（Chianti Classico）、奥尔维耶托（Orvieto）、蒙特法科（Montefalco），以及西西里岛DOC产区图特拉生产联盟（Consorzio di Tutela Vini DOC Sicilia）等。与此同时，我们还衷心感谢如下区域性酒窖，包括伦巴第（Lombardy）的卡博（Cassino Po）、奥瓦达（Ovada）、蒙费拉托（Monferrato）和罗埃罗（Roero），以及如下地区性酒窖，包括都灵（Turin）、蒙费拉托尼扎（Nizza Monferrato）、卡内里（Canelli）和阿斯提萨纳（Astesana）等；还有位于阿尔巴蒂安诺（Diano d'Alba）的索瑞公共酒库（Cantina Comunale I Söri）、位于多利亚尼（Dogliani）的博特嘉德维诺（Bottega del Vino）、位于科莱尼奥（Collegno）的年份好酒的酒商们（Millésimes）、博洛尼亚大学（University of Bologna）的酿造学课程、泰巴诺（Tebano）的特莱纳尔迪（Terre Naldi）、蒙塔约内（Montaione）的卡皮黛姆餐厅（Carpe Diem）、威图瑞纳（Venturina）的卡利达瑞姆（Calidarium）、罗马和那不勒斯的塞塔德古斯托（Città del Gusto），以及各个地区酒窖，包括维诺萨（Venosa）的巴西利卡塔（Basilicata）、卡拉马尼利（Caramanico）的珍藏酒窖（La Réserve）、莫利亚诺韦内托（Mogliano Veneto）的卡尼瓦（Caneva）、墨西拿（Messina）的布切诺餐厅（Bouchon），以及科德龙贾诺斯（Codrongianos）的圣马蒂诺之水（Acqua San Martino）等。

最后，更为重要的是，我们要由衷感谢每一位团队成员，感谢他们对打造这本《年鉴》充满了热情，从品鉴本地酒品到写下评论，并将其整理成册，每个人都付出了孜孜不倦的努力。我们要感谢所有多年来与我们共进退的朋友们，还要特别感谢从《年鉴》第一版出版就坚定地支持我们的内莱奥·派德佐利先生（Nereo Pederzolli）。

吉安尼·法布里奇奥（Gianni Fabrizio）
伊莲诺拉·格瑞尼（Eleonora Guerini）
马可·萨贝里齐欧（Marco Sabellico）

注：本《年鉴》（中文版）中所提到的“今年”均指2017年，“去年”均指2016年。

# GAMBERO ROSSO品鉴感言

2016年11月，当我在莫斯科（Moscow）参与“三杯奖”活动时，收到成为大红虾品鉴小组一员的邀约，你无法想象我当时有多激动。到那时为止，我们已经与大红虾合作举办了多场活动，我也在俄罗斯的大红虾活动中发表演讲，从而积累了丰富的行业经验。但是，我从未有机会与大红虾的专家们坐在一起进行葡萄酒的品鉴。在安蒂佩玛（Anteprima）举行的一些品鉴活动中，我的确曾经与这些专家同桌，但那是另外一回事。当你站在讲台上进行演讲，你能够感受到肩上承担的责任，但是当你想到要对数十万《意大利葡萄酒年鉴》的读者负责时，这种信念将令你的思绪更加集中地投放在《年鉴》的评鉴工作中。最初，我以为我会加入地区品鉴小组，从而进一步加深我对于某些葡萄酒领域方面的知识积累，但出乎意料的是，我只用了几天时间便直接参与决赛评审。实际上，经过大家勤勉的努力，已经选定了进入决赛的参选美酒，因此大部分酒品的品质水平相当接近“三杯奖”的获奖水准。我想要再次强调一点：进入决赛的参选美酒的评分非常接近，但是有时它们无法获得足够的分数以摘下最终大奖，因为决赛酒品的分数取自专家评分的平均值。虽然并没有准确的数据，但是据报道，在我们每天品鉴的美酒中，只有大约30%的酒品最终能够得到“三杯奖”评分。这样的评判是不是太过严格？但是这种方法确保了每一座“三杯奖”奖杯的含金量。毫无疑问，在《年鉴》中列出的最佳美酒自然是品质佳酿中的典范，任何生产商都将其视为酿造的黄金标准。对于我而言，最大的挑战在于将我给出的评分与品鉴小组其他成员给出的评分做出对比，这并非是我对于自己的判断缺乏信心，而是因为这是一条学习大红虾专家葡萄酒理念和知识的最佳途径。我们公开探讨和交换意见，以充分了解彼此的观点和判断的依据。对于发掘参选佳酿的隐藏之美而言，这些争论毫无疑问是非常有益的，使这种美免于被忽略和遗漏。而我们进行两轮品鉴，可以最大限度地弥补对于最初因某种原因而不喜爱的酒品的偏见。如此我更精确地了解了大红虾专家裁定的理由和依据，扩展了我的视野，令我对意大利葡萄酒的某些特定风格有了更多的理解。通过参与这次欧洲最具名望的葡萄酒年鉴活动，我更加深刻地理解了大红虾评分体系为何有无偏见、公正专业之称，为何值得所有葡萄酒爱好者和专家的信任。在寻找最佳意大利葡萄酒之时，《意大利葡萄酒年鉴》毫无疑问可以成为值得信赖的第一手参考信息。

葡萄酒专家<br>
俄罗斯葡萄种植和酿酒师监管委员会成员<br>
德米特里·费多托夫（Dmitry Fedotov）

# "三杯奖"名录

（按大区划分，排名不分先后）

# “三杯奖”名录

# “三杯奖”名录

| 获奖酒品 | 所属酒庄 | 页码 |
|---|---|---|
| Amarone della Valpolicella Campo dei Gigli '12 | Tenuta Sant'Antonio | 387 |
| Amarone della Valpolicella Cl. '12 | Allegrini | 330 |
| Amarone della Valpolicella Cl. '08 | Cav. G. B. Bertani | 333 |
| Amarone della Valpolicella Cl. '12 | David Sterza | 392 |
| Amarone della Valpolicella Cl. '08 | Villa Spinosa | 402 |
| Amarone della Valpolicella Cl. Casa dei Bepi '11 | Viviani | 403 |
| Amarone della Valpolicella Cl. La Fabriseria Ris. '11 | F.lli Tedeschi | 394 |
| Amarone della Valpolicella Cl. Monte Ca' Bianca '11 | Lorenzo Begali | 333 |
| Amarone della Valpolicella Cl. Punta di Villa '11 | Roberto Mazzi | 368 |
| Amarone della Valpolicella Cl. Sergio Zenato Ris. '10 | Zenato | 405 |
| Amarone della Valpolicella Cl. Vaio Armaron Serègo Alighieri '11 | Masi | 367 |
| Amarone della Valpolicella Cl. Vign. Monte Sant'Urbano '12 | Viticoltori Speri | 391 |
| Amarone della Valpolicella Punta Tolotti '12 | Ca' Rugate | 342 |
| Bardolino Cl. V. Morlongo '14 | Vigneti Villabella | 403 |
| Cartizze Brut V. La Rivetta | Villa Sandi | 402 |
| Colli Euganei Cabernet Borgo delle Casette Ris. '12 | Il Filò delle Vigne | 358 |
| Cristina V. T. '13 | Roeno | 383 |
| Custoza Sup. Amedeo '14 | Cavalchina | 348 |
| Custoza Sup. Ca' del Magro '14 | Monte del Frà | 370 |
| Lugana Molceo Ris. '14 | Ottella | 378 |
| Madre '14 | Italo Cescon | 350 |
| Montello e Colli Asolani Il Rosso dell'Abazia '13 | Serafini & Vidotto | 390 |
| Soave Cl. Campo Vulcano '15 | I Campi | 343 |
| Soave Cl. La Rocca '14 | Leonildo Pieropan | 379 |
| Soave Cl. Le Bine de Costiola '14 | Tamellini | 394 |
| Soave Cl. Monte Carbonare '14 | Suavia | 392 |
| Soave Cl. Staforte '14 | Graziano Prà | 380 |
| Soave Sup. Il Casale '15 | Agostino Vicentini | 399 |
| Soave Sup. Vign. Runcata '14 | Dal Cero - Tenuta di Corte Giacobbe | 355 |
| Valdobbiadene Brut Particella 68 '15 | Sorelle Bronca | 339 |
| Valdobbiadene Brut Rive di Col San Martino Cuvée del Fondatore Graziano Merotto '15 | Merotto | 369 |
| Valdobbiadene Extra Dry Giustino B. '15 | Ruggeri & C. | 384 |
| Valdobbiadene Rive di San Pietro di Barbozza Brut Nature Grande Cuvée del Fondatore Motus Vitae '13 | Bortolomiol | 337 |
| Valpolicella Cl. Sup. Camporenzo '13 | Monte dall'Ora | 369 |
| Valpolicella Sup. '12 | Marco Mosconi | 374 |
| Valpolicella Sup. '13 | Roccolo Grassi | 382 |
| Valpolicella Sup. Mithas '12 | Corte Sant'Alda | 354 |
| **弗留利-威尼斯朱利亚区（Friuli Venezia Giulia）** | | |
| Carso Malvasia Dileo '15 | Castelvecchio | 427 |
| Chardonnay '15 | di Lenardo | 432 |
| Collio Bianco Broy '15 | Eugenio Collavini | 428 |
| Collio Bianco Solarco '15 | Livon | 444 |
| Collio Friulano '15 | Fiegl | 437 |
| Collio Friulano '15 | Doro Princic | 454 |
| Collio Friulano '15 | Russiz Superiore | 463 |
| Collio Friulano '15 | Schiopetto | 465 |
| Collio Malvasia '15 | Ronco dei Tassi | 461 |
| Collio Ribolla Gialla di Oslavia Ris. '12 | Primosic | 453 |
| Collio Sauvignon '15 | Tiare - Roberto Snidarcig | 471 |
| Desiderium I Ferretti '13 | Tenuta Luisa | 444 |
| FCO Bianco Illivio '14 | Livio Felluga | 436 |

# "三杯奖"名录

| 获奖酒品 | 所属酒庄 | 页码 |
|---|---|---|
| **FCO Bianco LaLinda '14** | La Tunella | 473 |
| **FCO Friulano '15** | Tenuta di Angoris | 416 |
| **FCO Friulano No Name '15** | Le Vigne di Zamò | 478 |
| **FCO Pinot Bianco Myò '15** | Zorzettig | 483 |
| **FCO Pinot Grigio '15** | Torre Rosazza | 472 |
| **FCO Sauvignon Liende '15** | La Viarte | 475 |
| **FCO Sauvignon Zuc di Volpe '15** | Volpe Pasini | 481 |
| **Friuli Grave Pinot Bianco '15** | Le Monde | 443 |
| **Malvasia '13** | Skerk | 468 |
| **Pinot Grigio '15** | Jermann | 440 |
| **Ribolla Gialla '08** | Gravner | 439 |
| **Ribolla Gialla '12** | Damijan Podversic | 452 |
| **Tal Lùc Cuvée Speciale** | Lis Neris | 443 |

## 艾米利亚-罗马涅区（**Emilia Romagna**）

| 获奖酒品 | 所属酒庄 | 页码 |
|---|---|---|
| **Colli di Parma Rosso MDV '14** | Monte delle Vigne | 508 |
| **Colli di Rimini Cabernet Sauvignon Montepirolo '12** | San Patrignano | 518 |
| **Lambrusco di Modena Brut Rosé M. Cl. '12** | Cantina della Volta | 497 |
| **Lambrusco di Sorbara del Fondatore '15** | Cleto Chiarli Tenute Agricole | 500 |
| **Lambrusco di Sorbara Secco Rito '15** | Zucchi | 525 |
| **Lambrusco di Sorbara V. del Cristo '15** | Cavicchioli | 498 |
| **Reggiano Lambrusco Concerto '15** | Ermete Medici & Figli | 508 |
| **Romagna Albana Passito Regina di Cuori Ris. '12** | Gallegati | 506 |
| **Romagna Albana Secco I Croppi '15** | Celli | 499 |
| **Romagna Sangiovese Modigliana I Probi di Papiano Ris. '13** | Villa Papiano | 524 |
| **Romagna Sangiovese Modigliana Sup. V. 1922 Ris. '13** | Torre San Martino | 521 |
| **Romagna Sangiovese Sup. Godenza '14** | Noelia Ricci | 515 |
| **Romagna Sangiovese Sup. Limbecca '14** | Paolo Francesconi | 505 |
| **Romagna Sangiovese Sup. V. del Generale Ris. '13** | Fattoria Nicolucci | 510 |

## 托斯卡纳区（**Tuscany**）

| 获奖酒品 | 所属酒庄 | 页码 |
|---|---|---|
| **Baron'Ugo '12** | Monteraponi | 613 |
| **Bolgheri Camarcanda '13** | Ca' Marcanda | 550 |
| **Bolgheri Rosso Sup. '13** | Podere Sapaio | 649 |
| **Bolgheri Rosso Sup. Grattamacco '13** | Grattamacco | 598 |
| **Bolgheri Rosso Sup. Millepassi '13** | Donna Olimpia 1898 | 586 |
| **Bolgheri Sassicaia '13** | Tenuta San Guido | 645 |
| **Bolgheri Rosso Sup. Le Gonnare '13** | Fabio Motta | 617 |
| **Bolgheri Sup. Ornellaia '13** | Ornellaia | 620 |
| **Bolgheri Sup. Podere Ritorti '13** | I Luoghi | 606 |
| **Bolgheri Sup. Sondraia '13** | Poggio al Tesoro | 629 |
| **Brunello di Montalcino '11** | Le Chiuse | 572 |
| **Brunello di Montalcino '11** | Poggio di Sotto | 631 |
| **Brunello di Montalcino AdAlberto Ris. '10** | Caprili | 554 |
| **Brunello di Montalcino Giodo '11** | Giodo | 596 |
| **Brunello di Montalcino Madonna delle Grazie '11** | Il Marroneto | 608 |
| **Brunello di Montalcino Nello Ris. '10** | Baricci | 541 |
| **Brunello di Montalcino Ris. '10** | Biondi Santi - Tenuta Il Greppo | 545 |
| **Brunello di Montalcino Ris. '10** | Canalicchio di Sopra | 552 |
| **Brunello di Montalcino Ris. '10** | Capanna | 553 |
| **Brunello di Montalcino Ris. '10** | Tenuta di Sesta | 655 |
| **Brunello di Montalcino Trentennale '11** | Talenti | 654 |
| **Brunello di Montalcino V. Schiena d'Asino '10** | Mastrojanni | 609 |
| **Brunello di Montalcino V. V. '11** | Le Ragnaie | 637 |
| **Carmignano Le Farnete Ris. '13** | Le Farnete/Cantagallo | 588 |

# “三杯奖”名录

# "三杯奖" 名录

| 获奖酒品 | 所属酒庄 | 页码 |
|---|---|---|
| **马尔凯区（Marche）** | | |
| Castelli di Jesi Verdicchio Cl. Crisio Ris. '13 | CasalFarneto | 700 |
| Castelli di Jesi Verdicchio Cl. Lauro Ris. '13 | Poderi Mattioli | 713 |
| Castelli di Jesi Verdicchio Cl. Salmariano Ris. '13 | Marotti Campi | 713 |
| Castelli di Jesi Verdicchio Cl. San Paolo Ris. '13 | Pievalta | 718 |
| Castelli di Jesi Verdicchio Cl. San Sisto Ris. '14 | Fazi Battaglia | 707 |
| Castelli di Jesi Verdicchio Cl. Utopia Ris. '13 | Montecappone | 716 |
| Castelli di Jesi Verdicchio Cl. Villa Bucci Ris. '14 | Bucci | 698 |
| Conero Campo San Giorgio Ris. '11 | Umani Ronchi | 726 |
| Kupra '13 | Oasi degli Angeli | 717 |
| Offida Pecorino Artemisia '15 | Tenuta Spinelli | 724 |
| Offida Pecorino Guido Cocci Grifoni '13 | Tenuta Cocci Grifoni | 702 |
| Offida Pecorino Rêve '14 | Velenosi | 727 |
| Offida Rosso Vignagiulia '13 | Emanuele Dianetti | 707 |
| Verdicchio dei Castelli di Jesi Cl. Sup. Il Priore '14 | Sparapani - Frati Bianchi | 724 |
| Verdicchio dei Castelli di Jesi Cl. Sup. Misco '15 | Tenuta di Tavignano | 725 |
| Verdicchio dei Castelli di Jesi Cl. Sup. Sabbionare '15 | Sabbionare | 720 |
| Verdicchio di Matelica Collestefano '15 | Collestefano | 703 |
| Verdicchio di Matelica Mirum Ris. '14 | La Monacesca | 715 |
| Verdicchio di Matelica Vign. B. '15 | Belisario | 696 |
| Verdicchio di Matelica Vign. Fogliano '13 | Bisci | 697 |
| **翁布里亚区（Umbria）** | | |
| Brecciaro '14 | Leonardo Bussoletti | 739 |
| Cervaro della Sala '14 | Castello della Sala | 741 |
| Montefalco Sagrantino '12 | F.lli Pardi | 749 |
| Montefalco Sagrantino Campo alla Cerqua '12 | Giampaolo Tabarrini | 753 |
| Montefalco Sagrantino Collepiano '12 | Arnaldo Caprai | 739 |
| Orvieto Cl. Sup. Campo del Guardiano '14 | Palazzone | 748 |
| Orvieto Cl. Sup. Il Bianco '15 | Decugnano dei Barbi | 743 |
| Orvieto Cl. Sup. Luigi e Giovanna '13 | Barberani | 737 |
| Todi Grechetto Sup. Fiorfiore '14 | Roccafiore | 751 |
| Torgiano Rosso Rubesco V. Monticchio Ris. '11 | Lungarotti | 746 |
| **拉齐奥区（Lazio）** | | |
| Antium Bellone '15 | Casale del Giglio | 763 |
| Cesanese del Piglio Sup. Hernicus '14 | Antonello Coletti Conti | 765 |
| Fiorano Rosso '11 | Tenuta di Fiorano | 771 |
| Frascati Sup. Epos Ris. '15 | Poggio Le Volpi | 769 |
| Habemus '14 | San Giovenale | 770 |
| Montiano '14 | Falesco | 766 |
| Poggio della Costa '15 | Sergio Mottura | 767 |
| **阿布鲁佐区（Abruzzo）** | | |
| Cerasuolo d'Abruzzo Villa Gemma '15 | Masciarelli | 787 |
| Montepulciano d'Abruzzo '12 | Valentini | 794 |
| Montepulciano d'Abruzzo '14 | Villa Medoro | 795 |
| Montepulciano d'Abruzzo Amorino '12 | Castorani | 780 |
| Montepulciano d'Abruzzo Chronicon '13 | Ciccio Zaccagnini | 795 |
| Montepulciano d'Abruzzo Colline Teramane Zanna Ris. '11 | Dino Illuminati | 786 |
| Montepulciano d'Abruzzo Luì '13 | Tenuta Terraviva | 791 |
| Montepulciano d'Abruzzo Mo Ris. '12 | Cantina Tollo | 792 |
| Pecorino '15 | Tiberio | 791 |
| Pecorino Frontone '13 | Luigi Cataldi Madonna | 780 |
| Trebbiano d'Abruzzo Bianchi Grilli per la Testa '14 | Torre dei Beati | 792 |

| 获奖酒品 | 所属酒庄 | 页码 |
|---|---|---|
| Trebbiano d'Abruzzo V. del Convento di Capestrano '14 | Valle Reale | 794 |
| **莫利塞区（Molise）** | | |
| Molise Tintilia '13 | Di Majo Norante | 801 |
| **坎帕尼亚区（Campania）** | | |
| Caiatì '14 | Alois | 804 |
| Campi Flegrei Piedirosso '15 | Agnanum | 804 |
| Costa d'Amalfi Furore Bianco '15 | Marisa Cuomo | 810 |
| Costa d'Amalfi Ravello Bianco V. Grotta Piana '15 | Ettore Sammarco | 824 |
| Falanghina del Sannio Biancuzita '14 | Torre a Oriente | 829 |
| Falanghina del Sannio Janare '15 | La Guardiense | 816 |
| Falanghina del Sannio Svelato '15 | Terre Stregate | 828 |
| Falanghina del Sannio Taburno '15 | Fontanavecchia | 814 |
| Fiano di Avellino '15 | Colli di Lapio | 809 |
| Fiano di Avellino '14 | Ciro Picariello | 821 |
| Fiano di Avellino '14 | Rocca del Principe | 823 |
| Fiano di Avellino '15 | Tenuta Sarno 1860 | 826 |
| Fiano di Avellino Pietramara '15 | I Favati | 813 |
| Fiano di Avellino V. della Congregazione '15 | Villa Diamante | 831 |
| Greco di Tufo '15 | Pietracupa | 822 |
| Greco di Tufo V. Cicogna '15 | Benito Ferrara | 813 |
| Montevetrano '14 | Montevetrano | 819 |
| Paestum '15 | San Giovanni | 825 |
| Sabbie di Sopra il Bosco '14 | Nanni Copè | 820 |
| Taurasi Coste '11 | Contrade di Taurasi | 810 |
| Trentenare '15 | San Salvatore | 825 |
| Zagreo '15 | I Cacciagalli | 806 |
| **巴西利卡塔区（Basilicata）** | | |
| Aglianico del Vulture Gricos '14 | Grifalco della Lucania | 844 |
| Aglianico del Vulture Il Repertorio '14 | Cantine del Notaio | 842 |
| Aglianico del Vulture Re Manfredi '13 | Re Manfredi - Cantina Terre degli Svevi | 846 |
| Aglianico del Vulture Titolo '14 | Elena Fucci | 844 |
| **普利亚区（Puglia）** | | |
| Castel del Monte Nero di Troia Ottagono Ris. '14 | Torrevento | 864 |
| Gioia del Colle Primitivo 17 '13 | Polvanera | 861 |
| Gioia del Colle Primitivo Muro Sant'Angelo Contrada Barbatto '13 | Chiaromonte | 854 |
| Gioia del Colle Primitivo Ris. '13 | Cantine Tre Pini | 864 |
| Gioia del Colle Primitivo Senatore '10 | Coppi | 855 |
| Negroamaro '14 | Carvinea | 853 |
| Oltremé Susumaniello '15 | Tenute Rubino | 862 |
| Primitivo di Manduria '15 | Felline | 856 |
| Primitivo di Manduria Passo del Cardinale '14 | Cantine Paolo Leo | 858 |
| Primitivo di Manduria Raccontami '14 | Vespa - Vignaioli per Passione | 866 |
| Salice Salentino Rosso 50° Vendemmia '14 | Leone de Castris | 858 |
| Salice Salentino Rosso Selvarossa Ris. '13 | Cantine Due Palme | 855 |
| **卡拉布里亚区（Calabria）** | | |
| Gravello '14 | Librandi | 878 |
| Grisara '15 | Roberto Ceraudo | 876 |
| Masino '14 | iGreco | 877 |

# "三杯奖" 名录

| 获奖酒品 | 所属酒庄 | 页码 |
|---|---|---|
| **西西里岛（Sicily）** | | |
| Alcamo Beleda '15 | Rallo | 903 |
| Cerasuolo di Vittoria Cl. Dorilli '14 | Planeta | 902 |
| Cerasuolo di Vittoria Giambattista Valli Paris '12 | Feudi del Pisciotto | 894 |
| Eloro Pachino Saro '13 | Feudo Rudinì | 904 |
| Etna Bianco Alta Mora '14 | Cusumano | 891 |
| Etna Rosso Prephylloxera La V. di Don Peppino '14 | Tenuta delle Terre Nere | 907 |
| Etna Rosso San Lorenzo '14 | Girolamo Russo | 905 |
| Etna Rosso V. Barbagalli '13 | Pietradolce | 901 |
| Etna Rosso Zottorinoto Ris. '12 | Cottanera | 891 |
| Faro '14 | Le Casematte | 890 |
| Faro Palari '12 | Palari | 900 |
| Favinia La Muciara '14 | Firriato | 896 |
| Lorlando '15 | Assuli | 887 |
| Nero d'Avola Sosta Tre Santi '10 | Cantine Nicosia | 899 |
| Passito di Pantelleria Ben Ryé '14 | Donnafugata | 892 |
| Saia '14 | Feudo Maccari | 895 |
| Shymer '13 | Baglio di Pianetto | 888 |
| Sicilia Carricante Tascante Buonora '15 | Tasca d'Almerita | 906 |
| Sicilia Mandrarossa Cartagho '14 | Cantine Settesoli | 906 |
| SP 68 Rosso '15 | Occhipinti | 900 |
| Tripudium Rosso Duca di Castelmonte '13 | Carlo Pellegrino | 901 |
| **撒丁岛（Sardinia）** | | |
| Alghero Torbato Terre Bianche Cuvée 161 '15 | Tenute Sella & Mosca | 933 |
| Barrile '13 | Attilio Contini | 922 |
| Cannonau di Sardegna Cl. D53 '13 | Cantina Dorgali | 924 |
| Cannonau di Sardegna Cl. Dule '13 | Giuseppe Gabbas | 924 |
| Cannonau di Sardegna Senes Ris. '12 | Argiolas | 920 |
| Capichera '14 | Capichera | 920 |
| Carignano del Sulcis 6Mura '11 | Cantina Giba | 925 |
| Carignano del Sulcis Buio Buio Ris. '13 | Mesa | 928 |
| Falconaro '11 | Cantine di Dolianova | 923 |
| Latinia '10 | Cantina di Santadi | 932 |
| Vermentino di Gallura Sup. Sciala '15 | Vigne Surrau | 935 |
| Vermentino di Sardegna Stellato '15 | Pala | 930 |

# "三杯奖"追溯奖

每隔10年，我们都会将"三杯奖"追溯奖颁给那些我们在品鉴时有所疑虑从而不幸成为"落网之鱼"的酒品。随着时间的流逝，在许多情况下再次品鉴时，这些酒品证明了自己不仅品质非常卓越，而且拥有"傲视"时光的强大陈年窖藏潜力。

皮埃蒙特区（PIEDMONT）

| | | |
|---|---|---|
| Barbaresco Rabajà '08 | Giuseppe Cortese | 92 |
| Barbaresco Sorì Rio Sordo '06 | Ca' Rome' | 63 |
| Barolo Cannubi '06 | E. Pira & Figli Chiara Boschis | 138 |
| Barolo La Villa '10 | F.lli Seghesio | 161 |
| Barolo Monvigliero Ris. '08 | Castello di Verduno | 80 |
| Barolo Villero '10 | Brovia | 60 |

特伦蒂诺区（TRENTINO）

| | | |
|---|---|---|
| Trentino Vino Santo '98 | Pisoni | 282 |

威尼托区（VENETO）

| | | |
|---|---|---|
| Colli Euganei Rosso Gemola '04 | Vignalta | 400 |

弗留利-威尼斯朱利亚区（FRIULI VENEZIA GIULIA)）

| | | |
|---|---|---|
| Collio Bianco V.V. '08 | Roncùs | 462 |
| Collio Bianco Jelka '11 | Roberto Picéch | 450 |
| Collio Sauvignon '14 | Tiare - Roberto Snidarcig | 471 |

托斯卡纳区（TUSCANY）

| | | |
|---|---|---|
| Brunello di Montalcino Ris. '06 | Tenuta Le Potazzine | 635 |
| Chianti Cl. Ris. '10 | Fattoria Nittardi | 618 |

马尔凯区（MARCHE）

| | | |
|---|---|---|
| Offida Pecorino Iosonogaia non sono Lucrezia '10 | Le Caniette | 699 |
| Verdicchio di Matelica Collestefano '10 | Collestefano | 703 |

坎帕尼亚区（CAMPANIA）

| | | |
|---|---|---|
| Taurasi '10 | Pietracupa | 822 |

普利亚区（PUGLIA）

| | | |
|---|---|---|
| Primitivo di Manduria Archidamo '09 | Felline | 856 |

西西里岛（SICILY）

| | | |
|---|---|---|
| Cerasuolo di Vittoria V. Para Para '02 | Poggio di Bortolone | 902 |

# 最佳奖名录

年度最佳红葡萄酒

GIOIA DEL COLLE PRIMITIVO MURO SANT'ANGELO CONTRADA BARBATTO '13 - CHIAROMONTE

年度最佳白葡萄酒

VERDICCHIO DEI CASTELLI DI JESI CL. SUP. MISCO '15 - TENUTA DI TAVIGNANO

年度最佳起泡葡萄酒

VALDOBBIADENE EXTRA DRY GIUSTINO B. '15 - RUGGERI

年度最佳甜葡萄酒

TAL LÙC CUVÉE SPECIALE - LIS NERIS

年度最佳酒庄

BELLAVISTA

年度最佳性价比葡萄酒

PECORINO '15 - TIBERIO

年度最佳葡萄种植者

AIMONE VIO (BIOVIO)

年度最佳新兴酒庄

ISTINE

年度最佳可持续葡萄栽培技术

ROCCAFIORE

# "绿色三杯奖" 名录

我们的"绿色三杯奖"（Tre Bicchieri Verdi）是在具有官方有机和生物动力认证的各大酒庄所生产的葡萄酒中评选得出的。今年，我们共颁发了88座"绿色三杯奖"，几乎达到获奖酒品总数的20%。这一重要的数据证明了意大利顶级酒庄矢志投入保护生态环境运动的坚定决心。但是，考虑到很多具有类似工作标准的酒庄尚未申请认证，以及越来越多的意大利葡萄酒生产商开始考虑环境的可持续发展协议，这一议题仍将呈现复杂的面貌。越来越多的酒庄采用可持续发展协议指导种植和酿造，我们将会在年鉴的介绍部分中注明"可持续发展酒庄"这一标签来突出这些酒庄。

| 获奖酒品 | 所属酒庄 | 所属产区 |
|---|---|---|
| A. A. Chardonnay Löwengang '13 | Tenute Alois Lageder | Alto Adige |
| A. A. Terlano Pinot Bianco Eichhorn '15 | Manincor | Alto Adige |
| A. A. Valle Isarco Sylvaner '14 | Garlider Christian Kerschbaumer | Alto Adige |
| Aglianico del Vulture Gricos '14 | Grifalco della Lucania | Basilicata |
| Aglianico del Vulture Il Repertorio '14 | Cantine del Notaio | Basilicata |
| Alcamo Beleda '15 | Rallo | Sicily |
| Amarone della Valpolicella Cl. Vign. Monte Sant'Urbano '12 | Viticoltori Speri | Veneto |
| Barbaresco Asili '13 | Ceretto | Piedmont |
| Barolo Bricco Boschis '12 | Cavallotto Tenuta Bricco Boschis | Piedmont |
| Barolo Bricco Pernice '11 | Elvio Cogno | Piedmont |
| Barolo Bussia V. Mondoca Ris. '10 | Poderi e Cantine Oddero | Piedmont |
| Barolo del Comune di Barolo Essenze '12 | Vite Colte | Piedmont |
| Barolo Resa 56 '12 | Brandini | Piedmont |
| Barolo Rocche di Castiglione '12 | Brovia | Piedmont |
| Barolo Sorì Ginestra '12 | Conterno Fantino | Piedmont |
| Baron'Ugo '12 | Monteraponi | Tuscany |
| Barrile '13 | Attilio Contini | Sardinia |
| Bolgheri Rosso Sup. Grattamacco '13 | Grattamacco | Tuscany |
| Bolgheri Sup. Podere Ritorti '13 | I Luoghi | Tuscany |
| Brecciaro '14 | Leonardo Bussoletti | Umbria |
| Brunello di Montalcino '11 | Le Chiuse | Tuscany |
| Brunello di Montalcino '11 | Poggio di Sotto | Tuscany |
| Brunello di Montalcino V. V. '11 | Le Ragnaie | Tuscany |
| Castelli di Jesi Verdicchio Cl. Lauro Ris. '13 | Poderi Mattioli | Marche |
| Castelli di Jesi Verdicchio Cl. San Paolo Ris. '13 | Pievalta | Marche |
| Castelli di Jesi Verdicchio Cl. Villa Bucci Ris. '14 | Bucci | Marche |
| Chianti Cl. '13 | Val delle Corti | Tuscany |
| Chianti Cl. Bugialla Ris. '13 | Poggerino | Tuscany |
| Chianti Cl. Ris. '13 | Castello di Volpaia | Tuscany |
| Colli di Rimini Cabernet Sauvignon Montepirolo '12 | San Patrignano | Emilia Romagna |
| Colline Lucchesi Tenuta di Valgiano '13 | Tenuta di Valgiano | Tuscany |
| Conero Campo San Giorgio Ris. '11 | Umani Ronchi | Marche |
| Cortona Syrah Il Bosco '12 | Tenimenti Luigi d'Alessandro | Tuscany |
| Do ut des '13 | Fattoria Carpineta Fontalpino | Tuscany |
| Duemani '13 | Duemani | Tuscany |
| Etna Rosso Prephylloxera La V. di Don Peppino '14 | Tenuta delle Terre Nere | Sicily |
| Etna Rosso San Lorenzo '14 | Girolamo Russo | Sicily |

# "绿色三杯奖" 名录

| 获奖酒品 | 所属酒庄 | 所属产区 |
|---|---|---|
| Faro '14 | Le Casematte | Sicily |
| Favinia La Muciara '14 | Firriato | Sicily |
| Franciacorta Nature 61 '09 | Guido Berlucchi & C. | Lombardy |
| Franciacorta Non Dosato Bagnadore Ris. '09 | Barone Pizzini | Lombardy |
| Gioia del Colle Primitivo 17 '13 | Polvanera | Puglia |
| Gioia del Colle Primitivo Muro Sant'Angelo Contrada Barbatto '13 | Chiaromonte | Puglia |
| Gioia del Colle Primitivo Ris. '13 | Cantine Tre Pini | Puglia |
| Grignolino del M.to Casalese '15 | Vicara | Piedmont |
| Grisara '15 | Roberto Ceraudo | Calabria |
| Habemus '14 | San Giovenale | Lazio |
| Madre '14 | Italo Cescon | Veneto |
| Malvasia '13 | Skerk | Friuli Venezia Giulia |
| Maremma Toscana Ciliegiolo V. Vallerana Alta '14 | Antonio Camillo | Tuscany |
| Maremma Toscana Sangiovese Carandelle '15 | Podere San Cristoforo | Tuscany |
| Molise Tintilia '13 | Di Majo Norante | Molise |
| Montecucco Rosso Ris. '13 | Colle Massari | Tuscany |
| Montecucco Sangiovese Ad Agio Ris. '12 | Basile | Tuscany |
| Montepulciano d'Abruzzo Amorino '12 | Castorani | Abruzzo |
| Montepulciano d'Abruzzo Luì '13 | Tenuta Terraviva | Abruzzo |
| Negroamaro '14 | Carvinea | Puglia |
| Nero d'Avola Sosta Tre Santi '10 | Cantine Nicosia | Sicily |
| Orvieto Cl. Sup. Luigi e Giovanna '13 | Barberani | Umbria |
| Petresco '12 | Le Cinciole | Tuscany |
| Pinot Nero '13 | Podere della Civettaja | Tuscany |
| Poggio della Costa '15 | Sergio Mottura | Lazio |
| Primitivo di Manduria '15 | Felline | Puglia |
| Primitivo di Manduria Passo del Cardinale '14 | Cantine Paolo Leo | Puglia |
| Ribolla Gialla '12 | Damijan Podversic | Friuli Venezia Giulia |
| Riviera Ligure di Ponente Pigato Bon in da Bon '15 | BioVio | Liguria |
| Roero Mompissano Ris. '13 | Cascina Ca' Rossa | Piedmont |
| Romagna Sangiovese Sup. Limbecca '14 | Paolo Francesconi | Emilia Romagna |
| Salice Salentino Rosso Selvarossa Ris. '13 | Cantine Due Palme | Puglia |
| Soave Cl. La Rocca '14 | Leonildo Pieropan | Veneto |
| Soave Cl. Staforte '14 | Graziano Prà | Veneto |
| SP 68 Rosso '15 | Occhipinti | Sicily |
| Taurasi Coste '11 | Contrade di Taurasi | Campania |
| Teroldego Rotaliano Pini '12 | Roberto Zeni | Trentino |
| Terre di Pisa Nambrot '13 | Tenuta di Ghizzano | Toscana |
| Torgiano Rosso Rubesco V. Monticchio Ris. '11 | Lungarotti | Umbria |
| Trebbiano d'Abruzzo Bianchi Grilli per la Testa '14 | Torre dei Beati | Abruzzo |
| Trebbiano d'Abruzzo V. del Convento di Capestrano '14 | Valle Reale | Abruzzo |
| Trentenare '15 | San Salvatore | Campania |
| Trento Dosaggio Zero Ris. '11 | Maso Martis | Trentino |
| Valpolicella Cl. Sup. Camporenzo '13 | Monte dall'Ora | Veneto |
| Valpolicella Sup. Mithas '12 | Corte Sant'Alda | Veneto |
| Verdicchio di Matelica Collestefano '15 | Collestefano | Marche |
| Verdicchio di Matelica Vign. Fogliano '13 | Bisci | Marche |
| Vernaccia di S. Gimignano Albereta Ris. '13 | Il Colombaio di Santa Chiara | Tuscany |
| Vernaccia di S. Gimignano Carato '12 | Montenidoli | Tuscany |
| Vin Santo di Carmignano Ris. '09 | Tenuta di Capezzana | Tuscany |
| Zagreo '15 | I Cacciagalli | Campania |

# 1990~2015年获奖葡萄酒列表

| | BARBARESCO BAROLO | AMARONE | CHIANTI CLASSICO | BRUNELLO DI MONTALCINO | BOLGHERI | TAURASI | MONTEPULCIANO D'ABRUZZO |
|---|---|---|---|---|---|---|---|
| 1990 | 5 | 5 | 4 | 5 | 5 | 5 | 4 |
| 1995 | 3 | 5 | 4 | 5 | 3 | 3 | 5 |
| 1996 | 5 | 3 | 3 | 2 | 3 | 3 | 4 |
| 1997 | 3 | 4 | 4 | 4 | 4 | 4 | 4 |
| 1999 | 5 | 3 | 5 | 5 | 5 | 5 | 2 |
| 2000 | 4 | 4 | 4 | 3 | 3 | 2 | 4 |
| 2001 | 5 | 5 | 5 | 5 | 5 | 4 | 5 |
| 2004 | 5 | 4 | 4 | 4 | 3 | 4 | 4 |
| 2005 | 4 | 4 | 3 | 2 | 3 | 4 | 4 |
| 2006 | 4 | 3 | 3 | 4 | 4 | 3 | 3 |
| 2007 | 3 | 5 | 5 | 4 | 5 | 4 | 5 |
| 2008 | 4 | 4 | 4 | 3 | 4 | 5 | 3 |
| 2009 | 3 | 3 | 3 | 2 | 5 | 3 | 2 |
| 2010 | 5 | 4 | 5 | 5 | 3 | 4 | 2 |
| 2011 | 4 | 3 | 3 | 3 | 4 | 2 | 4 |
| 2012 | 4 | 3 | 3 | | 4 | 3 | 3 |
| 2013 | 4 | | 4 | | 5 | | 4 |
| 2014 | | | 1 | | | | 2 |

| | ALTO ADIGE BIANCO | LUGANA SOAVE | FRIULI BIANCO | VERDICCHIO DEI CASTELLI DI JESI | FIANO DI AVELLINO | GRECO DI TUFO |
|---|---|---|---|---|---|---|
| 2005 | 4 | 5 | 3 | 3 | 3 | 2 |
| 2006 | 3 | 3 | 5 | 5 | 4 | 5 |
| 2007 | 3 | 4 | 5 | 2 | 3 | 3 |
| 2008 | 3 | 4 | 3 | 4 | 5 | 4 |
| 2009 | 4 | 5 | 4 | 4 | 3 | 5 |
| 2010 | 5 | 4 | 2 | 5 | 5 | 5 |
| 2011 | 3 | 3 | 3 | 1 | 3 | 2 |
| 2012 | 4 | 3 | 4 | 4 | 4 | 4 |
| 2013 | 4 | 4 | 4 | 5 | 5 | 4 |
| 2014 | 3 | 3 | 3 | 3 | 4 | 4 |
| 2015 | 4 | 5 | 5 | 4 | 4 | 3 |

# “星级酒庄”名录

★★★★★
**54**
Gaja (Piedmonte)

★★★★
**41**
Ca' del Bosco (Lombardy)

★★★
**38**
La Spinetta (Piedmont)
**35**
Elio Altare - Cascina Nuova (Piedmont)
**32**
Allegrini (Veneto)
Castello di Fonterutoli (Tuscany)
Valentini (Abruzzo)

★★
**28**
Bellavista (Lombardy)
Giacomo Conterno (Piedmont)
Felsina (Tuscany)
Jermann (Friuli Venezia Giulia)
Masciarelli (Abruzzo)
Tenuta San Guido (Tuscany)
Cantina Produttori San Michele Appiano (Alto Adige)
**27**
Castello della Sala (Umbria)
Ferrari (Trentino)
Planeta (Sicily)
**26**
Tasca d'Almerita (Sicily)
**25**
Marchesi Antinori (Tuscany)
Castello di Ama (Tuscany)
Poliziano (Tuscany)
Cantina Tramin (Alto Adige)
Vie di Romans (Friuli Venezia Giulia)
**24**
Livio Felluga (Friuli Venezia Giulia)
Feudi di San Gregorio (Campania)
Bruno Giacosa (Piedmont)
Gravner (Friuli Venezia Giulia)
Ornellaia (Tuscany)
Leonildo Pieropan (Veneto)
**23**
Argiolas (Sardinia)
Paolo Scavino (Piemonte)
**22**
Cantina Bolzano (Alto Adige)
Arnaldo Caprai (Umbria)
Domenico Clerico (Piedmont)
Fontodi (Tuscany)
Nino Negri (Lombardy)
Schiopetto (Friuli Venezia Giulia)
Villa Russiz (Friuli Venezia Giulia)
**21**
Barone Ricasoli (Tuscany)
Michele Chiarlo (Piedmont)
Falesco (Lazio)
Isole e Olena (Tuscany)
Tenute Sella & Mosca (Sardinia)
Cantina Terlano (Alto Adige)
**20**
Ca' Viola (Piedmont)
Cascina La Barbatella (Piedmont)
Castello del Terriccio (Tuscany)
Cantina Produttori Colterenzio (Alto Adige)
Dorigo (Friuli Venezia Giulia)
Montevetrano (Campania)
Tenuta San Leonardo (Trentino)
Vietti (Piedmont)
Elena Walch (Alto Adige)

★
**19**
Cantina di Caldaro (Alto Adige)
Les Crêtes (Valle d'Aosta)
Cusumano (Sicily)
Elio Grasso (Piemonte)
Serafini & Vidotto (Veneto)
Venica & Venica (Friuli Venezia Giulia)
Volpe Pasini (Friuli Venezia Giulia)
**18**
Abbazia di Novacella (Alto Adige)
Ca' Rugate (Veneto)
Castellare di Castellina (Tuscany)
Castello Banfi (Tuscany)
Conterno Fantino (Piedmont)
Matteo Correggia (Piedmont)
Gioacchino Garofoli (Marche)
Lis Neris (Friuli Venezia Giulia)
Le Macchiole (Tuscany)
Mastroberardino (Campania)
Montevertine (Tuscany)
Ruffino (Tuscany)
Luciano Sandrone (Piedmont)
Franco Toros (Friuli Venezia Giulia)
Le Vigne di Zamò (Friuli Venezia Giulia)
**17**
Brancaia (Tuscany)
Casanova di Neri (Tuscany)
Luigi Cataldi Madonna (Abruzzo)
Donnafugata (Sicily)
Massolino (Piedmont)
Palari (Sicily)
Querciabella (Tuscany)
Cantina di Santadi (Sardinia)
Sottimano (Piedmont)
Fattoria Zerbina (Emilia Romagna)
**16**
Antoniolo (Piedmont)
Aldo Conterno (Piedmont)
Romano Dal Forno (Veneto)
Firriato (Sicily)
Kuenhof - Peter Pliger (Alto Adige)
Livon (Friuli Venezia Giulia)
Masi (Veneto)
Miani (Friuli Venezia Giulia)
Monsupello (Lombardy)
Cantina Convento Muri-Gries (Alto Adige)
Fiorenzo Nada (Piedmont)
Fattoria Petrolo (Tuscany)
Giuseppe Quintarelli (Veneto)
Albino Rocca (Piedmont)

Bruno Rocca (Piedmont)
Ronco dei Tassi (Friuli Venezia Giulia)
San Patrignano (Emilia Romagna)
Umani Ronchi (Marche)

**15**

Roberto Anselmi (Veneto)
Lorenzo Begali (Veneto)
Bucci (Marche)
Coppo (Piedmont)
Doro Princic (Friuli Venezia Giulia)
Velenosi (Marche)
Roberto Voerzio (Piedmont)

**14**

Avignonesi (Tuscany)
Cav. G. B. Bertani (Veneto)
Biondi Santi - Tenuta Il Greppo (Tuscany)
Bricco Rocche - Bricco Asili (Piedmont)
Cavit (Trentino)
Tenuta di Ghizzano (Tuscany)
Librandi (Calabria)
Malvirà (Piedmont)
Franco M. Martinetti (Piedmont)
Bartolo Mascarello (Piedmont)
La Monacesca (Marche)
Oasi degli Angeli (Marche)
Produttori del Barbaresco (Piedmont)
Ronco del Gelso (Friuli Venezia Giulia)
Tenuta Sant'Antonio (Veneto)
Viticoltori Speri (Veneto)
Suavia (Veneto)
Uberti (Lombardy)
Tenuta Unterortl - Castel Juval (Alto Adige)
Vignalta (Veneto)
Viviani (Veneto)

**13**

Abbona (Piedmont)
Piero Busso (Piedmont)
Cavalleri (Lombardy)
Di Majo Norante (Molise)
Le Due Terre (Friuli Venezia Giulia)
Poderi Luigi Einaudi (Piedmont)
Falkenstein Franz Pratzner (Alto Adige)
Foradori (Trentino)
Grattamacco (Tuscany)
Dino Illuminati (Abruzzo)
Edi Keber (Friuli Venezia Giulia)
Lungarotti (Umbria)
Maculan (Veneto)
Pecchenino (Piedmont)
Pietracupa (Campania)
Graziano Prà (Veneto)
Rocca di Frassinello (Tuscany)
San Felice (Tuscany)
Tormaresca (Puglia)
Tua Rita (Tuscany)

**12**

F.lli Alessandria (Piedmont)
Azelia (Piedmont)
Poderi Boscarelli (Tuscany)
Braida (Piedmont)
Castello dei Rampolla (Tuscany)
Tenute Cisa Asinari dei Marchesi di Grésy (Piedmont)
Elvio Cogno (Piedmont)
Tenuta Col d'Orcia (Tuscany)
Còlpetrone (Umbria)
Ferghettina (Lombardy)
Tenute Ambrogio e Giovanni Folonari (Tuscany)
Marchesi de' Frescobaldi (Tuscany)
Galardi (Campania)
Gini (Veneto)
Leone de Castris (Puglia)
Marchesi di Barolo (Piedmont)
Sergio Mottura (Lazio)
Piaggia (Tuscany)
Fattoria Le Pupille (Tuscany)
Dario Raccaro (Friuli Venezia Giulia)
Aldo Rainoldi (Lombardy)
Rocche dei Manzoni (Piedmont)
Russiz Superiore (Friuli Venezia Giulia)
Tenuta di Valgiano (Tuscany)
Valle Reale (Abruzzo)
Villa Medoro (Abruzzo)
Villa Sparina (Piedmont)

**11**

Abate Nero (Trentino)
Giulio Accornero e Figli (Piedmont)
Gianfranco Alessandria (Piedmont)
Benanti (Sicily)
Borgo San Daniele (Friuli Venezia Giulia)
Ca' del Baio (Piedmont)
Cavalchina (Veneto)
La Cerbaiola (Tuscany)
Eugenio Collavini (Friuli Venezia Giulia)
Dorigati (Trentino)
Elena Fucci (Basilicata)
Ettore Germano (Piedmont)
Köfererhof - Günther Kerschbaumer (Alto Adige)
Cantina Kurtatsch (Alto Adige)
Mamete Prevostini (Lombardy)
La Massa (Tuscany)
Monchiero Carbone (Piedmont)
Cantina Nals Margreid (Alto Adige)
Prunotto (Piedmont)
G. D. Vajra (Piedmont)
Vigneti Massa (Piedmont)
Zenato (Veneto)

**10**

Maison Anselmet (Valle d'Aosta)
Brigaldara (Veneto)
Brovia (Piedmont)
Cascina Ca' Rossa (Piedmont)
Castello d'Albola (Tuscany)
Castello di Volpaia (Tuscany)
Cavallotto Tenuta Bricco Boschis (Piedmont)
F.lli Cigliuti (Piedmont)
Corte Sant'Alda (Veneto)
Cantine Due Palme (Puglia)
Cantina Girlan (Alto Adige)
Franz Haas (Alto Adige)
Hilberg - Pasquero (Piedmont)
Tenuta J. Hofstätter (Alto Adige)
Monte Rossa (Lombardy)
Poderi e Cantine Oddero (Piedmont)
Pio Cesare (Piedmont)
Poggio Antico (Tuscany)
Tenimenti Luigi d'Alessandro (Tuscany)
Tenuta delle Terre Nere (Sicily)
Tenute Alois Lageder (Alto Adige)
Torraccia del Piantavigna (Piedmont)
Torrevento (Puglia)
Villa Matilde (Campania)
Conti Zecca (Puglia)

# 使用说明

## 酒庄基本资料

年产量

葡萄种植面积（公顷数）

葡萄栽培方式

## 标志符号

○ 白葡萄酒

⊙ 桃红葡萄酒

● 红葡萄酒

## 评　级

🍷 在其各自的类别中品质为中等良好到良好级别的葡萄酒

🍷🍷 在其各自的类别中品质为非常好到优秀之间的葡萄酒

🍷🍷（红色） 在其各自的类别中品质为非常好到优秀之间的葡萄酒，有望进入后期酒评

🍷🍷🍷 在其各自的类别中品质为优秀的葡萄酒

注：只要被列入往年版别《年鉴》中的葡萄酒喝起来依然有之前获奖时的那种水准，在2017年版《年鉴》中都会以白色杯（🍷，🍷🍷，🍷🍷🍷）来表示。

## 星　形

★ 已获得10次“三杯奖”的酒庄

## 价格范围

| | |
|---|---|
| 1：低于等于 € 5.00 | 2：从 € 5.01 到 € 10.00 |
| 3：从 € 10.01 到 € 15.00 | 4：从 € 15.01 到 € 20.00 |
| 5：从 € 20.01 到 € 30.00 | 6：从 € 30.01 到 € 40.00 |
| 7：从 € 40.01 到 € 50.00 | 8：高于 € 50.01 |

注：标示的价格为葡萄酒商店的平均价格。

## 星　号

* 表示品质极其优良

## 缩略词

| | |
|---|---|
| A. A. | Alto Adige（上阿迪杰产区） |
| C. | Colli（丘陵） |
| Cl. | Classico（经典） |
| C.S. | Cantina Sociale（联营酒庄）（co-operative winery） |
| CEV | Colli Etruschi Viterbesi（拉齐奥区维泰博省DOC等级产区） |
| Cons. | Consorzio（社团） |
| Coop.Agr. | Cooperativa Agricola（合作种植）（farming co-operative） |
| C. B. | Colli Bolognesi（博洛尼亚产区） |
| C. P. | Colli Piacentini（艾米利亚-里马涅地区产区） |
| Et. | Etichetta （label）（商标） |
| FCO | Friuli Colli Orientali（弗留利东方山丘产区） |
| M. | Metodo （method）（方法） |
| M.to | Monferrato（蒙费拉镇） |
| OP | Oltrepò Pavese（伦巴第区帕维亚省产区） |
| P.R. | Peduncolo Rosso（弗留利-威尼斯-朱利亚地区DOC等级地区）（red bunchstem） |
| P. | Prosecco（普罗赛科） |
| Rif. Agr. | Riforma Agraria（农业改革）（agrarian reform） |
| Ris. | Riserva（陈酿） |
| Sel. | Selezione（珍选） |
| Sup. | Superiore（顶级） |
| TdF | Terre di Franciacorta（伦巴第区Franciacorta起泡葡萄酒DCCG等级产区） |
| V. | Vigna （vineyard）（葡萄园） |
| Vign. | Vigneto （vineyard）（葡萄园） |
| V. T. | Vendemmia Tardiva（迟摘）（late harvest） |
| V. V. | Vecchia Vigna/Vecchie Vigne（老藤）（old vine /old vines） |

2017

# 产区及酒庄

# 瓦莱达奥斯塔区
## VALLE D' AOSTA

对于瓦莱达奥斯塔区而言，2015年堪称重大气候变化的巅峰多发期。多年来，瓦莱达奥斯塔区的酿酒商始终面临着如何使其种植的葡萄彻底成熟的挑战。如今全球性的气候变暖却迫使他们不得不应付一系列截然相反的麻烦，对此他们显然措手不及，还没有做好准备。极为闷热的春天拉开了2015年葡萄生长季的序幕，继而到来的是炎热的夏天，接着的8月又迎来了一整周的降雨。这样的气候模式严重影响了许多重要产区，尤其在葡萄藤最初的成熟阶段。莫吉卡斯（Morgex）以及拉萨尔（La Salle）等产区的葡萄生产受到极大的影响，收获的葡萄大多过熟，导致酿造的葡萄酒与往年相比酒精含量明显升高，均衡性则略逊一筹。所有这些因素对于典型山地葡萄酒的影响最为显著，尤其是白葡萄酒，它们引以为傲的矿物质口感和酸度都因此表现失色。然而，对于西拉（Syrah）和馥美（Fumin）等晚熟的葡萄品种而言，2015年采收季却是令人满意的一年。与此同时，那些能够极快领悟，并且顺应气候变化做出泰然自若回应的酿酒商，大多也对这一年表示满意。经过我们的品鉴，瓦莱达奥斯塔产区有六款美酒得到了最高分，其中四款来自2015年份。它们分别是安瑟美特酒庄（Maison Anselmet）酿造的橡木桶陈酿霞多丽（Chardonnay ElevéenFût de Chêne）、埃里奥奥汀酒庄（Elio Ottin）酿造的小奥铭（Petite Arvine）、洛特里奥雷特酒庄（Lo Triolet）酿造的灰比诺（Pinot Gris），以及罗赛特酒庄（Rosset Terroir）酿造的令人惊叹的科纳兰（Cornalin）。另外两款获奖美酒都是2014年份酒，它们是科斯坦蒂诺·查莱勒（Costantino Charrère）酿造的勒克雷特酒庄（Les Crêtes）的德拉图尔庄西拉（SyrahCôteau de la Tour）——这款美酒无须介绍；以及威乐酒庄（La Vrille）迷人的坎巴维福莱提麝香葡萄酒（Chambave Muscat Flétri）。这六款精致的珍品佳作都来自单一种植区，都出自小型葡萄园（除了协作酒庄之外，几乎没有几家地区性酒庄的葡萄园面积超过5公顷），都源于酿造者们对葡萄酒和孕育酿造葡萄的大山的真正热爱。它们都是罕见的美酒，不仅在意大利，甚至在全世界都鲜有匹敌的对手，对于那些钱袋并不鼓溜溜，却愿意在美丽的瓦莱达奥斯塔区搜寻美酒的人们而言，这几款佳酿的确物超所值!

## ★Maison Anselmet

FRAZ. LA CRÊTE, 194
11018 VILLENEUVE [AO]
TEL. +39 3484127121
www.maisonanselmet.vievini.it

藏酒销售
预约参观
年产量 75 000 瓶
葡萄种植面积 8 公顷

安瑟美特酒庄（Maison Anselmet）的主人乔治奥·安瑟美特（Giorgio Anselmet）为其父雷纳托（Renato）创建的酒庄注入了新的活力。只有深深着迷于风土，并且热爱家庭传统和地方特产之人，才能如此罕见地将传统与创新完美结合。现代化新酒窖的落成，就是乔治奥在不抛弃过往传统的基础上追求未来的明证。安瑟美特酒庄出品的美酒不仅对传统品种做出了现代的阐释，还在国际市场上风行畅销。凭借卓越的交流技巧和丰沛的创新生产力，安瑟美特酒庄已经稳居瓦莱达奥斯塔区的顶级酒庄之一。在今年的品鉴中，安瑟美特酒庄以一款极其优雅的橡木桶陈酿霞多丽（Chardonnay Elevéen Fût de Chêne）重回“三杯奖”（Tre Bicchieri）榜单，这款美酒吐露着灌木的芬芳，融入苹果的甜香和榛子的醇香，口感极为清爽。与此同时，塞梅尔帕特（Semel Pater）则展现出极佳的结构，略有辛辣滋味，令人向往。除此之外，我们还非常钟爱普林泽涅（Le Prisonnier），这款融合了红莓美味的佳酿呈现出精美的单宁口感，绵长的回味持久在味蕾上跃动不散。

| | |
|---|---|
| ○ Valle d'Aosta Chardonnay Élevé en Fût de Chêne '15 | 🍷🍷🍷 5 |
| ● Le Prisonnier MMXIII | 🍷🍷 8 |
| ● Valle d'Aosta Cornalin Broblan '14 | 🍷🍷 5 |
| ● Valle d'Aosta Pinot Noir Semel Pater '14 | 🍷🍷 6 |
| ● Valle d'Aosta Fumin Élevé en Fût de Chêne '14 | 🍷🍷 6 |
| ○ Valle d'Aosta Petite Arvine '15 | 🍷🍷 3 |
| ○ Valle d'Aosta Pinot Gris '15 | 🍷🍷 5 |
| ● Valle d'Aosta Syrah Henri '14 | 🍷🍷 6 |
| ○ Valle d'Aosta Chardonnay Élevé en Fût de Chêne '11 | ΥΥΥ 5 |
| ○ Valle d'Aosta Chardonnay Élevé en Fût de Chêne '10 | ΥΥΥ 5 |
| ○ Valle d'Aosta Chardonnay Élevé en Fût de Chêne '09 | ΥΥΥ 5 |
| ● Valle d'Aosta Pinot Noir Semel Pater '13 | ΥΥΥ 8 |

## Château Feuillet

LOC. CHÂTEAU FEUILLET, 12
11010 SAINT PIERRE
TEL. +39 3287673880
www.chateaufeuillet.vievini.it

藏酒销售
膳宿接待
年产量 30 000 瓶
葡萄种植面积 5 公顷

我们用了很多鲜活的形容词来描述马里奇奥·菲奥拉诺（Maurizio Fiorano）——菲耶酒庄（Château Feuillet）极富进取心的主人。他酿造的美酒无论是口感还是品质都极为优秀，对此我们没有一丝怀疑。每一年，我们都对于菲耶酒庄日益香醇的美酒出品以及推荐新酒满怀期待，所有佳酿从不会让我们感到失望，尤其是全新的单一品种小胭脂桃红葡萄酒（Petit Rouge Rosé），是品尝当地肉类熟食时的最佳搭配餐酒。菲耶酒庄位于奥斯塔（Aosta）北部的阳光小镇圣皮埃尔（Saint Pierre），地处南向山坡，是瓦莱达奥斯塔区顶级葡萄种植区之一，无论是红葡萄品种还是白葡萄品种都能够在这里充分展现特性。在今年的品鉴中，菲耶酒庄的小奥铭（Petite Arvine）进入了争夺“三杯奖”的决赛，它吐露着杏子和杏仁的芬芳，酒骨极为饱满且均衡，给人留下深刻的印象。除此之外，伴随着成熟红莓果的醇香美味，舌尖略略滑过令人愉悦的青涩滋味，果味饱满、结构紧致的托雷特系列（Torrette）的确是同品类中的珍品。菲耶酒庄出品的馥美（Fumin）也非常值得一提，虽然还需继续陈年，但是已经展现出非常诱人的芳香特质。霞多丽（Chardonnay）也强劲有力，层次分明，入口愉悦。

| | |
|---|---|
| ○ Valle d'Aosta Petite Arvine '15 | 🍷🍷 3* |
| ○ Valle d'Aosta Chardonnay '15 | 🍷🍷 3 |
| ● Valle d'Aosta Fumin '15 | 🍷🍷 4 |
| ⊙ Valle d'Aosta Rosé '15 | 🍷🍷 4 |
| ● Valle d'Aosta Torrette '15 | 🍷🍷 3 |
| ● Valle d'Aosta Torrette Sup. '14 | 🍷🍷 3 |
| ○ Valle d'Aosta Petite Arvine '12 | ΥΥΥ 3* |
| ○ Valle d'Aosta Petite Arvine '11 | ΥΥΥ 3* |
| ○ Valle d'Aosta Petite Arvine '10 | ΥΥΥ 3* |
| ○ Valle d'Aosta Chardonnay '14 | ΥΥ 3 |
| ● Valle d'Aosta Fumin '14 | ΥΥ 4 |
| ○ Valle d'Aosta Petite Arvine '14 | ΥΥ 3* |
| ○ Valle d'Aosta Petite Arvine '13 | ΥΥ 3* |
| ● Valle d'Aosta Syrah '14 | ΥΥ 3 |
| ● Valle d'Aosta Torrette Sup. '13 | ΥΥ 3* |
| ● Valle d'Aosta Torrette Sup. '12 | ΥΥ 3* |

## ★Les Crêtes

loc. Villetos, 50
11010 Aymavilles [AO]
Tel. +39 0165902274
www.lescretes.it

藏酒销售
预约参观
年产量 180 000 瓶
葡萄种植面积 20 公顷
可持续发展酒庄

勒克雷特酒庄（Les Crêtes）是一处绝对值得造访的美酒圣地。科斯坦蒂诺·查莱勒（Costantino Charrère）打造的新酒窖紧挨着原来的酒庄大楼，既有前台接待又配备了品酒室，概念新奇，无疑是整个意大利最美丽的建筑之一。这座以木制、玻璃和石头组合建筑的大楼是一座“葡萄酒的庇护所”，设计别具一格，采用自然材质，完美融入周边的山林之中，与青山绿意掩映成趣。不仅如此，勒克雷特酒庄还拥有一座古老的风车和大片迷人的葡萄园，尤其是德拉图尔庄园（Côteau de la Tour），都非常值得游览，在科斯坦蒂诺的陪同之下畅游就更加美妙。在今年对勒克雷特酒庄出品的品鉴中，三杯奖（Tre Bicchieri）花落红葡萄酒西拉（Syrah），它展现出红宝石般的浓重色泽，吐露出红莓的果香，继而融入辛辣的烟草香，口感极为均衡，别具一格。德文罗斯园小奥铭（Petite Arvine's Devin Ros cru）散发着成熟的阵阵果香，入口均衡美味，令人向往。特酿木香霞多丽（Chardonnay Cuvée Bois）则结构完美，预示着未来极佳的发展潜力。2015年份的特酿木香霞多丽表现尤其突出，口感清爽，果味浓郁，非常值得推荐。此外，我们还非常喜爱该酒庄出品的黑比诺（Pinot Nero），呈现出令人愉悦的美味。

| | |
|---|---|
| ● Valle d'Aosta Syrah Côteau La Tour '14 | 🍷🍷🍷 4* |
| ○ Valle d'Aosta Chardonnay Cuvée Bois '14 | 🍷🍷 6 |
| ○ Valle d'Aosta Petite Arvine Fleur V. Devin Ros '15 | 🍷🍷 5 |
| ○ Valle d'Aosta Chardonnay '15 | 🍷🍷 3 |
| ● Valle d'Aosta Pinot Noir '15 | 🍷🍷 3 |
| ○ Valle d'Aosta Chardonnay Cuvée Bois '13 | 🍷🍷🍷 6 |
| ○ Valle d'Aosta Chardonnay Cuvée Bois '10 | 🍷🍷🍷 6 |
| ○ Valle d'Aosta Chardonnay Cuvée Bois '09 | 🍷🍷🍷 6 |
| ○ Valle d'Aosta Chardonnay Cuvée Bois '08 | 🍷🍷🍷 6 |
| ○ Valle d'Aosta Chardonnay Cuvée Bois '07 | 🍷🍷🍷 6 |
| ○ Valle d'Aosta Chardonnay Cuvée Bois '06 | 🍷🍷🍷 6 |
| ○ Valle d'Aosta Chardonnay Cuvée Frissonnière Les Crêtes Cuvée Bois '05 | 🍷🍷🍷 6 |
| ○ Valle d'Aosta Petite Arvine '13 | 🍷🍷🍷 3* |

## La Crotta di Vegneron

p.zza Roncas, 2
11023 Chambave [AO]
Tel. +39 016646670
www.lacrotta.it

藏酒销售
预约参观
餐饮接待
年产量 300 000 瓶
葡萄种植面积 39 公顷

克洛塔迪威涅隆酒庄（La Crotta di Vegneron）坐落在坎巴维村庄（Chambave）的主广场。迷人的酒庄商店展示出琳琅满目的酒庄产品，一旁的餐厅则供应酒庄所有出品的美酒，成为游客纷至沓来的游览胜地。这家协作酒庄集合了一百二十多位精诚合作的葡萄栽培师和酿酒师，出品涉猎各个品种葡萄酒，就瓦莱达奥斯塔区的产能而言，该酒庄的出品数量令人印象深刻。克洛塔迪威涅隆酒庄的旗舰产品无疑是坎巴维莫斯卡托帕西多（Moscato Passito di Chambave），堪称意大利品质最优秀的甜酒之一。其中的普瑞莱莫斯卡托帕西多甜酒（Prieuré）再次展现出极佳品质，散发着阵阵浓郁的醋栗芬芳，融入缕缕成熟果香和蜂蜜的甜香，口感均衡清新，余味绵长。我们还非常喜爱克洛塔迪威涅隆酒庄的馥美（Fumin），是同品类中的佼佼者，它的色泽深邃，散发着黑莓和黑醋栗的阵阵果香，诱人美妙；青绿风味更添魔力，不过口感依然质朴粗粝。西拉（Syrah）是克洛塔迪威涅隆酒庄出品中的新成员，吐露着典型的黑胡椒辛香，和着紫罗兰般如花的芬芳，口感均衡而优雅。

| | |
|---|---|
| ○ Valle d'Aosta Chambave Moscato Passito Prieuré '14 | 🍷🍷 5 |
| ● Valle d'Aosta Fumin Esprit Follet '14 | 🍷🍷 5 |
| ● Valle d'Aosta Syrah Crème '14 | 🍷🍷 5 |
| ○ Valle d'Aosta Chambave Muscat '15 | 🍷🍷 3 |
| ○ Valle d'Aosta Nus Malvoisie '15 | 🍷🍷 3 |
| ○ Valle d'Aosta Chambave Moscato Passito Prieuré '13 | 🍷🍷🍷 5 |
| ○ Valle d'Aosta Chambave Moscato Passito Prieuré '12 | 🍷🍷🍷 5 |
| ○ Valle d'Aosta Chambave Moscato Passito Prieuré '11 | 🍷🍷🍷 5 |
| ○ Valle d'Aosta Chambave Moscato Passito Prieuré '08 | 🍷🍷🍷 5 |
| ● Valle d'Aosta Fumin Esprit Follet '09 | 🍷🍷🍷 3 |

## Di Barrò

LOC. CHÂTEAU FEUILLET, 8
11010 SAINT PIERRE
TEL. +39 0165903671
www.dibarro.vievini.it

藏酒销售
预约参观
年产量 20 000 瓶
葡萄种植面积 2.5 公顷

圣皮埃尔村（Saint Pierre）拥有美丽的中世纪古堡，地处由奥斯塔（Aosta）攀至勃朗峰（Mont Blanc）的途中，蒂巴洛酒庄（Di Barrò）就是村中的一家小酒庄。这里是托雷特产区（Torrette）的中心地带，主要出产典型的小胭脂红葡萄（Petit Rouge），品质冠绝瓦莱达奥斯塔产区，有十一家酒庄得到授权，以此为原料酿造美酒。出产这一品种葡萄酒的著名生产商无疑包括蒂巴洛酒庄，埃尔维拉·里尼（Elvira Rini）和安德里亚·巴马兹（Andrea Barmaz）酿造的美酒始终保持精良的品质。他们不仅种植本地品种，也栽培国际品种，虽然产量不高，但是打造的美酒精致细腻，广受欢迎。在今年的品鉴中，蒂巴洛酒庄勇敢地并未推出新的年份酒。他们酿造的美酒结构极佳，需要长时间陈年，因此为了品尝到巅峰美味，我们一致同意继续耐心等待。不过，如果在此之前您路过瓦莱达奥斯塔，请一定前往蒂巴洛酒庄，他们会非常高兴地请您先品鉴此等美味佳酿。

| | |
|---|---|
| ○ Valle d'Aosta Chardonnay '12 | 🍷🍷🍷 3* |
| ● Valle d'Aosta Torrette Sup. V. de Torrette '06 | 🍷🍷🍷 6 |
| ○ Valle d'Aosta Chardonnay '14 | 🍷🍷 3 |
| ● Valle d'Aosta Fumin '11 | 🍷🍷 4 |
| ● Valle d'Aosta Syrah V. de Conze '10 | 🍷🍷 3 |
| ● Valle d'Aosta Torrette Sup. Clos de Château Feuillet '12 | 🍷🍷 3 |
| ● Valle d'Aosta Torrette Sup. Clos de Château Feuillet '11 | 🍷🍷 3* |
| ● Valle d'Aosta Torrette Sup. Clos de Château Feuillet '10 | 🍷🍷 3 |
| ● Valle d'Aosta Torrette Sup. Ostro '09 | 🍷🍷 5 |

## Caves Cooperatives de Donnas

VIA ROMA, 97
11020 DONNAS [AO]
TEL. +39 0125807096
www.donnasvini.it

藏酒销售
预约参观
年产量 150 000 瓶
葡萄种植面积 26 公顷

在多拉巴尔提河（Dora Baltea）的左岸，片片梯田俯瞰城镇，石柱和木架支撑着古老的藤架，藤上爬满皮克坦卓葡萄（Picotendro）——这是当地内比奥罗葡萄（Nebbiolo）的别称——沉甸甸的果实用成熟的喜悦犒赏协作酒庄辛勤劳作的种植者。这里早在1971年便成为葡萄产区，如今是瓦莱达奥斯塔DOC产区的次区域，多纳斯协作酒庄（Caves Cooperatives de Donnas）的出品是该产区的旗舰美酒。酒庄最大的协作种植商之一的葡萄园位于下奥斯塔河谷（Lower Aosta Valley），阶梯状分布的葡萄藤甚至遍布山岭中几乎无法到达的陡峭地带，只有通过单轨列车才能抵达。多纳斯协作酒庄还是一家永远面向游客开放的美味餐厅，可谓有求必应。在今年的品鉴中，我们最爱多纳斯协作酒庄的老藤酒（Donnas VieillesVignes），它闪耀着接近红宝石的色泽，摇曳生姿，吐露着香料的缕缕辛香，融入烟草叶和甘草的悠悠醇香，高雅迷人，口感均衡，结构上佳。同样让人赞不绝口的还有2013年份的多纳斯红葡萄酒（Donnas），它略带绿蔬芬芳，口感浓郁，余韵绵长。与此同时，拿破仑（Napoléon）的口感也非常浓重馥郁，伴随着丝丝果味和新橡木风情，入口华美，单宁厚重，收口余味悠长且个性十足。

| | |
|---|---|
| ● Valle d'Aosta Donnas '13 | 🍷🍷 4 (red) |
| ● Valle d'Aosta Donnas Sup. V. V. '12 | 🍷🍷 5 (red) |
| ● Valle d'Aosta Donnas Napoléon '13 | 🍷🍷 5 (black) |
| ● Valle d'Aosta Donnas '11 | 🍷🍷 2* |
| ● Valle d'Aosta Donnas Napoléon '11 | 🍷🍷 3 |
| ● Valle d'Aosta Donnas Napoléon '10 | 🍷🍷 3 |
| ● Valle d'Aosta Donnas Napoléon '07 | 🍷🍷 3 |
| ● Valle d'Aosta Donnas Sup. V. V. '07 | 🍷🍷 4 |
| ● Valle d'Aosta Donnas V. V. '09 | 🍷🍷 4 |

## Lo Triolet

loc. Junod, 7
11010 Introd [AO]
Tel. +39 016595437
www.lotriolet.vievini.it

藏酒销售
预约参观
年产量 42 000 瓶
葡萄种植面积 5 公顷

由于近年来教皇常常在假日造访小村因特罗德（Introd），这里一时声名大噪，而马可·马丁（Marco Martin）拥有的这座洛特里奥雷特酒庄（Lo Triolet）就位于这里。该酒庄以大师手笔精美阐释出灰比诺（Pinot Grigio）和其他品种葡萄的特质。与瓦莱达奥斯塔区的许多酒庄一样，洛特里奥雷特酒庄设立了接待品酒的游客中心，此外还配备了一座可爱的度假村，地处前往大帕拉迪索国家公园（Gran Paradiso Park）的半途中。经过多年的移植和扩张，以瓦莱达奥斯塔产区的标准而言，马可如今拥有了一片颇具规模的葡萄园，位于海拔600米至900米的沙土土壤中。在今年的品鉴中，我们将“三杯奖”授予洛特里奥雷特酒庄2015年份的灰比诺（Pinot Gris），它的香氛精致，吐露出梨子般的阵阵果香，复杂而美妙，香气若有似无地一路飘散，直至入口感到矿物质的柔滑口感，余韵持久且浓郁。传统红葡萄酒（Rosso Heritage）则是一款令人愉悦的美酒，它摇曳着浓重的红宝石色调，果香扑鼻，蕴含着缕缕香料的辛香，余韵强劲且绵长。在橡木桶中陈年的灰比诺（Pinot Grigio）展现出一如既往的极佳品质；与此同时，馥美（Fumin）和小粒麝香（Muscat Petit Grain）的表现也非常突出。

| | |
|---|---|
| ○ Valle d'Aosta Pinot Gris '15 | 🍷🍷🍷 5 |
| ○ Valle d'Aosta Pinot Gris Élevé en Barriques '14 | 🍷🍷 6 |
| ● Valle d'Aosta Rosso Heritage '14 | 🍷🍷 6 |
| ● Valle d'Aosta Fumin '14 | 🍷🍷 5 |
| ○ Vallèe d'Aoste Muscat Petit Grain '15 | 🍷🍷 4 |
| ○ Valle d'Aosta Pinot Gris '14 | 🍷🍷🍷 3* |
| ○ Valle d'Aosta Pinot Gris '13 | 🍷🍷🍷 3* |
| ○ Valle d'Aosta Pinot Gris '12 | 🍷🍷🍷 3* |
| ○ Valle d'Aosta Pinot Gris '09 | 🍷🍷🍷 3 |
| ○ Valle d'Aosta Pinot Gris '08 | 🍷🍷🍷 3* |
| ○ Valle d'Aosta Pinot Gris '05 | 🍷🍷🍷 3* |
| ○ Valle d'Aosta Pinot Gris Élevé en Barriques '10 | 🍷🍷🍷 5 |
| ● Valle d'Aosta Fumin '13 | 🍷🍷 5 |
| ○ Valle d'Aosta Pinot Gris Élevé en Barriques '13 | 🍷🍷 5 |

## Cave du Mont Blanc de Morgex et La Salle

fraz. La Ruine
Chemin des Îles, 31
11017 Morgex [AO]
Tel. +39 0165800331
www.caveduvinblanc.com

藏酒销售
预约参观
年产量 140 000 瓶
葡萄种植面积 19 公顷

离开莫吉卡斯（Morgex）的高速公路，向着通往附近的库尔玛耶（Courmayeur）的大路进发，壮观的拉萨尔白莫吉卡斯峰酒庄（Cave du Mont Blanc de Morgex et La Salle）的大楼赫然出现在行进方向的右侧，这座美丽的建筑以本地传统的石头和木质材料建造而成。在海拔如此高的山村，葡萄和葡萄酒对当地的文化、传统和经济造成如此重大的影响，几乎令人难以想象。藤架上爬满尚未接枝的本地特有葡萄品种白布里耶（Priè Blanc），典型的低矮葡萄架使人在照料葡萄藤时只能躺在架子下。在今年的品鉴中，拉萨尔白莫吉卡斯峰酒庄2015年份的白莫吉卡斯（Blanc de Morgex）品质极佳，令人惊叹，它散发着阿尔卑斯山山间植被的浓郁香气，一抹干草的芬芳萦绕其间，造就了一款平衡性上乘的精致美酒。我们非常喜爱极致款（Vini Estremi Version）的白莫吉卡斯，不过与基础款相比，它更加宏大的结构略微阻碍了酒中果味的进一步发展成熟。拉萨尔白莫吉卡斯峰酒庄还出品多款以传统酿造法（Metodo Classico）制成的白莫吉卡斯，吐露着经典的山间香氛。除此之外，我们还向酒迷们强烈推荐普林斯天然干型特酿葡萄酒（Cuvée du Prince Brut Nature），这款美酒精巧地展现出品种葡萄的特质，其上佳的酒体结构尤其值得夸赞。

| | |
|---|---|
| ○ Valle d'Aosta Blanc de Morgex et de La Salle '15 | 🍷🍷 2* |
| ○ Valle d'Aosta Blanc de Morgex et de La Salle Brut Nature Cuvée du Prince M. Cl. '09 | 🍷🍷 2* |
| ○ Valle d'Aosta Blanc de Morgex et de La Salle Cuvée Gerbollier '12 | 🍷🍷 5 |
| ○ Valle d'Aosta Blanc de Morgex et de La Salle Vini Estremi '15 | 🍷🍷 3 |
| ○ Valle d'Aosta Blanc de Morgex et de La Salle Chaudelune '13 | 🍷 2 |
| ○ Valle d'Aosta Blanc de Morgex et de La Salle '14 | 🍷🍷 2* |
| ○ Valle d'Aosta Blanc de Morgex et de La Salle La Piagne '14 | 🍷🍷 5 |
| ○ Valle d'Aosta Blanc de Morgex et de La Salle Chaudelune '12 | 🍷🍷 2* |

## Elio Ottin

Fraz. Porossan Neyves, 209
11100 Aosta
Tel. +39 3474071331
www.ottinvini.it

藏酒销售
预约参观
年产量 30 000 瓶
葡萄种植面积 4.5 公顷
可持续发展酒庄

埃里奥·奥汀（Elio Ottin）是瓦莱达奥斯塔产区（Valle d' Aosta）葡萄酒业的偶像级人物，他的酒窖坐落于瓦莱达奥斯塔的山坡上，地处城镇之内，位于从罗伊桑（Roisan）前往大圣伯纳德山口（Great Saint Bernard）的道路途中。在尊重和坚守本地传统的同时，埃里奥凭借敏锐的洞察力不断创新，在本地品种葡萄藤间点缀种植着一些引进的国际葡萄品种。他曾经在地区委员会中多年担任农业顾问官员一职，直至2007年才决定以自家种植的葡萄酿造美酒，而此前这些葡萄都是为了供应给当地的协作酿酒商而种植。在今年的品鉴中，埃里奥奥汀酒庄出产的小奥铭（Petite Arvine）毫无悬念地夺得了"三杯奖"，这款美酒吐露着杏子的悠然果香，融入柑橘的芬芳，入口优雅细腻，且不乏力道，令人久久难忘。除此之外，埃里奥奥汀酒庄的黑比诺（Pinot Nero）也非常夺人眼球，展现出精致的平衡性。我们还非常喜爱该酒庄出品的馥美（Fumin），它的气质浑厚，色调浓重，香氛壮阔，口感非常饱满。超级托雷特（Torrette Supérieur）也是一款品质卓越的美酒，它的层次分明，酒体均衡，各方面特质都达成了和谐统一。

| | | |
|---|---|---|
| ○ Valle d'Aosta Petite Arvine '15 | 🍷🍷🍷 | 5 |
| ● Valle d'Aosta Fumin '14 | 🍷🍷 | 5 |
| ● Valle d'Aosta Pinot Noir '14 | 🍷🍷 | 4 |
| ● Valle d'Aosta Torrette Sup. '14 | 🍷🍷 | 5 |
| ○ Valle d'Aosta Petite Arvine Nuances '14 | 🍷🍷 | 5 |
| ● Valle d'Aosta Fumin '12 | 🍷🍷🍷 | 3* |
| ○ Valle d'Aosta Petite Arvine '14 | 🍷🍷🍷 | 4* |
| ○ Valle d'Aosta Petite Arvine '12 | 🍷🍷🍷 | 3* |
| ○ Valle d'Aosta Petite Arvine '11 | 🍷🍷🍷 | 3* |
| ○ Valle d'Aosta Petite Arvine '10 | 🍷🍷🍷 | 3* |
| ● Valle d'Aosta Fumin '13 | 🍷🍷 | 4 |
| ● Valle d'Aosta Fumin '11 | 🍷🍷 | 3* |
| ● Valle d'Aosta Fumin '10 | 🍷🍷 | 3* |
| ○ Valle d'Aosta Petite Arvine '13 | 🍷🍷 | 3* |
| ● Valle d'Aosta Torrette Sup. '13 | 🍷🍷 | 4 |
| ● Valle d'Aosta Torrette Sup. '11 | 🍷🍷 | 4 |

## Ermes Pavese

s.da Pineta, 26
11017 Morgex [AO]
Tel. +39 0165800053
www.pavese.vievini.it

藏酒销售
预约参观
年产量 35 000 瓶
葡萄种植面积 5 公顷

在瓦莱达奥斯塔的北部产区（Valle d' Aosta），在勃朗峰山坡上的高海拔葡萄园中，闪耀的白莫吉卡斯（Blanc de Morgex）是当地文化宝冠上的一颗明珠，而艾莫斯帕维泽酒庄（Ermes Pavese）就是这种传统美酒重要的本地酿造商之一。艾莫斯·帕维泽（Ermes Pavese）是一位经验丰富、技艺精湛的传统酿酒师，更是一位重新阐释了本地著名葡萄品种白布里耶（Priè Blanc）栽培技术的先驱人物，他酿造出了更具现代性、更加诱人的传统美酒。如今，帕维泽一再冲刺葡萄栽培的最高水准极限，我们带着敬畏的心情，向艾莫斯·帕维泽进行的伟大尝试致敬。而取得如此成就的酿酒师依然每一年都兢兢业业地操持着葡萄园，迎接酿造出更好美酒的挑战，缔造出无懈可击的佳酿。在今年的品鉴中，该酒庄出品的入门级白莫吉卡斯再度闯入决赛，这是一款清爽且均衡的美酒，散发着阿尔卑斯山间绿树草地的缕缕清香，入口感到矿物质的美味包裹，一路展现轻快的果味结构。除此之外，塞塔思嘉利奈特（Sette Scalinate）摇曳着明快的稻黄色色泽，伴随着青绿色的光晕，浓郁但精致的草本植物芬芳缭绕其间，入口感到白色果肉水果的美味，口感活跃，虽然饱满度略有欠缺，但是余味十分绵长，动感十足。除此之外，帕斯多斯（Pas Dosé）的表现也十分抢眼，这款起泡酒芳香四溢。

| | | |
|---|---|---|
| ○ Valle d'Aosta Vin Blanc de Morgex et La Salle '15 | 🍷🍷 | 4 |
| ○ Valle d'Aosta Vin Blanc de Morgex et La Salle Le Sette Scalinate '14 | 🍷🍷 | 5 |
| ○ Valle d'Aosta Vin Blanc de Morgex et La Salle Pavese XVIII Pas Dosé '13 | 🍷🍷 | 5 |
| ○ Valle d'Aosta Vin Blanc de Morgex et La Salle Nathan '14 | 🍷 | 5 |
| ○ Valle d'Aosta Vin Blanc de Morgex et La Salle '14 | 🍷🍷 | 2* |
| ○ Valle d'Aosta Vin Blanc de Morgex et La Salle '13 | 🍷🍷 | 2* |
| ○ Valle d'Aosta Vin Blanc de Morgex et La Salle Nathan '12 | 🍷🍷 | 2* |

## Rosset Terroir

LOC. TORRENT DE MAILLOD, 4
11020 QUART [AO]
TEL. +39 0165774111
www.rosseterroir.it

藏酒销售
预约参观
年产量 20 000 瓶
葡萄种植面积 3 公顷

罗赛特酒庄（Rosset Terroir）创立于2001年，毫无疑问是瓦莱达奥斯塔产区最具现代性、最有创新性的酒庄之一。由于专注市场调查、沟通技巧以及生态的可持续发展性，罗赛特酒庄很快就大步踏上了出产高品质美酒的康庄大道。本地葡萄品种和国际葡萄品种在酒庄葡萄园中和谐共生，得到了年轻的酿酒师马提欧・莫雷托（Matteo Moretto）的悉心照料。酒庄主人尼古拉・罗赛特（Nicola Rosset）在国际酒业颇有经验，因此为酒庄开启了通往世界的大门，使罗赛特酒庄成为产区内全球驰名的著名酒庄之一。在今年的品鉴中，罗赛特酒庄的推荐酒品全部是年份酒。虽然彼此特质不同，但是所有出品美酒的高品质都如出一辙。值得一提的是罗赛特酒庄出品的2015年份科纳兰（Cornalin），这款佳酿绝对配得上"三杯奖"的美誉，果味动力十足，口感略辛辣，以本地葡萄品种酿造而成，吐露着胡桃和榛子的阵阵醇香，酒体饱满丰盈，口感精致而均衡。除此之外，2014年份和2015年份的西拉（Syrah）也都表现精彩；相比较而言，霞多丽（Chardonnay）则需要更多时间，酒质依然处于持续进化之中。

| | |
|---|---|
| ● Valle d'Aosta Cornalin '15 | YYY 4* |
| ● Valle d'Aosta Syrah '15 | YY 4 |
| ● Valle d'Aosta Syrah '14 | YY 4 |
| ○ Valle d'Aosta Chardonnay '14 | YY 4 |
| ● Valle d'Aosta Cornalin '14 | YY 4 |
| ● Valle d'Aosta Syrah '13 | YYY 4* |
| ○ Valle d'Aosta Chardonnay '13 | YY 4 |
| ○ Valle d'Aosta Chardonnay '12 | YY 4 |
| ○ Valle d'Aosta Chardonnay '07 | YY 4 |
| ● Valle d'Aosta Cornalin '13 | YY 4 |
| ● Valle d'Aosta Syrah '12 | YY 4 |
| ● Valle d'Aosta Syrah '07 | YY 4 |
| ● Valle d'Aosta Syrah '06 | YY 4 |

## La Vrille

LOC. GRANGEON, 1
11020 VERRAYES [AO]
TEL. +39 0166543018
www.lavrille-agritourisme.com

藏酒销售
预约参观
膳宿接待
年产量 16 000 瓶
葡萄种植面积 2.4 公顷
可持续发展酒庄

赫夫・德纪尧姆（Hervé Deguillame）和妻子卢西亚娜（Luciana）创立了迷人的威乐酒庄（La Vrille），酒庄位于一片怡人景致的环抱之中，群山林立塑造出自然的圆形剧场，悠然包围着威乐酒庄的小酒窖、葡萄园、农舍和餐厅——供应农庄自产的农产品，推荐名单上排名第一的当然是威乐酒庄生产的美酒佳酿。德纪尧姆夫妇是有机生产的先锋人物，他们以传统葡萄品种酿造的系列葡萄酒经过精心打造，产量十分有限，广受酒迷的追捧，包括馥美（Fumin）、科纳兰（Cornalin）以及各种版本的坎巴维莫斯卡托（Moscato di Chambave）。在今年的品鉴中，福莱提麝香葡萄酒（Muscat Flétri）勇夺"三杯奖"，这是一款口感精致、层次分明的美酒，吐露着过熟水果的阵阵果香，一抹焦糖的醇香萦绕其间；入口均衡，表现上佳，余韵颇为绵长。除此之外，威乐酒庄热情洋溢的馥美也展现出品种葡萄的特质，色泽如墨，散发着浓郁的果香，和着烟草叶的淡淡辛香，入口略显青涩，仍需继续陈年以达成更好的平衡口感。与此同时，黑比诺（Pinot Nero）和科纳兰都呈现出精彩的表现。

| | |
|---|---|
| ○ Valle d'Aosta Chambave Muscat Flétri '14 | YYY 7 |
| ● Valle d'Aosta Fumin '12 | YY 5 |
| ● Valle d'Aosta Cornalin '14 | YY 4 |
| ● Valle d'Aosta Pinot Noir '13 | YY 4 |
| ○ Valle d'Aosta Chambave Muscat '12 | YYY 4* |
| ○ Valle d'Aosta Chambave Muscat Flétri '11 | YYY 6 |
| ○ Valle d'Aosta Chambave Muscat Flétri '10 | YYY 5 |
| ○ Valle d'Aosta Chambave Muscat Flétri '07 | YYY 4* |
| ○ Valle d'Aosta Chambave Muscat '13 | YY 4 |
| ○ Valle d'Aosta Chambave Muscat Flétri '13 | YY 7 |

## La Crotta de Tanteun e Marietta

via Vevey, 23
11100 Aosta
Tel. +39 3341822471
www.lacrottadetanteunemarietta.it

藏酒销售
预约参观
年产量 10 000 瓶
葡萄种植面积 2.5 公顷

| | |
|---|---|
| ○ Valle d'Aosta Muscat Petit Grain '15 | 5 |
| ● Valle d'Aosta Rouge Farouche '14 | 5 |
| ○ Valle d'Aosta Pinot Gris Biselle '14 | 5 |

## Feudo di San Maurizio

fraz. Maillod, 44
11010 Sarre [AO]
Tel. +39 3383186831
www.vinievino.com

藏酒销售
预约参观
年产量 40 000 瓶
葡萄种植面积 7 公顷

| | |
|---|---|
| ● Pierrots '14 | 5 |
| ● Saro Djablo | 3 |
| ○ Valle d'Aosta Chardonnay '14 | 3 |
| ● Valle d'Aosta Fumin '14 | 4 |

## F.lli Grosjean

villaggio Ollignan, 1
11020 Quart [AO]
Tel. +39 0165775791
www.grosjean.vievini.it

藏酒销售
预约参观
年产量 90 000 瓶
葡萄种植面积 10 公顷
葡萄栽培方式 有机认证

| | |
|---|---|
| ● Valle d'Aosta Fumin V. Rovettaz '12 | 6 |
| ○ Valle d'Aosta Petite Arvine V. Rovettaz '15 | 5 |
| ● Valle d'Aosta Pinot Noir '15 | 5 |

## Institut Agricole Régional

loc. Région La Rochère, 1a
11100 Aosta
Tel. +39 0165215811
www.iaraosta.it

藏酒销售
预约参观
年产量 50 000 瓶
葡萄种植面积 7.3 公顷

| | |
|---|---|
| ● Valle d'Aosta Vuillermin '14 | 5 |
| ○ Valle d'Aosta Petite Arvine '15 | 4 |
| ● Valle d'Aosta Pinot Noir Sang des Salasses '14 | 5 |

## La Source

loc. Bussan Dessous, 1
11010 Saint Pierre
Tel. +39 0165904038
www.lasource.it

藏酒销售
预约参观
年产量 40 000 瓶
葡萄种植面积 7 公顷

| | |
|---|---|
| ● Valle d'Aosta Torrette Sup. '13 | 3 |
| ● Valle d'Aosta Cornalin '14 | 3 |

## Maison Albert Vevey

fraz. Villair
s.da del Villair, 67
11017 Morgex [AO]
Tel. +39 0165808930
www.vievini.it

藏酒销售
预约参观
年产量 7 000 瓶
葡萄种植面积 1.5 公顷

| | |
|---|---|
| ○ Valle d'Aosta Blanc de Morgex et de La Salle '15 | 4 |

# 皮埃蒙特区
# PIEDMONT

没有人会怀疑内比奥罗葡萄（Nebbiolo）的丰富文化内涵以及卓越超凡的产量和质量——在《2017年意大利葡萄酒年鉴》中，皮埃蒙特产区（Piedmont）有75款顶级佳酿勇夺“三杯奖”，其中58款都是内比奥罗酒。不过，试着设想一下正在发生的变化，或许是一个不错的主意。在这片被内比奥罗葡萄以绝对优势慢慢主宰的土地上，巴贝拉（Barbera）或者莫斯卡托（Moscato）等长期以来一直被认为平淡无奇的品种葡萄，以及多姿桃（Dolcetto）、柯蒂斯（Cortese）和厄柏露丝（Erbaluce）等在国际上已经有些名望，但是对于大部分消费者而言依然非常新奇的葡萄品种，还在这里不断地制造着令人振奋的新闻。甚至连露诗（Ruché）或者吉诺林诺（Grignolino）等几乎从未站上过“三杯奖”领奖台的葡萄品种也表现极为出色，它们仅在意大利葡萄酒的“史前时代”曾经得过奖——例如，斯卡帕酒庄（Scarpa）出品的1990年份罗萨峰露诗（Rouchet Bricco Rosa）曾经在《1992年意大利葡萄酒年鉴》中荣获“三杯奖”。在我们看来，世俗主义和生物多样性——彼此之间看似毫无关联的两个词儿——和平共存，共同引领着这些知名度仍不高的葡萄品种走上了“三杯奖”的领奖台。我们在给一种葡萄品种颁奖时并非没有评估过它的真正品质。这些美酒以实力粉碎了坊间势利的传说——所谓它们是受害者；卓越的美酒总能得到表达的机会。在精彩的2015年采收酿造季的帮助下，一款吉诺林诺酒首次斩获了“三杯奖”，这条新闻令人感到兴奋的另一个原因在于这款美酒出自维卡拉酒庄（Vicara）——一座历史悠久的酒庄。蒙托贝拉酒庄（Montalbera）的卓越出品令露诗酒重回巅峰。在今年的年鉴中，亚历山德里亚产区（Alessandria）与阴沉的2014年采收酿造季进行了艰苦卓绝的斗争，发生了一些翻天覆地的变化，这里出产的帝莫拉索（Timorasso）和托托尼斯（Tortonese）错失了“三杯奖”；而嘉维酒（Gavi）却一下子拿下了三座“三杯奖”奖杯，成功的2015年采收酿造季兑现了美味的诺言，同时也极大地帮助阿斯蒂莫斯卡托（Moscato D’Asti）恢复了它的光洁雅致，此前出于气候原因它的色泽一度略显晦暗。在其他获得了“三杯奖”的美酒中，卡内里（Canelli）次产区的卓越表现不得不提，令人惊叹。还要特殊表扬首次凭借出品斩获“三杯奖”的六座酒庄，除了那些我们已经提到过的名字，我们还应当记住上皮埃蒙特产区（Alto Piemonte）的普莱弗斯拉特（La Prevosturat）、嘉维产区的圣巴特洛蒙酒庄（San Bartolomeo），以及朗格产区（Langa）的帕拉迪诺酒庄（Palladino）和维特柯尔特（Vite Colte）。

## 460 Casina Bric

loc. Cascina Bricco
fraz. Vergne
via Sorello, 1a
12060 Barolo [CN]
Tel. +39 335283468
www.casinabric-barolo.it

藏酒销售
预约参观
年产量 45 000 瓶
葡萄种植面积 10 公顷

吉安卢卡·维博帝（Gianluca Viberti）的座右铭是“钻研与耐心”，这充分显示出他对于土壤和酿酒研究的热衷，一年又一年，这种钻研精神无疑令他酿造的葡萄酒日臻完美。巴罗洛（Barolo）的布里科酒庄（Cascina Bric）坐落在海拔460米的山坡上，地处拉莫拉塞拉德纳瑞小村（Serradenari in La Morra）的酒庄葡萄园则位于海拔更高处，保证了出产巴罗洛葡萄酒的清爽气质和鲜美口感。布里科酒庄出品的美酒风格经典，长时间浸渍且使用中等尺寸的橡木桶塑造了清淡不肥腻的酒质，口感优雅集中。布里科酒庄在2012年采收季只酿造了一款巴罗洛酒，这款混酿的酿造葡萄来自拉莫拉和巴罗洛产区海拔最高的六座顶级葡萄园，如此缔造出一款给人带来极度享受的美酒。这款混酿气质悦动，吐露着繁花和干草的混合芳香，非常诱人，并且一抹烟草和甘草的醇香萦绕其间，口感十分和谐，单宁强劲，酸度突出。除此之外，让我们耐心等候布里科酒庄传统酿造法阿尔巴内比奥罗（Nebbiolo d' Alba Metodo Classico）的下一次发布，虽然在今年的品鉴中，我们发现二次发酵伦戈云裳内比奥罗（Nebbiolo Charmat Lungo Prêt-à-Porter）已经非常吸引人了。

| | |
|---|---|
| ● Barolo '12 | 🍷🍷 6 |
| ⊙ Nebbiolo d'Alba Brut Rosè Prêt-à-Porter Collezione N°8 | 🍷🍷 4 |
| ● Ansj | 🍷 4 |
| ● Ansj '11 | 🍷🍷 4 |
| ● Barolo '11 | 🍷🍷 6 |
| ● Barolo '10 | 🍷🍷 6 |
| ● Barolo Bricco delle Viole '11 | 🍷🍷 7 |
| ● Barolo Bricco delle Viole '10 | 🍷🍷 7 |

## ★Abbona

b.go San Luigi, 40
12063 Dogliani [CN]
Tel. +39 0173721317
www.abbona.com

藏酒销售
预约参观
年产量 350 000 瓶
葡萄种植面积 50 公顷

继20世纪70年代推出了第一款葡萄酒之后，玛奇埃罗·阿伯纳（Marziano Abbona）出品的祖父塞尔索多姿桃（Dolcetto Papà Celso）取得了全球性的轰动，不过他拒绝躺在成绩簿上止步不前，而是以同样的激情和决心投入到巴罗洛葡萄酒的生产中，买下了诺韦洛（Novello）和阿尔巴蒙福特（Monforte d' Alba）颇具名望的葡萄园。阿伯纳当然也没有忽略巴巴莱斯科（Barbaresco）、阿尔巴内比奥罗（Nebbiolo d' Alba）以及朗格内比奥罗（Langhe Nebbiolo）美酒的酿造，采用上述产区最具代表性的酿造葡萄进行生产；当然还包括阿内斯（Arneis）——相邻的罗埃罗产区（Roero）最典型的白葡萄品种。阿伯纳唯一种植的国际葡萄品种是维欧尼（Viognier），只用于齐内瑞诺朗格白葡萄酒（Langhe Bianco Cinerino）的酿造，并且取得了不俗的成绩。在今年的品鉴中，2015年份的多姿桃表现突出，同年份的祖父塞尔索多姿桃比以往更加浓郁集中、富有潜力，同时也没有失去以往年份酒的优雅气质和美味口感。它吐露着黑莓的阵阵果香，融入杏仁的缕缕醇香，无愧于我们赋予它的顶级大奖。除此之外，2011年份的瑟维艾诺巴罗洛葡萄酒（Barolo Cerviano）酒体非常平衡，令人叹为观止。2012年份的巴罗洛（Barolo）非常质朴有力，无疑拥有惊人的陈年能力，果香四溢；相比较而言，令人愉悦的同年份拉维拉巴罗洛葡萄酒（Ravera）则口感较为轻快。

| | |
|---|---|
| ● Dogliani Papà Celso '15 | 🍷🍷🍷 4* |
| ● Barolo Cerviano '11 | 🍷🍷 8 |
| ● Barolo Pressenda '12 | 🍷🍷 7 |
| ● Barolo Ravera '12 | 🍷🍷 7 |
| ● Dogliani San Luigi '15 | 🍷🍷 3 |
| ○ Langhe Bianco Cinerino '15 | 🍷🍷 4 |
| ● Nebbiolo d'Alba Bricco Barone '14 | 🍷🍷 4 |
| ● Barbera d'Alba Rinaldi '15 | 🍷 4 |
| ● Barolo Cerviano '10 | 🍷🍷🍷 7 |
| ● Barolo Terlo Ravera '08 | 🍷🍷🍷 6 |
| ● Barolo Terlo Ravera '06 | 🍷🍷🍷 6 |
| ● Dogliani Papà Celso '13 | 🍷🍷🍷 4* |
| ● Dogliani Papà Celso '11 | 🍷🍷🍷 3* |
| ● Dogliani Papà Celso '09 | 🍷🍷🍷 3 |
| ● Dogliani Papà Celso '07 | 🍷🍷🍷 3 |
| ● Dogliani Papà Celso '06 | 🍷🍷🍷 3 |

## Anna Maria Abbona

FRAZ. MONCUCCO, 21
12060 FARIGLIANO [CN]
TEL. +39 0173797228
www.annamariabbona.it

藏酒销售
预约参观
年产量 75 000 瓶
葡萄种植面积 14 公顷

安娜·玛利亚·阿伯纳（Anna Maria Abbona）和弗朗科·斯凯利诺（Franco Schellino）的酒庄即将迎来成立二十周年的纪念日，该酒庄日益成为意大利丰富多彩的多利亚尼葡萄酒（Dogliani）世界中坚定可靠的中心角色。毫无疑问，多姿桃（Dolcetto）依然是酒庄的重点产品，拥有三种多利亚尼款式，口感复杂度和紧实度各异。然而，经过多年的发展，安娜玛利亚伯纳酒庄也自信地迈入了白葡萄酒的生产领域，出品朗格雷司令（Langhe Riesling）、纳斯塔（Nascetta）和巴罗洛（Barolo），如今已经推出了第四季年份酒。酒品系列的扩展伴随着酒品质量的不断提升，尤其是巴罗洛酒的品质提高明显。在今年的品鉴中，2012年的巴罗洛余韵绵长，口感精美，酒体和谐，散发着经典的柑橘清香，令人心旷神怡。2014年份的超级马利多利亚尼（Dogliani Superiore Maioli）也表现精彩，它的质地华美，无疑是该年份精美的多姿桃葡萄酒之一，吐露着深色水果的阵阵果香，融入甘草的缕缕醇香。与此同时，年轻的2015年份阿尔巴巴贝拉（Barbera d' Alba）口感并不复杂，非常易于入口，给人带来愉悦的享受。

| | | |
|---|---|---|
| ● Barolo '12 | 🍷🍷 | 6 |
| ● Dogliani Sup. Maioli '14 | 🍷🍷 | 3* |
| ● Barbera d'Alba '15 | ΨΨ | 2* |
| ● Dogliani Sorì dij But '15 | ΨΨ | 2* |
| ● Dogliani Sup. San Bernardo '13 | ΨΨ | 4 |
| ● Langhe Nebbiolo '13 | ΨΨ | 3 |
| ⊙ Rosà '15 | ΨΨ | 3 |
| ● Langhe Dolcetto '15 | Ψ | 2 |
| ○ Langhe Riesling L'Alman '14 | Ψ | 3 |
| ● Langhe Rosso Cadò '12 | Ψ | 5 |
| ● Dogliani Sup. San Bernardo '12 | YYY | 4* |
| ● Dogliani Sup. San Bernardo '11 | YYY | 4* |
| ● Barolo '11 | YY | 6 |
| ● Barolo '10 | YY | 6 |
| ● Barolo '09 | YY | 6 |
| ● Dogliani Sup. Maioli '10 | YY | 3* |

## Orlando Abrigo

VIA CAPPELLETTO, 5
12050 TREISO [CN]
TEL. +39 0173630533
www.orlandoabrigo.it

藏酒销售
预约参观
膳宿接待
年产量 80 000 瓶
葡萄种植面积 20 公顷
可持续发展酒庄

尽管已经拥有了多年的行业经验，而且还在不断努力打造自己的酒庄，乔瓦尼·艾博里格（Giovanni Abrigo）实际上年纪并不大。今天的艾博里格可以为自己的顶级葡萄园而感到骄傲，由于地处巴巴莱斯科产区（Barbaresco）最南端的荒野地带，此前这样优秀的葡萄园令人遗憾地并没有得到应有的重视。艾博里格酒庄出品的红葡萄酒飘散着浓郁果肉的经典风味，以中和此片次产区的土壤赋予酿造葡萄天然的艰涩口感。艾博里格酒庄还推出了许多以国际葡萄品种酿造的创新美酒，一再证明了乔瓦尼对于酿造创新和实验的浓厚兴趣。在今年的品鉴中，酒庄推荐的三款巴巴莱斯科（Barbaresco）都散发着诱人浓郁的芬芳，验证了酿酒师的高超技艺以及原料葡萄的优良品质。其中，2013年份的蒙特斯诺巴巴莱斯科（Montersino）更是以卓越表现脱颖而出，它的香氛美妙，吐露着深色莓果的阵阵芳香，一抹草本植物的清香若有似无地飘散其间。不过从总体上而言，艾博里格酒庄的全系列酒品都呈现出精彩的表现，尤其值得一提的是利弗莱（Livraie）——一款清爽多汁的梅洛美酒（Merlot）。

| | | |
|---|---|---|
| ● Barbaresco Montersino '13 | 🍷🍷 | 7 |
| ● Barbaresco Rongalio Ris. '11 | 🍷🍷 | 8 |
| ● Barbaresco Meruzzano '13 | ΨΨ | 5 |
| ● Barbera d'Alba Roreto '14 | ΨΨ | 3 |
| ● Langhe Rosso Livraie '13 | ΨΨ | 4 |
| ○ Langhe Très Plus '14 | ΨΨ | 3 |
| ● Langhe Nebbiolo Settevie '14 | Ψ | 3 |
| ○ Moscato d'Asti '15 | Ψ | 2 |
| ○ Sauvignon D'Amblè '15 | Ψ | 3 |
| ● Barbaresco Meruzzano '12 | YY | 5 |
| ● Barbaresco Meruzzano '11 | YY | 5 |
| ● Barbaresco Montersino '12 | YY | 7 |
| ● Barbera d'Alba Mervisano '10 | YY | 3* |
| ● Barbera d'Alba Roreto '13 | YY | 3 |
| ● Langhe Nebbiolo Settevie '13 | YY | 3 |
| ● Nebbiolo d'Alba Valmaggiore '12 | YY | 5 |

## ★Giulio Accornero e Figli

Cascina Ca' Cima, 1
15049 Vignale Monferrato [AL]
Tel. +39 0142933317
www.accornerovini.it

藏酒销售
预约参观
膳宿接待
年产量 100 000 瓶
葡萄种植面积 22 公顷
可持续发展酒庄

埃尔曼诺（Ermanno）总是能酿出好酒。他最近酿造的老藤吉诺林诺（Grignolino Vigne Vecchie）已经成为推动大多数产区发展的动力，而且足以与皮埃蒙特（Piedmont）的世界顶级美酒相媲美。如今朱利奥阿科尔内罗酒庄（Giulio Accornero e Figli）只差最后一步，就是申请新近成立的财团认证陈酿（Riserva），以达成保证团结的大规模生产协议。与此同时，随着品酒者越来越喜爱阿科尔内罗酒庄的出品，美酒的产量也越来越高。埃尔曼诺总能满足我们的期待，在今年的品鉴中，他推荐的酒品真是令人大吃一惊，其中三款佳酿都赫然现身我们的大奖竞争者榜单。最终斩获“三杯奖”的是2011年份的博斯科峰老藤酒（Bricco del Bosco Vigne Vecchie），这款大师级的美酒口感集中而复杂，余韵绵延，似无尽头，让人欲罢不能。2013年份巴蒂斯塔峰美酒（Bricco Battista）的表现也相当精彩，散发着令人难以置信的复杂香气，口感非常恢宏。

- ● Barbera del M.to Sup. Bricco Battista '13 🍷🍷🍷 5
- ● Barbera del M.to Sup. Cima Riserva della Casa '11 🍷🍷 8
- ● Grignolino del M.to Casalese Bricco del Bosco V. V. '11 🍷🍷 6
- ● Barbera del M.to Giulin '14 ▼▼ 3
- ● Cabernet Sauvignon Centenario '11 ▼▼ 5
- ● Casorzo Brigantino '15 ▼▼ 2*
- ○ Fonsìna '15 ▼▼ 2*
- ● Grignolino del M.to Casalese Bricco del Bosco '15 ▼▼ 2*
- ● M.to Girotondo '13 ▼▼ 4
- ● Piemonte Barbera Campomoro '14 ▼ 2
- ● Barbera del M.to Sup. Bricco Battista '12 ▽▽▽ 5
- ● Barbera del M.to Sup. Bricco Battista '11 ▽▽▽ 5

## Marco e Vittorio Adriano

fraz. San Rocco Seno d'Elvio, 13a
12051 Alba [CN]
Tel. +39 0173362294
www.adrianovini.it

藏酒销售
预约参观
年产量 160 000 瓶
葡萄种植面积 27 公顷
可持续发展酒庄

马可·阿德里亚诺（MarcoAdriano）和维托里奥·阿德里亚诺（Vittorio Adriano）兄弟漂亮的酒庄位于位于阿尔巴地区（Alba）的小村庄圣洛克·赛诺·埃尔维奥（San Rocco Seno d' Elvio)。作为酿酒师的兄弟二人早年经受了不少考验，克服了很多困难，做出了许多牺牲，才写就了拥有欢乐大结局的故事。今天，阿德里亚诺酒庄的系列酒品以稳定的高品质、别具一格的风味以及卓越的收藏价值而声名远扬。然而，阿德里亚诺酒庄最吸引人的产品还是在3500升至5000升的斯拉沃尼亚（Slavonian）橡木桶中缓慢陈年的巴巴莱斯科葡萄酒（Barbarescos）——从布里科葡萄园（Bricco）和法拉蒂葡萄园（Frati）采收葡萄酿造的萨纳达耶夫（Sanadaive）；以及自2004年起从纳维（Neive）的巴萨瑞葡萄园（Basarin cru）采收葡萄酿造的珍藏陈酿（Riserva）。在今年的品鉴中，2011年份的巴萨瑞陈酿（Basarin Riserva）交出了完美的答卷，它散发着甜美的水果香气，缕缕油封芬芳若有似无地飘散其间，和着香料的醇香和甜菜根的气息，口感质朴鲜明，在味蕾上层层蔓延开来。与此同时，2013年份的萨纳达耶夫巴巴莱斯科和巴萨瑞巴巴莱斯科的香气还都相对封闭，但是2015年份的巴萨瑞克苏维翁（Sauvignon Basarico）的品质相当出众。

- ● Barbaresco Basarin Ris. '11 🍷🍷 6
- ○ Ardì ▼▼ 2*
- ● Barbaresco Basarin '13 ▼▼ 5
- ● Barbaresco Sanadaive '13 ▼▼ 4
- ● Barbera d'Alba '15 ▼▼ 2*
- ● Barbera d'Alba Sup. '13 ▼▼ 2*
- ● Dolcetto d'Alba '15 ▼▼ 2*
- ○ Langhe Sauvignon Basarico '15 ▼▼ 3
- ● Langhe Freisa '15 ▼ 2
- ● Langhe Nebbiolo '14 ▼ 3
- ○ Moscato d'Asti '15 ▼ 3
- ● Barbaresco Basarin '12 ▽▽ 4
- ● Barbaresco Sanadaive '12 ▽▽ 4
- ● Langhe Nebbiolo '13 ▽▽ 3

## Claudio Alario

via Santa Croce, 23
12055 Diano d'Alba [CN]
Tel. +39 0173231808
www.alarioclaudio.it

藏酒销售
预约参观
年产量 46 000 瓶
葡萄种植面积 10 公顷

克劳迪奥·阿莱瑞欧（Claudio Alario）是一位天生的葡萄栽培师，而且他很快就证明了自己还是一位难得的酿酒大师，他酿造的美酒保持了一贯的饱满果味，由于合理适当地使用橡木桶，因而总能呈现出纯净美味、令人愉悦的特色。阿莱瑞欧酿造出了阿尔巴蒂安诺地区最精美的多姿桃葡萄酒（Dolcetto di Diano d'Alba），几年后，他又将阵线转移到了巴罗洛葡萄酒的生产上，买下了韦尔杜诺（Verduno）的瑞瓦洛卡顶级葡萄园（Riva Rocca cru）以及阿尔巴塞拉伦加（Serralunga d'Alba）的索拉诺顶级葡萄园（Sorano cru）的种植地块。与此同时，阿莱瑞欧酒庄的酒品一直保持着相对低廉的价格，使其酒品广销国内外。在今年的品鉴中，2015年份的苏丽可塔费雷（Sorì Costa Fiore）口感强劲有力，会在接下来的数月中在瓶中缓慢陈年，逐渐柔和起来。相比较而言，2014年份的苏丽普度伦特（Sorì Pradurent）则略显成熟，有绿蔬风味；而2015年份的苏丽蒙塔格里奥（Sorì Montagrillo）还依然年轻。2012年份的瑞瓦洛卡巴罗洛（Barolo Riva Rocca）精心酿造，吐露着浓郁的辛香，入口浓郁，就力道而言，口感更重优雅。

| | |
|---|---|
| ● Barolo Riva Rocca '12 | 🍷🍷 5 |
| ● Dolcetto di Diano d'Alba Costa Fiore '15 | 🍷🍷 2* |
| ● Barolo Sorano '12 | 🍷🍷 6 |
| ● Dolcetto di Diano d'Alba Sorì Montagrillo '15 | 🍷🍷 2* |
| ● Dolcetto di Diano d'Alba Sup. Sorì Pradurent '14 | 🍷 3 |
| ● Barolo Sorano '05 | 🍷🍷🍷 7 |
| ● Barolo Riva Rocca '11 | 🍷🍷 5 |
| ● Barolo Riva Rocca '10 | 🍷🍷 6 |
| ● Barolo Sorano '09 | 🍷🍷 6 |
| ● Dolcetto di Diano d'Alba Sorì Costa Fiore '14 | 🍷🍷 2* |
| ● Dolcetto di Diano d'Alba Sorì Costa Fiore '13 | 🍷🍷 2* |

## ★F.lli Alessandria

via B. Valfré, 59
12060 Verduno [CN]
Tel. +39 0172470113
www.fratellialessandria.it

藏酒销售
预约参观
年产量 80 000 瓶
葡萄种植面积 14 公顷

若要探索亚历山德里亚兄弟（Alessandria）酿造的美酒以及韦尔杜诺产区（Verduno）的巨大潜力，品鉴皮拉维加（Pelaverga）和内比奥罗（Nebbiolo）无疑是完美的选择。在儿子维托雷·亚历山德里亚（Vittore Alessandria）的协助下，无所不知的亚历山德罗·亚历山德里亚（Alessandro Alessandria）和吉安·巴蒂斯塔·亚历山德里亚（Gian Battista Alessandria）长期以来一直生产品质极佳的美酒。亚历山德里亚酒庄的代表性酒品毫无疑问是巴罗洛特酿（Barolo Crus）：包括韦尔杜诺的蒙维格里罗（Monvigliero）和圣罗兰佐（San Lorenzo）以及阿尔巴蒙福特（Monforte d'Alba）的格雷姆里尔（Gramolere），它们无疑都是产地的经典之作，口感同样的朴实轻盈。它们都在2000升或者3000升的法国橡木桶中陈年，但是酿造过程中的选择对美酒的一贯风格起到越来越重要的辅助作用。今年的品鉴与往年一样，令我们享受了多款巴罗洛美酒的饕餮大宴。2012年份的蒙维格里罗巴罗洛勇夺"三杯奖"，它散发着诱人的幽香，口感精美，洋溢着缕缕水果的果香，融入香料的雅致芬芳。与此同时，2012年份的圣罗兰佐巴罗洛的香氛交融着丝丝焦油的醇香和甘草香，入口很有力道，而且口感绝不干涩。除此之外，2012年份的格雷姆里尔非常经典，散发着野草莓的芬芳，一抹烟草的醇香缭绕其间，还有淡淡甘草香更添风情。

| | |
|---|---|
| ● Barolo Monvigliero '12 | 🍷🍷🍷 6 |
| ● Barolo Gramolere '12 | 🍷🍷 6 |
| ● Barolo San Lorenzo di Verduno '12 | 🍷🍷 6 |
| ● Barolo '12 | 🍷🍷 5 |
| ○ Langhe Favorita '15 | 🍷🍷 2* |
| ● Verduno Pelaverga Speziale '15 | 🍷🍷 3 |
| ● Barolo Gramolere '11 | 🍷🍷🍷 6 |
| ● Barolo Gramolere '10 | 🍷🍷🍷 6 |
| ● Barolo Gramolere '05 | 🍷🍷🍷 6 |
| ● Barolo Monvigliero '09 | 🍷🍷🍷 6 |
| ● Barolo Monvigliero '06 | 🍷🍷🍷 6 |
| ● Barolo Monvigliero '00 | 🍷🍷🍷 6 |
| ● Barolo S. Lorenzo '08 | 🍷🍷🍷 6 |
| ● Barolo S. Lorenzo '04 | 🍷🍷🍷 6 |
| ● Barolo S. Lorenzo '01 | 🍷🍷🍷 6 |

## ★Gianfranco Alessandria

LOC. MANZONI, 13
12065 MONFORTE D'ALBA [CN]
TEL. +39 017378576
www.gianfrancoalessandria.com

藏酒销售
预约参观
年产量 50 000 瓶
葡萄种植面积 7 公顷

虽然许多朗格地区（Langhe）的酒庄大范围回归传统酿造方式并采用大型木桶陈年，詹弗兰科·亚历山德里亚（Gianfranco Alessandria）依然自信地采用现代酿造方法，使用小木桶陈年，并且坚信这是酿出品质如一、优雅精致美酒的关键所在。实际上，詹弗兰科出品的整个葡萄酒系列都具有鲜明的特色，尤其是两款旗舰美酒——圣乔凡尼巴罗洛（Barolo San Giovanni）以及维特利亚阿尔巴巴贝拉（Barbera d' Alba Vittoria）——一贯呈现出鲜明的果味，吐露着辛辣的芬芳，口感始终令人感到愉悦，略有烘焙和烟熏风情。在今年的品鉴中，2012年份的圣乔凡尼巴罗洛杀入了角逐“三杯奖”大奖的决赛圈，它散发着优雅的烟草香，融入甘草的缕缕醇香，继而洋溢着皮革的醇浓气息，入口感到清爽且浓郁的红莓果滋味，恢宏壮阔的口感富含奶油般甜美的滋味，优雅的单宁保证了如丝般柔滑的酒骨。与此同时，2013年份的维特利亚阿尔巴巴贝拉也十分美味，这款混酿蕴含着红色水果的成熟美味；2014年份的巴贝拉（Barbera）清爽简单；2015年份的阿尔巴多姿桃（Dolcetto d' Alba）则气质优雅，多汁饱满。

| | | |
|---|---|---|
| ● Barbera d'Alba Vittoria '13 | 🍷🍷 | 5 |
| ● Barolo S. Giovanni '12 | 🍷🍷 | 7 |
| ● Barolo '12 | ŸŸ | 6 |
| ● Dolcetto d'Alba '15 | ŸŸ | 3 |
| ● Barbera d'Alba '15 | Ÿ | 3 |
| ● Barbera d'Alba Vittoria '11 | YYY | 5 |
| ● Barolo S. Giovanni '04 | YYY | 7 |
| ● Barolo S. Giovanni '01 | YYY | 7 |
| ● Barolo S. Giovanni '00 | YYY | 7 |
| ● Barolo S. Giovanni '99 | YYY | 8 |
| ● Barolo S. Giovanni '98 | YYY | 7 |
| ● Barolo S. Giovanni '97 | YYY | 7 |
| ● Barbera d'Alba Vittoria '12 | YY | 5 |
| ● Barolo S. Giovanni '11 | YY | 7 |
| ● Barolo S. Giovanni '10 | YY | 7 |

## Marchesi Alfieri

P.ZZA ALFIERI, 28
14010 SAN MARTINO ALFIERI [AT]
TEL. +39 0141976015
www.marchesialfieri.it

藏酒销售
预约参观
膳宿接待
年产量 100 000 瓶
葡萄种植面积 20 公顷

圣日耳曼诺（San Germano）的圣·马尔蒂诺（San Martino）姐妹拥有马尔凯斯阿尔菲利酒庄（Marchesi Alfieri），她们在阿斯蒂省（Asti）出产一系列趣味盎然的美酒，已经超过三十年的时间，是当地最出色的葡萄酒生产商之一。马尔凯斯阿尔菲利酒庄主要生产巴贝拉葡萄酒（Barbera），酒庄葡萄园中75%的酿造葡萄都是巴贝拉，其中不乏八十年的老藤。除此之外，加上吉诺林诺（Grignolino）、黑比诺（Pinot nero）和内比奥罗（Nebbiolo），组成了顶级红葡萄酒系列，不仅口感复杂而优雅，而且结构紧实，果味丰盈。在今年的品鉴中，2013年份的超级阿尔菲利阿斯蒂巴贝拉（Barbera d' Asti Superiore Alfiera）再次证明了自己堪当酒庄旗舰酒品的高品质。这款美酒散发着红莓果的阵阵果香，一抹雨后大地的泥土芬芳萦绕其间，继而和着依然明显的橡木芳香，口感结构紧实，入口有力且力道持久。2012年份的圣日耳曼诺皮埃蒙特黑比诺（Piemonte Pinot Nero San Germano）散发着典型的黑莓果芬芳，口感清爽多汁，果浆质感明显，单宁呈颗粒感。除此之外，2015年份的桑索埃罗皮埃蒙特吉诺林诺（Piemonte Grignolino Sansoero）呈现出怡人的酸度，2014年份的托达阿斯蒂巴贝拉（Barbera d' Asti La Tota）非常易于入口，两款酒都体现出精湛的酿造水平。

| | | |
|---|---|---|
| ● Barbera d'Asti Sup. Alfiera '13 | 🍷🍷 | 5 |
| ● Barbera d'Asti La Tota '14 | ŸŸ | 3 |
| ● Piemonte Grignolino Sansoero '15 | ŸŸ | 2* |
| ● Piemonte Pinot Nero San Germano '12 | ŸŸ | 5 |
| ● M.to Rosso Sostegno '14 | Ÿ | 2 |
| ● Terre Alfieri Nebbiolo Costa Quaglia '12 | Ÿ | 4 |
| ● Barbera d'Asti Sup. Alfiera '07 | YYY | 5 |
| ● Barbera d'Asti Sup. Alfiera '05 | YYY | 5 |
| ● Barbera d'Asti Sup. Alfiera '01 | YYY | 5 |
| ● Barbera d'Asti La Tota '13 | YY | 3* |
| ● Barbera d'Asti Sup. Alfiera '12 | YY | 5 |
| ● M.to Rosso Sostegno '13 | YY | 2* |
| ● Piemonte Grignolino Sansoero '14 | YY | 2* |

## Giovanni Almondo

via San Rocco, 26
12046 Montà [CN]
Tel. +39 0173975256
www.giovannialmondo.com

预约参观
年产量 110 000 瓶
葡萄种植面积 16 公顷
可持续发展酒庄

阿曼多家族（Almondo）在罗埃罗产区（Roero）已经经营生活了数个世纪。阿曼多酒庄创立于1978年，如今的掌门人是多梅尼科·阿曼多（DomenicoAlmondo）。乔瓦尼阿曼多酒庄（Giovanni Almondo）所有的葡萄园都位于海拔280米和360米之间的蒙塔（Montà）边界地带，其中包括许多顶级的葡萄园，例如种植阿内斯（Arneis）的樱桃峰葡萄园（Bricco delle Ciliegie）以及种植内比奥罗（Nebbiolo）的布里科瓦尔迪安娜葡萄园（Bric Valdiana）。酒庄的葡萄园主要种植阿内斯葡萄，种植面积达到12公顷至16公顷。2013年份的罗埃罗乔瓦尼阿曼多珍藏陈酿（Roero Giovanni Almondo Riserva）保持了与以往一样的高品质，再次证明了自己是最精美的罗埃罗地区美酒之一。2013年份酒散发着红莓果的跃动果香，融入烟草的缕缕醇香，更有覆盆子的甜美香气融入其中，一抹香料的辛香若有似无地飘散，口感多汁，果味饱满丰盈，深邃的质感给人留下深刻的印象。2015年份的樱桃峰园罗埃罗阿内斯（Roero Arneis Bricco delle Ciliegie）同样展现出精湛的酿造技术，散发着茉莉花般的幽香，融入柑橘甜美的芬芳，入口感到黄色果肉水果的美味，余韵绵长，收口令人愉悦。除此之外，该酒庄的其他系列酒品也都品质不俗。

| | | |
|---|---|---|
| ● Roero Giovanni Almondo Ris. '13 | 🍷🍷🍷 | 5 |
| ○ Roero Arneis Bricco delle Ciliegie '15 | 🍷🍷 | 3* |
| ○ Langhe Riesling Sassi e Sabbia '15 | ▼ | 4 |
| ● Roero '14 | ▼ | 3 |
| ● Roero Bric Valdiana '11 | ▽▽▽ | 5 |
| ● Roero Bric Valdiana '07 | ▽▽▽ | 5 |
| ● Roero Bric Valdiana '03 | ▽▽▽ | 5 |
| ● Roero Giovanni Almondo Ris. '11 | ▽▽▽ | 5 |
| ● Roero Giovanni Almondo Ris. '09 | ▽▽▽ | 5 |
| ● Barbera d'Alba Valbianchèra '13 | ▽▽ | 3* |
| ○ Roero Arneis Bricco delle Ciliegie '13 | ▽▽ | 3 |
| ● Roero Bric Valdiana '13 | ▽▽ | 5 |
| ● Roero Giovanni Almondo Ris. '12 | ▽▽ | 5 |

## ★★★Elio Altare Cascina Nuova

fraz. Annunziata, 51
12064 La Morra [CN]
Tel. +39 017350835
www.elioaltare.com

藏酒销售
预约参观
年产量 70 000 瓶
葡萄种植面积 11 公顷

收获了国际盛誉的纪录片《巴罗洛男孩》（Barolo Boys）向朗格产区（Langhe）的伊利奥·阿尔塔雷（Elio Altare）致敬，赞颂了这位先锋人物在发展和推广本地葡萄酒业国际化的过程中的宽广视野，并褒奖了他为此做出的巨大贡献。回顾历史，伊利奥的短时浸渍法和采用小橡木桶陈年等酿造实验的确影响了一整代酿酒师，当时的葡萄酒业呈现出与今天大不相同的图景。在内比奥罗（Nebbiolo）的世界中，始终存在创新与传统的永恒争论，如今对这种争论做出独立分析的时机终于成熟了。与过往一样，焦点一直集中在葡萄园的工作中，包括拉莫拉产区（La Morra）的安努齐亚塔葡萄园（Annunziata cru）、相比更新的塞拉伦加赛莱塔葡萄园（Bricco Cerretta in Serralunga）以及巴罗洛的卡努比葡萄园（Cannubi），都致力于成为产区的“新经典”。在今年的品鉴中，伊利奥·阿尔塔雷新酒庄出产的2010年份赛莱塔维吉纳布里科巴罗洛（Barolo Cerretta Vigna Bricco）是一款精致的现代美酒，以极为协调的壮阔香氛闻名，它吐露着诱人的香料辛香，融入红色莓果的阵阵果香，底蕴中透露出丝丝塞拉伦加产地独特的薄荷油清凉风味，口感结构紧致，给人留下深刻印象，收口余韵绵长，似无尽头。2012年份的阿波利纳园巴罗洛（Barolo Arborina）口感协调，辛辣滋味浓郁，融合了清爽的红莓果果味。

| | | |
|---|---|---|
| ● Barolo Cerretta V. Bricco '10 | 🍷🍷🍷 | 8 |
| ● Barolo Arborina '12 | 🍷🍷 | 8 |
| ● Barbera d'Alba '15 | ▼▼ | 4 |
| ● Barolo '12 | ▼▼ | 8 |
| ● Langhe Giàrborina '14 | ▼▼ | 8 |
| ● Langhe La Villa '14 | ▼▼ | 8 |
| ● Langhe Larigi '14 | ▼▼ | 8 |
| ● Langhe Nebbiolo '15 | ▼▼ | 4 |
| ● Dolcetto d'Alba '15 | ▼ | 3 |
| ● Barolo Arborina '09 | ▽▽▽ | 8 |
| ● Barolo Cerretta V. Bricco '06 | ▽▽▽ | 8 |
| ● Barolo Cerretta V. Bricco '05 | ▽▽▽ | 8 |
| ● Langhe Arborina '08 | ▽▽▽ | 8 |
| ● Langhe Larigi '13 | ▽▽▽ | 8 |
| ● Langhe Larigi '12 | ▽▽▽ | 8 |
| ● Langhe Larigi '07 | ▽▽▽ | 7 |

## Amalia Cascina in Langa

Loc. Sant'Anna, 85
12065 Cuneo
Tel. +39 0173789013
www.cascinaamalia.it

藏酒销售
预约参观
膳宿接待
年产量 60 000 瓶
葡萄种植面积 14 公顷
可持续发展酒庄

阿米利亚酒庄（Amalia Cascina）是一家去年首次出现在本年鉴中的优秀酒庄，今年它凭借精彩的表现获得了整篇幅的详细介绍。酒庄主人布法家族（Boffa）非常注重酿造的品质和细节，正如他们位于阿尔巴蒙福特的圣安娜（Sant' Anna di Monforte d' Alba）的可爱旅馆以及酒窖中收藏的艺术品展示出来的那样——其中尤其令人骄傲的是收藏了不少洛朵拉（Lodola）和斯基法诺（Schifano）的名作。阿米利亚酒庄在非常短的时间内取得了巨大的技术进步，他们出品的巴贝拉（Barbera）和巴罗洛（Barolo）精美地传递出这片位于巴罗洛DOCG产区南部角落肥沃土地的巨大潜力。出乎所有人的意料，阿米利亚酒庄2011年份的巴罗洛酒呈现出清爽的水果美味，与此同时也保存了内比奥罗（Nebbiolo）的复杂口感，而且酒体协调，极容易入口。与之相比，勒克斯特（Le Coste）的单宁则紧密浓厚，现在还不太容易入口。除此之外，还有两款巴罗洛酒令人喜出望外，这两款美酒各具特色，而且截然相反，2015年份酒一入口就感到爆裂的果味，而2013年份的超级巴罗洛（Superiore）则呈现诱人的贵族般的高雅特性。

- ● Barolo '11 ϒϒ 6
- ● Barolo Le Coste di Monforte '11 ϒϒ 6
- ● Barbera d'Alba '15 ϒϒ 4
- ● Barbera d'Alba Sup. '13 ϒϒ 4
- ○ Langhe Rossese Bianco '14 ϒϒ 4
- ● Barbera d'Alba '13 ϒϒ 4
- ● Barolo Le Coste di Monforte '10 ϒϒ 5

## Antichi Vigneti di Cantalupo

via Michelangelo Buonarroti, 5
28074 Ghemme [NO]
Tel. +39 0163840041
www.cantalupo.net

藏酒销售
预约参观
年产量 200 000 瓶
葡萄种植面积 35 公顷

阿鲁诺家族（Arlunno）的酿酒冒险始于19世纪初期，安蒂池坎塔鲁坡葡萄园（Antichi Vigneti di Cantalupo）则由卡洛（Carlo）于1977年创建。今天，酒庄由卡洛的儿子阿尔伯托（Alberto）经营打理，阿尔伯托照料着35公顷的葡萄园，主要种植内比奥罗斯帕纳（Nebbiolo Spanna）以及其他诺瓦拉丘陵（Colline Novaresi）的典型品种。酒庄出品系列广泛，主要集中在四种款式的格美葡萄酒（Ghemme）上：一种基本款和三种葡萄园精选款，分别来自传奇的布列克蕾玛葡萄园（Breclema）、卡雷拉葡萄园（Carella）、里维利葡萄园（Livelli）和巴拉吉奥拉葡萄园（Baraggiola）。根据年份情况不同，格美葡萄酒的酿造结合利用大型橡木桶和小型橡木桶进行发酵陈年，从而对同一种品种葡萄做出不同的阐释。此举总能保证这种红葡萄酒不失质朴紧实，并且得益于耐心等待，使多余的烘焙和酚化物气息渐渐中和柔化。2006年份的克里斯布列克蕾玛格美葡萄酒（Ghemme Collis Breclemae）完美展现出上述风格，吐露着烟草和汽油的阵阵醇香，融入一抹松露的鲜美，口感紧实雅致，与此同时单宁依然保持活跃。卡洛斯白葡萄酒（Carolus Bianco）则是一款带有柑橘香甜的饱满混酿；而2013年份的普瑞米吉亚（Primigenia）则展现出酿酒师在酿造过程中对于温度控制的高超技艺。

- ○ Carolus ϒϒ 2*
- ● Colline Novaresi Primigenia '13 ϒϒ 2*
- ● Ghemme Collis Breclemae '06 ϒϒ 6
- ⊙ Colline Novaresi Nebbiolo Il Mimo '15 ϒ 2
- ● Colline Novaresi Vespolina Villa Horta '13 ϒ 2
- ● Ghemme '05 ϒϒϒ 4
- ● Ghemme Collis Breclemae '00 ϒϒϒ 6
- ● Colline Novaresi Agamium '09 ϒϒ 3
- ● Colline Novaresi Vespolina Villa Horta '12 ϒϒ 2*
- ● Ghemme Cantalupo Anno Primo '09 ϒϒ 5
- ● Ghemme Cantalupo Anno Primo '08 ϒϒ 5
- ● Ghemme Collis Breclemae '07 ϒϒ 6
- ● Ghemme Collis Carellae '09 ϒϒ 6
- ● Ghemme Collis Carellae '08 ϒϒ 6
- ● Ghemme Signore di Bayard '08 ϒϒ 6
- ● Ghemme Signore di Bayard '06 ϒϒ 6

## Antico Borgo dei Cavalli

VIA DANTE, 54
28010 CAVALLIRIO [NO]
TEL. +39 016380115
www.vinibarbaglia.it

藏酒销售
预约参观
年产量 25 000 瓶
葡萄种植面积 3 公顷

以宁静的小村庄卡瓦利廖（Cavallirio）为名，马里奥·巴巴格里亚（Mario Barbaglio）于二战结束后创建了这座小小的安迪科波尔哥卡瓦利酒庄（Antico Borgo dei Cavalli），今天的酒庄由马里奥的儿子塞尔吉奥（Sergio）和孙女西尔维娅（Silvia）管理。酒庄的葡萄园占地超过3公顷，地处诺瓦拉（Novara）的波卡（Boca）指定产区。在过去的十年间，安迪科波尔哥卡瓦利酒庄凭借出品的多款令人信服的美酒而再度复兴，酒品都呈现出果味饱满的阳光特性。不过，波卡酒可不是该酒庄范围广泛的系列佳酿中唯一应当关注的产品，尽管酒庄的产量并不高。库塞拉系列（Curticella）起泡酒就非常值得一试，除此之外我们还大力推荐内比奥罗（Nebbiolo）、拉雅（Uva Rara）、科罗帝纳（Croatina）、维斯珀丽娜（Vespolina）和厄柏露丝（Erbaluce）等单一品种酿造的葡萄酒。我们今年的品鉴再次证明了安迪科波尔哥卡瓦利酒庄整个酒品系列品质的稳定和可靠，例如2015年份的卢奇诺白葡萄酒（Lucino Bianco），它散发着淡淡的硫化物气息，口感略油，但是非常均衡。2012年份的波卡酒也在品鉴中脱颖而出，吐露着清新的缕缕果香，继而融入混合了铁锈和草本植物清香的第三类香气，入口感到层次分明，精致美味。

| | |
|---|---|
| ● Boca '12 | 🍷🍷 5 |
| ○ Colline Novaresi Bianco Lucino '15 | 🍷🍷 3 |
| ○ Curticella Brut M. Cl. | 🍷🍷 5 |
| ○ Curticella Dosaggio Zero M. Cl. | 🍷🍷 5 |
| ● Colline Novaresi Nebbiolo Il Silente '12 | 🍷 3 |
| ● Boca '11 | 🍷🍷 5 |
| ● Boca '10 | 🍷🍷 5 |
| ● Boca '09 | 🍷🍷 5 |
| ○ Colline Novaresi Bianco Biancaluce '14 | 🍷🍷 3 |
| ○ Colline Novaresi Bianco Lucino '13 | 🍷🍷 3 |
| ● Colline Novaresi Nebbiolo Il Silente '11 | 🍷🍷 3 |
| ● Colline Novaresi Nebbiolo Il Silente '09 | 🍷🍷 3 |
| ○ Curticella Caballi Regis Brut M. Cl. | 🍷🍷 5 |
| ○ Curticella Caballi Regis Brut M. Cl. | 🍷🍷 5 |

## ★Antoniolo

C.SO VALSESIA, 277
13045 GATTINARA [VC]
TEL. +39 0163833612
antoniolovini@bmm.it

藏酒销售
预约参观
年产量 60 000 瓶
葡萄种植面积 12 公顷

加蒂纳拉红葡萄酒（Gattinaras）甚至皮埃蒙特北部产区整体上的复兴，很大程度上都要归功于罗珊娜·安特尼尔诺（Rosanna Antoniolo）及其子女阿尔伯托（Alberto）和洛莱拉（Lorella）的坚定决心和不懈努力。实际上，在纯粹且活跃的内比奥罗（Nebbiolo）流行起来之前，维持此地酒庄的运营可绝非一件易事。他们推出的内比奥罗葡萄酒会魔术般地展露出澄清的口感和香氛，而且拥有雕琢风土细节的非凡潜能，完美阐释了圣弗朗西斯科（San Francesco）、圣格雷托（San Grato）、卡斯特雷（Castelle）和博雷勒（Borelle）等顶级葡萄园的风土特色。酒窖中的酿造过程将人力干预降至最低程度，所有美酒都具有绵长的陈年潜力。安特尼尔诺酒庄出品的一贯高品质得到了全世界美酒爱好者的仰慕和尊敬，随着每一年佳酿的推出，这种仰慕和尊敬更是与日俱增。2012年份酒的品质极为卓越，就连最基本款的加蒂纳拉红葡萄酒都展现出恢宏且细腻的特质，余韵绵长悠然；圣弗朗西斯科加蒂纳拉吐露着馥郁的芬芳，随之而来的是更加浓郁、更显质朴的美味口感。欧索圣格雷托加蒂纳拉（Osso San Grato）则在很多方面结合了上述两款美酒的特色，展现出极为复杂的美妙口感，余韵极为悠长，似无尽头。

| | |
|---|---|
| ● Gattinara Osso San Grato '12 | 🍷🍷🍷 8 |
| ● Gattinara '12 | 🍷🍷 5 |
| ● Gattinara S. Francesco '12 | 🍷🍷 8 |
| ● Gattinara Le Castelle '12 | 🍷🍷 7 |
| ● Gattinara Osso S. Grato '11 | 🍷🍷🍷 8 |
| ● Gattinara Osso S. Grato '10 | 🍷🍷🍷 8 |
| ● Gattinara Osso S. Grato '09 | 🍷🍷🍷 8 |
| ● Gattinara S. Francesco '08 | 🍷🍷🍷 7 |
| ● Gattinara S. Francesco '07 | 🍷🍷🍷 5 |
| ● Gattinara Vign. Osso S. Grato '06 | 🍷🍷🍷 6 |
| ● Gattinara Vign. Osso S. Grato '05 | 🍷🍷🍷 6 |
| ● Gattinara Vign. Osso S. Grato '04 | 🍷🍷🍷 6 |
| ● Gattinara Vign. S. Francesco '06 | 🍷🍷🍷 5 |
| ● Gattinara Vign. S. Francesco '05 | 🍷🍷🍷 6 |
| ● Gattinara Vign. S. Francesco '03 | 🍷🍷🍷 6 |

## Odilio Antoniotti

v.lo Antoniotti, 5
13868 Sostegno [BI]
Tel. +39 0163860309
antoniottiodilio@libero.it

藏酒销售
预约参观
年产量 10 500 瓶
葡萄种植面积 4.5 公顷

在皮埃蒙特（Piedmont）北部产区内比奥罗（Nebbiolo）葡萄酒的广泛传播和复兴一事上，本地顶级葡萄酒酿造商之一布拉玛黛拉（Bramaterra）和安东尼奥蒂（Antoniotti）尤其值得褒奖。安东尼奥蒂酒庄遵循当地传统的酿造方式，以70%的内比奥罗葡萄加上数量不定的科罗帝纳（Croatina）和维斯珀丽娜（Vespolina）打造出别具特色的美味混酿，口感非常清爽，芬芳四溢，酒体结构紧实，给人留下极为深刻的印象。DOC产区占地很小，如同这座规模不大的安东尼奥蒂酒庄一样，不过收获的美酒可是品质一流。在我们今年的品鉴中，安东尼奥蒂酒庄只有一款酒做好了准备，那就是2012年份的布拉玛黛拉（Bramaterra），这款年轻却优雅的美酒吐露着覆盆子果酱的淡淡果香，融入樱桃的甜美气息，随之而来的是果浆般的浓郁口感，但是单宁依然具有别具一格的浓稠风味。这款美酒的酿造葡萄来自拥有四十年历史的葡萄园，在中等尺寸曾经使用过的木桶中陈年超过30个月的时间。

| | |
|---|---|
| ● Bramaterra '12 | 🍷🍷 4 |
| ● Bramaterra '10 | 🍷🍷🍷 3* |
| ● Bramaterra '11 | 🍷🍷 3* |
| ● Bramaterra '09 | 🍷🍷 3* |
| ● Bramaterra '08 | 🍷🍷 3* |
| ● Bramaterra '07 | 🍷🍷 3* |

## Arbiola

loc. Arbiola
reg. Saline, 67
14050 San Marzano Oliveto [AT]
Tel. +39 0141856194
www.arbiola.it

藏酒销售
预约参观
膳宿接待
年产量 250 000 瓶
葡萄种植面积 30 公顷
葡萄栽培方式 有机认证

在皮埃蒙特（Piedmont）北部产区内比特萨诺家族（Terzano）拥有的古老酒庄俯瞰尼扎河谷（Nizza），这座阿伯拉酒庄（Arbiola）位于蒙费拉托产区（Monferrato）和朗格产区（Langhe）的交界地带，在17世纪的古老酒窖两侧，坐落着酒庄现代化的生产设施。阿伯拉酒庄的葡萄园全部坐落于圣马尔扎诺奥利韦托（San Marzano Oliveto），富含泥灰质土壤。酒庄葡萄园中超过百分之六十的面积种植巴贝拉葡萄（Barbera），其中更有一些老藤的生长期超过了六十年。阿伯拉酒庄出品的现代化美酒口感跃动，果味饱满，同时也芬芳扑鼻。我们今年品鉴的美酒与往年一样保持了极高的品质，不过在惊喜方面则比往年略逊一筹。2015年份的阿斯蒂莫斯卡托（Moscato d' Asti）吐露着热带水果的迷人芬芳，融入青柠的清爽香气，和着丝丝苔藓和鼠尾草的芳香，随之而来的口感均衡，结构紧致，美味多汁，收口余韵非常绵长。除此之外，2013年份的顶级尼扎罗蜜尔达阿斯蒂巴贝拉（Barbera d' Asti Superiore Nizza Romilda）则散发着缕缕咖啡的醇香，一抹成熟红莓果的果香缭绕其间，口感饱满，酸度卓越而突出。

| | |
|---|---|
| ● Barbera d'Asti Sup. Nizza Romilda '13 | 🍷🍷 5 |
| ○ Moscato d'Asti '15 | 🍷🍷 2* |
| ● Barbera d'Asti Carlotta '14 | 🍷 3 |
| ● Barbera d'Asti Sup. Nizza Romilda XIV '09 | 🍷🍷🍷 5 |
| ● Barbera d'Asti Carlotta '13 | 🍷🍷 3 |
| ● Barbera d'Asti Carlotta '12 | 🍷🍷 2* |
| ● Barbera d'Asti Carlotta '11 | 🍷🍷 2* |
| ● Barbera d'Asti Carlotta '09 | 🍷🍷 2* |
| ● Barbera d'Asti Sup. Nizza Romilda XV '10 | 🍷🍷 5 |
| ● Barbera d'Asti Sup. Nizza Romilda XVI '11 | 🍷🍷 5 |
| ● Barbera d'Asti Sup. Nizza Romilda XVII '12 | 🍷🍷 4 |
| ○ Moscato d'Asti Ferlingot '10 | 🍷🍷 2* |
| ⊙ Nysus Brut M. Cl. '10 | 🍷🍷 5 |

## L'Armangia

fraz. San Giovanni, 122
14053 Canelli [AT]
Tel. +39 0141824947
www.armangia.it

藏酒销售
预约参观
年产量 95 000 瓶
葡萄种植面积 11 公顷
可持续发展酒庄

虽然吉维尼家族（Giovine）自18世纪起就居住在卡内里（Canelli），并于1850年就开始发酵自家栽培的葡萄，但是阿曼吉亚酒庄（L' Armangia）首次推出的两款美酒直到1993年才最终面世。今天的阿曼吉亚酒庄在各地都拥有葡萄园，酿造用的白葡萄主要产自卡内里富含中等颗粒的石灰石土壤的圣安东尼奥山葡萄园（Sant' Antonio hill）；酿造用的红葡萄则主要产自莫斯卡托（Moasca）、圣马尔扎诺奥利韦托（San Marzano Oliveto）和卡斯特尔波格里奥纳（Castel Boglione）等土质更加厚重和紧致的产区葡萄园。酒庄出品的美酒风格现代，但是非常忠于风土，呈现典型品种特质。在今年的品鉴中，两种款式的顶级尼扎阿斯蒂巴贝拉（Barbera d' Asti Superiore Nizza）都表现卓越。其中，2013年份的蒂通巴贝拉（Titon）气质优雅，香氛浓郁，吐露着深色莓果的缕缕果香，融入香料的香甜风味，更有丝丝依然显著的橡木香味飘散其间，入口饱满，结构得当，口感极富个性，余韵绵长。而2011年份的维纳利巴贝拉（Vignali）则洋溢着缕缕咖啡的醇香，和着一抹可可粉的纯浓芬芳，底蕴中透露出丝丝李子和大马士革李子的果香，入口感到怡人的酸度，结构上佳，余韵绵长，收口多汁美味。除了这两款佳酿之外，阿曼吉亚酒庄的其他系列酒品也表现不俗，尤其是可口清爽的洛伦佐玛利亚极干型葡萄酒（Lorenzo Maria Sole Extra Brut）。

| | |
|---|---|
| ● Barbera d'Asti Sup. Nizza Titon '13 | 🍷🍷 3* |
| ● Barbera d'Asti Sup. Nizza Vignali '11 | 🍷🍷 5 |
| ○ Lorenzomariasole Extra Brut M. Cl. | 🍷🍷 4 |
| ○ M.to Bianco Enneenne '14 | 🍷🍷 2* |
| ○ Moscato d'Asti Canelli '15 | 🍷🍷 2* |
| ○ Piemonte Chardonnay Pratorotondo '14 | 🍷🍷 2* |
| ○ Mesicaseu | 🍷 3 |
| ● Piemonte Albarosso Macchiaferro '12 | 🍷 3 |
| ○ Piemonte Chardonnay Robi & Robi '14 | 🍷 4 |
| ● Barbera d'Asti Sopra Berruti '14 | 🍷🍷 2* |
| ● Barbera d'Asti Sup. Nizza Titon '12 | 🍷🍷 3* |
| ● Barbera d'Asti Sup. Nizza Titon '11 | 🍷🍷 3* |
| ○ Moscato d'Asti Canelli '14 | 🍷🍷 2* |

## Paolo Avezza

reg. Monforte, 62
14053 Canelli [AT]
Tel. +39 0141822296
www.paoloavezza.com

藏酒销售
预约参观
年产量 25 000 瓶
葡萄种植面积 7 公顷

距离纳塔莱·阿维萨（Natale Avezza）做出在卡内里（Canelli）山间买下这座被葡萄园环抱的美丽农庄的决定已经过去了六十年，而他的孙子将其改建成家族酒庄也已经是十五年前的事情。今天的阿维萨酒庄共拥有占地面积达到7公顷的葡萄园，其中4公顷位于尼扎蒙费拉托（Nizza Monferrato），其余3公顷位于卡内里；酒庄利用这些葡萄酿造出五款优雅的美酒：两款巴贝拉（Barbera）、一款莫斯卡托（Moscato）以及两款传统酿造法起泡酒（Metodo Classico Sparkler），每款佳酿都以扑鼻的芬芳而闻名。在今年的品鉴中，2013年份的顶级尼扎索托拉穆达阿斯蒂巴贝拉（Barbera d' Asti Superiore Nizza Sotto La Muda）再次以卓越的品质证明了自己无愧于产区顶级酒品的名号。它吐露着非常雅致而复杂的芬芳，阵阵深色莓果的果香融入烟草的缕缕醇香，入口清爽紧实，尽管橡木的滋味还略显明显，但是美味依然在味蕾上跃动不散。除此之外，2015年份的阿斯蒂巴贝拉（Barbera d' Asti）则非常容易入口，散发着美妙的樱桃果香，清爽宜人；与此同时，2015年份的卡内里康曼达阿斯蒂莫斯卡托（Moscato d' Asti Canelli La Commenda）口感美味，酒体均衡，令人心旷神怡。

| | |
|---|---|
| ● Barbera d'Asti Sup. Nizza Sotto la Muda '13 | 🍷🍷 4 |
| ● Barbera d'Asti '15 | 🍷🍷 2* |
| ○ Moscato d'Asti Canelli La Commenda '15 | 🍷🍷 2* |
| ○ Alta Langa Brut '12 | 🍷 4 |
| ● Barbera d'Asti Sup. Nizza Sotto la Muda '10 | 🍷🍷🍷 4* |
| ● Barbera d'Asti Sup. Nizza Sotto la Muda '07 | 🍷🍷🍷 3* |
| ● Barbera d'Asti '14 | 🍷🍷 2* |
| ● Barbera d'Asti '13 | 🍷🍷 2* |
| ● Barbera d'Asti '12 | 🍷🍷 2* |
| ● Barbera d'Asti Sup. Nizza Sotto la Muda '12 | 🍷🍷 4 |
| ● Barbera d'Asti Sup. Nizza Sotto la Muda '11 | 🍷🍷 4 |

## ★Azelia

FRAZ. GARBELLETTO
VIA ALBA-BAROLO, 53
12060 CASTIGLIONE FALLETTO [CN]
TEL. +39 017362859
www.azelia.it

藏酒销售
预约参观
年产量 80 000 瓶
葡萄种植面积 16 公顷
可持续发展酒庄

当人们还以过时的二分法来描述评定朗格地区（Langhe）出产的葡萄酒时，早在一百年前创建了阿泽利亚酒庄（Azelia）的洛伦佐·斯卡维诺（Lorenzo Scavino）常常被公认为现代主义者。如今葡萄酒世界的图景已经与过往大相径庭，今天的关注度主要集中在费莱斯克峰葡萄园（Bricco Fiasco）、马加利亚葡萄园（Margheria）、圣洛克葡萄园（San Rocco）和沃盖拉峰葡萄园（Bricco Voghera Crus）等顶级葡萄园的种植偏好上，遇到上佳的采收季，也会出产珍藏陈酿（Riserva）。使用旋转发酵罐和在小型木桶中陈年（费莱斯克峰园和圣洛克葡萄园）以及在大型橡木桶中发酵（马加利亚园和沃盖拉峰葡萄园），路易吉（Luigi）及其妻子洛莱拉（Lorella）精心酿造的系列美酒给人留下了深刻的印象，而他们的孩子洛伦佐（Lorenzo）也协助他们管理酒庄，成为在卡斯蒂格里奥费莱托（Castiglione Falletto）酒庄工作的第五代人。在今年的品鉴中，阿泽利亚酒庄的巴罗洛酒（Barolo）表现出与往年一样的优异水准。2012年份的费莱斯克峰园巴罗洛（Barolo Fiasco）散发着独特而经典的覆盆子果香，融入烟草的缕缕醇香；2012年份的马加利亚园巴罗洛（Margheria）与其相似，但是气质更加质朴；2012年份的圣洛克园巴罗洛（San Rocco）则展现出极佳的平衡度和活跃度，很好地弥补了这款酒酒骨略轻的缺憾。

| | | |
|---|---|---|
| ● Barolo Bricco Fiasco '12 | 🍷🍷🍷 | 8 |
| ● Barolo Margheria '12 | 🍷🍷 | 8 |
| ● Barolo S. Rocco '12 | 🍷🍷 | 8 |
| ● Barolo '12 | 🍷🍷 | 6 |
| ● Barolo Bricco Fiasco '09 | 🍷🍷🍷 | 8 |
| ● Barolo Bricco Fiasco '01 | 🍷🍷🍷 | 7 |
| ● Barolo Bricco Fiasco '96 | 🍷🍷🍷 | 7 |
| ● Barolo Bricco Fiasco '95 | 🍷🍷🍷 | 7 |
| ● Barolo Bricco Fiasco '93 | 🍷🍷🍷 | 6 |
| ● Barolo Margheria '06 | 🍷🍷🍷 | 7 |
| ● Barolo S. Rocco '11 | 🍷🍷🍷 | 8 |
| ● Barolo S. Rocco '08 | 🍷🍷🍷 | 8 |
| ● Barolo S. Rocco '99 | 🍷🍷🍷 | 7 |
| ● Barolo Voghera Brea Ris. '01 | 🍷🍷🍷 | 8 |

## Banfi Piemonte

VIA VITTORIO VENETO, 76
15019 STREVI [AL]
TEL. +39 0144362600
www.castellobanfi.com

预约参观
年产量 2 000 000 瓶
葡萄种植面积 76 公顷

除了莫斯卡托（Moscato）和布拉切多（Brachetto）等餐后葡萄酒之外，皮埃蒙特产区的班菲酒庄（Banfi Piemonte）还出产体现本地风土特质的阿奎多姿桃（Dolcetto d'Acqui）和阿尔巴洛萨（Albarossa）。不过，班菲酒庄的核心产品依然是系列起泡酒，包括以黑比诺（Pinot nero）和霞多丽（Chardonnay）为原料、采用传统酿造法（Metodo Classico）打造的系列起泡酒，以及以苏维翁（Sauvignon）和霞多丽为原料、采用桶内二次发酵法（Charmat）酿造的桃红葡萄。为了满足热衷于口感柔软的起泡酒的美酒爱好者，酒庄还运用桶内二次发酵法推出了带甜味的特干型起泡酒（Extra Dry）。在今年的品鉴中，高朗垓（Alta Langa）的起泡酒表现精彩，精美的气泡持久升腾，吐露着阵阵果香，融入硬皮面包的香醇气息。与此同时，皮埃蒙特阿尔巴洛萨（Piemonte Albarosso）也凭借极佳且均衡的香氛和口感赢得了我们的喜爱。包括嘉维雅公主嘉维（Gavi Principessa Gavia）在内的多款2015年份酒都散发着迷人的果香，底蕴中透露出丝丝矿物质的香醇气息，入口清爽，口感饱满。阿尔迪阿奎多姿桃（Dolcetto d'Acqui L'Ardì）完美呈现出品种葡萄的特质；阿斯蒂莫斯卡托（Moscato d'Asti）则吐露着浓郁集中的桃子果香，融入丝丝鼠尾草的清香，入口清新迷人，口感跃动。

| | | |
|---|---|---|
| ○ Alta Langa Cuvée Aurora '10 | 🍷🍷 | 4 |
| ⊙ Alta Langa Cuvée Aurora Rosé '13 | 🍷🍷 | 4 |
| ● Dolcetto d'Acqui L'Ardì '15 | 🍷🍷 | 2* |
| ○ Gavi Principessa Gavia '15 | 🍷🍷 | 3 |
| ○ Moscato d'Asti Sciandor '15 | 🍷🍷 | 2* |
| ● Piemonte La Lus '13 | 🍷🍷 | 4 |
| ● Brachetto d'Acqui Rosa Regale '15 | 🍷 | 3 |
| ○ Brut M. Cl. | 🍷 | 5 |
| ○ Alta Langa Cuvée Aurora '09 | 🍷🍷 | 5 |
| ⊙ Alta Langa Cuvée Aurora Rosé '12 | 🍷🍷 | 6 |
| ● Dolcetto d'Acqui L'Ardì '14 | 🍷🍷 | 3 |
| ○ Gavi Principessa Gavia '13 | 🍷🍷 | 3 |
| ● Piemonte Albarossa La Lus '12 | 🍷🍷 | 5 |
| ● Piemonte Albarossa La Lus '11 | 🍷🍷 | 5 |

## Osvaldo Barberis

B.TA VALDIBÀ, 42
12063 DOGLIANI [CN]
TEL. +39 017370054
www.osvaldobarberis.com

藏酒销售
预约参观
年产量 20 000 瓶
葡萄种植面积 8 公顷
葡萄栽培方式 有机认证

朗格地区（Langhe）几乎成为单一的葡萄产区，漫山遍野的葡萄藤架常常占据了原有的草地和林地。不过奥斯瓦多巴伯瑞斯酒庄（Osvaldo Barberis）却始终坚持混合农业传统，一直维持蓄养着大约20头小牛。酒庄出品的美酒是本地风土条件的自然呈现，红葡萄酒以多姿桃（Dolcetto）、巴贝拉（Barbera）和内比奥罗（Nebbiolo）酿造而成，白葡萄酒则以数量不多的纳斯塔（Nascetta）酿造而成。奥斯瓦多巴伯瑞斯酒庄整个系列出品的表现都可圈可点，尤其是在不锈钢酒桶中陈年的普欣多利亚尼（Dogliani Puncin）和穆塔嘉阿尔巴内比奥罗（Nebbiolo d' Alba Muntajà），以蒙福特产区（Monforte）的酿造葡萄打造而成，品质最为出众。在今年的品鉴中，我们非常喜爱2015年份的瓦尔迪巴（Valdibà），这款年轻的美酒香气扑面，口感馥郁饱满，十分诱人，收口底蕴中透露出缕缕杏仁的美味。相比较而言，2015年份的埃弗瑞多利亚尼（Dogliani Avrì）则口感更硬，带有泥土香醇；2015年份的恰博玛弗瑞黑比诺（Pinot Nero Ciabot Maifrin）色泽浓烈，吐露着红色水果的阵阵果香，口感并不复杂，单宁质感明显。除此之外，安妮纳斯塔（Nascetta Anì）则气质质朴，口感丰盈。

| | |
|---|---|
| ● Dogliani Valdibà '15 | 🍷🍷 2* |
| ● Langhe Pinot Nero Ciabot Maifrin '15 | 🍷🍷 3 |
| ● Dogliani Avrì '15 | 🍷 3 |
| ○ Langhe Nascetta Anì '15 | 🍷 3 |
| ● Barbera d'Alba Castella '12 | 🍷🍷 3* |
| ● Barbera d'Alba Cesca '13 | 🍷🍷 3 |
| ● Dogliani Sup. Puncin '13 | 🍷🍷 3* |
| ● Dogliani Sup. Puncin '12 | 🍷🍷 3 |
| ● Dogliani Sup. Puncin '11 | 🍷🍷 3* |
| ● Dogliani Valdibà '14 | 🍷🍷 2* |
| ● Dogliani Valdibà '13 | 🍷🍷 2* |
| ● Dogliani Valdibà '12 | 🍷🍷 2* |
| ● Nebbiolo d'Alba Muntajà '13 | 🍷🍷 3 |
| ● Nebbiolo d'Alba Muntajà '12 | 🍷🍷 3 |
| ● Piemonte Barbera Brichat '13 | 🍷🍷 2* |

## Batasiolo

FRAZ. ANNUNZIATA, 87
12064 LA MORRA [CN]
TEL. +39 017350130
www.batasiolo.com

藏酒销售
预约参观
年产量 2 500 000 瓶
葡萄种植面积 107 公顷

巴塔希奥罗酒庄（Batasiolo）的酒品系列搭配完美，酿造葡萄来自酒庄占地超过100公顷的葡萄园，主要出产朗格地区（Langhe）的传统美酒，同时也以国际葡萄品种进行一些新型葡萄酒的实验性生产，出品中还包括起泡酒和帕西多风干甜酒（Passito）。这些只是多利亚尼家族（Dogliani）在买下传奇的奇拉酒庄（Kiola）后，达成的部分成绩而已。规模庞大的酒庄拥有巴罗洛地区（Barolo）的一众顶级葡萄园，包括拉莫拉产区（La Morra）的瑟约古葡萄园（Cerequio）和珍珠葡萄园（Brunate）、塞拉伦加（Serralunga）的博斯卡莱托葡萄园（Boscareto，还包含一座同名的度假村）和布里克琳娜葡萄园（Briccolina）、巴罗洛（Barolo）的维格尼峰葡萄园（Bricco di Vergne）以及蒙福特（Monforte）的巴西亚博菲尼园（Bussia Bofani），出产六款令人印象深刻的巴罗洛产区酒（Barolo），包括一款基本款和五款不同葡萄园的精选特酿。在今年的品鉴中，面对2012年份表现精彩的巴罗洛葡萄酒，我们实在难以做出抉择。博斯卡莱托园巴罗洛（Boscareto）气质飘逸，和着阵阵美妙果味，入口力道不凡；相比而言，布里克琳娜园巴罗洛（Briccolina）更加经典和优雅，质地尤为精美；而珍珠园巴罗洛（Brunate）活力四射，口感略带酸性且饱满丰盈。

| | |
|---|---|
| ● Barolo Boscareto '12 | 🍷🍷 7 |
| ● Barolo Briccolina '12 | 🍷🍷 8 |
| ● Barbaresco '13 | 🍷🍷 6 |
| ● Barbera d'Alba Sovrana '13 | 🍷🍷 4 |
| ● Barolo Brunate '12 | 🍷🍷 7 |
| ● Barolo Bussia Vign. Bofani '12 | 🍷🍷 7 |
| ● Barolo Cerequio '12 | 🍷🍷 7 |
| ● Barolo Ris. '07 | 🍷🍷 6 |
| ○ Gavi del Comune di Gavi Granée '15 | 🍷🍷 3 |
| ○ Langhe Chardonnay Vign. Morino '14 | 🍷🍷 5 |
| ● Barolo '12 | 🍷 6 |
| ● Barolo Ris. '10 | 🍷 6 |
| ● Barolo Boscareto '05 | 🍷🍷🍷 7 |

## Fabrizio Battaglino

loc. Borgonuovo
via Montaldo Roero, 44
12040 Vezza d'Alba [CN]
Tel. +39 0173658156
www.battaglino.com

藏酒销售
预约参观
年产量 25 000 瓶
葡萄种植面积 5 公顷

法布里奇奥巴塔里格诺酒庄（Fabrizio Battaglino）创建于1996年，前身是早在20世纪60年代就能够将自家酿造的葡萄酒灌瓶销售的里卡尔多酒庄（Riccardo），由路易吉·韦罗内利（Luigi Veronelli）正式成立于1973年。法布里奇奥巴塔里格诺酒庄生产经典的罗埃罗（Roero）产区酒，以本地经典葡萄品种酿造而成，包括阿内斯（Arneis）、内比奥罗（Nebbiolo）和巴贝拉（Barbera）。种植阿内斯和内比奥罗的葡萄园位于阿尔巴维扎地区（Vezza d' Alba）海拔350米高的科拉山（Colla hill）上，土壤主要呈沙质；巴贝拉葡萄则生长在瓜雷内地区（Guarene）的蒙特贝罗山（Montebello hill）上。收获的美酒的确是同品类中的佳品，充分展现出品种葡萄的特质。在今年的品鉴中，法布里奇奥巴塔里格诺酒庄提交了一系列品质上佳的佳酿，尽管缺乏顶级美酒。2013年份的罗埃罗塞盖提（Roero Sergentin）香气浓郁扑鼻，融合了莓果和甘草的芬芳，底蕴中透露出缕缕绿蔬的清香，入口果味饱满，结构上佳。相比较而言，2012年份的塞盖提陈酿（Sergentin Riserva）则更加富有野心，吐露着草本植物的清香和深色莓果的阵阵果香，颇为明显的橡木香气缭绕其间，随之而来的是如同丝绸般柔滑的口感。除此之外，2014年份的阿尔巴内比奥罗（Nebbiolo d' Alba）口感清爽，令人心旷神怡。

| | |
|---|---|
| ● Nebbiolo d'Alba '14 | TT 3 |
| ● Roero Sergentin '13 | TT 4 |
| ● Roero Sergentin Ris. '12 | TT 5 |
| ● Barbera d'Alba Munbèl '14 | T 3 |
| ○ Roero Arneis '15 | T 2 |
| ● Nebbiolo d'Alba V. Colla '07 | YYY 3* |
| ● Barbera d'Alba Munbèl '13 | YY 3 |
| ● Barbera d'Alba Munbèl '12 | YY 3* |
| ● Nebbiolo d'Alba '13 | YY 3 |
| ● Nebbiolo d'Alba '12 | YY 3 |
| ● Nebbiolo d'Alba Colla '13 | YY 4 |
| ● Nebbiolo d'Alba Colla '12 | YY 4 |
| ● Roero Sergentin '12 | YY 4 |

## Bava

s.da Monferrato, 2
14023 Cocconato [AT]
Tel. +39 0141907083
www.bava.com

藏酒销售
预约参观
膳宿接待
年产量 490 000 瓶
葡萄种植面积 55 公顷

巴伐家族（Bava）居住在科康纳托（Cocconato）的悠久历史可以追溯到一百多年前的1911年，那一年，巴伐家族创建了自己的酒庄，到今天，四代人已经经历了一百多次采收季的考验。今天的巴伐酒庄分为两个部分，一部分位于蒙费拉托地区（Monferrato），葡萄园分别坐落在科康纳托、佩南戈的西奥卡罗（Cioccaro di Penango）和阿利亚诺泰尔梅（Agliano Terme）等地，主要种植巴贝拉葡萄（Barbera）；另一部分则位于朗格地区（Langhe）的卡斯蒂格里奥尼法雷托（Castiglione Falleto），出产巴罗洛葡萄酒（Barolo）和阿尔巴多姿桃（Dolcetto d' Alba）。巴伐酒庄还在大约四十年前将朱利奥科钦品牌（Giulio Cocchi）收归旗下——业内著名的起泡酒和餐前酒品牌。在今年的品鉴中，位于科康纳托的酒庄推荐了一系列品质可靠的美酒。2010年份的朱利奥科钦高朗垓干型起泡白葡萄酒（Alta Langa Brut Bianc 'd Bianc Giulio Cocchi）清爽宜人，富有奶油的浓醇滋味，进入了我们的决赛；而2009年的帕斯多斯（Pas Dosé）则动力十足，鲜美异常，呈现出极佳的高品质。2011年份的斯佳隆巴罗洛（Barolo Scarrone）散发着阳光的气息，洋溢着成熟红色水果的阵阵果香，入口感到丰盈饱满的果味。我们还非常喜爱该酒庄出品的各种款式的阿斯蒂巴贝拉（Barbera d' Asti），例如2012年份的尼扎皮埃诺阿尔托（Nizza Piano Alto），气质优雅，果味悠然；以及2014年份的利贝拉（Libera），它极易入口，给人带来欣喜的享受。

| | |
|---|---|
| ○ Alta Langa Brut Bianc 'd Bianc Giulio Cocchi '10 | TT 6 |
| ○ Alta Langa Brut Toto Corde Giulio Cocchi '11 | TT 5 |
| ○ Alta Langa Pas Dosé Giulio Cocchi '09 | TT 6 |
| ● Barbera d'Asti Libera '14 | TT 3 |
| ● Barbera d'Asti Sup. Nizza PianoAlto '12 | TT 4 |
| ● Barolo Scarrone '11 | TT 7 |
| ○ Langhe Chardonnay Thou Bianc '15 | T 3 |
| ● Malvasia di Castelnuovo Don Bosco Rosetta '15 | T 3 |
| ○ Alta Langa Brut Bianc 'd Bianc Giulio Cocchi '09 | YY 6 |
| ○ Alta Langa Brut Toto Corde Giulio Cocchi '10 | YY 5 |
| ○ Alta Langa Pas Dosé Giulio Cocchi '08 | YY 6 |
| ● Barbera d'Asti Libera '13 | YY 3 |
| ● Barbera d'Asti Sup. Nizza Piano Alto '11 | YY 4 |

## Bel Colle

FRAZ. CASTAGNI, 56
12060 VERDUNO [CN]
TEL. +39 0172470196
www.belcolle.eu

藏酒销售
预约参观
年产量 180 000 瓶
葡萄种植面积 14 公顷

2015年8月，由弗朗科・庞蒂格里奥勒（Franco Pontiglione）与卡洛・庞蒂格里奥勒（Carlo Pontiglione）兄弟两人联合约瑟佩・普瑞欧拉（Giuseppe Priola）创建的卓越的贝尔克伦酒庄正式并入圣托斯特凡诺贝尔博（Santo Stefano Belbo）的博西奥家族酒庄（Bosio Family Estates）。酿酒师的王朝更迭还处于进展之中，与此同时韦尔杜诺（Verduno）和拉莫拉（La Morra）的葡萄园也在升级转换之中，不久位于阿斯蒂（Asti）、罗埃罗（Roero）和巴巴莱斯科（Barbaresco）的葡萄园和酒庄也将进行升级改造。酒庄产品依然以皮拉维加（Pelaverga）和内比奥罗（Nebbiolo）为主，在此前的经营中已经收获了极高的知名度，它们风格传统，但却绝非老旧过时，在浸渍和陈年环节都采用模块化的现代化解决方案。在今年的品鉴中，蒙维格里罗巴罗洛（Barolo Monvigliero）表现出色，展现出酿酒师精湛的技艺，吐露着草本植物的缕缕清香，融入甘草的阵阵醇香，口感自信质朴，非常经典，余韵不可思议的绵长，极具个性。同年份的斯珀西奥（Simposio）相比而言则在饱满度上略逊一筹；2012年份的巴巴莱斯科（Barbaresco）散发着标志性的甘草醇香，令人心旷神怡，单宁优雅；韦尔杜诺皮拉维加（Pelaverga di Verduno）口感辛辣，极为诱人。

| | | |
|---|---|---|
| ● Barbaresco '12 | 🍷🍷 | 5 |
| ● Barolo Monvigliero '12 | 🍷🍷 | 6 |
| ● Barbera d'Alba Sup. Le Masche '14 | ▼▼ | 3 |
| ● Barolo Simposio '12 | ▼▼ | 5 |
| ● Nebbiolo d'Alba La Reala '13 | ▼▼ | 3 |
| ○ Roero Arneis '15 | ▼▼ | 6 |
| ● Verduno Pelaverga '15 | ▼▼ | 3 |
| ● Dolcetto d'Alba '15 | ▼ | 2 |
| ○ Langhe Chardonnay '15 | ▼ | 3 |
| ● Barbaresco Roncaglie Ris. '08 | ▽▽▽ | 5 |
| ● Barolo Monvigliero '09 | ▽▽▽ | 5 |
| ● Barolo Monvigliero '07 | ▽▽▽ | 5 |
| ● Barolo Monvigliero '06 | ▽▽▽ | 5 |
| ● Barbaresco Roncaglie '11 | ▽▽ | 5 |
| ● Barbaresco Roncaglie '09 | ▽▽ | 5 |
| ● Barolo Monvigliero '11 | ▽▽ | 5 |

## Bera

VIA CASTELLERO, 12
12050 NEVIGLIE [CN]
TEL. +39 0173630500
www.bera.it

藏酒销售
预约参观
餐饮接待
年产量 140 000 瓶
葡萄种植面积 26 公顷

自20世纪80年代初起，瓦尔特・贝拉（Valter Bera）便以娴熟高超的技艺和无以伦比的热情经营着这座声名在外的家族酒庄，将酒庄出品的莫斯卡托起泡酒（Moscato）推上了品质的巅峰——无论是低泡酒（Semi-sparkling）还是阿斯蒂起泡酒（Asti Spumante）都获得了广泛一致的赞赏。种植酿造原料的葡萄园距离酒庄不远，平均都拥有四十多年的历史，坐落在黏土凝灰岩的山坡上，海拔处于320米至380米之间。除了莫斯卡托起泡酒之外，贝拉酒庄也生产一系列干型无气葡萄酒，从巴巴莱斯科（Barbaresco）到各种款式的巴贝拉（Barbera）。在今年的品鉴中，2015年份的雷蒙德阿斯蒂莫斯卡托（Moscato d' Asti Su Reimond）表现非常精彩，吐露着浓郁而优雅的香气，散发着甜瓜的阵阵果香，融入药草的缕缕醇香，更有一抹柑橘和桃子鲜美气息萦绕其间，入口非常清爽均衡，收口余韵美味绵长。2015年份的阿斯蒂（Asti）吐露着繁花的芬芳，清新宜人，展现出酿酒师精湛的技艺；2012年份的巴巴莱斯科（Barbaresco）则很有劲道，果味持久；巴巴莱斯科瑞巴嘉陈酿（Barbaresco Rabajà Riserva）则色泽更加深邃，口感更加复杂，收口余韵悠长，酒质丰美，底蕴中透露出缕缕甘草和松露的甜美气息。两款阿尔巴巴贝拉（Barbera d' Alba）也表现不俗，2015年份的阿尔巴巴贝拉非常易于入口，2013年份的超级莱纳阿尔巴巴贝拉（Superiore La Lena）则略显辛辣，更加浓郁。

| | | |
|---|---|---|
| ○ Moscato d'Asti Su Reimond '15 | 🍷🍷 | 3* |
| ○ Asti '15 | ▼▼ | 3 |
| ● Barbaresco '12 | ▼▼ | 5 |
| ● Barbaresco Rabajà Ris. '11 | ▼▼ | 5 |
| ● Barbera d'Alba '15 | ▼▼ | 2* |
| ● Barbera d'Alba Sup. La Lena '13 | ▼▼ | 3 |
| ○ Langhe Arneis '15 | ▼▼ | 2* |
| ● Barbera d'Asti Sup. '14 | ▼ | 2 |
| ● Piemonte Brachetto '15 | ▼ | 2 |
| ● Barbaresco '11 | ▽▽ | 5 |
| ● Barbera d'Alba Sup. La Lena '12 | ▽▽ | 3 |
| ● Barbera d'Asti Sup. '12 | ▽▽ | 2* |
| ○ Moscato d'Asti '14 | ▽▽ | 2* |
| ○ Moscato d'Asti Su Reimond '14 | ▽▽ | 3* |

## Cinzia Bergaglio

via Gavi, 29
15060 Tassarolo [AL]
Tel. +39 0143342203
www.vinicinziabergaglio.it

藏酒销售
预约参观
年产量 30 000 瓶
葡萄种植面积 9 公顷

辛奇亚贝尔格里奥酒庄（Cinzia Bergaglio）的酒品产量不高，酒庄葡萄园占地几近十公顷，全部用于种植柯蒂斯葡萄（Cortese），并依据不同的土壤、气候和风土条件打造出风格迥异的酒品。拉弗纳斯（La Fornace）以塔萨洛罗葡萄园（Tassarolo）出产的葡萄酿造而成，该葡萄园拥有富含铁的凝灰岩土壤，运用传统的脱皮方法进行发酵。来自遍布石灰土的嘉维山（Gavi hill）的酿造葡萄则用于酿造罗威利格里芬（Grifone delle Roveri），它在不锈钢桶中进行陈年，在发酵之前经过简单的冷浸。辛奇亚贝尔格里奥酒庄出品的美酒都忠实展现出品种葡萄的特性，品质稳定，特色鲜明，区别更多体现在新鲜度和可饮性上。上述特征能在闷热的2015年采收季中得以体现，堪称极为珍贵。在今年的品鉴中，拉弗纳斯嘉维（Gavi La Fornace）就以极高的品质证明了这一点。它散发着白色水果的阵阵果香，底蕴中透露出丝丝矿物质的醇香，口感比往年更加柔和，但是收口依然绵长强劲。与此同时，罗威利格里芬（Grifone delle Roveri）的品质与之相似，但是质地结构更加优秀，甘油质感更加饱满。

| | |
|---|---|
| ○ Gavi del Comune di Gavi Grifone delle Roveri '15 | 🍷🍷 2* |
| ○ Gavi La Fornace '15 | 🍷🍷 2* |
| ○ Gavi del Comune di Gavi Grifone delle Roveri '14 | ♀♀ 2* |
| ○ Gavi del Comune di Gavi Grifone delle Roveri '13 | ♀♀ 2* |
| ○ Gavi del Comune di Gavi Grifone delle Roveri '12 | ♀♀ 2* |
| ○ Gavi del Comune di Gavi Grifone delle Roveri '11 | ♀♀ 2* |
| ○ Gavi La Fornace '14 | ♀♀ 2* |
| ○ Gavi La Fornace '13 | ♀♀ 2* |
| ○ Gavi La Fornace '12 | ♀♀ 2* |
| ○ Gavi La Fornace '10 | ♀♀ 2* |

## Nicola Bergaglio

fraz. Rovereto
loc. Pedaggeri, 59
15066 Gavi [AL]
Tel. +39 0143682195
nicolabergaglio@alice.it

藏酒销售
预约参观
年产量 140 000 瓶
葡萄种植面积 17 公顷
可持续发展酒庄

在儿子迪亚哥（Diego）的协助下，吉安路易吉·贝尔盖格里奥（Gianluigi Bergaglio）兢兢业业地经营着家族酒庄。许多人孜孜以求令人激动兴奋、散发着矿物质的浓醇气息、萦绕着缥缈的第三类香气、具有长期窖藏能力、堪称欧洲最佳的白葡萄酒之一的嘉维柯蒂斯葡萄酒（Cortese di Gavi）；而贝尔盖格里奥酒庄的两位掌门人无疑是酿造这种美酒的个中好手，而且得到了全世界酒迷的追捧。美酒的探寻之旅可以从令人惊叹的米纳亚（Minaia）系列开始，这一著名混酿的酿造葡萄来自罗维雷托山（Rovereto hill），采收后在不锈钢制的发酵桶中发酵陈年，忠诚地反映出本地风土特点，而且通常在发布多年后才能达到最佳饮用时机。不过，对于顾客而言，由于风格简洁清凛，贝尔盖格里奥酒庄的整个系列酒品都是非常安全的佳酿选择，并没有太多热带水果的风味。在今年的品鉴中，我们非常喜爱贝尔盖格里奥酒庄出品的嘉维酒——当然，过往出品的高品质已经无数次证明了自己。2015年份酒散发着浓郁的果香，融入白桃和李子的阵阵芬芳，底蕴中透露出淡淡的花香和矿物质醇香，口感饱满且锐利。而同年份的米纳亚（Minaia）酒体更加厚重，余韵更加悠长，吐露着蕨菜和燧石的奇特芳香。

| | |
|---|---|
| ○ Gavi del Comune di Gavi Minaia '15 | 🍷🍷🍷 4* |
| ○ Gavi del Comune di Gavi '15 | 🍷🍷 2* |
| ○ Gavi del Comune di Gavi Minaia '14 | ♀♀♀ 4* |
| ○ Gavi del Comune di Gavi Minaia '11 | ♀♀♀ 4* |
| ○ Gavi del Comune di Gavi Minaia '10 | ♀♀♀ 4 |
| ○ Gavi del Comune di Gavi Minaia '09 | ♀♀♀ 4 |
| ○ Gavi del Comune di Gavi '13 | ♀♀ 2* |
| ○ Gavi del Comune di Gavi '07 | ♀♀ 2* |
| ○ Gavi del Comune di Gavi Et. Bianca '14 | ♀♀ 3* |
| ○ Gavi del Comune di Gavi Minaia '13 | ♀♀ 4 |
| ○ Gavi del Comune di Gavi Minaia '12 | ♀♀ 3* |
| ○ Gavi del Comune di Gavi Minaia '08 | ♀♀ 3* |
| ○ Gavi del Comune di Gavi Minaia '07 | ♀♀ 2* |
| ○ Gavi del Comune di Gavi Minaia '06 | ♀♀ 2* |
| ○ Gavi del Comune di Gavi Minaia '05 | ♀♀ 2* |
| ○ Gavi del Comune di Gavi Minaia '04 | ♀♀ 2* |

## Bersano

P.ZZA DANTE, 21
14049 NIZZA MONFERRATO [AT]
TEL. +39 0141720211
www.bersano.it

藏酒销售
预约参观
年产量 1 500 000 瓶
葡萄种植面积 230 公顷

贝尔萨诺酒庄（Bersano）自上个世纪初便开始在尼扎蒙费拉托（Nizza Monferrato）进行酿酒工作，在过去的三十年间，玛西梅利家族（Massimelli）和苏瓦韦家族（Soave）掌管着酒庄，使其毫无异议地成为阿斯蒂（Asti）的产区之光、顶级葡萄酒生产商之一。贝尔萨诺酒庄在蒙费拉托（Monferrato）和朗格地区（Langhe）拥有几处庄园，生产酿造技艺精湛、忠于本地风土条件的高品质美酒，在品质和数量间达成合理比例。2013年份的顶级尼扎大亨阿斯蒂巴贝拉（Barbera d' Asti Superiore Nizza Generala）依然是酒庄的顶级酒品，在今年的品鉴中非常抢眼，它散发着樱桃般甜美的果香，气质经典，融入雨后大地的丝丝香醇，底蕴中透露出缕缕精美均衡的香料辛辣香气。它的口感浓郁多汁，单宁略显明显，酸度和力道都恰到好处，收口余韵极为绵长悠然，果味丰盈饱满。与此同时，阿图罗斯干型桃红葡萄酒（Arturosé Brut Rosé）气质优雅，口感层次复杂；2014年份的克莱莫西纳峰园顶级阿斯蒂巴贝拉（Barbera d' Asti Superiore Cremosina）清爽宜人，就该年份而言酒体非常均衡；2010年份的巴达雷娜园巴罗洛（Barolo Badarina）则酒体完善，单宁结构得当。

| | |
|---|---|
| ● Barbera d'Asti Sup. Nizza Generala '13 | ▼▼ 5 |
| ⊙ Arturosè Brut Rosé M. Cl. | ▼▼ 4 |
| ● Barbaresco Mantico '13 | ▼▼ 6 |
| ● Barbera d'Asti Sup. Cremosina '14 | ▼▼ 3 |
| ● Barolo Badarina '10 | ▼▼ 7 |
| ○ Arturo Bersano Brut M. Cl. '13 | ▼ 4 |
| ○ Moscato d'Asti Monteolivo '15 | ▼ 3 |
| ● Ruché di Castagnole Monferrato S. Pietro '15 | ▼ 3 |
| ● Barbera d'Asti Sup. Generala '97 | ▽▽▽ 5 |
| ○ Arturo Bersano Brut M. Cl. '11 | ▽▽ 4 |
| ● Barbera d'Asti Sup. Cremosina '12 | ▽▽ 3* |
| ● Barbera d'Asti Sup. Nizza Generala '12 | ▽▽ 5 |
| ● Barolo Ris. '08 | ▽▽ 7 |

## Guido Berta

LOC. SALINE, 53
14050 SAN MARZANO OLIVETO [AT]
TEL. +39 0141856193
www.guidoberta.com

藏酒销售
预约参观
年产量 3 000 瓶
葡萄种植面积 12 公顷

距离奎多·伯塔（Guido Berta）决定在世界上最佳的巴贝拉（Barbera）产区创建属于自己的酒庄已经过去了二十年。酒庄的大部分葡萄园都坐落于圣马尔扎诺奥利韦托（San Marzano Oliveto），葡萄藤扎根在石灰性黏土中，不过除此之外，酒庄在卡拉曼德拉纳（Calamandrana）和阿利亚诺泰尔梅（Agliano Terme）也拥有种植地块。奎多伯塔酒庄的葡萄园主要种植巴贝拉葡萄（Barbera），从1960年至1988年，占地6公顷的地块都种植巴贝拉，但同时也出产少量的莫斯卡托（Moscato）和霞多丽（Chardonnay）。奎多伯塔酒庄的出品特色鲜明，充分反映出本地风土条件，而且芬芳扑鼻。在今年的品鉴中，2013年份的超级尼扎卢娜康托阿斯蒂巴贝拉（Barbera d' Asti Superiore Nizza Canto di Luna）再次成为最佳产区酒之一，它吐露着复杂的香气，散发着樱桃般迷人的果香，融入烟草的阵阵醇香，底蕴中透露出缕缕香料的辛辣芬芳，口感浓郁美味，酸度怡人。2015年份的罗蒂尼园阿斯蒂巴贝拉（Barbera d' Asti Le Rondini）气质清新，非常容易入口，展现出酿酒师的精湛技艺，果味丰盈饱满，余韵绵长悠然，收口极为跃动。2014年份的顶级阿斯蒂巴贝拉（Barbera d' Asti Superiore）也展现出同样的高品质，就该年份酒而言口感相当饱满；2011年份的蒙费拉托罗索（Monferrato Rosso）则略显辛辣，是一款添加了少量巴贝拉、主要由内比奥罗（Nebbiolo）酿造而成的混酿，单宁结构非常怡人。

| | |
|---|---|
| ● Barbera d'Asti Sup. Nizza Canto di Luna '13 | ▼▼ 5 |
| ● Barbera d'Asti Le Rondini '15 | ▼▼ 3 |
| ● Barbera d'Asti Sup. '14 | ▼▼ 3 |
| ● Monferrato Rosso '11 | ▼▼ 5 |
| ○ Moscato d'Asti '15 | ▼ 3 |
| ○ Piemonte Chardonnay '15 | ▼ 3 |
| ● Barbera d'Asti Sup. '13 | ▽▽ 3 |
| ● Barbera d'Asti Sup. '12 | ▽▽ 4 |
| ● Barbera d'Asti Sup. Nizza Canto di Luna '12 | ▽▽ 5 |
| ● Barbera d'Asti Sup. Nizza Canto di Luna '11 | ▽▽ 5 |
| ○ Moscato d'Asti '14 | ▽▽ 3 |
| ○ Moscato d'Asti '13 | ▽▽ 3 |
| ○ Moscato d'Asti '12 | ▽▽ 3 |

## Enzo Boglietti

via Fontane, 18a
12064 La Morra [CN]
Tel. +39 017350330
www.enzoboglietti.com

藏酒销售
预约参观
膳宿接待
年产量 100 000 瓶
葡萄种植面积 22.5 公顷
葡萄栽培方式 有机认证
可持续发展酒庄

热情迷人且依然活力四射的恩佐·博利帝（Enzo Boglietti）近来庆祝酒庄度过了第二十五个采收季，他自1991年便开始装瓶销售自家酿造的美酒。五年后，他的弟弟吉安尼（Gianni）也加入到酒庄的经营管理之中，自此尤其将注意力集中在葡萄园的种植工作上。恩佐博利帝酒庄只出品红葡萄酒，以各款名园精选巴罗洛为首，酿造葡萄大多来自珍珠园（Brunate）和卡斯内莱（Case Nere）等拉莫拉产区（La Morra）的顶级葡萄园，但是也包括以阿尔巴塞拉伦加（Serralunga d' Alba）的酿造葡萄精心打造而成的风味复杂的阿里奥尼巴罗洛（Barolo Arione）。恩佐博利帝酒庄的酒品总保持着现代风格，橡木风味突出，散发着浓浓的成熟果香，尽管在陈年步骤中既采用大小不等的木桶，也采用水泥池。在今年的品鉴中，2013年份的洛斯卡莱托阿尔巴巴贝拉（Barbera d' Alba Roscaleto）依然表现出迷人的特质，比往年出品更加清爽宜人，口感鲜美辛辣而活跃，展现出极佳的平衡度。2012年份的波奥罗巴罗洛（Barolo Boiolo）也紧随其后，表现不俗，呈现出极为协调和美味的口感，单宁结构上佳，使酒骨坚固，却不干涩。2012年份的弗萨蒂巴罗洛（Fossati）的香氛非常迷人，散发着干玫瑰花的淡淡幽香，融入甘草的芬芳，口感清爽怡人，极为均衡。2012年份的珍珠园巴罗洛（Brunate）散发着成熟红色水果的浓郁果香；2012年份的卡斯内莱巴罗洛则酒体适中，口感略显辛辣。

| | |
|---|---|
| Barbera d'Alba Roscaleto '13 | 5 |
| Barolo Boiolo '12 | 6 |
| Barolo Brunate '12 | 8 |
| Barolo Fossati '12 | 8 |
| Barbera d'Alba '15 | 3 |
| Barolo Arione '12 | 8 |
| Barolo Case Nere '12 | 8 |
| Barolo Ris. '08 | 8 |
| Dolcetto d'Alba '15 | 2* |
| Barolo Arione '06 | 8 |
| Barolo Arione '05 | 8 |
| Barolo Brunate '01 | 8 |
| Barolo Brunate '97 | 8 |
| Barolo Case Nere '04 | 8 |
| Barolo Case Nere '99 | 8 |
| Barolo V. Arione '07 | 8 |

## Bondi - Cascina Banaia

s.da Cappellette, 73
15076 Ovada [AL]
Tel. +39 0131299186
www.bondivini.it

藏酒销售
预约参观
年产量 20 000 瓶
葡萄种植面积 5 公顷

邦迪家族（Bondi）的生意主要集中在食品和葡萄酒领域，包括位于奥瓦达（Ovada）的酒庄以及位于博斯克马伦戈（Bosco Marengo）的奥莫洛坎达餐厅（Locanda dell' Olmo）。不论是酒庄还是餐厅都相当注重当地的传统，致力于生产本地产品，但是由于地处皮埃蒙特（Piedmont）与利古里亚（Liguria）的交界地带，因此也显示出受到临近产区的影响。邦迪酒庄的出品都是红葡萄酒，主要的酿造葡萄来自巴贝拉（Barbera）和奥瓦达多姿桃（Dolcetto di Ovada），出品的吉耶蒙费拉托罗索（Monferrato Rosso Le Guie）既包含单一品种酒，又包含混酿。邦迪酒庄的顶级酒品是尤恩奥瓦达（Ovada D' Uien），它吐露着红色莓果的浓郁果香，融入奎宁的阵阵香醇，随之而来的口感带有美味的果浆质感，酸度怡人，收口很有力道。邦迪酒庄出品的班纳奥塔巴贝拉（Barbera Banaiotta）气势恢宏，散发着犹如红色水果般馥郁的阵阵果香，融入香料的辛辣香气，一抹可可粉的浓醇气息萦绕其间，使整体香氛都得到了提升，果味引爆了协调的口感，不过收口较短。2012年份的安塞索（Ansensò）的美味暂时还被略显明显的橡木滋味掩盖，不过它散发着成熟的果香，绵长悠然的收口依然非常令人陶醉。

| | |
|---|---|
| Banaiotta | 4 |
| Ovada D'Uien '13 | 3 |
| M.to Rosso Ansensò '12 | 4 |
| Barbera del M.to Banaiotta '10 | 2* |
| Barbera del M.to Ruvrin '10 | 4 |
| Dolcetto di Ovada Nani '11 | 2* |
| M.to Rosso Ansensò '11 | 4 |
| Ovada D'Uien '11 | 4 |

## Gilberto Boniperti

via Vittorio Emanuele, 43/45
28010 Barengo [NO]
Tel. +39 0321997123
www.bonipertivignaioli.com

藏酒销售
年产量 12 000 瓶
葡萄种植面积 3.5 公顷

取得了酿酒学学位的吉尔伯托·博尼佩尔蒂（Gilberto Boniperti）是这座家族酒庄的主人，他专注于对皮埃蒙特产区的传统品种葡萄进行阐释，即将迎来自家酒庄装瓶销售的第十个年头。博尼佩尔蒂酒庄出品的重头戏是法拉美酒（Fara），这款酒庄之星产量不高，酿造葡萄来自品质极佳的产区，主要以内比奥罗（Nebbiolo）混合少量口感辛辣的维斯珀丽娜（Vespolina）混酿而成。法拉巴滕（Fara Bartön）则在不同尺寸的橡木桶中完成陈年，相比较而言口感更加清爽、更加适合即时饮用的诺瓦拉丘陵法拉（Colline Novaresi）和维斯珀丽娜则都只在不锈钢容器中完成陈年过程。在今年的品鉴中，2013年份的法拉巴滕以其美味口感和即时可饮性给我们留下了深刻的印象。它的口感并不特别复杂，但是酒质纯净活跃，入口鲜美，散发着缕缕龙胆根的清香。与此同时，2014年份的卡林内比奥罗（Nebbiolo Carlin）则给人带来愉悦的享受，它的口感和谐，清新爽口，充分展现出品种葡萄的自然风貌，融入淡淡的绿蔬清香，和着一抹香料的辛香，酒质优雅，口感均衡。

| | |
|---|---|
| ● Fara Bartön '13 | 🍷🍷 4 |
| ● Colline Novaresi Nebbiolo Carlin '14 | 🍷🍷 4 |
| ⊙ Colline Novaresi Nebbiolo Rosadisera '15 | 🍷 3 |
| ● Colline Novaresi Vespolina Favolalunga '14 | 🍷 2 |
| ● Colline Novaresi Barbera Barblin '10 | 🍷🍷 4 |
| ● Colline Novaresi Nebbiolo Bartön '10 | 🍷🍷 4 |
| ● Colline Novaresi Nebbiolo Bartön '08 | 🍷🍷 4 |
| ● Colline Novaresi Nebbiolo Carlin '13 | 🍷🍷 4 |
| ● Colline Novaresi Nebbiolo Carlin '12 | 🍷🍷 4 |
| ● Colline Novaresi Nebbiolo Carlin '11 | 🍷🍷 4 |
| ● Colline Novaresi Nebbiolo Carlin '10 | 🍷🍷 4 |
| ● Colline Novaresi Vespolina Favolalunga '12 | 🍷🍷 3 |
| ● Fara Bartön '12 | 🍷🍷 4 |

## Borgo Maragliano

via San Sebastiano, 2
14051 Loazzolo [AT]
Tel. +39 014487132
www.borgomaragliano.com

藏酒销售
预约参观
年产量 315 000 瓶
葡萄种植面积 29 公顷
可持续发展酒庄

加利亚诺家族（Galliano）在洛阿佐洛（Loazzolo）照料他们的葡萄藤已经超过了五十年，今天，伯格马瑞尼亚诺酒庄的掌门人是卡洛·加利亚诺（Carlo Galliano）和西尔维娅·加利亚诺（Silvia Galliano）。酒庄葡萄园的地块主要种植莫斯卡托（Moscato），占据种植总面积的一多半，砂质、凝灰岩和石灰岩耕种土壤处于海拔360米至570米之间，由于受到季节性海风马林（Marin）的影响，促使本地葡萄加快饱满成熟，并且吐露出迷人的芬芳。除此之外，以霞多丽（Chardonnay）和黑比诺（Pinot Nero）混酿而成的传统酿造法起泡酒（Metodo Classico）也非常值得一提。伯格马瑞尼亚诺酒庄生产起泡酒的传统还一直继续着。在今年的品鉴中，2013年份的弗朗西斯科加利亚诺白中白葡萄酒（Francesco Galliano Blanc de Blancs Brut）无疑是个中精品，它吐露着复杂的香气，融入李子和苹果的阵阵果香，和着缕缕烘焙的醇香，随之而来的是优雅的口感，酒体结构紧致，余韵绵长，收口感受极佳。相比较而言，2011年份的约瑟佩加利亚诺干型葡萄酒（Giuseppe Galliano Brut）散发着更加成熟的果香，口感犹如奶油般绵密浓醇，劲道十足，与此同时又保持了清爽的质感，精致而有力。酒庄的旗舰产品2012年份的洛阿佐洛晚收葡萄酒（Loazzolo Vendemmia Tardiva）展现出卓越的均衡度和细腻的口感。

| | |
|---|---|
| ○ Francesco Galliano Blanc de Blancs Brut M. Cl. '13 | 🍷🍷 4 |
| ○ Giuseppe Galliano Brut M. Cl. '11 | 🍷🍷 4 |
| ○ Dogma Blanc de Noirs M. Cl. '12 | 🍷🍷 5 |
| ○ El Calié '15 | 🍷🍷 2* |
| ⊙ Giovanni Galliano Brut Rosè M. Cl. '12 | 🍷🍷 4 |
| ○ Loazzolo V. T. '12 | 🍷🍷 5 |
| ○ M.to Bianco PerFede '15 | 🍷 3 |
| ○ Piemonte Chardonnay Crevoglio '15 | 🍷 2 |
| ○ Giuseppe Galliano Ris. Brut M. Cl. '01 | 🍷🍷🍷 4* |
| ○ Francesco Galliano Blanc de Blancs Brut M. Cl. '12 | 🍷🍷 4 |
| ⊙ Giovanni Galliano Brut Rosé M. Cl. '11 | 🍷🍷 4 |
| ○ Giuseppe Galliano Brut M. Cl. Ris. '09 | 🍷🍷 5 |
| ○ Loazzolo V. T. '10 | 🍷🍷 5 |

## Giacomo Borgogno & Figli

via Gioberti, 16
12060 Barolo [CN]
Tel. +39 017356108
www.borgogno.com

藏酒销售
预约参观
年产量 110 000 瓶
葡萄种植面积 16 公顷
可持续发展酒庄

尝试将经过漫长时光考验的伯格吉诺酒庄（Borgogno）的历史浓缩在短短几行字间，根本是一个无法完成的任务。法利内提家族（Farinetti）于2008年收购了这座拥有悠久历史的卓越酒庄，自此便开启了他们在美妙的葡萄酒酿造世界中的大冒险，除了生产经典传统美酒之外，还接连推出了系列广泛、别具一格的创新美酒，包括无酒标系列、理论系列（Le Teorie）、多彩巴罗洛系列（I Colori del Barolo）和抵抗系列（Resistenza）等。这种传统与创新并重的双重特质也充分地反映在酒品风格上，即便是传统酒品的风格也远非那种落入俗套的陈词滥调。伯格吉诺酒庄接近15公顷的葡萄园最为与众不同，其中一多半种植内比奥罗（Nebbiolo），主要是卡努比葡萄园（Cannubi）、圣洛伦佐卡努比葡萄园（Cannubi San Lorenzo）、弗萨蒂葡萄园（Fossati）、利斯特葡萄园（Liste）以及维奥尔圣彼得罗普葡萄园（San Pietro delle Viol）等顶级葡萄园的特级酿造葡萄。伯格吉诺酒庄最新推出的切萨雷系列（Cesare）由不同年份、以内比奥罗为主要原料酿造而成的混酿组成，也参与了我们今年的评鉴。它放弃使用巴罗洛指定产区的酿造葡萄，缔造出刮起一阵芳香和果味旋风的佳酿，最新的年份酒更在往年年份酒缥缈复杂的口感基础上，展现出无与伦比的清爽口感。除此之外，2011年份的利斯特（Liste）令人难忘，香氛极为复杂，结构上佳，入口怡人。

| | |
|---|---|
| ● Barolo Liste '11 | 🍷🍷🍷 8 |
| ● Barolo Cannubi '11 | 🍷🍷 8 |
| ● Barolo Ris. '09 | 🍷🍷 8 |
| ● Cesare 04 96 98 82 | 🍷🍷 7 |
| ● Barolo '12 | ▼▼ 7 |
| ● Barolo Fossati '11 | ▼▼ 8 |
| ● Langhe Nebbiolo No Name '12 | ▼▼ 5 |
| ○ Langhe Riesling Era Ora '14 | ▼ 5 |
| ● Barolo Cl. '98 | ▽▽▽ 7 |
| ● Barolo Liste '10 | ▽▽▽ 8 |
| ● Barolo Liste '08 | ▽▽▽ 8 |
| ● Barolo Liste '07 | ▽▽▽ 7 |
| ● Barolo Liste '05 | ▽▽▽ 7 |
| ● Barolo V. Liste '06 | ▽▽▽ 7 |
| ● Barolo '11 | ▽▽ 7 |
| ● Barolo Cannubi '10 | ▽▽ 8 |

## Francesco Boschis

fraz. San Martino di Pianezzo, 57
12063 Dogliani [CN]
Tel. +39 017370574
www.boschisfrancesco.it

藏酒销售
预约参观
年产量 40 000 瓶
葡萄种植面积 11 公顷

弗朗西斯科博斯基斯酒庄（Francesco Boschis）避免在葡萄园使用除草剂和化肥，在酒窖的酿造过程中也喜欢采用现代经典手法，使用不锈钢容器完成陈年步骤，并且控制温度，以保证酿造出纯净健康的美酒。多姿桃葡萄酒（Dolcetto）是这里的王牌酒品，有四个不同的款式，分别以不同的顶级葡萄园酿造葡萄制成。除此之外，还有少量的巴贝拉【来自阿尔巴（D' Alba）和朗格（Langhe）】、弗雷伊萨（Freisa）和吉诺林诺（Grignolino）。博斯基斯酒庄还生产数量极少的高品质长相思（Sauvignon Blanc），以其浓郁的异域芬芳而闻名遐迩，令人遗憾的是年产量还不足2000瓶。在今年的品鉴中，2015年份的多利亚尼园皮亚内佐葡萄酒（Dogliani Vigne in Pianezzo）表现精彩，结构尤其饱满，单宁虽然略显突出，但是香氛极为诱人，散发着苦杏仁和杜松的阵阵醇香，底蕴中透露出缕缕黑樱桃的香甜果香。2014年份的猎物之藤葡萄酒（Vigna dei Prey）品质卓越，考虑到2014年采收季艰苦的气候条件，这款酒的表现就更加可圈可点；它吐露着略显青涩的绿蔬清香，但是口感十分令人满意。与此同时，2015年份的加里森园苏维翁（Sauvignon Vigna dei Garisin）香气幽然，散发着缕缕葡萄柚般的甜美果香，融入草本植物的清爽气息，收口略苦，但是感受怡人。

| | |
|---|---|
| ● Dogliani V. in Pianezzo '15 | 🍷🍷 2* |
| ● Barbera d'Alba Sup. V. Le Masserie '13 | ▼▼ 3 |
| ● Dogliani Sorì San Martino '14 | ▼▼ 3 |
| ● Dogliani V. dei Prey '14 | ▼▼ 2* |
| ○ Langhe Sauvignon V. dei Garisin '15 | ▼▼ 3 |
| ● Dogliani Sup. V. del Ciliegio '12 | ▼ 3 |
| ● Dogliani Sorì S. Martino '09 | ▽▽ 2* |
| ● Dogliani Sorì S. Martino '08 | ▽▽ 2* |
| ● Dogliani Sup. Sorì San Martino '12 | ▽▽ 3* |
| ● Dogliani Sup. V. dei Prey '11 | ▽▽ 3* |
| ● Dogliani V. dei Prey '10 | ▽▽ 2* |
| ● Dogliani V. dei Prey '09 | ▽▽ 2* |
| ● Dogliani V. dei Prey '08 | ▽▽ 2* |
| ● Langhe Rosso nei Sorì '09 | ▽▽ 4 |
| ○ Langhe Sauvignon V. dei Garisin '12 | ▽▽ 3* |

## Luigi Boveri

LOC. MONTALE CELLI
VIA XX SETTEMBRE, 6
15050 COSTA VESCOVATO [AL]
TEL. +39 0131838165
www.boveriluigi.com

藏酒销售
预约参观
年产量 80 000 瓶
葡萄种植面积 15 公顷

路易吉·鲍维里（Luigi Boveri）是一位热情洋溢、注重实践的酿酒师，他采用科斯塔韦斯科瓦托产区（Costa Vescovato）大多数优质葡萄园栽培的酿造葡萄来生产各种款式的帝莫拉索酒（Timorasso）：包括菲拉雷帝莫拉索（Filari di Timorasso），要在瓶中多陈年一整年以充分展现这款酒的力道和优雅；以及戴勒多纳帝莫拉索（Derthona），通常会比菲拉雷较早适于饮用，但是优雅程度绝不逊色。路易吉鲍维里酒庄出品中的另一颗明珠是以几近百年历史的葡萄园种植的葡萄酿造而成的维格纳鲁加（Vignalunga）和阿玛瑞恩之丘（Poggio delle Amarene），它们都是香氛浓郁、极具陈年潜力的巴贝拉葡萄酒（Barbera），维格纳鲁加更在橡木桶中完成陈年。菲拉雷帝莫拉索是我们决赛的常客，今年也不例外，位居路易吉鲍维里酒庄推荐名录的第一位。在今年的品鉴中，2013年份的菲拉雷帝莫拉索表现上佳，极富个性；而2014年份的戴勒多纳帝莫拉索相比而言略显清凛，是2014年不幸气候条件的直接反映。维格纳鲁加浓郁而复杂，香氛消散得略快，口感多少受到橡木桶中陈年的影响。除此之外，当下的博卡内拉巴贝拉（Barbera Boccanera）和牧师田庄柯蒂斯（Cortese Terre del Prete）都是别开生面的美酒。

| | |
|---|---|
| ○ Colli Tortonesi Timorasso Derthona Filari di Timorasso '13 | 🍷🍷 5 |
| ● Colli Tortonesi Barbera Boccanera '15 | ▼▼ 2* |
| ● Colli Tortonesi Barbera Vignalunga '13 | ▼▼ 5 |
| ○ Colli Tortonesi Cortese Terre del Prete '15 | ▼▼ 2* |
| ○ Colli Tortonesi Timorasso Derthona '14 | ▼▼ 4 |
| ● Colli Tortonesi Croatina Sensazioni '13 | ▼ 4 |
| ○ Colli Tortonesi Timorasso Filari di Timorasso '12 | ▽▽▽ 5 |
| ○ Colli Tortonesi Timorasso Filari di Timorasso '07 | ▽▽▽ 3 |
| ● Colli Tortonesi Barbera Poggio delle Amarene '12 | ▽▽ 4 |
| ● Colli Tortonesi Barbera Vignalunga '12 | ▽▽ 5 |
| ○ Colli Tortonesi Timorasso Derthona '13 | ▽▽ 4 |

## Gianfranco Bovio

FRAZ. ANNUNZIATA
B.TA CIOTTO, 63
12064 LA MORRA [CN]
TEL. +39 017350667
www.boviogianfranco.com

藏酒销售
预约参观
年产量 75 000 瓶
葡萄种植面积 10 公顷

每一年，蜂拥而至的游客都会在博维奥酒庄餐厅享用酒庄提供的美食和美酒，看着游客们大快朵颐是吉安弗兰科·博维奥（Gianfranco Bovio）最感骄傲的事情。2016年初，吉安弗兰科·博维奥走完了自己快乐而充实的一生。如今，在酒庄极具天赋的葡萄栽培师和酿酒师的协助下，吉安弗兰科的女儿亚历山德拉（Alessandra）和女婿马可（Marco）经营着这座拥有重要地位的复合酒庄。酒庄的葡萄园坐落于拉莫拉产区（La Morra），包括著名的阿波利纳顶级葡萄园（Arborina）和嘉特纳顶级葡萄园（Gattera）。在今年的品鉴中，嘉特纳巴罗洛（Barolo Gattera）吐露着悠然的果香，很快被秋日落叶和药草的混合香气所取代，底蕴中透露出缕缕大黄和干玫瑰花的幽香，入口柔滑美味，酒体结构适中。与此同时，2012年份的阿波利纳园巴罗洛则单宁突出，相比较而言奎宁和松柏的香气略重。而2012年份的巴罗洛（Barolo）则以几处葡萄园的酿造葡萄混酿而成，是该年份的顶级酒品之一。

| | |
|---|---|
| ● Barolo '12 | 🍷🍷 6 |
| ● Barolo Gattera '12 | 🍷🍷 6 |
| ● Barbera d'Alba Sup. Regiaveja '13 | ▼▼ 4 |
| ● Barolo Arborina '12 | ▼▼ 6 |
| ● Dolcetto d'Alba Dabbene '15 | ▼▼ 2* |
| ● Barbera d'Alba Il Ciotto '15 | ▼ 2 |
| ○ Langhe Bianco Alessandro '15 | ▼ 3 |
| ● Langhe Nebbiolo '14 | ▼ 3 |
| ● Barolo Bricco Parussi Ris. '01 | ▽▽▽ 6 |
| ● Barolo Gattera '11 | ▽▽▽ 6 |
| ● Barolo Rocchettevino '06 | ▽▽▽ 5* |
| ● Barolo '11 | ▽▽ 6 |
| ● Barolo Arborina '11 | ▽▽ 6 |
| ● Barolo Arborina '10 | ▽▽ 6 |
| ● Barolo Rocchettevino '10 | ▽▽ 5 |
| ● Langhe Nebbiolo '13 | ▽▽ 3 |

## ★Braida

LOC. CIAPPELLETTE
S.DA PROVINCIALE 27, 9
14030 ROCCHETTA TANARO [AT]
TEL. +39 0141644113
www.braida.it

藏酒销售
预约参观
膳宿接待
年产量 650 000 瓶
葡萄种植面积 65 公顷
可持续发展酒庄

布拉伊达酒庄（Braida）是皮埃蒙特产区（Piedmont）的著名酒庄之一，毫无疑问也是高品质巴贝拉葡萄酒（Barbera）的模范生产商之一。今天，酒庄的掌门人拉法埃拉·博洛尼亚（Raffaella Bologna）和约瑟佩·博洛尼亚（Giuseppe Bologna）兄弟还在继续缔造家族酒庄的成功传奇，实际上自从他们的父亲吉亚科莫（Giacomo）于20世纪80年代创建了酒庄后，这座重要的布拉伊达酒庄便成为整个产区的典范。酒庄的葡萄园位于罗凯塔塔纳罗【（Rocchetta Tanaro），这里是巴贝拉顶级葡萄园之家】、阿斯蒂的科斯蒂里奥莱（Costigliole d' Asti）、卡斯泰尔诺沃卡尔恰（Castelnuovo Calcea）、蒙果（Mango）和特雷佐蒂内拉（Trezzo Tinella）等地。在今年的品鉴中，2014年份的蒙特布纳阿斯蒂巴贝拉（Barbera d' Asti Montebruna）凭借不俗实力，再次回到顶级酒品排行榜。它吐露着浓郁而和谐的香气，散发着成熟樱桃的均衡果香，融入辛辣的橡木芬芳，口感美妙而清爽，呈现出令人印象深刻的美好酸度。与此同时，2014年份的尤赛隆峰葡萄园阿斯蒂巴贝拉（Barbera d' Asti Bricco dell' Uccellone）表现一如既往的精彩，它散发着清新的草本植物芬芳，一抹甘草的醇香若有似无地飘散其间，底蕴中透露出丝丝烧焦橡木的气息，更有淡淡黑樱桃的果香缭绕，口感多汁，余韵绵长，收口强劲有力。除此之外，布拉伊达酒庄今年推荐的其他酒品也表现出极高的品质，反映出酒庄卓越的酿造水平，完全配得上一直以来的盛名。

| | |
|---|---|
| ● Barbera d'Asti Bricco dell'Uccellone '14 | 🍷🍷 7 |
| ● Barbera d'Asti Montebruna '14 | 🍷🍷 3* |
| ● Barbera d'Asti Bricco della Bigotta '14 | 🍷🍷 7 |
| ● Grignolino d'Asti Limonte '15 | 🍷🍷 3 |
| ● M.to Rosso Il Bacialè '14 | 🍷🍷 3 |
| ○ Moscato d'Asti V. Senza Nome '15 | 🍷🍷 3 |
| ○ Langhe Bianco Il Fiore '15 | 🍷 3 |
| ○ Langhe Riesling Re di Fiori '15 | 🍷 3 |
| ● Barbera d'Asti Bricco dell'Uccellone '12 | ΥΥΥ 7 |
| ● Barbera d'Asti Bricco dell'Uccellone '09 | ΥΥΥ 6 |
| ● Barbera d'Asti Bricco della Bigotta '07 | ΥΥΥ 6 |
| ● Barbera d'Asti Bricco della Bigotta '06 | ΥΥΥ 6 |
| ● Barbera d'Asti Montebruna '11 | ΥΥΥ 3* |

## Brandini

FRAZ. BRANDINI, 16
12064 LA MORRA [CN]
TEL. +39 017350266
www.agricolabrandini.it

藏酒销售
预约参观
膳宿接待
年产量 80 000 瓶
葡萄种植面积 15 公顷
葡萄栽培方式 有机认证
可持续发展酒庄

风景如画的布兰迪尼庄园（Brandini）俯瞰整个拉莫拉产区（La Morra），步入酒庄，你很可能会看到内比奥罗（Nebbiolo）的新精选酒正在酒桶中缓慢陈年，等待来年的发布。与此同时，每一年的莱萨56巴罗洛（Barolo Resa 56）都会以极高的品质证明自己的纯种血统，呈现出国际化的经典风格，以精挑细选的有机葡萄为酿造原料，打造出如同天鹅绒般丝滑的单宁。除此之外，朗格内比奥罗（Langhe Nebbiolo）也是同品类中的极品。庄园优雅的客人农舍旁是一泓池塘，景色宜人，再加上酒庄提供的餐厅，为游客带来了顶级享受。在今年的品鉴中，2012年份的莱萨56巴罗洛吐露着覆盆子般的美妙果香，融入肉桂和丁香的缕缕醇香，更有一抹烟草和甘草的淡淡芬芳萦绕其间，增加了整款酒香氛的复杂度，入口劲道有力，果味饱满馥郁，质感极为优雅。这款佳酿的细腻和平衡给我们留下了非常深刻的印象，因此我们赋予了它“三杯奖”的大奖。除此之外，2014年份的费乐瑞科蒂朗格内比奥罗（Langhe Nebbiolo Filari Corti）果味丰盈，具有极高的即时可饮性；而2011年份的高朗垓桃红葡萄酒（Alta Langa Rosé）口感清爽，令人回味。

| | |
|---|---|
| ● Barolo Resa 56 '12 | 🍷🍷🍷 8 |
| ● Barolo '12 | 🍷🍷 7 |
| ⊙ Alta Langa Brut Rosé '11 | 🍷🍷 6 |
| ● Dolcetto d'Alba Filari Lunghi '15 | 🍷🍷 3 |
| ● Langhe Nebbiolo Filari Corti '14 | 🍷🍷 5 |
| ● Barbera d'Alba Sup. Rocche del Santo '14 | 🍷 5 |
| ○ Langhe Bianco Le Coccinelle '15 | 🍷 5 |
| ● Barolo Resa 56 '11 | ΥΥΥ 7 |
| ● Barolo Resa 56 '10 | ΥΥΥ 7 |
| ● Barbera d'Alba Sup. Rocche del Santo '13 | ΥΥ 3 |
| ● Barolo '11 | ΥΥ 5 |
| ● Barolo '10 | ΥΥ 5 |
| ● Dolcetto d'Alba Filari Lunghi '14 | ΥΥ 3 |
| ○ Langhe Bianco Le Coccinelle '14 | ΥΥ 4 |
| ● Langhe Nebbiolo Filari Corti '13 | ΥΥ 3 |

## Brangero

via Provinciale, 26
12055 Diano d'Alba [CN]
Tel. +39 017369423
www.brangero.com

预约参观
年产量 50 000 瓶
葡萄种植面积 9 公顷

马可·布兰盖罗（Marco Brangero）的美丽酒庄坐落于俯瞰阿尔巴迪亚诺（Diano d'Alba）如画风景的山坡上，自1999年起，布兰盖罗就经营着这家活跃的酒庄。布兰盖罗酒庄的葡萄园种植着本地典型的传统品种：多姿桃（Dolcetto）、巴贝拉（Barbera）、内比奥罗（Nebbiolo）和阿内斯（Arneis），也包括少量的国际品种。葡萄园大多环绕酒庄，不过只有一处例外，这座酒庄的皇冠葡萄园就是位于韦尔杜诺（Verduno）的蒙维格里罗葡萄园（Monvigliero cru）。布兰盖罗酒庄出品风格现代，在今年的品鉴中，我们发现酒庄推荐的酒品比往年更加优雅和细腻，更富独特个性。除此之外，马可·布兰盖罗还经营着另一座位于因佩里亚（Imperia）利古里亚（Ligurian）的精美酒庄——吉娜斯特拉酒庄（La Ginestraia）。在今年的品鉴中，2012年份的蒙维格里罗园巴罗洛（Barolo Monvigliero）表现出色，吐露着复杂而精美的香氛，底蕴中透露出缕缕磨碎黑胡椒的醇香，清新宜人，更有一抹玫瑰花的芬芳萦绕其间，淡淡烟草和甘草的香醇气息若有似无地飘散，入口美味，美味在味蕾上逐层铺开，单宁如同丝般柔滑，余韵绵长多汁，收口感受极佳。与此同时，2015年份的塞托费勒朗格霞多丽（Langhe Chardonnay Centofile）也展现出酿酒师高超的酿造技艺。

| | |
|---|---|
| ● Barolo Monvigliero '12 | ▼▼ 6 |
| ● Barbera d'Alba La Soprana '13 | ▼▼ 3 |
| ● Dolcetto di Diano d'Alba Sörì Rabino Soprano '15 | ▼▼ 2* |
| ● Nebbiolo d'Alba Quattro Cloni '14 | ▼▼ 4 |
| ○ Langhe Chardonnay Centofile '15 | ▼ 3 |
| ● Barbera d'Alba La Soprana '12 | ▽▽ 3 |
| ● Barbera d'Alba La Soprana '11 | ▽▽ 3 |
| ● Barolo Monvigliero '11 | ▽▽ 6 |
| ● Barolo Monvigliero '10 | ▽▽ 6 |
| ○ Langhe Arneis Centofile '13 | ▽▽ 3 |
| ○ Langhe Chardonnay Centofile '13 | ▽▽ 3 |
| ● Langhe Rosso Tremarzo '11 | ▽▽ 4 |
| ● Nebbiolo d'Alba Bricco Bertone '12 | ▽▽ 4 |

## Brema

via Pozzomagna, 9
14045 Incisa Scapaccino [AT]
Tel. +39 014174019
www.vinibrema.com

藏酒销售
预约参观
年产量 150 000 瓶
葡萄种植面积 25 公顷
可持续发展酒庄

早在1887年，布莱玛家族（Brema）就在因奇萨斯卡帕奇诺（Incisa Scapaccino）安家落户，酿造高品质的美酒——那是五个世代之前的事情。布莱玛酒庄的葡萄园散落在阿斯蒂产区（Asti）风土条件最佳的各处，从尼扎蒙费拉托（Nizza Monferrato）到阿斯蒂丰塔尼莱（Fontanile d'Asti）、圣马尔扎诺奥利韦托（San Marzano Oliveto）、因奇萨斯卡帕奇诺以及阿斯蒂塞萨梅（Sessame d'Asti）。酒庄出品的重点无疑是巴贝拉葡萄酒（Barbera），堪称酒庄的王牌产品——从路易吉维罗尼利热忱尼扎阿斯蒂巴贝拉（Nizza Dedicato a Luigi Veronelli）开始——辅以多姿桃（Dolcetto）、吉诺林诺（Grignolino）、布拉切多（Brachetto）、莫斯卡托（Moscato）和赤霞珠（Cabernet Sauvignon），组成了品类多样、搭配得当的卓越酒品系列。在今年的品鉴中，2013年份的路易吉维罗尼利的热忱超级尼扎阿斯蒂巴贝拉（Barbera d'Asti Superiore Nizza Dedicato a Luigi Veronelli）表现精彩，它吐露着红色莓果的浓郁果香，融入烟草和香料的缕缕醇香，随之而来的口感结构上佳，余韵悠长，收口感受多汁美妙。我们还非常钟爱2013年份的优博托蒙费拉托红葡萄酒（Monferrato Rosso Umberto），这款赤霞珠果香飘逸，散发着淡淡绿蔬的清新香气，果浆口感浓烈，别具一格；还有2013年份的沃皮托纳超级阿斯蒂巴贝拉（Barbera d'Asti Superiore Volpettona），吐露着草本植物的芬芳，融入美妙的果香；更有2014年份的克鲁索阿斯蒂巴贝拉（Barbera d'Asti Ai Cruss），与往年相比展现出更加清凛的风格，但是入口感受非常愉悦。

| | |
|---|---|
| ● Barbera d'Asti Sup. Nizza A Luigi Veronelli '13 | ▼▼ 6 |
| ● Barbera d'Asti Ai Cruss '14 | ▼▼ 2* |
| ● Barbera d'Asti Sup. Volpettona '13 | ▼▼ 5 |
| ● M.to Rosso Umberto '13 | ▼▼ 4 |
| ● Barbera d'Asti Sup. Nizza A Luigi Veronelli '12 | ▽▽▽ 6 |
| ● Barbera d'Asti Sup. Nizza A Luigi Veronelli '06 | ▽▽▽ 6 |
| ● Barbera d'Asti Ai Cruss '13 | ▽▽ 2* |
| ● Barbera d'Asti Ai Cruss '12 | ▽▽ 2* |
| ● Barbera d'Asti Sup. Nizza A Luigi Veronelli '11 | ▽▽ 6 |
| ● Barbera d'Asti Sup. Volpettona '11 | ▽▽ 5 |
| ● Barbera del M.to Frizzante Castagnei '14 | ▽▽ 2* |
| ● Barbera del M.to Frizzante Castagnei '13 | ▽▽ 2* |
| ○ Moscato d'Asti Mariasole '12 | ▽▽ 2* |

## Giacomo Brezza & Figli

via Lomondo, 4
12060 Barolo [CN]
Tel. +39 0173560921
www.brezza.it

藏酒销售
预约参观
膳宿接待
年产量 100 000 瓶
葡萄种植面积 17.5 公顷
葡萄栽培方式 有机认证
可持续发展酒庄

每次我们造访布里萨家族（Brezza）酒庄，坐在惬意的酒窖兼餐厅中，伴着美食美酒倾听奥列斯特·布里萨（Oreste Brezza）讲述各种各样的传说和逸事时，时间就仿佛静止了一般。几年前，这位令人尊敬的朗格（Langhe）历史的“百科全书”将酒庄生意传给了儿子恩佐（Enzo），恩佐也不负众望，继续发扬光大这座令人骄傲的酒庄，并将出品的经典内比奥罗（Nebbiolo）推上了品质的巅峰。布里萨酒庄的酿造葡萄来自巴罗洛产区（Barolo）的各个顶级葡萄园，包括卡努比园（Cannubi）、卡斯泰莱罗园（Castellero）以及撒马萨园（Sarmassa）等，其中海拔最高地块种植的葡萄在最佳年份中用来酿造布里科（Bricco）。出品的佳酿要在中型和大型木桶中进行长时间浸渍并陈年长达数年。虽然今年我们并没有将“三杯奖”的殊誉授予布里萨酒庄，该酒庄的巴罗洛葡萄酒无疑是顶级佳品，展现出酿酒师高超的技艺。2012年份的卡努比园巴罗洛（Cannubi）口感强劲有力，入口多汁鲜美，展现出质朴经典的风格，随着在瓶中陈年时间的流逝，将会变得更加完美。相比而言，2012年份的撒马萨园巴罗洛（Sarmassa）单宁更加突出，极富个性，散发着淡淡的草莓芬芳，融入茴香和烟草的缕缕醇香。

| | |
|---|---|
| ● Barolo Cannubi '12 | 🍷🍷 6 |
| ● Barolo Sarmassa '12 | 🍷🍷 7 |
| ● Barolo Castellero '12 | 🍷🍷 6 |
| ● Barolo Bricco Sarmassa '08 | 🍷🍷🍷 7 |
| ● Barolo Bricco Sarmassa '07 | 🍷🍷🍷 7 |
| ● Barolo Cannubi '01 | 🍷🍷🍷 6 |
| ● Barolo Sarmassa '11 | 🍷🍷🍷 6 |
| ● Barolo Sarmassa '05 | 🍷🍷🍷 6 |
| ● Barolo Sarmassa '04 | 🍷🍷🍷 6 |
| ● Barolo Sarmassa '03 | 🍷🍷🍷 6 |
| ● Barolo Cannubi '11 | 🍷🍷 6 |
| ● Barolo Castellero '11 | 🍷🍷 6 |
| ● Barolo Sarmassa '10 | 🍷🍷 6 |

## Gallino Domenico Bric Castelvej

Madonna Loreto, 70
12043 Canale [CN]
Tel. +39 017398108
www.briccastelvej.com

藏酒销售
预约参观
年产量 100 000 瓶
葡萄种植面积 12.4 公顷

卡斯泰弗酒庄（Bric Castelvej）由多梅尼科·加利诺（Domenico Gallino）于1956年创立，今天则由他的女婿马里奥·瑞帕利诺（Mario Repellino）及其外孙克里斯蒂亚诺（Cristiano）经营打理。酒庄的葡萄园位于卡纳莱（Canale），主要呈砂质土壤，少数地块略淤泥和黏土性土质，主要种植罗埃罗产区（Roero）经典的葡萄品种，从内比奥罗（Nebbiolo）和阿内斯（Arneis）到巴贝拉（Barbera）和费弗瑞塔（Favorita）。这家不俗的酒庄去年才首次出现在我们的年鉴中，今年它就获得了整篇幅的详细介绍，并为我们呈上了一系列品质令人信服的佳酿。2013年份的上潘尼拉罗埃罗陈酿（Roero Panera Alta Riserva）吐露着淡淡的烟草香气，融入地中海灌木丛那热烈的芬芳，底蕴中透露出缕缕迷人的果香，入口均衡，酒体饱满丰盈，余韵绵长悠然，单宁颗粒细腻柔滑。与此同时，2015年份的诺瓦拉维吉纳布里科罗埃罗阿内斯（Roero Arneis Vigna Bricco Novara）也是品质最佳的地产酒之一，散发着繁花的芳香，融入缕缕香料的辛香，入口清爽，强劲有力，余韵绵长，收口活力十足，跃动怡人。除此之外，该酒庄的“基本款”产品也展现出酿酒师高超的技艺：2013年份的罗埃罗酒（Roero）散发着深色水果的淡淡果香，入口劲道；而2015年份的罗埃罗阿内斯（Roero Arneis）则令人愉悦，果味十足。

| | |
|---|---|
| ○ Roero Arneis V. Bricco Novara '15 | 🍷🍷 3* |
| ● Roero Panera Alta Ris. '13 | 🍷🍷 6 |
| ● Roero '13 | 🍷🍷 4 |
| ○ Roero Arneis '15 | 🍷🍷 2* |
| ● Barbera d'Alba '15 | 🍷 2 |
| ● Barbera d'Alba Sup. V. Mompissano '14 | 🍷 2 |
| ○ Langhe Favorita '15 | 🍷 2 |
| ● Roero '12 | 🍷🍷 4 |
| ● Roero Panera Alta Ris. '12 | 🍷🍷 6 |

## Bric Cenciurio

via Roma, 24
12060 Barolo [CN]
Tel. +39 017356317
www.briccenciurio.com

藏酒销售
预约参观
年产量 45 000 瓶
葡萄种植面积 15 公顷

20世纪90年代初，弗兰科·皮泰托尔（Franco Pittatore）与妻弟卡洛·萨凯托（Carlo Sacchetto）竭尽全力，创立了布桑科瑞酒庄（Bric Cenciurio）。今天，酒庄由菲奥雷拉·皮泰托尔（Fiorella Sacchetto）及其儿子阿莱桑德罗（Alessandro）、阿尔贝托（Alberto）以及菲奥雷拉的兄弟卡洛·萨凯托（Carlo Sacchetto）合力经营。布桑科瑞酒庄的葡萄园分别处于罗埃罗产区（Roero）和朗格产区（Langhe）两地。卡斯泰利纳尔多山麓的桑瑞克（Cenciurio di Castellinaldohill）拥有砂质土壤，生长着优质的阿内斯，能够酿造出别具异域风情的白葡萄酒；马利亚诺阿尔菲耶里（Magliano Alfieri）的地块则是巴贝拉（Barbera）老藤的家，生长的葡萄用以酿造强劲有力的努达阿尔巴巴贝拉（Barbera d' Alba Naunda）；而位于巴罗洛（Barolo）和阿尔巴蒙福特（Monforte d' Alba）之间的玫瑰海岸葡萄园（Coste di Rose）和蒙罗比洛葡萄园（Monrobiolo di Bussia Crus）则为酿造优雅的布桑科瑞巴罗洛（Bric Cenciurio Barolo）供应原料。虽然今年酒庄推荐的酒品并非十分有力的年份，但是布桑科瑞酒庄出品的巴罗洛总体上而言都呈现出极佳的酒体，单宁表现得当，只需细微调整就能够达到完美。2010年份的玫瑰海岸巴罗洛陈酿（Riserva di Coste di Rose）已经非常适于饮用，它的香氛复杂，口感柔美诱人；2012年份的玫瑰海岸巴罗洛（Coste di Rose）则散发着独特而经典的香气。

| | |
|---|---|
| ● Barbera d'Alba Sup. Naunda '13 | ▼▼ 4 |
| ● Barolo '12 | ▼▼ 5 |
| ● Barolo Coste di Rose '12 | ▼▼ 6 |
| ● Barolo Coste di Rose Ris. '10 | ▼▼ 7 |
| ● Barolo Monrobiolo di Bussia '12 | ▼▼ 5 |
| ● Langhe Nebbiolo '14 | ▼▼ 4 |
| ○ Roero Arneis Sito dei Fossili '14 | ▼▼ 3 |
| ● Barbera d'Alba '14 | ▼ 2 |
| ○ Langhe Riesling '14 | ▼ 3 |
| ● Barolo '11 | ▽▽ 5 |
| ● Barolo Monrobiolo di Bussia '11 | ▽▽ 5 |
| ○ Langhe Riesling '13 | ▽▽ 3 |
| ○ Roero Arneis Sito dei Fossili '13 | ▽▽ 3 |

## Bricco del Cucù

loc. Bricco, 10
12060 Bastia Mondovì [CN]
Tel. +39 017460153
www.briccocucu.com

藏酒销售
预约参观
年产量 50 000 瓶
葡萄种植面积 10 公顷

在达里奥·索拉（Dario Sciolla）经营下的楚楚峰酒庄（Bricco del Cucù）的出品，娴熟地表达出多利亚尼产区（Dogliani）的独特风格——这个皮埃蒙特产区（Piedmont）的小小角落极具潜力，但还尚未被世界充分认识。酒庄地处巴斯蒂亚（Bastìa），海拔高且温度波动较大，保证了出产酒品酒骨紧致，酸度怡人且拥有极佳的陈年潜力。楚楚峰酒庄的酒品系列包罗万象，而且都非常容易入口，口感清爽，动感十足，其中的明星酒品无疑是多姿桃（Dolcetto）。我们在这里还要提及的是，达里奥·索拉不仅栽培葡萄，而且还在他的庄园种植品质极好的榛子，前来游览的客人千万别错过。在今年的品鉴中，2015年份的多利亚尼（Dogliani）非常夺人眼球，展现出浓郁深邃的紫红色光泽，犹如顶级红宝石一般，吐露着果酱的阵阵香气，融入奎宁和甘草的缕缕醇香，这款年轻的美酒入口果味饱满，柔美异常，余韵非常绵长，具有极佳的陈年前景。我们还非常喜爱2013年份的朗格罗索蒂埃弗里桑提（Langhe Rosso Diavolisanti），它的酒体协调，散发着黑莓果馥郁的果香，融入焦油的气息，底蕴中透露出缕缕烘焙咖啡豆的醇香，口感饱满，单宁质地细密，收口清爽，余韵极为绵长。与此同时，2013年份的超级朗格红葡萄酒（Langhe Rosso Superboum）则在清新甜美的果味和香醇的烘焙气息之间保持了完美的平衡。

| | |
|---|---|
| ● Dogliani '15 | ▼▼ 2* |
| ○ Langhe Bianco Livor '15 | ▼▼ 2* |
| ● Langhe Dolcetto '15 | ▼▼ 2* |
| ● Langhe Rosso Diavolisanti '13 | ▼▼ 2* |
| ● Langhe Rosso Superboum '13 | ▼▼ 2* |
| ● Dogliani Sup. Bricco S. Bernardo '09 | ▽▽▽ 2* |
| ● Dogliani '13 | ▽▽ 2* |
| ● Dogliani Sup. Bricco S. Bernardo '12 | ▽▽ 2* |
| ● Dogliani Sup. Bricco S. Bernardo '11 | ▽▽ 2* |
| ● Langhe Dolcetto '13 | ▽▽ 2* |
| ● Langhe Rosso Diavolisanti '12 | ▽▽ 2* |
| ● Langhe Rosso Diavolisanti '11 | ▽▽ 2* |
| ● Langhe Rosso Superboum '12 | ▽▽ 2* |

## Bricco Maiolica

FRAZ. RICCA
VIA BOLANGINO, 7
12055 DIANO D'ALBA [CN]
TEL. +39 0173612049
www.briccomaiolica.it

藏酒销售
预约参观
膳宿接待
年产量 110 000 瓶
葡萄种植面积 24 公顷
可持续发展酒庄

毕普·阿科莫（Beppe Accomo）漂亮的酒窖如今供应12款美酒。最新一款佳酿是康塔丁巴罗洛葡萄酒（Contadin Barolo），首次发布的是2012年份酒。马约利卡峰酒庄（Bricco Maiolica）的葡萄园位于巴罗洛产区（Barolo）内的阿尔巴蒂安诺（Diano d' Alba）角落，这座小小的葡萄园十分著名。马约利卡峰酒庄的出品主要来自一系列本地经典的葡萄品种，但是旗下的霞多丽（Chardonnay）、苏维翁（Sauvignon）、黑比诺（Pinot nero）和梅洛（Merlot）也是独具特色的拳头产品。除了造访酒庄品尝美酒，游客还可以在酒庄照料周详的游客农庄度假，无疑是度过美好时光的最佳选择。在今年的品鉴中，卓越的科穆特（Cumot）凭借2013年份酒再次勇夺“三杯奖”，这款酒堪称阿尔巴内比奥罗（Nebbiolo d' Alba）的典范之作，它的单宁美味精致，果味口感丰盈饱满，酸度清爽宜人，最难能可贵的是三者达到了完美的和谐。与此同时，2013年份的维吉纳维嘉阿尔巴巴贝拉葡萄酒（Barbera d' Alba Vigna Vigia）香氛复杂多变，它散发着浓浓的李子果香，融入樱桃的芬芳，底蕴中还透露出缕缕可可粉的醇香和优雅的橡木香气；2012年份的无限遐思霞多丽（Chardonnay Pensiero Infinito）则风格现代，优雅美味；2012年份的康塔丁巴罗洛（Barolo Contadin）的酒体结构适中，品质卓越。

| | |
|---|---|
| ● Nebbiolo d'Alba Sup. Cumot '13 | TTT 5 |
| ● Barbera d'Alba Sup. V. Vigia '13 | TT 5 |
| ○ Langhe Bianco Pensiero Infinito '12 | TT 6 |
| ● Barolo Contadin '12 | TT 8 |
| ● Langhe Merlot Filius '13 | TT 5 |
| ○ Langhe Sauvignon Castella '15 | TT 3 |
| ● Barbera d'Alba '14 | T 3 |
| ● Dolcetto di Diano d'Alba '15 | T 3 |
| ○ Langhe Chardonnay Rolando '15 | T 3 |
| ● Langhe Pinot Nero Perlei '13 | T 5 |
| ● Diano d'Alba Sup. Sörì Bricco Maiolica '07 | YYY 3* |
| ● Nebbiolo d'Alba Cumot '10 | YYY 4* |
| ● Nebbiolo d'Alba Cumot '09 | YYY 4* |
| ● Barbera d'Alba Sup. V. Vigia '12 | YY 5 |
| ● Nebbiolo d'Alba Sup. Cumot '12 | YY 5 |

## Bricco Mondalino

REG. MONDALINO, 5
15049 VIGNALE MONFERRATO [AL]
TEL. +39 0142933204
www.gaudiovini.it

藏酒销售
预约参观
年产量 80 000 瓶
葡萄种植面积 14 公顷

蒙达林诺峰酒庄（Bricco Mondalino）坐落于维哥奈蒙费拉托（Vignale Monferrato）的小村庄蒙达林诺（Mondalino），那里风景如画，景色怡人。酒庄出品传统的蒙费拉托葡萄酒，包括在橡木桶或者不锈钢容器中完成陈年的优质巴贝拉葡萄酒（Barbera）；以及基本款和精选款的吉诺林诺（Grignolino）。低泡的弗雷伊萨（Semi-sparklingfreisa）和巴贝拉（Barbera）也不该被低估，当它们与适合的食物搭配时，这些极易入口的美酒就会成为取代传统的年轻非气泡红葡萄酒的有趣选择。在今年的品鉴中，2013年份的蒙德沙拉（Monte della Sala）从该酒庄的众多推荐酒品中脱颖而出。它是一款浓郁的吉诺林诺，散发着香料般辛辣的芬芳，融入烟草的阵阵醇香，随之而来的是同样浓醇的柔美口感，收口余韵非常绵长。紧随其后的是一款品质极佳的卡索尔佐的玛尔维萨（Malvasia di Casorzo），毛罗·高迪奥（Mauro Gaudio）对这种酿造葡萄做出了美味阐释，残存的糖分和酸度达到了完美的平衡。除此之外，2014年份的顶级蒙费拉托巴贝拉（Barbera del Monferrato Superiore）也展现出迷人的魅力，它的香氛复杂，果味浓郁有嚼劲，口感紧致。

| | |
|---|---|
| ● Grignolino del M.to Casalese Monte della Sala '13 | TT 4 |
| ● Barbera del M.to Sup. '14 | TT 2* |
| ● Malvasia di Casorzo Dolce Stil Novo '15 | TT 2* |
| ● Barbera d'Asti Il Bergantino '13 | T 3 |
| ● Grignolino del M.to Casalese '15 | T 3 |
| ● Barbera d'Asti Il Bergantino '12 | YY 4 |
| ● Barbera d'Asti Il Bergantino '10 | YY 3 |
| ● Barbera d'Asti Zerolegno '13 | YY 4 |
| ● Barbera del M.to Gaudium Magnum '11 | YY 6 |
| ● Grignolino del M.to Casalese '12 | YY 2* |
| ● Grignolino del M.to Casalese Bricco Mondalino '13 | YY 2* |
| ● Grignolino del M.to Casalese Bricco Mondalino '03 | YY 2 |
| ● Malvasia di Casorzo Dolce Stil Novo '13 | YY 2* |
| ● Malvasia di Casorzo Dolce Stil Novo '12 | YY 2* |

## Francesco Brigatti

via Olmi, 31
28019 Suno [NO]
Tel. +39 032285037
www.vinibrigatti.it

藏酒销售
预约参观
年产量 25 000 瓶
葡萄种植面积 6.5 公顷

弗朗西斯科·布里嘉提（Francesco Brigatti）经营的这家家庭酒庄日益成为诺瓦拉产区（Novara）的明星酒庄之一。酒庄葡萄园占地面积只有七公顷，位于索诺地区（Suno）的三座山上：蒙佐弗隆葡萄园（Mötziflon）西南朝向，拥有黏性土壤；蒙弗雷葡萄园（Mötfrei）南朝向，拥有富含铁质的粉土质土壤；坎帕兹葡萄园（Campazzi）西朝向，拥有砂质土壤。布里嘉提酒庄出品顶级内比奥罗（Nebbiolo）红葡萄酒，只是根据产地不同酿造过程略有不同——蒙佐弗隆园以及优质的奥尔特博斯科格美葡萄酒（Ghemme Oltre il Bosco）采用3000升的斯拉沃尼亚木桶（Slavonian oak Cask）为葡萄酒陈年；而蒙弗雷园则采用产自法国中部的阿列橡木桶（Allier Tonneaux）为葡萄酒陈年。除了以内比奥罗酿造美酒之外，巴贝拉（Barbera）、拉雅（Uva Rara）、维斯珀丽娜（Vespolina）和厄柏露丝（Erbaluce）的加入令布里嘉提酒庄的葡萄酒系列品种更加完整。在今年的品鉴中，布里嘉提酒庄最夺人眼球的作品无疑是2015年份的玛利亚维斯珀丽娜（Vespolina Maria）以及2013年份的蒙佐弗隆内比奥罗（Nebbiolo MötZiflon），这两款品质极高的红葡萄酒都展现出紧致鲜美的口感，暗示着极佳的陈年潜力。与之相比，2011年份的奥尔特博斯科格美葡萄酒（Ghemme Oltre il Bosco）则更加浓郁和谐，散发着干草和甘草的缕缕芬芳，融入红色水果的阵阵果香，更有一抹蔬菜的清香萦绕其间，单宁雅致，余韵绵长悠然，收口美味，令人不舍。

| | |
|---|---|
| ● Ghemme Oltre il Bosco '11 | YY 4 |
| ● Colline Novaresi Nebbiolo Mötziflon '13 | YY 3 |
| ● Colline Novaresi Vespolina Maria '15 | YY 3 |
| ● Colline Novaresi Barbera Campazzi '15 | Y 3 |
| ● Colline Novaresi Uva Rara Selvalunga '15 | Y 2 |
| ● Colline Novaresi Barbera Campazzi '13 | YY 3 |
| ○ Colline Novaresi Bianco Mottobello '14 | YY 2* |
| ● Colline Novaresi Nebbiolo Mötfrei '12 | YY 3 |
| ● Colline Novaresi Nebbiolo Mötfrei '11 | YY 3* |
| ● Colline Novaresi Nebbiolo MötZiflon '12 | YY 3* |
| ● Colline Novaresi Nebbiolo MötZiflon '11 | YY 3 |
| ● Colline Novaresi Uva Rara Selvalunga '13 | YY 2* |
| ● Colline Novaresi Vespolina Maria '14 | YY 2* |
| ● Colline Novaresi Vespolina Maria '13 | YY 2* |
| ● Ghemme Oltre il Bosco '10 | YY 4 |

## Broglia - Tenuta La Meirana

loc. Lomellina, 22
15066 Gavi [AL]
Tel. +39 0143642998
www.broglia.it

藏酒销售
预约参观
膳宿接待
年产量 480 000 瓶
葡萄种植面积 65 公顷

梅拉纳酒庄（Meirana）是嘉维地区（Gavi）最重要的酒庄之一，葡萄园占地面积几近100公顷，其中葡萄种植面积超过60公顷。梅拉纳酒庄由布鲁诺·布歌利（Bruno Broglia）创立，当时主要种植柯蒂斯葡萄（Cortese）；如今则由儿子吉安·皮埃罗·布歌利（Gian PieroBroglia）和保罗·布歌利（PaoloBroglia）接管经营，但是这种白葡萄酒依然是酒庄的明星产品。采用不锈钢桶发酵为梅拉纳酒庄出品的美酒带来清凛鲜美的风格，其中伊尔多格（Il Doge）和梅拉纳（La Meirana）是两款基本的非气泡葡萄酒，布鲁诺布歌利精选系列葡萄酒（Bruno Broglia Selection）则与酒渣共同陈年发酵，通常口感更加强劲有力，果味更加成熟饱满。除此之外，酒品系列还包含两款洛威瑞罗起泡酒（Roverello Spumante）与以多姿桃（Dolcetto）和巴贝拉（Barbera）酿造的勒普尼茨红葡萄酒（Red Le Pernici），它们的加入令梅拉纳酒庄的葡萄酒系列更加完整。在今年的品鉴中，两个年份的精选嘉维酒（Gavi di Gavi selections）呈现出迥然不同的风格，却拥有同样的高品质。2014年份的精选布鲁诺布歌利（Bruno Broglia）呈现出2014年采收季赋予的独特清凛特性，散发着草本植物清爽而迷人的清香，底蕴中透露出缕缕火药的气息；而2015年份的精选梅拉纳（La Meirana）则呈现出阳光灿烂的2015年采收季的馥郁特性，果味饱满，入口动力十足。

| | |
|---|---|
| ○ Gavi del Comune di Gavi La Meirana '15 | YY 3* |
| ○ Gavi del Comune di Gavi Bruno Broglia '14 | YY 5 |
| ● Barbera d'Asti Sup. '13 | Y 3 |
| ○ Gavi del Comune di Gavi Roverello Brut '14 | Y 3 |
| ○ Gavi del Comune di Gavi Bruno Broglia '12 | YYY 5 |
| ○ Gavi del Comune di Gavi Bruno Broglia '08 | YYY 5 |
| ○ Gavi del Comune di Gavi Bruno Broglia '07 | YYY 5 |
| ○ Gavi del Comune di Gavi Bruno Broglia '13 | YY 5 |
| ○ Gavi del Comune di Gavi Bruno Broglia '11 | YY 5 |
| ○ Gavi Il Doge '13 | YY 2* |
| ○ Gavi Il Doge '12 | YY 2* |

## ★Brovia

via Alba-Barolo, 145
12060 Castiglione Falletto [CN]
Tel. +39 017362852
www.brovia.net

藏酒销售
预约参观
年产量 60 000 瓶
葡萄种植面积 17 公顷
葡萄栽培方式 有机认证

只要谈起美酒风尚，布洛维亚酒庄（Brovia）的名字无疑会第一个跳出脑海，那是因为该酒庄长久以来魔幻般地构想并以实践展示出伟大的巴罗洛葡萄酒（Barolo）能够而且应当是什么样子：几近纯净的优雅，从诸多方面完美反射出卡斯蒂格里奥尼法雷托（Castiglione Falletto）的维勒洛葡萄园（Villero）、洛奇葡萄园（Rocche）和加尔布雷特苏伊葡萄园（Garblèt Sué）以及塞拉伦加（Serralunga）的卡米亚葡萄园（Cà Mia）等顶级葡萄园的不同风土条件。布洛维亚酒庄采用传统做法，酿造葡萄在水泥池中自然发酵十五天至二十天，接下来在大型木桶中陈年大约三年的时间，真正展现出风土特色的细节。今天，克里斯蒂娜（Cristina）和埃琳娜（Elena）姐妹俩人在亚历山卓·桑切斯·索兰诺（Alejandro Sanchez Solana）的帮助下，打造出布洛维亚酒庄独一无二的特色风味。在今年的品鉴中，布洛维亚酒庄出品的巴罗洛葡萄酒（Barolo）再次呈现优异表现。如果您在寻找适合长期窖藏陈年的美酒，我们向您推荐2012年份的卡米亚园巴罗洛（Brea Vigna Ca' Mia），最初它的香氛和口感都较为封闭，但是无疑拥有极佳的品质，随着陈年时间的蔓延，将会日臻完美。2012年份的卡斯蒂格里奥尼洛奇园巴罗洛（Rocche di Castiglione）气势壮阔，拥有高贵的气质，非常美味，各方面特质已经表现明显，是一款绝佳的内比奥罗（Nebbiolo）美酒，吐露着覆盆子的阵阵果香，融入茴香和烟草的缕缕醇香，达到和谐的香氛。除此之外，经典的维勒洛园巴罗洛（Villero）也散发着迷人的芬芳。

| | | |
|---|---|---|
| ● Barolo Rocche di Castiglione '12 | 🍷🍷🍷 | 8 |
| ● Barolo Brea V. Ca' Mia '12 | 🍷🍷 | 8 |
| ● Barolo Villero '12 | 🍷🍷 | 8 |
| ● Barolo Garblèt Sué '12 | ▼▼ | 8 |
| ● Barolo Brea V. Ca' Mia '10 | YYY | 8 |
| ● Barolo Ca' Mia '09 | YYY | 8 |
| ● Barolo Ca' Mia '00 | YYY | 8 |
| ● Barolo Ca' Mia '96 | YYY | 8 |
| ● Barolo Monprivato '90 | YYY | 8 |
| ● Barolo Rocche dei Brovia '06 | YYY | 7 |
| ● Barolo Villero '11 | YYY | 8 |
| ● Barolo Villero '10 | YYY | 8 |
| ● Barolo Villero '08 | YYY | 7 |
| ● Barolo Villero '06 | YYY | 7 |

## G. B. Burlotto

via Vittorio Emanuele, 28
12060 Verduno [CN]
Tel. +39 0172470122
www.burlotto.com

藏酒销售
预约参观
膳宿接待
年产量 60 000 瓶
葡萄种植面积 15 公顷

代代传承是朗格地区（Langhe）顶级酒庄的显著特征。19世纪中期，乔瓦尼·巴提斯腾·巴洛特（Giovanni Battista Burlotto）——大家常称他为“骑士长”（Il Commendatore）——在韦尔杜诺（Verduno）创建了自己的小酒庄，巴洛特酒庄此后代代传衍至今，正是朗格地区最具声望的优质酒庄的典型表现。今天，约瑟佩（Giuseppe）与玛丽娜（Marina）及其酿造技艺高超的儿子法比奥·亚历山大里亚·巴洛特（Fabio Alessandria Burlotto）共同经营着巴洛特酒庄。酒庄葡萄园的占地面积达到15公顷，其中一半的土地种植内比奥罗（Nebbiolo）：包括韦尔杜诺（Verduno）的蒙维格里罗葡萄园（Monvigliero）、尼尔兰葡萄园（Neirane）、布雷里葡萄园（Breri）和洛奇欧尔莫葡萄园（Rocche dell' Olmo），以及巴罗洛（Barolo）的卡努比葡萄园（Cannubi）。另外一半地块则栽培巴贝拉（Barbera）、多姿桃（Dolcetto）、皮拉维加（Pelaverga）、苏维翁（Sauvignon）和弗雷伊萨（Freisa）等品种，用以酿造品质绝无质疑的传统系列美酒。巴洛特酒庄出产令人骄傲的传统风尚美酒，在3500升至5000升的大橡木桶中进行陈年。近些年来，巴洛特酒庄系列葡萄酒的表现都十分抢眼。在今年的出品中，2012年份的卡努比园巴罗洛葡萄酒（Cannubi）又一次拔得头筹，勇夺“三杯奖”大奖，它和谐而精美，完美展现出巴罗洛葡萄酒的经典风格，散发着覆盆子的明快果香，融入甜菜根的淡淡清香，底蕴中透露出缕缕药草的醇香，随之而来的紧致且均衡的口感与香氛交相辉映、相得益彰。除此之外，2012年份的蒙维格里罗园内比奥罗（Monvigliero）更具辛香，单宁内敛紧致；而阿克里维（Acclivi）则略显青涩。

| | | |
|---|---|---|
| ● Barolo Cannubi '12 | 🍷🍷🍷 | 7 |
| ● Barolo Monvigliero '12 | 🍷🍷 | 7 |
| ● Barolo Acclivi '12 | ▼▼ | 6 |
| ○ Langhe Sauvignon Viridis '15 | ▼▼ | 3 |
| ● Verduno Pelaverga '15 | ▼▼ | 3 |
| ○ Langhe Sauvignon Dives '14 | ▼ | 3 |
| ● Barolo Acclivi '11 | YYY | 6 |
| ● Barolo Acclivi '07 | YYY | 6 |
| ● Barolo Monvigliero '10 | YYY | 7 |
| ● Barbera d'Alba Aves '13 | YY | 4 |
| ● Barolo '11 | YY | 6 |
| ● Barolo Cannubi '11 | YY | 7 |
| ● Barolo Vign. Monvigliero '11 | YY | 7 |
| ○ Langhe Sauvignon Dives '13 | YY | 3 |
| ● Verduno Pelaverga '14 | YY | 3 |

## ★Piero Busso

via Albesani, 8
12052 Neive [CN]
Tel. +39 017367156
www.bussopiero.com

藏酒销售
预约参观
年产量 45 000 瓶
葡萄种植面积 11.5 公顷
可持续发展酒庄

在皮埃罗·布索（Piero Busso）出品的精美葡萄酒系列中，四款巴巴莱斯科精选佳酿（Barbaresco Crus）是其明星产品——分别是阿尔贝萨尼伯吉斯葡萄园巴巴莱斯科（Albesani Borgese）、嘉丽娜葡萄园巴巴莱斯科（Gallina）、圣托斯特凡诺托葡萄园巴巴莱斯科（Santo Stefanetto）和来自博鲁瑞葡萄园（Balluri）的蒙迪诺巴巴莱斯科（Mondino）。在妻子露西亚（Lucia）、孩子伊玛努艾拉（Emanuela）和皮耶古伊多（Pierguido）的协助下，皮埃罗·布索照料着纳维（Neive）和特雷伊索（Treiso）地区面积达到十几公顷的酒庄葡萄园，这里几乎全部种植当地传统的葡萄品种。布索根据年份和各个葡萄园的特性灵活采用不同的酿造手法，并不一味死守过时传统。如此酿造出的内比奥罗佳酿（Nebbiolo）总能与时俱进地满足许多美酒爱好者的口味，得到了酒迷们的高度赞赏和认可。在今年的品鉴中，2012年份的嘉丽娜园巴巴莱斯科（Barbaresco Gallina）完美呈现出经典风格，斩获了我们的“三杯奖”大奖，它吐露着奎宁的淡淡醇香，融入干花的缕缕花香，底蕴中透露出丝丝覆盆子的果香，口感美味极致，果味复杂丰盈，入口多汁饱满，展现出持续演进的细腻单宁的特质，收口余韵极为绵长。除此之外，2012年份的伯吉斯园巴巴莱斯科（Vigna Borghese）口感尤为紧致，令人喜出望外；而2010年份的阿尔贝萨老藤巴巴莱斯科（Albesani Viti Vecchie）则简洁大气，令人遗憾的是此等美酒只出产了几瓶而已。

| | | |
|---|---|---|
| ● Barbaresco Gallina '12 | ▼▼▼ | 8 |
| ● Barbaresco Albesani V. Borgese '12 | ▼▼ | 7 |
| ● Barbaresco Albesani Viti Vecchie '10 | ▼▼ | 8 |
| ● Barbaresco Mondino '13 | ▼▼ | 5 |
| ● Barbaresco S. Stunet '13 | ▼▼ | 7 |
| ● Barbera d'Alba S. Stefanetto '13 | ▼▼ | 5 |
| ● Barbera d'Alba Majano '14 | ▼ | 3 |
| ○ Langhe Bianco '14 | ▼ | 3 |
| ● Langhe Nebbiolo '14 | ▼ | 4 |
| ● Barbaresco Borgese '09 | ▽▽▽ | 6 |
| ● Barbaresco Gallina '11 | ▽▽▽ | 8 |
| ● Barbaresco Gallina '09 | ▽▽▽ | 8 |
| ● Barbaresco S. Stunet '11 | ▽▽▽ | 7 |

## Ca' Bianca

reg. Spagna, 58
15010 Alice Bel Colle [AL]
Tel. +39 0144745420
www.cantinacabianca.it

藏酒销售
预约参观
年产量 500 000 瓶
葡萄种植面积 24 公顷

意大利GIV集团（Gruppo Italian Vini）旗下的皮埃蒙特酒庄（Piedmont）总能在顶级葡萄园地块以最佳方式栽培种植顶级酿造葡萄，并且完美呈现出品种葡萄的特质。组织完备、配备高科技设施的酒窖出产系列DOC和DOCG产区酒，组成了卡比安卡酒庄（Ca' Bianca）种类广泛的酒品系列，其中的特色美酒包括阿内斯（Arneis）和嘉维（Gavi）等白葡萄酒；阿奎多姿桃（Dolcetto d' Acqui）、内比奥罗（Nebbiolo）和巴罗洛（Barolo）等红葡萄酒；阿斯蒂莫斯卡托（Moscato d' Asti）、阿斯蒂起泡酒（Asti Spumante）等甜型葡萄酒；以及阿奎布拉切多（Brachetto d' Acqui）等。在今年的品鉴中，卡比安卡酒庄只提交了数量不多的酒款，其中以顶级凯尔西阿斯蒂巴贝拉（Barbera d' Asti Superiore Chersì）为首，吐露着美妙的香氛，收口非常绵长悠然。除此之外，阿内斯葡萄酒散发着浓郁的果香，口感清爽强劲有力，收口绵长。阿奎多姿桃充分展现出品种葡萄的特质，散发着多姿桃葡萄独有的香气；2014年份的安提巴贝拉（Barbera Antè）则克服了2014年不幸的气候条件造成的不利影响。

| | | |
|---|---|---|
| ● Barbera d'Asti Sup. Chersì '13 | ▼▼ | 5 |
| ● Dolcetto d'Acqui '15 | ▼▼ | 3 |
| ○ Roero Arneis '15 | ▼▼ | 3 |
| ● Barbera d'Asti Sup. Antè '14 | ▼ | 3 |
| ● Barbera d'Asti Sup. Antè '13 | ▽▽ | 3 |
| ● Barbera d'Asti Sup. Antè '12 | ▽▽ | 3 |
| ● Barbera d'Asti Sup. Antè '11 | ▽▽ | 3 |
| ● Barbera d'Asti Sup. Chersì '12 | ▽▽ | 3 |
| ● Barbera d'Asti Sup. Chersì '11 | ▽▽ | 5 |
| ● Barbera d'Asti Teis '14 | ▽▽ | 2* |
| ● Barbera d'Asti Teis '13 | ▽▽ | 2* |
| ● Dolcetto d'Acqui '14 | ▽▽ | 3 |
| ● Dolcetto d'Acqui '12 | ▽▽ | 3 |

## Ca' d'Gal

Fraz. Valdivilla
s.da Vecchia di Valdivilla, 1
12058 Santo Stefano Belbo [CN]
Tel. +39 0141847103
www.cadgal.it

藏酒销售
预约参观
膳宿接待
年产量 95 000 瓶
葡萄种植面积 12 公顷

阿莱桑德罗·博伊多（Alessandro Boido）无疑是莫斯卡托葡萄酒（Moscato）生产领域赫赫有名的领军人物，这样的评定不仅源于在其打理下的卡德加尔酒庄（Ca' d' Gal）拥有悠久的历史，更源于阿莱桑德罗不走寻常路的卓越能力，例如他决定将阿斯蒂莫斯卡托（Moscato d' Asti）留在瓶中陈年五年后才正式出品。卡德加尔酒庄的大部分葡萄园位于圣托斯特凡诺贝尔博（Santo Stefano Belbo）的山坡地带，葡萄藤扎根于轻量白砂质土壤中，其中包含许多超过六十年的老藤，种植的品种则包含霞多丽（Chardonnay）、苏维翁（Sauvignon）、黑比诺（Pinot Nero）和弗雷伊萨（Freisa）。在今年的品鉴中，2015年份的卡内里圣伊拉里奥（Canelli Sant' Ilario）表现抢眼，它散发着优雅而馥郁的芬芳，融入药草的阵阵醇香，更有一抹薄荷和青柠的清凉风情萦绕其间，口感极为饱满复杂，美味且清爽。我们还非常喜爱更加容易入口但风味复杂的2015年份的卢敏（Lumine），极富个性；2010年份的维齐亚（Vigna Vecchia）是阿莱桑德罗的标志性酒品，吐露着柑橘的阵阵果香，融入汽油的醇香，底蕴中透露出淡淡芳香植物的气息。

| | | |
|---|---|---|
| ○ Moscato d'Asti Canelli Sant'Ilario '15 | 🍷🍷🍷 | 3* |
| ○ Moscato d'Asti Lumine '15 | 🍷🍷 | 3* |
| ○ Moscato d'Asti V. Vecchia '10 | 🍷🍷 | 7 |
| ○ Asti | 🍷🍷 | 3 |
| ● Barbera d'Asti '13 | 🍷 | 3 |
| ○ Langhe Bianco '15 | 🍷 | 3 |
| ○ Moscato d'Asti V. V. '11 | ♀♀♀ | 3* |
| ○ Moscato d'Asti Sant'Ilario '14 | ♀♀ | 3* |
| ○ Moscato d'Asti V. V. '12 | ♀♀ | 4 |
| ○ Moscato d'Asti V. V. '07 | ♀♀ | 3* |
| ○ Moscato d'Asti V. Vecchia '13 | ♀♀ | 4 |
| ○ Moscato d'Asti V. Vecchia '09 | ♀♀ | 7 |
| ○ Moscato d'Asti V. Vecchia '08 | ♀♀ | 3* |

## ★Ca' del Baio

via Ferrere Sottano, 33
12050 Treiso [CN]
Tel. +39 0173638219
www.cadelbaio.com

藏酒销售
预约参观
年产量 130 000 瓶
葡萄种植面积 25 公顷

朱利奥·格拉索（Giulio Grasso）荣获了2016年度葡萄酒栽培师大奖（Grower of the Year），他与妻子卢西亚娜（Luciana）和三位年轻的女儿共同打理着柏欧酒庄（Ca' del Baio）。格拉索家族坚定地着眼于未来，因此他们的葡萄酒生产增长缓慢。实际上2011年后，除了卓越而经典的产自马佳连尼园（Marcarini）、瓦里格兰德（Vallegrande）、阿斯利园（Asili）和珀拉园（Pora）等原有的巴巴莱斯科精选系列（Barbaresco）酒品之外，酒庄产品又增加了品质极高的阿斯利陈酿（Riserva Asili）；白葡萄酒产品中又添加了一款精美的雷司令（Riesling），整个系列品质出众。在今年的品鉴中，2012年份的珀拉园巴巴莱斯科（Barbaresco Pora）吐露着复杂精美的香氛，散发着烟草和甘草的淡淡香醇气息，更有清爽的红莓果香缭绕其间，入口感到十分饱满的果味。2011年份的阿斯利陈酿表现不俗，轻而易举地斩获了我们的最高奖项，它的质感尤为恢宏，香气复杂，入口有力，口感却非常甜美优雅。除此之外，2013年份的瓦里格兰德表现卓越；2013年份的阿斯利（Asili）完美阐释了名园风范，散发着覆盆子般的浓郁的果香，底蕴中透露出阳光下草本植物的浓烈清香。

| | | |
|---|---|---|
| ● Barbaresco Asili Ris. '11 | 🍷🍷🍷 | 8 |
| ● Barbaresco Asili '13 | 🍷🍷 | 6 |
| ● Barbaresco Pora '12 | 🍷🍷 | 6 |
| ● Barbaresco Vallegrande '13 | 🍷🍷 | 5 |
| ● Barbaresco Marcarini '13 | 🍷🍷 | 5 |
| ○ Langhe Riesling '14 | 🍷🍷 | 3 |
| ○ Moscato d'Asti 101 '15 | 🍷🍷 | 2* |
| ○ Langhe Chardonnay Sermine '15 | 🍷 | 3 |
| ● Barbaresco Asili '12 | ♀♀♀ | 6 |
| ● Barbaresco Asili '10 | ♀♀♀ | 6 |
| ● Barbaresco Asili '09 | ♀♀♀ | 5 |
| ● Barbaresco Asili '06 | ♀♀♀ | 5 |
| ● Barbaresco Pora '10 | ♀♀♀ | 6 |
| ● Barbaresco Pora '06 | ♀♀♀ | 6 |
| ● Barbaresco Pora '04 | ♀♀♀ | 6 |
| ● Barbaresco Valgrande '08 | ♀♀♀ | 5 |

## Ca' Nova

via San Isidoro, 1
28010 Bogogno [NO]
Tel. +39 0322863406
www.cascinacanova.it

藏酒销售
预约参观
膳宿接待
年产量 35 000 瓶
葡萄种植面积 10 公顷

自从加达·科黛卡萨（Giada Codecasa）带领卡诺瓦酒庄（Ca' Nova）投入充满野心的冒险，决定在博戈尼奥自然保护区的圣伊西多罗（San Isidoro di Bogogno）为游客建起配套的住宿设施，已经过去了二十年的时间。如今的卡诺瓦酒庄是名符其实的感官天堂，不仅拥有景致迷人的万亩葡萄园、一座高尔夫俱乐部和卡诺瓦酒店（Relais Ca' Nova），还有一座生产有机蔬菜、缔造绿色能源的光电温室。圣奎里克葡萄园（San Quirico）紧邻酒庄，这座以出产高品质内比奥罗（Nebbiolo）而闻名的传奇葡萄园为卡诺瓦酒庄出品的旗舰酒品和格美葡萄酒（Ghemme）提供酿造原料。在卡诺瓦酒庄的系列酒品中还包含颇具特色的贾德沃系列（Jad' Or）起泡酒，其中两款传统酿造法起泡酒（Metodo Classicos）尤为出众——以内比奥罗酿造的桃红葡萄酒（Rosé）和以厄柏路斯（Erbaluce）酿造的干型葡萄酒（Brut）。同时，厄柏路斯也用于生产鲁吉达非气泡干型白葡萄酒（Rugiada）。在今年的品鉴中，依然是内比奥罗精选系列深深打动了我们的心。2009年份的圣奎里克园麦奇诺诺瓦拉丘陵（Colline Novaresi Melchiòr e San Quirico）和格美陈酿（Ghemme Riserva）都展现出同样馥郁成熟的香氛，融入密林的幽然香气，底蕴中透露出缕缕铁锈和树根的气息，结构温暖，单宁质地细密。而2015年份的博齐罗（Bocciolo）口感更加华美清凛。

| | | |
|---|---|---|
| ● Colline Novaresi Nebbiolo Melchiòr '09 | 🍷🍷 (红) | 3* |
| ● Ghemme Ris. '09 | 🍷🍷 (红) | 5 |
| ● Colline Novaresi Nebbiolo Bocciòlo '15 | ▼▼ | 2* |
| ● Colline Novaresi Nebbiolo V. San Quirico '09 | ▼▼ | 4 |
| ○ Colline Novaresi Bianco Rugiada '15 | ▼ | 2 |
| ⊙ Colline Novaresi Nebbiolo Aurora '15 | ▼ | 2 |
| ○ Jad'or Brut M. Cl. | ▼ | 4 |
| ○ Colline Novaresi Bianco Rugiada '14 | ▽▽ | 2* |
| ⊙ Colline Novaresi Nebbiolo Aurora '14 | ▽▽ | 2* |
| ● Colline Novaresi Nebbiolo V. San Quirico '07 | ▽▽ | 4 |
| ○ Extra Brut M. Cl. Jad'Or | ▽▽ | 3 |
| ● Ghemme '09 | ▽▽ | 5 |
| ● Ghemme '08 | ▽▽ | 4 |
| ● Ghemme '07 | ▽▽ | 4 |

## Ca' Rome'

s.da Rabajà, 86
12050 Barbaresco [CN]
Tel. +39 0173635126
www.carome.com

藏酒销售
预约参观
年产量 30 000 瓶
葡萄种植面积 5 公顷

罗曼诺·马伦格（Romano Marengo）在子女宝拉（Paola）和朱塞佩（Giuseppe）的协助下经营着这座卡洛玛酒庄（Ca' Rome'），他们总是特别低调，不愿过多暴露在聚光灯下，至少在意大利是如此。实际上，他们的美酒出现在纽约餐厅的概率要远远大于现身朗格（Langhe）或者其他意大利城市，出现在英国的葡萄酒指南中的频率要远远高于出现在意大利葡萄酒指南中。卡洛玛酒庄的酿造葡萄采自巴巴莱斯科（Barbaresco）和阿尔巴塞拉伦加产区（Serralunga d' Alba）的顶级葡萄园，专门出产内比奥罗（Nebbiolo）和巴贝拉（Barbera）红葡萄酒，虽然强劲有力，但却从不过分激进，依然传统而优雅，复杂且拥有极佳的陈年潜力。在今年的品鉴中，2012年份的雷佩特园巴罗洛（Barolo Rapet）表现精彩，香氛层次分明，吐露着清爽的芬芳，融入覆盆子的阵阵果香，随之而来的是缕缕烟草和甘草的醇香，底蕴中透露出丝丝蔬菜的青绿风情，入口气势恢宏，果味饱满丰盈，余韵绵长而柔美。除此之外，2011年份的玛利亚迪布鲁恩巴巴莱斯科（Barbaresco Maria di Brun）继续传承了极高的品质，不负盛名，散发着干花的阵阵花香，融入成熟红色莓果的馥郁芬芳。

| | | |
|---|---|---|
| ● Barbaresco Sorì Rio Sordo '13 | 🍷🍷 (红) | 6 |
| ● Barolo Rapet '12 | 🍷🍷 (红) | 7 |
| ● Barbaresco Chiaramanti '13 | ▼▼ | 7 |
| ● Barbaresco Sorì Rio Sordo '06 | ▽▽▽ | 6 |
| ● Barolo Rapet '11 | ▽▽▽ | 7 |
| ● Barolo Rapet '08 | ▽▽▽ | 7 |
| ● Barolo V. Cerretta '09 | ▽▽▽ | 7 |
| ● Barbaresco Chiaramanti '12 | ▽▽ | 7 |
| ● Barbaresco Maria di Brun '11 | ▽▽ | 8 |
| ● Barbaresco Maria di Brun '10 | ▽▽ | 7 |
| ● Barbaresco Rio Sordo '12 | ▽▽ | 7 |
| ● Barolo Cerretta '11 | ▽▽ | 7 |
| ● Barolo Cerretta '10 | ▽▽ | 7 |
| ● Barolo Rapet '10 | ▽▽ | 7 |
| ● Barolo Rapet Ris. '09 | ▽▽ | 8 |

## ★★Ca' Viola

Borgata San Luigi, 11
12063 Dogliani [CN]
Tel. +39 017370547
www.caviola.com

藏酒销售
预约参观
膳宿接待
年产量 60 000 瓶
葡萄种植面积 12 公顷

伯佩·卡维奥拉（Beppe Caviola）假装并未注意到自己已经在葡萄酒行业工作超过了二十五年的时间，还不辞劳苦地继续担当着全意大利顶级酒庄的酿酒顾问，同时在自己位于多利亚尼产区（Dogliani）的美丽酒庄卡维奥拉（Ca' Viola）忙于酿造美酒。最初令他声名大噪的美酒是多姿桃（Dolcetto）和阿尔巴巴贝拉（Barbera d' Alba），都产自阿尔巴罗德洛（Rodello d' Alba）的葡萄园；接下来广受追捧的就是巴罗洛（Barolo），自2006年首次推出后便不断完善，部分原因在于诺韦洛索托卡斯泰罗（Sottocastello di Novello）顶级葡萄园的葡萄藤日趋成熟。在这次的品鉴中，2011年份的诺韦洛索托卡斯泰罗巴罗洛（Barolo Sottocastello di Novello）（只出品了9000瓶）勇夺"三杯奖"大奖，它在酒窖中陈年超过四年后才最终推出，散发着阵阵红色水果的清爽果香，精美悠然，融入香膏的芬芳，口感完美均衡而多汁，已经展现出极高的可饮性。除此之外，产量只有5500瓶的朗格雷司令（Langhe Riesling）也表现突出，散发着柑橘般甜美的果香，酿造葡萄来自奇索内（Cissone）海拔600多米的葡萄园，这款令人兴趣盎然的佳酿是卡维奥拉酒庄系列酒品的新成员。我们还非常喜爱2014年份的布里克杜鲁弗阿尔巴巴贝拉（Barbera Bric di Luv）。

| | |
|---|---|
| ● Barolo Sottocastello di Novello '11 | 🍷🍷🍷 8 |
| ● Barbera d'Alba Bric du Luv '14 | 🍷🍷 5 |
| ○ Langhe Riesling '14 | 🍷🍷 5 |
| ● Barbera d'Alba Brichet '14 | 🍷🍷 4 |
| ● Dolcetto d'Alba Barturot '14 | 🍷🍷 4 |
| ● Dolcetto d'Alba Vilot '15 | 🍷🍷 3 |
| ● Langhe Nebbiolo '14 | 🍷🍷 5 |
| ● Barbera d'Alba Bric du Luv '12 | 🍷🍷🍷 5 |
| ● Barbera d'Alba Bric du Luv '10 | 🍷🍷🍷 5 |
| ● Barbera d'Alba Bric du Luv '07 | 🍷🍷🍷 5 |
| ● Barolo Sottocastello '06 | 🍷🍷🍷 7 |
| ● Barolo Sottocastello di Novello '10 | 🍷🍷🍷 7 |
| ● Barolo Sottocastello di Novello '08 | 🍷🍷🍷 7 |
| ● Dolcetto d'Alba Barturot '07 | 🍷🍷🍷 3 |
| ● Dolcetto d'Alba Barturot '05 | 🍷🍷🍷 3 |
| ● Langhe Nebbiolo '08 | 🍷🍷🍷 5 |
| ● Langhe Rosso Bric du Luv '05 | 🍷🍷🍷 5 |

## Ca.Vi.Mon. - Cantina Iuli

fraz. Montaldo
via Centrale, 27
15020 Cerrina Monferrato [AL]
Tel. +39 0142946657
www.iuli.it

藏酒销售
预约参观
膳宿接待
年产量 50 000 瓶
葡萄种植面积 8.5 公顷
葡萄栽培方式 有机认证

伊鲁伊蒙费拉托酿酒师酒庄（Ca.Vi.Mon.-Cantina Iuli）创立于1998年，如今日益成熟。18个采收酿造季过去了，缔造了今天酒庄的辉煌——由于出产品质卓越的美酒，蒙费拉托卡萨莱塞（Monferrato Casalese）声名日隆，成为产区的顶级酒庄之一。而且更重要的是，伊鲁伊蒙费拉托酿酒师酒庄已经甩掉了只能酿造日常饮用的普通餐酒的帽子。酒庄酿造新理念的倡导者之一是法布里齐奥·伊鲁伊（Fabrizio Iuli），这位注重实用性且思想开明的酿酒师在追寻品质的道路上决不妥协。在今年的品鉴中，尽管伊鲁伊蒙费拉托酿酒师酒庄推荐的酒单上缺少了好几款酒庄的顶级酒品，但是其他酒品依然表现卓越，尤其是特别款的罗索雷巴贝拉（Barbera Rossore）。它的色泽深邃浓重，呈现出几近墨色的红宝石色调，吐露着浓郁的果香，融入香料的阵阵辛香，口感极为绵长，令人印象深刻，果味饱满丰盈。除此之外，以黑比诺（Pinot Nero）酿造而成的尼诺（Nino）则散发着青蔬般的清新香气，口感上佳，总体上表现出极佳的平衡度。

| | |
|---|---|
| ● Rossore | 🍷🍷 5 |
| ● Nino | 🍷 5 |
| ● Barbera del M.to Sup. Barabba '10 | 🍷🍷🍷 6 |
| ● Barbera del M.to Sup. Barabba '04 | 🍷🍷🍷 5 |
| ● Barbera del M.to Sup. Barabba '07 | 🍷🍷 5 |
| ● Barbera del M.to Sup. Barabba '06 | 🍷🍷 5 |
| ● Barbera del M.to Sup. Barabba '03 | 🍷🍷 5 |
| ● Barbera del M.to Sup. Barabba Magnum '04 | 🍷🍷 5 |
| ● Barbera del M.to Sup. Rossore '12 | 🍷🍷 5 |
| ● Barbera del M.to Sup. Rossore '10 | 🍷🍷 3* |
| ● Barbera del M.to Sup. Rossore '09 | 🍷🍷 3* |
| ● Barbera del M.to Sup. Rossore '07 | 🍷🍷 3* |
| ● M.to Rosso Malidea '11 | 🍷🍷 5 |
| ● M.to Rosso Malidea '07 | 🍷🍷 5 |
| ● M.to Rosso Nino '10 | 🍷🍷 5 |

## Cantina del Glicine

via Giulio Cesare, 1
12052 Neive [CN]
Tel. +39 017367215
www.cantinadelglicine.it

藏酒销售
预约参观
年产量 37 000 瓶
葡萄种植面积 6 公顷

古利奇涅酒庄（Cantina del Glicine）是一座由阿德里亚纳·马尔齐（Adriana Marzi）和罗伯托·布鲁诺（Roberto Bruno）经营的小酒庄，隐藏在古老的纳维小镇（Neive）中，拥有一座壮观的十七世纪地下酒窖，令造访朗格地区（Langhe）的游客纷至沓来。这座家庭经营的小酒庄在自有的五公顷葡萄园中采收酿造葡萄，葡萄园主要种植当地传统的葡萄品种。来自库拉（Currà）、马克瑞诺（Marcorino）和维吉斯帕斯（Vigne Sparsecrus）等顶级葡萄园的内比奥罗（Nebbiolo）单独发酵，用以酿造巴巴莱斯科（Barbaresco）；而巴贝拉（Barbera）则用于打造斯康索拉塔（La Sconsolata）和多尔米萨（La Dormiosa）精选系列美酒。它们合起来组成了古利奇涅酒庄珍贵的、忠诚反映本地风土条件的系列产品，不仅品质极佳，而且非常容易入口。在今年的品鉴中，阿德里亚纳·马尔齐和罗伯托·布鲁诺的亲密组合遗憾地未能延续去年打造出的盛宴。不过，今年古利奇涅酒庄的出品，尤其是名园精选巴巴莱斯科系列葡萄酒，表现依然十分精彩。今年出品的桂冠无疑属于2013年份的库拉（Currà），它展现出不可思议的平衡度和细腻度。不过相比较而言，2013年份的马克瑞诺（Marcorino）的竞争力就略逊一筹，品质略显粗糙。

| | |
|---|---|
| ● Barbaresco Currà '13 | 🍷🍷 5 |
| ● Barbaresco Marcorino '13 | 🍷🍷 5 |
| ● Barbaresco Vigne Sparse '13 | 🍷🍷 5 |
| ● Barbera d'Alba Sup. La Dormiosa '14 | 🍷🍷 3 |
| ● Dolcetto d'Alba Olmiolo '15 | 🍷🍷 2* |
| ● Nebbiolo d'Alba Calcabrume '14 | 🍷🍷 3 |
| ● Barbera d'Alba La Sconsolata '14 | 🍷 3 |
| ○ Roero Arneis Il Mandolo '15 | 🍷 3 |
| ● Barbaresco Currà '10 | 🍷🍷🍷 4* |
| ● Barbaresco Marcorino '12 | 🍷🍷🍷 5 |
| ● Barbaresco Currà '12 | 🍷🍷 5 |
| ● Barbaresco Vigne Sparse '12 | 🍷🍷 5 |
| ● Barbera d'Alba La Sconsolata '13 | 🍷🍷 2* |
| ● Barbera d'Alba Sup. La Dormiosa '13 | 🍷🍷 3 |

## Cantina del Nebbiolo

via Torino, 17
12050 Vezza d'Alba [CN]
Tel. +39 017365040
www.cantinadelnebbiolo.com

藏酒销售
预约参观
年产量 300 000 瓶
葡萄种植面积 300 公顷
葡萄栽培方式 有机认证

这座卓越的合作酒庄的前身是1901年创立的阿尔巴维扎教区联合酒庄（Cantina Sociale Parrocchiale di Vezza d' Alba），后于1959年更名为如今的内比奥罗酒庄（Cantina del Nebbiolo），是罗埃罗产区（Roero）领先的合作酒庄之一。今天的内比奥罗酒庄拥有175家葡萄种植商成员，葡萄园遍及罗埃罗（Roero）和朗格（Langhe）的18个产区。内比奥罗酒庄不止出品内比奥罗葡萄酒（Nebbiolo），还推出了巴贝拉（Barbera）、伯纳达（Bonarda）、多姿桃（Dolcetto）、弗雷伊萨（Freisa）、布拉切多（Brachetto）、奈瑞塔库尼斯（Neretta cuneese）、阿内斯（Arneis）、费弗瑞塔（Favorita）、纳斯塔（Nascetta）以及莫斯卡托（Moscato）等其他许多本地葡萄品种酿造的美酒。酒庄出品的佳酿酿制工艺卓越，完全体现出本地风土条件的特色。不过与以往相比，今年内比奥罗酒庄推荐的酒品略显暗淡。2014年份的沃玛吉勒园阿尔巴内比奥罗（Nebbiolo d' Alba Vigna Valmaggiore）吐露着繁花的芬芳，融入红色水果的清新果香，底蕴中透露出烟草的缕缕醇香，口感深邃，复杂而优雅。2012年份的阿尔巴塞拉伦加柯缪巴罗洛葡萄酒（Barolo del Comune di Serralunga d' Alba）从某种程度上以其显著的橡木香气而颇具辨识度，融入香料和药草茶的醇香，口感多汁，果味更加饱满丰盈，散发着覆盆子和醋栗的淡淡果香。内比奥罗酒庄提交的其他酒品也都是个中精品。

| | |
|---|---|
| ● Barolo del Comune di Serralunga d'Alba '12 | 🍷🍷 6 |
| ● Nebbiolo d'Alba V. Valmaggiore '14 | 🍷🍷 3 |
| ● Barbera d'Alba '14 | 🍷 2 |
| ● Barolo '12 | 🍷 5 |
| ○ Langhe Favorita '15 | 🍷 2 |
| ○ Roero Arneis '15 | 🍷 2 |
| ○ Roero Arneis Arenarium '15 | 🍷 2 |
| ● Barbaresco '11 | 🍷🍷 4 |
| ● Barolo '10 | 🍷🍷 5 |
| ● Barolo Cannubi Boschis '11 | 🍷🍷 7 |
| ● Barolo del Comune di Serralunga d'Alba '11 | 🍷🍷 6 |
| ○ Langhe Nascetta Riveverse '14 | 🍷🍷 2* |
| ● Nebbiolo d'Alba Valmaggiore '11 | 🍷🍷 2* |

## Cantina del Pino

S.DA OVELLO, 31
12050 BARBARESCO [CN]
TEL. +39 0173635147
www.cantinadelpino.com

年产量 38 000 瓶
葡萄种植面积 7 公顷

自19世纪末20世纪初起，伟大的多米齐奥·卡瓦扎（Domizio Cavazza）在长达二十多年的时间里一直担任阿尔巴皇家酿造学校（Royal Oenological School of Alba）的校长一职，雷纳托·瓦卡（Renato Vacca）正是这位传奇人物的重孙子。雷纳托原本长期在巴巴莱斯科酒庄联盟（Produttori del Barbaresco）担任技术总监，后来才接手这家拥有深厚历史底蕴和文化传承的顶级酒庄——皮诺酒庄（Cantina del Pino）。一切工作都围绕着奥韦洛葡萄园（Ovello）和阿尔贝萨尼葡萄园（Albesani）等酒庄的顶级葡萄园展开。皮诺酒庄的内比奥罗（Nebbiolos）主要在小橡木桶中陈年，只能在理论上被称为展现“现代”风格的葡萄酒。不过，它们可完完全全是经典的巴巴莱斯科酒（Barbaresco），畅快却质朴，被公认为最精美的DOCG产区酒。雷纳托·瓦卡酿造的巴巴莱斯科酒总是会延后一年才发布，因为它们需要时间来柔化锐利的口感。在今年的品鉴中，我们有幸品尝到了2012年份的巴巴莱斯科。奥韦洛园巴巴莱斯科（Ovello）遗憾地以毫厘之差惜败，未能夺取今年的“三杯奖”大奖，它吐露着茴香和甘草的醇香，口感总体上而言非常和谐。还有质朴有力的阿尔贝萨尼园巴巴莱斯科（Albesani），酿造葡萄来自纳维地区（Neive）的葡萄园，是那些乐于为享用美酒而耐心等候之人的心头爱。除此之外，基本款的巴巴莱斯科的品质也令人惊异的卓越。

| | | |
|---|---|---|
| ● Barbaresco Albesani '12 | 🍷🍷 | 6 |
| ● Barbaresco Ovello '12 | 🍷🍷 | 6 |
| ● Barbaresco '12 | 🍷🍷 | 5 |
| ● Dolcetto d'Alba '15 | 🍷🍷 | 3 |
| ● Langhe Nebbiolo '15 | 🍷🍷 | 4 |
| ● Barbera d'Alba '14 | 🍷 | 4 |
| ● Barbaresco '04 | YYY | 5* |
| ● Barbaresco '03 | YYY | 4* |
| ● Barbaresco Albesani '05 | YYY | 6 |
| ● Barbaresco Ovello '07 | YYY | 6 |
| ● Barbaresco Ovello '99 | YYY | 5 |
| ● Barbaresco '10 | YY | 5 |
| ● Barbaresco '09 | YY | 5 |
| ● Barbaresco Albesani '10 | YY | 6 |
| ● Barbaresco Ovello '10 | YY | 6 |
| ● Barbaresco Ovello '09 | YY | 6 |
| ● Barbera d'Alba '10 | YY | 4 |

## La Caplana

VIA CIRCONVALLAZIONE, 4
15060 BOSIO [AL]
TEL. +39 0143684182
www.lacaplana.com

藏酒销售
预约参观
年产量 120 000 瓶
葡萄种植面积 5 公顷

多少由于受到阿梅代奥·莫迪利亚尼（Amedeo Modigliani）女性画像的灵感激发，卡帕莱纳酒庄（La Caplana）用酒标描述了圭多家族（Guido）在博西奥地区（Bosio）数十年的酿酒历史。他们的小酒庄主要生产两款拳头产品——嘉维柯蒂斯（Cortese di Gavi）白葡萄酒和阿尔巴多姿桃（Dolcetto d' Alba）红葡萄酒。这两款旗舰酒品都忠诚地表达出产地的传统——在亚里山德里亚（Alessandria）与利古里亚产区亚平宁山脉（Ligurian Apennines）山脚的交接处，那里的山坡陡峭，葡萄园土壤富含白黏土。除了阿斯蒂（Asti）巴贝拉（Barberas）、起泡酒以及霞多丽（Chardonnay）之外，卡帕莱纳酒庄还生产品种广泛、搭配得益的系列美酒，不仅品质上佳，而且口感活跃。在今年的品鉴中，卡帕莱纳酒庄的顶级美酒都展现出相当不俗的风采。2015年份的嘉维的嘉维葡萄酒（Gavi di Gavi）重视个性更甚于细节，而2012年份的鲁比斯阿斯蒂巴贝拉（Barbera d' Asti Rubis）则吐露着李子的浓郁果香，融入熏香的缥缈芬芳，但是这些香气略微被橡木的香气压制。2013年份的奥瓦达纳西斯多姿桃（Dolcetto di Ovada Narcys）展现出极为深邃的口感和绵长的陈年潜力，散发着黑莓的阵阵果香，融入烟草的缕缕醇香，底蕴中更透露出丝丝可可粉的浓醇风味。

| | | |
|---|---|---|
| ● Dolcetto di Ovada Narcys '13 | 🍷🍷 | 3* |
| ○ Gavi Villa Vecchia '15 | 🍷🍷 | 2* |
| ● Barbera d'Asti Rubis '12 | 🍷🍷 | 3 |
| ● Dolcetto di Ovada '15 | 🍷🍷 | 2* |
| ○ Gavi del Comune di Gavi '15 | 🍷🍷 | 2* |
| ● Barbera d'Asti '14 | 🍷 | 2 |
| ○ Gavi '15 | 🍷 | 2 |
| ○ Piemonte Chardonnay '15 | 🍷 | 2 |
| ● Barbera d'Asti '13 | YY | 2* |
| ● Barbera d'Asti Rubis '11 | YY | 3 |
| ● Dolcetto di Ovada Narcys '12 | YY | 3* |
| ○ Gavi '14 | YY | 2* |
| ○ Gavi del Comune di Gavi '14 | YY | 2* |
| ○ Gavi del Comune di Gavi '13 | YY | 2* |
| ○ Gavi Villa Vecchia '14 | YY | 2* |
| ○ Gavi Villavecchia '13 | YY | 2* |

## Tenuta Carretta

loc. Carretta, 2
12040 Piobesi d'Alba [CN]
Tel. +39 0173619119
www.tenutacarretta.it

藏酒销售
预约参观
膳宿接待
年产量 480 000 瓶
葡萄种植面积 70 公顷

卡瑞塔酒庄（Tenuta Carretta）所在的土地以白垩土表层而著称，这里的葡萄园自12世纪起就因此而声名大噪。1985年，米罗利奥家族（Miroglio）买下了卡瑞塔酒庄，此后对其进行了升级改造，如今其中几处地块出产的美酒成为酒庄的骄傲——靠近酒窖的葡萄园出产经典的罗埃罗（Roero）产区酒、巴罗洛（Barolo）和巴巴莱斯科（Barbaresco）指定产区的几处地块出产的美酒以及阿斯蒂地区（Asti）的玛格拉庄园（Malgrà）出产的佳酿，从而造就了卡瑞塔酒庄品种多样、类型广泛的葡萄酒系列。在今年的品鉴中，2013年份的切雷托福尔纳切超级阿斯蒂巴贝拉（Barbera d' Asti Superiore Fornace di Cerreto）吐露着红色水果的阵阵清新果香，底蕴中透露出缕缕烘焙的香气，口感坚实，酸度支持良好；相比较而言，2013年份的吉亚纳超级阿斯蒂巴贝拉（Barbera d' Asti Superiore Gaiana）则口感更加丰盈甘美，散发着阵阵芳香植物的香气。与此同时，2011年份的卡努比园巴罗洛（Barolo Cannubi）也展现出精湛的酿造技艺，散发着奎宁和烟草般纯浓厚重的香气，口感非常质朴有力；2012年份的伯蒂诺庄巴巴莱斯科（Barbaresco Cascina Bordino）则令人愉悦，口感和谐；而2015年份的凯耶嘉罗埃罗阿内斯（Roero Arneis Cayega）单宁融合度非常好，芬芳扑鼻，口感清爽。

| | |
|---|---|
| ● Barbaresco Cascina Bordino '12 | 🍷🍷 6 |
| ● Barbera d'Asti Sup. Fornace di Cerreto '13 | 🍷🍷 2* |
| ● Barbera d'Asti Sup. Gaiana '13 | 🍷🍷 3 |
| ● Barolo Cannubi '11 | 🍷🍷 8 |
| ○ Roero Arneis Cayega '15 | 🍷🍷 3 |
| ● Barbera d'Asti Briga della Mora '15 | 🍷 5 |
| ● Barbera d'Asti Sup. Nizza Mora dei Sassi '13 | 🍷 5 |
| ● Barolo Vign. in Cannubi '00 | 🍷🍷🍷 7 |
| ● Barbaresco Garassino '12 | 🍷🍷 5 |
| ● Barbera d'Alba Sup. Bric Quercia '13 | 🍷🍷 3 |
| ● Barbera d'Asti Sup. Fornace di Cerreto '12 | 🍷🍷 2* |
| ● Barolo Cascina Ferrero '11 | 🍷🍷 6 |
| ○ Roero Arneis Cayega '14 | 🍷🍷 3 |

## La Casaccia

via D. Barbano, 10
15034 Cella Monte [AL]
Tel. +39 0142489986
www.lacasaccia.biz

藏酒销售
预约参观
年产量 25 000 瓶
葡萄种植面积 6.70 公顷
葡萄栽培方式 有机认证

艾琳娜・拉瓦（Elena Rava）和乔瓦尼・拉瓦（Giovanni Rava）夫妇在蒙费拉托地区（Monferrato）尽心尽力地打造着他们的小酒庄。如今，卡萨西亚酒庄（La Casaccia）的葡萄种植和葡萄酒酿造工作都达到了卓越的巅峰，热情的酒庄主人还热烈欢迎游客前往切拉蒙泰地区（Cella Monte）参观游览——位于皮埃蒙特产区（Piedmont）一隅的山麓是整个产区如画风景的快照，被联合国教科文组织称为葡萄园景观、葡萄酒酿造历史和文化的独特集合地。卡萨西亚酒庄以本地传统的葡萄品种酿造出美味的有机葡萄酒，搭配当地的奶酪和熟食特产，简直与听一场惬意的爵士音乐会一样是一种莫大的享受。在今年的品鉴中，2013年份的卡里彻巴贝拉（Barbera Calichè）闯进了我们的决赛，它的色泽浓郁厚重，呈现出深红宝石的色泽，散发着成熟水果的阵阵果香，融入香料的辛香，饱满而结构紧致的口感与之交相辉映，由上佳的酸度支持。除此之外，博斯奇峰巴贝拉（Bricco dei Boschi）散发着融合了深色莓果和奎宁芬芳的三级香气，这款巴贝拉（Barbera）肆意张扬着自己的个性，展现出极佳的平衡度。今年卡萨西亚酒庄提交的酒品中非常值得一提的还包括以霞多丽（Chardonnay）以及黑比诺（Pinot Nero）酿造而成的蒙菲欧兰扎弗雷伊萨葡萄酒（Freisa Monfiorenza）和干型葡萄酒（Brut）。

| | |
|---|---|
| ● Barbera del M.to Calichè '13 | 🍷🍷 3* |
| ● Barbera del M.to Bricco dei Boschi '13 | 🍷🍷 3 |
| ● M.to Freisa Monfiorenza '14 | 🍷🍷 3 |
| ○ La Casaccia Brut M.Cl. '12 | 🍷 4 |
| ● Barbera d'Asti Sup. Calichè '06 | 🍷🍷 3* |
| ● Barbera del M.to Sup. Bricco del Bosco '07 | 🍷🍷 2* |
| ● Grignolino del M.to Casalese Poggeto '14 | 🍷🍷 2* |
| ● Grignolino del M.to Casalese Poggeto '10 | 🍷🍷 2 |
| ● Grignolino del M.to Casalese Poggeto '08 | 🍷🍷 2* |
| ● Grignolino del M.to Casalese Poggeto '07 | 🍷🍷 3* |
| ○ La Casaccia Brut M.Cl. '10 | 🍷🍷 4 |
| ● M.to Freisa Monfiorenza '13 | 🍷🍷 3 |

## Casalone

VIA MARCONI, 100
15040 LU [AL]
TEL. +39 0131741280
www.casalone.it

藏酒销售
预约参观
年产量 50 000 瓶
葡萄种植面积 10 公顷

蒙费拉托地区（Monferrato）的小村庄卢（Lu），只有一千多人口，地处亚里山德里亚（Alessandria）、阿斯蒂（Asti）和蒙费拉托卡萨莱塞产区（Monferrato Casalese）交界的三角地带。这座古老的小村历史悠久，凯尔特人（Celts）和罗马人的足迹隐约可见，后来的贡扎加人（Gonzagas）和萨沃伊王朝也留下了不朽的传奇。在皮埃蒙特（Piedmont）一隅这片古老的土地上，保罗·卡萨隆（Paolo Casalone）继续踏着家族先人的脚步，精心照料着家族酒庄的葡萄园，酿造堪称国之瑰宝的佳酿美酒。今天，卡萨隆家族酒庄（Casalone）的出品包含十几个酒品系列，酿造材料从经典的蒙费拉托本地品种葡萄，到梅洛（Merlot）和黑比诺（Pinot Nero）等国际品种葡萄。其中，以玛尔维萨格雷克（Malvasia Greca）为原料酿造的非起泡白葡萄酒、传统酿造法起泡酒（Metodo Classico Sparkler），以及甜白葡萄酒帕西多（Passito）都是得到酒迷喜爱的美酒。在今年的品鉴中，2015年份的卡皮勒塔吉诺林诺（Grignolino La Caplëtta）表现卓越，吐露着黑胡椒和烟草的混合辛香，浓郁扑鼻，口感和谐，酒体均衡，余韵绵长，单宁突出。除此之外，卢波密洛阿斯蒂巴贝拉（Barbera d' Asti Rubermillo）也展现出精湛的酿造工艺；在小橡木桶中陈年的莫奈姆瓦西亚干型葡萄酒（MonemvasiaBrut）和布兰科阿菲纳托莫奈姆瓦西亚（Monemvasia Bianco Affinato）的美味同样令人印象深刻，它们都是以玛尔维萨格雷克酿出的美酒。

| | |
|---|---|
| ● Piemonte Grignolino La Caplëtta '15 | 🍷🍷 3* |
| ● Barbera d'Asti Rubermillo '13 | 🍷🍷 3 |
| ○ Monemvasia Affinato Barrique | 🍷🍷 4 |
| ○ Monemvasia Brut M. Cl. | 🍷🍷 4 |
| ● Barbera del M.to Bricco Santa Maria '14 | 🍷 2 |
| ● Barbera del M.to Sup. Bricco Morlantino '12 | 🍷 2 |
| ○ Monemvasia | 🍷 2 |
| ● Barbera d'Asti Rubermillo '11 | 🍷🍷 3* |
| ● Barbera d'Asti Rubermillo '05 | 🍷🍷 2* |
| ● Barbera del M.to Bricco Morlantino Sup. '06 | 🍷🍷 2* |
| ● Barbera del M.to Sup. Bricco Morlantino '07 | 🍷🍷 2* |
| ● M.to Rosso Rus '08 | 🍷🍷 3 |
| ● M.to Rosso Rus '07 | 🍷🍷 3* |

## Cascina Barisél

REG. SAN GIOVANNI, 30
14053 CANELLI [AT]
TEL. +39 0141824848
www.barisel.it

藏酒销售
预约参观
年产量 35 000 瓶
葡萄种植面积 4.5 公顷

潘纳家族（Penna）经营打理小酒庄巴瑞塞尔（Cascina Barisél）已经超过了半个世纪的时间，他们酿造和装瓶出售美酒的历史也已经超过了三十年。巴瑞塞尔酒庄葡萄园就环绕着酒庄建筑蔓延开来，种植地块在朝南的山坡上，作物扎根在石灰岩土壤中，主要种植当地经典的葡萄品种巴贝拉（Barbera）和莫斯卡托（Moscato）。葡萄藤的平均生长期都达到了四十年到六十年，尤其一些巴贝拉葡萄藤的生长期甚至超过了七十年。这些老藤为巴瑞塞尔酒庄的顶级美酒提供了酿造原料，这些出品忠诚地反映出品种葡萄的特质和本地风土条件的特色。在巴瑞塞尔酒庄今年出品的葡萄酒中，拔得头筹的依然是超级卡帕莱塔阿斯蒂巴贝拉葡萄酒（Barbera d' Asti Superiore La Cappelletta）。2013年份酒吐露着李子般浓郁的果香，融入香膏和烟草的芳香，口感诱人而宏大，酒质协调，余韵绵长，果味丰盈饱满。除此之外，2015年份的阿斯蒂巴贝拉（Barbera d' Asti）非常迷人，已经很好入口，展现出精湛的酿造工艺，酸度活跃，口感集中，吐露着红色水果的清爽果香；还有2014年份的超级里斯托瑞亚阿斯蒂巴贝拉（Barbera d' Asti Superiore Listoria），果浆质感卓越，余韵悠长雅致。

| | |
|---|---|
| ● Barbera d'Asti Sup. La Cappelletta '13 | 🍷🍷 4 |
| ● Barbera d'Asti '15 | 🍷🍷 2* |
| ● Barbera d'Asti Sup. Listoria '14 | 🍷🍷 2* |
| ○ M.to Bianco Foravìa '15 | 🍷 2 |
| ○ Moscato d'Asti Canelli Barisel '15 | 🍷 2 |
| ● Barbera d'Asti '14 | 🍷🍷 2* |
| ● Barbera d'Asti '12 | 🍷🍷 2* |
| ● Barbera d'Asti Sup. La Cappelletta '12 | 🍷🍷 4 |
| ● Barbera d'Asti Sup. Listoria '13 | 🍷🍷 2* |
| ● Barbera d'Asti Sup. Listoria '12 | 🍷🍷 2* |
| ● Barbera d'Asti Sup. Listoria '11 | 🍷🍷 2* |
| ○ Moscato d'Asti Canelli '14 | 🍷🍷 2* |
| ○ Moscato d'Asti Canelli '13 | 🍷🍷 2* |

## Cascina Bongiovanni

Loc. Uccellaccio
via Alba Barolo, 3
12060 Castiglione Falletto [CN]
Tel. +39 0173262184
www.cascinabongiovanni.com

藏酒销售
预约参观
膳宿接待
年产量 35 000 瓶
葡萄种植面积 7.2 公顷
可持续发展酒庄

戴维·莫佐恩（Davide Mozzone）的祖父乔瓦尼（Giovanni）开创了深根的葡萄种植传统，戴维义无反顾地守护着这一家族传统。邦乔瓦尼酒庄（Cascina Bongiovanni）的规模不大，位于朗格产区（Langhe）中心地带的卡斯蒂格里奥尼法雷托（Castiglione Falletto）。除了在此地的卓越地块之外，酒庄还在阿尔巴塞拉伦加（Serralunga d' Alba）拥有两座傲人的顶级葡萄园，在阿尔巴蒙福特（Monforte d' Alba）还有两家顶级葡萄园，以及一座位于阿尔巴蒂安诺（Diano d' Alba）专门种植多姿桃（Dolcetto）的葡萄园。酒庄品种繁多的葡萄酒系列不仅包罗万象，而且每一款都别具独特风格。在我们今年的品鉴中，2015年份的阿尔巴蒂安诺（Diano d' Alba）表现尤为突出，它美味多汁，忠实反映出2015年采收季的气候特征，果香和果味结合得相得益彰，余韵尤其绵长出众。与此同时，同年份的阿尔巴多姿桃（Dolcetto d' Alba）品质也非常卓越。2012年份的巴罗洛（Barolo）香氛浓郁，活跃的果香层次分明，底蕴中透露出缕缕烟草的精美芬芳，奶油般浓稠的口感层层铺开，单宁精致，恰到好处的酒精度带来多汁甜美的质感，与适宜的酸度相得益彰。不过相比较而言，2012年份的珀纳诺巴罗洛（Barolo Pernanno）中的新橡木滋味则显得略重。

| | | |
|---|---|---|
| ● Barolo Pernanno '12 | 🍷🍷 | 7 |
| ● Dolcetto di Diano d'Alba '15 | 🍷🍷 | 3* |
| ● Barolo '12 | ▼▼ | 6 |
| ● Dolcetto d'Alba '15 | ▼▼ | 3 |
| ○ Langhe Arneis '15 | ▼ | 3 |
| ● Barolo Pernanno '01 | ▽▽▽ | 6 |
| ● Barbera d'Alba '13 | ▽▽ | 3 |
| ● Barolo '11 | ▽▽ | 5 |
| ● Barolo '10 | ▽▽ | 5 |
| ● Barolo Pernanno '11 | ▽▽ | 6 |
| ● Barolo Pernanno '10 | ▽▽ | 6 |
| ● Dolcetto di Diano d'Alba '14 | ▽▽ | 2* |
| ● Langhe Rosso Faletto '13 | ▽▽ | 4 |

## ★Cascina Ca' Rossa

Loc. Cascina Ca' Rossa, 56
12043 Canale [CN]
Tel. +39 017398348
www.cascinacarossa.com

藏酒销售
预约参观
年产量 90 000 瓶
葡萄种植面积 16 公顷
葡萄栽培方式 有机认证

费罗家族（Ferrio）供应的美酒堪称整个罗埃罗产区（Roero）品质最质朴、最趣味盎然的佳酿。卡罗萨酒庄（Cascina Ca' Rossa）拥有数座顶级葡萄园，包括种植内比奥罗（Nebbiolo）的奥迪纳吉奥葡萄园（Audinaggio）和蒙皮萨诺葡萄园（Mompissano）以及种植巴贝拉（Barbera）的穆拉萨葡萄园（Mulassa），它们都是占据了产区最佳地块的顶级葡萄园，用这里栽培的葡萄酿造出的都是卡罗萨酒庄的旗舰酒品——从罗埃罗到阿尔巴巴贝拉（Barbera d' Alba）。这些旗舰酒品都呈现出传统风格，充分表达出本地砂质土壤带来的典型的优雅气质。由于酒庄主人安吉洛·费罗（Angelo Ferrio）决定放弃酿造2014年度的名园精选系列，因此在这次的品鉴中，我们没有看到2014年份的奥迪纳吉奥园罗埃罗（Roero Audinaggio）或者穆拉萨园阿尔巴巴贝拉（Barbera d' Alba Mulassa）。尽管如此，2013年份的蒙皮萨诺园罗埃罗（Roero Mompissano）完美弥补了我们的遗憾，以超高的品质勇夺"三杯奖"大奖！它吐露着茴香的阵阵醇香，融入繁花的芬芳，更有一抹成熟红色水果的果香萦绕其间，随之而来的是美味且复杂的口感，略有辛辣滋味，入口饱满，果味丰盈，单宁优雅，余韵绵长悠然。除此之外，2015年份的麦瑞卡阿内斯罗埃罗（Roero Arneis Merica）清爽宜人，2015年份的朗格内比奥罗（Langhe Nebbiolo）极易入口，令人愉悦，都呈现出极高的酿造水平和技巧。

| | | |
|---|---|---|
| ● Roero Mompissano Ris. '13 | 🍷🍷🍷 | 5 |
| ● Langhe Nebbiolo '15 | ▼▼ | 3 |
| ○ Roero Arneis Merica '15 | ▼▼ | 3 |
| ● Barbera d'Alba Mulassa '04 | ▽▽▽ | 4* |
| ● Roero Audinaggio '07 | ▽▽▽ | 5 |
| ● Roero Audinaggio '06 | ▽▽▽ | 5 |
| ● Roero Mompissano Ris. '12 | ▽▽▽ | 5 |
| ● Roero Mompissano Ris. '10 | ▽▽▽ | 5 |
| ● Roero Mompissano Ris. '07 | ▽▽▽ | 6 |
| ● Barbera d'Alba '14 | ▽▽ | 3 |
| ● Barbera d'Alba Mulassa '11 | ▽▽ | 5 |
| ● Langhe Nebbiolo '12 | ▽▽ | 3 |
| ○ Roero Arneis Merica '14 | ▽▽ | 3 |

## Cascina Chicco

VIA VALENTINO, 14
12043 CANALE [CN]
TEL. +39 0173979411
www.cascinachicco.com

藏酒销售
预约参观
年产量 410 000 瓶
葡萄种植面积 46 公顷
可持续发展酒庄

20世纪50年代创立的奇科酒庄（Cascina Chicco）最初从买下加纳莱（Canale）的一公顷葡萄园开始，经过多年的努力，这座法森达家族（Faccenda）打理的酒庄已经一跃成为罗埃罗产区（Roero）首屈一指的顶级酒庄之一。如今的奇科酒庄拥有六座葡萄园，坐落于几片产区内，包括一些产区内最具声望和影响力的顶级葡萄园，例如位于加纳莱地区（Canale）的蒙皮萨诺葡萄园（Mompissano）、位于阿尔巴维扎地区（Vezza d' Alba）的沃玛吉勒葡萄园（Valmaggiore），以及位于阿尔巴蒙福特（Monforte d' Alba）的吉内斯特拉葡萄园（Ginestracru）等，出产共计14款美酒，从经典罗埃罗酒、最初且最重要的阿内斯罗埃罗酒（Roero Arneis），到巴罗洛酒。在今年的品鉴中，2009年份的吉内斯特拉园巴罗洛珍酿（Barolo Ginestra Riserva）展现出精湛的酿造技艺，散发着干花的阵阵芬芳，融入药草的醇香，余韵绵长悠然，口感甘美丰盈，单宁如同丝绸般柔滑。除此之外，还有两款货真价实的顶级名园罗埃罗酒呈现出精彩的表现：2013年份的沃玛吉勒园罗埃罗陈酿（Roero Valmaggiore Riserva），吐露着阵阵果香，融入烟草和香料的缕缕醇香，辛辣多汁，结构紧实，入口感到单宁略显突出；以及2014年份的蒙皮萨诺园阿尔巴内比奥罗（Nebbiolo d' Alba Mompissano），散发着浓郁的覆盆子果香，口感厚重饱满。

| | |
|---|---|
| ● Barolo Ginestra Ris. '09 | 🍷🍷 7 |
| ● Nebbiolo d'Alba Monpissano '14 | 🍷🍷 3* |
| ● Roero Valmaggiore Ris. '13 | 🍷🍷 4 |
| ● Barbera d'Alba Bric Loira '14 | 🍷🍷 4 |
| ● Barbera d'Alba Granera Alta '15 | 🍷🍷 2* |
| ● Barolo Rocche di Castelletto '12 | 🍷🍷 5 |
| ⊙ Cuvée Zero Rosé | 🍷🍷 4 |
| ○ Arcass V.T. | 🍷 4 |
| ○ Cuvée Zero Extra Brut M. Cl. | 🍷 4 |
| ○ Roero Arneis Anterisio '15 | 🍷 2 |
| ● Roero Montespinato '14 | 🍷 3 |
| ○ Arcàss Passito '04 | 🍷🍷🍷 4 |
| ● Roero Valmaggiore Ris. '12 | 🍷🍷🍷 4* |

## Cascina Corte

FRAZ. SAN LUIGI
B.TA VALDIBERTI, 33
12063 DOGLIANI [CN]
TEL. +39 0173743539
www.cascinacorte.it

藏酒销售
预约参观
膳宿接待
年产量 30 000 瓶
葡萄种植面积 5 公顷
葡萄栽培方式 有机认证
可持续发展酒庄

大家都称呼桑德罗·巴洛西（Sandro Barosi）为“桑德利诺”（Sandrino，意大利童话中的形象），他的个性精准地反映在其多利亚尼（Dogliani）的酒庄出品中：无论从外表上还是从实质上都直率且毫不做作，对于核心价值诚恳且忠诚。桑德瑞诺默默地以有机方式照料自己的葡萄园，他的搭档阿米莉娅·巴塔利亚（Amalia Battaglia）与他一道接受并承担着风险。作为朗格（Langhe）乡间地区的每日餐酒，多姿桃（Dolcetto）自然是桑德瑞诺的最佳选择。他酿造的皮洛彻塔园超级多利亚尼（Dogliani Superiore Pirochetta）来自树龄达到六十年的老藤。以完全自然的材质将18世纪的农舍升级改造成迷人的民宿旅馆，游客在品尝美酒的同时，科蒂酒庄（Cascina Corte）还提供了一个温暖舒适的家。在2015年采收季利好的气候条件的帮助下，今年桑德瑞诺呈交的全系美酒都回归了品质的巅峰，尤其是多姿桃葡萄酒。不过令人遗憾的是皮洛彻塔园多利亚尼并没有出产2014年份酒。毫无疑问，我们最喜爱的是2015年份的多利亚尼（Dogliani），它吐露着深色莓果热情洋溢的浓香，结构不可思议地紧实，口感却如同丝绸般柔滑。与此同时，内比奥罗（Nebbiolo）也是科蒂酒庄最精美的出品之一，它散发着幽香，口感果味十足，丰盈饱满。

| | |
|---|---|
| ● Dogliani '15 | 🍷🍷 3* |
| ● Barbetto | 🍷🍷 2* |
| ● Langhe Nebbiolo '14 | 🍷🍷 4 |
| ● Langhe Barbera '14 | 🍷 3 |
| ● Dogliani Vecchie V. Pirochetta '08 | 🍷🍷🍷 3* |
| ● Dogliani '14 | 🍷🍷 3 |
| ● Dogliani '13 | 🍷🍷 3 |
| ● Dogliani Pirochetta V. V. '10 | 🍷🍷 3 |
| ● Dogliani Sup. Pirochetta V. V. '13 | 🍷🍷 3 |
| ● Dogliani Sup. Pirochetta V. V. '12 | 🍷🍷 3* |
| ● Dogliani Sup. Pirochetta V. V. '11 | 🍷🍷 3* |
| ● Langhe Barbera '11 | 🍷🍷 3 |
| ● Langhe Nebbiolo '13 | 🍷🍷 4 |
| ● Langhe Nebbiolo '11 | 🍷🍷 3 |

## Cascina del Monastero

FRAZ. ANNUNZIATA
CASCINA LUCIANI, 112A
12064 LA MORRA [CN]
TEL. +39 0173509245
www.cascinadelmonastero.it

藏酒销售
预约参观
膳宿接待
年产量 40 000 瓶
葡萄种植面积 12 公顷
葡萄栽培方式 有机认证
可持续发展酒庄

约瑟佩·格拉索（Giuseppe Grasso）与家人持续不懈的努力，打造出卓越的莫纳斯泰罗酒庄（Cascina del Monastero），酒庄建筑美丽优雅，还设有舒适怡人的游客农场，令往来游人心向往之。从总体上而言，莫纳斯泰罗酒庄出品的美酒风格传统，但是也有一些特殊的佳酿能给人带来迥然不同的享受，优雅且细腻。莫纳斯泰罗酒庄主要致力于栽培当地经典的红葡萄品种——内比奥罗（Nebbiolo）、巴贝拉（Barbera）以及多姿桃（Dolcetto）——偶有少量的梅洛（Merlot）和赤霞珠（Cabernet Sauvignon），用以酿造两款混酿。巴罗洛酒的酿造葡萄则主要来自拉莫拉（La Morra）的著名小村庄安努齐亚塔（Annunziata）以及阿尔巴蒙福特（Monforte d' Alba）声名卓著且规模巨大的顶级葡萄园。在今年的品鉴中，2010年份的洛卡茹德峰葡萄园巴罗洛陈酿（Barolo Bricco Rocca Riund Riserva）表现精彩，它的香氛和谐平衡，散发着橡木的芬芳，融入红色水果的果香，底蕴中透露出丝丝烟草的醇香，口感饱满，单宁质地细密，入口清爽怡人，余韵绵长多汁。2012年份的卢恰尼峰葡萄园巴罗洛（Barolo Bricco Luciani）散发着成熟的莓果芬芳，馥郁扑鼻，融入丝丝可可粉的香醇气息，随之而来的口感饱满丰盈，酒精度表现极佳。除此之外，还有2012年份的内比奥罗（Nebbiolo）美味而复杂，优雅而平衡，非常值得推荐。

| | |
|---|---|
| ● Barolo Bricco Rocca Riund Ris. '10 | 🍷🍷 6 |
| ● Barbera d'Alba Sup. Parroco '13 | ▼▼ 3 |
| ● Barolo Bricco Luciani '12 | ▼▼ 6 |
| ● Barolo Perno '12 | ▼▼ 5 |
| ● Langhe Nebbiolo Monastero '12 | ▼▼ 3 |
| ● Dolcetto d'Alba Sup. '13 | ▼ 2 |
| ● Barbera d'Alba Leprìè '10 | YY 2* |
| ● Barbera d'Alba Sup. Perno '12 | YY 3 |
| ● Barolo Bricco Luciani '11 | YY 6 |
| ● Barolo Bricco Luciani '10 | YY 6 |
| ● Barolo Bricco Luciani '09 | YY 5 |
| ● Barolo Bricco Rocca Riund Ris. '09 | YY 6 |
| ● Barolo Perno '11 | YY 5 |
| ● Barolo Perno '10 | YY 5 |
| ● Barolo Perno '09 | YY 5 |
| ● Barolo Riund Ris. '08 | YY 7 |

## Cascina Fonda

VIA SPESSA,29
12052 MANGO [CN]
TEL. +39 0173677877
www.cascinafonda.com

藏酒销售
预约参观
膳宿接待
年产量 110 000 瓶
葡萄种植面积 12 公顷

马可·巴贝罗（Marco Barbero）和马西莫·巴贝罗（Massimo Barbero）兄弟是这座小酒庄的主人，今天的方达酒庄（Cascina Fonda）已经是产区著名的莫斯卡托葡萄酒（Moscato）生产商。酒庄位于蒙果地区（Mango），酒庄的几座葡萄园则分布在蒙果和纳维（Neive）两地，而莫斯卡托（Moscato）是方达酒庄葡萄园最重要的种植品种，但是这里也栽培少量多姿桃（Dolcetto）、内比奥罗（Nebbiolo）和阿内斯（Arneis）等几种传统葡萄品种。在他们栽培的葡萄藤中，历史最悠久的葡萄藤已经有六十岁的高龄，最年轻的葡萄藤也生长了三十五年，它们大多根植在海拔450米、东南朝向的山坡上。在今年的品鉴中，我们尤其喜爱2014年份的塔蒂沃莫斯卡托起泡酒（Moscato Spumante Tardivo），它的芳香浓郁而封闭，香氛顶级，散发着血橙和成熟蜜桃的馥郁果香，融入橘皮蜜饯的甜美风味，口感美味复杂，甜蜜饱满，而且与酸度配合得天衣无缝。除此之外，2015年份的贝皮埃希阿斯蒂起泡酒（Asti Spumante Bel Piasi）吐露着青柠和薄荷的清凉香气，口感复杂而甘美，收口略显甜腻；2014年份的布鲁萨利诺阿尔巴多姿桃（Dolcetto d' Alba Brusalino）容易入口，令人愉悦，展现出精湛的酿造技艺。

| | |
|---|---|
| ○ Moscato Spumante Tardivo '14 | 🍷🍷 3* |
| ○ Asti Spumante Bel Piasì '15 | ▼▼ 2* |
| ● Dolcetto d'Alba Brusalino '14 | ▼▼ 2* |
| ○ Moscato d'Asti Bel Piano '15 | ▼ 2 |
| ○ Umberto Extra Dry | ▼ 4 |
| ○ Asti Spumante Bel Piasì '13 | YY 2* |
| ○ Asti Spumante Bel Piasì '12 | YY 2* |
| ● Barbaresco Bertola '12 | YY 5 |
| ● Barbaresco Bertola '10 | YY 5 |
| ○ Moscato d'Asti Bel Piano '14 | YY 2* |
| ○ Moscato d'Asti Bel Piano '13 | YY 2* |
| ○ Moscato Spumante Tardivo '12 | YY 3* |
| ○ Moscato Spumante Tardivo '11 | YY 3 |

## Cascina Fontana

LOC. PERNO
V.LO DELLA CHIESA, 2
12065 MONFORTE D'ALBA [CN]
TEL. +39 0173789005
www.cascinafontana.com

藏酒销售
预约参观
年产量 25 000 瓶
葡萄种植面积 5 公顷
可持续发展酒庄

马里奥・丰塔纳（Mario Fontana）是赞颂泥土、葡萄和葡萄酒的诗人，今年五十岁的他冷静而乐观，深为自己二十年前缔造了丰塔纳酒庄（Cascina Fontana）而感到自豪。马里奥的酿酒理念深深根植于纯天然和可饮性上，这使他在发酵葡萄原液的过程中，除了纯净果味之外极力避免添加任何东西，绝对遵循从葡萄原液演化出美酒的自然魔力，尤其摒除橡木滋味的干扰，如有必要也使用水泥池发酵陈年。他酿造的美酒强劲有力，馥郁扑鼻，绝对注重品种葡萄本身的果味和出产年份特定的气候条件。自2012年以来，丰塔纳酒庄推出了单一巴罗洛葡萄酒（Barolo），酿造葡萄来自卡斯蒂格里奥尼法雷托（Castiglione Falletto）和拉莫拉（La Morra）等地的顶级种植地块，而且以广受好评的维勒洛葡萄园（Villero cru）的酿造葡萄打造的精选系列葡萄酒马上就要发布了。在今年的品鉴中，2012年份的巴罗洛（Barolo）表现抢眼，它吐露着干草的芬芳，混合着甘草的醇香，底蕴中透露出缕缕覆盆子的果香，口感极为复杂优雅，气质经典，极美的单宁似有光泽，果味令人印象深刻的饱满丰盈，收口感受惬意清爽，赢得了我们的一致赞誉，斩获了"三杯奖"的顶级荣誉。与此同时，2014年份的巴贝拉（Barbera）清凛清新，香氛馥郁而集中；而同一年份的内比奥罗（Nebbiolo）则口感复杂，气质却十分质朴有力。

| | |
|---|---|
| ● Barolo '12 | 🍷🍷🍷 6 |
| ● Barbera d'Alba '14 | 🍷🍷 3 |
| ● Langhe Nebbiolo '14 | 🍷🍷 4 |
| ● Dolcetto d'Alba '15 | 🍷 2 |
| ● Barolo '10 | 🍷🍷🍷 7 |
| ● Barbera d'Alba '13 | 🍷🍷 3 |
| ● Barbera d'Alba '12 | 🍷🍷 5 |
| ● Barbera d'Alba '11 | 🍷🍷 5 |
| ● Barbera d'Alba '09 | 🍷🍷 3 |
| ● Barolo '11 | 🍷🍷 6 |
| ● Barolo '09 | 🍷🍷 7 |
| ● Barolo '08 | 🍷🍷 7 |
| ● Dolcetto d'Alba '11 | 🍷🍷 3 |
| ● Langhe Nebbiolo '13 | 🍷🍷 4 |
| ● Langhe Nebbiolo '10 | 🍷🍷 4 |
| ● Langhe Nebbiolo '09 | 🍷🍷 3 |

## Cascina Gilli

VIA NEVISSANO, 36
14022 CASTELNUOVO DON BOSCO [AT]
TEL. +39 0119876984
www.cascinagilli.it

藏酒销售
预约参观
膳宿接待
年产量 130 000 瓶
葡萄种植面积 17 公顷

很少有酒庄如同吉利酒庄（Cascina Gilli）这样，以弗雷伊萨（Freisa）和卡斯特努沃玛尔维萨（Malvasia di Castelnuovo）等传统却很不常见的本地葡萄品种为原料，酿造品质卓越的美酒。吉安尼・弗纳诺（Gianni Vergnano）酿造的弗雷伊萨酒包括多种款式选择——从低泡葡萄酒到非起泡葡萄酒，从年份酒到定制酒；此外，吉利酒庄还出产卡斯特努沃的玛尔维萨（Malvasia di Castelnuovo），既有起泡酒也有非起泡酒，给酒迷奉上了一系列完美呈现品种葡萄特质、忠实于本地风土阐释的美酒。与此同时，吉利酒庄也出品巴贝拉（Barbera）和伯纳达（Bonarda）。在今年的品鉴中，2015年份的桑葚阿斯蒂巴贝拉（Barbera d' Asti Le More）从众多酒品中脱颖而出，它散发着泥土的香醇气息，融入了深色水果的果香，口感浓郁华美，但并不厚重，单宁细腻，酸度精美。除此之外，2014年份的弗诺阿斯蒂弗雷伊萨（Freisa d' Asti Il Forno）也表现抢眼，它吐露着黑胡椒和烟草的阵阵辛香，一抹红色水果的甜美果香提升了整款酒的香氛，口感质朴有力，收口略苦而绵长。相比较而言，2013年份的阿维拉阿斯蒂弗雷伊萨（Arvelé）则更加浓郁，果味十足，品质卓越。还有以斯基耶拉诺玛尔维萨（Malvasia di Schierano）酿造而成的甜美的蒂利卡（Dlicà），也展现出酿酒师高超的水平。

| | |
|---|---|
| ● Barbera d'Asti Le More '15 | 🍷🍷 2* |
| ● Dlicà | 🍷🍷 3 |
| ● Freisa d'Asti Arvelé '13 | 🍷🍷 3 |
| ● Freisa d'Asti Il Forno '14 | 🍷🍷 2* |
| ○ Piemonte Chardonnay Rafé '15 | 🍷🍷 2* |
| ● Freisa d'Asti Frizzante Luna di Maggio '15 | 🍷 2 |
| ● Piemonte Bonarda Sernù '14 | 🍷 2 |
| ● Barbera d'Asti Le More '13 | 🍷🍷 2* |
| ● Barbera d'Asti Le More '12 | 🍷🍷 2* |
| ● Freisa d'Asti Arvelé | 🍷🍷 3 |
| ● Malvasia di Castelnuovo Don Bosco '14 | 🍷🍷 2* |
| ● Piemonte Bonarda Sernù '11 | 🍷🍷 2* |

## Cascina Giovinale

s.da San Nicolao, 102
14049 Nizza Monferrato [AT]
Tel. +39 0141793005
www.cascinagiovinale.it

藏酒销售
预约参观
年产量 25 000 瓶
葡萄种植面积 7 公顷
可持续发展酒庄

乔维纳尔酒庄（Cascina Giovinale）创始于20世纪80年代初，布鲁诺・乔卡（Bruno Ciocca）和安娜・玛利亚・索莱尼（Anna Maria Solaini）自此一直充满热情地经营着这家趣味盎然的小酒庄，出产高品质的美酒佳酿。乔维纳尔酒庄的葡萄园都位于蒙费拉托尼扎产区（Nizza Monferrato）边缘的圣尼古洛（San Nicolao）山上，这里的土壤主要呈砂质石灰土，附有少量拥有一定透水力的黏土。酒庄葡萄园主要种植巴贝拉（Barbera）、莫斯卡托（Moscato）、柯蒂斯（Cortese）、多姿桃（Dolcetto）和赤霞珠（Cabernet Sauvignon）等葡萄品种，大多数的葡萄藤都早在1960年至1970年就在这里扎根。在今年对乔维纳尔酒庄酒品的品鉴中，这家小酒庄只提交了两款超级阿斯蒂巴贝拉葡萄酒（Barbera d' Asti Superiore），这两款美酒都表现出极高的品质，令人惊叹。2013年份的超级尼扎安塞姆阿斯蒂巴贝拉（Nizza Anssèma）饱满浓郁，散发着奎宁和甘草的馥郁香气，融入黑莓般甜美的果香，入口感到丰盈的果味，酒体结构令人印象深刻，浓醇有力，酸度极好地支撑起了整款酒，收口多汁，余韵绵长。2012年份的超级阿斯蒂巴贝拉葡萄酒传递出经典的李子果香，融入成熟樱桃的缕缕甜美气息，随之而来的是香料般的辛香，口感平衡，丰盈清爽，具有极高的可饮性。

- ● Barbera d'Asti Sup. '12 — 🍷🍷 2*
- ● Barbera d'Asti Sup. Nizza Anssèma '13 — 🍷🍷 3*
- ● Barbera d'Asti Sup. '11 — 🍷🍷 2*
- ● Barbera d'Asti Sup. '10 — 🍷🍷 2*
- ● Barbera d'Asti Sup. '09 — 🍷🍷 2*
- ● Barbera d'Asti Sup. '07 — 🍷🍷 2*
- ● Barbera d'Asti Sup. Nizza Anssèma '12 — 🍷🍷 4
- ● Barbera d'Asti Sup. Nizza Anssèma '11 — 🍷🍷 3
- ● Barbera d'Asti Sup. Nizza Anssèma '10 — 🍷🍷 3*
- ● Barbera d'Asti Sup. Nizza Anssèma '09 — 🍷🍷 3*
- ● Barbera d'Asti Sup. Nizza Anssèma '08 — 🍷🍷 4
- ● Barbera d'Asti Sup. Nizza Anssèma '07 — 🍷🍷 4
- ● Barbera d'Asti Sup. Nizza Anssèma '06 — 🍷🍷 4*

## ★★Cascina La Barbatella

s.da Annunziata, 55
14049 Nizza Monferrato [AT]
Tel. +39 0141701434
www.labarbatella.com

藏酒销售
预约参观
年产量 25 000 瓶
葡萄种植面积 4 公顷

巴尔巴泰拉酒庄（Cascina La Barbatella）的葡萄园位于尼扎蒙费拉托产区（Nizza Monferrato）的山麓间，是占地达到几公顷的单独地块，围绕着酒庄的农舍，热情而极具能力的佩雷戈家族（Perego）打理着这座声名久远的酒庄。巴尔巴泰拉酒庄葡萄园的砂质石灰岩土壤主要为巴贝拉葡萄（Barbera）提供养分，其中包括一些已经生长超过七十年的老藤，其余部分则分别栽培赤霞珠（Cabernet Sauvignon）、黑比诺（Pinot Nero）以及占地不足半公顷的白葡萄——柯蒂斯（Cortese）和苏维翁（Sauvignon）。酒庄的旗舰产品是风格现代的巴贝拉葡萄酒（Barbera），堪称对巴贝拉品种葡萄最精美的现代阐释，无论是单一品种的巴贝拉葡萄酒，还是与其他国际葡萄品种进行混酿的葡萄酒。在今年的品鉴中，2013年份的超级尼扎维格纳安吉罗阿斯蒂巴贝拉（Barbera d' Asti Superiore Nizza La Vigna dell' Angelo）表现非常突出，它吐露着黑樱桃般馥郁甜美的果香，底蕴中透露出缕缕雨水浸泡的泥土的醇香，更有一抹奎宁和甘草的芬芳若有似无地飘散，随之而来的口感复杂而多汁，果浆质感饱满，酸度怡人，果味丰盈，收口余韵十分绵长。除此之外，2011年份的蒙费拉托罗索松维科（Monferrato Rosso Sonvico）是一款巴贝拉和赤霞珠各占百分之五十的混酿，也展现出极佳的品质。它散发犹如醋栗和李子般的扑鼻香气，但是依然可以寻出橡木气息的痕迹，口感多汁浓厚，极有嚼劲，收口余韵绵长，美味持久在唇齿间回荡。

- ● Barbera d'Asti Sup. Nizza V. dell'Angelo '13 — 🍷🍷 5
- ● M.to Rosso Sonvico '11 — 🍷🍷 6
- ● Barbera d'Asti La Barbatella '14 — 🍷🍷 3
- ● M.to Rosso Ruanera '13 — 🍷🍷 2*
- ○ La Badessa Brut M. Cl. '12 — 🍷 4
- ● Barbera d'Asti Sup. Nizza V. dell'Angelo '11 — 🍷🍷🍷 5
- ● Barbera d'Asti Sup. Nizza V. dell'Angelo '07 — 🍷🍷🍷 5
- ● Barbera d'Asti Sup. Nizza V. dell'Angelo '01 — 🍷🍷🍷 5
- ● M.to Rosso Sonvico '09 — 🍷🍷🍷 6
- ● M.to Rosso Sonvico '06 — 🍷🍷🍷 5
- ● M.to Rosso Sonvico '04 — 🍷🍷🍷 5
- ● M.to Rosso Sonvico '03 — 🍷🍷🍷 5
- ● M.to Rosso Sonvico '10 — 🍷🍷 6

## Cascina Montagnola

S.DA MONTAGNOLA, 1
15058 VIGUZZOLO [AL]
TEL. +39 3480742701
www.cascinamontagnola.com

藏酒销售
预约参观
年产量 30 000 瓶
葡萄种植面积 10 公顷

经过多年的努力，蒙塔诺拉酒庄（Cascina Montagnola）终于在托尔托纳（Tortona）的葡萄酒种植和酿造业中占据了一席之地。在酿酒师乔瓦尼·巴里奥（Giovanni Bailo）的监督下，蒙塔诺拉酒庄出品的佳酿呈现现代风格，但也在橡木桶陈年的过程中极为谨慎，以免橡木的风味完全压制品种葡萄和本地风土的特质。酒庄出品系列包含十几款美酒，主要都是本地葡萄品种打造的佳酿：包括帝莫拉索（Timorasso）、柯蒂斯（Cortese）、巴贝拉（Barbera）和科罗帝纳（Croatina）等，但是与此同时，酒庄也以霞多丽（Chardonnay）、长相思（Sauvignon Blanc）和梅洛（Merlot）等国际品种酿造的美酒来瞄准更加广阔的市场。蒙塔诺拉酒庄的酒品系列搭配平衡得当，在今年的品鉴中，2014年份的莫拉索（Morasso）虽然还没有达到表现力的巅峰期，但是已经展现出极为精美的特质和美味的酸度。而以国际葡萄品种酿造的玛格瑞塔（Margherita）则以年轻的活力、澎湃的力量和绵延的余韵而著称，虽然橡木滋味依然明显，收口时单宁依然活跃。蒙塔诺拉酒庄出品的白葡萄酒中包括酿造工艺极高的杜宁柯蒂斯（Cortese Dunin），它吐露着草本植物的阵阵清香，融入矿物质的醇香；紧随其后的白葡萄酒还有阿尔塞斯提苏维翁白葡萄酒（Sauvignon Blanc Alcesti）和瑞斯格里诺霞多丽（Chardonnay Risveglio）。

| | |
|---|---|
| ○ Colli Tortonesi Cortese Dunin '15 | 🍷🍷 2* |
| ○ Colli Tortonesi Timorasso Morasso '14 | 🍷🍷 4 |
| ● Margherita | 🍷🍷 3 |
| ○ Alcesti '15 | 🍷 3 |
| ○ Risveglio '15 | 🍷 4 |
| ● Colli Tortonesi Barbera Amaranto '11 | ♀♀ 2* |
| ● Colli Tortonesi Barbera Rodeo '10 | ♀♀ 5 |
| ● Colli Tortonesi Barbera Rodeo '09 | ♀♀ 5 |
| ○ Colli Tortonesi Cortese Dunin '12 | ♀♀ 2* |
| ○ Colli Tortonesi Timorasso Derthona '10 | ♀♀ 3* |
| ○ Colli Tortonesi Timorasso Morasso '13 | ♀♀ 4 |
| ○ Colli Tortonesi Timorasso Morasso '12 | ♀♀ 4 |
| ○ Colli Tortonesi Timorasso Morasso '11 | ♀♀ 4 |

## Cascina Morassino

S.DA BERNINO, 10
12050 BARBARESCO [CN]
TEL. +39 0173635149
morassino@gmail.com

藏酒销售
预约参观
年产量 20 000 瓶
葡萄种植面积 4.5 公顷
可持续发展酒庄

莫拉西诺酒庄（Cascina Morassino）是朗格产区（Langhe）经典的家庭运营酒庄，受到精心照料的葡萄园占地达到四公顷，其中还包括几座品质极高却依然不为人知、默默无名的顶级葡萄园。莫拉西诺酒庄只生产两种酒，在整个生产过程中都细致地匠心别具。罗伯托·比安科（Roberto Bianco）在父亲毛罗·比安科（Mauro Bianco）的协助下，坚守传统风格，在酿造珍贵而质朴的美酒的时候谨慎控制橡木桶的使用，而且酒品的定价也相当实惠。在今年的品鉴中，2013年份的莫拉西诺巴巴莱斯科（Barbaresco Morassino）充分展现出一款伟大美酒的魔力。它的香氛集中浓郁，层层蔓延，散发着覆盆子般清爽的果香，融入紫罗兰般的馥郁花香，更有一抹甘草的醇香萦绕其间，随之而来的口感结构紧致，单宁质地细密，层层递进，酸度活跃，收口绵长壮阔。与此同时，2013年份的奥韦洛葡萄园巴巴莱斯科（Barbaresco Ovello）也非常夺人眼球。它吐露着药草的醇香，融入烟草的浓醇气息，底蕴中透露出缕缕果香，与之相伴的是质朴有力的口感，单宁坚实，展现出潜藏着极佳的陈年能力。

| | |
|---|---|
| ● Barbaresco Morassino '13 | 🍷🍷 5 |
| ● Barbaresco Ovello '13 | 🍷🍷 6 |
| ● Barbaresco Morassino '09 | ♀♀♀ 5 |
| ● Barbaresco Morassino '12 | ♀♀ 5 |
| ● Barbaresco Morassino '11 | ♀♀ 5 |
| ● Barbaresco Morassino '10 | ♀♀ 5 |
| ● Barbaresco Morassino '08 | ♀♀ 5 |
| ● Barbaresco Ovello '12 | ♀♀ 6 |
| ● Barbaresco Ovello '11 | ♀♀ 6 |
| ● Barbera d'Alba Vignot '09 | ♀♀ 4 |
| ● Langhe Nebbiolo '09 | ♀♀ 3 |
| ● Langhe Rosso '09 | ♀♀ 4 |
| ● Langhe Rosso '08 | ♀♀ 4 |

## Cascina Pellerino

Loc. Sant'Anna, 93
12040 Monteu Roero [CN]
Tel. +39 0173978171
www.cascinapellerino.com

藏酒销售
预约参观
年产量 50 000 瓶
葡萄种植面积 7 公顷
可持续发展酒庄

波诺家族（Bono）于1980年创立了佩莱里诺酒庄（Cascina Pellerino），佩莱里诺酒庄的葡萄园坐落在罗埃罗产区（Roero）的几座村庄内，范围从加纳莱（Canale）、蒙泰乌罗埃罗（Monteu Roero）到圣托斯特凡诺（Santo Stefano Roero）和阿尔巴维扎（Vezza d' Alba）。酒庄葡萄园种植典型的当地葡萄品种——包括阿内斯（Arneis）、内比奥罗（Nebbiolo）和巴贝拉（Barbera）等。除了典型的罗埃罗葡萄酒，酒庄的出品中还包括以霞多丽（Chardonnay）、黑比诺（Pinot Nero）和阿内斯等葡萄品种酿造而成的传统酿造法（Metodo Classico）起泡酒。出品的美酒都展现出现代风格，富含精美的果味，具有令人愉悦的可饮性，极易入口。令人遗憾的是，对于酒庄如今的掌门人克里斯蒂亚诺·波诺（Cristiano Bono）而言，今年的推荐酒单由于缺少旗舰酒品而显得暗淡。造成这一局面的实际情况是，由于2014年采收季恶劣的气候条件，大圣母阿尔巴巴贝拉（Barbera d' Alba Gran Madre）并没有推出2014年份酒；而2013年份的帕特尔维吉纳罗埃罗陈酿（Roero Vigna del Padre Riserva）直至夏末才能装瓶，因此无法提前提交给我们品鉴。尽管如此，我们还是非常喜欢2014年份的绯科特罗埃罗（Roero Vicot），它的酒体适中，结构得当，果味精美而多汁，呈现出极佳的平衡性，单宁优雅。除此之外，2015年份的埃莉奥诺拉阿尔巴巴贝拉（Barbera d' Alba Eleonora）的品质也非常不俗，果味浓醇，令人心生愉悦。

| | |
|---|---|
| ● Barbera d'Alba Eleonora '15 | 🍷🍷 3 |
| ● Roero Vicot '14 | 🍷🍷 4 |
| ○ Langhe Favorita Caterina '15 | 🍷 3 |
| ○ Roero Arneis Atipico '15 | 🍷 3 |
| ○ Roero Arneis Boneur '15 | 🍷 3 |
| ● Barbera d'Alba Gran Madre '13 | 🍷🍷 4 |
| ● Barbera d'Alba Gran Madre '12 | 🍷🍷 4 |
| ● Barbera d'Alba Sup. Gran Madre '11 | 🍷🍷 5 |
| ○ Roero Arneis Boneur '14 | 🍷🍷 3 |
| ○ Roero Arneis Boneur '13 | 🍷🍷 3 |
| ● Roero V. del Padre Ris. '12 | 🍷🍷 5 |
| ● Roero V. del Padre Ris. '10 | 🍷🍷 5 |
| ● Roero Vicot '13 | 🍷🍷 4 |
| ● Roero Vigna del Padre Ris. '11 | 🍷🍷 5 |

## Cascina Salicetti

via Cascina Salicetti, 2
15050 Montegioco [AL]
Tel. +39 0131875192
www.cascinasalicetti.it

藏酒销售
预约参观
年产量 25 000 瓶
葡萄种植面积 16 公顷

数个世代以来，弗兰佐西家族（Franzosi）都经营着坐落于蒙泰焦科（Montegioco）的家族酒庄，如今酒庄传到了酿酒师安塞勒蒙·弗兰佐西（Anselmo Franzosi）的手中。这位活力四射的年轻人在自己的山巅王国里严谨地监督着葡萄酒生产的每个流程和环节；陡峭山坡上的美丽葡萄园环绕着酒庄的建筑。安塞勒蒙酿造的美酒饱满有力，充分反映出本地风土特质，也折射出缔造者的个性。酒庄出品的美酒几乎全部采用本地葡萄品种酿造而成，只有些许赤霞珠（Cabernet Sauvignon）是例外，但它们只用来酿造别具意趣的道勒多纳丘陵罗索塞吉托（Colli Tortonesi Rosso Il Seguito）。在今年的品鉴中，2013年份的卢纳奥姆巴拉帝莫拉索（Timorasso Ombra di Luna）大放异彩，展现出天然美酒的香氛和口感，随之而来的是绵长而活跃的收口感受。除此之外，2013年份的摩尔甘蒂巴贝拉（Barbera Morganti）散发着红色莓果的馥郁果香，随之而来的是明显的橡木香气，余韵绵长，口感浓郁集中，收口的酒精度显得略重。2015年份的蒙塔里诺道勒多纳丘陵柯蒂斯（Colli Tortonesi Cortese Montarlino）也是一款非常值得推荐的美酒。

| | |
|---|---|
| ● Colli Tortonesi Barbera Morganti '13 | 🍷🍷 4 |
| ○ Colli Tortonesi Timorasso Ombra di Luna '13 | 🍷🍷 4 |
| ○ Colli Tortonesi Cortese Montarlino '15 | 🍷 4 |
| ● Colli Tortonesi Barbera Morganti '12 | 🍷🍷 4 |
| ○ Colli Tortonesi Cortese Montarlino '14 | 🍷🍷 4 |
| ○ Colli Tortonesi Cortese Montarlino '12 | 🍷🍷 2* |
| ● Colli Tortonesi Croatina Risulò '12 | 🍷🍷 4 |
| ● Colli Tortonesi Dolcetto Di Marzi '12 | 🍷🍷 2* |
| ● Colli Tortonesi Rosso Il Seguito '12 | 🍷🍷 2* |
| ○ Colli Tortonesi Timorasso Ombra di Luna '12 | 🍷🍷 4 |
| ○ Colli Tortonesi Timorasso Ombra di Luna '11 | 🍷🍷 3* |
| ○ Colli Tortonesi Timorasso Ombra di Luna '10 | 🍷🍷 3 |
| ○ Colli Tortonesi Timorasso Principio '10 | 🍷🍷 3 |

## Cascina Val del Prete

s.da Santuario, 2
12040 Priocca [CN]
Tel. +39 0173616534
www.valdelprete.com

藏酒销售
预约参观
年产量 55 000 瓶
葡萄种植面积 11 公顷
葡萄栽培方式 有机认证

壮阔而美丽的大片葡萄园如同露天阶梯剧场般环绕包裹着瓦德普莱迪酒庄（Cascina Val del Prete），其中不乏许多被公认为顶级葡萄园的所在。桑巴特鲁姆·罗格纳（Bartolomeo Roagna）和卡罗琳娜·罗格纳（Carolina Roagna）于1977年创立了瓦德普莱迪酒庄，他们的儿子马里奥·罗格纳（Mario Roagna）自1995年以来一直在打理酒庄的生产和销售。2005年，马里奥按照生物动力学原则改造了葡萄园的栽培活动和酒窖的酿造工艺，以产出尽可能忠实地反应出产地风土条件的佳酿。酒庄葡萄园主要种植罗埃罗产区（Roero）典型的传统葡萄品种：包括阿内斯（Arneis）、巴贝拉（Barbera）和内比奥罗（Nebbiolo）等；这些优质的酿造葡萄被用于缔造同样典型地反映出本地风土的传统美酒。在今年的品鉴中，瓦德普莱迪酒庄的罗埃罗酒表现比去年略显逊色。不过，在众多酒品中拔得头筹的是2015年份的吕埃特阿内斯罗埃罗（Roero Arneis Luèt），它吐露着芳香植物诱人的芬芳，融入热带水果的热烈香气，结构紧致，口感饱满，略苦的收口感受令人愉悦。紧随其后的是两款阿尔巴巴贝拉（Barbera d' Alba），也奉献出不俗的表现。2015年份的嘉蒂塞拉（Serra de' Gatti）吐露着深色莓果的果香，劲道有力，回味绵长；而相比较而言，2014年份的超级卡洛琳纳（Superiore Carolina）橡木气息更加浓重一些，但是酒体饱满，口感有力。

| | |
|---|---|
| ● Barbera d'Alba Serra de' Gatti '15 | 🍷🍷 3 |
| ● Barbera d'Alba Sup. Carolina '14 | 🍷🍷 5 |
| ○ Roero Arneis Luèt '15 | 🍷🍷 2* |
| ● Roero Ris. '13 | 🍷 5 |
| ● Roero V. di Lino '13 | 🍷 5 |
| ● Nebbiolo d'Alba V. di Lino '00 | 🍷🍷🍷 5 |
| ● Roero '04 | 🍷🍷🍷 6 |
| ● Roero '03 | 🍷🍷🍷 6 |
| ● Roero '01 | 🍷🍷🍷 6 |
| ● Roero '00 | 🍷🍷🍷 6 |
| ● Roero Bricco Medica '12 | 🍷🍷 3 |
| ● Roero Vigna di Lino '12 | 🍷🍷 4 |
| ● Roero Ris. '11 | 🍷🍷 5 |

## Francesca Castaldi

via Novembre, 6
28072 Briona [NO]
Tel. +39 0321826045
www.cantinacastaldi.it

藏酒销售
预约参观
年产量 10 000 瓶
葡萄种植面积 6.3 公顷

弗朗西丝卡·卡斯塔尔迪（Francesca Castaldi）和弟弟约瑟佩·卡斯塔尔迪（Giuseppe Castaldi）堪称法拉葡萄酒（Fara）的守护者，他们尽心竭力地推广着这片位于诺瓦拉（Novara）的小小指定产区。小酒庄坐落在著名的冰碛布廖纳山（Briona）的最南端，高地从这里开始沿着山坡缓缓下行，一直抵达第一层稻田庄稼——位于皮昂奈兹（Pianazze）、切雷索莱谷（Val Ceresole）和贝尔维德（Belvedere）之间。卡斯塔尔迪姐弟重新开发了占地面积超过六公顷的葡萄园，于1997年移植了内比奥罗（Nebbiolo）、维斯珀丽娜（Vespolina）、拉雅（Uva Rara）和厄柏露丝（Erbaluce）等葡萄品种，并以保护环境的有机方法来维护照料。弗朗西丝卡卡斯塔尔迪酒庄推出的传统葡萄品种酿造而成的顶级美酒口感明快，而且极易搭配食物，相比较而言更重演进而非酒重，因此找寻这类佳酿的爱好者可千万不要错过这家酒庄的系列酒品。在今年的品鉴中，2015年份酒展现出该酒庄系列酒品的多样化个性面貌，从散发着葡萄皮芬芳、口感偏油腻而辛辣的白露西亚（Bianco Lucia），到芬芳扑鼻、质朴有力的罗萨托罗索阿尔巴（Rosato Rosa Alba）以及活力四射、劲道十足的尼娜维斯珀丽娜（Vespolina Nina）。相比较而言，2012年份的法拉葡萄酒则更加精致复杂，吐露着烟草和奎宁的阵阵醇香，口感清凛，几乎感受不到果味，依然处于成熟发展的过程之中，还需时间才能达到品质的巅峰。

| | |
|---|---|
| ● Fara '12 | 🍷🍷 5 |
| ○ Colline Novaresi Bianco Lucia '15 | 🍷🍷 3 |
| ⊙ Colline Novaresi Rosato Rosa Alba '15 | 🍷🍷 3 |
| ● Colline Novaresi Vespolina Nina '15 | 🍷🍷 3 |
| ● Colline Novaresi Barbera Martina '13 | 🍷 3 |
| ● Colline Novaresi Nebbiolo Bigin '13 | 🍷 3 |
| ● Colline Novaresi Nebbiolo Bigin '12 | 🍷🍷 3 |
| ● Colline Novaresi Vespolina Nina '13 | 🍷🍷 3 |
| ● Colline Novaresi Vespolina Nina '12 | 🍷🍷 3 |
| ● Crepuscolo | 🍷🍷 4 |
| ● Fara '11 | 🍷🍷 5 |
| ● Fara '10 | 🍷🍷 5 |
| ● Fara '09 | 🍷🍷 5 |

## Castellari Bergaglio

FRAZ. ROVERETO, 136R
15066 GAVI [AL]
TEL. +39 0143644000
www.castellaribergaglio.it

藏酒销售
预约参观
年产量 90 000 瓶
葡萄种植面积 11 公顷

这家历史悠久、声名卓著的伯加里奥酒庄（Castellari Bergaglio）位于嘉维地区（Gavi）的小村庄，最新一代的接班人是马里奥·伯加里奥（Mario Bergaglio），他主要负责葡萄园的栽培工作，而他的儿子马可·伯加里奥（Marco Bergaglio）则将注意力集中在酒窖的酿造工作上。他们合力推出专门的柯蒂斯（Cortese）系列葡萄酒，完全以占地面积大约为十公顷的葡萄园种植的柯蒂斯葡萄为酿造原料。伯加里奥酒庄推出的七款各不相同的柯蒂斯美酒，它们包括：各方面都表现精良的基本酒萨鲁维伊（Salluvii）；酿造葡萄分别来自塔萨洛罗葡萄园（Tassarolo）和嘉维（Gavi）产区的弗纳奇（Fornaci）和洛兰纳（Rolona）精选系列，因而明显反映出两地土质大不相同的特征；经历了冷浸离皮工序、酿造葡萄来自罗维雷托葡萄园（Rovereto）的精选系列；还有酿造葡萄来自古老的皮林葡萄园（Pilin）、晚收并在小型橡木桶中发酵的精选系列；更有传统酿造法奥德（Metodo Classico Ardé）和加维姆帕西多甜酒（Passito Gavium）。伯加里奥酒庄嘉维酒的各异个性在今年的品鉴中再次表露无遗。2013年份的维纳维基罗维雷托（Rovereto Vignavecchia）口感甜美辛辣；2015年份的洛兰纳（Rolona）则回味绵长、更偏鲜美；2015年份的弗纳奇（Fornaci）更是令人惊艳，入口充分展现出塔萨洛罗葡萄园（Tassarolo）风土带来的典型的咸味。

| | |
|---|---|
| ○ Gavi del Comune di Tassarolo Fornaci '15 | 🍷🍷 2* |
| ○ Gavi del Comune di Gavi Rovereto Vignavecchia '13 | 🍷🍷 3 |
| ○ Gavi del Comune di Gavi Pilin '13 | 🍷 5 |
| ○ Gavi del Comune di Gavi Rolona '15 | 🍷 3 |
| ○ Gavi del Comune di Gavi Rolona '13 | ΥΥ 3* |
| ○ Gavi del Comune di Gavi Rolona '12 | ΥΥ 3 |
| ○ Gavi del Comune di Gavi Rovereto Vignavecchia '12 | ΥΥ 3* |
| ○ Gavi del Comune di Tassarolo Fornaci '14 | ΥΥ 2* |
| ○ Gavi Fornaci '13 | ΥΥ 2* |
| ○ Gavi Pilìn '12 | ΥΥ 5 |
| ○ Gavi Salluvii '14 | ΥΥ 2* |
| ○ Gavi Salluvii '13 | ΥΥ 2* |
| ○ Gavi Salluvii '12 | ΥΥ 2* |

## Castello di Gabiano

VIA SAN DEFENDENTE, 2
15020 GABIANO [AL]
TEL. +39 0142945004
www.castellodigabiano.com

藏酒销售
预约参观
膳宿接待
年产量 120 000 瓶
葡萄种植面积 21 公顷

今天，卡塔内奥侯爵阿多诺·朱斯蒂尼亚尼（Marchesi Cattaneo Adorno Giustiniani）宏伟壮美的家族城堡成为了游人如织的观光地，不仅由于这里拥有古老的历史和优美的景致，更由于盖比亚诺城堡酒庄（Castello di Gabiano）为游客供应的丰富美食和美酒。盖比亚诺城堡酒庄的系列葡萄酒品质卓越，包括以巴贝拉（Barbera）、弗雷伊萨（Freisa）、吉诺林诺（Grignolino）和黑比诺（Pinot Nero）酿造而成的红葡萄酒；以及以霞多丽（Chardonnay）和长相思（Sauvignon Blanc）酿造而成的白葡萄酒。在今年的品鉴中，盖比亚诺城堡酒庄提交的酒品表现突出。作为DOC产区酒的标杆产品，这一次的盖比亚诺陈酿（Gabiano Riserva）依然没有令我们失望。它芬芳扑鼻，香气和谐，口感劲道有力，收口余韵绵长悠然。紧随其后的是品质同样卓越的鲁沃吉诺林诺（Grignolino Il Ruvo），它优雅而辛辣，令人回味无穷。还有2011年份的阿多尼斯（Adornes），吐露着烟草和奎宁的阵阵醇香，底蕴中透露出缕缕果香，随之而来的口感清爽怡人，力道强劲，回味绵长，美味持久在唇舌上徘徊不去。除此之外，加维乌斯（Gavius）、卡塔维纳鲁比诺（Rubino di Cantavena）以及布拉加（La Braja）都展现出高超的酿造水平。

| | |
|---|---|
| ● Gabiano A Matilde Giustiniani Ris. '10 | 🍷🍷 6 |
| ● Barbera d'Asti La Braja '14 | 🍷🍷 2* |
| ● Barbera d'Asti Sup. Adornes '11 | 🍷🍷 6 |
| ● Grignolino del M.to Casalese Il Ruvo '15 | 🍷🍷 2* |
| ● M.to Rosso Gavius '14 | 🍷🍷 3 |
| ● Rubino di Cantavenna '14 | 🍷🍷 3 |
| ○ M.to Bianco Corte '15 | 🍷 3 |
| ● Piemonte Chardonnay Castello '14 | 🍷 6 |
| ● Barbera d'Asti Sup. Adornes '10 | ΥΥ 5 |
| ● Barbera d'Asti Sup. Adornes '07 | ΥΥ 5* |
| ● Gabiano Matilde Giustiniani Ris. '08 | ΥΥ 6 |
| ● Grignolino del M.to Casalese Il Ruvo '13 | ΥΥ 2* |
| ○ M.to Bianco Corte '14 | ΥΥ 3 |
| ⊙ M.to Chiaretto Castelvere '14 | ΥΥ 2* |
| ● M.to Rosso Gavius '12 | ΥΥ 3* |
| ○ Piemonte Chardonnay Castello '13 | ΥΥ 5 |

## Castello di Neive

c.so Romano Scagliola, 205
12052 Neive [CN]
Tel. +39 017367171
www.castellodineive.it

预约参观
年产量 170 000 瓶
葡萄种植面积 26 公顷
可持续发展酒庄

尽管几年前加建了一座大规模现代化酒窖，并将之投入到内比奥罗葡萄酒（Nebbiolo）的生产之中，但是斯图皮诺家族酒庄（Stupino）的总部依然坐落在极富历史韵味的古堡里，这里也是纳维城堡酒庄（Castello di Neive）得名之处，怀抱着古老悠久的木桶酒窖，意趣奇妙，令人向往。纳维城堡酒庄的酿造葡萄来自占地达到30公顷的葡萄园，全部坐落于纳维（Neive），包括巴萨瑞园（Basarin）、科提尼园（Cortini）、嘉丽娜园（Gallina）、马克瑞诺园（Marcorino）和瓦尔托塔园（Valtorta）等广受赞誉的顶级葡萄园中的地块，以巴贝拉（Barbera）、多姿桃（Dolcetto）、黑比诺（Pinot Nero）、吉诺林诺（Grignolino）和雷司令（Riesling）为原料酿造出系列佳酿。尤其在圣托斯特凡诺园（Santo Stefano），纳维城堡酒庄以其出产的葡萄为原料酿造出最精美的巴巴莱斯科（Barbaresco），是酒庄系列酒品中的瑰宝，遇到好的年份还会推出陈酿（Riservas）年份酒。纳维城堡酒庄的出品中有许多值得推荐的美酒，但是其中的旗舰产品无疑依然是阿尔贝萨尼圣托斯特凡诺园陈酿（Albesani Santo Stefano Riserva），即便在2011年这样条件复杂的采收季中依然表现惊艳。在今年的品鉴中，这款2011年份的阿尔贝萨尼圣托斯特凡诺园陈酿吐露着蓝莓的芬芳，融入烟草和焦油的缕缕醇香，展现出循序渐进的层次口感，气势恢宏，单宁如同天鹅绒般丝滑，入口感到复杂而有力，令人回味无穷。

| | |
|---|---|
| ● Barbaresco Albesani S. Stefano Ris. '11 | 🍷🍷🍷 8 |
| ● Barbaresco Albesani S. Stefano '13 | 🍷🍷 6 |
| ● Barbaresco Gallina '13 | ▼▼ 6 |
| ● Barbera d'Alba Sup. '13 | ▼▼ 5 |
| ● Dolcetto d'Alba V. Basarin '15 | ▼▼ 4 |
| ○ Langhe Arneis Montebertotto '15 | ▼▼ 3 |
| ● Langhe Pinot Nero I Cortini '15 | ▼▼ 5 |
| ● Piemonte Albarossa '13 | ▼▼ 5 |
| ○ Piemonte Pinot Nero Brut M. Cl. '12 | ▼▼ 5 |
| ● Barbera d'Alba V. S. Stefano '14 | ▼ 4 |
| ● Barbaresco Albesani S. Stefano '12 | ▽▽▽ 6 |
| ● Barbaresco S. Stefano Ris. '01 | ▽▽▽ 7 |
| ● Barbaresco S. Stefano Ris. '99 | ▽▽▽ 7 |
| ● Barbaresco '12 | ▽▽ 5 |

## Castello di Razzano

fraz. Casarello
via San Carlo, 2
15021 Alfiano Natta [AL]
Tel. +39 0141922124
www.castellodirazzano.it

藏酒销售
预约参观
膳宿接待
年产量 200 000 瓶
葡萄种植面积 30 公顷

小村卡萨莱罗（Casarello）坐落在由阿尔菲亚诺纳塔（Alfiano Natta）往返卡尔多纳（Cardona）的大路旁，村庄里的拉扎诺城堡酒庄（Castello di Razzano）紧挨着圣卡洛（Via San Carlo）。酒庄所有的种植、生产、窖藏和装瓶工作都在这里完成，旗舰系列酒品更是在城堡酒窖古老的橡木桶中完成陈年。拉扎诺城堡酒庄主要致力于阿斯蒂巴贝拉葡萄酒（Barbera d' Asti）的生产，共有五种款式可供买家选择，其中四款都是超级款（Superiore）。除此之外，酒庄也采用吉诺林诺（Grignolino）、露诗（Ruché）、阿斯蒂莫斯卡托（Moscato d' Asti）、梅洛（Merlot）、黑比诺（Pinot nero）、长相思（Sauvignon Blanc）和霞多丽（Chardonnay）等品种葡萄进行酿造。在今年的品鉴中，拉扎诺城堡酒庄只推荐了单一品种的超级巴贝拉葡萄酒（Barbera Superiore），由于其他系列酒品依然处于陈年窖藏的过程之中，定会在我们来年的年鉴中大展身手。瓦伦蒂诺卡里加利斯（Valentino Caligaris）是一款无论从哪个方面看都无比卓越的美酒，它呈现出深邃的红宝石色泽，散发着李子的阵阵果香，融入咖啡的醇香和巧克力的甜美香气，随之而来的口感非常集中浓郁，单宁质地细密，入口感受妙不可言。

| | |
|---|---|
| ● Barbera d'Asti Sup. Valentino Caligaris '11 | 🍷🍷 5 |
| ● Barbera d'Asti La Leona '15 | ▼▼ 2* |
| ○ Costa al Sole '15 | ▼▼ 2* |
| ● Grignolino del M.to Casalese Pianaccio '15 | ▼ 2 |
| ● Barbera d'Asti Sup. Campasso '07 | ▽▽ 2* |
| ● Barbera d'Asti Sup. Campasso '06 | ▽▽ 2* |
| ● Barbera d'Asti Sup. Del Beneficio '09 | ▽▽ 4 |
| ● Barbera d'Asti Sup. Eugenea '11 | ▽▽ 4 |
| ● Barbera d'Asti Sup. Eugenea '09 | ▽▽ 4 |
| ● Barbera d'Asti Sup. Eugenea '06 | ▽▽ 3* |
| ● Barbera d'Asti Sup. Eugenea '05 | ▽▽ 3* |
| ● Barbera d'Asti Sup. V. Valentino Caligaris '05 | ▽▽ 5 |
| ● Barbera d'Asti Sup. V. Valentino Caligaris '04 | ▽▽ 5 |

## Castello di Tassarolo

Cascina Alborina, 1
15060 Tassarolo [AL]
Tel. +39 0143342248
www.castelloditassarolo.it

藏酒销售
预约参观
年产量 130 000 瓶
葡萄种植面积 20 公顷
葡萄栽培方式 有机认证
可持续发展酒庄

斯皮诺拉侯爵（Marchesi Spinola）拥有塔萨罗洛城堡酒庄（Castello di Tassarolo）已经超过七百年。今天，酒庄占地面积达到20公顷的广阔葡萄园采用有机方式照料葡萄藤，也已经有几年的时间。在维琴佐·穆尼（Vincenzo Munì）和亨利·芬齐—康斯坦丁（Henry Finzi-Constantine）的协助下，博尼法乔（Bonifacio）及其妹妹玛思米莲娜（Massimiliana）信心满满地决定在葡萄园中引入有机栽培；在重新塑造出品风格的过程中，塔萨罗洛城堡酒庄还生产了一系列不添加硫化物的实验性美酒，例如以巴贝拉（Barbera）和赤霞珠（Cabernet Sauvignon）混酿而成的蒙费拉托罗索（Monferrato Rosso）以及提托纳巴贝拉（Barbera Titouan）。不过，塔萨罗洛城堡酒庄最为有趣、最为主流的葡萄酒始终是柯蒂斯白葡萄酒（Cortese）：包括斯皮诺拉（Spinola）、卡斯泰罗（Il Castello）、提托纳（Titouan）、阿尔伯瑞纳（Alborina），最近还有起泡白葡萄酒（Sparkling）。塔萨罗洛城堡酒庄今年提交的品鉴酒品都展现出极高的酿造水准，尤其是2015年份的塔萨罗洛斯皮诺拉（Spinola del Comune di Tassarolo）在所有同年份的嘉维酒（Gavis）中脱颖而出，它的风格经典，质地饱满，酒骨坚实，散发着苔藓和燧石的独特气息，浓郁扑鼻。2014年份的阿尔伯瑞纳（Alborina）则处于颇有争议的阶段，展现出紧闭的特质，但是依然活力四射，口感清凛。

| | |
|---|---|
| ○ Gavi del Comune di Tassarolo Spinola '15 | 🍷🍷 2* |
| ○ Gavi del Comune di Tassarolo Alborina '14 | ▼ 3 |
| ○ Gavi del Comune di Tassarolo Spinola No Solfiti '15 | ▼ 2 |
| ○ Gavi Il Castello '15 | ▼ 3 |
| ● Piemonte Barbera Titouan '14 | ▼ 3 |
| ○ Gavi del Comune di Tassarolo Alborina '13 | ▽▽ 3 |
| ○ Gavi del Comune di Tassarolo Alborina '13 | ▽▽ 3* |
| ○ Gavi del Comune di Tassarolo Il Castello '14 | ▽▽ 2* |
| ○ Gavi del Comune di Tassarolo Il Castello '13 | ▽▽ 2* |
| ○ Gavi del Comune di Tassarolo Il Castello '12 | ▽▽ 2* |
| ○ Gavi del Comune di Tassarolo Spinola '13 | ▽▽ 2* |
| ○ Gavi del Comune di Tassarolo Spinola '12 | ▽▽ 2* |
| ○ Gavi del Comune di Tassarolo Titouan '13 | ▽▽ 3 |

## Castello di Uviglie

via Castello di Uviglie, 73
15030 Rosignano Monferrato [AL]
Tel. +39 0142488132
www.castellodiuviglie.com

藏酒销售
预约参观
年产量 90 000 瓶
葡萄种植面积 25 公顷

西蒙尼·卢帕诺（Simone Lupano）于20世纪80年代接管了尤韦吉列城堡酒庄（Castello di Uviglie），此后兢兢业业地努力工作，将之发展成为今天蒙费拉托卡萨莱塞地区（Monferrato Casalese）的典范酒庄，以出产高品质美酒而著称，就连基本款的葡萄酒也展现出物超所值的绝佳表现。具有重要历史意义的酒庄建筑就坐落在古老的尤韦吉列城堡之中。多年来，卢帕诺还由于做出了许多异于常人的勇敢决定而声名大噪，包括义无反顾地提升产品质量的做法，以及有志于酿造出蒙费拉托卡萨莱塞地区颇有意趣、不同寻常的美酒等。为了实现后者，卢帕诺尝试以阿尔巴洛萨（Albarossa）打造1491系列葡萄酒，以及以国际葡萄品种酿造传统酿造法起泡酒（Metodo Classico Sparkler）和帕西多甜酒（Passito）。在尤韦吉列城堡酒庄今年提交的品鉴酒品中，从各个方面而言都卓越非凡的皮科贡萨格（Pico Gonzaga）拔得头筹，为酒庄今年的成绩开了个好头，它吐露着烟草和香料的阵阵辛香，融入甘草的醇香气息，开启了复杂的口感，随着品感的跌宕蔓延，渐渐转化为优雅和和谐的滋味。除此之外，圣塞巴斯蒂诺特里比安奇（San Bastiano Terre Bianche）给予了我们意外的惊喜，它表现出不可思议的优雅，香氛和谐，随之而来的口感饱满而有力，收口雅致，美味持久在味蕾上跃动不散。

| | |
|---|---|
| ● Barbera del M.to Sup. Pico Gonzaga '13 | 🍷🍷🍷 5 |
| ● Grignolino del M.to Casalese San Bastiano Terre Bianche '12 | 🍷🍷 5 |
| ● Barbera del M.to Bricco del Conte '15 | ▼▼ 2* |
| ● Barbera del M.to Sup. Le Cave '14 | ▼▼ 3 |
| ● Grignolino del M.to Casalese San Bastiano '15 | ▼▼ 2* |
| ○ Le Cave Extra Brut M. Cl. '12 | ▼▼ 5 |
| ○ M.to Bianco San Martino '15 | ▼▼ 2* |
| ● M.to Rosso 1491 '13 | ▼▼ 5 |
| ● Barbera del M.to Sup. Le Cave '13 | ▽▽▽ 3* |
| ● Barbera del M.to Sup. Le Cave '09 | ▽▽▽ 3* |
| ● Barbera del M.to Sup. Le Cave '07 | ▽▽▽ 3* |
| ● Barbera del M.to Sup. Pico Gonzaga '07 | ▽▽▽ 4* |
| ● Barbera del M.to Sup. Pico Gonzaga '12 | ▽▽ 5 |
| ● Grignolino del M.to Casalese San Bastiano Terre Bianche '11 | ▽▽ 5 |

## Castello di Verduno

via Umberto I, 9
12060 Verduno [CN]
Tel. +39 0172470284
www.castellodiverduno.com

藏酒销售
预约参观
膳宿接待
年产量 68 000 瓶
葡萄种植面积 10 公顷
可持续发展酒庄

韦尔杜诺城堡酒庄（Castello di Verduno）的历史是一部深深根植于朗格地区（Langhe）葡萄酒生产文化的家庭史，这座酒庄充满了情感的力量，这一点如此明显，哪怕最漠不关心者也能一瞥便知。这座酒庄的精神力量不仅来自漫长的酒庄历史和系列葡萄酒的生产，更来自于在酒庄主人、极具进取心的嘉比瑞拉・巴洛特（Gabriella Burlotto）和丈夫弗朗科・比安卡（Franco Bianco）引领下达到的和谐和平静。韦尔杜诺城堡酒庄出产一系列真正无懈可击的传统佳酿，其中以皮拉维加（Pelaverga）和内比奥罗（Nebbiolo）酿造的美酒别具风味，这种全面且自发的风格对品种葡萄和本地风土做出了完美的阐释。在这一点上，马萨拉葡萄园（Massara）的巴罗洛名园酒（Barolo Crus）、韦尔杜诺地区（Verduno）的蒙维格里罗园葡萄酒（Monvigliero）以及来自法塞特葡萄园（Faset）和瑞巴嘉葡萄园（Rabajà）的巴巴莱斯科葡萄酒（Barbarescos）都表现得淋漓尽致，它们都在大型木桶中完成陈年。在今年的品鉴中，韦尔杜诺城堡酒庄的顶级内比奥罗葡萄酒（Nebbiolos）展现出极为卓越的品质，彼此之间为登顶桂冠展开了前所未有的激烈竞争。2012年份的马萨拉园巴罗洛（Barolo Massara）口感令人信服地有力，入口感到丝绸般的柔滑；而2010年份的蒙维格里罗园陈酿（Monvigliero Riserva）则重在表现优雅的香氛和较干的收口之间的对照。除此之外，2011年份的瑞巴嘉园巴巴莱斯科陈酿（Barbaresco Rabajà Riserva）则吐露着香膏般的芬芳，活力四射，口感平衡和谐。

| | |
|---|---|
| ● Barbaresco Rabajà '13 | 🍷🍷 6 |
| ● Barbaresco Rabajà Ris. '11 | 🍷🍷 7 |
| ● Barolo Monvigliero Ris. '10 | 🍷🍷 7 |
| ● Barbaresco '13 | ▼▼ 5 |
| ● Barbera d'Alba Bricco del Cuculo '14 | ▼▼ 4 |
| ● Barolo Massara '12 | ▼▼ 6 |
| ● Verduno Basadone '15 | ▼▼ 3 |
| ● Barbera d'Alba '15 | ▼ 3 |
| ● Langhe Nebbiolo '15 | ▼ 3 |
| ● Barbaresco Rabajà '04 | ▽▽▽ 6 |
| ● Barolo Massara '08 | ▽▽▽ 6 |
| ● Barolo Massara '01 | ▽▽▽ 6 |
| ● Barolo Monvigliero Ris. '08 | ▽▽▽ 7 |
| ● Barolo Monvigliero Ris. '04 | ▽▽▽ 7 |
| ● Barbaresco Rabajà '11 | ▽▽ 6 |
| ● Verduno Pelaverga Basadone '14 | ▽▽ 3 |

## La Caudrina

s.da Brosia, 21
12053 Castiglione Tinella [CN]
Tel. +39 0141855126
www.caudrina.it

藏酒销售
预约参观
年产量 200 000 瓶
葡萄种植面积 24 公顷

卡乌汀娜酒庄（La Caudrina）的主人是多格里奥蒂家族（Dogliotti），酒庄葡萄园中的葡萄藤平均生长期都超过四十年。卡乌汀娜酒庄主要致力于生产莫斯卡托葡萄酒（Moscato），堪称莫斯卡托葡萄酒世界的指路灯塔。酒庄的莫斯卡托葡萄园坐落在卡斯蒂格里奥尼蒂内拉（Castiglione Tinella）所辖的小村庄，主要在石灰质泥灰土壤中种植葡萄。卡乌汀娜酒庄在尼扎蒙费拉托（Nizza Monferrato）还拥有一座庄园，那里种植巴贝拉（Barbera）、内比奥罗（Nebbiolo）和多姿桃（Dolcetto）；除此之外，酒庄在奥蒂里奥蒙费拉托（Ottiglio Monferrato）还有一座专门种植霞多丽（Chardonnay）的葡萄园。卡乌汀娜酒庄出品的美酒以芬芳扑鼻而著称，其中主要的产品都是莫斯卡托。在今年的品鉴中，2015年份的卡乌汀娜阿斯蒂莫斯卡托（Moscato d' Asti La Caudrina）表现出极高的品质，它的香气清爽幽然，融入鼠尾草的优雅香气，一抹蜜桃的果香萦绕其间，底蕴中透露出缕缕热带水果的醇香，更有淡淡薄荷的清凉风情若有似无地飘散，随之而来的口感饱满丰盈，残留的糖分与活跃的酸度完美平衡，相得益彰。与此同时，2015年份的盖雷莎园阿斯蒂莫斯卡托（Moscato d' Asti La Galeisa）也同样表现精彩，飘散着成熟水果的饱满果香，余韵悠然，底蕴中透露出丝丝蜜饯的甜美气息，融入鼠尾草的芬芳，口感柔美，鲜美异常。

| | |
|---|---|
| ○ Asti La Selvatica | ▼▼ 3 |
| ○ Moscato d'Asti La Caudrina '15 | ▼▼ 3 |
| ○ Moscato d'Asti La Galeisa '15 | ▼▼ 3 |
| ● Barbera d'Asti La Solista '14 | ▼ 2 |
| ○ Lunatica Brut | ▼ 4 |
| ○ Asti La Selvatica '12 | ▽▽ 3 |
| ● Barbera d'Asti La Solista '12 | ▽▽ 2* |
| ● Barbera d'Asti La Solista '11 | ▽▽ 2* |
| ● Barbera d'Asti Sup. Monte Venere '10 | ▽▽ 3 |
| ○ Moscato d'Asti '13 | ▽▽ 3* |
| ○ Moscato d'Asti La Caudrina '11 | ▽▽ 3 |
| ○ Moscato d'Asti La Galeisa '12 | ▽▽ 3 |
| ○ Piemonte Moscato Passito Redento '11 | ▽▽ 4 |

## ★Cavallotto Tenuta Bricco Boschis

loc. Bricco Boschis
via Alba-Monforte
12060 Castiglione Falletto [CN]
Tel. +39 017362814
www.cavallotto.com

藏酒销售
预约参观
年产量 110 000 瓶
葡萄种植面积 25 公顷
葡萄栽培方式 有机认证

十多年来，阿尔菲奥·卡瓦劳多（Alfio Cavallotto）、约瑟佩·卡瓦劳多（Giuseppe Cavallotto）及其姐姐劳拉·卡瓦劳多（Laura Cavallotto）努力将卡斯蒂格里奥尼法雷托（Castiglione Falletto）打造成一座风格清新、年轻而与时俱进的酒庄形象，他们毫无疑问出色地完成了这项艰巨的任务。卡瓦劳多家族姐弟三人是在卡斯蒂格里奥尼法雷托酒庄奉献的最新一代传人，酒庄的葡萄园包括一片占地面积达到25公顷的单一地块，采取有机方式照料生长其上的葡萄藤。葡萄园中最肥美的山坡地块显然为酿造巴罗洛（Barolo）的内比奥罗（Nebbiolo）保留着：包括圣约瑟佩葡萄园（San Giuseppe）和维尼奥洛葡萄园（Vignolo），而且遇到气候条件理想的年份，这里出产的精美酿造葡萄还会用来酿造酒庄陈酿精品（Riservas），在旋转浸渍剥离发酵桶中发酵，在大型木桶中完成陈年。除了内比奥罗，葡萄园还种植巴贝拉（Barbera）、多姿桃（Dolcetto）、弗雷伊萨（Freisa）、吉诺林诺（Grignolino）、黑比诺（Pinot Nero）和霞多丽（Chardonnay），令酒品系列更加完善。在今年的品鉴中，卡斯蒂格里奥尼法雷托酒庄提交的巴罗洛酒给人留下了极为深刻的印象，其中最为令人惊叹的要数2012年份的布里科博斯基斯（Bricco Boschis），斩获了我们的“三杯奖”最高奖项，精彩地反映出2012年份酒的卓越潜力。它的风格出众，经典而优雅，散发着覆盆子般的阵阵果香，融入野生草莓的甜美香气，底蕴中还透露出缕缕甘草和焦油的醇香，口感质朴，但是果浆质感饱满而美味。千万不要错过2013年份的库库洛巴贝拉（Barbera Vigna del Cuculo），这款年份酒是该系列巴贝拉有史以来品质最好的一季。

- ● Barolo Bricco Boschis '12 🍷🍷🍷 8
- ● Barbera d'Alba Sup. V. del Cuculo '13 🍷🍷 5
- ● Barolo Bricco Boschis V. San Giuseppe Ris. '10 🍷🍷 8
- ● Barolo Vignolo Ris. '10 🍷🍷 8
- ● Langhe Nebbiolo '14 🍷🍷 5
- ● Dolcetto d'Alba V. Scot '15 🍷 3
- ● Barolo Bricco Boschis '05 🍷🍷🍷 6
- ● Barolo Bricco Boschis '04 🍷🍷🍷 7
- ● Barolo Bricco Boschis V. S. Giuseppe Ris. '05 🍷🍷🍷 8
- ● Barolo Vignolo Ris. '06 🍷🍷🍷 8
- ● Barolo Vignolo Ris. '04 🍷🍷🍷 8
- ● Barolo Bricco Boschis V. S. Giuseppe Ris. '09 🍷🍷 8
- ● Barolo Vignolo Ris. '09 🍷🍷 8

## Ceretto

loc. San Cassiano, 34
12051 Alba [CN]
Tel. +39 0173282582
www.ceretto.com

藏酒销售
预约参观
膳宿接待
年产量 900 000 瓶
葡萄种植面积 105 公顷
葡萄栽培方式 有机认证
可持续发展酒庄

赛拉图酒庄（Ceretto）完全转向生物动力学栽培方式，是皮埃蒙特葡萄酒（Piedmont）世界近年来动作最大的新发展之一。实施转变的种植地块不仅包含巴罗洛（Barolo）和巴巴莱斯科（Barbaresco）产区长久以来享受追捧的顶级葡萄园——从罗西峰葡萄园（Bricco Rocche）和阿斯利峰葡萄园（Bricco Asili）开始——而且专注于种植莫斯卡托（Moscato）的阿斯蒂庄园（Asti）也被包含在内，更有因出产布朗吉阿内斯（Arneis Blangé）和其他创新性美酒而闻名的罗埃罗（Roero）产区葡萄园。彻底转变为生物动力学的栽培方式，对赛拉图酒庄系列产品的风格造成了越来越明显的影响，使其日益现代化，发酵和陈年中技术细节的重要性无疑慢慢退居二线。在今年的品鉴中，赛拉图酒庄提交的酒品越发证明了这一趋势。在今年酒庄的两款卓越的2013年份巴巴莱斯科葡萄酒（Barbaresco）中，阿斯利峰园巴巴莱斯科（Asili）完美呈现出细腻复杂的口感，充分反映出这座顶级葡萄园独特风土条件赋予美酒的无尽活力。而伯纳多特园巴巴莱斯科（Bernadot）则吐露着水果清爽而活跃的果香，融入药草的阵阵醇香，口感层次分明，慢慢铺开，酒精度热辣，鲜美的品感弥补了酒体的略不饱满。除此之外，2012年份的巴罗洛（Barolos）虽然并不活泼，但是品质卓越。

- ● Barbaresco Asili '13 🍷🍷🍷 8
- ● Barbaresco Bernardot '13 🍷🍷 8
- ● Barbera d'Alba Piana '15 🍷🍷 4
- ● Barolo '12 🍷🍷 6
- ● Barolo Bricco Rocche '12 🍷🍷 8
- ● Barolo Brunate '12 🍷🍷 8
- ● Langhe Rosso Monsordo '14 🍷🍷 4
- ● Nebbiolo d'Alba Bernardina '15 🍷🍷 5
- ● Dolcetto d'Alba Rossana '15 🍷 3
- ○ Langhe Bianco Monsordo '15 🍷 5
- ● Barbaresco Asij '97 🍷🍷🍷 5
- ● Barolo Bricco Rocche '11 🍷🍷🍷 8
- ● Barolo Bricco Rocche '09 🍷🍷🍷 8
- ● Barolo Bricco Rocche '00 🍷🍷🍷 8
- ● Barolo Prapò '06 🍷🍷🍷 8
- ● Barolo Prapò '05 🍷🍷🍷 8

## ★★Michele Chiarlo

S.DA NIZZA-CANELLI, 99
14042 CALAMANDRANA [AT]
TEL. +39 0141769030
www.chiarlo.it

藏酒销售
预约参观
膳宿接待
年产量 1 100 000 瓶
葡萄种植面积 120 公顷
可持续发展酒庄

半个多世纪以来，基阿罗家族（Chiarlo）经营的酒庄始终是阿斯蒂地区（Asti）葡萄种植的典范，更是在皮埃蒙特产区（Piedmont）乃至全世界最为声誉卓著、品质优秀的顶级酒庄。今天，米歇基阿罗酒庄（Michele Chiarlo）的葡萄园分别位于蒙费拉托（Monferrato）、朗格（Langhe）和嘉维（Gavi）产区，令酒庄得以出产皮埃蒙特最重要的产区酒。米歇基阿罗酒庄以不同产区的酿造葡萄打造品种广泛的系列美酒的卓越能力而声名大噪，它的出品总是展现出极高的酿造水准和持久稳定的高品质。在今年的品鉴中，2013年份的超级尼扎勒库特阿斯蒂巴贝拉（Barbera d' Asti Superiore Nizza La Court）表现精彩，它饱满多汁，夺下了我们的"三杯奖"大奖，洋溢着甜美的果香，作为支撑的酸度精美怡人，收口回味绵长，口感果味四溢。除此之外，2012年份的瑟约古园巴罗洛葡萄酒（Barolo Cerequio）也绝对是一款值得推荐的佳酿，它品质卓越，吐露着奎宁的醇香，融入烟草的缕缕缥缈芬芳，底蕴中透露出丝丝甘草的气息，随之而来的口感深邃而甜美，果味四溢；同样表现精彩的还有2012年份的卡努比园巴罗洛（Barolo Cannubi），它散发着覆盆子的阵阵果香，一抹芳香植物的芬芳萦绕其间，随之而来的是层层递进的优雅口感，单宁质地细密；2011年份的维纳瓦嘉超级尼扎阿斯蒂巴贝拉（Barbera d' Asti Superiore Nizza Vignaveja）则表现出与众不同的独特个性，口感深邃，美味持久在味蕾上跃动不散。

| | | |
|---|---|---|
| ● Barbera d'Asti Sup. Nizza La Court '13 | ΨΨΨ | 5 |
| ● Barbera d'Asti Sup. Nizza VignaVeja '11 | ΨΨ | 5 |
| ● Barolo Cannubi '12 | ΨΨ | 7 |
| ● Barolo Cerequio '12 | ΨΨ | 7 |
| ● Barbaresco Reyna '13 | ΨΨ | 5 |
| ● Barbera d'Asti Sup. Nizza Cipressi '14 | ΨΨ | 3 |
| ● Barolo Tortoniano '12 | ΨΨ | 5 |
| ○ Gavi del Comune di Gavi Rovereto '15 | Ψ | 3 |
| ○ Moscato d'Asti Nivole '15 | Ψ | 2 |
| ● Piemonte Albarossa MonTald '13 | Ψ | 3 |
| ● Barbera d'Asti Sup. Nizza La Court '12 | ΨΨΨ | 5 |
| ● Barolo Cerequio '10 | ΨΨΨ | 7 |
| ● Barolo Cerequio '09 | ΨΨΨ | 7 |

## Chionetti

B.TA VALDIBERTI, 44
12063 DOGLIANI [CN]
TEL. +39 017371179
www.chionettiquinto.com

藏酒销售
预约参观
年产量 83 000 瓶
葡萄种植面积 15 公顷
葡萄栽培方式 有机认证

伟大的昆图·基奥内蒂（Quinto Chionetti）拥有的这座酒庄，不仅在多利亚尼（Dogliani），而且在整个朗格产区（Langhe），都被普遍公认为引领潮流的顶级酒庄之一，继续信心满满地扩充着以多姿桃（Dolcetto）为主的酒品系列——包括著名的布里科莱洛多姿桃（Briccolero）和圣路易多姿桃（San Luigi）。然而，在昆图的孙子尼古拉·基奥内蒂（Nicola Chionetti）的主持下，昆图基奥内蒂酒庄逐渐发生了一些新的变化，这一切从科斯塔葡萄园（La Costa）开始，这里的酿造葡萄缔造的多利亚尼多姿桃（Dolcetto di Dogliani）是一款限量的精选葡萄酒，要在大型木桶中陈年一年之久。接下来发生变化的是巴罗洛葡萄酒（Barolo），这还得益于酒庄近来在阿尔巴蒙福特（Monforte d' Alba）声名卓著的皮安珀沃莱（Pianpolvere）购买了一座顶级葡萄园。在今年的品鉴中，昆图基奥内蒂酒庄的拳头产品布里科莱洛多利亚尼（Dogliani Briccolero）表现出色，它吐露着浓郁的酒香，单宁质地精良，散发着柏树的独特香气，融入深色莓果的阵阵果香，注定会在瓶中经过时间的洗礼而呈现出巅峰品质。相比较而言，同一年份的圣路易（San Luigi）已经表现出更加平衡和优雅的质感，酸度精美，使其展现出极佳的即时可饮性。与此同时，2014年份的基乌萨园朗格内比奥罗（Langhe Nebbiolo La Chiusa）散发着覆盆子的阵阵果香，融入薄荷油的清凉风情，继而到来的是紧致而有力的口感，美味持久在唇舌间跃动不散。

| | | |
|---|---|---|
| ● Dogliani Briccolero '15 | ΨΨ | 3* |
| ● Dogliani San Luigi '15 | ΨΨ | 3* |
| ● Langhe Nebbiolo La Chiusa '14 | ΨΨ | 4 |
| ● Dolcetto di Dogliani Briccolero '07 | ΨΨΨ | 3* |
| ● Dolcetto di Dogliani Briccolero '04 | ΨΨΨ | 3* |
| ● Dogliani Briccolero '14 | ΨΨ | 3 |
| ● Dogliani Briccolero '13 | ΨΨ | 3 |
| ● Dogliani Briccolero '12 | ΨΨ | 3* |
| ● Dogliani Briccolero '11 | ΨΨ | 3* |
| ● Dogliani La Costa '13 | ΨΨ | 4 |
| ● Dogliani S. Luigi '12 | ΨΨ | 3 |
| ● Dogliani S. Luigi '11 | ΨΨ | 3* |
| ● Dogliani San Luigi '13 | ΨΨ | 3 |
| ● Dolcetto di Dogliani Briccolero '09 | ΨΨ | 3* |
| ● Langhe Nebbiolo '13 | ΨΨ | 3 |
| ● Langhe Nebbiolo La Chiusa '13 | ΨΨ | 4 |

## Cieck

Cascina Castagnola, 2
10090 San Giorgio Canavese [TO]
Tel. +39 0124330522
www.cieck.it

藏酒销售
预约参观
年产量 80 000 瓶
葡萄种植面积 13 公顷

希埃克酒庄（Cieck）命名自阿列圣格雷托（San Grato di Aglié）小村庄的农场，是卡纳维斯地区（Canavese）最具传奇色彩的酒庄，经历了风风雨雨，已经走过了三十个采收酿造季。今天，雷默·法孔尼埃利（Remo Falconieri）和多梅尼科·卡雷托（Domenico Caretto）引领着希埃克酒庄大步向前，酒庄以出产能想象得到的各种款式的厄柏露丝（Erbaluce）葡萄酒而声名大噪，从卡利厄佩园厄柏露丝起泡酒（Sparkling Calliope）和圣乔治奥园厄柏露丝（San Giorgio）到阿莱迪厄姆帕西多甜酒（Alladium Passito），还有举世闻名的各种非起泡干型葡萄酒。基本款的卡卢索厄柏露丝（Erbaluce di Caluso）和蜜思博罗（Misobolo）在不锈钢桶中陈年，而T精选系列则在橡木桶中陈年，在发布前还要在瓶中继续陈年窖藏六个月的时间。除了厄柏露丝葡萄酒之外，更有内比奥罗（Nebbiolo）、弗雷伊萨（Freisa）和巴贝拉（Barbera）等葡萄品种进一步丰富完善了希埃克酒庄的酒品系列。希埃克酒庄在生产起泡酒方面优势很大，颇具天赋，产品得到了全世界起泡酒酒迷的追捧。在今年的品鉴中，2013年份的卡利厄佩园干型葡萄酒（Calliope Brut）表现抢眼，它散发着经典的酵母芬芳，融入面包的香气，口感紧致，结构坚实，精心调配的酸度令整款酒的口感活跃异常。在今年提交的非起泡静止白葡萄酒中，蜜思博罗（Misobolo）的品质表现一如既往地优秀。内比奥罗（Nebbiolo）也非常出众，2014年份酒吐露着覆盆子和龙胆根的优雅香气，美味跃动，持久在唇舌间流连。

| | | |
|---|---|---|
| ○ Erbaluce di Caluso Brut Calliope M. Cl. '13 | 🍷🍷 | 4 |
| ● Canavese Nebbiolo '14 | 🍷🍷 | 3 |
| ⊙ Cieck Rosé Brut M.Cl. | 🍷🍷 | 3 |
| ○ Erbaluce di Caluso Brut San Giorgio '13 | 🍷🍷 | 4 |
| ○ Erbaluce di Caluso Misobolo '15 | 🍷🍷 | 3 |
| ○ Erbaluce di Caluso '15 | 🍷 | 2 |
| ○ Erbaluce di Caluso Passito Alladium '06 | 🍸🍸🍸 | 5 |
| ○ Erbaluce di Caluso Calliope Brut '10 | 🍸🍸 | 4 |
| ○ Erbaluce di Caluso Misobolo '14 | 🍸🍸 | 2* |
| ○ Erbaluce di Caluso Misobolo '13 | 🍸🍸 | 2* |
| ○ Erbaluce di Caluso Passito Alladium '08 | 🍸🍸 | 5 |
| ○ Erbaluce di Caluso T '13 | 🍸🍸 | 3* |
| ○ Erbaluce di Caluso T '12 | 🍸🍸 | 3 |

## ★F.lli Cigliuti

via Serraboella, 17
12052 Neive [CN]
Tel. +39 0173677185
www.cigliuti.it

藏酒销售
预约参观
年产量 30 000 瓶
葡萄种植面积 7.5 公顷

西格尤提家族（Cigliuti）半个多世纪之前创建的家族酒庄在经历了几年的迷茫调整之后，似乎再次重新回到了千禧年前后的巅峰期。今天，雷纳托·西格尤提（Renato Cigliuti）接过了创始人利昂·西格尤提（Leone Cigliuti）和阿莫尔多·西格尤提（Romualdo Cigliuti）兄弟两人的重任，在妻子黛娜（Dina）、女儿克劳迪娅（Claudia）和西尔维娅（Silvia）的帮助下，雷纳托继续引领着酒庄向前不断发展。西格尤提酒庄葡萄园地处纳维（Neive），占地面积约为7公顷，栽培的酿造葡萄为酒庄出产的数量不多但品质极高的传统朗格地方酒（Langhe）提供原料。虽然这些美酒在年轻的时候常常难以入口，但是极具发展完善的潜力，以自由奔放，甚至是飘忽不定的气质而闻名：顶级巴巴莱斯科（Barbaresco）、多姿桃（Dolcetto）和巴贝拉（Barbera）葡萄酒的酿造葡萄来自塞拉博艾拉葡萄园（Serraboella）；维亚埃特巴巴莱斯科（Barbaresco Via Erte）和朗格内比奥罗（Langhe Nebbiolo）的酿造葡萄则来自纳维峰顶级葡萄园（Bricco di Neive cru）。在今年的品鉴中，2012年份的塞拉博艾拉巴巴莱斯科（Barbaresco Serraboella）表现十分抢眼，它吐露着卓越的幽香，香氛十分优雅独特，融入烟草的甜美和大黄的醇香，与清爽的覆盆子果香融合一体，随之而来的是质朴的口感，令人满意的回味绵长而悠然。同一年份的维亚埃特巴巴莱斯科（Barbaresco Via Erte）也展现出同样卓越的品质，相比较而言香气更加成熟，口感不同寻常地有力，酒质和谐甜美。

| | | |
|---|---|---|
| ● Barbaresco Serraboella '12 | 🍷🍷 | 8 |
| ● Barbaresco Vie Erte '12 | 🍷🍷 | 6 |
| ● Barbera d'Alba Campass '13 | 🍷🍷 | 5 |
| ● Barbaresco Serraboella '10 | 🍸🍸🍸 | 7 |
| ● Barbaresco Serraboella '09 | 🍸🍸🍸 | 7 |
| ● Barbaresco Serraboella '01 | 🍸🍸🍸 | 6 |
| ● Barbaresco Serraboella '00 | 🍸🍸🍸 | 6 |
| ● Barbaresco V. Erte '04 | 🍸🍸🍸 | 6 |
| ● Barbaresco Vie Erte '11 | 🍸🍸 | 5 |
| ● Barbaresco Vie Erte '10 | 🍸🍸 | 5 |
| ● Barbaresco Vie Erte '09 | 🍸🍸 | 5 |
| ● Barbera d'Alba Campass '12 | 🍸🍸 | 4 |
| ● Barbera d'Alba Campass '10 | 🍸🍸 | 4 |

## ★Tenute Cisa Asinari dei Marchesi di Grésy

S.DA DELLA STAZIONE, 21
12050 BARBARESCO [CN]
TEL. +39 0173635222
www.marchesidigresy.com

藏酒销售
预约参观
年产量 200 000 瓶
葡萄种植面积 35 公顷
可持续发展酒庄

格雷西的阿尔伯托侯爵（Marchese Alberto de Grésy）创建了西萨阿斯纳里酒庄（Tenute Cisa Asinari），酒庄的总部位于巴巴莱斯科产区（Barbaresco）壮阔的马尔丁恩嘉（Martinenga）山坡上，酿造美酒已经超过了四十个年头，如今酒庄葡萄园占地达到12公顷的单一地块出产酒庄最重要且最著名的内比奥罗红葡萄酒（Nebbiolo）：康普克鲁斯（Camp Gros）和凯乌（Gaiun）。虽然它们主要在小型橡木桶中浸渍和陈年的时间相对较短，但是这些佳酿展现出的细腻口感和绵长的窖藏潜力，令它们从其他同具现代风格的庸脂俗粉中脱颖而出。西萨阿斯纳里酒庄在卡西内（Cassine）的翠碧园（La Serra）和蒙特科隆博（Monte Colomboestates）也拥有庄园；在蒙费拉托（Monferrato）的葡萄园专注于栽培莫斯卡托（Moscato）、巴贝拉（Barbera）和梅洛（Merlot）；霞多丽（Chardonnay）和苏维翁（Sauvignon）则生长在特雷伊索（Treiso）的蒙特艾瑞博尔多葡萄园（Monte Aribaldo）。在今年的品鉴中，2012年份的加君马尔丁恩嘉巴巴莱斯科（Barbaresco Martinenga Gajun）表现突出，它吐露着精致超凡的酒香，散发着可可粉的纯浓香气，融入金黄色烟草叶的醇香，底蕴中透露出缕缕干玫瑰花的花香，提升了整体香氛的层次，随之而来的口感非常平衡，单宁优雅而丰盈，充盈满口，美味异常。相比较之下，2011年份的康普克鲁斯陈酿（Riserva Camp Gros）则更加浓稠，口感更加质朴有力，注定要在瓶中继续陈年一段时间，以攀上品质的巅峰。除此之外，2013年份的马蒂斯庄（Villa Martis）是一款以内比奥罗和巴贝拉混酿而成的美酒，展现出极致的优雅，令人向往。

| | |
|---|---|
| ● Barbaresco Camp Gros Martinenga Ris. '11 | 🍷🍷 8 |
| ● Barbaresco Martinenga Gaiun '12 | 🍷🍷 8 |
| ● Langhe Rosso Villa Martis '13 | 🍷🍷 3* |
| ● Barbaresco Martinenga '13 | 🍷🍷 7 |
| ● Dolcetto d'Alba Monte Aribaldo '15 | 🍷🍷 3 |
| ○ Langhe Bianco Villa Giulia '15 | 🍷🍷 3 |
| ○ Langhe Chardonnay '15 | 🍷🍷 3 |
| ● Langhe Nebbiolo Martinenga '15 | 🍷🍷 4 |
| ○ Langhe Sauvignon '15 | 🍷🍷 3 |
| ○ Moscato d'Asti '15 | 🍷🍷 3 |
| ● Barbaresco Camp Gros '06 | 🍷🍷🍷 8 |
| ● Barbaresco Camp Gros Martinenga '09 | 🍷🍷🍷 8 |
| ● Barbaresco Camp Gros Martinenga '08 | 🍷🍷🍷 8 |

## ★★Domenico Clerico

LOC. MANZONI, 67
12065 MONFORTE D'ALBA [CN]
TEL. +39 017378171
www.domenicoclerico.com

预约参观
年产量 110 000 瓶
葡萄种植面积 21 公顷

多梅尼科·克莱里克（Domenico Clerico）的双手，比任何技术描述都更能说明他这数十年来在酒庄的勤劳工作。没有任何葡萄酒爱好者和评论家敢质疑他作为酿酒师的价值，因为他拥有一种与生俱来的能力，能将如沐春风的和蔼和澎湃勃发的激情转换成对于葡萄酒事业的无尽推动力。这位伟大的酿酒师的幽默感极具亲和力，再加上他罕见地好客，令人想要无限亲近。更不用提他处理顶级葡萄园酿造原料的卓越能力：这些葡萄园包括蒙特福德（Monforte）的吉内斯特拉葡萄园（Ginestra cru）和莫斯克尼葡萄园（Mosconi），出产吉内斯特拉园恰博门汀系列（Ciabot MentinGinestra）、帕加拿系列（Pajana）和珀克里斯蒂娜名园精选系列巴罗洛（Percristina Barolo Vineyard Selections）；以及塞拉伦加葡萄园（Serralunga）出产布里科托系列（Briccotto）和埃罗普兰赛维嘉系列（Aeroplanservaj）。长期以来，多梅尼科·克莱里克出品的美酒都被阐释为极具现代风格，在小型橡木桶中完成陈年，但是近些年来出品美酒的风格似乎逐渐发生了改变。在今年的品鉴中，2011年份的巴罗洛葡萄酒（Barolos）——帕加拿系列（Pajana）和恰博门汀系列（Ciabot Mentin）——得到了最高分。帕加拿巴罗洛酒尤为年轻，果味饱满，口感极具潜在的冲击力；而相比而言，恰博门汀巴罗洛独具成熟红色莓果的果香，更加开放芬芳，由于酸度活跃而获得了极佳的口感。除此之外，珍贵的珀克里斯蒂娜（Percristina）经过十年的陈年窖藏终于面世，依然没有失去现代的个性，散发着香料的辛香和橡木的芬芳。

| | |
|---|---|
| ● Barolo Ciabot Mentin '11 | 🍷🍷 8 |
| ● Barolo Pajana '11 | 🍷🍷 8 |
| ● Barolo Percristina '06 | 🍷🍷 8 |
| ● Barolo '12 | 🍷🍷 6 |
| ● Barolo Aeroplanservaj '11 | 🍷🍷 7 |
| ● Barolo Ciabot Mentin '08 | 🍷🍷🍷 8 |
| ● Barolo Ciabot Mentin Ginestra '05 | 🍷🍷🍷 8 |
| ● Barolo Ciabot Mentin Ginestra '04 | 🍷🍷🍷 8 |
| ● Barolo Ciabot Mentin Ginestra '01 | 🍷🍷🍷 7 |
| ● Barolo Percristina '01 | 🍷🍷🍷 8 |
| ● Barolo '11 | 🍷🍷 6 |
| ● Barolo Pajana '10 | 🍷🍷 8 |
| ● Barolo Percristina '07 | 🍷🍷 8 |

## ★Elvio Cogno

VIA RAVERA, 2
12060 NOVELLO [CN]
TEL. +39 0173744006
www.elviocogno.com

藏酒销售
预约参观
膳宿接待
年产量 90 000 瓶
葡萄种植面积 15 公顷
葡萄栽培方式 有机认证
可持续发展酒庄

维尔达·菲索雷（Valter Fissore）和妻子娜迪亚·康诺（Nadia Cogno）——这座美丽的诺韦洛（Novello）酒庄的同名创始人艾尔维欧·康诺（Elvio Cogno）的女儿——在条件良好的年份里会推出四款巴罗洛葡萄酒（Barolos）：伊莱娜葡萄园系列（Vigna Elena）、拉维拉葡萄园系列（Ravera）、佩尼斯峰葡萄园系列（Bricco Pernice）和卡西纳诺瓦葡萄园系列（Cascina Nuova）。它们各自以迥然不同的方式阐释内比奥罗（Nebbiolo）葡萄的风味，根据各座葡萄园不同的土壤和气候条件，在酒窖中采取不同的发酵和陈年步骤。不过，毋庸置疑的是它们拥有同样的风格，都是口感充盈饱满、单宁质地细密的美酒；而这样的风格无疑也存在于博迪尼园巴巴莱斯科（Barbaresco Bordini）和以巴贝拉（Barbera）、多姿桃（Dolcetto）以及纳斯塔（Nascetta）酿造的其他美酒中。在今年的品鉴中，这样的传承一致在2014年份的前根瘤蚜虫阿尔巴巴贝拉（Barbera d' Alba Pre-Phylloxera）身上得到了最佳阐释。相比而言，2010年份的伊莱娜园巴罗洛陈酿（Barolo Vigna Elena Riserva）更加浓郁，精致细腻，散发着药草的醇香，单宁质地柔美。2011年份的佩尼斯峰园（Bricco Pernice）更是表现突出，一举斩获我们的"三杯奖"大奖，口感虽然质朴，但是酒质非凡，回味绵长悠然。2012年份的拉维拉园（Ravera）也展现出极高的品质，更加美味。

| | | |
|---|---|---|
| ● Barolo Bricco Pernice '11 | 🍷🍷🍷 | 8 |
| ● Barolo Ravera '12 | 🍷🍷 | 8 |
| ● Barolo V. Elena Ris. '10 | 🍷🍷 | 8 |
| ● Barbera d'Alba Pre-Philloxera '14 | 🍷🍷 | 6 |
| ● Barolo Cascina Nuova '12 | 🍷🍷 | 6 |
| ○ Langhe Nascetta del Comune di Novello Anas-Cëtta '15 | 🍷🍷 | 4 |
| ● Langhe Nebbiolo Montegrilli '15 | 🍷🍷 | 4 |
| ● Barbaresco Bordini '13 | 🍷 | 5 |
| ● Barbera d'Alba Bricco dei Merli '14 | 🍷 | 4 |
| ● Dolcetto d'Alba Mandorlo '15 | 🍷 | 3 |
| ● Barolo Bricco Pernice '09 | 🍸🍸🍸 | 8 |
| ● Barolo Bricco Pernice '08 | 🍸🍸🍸 | 8 |
| ● Barolo Ravera '11 | 🍸🍸🍸 | 7 |
| ● Barolo Ravera '07 | 🍸🍸🍸 | 7 |
| ● Barolo V. Elena Ris. '06 | 🍸🍸🍸 | 8 |

## Poderi Colla

FRAZ. SAN ROCCO SENO D'ELVIO, 82
12051 ALBA [CN]
TEL. +39 0173290148
www.podericolla.it

藏酒销售
预约参观
年产量 150 000 瓶
葡萄种植面积 26 公顷

并非人人都知道科拉家族（Colla）酿酒的历史已经超过300年。在酿造了伟大的巴罗洛葡萄酒（Barolos）和巴巴莱斯科酒（Barbarescos）而闻名全球之前，他们还曾经致力于推广被大众遗忘和忽略的葡萄品种，例如罗萨泰罗（Rosatello）、黑维诺（Vino Negro）、莫斯卡特罗（Moscatello）、味美思（Vermouth）和阿斯蒂白葡萄起泡酒（Asti Spumantes）等。后来毕普·科拉（Beppe Colla）和蒂诺·科拉（Tino Colla）兄弟二人便迎来了属于自己的光辉岁月。二战后，他们是朗格产区（Langhe）首批将不同葡萄园的酿造葡萄分开发酵的酒庄之一。今天，在儿女费德丽卡（Federica）和彼得罗（Pietro）的协助下，两人精心照料着面积达到25公顷的酒庄葡萄园，包括酒窖旁的德拉格酒庄葡萄园（Cascina Drago）、巴巴莱斯科（Barbaresco）的侬卡丽葡萄园（Roncaglie）以及阿尔巴蒙特福德（Monforte d' Alba）巴西亚（Bussia）的达尔蒂玫瑰葡萄园（Dardi Le Rose），葡萄园种植的酿造葡萄用来打造风格非常经典的美酒。在今年的品鉴中，2013年份的侬卡丽园巴巴莱斯科（Barbaresco Roncaglie）表现出色，它吐露着桃金娘诱人的芬芳，融入杜松的醇香，一抹白胡椒的辛香萦绕其间，精美的酸度和优质的单宁达成完美平衡，相得益彰。除此之外，2012年份的巴西亚达尔蒂玫瑰园巴罗洛（Barolo Bussia Dardi Le Rose）相比较而言出乎意料的平和，已经适合饮用，吐露着繁花的芳香，融入柑橘的甜美果香，展现出如同丝绸般柔滑的酒质，口感层层递进，鲜美无比。

| | | |
|---|---|---|
| ● Barbaresco Roncaglie '13 | 🍷🍷 | 6 |
| ● Barolo Bussia Dardi Le Rose '12 | 🍷🍷 | 6 |
| ● Barolo Bussia Dardi Le Rose '09 | 🍸🍸🍸 | 6 |
| ● Barolo Bussia Dardi Le Rose '99 | 🍸🍸🍸 | 6 |
| ● Barbaresco Roncaglie '12 | 🍸🍸 | 6 |
| ● Barbaresco Roncaglie '11 | 🍸🍸 | 6 |
| ● Barbera d'Alba Costa Bruna '13 | 🍸🍸 | 3 |
| ● Barbera d'Alba Costa Bruna '12 | 🍸🍸 | 3 |
| ● Barolo Bussia Dardi Le Rose '11 | 🍸🍸 | 6 |
| ● Langhe Bricco del Drago '10 | 🍸🍸 | 4 |
| ● Langhe Pinot Nero Campo Romano '12 | 🍸🍸 | 4 |
| ○ Langhe Riesling '13 | 🍸🍸 | 3 |
| ● Nebbiolo d'Alba '13 | 🍸🍸 | 3 |
| ● Nebbiolo d'Alba '12 | 🍸🍸 | 3 |

## Colle Manora

s.da Bozzola, 5
15044 Quargnento [AL]
Tel. +39 0131219252
www.collemanora.it

藏酒销售
预约参观
膳宿接待
年产量 90 000 瓶
葡萄种植面积 20 公顷

自2013年以来，乔吉奥·舍恩（Giorgio Schön）将马诺拉丘陵酒庄（Colle Manora）放心地交给酿酒师瓦尔特·皮奇尼诺（Valter Piccinino）打理，酿酒顾问皮埃罗·巴拉瑞奥（Piero Ballario）从旁协助。在今年的品鉴中，我们终于可以开始品尝这对新近搭档合作酿造的系列美酒，酒品起自2014年份酒，不过从气候条件上而言，2014年可不是一个幸运的开始。在马诺拉丘陵酒庄出品的八款酒中，既有来自皮埃蒙特（Piedmont）传统葡萄品种的美酒，也包含国际葡萄品种酿造的佳酿：例如以霞多丽（Chardonnay）、长相思（Sauvignon Blanc）和维欧尼（Viognier）酿造而成的白葡萄酒；以黑比诺（Pinot Nero）、赤霞珠（Cabernet Sauvignon）、梅洛（Merlot）、巴贝拉（Barbera）和阿尔巴洛萨（Albarossa）等酿造而成的红葡萄酒。在今年的品鉴中，虽然2014年份的客观条件并不理想，但是该酒庄的2014年份米拉（Mila）依然表现精彩，它的香氛复杂，吐露着香料甜美的香气，融入杏子和蜜桃的阵阵果香，随之而来的是浓郁集中、非常和谐的口感。与此同时，2014年份马诺拉巴贝拉（Barbera Manora）的香气和口感呈现出完美的和谐。除此之外，以阿尔巴洛萨酿造而成的雷（Ray）和以长相思打造的含羞草（Mimosa）都表现出卓越的品质，而且非常容易入口，美味持久在唇齿之间流连不散。

| | |
|---|---|
| ● Barbera d'Asti Sup. Manora '14 | 🍷🍷 3 |
| ○ M.to Bianco Mila '14 | 🍷🍷 4 |
| ○ M.to Bianco Mimosa '15 | 🍷🍷 2* |
| ● Piemonte Albarossa Ray '14 | 🍷🍷 3 |
| ● Barbera del M.to Pais '15 | 🍷 2 |
| ● M.to Rosso Barchetta '13 | 🍷 4 |
| ● Piemonte Pinot Nero Paloalto '13 | 🍷 4 |
| ● Barbera d'Asti Sup. Manora '13 | 🍷🍷 3 |
| ● Barbera d'Asti Sup. Manora '07 | 🍷🍷 3 |
| ● Barbera del M.to Manora '04 | 🍷🍷 3 |
| ● Barbera del M.to Manora '00 | 🍷🍷 3 |
| ○ M.to Bianco Mila '13 | 🍷🍷 4 |
| ○ M.to Bianco Mimosa '14 | 🍷🍷 2* |
| ● M.to Rosso Palo Alto '05 | 🍷🍷 5 |
| ● M.to Rosso Ray '07 | 🍷🍷 3 |
| ● Piemonte Albarossa Ray '13 | 🍷🍷 3 |

## La Colombera

s.da comunale per Vho, 7
15057 Tortona [AL]
Tel. +39 0131867795
www.lacolomberavini.it

藏酒销售
预约参观
年产量 70 000 瓶
葡萄种植面积 24 公顷
可持续发展酒庄

今天，赛米诺家族（Semino）已经是道勒多纳丘陵（Colli Tortonesi）DOC产区指引酿造葡萄种植和栽培新方向的支柱性生产商之一。克伦贝拉酒庄（La Colombera）出品展现出极高的品质，它分别采用本地最重要的葡萄品种帝莫拉索（Timorasso）和巴贝拉（Barbera）酿造的两款美酒，都曾斩获我们的“三杯奖”殊誉。这样的佳酿盛宴在托尔托纳地区（Tortona）只有一次先例，因而无疑动摇了那些总是认为这片土地无法产出伟大红葡萄酒者的顽固想法。在今年的品鉴中，克伦贝拉酒庄提供的酒单包罗万象，非常丰富，其中尤以两款2014年份的帝莫拉索美酒最为卓越：蒙提诺（Il Montino）和德通纳（Derthona）。尽管2014年的气候条件并不理想，困难重重，克伦贝拉酒庄还是设法在该年份酒中保住了酒庄引以为傲的复杂口感和独特个性。相比较而言，其中的2014年份德通纳帝莫拉索更加容易入口，已经适合即刻饮用，呈现出相当复杂的矿物质口感。伊莉莎巴贝拉（Elisa Barbera）也是一款香氛复杂浓郁的佳酿，口感和谐平衡，收口时的单宁较干。除此之外，2015年份的罗姆巴科罗蒂纳（Croatina La Romba）的表现也十分出色，令人惊艳。

| | |
|---|---|
| ○ Colli Tortonesi Timorasso Derthona '14 | 🍷🍷 3* |
| ○ Colli Tortonesi Timorasso Il Montino '14 | 🍷🍷 5 |
| ● Colli Tortonesi Barbera Elisa '13 | 🍷🍷 4 |
| ● Colli Tortonesi Croatina La Romba '15 | 🍷🍷 3 |
| ● Colli Tortonesi Rosso Vegia Rampana '15 | 🍷🍷 2* |
| ○ Colli Tortonesi Cortese Bricco Bartolomeo '15 | 🍷 2 |
| ● Colli Tortonesi Croatina Arché '13 | 🍷 4 |
| ● Colli Tortonesi Rosso Suciaja '14 | 🍷 4 |
| ● Colli Tortonesi Barbera Elisa '11 | 🍷🍷🍷 3* |
| ○ Colli Tortonesi Timorasso Il Montino '13 | 🍷🍷🍷 5 |
| ○ Colli Tortonesi Timorasso Il Montino '09 | 🍷🍷🍷 5 |
| ○ Colli Tortonesi Timorasso Il Montino '06 | 🍷🍷🍷 4 |
| ○ Colli Tortonesi Cortese Bricco Bartolomeo '14 | 🍷🍷 2* |
| ○ Colli Tortonesi Timorasso Derthona '13 | 🍷🍷 3* |

## Diego Conterno

VIA MONTÀ, 27
12065 MONFORTE D'ALBA [CN]
TEL. +39 0173789265
www.diegoconterno.it

藏酒销售
预约参观
年产量 40 000 瓶
葡萄种植面积 7.5 公顷

在与表兄克劳迪奥·康特诺（Claudio Conterno）和奎多·范迪诺（Guido Fantino）一起辛苦劳作了近二十年后，迭戈·康特诺（Diego Conterno）于2000年决定自立门户，很快就证明了自己阐释葡萄内涵的强大实力。在儿子斯蒂凡诺（Stefano）的协助下，迭戈已经成为朗格地区（Langhe）最具意趣的"新锐"酿酒师之一，照料着面积达到七公顷的葡萄园，种植了巴贝拉（Barbera）、多姿桃（Dolcetto）、纳斯塔（Nascetta），当然还有必不可少的内比奥罗（Nebbiolo）。迭戈康特诺酒庄出产的质朴且陈年潜力持久的巴罗洛酒（Barolos），采用勒克斯特（Le Coste）和吉内斯特拉蒙特福德顶级葡萄园（Ginestra Monforte Crus）的优质酿造葡萄，应用繁复且大范围的系列发酵和陈年技术，在缓慢的窖藏过程中塑造独特的风味，而且以采用水泥池、不锈钢桶、酒桶和大型木桶等各种方式进行发酵而独具特色。在今年的品鉴中，2012年份的吉内斯特拉巴罗洛（Barolo Ginestra）展现出卓越的现代风格，果味饱满，散发着微妙的第三类香气，融入可可粉的醇香，更有一抹茴香的芬芳和薄荷的清凉若有似无地飘散，口感紧致而有力，结构紧实，完美支持整款酒的品感，没有任何过多的烘焙气息或者橡木香气溢出。我们还非常喜爱2015年份的纳斯塔白葡萄酒（Nascetta），这种以本地葡萄品种酿造的美酒单独在不锈钢容器中陈年，如今越来越受到市场的欢迎。

| | |
|---|---|
| ● Barolo Ginestra '12 | 🍷🍷 7 |
| ○ Langhe Nascetta '15 | 🍷🍷 3 |
| ● Barbera d'Alba Ferrione '14 | 🍷 3 |
| ● Barolo Le Coste '09 | 🍷🍷🍷 6 |
| ● Barbera d'Alba Ferrione '12 | 🍷🍷 3 |
| ● Barolo '10 | 🍷🍷 6 |
| ● Barolo '09 | 🍷🍷 6 |
| ● Barolo '07 | 🍷🍷 6 |
| ● Barolo Ginestra '11 | 🍷🍷 6 |
| ● Barolo Ginestra '10 | 🍷🍷 6 |
| ● Barolo Le Coste '08 | 🍷🍷 6 |
| ● Barolo Le Coste '07 | 🍷🍷 6 |
| ● Barolo Le Coste di Monforte '10 | 🍷🍷 6 |
| ● Nebbiolo d'Alba Baluma '12 | 🍷🍷 3 |
| ● Nebbiolo d'Alba Baluma '10 | 🍷🍷 3 |

## ★★Giacomo Conterno

LOC. ORNATI, 2
12065 MONFORTE D'ALBA [CN]
TEL. +39 017378221
www.conterno.it

预约参观
年产量 60 000 瓶
葡萄种植面积 23 公顷

虽然看起来有些不可思议，但是由贾科莫·孔特诺（Giacomo Conterno）于20世纪初创建的古老酒庄，直至近些年来才加入到国际葡萄酒世界的"超级明星"行列，它酿造的高品质酒品才终于与其价格匹配。这些成绩主要归功于罗伯托·孔特诺（Roberto Conterno）这位家族最新一代酒庄掌门人，他的坚定意志、敏锐的捕捉力、对于细节孜孜不倦的追求、深厚的历史渊源以及高瞻远瞩、放眼未来的开阔眼界为酒庄发展指引了方向，而这一切都在酒庄最近获得的塞拉伦加（Serralunga）的阿隆尼葡萄园（Arione）以及赛莱塔葡萄园（Cerretta Crus）的过程中表现得淋漓尽致。新近买下的两座葡萄园加入了法兰西亚葡萄园（Francia）的行列，为酒庄生产巴罗洛（Barolo）和巴贝拉（Barbera）供应酿造原料，还在气候条件好的年份推出传奇的蒙弗迪诺巴罗洛陈酿（Monfortino Riserva）。在今年的品鉴中，如此名庄的旗舰产品却不见踪影，未免令人大失所望，不过无论如何我们也都折服于罗伯托·孔特诺的高超技艺，因为他凭借2012年份的法兰西亚园巴罗洛（Barolo Francia）的卓越表现，竟然让我们忘记了今年错失蒙弗迪诺巴罗洛陈酿的遗憾！这款美酒展现出自然的巨大力量，与赛莱塔园巴罗洛（Ceretta）相比，它的口感更加和谐有力；而赛莱塔园巴罗洛则吐露着覆盆子的阵阵果香，融入烟草的醇香，令整体香氛更加复杂，酒精度把握精到，口感上佳。

| | |
|---|---|
| ● Barolo Francia '12 | 🍷🍷🍷 8 |
| ● Barolo Cerretta '13 | 🍷🍷 8 |
| ● Barbera d'Alba V. Cerretta '14 | 🍷🍷 5 |
| ● Barbera d'Alba V. Francia '14 | 🍷🍷 5 |
| ● Barolo Cascina Francia '06 | 🍷🍷🍷 8 |
| ● Barolo Cascina Francia '05 | 🍷🍷🍷 8 |
| ● Barolo Francia '10 | 🍷🍷🍷 8 |
| ● Barolo Monfortino Ris. '08 | 🍷🍷🍷 8 |
| ● Barolo Monfortino Ris. '06 | 🍷🍷🍷 8 |
| ● Barolo Monfortino Ris. '05 | 🍷🍷🍷 8 |
| ● Barolo Monfortino Ris. '04 | 🍷🍷🍷 8 |
| ● Barolo Monfortino Ris. '02 | 🍷🍷🍷 8 |
| ● Barolo Monfortino Ris. '01 | 🍷🍷🍷 8 |

## Paolo Conterno

LOC. GINESTRA, 34
12065 MONFORTE D'ALBA [CN]
TEL. +39 017378415
www.paoloconterno.com

藏酒销售
预约参观
膳宿接待
年产量 72 000 瓶
葡萄种植面积 37 公顷
可持续发展酒庄

保罗·孔特诺（Paolo Conterno）于130年前创建了这座美丽的酒庄，置身阿尔巴蒙福特（Monforte d' Alba）的吉内斯特拉顶级葡萄园（Ginestra cru）怀抱之中，如今，家族酒庄的管理权传承到了乔吉奥（Giorgio）和玛丽莎（Marisa）手中。保罗孔特诺酒庄精美的葡萄园占地面积达到13公顷，位于海拔300米至350米之间四十度的陡坡上，几乎全部种植内比奥罗（Nebbiolo）、多姿桃（Dolcetto）和巴贝拉（Barbera）。保罗孔特诺酒庄的旗舰美酒毫无疑问当属吉内斯特拉巴罗洛（Barolo Ginestra）的年份酒以及陈酿酒（Riserva），以及瑞瓦干红葡萄酒（Riva del Bric）——在3500升的法国橡木桶中陈年而收获了坚实而多汁的特色，因此长久以来被公认为最出色的产区酒之一。在今年的品鉴中，保罗孔特诺酒庄2012年份的吉内斯特拉巴罗洛表现十分卓越，刚一开启就立刻闻到了美妙而精致的酒香，它吐露着草莓和橙子般的缕缕果香，融入香草的甜美芬芳，更有一抹碘酒的奇妙气息萦绕其间，随之而来的口感层层跌宕开来，收口略咸。除此之外，2008年份的吉内斯特拉巴罗洛陈酿（Riserva di Ginestra）以其极为复杂的香氛和强劲有力的口感，赢得了我们的“三杯奖”大奖。

| | |
|---|---|
| ● Barolo Ginestra Ris. '08 | 🍷🍷🍷 8 |
| ● Barolo Ginestra '12 | 🍷🍷 8 |
| ● Barbera d'Asti Bricco '15 | 🍸🍸 3 |
| ● Barolo Riva del Bric '12 | 🍸🍸 6 |
| ○ Langhe Arneis A Val '15 | 🍸 4 |
| ● Barolo Ginestra '10 | YYY 8 |
| ● Barolo Ginestra '06 | YYY 8 |
| ● Barolo Ginestra '05 | YYY 8 |
| ● Barolo Ginestra Ris. '06 | YYY 8 |
| ● Barolo Ginestra Ris. '05 | YYY 8 |
| ● Barolo Ginestra Ris. '01 | YYY 8 |
| ● Barbera d'Alba Ginestra '13 | YY 3 |
| ● Barolo Ginestra '11 | YY 8 |
| ● Barolo Riva del Bric '11 | YY 6 |
| ● Langhe Nebbiolo Bric Ginestra '11 | YY 5 |

## ★Conterno Fantino

VIA GINESTRA, 1
12065 MONFORTE D'ALBA [CN]
TEL. +39 017378204
www.conternofantino.it

预约参观
年产量 150 000 瓶
葡萄种植面积 27 公顷
葡萄栽培方式 有机认证
可持续发展酒庄

克劳迪奥·康特诺（Claudio Conterno）和奎多·范迪诺（Guido Fantino）是朗格地区（Langhe）持续高品质葡萄酒酿造的主要贡献者，两人毫无疑问是产区合作最久远、酿造酒品最精美的搭档之一。康特诺和范迪诺合力打造出最具现代风格的著名巴罗洛葡萄酒（Barolos），尤其自20世纪90年代初开始，在保留清晰的阿尔巴蒙特福德（Monforte d' Alba）风土特色的同时，与苏丽吉内斯特拉葡萄园（Sorì Ginestra）、格里斯葡萄园（Vigna del Gris）和莫斯克尼葡萄园（Mosconi）等顶级葡萄园合作创新美酒。康特诺范迪诺酒庄近期推出的葡萄酒展露出果味越发饱满的新风格，这明显是由于酒庄不断尝试充满活力、持续演化的酿造方式带来的结果，同时也由于采取了节省能源的操作规范，以及在新近刚刚扩大规模、重新翻修的酒窖中利用可再生资源带来的变化。在今年的品鉴中，2012年份的苏丽吉内斯特拉园巴罗洛（Barolo Sorì Ginestra）证明了自己的卓越品质。它吐露着醋栗和肉桂的芬芳，融入烘焙咖啡豆的醇香，充分展现出一款现代风格内比奥罗（Nebbiolo）的典型香氛，随之而来的口感却更超经典，浓郁集中，果浆质感饱满，酸度清脆而活跃，单宁结构紧致，层层展开，支撑着整款佳酿。

| | |
|---|---|
| ● Barolo Sorì Ginestra '12 | 🍷🍷🍷 8 |
| ● Barolo Mosconi '12 | 🍷🍷 8 |
| ● Barolo V. del Gris '12 | 🍷🍷 8 |
| ● Dolcetto d'Alba Bricco Bastia '15 | 🍸🍸 2* |
| ○ Langhe Chardonnay Bastia '14 | 🍸🍸 5 |
| ○ Langhe Chardonnay Prinsipi '15 | 🍸🍸 2* |
| ● Langhe Nebbiolo Ginestrino '14 | 🍸🍸 4 |
| ● Barolo Sorì Ginestra '10 | YYY 8 |
| ● Barolo Sorì Ginestra '07 | YYY 8 |
| ● Barolo Sorì Ginestra '00 | YYY 7 |
| ● Barolo Sorì Ginestra '99 | YYY 8 |
| ● Barolo Sorì Ginestra '98 | YYY 8 |
| ● Barolo V. del Gris '09 | YYY 8 |
| ● Barolo V. del Gris '04 | YYY 8 |
| ● Barolo V. del Gris '01 | YYY 8 |

## Vigne Marina Coppi

via Sant'Andrea, 5
15051 Castellania [AL]
Tel. +39 0131837089
www.vignemarinacoppi.com

藏酒销售
预约参观
年产量 25 000 瓶
葡萄种植面积 4.5 公顷

弗朗西斯科・贝洛奇奥（Francesco Bellocchio）和妻子安娜（Anna）从第一个采收季开始就共同分享着葡萄种植和葡萄酒酿造的冒险旅程。这对于二人而言，是一场生活方式的彻底转变，是回归家庭根基的历险，从伦理道德和感情上向这片土地的传统和历史致敬。玛丽娜寇皮酒庄（Vigne Marina Coppi）只种植本地葡萄品种，包括帝莫拉索（Timorasso）、费弗瑞塔（Favorita）、巴贝拉（Barbera）和内比奥罗（Nebbiolo）。酒庄出产六款美酒，明年将会扩展到七款，届时我们将会首次品鉴到冯斯托（Fausto）的同胞“小弟弟”系列推出的第一款年份酒；而在今年的品鉴中，2014年份的冯斯托以其精彩表现和高超品质在该酒庄提交的酒品中拔得头筹。它非常活跃优美，散发着矿物质的醇香，一抹水果的淡淡果香为整体香氛平添复杂，收口美味徘徊不散，果味四溢，酒体饱满，给人带来美好的享受。与此同时，圣安德烈亚（Sant' Andrea）浓郁而集中，质感饱满，尤其清爽，颇有意趣；而2012年份的格洛普（I Grop）则更加质朴，单宁依然突出。2013年份的林蒂内比奥罗（Nebbiolo Lindin）展现出适中的复杂度；而2014年份的马内里（Marine）则非常诱人，已经具有极佳的即时可饮性。

| | |
|---|---|
| ● Colli Tortonesi Barbera Sant'Andrea '15 | ▼▼ 3* |
| ○ Colli Tortonesi Timorasso Fausto '14 | ▼▼ 6 |
| ● Colli Tortonesi Barbera Sup. I Grop '12 | ▼▼ 5 |
| ○ Colli Tortonesi Favorita Marine '14 | ▼▼ 5 |
| ● Colli Tortonesi Rosso Lindin '13 | ▼▼ 5 |
| ○ Colli Tortonesi Timorasso Fausto '12 | ▽▽▽ 6 |
| ○ Colli Tortonesi Timorasso Fausto '11 | ▽▽▽ 6 |
| ○ Colli Tortonesi Timorasso Fausto '10 | ▽▽▽ 6 |
| ○ Colli Tortonesi Timorasso Fausto '09 | ▽▽▽ 6 |
| ● Colli Tortonesi Barbera Sant'Andrea '12 | ▽▽ 3* |
| ● Colli Tortonesi Barbera Sup. I Grop '11 | ▽▽ 5 |
| ● Colli Tortonesi Barbera Sup. I Grop '10 | ▽▽ 5 |
| ○ Colli Tortonesi Timorasso Fausto '13 | ▽▽ 6 |

## ★Coppo

via Alba, 68
14053 Canelli [AT]
Tel. +39 0141823146
www.coppo.it

藏酒销售
预约参观
年产量 400 000 瓶
葡萄种植面积 52 公顷

科波家族（Coppo）在阿斯蒂（Asti）的葡萄酒酿造业的渊源，最早可以追溯到遥远的1892年。家族酒庄在一代又一代的传人手中发扬光大，今天科波酒庄的第四代传人令人骄傲地将葡萄园从卡内里（Canelli）扩展到了卡斯泰尔诺沃（Castelnuovo）和阿利亚诺泰尔梅（Agliano Terme），使其成为产区的标志性典范酒庄。实际上，科波酒庄建自18世纪的古老酒窖地处卡内里山脚，向地下深挖四十米处，近期更被联合国教科文组织（UNESCO）宣布为世界遗产。科波酒庄出产的系列美酒主要包括巴贝拉（Barbera）、采用传统酿造法制成的起泡酒（Metodo Classico Sparklers）、霞多丽（Chardonnay），以及各款指定酒。在今年的品鉴中，珀摩罗索阿斯蒂巴贝拉（Barbera d' Asti Pomorosso）再次凭借卓越的品质，斩获我们的“三杯奖”大奖。2013年份酒吐露着成熟但清爽的果香，融入调配得当的橡木香气，保证了整款酒的酒体和谐和饱满口感，圆润且集中，精美的酸度带来极度平衡的质感，果味丰盈。除此之外，2014年份的卡度鲁斯阿斯蒂巴贝拉（Barbera d' Asti Camp du Rouss）表现出色，辛辣清爽而多汁，散发着黑莓和李子的阵阵果香；同样精致美味的还有2008年份的科波陈酿干型葡萄酒（Riserva Coppo Brut），呈现奶油般的口感，吐露着酵母般的醇香，散发着白色水果的阵阵果香，底蕴中还透露出缕缕香料的辛辣香气。

| | |
|---|---|
| ● Barbera d'Asti Pomorosso '13 | ▼▼▼ 7 |
| ● Barbera d'Asti Camp du Rouss '14 | ▼▼ 3* |
| ○ Riserva Coppo Brut M. Cl. '08 | ▼▼ 5 |
| ● Barbera d'Asti L'Avvocata '15 | ▼▼ 2* |
| ● Barbera d'Asti Sup. Nizza Riserva della Famiglia Ris. '07 | ▼▼ 3 |
| ● Barolo '10 | ▼▼ 8 |
| ⊙ Clelia Coppo Brut Rosé M. Cl. '11 | ▼▼ 5 |
| ○ Luigi Coppo Brut M. Cl. | ▼▼ 4 |
| ○ Piemonte Chardonnay Costebianche '14 | ▼▼ 3 |
| ○ Piemonte Chardonnay Monteriolo '14 | ▼▼ 6 |
| ○ Moscato d'Asti Moncalvina '15 | ▼ 3 |
| ● Barbera d'Asti Pomorosso '12 | ▽▽▽ 7 |
| ● Barbera d'Asti Pomorosso '11 | ▽▽▽ 7 |

## Giovanni Corino

FRAZ. ANNUNZIATA, 25B
12064 LA MORRA [CN]
TEL. +39 0173509452
www.corino.it

藏酒销售
预约参观
年产量 45 000 瓶
葡萄种植面积 8 公顷

在二战后的朗格地区（Langhe），完成从佃农到企业家的角色转变当然不是一件容易的事情。然而，在儿子雷纳托·科瑞诺（Renato Corino）和朱利奥·科瑞诺（Giulio Corino）的协助下，永远不知疲倦的乔瓦尼·科瑞诺（Giovanni Corino）却做到了。在将科瑞诺酒庄推向朗格葡萄酒世界的巅峰之后，雷纳托和朱利奥于2005年各自成立了独立酒庄。这段成功的故事发生在拉莫拉产区（La Morra）小村庄安努齐亚塔（Annunziata）的山间，这里的葡萄园种植着八公顷的内比奥罗（Nebbiolo）、巴贝拉（Barbera）和多姿桃（Dolcetto）。基本款的巴罗洛（Barolo）、嘉切尼园巴罗洛（Giachini）、阿波利纳园巴罗洛（Arborina）和老藤园巴罗洛（Vecchie Vigne）都主要在小型橡木桶中陈年，而且通常需要在瓶中继续陈年一段时间，以更好地吸收橡木的风味，柔化烘焙的气息，以最大程度地释放饱满多汁的果味力量。在今年的品鉴中，嘉切尼园巴罗洛（Giachini）展现出精良的品质，它香料般的辛香融合了覆盆子和甜菜根的经典香气，美妙的口感与香氛相得益彰，完美结合了清爽质感与华美口感。在阿波利纳园巴罗洛（Arborina）中，橡木的气息略显突出，但是美味的单宁提升了整款酒的口感。不过令人遗憾的是，我们今年的品鉴时逢强大的乔瓦尼·科瑞诺酿造的其他美酒还没有装瓶，因此这次也就无缘一尝了。

| | | |
|---|---|---|
| ● Barolo Giachini '12 | ΨΨΨ (red) | 7 |
| ● Barolo Arborina '12 | ΨΨ (red) | 7 |
| ● Barolo '12 | ΨΨ (black) | 6 |
| ● Barbera d'Alba V. Pozzo '97 | ΨΨΨ | 5 |
| ● Barbera d'Alba V. Pozzo '96 | ΨΨΨ | 5 |
| ● Barolo Giachini '11 | ΨΨΨ | 7 |
| ● Barolo Rocche '01 | ΨΨΨ | 7 |
| ● Barolo Rocche '90 | ΨΨΨ | 7 |
| ● Barolo V. Giachini '89 | ΨΨΨ | 7 |
| ● Barolo V. V. '99 | ΨΨΨ | 8 |
| ● Barolo V. V. '98 | ΨΨΨ | 8 |

## Renato Corino

FRAZ. ANNUNZIATA
B.TA POZZO, 49A
12064 LA MORRA [CN]
TEL. +39 0173500349
www.renatocorino.it

藏酒销售
预约参观
年产量 50 000 瓶
葡萄种植面积 7 公顷

置身雷纳托·科瑞诺（Renato Corino）的雅致酒庄，可将恢宏的自然美景尽收眼底，这里还有一座现代化的酒窖，加上雷纳托毫无争议的高超酿造技艺，令这里成为葡萄酒爱好者的天堂。如今雷纳托的儿子斯蒂凡诺（Stefano）无论在葡萄园的种植栽培方面还是在葡萄酒的酿造过程中都发挥着日益活跃的作用，令纳托·科瑞诺如虎添翼。在短短11年的时间里，雷纳托科瑞诺酒庄已然成为巴罗洛DOCG产区酒（Barolo DOCG）的指路明灯，这其中不乏酒庄位于拉莫拉（La Morra）的安努齐亚塔洛奇葡萄园（Rocche dell' Annunziata cru）和阿波利纳葡萄园（Arborinacru）的功劳。遇到气候条件精良的年份，雷纳托也会推出气质诱人、结构紧致的陈酿（Riserva），酿造葡萄来自五十年的老藤。雷纳托科瑞诺酒庄主要致力于生产红葡萄酒，品质完美无瑕。在今年的品鉴中，2012年份的安努齐亚塔洛奇园巴罗洛（Barolo Rocche dell' Annunziata）表现出色，香氛辛辣，酒质复杂，馥郁集中，展露出顶级内比奥罗（Nebbiolo）的超高品质。它的口感不可思议的纯净和谐，余韵绵长，充盈满口，单宁优良，收口感到精美的酸度。除此之外，2012年份的阿波利纳园巴罗洛（Barolo Arborina）则果味十足，散发着橡木的芬芳，融入香料的辛香，口感平衡，单宁甜美，给人带来愉悦的享受。

| | | |
|---|---|---|
| ● Barolo Arborina '12 | ΨΨ (red) | 7 |
| ● Barolo Rocche dell'Annunziata '12 | ΨΨ (red) | 8 |
| ● Barolo '12 | ΨΨ (black) | 5 |
| ● Barolo Rocche dell'Annunziata '11 | ΨΨΨ | 8 |
| ● Barolo Rocche dell'Annunziata '10 | ΨΨΨ | 7 |
| ● Barolo Rocche dell'Annunziata '09 | ΨΨΨ | 7 |
| ● Barolo Vign. Rocche '04 | ΨΨΨ | 8 |
| ● Barolo Vign. Rocche '03 | ΨΨΨ | 8 |
| ● Barbera d'Alba V. Pozzo '10 | ΨΨ | 5 |
| ● Barolo '06 | ΨΨ | 5 |
| ● Barolo Arborina '11 | ΨΨ | 7 |
| ● Barolo Arborina '09 | ΨΨ | 7 |
| ● Barolo Arborina '08 | ΨΨ | 7 |
| ● Barolo Arborina '07 | ΨΨ | 7 |
| ● Barolo V. V. Ris. '05 | ΨΨ | 8 |

## Cornarea

via Valentino, 150
12043 Canale [CN]
Tel. +39 017365636
www.cornarea.com

藏酒销售
预约参观
膳宿接待
年产量 90 000 瓶
葡萄种植面积 14 公顷

博翁家族（Bovone）于1981年创建了科纳利亚酒庄（Cornarea），酒庄的单一地块葡萄园位于紧邻加纳莱（Canale）边界的科纳利亚山（Cornarea hill），石灰质黏土土壤中富含矿物质镁。从1975年至1978年，博翁家族在这里栽培酿造葡萄，主要包含两种当地重要的葡萄品种：占据栽培面积三分之二的阿内斯（Arneis）和内比奥罗（Nebbiolo）。多年来，科纳利亚酒庄出品的阿内斯罗埃罗（Roero Arneis）一直是产区酒的典范之作。在今年的品鉴中，2012年份的塔拉斯科（Tarasco）表现出色，它是一款以阿内斯葡萄酿造而成的帕西多甜酒（Passito），非常诱人，吐露着蜜糖和坚果的经典香气，底蕴中透露出缕缕可可粉和咖啡的醇香，更有一抹无花果的芬芳若有似无地萦绕其间。它的口感复杂而浓郁，极为纯净，回味悠长清爽，甜度和酸度精美平衡。除此之外，2015年份的阿内斯罗埃罗（Roero Arneis）也令人心生愉悦，它强劲有力，品质卓越，散发着杏子和蜜桃的甜美果香，更有缕缕香料的辛香飘散其间，底蕴中透露出地中海灌木丛的热烈芬芳。2013年份的罗埃罗（Roero）饱满丰盈，果味四溢。

| | |
|---|---|
| ○ Roero Arneis '15 | 🍷🍷 3* |
| ○ Tarasco Passito '12 | 🍷🍷 5 |
| ● Roero '13 | 🍷🍷 4 |
| ● Nebbiolo d'Alba '11 | 🍷🍷 3 |
| ● Nebbiolo d'Alba '10 | 🍷🍷 3 |
| ● Roero '12 | 🍷🍷 4 |
| ● Roero '11 | 🍷🍷 4 |
| ○ Roero Arneis '14 | 🍷🍷 3* |
| ○ Roero Arneis '13 | 🍷🍷 3 |
| ○ Tarasco Passito '11 | 🍷🍷 5 |
| ○ Tarasco Passito '10 | 🍷🍷 5 |
| ○ Tarasco Passito '09 | 🍷🍷 5 |
| ○ Tarasco Passito '08 | 🍷🍷 5 |

## ★Matteo Correggia

loc. Garbinetto
via Santo Stefano Roero, 124
12043 Canale [CN]
Tel. +39 0173978009
www.matteocorreggia.com

藏酒销售
预约参观
年产量 150 000 瓶
葡萄种植面积 20 公顷

1985年，马迪奥·克莱吉亚（Matteo Correggia）建立了以自己的名字命名的酒庄；今天，欧尼拉·科斯塔·克莱吉亚（Ornella Costa Correggia）与儿子乔瓦尼（Giovanni）共同打理着这家酒庄，并取得了不俗的成绩。酒庄葡萄园呈富含矿物质的砂质土壤，黏土与淤泥含量低。在圣托斯特凡诺罗埃罗（Santo Stefano Roero）与加纳莱（Canale）之间的南向山坡上，种植的是内比奥罗（Nebbiolo）和巴贝拉（Barbera），用来酿造维德普利提园罗埃罗（Roero La Val dei Preti）和马伦阿尔巴巴贝拉（Barbera d' Alba Marun）；较为凉爽的山坡用来栽培阿内斯（Arneis）和布拉切多（Brachetto）；罗彻安姆佩塞园罗埃罗陈酿（Roero Riserva Ròche d' Ampsèj）的酿造葡萄则采自能够俯瞰罗埃罗山（Roero Rocks）的陡峭山岩。在今年的品鉴中，2012年份的罗彻安姆佩塞园罗埃罗陈酿（Ròche d' Ampsèj）表现出色，吐露着复杂而优美的香氛，融入红色莓果的阵阵果香，底蕴中透露出缕缕烟草的醇香，更有一抹橡木香气萦绕其间，香料辛辣若有似无地飘散，口感饱满，果味四溢，单宁精良，质地细密，收口余韵绵长而丰美。令人遗憾的是在今年酒庄推荐的酒单中，缺少了2014年份的马伦阿尔巴巴贝拉（Barbera d' Alba Marun）和同年份的维德普利提园罗埃罗（Roero Val dei Preti）的身影，马迪奥克莱吉亚酒庄决定这两款佳酿要在酒窖中继续陈年一年。不过我们的遗憾很快就被2014年份的罗埃罗（Roero）充分弥补，它口感浓郁，果味十足；与此同时，2014年份的阿尔巴巴贝拉（Barbera d' Alba）美味多汁，给人带来愉悦的享受。

| | |
|---|---|
| ● Roero Ròche d'Ampsèj Ris. '12 | 🍷🍷 6 |
| ● Barbera d'Alba '14 | 🍷🍷 3 |
| ● Langhe Rosso Le Marne Grigie '13 | 🍷🍷 6 |
| ● Roero '14 | 🍷🍷 3 |
| ● Anthos '15 | 🍷 3 |
| ○ Roero Arneis '15 | 🍷 3 |
| ● Barbera d'Alba Marun '04 | 🍷🍷🍷 5 |
| ● Roero Ròche d'Ampsèj '04 | 🍷🍷🍷 6 |
| ● Roero Ròche d'Ampsèj Ris. '07 | 🍷🍷🍷 6 |
| ● Roero Ròche d'Ampsèj Ris. '06 | 🍷🍷🍷 6 |
| ● Barbera d'Alba '13 | 🍷🍷 3 |
| ● Barbera d'Alba Marun '13 | 🍷🍷 5 |
| ○ Langhe Sauvignon Matteo Correggia '13 | 🍷🍷 5 |
| ● Roero '13 | 🍷🍷 3 |

## Giuseppe Cortese

S.DA RABAJÀ, 80
12050 BARBARESCO [CN]
TEL. +39 0173635131
www.cortesegiuseppe.it

藏酒销售
预约参观
膳宿接待
年产量 50 000 瓶
葡萄种植面积 8 公顷

如果要拟定一份巴巴莱斯科葡萄酒（Barbaresco）的顶级生产商名录，约瑟佩・柯蒂斯（Giuseppe Cortese）无疑会是第一个映入脑海的名字。在妻子罗塞拉・柯蒂斯（Rossella Cortese）和儿子皮耶卡罗・柯蒂斯（Piercarlo Cortese）的协助下，约瑟佩不论在葡萄园的种植栽培中还是在酒窖的酿造环节都尽心竭力，大力提升酒庄以内比奥罗（Nebbiolo）、多姿桃（Dolcetto）和巴贝拉（Barbera）酿造的整个葡萄酒系列的品质。约瑟佩・柯蒂斯酿造的旗舰葡萄酒是给人留下深刻印象的瑞巴嘉园酒（Rabajà），既有年份酒，也包括陈酿版本（Riserva），在不同产地和不同尺寸的橡木桶中陈年，这种方式为顶级葡萄园的酿造葡萄带来口感更加轻快、色泽更加光亮的特质。这款旗舰美酒的恢宏气质总能让我们为之惊艳，美妙的果味和坚实的单宁酒骨完美结合，享受的即时口感与出众的持久陈年能力相得益彰，是瑞巴嘉葡萄园独特的“阳刚之气”的酒中回响。在今年的品鉴中，2013年份酒完全超出了我们的期待，吐露着几近缥缈的酒香，馥郁的柑橘果香浓郁集中，融入野生莓果和甘草的芬芳，更有一抹薄荷的清凉萦绕其间，口感轻快清凛，崇尚极简，追求酒质的高雅和细腻，更甚于力道和结构。除此之外，2014年份的朗格内比奥罗（Langhe Nebbiolo）也从该酒庄提交的众多同年份酒品中脱颖而出，要知道2014年可不是一个容易掌控的采收酿造年份。

| | |
|---|---|
| ● Barbaresco Rabajà '13 | ▼▼ 5 |
| ● Langhe Nebbiolo '14 | ▼▼ 3* |
| ● Barbera d'Alba '15 | ▼▼ 3 |
| ● Dolcetto d'Alba '15 | ▼▼ 2* |
| ○ Langhe Chardonnay Scapulin '15 | ▼ 3 |
| ● Barbaresco Rabajà '11 | ▽▽▽ 5 |
| ● Barbaresco Rabajà '10 | ▽▽▽ 5 |
| ● Barbaresco Rabajà '08 | ▽▽▽ 5 |
| ● Barbaresco Rabajà Ris. '96 | ▽▽▽ 8 |
| ● Barbaresco Rabajà '12 | ▽▽ 5 |
| ● Barbaresco Rabajà Ris. '08 | ▽▽ 8 |
| ● Barbera d'Alba '14 | ▽▽ 3 |
| ● Barbera d'Alba Morassina '13 | ▽▽ 3 |
| ● Barbera d'Alba Morassina '12 | ▽▽ 3 |
| ● Langhe Nebbiolo '13 | ▽▽ 3 |
| ● Langhe Nebbiolo '12 | ▽▽ 3 |

## Clemente Cossetti

VIA GUARDIE, 1
14043 CASTELNUOVO BELBO [AT]
TEL. +39 0141799803
www.cossetti.it

藏酒销售
预约参观
膳宿接待
年产量 500 000 瓶
葡萄种植面积 28 公顷

科赛提家族（Cossetti）拥有百年历史的老庄是蒙费拉托产区（Monferrato）葡萄酒业坚实的基础支柱，如今正在庆祝走过了125个辉煌采收酿造季的悠久历史。1891年，乔瓦尼・科赛提（Giovanni Cossetti）创建了酒庄，如今家族的第四代继承了酒庄的管理权。克莱蒙特科赛提酒庄的葡萄园位于卡斯泰尔诺沃贝尔博（Castelnuovo Belbo）的村镇内，靠近尼扎（Nizza），主要种植巴贝拉（Barbera），还有少量的（Cortese）、多姿桃（Dolcetto）和霞多丽（Chardonnay），根植于富含矿物质铁和镁的中等颗粒结构黏土土壤之中。不过除了自家种植的葡萄，科赛提酒庄也购买葡萄进行酿造，以推出范围广泛的出品，尤其是一些顶级的皮埃蒙特（Piedmont）产区酒。在今年的品鉴中，2014年份的阿玛特皮埃蒙特阿尔巴洛萨（Piemonte Albarossa Amartè）在所有呈交酒品中脱颖而出。它吐露着黑莓般的幽然果香，融入香料的甜美香气，继而到来的是犹如天鹅绒般丝滑的口感，果味饱满，就阿尔巴洛萨葡萄酿造而成的美酒来说，这款酒的单宁尤其精致，收口绵长而清爽。2015年份的拉维塔阿斯蒂莫斯卡托（Moscato d' Asti La Vita）也展现出极高的品质，酸度与甜度完美平衡，散发着柑橘和蜜桃的甜美果香，融入鼠尾草的醇香。2015年份的卡斯塔尼奥莱蒙费拉托露诗（Ruché di Castagnole Monferrato）更是芬芳扑鼻，吐露着繁花的浓香；2013年份的超级尼扎阿斯蒂巴贝拉（Barbera d' Asti Superiore Nizza）令人愉悦，果味四溢。

| | |
|---|---|
| ● Barbera d'Asti Sup. Nizza '13 | ▼▼ 4 |
| ○ Moscato d'Asti La Vita '15 | ▼▼ 2* |
| ● Piemonte Albarossa Amartè '14 | ▼▼ 3 |
| ● Ruchè di Castagnole Monferrato '15 | ▼▼ 3 |
| ● Barbera d'Asti La Vigna Vecchia '14 | ▼ 2 |
| ● Barbera d'Asti Venti di Marzo '15 | ▼ 3 |
| ● Barbera d'Asti La Vigna Vecchia '13 | ▽▽ 2* |
| ● Barbera d'Asti La Vigna Vecchia '12 | ▽▽ 2* |
| ● Barbera d'Asti Sup. Nizza '11 | ▽▽ 4 |
| ● Barbera d'Asti Venti di Marzo '14 | ▽▽ 3 |
| ● Barbera d'Asti Venti di Marzo '13 | ▽▽ 3 |
| ● Grignolino d'Asti '14 | ▽▽ 2* |
| ● Ruchè di Castagnole Monferrato '13 | ▽▽ 3 |

## Stefanino Costa

B.TA BENNA, 5
12046 MONTÀ [CN]
TEL. +39 0173976336
ninocostawine@gmail.com

藏酒销售
预约参观
年产量 50 000 瓶
葡萄种植面积 9.5 公顷

近些年来，斯蒂凡诺科斯塔酒庄（Stefanino Costa）的酒品呈现出稳定一致的优秀表现，传统风格的美酒吐露着馥郁的芳香，个性独特，令人印象深刻。酒庄在加纳莱（Canale）、蒙塔（Montà）以及圣托斯特凡诺罗埃罗（Santo Stefano Roero）的村镇拥有多处葡萄园。其中包括一些最著名的罗埃罗产区（Roero）顶级葡萄园，例如种植内比奥罗（Nebbiolo）的麦蒂克葡萄园（Bric del Medic），拥有该产区最为普遍的砂质土壤，位于海拔350米至400米之间，园中最古老的老藤已经拥有四十年的种植历史。斯蒂凡诺科斯塔酒庄葡萄园种植经典的本地葡萄品种：阿内斯（Arneis）、巴贝拉（Barbera）、布拉切多（Brachetto）和内比奥罗等品种。在今年的品鉴中，展现出真正恢宏气势的2012年份吉平园罗埃罗（Roero Gepin）一举夺得了"三杯奖"（Tre Bicchieri）。它吐露着繁花的馥郁芬芳，融入茴香和红莓果的浓香，底蕴中透露出缕缕烟草的醇香，口感非常复杂，清爽集中，果味四溢，单宁优雅，回味绵长，收口华美。让人忍不住垂涎三尺的2015年份的萨伦阿内斯罗埃罗（Roero Arneis Sarun）也展现出精湛的酿造技艺，果浆质感浓郁有力，精美的酸度打造紧实的酒骨；与此同时，2013年份的超级吉娜阿尔巴巴贝拉（Barbera d' Alba Superiore Genna）果味饱满，结构紧致。

| | |
|---|---|
| ● Roero Gepin '12 | 🍷🍷🍷 4* |
| ○ Roero Arneis Sarun '15 | 🍷🍷 3* |
| ● Barbera d'Alba Sup. Genna '13 | 🍷🍷 2* |
| ● Roero Gepin '11 | 🍷🍷🍷 4* |
| ● Roero Gepin '10 | 🍷🍷🍷 4* |
| ● Barbera d'Alba Cichin '12 | 🍷🍷 2* |
| ○ Langhe Bianco Ricordi '13 | 🍷🍷 3 |
| ○ Roero Arneis Sarun '13 | 🍷🍷 3* |
| ● Roero Bric del Medic '09 | 🍷🍷 3* |
| ● Roero Bric del Medic '07 | 🍷🍷 3* |
| ● Roero Medic '12 | 🍷🍷 3 |
| ● Roero Medic '10 | 🍷🍷 3* |
| ● Roero V. V. '09 | 🍷🍷 4 |
| ● Roero V. V. '08 | 🍷🍷 4 |

## Deltetto

C.SO ALBA, 43
12043 CANALE [CN]
TEL. +39 0173979383
www.deltetto.com

藏酒销售
预约参观
年产量 170 000 瓶
葡萄种植面积 21 公顷
葡萄栽培方式 有机认证
可持续发展酒庄

自1977年以来，安东尼奥·黛特洛（Antonio Deltetto）一直掌管着黛特洛酒庄（Deltetto）的发展，将酒庄带入了罗埃罗产区（Roero）最重要的优质酒庄行列。在安东尼奥的引领下，黛特洛酒庄扩展了产品种类和葡萄酒系列，如今的出品包括以阿内斯（Arneis）、内比奥罗（Nebbiolo）和巴贝拉（Barbera）等传统的本地葡萄品种酿造的经典罗埃罗产区（Roero）美酒；更包括以霞多丽（Chardonnay）和黑比诺（Pinot Nero）酿造的起泡酒（Sparklers），以及以内比奥罗酿造的起泡酒；还有其他皮埃蒙特（Piedmont）的产区佳酿，包括巴罗洛（Barolo）和嘉维（Gavi）等美酒。在今年的品鉴中，2010年份的传统酿造法极干型黛特洛（Deltetto Extra Brut Metodo Classico）表现尤为精彩，这款以60%的黑比诺和40%的霞多丽混酿而成的美酒极具说服力，吐露着烘焙和酵母混合起来的复杂香气，融入苹果和梨子的阵阵果香，余韵绵长悠然，口感非常清爽。除此之外，2013年份的布拉吉加罗埃罗陈酿（Roero Braja Riserva）也非常优秀，散发着浓郁的果香，单宁紧致沉稳，但是非常有嚼劲。黛特洛酒庄其他呈交酒品也都表现出色，包括2013年份的罗埃罗酒（Roero），它清爽美味，令人心生愉悦；还有2014年份的超级布莱梅阿尔巴巴贝拉（Barbera d' Alba Superiore Bramé），口感柔美，果味四溢；更有如花馥郁、优雅美味的干型桃红酒（Brut Rosé）不容错过。

| | |
|---|---|
| ○ Deltetto Extra Brut M. Cl. '10 | 🍷🍷 5 |
| ● Roero Braja Ris. '13 | 🍷🍷 4 |
| ● Barbera d'Alba Sup. Bramé '14 | 🍷🍷 3 |
| ● Barolo Bussia '11 | 🍷🍷 6 |
| ⊙ Deltetto Rosé Brut M. Cl. | 🍷🍷 5 |
| ● Roero '13 | 🍷🍷 3 |
| ○ Deltetto Brut M. Cl. '11 | 🍷 4 |
| ○ Langhe Favorita '15 | 🍷 2 |
| ○ Roero Arneis Daivej '15 | 🍷 2 |
| ○ Roero Arneis San Michele '15 | 🍷 3 |
| ● Roero Braja Ris. '09 | 🍷🍷🍷 4* |
| ● Roero Braja Ris. '08 | 🍷🍷🍷 4 |
| ● Roero Braja Ris. '07 | 🍷🍷🍷 4 |

## Gianni Doglia

via Annunziata, 56
14054 Castagnole delle Lanze [AT]
Tel. +39 0141878359
www.giannidoglia.it

藏酒销售
预约参观
年产量 80 000 瓶
葡萄种植面积 8 公顷

吉安尼·道格利亚（Gianni Doglia）的酿造理念倾向于将不同品种葡萄的个性发挥至极限，探索品种葡萄阐释的各种可能性。因此，他酿造的阿斯蒂莫斯卡托（Moscato d' Asti）和阿斯蒂巴贝拉（Barbera d' Asti）分别具有多种款式:阿斯蒂莫斯卡托并不复杂，非常容易入口，呈现出品种葡萄的典型特质；卡萨白葡萄酒（Casa di Bianco）等精选系列莫斯卡托则口感相对复杂，在不锈钢容器中完成陈年；基诺巴贝拉（Geniobarbera）则在橡木桶中完成陈年，由于酿造葡萄产量小、陈年时间漫长而成品很少，因而也就更加珍贵。道格利亚酒庄的整个出品系列都表现卓越。在今年的品鉴中，我们深为2015年份的卡萨白葡萄酒而折服，这款伟大的阿斯蒂莫斯卡托（Moscato d' Asti）以其卓越的表现斩获了我们的“三杯奖”大奖。它散发着令人垂涎的莫斯卡托葡萄的独特芳香，融入草本植物的优雅清香，更有热带水果的馥郁香气萦绕其间，底蕴中透露出缕缕香料的辛香，柔和的甜度逐渐让位给融合了万般滋味的丰盈果味。除此之外，道格利亚酒庄的高超技艺也在2014年份的基诺阿斯蒂巴贝拉（Barbera d' AstiGenio）中展露无遗。它精美优雅，层次分明，果味饱满；与此同时，2015年份的博索多尼（Boscodonne）也表现抢眼，它非常容易入口，清爽浓郁。

| | | |
|---|---|---|
| ○ Moscato d'Asti Casa di Bianca '15 | 🍷🍷🍷 | 3* |
| ● Barbera d'Asti Sup. Genio '14 | 🍷🍷 | 4 |
| ● Barbera d'Asti Boscodonne '15 | ▼▼ | 2* |
| ● Grignolino d'Asti '15 | ▼▼ | 2* |
| ● M.to Rosso ! '13 | ▼▼ | 5 |
| ○ Moscato d'Asti '15 | ▼▼ | 2* |
| ● Barbera d'Asti Sup. Genio '12 | ▽▽▽ | 4* |
| ● Barbera d'Asti Boscodonne '14 | ▽▽ | 2* |
| ● Barbera d'Asti Boscodonne '12 | ▽▽ | 2* |
| ● Barbera d'Asti Sup. '10 | ▽▽ | 3* |
| ● Barbera d'Asti Sup. '09 | ▽▽ | 3 |
| ● Barbera d'Asti Sup. '07 | ▽▽ | 3 |
| ● Barbera d'Asti Sup. Genio '11 | ▽▽ | 4 |
| ● M.to Rosso ! '12 | ▽▽ | 5 |
| ○ Moscato d'Asti Casa di Bianca '14 | ▽▽ | 3* |
| ○ Moscato d'Asti Casa di Bianca '13 | ▽▽ | 3* |
| ○ Moscato d'Asti Casa di Bianca '12 | ▽▽ | 3* |

## Dosio

reg. Serradenari, 6
12064 La Morra [CN]
Tel. +39 017350677
www.dosiovigneti.com

藏酒销售
预约参观
膳宿接待
年产量 65 000 瓶
葡萄种植面积 11 公顷

几年前，兰奇家族（Lanci）接管了多西欧酒庄（Dosio），令这座朗格地区（Langhe）历史悠久的名庄再度焕发出夺人的光彩。多西欧酒庄的葡萄园坐落于拉莫拉产区（La Morra）海拔500米高的山上，包括整个产区范围内一些最为顶级的种植地块。兰奇家族增强了酿造队伍的力量，聘用了极富技巧和经验的马可·多塔（Marco Dotta）担任酿造顾问，他是整个产区最优秀的酿酒师之一。在今年的品鉴中，2012年份的塞拉德纳瑞巴罗洛（Barolo Serradenari）给人留下相当深刻的印象，它的气质恢宏，开启后缓缓散发着丁香的幽然花香，融入红莓果的阵阵芬芳，口感坚实有力，底蕴中透露出浓醇的泥土风味，酸度清爽宜人，与质地细密的单宁完美平衡，保证了这款佳酿拥有绵长的回味。除此之外，2012年份的巴罗洛（Barolo）则已经到了品饮的好时机，它吐露着红莓果的淡淡果香，气质轻快，口感饱满，层层跌宕开去，余韵绵长，收口清新，略带一丝干爽的橡木滋味。与此同时，2015年份的阿内斯罗埃罗（Roero Arneis）也表现出卓越的品质，令人心生愉悦，美味持久在味蕾上跃动不散。

| | | |
|---|---|---|
| ● Barolo Serradenari '12 | 🍷🍷 | 6 |
| ● Barolo '12 | ▼▼ | 5 |
| ● Dolcetto d'Alba '15 | ▼▼ | 2* |
| ● Langhe Eventi '12 | ▼▼ | 4 |
| ● Langhe Nebbiolo Barilà '13 | ▼▼ | 5 |
| ○ Roero Arneis '15 | ▼▼ | 2* |
| ● Barbera d'Alba Sup. '14 | ▼ | 3 |
| ● Nebbiolo d'Alba '13 | ▼ | 3 |
| ● Barbera d'Alba '13 | ▽▽ | 2* |
| ● Barolo '10 | ▽▽ | 5 |
| ● Barolo Fossati '11 | ▽▽ | 5 |
| ● Barolo Fossati Ris. '08 | ▽▽ | 8 |
| ● Langhe Nebbiolo Barilà '12 | ▽▽ | 3* |

## ★Poderi Luigi Einaudi

loc. Cascina Tecc
b.ta Gombe, 31/32
12063 Dogliani [CN]
Tel. +39 017370191
www.poderieinaudi.com

藏酒销售
预约参观
膳宿接待
年产量 250 000 瓶
葡萄种植面积 52 公顷

1897年，意大利首任总统路易吉·艾劳迪（Luigi Einaudi）创立了这座总统酒庄（Poderi Luigi Einaudi），马提欧·萨达纳（Matteo Sardagna）在接手后续写了传奇，如今这座总统酒庄已经凭借顶级的皮埃蒙特（Piedmont）美酒数十年来称霸世界葡萄酒坛。艾劳迪总统酒庄的卓越葡萄园以卡努比葡萄园（Cannubi）和泰罗葡萄园（Terlo）为首，这里出产的酿造葡萄用以打造酒庄著名的巴罗洛葡萄酒（Barolo）；另外，用以酿造多利亚尼多姿桃（Dolcetto di Dogliani）的酿造葡萄来自老藤葡萄园（Vigna Tecc），保证了酿造原料的最高品质，为酒窖中技术娴熟、极为专业的酿酒师的进一步工作提供了最佳准备。我们向您大力推荐，有机会一定要品尝路易吉艾劳迪罗索朗格酒（Langhe Rosso Luigi Einaudi），它呈现出非常国际化的风格，但是有别具个性。另外，宾至如归的珀德瑞旅馆（Relais dei Poderi）就位于总统酒庄旁，周边环境静谧宜人，景色壮美。在今年的品鉴中，2012年份的卡努比巴罗洛（Barolo Cannubi）表现出色，它吐露着覆盆子般的浓郁果香，融入紫罗兰的幽然芬芳，一抹甘草和烟草的醇香萦绕其间，口感紧致，结构得当，展现出相当卓越的平衡度。2012年份的格里马尔迪海岸巴罗洛（Costa Grimaldi）口感较干，淳朴踏实；2012年份泰罗园巴罗洛（Terlo）的橡木滋味则显得略重。令人遗憾的是，今年多利亚尼老藤酒（Dogliani Tecc）的新酒发布被推迟；而且总统酒庄于2016年7月购入了阿尔巴蒙福特（Monforte d'Alba）巴西亚顶级葡萄园（Bussia）占地四公顷的地块，这部分优质葡萄还需时日才能酿造成美酒，我们还得耐心等待。

| | |
|---|---|
| ● Barolo Cannubi '12 | 🍷🍷 8 |
| ● Langhe Rosso Luigi Einaudi '11 | 🍷🍷 6 |
| ● Barolo Terlo '12 | 🍷🍷 6 |
| ● Barolo Terlo V. Costa Grimaldi '12 | 🍷🍷 7 |
| ● Dogliani '15 | 🍷🍷 3 |
| ● Piemonte Barbera '13 | 🍷🍷 3 |
| ● Langhe Nebbiolo '14 | 🍷 3 |
| ● Barolo Cannubi '11 | 🍷🍷🍷 8 |
| ● Barolo Cannubi '10 | 🍷🍷🍷 8 |
| ● Barolo Costa Grimaldi '05 | 🍷🍷🍷 8 |
| ● Barolo Costa Grimaldi '01 | 🍷🍷🍷 7 |
| ● Barolo nei Cannubi '00 | 🍷🍷🍷 8 |
| ● Barolo nei Cannubi '99 | 🍷🍷🍷 7 |
| ● Dogliani Sup. V. Tecc '10 | 🍷🍷🍷 3* |
| ● Dogliani V. Tecc '06 | 🍷🍷🍷 4 |
| ● Langhe Rosso Luigi Einaudi '04 | 🍷🍷🍷 5 |

## Tenuta Il Falchetto

fraz. Ciombi
via Valle Tinella, 16
12058 Santo Stefano Belbo [CN]
Tel. +39 0141840344
www.ilfalchetto.com

藏酒销售
预约参观
年产量 280 000 瓶
葡萄种植面积 47 公顷

佛诺家族（Forno）自17世纪中叶就定居在圣托斯特凡诺贝尔博（Santo Stefano Belbo）附近的山坡上，1940年创建了家族酒庄，今天雄鹰酒庄（Tenuta Il Falchetto）的掌门人是乔治奥（Giorgio）、法布里奇奥（Fabrizio）和阿德里亚诺（Adriano）兄弟三人。酒庄的葡萄园分散各处，包括位于圣托斯特凡诺贝尔博（Santo Stefano Belbo）和卡斯蒂格里奥尼蒂内拉（Castiglione Tinella）的三座葡萄园，以及位于卡洛索（Calosso）和阿利亚诺泰尔梅（Agliano Terme）的另外三座葡萄园。雄鹰酒庄主要种植莫斯卡托（Moscato）和巴贝拉（Barbera）等传统的本地葡萄品种，酿造出的美酒浓郁而优雅，果味饱满丰盈。在今年的品鉴中，2015年份的奇奥姆波阿斯蒂莫斯卡托（Moscato d'Asti Ciombo）以毫无争议的超高品质一举夺下"三杯奖"大奖，它的香气多面，散发着蜜桃和青柠的阵阵果香，融入鼠尾草的醇香，一抹柑橘的甜美气息萦绕其间，口感恢宏，活跃的酸度支撑着甜美饱满的口感。与此同时，2015年份的方特庄阿斯蒂莫斯卡托（Moscato d'Asti Tenuta del Fant）相比而言则更加清爽，气质更加清凛，展现出极佳的品质，散发着松针般的清新香气，融入药草的阵阵醇香，底蕴中透露出苹果和梨子的果香。除此之外，雄鹰酒庄今年推荐的其他酒品也都展现出精湛的酿造水平。

| | |
|---|---|
| ○ Moscato d'Asti Ciombo '15 | 🍷🍷🍷 2* |
| ○ Moscato d'Asti Tenuta del Fant '15 | 🍷🍷 2* |
| ● M.to Rosso La Mora '13 | 🍷🍷 3 |
| ○ Piemonte Chardonnay '15 | 🍷🍷 2* |
| ○ Piemonte Moscato Passito '12 | 🍷🍷 4 |
| ● Barbera d'Asti Pian Scorrone '15 | 🍷 3 |
| ● Piemonte Pinot Nero Solo '13 | 🍷 3 |
| ○ Moscato d'Asti Tenuta del Fant '11 | 🍷🍷🍷 2* |
| ○ Moscato d'Asti Tenuta del Fant '09 | 🍷🍷🍷 2* |
| ● Barbera d'Alba Sup. La Rossa '11 | 🍷🍷 3 |
| ● Barbera d'Asti Pian Scorrone '12 | 🍷🍷 3 |
| ○ Moscato d'Asti Tenuta del Fant '14 | 🍷🍷 2* |
| ● Piemonte Pinot Nero Solo '12 | 🍷🍷 3 |

## Benito Favaro

S.DA CHIUSURE, 1BIS
10010 PIVERONE [TO]
TEL. +39 012572606
www.cantinafavaro.it

藏酒销售
预约参观
年产量 20 000 瓶
葡萄种植面积 3.5 公顷

长期以来，厄柏路斯（Erbaluce）的最佳产区始终鲜有人知，如今这种情况正在发生改变，人们将越来越多的关注和热情投入到这种奇异的葡萄品种上来。这一切无疑要归功于本尼托·法瓦罗（Benito Favaro）与儿子卡米罗·法瓦罗（Camillo Favaro）常年的不懈努力，在过去的十年间，本尼托法瓦罗酒庄持续推出了多款品质卓越的美酒。在切尤苏尔（Le Chiusure）白葡萄酒中，我们能够看到日耳曼民族个性中的复杂与卡卢索地区（Caluso）引以为傲的精致完美结合，忠诚地反映出皮韦罗内湖（Lake Piverone）旁占地面积达到三公顷的翠碧园（La Serra）冰碛坡地块的风土特色。本尼托法瓦罗酒庄基本款的厄柏路斯葡萄酒在不锈钢桶中发酵陈年，而13梅西系列厄柏路斯（13 Mesi）则在小型橡木桶中发酵并且部分陈年。酒庄采用西拉（Syrah）、弗雷伊萨（Freisa）、内比奥罗（Nebbiolo）和巴贝拉（Barbera）等品种葡萄酿造而成的红葡萄酒展现出卓越的水准。在今年的品鉴中，2015年份的切尤苏尔厄柏路斯（Erbaluce Le Chiusure）依然没有让我们感到失望，它气势恢宏，口感纯净，散发着大马士革李子的浓郁果香，融入杏仁的醇香，入口酒质活跃，果味层层跌宕开来，酸度悦人而和谐，略有些咸味。与此同时，2014年份的13梅西系列厄柏路斯（13 Mesi）在橡木桶中部分陈年，打造出美妙的香氛，只是口感上此时还略显封闭，需要更长的时间以臻完美。

| | |
|---|---|
| ○ Erbaluce di Caluso Le Chiusure '15 | 2* |
| ○ Erbaluce di Caluso 13 Mesi '14 | 3 |
| ⊙ Rosacherosanonsei '15 | 3 |
| ○ Sole d'Inverno '13 | 5 |
| ○ Erbaluce di Caluso Le Chiusure '13 | 2* |
| ○ Erbaluce di Caluso Le Chiusure '12 | 2* |
| ○ Erbaluce di Caluso Le Chiusure '11 | 2* |
| ○ Erbaluce di Caluso Le Chiusure '10 | 2* |
| ○ Erbaluce di Caluso 13 Mesi '13 | 3 |
| ○ Erbaluce di Caluso 13 Mesi '12 | 3 |
| ○ Erbaluce di Caluso Le Chiusure '14 | 2* |
| ● Rossomeraviglia '13 | 5 |
| ● Rossomeraviglia '12 | 5 |

## Giacomo Fenocchio

LOC. BUSSIA, 72
12065 MONFORTE D'ALBA [CN]
TEL. +39 017378675
www.giacomofenocchio.com

藏酒销售
预约参观
年产量 90 000 瓶
葡萄种植面积 15 公顷
可持续发展酒庄

从许多方面而言，费诺奇奥兄弟（Fenocchio）酿造美酒的故事都是朗格地区（Langhe）当代葡萄酒业图景的标志和缩影。在默默无闻地潜心经营数年后，古老的嘉科莫费诺奇奥酒庄（Giacomo Fenocchio）发现自己突然之间被推至葡萄酒大舞台的聚光灯之下，而得到关注的原因还不仅限于建立在内比奥罗（Nebbiolo）、多姿桃（Dolcetto）、巴贝拉（Barbera）以及弗雷伊萨（Freisa）等传统葡萄品种基础上的高品质美酒价格却如此低廉。实际上，嘉科莫费诺奇奥酒庄的酿造葡萄来自不少如雷贯耳的名园，例如巴罗洛地区（Barolo）的卡努比葡萄园（Cannubi）、卡斯蒂格里奥尼法雷托（Castiglione Falletto）的维勒洛葡萄园（Villero），以及蒙特福德（Monforte）的巴西亚葡萄园（Bussia）等举世闻名的葡萄产地。酒品的风格总是非常传统，但毫无疑问绝不过时。漫长的浸渍过程，加之在斯拉沃尼亚橡木桶（Slavonianoak）中的耐心陈年，缔造了经典卓越的巴罗洛美酒（Barolos），它们不仅具有极强的陈年潜力，易于入口，而且在发布上市不久之后就达到了极好的口感。在今年的品鉴中，巴罗洛美酒再次展现出品质的巅峰，酒庄的明星产品90迪巴西亚陈酿（Riserva Bussia 90 Dì）充分展现出内比奥罗葡萄的复杂口感，散发着烟草和甘草的醇香，融入煤烟的特殊气息，底蕴中透露出黑樱桃的甜美果香。它的口感恢宏壮阔且多汁，单宁质地细密，入口有力诱人，很有嚼劲。除此之外，2012年份的维勒洛园巴罗洛（Villero）也从各款酒品中脱颖而出，堪称同年份酒中的极品。

| | |
|---|---|
| ● Barolo Bussia 90 Dì Ris. '10 | 8 |
| ● Barolo Bussia '12 | 6 |
| ● Barolo Villero '12 | 6 |
| ● Barolo Cannubi '12 | 6 |
| ⊙ Barolo Castellero '12 | 6 |
| ● Barolo Bussia '11 | 6 |
| ● Barolo Bussia '09 | 6 |
| ● Barolo Bussia '10 | 6 |
| ● Barolo Bussia Ris. '09 | 7 |
| ● Barolo Cannubi '11 | 6 |
| ● Barolo Cannubi '10 | 6 |
| ● Barolo Castellero '11 | 6 |
| ● Barolo Villero '11 | 6 |
| ● Barolo Villero '10 | 6 |

## Ferrando

via Torino, 599
10015 Ivrea [TO]
Tel. +39 0125633550
www.ferrandovini.it

藏酒销售
预约参观
年产量 50 000 瓶
葡萄种植面积 5 公顷

费尔南多家族酒庄（Ferrando）出产的美酒代表了一种信仰，远远超越葡萄酒生产和感官享受的范畴。卡雷玛（Carema）壮美的阶梯状葡萄园最初是在岩石上开凿而成，是皮埃蒙特产区（Piedmont）最后的边疆，还有满山的内比奥罗葡萄藤（Nebbiolo），这一切能够保留下来，主要归功于罗伯托·费尔南多（Roberto Ferrando）领导下、位于伊夫雷亚（Ivrea）的家族酒庄。虽然这种不计成本的葡萄栽培方式令人匪夷所思，但是一切努力终于在拥有纪念碑意义的白标葡萄酒（Etichetta Bianca）和黑标葡萄酒（Etichetta Nera）中得到了回报，酒庄出品的这两个系列顶级葡萄酒不仅风格独特，而且极具陈年潜力，系列中的各种款式酒品都广受酒迷追捧，在气候条件良好的年份里，这两个系列的年份酒的品质几乎贴近陈酿酒（Riserva）。除此之外，酒庄出品的卡卢索厄柏露丝（Erbaluce di Caluso）也非常值得推荐，拥有托拉扎园（La Torrazza）和卡里奥拉园（Cariola）非起泡酒、两款甜酒以及一款起泡酒等各种款式。在今年的品鉴中，由于陈酿款（Riserva）令人遗憾地推迟发布，因此我们并没能品尝到；不过费尔南多酒庄凭借2012年份品质卓越的卡雷玛（Carema）扳回一城，照样将“三杯奖”大奖捧回了家。这款美酒吐露着内比奥罗葡萄的经典香气，仿似甘草的醇香演化为干花的芬芳，一抹不同寻常的碘酒气息萦绕其间，非常诱人，口感有力且均衡，在精美的酸度和细密的单宁支撑下，酒质饱满而富有活力。除此之外，与往年相比，卡里奥拉园卡卢索厄柏露丝（Erbaluce di Caluso Cariola）的新鲜度略逊一筹，酒质不够活跃。

| | |
|---|---|
| ● Carema Et. Bianca '12 | 🍷🍷🍷 5 |
| ○ Caluso Passito '09 | 🍷🍷 5 |
| ○ La Torrazza Brut Cuvée Luigi Ferrando M. Cl. | 🍷🍷 4 |
| ○ Erbaluce di Caluso Cariola '15 | 🍷 3 |
| ● Carema Et. Nera '11 | 🍸🍸🍸 7 |
| ● Carema Et. Nera '09 | 🍸🍸🍸 6 |
| ● Carema Et. Nera '08 | 🍸🍸🍸 6 |
| ● Carema Et. Nera '07 | 🍸🍸🍸 6 |
| ● Carema Et. Nera '06 | 🍸🍸🍸 6 |
| ● Carema Et. Nera '05 | 🍸🍸🍸 6 |
| ● Carema Et. Nera '01 | 🍸🍸🍸 5 |

## Roberto Ferraris

fraz. Dogliano, 33
14041 Agliano Terme [AT]
Tel. +39 0141954234
www.robertoferraris.com

藏酒销售
预约参观
年产量 50 000 瓶
葡萄种植面积 10.5 公顷

斯蒂凡诺·费拉里斯（Stefano Ferraris）于1923年创建的家族酒庄位于阿利亚诺泰尔梅（Agliano Terme），地处阿斯蒂巴贝拉产区（Barbera d'Asti）的历史核心地带，如今酒庄的掌门人是他的孙子罗伯托·费拉里斯（Roberto Ferraris）。占地达到10.5公顷的葡萄园就环绕着罗伯托费拉里斯酒庄，其中8.5公顷种植巴贝拉葡萄（Barbera），其余地块则栽培少量的内比奥罗（Nebbiolo）和吉诺林诺（Grignolino）。园中有不少上了年纪的老藤，大约种植于1923年至1930年间；葡萄园的土壤主要是白色石灰质土壤，其中60%是淤泥沉积土，还包含少量黏土成分。罗伯托费拉里斯酒庄的出品品质卓越，风格传统，忠诚反映本地风土的能力给人留下相当深刻的印象。在今年的品鉴中，我们尤其喜爱2013年份的超级布瑞卡阿斯蒂巴贝拉（Barbera d'Asti Superiore La Cricca），它吐露着清爽而饱满的酒香，融入成熟深色水果的果香，更有一抹香料、烟草和咖啡的醇香萦绕其间，口感丰盈，单宁质地精美细密。其他款阿斯蒂巴贝拉酒（Barbera d'Asti）也表现精彩：2013年份的比萨沃罗超级巴贝拉（Superiore Bisavolo）辛辣且具有泥土风味，散发着李子和黑樱桃的阵阵果香，果味丰盈，精美平衡；2015年份的索瑞巴贝拉（Suôrì）结构适中，口感诱人，清爽美味，收口回味绵长；2014年份的诺比奥巴贝拉（Nobbio）则非常易于入口，酒质甘美。

| | |
|---|---|
| ● Barbera d'Asti Sup. La Cricca '13 | 🍷🍷 3* |
| ● Barbera d'Asti Nobbio '14 | 🍷🍷 2* |
| ● Barbera d'Asti Suôrì '15 | 🍷🍷 2* |
| ● Barbera d'Asti Sup. Bisavolo '13 | 🍷🍷 3 |
| ● Barbera d'Asti Suôrì '14 | 🍷 2 |
| ● M.to Rosso Grixa '13 | 🍷 3 |
| ● Barbera d'Asti '13 | 🍸🍸 2* |
| ● Barbera d'Asti '12 | 🍸🍸 2* |
| ● Barbera d'Asti Nobbio '12 | 🍸🍸 2* |
| ● Barbera d'Asti Sup. Bisavolo '12 | 🍸🍸 3 |
| ● M.to Rosso Grixa '12 | 🍸🍸 3 |
| ● M.to Rosso Grixa '11 | 🍸🍸 3 |
| ● M.to Rosso Grixa '11 | 🍸🍸 3 |

## Carlo Ferro

fraz. Salere, 41
14041 Agliano Terme [AT]
Tel. +39 0141954000
www.ferrovini.com

藏酒销售
预约参观
年产量 15 000 瓶
葡萄种植面积 12 公顷

费罗家族（Ferro）拥有的这座小型家庭酒庄现身阿斯蒂巴贝拉产区（Barbera d' Asti）已经超过一个世纪的时间，不过，卡洛费罗酒庄（Carlo Ferro）直至二十年前才开始将其酿造的美酒装瓶。酒庄葡萄园种植的主要品种当然是巴贝拉（Barbera），但同时也辅以多姿桃（Dolcetto）、吉诺林诺（Grignolino）、内比奥罗（Nebbiolo）和赤霞珠（Cabernet Sauvignon）等其他品种，用以酿造品质卓越的红葡萄酒。卡洛费罗酒庄的出品风格传统，尤其注重每日餐酒类型酒品的即时可饮性。这家规模不大的家族酒庄的系列酒品一贯表现卓越且可靠，尤其是阿尔巴巴贝拉（Barbera d' Alba）。在今年的品鉴中，2015年份的小夜曲阿尔巴巴贝拉（Notturno）表现不俗，吐露着血橙般的甜美果香，融入烟草的醇香，底蕴中透露出丝丝樱桃的香气，更有一抹甘草的风味飘散其间，传统风味的口感个性强大，但是作为一款当下饮用的巴贝拉酒或许过于成熟；2013年份的罗彻园阿尔巴巴贝拉（Roche）展现出超凡的结构，酒精度颇为突出，果浆口感鲜明，但是橡木风味明显；2014年份的茱莉亚阿尔巴巴贝拉（Giulia）相比而言气质简单，酒体更轻，部分源于2014年采收酿造季的气候条件，但是整款酒依然清爽怡人，令人心生愉悦。

| | |
|---|---|
| ● Barbera d'Asti Giulia '14 | 🍷🍷 2* |
| ● Barbera d'Asti Sup. Notturno '15 | 🍷🍷 2* |
| ● Barbera d'Asti Sup. Roche '13 | 🍷🍷 3 |
| ● Barbera d'Asti '15 | 🍷 2 |
| ● Langhe Nebbiolo Tre Lune '14 | 🍷 2 |
| ● M.to Rosso Paolo '12 | 🍷 3 |
| ● Barbera d'Asti '14 | ♀♀ 2* |
| ● Barbera d'Asti '13 | ♀♀ 1* |
| ● Barbera d'Asti Giulia '13 | ♀♀ 2* |
| ● Barbera d'Asti Giulia '11 | ♀♀ 2* |
| ● Barbera d'Asti Sup. Notturno '12 | ♀♀ 2* |
| ● Barbera d'Asti Sup. Roche '11 | ♀♀ 3 |
| ● Barbera d'Asti Superiore Notturno '10 | ♀♀ 2* |

## Fontanabianca

via Bordini, 15
12057 Neive [CN]
Tel. +39 017367195
www.fontanabianca.it

藏酒销售
预约参观
年产量 60 000 瓶
葡萄种植面积 14 公顷

白色喷泉酒庄（Fontanabianca）是纳维（Neive）山区的典范酒庄。转折点发生在1969年，在度过了担当葡萄种植商的漫长历史后，白色喷泉酒庄终于在这一年创立并开始装瓶生产。在巴罗洛（Barolo）葡萄酒业发展的新阶段，酒庄主人奥尔多・宝拉（Aldo Pola）正是引领潮流的领军人物之一，出品风格逐渐从现代风味逐步回归到更加传统和内敛的阐释，酒体更加适中，在新橡木的使用上更加谨慎。重塑风格取得了成功，使白色喷泉酒庄推出了一系列更具可饮性、同时又不乏馥郁香氛的卓越美酒。在今年的品鉴中，白色喷泉酒庄提交的酒品品质较好，其中拔得头筹的是2013年份的塞拉博艾拉葡萄园巴巴莱斯科（Barbaresco Serraboella），吐露着覆盆子般的清爽果香，融入甘草的醇香，口感美妙，层次分明，结构清凛，收口纯净，余韵绵长悠然。除此之外，2013年份的博迪尼葡萄园巴巴莱斯科（Barbaresco Bordini）也表现不俗，散发着烟草的醇香，融入香料的缕缕辛香，口感多汁质朴，收口并不复杂，酒质甘美。

| | |
|---|---|
| ● Barbaresco Bordini '13 | 🍷🍷 6 |
| ● Barbaresco '13 | 🍷🍷 5 |
| ● Barbaresco Serraboella '13 | 🍷🍷 5 |
| ● Barbera d'Alba Sup. '14 | 🍷🍷 3 |
| ● Langhe Nebbiolo '14 | 🍷 3 |
| ● Barbaresco Serraboella '06 | ♀♀♀ 6 |
| ● Barbaresco Sorì Burdin '05 | ♀♀♀ 6 |
| ● Barbaresco Sorì Burdin '04 | ♀♀♀ 6 |
| ● Barbaresco '12 | ♀♀ 5 |
| ● Barbaresco Bordini '12 | ♀♀ 6 |
| ● Barbaresco Serraboella '12 | ♀♀ 5 |
| ● Barbera d'Alba Sup. '13 | ♀♀ 3 |
| ● Langhe Nebbiolo '13 | ♀♀ 3 |

## Fontanafredda

VIA ALBA, 15
12050 SERRALUNGA D'ALBA [CN]
TEL. +39 0173626111
www.fontanafredda.it

藏酒销售
预约参观
膳宿接待
年产量 7 500 000 瓶
葡萄种植面积 100 公顷
可持续发展酒庄

融入了多个衍生项目的泉妃酒庄（Fontanafredda），无疑是一次冒险的奇迹。泉妃酒庄将古老悠久的传统与现代商业的视野合二为一，看似矛盾，却以其为特色为酒庄带来了极高的国际声誉。这位皮埃蒙特（Piedmont）的酒业巨人，拥有占地面积大约100公顷的广阔葡萄园，年产量超过700万瓶美酒，大多转用自然方式栽培和酿造，更由于与卢卡·巴菲戈（Luca Baffigo）、奥斯卡·法里内迪（Oscar Farinetti）以及著名美食超市"吃大利"（Eataly）的合作而如虎添翼。实际上，要想将泉妃酒庄的所有酒品系列悉数列出，根本是不可能完成的任务，其中包括以"匠人"方式酿造的精选系列和名园系列佳酿，例如卡萨迪米拉菲奥巴罗洛美酒（Casa E. di Mirafiore Barolos），从派厄加露葡萄园巴罗洛（Paiagallo）和拉扎瑞托葡萄园巴罗洛（Lazzarito）开始。在今年的品鉴中，2012年份的派厄加露园巴罗洛（Barolo Paiagallo）以卓越的品质脱颖而出，斩获我们的"三杯奖"大奖，展现出质朴的独特风味，散发着清爽的果香，酒体适中，单宁可口，口感诱人。同一年份的罗萨葡萄园巴罗洛（Barolo Vigna La Rosa）香氛馥郁饱满，散发着药草般的醇香，融入粉红胡椒粒不可抵御的芬芳。除此之外，2010年份的拉扎瑞托葡萄园巴罗洛（Lazzarito）相比而言更加浓郁，香氛更加质朴有力。

| | |
|---|---|
| ● Barolo Paiagallo Casa E. di Mirafiore '12 | 🍷🍷🍷 7 |
| ● Barolo Fontanafredda V. La Rosa '12 | 🍷🍷 7 |
| ● Barolo Lazzarito Casa E. di Mirafiore '10 | 🍷🍷 6 |
| ● Barbaresco Coste Rubin '13 | 🍷🍷 6 |
| ● Barolo Casa E. di Mirafiore '12 | 🍷🍷 8 |
| ● Barolo Casa E. di Mirafiore Ris. '07 | 🍷🍷 6 |
| ● Barolo del Comune di Serralunga d'Alba '12 | 🍷🍷 6 |
| ● Barolo Ris. '10 | 🍷🍷 8 |
| ● Langhe Nebbiolo Ebbio '14 | 🍷🍷 3 |
| ○ Moscato d'Asti Moncucco '15 | 🍷🍷 3 |
| ○ Roero Arneis Pradalupo '15 | 🍷🍷 3 |
| ● Barolo '12 | 🍷 6 |
| ● Dolcetto d'Alba Casa E. di Mirafiore '15 | 🍷 3 |
| ○ Gavi del Comune di Gavi '15 | 🍷 3 |
| ○ Moscato d'Asti Le Fronde '15 | 🍷 3 |
| ● Barolo Fontanafredda V. La Rosa '07 | 🍷🍷🍷 7 |

## Gabutti - Franco Boasso

B.TA GABUTTI, 3A
12050 SERRALUNGA D'ALBA [CN]
TEL. +39 0173613165
www.gabuttiboasso.com

藏酒销售
预约参观
膳宿接待
年产量 25 000 瓶
葡萄种植面积 7 公顷

巴索家族（Boasso）于20世纪70年代建立的弗兰科巴索酒庄（Franco Basso），今天似乎焕发了第二春。酒庄的葡萄园全部位于阿尔巴塞拉伦加产区（Serralunga d' Alba），包括加布蒂（Gabutti）、玛丽亚米（Meriame）和玛格瑞塔（Margheria）等顶级葡萄园的地块。葡萄园主要种植朗格地区（Langhe）的本地葡萄品种，从巴贝拉（Barbera）、多姿桃（Dolcetto）到莫斯卡托（Moscato）和阿内斯（Arneis），但是内比奥罗（Nebbiolo）酿造的巴罗洛美酒（Barolo）无疑是酒庄系列葡萄酒中的明星产品，酒庄所属的待客农场向游客供应这些佳酿。采用传统方法酿造，尽力避免人工因素的干预，主要在大型橡木桶中陈年，如此出产的巴罗洛美酒风格内敛、果味显著。对于寻找这一类美酒的酒迷而言，弗兰科巴索酒庄出品的巴罗洛无疑是经典之作，不容错过。在今年的品鉴中，2012年份的加布蒂园巴罗洛（Barolo Gabutti）展现出品质的巅峰，恢宏壮丽的气质和饱满的果味令其脱颖而出，持久飘散的紫罗兰幽香令整款酒的香气更加活跃，底蕴中透露出奎宁和地中海灌木丛的热烈芬芳。除此之外，2012年份的玛格瑞塔园巴罗洛（Margheria）也同样表现抢眼，它的口感强劲活跃，果味层层跌宕开来，但是收口略干。

| | |
|---|---|
| ● Barolo Gabutti '12 | 🍷🍷 6 |
| ● Barbera d'Alba Sup. '13 | 🍷🍷 2* |
| ● Barolo Margheria '12 | 🍷🍷 6 |
| ● Dolcetto d'Alba '15 | 🍷 2 |
| ● Barolo Margheria '05 | 🍷🍷🍷 5* |
| ● Barbera d'Alba '12 | 🍷🍷 2* |
| ● Barbera d'Alba '11 | 🍷🍷 2* |
| ● Barolo del Comune di Serralunga d'Alba '11 | 🍷🍷 5 |
| ● Barolo del Comune di Serralunga d'Alba '10 | 🍷🍷 5 |
| ● Barolo Gabutti '11 | 🍷🍷 6 |
| ● Barolo Gabutti '10 | 🍷🍷 5 |
| ● Barolo Margheria '11 | 🍷🍷 6 |
| ● Barolo Margheria '10 | 🍷🍷 5 |
| ● Dolcetto d'Alba '13 | 🍷🍷 2* |

## Gaggino

S.DA SANT'EVASIO, 29
15076 OVADA [AL]
TEL. +39 0143822345
www.gaggino.it

藏酒销售
预约参观
年产量 150 000 瓶
葡萄种植面积 20 公顷

莱奥波尔多·嘉吉诺（Leopoldo Gaggino）于20世纪20年代创建的家族酒庄如今已经传到了儿子加布里埃·嘉吉诺（Gabriele Gaggino）的手中。今天，勇往直前、毫不妥协的加布里埃掌管着酒庄的一切，他酿造的美酒与其个性一样直率诚恳。嘉吉诺酒庄出品的美酒以其活跃口感和紧致结构而著称，其中不少佳酿一经发布就呈现出即时可饮的爆炸性果味，而另一些佳酿则较为内敛沉静，需要一段时间的演化才能完美表达应有的品质，但是无论是哪一种，全部展现出极强的陈年窖藏潜力。在今年的品鉴中，虽然2014年的气候条件不尽如人意，但是该年份的奥瓦达康维韦欧（Ovada Convivio）依然交出了令我们满意的答卷。它吐露着年轻美酒浓郁而可爱的芬芳，和谐跃动的口感与香氛相得益彰。奥瓦达园系列美酒的卓越品质在这次提交的奥瓦达圣伊瓦西欧（Ovada Sant' Evasio）中再次得到验证，这款佳酿入口饱满有力。与此同时，拉扎瑞纳蒙费拉托巴贝拉（Barbera del Monferrato Lazzarina）散发着迷人的果香，继而到来的是清爽而绵长的果味。库泰萨起泡酒（Courteisa）和皮埃蒙特帕戈鲁扎白葡萄酒（Piemonte Bianco Pagliuzza）也都非常值得推荐。

| | |
|---|---|
| ● Ovada Convivio '14 | 🍷🍷 3* |
| ● Barbera del M.to Lazzarina '14 | 🍷🍷 3 |
| ○ Brut Courteisa | 🍷🍷 2* |
| ● Ovada Sant'Evasio '12 | 🍷🍷 4 |
| ○ Piemonte Bianco Pagliuzza '15 | 🍷🍷 3 |
| ○ Cortese dell'Alto M.to '15 | 🍷 2 |
| ● Ovada Convivio '13 | 🍷🍷🍷 2* |
| ● Barbera del M.to La Lazzarina '12 | 🍷🍷 2* |
| ● Barbera del M.to Sup. Il Ticco '11 | 🍷🍷 3* |
| ● Ovada S. Evasio '11 | 🍷🍷 2* |
| ● Ovada S. Evasio '10 | 🍷🍷 2* |

## ★★★★★Gaja

VIA TORINO, 18
12050 BARBARESCO [CN]
TEL. +39 0173635158
info@gaja.com

年产量 350 000 瓶
葡萄种植面积 92 公顷

安吉罗·嘉雅（Angelo Gaja）毫无疑问是国际上享有盛誉、最为知名的意大利葡萄酒生产商之一。今天的他，最为符合意大利作家阿尔伯托·阿巴西诺（Alberto Arbasino）对于成功人士职业生涯最后阶段的定义——"令人尊敬的大师"，尤其在他的父亲乔瓦尼（Giovanni）和祖父安吉洛（Angelo）缔造酒庄光芒四射的恢宏遗产的基础上，他本人在阐释美酒方面更展示出了独一无二的高超技艺。在妻子露西亚（Lucia），儿女盖娅（Gaia）、罗莎娜（Rosanna）和乔凡尼（Giovanni）的帮助下，他们的巴巴莱斯科（Barbaresco）酒窖依然处于出产系列顶级美酒必须付出的艰苦工作的中心，这些美酒包括罗斯海岸（Costa Russi）、康泰莎园（Conteisa）、思波斯园（Sperss）、苏里圣洛伦佐园（Sorì San Lorenzo）以及苏里蒂丁园（Sorì Tildin）等朗格地区的内比奥罗佳酿（Langhe Nebbiolos）。在今年的品鉴中，我们有幸与三款巴巴莱斯科佳酿相遇。2013年份的罗斯海岸（Costa Russi）是一款具有魔力的伟大巴巴莱斯科，香氛精致而缥缈，散发着刚刚采下的红莓果的清爽果香，融入香料的辛香，极具穿透力，余韵绵长，层次分明，口感犹如水晶般剔透。2013年份的苏里蒂丁园（Sorì Tildin）相比而言酒体稍重，单宁精粹表现令人惊异的优越。另外，2013年份的巴巴莱斯科（Barbaresco）也极为出众。

| | |
|---|---|
| ● Barbaresco Costa Russi '13 | 🍷🍷🍷 8 |
| ● Barbaresco '13 | 🍷🍷 8 |
| ● Barbaresco Sorì Tildin '13 | 🍷🍷 8 |
| ● Barbaresco '09 | 🍷🍷🍷 8 |
| ● Barbaresco '08 | 🍷🍷🍷 8 |
| ● Langhe Nebbiolo Costa Russi '10 | 🍷🍷🍷 8 |
| ● Langhe Nebbiolo Costa Russi '08 | 🍷🍷🍷 8 |
| ● Langhe Nebbiolo Costa Russi '07 | 🍷🍷🍷 8 |
| ● Langhe Nebbiolo Costa Russi '05 | 🍷🍷🍷 8 |
| ● Langhe Nebbiolo Costa Russi '04 | 🍷🍷🍷 8 |
| ● Langhe Nebbiolo Sorì S. Lorenzo '06 | 🍷🍷🍷 8 |
| ● Langhe Nebbiolo Sorì Tildin '11 | 🍷🍷🍷 8 |
| ● Langhe Nebbiolo Sorì Tildin '07 | 🍷🍷🍷 8 |
| ● Langhe Nebbiolo Sorì Tildin '06 | 🍷🍷🍷 8 |
| ● Langhe Nebbiolo Sperss '11 | 🍷🍷🍷 8 |
| ● Langhe Nebbiolo Sperss '04 | 🍷🍷🍷 8 |

## Filippo Gallino

Fraz. Valle del Pozzo, 63
12043 Canale [CN]
Tel. +39 017398112
www.filippogallino.com

藏酒销售
预约参观
膳宿接待
年产量 100 000 瓶
葡萄种植面积 14 公顷
可持续发展酒庄

菲利珀格林诺酒庄（Filippo Gallino）创建于1961年，自成功地装瓶销售自家酿造的美酒，也已经过去了二十多年。菲利珀格林诺酒庄的种植地块位于罗埃罗产区（Roero）的布瑞科拉葡萄园（Briccola）、雷尼西欧葡萄园（Renesio）以及蒙皮萨诺葡萄园（Mompissano）等最顶级葡萄园中，土壤呈黏土砂质，种植产区最典型的本地葡萄品种：包括阿内斯（Arneis）、巴贝拉（Barbera）和内比奥罗（Nebbiolo）等。酒庄酿出的美酒风格既现代又传统，果味饱满，非常诱人。在今年的品鉴中，我们非常喜爱2012年份的超级阿尔巴巴贝拉（Barbera d' Alba Superiore），它吐露着红色水果的馥郁果香，融入大茴香的缕缕醇香，口感多汁且复杂，橡木风味依然略显突出，但是酸度精良，余韵绵长。除此之外，2015年份的阿内斯罗埃罗（Roero Arneis）也非常值得推荐，它散发着杏子和蜜桃的甜美果香，融入绿蔬的青绿风味，酒质精良，劲道十足，收口很有个性。与此同时，2012年份的罗埃罗（Roero）也表现不俗，果味四溢，结构紧致，但是单宁略显粗糙。

| | |
|---|---|
| ● Barbera d'Alba Sup. '12 | 🍷🍷 4 |
| ○ Roero Arneis '15 | 🍷🍷 2* |
| ● Roero '12 | 🍷🍷 4 |
| ○ Seventy Brut M. Cl. | 🍷 3 |
| ● Barbera d'Alba Sup. '05 | 🍷🍷🍷 4* |
| ● Barbera d'Alba Sup. '04 | 🍷🍷🍷 4* |
| ● Roero '06 | 🍷🍷🍷 4* |
| ● Roero Sup. '03 | 🍷🍷🍷 3 |
| ● Roero Sup. '01 | 🍷🍷🍷 5 |
| ● Barbera d'Alba Sup. Bonora '10 | 🍷🍷 4 |
| ● Langhe Nebbiolo '13 | 🍷🍷 2* |
| ○ Roero Arneis '14 | 🍷🍷 2* |
| ○ Roero Arneis 4 Luglio '14 | 🍷🍷 2* |
| ● Roero Sorano Ris. '11 | 🍷🍷 3* |

## Tenuta Garetto

s.da Asti Mare, 30
14041 Agliano Terme [AT]
Tel. +39 0141954068
www.garetto.it

藏酒销售
预约参观
年产量 110 000 瓶
葡萄种植面积 18 公顷

阿莱桑德罗·加雷托（Alessandro Garetto）充满激情地经营家族酒庄已经二十多年了。加雷托酒庄的单一地块葡萄园坐落在环绕并俯瞰酒庄的山间。葡萄园的沉积黏土富含泥灰和石灰质，其中百分之八十的面积栽培了巴贝拉（Barbera），余下百分之二十的面积则由多姿桃（Dolcetto）、吉诺林诺（Grignolino）和霞多丽（Chardonnay）分享。如此酿造出的美酒，特别是巴贝拉，都显露出生机勃勃的果味，尤其忠诚地反映出品种葡萄的特质。在今年的品鉴中，加雷托酒庄提交的三款阿斯蒂巴贝拉（Barbera d' Asti）都表现精彩，赢得了我们的一致嘉许。2015年份的特拉努特艾迪阿斯蒂巴贝拉（Tra Neuit e Dì）是一款适合即刻饮用的巴贝拉，它的果味直接，清爽宜人，回味甘美，作为支撑的酸度品质卓越；相比而言，2013年份的尼扎法弗阿斯蒂巴贝拉（Nizza Favà）则更加深邃紧致，香氛和口感都比较复杂，散发着辛辣的香气，融入泥土的醇香，底蕴中透露出缕缕成熟深色莓果的果香，余韵绵长，收口有力；2014年份的派克托尔阿斯蒂巴贝拉（In Pectore）饱满清爽，香气馥郁，口感别致，特质突出。

| | |
|---|---|
| ● Barbera d'Asti Sup. Nizza Favà '13 | 🍷🍷 4 |
| ● Barbera d'Asti Sup. In Pectore '14 | 🍷🍷 5 |
| ● Barbera d'Asti Tra Neuit e Dì '15 | 🍷🍷 2* |
| ● Barbera d'Asti Sup. Nizza Favà '04 | 🍷🍷🍷 4 |
| ● Barbera d'Asti Sup. In Pectore '13 | 🍷🍷 5 |
| ● Barbera d'Asti Sup. In Pectore '12 | 🍷🍷 5 |
| ● Barbera d'Asti Sup. Nizza Favà '12 | 🍷🍷 4 |
| ● Barbera d'Asti Sup. Nizza Favà '11 | 🍷🍷 4 |
| ● Barbera d'Asti Sup. Nizza Favà '10 | 🍷🍷 4 |
| ● Barbera d'Asti Sup. Nizza Favà '09 | 🍷🍷 5 |
| ● Barbera d'Asti Tra Neuit e Dì '14 | 🍷🍷 2* |
| ● Barbera d'Asti Tra Neuit e Dì '13 | 🍷🍷 2* |
| ● Barbera d'Asti Tra Neuit e Dì '12 | 🍷🍷 2* |
| ○ M.to Bianco Il Biondo '13 | 🍷🍷 3 |

## Generaj

B.TA TUCCI, 4
12046 MONTÀ [CN]
TEL. +39 0173976142
www.generaj.it

藏酒销售
预约参观
年产量 50 000 瓶
葡萄种植面积 12 公顷
可持续发展酒庄

二战结束后，约瑟佩·威戈利奥尼（Giuseppe Viglione）创建了将军酒庄（Generaj），今天酒庄的管理权已经传递到他热情洋溢且屡获成功的孙子手中。将军酒庄的葡萄园主要种植罗埃罗产区（Roero）典型的本地品种，包括内比奥罗（Nebbiolo）、巴贝拉（Barbera）和阿内斯（Arneis），同时也栽培少量伯纳达（Bonarda）和科罗帝纳（Croatina）。将军酒庄的葡萄园坐落于整个罗埃罗产区（Roero）的最南端，土壤质地从砂质红土到石灰岩土不等，还一些地块还混有颗粒状土壤。在今年的品鉴中，将军酒庄的超级手枪阿尔巴巴贝拉（Barbera d' Alba Superiore Ca' d' Pistola）在所有递交酒品中拔得头筹，它吐露着黑樱桃般的馥郁果香，融入李子的甜美香气，底蕴中透露出缕缕可可粉的醇香，更有一抹香料的辛香和烘焙咖啡豆的风情萦绕其间，余韵令人满意地绵长，口感甘美，使人心生愉悦。与此同时，2012年份的罗埃罗布里科埃特陈酿（Roero Riserva Bric Aût），也展现出精湛的酿造工艺，它的香氛更加突出，散发着地中海灌木丛的热烈芬芳，融入红莓果的阵阵果香，但是单宁依然质朴强劲。2013年份的罗埃罗布里科埃特（Roero Bric Aût）已经可以即刻饮用，口感美味；而2014年份的昆蒂西林罗埃罗阿内斯（Roero Arneis Quindicilune）相比较而言则失去了往年的冲击力，略显逊色。

| | |
|---|---|
| ● Barbera d'Alba Sup. Ca' d' Pistola '13 | ▼▼ 3* |
| ● Roero Bric Aùt '13 | ▼▼ 4 |
| ● Roero Bric Aùt Ris. '12 | ▼▼ 5 |
| ○ Roero Arneis Bric Varomaldo '15 | ▼ 3 |
| ○ Roero Arneis Quindicilune '14 | ▼ 3 |
| ● Barbera d'Alba Sup. Ca' d' Pistola '12 | ▽▽ 3 |
| ○ Generaj Brut M. Cl. '11 | ▽▽ 5 |
| ○ Generaj Brut M. Cl. '10 | ▽▽ 5 |
| ○ Roero Arneis Quindicilune '13 | ▽▽ 3 |
| ○ Roero Arneis Quindicilune '12 | ▽▽ 3* |
| ● Roero Bric Aût '12 | ▽▽ 4 |
| ● Roero Bric Aût '11 | ▽▽ 3 |

## ★Ettore Germano

LOC. CERRETTA, 1
12050 SERRALUNGA D'ALBA [CN]
TEL. +39 0173613528
www.germanoettore.com

藏酒销售
预约参观
膳宿接待
年产量 90 000 瓶
葡萄种植面积 16 公顷

在竞争激烈的朗格产区（Langhe），遍布着由于推出的顶级葡萄酒展现出极高品质、而非整体酒品系列品质达到较高水平而闻名于世的酒庄。但是，塞尔吉奥·热尔马诺（Sergio Germano）的酒庄却并非如此，热尔马诺酒庄的成功源于出品系列整体上的卓越品质。最初，热尔马诺酒庄凭借热力四射、包罗万象的巴罗洛美酒（Barolos）赢得了世人的赞许，这些美酒的酿造葡萄来自普莱珀葡萄园（Prapò）、赛莱塔葡萄园（Cerretta）和拉扎瑞托葡萄园（Lazzarito）等塞拉伦加产区（Serralunga zone）的顶级地块；其后，热尔马诺酒庄很快又以阿尔塔朗格地区（Alta Langa）的阿列庄园（Aglié estate）栽培的雷司令（Riesling）、苏维翁（Sauvignon）、霞多丽（Chardonnay）和黑比诺（Pinot Nero）酿造品质卓越的系列白葡萄酒和起泡葡萄酒，精美的口感再次令世人赞叹不已。每一款年份酒的推出，都一再夯实热尔马诺酒庄名至实归的成功。在今年的品鉴中，热尔马诺酒庄的系列酒品再次展现出极高的水准。从2012年份的普莱珀园巴罗洛（Prapò）和赛莱塔园巴罗洛（Cerretta）说开去，这两款酒特色各异，完美地实现了彼此互补。不过与往年一样，拉扎瑞托园陈酿（Lazzarito Riserva）依然特立独行，2010年的年份酒堪称里程碑般的佳品，散发着相互对照、似乎彼此对冲的香气，单宁如同丝绸般柔滑，余韵不可思议的绵长。除此之外，还有精美的赫祖雷司令（Riesling Hérzu）也非常值得推荐。

| | |
|---|---|
| ● Barolo Lazzarito Ris. '10 | ▼▼▼ 8 |
| ● Barolo Cerretta '12 | ▼▼ 7 |
| ● Barolo Prapò '12 | ▼▼ 7 |
| ○ Langhe Riesling Hérzu '14 | ▼▼ 4 |
| ○ Alta Langa Brut '12 | ▼▼ 5 |
| ● Barolo del Comune di Serralunga '12 | ▼▼ 6 |
| ⊙ Brut Rosé Rosanna M. Cl. '14 | ▼ 4 |
| ● Barolo Cerretta '05 | ▽▽▽ 8 |
| ● Barolo Cerretta '01 | ▽▽▽ 6 |
| ● Barolo Lazzarito Ris. '08 | ▽▽▽ 8 |
| ● Barolo Prapò '11 | ▽▽▽ 7 |
| ● Barolo Prapò '04 | ▽▽▽ 6 |
| ○ Langhe Bianco Hérzu '11 | ▽▽▽ 4* |
| ○ Langhe Bianco Hérzu '10 | ▽▽▽ 4* |
| ○ Langhe Bianco Hérzu '09 | ▽▽▽ 5 |
| ○ Langhe Bianco Hérzu '08 | ▽▽▽ 5 |

## La Ghibellina

FRAZ. MONTEROTONDO, 61
15066 GAVI [AL]
TEL. +39 0143686257
www.laghibellina.it

藏酒销售
预约参观
餐饮接待
年产量 60 000 瓶
葡萄种植面积 7.9 公顷

阿尔伯托·吉贝林纳（Alberto Ghibellina）和玛利亚·吉贝林纳（Maria Ghibellina）于2000年创建了这家小型酒庄。吉贝林纳酒庄（La Ghibellina）令主人引以为傲的葡萄园地处嘉维（Gavi）种植区的蒙泰罗通多（Monterotondo），占地面积达到八公顷，柯蒂斯（Cortese）葡萄明显是主要的种植品种。吉贝林纳酒庄以出品馥郁芬芳、富含矿物质质感且极具陈年潜力的白葡萄酒而著称，例如酒庄两款传统酿造法起泡酒（Metodo Classicos）：在不锈钢桶中发酵的梅宁（Mainìn），以及部分在小型橡木桶中陈年的阿提休斯（Altius）。吉贝林纳酒庄出产的红葡萄酒主要是巴贝拉（Barbera），都来自奇亚莱多桑德瑞诺葡萄园（Chiaretto Sandrino）和黑色蒙托内葡萄园（Nero del Montone），除此之外，还在皮图吉（Pituj）生产巴贝拉与梅洛（Merlot）的混酿。在今年的品鉴中，吉贝林纳酒庄提交的酒品大部分都是嘉维的嘉维（Gavi di Gavi）。2014年份的阿提休斯（Altius）散发着柑橘的精美果香，香氛持久，果味能量热辣澎湃。相比较而言，2015年份的梅宁（Mainìn）则更加浓郁，香气层次分明，散发着药草的醇香，融入苹果的美妙果香，底蕴中透露出缕缕河岸岩石的气息，随之而来的口感紧致而奢华，收口感觉非常解渴，美味异常。

| | |
|---|---|
| ○ Gavi del Comune di Gavi Altius '14 | 🍷🍷 5 |
| ○ Gavi del Comune di Gavi Mainìn '15 | 🍷🍷 3* |
| ○ Gavi del Comune di Gavi Brut Cuvée Marina M. Cl. '11 | 🍷🍷 7 |
| ○ Gavi del Comune di Gavi Cuvée Brut M. Cl. '13 | 🍷 5 |
| ● M.to Rosso Pituj '14 | 🍷 4 |
| ○ Gavi del Comune di Gavi Altius '13 | 🍷🍷 3* |
| ○ Gavi del Comune di Gavi Altius '11 | 🍷🍷 3* |
| ○ Gavi del Comune di Gavi Brut M. Cl. '11 | 🍷🍷 4 |
| ○ Gavi del Comune di Gavi Mainìn '14 | 🍷🍷 3* |
| ○ Gavi del Comune di Gavi Mainìn '13 | 🍷🍷 3* |
| ○ Gavi del Comune di Gavi Mainìn '12 | 🍷🍷 3 |
| ● M.to Rosso Nero del Montone '10 | 🍷🍷 4 |
| ● M.to Rosso Pituj '13 | 🍷🍷 3 |
| ● M.to Rosso Pituj '12 | 🍷🍷 3 |

## ★★Bruno Giacosa

VIA XX SETTEMBRE, 52
12057 NEIVE [CN]
TEL. +39 017367027
www.brunogiacosa.it

年产量 300 000 瓶
葡萄种植面积 19 公顷
可持续发展酒庄

对于数量庞大的葡萄酒爱好者和业内专家而言，布鲁诺·嘉科萨（Bruno Giacosa）的名字就意味着不朽的传奇。他收获鼎盛的国际声誉原因有二：其一，从来没有任何一位意大利葡萄酒生产商如同他一样，设法将酒商的地位提升到如此高度，我们应当牢记的是，布鲁诺·嘉科萨许多精美出品的酿造葡萄都由他处采购而来。其二也是最重要的是，嘉科萨酿造出了明星产品、最精美的巴罗洛葡萄酒（Barolos）和巴巴莱斯科葡萄酒（Barbarescos），毫无瑕疵地融合了美味质朴、果味甜度和坚韧不屈的结构。在女儿布鲁娜·嘉科萨（BrunaGiacosa）的协助下，布鲁诺创建了法雷托酒庄（Azienda Agricola Falletto）系列酒品，以自家葡萄园出产的葡萄为原料酿造美酒。在今年的品鉴中，2012年份的法雷托巴罗洛酒（Barolo Falletto）充分展现出嘉科萨酒庄出品的优秀品质和一贯风格。它散发着樟脑和甘草般的幽然芬芳，非常奇特，较为清爽的果香最初被第三类香气所掩盖，入口果味四溢，单宁优良，支撑着绵长而明快的余韵。尽管如此，我们今年也不得不把"三杯奖"大奖授予更加卓越的2011年份阿斯利园陈酿（Asili Riserva），它将内比奥罗（Nebbiolo）品种葡萄独一无二的复杂特质与不可思议的深邃口感完美结合起来。

| | |
|---|---|
| ● Barbaresco Asili Ris. '11 | 🍷🍷🍷 8 |
| ● Barolo Falletto '12 | 🍷🍷 8 |
| ● Nebbiolo d'Alba V. Valmaggiore '14 | 🍷🍷 5 |
| ○ Roero Arneis '15 | 🍷🍷 4 |
| ● Barbaresco Asili '12 | 🍷🍷🍷 8 |
| ● Barbaresco Asili '05 | 🍷🍷🍷 8 |
| ● Barbaresco Asili Ris. '07 | 🍷🍷🍷 8 |
| ● Barbaresco Asili Ris. '04 | 🍷🍷🍷 8 |
| ● Barolo Falletto '07 | 🍷🍷🍷 8 |
| ● Barolo Falletto '04 | 🍷🍷🍷 8 |
| ● Barolo Le Rocche del Falletto '05 | 🍷🍷🍷 8 |
| ● Barolo Le Rocche del Falletto '04 | 🍷🍷🍷 8 |
| ● Barolo Le Rocche del Falletto Ris. '08 | 🍷🍷🍷 8 |
| ● Barolo Le Rocche del Falletto Ris. '07 | 🍷🍷🍷 8 |
| ● Barolo Le Rocche del Falletto Ris. '01 | 🍷🍷🍷 8 |

## Carlo Giacosa

s.da Ovello, 9
12050 Barbaresco [CN]
Tel. +39 0173635116
www.carlogiacosa.it

藏酒销售
预约参观
年产量 42 000 瓶
葡萄种植面积 5.5 公顷

1968年，多纳托·嘉科萨（Donato Giacosa）在巴巴莱斯科（Barbaresco）产区购买了一些顶级葡萄种植地块，继而开创了自己的酒庄。多纳托的事业传承给了儿子卡洛（Carlo），如今，卡洛的女儿玛利亚·格拉齐亚·嘉科萨（Maria Grazia Giacosa）和她的儿子、酒庄创始人的重外孙卢卡（Luca）则协助管理酒庄，在葡萄酒的酿造过程中发挥着日益重要的作用。卡洛嘉科萨酒庄最宏伟的葡萄园不止坐落于蒙特菲克（Montefico），它更在阿斯利葡萄园（Asili）、诺韦洛葡萄园（Ovello）、科尔葡萄园（Cole Crus）和纳林葡萄园（Narin）等顶级葡萄园拥有地块。酒庄出品呈现出稳定可信赖的高品质，橡木使用极为谨慎，是窖藏升值的绝佳选择。在今年的品鉴中，2013年份的蒙特菲克园巴巴莱斯科（Barbaresco Montefico）力压群雄，从其他酒品中脱颖而出，呈现出深邃而明快的红宝石色，酒香馥郁，散发着繁花的清新芬芳，融入甘草和烟草的缕缕醇香，口感优雅而复杂，野生莓果的滋味丰盈饱满，单宁颗粒细腻、质地细密，收口华美甘甜，回味绵长。除此之外，2015年份的穆奇阿尔巴巴贝拉（Barbera d' Alba Mucin）展露出匪夷所思的纯净质感，口感浓郁而清爽；而2014年份的玛利亚格拉齐亚朗格内比奥罗（Langhe Nebbiolo Maria Grazia）则散发着花蕾的幽然芬芳，融入野生莓果的阵阵果香。

| | |
|---|---|
| ● Barbaresco Montefico '13 | ΨΨ 5 |
| ● Barbera d'Alba Mucin '15 | ΨΨ 3 |
| ● Langhe Nebbiolo Maria Grazia '14 | ΨΨ 3 |
| ● Dolcetto d'Alba Cuchet '15 | Ψ 2 |
| ● Barbaresco Montefico '08 | ΥΥΥ 5* |
| ● Barbaresco Luca Ris. '10 | ΥΥ 6 |
| ● Barbaresco Luca Ris. '09 | ΥΥ 6 |
| ● Barbaresco Montefico '12 | ΥΥ 5 |
| ● Barbaresco Montefico '11 | ΥΥ 5 |
| ● Barbaresco Narin '12 | ΥΥ 5 |
| ● Barbera d'Alba Lina '12 | ΥΥ 3 |
| ● Barbera d'Alba Mucin '14 | ΥΥ 3 |
| ● Langhe Nebbiolo Maria Grazia '13 | ΥΥ 3 |

## F.lli Giacosa

via XX Settembre, 64
12057 Neive [CN]
Tel. +39 017367013
www.giacosa.it

藏酒销售
预约参观
年产量 500 000 瓶
葡萄种植面积 50 公顷
可持续发展酒庄

在长达一个世纪的古老传统滋养下，毛里奇奥·嘉科萨（Maurizio Giacosa）与保罗·嘉科萨（Paolo Giacosa）兄弟两人拥有的酒庄始终一如既往地缔造着品质可信的美酒佳酿。嘉科萨酒庄（F.lli Giacosa）主要的葡萄来源集中在纳维产区（Neive）村镇中令人印象深刻的优质地块，而且显然主要用以酿造巴巴莱斯科葡萄酒（Barbaresco）；除此之外，还在远至卡斯蒂格里奥尼法雷托（Castiglione Falletto）和阿尔巴蒙特福德（Monforte d' Alba）产区采收用以酿造巴罗洛（Barolo）的葡萄、在阿尔巴（Alba）采收葡萄用以酿造多姿桃（Dolcetto）、在特雷佐蒂内拉（Trezzo Tinella）采收葡萄用以酿造霞多丽（Chardonnay）。因此，嘉科萨酒庄的系列酒品范围广泛、品种多样、品质卓越，而且价格极为公道。在今年的品鉴中，2011年份的曼德罗园斯佳隆巴罗洛（Barolo Scarrone Vigna Mandorlo）表现精彩，它散发着杜松、莓果和甜菜根的馥郁芬芳，饱满的果味与之完美平衡，相得益彰。口感结构紧致，单宁质地细腻，收口绵长悠然。与此同时，2012年份的巴西亚园巴罗洛（Barolo Bussia）也非常诱人，吐露着红色莓果的浓郁果香，融入香料的阵阵幽香，随之而来的是中等结构的口感，单宁略显压制，余韵绵长，美味层层跌宕开去，持久不衰。除此之外，2015年份的鲁加霞多丽（Chardonnay Ca' Lunga）饱满成熟，口感非常鲜美，令人心荡神摇。

| | |
|---|---|
| ● Barolo Scarrone V. Mandorlo '11 | ΨΨ 8 |
| ● Barbera d'Alba Maria Gioana '13 | ΨΨ 5 |
| ● Barolo Bussia '12 | ΨΨ 7 |
| ○ Langhe Chardonnay Ca' Lunga '15 | ΨΨ 5 |
| ● Nebbiolo d'Alba '14 | Ψ 5 |
| ● Barbaresco Basarin V. Gianmaté '12 | ΥΥ 6 |
| ● Barbaresco Basarin V. Gianmaté '11 | ΥΥ 6 |
| ● Barbera d'Alba Maria Gioana '12 | ΥΥ 5 |
| ● Barbera d'Alba Maria Gioana '11 | ΥΥ 4 |
| ● Barbera d'Alba Maria Gioana '10 | ΥΥ 4 |
| ● Barolo Bussia '11 | ΥΥ 6 |
| ● Barolo Scarrone V. Mandorlo '10 | ΥΥ 7 |
| ● Barolo V. Mandorlo '08 | ΥΥ 7 |
| ● Nebbiolo d'Alba '13 | ΥΥ 4 |

## Giovanni Battista Gillardi

Cascina Corsaletto, 69
12060 Farigliano [CN]
Tel. +39 017376306
www.gillardi.it

藏酒销售
预约参观
年产量 35 000 瓶
葡萄种植面积 7 公顷

具有多项天赋的加科林诺·基勒蒂（Giacolino Gillardi）一直在基勒蒂酒庄（Giovanni Battista Gillardi）辛勤工作，并且不断试图创新，陶醉在葡萄酒的美妙世界里不亦乐乎。实际上，正是加科林诺于1993年首次发布的以西拉（Syrah）酿造的哈瑞斯（Harys），颠覆了朗格地区（Langhe）以内比奥罗（Nebbiolo）、多姿桃（Dolcetto）和巴贝拉（Barbera）为主要酿造品种的传统。虽然此后加科林诺也推出了一系列其他实验性的美酒，例如以梅洛（Merlot）、赤霞珠（Cabernet Sauvignon）和歌海娜（Grenache）酿造的限量佳酿，基勒蒂酒庄核心产品的打造依然深植于本地传统，多姿桃依然是酒庄最主要的酿造葡萄品种。在巴罗洛地区（Barolo）购买了一座小酒窖和一座葡萄园之后，如今基勒蒂酒庄开始生产巴罗洛酒，第一款推出的年份酒是2011年份酒。对于加科林诺·基勒蒂而言，2015年采收酿造季遭遇了不少困难。他最重要的一座葡萄园遭遇了冰雹袭击，令克萨莱特（Cursalet）的产量硬生生减少了一半。在耗费多时玩味法国葡萄品种之后，加科林诺终于回归了多姿桃——他最初的爱。虽然2015年的气候条件艰难，克萨莱特多姿桃依然将惬意的果香与就多姿桃品质而言极为罕见的饱满口感完美结合。与此同时，2012年份的巴罗洛（Barolo）气质质朴，但是口感精美，令人心生愉悦。

- ● Barolo '12 ▼▼ 6
- ● Dogliani Cursalet '15 ▼▼ 3*
- ● Dogliani Maestra '15 ▼▼ 3
- ● Langhe Harys '14 ▼▼ 7
- ● Langhe Ilmerlò '13 ▼▼ 8
- ● Langhe Nebbiolo '14 ▼▼ 4
- ● Langhe Fiore di Harys '14 ▼ 4
- ● Barolo del Comune di Barolo '11 ▽▽ 3*
- ● Dogliani Cursalet '14 ▽▽ 3
- ● Dogliani Cursalet '13 ▽▽ 3*
- ● Dogliani Cursalet '12 ▽▽ 3*
- ● Dogliani Maestra '14 ▽▽ 2*
- ● Langhe Harys '13 ▽▽ 6
- ● Langhe Nebbiolo '13 ▽▽ 6
- ● Langhe Rosso Harys '12 ▽▽ 6
- ● Langhe Rosso Harys '11 ▽▽ 6

## La Gironda

s.da Bricco, 12
14049 Nizza Monferrato [AT]
Tel. +39 0141701013
www.lagironda.com

藏酒销售
预约参观
年产量 60 000 瓶
葡萄种植面积 9 公顷
可持续发展酒庄

阿格斯蒂诺·嘉兰德瑞诺（Agostino Galandrino）于2000年创建了吉隆达酒庄（La Gironda），近些年来，该酒庄日益成长为阿斯蒂（Asti）葡萄酒世界中的领军角色。坐落于克莱莫西纳峰葡萄园（Bricco Cremosina）——尼扎蒙费拉托地区（Nizza Monferrato）最富趣味的顶级巴贝拉（Barbera）葡萄园之一，吉隆达酒庄引以为傲的葡萄园自1963年就开始栽培酿造葡萄，出品美酒的品种并不多，主要都是巴贝拉酒。酒品风格现代，香氛强劲而集中，以清爽的果味和诱人的即时可饮性而著称。在今年的品鉴中，2013年份的超级尼扎尼奇葡萄园阿斯蒂巴贝拉（Barbera d' Asti Superiore Nizza Le Nicchie）表现出色，它散发着奎宁的缕缕醇香，融入成熟深色水果的芬芳，底蕴中透露出缕缕香料的辛香，口感饱满，单宁突出。不过，吉隆达酒庄提交的其他系列酒品也都展现出相当不俗的高品质。2015年份的利帕园阿斯蒂巴贝拉（Barbera d' Asti La Lippa）吐露着红色莓果的缕缕果香，融入香膏的扑鼻芬芳，结构坚实，酸度与酒精度完美平衡；相比较而言，2014年份的吉娜阿斯蒂巴贝拉（La Gena）则更加清凛，但是令人非常愉悦，散发着清爽的红色水果果香；2015年份的冷北风皮埃蒙特苏维翁（Piemonte Sauvignon l' Aquilone）则充分展现出品种葡萄的特质，非常容易入口。

- ● Barbera d'Asti La Gena '14 ▼▼ 3
- ● Barbera d'Asti La Lippa '15 ▼▼ 2*
- ● Barbera d'Asti Sup. Nizza Le Nicchie '13 ▼▼ 5
- ○ Piemonte Sauvignon L'Aquilone '15 ▼▼ 2*
- ● M.to Rosso Soul '13 ▼ 5
- ○ Moscato d'Asti '15 ▼ 2
- ● Barbera d'Asti Sup. Nizza Le Nicchie '11 ▽▽▽ 5
- ● Barbera d'Asti La Gena '13 ▽▽ 3
- ● Barbera d'Asti La Gena '12 ▽▽ 3*
- ● Barbera d'Asti La Lippa '14 ▽▽ 2*
- ● Barbera d'Asti Sup. Nizza Le Nicchie '12 ▽▽ 5
- ● M.to Rosso Soul '12 ▽▽ 5
- ○ Moscato d'Asti '13 ▽▽ 2*

## Tenuta La Giustiniana

FRAZ. ROVERETO, 5
15066 GAVI [AL]
TEL. +39 0143682132
www.lagiustiniana.it

藏酒销售
预约参观
年产量 200 000 瓶
葡萄种植面积 39 公顷

常常被描述为嘉维地区（Gavi）首批关注单一葡萄园精选系列美酒生产的酒庄之一，吉乌斯蒂尼阿纳酒庄（La Giustiniana）的名字取自罗维雷托小村（Rovereto）中央恢宏壮美的农庄。隆巴蒂尼家族（Lombardini）拥有的这座美丽酒庄的葡萄园占地面积几近40公顷，几乎全部种植柯蒂斯葡萄（Cortese），采取有机方式打理照料，在与恩里克·托马里诺（Enrico Tomalino）的紧密合作促进下，酒庄取得了越来越好的成绩。出品的旗舰葡萄酒系列主要来自两座土质不同的顶级葡萄园：拥有灰色泥灰岩质土壤的卢加拉葡萄园（Lugara）以及富含铁质黏土土壤的蒙特索拉葡萄园（Montessora）。这两座葡萄园采收来的酿造葡萄都会在不锈钢桶中发酵，比如罗维雷托（Rovereto）的精选诺斯托嘉维（Nostro Gavi），还会与酒泥共同陈年更久的时间。在今年的品鉴中，2015年份的嘉维名园酒之间的竞争达到了白热化，结果打成了平手：卢加拉园嘉维（Lugara）紧致而丰美，蒙特索拉园嘉维（Montessora）的香氛和口感则融入了更加明显的杏仁风味。与此同时，2012年份的精选诺斯托嘉维（Il Nostro Gavi）甚至表现更加精彩，吐露着药草般活跃而清爽的芬芳，底蕴中还透露出缕缕柑橘的甜美香气，入口感到略咸的美味，令人欲罢不能。

| | |
|---|---|
| ○ Gavi del Comune di Gavi Il Nostro Gavi '12 | 🍷🍷 4 |
| ○ Gavi del Comune di Gavi Lugarara '15 | 🍷🍷 3 |
| ○ Gavi del Comune di Gavi Montessora '15 | 🍷🍷 4 |
| ○ Gavi del Comune di Gavi Il Nostro Gavi '07 | 🍷🍷🍷 4 |
| ○ Gavi del Comune di Gavi Il Nostro Gavi '10 | 🍷🍷 4 |
| ○ Gavi del Comune di Gavi Lugarara '14 | 🍷🍷 3 |
| ○ Gavi del Comune di Gavi Lugarara '13 | 🍷🍷 3* |
| ○ Gavi del Comune di Gavi Lugarara '12 | 🍷🍷 3* |
| ○ Gavi del Comune di Gavi Lugarara '11 | 🍷🍷 3 |
| ○ Gavi del Comune di Gavi Montessora '14 | 🍷🍷 4 |
| ○ Gavi del Comune di Gavi Montessora '13 | 🍷🍷 4 |
| ○ Gavi del Comune di Gavi Montessora '12 | 🍷🍷 4 |

## ★Elio Grasso

LOC. GINESTRA, 40
12065 MONFORTE D'ALBA [CN]
TEL. +39 017378491
www.eliograsso.it

预约参观
年产量 90 000 瓶
葡萄种植面积 18 公顷
可持续发展酒庄

在权威的《特雷卡尼百科全书》（Treccani）中，对“经典”一词做出了如下定义：“能够作为一种类型范式并且能够创立一种传统”。艾利奥·格拉索（Elio Grasso）与妻子玛丽娜（Marina）和儿子詹卢卡（Gianluca）一道缔造的巴罗洛美酒（Barolos）正是“经典”的完美阐释。格拉索家族酿造的美酒最初被视为风格创新的佳酿，很快就成为充满活力的朗格（Langhe）葡萄酒世界的类型典范。卡萨梅特葡萄园（Vigna Casa Matè）和嘉维瑞尼切尼拉葡萄园（Gavarini Vigna Chiniera）两座顶级葡萄园出产的酿造葡萄一般被放入2000升的斯拉沃尼亚橡木（Slavonian oak）桶中陈年，伦科特陈酿葡萄园（Runcot Riserva）出产的葡萄则被置入小橡木桶中（Barriques）；但是当面对这三座顶级壮美的蒙特福德产区（Monforte）葡萄园产出的风格质朴、风味美妙的原料葡萄时，技术上的细节突然之间看起来变得微不足道。在今年的品鉴中，2012年份的名园巴罗洛美酒再次展开了登顶桂冠的激烈角逐，这一次的获胜者是卡萨梅特园吉内斯特拉巴罗洛（Ginestra Casa Maté）。嘉维瑞尼切尼拉园巴罗洛（Gavarini Chiniera）风味复杂，层次分明，质地细腻的单宁和华美的果浆口感精致平衡；而卡萨梅特园吉内斯特拉巴罗洛则散发着秋日落叶的气息，融入甘草和杜松子果的缕缕醇香，随之而来的口感和谐美味，回味复杂而绵长。

| | |
|---|---|
| ● Barolo Ginestra Casa Maté '12 | 🍷🍷🍷 8 |
| ● Barbera d'Alba V. Martina '13 | 🍷🍷 5 |
| ● Barolo Gavarini Chiniera '12 | 🍷🍷 8 |
| ● Barolo Gavarini Chiniera '09 | 🍷🍷🍷 8 |
| ● Barolo Gavarini V. Chiniera '06 | 🍷🍷🍷 8 |
| ● Barolo Gavarini V. Chiniera '01 | 🍷🍷🍷 7 |
| ● Barolo Gavarini V. Chiniera '00 | 🍷🍷🍷 7 |
| ● Barolo Ginestra Casa Maté '07 | 🍷🍷🍷 8 |
| ● Barolo Ginestra V. Casa Maté '05 | 🍷🍷🍷 8 |
| ● Barolo Ginestra V. Casa Maté '04 | 🍷🍷🍷 8 |
| ● Barolo Ginestra V. Casa Maté '03 | 🍷🍷🍷 7 |
| ● Barolo Rüncot '01 | 🍷🍷🍷 8 |
| ● Barolo Rüncot '00 | 🍷🍷🍷 8 |

## Silvio Grasso

FRAZ. ANNUNZIATA, 112
12064 LA MORRA [CN]
TEL. +39 017350322
www.silviograsso.com

藏酒销售
预约参观
年产量 90 000 瓶
葡萄种植面积 14 公顷

费德里克·格拉索（Federico Grasso）的酒庄装瓶自家酿造的美酒销售，已经长达35年的历史，出品的美酒表现出持续稳定的高品质。西尔维奥格拉索酒庄酒品的整体风格非常现代，两个旗舰系列巴罗洛酒分别是卢恰尼峰园系列（Bricco Luciani）和曼佐尼峰园系列（Bricco Manzoni），都要在全新的小型橡木桶中陈年两年的时间。另一方面，西尔维奥格拉索酒庄还推出了一款名为特尼（Turnè）（意为“回归”）的巴罗洛葡萄酒，遵循当地传统，采用几家葡萄园的酿造葡萄混酿而成，酒液在使用过的大型橡木桶中长期浸渍和陈年。该酒庄的其他酒品也表现卓越，尤其是丰塔尼莱阿尔巴巴贝拉（Barbera d'Alba Fontanile）。在今年的品鉴中，2012年份的卢恰尼峰园巴罗洛（Barolo Bricco Luciani）品质卓越，它吐露着新橡木的气息，融入阵阵红色莓果的果香，口感饱满复杂，与质地优美的单宁和果味完美平衡。传统风味的特尼（Turnè）散发着混合莓果的迷人果香，继而融入茴香的醇香和薄荷的清凉；2012年份的珀利科提安努齐亚塔园巴罗洛（Barolo Annunziata Vigna Plicotti）则单宁紧致，吐露着秋日落叶的芬芳，融入干草的气息。2012年份的曼佐尼峰园巴罗洛（Bricco Manzoni）的香氛已经非常开放，而2012年份的巴罗洛（Barolo）已经可以即刻饮用，虽然力道略逊一筹，但是酒质十分细腻。

| | |
|---|---|
| ● Barolo Bricco Luciani '12 | ▼▼ 7 |
| ● Barolo Turne' '12 | ▼▼ 7 |
| ● Barbera d'Alba Fontanile '13 | ▼▼ 5 |
| ● Barolo '12 | ▼▼ 5 |
| ● Barolo Annunziata V. Plicotti '12 | ▼▼ 7 |
| ● Barolo Bricco Manzoni '12 | ▼▼ 8 |
| ● Barolo Bricco Luciani '04 | ▽▽▽ 7 |
| ● Barolo Bricco Luciani '01 | ▽▽▽ 6 |
| ● Barolo Bricco Luciani '96 | ▽▽▽ 6 |
| ● Barolo Bricco Luciani '95 | ▽▽▽ 6 |
| ● Barolo Bricco Luciani '90 | ▽▽▽ 6 |
| ● Barolo Bricco Manzoni '10 | ▽▽▽ 7 |
| ● Barolo Bricco Luciani '11 | ▽▽ 7 |
| ● Barolo Bricco Luciani '10 | ▽▽ 7 |
| ● Barolo Bricco Luciani '09 | ▽▽ 7 |
| ● Barolo Bricco Manzoni '11 | ▽▽ 7 |

## Bruna Grimaldi

VIA PAREA, 7
12060 GRINZANE CAVOUR [CN]
TEL. +39 0173262094
www.grimaldibruna.it

藏酒销售
预约参观
年产量 70 000 瓶
葡萄种植面积 14 公顷

许多巴罗洛美酒的爱好者对于罗蒂地区（Roddi）并不熟悉，但是越来越多的酒庄采用这里产量不高，但是品质极佳的内比奥罗（Nebbiolo）来酿造美酒。布鲁娜·格里马尔迪（Bruna Grimaldi）在酿造安布罗吉奥峰巴罗洛（Barolo Bricco Ambrogio）的时候就是这样做的，这款佳酿总是展现出极佳的可饮性，单宁涩味不重。不过，格里马尔迪酒庄最精美、也最著名的巴罗洛酒依然来自阿尔巴塞拉伦加（Serralunga d' Alba）的巴达雷娜顶级葡萄园（Badarina cru），这里的酿造葡萄还用于生产顶级陈酿酒（Riserva）；还有更加精美的卡米拉园巴罗洛（Barolo Camilla），以格林扎纳卡沃尔（Grinzane Cavour）出产的酿造葡萄打造而成，也出品了好几款非常卓越的年份酒。除此之外，格里马尔迪酒庄整体酒品系列还由于增加了内比奥罗（Nebbiolo）、多姿桃（Dolcetto）和阿尔巴巴贝拉（Barbera d' Alba），以及少量来自纳维（Neive）的朗格阿内斯（Langhe Arneis）而进一步完善。在今年的品鉴中，2012年份的巴达雷娜园巴罗洛（Barolo Badarina）香氛浓郁，层次分明，散发着烟草和甘草的精致香气，继而让位给成熟红色水果的复杂果香，既有个性，随之而来的口感结构上佳，单宁优雅，果味丰盈饱满。2012年份的巴达雷娜园陈酿（Riserva Badarina）也非常令人信服，散发着甜美的果香，口感略显粗糙。2012年份的安布罗吉奥峰巴罗洛（Barolo Bricco Ambrogio）令人愉悦，结构精美，散发着覆盆子般的悠然果香，融入野生草莓的芬芳，底蕴中透露出缕缕黑胡椒的辛辣风味。

| | |
|---|---|
| ● Barolo Badarina '12 | ▼▼ 6 |
| ● Barolo Badarina Ris. '10 | ▼▼ 7 |
| ● Barbera d'Alba Sup. Scassa '13 | ▼▼ 3 |
| ● Barolo Bricco Ambrogio '12 | ▼▼ 5 |
| ● Barolo Camilla '12 | ▼▼ 5 |
| ● Dolcetto d'Alba '14 | ▼ 2 |
| ○ Langhe Arneis '15 | ▼ 2 |
| ● Nebbiolo d'Alba '13 | ▼ 3 |
| ● Barolo Badarina '11 | ▽▽ 6 |
| ● Barolo Badarina '10 | ▽▽ 6 |
| ● Barolo Badarina '09 | ▽▽ 6 |
| ● Barolo Badarina Ris. '09 | ▽▽ 6 |
| ● Barolo Badarina V. Regnola Ris. '06 | ▽▽ 6 |
| ● Barolo Bricco Ambrogio '10 | ▽▽ 5 |
| ● Barolo Bricco Ambrogio '09 | ▽▽ 5 |
| ● Barolo Bricco Ambrogio '08 | ▽▽ 5 |

## Giacomo Grimaldi

via Luigi Einaudi, 8
12060 Barolo [CN]
Tel. +39 0173560536
www.giacomogrimaldi.com

藏酒销售
预约参观
年产量 50 000 瓶
葡萄种植面积 13 公顷

今天的费鲁奇奥（Ferruccio）、昨天的贾科莫（Giacomo）和欧内斯托（Ernesto）：格里马尔迪家族（Grimaldi）三代人持续努力，以精湛技艺酿造巴罗洛美酒（Barolo）。格里马尔迪家族酒庄出品的风格非常传统，出产质朴的年轻美酒，保持数年不懈，展现出极强的陈年潜力。勒克斯特园巴罗洛（Barolo Le Coste）以其强劲力道脱颖而出，而索托卡斯泰罗迪诺韦洛园巴罗洛（Sotto Castello di Novello）则更注重优雅的质感。农场周边的葡萄园隶属顶级的泰罗葡萄园（Terlocru），为基本款巴罗洛提供酿造原料。在今年的品鉴中，索托卡斯泰罗迪诺韦洛园巴罗洛一举摘下酒庄最佳巴罗洛美酒的桂冠，展现出贵族般的高雅气质。它充分显露出所产葡萄园风土的细腻特质，散发着玫瑰的经典芬芳，融入黑胡椒的缕缕辛香，底蕴中还透露出缕缕覆盆子的果香，口感非常卓越，单宁极为精美。相比较而言，勒克斯特园巴罗洛的香氛更加馥郁，口感更加恢宏和粗粝，更加适合长期陈年窖藏。2012年份的巴罗洛（Barolo）由泰罗葡萄园和拉维拉葡萄园（Ravera）的酿造葡萄混酿而成，风格非常质朴有力。

| | |
|---|---|
| ● Barolo Sotto Castello di Novello '12 | 🍷🍷 6 |
| ● Barbera d'Alba Pistìn '15 | 🍷🍷 3 |
| ● Barolo '12 | 🍷🍷 6 |
| ● Barolo Le Coste '12 | 🍷🍷 7 |
| ● Dolcetto d'Alba '15 | 🍷 2 |
| ○ Langhe Sauvignon '15 | 🍷 3 |
| ● Barolo Sotto Castello di Novello '05 | YYY 6 |
| ● Barbera d'Alba Fornaci '12 | YY 4 |
| ● Barbera d'Alba Pistìn '14 | YY 3 |
| ● Barolo '11 | YY 6 |
| ● Barolo Le Coste '11 | YY 7 |
| ● Barolo Le Coste '10 | YY 6 |
| ● Barolo Sotto Castello di Novello '11 | YY 6 |
| ● Barolo Sotto Castello di Novello '10 | YY 6 |
| ● Dolcetto d'Alba '14 | YY 2* |

## La Guardia

pod. La Guardia, 74
15010 Morsasco [AL]
Tel. +39 014473076
www.laguardiavilladelfini.it

藏酒销售
预约参观
年产量 100 000 瓶
葡萄种植面积 35 公顷

20世纪60年代，普里亚罗内家族（Priarone）凭借7公顷葡萄园开启了拉瓜迪亚酒庄（La Guardia）的生意。今天，酒庄葡萄园的种植面积已经拓展到几近35公顷，酒庄建筑则藏身于莫尔萨斯科产区（Morsasco）17世纪古老而壮美的德尔菲尼城堡（Villa Delfini）之中，酒庄出品的顶级美酒都在城堡的古老酒窖中缓慢陈年，古堡的其他部分则用来承办庆典和活动。拉瓜迪亚酒庄不仅以本地葡萄品种巴贝拉（Barbera）、多姿桃（Dolcetto）、阿尔巴洛萨（Albarossa）、布拉切多（Brachetto）和柯蒂斯（Cortese）来酿造美酒，也引入了黑比诺（Pinot Nero）、赤霞珠（Cabernet Sauvignon）、梅洛（Merlot）和霞多丽（Chardonnay）等国际品种。在今年的品鉴中，嘉莫迪诺欧维达陈酿（Ovada Riserva Il Gamondino）表现精彩，散发着阵阵果香，底蕴中透露出缕缕香料和烟草的醇香，绵长的口感层次分明，果味一层层跌宕开去。蒙费拉托红葡萄酒805（Monferrato Rosso 805）吐露着绿蔬的青绿风味，口感结构紧致，收口时的单宁略显粗糙。我们还非常喜爱多皮奥红葡萄酒（Doppio Rosso），这款“双份”美酒以多姿桃和巴贝拉混酿而成；德尔菲尼堡皮埃蒙特霞多丽（Piemonte Chardonnay Villa Delfini）也同样表现不俗。

| | |
|---|---|
| ● M.to Rosso 805 '11 | 🍷🍷 3 |
| ● Ovada Il Gamondino Ris. '13 | 🍷🍷 3 |
| ● Doppio Rosso '13 | 🍷 3 |
| ○ Piemonte Chardonnay Villa Delfini '15 | 🍷 3 |
| ● Barbera del M.to Ornovo '11 | YY 3 |
| ● Barbera del M.to Sup. La V. di Dante '08 | YY 4 |
| ● M.to Rosso Innominato '09 | YY 4 |
| ● M.to Rosso Leone '09 | YY 4 |
| ● M.to Rosso Leone '08 | YY 4 |
| ● M.to Rosso Sacro e Profano '09 | YY 4 |
| ● M.to Rosso Sacro e Profano '07 | YY 5 |
| ● Ovada Il Gamondino Ris. '11 | YY 3 |
| ● Ovada Vign. Bricco Riccardo '10 | YY 3 |

## Clemente Guasti

c.so IV Novembre, 80
14049 Nizza Monferrato [AT]
Tel. +39 0141721350
www.guasti.it

藏酒销售
预约参观
年产量 120 000 瓶
葡萄种植面积 27 公顷

今天，安德里亚·瓜斯蒂（Andrea Guasti）和阿莱桑德罗·瓜斯蒂（Alessandro Guasti）共同经营着这家具有悠久传统的家族酒庄。克莱蒙瓜斯蒂酒庄（Clemente Guasti）位于尼扎蒙费拉托（Nizza Monferrato）的中心地带，以出品卓越的阿斯蒂巴贝拉美酒（Barbera d' Asti）而闻名遐迩。酒庄的葡萄园分布于四座农庄中：博思切托韦奇欧（Boschetto Vecchio）、方达圣尼古洛（Fonda San Nicolao）、圣特雷莎（Santa Teresa）和吉萨拉—圣韦泰尔（Gessara–San Vitale），其中三座位于尼扎产区（Nizza），一座临近蒙巴鲁佐（Mombaruzzo）。酒品风格比较传统，主要集中打造定制酒。在今年的品鉴中，2011年份的超级诗薇奈阿斯蒂巴贝拉（Barbera d' Asti Superiore Severa）完美展现出该酒庄出品的一贯风格，散发着烘焙的香气，融入薄荷的清凉和药草的醇香，更有一抹罐装樱桃的香气萦绕其间，口感多汁而复杂，饱满的果味与清爽的酸度完美平衡。除此之外，2011年份的超级博思切托韦奇欧阿斯蒂巴贝拉（Barbera d' Asti Superiore Boschetto Vecchio）也表现出色，它辛辣而柔美，口感演化完善；2015年份的圣特雷莎阿斯蒂莫斯卡托（Moscato d' Asti Santa Teresa）则散发着橘子皮和水果干的甜美芬芳；2011年份的超级尼扎巴卡拉托阿斯蒂巴贝拉（Barbera d' Asti Superiore Nizza Barcarato）馥郁浓稠，果味饱满。

| | |
|---|---|
| ● Barbera d'Asti Sup. Severa '11 | 🍷🍷 3* |
| ● Barbera d'Asti Sup. Boschetto Vecchio '11 | 🍷🍷 4 |
| ● Barbera d'Asti Sup. Nizza Barcarato '11 | 🍷🍷 5 |
| ○ Moscato d'Asti Santa Teresa '15 | 🍷🍷 3 |
| ● Barbera d'Asti Desideria '13 | 🍷 3 |
| ● Barbera d'Asti Sup. Boschetto Vecchio '10 | 🥂🥂 4 |
| ● Barbera d'Asti Sup. Boschetto Vecchio '09 | 🥂🥂 4 |
| ● Barbera d'Asti Sup. Fonda San Nicolao '09 | 🥂🥂 4 |
| ● Barbera d'Asti Sup. Nizza Barcarato '09 | 🥂🥂 5 |
| ● Barbera d'Asti Sup. Severa '10 | 🥂🥂 3 |
| ● Grignolino d'Asti '14 | 🥂🥂 3 |
| ○ Moscato d'Asti Santa Teresa '13 | 🥂🥂 3 |
| ○ Moscato d'Asti Santa Teresa '12 | 🥂🥂 3 |

## ★Hilberg - Pasquero

via Bricco Gatti, 16
12040 Priocca [CN]
Tel. +39 0173616197
www.hilberg-pasquero.com

藏酒销售
预约参观
年产量 24 000 瓶
葡萄种植面积 6.5 公顷
葡萄栽培方式 有机认证

米歇尔·帕斯奎罗（Michele Pasquero）和安内特·希尔伯格（Anette Hillberg）合力打造了罗埃罗地区（Roero）最具盛名、也最独特的酒庄之一，尽管这座希尔伯格—帕斯奎罗酒庄（Hilberg-Pasquero）的出品并非罗埃罗的指定产区酒。酒庄位于加提峰地区（Bricco Gatti）俯瞰普瑞卡（Priocca）的一座山上，葡萄园坐落于蒙特弗奇（Monteforche）和斯黛拉峰地区（Bricco Stella），全部围绕着酒庄分布，拥有白色粉砂质和泥灰岩质土壤，比经典的罗埃罗产区（Roero）地形更加富含黏土，主要种植罗埃罗地区经典的红葡萄品种：包括巴贝拉（Barbera）、布拉切多（Brachetto）和内比奥罗（Nebbiolo）。在今年的品鉴中，我们非常喜爱2015年份的阿尔巴巴贝拉（Barbera d' Alba），它非常易于入口，散发着成熟樱桃的浓郁果香，底蕴中透露出缕缕泥土的醇香，口感多汁，结构紧致。除此之外，2014年份的超级阿尔巴巴贝拉（Barbera d' Alba Superiore）也表现抢眼，散发着可可粉的浓醇香气，融入香料的辛香和烘焙的芬芳，口感卓越，但是由于酿造年份气候条件不佳，导致酒中的酸度略显猛烈。与此同时，瓦雷加红葡萄酒（Vareij Rosso）展现出精湛的酿造工艺，这款以70%的布拉切多（Brachetto）和30%的巴贝拉混酿而成的美酒芳香扑鼻，口感非常有嚼劲，令人心生愉悦。

| | |
|---|---|
| ● Barbera d'Alba '15 | 🍷🍷 3* |
| ● Barbera d'Alba Sup. '14 | 🍷🍷 5 |
| ● Vareij Rosso | 🍷🍷 3 |
| ● Langhe Nebbiolo '14 | 🍷 4 |
| ● Barbera d'Alba Sup. '09 | 🥂🥂🥂 5 |
| ● Nebbiolo d'Alba '06 | 🥂🥂🥂 5 |
| ● Nebbiolo d'Alba '05 | 🥂🥂🥂 5 |
| ● Nebbiolo d'Alba '04 | 🥂🥂🥂 5 |
| ● Nebbiolo d'Alba '03 | 🥂🥂🥂 5 |
| ● Nebbiolo d'Alba '01 | 🥂🥂🥂 5 |
| ● Barbera d'Alba '14 | 🥂🥂 3 |
| ● Langhe Nebbiolo '13 | 🥂🥂 4 |
| ● Nebbiolo d'Alba '13 | 🥂🥂 5 |

## Icardi

LOC. SAN LAZZARO
S.DA COMUNALE BALBI, 30
12053 CASTIGLIONE TINELLA [CN]
TEL. +39 0141855159
www.icardivini.it

藏酒销售
预约参观
年产量 360 000 瓶
葡萄种植面积 75 公顷
葡萄栽培方式 生物动力学认证

克劳迪奥·伊卡迪（Claudio Icardi）与玛利亚格莱奇亚·伊卡迪（Mariagrazia Icardi）经营着这家创建于1914年的古老酒庄，酒庄地处朗格巴萨（Bassa Langa）与蒙费拉托（Monferrato）的交界地带。除了紧挨着酒窖的葡萄园之外，伊卡迪酒庄还在卡斯蒂格里奥尼蒂内拉（Castiglione Tinella）以及蒙费拉托和朗格地区拥有多处品质卓越的种植地块，为酒庄范围广泛的系列酒品提供酿造原料，从巴罗洛（Barolo）和巴巴莱斯科（Barbaresco），到阿斯蒂巴贝拉（Barbera d' Asti）和阿斯蒂莫斯卡托（Moscato d' Asti）。所有上述酒品都浓郁芬芳，果味丰盈，从发布伊始便展现出极高的可饮性，即便是那些最具结构的美酒也是如此。在今年的品鉴中，伊卡迪酒庄的整体出品系列都表现出色，当然这其中包含更出类拔萃的超级明星。2013年份的帕弗杰巴罗洛（Barolo Parej）就是一款明星美酒，并且进入了我们"三杯奖"大奖决赛的激烈角逐——它的香氛层次分明，口感和谐美妙。与此同时，2013年份的屋背山巴巴莱斯科（Barbaresco Montubert）果味饱满，散发着醋栗的悠然果香，收口余韵绵长悠然。伊卡迪酒庄的白葡萄酒也表现抢眼：2015年份的皮埃蒙特帕弗杰干白葡萄酒（Piemonte Bianco Pafoj）由60%的苏维翁（Sauvignon）和40%的霞多丽（Chardonnay）酿制而成，口感丰盈，果味层层展开；2015年份的达德里奥干白葡萄酒（Dadelio Bianco）由70%的柯蒂斯（Cortese）和30%的莫斯卡托（Moscato）混酿而成，扑鼻清新，令人心旷神怡。

| | |
|---|---|
| ● Barolo Parej '12 | 🍷🍷 8 |
| ● Barbaresco Montubert '13 | 🍷🍷 5 |
| ● Barbera d'Asti Sup. Nuj Suj '14 | 🍷🍷 5 |
| ○ Dadelio Bianco '15 | 🍷🍷 5 |
| ○ Moscato d'Asti La Rosa Selvatica '15 | 🍷🍷 2* |
| ○ Piemonte Bianco Pafoj '15 | 🍷🍷 4 |
| ● Barbaresco Montubert '11 | 🍷🍷 5 |
| ● Barbera d'Alba Surì di Mù '12 | 🍷🍷 5 |
| ● Barbera d'Asti Nuj Suj '12 | 🍷🍷 5 |
| ● Barolo Parej '11 | 🍷🍷 8 |
| ● Langhe Rosso Dadelio Cascina San Lazzaro '11 | 🍷🍷 5 |
| ● Langhe Rosso Pafoj '11 | 🍷🍷 6 |
| ○ Piemonte Bianco Pafoj '14 | 🍷🍷 4 |
| ○ Piemonte Bianco Pafoj '13 | 🍷🍷 4 |

## Ioppa

FRAZ. MAULETTA
VIA DELLE PALLOTTE, 10
28078 ROMAGNANO SESIA [NO]
TEL. +39 0163833079
www.viniioppa.it

藏酒销售
预约参观
年产量 140 000 瓶
葡萄种植面积 20.5 公顷

詹皮耶罗·艾欧帕（Giampiero Ioppa）与乔吉奥·艾欧帕（Giorgio Ioppa）兄弟两人及他们的儿子马可·艾欧帕（Marco Ioppa）和安德里亚·艾欧帕（Andrea Ioppa）共同经营着这座家族酒庄，当然早已是诺瓦拉产区（Novara）的熟人熟脸。在过去的几年间，我们注意到艾欧帕酒庄的整体出品方向发生了重大变化，他们品质卓越的酿造葡萄来自面积达到20公顷的葡萄园，分别位于罗马尼亚诺塞夏（Romagnano Sesia）和格美（Ghemme）。艾欧帕酒庄主要以内比奥罗（Nebbiolo）为原料，酿造别具天然风味的红葡萄酒，虽然葡萄园还大范围种植了厄柏露丝（Erbaluce）、拉雅（Uva rara）以及维斯珀丽娜（Vespolina）等品种葡萄——后者被用以酿造斯特兰斯帕西多甜酒（Stransì Passito）。艾欧帕酒庄出产三种款式的格美葡萄酒，包括基本款格美、巴尔西纳峰葡萄园格美（Bricco Balsina）和圣塔菲葡萄园格美（Santa Fè），风格现代且创新，但是在年轻的时候过于精粹的气息和橡木风味显得略重。2011年是一个充满矛盾和挑战的采收酿造季，艾欧帕家族推出的年份酒却做出了精彩的阐释。在今年的品鉴中，圣塔菲园格美（Santa Fè）表现抢眼，清爽有力，吐露着如花的芬芳，质地精美；而巴尔西纳峰园格美（Balsina）的香氛更加浓郁，酒质发展更加清凛。除此之外，维斯珀丽娜的表现强劲有力，也非常值得推荐。

| | |
|---|---|
| ● Colline Novaresi Vespolina '11 | 🍷🍷 3* |
| ● Ghemme '11 | 🍷🍷 4 |
| ● Ghemme Santa Fé '11 | 🍷🍷 6 |
| ● Ghemme Bricco Balsina '11 | 🍷🍷 6 |
| ● Colline Novaresi Nebbiolo '11 | 🍷🍷 2* |
| ● Colline Novaresi Nebbiolo '09 | 🍷🍷 2* |
| ⊙ Colline Novaresi Nebbiolo Rusin '13 | 🍷🍷 2* |
| ● Colline Novaresi Vespolina '07 | 🍷🍷 3 |
| ● Ghemme '08 | 🍷🍷 4 |
| ● Ghemme '07 | 🍷🍷 4 |
| ● Ghemme Bricco Balsina '08 | 🍷🍷 6 |
| ● Ghemme Bricco Balsina '07 | 🍷🍷 4 |
| ● Ghemme Santa Fè '08 | 🍷🍷 6 |
| ● Ghemme Santa Fè '07 | 🍷🍷 6 |
| ● Stransì | 🍷🍷 5 |

## Isolabella della Croce

REG. CAFFI, 3
14051 LOAZZOLO [AT]
TEL. +39 014487166
www.isolabelladellacroce.it

藏酒销售
预约参观
年产量 90 000 瓶
葡萄种植面积 14 公顷

博尔戈·伊索拉贝拉（Borgo Isolabella）的酒庄及其葡萄园地处海拔500米之上南向山坡的树林间，位于阿斯蒂（Asti）的贝尔博（Belbo）和博尔米达河谷（Bormida）之间规模不大的高朗垓（Alta Langa）洛阿佐洛（Loazzolo）指定产区，环绕的群山天然形成了一座仿似阶梯状剧场的自然美景。克罗斯伊索拉贝拉酒庄（Isolabella della Croce）的葡萄酒系列出品包含十几种美酒，既有本地葡萄品种，也包括国际葡萄品种——无论从品质上还是从潜力上而言，最主要的国际葡萄品种都是黑比诺（Pinot Nero）。尼扎奥古斯塔（Nizza Augusta）来自酒庄位于卡拉曼德拉纳（Calamandrana）的葡萄园。在今年的品鉴中，酒庄推荐的系列酒品展现出优秀的品质，从2013年份的超级塞拉纳阿斯蒂巴贝拉（Barbera d' Asti Superiore Serena）开始，它散发着幽然而复杂的芬芳，融入深色莓果的清爽果香，底蕴中透露出缕缕烟草的醇香，更有一抹雨后泥土的香醇气息萦绕其间，随之而来的口感美妙，脆爽的果味和活跃的酸度完美平衡。除此之外，2012年份的尼扎奥古斯塔超级阿斯蒂巴贝拉（Barbera d' Asti Superiore Nizza Augusta）虽然橡木气息依然明显，但是酒体结构精良，口感果味饱满丰盈。与此同时，2015年份的瓦尔德塞拉阿斯蒂莫斯卡托（Moscato d' Asti Valdiserre）也令人愉悦；2012年份的法尔科峰皮埃蒙特黑比诺（Piemonte Pinot Nero Bricco del Falco）相比而言质感更加质朴。

- ● Barbera d'Asti Sup. Serena '13 — TT 4 (red)
- ● Barbera d'Asti Sup. Nizza Augusta '12 — TT 5
- ○ Moscato d'Asti Valdiserre '15 — TT 3
- ● Piemonte Pinot Nero Bricco del Falco '12 — TT 5
- ○ Loazzolo Solìo V. T. '07 — T 5
- ○ Piemonte Chardonnay Solum '14 — T 4
- ○ Piemonte Sauvignon Blanc '15 — T 3
- ● Barbera d'Asti Sup. Nizza Augusta '11 — YY 4
- ● Barbera d'Asti Sup. Serena '12 — YY 4
- ● Barbera d'Asti Sup. Serena '11 — YY 4
- ○ Moscato d'Asti Valdiserre '14 — YY 3
- ○ Piemonte Sauvignon Blanc '14 — YY 3
- ○ Piemonte Sauvignon Blanc '13 — YY 3

## Tenuta Langasco

FRAZ. MADONNA DI COMO, 10
12051 ALBA [CN]
TEL. +39 0173286972
www.tenutalangasco.it

藏酒销售
预约参观
年产量 60 000 瓶
葡萄种植面积 22 公顷

克劳迪奥·萨科（Claudio Sacco）漂亮的小酒庄坐落在俯瞰阿尔巴（Alba）小镇的群山间，景色恢宏壮阔，异常迷人，尽管在过去的四十年间，满山的绿茵逐渐被各种各样的现代化建筑所取代。这家拥有深厚家族根基的酒庄自1979年开始活跃地涉足酿酒事业，酒庄就积极应对出品全系本地葡萄酒的挑战。这些系列酒品包括从朗格阿内斯（Langhe Arneis）和阿尔巴内比奥罗（Nebbiolo d' Alba），到阿斯蒂莫斯卡托（Moscato d' Asti）和玛多纳迪科姆多姿桃（Dolcetto Madonna di Como），更不要忘记皮埃蒙特布拉切多（Piemonte Brachetto）和朗格费弗瑞塔（Langhe Favorita）。在今年的品鉴中，2015年份的米莱特园多姿桃（Dolcetto Vigna Miclet）表现精彩，闯进了我们"三杯奖"大奖的最终角逐，散发着深色水果的经典果香，融入苦杏仁的风味，口感复杂多汁，极富个性。与此同时，索瑞科帕巴贝拉（Barbera Sorì Coppa）的品质也非常出众，以其紧致集中的混合莓果成熟果香给我们带来了惊喜，更有一抹烘焙的醇香萦绕其间，丝丝奎宁的气息极具意趣，伴随着紧致精美的口感，与之平衡的酸度令整款酒的气质活跃怡人。

- ● Dolcetto d'Alba Madonna di Como V. Miclet '15 — TT 3* (red)
- ● Barbera d'Alba Sortì '14 — TT 3
- ○ Gredo Brut M. Cl. '12 — TT 4
- ● Nebbiolo d'Alba Sorì Coppa '14 — TT 4
- ● Barbera d'Alba V. Madonna di Como '14 — T 2
- ● Barbera d'Alba Madonna di Como '11 — YY 2*
- ● Barbera d'Alba Sortì '13 — YY 3
- ● Barbera d'Alba V. Madonna di Como '13 — YY 2*
- ● Barbera d'Alba V. Madonna di Como '12 — YY 2*
- ● Dolcetto d'Alba V. Madonna di Como '14 — YY 2*
- ● Dolcetto d'Alba V. Miclet '14 — YY 3
- ● Dolcetto d'Alba V. Miclet '13 — YY 3*
- ● Nebbiolo d'Alba Sorì Coppa '13 — YY 4
- ● Nebbiolo d'Alba Sorì Coppa '12 — YY 4
- ● Nebbiolo d'Alba Sorì Coppa '11 — YY 4

## Ugo Lequio

via del Molino, 10
12057 Neive [CN]
Tel. +39 0173677224
www.ugolequio.it

藏酒销售
预约参观
年产量 30 000 瓶
葡萄种植面积

我们强烈推荐美酒爱好者们绕道前往纳维的莫利诺（Molino di Neive）参观造访乌戈瑞基欧酒庄（Ugo Lequio），并且享受他独一无二的热情待客。乌戈·瑞基欧总是冷静而热忱，三十多年来，他以实力证明了该酒庄无愧于巴巴莱斯科产区（Barbaresco）美酒朝圣地的盛名，尤其是极富高贵气质的嘉丽娜葡萄园精选系列（Gallina Vineyard），既有基本酒，也包括陈酿（Riserva）。在2500升的橡木桶中经过中长期的浸渍和陈年，它们都呈现出奢华的酒质，风味阳光且复杂。在乌戈瑞基欧酒庄出品的其他系列葡萄酒中——从巴贝拉（Barbera）到阿内斯（Arneis）——都能发现同样的风格。在今年的品鉴中，2013年份的嘉丽娜园巴巴莱斯科（Barbaresco Gallina）从所有酒品中脱颖而出，已经完全去除了残余的些许橡木气息，显露出优雅复杂的香氛，仿似金色烟草叶般的醇香飘散出来，更有一抹大黄的气息萦绕其间。这种双重特性在口感中得以加强，单宁依然突出，橡木美味结合了朗格内比奥罗（Langhe Nebbiolo）葡萄经典的质朴滋味。

| | |
|---|---|
| ● Barbaresco Gallina '13 | 🍷🍷 5 |
| ● Barbaresco Gallina '12 | 🍷🍷 5 |
| ● Barbaresco Gallina '11 | 🍷🍷 5 |
| ● Barbaresco Gallina '10 | 🍷🍷 5 |
| ● Barbaresco Gallina '09 | 🍷🍷 5 |
| ● Barbaresco Gallina '08 | 🍷🍷 5 |
| ● Barbaresco Gallina '07 | 🍷🍷 5 |
| ● Barbaresco Gallina Ris. '10 | 🍷🍷 6 |
| ● Barbaresco Gallina Ris. '07 | 🍷🍷 6 |
| ● Barbera d'Alba Sup. '11 | 🍷🍷 4 |
| ● Barbera d'Alba Sup. Gallina '12 | 🍷🍷 4 |
| ○ Langhe Arneis '13 | 🍷🍷 3 |
| ○ Langhe Arneis '12 | 🍷🍷 3 |

## Podere Macellio

via Roma, 18
10014 Caluso [TO]
Tel. +39 0119833511
www.erbaluce-bianco.it

藏酒销售
预约参观
年产量 25 000 瓶
葡萄种植面积 3.5 公顷

彼得瑞梅沙利奥酒庄（Podere Macellio）是卡卢索地区（Caluso）最精美的酒庄之一，酒庄主人比安科家族（Bianco）拥有面积达到3.5公顷的葡萄园，酿酒历史可以回溯到18世纪后半期。20世纪60年代中期，雷纳托·比安科开始正式将酿造的美酒装瓶，后来掌门人的位置传给了他的儿子达尼埃尔·比安科（Daniele Bianco），此后彼得瑞梅沙利奥酒庄卓越的传统系列美酒的组成和风格都发生了一些变化。采用简单酿造方法和长期陈年，酒庄出品的厄柏露丝（Erbaluces）展现出极强的陈年潜力，既有一款非起泡的静止干型葡萄酒、一款传统酿造法（Metodo Classico）起泡酒，还有一款帕西多甜白葡萄酒（Passito）。在今年的品鉴中，2015年份的卡卢索厄柏露丝（Erbaluce di Caluso）表现极为出色，从众多酒品中脱颖而出，成为今年该酒庄酒品中的佼佼者。它的香氛非常复杂，散发着药草般的醇香，融入薄荷油的清凉，口感直接而平衡，展现出极佳的力道和清爽，收口令人愉悦，美味持久在味蕾上跃动不散。除此之外，2003年份的卡卢索帕西多甜酒（Caluso Passito）气势恢宏，表现出卓越的复杂度，但是依然平衡。

| | |
|---|---|
| ○ Erbaluce di Caluso '15 | 🍷🍷 2* |
| ○ Caluso Passito Ris. '03 | 🍷🍷 5 |
| ○ Erbaluce di Caluso Extra Brut M. Cl. | 🍷🍷 3 |
| ○ Caluso Passito '09 | 🍷🍷 5 |
| ○ Caluso Passito '08 | 🍷🍷 5 |
| ○ Caluso Passito '07 | 🍷🍷 5 |
| ○ Caluso Passito '06 | 🍷🍷 5 |
| ○ Erbaluce di Caluso '13 | 🍷🍷 2* |
| ○ Erbaluce di Caluso '12 | 🍷🍷 2* |
| ○ Erbaluce di Caluso '11 | 🍷🍷 2* |
| ○ Erbaluce di Caluso '10 | 🍷🍷 2* |

## Malabaila di Canale

via Madonna dei Cavalli, 93
12043 Canale [CN]
Tel. +39 017398381
www.malabaila.com

藏酒销售
预约参观
年产量 100 000 瓶
葡萄种植面积 22 公顷
可持续发展酒庄

玛拉白拉家族（Malabaila）最早的酿酒记录可以追溯到遥远的13世纪。今天，占地面积达到90公顷的加纳莱玛拉白拉酒庄（Malabaila di Canale）拥有22公顷的傲人葡萄园，呈现罗埃罗产区（Roero）典型的砂质泥灰土壤，土质蓬松，排水良好，位于陡峭的山坡上，易于遭受冲蚀，有些地方的倾斜度甚至达到惊人的50%，种植的老藤生长期超过六十年。加纳莱玛拉白拉酒庄出品的美酒都忠诚地反映出本地风土特质，尤其注重酒体结构和饱满的果味。今年，加纳莱玛拉白拉酒庄出品美酒的表现都十分优异。2012年份的罗埃罗卡斯泰雷托陈酿（Roero Castelletto Riserva）紧致而平衡，散发着红色水果的阵阵果香，绵长的收口浸润着缕缕茴香的清爽滋味；2013年份的罗埃罗布瑞克沃尔塔（Roero Bric Volta）吐露着野生莓果的馥郁果香，融入香膏的芬芳，回味甘甜绵长，持久而丰盈的果味在唇齿间徘徊不去。今年，我们一致认为2015年份的罗埃罗阿内斯（Roero Arneis）比罗埃罗普莱德瓦加阿内斯（Roero Arneis Pradvaj）更胜一筹，前者散发着极为成熟浓郁的果香。

| | |
|---|---|
| ● Roero Bric Volta '13 | 3* |
| ● Roero Castelletto Ris. '12 | 4 |
| ● Barbera d'Alba Giardino '15 | 2* |
| ○ Roero Arneis '15 | 2* |
| ○ Langhe Favorita Donna Costanza '15 | 2 |
| ○ Roero Arneis Pradvaj '15 | 3 |
| ● Barbera d'Alba Mezzavilla '11 | 3 |
| ● Nebbiolo d'Alba Bric Merli '13 | 3 |
| ○ Roero Arneis '14 | 2* |
| ○ Roero Arneis Pradvaj '14 | 3* |
| ● Roero Bric Volta '12 | 3* |
| ● Roero Bric Volta '11 | 3 |
| ● Roero Castelletto Ris. '11 | 4 |
| ● Roero Castelletto Ris. '10 | 5 |

## ★Malvirà

loc. Canova
via Case Sparse, 144
12043 Canale [CN]
Tel. +39 0173978145
www.malvira.com

藏酒销售
预约参观
膳宿接待
年产量 300 000 瓶
葡萄种植面积 42 公顷

马西莫·达蒙特（Massimo Damonte）和罗伯托·达蒙特（Roberto Damonte）兄弟两人拥有的马尔维拉酒庄（Malvirà）已经持续几年在罗埃罗产区（Roero）卓越葡萄酒生产商名单中名列前茅。马尔维拉酒庄令人骄傲地拥有一些罗埃罗产区最为著名的顶级葡萄园，从蒙姆贝尔查莫园（Mombeltramo）和雷尼西欧园（Renesio）到萨列托园（Saglietto）和圣米歇尔园（San Michele），酒庄总部、为客人提供住宿服务的卓越酒店和特色餐厅都位于卡纳莱（Canale）的特立尼塔园（Trinità）。马尔维拉酒庄的系列酒品建立在本地典型的葡萄品种基础之上，包括阿内斯（Arneis）、巴贝拉（Barbera）和内比奥罗（Nebbiolo），还有少量的巴罗洛（Barolo）来自拉莫拉（La Morra）的葡萄园。在今年的品鉴中，罗埃罗蒙姆贝尔查莫葡萄园陈酿（Roero Mombeltrano Riserva）再次以不俗实力证明了自己依然是酒庄的明星酒品。2012年份酒散发着柑橘活跃的果香，融入烟草的缕缕醇香，更有一抹红色莓果（草莓和覆盆子）的甜美芬芳萦绕其间，结构紧实，口感平衡，极富个性，回味绵长。除此之外，2012年份的雷尼西欧葡萄园罗埃罗陈酿（Roero Vigna Renesio Riserva）也表现出色，风味更加清凛，但是酒质精美甘甜；2012年份的波奥罗巴罗洛（Barolo Boiolo）吐露着复杂的香氛，融入秋日落叶的芬芳，洋溢着牛肝菌的醇香，底蕴中透露出丝丝茶叶的清爽。各种款式的阿内斯葡萄酒（Arneis）也绝不容错过，它们的高品质一如既往。

| | |
|---|---|
| ● Roero V. Mombeltramo Ris. '12 | 5 |
| ● Barolo Boiolo '12 | 7 |
| ● Roero V. Renesio Ris. '12 | 5 |
| ○ Roero Arneis V. Renesio '15 | 3 |
| ● Roero V. Trinità Ris. '12 | 5 |
| ○ Roero Arneis '15 | 2 |
| ○ Roero Arneis V. Saglietto '14 | 3 |
| ○ Roero Arneis V. Trinità '15 | 3 |
| ● Roero Mombeltramo Ris. '11 | 5 |
| ● Roero Mombeltramo Ris. '10 | 5 |
| ● Roero Mombeltramo Ris. '05 | 5 |
| ● Roero Renesio Ris. '05 | 5 |
| ● Roero Trinità Ris. '07 | 5 |

## Giovanni Manzone

via Castelletto, 9
12065 Monforte d'Alba [CN]
Tel. +39 017378114
www.manzonegiovanni.com

藏酒销售
预约参观
年产量 45 000 瓶
葡萄种植面积 7.5 公顷
可持续发展酒庄

如果你初次造访位于阿尔巴蒙福特（Monforte d' Alba）的小村卡斯泰雷托（Castelletto），你恐怕很难找到乔瓦尼·曼卓（Giovanni Manzone）和毛罗·曼卓（Mauro Manzone）拥有的家族酒庄。不过，为了找到这里而付出的一切努力都是值得的，因为乔瓦尼曼卓酒庄的出品完美展示了朗格地区（Langhe）的风土特质以及大师级的酿造传统。酒庄出产的无标巴罗洛葡萄酒（Barolos）在年轻的时候非常难以入口，但是展现出极强的陈年潜力，由于采用了格雷姆里尔（Gramolere）、布里卡特（Bricat）和卡斯泰雷托等顶级葡萄园的酿造葡萄，近几年得以进一步完善了品质。酒庄出品主要以一系列本地经典美酒为特色，不过还包含一款非常奇特的罗瑟丝白葡萄酒（Rossese Bianco）。在今年的品鉴中，2012年份的三款巴罗洛酒与以往一样展现出迥然不同的特色。布里卡特园巴罗洛（Bricat）散发着热情洋溢的果味，融入林地的醇香，口感更加清凛；而与格雷姆里尔园巴罗洛（Gramolere）相比，卡斯泰雷托园巴罗洛表现出更强的平衡度，更令人愉悦的口感。除此之外，2009年份的格雷姆里尔园巴罗洛陈酿（Gramolere Riserva）馥郁集中，散发着薄荷的清凉风情，底蕴中透露出茴香的丝丝醇香。

- ● Barolo Bricat '12 — 6
- ● Barolo Gramolere Ris. '09 — 8
- ● Barbera d'Alba Sup. La Marchesa '13 — 5
- ● Barolo Castelletto '12 — 6
- ● Barolo Gramolere '12 — 6
- ○ Langhe Rossese Bianco Rosserto '14 — 3
- ● Barolo Bricat '05 — 6
- ● Barolo Castelletto '09 — 5
- ● Barolo Gramolere Ris. '05 — 7
- ● Barolo Le Gramolere '04 — 6
- ● Barolo Le Gramolere Ris. '01 — 7
- ● Barolo Le Gramolere Ris. '00 — 7
- ● Barolo Le Gramolere Ris. '99 — 7

## Paolo Manzone

loc. Meriame, 1
12050 Serralunga d'Alba [CN]
Tel. +39 0173613113
www.barolomeriame.com

藏酒销售
预约参观
膳宿接待
年产量 85 000 瓶
葡萄种植面积 10 公顷
可持续发展酒庄

梅瑞埃米葡萄园（Meriamecru）位于阿尔巴塞拉伦加（Serralunga d' Alba），这座卓越的葡萄园规模如此之小，以至于它的名字直到最近才出现在酒标上。不过，这里的土质和朝向都是一流的，经验丰富的保罗·曼卓（Paolo Manzone）三十多年来以这里的酿造葡萄为原料打造的卓越美酒就是明证，显然一切都从巴罗洛（Barolo）开始。保罗曼卓酒庄的出品忠诚反映本地风土特色，从种植内比奥罗（Nebbiolo）、巴贝拉（Barbera）和多姿桃（Dolcetto）的葡萄园汲取原料，有时还为了酿造芬芳扑鼻的阿内斯（Arneis）而跳去罗埃罗产区（Roero）搜寻酿造葡萄。酒庄旁的待客农场非常迷人，由露塞拉（Luisella）经营管理，为来访的客人提供风景秀美的住宿房间放松休息。在今年的品鉴中，梅瑞埃米园巴罗洛（Barolo Meriame）展现出非常经典的特质，是塞拉伦加地区强力土质的典型呈现。它的香氛逐渐变得浓郁，首先是淡淡烟草和香料的醇香，继而底蕴中透露出缕缕覆盆子和甘草的芬芳，口感复杂，果味丰盈饱满，在略显僵化的单宁支撑下，展现出精美的果浆般的美味。2014年份的超级蒙菲欧兰扎阿尔巴巴贝拉（Barbera d' Alba Superiore Fiorenza）极富个性，散发着泥土的醇香，融入红色莓果的果香。

- ● Barolo Meriame '12 — 7
- ● Barbera d'Alba Sup. Fiorenza '14 — 3
- ● Barolo del Comune di Serralunga d'Alba '12 — 6
- ● Barolo Ris. '08 — 7
- ● Langhe Rosso Ardì '14 — 2
- ● Nebbiolo d'Alba Mirinè '14 — 3
- ● Barbera d'Alba Sup. Fiorenza '13 — 3
- ● Barolo del Comune di Serralunga d'Alba '12 — 6
- ● Barolo del Comune di Serralunga d'Alba '10 — 3*
- ● Barolo Meriame '11 — 7
- ● Barolo Meriame '10 — 7
- ● Barolo Meriame '09 — 7
- ● Langhe Rosso Luvì '12 — 3
- ● Nebbiolo d'Alba Miriné '13 — 3

## Marcalberto

VIA PORTA SOTTANA, 9
12058 SANTO STEFANO BELBO [CN]
TEL. +39 0141844022
www.marcalberto.it

藏酒销售
预约参观
年产量 30 000 瓶
葡萄种植面积 5 公顷

年复一年，这家由马可·卡内（Marco Cane）和阿尔伯托·卡内（Alberto Cane）经营、父亲皮埃罗·卡内（Piero Cane）监督的历史悠久的小酒庄完全采取传统酿造法（Metodo Classico）缔造美酒，在通往意大利起泡酒生产最高峰的道路上不知疲倦地继续追寻和攀登。玛卡博托酒庄（Marcalberto）出产四款不同的起泡酒：无年份酒、天然葡萄酒（Nature）、桃红酒（Rosé）和年份酒。酒庄的葡萄园坐落在圣托斯特凡诺贝尔博（Santo Stefano Belbo）和卡洛索（Calosso）的山坡地带，种植的品种则包含霞多丽（Chardonnay）和黑比诺（Pinot Nero）。玛卡博托酒庄正不断购买新的种植地块，翻新酒窖，还增设了一座令人惊叹的品酒室。在今年的品鉴中，2011年份的玛卡博托迈尔斯玛托极干型葡萄酒（Marcalberto Millesimato Extra Brut）的品质超越了所有其他呈交酒品，拔得头筹。它的气泡精美而持久，散发着馥郁的果香，融入酵母的气息，口感偏重清爽的酸度，展现出极佳的可饮性。与此同时，玛卡博托桃红葡萄酒（Marcalberto Rosé）则将红色水果的浓郁果香与精美口感和突出酸度完美结合起来，收口余韵绵长而活跃。萨桑尼玛卡博托干型葡萄酒（Marcalberto Sansannée Brut）相比而言显露出更浓重的青绿风味，口感华美，作为一款餐前开胃酒，真是完美的选择。

| | |
|---|---|
| ○ Marcalberto Extra Brut Millesimo2Mila11 M. Cl. '11 | 🍷🍷 5 |
| ⊙ Marcalberto Brut Rosé M. Cl. | 🍷🍷 4 |
| ○ Marcalberto Brut Sansannée M. Cl. | 🍷🍷 4 |
| ○ Marcalberto Brut Millesimo2Mila9 M. Cl. '09 | 🍷🍷 5 |
| ○ Marcalberto Brut M. Cl. '08 | 🍷🍷 5 |
| ○ Marcalberto Brut M. Cl. '07 | 🍷🍷 5 |
| ○ Marcalberto Brut M. Cl. '06 | 🍷🍷 5 |
| ○ Marcalberto Brut M. Cl. '05 | 🍷🍷 5 |
| ○ Marcalberto Extra Brut Millesimo2Mila10 M. Cl. '10 | 🍷🍷 5 |

## Poderi Marcarini

P.ZZA MARTIRI, 2
12064 LA MORRA [CN]
TEL. +39 017350222
www.marcarini.it

藏酒销售
预约参观
膳宿接待
年产量 125 000 瓶
葡萄种植面积 20 公顷

从风格和地理位置上而言，拉莫拉（La Morra）都与口感更加圆润、风格更加现代的巴罗洛酒（Barolos）关系紧密。马佳连妮家族（Marcarini）酿造的内比奥罗美酒（Nebbiolos）却是一个例外，凭借产区两座最精美的葡萄园，马佳连妮酒庄的出品总能平添一股19世纪的复古风尚，令人遐思无限。虽然拉莫拉产区（La Morra）的珍珠葡萄园（Brunate）与翠碧葡萄园（La Serra）在地理位置上十分临近，但是在出产酿造葡萄的风格上大相径庭，为酒庄产生几近方济各会（Franciscan）般的灵感提供了完美的条件。今天，马佳连妮酒庄的掌门人是安娜·巴瓦·马佳连妮（Anna Bava Marcarini），她的女儿路易莎（Luisa）和女婿曼纽尔·马尔凯蒂（Manuel Marchetti）在旁辅佐处理酒庄事务。马佳连妮酒庄的风格一如既往，出品美酒的色泽明快纯净，在2000升至4000升的橡木桶中进行长时间浸渍，耐心度过漫长的陈年时期，保证了我们熟悉且经典的内比奥罗葡萄酒具有卓越的陈年潜力。在今年的品鉴中，两款2012年份的巴罗洛酒展现出了不同的风格。珍珠园巴罗洛热辣不羁，已经散发着迷人的第三类香气，融合了干草、果酱和烧灼的柴火的奇特气息。翠碧园巴罗洛的酿造葡萄则来自海拔更高的地块，口感更加清爽，酒质更加精美和平衡，但是酒体结构也略显偏软。

| | |
|---|---|
| ● Barolo Brunate '12 | 🍷🍷 7 |
| ● Barolo La Serra '12 | 🍷🍷 7 |
| ● Barbera d'Alba Ciabot Camerano '13 | 🍷🍷 3 |
| ○ Moscato d'Asti '15 | 🍷🍷 2* |
| ● Dolcetto d'Alba Boschi di Berri '14 | 🍷 3 |
| ● Dolcetto d'Alba Fontanazza '15 | 🍷 2 |
| ○ Roero Arneis '14 | 🍷 2 |
| ● Barolo Brunate '05 | 🍷🍷🍷 6 |
| ● Barolo Brunate '03 | 🍷🍷🍷 6 |
| ● Barolo Brunate '01 | 🍷🍷🍷 6 |
| ● Barolo Brunate '99 | 🍷🍷🍷 6 |
| ● Barolo Brunate '96 | 🍷🍷🍷 6 |
| ● Barolo Brunate Ris. '85 | 🍷🍷🍷 6 |
| ● Dolcetto d'Alba Boschi di Berri '96 | 🍷🍷🍷 4* |

## Marchese Luca Spinola

Fraz. Rovereto di Gavi
loc. Cascina Massimiliana, 97
15066 Gavi [AL]
Tel. +39 0143682514
www.marcheselucaspinola.it

藏酒销售
预约参观
年产量 20 000 瓶
葡萄种植面积 15 公顷

卢卡·斯皮诺拉侯爵（Marchese Luca Spinola）经营的12公顷的葡萄园从遥远模糊的历史时期，就已经属于其家族。这座古老的葡萄园的一半面积坐落于塔萨罗洛（Tassarolo），另一半则坐落于嘉维的罗维雷托（Rovereto di Gavi），两地都是经典的柯蒂斯葡萄（Cortese）种植区，出产的柯蒂斯葡萄用以打造三款美酒，分别以各自不同的风土特色和发酵技法展现出明显的风格差异。嘉维的嘉维葡萄酒（Gavi di Gavi）的酿造葡萄来自以上两片地块，是卢卡斯皮诺拉侯爵酒庄的基本酒；玛思米莲娜庄嘉维（Tenuta Massimiliana）在不锈钢罐中经历了低温下的缓慢发酵；最后是旗舰产品、独一无二的低泡塔萨罗洛嘉维（Semi-sparkling Gavi del Comune di Tassarolo）。在今年的品鉴中，嘉维的嘉维葡萄酒（Gavi di Gavi）以其卓越的品质闯入了我们“三杯奖”大奖的决赛圈，玛思米莲娜庄嘉维（Tenuta Massimiliana）则遗憾地以毫厘之差紧随其后。嘉维的嘉维更容易入口，散发着灌木篱墙和草本植物清新的芬芳，融入缕缕烟草的醇香，口感结构紧致，酒质柔美，富有冲击力，收口精美绵长。玛思米莲娜庄嘉维则芬芳扑鼻，结构表现上佳。

| | |
|---|---|
| ○ Gavi del Comune di Gavi '15 | 🍷🍷 2* |
| ○ Gavi del Comune di Gavi Tenuta Massimiliana '15 | 🍷🍷 3 |
| ○ Gavi del Comune di Gavi '12 | 🍷🍷 2* |
| ○ Gavi del Comune di Gavi '11 | 🍷🍷 2* |
| ○ Gavi del Comune di Gavi Et. Blu '14 | 🍷🍷 2* |
| ○ Gavi del Comune di Gavi Tenuta Massimiliana '14 | 🍷🍷 3 |
| ○ Gavi del Comune di Gavi Tenuta Massimiliana '13 | 🍷🍷 3 |
| ○ Gavi del Comune di Gavi Tenuta Massimiliana '12 | 🍷🍷 3 |
| ○ Gavi del Comune di Tassarolo '13 | 🍷🍷 2* |

## ★Marchesi di Barolo

via Alba,12
12060 Barolo [CN]
Tel. +39 0173564400
www.marchesibarolo.com

藏酒销售
预约参观
餐饮接待
年产量 1 500 000 瓶
葡萄种植面积 194 公顷

阿波纳家族（Abbona）堪称天生的大赢家。多年前，他们从巴罗洛的欧佩拉皮亚酒庄管理处（Agenzia della Tenuta Opera Pia）手中买下了卡斯泰罗法莱蒂（Castello Falletti）的巴罗洛侯爵酒庄（Marchesi di Barolo）——伟大的巴罗洛酒（Barolo）的诞生地，传奇始于女侯爵朱丽叶·科尔伯特（Juliette Colbert）时代。如此悠久的传奇名庄的附加价值是毋庸置疑的，而且巴罗洛侯爵酒庄的第五代传人安娜·阿波纳（Anna Abbona）和埃内斯托·阿波纳（Ernesto Abbona）担当着酒庄持续发展的重任，将辉煌的传统遗产与当代需求完美无瑕地融合起来。朗格（Langhe）、罗埃罗（Roero）和蒙费拉托（Monferrato）产区出产的系列美酒清晰地反映出巴罗洛侯爵酒庄的酒品构成和一贯风格。在今年的品鉴中，酒庄提交的酒品从整体上而言都展现出极为卓越的品质，尤其是2012年份的名园酒。我们最爱的无疑是散发着阳光气息的经典卡努比园巴罗洛（Cannubi），但是撒马萨园巴罗洛（Sarmassa）酒质演进活泼，犹如一缕清风拂面；科斯特迪罗斯巴罗洛（Coste di Rose）柔美饱满；巴罗洛村巴罗洛（Barolo del Comune di Barolo）美味多汁。更有2013年份的塞拉格瑞利巴巴莱斯科（Barbaresco Serragrilli）展现出清爽且清凛的风味。

| | |
|---|---|
| ● Barolo Cannubi '12 | 🍷🍷🍷 8 |
| ● Barolo Coste di Rose '12 | 🍷🍷 7 |
| ● Barolo Sarmassa '12 | 🍷🍷 8 |
| ● Barbaresco Serragrilli '13 | 🍷🍷 6 |
| ● Barbera d'Alba Peiragal '14 | 🍷🍷 5 |
| ● Barolo del Comune di Barolo '12 | 🍷🍷 8 |
| ● Dolcetto d'Alba Madonna del Dono '15 | 🍷🍷 3 |
| ○ Gavi del Comune di Gavi '15 | 🍷🍷 4 |
| ○ Langhe Bric Amel '15 | 🍷🍷 3 |
| ● Nebbiolo d'Alba Michet '14 | 🍷🍷 4 |
| ● Barbera d'Alba Ruvei '14 | 🍷 3 |
| ○ Gavi '15 | 🍷 3 |
| ○ Roero Arneis '15 | 🍷 4 |
| ● Barolo Cannubi '11 | 🍷🍷🍷 8 |
| ● Barolo Cannubi '10 | 🍷🍷🍷 8 |
| ● Barolo Sarmassa '09 | 🍷🍷🍷 8 |

## Marchesi Incisa della Rocchetta

via Roma, 66
14030 Rocchetta Tanaro [AT]
Tel. +39 0141644647
www.marchesiincisawines.it

藏酒销售
预约参观
膳宿接待
年产量 80 000 瓶
葡萄种植面积 17 公顷

因萨基·德拉·罗切塔（Incisa Della Rocchetta）家族酒庄早在十九世纪就已经是蒙费拉托地区（Monferrato）一家成熟的葡萄酒生产商，于20世纪90年代进行了革新和现代化改造，家族成员全部在酒庄中工作。酒庄葡萄园部分坐落于罗切塔纳罗自然保护区（Rocchetta Tanaro Nature Reserve），主要呈现砂质黏土土壤，大多种植巴贝拉葡萄（Barbera），后来还添加了吉诺林诺（Grignolino）和黑比诺（Pinot Nero）和梅洛（Merlot）。除此之外，因萨基·德拉·罗切塔侯爵酒庄还在巴罗洛（Barolo）、罗埃罗阿内斯（Roero Arneis）和阿斯蒂莫斯卡托（Moscato d' Asti）等其他指定产区汲取酿造葡萄，出品高品质的诱人美酒。在今年的品鉴中，2014年份的瓦尔莫瑞纳阿斯蒂巴贝拉（Barbera d' Asti Valmorena）尤其展现出高超的酿造水平，吐露着黑樱桃般的缕缕果香，融入甘草的醇香，单宁如同天鹅绒般丝滑，收口余韵绵长，果味丰盈饱满。与此同时，2014年份的超级圣埃米里亚诺园阿斯蒂巴贝拉（Barbera d' Asti Superiore Sant' Emiliano）也表现抢眼，气质优雅清爽，但是还需要更多时间来驯服酒中的橡木滋味；2014年份的利奥波德侯爵皮埃蒙特黑比诺（Piemonte Pinot Nero Marchese Leopoldo）酿造工艺精湛，果味直接丰美；2015年份的阿斯蒂吉诺林诺（Grignolino d' Asti）口感辛辣，非常易于入口。

| | |
|---|---|
| ● Barbera d'Asti Valmorena '14 | 🍷🍷 3* |
| ● Barbera d'Asti Sup. Sant'Emiliano '14 | 🍷🍷 5 |
| ● Grignolino d'Asti '15 | 🍷🍷 3 |
| ● Piemonte Pinot Nero Marchese Leopoldo '14 | 🍷🍷 5 |
| ● Piemonte Barbera Rollone '13 | 🍷 3 |
| ● Barbera d'Asti Sup. Sant'Emiliano '12 | 🍷🍷 5 |
| ● Barbera d'Asti Sup. Sant'Emiliano '11 | 🍷🍷 4 |
| ● Barbera d'Asti Valmorena '13 | 🍷🍷 3 |
| ● Grignolino d'Asti '13 | 🍷🍷 3 |
| ● Grignolino d'Asti '12 | 🍷🍷 3 |
| ● M.to Rosso Colpo d'Ala '13 | 🍷🍷 6 |
| ● M.to Rosso Rollone '12 | 🍷🍷 3 |
| ● Piemonte Pinot Nero Marchese Leopoldo '13 | 🍷🍷 4 |

## Mario Marengo

loc. Serra Denari, 2a
12064 La Morra [CN]
Tel. +39 017350115
marengo1964@libero.it

藏酒销售
预约参观
年产量 35 000 瓶
葡萄种植面积 7 公顷

1899年，马里奥马伦戈酒庄（Mario Marengo）在位于拉莫拉产区（La Morra）的酒窖中装瓶了首批巴罗洛美酒（Barolos），当时这种“酒中之王”还是一种先锋葡萄酒，未被人识。此后，马里奥马伦戈酒庄大师般的酿造方式几乎至今没有发生任何改变。种植面积达到7公顷的葡萄园分别位于拉莫拉、卡斯蒂格里奥费莱托（Castiglione Falletto）和巴罗洛，种植朗格地区（Langhe）的经典葡萄品种，例如多姿桃（Dolcetto）、巴贝拉（Barbera）和内比奥罗（Nebbiolo）等。酿造风格有意识地加以创新，通过在垂直旋转发酵器中进行简单发酵、浓缩酒液精粹，以及在橡木桶中陈年来打造充满新意的现代化佳酿。虽然从整体上而言，马里奥马伦戈酒庄出产的葡萄酒都表现出强劲的特质，但是它们依然尊敬珍珠葡萄园（Brunate）和维奥峰葡萄园（Bricco delle Viole）等极具声望的顶级葡萄园的独特特点。伟大的酿酒师总是从客观条件相对不均衡的年份中脱颖而出——例如2012年。在今年的品鉴中，维奥峰园巴罗洛将清新的果香、辛辣的果味与酚化物的力道和浓郁的精粹口感完美结合；而珍珠园巴罗洛初一开启，则散发着相对羞涩的酒香，但是很快就发展成为波澜壮阔的恢宏口感，融入了草莓的美味和烟斗丝的醇香，单宁融合度极佳，余韵回味绵长隽永，如此精彩的表现当之无愧地将我们的“三杯奖”大奖捧回了家。

| | |
|---|---|
| ● Barolo Brunate '12 | 🍷🍷🍷 7 |
| ● Barolo Bricco delle Viole '12 | 🍷🍷 6 |
| ● Barolo '12 | 🍷🍷 5 |
| ● Dolcetto d'Alba '15 | 🍷🍷 2* |
| ● Barolo Brunate '11 | 🍷🍷🍷 7 |
| ● Barolo Brunate '09 | 🍷🍷🍷 6 |
| ● Barolo Brunate '07 | 🍷🍷🍷 6 |
| ● Barolo Brunate '06 | 🍷🍷🍷 6 |
| ● Barolo Brunate '05 | 🍷🍷🍷 6 |
| ● Barolo Brunate '04 | 🍷🍷🍷 6 |
| ● Barbera d'Alba Vign. Pugnane '13 | 🍷🍷 3 |
| ● Barolo '11 | 🍷🍷 5 |
| ● Barolo Bricco delle Viole '11 | 🍷🍷 6 |
| ● Dolcetto d'Alba '14 | 🍷🍷 2* |
| ● Nebbiolo d'Alba Valmaggiore '13 | 🍷🍷 3 |

## Claudio Mariotto

S.DA PER SAREZZANO, 29
15057 TORTONA [AL]
TEL. +39 0131868500
www.claudiomariotto.it

藏酒销售
预约参观
年产量 100 000 瓶
葡萄种植面积 32 公顷

此前，克劳迪奥·马里奥托（Claudio Mariotto）的一天，总是在葡萄园或者酒窖中忙碌，或者长时间扎在工作室里修理钟爱的农场机械；如今的他则变成了一位专心致志、充满好奇心的葡萄酒实验者，经常品尝自己酿造的旧年份酒，以评定它们的演化状况，或者从以巴贝拉（Barbera）、多姿桃（Dolcetto）、科罗帝纳（Croatina）和弗雷伊萨（Freisa）等品种葡萄酿造的极具陈年潜力的著名红葡萄酒以及以帝莫拉索（Timorasso）和柯蒂斯（Cortese）品种葡萄酿造的白葡萄酒中寻找新的灵感。近些年来气候条件最为艰苦的年份也不曾动摇马里奥托出品帝莫拉索的高品质，在今年的品鉴中，依然有三款帝莫拉索凭借不俗的优雅气质和劲道口感闯进了我们的决赛角逐。戴勒多纳帝莫拉索（Derthona）再次从中脱颖而出，已经可以即刻饮用，展现出复杂浓郁的酒香；卡瓦琳娜帝莫拉索（Cavallina）和皮塔索帝莫拉索（Pitasso）紧随其后，开始演化出矿物质的滋味，散发着汽油般的气息，展现出帝莫拉索葡萄独有的细腻和优雅。除此之外，巴贝拉（Barbera）和科罗帝纳（Croatina）也都表现出色，饱满丰盈，散发着甜美的第三类香气；2013年份的波基奥红葡萄酒（Poggio del Rosso）则吐露着罐装水果的芬芳；2014年份的蒙泰米拉诺（Montemirano）则散发着烟草和奎宁的混合醇香，令人心情愉悦。

| | |
|---|---|
| ○ Colli Tortonesi Timorasso Derthona '14 | 🍷🍷 5 |
| ○ Colli Tortonesi Timorasso Derthona Cavallina '14 | 🍷🍷 5 |
| ○ Colli Tortonesi Timorasso Derthona Pitasso '14 | 🍷🍷 6 |
| ● Colli Tortonesi Croatina Montemirano '14 | 🍷🍷 4 |
| ● Colli Tortonesi Freisa Braghè '15 | 🍷🍷 3 |
| ● Colli Tortonesi Rosso Poggio del Rosso '13 | 🍷🍷 5 |
| ○ Colli Tortonesi Bianco Pitasso '06 | 🍷🍷🍷 5 |
| ○ Colli Tortonesi Bianco Pitasso '05 | 🍷🍷🍷 4 |
| ○ Colli Tortonesi Bianco Pitasso '04 | 🍷🍷🍷 4 |
| ○ Colli Tortonesi Timorasso Pitasso '13 | 🍷🍷🍷 6 |
| ○ Colli Tortonesi Timorasso Pitasso '12 | 🍷🍷🍷 6 |
| ○ Colli Tortonesi Timorasso Pitasso '08 | 🍷🍷🍷 5 |
| ● Colli Tortonesi Croatina Montemirano '13 | 🍷🍷 4 |
| ○ Colli Tortonesi Timorasso Cavallina '13 | 🍷🍷 5 |

## Marsaglia

VIA MADAMA MUSSONE, 2
12050 CASTELLINALDO [CN]
TEL. +39 0173213048
www.cantinamarsaglia.it

藏酒销售
预约参观
年产量 80 000 瓶
葡萄种植面积 15 公顷

马尔萨利亚家族（Marsaglia）于1900年创建了家族酒庄，如今已经是罗埃罗产区（Roero）最广为人知的著名酒庄之一。马尔萨利亚酒庄的葡萄园全部坐落于卡斯泰利纳尔多（Castellinaldo）的村镇中，于20世纪50年代开始栽种葡萄藤，但是葡萄藤扎根的土壤质地不同：朝向加纳莱（Canale）方向的地块更偏向砂质土壤，而他们最著名的美洲葡萄园（Brich d' America）就位于这里；以及朝向卡斯塔尼托（Castagnito）更加紧凑的小地块。马尔萨利亚酒庄出产典型的罗埃罗（Roero）产区酒，风格传统，品质可靠。在今年的品鉴中，美洲葡萄园罗埃罗（Roero Brich d' America）在所有提交酒品中再次拔得头筹，同时也是该产区今年最精良的美酒之一。2012年份酒散发着香料的跃动芬芳，融入红色莓果的阵阵果香，随之而来的是丝丝甘草和烟草的醇香，底蕴中透露出缕缕秋日落叶的气息，口感果味饱满，展现出极佳的平衡度和绵长的余韵，单宁质地细密，但是绝不激进突出。除此之外，2015年份的圣克里斯托弗阿尔巴巴贝拉（Barbera d' Alba San Cristoforo）也展现出极高的酿造水准，散发着经典的泥土醇香，吐露着活力四射的果香，口感令人愉悦，酸度精良，收口表现上佳。

| | |
|---|---|
| ● Roero Brich d'America '12 | 🍷🍷 4 |
| ● Barbera d'Alba S. Cristoforo '15 | 🍷🍷 3 |
| ● Nebbiolo d'Alba '13 | 🍷 3 |
| ○ Roero Arneis Serramiana '15 | 🍷 3 |
| ○ Accordo Brut M. Cl. | 🍷🍷 4 |
| ● Barbera d'Alba Castellinaldo '11 | 🍷🍷 4 |
| ● Barbera d'Alba S. Cristoforo '12 | 🍷🍷 3 |
| ● Nebbiolo d'Alba '12 | 🍷🍷 3 |
| ● Nebbiolo d'Alba San Pietro '11 | 🍷🍷 3 |
| ○ Roero Arneis Serramiana '14 | 🍷🍷 3 |
| ○ Roero Arneis Serramiana '13 | 🍷🍷 3 |
| ● Roero Brich d'America '11 | 🍷🍷 4 |
| ● Roero Brich d'America '10 | 🍷🍷 4 |

## ★Franco M. Martinetti

c.so Turati, 14
10128 Torino
Tel. +39 0118395937
www.francomartinetti.it

预约参观
年产量 140 000 瓶
葡萄种植面积 5 公顷

弗兰科·玛提奈蒂（Franco Martinetti）是一位完美主义者，不论对美食，还是对美酒，或者是对于美食与美酒的完美搭配，都有着一套严格的标准。因此，他总是采用品质最为卓越的种植商培育的酿造葡萄来打造美酒，而这些种植商在提供酿造原料的同时，也不遗余力地贡献他们的丰富经验。结果便缔造出道勒多纳丘陵马汀帝莫拉索（Colli Tortonesi Timorasso Martin）和米纳亚嘉维（Gavi Minaia）等超级品质的白葡萄酒，以及大获成功的阿斯蒂巴贝拉（Barbera d' Asti）精选系列美酒，例如蒙楚克系列（Montruc）。此前玛提奈蒂总是开玩笑地自称为“没有土地的弗朗哥”（Franco Senza Terra），近期却决定开始涉足葡萄栽培和种植，为此还租用了几座葡萄园的精美地块。在今年的品鉴中，2013年份的蒙楚克巴贝拉（Barbera Montruc）表现出色，散发着迷人的果香，上佳的酒精度力道十足，虽然果味非常突出，口感依然质朴珍贵。与此同时，2015年份的嘉维米娜亚（Gavi Minaia）也展现出精湛的酿造工艺，吐露着优雅幽然的芬芳，口感柔美，非常复杂，酒骨精致；而2005年份的传统酿造法夸伦塔莱起泡酒（Sparkling Quarantatre）气质迷人，散发着蜜糖的甜美气息，口感清爽，令人欲罢不能。

| | | |
|---|---|---|
| ● Barbera d'Asti Sup. Montruc '13 | 🍷🍷 (red) | 5 |
| ○ Gavi Minaia '15 | 🍷🍷 (red) | 5 |
| ○ Quarantatré Brut M. Cl. Ris. '05 | 🍷🍷 (red) | 6 |
| ● Barbera d'Asti Bric dei Banditi '14 | 🍷🍷 | 3 |
| ● Barolo Marasco '12 | 🍷🍷 | 8 |
| ○ Colli Tortonesi Timorasso Martin '14 | 🍷🍷 | 6 |
| ○ Gavi del Comune di Gavi '15 | 🍷🍷 | 3 |
| ● M.to Rosso Sul Bric '13 | 🍷🍷 | 6 |
| ● Barbera d'Asti Sup. Montruc '06 | 🍷🍷🍷 (outline) | 5 |
| ● Barbera d'Asti Sup. Montruc '01 | 🍷🍷🍷 (outline) | 5 |
| ● Barolo Marasco '01 | 🍷🍷🍷 (outline) | 7 |
| ● Barolo Marasco '00 | 🍷🍷🍷 (outline) | 7 |
| ○ Colli Tortonesi Timorasso Martin '12 | 🍷🍷🍷 (outline) | 6 |
| ● M.to Rosso Sul Bric '10 | 🍷🍷🍷 (outline) | 6 |
| ● M.to Rosso Sul Bric '09 | 🍷🍷🍷 (outline) | 6 |
| ● M.to Rosso Sul Bric '00 | 🍷🍷🍷 (outline) | 5 |

## ★Bartolo Mascarello

via Roma, 15
12060 Barolo [CN]
Tel. +39 017356125

藏酒销售
预约参观
年产量 30 000 瓶
葡萄种植面积 5 公顷

当朗格地区（Langhe）最著名的酿酒师的拥趸们发现，巴托罗·麦斯凯洛（Bartolo Mascarello）的名字如同摇滚明星一般传遍全球，会怎么想？大师的遗产不仅限于葡萄酒酿造的范畴，更以后知之明重申且强调了保护并复兴巴罗洛特定概念的重要意义，这一点在今天比以往任何时候都更加重要。麦斯凯洛的女儿玛利亚·特雷莎（Maria Teresa）付出了辛勤的劳动，在这一灵感的基础上进一步演化出一系列别具风格的巴罗洛葡萄酒，取得了极大的成功。今天，诸如卡努比葡萄园（Canubbi）、圣洛伦佐葡萄园（San Lorenzo）和卢园（Ruè）等巴罗洛地区（Barolo）的顶级葡萄园以及拉莫拉地区（La Morra）的洛奇葡萄园（Rocche vineyard）等传奇葡萄园的价值再次回归到聚光灯下，引起了世人的重视，取代了对于浸渍时长和陈年木桶尺寸等技术细节的关注。玛利亚·特雷莎出品美酒的酿造葡萄来自四处不同的顶级葡萄园，保证了每一款年份酒都能忠诚阐释本地风土。在今年的品鉴中，2012年的巴罗洛展现出不可思议的极高品质，斩获了我们的“三杯奖”大奖。它散发着野生莓果的阵阵果香，融入甘草的醇香，随之而来的口感非常优雅，单宁精良，收口余韵绵长美味。

| | | |
|---|---|---|
| ● Barolo '12 | 🍷🍷🍷 (red) | 8 |
| ● Barolo '11 | 🍷🍷🍷 (outline) | 8 |
| ● Barolo '10 | 🍷🍷🍷 (outline) | 8 |
| ● Barolo '09 | 🍷🍷🍷 (outline) | 8 |
| ● Barolo '07 | 🍷🍷🍷 (outline) | 8 |
| ● Barolo '06 | 🍷🍷🍷 (outline) | 8 |
| ● Barolo '05 | 🍷🍷🍷 (outline) | 8 |
| ● Barolo '01 | 🍷🍷🍷 (outline) | 8 |
| ● Barolo '99 | 🍷🍷🍷 (outline) | 8 |
| ● Barolo '98 | 🍷🍷🍷 (outline) | 8 |
| ● Barolo '89 | 🍷🍷🍷 (outline) | 8 |
| ● Barolo '85 | 🍷🍷🍷 (outline) | 8 |
| ● Barolo '84 | 🍷🍷🍷 (outline) | 8 |
| ● Barolo '83 | 🍷🍷🍷 (outline) | 8 |

## Giuseppe Mascarello e Figlio

VIA BORGONUOVO, 108
12060 MONCHIERO [CN]
TEL. +39 0173792126
www.mascarello1881.com

藏酒销售
预约参观
年产量 60 000 瓶
葡萄种植面积 13.5 公顷

虽然朗格产区（Langhe）长期以来都被视为出品美酒平均水平极高、更拥有攀上品质巅峰的卓越美酒的一片乐土，但若论起在这里寻找真正意义上具有伟大古老风格的红葡萄酒的机会，还是非常有限。这就是毛罗·马斯卡雷略（Mauro Mascarello）和朱塞佩·马斯卡雷略（Giuseppe Mascarello）掌管的朱塞佩马斯卡雷略酒庄（Giuseppe Mascarello e Figlio）成为美酒朝圣者心向往之的极乐之地的原因。他们出产的色彩明艳、质地剔透的内比奥罗美酒（Nebbiolos）酒体显然很轻，但却能够陈年数十年，具有激起已被遗忘的巨大轰动的潜力。巴罗洛精选系列葡萄酒（Barolo Selections）的酿造葡萄来自卡斯蒂格里奥尼产区（Castiglione）内的维勒洛葡萄园（Villero）、圣托斯特凡诺德波诺葡萄园（Santo Stefano di Perno）以及蒙普里瓦托葡萄园（Monprivato vineyard）等品质极为卓越的葡萄园；与此同时，酒庄也出产盖莫里斯欧（Cà d' Morissio），这种独一无二的美酒仅在气候条件允许的良好年份中推出，而且只以米榭克隆藤（Michet Clone）为原料酿造而成。对于这样声名卓著的名庄，我们总是期待颇多，即便在天气条件不佳的年份也是如此。在今年的品鉴中，毛罗依然凭借一系列2011年份的高品质巴罗洛酒给予我们惊喜。其中拔得头筹的是传奇的蒙普里瓦托园巴罗洛（Monprivato），精美的酒香不可思议的诱人，随之而来的口感恢宏壮阔，美味在味蕾上跃动不散，似乎没有尽头。除此之外，维勒洛园巴罗洛（Villero）也以其精美的平衡性和绵长的余韵给我们留下了深刻的印象。

| | | |
|---|---|---|
| ● Barolo Monprivato '11 | 🍷🍷🍷 | 8 |
| ● Barolo Perno V. Santo Stefano '11 | 🍷🍷 | 8 |
| ● Barolo Villero '11 | 🍷🍷 | 8 |
| ● Barolo Monprivato '10 | ▽▽▽ | 8 |
| ● Barolo Monprivato '09 | ▽▽▽ | 8 |
| ● Barolo Monprivato '08 | ▽▽▽ | 8 |
| ● Barolo Monprivato '01 | ▽▽▽ | 8 |
| ● Barolo S. Stefano di Perno '98 | ▽▽▽ | 8 |
| ● Barolo dai Vigneti di Proprietà '09 | ▽▽ | 7 |
| ● Barolo Perno V. Santo Stefano '10 | ▽▽ | 8 |
| ● Barolo S. Stefano di Perno '09 | ▽▽ | 8 |
| ● Barolo Villero '10 | ▽▽ | 8 |
| ● Barolo Villero '09 | ▽▽ | 8 |

## ★Massolino

P.ZZA CAPPELLANO, 8
12050 SERRALUNGA D'ALBA [CN]
TEL. +39 0173613138
www.massolino.it

藏酒销售
预约参观
年产量 120 000 瓶
葡萄种植面积 24 公顷
可持续发展酒庄

如果阿尔巴塞拉伦加地区（Serralunga d' Alba）的内比奥罗（Nebbiolos）一直被视为最具力道、气质最为质朴、陈年潜力最佳的美酒，那么大部分要归功于马索林奥家族（Massolino）坚持不懈地努力劳作。马索林奥酒庄塞拉伦加产区（Serralunga）的西部山坡上拥有普拉法达葡萄园（Parafada）、马加利亚葡萄园（Margheria）以及维格纳瑞欧达葡萄园（Vigna Rionda）等传奇葡萄园，近期还在卡斯蒂格里奥尼法雷托产区（Castiglione Falletto）添加了帕鲁塞葡萄园（Parussi）。今天，酒庄的主人是佛朗哥·马索林奥（Franco Massolino）和罗伯托·马索林奥（Roberto Massolino）兄弟，一年又一年，两人继续完善着酒庄出品的风格，令酒品更具质地，更为浓稠美味。不仅顶级巴罗洛酒（Barolos）的品质不断提升，马索林奥酒庄从巴贝拉（Barbera）、多姿桃（Dolcetto）、霞多丽（Chardonnay）到莫斯卡托（Moscato）的整个酒品系列品质都得到了提升。在今年的品鉴中，这一趋势在酒庄最新发布的酒品中得到了证明，从2012年份的巴罗洛酒开始。普拉法达园巴罗洛（Parafada）依然羞涩，但是注入杯中后，开始散发着烟草和药草的优雅芬芳，继而到来的是浓郁且持久的美味口感；同样展现出不俗陈年潜力的马加利亚园巴罗洛（Margheria）单宁饱满，融合度更高。不过，夺下所有酒品桂冠的依然是2010年份的瑞欧达园巴罗洛（Vigna Rionda），气势恢宏，口感华美。

| | | |
|---|---|---|
| ● Barolo Vigna Rionda Ris. '10 | 🍷🍷🍷 | 8 |
| ● Barolo Margheria '12 | 🍷🍷 | 8 |
| ● Barolo Parafada '12 | 🍷🍷 | 8 |
| ● Barbera d'Alba '15 | ▼▼ | 3 |
| ● Barolo '12 | ▼▼ | 5 |
| ● Barolo Parussi '12 | ▼▼ | 8 |
| ● Dolcetto d'Alba '15 | ▼▼ | 2* |
| ○ Langhe Chardonnay '14 | ▼▼ | 3 |
| ● Langhe Nebbiolo '14 | ▼▼ | 3 |
| ● Barolo Margheria '05 | ▽▽▽ | 7 |
| ● Barolo Parafada '11 | ▽▽▽ | 8 |
| ● Barolo Parafada '04 | ▽▽▽ | 7 |
| ● Barolo V. Rionda Ris. '08 | ▽▽▽ | 8 |
| ● Barolo V. Rionda Ris. '06 | ▽▽▽ | 8 |
| ● Barolo Vigna Rionda Ris. '05 | ▽▽▽ | 8 |
| ● Barolo Vigna Rionda Ris. '04 | ▽▽▽ | 8 |

## Tiziano Mazzoni

via Roma, 73
28010 Cavaglio d'Agogna [NO]
Tel. +39 3488200635
www.vinimazzoni.it

藏酒销售
预约参观
年产量 20 000 瓶
葡萄种植面积 4.5 公顷
可持续发展酒庄

在创始人尼诺·马佐尼（Nino Mazzoni）以及年轻的儿子吉勒斯（Gilles）的协助下，提赛诺·马佐尼（Tiziano Mazzoni）与妻子精心经营着这家经典的家庭酒庄。葡萄酒已经深入马佐尼家族成员的骨血之中，成为他们的生活方式，总有一股强大的动力敦促着他们回到大自然，收获丰收的葡萄。内比奥罗（Nebbiolo）是酒庄葡萄园最重要的葡萄品种，用来酿造三款美酒：马佐尼格美（Ghemme dei Mazzoni）、利维里格美（Ghemme ai Livelli）和诺瓦拉丘陵蒙特丽娇内比奥罗（Colline Novaresi Nebbiolo Monteregio）。承载了马佐尼酒庄关键理念的酒品是规模不大的名园精选系列美酒，这些美酒展现出对自然环境的最大尊重，品质毫不妥协，极富个性。在今年的品鉴中，2015年份的里塞图维斯珀丽娜（Vespolina Il Ricetto）表现卓越，香氛类型典型，散发着黑胡椒般的缕缕辛香，融入成熟红色莓果的阵阵果香，口感复杂多汁，收口余韵绵长，单宁略显尖锐。除此之外，稻黄色的鸢尾（Iris）摇曳着青绿色的光晕，散发着草本植物清爽的芬芳，融入白色果肉水果的浓香，随之而来的是复杂且结构紧致的口感，并不过分活跃，但是令人愉悦。2014年份的蒙特丽娇内比奥罗（Nebbiolo del Monteregio）非常易于入口，单宁品质精良。2013年份的马佐尼格美（Ghemme dei Mazzoni）很快就会发布。

| | |
|---|---|
| ● Colline Novaresi Vespolina Il Ricetto '15 | 🍷🍷 3 |
| ○ Iris | 🍷🍷 3 |
| ● Colline Novaresi Nebbiolo del Monteregio '14 | 🍷 3 |
| ● Ghemme dei Mazzoni '12 | 🍷🍷🍷 5 |
| ● Colline Novaresi Nebbiolo del Monteregio '13 | 🍷🍷 3 |
| ● Colline Novaresi Vespolina Al Ricetto '13 | 🍷🍷 2* |
| ● Colline Novaresi Vespolina Il Ricetto '14 | 🍷🍷 3 |
| ● Ghemme ai Livelli '11 | 🍷🍷 6 |
| ● Ghemme ai Livelli '10 | 🍷🍷 6 |
| ● Ghemme ai Livelli '09 | 🍷🍷 6 |
| ● Ghemme dei Mazzoni '11 | 🍷🍷 5 |
| ● Ghemme dei Mazzoni '10 | 🍷🍷 5 |
| ● Ghemme dei Mazzoni '09 | 🍷🍷 5 |
| ○ Passito Le Masche | 🍷🍷 4 |

## La Mesma

fraz. Monterotondo, 7
15066 Gavi [AL]
Tel. +39 0143342012
www.lamesma.it

藏酒销售
预约参观
膳宿接待
年产量 52 000 瓶
葡萄种植面积 25 公顷

罗西娜姐妹（Rosina）的葡萄园分散在蒙泰罗通多（Monterotondo）、诺维利古雷（Novi Ligure）以及塔萨洛罗（Tassarolo）各处，拉麦斯玛酒庄（La Mesma）的酒窖就位于塔萨洛罗。麦斯玛酒庄（La Mesma）酒窖的名字"贝拉民族"（La Bella Alleanza）来自拿破仑战争时期的条约名称。掌管酒窖酿造工作的伊万诺·罗西（Ivano Rossi）拥有嘉维（Gavi）及其产区的丰富知识，在酿酒师马西莫·阿佐里尼（Massimo Azzolini）的协助下，兢兢业业地酿造美酒。麦斯玛酒庄的系列酒品包含六款美酒：五款来自柯蒂斯（Cortese），一款来自巴贝拉（Barbera）、梅洛（Merlot）和赤霞珠（Cabernet Sauvignon）。在今年的品鉴中，品质卓越的推荐酒品从2014年份的罗维拉韦德园（Vigna della Rovere Verde）开始，它气质恢宏，浓郁精致，散发着优雅的矿物质芬芳，融入清爽的草本植物清香，随之而来的口感非常绵长，收口果味饱满。除此之外，黄标酒（Etichetta Gialla）也表现出色，吐露着优雅的果香，口感丰盈，收口果味四溢；而黑标酒（Etichetta Nera）则意趣盎然，独具个性。

| | |
|---|---|
| ○ Gavi del Comune di Gavi Et. Gialla '15 | 🍷🍷 2* |
| ○ Gavi V. della Rovere Verde Ris. '14 | 🍷🍷 5 |
| ○ Gavi del Comune di Gavi Et. Nera '14 | 🍷🍷 3 |
| ○ Gavi Brut M. Cl. '09 | 🍷🍷 4 |
| ○ Gavi del Comune di Gavi Et. Gialla '14 | 🍷🍷 2* |
| ○ Gavi V. della Rovere Verde Ris. '13 | 🍷🍷 3 |

## Moccagatta

S.DA RABAJÀ, 46
12050 BARBARESCO [CN]
TEL. +39 0173635228
www.moccagatta.eu

藏酒销售
预约参观
年产量 65 000 瓶
葡萄种植面积 12 公顷
可持续发展酒庄

即便在成为成功的酿酒师之前，作为卓越的葡萄栽培师，米努托兄弟（Minuto）在巴巴莱斯科（Barbaresco）的栽培师同僚中也是声名显赫，他们总是带着敬意谈起这对兄弟在葡萄园中取得的卓越成绩。然而，他们在酒窖进行的酿造工作——感谢马可·德·格拉齐亚（Marc De Grazia）以及20世纪80年代风尚的转变——为他们赢得了更多关注，使用小型新橡木桶进行陈年，打造复杂而有力的美酒。多年来，莫卡加塔酒庄（Moccagatta）的酒窖不断扩展，并非为了提高产量，而是为了保证最优化的发酵和陈年条件，非常值得游客造访玩赏。在今年的品鉴中，米努托兄弟酿造的美酒表现出一如既往的高品质，风格现代，精粹得当，吐露着浓郁的深色水果果香，融入浓重优雅的橡木芬芳。2013年份的布里科巴林园巴巴莱斯科（Barbaresco Bric Balin）散发着可可粉强劲的芬芳，颇有冲击力，口感劲道有嚼劲，展现出精良的酒质，单宁粗粝质朴，独特的风味来自酿造葡萄的特质及酒中的橡木滋味。

| | |
|---|---|
| ● Barbaresco Bric Balin '13 | 🍷🍷 6 |
| ● Barbaresco Basarin '13 | 🍷 6 |
| ● Barbaresco Bric Balin '05 | 🍷🍷🍷 6 |
| ● Barbaresco Bric Balin '04 | 🍷🍷🍷 6 |
| ● Barbaresco Bric Balin '01 | 🍷🍷🍷 6 |
| ● Barbaresco Bric Balin '90 | 🍷🍷🍷 6 |
| ● Barbaresco Cole '97 | 🍷🍷🍷 6 |
| ● Barbaresco Basarin '11 | 🍷🍷 6 |
| ● Barbaresco Basarin '10 | 🍷🍷 6 |
| ● Barbaresco Bric Balin '12 | 🍷🍷 6 |
| ● Barbaresco Bric Balin '11 | 🍷🍷 6 |
| ● Barbaresco Bric Balin '10 | 🍷🍷 6 |
| ● Barbaresco Cole '12 | 🍷🍷 7 |
| ● Barbaresco Cole '11 | 🍷🍷 6 |
| ● Barbaresco Cole '10 | 🍷🍷 6 |

## Mauro Molino

FRAZ. ANNUNZIATA GANCIA, 111A
12064 LA MORRA [CN]
TEL. +39 017350814
www.mauromolino.com

藏酒销售
预约参观
年产量 95 000 瓶
葡萄种植面积 12 公顷
可持续发展酒庄

在其他酒庄获得了丰富的酿造经验后，兢兢业业的酿酒师毛罗·莫利诺（Mauro Molino）于1982年创建了属于自己的酒庄，立刻就取得了巨大的成功。四款巴罗洛（Barolos）无疑是毛罗莫利诺酒庄王冠上的明珠，但是酒庄的全系列酒品实际上包含了所有朗格地区（Langhe）经典的葡萄品种酒，只有霞多丽（Chardonnay）是该酒庄出品的唯一一款国际葡萄品种酒。在毛罗的孩子们、意志坚定的玛蒂娜·莫利诺（Martina Molino）和马提欧·莫利诺（Matteo Molino）加入后，毛罗莫利诺酒庄又进一步扩张，在阿尔巴蒙福特（Monforte d' Alba）增加了多座葡萄园，种植内比奥罗（Nebbiolo）；购入瓜雷内（Guarene）的种植地块，酿造阿尔巴巴贝拉（Barbera d' Alba）；自2015年后，汲取阿斯蒂的科斯蒂里奥莱（Costigliole d' Asti）的酿造葡萄，打造勒莱蒂奇阿斯蒂巴贝拉（Barbera d' Asti Leradici）。在今年的品鉴中，2012年份的孔卡园巴罗洛（Barolo Conca）品质精美，得到了我们的一致喜爱，它吐露着覆盆子的淡淡果香，口感紧致，回味绵长，酒体结构极为紧致；2012年份的卢恰尼峰园巴罗洛（Bricco Luciani）散发着诱人甜美的香料芬芳，酒骨精美，柔滑的单宁如同天鹅绒；2012年份的翠碧园巴罗洛（Barolo La Serra）酒质较干，美味依然被具有烘焙风情的强烈橡木滋味所掩盖。令人感到遗憾的是，毛罗莫利诺酒庄其余出品美酒在我们品鉴的时候尚未装瓶，因此我们此次无缘品鉴。

| | |
|---|---|
| ● Barolo Conca '12 | 🍷🍷 7 |
| ● Barolo Bricco Luciani '12 | 🍷🍷 6 |
| ● Barolo La Serra '12 | 🍷🍷 7 |
| ● Barbera d'Alba V. Gattere '00 | 🍷🍷🍷 5 |
| ● Barbera d'Alba V. Gattere '97 | 🍷🍷🍷 7 |
| ● Barbera d'Alba V. Gattere '96 | 🍷🍷🍷 7 |
| ● Barolo Gallinotto '11 | 🍷🍷🍷 6 |
| ● Barolo Gallinotto '03 | 🍷🍷🍷 6 |
| ● Barolo Gallinotto '01 | 🍷🍷🍷 6 |
| ● Barolo V. Conca '00 | 🍷🍷🍷 7 |
| ● Barolo V. Conca '97 | 🍷🍷🍷 7 |
| ● Barolo V. Conca '96 | 🍷🍷🍷 7 |

## ★Monchiero Carbone

via Santo Stefano Roero, 2
12043 Canale [CN]
Tel. +39 017395568
www.monchierocarbone.com

藏酒销售
预约参观
年产量 180 000 瓶
葡萄种植面积 25 公顷
可持续发展酒庄

凭借出产的高品质美酒，以及促进本产区和本地酒发展的强烈责任心，蒙基耶罗家族（Monchiero）在促进和推动罗埃罗（Roero）产区酒的发展中起到了领军人物的作用。蒙基耶罗卡尔博内酒庄（Monchiero Carbone）的葡萄园主要地处加纳莱（Canale），包含蒙比利诺园（Monbirone）、雷尼西欧园（Renesio）和弗雷林山葡萄园（Frailin hill）等该区域最精美的顶级葡萄园地块，土壤从典型的砂质土壤到更具颗粒状的土壤不等，适合生产果味饱满、结构紧实的美酒；除此之外，酒庄也从阿尔巴维扎（Vezza d' Alba）和蒙泰乌罗埃罗（Monteu Roero）的庄园撷取白葡萄，从普利卡（Priocca）采收巴贝拉（Barbera）。蒙基耶罗卡尔博内酒庄出品展现出别具一格的成熟风味。在今年的品鉴中，2012年份的普兰提罗埃罗陈酿（Roero Printi Riserva）以其卓越的品质一举夺得我们的"三杯奖"大奖，它吐露着香料的阵阵辛香，融入深色莓果的缕缕果香，口感优雅饱满，同时复杂而美味，收口余韵绵长，果味丰盈。除此之外，2013年份的苏鲁罗埃罗（Roero Srü）非常清爽多汁，展现出上佳品质；还有2015年份的蒙比利诺园阿尔巴巴贝拉（Barbera d' Alba Mon Birone）果味直接，口感有力；2015年份的塞拉布恩达阿内斯罗埃罗（Roero Arneis Cecu d' La Biunda）则堪称同类酒品中的扛鼎之作，非常美味。

| | |
|---|---|
| ● Roero Printi Ris. '12 | 🍷🍷🍷 5 |
| ● Barbera d'Alba MonBirone '13 | 🍷🍷 5 |
| ○ Roero Arneis Cecu d'La Biunda '15 | 🍷🍷 3* |
| ● Roero Srü '13 | 🍷🍷 4 |
| ● Barbera d'Alba Pelisa '14 | 🍷🍷 2* |
| ○ Roero Arneis Recit '15 | 🍷🍷 2* |
| ● Barbera d'Alba MonBirone '10 | 🍷🍷🍷 4* |
| ● Roero Printi Ris. '11 | 🍷🍷🍷 5 |
| ● Roero Printi Ris. '10 | 🍷🍷🍷 5 |
| ● Roero Printi Ris. '09 | 🍷🍷🍷 5 |
| ● Roero Printi Ris. '07 | 🍷🍷🍷 5 |
| ● Roero Printi Ris. '06 | 🍷🍷🍷 5 |
| ● Roero Srü '06 | 🍷🍷🍷 3 |

## Monfalletto Cordero di Montezemolo

fraz. Annunziata, 67
12064 La Morra [CN]
Tel. +39 017350344
www.corderodimontezemolo.com

藏酒销售
预约参观
年产量 240 000 瓶
葡萄种植面积 35 公顷

法莱蒂斯家族（Fallettis）数代一来一直拥有位于拉莫拉产区（La Morra）的蒙费莱托酒庄（Cascina Monfalletto），直至20世纪20年代，蒙特泽莫罗的科尔德罗家族（Cordero di Montezemelo）买下了这座酒庄，并将其打造为朗格产区（Langhe）最令人惊叹的酒庄之一。蒙费莱托酒庄的单一地块葡萄园占地面积达到30公顷，地块被分作几座葡萄园，每座葡萄园只种植一种特定的葡萄品种，而土地主要被用作栽培内比奥罗（Nebbiolo）和多姿桃（Dolcetto），然后才种植巴贝拉（Barbera）、霞多丽（Chardonnay）和阿内斯（Arneis）。蒙费莱托酒庄出品四款巴罗洛美酒（Barolos）：包括蒙费莱托巴罗洛（Monfalletto Barolos）、盖特拉峰园巴罗洛（Bricco Gattera Barolos）、乔拉特巴罗洛（Gorette Barolos），以及采用卡斯蒂格里奥尼法雷托（Castiglione Falletto）维勒洛葡萄园（Villero cru）的酿造葡萄打造的第六代恩里科巴罗洛（Enrico VI）。它们都拥有同样的风格，创新且不刻意设计的随意，经过简单的浸渍脱皮，然后在法国橡木桶中以一种适度现代的风格缓慢陈年。在今年的品鉴中，第六代恩里科巴罗洛（Enrico VI）再次从所有提交酒品中脱颖而出，完美的果香、适度的橡木香气与优雅的酒香达成了完美平衡，单宁精美，美妙的口感令人记起这是一款血统纯正的名门美酒。与此同时，盖拉特峰园巴罗洛（Gattera）香氛扑鼻，散发着东方香料的缕缕醇香，融入红色莓果的果香；而蒙费莱托（Monfalletto）的香气更加传统，酒体更加清凛。

| | |
|---|---|
| ● Barolo Enrico VI '12 | 🍷🍷 8 |
| ● Barbera d'Alba Sup. Funtanì '13 | 🍷🍷 5 |
| ● Barolo Gattera '12 | 🍷🍷 7 |
| ● Barolo Monfalletto '12 | 🍷🍷 6 |
| ○ Langhe Chardonnay Elioro '14 | 🍷🍷 5 |
| ● Barbera d'Alba '14 | 🍷 3 |
| ● Dolcetto d'Alba '15 | 🍷 3 |
| ● Barolo Enrico VI '04 | 🍷🍷🍷 7 |
| ● Barolo Enrico VI '03 | 🍷🍷🍷 7 |
| ● Barolo V. Bricco Gattera '99 | 🍷🍷🍷 8 |
| ● Barolo V. Enrico VI '00 | 🍷🍷🍷 7 |
| ● Barolo Bricco Gattera '11 | 🍷🍷 8 |
| ● Barolo Enrico VI '11 | 🍷🍷 8 |
| ● Barolo Enrico VI '10 | 🍷🍷 8 |

## Montalbera

via Montalbera, 1
14030 Castagnole Monferrato [AT]
Tel. +39 0119433311
www.montalbera.it

藏酒销售
预约参观
年产量 600 000 瓶
葡萄种植面积 175 公顷

大约三十年前，莫兰朵家族（Morando）开始购买土地，开垦新的葡萄园。今天，蒙托贝拉酒庄（Montalbera）自有的单一地块葡萄园地处绿意融融的群山间，形成了天然的阶梯，环绕着酒庄总部。酒庄葡萄园主要种植露诗（Ruché），辅以巴贝拉（Barbera）、吉诺林诺（Grignolino）和维欧尼（Viognier），葡萄藤生长在从黏土到石灰土等土质不等的土壤之中。蒙托贝拉酒庄还在卡斯蒂格里奥尼特内蒂（Castiglione Tinella）拥有占地达到15公顷的葡萄园，完全用于种植莫斯卡托（Moscato）；还在拉莫拉（La Morra）、巴巴莱斯科（Barbaresco）和纳维（Neive）拥有占地几公顷的葡萄园，专门用来栽培内比奥罗（Nebbiolo）。在今年的品鉴中，蒙托贝拉酒庄提交了一系列卡斯塔尼奥莱蒙费拉托露诗美酒（Ruche di Castagnole Monferrato），卓越的表现给我们留下了非常深刻的印象。2015年份的传统露诗葡萄酒（La Tradizione）芬芳扑鼻，散发着玫瑰花的馥郁花香，融入红色水果的果香，底蕴中透露出缕缕黑胡椒的辛香，口感蓬松，华美多汁，收口余韵别具一格，轻松地将我们的“三杯奖”大奖带回了家。相比较而言，2015年份的兰瑟托露诗兰瑟托露诗（Laccento）则更加浓稠集中，但是气质非常优雅；2015年份的韦甘（Vegan）则绿蔬风味浓厚，口感有力。除此之外，2013年份的超级努达阿斯蒂巴贝拉（Barbera d' Asti Superiore Nuda）清爽美味，果味十足，也展现出极佳的品质。

- ● Ruchè di Castagnole M.to La Tradizione '15 — 3*
- ● Barbera d'Asti Sup. Nuda '13 — 7
- ● Ruchè di Castagnole M.to Laccento '15 — 3*
- ● Ruchè di Castagnole M.to Vegan '15 — 3*
- ● Barolo Levoluzione '12 — 6
- ● Grignolino d'Asti Grigné '15 — 2*
- ● Ruchè di Castagnole M.to Limpronta '14 — 5
- ● Barbera d'Asti Lequilibrio '14 — 3
- ● Barbera d'Asti Solo Acciaio '15 — 2
- ○ Moscato d'Asti '15 — 2
- ● Barbera d'Asti Sup. Nuda '12 — 7
- ● Ruchè di Castagnole M.to La Tradizione '14 — 3*
- ● Ruchè di Castagnole M.to Laccento '14 — 3*

## Cecilia Monte

via Serracapelli, 17
12052 Neive [CN]
Tel. +39 017367454
cecilia.monte@libero.it

藏酒销售
年产量 19 000 瓶
葡萄种植面积 3.5 公顷

塞西莉亚·蒙特（Cecilia Monte）在第二个千禧年到来之际接管了家族酒庄，继承了父亲保罗（Paolo）的酿酒热情。她还特意推出了一款2011年份的巴巴莱斯科（Barbaresco）来纪念父亲，以塞拉卡贝利葡萄园（Serracapelli cru）尤其精美的一小块地块出产的酿造葡萄打造而成。通过十五年的努力，塞西莉亚·蒙特的葡萄酒生产从最初的小规模实验性，逐渐发展为出产品质卓越的系列美酒。在今年的品鉴中，献给保罗的巴巴莱斯科精选美酒展现出高超的酿造技艺，气质优雅且飘逸，散发着奎宁的醇香，融入红色莓果的果香，余韵绵长，口感有力，单宁质地细密，但是略显封闭。除此之外，2012年份的塞拉卡贝利园（Vigneto Serracapelli）已经更加浓郁，香氛层次分明，散发着药草的缕缕醇香，融入烟草的气息，底蕴中透露出丝丝甘草和红色莓果的芬芳。与此同时，2014年份的阿尔巴巴贝拉（Barbera d' Alba）体现出这是一个遭遇困难的采收酿造季。

- ● Barbaresco Serracapelli Dedicato a Paolo '11 — 6
- ● Barbaresco Vign. Serracapelli '12 — 5
- ● Barbera d'Alba '14 — 3
- ● Barbaresco Ris. '06 — 5
- ● Barbaresco Serracapelli '11 — 5
- ● Barbaresco Serracapelli '05 — 5
- ● Barbaresco Serracapelli '04 — 5
- ● Barbaresco Serracapelli '03 — 5
- ● Barbaresco Vign. Serracapelli '09 — 5
- ● Barbaresco Vign. Serracapelli '07 — 5
- ● Dolcetto d'Alba Montubert '05 — 3
- ● Langhe Nebbiolo '12 — 3
- ● Langhe Nebbiolo '10 — 3

## Tenuta Montemagno

VIA CASCINA VALFOSSATO, 9
14030 MONTEMAGNO [AT]
TEL. +39 014163624
www.tenutamontemagno.it

藏酒销售
预约参观
膳宿接待
年产量 96 000 瓶
葡萄种植面积 15 公顷

只通过短短的几年，蒙泰马尼奥酒庄（Tenuta Montemagno）就取得了令人印象深刻的巨大发展，出产的高品质美酒获取了蒙费拉托产区（Monferrato）葡萄酒界的更多关注。酒庄的所有出品不仅品质优良，而且还在不断寻求超越自己，攀上更高的巅峰。系列酒品中的明星产品在各种尺寸（最大达到2500升）的橡木桶中陈年，从而在没有掩盖品种葡萄典型香气的基础上，令美酒的香氛更加饱满丰盈。酒庄范围广泛的系列酒品以芬芳扑鼻的红葡萄酒和白葡萄酒为特色：包括长相思（Sauvignon Blanc）和露诗（Ruché），同时也包括卡索尔佐的玛尔维萨（Malvasia di Casorzo）。其他酒品则以帝莫拉索（Timorasso）、吉诺林诺（Grignolino）、巴贝拉（Barbera）和西拉（Syrah）酿造而成，西拉和巴贝拉还可以混酿成沃尔莱（Violae）。在蒙泰马尼奥酒庄今年提供的品鉴名单中，这款气势恢宏壮美的奥秘精选阿斯蒂巴贝拉（Barbera d' Asti Mysterium）在所有酒品中拔得头筹。它是一款非常年轻的美酒，闪耀着深邃的红宝石色，散发着李子和樱桃的缕缕果香，底蕴中透露出缕缕橡木带来的辛辣芬芳。入口饱满多汁，单宁质地精美，收口余韵悠长不散。其他酒品也展现出极高的酿造水平。

| | |
|---|---|
| ● Barbera d'Asti Sup. Mysterium '13 | 4 |
| ● Grignolino d'Asti Ruber '15 | 2* |
| ○ M.to Bianco Musae '15 | 2* |
| ○ M.to Bianco Solis Vis '14 | 2* |
| ● Ruchè di Castagnole M.to '15 | 3 |
| ○ Tenuta Montemagno Brut 24 M. Cl. | 5 |
| ● Barbera d'Asti Austerum '14 | 2 |
| ○ M.to Bianco Nymphae '15 | 2 |
| ● M.to Rosso Violae '14 | 2 |
| ● Malvasia di Casorzo d'Asti Dulcem '15 | 2 |
| ● Barbera d'Asti Sup. Mysterium '12 | 4 |
| ● Barbera d'Asti Sup. Mysterium '11 | 4 |
| ○ M.to Bianco Musae '13 | 2* |
| ○ M.to Bianco Nymphae '14 | 2* |
| ○ M.to Bianco Nymphae '12 | 2* |
| ○ M.to Bianco Solis Vis '13 | 2* |

## Monti

FRAZ. CAMIE
LOC. SAN SEBASTIANO, 39
12065 MONFORTE D'ALBA [CN]
TEL. +39 017378391
www.paolomonti.com

藏酒销售
预约参观
年产量 50 000 瓶
葡萄种植面积 16 公顷

1996年，皮耶·保罗·蒙蒂（Pier Paolo Monti）在蒙福特（Monforte）的巴西亚葡萄园（Bussia cru）创建了他的酒庄。此后至今，几乎不曾发生变化，皮耶·保罗从一开始就不遗余力地努力打造酒体饱满、精美出众的美酒。葡萄园主要种植的是内比奥罗（Nebbiolo）和巴贝拉（Barbera），虽然也辅以主要用于朗格红葡萄酒（Langhe Rosso）和朗格梅洛（Langhe Merlot）的波尔多（Bordeaux）葡萄品种以及用于白葡萄酒（L' Aura）的雷司令和霞多丽。蒙蒂酒庄出品的美酒极具个性，充分展现出品种葡萄的风味，能够品尝出在小型法国橡木桶中陈年遗留的美味痕迹。在今年的品鉴中，2010年份的巴西亚园巴罗洛陈酿（Barolo Bussia Riserva）表现精彩，非常劲道有力，散发着浓郁的烟熏气息和香料的辛香，融入烘焙的浓香，随之而来的口感精美劲道，单宁精良。除此之外，2013年份的阿尔巴巴贝拉（Barbera d' Alba）也让我们喜出望外，它的风格现代而优雅，散发着深色水果浓郁的果香，入口感到清爽甜美的果味，底蕴中透露出缕缕橡木的美味。与此同时，2012年份的阿尔巴蒙福特巴罗洛（Barolo del Comune di Monforte d' Alba）则依然包裹着较重的橡木滋味。

| | |
|---|---|
| ● Barbera d'Alba '13 | 5 |
| ● Barolo Bussia Ris. '10 | 8 |
| ● Barbera d'Alba Sup. '13 | 7 |
| ● Barolo del Comune di Monforte d'Alba '12 | 7 |
| ● Barbera d'Alba '12 | 5 |
| ● Barbera d'Alba '11 | 5 |
| ● Barbera d'Alba '09 | 5 |
| ● Barolo '09 | 7 |
| ● Barolo del Comune di Monforte d'Alba '11 | 7 |
| ● Barolo del Comune di Monforte d'Alba '10 | 7 |
| ● Langhe Dossi Rossi '11 | 5 |
| ● Nebbiolo d'Alba '12 | 4 |
| ● Nebbiolo d'Alba '11 | 4 |
| ● Nebbiolo d'Alba '10 | 4 |

## Stefanino Morra

loc. San Pietro
via Castagnito, 50
12050 Castellinaldo [CN]
Tel. +39 0173213489
www.morravini.it

藏酒销售
预约参观
年产量 70 000 瓶
葡萄种植面积 11 公顷
可持续发展酒庄

莫拉家族（Morra）酒庄在卡斯泰利纳尔多（Castellinaldo）栽培葡萄的历史已经持续三代，并于1990年开始装瓶出售自己酿造的美酒，如今酒庄的掌门人是斯特凡尼诺·莫拉（Stefanino Morra）。斯特凡尼诺莫拉酒庄的葡萄园位于加纳莱（Canale）、卡斯泰利纳尔多（Castellinaldo）和阿尔巴维扎（Vezza d'Alba）三地，都拥有罗埃罗产区（Roero）典型的砂质石灰土壤，种植本地的传统葡萄品种，从阿内斯（Arneis）、内比奥罗（Nebbiolo）、巴贝拉（Barbera）到费乌瑞塔（Favorita），酿造出的美酒果味丰盈，酒体饱满，真正呈现出本产区的风土特质。斯特凡尼诺莫拉酒庄今年提供的品鉴酒品品质卓越，给我们带来不少惊喜。2013年份的卡斯泰利纳尔多阿尔巴巴贝拉（Barbera d'Alba Castellinaldo）散发着深色莓果般浓郁集中的果香，和着雨后泥土的芬芳，更有一抹甘草的醇香飘过，底蕴中透露出缕缕香料和咖啡的香气，口感绵长，如同天鹅绒般丝滑，美妙的平衡度令人印象深刻。除此之外，2012年份的卡斯泰阿尔巴巴贝拉（Barbera d'Alba Castlè）极具潜力，果味十足，活跃的酸度保证了清爽的口感和绵长的余韵；2015年份的阿内斯罗埃罗（Roero Arneis）则芬芳扑鼻，吐露着黄桃甜美的果香，清新有力的口感与美妙的香氛相得益彰。

| | |
|---|---|
| ● Barbera d'Alba Castellinaldo '13 | ΥΥ 4 |
| ● Barbera d'Alba Castlè '12 | ΥΥ 5 |
| ○ Roero Arneis '15 | ΥΥ 3* |
| ● Barbera d'Alba '14 | ΥΥ 3 |
| ● Roero '13 | ΥΥ 4 |
| ● Roero Srai Ris. '12 | ΥΥ 5 |
| ● Barbera d'Alba '13 | ΥΥ 3* |
| ● Barbera d'Alba '11 | ΥΥ 3 |
| ● Barbera d'Alba Castellinaldo '12 | ΥΥ 4 |
| ● Roero '12 | ΥΥ 4 |
| ○ Roero Arneis '14 | ΥΥ 3* |
| ○ Roero Arneis '13 | ΥΥ 3 |
| ● Roero Srai Ris. '11 | ΥΥ 5 |

## F.lli Mossio

fraz. Cascina Caramelli
via Montà, 12
12050 Rodello [CN]
Tel. +39 0173617149
www.mossio.com

藏酒销售
预约参观
膳宿接待
年产量 50 000 瓶
葡萄种植面积 10 公顷
可持续发展酒庄

莫西奥家族（Mossio）总是展现出精湛的酿造技艺和出产美酒的巨大决心，凭借精美的阿尔巴多姿桃（Dolcetto d'Alba），在国际市场上收获了极高的声誉。阿尔巴多姿桃与朗格地区（Langhe）以内比奥罗（Nebbiolo）为基础酿造的美酒形成了激烈的竞争态势。我们的最爱永远是口感复杂的卡拉梅里峰葡萄园系列（Bricco Caramelli）和果味丰盈的皮安诺德里佩尔多尼（Piano delli Perdoni），但是浓郁多姿桃美酒的爱好者们就一定会喜欢极富潜力、且在大型橡木桶中陈年的超级佳慕斯阿尔巴多姿桃（Dolcetto d'Alba Superiore Gamus）以及玛格瑞特帕西多甜酒（Le Margherite Passito）。在今年的品鉴中，卡拉梅里峰园阿尔巴多姿桃（Dolcetto d'Alba Bricco Caramelli）成功地阐释了酿造年份的优秀条件，散发着红色水果无处不在的馥郁果香，随之而来的口感极为清爽有力，果味跌宕蔓延开来，极富层次。相比较而言，同年份的皮安诺德里佩尔多尼的单宁略显浓重，吐露着深色莓果质朴有力的果香，底蕴中透露出缕缕皮革的醇香；2012年份的内比奥罗（Nebbiolo）则酒体饱满，陈年时融入的橡木滋味略重。

| | |
|---|---|
| ● Dolcetto d'Alba Bricco Caramelli '15 | ΥΥ 3* |
| ● Barbera d'Alba '14 | ΥΥ 4 |
| ● Dolcetto d'Alba Piano delli Perdoni '15 | ΥΥ 2* |
| ● Langhe Nebbiolo '12 | ΥΥ 4 |
| ● Dolcetto d'Alba Bricco Caramelli '00 | ΥΥΥ 3* |
| ● Dolcetto d'Alba Bricco Caramelli '14 | ΥΥ 3* |
| ● Dolcetto d'Alba Bricco Caramelli '13 | ΥΥ 3* |
| ● Dolcetto d'Alba Bricco Caramelli '11 | ΥΥ 3* |
| ● Dolcetto d'Alba Bricco Caramelli '10 | ΥΥ 3* |
| ● Dolcetto d'Alba Bricco Caramelli '09 | ΥΥ 3* |
| ● Dolcetto d'Alba Piano delli Perdoni '12 | ΥΥ 2* |
| ● Dolcetto d'Alba Piano delli Perdoni '11 | ΥΥ 2* |
| ● Dolcetto d'Alba Sup. Gamus '13 | ΥΥ 4 |
| ● Dolcetto d'Alba Sup. Gamvs '12 | ΥΥ 4 |
| ● Langhe Nebbiolo '09 | ΥΥ 4 |

## ★Fiorenzo Nada

VIA AUSARIO, 12C
12050 TREISO [CN]
TEL. +39 0173638254
www.nada.it

藏酒销售
预约参观
年产量 45 000 瓶
葡萄种植面积 9 公顷
可持续发展酒庄

布鲁诺·纳达（Bruno Nada）原本是一名教师，在葡萄酒生产领域依然保存了关注细节和传递信息的卓越能力，始终凭借一颗热忱勤奋的教育者的真心，不遗余力地推进葡萄酒栽培和酿造技术的最新发展。布鲁诺在葡萄园和酒窖中的工作涉及各个环节，他继承了父亲费奥伦佐·纳达（Fiorenzo Nada）的宏大志向，致力于以三种最爱的葡萄品种——内比奥罗（Nebbiolo）、巴贝拉（Barbera）和多姿桃（Dolcetto）——打造出最优雅的美酒。除了获奖无数的伦姆伯恩园巴巴莱斯科（Barbaresco Rombone）以外，我们还向您大力推荐塞弗勒（Seifile），这款佳酿堪称朗格红葡萄酒DOC产区（Langhe Rosso DOC）史上真正的指路明灯。在今年的品鉴中，我们将“三杯奖”大奖授予了2012年份的伦姆伯恩园巴巴莱斯科，它展现出卓越的陈年前景。这款佳酿的香氛复杂而集中，散发着覆盆子般的悠然果香，融入甘草的浓香，底蕴中透露出缕缕焦油的浓醇气息，随之而来的口感非常质朴有力，余韵绵长，单宁演进上佳。相比较而言，展现出高超酿造技巧的2012年份的曼佐拉（Manzola）更加辛辣，果味较淡；而2014年份的阿尔巴巴贝拉（Barbera d'Alba）则馥郁浓稠，散发着巧克力的醇香，堪称最佳2014年份酒之一。

| | |
|---|---|
| ● Barbaresco Rombone '12 | 🍷🍷🍷 7 |
| ● Barbaresco Manzola '12 | 🍷🍷 6 |
| ● Barbera d'Alba '14 | 🍷🍷 4 |
| ● Dolcetto d'Alba '15 | 🍷🍷 2* |
| ● Langhe Nebbiolo '14 | 🍷🍷 3 |
| ● Langhe Rosso Seifile '12 | 🍷🍷 7 |
| ● Barbaresco '01 | YYY 6 |
| ● Barbaresco Manzola '08 | YYY 6 |
| ● Barbaresco Manzola '06 | YYY 6 |
| ● Barbaresco Rombone '10 | YYY 7 |
| ● Barbaresco Rombone '09 | YYY 7 |
| ● Barbaresco Rombone '07 | YYY 7 |
| ● Barbaresco Rombone '06 | YYY 7 |
| ● Barbaresco Rombone '05 | YYY 7 |
| ● Barbaresco Rombone '04 | YYY 7 |
| ● Langhe Rosso Seifile '01 | YYY 6 |

## Cantina dei Produttori Nebbiolo di Carema

VIA NAZIONALE, 32
10010 CAREMA [TO]
TEL. +39 0125811160
www.caremadoc.it

藏酒销售
预约参观
餐饮接待
年产量 65 000 瓶
葡萄种植面积 17 公顷

卡玛利地区内比奥罗生产商联合酒庄（Cantina Produttori Nebbiolo di Carema）接近80名生产商成员照料着傲人的17公顷葡萄园，这家协作酒庄是卡玛利产区首屈一指的葡萄酒生产商。在这片葡萄园呈现碎片化、各个方面风格都最极端的种植地，艰苦条件真正反映出“史诗般农业”的最真实含义：人们沿着阿尔卑斯山（Alps）地形复杂的岩石和陡坡开垦出极小的地块，葡萄棚架甚至被逼到山岩上，随着山势时隐时现；但是这里出产世界上风格最为清凛质朴的晚收内比奥罗（Nebbiolo），可以陈年数十年。这里主要出产的两种美酒都是传统酿造法卡玛利（Carema Classico），分别是卡玛利基本年份酒和陈酿葡萄酒（Riserva），这两种类型的佳酿都要在大型木桶中陈年24个月至36个月之久。在今年的品鉴中，2013年年份酒展现出采收酿造季赋予的清爽质感，飘散着葡萄的芬芳，果味口感丰盈，黑标卡玛利（Carema Etichetta Nera）更加自信，已经演化完好，适合立即饮用；而2012年份的白标卡玛利陈酿（Etichetta Bianca Riserva）相比而言略显封闭厚重，缺乏上佳酸度带来的鲜美口感。这座精美酒庄之所以永远不会令人失望，原因之一也在于其非常合理的酒品价格。

| | |
|---|---|
| ● Carema Et. Nera '13 | 🍷🍷 2* |
| ● Carema Et. Bianca Ris. '12 | 🍷🍷 3 |
| ● Carema Et. Bianca '07 | YYY 3* |
| ● Carema Et. Bianca Ris. '11 | YYY 3* |
| ● Carema Et. Bianca Ris. '09 | YYY 3* |
| ● Carema Et. Bianca Ris. '08 | YYY 3* |
| ● Carema Et. Bianca '06 | YY 3* |
| ● Carema Et. Bianca '05 | YY 3 |
| ● Carema Et. Bianca Ris. '10 | YY 3* |
| ● Carema Et. Nera '12 | YY 2* |
| ● Carema Et. Nera '11 | YY 2* |
| ● Carema Et. Nera '10 | YY 2* |
| ● Carema Et. Nera '08 | YY 2* |
| ● Carema Et. Nera '06 | YY 2* |
| ● Carema Ris. '04 | YY 3* |

## Lorenzo Negro

FRAZ. SANT'ANNA, 55
12040 MONTEU ROERO [CN]
TEL. +39 017390645
www.negrolorenzo.com

藏酒销售
预约参观
年产量 35 000 瓶
葡萄种植面积 8 公顷
可持续发展酒庄

2006年，洛伦佐·尼格罗（Lorenzo Negro）决定在事业上迈出重要的一步，开始装瓶出售自己酿造的美酒。洛伦佐尼格罗酒庄坐落在瑟拉卢皮尼山上（Serra Lupini hill）海拔300米的地带，葡萄园就环绕着酒庄分布，拥有由砂子、粉砂和黏土组成的罗埃罗（Roero）典型土壤成分，栽培的葡萄藤生长期在16年至30年之间。酒庄葡萄园栽培本地经典的葡萄品种，从阿内斯（Arneis）到内比奥罗（Nebbiolo）和巴贝拉（Barbera），还有几行伯纳达（Bonarda）、多姿桃（Dolcetto）和阿尔巴洛萨（Albarossa）。洛伦佐尼格罗酒庄出品的美酒以往总是展现出精湛的酿造技艺，不过今年呈交的酒品则略失水准，尤其是2012年份的罗埃罗圣弗兰西斯科陈酿（Roero San Francesco Riserva），失去了应有的个性和复杂口感。除此之外，2012年份的拉纳达超级阿尔巴巴贝拉（Barbera d' Alba Superiore La Nanda）果香四溢，散发着地中海灌木丛的热烈芬芳，融入香料的辛香，入口余韵绵长，犹如天鹅绒般丝滑，精美的酸度支撑着优美的收口感受。2010年份的传统酿造法罗埃罗阿内斯干型葡萄酒（Roero Arneis Metodo Classico Brut）则酒体饱满，口感清爽，散发着蛋糕的诱人香气，融入成熟杏子和蜜桃的甜美果香。

| | |
|---|---|
| ● Barbera d'Alba Sup. La Nanda '12 | ▼▼ 3 |
| ○ Roero Arneis Brut M. Cl. '10 | ▼▼ 4 |
| ○ Roero Arneis '15 | ▼ 2 |
| ● Roero San Francesco Ris. '12 | ▼ 3 |
| ● Barbera d'Alba '13 | ▽▽ 2* |
| ● Barbera d'Alba '12 | ▽▽ 2* |
| ● Barbera d'Alba Sup. La Nanda '09 | ▽▽ 3 |
| ● Barbera d'Alba Sup. La Nanda '07 | ▽▽ 3 |
| ● Langhe Nebbiolo '12 | ▽▽ 2* |
| ○ Roero Arneis '12 | ▽▽ 2* |
| ○ Roero Arneis '11 | ▽▽ 2* |
| ● Roero San Francesco Ris. '10 | ▽▽ 3 |
| ● Roero San Francesco Ris. '09 | ▽▽ 3 |

## Angelo Negro e Figli

FRAZ. SANT'ANNA, 1
12040 MONTEU ROERO [CN]
TEL. +39 017390252
www.negroangelo.it

藏酒销售
预约参观
年产量 350 000 瓶
葡萄种植面积 60 公顷
可持续发展酒庄

尼格罗家族（Negro）自遥远的12世纪起就在罗埃罗产区（Roero）定居生活。今天，乔瓦尼（Giovanni）和玛丽莎（Marisa）经营着产区内首屈一指的经典酒庄之一，他们的孩子安吉洛（Angelo）、伊玛努艾拉（Emanuela）、加布里埃（Gabriele）和约瑟佩（Giuseppe）从旁协助。尼格罗家族酒庄出产传统地方美酒，酒庄的葡萄园分散各地，从酒庄总部所在的蒙泰乌罗埃罗（Monteu Roero）和加纳莱（Canale），到马利亚诺阿尔菲耶里（Magliano Alfieri）和圣托斯特凡诺罗埃罗（Santo Stefano Roero）。除此之外，酒庄在纳维地区（Neive）还拥有一座朗格（Langhe）庄园，那里出产巴巴莱斯科（Barbaresco）和阿尔巴多姿桃（Dolcetto d' Alba）。今年尼格罗家族酒庄供应的美酒依然显露出极高的品质，让我们从2013年份的罗埃罗索蒂斯法陈酿（Roero Sudisfà Riserva）开始说起——它以无可厚非的卓越品质赢得了“三杯奖”大奖。这款佳酿散发着地中海灌木丛的热烈芬芳，融入甘草和红莓的阵阵果香，底蕴中透露出缕缕烟草的醇香，口感饱满丰盈，结构紧致，果味四溢，单宁如同天鹅绒般丝滑，在精美酸度的支持下，收口余韵悠长美味。除此之外，2013年份的帕奇奥索罗埃罗（Roero Prachiosso）的表现也极为精彩，它散发着繁花的馥郁花香，融入香料的辛香和深色莓果的果香；品质同样卓越的还有2015年份的瑟拉卢皮尼罗埃罗阿内斯（Roero Arneis Serra Lupini），风味复杂，果味丰盈，散发着苹果和梨子的诱人果香，令人心旷神怡。

| | |
|---|---|
| ● Roero Sudisfà Ris. '13 | ▼▼▼ 6 |
| ○ Roero Arneis Serra Lupini '15 | ▼▼ 3* |
| ● Roero Prachiosso '13 | ▼▼ 4 |
| ● Barbaresco Basarin '13 | ▼▼ 5 |
| ○ Perdaudin Passito '11 | ▼▼ 5 |
| ○ Roero Arneis Brut Giovanni Negro Dosage Zero '09 | ▼▼ 5 |
| ○ Roero Arneis Perdaudin '15 | ▼▼ 3 |
| ○ Roero Arneis Perdaudin '14 | ▼▼ 3 |
| ● Roero San Giorgio Ris. '13 | ▼▼ 5 |
| ● Roero Sudisfà Ris. '12 | ▽▽▽ 6 |
| ● Roero Sudisfà Ris. '10 | ▽▽▽ 6 |
| ● Roero Sudisfà Ris. '09 | ▽▽▽ 5 |
| ● Roero Sudisfà Ris. '08 | ▽▽▽ 5 |

## Nervi

C.SO VERCELLI, 117
13045 GATTINARA [VC]
TEL. +39 0163833228
www.gattinara-nervi.it

藏酒销售
预约参观
年产量 120 000 瓶
葡萄种植面积 24 公顷

加蒂纳拉地区（Gattinara）最古老的酒庄由路易吉·奈尔维（Luigi Nervi）于1906年创建，拥有种植面积达到20公顷的葡萄园，主要种植内比奥罗（Nebbiolo），其中不乏许多著名的葡萄园地块，包括卡塞瑟（Casacce）、格拉沃格利（Garavoglie）和瓦尔菲拉纳（Valferana），更不用提还拥有摩尔斯诺葡萄园（Molsino）环抱形成的天然阶梯剧场般的壮阔景致。几年前，厄林·阿斯楚普（Erling Astrup）和克里斯托弗·莫斯图（Christopher Moestue）以及其他两位挪威合伙人接管了这座传奇的奈尔维酒庄（Nervi）。酒庄所有权的易主并没有影响恩里科·费立波（Enrico Fileppo）继续担任酿酒师的工作，因此无论从产量还是从酒品风格上，此次转手后酒庄都实现了天衣无缝的转变。在今年的品鉴中，奈尔维酒庄出品的顶级美酒精彩表现一如既往：量身定制的酿造工序和技艺缔造了活力四射、气质高贵的红葡萄酒。近期发布的美酒品质也在不断提升，正如芬芳扑鼻的罗萨托1787杰斐逊零添加传统酿造法葡萄酒（Jefferson 1787 Metodo Classico Dosage Zéro Rosato）所展示的那样，这款以内比奥罗为原料酿成的美酒口感强劲有力，酒质优雅细腻。然而，奈尔维酒庄的明星酒品依然是加蒂纳拉摩尔斯诺（Gattinara Molsino），虽然2011年份酒中依然粗糙的单宁略微拖后了整款酒的演化速度。

| | |
|---|---|
| ● Gattinara Molsino '11 | 🍷🍷 5 |
| ● Gattinara '12 | 🍷🍷 4 |
| ● Gattinara Valferana '11 | 🍷🍷 5 |
| ○ Erbaluce di Caluso Bianca '15 | 🍷 4 |
| ⊙ Jefferson 1787 Rosé Dosage Zéro M. Cl. | 🍷 5 |
| ● Gattinara Podere dei Ginepri '01 | 🍷🍷🍷 5 |
| ● Gattinara Vign. Molsino '00 | 🍷🍷🍷 5 |
| ○ Erbaluce di Caluso Bianca '14 | 🍷🍷 4 |
| ● Gattinara '10 | 🍷🍷 4 |
| ● Gattinara '08 | 🍷🍷 4 |
| ● Gattinara Molsino '09 | 🍷🍷 5 |
| ● Gattinara Molsino '08 | 🍷🍷 5 |
| ● Gattinara Valferana '09 | 🍷🍷 5 |

## Andrea Oberto

B.TA SIMANE, 11
12064 LA MORRA [CN]
TEL. +39 017350104
www.andreaoberto.com

藏酒销售
预约参观
年产量 100 000 瓶
葡萄种植面积 16 公顷

拉莫拉地区（La Morra）的葡萄栽培师安德里亚·奥贝尔托（Andrea Oberto）从父亲那里继承了对于土地和葡萄园深切的爱恋，多年来这种热爱引导着他一直过着双重生活——既是一名卡车司机，又是一名农夫。在一周艰苦工作过后，他会挤出时间来照料种植面积达到3公顷的葡萄园。今天，在儿子法比奥（Fabio）的协助下，安德里亚·奥贝尔托酒庄的葡萄种植面积已经扩展到了16公顷，分布在两座品质卓越的顶级巴罗洛葡萄园（Barolo Crus）中：安努齐亚塔洛奇葡萄园（Rocche dell' Annunziata）和珍珠葡萄园（Brunate）。他酿造的加达阿尔巴巴贝拉（Barbera d' Alba Giada）也展现出同样的高品质，这款美酒最初于1988年推出，令酒庄美名传遍了意大利,甚至盛名远扬国际。在今年的品鉴中，我们很难做出定论，哪一款巴罗洛酒的品质更佳。2012年份的安努齐亚塔洛奇园巴罗洛吐露着浓郁集中的烘焙芬芳，散发着诱人的丝丝肉桂香气，单宁质地细腻紧致，与以往年份相比展现出更加质朴的质感。2012年份的珍珠园巴罗洛则活力四射，吐露着阵阵果香，融入丝丝烟草的醇香，继而转变为繁花的芬芳，精美单宁与紧致结构保持了完美平衡，确保了这款佳酿的口感柔顺华美。

| | |
|---|---|
| ● Barolo Brunate '12 | 🍷🍷 6 |
| ● Barolo Rocche dell'Annunziata '12 | 🍷🍷 7 |
| ● Barbera d'Alba Giada '13 | 🍷🍷 5 |
| ● Barolo '12 | 🍷🍷 6 |
| ● Barolo Albarella '12 | 🍷🍷 7 |
| ● Barolo Vign. Albarella '01 | 🍷🍷🍷 7 |
| ● Barolo Vign. Brunate '05 | 🍷🍷🍷 8 |
| ● Barolo '11 | 🍷🍷 6 |
| ● Barolo Albarella '11 | 🍷🍷 7 |
| ● Barolo Brunate '11 | 🍷🍷 6 |
| ● Barolo Rocche dell'Annunziata '11 | 🍷🍷 7 |
| ● Dolcetto d'Alba '13 | 🍷🍷 2* |
| ● Langhe Rosso Fabio '09 | 🍷🍷 7 |

## Figli Luigi Oddero

LOC. BORGATA BETTOLOTTI
FRAZ. SANTA MARIA
TENUTA PARÀ, 95
12604 LA MORRA [CN]
TEL. +39 0173500386
www.figliluigioddero.it

藏酒销售
预约参观
年产量 110 000 瓶
葡萄种植面积 35 公顷
可持续发展酒庄

在与兄弟吉亚科莫（Giacomo）共同打理奥德罗酒庄（Poderi e Cantine Oddero）长达半个世纪之后，2006年，朗格（Langhe）葡萄酒世界的领军人物之一路易吉·奥德罗（Luigi Oddero）终于成立了属于自己的酒庄。今天，这座巨大的庄园由路易吉的妻子莉娜（Lena）和他们的孩子们管理，他们照料着声名卓著的葡萄园，包括拉莫拉产区（La Morra）传奇的莱弗—帕拉葡萄园（Rive-Parà）、普劳斯楚葡萄园（Plaustra）和贝托罗提葡萄园（Bettolotti）；卡斯蒂格里奥尼法雷托（Castiglione Falletto）的里维拉洛奇葡萄园（Rocche dei Rivera）；阿尔巴塞拉伦加（Serralunga d' Alba）的瑞欧达葡萄园（Vigna Rionda）和宝达娜葡萄园（Baudana）等。路易吉奥德罗酒庄出产的葡萄酒系列品种十分完整，包括巴贝拉（Barbera）、多姿桃（Dolcetto）和弗雷伊萨（Freisa），来自特雷佐蒂内拉（Trezzo Tinella）菲奥里酒庄（Cascina Fiori）的莫斯卡托（Moscato）进一步完善了丰富的出品种类，更有著名的传统风格的内比奥罗（Nebbiolos）成为酒庄的骄傲。路易吉奥德罗酒庄最近推出的内比奥罗酒忠诚地反映出酒庄独特的风味。2013年份的伦姆伯恩园巴巴莱斯科（Barbaresco Rombone）口感经典，与略显粗糙、颇具颗粒感的酒质演进相得益彰；而2010年份的洛奇葡萄园陈酿巴罗洛（Barolo Rocche Rivera）相比而言则更加复杂，展现出极强的个性，野生莓果的芬芳和香料的辛香浓郁集中，令人心旷神怡。

- ● Barbaresco Rombone '13 🍷🍷 5
- ● Barolo Rocche Rivera '10 🍷🍷 6
- ● Barbera d'Alba '13 🍷🍷 3
- ● Barolo '12 🍷🍷 6
- ● Dolcetto d'Alba '15 🍷🍷 2*
- ● Langhe Nebbiolo '12 🍷🍷 3
- ● Barbaresco '11 YY 5
- ● Barbaresco '10 YY 5
- ● Barolo Rocche Rivera '09 YY 8
- ● Barolo Rocche Rivera '08 YY 8
- ● Barolo Specola '09 YY 7
- ● Barolo V. Rionda '09 YY 8
- ● Barolo V. Rionda '08 YY 8
- ● Langhe Nebbiolo '11 YY 3
- ● Langhe Nebbiolo '10 YY 3

## ★Poderi e Cantine Oddero

FRAZ. SANTA MARIA
VIA TETTI, 28
12064 LA MORRA [CN]
TEL. +39 017350618
www.oddero.it

藏酒销售
预约参观
年产量 150 000 瓶
葡萄种植面积 35 公顷
葡萄栽培方式 有机认证

玛利亚克里斯蒂娜·奥德罗（Mariacristina Oddero）和玛利亚维多利亚·奥德罗（Mariavittoria Oddero）姐妹两人掌管着奥德罗家族酒庄（Poderi e Cantine Oddero），这座朗格地区（Langhe）最重要的酒庄拥有种植面积达到35公顷的葡萄园，其中几乎一半的地块栽培用以酿造巴罗洛（Barolo）和巴巴莱斯科（Barbaresco）的内比奥罗葡萄（Nebbiolo）。这座卓越酒庄拥有的地块可不仅仅是面积广袤，更包括一系列声名卓著、如雷贯耳、不可思议的顶级葡萄园，例如卡斯蒂格里奥尼法雷托（Castiglione Falletto）的维勒洛葡萄园（Villero）和洛奇葡萄园（Rocche）、拉莫拉产区（La Morra）的珍珠葡萄园（Brunate）、蒙特福德（Monforte）的蒙达卡超级巴西亚葡萄园（Mondoca di Bussia Superiore）、塞拉伦加（Serralunga）的维格纳瑞欧达园（Vigna Rionda），以及巴巴莱斯科（Barbaresco）的嘉丽娜葡萄园（Gallina）等。这些美妙的酿造原料经巧手打造，在大型橡木桶或者小型木桶中缓慢陈年，变成了风格质朴、穿透力强劲的美酒。葡萄园还以巴贝拉（Barbera）、多姿桃（Dolcetto）和几种国际葡萄品种完善了栽培种类。在今年的品鉴中，酒庄酿造巴罗洛美酒的强大团队强势出击，给我们带来了"三连击"的美妙享受。2010年份的蒙达卡巴西亚园陈酿（Bussia Vigna Mondoca Riserva）以其复杂的香氛和绵长且活跃的回味赢得了我们的欢心；2012年份的洛奇园巴罗洛（Rocche）依然年轻质朴；而2006年份的维戈纳瑞隆达（Vignarionda）相比而言风味更佳复杂，演化程度更好。

- ● Barolo Bussia V. Mondoca Ris. '10 🍷🍷🍷 8
- ● Barbaresco Gallina '13 🍷🍷 6
- ● Barolo Rocche di Castiglione '12 🍷🍷 8
- ● Barolo Vignarionda Ris. '06 🍷🍷 8
- ● Barbera d'Alba Sup. '13 🍷🍷 4
- ● Barolo '12 🍷🍷 6
- ● Barolo Brunate '12 🍷🍷 8
- ● Barolo Villero '12 🍷🍷 8
- ● Dolcetto d'Alba '15 🍷🍷 3
- ○ Moscato d'Asti Cascina Fiori '15 🍷🍷 3
- ○ Langhe Bianco Collaretto '14 🍷 3
- ● Langhe Nebbiolo '13 🍷 4
- ● Barbaresco Gallina '04 YYY 6
- ● Barolo Bussia V. Mondoca Ris. '08 YYY 8
- ● Barolo Mondoca di Bussia Soprana '04 YYY 7
- ● Barolo Rocche di Castiglione '09 YYY 7

## Tenuta Olim Bauda

via Prata, 50
14045 Incisa Scapaccino [AT]
Tel. +39 0141702171
www.tenutaolimbauda.it

藏酒销售
预约参观
年产量 183 000 瓶
葡萄种植面积 30 公顷

在过去的几年间，黛安娜（Diana）、蒂诺（Dino）和吉安尼·博托里诺（Gianni Bertolino）带领创建于1961年的奥林宝达酒庄（Tenuta Olim Bauda）攀上了蒙费拉托产区（Monferrato）高品质酒庄的巅峰，尤其在生产该产区最具代表性的巴贝拉美酒（Barbera）上。奥林宝达酒庄的大多数葡萄园都栽培巴贝拉和莫斯卡托（Moscato），坐落于尼扎蒙费拉托（Nizza Monferrato）。除此之外，酒庄在阿斯蒂伊索拉（Isola d' Asti）、丰塔尼莱（Fontanile）和卡斯泰尔诺沃卡尔恰（Castelnuovo Calcea）等地也拥有种植巴贝拉和莫斯卡托的地块，同时也栽培少量吉诺林诺（Grignolino）。系列出品中还包含一款霞多丽（Chardonnay）和两款嘉维酒（Gavis）。在今年的品鉴中，奥林宝达酒庄出品的2013年份的超级尼扎阿斯蒂巴贝拉葡萄酒（Barbera d' Asti Superiore Nizza）斩获了我们的“三杯奖”，这款佳酿已经持续数年摘取同类酒品中的顶级桂冠。它吐露着辛辣的香气，融入红色水果的果香，底蕴中透露出缕缕奎宁的醇香和秋日落叶的芬芳，酒体饱满，口感充实，均衡精美，回味绵长。与此同时，2014年份的罗切特超级阿斯蒂巴贝拉（Barbera d' Asti Superiore Le Rocchette）也呈现出精彩的表现，散发着浓浓的果香，融入香膏的芬芳，虽然略欠紧致度，但是口感依然扎实，入口优雅甜美；2006年份的圣乔瓦尼莫斯卡托帕西多甜酒（Moscato Passito San Giovanni）也馥郁集中，口感复杂，优雅的甜度与精良的酸度完美平衡。

| | |
|---|---|
| ● Barbera d'Asti Sup. Nizza '13 | 🍷🍷🍷 5 |
| ● Barbera d'Asti Sup. Le Rocchette '14 | 🍷🍷 4 |
| ○ Piemonte Moscato Passito S. Giovanni '06 | 🍷🍷 5 |
| ● Barbera d'Asti La Villa '15 | 🍷🍷 3 |
| ○ Gavi del Comune di Gavi '15 | 🍷🍷 3 |
| ○ Moscato d'Asti Centive '15 | 🍷🍷 2* |
| ● Grignolino d'Asti Isolavilla '15 | 🍷 3 |
| ● Nebbiolo d'Alba San Pietro '13 | 🍷 3 |
| ● Barbera d'Asti Sup. Nizza '12 | ΥΥΥ 5 |
| ● Barbera d'Asti Sup. Nizza '11 | ΥΥΥ 5 |
| ● Barbera d'Asti Sup. Nizza '08 | ΥΥΥ 5 |
| ● Barbera d'Asti Sup. Nizza '07 | ΥΥΥ 5 |
| ● Barbera d'Asti Sup. Nizza '06 | ΥΥΥ 5 |

## Orsolani

via Michele Chiesa, 12
10090 San Giorgio Canavese [TO]
Tel. +39 012432386
www.orsolani.it

藏酒销售
预约参观
年产量 140 000 瓶
葡萄种植面积 19 公顷

半个多世纪以来，奥尔索拉尼家族（Orsolani）始终是推广厄柏路丝（Erbaluce）这种应用极为万能的葡萄品种的中坚力量，为这种美妙的葡萄品种吟唱赞歌。二战结束后，奥尔索拉尼酒庄在卡纳维斯地区的圣乔治奥（San Giorgio Canavese）农庄进行了起泡酒生产的首批实验；此时非起泡干型葡萄酒鲁斯蒂亚（La Rustìa）也大放异彩，令人们意识到迄今为止几乎只用来生产舒勒（Sulé）等帕西多甜白葡萄酒（Passitos）的品种拥有巨大多样的发展潜力，而推出了首批葡萄园精选系列。极富创造力的酿酒手艺在奥尔索拉尼家族代代相传——从吉安·弗朗西斯科·奥尔索拉尼（Gian Francesco Orsolani）传到了吉安·路易吉·奥尔索拉尼（Gian Luigi Orsolani）手中，酒庄壮阔的葡萄园也不停地发展壮大，覆盖了拥有冰碛土的马泽（Mazzé）和卡卢索山（Caluso）。在今年的品鉴中，奥尔索拉尼酒庄凭借2015年份的鲁斯蒂亚厄柏路丝（Erbaluce La Rustia）勇夺“三杯奖”，这款美酒散发着诱人而复杂的香氛，吐露着大马士革李子和梨子的成熟果香，融入槐花蜂蜜的甜美芬芳，继而到来的是草本植物的清香，回味绵长，丰盈充实，清爽的口感极为诱人。与此同时，2009年份的舒勒帕西多甜白葡萄酒（Passito Sulé）表现出一如既往的高品质，水果干的优雅香气与咖啡的醇浓芬芳缭绕其间，令人欲罢不能。

| | |
|---|---|
| ○ Erbaluce di Caluso La Rustìa '15 | 🍷🍷🍷 3* |
| ○ Caluso Passito Sulé '09 | 🍷🍷 5 |
| ○ Caluso Brut Cuvée Tradizione M. Cl. '11 | 🍷🍷 5 |
| ○ Caluso Passito Sulé '04 | ΥΥΥ 5 |
| ○ Caluso Passito Sulé '98 | ΥΥΥ 5 |
| ○ Erbaluce di Caluso La Rustìa '13 | ΥΥΥ 3* |
| ○ Erbaluce di Caluso La Rustìa '12 | ΥΥΥ 3* |
| ○ Erbaluce di Caluso La Rustìa '11 | ΥΥΥ 3* |
| ○ Erbaluce di Caluso La Rustìa '10 | ΥΥΥ 2* |
| ○ Erbaluce di Caluso La Rustìa '09 | ΥΥΥ 2* |

## Paitin

LOC. BRICCO
VIA SERRABOELLA, 20
12052 NEIVE [CN]
TEL. +39 017367343
www.paitin.it

藏酒销售
预约参观
膳宿接待
年产量 80 000 瓶
葡萄种植面积 17 公顷

巴巴莱斯科（Barbaresco）作为一种美酒的称谓，始于19世纪末，而帕斯奎罗伊利亚家族（Pasquero Elia）早在1893年就开始酿造美酒。他们的帕依廷酒庄（Paitin）不断发展壮大，今天在西尔瓦诺（Silvano）和乔瓦尼（Giovanni）的带领下，精心打理着世界一流的葡萄园，如今正处于全部向生物动力学栽培方式转变的过程中。帕依廷酒庄的酒品一度橡木气息浓重——20世纪90年代许多葡萄酒的典型特征——今天的帕依廷巴巴莱斯科精选系列葡萄酒（Barbaresco Paitin）则纯净且质朴，果香果味始终浓郁集中。帕依廷苏里老藤陈酿（Sorì Paitin Vecchie Vigne Riserva）尤其令人印象深刻，它的酿造葡萄都来自生长期超过六十年的老藤。在今年的品鉴中，2013年份的塞拉博艾拉巴巴莱斯科（Barbaresco Serraboella）表现抢眼，香气较为封闭，散发着覆盆子的浓郁果香，口感饱满，酒体精良，只是由于单宁略显年轻而略受困扰。2013年份的帕依廷苏里葡萄酒（Sorì Paitin）散发着干玫瑰花的独特芬芳，融入甘草和焦油的香气，随后红色水果的果香缓缓取代前香，口感复杂，回味绵长悠然。除此之外，2011年份的帕依廷苏里老藤巴巴莱斯科陈酿（Barbaresco Sorì Paitin Vigne Vecchie Riserva）的前味散发着淡淡的咸，口感酒精度略高，酒体饱满丰盈。

| | |
|---|---|
| ● Barbaresco Serraboella '13 | 🍷🍷 5 |
| ● Barbaresco Sorì Paitin '13 | 🍷🍷 6 |
| ● Barbaresco Sorì Paitin V. V. Ris. '11 | 🍷🍷 8 |
| ○ Langhe Arneis Elisa '15 | 🍷🍷 3 |
| ● Langhe Nebbiolo Starda '14 | 🍷 3 |
| ● Barbaresco Sorì Paitin '07 | 🍷🍷🍷 5 |
| ● Barbaresco Sorì Paitin '04 | 🍷🍷🍷 5 |
| ● Barbaresco Sorì Paitin '97 | 🍷🍷🍷 5 |
| ● Barbaresco Sorì Paitin '95 | 🍷🍷🍷 7 |
| ● Barbaresco Sorì Paitin V. V. '04 | 🍷🍷🍷 7 |
| ● Barbaresco Sorì Paitin V. V. '01 | 🍷🍷🍷 7 |
| ● Barbaresco Sorì Paitin V. V. '99 | 🍷🍷🍷 8 |
| ● Langhe Paitin '97 | 🍷🍷🍷 5 |
| ● Barbaresco Sorì Paitin '12 | 🍷🍷 6 |
| ● Barbaresco Sorì Paitin '11 | 🍷🍷 6 |
| ● Barbaresco Sorì Paitin '10 | 🍷🍷 6 |

## Palladino

P.ZZA CAPPELANO, 9
12050 SERRALUNGA D'ALBA [CN]
TEL. +39 0173613108
www.palladinovini.com

藏酒销售
膳宿接待
年产量 200 000 瓶
葡萄种植面积 11 公顷

以朗格产区（Langhe）的标准而言，帕拉迪诺酒庄（Palladino）堪称当地规模很大的恢宏酒庄，并且会从其他精选的种植商手中收购优质的酿造葡萄，以补充酒庄自有葡萄园产量的不足。几年前，酒庄主人莫瑞里奥·帕拉迪诺（Maurilio Paladino）决定大幅增加巴罗洛精选系列葡萄酒（Barolo）的产量，这款美酒如今是阿尔巴塞拉伦加（Serralunga d' Alba）极具潜力的典范佳酿。帕拉迪诺酒庄出品的所有巴罗洛酒都呈现出经典优雅的风味，帕拉法尔达园巴罗洛（Parafalda）以及圣博纳尔多园巴罗洛陈酿（Riserva San Bernardo）尤其达到了品质的巅峰。在今年的品鉴中，2010年份的圣博纳尔多园巴罗洛陈酿（Barolo Bernardo Riserva）表现极佳，充分展现出气候条件良好的采收酿造季和精美葡萄园风土给予的优秀特质，散发着草莓、覆盆子和血橙般的甜美果香，融入紫罗兰般优雅的幽香，更有一抹甘草的浓醇萦绕其间，口感不可思议的雅致和谐，以令人信服的表现为帕拉迪诺酒庄夺下了第一座“三杯奖”奖杯。2012年份的帕拉法尔达园巴罗洛（Barolo Parafalda）散发着精致而清爽的果香，口感劲道有力，酒体饱满，单宁质朴；相比较而言，2012年份的奥纳托（Ornato）则结构紧实，品质卓越，但是更加紧凑，酒质演化依然需要更多时间，才会呈现巅峰品质。

| | |
|---|---|
| ● Barolo San Bernardo Ris. '10 | 🍷🍷🍷 6 |
| ● Barolo Parafada '12 | 🍷🍷 6 |
| ● Barbera d'Alba Sup. Bricco delle Olive '13 | 🍷🍷 2* |
| ● Barolo del Comune di Serralunga d'Alba '12 | 🍷🍷 5 |
| ● Barolo Ornato '12 | 🍷🍷 6 |
| ● Barbera d'Alba Sup. Bricco delle Olive '12 | 🍷🍷 2* |
| ● Barolo del Comune di Serralunga d'Alba '11 | 🍷🍷 5 |
| ● Barolo Ornato '11 | 🍷🍷 6 |
| ● Barolo Ornato '10 | 🍷🍷 6 |
| ● Barolo Parafada '11 | 🍷🍷 6 |
| ● Barolo Parafada '10 | 🍷🍷 6 |

## Armando Parusso

Loc. Bussia, 55
12065 Monforte d'Alba [CN]
Tel. +39 017378257
www.parusso.com

藏酒销售
预约参观
年产量 125 000 瓶
葡萄种植面积 23 公顷

今天，为了充分完美表达酿造葡萄最自然本真的特质，葡萄园的栽培方式和酒窖的酿造程序都发生了许多改变——在葡萄园，生物动力学的栽培方式开始变得越来越普遍；而酒窖中的变革则始于成串的葡萄在挤压之前要接受为时数天的监督和管理。帕鲁索酒庄（Parusso）如此酿造出的六款巴罗洛美酒（Barolos）尤其复杂成熟，口感丰盈。不过，帕鲁索兄弟在出产白葡萄酒方面也造诣颇深，自1991年以来便推出以苏维翁（Sauvignon）酿造的罗维拉朗格（Langhe Rovella），品质出众，更在几年前又推出了以内比奥罗（Nebbiolo）为原料的传统酿造法干型葡萄酒（Brut Metodo Classico），这款意趣盎然的美酒进一步完善了帕鲁索酒庄的酒品系列。在今年的品鉴中，2012年份的玛瑞隆蒂诺巴罗洛（Barolo Mariondino）香氛主要由甜美且辛辣的橡木气息所垄断，略微掩盖了果香以及构建在中等酒体基础上的单宁滋味。2012年份的巴西亚园巴罗洛（Bussia）风格与之近似，现代辛辣风味巴罗洛美酒的爱好者们千万不要错过这款佳酿。相比较而言，这款2012年份酒更加成熟，展现出柔和的绿蔬芬芳，橡木气息依旧紧紧包裹；而2012年份的帕鲁索干型葡萄酒（Parusso Brut）则饱满丰盈，令人心旷神怡。

| | |
|---|---|
| ● Barolo Bussia '12 | 🍷🍷 (red) 8 |
| ● Barolo '12 | 🍷🍷 6 |
| ● Barolo Le Coste di Monforte '12 | 🍷🍷 8 |
| ● Barolo Mariondino '12 | 🍷🍷 7 |
| ○ Parusso Brut M. Cl. '12 | 🍷🍷 6 |
| ● Barbera d'Alba Sup. '00 | YYY 5 |
| ● Barolo Bussia V. Munie '99 | YYY 8 |
| ● Barolo Bussia V. Munie '97 | YYY 8 |
| ● Barolo Bussia V. Munie '96 | YYY 8 |
| ● Barolo Le Coste Mosconi '03 | YYY 7 |
| ● Barolo V. V. in Mariondino Ris. '99 | YYY 8 |
| ● Langhe Rosso Bricco Rovella '96 | YYY 8 |
| ● Barolo Bussia Et. Oro Ris. '06 | YY 8 |
| ● Barolo Le Coste Mosconi '09 | YY 8 |
| ● Barolo Le Coste Mosconi '08 | YY 8 |
| ● Barolo Mariondino '10 | YY 7 |

## Massimo Pastura Cascina La Ghersa

via Chiarina, 2
14050 Moasca [AT]
Tel. +39 0141856012
www.laghersa.it

藏酒销售
预约参观
膳宿接待
年产量 150 000 瓶
葡萄种植面积 23 公顷

通过近些年的不懈努力，马西莫·帕斯杜拉（Massimo Pastura）已经将盖尔萨酒庄（Cascina La Ghersa）从一座几乎只专注于巴贝拉（Barbera）和莫斯卡托（Moscato）酿造的经典蒙费拉托（Monferrato）地区酒庄，发展为一座出产更加复杂系列美酒的综合性酒庄；在巴贝拉系列品质不断提升，变得越来越重要的同时，盖尔萨酒庄也生产嘉维（Gavi）和道勒多纳丘陵帝莫拉索（Colli Tortonesi Timorasso）等美酒。马西莫帕斯杜拉盖尔萨酒庄的出品系列包括12款别具特色的美酒，分为三个系列：葡萄园精选系列（Vigneti Unici）、经典系列（I Classici）和伯爵系列（Piagè）。由于阿斯蒂产区酒（Asti）遭遇了糟糕的采收酿造年份，因此在今年的品鉴中，托尔托纳的庄园（Tortona）表现最为精彩，它出产的2013年份的提米安道勒多纳丘陵帝莫拉索陈酿（Colli Tortonesi Timorasso Timian Riserva）散发着干草般醇浓的芬芳，融入烟草的醇香，更有一抹薄荷的清凉萦绕其间，迷迭香的芳香若有似无地飘散，口感饱满精美，作为酸度的支撑表现完美，带来了活力四射、绵长悠然的收口感受，清爽惬意，令人遐思。与此同时，2013年份的卡夫超级阿斯蒂巴贝拉（Barbera d' Asti Superiore Le Cave）也展现出精湛的酿造水平，吐露着李子的阵阵果香，底蕴中透露出缕缕可可粉的浓醇芬芳，浓郁的口感与精粹的果味相得益彰，酸度异常精美。

| | |
|---|---|
| ○ Colli Tortonesi Timorasso Timian Ris. '13 | 🍷🍷 (red) 4 |
| ● Barbera d'Asti Sup. Le Cave '13 | 🍷🍷 3 |
| ● Barbera d'Asti Sup. Camparò '14 | 🍷 2 |
| ● Barbera d'Asti Sup. Muascae '13 | 🍷 6 |
| ● Barbera d'Asti Sup.Vignassa '13 | 🍷 5 |
| ● Colli Tortonesi Croatina Smentià Ris. '13 | 🍷 4 |
| ○ Colli Tortonesi Timorasso Sivoy '14 | 🍷 4 |
| ○ Moscato d'Asti Giorgia '15 | 🍷 2 |
| ● Barbera d'Asti Sup. Le Cave '12 | YY 3 |
| ● Barbera d'Asti Sup. Muaschae '12 | YY 6 |
| ● Barbera d'Asti Sup. Muaschae '11 | YY 6 |
| ● Barbera d'Asti Sup.Vignassa '12 | YY 5 |
| ○ Colli Tortonesi Timorasso Sivoy '12 | YY 4 |

## ★Pecchenino

B.TA VALDIBERTI, 59
12063 DOGLIANI [CN]
TEL. +39 017370686
www.pecchenino.com

藏酒销售
预约参观
膳宿接待
年产量 130 000 瓶
葡萄种植面积 28 公顷
可持续发展酒庄

2016年5月，奥兰多·佩彻尼诺（Orlando Pecchenino）被推举为巴罗洛、巴巴莱斯科、阿尔巴、朗格和多利亚尼葡萄酒联合生产协会（Barolo, Barbaresco, Alba, Langhe, and Dogliani Consortium）的主席。深知奥兰多·佩彻尼诺的睿智头脑和职业素养，我们确信他定会将自己的才智和洞见奉献给这片年产量超过6000万瓶、包含11个不同指定产区的伟大土地。奥兰多·佩彻尼诺的家族酒庄也取得了新的发展，新建了一座非常适合酿造巴罗洛酒（Barolo）的酒窖，与此同时担当酒庄总部的辉煌所在也在坚持不懈地生产世界闻名的多利亚尼多姿桃精选系列（Dolcetto di Dogliani）。在今年的品鉴中，蒙福特海岸巴罗洛（Barolo Le Coste di Monforte）的橡木风味突出，果味四溢的饱满口感与自信满满的单宁结构相得益彰；而以同一顶级葡萄园的酿造葡萄打造的2008年份的珍藏陈酿（Riserva）则风格现代，充分显示出之为珍藏的特质，且口感相对更加柔和。佩彻尼诺酒庄新近推出的巴西亚园巴罗洛（Barolo Bussia）吐露着奎宁和烟草的醇香，随之而来的口感较为坚实浓郁；而2013年份的波蒂峰园超级多利亚尼（Dogliani Superiore Bricco Botti）则复杂而优雅，呈现出不同寻常的果味，口感饱满，令人愉悦。

| | | |
|---|---|---|
| ● Barolo Le Coste di Monforte '12 | 🍷🍷 | 7 |
| ● Barolo Le Coste di Monforte Ris. '08 | 🍷🍷 | 8 |
| ● Dogliani Sup. Bricco Botti '13 | 🍷🍷 | 4 |
| ● Barolo Bussia '12 | ▼▼ | 7 |
| ● Barolo San Giuseppe '12 | ▼▼ | 6 |
| ● Dogliani San Luigi '15 | ▼▼ | 3 |
| ○ Langhe Maestro '15 | ▼▼ | 3 |
| ● Langhe Nebbiolo Botti '14 | ▼▼ | 3 |
| ● Langhe Pinot Nero '13 | ▼ | 4 |
| ● Barolo Le Coste '05 | ▽▽▽ | 8 |
| ● Dogliani Bricco Botti '07 | ▽▽▽ | 4 |
| ● Dogliani Sirì d'Jermu '09 | ▽▽▽ | 3* |
| ● Dogliani Sirì d'Jermu '06 | ▽▽▽ | 4 |
| ● Dogliani Sup. Bricco Botti '10 | ▽▽▽ | 4* |
| ● Dolcetto di Dogliani Sirì d'Jermu '03 | ▽▽▽ | 3 |
| ● Dolcetto di Dogliani Sup. Bricco Botti '04 | ▽▽▽ | 4 |
| ● Langhe Pinot Nero '13 | ▽ | 4 |

## Pelissero

VIA FERRERE, 10
12050 TREISO [CN]
TEL. +39 0173638430
www.pelissero.com

藏酒销售
预约参观
年产量 250 000 瓶
葡萄种植面积 40 公顷

乔吉奥·佩里赛罗（Giorgio Pelissero）是葡萄栽培传统悠久的佩里赛罗家族的第三代传人，极有远见的他，保存并悉心照料着家族位于特拉斯泰拉（Tre Stelle）、马佳连尼园（Marcarini）和圣斯特凡诺托园（San Stefanetto）等著名的巴巴莱斯科（Barbaresco）顶级葡萄园中的地块。佩里赛罗酒庄的葡萄园占地面积几近40公顷，主要种植内比奥罗（Nebbiolo）、巴贝拉（Barbera）和多姿桃（Dolcetto），每年都能够将其所有的五座葡萄园中的酿造葡萄转化成大约25万瓶美酒。由于采用了现代化的全新栽培种植技术以及先锋酿造工艺，佩里赛罗酒庄是整个皮埃蒙特产区（Piedmont）最具活力的酒庄之一。多年来，佩里赛罗酒庄的出品美酒展现出极为现代的风格，以其卓越的力道和精粹闻名遐迩。尤其是两款巴巴莱斯科名园精选系列（Barbaresco Vineyard Selections）分别阐释了完全不同的风土条件。万诺图园（Vanotu）地处三座著名顶级葡萄园的交界处——特拉斯泰拉（Tre Stelle）、马佳连尼园与巴萨瑞园（Basarin）——这里出产的巴巴莱斯科酒质演化更加成熟；而杜林园（Tulin）则是一座位于圣斯特凡诺托园陡峭山坡上的顶级葡萄园，位于特雷伊索（Treiso）和奈韦格利（Neviglie）之间，这里酿造的巴巴莱斯科则更具爆破性的口感。除此之外，佩里赛罗酒庄新推出的瑞加丁雷司令（Riesling Rigadin）也展现出极高的酿造水平。

| | | |
|---|---|---|
| ● Barbaresco Tulin '13 | 🍷🍷 | 7 |
| ● Barbaresco Vanotu '13 | 🍷🍷 | 8 |
| ● Barbaresco Nubiola '13 | ▼▼ | 5 |
| ● Dolcetto d'Alba Augenta '15 | ▼▼ | 3 |
| ● Dolcetto d'Alba Munfrina '15 | ▼▼ | 2* |
| ○ Langhe Riesling Rigadin '15 | ▼▼ | 3 |
| ○ Langhe Favorita Le Nature '15 | ▼ | 2 |
| ● Langhe Nebbiolo '14 | ▼ | 3 |
| ● Barbaresco Vanotu '08 | ▽▽▽ | 8 |
| ● Barbaresco Vanotu '07 | ▽▽▽ | 8 |
| ● Barbaresco Vanotu '06 | ▽▽▽ | 8 |
| ● Barbaresco Vanotu '01 | ▽▽▽ | 7 |
| ● Barbaresco Vanotu '99 | ▽▽▽ | 7 |
| ● Barbaresco Vanotu '97 | ▽▽▽ | 6 |

## Cantina Pertinace

Loc. Pertinace, 2
12050 Treiso [CN]
Tel. +39 0173442238
www.pertinace.com

藏酒销售
预约参观
年产量 500 000 瓶
葡萄种植面积 80 公顷

这座重要的协作酒庄的力量源于其生产商成员的辛勤劳作和坚定信念，通过多年不懈的努力，打造出全新的品牌，出品的伟大美酒成为本产区风土特质的象征。佩尔蒂纳切酒庄（Cantina Pertinace）坐落于佩尔蒂纳切著名的特雷伊索村（Treiso），由马里奥·巴贝罗（Mario Barbero）等其他13名葡萄种植商创建于1972年末、1973年初。今天的佩尔蒂纳切酒庄在总裁布鲁诺·菲奥里（Bruno Fiori）和总经理及酿酒师、创始人的儿子萨雷·巴贝罗（Cesare Barbero）的领导下——萨雷继承了父亲对于葡萄酒的热烈情感和酿造技艺——确保对所有酿造品种进行严格而专业的操作，从而保证所有生产商成员出品的高品质。在今年的品鉴中，2013年份的马佳连尼园巴巴莱斯科（Barbaresco Marcarini）吐露着肉桂和烟草的醇香，融入红色莓果经典的果香，在如同奶油般柔滑的单宁支持下，随之而来的口感活跃美味，收口甘美。与此同时，2013年份的内尔瓦园巴巴莱斯科（Barbaresco Nervo）结构紧致，但是复杂度与往年相比略逊一筹，果浆口感丰满，劲道有力，但是单宁并不突出。

| | | |
|---|---|---|
| ● Barbaresco Marcarini '13 | 🍷🍷 | 5 |
| ● Barbaresco '13 | 🍷🍷 | 5 |
| ● Barbaresco Castellizzano '13 | 🍷🍷 | 5 |
| ● Barbaresco Nervo '13 | 🍷🍷 | 5 |
| ● Dolcetto d'Alba '15 | 🍷🍷 | 2* |
| ● Langhe Arneis '15 | 🍷🍷 | 3 |
| ● Barbera d'Alba '14 | 🍷 | 2 |
| ● Langhe Nebbiolo '15 | 🍷 | 3 |
| ● Barbaresco Castellizzano '12 | 🍷🍷 (outline) | 5 |
| ● Barbaresco Marcarini '12 | 🍷🍷 (outline) | 5 |
| ● Barbera d'Alba '13 | 🍷🍷 (outline) | 2* |
| ● Dolcetto d'Alba '14 | 🍷🍷 (outline) | 2* |
| ● Langhe Nebbiolo '13 | 🍷🍷 (outline) | 3 |

## Pescaja

via San Matteo, 59
14010 Cisterna d'Asti [AT]
Tel. +39 0141979711
www.pescaja.com

预约参观
年产量 200 000 瓶
葡萄种植面积 23.5 公顷

1990年，约瑟佩·奎多（Giuseppe Guido）买下了第一批葡萄园，并在阿斯蒂奇斯泰尔纳（Cisterna d' Asti）建起了自己的酒窖。在接下来的岁月里，约瑟佩在尼扎（Nizza）的佩斯卡嘉慈善庄园（Pescaja Opera Pia）又购入了一些葡萄园，自己的酒庄也由此得名。佩斯卡嘉酒庄的葡萄园占地面积达到4公顷，地处泰拉阿尔费瑞（Terre Alfieri），主要种植阿内斯（Arneis）、巴贝拉（Barbera）、内比奥罗（Nebbiolo）和伯纳达（Bonarda）等品种。在今年的年鉴中，佩斯卡嘉酒庄凭借出品的系列美酒得到了整幅详细介绍的资格。我们尤其喜爱2014年份的索罗卢纳蒙费拉托（Monferrato Solo Luna），这款阿内斯美酒吐露着浓郁的果香，散发着蜜桃和甜瓜的阵阵芬芳，底蕴中透露出鼠尾草和蜂蜜的甜美气息，随之而来的美味口感与清爽的酸度相得益彰，非常和谐。除此之外，2015年份的泰拉阿尔费瑞阿内斯（Terre Alfieri Arneis）也表现精彩，紧致而均衡，展现出极高的酿造水平，散发着地中海灌木丛的热烈芬芳；2015年份的索利特阿斯蒂巴贝拉（Barbera d' Asti la Soliter）的品质同样卓越，吐露着深色水果成熟的果香，就当下的巴贝拉美酒而言展现出上佳的结构；2013年份的索奈里尼扎（Nizza Solneri）则显示出更强烈的橡木气息，但是口感饱满，收口回味绵长，似无尽头。

| | | |
|---|---|---|
| ● Barbera d'Asti Soliter '15 | 🍷🍷 | 2* |
| ● Barbera d'Asti Sup. Nizza Solneri '13 | 🍷🍷 | 4 |
| ● Monferrato Rosso Solis '13 | 🍷🍷 | 3 |
| ○ Monferrato Solo Luna '14 | 🍷🍷 | 5 |
| ○ Terre Alfieri Arneis '15 | 🍷🍷 | 2* |
| ⊙ Piemonte Rosato Fleury '15 | 🍷 | 2 |
| ● Terre Alfieri Nebbiolo Tuké '14 | 🍷 | 3 |
| ● Barbera d'Asti Soliter '14 | 🍷🍷 (outline) | 2* |
| ● Barbera d'Asti Sup. Nizza Solneri '12 | 🍷🍷 (outline) | 4 |
| ● Monferrato Rosso Solis '11 | 🍷🍷 (outline) | 3 |
| ○ Terre Alfieri Arneis '14 | 🍷🍷 (outline) | 2* |
| ○ Terre Alfieri Arneis '13 | 🍷🍷 (outline) | 2* |
| ● Terre Alfieri Nebbiolo Tuké '13 | 🍷🍷 (outline) | 3 |

## Le Piane

P.ZZA MATTEOTTI, 1
28010 BOCA [NO]
TEL. +39 3483354185
www.bocapiane.com

藏酒销售
预约参观
年产量 45 000 瓶
葡萄种植面积 8 公顷
可持续发展酒庄

克里斯托弗·金兹利（Cristoph Künzli）常被描述为波卡葡萄酒（Boca）的“救世主”——这一位于诺瓦拉（Novara）的小小DOC产区拥有悠久的酿造传统，不过至少在20世纪90年代初，它的未来发展还处于云里雾里，非常模糊不清。当时这位瑞士进口商和葡萄栽培商克里斯托弗·金兹利从安东尼·赛莱（Antonio Cerri）手中接管了皮埃恩酒庄（Le Piane），此举成为酒庄后续发展的决定性时刻，多年来他在酒庄近乎理想主义的勤奋工作造就了今日的辉煌。今天，皮埃恩酒庄重新移植的地块上出产品质卓越的酿造葡萄，其中有些还以古老的“马吉瑞娜传统”（Maggiorina）打理照料；酒庄的系列出品除了以内比奥罗（Nebbiolo）、科罗帝纳（Croatina）和维斯珀丽娜（Vespolina）等为酿造原料之外，更添加了米莫（Mimmo）和普林尼一世（Plinius I）等新系列葡萄酒，再次验证了克里斯托弗的独具慧眼。在今年的品鉴名单中，马吉瑞娜和米莫都令人遗憾地缺席，皮埃恩酒庄只提交了两款旗舰酒品：以生长期在70年至100年之间的老藤出产的科罗帝纳酿造而成的皮埃恩葡萄酒（Piane）以及波卡葡萄酒。相比较而言，我们更钟爱后者那层次分明的美妙香氛，它散发着甘草的醇香，融入大黄的芬芳，底蕴中更透露出缕缕血和碘化物的奇异气息，随之而来的口感复杂而有力，非常饱满的果味令这款酒的单宁变得柔美。

| | |
|---|---|
| ● Boca '11 | 🍷🍷🍷 8 |
| ● Piane '12 | 🍷🍷 6 |
| ● Boca '10 | ΥΥΥ 7 |
| ● Boca '08 | ΥΥΥ 7 |
| ● Boca '06 | ΥΥΥ 6 |
| ● Boca '05 | ΥΥΥ 6 |
| ● Boca '04 | ΥΥΥ 6 |
| ● Boca '03 | ΥΥΥ 6 |
| ● Boca '07 | ΥΥ 7 |
| ● Boca '01 | ΥΥ 6 |
| ● Colline Novaresi Le Piane '09 | ΥΥ 5 |
| ● Colline Novaresi Le Piane '07 | ΥΥ 5 |
| ● Colline Novaresi Le Piane '06 | ΥΥ 5 |
| ● Mimmo '11 | ΥΥ 5 |
| ● Mimmo '10 | ΥΥ 4 |
| ● Piane '11 | ΥΥ 5 |

## Le Pianelle

S.DA FORTE, 24
13862 BRUSNENGO [BI]
TEL. +39 3478772726
www.lepianelle.com

预约参观
年产量 12 000 瓶
葡萄种植面积 3 公顷

皮埃奈尔酒庄（Le Pianelle）占地4公顷，是一座位于皮埃蒙特产区（Piedmont）北部的卓越酒庄，这里洋溢着德式风情，酒庄的创始人是来自上阿迪杰（Alto Adige）的德国人迪特尔·休斯克（Dieter Heuskel）和彼得·第波利（Peter Dipoli）。虽然他们创建酒庄的想法在20世纪80年代中期就已经产生，但是直至2002年才成为现实。皮埃奈尔酒庄从一开始就集中精力打造内比奥罗美酒（Nebbiolo），与此同时也出产维斯珀丽娜（Vespolina）和科罗帝纳（Croatina）。酒庄只生产两种美酒：菲奥里桃红葡萄酒（Rosé Al Posto dei Fiori）以及布拉玛黛拉（Bramaterra）。前者采用朗格产区（Langhe）最著名的葡萄品种酿造出清爽芬芳的佳酿，是酒庄的第一款、而且在数年间也是唯一一款出品美酒；布拉玛黛拉则是一款极富个性的红葡萄酒。作为一款酒庄酒，通常来说美中不足就是产量的匮乏，皮埃奈尔酒庄出品也不例外，只包含两个酒标系列、数款酒而已，但是出品的品质总是非常卓越。由于加入科罗帝纳和维斯珀丽娜混酿而成，布拉玛黛拉成为整个上皮埃蒙特产区（Alto Piemonte）内比奥罗酒（Nebbiolos）中风格最不朴素硬派的一款酒，不屈不挠的硬朗风格得到了柔化。2013年份的布拉玛黛拉吐露着阵阵果香，果浆质感精粹，保证了果味四溢的口感。菲奥里是一款芬芳扑鼻、结构紧致的桃红葡萄酒，足以令竞争对手普罗万卡（Provençal）羞愧得面红耳赤。

| | |
|---|---|
| ● Bramaterra '13 | 🍷🍷 8 |
| ⊙ Coste della Sesia Rosato Al Posto dei Fiori '15 | 🍷🍷 3 |
| ● Bramaterra '12 | ΥΥ 8 |
| ● Bramaterra '11 | ΥΥ 8 |
| ⊙ Coste della Sesia Rosato Al Posto dei Fiori '14 | ΥΥ 3 |
| ⊙ Coste della Sesia Rosato Al Posto dei Fiori '13 | ΥΥ 3 |

## Pico Maccario

a Cordara, 87
4046 Mombaruzzo [AT]
el. +39 0141774522
www.picomaccario.com

藏酒销售
须约参观
年产量 650 000 瓶
葡萄种植面积 70 公顷

皮科・马卡利欧（Pico Maccario）和维塔利亚诺・马卡利欧（Vitaliano Maccario）兄弟二人于1997年创办了自己的酒庄。皮科马卡利欧酒庄的葡萄园是占地面积达到70公顷的单一地块，坐落于上蒙费拉托（Alto Monferrato）的蒙巴鲁佐（Mombaruzzo），其中60公顷的种植地块拥有中型颗粒的黏土土壤，主要栽培巴贝拉葡萄（Barbera），其余面积种植梅洛（Merlot）、赤霞珠（Cabernet Sauvignon）、弗雷伊萨（Freisa）和费弗瑞塔（Favorita）。皮科马卡利欧酒庄出品的美酒风格现代，酒体饱满丰盈，果味十足。尽管遭遇了客观条件恶劣的采收酿造季，2014年份的超级特莱福瑞阿斯蒂巴贝拉（Barbera d' Asti Superiore Tre Roveri）依然表现精彩，它吐露着红色莓果浓郁的果香，融入烘焙的丝丝醇香，口感均衡，收口犹如天鹅绒般丝滑诱人，酒质已经非常甘美，展现出极佳的即刻可饮性。其他系列出品也展现出精湛的酿造工艺：尽管2014年份的超级艾皮科阿斯蒂巴贝拉（Barbera d' Asti Superiore Epico）的橡木气息略微压制了果香果味，但是整款酒依然清爽优雅；2015年份的维塔蒙费拉托白葡萄酒（Monferrato Bianco Vita）则是一款复杂精美、充分展现出品种葡萄特质的苏维翁（Sauvignon）。

| | |
|---|---|
| ● Barbera d'Asti Sup. Tre Roveri '14 | 🍷🍷 4 |
| ● Barbera d'Asti Lavignone '15 | 🍷🍷 3 |
| ● Barbera d'Asti Sup. Epico '14 | 🍷🍷 5 |
| ○ M.to Bianco Vita '15 | 🍷🍷 4 |
| ● Barbera d'Asti Lavignone '14 | 🍷🍷 3 |
| ● Barbera d'Asti Sup. Tre Roveri '13 | 🍷🍷 4 |
| ● Barbera d'Asti Sup. Epico '12 | 🍷 5 |

## ★Pio Cesare

via Cesare Balbo, 6
12051 Alba [CN]
Tel. +39 0173440386
www.piocesare.it

年产量 400 000 瓶
葡萄种植面积 70 公顷

这座占地面积达到70公顷的辉煌酒庄是皮埃蒙特产区（Piedmont）最古老的酒庄之一，创建于19世纪末，今天酒庄的主人则是皮埃欧・布法（Pio Boffa）和凯萨・本凡努托（Cesare Benvenuto）。凯萨皮埃欧酒庄（Pio Cesare）的葡萄园包含许多顶级葡萄园地块，分布于巴巴莱斯科产区（Barbaresco）的布里科葡萄园（Il Bricco）和圣托斯特凡诺托（Santo Stefanetto），以及巴罗洛指定产区（Barolo）的奥纳托农庄（Ornato）、克罗姆巴隆农庄（Colombaro）、古斯塔瓦农庄（Gustava）、侬卡丽农庄（Roncaglie）和拉维拉农庄（Ravera）。出产种类广泛、不拘一格的系列内比奥罗红葡萄酒（Nebbiolo reds），展现出强劲现代的风格。但是与此同时，凯萨皮埃欧酒庄也以巴贝拉（Barbera）、多姿桃（Dolcetto）、吉诺林诺（Grignolino）、柯蒂斯（Cortese）、阿内斯（Arneis）以及莫斯卡托（Moscato）等本地传统葡萄品种打造美酒，还有几款佳酿以霞多丽（Chardonnay）为酿造原料。在今年的品鉴中，巴罗洛酒依然不出意料地占据了酒庄出品品质巅峰的桂冠，从入门级别的2012年份酒开始——它的悠然芬芳令人心旷神怡，散发着野生草莓的阵阵果香，融入马郁兰的芬芳，底蕴中透露出缕缕刚刚摘下玫瑰的迷人幽香，口感劲道有力，酒骨精良。相比较而言，同年份的奥纳托巴罗洛（Ornato）果味更加深邃，演化出来的第三类香氛十分复杂，以卓越的表现赢得了我们的“三杯奖”大奖。除此之外，其他两款巴巴莱斯科（Barbarescos）也一如既往地优秀，美味可口。

| | |
|---|---|
| ● Barolo Ornato '12 | 🍷🍷🍷 8 |
| ● Barbaresco '12 | 🍷🍷 8 |
| ● Barbaresco Il Bricco '12 | 🍷🍷 8 |
| ● Barolo '12 | 🍷🍷 8 |
| ● Barbera d'Alba Fides '14 | 🍷🍷 5 |
| ○ Langhe Chardonnay Piodilei '14 | 🍷🍷 6 |
| ● Langhe Rosso Il Nebbio '15 | 🍷🍷 4 |
| ● Barolo Ornato '11 | 🍷🍷🍷 8 |
| ● Barolo Ornato '10 | 🍷🍷🍷 8 |
| ● Barolo Ornato '09 | 🍷🍷🍷 8 |
| ● Barolo Ornato '08 | 🍷🍷🍷 8 |
| ● Barolo Ornato '06 | 🍷🍷🍷 8 |
| ● Barolo Ornato '05 | 🍷🍷🍷 8 |

## Luigi Pira

via XX Settembre, 9
12050 Serralunga d'Alba [CN]
Tel. +39 0173613106
pira.luigi@alice.it

藏酒销售
预约参观
年产量 50 000 瓶
葡萄种植面积 12 公顷

自20世纪50年代起，皮拉家族（Pira）就一直在照料他们位于塞拉伦加（Serralunga）山间的朗格（Langhe）葡萄园。路易吉・皮拉（Luigi Pira）创建了酒庄，但是直至几十年前，才开始装瓶销售自家酿制的美酒。今天，詹尼保罗・皮拉（Gianpaolo Pira）和罗莫洛・皮拉（Romolo Pira）掌管着家族酒庄，出品的美酒持续呈现出稳定的高品质，并且别具一格，在过去的几年间，酒品风格向更加轻快转变。路易吉皮拉酒庄根据不同单一葡萄园酿造葡萄的不同特点，量体裁衣，采用不同的酿造方式，获得了风味各不相同的佳酿。基本款巴罗洛（Barolo）和马加利亚园精选系列（Margheria）会在中型橡木桶中陈年大约两年的时间；而马兰卡葡萄园系列（Marenca）和瑞欧达葡萄园系列（Vigna Rionda）会首先在小型木桶以及产自法国中部的阿列橡木桶（Tonneaux）中陈年一年的时间，继而转到2500升的大桶中再陈年一年。然而当面对顶级巴罗洛酒坚如磐石的持续高品质时，技术上的细节变得越来越不重要。在今年的品鉴中，2012年份的马兰卡园巴罗洛（Marenca）表现突出，比例和谐均衡，散发着缥缈的香氛；而同年份的马加利亚园巴罗洛（Margheria）的气质则正相反，显得更加粗犷，更加含蓄封闭。但是相比较而言，维戈纳瑞隆达巴罗洛（Vignarionda）更让我们醉心，它的口感劲道复杂，果味四溢的酒骨非常诱人，欢喜地将“三杯奖”大奖收入囊中。

| | | |
|---|---|---|
| ● Barolo Vignarionda '12 | 3 glasses (red) | 8 |
| ● Barolo Marenca '12 | 2 glasses (red) | 7 |
| ● Barolo del Comune di Serralunga '12 | 2 glasses (black) | 5 |
| ● Barolo Margheria '12 | 2 glasses (black) | 6 |
| ● Barolo Marenca '11 | 3 glasses (white) | 7 |
| ● Barolo Marenca '09 | 3 glasses (white) | 7 |
| ● Barolo Marenca '08 | 3 glasses (white) | 7 |
| ● Barolo V. Marenca '01 | 3 glasses (white) | 7 |
| ● Barolo V. Rionda '06 | 3 glasses (white) | 8 |
| ● Barolo V. Rionda '04 | 3 glasses (white) | 8 |
| ● Barolo V. Rionda '00 | 3 glasses (white) | 8 |

## E. Pira & Figli Chiara Boschis

via Vittorio Veneto, 1
12060 Barolo [CN]
Tel. +39 017356247
www.pira-chiaraboschis.com

藏酒销售
预约参观
年产量 35 000 瓶
葡萄种植面积 8.5 公顷
葡萄栽培方式 有机认证

作为葡萄栽培师的女儿，基娅拉・柏思
奇（Chiara Boschis）一直是众多巴罗洛
（Barolo）美酒生产商中最出类拔萃的一
员，她的酿造事业始于20世纪80年代，
选择现代风格令这种伟大的佳酿重生。
基娅拉柏思奇酒庄（E. Pira & Figli Chiar
Boschis）拥有几公顷专门种植内比奥罗
（Nebbiolo）以酿造巴罗洛美酒的葡萄
园，近期还在蒙特福德（Monforte）的莫
斯克尼葡萄园（Mosconi cru）购买了一
块卓越地块，加入到酒庄已有的著名的
卡努比园（Cannubi）和酿造出更加容易
入口美酒的新路（Via Nuova）的行列。
如果您想要更多了解基娅拉的个性和洞
见，我们强烈推荐您读一读毛罗・费玛
莱罗（Mauro Fermariello）就巴罗洛为主题
撰写的著作，他在其中详细介绍和分析
了基娅拉其人。在今年的品鉴中，2012
年份的卡努比园巴罗洛（Barolo Cannubi）
表现精彩，它散发着浓郁集中而缥缈的
香氛，底蕴中透露出缕缕清爽而封闭的
果香，更有复杂辛辣的香气萦绕其间，
入口有力，果味浓稠，丰盈满口。质地
细密的单宁与精良的酒精保证了甜美的
果味，劲道馥郁的口感展示出精美的酸
度，收口余韵绵长悠然。与此同时，
2012年份的莫斯克尼园巴罗洛（Barolo
Mosconi）复杂而现代；同一年份的新路
巴罗洛（Via Nuova）则酒质华美，尽管橡
木气息依然略显突出，还需要时间慢慢
柔化。

| | | |
|---|---|---|
| ● Barolo Cannubi '12 | 2 glasses (red) | 8 |
| ● Barolo Mosconi '12 | 2 glasses (red) | 8 |
| ● Barbera d'Alba Sup. '14 | 2 glasses (black) | 4 |
| ● Barolo Via Nuova '12 | 2 glasses (black) | 8 |
| ● Barolo '94 | 3 glasses (white) | 7 |
| ● Barolo Cannubi '11 | 3 glasses (white) | 8 |
| ● Barolo Cannubi '10 | 3 glasses (white) | 8 |
| ● Barolo Cannubi '06 | 3 glasses (white) | 8 |
| ● Barolo Cannubi '05 | 3 glasses (white) | 8 |
| ● Barolo Cannubi '00 | 3 glasses (white) | 8 |
| ● Barolo Cannubi '97 | 3 glasses (white) | 8 |
| ● Barolo Cannubi '96 | 3 glasses (white) | 8 |
| ● Barolo Ris. '90 | 3 glasses (white) | 8 |
| ● Barolo Cannubi '09 | 2 glasses (white) | 8 |
| ● Barolo Mosconi '11 | 2 glasses (white) | 8 |
| ● Barolo Mosconi '10 | 2 glasses (white) | 8 |
| ● Barolo Mosconi '09 | 2 glasses (white) | 8 |

## Marco Porello

C.SO ALBA, 71
12043 CANALE [CN]
TEL. +39 0173979324
www.porellovini.it

藏酒销售
预约参观
年产量 130 000 瓶
葡萄种植面积 15 公顷

20世纪30年代，切萨雷·柏雷洛（Cesare Porello）将自己的小庄园改建为一座酒庄。今天，家族的第三代继承人马可·柏雷洛（Marco Porello）经营管理着酒庄。马可柏雷洛酒庄的葡萄园位于阿尔巴韦扎（Vezza d' Alba）和加纳莱（Canale）：阿尔巴韦扎葡萄园中主要是富含矿物质的砂质土壤，种植阿内斯（Arneis）、费弗瑞塔（Favorita）、布拉切多（Brachetto）和内比奥罗（Nebbiolo）；加纳莱葡萄园中是中等密度的黏土石灰质土壤，栽培巴贝拉（Barbera）、布拉切多和内比奥罗。在今年的品鉴中，2013年份的特瑞塔罗埃罗（Roero Torretta）表现出色，散发着深色水果浓郁的果香，融入地中海灌木丛的热烈芬芳，更有一抹烟草的醇香若有似无地飘散其间，底蕴中透露出缕缕甘草的香气，结构紧致，口感优雅，回味绵长丰盈，收口果味十足。除此之外，两款阿尔巴巴贝拉（Barbera d' Alba）也给人带来非常愉悦的享受：2014年份的费勒图拉阿尔巴巴贝拉（Filatura）口感多汁，果浆质感饱满丰盈，散发着深色莓果的成熟果香，融入香料的甜美芬芳；2015年份的蒙米埃诺阿尔巴巴贝拉（Mommiano）则在精美酸度的支撑下，展现出扑鼻的果香和深邃的果味。2015年份的卡密斯崔阿内斯罗埃罗（Roero Arneis Camestrì）吐露着热带水果的醇香，酒质和精粹适度深邃。

| | | |
|---|---|---|
| ● Roero Torretta '13 | 2 red glasses | 3* |
| ● Barbera d'Alba Filatura '14 | 2 black glasses | 3 |
| ● Barbera d'Alba Mommiano '15 | 2 black glasses | 2* |
| ○ Roero Arneis Camestrì '15 | 2 black glasses | 3 |
| ○ Langhe Favorita '15 | 1 black glass | 2 |
| ● Nebbiolo d'Alba '14 | 1 black glass | 3 |
| ○ Roero Arneis '15 | 1 black glass | 2 |
| ● Roero Torretta '06 | 3 outline glasses | 3* |
| ● Roero Torretta '04 | 3 outline glasses | 3* |
| ○ Langhe Favorita '14 | 2 outline glasses | 2* |
| ○ Roero Arneis '14 | 2 outline glasses | 2* |
| ○ Roero Arneis Camestrì '14 | 2 outline glasses | 3 |
| ● Roero Torretta '11 | 2 outline glasses | 3* |

## Guido Porro

VIA ALBA, 1
12050 SERRALUNGA D'ALBA [CN]
TEL. +39 0173613306
www.guidoporro.com

藏酒销售
预约参观
膳宿接待
年产量 35 000 瓶
葡萄种植面积 8 公顷

奎多·伯罗（Guido Porro）是朗格地区（Langhe）最受尊敬的葡萄栽培师之一，他的声望毫无疑问是实至名归，毫无夸张的成分。他始终全心全意地将精力奉献给环绕着酒窖的家族酒庄的葡萄园，位于阿尔巴塞拉伦加（Serralunga d' Alba）的西部山坡，地处拉扎莱斯科（Lazzairasco）和圣卡塔林纳（Santa Caterina）之间。虽然上述两座顶级葡萄园彼此毗邻，但是它们出产的酿造葡萄却打造出了香氛和果味完全不同的巴罗洛美酒（Barolos）。拉扎莱斯科园巴罗洛雄性激素爆棚，气质冷峻；圣卡塔林纳园巴罗洛则酒质华美而精致，气质优雅。不过这两款酒在2500升的巨大木桶中进行漫长的陈年之前，都在不锈钢池和水泥池中进行发酵。我们非常期待一品由隶属于加纳莱托马索（Tommaso Canale）的部分优质地块出产的原料葡萄酿造而成的首批瑞欧达园巴罗洛（Vigna Rionda）。在今年的品鉴中，2012年份的贾内托巴罗洛（Barolo Gianetto）展现出精湛的酿造工艺，凭借经典的香气从诸多美酒中脱颖而出，散发着香料和树根的独特芬芳，与劲道口感相比，更重酒体的协调平衡。与此同时，2012年份的拉扎莱斯科巴罗洛（Lazzairasco）则更加深邃馥郁，更重细节，口感恢宏，前味香氛层次多变，从红色莓果的果香演化到繁花的芬芳，更有一抹香膏的香气萦绕其间，底蕴中透露出缕缕秋日落叶的气息。

| | | |
|---|---|---|
| ● Barolo V. Lazzairasco '12 | 3 red glasses | 5 |
| ● Barolo V. Santa Caterina '12 | 2 red glasses | 5 |
| ● Barbera d'Alba V. S. Caterina '15 | 2 black glasses | 3 |
| ● Barolo Gianetto '12 | 2 black glasses | 5 |
| ● Dolcetto d'Alba L'Pari '15 | 2 black glasses | 3 |
| ● Lange Nebbiolo Camilu '15 | 2 black glasses | 4 |
| ● Barolo V. Lazzairasco '11 | 3 outline glasses | 5 |
| ● Barolo V. Lazzairasco '09 | 3 outline glasses | 5 |
| ● Barolo V. Lazzairasco '07 | 3 outline glasses | 5 |
| ● Barolo Santa Caterina '09 | 2 outline glasses | 5 |
| ● Barolo V. Lazzairasco '10 | 2 outline glasses | 5 |
| ● Barolo V. Lazzairasco '08 | 2 outline glasses | 5 |
| ● Barolo V. Santa Caterina '10 | 2 outline glasses | 5 |
| ● Barolo V. Santa Caterina '08 | 2 outline glasses | 5* |
| ● Lange Nebbiolo '09 | 2 outline glasses | 3* |

## Post dal Vin Terre del Barbera

fraz. Possavina
via Salie, 19
14030 Rocchetta Tanaro [AT]
Tel. +39 0141644143
www.postdalvin.it

藏酒销售
预约参观
年产量 80 000 瓶
葡萄种植面积 100 公顷

巴贝拉之地酒庄（Post dal Vin – Terre del Barbera）创建于1959年，如今是一家拥有大约一百名生产商成员的协作酒庄，照料着种植面积达到100公顷的广袤葡萄园。葡萄园的主要地块都位于罗切塔纳罗（Rocchetta Tanaro）、科尔蒂廖内（Cortiglione）和马西欧（Masio）等产区的村镇之中。这里完全遵循产区传统，尊巴贝拉（Barbera）为王，出产各种类型的巴贝拉美酒。不过酒庄同时也栽培处理其他经典的蒙费拉托（Monferrato）葡萄品种，例如吉诺林诺（Grignolino）、多姿桃（Dolcetto）、弗雷伊萨（Freisa）和莫斯卡托（Moscato）。与以往一样，酒庄供应坚实可靠、酿造工艺精美的各种版本的阿斯蒂巴贝拉（Barbera d' Asti）。在今年的品鉴中，2014年份的卡斯塔格纳萨阿斯蒂巴贝拉（Castagnassa）虽然依然留有橡木的痕迹，但是果味精良，口感丰盈，散发着树根和秋日落叶的芬芳；相比而言，2014年份的费雷峰园阿斯蒂巴贝拉（Bricco Fiore）更加清凛，吐露着绿蔬的青绿风情，酸度清爽且并不突兀。2015年份的马图托纳蒙费拉托巴贝拉低泡葡萄酒（Barbera del Monferrato La Matutona）尤其表现卓越，已经具有极佳的可饮性，前味散发着淡淡的果香，融入泥土的香醇气息，入口感到丰盈饱满的果味，令人心生愉悦。

| | |
|---|---|
| ● Barbera d'Asti Sup. BriccoFiore '14 | 🍷🍷 2* |
| ● Barbera d'Asti Sup. Castagnassa '14 | 🍷🍷 2* |
| ● Barbera del M.to La Matutona '15 | 🍷🍷 2* |
| ● Barbera d'Asti Maricca '15 | 🍷 2 |
| ● Barbera d'Asti Castagnassa '13 | ♡♡ 2* |
| ● Barbera d'Asti Maricca '14 | ♡♡ 2* |
| ● Barbera d'Asti Maricca '12 | ♡♡ 2* |
| ● Barbera d'Asti Sup. Bricco Fiore '13 | ♡♡ 2* |
| ● Barbera d'Asti Sup. BriccoFiore '12 | ♡♡ 2* |
| ● Barbera d'Asti Sup. Castagnassa '12 | ♡♡ 2* |
| ● Barbera d'Asti Sup. Castagnassa '11 | ♡♡ 2* |
| ● Grignolino d'Asti '13 | ♡♡ 1* |
| ● Grignolino d'Asti '12 | ♡♡ 1* |

## Giovanni Prandi

fraz. Cascina Colombè
via Farinetti, 5
12055 Diano d'Alba [CN]
Tel. +39 017369248
www.prandigiovanni.it

藏酒销售
预约参观
年产量 20 000 瓶
葡萄种植面积 5 公顷
可持续发展酒庄

阿尔巴蒂安诺地区出产的多姿桃葡萄（Dolcetto di Diano d' Alba）拥有令人无法抗拒的丰盈果味，以其酿造而成的美酒成为许多道菜的理想搭配饮品——从意大利面到白肉菜肴均可。阿莱桑德罗·普朗蒂（Alessandro Prandi）是卓越的美酒阐释家，他出品的所有系列美酒都要在不锈钢桶中进行发酵陈年，以保存清新的果味和圆润的口感，其中以克里斯蒂娜苏里多姿桃（Sörì Cristina）为最佳。乔瓦尼普朗蒂酒庄是一家规模不大的家族酒庄，不仅关注葡萄园的栽培种植工作，同时也更重视酒窖的酿造工序和技艺，令其成为产区生产真正的指路明灯。喜爱多姿桃葡萄令人愉悦的亲切口感的酒迷们绝不能错过该酒庄这两款2015年份精选美酒。这两款佳酿都洋溢着红色莓果年轻的果香，收口感受优雅，蕴含着缕缕苦杏仁的独特风味，但是克伦姆比苏里多姿桃（Sörì Colombè）的口感相比较而言更加华美，犹如天鹅绒般丝滑，令人印象深刻。与此同时，2014年份的内比奥罗（Nebbiolo）各方面特质都展现出极为和谐的迹象，清凛而精致；2015年份的巴贝拉（Barbera）则略显封闭，口感清爽，易于入口饮用。

| | |
|---|---|
| ● Dolcetto di Diano d'Alba Sörì Colombè '15 | 🍷🍷🍷 2* |
| ● Dolcetto di Diano d'Alba Sörì Cristina '15 | 🍷🍷🍷 2* |
| ● Barbera d'Alba '15 | 🍷🍷 2* |
| ● Nebbiolo d'Alba '14 | 🍷🍷 3 |
| ○ Langhe Arneis '15 | 🍷 2 |
| ● Barbera d'Alba '14 | ♡♡ 2* |
| ● Barbera d'Alba Santa Eurosia '12 | ♡♡ 2* |
| ● Dolcetto di Diano d'Alba Sörì Colombè '14 | ♡♡ 2* |
| ● Dolcetto di Diano d'Alba Sörì Cristina '14 | ♡♡ 2* |
| ● Dolcetto di Diano d'Alba Sörì Cristina '13 | ♡♡ 2* |
| ● Dolcetto di Diano d'Alba Sörì Cristina '12 | ♡♡ 2* |
| ● Dolcetto di Diano Sörì Colombè '13 | ♡♡ 2* |
| ● Dolcetto di Diano Sörì Colombè '12 | ♡♡ 2* |
| ● Dolcetto di Diano Sörì Colombè '11 | ♡♡ 2* |
| ● Nebbiolo d'Alba Colombè '12 | ♡♡ 3* |
| ● Nebbiolo d'Alba Colombè '10 | ♡♡ 3 |

## La Prevostura

Cascina Prevostura, 1
13853 Lessona [BI]
Tel. +39 0158853188
www.laprevostura.it

藏酒销售
预约参观
餐饮接待
年产量 15 000 瓶
葡萄种植面积 4 公顷

马可・贝里尼（MarcoBellini）和戴维德・贝里尼（Davide Bellini）兄弟二人的酒庄拥有砂质土壤的葡萄园，只种植红葡萄品种，主要是内比奥罗（Nebbiolo），辅以维斯珀丽娜（Vespolina）和科罗帝纳（Croatina）。普弗斯图拉酒庄（La Prevostura）的旗舰酒品是莱索纳（Lessona），酿造葡萄来自海拔400米高的葡萄园，在不同尺寸的法国橡木桶中陈年两年的时间。在今年的品鉴中，我们还非常喜爱细腻雅致的布拉玛黛拉（Bramaterra），品种葡萄清爽而辛辣的风味完美地补充了酒庄的内比奥罗酒出品。芳香四溢的粉红色海岸（Coste della Sesia Rosato Corinna）也是一款内比奥罗美酒，酸度活跃，也呈现出不俗的品质。2012年份的布拉玛黛拉精致细腻，是同类型美酒中的佳品，已经散发着极具个性的香氛，单宁质地极为优雅卓越，整体口感非常和谐。相比较而言，2012年份的莱索纳（Lessona）虽然略显封闭和年轻，但是却散发着干草阳光般的可爱香气，融入甘草的醇香，随之而来的口感紧致有力，如此打造出一款极具陈年潜力的内比奥罗美酒，也凭借超高品质斩获了我们的“三杯奖”大奖。2012年份的穆塔克干红葡萄酒（Rosso Muntacc）虽然清爽和果味略逊一筹，但是却凭借其紧致悦人、层层叠叠展开的口感赢得了我们的喜爱。实在是可圈可点、值得纪念的一季出品。

| | |
|---|---|
| ● Lessona '12 | 🍷🍷🍷 5 |
| ● Bramaterra '12 | 🍷🍷 5 |
| ● Coste della Sesia Rosso Muntacc '12 | 🍷🍷 3* |
| ● Coste della Sesia Rosso Garsun '14 | 🍷 3 |
| ● Bramaterra '11 | YY 5 |
| ● Coste della Sesia Rosso Muntacc '11 | YY 3 |
| ● Coste della Sesia Rosso Muntacc '10 | YY 3 |
| ● Lessona '11 | YY 5 |
| ● Lessona '10 | YY 5 |
| ● Lessona '09 | YY 5 |

## Prinsi

via Gaia, 5
12052 Neive [CN]
Tel. +39 017367192
www.prinsi.it

藏酒销售
预约参观
年产量 60 000 瓶
葡萄种植面积 14.5 公顷

达尼埃莱・莱奎奥（Daniele Lequio）锲而不舍地努力，逐步提高酿造技艺，如今已经能够自信地经营管理一座拥有13公顷种植面积的葡萄园。这些葡萄园中包含一些卓越的顶级葡萄园地块，种植酿造巴巴莱斯科（Barbaresco）的内比奥罗葡萄（Nebbiolo），它们包括嘉丽娜葡萄园（Gallina）、弗松尼葡萄园（Fausoni）和嘉亚普林赛普葡萄园（Gaia Principe）。迷人的酒窖非常值得造访，拥有不同尺寸的法国橡木桶和斯拉沃尼亚（Slavonian）橡木桶。酒庄葡萄园种植本地经典的葡萄品种，辅以几种国际白葡萄品种。在今年的品鉴中，巴巴莱斯科精选系列新酒表现突出。2011年份的弗松尼园巴巴莱斯科陈酿（Riserva Fausoni）风味复杂，香氛逐层跌宕开去，散发着辛辣而和谐的果香，口感结构紧致多汁，并没有受到橡木甜味的侵扰。2013年份的嘉亚普林赛普园巴巴莱斯科（Gaia Principe）相比较而言只是浓郁度略逊一筹，口感紧致，酒质细密，余韵绵长，回味无穷，没有任何粗糙青涩的感觉。

| | |
|---|---|
| ● Barbaresco Fausoni Ris. '11 | 🍷🍷 5 |
| ● Barbaresco Gaia Principe '13 | 🍷🍷 5 |
| ● Barbaresco Gallina '13 | 🍷🍷 5 |
| ● Dolcetto d'Alba V. Basarin '15 | 🍷 3 |
| ○ Langhe Arneis Il Nespolo '15 | 🍷 3 |
| ○ Langhe Chardonnay Tre Fichi '15 | 🍷 3 |
| ● Barbaresco Fausone Ris. '08 | YY 5 |
| ● Barbaresco Fausoni Ris. '10 | YY 5 |
| ● Barbaresco Gaia Principe '05 | YY 5 |
| ● Barbaresco Gallina '12 | YY 5 |
| ● Barbaresco Gallina '11 | YY 5 |
| ● Barbaresco Gallina '05 | YY 5 |
| ● Barbera d'Alba Sup. Il Bosco '11 | YY 3 |
| ● Barbera d'Alba Sup. Vign. Much '07 | YY 3 |

## ★Produttori del Barbaresco

via Torino, 54
12050 Barbaresco [CN]
Tel. +39 0173635139
www.produttoridelbarbaresco.com

藏酒销售
预约参观
膳宿接待
年产量 500 000 瓶
葡萄种植面积 105 公顷

抛去浮夸绚丽的言辞不谈，我们无法忽视巴巴莱斯科葡萄酒生产联盟（Cantina Produttori del Barbaresco）在不到六十年的时间里取得的巨大进步和卓越成绩。不仅在皮埃蒙特产区（Piedmont）和整个意大利，它一直是全世界协作酒庄体系中的巅峰典范和最佳代表，也是所有酒迷收藏保值美酒最安全的选择。巴巴莱斯科葡萄酒生产联盟令人骄傲的传统系列酒品只专注于内比奥罗葡萄（Nebbiolos）的酿造，这一切要感谢它的五十多位葡萄栽培商成员，他们在巴巴莱斯科拥有占地面积超过100公顷的葡萄园，占据了整个产区几近20%的葡萄种植面积；尤其包含巴巴莱斯科九家顶级葡萄园，他们遵循传统方式酿造美酒，仅在气候条件最为优秀的年份推出陈酿（Riserva）。在今年的品鉴中，2013年份入门级的巴巴莱斯科基础酒再次清晰折射出酒庄的生产理念，呈现出清凛的风格，令人愉悦的口感，完全找不到任何不必要的虚饰花样。在今年的品鉴名单中，瑞巴嘉园巴巴莱斯科（Rabajà）摘取了品质极为可靠的巴巴莱斯科陈酿系列的桂冠，它的香氛精致复杂而经典，口感力道十足，果味丰盈；同样美味的还有穆卡戈塔巴巴莱斯科（Muncagota）和蒙特菲克园巴巴莱斯科（Montefico）。

| | |
|---|---|
| ● Barbaresco Montefico Rls. '11 | 🍷🍷 6 |
| ● Barbaresco Muncagota Ris. '11 | 🍷🍷 6 |
| ● Barbaresco Rabaja' Ris. '11 | 🍷🍷 6 |
| ● Barbaresco '13 | YY 5 |
| ● Barbaresco Montestefano Ris. '11 | YY 6 |
| ● Barbaresco Ovello Ris. '11 | YY 6 |
| ● Barbaresco Paje' Ris. '11 | YY 6 |
| ● Barbaresco Pora Ris. '11 | YY 6 |
| ● Langhe Nebbiolo '14 | Y 3 |
| ● Barbaresco Ovello Ris. '09 | YYY 6 |
| ● Barbaresco Vign. in Montestefano Ris. '05 | YYY 6 |
| ● Barbaresco Vign. in Ovello Ris. '08 | YYY 6 |
| ● Barbaresco Vign. in Pora Ris. '07 | YYY 6 |

## Cantina Produttori del Gavi

via Cavalieri di Vittorio Veneto, 45
15066 Gavi [AL]
Tel. +39 0143642786
www.cantinaproduttoridelgavi.it

藏酒销售
预约参观
年产量 300 000 瓶
葡萄种植面积 220 公顷

作为皮埃蒙特产区（Piedmont）首屈一指的协作酒庄，嘉维葡萄酒生产联盟（Cantina Produttori del Gavi）品质卓越的系列出品中包含8款令人印象深刻的柯蒂斯白葡萄酒（Cortese）。嘉维葡萄酒生产联盟最初成立于1951年，20世纪70年代经历革新并更名为如今的嘉维葡萄酒生产联盟，拥有一百多名酿酒商成员，他们拥有的葡萄园面积占地超过200公顷，保证了联盟酒庄在高产量的基础上依然保持独特的酒品风格。嘉维葡萄酒生产联盟八款受人追捧的嘉维白葡萄酒几乎全部未经乳酸发酵，直接在不锈钢桶中发酵和陈年；只有部分奥里亚纳精选系列葡萄酒（Aureliana）是个例外，在小型橡木桶中完成了陈年。嘉维葡萄酒生产联盟最精美的作品通常还包括黑标嘉维（Etichetta Nera）、G系列嘉维和GG系列嘉维。不过慷慨的2015年采收酿造季多少打乱了这个排序，将玛达莱纳嘉维（Gavi di Gavi La Maddalena）推上了品质的巅峰，它散发着地中海的热烈风情，口感诱人，蕴含着清爽的咸味。相比较而言，普瑞米格拉珀丽嘉维（Gavi Primi Grappoli）的香氛甚至更加经典，散发着百里香、蕨菜、雪松和燧石的混合芳香，奇妙而迷人。

| | |
|---|---|
| ○ Gavi del Comune di Gavi La Maddalena '15 | 🍷🍷 3* |
| ○ Gavi Primi Grappoli '15 | 🍷🍷 2* |
| ○ Gavi del Comune di Gavi Et. Nera '15 | YY 2* |
| ○ Gavi Il Forte '15 | YY 2* |
| ○ Gavi del Comune di Gavi Et. Nera '14 | YY 2* |
| ○ Gavi del Comune di Gavi Et. Nera '13 | YY 2* |
| ○ Gavi del Comune di Gavi Et. Nera '12 | YY 2* |
| ○ Gavi del Comune di Gavi GG '13 | YY 3* |
| ○ Gavi G '14 | YY 3* |
| ○ Gavi G '13 | YY 2* |
| ○ Gavi G '12 | YY 3 |
| ○ Gavi GG '14 | YY 3 |
| ○ Gavi Il Forte '14 | YY 2* |
| ○ Gavi La Maddalena '13 | YY 2* |
| ○ Gavi Primi Grappoli '14 | YY 2* |
| ○ Gavi Primi Grappoli '12 | YY 2* |

## Prunotto

o Barolo, 14
051 Alba [CN]
. +39 0173280017
/w.prunotto.it

酒销售
约参观
产量 850 000 瓶
萄种植面积 55 公顷

)世纪80年代末，安蒂诺里家族 Antinori）从毕普·科拉（Beppe Colla）蒂诺·科拉（Tino Colla）兄弟以及卡·菲力波提（Carlo Filiberti）——酒庄历任主人——手中买下了普莱诺托酒（Prunotto），从此开启了皮埃蒙特 Piedmont）葡萄酒世界的闯荡和历险。莱诺托酒庄最早名为朗格葡萄酒生产作酒庄（Ai Vini delle Langhe cooperative nery），由创始人阿尔弗雷多·普莱诺（Alfredo Prunotto）命名。普莱诺托酒的悠久历史为其现代化的美酒出品奠了坚实的基础，在最近的酒庄掌门人中，葡萄园的面积逐步扩张，包括许巴西亚葡萄园（Bussia）、布里托瑞克萄园（Bric Turot）和康斯坦迈勒葡萄园 Costamiole）的地块；酒窖也进行了改革新，小木桶和中等尺寸的橡木桶取了原有的1万升的古老大桶。2012年份布里托瑞克园巴巴莱斯科（Barbaresco c Turot）充分展现出普莱诺托酒庄内比罗美酒（Nebbiolos）重塑后的风格。它色调透明而精美，香膏的芬芳萦绕其，融入绿蔬的青绿风情，入口紧致，有锐利口感。2010年份的巴西亚科隆罗园巴罗洛陈酿（Bussia Vigna Colonnello serva）是一款活力四射的传统巴罗洛美，吐露着松露的醇香，口感惬意，令心旷神怡。

| | |
|---|---|
| Barbaresco '13 | 🍷🍷 5 |
| Barbaresco Bric Turot '12 | 🍷🍷 6 |
| Barbera d'Alba Pian Romualdo '13 | 🍷🍷 4 |
| Barolo Bussia V. Colonnello Ris. '10 | 🍷🍷 8 |
| Nebbiolo d'Alba Occhetti '13 | 🍷🍷 4 |
| Barbera d'Alba '15 | 🍷 3 |
| Barbera d'Asti Fiulòt '15 | 🍷 2 |
| Barolo '12 | 🍷 6 |
| M.to Bricco Colma '12 | 🍷 5 |
| Moscato d'Asti '15 | 🍷 2 |
| Roero Arneis '15 | 🍷 3 |
| Barbera d'Asti Costamiòle '99 | 🍷🍷🍷 4* |
| Barolo Bussia '01 | 🍷🍷🍷 8 |
| Barolo Bussia '99 | 🍷🍷🍷 8 |
| Barolo Bussia '98 | 🍷🍷🍷 8 |
| Barolo Bussia '96 | 🍷🍷🍷 8 |

## La Raia

s.da Monterotondo, 79
15067 Novi Ligure [AL]
Tel. +39 0143743685
www.la-raia.it

藏酒销售
预约参观
膳宿接待
年产量 150 000 瓶
葡萄种植面积 42 公顷
葡萄栽培方式 生物动力学认证
可持续发展酒庄

罗西卡洛集团（Tenimenti Rossi Cairo group）旗下的瑞亚酒庄（La Raia）是一座得到德米特认证（Demeter-certified）的生物动力学酒庄。瑞亚酒庄坐落在诺维利古雷（Novi Ligure）和蒙泰罗通多（Monterotondo）之间的山间，拥有占地面积达到180公顷的广袤葡萄园、耕地、牧场和林地。酿酒师皮埃罗·巴拉瑞奥（Piero Ballario）监管着五款美酒的生产：三款嘉维酒（Gavis）和两款巴贝拉（Barberas）。我们尤其喜爱瑞亚酒庄出品的嘉维酒，品质持续提升，对于一款通常认为已经非常适于饮用的美酒而言还能表现出如此惊人的陈年前景，不得不说令人啧啧称奇。在瑞亚酒庄今年提交的酒品名单中，我们可以看到这些意趣盎然的美酒都是品质之作。玛多尼纳园嘉维酒（Vigna della Madonnina）散发着大马士革李子的阵阵果香，底蕴中透露出缕缕繁花的芬芳，更有一抹矿物质的醇香萦绕其间，绵长清爽且果味饱满的口感与香氛相得益彰。嘉维基本酒也表现精彩，它散发着阵阵果香，融入草药的醇香和香料的辛香，随之而来的口感复杂而丰美，如同天鹅绒般丝滑，收口呈现出极大的热情。2014年份的皮塞嘉维酒（Pisé）也同样卓越，散发着杏仁的异香，一抹融化黄油的醇香若有似无地飘散其间，口感饱满丰盈，令人遐思无限。

| | |
|---|---|
| ○ Gavi '15 | 🍷🍷 3* |
| ○ Gavi Pisé '14 | 🍷🍷 4 |
| ○ Gavi V. della Madonnina Ris. '14 | 🍷🍷 3* |
| ● Piemonte Barbera Largé '11 | 🍷 5 |
| ○ Gavi '13 | 🍷🍷 3 |
| ○ Gavi Pisé '12 | 🍷🍷 4 |
| ○ Gavi Pisé '11 | 🍷🍷 3* |
| ○ Gavi Ris. '12 | 🍷🍷 3* |
| ○ Gavi V. della Madonnina Ris. '13 | 🍷🍷 3* |
| ● Piemonte Barbera '13 | 🍷🍷 3 |
| ● Piemonte Barbera Largé '10 | 🍷🍷 5 |

## Renato Ratti

FRAZ. ANNUNZIATA, 7
12064 LA MORRA [CN]
TEL. +39 017350185
www.renatoratti.com

藏酒销售
预约参观
膳宿接待
年产量 300 000 瓶
葡萄种植面积 40 公顷

巴罗洛（Barolo）是今天意大利指定产区酒中最具盛名者，这一地位的达成多少要归功于雷纳托·拉蒂（Renato Ratti）。从20世纪60年代中至80年代末，雷纳托凭借不知疲倦的钻研和几乎穷尽的酿造知识打响了重新定义两个基本概念的战役：次产区（Subzone）和年份酒（Vintage）——如今看来似乎无需赘言的概念，当时却并非如此。1988年，雷纳托的儿子彼得罗（Pietro）信心满满地接过了酒庄，沿着父亲的足迹继续前行，酿造既能满足意大利本土又能迎合国际消费者口味的美酒。在今年的品鉴中，2012年份的孔卡巴罗洛（Barolo Conca）闯进了我们的“三杯奖”决赛圈，它展现出卓越的品质，风格非常传统，香氛复杂，散发着浓郁成熟的果香，气质活跃，底蕴中透露出缕缕焦炭的气息。口感依然有些僵化，酒质演化略微受到橡木滋味的拖累，但是我们一致认为这不过是年轻的小小缺陷，假以时日这款佳酿将会抵达品质的巅峰，展现出更加美好的口感。与此同时，2012年份的安努齐亚塔洛奇园巴罗洛（Rocche dell' Annunziata）的风格与孔卡巴罗洛类似，但是酒质演化更加成熟。

| | | |
|---|---|---|
| ● Barolo Conca '12 | ▼▼ (red) | 8 |
| ● Barbera d'Alba Battaglione '15 | ▼▼ | 3 |
| ● Barolo Rocche dell'Annunziata '12 | ▼▼ | 8 |
| ● Nebbiolo d'Alba Ochetti '14 | ▼▼ | 4 |
| ● Dolcetto d'Alba Colombè '15 | ▼ | 3 |
| ● Barolo Rocche '06 | ▽▽▽ | 8 |
| ● Barolo Rocche Marcenasco '84 | ▽▽▽ | 6 |
| ● Barolo Rocche Marcenasco '83 | ▽▽▽ | 6 |
| ● Barolo Conca '11 | ▽▽ | 8 |
| ● Barolo Marcenasco '11 | ▽▽ | 6 |
| ● Barolo Rocche dell'Annunziata '11 | ▽▽ | 8 |
| ● Dolcetto d'Alba Colombè '14 | ▽▽ | 3 |
| ● Nebbiolo d'Alba Ochetti '13 | ▽▽ | 4 |

## Ressia

VIA CANOVA, 28
12052 NEIVE [CN]
TEL. +39 0173677305
www.ressia.com

藏酒销售
预约参观
年产量 25 000 瓶
葡萄种植面积 5.5 公顷

莱西亚家族（Ressia）酿酒的历史几一个世纪，但是拥有悠久传统的家族庄于1997年走到了发展的转折点，法里奇奥·莱西亚（Fabrizio Ressia）开了酒庄的酿酒革命。在接下来的几十间，莱西亚酒庄出产的巴巴莱斯科美（Barbarescos）跻身产区最精美的佳酿列，但是酒庄同时也从未忽略开发其葡萄品种和其他地区的葡萄园。然而酒庄生产的中心依然位于得到精心照的卡诺瓦葡萄园（Canovacru），地处高拔的南向山坡上，种植的葡萄酿造出现本地风土特质的美酒，极富个性。诺瓦园巴巴莱斯科（Barbaresco Canova无疑是莱西亚酒庄出品的个中典范散发着浓郁集中的果香，完美平衡了辣的芬芳，出入口感到饱满而有力的感，单宁质地细腻，随着余韵的蔓延酒质越发清凛，收口感受活跃。与此时，2015年份的米兰达费弗瑞塔朗格（Langhe Favorita Miranda）极具意趣，展出复杂华美的口感，果味饱满丰盈。此之外，莱西亚酒庄今年提供的其他鉴酒品也都达到了极高的品质。

| | |
|---|---|
| ● Barbaresco Canova '13 | ▼▼ |
| ○ Langhe Favorita La Miranda '15 | ▼▼ |
| ● Langhe Nebbiolo '13 | ▼ |
| ● Barbaresco Canova '06 | ▽▽▽ |
| ● Barbaresco Canova '12 | ▽▽ |
| ● Barbaresco Canova '11 | ▽▽ |
| ● Barbaresco Canova '09 | ▽▽ |
| ● Barbaresco Canova Ris. Oro '10 | ▽▽ |
| ● Barbaresco Canova Ris. Oro '09 | ▽▽ |
| ● Barbera d'Alba Sup. '12 | ▽▽ |
| ○ Evien '13 | ▽▽ |
| ○ Evien | ▽▽ |
| ● Langhe Nebbiolo Gepù '11 | ▽▽ |

## lli Revello

z. Annunziata, 103
064 La Morra [CN]
. +39 017350276
vw.revellofratelli.it

酒销售
约参观
宿接待
产量 45 000 瓶
萄种植面积 8 公顷
持续发展酒庄

家人的协助下，卡洛·雷韦洛（Carlo vello）和洛伦佐·雷韦洛（Lorenzo vello）兄弟二人在一起合作超过了二十，如今决定分道扬镳，洛伦佐自2015末开始独自打理雷韦洛酒庄（Fratelli vello），卡洛则另立门户。由于采用转浸渍剥离发酵桶以及小型橡木桶陈，雷韦洛酒庄的出品风格非常现代，是所有出品的巴罗洛酒（Barolos）都展出非凡的雅致和极高的即时可饮性。韦洛酒庄的酒窖非常精美，绝对值得光客前往一睹风采并痛快畅饮，还可同时参观毗邻的游客农场。在今年品鉴中，2012年份的嘉特纳园巴罗洛 Barolo Gattera）表现出色，它散发着甜的辛香，底蕴中透露出缕缕幽然的橡香，随之而来的口感非常美味，但是宁依然突出。除此之外，2012年份的努齐亚塔园洛奇巴罗洛（Barolo Rocche ll' Annunziata）颇具意趣，是一款充满新的美酒，洋溢着馥郁的果香，依然要在瓶中静静陈年一段时间，以攀上质的巅峰；2012年份的孔卡园巴罗洛 Conca）精致而复杂，但是优雅的橡木味依然主宰整款酒的口感；2012年份嘉切尼园巴罗洛（Giachini）则是一款完融合了传统与现代风味的优质混酿。

| | | |
|---|---|---|
| Barolo Gattera '12 | 🍷🍷 | 6 |
| Barolo Rocche dell'Annunziata '12 | 🍷🍷 | 8 |
| Barolo Conca '12 | 🍷🍷 | 7 |
| Barolo Giachini '12 | 🍷🍷 | 7 |
| Langhe Nebbiolo '14 | 🍷🍷 | 3 |
| Barbera d'Alba Ciabot du Re '05 | 🍷🍷🍷 | 5 |
| Barbera d'Alba Ciabot du Re '00 | 🍷🍷🍷 | 5 |
| Barolo Rocche dell'Annunziata '01 | 🍷🍷🍷 | 8 |
| Barolo Rocche dell'Annunziata '00 | 🍷🍷🍷 | 8 |
| Barolo V. Conca '99 | 🍷🍷🍷 | 7 |
| Barolo '11 | 🍷🍷 | 5 |
| Barolo Conca '11 | 🍷🍷 | 7 |
| Barolo Gattera '11 | 🍷🍷 | 6 |
| Barolo Giachini '11 | 🍷🍷 | 7 |
| Barolo Rocche dell'Annunziata '11 | 🍷🍷 | 8 |

## Michele Reverdito

Fraz. Rivalta
B.ta Garassini, 74b
12064 La Morra [CN]
Tel. +39 017350336
www.reverdito.it

藏酒销售
预约参观
年产量 70 000 瓶
葡萄种植面积 16 公顷

西尔瓦诺·里瑞威蒂图（Silvano Reverdito）和玛利亚·里瑞威蒂图（Maria Reverdito）决定只种植本地葡萄品种，他们的孩子米歇尔（Michele）和索尼娅（Sonia）也自信地追寻着父母的足迹前行。里瑞威蒂图酒庄的出品主要集中在巴罗洛葡萄（Barolo）上，但是他们酿造的卓越的朗格纳斯塔白葡萄酒（Langhe Nascetta）和芳香四溢、令人愉悦的韦尔杜诺皮拉维加红葡萄酒（Verduno Pelaverga）也都是酒庄的明星产品，广受好评和追捧。里瑞威蒂图酒庄的内比奥罗（Nebbiolo）葡萄园包括拉莫拉产区（La Morra）、阿尔巴塞拉伦加（Serralunga d' Alba）和蒙福特（Monforte）的顶级葡萄园地块，遇到条件优秀的年份会推出10周年纪念版陈酿（Riserva）。酒液被置于不同尺寸的橡木桶中进行陈年。在今年的品鉴中，2012年份的科尼亚峰园巴罗洛（Barolo Bricco Cogni）表现精彩，散发着优雅而和谐的香氛，融入烟草和甘草完美的醇香，底蕴中透露出缕缕坚实的果香，结构上佳的口感与香氛相得益彰，单宁质地细腻，收口感受给人留下相当深刻的印象。2012年份的巴达雷娜园巴罗洛（Barolo Badarina）非常质朴扎实，散发着诱人的烟草香，引导着精美的酒质发展；而2012年份的瑞瓦洛卡巴罗洛（Barolo Riva Rocco）则香氛适度馥郁，果香浅淡，口感柔美且和谐均衡。

| | | |
|---|---|---|
| ● Barolo Badarina '12 | 🍷🍷 | 6 |
| ● Barolo Bricco Cogni '12 | 🍷🍷 | 6 |
| ● Barolo Ascheri '12 | 🍷🍷 | 5 |
| ● Barolo Riva Rocca '12 | 🍷🍷 | 5 |
| ● Verduno Pelaverga '15 | 🍷 | 3 |
| ● Barolo Bricco Cogni '04 | 🍷🍷🍷 | 6 |
| ● Barolo 10 Anni Ris. '05 | 🍷🍷 | 8 |
| ● Barolo Ascheri '11 | 🍷🍷 | 5 |
| ● Barolo Badarina '11 | 🍷🍷 | 5 |
| ● Barolo Badarina '10 | 🍷🍷 | 5 |
| ● Barolo Bricco Cogni Ris. '09 | 🍷🍷 | 6 |
| ● Barolo Castagni '10 | 🍷🍷 | 5 |
| ● Barolo Riva Rocca '11 | 🍷🍷 | 5 |
| ● Barolo Riva Rocca '10 | 🍷🍷 | 5 |
| ● Langhe Nascetta '14 | 🍷🍷 | 2* |

## Giuseppe Rinaldi

via Monforte, 5
12060 Barolo [CN]
Tel. +39 017356156
carlotta.rinaldi@me.com

藏酒销售
预约参观
年产量 35 000 瓶
葡萄种植面积 6.5 公顷

"柠檬"毕普·里纳尔迪（Beppe "Citrico" Rinaldi）酿造的内比奥罗美酒（Nebbiolos）展现出不可思议的超高品质，风格天马行空，比千言万语更能充分说明毕普其人的独特个性。毕普·里纳尔迪无疑已经攀上了国际葡萄酒世界的巅峰，每年新酒发布，他的酒品总是被疯抢一空，充分验证了他坚实的江湖地位。里纳尔迪酒庄神祇一般的地位并非轻松得来，毕普的两位女儿玛塔·里纳尔迪（Marta Rinaldi）和卡洛塔·里纳尔迪（Carlotta Rinaldi）尤其贡献良多。在换了新颜的两款古老巴罗洛（Barolos）美酒中——自2010年后更名为珍珠园巴罗洛（Brunate）和特莱泰恩巴罗洛（Tre Tine）——我们可以清晰地看到今天的里纳尔迪酒庄迸发出了新的能量和热情，但始终不变的是结合顶级葡萄园的酿造葡萄打造美酒的方式以及坚守最严格的酿造技术的决心。热爱里纳尔迪酒庄的酒迷们无疑会对2012年份的巴罗洛酒深感满意。特莱泰恩巴罗洛散发着干花的芬芳，融入罐装水果的甜美香气，随之而来的口感多汁华美，结构质朴；相比而言，珍珠园巴罗洛则展现出更加缥缈无常、不可追寻的香氛，单宁演化更加鲜美。

| | |
|---|---|
| ● Barolo Brunate '12 | 7 |
| ● Barolo Tre Tine '12 | 7 |
| ● Barolo Brunate '11 | 7 |
| ● Barolo Brunate-Le Coste '07 | 7 |
| ● Barolo Brunate-Le Coste '06 | 7 |
| ● Barolo Brunate-Le Coste '01 | 6 |
| ● Barolo Brunate-Le Coste '00 | 6 |
| ● Barolo Cannubi S. Lorenzo-Ravera '04 | 6 |
| ● Barolo Brunate '10 | 7 |
| ● Barolo Brunate-Le Coste '09 | 7 |
| ● Barolo Cannubi S. Lorenzo-Ravera '09 | 7 |
| ● Barolo Tre Tine '11 | 7 |
| ● Barolo Tre Tine '10 | 7 |
| ● Langhe Nebbiolo '13 | 4 |

## Francesco Rinaldi & Figli

via Crosia, 30
12060 Barolo [CN]
Tel. +39 0173440484
www.rinaldifrancesco.it

藏酒销售
预约参观
膳宿接待
年产量 70 000 瓶
葡萄种植面积 11 公顷

宝拉·里纳尔迪（Paola Rinaldi）和皮拉·里纳尔迪（Piera Rinaldi）打理着这拥有一个世纪古老历史的名庄，弗朗西科里纳尔迪酒庄（Francesco Rinaldi & Figli拥有广袤的葡萄园，出品风格极为典，充分展现出本地风土特质。弗朗斯科里纳尔迪酒庄酿造巴罗洛（Barolo的酒窖建筑精美，地处卡努比葡萄（Cannubi）之中，站在这里可以饱览珠葡萄园（Brunate cru）中心地带酒另一片葡萄园无限美好的风光，令人旷神怡。经过多年的等待，这座拥有久传统的朗格酒庄（Langhe）凭借我熟悉的老式酒标，终于赢得了在今年年鉴中整篇幅介绍的机会。在今年的鉴中，2012年份的珍珠园巴罗洛表现出，它散发着经典的香氛，吐露着干瑰花的幽香，底蕴中透露出缕缕秋日叶的醇香，令整体香氛更加活跃，口紧致活泼，精美平衡，收口令人愉悦与此同时，弗朗西斯科里纳尔迪酒庄旗舰酒品2012年份的卡努比园巴罗洛品质出众，它的香氛相比较而言更加爽，层次鲜明，前味散发着烟草和甘的醇香，继而融入年轻的阵阵果香，感完美和谐，真正验证了世界名园酒的超高品质。

- Barolo Brunate '12
- Barolo Cannubi '12
- Barbaresco '13
- Dolcetto d'Alba Roussot '15
- Barbera d'Alba '14
- Barbera d'Alba '13
- Barolo '10
- Barolo Brunate '11
- Barolo Brunate '10
- Barolo Cannubi '11
- Barolo Cannubi '10
- Barolo Cannubi '08
- Barolo Le Brunate '08

## lassimo Rivetti

Rivetti, 22
052 Neive [CN]
l. +39 017367505
ww.rivettimassimo.it

酒销售
约参观
产量 70 000 瓶
萄种植面积 25 公顷

座位于纳维地区（Neive）的酒庄在兢
业业、热情万丈的马西莫（Massimo）
其三位年轻儿子的精心打理下，推出
具阳刚之气的美酒。马西莫拉维提酒
（Massimo Rivetti）今年获得了有机认
，他们使用蚯蚓来缔造肥堆，培育葡
。其余的工作就交给了卓越的风土
件——例如著名的塞拉博艾拉葡萄园
Serraboella cru）中的优质地块——以
酒窖中精细谨慎的酿造工作，以保证
木滋味不会压制天然的果味。我们强
建议造访者前往马西莫拉维提酒庄在
纳维地区（Neive Alta）新近开张的圣
克波塔葡萄酒酒吧（Porta San Rocco）
尝酒庄出品的美酒，这里是意大利景
最为优美的村庄之一。由于装瓶延
，今年马西莫拉维提酒庄只能提交几
酒供我们品鉴，令人感到遗憾的是巴
莱斯科（Barbaresco）和塞拉博艾拉园
贝拉（Barbera Serraboella）都缺席品鉴
单。尽管我们今年没有尝到旗舰酒
，但是2013年份的弗莱伊巴巴莱斯科
Barbaresco Froi）和巴巴莱斯科都没有
我们失望，表现极为精彩。它们都以
郁的果香为特色，口感完美，尤其是
越的弗莱伊巴巴莱斯科，甚至鲜有
手。

| | |
|---|---|
| Barbaresco Froi '13 | YY (red) 5 |
| Barbaresco '13 | YY (black) 5 |
| Langhe Garasin '13 | YY (black) 3 |
| Barbaresco Froi '12 | YY 5 |
| Barbaresco Froi '11 | YY 5 |
| Barbaresco Froi Ris. '09 | YY 6 |
| Barbaresco Serraboella '12 | YY 5 |
| Barbera d'Alba Sup. V. Serraboella '12 | YY 4 |
| Barbera d'Alba V. Serraboella '10 | YY 4 |

## Rizzi

via Rizzi, 15
12050 Treiso [CN]
Tel. +39 0173638161
www.cantinarizzi.it

藏酒销售
预约参观
膳宿接待
年产量 70 000 瓶
葡萄种植面积 38 公顷
可持续发展酒庄

在过去的十年间，迪纳皮耶那家族（Dellapiana）以卓越的成绩不断巩固和提升家族酒庄在葡萄酒业中的地位和声望，深得美酒爱好者的认可和热爱。不过所有的成绩都不是空中楼阁，而是建立在瑞兹酒庄（Rizzi）五十多个采收酿造季不懈努力的基础之上，酒庄的葡萄园种植面积达到30公顷，地处特雷伊索（Treiso）附近风土条件最精美的山坡，这里的顶级葡萄园出产的酿造原料打造出的美酒就以特雷伊索冠名。瑞兹酒庄出产物美价廉的美酒，主要包括以内比奥罗（Nebbiolo）、多姿桃（Dolcetto）和巴贝拉（Barbera）等品种葡萄酿造的红葡萄酒。瑞兹酒庄的顶级美酒包括瑞兹葡萄园（Rizzi）、帕杰罗葡萄园（Pajorè）、内尔瓦葡萄园（Nervo）和博伊托陈酿（Boito Riserva）四款巴巴莱斯科葡萄酒（Barbarescos），以传统方式发酵，在中到大型斯拉沃尼亚橡木桶中陈年，保证了不可思议的和谐精粹以及持久的演化潜力。在今年的品鉴中，我们有幸与两款风格截然不同的年份酒相遇，这两款佳酿卓越地阐释了原料葡萄所在名园的风土特质。2013年份经典的帕杰罗园巴巴莱斯科忠诚反映出所在地块的特色，气质幽然，口感鲜美，果味饱满，散发着草本植物的清香和野生莓果的阵阵果香；而2011年份的博伊托巴巴莱斯科陈酿则显露出温暖和煦的气质，散发着成熟的果香，酒体富含甘油酯。2013年份的巴贝拉也非常复杂，口感活跃，热力四射。

| | |
|---|---|
| ● Barbaresco Boito Ris. '11 | YY (red) 7 |
| ● Barbaresco Pajorè '13 | YY (red) 6 |
| ● Barbaresco Nervo '13 | YY (black) 5 |
| ● Barbaresco Rizzi '13 | YY (black) 5 |
| ● Barbera d'Alba '13 | YY (black) 3 |
| ● Langhe Nebbiolo '14 | YY (black) 3 |
| ● Barbaresco Boito Ris. '10 | YYY 6 |
| ● Barbaresco Boito Ris. '09 | YY 6 |
| ● Barbaresco Nervo '11 | YY 5 |
| ● Barbaresco Nervo Fondetta '10 | YY 5 |
| ● Barbaresco Pajorè '11 | YY 6 |
| ● Barbaresco Pajorè '10 | YY 6 |
| ● Barbaresco Rizzi '12 | YY 5 |
| ● Barbaresco Rizzi '11 | YY 5 |
| ● Barbaresco Rizzi '10 | YY 5 |

## Roagna

LOC. PAJÉ
S.DA PAGLIERI, 7
12050 BARBARESCO [CN]
TEL. +39 0173635109
www.roagna.com

藏酒销售
预约参观
年产量 50 000 瓶
葡萄种植面积 15 公顷

由于拥有不可思议的优质葡萄园，这意味着罗格纳斯酒庄（Roagnas）重新回归朗格（Langhe）葡萄酒世界令人头晕目眩的炫彩巅峰只是一个时间上的问题。这些优质葡萄园包括帕杰葡萄园（Pajé）、巴巴莱斯科（Barbaresco）的蒙特菲克园（Montefico）和阿斯利园（Asili）、卡斯蒂格里奥费莱托（Castiglione Falletto）的皮拉园（Pira），以及塞拉伦加（Serralunga）的瑞欧达园（Vigna Rionda）等，罗格纳斯酒庄在酿造过程中充分尊重本地风土条件，致力于在充分发挥土壤活力和尽量降低人为干预酿造进程之间最大限度地维持平衡：采取自然发酵、长时间浸渍以及在大型木桶中长时间耐心陈年等方法。在今年的品鉴中，2011年精彩频出的采收酿造季令罗格纳斯酒庄出品的巴巴莱斯科（Barbarescos）比往年呈现出更加壮阔的气质。帕杰园巴巴莱斯科以其卓越的品质赢得了我们的"三杯奖"大奖，它极为优雅，香氛复杂美妙，口感悠然清爽，如同丝绸般柔滑，和谐平衡。老藤园蒙特菲克（Montefico Vecchie Viti）的口感有力，结构上佳，令人赞叹，散发着香膏般的雅致芬芳，收口感受精美；2007年份的克莱切特帕杰（Crichët Pajé）具有天生的优雅，口感不可思议的清爽，年轻有力。2011年份的老藤园巴罗洛（Barolo Vecchie Viti）非常诱人，展现出卓越的品质，散发着玫瑰花的甜美花香，融入覆盆子的阵阵果香。

- ● Barbaresco Pajé '11 8
- ● Barbaresco Crichët Pajé '07 8
- ● Barbaresco Montefico V. V. '11 8
- ● Barbaresco Pajè V. V. '11 8
- ● Barolo Pira V. V. '11 8
- ● Barbaresco Asili V. V. '11 8
- ● Barolo Pira '11 8
- ● Barbaresco Asili V. V. '07 8
- ● Barbaresco Crichët Pajé '06 8
- ● Barbaresco Crichët Pajé '05 8
- ● Barbaresco Crichët Pajé '04 8

## ★Albino Rocca

S.DA RONCHI, 18
12050 BARBARESCO [CN]
TEL. +39 0173635145
www.albinorocca.com

藏酒销售
预约参观
年产量 100 000 瓶
葡萄种植面积 18 公顷
可持续发展酒庄

美酒会吸收酿造者的个性，这已经是一
个老生常谈、大家耳熟能详的概念。
然而，每一次品尝洛卡家族酿造的
酒，我们都忍不住回想起遍布他们
亮的巴巴莱斯科（Barbaresco）酒窖
微笑魅力。在卡洛·卡诗特兰歌（Car
Castellengo）的协助下，波拉·洛
（Paola Rocca）、莫妮卡·洛卡（Moni
Rocca）与丹妮拉·洛卡（Daniela Rocca
姐妹三人作为家族的第四代传人，
着超凡的决心和无比的骄傲，在祖
阿尔比诺·洛卡（Albino Rocca）和父
安吉罗·洛卡（Angelo Rocca）开创
酒庄中开始工作。阿尔比诺洛卡酒
（Albino Rocca）的葡萄园占地面积达
20公顷，主要栽培多姿桃（Dolcetto）、
巴贝拉（Barbera）、品丽珠（Cabern
Franc）、柯蒂斯（Cortese）、霞多
（Chardonnay）和莫斯卡托（Moscato），
然而系列酒品中的明星产品依然
以内比奥罗（Nebbiolo）酿造而成
红葡萄酒，原料葡萄来自蒙特斯
（Montersino）、诺韦洛（Ovello）和隆
园（Ronchi Crus）等顶级葡萄园。多个
份气质壮阔的巴巴莱斯科（Barbarescos
出品，令传奇得以继续。2013年份的
韦洛园罗艾托巴巴莱斯科（Ovello Vigr
Loreto）散发着香料般的甜美香气，融
地中海灌木丛的热烈芬芳，华美的口
与香氛相得益彰；而2013年份的安吉
（Angelo）则更加质朴、活力四射，但
气质更加经典，更具陈年潜力，果味
感饱满，酒骨精良，展现出绵长的陈
潜力。洛卡柯蒂斯（Cortese La Rocca）
始终是皮埃蒙特（Piedmont）产区品质
优秀的白葡萄酒之一。

- ● Barbaresco Angelo '13
- ● Barbaresco Ovello V. Loreto '13
- ● Barbaresco Ronchi Ris. '11
- ○ Piemonte Cortese La Rocca '15
- ● Barbaresco Montersino '13
- ● Barbaresco Ronchi '13
- ● Barbera d'Alba '15
- ● Barbera d'Alba Gepin '14
- ● Dolcetto d'Alba '15
- ● Nebbiolo d'Alba '14
- ● Barbaresco Ovello V. Loreto '11
- ● Barbaresco Ovello V. Loreto '09
- ● Barbaresco Ovello V. Loreto '07
- ● Barbaresco Ronchi '10
- ● Barbaresco Vign. Brich Ronchi Ris. '06
- ● Barbaresco Vign. Brich Ronchi Ris. '04

## ★Bruno Rocca

s.da Rabajà, 60
12050 Barbaresco [CN]
Tel. +39 0173635112
www.brunorocca.it

藏酒销售
预约参观
年产量 70 000 瓶
葡萄种植面积 15 公顷

真理是时间的女儿，布鲁诺·洛卡（Bruno Rocca）的经历再次证明了这一点。在儿女弗朗西斯科·洛卡（Francesco Rocca）和路易莎·洛卡（Luisa Rocca）的协助下，布鲁诺·洛卡照料着占地面积达到15公顷的葡萄园，主要集中在巴巴莱斯科（Barbaresco）的瑞巴嘉园（Rabajà）。这座令人印象深刻的布鲁诺洛卡酒庄出产现代风格的巴巴莱斯科（Barbarescos），从酒质演化层面而言，堪称产区最精美、品质最值得信赖的经典美酒之一。因此为了享受捕捉到酿造葡萄细腻特质的美酒——这些酿造原料来自环绕在酒庄周边、盛名远播的顶级葡萄园或者纳维地区（Neive）的库拉葡萄园（Currà）——值得我们耐心等待。布鲁诺洛卡酒庄还在特雷伊索（Treiso）和瓦里奥塞拉（Vaglio Serra）拥有种植地块，出产的酿造葡萄用以打造阿斯蒂巴贝拉（Barbera d' Asti），与此同时这里还种植多姿桃（Dolcetto）、赤霞珠（Cabernet）和霞多丽（Chardonnay）等葡萄品种，因而整个酒品系列完整无缺。瑞巴嘉园巴巴莱斯科（Barbaresco Rabajà）完美阐释了恢宏的顶级葡萄园的风土特质，散发着奎宁的芬芳，融入覆盆子的阵阵果香，底蕴中透露出缕缕香料的辛香，口感绝妙，单宁结构和酒精度展现出超级的平衡。2013年份的科帕罗莎园巴巴莱斯科（Coparossa）已经非常适合饮用，只是口感紧致度略逊一筹，散发着烟草的甜美香气，融入茴香的缕缕醇香。

| | |
|---|---|
| ● Barbaresco Rabajà '12 | 🍷🍷🍷 8 |
| ● Barbaresco Coparossa '13 | 🍷🍷 8 |
| ● Barbaresco '13 | 🍷🍷 6 |
| ● Barbera d'Alba '14 | 🍷🍷 5 |
| ● Barbera d'Asti '14 | 🍷🍷 4 |
| ● Dolcetto d'Alba Trifolè '15 | 🍷🍷 3 |
| ○ Langhe Chardonnay Cadet '14 | 🍷🍷 4 |
| ● Barbaresco Coparossa '04 | 🍷🍷🍷 8 |
| ● Barbaresco Maria Adelaide '07 | 🍷🍷🍷 8 |
| ● Barbaresco Maria Adelaide '04 | 🍷🍷🍷 8 |
| ● Barbaresco Maria Adelaide '01 | 🍷🍷🍷 8 |
| ● Barbaresco Rabajà '11 | 🍷🍷🍷 8 |
| ● Barbaresco Rabajà '10 | 🍷🍷🍷 8 |
| ● Barbaresco Rabajà '09 | 🍷🍷🍷 8 |
| ● Barbaresco Rabajà '01 | 🍷🍷🍷 8 |
| ● Barbaresco Rabajà '00 | 🍷🍷🍷 8 |

## Rocche Costamagna

via Vittorio Emanuele, 8
12064 La Morra [CN]
Tel. +39 0173509225
www.rocchecostamagna.it

藏酒销售
预约参观
膳宿接待
年产量 95 000 瓶
葡萄种植面积 14 公顷

罗切科斯塔马格纳酒庄（Rocche Costamagna）始建于1841年，是朗格地区（Langhe）最古老的酒庄之一。在过去的几十年间，在儿子阿莱桑德罗·洛卡泰利（Alessandro Locatelli）的热情支持下，克劳迪娅·费拉雷西（Claudia Ferraresi）持续不懈地努力工作，将酒庄的发展推上了巅峰。近来罗切科斯塔马格纳酒庄还在安努齐亚塔（Annunziata）的小村建造了全新的精美酒窖、一座优雅的客用农庄，还有一家配套的商店。美酒生产也从中得益，风格日益经典，个性越发珍贵。在今年的品鉴中，2010年份的弗朗西斯科峰巴罗洛陈酿（Barolo Bricco Francesco Riserva）表现出色，它的香氛非常传统，散发着阵阵果香，融入甘草的醇香和缕缕紫罗兰的幽香，酒体饱满丰盈，口感惬意单宁质地光滑，令人回味无穷；2012年份的安努齐亚塔园洛奇巴罗洛（Barolo Rocche dell' Annunziata）吐露着芬芳的橡木香气，痕迹略微明显。与此同时，2012年份的巴罗洛（Barolo）令人愉悦，香氛幽然，散发着皮革的醇香，融入橘皮的甜美芬芳，口感清爽悦人，单宁精美。除此之外，2013年份的罗切的罗切巴贝拉（Barbera Rocche delle Rocche）也表现出色，吐露着优雅的果香。

| | |
|---|---|
| ● Barbera d'Alba Sup. Rocche delle Rocche '13 | 🍷🍷 4 |
| ● Barolo Rocche dell'Annunziata Bricco Francesco Ris. '10 | 🍷🍷 6 |
| ● Barolo '12 | 🍷🍷 5 |
| ● Barolo Rocche dell'Annunziata '12 | 🍷🍷 6 |
| ○ Langhe Arneis '15 | 🍷 2 |
| ● Langhe Nebbiolo Roccardo '14 | 🍷 3 |
| ● Barolo Rocche dell'Annunziata '04 | 🍷🍷🍷 5 |
| ● Barbera d'Alba Sup. Rocche delle Rocche '11 | 🍷🍷 4 |
| ● Barolo Rocche dell'Annunziata '11 | 🍷🍷 6 |
| ● Barolo Rocche dell'Annunziata '10 | 🍷🍷 5 |
| ● Barolo Rocche dell'Annunziata '09 | 🍷🍷 5 |
| ● Barolo Rocche dell'Annunziata '07 | 🍷🍷 5 |
| ● Barolo Rocche dell'Annunziata Bricco Francesco Ris. '07 | 🍷🍷 6 |

## ★Rocche dei Manzoni

Loc. Manzoni Soprani, 3
12065 Monforte d'Alba [CN]
Tel. +39 017378421
www.roccheedeimanzoni.it

藏酒销售
预约参观
年产量 250 000 瓶
葡萄种植面积 40 公顷

从建筑上而言，宝乐山庄（Rocche dei Manzoni）是朗格地区（Langhe）最为变化多端、威风凛凛，同时也最为意趣盎然、匪夷所思的酒庄之一，这一点从宝乐山庄网站的图片上就可以看得一清二楚。大约四十年前，极具天赋和远见的瓦伦迪诺·米格利奥里尼（Valentino Migliorini）努力开创一座真正的朗格酒庄，今天宝乐山庄的掌门人则是他的儿子、对酿酒充满激情的鲁道夫（Rodolfo）。宝乐山庄的酒品系列包含对朗格经典葡萄品种进行创新性的现代阐释的美酒——首先就是巴罗洛（Barolo）——还有两款品质卓越的传统酿造法起泡酒（Metodo Classicos），继承了皮埃蒙特产区起泡酒生产的古老传统。虽然往年我们通常可以品鉴到宝乐山庄的系列巴罗洛名园酒，但是今年我们却只有幸遇见两款名园酒。圣托斯特凡诺卡佩拉园珀诺巴罗洛（Perno Vigna Cappella di Santo Stefano）独一无二、别具一格，橡木芬芳依然略显突出，主宰着整款酒的香氛，随之而来的口感非常饱满丰盈，余韵甘美，橡木滋味柔化，达到了完美平衡。在宝乐山庄推荐的其他酒品中，我们还非常喜爱富含黄油浓醇滋味的安格利卡（Angelica）和诱人的艾琳娜陈酿（Riserva Elena）。

| | |
|---|---|
| ● Barolo Perno V. Cappella di S. Stefano '12 | 🍷🍷 8 |
| ● Barolo '12 | 🍷🍷 8 |
| ○ Langhe Chardonnay L'Angelica '13 | 🍷🍷 8 |
| ● Langhe Rosso Bricco Manzoni '11 | 🍷🍷 8 |
| ⊙ Valentino Brut Zero Rosé '11 | 🍷🍷 8 |
| ○ Valentino Brut M. Cl. Riserva Elena '11 | 🍷🍷 7 |
| ● Barbera d'Alba La Cresta '12 | 🍷 6 |
| ● Langhe Nebbiolo '14 | 🍷 6 |
| ● Barolo V. Cappella di S. Stefano '01 | 🍷🍷🍷 8 |
| ● Barolo V. d'la Roul '07 | 🍷🍷🍷 8 |
| ● Barolo Big 'd Big '10 | 🍷🍷 8 |
| ● Barolo La Villa V. Madonna Assunta Ris. 10 anni '04 | 🍷🍷 8 |
| ● Barolo Perno V. Cappella di S. Stefano '11 | 🍷🍷 8 |
| ○ Valentino Brut M. Cl. Riserva Elena '10 | 🍷🍷 5 |

## Il Rocchin

Loc. Vallemme, 39
15066 Gavi [AL]
Tel. +39 0143642228
www.ilrocchin.it

藏酒销售
预约参观
年产量 50 000 瓶
葡萄种植面积 20 公顷

从嘉维（Gavi）和莱梅河（Lemme）前往圣克里斯托弗罗（San Cristoforo）的沿途山间，坐落着罗钦酒庄（Il Rocchin）及其部分葡萄园，这里是皮埃蒙特产区与奥瓦达产区（Ovada）的交界处。安吉洛·泽巴（AngeloZerba）和弗朗西斯卡·泽巴（Francesca Zerba）是这座酒庄的主人，20世纪80年代初，他们与父亲布鲁诺（Bruno）共同创建了罗钦酒庄。酒庄出品主要集中在嘉维酒上，尽管也出产一定数量的多姿桃（Dolcetto）和巴贝拉（Barbera）。泽巴家族在酒窖中的酿造工作得到了皮埃蒙特产区著名的酿酒师马里奥·隆科（Mario Ronco）的协助。在今年的年鉴中，罗钦酒庄凭借卓越的酒品得到了整篇幅介绍的资格，尤其是2015年份博斯科嘉维的嘉维（Gavi di Gavi Il Bosco）表现令人叹服。它吐露着浓郁的芬芳，融入蜜桃和李子的阵阵果香，底蕴中透露出缕缕矿物质的醇香，随之而来的是饱满丰盈且力道十足的口感，风味复杂，收口余韵绵长甘甜，令人回味无穷。基本嘉维酒的即时可饮性略胜一筹，归功于这款佳酿香氛与口感的完美和谐，回味悠长热情；2015年份的多姿桃则馥郁芬芳，香气层次分明，口感协调均衡。

| | |
|---|---|
| ○ Gavi del Comune di Gavi '15 | 🍷🍷 2* |
| ○ Gavi del Comune di Gavi Il Bosco '15 | 🍷🍷 3* |
| ● Dolcetto di Ovada '15 | 🍷🍷 2* |
| ○ Gavi del Comune di Gavi '14 | 🍷🍷 2* |
| ○ Gavi del Comune di Gavi '00 | 🍷🍷 2* |
| ○ Gavi del Comune di Gavi Vigna del Bosco '01 | 🍷🍷 3 |

## Roccolo di Mezzomerico

Cascina Roccolo Bellini, 4
28040 Mezzomerico [NO]
Tel. +39 0321920407
www.ilroccolovini.it

藏酒销售
预约参观
年产量 30 000 瓶
葡萄种植面积 7 公顷

吉尔米尼家族（Gelmini）漂亮的酒庄以诺瓦拉（Novara）城镇麦佐莫里科（Mezzomerico）古老城堡附近的建筑为名。今天的洛卡罗酒庄（Cascina Roccolo）占地面积达到7公顷，以保护环境的方式照料葡萄园，园内种植的葡萄品种包括内比奥罗（Nebbiolo）、拉雅（Uva Rara）、维斯珀丽娜（Vespolina）、厄柏露丝（Erbaluce）和霞多丽（Chardonnay）。感谢技术娴熟精湛的克劳迪奥·因特罗伊尼（Claudio Introini）在酿造过程中的大力协助，洛卡罗酒庄出产十多款系列美酒，其中一些美酒的名字取自彼得罗（Pietro）的女儿们。酒庄非常关注帕西多甜酒（Passito）和晚收葡萄酒的酿造，有时还要在特制的架子上晾干部分酿造葡萄，同时在新橡木桶中陈年带来了明显的风味印记。在今年的品鉴中，一款不同寻常的美酒赢得了我们的一致赞赏。2010年份的内比奥罗晚收葡萄酒（Nebbiolo Vendemmia Tardiva）吐露着红色水果的辛辣芬芳，融入缕缕烟熏气息，平衡精致，果味饱满。西杜里弗朗西丝卡（Siduri Francesca）是一款以厄柏露丝和霞多丽混酿而成的帕西多甜酒，口感和谐均衡，具有极强的即刻可饮性。

| | |
|---|---|
| ● Colline Novaresi Nebbiolo Valentina V.T. '10 | ΥΥ 5 |
| ○ Siduri Francesca | ΥΥ 5 |
| ● Colline Novaresi Nebbiolo Valentina '11 | Υ 3 |
| ○ Colline Novaresi Bianco Francesca '13 | ΥΥ 2* |
| ● Colline Novaresi Nebbiolo Valentina '10 | ΥΥ 3 |
| ● Colline Novaresi Nebbiolo Valentina '07 | ΥΥ 3* |
| ● Colline Novaresi Nebbiolo Valentina '06 | ΥΥ 3* |
| ● Colline Novaresi Nebbiolo Valentina V.T. '11 | ΥΥ 5 |
| ● Colline Novaresi Nebbiolo Valentina V.T. Et. Oro '10 | ΥΥ 4 |
| ● Colline Novaresi Nebbiolo Valentina V.T. Et. Oro '09 | ΥΥ 4 |
| ● Gilgamesh Valentina | ΥΥ 5 |
| ○ Siduri Francesca Passito | ΥΥ 4 |
| ○ Siduri Francesca Vign. Il Ponticello | ΥΥ 4 |

## Flavio Roddolo

fraz. Bricco Appiani
loc. Sant'Anna, 5
12065 Monforte d'Alba [CN]
Tel. +39 017378535

藏酒销售
预约参观
年产量 25 000 瓶
葡萄种植面积 6 公顷

弗拉维奥·罗度罗（Flavio Roddolo）深知，无论是生产还是品鉴伟大的葡萄酒，耐心和等待是必不可少的基本条件——尤其在朗格产区（Langhe）更是如此。这就是弗拉维奥只要认为有必要就随时不断扩张酒窖的原因之一——他在酒窖中酿造巴罗洛陈酿（Barolo Ravera）、内比奥罗（Nebbiolo）、巴贝拉（Barbera）和来自阿比安尼峰园（Bricco Appiani）的赤霞珠（Cabernet Sauvignon）。弗拉维奥对不同葡萄品种的阐释都传递着蒙福特地区（Monforte）独特的风土特质，同时也由于主要使用用过的小型或者中型橡木桶长期陈年，出品美酒呈现出别样风味。在今年的品鉴中，弗拉维奥推荐的酒品品质参差不齐。2010年份的阿尔巴内比奥罗（Nebbiolo d' Alba）表现卓越，从其他酒品中脱颖而出，散发着紫罗兰般的幽然芬芳，融入覆盆子般的浓郁果香，随之而来的口感饱满多汁，单宁密实，收口余韵诱人清爽，不可思议的美味。2012年份的超级阿尔巴多姿桃（Dolcetto d' Alba Superiore）相比较而言则更加热情洋溢，酒体颇重；2010年份的拉维拉园巴罗洛（Barolo Ravera）则单宁依然突出，口感强劲有力。

| | |
|---|---|
| ● Nebbiolo d'Alba '10 | ΥΥ 4 |
| ● Barolo Ravera '10 | ΥΥ 5 |
| ● Dolcetto d'Alba Sup. '12 | ΥΥ 3 |
| ● Dolcetto d'Alba '13 | Υ 2 |
| ● Barolo Ravera '08 | ΥΥΥ 5 |
| ● Barolo Ravera '07 | ΥΥΥ 5 |
| ● Barolo Ravera '04 | ΥΥΥ 5 |
| ● Barolo Ravera '01 | ΥΥΥ 5 |
| ● Barolo Ravera '97 | ΥΥΥ 5 |
| ● Bricco Appiani '99 | ΥΥΥ 5 |
| ● Dolcetto d'Alba '09 | ΥΥ 2* |
| ● Dolcetto d'Alba Sup. '11 | ΥΥ 3* |
| ● Dolcetto d'Alba Sup. '10 | ΥΥ 3* |
| ● Dolcetto d'Alba Sup. '09 | ΥΥ 3* |
| ● Nebbiolo d'Alba '08 | ΥΥ 4 |
| ● Nebbiolo d'Alba '07 | ΥΥ 4 |

## Ronchi

S.DA RONCHI, 23
12050 BARBARESCO [CN]
TEL. +39 0173635156
www.aziendaagricolaronchi.it

藏酒销售
预约参观
年产量 30 000 瓶
葡萄种植面积 7 公顷

对于热爱物美价廉佳酿的人们而言，吉安卡洛·洛卡（Giancarlo Rocca）就是一盏指路明灯。他卓越的葡萄园栽培内比奥罗（Nebbiolo），出产两款巴巴莱斯科（Barbarescos），由于采用了精选优质酿造葡萄，因此成为隆基酒庄（Ronchi）的明星产品。隆基酒庄葡萄园中的所有栽培和种植都采用保护环境的方式进行，在出产弗雷伊萨（Freisa）和霞多丽（Chardonnay）的同时，也生产少量的巴贝拉（Barbera）和阿尔巴多姿桃（Dolcetto d' Alba）。几年前，隆基酒庄的酒品系列又增加了一款阿内斯朗格酒（Langhe Arneis），以瓜雷内（Guarene）和罗埃罗（Roero）葡萄园的酿造葡萄打造而成。今年，吉安卡洛·洛卡酿造的最精美葡萄酒的装瓶时间延迟，这一方面是由于酒质发展的需求，另一方面则源于他在葡萄园中的工作中耗费了太多时间。虽然隆基酒庄2012年份巴巴莱斯科的推出时间再度被推迟，我们在今年的品鉴中还是尝到了同年份的隆基巴巴莱斯科（Ronchi），这款酒依然非常年轻，受到橡木滋味的影响较大，但是仍然展现出极强的陈年潜力。

| | |
|---|---|
| ● Barbaresco Ronchi '12 | 🍷🍷 5 |
| ○ Langhe Arneis '15 | 🍷🍷 2* |
| ● Barbaresco Ronchi '04 | YYY 6 |
| ● Barbaresco '11 | YY 5 |
| ● Barbaresco '10 | YY 5 |
| ● Barbaresco '09 | YY 5 |
| ● Barbaresco '07 | YY 5 |
| ● Barbaresco Et. Blu '08 | YY 5 |
| ● Barbaresco Ronchi '11 | YY 5 |
| ● Barbaresco Ronchi '07 | YY 5* |
| ● Barbaresco Ronchi '06 | YY 5* |
| ● Barbera d'Alba Terlé '11 | YY 3 |
| ● Dolcetto d'Alba '12 | YY 2* |
| ○ Langhe Chardonnay '13 | YY 3 |
| ○ Langhe Chardonnay Ronchi '12 | YY 3* |

## Giovanni Rosso

LOC. BAUDANA, 6
12050 SERRALUNGA D'ALBA [CN]
TEL. +39 0173613340
www.giovannirosso.com

藏酒销售
预约参观
年产量 130 000 瓶
葡萄种植面积 18 公顷

近些年来，在阿尔巴塞拉伦加（Serralunga d' Alba）掀起了一场酒庄的复兴运动，许多最初专注于葡萄种植的栽培师其后开始装瓶销售自己酿造的美酒，而且常常取得了不俗的成绩。这其中就包含如今由戴维德·罗索（Davide Rosso）经营管理的家族酒庄，以出产优雅劲道的系列美酒而著称的乔瓦尼罗索酒庄（Giovanni Rosso）。酒庄的主要产品是四款巴罗洛葡萄酒（Barolo），展现出极致细腻的口感和即时可饮性，融合度极高，单宁柔顺驯服，这一切都得益于来自顶级葡萄园的酿造葡萄以及酒窖中精湛的酿造工艺。2012年，乔瓦尼罗索酒庄出产了一系列高品质巴罗洛酒。其中的赛莱塔巴罗洛（Cerretta）艳冠群芳，优雅美味，风味复杂，单宁质地异常细腻，口感饱满，收口清爽，凭借卓越的品质将我们的“三杯奖”大奖带回了家。与此同时，产量极少的伊斯特加莱纳罗索瑞欧达园精选系列巴罗洛（Vigna Rionda Ester Canale Rosso）的结构更加紧凑有力。阿尔巴塞拉伦加巴罗洛（Barolo del Comune di Serralunga d' Alba）的品质超凡，果味四溢；塞拉巴罗洛（Serra）则质地细密，口感丰盈，展现出更加质朴的风味。

| | |
|---|---|
| ● Barolo Cerretta '12 | 🍷🍷🍷 8 |
| ● Barolo del Comune di Serralunga d'Alba '12 | 🍷🍷 5 |
| ● Barolo Serra '12 | 🍷🍷 8 |
| ● Barolo Vigna Rionda Ester Canale Rosso '12 | 🍷🍷 8 |
| ● Langhe Nebbiolo '14 | 🍷🍷 5 |
| ● Barolo Cerretta '06 | YYY 7 |
| ● Barolo La Serra '09 | YYY 7 |
| ● Barolo La Serra '08 | YYY 7 |
| ● Barolo Serra '10 | YYY 7 |
| ● Barolo Vigna Rionda Ester Canale Rosso '11 | YYY 8 |
| ● Barolo Cerretta '11 | YY 8 |
| ● Barolo Cerretta '10 | YY 7 |
| ● Barolo Cerretta '09 | YY 7 |

## Poderi Rosso Giovanni

P.zza Roma, 36/37
14041 Agliano Terme [AT]
Tel. +39 0141954006
www.poderirossogiovanni.it

藏酒销售
预约参观
年产量 45 000 瓶
葡萄种植面积 12 公顷

创建于1930年，罗索乔瓦尼农庄（Poderi Rosso Giovanni）如今由廖内洛·罗索（Lionello Rosso）经营管理，农庄的葡萄园坐落在阿利亚诺泰尔梅（Agliano Terme）——巴贝拉葡萄酒（Barbera）最精美的产地之一——临近佩尔诺庄园（Cascina Perno）和圣塞巴斯蒂亚诺庄园（Cascina San Sebastiano）。葡萄园当然主要种植巴贝拉葡萄，辅以少量赤霞珠（Cabernet Sauvignon）。出品的系列葡萄酒迄今为止主要集中在红葡萄酒上，但是罗索乔瓦尼农庄已经制订了打造一款起泡酒的生产计划。在今年的品鉴中，各种版本的阿斯蒂巴贝拉葡萄酒（Barbera d'Asti）都显露出不俗的品质，因此为酒庄赢得了在年鉴中整篇幅介绍的机会。2013年份的吉奥科德欧卡（Gioco dell'Oca）吐露着深色水果的浓香，融入雨后泥土的醇香和皮革的缕缕异香，口感饱满复杂，紧致美味，作为支撑的酸度十分精良，收口口感多汁。2013年份的卡林奈特（Carlinet）则更加美味均衡，品质同样卓越不凡，吐露着李子和樱桃的馥郁果香，底蕴中透露出缕缕香料的辛香。与此同时，2014年份的佩尔诺庄园阿斯蒂巴贝拉（Cascina Perno）丰美清爽，充分阐释了不同年份酒的特质；2015年份的圣塞巴斯蒂安阿斯蒂巴贝拉（San Bastian）果味十足，非常适合立刻饮用。

| | |
|---|---|
| ● Barbera d'Asti Sup. Carlinet '13 | 🍷🍷 4 |
| ● Barbera d'Asti Sup. Gioco dell'Oca '13 | 🍷🍷 6 |
| ● Barbera d'Asti San Bastian '15 | 🍷🍷 2* |
| ● Barbera d'Asti Sup. Cascina Perno '14 | 🍷🍷 3 |
| ● M.to Infine '13 | 🍷 4 |
| ● Barbera d'Asti Podere San Bastian '14 | 🍷🍷 2* |
| ● Barbera d'Asti San Bastian '13 | 🍷🍷 2* |
| ● Barbera d'Asti San Bastian '11 | 🍷🍷 2* |
| ● Barbera d'Asti Sup. Cascina Perno '13 | 🍷🍷 3 |
| ● Barbera d'Asti Sup. Cascina Perno '12 | 🍷🍷 2* |
| ● Barbera d'Asti Sup. Gioco dell'Oca '12 | 🍷🍷 6 |
| ● Barbera d'Asti Sup. V. Carlinet '12 | 🍷🍷 3 |
| ● M.to Infine '11 | 🍷🍷 4 |

## Rovellotti

Interno Castello, 22
28074 Ghemme [NO]
Tel. +39 0163841781
www.rovellotti.it

藏酒销售
年产量 50 000 瓶
葡萄种植面积 17 公顷

安托内罗·洛韦罗提（Antonello Rovellotti）和保罗·洛韦罗提（Paolo Rovellotti）的酒庄，毫无疑问是越来越具竞争力的上皮埃蒙特产区（Upper Piedmont）最令人惊讶和赞叹的酒庄之一，庄园几乎整个儿藏在壮美的格美里塞图中世纪城堡（Ricetto di Ghemme）之中，与出品系列美酒睥睨传统与现代狭窄定义的大将之风相得益彰。实际上，内比奥罗（Nebbiolo）和维斯珀丽娜（Vespolina）等本地传统葡萄品种是洛韦罗提酒庄葡萄园主要的栽培品种，但是也辅以赤霞珠（Cabernet）、梅洛（Merlot）和黑比诺（Pinot Nero）等国际葡萄品种，近期发展起来的新系列美酒对此做出了经典的阐释。奇欧索德珀米格美（Ghemme Chioso dei Pomi）和塞尔米诺格美陈酿（Ghemme Salmino Riserva）等顶级的红葡萄酒都在橡木桶中延长了陈年时间，条件成熟后才会装瓶。在今年的品鉴中，拔得头筹的明星酒品依然是内比奥罗精选系列。2012年份的瓦尔帕拉扎诺瓦拉丘陵（Colline Novaresi Valplazza）表现抢眼，它散发着醋栗和樱桃的阵阵果香，融入奎宁和甘草的缕缕醇香，结构紧致，酒质演化均衡，暗示着拥有发展成伟大美酒的潜力，只是酒精度过于浓郁。2009年份的奇欧索德珀米格美（Ghemme Chioso dei Pomi）相比而言更加经典，散发着白胡椒、龙胆根和铁锈的混合气息，非常独特，口感和谐，不过单宁略显僵化。

| | |
|---|---|
| ● Ghemme Chioso dei Pomi '09 | 🍷🍷 4 |
| ● Colline Novaresi Nebbiolo Valplazza '12 | 🍷🍷 2* |
| ⊙ Colline Novaresi Nebbiolo Rosato Valplazza '15 | 🍷 2 |
| ● Colline Novaresi Vespolina Ronco al Maso '15 | 🍷 2 |
| ○ Valdenrico Passito '12 | 🍷 6 |
| ● Ghemme Chioso dei Pomi '07 | 🍷🍷🍷 4* |
| ○ Colline Novaresi Bianco Vitigno Innominabile Il Criccone '14 | 🍷🍷 2* |
| ● Ghemme Chioso dei Pomi '08 | 🍷🍷 4 |
| ● Ghemme Costa del Salmino Ris. '07 | 🍷🍷 5 |
| ○ Vitigno Innominabile Dosaggio Zero M. Cl. | 🍷🍷 2* |

## Podere Ruggeri Corsini

LOC. BUSSIA BOVI 18
12065 MONFORTE D'ALBA [CN]
TEL. +39 017378625
www.ruggericorsini.com

藏酒销售
预约参观
年产量 75 000 瓶
葡萄种植面积 9.8 公顷
可持续发展酒庄

卢格瑞柯西尼农庄（Podere Ruggeri Corsini）的主人是热情的萝蕾丹娜・艾达瑞（Loredana Addari）和尼古拉・阿加门特（Nicola Argamante），两人于二十年前创建了酒庄，此前他们还在学习农学和酿造学。两人拥有丰富的酿造知识，因此能够种植对于朗格地区（Langhe）而言并不熟悉的葡萄品种，例如黑比诺（Pinot Nero）和阿尔巴洛萨（Albarossa）。不过，卢格瑞柯西尼农庄的生产核心依然是巴罗洛美酒（Barolo）：巴西亚园柯西尼巴罗洛（Bussia Corsini）风格现代，结构紧致；而圣彼得罗峰园巴罗洛（Barolo Bricco San Pietro）则风格经典传统。在今年的品鉴中，2012年份的阿姆真巴贝拉（Barbera Armujan）活跃有力，极富个性，会随着时间的流逝逐渐攀上品质的巅峰。2012年份的圣彼得罗峰园巴罗洛散发着红色莓果的阵阵果香，酒体结构适中，口感和谐，风味珍贵但却缺乏个性；而2012年份的巴西亚园柯西尼巴罗洛非常经典，结构适中均衡，但是力道略显不足。除此之外，2015年份的朗格白葡萄酒（Langhe Bianco）展现出精湛的酿造水平，这款以阿内斯（Arneis）、霞多丽（Chardonnay）和苏维翁（Sauvignon）混酿而成的美酒口感清爽，还带有黄油的醇浓滋味；2013年份的朗格内比奥罗（Langhe Nebbiolo）依然年轻，果味十足。

| | | |
|---|---|---|
| ● Barbera d'Alba Sup. Armujan '12 | 2 glasses (red) | 3* |
| ● Barolo Bricco San Pietro '12 | 2 glasses (black) | 5 |
| ● Barolo Bussia Corsini '12 | 2 glasses (black) | 5 |
| ○ Langhe Bianco '15 | 2 glasses (black) | 2* |
| ● Langhe Nebbiolo '13 | 2 glasses (black) | 3 |
| ⊙ Langhe Rosato Rosin '15 | 1 glass (black) | 2 |
| ● Barbera d'Alba '13 | 2 glasses (outline) | 2* |
| ● Barbera d'Alba Sup. Armujan '11 | 2 glasses (outline) | 3 |
| ● Barbera d'Alba Sup. Armujan '09 | 2 glasses (outline) | 3 |
| ● Barolo Bricco San Pietro '11 | 2 glasses (outline) | 5 |
| ● Barolo Bricco San Pietro '10 | 2 glasses (outline) | 5 |
| ● Barolo Bussia Corsini '11 | 2 glasses (outline) | 5 |
| ● Barolo Bussia Corsini '10 | 2 glasses (outline) | 5 |
| ● Barolo San Pietro '08 | 2 glasses (outline) | 5 |
| ● Langhe Rosso Autenzio '11 | 2 glasses (outline) | 4 |
| ● Langhe Rosso Autenzio '09 | 2 glasses (outline) | 4 |

## Josetta Saffirio

LOC. CASTELLETTO, 39
12065 MONFORTE D'ALBA [CN]
TEL. +39 0173787278
www.josettasaffirio.com

藏酒销售
预约参观
年产量 30 000 瓶
葡萄种植面积 5 公顷
可持续发展酒庄

酿酒师罗伯托・萨菲里欧（Roberto Saffirio）和农学家乔塞塔・萨菲里欧（Josetta Saffirio）的女儿、年轻的莎拉・韦扎（Sara Vezza）如今已将全部精力和所学技术尽数投入乔塞塔萨菲里欧酒庄（Josetta Saffirio）生产环节的方方面面，并且掌握了绝对的主导权。酒庄出品风格细腻优雅，吐露着变化多端的活跃香氛，这一风格在旗舰巴罗洛（Barolos）美酒中体现得淋漓尽致。实际上，酒庄还在葡萄园中栽培了橄榄树丛，生产少量初榨橄榄油，这也是葡萄园位置上佳的绝妙佐证。2012年份的珀塞尔拉巴罗洛（Barolo Persiera）只有1.5升大瓶装，口感和谐诱人，散发着红色水果的阵阵果香，融入烟草和甘草的醇香，入口均衡多汁，单宁优雅，酸度精美，口感清甜。2010年份的1948巴罗洛陈酿（Barolo Millenovecento 48 Riserva）散发着黑色水果经典的香气，融入松果的醇香，随之而来的口感非常紧致精炼，酒质发展低调，收口略显僵化。2014年份的朗格内比奥罗（Langhe Nebbiolo）尤其展现出卓越的酿造工艺，而2015年份的罗瑟丝白葡萄酒（Rossese Bianco）产量极低，口感复杂，风味热辣。

| | | |
|---|---|---|
| ● Barolo Persiera '12 | 2 glasses (red) | 8 |
| ● Barolo '12 | 2 glasses (black) | 5 |
| ● Barolo Millenovecento48 Ris. '10 | 2 glasses (black) | 7 |
| ● Langhe Nebbiolo '14 | 2 glasses (black) | 3 |
| ○ Langhe Rossese Bianco '15 | 2 glasses (black) | 3 |
| ● Barolo '89 | 3 glasses (outline) | 6 |
| ● Barolo '88 | 3 glasses (outline) | 6 |
| ● Barbera d'Alba '11 | 2 glasses (outline) | 3* |
| ● Barolo '11 | 2 glasses (outline) | 5 |
| ● Barolo '10 | 2 glasses (outline) | 5 |
| ● Barolo '09 | 2 glasses (outline) | 5 |
| ● Barolo Francesco Millenovecento48 '07 | 2 glasses (outline) | 7 |
| ● Barolo Millenovecento48 Ris. '08 | 2 glasses (outline) | 7 |
| ● Barolo Persiera '10 | 2 glasses (outline) | 7 |
| ● Barolo Persiera '09 | 2 glasses (outline) | 7 |
| ● Barolo Persiera '08 | 2 glasses (outline) | 7 |

## San Bartolomeo

LOC. VALLEGGE
CASCINA SAN BARTOLOMEO, 26
15066 GAVI [AL]
TEL. +39 0143643180
www.sanbartolomeo-gavi.com

藏酒销售
预约参观
年产量 50 000 瓶
葡萄种植面积 21 公顷
可持续发展酒庄

圣巴特洛蒙酒庄（San Bartolomeo）的名字源于嘉维地区（Gavi）外围莱梅河（Lemme）旁一座古老的修道院，由福尔维奥·伯嘉格里奥（Fulvio Bergaglio）经营打理的漂亮酒庄今年迎来了成立一百周年的大庆之年。圣巴特洛蒙酒庄本是一座教会庄园，后来成为采邑农场，福尔维奥的祖父于1916年买下了它，今天已经发展成为拥有20公顷傲人葡萄园的精美酒庄，园中只种植柯蒂斯葡萄（Cortese）。圣巴特洛蒙酒庄出产小规模系列经典美酒，在控制温度的不锈钢罐中发酵和陈年，以嘉维基本酒和珀留拉精选嘉维（Pelöia）为代表。在2015年这样缔造成熟质地美酒的恰当之年，圣巴特洛蒙酒庄生产的白葡萄酒相比上一年似乎需要更多耐心和照料。在今年的品鉴中，昆托嘉维（Gavi Quinto）散发着白色果肉水果的阵阵果香，融入绿色蔬菜的清香，口感均衡，果味四溢，但是这款酒的香氛依然有所保留且封闭。珀留拉精选嘉维更是以其卓越非凡的品质为圣巴特洛蒙酒庄捧回了第一座“三杯奖”奖杯，能够继续窖藏数年。

| | |
|---|---|
| ○ Gavi del Comune di Gavi Pelöia '15 | 🍷🍷🍷 3* |
| ○ Gavi Quinto '15 | 🍷🍷 2* |
| ○ Gavi '09 | YY 2* |
| ○ Gavi del Comune di Gavi Pelöia '14 | YY 3* |
| ○ Gavi del Comune di Gavi Pelöia '13 | YY 3* |
| ○ Gavi del Comune di Gavi Pelöia '12 | YY 3 |
| ○ Gavi del Comune di Gavi Pelöia '11 | YY 3* |
| ○ Gavi del Comune di Gavi Pelöia '09 | YY 3 |
| ○ Gavi Quinto '14 | YY 2* |
| ○ Gavi Quinto '13 | YY 3* |
| ○ Gavi Quinto '12 | YY 2* |
| ○ Gavi Quinto '11 | YY 2* |
| ○ Gavi Quinto '10 | YY 2* |

## Tenuta San Pietro

LOC. SAN PIETRO, 2
15060 TASSAROLO [AL]
TEL. +39 0143342422
www.tenutasanpietro.it

藏酒销售
预约参观
年产量 250 000 瓶
葡萄种植面积 30 公顷
葡萄栽培方式 有机认证
可持续发展酒庄

仅在短短几年间，这座得到有机认证的塔萨洛罗（Tassarolo）酒庄就建起了令出品品质如同搭乘火箭般极速飞升的生产系统。克劳迪奥·伊卡迪（Claudio Icardi）在葡萄园和酒窖中监督工作，得到技艺精湛的酿酒专家弗朗西斯科·卢索（Francesco Russo）的大力协助。圣彼得罗酒庄（Tenuta San Pietro）出品的系列葡萄酒包含七款佳酿：四款白葡萄酒和三款红葡萄酒，以柯蒂斯（Cortese）、巴贝拉（Barbera）、阿尔巴洛萨（Albarossa）、赤霞珠（Cabernet Sauvignon）以及尼比奥（Nibiö）【红柄多姿桃（Dolcetto dal peduncolo rosso）】酿造而成。圣彼得罗塔萨洛罗嘉维（Gavi del Comune di Tassarolo San Pietro）是酒庄的旗舰美酒，在今年的品鉴中表现不俗。它散发着浓郁的酒香，吐露着繁花的芬芳和矿物质的醇香，优雅绵长且跃动。入口非常清爽，收口美味持久在唇舌间徘徊不散，令人回味无穷。相比较而言，曼德罗园嘉维（Il Mandorlo）则凸显美味优雅的果香，传递饱满丝滑的果味，平衡度极佳，浓郁美味。圣彼得罗黑葡萄酒（Nero San Pietro）非常值得推荐，散发着精美的酒香，口感均衡诱人。

| | |
|---|---|
| ○ Gavi del Comune di Tassarolo San Pietro '15 | 🍷🍷 3* |
| ○ Gavi del Comune di Tassarolo Il Mandorlo '15 | 🍷🍷 5 |
| ● M.to Rosso Nero San Pietro '13 | 🍷🍷 3 |
| ⊙ Brut Rosé | 🍷 4 |
| ○ Brut San Pietro | 🍷 4 |
| ● M.to Rosso Bellavita Nero '12 | 🍷 5 |
| ○ Gavi del Comune di Tassarolo Gorrina '12 | YY 6 |
| ○ Gavi del Comune di Tassarolo Il Mandorlo '14 | YY 5 |
| ○ Gavi del Comune di Tassarolo San Pietro '14 | YY 3 |

## Tenuta San Sebastiano

Cascina San Sebastiano, 41
15040 Lu [AL]
Tel. +39 0131741353
www.dealessi.it

藏酒销售
预约参观
年产量 70 000 瓶
葡萄种植面积 9 公顷

罗伯托·德·阿莱西（Roberto De Alessi）每一年都以表现卓越的出品证明自己无愧于阐释巴贝拉（Barbera）大师的美名。他酿造的所有美酒，包括基本酒在内，都完全按照打造旗舰酒品的努力和关注程度不遗余力地付出。由于颇具技巧地采用小型橡木桶以及法国橡木桶陈年，令酒品忠诚保存了独特的风土特质，展现出圣塞巴斯蒂亚诺酒庄（Tenuta San Sebastiano）酒品标志性的强劲力道。出品的九个美酒系列的酿造葡萄源于蒙费拉托（Monferrato）传统的葡萄品种和一些国际葡萄品种。在今年的品鉴中，蒙菲拉托吉诺林诺（Grignolino Monfiorato）第一次出现在我们的眼前，就立刻以其卓越表现令我们大为折服，轻松进军角逐"三杯奖"大奖的决赛圈。它散发着层次分明的馥郁香氛，口感饱满有力。2015年份的吉诺林诺（Grignolino）和谐平衡，如花的芬芳融入黑胡椒的辛香；蒙费拉托巴贝拉（Barbera del Monferrato）则散发着非常喜人的水果香，口感美味。2012年份对于迈帕里巴贝拉（Barbera Mepari）而言比较特殊，不过此时这款年份酒依然略显封闭，橡木滋味和单宁质地依然处于不断演化成熟之中。

| | |
|---|---|
| ● Piemonte Grignolino Monfiorato '11 | ΨΨ 4 |
| ● Barbera del M.to '14 | ΨΨ 2* |
| ● Piemonte Grignolino '15 | ΨΨ 2* |
| ● Barbera del M.to Sup. Mepari '12 | Ψ 4 |
| ○ M.to Bianco Sperilium '15 | Ψ 2 |
| ● Barbera del M.to '13 | ΨΨ 2* |
| ● Barbera del M.to Mepari '04 | ΨΨ 3* |
| ● Barbera del M.to Mepari '03 | ΨΨ 3* |
| ● Barbera del M.to Sup. Mepari '11 | ΨΨ 4 |
| ● Barbera del M.to Sup. Mepari '08 | ΨΨ 4 |
| ● Barbera del M.to Sup. Mepari '07 | ΨΨ 4 |
| ● Barbera del M.to Sup. Mepari '06 | ΨΨ 4 |
| ● Barbera del M.to Sup. Mepari '05 | ΨΨ 3* |
| ○ LV Quinquagesimaquinta Mansio Passito '13 | ΨΨ 4 |
| ○ M.to Bianco '14 | ΨΨ 2* |
| ● M.to Rosso Sol-Do '05 | ΨΨ 3* |

## ★Luciano Sandrone

via Pugnane, 4
12060 Barolo [CN]
Tel. +39 0173560023
www.sandroneluciano.com

预约参观
年产量 100 000 瓶
葡萄种植面积 27 公顷

出于多种原因，1978年是朗格产区（Langhe）历史上的转折点，其中包括卢西亚诺·桑德罗内（Luciano Sandrone）作为葡萄酒生产商的首秀。1978年，他的巴罗洛（Barolo）车库酒庄推出了第一季美酒：几百瓶风格独特、充满创新的传奇巴罗洛葡萄酒，经过在小型橡木桶中的陈年，塑造出了更好的形态，一经推出立刻便被美酒收藏者们抢购一空。如同所有成功的创新范例一样，卢西亚诺酿造的内比奥罗葡萄酒（Nebbiolos）很快也被公认为真正的新经典美酒，集中体现诸如卡努比博斯基斯葡萄园（Cannubi Boschis）、宝达娜葡萄园（Baudana）和维勒洛葡萄园（Villero）等顶级葡萄园不同的风土特色。近些年来，在卢西亚诺的女儿芭芭拉·桑德罗内（Barbara Sandrone）和儿子卢卡·桑德罗内（Luca Sandrone）全心全意地奉献促进下，卢西亚诺桑德罗内酒庄的声名更得到了进一步的提升。桑德罗内家族酿造如下不可思议的一对巴罗洛美酒已经长达25年的时间。在今年的品鉴中，2012年份的卡努比博斯基斯园巴罗洛（Cannubi Boschis）年轻且充满肉味，注定将在瓶中度过更多时间以收获更加完美的平衡度、将橡木滋味更好地柔化在酒中。2012年份的葡萄园巴罗洛（Le Vigne）相比而言更加浓郁有力，散发着樱桃的诱人果香，融入皮革的醇香，底蕴中透露出缕缕青胡椒籽的辛香，随之而来的口感极富韵律和跃动质感。

| | |
|---|---|
| ● Barolo Cannubi Boschis '12 | ΨΨ 8 |
| ● Barolo Le Vigne '12 | ΨΨ 8 |
| ● Nebbiolo d'Alba Valmaggiore '14 | ΨΨ 5 |
| ● Barolo Cannubi Boschis '11 | ΨΨΨ 8 |
| ● Barolo Cannubi Boschis '10 | ΨΨΨ 8 |
| ● Barolo Cannubi Boschis '08 | ΨΨΨ 8 |
| ● Barolo Cannubi Boschis '07 | ΨΨΨ 8 |
| ● Barolo Cannubi Boschis '06 | ΨΨΨ 8 |
| ● Barolo Cannubi Boschis '05 | ΨΨΨ 8 |
| ● Barolo Cannubi Boschis '04 | ΨΨΨ 8 |
| ● Barolo Cannubi Boschis '03 | ΨΨΨ 8 |
| ● Barolo Cannubi Boschis '01 | ΨΨΨ 8 |
| ● Barolo Cannubi Boschis '00 | ΨΨΨ 8 |
| ● Barolo Le Vigne '99 | ΨΨΨ 8 |

## Cantine Sant'Agata

REG. MEZZENA, 19
14030 SCURZOLENGO [AT]
TEL. +39 0141203186
www.santagata.com

藏酒销售
预约参观
餐饮接待
年产量 150 000 瓶
葡萄种植面积 12 公顷

由克劳迪奥·卡瓦莱罗（Claudio Cavallero）和弗兰科·卡瓦莱罗（Franco Cavallero）兄弟二人自1992年始便经营打理的家族酒庄如今迎来了百年大庆。圣雅加达酒庄（Cantine Sant' Agata）是以露诗葡萄（Ruché）酿造美酒的典范酒庄，出产数种款式的露诗酒；不过除了露诗，酒庄位于波尔塔科马罗葡萄园（Portacomaro）的地块也栽培少量的巴贝拉（Barbera）和吉诺林诺（Grignolino）、卡内里（Canelli）出产莫斯卡托（Moscato）、联合吉索尔菲家族（Ghisolfi）在位于巴罗洛（Barolo）和蒙福特（Monforte）之间的费尼切庄园（La Fenice）种植巴罗洛。在今年的品鉴中，圣雅加达酒庄的酒品系列再次展现出值得信赖的高品质，2015年份的宝贝阿斯蒂巴贝拉（Barbera d' Asti Baby）清爽均衡，散发着红色水果的果香，融入烟草的醇香；2014年份的阿尔提（Altea）劲道有力，但是口感较为简单。2015年份的纳沃塔卡斯塔尼奥莱蒙费拉托露诗（Ruché di Castagnole Monferrato 'Na Vota）芬芳扑鼻，散发着奎宁和大黄的醇香；2015年份的卡瓦莱拉（Il Cavaliere）单宁更加恢宏浓郁。两款巴罗洛酒也表现精彩，2010年份的费尼切巴西亚园巴罗洛（Bussia La Fenice）较为深邃复杂，2010年份的费尼切巴罗洛（La Fenice）则更加清爽，更加易于入口。

| | |
|---|---|
| ● Barbera d'Asti Baby '15 | 🍷🍷 2* |
| ● Barbera d'Asti Sup. Altea '14 | 🍷🍷 3 |
| ● Barolo Bussia La Fenice '10 | 🍷🍷 6 |
| ● Barolo La Fenice '10 | 🍷🍷 6 |
| ● Ruché di Castagnole M.to 'Na Vota '15 | 🍷🍷 3 |
| ● Ruchè di Castagnole M.to Il Cavaliere '15 | 🍷🍷 2* |
| ● Ruché di Castagnole M.to Pro Nobis '13 | 🍷 3 |
| ● Barbera d'Asti Sup. Altea '12 | 🍷🍷 3 |
| ● Barbera d'Asti Sup. Cavalé '12 | 🍷🍷 4 |
| ● Barbera d'Asti Sup. Cavalé '11 | 🍷🍷 4 |
| ● Barolo Bussia '09 | 🍷🍷 7 |
| ● Ruché di Castagnole M.to Genesi '10 | 🍷🍷 6 |
| ● Ruché di Castagnole M.to Il Cavaliere '14 | 🍷🍷 2* |

## Paolo Saracco

VIA CIRCONVALLAZIONE, 6
12053 CASTIGLIONE TINELLA [CN]
TEL. +39 0141855113
www.paolosaracco.it

藏酒销售
预约参观
年产量 600 000 瓶
葡萄种植面积 46 公顷

早在20世纪初，斯拉克家族（Saracco）就开始酿造莫斯卡托酒（Moscato）。自1988年以来，保罗·斯拉克（Paolo Saracco）掌管家族酒庄，如今斯拉克酒庄已经持续几年问鼎莫斯卡托葡萄酒世界。斯拉克酒庄拥有引以为傲的十四座葡萄园，总占地面积达到46公顷，主要坐落在海拔300米至460米之间的沙地、粉砂和石灰岩土壤中。葡萄园位于卡斯蒂格里奥尼蒂内拉（Castiglione Tinella）和卡斯塔尼奥莱德莱兰泽（Castagnole delle Lanze），主要种植莫斯卡托葡萄，如今小规模酒庄出品由于添加了一款黑比诺（Pinot Nero）、一款雷司令（Riesling）和一款霞多丽（Chardonnay）而更加完善。秋季皮埃蒙特莫斯卡托（Piemonte Moscato d' Autunno）始终是保罗斯拉克酒庄的最佳酒品，2015年份酒也是该款酒迄今为止的最佳年份酒。它吐露着苹果和梨子的清爽果香，扑鼻浓郁，口感饱满甜美。2014年份的朗格雷司令（Langhe Riesling）风味复杂，也展现出精湛的酿造工艺，吐露着地中海灌木丛的热烈芬芳，酒体结构不可思议地优秀；2013年份的皮埃蒙特黑比诺（Piemonte Pinot Nero）也表现抢眼，品质上佳，香氛更加简单，飘散着缕缕莓果芬芳；2015年份的阿斯蒂莫斯卡托（Moscato d' Asti）令人愉悦。

| | |
|---|---|
| ○ Piemonte Moscato d'Autunno '15 | 🍷🍷🍷 3* |
| ○ Langhe Riesling '14 | 🍷🍷 3 |
| ○ Moscato d'Asti '15 | 🍷🍷 3 |
| ● Piemonte Pinot Nero '13 | 🍷🍷 5 |
| ○ Langhe Chardonnay Prasuè '15 | 🍷 3 |
| ○ Piemonte Moscato d'Autunno '09 | 🍷🍷🍷 3* |
| ○ Moscato d'Asti '14 | 🍷🍷 3 |
| ○ Moscato d'Asti '13 | 🍷🍷 3 |
| ○ Piemonte Moscato d'Autunno '14 | 🍷🍷 3* |
| ○ Piemonte Moscato d'Autunno '13 | 🍷🍷 3* |
| ● Piemonte Pinot Nero '12 | 🍷🍷 5 |
| ● Piemonte Pinot Nero '11 | 🍷🍷 5 |
| ● Piemonte Pinot Nero '10 | 🍷🍷 5 |
| ● Piemonte Pinot Nero '09 | 🍷🍷 5 |

## Roberto Sarotto

via Ronconuovo, 13
12050 Neviglie [CN]
Tel. +39 0173630228
www.robertosarotto.com

藏酒销售
预约参观
年产量 700 000 瓶
葡萄种植面积 84 公顷

罗伯托·萨罗托（Roberto Sarotto）掌管着这座占地广袤的皮埃蒙特（Piedmont）酒庄，酒庄精心照料的葡萄园远近闻名，地处产区最精美的地块，从巴罗洛（Barolo）和巴巴莱斯科（Barbaresco）到嘉维（Gavi）和阿斯蒂莫斯卡托（Moscato d'Asti）。关于萨罗托酒庄，有两方面需要特别提示：一是它出产的美酒浓郁多汁，风味复杂；二是酒品的性价比很高，易于接受。在今年的品鉴中，2015年份的马内蒂庄布里科萨西嘉维的嘉维（Gavi del Comune di Gavi Bric Sassi Tenuta Manenti）以卓越的表现闯进了我们的决赛圈，角逐最终大奖。它散发着白色果肉水果的芬芳，蜜桃和甜瓜的果香飘散其间，底蕴中透露出缕缕矿物质的醇香，口感紧实，余韵绵长，果味甜美。与此同时，2008年份的库拉巴巴莱斯科陈酿（Barbaresco Currà Riserva）也呈现出卓越的品质，它非常成熟，散发着生姜和肉桂的辛辣芬芳，香氛复杂，融入浓郁成熟的果香，口感恢宏，酒精度饱满，收口绵长悠然。2012年份的奥德斯巴罗洛（Barolo Audace）风格精粹，散发着金色烟叶的醇香，融入红色莓果的阵阵果香，随之而来的是犹如奶油般浓醇绵密的美味口感。

- ○ Gavi del Comune di Gavi Bric Sassi Tenuta Manenti '15 — 🍷🍷 2*
- ● Barbaresco Currà Ris. '11 — 🍷🍷 5
- ● Barbaresco Gaia Principe '13 — 🍷🍷 6
- ● Barbera d'Alba Elena '13 — 🍷🍷 5
- ● Barolo Audace '12 — 🍷🍷 6
- ○ Gavi Aurora '15 — 🍷🍷 2*
- ● Langhe Nebbiolo '13 — 🍷 3
- ● Barbaresco Currà Ris. '10 — 🍸🍸 5
- ● Barbera d'Alba Elena La Luna '13 — 🍸🍸 5
- ● Barolo Audace '11 — 🍸🍸 6
- ○ Gavi Aurora '14 — 🍸🍸 2*
- ○ Gavi del Comune di Gavi Bric Sassi Tenuta Manenti '14 — 🍸🍸 2*
- ○ Piemonte Chardonnay Impuro '14 — 🍸🍸 3

## Scagliola

via San Siro, 42
14052 Calosso [AT]
Tel. +39 0141853183
www.scagliolavini.com

藏酒销售
预约参观
年产量 200 000 瓶
葡萄种植面积 37 公顷

几年前，这座以出产莫斯卡托（Moscato）闻名的酒庄开始生产系列顶级巴贝拉（Barberas）美酒。斯卡尤拉酒庄（Scagliola）如今传到了家族第四代传人手中，酒庄的葡萄园分布两地，一处位于酒庄附近的卡洛索（Calosso），另一处则地处卡内里（Canelli），都处于海拔350米至400米之间。斯卡尤拉酒庄位于卡洛索的葡萄园呈现中型颗粒的黏土石灰岩土壤，主要栽培巴贝拉；莫斯卡托则主要生长在卡内里葡萄园中的沙质泥灰岩土壤中。所有出品美酒都展现出优雅的风味，忠于产地风土。2015年份的飞蝴蝶阿斯蒂莫斯卡托（Moscato d'Asti Volo di Farfalle）在今年的品鉴中脱颖而出。它遇到了这款酒最佳的采收酿造季，散发着蜜饯和奶黄极为馥郁的醇香，口感依然清爽，令人愉悦。2014年份的芙拉维亚（Foravia）首次以尼扎指定产区（Nizza）的酿造葡萄打造而成，美味可口，口感跃动，紧致的酸度令人耳目一新；而2013年份的超级桑西精选阿斯蒂巴贝拉（Barbera d'Asti Superiore SanSì Antologia）洋溢着甜美的香料辛香，融入烘焙的醇香，底蕴中透露出缕缕樱桃和李子的果香，口感浓郁饱满，结构上佳，给人留下深刻印象。

- ● Barbera d'Asti Sup. SanSì Antologia '13 — 🍷🍷 8
- ○ Moscato d'Asti Volo di Farfalle '15 — 🍷🍷 3*
- ● Nizza Foravia '14 — 🍷🍷 5
- ● Barbera d'Asti Sup. SanSì '14 — 🍷🍷 6
- ● M.to Rosso Azord '14 — 🍷🍷 5
- ● M.to Dolcetto Busiord '15 — 🍷 3
- ○ Moscato d'Asti Primo Bacio '15 — 🍷 3
- ○ Piemonte Chardonnay Casot Dan Vian '15 — 🍷 3
- ● Barbera d'Asti Sup. SanSì Sel. '01 — 🍸🍸🍸 6
- ● Barbera d'Asti Sup. SanSì Sel. '00 — 🍸🍸🍸 6
- ● Barbera d'Asti Sup. SanSì Sel. '99 — 🍸🍸🍸 5
- ● Barbera d'Asti Sup. Nizza Foravia '13 — 🍸🍸 5
- ● Barbera d'Asti Sup. SanSì '13 — 🍸🍸 6

## Giorgio Scarzello e Figli

via Alba, 29
12060 Barolo [CN]
Tel. +39 017356170
www.barolodibarolo.com

藏酒销售
预约参观
年产量 25 000 瓶
葡萄种植面积 5.5 公顷

费德里科·斯卡泽罗（Federico Scarzello）经营着这座规模不大、但是地位非常重要的朗格（Langhe）酒庄，依然坚守本地葡萄酒传统，尊重朗格地区悠久的酿造历史。乔吉奥斯卡泽罗酒庄（Giorgio Scarzello e Figli）的葡萄园占地面积不足6公顷，出品的葡萄酒本质质朴，毫无虚饰，个性十足，在装瓶和发布之前都要经历长时间陈年，多年保持了一贯稳定的高品质。斯卡泽罗酒庄在国际市场取得的成功说明了高品质美酒无须追赶最新潮流，也会受到酒迷的热爱和追捧。在今年的品鉴中，2011年份的梅兰达园撒马萨巴罗洛（Vigna Merenda）凭借精彩表现闯入了决赛，加入争夺“三杯奖”的大战。它的风格非常传统，香氛浓郁，散发着红色莓果的阵阵果香，融入茴香、干草和烟草的醇香。入口感到质地细密的单宁，伴随着协调得当、活跃美味的酸度，保证了清爽的口感以及酒质的演进，收口余韵惬意美味而绵长。与此同时，2011年份的巴罗洛（Barolo del Comune di Barolo）则展现出精湛的酿造工艺，香氛悦人，非常成熟，融入甜美的如花芬芳，口感非常扎实。

| | |
|---|---|
| ● Barolo Sarmassa V. Merenda '11 | 🍷🍷 6 |
| ● Barolo del Comune di Barolo '11 | 🍷🍷 5 |
| ● Barolo V. Merenda '99 | ☐☐☐ 5 |
| ● Barbera d'Alba Sup. '10 | ☐☐ 4 |
| ● Barbera d'Alba Sup. '08 | ☐☐ 4 |
| ● Barolo '07 | ☐☐ 5 |
| ● Barolo del Comune di Barolo '09 | ☐☐ 5 |
| ● Barolo del Comune di Barolo '08 | ☐☐ 5 |
| ● Barolo Sarmassa V. Merenda '09 | ☐☐ 6 |
| ● Barolo Sarmassa V. Merenda '08 | ☐☐ 6 |
| ● Langhe Nebbiolo '13 | ☐☐ 3 |
| ● Langhe Nebbiolo '12 | ☐☐ 3 |
| ● Langhe Nebbiolo '10 | ☐☐ 3 |

## ★★Paolo Scavino

fraz. Garbelletto
via Alba-Barolo, 157
12060 Castiglione Falletto [CN]
Tel. +39 017362850
www.paoloscavino.com

藏酒销售
预约参观
年产量 130 000 瓶
葡萄种植面积 29 公顷

恩里科·斯嘉维诺（Enrico Scavino）稳稳高居巴罗洛（Barolo）葡萄酒酿造界的巅峰，他领导下的酒庄跻身朗格产区（Langhe）伟大酒庄的行列，闪耀着名庄的光环，这都归功于他不论在葡萄园还是在酒窖中的工作，都付出同样毫无保留的努力，而且壮丽的斯嘉维诺庄园也非常值得前往游览观赏。酒庄最著名的系列酒品包括安努齐亚塔洛奇园陈酿（Riserva Rocche dell' Annunziata）和布里科德费莱斯克（Bric dël Fiasc），但是所有出品美酒都以罕见的优雅和复杂脱颖而出。2016年6月，“探索”栏目组（Under Discovered）出版了《苏珊娜·霍夫曼为爱辛劳：皮埃蒙特葡萄酒家族的女性》（Suzanne Hoffman' s Labour of Love: Wine Family Women of Piemonte）一书，讲述了在斯嘉维诺酒庄的历史和现在都发挥了重大作用的伟大女性的故事。在今年的品鉴中，我们将“三杯奖”大奖颁给了2012年份的布里科德费莱斯克巴罗洛（Barolo Bric dël Fiasc），它的香氛已经非常复杂，散发着烟草的醇香和药草的异香，融入甘草和焦油的芬芳，口感质朴，单宁质地细腻，支撑着饱满的口感。2012年份的蒙维格里罗（Monvigliero）复杂精美，前味散发着略显封闭的清爽果香，口感年轻，酒骨卓越，果浆感精良；2010年份的安努齐亚塔洛奇园陈酿（Rocche dell' Annunziata Riserva）则年轻而优雅，各方面品质都和谐平衡。

| | |
|---|---|
| ● Barolo Bric dël Fiasc '12 | 🍷🍷🍷 8 |
| ● Barolo Bricco Ambrogio '12 | 🍷🍷 8 |
| ● Barolo Monvigliero '12 | 🍷🍷 8 |
| ● Barolo Rocche dell'Annunziata Ris. '10 | 🍷🍷 8 |
| ● Barbera d'Alba '15 | 🍷🍷 3 |
| ● Barolo Cannubi '12 | 🍷🍷 8 |
| ● Barolo Carobric '12 | 🍷🍷 8 |
| ● Barolo Enrico Scavino '12 | 🍷🍷 7 |
| ● Langhe Nebbiolo '14 | 🍷🍷 4 |
| ● Dolcetto d'Alba '15 | 🍷 3 |
| ○ Langhe Bianco Sorriso '15 | 🍷 3 |
| ● Barolo Bric dël Fiasc '11 | ☐☐☐ 8 |
| ● Barolo Bric dël Fiasc '09 | ☐☐☐ 8 |
| ● Barolo Bric dël Fiasc '06 | ☐☐☐ 8 |
| ● Barolo Monvigliero '08 | ☐☐☐ 8 |
| ● Barolo Rocche dell'Annunziata Ris. '08 | ☐☐☐ 8 |
| ● Barolo Rocche dell'Annunziata Ris. '05 | ☐☐☐ 8 |

## Schiavenza

via Mazzini, 4
12050 Serralunga d'Alba [CN]
Tel. +39 0173613115
www.schiavenza.com

藏酒销售
预约参观
餐饮接待
年产量 43 000 瓶
葡萄种植面积 10 公顷
可持续发展酒庄

思琪文扎酒庄（Schiavenza）质朴而活力四射的美酒，与塞拉伦加巴罗洛（Serralunga Barolo）的经典描述完美匹配。由于在中等尺寸的木桶中长期陈年，思琪文扎酒庄出品的美酒并不适合心急的顾客，不过为了品尝到它们纯净活跃的特色口感，这些宝贝绝对值得耐心等待，假以时日将会展现出更加镇定完美的姿态。酒庄主人卢西亚·派拉（Luciano Pira）及其家庭采用完全传统的方式料理葡萄园，这进一步增强了东南向山坡上酒庄葡萄园出品的粗粝个性特色——包括普莱珀葡萄园（Prapò）、赛莱塔峰葡萄园（Bricco Cerretta）和布鲁格利奥葡萄园（Broglio）以及蒙特福德产区（Monforte）的佩尔诺葡萄园（Perno）等顶级葡萄园产地。我们也强烈推荐酒迷朋友们前往酒庄游览，到与酒庄同名的餐厅大快朵颐，在享受美食美酒的同时，还可以俯瞰景色壮阔的葡萄园。在今年的品鉴中，2012年份的巴罗洛酒表现一如既往的卓越。普莱珀园巴罗洛浓醇质朴，但是还没有我们预期中那么粗粝；赛莱塔峰园巴罗洛口感略显锐利；布鲁格利奥园巴罗洛美味可口，风格老式，散发着水果干的芬芳，融入烟草的气息，口感清凛诱人，果味四溢。

| | | |
|---|---|---|
| ● Barolo Broglio '12 | 🍷🍷 | 6 |
| ● Barolo Prapò '12 | 🍷🍷 | 6 |
| ● Barbera d'Alba '15 | ▼▼ | 3 |
| ● Barolo Cerretta '12 | ▼▼ | 6 |
| ● Barolo del Comune di Serralunga d'Alba '12 | ▼▼ | 5 |
| ● Barolo Broglio '11 | ▽▽▽ | 5 |
| ● Barolo Broglio '05 | ▽▽▽ | 5 |
| ● Barolo Broglio '04 | ▽▽▽ | 5 |
| ● Barolo Broglio Ris. '08 | ▽▽▽ | 7 |
| ● Barolo Broglio Ris. '04 | ▽▽▽ | 5 |
| ● Barolo Prapò '08 | ▽▽▽ | 6 |
| ● Barolo Bricco Cerretta '11 | ▽▽ | 6 |
| ● Barolo Prapò '11 | ▽▽ | 6 |
| ● Barolo Prapò '10 | ▽▽ | 6 |
| ● Barolo Prapò Ris. '08 | ▽▽ | 7 |

## Mauro Sebaste

fraz. Gallo d'Alba
via Garibaldi, 222bis
12051 Alba [CN]
Tel. +39 0173262148
www.maurosebaste.it

藏酒销售
预约参观
年产量 150 000 瓶
葡萄种植面积 30 公顷

毛罗·塞巴斯特（Mauro Sebaste）如今可以骄傲地回望自己长达25年的酿造历程。他的葡萄园占地面积超过30公顷，成熟的葡萄藤出产品质卓越的酿造葡萄，他酿造的美酒越来越受欢迎。毛姆主要生产三款巴罗洛酒（Barolos）：来自阿尔巴塞拉伦加（Serralunga d' Alba）顶级单一葡萄园的格拉陈酿巴罗洛（Riserva Ghè）和普莱珀园巴罗洛（Barolo Prapò）；特莱苏瑞巴罗洛（Trèsüri）的酿造葡萄则来自多个葡萄园，遵循古老的当地传统酿造而成。塞巴斯特酒庄的酒窖非常现代而且实用性极强，配备了温控的不锈钢池和法国橡木桶以及小型木桶。在今年的品鉴中，2010年份的格拉陈酿巴罗洛（Barolo Riserva Ghé）表现出色，风格现代，散发着辛辣的芬芳，融入香草和肉桂的香气，结构紧致，橡木滋味略重。与此同时，2012年份的特莱苏瑞巴罗洛（Trèsüri）虽然力道并不特别突出，但是无论是香氛还是口感的整体协调性非常好；2012年份的普莱珀园巴罗洛（Barolo Prapò）依然粗犷，但是具有极强的陈年潜力。塞巴斯特酒庄今年推荐的其他酒品也展现出高超的酿造水平。

| | | |
|---|---|---|
| ● Barbera d'Asti Valvedani '15 | ▼▼ | 5 |
| ● Barolo Ghé Ris. '10 | ▼▼ | 8 |
| ● Barolo Prapò '12 | ▼▼ | 8 |
| ● Barolo Trèsürì '12 | ▼▼ | 6 |
| ● Nebbiolo d'Alba Parigi '14 | ▼▼ | 5 |
| ● Barbera d'Alba Sup. Centobricchi '14 | ▼ | 5 |
| ○ Langhe Bianco Centobricchi '15 | ▼ | 3 |
| ○ Roero Arneis '15 | ▼ | 3 |
| ● Barbera d'Alba Sup. Centobricchi '13 | ▽▽ | 5 |
| ● Barbera d'Alba Sup. Centobricchi '12 | ▽▽ | 4 |
| ● Barolo Ghé Ris. '09 | ▽▽ | 8 |
| ● Barolo Ghé Ris. '08 | ▽▽ | 8 |
| ● Barolo Prapò '11 | ▽▽ | 7 |
| ● Nebbiolo d'Alba Parigi '11 | ▽▽ | 4 |

## F.lli Seghesio

loc. Castelletto, 19
12065 Monforte d'Alba [CN]
Tel. +39 017378108
www.fratelliseghesio.it

藏酒销售
预约参观
年产量 55 000 瓶
葡萄种植面积 10 公顷

造访喜格士酒庄（Seghesio）之旅不仅是一次接受葡萄酒教育的难得旅程，更是一次令人印象深刻的感动之旅，在这里可以俯瞰阿尔巴塞拉伦加地区（Serralunga d' Alba）群山的壮美景色，来访者同时也会被以里卡尔多（Riccardo）为首的家族其他成员谦卑的努力所感动，他们将大师级的全部技艺奉献给葡萄园的栽培工作和酒窖中的酿造工作。在喜格士酒庄的出品中，品质稳定、美味诱人的维拉园巴罗洛（Barolo La Villa）以及教堂葡萄园阿尔巴巴贝拉（Barbera d' Alba La Chiesa）都是最佳的DOC产区酒。三十年的栽培工作精心打造出了品质稳定、意趣盎然的系列美酒。在今年的品鉴中，2012年份的维拉园巴罗洛展现出完美细腻的酒质，散发着覆盆子和野生草莓浓郁集中的果香，气质清新，更有一抹金色烟叶和肉桂的醇香萦绕其间，底蕴中透露出缕缕紫罗兰的幽然花香，口感极为饱满，个性鲜明，单宁如同丝绸般丝滑。喜格士酒庄今年推荐的酒品整体上呈现出上佳品质，尤其是2015年份的多姿桃（Dolcetto），酒体饱满，果味四溢。

| | |
|---|---|
| ● Barolo La Villa '12 | ΨΨ 7 |
| ● Barbera d'Alba '15 | ΨΨ 3 |
| ● Barolo '12 | ΨΨ 7 |
| ● Dolcetto d'Alba '15 | ΨΨ 2* |
| ● Langhe Nebbiolo '14 | Ψ 4 |
| ● Barbera d'Alba Vign. della Chiesa '00 | ΨΨΨ 4* |
| ● Barbera d'Alba Vign. della Chiesa '97 | ΨΨΨ 4* |
| ● Barolo La Villa '10 | ΨΨΨ 7 |
| ● Barolo Vign. La Villa '04 | ΨΨΨ 6 |
| ● Barolo Vign. La Villa '99 | ΨΨΨ 7 |
| ● Barbera d'Alba '13 | ΨΨ 3 |
| ● Barbera d'Alba La Chiesa '12 | ΨΨ 4 |
| ● Barbera d'Alba Vign. della Chiesa '10 | ΨΨ 4 |
| ● Barolo '11 | ΨΨ 7 |
| ● Barolo La Villa '11 | ΨΨ 7 |
| ● Barolo La Villa '09 | ΨΨ 7 |

## Tenute Sella

via IV Novembre, 130
13060 Lessona [BI]
Tel. +39 01599455
www.tenutesella.it

藏酒销售
预约参观
年产量 80 000 瓶
葡萄种植面积 22 公顷

对于风格明快飘逸的内比奥罗葡萄酒（Nebbiolo）爱好者而言，购买塞拉酒庄（Sella）的美酒准没有错。塞拉酒庄以维斯珀丽娜（Vespolina）和科罗帝纳（Croatina）混酿而成的美酒在同类型酒品中遥遥领先，而一品莱索纳（Lessona）的沙质土壤与布拉玛黛拉（Bramaterra）的斑岩两种风土条件中出产的个性迥然不同的美酒的诱惑，令全世界的酒迷难以抗拒，也使塞拉酒庄成为美酒的朝圣地。无论哪种风味的美酒，无论在葡萄园还是在酒窖都经过了酒庄勤勉工作的千锤百炼，顶级酒品都要在2500升的斯拉沃尼亚橡木桶和半新的小木桶中经过漫长的陈年。虽然酒窖管理进行了一系列变革——变革涉及占地面积达到20公顷的葡萄园地块，分布于圣塞巴斯蒂亚诺佐珀（San Sebastiano allo Zoppo）等顶级葡萄园中——但是出品依然保持了原有的风格。在今年的品鉴中，最新发布的布拉玛黛拉和莱索纳交相辉映。2011年份的布拉玛黛拉和2010年份的莱索纳的基本酒都吐露着海边空气的芬芳，融入林地的热烈气息，单宁力道变化多端，口感略感锐利，给人留下极为深刻的印象。还有2009年份的昆蒂诺塞拉莱索纳奥玛吉奥（Lessona Omaggio a Quintino Sella）香氛层次分明，口感如同天鹅绒般丝滑。

| | |
|---|---|
| ● Lessona Omaggio a Quintino Sella '09 | ΨΨ 7 |
| ● Bramaterra '11 | ΨΨ 5 |
| ● Lessona '10 | ΨΨ 5 |
| ⊙ Coste della Sesia Rosato Majoli '15 | Ψ 3 |
| ● Coste della Sesia Rosso Casteltorto '13 | Ψ 4 |
| ● Bramaterra I Porfidi '07 | ΨΨΨ 5 |
| ● Bramaterra I Porfidi '05 | ΨΨΨ 5 |
| ● Bramaterra I Porfidi '03 | ΨΨΨ 5 |
| ● Lessona Omaggio a Quintino Sella '06 | ΨΨΨ 7 |
| ● Lessona Omaggio a Quintino Sella '05 | ΨΨΨ 6 |
| ● Lessona S. Sebastiano allo Zoppo '04 | ΨΨΨ 5 |
| ● Lessona S. Sebastiano allo Zoppo '01 | ΨΨΨ 5 |
| ⊙ Coste della Sesia Rosato Majoli '13 | ΨΨ 3 |
| ● Coste della Sesia Rosso Orbello '13 | ΨΨ 3 |

## Enrico Serafino

c.so Asti, 5
12043 Canale [CN]
Tel. +39 0173979485
www.enricoserafino.it

藏酒销售
预约参观
年产量 500 000 瓶
葡萄种植面积 12 公顷

恩里克塞拉菲诺酒庄（Enrico Serafino）的新主人克劳泽家族（Krause）由于最近在朗格（Langhe）和阿斯蒂（Asti）地区进行的大手笔收购而闻名，他们买下了维埃提酒庄（Vietti），但此举并不意味着他们并不关注罗埃罗（Roero）地区的葡萄酒生产。恩里克塞拉菲诺酒庄的旗舰产品依然是罗埃罗经典葡萄酒以及高朗垓起泡酒（Alta Langa sparklers）。酒庄所有的葡萄园都位于卡纳莱（Canale），种植内比奥罗（Nebbiolo）、巴贝拉（Barbera）和阿内斯（Arneis），并且从信任的种植商那里购买黑比诺（Pinotnero）和霞多丽（Chardonnay）。在今年的品鉴中，高朗垓起泡酒的表现一如既往的卓越。2010年份的干型起泡酒散发着白色果肉水果的浓郁果香，融入柑橘和大麦的芬芳，口感非常紧致有力，精美的果味浸润其中，收口精美。而2010年份的零度干型起泡酒（Brut Zero）则散发着奶黄和藏红花般的奇异芬芳，融入生姜的辛香，口感清爽优雅，入口劲道。我们还非常喜爱2013年份的帕杜尼阿尔巴巴贝拉（Barbera d' Alba Pardunè），它均衡美味，散发着烟草的缕缕醇香，融入樱桃的成熟果香，展现出鲜明的个性。

| | | |
|---|---|---|
| ○ Alta Langa Brut '10 | TT | 4 |
| ○ Alta Langa Brut Zero '10 | TT | 6 |
| ● Barbera d'Alba Pardunè '13 | TT | 4 |
| ⊙ Alta Langa Brut Rosè '13 | TT | 5 |
| ● Barbera d'Alba Bacajè '15 | TT | 3 |
| ● Nebbiolo d'Alba Diauleri '14 | TT | 3 |
| ○ Roero Arneis Canteiò '15 | TT | 3 |
| ● Roero Pasiunà '13 | TT | 4 |
| ○ Alta Langa Brut Zero Cantina Maestra '09 | YYY | 6 |
| ○ Alta Langa Brut Zero Cantina Maestra '07 | YYY | 6 |
| ○ Alta Langa Brut Zero Cantina Maestra '06 | YYY | 6 |
| ○ Alta Langa Brut Zero Cantina Maestra Ris. '05 | YYY | 6 |
| ○ Alta Langa Brut Zero Sboccatura Tardiva Cantina Maestra '08 | YYY | 6 |

## Sergio Grimaldi Ca' du Sindic

loc. San Grato, 15
12058 Santo Stefano Belbo [CN]
Tel. +39 0141840341
www.cadusindic.it

藏酒销售
预约参观
年产量 100 000 瓶
葡萄种植面积 17 公顷
可持续发展酒庄

辛迪克酒庄（Ca' du Sindic）生产的两款莫斯卡托葡萄酒（Moscatos）——银色胶囊（Capsula Argento）和金色胶囊（Capsula Oro），持续数年来始终是众多莫斯卡托葡萄酒生产商学习的典范之作。格里马尔迪家族（Grimaldi）的葡萄园坐落在酒庄旁的圣格雷托山（San Grato Hill）上，以及位于圣托斯特凡诺贝尔博（Santo Stefano Belbo）的圣毛里奇奥（San Maurizio）、宝达（Bauda）和蒙库索山（Moncucuo）上，葡萄藤的生长周期超过了六十年。酒庄其余出品则采用多姿桃（Dolcetto）、巴贝拉（Barbera）、柯蒂斯（Dortese）、布拉切多（Brachetto）、费弗瑞塔（Favorita）、黑比诺（Pinot Nero）和霞多丽（Chardonnay）酿造而成。在今年的品鉴中，2015年份的金色胶囊阿斯蒂莫斯卡托（Moscato d' Asti Capsula Oro）是同品类酒品中的佼佼者，它吐露着经典而浓郁的酒香，融入苹果的果香和松针的醇香，果味与酸度完美平衡，酒质华美，收口余韵绵长。2015年份的蒙库索园阿斯蒂莫斯卡托（Moscato d' Asti Vigna Moncucco）则吐露着草本植物清爽的香气，果味饱满，口感活跃，收口有力。我们还非常喜爱非常易于入口的2015年份的阿尔巴多姿桃（Dolcetto d' Alba）以及2014年份的华美甘甜的万图诺干型葡萄酒（Ventuno Brut）。

| | | |
|---|---|---|
| ○ Moscato d'Asti Ca' du Sindic '15 | TT | 3* |
| ○ Moscato d'Asti V. Moncucco '15 | TT | 3* |
| ● Dolcetto d'Alba '15 | TT | 2* |
| ○ Ventuno Brut '14 | TT | 3 |
| ● Barbera d'Asti '12 | YY | 2* |
| ● Barbera d'Asti SanGrato '12 | YY | 2* |
| ○ Moscato d'Asti '14 | YY | 2* |
| ○ Moscato d'Asti '13 | YY | 2* |
| ○ Moscato d'Asti '12 | YY | 2* |
| ○ Moscato d'Asti Ca' du Sindic '14 | YY | 3 |
| ○ Moscato d'Asti Ca' du Sindic '13 | YY | 3 |
| ○ Moscato d'Asti Ca' du Sindic '12 | YY | 3 |
| ○ Moscato d'Asti Ca' du Sindic '11 | YY | 2* |

## Giovanni Silva

Cascine Rogge, 1b
10011 Agliè [TO]
Tel. +39 3473075648
www.silvavini.com

藏酒销售
预约参观
年产量 50 000 瓶
葡萄种植面积 12 公顷

席尔瓦家族（Silva）的葡萄园坐落于罗格庄园（Cascina Rogge）附近的阿列山（Agliè）山顶上的冰碛土层，这里毗邻公爵城堡（Castello Ducale）交界。家族酒庄的第三代传人乔瓦尼·席尔瓦（Giovanni Silva）在席尔瓦酒庄已经奉献了二十年，如今在孙子斯蒂凡诺（Stefano）的协助下，精心料理着占地面积达到12公顷的酒庄葡萄园。出品美酒种类繁多，主要集中在款式多样的厄柏路斯葡萄酒（Erbaluce）上——从干冰厄柏路斯（Dry Ice）和特奇奥彻厄柏路斯非起泡干白葡萄酒（Tre Ciochè）到诗意帕西多甜白葡萄酒（Passito Poetica），还有桶内二次发酵法起泡酒（Charmat）和传统酿造法起泡酒（Metodo Classico Sparklers）。但是酒庄葡萄园同时也种植少量内比奥罗（Nebbiolo）、巴贝拉（Barbera）、弗雷伊萨（Freisa）和伯纳达（Bonarda）。在今年的品鉴中，卡卢索厄柏路斯干型葡萄酒（Erbaluce di Caluso Brut）表现精彩，给我们留下了相当深刻的印象，这款常年陈年的美酒拥有双重个性，意趣盎然，散发着白色果肉水果的成熟果香，无处不在，融入蜜糖的甜美气息，入口感到收紧的酸度。2015年份的干冰系列厄柏路斯的结构紧实度略逊一筹，但是酒质丰美，令人愉悦，收口蕴含丝丝杏仁的美妙滋味。

| | |
|---|---|
| ○ Erbaluce di Caluso Brut M. Cl. '09 | 🍷🍷 5 |
| ○ Erbaluce di Caluso Dry Ice '15 | 🍷🍷 2* |
| ○ Erbaluce di Caluso Tre Ciochè '15 | 🍷🍷 2* |
| ○ Caluso Passito Poetica '03 | 🍷🍷 5 |
| ● Canavese Nebbiolo '08 | 🍷🍷 2* |
| ○ Erbaluce di Caluso Dry Ice '14 | 🍷🍷 2* |
| ○ Erbaluce di Caluso Dry Silva '12 | 🍷🍷 2* |
| ○ Erbaluce di Caluso Passito Poetica '04 | 🍷🍷 5 |
| ○ Erbaluce di Caluso Tre Ciochè '14 | 🍷🍷 2* |
| ○ Erbaluce di Caluso Tre Ciochè '13 | 🍷🍷 2* |
| ○ Erbaluce di Caluso Tre Ciochè '12 | 🍷🍷 2* |
| ○ Erbaluce di Caluso Tre Ciochè '06 | 🍷🍷 2* |

## La Smilla

via Garibaldi, 7
15060 Bosio [AL]
Tel. +39 0143684245
www.lasmilla.it

藏酒销售
年产量 100 000 瓶
葡萄种植面积 5 公顷

奎多家族（Guido）数代在博西奥（Bosio）山间辛苦劳作，这里是皮埃蒙特地区（Piedmont）最靠近利古里亚海（Ligurian Sea）的村庄，距离海岸线还不到10公里。在数辈人的共同努力下，斯迈拉酒庄（La Smilla）对于嘉维柯蒂斯葡萄（Cortese di Gavi）的精雕细琢得到了广泛的认可。就其地理位置和气候条件而言，这里的风土条件独一无二，几乎悬于大海和阿尔卑斯山之间，而斯迈拉酒庄出产的美酒忠诚地反映出这种独特风土，酒品气质自然且恢宏，非常容易入口，同时还拥有强大的陈年潜力。斯迈拉酒庄几乎全部系列葡萄酒都在不锈钢桶中陈年，只有伯吉嘉维（Gavi I Bergi）和卡里坎托巴贝拉（Barbera Calicanto）除外，它们在小型法国橡木桶中陈年。在今年的品鉴中，2015年份的嘉维（Gavis）交出了完美的答卷。基本嘉维酒酒质非常活跃，口感有力，散发着不同寻常的草本植物清香，融入缕缕烟熏气息；而嘉维的嘉维（Gavi del Comune di Gavi）与之风格近似，但是果香更加浓郁集中，融入美味的矿物质醇浓滋味，绵长的回味中蕴含着丝丝大马士革李子和杏的美味。除此之外，2013年份的嘉维传统酿造法干型起泡酒（Gavi Metodo Classico Brut）的气泡精美，热情鲜美。

| | |
|---|---|
| ○ Gavi '15 | 🍷🍷 2* |
| ○ Gavi del Comune di Gavi '15 | 🍷🍷 2* |
| ○ Gavi Brut M. Cl. '13 | 🍷🍷 3 |
| ● M.to Rosso Calicanto '12 | 🍷🍷 3 |
| ● Barbera del M.to '14 | 🍷 2 |
| ● Dolcetto di Ovada '14 | 🍷 2 |
| ○ Gavi I Bergi '14 | 🍷 3 |
| ● Dolcetto di Ovada '13 | 🍷🍷 2* |
| ● Dolcetto di Ovada '12 | 🍷🍷 2* |
| ○ Gavi '14 | 🍷🍷 2* |
| ○ Gavi '13 | 🍷🍷 2* |
| ○ Gavi del Comune di Gavi '14 | 🍷🍷 2* |
| ○ Gavi del Comune di Gavi '13 | 🍷🍷 2* |
| ○ Gavi del Comune di Gavi '12 | 🍷🍷 2* |
| ○ Gavi del Comune di Gavi I Bergi '11 | 🍷🍷 3 |
| ● M.to Rosso Calicanto '10 | 🍷🍷 3 |

## Socré

S.DA TERZOLO, 7
12050 BARBARESCO [CN]
TEL. +39 3487121685
www.socre.it

藏酒销售
预约参观
年产量 30 000 瓶
葡萄种植面积 5.5 公顷

几年前，随着在都灵（Turin）与葡萄酒品鉴相关工作力度的加大，建筑师马可·皮亚琴蒂诺（Marco Piacentino）决定接管位于故乡巴巴莱斯科（Barbaresco）的家族酒庄。随着马可对于葡萄酒兴趣的日益浓厚，苏克莱酒庄（Socré）的出品品质持续稳定提升，出产的美酒多次夺得国际葡萄酒杂志和多国权威专家认证的大奖。在今年的品鉴中，苏克莱酒庄出品王冠上的瑰宝侬卡丽园巴巴莱斯科（Barbaresco Roncaglie）依然耀眼，这款美酒在酒窖中经历了长时间陈年；除此之外，苏克莱酒庄的其他推荐酒品也展现出极高的品质。2012年份的侬卡丽园巴巴莱斯科呈现柔美的现代风格，一抹橡木风情增加了整款酒的复杂度，令饱满的果香平添风采，给人留下了深刻的印象。入口有力复杂，非常均衡，收口回味绵长精致。除此之外，2013年份的巴巴莱斯科（Barbaresco）散发着水果般略带辛辣气息的芬芳，虽然酒重略轻，但是口感均衡惬意，令人愉悦。

| | |
|---|---|
| ● Barbaresco Roncaglie '12 | YY 6 |
| ● Barbaresco '13 | YY 5 |
| ● Cisterna d'Asti De Scapin '13 | YY 2* |
| ● Langhe Nebbiolo '14 | YY 3 |
| ● Dolcetto d'Alba '15 | Y 2 |
| ● Barbaresco '12 | YY 5 |
| ● Barbaresco '11 | YY 5 |
| ● Barbaresco '10 | YY 5 |
| ● Barbaresco '08 | YY 5 |
| ● Barbaresco Roncaglie '11 | YY 6 |
| ● Barbaresco Roncaglie '10 | YY 7 |
| ● Barbaresco Roncaglie '09 | YY 7 |
| ● Barbera d'Alba Sup. '13 | YY 3 |
| ● Cisterna d'Asti De Scapin '12 | YY 2* |

## ★Sottimano

LOC. COTTÀ, 21
12052 NEIVE [CN]
TEL. +39 0173635186
www.sottimano.it

藏酒销售
预约参观
年产量 85 000 瓶
葡萄种植面积 18 公顷

瑞诺·索提曼诺（Rino Sottimano）和安娜·索提曼诺（Anna Sottimano）夫妇二人在孩子安德里亚（Andrea）及伊莲娜（Elena）的协助下，使用顶级葡萄园出产的果实酿造出著名的巴巴莱斯科美酒（Barbarescos），索提曼诺家族也因此成为纳维地区（Neive）的“全明星”酿造团队。库拉葡萄园（Currà）、科塔葡萄园（Cottà）、弗松尼葡萄园（Fausoni）和巴若荷葡萄园（Pajoré）：如果我们必须给索提曼诺酒庄的系列出品贴上明确的风格标签，那么如上每座顶级葡萄园出品的巴巴莱斯科都可被定义为非常正统的现代风格。索提曼诺酒庄出品的美酒都在小木桶（只是半新）中进行陈年，但是酒窖中的酿造则致力于打造高品质的果味和精粹的酒质。在气候条件最适宜的年份才会推出的巴巴莱斯科陈酿（Barbaresco Riserva）以科塔葡萄园和巴若荷葡萄园的葡萄酿造而成。索提曼诺酒庄的系列酒品还包括布里科德索尔托多姿桃（Dolcetto Bric del Salto）、帕莱雷洛巴贝拉（Barbera Pairolero）和梅特布拉切多干型葡萄酒（Brachetto Maté）。在今年的品鉴中，索提曼诺酒庄的巴巴莱斯科酒再次以惊人的高品质令我们叹服，其中2012年份的库拉园巴巴莱斯科更是艳冠群芳，果香和辛香完美平衡，质朴精美的口感忠诚地反映出采收酿造年份的特质；巴若荷园巴巴莱斯科则散发着红色水果诱人的馥郁果香，融入树根和草本植物的清香，口感多汁，如同天鹅绒般丝滑。2013年份的科塔园巴巴莱斯科则香氛更加清爽，口感成熟度更高。

| | |
|---|---|
| ● Barbaresco Currà '12 | YYY 8 |
| ● Barbaresco Cottà '13 | YY 7 |
| ● Barbaresco Pajoré '13 | YY 7 |
| ● Barbaresco Fausoni '13 | YY 7 |
| ● Barbera d'Alba Pairolero '14 | YY 4 |
| ● Maté '15 | YY 3 |
| ● Barbaresco Cottà '05 | YYY 7 |
| ● Barbaresco Currà '10 | YYY 8 |
| ● Barbaresco Currà '08 | YYY 7 |
| ● Barbaresco Currà '04 | YYY 6 |
| ● Barbaresco Pajoré '10 | YYY 7 |
| ● Barbaresco Pajoré '08 | YYY 7 |
| ● Barbaresco Ris. '10 | YYY 8 |
| ● Barbaresco Ris. '05 | YYY 8 |
| ● Barbaresco Ris. '04 | YYY 8 |

## Luigi Spertino

via Lea, 505
14047 Mombercelli [AT]
Tel. +39 0141959098
luigi.spertino@libero.it

藏酒销售
预约参观
年产量 40 000 瓶
葡萄种植面积 9 公顷

斯佩尔蒂诺家族（Spertino）照料他们位于陡峭山坡上的葡萄园已经超过三十五年的时间。这里的巴贝拉（Barbera）老藤生长期已经超过了七十五年，除此之外，葡萄园里还栽培了吉诺林诺（Grignolino）、柯蒂斯（Cortese）和黑比诺（Pinot Nero）。毛罗・斯佩尔蒂诺（Mauro Spertino）酿造的美酒气质原始、极具个性、独一无二，成功地反映出产地风土的特色：曼多拉园巴贝拉（Barbera La Mandorla）就是采用部分晒干后的酿造葡萄打造出的独特美酒；还有通过带皮柯蒂斯葡萄（Cortese）发酵酿造出的维莱特柯蒂斯（Cortese Vilet）。在今年的品鉴中，2014年份的曼多拉园超级阿斯蒂巴贝拉（Barbera d' Asti Superiore La Mandorla）贴标为格里萨（Edizione La Grisa），但是凭借独一无二的卓越表现，赢得了我们的"三杯奖"大奖。它吐露着李子和樱桃交替缠绕的果香，融入奎宁和雨后泥土的醇香，继而到来的是清爽极致而多汁的口感，单宁雅致，果浆质感美妙。2014年份的格里萨阿斯蒂巴贝拉（Barbera d' Asti La Grisa）表现同样精彩，散发着深色水果的缕缕果香，融入烟草的醇香和松果的芬芳，口感饱满，作为支撑的酸度十分精美，果味轻快。

| | |
|---|---|
| ● Barbera d'Asti Sup. V. La Mandorla Edizione La Grisa '14 | 8 |
| ● Barbera d'Asti La Grisa '14 | 4 |
| ● Grignolino d'Asti '15 | 3* |
| ● M.to Rosso '13 | 7 |
| ○ Piemonte Cortese Vilet '15 | 7 |
| ● Barbera d'Asti Sup. La Mandorla '13 | 8 |
| ● Barbera d'Asti Sup. La Mandorla '10 | 8 |
| ● Barbera d'Asti Sup. La Mandorla '09 | 8 |
| ● Barbera d'Asti Sup. La Mandorla '07 | 7 |
| ● Barbera d'Asti Sup. V. La Mandorla '12 | 8 |
| ● M.to Rosso La Mandorla '09 | 7 |
| ● M.to Rosso La Mandorla '07 | 5 |
| ● Barbera d'Asti '13 | 4 |

## ★★★La Spinetta

via Annunziata, 17
14054 Castagnole delle Lanze [AT]
Tel. +39 0141877396
www.la-spinetta.com

藏酒销售
预约参观
膳宿接待
年产量 500 000 瓶
葡萄种植面积 100 公顷
可持续发展酒庄

乔吉奥・拉维提（Giorgio Rivetti）拥有的这家皮埃蒙特产区（Piedmont）酒庄的出品风格与超级成熟、果味浓郁的酿造葡萄关系紧密，以此打造的精选美酒展现出极强的个性，洋溢着似乎无处不在的酒香，丰盈的单宁和令人印象深刻的口感是斯宾涅塔酒庄（La Spinetta）美酒独特的标签。除了扬名世界的阿斯蒂莫斯卡托（Moscato d' Asti）之外，斯宾涅塔酒庄种类繁多的出品系列主要集中在巴罗洛（Barolo）和巴巴莱斯科（Barbaresco）上——巴罗洛美酒的酿造葡萄来自格林扎纳卡沃尔（Grinzane Cavour）的坎佩葡萄园（Campé）；巴巴莱斯科佳酿的原料则产自纳维（Neive）和特雷伊索（Treiso）。然而，比安佐阿斯蒂巴贝拉（Bionzo Barbera d' Asti）和嘉丽娜园阿尔巴巴贝拉（Gallina Barbera d' Alba）的品质也非常卓越。在今年的品鉴中，斯宾涅塔酒庄的整个出品系列都表现抢眼，只是在清爽度上略有欠缺，因此遗憾地与"三杯奖"失之交臂。2013年份的巴巴莱斯科是该款酒历年来最优秀的一款年份酒，散发着蜜桃的浓醇果香，融入橡木的丝丝香气，口感果味浓郁，单宁甘美柔滑。优雅的比安佐阿斯蒂巴贝拉（Barbera d' Asti Bionzo）也是同类酒品中的佼佼者，同样迷人的还有夸格利亚峰阿斯蒂莫斯卡托（Moscato d' Asti Bricco Quaglia）。

| | |
|---|---|
| ● Barbaresco Gallina '13 | 8 |
| ● Barbaresco Starderi '13 | 8 |
| ● Barbera d'Asti Sup. Bionzo '13 | 6 |
| ● Barolo Campè '12 | 8 |
| ○ Moscato d'Asti Bricco Quaglia '15 | 3* |
| ● Barbaresco Valeirano '13 | 8 |
| ● Barbaresco Vign. Bordini '12 | 7 |
| ● Barolo Vign. Garretti '12 | 7 |
| ● Langhe Nebbiolo '13 | 5 |
| ● M.to Rosso Pin '13 | 6 |
| ○ Moscato d'Asti Biancospino '15 | 3 |
| ○ Piemonte Chardonnay Lidia '13 | 6 |
| ○ Piemonte Moscato Passito Oro '08 | 6 |
| ○ Langhe Bianco '13 | 6 |
| ● Barbaresco Gallina '11 | 8 |
| ● Barolo Campè '08 | 8 |

## Sulin

V.LE PININFARINA,14
14035 GRAZZANO BADOGLIO [AT]
TEL. +39 0141925136
www.sulin.it

年产量 220 000 瓶
葡萄种植面积 19.5 公顷

2000年，毛罗·弗拉基亚（Mauro Fracchia）和法比奥·弗拉基亚（Fabio Fracchia）兄弟二人决定重组创建于20世纪20年代的家庭酒庄，在葡萄园中采取新的栽培技术并植入现代作物，但是与此同时也不忘继承发扬本地悠久的酿造传统。在家族古老的葡萄园中研究各种巴贝拉（Barbera）克隆藤长达两年的时间，终于在欧尼拉葡萄园（Ornella）采用精选克隆葡萄酿造出无与伦比的巴贝拉葡萄酒。苏林酒庄（Sulin）出产十几款美酒，其中包括一款意趣盎然的霞多丽（Chardonnay），在大型橡木桶中发酵，充分反映品种葡萄特质，具有极强的陈年潜力。由于篇幅有限，苏林酒庄未能入选去年的年鉴，但是今年凭借推荐酒品的卓越表现，赢得了在今年年鉴中全面介绍的机会。2013年份的欧尼拉园巴贝拉（Ornella）散发着深色莓果的果香，融入黑胡椒的辛香和可可粉的醇香，清爽但有力的口感与香氛相得益彰，完美搭配，收口绵长美味。2014年份的巴贝拉复杂和谐，品质卓越；紧随其后的便是吐露着如花芬芳、果味浓郁的霞多丽以及风格经典、展现品种葡萄特质的吉诺林诺（Grignolino）。

| | | |
|---|---|---|
| ● Barbera del M.to Sup. Ornella '13 | 🍷🍷 (red) | 5 |
| ● Barbera del M.to '14 | 🍷🍷 | 2* |
| ● Grignolino del M.to Casalese '15 | 🍷🍷 | 2* |
| ○ Piemonte Chardonnay '15 | 🍷🍷 | 2* |

## Sylla Sebaste

VIA SAN PIETRO, 4
12060 BAROLO [CN]
TEL. +39 017356266
www.syllasebaste.com

藏酒销售
预约参观
餐饮接待
年产量 120 000 瓶
葡萄种植面积 7 公顷

法布里奇奥·梅罗（FabrizioMerlo）引领着西拉塞巴斯特酒庄（Sylla Sebaste）走过了二十多年的漫长时光，他是一名内比奥罗（Nebbiolo）的狂热爱好者。他发布了一款新巴罗洛酒（Barolo）——2012年份的维奥峰葡萄园巴罗洛（Bricco delle Viole），是献给朗格产区（Langhe）和罗埃罗产区（Roero）的礼赞，一年多前被列进了联合国教科文组织认定的世界非物质文化遗产名录。在酒庄酒窖的对面是小村维格尼（Vergne），村中伫立着一座14世纪的古老教堂——维奥圣彼得罗礼拜堂（San Pietro delle Viole），出产美酒的酿造葡萄也产自这片气势恢宏的葡萄园。在酿酒师卢卡·卡拉梅丽诺（Luca Caramellino）的协助下，西拉塞巴斯特酒庄的出品质量持续稳定地提升，出产的巴罗洛酒总是人们关注的中心。在今年的品鉴中，新推出的2012年份的维奥峰葡萄园巴罗洛（Barolo Bricco delle Viole）以卓越的表现闯入了争夺“三杯奖”的决赛圈。它的香气复杂，散发着覆盆子般的浓郁果香，融入烟草和秋日落叶层层跌宕的香氛，口感优雅，色泽光润，单宁柔滑精良。相比较而言，2012年份的巴西亚园巴罗洛（Bussia）更加优雅，芬芳扑鼻，前味的阵阵果香逐渐让位给焦油和甘草的芬芳。

| | | |
|---|---|---|
| ● Barolo Bricco delle Viole '12 | 🍷🍷 (red) | 5 |
| ● Barolo '12 | 🍷🍷 | 5 |
| ● Barolo Bussia '12 | 🍷🍷 | 6 |
| ● Langhe Nebbiolo '13 | 🍷🍷 | 3 |
| ○ Roero Arneis '15 | 🍷 | 3 |
| ● Barolo Bussia '85 | 🍷🍷🍷 (outline) | 6 |
| ● Barolo Bussia Ris. '84 | 🍷🍷🍷 (outline) | 6 |
| ● Barbera d'Alba '13 | 🍷🍷 (outline) | 3 |
| ● Barolo '11 | 🍷🍷 (outline) | 6 |
| ● Barolo '10 | 🍷🍷 (outline) | 6 |
| ● Barolo Bussia '11 | 🍷🍷 (outline) | 6 |
| ● Barolo Bussia '10 | 🍷🍷 (outline) | 6 |
| ● Nebbiolo d'Alba '12 | 🍷🍷 (outline) | 3 |
| ● Nebbiolo d'Alba '11 | 🍷🍷 (outline) | 3 |

## Tacchino

via Martiri della Benedicta, 26
15060 Castelletto d'Orba [AL]
Tel. +39 0143830115
www.luigitacchino.it

藏酒销售
预约参观
年产量 12 000 瓶
葡萄种植面积 12 公顷

在家族酒庄出品质量取得重大飞跃这一方面，罗米娜·塔基诺（Romina Tacchino）与弟弟阿莱西奥·塔基诺（Alessio Tacchino）无疑功不可没，他们丰富的酿造经验和对于这片土地的热爱源于塔基诺家族三代在葡萄园中辛勤劳作的传承。他们推动家族酒庄大步向前，已经成功地实现了产品链的现代化改造，在顶级美酒的陈年过程中开始使用橡木桶，并且凭借热情的开拓和冒险精神，试图将塔基诺酒庄发展成一座世界级酒庄，在国内市场严重衰退的时刻，这是具有决定性意义的举措。在今年的品鉴中，塔基诺酒庄提交的酒品品质卓越，杜瑞瓦（Du Riva）再次获得了我们的青睐。它散发着黑莓般甜美的果香，融入醋栗的阵阵芬芳，底蕴中透露出缕缕辛辣气息，口感有力，收口余韵悠长，美味缠绵似无尽头。阿巴罗拉蒙费拉托巴贝拉（Barbera del Monferrato Albarola）优雅和谐，以优质的酒体和绵长的回味见长。紧随其后的是精美的蒙费拉托罗菲托红葡萄酒（Monferrato Rosso Di Fatto）和2014年份的巴贝拉（Barbera）和多姿桃（Dolcetto），虽然2014年采收酿造季的客观条件并不理想，但是上述2014年份酒都表现出卓越的品质和独特的个性。

| | |
|---|---|
| ● Dolcetto di Ovada Sup. Du Riva '13 | 🍷🍷🍷 4* |
| ● Barbera del M.to Albarola '13 | 🍷🍷 5 |
| ● Barbera del M.to '14 | 🍷🍷 2* |
| ● Dolcetto di Ovada '14 | 🍷🍷 2* |
| ○ Gavi del Comune di Gavi '15 | 🍷🍷 3 |
| ● M.to Rosso Di Fatto '13 | 🍷🍷 4 |
| ○ Cortese dell'Alto M.to Marsenca '15 | 🍷 2 |
| ● Dolcetto di Ovada Sup. Du Riva '12 | 🍷🍷🍷 5 |
| ● Dolcetto di Ovada Sup. Du Riva '11 | 🍷🍷🍷 5 |
| ● Dolcetto di Ovada Sup. Du Riva '10 | 🍷🍷🍷 4* |
| ● Dolcetto di Ovada Sup. Du Riva '09 | 🍷🍷🍷 4* |
| ● Dolcetto di Ovada Sup. Du Riva '08 | 🍷🍷🍷 4* |
| ● Dolcetto di Ovada '13 | 🍷🍷 2* |
| ● Dolcetto di Ovada '12 | 🍷🍷 2* |
| ● M.to Rosso Di Fatto '12 | 🍷🍷 4 |

## Michele Taliano

c.so A. Manzoni, 24
12046 Montà [CN]
Tel. +39 0173975658
www.talianomichele.com

藏酒销售
预约参观
年产量 60 000 瓶
葡萄种植面积 12 公顷

多梅尼科·塔利亚诺（Domenico Taliano）于1930年创建了这座家族酒庄，今天酒庄的掌门人是家族中的第三代传人——埃齐奥·塔利亚诺（Ezio Taliano）和阿尔伯托·塔利亚诺（Alberto Taliano）兄弟。最初，米歇尔塔利亚诺酒庄（Michele Taliano）的葡萄园全部坐落于蒙塔（Montà）的博索拉（Bossola）、罗兰迪（Rolandi）和本纳（Benna）等地，后来很快又购买了巴巴莱斯科（Barbaresco）的精美地块以及蒙特斯诺（Montersino）的一座农庄。罗埃罗（Roero）葡萄园主要种植阿内斯（Arneis）、巴贝拉（Barbera）、费弗瑞塔（Favorita）和内比奥罗（Nebbiolo）等本地葡萄品种；而朗格产区（Langhe）的地块则主要栽培内比奥罗、巴贝拉、多姿桃（Dolcetto）和莫斯卡托（Moscato）。在今年的品鉴中，塔利亚诺酒庄的旗舰罗埃罗酒、2012年份的洛奇波萨拉罗埃罗陈酿（Rochè Dra Bòssora Riserva）表现抢眼。它气质简单而卓越，散发着略显辛辣的果香，融入烟草的醇香，口感浓郁，单宁精良，展现出极佳的平衡度，果味饱满，收口余韵绵长而多汁。两款巴巴莱斯科也展现出高超的酿造水平：2009年份的特拉米亚陈酿（Tera Mia Riserva）散发着干花的芬芳，融入茶叶的清香，橡木气息依然突出，但是果味浓郁；2012年份的阿迪阿尔托拉蒙特斯诺（Ad Altiora Montersino）则更注重带来清爽口感的优秀酸度，风味复杂。

| | |
|---|---|
| ● Roero Ròche dra Bòssora Ris. '12 | 🍷🍷 3* |
| ● Barbaresco Ad Altiora Montersino '12 | 🍷🍷 5 |
| ● Barbaresco Tera Mia Ris. '09 | 🍷🍷 5 |
| ● Barbera d'Alba A Bon Rendre '15 | 🍷🍷 2* |
| ● Barbera d'Alba Laboriosa Sup. '12 | 🍷 3 |
| ○ Roero Arneis Sernì '15 | 🍷 2 |
| ● Barbaresco Ad Altiora '11 | 🍷🍷 5 |
| ● Barbaresco Ad Altiora '10 | 🍷🍷 5 |
| ● Barbera d'Alba A Bon Rendre '13 | 🍷🍷 2* |
| ● Barbera d'Alba Laboriosa '11 | 🍷🍷 3 |
| ● Nebbiolo d'Alba Blagheur '13 | 🍷🍷 2* |
| ○ Roero Arneis Sernì '13 | 🍷🍷 2* |
| ● Roero Ròche dra Bòssora Ris. '11 | 🍷🍷 3* |

## Tenuta Tenaglia

s.da Santuario di Crea, 5
15020 Serralunga di Crea [AL]
Tel. +39 0142940252
www.tenutatenaglia.it

藏酒销售
预约参观
膳宿接待
年产量 120 000 瓶
葡萄种植面积 30 公顷
可持续发展酒庄

特纳格里亚酒庄（Tenuta Tenaglia）是蒙费拉托卡萨莱塞（Monferrato Casalese）葡萄酒世界中的瑰宝，旗下独具特色的系列美酒缔造了酒庄辉煌显赫的传奇过往。酒庄出产的美酒风格现代，但同时也谨慎地提升了葡萄品种的独特个性。特纳格里亚酒庄的主要产品是蒙费拉托巴贝拉（Barbera del Monferrato）和阿斯蒂巴贝拉（Barbera d' Asti），根据产量高低和陈年时间的长短分为多种款式。特纳格里亚酒庄将霞多丽（Chardonnay）单独发酵或者与帝莫拉索（Timorasso）进行混酿，打造出精美绝伦的蒙费拉托白葡萄酒（Monferrato Bianco）；同时西拉（Syrah）也经发酵后酿造成单一品种酒。在今年的品鉴中，特纳格里亚酒庄推荐的美酒名单中有两款阿斯蒂巴贝拉都杀入了我们的决赛圈，投入"三杯奖"奖杯的争夺中。情感阿斯蒂巴贝拉（Emozioni）和乔治奥特纳格里亚阿斯蒂巴贝拉（Giorgio Tenaglia）都展现出复杂的风味，飘散着浓郁的第三类香气，酒质优雅，口感美味，平衡度极佳。酒单中的其他美酒也表现不俗，从帕拉迪索西拉（Syrah Paradiso）到当季的吉诺林诺（Grignolino）和巴贝拉，证明了酒庄出品整体水平的卓越。

| | |
|---|---|
| ● Barbera d'Asti Emozioni '10 | 5 |
| ● Barbera d'Asti Giorgio Tenaglia '10 | 3* |
| ● Barbera d'Asti Bricco '15 | 2* |
| ● Barbera del M.to Cappella III '15 | 2* |
| ● Grignolino del M.to Casalese '15 | 2* |
| ● M.to Rosso Paradiso '10 | 5 |
| ● Barbera del M.to Sup. 1930 Una Buona Annata '12 | 5 |
| ⊙ M.to Chiaretto Edenrose '15 | 2 |
| ○ Piemonte Chardonnay '15 | 2 |
| ● Barbera d'Asti Emozioni '99 | 4* |
| ● Barbera del M.to Sup. 1930 Una Buona Annata '11 | 5 |
| ● Barbera del M.to Sup. 1930 Una Buona Annata '10 | 5 |
| ● Grignolino del M.to Casalese '13 | 2* |

## Terre del Barolo

via Alba-Barolo, 8
12060 Castiglione Falletto [CN]
Tel. +39 0173262053
www.terredelbarolo.com

藏酒销售
预约参观
年产量 3 800 000 瓶
葡萄种植面积 650 公顷
可持续发展酒庄

对于朗格产区（Langhe）而言，占地面积达到650公顷的葡萄园堪称无比广袤的存在，即便对于总部坐落于卡斯蒂格里奥尼法雷托（Castiglione Falletto）的著名协作酒庄巴罗洛之地酒庄（Terre del Barolo）而言也是如此。在积极投身葡萄酒酿造事业长达六十多年的时间里，这座地位重要的协作酒庄已经成为全球葡萄酒的灯塔，出品的美酒质量可信、定价合理，一再验证了酒庄对于本地风土的巨大关注，出品中包含一系列顶级名园酒可供爱好者选择。"质量工程"项目首发于15年前，酒庄借此对巴罗洛产区11座村庄不同微产区的所有细节进行详细的了解和考察。今天，这份努力投资在许多出品美酒中看到了回报，卓越的酒品满足了许多挑剔的味蕾，更掏空了许多酒迷的腰包。巴罗洛特瑞酒庄的巴罗洛葡萄酒完美无缺，从2012年份基本酒开始，根据"质量工程"的原则生产，酒体精良，酒质细腻，口味妙不可言。单一葡萄园精选系列的酿造时间比巴罗洛系列早几年，但是展现出同样的清爽口感，令人感到不可思议。同是2010年份酒，我们对于拉维拉巴罗洛（Ravera）的喜爱更甚于蒙维格里罗巴罗洛（Monvigliero），因为拉维拉巴罗洛经典饱满、酒质优雅；与此同时，2009年份的巴罗洛陈酿（Riservas）则呈现更加干爽的单宁。

| | |
|---|---|
| ● Barolo Monvigliero '10 | 6 |
| ● Barolo Ravera '10 | 6 |
| ● Barolo '12 | 5 |
| ● Barolo Castello Ris. '09 | 6 |
| ● Barolo Rocche di Castiglione Ris. '09 | 7 |
| ● Barbera d'Alba Valdisera '12 | 2* |
| ● Barolo Cannubi '09 | 7 |
| ● Barolo Cannubi '08 | 7 |
| ● Barolo Castello Ris. '08 | 6 |
| ● Barolo Castello Ris. '07 | 6 |
| ● Barolo Monvigliero '09 | 6 |
| ● Barolo Monvigliero '08 | 6 |
| ● Barolo Ravera '09 | 6 |
| ● Barolo Ravera '08 | 6 |

## ★Torraccia del Piantavigna

via Romagnano, 20
28074 Ghemme [NO]
Tel. +39 0163840040
www.torracciadelpiantavigna.it

藏酒销售
预约参观
年产量 150 000 瓶
葡萄种植面积 38 公顷
可持续发展酒庄

弗兰克利兄弟（Francoli）为酒庄选取的名字，如今被公认为皮埃蒙特（Piedmont）北部地区最动听、最具野心的名字，实际上这个名字并非是许多人认为的缩写或者绰号。皮安泰维格纳（Piantavigna）的意思是葡萄藤种植者，正是兄弟两人外公的姓氏，正是这位外公在诺瓦拉地区（Novara）和韦尔切利地区（Vercelli）至少六处不同的产区买下了几近40公顷的葡萄园，从而激励了酒庄后来的深入发展；而特利西亚（Torraccia）则是格美产区（Ghemme）创建于1977年的第一座内比奥罗（Nebbiolo）葡萄园的名字。皮安泰维格纳特利西亚酒庄（Torraccia del Piantavigna）生产的系列美酒品种繁多、无所不包，在伯佩·卡维奥拉（Beppe Caviola）的协助下，专注于生产气势恢宏质朴的红葡萄酒，主要在大型橡木桶中陈年，通常需要较长的陈年时间。2011年份的格美（Ghemme）和加蒂纳拉（Gattinara）果味活跃，质地浓郁，单宁劲道，后者的抢眼表现只是该系列酒品一贯高品质的反映。与此同时，2015年份的伊巴沃格利奥白葡萄酒（Bianco ErbaVoglio）也展现出精湛的酿造工艺，酒质更加清凛，气质更加飘逸。

| | |
|---|---|
| ● Ghemme '11 | 6 |
| ● Gattinara '11 | 6 |
| ○ Colline Novaresi Bianco ErbaVoglio '15 | 3 |
| ● Colline Novaresi Vespolina La Mostella '15 | 3 |
| ● Colline Novaresi Nebbiolo Ramale '13 | 4 |
| ⊙ Colline Novaresi Nebbiolo Rosato Barlàn '15 | 3 |
| ● Gattinara '09 | 5 |
| ● Gattinara '06 | 5 |
| ● Ghemme '10 | 5 |
| ● Ghemme '07 | 5 |
| ● Ghemme Ris. '07 | 5 |
| ● Ghemme Ris. '07 | 5 |
| ● Ghemme V. Pellizzane '10 | 6 |

## Giancarlo Travaglini

via delle Vigne, 36
13045 Gattinara [VC]
Tel. +39 0163833588
www.travaglinigattinara.it

藏酒销售
预约参观
年产量 250 000 瓶
葡萄种植面积 49 公顷
可持续发展酒庄

在整体占地面积只有一百多公顷的指定产区内，这座由辛奇娅·特拉瓦利尼（Cinzia Travaglini）和丈夫马西莫·克劳托（Massimo Collauto）合力经营的古老酒庄就拥有其中50公顷良田，出产经典的加蒂纳拉内比奥罗（Gattinara Nebbiolo）。铁质丰富的酸性土壤、干爽的气候条件，以及毗邻阿尔卑斯山带来的地理位置影响造就的特殊微环境，都忠诚地反映在吉安卡洛特拉瓦利尼酒庄（Giancarlo Travaglini）的系列酒品之中——具有无法错认的清凛口感和优雅个性。酒庄出品包括基本款系列、三藤系列（Tre Vigne）和陈酿系列（Riserva）等，每款佳酿在不同尺寸的橡木桶中陈年时间长短不等。除此之外，还有以极为成熟的葡萄酿造而成的桑格诺内比奥罗（Nebbiolo Il Sogno）。在今年的品鉴中，基本酒的表现都令人眼前一亮。2012年份的加蒂纳拉内比奥罗（Gattinara Nebbiolo）风味经典，忠诚反映出本地风土条件特色，果香清澈，散发着药草和大黄的醇香，口感演化成熟。与此同时，2011年份的加蒂纳拉陈酿风味与之类似，但是口感更加饱满，结构紧致精良，缠绵的余韵中蕴含着铁锈的滋味，收口果味丰盈，非常美味。

| | |
|---|---|
| ● Gattinara '12 | 6 |
| ● Gattinara Ris. '11 | 7 |
| ● Gattinara Tre Vigne '11 | 7 |
| ○ Nebolé Dosaggio Zero M. Cl. '11 | 8 |
| ● Coste della Sesia Nebbiolo '14 | 3 |
| ● Gattinara Ris. '04 | 5 |
| ● Gattinara Ris. '01 | 5 |
| ● Gattinara Tre Vigne '04 | 5 |
| ● Coste della Sesia Nebbiolo '13 | 3 |
| ● Gattinara '11 | 4 |
| ● Gattinara '10 | 4 |
| ● Gattinara Ris. '09 | 6 |
| ● Gattinara Tre Vigne '10 | 5 |

## ★G. D. Vajra

LOC. VERGNE
VIA DELLE VIOLE, 25
12060 BAROLO [CN]
TEL. +39 017356257
www.gdvajra.it

藏酒销售
预约参观
年产量 220 000 瓶
葡萄种植面积 50 公顷

在许多人看来，奥尔多·瓦加拉（Aldo Vajra）和米莱娜·瓦加拉（Milena Vajra）的伟大成就在于完美融合了酒庄显然相互矛盾的双重特性。一方面，历史悠久的瓦加拉酒庄（Vajra）深深根植于朗格地区（Langhe）的酿造传统，坚守传统标准；另一方面，该酒庄同时也成功地担当起探索朗格地区并不熟悉的葡萄品种的试验场和不同风土的测试台——例如以雷司令（Riesling）或者黑比诺（Pinot Nero）进行新酒的实验，更不用说在弗雷伊萨（Freisa）和起泡酒（Sparklers）方面的新尝试。然而，瓦加拉酒庄的主打产品依然是优雅“纤美”、口感轻快流畅、果味显著的巴罗洛酒（Barolo），酿造葡萄产自上巴罗洛的维奥峰葡萄园（Bricco delle Viole）和维格尼峰葡萄园（Bricco delle Vergne）、诺韦洛（Novello）的拉维拉葡萄园（Ravera）以及从宝达娜葡萄园（Luigi Baudana Estate）购买的塞拉伦加（Serralunga）赛莱塔葡萄园（Cerretta Crus）地块。不论酿造葡萄来自巴罗洛还是来自阿尔巴塞拉伦加，出产的巴罗洛美酒都展现出无懈可击的极高品质，正如今年斩获“三杯奖”大奖的维奥峰园巴罗洛（Bricco delle Viole），散发着覆盆子和野生草莓般悦人的果香，成为DOCG产区酒的典范。宝达娜园巴罗洛（Baudana）变化多端，层次分明，酒质演化成熟，果味精美；而相比较而言，拉维拉园巴罗洛（Ravera）的特质则没有那么突出。

| | |
|---|---|
| ● Barolo Bricco delle Viole '12 | ▼▼▼ 8 |
| ● Barolo Baudana '12 | ▼▼ 6 |
| ● Barolo Ravera '12 | ▼▼ 7 |
| ● Barbera d'Alba Sup. '13 | ▼▼ 5 |
| ● Barolo Albe '12 | ▼▼ 6 |
| ○ Langhe Riesling '15 | ▼▼ 5 |
| ○ Moscato d'Asti '15 | ▼▼ 3 |
| ● Langhe Freisa Kyè '12 | ▼ 5 |
| ● Barolo Baudana Luigi Baudana '09 | ▽▽▽ 6 |
| ● Barolo Bricco delle Viole '10 | ▽▽▽ 8 |
| ● Barolo Bricco delle Viole '05 | ▽▽▽ 8 |
| ● Barolo Bricco delle Viole '01 | ▽▽▽ 8 |
| ● Barolo Bricco delle Viole '00 | ▽▽▽ 8 |
| ● Barolo Cerretta Luigi Baudana '08 | ▽▽▽ 6 |

## Mauro Veglio

FRAZ. ANNUNZIATA
CASCINA NUOVA, 50
12064 LA MORRA [CN]
TEL. +39 0173509212
www.mauroveglio.com

藏酒销售
预约参观
年产量 80 000 瓶
葡萄种植面积 14 公顷
可持续发展酒庄

毛罗·维吉里奥（Mauro Veglio）的酒庄拥有占地面积不足15公顷的葡萄园，地处拉莫拉（La Morra）和阿尔巴蒙福特（Monforte d' Alba）的山间。在妻子达妮埃拉（Daniela）和兄弟埃里奥（Elio）的协助下，毛罗仅用了短短几年的时间，就变身为现代风格美酒的权威阐释者。虽然在旋转发酵罐中进行简单的浸渍脱皮、萃取葡萄液，以及在法国橡木桶中进行陈年，这一系列做法无疑是保证现代风格的选择，但是毛罗在酿造过程中展现出的卓越个人能力，令一切技术细节黯然失色。毛罗维吉里奥酒庄出品五款特色巴罗洛酒（Barolos）：巴罗洛基本酒、阿波利纳园巴罗洛（Arborina）、安努齐亚塔洛奇园巴罗洛（Rocche dell' Annunziata）、嘉特纳园巴罗洛（Gattera）和卡斯泰雷托园巴罗洛（Castelletto）。然而除此之外，酒庄也在诺瓦庄园（Cascina Nuova）等顶级葡萄园种植巴贝拉（Barbera）、多姿桃（Dolcetto）和赤霞珠（Cabernet Sauvignon）。在今年的品鉴中，顶级内比奥罗酒（Nebbiolos）表现出色。2012年份的阿波利纳园巴罗洛将劲道果香与精粹果味完美结合；同年份的卡斯泰雷托园巴罗洛相比较而言较为封闭内向，但是展现出同样珍贵的成熟演化度和集中度。2012年份的安努齐亚塔洛奇园巴罗洛斩获了今年的“三杯奖”大奖，它的风格质朴，可可粉的醇香融合樟脑的奇异芬芳进一步提升了甜美的香氛，随之而来的口感充实美味，给人留下深刻的印象，单宁光泽，清爽诱人。

| | |
|---|---|
| ● Barolo Rocche dell'Annunziata '12 | ▼▼▼ 8 |
| ● Barolo Arborina '12 | ▼▼ 7 |
| ● Barolo Castelletto '12 | ▼▼ 7 |
| ● Barbera d'Alba Cascina Nuova '14 | ▼▼ 5 |
| ● Barolo '12 | ▼▼ 5 |
| ● Barolo Gattera '12 | ▼▼ 7 |
| ● Langhe Nebbiolo '14 | ▼▼ 3 |
| ● Langhe Nebbiolo Angelo '15 | ▼▼ 3 |
| ● Langhe Rosso L'Insieme '13 | ▼▼ 6 |
| ● Barbera d'Alba '15 | ▼ 3 |
| ● Barbera d'Alba Cascina Nuova '99 | ▽▽▽ 5 |
| ● Barolo Arborina '10 | ▽▽▽ 6 |
| ● Barolo V. Rocche '96 | ▽▽▽ 8 |
| ● Barolo Vign. Arborina '01 | ▽▽▽ 6 |
| ● Barolo Vign. Arborina '00 | ▽▽▽ 6 |
| ● Barolo Vign. Gattera '05 | ▽▽▽ 6 |

## iovanni Viberti

A DELLE VIOLE 30
2060 BAROLO [CN]
EL. +39 017356192
www.viberti-barolo.com

藏酒销售
预约参观
餐饮接待
年产量 80 000 瓶
葡萄种植面积 18 公顷

乔瓦尼万博蒂酒庄（Giovanni Viberti）拥有悠久的传统，古老酒庄的历史几近一个世纪之久，最初缘于"慈父客栈"（Locanda del Buon Padre）为了款待来访客人开始酿造美酒——因此也是不折不扣的美食朝圣地。经过多年的发展，乔瓦尼万博蒂酒庄的产量也逐步提升，今天酒庄的声名也远播大洋彼岸。酒庄葡萄园拥有众多顶级葡萄园地块，主要位于巴罗洛（Barolo）高海拔的山峰，其中维奥峰葡萄园（Bricco delle Viole）更达到了海拔500米的高度。在今年的品鉴中，2012年份的慈父巴罗洛（Barolo Buon Padre）表现精彩，气质诱人，酿造葡萄来自不同的顶级葡萄园，散发着紫罗兰般幽然的花香，融入甘草的阵阵醇香，底蕴中透露出缕缕绿蔬的青绿风味和树根的气息，入口多汁，极为跃动，口感年轻清爽而轻快。与此同时，2010年份的维奥峰园巴罗洛陈酿（Barolo Bricco delle Viole Riserva）气质经典，散发着覆盆子和甘草的阵阵果香，酒香越发扑鼻芬芳，随之而来的是质朴无华的口感，单宁质地细腻，酸度活跃美味。

| | |
|---|---|
| ● Barolo Bricco delle Viole Ris. '10 | 🍷🍷 7 |
| ● Barolo Buon Padre '12 | 🍷🍷 6 |
| ● Barolo La Volta Ris. '10 | 🍷🍷 8 |
| ● Barolo San Pietro Ris. '10 | 🍷🍷 8 |
| ● Barbera d'Alba La Gemella '14 | 🍷 3 |
| ● Barbera d'Alba Sup. Bricco Airoli '11 | 🍷🍷 4 |
| ● Barolo Buon Padre '11 | 🍷🍷 6 |
| ● Barolo Buon Padre '10 | 🍷🍷 6 |
| ● Barolo La Volta Ris. '07 | 🍷🍷 8 |
| ● Barolo San Pietro Ris. '07 | 🍷🍷 8 |
| ● Langhe Nebbiolo '13 | 🍷🍷 3 |
| ● Langhe Nebbiolo '12 | 🍷🍷 3 |

## Vicara

VIA MADONNA DELLE GRAZIE, 5
15030 ROSIGNANO MONFERRATO [AL]
TEL. +39 0142488054
www.vicara.it

藏酒销售
预约参观
年产量 200 000 瓶
葡萄种植面积 40 公顷
葡萄栽培方式 生物动力学认证

多梅尼科·拉维扎（Domenico Ravizza）是一位干劲十足、极富进取心的葡萄栽培大师，他是土生土长的蒙费拉托卡萨莱塞人（Monferrato Casalese），如今他正不遗余力地推广维卡拉酒庄（Vicara）酿造的美酒，宣传他紧紧追随当地传统酿造法的生产理念。维卡拉酒庄以严格呈现本土特色的系列葡萄酒而闻名，同时也推出以国际葡萄品种酿造的单一葡萄酒或者混酿。酒窖采用个性化发酵技术，生产的美酒既易于饮用——在温控条件下进行简单的浸渍，又拥有极强的陈年潜力——在橡木桶中长期浸渍和陈年。在今年的品鉴中，多梅尼科显然致力于挑战自己，试图攀上从未抵达过的品质巅峰，并成功地以卓越的吉诺林诺（Grignolino）将"三杯奖"收入囊中。2015年的吉诺林诺极具个性，散发着黑胡椒的缕缕辛香，融入奎宁和烟草的醇香，随之而来的口感跃动，令人惊叹，单宁活跃，收口美味持久在唇齿之间流连不散。除此之外，维卡拉酒庄的其他推荐酒品也表现出极高的酿造技艺，再次验证了该酒庄出品平均水平之高。

| | |
|---|---|
| ● Grignolino del M.to Casalese '15 | 🍷🍷🍷 3* |
| ● Barbera del M.to Sup. Vadmò '12 | 🍷🍷 4 |
| ● Barbera del M.to Sup. Cantico della Crosia '13 | 🍷🍷 4 |
| ● Barbera del M.to Volpuva '15 | 🍷🍷 3 |
| ● Grignolino del M.to Casalese L'Uccelletta '12 | 🍷🍷 4 |
| ● M.to Rosso Rubello '11 | 🍷🍷 4 |
| ○ M.to Airales '15 | 🍷 3 |
| ● Barbera del M.to Cascina Rocca 33 '13 | 🍷🍷 3* |
| ● Barbera del M.to La Rocca '10 | 🍷🍷 3* |
| ● Barbera del M.to Sup. Vadmò '11 | 🍷🍷 4 |
| ● Barbera del M.to Sup. Vadmò '10 | 🍷🍷 4 |
| ● Barbera del M.to Sup. Vadmò '06 | 🍷🍷 3* |
| ● Grignolino del M.to Casalese '12 | 🍷🍷 3* |

## Giacomo Vico

via Torino, 80/82
12043 Canale [CN]
Tel. +39 0173970984
www.giacomovico.it

藏酒销售
预约参观
年产量 92 300 瓶
葡萄种植面积 18 公顷

自19世纪末开始，维柯家族（Vico）就是罗埃罗（Roero）葡萄酒世界不可或缺的重要部分。二战结束后，维柯酒庄并没有马上恢复生产，而是直至20世纪90年代初才再次开启酿酒冒险。吉亚科莫维柯酒庄的葡萄园包括许多顶级葡萄园地块，例如沃玛吉勒葡萄园（Valmaggiore）、圣米歇尔园（San Michele）和帕塔隆尼园（Patarrone）等，坐落在罗埃罗产区（Roero）经典的蓬松沙质土壤中，主要种植本地葡萄品种，例如阿内斯（Arneis）、巴贝拉（Barbera）、布拉切多（Brachetto）、费弗瑞塔（Favorita）和内比奥罗（Nebbiolo）等。在今年的品鉴中，我们非常喜爱2012年份的帕塔隆尼峰罗埃罗（Roero Bricco Patarrone），无疑跻身最佳产区酒行列，散发着红色水果略显辛辣的果香，在活跃酸度支撑下的酒骨令人印象深刻，保证了绵长悠然的收口感受。除此之外，2012年份的贾科莫罗埃罗陈酿（Roero Riserva Giacomo）吐露着如花的芬芳，融入草本植物的清香，口感多汁，果味丰盈；2012年份的巴罗洛（Barolo）的独特香氛更加突出，烟草的醇香与干花的芬芳交织缠绕，口感华美，酒质演化成熟，已经非常适合即刻饮用，单宁如同天鹅绒般丝滑，酸度劲道有力。

| | | |
|---|---|---|
| ● Roero Bricco Patarrone '12 | ▼▼ (red) | 4 |
| ● Barolo '12 | ▼▼ | 5 |
| ● Roero Giacomo Ris. '12 | ▼▼ | 4 |
| ● Barbera d'Alba Sup. '13 | ▼ | 4 |
| ● Nebbiolo D'Alba V. Valmaggione '12 | ▼ | 4 |
| ● Barbera d'Alba Sup. '12 | YY | 4 |
| ● Barolo '10 | YY | 5 |
| ● Barolo '09 | YY | 5 |
| ● Langhe Nebbiolo '12 | YY | 3 |
| ● Nebbiolo D'Alba Valmaggione '11 | YY | 4 |
| ● Nebbiolo D'Alba Valmaggione '10 | YY | 4 |
| ● Roero '11 | YY | 4 |
| ○ Roero Arneis '14 | YY | 3 |

## ★★Vietti

p.zza Vittorio Veneto, 5
12060 Castiglione Falletto [CN]
Tel. +39 017362825
www.vietti.com

藏酒销售
预约参观
年产量 250 000 瓶
葡萄种植面积 37 公顷

维提埃酒庄（Vietti）是意大利葡萄酒界最重要的酒庄之一，近期被克劳泽集团（Krause）收购，但是酒庄管理团队的人事并无变动，总经理依然是卢卡·库拉多（Luca Currado），销售总监依然是马里奥·柯德罗（Mario Cordero）。维提埃酒庄的成功很大程度上归功于其品质卓越的顶级葡萄园、长久以来追求卓越品质的决心，以及整个出品系列稳定的高水准。出品包含六款巴罗洛美酒（Barolo），每款都精心酿造而成，在条件良好的年份里，还会推出产量极为有限的维勒洛园巴罗洛陈酿（Riserva Villero）。在今年的品鉴中，克莱纳阿斯蒂巴贝拉（Barbera d' Asti La Crena）和斯佳隆园阿尔巴巴贝拉（Barbera d' Alba Vigna Scarrone）都表现出极高的水准。我们将“三杯奖”授予了2012年份的拉维拉园巴罗洛（Barolo Ravera），它的酒香较为封闭，散发着年轻的果香，口感美味，酸度清爽，单宁怡人惬意。相比而言，2012年份的珍珠园巴罗洛（Brunate）则更加柔美精致，散发着香料般的缕缕辛香，融入甘草的醇香，口感平衡美味；2012年份的卡斯蒂格里奥尼洛奇园巴罗洛（Rocche di Castiglione）则吐露着烟草略显辛辣的芬芳，融入似乎无所不在的红色莓果的缕缕果香，口感如同天鹅绒般丝滑，酒体适中。2012年份的拉扎瑞托园巴罗洛（Barolo Lazzarito）散发着红色水果甜美的果香，底蕴中透露出缕缕甘草的醇香，口感惬意美味，极富个性。

| | | |
|---|---|---|
| ● Barolo Ravera '12 | ▼▼▼ (red) | 8 |
| ● Barolo Brunate '12 | ▼▼ (red) | 8 |
| ● Barolo Lazzarito '12 | ▼▼ (red) | 8 |
| ● Barolo Rocche di Castiglione '12 | ▼▼ (red) | 8 |
| ● Barbera d'Alba Tre Vigne '14 | ▼▼ | 3 |
| ● Barbera d'Asti Tre Vigne '14 | ▼▼ | 3 |
| ● Barolo Castiglione '12 | ▼▼ | 7 |
| ● Dolcetto d'Alba Tre Vigne '15 | ▼▼ | 3 |
| ● Langhe Nebbiolo Perbacco '13 | ▼▼ | 4 |
| ● Barbera d'Asti Sup. Nizza La Crena '09 | YYY | 5 |
| ● Barolo Rocche '08 | YYY | 8 |
| ● Barolo Rocche di Castiglione '11 | YYY | 8 |
| ● Barolo Villero Ris. '07 | YYY | 8 |
| ● Barolo Villero Ris. '06 | YYY | 8 |
| ● Barolo Villero Ris. '04 | YYY | 8 |

## I Vignaioli di Santo Stefano

Loc. Marini, 26
12058 Santo Stefano Belbo [CN]
Tel. +39 0141840419
www.ivignaiolidisantostefano.it

藏酒销售
预约参观
年产量 285 000 瓶
葡萄种植面积 35 公顷
可持续发展酒庄

赛拉图家族（Ceretto）、桑提家族（Santi）和斯卡维诺家族（Scavino）于1976年创建了圣托斯特凡诺酿酒师酒庄（I Vignaioli di Santo Stefano），只专注于莫斯卡托葡萄酒（Moscato）的酿造，如今已经过去了四十年。圣托斯特凡诺酿酒师酒庄的葡萄园主要位于圣托斯特凡诺贝尔博（Santo Stefano Belbo），坐落在威尔迪维拉（Valdivilla）小村南山坡的白色土壤中，酒庄还在卡内里（Canelli）和卡洛索（Calosso）拥有几块小地块，所有地块都位于海拔320米至450米之间。酒庄基本上只出产阿斯蒂莫斯卡托低泡酒（Semi-sparking Moscato d' Asti）和阿斯蒂起泡甜酒（Sparkling Asti Spumante）。在今年的品鉴中，2015年份的阿斯蒂莫斯卡托充分展现出卓越采收酿造季的优势，散发着草本植物的清香，一抹百里香和鼠尾草的奇异芬芳若有似无地飘散，底蕴中透露出缕缕橘皮蜜饯的典型甜香。入口清爽但非常有力，残留糖分很高，但是与精美的酸度相得益彰。与此同时，2015年份的阿斯蒂清爽怡人，展现出同样卓越的品质，散发着水果蜜饯般的封闭香气，入口劲道美味。

| | |
|---|---|
| ○ Moscato d'Asti '15 | 🍷🍷 3* |
| ○ Asti '15 | 🍷🍷 3 |
| ○ Asti '14 | 🍷🍷 3 |
| ○ Asti '13 | 🍷🍷 3 |
| ○ Asti '12 | 🍷🍷 3 |
| ○ Asti '11 | 🍷🍷 3 |
| ○ Asti '10 | 🍷🍷 3 |
| ○ Moscato d'Asti '14 | 🍷🍷 5 |
| ○ Moscato d'Asti '13 | 🍷🍷 4 |
| ○ Moscato d'Asti '12 | 🍷🍷 4 |
| ○ Moscato d'Asti '11 | 🍷🍷 3 |
| ○ Moscato d'Asti '09 | 🍷🍷 4 |
| ○ Moscato d'Asti '08 | 🍷🍷 4 |

## ★Vigneti Massa

p.zza G. Capsoni, 10
15059 Monleale [AL]
Tel. +39 013180302
vignetimassa@libero.it

藏酒销售
预约参观
年产量 120 000 瓶
葡萄种植面积 25 公顷
可持续发展酒庄

玛萨家族（Massa）四代人都是经验丰富的葡萄栽培师，在酿酒师瓦尔特（Walter）接手酒庄之前，玛萨家族就已经开始出售他们酿造的美酒，只是没有装瓶。由于过去三十年来顾客品位不断发展，许多葡萄酒生产商也走过了与玛萨家族同样的道路。唯一的区别在于，玛萨酒庄拥有罕见的创造力和天才的酿造技艺，拥有从根本上改变形势的能力，仅在短短几年的时间里，就令本产区在国际市场上的声望一跃千里，这是他人无论如何也难以企及的成绩。在今年的品鉴中，酒庄推荐的2014年份的帝莫拉索（Timorasso）表现出色，它的酸度更加清爽，但其复杂的香氛抢去了清爽口感的风头；蒙太塞里瑞欧帝莫拉索（Montecitorio）和戴勒多纳帝莫拉索（Derthona）都表现精彩，极力展现出不俗的发展潜力。与此同时，2012年份的蒙莱亚莱（Monleale）是一款浓郁的美酒，口感劲道有力，收口时感到略高的酒精度；以莫斯卡托（Moscato）酿造而成的大宪政（Grande Anarchia Costituzionale）则散发着活跃的酒香，在极为优秀的酸度支撑下，口感饱满，酒质集中，气势壮阔。

| | |
|---|---|
| ○ Derthona '14 | 🍷🍷🍷 5 |
| ○ Montecitorio '14 | 🍷🍷🍷 6 |
| ○ Anarchia Costituzionale '15 | 🍷🍷 3 |
| ● Monleale '12 | 🍷🍷 6 |
| ● Pietra del Gallo '15 | 🍷 2 |
| ● Sentieri '15 | 🍷 4 |
| ○ Colli Tortonesi Bianco Costa del Vento '05 | 🍷🍷🍷 7 |
| ○ Colli Tortonesi Bianco Sterpi '04 | 🍷🍷🍷 6 |
| ○ Colli Tortonesi Timorasso Derthona '06 | 🍷🍷🍷 5 |
| ○ Colli Tortonesi Timorasso Sterpi '08 | 🍷🍷🍷 7 |
| ○ Colli Tortonesi Timorasso Sterpi '07 | 🍷🍷🍷 7 |
| ○ Costa del Vento '12 | 🍷🍷🍷 6 |
| ○ Derthona '09 | 🍷🍷🍷 5 |
| ○ Montecitorio '11 | 🍷🍷🍷 6 |
| ○ Montecitorio '10 | 🍷🍷🍷 6 |
| ○ Sterpi '13 | 🍷🍷🍷 6 |

## Vigneti Valle Roncati

VIA NAZIONALE, 10A
28072 BRIONA [NO]
TEL. +39 3355732548
www.vignetivalleroncati.it

藏酒销售
预约参观
年产量 40 000 瓶
葡萄种植面积 10 公顷

塞西莉娅·比安奇（Cecilia Bianchi）酿造的美酒品质稳定，越来越自信地接近卓越，她的努力已经得到了葡萄酒业界、媒体以及消费者的高度认可，从国际葡萄酒专业杂志和我们的品鉴授予的各项奖项可以清晰地说明这一点。隆卡迪酒庄（Vigneti Valle Roncati）的葡萄园位于景致迷人的山麓间，掩映于法拉（Fara）、西扎诺（Sizzano）和格美（Ghemme）等最著名的经典产区内，主要稠密地种植着内比奥罗（Nebbiolo），同时也出产诺瓦拉丘陵（Colline Novaresi）的几款红葡萄酒和白葡萄酒。佩皮（Il Pepin）是一款极富意趣的帕西多甜酒，以内比奥罗酿造而成，非常值得一试。在今年的品鉴中，2011年份的勒布朗克格美（Ghemme Leblanque）展现出独特的个性，散发着雨后泥土的丝丝醇香，融入奎宁的芬芳，随之而来的口感清爽多汁，平衡度极佳。与此同时，2012年份的西扎诺圣巴特洛蒙（Sizzano San Bartolomeo）香氛层次分明，跌宕开去，散发着龙胆根和大黄的醇香，口感有力，如同天鹅绒般丝滑，收口略苦。2015年份的四十年纪念版帕提塞拉白葡萄酒（Bianco Particella 40）美味而辛辣，酒精度和酸度相得益彰，我们向大家极力推荐。

| | |
|---|---|
| ● Ghemme Leblanque '11 | 🍷🍷 5 |
| ● Sizzano San Bartolomeo '12 | 🍷🍷 4 |
| ○ Colline Novaresi Bianco Particella 40 '15 | 🍷🍷 2* |
| ⊙ Colline Novaresi Nebbiolo Rosato Poderi di Sopra '15 | 🍷 3 |
| ● Colline Novaresi Vespolina '15 | 🍷 2 |
| ● Colline Novaresi Barbera V. di Mezzo '13 | 🍷🍷 2* |
| ● Colline Novaresi Nebbiolo V. di Sotto '09 | 🍷🍷 2* |
| ● Colline Novaresi Uva Rara '13 | 🍷🍷 2* |
| ● Colline Novaresi Vespolina '13 | 🍷🍷 2* |
| ● Colline Novaresi Vespolina '12 | 🍷🍷 2* |
| ● Fara Ciada '10 | 🍷🍷 3* |
| ● Fara V. di Sopra '10 | 🍷🍷 3 |
| ● Sizzano San Bartolomeo '11 | 🍷🍷 3* |

## Villa Giada

REG. CEIROLE, 10
14053 CANELLI [AT]
TEL. +39 0141831100
www.villagiada.wine

藏酒销售
预约参观
膳宿接待
年产量 180 000 瓶
葡萄种植面积 25 公顷

菲奇奥家族（Faccio）拥有三座庄园：它们分别是位于卡内里（Canelli）的吉亚达酒庄（Villa Giada）总部——包含一座精美酒窖和七公顷专门种植莫斯卡托（Moscato）的葡萄园；阿利亚诺泰尔梅（Agliano Terme）的黛尼庄园（Dani）；以及卡洛索（Calosso）的帕罗克庄园（Cascina del Parroco）——主要种植巴贝拉葡萄（Barbera）。然而，后来内比奥罗（Nebbiolo）、多姿桃（Dolcetto）、梅洛（Merlot）、霞多丽（Chardonnay）、苏维翁（Sauvignon）、柯蒂斯（Cortese）和嘉玛巴蒂佩尼斯（Gamba di pernice）进一步完善了酒庄的培育品种。在今年的品鉴中，吉亚达酒庄推荐的酒品都展现出高超的酿造技艺和可靠的品质，尤其是各种款式的阿斯蒂莫斯卡托（Moscato d' Asti）。2015年份的苏丽阿斯蒂莫斯卡托（Surì）吐露着陈皮蜜饯和蛋糕的甜美芬芳，口感美味均衡；2015年份的卡内里阿斯蒂莫斯卡托（Canelli）则表现出极佳的可饮性，口感清爽，散发着鼠尾草的醇香，底蕴中透露出缕缕白桃的迷人果香。辛辣的嘉玛巴蒂佩尼斯（Gamba di Pernice）是吉亚达酒庄出品中为数不多的单一葡萄品种酿造的美酒，单宁蓬松华美，酒体结构上佳。2015年份的苏丽阿斯蒂巴贝拉（Barbera d' Asti Surì）给人带来愉悦的感受，果味馥郁直接；2013年份的热忱尼扎超级阿斯蒂巴贝拉（Barbera d' Asti Superiore Nizza Dedicato）相比而言更加复杂，但是力道略逊一筹。

| | |
|---|---|
| ● Barbera d'Asti Sup. Nizza Dedicato a... '13 | 🍷🍷 5 |
| ● Barbera d'Asti Surì '15 | 🍷🍷 2* |
| ● Gamba di Pernice | 🍷🍷 2* |
| ○ Moscato d'Asti Canelli '15 | 🍷🍷 2* |
| ○ Moscato d'Asti Surì '15 | 🍷🍷 2* |
| ● Barbera d'Asti Ajan '15 | 🍷 2 |
| ● Barbera d'Asti Sup. La Quercia '14 | 🍷 3 |
| ● Barbera d'Asti Sup. La Quercia '13 | 🍷🍷 3 |
| ● Barbera d'Asti Sup. Nizza Bricco Dani '13 | 🍷🍷 4 |
| ● Barbera d'Asti Sup. Nizza Bricco Dani '11 | 🍷🍷 4 |
| ● Barbera d'Asti Sup. Nizza Dedicato a... '10 | 🍷🍷 5 |
| ○ Moscato d'Asti '13 | 🍷🍷 2* |
| ○ Moscato d'Asti Surì '14 | 🍷🍷 2* |

## ★Villa Sparina

FRAZ. MONTEROTONDO, 56
15066 GAVI [AL]
TEL. +39 0143633835
www.villasparina.it

预约参观
膳宿接待
年产量 550 000 瓶
葡萄种植面积 65 公顷

世界艺术界人士常常在斯巴琳娜酒庄（Villa Sparina）举行庆典活动，这座壮美的酒庄也因此时常见诸报端。这要归功于莫卡嘉塔家族（Moccagatta）的兄弟姐妹斯特凡诺（Stefano）、马西莫（Massimo）和蒂奇亚纳（Tiziana），他们将这座位于嘉维蒙泰罗通多（Monterotondodi Gavi）的庄园变成了一座带有精美酒窖、精品餐厅和舒适温泉的壮美度假胜地。不过，优美迤逦的景色并没有分散斯巴琳娜酒庄（Villa Sparina）对于酿造事业的关注，酒庄的酿造活动集中在面积超过60公顷的葡萄园，主要种植柯蒂斯葡萄（Cortese）；酒庄还在卡西内莱（Cassinelle）和里瓦尔塔柏米达（Rivalta Bormida）也拥有专门种植巴贝拉（Barbera）和多姿桃（Dolcetto）的地块。由此得到了不拘一格的酒品系列，其中起泡酒和适合长久陈年的白葡萄酒依然是明星产品。在今年的品鉴中，蒙泰罗通多嘉维的嘉维（Gavi di Gavi Monterotondo）表现出色，它斩落了“三杯奖”大奖，香氛饱满，层次多重，前味散发着生姜和药草的醇香，口感清爽，令人惊叹，展现出极佳的陈年潜力。2012年份的白中白干型葡萄酒（Blanc de Blancs Brut）酒质华美，是亚历山德里亚地区（Alessandria）最精美的传统酿造法起泡酒之一。

| | |
|---|---|
| ○ Gavi del Comune di Gavi Monterotondo '14 | ▼▼▼ 6 |
| ● Barbera del M.to Sup. Rivalta '13 | ▼▼ 6 |
| ○ Gavi del Comune di Gavi Et. Gialla '15 | ▼▼ 3 |
| ○ Villa Sparina Blanc de Blancs Brut '12 | ▼▼ 3 |
| ○ Gavi del Comune di Gavi Monterotondo '12 | ▽▽▽ 6 |
| ○ Gavi del Comune di Gavi Monterotondo '11 | ▽▽▽ 6 |
| ○ Gavi del Comune di Gavi Monterotondo '10 | ▽▽▽ 6 |
| ○ Gavi del Comune di Gavi Monterotondo '09 | ▽▽▽ 6 |
| ○ Gavi del Comune di Gavi Monterotondo '08 | ▽▽▽ 6 |

## Cantina Sociale di Vinchio Vaglio Serra

FRAZ. REG. SAN PANCRAZIO, 1
S.DA PROV.LE 40 KM. 3,75
14040 VINCHIO [AT]
TEL. +39 0141950903
www.vinchio.com

藏酒销售
预约参观
年产量 1 640 000 瓶
葡萄种植面积 420 公顷

19名生产商成员于1959年创立了瓦里奥塞拉协作酒庄（Vinchio Vaglio Serra cooperative）。如今的协作酒庄拥有185名成员，葡萄园的占地面积达到广袤的420公顷，其中不少园龄超过六十年，大部分位于温基奥（Vinchio）和瓦里奥塞拉（Vaglio Serra）；不过也有一些地块位于因奇萨斯卡帕奇诺（Incisa Scapaccino）、科尔蒂廖内（Cortiglione）、尼扎蒙费拉托（Nizza Monferrato）、卡斯泰尔诺沃贝尔博（Castelnuovo Belbo）、卡斯泰尔诺沃卡尔恰（Castelnuovo Calcea）和蒙贝尔切利（Mombercelli）。酒庄出品美酒展现出高超的酿造工艺，极为忠诚地反映出品种葡萄的特质。在今年的品鉴中，瓦里奥塞拉协作酒庄推荐的酒品一如既往地表现出色。2013年份的超级尼扎伦达娜阿斯蒂巴贝拉（Barbera d’Asti Superiore Nizza Laudana）散发着红色莓果典型的果香，融入雨水浸泡泥土的醇香，口感优雅，在酸度的良好支撑下，收口余韵绵长诱人，即时可饮。2015年份的莫利苏丽阿斯蒂巴贝拉（Barbera d’Asti Sorì dei Mori）也吐露着红色莓果轻快的果香，但是更加容易入口；2015年份的诺切阿斯蒂吉诺林诺（Grignolino d’Asti Le Nocche）多汁辛辣；2015年份的瓦拉马萨卡阿斯蒂莫斯卡托（Moscato d’Asti Valamasca）清爽美味，是同类酒品中的佼佼者。

| | |
|---|---|
| ● Barbera d’Asti Sorì dei Mori '15 | ▼▼ 2* |
| ● Barbera d’Asti Sup. Nizza Laudana '13 | ▼▼ 3 |
| ● Grignolino d’Asti Le Nocche '15 | ▼▼ 2* |
| ○ Moscato d’Asti Valamasca '15 | ▼▼ 2* |
| ● Barbera d’Asti V. Vecchie '14 | ▼ 3 |
| ● Ruché di Castagnole Monferrato Rebus '15 | ▼ 2 |
| ● Barbera d’Asti Sup. Sei Vigne Insynthesis '01 | ▽▽▽ 6 |
| ● Barbera d’Asti Sup. I Tre Vescovi '13 | ▽▽ 2* |
| ● Barbera d’Asti Sup. I Tre Vescovi '12 | ▽▽ 2* |
| ● Barbera d’Asti Sup. Nizza Laudana '12 | ▽▽ 3* |
| ● Barbera d’Asti Sup. Nizza Laudana '11 | ▽▽ 3 |
| ● Barbera d’Asti Sup. Vigne Vecchie '09 | ▽▽ 4 |
| ● Barbera d’Asti Vigne Vecchie 50 '13 | ▽▽ 3 |

## Virna

VIA ALBA, 24
12060 BAROLO [CN]
TEL. +39 017356120
www.virnabarolo.it

藏酒销售
预约参观
年产量 60 000 瓶
葡萄种植面积 12 公顷

采用巴罗洛产区（Barolo）顶级传奇葡萄园的酿造葡萄打造美酒，弗娜·伯格诺（Virna Borgogno）在妹妹伊凡娜·伯格诺（Ivana Borgogno）的协助下，将年轻的弗娜酒庄（Virna）发扬光大，出产一系列意趣盎然的佳酿，无论从品质上还是从定价上而言都越来越具有说服力。酿造巴罗洛美酒（Barolos）的原料葡萄来自撒马萨园（Sarmassa）、普莱达园（Preda）、卡努比博斯基斯园（Cannubi Boschis）等顶级葡萄园，此外弗娜酒庄还生产阿尔巴多姿桃（Dolcetto d' Alba）、阿尔巴巴贝拉（Barbera d' Alba）、阿尔巴内比奥罗（Nebbiolo d' Alba）、朗格内比奥罗（Langhe Nebbiolo）以及其他几种混酿。在今年的品鉴中，弗娜酒庄推荐的巴罗洛酒表现突出，尤其是2012年份的卡努比博斯基斯园巴罗洛，吐露着可可粉的浓醇气息，浸润着甘草的芬芳，口感非常复杂多汁。2010年份的巴罗洛陈酿（Barolo Riserva）则绵长有力，散发着熏香和秋日落叶的美妙香气，单宁质地细腻，但是依然需要时间进一步柔化。2015年份的巴罗斯（Ba Rosé）非常容易入口，是一款品质卓越的桃红葡萄酒。

| | |
|---|---|
| ● Barolo Cannubi Boschis '12 | 🍷🍷 6 |
| ● Barolo '12 | 🍷🍷 5 |
| ● Barolo del Comune di Barolo '12 | 🍷🍷 6 |
| ● Barolo Ris. '10 | 🍷🍷 5 |
| ⊙ BaRosé '15 | 🍷🍷 3 |
| ○ Langhe Arneis Solouno '15 | 🍷🍷 2* |
| ● Langhe Rosso Le Sorelle '13 | 🍷 3 |
| ● Barolo '11 | ♀♀ 5 |
| ● Barolo Cannubi Boschis '11 | ♀♀ 6 |
| ● Barolo del Comune di Barolo '11 | ♀♀ 6 |
| ● Barolo Preda Sarmassa Limited Edition 10 Anni '06 | ♀♀ 8 |
| ● Barolo Sarmassa '11 | ♀♀ 6 |
| ● Langhe Nebbiolo '13 | ♀♀ 3 |

## Vite Colte

VIA BERGESIA, 6
12060 BAROLO [CN]
TEL. +39 0173564611
www.vitecolte.it

藏酒销售
预约参观
年产量 1 200 000 瓶
葡萄种植面积 300 公顷
葡萄栽培方式 有机认证
可持续发展酒庄

规模庞大的协作酒庄泰拉达维诺（Terradavino）的生产总部位于朗格（Langhe）和蒙费拉托（Monferrato），决定使用维特柯尔特（Vite Colte）作为顶级精选美酒系列的名称，这一系列酒品专门供应给酒店和餐厅。葡萄园中的辛劳栽培和酒窖中的悉心酿造，打造出著名的拉鲁纳和法罗阿斯蒂巴贝拉（Barbera d' Asti La Luna e I Falo）——还有新推出的尼扎款（Nizza）——以及精华系列巴罗洛（Barolo Essenze）和贝拉庄莫斯卡托帕西多甜白葡萄酒（Moscato Passito La Bella Estate）。在今年的品鉴中，2012年份的精华巴罗洛散发着清爽的草本植物芬芳，融入丝丝烟草醇香，底蕴中透露出缕缕覆盆子和甘草的气息，更有一抹辛辣风味萦绕其间，口感非常饱满丰盈，单宁质地令人惊叹的细腻紧实，凭借这些美好的品质，终于将“三杯奖”收入囊中。酒庄还非常重视酿造口感饱满、酒体均衡的莫斯卡托帕西多甜白葡萄酒，2012年份酒无疑是这款酒最好的年份。尽管遭遇了艰难的气候条件，2014年份的尼扎吐露着无所不知的果香，口感不可思议的饱满丰盈。

| | |
|---|---|
| ● Barolo del Comune di Barolo Essenze '12 | 🍷🍷🍷 6 |
| ● Nizza La Luna e I Falò '14 | 🍷🍷 4 |
| ○ Piemonte Moscato Passito La Bella Estate '12 | 🍷🍷 5 |
| ● Barbaresco La Casa in Collina '13 | 🍷🍷 5 |
| ● Barbera d'Asti Sup. La Luna e I Falò '14 | 🍷🍷 4 |
| ● Barolo del Comune di Serralunga d'Alba Essenze '11 | 🍷🍷 7 |
| ● Barolo Essenze Ris. '07 | 🍷🍷 8 |
| ● Barolo Paesi Tuoi '12 | 🍷🍷 6 |
| ● Barbera d'Asti Sup. La Luna e I Falò '13 | ♀♀ 4 |
| ● Barbera d'Asti Sup. La Luna e I Falò '12 | ♀♀ 3 |
| ● Barbera d'Asti Sup. Nizza La Luna e I Falò '13 | ♀♀ 5 |
| ● Barolo del Comune di Barolo Essenze '11 | ♀♀ 6 |

## :lli Abrigo

ɔc. Berfi
ᴀ Moglia Gerlotto, 2
2055 Diano d'Alba [CN]
ᴇl. +39 017369104
ww.abrigofratelli.com

藏酒销售
页约参观
F产量 100 000 瓶
葡萄种植面积 27 公顷

| | |
|---|---|
| ● Diano d'Alba Sorì dei Berfi '15 | 🍷🍷 3* |
| ○ Alta Langa Brut Sivà '13 | 🍷🍷 4 |
| ● Nebbiolo d'Alba Tardiss '14 | 🍷🍷 3 |
| ● Barbera d'Alba Piasusa '15 | 🍷 2 |

## Annamaria Alemanni

Fraz. Cherli Inferiore, 64
15070 Tagliolo Monferrato [AL]
Tel. +39 0143896229
doppiaa@libero.it

藏酒销售
膳宿接待
年产量 6 000 瓶
葡萄种植面积 4 公顷
可持续发展酒庄

| | |
|---|---|
| ● Dolcetto di Ovada Anvud '14 | 🍷🍷 2* |
| ● Dolcetto di Ovada Sup. Ansè '13 | 🍷🍷 3 |
| ○ M.to Bianco Tre Lune '08 | 🍷🍷 2* |

## Alice Bel Colle

ᴇg. Stazione, 9
5010 Alice Bel Colle [AL]
'el. +39 014474413
vww.cantinaalicebc.it

藏酒销售
预约参观
年产量 80 000 瓶
葡萄种植面积 370 公顷

| | |
|---|---|
| ● Barbera d'Asti Al Casò '15 | 🍷🍷 2* |
| ● Barbera d'Asti Filari Sociali '15 | 🍷🍷 2* |
| ● Barbera d'Asti Sup. Alix '13 | 🍷🍷 3 |
| ○ Asti Classic M. Cl. | 🍷 4 |

## Antica Cascina Conti di Roero

Loc. Val Rubiagno, 2
12040 Vezza d'Alba [CN]
Tel. +39 017365459
www.oliveropietro.it

藏酒销售
预约参观
年产量 100 000 瓶
葡萄种植面积 13.5 公顷
可持续发展酒庄

| | |
|---|---|
| ⊙ Brut Rosé Maria Teresa M. Cl. | 🍷🍷 4 |
| ● Nebbiolo d'Alba '14 | 🍷🍷 2* |
| ○ Roero Arneis '15 | 🍷 2 |
| ● Roero V. Sant'Anna '13 | 🍷 3 |

## L'Astemia Pentita

ᴠia Crosia, 40
12060 Barolo [CN]
Tel. +39 0173560501
www.astemiapentita.it

| | |
|---|---|
| ● Barolo Cannubi '12 | 🍷🍷 8 |
| ● Barolo Terlo '12 | 🍷🍷 8 |
| ● Dinamico | 🍷 5 |

## La Ballerina

Fraz. Tana, 8
14048 Montegrosso d'Asti [AT]
Tel. +39 0141 956118
www.laballerina.it

| | |
|---|---|
| ● Barbera d'Asti Amoris '15 | 🍷🍷 3 |
| ● Barbera d'Asti La Notte '10 | 🍷🍷 3 |
| ● Grignolino d'Asti Alè '14 | 🍷 3 |
| ● M.to Rosso Infinitum '11 | 🍷 3 |

## Cantina Sociale Barbera dei Sei Castelli

VIA OPESSINA, 41
14040 CASTELNUOVO CALCEA [AT]
TEL. +39 0141957137
www.barberaseicastelli.it

藏酒销售
预约参观
年产量 80 000 瓶
葡萄种植面积 620 公顷

| | |
|---|---|
| ● Barbera d'Asti 50 Anni di Barbera '14 | 🍷🍷 2* |
| ● Barbera d'Asti Sup. Le Vignole '13 | 🍷🍷 3 |
| ● Barbera d'Asti Sup. Nizza '13 | 🍷🍷 4 |
| ● Barbera d'Asti '15 | 🍷 2 |

## Battaglio

LOC. BORBORE
VIA SALERIO, 15
12040 VEZZA D'ALBA [CN]
TEL. +39 017365423
www.battaglio.com

藏酒销售
预约参观
年产量 35 000 瓶
葡萄种植面积 5 公顷

| | |
|---|---|
| ● Barbaresco '13 | 🍷🍷 6 |
| ● Barbaresco Serragrilli '13 | 🍷 6 |

## Bea - Merenda con Corvi

S.DA SANTA CATERINA, 8
10064 PINEROLO [TO]
TEL. +39 3356824880
www.merendaconcorvi.it

藏酒销售
预约参观
膳宿接待
年产量 4 500 瓶
葡萄种植面积 1 公顷

| | |
|---|---|
| ● Merlot '13 | 🍷🍷 5 |
| ● Pinerolese Barbera '13 | 🍷🍷 4 |
| ● Pinerolese Barbera Foravia '15 | 🍷🍷 3 |
| ● Bel Ami '13 | 🍷 7 |

## Antonio Bellicoso

FRAZ. MOLISSO, 5A
14048 MONTEGROSSO D'ASTI [AT]
TEL. +39 0141953233
antonio.bellicoso@alice.it

藏酒销售
预约参观
年产量 10 000 瓶
葡萄种植面积 4 公顷
可持续发展酒庄

| | |
|---|---|
| ● Barbera d'Asti Amormio '15 | 🍷🍷 2* |
| ● Barbera d'Asti Merum '14 | 🍷🍷 4 |
| ● Freisa d'Asti '15 | 🍷 2 |

## Marco Bonfante

S.DA VAGLIO SERRA, 72
14049 NIZZA MONFERRATO [AT]
TEL. +39 0141725012
www.marcobonfante.com

藏酒销售
预约参观
年产量 270 000 瓶
葡萄种植面积 20 公顷

| | |
|---|---|
| ● Barbera d'Asti Sup. Stella Rossa '14 | 🍷🍷 2* |
| ● Barolo Bussia '11 | 🍷🍷 6 |
| ● Piemonte Rosso Albarone '13 | 🍷🍷 5 |
| ● Langhe Nebbiolo Imma '13 | 🍷 4 |

## F.lli Borgogno

VIA CROSIA 12
12060 BAROLO [CN]
TEL. +39 017356107
www.borgognoseriobattista.it

藏酒销售
预约参观
年产量 60 000 瓶
葡萄种植面积 5 公顷

| | |
|---|---|
| ● Barolo Cannubi '11 | 🍷🍷 7 |
| ● Nebbiolo d'Alba '13 | 🍷🍷 3 |
| ● Barbera d'Alba Sup. '12 | 🍷 4 |

## Boroli

FRAZ. MADONNA DI COMO, 34
12051 ALBA [CN]
TEL. +39 0173365477
www.boroli.it

藏酒销售
预约参观
膳宿接待
年产量 200 000 瓶
葡萄种植面积 32 公顷
可持续发展酒庄

| | |
|---|---|
| ● Barolo Cerequio '12 | 🍷🍷 7 |
| ● Barolo '12 | 🍷🍷 6 |
| ● Barolo Villero '12 | 🍷🍷 7 |

## Agostino Bosco

VIA FONTANE, 24
12064 LA MORRA [CN]
TEL. +39 0173509466
www.barolobosco.com

藏酒销售
预约参观
年产量 28 000 瓶
葡萄种植面积 5.5 公顷
可持续发展酒庄

| | |
|---|---|
| ● Barbera d'Alba Sup. Volupta '14 | 🍷🍷 3 |
| ● Barolo La Serra '12 | 🍷🍷 6 |
| ● Dolcetto d'Alba Vantrin '15 | 🍷🍷 2* |
| ● Langhe Nebbiolo Rurem '14 | 🍷 3 |

## Giacomo Boveri

VIA COSTA VESCOVATO, 15
15050 COSTA VESCOVATO [AL]
TEL. +39 0131838223
www.vignetiboveri.it

年产量 25 000 瓶
葡萄种植面积 10 公顷

| | |
|---|---|
| ● Colli Tortonesi Barbera Sup. Bricco della Ginestra '13 | 🍷🍷 3 |
| ○ Colli Tortonesi Cortese Campo del Bosco '15 | 🍷🍷 2* |

## Renato Buganza

LOC. CASCINA GARBINOTTO, 4
12040 PIOBESI D'ALBA [CN]
TEL. +39 0173619370
www.renatobuganza.it

藏酒销售
预约参观
年产量 35 000 瓶
葡萄种植面积 11 公顷
可持续发展酒庄

| | |
|---|---|
| ● Barbera d'Alba Sup. Gerbole '12 | 🍷🍷 2* |
| ● Nebbiolo d'Alba Gerbole '11 | 🍷 2 |
| ○ Roero Arneis dla Trifula '15 | 🍷 2 |

## Bussia Soprana

LOC. BUSSIA, 88A
12065 MONFORTE D'ALBA [CN]
TEL. +39 039305182
www.bussiasoprana.it

藏酒销售
预约参观
年产量 60 000 瓶
葡萄种植面积 16 公顷

| | |
|---|---|
| ● Barbera d'Alba Mosconi '13 | 🍷🍷 4 |
| ● Barbera d'Alba Vin del Ross '07 | 🍷🍷 5 |
| ● Barolo Bussia V. Gabutti '11 | 🍷🍷 8 |

## Oreste Buzio

V. PIAVE, 13
15049 VIGNALE MONFERRATO [AL]
TEL. +39 0142933197
www.orestebuzio.altervista.org

藏酒销售
预约参观
年产量 25 000 瓶
葡萄种植面积 6 公顷
葡萄栽培方式 有机认证

| | |
|---|---|
| ● Grignolino del M.to Casalese '15 | 🍷🍷 3* |
| ● Grignolino del M.to Casalese '14 | 🍷🍷 3 |
| ● Barbera del M.to Sup. Riccardo II '11 | 🍷 4 |

## Marco Canato

FRAZ. FONS SALERA
LOC. CA' BALDEA, 18/2
15049 VIGNALE MONFERRATO [AL]
TEL. +39 0142933653
www.canatovini.it

藏酒销售
预约参观
年产量 30 000 瓶
葡萄种植面积 11 公顷

- ● Barbera del M.to Gambaloita '15 ŸŸ 3
- ● Grignolino del M.to Casalese Celio '15 ŸŸ 3
- ○ Piemonte Chardonnay Piasì '15 Ÿ 3

## Pierangelo Careglio

LOC. APRATO, 15
12040 BALDISSERO D'ALBA [CN]
TEL. +39 017240436
www.cantinacareglio.com

藏酒销售
预约参观
年产量 30 000 瓶
葡萄种植面积 8 公顷

- ● Roero '13 ŸŸ 2*
- ● Barbera d'Alba '14 Ÿ 2
- ○ Langhe Favorita '15 Ÿ 2
- ○ Roero Arneis '15 Ÿ 2

## Carussin

REG. MARIANO, 27
14050 SAN MARZANO OLIVETO [AT]
TEL. +39 0141831358
www.carussin.it

藏酒销售
预约参观
餐饮接待
年产量 80 000 瓶
葡萄种植面积 15 公顷
葡萄栽培方式 有机认证

- ● Barbera d'Asti Asinoi '15 ŸŸ 2*
- ● Barbera d'Asti Lia Vì '15 ŸŸ 3
- ○ Moscato d'Asti Filari Corti '15 ŸŸ 3
- ● Ciuchinoi Ÿ 3

## Casavecchia

VIA ROMA, 2
12055 DIANO D'ALBA [CN]
TEL. +39 017369321
www.cantinacasavecchia.com

藏酒销售
预约参观
年产量 40 000 瓶
葡萄种植面积 8 公顷

- ● Barbera d'Alba San Quirico '13 ŸŸ 2*
- ● Barolo del Comune di Castiglione Falletto '10 ŸŸ 5
- ● Nebbiolo d'Alba Piadvenza '12 ŸŸ 3

## Cascina Castlet

S.DA CASTELLETTO, 6
14055 COSTIGLIOLE D'ASTI [AT]
TEL. +39 0141966651
www.cascinacastlet.com

藏酒销售
预约参观
年产量 250 000 瓶
葡萄种植面积 30 公顷
可持续发展酒庄

- ● Barbera d'Asti '15 ŸŸ 2*
- ● Barbera d'Asti Sup. Litina '12 ŸŸ 4
- ● Barbera d'Asti Sup. Passum '12 ŸŸ 5
- ○ Moscato d'Asti '15 Ÿ 2

## Cascina Flino

VIA ABELLONI, 7
12055 DIANO D'ALBA [CN]
TEL. +39 017369231
cascinaflino@gmail.com

藏酒销售
预约参观
膳宿接待
年产量 10 000 瓶
葡萄种植面积 4 公顷

- ● Barolo San Lorenzo di Verduno '12 ŸŸ 5
- ● Diano di Diano d'Alba Sorì Cascina Flino '15 ŸŸ 2*
- ● Nebbiolo d'Alba Sup. '14 ŸŸ 3

## Cascina Galarin Giuseppe Carosso

via Carossi, 12
14054 Castagnole delle Lanze [AT]
Tel. +39 0141878586
www.galarin.it

藏酒销售
年产量 20 000 瓶
葡萄种植面积 5 公顷
葡萄栽培方式 有机认证

- ● Barbera d'Asti Le Querce '14 ŸŸ 2*
- ○ Moscato d'Asti Prá Dône '15 ŸŸ 2*
- ● Barbera d'Asti Superiore Tinella '13 Ÿ 5
- ● M.to Bricco Rorisso '12 Ÿ 4

## Cascina La Maddalena

fraz. San Giacomo
loc. Piani del Padrone, 257
15078 Rocca Grimalda [AL]
Tel. +39 0143876074
www.cascina-maddalena.com

藏酒销售
预约参观
膳宿接待
年产量 25 000 瓶
葡萄种植面积 4 公顷

- ● Bricco della Maddalena Ÿ 5
- ● Pian del Merlo Ÿ 2

## Renzo Castella

via Alba, 15
12055 Diano d'Alba [CN]
Tel. +39 017369203
renzocastella@virgilio.it

藏酒销售
预约参观
年产量 20 000 瓶
葡萄种植面积 8 公顷

- ● Dolcetto di Diano d'Alba Sorì della Rivolia '15 ŸŸ 2*
- ● Dolcetto di Diano d'Alba '15 ŸŸ 2*
- ● Langhe Nebbiolo Madonnina '14 Ÿ 2

## Castello del Poggio

loc. Poggio, 9
14100 Portacomaro [AT]
Tel. +39 0141202543
www.poggio.it

藏酒销售
预约参观
年产量 800 000 瓶
葡萄种植面积 158 公顷

- ● Barbera d'Asti '14 ŸŸ 2*
- ● Grignolino d'Asti '15 ŸŸ 2*
- ○ Moscato d'Asti '15 ŸŸ 2*
- ○ Asti Ÿ 3

## Cavalier Bartolomeo

via Alba Barolo, 55
12060 Castiglione Falletto [CN]
Tel. +39 017362866
www.cavalierbartolomeo.com

年产量 15 000 瓶
葡萄种植面积 3.5 公顷

- ● Barolo San Lorenzo '12 ŸŸ 5
- ● Barolo Altenasso '12 ŸŸ 5

## Cerutti

via Canelli, 205
14050 Cassinasco [AT]
Tel. +39 0141851286
www.cascinacerutti.it

藏酒销售
预约参观
年产量 20 000 瓶
葡萄种植面积 6 公顷
可持续发展酒庄

- ● Barbera d'Asti '15 ŸŸ 2*
- ○ Moscato d'Asti Canelli Surì Sandrinet '15 ŸŸ 2*
- ○ Piemonte Chardonnay Riva Granda '14 ŸŸ 3
- ○ Enrico Cerutti Brut M. Cl. Ÿ 3

## Franco e Pierguido Ceste

C.SO ALFIERI, 1
12040 GOVONE [CN]
TEL. +39 017358635
www.cestevini.com

藏酒销售
预约参观
年产量 180 000 瓶
葡萄种植面积 20 公顷

- Barolo '12 ꙳꙳ 6
- Langhe Rosso Tubleu '13 ꙳꙳ 3
- Barbaresco '13 ꙳ 3

## Erede di Armando Chiappone

S.DA SAN MICHELE, 51
14049 NIZZA MONFERRATO [AT]
TEL. +39 0141721424
www.eredediarmandochiappone.com

藏酒销售
预约参观
餐饮接待
年产量 35 000 瓶
葡萄种植面积 10 公顷

- Barbera d'Asti Sup. Nizza Ru '11 ꙳꙳ 4
- Barbera d'Asti Brentura '13 ꙳꙳ 2*

## Il Chiosso

V.LE GUGLIELMO MARCONI 45-47A
13045 GATTINARA [VC]
TEL. +39 0163826739
www.ilchiosso.it

藏酒销售
预约参观
年产量 80 000 瓶
葡萄种植面积 12 公顷

- Gattinara '11 ꙳꙳ 3
- Gattinara Galizja '11 ꙳꙳ 5
- Ghemme '10 ꙳꙳ 3
- Fara '12 ꙳ 3

## Paride Chiovini

VIA GIUSEPPE GARIBALDI, 20
28070 SIZZANO [NO]
TEL. +39 3394304954
www.paridechiovini.it

藏酒销售
预约参观
年产量 10 000 瓶
葡萄种植面积 3 公顷

- Ghemme '12 ꙳꙳ 4
- Sizzano '11 ꙳꙳ 4
- Colline Novaresi Uva Rara '15 ꙳ 3
- Colline Novaresi Vespolina Afrodite '15 ꙳ 2

## Ciabot Berton

FRAZ. SANTA MARIA, 1
12064 LA MORRA [CN]
TEL. +39 017350217
www.ciabotberton.it

藏酒销售
预约参观
年产量 55 000 瓶
葡萄种植面积 12 公顷

- Barolo del Comune di La Morra '12 ꙳꙳ 5
- Barolo Rocchettevino '11 ꙳꙳ 6
- Barolo Rocchettevino Ris. '10 ꙳꙳ 8
- Barolo Roggeri '11 ꙳ 6

## Cantina Clavesana

FRAZ. MADONNA DELLA NEVE, 19
12060 CLAVESANA [CN]
TEL. +39 0173790451
www.inclavesana.it

藏酒销售
预约参观
年产量 3 400 000 瓶
葡萄种植面积 520 公顷
可持续发展酒庄

- Barbera d'Alba Sup. Era '13 ꙳꙳ 3
- Dogliani '15 ꙳꙳ 2*
- Dogliani Sup. 110 '13 ꙳꙳ 3
- Langhe Pinot Nero '14 ꙳꙳ 3

## Aldo Clerico

Loc. Manzoni, 69
12065 Monforte d'Alba [CN]
Tel. +39 017378509
www.aldoclerico.it

藏酒销售
预约参观
年产量 30 000 瓶
葡萄种植面积 7 公顷

- ● Barolo '12 🍷🍷 6
- ● Dolcetto d'Alba '15 🍷🍷 2*
- ● Langhe Nebbiolo '14 🍷🍷 3
- ● Barbera d'Alba '15 🍷 3

## Col dei Venti

via La Serra, 38
14049 Vaglio Serra [AT]
Tel. +39 0141793071
www.coldeiventi.com

预约参观
年产量 30 000 瓶
葡萄种植面积 10 公顷

- ● Barbaresco Túfoblu '13 🍷🍷 6
- ● Barbera d'Asti '15 🍷🍷 2*
- ● Barbera d'Asti Sup. '11 🍷🍷 3
- ● Barolo Debútto '12 🍷🍷 6

## Collina Serragrilli

via Serragrilli, 30
12052 Neive [CN]
Tel. +39 0173677010
www.serragrilli.it

藏酒销售
预约参观
年产量 100 000 瓶
葡萄种植面积 15 公顷

- ● Barbaresco Serragrilli '13 🍷🍷 5
- ● Barbaresco Starderi '13 🍷🍷 7
- ○ Langhe Grillobianco '15 🍷 2
- ● Langhe Grillorosso '13 🍷 3

## Colombera & Garella

via Cascina Cottignano, 2
13866 Masserano [BI]
Tel. +39 01596967
colomberaegarella@gmail.com

藏酒销售
预约参观
年产量 30 000 瓶
葡萄种植面积 9 公顷

- ● Bramaterra Cascina Cottignano '12 🍷🍷 4
- ● Lessona Pizzaguerra '12 🍷🍷 4
- ● Costa della Sesia Rosato Cascina Cottignano '13 🍷 4

## Colombo - Cascina Pastori

reg. Cafra, 172b
14051 Bubbio [AT]
Tel. +39 0144852807
www.colombovino.it

藏酒销售
预约参观
年产量 40 000 瓶
葡萄种植面积 10 公顷
可持续发展酒庄

- ○ Piemonte Chardonnay Spumante Blanc de Blancs Andrè M. Cl. '12 🍷🍷 5
- ● Piemonte Pinot Nero Apertura '13 🍷🍷 3
- ⊙ Alta Langa Brut Rosé Silvì Ris. '11 🍷 5

## Contratto

via G. B. Giuliani, 56
14053 Canelli [AT]
Tel. +39 0141823349
www.contratto.it

藏酒销售
预约参观
年产量 140 000 瓶
葡萄种植面积 21 公顷

- ○ For England Pas Dosé Blanc de Noirs '11 🍷🍷 6
- ⊙ For England Pas Dosé Rosé M. Cl. '11 🍷🍷 6
- ○ Millesimato Extra Brut M. Cl. '11 🍷 5

## Cuvage

Stradale Alessandria, 90
15011 Acqui Terme [AL]
Tel. +39 0144371600
www.cuvage.com

年产量 80 000 瓶
葡萄种植面积 200 公顷

- ○ Brut Blanc de Blancs M. Cl. — 🍷🍷 3
- ⊙ Brut Rosé M. Cl. — 🍷 3
- ○ Pas Dosé Cuvage de Cuvage M. Cl. — 🍷 3

## Dacapo

s.da Asti Mare, 4
14041 Agliano Terme [AT]
Tel. +39 0141964921
www.dacapo.it

藏酒销售
预约参观
年产量 50 000 瓶
葡萄种植面积 8.5 公顷
葡萄栽培方式 有机认证

- ● Barbera d'Asti Sup. Valrionda '13 — 🍷🍷 3
- ● Ruchè di Castagnole M.to Majoli '15 — 🍷🍷 3
- ● Barbera d'Asti Sanbastiàn '14 — 🍷 2
- ● Piemonte Pinot Nero Cantacucco '13 — 🍷 5

## Giovanni Daglio

via Montale Celli, 10
15050 Costa Vescovato [AL]
Tel. +39 0131838262
www.vignetidaglio.com

藏酒销售
年产量 15 000 瓶
葡萄种植面积 10 公顷

- ○ Colli Tortonesi Timorasso Derthona Cantico '14 — 🍷🍷 4
- ● Colli Tortonesi Barbera Pias '14 — 🍷🍷 2*

## F.lli Facchino

loc. Val del Prato, 210
15078 Rocca Grimalda [AL]
Tel. +39 014385401
www.vinifacchino.it

藏酒销售
预约参观
年产量 60 000 瓶
葡萄种植面积 17 公顷

- ● Dolcetto di Ovada Poggiobello '14 — 🍷🍷 2*
- ● M.to Rosso Note d'Autunno '11 — 🍷🍷 3
- ● Barbera del M.to Terre del Re '13 — 🍷 2

## Fabio Fidanza

via Rodotiglia, 55
14052 Calosso [AT]
Tel. +39 0141826921
a.a.fidanza@gmail.com

藏酒销售
预约参观
年产量 20 000 瓶
葡萄种植面积 10 公顷

- ● M.to Rosso Que Duàn '14 — 🍷🍷 3
- ○ Moscato d'Asti '15 — 🍷🍷 2*
- ● Barbera d'Asti '14 — 🍷 2
- ● Barbera d'Asti Sup. Sterlino '14 — 🍷 4

## Forteto della Luja

reg. Candelette, 4
14051 Loazzolo [AT]
Tel. +39 014487197
www.fortetodellaluja.it

藏酒销售
预约参观
年产量 50 000 瓶
葡萄种植面积 11 公顷
葡萄栽培方式 有机认证

- ○ Loazzolo V. T. Piasa Rischei '12 — 🍷🍷 6
- ● Piemonte Brachetto Passito Pian dei Sogni '13 — 🍷🍷 5
- ● Barbera d'Asti Mon Ross '15 — 🍷 2

## La Fusina
B.GO SANTA LUCIA, 33
12063 DOGLIANI [CN]
TEL. +39 017370488
www.lafusina.com

藏酒销售
预约参观
年产量 80 000 瓶
葡萄种植面积 20 公顷
可持续发展酒庄

| | |
|---|---|
| ● Barbera d'Alba '15 | 🍷🍷 3 |
| ● Barolo '12 | 🍷🍷 5 |
| ● Dogliani Sup. Cavagnè '14 | 🍷🍷 3 |
| ○ Langhe Chardonnay '15 | 🍷 2 |

## Garesio
LOC. SORDO, 1
12050 SERRALUNGA D'ALBA [CN]
TEL. +39 3667076775
www.garesiovini.it

年产量 11 000 瓶
葡萄种植面积 5.8 公顷

| | |
|---|---|
| ● Barbera d'Asti Superiore Nizza '13 | 🍷🍷 4 |

## Cantine Garrone
VIA SCAPACCIANO, 36
28845 DOMODOSSOLA [VB]
TEL. +39 0324242990
www.cantinegarrone.it

藏酒销售
预约参观
年产量 50 000 瓶
葡萄种植面积 10 公顷

| | |
|---|---|
| ● Valli Ossane Rosso Cà d'Maté '13 | 🍷🍷 3 |
| ● Valli Ossolane Nebbiolo Sup. Prünent '13 | 🍷🍷 4 |
| ● Valli Ossolane Rosso Tarlàp '14 | 🍷 2 |

## La Giribaldina
FRAZ. SAN VITO, 39
14042 CALAMANDRANA [AT]
TEL. +39 0141718043
www.giribaldina.com

藏酒销售
预约参观
膳宿接待
年产量 70 000 瓶
葡萄种植面积 11 公顷

| | |
|---|---|
| ● Barbera d'Asti Sup. Vign. della Val Sarmassa '14 | 🍷🍷 3 |
| ● Barbera d'Asti Sup. Nizza Cala delle Mandrie '13 | 🍷 4 |

## Tenuta L'Illuminata
LOC. SANT'ANNA, 30
12064 LA MORRA [CN]
TEL. +39 0302279601
www.lilluminata.it

藏酒销售
预约参观
膳宿接待
年产量 47 000 瓶
葡萄种植面积 11 公顷
可持续发展酒庄

| | |
|---|---|
| ● Barbera d'Alba Colbertina '13 | 🍷🍷 3 |
| ● Barolo Tebavio '12 | 🍷🍷 6 |
| ● Dolcetto d'Alba Savincato '15 | 🍷🍷 3 |

## Lagobava
CA' BERGANTINO, 5
15049 VIGNALE MONFERRATO [AL]
TEL. +39 3476900656
www.lagobava.it

藏酒销售
预约参观
年产量 12 000 瓶
葡萄种植面积 5 公顷
葡萄栽培方式 有机认证

| | |
|---|---|
| ● L'Ago '10 | 🍷🍷 5 |
| ● M.to Rosso '09 | 🍷🍷 6 |
| ● Piemonte Barbera '14 | 🍷🍷 3 |
| ● M.to Rosso L'Amo '13 | 🍷 4 |

## Maccagno
via Bonora, 29
12043 Canale [CN]
Tel. +39 0173979438
www.cantinamaccagno.it

藏酒销售
预约参观
年产量 50 000 瓶
葡萄种植面积 10 公顷

| | |
|---|---|
| ● Barbera d'Alba Sup. Arcalè '13 | 🍷🍷 3 |
| ○ Maccagno Brut M. Cl. | 🍷🍷 3 |
| ○ Roero Arneis Excellence by Nikki '14 | 🍷🍷 3 |
| ● Roero S. Michele '12 | 🍷🍷 3 |

## Tenuta La Marchesa
via Gavi, 87
15067 Novi Ligure [AL]
Tel. +39 0143743362
www.tenutalamarchesa.it

藏酒销售
预约参观
膳宿接待
年产量 250 000 瓶
葡萄种植面积 56.45 公顷

| | |
|---|---|
| ○ Gavi Etichetta Bianca '15 | 🍷🍷 2* |
| ○ Gavi Etichetta Oro '15 | 🍷🍷 3 |

## Marenco
p.zza Vittorio Emanuele II, 10
15019 Strevi [AL]
Tel. +39 0144363133
www.marencovini.com

藏酒销售
预约参观
膳宿接待
年产量 250 000 瓶
葡萄种植面积 80 公顷
可持续发展酒庄

| | |
|---|---|
| ● Brachetto d'Acqui Pineto '15 | 🍷🍷 3 |
| ○ Moscato d'Asti Scrapona '15 | 🍷🍷 3 |
| ○ Strevi Passri' di Scrapona '09 | 🍷🍷 6 |
| ● Dolcetto d'Acqui Marchesa '15 | 🍷 3 |

## Le Marie
via San Defendente, 6
12032 Barge [CN]
Tel. +39 0175345159
www.lemarievini.eu

藏酒销售
预约参观
餐饮接待
年产量 24 000 瓶
葡萄种植面积 8 公顷

| | |
|---|---|
| ○ Blanc de Lissart | 🍷🍷 2* |
| ⊙ Le Marie Pas Dosé Rosato M. Cl. | 🍷🍷 3 |
| ● Pinerolese Barbera Colombe '13 | 🍷🍷 3 |
| ● Pinerolese Rosso Debárges '13 | 🍷🍷 3 |

## La Masera
s.da San Pietro, 32
10010 Piverone [TO]
Tel. +39 0113164161
www.lamasera.it

藏酒销售
预约参观
年产量 18 000 瓶
葡萄种植面积 5 公顷
可持续发展酒庄

| | |
|---|---|
| ○ Erbaluce di Caluso Anima '15 | 🍷🍷 2* |
| ○ Erbaluce di Caluso Brut Masile M. Cl. | 🍷🍷 4 |
| ○ Erbaluce di Caluso Macaria '14 | 🍷🍷 3 |
| ● Canavese Barbera Monte Gerbido '14 | 🍷 2 |

## Tenuta La Meridiana
fraz. Tana Bassa
via Tana Bassa, 5
14048 Montegrosso d'Asti [AT]
Tel. +39 0141956172
www.tenutalameridiana.com

藏酒销售
预约参观
年产量 80 000 瓶
葡萄种植面积 10 公顷
葡萄栽培方式 有机认证
可持续发展酒庄

| | |
|---|---|
| ● Barbera d'Asti Sup. Bricco Sereno '13 | 🍷🍷 4 |
| ● Barbera d'Asti Sup. Tra La Terra e Il Cielo '12 | 🍷🍷 4 |
| ○ Joaçaba Brut M. Cl. | 🍷🍷 5 |

## F.lli Monchiero

ia Alba-Monforte, 49
2060 Castiglione Falletto [CN]
el. +39 017362820
www.monchierovini.it

藏酒销售
预约参观
年产量 40 000 瓶
葡萄种植面积 12 公顷

- ● Barolo Montanello Ris. '10 🍷🍷 5
- ● Barolo Rocche di Castiglione Falletto '12 🍷🍷 5
- ○ Langhe Arneis '15 🍷 2

## Franco Mondo

reg. Mariano, 33
14050 San Marzano Oliveto [AT]
Tel. +39 0141834096
www.francomondo.net

藏酒销售
预约参观
年产量 75 000 瓶
葡萄种植面积 13 公顷

- ● Barbera d'Asti '15 🍷🍷 2*
- ● Barbera d'Asti Sup. Il Salice '13 🍷🍷 3
- ● Barbera d'Asti Sup. Nizza Le Rose '11 🍷 5
- ● M.to Rosso Di.Vino '13 🍷 3

## Mongioia

raz. Valdivilla, 40
2058 Santo Stefano Belbo [CN]
el. +39 0141847301
www.mongioia.com

年产量 40 000 瓶
葡萄种植面积 10 公顷

- ○ Meramentae Brut '14 🍷🍷 5
- ○ Moscato d'Asti Belb '15 🍷🍷 3
- ○ Moscato d'Asti Crivella '11 🍷🍷 6
- ○ Moscato d'Asti La Moscata '15 🍷 3

## La Montagnetta

fraz. Bricco Cappello, 4
14018 Roatto [AT]
Tel. +39 0141938343
www.lamontagnetta.com

葡萄种植面积 10 公顷

- ● Barbera d'Asti Sup. Piovà '13 🍷🍷 4
- ● Freisa d'Asti Bugianen '15 🍷🍷 2*
- ● Piemonte Bonarda Frizzante Insopita '15 🍷🍷 2*
- ● Barbera d'Asti Pi-Cit '15 🍷 2

## Morgassi Superiore

case Sparse Sermoria, 7
5066 Gavi [AL]
el. +39 0143642007
www.morgassisuperiore.it

藏酒销售
预约参观
年产量 130 000 瓶
葡萄种植面积 20 公顷

- ○ Gavi del Comune di Gavi Tuffo '15 🍷🍷 3
- ○ M.to Bianco Timorgasso '13 🍷🍷 4
- ○ Gavi del Comune di Gavi Volo '14 🍷 4

## Diego Morra

via Cascina Mosca, 37
12060 Verduno [CN]
Tel. +39 3284623209
www.verdunopelaverga.it

藏酒销售
预约参观
年产量 15 000 瓶
葡萄种植面积 30 公顷

- ● Barolo '11 🍷🍷 6
- ○ Chardonnay '15 🍷🍷 3
- ● Verduno Pelaverga '15 🍷 4

## Ada Nada

loc. Rombone
via Ausario, 12
12050 Treiso [CN]
Tel. +39 0173638127
www.adanada.it

藏酒销售
预约参观
膳宿接待
年产量 45 000 瓶
葡萄种植面积 9 公顷

| | |
|---|---|
| ● Barbera d'Alba Pierin '15 | 🍷🍷 3 |
| ○ Langhe Sauvignon Neta '15 | 🍷 2 |

## Giuseppe Negro

via Gallina, 22
12052 Neive [CN]
Tel. +39 0173677468
www.negrogiuseppe.com

藏酒销售
预约参观
年产量 55 000 瓶
葡萄种植面积 9 公顷

| | |
|---|---|
| ● Barbaresco Gallina '13 | 🍷🍷 6 |
| ● Barbaresco PianCavallo '13 | 🍷🍷 6 |
| ⊙ Langhe Rosato Monsù '15 | 🍷🍷 3 |

## Cantina Sociale di Nizza

s.da Alessandria, 57
14049 Nizza Monferrato [AT]
Tel. +39 0141721348
www.nizza.it

藏酒销售
预约参观
年产量 200 000 瓶
葡萄种植面积 560 公顷
葡萄栽培方式 有机认证
可持续发展酒庄

| | |
|---|---|
| ● Barbera d'Asti Le Pole '15 | 🍷🍷 2* |
| ● Barbera d'Asti Sup. Magister '14 | 🍷🍷 2* |
| ● Barbera d'Asti Sup. Nizza Ceppi Vecchi '14 | 🍷🍷 4 |
| ● Piemonte Barbera Progetto in Origine '15 | 🍷🍷 2* |

## Silvano Nizza

fraz. Balla Lora 29a
12040 Santo Stefano Roero [CN]
Tel. +39 017390516
www.nizzasilvano.com

藏酒销售
预约参观
年产量 65 000 瓶
葡萄种植面积 8 公顷

| | |
|---|---|
| ● Barbera d'Alba Sup. '14 | 🍷🍷 4 |
| ● Roero '13 | 🍷🍷 5 |
| ○ Roero Arneis '15 | 🍷 3 |

## Pace

fraz. Madonna di Loreto
Cascina Pace, 52
12043 Canale [CN]
Tel. +39 0173979544
dinonegropace@gmail.com

藏酒销售
预约参观
年产量 60 000 瓶
葡萄种植面积 22 公顷

| | |
|---|---|
| ● Roero '13 | 🍷🍷 3 |
| ● Roero Ris. '12 | 🍷🍷 5 |
| ● Barbera d'Alba '14 | 🍷 2 |
| ○ Roero Arneis '15 | 🍷 2 |

## Agostino Pavia e Figli

fraz. Bologna, 33
14041 Agliano Terme [AT]
Tel. +39 0141954125
www.agostinopavia.it

藏酒销售
预约参观
膳宿接待
年产量 75 000 瓶
葡萄种植面积 9 公顷

| | |
|---|---|
| ● Barbera d'Asti Sup. Moliss '13 | 🍷🍷 3 |
| ● Barbera d'Asti Casareggio '15 | 🍷 2 |
| ● Grignolino d'Asti '15 | 🍷 2 |

## Magda Pedrini

A Pratolungo, 163
5066 Gavi [AL]
'el. +39 0143667923
www.magdapedrini.it

藏酒销售
预约参观
F产量 90 000 瓶
葡萄种植面积 10.5 公顷
可持续发展酒庄

| | |
|---|---|
| Gavi del Comune di Gavi Domino '14 | 🍷🍷4 |
| Gavi del Comune di Gavi E' '15 | 🍷🍷3 |
| Gavi del Comune di Gavi La Piacentina '15 | 🍷🍷3 |

## Pelassa

B.go Tucci, 43
12046 Montà [CN]
Tel. +39 0173971312
www.pelassa.com

藏酒销售
年产量 80 000 瓶
葡萄种植面积 14 公顷

| | |
|---|---|
| ● Barolo '12 | 🍷🍷6 |
| ● Barolo Bussia '11 | 🍷🍷6 |
| ● Roero Antaniolo Ris. '12 | 🍷🍷4 |
| ● Barbera d'Alba Sup. San Pancrazio '14 | 🍷3 |

## 'asquale Pelissero

ascina Crosa, 2
2052 Neive [CN]
:L. +39 017367376
ww.pasqualepelissero.com

藏酒销售
预约参观
=产量 35 000 瓶
葡萄种植面积 8 公顷

| | |
|---|---|
| Barbaresco Cascina Crosa '13 | 🍷🍷4 |
| Barbaresco San Giuliano Bricco '13 | 🍷🍷5 |

## Elio Perrone

s.da San Martino, 3bis
12053 Castiglione Tinella [CN]
Tel. +39 0141855803
www.elioperrone.it

藏酒销售
预约参观
年产量 200 000 瓶
葡萄种植面积 14 公顷
可持续发展酒庄

| | |
|---|---|
| ● Barbera d'Asti Sup. Mongovone '14 | 🍷🍷5 |
| ● Barbera d'Asti Tasmorcan '15 | 🍷2 |
| ○ Moscato d'Asti Sourgal '15 | 🍷2 |

## uido Platinetti

Roma, 60
074 Ghemme [NO]
.. +39 3389945783
atinettivini.com

酒销售
约参观
产量 15 000 瓶
葡萄种植面积 5.5 公顷

| | |
|---|---|
| Colline Novaresi Nebbiolo '14 | 🍷🍷3 |
| Colline Novaresi Vespolina '15 | 🍷2 |
| Ghemme V. Ronco Maso '11 | 🍷4 |

## Poderi ai Valloni

via della Traversagna, 1
28010 Boca [NO]
Tel. +39 032287332
www.podereaivalloni.it

藏酒销售
预约参观
年产量 5 000 瓶
葡萄种植面积 3 公顷
可持续发展酒庄

| | |
|---|---|
| ● Boca V. Cristiana '10 | 🍷🍷6 |
| ● Colline Novaresi Nebbiolo Gratus '14 | 🍷3 |

## Paolo Giuseppe Poggio
via Roma, 67
15050 Brignano Frascata [AL]
Tel. +39 0131784929
www.cantinapoggio.com

藏酒销售
预约参观
年产量 18 000 瓶
葡萄种植面积 3.5 公顷

- ○ Colli Tortonesi Timorasso Derthona Ronchetto '14 🍷🍷 2*
- ○ Campogallo '15 🍷 1*
- ● Colli Tortonesi Barbera Campo La Bà '14 🍷 2

## Pomodolce
via IV Novembre, 7
15050 Montemarzino [AL]
Tel. +39 0131878135
www.pomodolce.it

藏酒销售
预约参观
餐饮接待
年产量 14 000 瓶
葡萄种植面积 4 公顷
葡萄栽培方式 有机认证

- ● Colli Tortonesi Monleale Marsen '13 🍷🍷
- ○ Colli Tortonesi Timorasso Diletto '14 🍷

## Punset
via Zocco, 2
12052 Neive [CN]
Tel. +39 017367072
www.punset.com

藏酒销售
预约参观
膳宿接待
年产量 100 000 瓶
葡萄种植面积 17 公顷
葡萄栽培方式 有机认证

- ● Barbaresco Basarin Ris. '11 🍷🍷 5
- ● Barbaresco San Cristoforo Campo Quadro '09 🍷🍷 6

## Gianmatteo Raineri
loc. Panerole, 24
12060 Novello [CN]
Tel. +39 3396009289
www.rainerivini.com

藏酒销售
预约参观
年产量 20 000 瓶
葡萄种植面积 3.3 公顷
可持续发展酒庄

- ● Barbera d'Alba Sagrin '14 🍷🍷
- ● Barolo Monserra '12 🍷🍷
- ● Langhe Nebbiolo Snart '14 🍷🍷
- ● Dogliani Cornole '15 🍷

## Réva
loc. San Sebastiano, 68
12065 Monforte d'Alba [CN]
Tel. +39 0173789269
www.revamonforte.it

藏酒销售
预约参观
膳宿接待
年产量 35 000 瓶
葡萄种植面积 8 公顷
可持续发展酒庄

- ● Barolo '12 🍷🍷 5
- ● Barolo Ravera '12 🍷🍷 7
- ○ Langhe Sauvignon '15 🍷 3

## Carlo Daniele Ricci
via Montale Celli, 9
15050 Costa Vescovato [AL]
Tel. +39 0131838115
www.aziendaagricolaricci.com

藏酒销售
预约参观
膳宿接待
年产量 40 000 瓶
葡萄种植面积 8 公顷

- ● Castellania 🍷🍷
- ○ Il Giallo di Costa 🍷🍷

## Pietro Rinaldi

FRAZ. MADONNA DI COMO
12051 ALBA [CN]
TEL. +39 0173360090
www.pietrorinaldi.com

藏酒销售
预约参观
膳宿接待
年产量 70 000 瓶
葡萄种植面积 10 公顷

| | |
|---|---|
| ● Barbaresco San Cristoforo '13 | 🍷🍷 5 |
| ● Barolo Monvigliero '12 | 🍷🍷 6 |
| ● Langhe Nebbiolo Argante '13 | 🍷🍷 4 |
| ○ Langhe Arneis Hortensia '15 | 🍷 2 |

## Silvia Rivella

LOC. MONTESTEFANO, 17
12050 BARBARESCO [CN]
TEL. +39 0173635040
www.agriturismorivella.it

藏酒销售
膳宿接待
年产量 7 000 瓶
葡萄种植面积 1.5 公顷

| | |
|---|---|
| ● Barbaresco '13 | 🍷🍷 6 |
| ● Barbaresco Montestefano '13 | 🍷🍷 7 |

## Rivetto

LOC. LIRANO, 2
12050 SINIO [CN]
TEL. +39 0173613380
www.rivetto.it

藏酒销售
预约参观
膳宿接待
年产量 100 000 瓶
葡萄种植面积 20 公顷

| | |
|---|---|
| ● Barolo Leon Ris. '10 | 🍷🍷 8 |
| ● Barbera d'Alba Zio Nando '13 | 🍷 5 |

## Rossi Contini

S.DA SAN LORENZO, 20
15076 OVADA [AL]
TEL. +39 0143822530
www.rossicontini.com

藏酒销售
预约参观
年产量 17 000 瓶
葡萄种植面积 4.5 公顷
可持续发展酒庄

| | |
|---|---|
| ● Barbera del M.to Sup. Cras Tibi '13 | 🍷🍷 3 |
| ○ Cortese dell'Alto M.to Cortesia '15 | 🍷 2 |
| ● Ovada Viign. Ninan '14 | 🍷 4 |

## Sant'Anna dei Bricchetti

S.DA DEI BRICCHETTI, 11
14055 COSTIGLIOLE D'ASTI [AT]
TEL. +39 3484420363
www.santanna-dei-bricchetti.it

葡萄种植面积 5 公顷

| | |
|---|---|
| ● Barbera d'Asti Ricordi '14 | 🍷🍷 3 |
| ● Barbera d'Asti Sup. Bricchetti '13 | 🍷🍷 4 |
| ○ Moscato d'Asti '15 | 🍷 3 |

## Tenuta Santa Caterina

VIA GUGLIELMO MARCONI, 17
14035 GRAZZANO BADOGLIO [AT]
TEL. +39 0141925108
www.tenuta-santa-caterina.it

年产量 50 000 瓶
葡萄种植面积 23 公顷

| | |
|---|---|
| ● Barbera d'Asti Sup. Setecàpita '12 | 🍷🍷 3 |
| ● Barbera d'Asti Sup. V. Lina '13 | 🍷🍷 3 |
| ● Freisa d'Asti Sorì di Giul '12 | 🍷🍷 3 |
| ● Grignolino d'Asti Arlandino '14 | 🍷 2 |

## Giacomo Scagliola

REG. SANTA LIBERA, 20
14053 CANELLI [AT]
TEL. +39 0141831146
www.scagliola-canelli.it

藏酒销售
年产量 80 000 瓶
葡萄种植面积 15 公顷

- ● Barbera d'Asti Sup. Bric dei Mandorli '13 3*
- ○ Moscato d'Asti Canelli Sifasol '15 2*
- ● Barbera d'Asti '14 2
- ● Barbera d'Asti Sup. La Faia '14 2

## Simone Scaletta

LOC. MANZONI, 61
12065 MONFORTE D'ALBA [CN]
TEL. +39 3484912733
www.simonescaletta.it

藏酒销售
预约参观
膳宿接待
年产量 20 000 瓶
葡萄种植面积 4.75 公顷

- ● Barolo Bricco San Pietro Chirlet '12 6
- ● Dolcetto d'Alba Viglioni '15 2
- ● Langhe Nebbiolo Autin 'd Madama '14 3

## Segni di Langa

LOC. RAVINALI, 25
12060 RODDI [CN]
TEL. +39 3803945151
www.segnidilanga.it

藏酒销售
预约参观
膳宿接待
年产量 6 000 瓶
葡萄种植面积 0.9 公顷
可持续发展酒庄

- ● Barbera d'Alba Greta '15 4
- ● Langhe Pinot Nero '15 4

## Aurelio Settimo

FRAZ. ANNUNZIATA, 30
12064 LA MORRA [CN]
TEL. +39 017350803
www.aureliosettimo.com

藏酒销售
预约参观
年产量 40 000 瓶
葡萄种植面积 6.64 公顷

- ● Barolo Rocche dell'Annunziata '12 6
- ● Barolo '12 5

## Poderi Sinaglio

FRAZ. RICCA
VIA SINAGLIO, 5
12055 DIANO D'ALBA [CN]
TEL. +39 0173612209
www.poderisinaglio.it

藏酒销售
预约参观
膳宿接待
年产量 35 000 瓶
葡萄种植面积 13 公顷

- ● Dolcetto di Diano d'Alba Sorì Bric Maiolica '15 2*
- ● Nebbiolo d'Alba Giachet '14 3
- ● Barbera d'Alba Erta '14 3

## Sobrero Francesco

VIA PUGNANE, 5
12060 CASTIGLIONE FALLETTO [CN]
TEL. +39 017362864
www.sobrerofrancesco.it

藏酒销售
预约参观
膳宿接待
年产量 90 000 瓶
葡萄种植面积 16 公顷

- ● Barolo Ciabot Tanasio '12 6
- ● Barolo Pernanno Ris. '10 7
- ● Barbera d'Alba La Pichetera '13 3

## La Spinosa Alta

Ne Cascina Spinosa Alta, 8
15038 Ottiglio [AL]
Tel. +39 0142921372
www.laspinosaalta.it

藏酒销售
预约参观
膳宿接待
年产量 12 000 瓶
葡萄种植面积 3 公顷

| | |
|---|---|
| ● Barbera del M.to Sup. La Punta '11 | 🍷🍷 3 |
| ○ Solstizio | 🍷🍷 3 |
| ● Grignolino del M.to Casalese '14 | 🍷 2 |

## Tenuta Cucco

Loc. Cucco
via Mazzini, 10
12050 Serralunga d'Alba [CN]
Tel. +39 0173613003
www.tenutacucco.it

藏酒销售
预约参观
年产量 70 000 瓶
葡萄种植面积 12.5 公顷

| | |
|---|---|
| ● Barolo Cerrati V. Cucco Ris. '10 | 🍷🍷 8 |
| ● Barolo Cerrati '12 | 🍷🍷 7 |
| ● Barolo del Comune di Serralunga d'Alba '12 | 🍷🍷 6 |

## La Toledana

Loc. Sermoira, 5
15066 Gavi [AL]
Tel. +39 0141837287
www.latoledana.it

藏酒销售
预约参观
年产量 145 000 瓶
葡萄种植面积 28 公顷

| | |
|---|---|
| ● Barolo Ravera Lo Zoccolaio '11 | 🍷🍷 7 |
| ○ Gavi del Comune di Gavi La Toledana '15 | 🍷🍷 5 |

## La Torretta

s.da prov.le per Cavaglio, 10
28074 Ghemme [NO]
Tel. +39 0163840764
www.latorrettavinighemme.it

藏酒销售
预约参观
年产量 15 000 瓶
葡萄种植面积 5 公顷

| | |
|---|---|
| ● Ghemme Il Motto '09 | 🍷🍷 6 |
| ● Colline Novaresi Rosso Il Tordo '10 | 🍷 3 |

## Tre Secoli

via Stazione, 15
14046 Mombaruzzo [AT]
Tel. +39 014177019
www.tresecoli.com

藏酒销售
预约参观
年产量 400 000 瓶
葡萄种植面积 1200 公顷
葡萄栽培方式 有机认证

| | |
|---|---|
| ● Barbera d'Asti San Pietro '15 | 🍷🍷 2* |
| ● Barbera d'Asti Sup. Nizza '13 | 🍷🍷 4 |
| ● Barbera d'Asti Sup. Sorangela '13 | 🍷🍷 3 |
| ● Piemonte Rosso Decoro '13 | 🍷 5 |

## Trediberri

b.ta Torriglione, 4
12064 La Morra [CN]
Tel. +39 3391605470
www.trediberri.com

藏酒销售
预约参观
年产量 35 000 瓶
葡萄种植面积 8 公顷
葡萄栽培方式 有机认证

| | |
|---|---|
| ● Barolo '12 | 🍷🍷 5 |
| ● Barolo Rocche dell'Annunziata '12 | 🍷🍷 7 |
| ● Langhe Nebbiolo '15 | 🍷🍷 2* |
| ● Barbera d'Alba '15 | 🍷 3 |

## F.lli Trinchero

via Gorra, 49
14048 Montegrosso d'Asti [AT]
Tel. +39 0141956167
www.fllitrincherovino.com

藏酒销售
预约参观
年产量 50 000 瓶
葡萄种植面积 12 公顷

- ● Barbera d'Asti La Trincherina '15 — 2*
- ● Barbera d'Asti Sup. Rico '12 — 3

## Poderi Vaiot

Borgata Laione, 43
12046 Montà [CN]
Tel. +39 0173976283
www.poderivaiot.it

年产量 25 000 瓶
葡萄种植面积 4 公顷

- ● Nebbiolo d'Alba '14 — 3
- ○ Roero Arneis '15 — 2*
- ● Barbera d'Alba Lupestre '14 — 2

## Valfaccenda

fraz. Madonna Loreto
loc. Val Faccenda, 43
12043 Canale [CN]
Tel. +39 3397303837
www.valfaccenda.it

藏酒销售
预约参观
年产量 16 000 瓶
葡萄种植面积 3 公顷
可持续发展酒庄

- ● Roero '14 — 4
- ● Vindabeive '15 — 3
- ○ Roero Arneis '15 — 3

## La Vecchia Posta

via Montebello, 2
15050 Avolasca [AL]
Tel. +39 0131876254
www.lavecchiaposta-avolasca.com

藏酒销售
预约参观
膳宿接待
年产量 10 000 瓶
葡萄种植面积 2.7 公顷
葡萄栽培方式 有机认证

- ● Rosso Ciliegio — 3
- ○ Colli Tortonesi Timorasso Il Selvaggio '14 — 3

## Alessandro Veglio

fraz. Annunziata, 53
12064 La Morra [CN]
Tel. +39 3385699102
www.risveglioinlanga.it

年产量 10 000 瓶
葡萄种植面积 3 公顷

- ● Barolo Gattera '12 — 7
- ● Barolo '12 — 5

## Alberto Voerzio

fraz. Annunziata, 103A
12064 La Morra [CN]
Tel. +39 3333927654
www.albertovoerzio.com

藏酒销售
预约参观
年产量 12 000 瓶
葡萄种植面积 5 公顷

- ● Barolo '12 — 6
- ● Barolo La Serra '12 — 6

# 利古里亚区
# LIGURIA

利古里亚产区（Liguria）是意大利葡萄酒酿造全景中赏心悦目、令人迷醉的一幅画面。这里小型酒庄林立，景色宜人的葡萄园俯瞰大海，倚靠山坡，四周环绕着低矮的干石围墙和梯田，只有通过崎岖小路才能抵达。因此这里的葡萄产量比较低，只占据意大利全国葡萄酒产量的0.4%至0.5%。不过幸运的是，在利古里亚产区，远有比简单的出产数字更重要的东西。近些年来，利古里亚美酒开始在顶级餐厅和葡萄酒狂热爱好者心中占据越来越重要的位置。这里的佳酿是海和风的儿女，酿造的葡萄承袭了产区独一无二的风土条件带来的独特风味。出品的美酒魅力无穷，不论是红葡萄酒还是白葡萄酒，都展现出如同刀锋般锐利的口感，风味复杂，融入浓醇矿物质的美味，颇具地中海风尚，果味尤其饱满突出，更有丝丝碘化物的独特芬芳萦绕其间。在今年的年鉴中，利古里亚产区有六款美酒斩获了我们的“三杯奖”（Tre Bicchieri）大奖，它们几乎都来自温暖而复杂的采收酿造期——2015年份。这一年降水很少，这样的气候条件赋予白葡萄酒极佳的结构和酒精度（我们同时也倾向于相信对于优异的陈年潜力大有好处）。在获奖美酒中仅有一款红葡萄酒，那就是来自特莱比安奇葡萄园（Terre Bianche）诱人且优雅的2014年份的阿坎纳峰园多尔切阿库瓦（Dolceacqua Bricco Arcagna）。正如我们已经阐明的那样，其余获奖佳酿都是伟大的白葡萄酒：就东部地区而言，包括鲁纳博索尼酒庄（Lunae Bosoni）、蓝布卢斯科酒庄（Lambruschi）和太阳湾酒庄（La Baia del Sole）出品的三款维蒙蒂诺美酒（Vermentinos），尤其是太阳湾酒庄的维蒙蒂诺酒更是首次摘下“三杯奖”桂冠；就西部地区而言，则是两款品质卓越的皮佳多（Pigatos），分别是吉恩斯特拉亚酒庄（Ginestraia）的玛瑞吉皮佳多（Le Marige）——也是首次斩获大奖的美酒——以及阿尔本加（Albenga）的家庭酒庄柏欧维欧酒庄（BioVio）出品的美妙的妙中妙皮佳多（Bon in da Bon）。柏欧维欧酒庄更是荣获“2017年度最佳种植商”（Grower of the Year）的殊誉。只需通过简单的了解，我们就可以看出利古里亚产区始终致力于保存产区悠久的种植和酿造传统，将其视为未来发展的首要策略之一。从皮佳多（Pigato）到维蒙蒂诺（Vermentino）、罗瑟丝（Rossese）、奥梅斯科（Ormeasco）、博斯克（Bosco）、阿巴罗拉（Albarola）、白吉诺维斯（Bianchetta Genovese）和露玛希娜（Lumassina），利古里亚产区的种植品种名单还很长，但是利古里亚产区的酿酒人意志坚定，信心满满。在接下来的日子里，我们将越来越多地听到来自利古里亚产区的消息，小型酒庄的小生意将会逐渐成长壮大，新的酒庄不断开张，该产区的酒庄还会同时向前来造访的客人提供农庄住宿和餐饮服务，在供应美酒的同时，还会向来客出售各种本地特色农产品。这种模式将会给利古里亚产区的葡萄酒经济带来新生，正如瓦莱达奥斯塔（Valle d' Aosta）、埃特纳山（Mount Etna）或者阿马尔菲海岸（Amalfi Coast）等其他虽然不具备葡萄生长优越条件，但是景色极为优美的产区那样。

## Massimo Alessandri

via Costa Parrocchia, 42
18020 Ranzo [IM]
Tel. +39 018253458
www.massimoalessandri.it

藏酒销售
预约参观
餐饮接待
年产量 35 000 瓶
葡萄种植面积 7 公顷

近些年来，马西莫·亚历山德里（Massimo Alessandri）对自己的酒庄持续加大投入。2015年新栽培的格拉纳（Granaccia）葡萄藤就是扩建计划的一部分，实际上马西莫在几年前就开始种植黑葡萄品种。除此之外，三年前新开发的罗瑟丝葡萄园（Rossese）坐落在小镇兰佐（Ranzo）海拔4000米高的山顶。与此同时，为了提高酒庄的整体产量，尤其是白葡萄酒的产量，从明年开始，亚历山德里酒庄葡萄园还会增加瑚珊（Roussanne）和维欧尼（Viognier）等新品种。在亚历山德里酒庄今年推荐的美酒中，2015年份的皮佳多（Pigato）表现尤为出色，它摇曳着淡淡稻黄色的光晕，散发着诱人的阳光般气息，入口感到活跃的矿物质醇浓滋味。同样令人兴趣盎然的还有2014年份的威鲁斯（Viorus），它散发着桉树和接骨木花柔美馥郁的芬芳，继而融入甘菊的热烈香气，果味协调平衡，收口美味悠然回荡，直至攀上美妙的巅峰。与此同时，2014年份的格拉纳（Granaccia）也同样令我们印象深刻，散发着浓郁且直接的野生莓果果香，单宁如同天鹅绒般丝滑，极好地平衡了美妙的果味。

| | |
|---|---|
| ● Ligustico '13 | 🍷🍷 6 |
| ● Riviera Ligure di Ponente Granaccia '14 | 🍷🍷 4 |
| ○ Riviera Ligure di Ponente Pigato Costa de Vigne '15 | 🍷🍷 3 |
| ● Riviera Ligure di Ponente Rossese '15 | 🍷🍷 2* |
| ○ Viorus Costa de Vigne '14 | 🍷🍷 5 |
| ○ Riviera Ligure di Ponente Vermentino Costa de Vigne '15 | 🍷 3 |
| ● Riviera Ligure di Ponente Granaccia '13 | 🥂🥂 4 |
| ○ Riviera Ligure di Ponente Pigato Costa de Vigne '14 | 🥂🥂 3 |
| ○ Riviera Ligure di Ponente Pigato Costa de Vigne '13 | 🥂🥂 3* |
| ○ Riviera Ligure di Ponente Pigato Vigne Vegie '14 | 🥂🥂 4 |
| ○ Viorus '13 | 🥂🥂 5 |

## Laura Aschero

p.zza Vittorio Emanuele, 7
18027 Pontedassio [IM]
Tel. +39 0183710307
www.lauraaschero.it

藏酒销售
预约参观
年产量 60 000 瓶
葡萄种植面积 50 公顷

劳拉艾斯切洛酒庄（Laura Aschero）酒窖的改建工程终于完工了，巨大的通风天花板与暴露在外的砖石外墙吸引了越来越多的美酒爱好者和游客前来造访。艾斯切洛酒庄的位置也很好寻找，正处于彭泰达西奥小城（Pontedassio）的中心广场下方一栋15世纪的古老建筑中。比安卡·里佐（Bianca Rizzo）市场营销专业大学毕业后就回到家族酒庄，如今照料打理酒庄的方方面面，她是马可·里佐（Marco Rizzo）与卡拉（Carla）的女儿，也是酒庄创始人劳拉·艾斯切洛的孙女。在酒窖翻新改造的同时，酒庄葡萄园干石墙极具挑战的修复和重建工作也终于于2015年竣工。在劳拉艾斯切洛酒庄今年推荐的参选美酒中，2015年份的皮佳多（Pigato）表现出色，它的色泽浓郁，摇曳着明亮清新的淡绿色光晕，吐露着阳光的气息，散发着苹果和梨子的美妙果香，不久底蕴中缓缓透出缕缕榛子的醇香。口感经典协调，强劲有力，别具一格，和谐美味。相比较而言，2015年份的维蒙蒂诺（Vermentino）则略失水准，虽然展现出一定的个性，但是缺乏平衡，果香中融入了矿物质的醇香，收口感受诱人美味。

| | |
|---|---|
| ○ Riviera Ligure di Ponente Pigato '15 | 🍷🍷 3* |
| ○ Riviera Ligure di Ponente Vermentino '15 | 🍷🍷 3 |
| ● Riviera Ligure di Ponente Rossese '15 | 🍷 3 |
| ○ Riviera Ligure di Ponente Vermentino '10 | 🥂🥂🥂 3* |
| ○ Riviera Ligure di Ponente Pigato '14 | 🥂🥂 3 |
| ○ Riviera Ligure di Ponente Pigato '13 | 🥂🥂 3* |
| ○ Riviera Ligure di Ponente Vermentino '14 | 🥂🥂 3 |
| ○ Riviera Ligure di Ponente Vermentino '12 | 🥂🥂 3* |

## La Baia del Sole - Federici

RAZ. LUNI ANTICA
IA FORLINO, 3
9034 ORTONOVO [SP]
EL. +39 0187661821
www.cantinefederici.com

藏酒销售
预约参观
年产量 150 000 瓶
葡萄种植面积 25 公顷

费德里希家族（Federici）漂亮的酒庄于2015年6月开张营业，这座采用了现代化设计的酒庄布局合理高效，技术先进，同时又兼顾了环境保护理念，欢迎畅享美酒之旅的游客造访参观。太阳湾酒庄（La Baia del Sole）这样优质的酒庄在利古里亚区（Ligurian）几乎无可匹敌，鲜有对手。安德里亚·费德里希（Andrea Federici）和卢卡·费德里希（Luca Federici）继承了家族酒庄，安德里亚负责葡萄园管理和葡萄酒销售业务；卢卡则负责葡萄酒的酿造工作。两人合力不断加大投资力度，进一步提升出品美酒的高品质。在今年的品鉴中，2015年份的塞提科拉（Sarticola）极有特色，充分展现出兄弟二人努力的成果。它的风味复杂，香氛浓郁，吐露着百里香和鼠尾草的醇浓芬芳，一抹夏日繁花的浓香飘过，底蕴中透露出缕缕成熟果香，更有海盐和药草的奇异气息若有似无地萦绕其间。口感丰盈，结构上佳，极具个性，各方面特质都十分突出。与此同时，2015年份的金色埃希（Oro d' Isée）是一款展现出自然特质的伟大美酒，它均衡而温和，口感有力，融入矿物质的浓醇滋味，跃动的收口令人心满意足。除此之外，2015年份的索拉里斯（Solaris）极富个性，需要更多的陈年时间，随着时间的蔓延，将会攀上品质的巅峰。

| | | |
|---|---|---|
| ○ Colli di Luni Vermentino Sarticola '15 | 🍷🍷🍷 | 4* |
| ○ Colli di Luni Vermentino Oro d'Isée '15 | 🍷🍷 | 4 |
| ● Colli di Luni Eutichiano '15 | 🍷🍷 | 3 |
| ○ Colli di Luni Vermentino Gladius '15 | 🍷🍷 | 2* |
| ○ Colli di Luni Vermentino Solaris '15 | 🍷🍷 | 3 |
| ○ Colli di Luni Gladius '14 | 🍷🍷 | 2* |
| ● Colli di Luni Terre d'Oriente Ris. '09 | 🍷🍷 | 5 |
| ○ Colli di Luni Vermentino Oro d'Isée '13 | 🍷🍷 | 3 |
| ○ Colli di Luni Vermentino Oro d'Isée '12 | 🍷🍷 | 4 |
| ○ Colli di Luni Vermentino Sarticola '14 | 🍷🍷 | 4 |
| ○ Colli di Luni Vermentino Sarticola '12 | 🍷🍷 | 5 |
| ○ Colli di Luni Vermentino Solaris '14 | 🍷🍷 | 3* |
| ○ Colli di Luni Vermentino Solaris '13 | 🍷🍷 | 2* |

## Maria Donata Bianchi

VIA MEREA, 101
18013 DIANO ARENTINO [IM]
TEL. +39 0183498233
www.aziendaagricolabianchi.it

藏酒销售
预约参观
膳宿接待
年产量 30 000 瓶
葡萄种植面积 4 公顷

玛利亚·德纳塔（Maria Donata）和埃曼纽尔·特莱维亚（Emanuele Trevia）夫妇二人拥有的这座酒庄出品品质令人赞叹，酒庄位于迪亚诺阿伦迪诺（Diano Arentino），地处通往迪亚诺城堡（Diano Castello）的途中。经过多年的发展和扩张，玛利亚德纳塔的白色庄园（Maria Donata Bianchi）还积极投身旅游业，发展出了极受欢迎的农庄民宿业务，与此同时增添了一座新酒窖用于葡萄酒生产。埃曼纽尔负责新酒窖的酿造工作，生产别具一格且诱人异常的美酒。例如，他们特有的古法酒（Antico Sfizio）就经历了漫长的浸渍和自然发酵工序，而且在此过程中并不人为控制温度。这种遵循传统方式酿造而成的美酒具有强烈的原始风味。玛利亚德纳塔白色庄园今年推荐的参选酒品凭借不俗的实力，一再证实了这一点。其中的2015年份古法酒摇曳着金色的光晕，酒质色泽浓郁，散发着干花的缕缕花香，与此同时融入柠檬果冻的甜美风味，酒质饱满平衡，口感华美精粹。除此之外，2015年份的皮佳多（Pigato）也品质卓越，它流露出饱满的阳光特质，散发着杏仁的阵阵香气。令人眩晕的酒精度掌控着优雅的结构，收口精美，给人留下深刻印象。与此同时，2015年份的维蒙蒂诺（Vermentino）强劲有力，矿物质口感突出，酒质活跃，香氛成熟。

| | | |
|---|---|---|
| ○ Riviera Ligure di Ponente Antico Sfizio '15 | 🍷🍷 | 4 |
| ○ Riviera Ligure di Ponente Pigato '15 | 🍷🍷 | 3 |
| ○ Riviera Ligure di Ponente Vermentino '15 | 🍷🍷 | 3 |
| ○ Riviera Ligure di Ponente Pigato '12 | 🍷🍷🍷 | 3* |
| ○ Riviera Ligure di Ponente Vermentino '09 | 🍷🍷🍷 | 3 |
| ○ Riviera Ligure di Ponente Vermentino '07 | 🍷🍷🍷 | 3* |
| ○ Riviera Ligure di Ponente Pigato '14 | 🍷🍷 | 3* |
| ○ Riviera Ligure di Ponente Pigato '13 | 🍷🍷 | 3* |
| ○ Riviera Ligure di Ponente Pigato '11 | 🍷🍷 | 4 |
| ○ Riviera Ligure di Ponente Vermentino '14 | 🍷🍷 | 3 |
| ○ Riviera Ligure di Ponente Vermentino '13 | 🍷🍷 | 3 |
| ○ Riviera Ligure di Ponente Vermentino '11 | 🍷🍷 | 4 |
| ○ Riviera Ligure di Ponente Vermentino '10 | 🍷🍷 | 3 |

## BioVio

fraz. Bastia
via Crociata, 24
17031 Albenga [SV]
Tel. +39 018220776
www.biovio.it

藏酒销售
预约参观
年产量 40 000 瓶
葡萄种植面积 6 公顷
葡萄栽培方式 有机认证

荣获“2017年度最佳种植商”（Grower of the Year）荣誉的埃蒙尼·维欧（Aimone Vio）已经持续多年将全部精力投入到酿酒事业中。埃蒙尼与妻子基娅拉（Chiara）共同创建了柏欧维欧酒庄（BioVio），如今酒庄的掌门人是他们的女儿们卡特琳娜（Caterina）、卡洛琳（Carolina）和卡米拉（Camilla）——她们无疑是酒庄的未来。三姐妹在酒庄分别负责不同的业务：卡特琳娜负责酿酒工作、卡洛琳负责游客接待，而年龄最小的卡米拉负责酒庄的销售业务。柏欧维欧酒庄处于不断扩张之中，首先增加了芳香植物的栽培，继而发展到葡萄酒和橄榄油的生产，如今更为来访游客提供贴心的农庄民宿。对酒庄的投资还在不断地增加，包括在阿尔本加（Albenga）内陆的瓦莱特地区（Vallette）购入两座种植格拉纳（Granaccia）和罗瑟丝（Rossese）的葡萄园。酒庄主要出产白葡萄酒，在今年的品鉴中，2015年份的妙中妙皮佳多（Pigato Bon in da Bon）呈现出精彩绝伦的表现，勇夺“三杯奖”大奖。它的色泽浓郁明快，摇曳着稻黄色的光晕，吐露着接骨木花的淡淡幽香，融入药草的醇香和杏仁的异香，口感别具一格，风味复杂，清爽而强劲，果味饱满和谐。紧随其后的是2015年份的马连尼皮佳多（Pigato Ma René），展现出同样卓越的品质，百里香和迷迭香的芬芳若有似无地萦绕其间，底蕴中透露出缕缕果香，是一款气质可人的美酒。

| | |
|---|---|
| ○ Riviera Ligure di Ponente Pigato Bon in da Bon '15 | 🍷🍷🍷 2* |
| ○ Riviera Ligure di Ponente Pigato Ma René '15 | 🍷🍷 2* |
| ○ Riviera Ligure di Ponente Vermentino Aimone '15 | 🍷🍷 2* |
| ● Granaccia Gigò '15 | 🍷 3 |
| ● Riviera Ligure di Ponente Rossese U Bastiò '15 | 🍷 2 |
| ○ Riviera Ligure di Ponente Vermentino Aimone '11 | 🍷🍷🍷 2* |
| ○ Riviera Ligure di Ponente Pigato Albenganese Bon in da Bon '14 | 🍷🍷 2* |
| ○ Riviera Ligure di Ponente Pigato Albenganese Ma René '14 | 🍷🍷 2* |
| ○ Riviera Ligure di Ponente Vermentino Albenganese Aimone '14 | 🍷🍷 2* |

## Samuele Heydi Bonanini

via San Antonio, 72
19017 Riomaggiore [SP]
Tel. +39 0187920959
www.possa.it

藏酒销售
预约参观
年产量 7 000 瓶
葡萄种植面积 1.5 公顷

从里奥马焦雷（Riomaggiore）的梯田向下俯瞰，映入眼帘的无疑是五渔村（Cinque Terre）中最美轮美奂的自然美景。这要归功于一些难能可贵的葡萄栽培商将全部心血投入到保护葡萄园自然地貌的自然均衡上。其中一位便是萨穆埃尔·海蒂·博纳尼尼（Samuele Heydi Bonanini），尽管耕耘这片崎岖险峻的土地令人耗尽精力，但是这位正直的酒农依然勤恳地劳作，酿造出具有强烈个性的美酒，成为本地风土的最佳阐释者。萨穆埃尔栽培的葡萄品种包括阿巴罗拉（Albarola）、维蒙蒂诺（Vermentino）、博斯克（Bosco）、白罗瑟丝（Rossesebianco）和卡内奥罗（Canaiolo）以及其他本地黑葡萄品种。在今年的品鉴中，萨穆埃尔·海蒂·博纳尼尼推荐了多款美酒，其中2015年份的伊加库（Er Jancu）表现尤为出色，展现出狂野奔放的个性，这款酒的生产年份并没有出现在酒标上。这款五渔村（Cinque Terre）白葡萄酒主要采自生长在高海拔的阿巴罗拉葡萄，带皮浸渍数周后酿造而成。相比较而言，2015年份的五渔村（Cinque Terre）复杂度略逊一筹，蕴含更加浓郁的泥土风味。2014年份的沙克特拉（Sciacchetrà）的果味比往年略显寡淡，但是这款贵腐酒的质感出奇的好，令人欲罢不能。

| | |
|---|---|
| ○ Er Jancu '15 | 🍷🍷 4 |
| ● U Neigru | 🍷🍷 5 |
| ○ Cinque Terre '15 | 🍷🍷 5 |
| ○ Cinque Terre Sciacchetrà '14 | 🍷🍷 8 |
| ○ Cinque Terre '13 | 🍷🍷🍷 5 |
| ○ Cinque Terre '12 | 🍷🍷🍷 5 |
| ○ Cinque Terre '14 | 🍷🍷 5 |
| ○ Cinque Terre Sciacchetrà '12 | 🍷🍷 8 |
| ○ Cinque Terre Sciacchetrà '11 | 🍷🍷 8 |
| ○ Cinque Terre Sciacchetrà '10 | 🍷🍷 8 |
| ○ Cinque Terre Sciacchetrà Ris. '10 | 🍷🍷 8 |
| ○ Cinque Terre Sciacchetrà Ris. '09 | 🍷🍷 8 |
| ● Passito '10 | 🍷🍷 8 |
| ● Passito La Rinascita '11 | 🍷🍷 8 |

## Cantine Bregante

A Unità d'Italia, 47
6039 Sestri Levante [GE]
EL. +39 018541388
www.cantinebregante.it

藏酒销售
预约参观
F产量 100 000 瓶
葡萄种植面积 1 公顷

西蒙娜·布雷甘特（Simona Bregante）的丈夫塞尔吉奥·圣圭内蒂（Sergio Sanguineti）经营着这座位于塞斯特里莱万泰（Sestri Levante）中心地带的卓越酒主。布雷甘特酒庄的葡萄园主要位于圣安娜（Sant' Anna）的山间，主要种植维蒙蒂诺（Vermentino）；与此同时，酒庄在童话湾（Baia delle Favole）山坡上的圣贝尔纳多葡萄园（San Bernardo）也拥有优质地块，种植白吉诺维斯（Bianchetta Genovese）。塞尔吉奥沉迷于与这些优质酿造葡萄的美味舞蹈之中，将其转变为美妙的传统酿造法起泡酒——用他自己的说法是大师级的起泡酒，令未发酵的葡萄液与葡萄皮进行短暂的亲密接触，不经澄清。最初年产量只有700瓶的零添加传统酿造法起泡酒，如今年产量已经能够达到2500瓶。在今年的品鉴中，2015年份的莫斯卡托（Moscato）甜美诱人，吐露着精美的慕斯香气，浓郁芬芳，草本植物的青绿风情萦绕其间，犹如阳光般明媚，美妙的酸度和甜度达成和谐均衡，进一步提升了诱人的口感。与此同时，2015年份的白吉诺维斯（Bianchetta Genovese）摇曳着稻黄色的光晕，色泽浓郁集中，吐露着夏日繁花的芬芳，融入烟草的醇香，口感清爽，蕴含着矿物质的美味，只是在均衡度方面略逊一筹。

| | |
|---|---|
| ○ Golfo del Tigullio Portofino Bianco '15 | 2* |
| ○ Golfo del Tigullio Portofino Moscato '15 | 2* |
| ○ Golfo del Tigullio Brut M. Cl. Baia delle Favole | 5 |
| ○ Golfo del Tigullio Portofino Bianchetta Genovese '15 | 3 |
| ● Golfo del Tigullio Portofino Ca' du Diau '15 | 3 |
| ○ Golfo del Tigullio Portofino Vermentino '15 | 2 |
| ● Golfo del Tigullio Ca' du Diau '14 | 3 |
| ○ Portofino Bianchetta Genovese Segesta Tigullorium '13 | 2* |
| ● Portofino Ca' du Diau '13 | 2* |
| ○ Portofino Moscato '14 | 3 |
| ○ Portofino Moscato '13 | 3 |
| ○ Portofino Passito Sole della Costa '12 | 5 |

## Bruna

fraz. Borgo
via Umberto I, 81
18020 Ranzo [IM]
Tel. +39 0183318082
www.brunapigato.it

藏酒销售
预约参观
年产量 40 000 瓶
葡萄种植面积 8 公顷

由于遭受暴雨的洗礼，优贝肯皮佳多葡萄园（Pigato U Baccan）出产的2014年份酒最好不要再提，不过2015年份酒总算做出了弥补。布鲁纳酒庄（Bruna）的葡萄园位于奥尔托韦罗（Ortovero）和兰佐（Ranzo）之间的珀格利（Pogli），酒庄主人弗朗西丝卡（Francesca）和丈夫罗伯托（Roberto）于8月31日开始采收园中较低纬度处生长的葡萄，白土地块出产玛杰皮佳多（Pigato Majé）。酒庄的葡萄园也在这里进一步扩张，最近购买的条状地块于2015年开始种植植株，令酒庄葡萄园的种植面积达到了8公顷。在今年的品鉴中，2015年份的玛杰皮佳多（Pigato Majé）气质活跃，酒液呈现明快的稻黄色色调，散发着鼠尾草和百里香的阵阵醇香，继而发展成浓郁的果香，引发了纯净且美味的口感，蕴含着缕缕矿物质的美妙滋味，作为支撑的酸度结构上佳，个性十足。与此同时，2015年份的罗西吉因皮佳多（Pigato Le Russeghine）吐露着浓郁且清爽的草本植物芬芳，融入苹果和梨子的阵阵果香，底蕴中透露出丝丝杏仁的香气，矿物质的醇浓滋味柔滑了整款酒的口感，酒体结构优秀，入口温热。除此之外，2015年份的班斯古干红葡萄酒（Rosso Bansìgu）也是一款意趣盎然的佳酿，它吐露着紫罗兰幽然的花香，融入蓝莓和黑莓的可爱果香，一抹烟草的醇香若有似无地飘散其间，口感清爽和谐。

| | |
|---|---|
| ○ Riviera Ligure di Ponente Pigato Le Russeghine '15 | 3* |
| ○ Riviera Ligure di Ponente Pigato Majé '15 | 3* |
| ● Bansìgu '15 | 3 |
| ● Pulin '14 | 4 |
| ● Riviera Ligure di Ponente Rossese '15 | 3 |
| ○ Riviera Ligure di Ponente Pigato U Baccan '13 | 5 |
| ○ Riviera Ligure di Ponente Pigato U Baccan '12 | 5 |
| ○ Riviera Ligure di Ponente Pigato U Baccan '11 | 5 |
| ○ Riviera Ligure di Ponente Pigato U Baccan '07 | 5 |
| ○ Riviera Ligure di Ponente Pigato U Baccan '06 | 4 |

## Cantine Calleri

LOC. SALEA
REG. FRATTI, 2
17031 ALBENGA [SV]
TEL. +39 018220085
www.cantinecalleri.com

年产量 55 000 瓶
葡萄种植面积 6 公顷

这座规模不大的小酒庄位于阿尔本加萨雷（Salea di Albenga）的小村庄，由阿尔多·卡勒瑞（Aldo Calleri）于1968年创立，一丝不苟、令人敬佩的酿酒师马塞洛（Marcello）在葡萄园和酒窖做出了重要的贡献，令酒庄持续不断地扩张。卡勒瑞酒庄种植多种本地经典葡萄品种，包括在阿尔本加次产区（Subzone）装瓶的皮佳多（Pigato）；生长在阿尔本加平原地带的维蒙蒂诺（Vermentino）和罗瑟丝（Rossese）；以及阿罗夏河谷（Arroscia）的奥梅斯科（Ormeasco）。从今年起，卡勒瑞酒庄葡萄园还会栽培少量的多尔切阿库瓦（Dolceacqua）。在今年的品鉴中，2015年份的萨雷斯科皮佳多（Pigato Saleasco）表现出色，它吐露着青春的气息，别具一格，散发着鼠尾草和迷迭香醉人的芬芳，犹如阳光洒下，色泽光洁，口感如同天鹅绒般丝滑，非常和谐。品质同样卓越的还有2015年份的阿尔本加皮佳多（Pigato di Albenga），散发着浓郁的药草醇香，融入碘化物的独特气息，口感强劲，酒质清爽，酒体和谐。与此同时，2015年份的奥梅斯科（Ormeasco）诱人平衡，闪耀着明亮的光泽，色调跃动，散发着红色莓果的果香，融入苦杏仁独特的气息，入口感到浓烈的口感，令人眩晕，酒体结构适中。除此之外，2015年份的多尔切阿库瓦（Dolceacqua）吐露着诱人的辛辣酒香，馥郁的红莓果芬芳萦绕其间，底蕴中透露出缕缕药草的醇香，酒体结构上佳，收口余韵绵长悠然，浓烈的酒精度令人飘飘欲仙。

| | |
|---|---|
| ○ Riviera Ligure di Ponente Pigato di Albenga Saleasco '15 | 🍷🍷 3* |
| ● Dolceacqua '15 | 🍷🍷 3 |
| ● Ormeasco di Pornassio '15 | 🍷🍷 2* |
| ○ Riviera Ligure di Ponente Pigato di Albenga '15 | 🍷🍷 3 |
| ○ Riviera Ligure di Ponente Vermentino I Müzazzi '15 | 🍷🍷 3 |
| ○ Riviera Ligure di Ponente Pigato Albenga '12 | 🍷🍷 3 |
| ○ Riviera Ligure di Ponente Pigato di Albenga '14 | 🍷🍷 3* |
| ○ Riviera Ligure di Ponente Vermentino I Müzazzi '14 | 🍷🍷 3 |
| ○ Riviera Ligure di Ponente Vermentino I Müzazzi '12 | 🍷🍷 3 |

## Cheo

VIA BRIGATE PARTIGIANE, 1
19018 VERNAZZA [SP]
TEL. +39 0187821189
bartolocheo@gmail.com

藏酒销售
预约参观
年产量 13 000 瓶
葡萄种植面积 2 公顷
可持续发展酒庄

丽丝·伯特曼（LiseBertram）和巴多托罗梅·莱卡瑞（Bartolomeo Lercari）不知疲倦地努力工作，在与自然逆境抗争的同时，致力于提升奇奥酒庄（Cheo）出品葡萄酒的品质。他们近些年来在投资酒庄上花了不少钱：2011年遭遇洪水后，奇奥酒庄重新整修了葡萄园的干石墙；2014年，购买了五千平方米的葡萄园新地块；还于2015年买下了一座濒临坍塌的老建筑，通过绿化相关规范条例之后，这里将成为奇奥酒庄的酒窖和品酒室。越来越多的游客造访酒庄，由于生产酒品的品质极高，加之酒庄周边的自然环境美轮美奂，年产13000瓶美酒很快就销售一空。在今年的品鉴中，2013年份的年份的五渔村沙克特拉（Cinqueterre Sciacchetrà）品质卓越，表现极为精彩，它摇曳着美丽浓郁的琥珀色泽，蕴含着缕缕烟草的醇香和果干的芬芳，口感复杂，果味别具一格，收口非常和谐，甜美的滋味持久在唇齿之间流连徘徊。今年奇奥酒庄推荐的佩尔西奥（Perciò）和奇奥（Cheo）都是2015年份酒，都给我们留下了非常深刻的印象：佩尔西奥吐露着阳光般的芬芳，融入鼠尾草和迷迭香的香气，继而散发出阵阵果香；奇奥香氛清爽，吐露着蔬菜般的阵阵青绿风味，融入春天繁花的缕缕花香，口感如同天鹅绒般丝滑。

| | |
|---|---|
| ○ Cinque Terre Sciacchetrà '13 | 🍷🍷 8 |
| ○ Cinque Terre Cheo '15 | 🍷🍷 3 |
| ○ Cinque Terre Perciò '15 | 🍷🍷 4 |
| ● Cheo Rosso '14 | 🍷 4 |
| ○ Cinque Terre Cheo '14 | 🍷🍷 3 |
| ○ Cinque Terre Cheo '13 | 🍷🍷 3* |
| ○ Cinque Terre Cheo '11 | 🍷🍷 3* |
| ○ Cinque Terre Perciò '14 | 🍷🍷 4 |
| ○ Cinque Terre Perciò '13 | 🍷🍷 4 |
| ○ Cinque Terre Perciò '12 | 🍷🍷 4 |
| ○ Cinque Terre Perciò '11 | 🍷🍷 4 |
| ○ Cinque Terre Sciacchetrà '12 | 🍷🍷 8 |
| ○ Cinque Terre Sciacchetrà '11 | 🍷🍷 8 |

## Cantina Cinque Terre

FRAZ. MANAROLA
LOC. GROPPO
19010 RIOMAGGIORE [SP]
TEL. +39 0187920435
www.cantinacinqueterre.com

预约参观
年产量 200 000 瓶
葡萄种植面积 45 公顷

为了令读者充分理解在五渔村（Cinque Terre）地区——里奥马焦雷（Riomaggiore）、马纳罗拉（Manarola）、科尔尼利亚（Corniglia）、维尔纳扎（Vernazza）和蒙特罗索（Monterosso）——栽培葡萄并酿造葡萄酒的艰辛，我们向大家介绍一下这座协作酒庄去年面对的一些困境。为了恢复地处海拔400米、占地达到2公顷的原有单一地块葡萄园（在这一地区颇为罕见）的栽培工作，五渔村酒庄（Cantina Cinque Terre）的新主人发现必须使用直升机。由于葡萄园所在的山势险峻，直升机来回飞了四十次才将支撑葡萄藤必备的大型支杆运输到葡萄园。令人遗憾的是，我们只知享受美酒，却不知道酿造美酒过程中遇到的艰辛。在今年的品鉴中，2013年份五渔村的沙克特拉（Sciacchetrà）展现出令人愉悦的品质：摇曳着浓郁的琥珀色泽，前味吐露着草本植物的清香，继而散发着大枣和板栗花蜜的芬芳，口感如同天鹅绒般丝滑，酒体和谐，精美合宜的酸度保证了恢宏大气的口感。除此之外，2015年份的珀格勒斯帕斯（Pergole Sparse）也表现不俗，它的风味复杂，令人愉悦的果味持久在唇齿上徘徊不散。

| | |
|---|---|
| ○ Cinque Terre Sciacchetrà '13 | 6 |
| ○ Cinque Terre Costa da' Posa '15 | 3 |
| ○ Cinque Terre Pergole Sparse '15 | 4 |
| ○ Cinque Terre '15 | 2 |
| ○ Cinque Terre Costa de Campu '15 | 3 |
| ○ Cinque Terre Vigne Alte '15 | 2 |
| ○ Cinque Terre '13 | 2* |
| ○ Cinque Terre Costa da Posa '14 | 3 |
| ○ Cinque Terre Costa da' Posa '13 | 3 |
| ○ Cinque Terre Costa de Sèra '14 | 3 |
| ○ Cinque Terre Costa de Sèra '12 | 3 |
| ○ Cinque Terre Pergole Sparse '13 | 4 |
| ○ Cinque Terre Sciacchetrà '12 | 6 |
| ○ Cinque Terre Sciacchetrà '11 | 6 |

## Fontanacota

FRAZ. PONTI
VIA PROVINCIALE, 137
18100 PORNASSIO [IM]
TEL. +39 3339807442
www.fontanacota.it

藏酒销售
预约参观
年产量 40 000 瓶
葡萄种植面积 6 公顷

除了进一步扩张了葡萄园，方塔纳克塔酒庄（Fontanacota）在2015年并没有发生什么重大变化，而且葡萄园的进一步扩张功在千秋，是未来才能看到明显收益的举措。玛丽娜·伯塔（Marina Berta）和兄弟法比欧·伯塔（Fabio Berta）的奥梅斯科（Ormeasco）葡萄园占地1.3公顷，坐落在波尔纳肖桥（Ponti a Pornasso）；在因佩里亚地区（Imperia）多尔切多（Dolcedo）附近的瓦尔普莱诺（Val Prino）海拔较低地块，方塔纳克塔酒庄留出了大约3.5公顷的地块栽培维蒙蒂诺（Vermentino）和皮佳多（Pigato）等白葡萄品种以及罗瑟丝（Rossese）等黑葡萄品种。在波尔纳肖葡萄园（Pornassio），白葡萄的收获一直拖到八月底才开始，于九月底结束。采收的酿造葡萄品质卓越，生长过程中人工干预的成分被控制在最低水平上。在今年的品鉴中，我们非常喜爱方塔纳克塔酒庄2015年份的维蒙蒂诺（Vermentino），它的色泽明快而深邃，散发着鼠尾草和迷迭香的阵阵芬芳，令人迷醉，融入缕缕草本植物的清香，口感优雅，清爽和谐。除此之外，2015年份的皮佳多（Pigato）则紧随其后，它的结构没有那么显著，清爽的酒香融入矿物质的醇香，逐步发展成杏仁的芬芳。

| | |
|---|---|
| ○ Riviera Ligure di Ponente Vermentino '15 | 3* |
| ● Pornassio '15 | 3 |
| ○ Riviera Ligure di Ponente Pigato '15 | 3 |
| ⊙ Pornassio Sciac-Trà '15 | 3 |
| ● Pornassio Sup. '14 | 3 |
| ○ Riviera Ligure di Ponente Pigato '11 | 3* |
| ● Ormeasco di Pornassio Sup. '11 | 3 |
| ● Ormeasco di Pornassio Sup. '10 | 3 |
| ● Pornassio Sup. '12 | 3 |
| ○ Riviera Ligure di Ponente Pigato '14 | 3* |
| ○ Riviera Ligure di Ponente Pigato '13 | 3* |
| ○ Riviera Ligure di Ponente Pigato '12 | 3 |
| ○ Riviera Ligure di Ponente Pigato '10 | 2* |
| ○ Riviera Ligure di Ponente Pigato '09 | 2* |
| ○ Riviera Ligure di Ponente Vermentino '14 | 3 |
| ○ Riviera Ligure di Ponente Vermentino '12 | 3* |

## Giacomelli

via Palvotrisia, 134
19030 Castelnuovo Magra [SP]
Tel. +39 0187674155
www.azagricolagiacomelli.it

藏酒销售
预约参观
年产量 50 000 瓶
葡萄种植面积 12 公顷
可持续发展酒庄

贾科梅利酒庄（Giacomelli）于2015年加大了投入，在历史悠久的葡萄园中移植新藤，进一步提升了维蒙蒂诺（Vermentino）的产量。地处卡斯泰尔诺沃马格拉（Castelnuovo Magra）历史悠久的波坡里葡萄园（Boboli）走过了百年岁月，是一座占地面积达到4000平方米的封闭地块，最初是鲁尼主教（Luni）的花园，掩映在中世纪城堡的身后。占地面积达到1.5公顷的一座新葡萄园已经开始出产酿造葡萄，令今年皮安内斯维蒙蒂诺（Vermentino Pianacce）的年产量一下提高到了35000瓶。酒庄的引领者罗伯托・佩塔奇（Roberto Petacchi）总是采用自己栽培的葡萄酿造美酒，而不是从其他葡萄园购买酿造原料，他在葡萄园中采用各种自然栽培方式种植葡萄，最大限度地保护自然环境，以收获最自然健康的酿造葡萄。在贾科梅利酒庄的酒窖中，除了使用氮气来抑制酒中的亚硫酸盐，他还使用甘蔗压制的软木塞，这是维持环境可持续发展的举措之一。2015年份的皮安内斯（Pianacce）刚一开启，就以清爽的香氛、明快的色泽和复杂的果味赢得了我们的赞叹：它散发着金雀花和接骨木花馥郁的芬芳，逐渐演化成苹果和梨子的阵阵果香，口感浓郁，饱满和谐，强劲有力。除此之外，2015年份的波坡里园维蒙蒂诺（Boboli）依然年轻，但是已经展现出极佳的结构，不过等到夏日过去，它还会显露出更加光洁美妙的色泽。

| | |
|---|---|
| ○ Colli di Luni Vermentino Pianacce '15 | 2* |
| ○ Colli di Luni Vermentino Boboli '15 | 4 |
| ○ Paduletti '15 | 2 |
| ● Colli di Luni Rosso Canal di Bocco '11 | 4 |
| ○ Colli di Luni Vermentino Boboli '13 | 4 |
| ○ Colli di Luni Vermentino Boboli '11 | 4 |
| ○ Colli di Luni Vermentino Boboli '08 | 4 |
| ○ Colli di Luni Vermentino Boboli '05 | 4 |
| ○ Colli di Luni Vermentino Pianacce '14 | 2* |
| ○ Colli di Luni Vermentino Pianacce '12 | 2* |

## La Ginestraia

via Steria
18100 Cervo [IM]
Tel. +39 3272683692
www.laginestraia.com

年产量 50 000 瓶
葡萄种植面积 7 公顷

马可・博格洛（Marco Brangero）对于葡萄园和美酒的激情和热爱几乎无可匹敌。倾听他的谈话，我们就能够理解驱使他在皮埃蒙特（Piedmont）和利古里亚（Liguria）的家族酒庄投入全部热情的巨大动力何来。吉恩斯特拉亚酒庄（La Ginestraia）位于圣巴多托罗梅马拉（San Bartolomeo al Mare）的新酒窖依然在建，这是一座建立在木石结构基础上、采用了生态可持续发展的先进技术打造的顶级酒窖。亚平宁山区（Apennines）的微气候条件迥然不同，毗邻海岸也为这里出产的美酒带来了别具一格的矿物质醇浓口感和一抹咸咸的风味。2015年份的玛瑞吉（Le Marige）正是如此，它的酿造葡萄采自阿尔纳斯科地区（Arnasco）海拔只有15米的葡萄园，这里的多石红土最适合皮佳多葡萄（Pigato）的生产。在今年的品鉴中，吉恩斯特拉亚酒庄2015年份的皮佳多（Pigato）令人心神飘荡，清爽的草本植物芬芳和着鼠尾草的气息，酒体饱满，酒质如同天鹅绒般丝滑，底蕴中透露出缕缕杏仁和燧石的风味，这是一款透出高贵气质的美酒。融入阳光气息的成熟酒香逐渐发展为苹果和梨子的阵阵果香，入口感到馥郁的果味，支撑着饱满诱人的咸味儿口感。除此之外，2015年份的维蒙蒂诺（Vermentino）别具一格，然而结构上的复杂度略逊一筹。

| | |
|---|---|
| ○ Riviera Ligure di Ponente Pigato Le Marige '15 | 3* |
| ○ Riviera Ligure di Ponente Pigato '15 | 3* |
| ○ Riviera Ligure di Ponente Vermentino '15 | 3 |
| ○ Riviera Ligure di Ponente Pigato Biancodamare '11 | 3 |
| ○ Riviera Ligure di Ponente Pigato Via Maestra '14 | 3* |
| ○ Riviera Ligure di Ponente Pigato Via Maestra '12 | 3 |
| ○ Riviera Ligure di Ponente Pigato Via Maestra '11 | 3 |
| ● Riviera Ligure di Ponente Rossese '14 | 3 |
| ○ Riviera Ligure di Ponente Vermentino '14 | 3 |

## Ka' Manciné

FRAZ. SAN MARTINO
VIA MACIURINA, 7
18036 SOLDANO [IM]
TEL. +39 339 3965477
www.kamancine.it

藏酒销售
预约参观
年产量 20 000 瓶
葡萄种植面积 3 公顷

卡莫切尼酒庄（Ka' Manciné）坐落于索尔达诺（Soldano），这座小村庄沿着威尔伯河（Verbone）陡峭的两侧河岸绵延开来，遍地都是葡萄园，为这座村庄带来财富。马里奇奥·阿方索（Maurizio Anfosso）非常了解这片土地，以精湛的栽培技术打理着葡萄园，将自己的心意与灵魂投注到酿造美酒当中。今年，卡莫切尼酒庄在百年葡萄园博拉格纳园（Beragna）又增加了两块种植地块，令酒庄在这里的栽培面积达到1公顷。酿造葡萄的种植至少部分采取了本地传统方式，10%至15%的整串果实在发酵的过程中并不去梗。出品的佳酿着实令人感到兴奋：2015年份的博拉格纳园多尔切阿库瓦（Dolceacqua Beragna）是一款摇曳着红宝石深邃色泽的美酒，吐露着干草的活跃芬芳，融入李子的阵阵果香，底蕴中透露出一抹黑胡椒的辛香，口感如同天鹅绒般丝滑，单宁精致，余韵绵长，蕴含令人心旷神怡的果味。与此同时，2014年份的嘉利园安格陈酿（Galeae Riserva Angè）也展现出同样卓越的品质，摇曳着明快的光晕，色泽跃动，散发着自然雅致的果香，如同丝绸般柔滑的热辣口感支撑着整款酒的质感，美味的余韵持久在味蕾上跃动不散。

| | |
|---|---|
| ● Dolceacqua Beragna '15 | 🍷🍷 3* |
| ● Dolceacqua Galeae Angè Ris. '14 | 🍷🍷 3* |
| ● Dolceacqua Galeae '15 | 🍷🍷 3 |
| ⊙ Sciakk '15 | 🍷 3 |
| ○ Tabaka '15 | 🍷 3 |
| ● Dolceacqua Galeae '13 | 🍸🍸🍸 3* |
| ● Dolceacqua Beragna '14 | 🍸🍸 3* |
| ● Dolceacqua Beragna '13 | 🍸🍸 3 |
| ● Dolceacqua Galeae '14 | 🍸🍸 3 |
| ● Dolceacqua Galeae Angè Ris. '13 | 🍸🍸 3* |
| ● Dolceacqua Galeae Angè Ris. '12 | 🍸🍸 3* |
| ● Rossese di Dolceacqua Beragna '12 | 🍸🍸 3 |
| ● Rossese di Dolceacqua Beragna '11 | 🍸🍸 3* |
| ● Rossese di Dolceacqua Galeae '12 | 🍸🍸 3* |

## Ottaviano Lambruschi

VIA OLMARELLO, 28
19030 CASTELNUOVO MAGRA [SP]
TEL. +39 0187674261
www.ottavianolambruschi.com

藏酒销售
预约参观
年产量 36 000 瓶
葡萄种植面积 10 公顷

每当想到利古里亚区（Liguria）东部的酿酒图景，第一个映入脑海的名字就是奥塔维亚诺·蓝布卢斯科（Ottaviano Lambruschi）。作为家族的领头人，奥塔维亚诺是一位颇有远见的酿酒师，不懈追求美酒品质的提升，在依然监督葡萄园和酒窖工作的同时，越来越多地将酒庄葡萄园的经营重担交给儿子法比奥（Fabio），将办公室和市场业务交给年轻的孙女伊莲娜（Ylenia）。蓝布卢斯科酒庄的2015年份酒并没有太多变化，再次确认了该酒庄出品持续稳定的高品质。由于今年酒庄推荐的酒品种类很少，因此从中选出一款佼佼者的任务较难完成。首先是2015年份的维蒙蒂诺（Vermentino），气质清爽，散发着草地的诱人清香，和着阵阵矿物质的醇浓气息，口感复杂而和谐，饱满的酒体别具一格，酒质圆润雅致。与此同时，2015年份的麦基奥莱园维蒙蒂诺（Maggiore）华美精致，散发着阵阵果香，融合了药草的浓香，酒体复杂，入口圆润，深深捕获了追求恢宏口感的美酒爱好者的心，令他们欲罢不能。紧随其后的是2015年份的海岸维蒙蒂诺（Costa Marina），吐露着浓郁的果香，展现出阳光般的特质。

| | |
|---|---|
| ○ Colli di Luni Vermentino Il Maggiore '15 | 🍷🍷🍷 5 |
| ○ Colli di Luni Vermentino '15 | 🍷🍷 3* |
| ○ Colli di Luni Vermentino Costa Marina '15 | 🍷🍷 4 |
| ● Colli di Luni Rosso Maniero '15 | 🍷 2 |
| ○ Colli di Luni Vermentino Costa Marina '11 | 🍸🍸🍸 4* |
| ○ Colli di Luni Vermentino Costa Marina '09 | 🍸🍸🍸 3 |
| ○ Colli di Luni Vermentino Il Maggiore '14 | 🍸🍸🍸 5 |
| ○ Colli di Luni Vermentino Il Maggiore '13 | 🍸🍸🍸 5 |
| ○ Colli di Luni Vermentino Il Maggiore '12 | 🍸🍸🍸 4* |
| ○ Colli di Luni Vermentino Sarticola '08 | 🍸🍸🍸 3* |
| ○ Colli di Luni Vermentino '14 | 🍸🍸 3* |
| ○ Colli di Luni Vermentino Costa Marina '14 | 🍸🍸 4 |
| ○ Colli di Luni Vermentino Costa Marina '13 | 🍸🍸 4 |
| ○ Colli di Luni Vermentino Costa Marina '12 | 🍸🍸 4 |

## Cantine Lunae Bosoni

FRAZ. ISOLA DI ORTONOVO
VIA BOZZI, 63
19034 ORTONOVO [SP]
TEL. +39 0187669222
www.cantinelunae.com

藏酒销售
预约参观
膳宿接待
年产量 450 000 瓶
葡萄种植面积 65 公顷

博索尼家族（Bosoni）的生活与事业紧密融合：极具洞见力的一家之主保罗（Paolo）主管葡萄园和酒窖；他的儿子迭戈（Diego）负责与外国客户的联系业务；他的女儿狄波拉（Debora）在美丽的游客中心掌管举办活动和销售业务；最后，他的妻子安东妮拉（Antonella）负责财务。在博索尼家族全员努力之下，鲁纳博索尼酒庄（Cantine Lunae Bosoni）取得了持续的发展，2015年在海拔250米的奥尔托诺沃地区（Ortonovo）新增了两块种植地块：在坎普里吉奥（Camporegio）的两公顷地块种植阿巴罗拉葡萄（Albarola）；以及在著名的塞提科拉山间（Sarticola）的三公顷地块栽培维蒙蒂诺（Vermentino）。在今年的品鉴中，鲁纳博索尼酒庄推荐的美酒再次保持了极高的品质。2015年份的黑标维蒙蒂诺（Etichetta Nera）摇曳着稻黄色的迷人光晕，色调青绿活跃，香氛馥郁，散发着绿蔬的阵阵清香，融入芒果和菠萝等热带水果的醇香，入口如同丝绸般柔美，口感紧致，酒体和谐，回味绵长甘美，美味久久不散。与此同时，2015年份的卡瓦基诺（Cavagino）品质同样卓越，它虽然依然有些年轻，但是已经吐露着饱满而成熟的缕缕果香，融入绿蔬的阵阵清香，温热的口感持久浓郁，令人愉悦的回味在唇齿间长久留存。

| | | |
|---|---|---|
| ○ Colli di Luni Vermentino Et. Nera '15 | YYY | 4* |
| ○ Colli di Luni vermentino Albarola '15 | YY | 4 |
| ○ Colli di Luni Vermentino Cavagino '15 | YY | 5 |
| ○ Colli di Luni Bianco Fior di Luna '15 | YY | 3 |
| ○ Colli di Luni Vermentino Et. Grigia '15 | YY | 3 |
| ○ Colli di Luni Vermentino Numero Chiuso '11 | YY | 6 |
| ● Colli di Luni Niccolò V '12 | Y | 4 |
| ● Colli di Luni Niccolò V Ris. '09 | Y | 5 |
| ○ Colli di Luni Vermentino Et. Nera '14 | YYY | 4* |
| ○ Colli di Luni Vermentino Et. Nera '13 | YYY | 4* |
| ○ Colli di Luni Vermentino Et. Nera '12 | YYY | 4* |
| ○ Colli di Luni Vermentino Et. Nera '11 | YYY | 4* |
| ○ Colli di Luni Vermentino Et. Nera '10 | YYY | 4 |
| ○ Colli di Luni Vermentino Et. Nera '09 | YYY | 4 |

## Maccario Dringenberg

VIA TORRE, 3
18036 SAN BIAGIO DELLA CIMA [IM]
TEL. +39 0184289947
maccariodringenberg@yahoo.it

藏酒销售
预约参观
年产量 23 000 瓶
葡萄种植面积 4 公顷

圣比亚焦德拉奇马（San Biagio della Cima）是一座位于上瓦莱克罗夏（Vallecrosia）的小城，毗邻因佩利亚地区（Imperia）最近的内陆地区博尔迪盖拉（Bordighera）。乔凡娜·马卡里奥（Giovanna Maccario）与丈夫戈茨·崔丁伯格（Goetz Dringenberg）在这里铸起了他们的葡萄酒王国，付出坚持不懈的努力，追求出品美酒的高品质。古老小村中的小酒窖并不现代化，因此在工作中需要更多细致的责任心和勤奋坚持。多年来，马卡里奥崔丁伯格酒庄（Maccario Dringenberg）一直出产高水准的伟大红葡萄酒，在今年的品鉴中，2015年份的多尔切阿库瓦（Dolceacqua）就是这样的一款美酒。它的色泽深邃，吐露着如花的芬芳，蕴含着缕缕成熟的果香，香氛逐渐演化为树皮和黑胡椒的阵阵辛香。酒体优雅，收口余韵绵长悠然。与此同时，2014年份的超级鲁瓦拉多尔切阿库瓦（Dolceacqua Superiore Luvaira）品质更胜往年，它吐露着成熟的果香，融入阳光的气息，底蕴中透露出缕缕东方香料的辛香，甘草和烟草的醇浓风味萦绕其间，入口质朴有力，结构上佳，气质优雅。除此之外，2014年份的普索阿多尔切阿库瓦（Dolceacqua Posaù）也同样令人振奋，展现出极高的酿造水平。

| | | |
|---|---|---|
| ● Rossese di Dolceacqua '15 | YY | 3* |
| ● Rossese di Dolceacqua Sup. Luvaira '14 | YY | 4 |
| ● Rossese di Dolceacqua Sup. Posaù '14 | YY | 3* |
| ● Rossese di Dolceacqua Sup. Brae '15 | YY | 3 |
| ● Rossese di Dolceacqua Sup. Posaù Biamonti '14 | YY | 5 |
| ○ L'Amiral '15 | Y | 3 |
| ● Dolceacqua Sup. Vign. Posaù '13 | YYY | 3* |
| ● Rossese di Dolceacqua Sup. Vign. Luvaira '07 | YYY | 4* |
| ● Rossese di Dolceacqua Sup. Vign. Posaù '10 | YYY | 3* |
| ● Rossese di Dolceacqua Sup. Vign. Posaù '08 | YYY | 3 |
| ● Dolceacqua Brae '14 | YY | 3 |
| ● Dolceacqua San Biagio della Cima '14 | YY | 3 |

## Maixei

LOC. PORTO
18035 DOLCEACQUA [IM]
TEL. +39 0184205015
www.maixei.it

藏酒销售
预约参观
年产量 45 000 瓶

今年，马克西耶酒庄（Maixei）推出了一款新酒西北风（Mistral），这款单一品种西拉酒（Syrah）的酿造葡萄来自不再酿酒的种植商成员。酿酒师和酒庄管理者、受人敬仰的法比奥・科拉迪（Corradi）决定在不锈钢罐中分开发酵葡萄，在第二次以及第三次使用的小木桶中与酒泥共存，以增强美酒的独特个性。酒庄的总经理詹卡洛・卡西尼（Giancarlo Cassini）以及葡萄栽培师兼酒庄副总经理帕斯夸莱・雷斯图乔（Pasquale Restuccio）继续管理着酒庄的运行。在今年的品鉴中，马克西耶酒庄推荐的酒品都展现出别样特质和超高水准。最令我们印象深刻的美酒是2014年份的超级多尔切阿库瓦（Dolceacqua Superiore），它的气质跃动，摇曳着年轻跳跃的色泽，酒体综合浓郁，吐露着杨梅和桃金娘的芬芳，融入药草和黑胡椒的辛香，入口别具一格，结构精致，精美的单宁和矿物质质地带来了绵长而强劲的收口感受。与此同时，2015年份的西北风（Mistral）酒质活跃，但并不过分，口感和谐，收口余韵绵长悠然，令人心旷神怡，带来惬意的享受。

| | |
|---|---|
| ● Dolceacqua Sup. '14 | 🍷🍷 4 |
| ● Dolceacqua '15 | 🍷🍷 3 |
| ● Mistral '15 | 🍷🍷 4 |
| ● Dolceacqua Sup. Barbadirame '14 | 🍷 4 |
| ● Dolceacqua '14 | 🍷🍷 3* |
| ● Dolceacqua '12 | 🍷🍷 3 |
| ● Dolceacqua Rossese Sup. '10 | 🍷🍷 4 |
| ○ Dolceacqua Rossese Sup. '09 | 🍷🍷 4 |
| ○ Dolceacqua Rossese Sup. '08 | 🍷🍷 4 |
| ● Dolceacqua Sup. '13 | 🍷🍷 4 |
| ● Dolceacqua Sup. '12 | 🍷🍷 4 |
| ● Dolceacqua Sup. Barbadirame '12 | 🍷🍷 4 |

## Il Monticello

VIA GROPPOLO, 7
19038 SARZANA [SP]
TEL. +39 0187621432
www.ilmonticello.it

藏酒销售
预约参观
膳宿接待
年产量 68 000 瓶
葡萄种植面积 10 公顷

内里兄弟（Neri）继续以自然方式栽培他们的葡萄园，谨慎使用肥料，只局限使用硫酸铜和石灰。酒窖采用定制化生产，推出的珀基奥帕特诺维蒙蒂诺（Poggio Paterno）精选单一葡萄园的酿造葡萄，产量只有两千多瓶；而格鲁保罗维蒙蒂诺（Groppolo）在装瓶之前，酿造葡萄经过了三道不同的酿造工序：冷化处理、炭化处理和传统的浸渍工序。在今年的品鉴中，蒙蒂塞洛酒庄（Il Monticello）推荐了一系列美酒，其中2015年份的珀基奥帕特诺维蒙蒂诺（Poggio Paterno）最让我们感到惊叹和信服，它摇曳着明快的稻黄色光晕，色泽深邃迷人，吐露着繁花的芬芳，融入成熟的果香，犹如和煦阳光普照的质感，底蕴中透露出缕缕矿物质的醇香。入口更加别具一格，复杂精美，酒体和谐，收口令人感到极为愉悦，鼓舞人心，令人欲罢不能。与此同时，2015年份的格鲁保罗维蒙蒂诺（Groppolo）展现出同样优秀的品质，它的色泽深邃，酒质浓郁，蕴含无限发展潜力，犹如黄油般绵密浓醇，饱满丰盈，在调配得当的酸度支撑下，整体口感达到了完美平衡。随着时间的推移，这款美酒必定会发展出更好的巅峰口感。

| | |
|---|---|
| ○ Colli di Luni Vermentino Poggio Paterno '15 | 🍷🍷 3* |
| ● Colli di Luni Rosso Rupestro '15 | 🍷🍷 2* |
| ○ Colli di Luni Vermentino Groppolo '15 | 🍷🍷 3 |
| ● Colli di Luni Rosso Poggio dei Magni Ris. '12 | 🍷 3 |
| ● Colli di Luni Rosso Serasuolo '15 | 🍷 2 |
| ● Colli di Luni Rosso Poggio dei Magni Ris. '11 | 🍷🍷 3 |
| ● Colli di Luni Rosso Rupestro '12 | 🍷🍷 2* |
| ○ Colli di Luni Vermentino '12 | 🍷🍷 3* |
| ○ Colli di Luni Vermentino Groppolo '14 | 🍷🍷 3* |
| ○ Colli di Luni Vermentino Poggio Paterno '10 | 🍷🍷 3* |
| ○ Passito dei Neri '12 | 🍷🍷 4 |
| ○ Poggio Paterno Il Bocciato '11 | 🍷🍷 3* |

## Conte Picedi Benettini

via Mazzini, 57
19038 Sarzana [SP]
Tel. +39 0187625147
www.picedibenettini.it

藏酒销售
预约参观
膳宿接待
年产量 30 000 瓶
葡萄种植面积 7 公顷

对于葡萄栽培的固执与激情一直是酒庄主人帕皮瑞欧·佩西蒂·本尼提尼（Papirio Picedi Benettini）强烈的个人特质，这位令人敬重的葡萄栽培师和品酒大师还是改变意大利葡萄酒产业面貌的坚强不屈的一代人的典范代表。帕皮瑞欧的儿子欧金尼奥（Eugenio）性格腼腆，但是在协助父亲的过程中，日益将不可估量的新力量投入到酒庄的生产和管理之中，从向酒庄访客提供住宿接待服务开始：在本尼提尼家族酒庄旁建起了一座待客农庄，俯瞰美丽的葡萄园，重装结束后就可以对游客开放。在今年的品鉴中，佩西蒂本尼提尼酒庄提供了一系列品质卓越的美酒，其中2015年份的维蒙蒂诺（Vermentino）引起了我们的极大关注，这款意趣盎然的美酒色泽明快，酒质深邃，吐露着阵阵药草的醇香，融入迷迭香的悠然芬芳，口感精致，回味甘美绵长。与此同时，2015年份的奇欧索维蒙蒂诺（Vermentino Il Chioso）展现出年轻的魅力，清爽卓越，质感明快，吐露着甜瓜和菠萝的甜美果香，融入干草的阵阵清香。还有一款佳酿非常值得推荐，那就是2014年份的奇欧索帕西多甜酒（Passito del Chioso），它散发着如花芬芳，融入水果干的甜美气息，口感馥郁饱满，收口极有力道，回味无穷，令人心旷神怡。

| | |
|---|---|
| ○ Colli di Luni Vermentino '15 | 🍷🍷 2* |
| ○ Colli di Luni Vermentino Il Chioso '15 | 🍷🍷 3* |
| ● Colli di Luni Rosso Villa Il Chioso '15 | 🍷🍷 3 |
| ○ Colli di Luni Vermentino Stemma '15 | 🍷🍷 3 |
| ○ Passito del Chioso '14 | 🍷🍷 5 |
| ⊙ Ciliegiolo '15 | 🍷 2 |
| ○ Colli di Luni Vermentino Il Chioso '14 | 🍷🍷🍷 2* |
| ○ Colli di Luni Vermentino '13 | 🍷🍷 2* |
| ○ Colli di Luni Vermentino '12 | 🍷🍷 2* |
| ○ Colli di Luni Vermentino Il Chioso '13 | 🍷🍷 2* |
| ○ Colli di Luni Vermentino Stemma '14 | 🍷🍷 3 |
| ○ Colli di Luni Vermentino Stemma '13 | 🍷🍷 3 |
| ○ Colli di Luni Vermentino Stemma '12 | 🍷🍷 3 |
| ○ Colli di Luni Vermentino Stemma '11 | 🍷🍷 3* |

## La Pietra del Focolare

loc. Ortonovo
fraz. Isola di Ortonovo
via Isola, 76
19034 Ortonovo [SP]
Tel. +39 0187662129
www.lapietradelfocolare.it

藏酒销售
预约参观
年产量 30 000 瓶
葡萄种植面积 6 公顷
可持续发展酒庄

奥尔托诺沃（Ortonovo）是利古里亚产区（Liguria）最东边的小城，斯特凡诺·萨尔维蒂（Stefano Salvetti）和劳拉·安吉利尼（Laura Angelini）悉心照料的酒庄就坐落在这里，距离与托斯卡纳（Tuscan）的交界处只有几米的距离。石炉酒庄（La Pietra del Focolare）的葡萄园分散在拉斯佩奇拉地区（La Spezia）的奥尔托诺沃（Ortonovo）和卡斯泰尔诺沃马格拉（Castelnuovo Magra）13个小型地块中，总种植面积几近7公顷。无论是葡萄园的栽培工作还是酒窖中的酿造工作，都采取最大限度尊重环境的做法：例如最新发布的红葡萄酒在没有添加硫化物的情况下发酵而成；有些系列酒品采用天然的虫胶打上商标来密封瓶口，而非使用常规的金属箔。在今年的品鉴中，石炉酒庄交出了一系列品质优异的美酒，2015年份的琳达葡萄园维蒙蒂诺（Villa Linda）表现卓越，它闪耀着明快光洁的色泽，散发着杏子和李子阵阵成熟的果香，气质活跃，与此同时底蕴中透露出缕缕清爽的矿物质风味，入口温热，酒体复杂，收口绵长美味，余韵久久在唇齿之间徘徊不散。除此之外，2015年份的萨迪克拉（Sarticola）品质精美，口感美味持久，给人带来极为愉悦的享受。

| | |
|---|---|
| ○ Colli di Luni Vermentino Sup. Villa Linda '15 | 🍷🍷 4 |
| ○ Colli di Luni Vermentino Augusto '15 | 🍷🍷 3 |
| ○ Colli di Luni Vermentino Solarancio '15 | 🍷🍷 4 |
| ● Colli di Luni Rosso La Merla dal Becco '12 | 🍷🍷 5 |
| ○ Colli di Luni Vermentino L'Aura di Sarticola '14 | 🍷🍷 6 |
| ○ Colli di Luni Vermentino Solarancio '11 | 🍷🍷 5 |
| ○ Colli di Luni Vermentino Solarancio '10 | 🍷🍷 4 |
| ○ Colli di Luni Vermentino Sup. Augusto '13 | 🍷🍷 3* |
| ○ Colli di Luni Vermentino Villa Linda '14 | 🍷🍷 3* |
| ○ Colli di Luni Vermentino Villa Linda '11 | 🍷🍷 3 |
| ○ Solarancio '13 | 🍷🍷 3 |

## Poggio dei Gorleri

FRAZ. DIANO GORLERI
VIA SAN LEONARDO
18013 DIANO MARINA [IM]
TEL. +39 0183495207
www.poggiodeigorleri.com

藏酒销售
预约参观
膳宿接待
年产量 80 000 瓶
葡萄种植面积 10.5 公顷

梅拉诺家族（Merano）拥有的格利雷丘酒庄（Poggio dei Gorleri）可爱而温暖，地处迪亚诺格利雷（Diano Gorleri）的上坡处，自然呈现的分水岭将山谷一分为二，东边是迪亚诺马里纳（Diano Marina），西边是因佩利亚产区（Imperia）。在因佩利亚和萨沃纳地区（Savona）购买了新种植地块后，格利雷丘酒庄的出品系列品种更加多样化。产能正盛的阿尔纳斯科葡萄园（Arnasco）主要呈现红土土壤，为皮佳多葡萄（Pigato）提供理想的生长环境，采收的酿造果实用以增加库克若斯（Cycnus）的产量。在今年的品鉴中，我们见识到了又一款伟大的库克诺斯美酒——2015年份酒。它摇曳着稻黄色的明快光晕，绿色的色泽剔透清凉，散发着阳光下迷迭香和鼠尾草的诱人芬芳，融入蜜桃的阵阵果香，别具一格，口感如同丝绸般柔滑，结构上佳。与此同时，2014年份的艾尔布姆（Albium）酒香四溢，气质活跃，温热悦人，散发着药草的阵阵醇香，逐渐演化为小雏菊的清甜香气，底蕴中透露出苦杏仁的气息和烟草的醇香，令整体香氛更加复杂。除此之外，2015年份的珀纳西奥佩尼提（Pornassio Peinetti）意趣盎然，散发着红莓果和黑莓果迷人的果香，果味精粹饱满，酒质丰盈，口感和谐。

| | |
|---|---|
| ○ Riviera Ligure di Ponente Pigato Albium '14 | 🍷🍷 5 |
| ○ Riviera Ligure di Ponente Pigato Cycnus '15 | 🍷🍷 3* |
| Ormeasco di Pornassio Peinetti '15 | 🍷🍷 3 |
| ● Riviera Ligure di Ponente Granaccia Shalok '14 | 🍷🍷 5 |
| ○ Riviera Ligure di Ponente Vermentino V. Sorì '15 | 🍷🍷 3 |
| ○ Riviera Ligure di Ponente Vermentino '15 | 🍷 3 |
| ○ Riviera Ligure di Ponente Pigato Albium '13 | 🍷🍷🍷 5 |
| ○ Riviera Ligure di Ponente Pigato Cycnus '13 | 🍷🍷🍷 3* |
| ○ Riviera Ligure di Ponente Pigato Cycnus '12 | 🍷🍷🍷 3* |

## Roberto Rondelli

FRAZ. BRUNETTI, 1
18033 CAMPOROSSO [IM]
TEL. +39 3280348055
rondellivini@gmail.com

藏酒销售
预约参观
膳宿接待
年产量 22 000 瓶
葡萄种植面积 3.5 公顷

罗伯托隆得利酒庄（Roberto Rondelli）的位置不大好找，它地处意大利的最西端，接近利古里亚（Liguria）与法国的交界处：海平面上气候严酷、几近荒野的一片土地，长满地中海灌木丛，遍布树林。不过这座小酒庄却坐落在绿意融融的山间，景致优美，到了夜晚万物寂静无声，酒庄完美嵌入惬意的自然环境。葡萄园并不与酒庄毗邻，但是酒庄的后园却展示出惊人的美景，这一新地块堪称皇冠上的宝石，刚刚开始出产酿造葡萄，拥有令人艳羡的南—南—西朝向山坡。罗伯托隆得利酒庄的出品日益展现出独特的风味和超高的品质，罗伯托隆得利酒庄今年推荐了一系列参选美酒，其中2015年份的多尔切阿库瓦（Dolceacqua）给我们留下了极其深刻的印象，它别具一格，香氛精致，散发着紫罗兰般幽然的缕缕花香，融入树皮的醇香，底蕴中透露出丝丝黑胡椒的辛香，口感有力，风味独特，美味的果味支撑着整体口感，回味绵长悠远，久久不散。与此同时，2013年份的米格利亚瑞纳多尔切阿库瓦（Dolceacqua Migliarina）吐露着浓郁的橡木香气，这款意趣盎然的美酒个性极端独特，令人难忘。除此之外，2015年份的奇奥蒂园皮佳多（Pigato Vigna Ciotti）也酒质精美，风味别致。

| | |
|---|---|
| ● Dolceacqua '15 | 🍷🍷 3* |
| ● Dolceacqua Migliarina '13 | 🍷🍷 3 |
| ○ Riviera Ligure di Ponente Pigato V. Ciotti '15 | 🍷🍷 3 |
| ○ Pepin '15 | 🍷 3 |
| ○ Riviera Ligure di Ponente Vermentino '15 | 🍷 3 |
| ● Dolceacqua Migliarina '12 | 🍷🍷 3 |
| ○ Riviera Ligure di Ponente Pigato V. Ciotti '14 | 🍷🍷 3* |
| ○ Riviera Ligure di Ponente Vermentino '14 | 🍷🍷 3 |

## Terenzuola

VIA VERCALDA, 14
54035 FOSDINOVO [MS]
TEL. +39 0187670387
www.terenzuola.it

年产量 137 000 瓶
葡萄种植面积 21 公顷

伊凡·朱利亚尼（Ivan Giuliani）经营着这座泰伦佐拉酒庄（Terenzuola），他的合伙人马可·尼科里尼（Marco Nicolini）只负责酒庄的财务业务。酒庄的农场蜿蜒穿行于利古里亚产区（Liguria）与托斯卡纳产区（Tuscany）之间，占地达到22公顷，一部分坐落在五渔村（Cinque Terre），一部分位于卢尼加纳地区（Lunigiana）。泰伦佐拉酒庄并不向公众开放，也不接待对外参观和网上销售，生产的美酒也从未出现在大型零售店中。感谢五十名美酒代理和20位进口商的不懈努力，使泰伦佐拉酒庄2015年出品的18万瓶潜力无穷的佳酿遍布意大利和国外的餐厅和葡萄酒商店。在我们今年的品鉴中，泰伦佐拉酒庄推荐的美酒口味相当不错。2015年份的贝斯园维蒙蒂诺（Vermentino Vigne Basse）色泽明快跃动，散发着地中海灌木丛的热烈香气，逐渐演化为苹果和梨子的成熟果香，口感清爽，劲道有力的质感并没有破坏整体的和谐。与此同时，2013年份的梅拉德米尼拉（La Merla della Miniera）是一款以卡内奥罗（Canaiolo）、玛萨雷塔（Massaretta）和黑维蒙蒂诺（Vermentino Nero）混酿而成的美酒，散发着干草的缕缕清香，融入甘草的醇美芬芳，口感层次分明，缓缓蔓延开来，展现出鲜明的个性。

| | |
|---|---|
| ○ Colli di Luni Vermentino V. Basse '15 | 🍷🍷 3* |
| ● Merla della Miniera '13 | 🍷🍷 4 |
| ○ Colli di Luni Vermentino Sup. Fosso di Corsano '15 | 🍷🍷 3 |
| ○ Colli di Luni Vermentino Sup. Fosso di Corsano '11 | 🍷🍷🍷 3* |
| ○ Cinque Terre '13 | 🍷🍷 4 |
| ○ Cinqueterre Sciacchetrà '09 | 🍷🍷 7 |
| ○ Cinqueterre Sciacchetrà Ris. '10 | 🍷🍷 4 |
| ○ Colli di Luni Vermentino Sup. Fosso di Corsano '14 | 🍷🍷 3 |
| ○ Colli di Luni Vermentino Sup. Fosso di Corsano '13 | 🍷🍷 3* |
| ○ Colli di Luni Vermentino Sup. Fosso di Corsano '12 | 🍷🍷 3* |
| ● Merla della Miniera '12 | 🍷🍷 4 |

## Terre Bianche

LOC. ARCAGNA
18035 DOLCEACQUA [IM]
TEL. +39 018431426
www.terrebianche.com

藏酒销售
预约参观
膳宿接待
年产量 55 000 瓶
葡萄种植面积 8.5 公顷
可持续发展酒庄

由于解除了与当地酒庄的重要协议，白土酒庄（Terre Bianche）的主人费利波·隆代利（Filippo Rondelli）和弗兰科·拉科尼（Franco Laconi）得以增加了多尔切阿库瓦罗瑟丝（Rossese di Dolceacqua）和维蒙蒂诺葡萄（Vermentino）的收成。这使在白土葡萄园（Terre Bianche）挑选并且处理酿造葡萄成为可能——重要的单一地块葡萄园，酒庄就以这座葡萄园命名。在今年酒庄推荐的酒品中，包含一款新酒“白土”（Terrabianca），它的2014年份酒是令我们印象最为深刻的美酒之一：散发着紫罗兰般幽然的花香，融入阵阵成熟的果香，底蕴中透露出森林大地和烟草的丝丝醇香，口感别具一格，相当复杂，单宁质地精美，酒重得宜平衡。与此同时，2015年份的多尔切阿库瓦（Dolceacqua）也十分卓越，摇曳着深邃的红宝石色泽，散发着红莓果的馥郁果香，融入阳光般的和煦质感和咸咸海水的风味，底蕴中透露出黑胡椒和树皮的辛香。2014年份的阿坎纳峰园多尔切阿库瓦（Bricco Arcagna）如同往年一样，表现令人惊叹。它如同丝绸般柔滑，酒质平衡，美妙的口感层层开启，跌宕开去，一路攀上优雅和谐的美味巅峰，一抹辛辣的酒香始终若有似无地飘散其间，这样优秀的表现无疑配得上一座“三杯奖”！

| | |
|---|---|
| ● Dolceacqua Bricco Arcagna '14 | 🍷🍷🍷 5 |
| ● Dolceacqua Terrabianca '14 | 🍷🍷 5 |
| ● Rossese di Dolceacqua '15 | 🍷🍷 3 |
| ○ Riviera Ligure di Ponente Pigato '15 | 🍷🍷 3 |
| ○ Riviera Ligure di Ponente Vermentino '15 | 🍷🍷 3 |
| ○ Riviera Ligure di Ponente Pigato Arcana '15 | 🍷 4 |
| ● Dolceacqua Bricco Arcagna '12 | 🍷🍷🍷 5 |
| ● Rossese di Dolceacqua '12 | 🍷🍷🍷 3 |
| ● Rossese di Dolceacqua Bricco Arcagna '09 | 🍷🍷🍷 4 |
| ● Rossese di Dolceacqua Bricco Arcagna '08 | 🍷🍷🍷 5 |
| ● Dolceacqua '14 | 🍷🍷 3 |
| ● Dolceacqua '13 | 🍷🍷 3 |
| ● Dolceacqua Bricco Arcagna '13 | 🍷🍷 5 |

## Il Torchio

via delle Colline, 24
19033 Castelnuovo Magra [SP]
Tel. +39 3318585633
gildamusetti@gmail.com

藏酒销售
预约参观
膳宿接待
年产量 60 000 瓶
葡萄种植面积 12 公顷

托尔奇酒庄（Il Torchio）的业务分为两大板块。叔叔克劳迪欧（Claudio）在葡萄园监督酿造葡萄的种植事宜，年轻的埃多拉多（Edoardo）掌管酒窖的酿造事业，姐姐吉尔达（Gilda）负责酒庄的销售业务；另一方面，待客农舍餐厅的生意则将家族成员全部聚集起来，这间宽敞的餐厅每周都宾客满盈，为数不清的来访游客提供美食和美酒。2015年，托尔奇酒庄推出了一款以维蒙蒂诺（Vermentino）酿造的新酒“月亮”（Stralunato），这款佳酿的制作过程颇为传奇：精选最成熟的采收葡萄压榨成汁，尚未发酵的葡萄汁带皮发酵三天后，与精美的酒泥（Lees）共同浸渍长达三个月的时间，最后在月亮渐亏时分离酒渣，因此而得名。迄今为止只生产了1500瓶“月亮”美酒（Stralunato），每一瓶都带有限量标号。这款美酒口感极其强劲有力，酿造过程中不断激发出的成熟质感表露无疑，与此同时还散发着缕缕地中海清爽而热烈的芬芳。除此之外，2015年份的维蒙蒂诺（Vermentino）香气缥缈，吐露着阵阵成熟的果香，口感强劲有力，令人愉悦，但是酒质发展依然还有很大前景，假以时日必定呈现出更佳的口感；2015年份的白葡萄酒（Bianco）则口感热辣刺激，酒精度颇高，仍然需要时间缓慢成熟。

| | |
|---|---|
| ○ Colli di Luni Vermentino '15 | 🍷🍷 3 |
| ○ Stralunato '15 | 🍷🍷 3 |
| ○ Colli di Luni Vermentino Il Bianco '15 | 🍷 3 |
| ● Colli di Luni Rosso Il Torchio '13 | 🍷🍷 4 |
| ○ Colli di Luni Vermentino '14 | 🍷🍷 3* |
| ○ Colli di Luni Vermentino Il Bianco '14 | 🍷🍷 3 |
| ○ Colli di Luni Vermentino Il Bianco '13 | 🍷🍷 3 |
| ○ Colli di Luni Vermentino Il Torchio '13 | 🍷🍷 3* |

## Vis Amoris

loc. Caramagna
s.da Molino Javè, 23
18100 Imperia
Tel. +39 3483959569
www.visamoris.it

藏酒销售
预约参观
年产量 24 000 瓶
葡萄种植面积 3.5 公顷
可持续发展酒庄

罗伯托·托兹（Roberto Tozzi）和罗萨娜·扎帕（Rossana Zappa）在韦斯阿莫瑞斯酒庄（Vis Amoris）自有的葡萄园中辛勤劳作，酒庄只出产四款美酒，全部采用皮佳多葡萄（Pigato）酿造而成，每一款都拥有独一无二的特色，彼此之间迥然相异。韦斯多默皮佳多（Vis Domé）完全在不锈钢罐中发酵，酿造葡萄来自海拔70米至80米的葡萄园，园中多为黏土土壤；维鲁姆皮佳多（Verum）的酿造葡萄则带皮发酵三四天后，才移入不锈钢罐中继续发酵；桑格诺皮佳多（Sogno）的酿造原料采撷自海拔更高、布满岩石的条状葡萄园，部分在不锈钢罐中发酵，部分在小型木桶中发酵，采收两年后才会正式发布，例如在小型木桶中发酵陈年的瑞吉斯皮佳多（Regis）。在韦斯阿莫瑞斯酒庄今年推荐的美酒中，2015年份的维鲁姆皮佳多（Verum）展现出丰富的个性，散发着蜜桃和杏子的甜美果香，逐步发展为药草的醇香和杏仁的芬芳，气质活跃，口感复杂，逡巡不散的美味与恰到好处的酒精度相得益彰，带来令人无限回味的享受。除此之外，2014年份的桑格诺皮佳多（Sogno）则摇曳着明快而深邃的色调，气质悦人，散发着淡淡的橡木香气，清爽的果味与香氛完美搭配。与此同时，2014年份的瑞吉斯皮佳多（Regis）同样表现精彩，它复杂而诱人，酒质精美。

| | |
|---|---|
| ○ Riviera Ligure di Ponente Pigato Sogno '14 | 🍷🍷 4 |
| ○ Riviera Ligure di Ponente Pigato Verum '15 | 🍷🍷 3 |
| ○ Riviera Ligure di Ponente Pigato Vis Domè '15 | 🍷 3 |
| ○ Riviera Ligure di Ponente Regis '14 | 🍷 5 |
| ○ Vis Amoris Brut M. Cl. | 🍷 5 |
| ○ Riviera Ligure di Ponente Pigato Domè '13 | 🍷🍷 3* |
| ○ Riviera Ligure di Ponente Pigato Sogno '13 | 🍷🍷 4 |
| ○ Riviera Ligure di Ponente Pigato Sogno '12 | 🍷🍷 4 |
| ○ Riviera Ligure di Ponente Pigato Vis Domè '14 | 🍷🍷 3* |
| ○ Verum '14 | 🍷🍷 5 |

## Carlo Alessandri

via Umberto I, 15
18020 Ranzo [IM]
Tel. +39 0183318114
az.alessandricarlo@libero.it

藏酒销售
预约参观
年产量 19 100 瓶
葡萄种植面积 2.13 公顷

- ● Ormeasco di Pornassio '15 🍷🍷 3
- ○ Riviera Ligure di Ponente Vermentino '15 🍷🍷 2*
- ○ Riviera Ligure di Ponente Pigato '15 🍷 3

## Giovanni Ardissone

fraz. Gazzelli
via Dante Alighieri, 2
18027 Imperia
Tel. +39 018352527

年产量 5 000 瓶
葡萄种植面积 0.6 公顷

- ○ Passito di Vermentino Gianni '12 🍷🍷 3
- ○ Ramato Cippa Passito '15 🍷 3
- ○ Riviera Ligure di Ponente Vermentino Cian di Previ '15 🍷 3

## Bisson

c.so Gianelli, 28
16043 Chiavari [GE]
Tel. +39 0185314462
www.bissonvini.it

藏酒销售
预约参观
年产量 80 000 瓶
葡萄种植面积 12 公顷

- ○ Portofino Cimixià L'Antico '15 🍷🍷 3*
- ○ Portofino Vermentino Intrigoso '15 🍷🍷 3
- ○ Portofino Bianchetta Genovese U Pastine '15 🍷 2

## Enoteca Andrea Bruzzone

via Bolzaneto, 96r
16162 Genova
Tel. +39 0107455157
www.andreabruzzonevini.it

藏酒销售
预约参观

- ○ Val Polcevera Bianchetta Genovese Bunassa '15 🍷🍷 2
- ○ Val Polcèvera Coronata La Superba '15 🍷🍷 2
- ○ Val Polcevera Vermentino Armentin '15 🍷 2

## Calvini

via Solaro, 76/78a
18038 Sanremo [IM]
Tel. +39 0184660242
www.luigicalvini.com

藏酒销售
预约参观
年产量 50 000 瓶
葡萄种植面积 3.5 公顷

- ○ Riviera Ligure di Ponente Vermentino '15 🍷🍷 3
- ○ Prise de Mousse Brut '15 🍷 3

## Altare Bonanni Campogrande

via di Loca, 189
19017 Riomaggiore [SP]
Tel. +39 017350835
www.cinqueterre-campogrande.com

预约参观
年产量 6 000 瓶
葡萄种植面积 2 公顷

- ○ Telemaco '15 🍷🍷 [illegible]
- ○ Cinque Terre '15 🍷🍷 [illegible]

## Azienda Agricola Menconi Cantine Bondonor

ia Isola Alta, 53
9034 Ortonovo [SP]
Tel. +39 3488713641
www.cantinebondonor.com

年产量 15 000 瓶
葡萄种植面积 3 公顷

| | |
|---|---|
| ○ Colli di Luni Vermentino Aegidius Vintage '15 | 🍷🍷 3 |
| ○ Colli di Luni Vermentino Lunaris '15 | 🍷🍷 3 |
| ○ RosaLuna '15 | 🍷 3 |

## I Cerri

via Garibotti
19012 Carro [SP]
Tel. +39 3485102780
www.icerrivaldivara.it

年产量 8 000 瓶
葡萄种植面积 1 公顷

| | |
|---|---|
| ○ Campo Grande '15 | 🍷🍷 3 |
| ● Fonte Dietro il Sole '15 | 🍷🍷 3 |
| ○ Cian dei Seri '15 | 🍷 3 |

## Azienda Agricola Durin

loc. Ortovero
via Roma, 202
17037 Ortovero [SV]
Tel. +39 0182547007
www.durin.it

藏酒销售
预约参观
膳宿接待
年产量 130 000 瓶
葡萄种植面积 16.5 公顷
可持续发展酒庄

| | |
|---|---|
| ○ Riviera Ligure di Ponente Pigato Braie '15 | 🍷🍷 3* |
| ○ Riviera Ligure di Ponente Pigato I S-cianchi '15 | 🍷🍷 3 |

## Gajaudo Cantina del Rossese

loc. Bunda
via Roma, 33
18035 Imperia
Tel. +39 0184206958
www.cantinagajaudo.com

藏酒销售
预约参观
年产量 150 000 瓶
葡萄种植面积 12 公顷

| | |
|---|---|
| ● Dolceacqua '15 | 🍷🍷 3* |
| ● Dolceacqua Arcagna '15 | 🍷🍷 3 |
| ● Dolceacqua Luvaira '14 | 🍷🍷 3 |
| ○ Riviera Ligure di Ponente Pigato '15 | 🍷🍷 3 |

## Nicola Guglierame

via Castello, 4
18024 Pornassio [IM]
Tel. +39 3475696718
www.ormeasco-guglierame.it

年产量 18 000 瓶
葡萄种植面积 2.5 公顷

| | |
|---|---|
| ● Pornassio Sup. '13 | 🍷🍷 3 |
| ● Pornassio '14 | 🍷 3 |
| ● Pornassio Sciac-Tra '14 | 🍷 3 |

## Tenuta La Ghiaia

via Falcinello, 127
19038 Sarzana [SP]
Tel. +39 0187627307
www.tenutalaghiaia.it

藏酒销售
预约参观
膳宿接待
年产量 45 000 瓶
葡萄种植面积 5.5 公顷

| | |
|---|---|
| ○ Colli di Luni Vermentino Atys '14 | 🍷🍷 3 |
| ● Colli di Luni Rosso 11 Nodi '14 | 🍷 3 |

## Podere Lavandaro

via Castiglione
54035 Fosdinovo [MS]
Tel. +39 018768202
www.poderelavandaro.it

藏酒销售
预约参观
年产量 22 000 瓶
葡萄种植面积 4 公顷

| | |
|---|---|
| ○ Colli di Luni Vermentino '15 | 🍷🍷 3* |
| ○ Maséro '14 | 🍷 3 |
| ⊙ Merlarosa '15 | 🍷 3 |

## Cantine Levante

via Villa Ragone, 21
16039 Sestri Levante [GE]
Tel. +39 0185 42466
cantinelevante@gmail.com

年产量 30 000 瓶

| | |
|---|---|
| ○ Portofino Bianchetta Genovese '15 | 🍷🍷 2 |
| ● Portofino Ciliegiolo '15 | 🍷 2 |
| ● Portofino Cimixa '15 | 🍷 2 |
| ○ Portofino Vermentino '15 | 🍷 2 |

## Podere Grecale

loc. Bussana
via Ciousse
18038 Sanremo [IM]
Tel. +39 01841956107
www.poderegrecale.it

藏酒销售
预约参观
年产量 18 000 瓶
葡萄种植面积 3 公顷

| | |
|---|---|
| ○ Riviera Ligure di Ponente Pigato '15 | 🍷🍷 3* |
| ○ Riviera Ligure di Ponente Vermentino '15 | 🍷 3 |
| ○ Riviera Ligure di Ponente Vermentino Maèn '14 | 🍷 3 |

## Rossana Ruffini

via Tirolo, 58
19020 Bolano [SP]
Tel. +39 0187939988
g.brandani@libero.it

年产量 10 000 瓶
葡萄种植面积 3 公顷

| | |
|---|---|
| ○ Colli di Luni Vermentino Portolano '15 | 🍷🍷 2 |
| ● Colli di Luni Rosso Logaiolo '14 | 🍷 2 |

## Valdiscalve

loc. Reggimonti
s.da prov.le 42
19011 Bonassola [SP]
Tel. +39 0187818178
www.vermenting.com

藏酒销售
年产量 5 000 瓶
葡萄种植面积 1 公顷

| | |
|---|---|
| ○ Colline di Levanto Bianco Terre del Salice '15 | 🍷🍷 3 |
| ○ Colline di Levanto Bianco Costa di Macinara '15 | 🍷 2 |

## La Vecchia Cantina

fraz. Salea
via Corta, 3
17031 Albenga [SV]
Tel. +39 3393733641
www.lavecchiacantinacalleri.it

藏酒销售
预约参观
年产量 15 000 瓶
葡萄种植面积 4 公顷

| | |
|---|---|
| ○ Riviera Ligure di Ponente Albenganese Pigato '15 | 🍷🍷 3 |
| ○ Riviera Ligure di Ponente Albenganese Vermentino '15 | 🍷🍷 3 |

# 伦巴第区
# LOMBARDY

对于伦巴第产区而言，今年可是获得大丰收、取得大跃进性成绩的一年。不论从品鉴酒品的平均水准上，还是从收获的奖项数量上都是如此——2017年鉴中，伦巴第产区共获得了23项大奖！鉴于取得了如此佳绩，伦巴第产区再次证明了自己是意大利葡萄酒酿造产业中当之无愧的领军力量，出品美酒在意大利国内已经极为畅销，而且得益于2015年米兰世博会（Expo Milano）的大力助推，我们坚信经过一年的国际宣传，伦巴第美酒出口成绩将会日渐突出。明星表现无疑要归功于伟大的弗兰奇亚考达产区（Franciacorta），一举囊括了十座“三杯奖”大奖！该产区已经成立了半个多世纪的时间，这片土地毫无疑问是整个伦巴第产区酿造产业的先驱动力，它出品的珍酿（Cuvées）如今已经开始享誉国际，广受各国酒迷的追捧。让我们看一看今年的获奖名单，十款摘下桂冠的佳酿中有九款都是极干型葡萄酒（Extra Brut）或者零添加起泡酒（Pas Dosé）。弗兰奇亚考达产区生产商都将最佳资源投入这种类型葡萄酒的酿造之中。收获的成果令人赞叹，仿佛具有魔力一般，因为该产区顶级葡萄园出产的霞多丽（Chardonnay）和黑比诺（Pinot Nero）几乎无须充满和在瓶中陈年就已经攀上了品质的巅峰。在这十款美酒中，唯一的干型葡萄酒是维拉（Villa）出品的诱人的2012年份的伯克桃红葡萄酒（Rosé Boké）。贝拉维斯塔酒庄（Bellavista）表现出色，从诸多获奖酒庄中脱颖而出，它隶属莫雷蒂酒业集团（Terra Moretti group），更凭借IW三十周年纪念版美酒斩获了“年度最佳酒庄”的荣誉。距离弗兰奇亚考达产区不远的奥特珀产区（Oltrepò）也在提升品质的道路上加速前进，今年将七座“三杯奖”奖杯收入囊中。伯纳达酒庄（Bonarda）首次荣获“三杯奖”，艾格尼丝兄弟（Agnes）酿造的2015年份坎波蒙特（Campo del Monte）优雅芬芳，酒香扑鼻，是这片土地复杂风土条件的完美表达。其余获奖美酒则由各种卓越的起泡酒、白葡萄酒和粉红起泡酒（Cruasés）组成，是否出自DOC产区并没有带来品质上的差异，它们都以黑比诺（Pinot nero）酿造而成，这一品种在这片富含石灰土的山地环境中已经生长多年。今年伦巴第产区在红葡萄酒的生产上大胆实践，取得了不错的成绩，维斯塔利诺伯爵酒庄（Conte Vistarino）出品的2013年份贝尔托内（Bertone）就斩获了“三杯奖”桂冠。当然还有其他品质卓越的葡萄品种以及其他卓越伟大的风土条件：内比奥罗（Nebbiolo）或者查万纳斯卡（Chiavennasca）以及瓦尔泰利纳（Valtellina）。有五款超级伟大的红葡萄酒收获了最高荣誉，其中涅格里酒庄（Negri）出品的五星色富莎干红葡萄酒（Sforzato 5 Stelle）拔得头筹。我们对于获奖酒品的品评以一款白葡萄酒作为终结，那就是卡梅欧酒庄（Ca’ Maiol）令人赞叹的卢嘉纳莫林（Lugana Molin），这已经是这款美酒第四次站上“三杯奖”的领奖台，充分证明了这片产区与威尼托产区（Veneto）具有同样重要的地位。除了上述的明星产区之外，我们还要牢记从瓦尔卡莱皮欧（Valcalepio）到曼图亚（Mantua）、从瓦尔卡莫尼卡（Valcamonica）到博蒂奇诺（Botticino），整个伦巴第葡萄酒酿造业正处于快速发展的过程之中，未来将会为酒迷奉上更多经典佳酿。

## Marchese Adorno

via Garlassolo, 30
27050 Retorbido [PV]
Tel. +39 0383374404
www.marcheseadorno-wines.it

藏酒销售
预约参观
年产量 250 000 瓶
葡萄种植面积 85 公顷

马切洛·卡塔奈·阿度侯爵（Marchese Marcello Cattaneo Adorno）所有的酒庄在经历了一系列变化后，终于找到一条充分利用卓越资源、发挥酒庄最大潜能的康庄大道。侯爵对于酒庄进行了大力投资，他不仅新建了一座酒窖，还将整个庄园重新装修得焕然一新。酿酒师弗朗西斯科·切尔韦蒂（Francesco Cervetti）为阿度侯爵酒庄制定了指导原则，酒庄主要酿造雷司令（Riesling）、黑比诺（Pinot Nero）和巴贝拉（Barbera），追求酒品的高品质。在今年的品鉴中，侯爵酒庄推荐的美酒表现精彩，得到了相当高的评分。2014年份的德勒园巴贝拉（Barbera Vigna del Re）依然年轻，散发着脆爽的果香，融入香料的缕缕辛辣芬芳。与此同时，2015年份的伯纳达（Bonarda）也表现精彩。2014年份的柯利韦艾诺梅洛（Merlot Cliviano）更是侯爵最爱的美酒，虽然它的酒质现在依然封闭、处于不断的发展演化之中，但是它的酒骨精美，散发着醋栗的阵阵跃动果香，融入干草的缕缕芬芳。除此之外，2014年份的布鲁盖廖黑比诺（Pinot Nero Brugherio）也别具一格，展现出高超的酿造水平，散发着药草的阵阵醇香，给人带来极为优雅的享受。

| | |
|---|---|
| ● OP Barbera V. del Re '14 | 🍷🍷 4 |
| ● OP Bonarda Vivace Costa del Sole '15 | 🍷🍷 2* |
| ● Cliviano '14 | 🍷🍷 3 |
| ● OP Pinot Nero Brugherio '14 | 🍷🍷 2* |
| ○ OP Pinot Grigio Dama d'Oro '15 | 🍷 3 |
| ● OP Pinot Nero Rile Nero '14 | 🍷 5 |
| ● Cliviano '13 | 🍷🍷 3 |
| ● OP Barbera V. del Re '12 | 🍷🍷 4 |
| ● OP Barbera V. del Re '11 | 🍷🍷 4 |
| ● OP Bonarda Costa del Sole '13 | 🍷🍷 2* |
| ● OP Pinot Nero Rile Nero '13 | 🍷🍷 5 |
| ● OP Pinot Nero Rile Nero '11 | 🍷🍷 5 |
| ● OP Pinot Nero Rile Nero Riserva Privata '10 | 🍷🍷 5 |
| ○ OP Riesling Sup. Arcolaio '13 | 🍷🍷 3* |
| ○ OP Riesling Sup. Arcolaio '12 | 🍷🍷 3* |

## F.lli Agnes

via Campo del Monte, 1
27040 Rovescala [PV]
Tel. +39 038575206
www.fratelliagnes.it

藏酒销售
预约参观
年产量 120 000 瓶
葡萄种植面积 21 公顷

位于奥特珀帕维泽（Oltrepò Pavese）东
部地区的罗韦斯卡拉（Rovescala）毗邻
与艾米利亚（Emilia）的交界处，是伯纳
达酒庄（Bonarda）不被打扰的领地。多
年来，意志坚定的塞尔吉奥·艾格尼丝
（Sergio Agnes）和克里斯蒂亚诺·艾格
尼丝（Cristiano Agnes）兄弟二人已经充
分展现出他们栽培和酿造科罗帝纳葡萄
（Croatina）的卓越能力——他们十分精
通皮尼奥拉（Pignola）这一葡萄品种的
各类知识，这种科罗帝纳葡萄果实串小
而紧密。艾格尼丝兄弟酒庄（F.lli Agnes
整个葡萄酒系列几乎容纳了所有类型的
美酒——静止非起泡酒和低泡酒、干型
葡萄酒和甜酒，年轻的美酒和陈年的佳
酿——但是无论哪一款都展现出令人likely
美的极高品质。在今年的品鉴中，艾格
尼丝兄弟酒庄贡献了一系列品质出众的
美酒，其中2015年份的坎波蒙特（Camp
Monte）更为这片产区赢得了“三杯奖”
大奖，这座奖杯非常值得纪念，这份荣
誉同时也部分归功于条件优越的采收酿
造季。这款难得的佳酿散发着令人愉悦
的扑鼻果香，残余糖分几近完美，口
感和谐。除此之外，2015年份的克莱斯
塔德吉菲（Cresta del Ghiffi）也展现出优
良的品质，相比而言口感更甜，但是
同样多汁；而2015年份的珀森尼德康索
（Possessione del Console）则更具泥土的芳
香，口感更加质朴。

| | |
|---|---|
| ● OP Bonarda Vivace Campo del Monte '15 | 🍷🍷🍷 |
| ● OP Bonarda Millennium '13 | 🍷🍷 |
| ● OP Bonarda Vivace Cresta del Ghiffi '15 | 🍷🍷 |
| ● Possessione del Console '15 | 🍷🍷 |
| ● Loghetto '15 | 🍷 |
| ● Loghetto '14 | 🍷🍷 |
| ● Loghetto '13 | 🍷🍷 |
| ● OP Bonarda Campo del Monte '13 | 🍷🍷 |
| ● OP Bonarda Cresta del Ghiffi '13 | 🍷🍷 |
| ● OP Bonarda Millennium '11 | 🍷🍷 |
| ● OP Bonarda Millennium '10 | 🍷🍷 |
| ● OP Possessione del Console '13 | 🍷🍷 |
| ● Poculum '12 | 🍷🍷 |

## Anteo

loc. Chiesa
27040 Rocca de' Giorgi [PV]
Tel. +39 038599073
www.anteovini.it

藏酒销售
预约参观
年产量 200 000 瓶
葡萄种植面积 27 公顷

安泰奥酒庄（Anteo）位于奥特珀帕维泽村（Oltrepò Pavese）的中心地带，这里出产最精美的传统酿造法起泡酒。特伦托·科瑞柏拉提（Trento Cribellati）在晚年才创立了这座美丽的酒庄，如今传给了他的儿女们管理——埃托雷·皮埃罗·科瑞柏拉提（Ettore Piero Cribellati）和安托内拉·科瑞柏拉提（Antonella Cribellati）。安泰奥酒庄带有穹顶的大型地下酒窖的架子上摆满葡萄酒，这些酒都依靠人工筛选后等待除渣，成为罕见的景观。酒庄坐落在海拔380米处，位于弗萨河谷（Valle Versa）和斯库罗帕索河谷（Valle Scuropasso）之上，是生产精美奥特珀黑比诺起泡酒（Oltrepò Pinot Nero）的顶级产区。在今年的品鉴中，我们尤其喜爱2010年份的本色天然葡萄酒（Nature Ecru），它的香氛浓郁封闭，融入矿物质的缕缕醇香，散发着莓果的阵阵果香，底蕴中透露出薄荷油的清凉芬芳，充实饱满的口感与美妙的香氛相得益彰。2008年份的伯伊塔陈酿（Riserva del Poeta）金光灿灿，结构紧致，质地饱满，酒质演化别具一格。呈现黄铜色色泽的粉红起泡酒（Cruasé）是两款桃红葡萄酒（Rosés）中酒质演化更加成熟的一款；而军刀香槟（Sabrage）则色泽更加深邃浓郁，吐露着草本植物的缕缕清香。除此之外，伯纳达（Bonarda）和“狐狸与葡萄”莫斯卡托年份酒（Moscato La Volpe e l' Uva）都呈现出极高的品质，充分证明了酒庄高超的酿造水平。

| | |
|---|---|
| ○ La Volpe e l'Uva '15 | ▼▼ 3 |
| ● OP Bonarda Vivace Staffolo '15 | ▼▼ 2* |
| ○ OP Pinot Nero Brut Riserva del Poeta '08 | ▼▼ 6 |
| ○ OP Pinot Nero Nature Écru '10 | ▼▼ 5 |
| ⊙ Brut Sabrage Rosé | ▼ 4 |
| ⊙ OP Cruasé | ▼ 4 |
| ○ OP Riesling Quadro di Mezzo '15 | ▼ 2 |
| ○ OP Pinot Nero Brut Cl. Nature Écru '03 | ▽▽▽ 4 |
| ○ OP Pinot Nero Brut Riserva del Poeta '07 | ▽▽ 6 |
| ○ OP Pinot Nero Nature Écru '09 | ▽▽ 5 |
| ○ OP Spumante Brut Tradition '09 | ▽▽ 4 |

## Antica Fratta

via Fontana, 11
25040 Monticelli Brusati [BS]
Tel. +39 030652068
www.anticafratta.it

藏酒销售
预约参观
年产量 300 000 瓶
葡萄种植面积 4 公顷

兹连尼家族（Ziliani）除了拥有奎多贝鲁奇葡萄酒公司（Guido Berlucchi）之外，还在弗兰奇亚考达（Franciacorta）拥有另一座酒庄。安提卡弗莱塔酒庄（Antica Fratta）坐落在一栋19世纪的美丽宫殿中，于20世纪70年代末期进行了重新整修。安提卡弗莱塔酒庄带有穹顶的大型酒窖美得令人赞叹，布局呈十字形，当地人称其为“坎蒂侬”（Cantinon）。这座宫殿曾经是富裕的葡萄酒商人罗塞蒂骑士（Cavalier Rossetti）的家，如今这里接受委托举办各种庆典和招待仪式。酒庄的酿造活动独立于奎多贝鲁奇葡萄酒公司，采用酒庄葡萄园自产的酿造葡萄以及信赖的种植商供应的酿造葡萄为原料。虽然安提卡弗莱塔酒庄的产量比母公司要低得多，但是从品质上而言，它可以与本地区最富盛名的酒庄一较高下。安提卡弗莱塔酒庄今年推荐了一系列精美的参选美酒，其中2007年的精华陈酿（Riserva Quintessence）表现出色，清晰地证明了酒庄的不俗实力。它的色泽深邃、口感清爽，凭借复杂的风味、极佳的平衡度和绵密浓醇如同奶油般的口感在我们的决赛中脱颖而出，浓郁的橡木滋味十分优雅，飘散着第三类香气，绵长悠然的余韵持久在唇齿之间回荡。

| | |
|---|---|
| ○ Franciacorta Extra Brut Quintessence Ris. '07 | ▼▼ (red) 7 |
| ○ Franciacorta Nature Essence '11 | ▼▼ 5 |
| ○ Franciacorta Rosé Essence '11 | ▼▼ 5 |
| ○ Franciacorta Satèn Essence '11 | ▼▼ 5 |
| ○ Franciacorta Brut Essence '08 | ▽▽ 5 |
| ○ Franciacorta Essence Nature '09 | ▽▽ 5 |
| ○ Franciacorta Extra Brut Quintessence Ris. '07 | ▽▽ 7 |
| ○ Franciacorta Extra Brut Quintessence Ris. '06 | ▽▽ 7 |
| ○ Franciacorta Rosé Essence '10 | ▽▽ 5 |
| ⊙ Franciacorta Rosé Essence '09 | ▽▽ 5 |
| ○ Franciacorta Satèn Essence '10 | ▽▽ 5 |
| ○ Franciacorta Satèn Essence '09 | ▽▽ 5 |

## Antica Tesa

LOC. MATTINA
VIA MERANO, 28
25080 BOTTICINO [BS]
TEL. +39 0302691500

藏酒销售
预约参观
年产量 40 000 瓶
葡萄种植面积 10 公顷

博蒂奇诺（Botticino）是位于河谷和前阿尔卑斯山麓雷蒂亚（Rhaetian Prealps）上部地带的小产区。伦巴第地区（Lombardy）的这个角落以出产品质傲人、价格昂贵的大理石而闻名于世，不过以这里南向的精美葡萄园出产的葡萄酿造的红葡萄酒也非常特别，别具一格——被微风轻轻吹拂的葡萄园主要种植桑娇维塞（Sangiovese）、巴贝拉（Barbera）、马泽米诺（Marzemino）和吉斯查瓦詹太莱（Schiava Gentile）等品种葡萄。皮尔安吉拉·诺文塔（Pierangelo Noventa）拥有的安提卡泰萨酒庄（Antica Tesa）是布雷西亚地区（Brescia）这片规模不大的DOC产区的经典酒庄。酒庄的葡萄园位于海拔450米，以有机方式照料园中的葡萄藤，出产一系列忠诚反映本地风土的美酒。在今年的品鉴中，我们有幸一品卓越的2012年份的比奥葡萄园五十年经典（Vigna del Gobbio 50），酿造果实中包括部分风干葡萄，酒液陈年超过五十个月。它摇曳着诱人的暗红色色调，红莓果的成熟果香与美丽的色泽相映成趣，融入香料的阵阵辛香，更有一抹可可粉的醇浓风味萦绕其间，口感精美，结构上佳，优雅平衡。与此同时，2012年份的博蒂奇诺帕德拉泰萨（Pià de la Tesa）馥郁芬芳，但是入口略感锐利；相比较而言，2014年份的科勒德格利尤韦（Colle degli Ulivi）则更加简单质朴，酒质更加甘美丰润。

| | |
|---|---|
| ● Botticino V. del Gobbio 50 '12 | 5 |
| ● Botticino Pià de la Tesa '12 | 3 |
| ● Botticino Colle degli Ulivi '14 | 2 |
| ● Botticino Colle degli Ulivi | 2* |
| ● Botticino Pià de la Tesa '11 | 3 |
| ● Botticino Pià de la Tesa '10 | 3 |
| ● Botticino Pià de la Tesa '09 | 3 |
| ● Botticino Pià de la Tesa '07 | 3* |
| ● Botticino Pià de la Tesa '06 | 3 |
| ● Botticino V. degli Ulivi '07 | 2* |
| ● Botticino V. del Gobbio '11 | 5 |
| ● Botticino V. del Gobbio '10 | 5 |
| ● Botticino V. del Gobbio '09 | 5 |
| ● Botticino V. del Gobbio '08 | 5 |
| ● Botticino V. del Gobbio '06 | 5 |
| ● Botticino V. del Gobbio '05 | 5 |

## Ar.Pe.Pe.

VIA DEL BUON CONSIGLIO, 4
23100 SONDRIO
TEL. +39 0342214120
www.arpepe.com

藏酒销售
预约参观
年产量 80 000 瓶
葡萄种植面积 13 公顷

在阿佩佩酒庄（Ar.Pe.Pe.），耐心始终是一种美德。佩利扎蒂·泊莱古（Pelizzat Perego）的家族酒庄是坚信瓦尔泰利纳（Valtellina）美酒拥有卓越陈年潜力的首批酒庄之一，常常在酿造葡萄采收十年后才正式发布打造的佳酿。葡萄园中的辛勤工作、酿造葡萄带皮进行长期的浸渍、在大型桶中延长陈年时间，再加上在瓶中缓慢的陈年，是阿佩佩酒庄得以酿造出精选佳酿的秘诀。整体出品系列包括日益展现出独特魅力、忠于本地风土条件的山地内比奥罗（Nebbiolos），复杂而精美，气质悠然。在2014年采收酿造季中，所有的酿造葡萄都用于生产瓦尔泰利纳红葡萄酒（Rosso di Valtellina），因此我们不得不等待12个月后才能一尝2007年份萨塞拉洛奇罗索陈酿（Sassell Rocce Rosse Riserva）的美味。在今年的品鉴中，2007年份的布恩肯塞格里奥格鲁梅洛（Grumello Buon Consiglio）非常优雅，表现精彩，它散发着铁锈原始的气息，融入覆盆子淡淡的果香，展现出独一无二的复杂风味。入口感到惊人和谐的质感，底蕴细腻，收口回味绵长高雅。2007年份的利嘉纳园（Vigna Regina）非常复杂微妙，散发着阵阵烟草的醇香，融入甘草和红莓果的缕缕芬芳，底蕴中透露出丝丝大黄的优雅香气，口感紧致诱人，余韵不可思议地绵长，收口果味饱满丰盈。

| | |
|---|---|
| ● Valtellina Sup. Grumello Buon Consiglio Ris. '07 | 6 |
| ● Valtellina Sup. Sassella Stella Retica Ris. '11 | 5 |
| ● Valtellina Sup. Sassella V. Regina Ris. '07 | 8 |
| ● Rosso di Valtellina '14 | 4 |
| ● Valtellina Sup. Grumello Rocca de Piro Ris. '11 | 5 |
| ● Valtellina Sup. Inferno Fiamme Antiche Ris. '11 | 5 |
| ● Valtellina Sup. Sassella Rocce Rosse Ris. '05 | 7 |
| ● Valtellina Sup. Sassella Stella Retica Ris. '10 | 5 |

## Ballabio

via San Biagio, 32
27045 Casteggio [PV]
Tel. +39 0383805728
www.ballabio.net

藏酒销售
预约参观
年产量 100 000 瓶
葡萄种植面积 60 公顷

这座历史悠久的传奇酒庄，由安吉洛·巴拉比奥（Angelo Ballabio）于1905年创立，在奥特珀帕维泽（Oltrepò Pavese）的葡萄酒酿造史上具有里程碑般的重要意义。今天，一切都发生了变化，包括卡斯泰焦产区（Casteggio）山脚下巴拉比奥酒庄漂亮的总部大楼。最重要的是，规模恢宏的现代化酒窖装备先进，将注意力主要集中在酿造起泡酒上。费立波·纳弗利（Filippo Nevelli）雇佣了卓越的卡洛·卡萨韦基亚（Carlo Casavecchia）为酿酒顾问，共同打造巅峰品质的美酒。巴拉比奥酒庄优雅脆爽的法发拉干型葡萄酒（Brut Farfalla）今年再次不费吹灰之力地轻松捧走"三杯奖"（Tre Bicchieri）。它的香氛封闭，质感清凛，散发着黑比若葡萄典型的红色莓果果香，与草本植物的清香亲密缭绕，气泡精美，余韵绵长，收口果味浓郁。桃红葡萄酒（Rosé）也展现出精湛的酿造工艺，摇曳着一如既往的苍白色调，香氛精美清爽，草莓和覆盆子的缕缕果香若有似无地飘散其间。与此同时，2015年份的科拉斯迪蒂姆灰比诺（Pinot Grigio Clastidium）口感和谐，凸显品种葡萄的特质；而伯纳达年份酒（Vintage Bonarda）则酒香四溢，果味饱满。

| | | |
|---|---|---|
| ○ Brut Farfalla | 🍷🍷🍷 | 4* |
| ⊙ Brut Rosé Farfalla | ▼▼ | 4 |
| ● OP Bonarda V. delle Cento Pertiche '15 | ▼▼ | 3 |
| ○ OP Pinot Grigio Clastidium '15 | ▼▼ | 2* |
| ● Narbusto '13 | ▼ | 3 |
| ○ Brut Farfalla | ▽▽▽ | 4* |
| ● OP Bonarda V. delle Cento Pertiche '13 | ▽▽ | 3 |
| ● OP Bonarda V. delle Cento Pertiche '11 | ▽▽ | 2* |
| ● OP Bonarda V. delle Cento Pertiche '10 | ▽▽ | 2* |
| ● OP Bonarda Vivace V. delle Cento Pertiche '09 | ▽▽ | 2* |
| ⊙ OP Pinot Nero Brut Cruasé '07 | ▽▽ | 4 |
| ⊙ OP Pinot Nero Brut Cruasé | ▽▽ | 4 |

## Barone Pizzini

via San Carlo, 14
25050 Provaglio d'Iseo [BS]
Tel. +39 0309848311
www.baronepizzini.it

藏酒销售
预约参观
膳宿接待
年产量 330 000 瓶
葡萄种植面积 47 公顷
葡萄栽培方式 有机认证
可持续发展酒庄

面对巨大的挑战，巴朗纳比兹尼酒庄（Barone Pizzini）终于取得了胜利。在席尔瓦诺·布莱希埃尼尼（Silvano Brescianini）领导下的巴朗纳比兹尼酒庄（Barone Pizzini）采用保护环境的种植方法（有机栽培和生物动力学栽培）、利用将环境受扰程度降至最低的生产设施，缔造出充分展现本地风土特质的顶级美酒。除了位于弗兰奇亚考达（Franciacorta）的酒庄总部，巴朗纳比兹尼酒庄还拥有其他两处地产：一处位于托斯卡纳产区（Tuscany）内马雷玛（Maremma）的加丘堡（Ghiaccioforte），还有一处坐落在马尔凯（Marche）的皮埃维尔塔（Pievalta），这两处葡萄园的酿造活动也都采用自然的方式。在今年的品鉴中，我们将顶级荣耀"三杯奖"授予了最精美的一款弗兰奇亚考达陈酿（Franciacorta Riserva）：2009年份的零剂量巴纳多尔弗兰奇亚考达陈酿（Non Dosato Bagnadore）是一款霞多丽（Chardonnay）和黑比诺（Pinot Nero）的混酿，酿造果实来自山脚树林边洛卡葡萄园（Roccolo）生长期超过二十年的老藤。在与酒泥共同陈年长达70多个月之后，它展露出复杂的风味和优雅的气质，清爽的酸度支撑着多汁的果味，保证了整款酒活跃的口感和不断演进的完美酒质，一直攀上绵长悠然的收口巅峰，甜美的香草和杉树滋味浸润其中。除此之外，2012年份的天然零添加起泡酒（Dosaggio ZeroNaturae）也呈现出卓越的品质。

| | | |
|---|---|---|
| ○ Franciacorta Non Dosato Bagnadore Ris. '09 | 🍷🍷🍷 | 6 |
| ○ Franciacorta Brut Naturae Edizione '12 | 🍷🍷 | 5 |
| ○ Franciacorta Brut Animante | ▼▼ | 5 |
| ⊙ Franciacorta Brut Rosé Edizione '12 | ▼▼ | 5 |
| ○ Franciacorta Satèn Edizione '12 | ▼▼ | 5 |
| ○ Curtefranca Bianco '15 | ▼ | 3 |
| ● Curtefranca Rosso '14 | ▼ | 3 |
| ○ Franciacorta Brut | ▼ | 5 |
| ○ Franciacorta Brut Naturae '11 | ▽▽▽ | 5 |
| ○ Franciacorta Brut Nature '10 | ▽▽▽ | 5 |
| ○ Franciacorta Brut Nature '09 | ▽▽▽ | 5 |
| ○ Franciacorta Brut Nature '08 | ▽▽▽ | 5 |
| ○ Curtefranca Polzina Bianco '12 | ▽▽ | 3 |
| ○ Franciacorta Brut Bagnadore Ris. '06 | ▽▽ | 5 |
| ⊙ Franciacorta Brut Rosé '09 | ▽▽ | 5 |
| ● San Carlo Sebino '09 | ▽▽ | 5 |

## ★★Bellavista

via Bellavista, 5
25030 Erbusco [BS]
Tel. +39 0307762000
www.bellavistawine.it

藏酒销售
预约参观
年产量 1 400 000 瓶
葡萄种植面积 190 公顷
可持续发展酒庄

贝拉维斯塔酒庄（Bellavista）创建于四十年前，是意大利葡萄酒世界声名卓著的典范酒庄，更是弗兰奇亚考达DOCG产区（Franciacorta DOCG）在全球的重要代表。在极具天赋的酿酒师马蒂亚·韦佐拉（Mattia Vezzola）的协助下，维托里奥·莫雷蒂（Vittorio Moretti）开创的这座酒庄的各项事务管理权都逐渐转移到维托里奥的女儿弗朗西斯卡（Francesca）手中，不仅包含卡斯塔尔迪（Castaldi），还拥有托斯卡纳（Tuscany）的佩特拉（Petra）和巴迪奥拉（La Badiola）。四十年来凭借卓越品质享誉全球，贝拉维斯塔酒庄生产的弗兰奇亚考达产区珍酿拥有睥睨时光的潜能，为酒庄赢得了2017年意大利年度酒庄的大奖。在今年的品鉴中，美味而均衡的2009年份帕斯欧佩莱（Pas Operé）无疑配得上我们授予它的最高荣誉——“三杯奖”。这款佳酿堪称大师之作，风味复杂，口感清爽，散发着缕缕甜美的果香，融入柑橘般清新的芬芳，酒质深邃，带来令人愉悦的即时可饮性，是贝拉维斯塔酒庄典型的出品风格。与此同时，2010年份的斯卡拉剧院干型葡萄酒（Brut Teatro alla Scala）多汁而热情，酒骨精美，升腾活跃的气泡带来极佳的口感。我们还将回顾性地将“三杯奖”颁给了来自弗兰奇亚考达产区的“绝妙”珍酿（Meraviglioso），这款卓越美酒跨越了三十年的漫长时光。

| | |
|---|---|
| ○ Franciacorta Pas Operé '09 | 7 |
| ○ Franciacorta Brut Alma Cuvée | 5 |
| ○ Franciacorta Brut Teatro alla Scala '10 | 7 |
| ○ Curtefranca Convento SS. Annunciata '13 | 6 |
| ○ Curtefranca Uccellanda '13 | 6 |
| ⊙ Franciacorta Brut Rosé '11 | 7 |
| ○ Franciacorta Satèn '11 | 7 |
| ○ Franciacorta Extra Brut Vittorio Moretti Ris. '08 | 8 |
| ○ Franciacorta Extra Brut Vittorio Moretti Ris. '06 | 8 |
| ○ Franciacorta Gran Cuvée Pas Operé '06 | 8 |
| ○ Franciacorta Gran Cuvée Pas Operé '05 | 7 |
| ○ Franciacorta Gran Cuvée Pas Operé '04 | 7 |
| ○ Riserva Vittorio Moretti Meraviglioso | 8 |

## Guido Berlucchi & C.

loc. Borgonato
p.zza Duranti, 4
25040 Corte Franca [BS]
Tel. +39 030984381
www.berlucchi.it

藏酒销售
预约参观
膳宿接待
年产量 4 400 000 瓶
葡萄种植面积 550 公顷
葡萄栽培方式 有机认证
可持续发展酒庄

创建于五十多年前的奎多贝鲁奇酒庄（Guido Berlucchi & C.）开启了弗兰奇亚考达地区（Franciacorta）葡萄酒现代发展的历史，如今展现出良好的发展势头。酒庄的创始人和主席弗兰科·兹连尼（Franco Ziliani）将大部分酒庄事务放心地交给儿女组成的管理团队：阿图罗（Arturo）担任酿酒师，负责生产美酒；保罗（Paolo）负责酒庄的商业事务；克里斯蒂娜（Cristina）则负责市场营销。几年前，在全家人的齐心协力之下，酒庄回归到只使用弗兰奇亚考达地区本地葡萄来酿造奎多贝鲁奇酒庄的珍酿系列（Cuvées），此举为酒庄赢得了意大利起泡葡萄酒领军者的荣誉；酒庄年产量超过400万瓶，而且出口数量还在持续增长中。在2008年份的极致陈酿（Extrême Riserva）依然与酒泥共同陈年，有待攀上品质巅峰的同时，奎多贝鲁奇酒庄在今年的品鉴中推荐了另一款极具陈年潜力的陈酿佳品——61系列的2009年份天然美酒（Nature），这款美酒的名字来自贝鲁奇酒庄创建的1961年。这款美酒复杂优雅，将深邃细腻的质地与卓越的可饮性完美结合，以超凡的品质夺取了我们的“三杯奖”大奖，堪称实至名归。同一61系列中还包括非常有特色的微型起泡酒（Satèn）和桃红葡萄酒（Rosé）；与此同时，2011年份的干型葡萄酒（Brut）和61系列干型葡萄酒都展现出极佳的品质，让人忍不住想要为之喝彩！

| | |
|---|---|
| ○ Franciacorta Nature 61 '09 | 5 |
| ○ Franciacorta Brut 61 | 5 |
| ○ Franciacorta Brut Cellarius '11 | 5 |
| ⊙ Franciacorta Rosé 61 | 5 |
| ○ Franciacorta Satèn 61 | 5 |
| ○ Franciacorta Brut Cellarius '08 | 5 |
| ○ Franciacorta Brut Cellarius '07 | 5 |
| ○ Franciacorta Brut Extrême Palazzo Lana '05 | 6 |
| ○ Franciacorta Brut Extrême Palazzo Lana Ris. '06 | 6 |
| ○ Franciacorta Extra Brut Extreme Palazzo Lana Ris. '07 | 7 |
| ○ Franciacorta Satèn Palazzo Lana '06 | 6 |

## Cantina Bersi Serlini

Loc. Cereto
via Cereto, 7
25050 Provaglio d'Iseo [BS]
Tel. +39 0309823338
www.bersiserlini.it

藏酒销售
预约参观
膳宿接待
年产量 200 000 瓶
葡萄种植面积 30 公顷
葡萄栽培方式 有机认证

博西塞利尼酒庄（Cantina Bersi Serlini）就坐落在伊赛欧湖畔（Lake Iseo），风景极为秀美，占地面积达到30公顷，由玛德莲娜·博西·塞利尼（Maddalena Bersi Serlini）和基娅拉·博西·塞利尼（Chiara Bersi Serlini）姐妹二人领导，而且只使用酒庄自产的葡萄进行酿造。1886年，博西·塞利尼家族买下了这座位于普罗瓦格里奥（Provaglio）的美丽酒庄，这里曾经是附近拉莫萨（Lamosa）的圣皮埃罗本尼迪克特修道院（Benedictinemonasteryof San Pietro）的农庄。在经过了扩建及重新整修的工作后，今天的博西塞利尼酒庄是一处古新结合的迷人建筑群。在今年的品鉴中，博西塞利尼酒庄推荐的美酒展现出一如既往的超高品质。其中最令人难忘的是2012年份的极干型葡萄酒（Extra Brut），它的气质活跃，散发着优雅而柔和的阵阵成熟果香，和着雪杉的醇香，缕缕繁花的芬芳飘散其间，精美的气泡扶摇直上，口感热辣有力，鲜美热忱。与此同时，微型起泡酒（Satèn）也表现精彩，展现出极佳的复杂口感，圆润丰盈；2012年份的N4特酿（Cuvée n. 4）辛辣美味，酒骨精美。更有复杂而和谐的干型桃红葡萄酒（Brut Rosé）从同类酒品中脱颖而出，给我们带来愉悦的享受。

| | |
|---|---|
| ○ Franciacorta Extra Brut '12 | TT 6 |
| ○ Franciacorta Brut Anniversario | TT 6 |
| ○ Franciacorta Brut Anteprima | TT 5 |
| ○ Franciacorta Brut Cuvée n. 4 '12 | TT 5 |
| ⊙ Franciacorta Brut Rosé | TT 4 |
| ○ Franciacorta Brut Satèn | TT 5 |
| ○ Franciacorta Non Dosato Mia Ris. '05 | TT 6 |
| ○ Franciacorta Demi Sec Nuvola | T 4 |
| ○ Franciacorta Brut '11 | YY 5 |
| ○ Franciacorta Brut Cuvée n. 4 '10 | YY 5 |
| ○ Franciacorta Brut Cuvée n. 4 '07 | YY 5 |
| ⊙ Franciacorta Brut Rosé Rosa Rosae | YY 5 |
| ○ Franciacorta Extra Brut '08 | YY 6 |
| ○ Franciacorta Satèn '10 | YY 5 |

## F.lli Bettini

loc. San Giacomo
via Nazionale, 4a
23036 Teglio [SO]
Tel. +39 0342786068
bettvini@tin.it

藏酒销售
预约参观
年产量 200 000 瓶
葡萄种植面积 15 公顷

贝蒂尼酒庄（F.lli Bettini）坐落于圣贾科莫（San Giacomo）的小村庄泰里奥（Teglio），酿酒的历史已经超过了130年，一直是瓦尔泰利纳地区（Valtellina）葡萄酒酿造中不可回避的重要古老酒庄。它地处瓦尔泰利纳地区的中心地带，这里是超级瓦尔泰利纳（Valtellina Superiore）三大指定次产区中规模最大的一处——紧傍山间的葡萄园占地达到137公顷。贝蒂尼酒庄的葡萄园种植面积达到15公顷，散布在主要的瓦尔泰利纳次产区中。酒庄的系列葡萄酒种类繁多，风味浓郁，突出的果香和果味极富表现力，旗舰美酒还使用新橡木桶陈年。斯皮纳葡萄园色富莎（Sforzato Vigneti di Spina）的品质逐年提升，在今年的品鉴中贝蒂尼酒庄推荐的2011年份酒就充分证明了这一点。它的香气复杂，融入皮革和烟草的混合醇香，樱桃罐头的诱人芬芳萦绕其间，口感有力，单宁质地密实，收口余韵非常绵长，美味令人无法拒绝。与此同时，2011年份的瓦尔哈拉科内拉葡萄园佳酿（Valgella Vigna La Cornella）气质优雅，吐露着幽然的果香，阵阵花香与药草的醇香亲密缭绕，口感均衡，酸度精美，绵长的收口余韵回味无穷，原滋原味。

| | |
|---|---|
| ● Sforzato di Valtellina Vign. di Spina '11 | TT 7 |
| ● Valtellina Sup. Sant'Andrea '11 | TT 5 |
| ● Valtellina Sup. Sassella Reale '11 | TT 5 |
| ● Valtellina Sup. Valgella V. La Cornella '11 | TT 5 |
| ● Sforzato di Valtellina Vign. di Spina '10 | YY 6 |
| ● Valtellina Sfursat '11 | YY 5 |
| ● Valtellina Sfursat '10 | YY 5 |
| ● Valtellina Sup. Inferno Prodigio '10 | YY 4 |
| ● Valtellina Sup. Inferno Prodigio '09 | YY 3 |
| ● Valtellina Sup. Inferno Prodigio '08 | YY 3 |
| ● Valtellina Sup. Sant'Andrea '10 | YY 4 |
| ● Valtellina Sup. Sassella Reale '10 | YY 4 |
| ● Valtellina Sup. Sassella Reale '09 | YY 3 |
| ● Valtellina Sup. Valgella V. La Cornella '10 | YY 4 |
| ● Valtellina Sup. Valgella V. La Cornella '09 | YY 3 |

## Bisi

LOC. CASCINA SAN MICHELE
FRAZ. VILLA MARONE, 70
27040 SAN DAMIANO AL COLLE [PV]
TEL. +39 038575037
www.aziendagricolabisi.it

藏酒销售
预约参观
年产量 90 000 瓶
葡萄种植面积 30 公顷

克劳迪欧·比思（Claudio Bisi）的故事发生在奥特珀帕维泽（Oltrepò Pavese）这片神奇的土地上。克劳迪欧个性内向沉稳，不愿过多曝光在聚光灯下，但是意志坚定，踏实肯干，宁愿让酿造的美酒为自己说话——而比思酒庄出品的佳酿无疑做到了这一点。这些美酒极具个性，充分展现出克劳迪欧辛勤耕耘的土地的独特风土特质。虽然美酒出自不同的土壤条件、微气候环境，以不同品种的葡萄酿造而成，但是它们拥有同样的高品质，注入了主人同样澎湃的热情。如此卓越的比思酒庄值得收获更多关注和认可，因此在今年的品鉴中，我们将最高荣誉“三杯奖”颁给了2015年份的皮卡翠丝伯纳达（Bonarda Vivace La Peccatrice）。这款美酒在诸多品质卓越的2015年年份酒中脱颖而出，它的香氛浓郁集中，但是并不与人压迫感，酒香扑鼻，口感干爽，单宁精美，品质超凡。与此同时，单一葡萄品种酿造而成的2015年份拉格拉雷司令（Riesling LaGrà）将多汁口感与细腻质地完美结合起来，一抹繁花的芬芳若有似无地飘散其间，融入柑橘的甜美香气，底蕴中更透露出缕缕草本植物的清香；2013年份的卡隆加黑比诺（Pinot Nero Calonga）则散发着辛辣的芳香；以玛尔维萨（Malvasia）酿造而成的马隆庄帕西多甜酒（Villa Marone Passito）卓越的品质一如从前。2012年份的荣科隆格巴贝拉（Barbera Roncolongo）质地细腻，给人留下相当深刻的印象，但是依然需要更多时间来驯化不羁的口感，假以时日必将展现出巅峰品质。

| | | |
|---|---|---|
| ● OP Bonarda Vivace La Peccatrice '15 | ▼▼ (red) | 2* |
| ● Barbera Senz'Aiuto '14 | ▼▼ | 3 |
| ○ Bianco Passito Villa Marone '12 | ▼▼ | 4 |
| ● OP Barbera Roncolongo '12 | ▼▼ | 3 |
| ● OP Pinot Nero Calonga '13 | ▼▼ | 3 |
| ○ OP Riesling LaGrà '15 | ▼▼ | 2* |
| ● OP Barbera Pezzabianca '13 | ▼ | 4 |
| ● Calonga '12 | ▽▽ | 5 |
| ○ LaGrà '14 | ▽▽ | 3 |
| ○ LaGrà '13 | ▽▽ | 3* |
| ● OP Bonarda Vivace La Peccatrice '14 | ▽▽ | 2* |
| ● Pramattone '13 | ▽▽ | 3 |
| ● Roncolongo '11 | ▽▽ | 4 |
| ● Ultrapadum '13 | ▽▽ | 3 |

## Castello Bonomi

VIA SAN PIETRO, 46
25030 COCCAGLIO [BS]
TEL. +39 0307721015
www.castellobonomi.it

藏酒销售
预约参观
年产量 100 000 瓶
葡萄种植面积 20 公顷

帕拉丁家族（Paladin）在威尼托区（Veneto）的葡萄酒酿造业中始终非常活跃，他们在托斯卡纳（Tuscan）的古典奇安蒂（Chianti Classico）还拥有一座维西尼农场（Fattoria di Vescine）。几年前，帕拉丁兄弟买下了这座弗兰奇亚考达产区（Franciacorta）最南端的精美酒庄，开始生产品质卓越的美酒。柏诺米堡酒庄（Castello Bonomi）以坐落在奥凡诺（Mount Orfano）山脚下的面积达到20公顷的葡萄园而著称，这片葡萄园大多为依山势而建的梯田，也是弗兰奇亚考达产区最古老的葡萄园之一。柏诺米堡酒庄出产的珍酿（Cuvées）总体上都呈现出非常卓越的陈年潜力。在今年的品鉴中，柏诺米堡酒庄推荐了一系列卓越的参选美酒，其中2009年份的零添加弗兰奇亚考达（Franciacorta Dosage Zero）凭借优秀的表现，代表酒庄跻身争夺“三杯奖”大奖的决赛。这一款由50%的霞多丽（Chardonnay）混合50%的黑比诺（Pino Nero）酿造而成的美酒在除渣前与酒泥共同长期陈年，荡漾着稻黄色的明快色泽，吐露着复杂而成熟的香氛，散发着苹果和梨子的阵阵果香，底蕴中透露出缕缕香草的芬芳和面包屑的醇香，口感不可思议的活跃和清爽，果味饱满，蕴含芳香植物的甜美风味，余韵绵长优雅，令人心旷神怡。

| | | |
|---|---|---|
| ○ Franciacorta Dosage Zero '09 | ▼▼ (red) | 8 |
| ● Curtefranca Rosso Cordelio '11 | ▼▼ | 7 |
| ○ Franciacorta Brut Cru Perdü | ▼▼ | 6 |
| ○ Franciacorta Extra Brut Cuvée Lucrezia Et. Nera '06 | ▼▼ | 8 |
| ⊙ Franciacorta Rosé | ▼▼ | 7 |
| ○ Franciacorta Satèn | ▼▼ | 7 |
| ○ Franciacorta Gran Cuvée | ▼ | 6 |
| ○ Franciacorta Brut Cru Perdu '04 | ▽▽▽ | 7 |
| ○ Franciacorta Extra Brut Lucrezia Et. Nera '04 | ▽▽▽ | 8 |
| ⊙ Franciacorta Brut Rosé | ▽▽ | 7 |
| ○ Franciacorta Dosage Zero '07 | ▽▽ | 8 |
| ○ Franciacorta Extra Brut Lucrezia '04 | ▽▽ | 8 |

## La Boscaiola

Via Riccafana, 19
25033 Cologne [BS]
Tel. +39 0307156386
www.laboscaiola.com

藏酒销售
预约参观
年产量 50 000 瓶
葡萄种植面积 7 公顷

博斯卡约拉酒庄（La Boscaiola）由能力非凡的尼尔森·桑西（Nelson Cenci）创建，尼尔森身兼数职，既是一名作家，还是一名医生，同时也是一名战士。生于里米尼（Rimini）的尼尔森于20世纪60年代移居科隆（Cologne），以靠近他热爱的意大利高山军团（Alpini regiment），他曾是意大利皇家军团的一员，在对苏联作战的前线经历了血雨腥风和生死考验，幸运地安然返回。尼尔森用了多年时间，缔造了一座专门生产弗兰奇亚考达地产酒（Franciacortas）的精美酒庄，如今酒庄已经传给了两个激情四射的女儿手上——朱丽亚娜（Giuliana）和玛利亚格拉西娅（Maria Grazia），拥有奥凡诺山坡（Monte Orfano）上占地达到7公顷的精美葡萄园。在今年的品鉴中，酒庄推荐的参选系列美酒展现出卓越的酿造水准。卡皮内拉干型葡萄酒（Brut La Capinera）紧致而清爽，缕缕果香和着香膏般的芬芳；而2007年份的塞桑塔干型葡萄酒（Brut Sessanta）则清爽宜人，以如花芬芳而著称，随之而来的是诱人的橡木香气。质地细密、气质优雅的卡皮内拉桃红葡萄酒（Rosé La Capinera）散发着红莓果般略显锋利的鲜美果香；尼尔森桑西极干型葡萄酒（Extra Brut Nelson Cenci）则展现出犹如奶油般绵密细腻的精美酒质，蕴含极富个性的果味，活跃的酸度成为整款酒良好的支撑。

| | |
|---|---|
| ○ Franciacorta Brut La Capinera | 🍷🍷 4 |
| ○ Franciacorta Brut Sessanta '07 | 🍷🍷 6 |
| ○ Franciacorta Extra Brut Nelson Cenci | 🍷🍷 6 |
| ○ Franciacorta Pas Dosé Zero | 🍷🍷 4 |
| ○ Franciacorta Rosé La Capinera | 🍷🍷 4 |
| ○ Franciacorta Satèn La Via della Seta | 🍷 5 |
| ○ Franciacorta Brut '04 | YY 4 |

## Tenuta Il Bosco

Loc. Il Bosco
27049 Zenevredo [PV]
Tel. +39 0385245326
www.ilbosco.com

藏酒销售
预约参观
年产量 1 000 000 瓶
葡萄种植面积 152 公顷

大约三十年前，卓林家族（Zonin）买下了这座位于奥特珀地区（Oltrepò）的博斯科酒庄（Tenuta Il Bosco）——这座精美的酒庄在中世纪时期原本属于圣玛利亚泰多特（Santa Maria Teodote）的修道院。此后，酒庄葡萄园的面积从30公顷一路猛增到超过150公顷，主要栽培本地普遍种植的葡萄品种，例如巴贝拉（Barbera）、科罗帝纳（Croatina）和黑比诺（Pinot Nero）等。黑比诺不仅发酵酿成红葡萄酒，还是博斯科酒庄起泡酒生产中的明星，在能力超凡的皮埃尔尼科拉·奥尔默（Piernicola Olmo）的经营管理下，经过初期几次结果不定的尝试后，如今已经走上了大规模生产黑比诺起泡酒的成功路线。在今年的品鉴中，继奥特内罗粉红起泡酒（Cruasé Oltrenero）首次夺取"三杯奖"大奖，时隔两年后，这款美妙的起泡酒再次斩获殊誉。它的气质跃动，摇曳着亮铜色的色调，散发着莓果扑鼻浓郁的芬芳，融入薄荷油的缕缕清凉，口感充实，气泡精美，酒骨精致，蕴含着矿物质的醇美滋味。除此之外，奥特内罗黑比诺干型葡萄酒（Pinot Nero Brut Oltrenero）芳香四溢，酒质华美，质地如同奶油般绵密细腻，果味丰盈。与此同时，2015年份的伯纳达（Bonarda）洋溢着青春的活力，果味四溢；而两款菲莱奥起泡酒（Philéo）则芬芳扑鼻。

| | |
|---|---|
| ⊙ OP Cruasé Oltrenero | 🍷🍷🍷 5 |
| ● OP Bonarda Vivace '15 | 🍷🍷 2* |
| ○ OP Pinot Nero Brut Martinotti Philéo | 🍷🍷 3 |
| ○ OP Pinot Nero Brut Oltrenero | 🍷🍷 5 |
| ⊙ Philèo Extra Dry Rosé Martinotti | 🍷🍷 2 |
| ○ Brera '15 | 🍷 2 |
| ○ OP Malvasia Vivace '15 | 🍷 2 |
| ● OP Pinot Nero Poggio Pelato '13 | 🍷 3 |
| ○ OP Pinot Nero Brut Nature Oltrenero '10 | YY 6 |
| ● OP Pinot Nero Poggio Pelato '11 | YY 3 |

## Bosio

FRAZ. TIMOLINE
VIA M. GATTI, 4
25040 CORTE FRANCA [BS]
TEL. +39 0309826224
www.bosiofranciacorta.it

藏酒销售
预约参观
年产量 100 000 瓶
葡萄种植面积 30 公顷

博西奥酒庄（Bosio）是一家经典的家庭酒庄，十五年前由酿酒师及葡萄栽培师凯萨·博西奥（Cesare Bosio）与其经济学本科毕业的姐姐劳拉·博西奥（Laura Bosio）共同创立，两人将各自的技艺整合起来发展壮大酒庄，如今酒庄的葡萄园已经扩展到占地30公顷的规模，并且在科尔泰夫兰卡（Corte Franca）建造了现代化的酒窖。博西奥酒庄的葡萄园及其出品美酒的品质都十分卓越，这得益于凯萨以精湛的技艺悉心打理着葡萄园，他的栽培方式对于环境显示出最大程度的尊重。在今年的品鉴中，博西奥酒庄终于凭借2009年份博西奥吉罗拉莫陈酿（Riserva Girolamo Bosio）的精彩表现，首次勇夺"三杯奖"。这款美酒是向酒庄的创始人致敬的纪念之作，由70%的黑比诺（Pinot Nero）加上30%的霞多丽（Chardonnay）混酿而成，与酒泥共同陈年超过五年的时间。它的质地如同奶油般绵密细腻，散发着缕缕成熟的果香，精美复杂，融入夏日花朵的阵阵芬芳，底蕴中还透露出缕缕香草和白巧克力的醇香。口感深邃和谐，收口余韵绵长清爽，浸润着草本植物的清甜滋味，融入白色果肉水果的甜美果味。除此之外，2011年份的天然葡萄酒（Nature）和2012年份的桃红葡萄酒（Rosé）都表现精彩，品质卓越。

| | | |
|---|---|---|
| ○ Franciacorta Pas Dosé Girolamo Bosio Ris. '09 | 🍷🍷🍷 | 5 |
| ○ Franciacorta Nature '11 | 🍷🍷 | 5 |
| ⊙ Franciacorta Brut Rosé '12 | 🍷🍷 | 5 |
| ○ Franciacorta Satèn | 🍷🍷 | 5 |
| ○ Franciacorta Brut | 🍷 | 5 |
| ○ Franciacorta Brut '08 | 🍸🍸 | 5 |
| ⊙ Franciacorta Brut Rosé '11 | 🍸🍸 | 5 |
| ⊙ Franciacorta Brut Rosé '09 | 🍸🍸 | 5 |
| ○ Franciacorta Extra Brut Boschedòr '10 | 🍸🍸 | 5 |
| ○ Franciacorta Extra Brut Boschedòr '09 | 🍸🍸 | 5 |
| ○ Franciacorta Extra Brut Boschedòr '09 | 🍸🍸 | 5 |
| ○ Franciacorta Nature '10 | 🍸🍸 | 5 |
| ○ Franciacorta Nature '09 | 🍸🍸 | 5 |
| ○ Franciacorta Pas Dosé Girolamo Bosio Ris. '07 | 🍸🍸 | 5 |

## Alessio Brandolini

FRAZ. BOFFALORA, 68
27040 SAN DAMIANO AL COLLE [PV]
TEL. +39 038575232
www.alessiobrandolini.com

年产量 50 000 瓶
葡萄种植面积 9 公顷

在奥特珀产区（Oltrepò），阿莱西奥布兰多利尼酒庄（Alessio Brandolini）是牙一家我们寄予厚望的年轻生产商，扛起了产地未来发展的大旗。在结束了酿造学专业的学习后，阿莱西奥掌管了家庭酒庄，但是由于父亲康斯谈特·布兰多利尼（Costante Brandolini）的早逝，使其很快失去了父亲本应在葡萄园中给予的宝贵支持，不得不独当一面。但是，阿莱西奥并没有放弃，而是继续探索发掘酒庄葡萄园的巨大潜力，尤其在生产地产红葡萄酒以及黑比诺葡萄酒（Pinot Noir）方面的不俗实力，他无法抗拒地将黑比诺投入起泡酒的生产，而且取得了相当令人感到振奋的成果。在今年的品鉴中，2015年份的巴杜基诺非起泡酒（Bardughino）由玛尔维萨（Malvasia）酿制而成，吐露着意趣盎然的芬芳，融入热带水果浓郁馥郁的果香。2012年份的贝尼费西奥（Beneficio）是一款经典的奥特珀（Oltrepò）混酿红葡萄酒，口感多汁，但是依然需要在瓶中度过更多陈年时间以柔滑艰涩的单宁。与此同时，2015年份的维瓦斯伯纳达（Bonard Vivace）展现出精湛的酿造工艺，干爽而芬芳；而2015年份的索菲奥非起泡酒（Il Soffio）则带有牛肉的风味，酒精度较高。两款传统酿造法起泡酒（Metod Classicos）令人愉悦：2011年份的鲁古达哥斯托（Luogo D' Agosto）美味甘甜，201 年份的诺特达哥斯托桃红葡萄酒（Ros Note d' Agosto）则气势恢宏。

| | | |
|---|---|---|
| ○ Il Bardughino '15 | 🍷🍷 | 2 |
| ● Il Beneficio '12 | 🍷🍷 | 2 |
| ● OP Bonarda Vivace Il Cassino '15 | 🍷🍷 | 2 |
| ○ Brut M. Cl. Luogo d'Agosto '11 | 🍷 | 3 |
| ⊙ Brut M. Cl. Rosé Note d'Agosto '11 | 🍷 | 3 |
| ● OP Bonarda Il Soffio '15 | 🍷 | 2 |
| ○ Brut M. Cl. Luogo d'Agosto '10 | 🍸🍸 | 3 |
| ○ Il Bardughino '14 | 🍸🍸 | 2 |
| ○ Il Bardughino '13 | 🍸🍸 | 2 |
| ● Il Beneficio '11 | 🍸🍸 | 2 |
| ● OP Bonarda Vivace Il Cassino '14 | 🍸🍸 | 2 |
| ● OP Bonarda Vivace Il Cassino '13 | 🍸🍸 | 2 |

## La Brugherata

FRAZ. ROSCIATE
VIA G. MEDOLAGO, 47
24020 SCANZOROSCIATE [BG]
TEL. +39 035655202
www.labrugherata.it

藏酒销售
预约参观
年产量 40 000 瓶
葡萄种植面积 7 公顷

本迪内利家族（Bendinelli）拥有的布鲁格拉塔酒庄（La Brugherata）在整个贝加莫地区（Bergamo）都是数一数二的顶级酒庄，出品产量有限的系列美酒，风味独特，极具特色，年复一年品质不断提升。非常值得信赖的酿酒师毕普·巴斯（Beppe Bassi）堪称业界典范，为酒庄带来了极为成功的出品系列：纯净馥郁的佳酿总能保持自己的个性，而且随着一季又一季酒品的推出，总体品质越来越精美。在今年的品鉴中，我们非常喜爱2013年份的斯坎佐多奇莫斯卡托（Moscato di Scanzo Doge），它依然略显年轻，但是充满了无限可能。它散发着干草般阳光的气息，融入草本植物的清香，底蕴中透露出缕缕李子般热带水果的芬芳，更有印度橡胶的奇异风味萦绕其间。口感柔美馥郁，极具个性，收口精美，令人回味无穷。与此同时，2012年份的道格里奥红葡萄酒陈酿（Doglio Riserva）口感恢宏，酒体坚实，酒质处于不断演化完善之中，精美的果味与黑莓和蓝莓的果香相得益彰，完美搭配。除此之外，2015年份的阿尔贝瑞科红葡萄酒（Rosso di Alberico）令人愉悦，这款梅洛美酒（Merlot）芬芳扑鼻；而2015年份的韦斯科瓦多德费托白葡萄酒（Vescovado del Feudo）则融入了诱人的热带水果果味。

| | |
|---|---|
| ● Moscato di Scanzo Doge '13 | 🍷🍷 7 |
| ● Rosso di Alberico '15 | 🍷🍷 2* |
| ● Valcalepio Rosso Doglio Ris. '12 | 🍷🍷 4 |
| ○ Vescovado del Feudo '15 | 🍷 2 |
| ● Moscato di Scanzo Doge '12 | 🍷🍷 7 |
| ● Moscato di Scanzo Doge '11 | 🍷🍷 7 |
| ● Moscato di Scanzo Doge '10 | 🍷🍷 7 |
| ● Moscato di Scanzo Doge '09 | 🍷🍷 7 |
| ● Moscato Rosso Vermiglio di Roxia '13 | 🍷🍷 3 |
| ● Priore '12 | 🍷🍷 5 |
| ● Priore '09 | 🍷🍷 3 |
| ● Valcalepio Rosso Vescovado '11 | 🍷🍷 2* |
| ○ Vescovado del Feudo '14 | 🍷🍷 2* |

## Cà Maiol

VIA COLLI STORICI, 119
25015 DESENZANO DEL GARDA [BS]
TEL. +39 0309910006
www.camaiol.it

藏酒销售
预约参观
年产量 1 500 000 瓶
葡萄种植面积 160 公顷
可持续发展酒庄

法比奥·康塔托（Fabio Contato）和帕特里齐亚·康塔托（Patrizia Contato）经营着可爱的家庭酒庄卡梅欧酒庄（Cà Maiol），酒庄位于卢嘉纳产区（Lugana），酒庄葡萄园的占地面积达到150公顷。多年坚持不懈的努力，令原名为普罗旺扎（Provenza）的这座酒庄不断提升，日臻完美。葡萄园和酒窖的整饬翻新、对于葡萄酒在橡木桶中陈年环节的深入研究、葡萄园几乎彻底转向有机栽培方式，以及对可持续发展和可再生能源的关注，只是卡梅欧酒庄取得成功的部分原因。在今年的品鉴中，卡梅欧酒庄推荐了一系列品质卓越的美酒，其中2015年份的卢嘉纳莫林（Lugana Molin）再次以卓越品质证明了自己无愧于最精美产区酒的称号，并且将"三杯奖"带回了家。这款真正的典范之作吐露着清爽的果香，明晰饱满，蕴含着矿物质的醇浓滋味，令这款美酒在年轻时期就已经展现出极具意趣的美妙口感，可饮性极高，而且还兼具在瓶中长期陈年的巨大潜力。除此之外，2014年份的法比奥康塔托精选系列（Fabio Contato）在新木桶中缓缓成熟，也展现出高超的酿造水平，给人带来非常愉悦的享受。

| | |
|---|---|
| ○ Lugana Molin '15 | 🍷🍷🍷 3* |
| ○ Lugana Sup. Sel. Fabio Contato '14 | 🍷🍷 5 |
| ○ Lugana Brut M. Cl. 60 Mesi | 🍷🍷 4 |
| ○ Lugana Molin Bio '15 | 🍷🍷 5 |
| ○ Lugana Prestige '15 | 🍷🍷 3 |
| ○ Lugana Sup. Sel. Fabio Contato '12 | 🍷🍷 5 |
| ⊙ Valtènesi Chiaretto '15 | 🍷🍷 3 |
| ● Garda Cl. Groppello Joel '15 | 🍷 3 |
| ○ Lugana Molin '14 | 🍷🍷🍷 3* |
| ○ Lugana Molin '13 | 🍷🍷🍷 3* |
| ○ Lugana Molin '12 | 🍷🍷🍷 3* |
| ○ Lugana Sel. Fabio Contato '07 | 🍷🍷🍷 5 |
| ○ Lugana Sup. Sel. Fabio Contato '11 | 🍷🍷🍷 5 |
| ○ Lugana Sup. Sel. Fabio Contato '10 | 🍷🍷🍷 5 |
| ○ Lugana Sup. Sel. Fabio Contato '09 | 🍷🍷🍷 5 |
| ○ Lugana Sup. Sel. Fabio Contato '06 | 🍷🍷🍷 5 |

## ★★★★Ca' del Bosco

via Albano Zanella, 13
25030 Erbusco [BS]
Tel. +39 0307766111
www.cadelbosco.com

藏酒销售
预约参观
年产量 1 470 000 瓶
葡萄种植面积 193 公顷
可持续发展酒庄

在毛里齐奥·扎内利（Maurizio Zanelli）领导下的博斯克酒庄（Ca' del Bosco）堪称意大利最精美的酒庄之一，在《意大利葡萄酒年鉴》记录下来的三十年发展历程中，博斯克酒庄斩获了一个又一个大奖，令我们印象极为深刻。它代表着意大利葡萄酒的巅峰水准，也无疑能够跻身世界最佳葡萄酒生产商的行列。我们强烈建议酒迷朋友们前往博斯克酒庄一游：庄园坐落于茂密森林和美丽葡萄园之间，酒庄惬意舒适的现代化建筑到处布满艺术品，酒窖的现代化设施也一应俱全。酒庄的系列出品从弗兰奇亚考达地产酒（Franciacortas）开始，每一款美酒都展现出复杂的风味和卓越的品质。在今年的品鉴中，我们将"三杯奖"大奖颁给了令人忍不住惊叹赞美的2011年份零添加年份精选系列（Dosage Zéro Vintage Collection），这款美酒是博斯克酒庄最经典的美酒之一。它荡漾着青黄色的明快光晕，精美的气泡欢快升腾，品质卓越，散发着优雅而复杂的香氛，融入柑橘的芬芳和繁花的花香，继而底蕴中透露出缕缕香草的柔美气息和白巧克力的醇浓风味。入口立刻感到极致干爽，罕见深邃的口感非常清凛，清爽绵醇的果味一路蔓延，直至攀上卓越绵长的收口巅峰。

- ○ Franciacorta Dosage Zéro Vintage Collection '11 🍷🍷🍷 8
- ○ Curtefranca Chardonnay '12 🍷🍷 8
- ○ Franciacorta Dosage Zéro Noir Vintage Collection '07 🍷🍷 8
- ○ Franciacorta Satèn Vintage Collection '11 🍷🍷 8
- ● Carmenero '09 🍷🍷 8
- ○ Curtefranca Bianco '15 🍷🍷 5
- ● Curtefranca Rosso '13 🍷🍷 5
- ○ Franciacorta Brut Cuvée Prestige 🍷🍷 5
- ○ Franciacorta Brut Vintage Collection '11 🍷🍷 8
- ● Il Merlot '09 🍷🍷 8
- ● Maurizio Zanella '11 🍷🍷 8
- ● Pinéro '12 🍷🍷 8
- ⊙ Franciacorta Rosé Cuvée Prestige 🍷 6
- ○ Franciacorta Dosage Zéro Noir Vintage Collection Ris. '06 🍷🍷🍷 8

## Ca' del Gè

fraz. Ca' del Gè, 3
27040 Montalto Pavese [PV]
Tel. +39 0383870179
www.cadelge.it

藏酒销售
预约参观
年产量 180 000 瓶
葡萄种植面积 40 公顷

恩佐·帕卓吉（Enzo Padroggi）于198
年创建了盖尔酒庄（Ca' del Gè），几年
前去世后，将这座酒庄留给了卓越的
传人。能力非凡的斯塔法尼娅·帕卓
吉（Stefania Padroggi）、莎拉·帕卓吉
（Sara Padroggi）和卡洛·帕卓吉（Carl
Padroggi）沿着逝去父亲的足迹，抱着虔
诚的奉献之心和孜孜以求的严谨态度，
共同经营着这座家庭酒庄。盖尔酒庄拥
有占地面积达到40公顷的葡萄园，位于
蒙塔尔托帕韦塞（Montalto Pavese）朝向
极佳的山坡上，采用将对环境造成影响
降至最低水平的方法打理葡萄藤，这里
的白垩质地土壤特别适合生长雷司令葡
萄（Riesling）、黑比诺葡萄（Pinot Nero）
和奇戈诺拉（Cigognola），以打造品质非
凡的传统红葡萄酒。马里诺尼雷纳诺雷
司令（Riesling Renano Il Marinoni）一直是恩
佐·帕卓吉最引以为傲的经典之作，再
次以"年轻"版本回归巅峰。这款201
年份酒吐露着夏日繁花的芬芳，融入薄
荷油的清凉风味。以黑比诺（Pinot Nero）
打造的传统酿造法起泡酒也表现出色：
它的口感精美，结构紧实，但同时又非
常易于饮用。与此同时，2015年份的布
瑞娜意大利雷司令（Riesling Italico Brinà）
口感柔和惬意；相比而言，2015年份的
菲兰朗（Filagn Long）则散发着繁花馥郁
的花香。盖尔酒庄今年推荐的其他酒品
也都展现出一如既往的高品质，令人感
到非常愉悦。

- ○ Il Marinoni '15 🍷🍷 2
- ○ OP Pinot Nero Brut M. Cl. '11 🍷🍷 3
- ○ OP Riesling Brinà '15 🍷🍷 2
- ● OP Bonarda Vivace Bricco del Prete '15 🍷 2
- ○ OP Moscato Frizzante '15 🍷 2
- ○ OP Riesling Filagn Long '15 🍷 2
- ● OP Bonarda Vivace '13 🍷🍷 2
- ● OP Bonarda Vivace '12 🍷🍷 2
- ● OP Buttafuoco Fajro '10 🍷🍷 4
- ○ OP Moscato Frizzante '13 🍷🍷 2
- ○ OP Pinot Nero Brut '09 🍷🍷 3
- ○ OP Pinot Nero Brut M. Cl. '10 🍷🍷 3
- ○ OP Riesling Brinà '14 🍷🍷 2

## a' di Frara

A CASA FERRARI, 1
7040 MORNICO LOSANA [PV]
EL. +39 0383892299
www.cadifrara.com

藏酒销售
预约参观
F产量 400 000 瓶
葡萄种植面积 46 公顷

二十年前，年轻的卢卡・贝拉尼（Luca ellani）开始掌管家族的卡迪弗拉酒庄（Ca' di Frara），一路走来，他继承了父亲图利奥（Tullio）丰富的酿造经验，在母亲丹妮拉（Daniela）的支持下和弟弟马泰奥（Matteo）的协助下，始终致力于将家族酒庄发扬光大。我们对于卡迪弗拉酒庄品质的巨大飞跃依然记忆犹新，很快就引领着酒庄成为和奥特珀地区（Oltrepò）最著名的酒庄之一，甚至声名广播产区之外。接下来，卡迪弗拉酒庄就开启了野心勃勃的酿造顶级经典起泡酒（Oltre il Classico）的计划，致力于推出美妙的起泡酒产品。今天的卡迪弗拉酒庄是产区的典范酒庄，我们信心满满地期待着卡迪弗拉酒庄一步步日益接近品质的巅峰。在今年的品鉴中，卡迪弗拉酒庄推荐的两款传统酿造法起泡酒（Metodo Classicos）都表现出色：天然系列葡萄酒（Nature）热力四射，果味飘香；而摇曳着黄铜色光晕的桃红珍酿（Cuvée Rosé）散发着柑橘的甜美果香，融入红色莓果的芬芳，香氛不断演化。两款2015年份的伯纳达（Bonarda）都表现出极佳的意趣：卡塞塔（La Casetta）非起泡静止酒和低泡的蒙佩扎托（Monpezzato）都散发着浓浓的果香，显露出非常诱人的口感，十分易于入口。除此之外，2015年份的雷司令（Riesling）更加直接，也更加浓郁，散发着柑橘的甜美香气，融入草本植物的淡淡清香。

| | |
|---|---|
| ○ Brut Oltre il Classico Nature | 🍷🍷 4 |
| ○ Brut Oltre il Classico Cuvée Rosé | 🍷🍷 5 |
| ● OP Bonarda La Casetta '15 | 🍷🍷 3 |
| ● OP Bonarda Vivace Monpezzato '15 | 🍷🍷 2* |
| ○ OP Riesling '15 | 🍷🍷 4 |
| ○ OP Pinot Grigio Selezione dei Vent'Anni '15 | 🍷 4 |
| ● OP Pinot Nero '15 | 🍷 3 |
| ● OP Pinot Nero '12 | 🍸🍸 3 |
| ○ OP Pinot Nero Brut Oltre il Classico Nature Ris. '04 | 🍸🍸 5 |
| ⊙ OP Pinot Nero Brut Oltre il Classico Rosé Ris. '08 | 🍸🍸 5 |
| ○ OP Riesling Oliva '12 | 🍸🍸 3 |

## Ca' Lojera

LOC. ROVIZZA
VIA 1866, 19
25019 SIRMIONE [BS]
TEL. +39 0457551901
www.calojera.com

藏酒销售
预约参观
餐饮接待
年产量 120 000 瓶
葡萄种植面积 20 公顷

弗朗科・泰拉波思奇（Ambra Tiraboschi）和安布拉・泰拉波思奇（Ambra Tiraboschi）夫妇二人共同打造了卢嘉纳产区（Lugana）最有趣的酒庄之一。罗杰拉酒庄（Ca' Lojera）的名字直译过来就是狼窝的意思，酒庄所有的葡萄园占地面积达到20公顷。靠近湖岸的狭长地块呈现典型的白色土质，为卢嘉纳葡萄的成熟提供了完美的条件；红葡萄品种则栽培在更加适合生长的山坡上。现代化的酒窖是复合化综合酒庄的一部分，与此同时，酒庄建筑群中还包含一座漂亮的待客农舍和一间提供美食美酒的无敌餐厅。在今年的品鉴中，泰拉波思奇家族推荐了三种卓越的卢嘉纳葡萄酒，展现出来的高超酿造技艺再次确定了罗杰拉酒庄在忠诚反映本地风土方面无疑是表现最为持久和卓越的酒庄之一。在酒庄推荐的美酒中，我们最爱2014年份的德鲁普陈酿（Riserva del Lupo），以极为成熟的果实为原料酿造而成，香氛深邃复杂，展现出品种葡萄的典型特质，融入果香和花香，口感饱满丰盈，清爽而锐利，收口余韵绵长甘美，蕴含着丝丝矿物质的醇香滋味，令人回味无穷。与此同时，2014年份的超级美酒（Superiore）显露出卓越的口感，果肉质感浓郁，酒体精美；而2015年份酒则散发着平易近人的热带水果的阵阵果香。

| | |
|---|---|
| ○ Lugana '15 | 🍷🍷 3 |
| ○ Lugana Riserva del Lupo '14 | 🍷🍷 5 |
| ○ Lugana Sup. '14 | 🍷🍷 3 |
| ⊙ Rosato Monte della Guardia '15 | 🍷 2 |
| ○ Lugana '14 | 🍸🍸 3 |
| ○ Lugana del Lupo '10 | 🍸🍸 4 |
| ○ Lugana Riserva del Lupo '13 | 🍸🍸 5 |
| ○ Lugana Riserva del Lupo '12 | 🍸🍸 5 |
| ○ Lugana Riserva del Lupo '11 | 🍸🍸 4 |
| ○ Lugana Sup. '13 | 🍸🍸 3 |
| ○ Lugana Sup. '12 | 🍸🍸 3 |
| ○ Lugana Sup. '11 | 🍸🍸 3 |
| ○ Lugana Sup. '10 | 🍸🍸 3 |

## Ca' Tessitori

via Matteotti, 15
27043 Broni [PV]
Tel. +39 038551495
www.catessitori.it

藏酒销售
预约参观
年产量 120 000 瓶
葡萄种植面积 40 公顷

一年又一年，路易吉·乔治奥（Luigi Giorgio）与儿子乔瓦尼·乔治奥（Giovanni Giorgio）和弗朗西斯科·乔治奥（Francesco Giorgio）共同经营的家庭酒庄取得了一步又一步的发展，出产的美酒得到众口交赞，将泰西托利酒庄（Ca' Tessitori）提升为种类繁多、包罗万象的奥特珀（Oltrepò）葡萄酒世界中令人敬仰的偶像级酒庄。泰西托利酒庄位于布隆尼（Broni）的中心地带，酒庄的结构依然非常老式。酒窖及其水泥发酵池成为家族酿酒的根基，而酒庄拥有的葡萄园位于蒙泰卡尔沃韦尔西贾（Montecalvo Versiggia）和菲尼盖托（Finigeto）的丘陵地带。葡萄原液的发酵都在水泥池中进行，几乎很少在木桶中陈年，在酿造的过程中非常突出传统，因此打造的美酒独具特色。从品质的角度而言，泰西托利酒庄出品的高水准有目共睹。在今年的品鉴中，去年以毫厘之差遗憾错失“三杯奖”的M.V.干型葡萄酒（Brut M.V.）以卓越的2011年份酒证明了自己无愧纯种起泡酒的美名，展现出成熟浓郁的风味。然而，新推出的LB9干型葡萄酒（Brut LB9）则迥然不同，它的青绿色酒标暗示着这是一款更加清爽、更具矿物质口感、更加容易入口的美酒，尽管它曾与酒泥共同额外陈年一年的时间。两款2015年份的伯纳达（Bonarda）都展现出超高的品质：在瓶中发酵的阿维塔伯纳达（Avita）与传统风味的维瓦斯伯纳达（Vivace）——后者更是凭借卓越表现闯入了最终的决赛评选。

| | |
|---|---|
| ● OP Bonarda Vivace '15 | 🍷🍷 3* |
| ● OP Bonarda Avita '15 | 🍷🍷 3 |
| ○ OP Pinot Nero Brut M. V. '11 | 🍷🍷 4 |
| ● OP Rosso Borghesa '15 | 🍷🍷 2* |
| ○ Agòlo '15 | 🍷 2 |
| ○ OP Pinot Nero Brut LB9 '10 | 🍷 4 |
| ○ Agòlo '14 | ΥΥ 2* |
| ● Gnese '11 | ΥΥ 3 |
| ● OP Bonarda Avita '14 | ΥΥ 2* |
| ● OP Bonarda Vivace '13 | ΥΥ 2* |
| ○ OP Pinot Nero Brut '11 | ΥΥ 4 |
| ○ OP Pinot Nero Brut M. V. '10 | ΥΥ 4 |

## Calatroni

loc. Casa Grande, 7
27040 Montecalvo Versiggia [PV]
Tel. +39 038599013
www.calatronivini.it

藏酒销售
预约参观
餐饮接待
年产量 80 000 瓶
葡萄种植面积 15 公顷
可持续发展酒庄

1964年，路易吉·卡拉特罗尼（Luig Calatroni）在佃农合约结束后买下了这片土地，创办了卡拉特罗尼家族酒庄。如今酒庄的掌门人是克里斯汀·卡拉特罗尼（Christian Calatroni）和斯蒂凡诺·卡拉特罗尼（Stefano Calatroni）兄弟，他们是家族的第四代传人，仅在短短的几年间，就带领着酒庄完成了从《意大利葡萄酒年鉴》的附录简介、升级到整篇幅全面介绍，更到出品美酒勇夺“三杯奖”的重大跨越。取得这样优秀的成绩要归功于20世纪80年代生人的卡拉特罗尼兄弟拥有处理果实以及酿造美酒的高超技巧，而品质卓越的酿造葡萄来自蒙泰卡尔沃韦尔西贾（Montecalvo Versiggia）著名的白色土壤——主要栽培的是黑比诺（Pinot Nero）和雷司令（Riesling）。今天的卡拉特罗尼家族酒庄只需秉承同样坚定的责任心和奉献精神向前迈进，我们相信出品美酒一定会日臻完美。去年的64干型葡萄酒（Brut 64）勇夺“三杯奖”，今年推荐的2012年份酒品质毫不逊色，同样显露出奶油般绵密细腻的质地，非常诱人，香氛浓郁集中。不过在今年的品鉴中，2015年份的维吉奥伯纳达（Bonarda Vigiö）令所有美酒黯然失色，口感强劲有力，质地紧实平衡。与此同时，两款雷司令也表现精彩：2013年份雷司令酒质演化更加成熟，独具矿物质风味；而2015年份的多特莱雷司令（Campo del Dottore）相比较而言口感更加清爽，散发着罗勒和野茴香的独特芬芳。

| | |
|---|---|
| ○ Pinot Nero Brut 64 '12 | 🍷🍷 5 |
| ● OP Bonarda Vivace Vigiö '15 | 🍷🍷 2 |
| ○ OP Riesling '13 | 🍷🍷 2 |
| ○ OP Riesling Campo del Dottore '15 | 🍷🍷 2 |
| ● OP Sangue di Giuda '15 | 🍷🍷 3 |
| ○ Pinot Nero Brut 64 '11 | ΥΥΥ 5 |
| ● OP Bonarda Vivace Unico '13 | ΥΥ 2 |
| ⊙ OP Cruasé '10 | ΥΥ 3 |
| ● OP Pinot Nero '13 | ΥΥ 2 |
| ○ OP Riesling '14 | ΥΥ 2 |
| ○ OP Riesling '09 | ΥΥ 2 |
| ○ OP Riesling '07 | ΥΥ 2 |

## Camossi

via Metelli, 5
25030 Erbusco [BS]
Tel. +39 0307268022
www.camossi.it

藏酒销售
预约参观
年产量 60 000 瓶
葡萄种植面积 30 公顷

达瑞欧·卡莫西（Dario Camossi）和克劳迪欧·卡莫西（Claudio Camossi）是这座精美的弗兰奇亚考达产区（Franciacorta）酒庄的第三代传人，卡莫西酒庄正是由他们的祖父皮埃特罗（Pietro）创建。酒庄最初于20世纪90年代初开始生产美酒，第一瓶卡莫西弗兰奇亚考达产区酒（Franciacorta dei Camossi）于1996年推出。今天，位于埃尔布斯科（Erbusco）、帕拉蒂戈（Paratico）和普罗瓦廖迪塞奥（Provaglio d' Iseo）的酒庄葡萄园占地面积共计30公顷，为酒庄酿造高品质美酒提供优质原料葡萄；酿酒师尼可·达内西（Nico Danesi）和乔瓦尼·阿卡瑞（Giovanni Arcari）以精湛的酿造技艺打造酒庄的系列佳酿。除此之外，达瑞欧和克劳迪欧兄弟两人的父母和祖父、酒庄创始人皮埃特罗也会从旁协助。卡莫西酒庄今年推荐的佳酿一如既往地表现出极高的品质。其中，我们非常喜爱2009年份的极干型美酒（Extra Brut），香氛浓郁馥郁，口感清爽有力，散发着阵阵果香，悠长的余韵令人回味无穷，多汁的酒质浸润美味的果味。除此之外，微型起泡酒（Satèn）的香氛独具特色，飘散着草本植物的清香，锋利但和谐的口感与香氛相映成趣，完美平衡。与此同时，2008年份的极干陈酿（Extra Brut Riserva）非常美味，酒质演化极为成熟；而2011年份酒则更凸显清爽的果味和缕缕柑橘的芬芳气息。

| | |
|---|---|
| ○ Franciacorta Extra Brut '11 | 🍷🍷 6 |
| ○ Franciacorta Extra Brut '09 | 🍷🍷 6 |
| ○ Franciacorta Extra Brut '08 | 🍷🍷 6 |
| ○ Franciacorta Extra Brut Ris. '08 | 🍷🍷 6 |
| ⊙ Franciacorta Extra Brut Rosé | 🍷🍷 6 |
| ○ Franciacorta Satèn | 🍷🍷 5 |
| ○ Franciacorta Brut | 🍷 5 |
| ○ Franciacorta Extra Brut '08 | Y Y 6 |
| ○ Franciacorta Extra Brut '07 | Y Y 5 |
| ○ Franciacorta Extra Brut '07 | Y Y 5 |
| ○ Franciacorta Extra Brut Pietro Camossi Ris. '07 | Y Y 8 |

## Cantrina

via Colombera, 7
25081 Bedizzole [BS]
Tel. +39 0306871052
www.cantrina.it

藏酒销售
年产量 35 000 瓶
葡萄种植面积 7.9 公顷

克里斯蒂娜·因甘尼（CristinaInganni）和迭戈·拉夫（Diego Lavo）无论在生活中还是在工作中都是亲密无间的好伙伴。两人自1999年起就共同经营着坎特瑞纳酒庄（Cantrina），除了栽培格罗派洛（Groppello）和莱博（Rebo）等本地葡萄品种之外，也辅以种植国际葡萄品种。这座规模不大的小酒庄地处贝迪佐莱（Bedizzole）和瓦尔特纳西产区（Valtenesi）内，以种植条件非常理想的冰碛山丘地貌为特色。酒庄葡萄园占地不足8公顷，种植了33000株葡萄藤，密度达到每公顷5500株。在今年的品鉴中，内波穆切诺（Nepomuceno）再次得到我们的青睐，成为坎特瑞纳酒庄所有推荐酒品中的佼佼者，它是一款由梅洛葡萄、马泽米诺葡萄（Marzemino）和莱博葡萄（Rebo）打造的混酿，在酒窖中经历了漫长的陈年时间，继而转入木桶中继续陈年，最后才装瓶推出。它吐露着果酱的芬芳，融入绿色蔬菜的青绿风味，底蕴中透露出缕缕森林大地的醇香气息，更有一抹香料的辛香若有似无地飘散其间，入口感到鲜美的酒质，美味在唇舌之间跌宕开去，缓缓蔓延。与此同时，赞迪（Zerdì）是一款单一品种的莱博葡萄酒（Rebo），在用过的小型橡木桶中陈年10个月，散发着成熟的果香，单宁柔滑，收口辛辣，美不胜收。

| | |
|---|---|
| ● Nepomuceno '11 | 🍷🍷 5 |
| ● Zerdì '13 | 🍷🍷 3 |
| ○ Rinè '14 | 🍷 3 |
| ⊙ Rosanoire '15 | 🍷 2 |
| ● Valtènesi '15 | 🍷 3 |
| ● Garda Cl. Groppello '12 | Y Y 2* |
| ● Garda Cl. Groppello Libero Esercizio di Stile '11 | Y Y 2* |
| ● Nepomuceno '09 | Y Y 5 |
| ○ Rinè '12 | Y Y 3 |
| ⊙ Rosanoire '14 | Y Y 2* |
| ⊙ Rosanoire '13 | Y Y 2* |
| ⊙ Rosanoire '11 | Y Y 2* |
| ● Valtenesi '13 | Y Y 3 |
| ● Zerdì '09 | Y Y 3 |

## CastelFaglia - Monogram

FRAZ. CALINO
LOC. BOSCHI, 3
25046 CAZZAGO SAN MARTINO [BS]
TEL. +39 0307751042
www.cavicchioli.it

藏酒销售
预约参观
年产量 350 000 瓶
葡萄种植面积 22 公顷

桑德罗·卡维留利（Sandro Cavicchioli）在弗兰奇亚考达产区（Franciacorta）为法格里亚堡（Castel Faglia）酿造出优雅的传统酿造法起泡珍酿（Metodo Classico cuvées）——卡维留利家族于几年前买下了这座位于卡扎戈圣马尔蒂诺（Cazzago San Martino）的美丽庄园。与此同时，卡维留利家族在艾米莉亚（Emilia）还拥有一座柏莱酒庄（Bellei），专长生产起泡酒和蓝布鲁斯科（Lambrusco），一直是这个来自摩德纳地区（Modena）的酿酒世家的心头最爱。法格里亚堡—蒙纳格莱姆酒庄（Castel Faglia-Monogram）推出两个系列的弗兰奇亚考达产区珍酿（Franciacorta cuvées）——法格里亚堡系列和蒙纳格莱姆系列，酿造葡萄来自占地面积达到22公顷的优质葡萄园，部分呈阶梯状耕地的葡萄园就位于古老的法格里亚城堡之下。在今年酒庄推荐的酒品中，得到最高分的是2012年份的蒙纳格莱姆系列零添加起泡酒珍酿（Cuvée Monogram Dosaggio Zero），它是一款优雅丰盈的弗兰奇亚考达酒（Franciacorta），果香四溢，散发着清澈浓郁的柑橘香，融入苹果般的阵阵清香，美妙的香氛与口感相得益彰，由于长时间在瓶中发酵，使得质地如同奶油般绵密细腻，口感清爽集中，酒体均衡，气质热辣，融入矿物质的醇浓滋味，收口余韵精美绵长。与此同时，同一系列中2011年份的微型起泡酒（Satèn）吐露着森林大地的缕缕醇香，融入香草的芬芳；2009年份的蒙纳格莱姆系列干型葡萄酒（Monogram Brut）优雅诱人，以阵阵药草香缭绕缕缕小雏菊的清香而见长。

| | |
|---|---|
| ○ Franciacorta Dosage Zero Cuvée Monogram '12 | ▼▼ 5 |
| ○ Franciacorta Brut Cuvée Monogram '09 | ▼▼ 5 |
| ⊙ Franciacorta Rosé Cuvée Monogram | ▼▼ 5 |
| ○ Franciacorta Satèn Cuvée Monogram '11 | ▼▼ 5 |
| ○ Franciacorta Satèn Cuvée Monogram | ▼▼ 5 |
| ○ Franciacorta Brut Blanc de Blancs Monogram | ▼ 5 |
| ○ Franciacorta Brut Monogram '07 | ▽▽ 5 |
| ○ Franciacorta Brut Monogram '07 | ▽▽ 5 |
| ○ Franciacorta Brut Monogram '02 | ▽▽ 7 |
| ○ Franciacorta Dosage Zéro '09 | ▽▽ 5 |
| ○ Franciacorta Dosage Zero Monogram '11 | ▽▽ 5 |
| ○ Franciacorta Satèn Monogram '07 | ▽▽ 5 |

## Castello di Cigognola

P.ZZA CASTELLO, 1
27040 CIGOGNOLA [PV]
TEL. +39 0385284828
www.castellodicigognola.com

藏酒销售
预约参观
年产量 75 000 瓶
葡萄种植面积 30 公顷

奇戈诺拉堡酒庄（Castello di Cigognola）地处战略要地，扼住通往斯库罗帕索河谷（Scuropasso）的必经通道，俯瞰伦巴第平原（Lombard Plain）。它的历史最早可以追溯到古老的1212年，其后经历了封建制度的终结以及文艺复兴来袭，于19世纪初成为了葡萄种植和葡萄酒酿造的中心；如今城堡酒庄隶属奇安马可·莫拉蒂（Gianmarco Moratti）和莱蒂齐亚·莫拉蒂（Letizia Moratti）所有。在里卡尔多·科塔瑞拉（Riccardo Cotarella）和奥特珀（Oltrepò）卓越的酿酒师埃米里奥·戴菲里皮（Emilio Defilippi）的协助下，酒庄被改建升级为出产美酒的现代化中心，而且还是附属于米兰大学（Milan University）的研究中心，研究项目包括复兴本地古老的葡萄品种等。在今年的品鉴中，莫尔传统酿造法干型起泡酒（Brut Metodo Classico 'More）连续三年摘下了"三杯奖"的桂冠。2012年份酒甚至更加优雅浓郁，活力四射，激情澎湃，吐露着柑橘的芬芳，融入薄荷油的清凉，收口余韵绵长和谐，展现出极为诱人的魅力。2013年份的桃红葡萄酒（Rosé）更加细腻微妙，初始时摇曳着浅白的光晕色调，逐渐集中凸显细腻优雅的酒质，是一款意趣盎然的美酒。与此同时，2014年份的多蒂西多蒂奇巴贝拉（Barbera Dodicidodici）饱满丰盈，口感坚实有嚼劲，吐露着大樱桃的缕缕浓香。与此同时，2013年份的拉马戈巴贝拉（Barbera La Maga）更加优雅辛辣，依然还有进一步完善的巨大空间。

| | |
|---|---|
| ○ OP Brut 'More '12 | ▼▼▼ 4* |
| ⊙ Brut 'More Rosé '13 | ▼▼ 4 |
| ● OP Barbera Dodicidodici '14 | ▼▼ 3 |
| ● OP Barbera La Maga '13 | ▼▼ 4 |
| ○ Bianca '15 | ▼ 3 |
| ○ Brut 'More '11 | ▽▽▽ 4* |
| ○ Brut 'More '10 | ▽▽▽ 4* |
| ● OP Barbera Castello di Cigognola '07 | ▽▽▽ 6 |
| ● OP Barbera Castello di Cigognola '06 | ▽▽▽ 6 |
| ● OP Barbera Dodicidodici '11 | ▽▽▽ 3* |
| ● OP Barbera Poggio Della Maga '05 | ▽▽▽ 7 |
| ○ OP Pinot Nero Brut 'More '08 | ▽▽▽ 4* |
| ○ La Bianca '14 | ▽▽ 3 |
| ● OP Barbera Dodicidodici '13 | ▽▽ 3 |
| ● OP Barbera Dodicidodici '12 | ▽▽ 3 |
| ● OP Barbera La Maga '12 | ▽▽ 4 |
| ● OP Barbera La Maga '11 | ▽▽ 4 |

## ★Cavalleri

via Provinciale, 96
25030 Erbusco [BS]
Tel. +39 0307760217
www.cavalleri.it

藏酒销售
预约参观
年产量 250 000 瓶
葡萄种植面积 45 公顷
葡萄栽培方式 有机认证

来自埃尔布斯科（Erbusco）的卡瓦莱里家族（Cavalleri）拥有弗兰奇亚考达地区（Franciacorta）最古老的酒庄之一。实际上，卡瓦莱里家族早在1450年就被称作这片土地的主人，但是一直到了1968年，吉安·保罗·卡瓦莱里（Gian Paolo Cavalleri）和儿子乔瓦尼·卡瓦莱里（Giovanni Cavalleri）才开始出产葡萄酒和弗兰奇亚考达起泡酒（Franciacortas）。今天的卡瓦莱里酒庄由乔瓦尼的女儿们玛利亚·卡瓦莱里（Maria Cavalleri）和茱莉亚·卡瓦莱里（Giulia Cavalleri）经营管理，而且在极有能力的酒庄工作人员的协助下，孙子一辈的弗朗西斯科·卡瓦莱里（Francesco Cavalleri）和黛乐塔·卡瓦莱里（Diletta Cavalleri）也开始涉足酒庄业务。卡瓦莱里酒庄拥有占地面积达到45公顷的美丽葡萄园，给人留下深刻的印象，占据了埃尔布斯科朝向最佳的地块。零添加起泡酒（Pas Dosé）是这座弗兰奇亚考达地区（Franciacorta）最古老的酒庄的特色出品之一。在今年的品鉴中，我们有幸尝到了酿酒师保罗·图拉（Paolo Turra）打造出的品质极佳的2011年份霞多丽（Chardonnay），它的个性优雅，口感清爽，摇曳着青绿的光晕，稻黄色的酒液饱满丰盈，气泡精美升腾，质地如同奶油般绵密细腻。吐露着白色果肉水果优雅的果香，融入蓓蕾的芬芳和橘皮的清香，入口惬意热情，平衡度极佳，余韵绵长悠然，回味无穷。卡瓦莱里酒庄今天推荐的其他酒品也展现出相当高的酿造水准。

| | |
|---|---|
| ○ Franciacorta Pas Dosé '11 | 🍷🍷🍷 6 |
| ○ Curtefranca Bianco '14 | 🍷🍷 3 |
| ○ Franciacorta Blanc de Blancs | 🍷🍷 5 |
| ⊙ Franciacorta Brut Rosé '11 | 🍷🍷 6 |
| ○ Franciacorta Brut Satèn | 🍷🍷 5 |
| ○ Franciacorta Brut Collezione '05 | 🍷🍷🍷 6 |
| ○ Franciacorta Brut Collezione Esclusiva Giovanni Cavalleri '05 | 🍷🍷🍷 8 |
| ○ Franciacorta Brut Collezione Esclusiva Giovanni Cavalleri '04 | 🍷🍷🍷 7 |
| ○ Franciacorta Brut Collezione Esclusiva Giovanni Cavalleri '01 | 🍷🍷🍷 7 |
| ○ Franciacorta Collezione Grandi Cru '08 | 🍷🍷🍷 6 |
| ○ Franciacorta Pas Dosé '07 | 🍷🍷🍷 5 |
| ○ Franciacorta Pas Dosé R. D. '06 | 🍷🍷🍷 6 |

## Battista Cola

via Indipendenza, 3
25030 Adro [BS]
Tel. +39 0307356195
www.colabattista.it

藏酒销售
预约参观
年产量 70 000 瓶
葡萄种植面积 10 公顷
可持续发展酒庄

今天，能力超凡的斯蒂凡诺·科拉（Stefano Cola）充满激情地继承了父亲巴提斯塔·科拉（Battista Cola）开创的酿酒事业——1985年，巴提斯塔担起传承家族传统的重任，从位于阿德罗（Adro）的蒙蒂阿尔图（Monte Alto）的一片小葡萄园开始，生产葡萄酒和弗兰奇亚考达起泡酒（Franciacortas）。巴提斯塔科拉酒庄的葡萄园占地面积达到10公顷，年产量达到7万瓶，但是酒庄出产的葡萄酒和弗兰奇亚考达起泡酒依然能够忠诚真实地反映出"种植和酿造者"的明显特色——无论在葡萄园中的栽培活动还是在酒窖的酿造活动中，都采用人工和手工精心打造，而且以环境可持续发展为原则进行生产。斯蒂凡诺·科拉酿造的美酒完美无缺，今年的推荐酒品再次展现出卓越的品质，从无年份基本干型葡萄酒开始就显露无遗。它的口感清爽，融入了柑橘的芬芳。2011年份的干型葡萄酒（Brut）柔美深邃，多汁美味；2012年份的雅典娜桃红葡萄酒（Rosé Athena）酒骨精良，吐露着红色莓果的阵阵果香；2011年份的零剂量起泡酒（Non Dosato）则口感复杂多汁，酒体平衡度极高；2012年份的微型起泡酒（Satèn）散发着诱人的白色果肉水果的成熟果香，口感柔和，底蕴中透露出丝丝香草风情。

| | |
|---|---|
| ○ Franciacorta Brut '11 | 🍷🍷 5 |
| ○ Franciacorta Brut | 🍷🍷 4 |
| ○ Franciacorta Extra Brut | 🍷🍷 4 |
| ○ Franciacorta Non Dosato '11 | 🍷🍷 5 |
| ⊙ Franciacorta Rosé Athena '12 | 🍷🍷 5 |
| ○ Franciacorta Satèn '11 | 🍷🍷 5 |
| ○ Franciacorta Brut '10 | 🍷🍷 5 |
| ○ Franciacorta Brut RD '06 | 🍷🍷 5 |
| ○ Franciacorta Brut Ris. '07 | 🍷🍷 5 |
| ○ Franciacorta Non Dosato '09 | 🍷🍷 5 |
| ○ Franciacorta Satèn '10 | 🍷🍷 5 |
| ○ Franciacorta Satèn '09 | 🍷🍷 5 |
| ○ Franciacorta Satèn '07 | 🍷🍷 5 |

## Contadi Castaldi

LOC. FORNACE BIASCA
VIA COLZANO, 32
25030 ADRO [BS]
TEL. +39 0307450126
www.contadicastaldi.it

藏酒销售
预约参观
年产量 1 000 000 瓶
葡萄种植面积 150 公顷
可持续发展酒庄

来自阿德罗（Adro）的康塔蒂卡斯塔尔迪酒庄（Contadi Castaldi）隶属于莫雷蒂酒业集团（Terra Moretti group）——该集团旗下还拥有贝拉维斯塔酒庄（Bellavista），但是康塔蒂卡斯塔尔迪酒庄独立经营，并且拥有自己的葡萄园。酒庄的酒窖坐落于阿德罗地区古老的砖窑旧址中，酒庄自有的葡萄园以及众多租借葡萄园和种植商为酒庄的酿造提供原料。在热情澎湃、极富天赋的酿酒师吉安·卢卡·尤塞利（Gian Luca Uccelli）的领导下，酒庄的酿造工作顺利展开，尤塞利在母公司多年的工作经验打造出炉火纯青的酿造技艺。在今年的品鉴中，我们将“三杯奖”授予了卓越的2012年份的零度起泡酒（Zero）。它是一款以同等比例的黑比诺（Pinot Nero）和霞多丽（Chardonnay）打造而成的美酒（部分基酒在橡木桶中陈年），在过滤之前与酒泥共同陈年长达40个月，过滤后再陈年6个月才最终推出。它的香氛活力四射，散发着白色果肉水果的劲道果香，融入野生莓果的芬芳，底蕴中透露出缕缕橘皮的醇香风味，更有草本植物的清香若有似无地飘散其间，紧致清爽的口感与美妙的香氛相得益彰，酒体平衡，质感深邃，果味丰盈满口的绵长回味给人留下深刻的印象。微型起泡酒（Satèn）表现卓越，酒庄推荐的其他酒品也品质精良。

| | |
|---|---|
| ○ Franciacorta Zero '12 | 🍷🍷🍷 5 |
| ○ Franciacorta Satèn Soul '09 | 🍷🍷 6 |
| ○ Franciacorta Brut | 🍷🍷 4 |
| ⊙ Franciacorta Rosé | 🍷🍷 5 |
| ⊙ Franciacorta Rosé Soul '10 | 🍷🍷 5 |
| ○ Franciacorta Satèn '11 | 🍷🍷 5 |
| ○ Franciacorta Satèn Soul '06 | 🍷🍷🍷 6 |
| ○ Franciacorta Satèn Soul '05 | 🍷🍷🍷 6 |
| ○ Franciacorta Zero '09 | 🍷🍷🍷 5 |
| ○ Franciacorta Satèn Soul '07 | 🍷🍷 6 |
| ○ Franciacorta Zero '11 | 🍷🍷 5 |
| ○ Franciacorta Zero '10 | 🍷🍷 5 |
| ○ Franciacorta Zero Pinònero Ris. '09 | 🍷🍷 6 |

## Conte Vistarino

FRAZ. SCORZOLETTA, 82/84
27040 PIETRA DE' GIORGI [PV]
TEL. +39 038585117
www.contevistarino.it

藏酒销售
预约参观
年产量 400 000 瓶
葡萄种植面积 200 公顷

1865年，维斯塔利诺伯爵酒庄（Conte Vistarino）迎来了漫长发展史上的重要时刻之一——维斯塔利诺（Vistarino）的乔治·维梅尔卡蒂伯爵（Conte Giorgi Vimercati）和甘恰伯爵（Conte Gancia）决定在斯库罗帕索河谷（Valle Scuropasso）种植黑比诺克隆藤（Pinot Nero clones），那里的风土条件极佳，为生产传统起泡酒打造出理想的环境。皮埃蒙特产区（Piedmont）的酒庄多年来一直极力开发利用这座“金矿”。几年前，维斯塔利诺伯爵酒庄被托付给了年轻的奥塔维亚·维斯塔利诺（Ottavia Visarino），这座规模巨大的家庭酒庄占地800公顷，基本上就是洛卡乔治整个村镇（Rocca de' Giorgi），其中葡萄种植面积达到200公顷，出产的优质酿造原料被打造成品质极高的美酒，在今年的品鉴中，三款来自不同葡萄园的2013年份的黑比诺（Pinot Nero）充分证明了维斯塔利诺伯爵酒庄决意追求卓越的不俗实力。传奇的佩尼斯黑比诺（Pernice）展现出非常和谐成熟的酒质，馥郁深邃，气质高贵，芬芳扑鼻；同样品质卓越的还有口感更加温热的塔弗内托（Tavernetto），它散发着红色莓果甜美的果香；更有首次发布就斩获了“三杯奖”的贝尔托内（Bertone），它的香氛经典优雅，似乎无所不在，口感惬意和谐。我们最爱的传统酿造法起泡酒（Metodo Classico）还是黑比诺粉红起泡酒（Cruasé），它的质地复杂而诱人。

| | |
|---|---|
| ● Pinot Nero Bertone '13 | 🍷🍷🍷 5 |
| ● Pinot Nero Pernice '13 | 🍷🍷 5 |
| ● OP Bonarda L'Alcova '15 | 🍷🍷 2* |
| ⊙ OP Cruasé Saignée della Rocca | 🍷🍷 5 |
| ○ OP Pinot Nero Brut Conte Vistarino 1865 '09 | 🍷🍷 4 |
| ● Pinot Nero Tavernetto '13 | 🍷🍷 3 |
| ○ Brut Cépage '13 | 🍷 4 |
| ○ Pinot Grigio Merlino '15 | 🍷 3 |
| ○ OP Pinot Nero Brut Conte Vistarino 1865 '08 | 🍷🍷🍷 4* |
| ● OP Pinot Nero Pernice '06 | 🍷🍷🍷 4* |
| ○ OP Pinot Nero Brut 1865 '09 | 🍷🍷 5 |
| ● OP Pinot Nero Pernice '12 | 🍷🍷 5 |
| ● OP Pinot Nero Pernice '11 | 🍷🍷 5 |

## La Costa

Fraz. Costa
via Galbusera Nera, 2
23888 Perego [LC]
Tel. +39 0395312218
www.la-costa.it

藏酒销售
预约参观
膳宿接待
年产量 40 000 瓶
葡萄种植面积 12 公顷
葡萄栽培方式 有机认证

克里帕家族（Crippa）拥有的拉卡斯塔酒庄（La Costa）是伦巴第产区（Lombardy）最精美的酒庄之一，得到悉心照料的葡萄园地处莱科省（Lecco），位于蒙泰韦基亚（Montevecchia）和布里安扎地区（Brianza）的瓦尔库罗地区公园（Val Curone Regional Park）。拉卡斯塔酒庄的葡萄园占地面积达到12公顷，以有机方式栽培葡萄藤，在群山环抱下，形成了陡峭的天然剧场般的地貌。富含矿物质的石灰岩土壤中生长着雷纳诺雷司令葡萄（Riesling Renano）、梅洛葡萄（Merlot）、黑比诺葡萄（Pinot Nero）和西拉葡萄（Syrah），剧烈的气温波动保证了活跃的支撑酸度。拉卡斯塔酒庄出品的美酒气质优雅，酒质和谐，口感清爽宜人，微妙细腻，展现出令人愉悦的特质。在今年的品鉴中，2014年份的索莱丝塔（Solesta）脱颖而出，它是一款卓越非凡的雷司令（Riesling），展现出极高的酿造水平，吐露着白色果肉水果的甜美果香，别具一格，融入柑橘的清爽芬芳。口感饱满紧致，充盈满口，收口余韵绵长悦然。与此同时，2014年份的14号美酒（Quattordici）是一款以梅洛（Merlot）、西拉（Syrah）、黑比诺（Pinot Nero）和赤霞珠（Cabernet）混酿而成的佳酿，意趣盎然，质地细腻，吐露着阵阵果香，融入香料辛辣的芬芳，口感和谐，果浆的质感饱满丰盈。

| | |
|---|---|
| ○ Solesta '14 | 🍷🍷 4 |
| ● Vino del Quattordici '14 | 🍷🍷 3 |
| ● San Giobbe '13 | ♀♀ 4 |
| ● San Giobbe '12 | ♀♀ 4 |
| ● San Giobbe '11 | ♀♀ 4 |
| ● Serìz '11 | ♀♀ 3 |
| ○ Solesta '13 | ♀♀ 4 |
| ○ Solesta '12 | ♀♀ 3* |
| ○ Solesta '11 | ♀♀ 3* |
| ○ Solesta '10 | ♀♀ 3* |

## Costaripa

via Costa, 1a
25080 Moniga del Garda [BS]
Tel. +39 0365502010
www.costaripa.it

藏酒销售
预约参观
年产量 400 000 瓶
葡萄种植面积 40 公顷

马蒂亚·韦佐拉（MattiaVezzola）是意大利葡萄酒业界的明星人物，因为他在弗兰奇亚考达地区（Franciacorta）最传奇的科斯塔里帕酒庄（Costaripa）酿造出了举世闻名的起泡酒珍酿。其实，韦佐拉家族在瓦尔特纳西产区（Valtenesi）已经经营数代。今天，在第四代家族成员的帮助下，马蒂亚将其精力平均分配在两座庄园内：他的孩子尼可（Nicole）负责酒庄的市场业务，而盖拉尔多（Gherardo）则正在学习酿酒技术。他们的最高目标就是将瓦尔特纳西产区酒推向意大利葡萄酒世界的最高峰。在今年的品鉴中，科斯塔里帕酒庄提交了一系列品质卓越的参选美酒，我们被其中的奇亚莱多桃红葡萄酒（Chiaretto）深深打动——这款美酒以参议员莫尔门蒂（Molmenti）命名，为了纪念他早在19世纪初就在湖畔酿造出卓越桃红葡萄酒的伟大业绩。2012年份酒在木桶和瓶中多年陈年后终于正式发布，别具意趣，吐露着复杂的香氛，融入诱人的橡木香气，红色莓果的跃动果香若有似无地飘散其间，随之而来的是紧致深邃而浓郁的果味，口感诱人，可饮性非常高。科斯塔里帕酒庄推荐的其他美酒也都展现出卓越的品质，尤其是罗萨玛拉桃红葡萄酒（Rosamara）和起泡酒更是令人欲罢不能。

| | |
|---|---|
| ⊙ Valtènesi Chiaretto Molmenti '12 | 🍷🍷 2* |
| ○ Lugana Pievecroce '15 | 🍷🍷 2* |
| ○ Mattia Vezzola Brut '11 | 🍷🍷 5 |
| ⊙ Mattia Vezzola Rosé '11 | 🍷🍷 5 |
| ⊙ Mattia Vezzola Rosé | 🍷🍷 5 |
| ⊙ Valtènesi Chiaretto Rosamara '15 | 🍷🍷 2* |
| ● Valtènesi Rosso Campostarne '13 | 🍷 3 |
| ○ Costaripa Brut '08 | ♀♀ 5 |
| ⊙ Garda Cl. Chiaretto Molmenti '11 | ♀♀ 4 |
| ○ Lugana Pievecroce '14 | ♀♀ 2* |
| ○ Mattia Vezzola Brut '10 | ♀♀ 5 |
| ⊙ Mattia Vezzola Rosé '10 | ♀♀ 5 |
| ● Valtènesi Le Castelline '12 | ♀♀ 3 |
| ● Valtènesi Maim '11 | ♀♀ 3 |

## Derbusco Cives

via Provinciale, 83
25030 Erbusco [BS]
Tel. +39 0307731164
www.derbuscocives.com

藏酒销售
预约参观
餐饮接待
年产量 90 000 瓶
葡萄种植面积 12 公顷

埃尔布斯科（Erbusco）的众多酒庄和独一无二的风土条件为其赢得了弗兰奇亚考达产区（Franciacorta）之都的美名。2004年，在约瑟佩·韦佐利（Giuseppe Vezzoli）的带领下，五个好朋友决定创建一座"埃尔布斯科公民酒庄"（Citizens of Erbusco），强调本地风土的唯一性。德布斯克塞弗酒庄（Derbusco Cives）系列陈酿的酿造葡萄来自酒庄占地面积达到12公顷的葡萄园，当然就位于埃尔布斯科，采用将对环境的影响降到最低的栽培方法进行种植，在酒窖的酿造环节中则采取非常规的方法，例如采用与弗兰奇亚考达酒泥共同在瓶中发酵，延迟除渣等手法。德布斯克塞弗酒庄的镇庄之宝是多皮欧埃莱蒂（Doppio Erre Di）——这款酒延迟了除渣阶段，新近才除渣——是一款以霞多丽（Chardonnay）酿造的干型葡萄酒（Brut），与酒泥共同经历了长期的陈年，在交递给顾客之前才除渣。在今年的品鉴中，我们有幸一品这款佳酿，它美味饱满，散发着柑橘清爽的果香，酒液中也浸润着柑橘的甜美风情，酒质优雅深邃，韵味十足。我们还非常喜爱2010年份的霞多丽（Chardonnay）干型葡萄酒（Brut），它的品质卓越，青柠的清凉酸爽与柑橘的甜美香气完美结合，入口酒质优雅成熟，蕴含着缕缕香草的香甜和橡木的美味。

| | |
|---|---|
| ○ Franciacorta Brut Doppio Erre Di | 🍷🍷 5 |
| ○ Franciacorta Brut '10 | 🍷🍷 6 |
| ○ Franciacorta Brut Blanc de Noir Crisalis '10 | 🍷 6 |
| ○ Franciacorta Brut '09 | 🍷🍷 6 |
| ○ Franciacorta Brut '08 | 🍷🍷 6 |
| ○ Franciacorta Brut '07 | 🍷🍷 6 |
| ○ Franciacorta Brut Doppio Erre Di '05 | 🍷🍷 5 |
| ○ Franciacorta Extra Brut '10 | 🍷🍷 8 |
| ○ Franciacorta Extra Brut '09 | 🍷🍷 7 |
| ○ Franciacorta Extra Brut '08 | 🍷🍷 7 |
| ○ Franciacorta Extra Brut '07 | 🍷🍷 6 |
| ⊙ Franciacorta Extra Brut Rosé '09 | 🍷🍷 6 |

## Dirupi

loc. Madonna di Campagna
via Grumello, 1
23020 Montagna in Valtellina [SO]
Tel. +39 3472909779
www.dirupi.com

藏酒销售
预约参观
年产量 15 000 瓶
葡萄种植面积 4.5 公顷

在过去的几年间，戴维德·法索里尼（Davide Fasolini）和皮耶保罗·迪·弗朗科（Pierpaolodi Franco）是伦巴第产区（Lombardy）葡萄酒生产界最有趣的两张面孔。他们的酒窖位于瓦尔泰利纳地区（Valtellina）的蒙塔格纳（Montagna），优质的酿造葡萄来自古老的梯田地貌葡萄园陡峭的山坡，因此酒庄的名字直译过来就是悬崖的意思。不辞劳苦地辛勤劳作、充满创造力的激情、能量和天赋，使他们酿造的美酒很快得到了认可，声名远播，并且聚集了一众热爱其风格的酒迷。蒂卢皮酒庄（Dirupi）出品的美酒不仅呈现淡红色的亮丽色泽，而且品质卓越，别具一格，酒香怡人，口感紧致清凛，呈现出不可思议的复杂度和罕见的可饮性。在今年的品鉴中，2014年份的蒂卢皮（Dirupi）气势恢宏，是一款真正的佳酿，是所有喜爱此类美酒的酒迷的必购之款。它吐露着复杂的酒香，融入铁锈的气息，蕴含缕缕大黄的醇香，精美的香氛彼此缭绕，底蕴中更有丝丝覆盆子的甜美果香，令人惊叹的清爽口感与香氛相得益彰，收口余韵绵长而诱人，别具一格。与此同时，2013年份的陈酿（Riserva）也品质突出，散发着野生莓果复杂多样的芬芳，层次分明，与药草的醇香亲密缭绕，底蕴中透露出缕缕甘草的甜美气息。入口紧致，果浆质感浓郁，收口多汁而绵长，给人带来美好的享受。

| | |
|---|---|
| ● Valtellina Sup. Dirupi '14 | 🍷🍷 4 |
| ● Valtellina Sup. Dirupi Ris. '13 | 🍷🍷 6 |
| ● Sforzato di Valtellina Vino Sbagliato '14 | 🍷🍷 6 |
| ● Rosso di Valtelina Olè '15 | 🍷 3 |
| ● Valtellina Sup. Dirupi Ris. '12 | 🍷🍷🍷 6 |
| ● Valtellina Sup. Dirupi Ris. '11 | 🍷🍷🍷 6 |
| ● Valtellina Sup. Dirupi Ris. '09 | 🍷🍷🍷 6 |
| ● Rosso di Valtelina Olè '14 | 🍷🍷 3 |
| ● Sforzato di Valtellina Vino Sbagliato '12 | 🍷🍷 6 |
| ● Valtellina Sup. Dirupi '13 | 🍷🍷 4 |
| ● Valtellina Sup. Dirupi '12 | 🍷🍷 4 |
| ● Valtellina Sup. Dirupi '11 | 🍷🍷 4 |
| ● Valtellina Sup. Dirupi Ris. '10 | 🍷🍷 6 |

## F.lli Berlucchi

raz. Borgonato
ia Broletto, 2
25040 Corte Franca [BS]
Tel. +39 030984451
www.fratelliberlucchi.it

藏酒销售
预约参观
年产量 400 000 瓶
葡萄种植面积 70 公顷

伯卢奇斯家族（Berlucchis）是弗兰奇亚考达地区（Franciacorta）最古老的酿酒家族之一，家族酒庄拥有占地面积达到70公顷的精美葡萄园。今天，充满激情和动力的皮亚·多纳塔（Pia Donata）和女儿缇丽·瑞佐（Tilli Rizzo）引领着酒庄大步前行。酒庄位于伯格纳图（Borgonato）始建于16世纪的家族古堡科隆纳堡（Casa delle Colonne）之中，酒窖也坐落于此。伯卢奇家族酒庄的产品主要分为两大主线系列：科隆纳堡系列（Casa delle Colonne）和弗兰奇亚内拉系列（Freccianera）。作为基本酒的25系列干性葡萄酒（Brut 25）是唯一一款无年份酒。在今年的品鉴中，2012年份的弗兰奇亚内拉桃红葡萄酒（Freccianera Rosa）表现出色，它是一款以60%的黑比诺（Pinot Nero）（一半果实去皮发酵、一半果实与桃红葡萄酒混合发酵）和40%的霞多丽（Chardonnay）混酿而成的美酒，与酒泥共同陈年长达15个月的时间。它摇曳着漂亮的淡粉色色泽，活跃升腾的气泡精美异常，香氛意趣盎然，融入了野生莓果和香草的甜美芬芳，底蕴中透露出缕缕药草的醇香，口感坚实深邃，热情洋溢，清爽怡人，凭借不俗的实力闯入了我们“三杯奖”大赛的最终决赛。这一次伯卢奇家族酒庄推荐的品种多样的系列美酒中还包括卓越的弗兰奇亚内拉微型起泡酒（Freccianera Satèn）和天然葡萄酒（Nature），两款佳酿都是2012年份酒。

- Franciacorta Freccianera Rosa '12 — 5
- Franciacorta Nature Freccianera '12 — 5
- Franciacorta Brut Casa delle Colonne Ris. '09 — 7
- Franciacorta Brut Freccianera '11 — 5
- Franciacorta Casa delle Colonne Zero Ris. '09 — 8
- Franciacorta Satèn Freccianera '12 — 5
- Franciacorta Brut 25 — 4
- Franciacorta Brut Freccianera '10 — 6
- Franciacorta Casa delle Colonne Brut Ris. '08 — 7
- Franciacorta Casa delle Colonne Zero Ris. '08 — 8
- Franciacorta Freccianera Rosa '11 — 6
- Franciacorta Satèn Freccianera '11 — 7

## Sandro Fay

loc. San Giacomo di Teglio
via Pila Caselli, 1
23030 Teglio [SO]
Tel. +39 0342786071
elefay@tin.it

藏酒销售
预约参观
年产量 38 000 瓶
葡萄种植面积 13 公顷

瓦尔哈拉（Valgella）是瓦尔泰利纳地区（Valtellina）最有意趣的次产区之一，名字来自于当地方言中穿越这片土地的小溪流；桑德罗费伊酒庄（Sandro Fay）几乎就是瓦尔哈拉的同义词。1973年，桑德罗·费伊决定在这里建立酒庄，推动家族葡萄酒事业的进一步发展——如今的费伊酒庄由他的儿子马可·费伊（Marco Fay）经营，打理得有声有色。经过深入的农学考察和研究，费伊酒庄决定向更高海拔地区发展葡萄园，以提升山地葡萄酒独特的特质，开发每座葡萄园不同的朝向山坡和海拔高度带来的迥然不同的个性特色。在今年的品鉴中，2013年份的瓦尔哈拉卡莫莱（Valgella Cà Moréi）展现出精湛的酿造水平，果味丰盈，出品日益展现出年轻和清爽的风格特色，橡木香气与红莓果果香交织缠绕，塑造了极为振奋的整体香氛，富含铁质的口感与之相得益彰。入口感到极为浓郁的果味，单宁演化成熟，收口回味绵长，果味四溢。与此同时，2013年份的瓦尔哈拉卡蒂瑞亚陈酿（Valgella Carterìa Riserva）吐露着烟草的缕缕醇香，融入甘草的甜美风味，底蕴中透露出覆盆子的果香，更有淡淡铁锈气息萦绕其间。口感质朴有力，单宁质地细密，支撑着精美的果味口感，收口余韵绵长美味，展现出极佳的陈年潜力。

- Valtellina Sup. Valgella Cà Moréi '13 — 5
- Valtellina Sup. Valgella Carterìa Ris. '13 — 5
- La Faya '13 — 5
- Valtellina Sup. Sassella Il Glicine '13 — 4
- Valtellina Sforzato Ronco del Picchio '10 — 6
- Valtellina Sforzato Ronco del Picchio '09 — 6
- Valtellina Sforzato Ronco del Picchio '02 — 6
- Valtellina Sforzato Ronco del Picchio '11 — 6
- Valtellina Sup. Valgella Cà Moréi '12 — 5

## ★Ferghettina

via Saline, 11
25030 Adro [BS]
Tel. +39 0307451212
www.ferghettina.it

藏酒销售
预约参观
年产量 400 000 瓶
葡萄种植面积 160 公顷
可持续发展酒庄

在二十年间，罗伯托·盖提（Roberto Gatti）及其家庭缔造了弗兰奇亚考达地区（Franciacorta）最精美的酒庄之一。弗盖缇娜酒庄（Ferghettina）在妻子安德蕾娜（Andreina）以及女儿劳拉·盖提（Laura Gatti）和儿子马迪奥·盖提（Matteo Gatti）的协助下迅速发展——这两个孩子如今都成为了酿酒师，酒庄的葡萄园从占地仅仅几公顷发展到超过160公顷，还有一座设计精美、设备精良、占地6000平方米的酒窖，无论从产量上还是从质量上而言都令人印象深刻。在今年的品鉴中，2009年份酒又立新功，再为酒庄夺下“三杯奖”大奖，这款美酒就是33零添加起泡酒陈酿（Pas Dosé 33 Riserva），一款极为卓越的白中白起泡酒（Blanc de Blancs），与酒泥共同发酵陈年超过80个月的时间。它摇曳着明快的稻黄色光晕，气泡精美持久升腾，香氛极为复杂雅致，底蕴中透露出缕缕柑橘和香草的芬芳，令浓郁的果香更上一层楼。虽然糖分零添加，但是入口惬意舒适，口感如同天鹅绒般丝滑细腻，继而演化出饱满的果味，蕴含柑橘的美味，更有缕缕精致的白巧克力醇香缭绕舌尖，收口余韵绵长悠然，淡淡薄荷的清凉风情若有似无地飘散，给人带来无限回味。

|  |  |
|---|---|
| ○ Franciacorta Pas Dosé 33 Ris. '09 | 🍷🍷🍷 6 |
| ○ Franciacorta Brut Milledì '12 | 🍷🍷 5 |
| ○ Franciacorta Extra Brut '10 | 🍷🍷 6 |
| ○ Curtefranca Bianco '15 | 🍷🍷 2* |
| ○ Franciacorta Brut | 🍷🍷 4 |
| ⊙ Franciacorta Brut Rosé Eronero '11 | 🍷🍷 6 |
| ⊙ Franciacorta Rosé Milledì '12 | 🍷🍷 5 |
| ○ Franciacorta Satèn '12 | 🍷🍷 5 |
| ● Curtefranca Rosso '14 | 🍷 2 |
| ○ Franciacorta Extra Brut '09 | ΥΥΥ 5 |
| ○ Franciacorta Extra Brut '06 | ΥΥΥ 5 |
| ○ Franciacorta Pas Dosé 33 Ris. '07 | ΥΥΥ 6 |
| ○ Franciacorta Pas Dosé 33 Ris. '06 | ΥΥΥ 6 |

## Fiamberti

via Chiesa, 17
27044 Canneto Pavese [PV]
Tel. +39 038588019
www.fiambertivini.it

藏酒销售
预约参观
年产量 140 000 瓶
葡萄种植面积 18 公顷

菲姆贝蒂家族酒庄（Fiamberti）拥有坎
内托帕韦塞（Canneto Pavese）最精美的
部分葡萄园，这座小城也是许多产区顶
级红葡萄酒的家。安布罗焦·菲姆贝蒂
（Ambrogio Fiamberti）主要负责传统葡萄
酒的生产，而他的儿子、同时也是布达
福克斯托瑞科俱乐部（Buttafuoco Storic
Club）的主席朱利奥·菲姆贝蒂（Giuli
Fiamberti）则将注意力集中在传统酿造法
起泡酒（Metodo Classico）和布达福克斯
托瑞科的酿造上。忠于传统，菲姆贝蒂
酒庄出产红葡萄酒、白葡萄酒、非起泡
静止酒、低泡酒和起泡酒等多种品种美
酒，随着每一季年份酒的推出，出品的
平均水准持续大步跳跃提升。我们期待
菲姆贝蒂家族酒庄随着时间的推移日臻
完美，我们也知道他们必然能够达到这
样的目标。在今年的品鉴中，干型葡萄
酒（Brut）已经摆脱了过往年份酒中的沉
重质感，越来越美味可口，气质优雅，
吐露着莓果的诱人果香，融入草本植物
的缕缕清香；而粉红起泡酒（Cruasé）
则凸显馥郁的果味，特色十足。与此
同时，2011年份的布达福克斯托瑞科
（Buttafuoco Storico）令人艳羡，浓郁的泥
土香气与甘草和烟草的芬芳亲密缭绕，
底蕴中更透露出缕缕咖啡的醇浓风味。
伯纳达（Bonarda）和犹大之血（Sangue d
Giuda）的年份酒都呈现出极佳的品质，
果香和果味都非常直接奔放，芳香四
溢；而2013年份的黑比诺（Pinot Nero）则
展现出卓越的酿造水平，酒质纯净，展
现出品种葡萄的特质。

|  |  |
|---|---|
| ● OP Bonarda Vivace La Briccona '15 | 🍷🍷 2 |
| ● OP Buttafuoco Storico V. Sacca del Prete '11 | 🍷🍷 4 |
| ○ OP Pinot Nero Brut Fiamberti | 🍷🍷 4 |
| ● OP Pinot Nero Nero '13 | 🍷🍷 2 |
| ● OP Sangue di Giuda Lella '15 | 🍷🍷 2 |
| ● OP Buttafuoco Cacciatore '12 | 🍷 3 |
| ⊙ OP Cruasé Fiamberti | 🍷 4 |
| ● OP Buttafuoco Storico V. Sacca del Prete '09 | ΥΥ 4 |
| ○ OP Riesling Italico V. Croce Monteveneroso '13 | ΥΥ 2 |
| ● OP Sangue di Giuda Lella '14 | ΥΥ 2 |
| ● OP Sangue di Giuda V. Costa Paradiso '13 | ΥΥ 2 |

## .e Fracce

RAZ. MAIRANO
A CASTEL DEL LUPO, 5
7045 CASTEGGIO [PV]
EL. +39 038382526
www.lefracce.com

藏酒销售
预约参观
年产量 180 000 瓶
葡萄种植面积 40 公顷

拉弗拉奇酒庄（Le Fracce）是整个奥特珀地区（Oltrepò）最精美的酒庄之一，坐落于马伊拉诺（Mairano）风景壮阔的山间，位于卡斯泰焦产区（Casteggio）所在海拔之上，这里的酿酒历史非常久远。这座美丽的酒庄长期以来一直隶属意大利布索莱拉—布兰卡基金会（Fondazione ussolera Branca）所有，不仅以其酿造的高品质美酒而声名卓著，更凭借美丽的意大利花园和热闹的古董老爷车展览吸引了如织游人。拉弗拉奇酒庄葡萄园呈现混合土质，部分地块含有白垩石灰岩，生长的酿造葡萄用以出产起泡酒和优雅的白葡萄酒——经酿酒师罗伯托·杰尔比诺（Roberto Gerbino）的巧手打造；还有部分地块呈现黏土质土壤，非常适合栽培本地红葡萄品种。不过，我们对于这样卓越的酒庄总是期待满满，期望它的出品中包含风格迥异的各色佳酿。拉弗拉奇酒庄今年推荐的美酒与近些年不同，尤其精美复杂。2010年份的博海米（Bohemi）果浆质感优秀，酒骨精美，但是香氛依然有些封闭浓郁，还需要更多的陈年时间。与此同时，2015年份的卢比奥萨伯纳达（Bonarda La Rubiosa）流露着精美的阵阵果香；雷司令年份酒（Riesling）和灰比诺年份酒（Pinot Grigio）则展现出品种葡萄的特质，非常易于饮用，但是令人遗憾地缺乏往年的深邃口感。

| | |
|---|---|
| ● OP Bonarda Vivace La Rubiosa '15 | 🍷🍷 3 |
| ● OP Rosso Bohemi '10 | 🍷🍷 6 |
| ● Garboso '14 | 🍷 3 |
| ○ OP Pinot Grigio Levriere '15 | 🍷 3 |
| ● OP Pinot Nero '12 | 🍷 5 |
| ○ OP Pinot Nero Extra Brut Martinotti Cuvée Bussolera '13 | 🍷 3 |
| ○ OP Riesling Landò '15 | 🍷 3 |
| ● OP Bonarda Vivace La Rubiosa '14 | ΥΥ 3 |
| ● OP Bonarda Vivace La Rubiosa '13 | ΥΥ 3 |
| ○ OP Riesling Landò '14 | ΥΥ 3 |
| ○ OP Riesling Landò '13 | ΥΥ 3 |
| ● OP Rosso Bohemi '08 | ΥΥ 6 |

## Frecciarossa

VIA VIGORELLI, 141
27045 CASTEGGIO [PV]
TEL. +39 0383804465
www.frecciarossa.com

藏酒销售
预约参观
年产量 120 000 瓶
葡萄种植面积 34 公顷

这座风景秀美的红箭酒庄（Frecciarossa）是奥特珀地区（Oltrepò）最可爱的葡萄酒酿造商之一，19世纪的奥德罗堡（Villa Odero）俯瞰着酒庄及其葡萄园，每一年酒庄都沿着通往卓越巅峰的艰辛道路迈出坚定的步伐。红箭酒庄的历史悠久，是意大利首批向美国出口葡萄酒的酒庄之一；酒庄的今天更是充满无限的希望，玛格丽塔·奥德罗（Margherita Odero）的女儿瓦莱丽亚·兰蒂奇（Valeria Radici）在酒庄管理中发挥着日益重要的作用，带领着由葡萄栽培师（Pierluigi Donna）、酿酒师吉安卢卡·斯卡里奥内（Gianluca Scaglione）和销售经理（同时也是酿酒师）克里斯蒂亚诺·加雷拉（Cristiano Garella）组成的卓越酿造团队追求卓越，力图完善酒庄的整个酒品系列。在今年的品鉴中，2013年份的乔吉奥奥得罗黑比诺（Pinot Nero Giorgio Odero）距离摘得"三杯奖"大奖的最高荣誉只差毫厘，或许只是展现出些许的不成熟。然而，它的酒体和优雅气质无疑意味着光明的未来。新的2014年份的卡利奥黑比诺（Pinot Nero Carillo）的确是一个令人愉悦的惊喜，展现出活跃和动力，散发着花蕾的芬芳，融入莓果的果香。与此同时，2014年份的格里奥提雷司令（Riesling Gli Orti）口感锐利，散发着芳香植物的阵阵清香。

| | |
|---|---|
| ● OP Pinot Nero Carillo '14 | 🍷🍷 3* |
| ● OP Pinot Nero Giorgio Odero '13 | 🍷🍷 5 |
| ○ Frecciarossa Brut M. Cl. '10 | 🍷🍷 6 |
| ○ I Moschettieri Brut M. Cl. '12 | 🍷🍷 6 |
| ○ OP Riesling Gli Orti '14 | 🍷🍷 2* |
| ○ OP Bianco Margherita '15 | 🍷 4 |
| ○ OP Pinot Nero in bianco Sillery '15 | 🍷 2 |
| ● OP Pinot Nero Giorgio Odero '12 | ΥΥΥ 5 |
| ● OP Pinot Nero Giorgio Odero '11 | ΥΥΥ 5 |
| ● OP Pinot Nero Giorgio Odero '10 | ΥΥΥ 5 |
| ● OP Pinot Nero Giorgio Odero '08 | ΥΥΥ 5 |
| ● OP Pinot Nero Giorgio Odero '07 | ΥΥΥ 5 |
| ● OP Pinot Nero Giorgio Odero '05 | ΥΥΥ 5 |
| ● OP Pinot Nero Giorgio Odero '09 | ΥΥ 5 |
| ○ OP Riesling Gli Orti '13 | ΥΥ 2* |
| ○ OP Riesling Renano Gli Orti '12 | ΥΥ 2* |

## Enrico Gatti

via Metelli, 9
25030 Erbusco [BS]
Tel. +39 0307267999
www.enricogatti.it

藏酒销售
预约参观
年产量 120 000 瓶
葡萄种植面积 17 公顷

四十多年前，恩里克·嘉提（EnricoGatti）创建了这座美丽的酒庄。今天，他的孩子们洛伦佐·嘉提（Lorenzo Gatti）、帕乌拉·嘉提（Paola Gatti）以及女婿恩佐·巴萨里尼（Enzo Balzarini）管理着酒庄。全家人齐心协力，紧密合作，将恩里克嘉提酒庄推上品质的巅峰。这座真正的精品酒庄只从自有的17公顷埃尔布斯科（Erbusco）葡萄园中撷取酿造葡萄，这令所有珍酿都显露出特别紧致的结构，口感饱满，果味丰盈，尤其伴随着卓著的酸度酒骨。嘉提酒庄今年推荐了三款品鉴美酒，我们再次对其中的天然葡萄酒（Nature）青睐有加，这款佳酿凭借高超的酿造水平跻身争夺“三杯奖”大奖的决赛。我们一致认为，这是一款最能代表嘉提酒庄的珍酿（Cuvée），它吐露着馥郁的果香，美妙清凛的口感来自卓越的酸度，这令原本饱满的口感呈现出不可思议的清凛气质，展现出诱人的可饮性。除此之外，2012年份的微型起泡酒（Satèn）口感强劲，融入矿物质质感；而干型葡萄酒（Brut）展现出令人愉悦的可饮性。

| | |
|---|---|
| ○ Franciacorta Nature | 5 |
| ○ Franciacorta Brut | 4 |
| ○ Franciacorta Satèn '12 | 5 |
| ○ Franciacorta Brut '05 | 6 |
| ○ Franciacorta Nature '07 | 5 |
| ○ Franciacorta Satèn '05 | 5 |
| ○ Franciacorta Satèn '03 | 5 |
| ○ Franciacorta Satèn '02 | 4 |
| ○ Franciacorta Satèn '01 | 4 |
| ○ Franciacorta Satèn '00 | 5 |
| ○ Franciacorta Brut Millesimo '09 | 6 |
| ○ Franciacorta Satèn '11 | 5 |
| ○ Franciacorta Satèn '09 | 5 |

## I Gessi

fraz. Fossa, 8
27050 Oliva Gessi [PV]
Tel. +39 0383896606
www.cantineigessi.it

藏酒销售
预约参观
膳宿接待
年产量 160 000 瓶
葡萄种植面积 41 公顷

法比奥·德菲里皮（Fabbio Defilippi）迷人的小酒庄坐落在奥特珀（Oltrepò），盖西酒庄（I Gessi）采用有机方式栽培，与毗邻的待客农场连在一起，拥有占地面积达到41公顷的傲人葡萄园，主要呈现石灰质白土土壤，正如盖西酒庄（I Gessi）名字反映的那样。法比奥的兄弟、卓越的酿酒专家埃米利奥·德菲里皮（Emili Defilippi）经营着家族酒庄，他在卡斯泰焦酒庄（Cantina di Casteggio）工作期间显然在酿造优秀的起泡酒方面积攒了大量经验。在今年的品鉴中，我们被201年份的玛利亚克里斯蒂娜零添加起泡酒（Maria Cristina Pas Dosé）的优雅和鲜美所打动，这款口感饱满丰盈的传统酿造法起泡酒拥有如同奶油般绵密细腻的酒质，极富个性，吐露着烘焙面包般的酵香，融入芳香植物的缕缕清香，底蕴中更有一抹树脂般的气息萦绕其间。除此之外，桃红葡萄酒（Rosé）也展现出极佳的酿造工艺，融入草本植物的芳香，果味和谐；另一款玛利亚克里斯蒂娜干型葡萄酒（Maria Cristina Brut）也表现精彩，散发着黄色果肉水果的缕缕果香，收口略甜。2015年份的克莱塞塔灰比诺（Pino Grigio Crocetta）精致甘美，充分展现出品种葡萄的风味；伯纳达（Bonarda）则散发着深色莓果和阵阵芬芳，果味丰盈，持久在唇齿之间徘徊不散。

| | |
|---|---|
| ○ OP Pinot Nero Pas Dosé Maria Cristina '10 | 5 |
| ● OP Bonarda I Gessi '15 | 2 |
| ○ OP Pinot Grigio Crocetta '15 | 2 |
| ⊙ OP Pinot Nero Rosé Maria Cristina | 3 |
| ● OP Barbera I Gessi '14 | 2 |
| ○ OP Pinot Nero Brut M. Cl. Maria Cristina | 3 |
| ○ OP Riesling I Gessi '15 | 1 |
| ● OP Barbera '13 | 2 |
| ○ OP Pinot Nero Brut M. Cl. Maria Cristina '10 | 3 |
| ○ OP Riesling '13 | 1 |
| ○ OP Riesling '12 | 1 |
| ○ OP Riesling I Gessi '11 | 1 |

## .lli Giorgi

RAZ. CAMPONOCE, 39A
7044 CANNETO PAVESE [PV]
EL. +39 0385262151
www.giorgi-wines.it

藏酒销售
预约参观
F产量 1 600 000 瓶
葡萄种植面积 30 公顷

虽然乔尔吉家族酒庄（Giorgi）是奥特珀也区（Oltrepò）规模最大的私人酒庄之一，但是这座家族酒庄主要将精力投入E装瓶美酒上。近年来，安东尼奥·乔K吉（Antonio Giorgi）的儿子法比亚诺·乔尔吉（Fabiano Giorgi）在姐姐埃莱奥诺立（Eleonora）和妻子伊利安娜（Ileana）勺协助下，在出产高品质美酒方面日臻戈熟，这在我们的品鉴中也得到了淋漓尽致的反映。传统酿造法起泡酒（Metodo lassico）的进步尤为神速，几年前的年产量不过几千瓶，上一季竟然达到了10万多瓶。在今年的品鉴中，1870系列再次从诸多推荐酒品中脱颖而出，2012年份酒表现出卓越的品质，浓郁芬芳，犹如奶油般绵密细腻，口感雅致一如从前，使其连续第八个年头将“三杯奖”收归囊中。不过除此之外，我们还注意到了其他美酒取得的重大进步，例如013年份的詹弗兰科乔尔吉（Gianfranco iorgi），精美的气泡活跃升腾，散发着草本植物的缕缕芬芳，收口余韵完美悠长；还有口感清爽、酒质和谐的“融合”（Fusion），是一款凸显个性的佳酿。2012年份的布达福克斯托瑞科（Buttafuoco Storico）极为深邃馥郁，美味在唇齿间持久不衰；而2015年份的班迪石雷司令（Riesling Il Bandito）则口感饱满且鲜美，给人留下极为深刻的印象。

| | |
|---|---|
| OP Pinot Nero Brut 1870 '12 | ▼▼▼ (red) 5 |
| Brut Fusion | ▼▼ 4 |
| OP Bonarda Gallina '15 | ▼▼ 2* |
| OP Bonarda Vivace La Brughera '15 | ▼▼ 2* |
| OP Buttafuoco Storico V. Casa del Corno '12 | ▼▼ 3 |
| OP Pinot Nero Brut Gianfranco Giorgi '13 | ▼▼ 5 |
| OP Pinot Nero Brut Rosé 1870 '13 | ▼▼ 5 |
| OP Pinot Nero Monteroso '14 | ▼▼ 3 |
| OP Riesling Il Bandito '15 | ▼▼ 4 |
| Brut Top Zero | ▼ 4 |
| OP Pinot Nero Brut 1870 '11 | ▽▽▽ 5 |
| OP Pinot Nero Brut 1870 '10 | ▽▽▽ 5 |
| OP Pinot Nero Brut 1870 '09 | ▽▽▽ 5 |

## Isimbarda

FRAZ. CASTELLO
CASCINA ISIMBARDA
27046 SANTA GIULETTA [PV]
TEL. +39 0383899256
www.isimbarda.com

藏酒销售
预约参观
年产量 130 000 瓶
葡萄种植面积 40 公顷

精美的埃西姆巴蒂酒庄（Isimbardi）是奥特珀产区（Oltrepò）最奇妙的酒庄之一，坐落在圣塔吉利耶塔（Santa Giulietta）内陆地区，面对皮埃塔德乔奥吉（Pietra de' Giorgi）。17世纪，这里是埃西姆巴蒂侯爵（Marchesi Isimbardi）的封地，一百年后的18世纪就已经开始出产美酒。今天的酒庄主人路易吉·梅洛尼（Luigi Meroni）在来自威尼托（Veneto）的酿酒师达尼埃莱·赞杰尔米（Daniele Zangelmi）的协助下，照料占地面积达到40公顷的葡萄园已经三十五年，有些地块拥有黏土质土壤，但是大部分地块还是以石灰质和泥灰质土壤为主，非常适合各种白葡萄品种和黑比诺（Pinot Nero）的生长，能够充分反映本地风土条件，尤其是雷纳诺雷司令（Riesling Renano）以及更多新近推出的起泡酒。在今年的品鉴中，2015年份的玛蒂娜葡萄园雷司令（Riesling Vigna Martina）依然非常年轻，还在努力表达最佳品质，以达到以往年份酒中的优雅气质，它吐露着小雏菊年轻的芬芳，融入草本植物的清香，展现出未来极佳的发展潜力。除此之外，2015年份的莫尔园伯纳达（Bonarda Vigna delle More）果香丰盈，酒香四溢，果味饱满；而悦人的起泡酒则更多注重诱人的可饮性和复杂的口感。

| | |
|---|---|
| ● OP Bonarda Vivace V. delle More '15 | ▼▼ 2* |
| ○ OP Riesling V. Martina '15 | ▼▼ 3 |
| ○ Brut Martinotti Riserva degli Isimbardi | ▼ 3 |
| ⊙ OP Cruasé | ▼ 4 |
| ○ OP Pinot Nero Brut Blanc de Noir | ▼ 4 |
| ● OP Bonarda Vivace V. delle More '13 | ▽▽ 2* |
| ● OP Pinot Nero V. del Cardinale '11 | ▽▽ 4 |
| ○ OP Riesling Renano V. Martina '14 | ▽▽ 2* |
| ○ OP Riesling Renano V. Martina '13 | ▽▽ 2* |
| ○ OP Riesling Renano V. Martina '12 | ▽▽ 2* |
| ● OP Rosso Monplò '13 | ▽▽ 3 |
| ● OP Rosso Monplò '10 | ▽▽ 3 |

## Lantieri de Paratico

LOC. COLZANO
VIA VIDETTI
25031 CAPRIOLO [BS]
TEL. +39 030736151
www.lantierideparatico.it

藏酒销售
预约参观
膳宿接待
年产量 140 000 瓶
葡萄种植面积 18 公顷
葡萄栽培方式 有机认证

据文献记载，帕拉蒂戈的兰提利家族（Lantieri de Paratico）历史久远，最初出现在弗兰奇亚考达地区（Franciacorta）的时间可以追溯到遥远的930年。1500年，他们在卡普里奥罗（Capriolo）定居，他们酿造的美酒早已名扬四方，是意大利以及其他欧洲宫廷追逐的对象。今天，法比奥·兰提利（Fabio Lantieri）依然保持鲜活的传统，并且在古老的家族庄园建设了一座设备完善的现代化酒窖，从庄园占地面积达到18公顷的美丽的有机葡萄园撷取酿造葡萄，打造出优质的珍酿。在帕拉蒂戈兰提利酒庄（Lantieri de Paratico）今年推荐的品鉴酒品中，我们最喜爱2012年份的阿卡蒂亚弗兰奇亚考达干型葡萄酒（Franciacorta Brut Arcadia），这款美酒凭借卓越的品质闯进了最后的决赛，角逐"三杯奖"大奖。这是一款以70%的霞多丽（Chardonnay）和30%的黑比诺（Pinot Nero）混酿而成的珍酿，酿造葡萄来自酒庄最优质的葡萄园地块，在除渣之前与酒泥共同陈年长达42个月之久。它的香氛优雅浓郁，果味口感柔美怡人，精美的酸度酒骨支撑着整款酒，结构紧致，是一款不可多得的美酒。除此之外，风味清爽且口感锐利的无年份极干型葡萄酒（Extra Brut）是同品类酒品中最为精美的一款；与此同时微型起泡酒（Satèn）的表现也非常精彩。

| | | |
|---|---|---|
| ○ Franciacorta Brut Arcadia '12 | 🍷🍷 | 5 |
| ○ Franciacorta Brut | 🍷🍷 | 4 |
| ○ Franciacorta Extra Brut | 🍷🍷 | 4 |
| ○ Franciacorta Extra Brut Origines Ris. '10 | 🍷🍷 | 7 |
| ○ Franciacorta Satèn | 🍷🍷 | 5 |
| ⊙ Franciacorta Brut Rosé | 🍷 | 5 |
| ○ Curtefranca Bianco '12 | YY | 2* |
| ○ Franciacorta Brut Arcadia '11 | YY | 5 |
| ○ Franciacorta Brut Arcadia '10 | YY | 5 |
| ○ Franciacorta Brut Arcadia '09 | YY | 5 |
| ○ Franciacorta Extra Brut Origines Ris. '09 | YY | 7 |
| ○ Franciacorta Extra Brut Origines Ris. '08 | YY | 7 |

## ★Mamete Prevostini

VIA DON PRIMO LUCCHINETTI, 63
23020 MESE [SO]
TEL. +39 034341522
www.mameteprevostini.com

藏酒销售
预约参观
餐饮接待
年产量 180 000 瓶
葡萄种植面积 20 公顷
可持续发展酒庄

马梅特·普莱沃斯蒂尼（Mamet
Prevostini）一直是伦巴第区葡萄酒世界
核心人物。他担任瓦尔泰利纳地区葡
酒生产商联盟（Consorzio Vini di Valtellina
的主席，致力于向海外推广本产区的
酿。虽然职务在身，但是马梅特并没
忽略自己酒庄的业务，他的酒庄出品
质卓越的系列美酒，长期居于瓦尔泰
纳地区（Valtellina）酒庄排名的前列。
于瓦尔齐亚维纳（Valchiavenna）的新
窖是实践环境可持续发展策略的典范，
出产口感复杂、酒质跃动、果味饱满
美酒。在普莱沃斯蒂尼酒庄今年推
的酒品中，色富莎（Sforzato）堪称伟
的美酒，2013年份的阿尔巴莱达色富
（Albareda）自信而优雅，充分显示出
大美酒的特质，散发着复杂而悠然的
氛，融入烟草的缕缕醇香，和着清爽
果香，入口感到不可思议的饱满果味，
收口余韵绵长，美味四溢，酒质平衡。
与此同时，圣洛伦佐园萨塞拉（Sassel
San Lorenzo）风味复杂，却并不过分，
吐露着缕缕细腻的巧克力醇香，融入
酱的甜美气息，底蕴中透露出丝丝烟
的醇香，更有一抹红莓果的果香萦绕
间，口感依然鲜美，收口余韵颇为
长，极富个性，美味持久在唇齿之间
徊不散。

| | |
|---|---|
| ● Valtellina Sforzato Albareda '13 | 🍷🍷🍷 |
| ● Valtellina Sforzato Corte di Cama '13 | 🍷🍷 |
| ● Valtellina Sup. Sassella San Lorenzo '13 | 🍷🍷 |
| ● Valtellina Sup. Ris. '12 | 🍷🍷 |
| ● Valtellina Sup. Sassella '14 | 🍷🍷 |
| ● Valtellina Sup. Sassella Sommarovina '14 | 🍷🍷 |
| ● Valtellina Sforzato Albareda '09 | YYY |
| ● Valtellina Sforzato Albareda '08 | YYY |
| ● Valtellina Sforzato Albareda '06 | YYY |
| ● Valtellina Sforzato Albareda '05 | YYY |
| ● Valtellina Sup. Ris. '09 | YYY |
| ● Valtellina Sup. Sassella San Lorenzo '10 | YYY |
| ● Valtellina Sup. Sassella Sommarovina '13 | YYY |

## Le Marchesine

via Vallosa, 31
25050 Passirano [BS]
Tel. +39 030657005
www.lemarchesine.it

藏酒销售
预约参观
年产量 450 000 瓶
葡萄种植面积 47 公顷

虽然乔瓦尼·比安塔斯（Giovanni Biatta）直至20世纪80年代中期才建立了马奇斯尼酒庄（Le Marchesine），如今却已经是产区最负声望的名庄之一，乔瓦尼的儿子洛里斯（Loris）与孙女爱丽丝·比安塔斯（Alice Biatta）和孙子安德里亚·比安塔斯（Andrea Biatta）满怀激情地追求着高品质的葡萄酒，为酒庄打造独一无二的经典风格。马奇斯尼酒庄令人骄傲的葡萄园占地面积达到47公顷，酒庄的年产量大约为五十万瓶。国际著名的传统酿造法葡萄酒（Metodo Classico）大师、经验丰富的法国酿酒师让—皮埃尔·瓦拉德（Jean-Pierre Valade）担任马奇斯尼酒庄的顾问。在今年的品鉴中，2012年份的弗兰奇亚考达微型起泡酒（Franciacorta Satèn）令我们印象深刻，代表酒庄闯入了角逐“三杯奖”的最后决赛。这款佳酿的酿造原料取自帕代尔诺地区（Paderno）的单一葡萄园，首先在小型橡木桶中发酵陈年，然后再转入瓶中继续发酵陈年三年。它摇曳着稻黄色的明亮光泽，苹果和梨子般浓郁的果香与漂亮的光晕相得益彰，更有一抹香草的醇香萦绕其间，底蕴中透露出丝丝草本植物的芬芳，口感紧致华美，果味丰盈，缠绵的余韵悠长美味，令人久久难忘。

| | | |
|---|---|---|
| ○ Franciacorta Satèn '12 | ▼▼ (red) | 5 |
| ○ Franciacorta Brut | ▼▼ | 4 |
| ○ Franciacorta Brut Blanc de Noir '12 | ▼▼ | 6 |
| ⊙ Franciacorta Brut Rosé '11 | ▼▼ | 5 |
| ○ Franciacorta Brut Secolo Novo '09 | ▼▼ | 7 |
| ○ Franciacorta Extra Brut | ▼ | 5 |
| ○ Franciacorta Brut '04 | ▽▽▽ | 5 |
| ○ Franciacorta Brut Blanc de Noir '09 | ▽▽▽ | 5 |
| ○ Franciacorta Brut Secolo Novo '05 | ▽▽▽ | 7 |
| ○ Franciacorta Brut Blanc de Noir '11 | ▽▽ | 6 |
| ○ Franciacorta Brut Blanc de Noir '10 | ▽▽ | 5 |
| ○ Franciacorta Brut Nature Secolo Novo Giovanni Biatta '07 | ▽▽ | 5 |
| ○ Franciacorta Dosage Zero Secolo Novo Ris. '07 | ▽▽ | 7 |

## Tenuta Mazzolino

via Mazzolino, 34
27050 Corvino San Quirico [PV]
Tel. +39 0383876122
www.tenuta-mazzolino.com

藏酒销售
预约参观
年产量 130 000 瓶
葡萄种植面积 22 公顷

马佐利诺（Mazzolino）是一座19世纪的小村庄，1980年被布拉吉奥蒂家族（Braggiotti）收入囊中。美丽的马佐利诺酒庄是每一位来到奥特珀帕维泽（Oltrepò Pavese）的美酒追寻者都想造访的最佳观光地之一。正是贾科莫·博洛尼亚（Giacomo Bologna）劝说恩里克·布拉吉奥蒂（Enrico Braggiotti）在处理黑比诺葡萄（Pinot nero）时带皮发酵——当时博洛尼亚与吉安卢卡·斯卡里奥内（Gianluca Scaglione）并称皮埃蒙特（Piedmontese）葡萄酒世界的两位传奇人物。接下来声名卓著的法国酿酒顾问基里亚科斯·肯尼古珀洛斯（Kyriakos Kinigopoulos）来到了这里，黑比诺和霞多丽（Chardonnay）被确认为酒庄的主要酿造品种。几年前，马佐利诺酒庄还增加了起泡酒生产。在今年的品鉴中，屡次获奖的黑色系列美酒（Noir）遗憾地与“三杯奖”大奖失之毫厘，2013年份酒口感和谐，吐露着优雅的果香，融入香料的辛香，与其他同类酒品一样，都需要更多时间发展演化到巅峰口感。与此同时，2014年份的白葡萄酒（Blanco）是一款在小型橡木桶中陈年的霞多丽（Chardonnay），卓越的品质一如往年，吐露着蜜糖的甜美芬芳，融入热带水果的缕缕果香，底蕴中更有一抹香草的芬芳；而2015年份的马佐利诺（Mazzolino）是一款静止非起泡伯纳达（Bonarda），散发着活跃精美的红色莓果的芬芳。以霞多丽酿造而成的传统酿造法白中白（Metodo Classico Blanc de Blancs）气质优雅，颇具意趣，展现出略咸滋味，并融入矿物质的醇浓美味，药草的缕缕醇香蕴含在诱人的口感中。

| | | |
|---|---|---|
| ● OP Pinot Nero Noir '13 | ▼▼ (red) | 5 |
| ○ Brut Mazzolino Blanc de Blancs | ▼▼ | 4 |
| ● OP Bonarda Mazzolino '15 | ▼▼ | 2* |
| ○ OP Chardonnay Blanc '14 | ▼▼ | 3 |
| ○ Moscato '15 | ▼ | 2 |
| ⊙ OP Cruasé Mazzolino | ▼ | 4 |
| ● Val di Prà '15 | ▼ | 3 |
| ● OP Pinot Nero Noir '12 | ▽▽▽ | 5 |
| ● OP Pinot Nero Noir '10 | ▽▽▽ | 5 |
| ● OP Pinot Nero Noir '09 | ▽▽▽ | 5 |
| ● OP Pinot Nero Noir '08 | ▽▽▽ | 5 |
| ● OP Pinot Nero Noir '07 | ▽▽▽ | 5 |
| ● OP Pinot Nero Noir '06 | ▽▽▽ | 5 |
| ○ OP Chardonnay Blanc '13 | ▽▽ | 3 |
| ● OP Pinot Nero Noir '11 | ▽▽ | 5 |

## ★Monsupello

via San Lazzaro, 5
27050 Torricella Verzate [PV]
Tel. +39 0383896043
www.monsupello.it

藏酒销售
预约参观
年产量 260 000 瓶
葡萄种植面积 50 公顷

蒙修佩罗酒庄（Monsupello）的主人皮尔安吉罗・波提（Pierangelo Boatti）和劳拉・波提（Laura Boatti）继承了刚刚去世的父亲卡洛・波提（Carlo Boatti）的志向——卡洛是最早坚信奥特珀产区（Oltrepò）能够出产高品质美酒的先驱之一——酒庄毫无争议地保持着产区典范酒庄的地位。在酿酒师马可・博泰莱吉尼（Marco Bertelegni）的主持下，蒙修佩罗酒庄酒窖擅长出品起泡酒，多年来获奖无数。不过，这座家族经营的酒庄在出产完美无瑕的非起泡静止酒和低泡红葡萄酒和白葡萄酒方面，也同样展现出不俗的实力。今年，如果不将最高奖授予蒙修佩罗酒庄推荐的至少一款起泡酒，简直是不可能的事情，因为即便是无年份的干型葡萄酒（Brut）在品鉴中都得到了极高的评分。在今年的品鉴中，最高荣誉归于2011年份酒，这款美酒展现出非凡细腻的质地和主题，随之而来的是非常复杂的香氛以及浓郁集中、似乎没有尽头的收口余韵。曾经多次获奖的天然葡萄酒（Nature）表现依然一如既往的精彩，展现出活跃饱满的活力，令人心生欢愉。相比较而言，卡戴尔塔瓦珍酿（Cuvée Ca' del Tava）的酒体略轻，但是显露出同样卓越的优雅品质和精致酒骨。

| | |
|---|---|
| ○ Brut '11 | 🍷🍷🍷 5 |
| ○ Brut Nature | 🍷🍷 4 |
| ● Barbera I Gelsi '13 | YY 3 |
| ○ Brut | YY 5 |
| ○ Brut Cuvée Ca' del Tava | YY 6 |
| ⊙ Brut Rosé | YY 4 |
| ● Cabernet Sauvignon Aplomb '09 | YY 5 |
| ○ Chardonnay '15 | YY 2* |
| ● OP Bonarda Vivace Vaiolet '15 | Y 2 |
| ○ Brut '08 | 𝕐𝕐𝕐 5 |
| ○ OP Brut Classese '06 | 𝕐𝕐𝕐 5 |
| ○ OP Brut Classese '04 | 𝕐𝕐𝕐 5 |
| ○ Brut '11 | 𝕐𝕐 5 |

## Francesco Montagna

via Cairoli, 67
27043 Broni [PV]
Tel. +39 038551028
www.cantinemontagna.it

藏酒销售
预约参观
餐饮接待
年产量 800 000 瓶
葡萄种植面积 18 公顷

古老的弗朗西斯科蒙塔格纳酒庄（Francesco Montagna）初创于1895年，博蒂家族（Bertè）和科迪尼家族（Cordini）拥有它已经长达四十多年的时间，依然保留着原来的名字。如同本地区许多其他酒庄一样，弗朗西斯科蒙塔格纳酒庄随着时间的推移不断发展完善，卓越的纳塔莱・博蒂（Natale Bertè）将其从一座大型的商业酿酒厂发展成一座能够出产品质高端、价格合理美酒的卓越酒庄。纳塔莱的儿子、酿酒师马迪奥・博蒂（Matteo Bertè）的加入为酒庄注入了新鲜血液，他致力于酿造出完美的传统酿造法起泡酒（Metodo Classico Sparklers），展现出越来越浓重且颇有意趣的果味。在今年的品鉴中，我们尤其喜爱2012年份的传统陈酿（Cuvée Tradizione），它吐露着柑橘的可爱果香，口感如同奶油般绵密细腻，结构紧致，收口余韵极其绵长悠然，美味持久在口中流连不散。还有非常有嚼劲儿的粉红起泡酒（Cruasé），散发着莓果浓郁的果香，融入橘皮的阵阵醇香，口感紧致；相比较而言卡萨珍酿（Cuvée della Casa）则没有那么热情洋溢，红色水果的缕缕果香占据了香氛的大部分气息，品质依然卓越。与此同时，2015年份的伯纳达（Bonarda）芬芳扑鼻，口感多汁；2013年份的布达福科（Buttafuoco）则很有嚼劲儿，散发着黑莓和李子的馥郁果香，底蕴中透露出缕缕草本植物的清香风味。

| | |
|---|---|
| ● OP Bonarda Sabion '15 | YY 2 |
| ● OP Buttafuoco Bertè & Cordini '13 | YY 2 |
| ⊙ OP Cruasé Bertè & Cordini | YY 5 |
| ○ OP Pinot Nero Brut Cuvée Tradizione '12 | YY 4 |
| ○ OP Pinot Nero Brut M. Cl. Cuvée della Casa | YY 5 |
| ○ OP Pinot Nero Brut M. Cl. Cuvée Nero d'Oro | Y 4 |
| ● OP Rosso Valmaga '12 | Y 2 |
| ● OP Sangue di Giuda Bertè & Cordini '15 | Y 2 |
| ⊙ OP Cruasé Bertè & Cordini | 𝕐𝕐 5 |
| ○ OP Pinot Nero Brut Cuvée Tradizione '10 | 𝕐𝕐 4 |
| ● OP Sangue di Giuda Bertè & Cordini '14 | 𝕐𝕐 2 |

## ★Monte Rossa

FRAZ. BORNATO
VIA MONTE ROSSA, 1
25040 CAZZAGO SAN MARTINO [BS]
TEL. +39 030725066
www.monterossa.com

藏酒销售
预约参观
年产量 500 000 瓶
葡萄种植面积 70 公顷

罗萨山酒庄（Monte Rosa）是弗兰奇亚考达地区（Franciacorta）历史最为悠久、最有代表性的酒庄之一，由保罗·拉波提（Paolo Rabotti）及妻子宝拉（Paola）于1972年创立，很快获取了偶像级酒庄的地位，它的名望绝对是实至名归。今天，在奥斯卡·法里内蒂（Oscar Farinetti）的协助下，艾曼纽·拉波提（Emanuele Rabotti）以万丈热情经营着这座家庭酒庄，经过辛勤繁重的劳作以及不断创新，每年酒庄的美酒年产量能够达到50万瓶，酿造葡萄则来自酒庄占地面积达到70公顷、朝向各异的葡萄园。在今年的品鉴中，罗萨山酒庄最具威望的名酒圆宝石干型葡萄酒2011年份酒（Cabochon）没有让我们失望。它凭借卓越的品质闯入了角逐“三杯奖”大奖的最终决赛。这是一款70%的霞多丽（Chardonnay）加上30%的黑比诺（Pinot Nero）混酿而成的美酒，在小型橡木桶中发酵陈年，然后在瓶中继续陈年长达四年的时间，可谓经历了时间的考验。它摇曳着迷人的金色光晕，稻黄色的色泽亮丽耀眼，持久升腾的精美气泡活跃怡人，散发着阵阵成熟的果香，融入草本植物的缕缕清香，更有一抹小雏菊的风味萦绕其间，橡木的优雅香气和烘焙的丝丝醇香亲密缭绕。入口感到深邃而多汁的口感，风味非常复杂。除此之外，桑赛弗微型起泡酒（Satèn Sansevé）和弗拉明戈桃红葡萄酒（Rosé Flamingo）也都表现出极佳的品质。

| | |
|---|---|
| ○ Franciacorta Brut Cabochon '11 | 🍷🍷 7 |
| ⊙ Franciacorta Brut Rosé Flamingo | 🍷🍷 6 |
| ○ Franciacorta Non Dosato Coupé | 🍷🍷 5 |
| ○ Franciacorta Satèn Sansevé | 🍷🍷 5 |
| ○ Franciacorta Brut Prima Cuvée | 🍷 4 |
| ○ Franciacorta Brut Cabochon '05 | 🍷🍷🍷 6 |
| ○ Franciacorta Brut Cabochon '04 | 🍷🍷🍷 6 |
| ○ Franciacorta Brut Cabochon '03 | 🍷🍷🍷 6 |
| ○ Franciacorta Brut Cabochon '01 | 🍷🍷🍷 6 |
| ○ Franciacorta Brut Cabochon '09 | 🍷🍷 7 |
| ○ Franciacorta Brut Cabochon '08 | 🍷🍷 7 |
| ○ Franciacorta Extra Brut Salvadek '09 | 🍷🍷 6 |
| ○ Franciacorta Extra Brut Salvadek '07 | 🍷🍷 6 |

## Tenuta Montenisa

FRAZ. CALINO
VIA PAOLO VI, 62
25046 CAZZAGO SAN MARTINO [BS]
TEL. +39 0307750838
www.montenisa.it

预约参观
年产量 300 000 瓶
葡萄种植面积 60 公顷

1999年，佛罗伦萨（Florentine）的安蒂诺里家族（Antinori）与马吉家族（Maggi）签订协议，合作管理他们美丽的高利诺庄园（Calino）。蒙特妮莎酒庄（Tenuta Montenisa）由阿碧拉·安蒂诺里（Albiera Antinori）、阿莱希亚·安蒂诺里（Alessia Antinori）和阿莱格拉·安蒂诺里（Allegra Antinori）姐妹三人监督管理，她们重新修整了庄园古老的建筑及其占地面积达到60公顷的葡萄园，如今设施完善的现代化酒窖就坐落在庄园中。在这片气势恢宏的建筑群中，最抢眼的要数马吉伯爵宫殿（Palazzo of the Conti Maggi），这座精美的16世纪古老宫殿位于两座巨大的廊柱庭院之间。在今年的品鉴中，这座伦巴第产区（Lombard）的卓越酒庄再次以别具一格的成熟风味证明了自己内在热忱的托斯卡纳（Tuscan）之魂。我们非常喜爱2007年份的麦琪伯爵夫人陈酿（Riserva Contessa Maggi），它复杂而优雅，活力四射，酒质活跃，凭借超高的品质闯入了争夺“三杯奖”大奖的决赛。除此之外，蒙特妮莎酒庄推荐的其他系列美酒也呈现不俗的表现，尤其是多汁精美的白中白起泡酒（Brut Blanc de Blancs）以及如花芬芳、果味丰盈的2011年份的多纳科拉微型起泡酒（Satèn Donna Cora），呈现出清澈俊美的风格，美味持久在唇齿间游荡，令人心旷神怡，是一款颇有趣味的佳酿。

| | |
|---|---|
| ○ Franciacorta Brut Contessa Maggi Ris. '07 | 🍷🍷 7 |
| ○ Franciacorta Brut Blanc de Blancs | 🍷🍷 5 |
| ○ Franciacorta Brut Satèn Donna Cora '11 | 🍷🍷 6 |
| ○ Franciacorta Brut Conte Aimo '09 | 🍷 8 |
| ○ Franciacorta Brut Cuvée Royale | 🍷 5 |
| ⊙ Franciacorta Brut Rosé | 🍷 5 |
| ○ Franciacorta Brut Conte Aimo '07 | 🍷🍷 8 |
| ○ Franciacorta Brut Contessa Camilla Maggi '02 | 🍷🍷 7 |
| ○ Franciacorta Brut Contessa Maggi '06 | 🍷🍷 7 |
| ○ Franciacorta Satèn '09 | 🍷🍷 6 |
| ○ Franciacorta Satèn '06 | 🍷🍷 6 |
| ○ Franciacorta Satèn '04 | 🍷🍷 6 |
| ○ Franciacorta Satèn '04 | 🍷🍷 6 |
| ○ Franciacorta Satèn '03 | 🍷🍷 6 |

## Monterucco

VALLE CIMA, 38
27040 CIGOGNOLA [PV]
TEL. +39 038585151
www.monterucco.it

藏酒销售
预约参观
年产量 100 000 瓶
葡萄种植面积 20 公顷

这是路易吉·瓦伦蒂（Luigi Valenti）创建的蒙特鲁科酒庄（Monterucco）首次在我们的年鉴中获得全篇幅介绍的机会，如今酒庄的管理权已经传递到了路易吉的儿子们手中——西尔瓦诺（Silvano）负责葡萄园的栽培事务；罗伯托（Roberto）则打理酒窖的葡萄酒酿造。我们非常关注这家坐落于斯库罗帕索河谷（Valle Scuropasso）的小酒庄，随着时间的推移，它的出品品质显露出虽然缓慢但却持久提升和完善的势头，占地达到20公顷的葡萄园分散在奇戈诺拉（Cigognola）、卡斯塔纳（Castana）和坎内托帕韦塞（Canneto Pavese）等地。蒙特鲁科酒庄出产的传统奥特珀美酒（Oltrepò）在性价比方面几乎无可匹敌。通常来说，酒庄的明星产品是传统酿造法起泡酒（Metodo Classico），因此当我们得知用来酿造起泡酒的黑比诺（Pinot Nero）已经在家族葡萄园中生长了五十年的时候，一点儿也不感到惊讶。在今年的品鉴中，2011年份酒尤其浓郁，风味复杂而优雅，给我们留下了相当深刻的印象。它吐露着野生莓果浓郁的果香，酒体精良，收口余韵和谐完美。与此同时，布达夫科圣路易（Buttafuoco Sanluigi）也展现出同样优秀的质感，散发着黑莓和蓝莓般甜美的果香，融入芳香植物的缕缕香气，底蕴中更透露出一抹紫罗兰的幽香，单宁颗粒细腻，果味成熟诱人。除此之外，2015年份的伯纳达（Bonarda）尤其芬芳四溢，口感多汁，果味丰盈；与此同时同样优秀的还有2015年份的犹大之血（Sangue di Giuda），蕴含的甜度恰到好处。

| | |
|---|---|
| ○ Malvasia Valentina '15 | TT 2* |
| ● OP Bonarda V. Il Modello '15 | TT 2* |
| ● OP Buttafuoco Sanluigi '13 | TT 3 |
| ○ OP Pinot Nero Brut '11 | TT 3 |
| ● OP Sangue di Giuda '15 | TT 2* |
| ○ Malvasia Valentina '14 | YY 2* |
| ● OP Bonarda '13 | YY 2* |
| ● OP Buttafuoco Sanluigi '10 | YY 3 |
| ○ OP Pinot Nero Brut '09 | YY 3 |

## Monzio Compagnoni

VIA NIGOLINE, 98
25030 ADRO [BS]
TEL. +39 0307457803
www.monziocompagnoni.com

藏酒销售
预约参观
年产量 170 000 瓶
葡萄种植面积 17 公顷

1995年，来自瓦尔卡莱皮欧（Valcalepio）的马尔塞洛·莫奇奥·科帕格诺尼（Marcello Monzio Compagnoni）在弗兰奇亚考达（Franciacorta）创建了一座精美的酒庄，如今以装备现代化的酒窖和广袤秀美的葡萄园而著称。莫奇奥·科帕格诺尼酒庄出产水准极高的弗兰奇亚考达产地酒，科帕格诺尼不仅在安达隆（Adro）的酒窖中酿造陈酿（Cuvées），而且在位于贝加莫省（Bergamo）的斯卡佐罗夏特（Scanzorosciate）庄园也进行酿造工作。在今年的年鉴中，科帕格诺尼凭借酒品的出色表现带领酒庄再次回到全篇幅推介板块，他酿造的卓越的2012年份微型起泡酒（Satèn）更是闯入了争夺"三杯奖"大奖的决赛，这款美酒完美展现了酒庄出品的特色，吐露着悠然果香，融入香草的阵阵芬芳，口感华美圆润，甘甜美味，浸润着美妙的果味，收口余韵绵长且极富个性，带有清爽的柑橘滋味。除此之外，同年份的干型葡萄酒（Brut）酒质更加深邃，风味也更加复杂，吐露着馥郁的花香，口感丰盈精美。与此同时，2008年份的蒙蒂德科特男爵陈酿（Riserva Barone Monti della Corte）也表现非常出色，显露出极为质朴的风味，口感清凛。

| | |
|---|---|
| ○ Franciacorta Satèn '12 | TT 5 |
| ○ Franciacorta Brut '12 | TT 5 |
| ○ Franciacorta Pas Dosé Barone Monti della Corte Ris. '08 | TT 6 |
| ● Moscato di Scanzo Don Quijote '09 | TT 6 |
| ● Valcalepio Rosso di Luna '10 | TT 5 |
| ○ Curtefranca Ronco della Seta '15 | T 3 |
| ○ Franciacorta Extra Brut '04 | YYY 5 |
| ○ Franciacorta Extra Brut '03 | YYY 5 |
| ○ Franciacorta Brut '10 | YY 4 |
| ○ Franciacorta Brut '09 | YY 4 |
| ○ Franciacorta Extra Brut '09 | YY 5 |
| ○ Franciacorta Satèn '10 | YY 5 |
| ○ Franciacorta Satèn '09 | YY 5 |
| ● Moscato di Scanzo Don Quijote '08 | YY 5 |

## Il Mosnel

LOC. CAMIGNONE
VIA BARBOGLIO, 14
25040 PASSIRANO [BS]
TEL. +39 030653117
www.ilmosnel.com

藏酒销售
预约参观
餐饮接待
年产量 250 000 瓶
葡萄种植面积 40 公顷

艾玛努埃拉・巴伯格里奥（Emanuela Barboglio）于20世纪60年代将家庭酒庄扩展为大规模生产葡萄酒的重要酒庄，标志着莫斯奈尔酒庄（Mosnel）自此开始生产弗兰奇亚考达产区（Franciacorta）美酒。今天，艾玛努埃拉的孩子们露西亚・巴尔扎诺（Lucia Barzanò）和朱利奥・巴尔扎诺（Giulio Barzanò）充满信心地经营着这家酒庄，并且取得了傲人的成绩，两人完美重建了酒庄的总部——位于古老的16世纪小村庄卡米格侬尼迪帕西拉诺（Camignone di Passirano）之中，掩映在酒庄占地面积达到40公顷的单一地块葡萄园里，景色极为优美，给人留下深刻的印象。莫斯奈尔酒庄出产的系列酒品当然以弗兰奇亚考达产区起泡酒为主，但是同时也出产一些别具风味的非起泡静止酒。其中两款闯入了我们今年角逐"三杯奖"大奖的决赛：向酒庄创始人致敬的2011年份的EBB极干型葡萄酒（Extra Brut EBB）以及2012年份的微型起泡酒（Satèn）。2011年份的EBB极干型葡萄酒风味复杂，酒体和谐，初始散发着缕缕成熟的果香，很快让位给优雅的花香，底蕴中更透露出缕缕蛋糕的香浓芬芳和香草的风味；2012年份的微型起泡酒口感柔美，如同奶油般细腻绵密，果味丰盈，但同时也展现出令人艳羡的完美酸度，保证了整款酒口感的张力，塑造了极为精美的酒骨。

| | |
|---|---|
| ○ Franciacorta Extra Brut EBB '11 | 🍷🍷 5 |
| ○ Franciacorta Satèn '12 | 🍷🍷 5 |
| ○ Franciacorta Brut | 🍷🍷 4 |
| ⊙ Franciacorta Brut Rosé | 🍷🍷 5 |
| ○ Franciacorta Pas Dosé | 🍷🍷 4 |
| ⊙ Franciacorta Pas Dosé Parosé '10 | 🍷🍷 5 |
| ○ Franciacorta Extra Brut EBB '09 | 🍸🍸🍸 5 |
| ○ Franciacorta Pas Dosé QdE Ris. '04 | 🍸🍸🍸 6 |
| ○ Franciacorta Satèn '05 | 🍸🍸🍸 5 |
| ○ Curtefranca Bianco Campolarga '14 | 🍸🍸 2* |
| ○ Franciacorta Extra Brut EBB '10 | 🍸🍸 5 |
| ○ Franciacorta Satèn '11 | 🍸🍸 5 |
| ○ Franciacorta Satèn '10 | 🍸🍸 5 |

## ★★Nino Negri

VIA GHIBELLINI
23030 CHIURO [SO]
TEL. +39 0342485211
www.ninonegri.it

藏酒销售
预约参观
餐饮接待
年产量 800 000 瓶
葡萄种植面积 36 公顷
可持续发展酒庄

尼诺涅格里酒庄（Nino Negri）在整个瓦尔泰利纳产区（Valtellina）发展史中占据重要的地位，如今也得到了全意大利乃至全世界的极大关注。拥有占地面积达到36公顷的葡萄园。古老的尼诺涅格里酒庄创建于1897年，是意大利葡萄酒集团（Gruppo Italiano Vini）王冠上最闪耀的一颗宝石。酒庄的酿造设备极尽现代化，为了打造世界上独一无二的酒庄而进行各项研究和实验，不遗余力地照料着位于超级瓦尔泰利纳（Valtellina Superiore）次产区的葡萄园:包括萨塞拉（Sassella）、格鲁梅洛（Grumello）、因费雷欧（Inferno）和瓦尔哈拉（Valgella）——弗拉西亚葡萄园（Fracia）就坐落在这里。尼诺涅格里酒庄出品的美酒将本地风土特质与极佳的可饮口感完美结合，呈现一种宁静的现代风味。尼诺涅格里酒庄的旗舰美酒五星色富莎干红葡萄酒（Sfursat 5 Stelle）曾经凭借2001年份酒勇夺年度红葡萄酒大奖（Red Wine of the Year award）。在今年的品鉴中，这款旗舰佳酿的2013年份酒完美再现了堪比历史巅峰的完美品质，吐露着熏香的阵阵芬芳，融入烟草的缕缕醇香，更有罐装樱桃的甜美果香萦绕其间，口感诱人，颇为辛辣，蕴含缕缕生姜滋味，酒质华美，单宁结构恢宏，似无尽头的甘美回味久久飘荡不散。与此同时，2013年份的因费雷欧（Inferno）也表现出色，它优美而和谐，香氛复杂，散发着野草莓浓郁的果香，融入香料的辛香和药草的醇香，口感多汁，酒质演化成熟，单宁质地细密，收口余韵绵长悠然，显露出一种贵族般的气质。

| | |
|---|---|
| ● Valtellina Sfursat 5 Stelle '13 | 🍷🍷🍷 8 |
| ● Valtellina Sfursat Carlo Negri '13 | 🍷🍷 6 |
| ● Valtellina Sup. Inferno Carlo Negri '13 | 🍷🍷 5 |
| ○ Ca' Brione '15 | 🍷🍷 5 |
| ● Valtellina Sup. Grumello V. Sassorosso '13 | 🍷🍷 4 |
| ● Valtellina Sup. Mazer '13 | 🍷🍷 4 |
| ● Valtellina Sup. Sassella Le Tense '13 | 🍷🍷 4 |
| ● Valtellina Sfursat '05 | 🍸🍸🍸 8 |
| ● Valtellina Sfursat 5 Stelle '11 | 🍸🍸🍸 8 |
| ● Valtellina Sfursat 5 Stelle '10 | 🍸🍸🍸 7 |
| ● Valtellina Sfursat 5 Stelle '09 | 🍸🍸🍸 7 |
| ● Valtellina Sfursat 5 Stelle '07 | 🍸🍸🍸 7 |
| ● Valtellina Sfursat 5 Stelle '06 | 🍸🍸🍸 7 |
| ● Valtellina Sfursat Carlo Negri '11 | 🍸🍸🍸 8 |
| ● Valtellina Sup. Vign. Fracia '08 | 🍸🍸🍸 6 |

## Pasini - San Giovanni

FRAZ. RAFFA
VIA VIDELLE, 2
25080 PUEGNAGO SUL GARDA [BS]
TEL. +39 0365651419
www.pasinisangiovanni.it

藏酒销售
预约参观
餐饮接待
年产量 300 000 瓶
葡萄种植面积 36 公顷
可持续发展酒庄

帕西尼家族（Pasini）的堂兄弟姐妹四人是经营这座家庭酒庄的第三代传人，他们组成了坚不可摧的酒庄管理团队。帕西尼家族酒庄的野心不小，他们在酿酒实践中致力于将对环境的破坏程度将至最低。这座奇妙的酒庄拥有占地面积达到36公顷的有机葡萄园，位于瓦尔特纳西产区（Valtenesi）和卢嘉纳产区（Lugana），致力于葡萄酒酿造的可持续发展，配备了现代化设备的酒窖也以可再生能源驱动生产。这种对于本地风土的关照和尊重为酒庄带来了品种多样广泛的系列酒品，其中不乏极有意趣的高光旗舰产品，而且所有出品都处于不断提升完善的过程之中。在今年的品鉴中，我们非常喜爱2015年份的奇亚莱多桃红葡萄酒（Il Chiaretto），这款优雅的淡粉色美酒吐露着和谐的阵阵果香，融入矿物质的缕缕醇香，展现出美妙的风味。与此同时，百分百干型葡萄酒（Brut Centopercento）馥郁芬芳，果味饱满，凸显原始风味，是一款以格罗派洛葡萄（Groppello）酿造而成的白中黑起泡酒（Blanc de Noir）。今年推荐的这款桑特珀塞托干型葡萄酒吐露着蜜糖的甜香，融入红莓果的阵阵果香，酒骨精美。除此之外，帕西尼酒庄推荐的其他美酒也展现出极佳的品质，让我们从2008年份的塞珀326（Ceppo 326）开始说起。这款传统酿造法起泡酒（Metodo Classico）与酒泥长期共同陈年，以格罗派洛添加少量霞多丽（Chardonnay）酿造而成；还有2015年份的拜奥卢嘉纳（Lugana Bio），口感紧致，气质优雅。

| | |
|---|---|
| ○ Brut M. Cl. Centopercento | 🍷🍷 4 |
| ○ Brut M. Cl. Ceppo 326 '08 | 🍷🍷 5 |
| ○ Lugana Il Lugana Bio '15 | 🍷🍷 2* |
| ⊙ Valtènesi Il Chiaretto '15 | 🍷🍷 2* |
| ○ Garda Cl. Bianco Il Renano '12 | 🍷 2 |
| ○ Lugana Brut | 🍷 2 |
| ○ Lugana Il Lugana '15 | 🍷 2 |
| ● Valtènesi Picedo '13 | 🍷 2 |
| ⊙ Garda Cl. Chiaretto Il Chiaretto '09 | 🍷🍷 2* |
| ● Garda Cl. Groppello Vign. Arzane Ris. '09 | 🍷🍷 5 |
| ● Garda Cl. Groppello Vign. Arzane Ris. '08 | 🍷🍷 3* |
| ● Garda Cl. Groppello Vign. Arzane Ris. '07 | 🍷🍷 3* |

## Perla del Garda

VIA FENIL VECCHIO, 9
25017 LONATO [BS]
TEL. +39 0309103109
www.perladelgarda.it

藏酒销售
预约参观
年产量 120 000 瓶
葡萄种植面积 30 公顷
葡萄栽培方式 有机认证

乔凡娜・普兰迪尼（Giovanna Prandini）自2006年开始担任嘉达地区葡萄酒酿造协会的主席（Strada del Vino e Sapori del Garda），与此同时，在自家庄园已经开展的乳制品生产基础上，开始酿造葡萄酒。今天的嘉达之珠酒庄（Perla del Garda）拥有面积广袤的30公顷精美葡萄园，出产顶级美酒，并且出口全世界。为了获得对环境影响程度低、可持续发展酒庄的认证，酒庄的现代化酒窖还进行了特殊改建。嘉达之珠酒庄出产各种类型的卢嘉纳产区酒（Lugana），在今年的品鉴中，酒庄推荐的2013年份的维蒂米亚塔蒂瓦（Vendemmia Tardiva）凭借卓越表现赢得了我们的青睐。它散发着热带水果浓郁的果香，入口滋味甜美幽然，酒体十分均衡。除此之外，2015年份的卢嘉纳之珠（Lugana Perla）飘散着完美的阵阵果香，口感紧致有力；相比较而言，2013年份的斯科珀塔超级玛利亚（Superiore Madonna della Scoperta）则更加复杂，层次明晰，收口浸润着精美的矿物质醇浓滋味，余韵层层跌宕开去，美味异常。还有以特比安娜（Turbiana）、雷司令（Riesling）和杂交曼佐尼（Incrocio Manzoni）混酿而成的帕西多甜酒（Passito）——德拉基波（Drajibo），这款帕西多品质极佳，散发着蜜饯果皮的甜美芬芳，融入杏子果酱的美味。

| | |
|---|---|
| ○ Drajibo Passito | 🍷🍷 4 |
| ○ Lugana Perla '15 | 🍷🍷 3 |
| ○ Lugana Sup. Madonna della Scoperta '13 | 🍷🍷 4 |
| ○ Lugana V. T. '13 | 🍷🍷 4 |
| ○ Drajibo Passito '09 | 🍷🍷 5 |
| ● Leonatus '09 | 🍷🍷 4 |
| ○ Lugana Madreperla '11 | 🍷🍷 4 |
| ○ Lugana Perla '13 | 🍷🍷 3 |
| ○ Lugana Perla '11 | 🍷🍷 3 |
| ○ Lugana Sup. Madreperla '10 | 🍷🍷 5 |
| ○ Lugana V. T. '11 | 🍷🍷 4 |

## Andrea Picchioni

Fraz. Camponoce, 8
27044 Canneto Pavese [PV]
Tel. +39 0385262139
www.picchioniandrea.it

藏酒销售
预约参观
膳宿接待
年产量 70 000 瓶
葡萄种植面积 10 公顷
葡萄栽培方式 有机认证
可持续发展酒庄

在母亲罗莎（Rosa）、父亲安东尼奥（Antonio）和妻子西尔维娅（Silvia）的大力支持下，意得志满且专心致志的安德里亚·皮基奥尼（Andrea Picchioni）多年来在其位于坎内托帕韦塞（Canneto Pavese）的小酒庄酿造美酒，吸引了公众和酒评家的广泛关注。安德里亚·皮基奥尼酒庄的出品都骄傲地忠诚反映本地风土特质，大部分葡萄园都坐落于瓦尔索林格（Val Solinga）几乎无法抵达的陡峭山岭间，主要种植科罗帝纳（Croatina）、巴贝拉（Barbera）以及乌盖塔（Ughetta），既出产年轻且易于饮用的传统非起泡酒和低泡酒，也生产经过长期陈年后达到品质巅峰的气势恢宏极富个性的红葡萄酒。在今年的品鉴中，酒庄的旗舰佳酿、2012年份的布塔福科瑞夫峰园白葡萄酒（Buttafuoco Bricco Riva Bianca）表现非常出色，闯入了角逐最终大奖的决赛圈，吐露着野草莓馥郁浓厚的芬芳，渐渐演化为可可粉的醇香和甘草的芳香，底蕴中透露出缕缕香膏的香气，口感紧致，气质质朴，单宁颗粒细腻柔滑，酒质活跃，美味异常，表现出极佳的陈年潜力。与此同时，2012年份的阿西亚红葡萄酒（Rosso d' Asia）此时更加适于饮用，酒香四溢，气质高贵，收口感到一股悦人的杏仁滋味。2015年份的维瓦斯伯纳达（Bonarda Vivace）鲜美和谐，堪称最优秀的产区酒之一，吐露着浓郁的蓝莓果香，令人心生荡漾。

| | |
|---|---|
| ● OP Buttafuoco Bricco Riva Bianca '12 | 🍷🍷 4 |
| ● OP Bonarda Vivace '15 | 🍷🍷 2* |
| ● Rosso d'Asia '12 | 🍷🍷 4 |
| ● OP Buttafuoco Cerasa '15 | 🍷 2 |
| ● OP Sangue di Giuda Fior del Vento '15 | 🍷 2 |
| ● OP Buttafuoco Bricco Riva Bianca '11 | 🍷🍷 4 |
| ● OP Buttafuoco Bricco Riva Bianca '10 | 🍷🍷 4 |
| ● OP Buttafuoco Cerasa '14 | 🍷🍷 2* |
| ○ OP Profilo Brut Nature M. Cl. '00 | 🍷🍷 5 |
| ● Pinot Nero Arfena '12 | 🍷🍷 4 |
| ● Rosso d'Asia '11 | 🍷🍷 4 |

## Piccolo Bacco dei Quaroni

Fraz. Costamontefedele
27040 Montù Beccaria [PV]
Tel. +39 038560521
www.piccolobaccodeiquaroni.it

藏酒销售
预约参观
餐饮接待
年产量 35 000 瓶
葡萄种植面积 10 公顷
葡萄栽培方式 有机认证

虽然小酒神酒庄（Piccolo Bacco）是一座规模不大的小酒庄，但是出品却拥有发展成为伟大美酒的不俗潜力。酒庄坐落在奥特珀（Oltrepò）的东部地区，与艾米利亚产区（Emilia）毗邻，酒庄在三座小村内拥有四座顶级葡萄园，包括穆图贝卡利亚（Montù Beccaria）、卡斯塔纳（Castana）以及博斯纳斯克（Bosnasco），每一座葡萄园的风土条件都迥然不同。农学家马里奥·卡瓦利（Mario Cavalli）和妻子劳拉·巴苏尼（Laura Brazzoli）于2001年买下了这座酒庄，葡萄园的栽培种植采用自然的有机方式，不使用杀虫剂，如今他们的儿女茱莉亚（Giulia）和酿酒师托马索（Tommaso）帮助父母打理酒庄。在今年的品鉴中，小酒神酒庄推荐了一系列美酒，其中2013年份的珀佐老藤雷司令（Riesling Vigneto del Pozzo）表现极为精彩，在角逐"三杯奖"的决赛中赢得了一席之地。它的酒质演化精美异常，散发着缕缕矿物质的醇香，依然保留着浓郁的花香和草本植物的丝丝清香。口感深邃优雅，收口余韵不可思议的绵长悠然，给人留下相当深刻的印象。与此同时，2015年份的蒙斯阿库特斯伯纳达（Bonarda Mons Acutus）也品质卓越，呈现出极高的可饮性，入口多汁，散发着红色水果仿佛无处不在的缕缕果香，口感别具一格的清凛，十分独特。

| | |
|---|---|
| ○ OP Riesling Vign. del Pozzo '13 | 🍷🍷 3* |
| ● OP Bonarda Mons Acutus '15 | 🍷🍷 2* |
| ● Il Moree '14 | 🍷 2 |
| ● OP Buttafuoco Ca' Padroni '12 | 🍷 3 |
| ● OP Barbera Gustavo '07 | 🍷🍷 2 |
| ● OP Bonarda Mons Acutus '11 | 🍷🍷 2* |
| ● OP Bonarda Vivace Mons Acutus '07 | 🍷🍷 2* |
| ● OP Buttafuoco Vign. Ca' Padroni '04 | 🍷🍷 3 |
| ⊙ OP Cruasé PBQ '10 | 🍷🍷 3 |
| ⊙ OP Cruasé PBQ '09 | 🍷🍷 3 |

## Plozza Vini

via Cappuccini, 26
23037 Tirano [SO]
Tel. +39 0342701297
www.plozza.com

藏酒销售
预约参观
年产量 350 000 瓶
葡萄种植面积 25 公顷

安德里亚·赞诺拉瑞（Andrea Zanolari）经营着这座由彼得罗·普罗扎（Pietro Plozza）于1919年创建的古老酒庄，他同时也担任这座传奇酒庄的酿酒师。普罗扎酒庄（Plozza）拥有两座酒窖，一座位于桑治奥（Sondrio）的蒂拉诺（Tirano），另一座则地处瑞士格劳宾登州（Swiss Canton of Grisons）的布鲁西欧（Brusio）。酒庄在瓦尔泰利纳（Valtellina）主要次产区的葡萄园几乎全部种植内比奥罗（Nebbiolo），处于海拔400米至700米之间。系列出品中既有容易入口的美酒也包含结构更加复杂、口感更加精粹的精选系列佳酿，它们都在小型橡木桶中经过了长期陈年。在今年的品鉴中，普罗扎酒庄推荐的2013年份的第一号葡萄酒（Numero 1）表现精彩，它的风味复杂且现代，吐露着浓郁的橡木芬芳，气息甜美，融入果酱般的缕缕果香，底蕴中更透露出丝丝可可粉的香浓风味，入口温热华美，酒质甘甜，结构上佳，收口余韵极为绵长，气质优雅。与此同时，2012年份的萨塞拉（Sassella）风格原始，吐露着红色莓果典型的果香，融入干草的缕缕清香，底蕴中透露出丝丝烟草的风味，入口感到饱满的酒体，果味突出，单宁质地细腻密实，收口余韵悠然绵长，令人无限回味。

| | |
|---|---|
| ● Numero 1 '13 | ▼▼ (red) 7 |
| ● Sforzato di Valtellina Blackedition '12 | ▼▼ 5 |
| ● Valtellina Sup. Inferno Rededition '12 | ▼▼ 4 |
| ● Valtellina Sup. Sassella Rededition '12 | ▼▼ 3 |
| ● Valtellina Numero Uno '01 | ▽▽▽ 7 |
| ● Sforzato di Valtellina Black Edition '11 | ▽▽ 6 |
| ● Valtellina Numero 1 '12 | ▽▽ 7 |
| ● Valtellina Numero Uno '11 | ▽▽ 7 |
| ● Valtellina Numero Uno '10 | ▽▽ 7 |
| ● Valtellina Sforzato Vin da Ca' '10 | ▽▽ 5 |
| ● Valtellina Sforzato Vin da Ca' '09 | ▽▽ 5 |
| ● Valtellina Sup. Inferno Red Edition '11 | ▽▽ 5 |
| ● Valtellina Sup. Inferno Ris. '10 | ▽▽ 3 |
| ● Valtellina Sup. Sassella La Scala Ris. '10 | ▽▽ 3* |
| ● Valtellina Sup. Sassella Red Edition '11 | ▽▽ 5 |

## Pratello

via Pratello, 26
25080 Padenghe sul Garda [BS]
Tel. +39 0309907005
www.pratello.com

藏酒销售
膳宿接待
年产量 600 000 瓶
葡萄种植面积 70 公顷
葡萄栽培方式 有机认证

充满活力的文森佐·贝尔托拉（Vincenz Vincenzo）经营着自家酒庄，是整个嘉达湖地区（Lake Garda）最精美的酒庄之一。美丽的普莱泰罗酒庄（Pratello）总部坐落于帕登和城堡（Padenghe Castle）身后，置身山巅之上，俯瞰着美丽的湖湾和山谷，景色壮美得令人窒息，摄人心魄。普莱泰罗酒庄拥有占地面积超过70公顷的地块，种植葡萄藤和橄榄树，以有机方式栽培照料。对于白葡萄酒陈年潜力的持续研究为酒庄出品不断带来新的惊喜。在今年的品鉴中，普莱泰罗酒庄推荐了一系列品质卓越的美酒，其中2015年份的雷蒂康沃萨瑞（Lieti Conversari）表现精彩，它是一款热情洋溢、口感清爽的杂交曼佐尼（Incrocio Manzoni），吐露着白桃的阵阵果香，融入草本植物的缕缕清香，酒质演化非常成熟。与此同时，以格罗派洛（Groppello）酿造而成的2015年份的托拉佐（Torrazzo）也展现出卓越的品质，散发着精美的果香，纯净剔透，展现出未来良好的陈年潜力。“永恒黑色”（Nero per Sempre）是一款酒香扑鼻的马泽米诺葡萄酒（Marzemino），也散发着馥郁的果香，更有一抹胡椒的辛香若有似无地飘散其间。我们最爱的还是2015年份的两款卢嘉纳酒（Luganas）：卡图利奥诺卢嘉纳（Catulliano）散发着如花的芬芳，融入热带水果的阵阵果香，口感紧致；瑞瓦尔卢嘉纳（Rivale）则更多地将注意力集中在非常成熟的果味上。

| | |
|---|---|
| ○ Lieti Conversari '15 | ▼▼ 4 |
| ○ Lugana Catulliano '15 | ▼▼ 4 |
| ● Valtènesi Torrazzo '15 | ▼▼ 3 |
| ○ Lugana Il Rivale '15 | ▼ 5 |
| ○ Riesling '15 | ▼ 3 |
| ⊙ Valtènesi Chiaretto Sant'Emiliano '15 | ▼ 3 |
| ○ Lugana Catulliano '14 | ▽▽ 3 |
| ○ Lugana Il Rivale '14 | ▽▽ 5 |
| ○ Lugana Il Rivale '12 | ▽▽ 5 |
| ● Nero per Sempre '12 | ▽▽ 5 |
| ● Rebo '08 | ▽▽ 4 |
| ○ Riesling '14 | ▽▽ 3 |
| ● Valtènesi Torrazzo '13 | ▽▽ 3 |

## Quadra

A Sant'Eusebio, 1
5033 Cologne [BS]
Tel. +39 0307157314
www.quadrafranciacorta.it

藏酒销售
预约参观
餐饮接待
年产量 140 000 瓶
葡萄种植面积 32 公顷

乌戈·盖兹维（Ugo Ghezziv）于2003年创立了奎德拉酒庄（Quadra），他是一位经营可再生能源事业的企业家。在女儿克里斯蒂娜·盖兹维（Cristina Ghezziv）和儿子马可·盖兹维（Marco Ghezziv）的协助下，乌戈决定买下一座小酒庄及其周边的葡萄园，并且进行彻底的翻新。酿酒师马里奥·法尔切蒂（Mario Falcetti）经营管理着酒庄的酿造活动，他长期以来还一直是一名葡萄酒研究人员。今天的奎德拉酒庄拥有占地面积达到32公顷的葡萄园。除了霞多丽葡萄（Chardonnay）之外，酒庄还致力于复兴白比诺葡萄（Pinot Bianco），它拥有三处高度互补的适宜种植白比诺葡萄的地块；除此之外，还有几处非常适合种植黑比诺（Pinot Nero）的冰碛山丘地块。在今年的品鉴中，2011年份的Q微型起泡酒（Qsatèn）给我们留下了相当深刻的印象。这款以霞多丽为主的陈酿添加了30%的白比诺，少部分基酒在小型橡木桶中与酒泥共同发酵陈年长达四年的时间，显露出明快的青黄色泽。它吐露着白色果肉水果的阵阵果香，融入橘皮的醇香，更有一抹蓓蕾的幽然芬芳轻柔飘过，山间植被的醇香更添风味，底蕴中透露出缕缕香草的气息。柔和且令人愉悦的口感与出色复杂的香氛相得益彰，劲道有力，酒精度颇高。

| | |
|---|---|
| ○ Franciacorta Brut QBlack | 🍷🍷 4 |
| ○ Franciacorta Dosaggio Zero EretiQ '11 | 🍷🍷 6 |
| ○ Franciacorta Dosaggio Zero QZero '10 | 🍷🍷 5 |
| ○ Franciacorta Extra Brut Cuvée 55 '10 | 🍷🍷 5 |
| ○ Franciacorta QSatèn '11 | 🍷🍷 5 |
| ○ Franciacorta Brut Green Vegan | 🍷 5 |
| ○ Franciacorta QRosé | 🍷 5 |
| ○ Franciacorta Brut Q39 '08 | 🍷🍷 5 |
| ○ Franciacorta Dosaggio Zero EretiQ '10 | 🍷🍷 6 |
| ○ Franciacorta Dosaggio Zero EretiQ '10 | 🍷🍷 6 |
| ○ Franciacorta Extra Brut QZero '09 | 🍷🍷 5 |
| ○ Franciacorta QSatèn '10 | 🍷🍷 5 |
| ○ Franciacorta QSatèn '09 | 🍷🍷 5 |
| ○ Franciacorta Quvée 46 '09 | 🍷🍷 5 |

## Francesco Quaquarini

loc. Monteveneroso
via Casa Zambianchi, 26
27044 Canneto Pavese [PV]
Tel. +39 038560152
www.quaquarinifrancesco.it

藏酒销售
预约参观
年产量 650 000 瓶
葡萄种植面积 60 公顷
葡萄栽培方式 有机认证

对于奥特珀帕维泽（Oltrepò Pavese）这样地块极端碎片化的产区而言，弗朗西斯科夸奎瑞尼酒庄（Francesco Quaquarini）的葡萄园面积相当广袤。这座发展良好的经典家庭酒庄属于弗朗西斯科·夸奎瑞尼（Francesco Quaquarini）与儿子翁贝托·夸奎瑞尼（Umberto Quaquarini）和女儿玛利亚·泰莎·夸奎瑞尼（Maria Teresa Quaquarini）。酒庄生产传统的地产酒，品种多样，具有极强的收藏潜力；一方面出产极具市场销售能力的平价系列葡萄酒，另一方面也生产高端的精品葡萄酒，葡萄酒的整体品质达到了极佳的水平。出品的美酒系列广泛，由于产区正在崛起之中，因而酒庄得以酿造十几种不同类型的佳酿，尤其在低泡酒方面成绩卓著。在今年的品鉴中，2013年份的布劳黑比诺（Pinot Nero Blau）展现出精湛的酿造工艺，给我们留下了十分深刻的印象，可饮性极强，散发着浓郁的野生莓果果香，融入缕缕柑橘的清香，收口口感鲜美异常，回味无穷。与此同时，2015年份的维瓦斯伯纳达（Bonarda Vivace）果味饱满丰盈，入口能够感到残存的糖分恰到好处；同一年份的犹大之血（Sangue di Giuda）同样表现精彩，吐露着李子浓郁的果香，融入黑醋栗的阵阵芬芳。除此之外，弗朗西斯科夸奎瑞尼酒庄今年推荐的其他美酒也都有上乘表现。

| | |
|---|---|
| ● OP Bonarda Vivace '15 | 🍷🍷 2* |
| ● OP Pinot Nero Blau '13 | 🍷🍷 3 |
| ● OP Sangue di Giuda '15 | 🍷🍷 2* |
| ● OP Barbera Poggio Anna '13 | 🍷 3 |
| ● OP Buttafuoco Storico V. Pregana '10 | 🍷 6 |
| ⊙ OP Cruasé Bio '11 | 🍷 5 |
| ○ OP Pinot Nero Brut Classese '09 | 🍷 4 |
| ● OP Barbera Poggio Anna '12 | 🍷🍷 2* |
| ● OP Barbera Poggio Anna '11 | 🍷🍷 3 |
| ● OP Buttafuoco Storico V. Pregana '09 | 🍷🍷 5 |
| ● OP Pinot Nero Blau '10 | 🍷🍷 3 |
| ● OP Sangue di Giuda V. Acqua Calda '13 | 🍷🍷 3 |

## Cantina Sociale Cooperativa di Quistello

via Roma, 46
46026 Quistello [MN]
Tel. +39 0376618118
www.cantinasocialequistello.it

藏酒销售
预约参观
年产量 1 000 000 瓶
葡萄种植面积 330 公顷

曼托瓦诺蓝布鲁斯科（Lambrusco Mantovano）常常被误认为是艾米利亚-罗马涅产区（Emilia-Romagna）的蓝布鲁斯科（Lambruscos）的穷亲戚，波河（Po）从伦巴第产区这东南一隅穿过，毗邻流淌不息的塞吉亚河（River Secchia），这里是许多卓越酒庄及其意趣盎然美酒出品的家乡。承载着这片产区典范标准的酒庄是成立于1928年的古老酒庄——奎斯泰洛协作酒庄（Cantina di Quistello），包含三百多名种生产商成员，每年压榨葡萄多达500万公斤。除了蓝布鲁斯科，酒庄还生产其他典型的地产酒。在今年的品鉴中，奎斯泰洛协作酒庄推荐了一系列品质卓越的美酒，其中首先令我们赞叹不已的就是2015年份的奎斯泰洛维卡瑞托红葡萄酒珍酿（Gran Rosso Del Vicariato Di Quistello），这款在瓶中发酵的蓝布鲁斯科以鲁博蒂（Ruberti）和安塞罗塔（Ancellotta）混酿而成，闪耀着深邃的红宝石色调，吐露着红莓果般馥郁的果香，融入薄荷油的清凉风情，收口余韵精美绵长，回味无穷。除此之外，2015年份的80韦德米红葡萄酒（80 Vendemmie Rosso）同样表现精彩，而且同样在控制温度的条件下在瓶中发酵，气质恢宏复杂，吐露着浓郁突出的醋栗果香；与此同时，2015年份的罗西斯莫（Rossissimo）则是一款由多种品种混酿而成的美酒，散发着诱人的果香，单宁活跃，美味异常。

- ● 80 Vendemmie Rosso '15 ▼▼ 2*
- ● Gran Rosso del Vicariato di Quistello '15 ▼▼ 2*
- ● Lambrusco Mantovano Rossissimo '15 ▼▼ 2*
- ⊙ 80 Vendemmie Rosato '15 ▼ 2
- ● 80 Vendemmie '13 ▽▽ 2*
- ● Gran Rosso del Vicariato di Quistello '13 ▽▽ 2*
- ● Gran Rosso del Vicariato di Quistello '12 ▽▽ 1*
- ● Lambrusco Mantovano Rossissimo '12 ▽▽ 2*

## ★Aldo Rainoldi

fraz. Casacce
via Stelvio, 128
23030 Chiuro [SO]
Tel. +39 0342482225
www.rainoldi.com

藏酒销售
预约参观
年产量 180 000 瓶
葡萄种植面积 9.6 公顷

阿尔多·拉伊诺尔迪（Aldo Rainoldi）经营的基乌罗地区（Chiuro）酒庄酿造的葡萄酒保持着一贯的高水准，基础坚实，具有长远的发展潜力，为瓦尔泰利纳产区酒（Valtellina）生产商树立了遵循的标杆。自从阿尔多从叔叔佩皮诺（Peppino）手上接过酒庄后，一直在寻求新的发展方向，努力扩张酒庄的规模，在最精美的产区购入精良的目标地块——将酒庄葡萄园的种植面积扩大到10公顷，同时还加大了在国外市场推广美酒的力度。出品佳酿能够以原始且极具表现力的方式，日益展现出本地风土的特质，尤其是经过长期耐心的瓶中陈年的精选系列美酒。在今年的品鉴中，2012年份的萨塞拉陈酿（Sassella Riserva）气势恢宏，这款酒将传统工艺与未来趋势完美结合在一起。缕缕烟草的醇香与成熟的果香亲密缭绕，打造出馥郁优雅的整体香氛，入口圆润甘美，脆爽清新的酸度成为标志性的典范，单宁精美，收口余韵绵长悠然，给人带来无尽的享受。与此同时，2010年份的格鲁梅洛陈酿（Grumello Riserva）个性十足，散发着覆盆子的缕缕果香，与经典的烟草香融合在一起，底蕴中更透露出丝丝奎宁和甘草的芬芳。强有力的口感令人印象深刻，展现出成熟的酒质演化，单宁质地细腻绵密，收口回味悠长，特质突出，美味持久流连在唇舌之间，令人欲罢不能。

- ● Valtellina Sup. Sassella Ris. '12 ▼▼▼ 5
- ● Valtellina Sup. Crespino '12 ▼▼ 5
- ● Valtellina Sup. Grumello Ris. '10 ▼▼ 6
- ● Valtellina Sup. Grumello '12 ▼▼ 3
- ● Valtellina Sup. Sassella '11 ▼▼ 5
- ● Valtellina Sfursat '08 ▽▽▽ 5
- ● Valtellina Sfursat Fruttaio Ca' Rizzieri '11 ▽▽▽ 6
- ● Valtellina Sfursat Fruttaio Ca' Rizzieri '10 ▽▽▽ 6
- ● Valtellina Sfursat Fruttaio Ca' Rizzieri '09 ▽▽▽ 6
- ● Valtellina Sfursat Fruttaio Ca' Rizzieri '06 ▽▽▽ 6
- ● Valtellina Sfursat Fruttaio Ca' Rizzieri '02 ▽▽▽ 6
- ● Valtellina Sup. Sassella Ris. '06 ▽▽▽ 5

## Ricci Curbastro

Via Adro, 37
25031 Capriolo [BS]
Tel. +39 030736094
www.riccicurbastro.it

藏酒销售
预约参观
膳宿接待
年产量 200 000 瓶
葡萄种植面积 27 公顷
可持续发展酒庄

瑞奇库尔巴斯特罗酒庄（Ricci Curbastro）创建于1967年，是弗兰奇亚考达产区（Franciacorta）最古老的酒庄之一。酒庄今天的主人是农学家和酿酒师里卡尔多·瑞奇·库尔巴斯特罗（Riccardo Ricci Curbastro），他同时也是欧盟原产葡萄酒协会（European Federation of Origin Wines，EFOW）的主席、意大利原产葡萄酒协会（Feder Doc）的主席。里卡尔多多年来致力于推进环境可持续发展的酿造业，担任平等发展协会（Equalitas）的主席，该机构为意大利葡萄酒产业制定确保环境可持续发展相关的条例和规范。如今瑞奇库尔巴斯特罗酒庄拥有占地面积达到27公顷的葡萄园，都位于产区最佳的地块，并且成功地将所产珍酿出口销售到全世界。在今年的品鉴中，我们将"三杯奖"大奖赋予了品质卓越的2012年份极干型葡萄酒（Extra Brut），这座奖杯也收入了酒庄已经琳琅满目的奖杯展示柜。这款佳酿以同等比例的霞多丽（Chardonnay）和黑比诺（Pinot Nero）打造而成，闪耀着稻黄色的明快色调，摇曳着黄铜色的光晕，香氛悠然而复杂，首先飘散着缕缕果香，继而融入大麦糖的优雅芬芳，底蕴中更透露出丝丝香草的甜美气息。入口感到丰润的果味，深邃紧致，干爽美味，展现出优异的平衡性和清爽度，使其成为一款饮用性极高的美酒。与此同时，2012年份的微型起泡酒（Satèn）也表现非常精彩，活跃的口感与浓郁的芬芳相得益彰。

| | |
|---|---|
| ○ Franciacorta Extra Brut '12 | ▼▼▼(red) 5 |
| ○ Curtefranca Bianco V. Bosco Alto '11 | ▼▼ 3 |
| ○ Franciacorta Extra Brut Museum Release '07 | ▼▼ 5 |
| ○ Franciacorta Rosé | ▼▼ 5 |
| ○ Franciacorta Satèn '12 | ▼▼ 5 |
| ● Curtefranca Rosso '13 | ▼ 2 |
| ○ Franciacorta Brut | ▼ 4 |
| ○ Franciacorta Demi Sec | ▼ 4 |
| ○ Pinot Bianco '15 | ▼ 2 |
| ○ Franciacorta Dosaggio Zero Gualberto '06 | ▽▽▽ 6 |
| ○ Franciacorta Extra Brut '07 | ▽▽▽ 5 |
| ○ Franciacorta Extra Brut '11 | ▽▽ 5 |
| ○ Franciacorta Extra Brut '10 | ▽▽ 5 |
| ○ Franciacorta Extra Brut '09 | ▽▽ 5 |

## Ronco Calino

fraz. Torbiato
via Fenice, 45
25030 Adro [BS]
Tel. +39 0307451073
www.roncocalino.it

藏酒销售
预约参观
年产量 70 000 瓶
葡萄种植面积 10 公顷
葡萄栽培方式 有机认证
可持续发展酒庄

1996年，保罗·兰蒂奇（Paolo Radici）决定买下位于阿德罗托比安托（Torbiato di Adro）的庄园，作为乡间的度假别墅，这座庄园曾经属于著名的钢琴家阿图罗·贝内德蒂·米开朗杰利（Arturo Benedetti Michelangeli）。今天，保罗的妻子拉拉·安贝蒂（Lara Imberti）管理着宏伟壮美的隆科卡里诺酒庄（Ronco Calino），主要生产弗兰奇亚考达产区酒（Franciacorta）。这座精品酒庄拥有现代化的酒窖，周边环绕分布着十公顷的葡萄园，呈现极为出色的冰碛土质；在经验丰富的酿酒师李奥纳多·华伦蒂（Leonardo Valenti）和农学家皮耶路易吉·多纳（Pierluigi Donna）的指导下，以精湛工艺酿造出一系列产量不高、但品质精美的地产酒和弗兰奇亚考达产区酒，尤其在酿造微型起泡酒（Satèn）方面天赋异禀。在隆科卡里诺酒庄今年提供的品鉴酒品中，微型起泡酒再次令我们兴趣盎然、赞叹不已。它的酒质华美柔顺，在清爽酸度的支撑下，展现出诱人的酒质，果味丰盈饱满，融入了香草美味的口感如同奶油般浓醇绵密。相比较而言，2010年份的天然葡萄酒（Nature）风味更加清凛，口感饱满热情，展现出同样优异的品质，散发着诱人的橡木芬芳，收口风味复杂而美味，浸润着丰盈的果味，持久在唇齿之间留香。与此同时，2012年份的阿图罗黑比诺（Pinot Nero L' Arturo）也展现出品种葡萄的特质，散发着红色水果和黑色水果迷人的成熟果香。

| | |
|---|---|
| ● Curtefranca Rosso Ponènt '12 | ▼▼ 4 |
| ○ Franciacorta Brut | ▼▼ 4 |
| ○ Franciacorta Brut Nature '10 | ▼▼ 5 |
| ○ Franciacorta Satèn | ▼▼ 5 |
| ● Pinot Nero L'Arturo '12 | ▼▼ 5 |
| ○ Curtefranca Bianco Lèant '15 | ▼ 3 |
| ⊙ Franciacorta Rosé | ▼ 5 |
| ○ Curtefranca Bianco Lèant '14 | ▽▽ 3 |
| ● Curtefranca Rosso Ponènt '11 | ▽▽ 4 |
| ● Curtefranca Rosso Ponènt '10 | ▽▽ 4 |
| ○ Franciacorta Extra Brut Centoventi '04 | ▽▽ 8 |
| ○ Franciacorta Nature '09 | ▽▽ 5 |
| ● Pinot Nero L'Arturo '11 | ▽▽ 5 |

## San Cristoforo

FRAZ. VILLA D'ERBUSCO
VIA VILLANUOVA, 2
25030 ERBUSCO [BS]
TEL. +39 0307760482
www.sancristoforo.eu

藏酒销售
预约参观
年产量 80 000 瓶
葡萄种植面积 10 公顷
可持续发展酒庄

1997年，布鲁诺·多蒂（Bruno Dotti）和妻子克劳蒂娅（Claudia）接管了这座小小的弗兰奇亚考达地区（Franciacorta）酒庄，当时的圣克里斯托弗酒庄（San Cristoforo）已经由于出品品质卓越而远近闻名。通过几近20年的辛勤耕耘，勤恳的多蒂夫妇已经将酒庄的葡萄园扩张到10公顷，还改建了卓越的酒窖，配备了最现代化的酿造设备。酒庄出品系列规模不大，但是他们的陈酿（Cuvées）和其他美酒的品质随着时间的推移不断提升。在女儿赛莱斯特（Celeste）的协助下，多蒂夫妇身体力行着葡萄酒种植商和酿造商的生产理念。该酒庄并不出产微型起泡酒（Satèn），但是钟爱无添加的（Undosed）弗兰奇亚考达产区酒。在今年的品鉴中，多蒂夫妇推荐的2011年份的零添加起泡酒（Pas Dosé）在所有酒品中最令我们心仪，它的结构紧致，口感细腻，果香四溢，甘美的柑橘果味浸润在酒中，收口美味持久，绵长悠然。同一年份的干型葡萄酒（Brut）则表现卓越，并且闯入了角逐“三杯奖”大奖的决赛，它的果香飘散，融入奶油般绵密细腻的口感；无年份干型葡萄酒则清爽跃动，令人振奋，口感紧致，易于饮用；2008年份的无添加塞莱斯特（Celeste）风味精美复杂，以清澈的风味见长，令人久久难忘。

| | |
|---|---|
| ○ Franciacorta Brut '11 | ▼▼ 6 |
| ○ Franciacorta Brut | ▼▼ 5 |
| ○ Franciacorta Dosaggio Zero '11 | ▼▼ 6 |
| ○ Franciacorta Dosaggio Zero Celeste '08 | ▼▼ 8 |
| ⊙ Franciacorta Rosé | ▼ 5 |
| ○ Franciacorta Brut '09 | ▽▽ 6 |
| ○ Franciacorta Brut '08 | ▽▽ 6 |
| ○ Franciacorta Brut '07 | ▽▽ 4 |
| ○ Franciacorta Brut '06 | ▽▽ 4 |
| ○ Franciacorta Pas Dosé '10 | ▽▽ 6 |
| ○ Franciacorta Pas Dosé '09 | ▽▽ 6 |
| ○ Franciacorta Pas Dosé '08 | ▽▽ 6 |
| ○ Franciacorta Pas Dosé '07 | ▽▽ 5 |
| ○ Franciacorta Pas Dosé '06 | ▽▽ 5 |

## Cantine Selva Capuzza

FRAZ. SAN MARTINO DELLA BATTAGLIA
LOC. SELVA CAPUZZA
25010 DESENZANO DEL GARDA [BS]
TEL. +39 0309910381
www.selvacapuzza.it

藏酒销售
预约参观
膳宿接待
年产量 300 000 瓶
葡萄种植面积 25 公顷

塞尔瓦卡普扎酒庄（SelvaCapuzza）原名湖山酒庄（Colli a Lago），是一座占地面积达到50公顷的大型酒庄，葡萄栽培面积达到25公顷，酿酒师文森佐·弗蒙蒂尼（Vincenzo Formentini）多年前买下后更名为今天的塞尔瓦卡普扎酒庄。酒庄位于嘉达湖（Lake Garda）南端，以种植条件非常理想的冰碛山丘地貌为特色，是卢嘉纳（Lugana）、巴塔利亚圣马尔蒂诺（San Martino della Battaglia）和嘉达（Garda DOC）DOC产区的家。塞尔瓦卡普扎酒庄的葡萄园全部奉献给本地的传统葡萄品种，出产的美酒着重阐释品种葡萄与本地风土之间的紧密联系，今天由卢卡·弗蒙蒂尼（Luca Formentini）经营管理。塞尔瓦卡普扎酒庄的美酒还是餐厅和酒店待客的最佳选择，出产的系列葡萄酒种类繁多，品质卓越。在今年的品鉴中，我们最喜爱2012年份的卢嘉纳酒——曼纳萨索陈酿（Riserva Menasasso），这款佳酿结构紧致，口感复杂，飘散着白色水果的美妙果香，融入变化多端的缕缕芬芳，继而到来的矿物质浓醇风情令美酒平添风味，底蕴中更有藏红花的丝丝辛香萦绕其间，口感馥郁深邃而浓厚。与此同时，2015年份的圣维吉奥（San Vigilio）也表现精彩，它的果香果味都十分饱满丰盈，口感和谐；除此之外，2015年份的圣马尔蒂诺索格里奥（San Martino Campo al Soglio）也深得我们的青睐，还有2015年份的圣多尼诺奇亚莱多桃红葡萄酒（Chiaretto San Donino），品质卓越，口感诱人。

| | |
|---|---|
| ⊙ Garda Cl. Chiaretto San Donino '15 | ▼▼ 2 |
| ● Garda Cl. Groppello San Biagio '15 | ▼▼ 4 |
| ○ Lugana Menasasso Ris. '12 | ▼▼ 3 |
| ○ Lugana San Vigilio '15 | ▼▼ 2 |
| ○ Lugana Selva '15 | ▼▼ 2 |
| ○ San Martino della Battaglia Campo del Soglio '15 | ▼▼ 3 |
| ⊙ Garda Brut Rosé Hirundo | ▼ 3 |
| ○ Lugana Dosaggio Zero Hirundo M. Cl. | ▼ 3 |
| ⊙ Garda Cl. Chiaretto San Donino '14 | ▽▽ 2 |
| ● Garda Cl. Groppello San Biagio '14 | ▽▽ 3 |
| ○ Lugana San Vigilio '14 | ▽▽ 2 |
| ○ Lugana Selva '14 | ▽▽ 2 |

## Lo Sparviere

via Costa, 2
25040 Monticelli Brusati [BS]
Tel. +39 030652382
www.losparviere.com

藏酒销售
预约参观
年产量 120 000 瓶
葡萄种植面积 30 公顷

乌戈·古萨利·贝雷塔（UgoGussalli Beretta）的家族是世界上最古老的开创工业帝国的家族之一，文献记录可以追溯到遥远的1526年；他和妻子莫妮卡（Monique）都极其热爱葡萄酒和乡间生活。多年来，这种热爱敦促两人成立了古萨利贝雷塔农业集团（Agricole Gussalli Beretta Group），旗下包括位于古典奇安蒂（Chianti Classico）的拉达堡酒庄（Castello di Radda）、位于阿布鲁佐大区（Abruzzo）的奥兰迪孔图奇珀诺酒庄（Orlandi Contucci Ponno），以及位于阿尔巴蒙特福德的卡斯泰雷托（Castelletto di Monforte d' Alba）的普莱森达酒庄（Cascina Pressenda）。弗兰奇亚考达地区（Franciacorta）的雀鹰酒庄（Lo Sparviere）面积达到150公顷，其中30公顷出产酿造葡萄。美丽的庄园坐落于重新整修后完美的16世纪古堡中，古堡还附带了许多附属建筑。在今年的品鉴中，2009年份的极干型葡萄酒（Extra Brut）极大地引起了我们的兴趣，这是一款由霞多丽（Chardonnay）打造而成的珍酿（Cuvée），它的酿造葡萄来自蒙蒂切利布鲁萨蒂（Monticelli Brusati）的葡萄园，那里葡萄藤的生长期超过了二十年。部分基酒在小型橡木桶中发酵陈年，其后转入瓶中继续发酵长达至少五年的时间。它的口感饱满而馥郁，酒香四溢，口感丰盈，结构紧致，充满自信的酒体散发着优雅的柑橘香，融入白色果肉水果的阵阵果香，一抹香草的芬芳萦绕其间，更有淡淡蜜糖的甜美风情若有似无地持久飘散。

| | | |
|---|---|---|
| ○ Franciacorta Extra Brut '09 | TTT | 5 |
| ○ Franciacorta Brut '11 | TT | 5 |
| ○ Franciacorta Satèn | TT | 6 |
| ⊙ Franciacorta Rosé Monique | T | 5 |
| ○ Franciacorta Dosaggio Zero Ris. '08 | YYY | 6 |
| ○ Franciacorta Extra Brut '08 | YYY | 5 |
| ○ Franciacorta Extra Brut '07 | YYY | 5 |
| ○ Franciacorta Brut '09 | YY | 5 |
| ○ Franciacorta Brut | YY | 5 |
| ○ Franciacorta Dosaggio Zero Ris. '07 | YY | 6 |
| ○ Franciacorta Dosaggio Zero Ris. '06 | YY | 8 |
| ○ Franciacorta Extra Brut | YY | 5 |

## Pietro Torti

fraz. Castelrotto, 9
27047 Montecalvo Versiggia [PV]
Tel. +39 038599763
www.pietrotorti.it

藏酒销售
预约参观
膳宿接待
年产量 40 000 瓶
葡萄种植面积 18 公顷
葡萄栽培方式 有机认证

在今年的年鉴中，彼得罗·托蒂（Pietro Torti）的儿子桑德罗·托蒂（Sandro Torti）带领着以父亲命名的家庭酒庄再次回到我们的全篇幅酒庄介绍单元。这位待人友善、勤恳质朴的蒙泰卡尔沃（Montecalvo）酿酒师如今得到年轻的女儿基娅拉（Chiara）的协助，我们希望年青一代能够在未来承担起传承这座规模不大但却非常重要的弗萨河谷（Valle Versa）酒庄传统的艰巨任务。彼得罗托蒂酒庄的系列出品忠诚折射出经典奥特珀产区（Oltrepò）的酿造传统，今年推荐的酒品呈现出非常高的品质。2012年份的坎珀陈酿（Campo Rivera）在诸多酒品中脱颖而出，由于采收和酿造年份非常卓越，因此缔造出这款尤其深邃浓郁的巴贝拉美酒（Barbera），散发着黑樱桃馥郁的果香，融入野生莓果的缕缕芬芳，更有香料的辛香亲密缭绕，在精美酸度的支撑下，收口余韵一步步攀上美味的巅峰，优美的果味持久在唇齿之间徘徊不去。除此之外，2012年份的传统酿造法起泡酒（Metodo Classico）也表现出色，它的香气浓郁封闭，酒骨精致，精美的气泡活跃升腾；与此同时，2015年份的伯纳达（Bonarda）酒质华美，是同品类美酒中的佼佼者，吐露着轻快的深色莓果果香，品质卓越，入口感到残存的糖分恰到好处，风味传统，收口带有缕缕杏仁的滋味。我们还非常喜爱2015年份的尤瓦拉拉（Uva Rara），这款美酒果味丰盈，气质活跃，尤其带有独特的胡椒辛香，令人欲罢不能。

| | | |
|---|---|---|
| ● OP Barbera Campo Rivera '12 | TT | 4 |
| ● OP Bonarda Vivace '15 | TT | 2* |
| ○ OP Pinot Nero Brut M. Cl. Torti '12 | TT | 3 |
| ● Uva Rara '15 | TT | 3 |
| ● Castelrotto '12 | T | 5 |
| ○ Fagù '15 | T | 3 |
| ● OP Bonarda Verzello '15 | T | 3 |
| ● OP Barbera Campo Rivera '10 | YY | 3 |
| ● OP Bonarda '13 | YY | 2* |
| ● OP Bonarda Vivace '12 | YY | 2* |
| ⊙ OP Cruasé '11 | YY | 3 |
| ⊙ OP Cruasé '10 | YY | 2* |
| ○ OP Pinot Nero Brut M. Cl. Torti '10 | YY | 3 |

## Travaglino

LOC. TRAVAGLINO, 6A
27040 CALVIGNANO [PV]
TEL. +39 0383872222
www.travaglino.it

藏酒销售
预约参观
膳宿接待
年产量 220 000 瓶
葡萄种植面积 80 公顷

特拉瓦利诺酒庄（Travaglino）是一座历史悠久的奥特珀（Oltrepò）酒庄。科米家族（Comi）拥有这座古老的酒庄已经长达150年，20世纪60年代，酒庄主人文森佐·科米（Vincenzo Comi）是意大利第一批认识到顶级葡萄园在酿造过程中重要性的酿酒师之一，对酒庄葡萄园进行了重新规划分区，在不同的土壤类型上栽培不同的品种葡萄。今天，文森佐的孙女克里斯蒂娜·塞瑞（Cristina Cerri）接管了酒庄，展开了彻底的改革整修，给予能力超群、经验丰富的酿酒师卡洛·卡萨韦基亚（Carlo Casavecchia）最大的信任，而且长期以来的改革如今已经能够看到一些成果。在今年的品鉴中，特级干型珍酿（Brut Gran Cuvée）凭借卓越的品质一举闯进了角逐“三杯奖”大奖的决赛，它的口感清凛诱人，酒质如同奶油般绵密细腻。我们还非常喜爱优雅卓越的蒙泰塞罗斯诺粉红起泡酒（Cruasé Monteceresino），这款颇有意趣的美酒口感上佳，香氛复杂，融入野生莓果的阵阵果香，底蕴中透露出丝丝咖啡的醇香；还有2008年份的文森佐科米陈酿（Riserva Vincenzo Comi）表现同样精彩，品质优越，但是橡木气息略显浓重，使得整款酒相对逊色。与此同时，2015年份的拉玛托灰比诺（Pinot Grigio Ramato）也颇有意趣，展现出饱满的风味，散发着石榴的阵阵芬芳，酒骨精美，令人回味。除此之外，以雷司令（Riesling）酿造而成的弗嘉达原（Campo della Fojada）和以黑比诺（Pinot Nero）打造的2015年份佩内罗（Pernero）都是令人愉悦的美酒，这两款年轻的佳酿显露出品种葡萄的特质，果香果味浓郁，特色十足。

| | |
|---|---|
| ○ OP Brut Gran Cuvée | 🍷🍷 4 |
| ○ Brut Cuvée 59 '13 | 🍷🍷 4 |
| ○ OP Pinot Grigio Ramato '15 | 🍷🍷 4 |
| ⊙ OP Pinot Nero Brut Cruasé Monteceresimo | 🍷🍷 4 |
| ● OP Pinot Nero Pernero '15 | 🍷🍷 2* |
| ○ OP Riesling Campo della Fojada '15 | 🍷🍷 3 |
| ● OP Pinot Nero Vincenzo Comi Ris. '08 | 🍷 5 |
| ○ OP Riesling Campo della Fojada Ris. '13 | 🍷 3 |
| ○ OP Brut Classese '09 | 🍷🍷 5 |
| ○ OP Brut Cuvée 59 '10 | 🍷🍷 5 |
| ⊙ OP Pinot Nero Brut Cruasé Monteceresimo '11 | 🍷🍷 4 |
| ○ OP Pinot Nero Brut Cuvée 59 '12 | 🍷🍷 3 |
| ○ OP Riesling Campo della Fojada '14 | 🍷🍷 3 |

## ★Uberti

LOC. SALEM
VIA E. FERMI, 2
25030 ERBUSCO [BS]
TEL. +39 0307267476
www.ubertivini.it

预约参观
年产量 180 000 瓶
葡萄种植面积 25 公顷
葡萄栽培方式 有机认证

自遥远的1739年始，乌贝蒂家族（Uberti）先辈的忙碌身影就出现在布雷西亚地区（Brescia）的葡萄园中。1980年，阿戈斯蒂诺（Agostino）与妻子伊莲诺拉（Eleonora）决定继承并延续家族的酿酒传统，他们酿造的高品质美酒一经推出就立刻收获了无数荣誉，酒庄的著名佳酿包括壮美系列（Magnificentia）和科莫瑞德尔塞勒姆系列等。取得佳绩的秘密或许就在酒庄所有的顶级葡萄园中——地处埃尔布斯科（Erbusco）的葡萄园占地面积达到25公顷，当然同时也由于整个乌贝蒂家族在酒庄不遗余力地挥洒汗水的激情。在他们的女儿、酿酒师弗朗西丝卡·乌贝蒂（Francesca Uberti）和西尔维娅·乌贝蒂（Silvia Uberti）的协助下，阿戈斯蒂诺和伊莲诺拉采用有机栽培方式打理着酒庄的葡萄园，而且夫妇二人如今只负责酒庄的管理事宜。在今年的品鉴中，2012年份的壮美微型起泡酒（Satèn Magnificentia）令我们惊叹，这是一款极具说服力和表达力的美酒，酒体平衡，果味饱满。壮美系列多年来持续展现出高品质，今年推荐的这一款也不例外地呈现典型的柔美口感和丰富个性，收口融入草本植物的清甜，略有锐利口感，非常美妙。与此同时，2006年份的萨博利米斯系列陈酿（Sublimis Riserva）风味复杂，酒质演化成熟；而弗朗西斯科I系列（Francesco I）的特干型葡萄酒（Extra Brut）则深得我们的喜爱，这款口感清爽的混酿美味多汁，带来惬意享受。

| | |
|---|---|
| ○ Franciacorta Satèn Magnificentia '12 | 🍷🍷 6 |
| ○ Franciacorta Extra Brut Francesco I | 🍷🍷 5 |
| ○ Franciacorta Non Dosato Sublimis Ris. '06 | 🍷🍷 7 |
| ○ Franciacorta Brut Francesco I | 🍷 5 |
| ⊙ Franciacorta Rosé Francesco I | 🍷 5 |
| ○ Franciacorta Brut Comarì del Salem '00 | 🍷🍷🍷 6 |
| ○ Franciacorta Extra Brut Comarì del Salem '03 | 🍷🍷🍷 6 |
| ○ Franciacorta Extra Brut Comarì del Salem '02 | 🍷🍷🍷 6 |
| ○ Franciacorta Extra Brut Comarì del Salem '01 | 🍷🍷🍷 6 |

## Vanzini

FRAZ. BARBALEONE, 7
27040 SAN DAMIANO AL COLLE [PV]
TEL. +39 038575019
www.vanzini-wine.com

藏酒销售
预约参观
年产量 600 000 瓶
葡萄种植面积 27 公顷

奥特珀产区（Oltrepò）是葡萄酒生产的巨大万花筒。有些生产商主要出品订制红葡萄酒，其中一些生产商会采用传统酿造法（Metodo Classicos）；还有些生产商将精力主要集中在以本地经典葡萄品种酿造低泡葡萄酒上。安东尼奥·万兹尼（Antonio Vanzini）和皮耶保罗·万兹尼（Pierpaolo Vanzini）兄弟与他们的妹妹米盖拉·万兹尼（Michela Vanzini）就是后者的典型代表。他们打造的伯纳达（Bonarda）总能凭借扑鼻的酒香、饱满的果味和精美的平衡度在同类酒品中拔得头筹。除此之外，万兹尼酒庄出品的犹大之血（Sangue di Giuda）和莫斯卡托（Moscato）甜酒也同样卓越，它们都拥有两种款式——配备标准瓶塞的低泡酒以及配备蘑菇瓶塞的起泡酒。在今年的品鉴中，马蒂诺提极干型（Extra Dry Metodo Martinotti）白葡萄酒和桃红葡萄酒都凭借卓越的表现令我们惊叹不已，它们的酿造葡萄都来自酒庄自产的黑比诺（Pinot Nero），精美可口。实际上，马蒂诺提极干型白葡萄酒闯入了今年角逐"三杯奖"的决赛，它的气质优雅，活跃升腾的气泡非常精美，平衡性极佳，吐露着如花芬芳，酒质深邃浓郁。马蒂诺提桃红葡萄酒也表现不俗，卓越的品质一如往年，散发着悦人的酒香，融入红莓果有力的果香。埃尔多起泡酒（Aedo）相比之下酿造白葡萄占据的比例更高，吐露着柑橘的果香和白色果肉水果的阵阵芬芳；2015年份的伯纳达（Bonarda）和犹大之血（Sangue di Giuda）也风味复杂，气息活跃，青春动力十足，融入红色莓果的甜美果香。除此之外，莫斯卡托起泡酒（Moscato Spumante）充分展现出品种葡萄的特质以及精湛的酿造工艺。

| | |
|---|---|
| ○ Pinot Nero Extra Dry Martinotti | 🍷🍷 3 |
| ○ Moscato Spumante | 🍷🍷 3 |
| ● OP Bonarda Vivace '15 | 🍷🍷 2* |
| ● OP Sangue di Giuda '15 | 🍷🍷 3 |
| ○ Pinot Nero Extra Dry Martinotti Aedo | 🍷🍷 3 |
| ⊙ Pinot Nero Extra Dry Martinotti Rosé | 🍷🍷 3 |
| ● Barbera '15 | 🍷 3 |
| ○ Pinot Grigio '15 | 🍷 4 |
| ○ Riesling '15 | 🍷 2 |
| ○ Moscato Spumante '14 | 🍸🍸 3 |
| ● OP Bonarda V. Guardia '13 | 🍸🍸 3 |
| ● OP Bonarda Vivace '14 | 🍸🍸 2* |
| ● OP Sangue di Giuda '14 | 🍸🍸 3 |

## Bruno Verdi

VIA VERGOMBERRA, 5
27044 CANNETO PAVESE [PV]
TEL. +39 038588023
www.brunoverdi.it

藏酒销售
预约参观
年产量 90 000 瓶
葡萄种植面积 12 公顷

我们时常为保罗·维尔蒂（Paolo Verdi）的高超技艺而折服。由于父亲的早逝，当时年仅二十岁的保罗·维尔蒂接过了家族酒庄的管理权——酒庄以父亲布鲁诺·维尔蒂（Bruno Verdi）的名字命名——这可绝非一件容易的事情。保罗出色地担负起了酒庄发展的重任，通过一双巧手和兢兢业业的努力，他成功地将三十年前只是奥特珀产区（Oltrepò）无数酒庄中籍籍无名的一座，发展成为今天整个产区最优质的精品酒庄之一。他酿造的红葡萄酒充分反映出本地顶级风土的特质，一直证明其高品质的传统酿造法起泡酒和白葡萄酒多年来常常现身于"三杯奖"大奖的决赛圈，展现出不可思议的陈年潜力。在今年的品鉴中，2011年份的弗古姆贝拉天然葡萄酒（Vergomberra Nature）从所有推荐酒品中脱颖而出，这款口感紧致、风格清凛的传统酿造法起泡酒（Metodo Classico）吐露着枕着柑橘香，尤其融入缕缕青柠的清爽风情，底蕴中透露出丝丝草本植物的清香，果味浓郁且深邃。与此同时，2012年份的卡瓦瑞欧拉（Cavariola）展现出独一无二、无法错认的风土特质，这款强劲的红葡萄酒蕴含着美妙的果香，散发着香膏般的芬芳，更有一抹薄荷油的清凉萦绕其间，淡淡可可粉的醇香飘过，随之而来的是鲜美的收口感受。除此之外，2013年份的马罗内原巴贝拉（Barbera Campo del Marrone）美妙至极，刚武有力，散发着深色莓果的缕缕果香；而伯纳达（Bonarda）和犹大之血（Sangue di Giuda）的年份酒也都浸润着诱人的美妙果味。

| | |
|---|---|
| ○ OP Pinot Nero Nature Vergomberra '11 | 🍷🍷 4 |
| ● OP Rosso Cavariola Ris. '12 | 🍷🍷 5 |
| ● OP Barbera Campo del Marrone '13 | 🍷🍷 3 |
| ● OP Bonarda Vivace Possessione di Vergombera '15 | 🍷🍷 2* |
| ● OP Sangue di Giuda Paradiso '15 | 🍷🍷 2* |
| ● OP Buttafuoco '15 | 🍷 2 |
| ○ OP Moscato '15 | 🍷 2 |
| ○ OP Pinot Grigio '15 | 🍷 2 |
| ● OP Rosso Cavariola Ris. '10 | 🍸🍸🍸 5 |
| ● OP Rosso Cavariola Ris. '07 | 🍸🍸🍸 4 |
| ● OP Barbera Campo del Marrone '12 | 🍸🍸 3* |
| ⊙ OP Cruasé Vergomberra '10 | 🍸🍸 4 |
| ○ OP Pinot Nero Extra Brut Vergomberra '10 | 🍸🍸 4 |

## Giuseppe Vezzoli

via Costa Sopra, 22
25030 Erbusco [BS]
Tel. +39 0307267579
www.vezzolivini.it

藏酒销售
预约参观
年产量 190 000 瓶
葡萄种植面积 63 公顷

虽然韦佐利家族（Vezzoli）世代都是葡萄栽培师和酿酒师，但是勤勉的约瑟佩·韦佐利（Giuseppe Vezzoli）于1994年才建立了属于自己的现代化酒庄。今天，约瑟佩韦佐利酒庄已经达到年产量19万瓶的规模，令人印象深刻，酿造葡萄主要来自位于埃尔布斯科（Erbusco）占地达到60公顷的葡萄园，既有酒庄自有的葡萄园，也包含从当地种植商处租借的地块。约瑟佩的孩子们杰西卡·韦佐利（Jessica Vezzoli）和达里奥·韦佐利（Dario Vezzoli）也对酿酒事业充满热情，对家族酒庄的生意也贡献良多，已经创立了属于他们自己的小酒庄——充满创意的苏莱利酒庄（Sullali）。在今年的品鉴中，约瑟佩韦佐利酒庄再次推荐了一系列的顶级酒品。我们为口感完美柔和、质地如同奶油般绵密细腻的微型起泡酒（Satèn）而迷醉，它散发着清爽的果香，气质诱人，酒质发展精美，气泡口感压力得当。除此之外，天然零添加起泡酒（Dosaggio Zero）也表现精彩，吐露着如花芬芳，酒质活跃，品质卓越；而2010年份的奈费尔提蒂第泽塔（Nefertiti Dizeta）是一款芬芳扑鼻、风味复杂的零添加弗兰奇亚考达产地酒（Franciacorta），呈现出极佳的结构和白色果肉水果的多汁果味。

| | |
|---|---|
| ○ Franciacorta Brut '12 | 🍷🍷 5 |
| ○ Franciacorta Brut | 🍷🍷 4 |
| ○ Franciacorta Brut Satèn | 🍷🍷 5 |
| ○ Franciacorta Dosaggio Zero | 🍷🍷 6 |
| ○ Franciacorta Extra Brut Nefertiti Dizeta '10 | 🍷🍷 6 |
| ○ Franciacorta Extra Brut Vendemmia Zero | 🍷 6 |
| ○ Franciacorta Brut '11 | 🍷🍷 5 |
| ○ Franciacorta Brut '10 | 🍷🍷 5 |
| ○ Franciacorta Brut '07 | 🍷🍷 5 |
| ○ Franciacorta Brut Nefertiti '05 | 🍷🍷 6 |
| ○ Franciacorta Extra Brut Nefertiti Dizeta '09 | 🍷🍷 6 |
| ○ Franciacorta Extra Brut Nefertiti Dizeta '07 | 🍷🍷 6 |

## Villa Crespia

via Valli, 31
25030 Adro [BS]
Tel. +39 0307451051
www.arcipelagomuratori.it

藏酒销售
预约参观
年产量 350 000 瓶
葡萄种植面积 60 公顷
可持续发展酒庄

穆拉托里家族（Muratori）历史上拥有悠久的耕作渊源，家族成员个个具有无尽的创新和冒险精神。多年来通过不懈努力，缔造了今天的阿尔奇派拉高穆拉托里酒庄（Arcipelago Muratori）。除了位于弗兰奇亚考达地区（Franciacorta）的克雷斯皮亚庄园（Villa Crespia）之外，阿尔奇派拉高穆拉托里酒庄还包括位于马雷玛（Maremma）的卢比亚阿尔克勒庄园（Rubbia al Colle）、位于桑尼奥（Sannio）的欧皮达阿米尼亚庄园（Oppida Aminea）以及位于伊斯基亚岛（Ischia）的嘉蒂尼阿瑞梅庄园（Giardini Arimei）。克雷斯皮亚庄园是弗兰奇亚考达地区最重要的酒庄之一，拥有占地面积达到60公顷的葡萄园，既能保证酿造葡萄的产量，又能保证酒庄出品的质量，采取可持续发展方式栽培葡萄。所有酿造工作都交给值得信任的酿酒师弗朗西斯科·雅科诺（Francesco Iacono）来负责，他酿造的系列弗兰奇亚考达产地酒能够充分表达出不同产地各自的风土特色。在克雷斯皮亚庄园今年提供的品鉴酒品中，零号零添加起泡酒（Numero Zero Dosaggio Zero）凭借卓越表现，代表克雷斯皮亚庄园闯入了角逐“三杯奖”大奖的决赛。这是一款主要以生长在埃尔布斯科（Erbusco）深层冰碛土壤的霞多丽（Chardonnay）打造而成的美酒，展现出不可思议的清爽口感和活跃酒质，令人振奋。它吐露着诱人的柑橘香，随之而来的是饱满的口感，在极具特色的酸度支撑下，酒质绵密细腻如同奶油，收口余韵果味绵长，浸润着如花芬芳，美味在唇齿之间持久流连不散。

| | |
|---|---|
| ○ Franciacorta Dosaggio Zero Numerozero | 🍷🍷 5 |
| ○ Franciacorta Brut Novalia | 🍷🍷 4 |
| ○ Franciacorta Brut Satèn Cesonato | 🍷🍷 5 |
| ⊙ Franciacorta Extra Brut Rosé Brolese | 🍷🍷 5 |
| ○ Franciacorta Brut Millè '08 | 🍷 5 |
| ○ Franciacorta Brut Simbiotico | 🍷 5 |
| ○ Franciacorta Dosaggio Zero Cisiolo | 🍷 5 |
| ○ Franciacorta Dosaggio Zero Francesco Iacono Ris. '08 | 🍷 7 |
| ○ Franciacorta Dosaggio Zero Francesco Iacono Ris. '04 | 🍷🍷🍷 7 |
| ○ Franciacorta Brut Millè '07 | 🍷🍷 5 |
| ○ Franciacorta Dosaggio Zero Francesco Iacono Ris. '07 | 🍷🍷 7 |
| ○ Franciacorta Dosaggio Zero Francesco Iacono Ris. '05 | 🍷🍷 7 |

## Villa Franciacorta

via Villa, 12
25040 Monticelli Brusati [BS]
Tel. +39 030652329
www.villafranciacorta.it

预约参观
膳宿接待
年产量 300 000 瓶
葡萄种植面积 40 公顷

20世纪60年代，阿莱桑德罗・比安奇（Alessandro Bianchi）买下了蒙蒂切利布鲁萨蒂（Villa di Monticelli Brusati）这座16世纪古老小村中的弗兰奇亚考达酒庄（Villa Franciacorta），经过长期的努力和谨慎耐心的重建，该酒庄已经成为弗兰奇亚考达地区最具名望的酒庄之一，还配备了幽雅的待客酒店和美食餐厅，酒庄葡萄园位于罗萨麦多纳山（Monte della Madonna della Rosa）阶梯状的山坡地块上，也进行了重新移植。今天的弗兰奇亚考达酒庄由阿莱桑德罗・比安奇及丈夫保罗・支兹欧罗（Paolo Piziol）联手经营管理。酒庄葡萄园占地面积达到100公顷，其中栽培面积达到40公顷，以叹为观止的大规模地下酒窖为突出特色，那里存放着100万瓶美酒，有待爱酒之人前来解开谜题。在去年的品鉴中，我们已经非常喜爱酒庄的城堡桃红葡萄酒（Rosé di Villa），而今年它更是凭借卓越的品质自信地将我们的最高荣誉捧回了家。2012年份的伯克桃红葡萄酒（Rosé Bokè）气质优美，摇曳着淡淡的粉红色色泽，吐露着红莓果浓郁集中且持久的果香，融入野草莓和红醋栗的缕缕芬芳，口感紧致，果味饱满，清爽而悠然的美味自信地层层展开，直至攀上收口的巅峰。除此之外，2012年份的莫恩微型起泡酒（Mon Satèn）品质同样出色，散发着白色果肉水果的缕缕芬芳，融入如花的芳香，无疑是一款令人铭记于心的佳酿。

| | | |
|---|---|---|
| ○ Franciacorta Brut Rosé Boké '12 | 🍷🍷🍷 (red) | 5 |
| ○ Franciacorta Mon Satèn '12 | 🍷🍷 (red) | 5 |
| ○ Franciacorta Brut Cuvette '08 | 🍷🍷 | 5 |
| ○ Franciacorta Brut Emozione '12 | 🍷🍷 | 5 |
| ○ Franciacorta Demi Sec Rosé Briolette | 🍷🍷 | 5 |
| ○ Franciacorta Pas Dosé Diamant '10 | 🍷🍷 | 5 |
| ○ Curtefranca Pian della Villa '15 | 🍷 | 3 |
| ● Curtefranca Rosso Gradoni '12 | 🍷 | 5 |
| ○ Franciacorta Extra Brut Extra Blu '10 | 🍷 | 5 |
| ● Sella Collezione '12 | 🍷 | 3 |
| ○ Franciacorta Brut Emozione '09 | 🍸🍸🍸 | 5 |
| ○ Franciacorta Extra Brut '98 | 🍸🍸🍸 | 4* |

## Chiara Ziliani

via Franciacorta, 7
25050 Provaglio d'Iseo [BS]
Tel. +39 030981661
www.cantinachiaraziliani.it

预约参观
年产量 300 000 瓶
葡萄种植面积 21 公顷

热情万丈的基娅拉・兹连尼（Chiara Ziliani）兢兢业业地经营着位于普罗瓦廖迪塞奥（Provaglio d' Iseo）的酒庄，她的酒庄占地面积达到21公顷，地处冰碛山丘之上。酒庄种植茂密的葡萄园占地面积达到17公顷，收获的高品质酿造葡萄用以打造品种广泛的弗兰奇亚考达产地酒（Franciacorta）和本地酒。种植密度为每公顷栽培七千棵葡萄藤，环绕着酒庄周边分布，以降低对环境影响的方法进行种植和管理。这片位于海拔250米的葡萄园朝向非常理想，大多向南或者东南。在基娅拉・兹连尼今年推荐的代表美酒中，2011年份的零添加起泡酒（Pas Dosé）极富热情，口感多汁，品质卓越，给我们留下了相当深刻的印象，它吐露着如花芬芳，是我们一致推选的品质上乘之作；2011年份的微型起泡酒（Satèn）犹如奶油般绵密细腻；果味丰盈的干型起泡酒（Brut）则浸润着香草的美味；它们都来自兹连尼C系列美酒（Ziliani C）。2009年份的玛德莲娜卡瓦莱里特级珍酿微型起泡酒（Satèn Gran Cuvée Maddalena Cavalleri）绵密细腻，口感和谐，吐露着诱人的橡木芬芳，融入烘焙和牛角酥的醇香；而普罗瓦廖伯爵微型起泡酒（Satèn Conte di Provaglio）相比之下更加美味可口，气质清爽，也更加容易入口。

| | | |
|---|---|---|
| ○ Franciacorta Brut Duca d'Iseo | 🍷🍷 | 5 |
| ○ Franciacorta Brut Ziliani C '11 | 🍷🍷 | 4 |
| ○ Franciacorta Non Dosato Ziliani C '11 | 🍷🍷 | 5 |
| ⊙ Franciacorta Rosé Conte di Provaglio | 🍷🍷 | 3 |
| ○ Franciacorta Satèn Conte di Provaglio | 🍷🍷 | 3 |
| ○ Franciacorta Satèn Duca d'Iseo | 🍷🍷 | 3 |
| ○ Franciacorta Satèn Gran Cuvée Maria Maddalena Cavalieri '09 | 🍷🍷 | 5 |
| ○ Franciacorta Satèn Ziliani C '11 | 🍷🍷 | 4 |
| ○ Franciacorta Satèn Ziliani C | 🍷🍷 | 3 |
| ○ Franciacorta Brut Conte di Provaglio | 🍷 | 3 |
| ⊙ Franciacorta Brut Rosé Ziliani C | 🍷 | 4 |
| ○ Franciacorta Extra Brut Ziliani C '10 | 🍸🍸 | 4 |
| ○ Franciacorta Pas Dosé Ziliani C '09 | 🍸🍸 | 4 |
| ○ Franciacorta Satèn Ziliani C '10 | 🍸🍸 | 4 |

## 1701

P.ZZA MARCONI, 6
25046 CAZZAGO SAN MARTINO [BS]
TEL. +39 0307750875
www.1701franciacorta.it

藏酒销售
预约参观
年产量 60 000 瓶
葡萄种植面积 10 公顷
葡萄栽培方式 有机认证

| | |
|---|---|
| ○ Franciacorta Dosaggio Zero '11 | 🍷🍷 8 |
| ○ Franciacorta Satèn | 🍷🍷 6 |
| ○ Franciacorta Brut | 🍷 6 |
| ⊙ Franciacorta Brut Rosé | 🍷 6 |

## Elisabetta Abrami

S.DA VICINALE DELLE FOSCHE
25050 PROVAGLIO D'ISEO [BS]
TEL. +39 0306857185
www.vinielisabettaabrami.it

藏酒销售
膳宿接待
年产量 60 000 瓶
葡萄种植面积 15 公顷
葡萄栽培方式 有机认证

| | |
|---|---|
| ⊙ Franciacorta Brut Rosé | 🍷🍷 5 |
| ○ Franciacorta Pas Dosé | 🍷🍷 6 |
| ○ Franciacorta Brut | 🍷 5 |

## Al Rocol

VIA PROVINCIALE, 79
25050 OME [BS]
TEL. +39 0306852542
www.alrocol.com

藏酒销售
预约参观
膳宿接待
年产量 60 000 瓶
葡萄种植面积 13 公顷

| | |
|---|---|
| ○ Franciacorta Brut Ca' del Luf | 🍷🍷 5 |
| ○ Franciacorta Dosaggio Zero Castellini '12 | 🍷🍷 6 |
| ○ Franciacorta Satèn Martignac '12 | 🍷🍷 5 |

## Annibale Alziati

LOC. SCAZZOLINO, 55
27040 ROVESCALA [PV]
TEL. +39 038575261
www.gaggiarone.it

藏酒销售
预约参观
年产量 100 000 瓶
葡萄种植面积 19 公顷
葡萄栽培方式 有机认证
可持续发展酒庄

| | |
|---|---|
| ● OP Barbera San Francesco '14 | 🍷 4 |
| ● OP Bonarda Gaggiarone V. V. '12 | 🍷 4 |

## Tenuta Ambrosini

VIA DELLA PACE, 58
25046 CAZZAGO SAN MARTINO [BS]
TEL. +39 0307254850
www.tenutambrosini.it

年产量 55 000 瓶
葡萄种植面积 8 公顷

| | |
|---|---|
| ○ Franciacorta Brut '11 | 🍷🍷 5 |
| ○ Franciacorta Satèn '12 | 🍷🍷 5 |

## Avanzi

VIA TREVISAGO, 19
25080 MANERBA DEL GARDA [BS]
TEL. +39 0365551013
www.avanzi.net

藏酒销售
预约参观
年产量 600 000 瓶
葡萄种植面积 60 公顷

| | |
|---|---|
| ● Garda Cl. Groppello '14 | 🍷🍷 3 |
| ○ Lugana Borghetta Ris. '13 | 🍷🍷 3 |
| ○ Lugana Sirmione '15 | 🍷🍷 2 |
| ● Rebo '13 | 🍷🍷 3 |

## arbacarlo - Lino Maga

A BRONESE, 3
043 BRONI [PV]
.. +39 038551212
rbacarlodimaga@libero.it

酒销售
约参观
产量 20 000 瓶
萄种植面积 12 公顷

| | |
|---|---|
| Barbacarlo '14 | 🍷🍷 5 |

## Barboglio De Gaioncelli

FRAZ. COLOMBARO
VIA NAZARIO SAURO
25040 CORTE FRANCA [BS]
TEL. +39 0309826831
www.barbogliodegaioncelli.it

藏酒销售
预约参观
餐饮接待
年产量 90 000 瓶
葡萄种植面积 60 公顷

| | |
|---|---|
| ○ Franciacorta Pas Dosé Claro '08 | 🍷🍷 5 |
| ○ Franciacorta Satèn | 🍷🍷 4 |
| ○ Franciacorta Extra Dry | 🍷 4 |

## a Basia

:. LA BASIA
PREDEFITTE, 31
080 PUEGNAGO SUL GARDA [BS]
.. +39 0365555958
w.labasia.it

酒销售
约参观
宿接待
产量 28 000 瓶
萄种植面积 4.5 公顷
萄栽培方式 有机认证

| | |
|---|---|
| Garda Marzemino '13 | 🍷🍷 3 |
| Valtènesi La Botte Piena '14 | 🍷 3 |

## Cantina Sociale Bergamasca

VIA BERGAMO, 10
24060 SAN PAOLO D'ARGON [BG]
TEL. +39 035951098
www.cantinabergamasca.it

藏酒销售
预约参观
年产量 650 000 瓶
葡萄种植面积 90 公顷

| | |
|---|---|
| ○ Terre del Colleoni Brut Colleoni '12 | 🍷🍷 4 |
| ○ Terre del Colleoni Incrocio Manzoni '15 | 🍷🍷 2* |
| ⊙ Terre del Colleoni Schiava '15 | 🍷🍷 2* |

## ertagna

:. BANDE
A MADONNA DELLA PORTA, 14
040 CAVRIANA [MN]
.. +39 037682211
w.cantinabertagna.it

酒销售
约参观
产量 120 000 瓶
萄种植面积 13 公顷

| | |
|---|---|
| Lugana '15 | 🍷🍷 2* |
| Montevolpe Rosso '12 | 🍷🍷 3 |
| Garda Cabernet '15 | 🍷 1* |

## Cantine Bertelegni

FRAZ. GAMINARA
27052 ROCCA SUSELLA [PV]
www.oltrepovini.it

年产量 20 000 瓶
葡萄种植面积 5 公顷

| | |
|---|---|
| ● OP Bonarda Vergonia '15 | 🍷🍷 4 |
| ○ Brut M. Cl. Alexander Magnus | 🍷 8 |

## Podere Bignolino

LOC. BIGNOLINO
S.DA PROV.LE 44
27040 BRONI [PV]
TEL. +39 0383870160
www.poderebignolino.it

年产量 80 000 瓶
葡萄种植面积 40 公顷

| | |
|---|---|
| ● OP Barbera Costa Bercé '14 | 🍷🍷 3 |
| ● OP Rosso Tre Colli Ris. '13 | 🍷🍷 3 |
| ○ Riesling '15 | 🍷🍷 2* |

## Bonaldi - Cascina del Bosc

LOC. PETOSINO
VIA GASPAROTTO, 96
24010 SORISOLE [BG]
TEL. +39 035571701
www.cascinadelbosco.it

藏酒销售
预约参观
年产量 25 000 瓶
葡萄种植面积 4 公顷

| | |
|---|---|
| ○ Valcalepio Bianco '15 | 🍷🍷 |
| ● Controcanto '13 | 🍷 |
| ● Valcalepio Rosso '14 | 🍷 |

## Bonfadini

VIA L. DI BERNARDO, 85
25049 ISEO [BS]
TEL. +39 0309826721
www.bonfadini.it

藏酒销售
预约参观
年产量 80 000 瓶
葡萄种植面积 10 公顷

| | |
|---|---|
| ○ Franciacorta Nature Veritas | 🍷🍷 5 |
| ⊙ Franciacorta Rosé Opera | 🍷🍷 5 |
| ○ Franciacorta Satèn Carpe Diem | 🍷🍷 5 |
| ○ Franciacorta Brut Nobilium | 🍷 5 |

## Borgo La Gallinaccia

VIA IV NOVEMBRE, 15
25050 RODENGO SAIANO [BS]
TEL. +39 030611314
www.borgolagallinaccia.it

藏酒销售
预约参观
年产量 16 000 瓶
葡萄种植面积 3.4 公顷

| | |
|---|---|
| ● Colmo dei Colmi '11 | 🍷🍷 |
| ○ Franciacorta Brut | 🍷🍷 |
| ○ Franciacorta Pas Dosé | 🍷🍷 |
| ○ Franciacorta Satèn | 🍷🍷 |

## Ca' del Santo

LOC. CAMPOLUNGO, 4
27040 MONTALTO PAVESE [PV]
TEL. +39 0383870545
www.cadelsanto.it

藏酒销售
预约参观
年产量 25 000 瓶
葡萄种植面积 6 公顷

| | |
|---|---|
| ● Il Nero '13 | 🍷🍷 3 |
| ● OP Bonarda RossoPassione '15 | 🍷🍷 2* |

## Patrizia Cadore

LOC. CAMPAGNA BIANCA
25010 POZZOLENGO [BS]
TEL. +39 0309918138
www.vinicadore.eu

年产量 25 000 瓶
葡萄种植面积 8.5 公顷

| | |
|---|---|
| ○ Lugana '15 | 🍷🍷 |
| ○ Lugana Ris. '13 | 🍷🍷 |
| ○ San Martino della Battaglia '15 | 🍷 |

## Calepino

Surripe, 1
060 Castelli Calepio [BG]
.. +39 035847178
ww.ilcalepino.it

酒销售
约参观
产量 230 000 瓶
葡萄种植面积 15 公顷

| | |
|---|---|
| Terre del Colleoni Brut | 🍷🍷 4 |
| Valcalepio Bianco '15 | 🍷 2 |

## Davide Calvi

Fraz. Palazzina, 24
27040 Castana [PV]
Tel. +39 038582136
www.vinicalvi.it

藏酒销售
预约参观
年产量 45 000 瓶
葡萄种植面积 8 公顷

| | |
|---|---|
| ○ Kantaros '14 | 🍷 3 |
| ● OP Buttafuoco V. Montarzolo '11 | 🍷 4 |

## e Cantorìe

z. Casaglio
Castello di Casaglio, 24/25
064 Gussago [BS]
.. +39 0302523723
ww.lecantorie.it

产量 75 000 瓶
葡萄种植面积 12 公顷

| | |
|---|---|
| Franciacorta Pas Dosé Armonia Ris. '09 | 🍷🍷 6 |
| Franciacorta Rosé Rosi delle Margherite | 🍷🍷 7 |
| Franciacorta Satèn Armonia '12 | 🍷🍷 5 |

## Cascina Clarabella

via Enrico Mattei
25040 Corte Franca [BS]
Tel. +39 0309821041
www.cascinaclarabella.it

藏酒销售
预约参观
年产量 70 000 瓶
葡萄种植面积 11 公顷
葡萄栽培方式 有机认证

| | |
|---|---|
| ○ Franciacorta Pas Dosé 180 '09 | 🍷🍷 6 |
| ○ Franciacorta Pas Dosé E'ssenza | 🍷🍷 5 |
| ⊙ Franciacorta Brut Rosé Annalisa Faifer '11 | 🍷 5 |

## astello di Gussago a Santissima

Manica, 9
064 Gussago [BS]
.. +39 0302525267
ww.castellodigussago.it

酒销售
约参观
产量 120 000 瓶
葡萄种植面积 15 公顷

| | |
|---|---|
| Franciacorta Brut | 🍷🍷 5 |
| Franciacorta Extra Brut Rosé '11 | 🍷🍷 5 |
| Franciacorta Satèn '12 | 🍷🍷 5 |

## Castello di Luzzano

Loc. Luzzano, 5
27040 Rovescala [PV]
Tel. +39 0523863277
www.castelloluzzano.it

藏酒销售
预约参观
膳宿接待
年产量 120 000 瓶
葡萄种植面积 76 公顷

| | |
|---|---|
| ● OP Bonarda Vivace Sommossa '15 | 🍷🍷 2* |
| ● OP Pinot Nero Umore Nero '15 | 🍷 2 |

## Castello di Stefanago

Loc. Castello di Stefanago
27040 Borgo Priolo [PV]
Tel. +39 0383875227
www.baruffaldivini.it

藏酒销售
预约参观
葡萄种植面积 20 公顷
葡萄栽培方式 有机认证

○ Brut Ancestrale 🍷 4
○ Riesling San Rocco '12 🍷 3

## Cantine Cavallotti

via Europa, 9a
20080 Bubbiano [MI]
Tel. +39 0290848829
www.cantinecavallotti.it

藏酒销售
预约参观
年产量 120 000 瓶
葡萄种植面积 14 公顷

● OP Bonarda Passo Gaio '15 🍷🍷
⊙ OP Cruasé Nero Puro '11 🍷🍷

## Le Chiusure

fraz. Portese
via Boschette, 2
25010 San Felice del Benaco [BS]
Tel. +39 0365626243
www.lechiusure.net

藏酒销售
预约参观
膳宿接待
年产量 22 000 瓶
葡萄种植面积 4 公顷

⊙ Valtènesi Chiaretto '15 🍷🍷 3
● Campei '12 🍷 3
● Valtenesi Malborghetto '13 🍷 5

## Citari

fraz. San Martino della Battaglia
loc. Citari, 2
25015 Desenzano del Garda [BS]
Tel. +39 0309910310
www.citari.it

藏酒销售
预约参观
年产量 150 000 瓶
葡萄种植面积 22 公顷
可持续发展酒庄

○ Lugana Conchiglia '15 🍷🍷
○ Lugana Torre '15 🍷🍷
⊙ Garda Cl. Chiaretto '15 🍷
○ Lugana Sorgente '15 🍷

## AgriBioRelais Colletto

via Colletto, 6
24060 Adrara San Martino [BG]
Tel. +39 035934253
www.collettoagribiorelais.it

年产量 25 000 瓶
葡萄种植面积 3 公顷

○ Brut Blanc de Blanc Fiore '09 🍷🍷 5
⊙ Brut Rosé '11 🍷🍷 5
○ Brut Blanc de Blanc '09 🍷 5

## Conti Ducco

loc. Camignone
via degli Eroi, 70
25040 Passirano [BS]
Tel. +39 0306850566
www.contiducco.it

预约参观
年产量 400 000 瓶
葡萄种植面积 92 公顷

⊙ Franciacorta Brut Rosé '11 🍷🍷

## [C]orte Anna

[vi]a Vigneto, 10
[2]5019 Sirmione [BS]
[te]l. +39 030919033
[co]rte.anna@alice.it

[年]产量 40 000 瓶
[葡]萄种植面积 10 公顷

| | |
|---|---|
| Lugana Antico Vign. Ris. '12 | 🍷🍷4 |
| Lugana '15 | 🍷4 |

## Corte Aura

via Colzano, 13
25030 Adro [BS]
Tel. +39 030 7357281
www.corteaura.it

藏酒销售
预约参观
年产量 170 000 瓶
葡萄种植面积 5 公顷

| | |
|---|---|
| ○ Franciacorta Pas Dosé | 🍷🍷5 |
| ○ Franciacorta Satèn '10 | 🍷🍷6 |
| ○ Franciacorta Satèn | 🍷🍷4 |
| ⊙ Franciacorta Brut Rosé | 🍷5 |

## [T]enuta La Costa

[fr]az. Costa, 68
[2]7040 Castana [PV]
[te]l. +39 0385241527
[te]nutalacosta@libero.it

[藏]酒销售
[预]约参观
[年]产量 50 000 瓶
[葡]萄种植面积 12 公顷

| | |
|---|---|
| [OP] OP Buttafuoco V. Costa '13 | 🍷🍷3 |
| [OP] OP Pinot Nero Brut M. Cl. '09 | 🍷🍷4 |
| [OP] OP Riesling V. del Mattino '15 | 🍷3 |

## La Costaiola

fraz. Costaiola
via Costaiola, 25
27054 Montebello della Battaglia [PV]
Tel. +39 038383169
www.lacostaiola.it

藏酒销售
膳宿接待
年产量 80 000 瓶
葡萄种植面积 13 公顷

| | |
|---|---|
| ● Pinot Nero Bricca '15 | 🍷🍷3 |
| ● OP Bonarda Giada '15 | 🍷2 |
| ○ Rossetti & Scrivani M. Cl. Brut | 🍷3 |
| ⊙ Rossetti & Scrivani M. Cl. Brut Rosé | 🍷3 |

## [D]e Toma

[vi]a Battisti, 7
[2]4020 Scanzorosciate [BG]
[te]l. +39 035657329

[藏]酒销售
[预]约参观
[年]产量 5 000 瓶
[葡]萄种植面积 2.5 公顷

| | |
|---|---|
| Moscato di Scanzo '13 | 🍷🍷7 |

## Delai

via Moro, 1
25080 Puegnago sul Garda [BS]
Tel. +39 0365555527

年产量 80 000 瓶
葡萄种植面积 8 公顷

| | |
|---|---|
| ● Garda Bresciano Groppello Mogrì '14 | 🍷🍷2* |
| ⊙ Brut Rosé | 🍷3 |
| ⊙ Garda Bresciano Chiaretto Notterosa '15 | 🍷3 |

## Diana

via Roma 63
27040 Castana [PV]
Tel. +39 0385249618
www.dianawine.it

藏酒销售
预约参观
年产量 35 000 瓶
葡萄种植面积 9 公顷

- ● OP Barbera Sentiero della Guerra '13 🍷🍷 3
- ● OP Buttafuoco Pozzo della Tromba '09 🍷 3

## Due Pini

loc. Picedo
via Novaglio, 16
25080 Polpenazze del Garda [BS]
Tel. +39 0365675123

年产量 35 000 瓶
葡萄种植面积 6 公顷

- ● Garda Cl. Groppello '14 🍷🍷
- ● Garda Cl. Rosso Sup. '12 🍷🍷
- ⊙ Garda Bresciano Chiaretto '15 🍷

## Luca Faccinelli

via Cesure, 19
23030 Chiuro [SO]
Tel. +39 3470807011
www.lucafaccinelli.it

藏酒销售
预约参观
年产量 11 500 瓶
葡萄种植面积 2 公顷
可持续发展酒庄

- ● Valtellina Sup. Ortensio Lando '13 🍷🍷 5
- ● Rosso di Valtellina Matteo Bandello '14 🍷 3

## Feliciana

loc. Feliciana
25010 Pozzolengo [BS]
Tel. +39 030918228
www.feliciana.it

年产量 120 000 瓶
葡萄种植面积 18 公顷

- ○ Lugana Felugan '15 🍷🍷
- ○ Lugana Sercè Ris. '13 🍷

## Il Feudo Nico

via San Rocco, 63
27040 Mornico Losana [PV]
Tel. +39 0383892452

年产量 40 000 瓶
葡萄种植面积 16 公顷

- ● Edoardo '13 🍷🍷 4
- ○ Maria Antonietta M. Cl. Cuvée dei 100 Mesi '06 🍷🍷 4
- ● Bonarda V. Castello '15 🍷 5

## Finigeto

loc. Cella, 27
27040 Montalto Pavese [PV]
Tel. +39 328 7095347
www.finigeto.com

藏酒销售
预约参观
膳宿接待
年产量 70 000 瓶
葡萄种植面积 33 公顷

- ○ Moscato '15 🍷🍷
- ● OP Bonarda La Grintosa '15 🍷🍷
- ● OP Pinot Nero Il Nirò '14 🍷🍷
- ○ OP Riesling Lo Spavaldo '15 🍷

## a Fiòca

AZ. NIGOLINE
VILLA, 13B
5040 CORTE FRANCA [BS]
L. +39 0309826313
ww.lafioca.com

藏酒销售
预约参观
餐宿接待
年产量 35 000 瓶
葡萄种植面积 4 公顷

| | |
|---|---|
| Franciacorta Dosaggio Zero '10 | 🍷🍷 5 |
| Franciacorta Extra Brut Ris. '09 | 🍷🍷 6 |
| Franciacorta Satèn | 🍷🍷 5 |

## La Fiorita

VIA MAGLIO, 14
25020 OME [BS]
TEL. +39 030652279
www.lafiorita.bs.it

藏酒销售
预约参观
年产量 60 000 瓶
葡萄种植面积 7 公顷

| | |
|---|---|
| ⊙ Franciacorta Brut Rosé | 🍷🍷 4 |
| ○ Franciacorta Dosaggio Zero | 🍷🍷 4 |
| ○ Franciacorta Extra Brut Eurosia Ris. '06 | 🍷🍷 4 |
| ○ Franciacorta Satèn | 🍷🍷 4 |

## ranca Contea

VALLI, 130
5030 ADRO [BS]
L. +39 0307451217
ww.francacontea.it

藏酒销售
预约参观
年产量 70 000 瓶
葡萄种植面积 12 公顷

| | |
|---|---|
| Franciacorta Brut '11 | 🍷🍷 5 |
| Franciacorta Dosaggio Zero Mia Dusàt | 🍷🍷 4 |
| Franciacorta Satèn '11 | 🍷 5 |

## Giubertoni

FRAZ. SAN NICOLÒ PO
VIA PAPA GIOVANNI XXIII
46031 BAGNOLO SAN VITO [MN]
TEL. +39 0376252762
www.cantinegiubertoni.it

年产量 100 000 瓶
葡萄种植面积 20 公顷

| | |
|---|---|
| ● Il Bel Angelin '15 | 🍷🍷 2* |
| ● Il Vecchio Ponte '15 | 🍷🍷 2* |

## a Pergola - Civielle

PERGOLA, 21
5080 MONIGA DEL GARDA [BS]
L. +39 0365502002
ww.cantinelapergola.it

藏酒销售
预约参观
年产量 500 000 瓶
葡萄种植面积 72 公顷
葡萄栽培方式 有机认证

| | |
|---|---|
| Garda Cl. Groppello Elianto '15 | 🍷🍷 2* |
| Lugana Biocòra '15 | 🍷🍷 2* |
| Lugana Biocòra Bio '15 | 🍷 2 |
| Valtènesi Chiaretto Selene '15 | 🍷 2 |

## Lazzari

VIA MELLA, 49
25020 CAPRIANO DEL COLLE [BS]
TEL. +39 0309747387
www.lazzarivini.it

藏酒销售
预约参观
年产量 35 000 瓶
葡萄种植面积 8 公顷
葡萄栽培方式 有机认证
可持续发展酒庄

| | |
|---|---|
| ○ Capriano del Colle Bastian Contrario '13 | 🍷🍷 5 |
| ● Capriano del Colle Marzemino Berzamì '15 | 🍷 2 |

## Cantine Lebovitz

loc. Governolo
v.le Rimembranze, 4
46037 Roncoferraro [MN]
Tel. +39 0376668115
www.cantinelebovitz.it

藏酒销售
预约参观
年产量 50 000 瓶

| | |
|---|---|
| ● Lambrusco Mantovano Rosso dei Concari '15 | 🍷🍷 2* |
| ● Scagarun '15 | 🍷🍷 1* |
| ● Sedamat '15 | 🍷 1* |

## Lovera

via Lovera, 14a
25030 Erbusco [BS]
Tel. +39 0307760491
www.cantinalovera.it

藏酒销售
预约参观
年产量 150 000 瓶
葡萄种植面积 24 公顷

| | |
|---|---|
| ○ Franciacorta Brut '09 | 🍷🍷 5 |
| ○ Franciacorta Brut La Gemma | 🍷🍷 4 |
| ○ Franciacorta Dosaggio Zero '08 | 🍷🍷 5 |
| ○ Franciacorta Satèn | 🍷🍷 5 |

## Lurani Cernuschi

via Convento, 3
24031 Almenno San Salvatore [BG]
Tel. +39 035642576
www.luranicernuschi.it

藏酒销售
预约参观
餐饮接待
年产量 80 000 瓶
葡萄种植面积 13 公顷

| | |
|---|---|
| ● Lemine '15 | 🍷🍷 2* |
| ○ Opis '15 | 🍷🍷 2* |
| ● Valcalepio Rosso Tornago '13 | 🍷 4 |

## Majolini

loc. Valle
via A. Manzoni, 3
25050 Ome [BS]
Tel. +39 0306527378
www.majolini.it

藏酒销售
预约参观
年产量 150 000 瓶
葡萄种植面积 24 公顷
葡萄栽培方式 有机认证
可持续发展酒庄

| | |
|---|---|
| ○ Franciacorta Satèn '11 | 🍷🍷 5 |
| ○ Franciacorta Pas Dosé Aligi Sassu '08 | 🍷🍷 5 |
| ⊙ Franciacorta Rosé Altera | 🍷 5 |

## Malavasi

loc. Casina Sacco, 1
fraz. San Giacomo
25010 Pozzolengo [BS]
Tel. +39 0309918759
www.malavasivini.it

年产量 100 000 瓶
葡萄种植面积 10 公顷

| | |
|---|---|
| ○ Bianco del Lago '15 | 🍷🍷 3 |
| ● Nero del Lago '13 | 🍷 3 |

## Manuelina

fraz. Ruinello di sotto, 3a
27047 Santa Maria della Versa [PV]
Tel. +39 0385278247
www.manuelina.com

藏酒销售
预约参观
年产量 230 000 瓶
葡萄种植面积 22 公顷

| | |
|---|---|
| ○ Brut M. Cl. 137 | 🍷🍷 3 |
| ⊙ OP Cruasé 145 | 🍷🍷 3 |
| ○ Extra Dry Martinotti | 🍷 3 |

## Marangona

LOC. MARANGONA 1
25010 POZZOLENGO [BS]
TEL. +39 030919379
www.marangona.com

藏酒销售
预约参观
年产量 30 000 瓶
葡萄种植面积 27 公顷

| | |
|---|---|
| ○ Lugana '15 | 🍷🍷 2* |
| ○ Lugana Bio '15 | 🍷 3 |
| ○ Lugana Il Rintocco Ris. '15 | 🍷 4 |

## Marsadri

LOC. RAFFA DI PUEGNAGO
VIA NAZIONALE, 26
25080 PUEGNAGO SUL GARDA [BS]
TEL. +39 0365651005
www.cantinamarsadri.it

预约参观
年产量 200 000 瓶
葡萄种植面积 15 公顷
可持续发展酒庄

| | |
|---|---|
| ⊙ Garda Bresciano Chiaretto '15 | 🍷🍷 2* |
| ● Garda Cl. Rosso Del Pioppo Sup. '14 | 🍷🍷 4 |
| ● Garda Cl. Groppello Brolo '15 | 🍷 3 |
| ○ Lugana Brolo '15 | 🍷 3 |

## Alberto Marsetti

VIA SCARPATETTI, 15
23100 SONDRIO
TEL. +39 0342216329
www.marsetti.it

年产量 20 000 瓶
葡萄种植面积 5 公顷

| | |
|---|---|
| ● Valtellina Sup. Grumello '12 | 🍷🍷 5 |
| ● Valtellina Sup. Le Prudenze '13 | 🍷🍷 5 |
| ● Sforzato di Valtellina '11 | 🍷 6 |

## Martilde

FRAZ. CROCE, 4A
27040 ROVESCALA [PV]
TEL. +39 0385756280
www.martilde.it

藏酒销售
预约参观
年产量 30 000 瓶
葡萄种植面积 15 公顷

| | |
|---|---|
| ○ Malvasia Piume '15 | 🍷🍷 2* |
| ○ Malvasia Dedica '15 | 🍷 3 |
| ● OP Bonarda '13 | 🍷 2 |

## Marzaghe Franciacorta

VIA CONSOLARE, 19
25030 ERBUSCO [BS]
TEL. +39 0307267245
www.marzaghefranciacorta.it

藏酒销售
预约参观
膳宿接待
年产量 40 000 瓶
葡萄种植面积 7 公顷
可持续发展酒庄

| | |
|---|---|
| ○ Franciacorta Brut '11 | 🍷🍷 6 |
| ○ Franciacorta Dosaggio Zero Superno | 🍷🍷 6 |
| ⊙ Franciacorta Brut Rosé | 🍷 4 |
| ○ Franciacorta Satèn | 🍷 4 |

## Walter Menegola

VIA E. VANONI, 13C
CASTIONE ANDEVENNO [SO]
TEL. +39 349 6945516
www.cantinamenegola.it

年产量 25 000 瓶
葡萄种植面积 2.5 公顷

| | |
|---|---|
| ● Valtellina Sup. Orante '11 | 🍷🍷 4 |
| ● Valtellina Sup. Sassella Rupestre '10 | 🍷🍷 5 |
| ● Valtellina Sforzato '11 | 🍷 6 |
| ● Valtellina Sup. Sassella Ris. '10 | 🍷 5 |

## Cantine di Mezzaluna

loc. Casa Tacconi, 13
27040 Montalto Pavese [PV]
Tel. +39 0383870282
www.cantinedimezzaluna.it

年产量 40 000 瓶
葡萄种植面积 13 公顷

| | |
|---|---|
| ● OP Pinot Nero '09 | 🍷🍷 3 |

## Mirabella

via Cantarane, 2
25050 Rodengo Saiano [BS]
Tel. +39 030611197
www.mirabellafranciacorta.it

藏酒销售
预约参观
年产量 450 000 瓶
葡萄种植面积 50 公顷

| | |
|---|---|
| ○ Franciacorta Brut Cuvée Demetra | 🍷🍷 4 |
| ○ Franciacorta Brut Satèn | 🍷🍷 5 |
| ○ Franciacorta Extra Brut '09 | 🍷🍷 5 |

## Monte Cicogna

via delle Vigne, 6
25080 Moniga del Garda [BS]
Tel. +39 0365503200
www.montecicogna.it

藏酒销售
预约参观
年产量 150 000 瓶
葡萄种植面积 30 公顷

| | |
|---|---|
| ○ Garda Cl. Il Torrione '15 | 🍷🍷 2* |
| ○ Lugana Imperiale '15 | 🍷🍷 2* |
| ○ Lugana S.Caterina '15 | 🍷 2 |

## Montelio

via D. Mazza, 1
27050 Codevilla [PV]
Tel. +39 0383373090
montelio.gio@alice.it

藏酒销售
预约参观
膳宿接待
年产量 130 000 瓶
葡萄种植面积 27 公顷

| | |
|---|---|
| ○ Müller Thurgau '15 | 🍷🍷 2 |
| ● OP Pinot Nero Costarsa '12 | 🍷🍷 4 |

## La Montina

via Baiana, 17
25040 Monticelli Brusati [BS]
Tel. +39 030653278
www.lamontina.it

藏酒销售
预约参观
餐饮接待
年产量 450 000 瓶
葡萄种植面积 70 公顷

| | |
|---|---|
| ○ Franciacorta Brut | 🍷🍷 4 |
| ○ Franciacorta Brut Satèn | 🍷🍷 4 |
| ⊙ Franciacorta Extra Brut Rosé | 🍷🍷 5 |

## Alfio Mozzi

via Ca' Bianca, 19
23012 Castione Andevenno [SO]
Tel. +39 3393707018
www.alfiomozzi.com

藏酒销售
预约参观
年产量 15 000 瓶
葡萄种植面积 3.5 公顷

| | |
|---|---|
| ● Valtellina Sup. Sassella Grisone Ris. '13 | 🍷🍷 6 |
| ● Sforzato di Valtellina '13 | 🍷 7 |

## Nettare dei Santi

via Capra, 17
20078 San Colombano al Lambro [MI]
Tel. +39 0371200523
www.nettaredeisanti.it

藏酒销售
预约参观
年产量 600 000 瓶
葡萄种植面积 40 公顷

- ● Franco Riccardi '11 — 🍷🍷 4
- ○ San Colombano Bianco del Santo '15 — 🍷🍷 3
- ● San Colombano V. Roverone Ris. '13 — 🍷 3

## Panigada - Banino

via della Vittoria, 13
20078 San Colombano al Lambro [MI]
Tel. +39 037189103
www.banino.it

藏酒销售
预约参观
年产量 30 000 瓶
葡萄种植面积 5 公顷

- ● San Colombano Banino V. La Merla Ris. '10 — 🍷🍷 4
- ○ Aureum '13 — 🍷 4

## Angelo Pecis

via San Pietro delle Passere, 12
24060 San Paolo d'Argon [BG]
Tel. +39 035959104
www.pecis.it

藏酒销售
预约参观
年产量 25 000 瓶
葡萄种植面积 5 公顷

- ○ Brut M. Cl. Maximus '11 — 🍷🍷 4
- ● Valcalepio Moscato Passito Argo '12 — 🍷🍷 4
- ○ Valcalepio Bianco San Pietro delle Passere '15 — 🍷 2

## Pian del Maggio

via Iseo,108
25030 Erbusco [BS]
Tel. +39 3467163590
www.piandelmaggio.it

预约参观
年产量 25 000 瓶
葡萄种植面积 2.86 公顷

- ○ Franciacorta Brut Proscenio — 🍷🍷 4
- ○ Franciacorta Satèn Capriccio — 🍷🍷 5
- ⊙ Franciacorta Rosé...e Anna Sorrise — 🍷 5

## Plozza Ome

via Lizzana, 13
25050 Ome [BS]
Tel. +39 0306527775
www.plozzaome.it

藏酒销售
预约参观
年产量 37 000 瓶
葡萄种植面积 7 公顷

- ○ Franciacorta Satèn — 🍷🍷 5
- ○ Franciacorta Brut — 🍷 5
- ⊙ Franciacorta Rosé — 🍷 5

## Prime Alture

via Madonna, 109
27045 Casteggio [PV]
Tel. +39 038383214
www.primealture.it

藏酒销售
预约参观
膳宿接待
年产量 40 000 瓶
葡萄种植面积 8 公顷

- ○ Brut M. Cl. Io per te — 🍷🍷 5
- ○ Il Bianco '15 — 🍷 3
- ● OP Pinot Nero Centopercento '14 — 🍷 5

## Le Quattro Terre

FRAZ. BORGONATO
VIA RISORGIMENTO, 11
25040 CORTE FRANCA [BS]
TEL. +39 030984312
www.quattroterre.it

藏酒销售
预约参观
膳宿接待
年产量 45 000 瓶
葡萄种植面积 7 公顷

| | |
|---|---|
| ○ Franciacorta Brut | 🍷🍷 5 |
| ⊙ Franciacorta Brut Rosé '11 | 🍷🍷 5 |
| ○ Franciacorta Extra Brut | 🍷🍷 5 |

## Rebollini

LOC. SBERCIA
27040 BORGORATTO MORMOROLO [PV]
TEL. +39 0383872295
www.rebollini.it

年产量 100 000 瓶
葡萄种植面积 36 公顷
可持续发展酒庄

| | |
|---|---|
| ● OP Bonarda '15 | 🍷🍷 4 |
| ○ OP Pinot Nero Brut M. Cl. '11 | 🍷🍷 4 |
| ○ OP Riesling '14 | 🍷🍷 4 |

## Riccafana - Fratus

VIA F.LLI FACCHETTI, 91
25033 COLOGNE [BS]
TEL. +39 0307156797
www.riccafana.com

藏酒销售
年产量 100 000 瓶
葡萄种植面积 12 公顷
葡萄栽培方式 有机认证

| | |
|---|---|
| ○ Franciacorta Satèn '11 | 🍷🍷 5 |
| ○ Franciacorta Zero Zero | 🍷 6 |

## Riva di Franciacorta

LOC. FANTECOLO
VIA CARLO ALBERTO, 19
25050 PROVAGLIO D'ISEO [BS]
TEL. +39 0309823701
www.rivadifranciacorta.it

藏酒销售
预约参观
年产量 280 000 瓶
葡萄种植面积 32 公顷
可持续发展酒庄

| | |
|---|---|
| ○ Franciacorta Pas Dosé Rivalto 75 | 🍷🍷 5 |
| ○ Franciacorta Satèn | 🍷🍷 5 |
| ○ Franciacorta Brut | 🍷 5 |

## Romantica

VIA VALLOSA, 29
25050 PASSIRANO [BS]
TEL. +39 030657362
www.romanticafranciacorta.com

藏酒销售
预约参观
膳宿接待
年产量 60 000 瓶
葡萄种植面积 10 公顷

| | |
|---|---|
| ○ Franciacorta Brut '12 | 🍷🍷 4 |
| ○ Franciacorta Satèn | 🍷🍷 5 |
| ○ Franciacorta Brut | 🍷 5 |

## La Rovere

VIA G.B. MARCHESI, 18
24060 TORRE DE' ROVERI [BG]
TEL. +39 0354528972

年产量 25 000 瓶
葡萄种植面积 5 公顷

| | |
|---|---|
| ○ Valcalepio Bianco Concordia '15 | 🍷🍷 2* |
| ○ Valcalepio Moscato Passito '11 | 🍷🍷 5 |
| ● Valcalepio Rosso Senesco '13 | 🍷🍷 4 |

## Santus

A Badia, 68
5060 Cellatica [BS]
el. +39 0308367074
www.santus.it

预约参观
年产量 50 000 瓶
葡萄种植面积 9 公顷

| | | |
|---|---|---|
| ○ | Franciacorta Dosaggio Zero '12 | 5 |
| ○ | Franciacorta Extra Brut Rosé | 4 |
| ○ | Franciacorta Satèn | 4 |

## Benedetto Tognazzi

Fraz. Caionvico
via Sant'Orsola, 161
25135 Brescia
Tel. +39 0302692695
www.tognazzivini.it

藏酒销售
预约参观
年产量 65 000 瓶
葡萄种植面积 12 公顷
可持续发展酒庄

| | | |
|---|---|---|
| ● | Botticino Cobio '13 | 4 |
| ○ | Lugana Cascina Ardea '15 | 2* |

## Torrevilla

A Emilia, 4
27050 Torrazza Coste [PV]
el. +39 038377003
www.torrevilla.it

藏酒销售
预约参观
年产量 3 000 000 瓶
葡萄种植面积 650 公顷

| | | |
|---|---|---|
| ⊙ | OP Cruasé La Genisia '12 | 4 |
| ● | OP Bonarda La Genisia '15 | 2 |

## F.lli Turina

via Pergola, 68
25080 Moniga del Garda [BS]
Tel. +39 0365502103
www.turinavini.it

藏酒销售
预约参观
年产量 300 000 瓶
葡萄种植面积 20 公顷

| | | |
|---|---|---|
| ○ | Lugana V. Fenil Boi '15 | 2* |
| ● | Marzemino '14 | 2* |
| ○ | Lugana '15 | 2 |
| ⊙ | Valtènesi Chiaretto '15 | 2 |

## La Valle

ia Sant'Antonio, 4
25050 Rodengo Saiano [BS]
el. +39 0307722045
www.vinilavalle.it

藏酒销售
预约参观
年产量 50 000 瓶
葡萄种植面积 6 公顷
可持续发展酒庄

| | | |
|---|---|---|
| ○ | Franciacorta Extra Brut Naturalis '10 | 5 |
| ⊙ | Franciacorta Brut Rosé '12 | 5 |
| ○ | Franciacorta Satèn '11 | 5 |

## Vercesi del Castellazzo

via Aureliano, 36
27040 Montù Beccaria [PV]
Tel. +39 0385262098
www.vercesidelcastellazzo.it

藏酒销售
预约参观
年产量 80 000 瓶
葡萄种植面积 13 公顷

| | | |
|---|---|---|
| ● | OP Pinot Nero Luogo dei Monti '12 | 3* |
| ● | OP Bonarda Luogo della Milla '15 | 2 |
| ● | Vespolino '15 | 2 |

## Vigna Dorata

FRAZ. CALINO
VIA SALA, 80
25046 CAZZAGO SAN MARTINO [BS]
TEL. +39 0307254275
www.vignadorata.it

藏酒销售
预约参观
年产量 70 000 瓶
葡萄种植面积 6 公顷

| | |
|---|---|
| ○ Franciacorta Extra Brut | 🍷🍷 5 |
| ⊙ Franciacorta Rosé | 🍷🍷 5 |
| ○ Franciacorta Satèn '09 | 🍷🍷 6 |
| ○ Franciacorta Satèn | 🍷🍷 5 |

## Vigne Olcru

VIA BUCA, 26
27047 SANTA MARIA DELLA VERSA [PV]
TEL. +39 0385799958
vigneolcru.com

预约参观
年产量 100 000 瓶
葡萄种植面积 29 公顷

| | |
|---|---|
| ● OP Bonarda Buccia Rossa '15 | 🍷🍷 4 |
| ○ Infinito | 🍷 3 |

## Tenuta Vinea Scerscé

VIA STELVIO, 18
23037 TIRANO [SO]
TEL. +39 3461542970
www.tenutascersce.it

藏酒销售
预约参观
年产量 22 000 瓶
葡萄种植面积 3.5 公顷

| | |
|---|---|
| ● Valtellina Sforzato Infinito '10 | 🍷🍷 7 |
| ● Valtellina Sup. Essenza '12 | 🍷🍷 5 |
| ● Rosso di Valtellina '13 | 🍷 4 |

## Cantine Virgili

VIA M. DONATI, 2
46100 MANTOVA
TEL. +39 0376322560
www.cantinevirgili.com

藏酒销售
预约参观
年产量 300 000 瓶
葡萄种植面积 10 公顷

| | |
|---|---|
| ● Inciostar '15 | 🍷🍷 2* |
| ● Lambrusco Mantovano Rays '15 | 🍷🍷 2* |
| ● Pjafoc '15 | 🍷🍷 2* |

## Visconti

FRAZ. SAN MARTINO DELLA BATTAGLIA
VIA SELVA CAPUZZA, 1
25010 DESENZANO DEL GARDA [BS]
TEL. +39 0309910381
www.viscontiwines.it

藏酒销售
预约参观
年产量 250 000 瓶
葡萄种植面积 20 公顷

| | |
|---|---|
| ○ Lugana Collo Lungo '15 | 🍷🍷 2* |
| ○ Lugana Franco Visconti '15 | 🍷🍷 3 |
| ⊙ Garda Cl. Chiaretto '15 | 🍷 3 |
| ○ Lugana Antica Casa '15 | 🍷 3 |

## Zamichele

VIA ROVEGLIA PALAZZINA, 2
25010 POZZOLENGO [BS]
TEL. +39 030918631
cantinazamichele@alice.it

藏酒销售
预约参观
年产量 45 000 瓶
葡萄种植面积 8 公顷

| | |
|---|---|
| ○ Lugana Gardè '14 | 🍷🍷 2* |
| ○ Lugana '15 | 🍷 2 |

# 特伦蒂诺区
# TRENTINO

特伦蒂诺产区是意大利葡萄酒产区中拥有最多机会的一个产区。这里出品的美酒包括伟大的特伦托传统酿造法起泡酒（Trento Doc）、以罗塔利亚尼（Campi Rotaliani）的特伦蒂戈（Teroldego）打造的精美红葡萄酒、品质卓越的波尔多混酿（Bordeaux），在这里生长了超过一个世纪的意大利规模最大的霞多丽（Chardonnay）葡萄园出产的国际葡萄品种酿造的佳酿，以及一系列以高海拔葡萄的酿造果实缔造的精品白葡萄酒等……更不用说还包括许多本地葡萄品种酿造的美酒——既有红葡萄品种，也有白葡萄品种，以及产量有限但品质令人惊叹的甜酒——例如，特伦蒂诺圣酒（Trentino Vino Santo）。以上列举的只是特伦蒂诺出品美酒中的沧海一粟，充分证明了这片土地的巨大潜力。当我们试图总结特伦托省（Trento）葡萄酒产业每一年取得的成绩时，我们总会发现尽管出产了大量精品美酒，但是这片土地的潜力依然有待进一步发掘。特伦托起泡酒法定产地酒是特伦蒂诺的旗舰美酒，生产的七款顶级陈酿（Cuvées）无疑是意大利全境内最优质的葡萄酒。出品酒庄包括法拉利酒庄（Ferrari）、梅佐考罗纳酒庄（Mezzacorona）、阿贝尼罗酒庄（Abate Nero）、卡维特酒庄（Cavit）、勒翠瑞酒庄（Letrari）和塞萨瑞尼斯福尔扎酒庄（Cesarini Sforza）等早已功成名就的名庄，与此同时还包括一座新近获得成功的玛索马蒂斯酒庄（Maso Martis）——斯特尔策夫妇二人（Stelzer）凭借令人惊叹折服的2011年份零添加起泡酒（Dosage Zero）赢得了这一殊誉。2011年份的圣李奥纳多（San Leonardo）展现出一贯的极高水准，而泽尼酒庄（Zeni）则奉上了卓越的罗塔利亚诺特伦蒂戈（Teroldego Rotaliano）。它们全部都是无可挑剔的美酒。接下来我们品尝到了波西·费瑞戈提（Bossi Fedrigotti）打造的2012年份的方杰尼赫红葡萄酒（Fojaneghe Rosso），这款美酒今年首次摘得大奖。在意大利这个葡萄酒王国中，除了各家名庄之外，还存在着许多大型的协作酒庄和许多小型甚至是微型的家庭酒窖（有些是奉行传统方式的酿酒人，还有些是热衷于采用有机和生物动力学方式种植和酿造的年青一代），他们发现了持续发展的关键在于与研究机构合作，利用协同效应共同进步，对意大利甚至世界葡萄酒市场发起更大的冲击，摒弃内部竞争一致对外，在提升产量、葡萄园栽培选择及产区协议等方面取得了不小的成绩【尤其是促进威尼奇灰比诺白葡萄酒（Pinot Grigio Venezie）提高产量，帮助特伦蒂诺（Trentino）、威尼托（Veneto）及弗留利（Friuli）等产区酒开拓美国市场等】。1996年的特伦蒂诺发展报告曾经哀叹：“特伦蒂诺产区本来拥有海量的经济和种植资源，可以供我们所有人精诚合作，以将其提升为与其潜力匹配的卓越产区。今天的状况令人感到惋惜……”如今二十年过去了，我们虽然取得了一些成绩，但是同样的问题依然存在，需要我们沉思解决。

## ★Abate Nero

Fraz. Gardolo
s.da Trentina, 45
38121 Trento
Tel. +39 0461246566
www.abatenero.it

藏酒销售
预约参观
年产量 65 000 瓶
葡萄种植面积 65 公顷

在特伦托酒（Trento）的酿造中，阿贝尼罗酒庄（Abate Nero）努力向黑比诺（Pinot Nero）方向靠拢，尤其专注于生产系列起泡酒，并因此而广受好评。阿贝尼罗酒庄的创始人卢西亚诺·卢内利（Luciano Lunelli）和泰尔拉戈酒庄的欧金尼奥（Eugenio de Castel Terlago）秉承持之以恒、一丝不苟的态度坚持生产，完成酿造使命，并且得到了各自儿女的大力协助——罗伯塔（Roberta）和安德里亚（Andrea）。阿贝尼罗酒庄出产七种美酒，款款都是高品质之选，精选的优质酿造葡萄出自本地合作酒庄专业栽培师之手，产自得到精心照料的优质葡萄藤。在今年的品鉴中，阿贝尼罗酒庄推荐了一系列品质卓越的美酒，其中以百分之百的霞多丽（Chardonnay）酿造而成的多米尼尼罗（Domini Nero）再次凭借优异的表现摘下了“三杯奖”桂冠。这款美酒的结构卓越，闪耀着金色的色泽，嘶嘶升腾的气泡活跃精彩，极富韵律，口感圆润柔美，展现出极佳的可饮性，果味和谐，余韵持久在口中流连不散。真是一款让人愉悦的佳酿。除此之外，非常卓越的桃红葡萄酒（Rosé）展现出跃动的热带水果果味，随着酒液滑下喉咙，能够感到一种柔顺的美味。

| | |
|---|---|
| ○ Trento Brut Domini '10 | 🍷🍷🍷 (red) 5 |
| ○ Trento Brut | 🍷🍷 4 |
| ⊙ Trento Domini Rosé '12 | 🍷🍷 5 |
| ○ Trento Extra Brut | 🍷🍷 4 |
| ○ Trento Extra Dry | 🍷 4 |
| ○ Trento Brut Cuvée dell'Abate Ris. '04 | 🍸🍸🍸 6 |
| ○ Trento Brut Cuvée dell'Abate Ris. '03 | 🍸🍸🍸 5 |
| ○ Trento Brut Domini '07 | 🍸🍸🍸 5 |
| ○ Trento Brut Domini '05 | 🍸🍸🍸 5 |
| ○ Trento Brut Domini Nero '10 | 🍸🍸🍸 5 |
| ○ Trento Brut Domini Nero '08 | 🍸🍸🍸 5 |
| ○ Trento Domìni Nero '09 | 🍸🍸🍸 5 |

## Nicola Balter

via Vallunga II, 24
38068 Rovereto [TN]
Tel. +39 0464430101
www.balter.it

藏酒销售
预约参观
年产量 80 000 瓶
葡萄种植面积 10 公顷

在古堡高耸的城墙下，隐约可见尼可拉巴尔特酒庄（Nicola Balter）的曼妙身影，它见证了这片土地19世纪作为贵族乡间享乐之地的历史，如今在尼可拉·巴尔特（Nicola Balter）的手上获得了新生。尼可拉·巴尔特将其高涨的酿酒激情传递给了下一代：年轻的儿子贾科莫（Giacomo）和女儿克莱门蒂娜（Clementina），他们日益担负起管理酒庄的责任。如今克莱门蒂娜身居巴尔特酒庄管理的最前线，并且在特伦蒂诺酒业集团（Consorzio Vignaioli del Trentino）也担当高级管理职位。尼可拉巴尔特酒庄的所有出品都来自家庭酒庄周边的自有葡萄园，葡萄藤生长在罗韦雷托（Rovereto）之上的高原地带，掩映在林地和多罗米蒂山（Dolomite）的山岩之间。最初，酒庄致力于打造波尔多风格（Bordeaux）的红葡萄酒，但是近些年来尼可拉日益转向起泡酒的生产，并且取得了不俗的成绩。在今年尼可拉巴尔特酒庄提供的品鉴酒品中不见特伦托陈酿（Trento Riserva）的芳踪，因为它依然处于与酒泥共同陈年的过程之中。虽然略有遗憾，但是这种遗憾很快就被令人愉悦的桃红葡萄酒（Rosé）弥补，而且除此之外，尼可拉巴尔特酒庄精美的非起泡静止酒的品质同样卓越，尤其是红葡萄酒。2013年份的巴比安科（Barbanico）是一款饱满柔美、馥郁深邃的波尔多葡萄酒（Bordeaux），一股猛烈热辣的勒格瑞（Lagrein）果味袭来，展现出优雅而充实的果肉口感。

| | |
|---|---|
| ⊙ Trento Brut Rosé | 🍷🍷 (red) 5 |
| ● Barbanico '13 | 🍷🍷 5 |
| ○ Trento Brut | 🍷🍷 4 |
| ● Lagrein Merlot '15 | 🍷 2 |
| ○ Sauvignon '15 | 🍷 3 |
| ○ Trento Balter Ris. '06 | 🍸🍸🍸 5 |
| ○ Trento Balter Ris. '05 | 🍸🍸🍸 5 |
| ○ Trento Balter Ris. '04 | 🍸🍸🍸 5 |
| ○ Trento Balter Ris. '01 | 🍸🍸🍸 5 |
| ○ Trento Dosaggio Zero Ris. '10 | 🍸🍸🍸 7 |
| ○ Trento Pas Dosé Balter Ris. '09 | 🍸🍸🍸 5 |
| ○ Sauvignon '14 | 🍸🍸 3 |
| ○ Sauvignon '13 | 🍸🍸 3 |

## Bellaveder

oc. Maso Belvedere
8010 Faedo [TN]
el. +39 0461650171
www.bellaveder.it

藏酒销售
预约参观
年产量 70 000 瓶
葡萄种植面积 12 公顷
可持续发展酒庄

法埃多冲击扇形地（Faedo alluvial fan）就坐落在阿迪杰圣米歇尔（San Michele all' Adige）之上，拥有特伦蒂诺产区（Trentino）最美丽的葡萄园。贝拉维达酒庄（Bellaveder）周边的葡萄园尤其如此，正如名字所暗示的那样，由特兰奎洛·卢凯塔（Tranquillo Lucchetta）施展精湛的技艺酿造美酒。卢凯塔的高效栽培和酿造方法还应用于酒庄位于卡韦迪内河谷（Valle dei Cavedine）山坡上的葡萄园地块，地处灌木丛覆盖的加尔达湖（Lake Garda）湖畔以及布伦塔多罗米蒂山（Brenta Dolomites）之间。法埃多与卡韦迪内，这两片风土条件迥然不同的土地，联合起来令人骄傲地打造出一系列犹如水晶般晶莹剔透的美酒，从起泡酒到最精美的黑比诺（Pinot Nero）无所不包。卢卡·贾斯柏瑞纳提（Luca Gasperinatti）采用有机栽培方式打理葡萄园，精耕细作犹如照料花园，他同时也负责葡萄酒的酿造工作，展现出高超的酿造技术。在贝拉维达酒庄今年推荐的美酒中，劲道的2011年份特伦托天然干型陈酿（Trento Brut Nature Riserva）凭借卓越品质，成功跻身我们的顶级荣誉酒品名录。虽然它的酒质活跃辣口，但是同时融入了阿尔卑斯山的青葱绿意，芬芳扑鼻，与甜美的柑橘香气交织缠绕。黑比诺（Pinot Nero）近期则成为顶级起泡酒热衷采用的酿造品种之一，2013年份的黑比诺再次呈现出完美表现。

| | |
|---|---|
| ○ Trento Brut Nature Ris. '11 | 5 |
| ○ Sauvignon Faedi '15 | 3 |
| ○ Trentino Müller Thurgau San Lorenz '15 | 3 |
| ● Trentino Pinot Nero Faedi '13 | 5 |
| ● Trentino Lagrein Dunkel Mansum Ris. '10 | 4 |
| ● Trentino Lagrein Mansum '12 | 4 |
| ● Trentino Lagrein Mansum '11 | 4 |
| ○ Trentino Müller Thurgau San Lorenz '14 | 3 |
| ● Trentino Pinot Nero '11 | 5 |
| ● Trentino Pinot Nero Faedi Ris. '12 | 5 |
| ○ Trentino Traminer '13 | 3 |
| ○ Trento Brut Nature Ris. '10 | 5 |

## Borgo dei Posseri

Loc. Pozzo Basso, 1
38061 Ala [TN]
Tel. +39 0464671899
www.borgodeiposseri.com

藏酒销售
预约参观
年产量 60 000 瓶
葡萄种植面积 21 公顷
葡萄栽培方式 有机认证
可持续发展酒庄

波塞瑞酒庄（Borgo dei Posseri）几年前面临着强劲的挑战，如今他们应对收获的成果令人颇为满意。酒庄栖息在皮克利多洛米蒂（Piccole Dolomiti）的山间，这里地势高远，气势磅礴的群山从瓦拉加里纳（Vallagarina）拔地而起，酒庄所在的位置正处于特伦蒂诺产区（Trentino）和威尼托产区（Veneto）的交界处，这片未被人类污染的天堂布满树林和牧场，而皮拉提-梅恩提家族（Pilati-Mainenti）多年前发现了此地，便开始以有机方式在这里种植和照料酿造葡萄。今天，他们准备开启令人兴奋的全新葡萄酒项目，在风景如画的小村庄中十几公顷的葡萄园随着地势蔓延开去，茂密的林地与葡萄园交相掩映，小小农舍散落其间。由于持有对原始生态环境极为尊重的态度，波塞瑞酒庄出品的美酒处于持续演化过程之中，但是已经呈现出相当优秀的品质，给人留下深刻的印象。这一切都要归功于马丁·梅恩提（Martin Mainenti）及其家庭，与此同时酒庄的生意还得到了玛利亚·马兰戈尼（Maria Marangoni）不遗余力的协助。在今年的品鉴中，波塞瑞酒庄推荐的每款美酒都表现不俗。高海拔葡萄园出产的酿造葡萄打造出了2012年份的塔纳奈特伦托（Trento Tananai），摇曳着青绿的色调，果味犹如水晶般剔透，是一款美味无比、令人放松享受的美酒。华顺鲜美的2014年份罗克尔梅洛（Merlot Rocol）也表现精彩，摇曳着深邃的光晕，酒质绵密，展现出极佳的收口余韵潜力，美味令人十分享受。

| | |
|---|---|
| ● Merlot Rocol '14 | 3 |
| ○ Müller Thurgau Quaron '15 | 3 |
| ○ Traminer Arliz '15 | 3 |
| ○ Trento Brut Tananai '12 | 5 |
| ● Merlot Rocol '13 | 3 |
| ○ Müller Thurgau Quaron '14 | 3 |
| ○ Müller Thurgau Quaron '13 | 3 |
| ● Pinot Nero Paradis '13 | 3 |
| ○ Sauvignon Furiel '13 | 3 |
| ○ Traminer Arliz '13 | 3 |
| ○ Trento Brut Tananai '11 | 5 |
| ○ Trento Brut Tananai '10 | 5 |

## Bossi Fedrigotti

VIA UNIONE, 43
38068 ROVERETO [TN]
TEL. +39 0456832511
www.masi.it

藏酒销售
预约参观
年产量 160 000 瓶
葡萄种植面积 40 公顷
可持续发展酒庄

波西·费瑞戈提（Bossi Fedrigotti）带领全家人在环绕酒庄的山坡地块上栽培酿造葡萄，这里距离罗韦雷托（Rovereto）古老的运河港口只有一步之遥，临近阿迪杰产区（Adige）肥美的土地，蜿蜒刻画出瓦拉加里纳（Vallagarina）的冲积平原。虽然费瑞戈提家族采用传统方式种植酿造葡萄已经长达数个世代，但是他们也乐于接受现代挑战，在维持家族酿造传统盛誉的同时，不乏对于创新的热情和渴望。近来，马西农业集团（Masi Agricola）的入股令他们如虎添翼。次产区的首款波尔多混酿（Bordeaux）方杰尼赫（Fojaneghe）最早出品于1961年，如今这款佳酿的品质再次回归巅峰，成为酒庄的最精美的顶级美酒。特伦蒂戈（Teroldego）加上少许多罗米蒂（Dolomitic），缔造出国际风情，散发着红莓果优雅诱人的果香，入口后圆润的单宁使口感与香氛极为平衡，相得益彰。相比较而言，阿斯马拉园（Vign' Asmara）则是一款酿造技艺高超的混酿，这款珍酿由霞多丽（Chardonnay）和琼瑶浆（Traminer）混合打造而成。除此之外，2014年份酒色泽浓郁，味道鲜美，已经做好了在瓶中进一步陈年，以收获更加完美口感的准备。

| | | |
|---|---|---|
| ● Fojaneghe Rosso '12 | ▼▼▼ | 5 |
| ○ Vign'Asmara '14 | ▼▼ | 4 |
| ○ Valdadige Pinot Grigio Pian del Griso '15 | ▼ | 3 |
| ● Fojaneghe Rosso '11 | ▽▽ | 5 |
| ● Fojaneghe Rosso '10 | ▽▽ | 5 |
| ● Fojaneghe Rosso '09 | ▽▽ | 5 |
| ● Fojaneghe Rosso '08 | ▽▽ | 5 |
| ● Mas'est '13 | ▽▽ | 3 |
| ● Mas'est '12 | ▽▽ | 3 |
| ● Trentino Marzemino '10 | ▽▽ | 3 |
| ○ Trentino Traminer '11 | ▽▽ | 4 |
| ○ Trento Brut Conte Federico '11 | ▽▽ | 5 |
| ○ Vign'Asmara '13 | ▽▽ | 4 |

## ★Cavit

VIA DEL PONTE, 31
38040 TRENTO
TEL. +39 0461381711
www.cavit.it

藏酒销售
预约参观
年产量 70 000 000 瓶
葡萄种植面积 5500 公顷

出品结合了劲道口感与细腻酒质，是全球酒迷追捧的对象，尤其是山区葡萄品种留下的烙印不可磨灭，一些出品佳酿针对即时消费的大众市场，另一些出品美酒则更适合闲暇时慢慢品呷，展现出罕见的推崇乡村价值的观念。卡维特酒庄（Cavit）就是这样一座伟大的酒庄，而且它的超凡之处甚至要比上述更多。它是意大利葡萄酒酿造业的巨擘，将国际需求与本地产能完美结合，能够在国际市场上与其他国家的葡萄酒展开非常有力的竞争，它出产的奇妙美酒质量上乘，更有名园精选系列美酒专门满足挑剔的味蕾。这一切都要感谢卡维特品牌背后五千多名特伦蒂诺产区（Trentino）协作葡萄酒酿造者的不懈努力和辛勤劳作。卡维特酒庄继续以高远的视野持续扩展着酒庄的生意，打造出一系列充分展现何为伟大的美酒，美味口感自是不用多说。在卡维特酒庄今年推荐的美酒中，2009年份的阿尔泰玛希格拉尔陈酿（Altremasi Graal Riserva）表现尤为精彩，它的色泽金黄，气质质朴有力，扑鼻芬芳与令人满足的华美果味口感相得益彰，再次凭借卓越品质成为特伦蒂诺产区（Trentos）最精美的葡萄酒之一。不过，实际上我们对于所有今年的推荐美酒都十分满意，包括博泰嘉园系列（Bottega Vinai）中的经典佳酿，这款酒口感直接，非常适合担当每日饮用的餐酒。

| | | |
|---|---|---|
| ○ Trento Brut Altemasi Graal Ris. '09 | ▼▼▼ | 6 |
| ○ Trentino Chardonnay Maso Toresella '14 | ▼▼ | 4 |
| ○ Trentino Müller Thurgau Zeveri '15 | ▼▼ | 3 |
| ● Trentino Pinot Nero Bottega Vinai '14 | ▼▼ | 3 |
| ● Trentino Sup. Quattro Vicariati '12 | ▼▼ | 4 |
| ○ Trento Brut Altemasi '11 | ▼▼ | 4 |
| ● Teroldego Rotaliano Maso Cervara '07 | ▽▽▽ | 4 |
| ○ Trento Altemasi Graal Brut Ris. '03 | ▽▽▽ | 6 |
| ○ Trento Altemasi Graal Brut Ris. '02 | ▽▽▽ | 6 |
| ○ Trento Brut Altemasi Graal Ris. '08 | ▽▽▽ | 6 |
| ○ Trento Brut Altemasi Graal Ris. '06 | ▽▽▽ | 6 |
| ○ Trento Brut Altemasi Graal Ris. '05 | ▽▽▽ | 7 |
| ○ Trento Brut Altemasi Graal Ris. '04 | ▽▽▽ | 7 |

## Cesarini Sforza

FRAZ. RAVINA
VIA STELLA, 9
38123 TRENTO
TEL. +39 0461382200
www.cesarinisforza.com

藏酒销售
预约参观
年产量 1 300 000 瓶
葡萄种植面积 800 公顷

外观与感受全部焕然一新，瓶中酒展现出明快的色泽和独一无二的独特风味，极佳的品感是诱人美酒未来巨大潜力的绝佳预演。塞萨瑞尼斯福尔扎酒庄（Cesarini Sforza）是一座历史悠久的特伦蒂诺（Trentino）酒庄，隶属拉维斯集团（La Vis），出产葡萄酒酒标上的展翅雄鹰越飞越高，酒品也展现出同样坚忍不拔的质朴气质。塞萨瑞尼斯福尔扎酒庄出产的起泡酒被广泛视为特伦托起泡酒（Trento Doc）品类中最具影响力的酒品，持续获得不俗的市场成功，即便在母公司近来经历了虽然短暂但却充满磨难的考验时也没有放缓发展的脚步。只精选鹊布拉河谷（Val di Cembra）、瓦尔苏加纳（Valsugana）和蔓延到加尔达地区（Garda）的博尔多山（Mount Baldo）上高海拔地带生长的酿造葡萄，打造出十几款传统酿造法起泡酒（Metodo Classicos）以及其他在压力罐中出品的美酒。起泡酒是塞萨瑞尼斯福尔扎酒庄表现出卓越工艺的旗舰酒品，卓越品质令人惊叹，例如阿奎拉瑞利系列（Aquila Reale）。这座历史悠久名庄出品的起泡酒如今向着品质巅峰发起猛攻，在追求卓越的道路上不断攀登，2009年份的里登图姆极干型葡萄酒（Tridentum Extra Brut）风味原始淳朴，凭借出色表现一举摘下“三杯奖”大奖。这款单一品种的霞多丽（Chardonnay）充分显露出酿造葡萄的馥郁饱满，果味丰盈，散发着苹果的阵阵果香，圆润优质的起泡嘶嘶升腾，活跃有力，给人带来无限享受。

| | |
|---|---|
| ○ Trento Extra Brut Tridentum '09 | ▼▼▼ 4* |
| ○ Cuvée Brut | ▼▼ 4 |
| ○ Trento Brut Tridentum '12 | ▼▼ 4 |
| ○ Trento Dosaggio Zero Tridentum '12 | ▼▼ 5 |
| ⊙ Trento Tridentum Rosé '10 | ▼▼ 4 |
| ○ Trento Aquila Reale Ris. '05 | ▽▽▽ 7 |
| ○ Trento Aquila Reale Ris. '02 | ▽▽▽ 7 |
| ⊙ Trento Brut Rosé Tridentum '09 | ▽▽ 4 |
| ⊙ Trento Brut Rosé Tridentum '08 | ▽▽ 4 |
| ○ Trento Brut Tridentum '11 | ▽▽ 4 |
| ○ Trento Dosaggio Zero Tridentum '11 | ▽▽ 5 |
| ○ Trento Extra Brut Tridentum Ris. '08 | ▽▽ 5 |
| ○ Trento Tridentum Aquila Reale Ris. '07 | ▽▽ 6 |

## De Vescovi Ulzbach

P.ZZA GARIBALDI, 12
38016 MEZZOCORONA [TN]
TEL. +39 0461605648
www.devescoviulzbach.it

藏酒销售
预约参观
年产量 20 000 瓶
葡萄种植面积 3.5 公顷

看到一杯特伦蒂戈（Teroldego）美酒在数代酿酒人的手中充分展示出传统的智慧和美味，如今结合了现代美酒的高度可饮性，更完美地契入今天的现代生活方式，是一种极为愉悦的享受。这一切要归功于年轻且知识渊博的葡萄栽培师和酿酒师朱利奥·德·威斯克维（Giulio De Vescovi），这位充满创意的发明家的家族酿造传统可以追溯到遥远的17世纪。威斯克维的尤扎巴赫王朝（Ulzbach）深深根植于特伦蒂诺产区（Trentino）四百年的酿造历史。特伦蒂戈（Teroldego）当然是酒庄的旗舰酒品，但是在河谷低地的小地块中也栽培一些白葡萄品种，为日后的酿造做准备。在尤扎巴赫酒庄今年提供的品鉴酒品中，我们品尝了两种款式的传统酿造法起泡酒（Metodo Classico），一种起泡酒的酿造葡萄生长在酒庄之上海拔500米处；另一种的酿造葡萄则栽培在海拔1000米处。除此之外，2014年份的特伦蒂戈（Teroldego）依然表现出纯正血统的高贵品质。与此同时，2015年份的安佩瑞亚（Empeiria）是一款由白比诺（Pinot Bianco）、苏维翁（Sauvignon）和杂交曼佐尼（Incrocio Manzoni）混酿而成的美酒，口感脆裂；而2015年份的特伦蒂戈桃红葡萄酒（Teroldego）则吐露着莓果的诱人果香，令人回味无穷。

| | |
|---|---|
| ● Teroldego Rotaliano '14 | ▼▼ 3* |
| ○ Empeiria '15 | ▼▼ 5 |
| ○ Sauvignon '15 | ▼▼ 4 |
| ⊙ Teroldego Rotaliano Kretzer '14 | ▼ 3 |
| ● Teroldego Rotaliano Vigilius '12 | ▽▽▽ 5 |
| ● Teroldego Rotaliano '13 | ▽▽ 3 |
| ● Teroldego Rotaliano '12 | ▽▽ 3* |
| ● Teroldego Rotaliano '11 | ▽▽ 3 |
| ● Teroldego Rotaliano '10 | ▽▽ 3 |
| ● Teroldego Rotaliano '07 | ▽▽ 3 |
| ● Teroldego Rotaliano Vigilius '13 | ▽▽ 5 |
| ● Teroldego Rotaliano Vigilius '11 | ▽▽ 5 |
| ● Teroldego Rotaliano Vigilius '09 | ▽▽ 5 |

## ★Dorigati

via Dante, 5
38016 Mezzocorona [TN]
Tel. +39 0461605313
www.dorigati.it

藏酒销售
预约参观
年产量 100 000 瓶
葡萄种植面积 10 公顷
可持续发展酒庄

酿酒师家族的五代传承，丰富的经验积累成就了今天的多瑞加提家族酒庄（Dorigati）。从事农耕的多瑞加提家族（Dorigati）自1858年就开始进行酿酒冒险，农学和酿造学研究深入多瑞加提家族的骨血，他们逐渐铸造出一座各方面都极为优秀的酒庄。多瑞加提家族王朝的第五代传人如今掌管着酒庄——年轻的表兄弟保罗·多瑞加提（Paolo Dorigati）和米歇尔·多瑞加提（Michele Dorigati），洋溢着年轻的激情，具备酿造学的知识，拥有酿酒的实践技巧，更得到了来自父辈甚至祖辈的调教。多瑞加提家族酒庄既酿造特伦蒂戈酒（Teroldego）又出产特伦托酒（Trento），优异的表现令酒庄不负悠久的传统，更自信面对未来的挑战。在今年的品鉴中，尽管梅修斯系列（Methius）遗憾地以毫厘之差错失今年的顶级大奖，但是它的卓越品质及其傲人声誉并没有丝毫受损。这款以霞多丽（Chardonnay）和黑比诺（Pinot Nero）打造而成的混酿展现出极强的个性和饱满的果味，残留淡淡的树脂芬芳，经过精密的发酵和酒质在瓶中的卓越发展演化，呈现出无法错认的强劲口感，雄浑有力，令人心满意足，几乎没有任何一款特伦托酒（Trentos）能够与之媲美。除此之外，2013年份的迪埃瑞特伦蒂戈（Diedri）果味丰盈，口感和谐，单宁柔滑精美。

| | |
|---|---|
| ○ Trento Brut Methius '10 | 🍷🍷 (red) 6 |
| ● Teroldego Rotaliano '14 | 🍷🍷 3 |
| ● Teroldego Rotaliano Sup. Diedri '13 | 🍷🍷 5 |
| ○ Trentino Chardonnay Majerla '14 | 🍷🍷 3 |
| ● Trentino Lagrein '14 | 🍷🍷 3 |
| ⊙ Trentino Lagrein Kretzer '15 | 🍷 3 |
| ○ Trento Brut Methius Ris. '09 | 🍸🍸🍸 6 |
| ○ Trento Brut Methius Ris. '08 | 🍸🍸🍸 6 |
| ○ Trento Brut Methius Ris. '06 | 🍸🍸🍸 6 |
| ○ Trento Brut Methius Ris. '05 | 🍸🍸🍸 6 |
| ○ Trento Brut Methius Ris. '04 | 🍸🍸🍸 6 |
| ○ Trento Brut Methius Ris. '03 | 🍸🍸🍸 6 |
| ○ Trento Brut Methius Ris. '02 | 🍸🍸🍸 6 |

## Endrizzi

loc. Masetto, 2
38010 San Michele all'Adige [TN]
Tel. +39 0461650129
www.endrizzi.it

藏酒销售
预约参观
年产量 600 000 瓶
葡萄种植面积 55 公顷
可持续发展酒庄

安德里奇酒庄（Endrizzi）是19世纪的古老建筑，保持着一种旧日时光的魅力，而坐落其中的高科技酿酒设施则令人惊讶地与之形成鲜明对比。酒庄以实验性的有机技术照料周边的葡萄园，并与国际酿造研究中心达成紧密合作。恩翠希家族（Endrici）拥有坚实的酿酒历史和传统，在过去的一百三十年间，一直是本地以及更遥远地带葡萄酒市场上的领军家族。恩翠希家族（Endrici）的安德里奇酒庄（Endrizzi），听上去像特伦蒂诺地区的方言绕口令，但是恩翠希家族将恢宏的家族地产转化为令人敬仰的酿酒中心，在年青一代野心勃勃的计划推动下，出品甚至能够赢得最挑剔市场的青睐。酒庄还配有适于散步远足的惬意小路，由于葡萄园采用了生态环保的栽培手法，使这里的鸟群密如织网，游人沿着小路前行，鸟儿就在头上盘旋，打造了极为美妙的景观。安德里奇酒庄卓越的旗舰美酒是传统罗塔利亚诺特伦蒂戈（Teroldego Rotaliano Tradizione），今年推荐的2014年份酒表现精彩，这款酒只在遭遇困难气候条件的时候才会略有浮动；与此同时，2013年份的超级特伦蒂戈（Superiore）也是一款给人留下深刻印象的佳酿。除此之外，2015年份的琼瑶浆（Traminer）辛辣脆口，凭借卓越品质从诸多推荐酒品中脱颖而出，同样表现出众的还有两款红葡萄酒，分别是2014年份的双重马赛托（Masetto Due），一款特伦蒂戈（Teroldego）与赤霞珠（Cabernet）的混酿；以及2015年份的黑马赛托（Masetto Nero），一款特伦蒂戈与勒格瑞（Lagrein）混酿而成的波尔多美酒（Bordeaux）。

| | |
|---|---|
| ● Masetto Due '14 | 🍷🍷 5 |
| ● Masetto Nero '13 | 🍷🍷 3 |
| ● Teroldego Rotaliano Sup. '13 | 🍷🍷 3 |
| ● Teroldego Rotaliano Tradizione '14 | 🍷🍷 2* |
| ○ Trentino Traminer Aromatico '15 | 🍷🍷 2* |
| ○ Trento Brut Pian di Castello '11 | 🍷🍷 4 |
| ⊙ Trento Brut Rosé Pian di Castello '09 | 🍷🍷 4 |
| ● Gran Masetto '11 | 🍸🍸 7 |
| ○ Masetto Bianco '13 | 🍸🍸 3 |
| ○ Masetto Bianco '12 | 🍸🍸 3 |
| ● Masetto Nero '12 | 🍸🍸 3 |
| ● Masetto Nero '11 | 🍸🍸 3 |
| ● Teroldego Rotaliano '13 | 🍸🍸 2* |
| ● Teroldego Rotaliano '11 | 🍸🍸 3 |

## ★★Ferrari

via Ponte di Ravina, 15
38123 Trento
Tel. +39 0461972311
www.ferraritrento.it

藏酒销售
预约参观
餐饮接待
年产量 4 450 000 瓶
葡萄种植面积 120 公顷
可持续发展酒庄

法拉利酒庄（Ferrari）的盛誉无疑来自2015年的世博会，法拉利酒庄出品的美酒成为该届世博会的官方饮品，令数以百万的全球游客得以一品意大利顶级酒庄的精美佳酿。与此同时，除了顶级系列美酒，卢内利家族（Lunelli）也进行了一系列的商业创新尝试，最首当其冲的就是普洛塞克（Proseccos），还有精美的翁布里亚（Umbrian）和托斯卡纳（Tuscan）葡萄酒。严格意义上的特伦托起泡酒，不仅将尊重传统和自然生态的栽培方式与葡萄园的现代化管理方式完美结合，并且为明日的葡萄栽培进行前瞻性的研究和探索。卢内利家族的瑰宝更在葡萄酒种植和酿造方面的大力投入上。法拉利酒庄今年推荐的参选美酒品质卓越，其中2013年份的玛索蒙塔托（Maso Montalto）是一款极为优雅的美酒，这款跃动的黑比诺（Pinot Nero）香氛复杂，入口感到惊人的力道，无疑拥有极强的陈年潜力。特伦托酒（Trentos）则再次验证了一贯的高品质所言不虚。2005年份的朱利奥法拉利（Giulio Ferrari）睥睨时光，复杂度犹如马赛克般纷繁，这一季年份酒或许比此前任何一年都更加具有意趣。除此之外，我们还要特别提及珀莱斯系列美酒（Perlés），2009年份的黑铂莱斯（Nero）品质出众，而2010年份的珀莱斯桃红葡萄酒（Rosé）令人信服，口感跃动。

| | |
|---|---|
| ○ Trento Brut Giulio Ferrari Riserva del Fondatore '05 | 🍷🍷🍷 8 |
| ● Trentino Pinot Nero Maso Montalto '13 | 🍷🍷 5 |
| ○ Trento Brut Perlé Nero '09 | 🍷🍷 6 |
| ○ Trento Brut Perlé '10 | 🍷🍷 6 |
| ○ Trento Brut Perlé Rosé '10 | 🍷🍷 7 |
| ○ Trento Extra Brut Lunelli Ris. '08 | 🍷🍷 7 |
| ○ Trento Brut Giulio Ferrari Riserva del Fondatore '04 | 🍷🍷🍷 8 |
| ○ Trento Brut Giulio Ferrari Riserva del Fondatore '01 | 🍷🍷🍷 8 |
| ○ Trento Extra Brut Lunelli Ris. '07 | 🍷🍷🍷 7 |
| ○ Trento Extra Brut Perlé Nero '07 | 🍷🍷🍷 8 |
| ○ Trento Extra Brut Perlé Nero '06 | 🍷🍷🍷 8 |
| ○ Trento Extra Brut Perlé Nero '05 | 🍷🍷🍷 8 |
| ○ Trento Extra Brut Perlé Nero '04 | 🍷🍷🍷 8 |

## Fondazione Mach

via Edmondo Mach, 1
38010 San Michele all'Adige [TN]
Tel. +39 0461615252
www.ismaa.it

藏酒销售
预约参观
年产量 250 000 瓶
葡萄种植面积 60 公顷
葡萄栽培方式 有机认证

葡萄酒酿造的未来正在马赫基金会（Fondazione Mach）犹如宇宙飞船般巨大的实验室中上演，基金会位于阿迪杰圣米歇尔（San Michele all' Adige）的葡萄酒学校已经名声日隆。这所学校由埃蒙德·马赫（Edmund Mach）创建——这位19世纪末意大利葡萄酒酿造图景中散发夺目光芒的领军人物，或许也是掌握酿造科学重要性的第一人。马赫学校对于葡萄藤及其他许多植物的DNA进行了深入研究，为许多从业人员提供了有效的课程，致力于植物基因研究和先进的耕种技术实验，探寻有益于环境的生物动力学栽培方法等。这所学校的宗旨就是培养各个层级的葡萄酒酿造师、葡萄栽培师以及各类种植方面的专家人士，帮助数以百计的未来葡萄酒业从业人员掌握专业技能。在今年的品鉴中，马赫基金会推荐的部分美酒再次呈现出去年酒品卓越表现，部分美酒的品质更是得到提升。2015年份的莫纳斯泰罗雷司令（Riesling Monastero）真是一款全能美酒，口感多汁，随着时间的推移更会攀上品质的巅峰。其他埃蒙德马赫基金会推荐的美酒也都同样令人印象深刻，包括2015年份的马泽米诺（Marzemino），它表现出独一无二的特质，酒体虽然较轻，但是果味直接而饱满。与此同时，2015年份的诺西奥拉（Nosiola）也脆爽可口，花香扑鼻，是一款清爽美味的佳酿。

| | |
|---|---|
| ● Cabernet Franc Monastero '13 | 🍷🍷 3 |
| ○ Manzoni Bianco Castel San Michele '15 | 🍷🍷 4 |
| ● Trentino Marzemino '15 | 🍷🍷 3 |
| ○ Trentino Nosiola '15 | 🍷🍷 3 |
| ○ Trentino Riesling Monastero '15 | 🍷🍷 5 |
| ○ Trento Mach Riserva del Fondatore '09 | 🍷🍷🍷 5 |
| ○ Trento Mach Riserva del Fondatore '07 | 🍷🍷🍷 5 |
| ○ Trento Mach Riserva del Fondatore '04 | 🍷🍷🍷 5 |
| ○ Trentino Pinot Bianco '14 | 🍷🍷 2* |
| ○ Trentino Pinot Bianco Monastero '13 | 🍷🍷 3* |
| ● Trentino Pinot Nero Monastero '10 | 🍷🍷 6 |
| ○ Trento Mach Riserva del Fondatore '10 | 🍷🍷 5 |
| ○ Trento Mach Riserva del Fondatore '08 | 🍷🍷 5 |

## Grigoletti

via Garibaldi, 12
38060 Nomi [TN]
Tel. +39 0464834215
www.grigoletti.com

藏酒销售
预约参观
年产量 60 000 瓶
葡萄种植面积 6 公顷

在诺米地区（Nomi），格瑞戈莱提家族（Grigoletti）的名字只会令人想到一件事——非常接地气、讲求现实的精选美酒，展露出独一无二的诚实风格，其率直且决不妥协的个性一如它的酿造者。格瑞戈莱提全家都投入这座独立小酒庄的经营运作之中，在酒庄的核心动力卡梅罗·格瑞戈莱提（Carmelo Grigoletti）的带领下兢兢业业地种植，只采用自己亲手栽培种植的葡萄进行酿造，从种植到酿造的整个过程浸润着全家人的汗水——不过酒庄良好的发展令创始人、卡梅罗的父亲（另一位卡梅罗）终于可以安心退休。整个家族勤恳照料着散落在阿迪杰河（Adige）右岸山坡和冲击平原上的种植地块，位于特伦托（Trento）和罗韦雷托（Rovereto）之间。家族酒庄主要致力于本地葡萄品种的栽培和酿造，缔造出充满诚意的美酒。在今年的品鉴中，格瑞戈莱提家族酒庄推荐了一系列品质卓越的美酒，其中2015年份的贡扎莱尔（Gonzalier）显示出扎实的酒体，在坚实果味的支撑下，酸度平衡，收口余韵逡巡不散，精美怡人。与此同时，格瑞戈莱提酒庄的旗舰美酒——2013年份的安提卡葡萄园梅洛（Merlot Antica Vigna）精致优雅，果香扑鼻，光可鉴人，收口美味千变万化，在唇齿间持久流连。除此之外，2015年份的马泽米诺（Marzemino）非常值得推荐，它摇曳着紫红色的光泽，品质卓越，是同品类美酒中的必收佳品。

| | |
|---|---|
| ● Gonzalier '15 | ▼▼ 5 |
| ● Trentino Marzemino '15 | ▼▼ 2* |
| ● Trentino Merlot Antica Vigna '13 | ▼▼ 4 |
| ○ Retiko '14 | ▼ 3 |
| ○ San Martin Passito | ▼ 4 |
| ○ Trentino Chardonnay '15 | ▼ 2 |
| ● Gonzalier '12 | ▽▽ 5 |
| ● Gonzalier '11 | ▽▽ 5 |
| ○ Retiko '13 | ▽▽ 3 |
| ○ Trentino Chardonnay L'Opera '14 | ▽▽ 3 |
| ○ Trentino Chardonnay L'Opera '13 | ▽▽ 3 |
| ● Trentino Marzemino '13 | ▽▽ 2* |
| ● Trentino Merlot Antica Vigna '12 | ▽▽ 4 |

## La-Vis/Valle di Cembra

via Carmine, 7
38015 Lavis [TN]
Tel. +39 0461440111
www.la-vis.com

藏酒销售
预约参观
膳宿接待
年产量 1 000 000 瓶
葡萄种植面积 850 公顷
可持续发展酒庄

拉维斯酒庄（La Vis）正处于变革之中。这座著名的协作酒庄彻底更换了管理团队，克服了前一任管理团队由于经营不利而导致的财政困难。形势得到了有效控制，超过一千名酿酒师成员齐心协力，决心在酿酒过程中的每一个环节都踏出坚实的脚步，注重细节，追求卓越，从高海拔葡萄园汲取高品质酿造葡萄开始，到在高山梯田地带只栽培高原葡萄品种。拉维斯酒庄品种多样、物美价廉的葡萄酒更是通过庞大且专享的渠道和网络广泛传播，销售业绩不断攀升。它们都是真正的特伦蒂诺（Trentino）美酒。在今年的品鉴中，拉维斯酒庄推荐了一系列品质卓越的美酒，其中2012年份的梅西60系列金红特伦托（Trento Oro Rosso 60 Mesi）的精彩表现令人喝彩，无可媲美，这款鹊布拉河谷（Valle di Cembra）佳酿是最精美的多罗米蒂山区酒（Dolomite）之一。与此同时，2015年份的玛索科里加琼瑶浆（Traminer Maso Clinga）口感辛辣，散发着燧石般的独特气息，美味令人垂涎，酒质华美，持久在唇齿之间流连不散。2012年份的瑞拉提赤霞珠陈酿（Cabernet Sauvignon Riserva Ritratti）口感劲道，风味复杂，美味多汁，果味丰盈，展现出极为诱人的收口回味。除此之外，以有机方式栽培的埃帕翠琼瑶浆（Gewürztraminer Ai Padri）和上珀格里特伦蒂戈（Teroldego Pergole Alte）也都较往年有了极大的提升。

| | |
|---|---|
| ● Trentino Cabernet Sauvignon Ritratti '12 | ▼▼ 3* |
| ○ Trentino Traminer Maso Clinga '15 | ▼▼ 4 |
| ○ Trento Brut Oro Rosso 60 Mesi | ▼▼ 5 |
| ● Teroldego Pergole Alte Bio '15 | ▼▼ 2* |
| ○ Trentino Gewürztraminer Ai Padri Bio '15 | ▼▼ 3 |
| ○ Trentino Müller Thurgau V. delle Forche '15 | ▼▼ 3 |
| ○ Ritratto Bianco '07 | ▽▽▽ 4 |
| ● Ritratto Rosso '03 | ▽▽▽ 4 |
| ○ Trentino Müller Thurgau V. delle Forche '14 | ▽▽▽ 3* |
| ○ Trentino Müller Thurgau V. delle Forche '13 | ▽▽▽ 3* |
| ○ Trentino Müller Thurgau V. delle Forche '12 | ▽▽▽ 3* |
| ● Maso Franch L'Altro Manzoni '10 | ▽▽ 3* |
| ○ Trentino Chardonnay Simboli '14 | ▽▽ 2* |

## Letrari

via Monte Baldo, 13/15
38068 Rovereto [TN]
Tel. +39 0464480200
www.letrari.it

藏酒销售
预约参观
年产量 160 000 瓶
葡萄种植面积 23 公顷

内罗・勒翠瑞（Nello Letrari）被公认为葡萄酒酿造的宗师级人物，而且他的影响力不仅仅局限在特伦蒂诺产区（Trentino），在20世纪60年代，莱奥内罗是意大利第一批采用小型橡木桶和传统酿造法（Classic Method）进行葡萄酒生产的领军人物之一。这位睿智的耄耋老人热衷与人交流，阐述酿造葡萄酒的原理和理由，在其长达七十年的酿酒实践基础上，依然梦想着打造开创性的美酒。莱奥内罗将家族生意连同他传奇般的酿造技艺一并传授给了同为酿酒师的女儿露西亚・勒翠瑞（Lucia Letrari），积极主动的露西亚总是做好了迎接新挑战的准备，尤其在生产传统酿造法起泡酒方面。这也部分解释了勒翠瑞家族如今将精力都集中在小范围葡萄酒系列上的原因，尤其擅长出品特伦托起泡酒（Trento Sparklers）。勒翠瑞酒庄今年的推荐酒品中包含多款伟大的起泡酒，升腾活跃的气泡展现出不俗的个性，酒质优雅华美。其中包含四款特别权威的特伦托酒——2010年份的特伦托陈酿（Riserva）呈现出一如既往的高水准，再次将"三杯奖"大奖捧回了家。它荡漾着水晶般剔透的金色光泽，优雅璀璨，吐露着复杂多变的香气，充满异域风情的浓香逐渐让位给白巧克力的醇香，一抹橘皮蜜饯的甜美芬芳萦绕其间，口感均衡，收口带有一丝香草的美味。与此同时，2013年份的迈尔斯马托（Millesimato）直率而美味，气质简朴，悠闲惬意。

| | |
|---|---|
| ○ Trento Brut Ris. '10 | 5 |
| ○ Trento Brut '13 | 5 |
| ● Cabernet Franc '11 | 4 |
| ● Trentino Marzemino '15 | 3 |
| ○ Trento Brut Riserva del Fondatore 976 '06 | 8 |
| ○ Trento Brut Letrari Ris. '09 | 5 |
| ○ Trento Brut Letrari Ris. '08 | 5 |
| ○ Trento Brut Letrari Ris. '07 | 5 |
| ○ Trento Brut Letrari Ris. '05 | 5 |
| ○ Trento Brut Ris. '06 | 5 |
| ○ Trento Brut Riserva del Fondatore 976 '05 | 8 |
| ○ Trento Letrari Quore Ris. '09 | 5 |
| ○ Trento Letrari Riserva del Fondatore '04 | 8 |

## Maso Martis

loc. Martignano
via dell'Albera, 52
38121 Trento
Tel. +39 0461821057
www.masomartis.it

藏酒销售
预约参观
年产量 65 000 瓶
葡萄种植面积 12 公顷
葡萄栽培方式 有机认证

玛索马蒂斯酒庄（Maso Martis）的名字令人想到战神玛尔斯（Mars），在今天的特伦托城（Trento）之上的山坡是一片充满魔力的土地，在远古时期曾经是奉献给战神的献祭，伫立着崇拜战神的神庙。玛索马蒂斯酒庄的葡萄园掩映在特伦托山间的众多葡萄园中，位于面朝卡利西奥山（Mount Calisio）的缓坡，这里永远阳光灿烂，优质酿造葡萄等着斯特尔策家族（Stelzer）将其酿成美酒。以有机方式打理的葡萄园四周环绕着独具特色的干石墙，满园葡萄藤的背后是巍峨群山，一片田园风光。经过三十年从事数不清的与葡萄酒相关的各项活动以及待客服务之后，罗伯塔・斯特尔策（Roberta Stelzer）和安东尼奥・斯特尔策（Antonio Stelzer）决定将主要精力集中在酿造传统起泡酒（Metodo Classico）上，系列特伦托传统起泡酒（Trentos）展现出无法错认的独特风尚。该系列美酒的卓越品质绝对配得上一座"三杯奖"大奖，实际上玛索马蒂斯酒庄已经通过多年不懈努力，向全球推广本产地的佳酿，并且取得了不俗的成绩。玛索马蒂斯酒庄王冠上的两颗巨大宝石在今年的品鉴中表现得可圈可点，分别是品质令人叹服的马尔蒂斯夫人陈酿（Riserva Madame Martis）——产量不足1000瓶；以及品质卓越的2011年份零添加起泡酒（Dosaggio Zero），以黑比诺为主要酿造原料打造而成，展现出强劲有力、同时又不失温柔的美妙口感。

| | |
|---|---|
| ○ Trento Dosaggio Zero Ris. '11 | 5 |
| ○ Trento Madame Martis '06 | 6 |
| ○ Trento Brut Bio | 4 |
| ○ Trento Brut Ris. '08 | 5 |
| ⊙ Trento Rosé Ris. '11 | 5 |
| ○ Trento Brut Ris. '07 | 5 |
| ⊙ Trento Brut Rosé '11 | 5 |
| ○ Trento Dosaggio Zero '10 | 5 |
| ○ Trento Dosaggio Zero '09 | 5 |
| ○ Trento Dosaggio Zero Ris. '10 | 5 |
| ○ Trento Madame Martis Ris. '05 | 6 |
| ○ Trento Madame Martis Ris. '04 | 6 |
| ○ Trento Ris. '08 | 5 |

## Maso Poli

loc. Masi di Pressano, 33
38015 Lavis [TN]
Tel. +39 0461871519
www.masopoli.com

藏酒销售
预约参观
膳宿接待
年产量 80 000 瓶
葡萄种植面积 13 公顷

高海拔葡萄园的无穷魅力，在阿迪杰平原（Adige）之上的高地梯田展露无遗，这里的酒庄的景观壮美，所在俯瞰通往布伦塔多洛米蒂山（Brenta Dolomites）和帕加内拉（Paganella）的沿途美景。玛索珀利酒庄（Maso Poli）早在18世纪就开始生产葡萄酒，不过托根家族（Togn）却是近期才收购了这座历史悠久的古老酒庄。酿酒大师频出的托根王朝来自卢纳洛弗莱（Roverè della Luna），与盖莱霍夫（Gaierhof）的名字息息相关，这个名字就代表着绝对的卓越品质。在拉维斯（Lavis）的山坡上，托根家族的成功建立在本地风土、栽培种植与酿造技术完美结合的基础之上，以葡萄园中永不休止的激情工作为依托，实践着缔造美酒的梦想。罗米纳・托根（Romina Togn）、玛蒂娜・托根（Martina Togn）和瓦伦蒂娜・托根（Valentina Togn）姐妹三人组成了信心满满、意志坚定的女家长三人组，引领着酒庄前行，打造出一系列传统且地域特色浓厚的特伦蒂诺美酒（Trentino），在今年的品鉴中就包含2010年份的经典特伦托陈酿（Trento Riserva），表现出色，令人感到惊艳不已，一下子就吸引了我们的注意力。它摇曳着金色的光泽，口感紧致，香氛浓郁独特，散发着苹果的阵阵果香，继而到来的是多汁且棱角分明的口感。系列酒品中最顶级的产品当属玛莫朗姆（Marmoram），这款佳酿以特伦蒂戈（Teroldego）和勒格瑞（Lagrein）混酿而成，荡漾着石榴红的光晕，质感精美，口感圆润，融入醋栗蜜饯层次分明的美味果味。

| | | |
|---|---|---|
| ○ Trentino Nosiola '15 | ▼▼ | 3 |
| ● Trentino Sorni Rosso Marmoram '12 | ▼▼ | 3 |
| ● Trentino Sup. Pinot Nero '13 | ▼▼ | 3 |
| ○ Trentino Traminer '15 | ▼▼ | 3 |
| ○ Trento Brut Ris. '10 | ▼▼ | 5 |
| ○ Trentino Pinot Grigio '15 | ▼ | 3 |
| ● Trentino Pinot Nero '12 | ▽▽ | 3 |
| ● Trentino Pinot Nero Sup. '08 | ▽▽ | 3 |
| ○ Trentino Riesling '13 | ▽▽ | 3 |
| ● Trentino Sorni Rosso Marmoram '11 | ▽▽ | 3 |
| ● Trentino Sorni Rosso Marmoram '10 | ▽▽ | 3 |
| ● Trentino Sup. Pinot Nero '11 | ▽▽ | 3 |
| ○ Trentino Traminer '13 | ▽▽ | 3 |

## Mezzacorona

via del Teroldego, 1e
38016 Mezzocorona [TN]
Tel. +39 0461616399
www.mezzacorona.it

藏酒销售
预约参观
膳宿接待
年产量 48 000 000 瓶
葡萄种植面积 2800 公顷
可持续发展酒庄

梅佐考罗纳酒庄（Mezzacorona）已经发展成为大型的跨国葡萄酒公司，它的根基依然坚实地扎根在特伦蒂诺（Trentino），成为本地协作酒庄的领军者。虽然此前经历了一些困难，但是梅佐考罗纳酒庄在几年间就令生意好转起来，分别在临近西西里（Sicily）阿格里真托（Agrigento）西南的阿兰斯奥庄园（Feudo Arancio）和临近拉古萨（Ragusa）东南的阿尔比乌斯堡（Villa Albius）建起两座现代化的酿酒厂，他们的葡萄酒市场触角很广，如今更成为中国电子商务大鳄阿里巴巴的合作者。与此同时，梅佐考罗纳酒庄并没有切断自己与特伦蒂诺（Trentino）的紧密联系，其出品的罗塔利亚诺特伦蒂戈（Teroldego Rotaliano）和特伦托起泡酒（Trentodoc）都完美地验证了这一点。梅佐考罗纳酒庄的地产面积广袤，覆盖很广，生产一系列技术上无懈可击、拥有极高收藏价值的美酒。在今年的品鉴中，梅佐考罗纳酒庄推荐了一系列品质卓越的美酒，其中2008年份的弗拉维奥（Flavio）是一款血统纯正的特伦托酒（Trento），它的风味质朴，气泡精美，活泼辛辣，入口多汁，堪称同品类美酒中的顶级佳酿。梅佐考罗纳酒庄在出产各类起泡酒和一系列忠于本地风土条件的美酒同时，更凭借罗塔利品牌（Rotari）和梅佐考罗纳品牌（Mezzacorona）一举摘下“三杯奖”大奖。

| | | |
|---|---|---|
| ○ Trento Rotari Flavio Ris. '08 | ▼▼▼ (red) | 5 |
| ● Nerofino '13 | ▼▼ | 4 |
| ● Teroldego Rotaliano '15 | ▼▼ | 4 |
| ● Teroldego Rotaliano Castel Firmian Ris. '13 | ▼▼ | 2 |
| ○ Trentino Pinot Grigio Castel Firmian Ris. '14 | ▼▼ | 4 |
| ● Teroldego Rotaliano Nos Ris. '04 | ▽▽▽ | 5 |
| ○ Trento Rotari Flavio Ris. '07 | ▽▽▽ | 5 |
| ○ Trento Rotari Flavio Ris. '06 | ▽▽▽ | 5 |
| ● Teroldego Rotaliano Castel Firmian Ris. '12 | ▽▽ | 2 |
| ● Teroldego Rotaliano Nos '09 | ▽▽ | 5 |
| ○ Trentino Pinot Grigio Castel Firmian '13 | ▽▽ | 3 |
| ● Trentino Pinot Nero Castel Firmian '12 | ▽▽ | 3 |
| ○ Trento Extra Brut AlpeRegis '09 | ▽▽ | 5 |

## :asata Monfort

ı Carlo Sette, 21
8015 Lavis [TN]
ɛl. +39 0461246353
www.cantinemonfort.it

藏酒销售
页约参观
F产量 170 000 瓶
葡萄种植面积 40 公顷
可持续发展酒庄

E轻的费德里克·西蒙尼（Federico ımoni）在遵循父母留下的酿造传统基础二，引领着蒙特福德（Casata Monfort）这家族酒庄不断前行，致力于将酒庄出品的美酒打造成更加诱人的顶级佳品。费德里克以不俗成绩证明了自己拥有打造多种美酒的强大能力，其出品的精选佳酿能够适用各种商业场合和不同分类市场。蒙特福德酒庄种类广泛的美酒包括令人啧啧称奇的玛索坎塔杰尔精选系列（Maso Cantanghel），系列的名字来自奥匈帝国时期保护了特伦托城（Trento）朝向瓦尔苏加纳（Valsugana）一面的堡垒名字。费德里克及其同事就在这里专注于黑比诺（Pinot Nero）的栽培和酿造，同时也关注其他知名度略逊的品种，致力于保持特伦蒂诺产区悠久的酿造传统。在今年的品鉴中，蒙特福德酒庄推荐了一系列品质卓越的美酒，其中表现最佳、拔得头筹的无疑是2012年份的黑比诺（Pinot Nero）。酒香扑鼻，风味古朴传统，以有机葡萄酿造而成，这款黑比诺吐露着醋栗般均衡的阵阵果香，飘散着独一无二的树脂芬芳，果味完整，令人愉悦。与此同时，2015年份的琼瑶浆（Traminer）也同样品质优异，跃动的辛辣口感与多汁果味交相辉映，完美搭配。

| | |
|---|---|
| Trentino Pinot Nero V. Cantanghel '12 | 🍷🍷 5 |
| Sotsas '13 | 🍷🍷 3 |
| Trentino Pinot Grigio Rosé '15 | 🍷🍷 3 |
| Trentino Traminer Aromatico '15 | 🍷🍷 3 |
| Trento Brut Monfort | 🍷🍷 4 |
| Trento Monfort Rosé | 🍷 4 |
| Blanc de Sers '13 | YY 3 |
| Pinot Nero '13 | YY 3 |
| San Lorenzo '14 | YY 2* |
| Trentino Gewürztraminer '14 | YY 3 |
| Trentino Traminer Aromatico V. Caselle '12 | YY 3 |
| Trento Brut Ris. '09 | YY 5 |
| Trento Brut Ris. '08 | YY 5 |

## Moser

fraz. Gardolo di Mezzo
via Castel di Gardolo, 5
38121 Trento
Tel. +39 0461990786
www.cantinemoser.com

藏酒销售
预约参观
膳宿接待
年产量 120 000 瓶
葡萄种植面积 17 公顷

莫泽家族（Moser）的名字再次席卷自行车世界的头版头条——这一次是年轻的莫雷诺·莫泽（Moreno Moser）；而他的叔叔、前世界冠军弗朗西斯科（Francesco）早已将自行车鞍座换成了拖拉机座椅，在特伦托（Trento）北部山区的加德罗迪梅佐（Gardolo di Mezzo）附近专心耕耘，打理美丽诱人的庄园。弗朗西斯科的子女卡洛（Carlo）和弗朗西斯卡（Francesca）经营着这座莫泽酒庄。这座壮美的庄园在许多方面都令人极为惊叹，大大出乎意料，甚至还配有一座小型的自行车博物馆，车轮辐条与橡木酒桶同堂，酒杯与自行车奖杯同桌。当然了，还有什么能比酒庄自产的美酒更好地庆祝这些伟大的胜利！这些佳酿中无疑包括最为经典的特伦托（Trento）！莫泽酒庄今年提供的美酒品质卓越，其中顶级起泡酒（Moser Sparkler Pedigree）更是冲进了角逐“三杯奖”的决赛。它吐露着复杂且略显年轻的香气，这款桃红葡萄酒（Rosé）令人愉悦，红莓般的果味始终主宰口感。与此同时，2013年份的特伦蒂戈（Teroldego）的酿造葡萄来自特伦托城（Trento）附近的山地，充分展现出明确的风土条件。酒庄其他美酒珍品还包括穆勒图高（Müller Thurgau）以及黄标莫斯卡托（Moscato Giallo），两款都是2015年份酒。

| | |
|---|---|
| ● Teroldego '13 | 🍷🍷 3 |
| ○ Trento Brut 51,151 | 🍷🍷 5 |
| ⊙ Trento Rosé '12 | 🍷🍷 5 |
| ○ Gewürztraminer '14 | 🍷 3 |
| ○ Moscato Giallo '15 | 🍷 3 |
| ○ Müller Thurgau '15 | 🍷 3 |
| ○ 51,151 '10 | YY 5 |
| ● Lagrein Dea Mater '09 | YY 3 |
| ● Lagrein Deamater '05 | YY 3 |
| ○ Moscato Giallo '14 | YY 3 |
| ○ Riesling '12 | YY 3 |
| ○ Riesling '10 | YY 2* |
| ○ Trento 51,151 '09 | YY 5 |

## Opera Vitivinicola in Valdicembra

FRAZ. VERLA
VIA 3 NOVEMBRE, 8
38030 GIOVO [TN]
TEL. +39 0461684302
www.operavaldicembra.it

藏酒销售
预约参观
年产量 60 000 瓶
葡萄种植面积 15 公顷

这座小酒庄很快就从激烈的竞争中脱颖而出，最初是与当地最顶级的酒庄争辉，最终凭借几款令人惊叹、口感扎实的传统酿造法起泡酒（Metodo Classico）艳冠群芳，站上了领奖台的最高点。这是葡萄种植商最大骄傲的来源，进一步强调了鹊布拉山谷（Val di Cembra）独具特色的美酒具有无限潜力和价值，这片山区终于得到了认可，成为英雄的酿酒次产区。维尔蒂奇玛布拉酒庄（Opera Vitivinicola in Valdicembra）只生产起泡酒，拥有现代化的大楼，以不锈钢、玻璃和斑岩为材质建筑而成，虽然酒庄建筑颇为冷硬，但是葡萄园却极为秀美柔和，给予了出品美酒独一无二的特色，并以干石围墙环绕保护葡萄园。在今年的品鉴中，维尔蒂奇玛布拉酒庄推荐了一系列品质卓越的美酒，其中2009年份的陈酿（Riserva）气势恢宏，荡漾着斑岩金色的光晕，反映出鹊布拉山谷（Val di Cembra）的矿物质浓醇气息，酿造这款经典的特伦托（Trento）美酒的酿造葡萄就在这里成熟。它的质地细腻，口感美妙，融入丝丝香料般的辛香，随着时间的推移，这款佳酿的真正个性将会显露无遗。与此同时，阿尔卑斯山间的芬芳与紧密的酒体结构令单一品种黑比诺（Pinot Nero）酿造的2010年份的白欧培拉（Opera Blanc）脱颖而出，给人留下相当深刻的印象。

| | | |
|---|---|---|
| ○ Trento Nature Opera '10 | 🍷🍷 | 5 |
| ○ Trento Nature Opera Ris. '09 | 🍷🍷 | 5 |
| ○ Trento Brut Opera '11 | ▼▼ | 5 |
| ○ Trento Opera Blanc '10 | ▼▼ | 5 |
| ○ Trento Brut Dosaggio Zero Opera Ris. '08 | ▽▽▽ | 7 |
| ○ Trento Brut Opera '09 | ▽▽ | 5 |
| ⊙ Trento Brut Rosé Noir '09 | ▽▽ | 5 |
| ○ Trento Nature '08 | ▽▽ | 4 |
| ○ Trento Nature Opera '09 | ▽▽ | 5 |

## Pisoni

LOC. SARCHE
FRAZ. PERGOLESE DI LASINO
VIA SAN SIRO, 7A
0461 MADRUZZO
TEL. +39 0461564106
www.pisoni.net

藏酒销售
预约参观
年产量 23 500 瓶
葡萄种植面积 16 公顷

卓越的酿酒家族皮森尼家族（Pisoni 在几近两个世纪的漫长时光中不断积累 酿造经验，家族中拥有卓越的葡萄栽培 师、起泡酒酿造师和葡萄酒酿造师等， 新一代家族成员在阿迪杰圣米歇尔（Sa Michele all' Adige）的农业学院毕业后， 在酒庄的发展中承担特定的角色，将所 学应用于家族酒庄的葡萄园中，尤其在 栽培葡萄、耕作土地、酿造葡萄、以及 制作传统的渣酿白兰地格拉帕（Grappa 上下了许多功夫。关系亲密的家庭成员 掌握着广泛的酿造知识和技巧。其中， 斯蒂凡诺·皮森尼斯（Stefano Pisonis 专注于酒庄葡萄园中的生物动力学栽培 实验；马可·皮森尼斯（Marco Pisonis 与弗兰西斯科·皮森尼斯（Francesc Pisonis）共同负责酒窖的酿造工作，主要 专攻起泡酒；而埃里奥·皮森尼斯（El Pisonis）则掌管着渣酿白兰地格拉帕的酿 造。虽然皮森尼酒庄出品系列美酒完整 全面，但是他们最引以为傲的佳酿无疑 还是非常稀有珍贵的特伦蒂诺圣酒（Vir Santo Trentino），是皮森尼家族偶像级的 出品美酒。2008年份的80梅西特伦托陈 酿葡萄酒（Trento Riserva 80 Mesi）展现出 真正令人叹服的品质，它的香氛和果味 层次递进，成熟诱人，酒重扎实，口感 锐利，芬芳扑鼻，果味丰盈饱满，是一 款极为卓越的美酒。与此相比，2012年 份的天然葡萄酒（Nature）酒体较轻，酒 质活跃，但是平衡度极佳，芬芳怡人， 口感直接，酸度均衡。

| | | |
|---|---|---|
| ○ Trento Extra Brut 80 Mesi Ris. '08 | 🍷🍷 | [illegible] |
| ○ Nosiola '15 | ▼▼ | 2 |
| ○ Trentino Vino Santo '02 | ▼▼ | 6 |
| ○ Trento Brut Nature '12 | ▼▼ | 4 |
| ⊙ Trento Rosé '12 | ▼▼ | 5 |
| ● Reboro '12 | ▼ | 4 |
| ○ Trentino Vino Santo '98 | ▽▽▽ | 6 |
| ● Sarica Rosso '11 | ▽▽ | 4 |
| ○ Trentino Vino Santo '01 | ▽▽ | 6 |
| ○ Trentino Vino Santo '00 | ▽▽ | 6 |
| ○ Trento Brut Nature '11 | ▽▽ | 4 |
| ○ Trento Extra Brut '10 | ▽▽ | 5 |
| ○ Trento Extra Brut 80 Mesi Ris. '07 | ▽▽ | 5 |
| ○ Trento Extra Brut Ris. '08 | ▽▽ | 5 |

## ojer & Sandri

oc. Molini, 4
8010 Faedo [TN]
el. +39 0461650342
www.pojeresandri.it

藏酒销售
预约参观
膳宿接待
年产量 200 000 瓶
葡萄种植面积 32 公顷
葡萄栽培方式 有机认证

马里奥·珀杰（Mario Pojer）和菲奥伦蒂诺·桑德里（Fiorentino Sandri）是永不停歇的冒险家，两人合作历史久远，已经共同出品四十多季，他们终生辛勤劳动致力于捕捉种植商提供的酿造葡萄的精髓所在并在美酒中充分表达出来，打造无以伦比的顶级佳酿。今天，他们的后代加入到了这些真正的葡萄酒酿造者的行列——他们都是勇于尝试的权威实验家，常常展现出反叛传统的勇气，能够酿造出接近完美的佳酿，努力推广以法埃多（Faedo）以及鹊布拉河谷（Valle di Cembra）周边地带的高山葡萄酿造的美酒。这座法埃多地区的酒庄盛名在外，这很大程度上是由于这座酒庄勇于创新，将注意力转移到以特殊的种间葡萄品种酿造的美酒上——自然抗病的酿造葡萄以对于自然环境完全无影响的可持续栽培手段种植，更试图制作传统的渣酿白兰地格拉帕（Grappa）和特产醋。珀杰和桑德里酒庄酿造的起泡酒别具一格，不论是否与酒泥共同发酵，或者如同2011年份和2012年份的果实混酿出的桃红葡萄酒陈酿（Cuvée Rosé）等，酿造哲学都如出一辙，那就是充分显露出在酿造过程中以及生长过程中不断进行的创新实验收获的成果，很难用几句话就简要地概括。总而言之，珀杰和桑德里酒庄的所有出品美酒都展现出浓郁集中、酒香和果味层次分明、逐步延宕的特质，有力的口感充分表达出美酒的极高品质。

| | |
|---|---|
| Pinot Nero Rodel Pianezzi '13 | ▼▼ 5 |
| Spumante Rosé Cuvée 11-12 | ▼▼ 5 |
| Bianco Faye '12 | ▼▼ 5 |
| Chardonnay '15 | ▼▼ 3 |
| Merlino | ▼▼ 5 |
| Müller Thurgau Palai '15 | ▼▼ 3 |
| Traminer '15 | ▼▼ 4 |
| Bianco Faye '08 | ▽▽▽ 5 |
| Bianco Faye '01 | ▽▽▽ 5 |
| Pinot Nero Rodel Pianezzi '09 | ▽▽▽ 5 |
| Rosso Faye '05 | ▽▽▽ 5 |
| Rosso Faye '00 | ▽▽▽ 5 |
| Palai '14 | ▽▽ 3* |
| Rosso Faye '11 | ▽▽ 6 |

## Pravis

loc. Le Biolche, 1
0461 Madruzzo
Tel. +39 0461564305
www.pravis.it

藏酒销售
预约参观
年产量 200 000 瓶
葡萄种植面积 32 公顷

这是一片景色秀美的诱人土地：玛杜佐堡（Castel Madruzzo）坐落于此，茂密的葡萄园与田园风光相得益彰，点缀在布伦塔多洛米蒂山（Brenta Dolomites）与通往加尔达湖（Garda）路旁的大小湖泊之间。加尔达湖吹来的金色微风更添惬意，也为这片土地带来完美的日间温度，对于葡萄的成熟非常有利。对于自己的酿造热情和决心，普拉维斯酒庄（Pravis）的三位主人从不浮夸。他们耕耘着规模不大的葡萄园地块，以对环境造成伤害最小的自然方式打理葡萄藤。酒庄的新一代也跟随着父辈的足迹，阿莱西奥·切斯蒂（Alessio Chistè）负责葡萄园的栽培和种植业务，而酿酒师艾瑞卡·贝德里尼（Erika Pedrini）和茱莉亚·贝德里尼（Giulia Pedrini）则在酒窖中忙于酿造美酒——看似简朴、其实卓越而伟大的顶级佳酿。在今年的品鉴中，无以伦比的2012年份方塔格兰达（Fratagranda）是特伦蒂诺产区（Trentino）的最佳红葡萄酒之一，它吐露着辛辣的酒香，口感完美，收口感受豪华。随着时间的推移，这款佳酿必定会更加攀上品质的巅峰。除此之外，2013年份的塞莱（Syrae）是另一款必须提及的卓越红葡萄酒，它的气质质朴原始，散发着香料般的缕缕辛香，融入檀香的圣洁芬芳。与此同时，在普拉维斯酒庄今年推荐的所有白葡萄酒中，拔得头筹的要属2015年份的克劳斯德尔蒙特（Cros del Mont）。

| | |
|---|---|
| ● Fratagranda '12 | ▼▼ 4 |
| ● Syrae '13 | ▼▼ 4 |
| ○ Kerner '15 | ▼▼ 2* |
| ○ Müller Thurgau St. Thomà '15 | ▼▼ 2* |
| ○ Sauvignon Teramara '15 | ▼▼ 3 |
| ○ Traminer Cros del Mont '15 | ▼▼ 4 |
| ● Fratagranda '10 | ▽▽▽ 4* |
| ● Fratagranda '07 | ▽▽▽ 4 |
| ○ Vino Santo Arèle '06 | ▽▽▽ 6 |
| ○ l'Ora '12 | ▽▽ 4 |
| ● Madruzzo '12 | ▽▽ 3 |
| ○ Stravino di Stravino '12 | ▽▽ 4 |
| ○ Stravino di Stravino '11 | ▽▽ 4 |
| ● Syrae '12 | ▽▽ 4 |

## Revì

via Florida, 10
38060 Aldeno [TN]
Tel. +39 0461843155
www.revispumanti.com

藏酒销售
预约参观
年产量 20 000 瓶
葡萄种植面积 1.7 公顷
葡萄栽培方式 有机认证

拉维酒庄（Revi）是一座小型的家庭酒庄，如何生产出一系列顶级的特伦托美酒（Trentos），始终是令人极感兴趣的话题。保罗·马尔费勒（Paolo Malfer）于1982年创立了拉维酒庄，经过多年持久不懈的酿造奉献，终于在家族新一代成员身上得到了回馈，尤其是年轻的贾科莫（Giacomo）——一位擅长酿造起泡酒的大师，而且还是一位拥有市场研究学位的高才生。拉维酒庄的名字暗示着这片土地上生长的葡萄注定将会用于酿造国王的美酒。在拉维酒庄今年推荐的参选美酒中，2012年份的零添加美酒（Dosaggio Zero）表现卓越，它以霞多丽（Chardonnay）酿造而成，气质惬意，如同丝般柔滑，入口感到蜜糖般的美味，口感锐利多刺，散发着苹果般脆爽的果香，底蕴中透露出丝丝烘焙面包的醇香，优雅丰盈的果味与香氛完美平衡，相得益彰；而2011年份的干型葡萄酒（Brut）色泽青绿，口感鲜美，吐露着典型的特伦蒂诺产区酒（Trentino）芬芳。除此之外，以黑比诺（Pinot Nero）打造的2009年份黑卡瓦列雷（Cavaliere Nero）似乎需要时间来进一步完善酒质，假以时日，必定攀上品质巅峰。还有可饮性很高、极易入口的桃红葡萄酒（Rosé）也给我们留下了相当深刻的印象。

| | |
|---|---|
| ○ Trento Brut '11 | ▼▼ 4 |
| ○ Trento Dosaggio Zero '12 | ▼▼ 5 |
| ○ Trento Extra Brut Cavaliere Nero '09 | ▼▼ 5 |
| ⊙ Trento Rosé '12 | ▼▼ 5 |
| ○ Trento Brut Revì '09 | ▽▽ 4 |
| ○ Trento Brut Revì Mill. '10 | ▽▽ 4 |
| ○ Trento Brut Revì '11 | ▽▽ 4 |
| ○ Trento Dosaggio Zero Revì '10 | ▽▽ 5 |
| ○ Trento Dosaggio Zero Revì '09 | ▽▽ 5 |
| ○ Trento Extra Brut Bio Revì Paladino '09 | ▽▽ 7 |
| ○ Trento Extra Brut Paladino '10 | ▽▽ 7 |
| ○ Trento Revì Brut Mill. '08 | ▽▽ 4 |
| ⊙ Trento Rosé Revì '11 | ▽▽ 5 |
| ⊙ Trento Rosé Revì '09 | ▽▽ 5 |

## Cantina Rotaliana

via Trento, 65b
38017 Mezzolombardo [TN]
Tel. +39 0461601010
www.cantinarotaliana.it

藏酒销售
预约参观
年产量 1 000 000 瓶
葡萄种植面积 330 公顷
可持续发展酒庄

美索隆巴多（Mezzolombardo）小城坐落在高海拔地带，这里遍布葡萄园，几乎全部奉献给特伦蒂戈（Teroldego）——这种本地品种葡萄是地产美酒名字的来源。特伦蒂戈酒最初出现在14世纪中期，20世纪在罗塔利亚诺原野（Campo Rotaliano）的乡间广泛生产，诺切河（Noce）与阿迪杰河（Adige）就在这里交汇，冲击平原上涌现数百公顷的肥美良田。罗塔莲娜酒庄（Cantina Rotaliana）是一座成功的协作酒庄，经过世代传承，次产区的地貌地形、气候条件以及传统酿造方式都融入骨血，成为抹不去的特质。罗塔莲娜酒庄的旗舰美酒是特伦蒂戈酒，分为几种款式；还有产地各异的精选白葡萄酒；以及个性非凡的特伦托酒（Trento）。雷德08（Redor 08）依然是一款极为经典的美酒，它以霞多丽（Chardonnay）和黑比诺（Pinot Nero）混酿而成。这片次产区以及罗塔莲娜酒庄的旗舰美酒依然是特伦蒂戈，它浸润在罗塔莲娜酒庄的血脉中，打造出了科莱苏瑞（Clesurae）、陈酿系列（Riserva）和红标系列（Etichetta Rossa）等极品美酒。罗塔莲娜酒庄的精选系列美酒科莱苏瑞（Clesurae）和谐平衡，橡木美味还需要时间进一步演化，以平衡单宁。除此之外，2013年份的陈酿（Riserva）极为均衡，而2015年份的红标特伦蒂戈（Etichetta Rossa）则口感怡人，极易入口，给人带来惬意的享受。

| | |
|---|---|
| ● Teroldego Rotaliano Clesurae '13 | ▼▼ 6 |
| ● Teroldego Rotaliano Et. Rossa '15 | ▼▼ 3 |
| ● Teroldego Rotaliano Sup. Ris. '13 | ▼▼ 4 |
| ○ Trento Brut Redor Ris. '08 | ▼▼ 5 |
| ○ Trentino Pinot Bianco '15 | ▼ 2 |
| ○ Trentino Pinot Grigio '15 | ▼ 2 |
| ● Teroldego Rotaliano Clesurae '06 | ▽▽▽ 5 |
| ● Teroldego Rotaliano Clesurae '02 | ▽▽▽ 5 |
| ● Teroldego Rotaliano Ris. '04 | ▽▽▽ 3 |
| ● Teroldego Rotaliano Clesurae '12 | ▽▽ 6 |
| ● Teroldego Rotaliano Clesurae '11 | ▽▽ 6 |
| ● Teroldego Rotaliano Et. Rossa '14 | ▽▽ 2 |
| ● Teroldego Rotaliano Ris. '11 | ▽▽ 4 |
| ○ Trento Brut Redor Ris. '07 | ▽▽ 5 |

## ★★Tenuta San Leonardo

RAZ. BORGHETTO ALL'ADIGE
OC. SAN LEONARDO
8060 AVIO [TN]
TEL. +39 0464689004
www.sanleonardo.it

藏酒销售
预约参观
年产量 250 000 瓶
葡萄种植面积 34 公顷
可持续发展酒庄

圣李奥纳多酒庄（Tenuta San Leonardo）的所有出品都极具权威性，而且风格独特，无法错认。奎莱瑞·贡扎加（Guerrieri Gonzaga）声名卓著，酿造出多款举世公认的美酒，不知疲倦的他奠定了一个葡萄酒王朝，兢兢业业地照料着位于阿维奥博尔盖托（Borghetto Avio）、与威尼托产区（Veneto）交界的庄园，试图保存本地风土条件。巨大的林间地块嵌入新的葡萄园，专门栽培黑葡萄品种，全部采用有机方式种植。酿出的美酒仿佛具有魔力一般，充分展现出诞生地风土的魅力。因此，卡洛侯爵（Marchese Carlo）和儿子安塞尔莫（Anselmo）不断努力，在特伦蒂诺（Trentino）以及其他地区不断加强自己精品美酒缔造者的地位。他们出品的美酒风味复杂，质地细腻，富有魔力般的惬意口感。在今年的品鉴中，圣李奥纳多酒庄今年推荐的酒品具有极高的品质，其中2011年份的圣李奥纳多（San Leonardo）表现非常精彩，该年份的气候条件令这款一贯品质卓越的美酒锦上添花。辛辣的香气犹如秋天的气息，令人想起雪茄烟叶的芬芳和林中猎犬的吠声。单宁犹如天鹅绒般丝滑柔美，完美的酸度与之适宜相配。这是一款非常精美的佳酿，不容置疑。

| | |
|---|---|
| San Leonardo '11 | 🍷🍷🍷 8 |
| Villa Gresti '11 | 🍷🍷 5 |
| Terre di San Leonardo '13 | 🍷🍷 3 |
| Vette di San Leonardo '15 | 🍷🍷 3 |
| Carmenère '07 | ΥΥΥ 8 |
| San Leonardo '10 | ΥΥΥ 7 |
| San Leonardo '08 | ΥΥΥ 7 |
| San Leonardo '07 | ΥΥΥ 7 |
| San Leonardo '06 | ΥΥΥ 7 |
| San Leonardo '05 | ΥΥΥ 7 |
| San Leonardo '04 | ΥΥΥ 7 |
| San Leonardo '03 | ΥΥΥ 7 |
| San Leonardo '01 | ΥΥΥ 7 |
| Villa Gresti '03 | ΥΥΥ 6 |

## Toblino

FRAZ. SARCHE
VIA LONGA, 1
0461 MADRUZZO
TEL. +39 0461564168
www.toblino.it

藏酒销售
预约参观
餐饮接待
年产量 400 000 瓶
葡萄种植面积 700 公顷
葡萄栽培方式 有机认证

托比利诺酒庄（Toblino）或许是将六百多名种植商成员全部纳入有机栽培计划中的首家协作酒庄，地处拉吉谷（Valle dei Laghi）的生物区（Bio District），与玛诸佐新城（Madruzzo）和一系列当地农作物协会合作，酒庄的葡萄园从谷底一直蔓延到加尔达湖（Lake Garda）两岸，直至攀上邦多内山（Mount Bondone）的山坡，种植地块几近海拔800米。托比利诺酒庄的名字来自附近的同名湖泊，享受着条件极佳的微气候环境，确保葡萄串能够在枝上挂到极致成熟后再采摘，与此同时，酒庄也擅长出产精品特伦托起泡酒。托比利诺酒庄的出品系列完整广泛，包括特伦托酒（Trentos）以及一些来自拉吉谷地区以有机方式打造的美酒。在今年的品鉴中，托比利诺酒庄推荐的最佳特伦托酒之一便是2011年份的天蝎星（Antares）——这款特伦托美酒以星星的名字来命名，因为这颗星星总是在特伦蒂诺（Trentino）酿造起泡酒的季节高高挂在天上。它的口感活跃，完美无瑕，极富表现力的口感令人印象深刻。与此同时，阿罗马蒂科琼瑶浆（Traminer Aromatico）和霞多丽（Chardonnay）都展现出质朴的魅力，结合了令人愉悦的、非比寻常的酒香，散发着玫瑰花瓣的幽然花香，融入阿尔卑斯山水果的阵阵果香，给人带来怡人的享受。

| | |
|---|---|
| ○ Trentino Chardonnay Bio '15 | 🍷🍷 2* |
| ○ Trentino Traminer Aromatico Bio '15 | 🍷🍷 2* |
| ○ Trento Brut Antares '11 | 🍷🍷 3 |
| ○ Manzoni Bianco Bio '15 | 🍷 2 |
| ○ Trentino Müller Thurgau '15 | 🍷 2 |
| ○ Trentino Nosiola '15 | 🍷 2 |
| ○ L'Ora '11 | ΥΥ 3 |
| ○ Largiller '07 | ΥΥ 3 |
| ○ Manzoni Bianco '13 | ΥΥ 2* |
| ○ Moscato Giallo Bio '14 | ΥΥ 2* |
| ○ Trentino Chardonnay '13 | ΥΥ 2* |
| ○ Trentino Müller Thurgau '13 | ΥΥ 2* |
| ○ Trentino Nosiola '13 | ΥΥ 2* |
| ○ Trento Brut Antares '10 | ΥΥ 3 |

## Vallarom

fraz. Masi, 21
38063 Avio [TN]
Tel. +39 0464684297
www.vallarom.it

藏酒销售
预约参观
膳宿接待
年产量 45 000 瓶
葡萄种植面积 7 公顷
葡萄栽培方式 有机认证
可持续发展酒庄

阿维奥地区（Avio）的葡萄栽培和葡萄酒酿造传统源远流长，甚至记不起最早的缘起时间。僧侣们在18世纪的文献中曾经记载过此地出产美酒，阿迪杰河（Adige）的两岸遍布无法渗透的山岩峭壁，经过数个世纪的辛勤开垦，瓦拉加里纳（Vallagarina）低地逐渐变成了萨尼平原（Campi Sarni），阿维奥就此出产品质卓越、令人惊叹的原始风味美酒。芭芭拉·塞恩扎（Barbara Scienza）和菲力波·塞恩扎（Filippo Scienza）的家庭酒庄致力于重新恢复这片古老产地的荣光。凭借巨大的耐心和热情，跟随传统与现代的规则，瓦拉罗姆酒庄（Vallarom）已经成功地将全部种植地块转变为有机栽培方式，利用绿色生态建筑，将他们的农庄酒窖变成了远近闻名的农家度假胜地。瓦拉罗姆酒庄今年推荐的参选美酒表现都非常精彩，其中作为一款由赤霞珠（Cabernet）、梅洛（Merlot）和西拉（Syrah）混酿而成的美酒，2012年份的弗富伦斯（Fuflus）特色突出，口感圆润，惬意迷人。除此之外，2015年份的马泽米诺（Marzemino）非常传统，口感轻快，酒精度较高，十分可口，酒质异常深邃。与此同时，2013年份的赤霞珠（Cabernet Sauvignon）也给我们留下了相当深刻的印象，酒质浓郁集中，平衡度极佳，充分展现出波尔多酒（Bordeaux）的风尚。

| | | |
|---|---|---|
| ● Cabernet Sauvignon Bio '13 | TT | 3 |
| ○ Enantio '15 | TT | 3 |
| ● Fuflus '12 | TT | 4 |
| ● Trentino Marzemino Bio '15 | TT | 3 |
| ○ Vo' | TT | 4 |
| ⊙ Vo' Rosé | T | 4 |
| ● Campi Sarni Rosso '10 | YY | 4 |
| ● Trentino Marzemino '14 | YY | 3 |
| ● Trentino Marzemino '13 | YY | 3 |
| ○ Vadum Caesaris '01 | YY | 2 |
| ● Vallagarina Campi Sarni '11 | YY | 4 |
| ● Vallagarina Pinot Nero '13 | YY | 4 |
| ○ Vo' Dosaggio Zero '12 | YY | 4 |
| ○ Vo' Dosaggio Zero '10 | YY | 4 |

## Roberto Zeni

fraz. Grumo
via Stretta, 2
38010 San Michele all'Adige [TN]
Tel. +39 0461650456
www.zeni.tn.it

藏酒销售
预约参观
年产量 150 000 瓶
葡萄种植面积 14 公顷
葡萄栽培方式 有机认证

在永不满足的好奇心的驱使下，安德里亚·泽尼（Andrea Zeni）和罗伯托·泽尼（Roberto Zeni）兄弟两人已经在酒庄中携手共度了几近五十年的岁月，积累了丰富的葡萄栽培经验，如今高兴地看到年青一代的鲁迪（Rudy）将年轻的创新和活力注入家族酒庄的生意中，在拉维山（Lavis）的玛索内罗（Maso Nero）建起了属于自己的小酒窖，发展成为这座迷人的家族酒庄的核心酿造地。罗伯托泽尼酒庄（Roberto Zeni）主要的葡萄园分布于阿迪杰河（Adige）两岸，靠近酒窖的格鲁莫（Grumo）。专注于栽培和酿造起泡酒，泽尼酒庄出品的许多美酒都享有盛誉，葡萄园地块遍布河谷低地和陡峭山岩，酿造葡萄都采用有机方式栽培，品种包括本产区独一无二的芳香葡萄品种，更有经典的特伦托（Trento）葡萄品种。在今年的品鉴中，罗伯托泽尼酒庄出品的特伦蒂戈酒（Teroldego）——2012年份的皮尼（Pini）表现卓越，从力道方面而言几乎罕有对手，堪称同品类美酒中的佼佼者之一。不寻常的浓郁酒香搭配深邃且灿烂的色泽，它散发着阵阵甘草的芬芳，融入野生莓果的缕缕果香，这款质地细腻的美酒散发着成熟的果香，收口惬意怡人。除此之外，还有另一款特伦蒂戈酒（Teroldego）的品质同样出众，那就是2013年份的泰内特（Ternet）——一款特色包罗万象且锐口的美酒。

| | | |
|---|---|---|
| ● Teroldego Rotaliano Pini '12 | RRR | 6 |
| ● Teroldego Ternet Schwarzhof '13 | RR | 5 |
| ○ Traminer Schwarzhof '15 | TT | 4 |
| ○ Trentino Nosiola Palustella '15 | TT | 2 |
| ○ Trento Brut Nero Maso Ris. '10 | TT | 5 |
| ○ Trento Dosaggio Zero Maso Nero '11 | TT | 5 |
| ● Ternet Schwarzhof '10 | YYY | 5 |
| ● Teroldego Rotaliano Pini '09 | YYY | 6 |
| ○ Müller Thurgau Lecroci '14 | YY | 2 |
| ● Rossara Legiare '14 | YY | 2 |
| ● Teroldego Rotaliano Lealbere '13 | YY | 3 |
| ● Teroldego Rotaliano Pini '10 | YY | 6 |
| ● Teroldego Ternet Schwarzhof '12 | YY | 5 |
| ○ Trento Brut Nero Maso Ris. '09 | YY | 5 |

## Cantina Aldeno

ia Roma, 76
38060 Aldeno [TN]
Tel. +39 0461842511
www.cantinaaldeno.com

藏酒销售
预约参观
年产量 240 000 瓶
葡萄种植面积 340 公顷

| | |
|---|---|
| ● Teroldego '15 | 2* |
| ● Trentino San Zeno Ris. '11 | 4 |
| ○ Trentino Traminer '15 | 2* |
| ○ Trento Extra Brut Altinum '10 | 5 |

## Barone de Cles

via G. Mazzini, 18
38017 Mezzolombardo [TN]
Tel. +39 0461601081
www.baronedecles.it

藏酒销售
预约参观
年产量 80 000 瓶
葡萄种植面积 39 公顷

| | |
|---|---|
| ● Teroldego Rotaliano Cardinale '12 | 5 |
| ● Teroldego Rotaliano Maso Scari '13 | 3 |
| ● Teroldego Rotaliano Primo '14 | 3 |

## Bolognani

ia Stazione, 19
38015 Lavis [TN]
Tel. +39 0461246354
www.bolognani.com

藏酒销售
预约参观
年产量 70 000 瓶
葡萄种植面积 4.4 公顷

| | |
|---|---|
| ● Teroldego Armilo '14 | 3 |
| ○ Trentino Gewürztraminer Sanròc '14 | 3 |
| ○ Moscato Giallo '15 | 2 |
| ○ Sauvignon '15 | 3 |

## Cantina Sociale di Trento

via dei Viticoltori, 2/4
38123 Volano [TN]
Tel. +39 0461920186
www.cantinasocialetrento.it

藏酒销售
预约参观
年产量 250 000 瓶
葡萄种植面积 50 公顷
可持续发展酒庄

| | |
|---|---|
| ● Trentino Heredia '13 | 3 |
| ● Trentino Merlot V. Novaline '13 | 4 |
| ○ Trento Brut Zell | 5 |
| ○ Santacolomba Solaris '15 | 3 |

## Cantina d'Isera

ia al Ponte, 1
38060 Isera [TN]
Tel. +39 0464433795
www.cantinaisera.it

藏酒销售
预约参观
年产量 500 000 瓶
葡萄种植面积 246 公顷
葡萄栽培方式 有机认证

| | |
|---|---|
| ○ Sauvignon '15 | 3 |
| ● Trentino Marzemino Sup. Et. Verde '13 | 3 |
| ○ Trento Extra Brut | 4 |
| ○ Schiava Costa Felisa '15 | 4 |

## Marco Donati

via Cesare Battisti, 41
38016 Mezzocorona [TN]
Tel. +39 0461604141
www.cantinadonatimarco.it

藏酒销售
预约参观
年产量 100 000 瓶
葡萄种植面积 20 公顷
可持续发展酒庄

| | |
|---|---|
| ● Teroldego Rotaliano Sangue di Drago '13 | 5 |
| ● Teroldego Rotaliano Bagolari '14 | 4 |
| ● Trentino Marzemino Orme '15 | 3 |
| ○ Trentino Nosiola Sole Alto '15 | 3 |

## Gaierhof

via IV Novembre, 51
38030 Roverè della Luna [TN]
Tel. +39 0461658514
www.gaierhof.com

藏酒销售
预约参观
年产量 500 000 瓶
葡萄种植面积 130 公顷

- ● Teroldego Rotaliano '14 ♀♀ 2*
- ● Teroldego Rotaliano Sup. '13 ♀♀ 3
- ○ Trento Brut Siris ♀♀ 4
- ○ Trentino Pinot Grigio '15 ♀ 2

## Bruno Grigolli

via San Bernardino,10
38065 Mori [TN]
Tel. +39 0464917368
www.grigollibruno.it

藏酒销售
年产量 13 000 瓶
葡萄种植面积 5 公顷

- ● Trentino Cabernet Germano '09 ♀♀ 4
- ● Trentino Merlot Noal '10 ♀♀ 6
- ⊙ Vallagarina Dumalis '13 ♀ 5

## Tenuta Maso Corno

loc. Valbona
38061 Ala [TN]
Tel. +39 0464421130
www.tenutamasocorno.it

预约参观
年产量 10 000 瓶
葡萄种植面积 5 公顷

- ○ Trentino Chardonnay Villanova '13 ♀♀ 6
- ● Trentino Pinot Nero Santa Maria '11 ♀♀ 6
- ○ Trentino Sauvignon Declivi '13 ♀ 4

## Maso Grener

loc. Masi di Pressano
38015 Lavis [TN]
Tel. +39 0461871514
www.masogrener.it

藏酒销售
预约参观
年产量 18 000 瓶
葡萄种植面积 3 公顷

- ○ FP Chardonnay&Sauvignon '15 ♀♀ 3
- ● Trentino Pinot Nero V. Bindesi '14 ♀♀ 5
- ○ Trentino Sauvignon '15 ♀ 4

## Giuliano Micheletti

via E. Conci, 74
38123 Trento
Tel. +39 3493306929
gm.limina@gmail.com

年产量 3 000 瓶
葡萄种植面积 3 公顷

- ● Merlot Limen '12 ♀♀ 4
- ○ Riesling Limen '15 ♀♀ 4

## Mori - Colli Zugna

via del Garda, 35
38065 Mori [TN]
Tel. +39 0464918154
www.cantinamoricollizugna.it

藏酒销售
预约参观
年产量 220 000 瓶
葡萄种植面积 600 公顷

- ● Trentino Sup. Marzemino Terra di San Mauro '14 ♀♀ 3
- ○ Trentino Traminer Pendici del Baldo '15 ♀♀ 2
- ○ Trento Brut Morus Ris. '12 ♀♀ 5

## Pedrotti Spumanti

ia Roma, 2a
38060 Nomi [TN]
Tel. +39 0464835111
www.predottispumanti.it

藏酒销售
年产量 30 000 瓶
葡萄种植面积 3 公顷
可持续发展酒庄

| | |
|---|---|
| ○ Trento Pas Dosé Ris. 111 '09 | 🍷🍷 6 |
| ○ Trento Brut Rosé Pedrotti '12 | 🍷🍷 5 |
| ○ Trento Dosaggio Zero Bouquet | 🍷🍷 4 |
| ○ Trento Brut Bouquet | 🍷 4 |

## Pelz

loc. Cavade, 3
38034 Cembra [TN]
Tel. +39 0461683051
www.cantinapelz.com

藏酒销售
预约参观
年产量 28 000 瓶
葡萄种植面积 10.2 公顷

| | |
|---|---|
| ○ Müller Thurgau '15 | 🍷🍷 4 |
| ○ Riesling Dieci Vendemmie | 🍷🍷 4 |
| ○ Trentino Riesling '13 | 🍷🍷 4 |
| ○ Trento Pas Dosé 3.Tre '12 | 🍷 5 |

## Riva del Garda

loc. San Nazzaro, 4
38066 Riva del Garda [TN]
Tel. +39 0464552133
www.agririva.it

藏酒销售
预约参观
年产量 250 000 瓶
葡萄种植面积 280 公顷

| | |
|---|---|
| ● Maso Lizzone '14 | 🍷🍷 3 |
| ● Teroldego Rivaldego '15 | 🍷🍷 2* |
| ○ Trento Brut BrezzaRiva | 🍷🍷 3 |
| ● Trentino Pinot Nero Maso Elesi '14 | 🍷 4 |

## Cantina Sociale Roverè della Luna

via IV Novembre, 9
38030 Roverè della Luna [TN]
Tel. +39 0461658530
www.csrovere1919.it

藏酒销售
年产量 100 000 瓶
葡萄种植面积 420 公顷

| | |
|---|---|
| ○ Trento Brut Vervè '12 | 🍷🍷 4 |
| ● Trentino Lagrein '13 | 🍷 2 |
| ○ Trentino Pinot Grigio '15 | 🍷 2 |
| ○ Trentino Traminer V. Winchel '13 | 🍷 4 |

## Arcangelo Sandri

ia Vanegge, 4a
38010 Faedo [TN]
Tel. +39 0461650935
www.arcangelosandri.it

藏酒销售
预约参观
年产量 22 000 瓶
葡萄种植面积 3 公顷

| | |
|---|---|
| ● Trentino Lagrein Capòr '12 | 🍷🍷 3 |
| ○ Trentino Müller Thurgau Cosler '15 | 🍷🍷 2* |
| ○ Trentino Traminer Razer '15 | 🍷 2 |

## Armando Simoncelli

via Navicello, 7
38068 Rovereto [TN]
Tel. +39 0464432373
www.simoncelli.it

藏酒销售
预约参观
年产量 90 000 瓶
葡萄种植面积 10.5 公顷

| | |
|---|---|
| ● Trentino Marzemino '15 | 🍷🍷 4 |
| ○ Trentino Pinot Bianco '15 | 🍷🍷 4 |
| ● Trentino Cabernet Franc '13 | 🍷 4 |

## Enrico Spagnolli

via G. B. Rosina, 4a
38060 Isera [TN]
Tel. +39 0464409054
www.vinispagnolli.it

藏酒销售
预约参观
年产量 85 000 瓶
葡萄种植面积 18 公顷

| | |
|---|---|
| ● Tebro '09 | 🍷🍷 3 |
| ● Trentino Marzemino '14 | 🍷🍷 2* |
| ○ Trentino Moscato Giallo '15 | 🍷🍷 2* |
| ○ Vallagarina Riesling '15 | 🍷 2 |

## Marco Tonini

loc. Folaso
via Rosmini, 8
38060 Isera [TN]
Tel. +39 3404991043

藏酒销售
预约参观
年产量 8 000 瓶
葡萄种植面积 4 公顷

| | |
|---|---|
| ● Trentino Marzemino '14 | 🍷🍷 4 |
| ○ Trento Brut '13 | 🍷🍷 5 |

## Villa Corniole

fraz. Verla
via al Grec', 23
38030 Giovo [TN]
Tel. +39 0461695067
www.villacorniole.com

藏酒销售
预约参观
年产量 60 000 瓶
葡萄种植面积 4 公顷
可持续发展酒庄

| | |
|---|---|
| ● Teroldego Rotaliano 7 Pergole '11 | 🍷🍷 5 |
| ○ Trentino Müller Thurgau Petramontis '15 | 🍷🍷 3 |
| ○ Trento Brut Salisa '12 | 🍷🍷 5 |
| ○ Trento Dosaggio Zero Salisa '12 | 🍷🍷 5 |

## Vivallis

via per Brancolino, 4
38068 Nogaredo [TN]
Tel. +39 0464834113
www.vivallis.it

藏酒销售
预约参观
年产量 1 000 000 瓶
葡萄种植面积 730 公顷
葡萄栽培方式 有机认证

| | |
|---|---|
| ○ Trentino Moscato Giallo Castel Beseno '15 | 🍷🍷 4 |
| ● Trentino Sup. Marzemino '14 | 🍷🍷 4 |
| ○ Trento Valentini di Weinfeld | 🍷🍷 5 |
| ● Vallagarina Suseya '13 | 🍷 3 |

## Luigi Zanini

via De Gasperi, 42
38017 Mezzolombardo [TN]
Tel. +39 0461601496
www.zaniniluigi.com

藏酒销售
预约参观
年产量 90 000 瓶
葡萄种植面积 5 公顷

| | |
|---|---|
| ● Teroldego Rotaliano '15 | 🍷🍷 2* |
| ● Teroldego Rotaliano Le Cervare '14 | 🍷🍷 3 |
| ○ Trentino Chardonnay '15 | 🍷 2 |
| ● Trentino Lagrein '15 | 🍷 3 |

## Zanotelli

v.le 4 Novembre, 52
38034 Cembra [TN]
Tel. +39 0461683131
www.zanotelliwines.com

藏酒销售
预约参观
年产量 40 000 瓶
葡萄种植面积 11 公顷

| | |
|---|---|
| ○ Kerner Le Strope '15 | 🍷🍷 4 |
| ○ Trentino Müller Thurgau '15 | 🍷🍷 4 |
| ○ Trentino Riesling Le Strope '13 | 🍷🍷 4 |
| ○ Trento Brut Forneri '12 | 🍷🍷 5 |

# 上阿迪杰区
# ALTO ADIGE

大家普遍认为，上阿迪杰产区（Alto Adige）的美酒水准极高，出产的葡萄酒佳酿风行全球。统计数据显示，这种认知准确无误。然而，细心的读者和品酒者越来越能够体察到每个次产区出品之间的细微差别，这些细微不同包括在追寻酿造葡萄完美平衡方面的不同、种植地区的风土差异以及酿酒师的各自手法造成的不同质感方面，等等。不过，上阿迪杰产区的酒庄则彼此迥然相异，大型协作酒庄与小规模酿酒商共存；既有令人尊敬的提洛尔地区（Tyrol）古老的酿酒家族，坐拥广袤的葡萄园和气势恢宏的壮美庄园，也存在彼此之间紧密联系、结成网络的小型种植商。越来越多的酒窖擅长出产更加精准表达本地风土特质的美酒，这一点可以从伊萨尔科河谷（Valle Isarco）等真正的美酒之乡出品中得到证实——这条狭窄的河谷向北逐渐收缩，提升了西万尼（Sylvaner）、雷司令（Riesling）和维特利纳（Veltliner）的扑鼻果香和深邃口感。奥崔迪杰（Oltradige）东部山坡收获了品质精美、果味丰盈的黑比诺葡萄（Pinot Neros），马赞（Mazzon）就是在这里缔造出了真正的意大利顶级黑比诺珍酿（Grand Cru）。如果想要寻找质地细腻、品质卓越的白比诺（Pinot Bianco）美酒，我们可以将目光投向阿皮亚诺地区（Appiano）和泰拉诺地区（Terlano）。这片土地拥有酿造白葡萄酒的悠久传统，所有在本年鉴中出现的该地区的酒庄都贡献出令人惊喜的美酒，其中常常不乏“三杯奖”大奖得主，或者至少也是产区内的顶级典范佳酿。在站上了最高领奖台的27款上阿迪杰产区酒中，不少于20款是白葡萄酒，其中琼瑶浆（Gewürztraminer）和西万尼（Sylvaner）首当其冲。这些葡萄品种在这里充分发挥出潜力：琼瑶浆分布在从马格来（Magrè）到凯尔德罗（Caldaro）山坡上的最佳种植条状地带；伊萨尔科河谷则为西万尼提供了理想的生长条件。获奖酒品遍布整个产区，分别占据不同海拔高度、不同山坡朝向和不同土壤特质，令酿酒师得以着重强调那些从表面上看似乎相互矛盾的特质：勒格瑞（Lagreins）强劲有力的口感竟然出自博尔扎诺平原（Bolzano）；韦诺斯塔谷（Val Venosta）的高山雷司令（Riesling）质地却非常细腻；凯尔德罗湖（Lago di Caldaros）以及圣塔玛德莲娜（Santa Maddalenas）出品的美酒芬芳扑鼻，口感令人惊讶的轻快；特兰奈尔（Terlaners）佳酿的口感非常深邃。最后同样重要的是，我们应该特别关注上阿迪杰产区产量有限的明星酒品的数目越来越多，它们包括泰拉诺酒庄（Cantina di Terlano）的特兰奈尔顶级珍酿（Terlaner I Grande Cuvée）、考特伦佐奥生产联盟酒庄（Colterenzio）的LR系列，以及阿皮亚诺圣米凯莱酒庄（San Michele Appiano）的阿匹乌斯（Appius）等美酒。这些佳酿打开了一道大门，许多试图挑战大型酒庄权威的出品系列争相模仿。

## ★Abbazia di Novacella

FRAZ. NOVACELLA
VIA DELL'ABBAZIA, 1
39040 VARNA/VAHRN [BZ]
TEL. +39 0472836189
www.abbazianovacella.it

藏酒销售
预约参观
餐饮接待
年产量 650 000 瓶
葡萄种植面积 20 公顷

伊萨尔科河谷（Valle Isarco）是上阿迪杰产区（Alto Adige）新近崛起的次产区之一，葡萄园几乎全部坐落在高山之巅，这样的气候条件赋予栽培的葡萄浓郁的果香，更令其酿造出的美酒力道十足。诺瓦塞拉教堂酒庄（Abbazia di Novacella）位于河谷中心地带，地处奥斯汀修道院（Abbazia dei Canonici Agostiniani）庞大的建筑群之中，诺瓦塞拉教堂酒庄占地面积达20公顷的葡萄园主要散布在河谷四周，但是也有位于产区南部的地块，例如位于博尔扎诺平原（Piana di Bolzano）以及奥崔迪杰（Oltradige）等地的优质地块，种植勒格瑞（Lagrein）和斯基亚瓦（Schiava）等品种。不过，诺瓦塞拉教堂酒庄的最佳出品无疑来自北方产区，让我们从卓越的掌权者系列西万尼（Sylvaner Praepositus）开始说起。今年酒庄推荐的这款美酒充分利用了2015年生长季的优势条件，打造出饱满丰盈的佳酿。浓郁集中的花香和柑橘芬芳融合起来，缕缕飘散，带来质朴的口感，美味余韵久久不散，展现出优雅持久的陈年潜力。与此同时，2014年份的雷司令（Riesling）也出自同一系列，口感更加清凛，收口感受干爽诱人。

| | |
|---|---|
| ○ A. A. Valle Isarco Sylvaner Praepositus '15 | 🍷🍷🍷 4* |
| ○ A. A. Valle Isarco Grüner Veltliner Praepositus '14 | 🍷🍷 3* |
| ○ A. A. Valle Isarco Riesling Praepositus '14 | 🍷🍷 4 |
| ● A. A. Pinot Nero Praepositus Ris. '12 | 🍷🍷 4 |
| ○ A. A. Valle Isarco Gewürztraminer Praepositus '15 | 🍷🍷 4 |
| ○ A. A. Valle Isarco Grüner Veltliner '15 | 🍷🍷 3 |
| ○ A. A. Valle Isarco Kerner '15 | 🍷🍷 3 |
| ○ A. A. Valle Isarco Kerner Praepositus '15 | 🍷🍷 4 |
| ○ A. A. Valle Isarco Müller Thurgau '15 | 🍷🍷 3 |
| ○ A. A. Valle Isarco Pinot Grigio '15 | 🍷🍷 3 |
| ○ A. A. Valle Isarco Sylvaner '15 | 🍷🍷 3 |
| ○ A. A. Valle Isarco Riesling Praepositus '13 | 🍷🍷🍷 4* |
| ○ A. A. Valle Isarco Sylvaner Praepositus '12 | 🍷🍷🍷 4* |
| ○ A. A. Valle Isarco Sylvaner Praepositus '11 | 🍷🍷🍷 4* |
| ○ A. A. Valle Isarco Veltliner Praepositus '12 | 🍷🍷🍷 3 |

## Tenuta Baron Di Pauli

VIA CANTINE, 12
39052 CALDARO/KALTERN [BZ]
TEL. +39 0471963696
www.barondipauli.com

藏酒销售
预约参观
年产量 46 000 瓶
葡萄种植面积 15 公顷

迪波利男爵酒庄（Tenuta Baron Di Pauli）坐落在奥崔迪杰（Oltradige），这里紧靠凯尔德罗湖（Lake Caldaro），葡萄园的朝向和海拔高度决定了种植的酿造葡萄能够逐步成熟，表现持久如一。迪波利男爵酒庄拥有两处葡萄园，总占地面积达到12公顷，一处位于凯尔德罗附近的阿泽霍夫（Arzenhof），一处位于瑟尔（Söll）的霍夫尤特姆斯坦恩（Höfl Unterm Stein）。酒窖里的生产流程保证了对于品种葡萄品质的最大尊重，不论是红葡萄酒还是白葡萄酒，酿造都建立在审慎的陈年时间之上。俯瞰湖区的这片土地气候温暖，使得生长在这里的赤霞珠（Cabernet）和梅洛（Merlot）能够达到完美的成熟条件，令阿齐奥美酒（Arzio）表现出卓越的品质，这一点从我们今年的品鉴中就可以得窥一二。它吐露着果香十足的香气，继而发展出饱满浓郁的口感，如同丝绸般柔滑且集中的单宁支撑着这款酒的品感。与此同时，伊诺西（Enosi）是一款雷司令（Riesling）、苏维翁（Sauvignon）和白比诺（Pinot Bianco）的混酿，将强劲的芬芳与奇异的果香完美结合，呈现和谐的口感，收口时的美味持久在味蕾上跃动不散。而卡拉诺勒格瑞（Lagrein Carano）则入口紧致，口感轻快，果味鲜美扎实。

| | |
|---|---|
| ● A. A. Lagrein Carano Ris. '13 | 🍷🍷 5 |
| ● A. A. Merlot - Cabernet Arzio '12 | 🍷🍷 6 |
| ○ A. A. Sauvignon Kinesis '15 | 🍷🍷 3 |
| ○ Enosi '14 | 🍷🍷 3 |
| ○ A. A. Gewürztraminer Elix '15 | 🍷 6 |
| ○ A. A. Gewürztraminer Exilissi '12 | 🍷 6 |
| ● A. A. Lago di Caldaro Cl. Sup. Kalkofen '15 | 🍷 3 |
| ○ A. A. Riesling Dynamis '15 | 🍷 3 |
| ● A. A. Arzio Merlot Cabernet '11 | 🍷🍷 6 |
| ● A. A. Carano Lagrein Ris. '12 | 🍷🍷 5 |
| ○ A. A. Gewürztraminer Exilissi '11 | 🍷🍷 6 |
| ○ A. A. Gewürztraminer Exilissi '09 | 🍷🍷 6 |
| ● A. A. Lago di Caldaro Cl. Sup. Kalkofen '13 | 🍷🍷 3* |
| ● A. A. Lago di Caldaro Cl. Sup. Kalkofen '10 | 🍷🍷 3 |
| ○ Enosi '13 | 🍷🍷 3 |

## Baron Widmann

NDERGASSE, 3
9040 CORTACCIA/KURTATSCH [BZ]
EL. +39 0471880092
www.baron-widmann.it

藏酒销售
预约参观
年产量 35 000 瓶
葡萄种植面积 15 公顷

魏德曼家族（Widmann）的酒庄是本地历史很悠久的酒庄之一，葡萄园占地面积达到15公顷，位于阿泰斯纳盆地（Bassa Atesina）。酒庄临近歌塔希（Cortaccia）的低地山坡地块与奥霍夫（Auhof）农庄比邻，主要种植经典的上阿迪杰葡萄品种——包括斯基亚瓦（Schiava）和波尔多（Bordeaux）等红葡萄品种；而如果为了找寻酒庄的白葡萄品种，我们则需要攀爬到海拔600米的佩尼翁（Penon）的索尔佐夫庄园（Sulzhof），较为凉爽的气候令在这里生长的葡萄无须牺牲扑鼻芬芳就能完美成熟。在今年魏德曼男爵酒庄（Baron Widmann）提供的品鉴酒品中，琼瑶浆（Gewürztraminer）拔得头筹，给人留下了极为深刻的印象，尽管2014年是条件极为复杂的生长季，这款美酒依然展现出美妙馥郁的酒香，吐露着热带水果的经典果香，融入如花芬芳，底蕴中透露出缕缕矿物质的浓郁醇香，饱满美妙的口感伴随着热情雅致的酸度。与此同时，韦斯系列佳酿（Weiss）令人非常愉悦，这是一款以霞多丽（Chardonnay）为主、加入少许白比诺（Pinot bianco）为辅的混酿，在橡木桶中陈年，显露出极为圆润的口感。

| | |
|---|---|
| ○ A. A. Gewürztraminer '14 | ▼▼ 3 |
| ○ Weiss '15 | ▼▼ 3 |
| ● A. A. Schiava '15 | ▼ 3 |
| ● A. A. Cabernet Feld '91 | ▽▽▽ 4* |
| ● A. A. Cabernet-Merlot Auhof '97 | ▽▽▽ 4* |
| ● A. A. Merlot '93 | ▽▽▽ 4* |
| ○ Weiss '11 | ▽▽▽ 5 |
| ○ A. A. Gewürztraminer '13 | ▽▽ 3 |
| ○ A. A. Gewürztraminer '12 | ▽▽ 3 |
| ○ A. A. Sauvignon '12 | ▽▽ 3 |
| ● A. A. Schiava '14 | ▽▽ 3 |
| ● A. A. Schiava '12 | ▽▽ 3 |
| ○ Weiss '14 | ▽▽ 3 |
| ○ Weiss '13 | ▽▽ 3* |
| ○ Weiss '12 | ▽▽ 5 |

## ★★Cantina Bolzano

P.ZZA GRIES, 2
39100 BOLZANO/BOZEN
TEL. +39 0471270909
www.cantinabolzano.com

藏酒销售
预约参观
年产量 3 000 000 瓶
葡萄种植面积 350 公顷
可持续发展酒庄

多年来，我们亲眼目睹了上阿迪杰产区（Alto Adige）许多协作酒庄的合并浪潮。地处博尔扎诺（Bolzano）心脏地带的博尔扎诺酒庄（Cantina Bolzano）正是这一合并浪潮的产物，十五年前，格瑞斯酒窖（Gries）和圣塔玛德莲娜酒窖（Santa Maddalena）在史蒂芬·菲里皮（Stephan Filippi）的监管下合二为一。这座堪称上阿迪杰产区之光的酒庄融合了两种迥然不同的酿造文化，将勒格瑞地区（Lagrein）的壮美恢宏与圣塔玛德莲娜地区（Santa Maddalena）的轻快惬意完美结合。今天的博尔扎诺酒庄拥有超过300公顷的广袤葡萄园，优质地块分布在所有主要产区。博尔扎诺酒庄出品的美酒追求饱满的口感以及忠于品种葡萄特质的表达。在今年博尔扎诺酒庄推荐的各色佳酿中，泰伯勒格瑞（Lagrein Taber）再次拔得头筹，这款美酒利用凉爽的生长季，获得了紧致的口感和绵长的余韵，虽然与此前的年份酒相比，丢失了些许活泼跃动的单宁特质，但是依然展现出非常优雅的风格。除此之外，我们被科林斯坦恩琼瑶浆（Gewürztraminer Kleinstein）的美味彻底征服，这款美酒出自以出产红葡萄酒见长的酒庄，表现非常精彩，吐露着柑橘和热带水果的浓香，随之而来的是果味饱满馥郁的口感。

| | |
|---|---|
| ● A. A. Lagrein Taber Ris. '14 | ▼▼▼ 6 |
| ○ A. A. Gewürztraminer Kleinstein '15 | ▼▼ 5 |
| ● A. A. Santa Maddalena Cl. Huck am Bach '15 | ▼▼ 2* |
| ● A. A. Cabernet Mumelter Ris. '14 | ▼▼ 6 |
| ○ A. A. Chardonnay Ris. '13 | ▼▼ 5 |
| ● A. A. Lagrein - Merlot Mauritius '14 | ▼▼ 5 |
| ● A. A. Lagrein Prestige Line Ris. '14 | ▼▼ 4 |
| ○ A. A. Moscato Giallo Passito Vinalia '14 | ▼▼ 3 |
| ○ A. A. Pinot Bianco Dellago '15 | ▼▼ 4 |
| ● A. A. Pinot Nero Ris. '14 | ▼▼ 5 |
| ○ A. A. Sauvignon Mock '15 | ▼▼ 4 |
| ● A. A. Lagrein Taber Ris. '13 | ▽▽▽ 6 |
| ● A. A. Lagrein Taber Ris. '12 | ▽▽▽ 6 |
| ● A. A. Lagrein Taber Ris. '11 | ▽▽▽ 6 |
| ● A. A. Lagrein Taber Ris. '10 | ▽▽▽ 6 |

## Josef Brigl

LOC. SAN MICHELE APPIANO
VIA MADONNA DEL RIPOSO, 3
39057 APPIANO/EPPAN [BZ]
TEL. +39 0471662419
www.brigl.com

藏酒销售
预约参观
年产量 1 000 000 瓶
葡萄种植面积 50 公顷
可持续发展酒庄

上阿迪杰产区（Alto Adige）存在着各种各样类型的酒庄，从大型协作酒庄到小型种植商，更有拥有长达数个世纪古老传统的经典酒庄，产量惊人。布瑞格尔家族酒庄（Brigl）就是后者之一，他们开始从事葡萄酒酿造的时间已经遥远得无法记起，是产区历史最悠久的葡萄品种最忠实的阐释者。约瑟夫布瑞格尔酒庄（Josef Brigl）葡萄园的占地面积达到50公顷，其中包括一些产区内采光条件极佳的山坡地块，数目庞大的酿造葡萄种植商保证了酒庄巨大的产量，而酒庄也终年对各个种植商的葡萄栽培予以协助。在约瑟夫布瑞格尔酒庄今年推荐的美酒中，维德艾格系列琼瑶浆（Gewürztraminer Windegg）的表现极为优异，令我们倾心以对。这款白葡萄酒的酿造葡萄来自凯尔德罗葡萄园（Caldaro），地块位于海拔400米处，主要呈现黏土和石灰土土质。卓越的2015年生长酿造季为美酒带来了柑橘和甘草的浓香，馥郁丰盈，更有香料般的辛香萦绕其间，饱满的果味支撑着美味的口感。我们还非常喜爱由雷司令（Riesling）和苏维翁（Sauvignon）酿造的单一品种美酒，展现出和谐的口感，果味集中，力道强劲，给人留下极为深刻的印象。

| | |
|---|---|
| ○ A. A. Gewürztraminer Windegg '15 | 🍷🍷 3* |
| ● A. A. Lagrein Briglhof Ris. '13 | 🍷🍷 5 |
| ● A. A. Merlot Windegg Ris. '13 | 🍷🍷 3 |
| ○ A. A. Pinot Bianco Haselhof '15 | 🍷🍷 3 |
| ○ A. A. Riesling '15 | 🍷🍷 3 |
| ○ A. A. Sauvignon '15 | 🍷🍷 3 |
| ● A. A. Pinot Nero Briglhof Ris. '13 | 🍷 5 |
| ○ A. A. Pinot Grigio Windegg '11 | YYY 3* |
| ● A. A. Lagrein Briglhof '11 | YY 5 |
| ● A. A. Lagrein Kaltenburg '11 | YY 5 |
| ● A. A. Merlot Windegg '12 | YY 3 |
| ○ A. A. Pinot Bianco Haselhof '14 | YY 2* |
| ● A. A. Pinot Nero Briglhof '12 | YY 5 |
| ● A. A. Schiava Grigia Kaltenburg '14 | YY 3 |

## ★Cantina di Caldaro

VIA CANTINE, 12
39052 CALDARO/KALTERN [BZ]
TEL. +39 0471963149
www.kellereikaltern.com

藏酒销售
预约参观
年产量 2 000 000 瓶
葡萄种植面积 300 公顷

凯尔德罗酒庄（Cantina di Caldaro）长期以来始终是上阿迪杰产区内规模最大的协作酒庄之一，是奥崔迪杰（Oltradige）产地酒最卓越的阐释者，尤其擅长出产凯尔德罗湖（Lake Caldaro）产地酒，成为酒庄出品的核心和灵魂。凯尔德罗酒庄拥有占地面积达到300公顷的精美葡萄园，400多位葡萄种植商不辞劳苦地尽心照料着园中的葡萄藤，出品美酒忠诚地表达出本地风土特质，品质逐年提升，给人留下极为深刻的印象。凯尔德罗酒庄今年提供的系列品鉴酒品都达到了很高的水准，很难从中选择一款艳盖群芳的最佳者，但是距离完美依然有一段距离。今年推荐的系列酒品依然将重心放在斯基亚瓦（Schiava）上，例如美妙的凯尔德罗湖普法霍夫斯基亚瓦（Lago di Caldaro Pfarrhof），散发着森林水果清爽而优雅的果香，点缀着辛辣的香料芬芳，更有一抹花香缠绵萦绕，口感紧致而和谐，美味异常。而赤霞珠（Cabernet）始终是该产区的著名出品之一，香氛层次分明，口感结合了强劲的力道和华美的果味。小夜曲系列帕西多甜酒（Passito Serenade）则是和谐和细腻口感的典范之作。

| | |
|---|---|
| ● A. A. Cabernet Sauvignon Pfarrhof Ris. '15 | 🍷🍷 6 |
| ● A. A. Lago di Caldaro Scelto Cl. Sup. Pfarrhof '15 | 🍷🍷 3* |
| ○ A. A. Moscato Giallo Passito Serenade '13 | 🍷🍷 6 |
| ● A. A. Cabernet Sauvignon Campaner Ris. '13 | 🍷🍷 4 |
| ● A. A. Lagrein Solos '14 | 🍷🍷 6 |
| ○ A. A. Pinot Bianco Hofstatt '15 | 🍷🍷 2* |
| ○ A. A. Pinot Grigio Söll '15 | 🍷🍷 3 |
| ○ A. A. Sauvignon Castel Giovanelli '14 | 🍷🍷 5 |
| ○ A. A. Sauvignon Premstaler '15 | 🍷🍷 3 |
| ○ A. A. Kerner Carned '15 | 🍷 3 |
| ○ A. A. Pinot Bianco Vial '15 | 🍷 3 |
| ● A. A. Pinot Nero Saltner '14 | 🍷 4 |
| ● A. A. Lago di Caldaro Scelto Cl. Sup. Pfarrhof '13 | YYY 3* |

## Castel Sallegg

LO DI SOTTO, 15
9052 CALDARO/KALTERN [BZ]
EL. +39 0471963132
www.castelsallegg.it

藏酒销售
预约参观
年产量 120 000 瓶
葡萄种植面积 30 公顷

从凯尔德罗小城（Caldaro）中心的罗滕伯格广场（Piazzetta Rottemburg）出发，观光客可以沿着葡萄园的围墙拾级而上，一路向城堡攀爬，沿途风景令人赏心悦目。这段不长路途的两侧蔓延着隶属库恩伯格伯爵家族（Kuenburg）的塞莱奇城堡酒庄（Castel Sallegg）领地，在广袤的葡萄园放眼望去，几乎能够看到上阿迪杰区（Alto Adige）所有能够找到的葡萄品种。最重要的普莱霍夫葡萄园（Preyhof）、莱森霍夫葡萄园（Leisenhof）和希霍法拉葡萄园（Seehofare）环绕在凯尔德罗湖（Lake Caldaro）四周，主要栽培本地经典的葡萄品种。历史悠久的比斯霍夫斯雷坦葡萄园（Bischofsleiten）向我们奉献出酒香扑鼻、口感辛辣的美妙的凯尔德罗湖美酒（Lago di Caldaro），虽然它缺少伟大的结构和强劲的力道，但是由于它拥有紧致的口感和优雅的可饮性，依然能够凭借不俗实力跻身我们评选出的顶级酒品行列。除此之外，我们还非常喜爱2013年份的赤霞珠陈酿（Cabernet Riserva），由于酿造葡萄生长在阳光普照的山坡，果实爆发出馥郁饱满的红莓果芬芳，精美的草本植物清香萦绕其间，随之而来的是和谐而紧致的口感，令人心旷神怡。

| | | |
|---|---|---|
| ● A. A. Lago di Caldaro Scelto Sup. Bischofsleiten '15 | 🍷🍷🍷 | 2* |
| ● A. A. Cabernet Sauvignon Ris. '13 | 🍷🍷 | 3* |
| ○ A. A. Bianco Cuvée Ars Lyrica '14 | ▼▼ | 3 |
| ○ A. A. Gewürztraminer '15 | ▼▼ | 3 |
| ○ A. A. Pinot Bianco '15 | ▼▼ | 3 |
| ○ A. A. Pinot Bianco Pratum '14 | ▼▼ | 3 |
| ● A. A. Pinot Nero '14 | ▼▼ | 3 |
| ● A. A. Merlot Nussleiten '12 | ▼ | 6 |
| ○ A. A. Pinot Grigio '15 | ▼ | 3 |
| ○ A. A. Sauvignon '15 | ▼ | 3 |
| ● A. A. Cabernet Sauvignon Ris. '11 | ▽▽ | 3 |
| A. A. Lago di Caldaro Scelto Bischofsleiten '14 | ▽▽ | 2* |
| ○ A. A. Moscato Rosa Passito '12 | ▽▽ | 6 |
| ○ A. A. Terlano Pinot Bianco Pratum '13 | ▽▽ | 3* |

## Castelfeder

VIA PORTICI, 11
39040 EGNA/NEUMARKT [BZ]
TEL. +39 0471820420
www.castelfeder.it

藏酒销售
预约参观
年产量 400 000 瓶
葡萄种植面积 20 公顷

阿泰斯纳盆地（Bassa Atesina）在葡萄酒酿造业的声名毁誉参半，因为谷底葡萄园生产的葡萄酒通常索然无味，但是该地区高海拔地带葡萄园出品的佳酿则表现出巅峰水准，因而带来极高声望。吉欧瓦奈特家族（Giovannet）是该地区葡萄品种的最佳阐释者之一，卡斯泰尔菲德酒庄（Castelfeder）自己的葡萄园占地面积达到20公顷，是酒庄生产的基础，也包含来自下阿迪杰河谷（Lower Adige Valley）其他种植商供应的酿造葡萄作为补充。葡萄园坐落在海拔200米至700米之间，酒庄出品美酒展现出令人信服的品质，数量也非常庞大，给人留下相当深刻的印象。今年卡斯泰尔菲德酒庄提供的品鉴酒品与往年一样达到了极高的水准，更令人印象深刻，其中以泰科姆白比诺（Pinot Bianco Tecum）最为出色，闯进了争夺最终大奖的决赛。这款白葡萄酒只出产大瓶装（Magnums），散发着非常复杂的香氛。入口感到极为紧实的果味，干爽优雅，收口余韵绵长悠然，带来惬意的享受。与此同时，优秀的2015生长酿造季赋予了沃姆朗姆琼瑶浆（Gewürztraminer Vom Lehm）勃勃生机和饱满的果味，凭借优秀的品质摘下了我们的“三杯奖”大奖。

| | | |
|---|---|---|
| ○ A. A. Gewürztraminer Vom Lehm '15 | 🍷🍷🍷 | 3* |
| ○ A. A. Pinot Bianco Tecum '14 | 🍷🍷 | 3* |
| ● A. A. Cabernet Burgum Novum Ris. '13 | ▼▼ | 4 |
| ○ A. A. Pinot Bianco Vom Stein '15 | ▼▼ | 2* |
| ○ A. A. Pinot Grigio '15 | ▼▼ | 2* |
| ● A. A. Pinot Nero Burgum Novum Ris. '13 | ▼▼ | 5 |
| ● A. A. Pinot Nero Glener '14 | ▼▼ | 3 |
| ● A. A. Schiava Breitbacher '15 | ▼▼ | 2* |
| ● A. A. Santa Maddalena Schallerhof '15 | ▼ | 2 |
| ○ Sauvignon Raif '15 | ▼ | 3 |
| ○ A. A. Pinot Bianco Tecum '10 | ▽▽▽ | 3* |
| ○ A. A. Chardonnay Burgum Novum Ris. '12 | ▽▽ | 4 |
| ○ A. A. Pinot Bianco Tecum '13 | ▽▽ | 3* |
| ● A. A. Pinot Nero Burgum Novum Ris. '12 | ▽▽ | 5 |
| ○ Sauvignon Raif '14 | ▽▽ | 3 |

## ★★Cantina Produttori Colterenzio

loc. Cornaiano/Girlan
s.da del Vino, 8
39057 Appiano/Eppan [BZ]
Tel. +39 0471664246
www.colterenzio.it

藏酒销售
预约参观
年产量 1 600 000 瓶
葡萄种植面积 300 公顷
可持续发展酒庄

考特伦佐奥生产联盟酒庄（Cantina di Colterenzio）是该地区葡萄酒复兴的动力之一，带动提升了本地葡萄酒生产的巨大潜力。今天，这座规模庞大的协作酒庄的力量来自于旗下三百多名酿造商成员以及他们照料的占地面积达到三百多公顷的葡萄园，主要位于奥崔迪杰（Oltradige）和阿泰斯纳盆地（Bassa Atesina）。葡萄藤生长的土质各异，但是所有地块都处于非常理想的海拔高度，令栽培的所有品种都能够达到完美的成熟。在考特伦佐奥生产联盟酒庄出品的美酒中，采用苏维翁（Sauvignon）和赤霞珠（Cabernet）等品种酿造的佳酿品质最为卓越，阐释最为精美，酒庄今年提供的品鉴酒品也不例外。拉夫奥苏维翁（Sauvignon Lafóa）正是优雅芬芳的典范之作，凭借高超不俗的表现赢得了“三杯奖”大奖，它散发着白色果肉水果的缕缕果香，融入矿物质的醇香，口感强劲饱满，收口余韵绵长，气势恢宏。紧随其后的是拉夫奥赤霞珠（Cabernet Sauvignon），口感饱满馥郁，极具潜力，诱人的单宁结构极好地支撑起了这款佳酿。

| | |
|---|---|
| ○ A. A. Sauvignon Lafóa '14 | 🍷🍷🍷 5 |
| ● A. A. Cabernet Sauvignon Lafóa '13 | 🍷🍷 7 |
| ○ A. A. Chardonnay Formigar '14 | 🍷🍷 5 |
| ○ A. A. Chardonnay Altkirch '15 | 🍷🍷 2* |
| ○ A. A. Gewürztraminer Perelise '15 | 🍷🍷 5 |
| ● A. A. Merlot-Cabernet Sauvignon Cornelius '13 | 🍷🍷 5 |
| ○ A. A. Pinot Bianco Weisshaus '14 | 🍷🍷 3 |
| ○ A. A. Pinot Grigio Puiten '14 | 🍷🍷 3 |
| ○ A. A. Sauvignon Prail '15 | 🍷🍷 3 |
| ● A. A. Pinot Nero St. Daniel Ris. '13 | 🍷 4 |
| ● A. A. Schiava Menzen '15 | 🍷 2 |
| ● A. A. Cabernet Sauvignon Lafóa '12 | 🍸🍸🍸 7 |
| ● A. A. Cabernet Sauvignon Lafóa '11 | 🍸🍸🍸 7 |
| ● A. A. Cabernet Sauvignon Lafóa '10 | 🍸🍸🍸 7 |
| ● A. A. Cabernet Sauvignon Lafóa '09 | 🍸🍸🍸 7 |

## Hartmann Donà

via Raffein, 8
39010 Cermes/Tscherms [BZ]
Tel. +39 3292610628
hartmann.dona@rolmail.net

年产量 35 000 瓶
葡萄种植面积 4.65 公顷

酿酒师哈特曼·多纳（Hartmann Donà
在其专业领域堪称学识深奥的大师级
物，能够酿造出一系列真正反映风土
貌的美酒。他在梅拉诺（Merano）和
纳亚诺（Cornaiano）的群山间照料占地
积达到数公顷的葡萄园，全部种植提
尔（Tyrol）经典的葡萄品种，其中最
要的要属斯基亚瓦（Schiava）和黑比
（Pinot Nero），与此同时也种植一些白
果树。哈特曼二十多年的酿酒经验为
积累了丰富的酿造知识，不仅立足于
己在酿造方面的精湛技艺，更展现出
人对于葡萄酒业发展的视野和愿景。
论是在酒窖中的酿造工作还是在葡萄
的栽培工作，哈特曼都以精美和风格
指导原则，尽量将葡萄园中的人工干
降至最低水平，这样自然就可以在更
程度上发挥功用。他打造的美酒口感
致，拥有极强的陈年潜力。在今年的
鉴中，酒庄的系列陈酿（Riservas）依
留在酒窖中进一步陈年，因此我们的
意力就集中在新酒品黑比诺（Pinot Nero
的身上。黑比诺佳酿吐露着野生莓果
然的芬芳，融入芳香植物的缕缕清香，
随之而来的是紧致而清凛的口感，令
极度愉悦。在较为清爽的系列酒品中，
我们最喜爱的当属极具可饮性的霞多
（Chardonnay），它的香氛馥郁集中，
露着苹果的阵阵果香，更有一抹白李
的芬芳萦绕其间，干爽的口感与美妙
香氛相得益彰。琼瑶浆（Gewürztraminer
的美味令我们垂涎三尺，这款极有意
的美酒展现出干爽且紧致的口感，
此同时又忠诚保持了品种葡萄的芬
特质。

| | |
|---|---|
| ○ A. A. Chardonnay '15 | 🍷🍷 3 |
| ○ A. A. Gewürztraminer '15 | 🍷🍷 3 |
| ● A. A. Pinot Nero '14 | 🍷🍷 3 |
| ○ A. A. Sauvignon '15 | 🍷🍷 3 |
| ○ A. A. Pinot Bianco '15 | 🍷 3 |
| ○ A. A. Gewürztraminer '13 | 🍸🍸 3 |
| ● A. A. Lagrein '13 | 🍸🍸 3 |
| ● A.A. Pinot Nero Donà Noir '11 | 🍸🍸 3 |
| ● A.A. Pinot Nero Donà Noir '10 | 🍸🍸 3 |
| ○ A.A. Sauvignon '14 | 🍸🍸 3 |
| ○ Donà Blanc '11 | 🍸🍸 3 |
| ○ Donà Blanc '10 | 🍸🍸 3 |
| ● Donà Rouge '10 | 🍸🍸 3 |
| ● Donà Rouge '09 | 🍸🍸 3 |

## enuta Ebner
## lorian Unterthiner

az. Campodazzo, 18
054 Renon/Ritten [BZ]
l. +39 0471353386
ww.weingutebner.it

藏酒销售
约参观
饮接待
产量 20 000 瓶
萄种植面积 4.5 公顷

农高原（Renon）坐落于博尔扎诺城Bolzano）以北，西部临近萨伦蒂诺河谷Val Sarentino），东部与伊萨尔科河谷地（Isarco Valley）毗邻。弗洛里安·安特辛（Florian Unterthiner）和布里奇特·安特纳（Brigitte Unterthiner）姐妹二人正是在里壮大了伊布纳酒庄（Tenuta Ebner），父母传下的酒庄发扬光大，引领到更加明美好的未来。伊布纳酒庄在各地拥有地面积达到5公顷的葡萄园，南向地块为温暖，接受和煦阳光普照，因此栽培葡萄品种；而白葡萄品种则生长在较为爽的东南向地块中。随着时间的推移，布纳酒庄系列酒品的品质一年更胜一，今年推荐的酒品中更有两款现身“三奖”的决赛。第一款入围的美酒是苏维（Sauvignon），遇到非常卓越的采收酿季，显露出细腻的香氛，呈现出极高的杂度，带来饱满的口感，浸润丰盈的果。与此同时，另一款闯进了最终决赛、夺“三杯奖”桂冠的经典美酒是来自伊尔科河谷（Valle Isarco）的绿维特利纳Grüner Veltliner），吐露着白色果肉水果的阵果香，融入繁花的馥郁集中的花香，蕴中透露出丝丝微妙的烟熏气息。入口感到干爽有力的口感，收口余韵非常绵悠然，美味持久在唇齿之间流连不散。

| | |
|---|---|
| A. A. Sauvignon '15 | YY 3* |
| A. A. Valle Isarco Grüner Veltliner '15 | YY 3* |
| A. A. Pinot Bianco '15 | YY 3 |
| A. A. Pinot Nero '14 | YY 3 |
| A. A. Valle Isarco Gewürztraminer '15 | YY 4 |
| A. A. Schiava '15 | Y 2 |
| A. A. Schiava '14 | YY 2* |
| A.A. Pinot Bianco '14 | YY 3 |
| A.A. Pinot Bianco '12 | YY 3 |
| A.A. Sauvignon '14 | YY 3 |
| A.A. Sauvignon '13 | YY 3 |
| A.A. Valle Isarco Gewürztraminer '14 | YY 4 |
| A.A. Valle Isarco Veltliner '14 | YY 3 |
| Zweigelt '13 | YY 3 |

## Erbhof Unterganzner
## Josephus Mayr

fraz. Cardano
via Campiglio, 15
39053 Bolzano/Bozen
Tel. +39 0471365582
www.tirolensisarsvini.it

藏酒销售
预约参观
年产量 65 000 瓶
葡萄种植面积 9 公顷

在妻子芭芭拉（Barbara）的协助下，约瑟夫斯·梅耶（Josephus Mayr）在圣塔玛德莲娜地区（Santa Maddalena）的葡萄酒图景中为自己赢得了独特的一席之地。约瑟夫斯和芭芭拉经过多年努力，扩展了家族酒庄的规模，将皮纳特农场（Pignater）也纳入囊中，使酒庄的葡萄园面积扩大到几近10公顷的规模。他们打造的每种类型美酒都致力于忠诚反映出葡萄品种的风味和葡萄园独特的风土条件，同时绝不流失任何原始风貌和经典阐释。高海拔地带的葡萄园栽培白葡萄品种，而低海拔抵达的地块则种植勒格瑞（Lagrein）、斯基亚瓦（Schiava）和波尔多（Bordeaux）等品种，通常这些地块中还同时种植橄榄树。约瑟夫斯钟爱红葡萄酒，奉献出一系列完美无缺的红葡萄酒出品。在这一长串极具风格的系列精品美酒中，以沐浴在阳光中的干爽勒格瑞（Lagrein）酿造而成的拉姆瑞（Lamarein）总是呈现出惊人的紧致口感，一再证明了这款红葡萄佳酿纯粹的血统和精美的力道。它的色泽沉静深邃，最初的香氛较为封闭，几近甜腻的芬芳逐渐转化为森林水果般的香醇果香，融入铅笔芯和香料的独特气息，底蕴中飘散着缕缕烟熏气味，它的口感更是无可媲美，不仅结构精美得令人敬畏，品感也是层层推进，一路攀上绵长脆爽的收口巅峰。除此之外，圣玛德莲娜传统酿造美酒（Santa Maddalena Classico）也展现出细腻的酒质和饱满的果味，赢得了我们的心。与此同时，这一次推荐的卡姆皮尔赤霞珠（Cabernet Kampill）表现卓越，口感和谐干爽而紧致；勒格瑞陈酿（Lagrein Riserva）则凭借平衡的香氛和圆润的口感脱颖而出，斩获了“三杯奖”大奖，令人无限期待。

| | |
|---|---|
| ● A. A. Lagrein Ris. '13 | YYY 5 |
| ● A. A. Cabernet Kampill Ris. '13 | YY 5 |
| ● Lamarein '13 | YY 6 |
| ⊙ A. A. Lagrein Kretzer Rosato V. T. '15 | YY 3 |
| ● A. A. Santa Maddalena Cl. '14 | YY 3 |
| ○ A. A. Sauvignon Platt & Pignat '15 | YY 3 |
| ○ A. A. Chardonnay Platt&Pignat '15 | Y 3 |
| ○ A. A. Kerner '15 | Y 3 |
| ○ Marie Josephine Passito '14 | Y 5 |
| ● A. A. Lagrein Ris. '11 | YYY 5 |
| ● A. A. Lagrein Scuro Ris. '05 | YYY 4 |
| ● A. A. Lagrein Scuro Ris. '01 | YYY 4 |
| ● A. A. Lagrein Scuro Ris. '00 | YYY 4 |
| ● A. A. Lagrein Scuro Ris. '99 | YYY 4 |
| ● Lamarein '05 | YYY 6 |

## Erste+Neue

via delle Cantine, 5/10
39052 Caldaro/Kaltern [BZ]
Tel. +39 0471963122
www.erste-neue.it

藏酒销售
预约参观
年产量 1 400 000 瓶
葡萄种植面积 250 公顷

这将是我们在年鉴中最后一次为埃斯特尼酒庄（Erste+Neue）提供全篇幅的专门介绍，因为这座卓越的酒庄已经与临近的凯尔德罗酒庄（Cantina di Caldaro）合并，从而缔造了本地区规模最大的协作酒庄。酒庄拥有占地面积达到250公顷的葡萄园，从俯瞰凯尔德罗湖（Caldaro）阳光灿烂的山坡一直蔓延到曼多拉（Mendola）清凉微风吹拂的高地，提供了最佳的土壤条件、光照时间和日间温度，四百多名葡萄种植商成员骄傲地为出品美酒供应优质的酿造葡萄，使上阿迪杰产区的本地葡萄品种能够充分地展露个性。该酒庄出品的美酒呈现出几近完美的状态，今年推荐的美酒更是令我们深感信服，从馥郁饱满、酒质华美的普塔赤霞珠（Cabernet Puntay）开始，这款卓越的红葡萄酒缓缓释放出美妙的香氛，融入红莓果的阵阵果香，底蕴中透露出丝丝香料的辛香，洋溢着精美且清爽的药草芬芳。而在口感方面，我们非常欣赏这款美酒的巨大潜力和饱满果味，因此也轻松摘下了我们的最高荣誉桂冠。与此同时，始终是凯尔德罗湖（Lago di Caldaro）品质最优秀的美酒之一，洛伊希腾伯格（Leuchtenburg）吐露着野生莓果的芬芳，一抹紫罗兰的幽然花香萦绕其间，随之而来的口感鲜美丰盈，果味饱满。

| | | |
|---|---|---|
| ● A. A. Cabernet Puntay Ris. '12 | TTT | 5 |
| ● A. A. Lago di Caldaro Cl. Sup. Leuchtenburg '15 | TT | 2* |
| ● A. A. Lagrein Puntay Ris. '12 | TT | 5 |
| ○ A. A. Chardonnay Salt '15 | TT | 3 |
| ○ A. A. Gewürztraminer '15 | TT | 3 |
| ● A. A. Lago di Caldaro Cl. Sup. Puntay '15 | TT | 3 |
| ○ A. A. Pinot Bianco Prunar '15 | TT | 3 |
| ○ A. A. Sauvignon Puntay '15 | TT | 5 |
| ○ Anthos Bianco Passito '13 | TT | 5 |
| ● A. A. Lago di Caldaro Cl. Sup. Leuchtenburg '14 | YYY | 2* |
| ● A. A. Lago di Caldaro Cl. Sup. Leuchtenburg '12 | YYY | 2* |
| ● A. A. Lago di Caldaro Cl. Sup. Puntay '10 | YYY | 3* |
| ○ A. A. Sauvignon Puntay '06 | YYY | 4 |
| ○ Anthos Bianco Passito '10 | YYY | 5 |

## ★Falkenstein Franz Pratzne

via Castello, 19
39025 Naturno/Naturns [BZ]
Tel. +39 0473666054
www.falkenstein.bz

藏酒销售
预约参观
年产量 90 000 瓶
葡萄种植面积 12 公顷

虽然种植面积相对而言较低，但是韦
斯塔谷（Valle Venosta）是上阿迪杰产
（Alto Adige）最温暖、最干爽的山谷
一，在葡萄酒生产和酿造界拥有极佳
声望，这样归功于这里挤满了数量
多、地位却非常重要的顶级小型酒庄。
其中之一便是弗兰茨·普莱泽纳（Fra
Pratzner）拥有的小酒庄，它出品的
司令（Riesling）来自这片气候温暖的
地，品质卓越，深得爱好者的认可和
爱。弗兰茨普莱泽纳法尔肯施泰因酒
（Falkenstein Franz Pratzner）的葡萄园面
不大，向南朝向，常常紧靠令人呼吸
难的陡峭山崖，生长在高海拔地带的
实能够达到完美的成熟，芬芳扑鼻，
失清爽，用来酿造以清澈芳香和出众
控力见长的美酒。在弗兰茨普莱泽纳
尔肯施泰因酒庄今年推荐的美酒中，
司令（Riesling）凭借出色表现，再次
得头筹。它吐露着蓓蕾的如花香气，
郁扑鼻，散发着白色果肉水果的阵阵
香，底蕴中透露出缕缕深邃但内敛的
物质气息。入口感到饱满的果味，口
紧致有力，展现出诱人跃动且质朴原
的酒质，紧实和个性一览无遗。与此
时，白比诺（Pinot Bianco）的风格与之
似，但是香氛中萦绕的果香更加馥郁
满，而且口感同样质朴有力。

| | | |
|---|---|---|
| ○ A. A. Val Venosta Riesling '14 | TTT | 5 |
| ○ A. A. Val Venosta Pinot Bianco '14 | TT | 4 |
| ● A. A. Val Venosta Pinot Nero '13 | T | 5 |
| ○ A. A. Val Venosta Sauvignon '14 | T | 4 |
| ○ A. A. Val Venosta Pinot Bianco '07 | YYY | 4 |
| ○ A. A. Val Venosta Riesling '12 | YYY | 5 |
| ○ A. A. Val Venosta Riesling '11 | YYY | 5 |
| ○ A. A. Val Venosta Riesling '10 | YYY | 5 |
| ○ A. A. Val Venosta Riesling '09 | YYY | 5 |
| ○ A. A. Val Venosta Riesling '08 | YYY | 5 |
| ○ A. A. Val Venosta Riesling '07 | YYY | 5 |
| ○ A. A. Val Venosta Riesling '06 | YYY | 5 |
| ○ A. A. Val Venosta Riesling '05 | YYY | 5 |
| ○ A. A. Val Venosta Riesling '00 | YYY | 3 |
| ○ A. A. Valle Venosta Riesling '13 | YYY | 5 |

## Garlider Christian Kerschbaumer

via Untrum, 20
39040 Velturno/Feldthurns [BZ]
Tel. +39 0472847296
www.garlider.it

藏酒销售
预约参观
年产量 26 000 瓶
葡萄种植面积 4.2 公顷
葡萄栽培方式 有机认证

克里斯蒂安·科施鲍莫尔（Christian Kerschbaumer）与妻子维罗妮卡（Veronika）是这座地处伊萨尔科河谷（Valle Isarco）的美丽酒庄的主人。在十几年的时间里，他们在克里斯蒂安科施鲍莫尔葡萄园（Garlider Christian Kerschbaumer）中逐步采纳有机栽培方式，地块地处海拔550米至800米之间。除了少量黑比诺（Pinot Nero）之外，科施鲍莫尔酒庄主要种植白葡萄，包含本地经典的传统品种，尤其是伊萨尔科河谷地区非常典型的绿维特利纳（Grüner Veltliner）和西万尼（Sylvaner）。在科施鲍莫尔酒庄今年推荐的美酒中，绿维特利纳（Grüner Veltliner）表现尤为精彩，它最初浓郁的硫化物芳香盖住了阵阵果香，但是其后让位给一阵猛烈的烟熏气息，散发着梨子和热带水果的芬芳，与紧实和惬意的口感完美搭配，相得益彰。相比较而言，西万尼（Sylvaner）的香气甚至更加拘谨，不过果味非常饱满，酒体精良，美味持久在口中流连不散。这是一款令人难以遗忘的美酒。

| | | |
|---|---|---|
| ○ A. A. Valle Isarco Sylvaner '14 | 🍷🍷🍷 | 3* |
| ○ A. A. Valle Isarco Grüner Veltliner '14 | 🍷🍷 | 4 |
| ○ A. A. Valle Isarco Sylvaner '13 | 🍷🍷🍷 | 3* |
| ○ A. A. Valle Isarco Sylvaner '09 | 🍷🍷🍷 | 3* |
| ○ A. A. Valle Isarco Veltliner '08 | 🍷🍷🍷 | 3* |
| ○ A. A. Valle Isarco Veltliner '07 | 🍷🍷🍷 | 3 |
| ○ A. A. Valle Isarco Veltliner '05 | 🍷🍷🍷 | 3* |
| ● A. A. Pinot Nero '12 | 🍷🍷 | 4 |
| ○ A. A. Valle Isarco Grüner Veltliner '12 | 🍷🍷 | 4 |
| ○ A. A. Valle Isarco Müller Thurgau '13 | 🍷🍷 | 3 |
| ○ A. A. Valle Isarco Sylvaner '12 | 🍷🍷 | 3* |
| ○ A. A. Valle Isarco Sylvaner '11 | 🍷🍷 | 3 |
| ○ A. A. Valle Isarco Veltliner '13 | 🍷🍷 | 4 |
| ○ A. A. Valle Isarco Veltliner '11 | 🍷🍷 | 3* |
| ○ Pinot Grigio '13 | 🍷🍷 | 4 |

## ★Cantina Girlan

loc. Cornaiano/Girlan
via San Martino, 24
39057 Appiano/Eppan [BZ]
Tel. +39 0471662403
www.girlan.it

藏酒销售
预约参观
年产量 1 500 000 瓶
葡萄种植面积 220 公顷

在一片似乎将所有希望都寄托于上阿迪杰区（Alto Adige）经典品种的扑鼻芬芳特质的土地上，歌兰酒庄（Cantina Girlan）却始终坚持对于更多传统葡萄品种持续投入，例如斯基亚瓦（Schiava）、黑比诺（Pinot Nero）和白比诺（Pinot Bianco）等。歌兰酒庄得以缔造传奇，我们不能遗忘与酿酒师杰哈德·考费勒（Gerhard Kofler）并肩战斗的两百多位酒庄葡萄种植商成员，他们对这片土地充满了激情和热爱。他们与销售总监奥斯卡·洛兰蒂（Oscar Lorandi）紧密合作，使歌兰酒庄的酒品完美呈现出意大利这一隅土地的巨大潜质。出品佳酿完美综合了酿造果实品种和生长地块风土条件两方面的特质，品质最佳的葡萄园生产出了最有意趣的美酒，其中来自玛卓尼次产区（Mazzon）的卓越酒品再次证明了黑比诺的精美以及得到了厚爱。在歌兰酒庄今年推荐的美酒中，特拉图曼（Il Trattmann）的表现尤为精彩，它散发着森林水果的阵阵果香，融入药草的丝丝醇香，随之而来的是紧致的酒体结构，层层叠叠延宕开来的果味，极富意趣的单宁质地支撑着美酒的口感，一路攀上华美的收口巅峰。与此同时，普莱特内格尔白比诺（Pinot Bianco Plattenriegl）紧致而优雅；我们还非常喜爱深邃馥郁的斯基亚瓦吉施勒尔（Schiava Gschleier）。

| | | |
|---|---|---|
| ● A. A. Pinot Nero Trattmann Mazon Ris. '13 | 🍷🍷🍷 | 5 |
| ○ A. A. Pinot Bianco Plattenriegl '15 | 🍷🍷 | 3* |
| ● A. A. Schiava Gschleier Alte Reben '14 | 🍷🍷 | 3* |
| ○ 448 slm '15 | 🍷🍷 | 2* |
| ○ A. A. Bianco Cuvée Flora Ris. '13 | 🍷🍷 | 5 |
| ○ A. A. Chardonnay Flora '14 | 🍷🍷 | 5 |
| ○ A. A. Gewürztraminer Flora '15 | 🍷🍷 | 6 |
| ○ A. A. Gewürztraminer Sandbichler H. Lun '15 | 🍷🍷 | 4 |
| ○ A. A. Pinot Bianco H. Lun '15 | 🍷🍷 | 3 |
| ○ A. A. Pinot Bianco Sandbichler H. Lun '15 | 🍷🍷 | 3 |
| ○ A. A. Pinot Grigio H. Lun '15 | 🍷🍷 | 2* |
| ○ A. A. Sauvignon H. Lun '15 | 🍷🍷 | 3 |
| ○ A. A. Sauvignon Indra '15 | 🍷🍷 | 3 |
| ● A. A. Schiava Faß N° 9 '15 | 🍷🍷 | 2* |
| ● A. A. Pinot Nero Trattmann Mazon Ris. '12 | 🍷🍷🍷 | 5 |
| ● A. A. Pinot Nero Trattmann Mazon Ris. '11 | 🍷🍷🍷 | 5 |

## Glögglhof - Franz Gojer

FRAZ. SANTA MADDALENA
VIA RIVELLONE, 1
39100 BOLZANO/BOZEN
TEL. +39 0471978775
www.gojer.it

藏酒销售
预约参观
膳宿接待
年产量 55 000 瓶
葡萄种植面积 7.4 公顷

葛吉尔家族（Gojer）拥有的格罗戈霍夫酒庄（Glögglhof）坐落在圣塔玛德莲娜山（Santa Maddalena）的山顶，酒庄完美嵌入葡萄园，地块靠近博尔扎诺盆地（Bolzano basin）中心地带，既能享受和煦阳光的照耀，又能接受来自伊萨尔科河谷（Valle Isarco）清爽清风的吹拂。在格罗戈霍夫庄园，玛利亚·路易斯（Maria Luise）和弗洛里安（Florian）将葡萄园的优质酿造葡萄转化为紧贴传统的美酒，但是呈现出新时代的国际风貌。格罗戈霍夫酒庄的葡萄园分散在四个地区：庄园附近的地块专门出产圣塔玛德莲娜系列美酒（Santa Maddalena Rondell）所需的酿造葡萄；还有位于平原和格瑞斯（Gries）的地块；以及瑞奇奥（Rencio）以及奥拉（Ora）的地块，尤其用以酿造勒格瑞（Lagrein）；最后，还有科纳多阿迪杰（Cornedo all' Adige）高海拔的葡萄园，更加适合白葡萄的生长。格罗戈霍夫酒庄出品的核心依然忠诚于斯基亚瓦（Schiava），而圣塔玛德莲娜隆德尔（Santa Maddalena Rondell）无疑是诱惑我们味蕾的顶级美酒。浓郁的莓果果香和着辛辣的香料芬芳，为饱满的果味营造了美妙的香氛，带来绵长悠然、令人心满意足的绝佳口感。与此同时，我们还拜倒在格罗戈霍夫酒庄的勒格瑞陈酿（Lagrein Riserva）的石榴裙下，这款极富潜力的红葡萄酒气质高贵，口感扎实，拥有令人印象深刻的劲道果味。

| | |
|---|---|
| ● A. A. Santa Maddalena Cl. Rondell '15 | 🍷🍷🍷 3* |
| ○ A. A. Kerner Karneid '15 | 🍷🍷 3 |
| ● A. A. Lagrein Ris. '13 | 🍷🍷 4 |
| ○ A. A. Pinot Bianco Karneid '15 | 🍷🍷 3 |
| ● A. A. Santa Maddalena Cl. '15 | 🍷🍷 2* |
| ○ A. A. Sauvignon Karneid '15 | 🍷🍷 3 |
| ● A. A. Vernatsch Alte Reben '15 | 🍷🍷 2* |
| ○ A. A. Kerner Karneid '13 | 🍷🍷 3 |
| ● A. A. Lagrein Ris. '12 | 🍷🍷 4 |
| ○ A. A. Pinot Bianco Karneid '14 | 🍷🍷 3 |
| ● A. A. Santa Maddalena Cl. '14 | 🍷🍷 2* |
| ● A. A. Santa Maddalena Cl. '13 | 🍷🍷 2* |
| ● A. A. Santa Maddalena Cl. Rondell '14 | 🍷🍷 3* |
| ● A. A. Vernatsch Alte Reben '14 | 🍷🍷 2* |
| ● A. A. Vernatsch Alte Reben '13 | 🍷🍷 2* |

## Griesbauerhof Georg Mumelter

VIA RENCIO, 66
39100 BOLZANO/BOZEN
TEL. +39 0471973090
www.griesbauerhof.it

藏酒销售
预约参观
年产量 30 000 瓶
葡萄种植面积 3.8 公顷

穆梅尔特家族（Mumelter）于大约150年前接管了格莱鲍尔霍夫农场（Griesbauerhof），从此以后就在这里专注于葡萄的栽培和葡萄酒的酿造。今天，乔格·穆梅尔特（Georg Mumelter）和妻子玛格蕾特（Margareth）照料着他们占地面积几公顷的葡萄园，出产一系列本地区罕见风格的美酒，并非只追逐展现出扑鼻芳香的葡萄品种。酒庄特别注重生产博尔扎诺美酒（Bolzano）、圣塔玛德莲娜山美酒（Santa Maddalena）和勒格瑞美酒（Lagrein），与此同时，位于阿皮亚诺地区（Appiano）的葡萄园为白葡萄酒的生产提供酿造果实。在今年的品鉴中，我们一直认为该酒庄推荐的勒格瑞（Lagrein）表现完美，它的果香浓郁集中，飘散着一抹辛辣的芬芳，随之而来的是饱满而极富潜力的口感，带来这内涵丰富、果味扎实的美酒。与此同时，酒庄阳光普照的葡萄园令栽培的波尔多葡萄（Bordeaux）达到了完美的成熟，这一点在我们品鉴赤霞珠陈酿（Cabernet Sauvignon Riserva）的时候已经充分体会到，这是一款内敛甘美的佳酿，入口后品感层层缓慢跌宕开来，展现出在坚实单宁支撑下的紧致的酒体，令人回味无穷。

| | |
|---|---|
| ● A. A. Cabernet Sauvignon Ris. '13 | 🍷🍷 3 |
| ● A. A. Lagrein Ris. '13 | 🍷🍷 5 |
| ● A. A. Merlot Spitz '14 | 🍷🍷 3 |
| ● A. A. Lagrein '15 | 🍷 3 |
| ⊙ A. A. Lagrein Kretzer '15 | 🍷 3 |
| ○ A. A. Pinot Grigio '15 | 🍷 3 |
| ● A. A. Santa Maddalena Cl. '15 | 🍷 2 |
| ● A. A. Lagrein Ris. '09 | 🍷🍷🍷 5 |
| ● A. A. Cabernet Sauvignon Ris. '12 | 🍷🍷 3 |
| ● A. A. Lagrein '13 | 🍷🍷 3* |
| ● A. A. Lagrein Ris. '12 | 🍷🍷 5 |
| ○ A. A. Pinot Bianco '14 | 🍷🍷 3 |
| ● A. A. Santa Maddalena Cl. '14 | 🍷🍷 2* |
| ● Schiava Isarcus '13 | 🍷🍷 3 |

## Gummerhof - Malojer

via Weggestein, 36
39100 Bolzano/Bozen
Tel. +39 0471972885
www.malojer.it

藏酒销售
预约参观
年产量 100 000 瓶
葡萄种植面积 18 公顷

玛拉杰尔家族（Malojer）的古莫霍夫酒庄（Gummerhof）位于博尔扎诺（Bolzano）的外围地带，几乎贴近萨伦蒂诺河谷（Val Sarentino）的谷口。古莫霍夫酒庄的葡萄园占地面积达到20公顷，遍布城外四周，位于雷农高原（Renon Plateau）的山坡上。虽然古莫霍夫酒庄长期以来的核心酒品都是斯基亚瓦（Schiava）和勒格瑞（Lagrein）等传统经典的上阿迪杰（Alto Adige）葡萄品种，但是也增加了梅洛（Merlot）和赤霞珠（Cabernet）等芳香葡萄品种和国际葡萄品种，打造出一系列高品质的可信赖美酒。玛拉杰尔家族出品系列广泛，在今年推荐的美酒中，给我们留下最深刻印象的是古莫霍夫祖格莱勒格瑞（Lagrein Gummerhof zu Gries），虽然遭遇了气候条件欠佳的生长酿造季，但这款红葡萄酒依然显露出极具说服力的典型特质，堪称同类酒品中的典范之作。馥郁的黑莓果香与香料的辛香完美缭绕，为强劲的口感营造出精彩的香氛，酒重与饱满的果味和紧致的品感相得益彰，令人久久难忘。相比较而言，赤霞珠陈酿（Cabernet Riserva）的香氛更加锐利，依然需要时间来完善成熟，已臻完美。在口感方面，它展现出精致的单宁结构和令人艳羡的平衡度。

| | |
|---|---|
| ● A. A. Lagrein Gummerhof zu Gries '14 | 🍷🍷 3* |
| ○ A. A. Bianco Cuvée Bautzanum '15 | 🍷🍷 4 |
| ● A. A. Cabernet Lagrein Bautzanum Cuvée Ris. '13 | 🍷🍷 4 |
| ● A. A. Cabernet Ris. '13 | 🍷🍷 4 |
| ○ A. A. Gewürztraminer Kui '15 | 🍷🍷 3 |
| ● A. A. Lagrein Ris. '13 | 🍷🍷 4 |
| ○ A. A. Müller Thurgau Kreiter '15 | 🍷🍷 2* |
| ● A. A. Pinot Nero Gstrein '13 | 🍷🍷 3 |
| ● A. A. Pinot Nero Ris. '13 | 🍷🍷 4 |
| ○ A. A. Pinot Bianco Kreiter '15 | 🍷 3 |
| ● A. A. Santa Maddalena Cl. Loamer '15 | 🍷 2 |
| ○ A. A. Sauvignon Gur zur Sand '15 | 🍷 3 |
| ● A. A. Lagrein Gries '09 | 🍷🍷🍷 2* |
| ● A. A. Cabernet Ris. '12 | 🍷🍷 4 |
| ● A. A. Lagrein Ris. '12 | 🍷🍷 4 |

## Gumphof
## Markus Prackwieser

loc. Novale di Presule, 8
39050 Fiè allo Sciliar/Völs am Schlern [BZ]
Tel. +39 0471601190
www.gumphof.it

藏酒销售
预约参观
年产量 45 000 瓶
葡萄种植面积 5 公顷

马库斯·普莱克威尔瑟（Markus Prackwieser）是伊萨尔科河谷（Valle Isarco）最佳产区酒不可错认的卓越风格的经典代表和阐释者之一。古姆霍夫酒庄（Gumphof）的葡萄园拥有独一无二的气候条件和地理位置，博尔扎诺盆地（Bolzano basin）的炎热遭遇从阿尔卑斯山伊萨尔科河谷（Isarco Valley）吹来的凉爽微风。葡萄园的土壤条件展示出本产地复杂的地理起源，红色斑岩来自古老的火山形成期，与河谷地表的冲击沉积层融合在一起。酒庄的地块占地几公顷，拥有丰富栽培种植经验的专家精心照料着葡萄藤，采取最大限度保护环境的方式，为我们带来口感扎实、品质可信的系列美酒。在今年的品鉴中，2015年份的普莱苏利斯白比诺（Pinot Bianco Praesulis）表现非常出色，它纯粹而剔透，吐露着刚刚割下的鲜花的清香芬芳，融入白色果肉水果的阵阵果香，底蕴中透露出缕缕美妙的柑橘香。在口感方面，它的迷人之处在于入口后感到的细腻和紧致，绝非只强调力道，使其成为本地区同品类美酒中的巅峰之作。与此同时，我们还非常喜爱同系列的苏维翁（Sauvignon），这又是一款展现出优雅和和谐、而非一味追求强劲口感的美酒。

| | |
|---|---|
| ○ A. A. Pinot Bianco Praesulis '15 | 🍷🍷🍷 3* |
| ○ A. A. Sauvignon Praesulis '15 | 🍷🍷 4 |
| ○ A. A. Gewürztraminer Praesulis '15 | 🍷🍷 4 |
| ● A. A. Pinot Nero Praesulis '14 | 🍷🍷 5 |
| ○ A. A. Pinot Bianco Mediaevum '15 | 🍷 2 |
| ● A. A. Schiava Mediaevum '15 | 🍷 3 |
| ○ A. A. Pinot Bianco Praesulis '14 | 🍷🍷🍷 3* |
| ○ A. A. Pinot Bianco Praesulis '06 | 🍷🍷🍷 3* |
| ○ A. A. Sauvignon Praesulis '13 | 🍷🍷🍷 4* |
| ○ A. A. Sauvignon Praesulis '09 | 🍷🍷🍷 3 |
| ○ A. A. Sauvignon Praesulis '07 | 🍷🍷🍷 3* |
| ○ A. A. Sauvignon Praesulis '04 | 🍷🍷🍷 3* |

## ★Franz Haas

VIA VILLA, 6
39040 MONTAGNA/MONTAN [BZ]
TEL. +39 0471812280
www.franz-haas.it

藏酒销售
预约参观
年产量 350 000 瓶
葡萄种植面积 55 公顷
可持续发展酒庄

弗兰兹·海斯（Franz Haas）的酒庄地处蒙塔尼亚（Montagna），距离意大利黑比诺（Pinot Nero）的摇篮马宗（Mazzon）只有一步之遥。酒庄葡萄园从海拔只有几百米的所在一直蔓延到海拔超过一千米的地方，如今酒庄自有地块超过50公顷，其他种植商的地块以及租用地块遍布整个产区，尤其坐落在高山地带。由于意识到当地气候越来越温暖炎热，弗兰兹逐步增加了对高海拔葡萄园的投入，最近更将地处海拔1150米的黑比诺（Pinot Nero）葡萄园收入囊中。弗兰兹海斯酒庄出品系列广泛的美酒，充分阐释当地风土条件，口感持久优雅，劲道有力。在今年的品鉴中，弗兰兹海斯酒庄推荐了一系列品质卓越的美酒，其中的曼纳（Il Manna）表现精彩，这是一款多品种葡萄混酿而成的浓郁美酒，吐露着馥郁集中的花香，和着美妙的柑橘香。假以时日，它必将展现出更加和谐的口感，锐利锋芒将会逐渐柔化，呈现饱满果味口感和完美的平衡度。相比较而言，我们更加喜欢较为浓郁和鲜美的苏维翁（Sauvignon），它的口感饱满惬意，令人浮想联翩，给人留下了极为深刻的印象。

| | |
|---|---|
| ○ A. A. Sauvignon '14 | ΨΨ 5 |
| ○ Manna '14 | ΨΨ 5 |
| ○ A. A. Gewürztraminer '15 | ΨΨ 4 |
| ● A. A. Pinot Nero '14 | ΨΨ 5 |
| ○ A. A. Moscato Giallo '15 | Ψ 5 |
| ○ A. A. Pinot Bianco Lepus '15 | Ψ 3 |
| ● A. A. Moscato Rosa '12 | ΨΨΨ 5 |
| ● A. A. Moscato Rosa '11 | ΨΨΨ 5 |
| ● A. A. Moscato Rosa Schweizer '00 | ΨΨΨ 4 |
| ● A. A. Pinot Nero Schweizer '02 | ΨΨΨ 5 |
| ● A. A. Pinot Nero Schweizer '01 | ΨΨΨ 5 |
| ○ A. A. Sauvignon '13 | ΨΨΨ 5 |
| ○ Manna '07 | ΨΨΨ 4 |
| ○ Manna '05 | ΨΨΨ 4 |
| ○ Manna '04 | ΨΨΨ 4 |

## Haderburg

FRAZ. BUCHOLZ
LOC. POCHI, 30
39040 SALORNO/SALURN [BZ]
TEL. +39 0471889097
www.haderburg.it

藏酒销售
预约参观
年产量 100 000 瓶
葡萄种植面积 12 公顷
葡萄栽培方式 生物动力学认证

阿洛伊斯·奥奇森赖特尔（Alois Ochsenreiter）拥有的酒庄展现出双重灵魂，一个蕴藏于精美的起泡酒之中，另一个则深植于上阿迪杰产区（Alto Adige）的酿造传统之中。哈登伯格酒庄（Haderburg）不仅自己生产本地最佳的系列起泡酒，而且还是带动当地许多酒庄掀起起泡酒生产运动高潮的先驱者。哈登伯格酒庄坚守传统的一面则令酒品展现出更加自然经典的气质，致力于将每种葡萄品种的特质发挥得淋漓尽致。这双重灵魂既需要人力的巨大付出，又仰仗自然的守护，正如酒庄决定采取生物动力学方式进行栽培那样，以最大化地释放这片土地赋予果实的丰沛果味。在哈登伯格酒庄今年推荐的酒品中，给我留最深刻印象的是美好的帕斯多斯甜酒（Pas Dosé），这款以霞多丽（Chardonnay）为主、黑比诺（Pinot Nero）为辅酿造的起泡酒给人带来非常愉悦的感受，吐露着白色果肉水果诱人的果香，融入饼干般的浓醇气息，底蕴中透露出缕缕矿物质的微妙气息。紧致华美的酒质带来绵长悠然的余韵回味，展示出有力的口感。与此同时，哈登伯格酒庄的非起泡静止酒出品中，拔得头筹的无疑是厄尔梅洛赤霞珠（Merlot Cabernet Erah）。

| | |
|---|---|
| ○ A. A. Spumante Pas Dosé | ΨΨ 4 |
| ● A. A. Merlot-Cabernet Sauvignon Erah Hausmannhof '12 | ΨΨ 5 |
| ● A. A. Pinot Nero Hausmannhof Ris. '13 | ΨΨ 6 |
| ○ A. A. Spumante Brut | ΨΨ 5 |
| ○ A. A. Spumante Hausmannhof Brut Ris. '06 | ΨΨ 5 |
| ○ A. A. Sauvignon Hausmannhof '15 | Ψ 4 |
| ⊙ A. A. Spumante Brut Rosé | Ψ 5 |
| ○ A. A. Valle Isarco Sylvaner Obermairlhof '05 | ΨΨΨ 3* |
| ● A. A. Pinot Nero Hausmannhof '13 | ΨΨ 5 |
| ● A. A. Pinot Nero Hausmannhof Ris. '12 | ΨΨ 6 |
| ○ A. A. Sauvignon Hausmannhof '14 | ΨΨ 4 |
| ○ A. A. Spumante Pas Dosé '11 | ΨΨ 5 |

## Kettmeir

Via delle Cantine, 4
39052 Caldaro/Kaltern [BZ]
Tel. +39 0471963135
www.kettmeir.com

藏酒销售
预约参观
年产量 330 000 瓶
葡萄种植面积 36 公顷

历史悠久的凯尔德罗产区（Caldaro）凯米埃尔酒庄（Kettmeir）纳入圣塔玛格丽塔酒业集团（Gruppo Santa Margherita）已经长达30年，但是酒庄的灵魂依然依附于独特的上阿迪杰产区（Alto Adige），物换星移，酒庄随着时间的流逝也发生了许多改变。今天，凯米埃尔酒庄的葡萄园主要分散在三大地块：湖边的种植地块专门栽培红葡萄，萨洛尔诺（Pochi di Salorno）高海拔葡萄园出产的果实用于酿造起泡酒基酒（Spumante Base Wines）；位于雷纳尔庄园（Ebnicher）的地块种植霞多丽（Chardonnay）和比诺葡萄（Pinot）；最后是位于雷农高原（Renon）上索普拉博尔察诺（Soprabolzano）的雷纳尔庄园地块，专门出产穆勒葡萄（Müller）。精美的酒窖俯瞰凯尔德罗湖，约瑟夫·朗曼（Joseph Romen）酿造出一系列口感坚实、品质非常可信的美酒。在凯米埃尔酒庄今年推荐的系列酒品中无一弱者，其中阿瑟斯白比诺（Pinot Bianco Athesis）尤其出色，散发着白色果肉水果浓郁集中的果香，伴随着一抹无处不在的花香，随之而来的是和谐且热情的美妙口感。与此同时，我们还非常喜爱该酒庄出品的苏维翁（Sauvignon），堪称卓越生长酿造季出品中的精品，散发着复杂且馥郁的芬芳，口感饱满而劲道，令人浮想联翩。

○ A. A. Müller Thurgau Athesis '15 — 🍷🍷(红) 4
○ A. A. Pinot Bianco Athesis '14 — 🍷🍷(红) 3*
○ A. A. Sauvignon '15 — 🍷🍷(红) 3*
○ A. A. Chardonnay Maso Reiner '14 — 🍷🍷 3
○ A. A. Gewürztraminer '15 — 🍷🍷 3
● A. A. Moscato Rosa Athesis '12 — 🍷🍷 5
○ A. A. Pinot Bianco '15 — 🍷🍷 3
● A. A. Pinot Nero Maso Reiner '13 — 🍷🍷 4
○ A. A. Spumante Brut Athesis '13 — 🍷🍷 4
○ A. A. Spumante Rosé Brut Athesis — 🍷🍷 4
○ A. A. Lagrein Rosato '15 — 🍷 2
○ A. A. Chardonnay '14 — ΥΥ 3
○ A. A. Chardonnay Maso Reiner '13 — ΥΥ 3*
○ A. A. Müller Thurgau Athesis '14 — ΥΥ 4
● A. A. Pinot Nero Maso Reiner '12 — ΥΥ 4
● A. A. Spumante Brut — ΥΥ 3

## Tenuta Klosterhof Oskar Andergassen

Loc. Clavenz, 40
39052 Caldaro/Kaltern [BZ]
Tel. +39 0471961046
www.garni-klosterhof.com

藏酒销售
预约参观
膳宿接待
年产量 20 000 瓶
葡萄种植面积 3.5 公顷

奥斯卡·安德格森（Oskar Andergassen）在儿子汉尼斯·安德格森（Hannes Andergassen）的协助下经营着这座坐落于凯尔德罗产区（Caldaro）的小型家庭酒庄，占地面积达到几公顷，种植地块分散在湖岸上以及前往索普拉皮安尼扎（Pianizza di Sopra）的山坡上。他们为了酿造美酒不遗余力，甚至还曾经联系当地著名的箍桶匠，专门以酒庄在蒙提戈尔（Montiggl）拥有的地产上生长的树木为原料，为葡萄酒的酿造特制洋槐木桶。除了经营酒庄生意，奥斯卡还拥有一座旅馆，并且生产烈酒。今天，克洛斯特霍夫奥斯卡安德格森酒庄的葡萄酒生产在农庄生意中日益占据重要地位，出品美酒的品质也一年比一年提升，令人信服。表现卓越的帕尼吉尔黑比诺（Pinot Nero Panigl）的酿造葡萄来自凯尔德罗（Caldaro）以南的葡萄园，红葡萄果实非常成熟，带来酒体饱满、果味馥郁、充盈满口的美味口感。相比较而言，我们发现特莱福尔白比诺（Pinot Bianco Trifall）的风格截然不同，酿造葡萄来自海拔较高的葡萄园，香氛更加内敛尖锐，但是口感更加和谐成熟，酒质演进优雅美味，一路攀上绵长悠然的收口巅峰。

○ A. A. Pinot Bianco Trifall '15 — 🍷🍷 3
● A. A. Pinot Nero Panigl '13 — 🍷🍷 5
● A. A. Pinot Nero Ris. '13 — 🍷🍷 4
○ A. A. Pinot Bianco V. T. '14 — 🍷🍷 4
● A. A. Lago di Caldaro Cl. Sup. Plantaditsch '15 — 🍷 2
● A. A. Lago di Caldaro Cl. Sup. Plantaditsch R. '15 — 🍷 3
○ Birnbaum '15 — 🍷 3
● A. A. Merlot Ris. '12 — ΥΥ 4
○ A. A. Moscato Giallo Birnbaum '14 — ΥΥ 3
○ A. A. Pinot Bianco Trifall '14 — ΥΥ 3
● A. A. Pinot Nero Panigl '12 — ΥΥ 5
⊙ A. A. Pinot Nero Rosé Summer '14 — ΥΥ 4
● A. A. Lago di Caldaro Cl. Sup. Plantaditsch '14 — ΥΥ 2*
○ A. A. Pinot Bianco Trifall '13 — ΥΥ 3*

## ★Köfererhof Günther Kerschbaumer

FRAZ. NOVACELLA
VIA PUSTERIA, 3
39040 VARNA/VAHRN [BZ]
TEL. +39 3474778009
www.koefererhof.it

藏酒销售
预约参观
餐饮接待
年产量 80 000 瓶
葡萄种植面积 10 公顷

离开博尔扎诺盆地（Bolzano），进入伊萨尔科河谷（Valle Isarco），你会发现地势变得崎岖不平，缓缓蜿蜒的山势逐渐变成了多罗米蒂（Dolomites）险峻陡峭的山峰。就是在这里的瓦纳（Varna），我们找到了冈瑟·科斯切鲍莫尔（Günther Kerschbaumer）的酒庄。他的酒庄自有种植地块只占地5公顷，租用地块的面积也差不多是5公顷，位于伊萨尔科河谷中心地带海拔1000米的所在，那里强烈的日照保证了葡萄的健康生长，同时又给予酿造葡萄独特的香氛表现力。科斯切鲍莫尔只专注于白葡萄酒的酿造生产，他的出品极具意趣，将美味可饮性与深邃酒质和细腻口感完美结合，令人心驰神往。在这片土地上，西万尼（Sylvaner）无疑是王者，科斯切鲍莫尔更是将其特质发挥得淋漓尽致，令其散发着缥缈的烟熏气息，融入梨子的清甜果香，随之而来的是活力四射的口感和绵长悠然的余韵，令人回味无穷。与此同时，更加令人钦佩和感兴趣的是灰比诺（Pinot Grigio），它吐露着精美的果香和花香，雍容华贵，随之而来的是强劲的口感，酒质演进优雅，随着口感一层层递进，展现出绝佳的收口余韵，令人欲罢不能。

| | |
|---|---|
| ○ A. A. Valle Isarco Pinot Grigio '15 | 🍷🍷🍷 3* |
| ○ A. A. Valle Isarco Riesling '14 | 🍷🍷 5 |
| ○ A. A. Valle Isarco Sylvaner '15 | 🍷🍷 3* |
| ○ A. A. Valle Isarco Grüner Veltliner '14 | 🍷🍷 4 |
| ○ A. A. Valle Isarco Kerner '15 | 🍷🍷 3 |
| ○ A. A. Valle Isarco Müller Thurgau '15 | 🍷🍷 3 |
| ○ A. A. Valle Isarco Sylvaner R '14 | 🍷🍷 5 |
| ○ A. A. Valle Isarco Pinot Grigio '13 | 🍷🍷🍷 3* |
| ○ A. A. Valle Isarco Pinot Grigio '12 | 🍷🍷🍷 3* |
| ○ A. A. Valle Isarco Pinot Grigio '11 | 🍷🍷🍷 3* |
| ○ A. A. Valle Isarco Pinot Grigio '09 | 🍷🍷🍷 3* |
| ○ A. A. Valle Isarco Riesling '10 | 🍷🍷🍷 4 |
| ○ A. A. Valle Isarco Sylvaner R '13 | 🍷🍷🍷 5 |
| ○ A. A. Valle Isarco Sylvaner R '09 | 🍷🍷🍷 4 |
| ○ A. A. Valle Isarco Sylvaner R '08 | 🍷🍷🍷 4 |

## Tenuta Kornell

FRAZ. SETTEQUERCE
VIA BOLZANO, 23
39018 TERLANO/TERLAN [BZ]
TEL. +39 0471917507
www.kornell.it

藏酒销售
预约参观
年产量 100 000 瓶
葡萄种植面积 15 公顷

沿着阿迪杰河（Adige）向上游进发，就在省城附近，河谷陡然向西，缔造出一片冲积平原，在这片肥沃的土地上，葡萄园和苹果园随处可见。临近山脚下的葡萄园则占据了这片土地上最肥美的位置，气候条件非常理想，南部的温暖气流与阿尔卑斯山上的凉爽山风就在这里相遇。弗洛里安·布莱吉尔（Florian Brigl）就在泰拉诺（Terlano）的塞塔奎塞斯地区（Settequerce）经营着家庭酒庄，科纳尔酒庄（Tenuta Kornell）的葡萄园有些坐落在庄园附近，还有一些地块位于阿皮亚诺山（Appiano Monte）和格瑞斯（Gries）等地。在历时十五年的发展历程中，科纳尔酒庄始终致力于酿造忠诚反应本地风土条件的美酒，这里蓬松沙质的斑岩土壤享受着灿烂的阳光和温暖的气候，为出产的佳酿打造出明快开放的气质。这一产区的梅洛（Merlot）逐步成熟，风味一致，自然条件非常完善，正如我们今年品鉴的2013年份的斯塔夫斯陈酿（Riserva Staves）所呈现出来的那样。这款美酒散发着红莓果的阵阵成熟果香，馥郁芬芳，融入香料的缕缕辛香，果味饱满、回味绵长的口感与香氛相得益彰，浸润着丝丝烟熏风味和芳香植物的清新滋味。与此同时，我们还深深为苏维翁（Sauvignon）的卓越品质所折服，这款佳酿将浓郁酒香与华美口感完美结合。

| | |
|---|---|
| ● A. A. Merlot Staves Ris. '13 | 🍷🍷 5 |
| ○ A. A. Gewürztraminer Damian '15 | 🍷🍷 3 |
| ● A. A. Lagrein Greif '15 | 🍷🍷 3 |
| ● A. A. Lagrein Staves Ris. '13 | 🍷🍷 5 |
| ○ A. A. Sauvignon Oberberg '15 | 🍷🍷 3 |
| ○ Eich '15 | 🍷 4 |
| ● Zeder '14 | 🍷 3 |
| ● A. A. Lagrein Staves Ris. '12 | 🍷🍷🍷 5 |
| ● A. A. Cabernet Sauvignon Staves Ris. '12 | 🍷🍷 5 |
| ● A. A. Lagrein Greif '14 | 🍷🍷 3 |
| ● A. A. Lagrein Greif '12 | 🍷🍷 3 |
| ● A. A. Merlot Staves Ris. '11 | 🍷🍷 5 |
| ○ A. A. Pinot Bianco Eich '13 | 🍷🍷 3 |
| ○ A. A. Sauvignon Oberberg '14 | 🍷🍷 3 |
| ● Zeder '13 | 🍷🍷 3 |

## enuta Kränzelhof
## raf Franz Pfeil

. Palade, 1
)010 Cermes/Tscherms [BZ]
L. +39 0473564549
ww.labyrinth.bz

藏酒销售
预约参观
年产量 35 000 瓶
葡萄种植面积 6 公顷

兰兹·普菲尔伯爵（Conte Franz Pfeil）
科拉佐尔酒庄（Tenuta Kränzel）位于阿
杰河（Adige）的右岸，众多景致秀美
公园和葡萄园环抱着这座拥有650年古
历史的哥特式豪华庄园。科拉佐尔酒
在海拔300米至600米之间拥有几公顷
植地块，用以酿造品质值得信任的高
准佳酿，每种种植品种都找到了理想
生长环境。科拉佐尔酒庄出品美酒的
线在国际品种和传统品种之间徘徊，
造出限量的顶级佳酿。今年科拉佐
酒庄推荐了一系列品质卓越的美酒，
中2015年份的柯纳赛格莱托（Corona
egreto）表现尤为精彩，而这款精品美
的酿造配方则是酒庄严格保守的秘
，绝不外泄。不过从这款佳酿的扑鼻
香中可以明显判断出这是一款琼瑶浆
Gewürztraminer），馥郁芬芳，而活跃动
的口感则凸显果味的饱满和圆润。与
同时，2012年份的人马座（Sagittarius）
一款赤霞珠（Cabernet Sauvignon）和勒
瑞（Lagrein）混酿而成的美酒，它吐露
扑鼻的果香，融入无所不在的烘焙醇
中，底蕴中透露出缕缕咖啡粉的香醇
息，随之而来的口感细腻而有力，令
久久难忘。

| | |
|---|---|
| Corona Segreto '15 | 🍷🍷 4 |
| Pinot Nero '13 | 🍷🍷 6 |
| Sagittarius '12 | 🍷🍷 5 |
| Blanc de Noir '15 | 🍷 3 |
| Helios Ris. '13 | 🍷 3 |
| Pinot Bianco '15 | 🍷 4 |
| A. A. Meranese '13 | 🍷🍷 3 |
| A. A. Meranese Baslan '12 | 🍷🍷 3* |
| Corona '14 | 🍷🍷 4 |
| Dorado Passito '12 | 🍷🍷 5 |
| Merlot '13 | 🍷🍷 3 |
| Pinot Bianco Helios '13 | 🍷🍷 4 |
| Pinot Nero '12 | 🍷🍷 6 |
| Pinot Nero '11 | 🍷🍷 6 |
| Sauvignon Blanc '14 | 🍷🍷 3 |

## ★Kuenhof - Peter Pliger

loc. La Mara, 110
39042 Bressanone/Brixen [BZ]
Tel. +39 0472850546
pliger.kuenhof@rolmail.net

藏酒销售
预约参观
年产量 38 000 瓶
葡萄种植面积 6 公顷
可持续发展酒庄

彼得·普利吉尔（Peter Pliger）与妻子布里奇特（Brigitte）是伊萨尔科河谷地区（Valle Isarco）最受欢迎的葡萄酒酿造商之一，他们对于雷司令（Riesling）、尤其是西万尼（Sylvaner）的出色解读融化了葡萄酒爱好者的心。普利吉尔的酒庄（Kuenhof）坐落于马拉（Mara），地处布雷萨罗内（Bressanone）的外围地区，葡萄园占地面积只有6公顷，以可持续发展农业的方式照料管理，坐落在朝向东南的山坡上，山坡不可思议的陡峭，在这里生长的白葡萄享受着充分的日光照耀，给彼得普利吉尔酒庄的美酒带来独特的香氛。葡萄酒的生产限于四个系列，都是伊萨尔科河谷传统白葡萄酒。彼得普利吉尔酒庄的美酒是了解伊萨尔科河谷（Valle Isarco）出品风格的最佳选择。优雅且深邃的缕缕矿物质醇香逐渐转换到饱满的口感，完美结合了丰盈的果味和鲜美的酸度，这是伊萨尔科河谷地区美酒的典型特征。酒质深邃且融入烟熏风味的（Sylvaner）展现出活跃且鲜美的口感；而相比较而言，雷司令（Riesling）的风味则更加清凛和紧实。与此同时，维特利纳（Veltliner）则表现出强烈的个性，遒劲有力，酒质质朴，锋芒毕露。

| | |
|---|---|
| ○ A. A. Valle Isarco Grüner Veltliner '15 | 🍷🍷🍷 3* |
| ○ A. A. Valle Isarco Riesling Kaiton '15 | 🍷🍷 3* |
| ○ A. A. Valle Isarco Sylvaner '15 | 🍷🍷 3* |
| ○ A. A. Valle Isarco Gewürztraminer '15 | 🍷🍷 3 |
| ○ A. A. Valle Isarco Riesling Kaiton '12 | 🍷🍷🍷 4* |
| ○ A. A. Valle Isarco Riesling Kaiton '11 | 🍷🍷🍷 4* |
| ○ A. A. Valle Isarco Riesling Kaiton '10 | 🍷🍷🍷 4 |
| ○ A. A. Valle Isarco Riesling Kaiton '07 | 🍷🍷🍷 3* |
| ○ A. A. Valle Isarco Riesling Kaiton '05 | 🍷🍷🍷 3* |
| ○ A. A. Valle Isarco Sylvaner '14 | 🍷🍷🍷 3* |
| ○ A. A. Valle Isarco Sylvaner '13 | 🍷🍷🍷 3* |
| ○ A. A. Valle Isarco Sylvaner '08 | 🍷🍷🍷 3 |
| ○ A. A. Valle Isarco Sylvaner '06 | 🍷🍷🍷 3* |
| ○ A. A. Valle Isarco Veltliner '09 | 🍷🍷🍷 3* |

## ★Cantina Kurtatsch

S.DA DEL VINO, 23
39040 CORTACCIA/KURTATSCH [BZ]
TEL. +39 0471880115
www.cantina-cortaccia.it

藏酒销售
预约参观
年产量 1 100 000 瓶
葡萄种植面积 190 公顷

从南向北缓缓行进，你来到的第一座城镇就是中世纪老城歌塔希（Cortaccia），它俯瞰阿泰斯纳平原（Piana Atesina），坐落于分离上阿迪杰产区（Alto Adige）和特伦蒂诺产区（Trentino）的第一座山峰之巅。歌塔希酒庄（Cantina Cortaccia）就在这里发展了一个多世纪，今天已经拥有几近200名种植商成员，他们在海拔高达900米甚至更高的地块中悉心照料着葡萄藤。他们酿造的美酒无疑搭上了强烈的产地风土烙印，用于酿造的红葡萄果实来自气候条件较为温暖的葡萄园，而白葡萄果实则来自海拔更高、气温更低的地块。我们知道歌塔希酒庄（Cantina di Cortaccia）酿造的琼瑶浆（Gewürztraminer）拥有许多其他同品类美酒所不具备的优点，在今年歌塔希酒庄推荐的参选美酒中，2014年份的布伦塔格琼瑶浆（Gewürztraminer Brenntal）比往年更加令人信服。凉爽的生长季并没有妨碍这款美酒表现出复杂而优雅的香氛，尤其较往年更加轻快的口感使它更臻完美，而且收口余韵非常绵长隽永，果味丰盈。与此同时，布伦塔格梅洛（Merlot Brenntal）展现出浓郁的果香，融入缕缕香料的辛辣气息，随之而来的是非常和谐的口感。

| | |
|---|---|
| ○ A. A. Gewürztraminer Brenntal Ris. '14 | ▼▼▼ 5 |
| ● A. A. Cabernet Kirchhügel Ris. '13 | ▼▼ 4 |
| ● A. A. Merlot Brenntal Ris. '13 | ▼▼ 6 |
| ○ A. A. Müller Thurgau Graun '15 | ▼▼ 3* |
| ● A. A. Lagrein Freienfeld Ris. '13 | ▼▼ 5 |
| ● A. A. Merlot-Cabernet Soma '13 | ▼▼ 5 |
| ● A. A. Pinot Nero Glen Ris. '13 | ▼▼ 5 |
| ○ Aruna Extreme Vintage '14 | ▼▼ 6 |
| ○ A. A. Chardonnay Pichl '15 | ▼ 4 |
| ○ A. A. Pinot Grigio Penóner '15 | ▼ 4 |
| ● A. A. Schiava Grigia Sonntaler '15 | ▼ 3 |
| ○ A. A. Gewürztraminer Brenntal '02 | ∇∇∇ 5 |
| ○ A. A. Gewürztraminer Brenntal '00 | ∇∇∇ 5 |
| ○ A. A. Gewürztraminer Brenntal Ris. '12 | ∇∇∇ 5 |
| ● A. A. Lagrein Scuro Fohrhof '00 | ∇∇∇ 5 |

## Laimburg

LOC. LAIMBURG, 6
39040 VADENA/PFATTEN [BZ]
TEL. +39 0471969700
www.laimburg.bz.it

藏酒销售
预约参观
年产量 95 000 瓶
葡萄种植面积 15 公顷
可持续发展酒庄

博尔扎诺地区耕地和森林实验
心（Centro di Sperimentazione Agraria
Forestale）的莱姆伯格酒庄（Laimburg
种植着面积超过40公顷的广袤葡
园，地块位于产区最重要的位置，
特梅内（Termeno）到梅拉诺（Merano
附近地区，更蔓延到了布雷萨罗
（Bressanone）。为了充分发挥不同
种葡萄的特质，莱姆伯格酒庄运用不
的海拔高度地块、不同的整形机制以
不同的土质和山坡朝向来研究各种葡
品种的习性，继而酿造出系列品种广
的美酒，以及更具野心的曼尼埃罗系
（Maniero）精选葡萄酒。在今年的品
中，莱姆伯格酒庄推荐了多款品质卓
的美酒，其中的科尔德雷（Col de Réy）
现卓越，它是一款由勒格瑞（Lagrein）
小维铎（Petit Verdot）和丹娜（Tannat
混酿而成的美酒，酿造果实部分来自
瑞斯葡萄园（Gries），还有部分来自
尔德罗（Caldaro）附近的奥雷滕葡萄
（Ölleiten），在经过了长期陈年后，
露着饱满丰盈的阵阵果香，融入香料
辛辣的芬芳，随之而来的口感扎实且
道，质地细腻紧密的单宁结构支撑起
款酒，是这些酿造葡萄品种的典型
质。与此同时，巴巴格罗勒格瑞陈
（Lagrein Riserva Barbagòl）是一款完全
产自格瑞斯平原（Gries）的酿造葡萄精
打造而成的美酒，浸润着饱满丰盈的
味，口感强劲有力。

| | |
|---|---|
| ● A. A. Cabernet Sauvignon Sass Roà Ris. '13 | ▼▼ |
| ● A. A. Lagrein Barbagòl Ris. '13 | ▼▼ |
| ○ A. A. Sauvignon Oyèll Ris. '14 | ▼▼ |
| ○ A. A. Sauvignon Passito Saphir '14 | ▼▼ |
| ● Col de Réy '11 | ▼▼ |
| ○ A. A. Kerner Auròna '13 | ▼ |
| ○ A. A. Pinot Bianco '15 | ▼ |
| ● A. A. Pinot Nero Ris. '15 | ▼ |
| ○ A. A. Riesling '15 | ▼ |
| ● A. A. Lagrein Scuro Barbagòl Ris. '00 | ∇∇∇ |
| ○ A. A. Gewürztraminer Elyònd Ris. '13 | ∇∇ |
| ● A. A. Lagrein Barbagòl Ris. '12 | ∇∇ |
| ● A. A. Pinot Nero Ris. '13 | ∇∇ |
| ○ A. A. Sauvignon Oyèll '14 | ∇∇ |

## oacker Schwarhof

c. Sanct Justina, 3
9100 Bolzano/Bozen
l. +39 0471365125
ww.loacker.bio

藏酒销售
页约参观
三产量 60 000 瓶
葡萄种植面积 7 公顷
葡萄栽培方式 有机认证
可持续发展酒庄

克尔家族（Loacker）经营的莱克尔思琪沃霍夫家庭酒庄（Loacker Schwarhof）坐落在圣胡斯蒂娜（Santa Justina），临近萨尔科山谷（Valle Isarco）的谷口。酒庄掌门人的哈尤·莱克尔（Hayo Loacker）弗兰兹·乔瑟夫·莱克尔（Franz Josef oacker）跟随父亲的足迹，继续以有机式和顺势疗法方案来照料酒庄位于圣玛德莲娜山（Santa Maddalena）上朝向南的3.5公顷葡萄园，试图将自然与人完美结合。莱克尔思琪沃霍夫酒庄的葡萄园分散在三处地块中，一块位于酒旁；其他两处地块占地面积不大，分地处科勒霍夫（Kohlerhof）和卡尔特勒（Kalter Keller），都出产品质极佳、具个性的美酒。今年莱克尔思琪沃霍夫酒庄推荐的美酒是一系列给人留下深印象的精品，其中的格兰勒瑞恩勒格陈酿（Lagrein Gran Lareyn Riserva）更是我们诸多喜爱的佳酿中拔得头筹。它露着非常典型的黑莓果香，若有似无香料辛香似乎无处不在，为恢宏的口推开享受的大门，浓郁集中，劲道有，同时并没有牺牲掉酒质的华美和持果味，呈现出如此美妙、意趣盎然的一款佳酿。与此同时，伊文梅洛（Merlot wain）的风格与之类似，但是更显清，令人得到非常愉悦的享受。

| | |
|---|---|
| A. A. Lagrein Gran Lareyn Ris. '13 | 🍷🍷 4 |
| Merlot Ywain '13 | 🍷🍷 4 |
| A. A. Cabernet Lagrein Kastlet '13 | ▼▼ 4 |
| Chardonnay '14 | ▼▼ 4 |
| Lagrein Gran Lareyn '14 | ▼▼ 4 |
| A. A. Santa Maddalena Cl. '15 | ▼ 3 |
| Gewürztraminer Atagis '15 | ▼ 5 |
| Sauvignon Blanc Tasnim '15 | ▼ 4 |
| A. A. Merlot Ywain '04 | ▽▽▽ 4* |
| A. A. Lagrein Gran Lareyn '13 | ▽▽ 4 |
| A. A. Lagrein Gran Lareyn '12 | ▽▽ 4 |
| Gewürztraminer Atagis '14 | ▽▽ 5 |
| Kastlet '12 | ▽▽ 5 |
| Kastlet '11 | ▽▽ 5 |
| Merlot Ywain '12 | ▽▽ 4 |

## Manincor

loc. San Giuseppe al Lago, 4
39052 Caldaro/Kaltern [BZ]
Tel. +39 0471960230
www.manincor.com

藏酒销售
预约参观
年产量 300 000 瓶
葡萄种植面积 50 公顷
葡萄栽培方式 生物动力学认证
可持续发展酒庄

近些年来，曼尼科尔酒庄（Manincor）日益成为产区的典范酒庄。酒庄主人苏菲·古斯—恩泽伯格（Sophie Goëss-Enzenberg）和迈克尔·古斯—恩泽伯格（Michael Goëss-Enzenberg）在赫尔穆特·佐津（Helmut Zozin）的监督和帮助下，将全部种植地块转为采用生物动力学方法尽心栽培，并且建起了新酒窖，与农庄完美契合，致力于实现能源的最优化利用。曼尼科尔酒庄的葡萄园占地面积达到50公顷，分为五块地块，地处海拔230米至500米之间。在今年的品鉴中，曼尼科尔酒庄提交了一系列品质卓越的美酒，它尤其擅长出产绝佳的黑比诺美酒（Pinot Nero），犹如芳香植物般的清新香氛缓缓打开，飘散着野生莓果的缕缕果香，完美融合，口感优雅，口味偏甜，收口悠然绵长，果味持久在味蕾上跃动不散。除此之外，在曼尼科尔酒庄推荐的所有白葡萄酒中，坦嫩贝格苏维翁（Sauvignon Tannenberg）最能俘获我们的心，它吐露着热带水果的缕缕果香，融入香料的丝丝辛香，随之而来的口感浓郁和谐，美味异常。与此同时，埃希霍恩白比诺（Pinot Bianco Eichhorn）的香氛更加内敛，很快就让位于紧致且轻快的活跃口感。

| | |
|---|---|
| ○ A. A. Terlano Pinot Bianco Eichhorn '15 | 🍷🍷🍷 5 |
| ● A. A. Pinot Nero Mason di Mason '13 | 🍷🍷 7 |
| ○ A. A. Terlano Sauvignon Tannenberg '14 | 🍷🍷 5 |
| ○ A. A. Terlano Réserve della Contessa '15 | ▼▼ 3 |
| ○ Le Petit Passito '14 | ▼▼ 6 |
| ○ A. A. Moscato Giallo '15 | ▼ 3 |
| ● Castel Campan '13 | ▼ 8 |
| ○ A. A. Terlano Pinot Bianco Eichhorn '13 | ▽▽▽ 5 |
| ○ A. A. Terlano Pinot Bianco Eichhorn '12 | ▽▽▽ 5 |
| ○ A. A. Terlano Pinot Bianco Eichhorn '10 | ▽▽▽ 4 |
| ○ A. A. Terlano Pinot Bianco Eichhorn '09 | ▽▽▽ 4 |
| ○ A. A. Terlano Sauvignon '08 | ▽▽▽ 4 |
| ○ A. A. Terlano Sauvignon Tannenberg '13 | ▽▽▽ 5 |
| ○ A. A. Terlano Réserve della Contessa '14 | ▽▽ 3* |

## K. Martini & Sohn

loc. Cornaiano
via Lamm, 28
39057 Appiano/Eppan [BZ]
Tel. +39 0471663156
www.martini-sohn.it

藏酒销售
预约参观
年产量 230 000 瓶
葡萄种植面积 30 公顷

加布里埃尔·马蒂尼（Gabriel Martini）与儿子卢卡斯·马蒂尼（Lukas Martini）掌管着这座精美的马蒂尼父子酒庄，这座酒庄于大约四十年前由加布里埃尔与父亲卡尔（Karl）共同创立。由于酒庄种植地块面积有限，马蒂尼家族酒庄能够成为本产区领先的酿酒商的原因在于他们与许多当地种植商建立了紧密的关系网——这些种植商拥有三十多公顷的葡萄园，以最佳朝向山坡上种植的酿造果实为马蒂尼家族酒庄提供高品质的酿造原料，经由马蒂尼家族之手，变成妙不可言的美酒。马蒂尼父子酒庄今年推荐的美酒组成了品种广泛的系列美酒，变化多样，从芬芳扑鼻、气质坦率的品种葡萄酒到令人惊叹的葡萄园精选美酒，一应俱全。其中的马图伦姆勒格瑞（Lagrein Maturum）表现尤为精彩，它散发着复杂的香氛，层层延宕开去，美妙的果香逐步让位给香醇的肉香，底蕴中还透露出丝丝矿物质的醇香气息。入口后感到极为优雅的平衡，口感强劲有力，果味馥郁饱满。与此同时，守护神白比诺（Pinot Bianco Palladium）香氛集中，吐露着清爽的酒香，随之而来的口感鲜美而丰盈，令人久久难忘。

| | |
|---|---|
| ● A. A. Lagrein Maturum '13 | TT 5 |
| ○ A. A. Pinot Bianco Palladium '15 | TT 2* |
| ○ A. A. Chardonnay Maturum '14 | TT 4 |
| ● A. A. Lago di Caldaro Cl. Felton '15 | TT 2* |
| ● A. A. Pinot Nero Palladium '14 | TT 3 |
| ○ A. A. Sauvignon Palladium '15 | TT 3 |
| ○ A. A. Kerner Palladium '15 | T 2 |
| ● A. A. Lagrein Gurzan Rueslhof '15 | T 2 |
| ⊙ A. A. Lagrein Rosé Grieser '15 | T 2 |
| ○ A. A. Müller Thurgau Palladium '15 | T 3 |
| ● A. A. Santa Maddalena Cl. '15 | T 2 |
| ● A. A. Schiava Palladium '15 | T 2 |
| ○ A. A. Sauvignon Palladium '04 | YYY 2* |
| ○ A. A. Pinot Bianco Palladium '14 | YY 2* |
| ○ A. A. Sauvignon Palladium '14 | YY 3 |

## Maso Hemberg Klaus Lentsch

s.da Reinsperg, 18a
39057 Appiano/Eppan [BZ]
Tel. +39 0471967263
www.klauslentsch.eu

藏酒销售
预约参观
年产量 50 000 瓶
葡萄种植面积 6 公顷

克劳斯·兰特奇（Klaus Lentsch）
大约十年前接管了这座位于坎珀
佐（Campodazzo）的赫茨伯格酒
（Hemberg），坐落于伊萨尔科河谷的
口，最初专注于出品一系列本地传统葡
品种酿造的美酒，但是很快就添加了更
种植地块，葡萄酒的品种和范围也大大
展。赫茨伯格酒庄的新建筑完美融入圣
罗（San Paolo）之上的葡萄园中，克劳
如今生产品类典型、品质卓越的佳酿，
在酿造生产过程中的每个环节都投注
极大的耐心和精力，也收获了极佳的
果。在今年赫茨伯格酒庄推荐的精品
酒中，多款令我们印象深刻，让我们
从布奇加特黑比诺（Pinot Nero Bachgart
开始，这款美妙的红葡萄酒吐露着野
莓果的阵阵果香，香氛层层叠叠，延
开去，底蕴中透露出丝丝橡木和香料
辛香气息，随之而来的是低调且极度
雅紧致的口感。陈酿（Riserva）吐露
的香氛与之类似，但是复杂度和饱满
都更上一层楼。与此同时，对于来自
萨尔科河谷（Valle Isarco）的美酒而言，
我们还非常喜爱结构紧致、具有极佳
饮性的埃希贝格绿维特利纳佳酿（Grün
Veltliner Eichberg）。

| | |
|---|---|
| ● A. A. Pinot Nero Bachgart '13 | TTT |
| ○ A. A. Pinot Bianco Amperg '15 | TT |
| ● A. A. Pinot Nero Bachgart Ris. '12 | TT |
| ○ A. A. Valle Isarco Grüner Veltliner Eichberg '14 | TT |
| ○ A. A. Gewürztraminer Fuchslahn '15 | T |
| ○ A. A. Moscato Giallo Amperg '15 | T |
| ○ A. A. Sauvignon Amperg '15 | T |
| ○ A. A. Moscato Giallo '14 | YY |
| ● A. A. Pinot Nero Bachgart '12 | YY |

## antina Meran Burggräfler

Cantina, 9
9020 Marlengo/Marling [BZ]
l. +39 0473447137
ww.cantinamerano.it

酒销售
页约参观
三产量 1 000 000 瓶
葡萄种植面积 250 公顷

拉诺葡萄园（Vini Merano）与博格拉勒酒庄（Burggräfler）两座历史悠久庄的合并缔造了博格拉维埃托地区Burgraviato）规模最大的酒庄，出品风与当地风土条件紧密联系，酿酒区域处韦诺斯塔谷（Val Venosta）之上的梅诺地区及其周围村庄，拥有几近400名酒商成员，总计葡萄园面积达到250公，其中包含不少本产区平均面积最小地块，缔造出众多卓越的系列美酒。中的索嫩贝格系列（Sonnenberg）就是门出自本地山谷的佳酿。在梅兰博格弗勒酒庄（Cantina Meran Burggräfler）年提供的品鉴酒品中，莫文苏维翁Sauvignon Mervin）的表现非常出色，这佳酿的酿造果实来自海拔500米的葡园。它吐露着浓郁集中的热带水果的阵果香，逐步让位给精致的矿物质醇，彰显整款酒的复杂香氛。圆润而多的口感突出饱满的果味，收口余韵绵美味，这是一款表现精彩、品质卓越美酒，无疑配得上一座“三杯奖”奖。与此同时，关于一款红葡萄酒如何紧实和清爽口感发挥到极致，斯琪克伯格斯基亚瓦（Schiava Schickenburg）给了教科书般的经典示范；而松嫩贝格比诺（Pinot Bianco Sonnenberg）则口感快，和谐美味。

| | |
|---|---|
| A. A. Sauvignon Mervin '14 | 4* |
| A. A. Schiava Schickenburg Graf von Meran '15 | 2* |
| A. A. Val Venosta Pinot Bianco Sonnenberg '15 | 3* |
| A. A. Chardonnay Goldegg '14 | 4 |
| A. A. Gewürztraminer Graf von Meran '15 | 3 |
| A. A. Merlot Freiherr Ris. '13 | 5 |
| A. A. Moscato Giallo Passito Sissi '14 | 6 |
| A. A. Pinot Bianco Graf von Meran '15 | 3 |
| A. A. Pinot Bianco Tyrol '14 | 4 |
| A. A. Pinot Nero Zeno Ris. '13 | 4 |
| A. A. Riesling Graf von Meran '15 | 4 |
| A. A. Sauvignon Graf von Meran '15 | 4 |
| A. A. Pinot Bianco Tyrol '13 | 4* |
| A. A. Valle Venosta Pinot Bianco Sonnenberg '13 | 3* |

## ★Cantina Convento Muri-Gries

p.zza Gries, 21
39100 Bolzano/Bozen
Tel. +39 0471282287
www.muri-gries.com

藏酒销售
年产量 700 000 瓶
葡萄种植面积 55 公顷
可持续发展酒庄

穆里格莱斯修道院酒庄（Cantina Convento Muri Gries）拥有一个世纪的古老传统，装瓶出品美酒的历史也几近五十年。在其中的三十年间，勒格瑞（Lagrein）一直都是穆里格莱斯修道院酒庄最重要的栽培和酿造品种。多年来，瓦尔特·伯纳德（Walter Bernard）都引领着酒庄的葡萄园栽培工作，照料着占地面积超过五十公顷的庞大葡萄园，大部分地处博尔扎诺地区（Bolzano）的东北部，坐落于阿皮亚纳（Appiano）附近独一无二的克罗斯特朗格地区（Klosteranger），这里生长着优质的白葡萄和一些黑比诺（Pinot Nero）。与此同时，克里斯蒂安·沃恩（Christian Werth）则在穆里格莱斯修道院酒庄担任酿酒师，掌管着葡萄酒的酿造环节，致力于将每一种葡萄品种的独特风味都充分发挥出来。穆里格莱斯修道院酒庄的顶级系列酒品还需在酒窖中再陈年一年的时间，已臻完美，因此我们非常遗憾今年无缘一见，不过我们的注意力也因此集中在了卓越的阿比泰穆里白葡萄酒（Bianco Abtei Muri）上，这是一款由白比诺（Pinot Bianco）和灰比诺（Pinot Grigio）混酿而成的美酒，酿造果实都来自阿皮亚诺山葡萄园（Appiano Monte），在大型橡木桶中发酵陈年。它吐露着刚刚割下的鲜花的清香，融入阵阵果香，令人愉悦的紧实口感与香氛相得益彰，美妙至极。

| | |
|---|---|
| ○ A. A. Bianco Abtei Muri Ris. '14 | 3* |
| ● A. A. Lagrein '15 | 3 |
| ⊙ A. A. Lagrein Rosato '15 | 2* |
| ● A. A. Moscato Rosa Abtei Muri V. T. '14 | 5 |
| ○ A. A. Pinot Grigio '15 | 3 |
| ○ A. A. Terlano Pinot Bianco '15 | 3 |
| ● A. A. Pinot Nero '15 | 3 |
| ● A. A. Lagrein Abtei Muri Ris. '12 | 5 |
| ● A. A. Lagrein Abtei Muri Ris. '11 | 5 |
| ● A. A. Lagrein Abtei Muri Ris. '10 | 5 |
| ● A. A. Lagrein Abtei Muri Ris. '09 | 5 |
| ● A. A. Lagrein Abtei Ris. '07 | 5 |
| ● A. A. Lagrein Abtei Ris. '06 | 4 |
| ● A. A. Lagrein Abtei Ris. '05 | 4 |
| ● A. A. Lagrein Abtei Ris. '04 | 4 |

## ★Cantina Nals Margreid

via Heiligenberg, 2
39010 Nalles/Nals [BZ]
Tel. +39 0471678626
www.kellerei.it

藏酒销售
预约参观
年产量 950 000 瓶
葡萄种植面积 160 公顷
可持续发展酒庄

纳尔斯马格雷德酒庄（Cantina Nals Margreid）或许是上阿迪杰产区规模最小的协作酒庄之一，但同时也是最声名卓著的一个。它的葡萄园占地面积覆盖150公顷，分布在产区各地。纳尔斯马格雷德酒庄的最佳酿造葡萄来自纳利斯（Nalles）附近地块，这里的葡萄从谷底蔓延到山坡上，直至海拔700米的瑟米雅（Sirmian）。与此同时，酒庄另一片葡萄园则位于更南面靠近特伦蒂诺产区（Trentino）边界的马格来（Magrè），这里栽培着波尔多葡萄（Bordeaux）和白葡萄品种，这些品种能够在此获取更加温暖的气温从而良好生长；除此之外，纳尔斯马格雷德酒庄在博尔扎诺盆地（Bolzano）也种满了勒格瑞（Lagrein）和斯基亚瓦（Schiava）。在酿酒师哈拉尔德·斯切拉弗尔（Harald Schraffl）的领导下，纳尔斯马格雷德酒庄的专业团队努力工作，以优质酿造原料打造出一系列特色出众、气质优雅的美酒，为酒庄赢得了良好的声誉。戈特弗里德·珀灵格（Gottfried Pollinger）则负责整个酒庄的管理事务。在今年的品鉴中，迷人的瑟米亚白比诺（Pinot Bianco Sirmian）再次赢得了我们的心，归功于它那优雅的香氛，散发着白色果肉水果般轻快的缕缕果香，底蕴中透露出丝丝蓓蕾的芬芳和蔬菜的青绿风味。随之而来的饱满口感令人惬意放松，展现出这款美酒的酿造葡萄遇到了非常温暖的生长季。除此之外，我们还非常喜爱男爵夫人帕西多甜酒（Passito Baronesse），它吐露着浓郁的香料辛香，融入甘草的缕缕醇香，更有一抹干花的芬芳若有似无地飘散其间，随之而来的是和谐且优雅的口感。

- ○ A. A. Pinot Bianco Sirmian '15 🍷🍷🍷 5
- ○ A. A. Moscato Giallo Passito Baronesse Baron Salvadori '13 🍷🍷 6
- ○ A. A. Sauvignon Mantele '15 🍷🍷 5
- ○ A. A. Chardonnay Magrè '15 🍷🍷 4
- ○ A. A. Gewürztraminer Lyra '15 🍷🍷 4
- ● A. A. Lagrein Gries Ris. '13 🍷🍷 5
- ○ A. A. Pinot Bianco Penon '15 🍷🍷 3
- ○ A. A. Pinot Grigio Punggl '15 🍷🍷 4
- ● A. A. Merlot-Cabernet Anticus Baron Salvadori Ris. '13 🍷 6
- ○ A. A. Sauvignon Gennen '15 🍷 3
- ● A. A. Schiava Galea '15 🍷 3
- ○ A. A. Pinot Bianco Sirmian '14 🍷🍷🍷 5
- ○ A. A. Pinot Bianco Sirmian '13 🍷🍷🍷 4*
- ○ A. A. Pinot Bianco Sirmian '12 🍷🍷🍷 4*
- ○ A. A. Pinot Bianco Sirmian '11 🍷🍷🍷 3*

## Ignaz Niedrist

loc. Cornaiano/Girlan
via Ronco, 5
39057 Appiano/Eppan [BZ]
Tel. +39 0471664494
www.ignazniedrist.com

藏酒销售
预约参观
年产量 45 000 瓶
葡萄种植面积 10 公顷
可持续发展酒庄

奈耶崔斯特家族（Niedrist）的出产美
的历史已经超过了170年，但是直到伊
纳茨·奈耶崔斯特（Ignaz Niedrist）及
子伊丽莎白（Elisabeth）执掌庄园，这
古老的家族酒庄才真正开始发生变化。
酒庄的葡萄园地块分散在三片不同的
地之上，占地面积大约十公顷。考纳
诺地区（Cornaiano）的种植地块坐落
海拔500米处，主要专门种植红葡萄
种；而阿皮亚诺山地区（Appiano Monte
的种植地块则位于高原地带，主要栽
白葡萄品种；最后但是同样重要的是，
在格莱斯（Gries）谷底有着一片气候
和、颗粒状土质的葡萄园，专门种植
格瑞（Lagrein）。在今年的品鉴中，伊
纳茨·奈耶崔斯特推荐了品种全面的
列美酒，品质卓越有保证，让我们从
款超级黑比诺（Pinot Nero）开始，吐
着秋日落叶的气息，融入莓果的芬芳，
融入药草的醇香，底蕴中透露出丝丝
水浸润大地的独特气息。与香氛完美
配的是饱满丰盈的果味、紧致的口感
非常细腻的酒质。相比较而言，苏维
（Sauvignon）更加浓醇，香氛更加令人
于接受，口感饱满丰盈，极具冲击力。
除此之外，博格盖勒格瑞（Lagrein Berg
Gei）酒质丰盈，几乎充盈肉香，还
要一些时间来缓慢成熟，已达到完美
平衡。

- ● A. A. Lagrein Gries Berger Gei '13 🍷🍷
- ● A. A. Pinot Nero '13 🍷🍷
- ○ A. A. Terlano Sauvignon '15 🍷🍷
- ○ A. A. Riesling Berg '15 🍷🍷
- ○ A. A. Terlano Pinot Bianco Berg '15 🍷🍷
- ○ Trias '15 🍷🍷
- ○ A. A. Riesling Berg '11 🍷🍷🍷
- ○ A. A. Terlano Pinot Bianco '12 🍷🍷🍷
- ○ A. A. Terlano Sauvignon '10 🍷🍷🍷
- ○ A. A. Terlano Sauvignon '00 🍷🍷🍷
- ○ Trias '14 🍷🍷🍷
- ● A. A. Lagrein Berger Gei '12 🍷🍷
- ● A. A. Pinot Nero Vom Kalk '12 🍷🍷

## Niklaserhof - Josef Sölva

oc. San Nicolò
ia delle Fontane, 31a
39052 Caldaro/Kaltern [BZ]
Tel. +39 0471963434
www.niklaserhof.it

藏酒销售
预约参观
年产量 50 000 瓶
葡萄种植面积 6 公顷

约瑟夫·索尔瓦（Josef Sölva）和儿子迪特尔·索尔瓦（Dieter Sölva）打理着家族酒庄——奈克拉斯霍夫酒庄（Niklaserhof），这座庄园位于凯尔德罗高地（Caldaro），地处曼多拉山（Mendola）的山脚下，巍峨屏障主宰着奥崔迪杰地区（Oltradige）的风貌。虽然这片土地的图景传统上不可避免地与斯基亚瓦（Schiava）和凯尔德罗湖（Lake Caldaro）联系紧密，但是奈克拉斯霍夫酒庄却凭借风味浓郁集中的白葡萄酒而闻名于世，酿造葡萄出自酒庄占地六公顷的种植地块。约瑟夫在田间打理葡萄藤，迪特尔则负责在酒窖中酿造美酒，充分展现出岩石缝隙中坚韧生长的酿造葡萄的独特风味。索尔瓦家族（Sölva）今年推荐的系列美酒品种广泛，其中最令人骄傲无疑是2013年份的克拉瑟系列白比诺陈酿（Pinot Bianco Klaser Riserva）。经过常年陈年之后终于正式发布，这款美酒摇曳着灿烂华美的色泽，吐露着阵阵果香，融入白胡椒的缕缕辛香，底蕴中更透露出丝丝精美且持久的诱人花香。入口感到饱满的酒体，口感紧致，酒质华美丰盈且柔顺。相比较而言，苏维翁（Sauvignon）的香氛更加浓郁扑鼻，口感更加鲜美；与此同时，我们还非常喜爱更加清爽的白比诺（Pinot Bianco）。

| | |
|---|---|
| ○ A. A. Pinot Bianco Klaser Ris. '13 | 🍷🍷 3* |
| ○ A. A. Bianco Mondevinum Ris. '13 | 🍷🍷 4 |
| ○ A. A. Kerner '15 | 🍷🍷 2* |
| ● A. A. Lago di Caldaro Cl. Charta '15 | 🍷🍷 2* |
| A. A. Lago di Caldaro Scelto Cl. '15 | 🍷🍷 2* |
| ● A. A. Lagrein Mondevinum Ris. '13 | 🍷🍷 4 |
| ● A. A. Lagrein-Cabernet Klaser Ris. '13 | 🍷🍷 4 |
| ○ A. A. Pinot Bianco '15 | 🍷🍷 2* |
| ○ A. A. Sauvignon '15 | 🍷🍷 3 |
| A. A. Lagrein '15 | 🍷 2 |
| ● A. A. Lago di Caldaro Scelto Cl. '14 | ŸŸ 2* |
| A. A. Lagrein '13 | ŸŸ 2* |
| ● A. A. Lagrein Mondevinum Ris. '12 | ŸŸ 4 |
| ○ A. A. Pinot Bianco '14 | ŸŸ 2* |
| ○ A. A. Pinot Bianco Klaser Ris. '12 | ŸŸ 3 |

## Pacherhof - Andreas Huber

fraz. Novacella
v.lo Pacher, 1
39040 Varna/Vahrn [BZ]
Tel. +39 0472835717
www.pacherhof.com

藏酒销售
预约参观
膳宿接待
年产量 90 000 瓶
葡萄种植面积 8.5 公顷

安德里亚斯·胡伯（Andreas Huber）经营的家庭酒庄，毫无疑问是伊萨尔科河谷（Valle Isarco）的顶级酒庄之一，它将河谷美酒带到了世人的眼前。这座帕切霍夫酒庄（Pacherhof）拥有占地面积达到8公顷的葡萄园，占据了诺瓦塞拉（Novacella）之上、伊萨尔科河谷西部山坡上朝向极为理想的地块。葡萄园所处的海拔位置令白葡萄品种演化出浓郁而优雅的果香。帕切霍夫酒庄的酒窖隐身于拥有超过九百年历史的古老建筑之中，安德里亚斯在这里充分施展他的酿造哲学，以品种葡萄的特质与风土条件完美结合为基础，打造出果味饱满且独具个性的美酒。帕切霍夫酒庄最古老的葡萄园为酒庄的名酒老藤西万尼（Sylvaner Alte Reben）供应优质的酿造葡萄，别具个性，初始吐露着浓郁的硫化物的芬芳，其后若隐若现的果香萦绕其间，缓缓发散出来控制整个香氛，随之而来的是紧致有力的口感，收口余韵绵长而干爽，给人带来惬意的享受。与此同时，雷司令（Riesling）在风格上更加偏向德国酒，散发着馥郁的花香，融入白色果肉水果的缕缕果香，继而入口后感到诱人的平衡度，标志性的微甜果味与强劲有力的酒质以及极具冲击力的酸度相得益彰。

| | |
|---|---|
| ○ A. A. Valle Isarco Riesling '15 | 🍷🍷 4 |
| ○ A. A. Valle Isarco Sylvaner Alte Reben '15 | 🍷🍷 5 |
| ○ A. A. Valle Isarco Grüner Veltliner '15 | 🍷🍷 4 |
| ○ A. A. Valle Isarco Müller Thurgau '15 | 🍷🍷 3 |
| ○ A. A. Valle Isarco Pinot Grigio '15 | 🍷🍷 4 |
| ○ A. A. Valle Isarco Sylvaner '15 | 🍷🍷 4 |
| ○ A. A. Valle Isarco Gewürztraminer '15 | 🍷 5 |
| ○ A. A. Valle Isarco Kerner '15 | 🍷 4 |
| ○ A. A. Valle Isarco Riesling '04 | ŸŸŸ 3 |
| ○ A. A. Valle Isarco Sylvaner '13 | ŸŸŸ 3* |
| ○ A. A. Valle Isarco Sylvaner Alte Reben '05 | ŸŸŸ 4 |
| ○ A. A. Valle Isarco Kerner '14 | ŸŸ 3 |
| ○ A. A. Valle Isarco Pinot Grigio '14 | ŸŸ 4 |
| ○ A. A. Valle Isarco Riesling '14 | ŸŸ 4 |
| ○ A. A. Valle Isarco Sylvaner Alte Reben '14 | ŸŸ 5 |

## Pfannenstielhof Johannes Pfeifer

via Pfannestiel, 9
39100 Bolzano/Bozen
Tel. +39 0471970884
www.pfannenstielhof.it

藏酒销售
预约参观
年产量 43 000 瓶
葡萄种植面积 4 公顷

约翰尼斯·比菲弗（Johannes Pfeifer）和妻子玛格蕾丝（Margareth）的酒庄掩映在葡萄园中，坐落在博尔扎诺地（Bolzano）外围的东部地带，但是一条铁路将之与其葡萄园分割开来，种植地块一直蔓延到圣玛德莲娜山（Santa Maddalena）和圣胡斯蒂娜山（Santa Justina）的山坡上。两人照料着农庄附近的几公顷葡萄园，以对环境造成最小影响的环抱方式种植斯基亚瓦（Schiava）和勒格瑞（Lagrein）；除此以外，约翰尼斯比菲弗皮凡内斯泰霍夫酒庄（Pfannenstielhof Johannes Pfeifer）还在凯尔德罗（Caldaro）的皮安尼扎（Pianizza）拥有一小片地块，主要种植黑比诺（Pinot Nero）。在今年的品鉴中，比菲弗酿造的圣塔玛德莲娜（Santa Maddalena）再次以精彩表现俘获了我们的心，它是DOC产区内最精美的葡萄酒之一，吐露着精致的香气，清爽而深邃，犹如野生莓果般的阵阵果香融合了香料的丝丝辛香，底蕴中透露出刚刚割下的鲜花香，引领出活跃均衡、且美味持久不散的余韵，酒质华美，果味多汁，收口感受干爽，令人心满意足。除此之外，我们还非常喜爱约翰尼斯比菲弗皮凡内斯泰霍夫酒庄的两款风格迥异的勒格瑞美酒（Lagreins）：果味饱满、口感强劲的勒格瑞陈酿（Riserva）；以及极易入口的沃姆博登勒格瑞（Vom Boden），果味轻快，非常惬意。

| | |
|---|---|
| ● A. A. Santa Maddalena Cl. '15 | ▼▼ 3* |
| ● A. A. Lagrein Ris. '13 | ▼▼ 5 |
| ● A. A. Lagrein vom Boden '15 | ▼▼ 3 |
| ⊙ Lagrein Rosé '15 | ▼▼ 2* |
| ● A. A. Santa Maddalena Cl. '14 | ▽▽▽ 3* |
| ● A. A. Santa Maddalena Cl. '09 | ▽▽▽ 2* |
| ● A. A. Lagrein Ris. '12 | ▽▽ 5 |
| ● A. A. Lagrein Ris. '11 | ▽▽ 5 |
| ● A. A. Lagrein vom Boden '14 | ▽▽ 3 |
| ● A. A. Lagrein vom Boden '13 | ▽▽ 3 |
| ● A. A. Pinot Nero '12 | ▽▽ 4 |
| ● A. A. Pinot Nero '10 | ▽▽ 4 |
| ● A. A. Santa Maddalena Cl. '13 | ▽▽ 3* |

## Tenuta Ritterhof

s.da del Vino, 1
39052 Caldaro/Kaltern [BZ]
Tel. +39 0471963298
www.ritterhof.it

藏酒销售
预约参观
餐饮接待
年产量 300 000 瓶
葡萄种植面积 7.5 公顷

沿着SP14公路向凯尔德罗（Caldaro）一路前行，即将进城的时候你就会路过历史悠久的瑞特霍夫酒庄（Tenuta Ritterhof），荣纳尔家族（Roner）于20世纪90年代将其收入囊中。仅仅花费十多年的时间，瑞特霍夫酒庄在路德维格·坎内普莱·荣纳尔（Ludwig Kaneppele Roner）的带领下得到新生、迅速成长，成为上阿迪杰产区（Alto Adige）葡萄酒世界中的灯塔，在酿造琼瑶浆（Gewürztraminer）方面尤胜一筹。鉴于瑞特霍夫酒庄占地不足10公顷的葡萄园无法完全满足酒庄的酿酒原料需求，路德维格·坎内普莱转而向本地其他葡萄种植商求助，他们将面积达到四十公顷地块上的酿造葡萄供应给瑞特霍夫酒庄，作为补充。路德维格·坎内普莱无疑是酿造琼瑶浆的顶级高手，这一点在我们品鉴瑞特霍夫酒庄今年提交的不少于三款美酒时得到了充分证实。在瑞特霍夫酒庄今年推荐的美酒中，我们最喜欢的奥拉特斯克莱塞多（Auratus Crescendo）凭借卓越品质，摘下了最高荣誉的桂冠，它充分利用了2015年生长季的巨大潜力，将品质推上了完美的巅峰，以其饱满的酒香和馥郁惬意的口感诱惑着我们，令人飘飘欲仙。与此同时，我们也非常喜欢索纳斯帕西多甜酒（Passito Sonus），这是一款充满了夏日气息、令人放松的美酒。曼努勒格瑞（Lagrein Manu）饱满丰盈，浓郁集中，口感强劲有力。

| | |
|---|---|
| ○ A. A. Gewürztraminer Auratus Crescendo '15 | ▼▼▼ 4 |
| ● A. A. Lagrein Manus Ris. '12 | ▼▼ 5 |
| ○ Gewürztraminer Passito Sonus '13 | ▼▼ 5 |
| ○ A. A. Gewürztraminer '15 | ▼▼ 3 |
| ● A. A. Lago di Caldaro Cl. Sup. Novis '15 | ▼▼ 3 |
| ○ A. A. Pinot Bianco '15 | ▼▼ 2 |
| ○ A. A. Sauvignon '15 | ▼▼ 2 |
| ○ A. A. Pinot Bianco Verus '15 | ▼ 3 |
| ● A. A. Pinot Nero Dignus '12 | ▼ 5 |
| ● A. A. Santa Maddalena Perlhof '15 | ▼ 2 |
| ○ A. A. Gewürztraminer Auratus Crescendo '14 | ▽▽▽ 5 |
| ○ A. A. Gewürztraminer Auratus Crescendo '13 | ▽▽▽ 4 |
| ○ A. A. Gewürztraminer Auratus Crescendo '12 | ▽▽▽ 4 |

## Röckhof - Konrad Augschöll

via San Valentino, 22
39040 Villandro/Villanders [BZ]
Tel. +39 0472847130
roeck@rolmail.net

藏酒销售
预约参观
餐饮接待
年产量 20 000 瓶
葡萄种植面积 3.5 公顷

康拉德・奥斯切罗（Konrad Augschöll）是一名充满激情的葡萄酒酿造商，他终于将梦想变为了现实，建起了全新的现代化酒窖，完美嵌入韦兰卓（Villandro）附近的酒庄农场之中。洛克霍夫酒庄（Röckhof）在伊萨尔科河谷（Valle Isarco）的西岸山坡上拥有小规模种植地块，朝向东南，条件完美，在这里可以俯瞰高耸的萨宾娜修道院（Sabiona）。洛克霍夫酒庄出产的白葡萄酒数量有限但是极为重要，除了供应酒庄酿造的传统茨威格（Zweigelt）之外，酒窖中还贮藏着本地熏肉和腌肉等特色农产品，为前来农庄旅游的观光客提供最为全面的美食美酒服务。虽然洛克霍夫酒庄今年只提交了三款推荐酒，但是其中的卡尤斯系列（Caruess）真是一款极品佳酿，我们为其深深折服。这款以琼瑶浆（Gewürztraminer）、西万尼（Sylvaner）和灰比诺（Pinot Grigio）混酿而成的美酒风味原始，几乎全部在不锈钢罐中陈年，吐露着浓郁的花香，融入柑橘的甜美香气，随之而来的口感饱满复杂，浸润着清爽的药草滋味，收口完美经典，令人浮想联翩。与此同时，绿维特利纳（Grüner Veltliner）和米勒图尔（Müller Thurgau）气质更加精美，口感更加鲜美。

| | |
|---|---|
| ○ Caruess Weiß '15 | 🍷🍷 3* |
| ○ A. A. Valle Isarco Grüner Veltliner Gail Fuass '15 | 🍷🍷 3 |
| ○ A. A. Valle Isarco Müller Thurgau '15 | 🍷🍷 3 |
| ○ A. A. Valle Isarco Riesling Viel Anders '08 | 🍸🍸🍸 3* |
| ○ A. A. Valle Isarco Veltliner '11 | 🍸🍸🍸 3* |
| ○ A. A. Valle Isarco Müller Thurgau '14 | 🍸🍸 3 |
| ○ A. A. Valle Isarco Müller Thurgau '13 | 🍸🍸 3 |
| ○ A. A. Valle Isarco Riesling Viel Anders '14 | 🍸🍸 3* |
| ○ A. A. Valle Isarco Riesling Viel Anders '13 | 🍸🍸 3 |
| ○ A. A. Valle Isarco Veltliner Gail Fuass '14 | 🍸🍸 3 |
| ○ A. A. Valle Isarco Veltliner Gail Fuass '13 | 🍸🍸 3 |
| ○ A. A. Valle Isarco Veltliner Gail Fuass '12 | 🍸🍸 3* |
| ○ Caruess Weiß '14 | 🍸🍸 3 |
| ○ Caruess Weiß '13 | 🍸🍸 3 |

## Tenuta Hans Rottensteiner

fraz. Gries
via Sarentino, 1a
39100 Bolzano/Bozen
Tel. +39 0471282015
www.rottensteiner-weine.com

藏酒销售
预约参观
年产量 450 000 瓶
葡萄种植面积 95 公顷

罗滕斯泰纳尔家族（Rottensteiner）的名字在上阿迪杰产区（Alto Adige）代表着古老悠久的酿造传统，罗滕斯泰纳尔家族酒庄已经在特伦托（Trento）西北部的这片土地上持续发展了五十多年。汉斯罗滕斯泰纳尔酒庄自有葡萄园的占地面积只有12公顷左右，因此酒庄也从本地六十家左右的葡萄种植商处购买酿造葡萄作为补充原料，这些酿造葡萄的供应商每年都将收获的葡萄送至酒庄，继而进入下一个酿造环节。酒庄主要拥有三条产品线：单一葡萄品种酿造的经典美酒系列、名园精选系列珍酿，以及酒庄其他更具野心、更加年轻品牌的精选系列等。在今年的品鉴中，汉斯罗滕斯泰纳尔酒庄推荐的西万尼美酒（Sylvaner）赢得了我们的青睐，这款佳酿的酿造果实出自伊萨尔科河谷（Valle Isarco）。它的香氛缓缓开启，先是带来美妙的苹果般的果香，继而融入精美的缕缕花香，随后一抹强劲的烟熏气息若有似无地飘散其间。入口后首先感到和谐的果味更甚丰盈的口感，美味诱人，收口回味绵长持久，令人欲罢不能。与此同时，卡诺尔白比诺（Pinot Bianco Carnol）和坎塞奈琼瑶浆（Gewürztraminer Cancenai）都是忠诚反映出品种葡萄特质的美酒；精选勒格瑞陈酿（Lagrein Select Riserva）酒质饱满，平衡度极佳。

| | |
|---|---|
| ○ A. A. Gewürztraminer Cancenai '15 | 🍷🍷 4 |
| ● A. A. Lagrein Grieser Select Ris. '13 | 🍷🍷 5 |
| ○ A. A. Pinot Bianco Carnol '15 | 🍷🍷 3 |
| ○ A. A. Valle Isarco Sylvaner '15 | 🍷🍷 2* |
| ● Prem '15 | 🍷🍷 3 |
| ○ A. A. Chardonnay '15 | 🍷 2 |
| ⊙ A. A. Lagrein Rosato '15 | 🍷 2 |
| ○ A. A. Müller Thurgau '15 | 🍷 2 |
| ● A. A. Pinot Nero Select Ris. '13 | 🍷 5 |
| ● A. A. Santa Maddalena Cl. Premstallerhof '15 | 🍷 2 |
| ○ A. A. Sauvignon '15 | 🍷 3 |
| ● A. A. Schiava Kristplonerhof '15 | 🍷 2 |
| ● A. A. Lagrein Ris. '02 | 🍸🍸🍸 2* |
| ○ A. A. Pinot Grigio '14 | 🍸🍸 2* |
| ● A. A. Santa Maddalena Cl. Premstallerhof '14 | 🍸🍸 2* |

## ★★Cantina Produttori San Michele Appiano

via Circonvallazione, 17/19
39057 Appiano/Eppan [BZ]
Tel. +39 0471664466
www.stmichael.it

藏酒销售
预约参观
年产量 2 200 000 瓶
葡萄种植面积 380 公顷

对于所有葡萄酒爱好者而言，阿皮亚诺圣米凯莱酒庄（Cantina di San Michele Appiano）都是品质卓越典范酒庄，是产区最为声名卓著的名庄之一，在过去的二十多年里，为上阿迪杰产区（Alto Adige）葡萄酒地位的提升做出了极为重大的贡献。在这里长久呕心沥血的酿酒师汉斯·泰泽尔（Hans Terzer）与这一切成绩紧密相连，他的酿造技术无懈可击，他的直觉和对于风土条件的理解和把握转变成每年推出的系列精品美酒，不仅品质卓越，而且独具个性。阿皮亚诺圣米凯莱酒庄今年推荐的佳酿展现出极高的品质，其中圣瓦伦汀旗舰系列灰比诺（Pinot Grigio Sanct Valentin）的酿造果实来自海拔600米以上的阿皮亚诺山葡萄园（Appiano Monte），并且在橡木桶中陈年一年后才发布。它首先散发着刚刚割下鲜花的清香，融入缕缕梨子美妙的果香，底蕴中透露出丝丝橡木的醇香，增添了整体香氛的复杂度。入口感到饱满丰盈、惬意舒适的口感，果味浸润酒液，带来一款令人得到高度享受的美酒。而同一系列的苏维翁（Sauvigon）也再次凭借卓越品质证明了自己的纯粹血统；与此同时，我们对表现精彩的霞多丽（Chardonnay）也留下了非常深刻的印象。

| | |
|---|---|
| ○ A. A. Pinot Grigio St. Valentin '14 | 🍷🍷🍷 5 |
| ○ A. A. Chardonnay Sanct Valentin '14 | 🍷🍷 6 |
| ● A. A. Pinot Nero Sanct Valentin '13 | 🍷🍷 5 |
| ○ A. A. Sauvignon Sanct Valentin '15 | 🍷🍷 6 |
| ○ A. A. Gewürztraminer Passito Comtess' Sanct Valentin '13 | 🍷🍷 7 |
| ○ A. A. Gewürztraminer Sanct Valentin '15 | 🍷🍷 6 |
| ○ A. A. Pinot Bianco Sanct Valentin '15 | 🍷🍷 6 |
| ○ A. A. Pinot Bianco Schulthauser '15 | 🍷🍷 4 |
| ○ A. A. Sauvignon Lahn '15 | 🍷🍷 5 |
| ○ A. A. Pinot Grigio Anger '15 | 🍷 4 |
| ○ A. A. Riesling Montiggl '15 | 🍷 5 |
| ○ A. A. Pinot Bianco St. Valentin '13 | 🍷🍷🍷 5 |
| ○ A. A. Pinot Bianco St. Valentin '11 | 🍷🍷🍷 5 |
| ○ A. A. Pinot Grigio Anger '11 | 🍷🍷🍷 3* |
| ○ A. A. Sauvignon St. Valentin '13 | 🍷🍷🍷 5 |

## Cantina Produttori San Paolo

loc. San Paolo
via Castel Guardia, 21
39050 Appiano/Eppan [BZ]
Tel. +39 0471662183
www.kellereistpauls.com

藏酒销售
预约参观
年产量 1 200 000 瓶
葡萄种植面积 175 公顷
可持续发展酒庄

圣保罗联合生产酒庄（Cantina Produttori San Paolo）位于博尔扎诺地区（Bolzano）的南部，是产区最古老的酒庄之一，从事葡萄酒酿造事业已经超过了一个世纪。圣保罗联合生产酒庄经过数年发展，酿造商成员已经超过两百名，而且这一数字还在不断攀升之中。他们耕种的葡萄园面积达到170公顷，全部位于奥崔迪杰（Oltradige）。酿酒师沃夫冈·特莱特尔（Wolfgang Tratter）承担着协作各个种植商的任务，不仅要保证酿造葡萄的高品质，还要将各地的风土条件展现到极致。酒庄的系列出品主要分为两条产品线：圣保鲁斯系列（St. Paulus）出产口感直接的品种美酒；而激情系列（Passion）则主要追求在美酒中将风土条件与葡萄品种特质完美结合。这一系列实际上推出了两款品质令人信服的美酒，我们在今年的品鉴中有幸一睹风采：白比诺珍酿（Pinot Bianco Riserva）的酿造果实出自老藤，并且在大型橡木桶中陈年一年半的时间后才正式发布。它吐露着梨子的缕缕果香，融入仿似无所不知的柑橘香，更有淡淡草本植物的清香萦绕其间，曼妙的香氛推延开来，带来令人心满意足的扎实口感；苏维翁（Sauvignon）吐露着热带水果的浓香，融入甘草的缕缕醇香，美妙的口感与香氛完美搭配，相得益彰。

| | |
|---|---|
| ○ A. A. Pinot Bianco Passion Ris. '14 | 🍷🍷 5 |
| ○ A. A. Sauvignon Passion '15 | 🍷🍷 5 |
| ○ A. A. Gewürztraminer Kössler '15 | 🍷🍷 3 |
| ○ A. A. Gewürztraminer Passion '15 | 🍷🍷 5 |
| ● A. A. Lagrein Passion Ris. '14 | 🍷🍷 5 |
| ○ A. A. Pinot Grigio '15 | 🍷🍷 3 |
| ● A. A. Pinot Nero Passion Ris. '14 | 🍷🍷 5 |
| ○ A. A. Riesling '15 | 🍷🍷 3 |
| ○ A. A. Sauvignon Kössler '15 | 🍷🍷 2 |
| ● A. A. Merlot Passion Ris. '13 | 🍷 7 |
| ○ A. A. Pinot Bianco Kössler '15 | 🍷 2 |
| ○ A. A. Pinot Bianco Plötzner '15 | 🍷 3 |
| ○ A. A. Pinot Grigio Kössler '15 | 🍷 2 |
| ○ A. A. Sauvignon Gfill '15 | 🍷 3 |
| ○ A. A. Pinot Bianco Passion '09 | 🍷🍷🍷 4 |
| ○ A. A. Pinot Bianco Passion Ris. '11 | 🍷🍷🍷 4 |

## Peter Sölva & Söhne

via dell'Oro, 33
39052 Caldaro/Kaltern [BZ]
Tel. +39 0471964650
www.soelva.com

藏酒销售
预约参观
年产量 75 000 瓶
葡萄种植面积 12 公顷

彼得索尔瓦和索恩酒庄（Peter Sölva & Söhne）的葡萄园横亘奥崔迪杰（Oltradige）和阿泰斯纳盆地（Bassa Atesina），那里的气温较高，赋予了出产美酒饱满和成熟的特质。十几公顷的葡萄园为酒庄酿造三个风格迥异系列的精美佳酿提供优质的酿造葡萄——包括葡萄园系列（Vigneti）、德斯尔瓦系列（De Silva）和阿米西达系列（Amistar）。葡萄园系列美酒（Vigneti）酒香扑鼻，口感适宜，极易入口；德斯尔瓦系列（De Silva）和阿米西达系列（Amistar）则对于本地风土条件和酿造传统做出了更加复杂和个性化的阐释。上述三个系列是索尔瓦家族酒庄的精品系列，出产了许多令人赞叹的美酒。彼得索尔瓦和索恩酒庄今年推荐的参选美酒表现精彩，首先是德斯尔瓦系列苏维翁（Sauvignon DeSilva），这款美酒将葡萄品种较为青绿、馥郁芬芳的特质充分发挥出来，结合了饱满丰盈的果味口感，令人得到极为放松的享受。与此同时，阿米西达系列红葡萄酒（Amistar Rosso）是一款波尔多混酿（Bordeaux），添加了少量勒格瑞（Lagrein）和极为成熟的果实。它散发着成熟充盈的果香，一路引领口感攀上和谐强劲的收口巅峰，令人回味无穷。

| | |
|---|---|
| ● Amistar Rosso '13 | 🍷🍷 5 |
| ● A. A. Lago di Caldaro Cl. Sup. Peterleiten DeSilva '15 | 🍷🍷 4 |
| ○ Amistar Bianco '14 | 🍷🍷 6 |
| ● A. A. Lago di Caldaro Scelto Cl. Sup. Peterleiten DeSilva '15 | 🍷 2 |
| ○ A. A. Terlano Pinot Bianco DeSilva '15 | 🍷 3 |
| ○ A. A. Terlano Pinot Bianco DeSilva '10 | 🍸🍸🍸 3 |
| ○ A. A. Terlano Pinot Bianco DeSilva '09 | 🍸🍸🍸 3 |
| ● A. A. Lago di Caldaro Scelto Cl. Sup. Peterleiten '14 | 🍸🍸 2* |
| ○ A. A. Pinot Bianco DeSilva '14 | 🍸🍸 4 |
| ○ A. A. Pinot Bianco DeSilva '13 | 🍸🍸 4 |
| ○ Amistar Bianco '12 | 🍸🍸 4 |
| ● Amistar Rosso '12 | 🍸🍸 5 |

## Stachlburg Baron von Kripp

via Mitterhofer, 2
39020 Parcines/Partschins [BZ]
Tel. +39 0473968014
www.stachlburg.com

藏酒销售
预约参观
年产量 30 000 瓶
葡萄种植面积 7 公顷
葡萄栽培方式 有机认证

韦诺斯塔谷（Val Venosta）位于梅拉诺（Merano）以东，与上阿迪杰产区（Alto Adige）其他地区相比拥有独一无二的风土条件和生长环境，这里的葡萄园迅速爬上了高海拔的山巅。低降雨与高气温的结合，带来了极为诱人的独特美酒。我们就是在这里发现了冯柯利皮男爵斯塔奇伯格酒庄（Stachlburg Baron von Kripp），这座精美的酒庄隶属西格蒙德·冯·柯利皮男爵（Barone Sigmund von Kripp），酒庄拥有种植面积达到7公顷的葡萄园，采用有机方式栽培打理葡萄藤。黑比诺（Pinot Nero）在这些地区并没有广泛种植，但是冯柯利皮男爵斯塔奇伯格酒庄总能运用这一品种葡萄酿造出各种令人迷醉和信服的佳酿。冯柯利皮男爵斯塔奇伯格酒庄出品的黑比诺美酒首先散发着橡木的缕缕芬芳，但是很快就让位给野生莓果的阵阵果香，继而香料的丝丝辛香萦绕其间，展现出出人意料的清爽特质。华美的口感融入细腻的质地和轻快的酒质，一路攀升，直抵绵长且果味丰盈的收口巅峰。我们还非常喜爱梅洛（Merlot），果香和果味都十分直接，口感馥郁充盈。与此同时，酒质饱满丰盈且华美的苏维翁（Sauvignon）显露出不可多得的持续优秀表现，果味持久，令人满足。

| | |
|---|---|
| ● A. A. Pinot Nero '13 | 🍷🍷 3* |
| ● A. A. Merlot '13 | 🍷🍷 4 |
| ○ A. A. Terlano Sauvignon '15 | 🍷🍷 4 |
| ○ A. A. Val Venosta Chardonnay '15 | 🍷🍷 3 |
| ● A. A. Lagrein '15 | 🍷 3 |
| ⊙ A. A. Lagrein Kretzer '15 | 🍷 2 |
| ○ A. A. Pinot Grigio '15 | 🍷 2 |
| ○ A. A. Val Venosta Pinot Bianco '15 | 🍷 3 |
| ● Le Petit Passito '15 | 🍷 2 |
| ○ Praesepium Bianco '13 | 🍷 3 |
| ○ A. A. Valle Venosta Pinot Bianco '13 | 🍸🍸🍸 3* |
| ○ A. A. Valle Venosta Pinot Bianco '10 | 🍸🍸🍸 3* |
| ● A. A. Merlot '12 | 🍸🍸 4 |
| ○ A. A. Terlano Sauvignon '14 | 🍸🍸 4 |
| ○ A. A. Valle Venosta Chardonnay '14 | 🍸🍸 3 |

## Strasserhof Hannes Baumgartner

FRAZ. NOVACELLA
LOC. UNTERRAIN, 8
39040 VARNA/VAHRN [BZ]
TEL. +39 0472830804
www.strasserhof.info

藏酒销售
预约参观
膳宿接待
年产量 45 000 瓶
葡萄种植面积 5.5 公顷

汉尼斯·鲍姆加特纳（Hannes Baumgartner）经营管理的斯特拉瑟霍夫酒庄（Strasserhof）位于伊萨尔科河谷（Valle Isarco）的左岸，地处海拔700米的高地，从这里可以俯瞰古老的诺瓦塞拉教堂（Abbazia di Novacella），酒庄的葡萄园朝向东南，种植条件十分优越。茁壮成长的葡萄藤几乎都奉献给河谷地带的经典葡萄品种，土壤富含矿物质，令生长在这里的酿造葡萄芬芳扑鼻，果味十分饱满。葡萄园同时也栽培一些传统但鲜为人知的品种，例如茨威格（Zweigelt）等。酒庄品质卓越、表现坚实、始终如一的优雅美酒几乎全部在不锈钢罐中完成陈年。汉尼斯（Hannes）与雷司令（Riesling）有着千丝万缕的亲密联系，这一点在我们品鉴今年推荐的2015年份的雷司令中得到了切实表达。这款佳酿吐露着白色果肉水果的缕缕果香，融入扑鼻的花香，令人迷醉，整体香氛又逐步让位给白胡椒的丝丝辛辣香气，随之而来的是极为浓郁的口感，强劲且锐利的酸度支撑着整款酒。除此之外，绿维特利纳（Grüner Veltliner）散发着平易近人的酒香，芬芳扑鼻，更有紧致且有力的饱满口感与之完美搭配，相得益彰。与此同时，两款西万尼（Sylvaners）也奉献出了精彩的表现，给人留下了深刻的印象。

| | |
|---|---|
| ○ A. A. Valle Isarco Grüner Veltliner '15 | 🍷🍷 3* |
| ○ A. A. Valle Isarco Riesling '15 | 🍷🍷 4 |
| ○ A. A. Valle Isarco Kerner '15 | 🍷🍷 3 |
| ○ A. A. Valle Isarco Sylvaner '15 | 🍷🍷 3 |
| ○ A. A. Valle Isarco Sylvaner Anjo '15 | 🍷🍷 4 |
| ○ A. A. Valle Isarco Gewürztraminer '15 | 🍷 4 |
| ○ A. A. Valle Isarco Müller Thurgau '15 | 🍷 3 |
| ○ A. A. Valle Isarco Riesling '12 | 🍷🍷🍷 3* |
| ○ A. A. Valle Isarco Riesling '11 | 🍷🍷🍷 3* |
| ○ A. A. Valle Isarco Veltliner '10 | 🍷🍷🍷 3* |
| ○ A. A. Valle Isarco Veltliner '09 | 🍷🍷🍷 3* |
| ○ A. A. Valle Isarco Kerner '14 | 🍷🍷 3 |
| ○ A. A. Valle Isarco Müller Thurgau '14 | 🍷🍷 3 |
| ○ A. A. Valle Isarco Riesling '14 | 🍷🍷 4 |
| ○ A. A. Valle Isarco Sylvaner '14 | 🍷🍷 3* |

## Stroblhof

LOC. SAN MICHELE
VIA PIGANÒ, 25
39057 APPIANO/EPPAN [BZ]
TEL. +39 0471662250
www.stroblhof.it

藏酒销售
预约参观
年产量 40 000 瓶
葡萄种植面积 5.2 公顷

罗斯玛丽·汉尼（Rosmarie Hanny）与丈夫安德里亚斯·尼克卢西—莱克（Andreas Nicolussi-Leck）一同经营着精美的斯特博尔霍夫酒庄（Stroblhof），这家可爱的酒庄坐落于阿皮亚诺地区（Appiano），占地只有五公顷，地处通往曼多拉山（Mendola）山坡的途中。葡萄园海拔高度500米，种植本地典型的葡萄品种，尤其偏爱黑比诺（Pinot Nero）和白比诺（Pinot Bianco）、霞多丽（Chardonnay）和苏维翁（Sauvignon），以有益环境的可持续发展方法进行栽培，致力于将品种特质与风土条件完美结合，极佳的光照条件以及多年前对葡萄藤木架的全面整修保证了斯特博尔霍夫酒庄出品的卓越质量。在今年的品鉴中，皮基诺黑比诺（Pinot Nero Pigeno）表现出色，它在橡木桶中陈年一年后才正式发布，吐露着野生莓果的浓郁果香，一抹芬芳植物的清香萦绕其间，随之而来的是饱满的口感，犹如奶油般绵密丝滑，收口余韵绵长，口感和谐。除此之外，斯特拉勒白比诺（Pinot Bianco Strahler）的初始香气十分内敛，但是多汁且华美的口感充分表达出品种葡萄的优秀特质，收口干爽强劲，余韵绵长美味，令人回味无穷。与此同时，尼可苏维翁（Sauvignon Nico）非常易于入口，香气扑鼻，口感鲜美，给人带来愉悦的享受。

| | |
|---|---|
| ○ A. A. Pinot Bianco Strahler '15 | 🍷🍷 3 |
| ● A. A. Pinot Nero Pigeno '13 | 🍷🍷 5 |
| ○ A. A. Sauvignon Nico '15 | 🍷🍷 4 |
| ○ A. A. Chardonnay Schwarzhaus '15 | 🍷 3 |
| ○ A. A. Pinot Bianco Strahler '09 | 🍷🍷🍷 3* |
| ● A. A. Pinot Nero Ris. '05 | 🍷🍷🍷 5 |
| ○ A. A. Chardonnay Schwarzhaus '13 | 🍷🍷 3 |
| ○ A. A. Chardonnay Schwarzhaus '12 | 🍷🍷 3 |
| ○ A. A. Pinot Bianco Strahler '14 | 🍷🍷 3 |
| ○ A. A. Pinot Bianco Strahler '13 | 🍷🍷 3 |
| ○ A. A. Pinot Bianco Strahler '12 | 🍷🍷 3 |
| ● A. A. Pinot Nero Pigeno '12 | 🍷🍷 5 |
| ● A. A. Pinot Nero Ris. '11 | 🍷🍷 6 |
| ⊙ A. A. Pinot Nero Rosato Pinot Rosé '13 | 🍷🍷 3 |
| ● Pinot Nero Ris. '12 | 🍷🍷 6 |

## Taschlerhof - Peter Wachtler

Loc. Mara, 107
39042 Bressanone/Brixen [BZ]
Tel. +39 0472851091
www.taschlerhof.com

藏酒销售
预约参观
年产量 30 000 瓶
葡萄种植面积 4.2 公顷

彼得·沃切特勒（Peter Wachtler）经营管理的塔斯切勒霍夫酒庄（Taschlerhof）坐落在布列瑟农（Bressanone）附近伊萨尔科河谷（Lsarco Valley）的西岸地带，占据了该产区部分最陡峭的山坡，数个世纪以来这片土地都受到极好的照料，使其更加适合葡萄的生长。极佳的日照条件、良好的日间温度、不时从多洛米蒂山间（Dolomites）吹拂而来的微风，以及阳光灿烂但并不炎热的气候都帮助酿造出最好的美酒，充分呈现本地品种葡萄具有表现力的香氛，以及来自本地风土的矿物质滋味。彼得·沃切特勒只栽培白葡萄品种，尤其重视那些能够代表河谷特质的品种，例如雷司令（Riesling）、肯纳（Kerner）和西万尼（Sylvaner）。塔斯切勒霍夫酒庄今年推荐的两款美酒闯入了我们角逐"三杯奖"桂冠的决赛——分别是雷司令和西万尼。雷司令以其深邃馥郁的浓香脱颖而出，散发着白色果肉水果的缕缕果香，融入甜美的柑橘香和新割下鲜花的清爽花香。入口诱人平衡，残留的糖分与锐口的酸度相得益彰，带来令人印象深刻的悠长余韵，回味美妙。西万尼的初始香氛则是非常内敛封闭的烟熏气息，其后慢慢发展为浓郁的果香，随之而来的是馥郁饱满的果味和强劲的口感，给人带来愉悦的享受。

| | |
|---|---|
| ○ A. A. Valle Isarco Sylvaner '15 | 🍷🍷🍷 3* |
| ○ A. A. Valle Isarco Riesling '15 | 🍷🍷 4 |
| ○ A. A. Valle Isarco Kerner '15 | 🍷🍷 4 |
| ○ A. A. Valle Isarco Sylvaner Lahner '14 | 🍷🍷 4 |
| ○ A. A. Valle Isarco Riesling '14 | 🍷🍷🍷 4* |
| ○ A. A. Valle Isarco Kerner '14 | 🍷🍷 4 |
| ○ A. A. Valle Isarco Kerner '13 | 🍷🍷 3 |
| ○ A. A. Valle Isarco Kerner '12 | 🍷🍷 3* |
| ○ A. A. Valle Isarco Riesling '13 | 🍷🍷 4 |
| ○ A. A. Valle Isarco Sylvaner '14 | 🍷🍷 3* |
| ○ A. A. Valle Isarco Sylvaner '13 | 🍷🍷 3* |
| ○ A. A. Valle Isarco Sylvaner '12 | 🍷🍷 3 |
| ○ A. A. Valle Isarco Sylvaner Lahner '13 | 🍷🍷 4 |
| ○ A. A. Valle Isarco Sylvaner Lahner '12 | 🍷🍷 4 |
| ○ A. A. Valle Isarco Veltliner '14 | 🍷🍷 3* |

## ★Tenute Alois Lageder

Loc. Tòr Löwengang
v.lo dei Conti, 9
39040 Magré/Margreid [BZ]
Tel. +39 0471809500
www.aloislageder.eu

藏酒销售
预约参观
餐饮接待
年产量 1 500 000 瓶
葡萄种植面积 160 公顷
葡萄栽培方式 生物动力学认证
可持续发展酒庄

拉格德家族酒庄（Lageder）是上阿迪杰产区（Alto Adige）规模最大的卓越酒庄之一，虽然酒庄的产量惊人，但却常常给人留下只是一座小农庄的错觉。由于日益认识到葡萄酒酿造的未来将完全依赖于采取可持续性发展、对自然和环境的非入侵性方法等，阿洛伊斯拉格德酒庄（Tenute Alois Lageder）占地面积达到50公顷的葡萄园一直采用先进的生物动力学方法进行栽培，凸显人为因素在酒庄管理和环境保护中的重要作用。为酒庄提供酿造葡萄的种植商也被阿洛伊斯·拉格德的长远视野所征服，于是这些种植商所产葡萄中的四分之一如今都采取生物动力学种植。与往年一样，位于马格来地区（Magrè）的酒庄推出品种广泛的系列美酒，销往全世界各地。在今年的品鉴中，我们再次被两款佳酿的卓越品质所打动，它们是来自洛文冈系列（Löwengang）的赤霞珠（Cabernet）和霞多丽（Chardonnay）。2012年份的洛文冈赤霞珠散发着草本植物的清爽芬芳，融入红色水果的缕缕果香，底蕴中透露出丝丝矿物质的醇香和香料的辛香，细腻的口感支撑着整款酒的品感，收口余韵饱满绵长，回味无穷。与此同时，饱满强劲且干爽的洛文冈霞多丽也奉献出精彩的表现，热情且和谐，收口美味持久在唇齿之间流连，令人难忘。这无疑是一款配得上"三杯奖"桂冠的顶级佳酿。

| | |
|---|---|
| ○ A. A. Chardonnay Löwengang '13 | 🍷🍷🍷 6 |
| ● A. A. Cabernet Löwengang '12 | 🍷🍷 7 |
| ○ A. A. Gewürztraminer Am Sand '14 | 🍷🍷 5 |
| ● A. A. Merlot '13 | 🍷🍷 3 |
| ● A. A. Pinot Nero Krafuss '12 | 🍷🍷 6 |
| ○ A. A. Sauvignon Lehen '14 | 🍷🍷 5 |
| ● Casòn '13 | 🍷🍷 6 |
| ○ Casòn Hirschprunn '13 | 🍷🍷 5 |
| ○ A. A. Riesling Rain '15 | 🍷 4 |
| ○ Forra '14 | 🍷 3 |
| ● A. A. Cabernet Löwengang '10 | 🍷🍷🍷 7 |
| ● A. A. Cabernet Löwengang '07 | 🍷🍷🍷 6 |
| ● A. A. Cabernet Sauvignon Cor Römigberg '11 | 🍷🍷🍷 7 |
| ● A. A. Cabernet Sauvignon Cor Römigberg '08 | 🍷🍷🍷 7 |

## ★★Cantina Terlano

via Silberleiten, 7
39018 Terlano/Terlan [BZ]
Tel. +39 0471257135
www.cantina-terlano.com

藏酒销售
预约参观
年产量 1 000 000 瓶
葡萄种植面积 165 公顷

泰拉诺酒庄（Cantina di Terlano）创建于19世纪末，将150名种植酿造商成员凝聚在一起，在城镇周边的葡萄园打理小规模的葡萄园地块。泰拉诺酒庄的葡萄园大多分布在佐克洛山（Mount Zoccolo）西南朝向的山坡上，斑岩红土赋予了酿造美酒独特的个性和矿物质美味口感。今天，在技术卓越的酿酒大师鲁迪·考弗勒（Rudi Kofler）的带领下，泰拉诺酒庄主要酿造白葡萄酒，有时出产的系列美酒要经过漫长的陈年。在今年的品鉴中，泰拉诺酒庄推荐的美酒表现出色，其中诺瓦多慕斯（Nova Domus）是一款品质卓越、口感惬意的混酿，主要由白比诺（Pinot Bianco）和霞多丽（Chardonnay）打造而成，更添加了少量苏维翁（Sauvignon），酒液在各种尺寸的橡木桶中完成陈年。它吐露着浓郁而优雅的阵阵酒香，初始时是白色果肉水果的果香融入缕缕诱人花香，继而底蕴中透露出丝丝橡木的香醇气息。入口后感到劲道有力且紧致的口感，凸显绵长的余韵和华美柔顺的酒质，令人欲罢不能。除此之外，弗伯格陈酿（Riserva Vorberg）展现出强大的有力口感和深邃酒质，与此同时，我们再次爱上了出色的拉瑞塔白比诺（Pinot Bianco Rarità），这款美酒在陈年中塑造出令人赞叹的品质，极具说服力。

| | |
|---|---|
| ○ A. A. Terlano Nova Domus Ris. '13 | 🍷🍷🍷 6 |
| ● A. A. Merlot Gant Andriano Ris. '13 | 🍷🍷 4 |
| ○ A. A. Pinot Bianco Rarità '04 | 🍷🍷 8 |
| ○ A. A. Terlano Pinot Bianco Vorberg Ris. '13 | 🍷🍷 5 |
| ○ A. A. Terlano Sauvignon Quarz '14 | 🍷🍷 6 |
| ○ A. A. Gewürztraminer Lunare '14 | 🍷🍷 6 |
| ○ A. A. Gewürztraminer Movado Andriano '14 | 🍷🍷 5 |
| ● A. A. Lagrein Andriano Tor di Lupo Ris. '13 | 🍷🍷 4 |
| ● A. A. Lagrein Porphyr Ris. '13 | 🍷🍷 6 |
| ○ A. A. Pinot Bianco '15 | 🍷🍷 2* |
| ○ A. A. Pinot Bianco Finado Andriano '15 | 🍷🍷 2* |
| ● A. A. Pinot Nero Anrar Ris. '13 | 🍷🍷 5 |
| ● A. A. Pinot Nero Montigl Ris. '13 | 🍷🍷 5 |
| ○ A. A. Terlaner Cl. '15 | 🍷🍷 3 |
| ○ A. A. Terlano Sauvignon Winkl '15 | 🍷🍷 3 |
| ○ A. A. Terlano Nova Domus Ris. '12 | 🍷🍷🍷 6 |

## Tiefenbrunner

fraz. Niclara
via Castello, 4
39040 Cortaccia/Kurtatsch [BZ]
Tel. +39 0471880122
www.tiefenbrunner.com

藏酒销售
预约参观
餐饮接待
年产量 800 000 瓶
葡萄种植面积 25 公顷

阿泰斯纳盆地（Bassa Atesina）孕育着数量众多的低谷葡萄园，但是与此同时，它也拥有令人艳羡的高海拔DOC产区葡萄园，有些地块的海拔高度甚至超过1000米。泰芬布普乐家族（Tiefenbrunner）与特姆霍夫酒庄（Turmhof）之间的紧密联系可以追溯到遥远的17世纪，而且一直持续到今天。酒庄自有葡萄园的占地面积达到25公顷，同时还与为酒庄提供酿造葡萄的诸多当地种植商紧密合作，合作商的葡萄园面积达到40公顷。地处尼克莱拉（Niclara）的古老酒窖出产品种特质鲜明的美酒，同时也出品个性丰满且具有卓越陈年潜力的精选佳酿。霍夫斯塔特葡萄园（Hofstatt）位于法福格纳山（Mount Favogna）上海拔1000米的地方，专门种植奉献给酒庄最著名的旗舰美酒元帅（Feldmarschall von Fenner）的酿造葡萄，这款卓越的穆勒图尔高酒（Müller Thurgau）散发着热带水果的热烈芬芳，馥郁饱满，淡淡的矿物质醇香萦绕其间，更有一抹香料的辛香挥之不去。入口感到浓郁的果味，结合了劲道的口感和紧实的酒质。除此之外，我们还为林提科拉鲁斯系列陈酿（Riserva Linticlarus）的卓越表现深深折服，这款由梅洛（Merlot）和赤霞珠（Cabernet）打造而成的混酿吐露着阵阵成熟的果香，随之而来的是活跃馥郁的果味口感。

| | |
|---|---|
| ● A. A. Cabernet - Merlot Linticlarus Ris. '13 | 🍷🍷 6 |
| ○ A. A. Müller Thurgau Feldmarschall von Fenner '14 | 🍷🍷 4 |
| ○ A. A. Chardonnay Linticlarus Ris. '13 | 🍷🍷 5 |
| ○ A. A. Chardonnay Turmhof '15 | 🍷🍷 3 |
| ○ A. A. Gewürztraminer Castel Turmhof '15 | 🍷🍷 5 |
| ○ A. A. Gewürztraminer Linticlarus V.T. '12 | 🍷🍷 6 |
| ● A. A. Lagrein Linticlarus Ris. '13 | 🍷🍷 5 |
| ○ A. A. Pinot Bianco Anna Turmhof '15 | 🍷🍷 3 |
| ○ A. A. Pinot Grigio Turmhof '15 | 🍷🍷 3 |
| ● A. A. Pinot Nero Linticlarus Ris. '13 | 🍷🍷 6 |
| ○ A. A. Sauvignon Turmhof '15 | 🍷🍷 4 |
| ○ A. A. Müller Thurgau Feldmarschall von Fenner zu Fennberg '13 | 🍷🍷🍷 5 |
| ○ A. A. Müller Thurgau Feldmarschall von Fenner zu Fennberg '12 | 🍷🍷🍷 5 |

## ★★Cantina Tramin

.DA DEL VINO, 144
39040 TERMENO/TRAMIN [BZ]
TEL. +39 0471096633
www.cantinatramin.it

藏酒销售
预约参观
年产量 1 500 000 瓶
葡萄种植面积 250 公顷

这家位于特梅内（Lermeno）的特拉敏酒庄（Cantina Tramin）是一座拥有300名成员商的大型协作酒庄，共同打理种植面积达到250公顷的广袤葡萄园地块，所有地块几乎都地处阿泰斯纳盆地（Bassa Atesina），位于特梅内村、奥拉村（Ora）、恩格纳村（Egna）和蒙塔尼亚（Montagna）之间。特拉敏酒庄非常注重葡萄种植，尊重环境，因此在葡萄园中完全转变为有机栽培方式以及部分生物动力学栽培方式。它的成员也遵循同样的理念进行种植。酿酒师威利・斯图尔兹（Willy Sturz）负责酿造工作，他将最佳葡萄园提供的酿造葡萄的卓越品质发挥到最大功效，打造出一系列别具个性的美酒。在今年特拉敏酒庄推荐的各色美酒中，琼瑶浆（Gewürztraminer）再次拔得头筹，脱颖而出，这种品种葡萄缔造了一系列品质无可比拟的顶级佳酿。而其中的努斯鲍姆琼瑶浆（Nussbaumer）表现尤为突出。得益于长时间陈年，努斯鲍姆琼瑶浆的气质非常活跃，活力四射，它展现出惬意浓郁的特质，口感扎实却优雅异常。与此同时，相比较而言，特米纳姆酒（Terminum）更加明显地展现出品种葡萄极具爆破力的浓香，整体和谐性更佳。

- ○ A. A. Gewürztraminer Nussbaumer '14 🍷🍷🍷 5
- ○ A. A. Gewürztraminer Passito Terminum V. T. '12 🍷🍷 7
- ○ A. A. Pinot Bianco Moriz '15 🍷🍷 2*
- ○ A. A. Pinot Grigio Unterebnerhof '14 🍷🍷 4
- ○ A. A. Gewürztraminer Roen V. T. '14 🍷🍷 5
- ○ A. A. Gewürztraminer Selida '15 🍷🍷 3
- A. A. Lagrein Urban '14 🍷🍷 5
- ● A. A. Pinot Nero Maglen Ris. '13 🍷🍷 5
- ○ A. A. Sauvignon Pepi '15 🍷🍷 4
- ● A. A. Schiava Freisinger '15 🍷🍷 3
- ○ A. A. Stoan '14 🍷🍷 4
- ○ A. A. Chardonnay '15 🍷 2
- ○ A. A. Gewürztraminer Nussbaumer '13 🍷🍷🍷 5
- ○ A. A. Gewürztraminer Nussbaumer '12 🍷🍷🍷 5
- ○ A. A. Gewürztraminer Nussbaumer '11 🍷🍷🍷 5

## ★Tenuta Unterortl Castel Juval

LOC. JUVAL, 1B
39020 CASTELBELLO CIARDES/KASTELBELL TSCHARS [BZ]
TEL. +39 0473667580
www.unterortl.it

藏酒销售
预约参观
年产量 33 000 瓶
葡萄种植面积 4 公顷

站在司纳尔斯山谷（Val Senales）谷口，向西部山坡望去，可以看到众多葡萄园不断向陡峭的山顶梯田攀爬，拥有完美的南向朝向，海拔高度直达800米甚至更高。这里就是马丁・奥里希（Martin Aurich）和吉塞拉・奥里希（Gisela Aurich）茂密的葡萄园所在。他们只种植白葡萄品种，主要是雷司令（Riesling），但是也包括白比诺（Pinot Bianco）和穆勒（Müller），还有少量黑葡萄品种来完善品种系列。东南朝向的地块和富含片麻岩的土壤将白天的热度锁在葡萄园的山坡上，与每晚从临近的司纳尔斯山谷吹来的寒冷山风形成了鲜明的对照，从而使葡萄能够健康地成熟，独具芬芳，饱含矿物质，令酿造的美酒展现出非常细腻的口感。无论如何，雷司令都是朱瓦尔堡安特洛托酒庄（Tenuta Unterortl Castel Juval）最重要的酿造品种，酒庄三个以上的系列美酒都奉献给了这种口感清凛美味的白葡萄。温比切尔（Windbichel）再次凭借卓越表现证明了自己的纯种血统，虽然2014年生长和酿造季遭遇了非常困难的气候条件，但是它依然吐露着苹果般的果香，融入蓓蕾的芬芳，底蕴中透露出丝丝微妙但明显的矿物质醇香，入口紧致，层层蔓延的香气与复杂和谐的口感相得益彰。除此之外，初次发布的安特洛托（Unterortl）极大地激发了我们的兴趣，它充分利用了2015年优秀的生长季条件，打造出芬芳扑鼻、酒质细腻、气质跃动、口感有力的美酒。无疑配得上一座“三杯奖”奖杯。

- ○ A. A. Val Venosta Riesling Unterortl '15 🍷🍷🍷 4*
- ○ A. A. Val Venosta Riesling Windbichel '14 🍷🍷 5
- ○ A. A. Val Venosta Müller Thurgau '15 🍷🍷 3
- ○ A. A. Val Venosta Pinot Bianco '15 🍷🍷 2*
- ○ A. A. Val Venosta Riesling Gletscherschliff '15 🍷🍷 4
- ● A. A. Val Venosta Pinot Nero '14 🍷 5
- ○ A. A. Val Venosta Pinot Bianco Castel Juval '12 🍷🍷🍷 3*
- ○ A. A. Val Venosta Riesling '10 🍷🍷🍷 4
- ○ A. A. Val Venosta Riesling '09 🍷🍷🍷 4
- ○ A. A. Val Venosta Riesling Castel Juval '11 🍷🍷🍷 4*
- ○ A. A. Valle Venosta Pinot Bianco Castel Juval '13 🍷🍷🍷 3*
- ○ A. A. Valle Venosta Riesling '14 🍷🍷🍷 4*

## Cantina Produttori Valle Isarco

via Coste, 50
39043 Chiusa/Klausen [BZ]
Tel. +39 0472847553
www.cantinavalleisarco.it

藏酒销售
预约参观
年产量 750 000 瓶
葡萄种植面积 140 公顷

伊萨尔科河谷生产商联盟酒庄（Cantina Produttori della Valle Isarco）是产区规模最小、最为密集的协作酒庄，平均每公顷土地上有130多名成员商忙碌的身影。伊萨尔科河谷两岸山坡上布满无懈可击的精美葡萄园，主要种植白葡萄品种，出产白葡萄酒，而上阿迪杰产区（Alto Adige）的这一隅风土条件非常理想，能够将芳香葡萄的特质发挥到极致。伊萨尔科河谷生产商联盟酒庄出品系列分为多条产品线，其中无与伦比的萨宾娜葡萄园（Sabiona）专门奉献给西万尼（Sylvaner）和肯纳（Kerner）。在伊萨尔科河谷生产商联盟酒庄今年推荐的所有美酒中，阿瑞斯托斯系列西万尼（Sylvaner Aristos）勇夺桂冠，更是一举摘下了“三杯奖”大奖的奖牌。这款白葡萄酒缓缓释放着梨子般的美妙果香，淡淡的烟熏气息萦绕其间，底蕴中透露出缕缕盐的咸味。入口后感到饱满的果味，为卓越的余韵提供了有力保证，回味绵长悠然。与此同时，2015年卓越的生长酿造季同样造福同系列中的灰比诺美酒（Pinot Grigio），吐露着复杂的果香，随之而来的是卓越的口感，令人得到非常愉悦的享受。

- ○ A. A. Valle Isarco Sylvaner Aristos '15 — 4*
- ○ A. A. Valle Isarco Pinot Grigio Aristos '15 — 4
- ○ A. A. Sauvignon Aristos '15 — 3
- ○ A. A. Valle Isarco Gewürztraminer Passito Nectaris '14 — 6
- ○ A. A. Valle Isarco Grüner Veltliner Aristos '15 — 4
- ○ A. A. Valle Isarco Kerner Aristos '15 — 4
- ○ A. A. Valle Isarco Kerner Sabiona '14 — 5
- ○ A. A. Valle Isarco Müller Thurgau Aristos '15 — 3
- ○ A. A. Valle Isarco Sylvaner Sabiona '14 — 5
- ○ A. A. Valle Isarco Gewürztraminer Aristos '15 — 4
- ○ A. A. Valle Isarco Kerner Aristos '05 — 3*
- ○ A. A. Valle Isarco Veltliner Aristos '03 — 3*
- ○ A. A. Valle Isarco Sylvaner Aristos '14 — 4

## Vivaldi - Arunda

via Josef-Schwarz, 18
39010 Meltina/Mölten [BZ]
Tel. +39 0471668033
www.arundavivaldi.it

藏酒销售
预约参观
年产量 90 000 瓶
葡萄种植面积 12 公顷

约瑟夫·赛普（Josef Sepp）和妻子玛丽安·雷泰蒂尔（Marianne Reiterer）拥有的维瓦尔第奥伦达酒庄（Vivaldi Arunda）位于泰拉诺（Terlano）附近的梅尔蒂纳（Meltina），地处海拔1200米的高山上。维瓦尔第奥伦达酒庄是上阿迪杰产区（Alto Adige）最重要的起泡酒酿造商和先驱，自20世纪70年代起，赛普与妻子就将全副精力投入到传统酿造法起泡酒（Metodo Classico Sparklers）的制作中来。基酒来自不同地区和不同种植商供应的酿造葡萄，精选的果实都出自最理想的种植地区，因此打造出来的美酒最大化地呈现细腻酒质。维瓦尔第奥伦达酒庄的酿造葡萄来自不同产区精选的诸多种植商，具体说来，酒庄从阿皮亚诺葡萄园（Appiano）采购白比诺葡萄（Pinot Bianco），从泰拉诺葡萄园（Terlano）采购霞多丽葡萄（Chardonnay），以及从萨洛尔诺葡萄园（Salorno）采购黑比诺（Pinot Nero）。在今年酒庄推荐的美酒中，白中白（Blanc de Blancs）是一款以霞多丽（Chardonnay）打造而成的单一品种葡萄酒，在装瓶继续发酵之前在小型橡木桶中完成了陈年。它最初散发着蜜桃般成熟的缕缕果香，底蕴中透露出一丝橡木的香醇气息，继而到来的是热情饱满的口感，展现出极佳的持久力和优雅度，令人心驰神往。与此同时，玛丽安陈酿（Cuvée Marianna）是一款表现优异的特干型起泡酒（Extra Brut）。它的细腻口感来自主要的酿造原料黑比诺葡萄（Pinot Nero）以及在小木桶中陈年的霞多丽（Chardonnay），吐露着馥郁复杂的酒香，带来饱满丰盈的果味口感。

- ○ A. A. Spumante Blanc de Blancs Arunda Extra Brut — 5
- ⊙ A. A. Spumante Brut Rosé Arunda — 5
- ○ A. A. Spumante Extra Brut Cuvée Marianna Arunda — 5
- ○ A. A. Spumante Extra Brut Arunda — 5
- ○ A. A. Spumante Extra Brut Arunda Ris. '10 — 5
- ○ A. A. Spumante Arunda Ris. '08 — 5
- ○ A. A. Spumante Arunda Ris. '07 — 5
- ○ A. A. Spumante Extra Brut Arunda Ris. '09 — 5
- ○ A. A. Spumante Extra Brut Ris. '08 — 5

## ★★Elena Walch

A A. Hofer, 1
9040 Termeno/Tramin [BZ]
EL. +39 0471860172
www.elenawalch.com

藏酒销售
预约参观
餐饮接待
年产量 500 000 瓶
葡萄种植面积 33 公顷

走进埃琳娜·瓦尔希（Elena Walch）的酒庄花园，一切看起来似乎都没有发生变化，但是在绿意融融的草坪和庭院底下是古老的酒窖，如今经过了整修和扩展，焕发出新的活力。在发展葡萄园方面进行了巨额投资之后，埃琳娜瓦尔希酒庄（Elena Walch）的注意力转向了酒窖中的酿造环节，而且去年的生产方法展现出对于葡萄品种特质前所未有的最大敬重。埃琳娜瓦尔希酒庄占地广袤，给人留下深刻的印象，其中最有名望的两座葡萄园分别是位于凯尔德罗（Caldaro）、蔓延20公顷的林格伯格堡葡萄园（Castel Ringberg）和位于特梅内（Termeno）、占地5公顷的卡兹泰拉茨葡萄园（Kastelaz）。在今年的品鉴中，埃琳娜瓦尔希酒庄推荐了一系列完美无瑕的精品美酒，其中不少于三款闯入了我们角逐"三杯奖"的最终决赛。卡兹泰拉茨葡萄园琼瑶浆（Gewürztraminer Vigna Kastelaz）充分展现出这种葡萄品种的活力特性，吐露着浓郁的柑橘香，融入热带水果的缕缕果香，饱满丰盈、果味十足的口感与香氛相得益彰，搭配完美，给人带来惬意的享受。与此同时，林格伯格堡园勒格瑞（Lagrein Vigna Castel Ringberg）吐露着锐利的酒香，但是优雅地结合了劲道口感和柔顺酒质，相得益彰。除此之外，彩云之外系列美酒（Beyond the Clouds）的香氛层层展开，缺宕开去，随之而来的是有力而优雅的口感。

| | |
|---|---|
| ● A. A. Bianco Beyond the Clouds '14 | YY 6 |
| ● A. A. Gewürztraminer V. Kastelaz '15 | YY 5 |
| ● A. A. Lagrein V. Castel Ringberg Ris. '12 | YY 5 |
| ● A. A. Cabernet Sauvignon V. Castel Ringberg '13 | YY 8 |
| ● A. A. Chardonnay V. Castel Ringberg '13 | YY 7 |
| ● A. A. Merlot V. Kastelaz Ris. '13 | YY 6 |
| ● A. A. Pinot Bianco Kristallberg '15 | YY 4 |
| ● A. A. Pinot Grigio V. Castel Ringberg '15 | YY 4 |
| ● A. A. Pinot Nero Ludwig '13 | YY 5 |
| ● A. A. Sauvignon V. Castel Ringberg '15 | YY 4 |
| ● Kermesse '12 | YY 6 |
| ● A. A. Gewürztraminer Kastelaz '13 | YYY 5 |
| ● A. A. Gewürztraminer Kastelaz '12 | YYY 5 |
| ● A. A. Gewürztraminer Kastelaz '11 | YYY 5 |
| ● A. A. Lagrein Castel Ringberg Ris. '11 | YYY 5 |

## Tenuta Waldgries

loc. Santa Giustina, 2
39100 Bolzano/Bozen
Tel. +39 0471323603
www.waldgries.it

藏酒销售
预约参观
年产量 65 000 瓶
葡萄种植面积 8.2 公顷

克里斯蒂安·普拉特纳（Christian Plattner）的瓦尔德格莱斯酒庄（Tenuta Waldgries）历史悠久，这一点从酒庄的古老建筑就能得到证实，到处摆满了漫长酿造历史和传统中别具特色的代表性文物。瓦尔德格莱斯酒庄葡萄园占地面积超过10公顷，坐落在三处，每一处种植的葡萄品种都最尊重当地的风土条件。在酒庄周边，我们发现了阳光普照的葡萄园，专门栽培斯基亚瓦，海拔高度适中；而阿皮亚诺地区（Appiano）的种植地块则用来生产白葡萄酒，坐落在海拔600米处；与此同时，地处奥拉地区（Ora）的种植地块则是一片黏土质地的冲积原，勒格瑞（Lagrein）在这里找到了理想的生长环境。瓦尔德格莱斯酒庄出品系列广泛的卓越美酒，在处理热情洋溢的勒格瑞（Lagrein）品种葡萄方面展现出了无可匹敌的强大实力。麦莱尔（Il Mirell）的酿造葡萄出自古老的葡萄园，果实经过了仔细谨慎的发酵过程，在酿造过程中也倾注了极大的心血，打造出以细腻质地和均衡力道见长的美酒。与此同时，酿造葡萄来自吉斯赖滕葡萄园（Kirschleiten）的瓦尔德格莱斯罗布奈斯（Roblinus de Waldgries）展现出深邃的酒质和浓郁的酒香。最后，我们还非常喜爱优雅的圣塔玛德莲娜传统酿造法起泡酒（Santa Maddalena Classico），这款口感强劲、酒质鲜美的佳酿令我们深深迷醉。

| | |
|---|---|
| ● A. A. Lagrein Mirell Ris. '13 | YY 6 |
| ● A. A. Lagrein Roblinus de Waldgries Ris. '13 | YY 8 |
| ● A. A. Santa Maddalena Cl. '15 | YY 3* |
| ● A. A. Lagrein Ris. '13 | YY 5 |
| ● A. A. Moscato Rosa Passito '13 | YY 5 |
| ○ A. A. Pinot Bianco Isos '15 | YY 4 |
| ● A. A. Santa Maddalena Cl. Antheos '15 | YY 5 |
| ○ A. A. Sauvignon Myra '15 | YY 4 |
| ● A. A. Lagrein Mirell '09 | YYY 6 |
| ● A. A. Lagrein Scuro Mirell '08 | YYY 6 |
| ● A. A. Lagrein Scuro Mirell '07 | YYY 6 |
| ● A. A. Lagrein Scuro Mirell '01 | YYY 6 |
| ● A. A. Santa Maddalena Cl. Antheos '13 | YYY 4* |
| ● A. A. Santa Maddalena Cl. Antheos '12 | YYY 4* |
| ● A. A. Santa Maddalena Cl. Antheos '11 | YYY 4* |

## Josef Weger

LOC. CORNAIANO
VIA CASA DEL GESÙ, 17
39050 APPIANO/EPPAN [BZ]
TEL. +39 0471662416
www.wegerhof.it

藏酒销售
预约参观
膳宿接待
年产量 80 000 瓶
葡萄种植面积 8 公顷

这座位于考纳亚诺（Cornaiano）的约瑟夫魏格酒庄（Josef Weger）历史悠久，传统深远，最早的缘起可以追溯到18世纪初，更参与了北部城镇的集中贸易，促进了历史上提洛尔（Tyrol）的正式开放。今天的约瑟夫魏格酒庄已经传承到了第六代掌门人约翰尼斯·魏格（Johannes Weger）的手中，约翰尼斯始终尽心尽力地打理着占地面积达到八公顷的优质葡萄园，酿造品质卓越的美酒。约瑟夫魏格酒庄出品的经典系列（Classica）为酒迷提供专注表达葡萄品种特质的系列美酒，玫瑰玛索（Maso delle Rose）的酿造葡萄完全来自朝向最佳种植地块的精选酿造果实。经典系列尤其供应着酒庄最具意趣的美酒，从梅洛佳酿（Merlot）开始，吐露着阵阵美妙的果香，淡淡的蔬菜般的青绿风味飘散其间，这是品种葡萄的典型特征，热辣成熟的果味与清爽芬芳的酒香相映成趣，令人迷醉，而且华美柔顺、别具一格的口感进一步激发了这款美酒优雅和和谐的气质。与此同时，黑比诺（Pinot Nero）吐露着森林水果的阵阵果香，融入无所不在烟熏气息，更有一抹香料的辛香萦绕其间，随之而来的是饱满的口感，单宁质地极为诱人，令人引发无限遐思。

| | | |
|---|---|---|
| ● A. A. Merlot Maso delle Rose '13 | 🍷🍷 (red) | 5 |
| ● A. A. Lagrein Stoa '14 | 🍷🍷 | 3 |
| ○ A. A. Pinot Bianco Maso delle Rose '15 | 🍷🍷 | 4 |
| ○ A. A. Pinot Grigio Ried '15 | 🍷🍷 | 3 |
| ● A. A. Pinot Nero Maso delle Rose '15 | 🍷🍷 | 5 |
| ○ A. A. Sauvignon Maso delle Rose '15 | 🍷🍷 | 4 |
| ○ A. A. Gewürztraminer Maso delle Rose '15 | 🍷 | 3 |
| ○ A. A. Müller Thurgau Pursgla '14 | ŸŸ | 3 |
| ○ A. A. Chardonnay Leite '14 | ŸŸ | 3 |
| ● A. A. Lagrein Stoa '13 | ŸŸ | 3 |
| ○ A. A. Pinot Bianco '13 | ŸŸ | 3 |
| ○ A. A. Pinot Bianco Lithos '14 | ŸŸ | 3 |
| ○ A. A. Pinot Bianco Maso delle Rose '13 | ŸŸ | 4 |
| ● A. A. Pinot Nero Johann '13 | ŸŸ | 3 |
| ○ A. A. Sauvignon Maso delle Rose '13 | ŸŸ | 4 |

## Peter Zemmer

S.DA DEL VINO, 24
39040 CORTINA SULLA STRADA DEL VINO/KURTINIG [BZ]
TEL. +39 0471817143
www.peterzemmer.com

藏酒销售
预约参观
年产量 500 000 瓶
葡萄种植面积 65 公顷

策梅尔家族（Zemmer）酒庄今天的主人是彼得·策梅尔（Peter Zemmer），酒庄坐落于上阿迪杰产区（Alto Adige）最小的村子科尔蒂纳（Cortina）附近的“美酒足迹小径”（Strada del Vino），地处谷底中心低地，是本地区唯一一座全部地块都处于谷底、在四周环绕的山坡上并无地块的小村。酒庄的葡萄园以及提供补充酿造原料的其他种植商的地块占据了广袤的面积，彼得·策梅尔致力于酿造展现品种特质的美酒，更精选酿造葡萄，打造本产区最佳呈现风土特色的佳酿。在今年的品鉴中，策梅尔酒庄提交了多款品质卓越的美酒，我们被在小型橡木桶中陈年的精选R系列霞多丽（Chardonnay Selection R）的卓越品质打动，这款佳酿的酿造果实来自科尔蒂纳周边的平原地带，它散发着如花芬芳，底蕴中透露出缕缕橡木的香气，推演出饱满且紧致的口感，华美丰盈，令人心旷神怡。与此同时，勒格瑞（Lagrein）吐露着饱满丰盈的果香，随之而来的是有力的强劲口感，酒体热辣。除此之外，我们还应该关注那些相对而言更加简朴的系列美酒的精彩表现，它们也是令人愉悦的佳酿，香氛更加清爽宜人。

| | | |
|---|---|---|
| ○ A. A. Chardonnay Selection R Ris. '14 | 🍷🍷 (red) | 4 |
| ● A. A. Lagrein Selection R Ris. '14 | 🍷🍷 (red) | 3 |
| ○ A. A. Gewürztraminer Selection R '15 | 🍷🍷 | 4 |
| ○ A. A. Pinot Bianco Punggl '15 | 🍷🍷 | 3 |
| ○ A. A. Pinot Grigio Selection R Ris. '14 | 🍷🍷 | 3 |
| ○ A. A. Sauvignon Peter Zemmer '15 | 🍷🍷 | 3 |
| ○ Cortinie Bianco '15 | 🍷🍷 | 3 |
| ● Cortinie Rosso '14 | 🍷🍷 | 3 |
| ○ A. A. Chardonnay Peter Zemmer '15 | 🍷 | 3 |
| ○ A. A. Müller Thurgau Gfrill '15 | 🍷 | 3 |
| ○ A. A. Pinot Grigio Peter Zemmer '15 | 🍷 | 2 |
| ● A. A. Pinot Nero Rollhütt '15 | 🍷 | 4 |
| ○ A. A. Chardonnay Selection R '13 | ŸŸ | 4 |
| ● A. A. Lagrein Selection R '13 | ŸŸ | 3 |
| ○ Cortinie Bianco '14 | ŸŸ | 3 |

## Befehlhof

via Vezzano, 14
39028 Silandro/Schlanders [BZ]
Tel. +39 0473742197

藏酒销售
预约参观
年产量 7 000 瓶
葡萄种植面积 1.2 公顷

| | |
|---|---|
| ○ A. A. Spumante Sällent Brut | 🍷🍷 3 |
| ● Pinot Nero '13 | 🍷🍷 2* |
| ○ Riesling '14 | 🍷🍷 3 |
| ○ Jera '15 | 🍷 3 |

## Bergmannhof

loc. San Paolo
Riva di Sotto, 46
39050 Appiano/Eppan [BZ]
Tel. +39 0471637082
www.bergmannhof.it

藏酒销售
预约参观
年产量 13 000 瓶
葡萄种植面积 2.2 公顷

| | |
|---|---|
| ● A. A. Lagrein Der Bergmann Ris. '13 | 🍷🍷 4 |
| ○ A. A. Chardonnay '15 | 🍷 2 |
| ○ A. A. Chardonnay Der Bergmann Ris. '14 | 🍷 4 |
| ● A. A. Merlot '15 | 🍷 2 |

## Bessererhof - Otmar Mair

loc. Novale di Presule, 10
39050 Fiè allo Sciliar/Völs am Schlern [BZ]
Tel. +39 0471601011
www.bessererhof.it

藏酒销售
预约参观
年产量 35 000 瓶
葡萄种植面积 1.5 公顷

| | |
|---|---|
| ○ A. A. Chardonnay Ris. '13 | 🍷🍷 3 |
| ○ A. A. Gewürztraminer '15 | 🍷🍷 4 |
| ○ A. A. Valle Isarco Kerner '15 | 🍷🍷 4 |
| ○ A. A. Pinot Bianco '15 | 🍷 3 |

## Brunnenhof Kurt Rottensteiner

loc. Mazzon
via degli Alpini, 5
39044 Egna/Neumarkt [BZ]
Tel. +39 0471820687
www.brunnenhof-mazzon.it

藏酒销售
预约参观
年产量 35 000 瓶
葡萄种植面积 5.5 公顷
葡萄栽培方式 有机认证

| | |
|---|---|
| ● A. A. Pinot Nero Ris. '13 | 🍷🍷 5 |
| ○ Eva '15 | 🍷🍷 4 |
| ○ A. A. Gewürztraminer '15 | 🍷 4 |
| ● A. A. Lagrein V. V. '14 | 🍷 3 |

## Tenuta Donà

fraz. Riva di Sotto
39057 Appiano/Eppan [BZ]
Tel. +39 0473221866
www.weingut-dona.com

藏酒销售
预约参观
膳宿接待
年产量 30 000 瓶
葡萄种植面积 6 公顷

| | |
|---|---|
| ● A. A. Lagrein '14 | 🍷🍷 4 |
| ○ A. A. Sauvignon '15 | 🍷🍷 3 |
| ○ A. A. Terlano Chardonnay '15 | 🍷🍷 3 |
| ● A. A. Schiava Cl. '15 | 🍷 2 |

## Himmelreichhof

loc. Ciardef
via Convento, 15a
39020 Castelbello Ciardes/Kastelbell Tschars [BZ]
Tel. +39 0473624417
www.himmelreich-hof.info

年产量 20 000 瓶
葡萄种植面积 3.5 公顷

| | |
|---|---|
| ● A.A. Val Venosta Pinot Nero '14 | 🍷🍷 5 |
| ○ A.A. Val Venosta Riesling Geieregg '15 | 🍷🍷 4 |
| ○ A.A. Val Venosta Pinot Bianco '15 | 🍷 4 |

## Larcherhof - Spögler

via Rencio, 82
39100 Bolzano/Bozen
Tel. +39 0471365034
larcherhof@yahoo.de

藏酒销售
预约参观
年产量 30 000 瓶
葡萄种植面积 5 公顷

| | |
|---|---|
| ● A. A. Merlot '14 | 🍷🍷 3 |
| ● A. A. Santa Maddalena Cl. '15 | 🍷🍷 2* |
| ● A. A. Lagrein '15 | 🍷 3 |
| ○ A. A. Pinot Grigio '15 | 🍷 3 |

## Marinushof - Heinrich Pohl

loc. Maragno
s.da Vecchia, 9b
39020 Castelbello Ciardes/Kastelbell Tschars [BZ]
Tel. +39 0473624717
www.marinushof.it

藏酒销售
预约参观
膳宿接待
年产量 8 000 瓶
葡萄种植面积 1.2 公顷

| | |
|---|---|
| ● A. A. Val Venosta Pinot Nero '14 | 🍷🍷 5 |
| ○ A. A. Valle Venosta Riesling '15 | 🍷🍷 4 |
| ○ A.A. Val Venosta Pinot Grigio '15 | 🍷🍷 4 |
| ● Zweigelt '15 | 🍷 5 |

## Lorenz Martini

loc. Cornaiano/Girlan
via Pranzol, 2d
39057 Appiano/Eppan [BZ]
Tel. +39 0471664136
www.lorenz-martini.it

藏酒销售
预约参观
年产量 15 000 瓶
葡萄种植面积 2 公顷

| | |
|---|---|
| ○ A. A. Spumante Brut Comitissa Gold Gran Riserva '06 | 🍷🍷 5 |
| ○ A. A. Spumante Brut Comitissa Ris. '11 | 🍷🍷 5 |

## Messnerhof Bernhard Pichler

loc. San Pietro, 7
39100 Bolzano/Bozen
Tel. +39 0471977162
www.messnerhof.net

藏酒销售
预约参观
年产量 15 000 瓶
葡萄种植面积 2.9 公顷

| | |
|---|---|
| ○ A. A. Gewürztraminer '15 | 🍷🍷 3 |
| ● A. A. Lagrein Ris. '13 | 🍷🍷 4 |
| ● Belleus '13 | 🍷🍷 4 |
| ○ A. A. Terlano Sauvignon '15 | 🍷 3 |

## Pardellerhof Montin

via Terzo di Mezzo, 15
39020 Marlengo/Marling [BZ]
Tel. +39 0473492575
www.pardellerhof.it

藏酒销售
预约参观
膳宿接待
年产量 10 000 瓶
葡萄种植面积 1.5 公顷

| | |
|---|---|
| ● A. A. Lagrein '14 | 🍷🍷 4 |
| ○ A. A. Moscato Giallo Passito '13 | 🍷🍷 5 |
| ○ A. A. Pinot Grigio '15 | 🍷 3 |

## Tenuta Pfitscher

via Dolomiti, 17
39040 Montagna/Montan [BZ]
Tel. +39 04711681317
www.pfitscher.it

藏酒销售
预约参观
年产量 60 000 瓶
葡萄种植面积 7 公顷

| | |
|---|---|
| ○ A. A. Gewürztraminer Stoass '15 | 🍷🍷 4 |
| ● A. A. Merlot Kotznloater '14 | 🍷🍷 4 |
| ○ A. A. Sauvignon Saxum '15 | 🍷🍷 4 |
| ● A. A. Pinot Nero Matan Ris. '13 | 🍷 6 |

## Thomas Pichler

Via delle Vigne, 4
39052 Caldaro/Kaltern [BZ]
Tel. +39 0471963094
www.thomas-pichler.it

藏酒销售
预约参观
年产量 15 000 瓶
葡萄种植面积 1.5 公顷

| | |
|---|---|
| ● A. A. Lagrein Sond Ris. '14 | 🍷🍷 5 |
| ● Furioso '14 | 🍷🍷 8 |
| ○ A. A. Chardonnay Untermazzon '14 | 🍷 4 |
| ○ A. A. Pinot Bianco Im Feld '15 | 🍷 3 |

## Schloss Englar

Loc. Pigeno, 42
39057 Appiano/Eppan [BZ]
Tel. +39 0471662628
www.weingut-englar.com

年产量 15 000 瓶
葡萄种植面积 7 公顷

| | |
|---|---|
| ○ A. A. Chardonnay '14 | 🍷🍷 4 |
| ○ A. A. Pinot Bianco '15 | 🍷🍷 3 |
| ○ A. A. Riesling '15 | 🍷🍷 4 |

## Tenuta Seeperle

Loc. San Giuseppe al Lago, 28
39052 Caldaro/Kaltern [BZ]
Tel. +39 0471 960158
www.seeperle.it

年产量 15 000 瓶
葡萄种植面积 2 公顷

| | |
|---|---|
| ○ A. A. Gewürztraminer Scharf '15 | 🍷🍷 4 |
| ○ A. A. Pinot Bianco Seitensprung Ris. '14 | 🍷🍷 5 |
| ○ A. A. Sauvignon Echt Geil '15 | 🍷🍷 4 |

## St. Quirinus - Robert Sinn

via Pianizza di Sopra, 4b
39052 Caldaro/Kaltern [BZ]
Tel. +39 329 8085003
www.st-quirinus.it

藏酒销售
预约参观
膳宿接待
年产量 12 000 瓶
葡萄种植面积 2.5 公顷
葡萄栽培方式 有机认证

| | |
|---|---|
| ● A. A. Pinot Nero Ris. '13 | 🍷🍷 3 |
| ○ A. A. Sauvignon '15 | 🍷 3 |

## Thurnhof - Andreas Berger

Loc. Aslago
via Castel Flavon, 7
39100 Bolzano/Bozen
Tel. +39 0471288460
www.thurnhof.com

藏酒销售
预约参观
年产量 25 000 瓶
葡萄种植面积 3.5 公顷

| | |
|---|---|
| ● A. A. Cabernet Sauvignon Weinegg Ris. '13 | 🍷🍷 5 |
| ● A. A. Lagrein Ris. '13 | 🍷🍷 4 |
| ○ Passaurum Passito '13 | 🍷🍷 4 |
| ○ A. A. Sauvignon 800 '15 | 🍷 3 |

## Thomas Unterhofer

Loc. Pianizza di Sopra, 5
39052 Caldaro/Kaltern [BZ]
Tel. +39 0471669133
www.weingut-unterhofer.com

藏酒销售
预约参观
年产量 12 000 瓶
葡萄种植面积 3 公顷

| | |
|---|---|
| ○ A. A. Sauvignon '15 | 🍷🍷 2* |
| ● A. A. Schiava Campenn '15 | 🍷🍷 2* |
| ○ Reitl Weiss '15 | 🍷🍷 3 |
| ○ A. A. Kerner '14 | 🍷 3 |

## Untermoserhof Georg Ramoser

via Santa Maddalena, 36
39100 Bolzano/Bozen
Tel. +39 0471975481
untermoserhof@rolmail.net

藏酒销售
预约参观
膳宿接待
年产量 30 000 瓶
葡萄种植面积 3.7 公顷

| | |
|---|---|
| ● A. A. Lagrein Ris. '13 | 5 |
| ● A. A. Merlot Ris. '13 | 5 |

## Von Blumen

via Nazionale, 9/1
39040 Salorno/Salurn [BZ]
Tel. +39 0457230110
www.vonblumenwine.com

藏酒销售
预约参观
年产量 380 000 瓶
葡萄种植面积 40 公顷

| | |
|---|---|
| ○ A. A. Pinot Bianco Flowers Selection '14 | 3* |
| ○ A. A. Gewürztraminer '15 | 3 |
| ○ A. A. Pinot Bianco '15 | 3 |
| ● A. A. Pinot Nero '14 | 3 |

## Waldner Tenuta Eichenstein

39020 Marlengo/Marling [BZ]
Tel. +39 0473 222020
www.eichenstein.it

年产量 15 000 瓶
葡萄种植面积 6 公顷
可持续发展酒庄

| | |
|---|---|
| ○ Riesling '15 | 3 |
| ○ Sauvignon '15 | 3 |
| ○ Gloria Dei '15 | 3 |

## Wassererhof

loc. Novale di Fiè, 21
39050 Fiè allo Sciliar/Völs am Schlern [BZ]
Tel. +39 0471724114
www.wassererhof.com

藏酒销售
预约参观
餐饮接待
年产量 35 000 瓶
葡萄种植面积 4 公顷

| | |
|---|---|
| ○ A. A. Pinot Bianco '15 | 3 |
| ● A. A. Santa Maddalena Cl. Mumelterhof '15 | 3 |
| ○ A. A. Sauvignon '15 | 3 |

## Weinberghof Christian Bellutti

In der Au, 4a
39040 Termeno/Tramin [BZ]
Tel. +39 0471863224
www.weinberg-hof.com

年产量 20 000 瓶
葡萄种植面积 2.8 公顷

| | |
|---|---|
| ○ A. A. Gewürztraminer Plon '15 | 3 |
| ○ A. A. Pinot Grigio Drau '15 | 3 |
| ○ A. A. Lago di Caldaro Cl. Scelto Eichholz '15 | 3 |

## Weingut Martin Abraham

via Maderneto, 29
39057 Appiano/Eppan [BZ]
Tel. +39 0471664192
www.weingutabraham.it

年产量 16 000 瓶
葡萄种植面积 3 公顷

| | |
|---|---|
| ○ Pinot Bianco In der Lamm '14 | 3 |
| ● Pinot Nero '13 | 3 |
| ● Upupa Rot '13 | 3 |
| ○ Pinot Bianco Abrahamart '13 | 3 |

# 威尼托区
## VENETO

威尼托产区（Veneto）将2014年采收酿造季的桂冠戴在了自己的头上，该产区的美酒也终于回归巅峰状态。产区各地都从某种程度上参与了葡萄酒的酿造和生产，不同的区域着力打造不同的葡萄品种，彰显不同的传统风味，因而就连最挑剔的味蕾都得到了极大的满足，而且佳酿产量充足。在威尼托产区，有两种偶像级美酒统治着世界葡萄酒舞台：一种是芬芳扑鼻、口感轻快的普洛塞克起泡酒（Prosecco）——这种卓越的意大利起泡酒如今风行全球；另一种是强劲有力、窖藏潜力极大的阿玛罗尼（Amarone）。普洛塞克起泡酒的生产最初源自科内利亚诺（Conegliano）和瓦尔多比亚德尼（Valdobbiadene）的山间，如今这种美酒已经征服了所有临近地区，尤其是鲁杰里酒庄（Ruggeri & C）出品的2015年份朱斯蒂诺B系列瓦尔多比亚德尼极干型葡萄酒（Valdobbiadene Extra Dry Giustino B.）将我们今年的“年度起泡酒”大奖（Sparkler of the Year）捧回了家。阿玛罗尼是一种彰显现代风尚的美酒，得益于精湛的陈年技术处理，成为整个维罗纳产区（Verona）葡萄酒发展的动力。这两种偶像级佳酿的酿造原料都来自星罗棋布的密集种植区以及各种葡萄品种，有些葡萄品种带来气质轻快、酒香扑鼻的美酒，有些则表现为酒质深邃、风味复杂。而在种植地块方面，则黏土土质与火山土质交错，大小酒庄不等。总之，威尼托产区持续不断地发生着变化，令全世界的美酒爱好者都开始了解并真正热爱该产区提供的所有系列美酒。今年，威尼托产区发生了不少新鲜事，在进一步完善高品质出品的概念方面，甚至连过去鲜为人知的区域和生产商都取得了突破性的进步，其中包括在栽培和酿造过程中降低人工对于大自然的影响，注重自己在保护环境方面承担的责任。在巴尔多利诺（Bardolino），我们品鉴了维拉贝拉葡萄园酒庄（Vigneti Villabella）的蒙隆戈园巴尔多利诺（Bardolino Vigna Morlongo）。在索阿维（Soave），我们首次介绍了卓越的达尔塞罗家族（Dal Cero），他们酿造的索阿维充分证明了即便在气候条件很不理想的年份里，酿酒激情和精湛技艺也能打造出如此美味的顶级美酒。在瓦尔波利切拉（Valpolicella）这样活跃的产区，伊拉希（Illasi）的马可·莫斯克尼（Marco Mosconi）和卡斯特纳（Casterna）的斯特扎兄弟（Sterza）都奉献出了令人惊叹的超级瓦尔波利切拉（Valpolicella Superiore）和阿玛罗尼。在特雷维索平原（Treviso），切斯孔兄弟（Cescon）凭借卓越的白曼佐尼（Manzoni bianco）令人信服——这种葡萄品种拥有巨大的发展潜力，但是几乎不为人知，证明了即便是被种植区严重低估的品种也能酿造出伟大的葡萄酒。在今年的品鉴中，瓦尔波利切拉产区毫不例外地再次收割胜利果实——斩获了18座“三杯奖”；索阿维美酒紧随其后，收获了7座奖杯。这两个DOC产区布满典范名庄，几乎其中所有的指定产区都获得了大奖——从库斯托扎（Custoza）到蒙特洛（Montello），再到瓦尔多比亚德尼和优歌娜山（Colli Euganei），更不用说卢嘉纳（Lugana）和瓦尔达迪吉（Valdadige）——弗嘉提兄弟（Fugatti）每年都在这里酿造出整个意大利的上佳甜酒之一。

## A Mi Manera

FRAZ. LISON
VIA CADUTI PER LA PATRIA, 29
30026 PORTOGRUARO [VE]
TEL. +39 336592660
www.vinicolamimanera.com

藏酒销售
预约参观
年产量 42 000 瓶
葡萄种植面积 7 公顷

安东尼奥·拜盖（Antonio Bigai），人称托尼（Toni），是一位不循常理出牌的葡萄种植商，多年来在自己的葡萄园中辛勤劳作，将其打造为利森地区（Lison）的经典酒庄，并最终发布美酒并引领酿酒活动。阿密玛内拉酒庄（A Mi Manera）的葡萄园占地几公顷，位于指定产区的核心地带，出产一系列个性饱满的美酒，能够忠诚反映本地风土特质。阿密玛内拉酒庄的主要出品都是白葡萄酒，包括霞多丽（Chardonnay）、玛尔维萨（Malvasia）和泰（Tai）。但是，本地经典的红葡萄品种，例如梅洛（Merlot）和赤霞珠（Cabernet），也都在酒庄出品中找到了合适的位置。其中，玛尔维萨或许是最能够体现托尼酿造手法的美酒，采取不过滤的创新方式打造。它散发着干花的阵阵花香，融入梨子和白桃的缕缕果香，口感饱满丰盈，展现出精美的平衡度和悠然的果味，收口余韵持久徘徊不散。2015年份的泰（Tai）风格与之类似，但是香氛或许更加简单一些，但是展现出同样坚实有力、别具吸引力的口感。而在红葡萄酒中，我们特别喜爱阿密玛内拉（A Mi Manera），这款波尔多混酿（Bordeaux）融入少量弗兰克尼亚（Franconia）和莱弗斯科（Refosco），田园风情直接浓郁，口感多汁，果味有力。

| | |
|---|---|
| ● A Mi Manera Rosso | ▼▼ 3 |
| ○ Malvasia '15 | ▼▼ 3 |
| ○ Tai '15 | ▼▼ 3 |
| ○ A Mi Manera Bianco | ▼ 3 |
| ○ Chardonnay '15 | ▼ 3 |
| ● Pinot Nero '15 | ▼ 5 |
| ○ Lison-Pramaggiore Lison Cl. '09 | ▽▽ 2* |
| ○ Malvasia d'Istria '12 | ▽▽ 2* |
| ○ Tai '10 | ▽▽ 3 |

## Stefano Accordini

FRAZ. CAVALO
LOC. CAMPAROL, 10
37022 FUMANE [VR]
TEL. +39 0457760138
www.accordinistefano.it

藏酒销售
预约参观
年产量 120 000 瓶
葡萄种植面积 13 公顷

阿考迪尼家族（Accordini）经营的酒窖和葡萄园曾经坐落在佩德蒙特（Pedemonte）的谷底，占地面积只有几公顷。今天的斯蒂凡诺阿考迪尼酒庄（Stefano Accordin）则地处上瓦尔波利切拉产区（Upper part of Valpolicella），占据的位置如同一座露台，可以俯瞰整个瓦尔波利切拉指定产区。酒庄葡萄园的面积也大幅增长，几乎遍布整个产区；数小时的日照和持续不断的微风吹拂，保证了生长在这里的酿造果实在成熟过程中得以保存清爽的果香和果味。酒庄的新设施也可以在尊重自然环境的基础上以其坚守的高标准酿造美酒，从而缔造出以饱满果味和紧致口感见长的卓越佳酿。在今年的品鉴中，2010年份的冯奈托阿玛罗尼（Amarone Vigneto Il Fornetto）从众多推荐美酒中脱颖而出，这款美酒经过了漫长的浸渍，缓缓释放出多样的浓郁酒香，散发着甜美的莓果香，展现出果浆般的芬芳，和着锐利的香料辛香，底蕴中更透露出缕缕橡木的香气；入口力道紧致，精美的单宁与细密的酒质相得益彰。相比较而言，2012年份的阿西纳提克阿玛罗尼（Amarone Acinatico）则更加热情洋溢，口感直接，充满能量，酒质华美。

| | |
|---|---|
| ● Amarone della Valpolicella Cl. Vign. Il Fornetto '10 | ▼▼▼ 8 |
| ● Amarone della Valpolicella Cl. Acinatico '12 | ▼▼ 7 |
| ● Recioto della Valpolicella Cl. Acinatico '13 | ▼▼ 5 |
| ● Valpolicella Cl. '15 | ▼▼ 2 |
| ● Valpolicella Cl. Sup. Ripasso '14 | ▼▼ 3 |
| ● Recioto della Valpolicella Cl. Acinatico '04 | ▽▽▽ 6 |
| ● Recioto della Valpolicella Cl. Acinatico '00 | ▽▽▽ 8 |
| ● Amarone della Valpolicella Cl. Acinatico '11 | ▽▽ 7 |
| ● Recioto della Valpolicella Cl. Acinatico '12 | ▽▽ 5 |
| ● Valpolicella Cl. Sup. Ripasso Acinatico '13 | ▽▽ 3 |

## dami

AZ. COLBERTALDO
ROVEDE, 27
020 VIDOR [TV]
L. +39 0423982110
ww.adamispumanti.it

藏酒销售
预约参观
年产量 700 000 瓶
葡萄种植面积 12 公顷

大多数普洛塞克起泡酒（Prosecco）
产商主要致力于提升产量的行动不
，弗兰科·阿达米（Franco Adami）
阿曼多·阿达米（Armando Adami）选
忠于他们的酿造天堂——瓦尔多比
德尼（Valdobbiadene）。在过去的几
中，凭借无穷无尽的耐心、对于土
的尊重以及对待工作的自信，阿达
酒庄（Adami）努力扩张位于盖迪诺
Giardino）的酒庄葡萄园，增加小型地
，但是今天的注意力则日益集中到科
达佐地区（Torri di Credazzo），这里的
峭山势保证了酿造果实的紧致脆爽口
。阿达米酒庄的酿酒工作在生产脆爽
味美酒的指导原则下进行着，但是出
佳酿从未牺牲饱满的果味。在今年
品鉴中，2015年份的科尔克莱达斯酒
Col Credas）表现突出——这款酒从名字
看得出它的产地。它吐露着如花的芬
，底蕴中透露出甚至更加清爽的绿蔬
香，完美的果味与之平衡，口感紧致
力，一路攀上颇有意趣的收口巅峰。
之风格截然相反的是2015年份的盖迪
（Giardino），浓郁的果香和花香引出
同丝绸般柔滑的口感，带来令人愉悦
享受，收口非常干爽惬意。

| | |
|---|---|
| Valdobbiadene Rive di Colbertaldo Dry Vign. Giardino '15 | 🍷🍷 3* |
| Valdobbiadene Rive di Farra di Soligo Brut Col Credas '15 | 🍷🍷 3* |
| Cartizze | 🍷🍷 5 |
| Valdobbiadene Brut Bosco di Gica | 🍷🍷 3 |
| Valdobbiadene Extra Dry Dei Casel | 🍷🍷 3 |
| Treviso Brut Garbel | 🍷 2 |
| Valdobbiadene Rive di Farra di Soligo Brut Col Credas '13 | 🍷🍷🍷 3* |
| Valdobbiadene Rive di Farra di Soligo Brut Col Credas '12 | 🍷🍷🍷 3* |
| Valdobbiadene Rive di Colbertaldo Dry Vign. Giardino '14 | 🍷🍷 3* |

## Ida Agnoletti

LOC. SELVA DEL MONTELLO
VIA SACCARDO, 55
31040 VOLPAGO DEL MONTELLO [TV]
TEL. +39 0423621555
www.agnoletti.it

藏酒销售
预约参观
年产量 50 000 瓶
葡萄种植面积 7 公顷

美酒酿造大师艾达·阿格侬勒提（Ida Agnoletti）将自己打造美酒的好奇心和动力与种植区域及其传统紧密联系起来。酒庄占地面积不足十公顷的葡萄园位于蒙特洛（Montello）的南部山坡，出产优质酿造葡萄，艾达凭借卓越的酿酒技艺对其进行阐释，通常出产波尔多式美酒（Bordeaux），或者对格雷拉葡萄（Glera）和白曼佐尼葡萄（Manzoni Bianco）进行极富个性的出色表达。虽然艾达阿格侬勒提酒庄的产量不高，但是每款出品都是极具意趣的佳酿，每款美酒都达到了极高的水准。不过在艾达阿格侬勒提酒庄今年推荐的参选美酒中缺乏顶级佳酿，看来系列酒品依然需要更多的陈年时间以臻完美。虽然2014年生长酿造季的气候条件非常艰难，但是2014年份的梅洛（Merlot）依然散发出甜美成熟的果香，逐渐让位给香料的缕缕辛香和药草的阵阵醇香，随之而来的口感十分有力，给人留下极为深刻的印象，酒液中浸润着美妙的果味，是一款适合各种场合饮用的顶级美味的红葡萄酒。与此同时，赤霞珠（Cabernet Sauvignon）的香气相对封闭，但是展现出紧致的口感和绵长的余韵，令人回味无穷。

| | |
|---|---|
| ● Montello e Colli Asolani Merlot '14 | 🍷🍷 2* |
| ○ Asolo Prosecco Il Tranquillo '15 | 🍷 2 |
| ○ Asolo Prosecco Selva n. 55 | 🍷 2 |
| ○ Manzoni 6.0.13 '14 | 🍷 2 |
| ● Montello e Colli Asolani Cabernet Sauvignon '14 | 🍷 2 |
| ○ PSL Always Frizzante | 🍷 2 |
| ○ Manzoni Bianco Follia '13 | 🍷🍷 2* |
| ○ Manzoni Bianco Follia '12 | 🍷🍷 2* |
| ● Montello e Colli Asolani Merlot '13 | 🍷🍷 2* |
| ● Montello e Colli Asolani Merlot La Ida '13 | 🍷🍷 2* |
| ● Seneca '12 | 🍷🍷 3 |
| ● Vita Life is Red '13 | 🍷🍷 3 |
| ● Vita Life is Red '11 | 🍷🍷 3 |

## ★★★Allegrini

via Giare, 5
37022 Fumane [VR]
Tel. +39 0456832019
www.allegrini.it

藏酒销售
预约参观
膳宿接待
年产量 1 000 000 瓶
葡萄种植面积 120 公顷
可持续发展酒庄

玛瑞丽莎·艾格尼（Marilisa Allegrini）、西尔维亚·艾格尼（Silvia Allegrini）和弗兰科·艾格尼（Franco Allegrini）掌管的家族酒庄已经发展成为意大利葡萄酒酿造业中的瑰宝酒庄，不仅在瓦尔波利切拉（Valpolicella）享有盛誉，更是全世界葡萄酒爱好者心中的名庄，因此在此几乎无须更多介绍。虽然艾格尼酒庄也出产产区以外品种葡萄酿造的美酒，但是酒庄之魂始终根植于故乡瓦尔波利切拉的土地上。艾格尼酒庄不断更新葡萄园的设施，采用最环保的方式进行栽培种植，对环境负责。占地面积达到一百多公顷的葡萄园，分布在DOC产区朝向最好的山坡和高山上，躲开了谷底地区，因为只有山坡上充足的日光照耀才能带来结构紧致、口感真实而清新的系列美酒，带来一系列品质无可争议、忠诚反映品种葡萄特质的佳酿。而在今年的品鉴中，阿玛罗尼（Amarone）再次毫无争议地从艾格尼酒庄所有推荐酒品中脱颖而出，这一次凭借的是2012年份酒。它的气质华美，始终是同类酒品中最具说服力的一款，为酒庄的传统特色做出卓越贡献，吐露着馥郁成熟的果香和香料的辛香，一抹精美的草本植物的清香提升了整款酒的香氛，带来能量满满的有力口感，气质优雅，绵长多汁的余韵将劲道力度与轻快酒质合二为一。除此之外，2013年份的乔凡尼艾格尼雷乔托（Recioto Giovanni Allegrini）与往年一样魅力四射，口感精美平衡；而2012年份的拉珀嘉（La Poja）则展现出罕见的珍贵口感和精美酒质。

- ● Amarone della Valpolicella Cl. '12 🍷🍷🍷 8
- ● La Poja '12 🍷🍷 8
- ● Recioto della Valpolicella Giovanni Allegrini '13 🍷🍷 7
- ● La Grola '13 🍷🍷 5
- ● Palazzo della Torre '13 🍷🍷 4
- ○ Soave '15 🍷🍷 3
- ● Valpolicella Cl. '15 🍷🍷 3
- ● Amarone della Valpolicella Cl. '11 🍷🍷🍷 8
- ● Amarone della Valpolicella Cl. '10 🍷🍷🍷 8
- ● Amarone della Valpolicella Cl. '09 🍷🍷🍷 8
- ● Amarone della Valpolicella Cl. '08 🍷🍷🍷 8
- ● Amarone della Valpolicella Cl. '07 🍷🍷🍷 8
- ● Amarone della Valpolicella Cl. '06 🍷🍷🍷 8
- ● Amarone della Valpolicella Cl. '05 🍷🍷🍷 7
- ● Amarone della Valpolicella Cl. '04 🍷🍷🍷 7

## Andreola

via Cavre,19
31010 Farra di Soligo [TV]
Tel. +39 0438989379
www.andreola.eu

藏酒销售
预约参观
年产量 900 000 瓶
葡萄种植面积 70 公顷
可持续发展酒庄

斯蒂凡诺·珀拉（Stefano Pola）近些来不断进行现代化改造，使其家族酒取得了长足的进步，尤其令酒庄建立普洛塞克起泡酒（Prosecco）基础上的造活动上升到了今天的卓越水准。斯凡诺位于维瓦卡芙（Via Cavre）的新窖出产了大量新酒，每一款都以香氛郁、容易入口为特色。安德瑞欧拉酒（Andreola）除了从自有葡萄园撷取酿葡萄之外，也从其他独立种植商处购酿造葡萄。安德瑞欧拉酒庄的出品中括种类繁多的系列起泡酒，完全以格拉葡萄（Glera）酿造而成，根据残留分的不同水平以及产地葡萄园的不同土条件而表现出各自不同的风味。在年的品鉴中，安德瑞欧拉酒庄提交了系列品质卓越的美酒，其中圣马蒂诺（Col San Martino）朝向最好的山坡种植块之一出产的26度顶级干型葡萄酒（Br 26° Primo）表现非常出色，这款美散发着成熟的苹果香，融入梨子的阵果香，随之而来的是轻快而浓郁的柑香和悠然花香；入口感到饱满丰盈的味，质地如同奶油般绵密细腻，紧致口感令人愉悦。与此同时，6度感官干葡萄酒（Dry 6° Senso）的果香果味甚更加饱满，口感圆润柔美，是一款非美味诱人的起泡酒。

- ○ Valdobbiadene Brut Vign. Dirupo 🍷🍷
- ○ Valdobbiadene Dry 6° Senso 🍷🍷
- ○ Valdobbiadene Rive di Col San Martino Brut 26° Primo 🍷🍷
- ○ Valdobbiadene Dry '15 🍷
- ○ Valdobbiadene Extra Dry Dirupo 🍷
- ○ Valdobbiadene Prosecco Frizzante Casilir '15 🍷
- ○ Valdobbiadene Prosecco Tranquillo Romit '15 🍷
- ○ Valdobbiadene Rive Di Refrontolo Brut Col Del Forno 🍷
- ○ Valdobbiadene Rive di Soligo Mas de Fer '15 🍷
- ○ Cartizze '14 🍷🍷
- ○ Cartizze '13 🍷🍷

## ntolini

Prognol, 22
'020 Marano di Valpolicella [VR]
.. +39 0457755351
vw.antolinivini.it

酒销售
约参观
宿接待
产量 60 000 瓶
萄种植面积 9 公顷
持续发展酒庄

在几年间，派尔·保罗·安托利尼
Pier Paolo Antolini）和斯蒂凡诺·安托利
（Stefano Antolini）兄弟二人就成功地为
族酒庄拓展出了极大的威望和盛名，
一切并非得益于产量的增加，而是根
于酒庄酿酒师这一角色的先进意识和
定性作用——对环境极为尊重、以及
护产区维持珍贵的微妙平衡。安托利
酒庄的生产也以类似的方式致力于发
地区传统，尽可能集中于瓦尔波利切
（Valpolicella）传统产区酒的酿造，这
比意大利其他产区保留了更多传统农业
耕作方法。安托利尼酒庄的出品风格
分展现出何为经典，但与此同时不遗余
地传递出浓郁果香和果味。本产区种
的阿玛罗尼（Amarones）个性丰富，为
种维罗纳地区（Verona）的经典品种葡
酿造的美酒带来罕见且迥异的风格阐
。在安托利尼酒庄今年推荐的参选佳酿
，2012年份的卡克艾托（Ca' Coato）产
内格拉尔谷（Negrar），散发着温暖的
息，入口柔美，果味充盈满口。与此同
，2012年份的莫皮奥（Moròpio）产自玛
诺山谷（Marano），吐露着令人难以置
的浓郁果香，融入阵阵花香，入口有
，均衡美味。除此之外，2014年份的
帕索（Ripasso）表现出色，它将温和的
候条件、葡萄干化的酿造果实及其紧
脆生的口感完美结合。

| | |
|---|---|
| Amarone della Valpolicella Cl. Moròpio '12 | 🍷🍷 8 |
| Valpolicella Cl. Sup. Ripasso '14 | 🍷🍷 5 |
| Amarone della Valpolicella Cl. Ca' Coato '12 | 🍷🍷 8 |
| Corvina '13 | 🍷🍷 4 |
| Recioto della Valpolicella Cl. '13 | 🍷🍷 6 |
| Valpolicella Cl. '14 | 🍷 3 |
| Amarone della Valpolicella Cl. Ca' Coato '11 | 🍷🍷 6 |
| Amarone della Valpolicella Cl. Moròpio '11 | 🍷🍷 6 |
| Recioto della Valpolicella Cl. '11 | 🍷🍷 5 |
| Theobroma '11 | 🍷🍷 4 |
| Valpolicella Cl. Sup. Ripasso '13 | 🍷🍷 4 |

## Albino Armani

via Ceradello, 401
37020 Dolcè [VR]
Tel. +39 0457290033
www.albinoarmani.com

藏酒销售
预约参观
年产量 900 000 瓶
葡萄种植面积 220 公顷
可持续发展酒庄

在过去的几十年间，位于多里斯（Dolcè）的阿尔毕诺阿玛尼酒庄（Albino Armani）已经发展为一座大型酒庄，以极快的速度大力扩展葡萄园的规模，其中最古老的葡萄园坐落于瓦尔达迪吉（Valdadige），横跨维罗纳产区（Verona）和特伦托产区（Trento）。最初阿尔毕诺阿玛尼酒庄在特伦蒂诺产区（Trentino）的瓦拉贾瑞纳（Vallagarina）动作不断，后来更迅速东进到弗留利格莱弗产区（Grave del Friuli）和特雷维索地区（Treviso），向南突进到瓦尔波利切拉（Valpolicella）。无论在哪座葡萄园，酒庄的酿造生产都以该地区最经典的葡萄品种和美酒类型为核心，规模庞大的系列葡萄酒都展现出对于不同品种葡萄的极佳表现力。在阿尔毕诺阿玛尼酒庄今年提供的品鉴酒品中，表现最为抢眼的是来自古老悠久的维罗纳产区庄园酒。2012年份的福嘉通达（Foja Tonda）极具表达力，是一款以凯斯塔（Casetta）酿制而成的美酒，吐露着野生水果精美的阵阵果香，融入黑胡椒的缕缕辛香，一抹药草的醇香清爽而美妙，极大提升了整款酒的香氛，极为诱人；入口感到紧致的口感，丝滑精美，明快怡人，收口余韵绵长悠然。除此之外，科勒阿拉灰比诺（Pinot Grigio Colle Ara）给人留下了极为深刻的印象，它摇曳着铜色的色泽，散发着梨子的阵阵果香，融入蓓蕾的芬芳，继而逐层展开饱满而绵密的口感，和谐美味，表现精彩。

| | |
|---|---|
| ● Amarone della Valpolicella Cuslanus '10 | 🍷🍷 6 |
| ● Valdadige Foja Tonda Casetta Terra dei Forti '12 | 🍷🍷 3 |
| ○ Valdadige Terra dei Forti Pinot Grigio Colle Ara '15 | 🍷🍷 2* |
| ○ Sauvignon Campo Napoleone '15 | 🍷 2 |
| ● Valpolicella Cl. Sup. Ripasso '13 | 🍷 3 |
| ● Amarone della Valpolicella '08 | 🍷🍷 5 |
| ● Amarone della Valpolicella Cl. Cuslanus '09 | 🍷🍷 6 |
| ○ Trentino Chardonnay Capitel '14 | 🍷🍷 2* |
| ○ Trento Brut '10 | 🍷🍷 4 |
| ○ Valdadige Pinot Grigio Corvara '14 | 🍷🍷 2* |
| ○ Valdadige Terra dei Forti Pinot Grigio Colle Ara '14 | 🍷🍷 2* |

## Balestri Valda

VIA MONTI, 44
37038 SOAVE [VR]
TEL. +39 0457675393
www.vinibalestrivalda.com

藏酒销售
预约参观
年产量 65 000 瓶
葡萄种植面积 13 公顷
可持续发展酒庄

里佐托家族（Rizzotto）的酿造历史或许并不算太长，但是创建了巴莱斯特黎瓦尔达酒庄（Balestri Valda）的奎多·里佐托（Guido Rizzotto）却将一生奉献给了葡萄酒的酿造事业。随着时间的流逝，奎多成功撑起了家族酒庄，与妻子梅兰娜（Milena）、女儿劳拉（Laura）和儿子卢卡（Luca）分享着酒庄经营的苦与乐——尽管如今他的儿女已经正式执掌酒庄，但是奎多依然乐于在需要协助时随时伸出援手。索阿维（Soave）和阿尔皮翁蒙特福德（Monteforte d' Alpione）城镇地带的背后，是一片连绵的火山群。里佐托家族酒庄的诱人酒窖就坐落在环绕保护索阿维的群山间，是出产经典索阿维酒（Soave Classico）的核心地带。在今年的评选中，我们有幸品鉴了2014年份的塞吉尔塔园索阿维（Soave Sengialta），这款美酒的酿造葡萄生长在黑色玄武岩土质中，在大型容器中陈年一年后才发布。这款美酒吐露着苹果和梨子的果香，洋溢着缕缕飘散的花香，底蕴中更透露出丝丝热带水果的芬芳。酒体适中，美味可口，既传达出饱满的果味，同时也没有丢失优雅的质感和紧致的轻快感。除此之外，卢纳隆加（Lunalonga）是一款比较单一的干型葡萄酒，似乎是受到了条件艰难的2014年采收酿造季的影响。

| | |
|---|---|
| ○ Soave Cl. Vign. Sengialta '14 | TT 2* |
| ○ Soave Cl. '15 | T 2 |
| ○ Soave Cl. Lunalonga '14 | T 3 |
| ○ Soave Cl. '12 | YY 2* |
| ○ Soave Cl. '11 | YY 2* |
| ○ Soave Cl. Lunalonga '12 | YY 3* |
| ○ Soave Cl. Lunalonga '11 | YY 3 |
| ○ Soave Cl. Sengialta '11 | YY 2* |
| ○ Soave Cl. Sengialta '10 | YY 2* |
| ○ Soave Cl. Vign. Sengialta '13 | YY 2* |
| ○ Soave Cl. Vign. Sengialta '12 | YY 2* |

## Barollo

VIA RIO SERVA, 4B
35123 PREGANZIOL [TV]
TEL. +39 0422633014
www.barollo.com

藏酒销售
预约参观
年产量 57 000 瓶
葡萄种植面积 45 公顷

年轻的商人马可·巴罗洛（Marc
Barollo）和尼古拉·巴罗洛（Nico
Barollo）将对于美酒的无限激情转化
旺盛的事业心，成为产区酿造传统的
承者并将其发扬光大，对产区风土做
最精美的阐释和表达。巴罗洛酒庄的
萄园占地面积超过五十公顷，地处
雷维索（Treviso）以南，一再验证和
调这片土地本来拥有、但却逐渐丢失
酿造传统。巴罗洛酒庄专门出产充分
现品种葡萄特质的可信赖美酒，出品
种广泛，系列众多，既非常关注国
葡萄品种，同时也种植经典的格雷
葡萄（Glera）和白曼佐尼葡萄（Manzo
Bianco），酒品果味饱满，极易入口
在今年巴罗洛酒庄提供的品鉴酒品中
品质出众的弗兰克（Frank!）再次拔得
筹，这款品丽珠（Cabernet Franc）总能
保持口感优雅和细腻的同时，完美兼
劲道的力度。虽然极具挑战性的2014
收酿造季显然为这款酒的香氛表达带
了麻烦，果香与野生草本植物的清香
香料的辛香交织缠绕，但是它的入口
现精彩，口感轻快且紧致，总体上的
衡性非常到位和精美。

| | |
|---|---|
| ● Frank! '14 | TT |
| ○ Manzoni Bianco '15 | TT |
| ○ Piave Chardonnay '14 | TT |
| ○ Sauvignon '15 | TT |
| ○ Piave Chardonnay Frater '15 | T |
| ● Piave Merlot Frater '15 | T |
| ○ Pinot Bianco '15 | T |
| ○ Prosecco di Treviso Extra Dry '15 | T |
| ○ Alfredo Barollo Brut M. Cl. Ris. '10 | YY |
| ● Frank! '13 | YY |
| ● Frank! '12 | YY |
| ○ Piave Chardonnay '13 | YY |
| ○ Pinot Bianco '14 | YY |
| ○ Sauvignon '13 | YY |

## Lorenzo Begali

Cengia, 10
'020 San Pietro in Cariano [VR]
.. +39 0457725148
vw.begaliwine.it

酒销售
约参观
产量 90 000 瓶
葡种植面积 12 公顷

借无穷无尽的耐心和不懈坚持，洛佐·毕加里（Lorenzo Begali）不断拓酒庄的葡萄园，最初的地块几乎全位于塞吉亚（Cengia）的酒窖周边地，紧接着就延展到卡斯特尔罗托山（Castelrotto），最后更抵达了玛苏瓦Masua）——内格拉尔谷（Negrar）条件佳的区域。洛伦佐毕加里酒庄占地面达到几十公顷的葡萄园全部奉献给本经典葡萄品种酿造的地产酒，每款佳都呈现出质朴的风格，凸显这片产区以为傲的圆润且有力口感。在今年的鉴中，酒庄推荐的2011年份的白山阿罗尼（Amarone Monte Ca' Bianca）就精确展现出这一特质，优雅的樱桃果香缓浮现，渐渐让位给李子果脯的丝丝醇，一抹药草般的醇浓气息萦绕其间，蕴中透露出缕缕辛辣的香气，香氛极深邃；与复杂香氛完美匹配的是坚实粗粝的口感，在质地细密的单宁的支下，凸显轻快的酸度，展现出极为纯的正统滋味，正是本地区品种葡萄和土条件的典型反映，收口美味非常绵诱人。相比较而言，2012年份的经典玛罗尼（Amarone Classico）风味更加明，口感更加直白，香氛同样复杂，但入口轻快，酒质复杂度略逊一筹。

| | |
|---|---|
| Amarone della Valpolicella Cl. Monte Ca' Bianca '11 | 🍷🍷🍷 8 |
| Amarone della Valpolicella Cl. '12 | 🍷🍷 6 |
| Tigiolo '12 | 🍷🍷 5 |
| Valpolicella Cl. Sup. Ripasso La Cengia '14 | 🍷🍷 3 |
| Valpolicella Cl. '15 | 🍷 2 |
| Amarone della Valpolicella Cl. Vign. Monte Ca' Bianca '09 | 🍷🍷🍷 8 |
| Amarone della Valpolicella Cl. Vign. Monte Ca' Bianca '08 | 🍷🍷🍷 8 |
| Amarone della Valpolicella Cl. Vign. Monte Ca' Bianca '07 | 🍷🍷🍷 8 |
| Amarone della Valpolicella Cl. Vign. Monte Ca' Bianca '06 | 🍷🍷🍷 8 |
| Amarone della Valpolicella Cl. Vign. Monte Ca' Bianca '05 | 🍷🍷🍷 8 |

## ★Cav. G. B. Bertani

via Asiago, 1
37023 Grezzana [VR]
Tel. +39 0458658444
www.bertani.net

藏酒销售
预约参观
年产量 2 100 000 瓶
葡萄种植面积 200 公顷
可持续发展酒庄

相比于其他酒庄，安吉利尼家族（Angelini）拥有并经营的贝尔塔尼酒庄（Cav. G. B. Bertani）具有极强的优势，它能够不断更新人员和技术，同时无须侵犯风行全球的出品美酒中对于本地风土的忠诚阐释和经典表达。酒庄坚守传统葡萄酒的生产原则，依然保持了自己在全球范围内作为意大利偶像级美酒的形象。贝尔塔尼酒庄的葡萄园占地面积达到200公顷，大部分地块位于瓦尔波利切拉（Valpolicella），为酒庄酿造美味精致且平衡的美酒贡献原料。在今年的品鉴中，2008年份的经典阿玛罗尼（Amarone Classico）表现和谐完美，散发着非常成熟的红莓果果香，锐利鲜明，底蕴中透露出缕缕黑胡椒的辛香和淡淡草本植物的清香，更有一抹依然内敛的泥土般的矿物质风味萦绕其间。入口展现出优雅和美味，这一点只有通过漫长的浸渍才能达成，因而令这款美酒美味胜过丝滑口感、优雅多于劲道酒质，余韵绵长延宕，一路抵达华美的收口巅峰。除此之外，来自瓦尔潘德纳（Valpantena）、口感更加轻快、气质更加年轻的美酒同样给人留下了极为深刻的印象，它的香氛清爽而复杂，具有非常热情的可饮性。

| | |
|---|---|
| ● Amarone della Valpolicella Cl. '08 | 🍷🍷🍷 8 |
| ● Amarone della Valpolicella Valpantena '13 | 🍷🍷 6 |
| ● Secco Bertani Vintage Edition '13 | 🍷🍷 4 |
| ○ Soave Giovan Battista Bertani '14 | 🍷🍷 3 |
| ○ Soave Sereole '15 | 🍷 3 |
| ● Valpolicella '15 | 🍷 3 |
| ● Amarone della Valpolicella Cl. '07 | 🍷🍷🍷 8 |
| ● Amarone della Valpolicella Cl. '06 | 🍷🍷🍷 8 |
| ● Amarone della Valpolicella Cl. '05 | 🍷🍷🍷 8 |
| ● Amarone della Valpolicella Cl. '04 | 🍷🍷🍷 8 |
| ● Amarone della Valpolicella Cl. '03 | 🍷🍷🍷 8 |
| ● Amarone della Valpolicella Cl. '01 | 🍷🍷🍷 8 |
| ● Amarone della Valpolicella Cl. '00 | 🍷🍷🍷 8 |
| ● Amarone della Valpolicella Cl. '99 | 🍷🍷🍷 8 |
| ● Valpolicella Cl. Sup. Vign. Ognisanti '06 | 🍷🍷🍷 4* |

## BiancaVigna

LOC. OGLIANO
VIA MONTE NERO, 8
31015 CONEGLIANO [TV]
TEL. +39 0438788403
www.biancavigna.it

藏酒销售
预约参观
膳宿接待
年产量 600 000 瓶
葡萄种植面积 30.2 公顷
可持续发展酒庄

白园酒庄（BiancaVigna）位于奥格里阿诺地区（Ogliano）的新酒窖终于竣工并且投入使用，完美嵌入环抱科内利亚诺（Conegliano）的群山掩映间，坐落于通往瓦尔多比亚德尼（Valdobbiadene）的乡间小村旁。埃琳娜·莫斯凯塔（Elena Moschetta）与兄弟恩里克·莫斯凯塔（Enrico Moschetta）就是在这里打理着他们的家族酒庄，主要酿造特雷维索（Treviso）产区起泡酒，酿造葡萄来自白园酒庄面积达到30公顷的自有葡萄园以及其他本地葡萄种植商。埃琳娜是白园酒庄的公众形象代表，而恩里克则更乐于隐居，但是他高超的酿造技艺令白园酒庄的酒窖熠熠放光。出品美酒追求集中和跃动的口感，竭力控制普洛塞克起泡酒（Prosecco）通常会表现出来的柔美质感，索利戈河普洛塞克（Rive di Soligo）正是这种风格的完美呈现。白园酒庄在今年的品鉴中推荐了多款卓越美酒，但是这款索利戈河普洛塞克干型葡萄酒（Brut）的确表现精彩，它将酒中残留糖分降到最低的程度，散发着清爽且清凛的酒香，令人印象深刻，入口酒重颇为惬意舒适。同样相似的还有干型和极干型（Extra Dry），两款美酒都展现出令人喜出望外的甜美滋味。

| | |
|---|---|
| ○ Conegliano Valdobbiadene Brut Rive di Soligo '15 | 3* |
| ○ Conegliano Valdobbiadene Brut '15 | 3 |
| ○ Conegliano Valdobbiadene Extra Dry '15 | 3 |
| ○ Prosecco Brut | 2* |
| ○ Prosecco Extra Dry | 2* |
| ○ Prosecco Frizzante | 2 |
| ⊙ Spumante Rosé Cuvée 1931 | 2 |
| ○ Conegliano Valdobbiadene Brut '14 | 3 |
| ○ Conegliano Valdobbiadene Brut '13 | 3 |
| ○ Conegliano Valdobbiadene Brut Rive di Soligo '14 | 3 |
| ○ Conegliano Valdobbiadene Extra Dry '14 | 3 |

## Bisol

FRAZ. SANTO STEFANO
VIA FOLLO, 33
31049 VALDOBBIADENE [TV]
TEL. +39 0423900138
www.bisol.it

藏酒销售
预约参观
年产量 1 800 000 瓶
葡萄种植面积 126 公顷

将普洛塞克葡萄酒（Prosecco）提升到
们今天所知的现象级美酒程度的酒庄
比索家族（Bisol）经营的家庭酒庄毫无
问是其中之一，它成功地将两种看似
盾的发展方向完美融合。比索酒庄与
尔多比亚德尼产区（Valdobbiadene）的
海拔种植传统联系紧密，与此同时又
普洛塞克美酒世界敞开大门——并不
斥平原葡萄园出产优质的酿造葡萄。
索酒庄是产区内出品品类最广泛的酒
之一，酿造的美酒品质极佳。优质的
葡萄园生产品质卓越的美酒，正如我们
年品鉴的加内干型葡萄酒（Brut Garnei
一样，这款2014年份的瓦尔多比亚德
酒的糖分极低。在香氛方面，较长时
的浸渍带来直率透彻且锐利的苹果和
子果香，融入缕缕繁花的芬芳，随之
来的是紧致的口感，展现出令人艳羡
平衡度和美妙果味。另一方面，2015
份的卡蒂策（Cartizze）充分表达出产
以及格雷拉品种葡萄（Glera）所有的
向气质，吐露着各色热带水果的浓郁
香，融入杏仁糖的芬芳，一路引领进
华美的果味口感，酒质演进层层叠叠
宕开去，华美诱人。

| |
|---|
| ○ Valdobbiadene Brut Private Garnei '14 |
| ○ Brut M. Cl. '04 |
| ○ Cartizze '15 |
| ○ Cartizze Brut Private '13 |
| ○ Valdobbiadene Extra Dry Vign. del Fol '15 |
| ○ Prosecco Brut Belstar |
| ○ Valdobbiadene Brut Jeio |
| ○ Valdobbiadene Brut NoSo2 |
| ○ Cartizze '14 |
| ○ Cuvée del Fondatore Eliseo Bisol Brut M. Cl '04 |
| ○ Valdobbiadene Brut Garnei '13 |
| ○ Valdobbiadene Extra Dry Molera '14 |
| ○ Valdobbiadene Extra Dry Vign. del Fol '14 |

## Bolla

Fraz. Pedemonte
via A. Bolla, 3
37029 San Pietro in Cariano [VR]
Tel. +39 0456836555
www.bolla.it

藏酒销售
预约参观
年产量 11 000 000 瓶
葡萄种植面积 188 公顷

过去，博拉酒庄（Bolla）就是意大利葡萄酒的代名词，但是今天的博拉酒庄是正处于复兴关键时期的几座意大利历史悠久的名庄之一。博拉酒庄的葡萄园占地面积达到200公顷，地块遍布维罗纳指定产区（Verona），同时也有众多葡萄种植商为酒庄的酿造活动供应果实，帮助博拉酒庄打造出权威美酒。克里斯汀·斯克林齐（Cristian Scrinzi）及其酿造团队非常注重传统，而博拉酒庄生产的每一款佳酿都充分展现出这一点——每一款美酒的风格，都将市场追求的圆润饱满的口感与DOC产区深邃雅致的经典特色结合起来。瓦尔波利切拉（Valpolicella）出产的红葡萄酒常常表现出一贯的卓越品质，但是今年我们品鉴的2015年份图菲索阿维（Soave Tufaie）经过木桶中的陈年，显然也达到了极高的水准。橡木的香气十分明显，将清澈明快的果香彻底释放，与此同时口感紧致饱满，气质跃动。不过博拉酒庄的明星产品依然是2014年份的伯伊安妮利帕索（Ripasso Le Poiane），它吐露着非常成熟的果香，融入香料的缕缕辛香，强劲丰盈的果味浸润在酒中，令口感非常丰富，更具优雅特质。

| | |
|---|---|
| Valpolicella Cl. Sup. Ripasso Le Poiane '14 | red TT 4 |
| Soave Cl. Sup. Tufaie '15 | TT 3 |
| Amarone della Valpolicella Cl. Le Origini '09 | YY 7 |
| Amarone della Valpolicella Cl. Le Origini Ris. '10 | YY 6 |
| Amarone della Valpolicella Cl. Rhetico '10 | YY 6 |
| Creso '12 | YY 4 |
| Creso '11 | YY 4 |
| Custoza La Real Casa '14 | YY 2* |
| Soave Cl. Sup. Tufaie '13 | YY 3 |
| Valpolicella Cl. Sup. Colforte '13 | YY 3 |
| Valpolicella Cl. Sup. Ripasso '12 | YY 2* |
| Valpolicella Cl. Sup. Ripasso Le Poiane '13 | YY 4 |
| Valpolicella Cl. Sup. Ripasso Le Poiane '12 | YY 4 |

## Borgo Stajnbech

via Belfiore, 109
30020 Pramaggiore [VE]
Tel. +39 0421799929
www.borgostajnbech.com

藏酒销售
预约参观
年产量 90 000 瓶
葡萄种植面积 15 公顷

华伦特家族（Valent）是利森—普拉马焦雷指定产区（Lison-Pramaggiore）最具活力的酿酒家族。朝向亚得里亚盆地（Adriatic）的这片产区气候温和，临近海岸，受到和煦海风的轻轻吹拂，土壤富含黏土，给泰葡萄（Tai）和莱弗斯科葡萄（Refosco）的生长提供了十分理想的环境，这两种品种是该产区的明星品种。博格斯泰比奇酒庄（Borgo Stajnbech）的葡萄园占地面积达到15公顷，主要生产单一品种酒，口感紧致，可饮性极佳。在博格斯泰比奇酒庄今年提供的品鉴酒品中，珍贵的2014年份经典利森150系列（Lison Classico 150）最让我们信服，这款白葡萄酒表现精彩，完美传达出品种葡萄的精致，吐露着阵阵花香，融入醋栗和杏仁的阵阵醇香，口感十分惬意优雅，果味丰盈，活跃的酸度令美味更上一层楼，展现出紧致的酒体，入口干爽，余韵绵长诱人，无尽延宕开去。与此同时，2013年份的斯泰比奇干红葡萄酒（Rosso Stajnbech）是一款干爽精美的混酿，由美妙的莱弗斯科（Refosco）与赤霞珠（Cabernet sauvignon）联合打造而成，也呈现出完美表现，它吐露着轻快脆爽的阵阵果香，直接而浓郁，与之相对照的是深邃精致的口感，令人艳羡，质地尤其细腻，美味怡人。

| | |
|---|---|
| ○ Bianco Stajnbech '13 | TT 3 |
| ○ Lison Cl. 150 '14 | TT 3 |
| ● Refosco P. R. '14 | TT 2* |
| ● Rosso Stajnbech '13 | TT 3 |
| ○ Sauvignon Bosco della Donna '15 | TT 3 |
| ● Merlot Ywain '14 | T 2 |
| ○ Pinot Grigio '15 | T 2 |
| ● Pinot Nero '14 | T 2 |
| ● Lison – Pramaggiore Refosco P.R. '12 | YY 2* |
| ○ Lison-Pramaggiore Cl. 150 '13 | YY 3 |
| ● Lison-Pramaggiore Merlot '12 | YY 2* |
| ● Lison-Pramaggiore Refosco P.R. '13 | YY 2* |
| ● Malbech '12 | YY 2* |
| ● Stajnbech Rosso '11 | YY 3 |

## Borgoluce

LOC. MUSILE, 2
31058 SUSEGANA [TV]
TEL. +39 0438435287
www.borgoluce.it

藏酒销售
预约参观
膳宿接待
年产量 250 000 瓶
葡萄种植面积 70 公顷

这座地处舍塞加纳（Susegana）的年轻酒庄在本地拥有悠久且深厚的酿造根基，它代表着两个古老的酿造家族——科拉尔多家族（Collalto）与吉斯汀纳家族（Giustinian）之间的精诚合作。博古路斯酒庄（Borgoluce）的占地面积超过一千公顷，专注于范围广泛的农业活动，包括农田耕种和蓄养牲畜等，每种活动都本着尊重自然环境的原则进行，但是酿酒活动给人留下了最为深刻的印象，主要生产普洛塞克起泡酒（Prosecco），以显著的果味和平衡精美的口感著称。只有最优质的酿造葡萄才能缔造美妙伟大的干型葡萄酒（Brut），在今年的品鉴中，诱人的博古路斯（Borgoluce）正是如此，低剂量添加令品种葡萄的美味特质发挥得淋漓尽致，这款干型葡萄酒洋溢着自信的酒香，入口浸润着丰盈的果味，令人心驰神往。与此同时，还有一款美酒的表现更加出色，那就是由生长在科拉尔多家族葡萄园中最精美地块出产的酿造葡萄打造的佳酿，入口劲道有力，同时平衡度极佳，完美呈现出2015生长酿造季中果实的明快和成熟。

| | |
|---|---|
| ○ Valdobbiadene Brut | 🍷🍷 3 |
| ○ Valdobbiadene Rive di Collalto Brut '15 | 🍷🍷 2* |
| ○ Valdobbiadene Extra Dry | 🍷 3 |
| ○ Valdobbiadene Prosecco Frizzante Gaiante | 🍷 3 |
| ○ Prosecco di Valdobbiadene Extra Dry '09 | ΥΥ 3 |
| ○ Prosecco di Valdobbiadene Extra Dry '08 | ΥΥ 2* |
| ○ Valdobbiadene Rive di Collalto Brut '14 | ΥΥ 2* |
| ○ Valdobbiadene Rive di Collalto Brut '13 | ΥΥ 2* |
| ○ Valdobbiadene Rive di Collalto Extra Dry '14 | ΥΥ 2* |
| ○ Valdobbiadene Rive di Collalto Extra Dry '13 | ΥΥ 2* |
| ○ Valdobbiadene Rive di Collalto Extra Dry '12 | ΥΥ 2* |
| ○ Valdobbiadene Rive di Collalto Extra Dry '11 | ΥΥ 2* |

## Borin Vini & Vigne

FRAZ. MONTICELLI
VIA DEI COLLI, 5
35043 MONSELICE [PD]
TEL. +39 042974384
www.viniborin.it

藏酒销售
预约参观
年产量 105 000 瓶
葡萄种植面积 28 公顷

博林家族（Borin）在优歌娜产区（Col
Euganei）酿造美酒已经超过五十个年
头，他们占地面积达到30公顷的葡
园分散各处。吉安尼（Gianni）和特
莎（Teresa）在酒庄的不懈努力日益
到儿子弗朗西斯科（Francesco）和保
（Paolo）的鼎力支持，弗朗西斯科负
监管博林酒庄（Borin Vini & Vigne）的葡
酒生产，而保罗则负责预测市场销售
势，为酒品的发展提供方向。葡萄园
部种植该产区传统的葡萄品种，以完
表达果味和提升可饮性的目光来阐释
种葡萄。博林酒庄品种广泛的系列美
产品主要集中在单一品种酒上。博林
庄今年推荐的美酒都表现精彩，其中
值得一提的是经历了漫长的窖藏陈年
后发布的莫斯西利希斯赤霞珠（Caberne
Sauvignon Mons Silicis），它已经展现出
邃多层次的馥郁香氛，非常复杂，初
散发着阵阵果香，随后逐渐转变为铅
屑的独特气息，融入野生草本植物的
缕清香，底蕴中还透露出丝丝橡木的
芳。入口后感到精致的平衡和美味的
味更甚于劲道的口感，收口极为绵长
然。与此同时，2015年份的柯特博林
曼佐尼（Manzoni Bianco Corte Borin）也给
们留下了相当深刻的印象，能量满满，
令人迷醉。

| | |
|---|---|
| ● Colli Euganei Cabernet Sauvignon Mons Silicis Ris. '12 | 🍷🍷 |
| ○ Colli Euganei Fior d'Arancio '15 | 🍷🍷 |
| ○ Colli Euganei Fior d'Arancio Fiore di Gaia '15 | 🍷🍷 |
| ○ Colli Euganei Manzoni Bianco Corte Borin '15 | 🍷🍷 |
| ● Colli Euganei Merlot Rocca Chiara Ris. '12 | 🍷🍷 |
| ○ Sauvignon Blanc '15 | 🍷🍷 |
| ● Colli Euganei Cabernet Sauvignon V. Costa '14 | 🍷 |
| ○ Colli Euganei Chardonnay V. Bianca '14 | 🍷 |
| ○ Colli Euganei Pinot Bianco Monte Archino '15 | 🍷 |
| ○ Colli Euganei Serprino '15 | 🍷 |
| ● Syrah Coldivalle '13 | 🍷 |

## Bortolomiol

ia Garibaldi, 142
1049 Valdobbiadene [TV]
el. +39 04239749
www.bortolomiol.com

藏酒销售
预约参观
餐饮接待
年产量 1 800 000 瓶
葡萄种植面积 5 公顷
可持续发展酒庄

博托罗密欧酒庄（Bortolomiol）在普洛塞克起泡酒（Prosecco）崛起的历史上发挥了关键性的作用。由朱利亚诺·博托罗密欧（Giuliano Bortolomiol）创建于上个世纪，该酒庄取得了令人惊叹的和谐发展，精心布局的农业设施展现出博托罗密欧酒庄担当着传统守护者的角色。今天，朱利亚诺的女儿们掌管着酒庄；博托罗密欧酒庄的葡萄园虽然面积不大，但是众多经验丰富、值得信赖的本地葡萄种植商向酒庄提供优质的酿造果实，促进了酒品产量的提升，如今的年产量几近200万瓶。博托罗密欧酒庄经过多年兢兢业业的努力，终于将干型起泡酒（Brut Sparklers）推上了品质的巅峰，其中的最佳代表就是优级系列（Prior），吐露着苹果和梨子的混合果香，轻快怡人，随之而来的口感极具穿透力，无须添加糖分就已经非常精美。收口余韵美味绵长，令人久久难忘。相比之下，专门献给创始人朱利亚诺·博托罗密欧的穆托斯瓦泰（Motus Vitae）则在发布之前经历了漫长的浸渍过程，展露出更加成熟和复杂的果香，散发着缕缕苹果的芬芳，包裹着干花的芬芳和地中海灌木丛的温暖气息，随之而来的口感配比完美，美味异常。

| | | |
|---|---|---|
| ● Valdobbiadene Rive di San Pietro di Barbozza Brut Nature Grande Cuvée del Fondatore Motus Vitae '13 | 🍷🍷🍷 | 4* |
| ● Valdobbiadene Brut Prior '15 | 🍷🍷 | 3* |
| ● Cartizze | 🍷🍷 | 5 |
| ● Valdobbiadene Brut Ius Naturae '15 | 🍷🍷 | 3 |
| ● Valdobbiadene Dry Maior '15 | 🍷🍷 | 3 |
| ● Valdobbiadene Extra Dry Senior '15 | 🍷🍷 | 3 |
| ● Filanda Rosé Brut '15 | 🍷 | 3 |
| ● Riserva del Governatore Extra Brut '14 | 🍷 | 3 |
| ● Valdobbiadene Demi Sec Suavis | 🍷 | 3 |
| ● Valdobbiadene Extra Dry Banda Rossa | 🍷 | 3 |
| ● Valdobbiadene Brut Prior '14 | YYY | 3* |
| ● Valdobbiadene Extra Dry Banda Rossa '14 | YY | 3 |

## Carlo Boscaini

via Sengia, 15
37015 Sant'Ambrogio di Valpolicella [VR]
Tel. +39 0457731412
www.boscainicarlo.it

藏酒销售
预约参观
膳宿接待
年产量 60 000 瓶
葡萄种植面积 14 公顷

位于瓦尔波利切拉产区圣安布罗吉欧河谷（Sant' Ambrogio di Valpolicella）的博萨尼家族（Boscaini）酒窖包括14公顷的葡萄园，分布在维亚森吉亚（Via Sengia）环绕酒庄建筑的群山间，地块的海拔高度在200米左右。卡洛·博萨尼（Carlo Boscaini）和马里奥·博萨尼（Mario Boscaini）兄弟二人的家族酒庄拥有占地面积达到12公顷的葡萄园，年产量达到6万瓶，完全奉献给瓦尔波利切拉传统美酒，致力于打造传统与饱满果味并重、优雅与强劲个性同存的美酒。在今年的品鉴中，卡洛博萨尼酒庄推荐了多款佳酿，其中泽恩葡萄园（Zane）酿造的2013年份利帕索（Ripasso）令我们大饱口福。极为成熟的莓果芬芳与锐利的青草香交织缠绕，形成复杂的香氛，底蕴中透露出缕缕迷迭香的香气，精致的单宁与热情的酸度交相辉映，打造出适度饱满丰盈的口感。与此同时，2012年份的圣乔吉奥阿玛罗尼（Amarone San Giorgio）给我们留下了相当深刻的印象，它的香氛浓郁集中，散发着缕缕成熟的果香，酒体饱满丰盈，质地细腻，入口柔美，清爽怡人的酸度令口感更加活跃，更上一层楼。

| | | |
|---|---|---|
| ● Amarone della Valpolicella Cl. San Giorgio '12 | 🍷🍷 | 6 |
| ● Recioto della Valpolicella Cl. La Sengia '14 | 🍷🍷 | 4 |
| ● Valpolicella Cl. Sup. La Preosa '14 | 🍷🍷 | 3 |
| ● Valpolicella Cl. Sup. Ripasso Zane '13 | 🍷🍷 | 4 |
| ● Valpolicella Cl. Ca' Bussin '15 | 🍷 | 2 |
| ● Amarone della Valpolicella Cl. San Giorgio '11 | YY | 5 |
| ● Amarone della Valpolicella Cl. San Giorgio '10 | YY | 5 |
| ● Amarone della Valpolicella Cl. San Giorgio '09 | YY | 5 |
| ● Valpolicella Cl. Ca' Bussin '12 | YY | 2* |
| ● Valpolicella Cl. Sup. La Preosa '12 | YY | 3 |
| ● Valpolicella Cl. Sup. La Preosa '11 | YY | 3 |
| ● Valpolicella Cl. Sup. Ripasso Zane '11 | YY | 4 |
| ● Valpolicella Cl. Sup. Ripasso Zane '09 | YY | 3 |

## Bosco del Merlo

via Postumia, 12
30020 Annone Veneto [VE]
Tel. +39 0422768167
www.boscodelmerlo.it

藏酒销售
预约参观
年产量 240 000 瓶
葡萄种植面积 84 公顷
可持续发展酒庄

瓦伦蒂诺（Valentino）于20世纪中期创建了美罗林酒庄（Bosco del Merlo），帕拉丁家族（Paladin）的酒窖在利森—普拉马焦雷指定产区（Lison-Pramaggiore）拥有深厚的历史根基，他们在此地酿酒超过五十年。美罗林酒庄拥有100公顷的葡萄园，甄选其中最佳的酿造葡萄打造帕拉丁兄弟最具野心的系列美酒；美罗林（Bosco del Merlo）这款佳酿就是家族酒庄的典范美酒。出品凸显品种葡萄的剔透纯净，同时具有极佳的可饮性，酒质精美，但是却从不浮夸。在今年的品鉴中，由梅洛（Merlot）和红梗莱弗斯科（Refosco dal Peduncolo rosso）混酿而成的维尼金提（Vineargenti）表现非常精彩，吐露着馥郁的酒香，缓慢释放着红莓果的阵阵果香，深邃怡人，继而转化为香料的辛香和如花的幽然芬芳。入口紧致饱满，与此同时又没有丢失丰盈果味和美味口感。除此之外，2013年份的卡米诺丘梅洛陈酿（Merlot Campo Camino Riserva）同样令我们印象深刻，但是这一次更注重轻快丰盈果香的纯净表达，随之而来的果浆般的果味美味可口，是一款非常易于饮用的美酒。

- ● Lison-Pramaggiore Rosso Vineargenti Ris. '13 — 6
- ● Lison-Pramaggiore Merlot Campo Camino Ris. '13 — 4
- ● Lison-Pramaggiore Refosco P. R. Roggio dei Roveri Ris. '13 — 5
- ○ Lison-Pramaggiore Sauvignon Turranio '15 — 4
- ● Malbech Gli Aceri Paladin '13 — 6
- ○ Venezia Pinot Grigio Tudajo '15 — 3
- ○ Prosecco Brut — 4
- ○ Prosecco Extra Dry — 5
- ○ Venezia Chardonnay Nicopeja '15 — 3
- ● Lison-Pramaggiore Merlot Campo Camino '11 — 4
- ● Lison-Pramaggiore Refosco P.R. Roggio dei Roveri '12 — 5

## ★Brigaldara

fraz. San Floriano
via Brigaldara, 20
37029 San Pietro in Cariano [VR]
Tel. +39 0457701055
www.brigaldara.it

藏酒销售
预约参观
年产量 300 000 瓶
葡萄种植面积 50 公顷

塞萨瑞家族（Cesaris）在瓦尔波利切拉产区（Valpolicella）从事酿酒事业已经有几近四十年的时间。在过去的几十年间，布里加德拉酒庄（Brigaldara）一点点扩张了葡萄园，直至今天的占地面积达到总计50公顷，既有坐落在经典产区内的地块，也有经典产区以东的地块。布里加德拉酒庄藏身在别墅对面的一座传统农庄中，完美嵌入原始建筑群中；酒庄建筑是一栋两层的大楼，发酵活动能够与接下来的陈年环节区分开来。在今年的品鉴中，布里加德拉酒庄推出的三款系列阿玛罗尼（Amarones）似乎有用力过猛的嫌疑，但是通过我们的品鉴，找到了这三款美酒各个不同的个中缘由：不同的产地葡萄园、不同的阐释方式以及不同的浸渍时间，造成了彼此之间迥然不同的独特个性。其中，2009年份的阿玛罗尼陈酿（Riserva）凸显酒质的深邃和果味的丰盈饱满；2011年份的卡斯韦西阿玛罗尼（Case Vecie）则来自东部葡萄园，更加注重口感的力道和跃动；2012年份的经典阿玛罗尼（Classico）则洋溢着阳光的气息，相比较而言酒体较轻。除此之外，2014年份的超级卡斯韦西瓦尔波利切拉（Valpolicella Superiore Case Vecie）也同样值得一提，这款美酒虽说是首次发布，但是展现出饱满的果味和精美的个性。

- ● Amarone della Valpolicella Case Vecie '11 — 6
- ● Amarone della Valpolicella Ris. '09 — 8
- ● Valpolicella Sup. Case Vecie '14 — 3
- ● Amarone della Valpolicella Cl. '12 — 6
- ○ Soave '15 — 3
- ● Valpolicella '15 — 3
- ● Valpolicella Cl. Sup. Ripasso Il Vegro '14 — 4
- ● Amarone della Valpolicella Case Vecie '07 — 7
- ● Amarone della Valpolicella Cl. '10 — 7
- ● Amarone della Valpolicella Cl. '06 — 6
- ● Amarone della Valpolicella Cl. '05 — 6
- ● Amarone della Valpolicella Ris. '07 — 8

## Sorelle Bronca

raz. Colbertaldo
ia Martiri, 20
31020 Vidor [TV]
Tel. +39 0423987201
www.sorellebronca.com

藏酒销售
预约参观
膳宿接待
年产量 350 000 瓶
葡萄种植面积 24 公顷

厄希丽安娜（Ersiliana）与安东内拉（Antonella）在女儿伊莉莎（Elisa）及其丈夫皮埃罗（Piero）的协助下，在科尔博塔多（Colbertaldo）打理着设备和功能都十分完善的索莱勒布隆卡酒庄（Sorelle Bronca）。酒庄的葡萄园占地面积达到20公顷，遍布产区各处，采取有机栽培方式打理，从科尔博塔多和罗莱（Rolle）陡壁峭岩上的葡萄园，到法罗平原地带（Farrò）较为平缓的山坡地块。除了出产经典普洛塞克起泡酒（Proseccos）之外，索莱勒布隆卡酒庄也出品优质非起泡酒，给我们留下了深刻的印象。在今年的品鉴中，皮埃罗以大师手法精巧地对2015年采收酿造季做出完美阐释，缔造了一系列令人啧啧称奇的美妙起泡酒，其中再次拔得头筹的依然是68号地块（Particella 68）这款最具说服力的葡萄酒。这款瓦尔多比亚德尼（Valdobbiadene）美酒完全采用土地登记地图中第68号地块所出的果实酿造而成，直接以葡萄汁进行二次发酵。它吐露着丰盈饱满的阵阵果香，明快锐利，这一款普洛塞克干型葡萄酒（Prosecco Brut）结构紧致，入口干爽，精美异常。与此同时，瑟贝尔（Ser Bele）是一款波尔多混酿（Bordeaux），展现出诱人明快的独特口感，散发着华美的红莓果果香。最后要推荐的是索莱勒布隆卡酒庄个性最直率的一款佳酿——索勒塞罗特拉（Sole Cielo Terra），给人带来持久的美妙享受，因此非常值得一提。

| | |
|---|---|
| ○ Valdobbiadene Brut Particella 68 '15 | ▼▼▼ 4* |
| Colli di Conegliano Rosso Ser Bele '13 | ▼▼ 5 |
| ○ Colli di Conegliano Bianco Delico '15 | ▼▼ 3 |
| ○ Valdobbiadene Brut | ▼▼ 3 |
| ○ Valdobbiadene Extra Dry | ▼▼ 3 |
| ○ Valdobbiadene Prosecco Frizzante Difetto Perfetto | ▼ 3 |
| ● Colli di Conegliano Rosso Ser Bele '09 | ▽▽▽ 5 |
| ● Colli di Conegliano Rosso Ser Bele '05 | ▽▽▽ 5 |
| ○ Valdobbiadene Brut Particella 68 '13 | ▽▽▽ 4* |
| ○ Colli di Conegliano Bianco Delico '12 | ▽▽ 3 |
| ● Colli di Conegliano Rosso Ser Bele '12 | ▽▽ 5 |
| Colli di Conegliano Rosso Ser Bele '11 | ▽▽ 5 |
| ○ Valdobbiadene Brut Particella 68 '14 | ▽▽ 4 |
| ○ Valdobbiadene Brut Particella 68 '12 | ▽▽ 4 |

## Luigi Brunelli

via Cariano, 10
37029 San Pietro in Cariano [VR]
Tel. +39 0457701118
www.brunelliwine.com

藏酒销售
预约参观
膳宿接待
年产量 120 000 瓶
葡萄种植面积 14 公顷

从高速公路上望过去，布鲁莱利家族（Brunelli）的酒窖看起来似乎完美嵌入瓦尔波利切拉（Valpolicella）的田园风光之中，正处于因卡瑞亚诺圣彼得山（San Pietro Incariano）的后山。路易吉·布鲁莱利（Luigi Brunelli）、妻子露西安娜（Luciana）和儿子阿尔伯托（Alberto）共同打理着12公顷左右的葡萄园，主要栽培瓦尔波利切拉经典葡萄品种，同时也包括几种白葡萄品种。路易吉布鲁莱利酒庄出品的美酒气质较为直率，果香显著，极易入口；阿玛罗尼（Amarones）则以强劲的口感著称。虽然在今年的品鉴中，路易吉布鲁莱利酒庄出品没有得到我们的最高评分，但是推荐美酒从整体上而言都表现不俗，品质优秀，给我们留下了深刻印象。经过多年的酒质演化，2011年份的因费瑞庄葡萄酒（Campo Inferi）已经呈现出难能可贵的力道和浓郁；实际上该年份的酒品向来表现参差不齐，这一款则显露出更加活跃和精美的特质，非常容易入口，口感诱人，令人回味。除此之外，2013年份的普拉塞尔瓦尔波利切拉（Valpolicella Praesel）是一款风味复杂、质地精美的超级美酒（Superiore），在今年的品鉴中也奉上了精彩表现。

| | |
|---|---|
| ● Amarone della Valpolicella Cl. Campo Inferi Ris. '11 | ▼▼ 8 |
| ● Amarone della Valpolicella Cl. '12 | ▼▼ 8 |
| ● Amarone della Valpolicella Cl. Campo del Titari Ris. '11 | ▼▼ 8 |
| ● Recioto della Valpolicella Cl. '14 | ▼▼ 5 |
| ● Valpolicella Cl. Sup. Campo Praesel '13 | ▼▼ 3 |
| ● Valpolicella Cl. Sup. Ripasso Pa' Riondo '14 | ▼▼ 4 |
| ● Valpolicella Cl. '15 | ▼ 2 |
| ● Amarone della Valpolicella Cl. Campo del Titari '97 | ▽▽▽ 8 |
| ● Amarone della Valpolicella Cl. Campo del Titari '96 | ▽▽▽ 8 |
| ● Amarone della Valpolicella Cl. '11 | ▽▽ 8 |

## Buglioni

FRAZ. CORRUBBIO
VIA CAMPAGNOLE, 55
37029 SAN PIETRO IN CARIANO [VR]
TEL. +39 0456760681
www.buglioni.it

藏酒销售
预约参观
膳宿接待
年产量 170 000 瓶
葡萄种植面积 48 公顷

在过去的几年间，马里亚诺·布格里奥尼（Mariano Buglioni）引领着这座家庭酒庄转变发展方向，相比较而言，变革更多地发生在葡萄酒的酿造环节中，而非酒庄葡萄园的栽培工作中。酿酒师迭戈·贝托尼（Diego Bertoni）监督着整个生产酿造过程，从甄选最精美的葡萄串开始，因为葡萄园的产量大大超过酒窖酿造的需求。布格里奥尼酒庄的新目标在于打造比以往更加优雅、少些柔软特质的美酒，结果日益取得了令人印象深刻的佳酿。在今年的品鉴中，布格里奥尼酒庄提供了多款优质酒品，其中首次发布的2011年份的卢索瑞索阿玛罗尼（Amarone Il Lussurioso）脱颖而出。这款陈酿（Riserva）释放出馥郁且复杂的香氛，首先是一抹成熟的果香淡淡飘散，逐渐演化为野生草本植物的清香，底蕴中还透露出缕缕香料的辛香，随之而来的口感十分紧致，质地细腻，显露出令人惊异的跃动性，带来华美饱满且精美的酒质。与此同时，品质同样优秀的还有2013年份的伯吉阿朵利帕索（Ripasso Il Bugiardo），它的单宁结构紧致，支撑着卓越的劲道口感。

- Amarone della Valpolicella Cl. Il Lussurioso Ris. '11 — 🍷🍷 7
- Valpolicella Cl. Sup. L'Imperfetto '13 — 🍷🍷 5
- Valpolicella Cl. Sup. Ripasso Il Bugiardo '13 — 🍷🍷 5
- Amarone della Valpolicella Cl. L'Amarone '10 — 🍷🍷 6
- Amarone della Valpolicella Cl. L'Amarone '04 — 🍷🍷 6
- Valpolicella Cl. Sup. Il Ruffiano '13 — 🍷🍷 3
- Valpolicella Cl. Sup. Ripasso Il Bugiardo '12 — 🍷🍷 4

## Ca' La Bionda

FRAZ. VALGATARA
VIA BIONDA, 4
37020 MARANO DI VALPOLICELLA [VR]
TEL. +39 0456801198
www.calabionda.it

藏酒销售
预约参观
年产量 150 000 瓶
葡萄种植面积 29 公顷
葡萄栽培方式 有机认证

坐落在马拉诺山谷（Marano）的中段，卡斯泰拉尼家族（Castellani）的比昂达酒庄（Ca' La Bionda）是产区内给人留下最深刻印象的酒庄之一。阿历桑德罗·卡斯泰拉尼（Alessandro Castellani）和尼可拉·卡斯泰拉尼（Nicola Castellani）兄弟与父亲彼得罗·卡斯泰拉尼（Pietro Castellani）亲密合作，一起管理着家族酒庄占地面积达到30公顷的山坡葡萄园，地块采用有机方式栽培打理，将人为干预程度降到最低水平。葡萄酒的酿造不仅倚靠葡萄干化处理，更持续追寻一种能够最大程度凸显本地葡萄品种芬芳精美特质的风格。多年来，卡萨葡萄庄园超级瓦尔波利切拉（Valpolicella Superiore Campo Casal Vegri）始终是产区的明星酒，在今年品鉴中的表现也毫不意外地精彩纷呈，从比昂达酒庄今年的多款卓越推荐酒品中脱颖而出。它的特性更为清澈清凛，散发着阵阵果香，伴随着如花的芬芳，淡淡草本植物的清香萦绕其间，在美妙香氛的烘托下，口感转为更加浓郁劲道，展现出一种恢宏且明快的紧致感觉。另一方面，2012年份的瑞瓦佐尔阿玛罗尼（Amarone Ravazzol）则吐露着更加温暖的果香，随之而来的美味口感层层演化，绵长延宕，展现出卓越的果味，与丰富的复杂度完美搭配，相得益彰。

- Amarone della Valpolicella Cl. Vign. di Ravazzol '12 — 🍷🍷 8
- Valpolicella Cl. Sup. Campo Casal Vegri '14 — 🍷🍷 5
- Amarone della Valpolicella Cl. '12 — 🍷🍷 6
- Recioto della Valpolicella Cl. Vign. Le Tordare '12 — 🍷🍷 6
- Valpolicella Cl. '15 — 🍷🍷 2
- Valpolicella Cl. Sup. Ripasso Malavoglia '13 — 🍷🍷 4
- Amarone della Valpolicella Cl. Vign. di Ravazzol '11 — 🍷🍷🍷 8
- Amarone della Valpolicella Cl. Vign. di Ravazzol '07 — 🍷🍷🍷 6
- Valpolicella Cl. Sup. Campo Casal Vegri '11 — 🍷🍷🍷 5

## a' Lustra

oc. Faedo
a San Pietro, 50
5030 Cinto Euganeo [PD]
el. +39 042994128
www.calustra.it

藏酒销售
预约参观
年产量 170 000 瓶
葡萄种植面积 25.5 公顷
葡萄栽培方式 有机认证
可持续发展酒庄

尤歌娜山地区（Euganean Hills）是一小众源自波河河谷（Po Valley）中段的绵延火山，这里的气候炎热，持续吹拂着微风，是产区内最有意趣的葡萄种植区之一，或许也是整个意大利最有意趣的种植区之一。优歌娜山产区隶属帕尔科地区（Parco Regionale），弗兰科・扎诺维罗（Franco Zanovello）是产区内的领军人物之一。在儿子马可・扎诺维罗（Marco Zanovello）的协助下，弗兰科领导着鲁斯特拉酒庄（Ca' Lustra）不断向前，这座活力四射的酒庄致力于保卫当地环境不被人为恶意破坏。这片土地的气候温热，令赤霞珠（Cabernet Sauvignon）能够持久成熟，因此美酒展现出深邃浓郁的果香果味，集中醇浓，这一点从经过长期浸渍发酵的吉拉珀焦（Girapoggio）中就能够得到完美的证明。在今年的品鉴中，这款美酒散发着铅笔屑的独特香气，融入香料般的缕缕辛香，口感方面细腻的单宁织就完美酒质，因此带来一款拥有惊人平衡度和优美口感的精品红葡萄酒。除此之外，2014年份的塞克森奇亚莫斯卡托（Moscato Secco 'A Cengia）美味可口，口感紧致，是同类酒品中的佼佼者。

| | |
|---|---|
| ● Colli Euganei Cabernet Girapoggio '09 | 🍷🍷 3* |
| ○ Colli Euganei Fior d'Arancio Spumante '15 | 🍷🍷 3 |
| ● Marzemino Belvedere '13 | 🍷🍷 2* |
| ○ Moscato Secco 'A Cengia '14 | 🍷🍷 3 |
| ● Nero Musqué '14 | 🍷🍷 4 |
| ○ Colli Euganei Manzoni Bianco Pedevenda '14 | 🍷 3 |
| ○ Colli Euganei Serprino '15 | 🍷 2 |
| ● Marzemino Passito '12 | 🍷 2 |
| ● Colli Euganei Cabernet Girapoggio '05 | 🍷🍷🍷 3 |
| ○ Colli Euganei Fior d'Arancio Passito '07 | 🍷🍷🍷 4 |
| ● Colli Euganei Merlot Sassonero Villa Alessi '05 | 🍷🍷🍷 3 |
| ● Colli Euganei Cabernet '12 | 🍷🍷 2* |

## Ca' Orologio

via Ca' Orologio, 7a
35030 Baone [PD]
Tel. +39 042950099
www.caorologio.com

藏酒销售
预约参观
膳宿接待
年产量 24 000 瓶
葡萄种植面积 12 公顷
葡萄栽培方式 有机认证

玛利亚吉奥亚・路塞利尼（Mariagioia Rosellini）的酒窖位于16世纪古老的时钟别墅（Ca' Orologio）的巴尔盖莎（Barchessa）一翼。这位勤勉的葡萄酒生产商将她对于农业的万丈热情转化为优歌娜山地区（Euganean Hills）最令人印象深刻的酒庄之一。时钟酒庄拥有大约12公顷的葡萄园，采用有机栽培方式打理，每棵葡萄藤的产量都较低，因而打造的美酒数量也非常有限，但是呈现出妙不可言的高品质。葡萄园主要种植当地传统的红葡萄品种：梅洛（Merlot）、赤霞珠（Cabernet Sauvignon）和佳美娜（Carmenere）——这片土地种植佳美娜葡萄的历史已经超过一百多年。波尔多混酿（Bordeaux）卡拉隆（Calaóne）主要由梅洛葡萄打造而成，是时钟酒庄最受欢迎的美酒，在今年的品鉴中表现出色。它散发着红色莓果般的缕缕果香，包裹着野生灌木丛的微妙醇香，在口感方面，这款美酒多汁饱满，控制力道极佳，得益于华美的单宁和强劲的酸度，收口余韵绵长精美，收口巅峰干爽。在2013年等气候条件优异的采收酿造季里，由佳美娜（Carmenère）融合少量品丽珠（Cabernet Franc）打造而成的莱洛焦（Relógio）果味丰美，果浆质感浓重，独具个性。

| | |
|---|---|
| ● Colli Euganei Rosso Calaóne '13 | 🍷🍷 4 |
| ● Relógio '13 | 🍷🍷 5 |
| ○ Saláróla '15 | 🍷🍷 3 |
| ● Colli Euganei Rosso Duemilaquattordici '14 | 🍷 4 |
| ● Colli Euganei Rosso Calaóne '05 | 🍷🍷🍷 3* |
| ● Relógio '09 | 🍷🍷🍷 4* |
| ● Relógio '07 | 🍷🍷🍷 4 |
| ● Relógio '06 | 🍷🍷🍷 4 |
| ● Relógio '04 | 🍷🍷🍷 4* |
| ● Colli Euganei Rosso Calaóne '12 | 🍷🍷 4 |
| ● Colli Euganei Rosso Calaóne '11 | 🍷🍷 4 |
| ● Relógio '11 | 🍷🍷 5 |
| ○ Saláróla '14 | 🍷🍷 3 |
| ○ Saláróla '13 | 🍷🍷 3 |

## ★Ca' Rugate

via Pergola, 36
37030 Montecchia di Crosara [VR]
Tel. +39 0456176328
www.carugate.it

藏酒销售
预约参观
膳宿接待
年产量 600 000 瓶
葡萄种植面积 72 公顷
可持续发展酒庄

米歇尔·特萨里（Michele Tessari）是本产区人才济济的葡萄酒世界中最有活力的酿酒商之一，酿造根基扎根于索阿维（Soave）和瓦尔波利切拉（Valpolicella）两个产区的山坡葡萄园。路嘉特酒庄（Ca' Rugate）高品质的葡萄园栽培工作由于收获了新地块而更上一层楼，令酒庄在索阿维产区的种植面积达到了40公顷，在瓦尔波利切拉产区的种植面积达到了30公顷，甚至在达莱洛（Durello）也拥有几公顷地块。路嘉特酒庄酿造的美酒在展现经典风格的同时也试图融入创新元素，虽然体现出流逝的时光带来的变化，但是酒庄的发展依然深深根植于本地风土、本地葡萄品种以及尊重传统等价值观之中。路嘉特酒庄今年推荐的系列美酒都表现出众，堪称历年来最佳的一季年份酒，其中尤其得到高分的是2012年份的彭塔托罗蒂阿玛罗尼（Amarone Punta Tolotti）和2014年份的阿尔托峰葡萄园索阿维（Soave Monte Alto）。年复一年，具有极佳陈年窖藏潜力的彭塔托罗蒂阿玛罗尼变得越来越浓郁馥郁，香氛日益精致，成功地持久展现出阿玛罗尼葡萄典型的活力风尚，引人无限遐思。而阿尔托峰葡萄园索阿维成为气候条件艰难的2014年份酒中的一抹亮色，展现出精美的香氛，极为复杂，完美恢宏的口感与之相得益彰，堪称酿酒艺术的杰作。

- ● Amarone della Valpolicella Punta Tolotti '12 — 🍷🍷🍷 7
- ○ Lessini Durello Pas Dosé M. Cl. Amedeo '11 — 🍷🍷 5
- ○ Recioto di Soave La Perlara '13 — 🍷🍷 5
- ○ Soave Cl. Monte Alto '14 — 🍷🍷 3*
- ○ Soave Cl. Monte Fiorentine '15 — 🍷🍷 3*
- ● Valpolicella Sup. Campo Lavei '14 — 🍷🍷 4
- ● Recioto della Valpolicella L'Eremita '12 — 🍷🍷 5
- ○ Soave Cl. San Michele '15 — 🍷🍷 2*
- ● Valpolicella Rio Albo '15 — 🍷🍷 2*
- ○ Soave Cl. Monte Alto '13 — 🍷🍷🍷 3*
- ○ Soave Cl. Monte Alto '11 — 🍷🍷🍷 3*
- ○ Soave Cl. Monte Alto '10 — 🍷🍷🍷 3*
- ○ Soave Cl. Monte Alto '09 — 🍷🍷🍷 3*
- ○ Soave Cl. Monte Fiorentine '13 — 🍷🍷🍷 3*
- ○ Studio '10 — 🍷🍷🍷 4*

## Giuseppe Campagnola

fraz. Valgatara
via Agnella, 9
37020 Marano di Valpolicella [VR]
Tel. +39 0457703900
www.campagnola.com

藏酒销售
预约参观
年产量 5 000 000 瓶
葡萄种植面积 155 公顷

作为家族酒庄的领导人，约瑟佩·坎帕尼奥拉（Giuseppe Campagnola）如今正面临着两难境地，一方面是本地葡萄种植商带来的困境，另一方面是作为商人当然要从利益角度出发来考量生意的压力。约瑟佩坎帕尼奥拉酒庄的葡萄园占地超过100公顷，但实际上酒庄在维罗纳地区（Verona）几乎所有的酿造活动都依靠与本地种植商签订长期协议、购买酿造葡萄才能进行；与此同时还凭借酒庄技术团队无可争辩的精湛酿造技艺，最终才能打造出口感坚实、风格传统的佳酿。酒庄出品注重强调果味饱满的风格，同时又不会丢失口感的紧致度。在约瑟佩坎帕尼奥拉酒庄今年提供的品鉴酒品中，2013年份的马拉诺瓦拉塔（Vallata di Marano）表现极为出色，虽然它呈现出这种类型美酒特有的果实几近过熟的热辣特质，但是依然竭尽全力传递出跃动和丰满的果味，极易入口，口感轻快且非常美味。与此同时，2011年份的卡塔林纳扎尔迪尼陈酿（Riserva Caterina Zardini）的风味则与之迥然不同，吐露着深邃而多层次的复杂香氛，口感饱满丰盈，精美的酸度和单宁刻画出美妙的酒质，口感演进过程恢宏庄重，给人带来怡人的享受。

- ● Amarone della Valpolicella Cl. Caterina Zardini Ris. '11 — 🍷🍷 6
- ● Amarone della Valpolicella Cl. Vign. Vallata di Marano '13 — 🍷🍷 5
- ● Recioto della Valpolicella Cl. Casotto del Merlo '13 — 🍷🍷 5
- ● Valpolicella Cl. Sup. Caterina Zardini '14 — 🍷🍷 3
- ● Valpolicella Cl. Sup. Ripasso '14 — 🍷🍷 3
- ⊙ Bardolino Cl. Chiaretto Roccolo del Lago '15 — 🍷 2
- ● Bardolino Cl. Roccolo del Lago '15 — 🍷 2
- ○ Pinot Grigio Arnaces '15 — 🍷 2
- ○ Prosecco Brut Arnaces — 🍷 3
- ○ Soave Cl. Monte Foscarino Le Bine '15 — 🍷 2
- ● Valpolicella Cl. Le Bine '15 — 🍷 2
- ● Valpolicella Cl. Sup. Caterina Zardini '05 — 🍷🍷🍷 3*

## Campi

oc. Allodola
raz. Cellore d'Illasi
a delle Pezzole, 3
7032 Illasi [VR]
el. +39 0456175915
www.icampi.it

藏酒销售
预约参观
年产量 80 000 瓶
葡萄种植面积 12 公顷

卡姆皮酒庄（I Campi）的主人弗拉维奥·普拉（Flavio Prà）曾经在维罗纳地区（Verona）的各种酒庄中长期工作，因此积累了相当丰富的种植和酿造经验，后来自己开设了这座中等规模的高品质酒窖，打造索阿维（Soave）和瓦尔波利切拉（Valpolicella）两个产区的美酒。卡姆皮酒庄的葡萄园坐落在山间，有些地块的海拔高度很高，几乎全部种植当地的传统葡萄品种，致力于应对海拔高度和昼夜温差极大的气候条件的挑战，酿造出更加优雅的美酒。卡姆皮酒庄出品的红葡萄酒和白葡萄酒风格迥然相异：白葡萄酒芬芳扑鼻、口感紧致；而红葡萄酒则优先呈现饱满果味和品种葡萄的特质——普拉始终试图完美平衡这两种表达。卓越的2015年采收酿造季缔造出卓越的明星酒品——火山岛索阿维（Soave Campo Vulcano），它的香氛集中而浓郁，融入苹果和梨子的阵阵果香，底蕴中更透露出诱人的花香，一抹清爽的草本植物芬芳萦绕其间，令整体香氛的轻快质感更上一层楼。入口后感到满满的能量，精美的酸度搭配更加明快的果味，带来了细腻的口感，令人拍案叫绝。与此同时，2014年份的坎波赛欧托里利帕索（Ripasso Campo Ciotoli）同样令人心仪，它吐露着惊人的果香，入口饱满馥郁，丰盈美味。

| | |
|---|---|
| ○ Soave Cl. Campo Vulcano '15 | 🍷🍷🍷 3* |
| ● Valpolicella Sup. Ripasso Campo Ciotoli '14 | 🍷🍷 3* |
| ● Amarone della Valpolicella Campi Lunghi '13 | 🍷🍷 6 |
| ○ Soave Campo Base '15 | 🍷🍷 2* |
| ● Valpolicella Campo Base '14 | 🍷 3 |
| ○ Soave Cl. Campo Vulcano '13 | 🍷🍷🍷 3* |
| ○ Soave Cl. Campo Vulcano '12 | 🍷🍷🍷 3* |
| ○ Soave Cl. Campo Vulcano '11 | 🍷🍷🍷 5 |
| ○ Soave Cl. Campo Vulcano '10 | 🍷🍷🍷 3* |
| ○ Soave Cl. Campo Vulcano '09 | 🍷🍷🍷 3* |
| ○ Soave Cl. Campo Vulcano '08 | 🍷🍷🍷 3* |
| ● Valpolicella Sup. Ripasso Campo Ciotoli '13 | 🍷🍷🍷 3* |
| ○ Soave Cl. Campo Vulcano '14 | 🍷🍷 3* |

## Canevel Spumanti

loc. Saccol
via Roccat e Ferrari, 17
31049 Valdobbiadene [TV]
Tel. +39 0423975940
www.canevel.it

预约参观
年产量 700 000 瓶
葡萄种植面积 12 公顷

卡奈维尔起泡酒酒庄（Canevel Spumanti）是普洛塞克葡萄酒（Prosecco）现代发展史上的最佳生产商之一，由马瑞奥·卡拉梅尔（Mario Caramel）和酿酒师罗伯托·德·路奇（Roberto De Lucchi）两人于20世纪70年代末创建。今天的卡奈维尔起泡酒酒庄由马瑞奥的妻子塔蒂亚娜（Tatiana）和儿子卡洛（Carlo）经营和管理，在德·路奇的大力协助下，向着酿造出一款能够完美呈现格雷拉葡萄（Glera）潜力、独一无二的普洛塞克葡萄酒的梦想努力前行。酒庄拥有十几公顷的葡萄园，都采用有机方式栽培打理，同时当地众多葡萄种植商也为酒庄的酿造活动提供原料，协助酒庄的发展。在卡奈维尔起泡酒酒庄今年推荐的系列美酒中，没有一款略有瑕疵的出品。其中瓦尔多比亚德尼干型葡萄酒（Valdobbiadene Brut）的品质首当其冲，赢得了我们的一致赞许，由于酿造葡萄生长季的气温较高，令这款美酒散发着经典的苹果和梨子果香；入口后感到清脆的酸度和品种葡萄特有的质感，果味饱满，与宽广绵长的余韵完美搭配，气势恢宏，令人回味无穷。极干型（Extra Dry）也同样美味可口，散发着甚至更加丰盈的果香，随之而来的是华美且令人心满意足的美妙口感。

| | |
|---|---|
| ○ Cartizze '15 | 🍷🍷 5 |
| ○ Valdobbiadene Brut '15 | 🍷🍷 4 |
| ○ Valdobbiadene Dosaggio Zero Vign. del Faè '15 | 🍷🍷 4 |
| ○ Valdobbiadene Extra Dry '15 | 🍷🍷 4 |
| ○ Valdobbiadene Extra Dry Il Millesimato '15 | 🍷🍷 5 |
| ○ Cartizze '14 | 🍷🍷 5 |
| ○ Valdobbiadene Brut '14 | 🍷🍷 4 |
| ○ Valdobbiadene Dosaggio Zero Vign. del Faè '14 | 🍷🍷 4 |
| ○ Valdobbiadene Dosaggio Zero Vign. del Faè '13 | 🍷🍷 4 |
| ○ Valdobbiadene Extra Dry Il Millesimato '14 | 🍷🍷 5 |
| ○ Valdobbiadene Extra Dry Mill. '13 | 🍷🍷 5 |

## Cantina del Castello

CORTE PITTORA, 5
37038 SOAVE [VR]
TEL. +39 0457680093
www.cantinacastello.it

藏酒销售
预约参观
年产量 130 000 瓶
葡萄种植面积 13 公顷

在过去的二十多年里，阿图罗・斯托凯提（Arturo Stocchetti）既没有致力于无节制的增加产量，也没有在整个产区范围内疯狂地购买种植地块。相反，他将注意力完全投入到卡斯泰罗酒庄（Cantina del Castello）的葡萄园中，对园中的葡萄藤布局进行重新梳理、挖掘和移植，以达到改善酿造果实品质的目标。与此同时，酒窖中的酿造工作依然追寻一种凸显精致气质与扑鼻芬芳的风格。今年卡斯泰罗酒庄推荐的参选美酒表现都非常精彩。得益于2016年采收酿造季理想的气候条件，该年份的普莱松尼索阿维（Soave Pressoni）散发着馥郁集中的酒香，再次确认了这款一贯优质美酒的极佳品质，融入白李子的缕缕果香，底蕴中透露出迷人的花香，美味可口的口感随之即来，令人收获美妙的终极享受。与此同时，在酒窖中长久陈年的美酒卡尼嘉（Carniga）展现出更加复杂的风味：它吐露着层次丰富的香氛，入口后感到浓郁饱满的果味，收口绵长，令人心仪，再次展现出索阿维（Soave）白葡萄酒极佳的窖藏潜力。

| | |
|---|---|
| ○ Soave Cl. Carniga '13 | 3* |
| ○ Soave Cl. Pressoni '15 | 3* |
| ○ Soave Cl. Castello '15 | 2* |
| ○ Recioto di Soave Cl. Cortepittora '13 | 5 |
| ○ Soave Cl. Sup. Monte Pressoni '01 | 3 |
| ○ Recioto di Soave Cl. Ardens '08 | 5 |
| ○ Soave Cl. Carniga '11 | 3* |
| ○ Soave Cl. Carniga '10 | 3 |
| ○ Soave Cl. Carniga '08 | 3 |
| ○ Soave Cl. Castello '12 | 2* |
| ○ Soave Cl. Castello '09 | 2 |
| ○ Soave Cl. Pressoni '14 | 3 |
| ○ Soave Cl. Pressoni '13 | 3 |

## La Cappuccina

FRAZ. COSTALUNGA
VIA SAN BRIZIO, 125
37032 MONTEFORTE D'ALPONE [VR]
TEL. +39 0456175036
www.lacappuccina.it

藏酒销售
预约参观
餐饮接待
年产量 300 000 瓶
葡萄种植面积 42 公顷
葡萄栽培方式 有机认证

伊莲娜・特萨里（Elena Tessari）、西其托・特萨里（Sisto Tessari）和彼得罗・特萨里（Pietro Tessari）在科斯塔鲁加（Costalunga）经营着家庭酒庄，卡布基诺酒庄（La Cappuccina）地处索阿维指定产区（Soave）的东部山坡上。卡布基诺酒庄的葡萄园占地面积达到40公顷，包含诸多垂直格状种植地块，早在三十年前即有机栽培方式流行之前，特萨里家族就已经超前采用这种方式打理葡萄园，令卡布基诺酒庄成为产区内历史最为悠久的名庄之一。出品美酒主要集中在索阿维地产酒，酒香四溢，非常容易入口，但是出品中还包括几款红葡萄酒，每款都展现出极高的酿造水平。数年来，圣布里奇奥（San Brizio）并没有让人惊艳的表现，但是在今年的品鉴中，却凭借气候条件非常不理想的2014年份酒大放异彩。16世纪古堡与新酒窖之间的壮丽葡萄园出产的酿造果实在橡木桶中陈年一年后，便吐露出饱满芬芳的草果香，融入梨子的阵阵果香，底蕴中透露出丝丝悠然花香，更有橡木的香气萦绕其间，完美契合。入口后感到精美丰盈的跃动口感，收口余韵回味绵长，酒质演进层层递进，浸润着热情洋溢的甜美果味。与此同时，2013年份的阿兹莫雷乔托（Recioto Arzimo）是一款美味可口的帕西多甜酒（Passito），洋溢着热带水果的甜美果香，融入柑橘的阵阵甜美芬芳。

| | |
|---|---|
| ○ Soave San Brizio '14 | 3 |
| ○ Basaltik Sauvignon '15 | 2 |
| ● Campo Buri '11 | 4 |
| ○ Recioto di Soave Arzimo '13 | 5 |
| ○ Soave '15 | 2 |
| ○ Soave Cl. Monte Stelle '14 | 3 |
| ○ Villa Buri Brut M. Cl. '10 | 4 |
| ● Madégo '15 | 2 |
| ○ Soave Fontégo '15 | 2 |
| ● Campo Buri '10 | 4 |
| ○ Recioto di Soave Arzimo '12 | 5 |
| ○ Recioto di Soave Arzimo '11 | 4 |
| ○ Soave '14 | 2 |
| ○ Soave Fontégo '14 | 2 |
| ○ Soave Fontégo '13 | 2 |
| ○ Soave Monte Stelle '13 | 3 |

## .e Carline

'A Carline, 24
30020 Pramaggiore [VE]
'el. +39 0421799741
www.lecarline.com

藏酒销售
预约参观
年产量 400 000 瓶
葡萄种植面积 18 公顷
葡萄栽培方式 有机认证

皮奇宁家族（Piccinin）于20世纪80年代创建了卡琳酒庄（Le Carline），一再证明他们是不走寻常路的一群人，将全副精力都奉献给有机农业——即便在大家甚至还没听说过有机栽培这个词汇的时候。今天，酒庄的创始人达尼埃尔·彼奇诺（Daniele Piccini）与妻子黛安娜（Diana）在经营方面越来越倚靠孩子们。卡琳酒庄在400公顷的有机岛屿中心地带拥有0公顷的种植地块，这样的风土条件在整个意大利都难以寻觅。卡琳酒庄的年产量如今已经超过40万瓶，包含三条产品线：素食认证美酒、无硫化物添加美酒，当然还有有机葡萄酒。多盖尔（Dogale）这款帕西多甜酒（Passito）是一款来自维杜佐（Verduzzo）的晚收葡萄酒，酿造葡萄在完全晒干后在进行发酵处理，继而在小木桶中陈年九个月。在今年的品鉴中，这样得到的佳酿展现出复杂的香氛，吐露着枣子的甜美果香，融入胡桃的丝丝香醇气息，一抹香料的辛辣香气若有似无地飘散其间；随之而来的口感非常诱人，甜度和美味完美平衡，如同丝绸般的柔滑口感与跃动酒质完美搭配，一路引领攀上绵长的收口余韵巅峰，干净透彻且干爽怡人。与此同时，黛安娜传统酿造法起泡酒（Metodo Classico Diana）同样给人留下了深刻印象，这款干型起泡酒主要由霞多丽（Chardonnay）酿造而成，酒质纤柔，但是非常华美可口。

| | |
|---|---|
| ○ Diana Brut M. Cl. '15 | 🍷🍷 4 |
| ○ Dogale Passito | 🍷🍷 3 |
| Lison-Pramaggiore Cabernet '15 | 🍷 2 |
| ○ Spumante Brut | 🍷 2 |
| ○ Venezia Pinot Grigio '15 | 🍷 2 |
| ● Carline Rosso '12 | 🍷🍷 3 |
| ● Carline Rosso '11 | 🍷🍷 3 |
| Carline Rosso '10 | 🍷🍷 3 |
| ● Carline Rosso '07 | 🍷🍷 4 |
| ● Carline Rosso '07 | 🍷🍷 4 |
| ○ Lison Cl. '12 | 🍷🍷 2* |
| ○ Lison-Pramaggiore Lison '09 | 🍷🍷 2* |
| ○ Lison-Pramaggiore Pinot Grigio '09 | 🍷🍷 2* |
| ○ Lison-Pramaggiore Pinot Grigio '08 | 🍷🍷 2* |
| ● Lison-Pramaggiore Refosco P.R. senza solfiti aggiunti '13 | 🍷🍷 2* |

## Carpenè Malvolti

via Antonio Carpenè, 1
31015 Conegliano [TV]
Tel. +39 0438364611
www.carpene-malvolti.com

预约参观
年产量 5 300 000 瓶
葡萄种植面积 26 公顷

普洛塞克葡萄酒（Prosecco）已经成为今天全世界普遍承认的现象级美酒，这一切要归功于多年前就开始在这条道路上探究前行的普洛塞克生产商们，其中自然包括卡彭尼·玛尔沃提（Carpenè Malvolti）这位重要人物。虽然卡玛酒庄的葡萄园面积并不大，但是它对于这片土地拥有不变的热爱，展露出酿造口感集中、香气扑鼻的起泡白葡萄酒的卓越能力，这还要感谢与酒庄合作紧密的山地葡萄种植商们供应的优质酿造葡萄。酿造出品几乎完全奉献给普洛塞克酒（Prosecco）。极干型普洛塞克（Extra Dry）的品质最为卓越，尤其出自伟大的采收酿造季，因此显露出气势恢宏的阐释和表达。不可忽略的浓郁果香首当其冲，融入阵阵繁花的芬芳作为辅助的香氛，随之而来的华美口感浸润着丰盈的果味，酸度和甜度的平衡带来了美妙的滋味，更有劲道的咸味萦绕其间，这是格雷拉葡萄（Glera）的典型特征。与此同时，干型普洛塞克（Brut）的品质也不输人后，它的香氛与之类似，吐露着阵阵果香，但是口感更加敏感和锐利。

| | |
|---|---|
| ○ Conegliano Valdobbiadene Extra Dry 1868 | 🍷🍷 3 |
| ○ Cartizze | 🍷 5 |
| ○ Conegliano Valdobbiadene Brut 1868 | 🍷 3 |
| ○ Conegliano Valdobbiadene Dry 1868 '14 | 🍷 5 |

## Casa Cecchin

via Agugliana, 11
36075 Montebello Vicentino [VI]
Tel. +39 0444649610
www.casacecchin.it

藏酒销售
预约参观
年产量 30 000 瓶
葡萄种植面积 7 公顷

20世纪70年代初，雷纳托·塞钦（Renato Cecchin）开创了这座我们如今耳熟能详的著名酒庄——卡萨塞钦酒庄（Casa Cecchin）。酒庄最初主要致力于发掘两种历史悠久的本地葡萄品种的潜力——加格奈拉（Garganega）和达莱洛（Durella）。即便直至今天，卡萨塞钦酒庄位于奥格利安纳（Agugliana）的葡萄园占地面积不过七公顷，这里也是酒窖的所在地，地块土质富含火山灰，地处海拔250米的山坡。卡萨塞钦酒庄以直接了当、毫无虚饰的质朴方式呈现葡萄果实的特性，追求展现本地风土条件和良好葡萄品种的特有风格，只出品白葡萄酒，采用加格奈拉葡萄来酿造静止葡萄酒，而采用达莱洛来酿造传统酿造法起泡酒（Metodo Classico）。在今年的品鉴中，2012年份的秘方起泡酒（Nostrum）获得了我们的一致高分评定，这款达莱洛美酒与酒泥共同陈年长达三年的时间，酒香四溢，它吐露着纯净浓郁的果香，融入苹果和梨子的芬芳，底蕴中飘散一抹蓓蕾花香，更有丝丝矿物质的醇香若隐若现萦绕其间，随着陈年时间的推移，矿物质的醇香将会越来越显著，占据更大比重。酿造葡萄典型的酸度令口感发咸，令酒质强劲紧致，但是又同时具有恢宏的广度。与此同时，2015年份的圣尼克洛（San Nicolò）由加格奈拉葡萄（Garganega）酿造而成，也呈现出精彩的表现，它的口感饱含能量，跃动怡人，而且酒质依然处于不断的发展演化之中。

| | |
|---|---|
| ○ Gambellara San Nicolò '15 | ▼▼ 2* |
| ○ Lessini Durello Extra Brut Nostrum M. Cl. '12 | ▼▼ 4 |
| ○ Lessini Durello Pietralava '14 | ▼▼ 2* |
| ○ Lessini Durello Il Durello '15 | ▼ 2 |
| ○ Lessini Durello Extra Brut Nostrum M. Cl '10 | ▽▽ 4 |
| ○ Lessini Durello Il Durello '14 | ▽▽ 2* |
| ○ Lessini Durello Il Durello '13 | ▽▽ 2* |
| ○ Lessini Durello Non Dosato M. Cl. Ris. '09 | ▽▽ 5 |
| ○ Lessini Durello Pietralava '12 | ▽▽ 2* |
| ○ Lessini Durello San Nicolò '14 | ▽▽ 2* |

## Casa Roma

via Ormelle, 19
31020 San Polo di Piave [TV]
Tel. +39 0422855339
www.casaroma.com

藏酒销售
预约参观
年产量 200 000 瓶
葡萄种植面积 15 公顷

皮亚韦种植区（Piave）布满了以生产轻快口感白葡萄酒而著称的众多葡萄酒生产商，如今其中大部分人都转向生产普洛塞克起泡酒（Prosecco）。但是在皮亚韦圣保罗（San Polo di Piave），吉吉·佩鲁泽托（Gigi Peruzzetto）的卡萨罗马酒庄（Casa Roma）试图保持一种颇具挑战的平衡，在出产气质直率、可饮性极佳的白葡萄酒的同时，保持与本地偶像级别的拉波索美酒（Raboso）的强大纽带。卡萨罗马酒庄拥有两条产品线，以不同的速度发布酒品：一条直接而脆爽；另一条细腻且深邃。这片种植区也由于栽培如今已经非常罕见的白玛泽米纳（Marzemina bianca）而闻名，这一品种一度在皮亚韦平原十分流行，但是今天已经非常难以寻觅。吉吉将之打造出颇具流行质感的美酒，吐露着桃子和杏一般的甜美果香，融入橄榄的芬芳，酒体纤美，但是口感精致，果味美味。除此之外，普罗方度红葡萄酒（Pro Fondo Rosso）热情洋溢，美味可口，给人带来难得一见的美好享受，由拉波索葡萄在瓶中二次发酵打造而成；这款美酒以浓郁的酒香和自信且多汁的口感著称，令人久久难忘。

| | |
|---|---|
| ○ Mazemina Bianca '15 | ▼▼ 2 |
| ● Pro Fondo Rosso Frizzante | ▼▼ 2 |
| ○ San Dordi '15 | ▼▼ 3 |
| ● Piave Carmenère '15 | ▼ 2 |
| ○ Piave Manzoni Bianco '15 | ▼ 2 |
| ● Raboso Sestier '15 | ▼ 2 |
| ● Venezia Cabernet Sauvignon '15 | ▼ 2 |
| ○ Venezia Chardonnay '15 | ▼ 2 |
| ● Venezia Merlot '15 | ▼ 2 |
| ○ Venezia Pinot Grigio '15 | ▼ 2 |
| ⊙ Nesio Brut M. Cl. '10 | ▽▽ 5 |
| ● Piave Malanotte '09 | ▽▽ 6 |
| ● Piave Raboso '10 | ▽▽ 4 |
| ● Piave Raboso '09 | ▽▽ 4 |
| ● Raboso Passito Callarghe '09 | ▽▽ 5 |

## Case Paolin

via Madonna Mercede, 53
31040 Volpago del Montello [TV]
Tel. +39 0423871433
www.casepaolin.it

藏酒销售
预约参观
年产量 75 000 瓶
葡萄种植面积 12 公顷
葡萄栽培方式 有机认证
可持续发展酒庄

波佐邦兄弟（Pozzobon）在蒙特洛高原（Volpago del Montello）经营着卡斯宝林酒庄（Case Paolin），葡萄园位于蒙特洛山坡上，南部环绕波河河谷（Po Valley），北部流淌着皮亚韦河（River Piave）。卡斯宝林酒庄的葡萄园在蒙特洛的平原和山地间绵延12公顷，采用有机方法栽培种植经典波尔多黑葡萄品种（Bordeaux）——在这片坡土上生长已经长达一个世纪，同时还当然还种植白曼佐尼（Manzoni bianco）和格雷拉（Glera）等本地品种。圣卡洛（San Carlo）是卡斯宝林酒庄的偶像级佳酿，这款主要由赤霞珠（Cabernet Sauvignon）打造的波尔多混酿（Bordeaux）出自蒙特洛的葡萄园，在今年的品鉴中表现精彩。它摇曳着红宝石般深邃的色泽，散发着极为成熟的阵阵果香，底蕴中透露出缕缕香料的辛香，随之而来的口感非常紧实，得到了质地细腻单宁的极大支持。与此同时，同样令人信服的还有2014年份的科斯塔德格利安格利（Costa degli Angeli），这款飘逸着柑橘香的白曼佐尼（Manzoni bianco）果香浓郁，果味丰盈，是一款不可多得的美酒。

| | |
|---|---|
| ○ Asolo Brut | 🍷🍷 2* |
| ○ Manzoni Bianco Costa degli Angeli '14 | 🍷🍷 3 |
| ● Montello e Colli Asolani Rosso San Carlo '12 | 🍷🍷 4 |
| ○ Prosecco di Treviso Extra Dry | 🍷🍷 2* |
| ● Rosso del Milio '13 | 🍷🍷 3 |
| ○ Asolo Frizzante Col Fondo | 🍷 3 |
| ● Cabernet '15 | 🍷 2 |
| ○ Soér Passito | 🍷 4 |
| ○ Manzoni Bianco Costa degli Angeli '13 | 🍷🍷 3 |
| ● Montello e Colli Asolani Rosso del Milio '11 | 🍷🍷 3 |
| ● Montello e Colli Asolani Sup. San Carlo '11 | 🍷🍷 4 |
| ● Rosso del Milio '12 | 🍷🍷 3 |

## Michele Castellani

fraz. Valgatara
via Granda, 1
37020 Marano di Valpolicella [VR]
Tel. +39 0457701253
www.castellanimichele.it

藏酒销售
预约参观
年产量 300 000 瓶
葡萄种植面积 50 公顷

塞尔吉奥·卡斯泰拉尼（Sergio Castellani）拥有的家族酒庄地处瓦格塔拉（Valgatara），正坐落在玛拉诺山谷（Marano Valley）的谷口，是本产区给人留下最深印象的酒庄之一，这一切要归功于卡斯泰拉尼酒庄年均30万瓶的高产量以及为酒品提供酿造原料、占地面积达到50公顷的广袤葡萄园——其中部分是酒庄自有的葡萄园，有些是租赁的种植地块。充足的酿造果实令塞尔吉奥能够充分利用最佳地块出产的最佳酿造葡萄打造美酒，他的出品风格无疑同时兼顾了浓郁果味与劲道口感。卡斯泰拉尼酒庄今年提供了一系列品质卓越的参选美酒，其中2012年份的辛切泰拉阿玛罗尼（Amarone Cinquestelle）散发着非常成熟的红莓果的缕缕果香，一抹香料的辛香和墨汁的芬芳与之交相辉映，底蕴中还透露出丝丝橡木的甜美香气。这款美酒的口感显然是着重打造之处，饱满浓郁的果味浸润酒中，在极佳的酸度和质地紧致的单宁支持下，酒质演进十分稳健。相比较而言，2013年份的法森纳拉山雷乔托（Recioto Monte Fasenara）的风味则与之截然相反，吐露着浓郁爆发的果香，热情洋溢，口感热辣。

| | |
|---|---|
| ● Amarone della Valpolicella Cl. Cinquestelle Collezione Ca' del Pipa '12 | 🍷🍷 7 |
| ● Recioto della Valpolicella Cl. Monte Fasenara I Castei '13 | 🍷🍷 5 |
| ● Amarone della Valpolicella Cl. Campo Casalin I Castei '12 | 🍷🍷 6 |
| ● Valpolicella Cl. Campo del Biotto I Castei '15 | 🍷 2 |
| ● Valpolicella Cl. Sup. Ripasso Costamaran I Castei '14 | 🍷 3 |
| ● Valpolicella Cl. Sup. Ripasso Costamaran I Castei '13 | 🍷🍷 3 |

## ★Cavalchina

LOC. CAVALCHINA
FRAZ. CUSTOZA
VIA SOMMACAMPAGNA, 7
37066 SOMMACAMPAGNA [VR]
TEL. +39 045516002
www.cavalchina.com

藏酒销售
预约参观
年产量 445 000 瓶
葡萄种植面积 50 公顷

卢西亚诺·皮欧纳（Luciano Piona）和弗兰科·皮欧纳（Franco Piona）兄弟两人赋予家族酒庄新的发展动力，一切从宝贵的巴尔多利诺（Bardolino）和库斯托扎（Custoza）指定产区开始。卡瓦基纳酒庄（Cavalchina）的葡萄园向两个方向扩张，向西直抵明齐奥河（River Mincio），此间地块出产的酿造葡萄用以打造以品种特质为根基的美酒；向东进入瓦尔波利切拉产区（Valpolicella），此间地块出产的果实用以酿造传统美酒。出品的佳酿也忠诚地反映出不同地区的风土特色：西部地块出产的美酒果味饱满、风味独特；库斯托扎产区出品则酒香扑鼻、酒质优雅；瓦尔波利切拉产区酒则口感劲道、气势恢宏。但是从整体上而言，所有卡瓦基纳酒庄出品都展现出卓越的品质，令人信赖。在今年的品鉴中，皮欧纳家族打造的阿米蒂奥库斯托扎（Custoza Amedeo）再次拔得头筹，而且这款美酒在全意大利白葡萄酒评选中也无疑能够赢得一席之地。它吐露着饱满优雅的香气，散发着仿佛梨子和苹果的阵阵果香，继而演化成蓓蕾的缕缕芬芳，底蕴中透露出丝丝柑橘的香甜，随之而来的是越来越饱满的口感，与此同时绝不缺乏跃动的美妙果味。 接下来是2013年份的库斯托扎SP（Custoza SP），这款美酒相比较而言更加鲜美，酒质锐利，精美的酸度带来清爽的口感。在卡瓦基纳酒庄推荐的所有红葡萄酒中，我们最喜爱的是2014年份的圣露西亚巴尔多利诺（Bardolino Santa Lucia）——深邃口感与细腻酒质完美搭配；以及2012年份的托莱奥蒂阿玛罗尼（Amarone Torre d' Orti）——果味饱满，质感热辣。

| | |
|---|---|
| ○ Custoza Sup. Amedeo '14 | 🍷🍷🍷 3* |
| ● Amarone della Valpolicella Torre d'Orti '12 | 🍷🍷 6 |
| ● Bardolino '15 | 🍷🍷 2* |
| ⊙ Bardolino Chiaretto '15 | 🍷🍷 2* |
| ● Bardolino Sup. S. Lucia '14 | 🍷🍷 3 |
| ● Garda Cabernet Sauvignon Falcone La Prendina '13 | 🍷🍷 4 |
| ○ Garda Riesling Paroni La Prendina '15 | 🍷🍷 2* |
| ⊙ La Rosa Passito '15 | 🍷🍷 3 |
| ○ Sauvignon Valbruna La Prendina '14 | 🍷🍷 2* |
| ● Garda Merlot Faial Prendina '13 | 🍷 5 |
| ○ Garda Pinot Bianco Prendina '15 | 🍷 3 |
| ○ Pinot Grigio Prendina '15 | 🍷 2 |
| ● Valpolicella Sup. Morari Torre d'Orti '13 | 🍷 4 |
| ● Valpolicella Sup. Ripasso Torre d'Orti '13 | 🍷 3 |

## Cavazza

C.DA SELVA, 22
36054 MONTEBELLO VICENTINO [VI]
TEL. +39 0444649166
www.cavazzawine.com

藏酒销售
预约参观
膳宿接待
年产量 860 000 瓶
葡萄种植面积 150 公顷
可持续发展酒庄

在甘贝拉纳种植区（Gambellara）以及临近的贝利奇山产区（Berici Hills），卡瓦扎家族（Cavazza）已经活跃多年。卡瓦扎酒庄葡萄园的占地面积不少于150公顷，如今的年产量接近100万瓶。酒庄出品分为风格迥异的两个方向：一个是口感轻快、酒香扑鼻的甘贝拉纳产区酒，基本上全部是著名的白葡萄酒；另一个方向是果味饱满、气质明快的贝利奇山产区酒，主要针对波尔多（Bordeaux）葡萄品种。在卡瓦扎酒庄今年提供的品鉴酒品中，贝利奇山产区成为令我们印象最深刻的产区之一，我们先从这里出品的奇科尼亚梅洛（Merlot Cicogna）开始。这款美酒是我们的最爱，它温暖且成熟，散发着柔美的红莓果果香，融入香料的缕缕辛香，底蕴中透露出缕缕咖啡豆和可可粉的醇香，进一步提升了这款酒甜美的香气。与此同时，浓郁却精美的单宁带来了强劲紧致的口感，支持着热辣的果味一路攀上精美的收口巅峰。在卡瓦扎酒庄今年推荐的白葡萄酒中，我们给予了博卡拉（Bocara）这款跃动多汁的甘贝拉纳地区白葡萄酒极高的评分。

| | |
|---|---|
| ● Colli Berici Merlot Cicogna '13 | 🍷🍷 5 |
| ○ Gambellara Cl. La Bocara '15 | 🍷🍷 2* |
| ○ Chardonnay Corì '15 | 🍷 3 |
| ● Colli Berici Cabernet Cicogna '12 | 🍷🍷 4 |
| ● Colli Berici Cabernet Cicogna '11 | 🍷🍷 4 |
| ● Colli Berici Merlot Cicogna '12 | 🍷🍷 4 |
| ● Colli Berici Merlot Cicogna '11 | 🍷🍷 4 |
| ● Colli Berici Tai Rosso Corallo '13 | 🍷🍷 3 |
| ○ Gambellara Cl. Creari '12 | 🍷🍷 3 |
| ○ Gambellara Cl. Creari '10 | 🍷🍷 3 |
| ○ Gambellara Cl. La Bocara '12 | 🍷🍷 2* |
| ○ Recioto di Gambellara Cl. Capitel S. Libera '10 | 🍷🍷 4 |

## Giorgio Cecchetto

Fraz. Tezze di Piave
Via Piave, 67
31028 Vazzola [TV]
Tel. +39 043828598
www.rabosopiave.com

藏酒销售
预约参观
年产量 200 000 瓶
葡萄种植面积 73 公顷
可持续发展酒庄

普洛塞克（Prosecco）最初布满了科内利亚诺（Conegliano）和瓦多比阿德恩（Vadobbiadene）的山坡，继而如同野火燎原一般，迅速占领了整个特雷维索省（Treviso）并自此深深根植在这片土地上。虽然乔吉奥・切凯托（Giorgio Cecchetto）和妻子克里斯蒂娜（Cristina）并不轻视芬芳扑鼻的普洛塞克起泡酒，但是他们更愿意全心全意地酿造拉波索葡萄酒（Raboso），实际上该酒庄出产了所有款式的拉波索葡萄酒，从部分葡萄干化的果实打造的马拉诺特拉波索（Malanotte），到更加清爽活跃的传统酿造法拉波索（Metodo Classico）。在今年的品鉴中，采用2012年采收季果实酿造而成的皮亚韦拉波索葡萄酒（Piave Raboso）表现优越，从多款美酒中脱颖而出。它吐露着野生莓果的阵阵果香，融入香料的缕缕辛香，更有一抹锐利的野生草本植物清香提升了整款酒的香氛，随之而来的口感与之完美搭配，酒质紧致，酸度表现经典，呈现出品种葡萄的独特之处。除此之外，白曼佐尼（Manzoni Bianco）也同样令人愉悦，充分展现出2017年采收酿造季的卓越条件，这款美酒将饱满果味和柔美酒质完美结合，打造出令人愉悦、华美柔顺的顶级白葡萄酒。

| | |
|---|---|
| ○ Manzoni Bianco '15 | TT 2* |
| ● Piave Raboso '12 | TT 3 |
| ● Cabernet Sauvignon '15 | T 2 |
| ● Carmenere '15 | T 2 |
| ● Merlot Sante Rosso '13 | T 3 |
| ● Malanotte Gelsaia '11 | YY 5 |
| ● Merlot Sante Rosso '11 | YY 3 |
| ● Merlot Sante Rosso '10 | YY 3 |
| ● Piave Raboso '11 | YY 3 |
| ● Raboso Passito RP | YY 4 |
| ⊙ Rosa Bruna Cuvée 21 Brut M.Cl. '11 | YY 3 |
| ⊙ Rosa Bruna Cuvée 21 Brut M.Cl. '10 | YY 3 |
| ● Sante Rosso '12 | YY 3 |

## Gerardo Cesari

loc. Sorsei, 3
37010 Cavaion Veronese [VR]
Tel. +39 0456260928
www.cesariverona.it

藏酒销售
预约参观
年产量 1 600 000 瓶
葡萄种植面积 109 公顷
可持续发展酒庄

赫拉多克萨里酒庄（Gerardo Cesari）拥有占地面积大约100公顷的葡萄园，酒庄的年产量超过150万瓶，但是这个数字本身并不能充分传递出赫拉多克萨里酒庄在生产瓦尔波利切拉产区酒（Valpolicella）以及临近产区酒方面的万丈豪情，也没有充分反映出他们在卡瓦永（Cavaion）和圣彼得罗（San Pietro）的酒窖中进行生产和漫长的浸渍发酵时的艰辛过程。赫拉多克萨里酒庄品种广泛的系列阿玛罗尼美酒（Amarones）按照不同的酿造果实产地进行区分，而且还需要一定的成熟时间才能正式发布，进入市场。在今年的品鉴中，赫拉多克萨里酒庄推荐的美酒都表现不俗，但是其中的2000年份博赞阿玛罗尼（Amarone Bosan）是我们首次品鉴的美酒，也是赫拉多克萨里酒庄最伟大的年份酒之一，刚刚投放市场。经过了十六年时间的洗礼，这款佳酿展现出令人喜出望外的活跃香氛，散发着水果的果香，融入香料的辛香，更有芳香植物的缕缕清香萦绕其间，各种馥郁香气混合缭绕，随之而来的口感令人艳羡的和谐。与此同时，与这款伟大美酒相比年轻了十岁的博斯科（Bosco）则展现出同样的纯正血统和紧致口感，将劲道力度与精美平衡完美结合起来。

| | |
|---|---|
| ● Amarone della Valpolicella Bosan '00 | TT 7 |
| ● Amarone della Valpolicella Cl. '12 | TT 6 |
| ● Amarone della Valpolicella Cl. Il Bosco '10 | TT 7 |
| ○ Lugana Cento Filari '15 | T 3 |
| ● Valpolicella Sup. Ripasso Mara '14 | T 3 |
| ● Amarone della Valpolicella Bosan '06 | YY 8 |
| ● Amarone della Valpolicella Bosan '05 | YY 8 |
| ● Amarone della Valpolicella Cl. Il Bosco '09 | YY 7 |
| ● Amarone della Valpolicella Cl. Il Bosco '08 | YY 7 |
| ○ Lugana Cento Filari '14 | YY 3 |
| ○ Lugana Cento Filari '13 | YY 3 |
| ● Valpolicella Sup. Ripasso Bosan '11 | YY 5 |

## Italo Cescon

FRAZ. RONCADELLE
P.ZZA DEI CADUTI, 3
31024 ORMELLE [TV]
TEL. +39 0422851033
www.cesconitalo.it

藏酒销售
预约参观
年产量 800 000 瓶
葡萄种植面积 115 公顷
葡萄栽培方式 有机认证
可持续发展酒庄

格洛丽亚·切斯孔（Gloria Cescon）、格雷齐拉·切斯孔（Graziella Cescon）和多梅尼科·切斯孔（Domenico Cescon）迅速提升了家族酒庄的实力，与此同时并没有丢失他们引以为傲的传统根基。如今的意大利切斯孔酒庄（Italo Cescon）拥有占地面积超过100公顷的广袤葡萄园，而且还得到许多种植商提供的优质酿造果实作为补充原料——这部分果实大多酿成了口感更加直接的美酒；酒庄自有葡萄园的果实则用于打造更具野心的酒庄基础系列美酒，芬芳扑鼻，极富个性。多年来，我们始终期待评选出意大利切斯孔酒庄的最佳酒品，在今年的品鉴中我们终于得偿所愿，一款白曼佐尼（Manzoni Bianco）的出现令我们惊艳，它的卓越品质无可比拟。2014年份的玛德莱白曼佐尼（Madre）吐露着非常馥郁的酒香，橡木桶中的陈年过程加强了香氛中的橡木芬芳，凸显了柑橘和热带水果的果香，随之而来的口感演化精美，果味余韵似乎无穷无尽，气势恢宏，气质缥缈，令人回味。与此同时，2013年份的切埃托赤霞珠梅洛（Cabernet-merlot Chieto）的品质也在不断的提升之中，这款美酒以气质优雅和配比和谐而著称。

| | |
|---|---|
| ○ Madre '14 | 🍷🍷🍷 4* |
| ● Chieto '13 | 🍷🍷 4 |
| ○ Manzoni Bianco Svejo '15 | 🍷🍷 3 |
| ○ Sauvignon Mejo '15 | 🍷🍷 3 |
| ● Amaranto 72 '12 | 🍷🍷 5 |
| ● Amaranto 72 '11 | 🍷🍷 5 |
| ● Chieto '12 | 🍷🍷 4 |
| ● Chieto '11 | 🍷🍷 3 |
| ● Chieto '10 | 🍷🍷 3 |
| ○ Manzoni Bianco Non Filtrato '13 | 🍷🍷 5 |
| ○ Manzoni Bianco Non Filtrato '12 | 🍷🍷 3 |
| ○ Manzoni Bianco Non Filtrato '11 | 🍷🍷 3 |
| ○ Manzoni Bianco Svejo '14 | 🍷🍷 3 |
| ○ Manzoni Bianco Svejo '11 | 🍷🍷 2* |

## Coffele

VIA ROMA, 5
37038 SOAVE [VR]
TEL. +39 0457680007
www.coffele.it

藏酒销售
预约参观
年产量 120 000 瓶
葡萄种植面积 25 公顷
葡萄栽培方式 有机认证

凯菲勒家族（Coffele）经营管理的酒庄坐落于卡斯泰尔塞莱诺（Castelcerino），是索阿维产区（Soave）海拔最高的产地之一，酒庄葡萄园占地面积达到25公顷的地块几乎全部用于栽培加格奈拉葡萄（Garganega），除此之外就是几行索阿维扎比安努葡萄（Trebbiano di Soave）。那里的海拔高度和昼夜温差对于加格奈拉葡萄的生长和成熟十分有益，同时还能够保持酿造葡萄令人艳羡的清新和轻快口感。凯菲勒家族酒庄近期还在卡扎诺迪特拉米尼亚（Cazzano di Tramigna）新添了一小块种植地块，专门用于栽培瓦尔波利切拉产区（Valpolicella）的经典红葡萄品种。卓越的2015年采收酿造季给予了卡维斯克索阿维（Soave Ca' Visco）尤为丰盈的果香，令其在今年的品鉴中脱颖而出。淡淡的热带水果芬芳萦绕其间，融入柑橘和白桃的阵阵芳香；入口后感到热情的酸度，活跃了整个紧致的口感，令余韵变得更加绵长，酒质柔美。正如期待的那样，2014年份的斯邦德（Le Sponde）是最精美的雷乔托（Reciotos）之一，吐露着榛子的缕缕坚果香，融入杏干果脯的丝丝芬芳，随之而来的口感诱人和谐，浸润着美妙的甜美果味。

| | |
|---|---|
| ○ Recioto di Soave Cl. Le Sponde '14 | 🍷🍷 5 |
| ○ Soave Cl. Ca' Visco '15 | 🍷🍷 3* |
| ○ Soave Cl. Alzari '14 | 🍷🍷 3 |
| ○ Soave Cl. Castel Cerino '15 | 🍷🍷 3 |
| ○ Recioto di Soave Cl. Le Sponde '09 | 🍷🍷🍷 5 |
| ○ Soave Cl. Ca' Visco '14 | 🍷🍷🍷 3* |
| ○ Soave Cl. Ca' Visco '05 | 🍷🍷🍷 3* |
| ○ Soave Cl. Ca' Visco '04 | 🍷🍷🍷 2 |
| ○ Soave Cl. Ca' Visco '03 | 🍷🍷🍷 2 |
| ○ Recioto di Soave Cl. Le Sponde '13 | 🍷🍷 5 |
| ○ Soave Cl. Alzari '13 | 🍷🍷 3 |
| ○ Soave Cl. Alzari '12 | 🍷🍷 3 |
| ○ Soave Cl. Ca' Visco '13 | 🍷🍷 3* |

## Col Vetoraz

RAZ. SANTO STEFANO
.DA DELLE TRESIESE, 1
31040 VALDOBBIADENE [TV]
TEL. +39 0423975291
www.colvetoraz.it

藏酒销售
预约参观
年产量 800 000 瓶
葡萄种植面积 12 公顷

维特拉兹山（Vetoraz）既陡峭又充满魔力，同名的维特拉兹山酒庄（Col Vetoraz）在卡蒂策（Cartizze）种植葡萄藤，距离瓦尔多比亚德尼（Valdobbiadene）的中心地带只有一步之遥。坐落在山顶的酒窖由弗朗西斯科·米奥托（Francesco Miotto）、保罗·德·波托利（Paolo De Bortoli）和洛里斯·达尔·阿奎亚（Loris Dall' Acqua）共有，是这一地区最具名望的酒庄之一。秘密在于维特拉兹山酒庄工作人员拥有丰富的酿造经验以及酒庄葡萄园的卓越品质——葡萄园的部分地块是酒庄自有，部分地块隶属向酒庄提供酿造果实的本地葡萄种植商。另外，只有最精美地块出产的优质酿造果实才能成为瓶中酒。气候温暖、阳光普照的最佳地块出产的酿造果实酿造出了零添加干型葡萄酒（Brut Zero），这款普洛塞克起泡酒（Prosecco）没有添加糖分，而完全依靠完美成熟的葡萄果实展现出的品质口感，面临保证香氛表现力和口感柔滑精致的双重挑战。而2015年份酒则完美地应对了这种挑战。它吐露着浓郁的酒香，融入苹果和梨子的阵阵果香，底蕴中透露出缕缕蓓蕾的芬芳，更有一抹草本植物的清香萦绕其间，继而到来的是令人愉悦的干爽口感，缥缈美妙，一路攀上果味持久、品质精美的收口巅峰。

| | |
|---|---|
| Valdobbiadene Brut Zero '15 | 🍷🍷 3* |
| Cartizze | 🍷🍷 4 |
| Valdobbiadene Brut | 🍷🍷 3 |
| Valdobbiadene Dry Mill. '15 | 🍷🍷 3 |
| Valdobbiadene Extra Dry | 🍷🍷 3 |
| Valdobbiadene Tranquillo Tresiese '15 | 🍷 3 |
| Cartizze '14 | 🍷🍷 4 |
| Valdobbiadene Brut Zero '14 | 🍷🍷 3 |
| Valdobbiadene Dry '13 | 🍷🍷 3 |
| Valdobbiadene Dry '12 | 🍷🍷 3* |
| Valdobbiadene Dry Mill. '14 | 🍷🍷 3 |
| Valdobbiadene Dry Mill. '11 | 🍷🍷 3 |

## Vignaioli Contrà Soarda

S.DA SOARDA, 26
36061 BASSANO DEL GRAPPA [VI]
TEL. +39 0424505562
www.contrasoarda.it

藏酒销售
预约参观
餐饮接待
年产量 80 000 瓶
葡萄种植面积 20 公顷
葡萄栽培方式 有机认证
可持续发展酒庄

戈塔尔迪（Gottardi）家族酒庄掩映在山间，距离波河河谷（Po Valley）以及附近的瓦尔苏加纳（Valsugana）只有一步之遥，凉爽微风吹拂康塔索达酒庄（Vignaioli Contrà Soarda）的葡萄园，夏天能够保证充足的日夜温度。康塔索达酒庄的葡萄园占地面积达到20公顷，不仅种植国际品种葡萄，也栽培本地品种，并且尽可能采取可持续发展方式耕作，园中的火山质地土壤为葡萄的栽培和生长提供了极佳的条件。出品美酒品种广泛，从轻快年轻、即时可饮的葡萄酒到需要在酒窖中长期陈年的佳酿一应俱全。康塔索达酒庄今年推荐的美酒都表现出极佳的品质，其中2013年份的托尔克拉多萨森（Torcolato Sarson）吐露着杏干果脯的甜美香气，融入榛子的醇香和杏仁的芬芳，底蕴中透露出丝丝药草的独特气息。入口后没有过甜口感，酸度和果味维持平衡，配比得当，带来了怡人的美味口感。而2011年份的拉瓦之地梅洛（Merlot Terre di Lava）同样给我们留下了相当深刻的印象，它成熟甜美的果香与美味且跃动的口感相得益彰，果味丰盈饱满，一路攀上干爽且绵长的收口巅峰，给人带来愉悦的享受。

| | |
|---|---|
| ● Breganze Rosso Terre di Lava Ris. '11 | 🍷🍷 4 |
| ○ Breganze Torcolato Sarson '13 | 🍷🍷 5 |
| ● Pinot Nero Vigna Corejo '13 | 🍷🍷 7 |
| ● 121 b.C. Carmenere '13 | 🍷 5 |
| ○ 121 b.C. Vespaiolo '14 | 🍷 5 |
| ● Breganze Rosso Serafino Musso '07 | 🍷 4 |
| ○ Breganze Vespaiolo Soarda '15 | 🍷 3 |
| ○ Breganze Vespaiolo Vignasilan '13 | 🍷 4 |
| ● Marzemino Nero Gaggion '13 | 🍷 3 |
| ● Oliva Musso '11 | 🍷 4 |
| ● Breganze Pinot Nero Vignacorejo '12 | 🍷🍷 7 |
| ○ Breganze Torcolato Sarson Ris. '12 | 🍷🍷 5 |
| ● Musso Serafino '10 | 🍷🍷 3 |

## Corte Adami

via Circonvallazione Aldo Moro, 32
37038 Soave [VR]
Tel. +39 0457680423
www.corteadami.it

藏酒销售
预约参观
年产量 100 000 瓶
葡萄种植面积 38 公顷
可持续发展酒庄

虽然阿达米（Adami）家族酒庄创建只有几年的时间，但是它的根基却非常古老悠久，早已深植于索阿维产区（Soave）的土地上。阿达米家族最初只是葡萄种植商，后来几十年中一直是装瓶商。他们的葡萄园种植面积广袤，几近40公顷，甚至直至今天酿造果实也不过占据部分产量；其余酿造葡萄都输送给其他协作的酿酒商。出品的美酒品质卓越，远远超过顾客的期待，酿造葡萄大多来自索阿维产区以及附近的瓦尔波利切拉产区（Valpolicella），在今年的品鉴中，表现最好的当属2014年份的科特园索阿维（Soave Vigna della Corte）。它吐露着杏和甜瓜成熟的果香，融入繁花的芬芳，随之而来的是精致的口感，活跃的酸度掌控着果味口感，令人回味无穷。另一方面，2013年份的十年系列（Decennale）来自气候条件更加理想的采收酿造季，并且在酒窖中进行了更长时间的陈年，展现出不可多得的复杂度，入口口感整体上非常和谐。与此同时，在酒庄今年推荐的红葡萄酒中，我们最爱的还是2013年份的超级瓦尔波利切拉（Valpolicella Superiore），它吐露着樱桃的甜美果香，融入野生草本植物的清爽香气，酒体饱满丰盈，果味与紧致跃动的酒质相得益彰，达成完美平衡。

| | |
|---|---|
| ● Amarone della Valpolicella '12 | TT 6 |
| ○ Soave Il Decennale '13 | TT 6 |
| ○ Soave V. della Corte '14 | TT 3 |
| ● Valpolicella Sup. '13 | TT 3 |
| ○ Recioto di Soave '13 | T 4 |
| ○ Soave '15 | T 2 |
| ○ Soave Cl. Cimalta '15 | T 2 |
| ● Valpolicella Sup. Ripasso '13 | T 3 |
| ● Amarone della Valpolicella '11 | YY 6 |
| ○ Soave Il Decennale '13 | YY 2* |
| ○ Soave V. della Corte '13 | YY 3 |
| ○ Soave V. della Corte '12 | YY 3 |
| ○ Soave V. della Corte '11 | YY 3 |
| ○ Soave Vigna della Corte '09 | YY * |

## Corte Gardoni

loc. Gardoni, 5
37067 Valeggio sul Mincio [VR]
Tel. +39 0457950382
www.cortegardoni.it

藏酒销售
预约参观
年产量 200 000 瓶
葡萄种植面积 25 公顷

加尔多尼酒庄（Corte Gardoni）地处嘉达湖（Lake Garda）南部绵延的群山中，这里是一片冰碛带，非常适合种植酿造巴尔多利诺酒（Bardolino）的优质葡萄——果实口感清爽、紧致且扎实，卓越的品质完全转化到美味红酒之中。创始加尔多尼酒庄的皮克利家族（Piccoli）是该产区最受尊敬的酿酒商之一，同时也出产品质优异的库斯托扎（Custoza），精致细美，口感紧致。参与今年品鉴的美酒总体上表现精彩，尤其是2015年份的米欧（Mael），堪称加尔多尼酒庄出品水准的典范标杆，这款库斯托扎探索了这类美酒能够发挥出的最大潜力，吐露着轻快的酒香，随之而来的口感饱满馥郁，令人难忘。与此同时，由产地主要葡萄品种混酿而成的美酒米欧（Mael）则吐露着柑橘浓郁的阵阵果香，融入蓓蕾的阵阵花香，继而到来的是极有个性的恢宏口感，力道十足，余韵绵长悠然，直至攀上锋利的收口巅峰。除此之外，2011年份的芬尼利（Fenili）是给我们留下最深刻印象的加格奈拉帕西多甜酒（Garganega Passito），因为这款美酒几近奇迹般地将甜度、酸度和美味完美融合起来，搭配得天衣无缝。

| | |
|---|---|
| ○ Custoza Mael '15 | TT (red) |
| ⊙ Bardolino Chiaretto '15 | TT |
| ● Bardolino Le Fontane '15 | TT |
| ● Becco Rosso '14 | TT |
| ○ Custoza '15 | TT |
| ○ Fenili Passito '11 | TT |
| ● Rosso di Corte '13 | TT |
| ● Bardolino Le Fontane '14 | YY |
| ● Bardolino Sup. Pradicà '13 | YY |
| ● Bardolino Sup. Pradicà '12 | YY |
| ● Bardolino Sup. Pradicà '11 | YY |
| ● Becco Rosso '13 | YY |
| ○ Custoza '13 | YY |
| ○ Custoza Mael '14 | YY |
| ○ Fenili Passito '09 | YY |
| ● Rosso di Corte '11 | YY |

## Corte Mainente

LE DELLA VITTORIA, 45
7038 SOAVE [VR]
EL. +39 0457680303
www.cantinamainente.com

藏酒销售
预约参观
年产量 7 700 瓶
葡萄种植面积 12 公顷
可持续发展酒庄

索阿维指定产区（Soave）布满葡萄酒生产商和种植商，几乎走上几百米就能看到一座新的酒庄，酒庄规模有大有小；还有将栽培果实售卖给其他合作酒庄或者装瓶商的种植商。曼内特家族（Mainente）在此地从事酿酒行业已经长达数年，但仅在最近的十年间他们才转变发展方向，集中精力酿造加格奈拉葡萄酒（Garganega）。曼内特家族酒庄的生产依靠大约十几公顷的栽培地块，这些地块分散在索阿维产区（Soave）和经典索阿维（Classico）指定产区。曼内特酒庄的偶像级美酒是特弗奥皮格诺（Tovo l Pigno），这款口感和谐的索阿维美酒纯粹剔透，给人带来极为愉悦的享受。相比较而言，内特欧莱（Netrroir）甚至给我们留下了更加深刻的印象，它在酒窖中经历了长期陈年后才发布，展现出岁月赋予的极美滋味。它吐露着成熟的果香，融入杏、蜜瓜和黄桃的缕缕芬芳，更有一抹矿物质燧石的独特香气萦绕其间，若有似无，非常缥缈，随之而来的口感果味丰盈，酸度强劲有力，支撑着整款酒，更为绵长悠然的余韵蓄力，是一款不可多得的美酒。

| | |
|---|---|
| ○ Recioto di Soave Luna Nova '14 | 🍷🍷 3 |
| ○ Soave Cl. Tovo al Pigno '15 | 🍷🍷 2* |
| ○ Soave Netrroir '14 | 🍷🍷 2* |
| ○ Soave Cengelle '15 | 🍷 2 |

## Corte Moschina

VIA MOSCHINA, 1
37030 RONCÀ [VR]
TEL. +39 0457460788
www.cortemoschina.it

藏酒销售
预约参观
年产量 75 000 瓶
葡萄种植面积 28 公顷
可持续发展酒庄

自从帕特里奇亚·尼罗（Patrizia Niero）在丈夫席尔瓦诺（Silvano）以及儿子阿历桑德罗（Alessandro）和贾科莫（Giacomo）的支持下，引领这座家庭酒庄转变发展方向开始，莫斯奇纳酒庄（Corte Moschina）便成为索阿维（Soave）东部产区最受敬仰的精品酒庄之一。莫斯奇纳酒庄拥有数座葡萄园，但是出产美酒数量不多，却显露出极为出色的品质。出品的白葡萄酒致力于探索加格奈拉葡萄（Garganega）的巨大潜力，而起泡酒则取自达莱洛葡萄（Durella）紧致脆爽的质感。在今年的品鉴中，2015年份的伊娃斯索阿维（Soave Evaos）给我们留下了相当深刻的印象。这款完全由加格奈拉葡萄酿造而成的美酒忠诚传递出产区最活跃、最真实的潜力。甄选最精美葡萄园出产的酿造果实酿造此酒，葡萄藤深深扎根于隆卡（Roncà）以玄武岩土质为主的土壤里，酿造出的索阿维酒完美保存了酿造果实的独特风味。结果便缔造了一款柔滑美味，动力十足，果味丰盈，口感精美的佳酿。2014年份的塔瑞（I Tarai）相比较而言更加饱满，阳光气息浓郁，这是由于采用晚收酿造葡萄打造而成，并且在橡木桶中部分浸渍发酵的原因。

| | |
|---|---|
| ○ Soave Evaos '15 | 🍷🍷🍷 3* |
| ○ Lessini Durello Brut M. Cl. Ris. '09 | 🍷🍷 5 |
| ○ Raìse '13 | 🍷🍷 5 |
| ○ Soave I Tarai '14 | 🍷🍷 3 |
| ○ Soave Roncathe '15 | 🍷🍷 2* |
| ● Durello Frizzante Sui lieviti Puro Caso | 🍷 5 |
| ○ Lessini Durello Brut M. Cl. '11 | 🍷 2 |
| ○ Lessini Durello Extra Brut M. Cl. '10 | 🍷🍷 4 |
| ○ Raise '12 | 🍷🍷 5 |
| ○ Recioto di Soave Incanto '11 | 🍷🍷 4 |
| ○ Recioto di Soave Incanto '10 | 🍷🍷 4 |
| ○ Soave Evaos '14 | 🍷🍷 2* |
| ○ Soave Evaos '13 | 🍷🍷 2* |
| ○ Soave I Tarai '13 | 🍷🍷 3 |
| ○ Soave I Tarai '12 | 🍷🍷 3* |
| ○ Soave Roncathe '14 | 🍷🍷 2* |

## Corte Rugolin

FRAZ. VALGATARA
VIA RUGOLIN, 1
37020 MARANO DI VALPOLICELLA [VR]
TEL. +39 0457702153
www.corterugolin.it

藏酒销售
预约参观
年产量 80 000 瓶
葡萄种植面积 12 公顷
可持续发展酒庄

卢格林酒庄（Corte Rugolin）彻底重新界定了系列出品风格，但是最重要的变化其实在于瓶中酒本身。经过多年的努力，伊莲娜·寇提（Elena Coati）和费德里科·寇提（Federico Coati）发展出了属于自己的独特方式来阐释瓦尔波利切拉产区（Valpolicella）及其出产美酒的风格，以精美果味和有力口感为显著特色。卢格林酒庄拥有占地面积达到12公顷的葡萄园，年产量几近10万瓶，园中完全种植瓦尔波利切拉地区的经典红葡萄品种，并以一种口感集中、香氛馥郁的方式来解读这些酿造葡萄；唯一的拓展和例外是还出产一款帕西多白葡萄酒（Passito）。在卢格林酒庄今年提供的品鉴酒品中，每一款酒都被证明是同类型酒品中最完美的典范，尤其是2011年份的克罗萨拉斯特莱阿玛罗尼（Amarone Crosara de le Strie）在其中扮演着领跑者的角色，吐露着野生莓果的阵阵芬芳，一抹香料的辛香萦绕其间，更有淡淡咖啡粉的醇浓香味飘散。口感方面，入口感到如同天鹅绒般的细腻酒质，而且紧致有力，深邃异常，与精美果味完美结合，一路引领攀上绵长的收口巅峰，美味依然逡巡，持久不散。除此之外，2014年份的圣乔吉奥（San Giorgio）为超级瓦尔波利切拉美酒（Valpolicella Superiore）奉上了最新的精美阐释，不再一味强调劲道口感，而更加注重香氛的深邃和口感的能量，非常值得推荐。

| | |
|---|---|
| ● Amarone della Valpolicella Cl. Crosara de le Strie '11 | TT 7 |
| ● Valpolicella Cl. Sup. San Giorgio '14 | TT 5 |
| ● Valpolicella Cl. Sup. Ripasso '13 | TT 5 |
| ● Valpolicella Cl. '15 | T 3 |
| ● Amarone della Valpolicella Cl. Crosara de le Strie '10 | YY 6 |
| ● Amarone della Valpolicella Cl. Monte Danieli '10 | YY 7 |
| ● Recioto della Valpolicella Cl. '13 | YY 5 |
| ● Valpolicella Cl. '14 | YY 2* |
| ● Valpolicella Cl. Sup. Ripasso '12 | YY 4 |
| ● Valpolicella Cl. Sup. Ripasso '11 | YY 4 |
| ● Valpolicella Cl. Sup. San Giorgio '13 | YY 5 |

## ★Corte Sant'Alda

LOC. FIOI
VIA CAPOVILLA, 28
37030 MEZZANE DI SOTTO [VR]
TEL. +39 0458880006
www.cortesantalda.it

藏酒销售
预约参观
膳宿接待
年产量 90 000 瓶
葡萄种植面积 19 公顷
葡萄栽培方式 生物动力学认证

玛里内拉·卡梅拉尼（Marinella Camerani）经营的圣艾尔达酒庄（Corte Sant' Alda）是首批逃离使用化学制剂进行栽培耕作的意大利酒庄之一，圣艾尔达酒庄对于本地环境、悠久的酿造传统以及顺其自然选择生产时机等方面表达出更多的尊敬，努力减少人类对于自然环境的入侵性干预。今天，在家族成员和众多同事的协助下，玛里内拉打理着分散围绕在酒窖周边山丘的葡萄园，占地面积几近二十公顷，酿造出在尊重传统的同时也能够反映出本地风土特色的美酒，虽然产量有限，但是品质出众。出品美酒并不过分浓郁，但是成熟且甜美，总能呈现出恰到好处的力道。2012年份的米塔斯瓦尔波利切拉阿玛罗尼（Valpolicella Mithas）品质卓越，令人惊叹，这款超级佳酿（Superiore）的风格已经远离典型的阿玛罗尼酒，与之相反，吐露着极为深邃的酒香，融入精美的草本植物清香和柔美的果香，更有一抹香料的辛香萦绕其间，淡淡矿物质的醇香缓缓飘散，随着时间的流逝，将会融合得更加完美。入口后感到决不妥协的完美果味，风格优雅，而且紧凑口感取代了原来的柔美滋味。与此同时，2010年份的阿玛罗尼（Amarone）也表现非常精彩，这款美酒只在气候条件最理想的采收酿造季才会推出，非常成熟的果香与黑胡椒的缕缕辛香交织缠绕，更有花瓣的诱人花香萦绕其间，随之而来的口感给我们留下了极为深刻的印象，平衡度极佳，余韵绵长而精美，令人久久难忘。

| | |
|---|---|
| ● Valpolicella Sup. Mithas '12 | TTT 8 |
| ● Amarone della Valpolicella Mithas '10 | TT 8 |
| ⊙ Agathe '15 | TT 4 |
| ● Recioto della Valpolicella '13 | TT 6 |
| ○ Soave '15 | TT 3 |
| ● Valpolicella Ca' Fiui '15 | TT 3 |
| ● Valpolicella Sup. Ripasso Campi Magri '13 | TT 4 |
| ● Valpolicella Adalia '15 | T 3 |
| ● Amarone della Valpolicella '10 | YYY 8 |
| ● Amarone della Valpolicella '06 | YYY 7 |
| ● Amarone della Valpolicella '00 | YYY 7 |
| ● Amarone della Valpolicella '98 | YYY 7 |
| ● Amarone della Valpolicella '90 | YYY 7 |
| ● Amarone della Valpolicella Mithas '95 | YYY 7 |
| ● Valpolicella Sup. '03 | YYY 3 |
| ● Valpolicella Sup. Mithas '04 | YYY 6 |

## al Cero
## enuta di Corte Giacobbe

Moschina, 11
'030 Roncà [VR]
L. +39 0457460110
ww.vinidalcero.com

藏酒销售
预约参观
三产量 300 000 瓶
葡萄种植面积 40 公顷

尔塞罗家族（Dal Cero）总是非常擅完成艰巨的任务：安抚和愉悦饮者的魂，总能尊重大自然的发展规律，尊传统和酿造经典美酒，满足商业需，快速做出抉择，并且永远将目光投市场。仅在几年间，达尔塞罗贾科贝庄（Dal Cero Tenuta di Corte Giacobbe）速扩张他们的葡萄园，如今拥有庞大种植网络足以支撑酒庄瓦尔波利切拉区（Valpolicella）红葡萄酒、索阿维产酒以及其他起泡酒的生产。在今年的鉴中，达尔塞罗贾科贝酒庄推荐的美都表现出出众的品质，其中鲁纳卡塔 Runcata）是一款部分在橡木桶中发酵年的索阿维（Soave），凭借无法忽的美妙果香脱颖而出，与此同时底蕴还吐露出缕缕橡木香气，此时的橡木芳似乎略重，但是随着时间的推移，会慢慢柔化。但是酒液入口后却发生变化，随着独特风味的缓缓延展，自满满的酒质在跃动美味的酸度推动下挥得淋漓尽致，为这款美酒带来绵长尽的余韵和柔美顺滑的口感。与此类以给我们留下深刻印象的还有奥古斯托酿（Cuvée Augusto），这款由霞多丽 Chardonnay）和达莱洛（Durella）混酿而的起泡酒展现出极佳的平衡和优雅。

| | |
|---|---|
| Soave Sup. Vign. Runcata '14 | ▼▼▼ 2* |
| Amarone della Valpolicella '11 | ▼▼ 7 |
| Brut M. Cl. | ▼▼ 3 |
| Dosaggio Zero M. Cl. Cuvée Augusto | ▼▼ 5 |
| Soave '15 | ▼▼ 2* |
| Valpolicella Sup. Ripasso '14 | ▼▼ 5 |
| Pinot Grigio '15 | ▼ 2 |
| Pinot Grigio Ramato '15 | ▼ 2 |
| Dosaggio Zero M. Cl. Cuvée Augusto '10 | ▽▽ 5 |
| Dosaggio Zero M. Cl. Cuvée Augusto '09 | ▽▽ 2* |
| Soave '14 | ▽▽ 2* |
| Soave Corte Giacobbe '11 | ▽▽ 2* |
| Soave Runcata '10 | ▽▽ 2* |
| Soave Sup. Runcata '12 | ▽▽ 2* |
| Soave Sup. Runcata '11 | ▽▽ 2* |
| Soave Sup. Vign. Runcata '13 | ▽▽ 2* |

## Dal Maso

c.da Selva, 62
36054 Montebello Vicentino [VI]
Tel. +39 0444649104
www.dalmasovini.com

藏酒销售
预约参观
膳宿接待
年产量 450 000 瓶
葡萄种植面积 30 公顷
可持续发展酒庄

达尔玛索家族（Dal Maso）是甘贝拉纳产区（Gambellara）受人敬仰的葡萄酒生产商，他们还将酿造活动拓展到了附近的贝利奇山产区（Colli Berici），但是依然忠诚地将全副精力奉献给本地传统的白葡萄品种。在姐妹安娜·达尔玛索（Anna Dal Maso）和西尔维娅·达尔玛索（Silvia Dal Maso）的协助下，妮可拉·达尔玛索（Nicola Dal Maso）热情万丈地经营管理着这座家庭酒庄，监管着两个指定产区内种植面积达到30公顷的广袤葡萄园。达尔玛索家族酒庄的年产量几近50万瓶，出产品质坚实、值得信赖的系列美酒，都是专注于展现当地风土特色的经典美酒——口感轻快、酒香扑鼻的是甘贝拉纳产区酒以及风格明快、果味饱满的贝利奇山产区酒。蒙泰米托瑞奥（Montemitorio）是一款以泰（Tai）酿造而成的红葡萄酒（Rosso），它不仅展现出该产区一贯美味的口感，同时也没有犯下过度浓郁的错误。这款极为卓越的红酒吐露着浓郁的野生莓果芬芳，底蕴中透露出缕缕香料的辛香，入口后感到脆爽丰盈且美味的果味浸润酒中，这也得益于酿造葡萄在水泥池和不锈钢罐中经历了长久浸渍发酵。相比较而言，2004年份的圣托甘贝拉纳（Vin Santo di Gambellara）的风格却迥然相异：它吐露着深邃且浓郁的复杂酒香，随之而来的口感却纯净美味，令人难忘。

| | |
|---|---|
| ● Colli Berici Tai Rosso Montemitorio '14 | ▼▼ 2* |
| ○ Gambellara Cl. Vin Santo '04 | ▼▼ 8 |
| ● Colli Berici Rosso Terra dei Rovi '13 | ▼▼ 5 |
| ○ Gambellara Cl. Ca' Fischele '15 | ▼▼ 2* |
| ○ Gambellara Riva del Molino '15 | ▼▼ 3 |
| ○ Recioto di Gambellara Riva dei Perari '13 | ▼▼ 5 |
| ● Colli Berici Tai Rosso '15 | ▼ 2 |
| ○ Lessini Durello Brut | ▼ 2 |
| ● Montebelvedere '14 | ▼ 3 |
| ○ Gambellara Cl. Riva del Molino '07 | ▽▽▽ 2* |
| ● Colli Berici Tai Rosso Colpizzarda '13 | ▽▽ 4 |
| ● Colli Berici Tai Rosso Colpizzarda '12 | ▽▽ 2* |
| ● Montebelvedere '13 | ▽▽ 3 |
| ● Terra dei Rovi Rosso '13 | ▽▽ 5 |

## De Stefani

via Cadorna, 92
30020 Fossalta di Piave [VE]
Tel. +39 042167502
www.de-stefani.it

藏酒销售
预约参观
年产量 300 000 瓶
葡萄种植面积 50 公顷
可持续发展酒庄

年复一年，在父亲提赛诺·德·史蒂芬尼（Tiziano De Stefani）的协助下，阿历桑德罗·德·史蒂芬尼（Alessandro De Stefani）已经将家庭酒庄发展为产区的瑰宝酒庄，并且一直致力于酒庄重组。在阿历桑德罗的主持下，位于维阿卡多纳（Via Cadorna）的极具吸引力的新酒窖正式运行；同时改善葡萄园的栽培条件，逐渐取缔化学制剂干预种植；地处雷夫隆托罗（Refrontolo）的新地块将会成为以玛泽米诺葡萄（Marzemino）为核心的葡萄园移植项目的核心所在。出品风格追求饱满果味和紧致口感，与此同时还要兼顾轻快质感。在史蒂芬尼酒庄今年提供的品鉴酒品中，欧莫拉（Olmera）给我们留下了相当深刻的印象。这款以泰（Tai）和长相思（Sauvignon Blanc）酿造而成的混酿超凡脱俗，略微牺牲了往年的饱满柔美口感，更突出表现美酒的复杂香氛，口感干爽，酒质跃动，结果缔造了一款展现出独特果香的成熟美酒，丰盈饱满，根本无需添加糖分。与此同时，斯蒂芬1624（Stefen 1624）以非常成熟洋溢的果香而著称，口感劲道有力，浸润果味，自发布以来不论处于哪种演化阶段都展现出极为诱人的卓越品质。除此之外，2015年份的灰比诺（Pinot Grigio）也得到了极高的评分，它的气质直接率真，但绝非老套陈腐。

| | |
|---|---|
| ● Cabernet Sauvignon '14 | TT 3 |
| ● Colli di Conegliano Rosso Stefen 1624 '11 | TT 8 |
| ● Kreda Refosco '13 | TT 5 |
| ○ Olmera '15 | TT 5 |
| ● Piave Raboso Vign. Terre Nobili '11 | TT 4 |
| ○ Valdobbiadene Brut Mill. '15 | TT 2* |
| ○ Valdobbiadene Brut Nature '15 | TT 2* |
| ○ Venezia Pinot Grigio '15 | TT 3 |
| ○ Piave Chardonnay Vitalys '15 | T 2 |
| ○ Prosecco di Treviso Zero Mill. '15 | T 4 |
| ○ Venis '15 | T 3 |
| ● Kreda Refosco '12 | YY 5 |
| ● Plavis '13 | YY 4 |
| ● Soler '13 | YY 4 |
| ● Stefen 1624 '09 | YY 8 |

## Conte Emo Capodilista La Montecchia

via Montecchia, 16
35030 Selvazzano Dentro [PD]
Tel. +39 049637294
www.lamontecchia.it

藏酒销售
预约参观
膳宿接待
年产量 144 000 瓶
葡萄种植面积 30 公顷
可持续发展酒庄

优歌娜山（Euganean Hills）是一片与世绝的火山带，从波河（Po River）平原拔而起，此地具有地中海气候，土壤富矿物质。乔达诺·伊莫·卡珀蒂利斯（Giordano Emo Capodilista）就在这里经营家族酒庄，地处北部的种植地块栽培白萄品种和梅洛葡萄（Merlot），长势喜人；而极南部的地块则是赤霞珠葡萄（Cabern Sauvignon）的领地。在蒙特奇亚伊莫卡蒂利斯塔伯爵酒庄（Conte Emo Capodilista L Montecchia）今年推荐的参选酒品中，两款顶级佳酿脱颖而出——2013年份伊雷内奥葡萄酒（Ireneo）和多纳达瑞之心（Cuore di Donna Daria）。伊雷内奥萄酒由赤霞珠（Cabernet Sauvignon）酿而成，酿造葡萄来自卡斯泰罗山（Mon Castello）的葡萄园。这款美酒以饱满熟的果香著称，融入香料的缕缕辛香，更有一抹锐利的野生草本植物清香和墨的特殊芬芳提升了整款酒的香氛，之而来的美味口感有力且绝不妥协，韵绵长延宕，似乎永远没有尽头。另方面，多纳达瑞亚之心是已经长达十的陈年混酿弗耶尔阿兰斯奥帕西多（Fi d'Arancio Passito），它罕见不凡，吐露层次繁复的复杂酒香，融入混合坚果阵阵醇香，散发着缕缕果香，柑橘糖甜美气息交替出现，入口后呈现美味果味，酒质丰盈饱满，余韵精致。

| | |
|---|---|
| ● Colli Euganei Cabernet Sauvignon Ireneo '13 | TT 4 |
| ○ Cuore di Donna Daria | TT 8 |
| ● Colli Euganei Merlot '14 | TT 5 |
| ● Godimondo Cabernet Franc '15 | TT 2 |
| ● Progetto Recupero Carmere '13 | TT 3 |
| ● Ca' Emo '14 | T 2 |
| ○ Colli Euganei Fior d'Arancio Spumante | T 2 |
| ○ Colli Euganei Pinot Bianco '15 | T 2 |
| ○ Piùchebello '15 | T 2 |
| ● Colli Euganei Cabernet Sauvignon Ireneo '12 | YYY 4 |
| ○ Colli Euganei Fior d'Arancio Passito Donna Daria '06 | YYY 5 |

## arina

c. Pedemonte
Bolla, 11
7029 San Pietro in Cariano [VR]
l. +39 0457701349
ww.farinawines.com

藏酒销售
预约参观
年产量 800 000 瓶
葡萄种植面积 45 公顷

然这座世纪老庄拥有一百多年的悠久历史，但是三位年轻的冒险家——克劳迪奥·法里纳（Claudio Farina）、伊莲娜·法里纳（Elena Farina）和戴维德·法里纳（Davide Farina）的到来，才令法里纳家族酒庄（Farina）呈现出今天我们所知的繁盛面貌。法里纳酒庄的葡萄园位于卡斯特尔罗托（Castelrotto）和马苏瓦（Masua），占地面积达到10公顷，除此之外，与酒庄紧密合作多年的种植商们还拥有面积达到35公顷的种植地块，他们为法里纳酒庄的酿造工序提供补充原料。法里纳酒庄专注于瓦尔波利切拉地区（Valpolicella）红葡萄酒的生产，但是偶尔也出产少量的经典维罗纳酒（Verona）。在法里纳酒庄今年提供的品鉴酒品中，2014年份的莫蒂康纳利帕索（Montecorna Ripasso）表现精彩，它的香氛非常成熟深邃，吐露着甜美诱人的果香，慢慢变化为胡椒和迷迭香的芬芳；随着绵长余韵的延宕，美味贯穿始终，带来优雅自信的质感。除此之外，我们不得不对2013年份的经典阿玛罗尼（Amarone Classico）竖起大拇指，虽然这是一款快速发布的葡萄酒，但是它的香氛和谐，令人愉悦，口感呈现出这种品类美酒典型的饱满果味。

| | |
|---|---|
| Amarone della Valpolicella Cl. '13 | 🍷🍷 5 |
| Valpolicella Cl. Sup. '14 | 🍷🍷 2* |
| Valpolicella Cl. Sup. Ripasso Montecorna '14 | 🍷🍷 3 |
| Valpolicella Cl. '15 | 🍷 2 |
| Valpolicella Cl. Sup. Ripasso '14 | 🍷 2 |
| Amarone della Valpolicella Cl. '12 | 🍷🍷(white) 5 |
| Amarone della Valpolicella Cl. Montefante Ris. '10 | 🍷🍷(white) 8 |
| Amarone della Valpolicella Cl. Montefante Ris. '09 | 🍷🍷(white) 8 |
| Valpolicella Cl. Sup. Ripasso Montecorna '13 | 🍷🍷(white) 3 |
| Valpolicella Cl. Sup. Ripasso Montecorna '12 | 🍷🍷(white) 3 |
| Valpolicella Cl. Sup. Ripasso Remo Farina '13 | 🍷🍷(white) 2* |

## Fattori

fraz. Terrossa
via Olmo, 6
37030 Roncà [VR]
Tel. +39 0457460041
www.fattoriwines.com

藏酒销售
预约参观
年产量 280 000 瓶
葡萄种植面积 72 公顷
可持续发展酒庄

坐落在隆卡地区（Roncà）的芬朵丽酒庄（Fattori）一直受到业界和酒迷们的敬重，如今正凭借出品的索阿维美酒（Soave）而越来越受到关注，这要感谢芬朵丽酒庄在索阿维指定产区拥有广袤的山坡葡萄园，更要感谢酒庄精湛的酿造技艺将果实的特质充分发挥出来。除了出品精美的白葡萄酒，芬朵丽酒庄还打造瓦尔波利切拉产区（Valpolicella）的红葡萄酒，使得酒庄对巴斯蒂地区（Col de la Bastia）占地面积达到12公顷的葡萄园追加了重要投入，修建了全新的酒窖，茂密的树林环绕四周，令这座景色优美的庄园更显壮丽。在今年的品鉴中，最高评价无疑归属于2015年份的达涅利索阿维（Soave Danieli），这款美酒部分采用超级成熟的果实酿造而成，因此具有浓郁的果香，并融合了杏、甜瓜和黄桃的芬芳，底蕴中透露出缕缕热带水果的热辣果香。不过它的口感扎实，余韵稳健延宕开去，与此同时并没有失去劲道和轻快的质感。除此之外，2014年份的莫托皮埃恩雷乔托（Recioto Motto Piane）也表现出卓越的品质，它的浓郁香氛极具穿透力，散发着干果和坚果的缕缕香气，与柑橘糖的芬芳亲密缭绕，带来无法抗拒的甜美口感，酒质饱满，卓越的酸度支撑着整款酒，呈现出脆爽的果味，令人无法抗拒。最后是给我们留下非常深刻印象的传统酿造法起泡酒（Metodo Classico），其酿造果实来自莱斯希尼山区地带（Monti Lessini）。

| | |
|---|---|
| ● Amarone della Valpolicella '11 | 🍷🍷 8 |
| ○ Lessini Durello Non Dosato M.Cl. '10 | 🍷🍷 6 |
| ○ Recioto di Soave Motto Piane '14 | 🍷🍷 5 |
| ○ Roncha '15 | 🍷🍷 3 |
| ○ Soave Danieli '15 | 🍷🍷 2* |
| ○ Lessini Durello Brut M. Cl. '10 | 🍷 6 |
| ○ Lessini Durello Brut M. Cl. Roncà | 🍷 4 |
| ○ Lessini Durello Brut Roncà di Roncà | 🍷 3 |
| ○ Soave Cl. Runcaris '15 | 🍷 2 |
| ● Valpolicella Col de la Bastia '15 | 🍷 3 |
| ● Valpolicella Ripasso Col de la Bastia '14 | 🍷 5 |
| ○ Soave Cl. Danieli '14 | 🍷🍷(white) 2* |
| ○ Soave Cl. Runcaris '14 | 🍷🍷(white) 2* |
| ○ Soave Motto Piane '13 | 🍷🍷(white) 3 |

## Filippi

Loc. Castelcerino
via Libertà, 55
37038 Soave [VR]
Tel. +39 0457675005
www.cantinafilippi.it

藏酒销售
预约参观
年产量 60 000 瓶
葡萄种植面积 20 公顷
葡萄栽培方式 有机认证

卡斯泰尔塞莱诺（Castelcerino）是索阿维（Soave）最精美的产区之一，尽管有些葡萄园坐落在经典产区边界之外。费里波·斐利比（Filippo Filippi）是斐利比家庭酒庄（Filippi）的灵魂人物，这座家庭酒庄坐落于卡斯泰尔塞莱诺的高山上，拥有面积达到20公顷的有机葡萄园。许多葡萄藤多年前就已经栽培种下，费里波带着极大的热情悉心打理。采用有机和有益生态的栽培和管理方法耐心照料酒庄葡萄园，并且极力将人工干预程度降到最低，因而打造出个性丰富的美酒。蒙特索尼（Monteseroni）由坐落在产区海拔最高处的葡萄园出产的加格奈拉葡萄（Garganega）酿造而成，那里的土质富含石灰质。这款美酒开启后立刻散发出极具意趣的酒香，犹如地中海灌木丛般热烈，融入白李子的阵阵果香；随之而来的口感与香氛同样给我们留下了非常深刻的印象，美味锐利劲道，酸度有力地支撑了整个口感。在卡斯泰尔塞莱诺索阿维（Soave Castelcerino）的两款年份酒中，2015年份酒比较轻快跃动；2014年份酒则由于经历了漫长的浸渍过程而散发着海盐般的气息，融入干花的芬芳，继而呈现出的口感扎实而诱人，颇具乡间风尚。

| | |
|---|---|
| ○ Monteseroni '14 | 🍷🍷 2* |
| ○ Soave Colli Scaligeri Castelcerino '15 | 🍷🍷 3 |
| ○ Soave Colli Scaligeri Castelcerino 18 mesi sui lieviti '14 | 🍷🍷 4 |
| ○ Castelcerino '14 | 🍷 2 |
| ○ Soave Colli Scaligeri V. della Brà '14 | 🍷 2 |
| ○ Soave Colli Scaligeri V. della Brà 18 mesi sui lieviti '13 | 🍷 3 |
| ○ Soave Castelcerino '13 | ♈♈ 2* |
| ○ Soave Colli Scaligeri Monteseroni '13 | ♈♈ 2* |
| ○ Soave Colli Scaligeri Monteseroni '06 | ♈♈ 2 |

## Il Filò delle Vigne

via Terralba, 14
35030 Baone [PD]
Tel. +39 042956243
www.ilfilodellevigne.it

藏酒销售
预约参观
年产量 50 000 瓶
葡萄种植面积 20 公顷

无论是在葡萄园的栽培工作中，还是酒窖的酿造工作中，费罗庄园（Filò de Vigne）都清晰地展现出坚持传统的神，多年来打造出了许多脍炙人口的美葡萄酒。费罗庄园最近发生了一些有权方面的变更，如今酒庄的主人是洛·乔尔达尼（Carlo Giordani）。费罗园的葡萄园占地面积达到20公顷，位帕多瓦（Padua）指定产区的南部，里拥有产区内朝向和日照条件最好的块，因而酿造出的美酒总能展现出扎口感和紧致酒质。在今年的品鉴中，罗庄园提交了多款品质卓越的美酒。时的2012年份的卡斯泰伯格（Borgo de Casette）似乎有些不太愿意完全展现自的魅力，但是依然爆发出浓郁的果香，散发着铅笔屑的独特气息，融入甜美香料芬芳，随之而来的口感持久有力，劲道酒质似有魔力一般，质地细密、具一格的单宁支撑着恢宏强劲的果味。相较而言，2012年份的卡萨德麦罗梅（Merlot Casa del Merlo）的气质更加开外向，吐露着红莓果的阵阵果香，底中透露出缕缕森林大地的醇浓芬芳，领出多汁活跃的口感，收口余韵绵长延，似无尽头。

| | |
|---|---|
| ● Colli Euganei Cabernet Borgo delle Casette Ris. '12 | 🍷🍷🍷 |
| ● Colli Euganei Merlot Casa del Merlo '12 | 🍷🍷 |
| ● Colli Euganei Cabernet V. Cecilia di Baone Ris. '13 | 🍷🍷 |
| ○ Il Calto delle Fate '11 | 🍷🍷 |
| ○ Terralba di Baone '14 | 🍷🍷 |
| ● Colli Euganei Cabernet Borgo delle Casette Ris. '10 | ♈♈♈ |
| ● Colli Euganei Cabernet Borgo delle Casette Ris. '06 | ♈♈♈ |
| ● Colli Euganei Cabernet Borgo delle Casette Ris. '11 | ♈♈ |
| ● Colli Euganei Cabernet Borgo delle Casette Ris. '09 | ♈♈ |
| ● Io di Baone '11 | ♈♈ |

## ilvano Follador

c. Follo
az. Santo Stefano
, Callonga, 11
040 Valdobbiadene [TV]
l. +39 0423900295
ww.silvanofollador.it

藏酒销售
预约参观
产量 20 000 瓶
萄种植面积 3.5 公顷

尔瓦诺・弗拉多尔（Silvano Follador）
阿尔伯塔・弗拉多尔（Alberta Follador）
普洛塞克葡萄酒（Prosecco）保持着
大的尊重和激情，他们选择了一条不
寻常的道路已不是秘密，但是他们做
的一系列决定依然清晰表现出尽管大
酒庄已经涉足此地以及此领域，但他
不会退缩，而会竭尽全力推广本产区
在价值的坚定决心。他们的第一个决
就是席尔瓦诺弗拉多尔酒庄（Silvano
llador）只生产糖分极低的干型葡萄酒；
二个决定是只生产传统酿造法起泡酒
Metodo Classico）；最后，尽管席尔瓦
弗拉多尔酒庄已经在卡蒂策（Cartizze）
地酒上赢得了不俗的威望，但是依
要努力探索和挖掘这片古老土地能够
掘出的最大潜力，更不用说酒庄致力
以最大限度尊重环境的方式来经营和
产。在今年的品鉴中，我们有幸遇到
一款香氛深邃扑鼻的优质普洛塞克葡
酒，此酒一经开启，发酵留下的香气
迹立刻就被极为浓郁的果香抹去，散
出苹果和梨子的阵阵芬芳，融入繁花
花香，底蕴中透露出淡淡的矿物质气
，入口后呈现出恢宏的口感，别具一
，自信满满，果浆般的美味提升了愉
的特质，余韵绵长蔓延，带来悠长的
质演化，令人无限回味。

| | | |
|---|---|---|
| Valdobbiadene Brut Nature '15 | 🍷🍷 (red) | 4 |
| Cartizze Brut '08 | 🍷🍷🍷 | 4 |
| Cartizze Brut Nature '13 | 🍷🍷 | 4 |
| Cartizze Brut Nature '11 | 🍷🍷 | 4 |
| Cartizze Nature '12 | 🍷🍷 | 4 |
| Valdobbiadene Brut Nature '14 | 🍷🍷 | 4 |
| Valdobbiadene Brut Nature '13 | 🍷🍷 | 4 |
| Valdobbiadene Brut Nature '12 | 🍷🍷 | 3* |
| Valdobbiadene Brut Nature '11 | 🍷🍷 | 3* |
| Valdobbiadene Sup. Brut Dosaggio Zero M. Cl. '12 | 🍷🍷 | 3 |

## Le Fraghe

loc. Colombara, 3
37010 Cavaion Veronese [VR]
Tel. +39 0457236832
www.fraghe.it

藏酒销售
预约参观
膳宿接待
年产量 120 000 瓶
葡萄种植面积 28 公顷
葡萄栽培方式 有机认证

马蒂尔德・博吉（Matilde Poggi）从事葡萄栽培和种植工作已经长达三十年，她在维罗纳产区（Verona）和特伦托产区（Trento）的交界处悉心照料着种植面积达到30公顷的葡萄园。马蒂尔德始终钟爱巴尔多利诺（Bardolino），她阐释的嘉达湖红葡萄酒（Garda）致力于追求优雅平衡的美妙果味，以及别具一格的个性。马蒂尔德以同样的视角做出采用有机方式栽培的决定，不背叛种植区以及传统。因此，她主要出品各种风格的巴尔多利诺酒，也包括数量有限的白葡萄酒。弗拉基酒庄（Le Fraghe）今年提供的品鉴酒品的表现都非常精彩，卓越的2015年采收酿造季拥有理想的气候条件，因此赋予巴尔多利诺（Bardolino）极佳的发展潜力，虽然此时它的香氛和酒质依然略显封闭，但是成熟扎实的野生莓果芬芳渐渐显露出来，继而慢慢发展为黑胡椒的缕缕辛香，更有一抹甜美的紫罗兰花香萦绕其间。它口感恢宏有力，令人惊叹，这也得益于炎热的采收酿造季，但是果味的延展似乎以更加优雅飘逸的方式进行着，酒质丰美活跃，堪称典范。与此同时，2015年份的罗登（Ròdon）也表现精彩，这款意大利桃红葡萄酒（Chiaretto）口感略咸，浸润着柑橘的果味，非常美味。

| | | |
|---|---|---|
| ● Bardolino '15 | 🍷🍷 (red) | 2* |
| ⊙ Bardolino Chiaretto Ròdon '15 | 🍷🍷 (red) | 2* |
| ○ Garganega Camporengo '15 | 🍷🍷 (black) | 2* |
| ● Bardolino Cl. Brol Grande '12 | 🍷🍷🍷 | 3* |
| ● Bardolino Cl. Brol Grande '11 | 🍷🍷🍷 | 3* |
| ● Bardolino '14 | 🍷🍷 | 2* |
| ● Bardolino '13 | 🍷🍷 | 2* |
| ● Bardolino '12 | 🍷🍷 | 2* |
| ⊙ Bardolino Chiaretto Ròdon '14 | 🍷🍷 | 2* |
| ⊙ Bardolino Chiaretto Ròdon '13 | 🍷🍷 | 2* |
| ● Bardolino Cl. Brol Grande '13 | 🍷🍷 | 3* |
| ○ Garganega Camporengo '14 | 🍷🍷 | 2* |
| ○ Garganega Camporengo '13 | 🍷🍷 | 2* |
| ○ Garganega Camporengo '12 | 🍷🍷 | 2* |
| ○ Garganega Camporengo '11 | 🍷🍷 | 2* |
| ● Quaiare '12 | 🍷🍷 | 4 |
| ● Quaiare '11 | 🍷🍷 | 4 |

## Marchesi Fumanelli

FRAZ. SAN FLORIANO
VIA SQUARANO, 1
37029 SAN PIETRO IN CARIANO [VR]
TEL. +39 0457704875
www.squarano.com

藏酒销售
预约参观
餐饮接待
年产量 50 000 瓶
葡萄种植面积 23 公顷

马尔凯西福玛内利酒庄（Marchesi Fumanelli）拥有优越的地理条件，地处瓦尔波利切拉经典产区（Valpolicella Classica）的核心地带，酒庄的城堡高耸，四周环绕着葡萄园。马尔凯西福玛内利酒庄的葡萄园占地面积共计20公顷，其中包括一些边远地块，足以为酒庄产量不高的美酒提供优质的酿造果实。因此只有最佳地块甄选出的优质葡萄才会被用作酿酒原料，打造的美酒主要是马尔凯西福玛内利酒庄广受追捧的系列优质产区酒。在今年的品鉴中，我们对2010年份的屋大维阿玛罗尼（Amarone Octavius）非常倾心，这款陈酿（Riserva）虽然此时依然较为封闭，但是它的果香和果味都在慢慢释放，直至适当时机全力爆发；它吐露着阵阵花瓣的芬芳，融入香料的缕缕辛香。入口后呈现的饱满丰盈的果味，华美精致，但是绝不过度，因而带来了跃动且复杂的酒质演化，令人向往。与此同时，2014年份的斯夸拉诺瓦尔波利切拉（Valpolicella Squarano）同样令人满意，吐露着成熟且层次繁多的复杂酒香，随之而来的是令人印象深刻的有力口感，完美展现出该类型葡萄酒的特质。除此之外，2011年份的经典阿玛罗尼（Amarone Classico）则凭借饱满丰盈、热情洋溢的果香和果味赢得了我们的心。

- ● Amarone della Valpolicella Cl. Octavius Ris. '10 🍷🍷 8
- ● Amarone della Valpolicella Cl. '11 🍷🍷 5
- ● Valpolicella Cl. Sup. Squarano '14 🍷🍷 3
- ● Amarone della Valpolicella Cl. '07 ŸŸ 5
- ● Amarone della Valpolicella Cl. '06 ŸŸ 5
- ● Amarone della Valpolicella Cl. Pralongo '03 ŸŸ
- ● Valpolicella Cl. '08 ŸŸ 2*
- ● Valpolicella Cl. Sup. '11 ŸŸ 3
- ● Valpolicella Cl. Sup. '09 ŸŸ 3
- ● Valpolicella Cl. Sup. Squarano '10 ŸŸ 3
- ● Valpolicella Cl. Sup. Squarano '06 ŸŸ 3

## ★Gini

VIA MATTEOTTI, 42
37032 MONTEFORTE D'ALPONE [VR]
TEL. +39 0457611908
www.ginivini.com

藏酒销售
预约参观
年产量 200 000 瓶
葡萄种植面积 58 公顷
葡萄栽培方式 有机认证

克劳迪奥·基尼（Claudio Gini）和桑德罗基尼（Sandro Gini）在索阿维产区（Soave打造出超凡卓越的美酒。在过去的几十里，两人在韦亚马泰奥提（Via Matteotti恢宏的酒窖中热情高涨地酿造索阿维酒，成功阐释出产区的风土条件，赋予品美酒极佳的陈年窖藏潜力。不过，尼家族酒庄（Gini）的真正瑰宝是占地积达到50公顷的葡萄园，它以经典产区葡萄藤为主，除此之外还包括一些坎皮亚诺（Campiano）。基尼家族酒庄今推荐的美酒都表现出极高的品质，其2013年份的萨尔瓦伦扎（Salvarenza）尤精彩，堪称基尼家族酒庄的至宝典范散发着苹果和梨子完美成熟的缕缕香，融入香料的丝丝辛香，更有一抹花花瓣的芬芳萦绕其间，底蕴中透露淡淡橡木的香气。由于在酒窖中放置年，因此演化出令人艳羡的和谐口感坚实的美味与绵长的余韵并重，甜怡人。同样令我们刮目相看的还有201年份的科尔福斯卡瑞雷乔托（Recioto C Foscarin），这款帕西多甜酒（Passito散发着柑橘糖的缕缕甜美香气，融香料的丝丝辛香，口感柔滑美味。后，还有2015年份的传统索阿维（Soa Classico），不仅展现出精湛的酿造艺，而且令人回味无穷。

- ○ Soave Cl. Contrada Salvarenza V. V. '13 🍷🍷
- ○ Recioto di Soave Cl. Col Foscarin '11 🍷🍷
- ○ Soave Cl. '15 🍷🍷
- ○ Soave Cl. Contrada Salvarenza V. V. '09 ŸŸŸ
- ○ Soave Cl. Contrada Salvarenza V. V. '08 ŸŸŸ
- ○ Soave Cl. Contrada Salvarenza V. V. '07 ŸŸŸ
- ○ Soave Cl. La Froscà '11 ŸŸŸ
- ○ Soave Cl. La Froscà '06 ŸŸŸ
- ○ Soave Cl. La Froscà '05 ŸŸŸ
- ○ Soave Cl. Sup. Contrada Salvarenza V. V. '00 ŸŸŸ

## iusti Wine

DEL VOLANTE, 4
040 NERVESA DELLA BATTAGLIA [TV]
. +39 0422720198
ww.giustiwine.com

藏酒销售
预约参观
膳宿接待
产量 200 000 瓶
葡萄种植面积 75 公顷
持续发展酒庄

梅内吉尔多·朱斯蒂（Ermenegildo usti）带领着朱斯蒂家族写下了蒙特洛区（Montello）发展的新篇章，只用几年的时间，朱斯蒂酒业公司（Giusti ine）就成为该产区业界重要的角色之一。朱斯蒂酒业公司很快拥有了占地面积达到70公顷的葡萄园，地块分为两部，一部分坐落于平原地带，出产的实用于酿造风味不太复杂的葡萄酒；一部分地处山丘地带，这里的土壤肥，专门出产用于酿造顶级普洛塞克起泡酒（Prosecco）的优质酿造葡萄，以一些波尔多（Bordeaux）风格美酒的酿造原料。朱斯蒂酒业公司出品的美酒越来越给人留下深刻的印象，尤其是今推荐的尤姆博托（Umberto I），凭借异表现几乎闯入角逐“三杯奖”大奖决赛圈。它吐露着甜美成熟的阵阵果香，紧致且绵延的余韵口感与香氛相得益彰，并得到质地细密的单宁的有力支撑。与此同时，经典瓦尔波利切拉产区 Valpolicella Classica）为我们奉献出优质的2012年份阿玛罗尼（Amarone），它吐露着深邃浓郁的酒香，散发着樱桃的果香，融入香料的辛香和药草的醇香，随之而来的口感劲道有力，余韵绵长延续，似无尽头。除此之外，阿索罗干型葡萄酒（Asolo Brut）也展现出卓越的酿造技艺，绝对值得推荐。

| | |
|---|---|
| Amarone della Valpolicella Cl. '12 | 🍷🍷 8 |
| Antonio '14 | 🍷🍷 5 |
| Asolo Brut | 🍷🍷 2 |
| Chardonnay Dei Carni '15 | 🍷🍷 3 |
| Umberto I '11 | 🍷🍷 8 |
| Valpolicella Ripasso Sup. '13 | 🍷🍷 5 |
| Cuvée Extra Brut | 🍷 5 |
| Montello e Colli Asolani Recantina Augusto '14 | 🍷 5 |
| Pinot Grigio Longheri '15 | 🍷 3 |
| Amarone della Valpolicella Cl. '11 | 🍷🍷(空) 8 |
| Pinot Grigio Longheri '14 | 🍷🍷(空) 2* |
| Umberto I '09 | 🍷🍷(空) 8 |
| Umberto I '08 | 🍷🍷(空) 2* |

## Gregoletto

FRAZ. PREMAOR
VIA SAN MARTINO, 83
31050 MIANE [TV]
TEL. +39 0438970463
www.gregoletto.com

藏酒销售
预约参观
年产量 200 000 瓶
葡萄种植面积 18 公顷

路易吉·格雷戈莱托（Luigi Gregoletto）领导下的家族酒庄试图冷静处理产区内掀起的普洛塞克（Prosecco）生产狂潮，致力于保持、发扬酿酒传统，依然将注意力集中在历史悠久的传统酒品之上。格雷戈莱托酒庄在科内利亚诺产区（Conegliano）和瓦尔多比亚德尼产区（Valdobbiadene）之间拥有占地面积达到20公顷的葡萄园，园中部分种植格雷拉葡萄（Glera），同时也种植一些波尔多葡萄（Bordeaux）以及经典的维蒂索白葡萄（Verdiso），还有一些几乎无人关注的本地葡萄品种——例如圣马蒂诺（Via San Martino）。2015年采收酿造季的气候条件非常理想，因此路易吉缔造出了有史以来最精美的一款非起泡普洛塞克（Prosecco Tranquillo），该酒最初吐露着经典的发酵香气，继而缓缓释放复杂的酒香，融入繁花的芬芳以及苹果和梨子的果香，随之而来的口感精雕细刻，最终展现出诱惑的魅力。另一方面，2011年份的科内利亚诺丘红葡萄酒（Colli di Conegliano Rosso）丰盈饱满，它的卓越无须求助于劲道口感或者如同丝绸般柔滑的酒质，因为这款佳酿的平衡度极佳，给人带来了完美的享受。

| | |
|---|---|
| ● Colli di Conegliano Rosso '11 | 🍷🍷 5 |
| ○ Conegliano Valdobbiadene Prosecco Tranquillo '15 | 🍷🍷 2* |
| ● Cabernet '14 | 🍷🍷 3 |
| ● Merlot '14 | 🍷🍷 3 |
| ○ P. di Treviso Frizzante sui Lieviti '15 | 🍷🍷 4 |
| ○ Conegliano Valdobbiadene Extra Dry | 🍷 3 |
| ● Cabernet '12 | 🍷🍷(空) 3 |
| ○ Chardonnay Zhopai '14 | 🍷🍷(空) 3 |
| ○ Chardonnay Zhopai '13 | 🍷🍷(空) 3 |
| ○ Conegliano Valdobbiadene Prosecco Tranquillo '14 | 🍷🍷(空) 2* |
| ○ Manzoni Bianco '14 | 🍷🍷(空) 3 |
| ● Merlot '13 | 🍷🍷(空) 3 |

## Guerrieri Rizzardi

S.DA CAMPAZZI, 2
37011 BARDOLINO [VR]
TEL. +39 0457210028
www.guerrieri-rizzardi.it

藏酒销售
预约参观
年产量 700 000 瓶
葡萄种植面积 100 公顷
可持续发展酒庄

约瑟佩·瑞扎蒂（Giuseppe Rizzardi）和弟弟阿戈斯蒂诺·瑞扎蒂（Agostino Rizzardi）向这座令人尊敬的家族酒庄投注了全新的能量，他们出品的美酒遍布维罗纳（Verona）各个主要产区。瑞扎蒂家族酒庄拥有占地面积达到100公顷的葡萄园，出产的优质果实为位于巴尔多利诺（Bardolino）的新酒窖提供酿造原料，用于打造以优雅气质、紧致且脆爽的口感而著称的美酒。瑞扎蒂家族酒庄的原有酒窖也进行了重新装修改建，如今成为接待团体游、举办与美食美酒相关活动的精品酒店。在今年的品鉴中，瑞扎蒂酒庄的三款红葡萄酒广受好评，首先就是2011年份的卡卡罗勒阿玛罗尼（Amarone Calcarole），这款美酒品质卓越，系列香氛馥郁浓烈，包括干果的果香和精美的草本植物清香，底蕴中透露出香料的缕缕辛香，更有一抹花瓣的柔美香气萦绕其间，一路引领出饱满的果味口感，酒质跃动，气质轻快，质地细腻，别具一格。而2015年份的塔切托巴尔多利诺（Bardolino Tacchetto）是该产区给人留下最深印象的美酒之一，它吐露着野生莓果的阵阵果香，融入黑胡椒的辛香，浸润着美味的果味，刀锋般的酸度让口感更上一层楼，令人念念不忘。最后是2014年份的珀杰嘉（Pojega），这款利帕索佳酿（Ripasso）的特色在于口感的优雅和平衡，给人带来愉悦的享受。

- ● Amarone della Valpolicella Cl. Calcarole '11 — 8
- ● Bardolino Cl. Tacchetto '15 — 2*
- ● Valpolicella Cl. Sup. Ripasso Pojega '14 — 3*
- ⊙ Bardolino Chiaretto Cl. '15 — 2*
- ● Bardolino Cl. '15 — 2*
- ● Clos Roareti '12 — 5
- ○ Soave Cl. Ferra '14 — 3
- ○ Soave Cl. '15 — 2
- ○ Soave Cl. Costeggiola '15 — 2
- ● Valpolicella Cl. '15 — 2
- ● Amarone della Valpolicella Cl. Calcarole '09 — 8
- ● Amarone della Valpolicella Cl. Villa Rizzardi '08 — 7
- ● Valpolicella Cl. Sup. Ripasso Pojega '13 — 3*

## Inama

LOC. BIACCHE, 50
37047 SAN BONIFACIO [VR]
TEL. +39 0456104343
www.inamaaziendaagricola.it

藏酒销售
预约参观
年产量 450 000 瓶
葡萄种植面积 62 公顷
葡萄栽培方式 有机认证

斯蒂凡诺·爱娜玛（Stefano Inama
及其家族逐渐将注意力平分在索阿
（Soave）和附近的贝利奇山（Colli Berici
指定产区。长期以来，爱娜玛酒庄在
阿维产区的种植和酿造活动始终给
留下深刻的印象，而酒庄未来重要的
展则根植于贝利奇山指定产区。位于
尼戈（Lonigo）的酒庄大楼掩映在绿
融融的田园风光间，经过重新装修后，
令人耳目一新，带来全新感受。出品
酒的风格依然致力于维持饱满果味和
道口感的完美平衡。尤其在贝利奇山
区，爱娜玛酒庄打造出了最具意趣的
酒——布拉迪希莫（Bradisismo）。在今
推荐的美酒中，包括一款爱娜玛酒庄
史上最为悠久的布拉迪希莫红葡萄酒，
它是由赤霞珠葡萄（Cabernet Sauvignon
和佳美娜葡萄（Carménère）打造而成
精美混酿，洋溢着青春的气息，吐露
馥郁芬芳的果香，尤其散发着李子干
甜美香气，底蕴中透露出丝丝香料的
利辛香和野生草本植物的清香。其果
的饱满丰盈令人不可思议，在有力酸
和细密单宁的支持下，展现出美味口
和跃动能量。除此之外，2014年份的
斯卡瑞诺索阿维葡萄酒（Soave Foscarino
精美脆爽，香氛多面，令人迷醉，口
多汁，余韵绵长，酒质演化精彩绝伦。

- ● Bradisismo '12 — 5
- ○ Soave Cl. Vign. di Foscarino '14 — 4
- ● Carmenere Più '13 — 3
- ○ Soave Cl. Vin Soave '15 — 3
- ● Bradisismo '08 — 5
- ● Colli Berici Carmenère Oratorio di San Lorenzo Ris. '09 — 6
- ○ Soave Cl. Vign. di Foscarino '08 — 4
- ○ Soave Cl. Vign. Du Lot '05 — 2
- ○ Soave Cl. Vign. Du Lot '01 — 4
- ● Bradisismo '11 — 5
- ● Colli Berici Carmenère Oratorio di San Lorenzo Ris. '11 — 6
- ○ Soave Cl. Vign. di Foscarino '13 — 4

## a Giuva

A TREZZOLANO, 20C
7141 VERONA
EL. +39 3421117089
www.lagiuva.com

藏酒销售
预约参观
年产量 20 000 瓶
葡萄种植面积 9.5 公顷
葡萄栽培方式 有机认证

阿尔伯托·马莱萨尼（Alberto Malesani）有两个聪颖的女儿——朱利亚诺（Giulia）和瓦伦汀娜（Valentina）。她们的名字合起来组成了朱瓦酒庄（La Giuva）。马莱萨尼家族父女三人合力建起的这座位于上斯夸拉诺谷（Val Squarano）的卓越酒庄，地处瓦尔波利切拉（Valpolicella）东部，这片土地的巨大潜力依然鲜为人知，但是却拥有极强的酿造能力。马莱萨尼家族买下了这里的葡萄园，并且建造了一座现代化酒窖，完美融入周边的田园风光之中。朱瓦酒庄只生产四款美酒，每一款都展现出纯净剔透的特质，果味扎实，充分反映出本地风土和酿造传统。在朱瓦酒庄今年推荐的品鉴酒品中，我们非常喜爱2013年份的雷恩托（Rientro），这款瓦尔波利切拉超级美酒（Valpolicella Superiore）的部分酿造葡萄采用风干果实，复杂的酒香中呈现出红莓果的成熟果香与清爽的草本植物清香的交替融合，底蕴中更透露出缕缕香料的辛香，热情活跃的酸度支撑着饱满的果味。风格与之类似的还有瓦尔珀（Valpo），这款瓦尔波利切拉产区的典范美酒非常可口，风味清爽，令人回味无穷。

| | |
|---|---|
| Amarone della Valpolicella '12 | 🍷🍷 7 |
| Valpolicella Il Valpo '15 | 🍷🍷 3 |
| Valpolicella Sup. Il Rientro '13 | 🍷🍷 5 |
| Recioto della Valpolicella '14 | 🍷 6 |
| Recioto della Valpolicella '13 | 🍷🍷 3 |
| Recioto della Valpolicella '12 | 🍷🍷 3 |
| Valpolicella '13 | 🍷🍷 2* |
| Valpolicella Sup. Il Rientro '12 | 🍷🍷 3 |
| Valpolicella Sup. Il Rientro '11 | 🍷🍷 3 |

## Le Colture

LOC. SANTO STEFANO
VIA FOLLO, 5
31049 VALDOBBIADENE [TV]
TEL. +39 0423900192
www.lecolture.it

藏酒销售
预约参观
膳宿接待
年产量 750 000 瓶
葡萄种植面积 43 公顷

鲁杰里家族（Ruggeri）经营管理的库特尔酒庄（Le Colture）拥有傲人壮观的葡萄园，种植面积超过30公顷，分散在科内利亚诺（Conegliano）和瓦尔多比亚德尼（Valdobbiadene）指定产区的众多小型地块之中，该家族还在临近的蒙特洛产区（Montello）的巴塔利亚内维萨（Nervesa della Battaglia）拥有另一座庄园。鲁杰里兄弟只专注于酿造普洛塞克起泡酒（Prosecco），他们非常尊重酿造果实本身的表达能力，注重凸显美味口感。对于鲁杰里兄弟而言，今年是值得纪念的采收酿造季，库特尔酒庄推荐的所有系列酒品都呈现出令人艳羡的极高水准。在酒庄今年推荐的所有美酒中，我们评价最高的当属法格干型葡萄酒（Brut Fagher），它吐露着诱人的青柠花香，剔透晶莹，更有梨子的悠然果香飘散其间。极低的糖分添加令美妙的口感无穷延宕开去，果味饱满丰盈，酒质精美可口，直至攀上干爽且悠长的收口巅峰。皮安纳（Pianer）和卡迪策（Cartizze）的表现也可圈可点，这两款美妙的普洛塞克起泡酒（Proseccos）吐露着甜美的果香，入口口感柔美多汁，令人迷醉。

| | |
|---|---|
| ○ Cartizze | 🍷🍷 3 |
| ○ Valdobbiadene Brut Fagher | 🍷🍷 3 |
| ○ Valdobbiadene Dry Cruner | 🍷🍷 3 |
| ○ Valdobbiadene Extra Dry Pianer | 🍷🍷 3 |
| ⊙ Brut Rosé | 🍷 2 |
| ○ Valdobbiadene Sup. Rive di Santo Stefano Brut Gerardo '14 | 🍷🍷 3 |
| ○ Valdobbiadene Sup. Rive di Santo Stefano Brut Gerardo '13 | 🍷🍷 3 |

## Conte Loredan Gasparini

FRAZ. VENEGAZZÙ
VIA MARTIGNAGO, 23
31040 VOLPAGO DEL MONTELLO [TV]
TEL. +39 0423870024
www.loredangasparini.it

藏酒销售
膳宿接待
年产量 400 000 瓶
葡萄种植面积 62 公顷

这座以维尼嘉祖（Venegazzù）为大本营的精美酒庄如今处于洛伦佐·帕拉（Lorenzo Palla）的掌管之下，他的酿造技艺精湛，具有准确的前瞻性，是在威尼托产区（Veneto）红葡萄酒发展史中起到关键作用的重要人物之一。罗莱丹伽斯帕里尼酒庄（Conte Loredan Gasparini）的葡萄园位于蒙特洛（Montello）的南向山坡，主要分为两座重要的葡萄园，分别是位于维尼嘉祖的葡萄园，该园围绕着酒窖分布，占地面积达到40公顷，几乎全部种植红葡萄；还有位于贾维拉（Giavera）的葡萄园，占地面积达到20公顷，专门栽培格雷拉葡萄（Glera）。以波尔多葡萄（Bordeaux）酿造出的系列佳酿以饱满果味和脆爽口感著称。在今年的品鉴中，2011年份的"国家元首"（Capo di Stato）的表现非常精彩，由于经过了长时间的浸渍发酵，它的果香和香料般的辛香清晰地飘荡出来，主宰着复杂的想法，与此同时底蕴中更透露出缕缕橡木的芬芳，入口口感活跃且锐利，但是绝无厚重粘腻的质感，这要归功于这款美酒拥有跃动有力的酸度和质地细密的单宁。除此之外，它的小兄弟——2011年份的卡萨维尼嘉祖（Venegazzù della Casa）也呈现出极为精彩的表现，酒品风格与之类似，但是口感更加纤细柔美一些。

| | |
|---|---|
| ● Montello e Colli Asolani Venegazzù Sup. Capo di Stato '11 | 🍷🍷 6 |
| ● Falconera Merlot '12 | 🍷🍷 3 |
| ● Montello e Colli Asolani Venegazzù della Casa '11 | 🍷🍷 4 |
| ● Malbec '15 | 🍷 3 |
| ○ Asolo Extra Brut V. Monti '13 | 🍷🍷 3 |
| ○ Asolo Extra Brut V. Monti '12 | 🍷🍷 3 |
| ○ Asolo Extra Dry Cuvée Indigene '13 | 🍷🍷 3 |
| ○ Asolo Extra Dry Cuvée Indigene '12 | 🍷🍷 3 |
| ● Falconera Merlot '11 | 🍷🍷 3 |
| ● Montello e Colli Asolani Cabernet Sauvignon '13 | 🍷🍷 3 |
| ● Montello e Colli Asolani Cabernet Sauvignon '12 | 🍷🍷 2* |
| ● Montello e Colli Asolani Venegazzù Sup. Capo di Stato '09 | 🍷🍷 5 |

## ★Maculan

VIA CASTELLETTO, 3
36042 BREGANZE [VI]
TEL. +39 0445873733
www.maculan.net

藏酒销售
预约参观
年产量 650 000 瓶
葡萄种植面积 50 公顷

威尼托产区酒（Veneto）如今享有世
盛誉，取得这样的殊誉要归功于产区
把握酒品品质的酿造先驱们，而法乌
托·马库兰（Fausto Maculan）无疑正
他们中的领导者。如今女儿安吉拉·
库兰（Angela Maculan）和玛利亚·维
利亚·马库兰（Maria Vittoria Maculan）
助父亲法乌斯托管理着坐落于布雷甘
（Breganze）的家族酒庄，发挥着越
越重要的作用，并以同样的热忱和
定努力将威尼托产区酒推向世界顶级
酒的领奖台。马库兰酒庄（Maculan
在布雷甘泽产区生产的系列葡萄酒范
广泛、种类多样，给人留下了极为深
的印象，其中以丰美甘甜的红葡萄酒
优雅精致的甜点酒为主。安希尼诺比
（Acininobili）是一款由受到贵腐菌影
的维斯帕伊奥拉葡萄（Vespaiola）酿
而成的美酒，只在气候条件最佳的年
才会推出。今年的这款佳酿展现出超
的优雅气质，吐露着热带水果浓郁
郁的果香，融入繁花的芬芳，底蕴中
露出丝丝柑橘糖的甜美气息，渐渐演
为黑甘草和灌木丛的醇浓香气。入口
令人感到协调内敛的甜度，绝不过腻，
细腻的口感如同天鹅绒般丝滑，无
延宕。除此之外，2013年份的帕拉佐
（Palazzotto）果香飘散，气质清爽，
质演化成熟，逐渐发展为华美可口的
感，展现出卓越的酿造水平。

| | |
|---|---|
| ○ Acininobili '11 | 🍷🍷 8 |
| ● Breganze Cabernet Sauvignon Palazzotto '13 | 🍷🍷 4 |
| ● Breganze Pinot Nero '13 | 🍷🍷 3 |
| ● Brentino '14 | 🍷🍷 3 |
| ● Crosara '13 | 🍷🍷 8 |
| ● Fratta '13 | 🍷🍷 8 |
| ● Speaia '13 | 🍷🍷 3 |
| ○ Tre Volti Brut M. Cl. | 🍷🍷 5 |
| ○ Bidibi '15 | 🍷 2 |
| ○ Breganze Vespaiolo '15 | 🍷 2 |
| ● Cabernet '14 | 🍷 2 |
| ○ Chardonnay Ferrata '15 | 🍷 4 |
| ⊙ Costadolio '15 | 🍷 2 |
| ○ Dindarello '15 | 🍷 4 |
| ○ Pino & Toi '15 | 🍷 2 |

## Manara

AZ. SAN FLORIANO
DON CESARE BIASI, 53
7029 SAN PIETRO IN CARIANO [VR]
EL. +39 0457701086
ww.manaravini.it

藏酒销售
预约参观
年产量 130 000 瓶
葡萄种植面积 11 公顷
可持续发展酒庄

落于圣弗洛里亚诺（San Floriano）的玛纳拉酒庄（Manara）在几年前进一步张其规模，买下了临近的土地，其恢的规模几乎令人忘记了这实际上是一家庭酒庄。洛伦佐·玛纳拉（Lorenzo anara）、法比奥·玛纳拉（Fabio anara）和乔瓦尼·玛纳拉（Giovanni anara）兄弟三人接管了父亲创建的酒，对于本产区的酿造传统非常忠诚，力于出产展现出显著传统特色的葡萄酒，以无穷精力和勤勉努力来阐释本地土，同时避免过于浓郁集中的口感以只顾利益等商业上的短视行为。今天玛纳拉酒庄只在山麓丘陵地带拥有占地面积达到十多公顷的葡萄园，不过地质量优异，完全符合出产优质酿造葡萄的条件。在今年的品鉴中，勒蒙特帕索（Ripasso Le Morete）忠诚地反映本地酿造传统，传统风味在它成熟温暖的阵阵果香中反映得淋漓尽致，浸润着花瓣的芬芳，融入香料的缕缕辛香，口后一抹酒精的热辣令口感更加柔，进一步提升了这款美酒的果味。与此同时，在玛纳拉酒庄今年推荐的两款阿玛罗尼酒（Amarones）中，我们更加喜爱2010年份的波斯泰拉阿玛尼罗（Postera），它的气质更具攻击性，虽然它此时的香氛依然有些封闭，但是这款颇具潜力的美酒已经展现出饱满的口感，单宁相当质朴，预示着未来良好的发展。

| | |
|---|---|
| Amarone della Valpolicella Cl. Postera '10 | 🍷🍷 6 |
| ● Recioto della Valpolicella Cl. El Rocolo '12 | 🍷🍷 5 |
| ● Valpolicella Cl. Sup. Ripasso Le Morete '13 | 🍷🍷 3 |
| ● Valpolicella Cl. Sup. Vecio Belo '14 | 🍷🍷 2* |
| Amarone della Valpolicella Cl. Corte Manara '11 | 🍷 5 |
| Valpolicella Cl. '15 | 🍷 2 |
| ● Amarone della Valpolicella Cl. '00 | 🍸🍸🍸 5 |
| Amarone della Valpolicella Cl. Corte Manara '10 | 🍸🍸 5 |
| Amarone della Valpolicella Cl. Postera '09 | 🍸🍸 6 |
| ● Recioto della Valpolicella Cl. El Rocolo '11 | 🍸🍸 5 |
| ● Valpolicella Cl. Sup. Le Morete Ripasso '12 | 🍸🍸 3 |

## Marcato

VIA PRANDI, 10
37030 RONCÀ [VR]
TEL. +39 0457460070
www.marcatovini.it

藏酒销售
预约参观
年产量 450 000 瓶
葡萄种植面积 55 公顷

仅在短短几年之间，吉安尼·特萨里（Gianni Tessari）就完成了对位于隆卡（Roncà）的玛卡托酒庄（Marcato）的改革，他调整了整个产品序列，对于葡萄园和酒窖中的生产程序都进行了改进，减少出品品种，以确保每款酒无论从品质上，还是从性价比上都能够趋于完美。尽管经过了不小的调整，但玛卡托酒庄绝不牺牲美酒的品质，出品美酒的质地依然细腻，与此同时，别具一格的风味表达力更得到了不小的提升。在隆卡，索阿维（Soave）和达莱洛（Durello）起泡酒依然是玛卡托酒庄的主力产品，展露出既令人愉悦、又非常现代流行的风味。玛卡托酒庄今年推荐了一系列品质卓越的美酒，其中的皮格诺索阿维葡萄酒（Soave Pigno）得到了我们极高的评分，这款果香轻快、色泽明艳的美酒吐露着繁花的芬芳，橡木的香气依然清晰可辨，底蕴中透露出缕缕柑橘的果香。2014年采收酿造季赋予了这款佳酿活跃的酸度，令口感鲜美无比，更带来不可思议的绵长余韵，令人欲罢不能。除此之外，传统酿造法起泡酒（Metodo Classicos）的品质也在持续提升之中，其中AR系列（A.R.）在酒窖中经过了漫长的岁月才最终发布，以浓郁复杂的酒香从众多美酒中脱颖而出，它的酸度跃动，引领出饱满丰盈的果味口感。

| | |
|---|---|
| ○ Soave Cl. Pigno Gianni Tessari '14 | 🍷🍷 3* |
| ● Colli Berici Cabernet Pian Alto Gianni Tessari '12 | 🍷🍷 5 |
| ○ Lessini Durello Extra Brut A. R. M. Cl. '06 | 🍷🍷 6 |
| ○ Lessini Durello Extra Brut 60mesi M. Cl. '08 | 🍷🍷 5 |
| ○ Soave Cl. Monte Tenda Gianni Tessari '15 | 🍷🍷 3 |
| ○ Chardonnay Gianni Tessari '15 | 🍷 2 |
| ● Due Gianni Tessari '13 | 🍷 2 |
| ○ Lessini Durello Brut 36mesi M. Cl. | 🍷 3 |
| ○ Soave Cl. Pigno Gianni Tessari '13 | 🍸🍸🍸 3* |
| ○ Lessini Durello Brut 60 Mesi '08 | 🍸🍸 5 |
| ○ Lessini Durello Brut 60 Mesi '07 | 🍸🍸 5 |
| ○ Soave Cl. Monte Tenda Gianni Tessari '14 | 🍸🍸 3 |
| ○ Soave Cl. Pigno Gianni Tessari '12 | 🍸🍸 3* |

## Marion

FRAZ. MARCELLISE
VIA BORGO MARCELLISE, 2
37036 SAN MARTINO BUON ALBERGO [VR]
TEL. +39 0458740021
www.marionvini.it

预约参观
年产量 40 000 瓶
葡萄种植面积 14 公顷

斯蒂凡诺·坎佩德利（Stefano Campedelli）与妻子尼可莱塔（Nicoletta）拥有并经营的马里恩酒庄（Marion）地处瓦尔波利切拉地区（Valpolicella）的东部，与经典产区紧密相连，虽只拥有十多公顷的葡萄园，但是生产的美酒口感坚实、酒体平衡，深得广大葡萄酒迷的喜爱和追捧。在马里恩酒庄出品的美酒中，超级瓦尔波利切拉（Valpolicella Superiore）和阿玛罗尼（Amarone）是个中翘楚，除此之外，酒庄葡萄园中还栽培了同样风格的两种红葡萄品种作为补充——泰罗德格葡萄（Teroldego）和赤霞珠（Cabernet Sauvignon）。在今年的品鉴中，我们很难在超级瓦尔波利切拉和阿玛罗尼这两种马里恩酒庄的旗舰美酒中做出选择。超级瓦尔波利切拉吐露着成熟度极佳、恰到好处的果香，融入清爽多汁的樱桃风味，一抹红莓果的芬芳萦绕其间，更有淡淡的黑胡椒辛香流连于底蕴中，提升了整款酒的香氛。入口后令人感到果味紧致扎实，令人艳羡，收口余韵似乎没有尽头。而阿玛罗尼则显露出超级成熟的果香，香料的辛香显著，融入精醇的草本植物的清香。这款美酒凭借诱人活跃的果香而著称，而且它虽然酒精度颇高但口感却并不突兀，酒质柔美，这种高超的处理技艺不得不令人竖起大拇指。

| | |
|---|---|
| ● Amarone della Valpolicella '11 | 🍷🍷 7 |
| ● Valpolicella Sup. '12 | 🍷🍷 4 |
| ● Cabernet Sauvignon '12 | 🍷🍷 4 |
| ● Calto '10 | 🍷🍷 4 |
| ● Valpolicella Borgomarcellise '14 | 🍷🍷 3 |
| ● Amarone della Valpolicella '10 | 🍷🍷🍷 7 |
| ● Amarone della Valpolicella '06 | 🍷🍷🍷 7 |
| ● Amarone della Valpolicella '03 | 🍷🍷🍷 7 |
| ● Amarone della Valpolicella '01 | 🍷🍷🍷 7 |
| ● Valpolicella Sup. '10 | 🍷🍷🍷 4* |
| ● Valpolicella Sup. '09 | 🍷🍷🍷 4* |
| ● Valpolicella Sup. '06 | 🍷🍷🍷 4 |
| ● Valpolicella Sup. '05 | 🍷🍷🍷 4 |
| ● Amarone della Valpolicella '09 | 🍷🍷 7 |
| ● Amarone della Valpolicella '08 | 🍷🍷 7 |
| ● Calto '09 | 🍷🍷 4 |
| ● Valpolicella Sup. '11 | 🍷🍷 4 |

## Masari

LOC. MAGLIO DI SOPRA
VIA BEVILACQUA, 2A
36078 VALDAGNO [VI]
TEL. +39 0445410780
www.masari.it

藏酒销售
预约参观
年产量 30 000 瓶
葡萄种植面积 4 公顷

仅仅花费了几年的时间，马西莫·德尔·拉戈（Massimo Dal Lago）与妻子阿里安娜·特萨里（Arianna Tessari）就将他们位于瓦尔达格诺（Valdagno）的中等规模的马萨里酒庄（Masari）发展成为本产区给人留下最深刻印象的精品酒庄之一。马萨里酒庄坐落在颇为原始的土地上，这多少令夫妇二人得以便利地扩张种植葡萄园，可以不费吹灰之力地选择那些最肥沃的地块，从而在葡萄园、绿草地、大森林之间维持健康的平衡状态。这家一流的酒庄恢复并重建了本地难能可贵的农业传统，这一点在他们位于科奈多（Cornedo）的新庄园表现得尤为明显。庄园土地中只有一部分用于种植葡萄和酿造葡萄酒。在气候条件最佳的年份里，马西莫会甄选马萨里酒庄种植的梅洛葡萄（Merlot）打造出单一品种葡萄酒，继而进行非常漫长的浸渍。在今年的品鉴中，时隔八年之后，我们终于有幸得见这款顶级佳酿。2009年份的珀尔戈山（Monte Pulgo）显然是一款气质活跃的美酒，香氛依然年轻，交替散发着红莓果的果香和香料的缕缕芬芳。它的口感雅致美味，余韵绵长令人惊叹，收口如同丝绸般柔滑甜美，精致怡人，给人带来难以言说的美妙享受。相比较而言，2013年份的马萨里（Masari）则气质敏感，但是力道更加强劲，吐露着宽广而深邃的酒香，入口后令人感到馥郁饱满的果味，酒体平衡，完美和谐。

| | |
|---|---|
| ● Masari '13 | 🍷🍷 5 |
| ● Monte Pulgo '09 | 🍷🍷 8 |
| ○ AgnoBianco '14 | 🍷🍷 2 |
| ○ Leon Durello Dosaggio Zero M. Cl. | 🍷🍷 4 |
| ● Vicenza Rosso San Martino '14 | 🍷🍷 3 |
| ○ AgnoBianco '13 | 🍷🍷 2 |
| ○ AgnoBianco '12 | 🍷🍷 2 |
| ○ Antico Pasquale Passito Bianco '07 | 🍷🍷 8 |
| ○ Antico Pasquale Passito Bianco '06 | 🍷🍷 8 |
| ○ Doro Passito Bianco '11 | 🍷🍷 5 |
| ○ Leon Durello Dosaggio Zero M. Cl. | 🍷🍷 4 |
| ● Masari '12 | 🍷🍷 5 |
| ● Masari '11 | 🍷🍷 5 |
| ● Vicenza Rosso San Martino '12 | 🍷🍷 3 |
| ● Vicenza Rosso San Martino '11 | 🍷🍷 3 |
| ● Vicenza Rosso San Martino '10 | 🍷🍷 3 |

## ★Masi

fraz. Gargagnago
via Monteleone, 26
37015 Sant'Ambrogio di Valpolicella [VR]
Tel. +39 0456832511
www.masi.it

藏酒销售
预约参观
膳宿接待
年产量 4 300 000 瓶
葡萄种植面积 670 公顷
可持续发展酒庄

在瓦尔波利切拉（Valpolicella），博萨尼家族（Boscaini）经营着规模恢宏的马西酒庄（Masi），壮美的酒庄是这片拥有悠久酿造传统的土地上最著名的地标之一，也是世界上最著名的酒庄之一，出产的美酒遍布全球四大洲。数十年来，桑德罗·博萨尼（Sandro Boscaini）凭借丰富的经验和精湛的技术，在酒庄的发展之路上做出了诸多改变，以一切可能的方式将本地风土条件与葡萄酒的生产紧密联系起来。始终保持着的大规模生产主要得益于马西酒庄与众多本地种植商建立了亲密合作，他们经营的精美葡萄园为马西酒庄的葡萄酒生产提供优质的酿造葡萄作为补充。在今年的品鉴中，马西酒庄推荐了三款非常精美的阿玛罗尼美酒（Amarones），其中的瓦莱欧阿玛隆阿玛罗尼（Vaio Armaron）的确表现得非常精彩，俘获了我们的心。它吐露着浓郁集中的阵阵果香，给人留下非常深刻的印象，散发着红色莓果干的芬芳，融入巧克力的醇香和樱桃果酱的甜美香气，随之而来的美味口感与精致香氛相得益彰，口感饱满，果味活跃，占据主导地位的各色元素表达充分，是一款令人向往的美酒，质地细密的单宁成功打造出干爽的收口巅峰。相比较而言，2009年份的马扎诺（Mazzano）风味更加复杂，酒香层次繁复，曾经经历了漫长的浸渍发酵；口感恢宏宽广，得到悦人且质朴的单宁的有力支撑。

- ● Amarone della Valpolicella Cl. Vaio Armaron Serègo Alighieri '11 — 🍷🍷🍷 8
- ● Amarone della Valpolicella Cl. Mazzano '09 — 🍷🍷 8
- ● Amarone della Valpolicella Cl. Costasera Ris. '11 — 🍷🍷 8
- ● Osar '09 — 🍷🍷 7
- ● Recioto della Valpolicella Cl. Casal dei Ronchi Serego Alighieri '12 — 🍷 7
- ● Amarone della Valpolicella Cl. Campolongo di Torbe '09 — 🍷🍷🍷 8
- ● Amarone della Valpolicella Cl. Campolongo di Torbe '07 — 🍷🍷🍷 8
- ● Amarone della Valpolicella Cl. Costasera Ris. '09 — 🍷🍷🍷 8
- ● Amarone della Valpolicella Cl. Mazzano '06 — 🍷🍷🍷 8

## Masottina

loc. Castello Roganzuolo
via Bradolini, 54
31020 San Fior [TV]
Tel. +39 0438400775
www.masottina.it

藏酒销售
预约参观
年产量 1 000 000 瓶
葡萄种植面积 230 公顷
可持续发展酒庄

达尔比安科家族（Dal Bianco）拥有并经营的玛苏缇娜酒庄（Masottina）最初创始于二战结束时期，但是直至阿德里亚诺（Adriano）、瓦莱里奥（Valerio）和伦佐（Renzo）的到来，才推动家族酒庄的飞跃发展。今天，家族最新一代的菲力波（Filippo）、费德里科（Federico）和爱德华多（Edoardo）为玛苏缇娜酒庄注入了全新能量，以将出品美酒维持在极高水准上。玛苏缇娜酒庄的葡萄园的占地面积已经逐渐增长到超过100公顷，部分是酒庄自有地块，部分是属于当地众多优质种植商的租借地块，大部分地块位于瓦尔多比亚德尼科内利亚诺（Conegliano Valdobbiadene），也有一些地块位于特雷维索（Treviso）附近的平原地带，出产少量非起泡酒。玛苏缇娜酒庄最精美的葡萄园地处奥格里阿诺地区（Ogliano），是历史悠久的指定产区最东端的山巅之地，出产酿造奥格里阿诺河极干型葡萄酒（Extra Dry Rive di Ogliano）所用的葡萄。这款起泡酒芬芳扑鼻，散发着无法错认的浓郁果香，是该产地果实的独有香气；入口后，鲜美的果味和柔滑的质感形成了令人难以拒绝的完美搭配。而在玛苏缇娜酒庄今年推荐的静止非起泡酒中，我们最爱出自蒙蒂卡诺葡萄园（Gorgo al Monticano）的梅洛（Merlot），它吐露着红莓果般的阵阵果香，融入香料的缕缕辛香，一抹脆爽但有力的香膏芬芳贯穿始终，非常显著，口感紧致优雅，一入口就马上令人感到可口的美妙果味。

- ○ Conegliano Valdobbiadene Extra Dry — 🍷🍷 6
- ○ Conegliano Valdobbiadene Rive di Ogliano Extra Dry '15 — 🍷🍷 7
- ● Piave Merlot Ai Palazzi Ris. '10 — 🍷🍷 6
- ○ Colli di Conegliano Bianco Rizzardo '13 — 🍷 8
- ● Colli di Conegliano Rosso Vign. Montesco '09 — 🍷 8
- ○ Conegliano Valdobbiadene Rive di Ogliano Brut Contrada Granda '15 — 🍷 7
- ○ Conegliano Valdobbiadene Rive di Ogliano Brut Contrada Granda '13 — 🍷🍷 7
- ○ Conegliano Valdobbiadene Rive di Ogliano Extra Dry '14 — 🍷🍷 7
- ○ Conegliano Valdobbiadene Rive di Ogliano Extra Dry '12 — 🍷🍷 5
- ● Piave Cabernet Sauvignon Vign. ai Palazzi Ris. '09 — 🍷🍷 4

## Roberto Mazzi

LOC. SAN PERETTO
VIA CROSETTA, 8
37024 NEGRAR [VR]
TEL. +39 0457502072
www.robertomazzi.it

藏酒销售
预约参观
膳宿接待
年产量 45 000 瓶
葡萄种植面积 8 公顷

虽然罗伯托玛兹酒庄（Roberto Mazzi）所在的瓦尔波利切拉产区（Valpolicella）在过去的几十年间取得了极大的成功，但是酒庄主人安东尼奥·玛兹（Antonio Mazzi）和斯蒂凡诺·玛兹（Stefano Mazzi）宁愿将他们的葡萄园和酒窖控制在适当规模，他们深谙家族酒庄的成功之道，深信优良品质只能出自个性化的亲手酿制，或者至少在其监督下酿造而成。罗伯托玛兹酒庄生产地区经典酒，葡萄园的占地面积不足10公顷，其中包括不少内格拉尔谷（Negrar）最精美的地块，例如维拉（Villa）和卡卡罗勒（Calcarole）。园中所有的种植活动都以极度尊重自然环境为原则而进行，最终得到一系列忠诚反映瓦尔波利切拉地区风土特色的美酒。我们通常非常期待该酒庄出品的阿玛罗尼（Amarone）和珀伊嘉（Poiega），但是我们也常常为玛兹兄弟阐释的伟大的萨珀莱托（Sanperetto）所迷醉，产生极为深刻的印象。这款超级瓦尔波利切拉（Valpolicella Superiore）完美传递出品种葡萄深邃的特质，它吐露着黑胡椒的缕缕辛香，融入野生莓果的缕缕果香，更有一抹精醇的草本植物清香萦绕其间，与香氛完美匹配的是紧致美味的口感，展现出华美的酒质，极具可饮性。相比较而言，珀伊嘉的特质更加深邃，果味更加饱满，它的卓越品质在彭塔庄（Punta di Villa）中充分爆发，这款风味复杂多变、细腻多层的阿玛罗尼避免了为追求劲道而一味用力的弊端，而是根据传统需求将精美结构挑战到最佳均衡的状态。

| | |
|---|---|
| ● Amarone della Valpolicella Cl. Punta di Villa '11 | 🍷🍷🍷 7 |
| ● Valpolicella Cl. Sup. Sanperetto '14 | 🍷🍷 3* |
| ● Valpolicella Cl. Sup. Vign. Poiega '13 | 🍷🍷 4 |
| ● Amarone della Valpolicella Cl. Vign. Castel '12 | 🍷🍷 7 |
| ● Valpolicella Cl. '15 | 🍷🍷 2* |
| ● Valpolicella Cl. Sup. Sanperetto '11 | 🍸🍸🍸 3* |
| ● Amarone della Valpolicella Cl. Punta di Villa '10 | 🍸🍸 7 |
| ● Amarone della Valpolicella Cl. Punta di Villa '09 | 🍸🍸 7 |
| ● Amarone della Valpolicella Cl. Vign. Castel '10 | 🍸🍸 7 |
| ● Valpolicella Cl. '14 | 🍸🍸 2* |
| ● Valpolicella Cl. Sup. Sanperetto '13 | 🍸🍸 3 |
| ● Valpolicella Cl. Sup. Vign. Poiega '12 | 🍸🍸 4 |

## Menegotti

LOC. ACQUAROLI, 7
37069 VILLAFRANCA DI VERONA [VR]
TEL. +39 0457902611
www.menegotticantina.com

藏酒销售
预约参观
膳宿接待
年产量 250 000 瓶
葡萄种植面积 30 公顷
可持续发展酒庄

梅内戈蒂家族（Menegotti）在维拉弗兰卡（Villafranca）的精美酒窖位于库斯托扎（Custoza）的乡间地带，以擅长生产顶级起泡葡萄酒的悠久历史而著称，经过数十年的发展，吸引了许多葡萄酒爱好者的追随。梅内戈蒂家族酒庄于二战结束后建立，在20世纪80年代扩张规模，如今已经是一座拥有30公顷葡萄园规模的酒庄，出产美酒忠诚反映出嘉达湖地区（Lake Garda）风土的特质。安东尼奥·梅内戈蒂（Antonio Menegotti）和安德里亚·梅内戈蒂（Andrea Menegotti）出品的美酒中，最令我们兴奋的是这款伊利安托库斯托扎（Custoza Elianto），它吐露着杏子、蜜瓜和黄桃的缕缕果香，融入纷繁花香，底蕴中透露出一丝矿物质的醇香，依然有待时间的沉积来慢慢释放和表达。口感方面，入口后令人感到馥郁美味的经典地产酒果味，但是同时也表现出令人满意的劲道口感。在今年所有梅内戈蒂家族推荐的起泡酒中，我们最爱2012年份的干型起泡酒（Brut），这款由霞多丽（Chardonnay）和科尔维纳（Corvina）打造而成的混酿，因去皮发酵的特殊工艺而具备了美味的果味和跃动的酸度，更为令人艳羡的平衡酒体增加了令人垂涎的口感。除此之外，极干型美酒（Extra Dry）同样展现出精湛的酿造工艺。

| | |
|---|---|
| ○ Brut M. Cl. '12 | 🍷🍷 4 |
| ○ Custoza '15 | 🍷🍷 2 |
| ○ Custoza Sup. Elianto '14 | 🍷🍷 3 |
| ○ Extra Dry M. Cl. | 🍷🍷 3 |
| ● Bardolino '15 | 🍷 2 |
| ⊙ Bardolino Chiaretto '15 | 🍷 2 |
| ○ Biancospino | 🍷 2 |
| ⊙ Biancospino Rosé | 🍷 2 |
| ● Geodoro '12 | 🍷 5 |
| ● Le Bugne '14 | 🍷 2 |
| ○ Lugana '15 | 🍷 2 |
| ● Mezzacosta '13 | 🍷 3 |
| ○ Bianco di Custoza Sup. Elianto '12 | 🍸🍸 [illegible] |
| ○ Brut M. Cl. '09 | 🍸🍸 [illegible] |
| ○ Custoza Sup. Elianto '13 | 🍸🍸 [illegible] |
| ● Mezzacosta '12 | 🍸🍸 [illegible] |

## ...erotto

...c. Col San Martino
...a Scandolera, 21
...1010 Farra di Soligo [TV]
...el. +39 0438989000
...ww.merotto.it

...藏酒销售
...预约参观
...年产量 550 000 瓶
...葡萄种植面积 21 公顷

...格拉齐亚诺·麦洛托（Graziano Merotto）
...20世纪70年代初创建了麦洛托家族酒
...庄，自此之后始终在改变自己、超越
...自己的道路上勇敢前行，但他的一生都
...奉献给了普洛塞克葡萄酒（Prosecco）
...的酿造事业。麦洛托家族酒庄如今是
...一座受到酒迷高度认可和业界高度尊重
...的名庄，出品的美酒倚靠酒庄占地面
...积超过20公顷的葡萄园，更有合作紧密
...的优质葡萄种植商为酒庄提供作为补充
...的品质卓越的酿造果实。除了传统系列
...之外，麦洛托家族酒庄以最佳地块出产
...的酿造葡萄打造的新系列美酒越来越得
...到众人的关注——格拉齐亚诺麦洛托系
...列（Graziano Merotto）和卡斯泰尔系列
...（Castel）。酒庄今年新发布的普洛塞克
...葡萄酒一反流行的极干风格，而是回归
...到传统极干型葡萄酒（Extra Dry）的经
...典风尚。卡斯泰尔（Castel）这款极为珍
...贵的美酒，由精湛技艺打造而成，吐露
...着馥郁的酒香，融入紫藤花的芬芳，飘
...逸着淡淡梨子的芬芳，随之到来的果味
...口感饱满诱人，更以细腻见长。格拉齐
...亚诺麦洛托（Graziano Merotto）则更加脆
...爽，融入丝丝柑橘香，酒质令人惊异地
...美妙，浸润着奶油般绵密细腻的质感，
...且同时又呈现出完美的干爽口感。

| | |
|---|---|
| ○ Valdobbiadene Brut Rive di Col San Martino Cuvée del Fondatore Graziano Merotto '15 | 🍷🍷🍷 4* |
| ○ Valdobbiadene Extra Dry Castèl '15 | 🍷🍷 3* |
| ○ Le Fare Extra Brut | 🍷🍷 2* |
| ○ Valdobbiadene Brut Bareta | 🍷🍷 3 |
| ○ Valdobbiadene Dry Rive di Col San Martino La Primavera di Barbara '15 | 🍷🍷 3 |
| ○ Valdobbiadene Extra Dry Colbelo | 🍷🍷 3 |
| ○ Cartizze | 🍷 5 |
| ○ Grani Rosa di Nero Brut | 🍷 3 |
| ○ Prosecco di Treviso Dry Colmolina Mill. '15 | 🍷 3 |
| ○ Valdobbiadene Brut Rive di Col San Martino Cuvée del Fondatore Graziano Merotto '14 | 🍷🍷🍷 4* |

## Monte dall'Ora

loc. Castelrotto
via Monte dall'Ora, 5
37029 San Pietro in Cariano [VR]
Tel. +39 0457704462
www.montedallora.com

藏酒销售
预约参观
年产量 35 000 瓶
葡萄种植面积 6 公顷
葡萄栽培方式 有机认证

卡洛·范德瑞尼（Carlo Venturini）和妻子阿莱桑德拉（Alessandra）在卡斯特尔罗托山（Castelrotto）经营着他们规模不大的家族酒庄，致力于在避免伤害环境的情况下酿造出品质出众的美酒。范德瑞尼夫妇二人将信仰深植于这片土地的酿造传统之中，同时也将目光投向未来，不仅尊重身边的世界和大自然，更寄望于将优秀传统传递给儿孙。蒙特达罗拉酒庄（Monte dall' Ora）的葡萄园占地面积只有6公顷，但是对于他们出产展现出饱满果味和卓越可饮性的经典瓦尔波利切拉酒（Valpolicella）已经绰绰有余。蒙特达罗拉酒庄从不使用化学肥料照料葡萄园，范德瑞尼夫妇追求以一种与自然和谐共处的方式来种植葡萄，而非以忤逆自然的方式强行进行人工干预。在今年的品鉴中，坎姆珀伦佐瓦尔波利切拉（Camporenzo Valpolicella）以晚收酿造葡萄打造而成，来自不仅栽培了阿玛罗尼（Amarone）的葡萄园。它的酒香显著，散发着成熟飘逸的缕缕果香，一抹干花的芬芳提升了整款酒的香气，融入药草醇浓且脆爽的芬芳。入口令人感到饱满的果味，丰盈的酒质和活跃的酸度完美地弥补了这款酒稍欠力道的瑕疵。与此同时，2012年份的索斯托利帕索（Ripasso Saustò）吐露着更加温暖、延宕绵长的香氛，酿造技巧高超，凸显极具果浆质感的饱满果味，令人赞叹地将美味口感与圆润酒质结合起来。

| | |
|---|---|
| ● Valpolicella Cl. Sup. Camporenzo '13 | 🍷🍷🍷 4* |
| ● Valpolicella Cl. Sup. Ripasso Saustò '12 | 🍷🍷 5 |
| ● Amarone della Valpolicella Cl. Stropa '08 | 🍷🍷 8 |
| ● Valpolicella Cl. Saseti '15 | 🍷🍷 2* |
| ● Valpolicella Cl. Sup. Camporenzo '11 | 🍷🍷🍷 4* |
| ● Valpolicella Cl. Sup. Camporenzo '10 | 🍷🍷🍷 4* |
| ● Valpolicella Cl. Sup. Ripasso Saustò '07 | 🍷🍷🍷 5 |
| ● Amarone della Valpolicella Cl. '09 | 🍷🍷 6 |
| ● Amarone della Valpolicella Cl. Stropa '07 | 🍷🍷 8 |
| ● Recioto della Valpolicella Cl. Sant' Ulderico '09 | 🍷🍷 6 |
| ● Valpolicella Cl. Sup. Camporenzo '12 | 🍷🍷 4 |
| ● Valpolicella Cl. Sup. Ripasso Saustò '11 | 🍷🍷 5 |

## Monte del Frà

s.da per Custoza, 35
37066 Sommacampagna [VR]
Tel. +39 045510490
www.montedelfra.it

藏酒销售
预约参观
年产量 1 000 000 瓶
葡萄种植面积 197 公顷

马里卡·博诺莫（Marica Bonomo）和马西莫·博诺莫（Massimo Bonomo）引领着位于库斯扎托（Custoza）的大型酒庄不断发展，近几年的方向转变成为产区的重大事件。马里卡监控着市场，而马西莫则直接负责生产，两人通力合作，出品的美酒不论是品质上还是产量上都产生了巨大的飞跃。新一代家族成员埃利焦（Eligio）和克劳迪奥（Claudio）为酒庄增添了专业技能和酿造天赋；而西尔维亚（Silvia）和蒂诺（Dino）则很好地融合到酿造团队中，缔造的美酒日益赢得业界的尊重。卡德马格罗库斯托扎（Ca' del Magro）是给我们留下最深刻印象的白葡萄酒，不仅是在该产区，更是在全意大利境内都是如此。在过去的十多年里，这款精致的白葡萄酒在不锈钢桶中存放，成为追逐复杂香氛和饱满口感的酒迷们心中的圣酒——以热带水果和藏红花般浓郁的果香见长，融入诱人的花蕾芬芳，更有一抹燧石的奇异气息萦绕其间；入口后令人感到饱满的果味，酸度锐利。与此同时，在蒙特德法拉酒庄出品的所有瓦尔波利切拉（Valpolicella）中，我们最喜爱的当属斯佳诺乔（Scarnocchio），这款阿玛罗尼美酒（Amarone）得益于酒庄对于酿酒事业的认真负责，不仅拥有劲道的口感，而且酒质细腻，口感清凛质朴，入口紧致脆爽。

| | |
|---|---|
| ○ Custoza Sup. Ca' del Magro '14 | 🍷🍷🍷 3* |
| ● Amarone della Valpolicella Cl. Scarnocchio Lena di Mezzo '11 | 🍷🍷 7 |
| ● Amarone della Valpolicella Cl. Lena di Mezzo '12 | ▼▼ 6 |
| ● Bardolino '15 | ▼▼ 2* |
| ⊙ Bardolino Chiaretto '15 | ▼▼ 2* |
| ○ Custoza '15 | ▼▼ 2* |
| ● Valpolicella Cl. Sup. Lena di Mezzo '14 | ▼▼ 3 |
| ● Valpolicella Cl. Sup. Ripasso Lena di Mezzo '14 | ▼▼ 3 |
| ● Valpolicella Cl. Lena di Mezzo '15 | ▼ 3 |
| ○ Custoza Sup. Ca' del Magro '13 | ▽▽▽ 3* |
| ○ Custoza Sup. Ca' del Magro '12 | ▽▽▽ 2* |
| ○ Custoza Sup. Ca' del Magro '11 | ▽▽▽ 2* |
| ○ Custoza Sup. Ca' del Magro '10 | ▽▽▽ 2* |
| ○ Custoza Sup. Ca' del Magro '09 | ▽▽▽ 2* |

## Monte Faustino

via Bure Alto
37029 San Pietro in Cariano [VR]
Tel. +39 0457701651
www.fornaser.com

藏酒销售
预约参观
年产量 70 000 瓶
葡萄种植面积 6 公顷

近些年来，瓦尔波利切拉产区酒（Valpolicella）在世界葡萄酒市场上取得的成功令许多当地的葡萄酒酿造商的生活发生了重大变化，他们甚至还没有适应这突如其来的巨大市场需求，不知如何应对。不过福拉瑟家族（Fornaser）经营的福山酒庄（Monte Faustino）则稳步提升酒品质量，加强葡萄园的栽培和管理，持续扩张酒庄规模，但绝不会盲目上量而忽略品控。福山酒庄的葡萄园分布在三个地区，包括历史悠久的福山葡萄园（Monte Faustino vineyard）、毗邻福山园的特威赛纳葡萄园（Traversagna），以及最近购入的科斯塔鲁格葡萄园（Costalunga），园区占地面积不大，但是对于出品传统风味美酒已经绰绰有余。他们的出品精致美味，而且口感从不过分强硬。由于采用了来自气候炎热的2011年的果实，经典阿玛罗尼（Amarone Classico）吐露着非常成熟的红莓果果香，浸润着繁花的芬芳和香料的辛香，进一步提升了整款酒令人喜出望外的香氛。入口后令人感到非常饱满的果味，酒精度也较高，但是得到精美酸度的有效平衡，收口绵长悠然，口感干爽，感受怡人。另一方面，2012年份的特威赛纳葡萄园利帕索（Ripasso La Traversagna）相比较而言就直接得多，它散发着清新脆爽的果香，融入显著的橡木芬芳，酸度强劲有力，口感怡人。

| | |
|---|---|
| ● Amarone della Valpolicella Cl. '11 | ▼▼ 7 |
| ● Recioto della Valpolicella Cl. '12 | ▼▼ 5 |
| ● Valpolicella Cl. '15 | ▼▼ 2 |
| ● Valpolicella Cl. Sup. Ripasso La Traversagna '12 | ▼▼ 4 |
| ● Amarone della Valpolicella Cl. Maestro Fornaser Ris. '09 | ▼ 8 |
| ● Flò '11 | ▼ 3 |
| ● Amarone della Valpolicella Cl. '10 | ▽▽ 7 |
| ● Amarone della Valpolicella Cl. '09 | ▽▽ 7 |
| ● Amarone della Valpolicella Cl. Maestro Fornaser Ris. '08 | ▽▽ 8 |
| ● Amarone della Valpolicella Cl. Maestro Fornaser Ris. '07 | ▽▽ 8 |
| ● Pelara '11 | ▽▽ 3 |
| ● Valpolicella Cl. Sup. La Traversagna '11 | ▽▽ 4 |

## Monte Tondo

LOC. MONTE TONDO
VIA SAN LORENZO, 89
37038 SOAVE [VR]
TEL. +39 0457680347
www.montetondo.it

藏酒销售
预约参观
膳宿接待
年产量 200 000 瓶
葡萄种植面积 32 公顷

麦格纳波索家族（Magnabosco）在索阿维地区（Soave）非常活跃，拥有悠久的酿酒传统，在过去的十多年里，他们除了打造地产美酒之外，还在出品中增加了产自附近瓦尔波利切拉地区（Valpolicella）的系列美酒。圆山酒庄（Monte Tondo）葡萄园的地块分布数地，占地面积超过30公顷，主要位于索阿维地区和瓦尔波利切拉地区的DOC产区内，出产一系列品质值得信赖、易于入口的葡萄酒。酒庄的创建者是基诺·麦格纳波索（Gino Magnabosco），在整个家族的鼎力协助下，他依然掌管着酒庄的运营。在今年的品鉴中，福斯卡瑞斯莱韦努斯（Foscarin Slavinus）是一款不可多得的索阿维（Soave），以生长在福斯卡瑞诺（Mount Foscarino）最陡峭山坡上的晚收葡萄酿造而成，在大型橡木桶中发酵，在不锈钢桶中成熟。这款吐露着浓郁酒香的美酒，散发着黄桃、杏子和甜瓜的缕缕果香，融入干花的芬芳，底蕴中透露出一丝燧石的独特气息，美味的酸度令饱满酒体充满活力，令人久久难忘。与此同时，2014年份的卡斯泰福斯卡瑞（Casette Foscarin）也给我们留下了相当深刻的印象，展现出柔美香甜的果香，与诱人温辣的美妙口感相得益彰。

| | |
|---|---|
| ○ Soave Cl. Sup. Foscarin Slavinus '14 | 🍷🍷 4 |
| ● Amarone della Valpolicella '12 | 🍷🍷 6 |
| ○ Soave Cl. '15 | 🍷🍷 2* |
| ○ Soave Cl. Casette Foscarin '14 | 🍷🍷 3 |
| ○ Soave Spumante Brut '15 | 🍷 2 |
| ● Valpolicella Sup. San Pietro '14 | 🍷 2 |
| ○ Soave Cl. Monte Tondo '06 | 🍷🍷🍷 2* |
| ○ Soave Cl. '14 | 🍷🍷 2* |
| ○ Soave Cl. Casette Foscarin '14 | 🍷🍷 3 |
| ○ Soave Cl. Casette Foscarin '13 | 🍷🍷 3* |
| ○ Soave Cl. Monte Tondo '13 | 🍷🍷 2* |
| ○ Soave Cl. Sup. Foscarin Slavinus '14 | 🍷🍷 4 |
| ○ Soave Cl. Sup. Foscarin Slavinus '13 | 🍷🍷 4 |
| ○ Soave Cl. Sup. Foscarin Slavinus '12 | 🍷🍷 4 |

## Monte Zovo

LOC. ZOVO, 23A
37013 CAPRINO VERONESE [VR]
TEL. +39 0457281301
www.montezovo.com

藏酒销售
预约参观
膳宿接待
年产量 1 000 000 瓶
葡萄种植面积 100 公顷

康蒂尼家族（Cottini）于2000年正式建立了家庭酒庄，不过他们的种植传统几乎可以追溯到古老的一个世纪之前。康蒂尼家族最初是产区的葡萄种植商，继而开始大批出售美酒，直至2000年他们的佐弗山酒庄（Monte Zovo）才正式开张，今天的酒庄已经拥有占地广袤的葡萄园。佐弗山酒庄的灵魂人物无疑是迭戈·康蒂尼（Diego Cottini），不过他的儿子马蒂亚（Mattia）和米歇尔（Michele）也日益投入到家族酒庄的管理中来。马蒂亚负责市场销售业务，而米歇尔则接过父亲的重任，在葡萄园中奉献劳作，在酒窖中酿造美酒。佐弗山酒庄今年推荐的美酒都表现出极高的水准，其中2012年份的阿玛罗尼（Amarone）闪耀着红宝石般的光芒，气质雍容，吐露着饱满的果香，散发着樱桃般的美妙芬芳，融入黑胡椒般的辛香，更有花瓣的甜美花香萦绕其间。开启后立刻散发浓郁的酒香，华美馥郁，自信满满和清凛质朴结合起来，带来了奇妙的口感，给人留下深刻的印象。与此同时，2014年份的利帕索（Ripasso）也得到了我们的高分评价，它的香氛依然年轻，相比较于力道而言，这款酒更注重清爽的口感。

| | |
|---|---|
| ● Amarone della Valpolicella '12 | 🍷🍷 6 |
| ○ Sauvignon '15 | 🍷🍷 4 |
| ● Valpolicella Sup. Ripasso '14 | 🍷🍷 4 |
| ● Ca' Linverno '12 | 🍷 4 |
| ○ Ca' Linverno Bianco '15 | 🍷 4 |
| ○ Lugana Le Civaie '15 | 🍷 3 |
| ● Amarone della Valpolicella '11 | 🍷🍷 6 |
| ● Amarone della Valpolicella '07 | 🍷🍷 7 |
| ● Amarone della Valpolicella '06 | 🍷🍷 6 |
| ● Amarone della Valpolicella Ris. '09 | 🍷🍷 8 |
| ● Amarone della Valpolicella Ris. '08 | 🍷🍷 8 |
| ● Recioto della Valpolicella '10 | 🍷🍷 5 |
| ● Valpolicella Sup. Ripasso '12 | 🍷🍷 4 |
| ● Valpolicella Sup. Ripasso '11 | 🍷🍷 4 |
| ● Valpolicella Sup. Ripasso '08 | 🍷🍷 3 |

## Cantina Sociale di Monteforte d'Alpone

via XX Settembre, 24
37032 Monteforte d'Alpone [VR]
Tel. +39 0457610110
www.cantinadimonteforte.it

藏酒销售
预约参观
年产量 2 000 000 瓶
葡萄种植面积

索阿维指定产区（Soave）分散在许多小型地块中，数千名葡萄种植商在不过一、两公顷的葡萄园中终日忙碌。其中六百多名种植商是阿尔皮翁蒙特福德联合酒庄（Cantina Sociale di Monteforte d' Alpone）的成员，加埃塔诺・托宾（Gaetano Tobin）知道如何用这些种植商成员提供的优质酿造葡萄打造品质卓越的美酒。六百多名种植商成员的葡萄园总占地面积达到一千多公顷，主要位于山麓丘陵地带，专门种植加格奈拉（Garganega）和索阿维扎比安努（Trebbiano di Soave）等本地传统的葡萄品种，也栽培少量瓦尔波利切拉产区（Valpolicella）经典的葡萄品种。除了指定产区白葡萄酒之外，他们当然也酿造少量瓦尔波利切拉产区酒（Valpolicella）。在今年的品鉴中，2014年份的卡斯泰罗索阿维（Soave Castellaro）再次成为产区酒中的明星产品，以非常成熟、在橡木桶中陈放几近一年的加格奈拉葡萄（Garganega）酿造而成。它散发着饱满的果香，干花般的芬芳层层叠叠延宕开来，融入香料般的辛香，随之而来的口感饱满丰盈且力道十足，同时也显露出丰盈柔美和活跃清爽。2015年份的克利乌斯索索阿维（Soave Clivus）的表现也非常抢眼，吐露着轻快的果香，口感动力十足。

| | |
|---|---|
| ○ Soave Cl. Sup. Vign. di Castellaro '14 | ▼▼ (red) 2* |
| ○ Soave Cl. Clivus '15 | ▼▼ 1* |
| ● Valpolicella Ripasso '14 | ▼▼ 2* |
| ○ Lessini Durello Brut M. Cl. | ▼ 3 |
| ○ Recioto di Soave Cl. Sigillo '13 | ▼ 3 |
| ○ Soave Cl. Il Vicario '15 | ▼ 2 |
| ● Amarone della Valpolicella Re Teodorico '11 | ▽▽ 5 |
| ○ Soave Cl. Clivus '14 | ▽▽ 1* |
| ○ Soave Cl. Clivus '13 | ▽▽ 1* |
| ○ Soave Cl. Il Vicario '13 | ▽▽ 2* |
| ○ Soave Cl. Sup. Vign. di Castellaro '13 | ▽▽ 2* |
| ○ Soave Cl. Sup. Vign. di Castellaro '12 | ▽▽ 2* |
| ○ Soave Cl. Sup. Vign. di Castellaro '10 | ▽▽ 2* |
| ● Valpolicella Ripasso '13 | ▽▽ 2* |
| ● Valpolicella Ripasso '11 | ▽▽ 2* |

## Montegrande

via Torre, 2
35030 Rovolon [PD]
Tel. +39 0495226276
www.vinimontegrande.it

藏酒销售
预约参观
年产量 250 000 瓶
葡萄种植面积 30 公顷

优歌娜山区（Euganean Hills）是威尼托产区（Veneto）最精美的种植区域之一，这里众多火山山峰绵延交错，土壤富含矿物质，气候不同寻常的干爽，总是阳光明媚。这里是帕多瓦（Padua）南部波河流域（Po Valley）的山麓丘陵地带，是拥有古老葡萄栽培历史和传统的火山发源地。在过去的十年间，克里斯托凡诺家族（Cristofanon）经营的蒙特格兰德酒庄（Montegrande）始终在调整生产步调，酒庄占地面积大约达到30公顷的葡萄园出产一系列品质始终如一的美酒，充分展现出品种葡萄的精美特质。蒙特格兰德酒庄最有野心的美酒无疑是塞莱欧系列（Sereo）和洛奇园系列（Vigna delle Roche），不过令人遗憾的是今年它们并没有参加我们的品鉴，但是精美的2015年采收酿造季令优歌娜红葡萄酒（Colli Euganei Rosso）脱颖而出，充分弥补了我们的这份缺憾。它的香氛馥郁饱满，令人遐思，散发着热气的草本植物清香，融入黑胡椒的缕缕辛香，提升了非常成熟的红莓果的果香。入口后令人感到深邃的酒质和强劲的力道，展现出惬意柔美的口感。除此之外，2013年份的费尔德阿奇诺帕西多甜葡萄酒（Fior d' Arancio Passito）明快成熟，余韵绵长悠然，给人留下非常深刻的印象。

| | |
|---|---|
| ○ Colli Euganei Fior d'Arancio Passito '13 | ▼▼ 3 |
| ● Colli Euganei Rosso '15 | ▼▼ 2* |
| ○ Castearo '15 | ▼ 2 |
| ○ Colli Euganei Bianco Erto '15 | ▼ 2 |
| ● Colli Euganei Cabernet '15 | ▼ 2 |
| ○ Colli Euganei Fior d'Arancio Spumante '15 | ▼ 2 |
| ● Colli Euganei Merlot '15 | ▼ 2 |
| ○ Colli Euganei Pinot Bianco '15 | ▼ 2 |
| ○ Colli Euganei Seprino Extra Dry | ▼ 2 |
| ● Colli Euganei Cabernet Sereo '12 | ▽▽ 3 |
| ● Colli Euganei Cabernet Sereo '11 | ▽▽ 3 |
| ○ Colli Euganei Fior d'Arancio Passito '12 | ▽▽ 3 |
| ○ Colli Euganei Fior d'Arancio Passito '11 | ▽▽ 3 |

## Monteversa

via Monte Versa, 1024
35030 Vò [PD]
Tel. +39 0499941092
www.monteversa.it

藏酒销售
预约参观
年产量 23 000 瓶
葡萄种植面积 17 公顷
葡萄栽培方式 有机认证

蒙特瓦萨酒庄（Monteversa）成立的时间并不长，它就坐落在该地区蒙特瓦萨山的西向山坡上——酒庄的名字正来源于此，不过不论是这片山坡还是酒庄的葡萄园都拥有悠久的历史，堪称指定产区内最令人艳羡的肥美地块。山坡种植地不到20公顷，拥有红土或者白土土壤，朝向包括向南、向西和向北，从而令沃特扎家族（Voltazza）得以保证种植的每种葡萄品种都能找到最适合生长的条件和环境。地块海拔高度只有大约100米，但是肥沃的土壤打造出成熟美味的酿造果实，展现出独具风味的口感和持久一致的优秀品质。2013年份的阿尼玛弗萨红葡萄酒（Rosso Animaversa）是一款波尔多（Bordeaux）混酿，呈现出冠军般的精彩表现。它最初的香氛略显封闭，但是很快就释放出阵阵果香，一抹森林大地的醇香萦绕其间，底蕴中透露出丝丝紫罗兰的甜美花香，淡淡药草香气若有似无地飘散。口感优雅地蔓延开来，最初劲道有力，继而变得柔滑雅致，精美的单宁和美味的酸度带来果浆般饱满丰盈的果味。与此同时，极具爆破力的2015年份瓦萨奇托（Versacinto）是一款馥郁饱满的红葡萄酒，它的果香极具表现力，非常直接，口感更是令人垂涎欲滴。

| | |
|---|---|
| ● Colli Euganei Rosso Animaversa '13 | 🍷🍷 4 |
| ● Colli Euganei Rosso Versacinto '15 | 🍷🍷 3 |
| ○ Versavò '15 | 🍷🍷 2* |
| ○ Colli Euganei Manzoni Bianco Animaversa '14 | 🍷 3 |
| ○ Primaversa Frizzante '15 | 🍷 3 |
| ○ Saver Frizzante '14 | 🍷 3 |
| ○ Colli Euganei Bianco Animaversa '12 | 🍷🍷 3 |
| ○ Colli Euganei Bianco Versavò '13 | 🍷🍷 2* |
| ○ Colli Euganei Bianco Versavò '11 | 🍷🍷 2* |
| ● Colli Euganei Cabernet Animaversa '12 | 🍷🍷 4 |
| ● Colli Euganei Rosso Animaversa '11 | 🍷🍷 4 |
| ● Colli Euganei Rosso Animaversa '10 | 🍷🍷 4 |
| ● Colli Euganei Rosso Versacinto '13 | 🍷🍷 3 |
| ● Colli Euganei Rosso Versacinto '12 | 🍷🍷 2* |
| ● Colli Euganei Rosso Versacinto '11 | 🍷🍷 2* |
| ○ Versavò '14 | 🍷🍷 2* |

## Le Morette - Valerio Zenato

fraz. San Benedetto di Lugana
v.le Indipendenza, 19d
37019 Peschiera del Garda [VR]
Tel. +39 0457552724
www.lemorette.it

藏酒销售
预约参观
年产量 350 000 瓶
葡萄种植面积 32 公顷
可持续发展酒庄

这座由泽纳多家族（Zenato）运营的家庭酒庄莫莱特酒庄（Le Morette）坐落于卢嘉纳（Lugana）的中心地带，靠近弗拉希诺湖（Frassino），两侧河岸的土壤富含黏土，为这里的品种葡萄提供了极佳的生长环境，使其演化出饱满且独特的风味，给人留下非常深刻的印象。有些酒庄建筑的历史已经十分久远，而且大部分葡萄园都奉献出了优质的酿造果实，酒庄主人法比欧·泽纳多（Fabio Zenato）和保罗·泽纳多（Paolo Zenato）用以出品一系列口感坚实、品质可靠、忠诚反映本地风土条件和酿造传统的美酒。泽纳多家族酿造的卢嘉纳陈酿（Lugana Riserva）完全由特比安娜葡萄（Turbiana）打造而成，是该类葡萄酒最精美的阐释和表达。种植酿造葡萄的葡萄园拥有超过一个世纪的古老历史，土壤富含黏土；美酒采用自然发酵的方式酿造，继而在不锈钢罐和瓶中继续陈放两年以待成熟，只有一小部分采用小木桶陈放。这款酒吐露着复杂且多层次的美妙香氛，小雏菊般的清爽芬芳和燧石的独特香气与黄桃、蜜瓜和杏子的果香交织缠绕，随之而来的口感能量满满，活跃多汁。

| | |
|---|---|
| ○ Accordo Passito Bianco '12 | 🍷🍷 4 |
| ● Bardolino Cl. '15 | 🍷🍷 2* |
| ○ Lugana Mandolara '15 | 🍷🍷 3 |
| ○ Lugana Ris. '12 | 🍷🍷 5 |
| ● Perseo '12 | 🍷🍷 5 |
| ⊙ Bardolino Chiaretto Cl. '15 | 🍷 2 |
| ● Serai '14 | 🍷 2 |
| ○ Lugana Benedictus '14 | 🍷🍷 3 |
| ○ Lugana Benedictus '11 | 🍷🍷 3 |
| ○ Lugana Benedictus '07 | 🍷🍷 3 |
| ○ Lugana Mandolara '14 | 🍷🍷 2* |
| ○ Lugana Mandolara '13 | 🍷🍷 2* |
| ○ Lugana Ris. '11 | 🍷🍷 3 |
| ○ Lugana Vigna La Mandolara '08 | 🍷🍷 2* |

## Marco Mosconi

via Paradiso, 5
37031 Illasi [VR]
Tel. +39 0456529109
www.marcomosconi.it

藏酒销售
预约参观
年产量 25 000 瓶
葡萄种植面积 10 公顷

通过一个偶然的机遇，马可·莫斯克尼（Marco Mosconi）才开始涉足葡萄酒酿造事业。莫斯克尼家族拥有一座面积广袤的葡萄园，但却并不太关注栽培活动，因此当马可对种植葡萄藤表现出兴趣的时候，家人甚至觉得有些奇怪。经历了十年的飞跃发展，今天的马可莫斯克尼酒庄已经成为该地区颇具盛名的葡萄酒生产商之一，以一种别具特色的个人风格忠诚地阐释产区酒——将丰盈果味与劲道口感完美结合。在今年的品鉴中，有两款推荐美酒脱颖而出，闯入了最终角逐"三杯奖"大奖的决赛。这两款佳酿都是2012年份酒，分别是芬芳扑鼻的超级瓦尔波利切拉（Valpolicella Superiore）以及口感坚实的阿玛罗尼（Amarone）。2012年份的超级瓦尔波利切拉自信满满，吐露着野生莓果剔透锐利的缕缕果香，融入草本植物的淡淡清香，随之而来的口感浸润丰盈果味，活跃的酸度引领着绵长的酒质演化，带来美味的收口巅峰。而2012年份的阿玛罗尼则并非一款普通常见的口感偏甜的阿玛罗尼酒，而是对酿造葡萄做出了更加复杂的风味阐释，吐露着非常成熟的缕缕果香，融入香料的丝丝辛香，在香氛最为浓烈之时呈现相得益彰的美味口感，劲道有力，干爽宜人，酒质发展气势恢宏，令人久久难忘。

| | |
|---|---|
| ● Valpolicella Sup. '12 | 5 |
| ● Amarone della Valpolicella '12 | 8 |
| ○ Soave Corte Paradiso '15 | 2* |
| ● Valpolicella Montecurto '15 | 3 |
| ● Amarone della Valpolicella '11 | 8 |
| ● Amarone della Valpolicella '09 | 8 |
| ● Amarone della Valpolicella '08 | 8 |
| ● Recioto della Valpolicella '11 | 6 |
| ● Recioto della Valpolicella '07 | 6 |
| ○ Recioto di Soave '13 | 5 |
| ○ Soave Corte Paradiso '14 | 2* |
| ○ Soave Rosetta '13 | 3 |
| ○ Soave Sup. Corte Paradiso '13 | 2* |
| ● Turan Cabernet Sauvignon '11 | 3 |
| ● Valpolicella Montecurto '14 | 3 |
| ● Valpolicella Sup. '11 | 5 |
| ● Valpolicella Sup. '10 | 5 |

## Mosole

loc. Corbolone
via Annone Veneto, 60
30029 Santo Stino di Livenza [VE]
Tel. +39 0421310404
www.mosole.com

藏酒销售
预约参观
年产量 230 000 瓶
葡萄种植面积 30 公顷

在一片被称为真正的美酒之乡的土地上，当大多数葡萄酒生产商都在生产风味颇好预测并且容易入口的美酒时，摩苏莱家族（Mosole）拥有并经营的酒庄却是一个例外。卢西欧·摩苏莱（Lucio Mosole）在科博隆（Corbolone）打理着种植面积达到30公顷的葡萄园，主要栽培波尔多品种葡萄（Bordeaux）。在过去的十年间，这里出产的成熟且口感扎实的酿造果实打造出了一系列美酒。而与吉安尼·曼诺蒂（Gianni Menotti）在酒窖的酿造过程中达成的紧密合作，使卢西欧可以进一步提升出品美酒的质量，这些佳酿越来越能充分体现出本地的风土特性。在今年的品鉴中，2013年份的艾德诺纳姆梅洛（Merlot Ad Nonam）是产区内最令人印象深刻的红葡萄酒之一，近些年来不停调整更换风格。今年的这一款美酒凸显果味和花香，因此略微牺牲掉丰满酒质，以换取更加精美的果味和花香。它的口感极佳，在犹如丝绸般柔滑的单宁支撑下，以美妙的酸度打造出柔美适度的酒质，并为绵长悠然的余韵注入能量。另一方面，2014年份的帕西多甜酒（Passito）则是一款力道惊人的美酒，给人留下深刻印象，柑橘的果香与香料的辛香交织缠绕，更有成熟的杏香萦绕其间，随之而来的活跃果味口感与复杂香氛完美搭配，相得益彰。

| | |
|---|---|
| ○ Ad Nonam Passito '14 | 4 |
| ● Lison-Pramaggiore Merlot Ad Nonam '13 | 5 |
| ○ Hora Prima '14 | 4 |
| ○ Lison Eleo '15 | 3 |
| ● Lison Pramaggiore Cabernet Hora Sexta '13 | 4 |
| ○ Venezia Pinot Grigio '15 | 2 |
| ● Lison-Pramaggiore Cabernet Franc '15 | 2 |
| ● Lison-Pramaggiore Merlot '15 | 2 |
| ● Lison-Pramaggiore Refosco P. R. '15 | 2 |
| ○ Sauvignon '15 | 2 |
| ○ Tai '15 | 2 |
| ○ Venezia Chardonnay '15 | 2 |
| ○ Ad Nonam Passito '13 | 4 |
| ● Lison-Pramaggiore Cabernet Hora Sexta '12 | 3 |

## Il Mottolo

loc. Le Contarine
via Comezzara, 13
35030 Baone [PD]
Tel. +39 3479456155
www.ilmottolo.it

藏酒销售
预约参观
年产量 27 000 瓶
葡萄种植面积 7 公顷

塞尔吉奥·福汀（Sergio Fortin）大约在十年前开始栽培酿造葡萄，最初只是出于热爱，后来随着出品美酒在品质和产量上的慢慢提升，他经营的莫托罗酒庄（Il Mottolo）日益成为负责任的葡萄酒生产商。今天的莫托罗酒庄已经发展成为尤歌娜山（Euganean Hills）产区一座可信赖的精品酒庄，管理得当的葡萄园令人骄傲，完美的日照条件每年都令生长在这里的红葡萄达到完美的成熟状态。莫托罗酒庄的出品风格追求和谐和优雅，就连最基本款的葡萄酒都充分展现出这种特色。在今年的品鉴中，2014年份的科莫扎拉梅洛（Comezzara Merlot）呈现出与以往年份酒同样的卓越表现，香氛直接，果香饱满，随之而来的口感既浓郁，又华美。与此同时，莫托罗酒庄经典美酒的品质担当无疑仍然是塞罗系列（Serro），这是一款主要由梅洛打造而成的波尔多（Bordeaux）混酿。它吐露着复杂而多层的曼妙果香，入口后单宁如同天鹅绒般丝滑柔美，酸度怡人，支撑着整个口感，结构紧致，果味优雅，干爽美味。相比较而言，2013年份的维格纳尼玛佳美娜（Carmenere Vignànima）则口感更加饱满、酒香更加浓郁，以飘散着黑胡椒和香料的缕缕辛香著称，美妙香氛同时还提升了果浆般果味的雅致口感。

| | |
|---|---|
| Colli Euganei Rosso Serro '13 | 🍷🍷 4 |
| Vingnànima '13 | 🍷🍷 3* |
| Comezzara Merlot '14 | 🍷🍷 2* |
| Le Contarine '15 | 🍷🍷 2* |
| V. Marè Cabernet '14 | 🍷 2 |
| Colli Euganei Rosso Serro '11 | 🍷🍷🍷 3* |
| Colli Euganei Rosso Serro '10 | 🍷🍷🍷 3* |
| Colli Euganei Rosso Serro '09 | 🍷🍷🍷 3* |
| Colli Euganei Cabernet V. Marè '13 | 🍷🍷 2* |
| Colli Euganei Cabernet V. Marè '12 | 🍷🍷 2* |
| Colli Euganei Fior d'Arancio Passito V. del Pozzo '10 | 🍷🍷 3* |
| Colli Euganei Merlot Comezzara '13 | 🍷🍷 2* |
| Colli Euganei Rosso Serro '12 | 🍷🍷 3* |
| Vingnànima '12 | 🍷🍷 3* |
| Vingnànima '11 | 🍷🍷 3* |
| Vingnànima '10 | 🍷🍷 3* |

## Musella

loc. Ferrazze
via Ferrazzette, 2
37036 San Martino Buon Albergo [VR]
Tel. +39 045973385
www.musella.it

藏酒销售
预约参观
膳宿接待
年产量 260 000 瓶
葡萄种植面积 50 公顷
葡萄栽培方式 生物动力学认证

穆塞拉庄园（Musella）是一座微型天堂，这里是未被人类污染的乡间地带，距离维罗纳（Verona）只有一步之遥。这座令人尊敬的酒庄被美丽的石墙环绕，在过去的十年间，酒庄在帕斯夸家族（Pasqua）的引领下，已经攀上了酿造事业的巅峰。穆塞拉酒庄的葡萄园绵延数公顷，穿越森林和溪流，以生物动力学方法进行栽培和管理，占地面积达到50公顷，具有不同的海拔高度和接受日晒程度。这里的地块几乎全部种植维罗纳地区的传统葡萄品种，酒庄出品产量有限，但是品质卓越，而且风味难以预测，颇具意趣。虽然穆塞拉酒庄今年遗憾地未能登顶最佳大奖，但是它推荐的系列参选美酒无一表现逊色，都是几近完美的经典之作。其中的超级瓦尔波利切拉（Valpolicella Superiore）给我们带来了无限惊喜，尽管2014年采收酿造季的气候条件并不理想，但是这款超级瓦尔波利切拉依然散发着浓郁复杂的香氛，犹如野生莓果般的果香缕缕飘散，一抹如花芬芳若有似无地萦绕其间，随之而来的口感气势恢宏，显露出别具一格的质朴气质。与此同时，在我们今年品鉴的三款阿玛罗尼美酒（Amarones）中，我们最爱的无疑是2011年份酒。它吐露着香料的缕缕辛香，融入花瓣的甜美芬芳，继而有阵阵果香飘散，随之而来的口感浸润着甜蜜饱满的果味，单宁跃动，令人印象深刻。

| | |
|---|---|
| ● Amarone della Valpolicella '11 | 🍷🍷 6 |
| ● Valpolicella Sup. '14 | 🍷🍷 3* |
| ● Amarone della Valpolicella Ris. '10 | 🍷🍷 6 |
| ● Amarone della Valpolicella Senza Titolo '08 | 🍷🍷 8 |
| ○ Drago Bianco '15 | 🍷🍷 3 |
| ● Recioto della Valpolicella '12 | 🍷🍷 5 |
| ⊙ Drago Rosé '15 | 🍷 3 |
| ● Amarone della Valpolicella Ris. '07 | 🍷🍷🍷 6 |
| ● Valpolicella Sup. '13 | 🍷🍷🍷 3* |
| ● Valpolicella Sup. '12 | 🍷🍷🍷 2* |
| ● Amarone della Valpolicella '10 | 🍷🍷 6 |
| ● Amarone della Valpolicella '09 | 🍷🍷 6 |
| ● Amarone della Valpolicella Ris. '09 | 🍷🍷 6 |
| ● Valpolicella Sup. Ripasso '12 | 🍷🍷 4 |
| ● Valpolicella Sup. Ripasso '11 | 🍷🍷 4 |

## Daniele Nardello

via IV novembre, 56
37032 Monteforte d'Alpone [VR]
Tel. +39 0457612116
www.nardellovini.it

藏酒销售
预约参观
年产量 50 000 瓶
葡萄种植面积 16 公顷

达尼埃莱·纳尔代洛（Daniele Nardello）和妹妹费德丽卡·纳尔代洛（Federica Nardello）一步步地打造着经典索阿维产区（Soave）的家族酒庄，照料着产区内占地面积达到15公顷的南坡葡萄园，主要栽培加格奈拉葡萄（Garganega），也辅以少量霞多丽（Chardonnay）和扎比安努（Trebbiano）。由于葡萄园的产量超过了酿造需求，因此他们只采用最佳地块出产的品质最佳的葡萄来酿制极为优雅的美酒。达尼埃莱纳尔代洛酒庄今年推荐的美酒表现得都非常精彩，其中最重要的酒品当属佐皮嘉峰索阿维（Soave Monte Zoppega），它吐露着黄桃、蜜瓜和杏的混合果香，一抹小雏菊的清新芬芳提升了整款酒的香氛，更有淡淡干草的清香萦绕其间，随之而来的口感馥郁饱满，果味十足，在精美酸度的支撑下，美味令人久久难忘。与此同时，特比安娜园系列（Vigna Turbian）的索阿维扎比安努（Trebbiano di Soave）凸显出该品种葡萄的传统香氛，更呈现出美妙的口感，余韵甚至更加绵长有力，令人垂涎。

| | |
|---|---|
| ○ Soave Cl. Monte Zoppega '14 | 3* |
| ○ Recioto di Soave Suavissimus '11 | 4 |
| ○ Soave Cl. Meridies '15 | 2* |
| ○ Soave Cl. V. Turbian '15 | 2* |
| ○ Aetas Brut | 2 |
| ○ Blanc De Fè '15 | 2 |
| ○ Blanc De Fè '14 | 2* |
| ○ Soave Cl. Meridies '14 | 2* |
| ○ Soave Cl. Meridies '13 | 2* |
| ○ Soave Cl. Meridies '12 | 2* |
| ○ Soave Cl. Monte Zoppega '13 | 3* |
| ○ Soave Cl. Monte Zoppega '12 | 3 |
| ○ Soave Cl. V. Turbian '14 | 2* |
| ○ Soave Cl. V. Turbian '13 | 2* |
| ○ Soave Cl. V. Turbian '12 | 2* |

## Angelo Nicolis e Figli

via Villa Girardi, 29
37029 San Pietro in Cariano [VR]
Tel. +39 0457701261
www.vininicolis.com

藏酒销售
预约参观
年产量 220 000 瓶
葡萄种植面积 42 公顷

尼克里斯兄弟（Nicolis）充分利用家庭酒庄在生产瓦尔波利切拉产区酒（Valpolicella）方面取得巨大成功的机遇，购入了一系列高品质葡萄园，升级酒窖的生产设备，以提升出品美酒的产量和品质。今天，毕普·尼克里斯（Beppe Nicolis）和吉安卡洛·尼克里斯（Giancarlo Nicolis）管理着种植面积超过40公顷的葡萄园，涵盖指定产区的多个区域，只种植本地传统的葡萄品种，酿造葡萄几乎全部用于酿造该DOC产区风味扎实的经典葡萄酒。安吉洛尼克里斯父子酒庄（Angelo Nicolis e Figli）今年推荐的参选美酒都表现精彩，其中作为一款只在最佳采收酿造季推出的阿玛罗尼美酒（Amarone），阿姆波罗赞（Ambrosan）的酿造葡萄来自卡里亚诺（Cariano）至彼得罗（San Pietro）的同名葡萄园，在正式推出之前经过了漫长的窖藏过程，部分在瓶中，部分在小型橡木桶中。它吐露着成熟而温暖的香氛，散发着阵阵果香，底蕴中透露出缕缕香料的辛香和刚刚出炉的巧克力的醇香。口感气势恢宏，在细腻单宁和美味酸度的支撑下表现得越发柔美。同样显露出卓越品质的还有2010年份的经典阿玛罗尼（Amaron Classico），它的口感轻快，已经非常适合即刻饮用。

| | |
|---|---|
| ● Amarone della Valpolicella Cl. Ambrosan '08 | 7 |
| ● Amarone della Valpolicella Cl. '10 | 6 |
| ● Recioto della Valpolicella Cl. '11 | 5 |
| ● Valpolicella Cl. Sup. Ripasso Seccal '13 | 3 |
| ● Valpolicella Cl. '15 | 2 |
| ● Amarone della Valpolicella Cl. Ambrosan '06 | 7 |
| ● Amarone della Valpolicella Cl. Ambrosan '98 | 7 |
| ● Amarone della Valpolicella Cl. Ambrosan '93 | 6 |
| ● Amarone della Valpolicella Cl. '09 | 6 |
| ● Amarone della Valpolicella Cl. Ambrosan '07 | 7 |
| ● Valpolicella Cl. Sup. Ripasso Seccal '12 | 3 |
| ● Valpolicella Cl. Sup. Ripasso Seccal '08 | 3 |

## Nino Franco

via Garibaldi, 147
31049 Valdobbiadene [TV]
Tel. +39 0423972051
www.ninofranco.it

藏酒销售
预约参观
膳宿接待
年产量 1 000 000 瓶
葡萄种植面积 3.5 公顷

瓦尔波利切拉产区酒（Valpolicella）取得的巨大成功，使许多历史悠久的酒庄决定从山间转移到平原，以进行商业化的大规模生产。不过普利莫·弗兰科（Primo Franco）却正相反，他对于山间种植地块非常忠诚，甚至就在瓦尔多比亚德尼（Valdobbiadene）的中心地带买下了一座葡萄园，这座规模不大的葡萄园出产的酿造果实口感独特，为加里波第大道（Via Garibaldi）上这座卓越酒庄出品的美酒打上了独一无二的风味印记。尼克弗兰科酒庄（Nino Franco）的年产量达到100万瓶，极富个性的美酒具有极强的陈年潜力。在今年的品鉴中，斯黛卡格拉芙（Grave di Stecca）与以往一样表现卓越，因此得到了很高的评价，这是一款充分证明了二次发酵法（Charmat method）能够打造出顶级起泡酒的典范佳酿。作为酿造原料的格雷拉葡萄（Glera）全部产自本村，它经过了漫长的浸渍过程，因而被铸成一款香氛复杂的美酒，浓郁而直接的果香与干花瓣的缕缕花香交织缠绕，底蕴中更透露出丝丝地中海灌木丛的热烈芬芳。入口后令人感到干爽而美味的果味，是非常经典的一款美酒。除此之外，瑞瓦德圣弗洛尼亚诺（Riva di San Floriano）的风味更加简单；而瓦尔多比亚德尼干型葡萄酒（Valdobbiadene Brut）的口感上佳，展现出精湛的酿造技艺。

| | |
|---|---|
| ○ Brut Grave di Stecca '12 | 🍷🍷 5 |
| ○ Valdobbiadene Brut V. della Riva di S. Floriano '15 | 🍷🍷 3* |
| ○ Cartizze '15 | 🍷🍷 5 |
| ○ Valdobbiadene Brut | 🍷🍷 3 |
| ○ Valdobbiadene Dry Primo Franco '15 | 🍷🍷 3 |
| ○ Faive Rosé Brut | 🍷 3 |
| ○ Brut Grave di Stecca '11 | 🍷🍷🍷 5 |
| ○ Brut Grave di Stecca '09 | 🍷🍷🍷 5 |
| ○ Valdobbiadene Brut Grave di Stecca '08 | 🍷🍷🍷 5 |
| ○ Valdobbiadene Brut V. della Riva di S. Floriano '11 | 🍷🍷🍷 3* |
| ○ Valdobbiadene Brut V. della Riva di S. Floriano '14 | 🍷🍷 3* |
| ○ Valdobbiadene Brut V. della Riva di S. Floriano '13 | 🍷🍷 3 |
| ○ Valdobbiadene Dry Primo Franco '14 | 🍷🍷 3* |

## Novaia

via Novaia, 1
37020 Marano di Valpolicella [VR]
Tel. +39 0457755129
www.novaia.it

藏酒销售
预约参观
年产量 45 000 瓶
葡萄种植面积 7 公顷
葡萄栽培方式 有机认证
可持续发展酒庄

沿着玛拉诺河谷（Marano Valley）前行，准工业化地带很快就让位给东西两侧山坡上绿意融融的葡萄园，在一片闲适惬意的田园风光中，到处是一望无际的葡萄架和丛丛灌木林。吉安帕奥罗·沃娜（Giampaolo Vaona）和马切罗·沃娜（Marcello Vaona）在这里以有机农作方式栽培着他们占地面积达到7公顷的葡萄园。他们非常注重在出产高品质美酒的愿景与环境及经济的可持续发展之间达成平衡，种植的酿造葡萄只用来打造传统产区酒。近些年来，我们一直较为关注诺瓦亚酒庄传统风味的高品质美酒出品，不过今年我们的侧重点略有不同，放在了2011年份的勒巴尔策阿玛罗尼（Amarone Le Balze）上，这款佳酿给我们留下了相当深刻的印象。它吐露着非常成熟的果香，融入药草的缕缕醇香，入口后令人感到强劲的力道，丰盈的酸度精美调节了整款酒的平衡度。相比较而言，2013年份的利帕索（Ripasso）则风格迥异，它吐露着复杂的香氛，散发着樱桃的甜美果香，融入干花的缕缕芬芳，底蕴中还有黑甘草的丝丝醇香，随之而来的口感果味饱满，余韵绵长悠然，似无尽头。

| | |
|---|---|
| ● Amarone della Valpolicella Cl. Le Balze '11 | 🍷🍷 8 |
| ● Recioto della Valpolicella Cl. Le Novaje '14 | 🍷🍷 4 |
| ● Valpolicella Cl. Sup. Ripasso '13 | 🍷🍷 3 |
| ● Valpolicella Cl. '15 | 🍷 2 |
| ● Valpolicella Cl. Sup. I Cantoni '13 | 🍷 4 |
| ● Amarone della Valpolicella Cl. Corte Vaona '11 | 🍷🍷 5 |
| ● Recioto della Valpolicella Cl. Le Novaje '13 | 🍷🍷 4 |
| ● Recioto della Valpolicella Cl. Le Novaje '12 | 🍷🍷 4 |
| ● Valpolicella Cl. '13 | 🍷🍷 2* |
| ● Valpolicella Cl. Sup. I Cantoni '12 | 🍷🍷 4 |
| ● Valpolicella Cl. Sup. Ripasso '12 | 🍷🍷 3 |

## Ottella

FRAZ. SAN BENEDETTO DI LUGANA
LOC. OTTELLA
37019 PESCHIERA DEL GARDA [VR]
TEL. +39 0457551950
www.ottella.it

藏酒销售
预约参观
年产量 350 000 瓶
葡萄种植面积 40 公顷

欧特亚酒庄（Ottella）与嘉达湖（Lake Garda）地区尚有一段距离，坐落于弗拉希诺湖畔（Lake Frassino），与嘉达湖产区相比，这里的知名度并不高，而且湖区面积也较小。不过这里却是卢嘉纳葡萄酒（Lugana）的摇篮，富含黏土的土壤令欧特亚酒庄出品的地产酒口感强劲有力，打上了明晰的个性标签。弗朗西斯科·蒙特莎（Francesco Montresor）和米歇尔·蒙特莎（Michele Montresor）酿造的白葡萄酒充分且准确地反映出两人的个性，品质精美。除此之外，欧特亚酒庄还在庞迪扎明乔（Ponti sul Mincio）拥有一座葡萄园，那里主要集中种植红葡萄品种，为酒庄出品的红葡萄酒提供优质果实。在今年的品鉴中，莫塞罗卢嘉纳（Lugana Molceo）这款陈酿（Riserva）表现突出，它的诱人魅力在于深邃香氛而非一味追求口感力道，果味美妙，优雅平衡，是不可多得的美酒。当下我们品鉴的年份酒正是如此，它的酸度掌控更加卓越，来自凉爽的2014年采收酿造季，令这款美酒展现出缥缈的香氛。另一方面，勒克里特（Le Creete）阳光般灿烂的质感扑面而来，这款优秀的白葡萄酒吐露着更加成熟浓郁的果香，随之而来的果味饱满活跃，丰盈美味，酒质演化非常精美。

| | | |
|---|---|---|
| ○ Lugana Molceo Ris. '14 | ΨΨΨ | 4* |
| ● Campo Sireso '13 | ΨΨ | 4 |
| ○ Lugana '15 | ΨΨ | 2* |
| ○ Lugana Le Creete '15 | ΨΨ | 3 |
| ⊙ Roses Roses '15 | ΨΨ | 2* |
| ● Valpolicella Ripasso Ripa della Volta '13 | ΨΨ | 4 |
| ○ Vignenuove '15 | ΨΨ | 2* |
| ● Amarone della Valpolicella Ripa della Volta '13 | Ψ | 6 |
| ● Gemei Rosso '15 | Ψ | 2 |
| ○ Lugana Molceo Ris. '13 | ΨΨΨ | 4* |
| ○ Lugana Molceo Ris. '12 | ΨΨΨ | 4* |
| ○ Lugana Sup. Molceo '11 | ΨΨΨ | 4* |
| ○ Lugana Sup. Molceo '10 | ΨΨΨ | 4* |
| ○ Lugana Sup. Molceo '09 | ΨΨΨ | 4 |
| ○ Lugana Sup. Molceo '08 | ΨΨΨ | 4 |
| ○ Lugana Sup. Molceo '07 | ΨΨΨ | 4 |

## Pasqua - Cecilia Beretta

LOC. SAN FELICE EXTRA
VIA BELVEDERE, 135
37131 VERONA
TEL. +39 0458432111
www.pasqua.it

藏酒销售
预约参观
年产量 13 000 000 瓶
葡萄种植面积 300 公顷

帕斯夸家庭酒庄（Pasqua）涉足葡萄酒酿造行业已经长达90年，是意大利最著名的葡萄酒生产商之一，他们酿造的葡萄酒遍布全世界，与此同时，酒庄的生产依然牢牢扎根在发源的土地上——瓦尔波利切拉产区（Valpolicella）。数十年过去了，许多事情发生了变化。如今这一著名品牌推出了副牌塞西莉娅布雷塔帕斯夸（Pasqua Cecilia Beretta），这座家庭酒庄勇于尝试新品，并且具有完整的产品线。酿造葡萄不仅来自酒庄自有的面积达到一百多公顷的葡萄园，也来自当地为数众多的葡萄种植商，保证了出产美酒的高品质多年来保持如一。塞西莉娅布雷塔帕斯夸酒庄今年提供的品鉴酒品都表现出色，其中2012年份的帕斯夸法米歌利亚阿玛罗尼（Amarone Famiglia Pasqua）凭借浓郁深邃的美妙果香从众多美酒中脱颖而出，以贯穿始终、非常成熟的果香著称，融入香料锐利的芳香和花瓣的甜香，细腻单宁与优雅酸度完美结合，提升了恢宏的口感。另一方面，2011年份的特里蒂卡利亚诺阿玛罗尼陈酿（Amarone Terre di Cariano Riserva）也表现精彩，它的香氛层次繁复，缓缓释放，活力四射，口感质朴，果味轻快。除此之外，2014年凉爽的采收酿造季令帕斯夸法米歌利亚利帕索（Ripasso Famiglia Pasqua）的酒质演进呈现良好状态，口感有力且轻快。

| | | |
|---|---|---|
| ● Amarone della Valpolicella Cl. Terre di Cariano Cecilia Beretta Ris. '11 | ΨΨ | 8 |
| ● Amarone della Valpolicella Famiglia Pasqua '12 | ΨΨ | 6 |
| ● Amarone della Valpolicella Cl. Villa Borghetti Pasqua '13 | ΨΨ | 6 |
| ● Valpolicella Sup. Ripasso Famiglia Pasqua '14 | ΨΨ | 4 |
| ○ Passimento Bianco '15 | Ψ | 3 |
| ● Passimento Rosso '13 | Ψ | 3 |
| ● Amarone della Valpolicella Cl. Terre di Cariano '04 | ΨΨΨ | 8 |
| ● Amarone della Valpolicella Cl. Terre di Cariano Cecilia Beretta Ris. '10 | ΨΨ | 8 |
| ● Amarone della Valpolicella Famiglia Pasqua '06 | ΨΨ | 6 |

## ★★Leonildo Pieropan

VIA CAMUZZONI, 3
37038 SOAVE [VR]
TEL. +39 0456190171
www.pieropan.it

藏酒销售
预约参观
年产量 380 000 瓶
葡萄种植面积 62 公顷
葡萄栽培方式 有机认证

安德里亚·皮耶罗潘（Andrea Pieropan）和达里奥·皮耶罗潘（Dario Pieropan）在这座家族酒庄的经营管理中发挥日益重要的作用——不论是在葡萄园的栽培、酒窖的酿造，还是在所有葡萄酒产品的市场营销事宜上。但是不变的是皮耶罗潘家族酒庄（Pieropan）与索阿维产区（Soave）长期形成的亲密关系，以及在最近十年间与瓦尔波利切拉产区（Valpolicella）建立的紧密合作——这一切热望和责任心都继承自兄弟二人的父母——尼诺·皮耶罗潘（Nino Pieropan）和特雷西塔·皮耶罗潘（Teresita Pieropan）。里奥尼多皮耶罗潘酒庄（Leonildo Pieropan）有计划地选择购买朝向最好的地块，拥有产区规模最大的葡萄园，一直将注意力集中在传统品种葡萄酒的生产上，并没有被每一年都期待变化和新意的市场需求所左右和诱惑，产量虽然有限，但是品质非常卓越。如果想了解索阿维美酒，就必须尝尝该酒庄出品的卡尔瓦瑞诺（Calvarino）和拉洛卡（La Rocca），这两款酒无疑代表了产区酒的精华所在。卡尔瓦瑞诺花香飘逸，风格轻快，口感紧致，余韵绵长悠然，展现出极大魅力；而拉洛卡则凭借复杂的香氛脱颖而出，底蕴中交织着橡木的香气和缕缕果香，一抹香料的辛香若有似无，矿物质的醇香缓缓释放，随之而来的是活力四射的诱人口感，从不会令品鉴者感到乏味。

| | | |
|---|---|---|
| ○ Soave Cl. La Rocca '14 | 🍷🍷🍷 | 5 |
| ○ Soave Cl. Calvarino '14 | 🍷🍷 | 4 |
| ○ Soave Cl. '15 | ▼▼ | 3 |
| Valpolicella Sup. Ruberpan V. Garzon '13 | ▼▼ | 4 |
| ○ Soave Cl. Calvarino '13 | YYY | 4* |
| ○ Soave Cl. Calvarino '09 | YYY | 4* |
| ○ Soave Cl. Calvarino '08 | YYY | 4 |
| ○ Soave Cl. Calvarino '07 | YYY | 4 |
| ○ Soave Cl. Calvarino '06 | YYY | 4 |
| ○ Soave Cl. Calvarino '05 | YYY | 3 |
| ○ Soave Cl. Calvarino '04 | YYY | 3 |
| ○ Soave Cl. Calvarino '03 | YYY | 3 |
| ○ Soave Cl. Calvarino '02 | YYY | 3 |
| ○ Soave Cl. La Rocca '12 | YYY | 5 |
| ○ Soave Cl. La Rocca '11 | YYY | 5 |
| ○ Soave Cl. La Rocca '10 | YYY | 5 |
| ○ Soave Cl. La Rocca '02 | YYY | 5 |

## Albino Piona

FRAZ. CUSTOZA
VIA BELLAVISTA, 48
37060 SOMMACAMPAGNA [VR]
TEL. +39 045516055
www.albinopiona.it

藏酒销售
预约参观
年产量 350 000 瓶
葡萄种植面积 77 公顷

皮欧纳家族（Piona）在嘉达湖产区（Lake Garda）的葡萄酒酿造图景中占据非常重要的位置。阿尔比诺·皮欧纳（Albino Piona）凭借擅长出品风格简朴、口感直接的佳酿而令家族酒庄声名鹊起，如今他的儿女们西尔维奥·皮欧纳（Silvio Piona）、莫妮卡·皮欧纳（Monica Piona）、阿历桑德罗·皮欧纳（Alessandro Piona）和马西莫·皮欧纳（Massimo Piona）则接受挑战，在湖岸的南部山坡探索酿造品质美酒的秘诀。超过70公顷的种植面积出产的酿造葡萄无疑用不完，因此阿尔比诺皮欧纳酒庄只甄选采用其中品质最佳者来酿造美酒，主要是巴尔多利诺（Bardolino）和库斯托扎（Custoza）。为了验证库斯托扎巨大的陈年潜力，我们这一次品鉴了两款经过长期窖藏的卓越美酒。一款是2013年份的萨莱斯系列库斯托扎（Campo del Selese），这是一款部分在橡木桶陈放的超级美酒（Superiore），吐露着藏红花般的奇异芬芳，融入干花的缕缕花香，更有一抹燧石的香气萦绕其间，入口成熟而热辣，展现出美妙而丰盈的果味。然而相比较而言，2013年份的SP库斯托扎葡萄酒（Custoza SP）则更加锋利和清凛，酸度更加激进，显露出鲜美的口感。

| | | |
|---|---|---|
| ○ Custoza SP '13 | 🍷🍷 | 2* |
| ○ Custoza Sup. Campo del Selese '13 | 🍷🍷 | 2* |
| ● Bardolino '15 | ▼▼ | 2* |
| ⊙ Bardolino Chiaretto '15 | ▼▼ | 2* |
| ○ Custoza '15 | ▼▼ | 2* |
| ○ Gran Cuvée Pas Dosé M. Cl. | ▼▼ | 4 |
| ⊙ Estro di Piona Rosé Brut | ▼ | 4 |
| ○ Verde Piona Frizzante | ▼ | 2 |
| ● Bardolino '14 | YY | 2* |
| ● Bardolino '13 | YY | 2* |
| ● Bardolino SP '12 | YY | 2* |
| ● Campo Massimo Corvina Veronese '12 | YY | 2* |
| ● Campo Massimo Corvina Veronese '11 | YY | 2* |
| ○ Custoza '14 | YY | 2* |
| ○ Custoza '13 | YY | 2* |

## Piovene Porto Godi

FRAZ. TOARA
VIA VILLA, 14
36020 VILLAGA [VI]
TEL. +39 0444885142
www.piovene.com

藏酒销售
预约参观
年产量 100 000 瓶
葡萄种植面积 36 公顷

贝利奇山产区（Colli Berici）具有出产美酒的巨大潜力，地处珀托格迪（Porto Godi）的皮奥韦内家族（Piovene）是该产区为数不多的真正用尽全力追求品质的葡萄酒生产商之一。珀托格迪皮奥韦内酒庄在产区南部拥有一座占地面积超过30公顷的葡萄园。他们选择栽培本地品种泰红葡萄（Tai Rosso），但是同时也种植波尔多品种葡萄（Bordeaux），还有更加传统的加格奈拉（Garganega）。这里享受着极为热烈的阳光和干爽的气候，令每年收获的葡萄都能够达到完美的成熟；与此同时，凉爽的朝向和直达250米的海拔高度，给予酿造葡萄细腻和清爽的口感。出品的白葡萄酒脆爽新鲜，红葡萄酒则极具果味表现力。珀托格迪皮奥韦内酒庄今年推荐的美酒表现不俗，其中珀扎莱葡萄园赤霞珠（Cabernet del Vigneto Pozzare）再次登顶，成为本地最令人心仪的红葡萄酒之一，这得益于其复杂且层次繁复的香氛。它首先吐露着阵阵果香。它继而融入香料的锐利辛香和草本植物的缕缕清香。入口后令人感到成熟的果味，单宁劲道有嚼劲儿，打造出紧致而扎实的口感。另一方面，2013年份的萨瓦拉泰红葡萄酒（Tai Rosso Thovara）的香氛更加复杂和成熟，而口感也更加饱满丰盈，风味独特，给人留下深刻的印象。

- ● Colli Berici Cabernet Vign. Pozzare '13 ΨΨ(红) 4
- ● Colli Berici Tai Rosso Thovara '13 ΨΨ(红) 5
- ● Colli Berici Merlot Fra i Broli '13 ΨΨ 4
- ○ Colli Berici Pinot Bianco Polveriera '15 ΨΨ 4
- ● Colli Berici Tai Rosso Vign. Riveselle '15 ΨΨ 2*
- ○ Thovara Passito '13 ΨΨ 5
- ○ Colli Berici Sauvignon Vign. Fostine '15 Ψ 2
- ● Colli Berici Cabernet Vign. Pozzare '12 ΨΨΨ 4*
- ● Colli Berici Cabernet Vign. Pozzare '07 ΨΨΨ 3
- ● Colli Berici Merlot Fra i Broli '12 ΨΨ 4
- ● Colli Berici Merlot Fra i Broli '11 ΨΨ 4
- ● Colli Berici Tai Rosso Thovara '12 ΨΨ 5
- ● Colli Berici Tai Rosso Thovara '11 ΨΨ 5

## ★Graziano Prà

VIA DELLA FONTANA, 31
37032 MONTEFORTE D'ALPONE [VR]
TEL. +39 0457612125
www.vinipra.it

藏酒销售
预约参观
膳宿接待
年产量 300 000 瓶
葡萄种植面积 35 公顷
葡萄栽培方式 有机认证
可持续发展酒庄

在过去的十年间，格拉齐亚诺・普拉（Graziano Prà）进一步扩张了他的酒庄，一直延伸到附近的瓦尔波利切拉产区（Valpolicella），但是依然坚守已经非常稳固坚实的白葡萄酒出品风格。格拉齐亚诺普拉酒庄位于索阿维产区（Soave）的葡萄园分散在各个经典区域，但是在瓦尔波利切拉产区就只有一座地处上梅赞谷（Upper Mezzane valley）的葡萄园，地块遍布岩石和片岩。葡萄园从一开始就采取有机栽培方式打理，出产酒香馥郁、品质上佳的美酒。在今年的品鉴中，作为一款只在最佳年份才会出品的美酒，科勒圣安东尼奥（Colle Sant' Antonio）经历了漫长的陈放过程。它吐露着甜美的柑橘香，融入干花的缕缕芬芳，更有一抹燧石的奇异香气萦绕其间，随之而来的口感与甜美香氛相得益彰，漫长的陈放过程保证了这款酒拥有绵长的回味余韵和优质的口感。与此同时，2010年份的阿玛罗尼（Amarone）的卓越表现同样当仁不让，这款美酒的口感坚实紧致；2014年份的斯塔夫特索阿维（Soave Staforte）展现出一贯的精美品质，吐露着多层次的香氛，一路攀上果味绵长且徘徊不散的收口巅峰。无疑配得上一座“三杯奖”奖杯！

- ○ Soave Cl. Staforte '14 ΨΨΨ(红) 4
- ● Amarone della Valpolicella '10 ΨΨ(红) 6
- ○ Soave Cl. Colle S. Antonio '12 ΨΨ(红) 4
- ○ Soave Cl. Monte Grande '15 ΨΨ 4
- ○ Soave Otto '15 ΨΨ 2
- ● Valpolicella Sup. Ripasso Morandina '14 ΨΨ 4
- ● Valpolicella Morandina '15 Ψ 2
- ○ Soave Cl. Monte Grande '11 ΨΨΨ 4
- ○ Soave Cl. Monte Grande '08 ΨΨΨ 4
- ○ Soave Cl. Monte Grande '06 ΨΨΨ 4
- ○ Soave Cl. Monte Grande '05 ΨΨΨ 3
- ○ Soave Cl. Monte Grande '04 ΨΨΨ 3
- ○ Soave Cl. Monte Grande '03 ΨΨΨ 2
- ○ Soave Cl. Staforte '13 ΨΨΨ 4
- ○ Soave Cl. Staforte '11 ΨΨΨ 4
- ○ Soave Cl. Staforte '08 ΨΨΨ 4
- ○ Soave Cl. Staforte '06 ΨΨΨ 4

## ★Giuseppe Quintarelli

via Cerè, 1
37024 Negrar [VR]
Tel. +39 0457500016
giuseppe.quintarelli@tin.it

藏酒销售
预约参观
年产量 60 000 瓶
葡萄种植面积 10 公顷

在广袤的瓦尔波利切拉产区（Valpolicella）生产图景中，没有其他酒庄如同昆达利尼家族（Quintarelli）经营的酒庄拥有如此压倒性的强大实力，约瑟佩昆达利尼酒庄（Giuseppe Quintarelli）在产区拥有悠久的历史，它的酒迷遍布全世界。不过实际上，这座名庄只是一座规模不大的酒庄，葡萄园的种植面积只有10公顷，分布在经典产区的各处。出品的葡萄酒随着时间的推移日臻成熟，一直以来忠于于的原则——将酿造传统、对于葡萄品种的尊重，以及传递现代性和独特魅力的目标完美结合，使昆达利尼酒庄成为瓦尔波利切拉产区的偶像酒庄之一。在今年的品鉴中，我们差不多等了十年才最终品尝到这款伟大的2007年份阿玛罗尼（Amarone），这款佳酿无疑是同类酒品品质巅峰的代表，展现出只有经过长久窖藏才能获得的其他美酒难以企及的诸多特质。它吐露着浓郁的樱桃香，继而缓缓释放香料的辛香和烘焙咖啡豆的醇香，随之而来的恢宏口感浸润美味果味，令人无法拒绝。与此同时，2004年份的雷乔托（Recioto）依然需要更多时间来成熟完善，当下吐露着无花果干的芬芳，融入榛子的缕缕醇香，入口后令人感到平衡度极佳的甜美果味。

| | |
|---|---|
| Amarone della Valpolicella Cl. '07 | 🍷🍷 8 |
| Recioto della Valpolicella Cl. '04 | 🍷🍷 8 |
| Amarone della Valpolicella Cl. '06 | 🍷🍷🍷 8 |
| Amarone della Valpolicella Cl. '03 | 🍷🍷🍷 8 |
| Amarone della Valpolicella Cl. '98 | 🍷🍷🍷 8 |
| Amarone della Valpolicella Cl. '97 | 🍷🍷🍷 8 |
| Amarone della Valpolicella Cl. Sup. Monte Cà Paletta '00 | 🍷🍷🍷 8 |
| Amarone della Valpolicella Cl. Sup. Monte Cà Paletta '93 | 🍷🍷🍷 8 |
| Recioto della Valpolicella Cl. '01 | 🍷🍷🍷 8 |
| Recioto della Valpolicella Cl. '95 | 🍷🍷🍷 5 |
| Recioto della Valpolicella Cl. Monte Ca' Paletta '97 | 🍷🍷🍷 8 |
| Rosso del Bepi '96 | 🍷🍷🍷 8 |
| Valpolicella Cl. Sup. '99 | 🍷🍷🍷 7 |

## Le Ragose

fraz. Arbizzano
via Le Ragose, 1
37024 Negrar [VR]
Tel. +39 0457513241
www.leragose.com

藏酒销售
预约参观
年产量 120 000 瓶
葡萄种植面积 18 公顷

加利家族（Galli）的酒庄第一批将全世界的目光吸引到瓦尔波利切拉（Valpolicella）群山之间的酒庄。当大多数的葡萄园还居于谷底和刚刚爬上山坡的时候，保罗·加利（Paolo Galli）和马可·加利（Marco Galli）就已经在海拔高度达到400米的山巅酿造美酒。其后很多人效仿他们，甚至到海拔更高的地方栽培酿造葡萄，但是加利兄弟的拉古斯酒庄（Le Ragose）出品的美酒风格优雅紧致，依然是同类美酒中的翘楚。加利兄弟也是这片土地及其传统的忠诚守护者——他们绝不想遗忘或者歪曲该产区难能可贵的酿造传统。在今年的品鉴中，高海拔葡萄园出产的果实打造出了2007年份的卡罗埃托阿玛罗尼（Amarone Caloetto）。它摇曳着浓郁的红宝石色泽，吐露着樱桃般甜美的果香，一抹繁花的芬芳提升了酒香，更有草本植物的清爽香气萦绕其间，烘托出非常复杂的酒香，随之而来的是同样复杂的美妙口感，果味优雅饱满，在紧致酸度的平衡下，显示出卓越的品感。除此之外，2007年份的拉古斯（Rhagos）是一款经过漫长岁月才正式发布的红葡萄酒，极具意趣，质地如同天鹅绒般柔滑，展现出饱满有力的果味口感。

| | |
|---|---|
| ● Amarone della Valpolicella Cl. Caloetto '07 | 🍷🍷 7 |
| ● Recioto della Valpolicella Cl. '13 | 🍷🍷 5 |
| ● Rhagos Ammandorlato '07 | 🍷🍷 8 |
| ● Valpolicella Cl. '15 | 🍷🍷 2* |
| ● Valpolicella Cl. Sup. Ripasso Le Sassine '12 | 🍷 3 |
| ● Amarone della Valpolicella Cl. Caloetto '06 | 🍷🍷🍷 7 |
| ● Amarone della Valpolicella Cl. Marta Galli '05 | 🍷🍷🍷 8 |
| ● Amarone della Valpolicella Cl. Marta Galli '07 | 🍷🍷 7 |

## F.lli Recchia

LOC. JAGO
VIA CA' BERTOLDI, 30
37024 NEGRAR [VR]
TEL. +39 0457500584
www.recchiavini.it

藏酒销售
预约参观
年产量 250 000 瓶
葡萄种植面积 100 公顷

虽然瓦尔波利切拉产区（Valpolicella）的种植历史非常悠久，但雷吉亚家族（Recchia）在自己的品牌下出品美酒却只有几年的时间。雷吉亚酒庄（F.lli Recchia）很快就成为本地重要的葡萄酒生产商，酒庄的葡萄园面积广袤，尤其在内格拉尔山区（Negrar）发展迅猛。雷吉亚酒庄的产品主要分为两大系列，分别是更加传统的玛苏蒂加戈品牌系列（Masua di Jago），以及来自园中最佳地块的更富野心的特色葡萄酒系列。雷吉亚酒庄今年推荐的美酒表现非常出色，尤其是2010年份的卡贝尔托尔蒂阿玛罗尼（Amarone Ca' Bertoldi）显露出优秀的品质，香氛多层，缓缓释放，散发着甜美成熟的阵阵果香，美妙的香膏芬芳和香料辛香成功地提升了整体香氛。它的酒质演化缓慢，清爽的酸度保证了前进的稳健步伐。相比较而言，2014年份的玛苏蒂加戈超级瓦尔波利切拉产区酒（Valpolicella Superiore Masua di Jago）香氛较为单纯直接，但同样给我们留下了十分深刻的印象，入口展现出极佳的可饮性，忠诚表达出品种葡萄的特质，而非一味强调口感力道和酒精度。

| | |
|---|---|
| ● Amarone della Valpolicella Cl. Ca' Bertoldi '10 | ▼▼ 5 |
| ● Recioto della Valpolicella Cl. Masua di Jago '14 | ▼▼ 4 |
| ● Valpolicella Cl. Sup. Masua di Jago '14 | ▼▼ 2* |
| ● Korvilot '13 | ▼ 5 |
| ● Valpolicella Cl. Sup. Masua di Jago '15 | ▼ 2 |
| ● Valpolicella Cl. Sup. Ripasso Le Muraie '14 | ▼ 3 |
| ● Valpolicella Cl. Sup. Ripasso Masua di Jago '14 | ▼ 2 |
| ● Valpolicella Cl. Sup. Ripasso Le Muraie '13 | ▽▽ 3 |
| ● Valpolicella Cl. Sup. Ripasso Masua di Jago '13 | ▽▽ 2* |

## Roccolo Grassi

VIA SAN GIOVANNI DI DIO, 19
37030 MEZZANE DI SOTTO [VR]
TEL. +39 0458880089
www.roccolograssi.it

预约参观
年产量 49 000 瓶
葡萄种植面积 14 公顷
可持续发展酒庄

瓦尔波利切拉（Valpolicella）东部产区二十年来一直受到业界和酒迷的认可和欣赏，这要感谢马可·萨托利（Marco Sartori）和弗朗西丝卡·萨托利（Francesca Sartori）等酿酒人坚持不懈的努力。致力于打造风格简朴、极易入口的美酒，萨托利家族整修了自己的酒窖，他们并不被时尚、潮流和市场需求所迷惑，坚持出产口感坚实、酒重扎实的瓦尔波利切拉产区酒。洛卡格拉希酒庄（Roccolo Grassi）非常重视旗下的葡萄园，以最环保的方式进行栽培，按照每座葡萄园的特性精心甄选出产的葡萄，将之投入到最适合酿造的系列葡萄酒中，生产出产量不高、但品质卓越的美酒。萨托利家族将同样的辛劳也投入于唯一出品的白葡萄酒上，这款佳酿同时也是本地最令人印象深刻的白葡萄酒之一，因为它的气质朴实无华，摒弃噱头，绝不过香，也不过甜。这款纯净的白葡萄酒经过木桶中的陈放，展现出极佳的酒重。不过，洛卡格拉希酒庄的冠军酒品依然是2013年份的超级瓦尔波利切拉产区酒（Valpolicella Superiore）。它的香氛依然有些封闭，但是卓越口感已经缓缓开启，宽广怡人，口感控制力道稳健，美妙的余韵似乎没有尽头，展现出令人艳羡的收口巅峰。

| | |
|---|---|
| ● Valpolicella Sup. '13 | ▼▼▼ 5 |
| ○ Soave Sup. La Broia '14 | ▼▼ 3 |
| ● Amarone della Valpolicella Roccolo Grassi '07 | ▽▽▽ |
| ● Amarone della Valpolicella Roccolo Grassi '00 | ▽▽▽ |
| ● Amarone della Valpolicella Roccolo Grassi '99 | ▽▽▽ |
| ● Valpolicella Sup. '11 | ▽▽▽ |
| ● Valpolicella Sup. Roccolo Grassi '09 | ▽▽▽ |
| ● Valpolicella Sup. Roccolo Grassi '07 | ▽▽▽ |
| ● Valpolicella Sup. Roccolo Grassi '04 | ▽▽▽ |
| ● Amarone della Valpolicella '11 | ▽▽ |
| ● Amarone della Valpolicella '09 | ▽▽ |
| ● Recioto della Valpolicella Roccolo Grassi '09 | ▽▽ |
| ● Valpolicella Sup. '12 | ▽▽ |

## Roeno

via Mama, 5
37020 Brentino Belluno [VR]
Tel. +39 0457230110
www.cantinaroeno.com

藏酒销售
预约参观
膳宿接待
年产量 340 000 瓶
葡萄种植面积 60 公顷
可持续发展酒庄

布瓦尔达迪吉产区（Valdadige）坐落于两大著名产区之间，北部是上阿迪杰产区（Alto Adige），南部则是维罗纳DOC产区（Veronese DOC Zones）。贯通南北的布瓦尔达迪吉产区近几十年来大批种植葡萄园，产量呈井喷式发展，但是品质差强人意。弗嘉提兄弟（Fugatti）打破了这一方式，他们拥有面积广袤的葡萄园，出产风味独特的美酒，呈现出最佳产地的风土特色。他们既种植特伦托品种（Trento），也栽培维罗纳品种（Verona），同时还有获奖的爱娜蒂诺葡萄（Enantio），出产本地典范的红葡萄酒。在今年的品鉴中，罗埃诺酒庄（Roeno）推荐的克里斯蒂娜系列葡萄酒（Cristina）如同往年一样，令我们惊叹。这款晚收的完美混酿以灰比诺（Pinot Grigio）、霞多丽（Chardonnay）、琼瑶浆（Gewürztraminer）和长相思（Sauvignon Blanc）酿造而成，香氛犹如万花筒般繁复精彩，散发着柑橘般的果香，融入热带水果和甘草的阵阵馥馥；入口后令人感到优雅的甘甜滋味，美味可口。2011年份的家庭收藏版雷司令（Riesling Collezione di Famiglia）展现出罕见的细腻酒质和深邃口感，是一款洋溢着欧洲风尚的美酒，令热爱这一类型美酒的酒迷欣喜若狂。

| | |
|---|---|
| ○ Cristina V. T. '13 | 🍷🍷🍷 5 |
| ○ Riesling Renano Collezione di Famiglia '11 | 🍷🍷 6 |
| ○ Praecipuus Riesling Renano '14 | 🍷🍷 4 |
| ● Roeno '12 | 🍷🍷 4 |
| ○ Valdadige Pinot Grigio Tera Alta '15 | 🍷🍷 2* |
| ● Valdadige Terra dei Forti Enantio '12 | 🍷🍷 4 |
| ● Valdadige Terra dei Forti Enantio Ris. '10 | 🍷🍷 8 |
| ● La Rua Marzemino '15 | 🍷 2 |
| ○ Cristina V. T. '12 | 🍷🍷🍷 5 |
| ○ Cristina V. T. '11 | 🍷🍷🍷 5 |
| ○ Cristina V. T. '08 | 🍷🍷🍷 5 |
| ○ Cristina V. T. '10 | 🍷🍷 5 |
| ○ Riesling Renano Collezione di Famiglia '14 | 🍷🍷 5 |

## Rubinelli Vajol

fraz. San Floriano
via Paladon, 31
37029 San Pietro in Cariano [VR]
Tel. +39 0456839277
www.rubinellivajol.it

藏酒销售
预约参观
膳宿接待
年产量 50 000 瓶
葡萄种植面积 10 公顷

虽然卢比内利瓦加罗酒庄（Rubinelli Vajol）看起来是个年轻的酒庄，但是千万不要被误导了，卢比内利家族（Rubinelli）在瓦尔波利切拉产区（Valpolicella）拥有深厚的酿造根基，不过他们酿造的美酒反映出来的品质并非完全出自古老的传统，而是更多地来自葡萄园的风土条件和酒庄悉心精湛的酿造技艺。卢比内利瓦加罗酒庄的酒窖和葡萄园坐落于自然条件充沛的南向谷底，海拔高度在150米至200米之间。他们出品的美酒非常尊重传统，生产的每种佳酿都美味可口，给人留下深刻的印象。由于阿玛罗尼（Amarone）还需要在酒窖中进一步成熟完善，因而此次缺席了我们今年的品鉴，我们就将注意力集中在2012年份的卓越的超级瓦尔波利切拉（Valpolicella Superiore）上。它摇曳着深邃剔透的红宝石色泽，吐露着樱桃般的果香，融入野生莓果的缕缕芬芳，随之而来的是黑胡椒的辛香和迷迭香的香气。入口后令人感到一贯的明快酸度，支撑着绵长的果味，酒质发展稳健完美。相比较而言，2012年份的雷乔托（Recioto）的香氛更加有力，恢宏的口感在甜美和可口之间达成了和谐的平衡。

| | |
|---|---|
| ● Recioto della Valpolicella Cl. '12 | 🍷🍷 6 |
| ● Valpolicella Cl. Sup. '12 | 🍷🍷 4 |
| ● Valpolicella Cl. '15 | 🍷 2 |
| ● Valpolicella Cl. Sup. Ripasso '13 | 🍷 5 |
| ● Amarone della Valpolicella Cl. '11 | 🍷🍷 7 |
| ● Amarone della Valpolicella Cl. '10 | 🍷🍷 6 |
| ● Amarone della Valpolicella Cl. '07 | 🍷🍷 6 |
| ● Recioto della Valpolicella Cl. '11 | 🍷🍷 6 |
| ● Valpolicella Cl. '13 | 🍷🍷 2* |
| ● Valpolicella Cl. Sup. '11 | 🍷🍷 4 |
| ● Valpolicella Cl. Sup. '10 | 🍷🍷 4 |
| ● Valpolicella Cl. Sup. Ripasso '12 | 🍷🍷 5 |
| ● Valpolicella Cl. Sup. Ripasso '11 | 🍷🍷 4 |

## Ruggeri & C.

LOC. VALDOBBIADENE
FRAZ. ZECCHEI
VIA PRÀ FONTANA, 4
31049 VALDOBBIADENE [TV]
TEL. +39 04239092
www.ruggeri.it

藏酒销售
预约参观
年产量 1 000 000 瓶
葡萄种植面积 17 公顷
可持续发展酒庄

在几十年间，保罗·比索（Paolo Bisol）进一步优化家庭酒庄的操作，每个地块出产的酿造葡萄在抵达酒窖后，不仅采取最适当的方式进行处理，而且还立即酿造成最适合的美酒类型。鲁杰里酒庄（Ruggeri）与许多葡萄种植商紧密合作，尤其是瓦尔多比亚德尼（Valdobbiadene）的种植商，不过同时也有科内利亚诺（Conegliano）奉上的精美酿造果实。葡萄的种植和管理技巧以及在酒窖中发酵酿造的技艺对于品质可靠的出品美酒非常重要，不过越古老的葡萄园就有越多与艰苦条件搏斗的经验，每个出品系列中都不只一款酒庄的明星酒品。朱斯蒂诺B系列葡萄酒（Giustino B）已经持续发布了21年，是普洛塞克起泡酒（Prosecco）中的典范，实际上它荣获了今年的"年度起泡酒大奖"（Sparkling Wine of the Year）。各方面条件都非常成熟的生长季给予这款起泡酒如花般馥郁的酒香，融入阵阵果香，轻快精致的香氛成为它的显著特质，入口呈现出一如既往的优雅果味，令人迷醉，欲罢不能。另一方面，韦蒂老藤葡萄园佳酿（Vecchie Viti）的香氛依然封闭，不太好闻，但是口感干爽紧致，结构上佳。最后我们必须提及的是，鲁杰里酒庄的所有出品系列都展现出持续不变的风格和坚定可靠的品质。

| | | |
|---|---|---|
| ○ Valdobbiadene Extra Dry Giustino B. '15 | 🍷🍷🍷 | 4* |
| ○ Valdobbiadene Brut V. V. '15 | 🍷🍷 | 5 |
| ○ Cartizze | 🍷🍷 | 5 |
| ○ L'Extra Brut '15 | 🍷🍷 | 3 |
| ○ Valdobbiadene Brut Quartese | 🍷🍷 | 3 |
| ○ Valdobbiadene Dry S. Stefano | 🍷🍷 | 3 |
| ○ Valdobbiadene Extra Dry Altevigne | 🍷🍷 | 4 |
| ○ Valdobbiadene Extra Dry Giall'Oro | 🍷🍷 | 3 |
| ○ Valdobbiadene Brut V. V. '14 | 🥂🥂🥂 | 4* |
| ○ Valdobbiadene Brut Vecchie Viti '13 | 🥂🥂🥂 | 4* |
| ○ Valdobbiadene Extra Dry Giustino B. '12 | 🥂🥂🥂 | 3* |
| ○ Valdobbiadene Extra Dry Giustino B. '11 | 🥂🥂🥂 | 3* |
| ○ Valdobbiadene Extra Dry Giustino B. '10 | 🥂🥂🥂 | 3 |
| ○ Valdobbiadene Extra Dry Giustino B. '09 | 🥂🥂🥂 | 3 |
| ○ Valdobbiadene Extra Dry Giustino B. '14 | 🥂🥂 | 4 |
| ○ Valdobbiadene Extra Dry Giustino B. '13 | 🥂🥂 | 4 |

## Le Salette

VIA PIO BRUGNOLI, 11C
37022 FUMANE [VR]
TEL. +39 0457701027
www.lesalette.it

藏酒销售
预约参观
年产量 130 000 瓶
葡萄种植面积 20 公顷

在20世纪80年代初，当瓦尔波利切拉（Valpolicella）及其产区酒刚刚声名鹊起的时候，萨莱特酒庄（Le Salette）就已经声名在外，这要感谢酒庄主人弗兰科·斯卡姆派勒（Franco Scamperle），是他逐步将这座家庭酒庄变成了阿玛罗尼葡萄酒（Amarone）热爱者心中的圣殿，发展成为一座规模不大的精品酒庄，但却擅长生产明晰阐释本地风味的传统美酒。今天，酒庄占地面积达到20公顷的葡萄园分散成众多小地块，交替采用棚架式整枝系统和单长枝整枝系统，几乎全部种植本地传统的葡萄品种，酿造葡萄采收后，酒庄会精选其中品质最好的葡萄来酿造最重要的品牌系列。在今年的品鉴中，珀古尔维斯阿玛罗尼（Amarone Pergole Vece）这款萨莱特酒庄的偶像级精品美酒表现精彩，它凭借馥郁的酒香和剔透的果香重新阐释了传统，繁花的芬芳飘散，更有淡淡香料的辛香萦绕其间，最后成熟的樱桃香将香氛推上高潮。饱满的口感令人惊叹，紧致的酸度和丰盈的果味持久循环，余韵悠然不散。与此同时，2012年份的马拉加阿玛罗尼（Amarone La Marega）也给我们留下了极为深刻的印象，它的风味独特，展现出非常容易入口的特质，适合马上享受。

| | | |
|---|---|---|
| ● Amarone della Valpolicella Cl. Pergole Vece '12 | 🍷🍷 | 8 |
| ● Amarone della Valpolicella Cl. La Marega '12 | 🍷🍷 | 6 |
| ● Recioto della Valpolicella Cl. Pergole Vece '13 | 🍷🍷 | 6 |
| ● Valpolicella Cl. Sup. Ripasso I Progni '14 | 🍷🍷 | 3 |
| ● Ca' Carnocchio '13 | 🍷 | 4 |
| ● Valpolicella Cl. '15 | 🍷 | 2 |
| ● Amarone della Valpolicella Cl. Pergole Vece '05 | 🥂🥂🥂 | 8 |
| ● Amarone della Valpolicella Cl. Pergole Vece '11 | 🥂🥂 | 8 |
| ● Amarone della Valpolicella Cl. Pergole Vece '10 | 🥂🥂 | 8 |
| ● Recioto della Valpolicella Cl. Pergole Vece '12 | 🥂🥂 | 6 |

## Tenute SalvaTerra

oc. Cengia
ia Cengia, 8
37029 San Pietro in Cariano [VR]
Tel. +39 0456859025
www.tenutesalvaterra.it

藏酒销售
预约参观
年产量 80 000 瓶
葡萄种植面积 16 公顷

福瑞亚兄弟（Furia）是瓦尔波利切拉产区（Valpolicella）规模最大的种植商之一，在一群投资者的支持下创建了萨尔瓦特拉酒庄（SalvaTerra），如今他们种植的酿造葡萄遍布指定产区的各个区域。萨尔瓦特拉酒庄的酒窖和办公室位于塞吉亚（Cengia）风景秀美的农庄基纳庄（Villa iona），四周环绕着围墙圈起的美丽葡萄园。出产瓦尔波利切拉产区红葡萄酒的种植地块主要分布在四处：位于瓦尔波利切拉经典产区（Valpolicella Classica one）北部的普伦（Prun）、位于瓦尔波利切拉东部的梅赞（Mezzane）、蒙托瑞奥（Montorio）以及卡扎诺迪特拉米尼亚（Cazzano di Tramigna）。今年普伦庄园出产的美酒——2007年份的阿玛罗尼陈酿（Amarone Riserva），令我们印象最为深刻。它吐露着深邃且层次繁复的超级果香，穿透力极强，融入野生草本植物的缕缕清香，底蕴中透露出丝丝矿物质的醇香。美酒入喉，我们发现这款陈酿的酒质前所未有的强烈，甚至阻碍了愉悦的口感，不过它精美的平衡度和紧致轻快的果味给我们带来了享受。除此之外，2009年份的阿玛罗尼（Amarone）同样得到了我们的高分评价，它吐露着甘美馥郁的果香，浸润着美味多汁的果味。

| | |
|---|---|
| Amarone della Valpolicella Cl. '09 | 🍷🍷 8 |
| Amarone della Valpolicella Cl. Cave di Prun Ris. '07 | 🍷🍷 8 |
| Valpolicella Cl. Sup. Ripasso '13 | 🍷🍷 5 |
| Lazzarone '11 | 🍷 5 |
| Pinot Grigio '15 | 🍷 5 |
| Prosecco Extra Dry | 🍷 4 |
| Valpolicella Cl. '14 | 🍷 3 |
| Amarone della Valpolicella Cl. '08 | 🍷🍷(空) 8 |
| Amarone della Valpolicella Cl. Cave di Prun Ris. '04 | 🍷🍷(空) 8 |
| Valpolicella Cl. Sup. Ripasso '12 | 🍷🍷(空) 5 |

## Marco Sambin

loc. Valnogaredo
via Fattorelle, 20a
35030 Cinto Euganeo [PD]
Tel. +39 3456812050
www.vinimarcus.com

藏酒销售
预约参观
餐饮接待
年产量 10 000 瓶
葡萄种植面积 3 公顷
葡萄栽培方式 有机认证
可持续发展酒庄

马可·桑宾（Marco Sambin）是一位醉心农业的心理学教授，在优歌娜产区（Colli Euganei）中地区公园（Regional Park）的西山坡上建起了这座小规模酒庄。马可桑宾酒庄在瓦尔诺加来多（Valnogaredo）拥有占地面积只有几公顷的葡萄园，园中具有干燥的黏土和白片岩土壤，日照时间充裕，为葡萄的生长提供了理想的环境，采取有机栽培方式，有些地方还采用生物动力学栽培方式。酿造葡萄的产量不高，以保证收获品质极佳的成熟果实。相应的美酒产量也很有限，分为两大系列——马库斯系列（Marcus）和阿尔特系列（Alter）、最经典的偶像级别美酒，以及一系列实验性的新酒。在今年的品鉴中，2013年份的马库斯再一次凭借卓越品质脱颖而出，它吐露着甜美的酒香，融入缕缕丰盈成熟的果香，底蕴中透露出丝丝香料的辛香。入口后立刻呈现酿造葡萄的产地葡萄园阳光下的温热特质，酒质如同丝绸般柔滑饱满，在质地细密的单宁支撑下，带来美味诱人、饱满多汁、余韵悠长的口感。另一方面，2014年份的阿尔特（Alter）来自比较年轻的葡萄园，展现出2014年凉爽的气候条件，香氛更加轻快，口感更加活跃，收获了整体上的美味和跃动。

| | |
|---|---|
| ● Alter '14 | 🍷🍷 4 |
| ● Francisca XI Passito | 🍷🍷 5 |
| ● Marcus '13 | 🍷🍷 5 |
| ○ Martha Frizzante '14 | 🍷🍷 4 |
| ● Le Femminelle '15 | 🍷 3 |
| ○ Martha.due '15 | 🍷 3 |
| ● Alter '13 | 🍷🍷(空) 4 |
| ● Marcus '12 | 🍷🍷(空) 5 |
| ● Marcus '11 | 🍷🍷(空) 5 |
| ● Marcus '10 | 🍷🍷(空) 5 |
| ● Marcus '09 | 🍷🍷(空) 4 |
| ● Marcus '08 | 🍷🍷(空) 4 |
| ○ Martha.due '14 | 🍷🍷(空) 3 |
| ● Micael '11 | 🍷🍷(空) 5 |

## San Rustico

FRAZ. VALGATARA DI VALPOLICELLA
VIA POZZO, 2
37020 MARANO DI VALPOLICELLA [VR]
TEL. +39 0457703348
www.sanrustico.it

藏酒销售
预约参观
年产量 250 000 瓶
葡萄种植面积 22 公顷

离开圣弗洛里亚诺村（San Floriano），向瓦尔波利切拉地区（Valpolicella）的玛拉诺河谷（Marano）攀去，半工业化的沿途景象逐渐让位给茂密的葡萄园——这片土地上真正的经济引擎。而道路也开始向上升攀，并且穿越山区核心地带。坎帕诺拉兄弟（Campagnola）的酒窖就坐落在这里。坎帕诺拉兄弟原本是农民，如今已经成为有经验的企业家，打理着种植面积达到20公顷的葡萄园，出产的果实酿出了一系列地产美酒，清晰打上了本地的传统烙印。加索葡萄园（Gaso）是其中品质最佳的葡萄园，在圣鲁斯科酒庄今年提供的品鉴酒品中，我们最喜爱加索葡萄园出产的阿玛罗尼（Amarone），这款美酒与本地传统紧密相连，散发着非常成熟的浓郁果香，融入碾碎花瓣萃取的精油芬芳，底蕴中吐露出缕缕黑胡椒的辛辣风味；入口后令人感到十分饱满的果味，口感有力，浓郁脆爽的单宁质感与之完美平衡。除此之外，同样来自加索葡萄园的2012年份的利帕索（Ripasso）也表现出活跃的气质；2011年份的阿玛罗尼（Amarone）则凸显成熟的红莓果香，随之而来的口感多汁美味，质感淳朴，给人带来愉悦的享受。

| | |
|---|---|
| ● Amarone della Valpolicella Cl. Gaso '10 | ▼▼ (red) 8 |
| ● Amarone della Valpolicella Cl. '11 | ▼▼ 6 |
| ● Valpolicella Cl. Sup. '14 | ▼▼ 2* |
| ● Valpolicella Cl. Sup. Ripasso Gaso '12 | ▼▼ 4 |
| ● Valpolicella Cl. '15 | ▼ 2 |
| ● Amarone della Valpolicella Cl. '10 | ▽▽ 6 |
| ● Amarone della Valpolicella Cl. '09 | ▽▽ 6 |
| ● Amarone della Valpolicella Cl. Gaso '09 | ▽▽ 8 |
| ● Amarone della Valpolicella Cl. Gaso '08 | ▽▽ 7 |
| ● Amarone della Valpolicella Cl. Gaso '07 | ▽▽ 6 |
| ● Amarone della Valpolicella Cl. Gaso '06 | ▽▽ 6 |
| ● Recioto della Valpolicella Cl. Gaso '13 | ▽▽ 5 |
| ● Valpolicella Cl. Sup. '12 | ▽▽ 2* |
| ● Valpolicella Cl. Sup. Ripasso Gaso '11 | ▽▽ 4 |
| ● Valpolicella Cl. Sup. Ripasso Gaso '10 | ▽▽ 3 |

## La Sansonina

LOC. SANSONINA
37019 PESCHIERA DEL GARDA [VR]
TEL. +39 0457551905
www.sansonina.it

藏酒销售
年产量 21 000 瓶
葡萄种植面积 12 公顷

大约二十年前，卡拉·普罗斯佩罗（Carla Prospero）开创了桑森尼亚酒庄（Sansonina），当时嘉达湖产区（Lake Garda）生产的白葡萄酒刚刚凭借饱满诱人、令人垂涎的口感而收获世人的关注。不过，与同僚的作为恰恰相反，卡拉决定将所有精力投入到梅洛葡萄（Merlot）上，因为湖区附近的土壤富含黏土土质，非常适合梅洛葡萄的生长。今天，桑森尼亚酒庄葡萄园的占地面积已经超过了10公顷，酒庄出产的系列品牌也日益增多，除了最初的卢嘉纳系列美酒（Lugana）之外，如今还增加了伊娃露娜赤霞珠系列佳酿（Cabernet Evaluna）。伊娃露娜赤霞珠是由赤霞珠（Cabernet Sauvignon）和品丽珠（Franc）打造而成的混酿，在今年的品鉴中脱颖而出。它强劲有力，吐露着柔美成熟的阵阵果香，精致且极具穿透力的草本植物清香与之交替缭绕，极为浓郁。入口后令人感到质地精美的单宁轻松掌控着丰盈的果味。除此之外，莫拉洛韦德园卢嘉纳（Lugana Vigna del Moraro Verde）的表现也非常精彩，它是一款自然发酵的美酒，充分展现出这种类型美酒的质朴特质和一贯的高品质，口感跃动，令人久久难忘。

| | |
|---|---|
| ● Garda Evaluna '14 | ▼▼ 4 |
| ○ Lugana V. del Morano Verde '14 | ▼▼ 3 |
| ○ Lugana Sansonina '13 | ▽▽ 3 |
| ○ Lugana Sansonina '12 | ▽▽ 3 |
| ○ Lugana Sansonina '11 | ▽▽ 3 |
| ○ Lugana Sansonina '10 | ▽▽ 6 |
| ○ Lugana Sansonina '09 | ▽▽ 3 |
| ○ Lugana Sansonina '08 | ▽▽ 3 |
| ● Sansonina '13 | ▽▽ 6 |
| ● Sansonina '12 | ▽▽ 6 |
| ● Sansonina '10 | ▽▽ 6 |
| ● Sansonina '09 | ▽▽ 6 |
| ● Sansonina '07 | ▽▽ 6 |

## Tenuta Sant'Anna

FRAZ. LONCON
VIA MONSIGNOR P. L. ZOVATTO, 71
30020 ANNONE VENETO [VE]
TEL. +39 0422864511
www.tenutasantanna.it

藏酒销售
预约参观
年产量 2 800 000 瓶
葡萄种植面积 140 公顷
可持续发展酒庄

威尼斯（Venice）以东的波河平原（Po River）是一大片奉献给葡萄园的肥沃乐土，与此同时也是利森—普拉马焦雷指定产区（Lison Pramaggiore）的核心地区。这片富含黏土土壤的种植区与亚德里亚海岸（Adriatic Coast）毗邻，忠利农业集团（Genagricola Group）附属的圣安娜酒庄（Tenuta Sant' Anna）就坐落于此。酒庄的葡萄园规模很大，占地面积超过100公顷，主要致力于打造完美展现品种葡萄特色的年份酒。圣安娜酒庄在今年的品鉴中表现精彩，尤其是从普洛塞克（Prosecco）传统产区的群山间走出的这款酒香馥郁的瓦尔多比亚德尼特干型葡萄酒（Valdobbiadene Extra Dry），极大地吸引了我们的注意。它吐露着清澈纯净的果香，仿似苹果与梨子的芬芳，继而到来的口感非常诱人，气势恢宏，甜度、酸度和细腻口感达成了完美平衡，相得益彰。卡蒂策（Cartizze）的风味与之十分相似，但是它的果味更加直接明显，造成这一差异的原因之一可能是甜度添加更多些。除此之外，在圣安娜酒庄推荐的所有平原产非起泡酒中，我们最爱芬芳扑鼻的2015年份霞多丽（Chardonnay）。

| | |
|---|---|
| ○ Cartizze | 🍷🍷 5 |
| ○ Valdobbiadene Extra Dry | 🍷🍷 3 |
| ○ Brut di Pinot | 🍷 2 |
| ○ Chardonnay Frizzante | 🍷 2 |
| ○ Cuvée Blanche Extra Dry | 🍷 2 |
| ○ Cuvée Rosé Brut | 🍷 2 |
| ○ Lison-Pramaggiore Chardonnay Goccia '15 | 🍷 2 |
| ○ Lison-Pramaggiore Cl. Goccia '15 | 🍷 2 |
| ○ Lison-Pramaggiore Savignon Goccia '15 | 🍷 2 |
| ○ Moscato Spumante Dolce | 🍷 2 |
| ○ Prosecco Brut | 🍷 3 |
| ○ Prosecco Brut Mill. '15 | 🍷 3 |
| ○ Prosecco Extra Dry | 🍷 3 |
| ○ Prosecco Frizzante | 🍷 2 |
| ○ Traminer Goccia '15 | 🍷 2 |
| ○ Venezia Pinot Grigio Goccia '15 | 🍷 2 |

## ★Tenuta Sant'Antonio

LOC. SAN ZENO
VIA CERIANI, 23
37030 COLOGNOLA AI COLLI [VR]
TEL. +39 0457650383
www.tenutasantantonio.it

藏酒销售
预约参观
年产量 700 000 瓶
葡萄种植面积 100 公顷

阿曼多·卡斯塔涅蒂（Armando Castagnedi）、提赛诺·卡斯塔涅蒂（Tiziano Castagnedi）、保罗·卡斯塔涅蒂（Paolo Castagnedi）和马西莫·卡斯塔涅蒂（Massimo Castagnedi）兄弟四人于二十年前创建的家庭酒庄已经成为瓦尔波利切拉产区酒（Valpolicella）爱好者心目中的典范酒庄。圣安东尼奥酒庄（Tenuta Sant' Antonio）出产的葡萄酒以一种即便是最挑剔的味蕾也会大加赞赏的风格，极具权威性地阐释了本地的风土和传统，风行全球。酒庄的葡萄园规模很大，大部分坐落在瓦尔波利切拉产区，但是也有部分位于临近的索阿维产区（Soave）。品质如一的出品美酒都具有坚实的结构。在圣安东尼奥酒庄（Tenuta Sant' Antonio）今年推荐的美酒中，坎珀德吉戈利（Campo dei Gigli）这款阿玛罗尼（Amarone）成为个中翘楚。虽然2012年采收酿造季的条件并不十分理想，但这款年份酒依然凭借卓越的品质脱颖而出，成为指定产区酒中给人留下最深刻印象的一款。它的色泽浓郁，香氛扑鼻，散发着红莓果般的阵阵果香，与底蕴中香料般的辛辣气息完美结合，更有一抹百里香的风味萦绕其间；在口感方面，这款酒展现出恢宏且活跃的特性，浓郁的口感一路引领饱满圆润的果味攀上干爽而绵长的收口巅峰。除此之外，2012年份的班迪娜（La Bandina）是一款美味的瓦尔波利切拉酒（Valpolicella），口感紧致，气质活跃，给人带来美好的享受。

| | |
|---|---|
| ● Amarone della Valpolicella Campo dei Gigli '12 | 🍷🍷🍷 8 |
| ● Valpolicella Sup. La Bandina '12 | 🍷🍷 5 |
| ● Amarone della Valpolicella Sel. Antonio Castagnedi '13 | 🍷🍷 6 |
| ○ Soave Monte Ceriani '14 | 🍷🍷 3 |
| ○ Soave V. V. '14 | 🍷🍷 3 |
| ● Valpolicella Sup. Ripasso Monti Garbi '14 | 🍷🍷 3 |
| ● Amarone della Valpolicella Campo dei Gigli '11 | 🍷🍷🍷 8 |
| ● Amarone della Valpolicella Campo dei Gigli '10 | 🍷🍷🍷 8 |
| ● Amarone della Valpolicella Campo dei Gigli '08 | 🍷🍷🍷 8 |
| ● Amarone della Valpolicella Campo dei Gigli '07 | 🍷🍷🍷 8 |
| ● Amarone della Valpolicella Campo dei Gigli '06 | 🍷🍷🍷 8 |

## Santa Margherita

via Ita Marzotto, 8
30025 Fossalta di Portogruaro [VE]
Tel. +39 0421246111
www.santamargherita.com

藏酒销售
预约参观
年产量 13 500 000 瓶
葡萄种植面积 50 公顷

在过去的十年间，玛佐托家族（Marzotto）规模宏大的家庭酒庄在系列酒品的生产上进行了剧烈的转向。圣玛格丽特酒庄（Santa Margherita）谨慎对待每个细节：首先是如今占地面积达到50公顷的酒庄葡萄园，然后是新酒窖，最后是位于波尔托格鲁阿罗弗萨尔塔（Fossalta di Portogruaro）历史悠久的整个酒庄建筑群。在圣玛格丽特酒庄的生产中，普洛塞克起泡酒（Prosecco）的重要性日益提升，它紧致的口感非常出色，试图将酿造葡萄的特质充分阐释表达出来。在今年的品鉴中，瓦尔多比亚德尼酒（Valdobbiadene）的表现最为精彩，例如2015年份的雷夫隆托罗河瓦尔多比亚德尼酒（Rive di Refrontolo），它吐露着纯净芬芳的酒香，仿似梨子和紫藤的香气，口感紧致，令人愉悦。与此同时，2015年份的卢娜德费蒂（Luna dei Feldi）也呈现出卓越的水准，这款以霞多丽（Chardonnay）、穆勒图尔高（Müller thurgau）、琼瑶浆（Gewürztraminer）和白比诺（Pinot Bianco）打造的混酿吐露着馥郁的酒香，酿造葡萄都来自上阿迪杰产区（Alto Adige）的葡萄园，融入柑橘的甜美芬芳和黑甘草的缕缕醇香，一抹轻快的花香提升了整体香氛。入口后呈现复杂的风味、活跃的果味以及紧致的口感，令人回味无穷。

| | |
|---|---|
| ○ A. A. Bianco Luna dei Feldi '15 | 🍷🍷 3 |
| ○ A. A. Pinot Grigio Impronta del Fondatore '15 | 🍷🍷 2* |
| ○ Cartizze | 🍷🍷 4 |
| ○ Valdobbiadene Extra Dry 52 | 🍷🍷 2* |
| ○ Valdobbiadene Rive di Refrontolo Brut 52 '15 | 🍷🍷 3 |
| ● Lison-Pramaggiore Malbech Impronta del Fondatore '14 | 🍷 2 |
| ● Lison-Pramaggiore Refosco P.R. Impronta del Fondatore '14 | 🍷 2 |
| ○ Lison-Pramaggiore Verduzzo Passito Dulcedo '11 | 🍷 3 |
| ○ Valdadige Pinot Grigio '15 | 🍷 2 |
| ○ Valdobbiadene Brut | 🍷 2 |
| ● Venezia Cabernet Franc Impronta del Fondatore '14 | 🍷 2 |

## Santa Sofia

fraz. Pedemonte di Valpolicella
via Ca' Dedé, 61
37029 San Pietro in Cariano [VR]
Tel. +39 0457701074
www.santasofia.com

藏酒销售
预约参观
年产量 550 000 瓶
葡萄种植面积 38 公顷

经过数年的酿酒实践，卢西亚诺·比格诺尼（Luciano Begnoni）引领着家庭酒庄进行了一次重大变革。在瓦尔潘德纳（Valpantena）购入的大型地块终于令圣索菲亚酒庄（Santa Sofia）葡萄园的占地面积扩大了十几公顷，当下只是使用部分土地种植葡萄藤，这是酒庄为了达成最终收获足够多的自有酿造果实目标而进行的第一步。圣索菲亚酒庄主要酿造瓦尔波利切拉产区酒，以对传统的终极关注来阐述地区风土，酿造酒品具有强大的陈年潜力。创新的酿酒技艺已经实践了一段时间，为我们带来依旧打着传统烙印、同时口感轻快且令人印象深刻的美酒。在圣索菲亚酒庄今年提供的品鉴酒品中，2011年份的阿玛罗尼（Amarone）成为这种风格转变的典范之作，令我们很感兴趣。它吐露着非常成熟的红莓果香，但是依然清爽新鲜，继而到来的口感结构紧致，绝无甜腻之感，收口跃动纯净，余韵绵延飘散。除此之外，经典瓦尔波利切拉（Valpolicella Classico）也表现精彩，尽管2014年采收季的气候条件非常不理想，但是经过一年的陈放，它依然吐露着完美的果香，呈现出诱人的口感。

| | |
|---|---|
| ● Amarone della Valpolicella Cl. '11 | 🍷🍷 7 |
| ● Valpolicella Cl. '14 | 🍷🍷 2 |
| ● Valpolicella Sup. Ripasso '13 | 🍷🍷 4 |
| ● Amarone della Valpolicella Cl. '09 | 🍷🍷 7 |
| ● Amarone della Valpolicella Cl. '08 | 🍷🍷 6 |
| ● Amarone della Valpolicella Cl. '07 | 🍷🍷 6 |
| ● Amarone della Valpolicella Cl. '06 | 🍷🍷 6 |
| ● Amarone della Valpolicella Cl. Gioé '07 | 🍷🍷 7 |
| ○ Lugana '12 | 🍷🍷 2 |
| ● Valpolicella Cl. Sup. Montegradella '11 | 🍷🍷 4 |
| ● Valpolicella Cl. Sup. Montegradella '08 | 🍷🍷 4 |
| ● Valpolicella Sup. Ripasso '12 | 🍷🍷 4 |
| ● Valpolicella Sup. Ripasso '10 | 🍷🍷 4 |

## anti

Ungheria, 33
7031 Illasi [VR]
el. +39 0456269600
www.carlosanti.it

藏酒销售
页约参观
F产量 1 400 000 瓶
葡萄种植面积 50 公顷

桑提酒庄（Santi）是意大利葡萄酒集团 Gruppo Italiano Vini）的主要酒庄之一，近期发生了不少变化，其中最重要的一个就是酒庄领导者克里斯汀·瑞多尔菲（Cristian Ridolfi）的到来。这位受人敬仰的酿酒大师对于本地风土和传统有着深刻的理解，因此桑提酒庄势必将会逐步恢复往日的荣光和卓越地位。桑提酒庄的酒窖坐落于瓦尔波利切拉 Valpolicella）东部的伊拉希（Illasi），但是酒庄的葡萄园则地处经典产区和更远的其他地块，出产风格质朴的经典美酒。在今年的品鉴中，桑提酒庄的桂冠美酒普罗米奥阿玛罗尼（Amarone roemio）令人遗憾地缺席，因此我们将注意力集中到了2014年份的索兰尼 Solane）上。这款利帕索（Ripasso）清爽纯净的果香令我们迷醉，一抹香料的辛香和淡淡草本植物的清爽芬芳提升了整体香氛。美酒入喉，令人感到极为劲道有力的口感，与此同时华美精致的酒香表露无疑，结构紧致脆爽，带来极佳的可饮性。相比较而言，2011年份的经典阿玛罗尼（Amarone Classico）的风味则更加直接，吐露着柔美的果香，饱满多汁的口感令人愉悦，久久难忘。

| | |
|---|---|
| Amarone della Valpolicella Cl. '11 | TT 6 |
| Bardolino Cl. Ca' Bordenis '15 | TT 2* |
| Valpolicella Cl. Sup. Ripasso Solane '14 | TT 4 |
| Lugana Melibeo '15 | T 3 |
| Amarone della Valpolicella Proemio '05 | YYY 6 |
| Amarone della Valpolicella Proemio '03 | YYY 6 |
| Amarone della Valpolicella Proemio '00 | YYY 5 |
| Valpolicella Cl. Sup. Ripasso Solane '09 | YYY 3* |
| Amarone della Valpolicella Cl. '10 | YY 6 |
| Amarone della Valpolicella Cl. '09 | YY 6 |
| Amarone della Valpolicella Cl. Proemio '10 | YY 7 |
| Bardolino Cl. Ca' Bordenis '14 | YY 2* |
| Lugana Melibeo '14 | YY 2* |
| Valpolicella Cl. Le Caleselle '13 | YY 2* |
| Valpolicella Cl. Sup. Ripasso Solane '13 | YY 4 |
| Valpolicella Cl. Sup. Ripasso Solane '12 | YY 4 |

## Casa Vinicola Sartori

fraz. Santa Maria
via Casette, 4
37024 Negrar [VR]
Tel. +39 0456028011
www.sartorinet.com

预约参观
年产量 15 600 000 瓶
葡萄种植面积 120 公顷

瓦尔波利切拉产区（Valpolicella）包含各种形式的葡萄酒从业者，从刚刚开始装瓶自酿美酒的小型种植商，到大型协作酒庄，当然还包括那些在拥有自有葡萄园的同时，依然从其他信任的种植商处购买酿造果实的酒庄。萨托利家族（Sartori）在内格拉尔圣玛利亚（Santa Maria di Negrar）的酒庄就是后者之一。萨托利酿酒厂（Casa Vinicola Sartori）拥有超过100公顷的葡萄园，年产量达到惊人的几百万瓶。萨托利家族今年的系列出品规模很小，但是以2009年份卓越的科特布拉阿玛罗尼（Amarone Corte Brà）为首，在凸显类型葡萄酒传统特色的同时，也绝不会牺牲掉美酒的可饮性。碾碎的花瓣释放出的阵阵芬芳与森林大地的缕缕醇香亲密缭绕，令成熟的果香更加活跃，继而到来的轻快美味的酸度催生了气势恢宏的口感。与此同时，2013年份的雷戈勒（Regolo）是一款气质清爽的利帕索（Ripasso），以年轻的酒香和美味的可饮性而著称。除此之外，位于瓦尔波利切拉东部的庄园出产的2009年份的萨托利阿玛罗尼（Amarone I Saltari），口感饱满，风味复杂。

| | |
|---|---|
| ● Amarone della Valpolicella Cl. Corte Brà '09 | TT 7 |
| ● Amarone della Valpolicella I Saltari '09 | TT 8 |
| ● Valpolicella Sup. Ripasso Regolo '13 | TT 4 |
| ○ Lugana La Musina '15 | T 4 |
| ○ Marani '14 | T 3 |
| ● Recioto della Valpolicella Cl. Rerum '13 | T 6 |
| ○ Recioto di Soave Vernus '14 | T 4 |
| ○ Soave Cl. Sella '15 | T 2 |
| ● Amarone della Valpolicella Cl. Reius '10 | YY 7 |
| ● Amarone della Valpolicella Cl. Reius '09 | YY 7 |
| ● Valpolicella Cl. Sup. Montegradella '12 | YY 3 |
| ● Valpolicella Cl. Sup. Vign. di Montegradella '11 | YY 3 |
| ● Valpolicella Sup. I Saltari '11 | YY 4 |
| ● Valpolicella Sup. Ripasso Regolo '12 | YY 3 |

## Secondo Marco

v.le Campolongo, 9
37022 Fumane [VR]
Tel. +39 0456800954
www.secondomarco.it

预约参观
年产量 50 000 瓶
葡萄种植面积 15 公顷

十多年前，马可·斯派瑞（Marco Speri）离开了他的家族酒庄，开创了第二马可酒庄（Secondo Marco）——位于瓦尔波利切拉经典产区（Valpolicella Classica）中心地带的精美酒庄。第二马可酒庄的葡萄园占地面积达到15公顷，出产的葡萄被用来精心打造产量稳步增长的美酒，出品美酒的卓越品质一再证明了马可拥有阐释本地风土和传统的卓越能力。酒庄同时也非常注重葡萄酒的陈年阶段，大多数出品美酒都要经过长久的窖藏后才会正式推出。第二马可酒庄的高品质佳酿都拥有传统葡萄品种那紧致的口感和美味的果味，甚至连采用葡萄干酿造美酒也是如此。在今年的品鉴中，第二马可酒庄的阿玛罗尼（Amarone）依然还在酒窖中进一步陈放，但是2013年份的利帕索（Ripasso）呈现出的真正明星酒品的出色表现，令我们非常兴奋。它的色泽不会过分浓郁，展现出忠于传统的特质，散发着显著的红色水果的阵阵果香，虽然馥郁但不会过分浓烈，继而融入淡淡的樱桃香，更有一丝香料的辛香和野生草本植物的清香萦绕其间。口感扎实，结构紧致，精美酸度支撑着绵长的收口余韵，令人久久难忘。

● Valpolicella Cl. Sup. Ripasso '13 5
● Valpolicella Cl. '14 3
● Amarone della Valpolicella Cl. '10 7
● Amarone della Valpolicella Cl. '09 7
● Amarone della Valpolicella Cl. '08 7
● Amarone della Valpolicella Cl. '07 7
● Recioto della Valpolicella Cl. '12 6
● Recioto della Valpolicella Cl. '11 6
● Recioto della Valpolicella Cl. '10 6
● Recioto della Valpolicella Cl. '10 6
● Valpolicella Cl. '13 3
● Valpolicella Cl. '12 2*
● Valpolicella Cl. '11 3
● Valpolicella Cl. Sup. Ripasso '12 5
● Valpolicella Cl. Sup. Ripasso '11 4
● Valpolicella Cl. Sup. Ripasso '10 4
● Valpolicella Cl. Sup. Ripasso '09 4

## ★Serafini & Vidotto

via Luigi Carrer, 8
31040 Nervesa della Battaglia [TV]
Tel. +39 0422773281
www.serafinividotto.it

藏酒销售
预约参观
年产量 250 000 瓶
葡萄种植面积 23 公顷
可持续发展酒庄

蒙特洛（Montello）是一座被包围的
山丘，南部毗邻波河（Po River）河谷，
北部俯瞰皮亚韦河（River Piave），将
与特雷维索前阿尔卑斯山（Treviso Pre
Alps）分隔开来。弗朗西斯科·塞拉菲
（Francesco Serafini）与安东内洛·维
托（Antonello Vidotto）于大约三十年前
择在这里创建了酒庄，塞拉菲尼与维
托酒庄（Serafini & Vidotto）已经发展成
威尼托产区（Veneto）最具影响力的酒
之一。酒庄主要生产意大利波尔多风
混酿（Bordeaux），出品的美酒展现出
于品种葡萄的原始风味的表达。这片
地富含铁质，给酿造葡萄带来足够精
的酸度酒骨和很低的糖分，令其完美
熟，继而酿造出口感优雅、清凛锐利、
且从不过分强烈的美酒。在塞拉菲尼
维多托酒庄今年提供的品鉴酒品中，
2013年份的阿巴佐亚红葡萄酒（Ross
dell' Abazia）一如既往地呈现出世界
佳酿的绝佳表现，这款主要由赤霞
（Cabernet Sauvignon）打造而成的混酿
美显露出弗朗西斯科和安东内洛两人
超的酿造技艺和对美酒的强烈激情。
的香氛缓缓释放，首先释放出果浆般
汁水果的缕缕芬芳，继而融入森林大
的丝丝醇香，一抹甜美的紫罗兰幽然
芳绽放其间，更有百里香般的迷香蕴
其中。美酒入喉，呈现出令人艳羡的
汁质感，果味丰盈，在活跃酸度的支
下，果味跃动，口感怡人。除此之外，
2013年份的菲嘉亚（Phigaia）和2015年
的白葡萄酒（Bianco）都是口感坚实美
的代表，菲嘉亚口感清爽，动力十足；
而白葡萄酒则展现出优美的平衡和诱
的口感。

● Montello e Colli Asolani Il Rosso dell'Abazia '13 6
○ Il Bianco '15 3
○ Montello e Colli Asolani Manzoni Bianco '15 2
● Montello e Colli Asolani Phigaia '13 4
● Montello e Colli Asolani Recantina '15 3
● Pinot Nero '13 6
● Pinot Nero Giovane '14 6
⊙ Bollicine Rosé Brut 3
○ P. di Treviso Extra Dry Bollicine di Prosecco 2
● Montello e Colli Asolani Il Rosso dell'Abazia '12 5
● Montello e Colli Asolani Il Rosso dell'Abazia '11 6
● Montello e Colli Asolani Il Rosso dell'Abazia '10 5

## Viticoltori Speri

ɔc. Pedemonte
ᴀ Fontana, 14
7029 San Pietro in Cariano [VR]
ᴇʟ. +39 0457701154
ww.speri.com

藏酒销售
顶约参观
F产量 350 000 瓶
葡萄种植面积 60 公顷
葡萄栽培方式 有机认证
可持续发展酒庄

斤佩瑞家族（Speri）是瓦尔波利切拉产
区（Valpolicella）历史最为悠久的葡萄酒
E产商之一，向全世界各地推广销售瓦
尔波利切拉产区酒也已经有一段时间，
与此同时也致力于保存当地的酿造传
充。斯佩瑞酒庄（Viticoltori Speri）的60
公顷葡萄园都采取有机方式栽培打理，
其中包括许多优质的小型地块，比如位
于著名的圣乌尔巴诺山葡萄园（Monte
ant' Urbano）的地块——圣乌尔巴诺
山，分隔开富马内（Fumane）和玛拉诺
山谷（Marano），为酒庄最具野心的旗
舰美酒供应酿造果实。斯佩瑞酒庄出品
的美酒总是指定产区酒中给人留下最
深刻印象者，而在今年的品鉴中，2012
年份的圣乌尔巴诺阿玛罗尼（Amarone
ant' Urbano）就凭借卓越品质脱颖而出。
它首先吐露着果浆般红莓果的果香，自
信满满，继而融入揉碎花瓣的幽然芬
芳，底蕴中更有丝丝黑胡椒的辛香提升
了整款酒的香氛。热情的酸度和活跃的
单宁完美结合，保证了多汁且恢宏的口
感。除此之外，2014年份的超级瓦尔波
利切拉（Valpolicella Superiore）口感坚实而
紧致；2013年份的罗基亚雷乔托（Recioto
a Roggia）相比较而言则展现出更加浓
郁的果香，口感也更加跃动有力，令人
愉悦。

| | |
|---|---|
| Amarone della Valpolicella Cl. Vign. Monte Sant'Urbano '12 | 🍷🍷🍷 7 |
| Recioto della Valpolicella La Roggia '13 | 🍷🍷 6 |
| Valpolicella Cl. Sup. Sant'Urbano '13 | 🍷🍷 4 |
| • Valpolicella Cl. '15 | 🍷 3 |
| Amarone della Valpolicella Cl. Vign. Monte Sant'Urbano '09 | ΥΥΥ 7 |
| Amarone della Valpolicella Cl. Vign. Monte Sant'Urbano '08 | ΥΥΥ 7 |
| • Amarone della Valpolicella Cl. Vign. Monte Sant'Urbano '07 | ΥΥΥ 7 |
| Amarone della Valpolicella Cl. Vign. Monte Sant'Urbano '06 | ΥΥΥ 7 |
| Amarone della Valpolicella Cl. Vign. Monte Sant'Urbano '04 | ΥΥΥ 7 |
| • Amarone della Valpolicella Cl. Vign. Sant'Urbano '11 | ΥΥΥ 7 |

## I Stefanini

via Crosara, 21
37032 Monteforte d'Alpone [VR]
Tel. +39 0456175249
www.istefanini.it

藏酒销售
预约参观
年产量 100 000 瓶
葡萄种植面积 17 公顷

仅在葡萄酒酿造界努力了十五年之后，弗朗西斯科•特萨瑞（Francesco Tessari）的斯蒂芬妮酒庄（I Stefanini）出品的美酒就受到追求饱满有力的索阿维（Soaves）佳酿热爱者的大力追捧。这一切得益于酒庄占地面积达到20公顷的卓越葡萄园，部分地块处于指定产区的平原地带，还有部分地块位于俯瞰酒窖的山坡上。葡萄园全部种植加格奈拉葡萄（Garganega），按照维罗纳（Verona）传统的棚架栽培打理。出品的美酒分为三个主要系列品牌，全部都是索阿维酒，以成熟饱满的果味而著称。在今年的品鉴中，2015年份的托尼山系列索阿维（Soave Monte de Toni）得到了我们的最高评分，它吐露着爆裂般的浓郁果香，仿似杏、黄桃和蜜瓜的混合果香亲密缭绕，成熟而华美，继而更有干花的诱人芬芳丰富了香氛的质感，底蕴中透露出缕缕泥土和矿物质的醇香。入口后果味丰盈，与美味酸度搭配平衡，令这款美酒只差毫厘就入选了我们的最高大奖。另一方面，相比较而言，2015年份的费斯山系列超级美酒（Superiore Monte di Fice）的复杂香氛与紧致口感和活力能量完美结合，天衣无缝，令人迷醉。

| | |
|---|---|
| ○ Soave Cl. Monte de Toni '15 | 🍷🍷 2* |
| ○ Soave Cl. Sup. Monte di Fice '15 | 🍷🍷 3 |
| ○ Soave Il Selese '15 | 🍷 1* |
| ○ Soave Cl. Monte de Toni '12 | ΥΥΥ 2* |
| ○ Soave Cl. Sup. Monte di Fice '07 | ΥΥΥ 2* |
| ○ Soave Cl. Monte de Toni '14 | ΥΥ 2* |
| ○ Soave Cl. Monte de Toni '13 | ΥΥ 2* |
| ○ Soave Cl. Monte de Toni '11 | ΥΥ 2* |
| ○ Soave Cl. Monte de Toni '08 | ΥΥ 2* |
| ○ Soave Cl. Monte di Fice '14 | ΥΥ 3 |
| ○ Soave Cl. Monte di Fice '10 | ΥΥ 2* |
| ○ Soave Cl. Sup. Monte di Fice '13 | ΥΥ 3* |
| ○ Soave Cl. Sup. Monte di Fice '12 | ΥΥ 3* |
| ○ Soave Il Selese '14 | ΥΥ 1* |
| ○ Soave Il Selese '12 | ΥΥ 1* |
| ○ Soave Il Selese '11 | ΥΥ 1* |
| ○ Soave Il Selese '10 | ΥΥ 1* |

## David Sterza

via Casterna, 37
37022 Fumane [VR]
Tel. +39 0457704201
www.davidsterza.it

藏酒销售
预约参观
年产量 30 000 瓶
葡萄种植面积 4.5 公顷

戴维·斯特扎（David Sterza）和保罗·玛斯坎佐尼（Paolo Mascanzoni）管理着这座位于卡斯特纳（Casterna）的中等规模家族酒庄，酒庄地处富马内（Fumane）的一座小村庄，那里被瓦尔波利切拉群山（Valpolicella）围绕。他们的山坡葡萄园出产优质酿造果实，用以打造一系列忠于本地风土的经典美酒，酿造过程也遵循传统指引，并在此基础上进行一定程度上的创新阐释。结果便是酿造出了一系列以饱满果味和上佳结构而著称的美酒，浸润着葡萄干化的果味，但是并没有牺牲美酒的特质和紧致的口感。在今年的品鉴中，戴维斯特扎酒庄（David Sterza）出品的2012年份阿玛罗尼（Amarone）摇曳着浓郁低调的红宝石色泽，美不胜收，吐露着同样馥郁的野生莓果芬芳，更有一抹薄荷的清凉萦绕其间，飘散着淡淡的揉碎花瓣的香气和缕缕香料的辛香，犹如万花筒般的复杂香氛始终处于不断发展变化之中。干爽的口感以浓郁集中和强劲力道而著称，但同时依然保持着极佳的可饮性和美味果味。除此之外，2014年份的利帕索（Ripasso）吐露着同样馥郁的酒香，但是它的口感相比较而言就更加轻快。除此之外，2015年份的瓦尔波利切拉（Valpolicella）表现精彩，成功引起了我们的关注。

- ● Amarone della Valpolicella Cl. '12 6
- ● Recioto della Valpolicella Cl. '14 5
- ● Valpolicella Cl. Sup. Ripasso '14 3
- ● Valpolicella Cl. '15 2
- ● Amarone della Valpolicella Cl. '11 6
- ● Amarone della Valpolicella Cl. '10 6
- ● Amarone della Valpolicella Cl. '09 6
- ● Amarone della Valpolicella Cl. '08 6
- ● Recioto della Valpolicella Cl. '13 5
- ● Recioto della Valpolicella Cl. '12 5
- ● Valpolicella Cl. '14 2*
- ● Valpolicella Cl. '13 2*
- ● Valpolicella Cl. '12 2*
- ● Valpolicella Cl. Sup. Ripasso '13 3*
- ● Valpolicella Cl. Sup. Ripasso '12 3
- ● Valpolicella Cl. Sup. Ripasso '11 3
- ● Valpolicella Cl. Sup. Ripasso '10 3

## ★Suavia

fraz. Fittà di Soave
via Centro, 14
37038 Soave [VR]
Tel. +39 0457675089
www.suavia.it

藏酒销售
预约参观
年产量 100 000 瓶
葡萄种植面积 12 公顷

在过去的二十多年间，在梅里（Meri）、瓦
汀娜（Valentina）和阿蕾桑德拉（Alessandra
等一众精干女性的引领下，苏阿维亚酒
（Suavia）成为维罗纳产区（Verona）白
萄酒爱好者心中的典范酒庄。苏阿维亚
庄深藏在索阿维DOC产区（Soave DOC）的
间，只栽培加格奈拉葡萄（Garganega）
索阿维扎比安努葡萄（Trebbiano di Soave
等本地传统葡萄品种，通过采用极为
重环境的方式打理葡萄园，遵循悠久
酿造传统来改善葡萄园的生产和管理。
出品的美酒致力于展现酿造果实显著
特质和精美的果味。苏阿维亚酒庄
年推荐的系列美酒都表现卓越，尤其
2014年凉爽的气候为卡本奈尔山索阿
系列葡萄酒（Soave Monte Carbonare）带
了浓郁跃动的果香，最初融入可爱的
阵花香，继而缓慢演化为苹果和梨子
缕缕果香，更有一抹甘美的柑橘芬芳
密缭绕。入口后果味延宕不断，能量
满，轻快宜人，清爽的酸度支撑着绵
且丰盈的收口巅峰，令人心生荡漾。
此同时，2013年份的玛思费蒂扎比安
（Trebbiano Massifitti）相比较而言香氛更
复杂，随之而来的干爽口感展现出完
的比例。

- ○ Soave Cl. Monte Carbonare '14
- ○ Massifitti '13
- ○ Le Rive '12
- ○ Soave Cl. '15
- ○ Opera Semplice Dosaggio Zero M. Cl.
- ○ Soave Cl. Le Rive '02
- ○ Soave Cl. Monte Carbonare '12
- ○ Soave Cl. Monte Carbonare '11
- ○ Soave Cl. Monte Carbonare '10
- ○ Soave Cl. Monte Carbonare '09
- ○ Soave Cl. Monte Carbonare '08
- ○ Soave Cl. Monte Carbonare '07
- ○ Soave Cl. Monte Carbonare '06
- ○ Soave Cl. Monte Carbonare '05
- ○ Soave Cl. Monte Carbonare '04
- ○ Soave Cl. Monte Carbonare '02
- ○ Soave Cl. Sup. Le Rive '00

## utto

c. Campo di Pietra
Arzeri, 34/1
040 Salgareda [TV]
l. +39 0422744063
ww.sutto.it

藏酒销售
预约参观
膳宿接待
年产量 153 000 瓶
葡萄种植面积 75 公顷

不言倦的葡萄酒商斯蒂凡诺·萨托 Stefano Sutto）和路易吉·萨托（Luigi utto）娴熟地将葡萄的栽培与葡萄酒的酿造和其他商业活动紧密联系起来。近年来，地处萨加莱达（Salgareda）的家庭酒庄不断壮大规模，令萨托兄弟得以甄选最佳果实用来打造属于自己的精品葡萄酒目录，其他酿造葡萄则供应给数目庞大的装瓶商。萨托酒庄出品的佳酿来自威尼托（Venetian）平原地带，但重着重推出的美酒依然是普洛塞克起泡酒（Prosecco），尤其是瓦尔多比亚德尼（Valdobbiadene）山间的普洛塞克起泡酒。今年的品鉴清晰表明萨托酒庄近些年来酒品品质取得了不断提升，正如卓越的坎珀塞拉系列（Campo Sella）证明的那样——这款偶像级佳酿来自萨托酒庄最精美的梅洛（Merlot）葡萄园。甜美成熟的果香飘散其间，经典的单宁支撑着恢宏的果味口感，绵延的余韵缓缓飘荡，一路攀上收口巅峰。在所有萨托酒庄推荐的白葡萄酒中，我们最爱的是2015年份的霞多丽 Chardonnay），它的气质清纯，剔透芬芳。我们很高兴地注意到萨托酒庄其他风味不太复杂的美酒也表现精彩，每款都馥郁芳香，美味可口。

| | |
|---|---|
| Campo Sella '13 | 🍷🍷 5 |
| Cabernet '15 | 🍷🍷 2* |
| Chardonnay '15 | 🍷🍷 2* |
| Dogma Rosso '14 | 🍷🍷 4 |
| Merlot '15 | 🍷🍷 2* |
| Ultimo Passito '14 | 🍷🍷 4 |
| Valdobbiadene Extra Dry Batiso | 🍷🍷 3 |
| Bianco di Sutto '15 | 🍷 2 |
| Pinot Grigio '15 | 🍷 2 |
| Prosecco Brut Batiso | 🍷 2 |
| Prosecco Extra Dry Batiso | 🍷 2 |
| Cabernet '14 | 🍷🍷 2* |
| Campo Sella '12 | 🍷🍷 5 |
| Chardonnay '14 | 🍷🍷 2* |
| Dogma Rosso '12 | 🍷🍷 4 |
| Pinot Grigio '14 | 🍷🍷 2* |

## T.E.S.S.A.R.I.

loc. Brognoligo
via Fontana Nuova, 86
37032 Monteforte d'Alpone [VR]
Tel. +39 0456176041
www.cantinatessari.com

藏酒销售
预约参观
年产量 40 000 瓶
葡萄种植面积 17 公顷

在阿尔皮翁蒙特福德（Monteforte d' Alpone）葡萄酒世界中，特萨瑞家族（Tessari）是口口相传的熟悉名字。他们在经典产区中心地带的布洛格诺里戈（Brognoligo）经营着家庭酒庄的生意，酒庄拥有占地面积不到20公顷的葡萄园，几乎全部奉献给加格奈拉葡萄（Garganega），但园区产量不少，令安东尼奥·特萨瑞（Antonio Tessari）、热尔马诺·特萨瑞（Germano Tessari）和科妮莉亚·特萨瑞（Cornelia Tessari）得以甄选最佳果实用以家族酒庄的酿造工作，而将其他果实出售给当地的其他酒庄。特萨瑞酒庄的最佳葡萄园都位于科斯塔塔（Costalta），有些葡萄藤生长在海拔几近400米的高处，因此出产的美酒被称为龙藤索阿维（Soave Bine Longhe），采用晚收的加格奈拉葡萄在酒庄位于新方塔纳（Via Fontana Nuova）的现代化酒窖中经过不锈钢罐中的漫长浸渍发酵打造而成。而2013年的采收酿造季赋予我们这样一款非常华美成熟的索阿维白葡萄酒，它吐露着饱满的果香，散发着犹如杏和黄桃的阵阵果香，融入干花花瓣的悠然芬芳，继而演化出淡淡的燧石气息，并且逐渐显著清晰起来。入口后令人感到满满的能量积蓄口中，美味的酸度刻画出饱满果味的清晰轮廓。相比较而言，2015年份的格瑞斯塞拉（Grisela）则更加清爽，果味更加饱满，风味也更加直率，这款平衡度极佳、浓郁芳香的白葡萄酒非常适合立即饮用。

| | |
|---|---|
| ○ Soave Cl. Bine Longhe '13 | 🍷🍷 3* |
| ○ Recioto di Soave Tre Colli '13 | 🍷🍷 5 |
| ○ Soave Cl. Grisela '15 | 🍷🍷 2* |
| ○ Garganega Brut | 🍷 3 |
| ○ Soave Cl. Grisela '14 | 🍷🍷 2* |
| ○ Soave Cl. Grisela '13 | 🍷🍷 2* |
| ○ Soave Cl. Grisela '12 | 🍷🍷 2* |
| ○ Soave Cl. Grisela '11 | 🍷🍷 2* |
| ○ Soave Cl. Grisela '08 | 🍷🍷 2* |
| ○ Soave Cl. Grisela '07 | 🍷🍷 2* |
| ○ Soave Cl. Le Bine Longhe '10 | 🍷🍷 5* |
| ○ Soave Cl. Le Bine Longhe di Costalta '12 | 🍷🍷 3 |
| ○ Soave Cl. Le Bine Longhe di Costalta '11 | 🍷🍷 3 |

## Tamellini

FRAZ. COSTEGGIOLA
VIA TAMELLINI, 4
37038 SOAVE [VR]
TEL. +39 0457675328
piofrancesco.tamellini@tin.it

藏酒销售
预约参观
年产量 250 000 瓶
葡萄种植面积 27 公顷

泰莫里尼兄弟（Tamellini）经营的家族酒庄如今拥有几近30公顷的葡萄园，只种植加格奈拉葡萄（Garganega）——这片土地上毫无争议的葡萄皇后。多年来，加埃塔诺·泰莫里尼（Gaetano Tamellini）和皮欧·弗朗西斯科·泰莫里尼（Pio Francesco Tamellini）在本地传统的棚架栽培基础上又增加了居由式（Guyot）培形法（将新长出的枝条捆绑在横向铁丝上），与此同时并没有伤害最新的索阿维酒（Soave）的出品。他们出品的美酒追求将清爽口感与美味果味完美结合，同时显露出深邃的酒质。泰莫里尼酒庄的酒窖位于科斯提吉奥拉地区（Costeggiola），地处经典产区的最西端，那里的火山岩土壤逐渐转变为凝灰岩和石灰岩土壤，酒液只在不锈钢池中进行浸渍发酵。酒庄的年产量非常有限，但是每一款佳酿都是本地葡萄园风土条件的最佳表达。在今年的品鉴中，宾德克斯蒂欧拉（Le Bine de Costiola）的表现非常抢眼，它是一款经典索阿维（Soave Classico），吐露着柑橘、苹果和梨子的甜美果香，虽然2014年采收酿造季的气温较低，但是它依然展现出饱满的果味，华美的酒质，成为指定产区酒中最令人印象深刻的代表美酒。另一方面，2015年份的索阿维（Soave）展现出更加直率的特性，果味多汁，但是与此同时也转化为一款风味诱人、令人愉悦的美酒。

| | |
|---|---|
| ○ Soave Cl. Le Bine de Costiola '14 | TTT 3* |
| ○ Soave '15 | TT 2* |
| ○ Soave Cl. Le Bine '04 | YYY 3* |
| ○ Soave Cl. Le Bine de Costiola '13 | YYY 3* |
| ○ Soave Cl. Le Bine de Costiola '11 | YYY 3* |
| ○ Soave Cl. Le Bine de Costiola '06 | YYY 3* |
| ○ Soave Cl. Le Bine de Costiola '05 | YYY 3* |
| ○ Soave '14 | YY 2* |
| ○ Soave '11 | YY 2* |
| ○ Soave Cl. '13 | YY 2* |
| ○ Soave Cl. '12 | YY 2* |
| ○ Soave Cl. Le Bine de Costiola '12 | YY 3* |
| ○ Soave Cl. Le Bine de Costiola '10 | YY 3* |
| ○ Soave Cl. Le Bine de Costiola '09 | YY 3* |
| ○ Soave Cl. Le Bine de Costiola '08 | YY 3* |

## F.lli Tedeschi

FRAZ. PEDEMONTE
VIA G. VERDI, 4
37029 SAN PIETRO IN CARIANO [VR]
TEL. +39 0457701487
www.tedeschiwines.com

藏酒销售
预约参观
年产量 500 000 瓶
葡萄种植面积 46 公顷
可持续发展酒庄

泰德奇酒庄（Tedeschi）的注意力已经逐渐东移，壮美的马特尼格庄园（Maternigo）位于特莱纳格（Tregnago）和梅赞（Mezzane）之间，越来越受到世人的关注。这里绵延着占地面积达到2公顷的橄榄树林以及50公顷的森林，它们将酒庄占地面积达50公顷的葡萄园与其他地块分隔开来，令泰德奇酒庄得以采取最大限度尊重环境的方式进行栽培和种植。酿酒活动依然以传统美酒为主，出品风格饱满且质朴。泰德奇酒庄今年提供的品鉴酒品都表现出色，尤其是只在气候条件最佳的年份推出的法布莱塞瑞亚阿玛罗尼（Amarone La Fabriseria），它是一款既质朴又饱满的典范美酒，今年提交的2011年份酒的表现非常抢眼，给我们留下了相当深刻的印象。不过它的香氛还略显狂野，需要更多时间加以驯服；但是它的口感展现出纯正血统的真正力量：劲道饱满、自信满满，更不用说酒精度和单宁之间达成的美妙平衡。除此之外，2013年份的马特尼格瓦尔波利切拉（Valpolicella Maternigo）的品质非常卓越，不论是香氛还是口感都表现得非常精彩。

| | |
|---|---|
| ● Amarone della Valpolicella Cl. La Fabriseria Ris. '11 | TTT 8 |
| ● Amarone della Valpolicella Cl. Capitel Monte Olmi Ris. '10 | TT 8 |
| ● Valpolicella Sup. Maternigo '13 | TT 4 |
| ● Amarone della Valpolicella Cl. '12 | TT 6 |
| ● Recioto della Valpolicella Cl. Capitel Fontana '11 | TT 6 |
| ● Valpolicella Cl. Lucchine '15 | TT 2 |
| ● Valpolicella Cl. Sup. La Fabriseria '12 | TT 5 |
| ● Valpolicella Sup. Capitel Nicolò '14 | TT 3 |
| ● Valpolicella Sup. Ripasso Capitel San Rocco '14 | TT 4 |
| ● Amarone della Valpolicella Cl. Capitel Monte Olmi '07 | YYY 8 |
| ● Amarone della Valpolicella Cl. Capitel Monte Olmi '95 | YYY 8 |
| ● Valpolicella Sup. Maternigo '11 | YYY 4 |

## Le Tende

VIA TENDE, 35
37017 LAZISE [VR]
TEL. +39 0457590748
www.letende.it

藏酒销售
预约参观
年产量 100 000 瓶
葡萄种植面积 12.5 公顷
葡萄栽培方式 有机认证

巴尔多利诺地区（Bardolino）进行的革新活动在福尔图纳家族（Fortuna）和卢西里尼家族（Lucillini）共同创建的藤德酒庄（Le Tende）表现得最为明显。掌门人毛罗・福尔图纳（Mauro Fortuna）是湖畔产区风格的殷切阐释者，他采用有机方式耕种10公顷的葡萄园，主要栽培嘉达湖传统葡萄品种，虽然有时也会使用国际品种葡萄进行创新性美酒的实验，但是依然忠于“嘉达湖风格”，突出呈现美酒的香氛和可饮性。出品的佳酿展现出的典型美味和新鲜，是该产区红葡萄酒和白葡萄酒都具备的特质。在今年的品鉴中，2015年份的科维娜（Corvina）表现非常精彩，成为彰显毛罗的酿酒理念以及本地风土潜力的完美表达，它吐露着野生莓果的缕缕芬芳，底蕴中透露出丝丝灌木的醇香，更有一抹黑胡椒的辛香萦绕其间，美酒入喉，美妙的果味层层延宕开去，直至攀上可口华美的收口巅峰，给人带来非常愉悦的享受。另一方面，2015年份的库斯托扎（Custoza）吐露着苹果和梨子的成熟果香，随之而来的美味口感活力十足，跃动不停。除此之外，2014年份的超级巴尔多利诺（Bardolino Superiore）也得到了我们的最高评分，它吐露着辛辣的酒香，入口口感精美圆润，且展现出极佳的平衡度。

- ● Bardolino Cl. Sup. '14 ▼▼ 3
- ● Cicisbeo '13 ▼▼ 4
- ● Corvina '15 ▼▼ 3
- ○ Custoza '15 ▼▼ 2*
- ⊙ Bardolino Chiaretto Brut Voluttà ▼ 3
- ⊙ Bardolino Chiaretto Cl. '15 ▼ 2
- ● Bardolino Cl. '15 ▼ 2
- ○ Lucillini '15 ▼ 3
- ● Bardolino Cl. '14 ▽▽ 2*
- ● Bardolino Cl. '13 ▽▽ 2*
- ● Bardolino Cl. Sup. '12 ▽▽ 2*
- ● Bardolino Cl. Sup. '11 ▽▽ 2*
- ● Bardolino Cl. Sup. '10 ▽▽ 2*
- ○ Bianco di Custoza Lucillini '12 ▽▽ 2*
- ● Cicisbeo '12 ▽▽ 3
- ○ Custoza '14 ▽▽ 2*

## Viticoltori Tommasi

LOC. PEDEMONTE
VIA RONCHETTO, 2
37020 SAN PIETRO IN CARIANO [VR]
TEL. +39 0457701266
www.tommasiwine.it

藏酒销售
预约参观
年产量 1 000 000 瓶
葡萄种植面积 162 公顷

在谈及托马西酒庄（Viticoltori Tommasi）之前，我们首先要说一说长久以来深深根植于瓦尔波利切拉（Valpolicella）葡萄酒生产，并且全心全意地保护和促进产区酒发展的托马西家族。近些年来，托马西家族活跃地发展着家族酒庄的葡萄酒酿造事业，在意大利境内许多产区都购买了重要的种植地块，葡萄园的总面积已经超过惊人的160公顷——地块从瓦尔波利切拉经典产区（Valpolicella Classica）一直蔓延到嘉达湖畔（Lake Garda）。负责酿造工作的领军人物吉安卡洛・托马西（Giancarlo Tommasi）打造出尊重传统的美酒，同时也赋予其当代新锐特色以及精美的品质。在今年的品鉴中，我们有幸品尝到了罕见的美酒。在经过了七年的漫长陈放之后，卡弗洛瑞安阿玛罗尼陈酿（Amarone Ca' Florian Riserva）的推出终于满足了所有人的期待，完美证明了自己无愧于一款深邃美酒的称号。它释放着甜美的香氛，散发着红莓果和樱桃般馥郁的果香，底蕴中透露出丝丝香料的辛香和矿物质的醇香，引领出浓郁集中的果味口感，强劲有力，敏感活跃。除此之外，2012年份的阿玛罗尼（Amarone）也给我们留下了相当深刻的印象，它的香氛更加清爽，浸润着更加华美浓郁的果味，口感优雅怡人。

- ● Amarone della Valpolicella Cl. Ca' Florian Ris. '09 ▼▼ 7
- ● Amarone della Valpolicella Cl. '12 ▼▼ 7
- ● Valpolicella Cl. Sup. Rafael '14 ▼▼ 4
- ● Valpolicella Cl. Sup. Ripasso '14 ▼▼ 4
- ● Recioto della Valpolicella Cl. Fiorato '13 ▼ 4
- ● Amarone della Valpolicella Cl. '10 ▽▽ 7
- ● Amarone della Valpolicella Cl. Ca' Florian Ris. '08 ▽▽ 7
- ○ Lugana Il Sestante '14 ▽▽ 2*
- ○ Lugana Le Fornaci '14 ▽▽ 2*
- ○ Lugana Vign. San Martino Il Sestante '13 ▽▽ 2*
- ● Valpolicella Cl. Sup. Rafael '13 ▽▽ 4
- ● Valpolicella Cl. Sup. Rafael '12 ▽▽ 3
- ● Valpolicella Cl. Sup. Ripasso '13 ▽▽ 4
- ● Valpolicella Cl. Sup. Ripasso '12 ▽▽ 4

## Trabucchi d'Illasi

LOC. MONTE TENDA
37031 ILLASI [VR]
TEL. +39 0457833233
www.trabucchidillasi.it

藏酒销售
预约参观
年产量 120 000 瓶
葡萄种植面积 25 公顷
葡萄栽培方式 有机认证

约瑟佩·特拉布基（Giuseppe Trabucchi）与妻子拉法埃拉（Raffaella）成功地将世人的注意力吸引到瓦尔波利切拉（Valpolicella）的东部产区，伊拉斯特拉布基酒庄（Trabucchi d' Illasi）面积广袤的葡萄园和品质始终如一的优秀美酒的出品是本地传统的精美表达，犹如产区的宣传大使，向世界各地推广产区酒。甚至在众人还没听说过有机栽培方式之前，伊拉斯特拉布基酒庄的葡萄园就已采用有机方式来种植，相信并采用非入侵式的酿造方法，尊重自然对美酒陈放发挥效用所需的时间（通常只有酒庄认为陈年已经令美酒足够成熟后才会推向市场），因此出品的美酒总是展现出饱满浓郁的口感。在今年的品鉴中，2008年份的阿玛罗尼（Amarone）在经历了漫长的陈放之后正式发布，吐露着层次繁多的酒香，缓慢释放，似乎非常不愿意过早显露自己的魅力。它最初吐露着红莓果和樱桃的缕缕果香，甜美且呈现果浆芬芳，继而逐渐让位给更加精致复杂的香气，仿似香料般的丝丝辛香，底蕴中透露出野生草本植物的清香。美酒入喉，饱满的酒体和跃动的口感两者完美匹配，精美酸度和细腻单宁支撑着酒骨，给人带来美味享受。

| | |
|---|---|
| ● Amarone della Valpolicella Alberto Trabucchi Ris. '08 | 🍷🍷 8 |
| ● Recioto della Valpolicella '07 | 🍷🍷 7 |
| ● Valpolicella Sup. Terre di S. Colombano '09 | 🍷🍷 3 |
| ● Valpolicella Un Anno '15 | 🍷🍷 2* |
| ● Valpolicella Sup. La Gardellina '13 | 🍷 4 |
| ● Amarone della Valpolicella '06 | 🍷🍷🍷 8 |
| ● Amarone della Valpolicella '04 | 🍷🍷🍷 8 |
| ● Recioto della Valpolicella Cereolo '05 | 🍷🍷🍷 8 |
| ● Valpolicella Sup. Terre di S. Colombano '03 | 🍷🍷🍷 4* |
| ● Valpolicella Sup. La Gardellina '12 | 🍷🍷 4 |
| ● Valpolicella Sup. Terre del Cereolo '08 | 🍷🍷 5 |
| ● Valpolicella Sup. Terre di S. Colombano '08 | 🍷🍷 3 |

## Spumanti Valdo

VIA FORO BOARIO, 20
31049 VALDOBBIADENE [TV]
TEL. +39 04239090
www.valdo.com

藏酒销售
预约参观
年产量 9 000 000 瓶
葡萄种植面积 155 公顷

这家伟大的起泡酒生产商是瓦尔多比亚德尼产区（Valdobbiadene）最有影响力的酒庄之一，它的根源可以追溯到遥远的一个世纪之前，酒庄的主人依然是博拉家族（Bolla），今天的领军者是皮耶路易吉·博拉（Pierluigi Bolla）。瓦尔多起泡酒酒庄（Spumanti Valdo）出产的起泡酒展现出令人艳羡的一致品质，充分表达出指定产区山坡种植区的独特风土特质，这些酿造葡萄都来自当地大量品质可信的葡萄种植商。瓦尔多起泡酒酒庄今年提供的品鉴酒品表现突出，其中的1926珍酿（La Cuvée 1926）是一款极干型普洛塞克起泡酒（Extra Dry Prosecco），它吐露着浓郁的果香，散发着苹果和梨子交替缭绕的芬芳，底蕴中透露出丝丝轻快的花香。另一方面，入口后展现出甜度、酸度与酒质细腻度的完美平衡，这种和谐演化出华美诱人的美味口感。除此之外，方达托尔珍酿（Cuvée del Fondatore）的品质不同寻常，这是一款包含部分在橡木桶中发酵基酒的珍酿。它的风味复杂，香氛明快，果味饱满丰盈，柔顺细腻的酒质支撑着超级美妙的口感。

| | |
|---|---|
| ○ Valdobbiadene Brut Cuvée del Fondatore '14 | 🍷🍷 3 |
| ○ Valdobbiadene Extra Dry Cuvée 1926 | 🍷🍷 2 |
| ○ Cartizze Cuvée Viviana | 🍷 5 |
| ○ Numero 10 Brut M. Cl. '11 | 🍷 4 |
| ○ Valdo 90 Brut M. Cl. '11 | 🍷 3 |
| ○ Valdobbiadene Brut Cuvée di Boj | 🍷 2 |
| ○ Numero 10 Brut M. Cl. '10 | 🍷🍷 4 |
| ○ Valdobbiadene Cuvée del Fondatore '13 | 🍷🍷 3 |

## Cantina Valpantena Verona

Loc. Quinto
via Colonia Orfani di Guerra, 5b
37142 Verona
Tel. +39 045550032
www.cantinavalpantena.it

藏酒销售
预约参观
年产量 8 000 000 瓶
葡萄种植面积 750 公顷

瓦尔潘德纳（Valpantena）是瓦尔波利切拉产区（Valpolicella）唯一指定的次产区，这证明了这座河谷长久以来在产区中占据最卓越的风土条件。在创建了六十多年后，瓦尔潘德纳协作酒庄（Cantina Valpantena）如今拥有二百五十名葡萄种植商成员，在卢卡·德加尼（Luca Degani）的领导下，照料着种植面积超过700公顷的广阔葡萄园。酒庄的生产显然集中于瓦尔波利切拉地区及其出产的传统美酒，但是同时也酿造其他口感较为轻快、更加芬芳扑鼻的佳酿。在今年的品鉴中，2012年份的泰绍罗雷乔托（Recioto Tesauro）表现十分精彩，给我们留下了深刻印象。它吐露着红莓果和樱桃的阵阵果香，气息甜美，犹如果浆般芬芳，清爽宜人，那明晰的樱桃香与黑胡椒的缕缕辛香和碾碎花瓣打造出的馥郁精油香气交织缠绕。美酒入喉，果味浓郁，热情洋溢，精美地融入果味的香甜，与酸度一同打造出精致脆爽的口感。与此同时，我们为2012年份托尔德法拉斯科阿玛罗尼（Amarone Torre del Falasco）的卓越表现赞叹鼓掌，这款美酒吐露着年轻的酒香，美味口感自信满满。除此之外，2014年份的瓦尔潘德纳雷特科（Ritocco Valpantena）也是一款均衡美味的瓦尔波利切拉产区酒。

| | |
|---|---|
| ● Amarone della Valpolicella Torre del Falasco '12 | 🍷🍷 6 |
| ● Recioto della Valpolicella Tesauro '12 | 🍷🍷 5 |
| ● Valpolicella Valpantena Ritocco '14 | 🍷🍷 3 |
| ● Amarone della Valpolicella '13 | 🍷 5 |
| ○ Chardonnay Baroncino '15 | 🍷 2 |
| ● Corvina Torre del Falasco '15 | 🍷 1* |
| ○ Garganega Torre del Falasco '15 | 🍷 1* |
| ○ Lugana Torre del Falasco '15 | 🍷 2 |
| ● Valpolicella Sup. Ripasso Torre del Falasco '14 | 🍷 3 |
| ● Valpolicella Sup. Torre del Falasco '14 | 🍷 2 |
| ● Amarone della Valpolicella '12 | 🍷🍷 5 |
| ● Valpolicella Sup. Ripasso Torre del Falasco '13 | 🍷🍷 3 |
| ● Valpolicella Valpantena Ritocco '13 | 🍷🍷 3 |

## Cantina Valpolicella Negrar

via Ca' Salgari, 2
37024 Negrar [VR]
Tel. +39 0456014300
www.cantinanegrar.it

藏酒销售
预约参观
餐饮接待
年产量 7 000 000 瓶
葡萄种植面积 700 公顷

内格拉尔瓦尔波利切拉酒庄（Cantina Valpolicella Negrar）是一座大型协作酒庄，拥有超过200家卓越的酿酒商成员，葡萄园遍布整个瓦尔波利切拉产区。酒庄的年产量大约为700万瓶。显而易见的是，如此高的酿造葡萄产量意味着产出的美酒必定彼此间风格迥异、各具特色，可以根据酿造葡萄品种本身的特性和目标市场的需求将产出美酒进行细分。近年来，达尼埃尔·阿考迪尼（Daniele Accordini）及其同事共同努力，将注意力集中在充分利用和挖掘朝向最佳地块的巨大潜力上。在精湛技艺的帮助下，内格拉尔瓦尔波利切拉酒庄甄选最佳地块的最佳酿造果实，打造出了卓越的系列出品。在今年的品鉴中，我们见识了一系列品质上佳的阿玛罗尼酒（Amarones），其中的表达系列（Espressioni）最深得我心。2009年份维拉（Villa）的酿造葡萄来自内格拉尔谷（Negrar），首先吐露着红莓果的阵阵显著果香，新鲜而有力，继而到来的口感浓郁集中，强劲美味，在精美单宁的支持下，一路攀上热辣跃动的收口巅峰。除此之外，2012年份的莫罗恩葡萄园雷乔托（Recioto Vigneti di Moron）吐露着爆炸般的浓郁果香，令人艳羡的华美酒质浸润果味。

| | |
|---|---|
| ● Amarone della Valpolicella Cl. Villa Domini Veneti '09 | 🍷🍷🍷 5 |
| ● Recioto della Valpolicella Cl. Vign. di Moron Domini Veneti '12 | 🍷🍷🍷 4 |
| ● Amarone della Valpolicella Cl. Castelrotto Domini Veneti '10 | 🍷🍷 7 |
| ● Amarone della Valpolicella Cl. Mater Domini Veneti Ris. '10 | 🍷🍷 8 |
| ● Amarone della Valpolicella Cl. Mazzurega Domini Veneti '10 | 🍷🍷 5 |
| ● Amarone della Valpolicella Cl. Monte Domini Veneti '10 | 🍷🍷 6 |
| ● Amarone della Valpolicella Cl. S. Rocco Domini Veneti '10 | 🍷🍷 8 |
| ● Amarone della Valpolicella Cl. Vign. di Jago '10 | 🍷🍷 7 |
| ● Valpolicella Cl. Sup. Ripasso La Casetta Domini Veneti '13 | 🍷🍷 4 |

## Odino Vaona

loc. Valgatara
via Paverno, 41
37020 Marano di Valpolicella [VR]
Tel. +39 0457703710
www.vaona.it

藏酒销售
预约参观
年产量 70 000 瓶
葡萄种植面积 10 公顷
可持续发展酒庄

狭窄的玛拉诺山谷（Marano）或许是所有瓦尔波利切拉产地（Valpolicella）中最鲜为人知的一处，山脉向北蔓延，很快就超越了海拔300米的高度。阿尔伯托·瓦纳（Alberto Vaona）就是在这里——完美契入大自然、远离城市喧嚣的所在——打理着家族酒庄占地面积达到10公顷的葡萄园，保持着以传统的棚架式整枝系统结合成行式整枝系统的方式，使生长的葡萄在获取更好的日照条件的同时，也能保持较低的产量，打造出兼具饱满果味与极佳可饮性的美酒。在今年的品鉴中，欧蒂诺瓦纳酒庄（Odino Vaona）推荐了品质卓越的系列美酒，其中的皮格拉蒂阿玛罗尼（Amarone Pegrandi）表现上佳。它吐露着非常浓郁的酒香，散发着极为成熟的果香，如花芬芳缕缕飘散，继而演化出黑胡椒的丝丝辛香，底蕴中更透露出矿物质的淡淡香气，仍需时间柔化。它的口感仍需日臻完善，劲道和浓郁果味都需要进一步演化，不过此时的精美酸度已经十分有力，余韵绵长，回味无穷，收口干爽怡人。除此之外，皮格拉蒂利帕索（Ripasso Pegrandi）也给我们留下了深刻印象，它的香氛复杂，口感配比精美，平衡度极佳。

- Amarone della Valpolicella Cl. Pegrandi '12 — 🍷🍷 6
- Valpolicella Cl. '15 — 🍷🍷 2*
- Valpolicella Sup. Ripasso Pegrandi '14 — 🍷🍷 3
- Amarone della Valpolicella Cl. Pegrandi '09 — 🍷🍷🍷 5
- Amarone della Valpolicella Cl. Pegrandi '08 — 🍷🍷🍷 5
- Amarone della Valpolicella Cl. Paverno '12 — 🍷🍷 5
- Amarone della Valpolicella Cl. Paverno '11 — 🍷🍷 5
- Amarone della Valpolicella Cl. Pegrandi '11 — 🍷🍷 5
- Amarone della Valpolicella Cl. Pegrandi '10 — 🍷🍷 5

## Massimino Venturini

fraz. San Floriano
via Semonte, 20
37029 San Pietro in Cariano [VR]
Tel. +39 0457701331
www.viniventurini.com

藏酒销售
预约参观
年产量 100 000 瓶
葡萄种植面积 12 公顷

米尔科·范德瑞尼（Mirco Venturini）、达尼埃莱·范德瑞尼（Daniele Venturini）和朱塞平娜·范德瑞尼（Giuseppina Venturini）经营着这座五十多年前由他们的父亲马西米诺·范德瑞尼（Massimino Venturini）创建的家族酒庄。如今，马西米诺范德瑞尼酒庄（Massimino Venturini）的第四代传人也开始介入酒庄的生产和管理，首先涉足的是葡萄园的栽培工作和美酒的市场工作。今天的马西米诺范德瑞尼酒庄与以往一样，同样尊重传统，葡萄园还是采用古老的棚架式整枝系统栽培管理，以使准备烘干的酿造葡萄免于烈日过多的直射暴晒；酒品在发布前一样要经过漫长的陈放；出品佳酿的风格依然力求在浓郁口感和复杂风味间达成平衡。在今年的品鉴中，范德瑞尼家族推荐的美酒非常遗憾地仅以毫厘之差错失大奖，但是他们出品的美酒整体上展现出极高水准，堪称同品类酒中最经典优质的表达。其中，2010年份的坎珀玛索亚阿玛罗尼（Amarone Campomasua）吐露着樱桃干的缕缕芬芳，融合鲜花精油的浓香，更有一抹药草的醇香萦绕其间，美酒入喉，有力的结构与跃动的酸度相得益彰。除此之外，2011年份的经典阿玛罗尼（Amarone Classico）的香氛与之非常类似，但是呈现出更加饱满浓郁的口感。

- Amarone della Valpolicella Cl. '11 — 🍷🍷 5
- Amarone della Valpolicella Cl. Campomasua '10 — 🍷🍷 6
- Massimino '10 — 🍷🍷 4
- Recioto della Valpolicella Cl. Le Brugnine '12 — 🍷🍷 5
- Valpolicella Cl. Sup. Ripasso Semonte Alto '12 — 🍷🍷 3
- Valpolicella Cl. '15 — 🍷 2
- Amarone della Valpolicella Cl. Campomasua '07 — 🍷🍷🍷 6
- Amarone della Valpolicella Cl. Campomasua '05 — 🍷🍷🍷 6
- Recioto della Valpolicella Cl. Le Brugnine '97 — 🍷🍷🍷 5
- Valpolicella Cl. '13 — 🍷🍷 2
- Valpolicella Cl. Sup. '12 — 🍷🍷 2

## Agostino Vicentini

FRAZ. SAN ZENO
VIA C. BATTISTI, 62C
37030 COLOGNOLA AI COLLI [VR]
TEL. +39 0457650539
www.vinivicentini.com

藏酒销售
预约参观
年产量 100 000 瓶
葡萄种植面积 20 公顷

在过去的二十多年里，奥古斯提诺·维琴蒂尼（Agostino Vicentini）逐渐放弃了园艺栽培——除了依然种植樱桃之外——而将身心全部奉献给了葡萄酒的酿造事业。除了奥古斯提诺自己，妻子特瑞莎·维琴蒂尼（Teresa Vicentini）、孩子马努埃勒·维琴蒂尼（Manuele Vicentini）和弗朗西丝卡·维琴蒂尼（Francesca Vicentini）也都日益积极地参与到酒庄的经营和生产中来。维琴蒂尼家族酒庄的酿造活动深深根植于索阿维产区（Soave），也生产出了多款精美的地产酒，但是他们出品的瓦尔波利切拉葡萄酒（Valpolicella）也同样表现精彩，气质明快，口感锐动。实际上，瓦尔波利切拉指定产区出产的2012年份坎姆皮亚诺帕拉佐（Palazzo di Campiano）就是这样一款美酒，这款超级佳酿（Superiore）只采用没有晒干的葡萄酿造，因此酒液中传递出老藤果实特有的细腻和深邃。不过，在今年的品鉴中拔得头筹的依然是2015年份的卡萨莱系列（Casale）超级索阿维（Soave Superiore），它的香氛馥郁浓烈，融入缕缕果香，淡淡清爽的蔬菜青绿风味飘散其间，进一步激发出加格奈拉（Garganega）酿造果实的内在活力。紧实有力的口感和活力四射的酒质演进令人久久难忘这款美酒。

| | |
|---|---|
| ○ Soave Sup. Il Casale '15 | 🍷🍷🍷 3* |
| ● Valpolicella Sup. Palazzo di Campiano '12 | 🍷🍷 5 |
| ○ Soave Vign. Terre Lunghe '15 | 🍷🍷 2* |
| ● Valpolicella Sup. Idea Bacco '12 | 🍷🍷 5 |
| ● Valpolicella Sup. '13 | 🍷 3 |
| ○ Soave Sup. Il Casale '14 | 🍷🍷🍷 3* |
| ○ Soave Sup. Il Casale '13 | 🍷🍷🍷 3* |
| ○ Soave Sup. Il Casale '12 | 🍷🍷🍷 3* |
| ○ Soave Sup. Il Casale '09 | 🍷🍷🍷 3* |
| ○ Soave Sup. Il Casale '08 | 🍷🍷🍷 3* |
| ○ Soave Sup. Il Casale '07 | 🍷🍷🍷 3* |
| ○ Soave Vign. Terre Lunghe '14 | 🍷🍷 2* |
| ○ Soave Vign. Terre Lunghe '13 | 🍷🍷 2* |
| ○ Soave Vign. Terre Lunghe '11 | 🍷🍷 2* |
| ● Valpolicella Sup. '12 | 🍷🍷 3 |
| ● Valpolicella Sup. Idea Bacco '11 | 🍷🍷 5 |
| ● Valpolicella Vign. Boccascalucce '14 | 🍷🍷 2* |

## Vigna Roda

LOC. CORTELÀ
VIA MONTE VERSA, 1569
35030 VÒ [PD]
TEL. +39 0499940228
www.vignaroda.com

藏酒销售
预约参观
年产量 52 000 瓶
葡萄种植面积 17 公顷

詹尼·斯特拉扎卡帕（Gianni Strazzacappa）在其位于优歌娜山帕尔科地区（Parco Regionale dei Colli Euganei）中西部山坡上的酒窖辛勤劳作，日益成为帕多瓦地区（Padua）美酒酿造图景中不可或缺的重要力量。詹尼与妻子伊莲娜（Elena）一起精心照料着隆达园酒庄（Vigna Roda）占地面积逐步达到20公顷的葡萄园，主要栽培波尔多葡萄品种（Bordeaux），也包括部分白葡萄品种和格雷拉葡萄（Glera）。他们酿造的葡萄酒追求清新爽利的风味和饱满优雅的口感，精美的酸度掌控得宜，口感有力。隆达园酒庄今年推荐的美酒都表现不俗，其中最具野心的一款佳酿就是2013年份的斯卡拉托（Scarlatto）。这款主要以梅洛葡萄（Merlot）酿造而成的波尔多混酿（Bordeaux）吐露着红莓果般年轻且依然脆爽的果香，融入森林大地的阵阵醇香，更有一抹紫罗兰的异香飘散其间，随之而来的是紧致酸度支撑下的饱满果味，收口非常惬意诱人。另一方面，2011年份的黄色花瓣（Petali d' Ambra）的果香爆裂，散发着香料般浓郁的辛香，融入柑橘糖的缕缕芬芳，更有一抹无花果干的香气萦绕其间，与葡萄果实的香气似有冲突，又交织缠绕。美酒入喉，诱人的柔顺口感与轻快脆爽的酸度形成了鲜明对照，带来了美妙享受。

| | |
|---|---|
| ● Colli Euganei Cabernet Espero '15 | 🍷🍷 2* |
| ○ Colli Euganei Fior d'Arancio Passito Petali d'Ambra '11 | 🍷🍷 4 |
| ○ Colli Euganei Fior d'Arancio Spumante | 🍷🍷 2* |
| ● Colli Euganei Rosso Scarlatto '13 | 🍷🍷 3 |
| ○ Colli Euganei Bianco '15 | 🍷 2 |
| ● Colli Euganei Rosso Probus '15 | 🍷 2 |
| ● Colli Euganei Cabernet Espero '14 | 🍷🍷 2* |
| ● Colli Euganei Cabernet Espero '13 | 🍷🍷 2* |
| ● Colli Euganei Cabernet Espero '12 | 🍷🍷 2* |
| ○ Colli Euganei Fior d'Arancio Spumante '14 | 🍷🍷 2* |
| ● Colli Euganei Rosso '13 | 🍷🍷 2* |
| ● Colli Euganei Rosso '12 | 🍷🍷 2* |
| ● Colli Euganei Rosso Scarlatto '12 | 🍷🍷 3* |
| ● Colli Euganei Rosso Scarlatto '11 | 🍷🍷 3 |

## Vignale di Cecilia

loc. Fornaci
via Croci, 14
35030 Baone [PD]
Tel. +39 042951420
www.vignaledicecilia.it

预约参观
年产量 20 000 瓶
葡萄种植面积 8 公顷
葡萄栽培方式 有机认证

大约十年前，保罗·布鲁内洛（Paolo Brunello）开始在这片土地上辛勤劳作，为家庭酒庄带来了新的生命力。今天，保罗经营的塞西莉娅酒庄（Vignale di Cecilia）的葡萄园采取有机方式栽培和管理，占地面积已经接近10公顷，主要栽培梅洛（Merlot）和赤霞珠（Cabernet），酿造果实品质卓越，成熟馥郁，能够出产口感饱满、甘美有力、别具一格的美酒。在这片红葡萄酒的传统领地，保罗推出的系列白葡萄酒令人印象深刻，显露出明晰的个人特性和独特风味。由于2014年采收酿造季的气候条件并不理想，因此保罗决定放弃推出该年份的酒庄精品旗舰酒帕萨卡利亚（Passacaglia），而将优质酿造葡萄投入到2014年份的科沃罗（Covolo）的生产中。结果便打造出一款美妙的红葡萄酒，吐露着缥缈的果香，融入精醇的草本植物清香，更有一抹蘑菇般颇有意趣的芬芳萦绕其间。入口后，展现出保罗精心打造的结构紧致、酒质华美的口感。与此同时，珀尔多（Poldo）这款充满乡间风味的白葡萄酒吐露着永不停歇的美妙香氛，展现出极佳的品质，随之而来的口感浸润着葡萄柚的果味，余韵绵长诱人。

| | |
|---|---|
| ● Colli Euganei Rosso Covolo '14 | 🍷🍷 3 |
| ○ Poldo | 🍷🍷 3 |
| ○ Cocài '13 | 🍷 3 |
| ○ Val di Spin Frizzante | 🍷 2 |
| ○ Benavides '11 | ♀♀ 2* |
| ○ Cocài '12 | ♀♀ 3 |
| ○ Cocài '11 | ♀♀ 3 |
| ○ Cocài '10 | ♀♀ 3 |
| ● Colli Euganei Rosso Covolo '13 | ♀♀ 3 |
| ● Colli Euganei Rosso Covolo '10 | ♀♀ 3 |
| ● Colli Euganei Rosso Passacaglia '12 | ♀♀ 4 |
| ● Colli Euganei Rosso Passacaglia '11 | ♀♀ 4 |
| ● Colli Euganei Rosso Passacaglia '09 | ♀♀ 4 |
| ● Colli Euganei Rosso Passacaglia '08 | ♀♀ 4 |
| ● El Moro '08 | ♀♀ 3* |

## ★Vignalta

via Scalette, 23
35032 Arquà Petrarca [PD]
Tel. +39 0429777305
www.vignalta.it

藏酒销售
预约参观
年产量 220 000 瓶
葡萄种植面积 35 公顷

今天的优歌娜产区（Colli Euganei）是意大利生产最富情趣的梅洛葡萄酒（Merlot）和赤霞珠葡萄酒（Cabernet）的重要产地之一，在很大程度上，产区获得这一荣誉要感谢罗西奥·格米耶罗（Lucic Gomiero）及其拥有的韦格纳塔酒庄（Vignalta）——第一家向世界展现优歌娜葡萄园卓越品质的酒庄。大约四十年后的今天，韦格纳塔酒庄葡萄园的占地面积已经达到40公顷，罗西奥也在阿尔库阿（Arquà）不断扩张他的酒窖，为酿造和陈年创造更多的空间。罗西奥最爱波尔多风格的红葡萄酒，但是他酿造的白葡萄酒也品质极高。韦格纳塔酒庄的系列美酒远销国内外，其中尤以盖莫拉（Gemola）和阿尔皮安纳（Alpianae）为最佳。盖莫拉是一款以梅洛（Merlot）为主要酿造原料的波尔多混酿（Bordeaux），忠诚展现出2011年的温暖气候条件。它吐露着甜美的果香，融入新鲜清爽的芬芳，果味在酒液中缓缓释放，在精美酸度和浓郁单宁的支撑下，口感表现平衡上佳。与此同时，2013年份的阿尔皮安纳橙花帕西多甜酒（Alpianae Fior d' Arancic Passito）更多地探索地中海风情，风味映衬出山中之魂，吐露着柑橘的缕缕芬芳，融入香料的丝丝辛香，口感美味多汁，酸度和甜度完美平衡。

| | |
|---|---|
| ○ Colli Euganei Fior d'Arancio Passito Alpianae '13 | 🍷🍷 5 |
| ● Colli Euganei Rosso Gemola '11 | 🍷🍷 6 |
| ○ Colli Euganei Manzoni Bianco Agno Casto '15 | 🍷🍷 3 |
| ○ Colli Euganei Moscato Secco Sirio '15 | 🍷🍷 3 |
| ○ Colli Euganei Pinot Bianco '15 | 🍷🍷 3 |
| ● Colli Euganei Rosso Ris. '11 | 🍷🍷 3 |
| ● Marrano '09 | 🍷🍷 5 |
| ● Pinot Nero '14 | 🍷🍷 5 |
| ○ Colli Euganei Fior d'Arancio Passito Alpianae '12 | ♀♀♀ 5 |
| ● Colli Euganei Rosso Gemola '09 | ♀♀♀ 5 |
| ● Colli Euganei Rosso Gemola '08 | ♀♀♀ 5 |
| ● Colli Euganei Rosso Gemola '07 | ♀♀♀ 5 |
| ● Colli Euganei Rosso Gemola '04 | ♀♀♀ 5 |

## e Vigne di San Pietro

San Pietro, 23
066 Sommacampagna [VR]
. +39 045510016
ww.levignedisanpietro.it

酒销售
约参观
产量 70 000 瓶
萄种植面积 10 公顷

洛·内罗兹（Carlo Nerozzi）是一位建
师，同时更是一位醉心于原始风格
葡萄种植商，始终致力于以酿造的美
抒发对自然的观感。圣彼得罗葡萄
酒庄（Le Vigne di San Pietro）的酒窖位
圣彼德罗的山巅之上，距离嘉达湖
Lake Garda）只有几公里之遥，酒庄占
面积达到10公顷左右的葡萄园种植嘉
地区经典的葡萄品种，不过同时也栽
赤霞珠（Cabernet Sauvignon）和梅洛
Merlot）——虽然梅洛的产量不高，
是超高的品质给人留下深刻印象。所
出品美酒都以精致细腻、紧实轻快、
雅美味而见长。在今年的品鉴中，有
款圣彼得罗葡萄园酒庄推荐的美酒闯
了角逐"三杯奖"大奖的决赛圈，无
代表着嘉达产区美酒的最高水准。
013年份的圣彼德罗库斯托扎（Custoza
anpietro）吐露着飘逸的果香，仿似梨
与苹果的芬芳，融入矿物质般的燧
气息，绵延不绝的美味口感持久在
蕾上跃动，直至攀上绝妙的收口巅
。除此之外，2015年份的巴尔多利诺
Bardolino）与以往该款的年份酒一样令
们印象深刻，散发着野生红莓果的缕
果香，融入黑胡椒的丝丝辛香，果味
润在美味口感之中，丰盈饱满，可口
人。与此同时，2015年份的科德罗萨
红葡萄酒（Chiaretto CorDeRosa）表现非
精彩，吐露着诱人的混合酒香，气质
雅，极具个性。

| | |
|---|---|
| Bardolino '15 | 🍷🍷 2* |
| ● Bardolino Chiaretto CorDeRosa '15 | 🍷🍷 2* |
| ○ Custoza Sup. Sanpietro '13 | 🍷🍷 3* |
| Bardolino Sup. '13 | 🍷⬛🍷⬛ 3 |
| ○ Custoza '15 | 🍷⬛🍷⬛ 2* |
| Refolà '11 | 🍷⬛🍷⬛ 6 |
| ● Bardolino '14 | 🍷⬜🍷⬜🍷⬜ 2* |
| ● Bardolino '11 | 🍷⬜🍷⬜🍷⬜ 2* |
| Refolà Cabernet Sauvignon '04 | 🍷⬜🍷⬜🍷⬜ 6 |
| ○ Sud '95 | 🍷⬜🍷⬜🍷⬜ 6 |
| Bardolino '15 | 🍷⬜🍷⬜ 2* |
| ● Bardolino '13 | 🍷⬜🍷⬜ 2* |
| ● Bardolino '12 | 🍷⬜🍷⬜ 2* |
| ○ Custoza '14 | 🍷⬜🍷⬜ 2* |
| ○ Custoza '13 | 🍷⬜🍷⬜ 2* |

## Vigneto Due Santi

v.le Asiago, 174
36061 Bassano del Grappa [VI]
Tel. +39 0424502074
www.vignetoduesanti.it

藏酒销售
预约参观
年产量 100 000 瓶
葡萄种植面积 18 公顷
可持续发展酒庄

斯蒂凡诺·佐塔（Stefano Zonta）和阿德里亚诺·佐塔（Adriano Zonta）在巴萨诺（Bassano）经营着家族酒庄。杜桑迪酒庄（Vigneto Due Santi）的葡萄园逐步扩张，如今的占地面积已经达到20公顷，主要种植梅洛葡萄（Merlot）和赤霞珠葡萄（Cabernet）。葡萄藤爬满山脚，来自瓦尔苏加纳（Valsugana）的北风吹拂，带来了凉爽的气息，使这里的昼夜温差加大，潮湿度也变低。不过，杜桑迪酒庄的葡萄酒生产风格始终保持不变，这要感谢酒庄甄选酿造的细致用心以及在木桶中发酵陈年的酿造技法。出品主要是红葡萄酒，纯净剔透，酒质华美，果味丰盈。2013年份的杜桑迪赤霞珠（Cabernet Due Santi）的酿造葡萄甄选自酒庄最古老、朝向最佳的种植地块，这款美酒摇曳着红宝石般的明亮色调，散发着红莓果和蓝莓的浓郁果香，融入李子干的缕缕芬芳，更有一抹薄荷的清凉和迷迭香的独特气息萦绕其间，令整体香氛显露出轻快的质感。入口后紧致的口感得到非常精美、别具一格的单宁支撑，令人久久难以忘怀。与此同时，在杜桑迪酒庄推荐的白葡萄酒中，我们最爱2015年份的拉瓦纳（Rivana），这款主要由泰葡萄（Tai）打造而成的混酿凭借多汁美味的口感令我们折服。

| | |
|---|---|
| ● Breganze Cabernet Due Santi '13 | 🍷🍷 4 |
| ○ Breganze Bianco Rivana '15 | 🍷⬛🍷⬛ 2* |
| ● Breganze Merlot '13 | 🍷⬛🍷⬛ 2* |
| ○ Campo di Fiori '15 | 🍷⬛🍷⬛ 2* |
| ○ Breganze Sauvignon '15 | 🍷⬛ 3 |
| ○ Breganze Torcolato '12 | 🍷⬛ 5 |
| ○ Prosecco Extra Dry | 🍷⬛ 2 |
| ● Breganze Cabernet Vign. Due Santi '12 | 🍷⬜🍷⬜🍷⬜ 4* |
| ● Breganze Cabernet Vign. Due Santi '08 | 🍷⬜🍷⬜🍷⬜ 4* |
| ● Breganze Cabernet Vign. Due Santi '07 | 🍷⬜🍷⬜🍷⬜ 4 |
| ● Breganze Cabernet Vign. Due Santi '05 | 🍷⬜🍷⬜🍷⬜ 4 |
| ● Breganze Cabernet Vign. Due Santi '04 | 🍷⬜🍷⬜🍷⬜ 4 |
| ● Breganze Cabernet Vign. Due Santi '03 | 🍷⬜🍷⬜🍷⬜ 4* |
| ● Breganze Cabernet Vign. Due Santi '00 | 🍷⬜🍷⬜🍷⬜ 4 |
| ● Breganze Cabernet Vign. Due Santi '11 | 🍷⬜🍷⬜ 4 |
| ● Breganze Rosso Cavallare '12 | 🍷⬜🍷⬜ 4 |

## Villa Sandi

via Erizzo, 112
31035 Crocetta del Montello [TV]
Tel. +39 0423665033
www.villasandi.it

藏酒销售
预约参观
膳宿接待
年产量 5 000 000 瓶
葡萄种植面积 530 公顷
可持续发展酒庄

莫雷蒂·珀莱加托（Moretti Polegato）经营管理的酒庄是瓦尔多比亚德尼产区（Valdobbiadene）的领军酒庄之一。自十七世纪中期始，家族无数世代便在特雷维索（Treviso）北部地区勤恳劳作、酿造美酒，他们的庄园出自意大利十六世纪伟大的建筑家帕拉蒂奥（Palladian）之手。圣地酒庄（Villa Sandi）的葡萄园广袤无垠，有些地块属于酒庄，还有些地块属于为酒庄供应酿造葡萄的种植商。圣地酒庄的明星出品无疑是普洛塞克起泡酒（Prosecco），但是他们同时也生产非起泡酒，酿造葡萄出自蒙特洛山坡（Montello），不论是白葡萄酒还是红葡萄酒都展现出单一品种绝佳的表达力。对于所有追求特雷维索产区精美起泡酒的酒迷而言，圣地酒庄无疑是酿造完美卡地策（Cartizze）特级葡萄园瓦尔多比亚德尼酒（Grand Cru of Valdobbiadene）的典范酒庄。酒庄出品的干型起泡酒（Brut）吐露着纯净锐利的果香，融入梨子和苹果的多汁芬芳，一抹悠然花香完美补充了复杂的香氛。入口后感到果味丰盈，口感干爽，轻快紧致，这款美酒展现出普洛塞克的经典美味。除此之外，威尼斯城邦干型葡萄酒（Serenissima Brut）也得到了很高的评分，它的气质自信，极具表达力，令人愉悦。

| | | |
|---|---|---|
| ○ Cartizze Brut V. La Rivetta | TTT | 6 |
| ● Còrpore '13 | TT | 5 |
| ○ Opere Trevigiane M. Cl. Ris. '13 | TT | 5 |
| ○ Serenissima Opere Trevigiane Brut | TT | 5 |
| ○ Valdobbiadene Dry Cuvée Oris | TT | 3 |
| ○ Valdobbiadene Extra Dry | TT | 3 |
| ○ Marinali Manzoni Bianco '15 | T | 3 |
| ● Marinali Raboso '12 | T | 3 |
| ○ Prosecco di Treviso Il Fresco Brut | T | 2 |
| ○ Cartizze Brut V. La Rivetta '11 | YYY | 4* |
| ○ Cartizze Brut V. La Rivetta '10 | YYY | 4 |
| ○ Cartizze Brut V. La Rivetta '09 | YYY | 4 |
| ● Còrpore '12 | YY | 5 |

## Villa Spinosa

loc. Jago
via Jago dall'Ora, 16
37024 Negrar [VR]
Tel. +39 0457500093
www.villaspinosa.it

藏酒销售
预约参观
膳宿接待
年产量 45 000 瓶
葡萄种植面积 20 公顷
可持续发展酒庄

恩里科·布卡斯塞拉（Enrico Cascella）
步发展壮大着家族酒庄，在斯宾诺莎
庄（Villa Spinosa）古老的18世纪建筑
建起了全新的酒窖，新大楼完美融入
意融融大自然和周边建筑群，而且酒
对面古意悠悠的城堡如今成为了藏酒
和品酒室。酒庄葡萄园的占地面积达
20公顷，沿着分隔奈格拉拉河谷（Negr
Valley）与玛拉诺河谷（Marano Valley）
山脊地带分布开来，所有地块都逐步
行移植，这些新藤成为斯宾诺莎酒庄
无价之宝。斯宾诺莎酒庄今年推荐的
酒都表现出色，其中2008年份的阿玛
尼（Amarone）经过长时间浸渍后才
式发布，是一款口感紧致、酒质深邃
佳酿。它吐露着浸渍后的缕缕果香，
入清爽的草本植物清香，底蕴中凸显
胡椒的丝丝辛香。随之而来的口感惬
舒适，绵长延展，打造出华美恢宏的
味口感，随着回味的延宕并不会越发
重，依然缥缈。除此之外，2012年份
费加瑞瓦尔波利切拉（Valpolicella Figari
是一款超级美酒（Superiore），吐露着
越的香氛，口感美味，完美呈现出指
产区酒的精美特质。

| | | |
|---|---|---|
| ● Amarone della Valpolicella Cl. '08 | TTT | 7 |
| ● Recioto della Valpolicella Cl. Francesca Finato Spinosa '11 | TT | 5 |
| ● Valpolicella Cl. '14 | TT | 2 |
| ● Valpolicella Cl. Sup. Figari '12 | TT | 3 |
| ● Valpolicella Cl. Sup. Ripasso Jago '11 | YYY | 3 |
| ● Amarone della Valpolicella Cl. Anteprima '08 | YY | 6 |
| ● Recioto della Valpolicella Cl. Francesca Finato Spinosa '08 | YY | 5 |
| ● Valpolicella Cl. '13 | YY | 2 |
| ● Valpolicella Cl. '12 | YY | 2 |
| ● Valpolicella Cl. Sup. Figari '11 | YY | 3 |
| ● Valpolicella Cl. Sup. Ripasso Jago '10 | YY | 3 |

## ·igneti Villabella

.z. Calmasino di Bardolino
:. Canova, 2
011 Bardolino [VR]
.. +39 0457236448
vw.vignetivillabella.com

[藏]酒销售
[预]约参观
[住]宿接待
[年]产量 500 000 瓶
[葡]萄种植面积 220 公顷

·年来，克里斯托弗雷蒂家族 Cristoforetti）和德里波利家族（Delibori）J立的维拉贝拉葡萄园酒庄（Vigneti llabella）在嘉达湖（Lake Garda）产区·定了极高的声望，成为主要的领军·产商之一。酒庄拥有占地面积超过00公顷的葡萄园，主要位于巴尔多利·（Bardolino）的嘉达湖DOC产区，最引·为傲的资产便是科迪维戈庄园（Villa ordevigo），这座十八世纪壮美的城堡·经变成了一座乡间别墅酒店，四周环·的葡萄园以最大限度尊重环境的方法·行栽培，出产的葡萄用于酿造经典品·系列美酒。出品佳酿总是展现出精致·美的风格，而且日益收获深邃和细·的酒质。在今年的品鉴中，2014年份·蒙隆戈园巴尔多利诺（Bardolino Vigna orlongo）凭借令人叹服的优异表现，·美诠释了这种经典嘉达产区（Garda）·酒的卓越品质。它摇曳着经典的淡淡·色，香氛优雅且突出，最初吐露着野·莓果的缕缕果香和黑胡椒的辛香，搭·完美，继而一抹精美的草本植物清香·绕其间，入口后感到美味的果味，·致的酸度雕刻出完美的口感，浓郁·中，非常可口，余韵悠长延展。与·同时，2015年份的意大利桃红葡萄酒 Chiaretto）香氛缥缈，吐露着如花芬·，口感干爽丰美，极为诱人。

| | |
|---|---|
| Bardolino Cl. V. Morlongo '14 | 2* |
| Bardolino Chiaretto Cl. '15 | 2* |
| Bardolino Chiaretto Cl. Villa Cordevigo '15 | 2* |
| Lugana Ca' del Lago '15 | 3 |
| Montemazzano '12 | 3 |
| Valpolicella Cl. Sup. Ripasso '14 | 3 |
| Bardolino Chiaretto Brut | 2 |
| Custoza '15 | 2 |
| Oseleta '08 | 5 |
| Valpolicella Cl. I Roccoli '15 | 2 |
| Amarone della Valpolicella Cl. Fracastoro Ris. '08 | 6 |
| Bardolino Cl. V. Morlongo '13 | 2* |
| Bardolino Cl. V. Morlongo Anniversario '13 | 2* |
| Valpolicella Cl. Sup. Ripasso '13 | 3 |

## ★Viviani

via Mazzano, 8
37020 Negrar [VR]
Tel. +39 0457500286
www.cantinaviviani.com

藏酒销售
预约参观
年产量 80 000 瓶
葡萄种植面积 10 公顷
可持续发展酒庄

克劳迪奥·维维安尼（Claudio Viviani）大步向前，在瓦尔波利切拉指定产区（Valpolicella）取得了不可思议的优异成绩，为其酒庄创下了极高声誉。他将阳光自然烘干带来的陈年潜力与葡萄园品种葡萄的细腻质地完美融合——能够做到这一点的酿造商只有为数不多的几位。维维安尼酒庄没有恢宏的大理石地面，花园里也没有气派的游泳池，但是维维安尼酒庄的酒窖注重保存自己的农业特色，将全副精力都投入缔造美酒的事业，出产美酒忠诚且准确地反映出本地风土条件和酿造传统。维维安尼酒庄只生产DOC产区酒，香氛纯净浓郁，口感优雅怡人。在克劳迪奥出品的顶级美酒中，2011年份的卡萨德毕皮阿玛罗尼（Amarone Casa dei Bepi）凭借忠诚反映瓦尔波利切拉产区传统、同时又完美展现出独特现代魅力的卓越能力脱颖而出。它吐露着传统的成熟果香，融入香料般的缕缕辛香，随之而来的口感探索出全新的方向，丰盈而有力，紧致而脆爽，令人久久难忘，是一款不可多得的美酒。同样卓越的还有2013年份的坎珀莫拉瓦尔波利切拉（Valpolicella Campo Morar），它的口感紧致，香氛馥郁诱人，浸润着平衡的果味。

| | |
|---|---|
| ● Amarone della Valpolicella Cl. Casa dei Bepi '11 | 8 |
| ● Valpolicella Cl. Sup. Campo Morar '13 | 5 |
| ● Valpolicella Cl. '15 | 2* |
| ● Amarone della Valpolicella Cl. Casa dei Bepi '10 | 8 |
| ● Amarone della Valpolicella Cl. Casa dei Bepi '09 | 8 |
| ● Amarone della Valpolicella Cl. Casa dei Bepi '05 | 8 |
| ● Amarone della Valpolicella Cl. Casa dei Bepi '04 | 8 |
| ● Amarone della Valpolicella Cl. Casa dei Bepi '01 | 8 |
| ● Amarone della Valpolicella Cl. Casa dei Bepi '00 | 8 |
| ● Valpolicella Cl. Sup. Campo Morar '09 | 5 |
| ● Valpolicella Cl. Sup. Campo Morar '05 | 5 |

## Pietro Zanoni

FRAZ. QUINZANO
VIA ARE ZOVO,16D
37125 VERONA
TEL. +39 0458343977
www.pietrozanoni.it

藏酒销售
预约参观
年产量 20 000 瓶
葡萄种植面积 6.5 公顷

彼得罗·扎罗尼（Pietro Zanoni）的酒庄地理位置并不出众，地处瓦尔波利切拉产区（Valpolicella）的边界地带，几乎正坐落在维罗纳产区（Verona）的入口处。扎罗尼家族长久以来一直经营着为其他酒庄提供酿造葡萄的生意，直至上个世纪末才成立自己的酒庄，并以坚守当地葡萄酒传统为己任。彼得罗扎罗尼酒庄的葡萄园只有几公顷面积，只种植本产区的经典葡萄品种，出品风格将饱满果味与产区酿造传统紧密结合，带来了口感坚实、风味多样的美酒，虽然产量不高，但是品质极为卓越，得到大家的广泛好评。在彼得罗扎罗尼酒庄今年提供的品鉴酒品中，很难从中选出最精美的一款，因为每一款推荐美酒都表现精彩，充分展示出极佳的品质以及该品类美酒的特质。其中，2011年份的佐弗阿玛罗尼（Amarone Zovo）给我们留下了非常深刻的印象，它呈现出红色莓果般浓郁深邃的果香，融入香料的丝丝辛辣气息，随之而来的口感有力且热辣，果味饱满。另一方面，2014年份的超级瓦尔波利切拉（Valpolicella Superiore）吐露着脆爽且直接浓郁的果香，口感也相当集中馥郁，但是干爽且绵长，令这款美酒展现出恢宏美味的气质。

| | |
|---|---|
| ● Amarone della Valpolicella Zovo '11 | ▼▼ 7 |
| ● Recioto della Valpolicella '11 | ▼▼ 5 |
| ● Valpolicella Sup. '14 | ▼▼ 2* |
| ● Valpolicella Sup. Ripasso '13 | ▼▼ 4 |
| ● Amarone della Valpolicella Zovo '10 | ▽▽ 6 |
| ● Amarone della Valpolicella Zovo '09 | ▽▽ 6 |
| ● Amarone della Valpolicella Zovo '07 | ▽▽ 6 |
| ● Amarone della Valpolicella Zovo '04 | ▽▽ 6 |
| ● Recioto della Valpolicella '09 | ▽▽ 4 |
| ● Valpolicella Sup. '13 | ▽▽ 2* |
| ● Valpolicella Sup. '08 | ▽▽ 4 |
| ● Valpolicella Sup. Campo Denari '11 | ▽▽ 4 |
| ● Valpolicella Sup. Campo Denari '10 | ▽▽ 4 |

## Pietro Zardini

VIA DON P. FANTONI, 3
37029 SAN PIETRO IN CARIANO [VR]
TEL. +39 0456800989
www.pietrozardini.it

藏酒销售
预约参观
年产量 20 000 瓶
葡萄种植面积 7 公顷

彼得罗·扎尔迪尼（Pietro Zardini）的家酒庄迅速取得了成功，这一切得益于在瓦尔波利切拉地区（Valpolicella）顶酒庄的工作经验，以及他对于该产区土条件的深刻理解和完美阐释。葡萄中的栽培工作得到了进一步发展，彼罗扎尔迪尼酒庄在卡利亚诺（Cariano 的圣彼得罗（San Pietro）建造了一座施齐备的全新酒庄，出产能够完美展产区品质和传统的系列美酒。在今年品鉴中，彼得罗扎尔迪尼酒庄推荐的选美酒都表现出不俗的实力，其中的昂内扎尔迪尼阿玛罗尼（Amarone Leon Zardini）尤其精彩，仅以毫厘之差遗憾与“三杯奖”失之交臂。这款2009年陈酿（Riserva）风格传统，吐露着深邃果香，飘散着纷繁的花香，继而发展干花和野生草本植物混合起来的清香，底蕴中透露出缕缕香料的辛香和矿物的醇香。酒体饱满适中，经过长久陈后终于展现出适当的平衡度和优雅酒质。除此之外，2011年份的阿玛罗（Amarone）凭借饱满多汁的果味打造直率愉悦的口感；而2012年份的奥斯罗利帕索（Ripasso Austero）相比较而言更加清爽，果味十足。

| | |
|---|---|
| ● Amarone della Valpolicella Leone Zardini Ris. '09 | ▼▼ 6 |
| ● Amarone della Valpolicella '11 | ▼▼ 6 |
| ● Valpolicella Sup. Ripasso Austero '12 | ▼▼ 4 |
| ○ Lugana '15 | ▼ 2 |
| ● Rosignol | ▼ 4 |
| ⊙ Rosignol Rosato Brut | ▼ 3 |
| ● Amarone della Valpolicella '10 | ▽▽ 6 |
| ● Amarone della Valpolicella '05 | ▽▽ 6 |
| ● Amarone della Valpolicella '04 | ▽▽ 6 |
| ● Amarone della Valpolicella Cl. '07 | ▽▽ 6 |
| ● Amarone della Valpolicella Cl. '03 | ▽▽ 6 |
| ● Amarone della Valpolicella Cl. Leone Zardini Ris. '08 | ▽▽ 6 |
| ● Valpolicella Sup. Ripasso Austero '11 | ▽▽ 4 |
| ● Valpolicella Sup. Ripasso Austero '07 | ▽▽ 4 |

## Zenato

AZ. SAN BENEDETTO DI LUGANA
SAN BENEDETTO, 8
7019 PESCHIERA DEL GARDA [VR]
L. +39 0457550300
ww.zenato.it

酒销售
约参观
产量 2 000 000 瓶
萄种植面积 75 公顷

尔吉奥・泽纳多（Sergio Zenato）创建这座家族酒庄，今天，他的孩子娜迪・泽纳多（Nadia Zenato）和阿尔伯托・纳多（Alberto Zenato）将家族酒庄打理井然有序。泽纳多酒庄（Zenato）在瓦波利切拉（Valpolicella）的世界里占有殊且重要的一席之地。泽纳多酒庄的萄园最初规模很小，如今占地面积已超过70公顷，分布在瓦尔波利切拉和嘉纳（Lugana）——泽纳多家族就是在嘉纳展开了最初的酿酒活动。泽纳多庄的出品遵循两条原则：白葡萄酒要芳扑鼻、口感和谐；红葡萄酒则要力劲道、果味浓郁。在今年的品鉴中，尔吉奥泽纳多阿玛罗尼（Amarone Sergio nato）这款2010年份的陈酿（Riserva）颖而出，这款美酒为了纪念泽纳多庄的创始人塞尔吉奥・泽纳多而专门出，完全是这位铁人坚毅性格完美化，吐露着红莓果和樱桃的阵阵果香，入阳光般的灿烂质感，口感华美清，柔滑缥缈的辛辣风情萦绕其间。入后感到热辣的果味，层层叠叠地延宕去，口感犹如丝绸般柔滑，在活跃有的单宁支撑下，收口极为清爽。除此外，在卢嘉纳酒（Lugana）中，我们2013年份的卢嘉纳陈酿（Riserva）所折，它吐露着成熟的杏香，融入缕缕黄的芬芳，酒中浸润着奶油般绵密细腻果味，令人久久难忘。

| | |
|---|---|
| Amarone della Valpolicella Cl. Sergio Zenato Ris. '10 | 🍷🍷🍷 8 |
| Lugana Sergio Zenato Ris. '13 | 🍷🍷 5 |
| Amarone della Valpolicella Cl. '11 | 🍷🍷 6 |
| Cresasso '10 | 🍷🍷 5 |
| Lugana Brut M. Cl. | 🍷🍷 4 |
| Lugana Massoni Santa Cristina '13 | 🍷🍷 3 |
| Amarone della Valpolicella Cl. '05 | 🍷🍷🍷 6 |
| Amarone della Valpolicella Cl. Sergio Zenato '05 | 🍷🍷🍷 6 |
| Amarone della Valpolicella Cl. Sergio Zenato '03 | 🍷🍷🍷 6 |
| Amarone della Valpolicella Cl. Sergio Zenato '00 | 🍷🍷🍷 |
| Amarone della Valpolicella Cl. Sergio Zenato Ris. '09 | 🍷🍷🍷 8 |
| Lugana Sergio Zenato '08 | 🍷🍷🍷 4 |

## Zeni 1870

VIA COSTABELLA, 9
37011 BARDOLINO [VR]
TEL. +39 0457210022
www.zeni.it

藏酒销售
预约参观
年产量 1 000 000 瓶
葡萄种植面积 25 公顷

泽尼家族（Zeni）经营的酒庄是所有嘉达湖（Lake Garda）两岸美酒热爱者心目中的典范酒庄。泽尼家族的酿酒传统久远，在尼诺・泽尼（Nino Zeni）及其子女冯斯托・泽尼（Fausto Zeni）、伊莲娜・泽尼（Elena Zeni）和菲德瑞卡・泽尼（Federica Zeni）的引领下，家族酒庄取得了巨大的飞跃发展——如今孩子们掌管着酒庄。泽尼酒庄葡萄园的规模并不大，因此数十年来，酒庄的酿造活动一直有赖于数目庞大的瓦尔波利切拉（Valpolicella）和嘉达湖两岸种植商为其提供酿造原料，而酒庄也终年监控着酿造葡萄的生长，以保证得到品质最佳的酿造葡萄、保证酒庄的出品产量。在今年的品鉴中，泽尼酒庄供应了一系列精品美酒，其中给我们留下最深刻印象的美酒来自瓦尔波利切拉产区，让我们从2011年份的橡木桶阿玛罗尼（Amarone Barrique）开始说起。它吐露着樱桃的芬芳，融入香料的缕缕辛香，更有一抹蔬菜的青绿风味萦绕其间，提升了整款酒复杂的香氛。它的酒体适中，紧致的单宁支撑美味口感，引领出丰满的果味。除此之外，2015年份的巴尔多利诺桃红葡萄酒（Bardolino Chiaretto）充分展现自己的魅力，这款桃红酒酒香优雅，浸润清爽的果味，非常可口。

| | |
|---|---|
| ● Amarone della Valpolicella Cl. Barrique '11 | 🍷🍷 7 |
| ● Amarone della Valpolicella Cl. '13 | 🍷🍷 6 |
| ● Amarone della Valpolicella Cl. Vigne Alte '12 | 🍷🍷 6 |
| ⊙ Bardolino Chiaretto Cl. Vigne Alte '15 | 🍷🍷 2* |
| ○ Lugana Marogne '15 | 🍷🍷 3 |
| ● Valpolicella Sup. Vigne Alte '14 | 🍷🍷 2* |
| ⊙ Bardolino Chiaretto Brut | 🍷 2 |
| ● Bardolino Cl. Sup. '14 | 🍷 3 |
| ● Bardolino Cl. Vigne Alte '15 | 🍷 2 |
| ● Costalago Rosso '14 | 🍷 3 |
| ○ Lugana Vigne Alte '15 | 🍷 2 |
| ⊙ Rosato Marogne '15 | 🍷 2 |
| ● Valpolicella Sup. Ripasso Marogne '14 | 🍷 3 |

## Zonin 1821

via Borgolecco, 9
36053 Gambellara [VI]
Tel. +39 0444640111
www.zonin.it

藏酒销售
预约参观
年产量 38 000 000 瓶
葡萄种植面积 2000 公顷

卓林（Zonin）家族酒业集团恢宏壮美的酒庄拥有古老的历史，家族从事葡萄酒酿造也几近一百年的时间，在世界各地都拥有广袤的葡萄园——地块甚至蔓延到大西洋彼岸的美国弗吉尼亚州（Virginia）。不过，卓林酒庄的重心始终都放在维琴察地区（Vicenza），但是他们同时也出产地区流行的普洛塞克起泡酒（Prosecco）和阿玛罗尼（Amarone）。卓林酒庄的出品凭借轻快的口感和充分表达品种葡萄的特质而广受赞誉。在卓林酒庄今年提供的品鉴酒品中，掩映在甘贝拉纳产区（Gambellara）山间的吉安乔葡萄园（Giangio）给我们带来了最有趣的美酒——2011年份的甘贝拉纳雷乔托（Recioto di Gambellara），它吐露着成熟诱人的阵阵果香，底蕴中透露出丝丝贵腐菌（Botrytis）极有意趣的芬芳。入口后感到非常精致的甜美滋味，美味精致的酸度与之达成完美平衡。在卓林酒庄推荐的红葡萄酒中，我们最爱2013年份的阿玛罗尼（Amarone），这款美酒风味成熟，但是表达轻快，它避免由于甜度过于浓重或者集中度过高而导致的粘腻，而是致力于发展锐利且活跃的轻快口感。

- ● Amarone della Valpolicella '13 ▼▼ 6
- ○ Recioto di Gambellara Il Giangio '11 ▼▼ 5
- ● Berengario '11 ▼ 4
- ○ Prosecco Brut ▼ 2
- ○ Recioto di Gambellara Spumante ▼ 3
- ● Valpolicella Sup. Ripasso '14 ▼ 3
- ● Amarone della Valpolicella '12 ▽▽ 5
- ● Amarone della Valpolicella '11 ▽▽ 6
- ● Amarone della Valpolicella '10 ▽▽ 6
- ● Amarone della Valpolicella '09 ▽▽ 6
- ○ Gambellara Cl. Podere Il Giangio '13 ▽▽ 2*
- ● Valpolicella Sup. Ripasso '13 ▽▽ 3
- ● Valpolicella Sup. Ripasso '12 ▽▽ 3
- ● Valpolicella Sup. Ripasso '11 ▽▽ 3

## Zymè

loc. San Floriano
via Ca' del Pipa, 1
37029 San Pietro in Cariano [VR]
Tel. +39 0457701108
www.zyme.it

藏酒销售
预约参观
年产量 80 000 瓶
葡萄种植面积 30 公顷
可持续发展酒庄

切勒斯蒂诺·盖斯普瑞（Celesti Gaspari）一步步地开启自己的酿造业——首先是作为酿酒顾问在其他酒工作，继而借用其他酒窖来酿造自己美酒，最后才在卡里亚诺（Cariano）圣彼德（San Pietro）建起了属于自己的窖，这座设施齐备且精美的建筑完美融入了这片土地，建筑的大部分沉入下，旁边就是一座古老的砂岩采石场切勒斯蒂诺将采石场的巨大石块回收用起来，为新酒庄砌起了围墙，显得有古意。泽玛酒庄（Zymè）的葡萄园地面积达到30公顷，位于省内各地，产瓦尔波利切拉经典地区酒（Valpolice classics），同时也酿造出许多令人印深刻的美酒，每一款都是盖斯普瑞对酒的热情承诺付诸实践的表达。2004份的玛托纳拉阿玛罗尼陈酿（Amarone Mattonara Riserva）经历了十多年的漫长渍和发酵，展露出令人喜出望外、充意趣的轻快香氛，散发着依然新鲜的香，更有一抹草本植物的锐利清香加了整体的香氛。入口后感到强劲的力一路蔓延，收口余韵绵长悠然，得益活跃劲道的酸度，整款酒展现出均衡健的口感。除此之外，2015年份的幻曲瓦尔波利切拉（Valpolicella Reverie）口饱满，风味复杂，吐露着优雅的香氛酿造果实来自古老的葡萄园。

- ● Amarone della Valpolicella Cl. La Mattonara Ris. '04 ▼▼
- ● 60 20 20 '11 ▼▼
- ○ Il Bianco From Black to White '15 ▼▼
- ● Kairos '11 ▼▼
- ● Valpolicella Cl. Sup. '12 ▼▼
- ● Valpolicella Reverie '15 ▼▼
- ● Amarone della Valpolicella Cl. '06 ▽▽▽
- ● Amarone della Valpolicella Cl. La Mattonara Ris. '03 ▽▽▽
- ● Amarone della Valpolicella Cl. La Mattonara Ris. '01 ▽▽▽
- ● Amarone della Valpolicella Cl. '08 ▽▽
- ● Valpolicella Cl. Sup. '11 ▽▽
- ● Valpolicella Cl. Sup. '10 ▽▽

## i Galli

Loredan, 28
020 Pramaggiore [VE]
. +39 0421799314
w.aigalli.it

产量 300 000 瓶
萄种植面积 50 公顷

| | |
|---|---|
| Lison Cl. '15 | 🍷🍷 2* |
| Lison-Pramaggiore Verduzzo Passito '11 | 🍷🍷 3 |
| Lison-Pramaggiore Cabernet Franc '14 | 🍷 2 |
| Lison-Pramaggiore Refosco P. R. '14 | 🍷 2 |

## Astoria Vini

via Crevada, 12
31020 Refrontolo [TV]
Tel. +39 04236699
www.astoria.it

藏酒销售
预约参观
年产量 15 000 000 瓶
葡萄种植面积 40 公顷
可持续发展酒庄

| | |
|---|---|
| ○ Valdobbiadene Extra Dry '15 | 🍷🍷 4 |
| ○ Cartizze Arzanà | 🍷 5 |
| ○ Valdobbiadene Brut Rive di Refrontolo Casa di Vittorino | 🍷 4 |

## e Battistelle

. Brognoligo
Sambuco, 110
030 Monteforte d'Alpone [VR]
. +39 0456175621
w.lebattistelle.it

酒销售
约参观
产量 22 000 瓶
萄种植面积 9 公顷
持续发展酒庄

| | |
|---|---|
| Soave Cl. Battistelle '14 | 🍷🍷 3 |
| Soave Cl. Roccolo del Durlo '14 | 🍷🍷 3 |
| Soave Cl. Montesei '15 | 🍷 2 |

## Beato Bartolomeo

via Roma, 100
36042 Breganze [VI]
Tel. +39 0445873112
www.cantinabreganze.it

藏酒销售
年产量 2 500 000 瓶
葡萄种植面积 700 公顷

| | |
|---|---|
| ● Breganze Merlot Sup. Bosco Grande '13 | 🍷🍷 3 |
| ● Breganze Cabernet Kilò Ris. '13 | 🍷 4 |
| ● Breganze Cabernet Sup. Bosco Grande '13 | 🍷 3 |
| ● Breganze Cabernet Sup. Savardo '14 | 🍷 2 |

## ellussi Spumanti

Erizzo, 215
049 Valdobbiadene [TV]
. +39 0423983411
w.bellussi.com

酒销售
约参观
产量 1 300 000 瓶

| | |
|---|---|
| Cartizze Dry Belcanto | 🍷🍷 4 |
| Valdobbiadene Extra Dry Belcanto | 🍷🍷 3 |
| Valdobbiadene Brut Belcanto | 🍷 3 |
| Valdobbiadene Dry | 🍷 3 |

## Bonotto delle Tezze

fraz. Tezze di Piave
via Duca d'Aosta, 16
31028 Vazzola [TV]
Tel. +39 0438488323
www.bonottodelletezze.it

藏酒销售
预约参观
年产量 150 000 瓶
葡萄种植面积 48 公顷

| | |
|---|---|
| ● Piave Malanotte '12 | 🍷🍷 6 |
| ○ Manzoni Bianco Novalis '15 | 🍷 2 |
| ● Piave Raboso Potestà '12 | 🍷 3 |
| ○ Venezia Pinot Grigio Montesanto '15 | 🍷 2 |

## F.lli Bortolin

FRAZ. SANTO STEFANO
VIA MENEGAZZI, 5
31049 VALDOBBIADENE [TV]
TEL. +39 0423900135
www.bortolin.com

藏酒销售
预约参观
年产量 300 000 瓶
葡萄种植面积 20 公顷

- ○ Valdobbiadene Dry 🍷🍷 2*
- ○ Valdobbiadene Extra Dry 🍷🍷 2*
- ○ Cartizze 🍷 4
- ○ Valdobbiadene Extra Dry Ru' Mill. '15 🍷 3

## Ca' Bianca

LOC. FONTANAFREDDA
VIA CINTO, 5
35030 CINTO EUGANEO [PD]
TEL. +39 042994288

藏酒销售
餐饮接待
年产量 80 000 瓶
葡萄种植面积 20 公顷

- ● Colli Euganei Cabernet Ritocchino 42 '13 🍷🍷
- ○ Colli Euganei Chardonnay Passo di Santa Lucia '15 🍷
- ○ Colli Euganei Serprino '15 🍷

## Ca' Corner

VIA CÀ CORNER SUD, 55
30020 MEOLO [VE]
TEL. +39 042161191
www.vinicacorner.com

年产量 70 000 瓶
葡萄种植面积 14 公顷

- ○ Erika Passito '11 🍷🍷 3
- ○ Manzoni Bianco '15 🍷🍷 2*
- ● Petalo Rosso '10 🍷 2
- ● Piave Merlot '14 🍷 2

## Ca' Ferri

VIA CA' FERRI, 43
35020 CASALSERUGO [PD]
TEL. +39 049655518
www.vinicaferri.com

藏酒销售
预约参观
年产量 10 000 瓶
葡萄种植面积 8 公顷

- ● Corti Benedettine del Padovano Merlot Ser Ugo '15 🍷🍷
- ● Corti Benedettine del Padovano Cabernet Ser Ugo '15 🍷

## Castello di Roncade

VIA ROMA, 141
31056 RONCADE [TV]
TEL. +39 0422708736
www.castellodironcade.com

藏酒销售
预约参观
年产量 200 000 瓶
葡萄种植面积 45 公顷

- ● Piave Raboso dell'Arnasa '12 🍷🍷 2*
- ● Villa Giustinian '12 🍷🍷 3
- ● Piave Merlot dell'Armata '13 🍷 2
- ○ Venezia Chardonnay dell'Arnasa '14 🍷 2

## Tenuta Chiccheri

LOC. CHICCHERI, 1
37039 TREGNAGO [VR]
TEL. +39 0458774333
www.tenutachiccheri.it

藏酒销售
预约参观
年产量 50 000 瓶
葡萄种植面积 11 公顷
可持续发展酒庄

- ● Amarone della Valpolicella Cl. Campo delle Strie '11 🍷🍷
- ● Valpolicella Sup. '11 🍷🍷
- ○ Montprè Cuvée del Fondatore Brut '10 🍷

## onte Collalto

XXIV Maggio, 1
058 Susegana [TV]
. +39 0438435811
vw.cantine-collalto.it

酒销售
约参观
产量 850 000 瓶
萄种植面积 150 公顷
持续发展酒庄

| | |
|---|---|
| Conegliano Valdobbiadene Extra Dry | 🍷🍷 3 |
| Incrocio Manzoni 2.15 '12 | 🍷 2 |
| Manzoni Bianco '15 | 🍷 2 |
| Rosabianco '15 | 🍷 2 |

## Corte Figaretto

Fraz. Poiano
via Clocego, 48a
37142 Verona
Tel. +39 0458700753
www.cortefigaretto.it

藏酒销售
预约参观
年产量 49 500 瓶
葡萄种植面积 7.5 公顷

| | |
|---|---|
| ● Amarone della Valpolicella Graal '12 | 🍷🍷 6 |
| ● Amarone della Valpolicella Valpantena Brolo del Figaretto '12 | 🍷 5 |
| ● Valpolicella Valpantena '15 | 🍷 3 |

## aolo Cottini

. Castelrotto di San Pietro in Cariano
Belvedere, 29
029 Verona
. +39 0456837293
vw.paolocottini.it

酒销售
约参观
产量 30 000 瓶
萄种植面积 3.5 公顷

| | |
|---|---|
| Amarone della Valpolicella Cl. '12 | 🍷🍷 3 |
| PaCo '13 | 🍷🍷 2* |
| Valpolicella Cl. '15 | 🍷 3 |
| Valpolicella Cl. Sup. Ripasso '12 | 🍷 3 |

## Cantina di Custoza

loc. Custoza
via Staffalo,1
37066 Sommacampagna [VR]
Tel. +39 045516200
www.cantinadicustoza.it

藏酒销售
预约参观
年产量 4 000 000 瓶
葡萄种植面积 1000 公顷
葡萄栽培方式 有机认证

| | |
|---|---|
| ○ Custoza Sup. Le Noci Custodia '14 | 🍷🍷 2* |
| ○ Custoza Val dei Molini '15 | 🍷 2 |

## al Din

Montegrappa, 29
020 Vidor [TV]
. +39 0423987295
vw.daldin.it

酒销售
约参观
产量 200 000 瓶
萄种植面积 4 公顷

| | |
|---|---|
| Valdobbiadene Dry Vidoro '15 | 🍷🍷 2* |
| Valdobbiadene Brut | 🍷 2 |
| Valdobbiadene Extra Dry | 🍷 2 |

## Fasoli

fraz. San Zeno
via C. Battisti, 47
37030 Colognola ai Colli [VR]
Tel. +39 0457650741
www.fasoligino.com

藏酒销售
预约参观
年产量 400 000 瓶
葡萄种植面积 40 公顷
葡萄栽培方式 有机认证

| | |
|---|---|
| ● Amarone della Valpolicella Alteo '10 | 🍷🍷 8 |
| ● Merlot Calle '13 | 🍷 6 |
| ○ Pieve Vecchia '12 | 🍷 4 |
| ○ Soave Borgoletto '15 | 🍷 2 |

## Fongaro

via Motto Piane, 12
37030 Roncà [VR]
Tel. +39 0457460240
www.fongarospumanti.it

藏酒销售
预约参观
年产量 68 000 瓶
葡萄种植面积 7 公顷
葡萄栽培方式 有机认证

| | |
|---|---|
| ○ Lessini Durello Brut Ris. '09 | 🍷🍷 4 |
| ○ Lessini Pas Dosé Ris. '08 | 🍷 5 |

## Gamba Gnirega

via Gnirega, 19
37020 Marano di Valpolicella [VR]
Tel. +39 0456801714
www.vini-gamba.it

藏酒销售
预约参观
年产量 60 000 瓶
葡萄种植面积 7 公顷

| | |
|---|---|
| ● Amarone della Valpolicella Cl. Campedel '12 | 🍷🍷 |
| ● Amarone della Valpolicella Cl. Campedel Ris. '10 | 🍷🍷 |

## Gorgo

fraz. Custoza
loc. Gorgo
37066 Sommacampagna [VR]
Tel. +39 045516063
www.cantinagorgo.com

年产量 350 000 瓶
葡萄种植面积 50 公顷

| | |
|---|---|
| ○ Custoza Sup. Summa '15 | 🍷🍷 2* |
| ○ Custoza San Michelin '15 | 🍷🍷 2* |
| ● Bardolino '15 | 🍷 2 |
| ○ Custoza '15 | 🍷 2 |

## Io Mazzucato

via San Gaetano, 21
36042 Breganze [VI]
Tel. +39 0445308348
www.iomazzucato.it

年产量 70 000 瓶
葡萄种植面积 25 公顷

| | |
|---|---|
| ● Breganze Cabernet '12 | 🍷🍷 |
| ○ Breganze Pinot Grigio '15 | 🍷 |
| ● Roccolo '12 | 🍷 |

## Lenotti

via Santa Cristina, 1
37011 Bardolino [VR]
Tel. +39 0457210484
www.lenotti.com

藏酒销售
预约参观
年产量 1 400 000 瓶
葡萄种植面积 105 公顷

| | |
|---|---|
| ● Amarone della Valpolicella Cl. '11 | 🍷🍷 6 |
| ● Amarone della Valpolicella Cl. Di Carlo '10 | 🍷🍷 8 |
| ⊙ Bardolino Chiaretto Cl. '15 | 🍷 3 |
| ○ Lugana Decus '15 | 🍷 3 |

## Le Mandolare

loc. Brognoligo
via Sambuco, 180
37032 Monteforte d'Alpone [VR]
Tel. +39 0456175083
www.cantinalemandolare.com

藏酒销售
预约参观
年产量 65 000 瓶
葡萄种植面积 20 公顷

| | |
|---|---|
| ○ Soave Cl. Il Roccolo '15 | 🍷🍷 |
| ○ Soave Cl. Monte Sella '13 | 🍷🍷 |
| ○ Recioto di Soave Le Schiavette '14 | 🍷 |
| ○ Soave Cl. Corte Menini '15 | 🍷 |

## rmino Miotti

Brogliati Contro, 53
)42 Breganze [VI]
. +39 0445873006
w.firminomiotti.it

酒销售
约参观
产量 25 000 瓶
萄种植面积 5 公顷

| | |
|---|---|
| Breganze Rosso '13 | 🍷🍷 3 |
| Gruajo | 🍷 3 |
| Le Colombare '15 | 🍷 2 |
| Pedevendo Frizzante | 🍷 2 |

## Ornella Molon Traverso

fraz. Campo di Pietra
via Risorgimento, 40
31040 Salgareda [TV]
Tel. +39 0422804807
www.ornellamolon.it

藏酒销售
预约参观
餐饮接待
年产量 500 000 瓶
葡萄种植面积 42 公顷
可持续发展酒庄

| | |
|---|---|
| ● Piave Merlot Rosso di Villa '11 | 🍷🍷 5 |
| ○ Traminer '15 | 🍷 3 |
| ○ Treviso Prosecco Brut | 🍷 3 |
| ● Vite Rossa '12 | 🍷 4 |

## Ionte Santoccio

. Santoccio, 6
022 Fumane [VR]
. +39 3496461223
/w.montesantoccio.it

产量 14 000 瓶
萄种植面积 3 公顷

| | |
|---|---|
| Valpolicella Cl. Sup. '14 | 🍷🍷 2* |
| Valpolicella Cl. Sup. Ripasso '13 | 🍷🍷 4 |

## Walter Nardin

loc. Roncadelle
via Fontane, 5
31024 Ormelle [TV]
Tel. +39 0422851622
www.vinwalternardin.it

预约参观
年产量 350 000 瓶
葡萄种植面积 30 公顷

| | |
|---|---|
| ● Refosco P. R. La Zerbaia '13 | 🍷🍷 3 |
| ● Rosso della Ghiaia La Zerbaia '12 | 🍷🍷 4 |
| ● Piave Raboso La Zerbaia '11 | 🍷 3 |
| ● Venezia Cabernet Franc '15 | 🍷 2 |

## rto di Venezia

:. Isola di Sant'Erasmo
delle Motte, 1
141 Venezia
.. +39 0415237410
vw.ortodivenezia.com

产量 15 000 瓶
葡萄种植面积 4.5 公顷

| | |
|---|---|
| Orto '12 | 🍷🍷 5 |

## Pegoraro

via Calbin, 24
36024 Mossano [VI]
Tel. +39 0444886461
www.cantinapegoraro.it

年产量 30 000 瓶
葡萄种植面积 7 公顷

| | |
|---|---|
| ● Colli Berici Tai Rosso '15 | 🍷🍷 2* |
| ○ Colli Berici Tai '15 | 🍷 2 |

## Tenuta Polvaro

via Polvaro, 35
30020 Annone Veneto [VE]
Tel. +39 0421281023
www.tenutapolvaro.it

藏酒销售
预约参观
年产量 300 000 瓶
葡萄种植面积 60 公顷

| | |
|---|---|
| ○ Polvaro Oro '14 | 🍷🍷 2* |
| ○ Prosecco Extra Dry | 🍷 2 |
| ● Venezia Cabernet Sauvignon '14 | 🍷 2 |
| ○ Venezia Pinot Grigio '15 | 🍷 2 |

## Progettidivini

loc. Soligo
via I Settembre, 20
31010 Farra di Soligo [TV]
Tel. +39 0438983151
www.progettidivini.it

藏酒销售
年产量 500 000 瓶
葡萄种植面积 15 公顷

| | |
|---|---|
| ○ Cartizze 8 | 🍷🍷 |
| ○ Valdobbiadene Extra Dry 3 '15 | 🍷🍷 |
| ○ Valdobbiadene Brut 2 | 🍷 |
| ○ Valdobbiadene Extra Dry 1 | 🍷 |

## Punto Zero

Galleria Ezzellino, 5
35139 Padova
Tel. +39 0457701108
www.puntozerowine.it

藏酒销售
预约参观
年产量 15 000 瓶
葡萄种植面积 10 公顷
可持续发展酒庄

| | |
|---|---|
| ● Dimezzo '12 | 🍷🍷 5 |
| ● Punto '12 | 🍷🍷 8 |
| ○ Trasparenza '15 | 🍷 3 |
| ● Virgola '13 | 🍷 8 |

## Quota 101

via Malterreno, 12
35038 Torreglia [PD]
Tel. +39 0425410922
www.quota101.com

年产量 35 000 瓶
葡萄种植面积 7.5 公顷

| | |
|---|---|
| ○ Colli Euganei Fior d'Arancio Passito Il Gelso '13 | 🍷🍷 |
| ○ Colli Euganei Fior d'Arancio Secco '15 | 🍷 |
| ○ Colli Euganei Fior d'Arancio Spumante | 🍷 |

## Ettore Righetti

via San Martino, 8
37024 Negrar [VR]
Tel. +39 0457500062

藏酒销售
年产量 45 000 瓶
葡萄种植面积 5 公顷

| | |
|---|---|
| ● Amarone della Valpolicella Cl. '12 | 🍷🍷 6 |
| ● Recioto della Valpolicella Cl. '13 | 🍷🍷 5 |
| ● Valpolicella Cl. '14 | 🍷 3 |
| ● Valpolicella Cl. Sup. '13 | 🍷 4 |

## Ronca

via Val di Sona, 7
37066 Sommacampagna [VR]
Tel. +39 0458961641
www.cantinaronca.it

藏酒销售
预约参观
年产量 30 000 瓶
葡萄种植面积 20 公顷

| | |
|---|---|
| ● Bardolino '15 | 🍷🍷 |
| ● Corvina '15 | 🍷🍷 |
| ○ Custoza '15 | 🍷🍷 |
| ⊙ Bardolino Chiaretto Brut | 🍷 |

## San Nazario

LOC. CORTELÀ
VIA MONTE VERSA, 1519
35030 VÒ [PD]
TEL. +39 0499940194
www.vinisannazario.it

藏酒销售
预约参观
年产量 50 000 瓶
葡萄种植面积 10 公顷
葡萄栽培方式 有机认证

| | |
|---|---|
| ○ Colli Euganei Fior d'Arancio Passito Messalino '11 | 🍷🍷 4 |
| ○ Colli Euganei Bianco Dulcamara '15 | 🍷 2 |
| ● Colli Euganei Rosso Brolo delle Femmine '12 | 🍷 2 |

## Santa Eurosia

FRAZ. SAN PIETRO DI BARBOZZA
VIA DELLA CIMA, 8
31040 VALDOBBIADENE [TV]
TEL. +39 0423973236
www.santaeurosia.it

预约参观
年产量 270 000 瓶

| | |
|---|---|
| ○ Valdobbiadene Brut | 🍷🍷 2* |
| ○ Cartizze | 🍷 4 |
| ○ Conegliano Valdobbiadene Dry Mill. '15 | 🍷 4 |
| ○ Conegliano Valdobbiadene Extra Dry | 🍷 2 |

## Spagnol - Col del Sas

VIA SCANDOLERA, 51
31020 VIDOR [TV]
TEL. +39 0423987177
www.coldelsas.it

藏酒销售
预约参观
年产量 450 000 瓶
葡萄种植面积 32 公顷

| | |
|---|---|
| ○ Valdobbiadene Extra Dry Col del Sas '15 | 🍷🍷 2* |
| ○ Valdobbiadene Rive di Solighetto Brut Col del Sas '14 | 🍷🍷 3 |
| ○ Valdobbiadene Brut Col del Sas '15 | 🍷 2 |

## Tanoré

FRAZ. SAN PIETRO DI BARBOZZA
VIA MONT DI CARTIZZE, 3
31040 VALDOBBIADENE [TV]
TEL. +39 0423975770
www.tanore.it

藏酒销售
预约参观
年产量 90 000 瓶
葡萄种植面积 10 公顷

| | |
|---|---|
| ○ Cartizze | 🍷🍷 4 |
| ○ Valdobbiadene Brut | 🍷🍷 3 |
| ○ Valdobbiadene Dry Il Tanorè '15 | 🍷 3 |
| ○ Valdobbiadene Extra Dry | 🍷 2 |

## Giovanna Tantini

FRAZ. OLIOSI
LOC. I MISCHI
37014 CASTELNUOVO DEL GARDA [VR]
TEL. +39 3488717577
www.giovannatantini.it

藏酒销售
预约参观
膳宿接待
年产量 30 000 瓶
葡萄种植面积 11.5 公顷

| | |
|---|---|
| ● Bardolino '14 | 🍷🍷 2* |
| ⊙ Bardolino Chiaretto '15 | 🍷🍷 2* |
| ○ Custoza '15 | 🍷 2 |
| ● Greta '10 | 🍷 5 |

## Terre di Leone

LOC. PORTA
37020 MARANO DI VALPOLICELLA [VR]
TEL. +39 0456895040
www.terredileone.it

藏酒销售
预约参观
年产量 36 000 瓶
葡萄种植面积 10 公顷

| | |
|---|---|
| ● Amarone della Valpolicella Cl. '09 | 🍷🍷 8 |
| ● Amarone della Valpolicella Re Pazzo '12 | 🍷🍷 8 |
| ● Valpolicella Cl. Re Pazzo '14 | 🍷 3 |
| ● Valpolicella Sup. Ripasso Re Pazzo '13 | 🍷 5 |

## Terre di San Venanzio Fortunato

VIA CAPITELLO FERRARI, 1
31049 VALDOBBIADENE [TV]
TEL. +39 0423974083
www.terredisanvenanzio.it

年产量 250 000 瓶

| | |
|---|---|
| ○ Cartizze | 🍷🍷 4 |
| ○ Valdobbiadene Dry '15 | 🍷🍷 3 |
| ○ Valdobbiadene Brut | 🍷 2 |
| ○ Valdobbiadene Brut Demi Long '14 | 🍷 4 |

## Tezza

FRAZ. POIANO DI VALPANTENA
VIA STRADELLA MAIOLI, 4
37142 VERONA
TEL. +39 045550267
www.tezzawines.it

藏酒销售
预约参观
年产量 200 000 瓶
葡萄种植面积 27 公顷

| | |
|---|---|
| ● Amarone della Valpolicella Valpantena Brolo delle Giare Ris. '06 | 🍷🍷 7 |
| ● Valpolicella Valpantena Sup. Ripasso Brolo delle Giare '11 | 🍷🍷 4 |

## Villa Canestrari

VIA DANTE BROGLIO, 2
37030 COLOGNOLA AI COLLI [VR]
TEL. +39 0457650074
www.villacanestrari.com

藏酒销售
预约参观
年产量 160 000 瓶
葡萄种植面积 18 公顷

| | |
|---|---|
| ● Amarone della Valpolicella 1888 Ris. '09 | 🍷🍷 8 |
| ● Valpolicella Sup. '13 | 🍷🍷 5 |
| ○ Soave Sup. Ris. '13 | 🍷 3 |
| ● Valpolicella Sup. Ripasso I Lasi '14 | 🍷 3 |

## Villa Medici

VIA CAMPAGNOL, 11
37066 SOMMACAMPAGNA [VR]
TEL. +39 045515147
www.cantinavillamedici.it

年产量 220 000 瓶
葡萄种植面积 32 公顷

| | |
|---|---|
| ⊙ Bardolino Chiaretto '15 | 🍷🍷 2* |
| ○ Custoza Passito La Valle del Re '09 | 🍷🍷 4 |
| ○ Custoza Sup. '14 | 🍷🍷 2* |
| ○ Custoza '15 | 🍷 2 |

## Villa Minelli

VIA POSTIOMA, 66
31020 VILLORBA [TV]
TEL. +39 0422912355
www.villaminelli.it

藏酒销售
预约参观
年产量 40 000 瓶
葡萄种植面积 9.5 公顷

| | |
|---|---|
| ● Merlot '13 | 🍷🍷 4 |
| ○ Villa Persico Passito '11 | 🍷🍷 3 |
| ○ Malvasia '15 | 🍷 3 |
| ● Rosso Villa Minelli '14 | 🍷 3 |

## Zardetto

VIA MARTIRI DELLE FOIBE, 18
31015 CONEGLIANO [TV]
TEL. +39 0438394969
www.zardettoprosecco.com

藏酒销售
年产量 2 000 000 瓶
葡萄种植面积 40 公顷
葡萄栽培方式 有机认证

| | |
|---|---|
| ○ Conegliano Valdobbiadene Brut Rive di Ogliano Treventi '15 | 🍷🍷 3 |
| ○ Conegliano Valdobbiadene Dry Fòndego | 🍷🍷 2* |

# 弗留利–威尼斯朱利亚区

# FRIULI VENEZIA GIULIA

关于2015年采收酿造季的天气，除了偶遇强高温侵袭之外，采收季的整体条件还算理想，收获了成熟且健康的酿造果实。每一位葡萄酒生产商的满意笑容都清楚地挂在脸上，而且最终的成绩也远远超乎他们的预计：大获全胜的丰收。或许是去年遭遇的挫折激发了产区整体的巨大热情。出品美酒几近完美，我们今年的品鉴无疑证明了这一点。在最终角逐“三杯奖”的决赛中，竞争相当激烈，最后我们竟然评选出了26款“三杯奖”美酒!弗留利安诺（Friulano）无疑是今年的明星，是本地品种葡萄酿造的典范美酒，但是在这段简介中，我们想先从平原地区佳酿开始，尤其是勒蒙德酒庄（Le Monde）出品的2015年份白比诺（Pinot Bianco），第四次勇夺大奖；与此同时，蒂廖纳多酒庄（Lenardo）酿造的2015年份霞多丽（Chardonnay）也首次折桂。我们将“三杯奖”颁给了六款弗留利安诺美酒，全部是最新的年份酒，其中四款是高利奥产区酒（Collio），酿造商分别是多罗普林奇科酒庄（Doro Princic）、菲戈尔酒庄（Fiegl）、卢西斯酒庄（Russiz Superiore）和史欧贝朵酒庄（Schiopetto），另外两款是弗留利东方山丘产区酒（Colli Orientali），分别由阿格瑞斯酒庄（Angoris）和扎莫葡萄园（Le Vigne di Zamò）出品。其中，扎莫葡萄园酿造的弗留利安诺更被命名为“无名”（No Name）。隆科德塔斯酒庄（Ronco dei Tassi）推出了巅峰高利奥产区酒——2015年份的玛尔维萨（Malvasia）；在卡索产区（Carso），卡斯特罗维奇欧城堡酒庄（Castelvecchio）的迪莱奥玛尔维萨（Malvasia Dileo）也成为新晋大奖得主。接下来，卡索产区的另一款获奖美酒是斯科尔克酒庄（Skerk）出品的2013年份玛尔维萨（Malvasia），口感恢宏，轻浅浸渍后不经过滤。与此同时，泰瑞酒庄（Tiare）2015年份的高利奥产区苏维翁（Sauvignon），以及比亚特酒庄（La Viarte）2015年份的赖恩德苏维翁（Sauvignon Liende）和沃尔普帕西尼酒庄（Volpe Pasini）的祖克迪沃尔普苏维翁（Sauvignon Zuc di Volpe）两款弗留利东方山丘产区酒（Colli Orientali）都获得了最高奖项。科拉维尼酒庄（Collavini）的2015年份布罗伊高利奥白葡萄酒（Collio Bianco Broy）以及利旺酒庄（Livon）的2015年份索拉莱科高利奥白葡萄酒（Collio Bianco Solarco）也斩获殊誉。在东方山区产区，利维奥弗卢戈酒庄（Livio Felluga）2014年份的利维奥白葡萄酒（Bianco Illivio）、图内拉酒庄（La Tunella）2014年份的拉琳达（La Linda）、索瑞蒂酒庄（Zorzettig）2015年份的白比诺（Pinot Bianco）以及特丽酒庄（Torre Rosazza）2015年份的灰比诺（Pinot Grigio）也都将大奖捧回了家。另一款获奖酒品来自名爵酒庄（Jermann）2015年份的灰比诺（Pinot Grigio），这款美酒高举现代弗留利产区酿酒风格的大旗，同样的风格还包括埃迪·路易萨（Eddi Luisa）酿造的2013年份“怀旧”（Desiderium）。脱颖而出的浸渍白葡萄酒获奖美酒包括由众所周知的开创者加斯科·格拉弗纳（Josko Gravner）打造的2008年份丽波拉（Ribolla），紧随其后的是达米扬·波德沃斯科（Damijan Podversic）推出的2012年份黄丽波拉（Ribolla Gialla）以及普利莫斯科酒庄（Primosic）2012年份的奥斯拉维亚黄丽波拉陈酿（Ribolla Gialla Oslavia Riserva）。最后同样重要的是，丽兹诺瑞思酒庄（Lis Neris）出品的塔鲁克特别珍酿（Tal Lùc Cuvée Speciale），这款珍酿以采收于2006年和2008年的风干弗留利安诺维多佐（Verduzzo friulano）添加少量雷司令（Riesling）混酿而成，更获得我们今年的年度最佳甜酒奖（Sweet Wine of the Year）。

## Tenuta di Angoris

LOC. ANGORIS, 7
34071 CORMÒNS [GO]
TEL. +39 048160923
www.angoris.it

藏酒销售
预约参观
餐饮接待
年产量 650 000 瓶
葡萄种植面积 110 公顷
可持续发展酒庄

1648年，奥地利皇帝斐迪南三世（Ferdinand III）将占地面积达到630公顷的阿格瑞斯庄园（Angoris Estate）赐予罗卡泰罗·洛卡泰利（Locatello Locatelli），褒奖他在三十年战争期间做出的巨大努力和牺牲。阿格瑞斯庄园经历了三百多年的雪雨风霜洗礼，其间数度易手，直至1968年被卢西亚诺·洛卡泰利（Luciano Locatelli）收入囊中。酒庄的葡萄园占地面积达到630公顷，散布在该地区最适合种植葡萄的地块中，其中110公顷的土地当下能够出产酿造葡萄，大部分地块围绕着位于科尔蒙斯（Cormòns）的壮美庄园，地处弗留利伊松佐产区（Friuli Isonzo），其他地块则零星点缀于附近山坡。阿格瑞斯酒庄今天的主人是卢西亚诺的女儿玛塔·洛卡泰利（Marta Locatelli），在值得信任的酿酒师阿历桑德罗·达尔佐弗（Alessandro Dal Zovo）的宝贵协助下，阿格瑞斯酒庄已经成为产区内数一数二的顶级酒庄，正在攀上卓越的巅峰。阿格瑞斯酒庄去年首次斩获了“三杯奖”大奖，今年酒庄的表现更加精彩，这次轮到2015年份的弗留利安诺（Friulano），它的扑鼻芬芳和和谐口感为其折桂做出了巨大努力。与此同时，虽然2014年份的斯毕鲁勒霞多丽（Chardonnay Spìule）仅以毫厘之差遗憾错失大奖，但是无疑证明了自己是一款不可多得的伟大美酒。

| | |
|---|---|
| ○ FCO Friulano '15 | YYY 3* |
| ○ FCO Chardonnay Spìule '14 | YY 4 |
| ○ 1648 Brut '12 | YY 5 |
| ○ Collio Bianco '14 | YY 3 |
| ● FCO Merlot Ravost '13 | YY 4 |
| ● FCO Pignolo '10 | YY 5 |
| ○ FCO Ribolla Gialla '15 | YY 3 |
| ● FCO Schioppettino '14 | Y 3 |
| ○ FCO Chardonnay Spìule '13 | YYY 4* |
| ⊙ 1648 Brut Rosé '11 | YY 6 |
| ○ Collio Bianco '13 | YY 3 |
| ○ FCO Picolit '10 | YY 6 |
| ● FCO Schioppettino '12 | YY 3 |

## Antonutti

FRAZ. COLLOREDO DI PRATO
VIA D'ANTONI, 21
33037 PASIAN DI PRATO [UD]
TEL. +39 0432662001
www.antonuttivini.it

藏酒销售
预约参观
年产量 780 000 瓶
葡萄种植面积 51 公顷
可持续发展酒庄

出色的商场女强人阿德里安娜·安东努蒂（Adriana Antonutti）多年来精心打理着家族酒庄，这座在产区葡萄酒酿造图景中占据重要位置的酒庄充分展现出弗留利格拉夫地区（Grave del Friuli）能够生产气质直率、香氛口感直接且具有高度可饮性美酒的巨大潜力。回溯1921年，阿德里安娜的祖父伊格纳齐奥·安东努蒂（Ignazio Antonutti）被这片广袤而崎岖多石的平原吸引，发觉这里非常适合葡萄藤的生长，因此在这里创建了安东努蒂酒庄。如今，阿德里安娜在丈夫里诺（Lino）与儿女卡特琳娜·安东努蒂（Caterina Antonutti）和尼古拉·安东努蒂（Nicola Antonutti）的协助下，结成了紧密的生产和管理团队，以传承家族传统为傲。毗邻古老酒庄的葡萄园地处普拉托的科拉莱多（Colleredo di Prato），而其他高品质酿造葡萄则来自斯皮林贝尔戈（Spilimbergo）的巴别诺（Barbeano）。在今年的品鉴中，2011年份的安特系列传统酿造法干型葡萄酒（Brut Metodo Classico Ant）延续了上一季广受赞誉的高品质。去年采收季的果实打造的白葡萄酒特质突出、口感有力，展现出持久的高水准；而2014年份的红葡萄酒则非常令人信服，给人带来愉悦的享受，是收藏升值的佳品。

| | |
|---|---|
| ○ Brut M. Cl. Ant '11 | YY 5 |
| ● Friuli Grave Cabernet Sauvignon '14 | YY 2* |
| ● Friuli Grave Merlot '14 | YY 2* |
| ● Friuli Grave Refosco P. R. '14 | YY 2* |
| ○ Friuli Grave Friulano '15 | Y 2 |
| ○ Friuli Grave Pinot Grigio '15 | Y 2 |
| ○ Friuli Grave Pinot Grigio Ramato '15 | Y 2 |
| ● Friuli Grave Pinot Nero '15 | Y 2 |
| ○ Friuli Grave Sauvignon '15 | Y 2 |
| ○ Friuli Grave Traminer Aromatico '15 | Y 2 |
| ○ Brut M. Cl. Ant '10 | YY 5 |
| ● Friuli Grave Cabernet Sauvignon '13 | YY 2* |
| ○ Friuli Grave Chardonnay '13 | YY 2* |
| ○ Friuli Grave Friulano '13 | YY 2* |
| ○ Friuli Grave Sauvignon '14 | YY 2* |
| ○ Friuli Grave Sauvignon '13 | YY 2* |
| ○ Lindul '13 | YY 6 |

## Aquila del Torre

FRAZ. SAVORGNANO DEL TORRE
VIA ATTIMIS, 25
33040 POVOLETTO [UD]
TEL. +39 0432666428
www.aquiladeltorre.it

藏酒销售
预约参观
膳宿接待
年产量 50 000 瓶
葡萄种植面积 18 公顷
葡萄栽培方式 有机认证

托瑞之鹰酒庄（Aquila del Torre）创建于上个世纪初，它的名字来自于一条蜿蜒流经的小河托瑞河（Torre），以及从乌迪内（Udine）俯瞰下去，酒庄葡萄园的布局形状奇妙地与鹰的翅膀十分相似。1996年，西亚尼家族（Ciani）买下了托瑞之鹰酒庄，今天的酒庄由米歇尔·西亚尼（Michele Ciani）经营打理，他是一位经验丰富的酿酒师，擅长从分为十六块地块的葡萄园撷取酿造葡萄分别发酵酿造，每个地块的风土条件都各异。葡萄园分布在弗留利东部山丘产区（Friuli Colli Orientali）北部陡峭的山岩间，坐落在景色壮美、自然形成的阶梯状山坡上，通常地势陡峭且艰行，奢美的自然植被覆盖着未被种植葡萄的土地，橡树、栗子树和鹅耳枥组成茂密的森林环绕四周，完成了这幅赏心悦目的风光图景。虽然今年托瑞之鹰酒庄推荐的美酒整体上都得到了专家们的一致赞誉，但是2012年份的索西莱瑞福斯科（Refosco SolSiRe）表现尤为出色，它摇曳着浓稠色泽，散发着令人舒爽的芬芳，底蕴中透露出缕缕咖啡的醇香和黑巧克力的香气，入口劲道有力，果味多汁。除此之外，非常值得一提的还有2015年份的弗留利葡萄酒（At Friulano），它的酒质如同天鹅绒般丝滑，果味丰盈，芬芳扑鼻。

| | | |
|---|---|---|
| ● FCO SolSiRe '12 | YY | 5 |
| ○ FCO At Friulano '15 | YY | 3 |
| ● FCO At Refosco P. R. '13 | YY | 3 |
| ○ FCO At Riesling '13 | YY | 3 |
| ○ FCO At Sauvignon Blanc '15 | YY | 3 |
| ○ COF At Friulano '13 | YY | 3 |
| ○ COF At Picolit '12 | YY | 6 |
| ● COF At Refosco P. R. '11 | YY | 3 |
| ○ COF At Riesling '12 | YY | 3 |
| ○ COF At Sauvignon Blanc '13 | YY | 3 |
| ○ COF Friulano Ronc di Miez '12 | YY | 5 |
| ○ COF Picolit '10 | YY | 6 |
| ○ COF Sauvignon Vit dai Maz '12 | YY | 5 |
| ○ FCO At Friulano '14 | YY | 3 |
| ● FCO At Refosco P. R. '12 | YY | 3 |
| ○ Oasi '12 | YY | 6 |
| ○ Oasi '11 | YY | 6 |

## Bastianich

LOC. GAGLIANO
VIA DARNAZZACCO, 44/2
33043 CIVIDALE DEL FRIULI [UD]
TEL. +39 0432700943
www.bastianich.com

藏酒销售
预约参观
膳宿接待
年产量 270 000 瓶
葡萄种植面积 35 公顷

名流乔·巴斯蒂安尼奇（Joe Bastianich）与母亲莉迪亚（Lidia）在美国拥有多家著名餐厅，却于1997年创建了家庭酒庄，回归本根，投入弗留利产区葡萄酒酿造大军，接受酿造出顶级美酒的艰难挑战。继在布特廖（Buttrio）和普雷马里亚科（Premariacco）购入葡萄园后，乔又在弗留利奇维达莱（Cividale del Friuli）附近的加利亚诺（Gagliano）买下另一座酒庄，如今作为公司的总部。巴斯蒂安尼奇酒庄的生产主要依靠酿酒师埃米利奥·德尔·麦蒂克（Emilio Del Medico）——一位公认拥有丰富经验的出色酿酒人，并且得到顾问毛里奇奥·卡斯泰利（Maurizio Castelli）的大力协助——他经常提供宝贵的意见帮助酒庄发展。出色的团队帮助乔很快取得了不俗成绩，令巴斯蒂安尼奇酒庄成为意大利乃至全世界推广本地卓越产区酒的大使酒庄。今年闯入"三杯奖"决赛的是2013年份的普拉斯（Plus），采用弗留利安诺托凯葡萄（Tocai Friulano）打造，酿造果实来自单一葡萄园中生长期超过六十年的老藤。不论是香氛还是口感方面，我们对它精致柔美的气质留下了相当深刻的印象，它散发着蜜饯般的芬芳，继而发展为柑橘和蜜桔的清香，酒香缭绕，久久不散。

| | | |
|---|---|---|
| ○ Plus '13 | YY | 6 |
| ● Calabrone '12 | YY | 8 |
| ○ FCO Friulano '15 | YY | 3 |
| ○ FCO Pinot Grigio '15 | YY | 3 |
| ○ FCO Sauvignon '15 | YY | 3 |
| ○ Vespa Bianco '14 | YY | 5 |
| ● Vespa Rosso '13 | YY | 5 |
| ○ FCO Ribolla Gialla '15 | Y | 3 |
| ○ COF Tocai Friulano Plus '02 | YYY | 3* |
| ○ Vespa Bianco '04 | YYY | 4 |
| ○ Vespa Bianco '03 | YYY | 4 |
| ○ Vespa Bianco '01 | YYY | 4 |
| ○ Vespa Bianco '00 | YYY | 3 |
| ○ Vespa Bianco '99 | YYY | 3* |
| ○ Vespa Bianco '13 | YY | 5 |
| ○ Vespa Bianco '12 | YY | 5 |

## Tenuta Beltrame

FRAZ. PRIVANO
LOC. ANTONINI, 4
33050 BAGNARIA ARSA [UD]
TEL. +39 0432923670
www.beltramewine.com

藏酒销售
预约参观
年产量 80 000 瓶
葡萄种植面积 25 公顷

1991年，贝尔特玛家族（Beltrame）买下了这座原属于安东尼尼伯爵（Conti Antonini）的古老庄园，庄园位于弗留利地区（Friuli）的广阔平原，占地面积达到40公顷，其中25公顷出产酿造葡萄。当时还非常年轻的克里斯蒂安·贝尔特玛（Cristian Beltrame）管理着酒庄，开始热情高涨地重新组织和移植葡萄园，将精力主要集中在本地葡萄品种的种植和栽培上，建起新的酒窖，翻修古老的十五世纪农庄——恢复旧日荣光，最终成为贝尔特玛酒庄的总部，是一个迷人且功能齐全的复合建筑群。贝尔特玛酒庄的葡萄园如今已经成熟，这片土地主要由黏土质土壤构成，能够出产多汁且馥郁芬芳的酿造果实。在今年的品鉴中，不论是贝尔特玛酒庄出品的红葡萄酒还是白葡萄酒，都得到了我们的一致赞誉，这就证明了整个出品系列美酒都达到并且稳固在相当高的水准之上。2013年份的梅洛陈酿（Merlot Riserva）紧紧抓住了我们的眼球，它的香氛层层叠叠，最重要的是活跃的单宁结构与令人愉悦的气息相得益彰，略有一丝苦味儿萦绕其间，非常独特。

| | |
|---|---|
| ● Friuli Aquileia Cabernet Franc '14 | 🍷🍷 3 |
| ● Friuli Aquileia Cabernet Sauvignon '14 | 🍷🍷 3 |
| ○ Friuli Aquileia Chardonnay Pribus '13 | 🍷🍷 3 |
| ● Friuli Aquileia Merlot Ris. '13 | 🍷🍷 4 |
| ● Friuli Aquileia Refosco P.R. '14 | 🍷🍷 3 |
| ○ Pinot Grigio '15 | 🍷🍷 3 |
| ● Rebus '12 | 🍷🍷 3 |
| ● Friuli Aquileia Cabernet Sauvignon Ris. '13 | 🍷 4 |
| ○ Friuli Aquileia Chardonnay '15 | 🍷 3 |
| ○ Friuli Aquileia Friulano '15 | 🍷 3 |
| ● Friuli Aquileia Merlot '14 | 🍷 3 |
| ○ Friuli Aquileia Sauvignon '15 | 🍷 3 |
| ● Pinot Nero '13 | 🍷 3 |
| ● Tazzelenghe '11 | 🍷 4 |
| ● Friuli Aquileia Cabernet Franc '13 | 🍷🍷(空心) 2* |
| ● Friuli Aquileia Refosco P. R. '13 | 🍷🍷(空心) 2* |

## Borgo delle Oche

VIA BORGO ALPI, 5
33098 VALVASONE ARZENE [PN]
TEL. +39 0434840640
www.borgodelleoche.it

藏酒销售
预约参观
膳宿接待
年产量 35 000 瓶
葡萄种植面积 7 公顷
可持续发展酒庄

德拉奥奇酒庄（Borgo Delle Oche）是一家2004年才成立的新酒庄，它的名字来自于所在的村庄，地处波代诺内省（Pordenone）美丽的中世纪城镇瓦尔瓦索内（Valvasone）。酒庄的主人路易莎·曼伊尼（Luisa Menini）拥有食品技术学士学位，与丈夫、农学家和酿酒师尼古拉·皮提纳（Nicola Pittina）紧密合作，共同经营着德拉奥奇酒庄。路易莎热爱大自然，以执着和热情守护着葡萄园。夫妻二人坚信这片土地拥有巨大的潜力，酿造时成功地凸显出每种葡萄品种的独特个性。德拉奥奇酒庄出产的葡萄酒证明了即便在风土条件被严重低估且植株密度很低的弗留利格拉夫（Friuli' s Grave），通过施以选择性和重点性的技术，完全可以生产出拥有顶级品质的美酒。在今年的品鉴中，2013年份的红梗瑞福斯科（Refosco dal Peduncolo Rosso）凭借高超的品质闯入了我们角逐最终大奖的决赛，它的香气十分精致，展现出极高的可饮性，口感完美持久，令人信服，带给人惬意的享受。与此同时，2014年份的鲁皮泰拉（Lupi Terrae）也应当得到我们的赞赏，它散发着奶油般绵密的醇香，融入阵阵花香，入口后更显露出大师水准的平衡果味，令人垂涎三尺。

| | |
|---|---|
| ● Refosco P. R. '13 | 🍷🍷(红) 2* |
| ○ Lupi Terrae '14 | 🍷🍷 3 |
| ● Merlot '13 | 🍷🍷 2* |
| ● Rosso Svual '11 | 🍷🍷 3 |
| ○ Terra & Cielo Brut '12 | 🍷🍷 3 |
| ○ Traminer Aromatico '15 | 🍷🍷 2* |
| ○ Pinot Grigio '15 | 🍷 2 |
| ○ Sauvignon '15 | 🍷 2 |
| ○ Lupi Terrae '13 | 🍷🍷(空心) 3 |
| ● Merlot '12 | 🍷🍷(空心) 2* |
| ● Merlot '11 | 🍷🍷(空心) 2* |
| ● Refosco P. R. '12 | 🍷🍷(空心) 2* |
| ● Rosso Svual '10 | 🍷🍷(空心) 3 |
| ○ Terra & Cielo Brut '11 | 🍷🍷(空心) 3 |
| ○ Traminer Aromatico '13 | 🍷🍷(空心) 2* |
| ○ Traminer Aromatico Alba '13 | 🍷🍷(空心) 5 |

## Borgo San Daniele

SAN DANIELE, 28
4071 CORMÒNS [GO]
L. +39 048160552
ww.borgosandaniele.it

酒销售
约参观
宿接待
产量 57 000 瓶
萄种植面积 19 公顷
持续发展酒庄

轻的毛罗・毛利（Mauro Mauri）和阿
桑德拉・毛利（Alessandra Mauri）兄
二人从祖父安东尼奥・毛利（Antonio
auri）手中继承了几公顷葡萄园，从
改变了他们的生活，带着初生牛犊
怕虎的开创精神经营着圣丹尼酒庄
Borgo San Daniele）。这个勇敢的决定
刻便被证明是一个正确的决定，毛罗
有能够将酒庄发展为产区顶级酒庄的
越能力。圣丹尼酒庄只出产有限的几
精选系列美酒，每款都传达出本地风
的巨大潜力。出品混酿取名阿比斯系
（Arbis），意为草本植物，以纪念葡
园中与葡萄藤共生的野生草本植物，
中和葡萄藤旺盛的生长和单一作物带
的负面影响。在今年的品鉴中，圣丹
酒庄2014年份的玛尔维萨（Malvasia）
现精彩。虽然酿造果实来自客观条件
常恶劣的采收酿造季，但是这款美酒
称典范佳酿。凭借卓越品质闯入了角
"三杯奖"的最终决赛，但是遗憾地
以毫厘之差与桂冠失之交臂。除此
外，以苏维翁（Sauvignon）、霞多丽
Chardonnay）、弗留利安诺（Friulano）
及白比诺（Pinot Bianco）混酿而成的
014年份阿比斯白葡萄酒（Arbis Blanc）
佛具有魔力一般，展现出如此精彩的
感和香氛。

| | |
|---|---|
| Arbis Blanc '14 | ▼▼ (red) 5 |
| Friuli Isonzo Malvasia '14 | ▼▼ (red) 4 |
| Arbis Ròs '11 | ▼▼ 5 |
| Friuli Isonzo Pinot Grigio '14 | ▼▼ 4 |
| Arbis Blanc '10 | ▽▽▽ 4* |
| Arbis Blanc '09 | ▽▽▽ 4 |
| Arbis Blanc '05 | ▽▽▽ 4 |
| Friuli Isonzo Friulano '08 | ▽▽▽ 4* |
| Friuli Isonzo Friulano '07 | ▽▽▽ 4* |
| Friuli Isonzo Pinot Grigio '04 | ▽▽▽ 4 |
| Friuli Isonzo Tocai Friulano '03 | ▽▽▽ 3 |
| Gortmarin '03 | ▽▽▽ 5 |

## Borgo Savaian

VIA SAVAIAN, 36
34071 CORMÒNS [GO]
TEL. +39 048160725
stefanobastiani@libero.it

藏酒销售
预约参观
年产量 100 000 瓶
葡萄种植面积 18 公顷

具有深远农业渊源的家族将全部精力投入酿造事业，当新一代家庭成员带着全新的能量和热情加入家族酒庄的运作时，总会带来新鲜的想法和积极的发展。自从2001年始，年轻的斯蒂凡诺・巴斯蒂尼（Stefano Bastiani）和罗莎娜・巴斯蒂尼（Rosanna Bastiani）就接管了父亲马里奥（Mario）创办的萨瓦利安酒庄（Borgo Savaian），并且为其注入新鲜活力和创新思维，在经营过程中注重将酿造研究与第一手的实践经验紧密结合。斯蒂凡诺展现出挖掘高利奥戈里奇亚诺地区（Collio Goriziano）巨大潜力的卓越能力，也知道如何最大化利用遍布弗留利伊松佐产区（Fruili Isonzo）的卓越酿造葡萄。出品美酒价格合理、品质如一、口感坚实，整体上非常注重保存葡萄品种独特的品感特质。在今年的品鉴中，萨瓦利安酒庄提交了一系列表现出众的美酒，其中2015年份的高利奥弗留利安诺（Collio Friulano）烙上了夏日阳光的灿烂气息，散发着野花的热烈芬芳，融入大麦的醇香，令人愉悦的香氛与美妙的口感完美搭配，相得益彰。除此之外，2015年份的高利奥灰比诺（Collio Pinot Grigio）美味可口，果香和果味都十分浓郁；2014年份的弗留利伊松佐品丽珠（Friuli Isonzo Cabernet Franc）持续展现出一贯的高超酿造水准，给人带来美妙的享受。

| | |
|---|---|
| ○ Collio Friulano '15 | ▼▼ (red) 3* |
| ○ Collio Pinot Grigio '15 | ▼▼ 3 |
| ○ Collio Sauvignon '15 | ▼▼ 3 |
| ● Friuli Isonzo Cabernet Franc '14 | ▼▼ 3 |
| ● Collio Merlot '14 | ▼ 3 |
| ○ Collio Ribolla Gialla '15 | ▼ 3 |
| ○ Friuli Isonzo Malvasia '15 | ▼ 3 |
| ○ Collio Friulano '13 | ▽▽ 3 |
| ● Collio Merlot Tolrem '09 | ▽▽ 3 |
| ○ Collio Pinot Bianco '12 | ▽▽ 3 |
| ○ Collio Ribolla Gialla '14 | ▽▽ 3 |
| ○ Collio Ribolla Gialla '13 | ▽▽ 3 |
| ○ Collio Sauvignon '12 | ▽▽ 3 |
| ● Friuli Isonzo Cabernet Franc '13 | ▽▽ 3 |
| ● Friuli Isonzo Cabernet Franc '12 | ▽▽ 3* |
| ○ Friuli Isonzo Malvasia '14 | ▽▽ 3 |
| ○ Friuli Isonzo Malvasia '12 | ▽▽ 3 |

## Cav. Emiro Bortolusso

via Oltregorgo, 10
33050 Carlino [UD]
Tel. +39 043167596
www.bortolusso.it

藏酒销售
预约参观
膳宿接待
年产量 120 000 瓶
葡萄种植面积 40 公顷

塞尔吉奥·博托卢索（Sergio Bortolusso）和克拉拉·博托卢索（Clara Bortolusso）经营的艾莫罗博托卢索爵士酒庄（Cavaliere Emiro Bortolusso）地处弗留利阿尼亚产区（Friuli Annia）的卡里诺（Carlino），广袤的葡萄园带来一片美丽宁静的田园风光。酒庄葡萄园遍布弗留利产区的平原地带，小灌木树林和亚得里亚里海湾（Adriatic）环抱着它，充分享受着滨海温和气候的种种益处，保证了果实能够达到完美成熟，温柔海风帮助果实塑造品种葡萄的馥郁芬芳，给酿造的美酒带来饱满强劲的品感特征。酒庄出产的美酒完全以自有葡萄园的酿造果实打造而成，凭借艾莫罗留下的丰富酿造传统和现代化的酿造手段，保证了出产酒品始终如一的高品质，而持续保持高品质以及极佳的性价比令爵士酒庄不断发展壮大。在今年的品鉴中，2015年份的灰比诺（Pinot Grigio）吐露着草地野花的缕缕芬芳，融入苹果的阵阵果香，美妙口感与多层次香氛完美平衡，相得益彰。除此之外，2015年份的弗留利安诺（Friulano）散发着苹果般的果香，但是还需要时间进一步成熟。2015年份的霞多丽（Chardonnay）洋溢着碘化物的醇香，更有一抹草本植物的清爽香气萦绕其间，随之而来的口感新鲜而劲道。

| | |
|---|---|
| ○ Chardonnay '15 | 2* |
| ○ Friuli Annia Friulano '15 | 2* |
| ○ Malvasia '15 | 2* |
| ○ Pinot Grigio '15 | 2* |
| ○ Sauvignon '15 | 2* |
| ○ Traminer Aromatico '15 | 2* |
| ○ Chardonnay '13 | 2* |
| ○ Friulano '13 | 2* |
| ○ Friuli Annia Friulano '14 | 2* |
| ○ Friuli Annia Malvasia '12 | 2* |
| ○ Malvasia '14 | 2* |
| ○ Pinot Grigio '14 | 2* |
| ○ Sauvignon '14 | 2* |
| ○ Sauvignon '13 | 2* |
| ○ Traminer Aromatico '14 | 2* |
| ○ Traminer Aromatico '13 | 2* |
| ○ Verduzzo Friulano '14 | 3 |

## Branko

loc. Zegla, 20
34071 Cormòns [GO]
Tel. +39 0481639826
www.brankowines.com

藏酒销售
预约参观
年产量 45 000 瓶
葡萄种植面积 9 公顷

伊戈尔·埃瑞兹提克（Igor Erzetic）是
这座小型家庭酒庄发展为产区酿造业
宝的幕后功臣。1950年，伊戈尔的父
布朗克·埃瑞兹提克（Branko Erzetic
创建了布朗克酒庄（Branko），但是
历史上，埃瑞兹提克家族与高利奥地
（Collio）的葡萄酒生产实际上有着千
万缕的联系，最早的渊源甚至已经埋
在历史的烟尘里。布朗克酒庄大部
的葡萄园都围绕着酒窖分布，其余部
则遍布于布莱西瓦（Plessiva）和诺瓦
（Novali）的山间——柔和的缓坡、
佳的朝向、拥有重要的温度波动范围
更有淡淡的清风微拂。布朗克酒庄的
模很小，这使得伊戈尔可以悉心打造
一款出品，将他个人特有的印记清晰
烙印在酒中。布朗克酒庄的出品凸显
地风土特质和地产葡萄品种风味，在
年的品鉴中，2015年份的灰比诺（Pin
Grigio）表现非常活跃，凭借卓越品质
身角逐“三杯奖”大奖的决赛，同样
级的还有同年份的苏维翁（Sauvignon），
这款令人惊叹的美酒吐露着接骨花木
芬芳，融入梨子的果香，浸润着热带
果的馥郁果味，收口美味内敛。

| | |
|---|---|
| ○ Collio Pinot Grigio '15 | |
| ○ Collio Sauvignon '15 | |
| ○ Capo Branko '15 | |
| ○ Collio Chardonnay '15 | |
| ○ Collio Friulano '15 | |
| ● Red Branko '13 | |
| ○ Collio Pinot Grigio '14 | |
| ○ Collio Pinot Grigio '08 | |
| ○ Collio Pinot Grigio '07 | |
| ○ Collio Pinot Grigio '06 | |
| ○ Collio Pinot Grigio '05 | |
| ○ Capo Branko '14 | |
| ○ Collio Chardonnay '14 | |
| ○ Collio Chardonnay '13 | |
| ○ Collio Pinot Grigio '12 | |
| ○ Collio Sauvignon '14 | |
| ● Red Branko '12 | |

## ivio e Claudio Buiatti

A LIPPE, 25
3042 BUTTRIO [UD]
EL. +39 0432674317
www.buiattivini.it

藏酒销售
预约参观
年产量 35 000 瓶
葡萄种植面积 8 公顷

布加迪家族（Buiatti）在布特廖（Buttrio）山间种植酿造葡萄的历史已经超过一个世纪，这里的山坡享受着充分的日照，毗邻海滨。今天，克劳迪奥·布加迪（Claudio Buiatti）在妻子薇薇安娜（Viviana）的协助下，经营着自父亲李维奥·布加迪（Livio Buiatti）手中继承的家庭酒庄，成功地将过往经验传统与当下市场需求紧密结合。布加迪家族世世代代尊重当地的酿造传统，同时也对于创新持开放态度，克劳迪奥对酒庄持续进行现代化改造，增加生产设备，通过激进的剪枝来限制产量。这些重要且睿智的方法产生了积极作用，令布加迪酒庄的整个系列出品都保持在极高的品质水平上，其中更涌现出多款顶级佳酿，而且价格非常合理。在今年的品鉴中，2015年份的弗留利安诺（Friulano）烙上了优秀生产酿造季的印记，吐露着浓郁的果香，散发着野花的悠然花香，融入了百里香和蜂蜜的醇浓气息，随之而来的口感果味十足，馥郁丰盈。除此之外，2012年份的莫蒙罗斯陈酿（Momon Ros Riserva）则凭借卓越的结构和独特个性脱颖而出，美妙的口感令人想起樱桃的甜美和甘草的醇浓滋味。

| | |
|---|---|
| FCO Friulano '15 | 🍷🍷 3 |
| FCO Malvasia '15 | 🍷🍷 3 |
| FCO Momon Ros Ris. '12 | 🍷🍷 4 |
| FCO Sauvignon '15 | 🍷🍷 3 |
| FCO Cabernet Franc '14 | 🍷 3 |
| FCO Refosco P. R. '14 | 🍷 3 |
| FCO Verduzzo Friulano Momon d'Aur '15 | 🍷 3 |
| COF Cabernet Franc '12 | ⚲⚲ 3 |
| COF Merlot '12 | ⚲⚲ 3 |
| COF Momon Ros Ris. '10 | ⚲⚲ 4 |
| COF Pinot Grigio '13 | ⚲⚲ 3 |
| COF Sauvignon '13 | ⚲⚲ 3 |
| COF Verduzzo Friulano Momon d'Aur '12 | ⚲⚲ 4 |
| FCO Friulano '14 | ⚲⚲ 3 |
| FCO Malvasia '14 | ⚲⚲ 3 |
| FCO Merlot '13 | ⚲⚲ 3 |
| FCO Pinot Grigio '14 | ⚲⚲ 3 |

## La Buse dal Lôf

VIA RONCHI, 90
33040 PREPOTTO [UD]
TEL. +39 0432701523
www.labusedallof.com

藏酒销售
预约参观
年产量 100 000 瓶
葡萄种植面积 25 公顷

许多人对于这座坐落于普雷波托（Prepotto）酒庄的奇怪名字很感兴趣。如同其他例子一样，酒庄的名字与其所在地的地形有关。从古地图中我们得知，弗留利方言称酒庄所在的这片地区为“狼巢”。1972年，约瑟佩·帕万（Giuseppe Pavan）在普雷波托创建了狼巢酒庄，如今约瑟佩的儿子米歇尔·帕万（Michele Pavan）将“狼巢”酒庄经营得有声有色，不论是在葡萄园的整枝方式上，还是在酿造手法上，都展现出弗留利地区的独特风格，充分尊重品种葡萄的特性。酒庄葡萄园的种植面积达到25公顷，在弗留利东方山丘产区（Friuli Colli Orientali）这样的面积属于适度规模，土壤富含泥灰岩和砂岩土质，置于朱利安阿尔卑斯山（Julian Alps）的保护下，同时也享受着附近亚得里亚海（Adriatic）上吹拂过来的阵阵微风。年复一年，“狼巢”酒庄出品品质持续提升，整个系列酒品都稳定在高水准上，虽然没有涌现出巅峰之作，但是所有酒品都展现出教科书般的经典。在今年的品鉴中，旗舰美酒的殊誉要归属于2015年份的“祝您成功”系列白比诺（Bocca al Lupo Pinot Bianco），这个系列美酒享誉意大利，非常著名。

| | |
|---|---|
| ● FCO Cabernet Franc '14 | 🍷🍷 3 |
| ○ FCO Chardonnay '15 | 🍷🍷 3 |
| ○ FCO Friulano '15 | 🍷🍷 3 |
| ○ FCO Pinot Bianco In Bocca al Lupo '15 | 🍷🍷 3 |
| ○ FCO Ribolla Gialla '15 | 🍷🍷 3 |
| ○ FCO Sauvignon '15 | 🍷🍷 3 |
| ● FCO Schioppettino di Prepotto '12 | 🍷🍷 4 |
| ○ FCO Pinot Grigio '15 | 🍷 3 |
| ○ COF Pinot Bianco In Bocca al Lupo '13 | ⚲⚲ 3 |
| ● COF Refosco P. R. '11 | ⚲⚲ 3 |
| ● COF Schioppettino di Prepotto '11 | ⚲⚲ 4 |
| ○ FCO Friulano '14 | ⚲⚲ 3 |
| ○ FCO Sauvignon '14 | ⚲⚲ 3 |

## Valentino Butussi

via Prà di Corte, 1
33040 Corno di Rosazzo [UD]
Tel. +39 0432759194
www.butussi.it

藏酒销售
预约参观
膳宿接待
年产量 120 000 瓶
葡萄种植面积 18 公顷
葡萄栽培方式 有机认证
可持续发展酒庄

新一代家族传人托比亚·布图西（Tobia Butussi）、菲力波·布图西（Filippo Butussi）、马蒂亚·布图西（Mattia Butussi）和艾瑞卡·布图西（Erika Butussi）已经加入了布图西家族酒庄的经营管理，但是他们的父亲安吉洛·布图西（Angelo Butussi）依然是引领酒庄向前的精神力量，将家庭成员团结起来面对一切问题，而且只要有需要就可以随时转换角色。不过这一切都要感谢在上世纪初创建了家族酒庄的祖父瓦伦蒂诺·布图西（Valentino Butussi），同时也将坚持珍贵的农业传统价值观传递给后代子孙。精诚合作的团队精神，是布图西酒庄能够在名庄云集的弗留利产区脱颖而出的重要原因，使其能够生产出大量品质卓越、价格极有竞争力的美酒。高效的家庭酒庄管理体系建立在保存价值、团队精神、谨慎合作和高度责任感的基础之上。不仅是年份白葡萄酒，还包括红葡萄酒、甜点酒以及起泡酒，所有布图西酒庄出品都得到了一致认可，确认了整个系列出品的高品质。在今年的品鉴中，2013年份的梅洛（Merlot）吐露着香料甜美的辛香，展现出极佳的可饮性。与此同时，我们还注意到2015年份的弗留利安诺（Friuliano）气质直爽，酒香扑鼻，口感紧致。

| | |
|---|---|
| ● FCO Cabernet Sauvignon '13 | ▼▼ 3 |
| ○ FCO Friulano '15 | ▼▼ 2* |
| ● FCO Merlot '13 | ▼▼ 3 |
| ○ FCO Picolit '10 | ▼▼ 6 |
| ● FCO Pignolo '11 | ▼▼ 5 |
| ○ FCO Sauvignon '15 | ▼▼ 2* |
| ○ Ribolla Gialla Brut | ▼▼ 5 |
| ○ FCO Chardonnay '15 | ▼ 2 |
| ○ FCO Pinot Grigio '15 | ▼ 2 |
| ○ FCO Ribolla Gialla '15 | ▼ 2 |
| ○ FCO Verduzzo Friulano '12 | ▼ 2 |
| ○ COF Friulano '13 | ▽▽ 2* |
| ● FCO Cabernet Franc '13 | ▽▽ 3 |
| ● FCO Cabernet Sauvignon '12 | ▽▽ 3 |
| ○ FCO Chardonnay '14 | ▽▽ 2* |
| ● FCO Refosco P. R. '12 | ▽▽ 3* |
| ○ FCO Ribolla Gialla '14 | ▽▽ 2* |

## Maurizio Buzzinelli

loc. Pradis, 20
34071 Cormòns [GO]
Tel. +39 048160902
www.buzzinelli.it

藏酒销售
预约参观
膳宿接待
年产量 120 000 瓶
葡萄种植面积 35 公顷

1937年，美丽的自然风光和生存的压力令路易吉·布兹内利（Luigi Buzzinelli）做出决定，举家搬至科尔蒙斯（Cormòns）附近的普拉迪斯山间（Pradis）。绵延的缓坡组成了日照条件极佳的天然环形葡萄园，享受着卓越的本地微气候，附近的亚得里亚海（Adriatic）吹拂微风，令路易吉下定决心放弃混合农业模式，而专心致志地种植酿造葡萄。如今家族第三代成员毛里济奥·布兹内利（Maurizio Buzzinelli）掌管酒庄的生产和管理，他亲自监督生产的每一个环节，不论是从高利奥产区（Collio）收获的白葡萄还是从其他地区收获的红葡萄，都能在毛里济奥的手里转化成独具特色的弗留利伊松佐（Friuli Isonzo）产区酒——这里的地基土壤富含铁质和矿物盐，因而对于葡萄的生长非常有益。按照惯例，我们只能收到最新的高利奥白葡萄酒，它们获得的分数确认了我们一贯期待中的高品质。除此之外，2015年份的玛尔维萨（Malvasia）和同年份的霞多丽（Chardonnay）也是同类酒品中的佼佼者，但是其他推荐美酒也紧跟它们的脚步。

| | |
|---|---|
| ○ Collio Chardonnay '15 | ▼▼ 3 |
| ○ Collio Friulano '15 | ▼▼ 3 |
| ○ Collio Malvasia '15 | ▼▼ 2 |
| ○ Collio Ribolla Gialla '15 | ▼▼ 3 |
| ○ Collio Sauvignon '15 | ▼▼ 3 |
| ○ Collio Chardonnay '14 | ▽▽ 3 |
| ○ Collio Chardonnay '12 | ▽▽ 3 |
| ○ Collio Friulano '14 | ▽▽ 3 |
| ○ Collio Friulano '13 | ▽▽ 3 |
| ○ Collio Friulano '12 | ▽▽ 3 |
| ○ Collio Malvasia '13 | ▽▽ 2 |
| ○ Collio Pinot Grigio '13 | ▽▽ 3 |
| ○ Collio Pinot Grigio '12 | ▽▽ 3 |
| ○ Collio Ribolla Gialla '14 | ▽▽ 3 |
| ○ Collio Ribolla Gialla '13 | ▽▽ 3 |
| ○ Collio Sauvignon '14 | ▽▽ 3 |
| ○ Collio Sauvignon '13 | ▽▽ 2 |

## a' Bolani

A Ca' Bolani, 2
3052 Cervignano del Friuli [UD]
EL. +39 043132670
www.cabolani.it

藏酒销售
预约参观
E产量 2 700 000 瓶
葡萄种植面积 550 公顷

卡博拉尼酒庄（Ca' Bolani）隶属同名家
，家族中最著名的成员是多梅尼科·
拉尼伯爵（Conte Domenico Bolani）——
6世纪前半叶威尼斯共和国弗留利地
（Friuli）的大检察官，直至1970年，
威尼托（Veneto）为总部的卓林集团
Zonin）购入了这家古老名庄。在卡博
尼酒庄拥有550公顷的地块种植葡萄，
就了意大利北部规模最大的葡萄园。
庄产量极高，在弗留利产区可谓一件
同寻常的事情，不过并没有影响出品
酒的高品质，再加上价格非常合理，
卡博拉尼酒庄美酒更添竞争力。酒庄
总部经过了整修，重现往日辉煌神
，并且建造了一座拥有先进酿造科技
备的现代化酒窖。多年来，酿酒大师
可·拉比诺（Marco Rabino）都在酒窖
引领工作人员打造最佳美酒。由于卡
拉尼酒庄的品控标准非常高，出品可
，甚至给予整个弗留利阿奎莱亚指定
区（Friuli Aquileia）无上荣光。卡博拉
酒庄的系列出品展现出可信赖的高品
。若要问我们最心仪的美酒，无疑是
14年份的超级梅洛（Merlot Superiore），
表现卓越，吐露着酸樱桃成熟的阵阵
香，和着令人心满意足的卓越口感。

| | |
|---|---|
| riuli Aquileia Cabernet Franc Sup. '14 | 🍷🍷 3 |
| riuli Aquileia Merlot Sup. '14 | 🍷🍷 3 |
| riuli Aquileia Pinot Bianco Opimio '14 | 🍷🍷 4 |
| riuli Aquileia Refosco P. R. '14 | 🍷🍷 3 |
| riuli Aquileia Friulano Sup. '15 | 🍷 3 |
| riuli Aquileia Pinot Bianco Sup. '15 | 🍷 3 |
| riuli Aquileia Pinot Grigio Sup. '15 | 🍷 3 |
| riuli Aquileia Sauvignon Sup. '15 | 🍷 3 |
| riuli Aquileia Traminer Aromatico Sup. '15 | 🍷 3 |
| rosecco Brut | 🍷 3 |
| riuli Aquileia Pinot Bianco '09 | ΨΨΨ 2* |
| riuli Aquileia Pinot Grigio Sup. '13 | ΨΨ 3 |
| riuli Aquileia Refosco P. R. Sup. '13 | ΨΨ 3 |
| riuli Aquileia Sauvignon Aquilis '14 | ΨΨ 2* |
| riuli Aquileia Traminer Aromatico Sup. '14 | ΨΨ 3 |

## Ca' Tullio

via Beligna, 41
33051 Aquileia [UD]
Tel. +39 0431919700
www.catullio.it

藏酒销售
预约参观
年产量 200 000 瓶
葡萄种植面积 100 公顷

卡图里奥酒庄（Ca' Tullio）地处阿奎莱亚（Aquileia），酒庄宏伟壮观的百年城堡曾经用于晾晒烟草，保罗·卡里嘉瑞斯（Paolo Calligaris）于1994年买下了这座老庄。酒庄进行了全面且慎重的翻修，在保存了古老建筑架构的基础上，重现了往日的荣光，转变为一座功能齐备的现代化酒窖。酒庄的生产都由经验丰富的酿酒师弗朗西斯科·威斯汀（Francesco Visintin）负责。卡图里奥酒庄的葡萄园一部分位于弗留利阿奎莱亚DOC产区（Friuli Aquileia DOC），另一部分则坐落在弗留利东方山丘（Colli Orientali del Friuli）的斯崔卡蒂曼扎诺（Sdricca di Manzano），维奥拉地区（Viola）沙质土壤拥有极大的生产潜力，能够栽培出未经接枝的琼瑶浆葡萄（Traminer）。来源于两个风格迥异产地的酿造葡萄使卡图里奥酒庄的葡萄酒系列呈现出更加多变的意趣，充分展现出每个产地不同风土的特质。在去年的年鉴中，斯崔卡蒂曼扎诺系列美酒在所有酒庄推荐美酒中拔得头筹，但是今年它的角色却发生了反转，主要是由于2015年份的白葡萄酒表现太过惊艳，它吐露着阵阵花香，融入柑橘的芬芳，口感持久美味，表现出极佳的可饮性。

| | |
|---|---|
| ● FCO Pignolo '12 | 🍷🍷 3 |
| ○ FCO Ribolla Gialla '15 | 🍷🍷 3 |
| ○ FCO Sauvignon '15 | 🍷🍷 3 |
| ● FCO Schioppettino '13 | 🍷🍷 3 |
| ○ Friuli Aquileia Pinot Grigio '15 | 🍷🍷 2* |
| ○ Friuli Aquileia Traminer Viola '15 | 🍷🍷 2* |
| ● FCO Cabernet Franc '15 | 🍷 2 |
| ○ FCO Friulano Sdricca di Manzano '15 | 🍷 3 |
| ● FCO Merlot '15 | 🍷 3 |
| ○ Friuli Aquileia Chardonnay '15 | 🍷 2 |
| ○ Prosecco Extra Dry '15 | 🍷 2 |
| ● Cabernet Franc '13 | ΨΨ 2* |
| ○ FCO Ribolla Gialla Sdricca di Manzano '14 | ΨΨ 3 |
| ○ FCO Sauvignon Sdricca di Manzano '14 | ΨΨ 3 |
| ○ Friuli Aquileia Chardonnay '13 | ΨΨ 2* |
| ● Merlot '13 | ΨΨ 2* |

## Cadibon

VIA CASALI GALLO, 1
33040 CORNO DI ROSAZZO [UD]
TEL. +39 0432759316
www.cadibon.com

藏酒销售
预约参观
餐饮接待
年产量 55 000 瓶
葡萄种植面积 14 公顷
葡萄栽培方式 有机认证

1977年，吉安尼·伯恩（Gianni Bon）在科尔诺迪罗萨佐（Corno di Rosazzo）创立了卡迪伯恩酒庄（Cadibon），酒庄发展繁荣，如今由吉安尼的儿子卢卡·伯恩（Luca Bon）和女儿弗朗西斯卡·伯恩（Francesca Bon）经营管理，新一代掌门人的巨大热情推动着酒品品质不断提升，酒庄同时开始推行有机和生物动力学生产方式。采取自然发酵的确是一个需要勇气的决定，但是出品佳酿最终因此获益，以其新鲜的口感和极高的可饮性脱颖而出。卢卡照料着分散在三大产区的葡萄园：包括弗留利东方山丘产区（Friuli Colli Orientali）、弗留利格拉夫产区（Friuli Grave）以及高利奥产区（Collio）。卡迪伯恩酒庄的名字在当地方言中意为“这里是最好的酒庄”，这也是对游客的一种邀请。酒庄品质飞跃发展，酒品能够满足最挑剔的味蕾。在今年的品鉴中，2015年份的邦塔嘉弗留利安诺（Friulano Bontaj）酒香扑鼻，气质直率，凭借卓越品质再次证明了自己的旗舰酒品地位。不过2015年份的隆科德诺诺（Ronco del Nonno）也紧随其后，这款由苏维翁（Sauvignon）、弗留利安诺（Friulano）、霞多丽（Chardonnay）和维多佐（Verduzzo）打造而成的混酿风格如一，口感紧致，美味平衡。

| | |
|---|---|
| ○ Collio Sauvignon '15 | ▼▼ 3 |
| ● FCO Cabernet Franc '15 | ▼▼ 3 |
| ○ FCO Friulano Bontaj '15 | ▼▼ 3 |
| ○ FCO Pinot Grigio '15 | ▼▼ 3 |
| ● FCO Refosco P. R. '14 | ▼▼ 3 |
| ○ FCO Ribolla Gialla '15 | ▼▼ 3 |
| ● FCO Schioppettino '14 | ▼▼ 3 |
| ○ Ronco del Nonno '15 | ▼▼ 3 |
| ○ Collio Chardonnay '15 | ▼ 3 |
| ○ Moscato '15 | ▼ 3 |
| ○ Collio Sauvignon '14 | ▽▽ 3 |
| ○ Collio Sauvignon '13 | ▽▽ 3 |
| ○ FCO Friulano Bontaj '14 | ▽▽ 3 |
| ● FCO Refosco P. R. '13 | ▽▽ 3 |
| ● FCO Schioppettino '13 | ▽▽ 3 |
| ○ Ronco del Nonno '14 | ▽▽ 3 |
| ○ Ronco del Nonno '13 | ▽▽ 3 |

## Fernanda Cappello

S.DA DI SEQUALS, 15
33090 SEQUALS [PN]
TEL. +39 042793291
www.fernandacappello.it

藏酒销售
预约参观
餐饮接待
年产量 100 000 瓶
葡萄种植面积 126 公顷
可持续发展酒庄

1988年，建筑师费尔兰达·卡佩
（Fernanda Cappello）做出了人生的重
选择，开始经营父亲于20世纪70年代
买下的酒庄。费尔兰达的进取心和卓
能力开启了卡佩洛酒庄的现代化进程
推动酒庄成为产区著名酒庄之一。
尔兰达卡佩洛酒庄（Fernanda Cappello
的占地面积达到135公顷，其中126
顷的地块栽培葡萄，坐落于波代诺
省（Pordenone）塞夸尔斯（Sequals）
脚下由赛利娜河（Cellina）与梅杜纳
（Meduna）缔造出的冲积平原，这片
地干旱且布满岩石，拥有白云石的石
质土壤，是弗留利（Friuli）西部产区
模最大的葡萄园。在酿酒师法比奥·
索尔（Fabio Coser）的协助下，费尔
达始终致力于从这片著名的干旱之地
取品质最佳的酿造葡萄，打造出香氛
人愉悦、口感饱满丰盈的高水准美酒
在今年的品鉴中，2014年份的赤霞
（Cabernet Sauvignon）缓缓释放金色烟
的醇香，继而被大黄的醇香与李子果
的芬芳取代，入口后感到平衡的果味
酒质柔美，单宁活跃。除此之外，20
年份的珀拉德萨西霞多丽（Chardonn
Perla dei Sassi）吐露着山楂的甜美果香
融入一抹薄荷油的微妙清凉，口感
味，持久在唇齿之间流连。

| | |
|---|---|
| ● Friuli Grave Cabernet Sauvignon '14 | ▼▼ |
| ○ Friuli Grave Chardonnay Perla dei Sassi '14 | ▼▼ |
| ○ Friuli Grave Chardonnay '15 | ▼ |
| ○ Friuli Grave Friulano '15 | ▼ |
| ○ Friuli Grave Pinot Grigio '15 | ▼ |
| ○ Friuli Grave Sauvignon '15 | ▼ |
| ○ Friuli Grave Traminer Aromatico '15 | ▼ |
| ○ Prosecco Extra Dry | ▼ |
| ● Friuli Grave Cabernet Franc '13 | ▽▽ |
| ○ Friuli Grave Chardonnay '14 | ▽▽ |
| ○ Friuli Grave Friulano '14 | ▽▽ |
| ○ Friuli Grave Friulano '13 | ▽▽ |
| ○ Friuli Grave Pinot Grigio '13 | ▽▽ |
| ○ Friuli Grave Sauvignon '14 | ▽▽ |
| ○ Friuli Grave Sauvignon '13 | ▽▽ |
| ○ Friuli Grave Traminer Aromatico '12 | ▽▽ |

## Carlo di Pradis

Loc. Pradis, 22b
34071 Cormòns [GO]
Tel. +39 048162272
www.carlodipradis.it

藏酒销售
预约参观
年产量 70 000 瓶
葡萄种植面积 15 公顷

鲍里斯·布兹内利（Boris Buzzinelli）与达伍德·布兹内利（Daved Buzzinelli）兄弟两人经营父亲卡洛（Carlo）创建的酒庄已经有一段时间。卡洛迪普拉迪斯酒庄（Carlo di Pradis）代代相传，是隐匿在普拉迪斯山间（Pradis）典型的小型家庭酒庄，这里是高利奥戈里奇亚诺产区（Collio Goriziano）最繁茂肥沃的种植区，山坡俯瞰着平原地带，享受极佳的日照条件，附近亚得里亚海（Adriatic Sea）上不时吹来凉爽的海风，自然景观壮美恢宏，拥有对于葡萄生长极为理想的微气候环境。卡洛迪普拉迪斯酒庄的葡萄园占地面积达到15公顷，其中7公顷地块环绕着酒庄分布，余下8公顷地块则延展至弗留利伊松佐平原的DOC产区（Friuli Isonzo DOC）。鲍里斯与达伍德兄弟两人努力发掘这两片产地的最大潜力，着力打造美酒的惬意口感和上佳结构。酒庄整个系列出品都以口感新鲜、酒香扑鼻而著称，尤其是2015年份的弗留利安诺（Friuliano）。除此之外，2015年份的灰比诺（Pinot Grigio）是另一款酒庄佳品，吐露着干草的热烈芬芳，融入繁花的花香，更有一抹大麦的醇香飘散其间。与此同时，两款2015年份的苏维翁（Sauvignons）都表现精彩，吐露着柑橘香，展现品种葡萄的特质。

| | |
|---|---|
| ○ Collio Friulano '15 | 🍷🍷 3 |
| ○ Collio Pinot Grigio '15 | 🍷🍷 3 |
| ○ Collio Sauvignon '15 | 🍷🍷 3 |
| ○ Friuli Isonzo Sauvignon '15 | 🍷🍷 2* |
| ○ Collio Ribolla Gialla '15 | 🍷 3 |
| ○ Friuli Isonzo Chardonnay '15 | 🍷 3 |
| ○ Collio Friulano '14 | ♀♀ 3* |
| ○ Collio Friulano '13 | ♀♀ 3 |
| ○ Collio Friulano '12 | ♀♀ 3 |
| ○ Collio Pinot Grigio '13 | ♀♀ 3 |
| ○ Collio Pinot Grigio '12 | ♀♀ 3 |
| ○ Collio Sauvignon '14 | ♀♀ 3 |
| ○ Collio Sauvignon '12 | ♀♀ 3* |
| ○ Friuli Isonzo Chardonnay '13 | ♀♀ 3 |
| ○ Friuli Isonzo Chardonnay '12 | ♀♀ 3 |
| ○ Friuli Isonzo Sauvignon '14 | ♀♀ 2* |
| ○ Friuli Isonzo Sauvignon '12 | ♀♀ 2* |

## Il Carpino

Loc. Sovenza, 14a
34070 San Floriano del Collio [GO]
Tel. +39 0481884097
www.ilcarpino.com

藏酒销售
预约参观
年产量 70 000 瓶
葡萄种植面积 16 公顷

虽然出自农业传统深远的家族，但是安娜·萨索尔（Anna Sosol）和弗朗科·萨索尔（Franco Sosol）在1987年创建酒庄、重回农业世界之前，都从事着其他领域的工作。两人创建了卡皮诺酒庄（Il Carpino）并且至今仍然亲自经营管理，卡皮诺酒庄已经成为产区葡萄酒酿造图景中的关键酒庄之一。卡皮诺酒庄地处索万扎地区（Sovenza）的高利奥圣弗洛里亚诺（San Floriano del Collio），靠近斯洛文尼亚（Slovenia）的边境。这里的传统力量极为强大，种植和酿造都越来越趋向传统方式。只有较年轻的葡萄园的酿造葡萄才会在不锈钢罐中发酵，品质最佳的酒品都采用回归古老的发酵方式打造而成——容量在1500公升至2000公升的木桶逐渐取代了发酵的小桶——运用传统酿造技法进行缓慢浸渍后再进行酿造。在今年的品鉴中，卡皮诺酒庄有三款美酒闯入了角逐“三杯奖”大奖的决赛圈，令人印象十分深刻。这三款酒的酿造原料都来自2012年采收的白葡萄。它的色泽活跃且浓郁，香氛极有意趣，散发着蜜糖的缕缕芬芳，融入杏仁的醇香和热带水果的热烈果香，美酒入喉，感到不同寻常但却十分鲜美优雅的果味。

| | |
|---|---|
| ○ Collio Ribolla Gialla V. Runc '12 | 🍷🍷 5 |
| ○ Exordium '12 | 🍷🍷 5 |
| ○ Malvasia '12 | 🍷🍷 5 |
| ○ Collio Ribolla Gialla '15 | 🍷🍷 4 |
| ○ Friuli Isonzo Bianco Runc '15 | 🍷🍷 3 |
| ○ Vis Uvae '12 | 🍷🍷 5 |
| ○ Collio Bianco V. Runc '10 | ♀♀♀ 2* |
| ○ Collio Malvasia V. Runc '11 | ♀♀♀ 3* |
| ○ Malvasia '11 | ♀♀♀ 5 |
| ○ Collio Malvasia V. Runc '14 | ♀♀ 3* |
| ○ Collio Sauvignon V. Runc '13 | ♀♀ 2* |
| ○ Exordium '11 | ♀♀ 5 |
| ○ Friuli Isonzo Bianco Runc '13 | ♀♀ 3 |
| ○ Friuli Isonzo Friulano V. Runc '13 | ♀♀ 3 |
| ○ Vis Uvae '11 | ♀♀ 5 |

## Castello di Buttrio

VIA DEL POZZO, 5
33042 BUTTRIO [UD]
TEL. +39 0432673015
www.castellodibuttrio.it

藏酒销售
预约参观
膳宿接待
年产量 60 000 瓶
葡萄种植面积 25 公顷

布特廖城堡酒庄（Castello di Buttrio）位于弗留利东部山丘产区（Friuli Colli Orientali）绵延起伏的山间，是俯瞰大海和广阔弗留利平原的第一座山峰。地平线逐渐消失在远方，这里的战略位置极佳，布特廖堡曾经在此伫立并非出于偶然。历史上这座城堡几经损毁和重建，直至马可·弗鲁格（Marco Felluga）于1994年买下了布特廖城堡，并将其转变为一座酒庄。在他的女儿阿莱桑德拉·弗鲁格（Alessandra Felluga）的努力下，非凡的古老城堡再次恢复了往日的壮美辉煌，变成了一座先锋酒庄，与此同时也保留了原始的建筑风格。由于品质卓越，布特廖城堡酒庄吸引了许多口味非常挑剔的美酒爱好者的关注，这要感谢来自特伦蒂诺（Trentino）的优秀酿酒师哈特曼·多纳（Hartman Donà）加入了酿造团队。在今年的品鉴中，初次现身的2013年份埃塔罗苏维翁陈酿（Sauvignon Ettaro Riserva）表现良好，凭借着优雅精美的花香和果香赢得了我们的一致赞许，底蕴中更透露出丝丝药草的醇香和干草的温和气息，进一步提升了整体香氛的质感。饱满的口感果味丰盈，吐露着极具意趣的果香，融入一抹薄荷的清凉风味。

| | | |
|---|---|---|
| ○ FCO Bianco Mon Blanc '14 | ▼▼ | 3 |
| ○ FCO Friulano '15 | ▼▼ | 4 |
| ● FCO Merlot '12 | ▼▼ | 4 |
| ● FCO Rosso Mon Rouge '13 | ▼▼ | 3 |
| ○ FCO Sauvignon Ettaro Ris. '13 | ▼▼ | 6 |
| ● FCO Refosco P. R. '14 | ▼ | 4 |
| ○ FCO Ribolla Gialla '15 | ▼ | 4 |
| ○ COF Friulano '13 | ▽▽ | 3 |
| ○ COF Bianco Mon Blanc '13 | ▽▽ | 3 |
| ○ COF Sauvignon '13 | ▽▽ | 3 |
| ○ FCO Friulano '14 | ▽▽ | 3 |
| ● FCO Pignolo '10 | ▽▽ | 5 |
| ○ FCO Sauvignon '14 | ▽▽ | 3 |
| ○ FCO Torre Butria Ris. '11 | ▽▽ | 5 |
| ○ FCO Verduzzo Friulano Mille e una Botte '12 | ▽▽ | 5 |

## Castello di Spessa

VIA SPESSA, 1
34070 CAPRIVA DEL FRIULI [GO]
TEL. +39 048160445
www.castellodispessa.it

藏酒销售
预约参观
膳宿接待
年产量 300 000 瓶
葡萄种植面积 83 公顷

优雅古老的13世纪斯佩萨城堡（Castello di Spessa）栖居在高利奥戈里奇亚诺产区（Collio Goriziano）中心地带的一座小山间，周边环绕着壮美的意式花园。城堡的古老历史可以回溯到遥远的十三世纪，这里曾经是弗留利贵族的庄园，绿意融融掩映着遒劲古堡，美丽的景致令游人流连忘返。1987年，洛雷托·帕里（Loretto Pali）买下了斯佩萨城堡酒庄，在修缮城堡的同时也重建了周边的葡萄园，经营打理酒庄至今。由于卓越的酿酒顾问提供了非常有用的建议，斯佩萨城堡酒庄的酒品品质迅速提升。如今经验丰富的酿造团队在酿酒专家恩里克·帕特诺斯特（Enrico Paternoster）的带领下负责酿造工作。在今年的品鉴中，我们找到了斯佩萨城堡酒庄所有系列出品实力大爆发的明证。不过，令人愉悦的2015年份白比诺（Pinot Bianco）堪称历史悠久的系列美酒中最新一季年份酒，凭借优雅的气质和扑鼻的酒香，从所有推荐美酒中脱颖而出。因此它最终闯入了“三杯奖”大奖的决赛圈一点儿也不意外。除此之外，2015年份的赛格莱苏维翁（Sauvignon Segrè）的品质同样出色，也一并入围了决赛。

| | | |
|---|---|---|
| ○ Collio Pinot Bianco '15 | 🍷🍷 | 3* |
| ○ Collio Sauvignon Segrè '15 | 🍷🍷 | 5 |
| ○ Collio Friulano '15 | ▼▼ | 3 |
| ● Collio Merlot V. Rosaris '13 | ▼▼ | 5 |
| ○ Collio Pinot Grigio '15 | ▼▼ | 3 |
| ● Collio Pinot Nero Casanova '12 | ▼▼ | 5 |
| ○ Collio Sauvignon '15 | ▼▼ | 3 |
| ● Friuli Isonzo Cabernet Franc '14 | ▼▼ | 3 |
| ● Friuli Isonzo Cabernet Sauvignon '14 | ▼▼ | 3 |
| ○ Ribolla Gialla Brut Pertè '15 | ▼▼ | 4 |
| ○ Collio Pinot Bianco '14 | ▽▽▽ | 3* |
| ○ Collio Pinot Bianco '13 | ▽▽▽ | 3* |
| ○ Collio Pinot Bianco '11 | ▽▽▽ | 3* |
| ○ Collio Pinot Bianco '06 | ▽▽▽ | 3* |
| ○ Collio Sauvignon Segrè '03 | ▽▽▽ | 5 |
| ○ Collio Tocai Friulano '05 | ▽▽▽ | 3* |

## Castello Sant'Anna

LOC. SPESSA
VIA SANT'ANNA, 9
33043 CIVIDALE DEL FRIULI [UD]
TEL. +39 0432716289
centasantanna@libero.it

藏酒销售
预约参观
年产量 25 000 瓶
葡萄种植面积 7 公顷
葡萄栽培方式 有机认证

安德里亚·盖欧提（Andrea Gaiotti）是经营管理斯佩萨迪奇维达莱地区（Spessa di Cividale）的圣安娜城堡酒庄（Castello Sant'Anna）的第三代传人，这座酒庄由他的祖父约瑟佩·盖欧提（Giuseppe Gaiotti）于1966年购入——约瑟佩当时决定放弃一直经营的工厂，回到令他魂牵梦系的乡间。圣安娜城堡（Castello Sant'Anna）曾经是贵族奇韦达莱家族（Cividale）的夏日别墅，四周环绕着美丽的葡萄园。安德里亚接手后不知疲倦地辛勤劳作，重新整理了古老的葡萄园，并且建起一座全新的地下酒窖，从而保证了获取自然湿度，并在酒窖达到恒温。由于酒庄规模不大，产量有限，因此完全采用人力打理，而安德里亚将全部注意力集中在提升整个生产流程的效率上。往年我们对圣安娜城堡酒庄的赞誉主要集中在红葡萄酒上，今年我们则对上一年份的白葡萄酒赞赏有加。尤其是2015年份的灰比诺（Pinot Grigio）非常美味，酒香扑鼻，凭借卓越的表现杀入了争夺“三杯奖”的决赛，它的香氛诱人，具有极佳的可饮性。

| | | |
|---|---|---|
| ○ FCO Pinot Grigio '15 | 🍷🍷 | 3* |
| ● FCO Cabernet Franc '13 | 🍷🍷 | 4 |
| ○ FCO Friulano '15 | 🍷🍷 | 3 |
| ● FCO Merlot '12 | 🍷🍷 | 4 |
| ○ FCO Ribolla Gialla '15 | 🍷🍷 | 3 |
| ○ FCO Sauvignon '15 | 🍷🍷 | 3 |
| ○ COF Friulano '12 | 🍷🍷 | 3 |
| ● COF Merlot '11 | 🍷🍷 | 4 |
| ○ COF Pinot Grigio '12 | 🍷🍷 | 3* |
| ○ COF Pinot Grigio '11 | 🍷🍷 | 3* |
| ○ COF Ribolla Gialla '12 | 🍷🍷 | 3* |
| ● FCO Cabernet Franc '12 | 🍷🍷 | 4 |
| ○ FCO Friulano '13 | 🍷🍷 | 3 |
| ○ FCO Pinot Grigio '13 | 🍷🍷 | 3 |
| ● FCO Refosco P. R. '11 | 🍷🍷 | 4 |
| ○ FCO Sauvignon '13 | 🍷🍷 | 3 |
| ● FCO Schioppettino '11 | 🍷🍷 | 5 |

## Castelvecchio

VIA CASTELNUOVO, 2
34078 SAGRADO [GO]
TEL. +39 048199742
www.castelvecchio.com

藏酒销售
预约参观
膳宿接待
年产量 180 000 瓶
葡萄种植面积 35 公顷
可持续发展酒庄

特拉内罗家族（Terraneo）拥有这座荣耀的卡斯特罗维奇欧城堡酒庄（Castelvecchio），地处戈里齐亚省（Gorizia）喀斯特高原（Karst）的最北端。独占山巅的绝佳位置令其能够全景俯瞰整个产区，从海到山，一览无余。这里的地块布满山岩，土壤富含铁质石灰岩红土。壮美的风景融合酒庄古老且尊贵的历史渊源，这别样风味在今天的复兴堡以及遍布古老橡树和柏树的美丽花园中得到了充分的显露。理想的微气候环境为生长在这里的酿造葡萄提供完美成熟的条件，给此地出产的果实打上了独特的烙印，在酿酒师萨维里奥·迪·吉亚科莫（Saverio Di Giacomo）高超的酿造技艺加工下，这种特质被完美保留在美酒之中——在酿造的关键节点上，萨维里奥有时还能得到卓越的吉安尼·曼诺蒂（Gianni Menotti）宝贵的指点。在去年的年鉴里，我们曾经评价看到该庄出品的一款美酒杀入“三杯奖”决赛是一件令人心满意足的乐事；但是在今年的品鉴中，2015年份的迪莱奥玛尔维萨（Malvasia Dileo）走得更远，为酒庄摘下了有史以来的第一个“三杯奖”！它周身沐浴着阳光的质感，酒香四溢，吐露着仿佛柑橘般的香气，融入碘化物的奇异芳香，口感如同奶油般绵密，劲道有穿透力，余韵绵长悠然，久久在口中徘徊不散。

| | | |
|---|---|---|
| ○ Carso Malvasia Dileo '15 | 🍷🍷🍷 | 4* |
| ● Carso Cabernet Franc '13 | 🍷🍷 | 3 |
| ● Carso Cabernet Sauvignon '13 | 🍷🍷 | 3 |
| ● Carso Refosco P. R. '12 | 🍷🍷 | 3 |
| ○ Carso Traminer Aromatico '15 | 🍷🍷 | 3 |
| ○ Carso Vitovska '15 | 🍷🍷 | 3 |
| ⊙ Terrano Brut Rosé | 🍷🍷 | 4 |
| ○ Carso Malvasia '15 | 🍷 | 3 |
| ○ Carso Pinot Grigio '15 | 🍷 | 3 |
| ○ Carso Sauvignon '15 | 🍷 | 3 |
| ● Carso Terrano '15 | 🍷 | 3 |
| ● Carso Cabernet Franc '12 | 🍷🍷 | 3 |
| ● Carso Cabernet Sauvignon '12 | 🍷🍷 | 3 |
| ○ Carso Malvasia '14 | 🍷🍷 | 3 |
| ○ Carso Traminer Aromatico '14 | 🍷🍷 | 3 |

## ★Eugenio Collavini

LOC. GRAMOGLIANO
VIA DELLA RIBOLLA GIALLA, 2
33040 CORNO DI ROSAZZO [UD]
TEL. +39 0432753222
www.collavini.it

藏酒销售
预约参观
餐饮接待
年产量 1 200 000 瓶
葡萄种植面积 140 公顷
可持续发展酒庄

埃乌詹尼奥·科拉维尼（Eugenio Collavini）于1896年创建的酒庄是弗留利产区历史最为悠久的古老酒庄之一。酒庄总部坐落于科尔诺迪罗萨佐（Corno di Rosazzo）一座16世纪的城堡中，曾经隶属贵族库纳莱的佐库家族（Zucco di Cuccanea）。今天埃乌詹尼奥科拉维尼酒庄的主人是曼利奥·科拉维尼（Manlio Collavini），他于20世纪70年代开始逐渐扩展和提升酒庄，与此同时并没有影响到出品的高品质。埃乌詹尼奥科拉维尼酒庄不仅在自有的葡萄园雇佣农艺专家监管葡萄的栽培，也在酿造葡萄供应商的葡萄园中进行同样的操作。与此同时，路易吉·科拉维尼（Luigi Collavini）和乔瓦尼·科拉维尼（Giovanni Collavini）兄弟二人代表着家族的新一代生力军，多年来一直积极参与酒庄的生产和管理。在今年的品鉴中，“三杯奖”大奖的荣获者是2015年份的布罗伊高利奥白葡萄酒（Collio Bianco Broy），这款名至实归的美酒每年都表现出极为稳定的高水准。尤其在各方面条件都如此理想的年份里，它展露出尤其芬芳的酒香，融入柑橘、甜桔和青柠的甜美果香，层次延宕的香氛令人无法拒绝。

| | | |
|---|---|---|
| ○ Collio Bianco Broy '15 | 🍷🍷🍷 | 5 |
| ● FCO Pignolo '07 | 🍷🍷 | 6 |
| ○ Collio Pinot Grigio '15 | ▼▼ | 3 |
| ○ Collio Sauvignon Blanc Fumât '15 | ▼▼ | 3 |
| ○ FCO Ribolla Gialla Turian '15 | ▼▼ | 4 |
| ○ Collio Bianco Broy '14 | ▽▽▽ | 5 |
| ○ Collio Bianco Broy '13 | ▽▽▽ | 5 |
| ○ Collio Bianco Broy '11 | ▽▽▽ | 4* |
| ○ Collio Bianco Broy '10 | ▽▽▽ | 4 |
| ○ Collio Bianco Broy '09 | ▽▽▽ | 4* |
| ○ Collio Bianco Broy '08 | ▽▽▽ | 4* |
| ○ Collio Bianco Broy '07 | ▽▽▽ | 4 |
| ○ Collio Bianco Broy '06 | ▽▽▽ | 4 |
| ○ Collio Bianco Broy '04 | ▽▽▽ | 4* |
| ○ Collio Bianco Broy '03 | ▽▽▽ | 4 |

## Colle Duga

LOC. ZEGLA, 10
34071 CORMÒNS [GO]
TEL. +39 048161177
www.colleduga.com

藏酒销售
预约参观
年产量 50 000 瓶
葡萄种植面积 9 公顷

达米扬·普林西科（Damijan Princic）将自己的酒庄命名为杜格山酒庄（Colle Duga），选取了酒庄葡萄园所在山丘的名称。普林西科家族（Princic）数代都在这片土地上种植葡萄藤和酿造美酒。达米扬自1991年开始就经营着杜格山酒庄，老父亲卢西亚诺·普林西科（Luciano Princic）也协助打理葡萄园，除此以外，达米扬的妻子莫妮卡（Monica）、女儿卡琳·普林西科（Karin Princic）和儿子帕特里克·普林西科（Patrik Princic）等家庭成员也热情万丈地参与酒庄管理。杜格山酒庄将全副心思都用在品种有限的几款美酒之上，所有酒品都展现出卓越的品质，富有矿物质风味和独特个性，忠诚反映出酒庄简朴且悦人的酿造理念。至少有两款杜格山酒庄美酒常年入围争夺“三杯奖”的决赛，而在今年的品鉴中，2015年份的高利奥白葡萄酒（Collio Bianco）和2015年份的弗留利安诺（Friulano）都获得了我们的最高认定。这两款佳酿都果香四溢，融入热带水果的热烈芬芳，香氛非常显著，最重要的是入口后感到平衡饱满的果味，给人带来非常愉悦的享受。

| | | |
|---|---|---|
| ○ Collio Bianco '15 | 🍷🍷 | 4 |
| ○ Collio Friulano '15 | 🍷🍷 | 3* |
| ○ Collio Chardonnay '15 | ▼▼ | 3 |
| ○ Collio Pinot Grigio '15 | ▼▼ | 3 |
| ○ Collio Sauvignon '15 | ▼▼ | 3 |
| ○ Collio Bianco '11 | ▽▽▽ | 4* |
| ○ Collio Bianco '08 | ▽▽▽ | 3* |
| ○ Collio Bianco '07 | ▽▽▽ | 3 |
| ○ Collio Friulano '09 | ▽▽▽ | 3* |
| ○ Collio Tocai Friulano '06 | ▽▽▽ | 3* |
| ○ Collio Tocai Friulano '05 | ▽▽▽ | 3* |
| ○ Collio Bianco '14 | ▽▽ | 4 |
| ○ Collio Chardonnay '15 | ▽▽ | 3 |
| ○ Collio Chardonnay '14 | ▽▽ | 3* |
| ○ Collio Chardonnay '13 | ▽▽ | 3* |
| ○ Collio Friulano '14 | ▽▽ | 3 |

## Colmello di Grotta

loc. Grotta
via Gorizia, 133
34072 Farra d'Isonzo [GO]
Tel. +39 0481888445
www.colmello.it

藏酒销售
预约参观
年产量 75 000 瓶
葡萄种植面积 15 公顷

弗朗西丝卡·博托洛托（Francesca Bortolotto）继承并经营这座由母亲露西安娜·本纳蒂（Luciana Bennati）创建的伟大酒庄——1965年，露西安娜将一座破旧被遗弃的古老小村庄改造成了功能齐全的酒庄，这就是格洛塔科迈罗酒庄（Colmello di Grotta）的缘起。酒主的葡萄园覆盖着伊松佐河平原（River Isonzo Plain）和高利奥产区（Collio），地势形态、土壤类型和气候条件都完全不同。在酿酒大师法比奥·克索尔（Fabio Coser）的协助下，格洛塔科迈罗酒庄出品的美酒忠诚且充分地反映出本地风土的巨大潜力。弗留利伊松佐产区酒（Friuli Isonzo）以其清凛的口感著称，香氛浓郁，具有极强的可饮性；而高利奥产区酒则吐露着复杂层叠的香氛，口感结构强劲有力。在今年的品鉴中，在产区酒、尤其是高利奥产区酒中脱颖而出的顶级美酒无疑要数2013年份的伦登红葡萄酒（Rondon Rosso），这款由梅洛（Merlot）和赤霞珠（Cabernet Sauvignon）混酿而成的美酒堪称登峰造极。它的香氛非常复杂，吐露着酸樱桃的独特果香，一抹紫罗兰般的幽然花香飘散其间，底蕴中透露出缕缕香料的醇香和可可粉的香气，美酒入喉，感到饱满丰盈且多汁的果味，给人带来愉悦的享受。

| | |
|---|---|
| ○ Collio Bianco Sanfilip '15 | 🍷🍷 3 |
| ○ Collio Chardonnay '15 | 🍷🍷 3 |
| ○ Collio Friulano '15 | 🍷🍷 3 |
| ○ Collio Pinot Grigio '15 | 🍷🍷 3 |
| ○ Collio Sauvignon '15 | 🍷🍷 3 |
| ○ Friuli Isonzo Chardonnay '15 | 🍷🍷 3 |
| ● Rondon '13 | 🍷🍷 5 |
| ○ Collio Ribolla Gialla '15 | 🍷 3 |
| ○ Friuli Isonzo Pinot Grigio '15 | 🍷 3 |
| ○ Friuli Isonzo Sauvignon '15 | 🍷 3 |
| ○ Collio Chardonnay '13 | 🍷🍷 3* |
| ○ Collio Pinot Grigio '14 | 🍷🍷 3 |
| ○ Collio Pinot Grigio '13 | 🍷🍷 3 |
| ● Friuli Isonzo Cabernet Franc '14 | 🍷🍷 3 |
| ○ Friuli Isonzo Chardonnay '14 | 🍷🍷 2* |
| ● Friuli Isonzo Merlot '12 | 🍷🍷 3 |
| ○ Friuli Isonzo Pinot Grigio '14 | 🍷🍷 2* |

## Gianpaolo Colutta

via Orsaria, 32a
33044 Manzano [UD]
Tel. +39 0432510654
www.coluttagianpaolo.com

藏酒销售
预约参观
年产量 150 000 瓶
葡萄种植面积 30 公顷

一千多年前，科洛塔家族（Colutta）就在曼扎诺地区（Manzano）从事劳作，作为这个古老的农业家族的后裔，詹尼保罗·科洛塔（Gianpaolo Colutta）于1999年创立了自己的酒庄，今天则与女儿伊丽莎贝塔·科洛塔（Elisabetta Colutta）一同经营管理。詹尼保罗科洛塔酒庄（Gianpaolo Colutta）的葡萄园占地面积达到30公顷，位于布特廖（Buttrio）、曼扎诺和普雷马里亚科（Premariacco）群山间的缓坡之上。对于这片土地的热爱以及对于传统的尊重，促使詹尼保罗全力推广这片产区，在对部分地块移植葡萄藤的时候决定在绝大多数地块中栽培本地克隆老藤，令那些几乎濒临灭绝的古老品种得以保存下来。这种看似与潮流相逆的大胆做法最终取得了非常好的效果，令詹尼保罗科洛塔酒庄从产区内众多卓越酒庄中脱颖而出。在今年的品鉴中，詹尼保罗科洛塔酒庄推荐的美酒再次获得了颇高的评分，一再证实了该酒庄随着时间的推移日益坚实的酿造水准。2015年份的弗留利安诺（Friuliano）凭借清爽的气质和扑鼻的酒香从诸多美酒中脱颖而出；而与此同时，2015年份的灰比诺（Pinot Grigio）鲜美异常，接骨木花的芬芳与石榴的果香交相辉映，给人带来美味享受。

| | |
|---|---|
| ○ FCO Chardonnay '15 | 🍷🍷 3 |
| ○ FCO Friulano '15 | 🍷🍷 3 |
| ○ FCO Pinot Grigio '15 | 🍷🍷 3 |
| ● FCO Rosso Frassinolo '12 | 🍷🍷 5 |
| ○ FCO Verduzzo Friulano '14 | 🍷🍷 4 |
| ● FCO Schioppettino '15 | 🍷 5 |
| ○ COF Bianco Prarion '13 | 🍷🍷 4 |
| ○ COF Bianco Prarion '12 | 🍷🍷 4 |
| ○ COF Friulano '13 | 🍷🍷 3 |
| ● COF Merlot '09 | 🍷🍷 3 |
| ● COF Schioppettino '12 | 🍷🍷 5 |
| ● COF Tazzelenghe '07 | 🍷🍷 6 |
| ○ FCO Chardonnay '14 | 🍷🍷 3 |
| ○ FCO Pinot Grigio '14 | 🍷🍷 3 |
| ● FCO Refosco P. R. '11 | 🍷🍷 3 |
| ○ FCO Verduzzo Friulano '14 | 🍷🍷 4 |

## Giorgio Colutta

via Orsaria, 32
33044 Manzano [UD]
Tel. +39 0432740315
www.colutta.it

藏酒销售
预约参观
膳宿接待
年产量 140 000 瓶
葡萄种植面积 21 公顷

乔吉奥·科洛塔（Giorgio Colutta）的葡萄园坐落在著名的韦特德维诺公园（Parco della Vite e del Vino），地处弗留利东方山丘（Friuli Colli Orientali）的绵延山坡上，位于自然形成的环抱山坡的最南端，俯瞰亚得里亚海（Adriatic Sea），幸运地得到朱利安阿尔卑斯山（Julian Alps）的庇护。乔吉奥的科洛塔酒庄之前被称为班杜特酒庄（Bandut），是酒庄庄园更加古老的称谓——这座位于曼扎诺（Manzano）的庄园是一座恢宏庄严的十八世纪古老城堡。将传统与创新完美结合，科洛塔酒庄的出品总是呈现出精美清凛的风格。除了生产传统系列美酒之外，科洛塔酒庄又出产了一系列极有意趣的起泡白葡萄酒，在条件最好的年份出产高品质精选系列佳酿。在今年的品鉴中，2015年份的弗留利安诺（Friulano）是一款酒体纤美、酒香扑鼻的超级美酒，它吐露着黄色水果成熟的果香，一抹蜜饯糖霜的甜美与青柠花清爽如蜜的芬芳萦绕其间。2015年份的瑞博拉吉亚拉（Ribolla Gialla）吐露着阵阵柑橘香，随之而来的口感新鲜美味，与香氛相映成趣。除此之外，2010年份的皮格诺罗（Pignolo）风味复杂，是一款口感饱满扎实的美酒，由有力单宁支撑着，给人带来美味的享受。

| | |
|---|---|
| ○ FCO Friulano '15 | 🍷🍷 3 |
| ● FCO Pignolo '10 | 🍷🍷 7 |
| ○ FCO Pinot Grigio '15 | 🍷🍷 3 |
| ○ FCO Ribolla Gialla '15 | 🍷🍷 4 |
| ○ FCO Sauvignon '15 | 🍷🍷 3 |
| ● FCO Schioppettino '12 | 🍷🍷 5 |
| ○ FCO Chardonnay '15 | 🍷 3 |
| ○ Prosecco Brut | 🍷 2 |
| ○ COF Pinot Grigio '13 | YY 3 |
| ● COF Refosco P. R. '12 | YY 3 |
| ○ COF Sauvignon '13 | YY 3 |
| ● COF Schioppettino '11 | YY 5 |
| ○ FCO Friulano '14 | YY 3 |
| ○ FCO Pinot Grigio '14 | YY 3 |
| ● FCO Refosco P. R. '13 | YY 3 |
| ○ FCO Ribolla Gialla '14 | YY 4 |

## Paolino Comelli

Case Colloredo, 8
33040 Faedis [UD]
Tel. +39 0432711226
www.comelli.it

藏酒销售
预约参观
膳宿接待
年产量 60 000 瓶
葡萄种植面积 12.5 公顷
可持续发展酒庄

皮耶路易吉·科梅利（Pierluigi Comelli）与妻子达妮埃拉（Daniela）重新整修了位于弗留利东方山丘（Friuli Colli Orientali）索弗姆博尔格克罗莱多（Colloredo de Soffumbergo）山间的一座古老小村庄，这里曾经是一片废墟。第一次世界大战后，多亏了宝里诺·科梅利（Paolino Comelli）带着复兴的积极思维，将这片废墟改造成了一座农场。今天，一度废弃的乡间小屋成为非常受欢迎的夏日旅游农舍，以本地传统风格搭配家具和装饰，令每一位客人宾至如归。宝里诺科梅利酒庄拥有一支团结且能干的酿造团队，还常常得到伟大的埃米利奥·德尔·迈蒂科（Emilio Del Medico）的技术指导，保证了出品维持在稳定的高水准上，令酒庄成为本产区数一数二的顶级生产商。在今年的品鉴中，宝里诺科梅利酒庄推荐了多款品质卓越的系列美酒，其中最得我们青睐的无疑是2014年份的玛尔维萨（Malvasia），这款佳酿凭借卓越品质跻身“三杯奖”大奖的决赛圈。它吐露着柠檬糖的缕缕芬芳，融入鼠尾草的淡淡香醇气息，蕴含美味的果味，展现出尤为精彩的可饮性。与此同时，2015年份的弗留利安诺（Friuliano）也表现出清澈的果味，经典卓越，令人久久难忘。

| | |
|---|---|
| ○ FCO Malvasia '14 | 🍷🍷（红） 3 |
| ○ FCO Friulano '15 | 🍷🍷 3 |
| ○ FCO Pinot Grigio Amplius '15 | 🍷🍷 3 |
| ○ Soffumbergo Bianco '13 | 🍷🍷 4 |
| ● Soffumbergo Rosso '13 | 🍷🍷 4 |
| ● FCO Pignolo '10 | 🍷 5 |
| ○ FCO Sauvignon '15 | 🍷 3 |
| ○ COF Sauvignon '13 | YY 3 |
| ● Esprimo Red '13 | YY 2 |
| ○ Esprimo White '13 | YY 2 |
| ○ Esprimo White '12 | YY 2 |
| ○ FCO Malvasia Locum Nostrum '13 | YY 3 |
| ○ FCO Picolit Eoos '12 | YY 6 |
| ○ FCO Pinot Grigio Amplius '14 | YY 3 |
| ○ Soffumbergo Bianco '12 | YY 4 |
| ● Soffumbergo Rosso '11 | YY 4 |

## )ario Coos

A RAMANDOLO, 5
3045 NIMIS [UD]
EL. +39 0432790320
www.dariocoos.it

藏酒销售
预约参观
E产量 65 000 瓶
葡萄种植面积 10 公顷

库斯家族（Coos）就是拉曼多罗地区（Ramandolo）的同义词。库斯家族自19世纪初就在弗留利东方山丘（Friuli Colli rientali）DOC产区最北端的拉曼多罗山坡上栽培葡萄，这里的山丘高耸入云，几乎可以被称作险峰峻岭。1986年，达里奥·库斯（Dario Coos）创建了自己的同名酒庄，但是实际上如今是一小群热情高张的合伙人联合管理酒庄业务。拉曼多罗山坡上生长着黄维多佐葡萄（Verduzzo iallo），这一葡萄品种的结串很小，葡萄皮较厚有韧劲儿，超级成熟的果实非常适合酿酒。达里奥库斯酒庄如今生产品种广泛的系列美酒，主要以本地传统葡萄品种为主，满足了大多数挑剔的味蕾，因此令这片土地声名大噪，也使酒庄成为当之无愧的本地酒宣传大使。酿造团队极富经验且高效，领军人物是安德里亚·皮塔纳（Andrea Pittana）。达里奥库斯酒庄今年提交了多款美酒供我们品鉴，其中不仅包括酒庄出产的经典甜白酒，还包括红葡萄酒和白葡萄酒。而极高的分数为它们的卓越品质说话：从所有推荐美酒中脱颖而出的是2015年份的弗留利安诺（Friuliano），它吐露着精美的缕缕花香，融入诱人的丝丝果香，随着香氛的飘散，最后更有一抹薄荷油的清凉风味萦绕其间。

| | |
|---|---|
| FCO Friulano '15 | 3* |
| Chardonnay '15 | 4 |
| FCO Picolit '13 | 6 |
| Malvasia '15 | 3 |
| Pinot Grigio '15 | 3 |
| Ramandolo V.T. '14 | 4 |
| Refosco P.R. '13 | 4 |
| Sauvignon '15 | 3 |
| Ramandolo Il Longhino '13 | 4 |
| Ribolla Gialla '15 | 3 |
| Schioppettino '14 | 4 |
| FCO Picolit '12 | 6 |
| Ramandolo V.T. '12 | 4 |
| Refosco P.R. '12 | 4 |
| Sauvignon '14 | 3 |

## Cantina Produttori Cormòns

VIA VINO DELLA PACE, 31
34071 CORMÒNS [GO]
TEL. +39 048162471
www.cormons.com

藏酒销售
预约参观
膳宿接待
年产量 2 250 000 瓶
葡萄种植面积 471 公顷
可持续发展酒庄

1968年，科尔蒙斯地区（Cormòns）的一群葡萄种植商决定将力量联合起来，他们拥有共同的信念，认为酿造葡萄与葡萄酒产业的未来不能寄托在飘忽不定的时尚趋势上，而应当根植于对于本地风土的大力推广。他们成立了科尔蒙斯葡萄酒生产联盟（Cantina Produttori di Cormòns），今天已经拥有二百多位种植商成员，散落在弗留利地区最佳的DOC产区。三十多年来，在农学专家吉安尼·罗孚（Gianni Rover）的监管下，所有供应商都遵循着严格的生产和操作规范来打理葡萄园。鲁道夫·瑞兹（Rodolfo Rizzi）负责葡萄酒的生产管理，他同时被任命为酒庄总监，也负责维护总能成功地酿造出高品质、高产量美酒的品牌发展。在今年的品鉴中，科尔蒙斯葡萄酒生产联盟推荐了许多美酒，而我们最终决定将最高荣誉颁给1987维诺德拉佩斯系列美酒（Vino della Pace），因为这款佳酿证明了白葡萄酒也能够在陈年长达30年后依然魅力无穷。这款美酒光洁美丽的色泽令人想起马沙拉白葡萄酒（Marsala），它吐露着葡萄干的浓香，融入无花果罐头的芬芳，随之而来的口感却呈现出不可思议的新鲜和馥郁，随着余韵的绵延久久不衰，令人惊叹。

| | |
|---|---|
| ○ Vino della Pace '87 | 5 |
| ○ Collio Bianco Collio & Collio '15 | 3 |
| ○ Collio Friuliano '15 | 3 |
| ○ Friuli Isonzo Malvasia '15 | 2* |
| ○ Collio Pinot Bianco '15 | 3 |
| ○ Collio Pinot Grigio '15 | 3 |
| ○ Friuli Isonzo Chardonnay '15 | 2 |
| ○ Collio Bianco Collio & Collio '14 | 3 |
| ○ Collio Friuliano '13 | 3 |
| ○ Collio Pinot Bianco '14 | 3 |
| ○ Collio Pinot Bianco '13 | 3 |
| ○ Collio Pinot Grigio '13 | 3 |
| ○ Collio Pinot Grigio '11 | 3 |
| ○ Friuli Isonzo Malvasia Istriana '12 | 3 |
| ○ Vino della Pace '09 | 5 |
| ○ Vino della Pace '08 | 5 |

## Crastin

LOC. RUTTARS, 33
34070 DOLEGNA DEL COLLIO [GO]
TEL. +39 0481630310
www.vinicrastin.it

藏酒销售
预约参观
年产量 35 000 瓶
葡萄种植面积 6 公顷

塞尔吉奥·克拉瑞格（Sergio Collarig）是当之无愧的酿酒大师。他独自照料着自己的葡萄园，不仅采用祖辈传下的传统方法栽培葡萄藤，而且还在此基础上结合最先进的创新技法。自1980年塞尔吉奥接管了父亲奥利弗·克拉瑞格（Olivo Collarig）创建的克莱斯汀酒庄（Crastin）以来，他充分意识到这片土地拥有巨大的潜力，因此将大部分精力投注于占地达到2.5公顷的葡萄园中，并且极力扩展葡萄园的规模。1990年，塞尔吉奥开始装瓶自家酿制的美酒，他与姐姐在高利奥戈里奇亚诺产区（Collio Goriziano）美丽的卢塔斯山（Ruttars）上合开了一座农场餐厅，装瓶美酒主要销售给餐厅的客人。酒庄如今的葡萄园已经扩张到6公顷，主要种植白葡萄品种。与去年一样，2015年份的弗留利安诺（Friulano）依然斩获了最高评分，闯入了角逐“三杯奖”的决赛，再次验证了这种葡萄品种拥有明星酒品的高水准。它吐露着柑橘和苹果的缕缕果香，融入鼠尾草的丝丝醇香，更有一抹蜜饯糖霜的风味，入口后感到丰盈饱满的果味，余韵持久不散，令人愉悦且难忘。

| | |
|---|---|
| ○ Collio Friulano '15 | ▼▼ 3* |
| ● Collio Cabernet Franc '14 | ▼▼ 3 |
| ● Collio Merlot '13 | ▼▼ 4 |
| ○ Collio Pinot Grigio '15 | ▼▼ 3 |
| ○ Collio Ribolla Gialla '15 | ▼▼ 3 |
| ○ Collio Sauvignon '15 | ▼▼ 3 |
| ● Collio Cabernet Franc '13 | ▽▽ 3 |
| ○ Collio Friulano '14 | ▽▽ 2* |
| ○ Collio Friulano '13 | ▽▽ 2* |
| ● Collio Merlot '12 | ▽▽ 2* |
| ○ Collio Pinot Grigio '14 | ▽▽ 3 |
| ○ Collio Pinot Grigio '13 | ▽▽ 3 |
| ○ Collio Ribolla Gialla '14 | ▽▽ 2* |
| ○ Collio Ribolla Gialla '13 | ▽▽ 2* |
| ○ Collio Sauvignon '14 | ▽▽ 3 |
| ○ Collio Sauvignon '13 | ▽▽ 3 |

## di Lenardo

FRAZ. ONTAGNANO
P.ZZA BATTISTI, 1
33050 GONARS [UD]
TEL. +39 0432928633
www.dilenardo.it

藏酒销售
预约参观
年产量 750 000 瓶
葡萄种植面积 55 公顷
可持续发展酒庄

虽然无法利用酿造条件最佳的山坡
块来生产美酒，马西莫·蒂廖纳
（Massimo di Lenardo）依然将他的酒
发展为产区内的顶级酒庄之一。蒂廖
多酒庄（Di Lenardo）的成功，证明了
借充满智慧和现代精神的酿造手法，
留利平原完全可以生产出产量高、品
品质卓越的顶级佳酿，而不仅仅是带
愉悦的平价葡萄酒。蒂廖纳多酒庄的
萄园散落平原各处，地基土层含量和
气候环境各异，但是马西莫只在酒标
标明产地，以表示一视同仁，每款产
酒都具有同样的重要性。出品美酒常
展现出诱人的香氛和口感，气质尤其
朴单纯，以清凛风味而著称。蒂廖纳
酒庄百分之八十的出品佳酿都输出到
际市场，使其成为弗留利产区在世界
真正的宣传大使。出品品种繁多、
型多样，以非常有竞争力的价格为
费者提供了丰富的选择。在今年的
鉴中，如果你想寻觅一款表现精良
美酒，我们大力推荐2015年份的霞多
（Chardonnay），这款美酒富含矿物质，
口感有力，回味绵长，令人难忘。

| | |
|---|---|
| ○ Chardonnay '15 | ▼▼▼ 2 |
| ● Cabernet '15 | ▼▼ 2 |
| ● Merlot '15 | ▼▼ 2 |
| ● Merlot Just Me '13 | ▼▼ 4 |
| ○ Pinot Grigio '15 | ▼▼ 2 |
| ○ Pinot Grigio Ramato Gossip '15 | ▼▼ 2 |
| ○ Chardonnay Father's Eyes '15 | ▼ 3 |
| ○ Friulano Toh! '15 | ▼ 2 |
| ○ Pass the Cookies '15 | ▼ 3 |
| ○ Ribolla Gialla Comemivuoi '15 | ▼ 2 |
| ● Ronco Nolè Rosso '14 | ▼ 2 |
| ○ Sarà Brut | ▼ 3 |
| ○ Sauvignon '15 | ▼ 2 |
| ○ Chardonnay '14 | ▽▽ 2 |
| ○ Friulano Toh! '14 | ▽▽ 2 |
| ○ Pinot Grigio '14 | ▽▽ 2 |

## ★★Dorigo

DA PROV.LE 79
3040 PREMARIACCO [UD]
EL. +39 0432634161
ww.dorigowines.com

藏酒销售
预约参观
E产量 120 000 瓶
葡萄种植面积 20 公顷
可持续发展酒庄

可莱西奥・多里戈（Alessio Dorigo）作
为家族新一代成员，几年前重组了家族
酒庄，建起设备完善的全新现代化酒
E总部，酒庄大楼是一栋设计独特的
斤锐建筑，非常醒目，坐落在从乌迪内
（Udine）到弗留利奇维达莱产区（Cividale
el Friuli）的公路旁。热情高涨、热衷于
学习和创新的阿莱西奥努力发展着父亲
吉洛拉莫（Girolamo）五十年前创建的
酒庄。半个世纪的实验和革新，写就了
弗留利产区酿造史上重要的篇章。阿莱
西奥尤其注重采用传统酿造法打造酒庄
的旗舰起泡酒，而且致力于推广本地葡
萄品种，尤其是黄丽波拉葡萄（Ribolla
ialla），如今这一品种在国际市场上已
经是大热门。在今年的品鉴中，多里戈
酒庄提交了多款品质卓越的美酒，其中
未经浸渍的黄丽波拉第一次闯入了我们
角逐"三杯奖"大奖的决赛。对于最先
展现出相信这种本地品种葡萄潜力的多
里戈酒庄，我们心存无限敬意。除此之
卜，初次发布的多里戈红葡萄酒（Rosso
origo）也表现精彩，结构恢宏，口感愉
悦，果味多汁，富有葡萄干风味。

| | |
|---|---|
| ○ FCO Ribolla Gialla '15 | 🍷🍷 3* |
| ○ Blanc de Blancs Pas Dosé | 🍷🍷 5 |
| ○ Blanc de Noir Dosage Zéro | 🍷🍷 5 |
| ○ Dorigo Brut Cuvée | 🍷🍷 4 |
| ● Dorigo Rosso | 🍷🍷 4 |
| ○ FCO Chardonnay Ronc di Juri '14 | 🍷🍷 5 |
| ○ FCO Friulano '15 | 🍷🍷 3 |
| ● FCO Merlot '14 | 🍷🍷 3 |
| ○ FCO Picolit '14 | 🍷🍷 6 |
| ○ FCO Sauvignon '15 | 🍷🍷 3 |
| ● COF Pignolo di Buttrio '03 | 🍷🍷🍷 8 |
| ● COF Pignolo di Buttrio '02 | 🍷🍷🍷 8 |
| ● COF Rosso Montsclapade '06 | 🍷🍷🍷 6 |
| ● COF Rosso Montsclapade '04 | 🍷🍷🍷 6 |
| ● COF Rosso Montsclapade '01 | 🍷🍷🍷 6 |

## Draga

LOC. SCEDINA, 8
34070 SAN FLORIANO DEL COLLIO [GO]
TEL. +39 0481884182
www.draga.it

藏酒销售
预约参观
年产量 40 000 瓶
葡萄种植面积 14 公顷
可持续发展酒庄

米克鲁斯家族（Miklus）带着激情与爱心在高利奥的圣弗洛里亚诺（San Floriano del Collio）照料着家族可爱的葡萄园已经有三个世代的时间。德拉格酒庄（Draga）的名字来自临近地区的地名，如今的主人是米兰・米克鲁斯（Milan Miklus），他的妻子安娜（Anna）以及儿子丹尼斯・米克鲁斯（Denis Miklus）和女儿米嘉・米克鲁斯（Mitja Miklus）在一旁协助管理酒庄事务。1982年，米兰开始重整葡萄园，将其分为德拉格（Draga）和布莱格（Breg）两片地块，经过十年的悉心打造，终于开始装瓶出售酿制的美酒。种植区地处陡峭的山坡之上，能够接受丰足的日照，不过也就意味着种植和采收也只能通过手工实现。德拉格系列佳酿包含酒体精致、可饮性很强的酒品，而米克鲁斯系列（Miklus）则容纳了展现本地传统酿造技法的佳酿，通过长期带皮浸渍（即便是白葡萄品种也是如此）凸显古老酿造方法中带出的馥郁浓烈酒香，色泽光亮，香氛极富意趣。在今年的品鉴中，米克鲁斯家族奉上了一系列品质卓越的好酒，其中2011年份的米克鲁斯灰比诺（Pinot Grigio Miklus）吐露着杏仁碎的缕缕醇香，融入水果糖的芬芳，底蕴中透露出丝丝黑茶和焦糖的香气。它的口感令人惊异地纤美，品质始终如一，果味鲜美馥郁。

| | |
|---|---|
| ○ Collio Pinot Grigio Miklus '11 | 🍷🍷 4 |
| ○ Collio Friulano '15 | 🍷🍷 3 |
| ○ Collio Malvasia Miklus '13 | 🍷🍷 4 |
| ○ Collio Ribolla Gialla Miklus Natural Art '09 | 🍷🍷 5 |
| ○ Collio Sauvignon '15 | 🍷🍷 3 |
| ○ Collio Malvasia Miklus '10 | 🍷🍷🍷 7 |
| ○ Collio Friulano '14 | 🍷🍷 3 |
| ○ Collio Pinot Grigio '14 | 🍷🍷 3 |
| ● Collio Rosso Miklus Negro di Collina '12 | 🍷🍷 4 |
| ○ Collio Sauvignon '14 | 🍷🍷 3 |
| ○ Collio Sauvignon '13 | 🍷🍷 3 |
| ○ Miklus Pas Dosé M. Cl. '12 | 🍷🍷 5 |
| ○ Ribolla Gialla Miklus '09 | 🍷🍷 5 |

## Drius

via Filanda, 100
34071 Cormòns [GO]
Tel. +39 048160998
www.drius.it

藏酒销售
预约参观
年产量 50 000 瓶
葡萄种植面积 15 公顷
可持续发展酒庄

在两个多世纪的漫长历史中，杜瑞思家族（Drius）曾经从事农业和畜牧业的各个领域，他们世代定居在科尔蒙斯（Cormòns），将对这片热土的爱倾洒在弗留利伊松佐葡萄酒产区（Friuli Isonzo）和高利奥葡萄酒产区（Collio）。紧密的家族纽带是杜瑞思酒庄牢固的附加值，在妻子娜迪娅（Nadia）的支持下，毛罗·杜瑞思（Mauro Drius）放弃了畜牧业，转战葡萄酒酿造业。拥有傲人的农业传统，毛罗很快变成了酿酒大师，他酿造的美酒充分反映出本地的风土潜力，杜瑞思酒庄的所有系列酒品都展现出完美无瑕的酿造技艺，清爽可口，果香四溢，芬芳扑鼻，精美的果味非常易于入口。今天，毛罗年轻的儿子丹尼斯（Denis）已经开始参与酒庄的业务，负责葡萄酒的酿造。在今年的品鉴中，杜瑞思酒庄提交了多款品质卓越的美酒，其中2013年份的塞瑞斯园白葡萄酒（Bianco Vignis di Siris）凭借卓越表现，闯入了角逐“三杯奖”大奖的决赛。这是一款来自弗留利伊松佐葡萄酒DOC产区的美酒，以同一地块出产的弗留利安诺托凯（Tocai Friulano）、苏维翁（Sauvignon）和白比诺（Pinot Bianco）混酿而成，精美的酒香复杂而浓烈，美妙的口感与之相得益彰，平衡度极佳，展现出柔美诱人的果味。

| | | |
|---|---|---|
| ○ Friuli Isonzo Bianco Vignis di Siris '13 | 🍷🍷 | 3* |
| ○ Collio Friulano '15 | 🍷🍷 | 3 |
| ● Friuli Isonzo Cabernet Sauvignon '13 | 🍷🍷 | 4 |
| ○ Friuli Isonzo Malvasia '15 | 🍷🍷 | 3 |
| ● Friuli Isonzo Merlot '13 | 🍷🍷 | 4 |
| ○ Friuli Isonzo Pinot Bianco '15 | 🍷🍷 | 3 |
| ○ Friuli Isonzo Pinot Grigio '15 | 🍷🍷 | 3 |
| ○ Friuli Isonzo Friulano '15 | 🍷 | 3 |
| ○ Collio Tocai Friulano '05 | 🍷🍷🍷 | 3* |
| ○ Collio Tocai Friulano '02 | 🍷🍷🍷 | 2* |
| ○ Friuli Isonzo Bianco Vignis di Siris '02 | 🍷🍷🍷 | 3* |
| ○ Friuli Isonzo Friulano '07 | 🍷🍷🍷 | 3 |
| ○ Friuli Isonzo Malvasia '08 | 🍷🍷🍷 | 3* |
| ○ Friuli Isonzo Pinot Bianco '09 | 🍷🍷🍷 | 3* |
| ○ Friuli Isonzo Pinot Bianco '00 | 🍷🍷🍷 | 3* |
| ○ Collio Friulano '14 | 🍷🍷 | 3* |

## ★Le Due Terre

via Roma, 68b
33040 Prepotto [UD]
Tel. +39 0432713189
fortesilvana@libero.it

藏酒销售
预约参观
年产量 18 000 瓶
葡萄种植面积 5 公顷

三十多年来，弗拉维奥·巴西利卡（Flavio Basilicata）和席尔瓦娜·福（Silvana Forte）凭借无限的热情以及可否认的高超酿造技术经营着这座小庄，生产着有机美酒。双土酒庄（Le Du Terre）只拥有占地5公顷的葡萄园，妇二人尽心竭力地关照着每一个生产节。近些年来，双土酒庄的出品在该区甚至全国范围内始终处于领先地位。据说在建造酒窖的挖掘过程中，发现属于古老教堂的巨大石块，因此激发巴西利卡塔夫妇的灵感，将酒庄所产混酿命名为“献祭”（Sacrisassi），这美酒完全产自本地葡萄品种。“献祭”红葡萄酒（Rosso Sacrisassi）由同等比的红梗瑞福斯科达（Refosco dal Peduncol Rosso）和司棋派蒂诺（Schioppettino）酿而成；而“献祭”白葡萄酒（Sacrisas Bianco）则大多采用弗留利安诺葡（Friulano），辅以黄丽波拉葡萄（Ribol Gialla）混酿而成。除此之外，梅（Merlot）和黑比诺（Pinot Nero）令酒出品系列更加完整。虽然2014年的采酿造季条件艰难，但是弗拉维奥酿造四款美酒中竟然有三款都入围了最终赛，不能不令人由衷地竖起大拇指。过，在取得了连续七年荣获“三杯奖”的出色成绩之后，今年推荐的“献祭”红葡萄酒没能入围，还是令我们感遗憾。

| | | |
|---|---|---|
| ○ FCO Bianco Sacrisassi '14 | 🍷🍷 | 5 |
| ● FCO Merlot '14 | 🍷🍷 | 5 |
| ● FCO Rosso Sacrisassi '14 | 🍷🍷 | 5 |
| ● FCO Pinot Nero '14 | 🍷🍷 | 5 |
| ○ COF Bianco Sacrisassi '05 | 🍷🍷🍷 | 5 |
| ● COF Merlot '03 | 🍷🍷🍷 | 5 |
| ● COF Merlot '02 | 🍷🍷🍷 | 5 |
| ● COF Merlot '00 | 🍷🍷🍷 | 5 |
| ● COF Rosso Sacrisassi '12 | 🍷🍷🍷 | 5 |
| ● COF Rosso Sacrisassi '11 | 🍷🍷🍷 | 5 |
| ● COF Rosso Sacrisassi '10 | 🍷🍷🍷 | 5 |
| ● COF Rosso Sacrisassi '09 | 🍷🍷🍷 | 5 |
| ● COF Rosso Sacrisassi '08 | 🍷🍷🍷 | 5 |
| ● COF Rosso Sacrisassi '07 | 🍷🍷🍷 | 5 |
| ● FCO Rosso Sacrisassi '13 | 🍷🍷🍷 | 5 |

## rmacora

raz. Ipplis
a Solzaredo, 9
3040 Premariacco [UD]
el. +39 0432716250
www.ermacora.it

藏酒销售
预约参观
产量 180 000 瓶
葡萄种植面积 47 公顷
可持续发展酒庄

葡萄酒世界中，埃玛克拉酒庄 Ermacora）就是绝对品质的同义词。这种品质保障是通过多年的发展和努力得来的。1922年，安东尼奥·埃玛克拉 Antonio Ermacora）和约瑟佩·埃玛克拉（Giuseppe Ermacora）兄弟二人开始在伊普利斯山上（Ipplis）栽培自己的葡萄园，意识到这里的石灰质黏土地基虽然贫瘠但是富含矿物质，特别适合某类酿造葡萄的生长，可以缔造极具名望的美酒。这座家庭酒庄就此传承下来。今天，家族新一代成员达里奥·埃玛克拉 Dario Ermacora）和卢西亚诺·埃玛克拉 Luciano Ermacora）兄弟二人经营着这座先锋酒庄。"无为已达最佳，谨慎采用最先进酿造科技。"他们的酿造理念很简单：尊重自然自己的节奏，即便运用创新科技也要避免强迫大自然，以获得富有个性的率真美酒，诚实反映出品种葡萄的特质。埃玛克拉酒庄这一季提供的最新酒品表现极为突出，尤其是2015年份的弗留利安诺（Friulano），重复了上一年份酒的精彩表现，再次确认了自己堪称该酒庄高水准系列美酒中巅峰之作的实力。这款地中海风情美酒吐露着非常精美的干花芬芳，散发着蜜糖和百里香的阵阵芳香，极为诱人，入口后能够感到卓越的平衡口感。除此之外，2015年份的灰比诺（Pinot Grigio）美味多汁，极具说服力，吐露着扑鼻的青柠芬芳，融入葡萄柚的缕缕果香，是一款顶级佳酿。

| | |
|---|---|
| FCO Friulano '15 | ▼▼ 3* |
| FCO Picolit '13 | ▼▼ 6 |
| FCO Pignolo '10 | ▼▼ 5 |
| FCO Pinot Bianco '15 | ▼▼ 3 |
| FCO Pinot Grigio '15 | ▼▼ 3 |
| FCO Ribolla Gialla '15 | ▼▼ 3 |
| FCO Sauvignon '15 | ▼▼ 3 |
| FCO Merlot '14 | ▼ 3 |
| FCO Rîul '12 | ▼ 4 |
| COF Pignolo '00 | ▽▽▽ 5 |
| FCO Friulano '14 | ▽▽ 3* |
| FCO Picolit '12 | ▽▽ 6 |
| FCO Pinot Bianco '14 | ▽▽ 3 |
| FCO Pinot Grigio '14 | ▽▽ 3 |
| FCO Ribolla Gialla '14 | ▽▽ 3 |
| FCO Sauvignon '14 | ▽▽ 3 |
| FCO Schioppettino '13 | ▽▽ 3 |

## Fantinel

fraz. Tauriano
via Tesis, 8
33097 Spilimbergo [PN]
Tel. +39 0427591511
www.fantinel.com

藏酒销售
预约参观
餐饮接待
年产量 5 000 000 瓶
葡萄种植面积 300 公顷
可持续发展酒庄

芬提妮家族酒庄（Fantinel）生产品类繁多的系列美酒，能够满足市场需求以及各种类型顾客的味蕾。出品佳酿在全世界范围内都享有盛誉，风行九十多个国家，因此堪称本产区的宣传大使。芬提妮家族酒庄的旗舰美酒是圣艾琳娜庄（Sant' Elena）打造的高利奥美酒（Collio），酒体饱满，极富个性。但是酒庄的大部分出品仍然是来自平原地带的清爽且极易入口的佳酿，其中起泡酒占据主要地位。芬提妮酒庄的总部位于斯皮林贝尔戈的陶里阿瓦诺（Tauriano di Spilimbergo），恢宏的总部建筑四周环绕美丽的葡萄园，是葡萄酒生产业和酒店业的典范建筑，集艺术、文化和功能性于一体。在芬提妮酒庄今年提供的品鉴酒品中，2014年份的圣海伦娜疆域高利奥白葡萄酒混酿（Collio Bianco Frontiere San' Helena）再次令我们心仪。这款以弗留利安诺（Friulano）、白比诺（Pinot Bianco）和霞多丽（Chardonnay）打造而成的混酿吐露着百香果和芒果等热带水果般的浓郁果香，融入酒心甜点的甜美香气，更有大麦和茶的飘香提升了整款酒的香氛，美妙的口感与香氛相得益彰，收口果味丰盈，多汁柔美，清爽宜人。

| | |
|---|---|
| ● Cabernet Sauvignon Sant'Helena '12 | ▼▼ 3 |
| ○ Collio Bianco Frontiere Sant'Helena '14 | ▼▼ 4 |
| ○ Collio Pinot Grigio Sant'Helena '15 | ▼▼ 3 |
| ● Collio Rosso Venko Sant'Helena '10 | ▼▼ 4 |
| ○ Collio Sauvignon Sant'Helena '15 | ▼▼ 3 |
| ⊙ Brut Rosé One & Only '14 | ▼ 3 |
| ○ Prosecco Brut One & Only | ▼ 3 |
| ○ Prosecco Brut The Indipendent '15 | ▼ 3 |
| ● Refosco P. R. Sant'Helena '11 | ▼ 3 |
| ○ Ribolla Gialla Brut | ▼ 3 |
| ○ Ribolla Gialla Sant'Helena '15 | ▼ 3 |
| ○ Collio Pinot Grigio Sant'Helena '14 | ▽▽ 3 |
| ● Collio Rosso Venko Sant'Helena '08 | ▽▽ 3 |
| ○ Collio Sauvignon Sant'Helena '14 | ▽▽ 3 |
| ● Refosco P. R. Sant'Helena '10 | ▽▽ 3 |
| ○ Ribolla Gialla Sant'Helena '14 | ▽▽ 3 |

## ★★Livio Felluga

FRAZ. BRAZZANO
VIA RISORGIMENTO, 1
34071 CORMÒNS [GO]
TEL. +39 048160203
www.liviofelluga.it

预约参观
年产量 800 000 瓶
葡萄种植面积 160 公顷
可持续发展酒庄

在上个世纪后半期之初，弗留利葡萄酒酿造业的元老教父利维奥·弗卢戈（Livio Felluga）——如今已是一位超过百岁的老人，与一群极富进取精神的酿酒人精诚合作，致力于推广当时在意大利闻所未闻的酿酒思路——打造伟大的白葡萄酒。利维奥在科尔蒙斯布拉扎诺（Brazzano di Cormòns）创建了酒庄，并极有先见之明地在罗萨佐（Rosazzo）买下了第一座葡萄园。利维奥于1956年设计的著名酒标极富历史感，见证了他的成功，拥有极高的识别度——描绘出酒庄所在山丘的地图。今天的丽斐酒庄由利维奥的四个子女打理——马里奇奥·弗卢戈（Maurizio Felluga）、艾尔达·弗卢戈（Elda Felluga）、安德里亚·弗卢戈（Andrea Felluga）和费里波·弗卢戈（Filippo Felluga），酒庄的规模也不断扩大，将罗萨泽奥修道院（Abbazia di Rosazzo）收入囊中，处于弗留利产区（Friuli）葡萄酒酿造文化的核心地带。在今年的品鉴中，丽斐酒庄有三款美酒闯入了角逐"三杯奖"大奖的决赛，大大提升了丽斐酒庄的获奖几率。最终大奖花落2014年份的利维奥白葡萄酒（Bianco Illivio），重现了该款酒几年前的荣光。它的品质虽然与往年相比略显逊色，但是依然展现出质朴气质和四溢酒香，两者的完美结合或许就是这款佳酿大获成功的秘诀所在。

| | |
|---|---|
| ○ FCO Bianco Illivio '14 | 5 |
| ● FCO Rosazzo Sossó '12 | 7 |
| ○ Rosazzo Terre Alte '14 | 7 |
| ○ FCO Chardonnay '15 | 4 |
| ○ FCO Friulano '15 | 4 |
| ○ FCO Picolit '11 | 8 |
| ● FCO Refosco P. R. '12 | 5 |
| ○ Rosazzo Abbazia di Rosazzo '13 | 7 |
| ○ COF Bianco Illivio '10 | 5 |
| ○ COF Rosazzo Bianco Terre Alte '09 | 7 |
| ○ COF Rosazzo Bianco Terre Alte '08 | 7 |
| ○ COF Rosazzo Bianco Terre Alte '07 | 7 |
| ○ COF Rosazzo Bianco Terre Alte '06 | 6 |
| ○ COF Rosazzo Bianco Terre Alte '04 | 6 |
| ○ Rosazzo Terre Alte '12 | 7 |
| ○ Rosazzo Terre Alte '11 | 7 |

## Marco Felluga

VIA GORIZIA, 121
34072 GRADISCA D'ISONZO [GO]
TEL. +39 048199164
www.marcofelluga.it

藏酒销售
预约参观
餐饮接待
年产量 600 000 瓶
葡萄种植面积 100 公顷
可持续发展酒庄

作为意大利葡萄酒酿造业的开创者和创新者之一，马可·弗卢戈（Marc Felluga）于1956年创建了家庭酒庄，如今这位九十多岁的老人年事已高，将家族生意传给了儿子罗伯托·弗卢戈（Robert Felluga）。虽然形势艰难，但是马可相信高利奥酒（Collio）的巨大潜力，并且将这种美酒提升到全球皆知的程度。近年来，同样富有创新精神和前瞻思维的罗伯托决定实施一项需要勇气的新挑战，大力推广极具陈年能力的白葡萄酒——甄选采收后经过几年的陈年才投入市场的陈酿。这些更加成熟的美酒教会消费者品鉴卓越的白葡萄酒在瓶中长期陈年后带来的微妙质感。此举可以充分展现白葡萄酒陈酿的巨大潜力，因而被广泛效仿，罗伯托的决定也被证明是极为睿智的选择。在马可弗卢戈酒庄这一季提供的品鉴酒品中，我们发现蒙格瑞斯灰比诺陈酿（Pinot Grigio Mongris Riserva）已经连续第四年现身决赛，这一次凭借的是2013年份酒，这充分说明了这款佳酿的诸多特质已经得到了消费者的广泛认可和欣赏。虽然它最后遗憾地与"三杯奖"大奖失之交臂，它依然是该产区最有意趣的高品质美酒之一。

| | |
|---|---|
| ○ Collio Pinot Grigio Mongris Ris. '13 | 5 |
| ○ Collio Chardonnay '15 | 5 |
| ○ Collio Friulano '15 | 3 |
| ○ Collio Sauvignon '15 | 3 |
| ○ Collio Pinot Grigio '15 | 5 |
| ○ Collio Ribolla Gialla '15 | 3 |
| ○ Collio Bianco Molamatta '13 | 5 |
| ○ Collio Friulano '14 | 3 |
| ● Collio Merlot '12 | 3 |
| ○ Collio Pinot Grigio '14 | 5 |
| ○ Collio Pinot Grigio Mongris Ris. '12 | 5 |
| ○ Collio Pinot Grigio Mongris Ris. '11 | 6 |
| ○ Collio Ribolla Gialla '14 | 3 |
| ○ Collio Sauvignon '13 | 5 |

## Fiegl

Fraz. Oslavia
Loc. Lenzuolo Bianco, 1
34170 Gorizia
Tel. +39 0481547103
www.fieglvini.com

藏酒销售
预约参观
年产量 150 000 瓶
葡萄种植面积 30 公顷
可持续发展酒庄

高利奥戈里奇亚诺产区（Collio Goriziano）的兰佐罗比安科地区（Lenzuolo Bianco）汇集了产区酿酒图景中许多大有来头的名字。这里是国境交界地带，历史上经历了多次战争的洗礼，到处都是世世代代以土地和葡萄园为傲的酒农。来自邻国奥地利的菲戈尔家族（Fiegl）在这里繁衍生息、劳作生活已经长达两个多世纪之久。今天的菲戈尔酒庄由阿莱西奥·菲戈尔（Alessio Fiegl）、约瑟佩·菲戈尔（Giuseppe Fiegl）和里纳尔多·菲戈尔（Rinaldo Fiegl）兄弟三人共同经营管理，但是家族中的年轻一代也开始发挥活跃的作用，越来越多地负责酒庄的日常运营：马丁·菲戈尔（Martin Fiegl）、罗伯特·菲戈尔（Robert Fiegl）和玛捷·菲戈尔（Matej Fiegl）协同作战，为家庭酒庄的进步和提升做出贡献。他们的辛勤劳动，以及在葡萄园和酒庄的加大投资，都令酒庄生产飞跃发展。在今年的品鉴中，菲戈尔酒庄推荐的所有系列美酒都有上佳表现，其中三款更是凭借卓越品质闯进了争夺“三杯奖”大奖的决赛圈，最终2015年份的弗留利安诺（Friuliano）摘下了桂冠。这款诱人的美酒吐露着刺槐花的芬芳，融入苹果的果香和杏仁的醇香，随之而来的口感与香氛相得益彰，果味醇美，口感厚实。

| | |
|---|---|
| ○ Collio Friulano '15 | 🍷🍷🍷 3* |
| ○ Collio Ribolla Gialla Oslavia '14 | 🍷🍷 5 |
| ● Collio Rosso Leopold Cuvée Rouge '09 | 🍷🍷 5 |
| ○ Collio Bianco Cuvée Blanc '14 | ▼▼ 4 |
| ○ Collio Malvasia '15 | ▼▼ 3 |
| ● Collio Merlot Leopold '10 | ▼▼ 5 |
| ○ Collio Sauvignon '15 | ▼▼ 3 |
| ⊙ Fiegl Rosé | ▼▼ 4 |
| ○ Collio Pinot Grigio '15 | ▼ 3 |
| ○ Collio Ribolla Gialla '15 | ▼ 3 |
| ○ Collio Pinot Grigio '04 | ▽▽▽ 2* |
| ○ Collio Bianco Cuvée Blanc '13 | ▽▽ 4 |
| ○ Collio Chardonnay '14 | ▽▽ 3 |
| ○ Collio Friulano '14 | ▽▽ 3 |
| ○ Collio Sauvignon '14 | ▽▽ 3 |

## Gigante

via Rocca Bernarda, 3
33040 Corno di Rosazzo [UD]
Tel. +39 0432755835
www.adrianogigante.it

藏酒销售
预约参观
膳宿接待
年产量 100 000 瓶
葡萄种植面积 25 公顷

在产区葡萄酒图景中，罗卡贝纳达（Rocca Bernarda）是许多如雷贯耳的著名酒庄的故乡。阿德里亚诺·希甘特（Adriano Gigante）的酒庄位于俯瞰科尔诺迪罗萨佐（Corno di Rosazzo）的山坡，是一座展现出弗留利东方山丘DOC产区（Friuli Colli Orientali DOC）独特风土特征的成熟酒庄。种植弗留利安诺托凯葡萄（Tocai Friuliano）的斯托瑞科葡萄园（Storico）以其巨大的发展潜力而闻名遐迩，令希甘特酒庄迅速崛起，这座葡萄园至今依然是酒庄最大的骄傲。希甘特酒庄的新大楼已经竣工，阿德里亚诺因而拥有了巨大空间处理酿造葡萄，能够继续在传统的基础上采用最新酿造技术打造高品质美酒。希甘特酒庄今年提供的品鉴酒品表现都十分卓越，其中两款美酒更闯入了角逐“三杯奖”大奖的决赛圈，都是以本地葡萄品种打造而成的佳酿——一款红葡萄酒、一款白葡萄酒，再次确认了希甘特酒庄整个出品系列的卓越品质。2015年份的老藤斯托瑞科园弗留利安诺（Friulano Vigneto Storico）是我们熟悉的老朋友了，而2013年份的红梗瑞福斯科陈酿（Refosco dal Peduncolo Rosso Riserva）则是一款颇受欢迎的新酒。

| | |
|---|---|
| ○ FCO Friulano Vign. Storico '15 | 🍷🍷 4 |
| ● FCO Refosco P. R. Ris. '13 | 🍷🍷 3* |
| ○ FCO Friulano '15 | ▼▼ 3 |
| ○ FCO Pinot Grigio '15 | ▼▼ 3 |
| ○ FCO Ribolla Gialla '15 | ▼▼ 3 |
| ○ FCO Sauvignon '15 | ▼▼ 3 |
| ○ FCO Verduzzo Friulano '11 | ▼▼ 3 |
| ○ Friuli Isonzo Malvasia '15 | ▼▼ 3 |
| ● FCO Cabernet Franc '14 | ▼ 3 |
| ⊙ Prima Nera Brut Rosé | ▼ 3 |
| ○ Ribolla Gialla Brut | ▼ 3 |
| ○ COF Tocai Friulano Vign. Storico '06 | ▽▽▽ 4 |
| ○ COF Tocai Friulano Vign. Storico '05 | ▽▽▽ 4 |
| ○ COF Tocai Friulano Vign. Storico '03 | ▽▽▽ 4 |
| ○ FCO Picolit '08 | ▽▽▽ 6 |

## Gori

via G.B. Gori, 14
33045 Nimis [UD]
Tel. +39 0432878475
www.goriagricola.it

预约参观
年产量 45 000 瓶
葡萄种植面积 18 公顷

詹皮耶罗・格里（Giampiero Gori）在尼米斯（Nimis）新近成立的格里酒庄（Gori）位于弗留利东方山丘产区（Friuli's Colli Orientali Zone）的最北端，也是气候最寒冷的地带，酒庄已经凭借卓越的美酒出品和伟大的建筑而声名鹊起。格里酒庄伫立于俯瞰城镇的山巅，它那现代化的恢宏酒庄大楼拔地而起，其下是三层地下酒窖，这样的设计可以在葡萄酒的酿造过程中充分利用重力的作用。酒庄大楼的北侧是一座由石头和不锈钢组成的堡垒建筑，而大楼的南侧则可以享受凭栏远眺山谷的美景。最近，引入黑比诺（Pinot Nero）的项目正在野心勃勃地进展中。格里酒庄拥有占地面积达到18公顷的葡萄园，托付给经验丰富的农学大师乔瓦尼・比格特（Giovanni Bigot）管理照料，而酒窖中的酿造工作则在纳塔莱・法瑞图（Natale Favretto）的监督下进行。在格里酒庄今年提供的品鉴酒品中，2013年份的瑞德博斯科红梗瑞福斯科达（Refosco dal Peduncolo Rosso Redelbosco）连续第二年得到了我们的最高评分，而且顺利杀入角逐“三杯奖”大奖的决赛。我们被它的卓越品质吸引，它的香氛层次繁多，吐露着跃动的果香，融入香料的辛香，随之而来的口感结构上佳，平衡度很好。

| | |
|---|---|
| ● Refosco P. R. Redelbosco '13 | 3* |
| ● FCO Merlot Toni Vasùt '14 | 3 |
| ○ FCO Sauvignon Busseben '14 | 3 |
| ● Rosso Meni Vasùt '13 | 3 |
| ○ FCO Chardonnay Giugiù '14 | 3 |
| ● Pinot Nero Nemas I '14 | 4 |
| ○ Chardonnay Giugiù '13 | 4 |
| ● Merlot Toni Vasùt '13 | 4 |
| ● Refosco P. R. Redelbosco '12 | 4 |
| ● Rosso Meni Vasùt '12 | 4 |

## Gradis'ciutta

loc. Giasbana, 10
34070 San Floriano del Collio [GO]
Tel. +39 0481390237
www.gradisciutta.eu

藏酒销售
预约参观
年产量 100 000 瓶
葡萄种植面积 20 公顷

自古老的1780年始，普林奇科家族（Princic）就在靠近斯洛文尼亚（Slovenia）边境附近的科萨纳（Kosana）酿造美酒。哈布斯堡王朝（House o Habsburg）的陨落、第一次世界大战（Great War）以及分成佃农制将他们的曾祖父菲利普・普林奇科（Filip Princic）带到了高利奥圣弗洛里亚诺（San Floriano de Collio）附近的吉斯巴纳（Giasbana）。酒庄现在的主人罗伯特・普林奇科（Rober Princic）实际上就出生在葡萄园中，但直至1997年从酿酒学院毕业后才成立了格莱蒂修塔酒庄（Gradis' Ciutta），在父亲伊斯多洛・普林奇科（Isidoro Princic）的指导下将全副精力投入到葡萄栽培和葡萄酒的酿造事业中。格莱蒂修塔酒庄总部附近葡萄园的种植历史超过了80年，堪称充分展现酒庄勤奋与专业的无价瑰宝。酒庄其他葡萄园则分散遍布各处，有些地块还十分遥远，拥有各异的土壤地基和微气候环境，使精选克隆藤以提升每一种单一葡萄品种的发展潜力成为可能。几乎每年在决赛中，我们都能看到几款罗伯特・普林奇科酿造的美酒。今年也不例外，轮到2015年份的弗留利安诺（Friulano）和2014年份的布兰提尼斯高利奥白葡萄酒（Collio Bianco Bratinis）。这两款佳酿都酒香四溢，口感新鲜，品质持久如一，都以酒香和口感见长，却都遗憾地以毫厘之差与大奖失之交臂。

| | |
|---|---|
| ○ Collio Bianco Bratinis '14 | 3* |
| ○ Collio Friulano '15 | 3* |
| ○ Collio Bianco Ris. '09 | 3 |
| ○ Collio Chardonnay '15 | 3 |
| ○ Collio Malvasia '15 | 3 |
| ○ Collio Pinot Grigio '15 | 3 |
| ○ Collio Ribolla Gialla '15 | 3 |
| ○ Collio Sauvignon '15 | 3 |
| ○ Collio Bianco Bratinis '13 | 3* |
| ○ Collio Bianco Bratinis '12 | 3* |
| ○ Collio Chardonnay '14 | 3 |
| ○ Collio Malvasia '13 | 3 |
| ○ Collio Pinot Grigio '14 | 3 |
| ○ Collio Pinot Grigio '13 | 3 |
| ○ Collio Ribolla Gialla '14 | 3 |
| ○ Collio Sauvignon '14 | 3 |

## ★★Gravner

FRAZ. OSLAVIA
LOC. LENZUOLO BIANCO, 9
34070 GORIZIA
TEL. +39 048130882
www.gravner.it

藏酒销售
预约参观
年产量 30 000 瓶
葡萄种植面积 18 公顷

加斯科·格拉弗纳（Josko Gravner）是一位伟大的酿酒师，虽然这位大师沉默寡言，但是他酿造的美酒总能为他说话，充分展现他的才华。加斯科总爱回忆起他尝遍所有新酿造技术的旧日时光，今天的格拉弗纳酒庄再也看不到不锈钢罐甚至小型橡木桶。满眼望去都是埋了半截的高加索（Caucasus）双耳酒罐，不论红葡萄还是白葡萄都要脱皮浸渍，有时甚至长达六个多月的时间，继而在大型木桶中陈年数年，已臻完美：黄丽波拉（Ribolla Gialla）至少陈年七年，而红葡萄酒则需陈年十年以上。得到的美酒都展现出强劲有力的口感，结构上佳，果味饱满，甚至连色泽都那么丰盈，尤其是发摇曳着琥珀色光泽的白葡萄酒，与此同时绝没有丢失真正美酒的意趣，令人兴奋，可饮性极佳。在今年的品鉴中，格拉弗纳酒庄只推荐了两款酒，但是这是怎样顶级的两款佳酿！在两大明星地产酒中做出高低选择，可绝非易事。最终2008年份的灰比诺（Pinot Grigio）以微弱优势胜出，它显露出加泰罗尼亚克里玛风味，散发着杏仁碎的醇香，融入百里香和桉树的香气，随之而来的口感始终干爽且多汁，酒质如同丝绸般柔滑，给人带来愉悦的享受。

| | | |
|---|---|---|
| ○ Ribolla Gialla '08 | 🍷🍷🍷 | 5 |
| ○ Bianco Breg '08 | 🍷🍷 | 7 |
| ○ Breg '00 | ♈♈♈ | 8 |
| ○ Breg Anfora '06 | ♈♈♈ | 7 |
| ○ Breg Anfora '03 | ♈♈♈ | 7 |
| ○ Breg Anfora '02 | ♈♈♈ | 7 |
| ○ Chardonnay '87 | ♈♈♈ | 7 |
| ○ Chardonnay '83 | ♈♈♈ | 7 |
| ○ Ribolla Anfora '05 | ♈♈♈ | 7 |
| ○ Ribolla Anfora '04 | ♈♈♈ | 7 |
| ○ Ribolla Anfora '02 | ♈♈♈ | 7 |
| ○ Ribolla Anfora '01 | ♈♈♈ | 7 |
| ○ Ribolla Gialla '07 | ♈♈♈ | 5 |
| ● Rosso Gravner '04 | ♈♈♈ | 7 |

## Iole Grillo

VIA ALBANA, 60
33040 PREPOTTO [UD]
TEL. +39 0432713201
www.vinigrillo.it

藏酒销售
预约参观
膳宿接待
年产量 40 000 瓶
葡萄种植面积 9 公顷

在丈夫安德里亚（Andrea）的帮助下，意志坚定且无疑具有管理天赋的安娜·穆佐里尼（Anna Muzzolini）经营着这家从父亲手上传承过来的酒庄——她的父亲赛吉奥·穆佐里尼（Sergio Muzzolini）于20世纪70年代创建了这家酒庄，并以妻子的名字艾奥·格里欧（Iole Grillo）为之命名。艾奥格里欧酒庄位于普雷波托的阿尔巴纳小镇（Albana di Prepotto），拥有一座18世纪的古老庄园，经过煞费苦心的重新装修改建，酒庄的原始石墙终于重见天日，整修过的地下区域依然是酒庄的酒窖，这里的美酒都在橡木桶中陈年成熟。酒庄葡萄园覆盖美丽的朱卓欧河谷（Judrio），凉爽微风的吹拂令生长在这里的葡萄保持干爽，与此同时为它们的彻底成熟创造出完美的微气候环境。在卓越的酿酒师约瑟佩·托索拉蒂（Giuseppe Tosoratti）的协助下，安娜喜欢亲自监督葡萄酒生产的每一个环节。今年艾奥格里欧酒庄推荐的参选美酒都表现出色，其中2013年份的普雷波托司棋派蒂诺（Schioppettino di Prepotto）不仅是艾奥格里欧酒庄的旗舰酒品，更是整个产区的巅峰之作，得到了我们的最高评分。不过其他系列酒品（不论是红葡萄年份酒还是白葡萄年份酒）都以名副其实的卓越品质紧随其后，再次证明了艾奥格里欧酒庄所有系列都拥有高超的酿造水平。

| | | |
|---|---|---|
| ○ FCO Friulano '15 | 🍷🍷 | 3 |
| ● FCO Merlot Ris. '12 | 🍷🍷 | 3 |
| ● FCO Refosco P. R. '12 | 🍷🍷 | 3 |
| ○ FCO Sauvignon '15 | 🍷🍷 | 3 |
| ● FCO Schioppettino di Prepotto '13 | 🍷🍷 | 3 |
| ○ FCO Ribolla Gialla '15 | 🍷 | 3 |
| ○ COF Il Sauvignon '12 | ♈♈ | 4 |
| ● COF Merlot Ris. '09 | ♈♈ | 3 |
| ● COF Refosco P. R. '11 | ♈♈ | 3 |
| ● COF Rosso Guardafuoco '11 | ♈♈ | 3 |
| ○ COF Sauvignon '13 | ♈♈ | 3 |
| ○ COF Sauvignon '12 | ♈♈ | 3 |
| ● COF Schioppettino di Prepotto '11 | ♈♈ | 3 |
| ● FCO Merlot Ris. '11 | ♈♈ | 3 |
| ● Rosso Duedonne | ♈♈ | 3 |

## Jacùss

FRAZ. MONTINA
V.LE KENNEDY, 35A
33040 TORREANO [UD]
TEL. +39 0432715147
www.jacuss.it

藏酒销售
预约参观
年产量 50 000 瓶
葡萄种植面积 11 公顷

1990年，桑德罗·亚库齐（Sandro Iacuzzi）和安德里亚·亚库齐（Andrea Iacuzzi）兄弟两人决定将他们实施混合农业的农场转变为专业的葡萄酒庄，并为之命名贾库斯酒庄（Jacùss）——家族姓氏在当地方言中的叫法。与大多数小型家庭酒庄一样，亚库齐兄弟亲力亲为，不仅照料葡萄园，也负责酒窖中的酿造工作。贾库斯酒庄是为数不多依然种植葡萄品种塔泽灵（Tazzelenghe）的当地酒庄之一——这种葡萄品种在本地拥有古老悠久的种植传统，果香果味浓郁，但是单宁锐利突出。他们的葡萄园蔓延在奇韦达莱托雷亚诺（Torreano di Cividale）的小产区蒙蒂娜（Montina）的山中，穿梭在弗留利东方山丘（Friuli Colli Orientali）的林间。贾克斯酒庄深深扎根于祖先发现的酿造规律和信条中，这使得酒庄很好地保存了乡村的传统价值，使他们酿造出来的美酒带有质朴简单的鲜明特性，令人印象深刻。在今年的品鉴中，贾库斯酒庄推荐的红葡萄年份酒由于陈年数年而表现上佳，收获了不错的分数，白葡萄酒年份酒相比较而言略逊一筹。尤其是2012年份的梅洛（Merlot），它的果香依然显著，吐露着精美的辛香和草本植物的芳香，两种香氛的混合令人心驰神往。

| | | |
|---|---|---|
| ● FCO Cabernet Sauvignon '12 | ▼▼ | 3 |
| ○ FCO Friulano '15 | ▼▼ | 3 |
| ● FCO Merlot '12 | ▼▼ | 3 |
| ○ FCO Picolit '10 | ▼▼ | 6 |
| ○ FCO Sauvignon '15 | ▼▼ | 3 |
| ● FCO Schioppettino Fucs e Flamis '14 | ▼▼ | 3 |
| ○ FCO Verduzzo Friulano '11 | ▼▼ | 3 |
| ○ FCO Pinot Bianco '15 | ▼ | 3 |
| ● FCO Tazzelenghe '11 | ▼ | 3 |
| ○ COF Picolit '09 | ▽▽ | 6 |
| ○ COF Verduzzo Friulano '09 | ▽▽ | 3 |
| ● FCO Merlot '11 | ▽▽ | 3 |
| ○ FCO Pinot Bianco '14 | ▽▽ | 3 |
| ● FCO Refosco P. R. '12 | ▽▽ | 3 |
| ● FCO Schioppettino Fucs e Flamis '13 | ▽▽ | 3 |
| ● FCO Tazzelenghe '10 | ▽▽ | 3 |

## ★★Jermann

FRAZ. RUTTARS
LOC. TRUSSIO, 11
34072 DOLEGNA DEL COLLIO [GO]
TEL. +39 0481888080
www.jermann.it

藏酒销售
预约参观
年产量 900 000 瓶
葡萄种植面积 160 公顷

20世纪70年代，年轻的西尔维奥·杰曼因（Silvio Jermann）接过了名爵酒庄（Jermann）的管理权，开发了天才的想象力，出品佳酿很快就跻身世界名酒的行列。名爵酒庄的新大楼位于卢塔斯（Ruttars），技术创新与建筑传统在这里极富技巧地完美结合，打造出魔力般的氛围。占地面积超过20公顷的葡萄园环绕着卢塔斯庄园，这里是卡珀玛蒂诺（Capo Martino）、特鲁思园（Vigna Truss）以及图尼纳年份酒（Vintage Tunina）等将名爵酒庄推上巅峰的顶级系列美酒的故乡。除此之外，其他佳酿则在法拉维拉诺瓦（Villanova di Farra）历史悠久的酒庄总部酿造。在今年的品鉴中，名爵酒庄的美酒展现出一如既往的高水准。2014年份的图尼纳年份酒（Vintage Tunina）风味复杂，极富意趣，卓越的品质定会让你叹服。不过真正令人意外的还是2015年份的灰比诺（Pinot Grigio），这款美酒的表现相当精彩，甚至闯入了角逐“三杯奖”最终桂冠的决赛，它的酒香馥郁芬芳，口感强劲，仿佛融入了海风的气息，凭借名副其实的品质夺下了“三杯奖”！

| | | |
|---|---|---|
| ○ Pinot Grigio '15 | ▼▼▼ | 4 |
| ○ Capo Martino '14 | ▼▼ | 7 |
| ○ Vintage Tunina '14 | ▼▼ | 7 |
| ○ W... Dreams... ... ... '14 | ▼▼ | 8 |
| ○ Chardonnay '15 | ▼▼ | 4 |
| ● Pignolo Pignacolusse '09 | ▼▼ | 5 |
| ○ Ribolla Gialla Vinnae '15 | ▼▼ | 4 |
| ○ Sauvignon '15 | ▼▼ | 4 |
| ○ Capo Martino '10 | ▽▽▽ | 8 |
| ○ Vintage Tunina '13 | ▽▽▽ | 6 |
| ○ Vintage Tunina '12 | ▽▽▽ | 6 |
| ○ Vintage Tunina '11 | ▽▽▽ | 6 |
| ○ Vintage Tunina '08 | ▽▽▽ | 7 |
| ○ W... Dreams... ... ... '12 | ▽▽▽ | 8 |
| ○ W... Dreams... ... ... '09 | ▽▽▽ | 6 |

## Kante

Fraz. San Pelagio
Loc. Prepotto, 1a
34011 Duino Aurisina [TS]
Tel. +39 040200255
www.kante.it

年产量 45 000 瓶
葡萄种植面积 13 公顷

艾迪·坎特（Edi Kante）被公认为葡萄酒酿造业的先驱和教父，他的名字与的里雅斯特（Trieste）的喀斯特平原（Karst）紧密相连，这里是具有史诗般气势滂沱气质美酒的故乡。布满岩石的地貌需要艰辛的耕耘才能开垦出得到足够日照的葡萄园来，此地的客观条件艰苦，不过幸好洋流汇集，而且亚得里亚海沿岸季节性的东北冷风布拉风（Bora）时常吹拂，创造了一些葡萄生长的有力条件。坎特酒庄以炸药炸开喀斯特地貌岩石从而雕琢出的独一无二的储藏室，这里是酿酒业的纪念碑，有序摆放着成行的大小橡木桶，其后是椭圆形呈锯齿状分布的奇妙酒墙，从神秘地下入口吹进来的微风带着海风的咸味儿，令这里的美酒可以持续呼吸，酒庄借此在喀斯特岩石下依然能够保证恒定的温度和湿度。在今年的品鉴中，坎特酒庄推荐的美酒表现出色，其中更有三款闯入了角逐“三杯奖”的决赛。这三款美酒的超高品质简直无须多说。玛尔维萨（Malvasia）和维多斯卡（Vitovska）始终是艾迪酿造的大师级佳酿，是卡索产区（Carso）皇冠上闪耀的宝石，但是今年更加夺目的要数2008年份的坎特布拉霞多丽（Chardonnay La Bora di Kante），这款美酒吐露着浓郁的香氛，完全是本地风土条件的自然回响：散发着碘化物的芬芳，融入岩石的坚毅气息和地中海灌木丛的热烈香气。

| | |
|---|---|
| ○ Chardonnay La Bora di Kante '08 | ΥΥ 4 |
| ○ Malvasia '13 | ΥΥ 4 |
| ○ Vitovska '13 | ΥΥ 4 |
| ○ Chardonnay '13 | ΥΥ 4 |
| ○ Sauvignon '13 | ΥΥ 5 |
| ○ Vitovska Sel. '07 | ΥΥ 5 |
| ○ Carso Malvasia '07 | ΥΥΥ 5 |
| ○ Carso Malvasia '06 | ΥΥΥ 5 |
| ○ Carso Malvasia '05 | ΥΥΥ 5 |
| ○ Carso Malvasia '98 | ΥΥΥ 5 |
| ○ Carso Sauvignon '92 | ΥΥΥ 5 |
| ○ Carso Sauvignon '91 | ΥΥΥ 5 |
| ○ Chardonnay '94 | ΥΥΥ 5 |
| ○ Chardonnay '90 | ΥΥΥ 5 |
| ○ Malvasia '12 | ΥΥΥ 4* |
| ○ Vitovska '11 | ΥΥ 4 |

## ★Edi Keber

Loc. Zegla, 17
34071 Cormòns [GO]
Tel. +39 048161184
www.edikeber.it

藏酒销售
预约参观
膳宿接待
年产量 50 000 瓶
葡萄种植面积 12 公顷

埃迪·科博（Edi Keber）出品的系列美酒在很长一段时间里几乎就是高利奥（Collio）的同义词。埃迪科博酒庄只出产一种葡萄酒——就是以产地名称为名的高利奥酒。这种品质极为卓越的白葡萄酒混酿是历经多年广泛的研究和实验才得出的成果，这种努力贯穿于从培育酿造葡萄到发酵酿造的每一个环节中。这种美酒只采用本地葡萄品种酿造而成，是对于传统的回归，以弗留利托凯（Tocai Friulano）、伊斯的利亚玛尔维萨（Malvasia Istriana）以及黄丽波拉（Ribolla Gialla）联合打造而成。埃迪·科博与儿子克里斯蒂安·科博（Kristian Keber）做出了伟大的选择——只生产一款酒。不过关于这款酒，总有新鲜的东西可说，每年都能展现出不同的面貌，每一季都会依照气候条件充分展现葡萄特质。因此在今年的品鉴中，2015年份的高利奥（Collio）吐露着非常复杂精致的香氛，融合了幽然的花香和龙胆根的醇香，完美无瑕的口感与香氛平衡匹配。

| | |
|---|---|
| ○ Collio '15 | ΥΥ 3* |
| ○ Collio Bianco '10 | ΥΥΥ 3* |
| ○ Collio Bianco '09 | ΥΥΥ 3 |
| ○ Collio Bianco '08 | ΥΥΥ 3* |
| ○ Collio Bianco '04 | ΥΥΥ 3* |
| ○ Collio Bianco '02 | ΥΥΥ 3 |
| ○ Collio Tocai Friulano '07 | ΥΥΥ 3 |
| ○ Collio Tocai Friulano '06 | ΥΥΥ 3 |
| ○ Collio Tocai Friulano '05 | ΥΥΥ 3 |
| ○ Collio Tocai Friulano '03 | ΥΥΥ 3* |
| ○ Collio Tocai Friulano '01 | ΥΥΥ 3 |
| ○ Collio Tocai Friulano '99 | ΥΥΥ 3* |
| ○ Collio Tocai Friulano '97 | ΥΥΥ 3* |
| ○ Collio Tocai Friulano '95 | ΥΥΥ 3* |
| ○ Collio '14 | ΥΥ 3* |
| ○ Collio '13 | ΥΥ 3* |

## Alessio Komjanc

LOC. GIASBANA, 35
34070 SAN FLORIANO DEL COLLIO [GO]
TEL. +39 0481391228
www.komjancalessio.com

藏酒销售
预约参观
年产量 70 000 瓶
葡萄种植面积 24 公顷
可持续发展酒庄

科莫嘉尼家族（Komjanc）在高利奥圣弗洛里亚诺（San Floriano del Collio）的酿造历史已经迷失在漫长的时光里。我们知道，阿莱西奥（Alessio）的曾祖父母从19世纪初就开始在这里酿造美酒。坐落在山坡上的阿莱西奥科莫嘉尼酒庄（Alessio Komjanc）总部能够俯瞰下方的河谷美景，被前阿尔卑斯山脉（Prealps）和东阿尔卑斯山脉（Eastern Alps）环绕。虽然第一款贴上了阿莱西奥科莫嘉尼酒标的系列葡萄酒出产于1973年，但是酒庄真正的巨大转变发生在2000年，当科莫嘉尼家族的四个儿子本雅明（Beniamin）、罗伯托（Roberto）、帕特里克（Patrik）和伊万尼（Ivani）加入了酒庄后，各自负责部分业务，从而实现了整个酒庄生产链的最优化。虽然优质的出品美酒可能要特别感谢令人满意的生长季，但是所有出品与往年一样都是单一品种葡萄酒，凭借卓越品质赢得了无数赞誉，尤其考虑到它平易近人的价格更是如此。在今年的品鉴中，阿莱西奥科莫嘉尼酒庄的酒品都表现出色，尤其是2015年份的伊斯的利亚玛尔维萨（Malvasia Istriana），不论在香氛方面还是在口感方面，都展现出满满能量和独特个性，融入香膏般跃动的芬芳。

| | |
|---|---|
| ○ Malvasia Istriana '15 | 🍷🍷 3* |
| ○ Collio Chardonnay '15 | 🍷🍷 2* |
| ○ Collio Friulano '15 | 🍷🍷 2* |
| ○ Collio Sauvignon '15 | 🍷🍷 2* |
| ○ Collio Pinot Grigio '15 | 🍷 2 |
| ○ Collio Ribolla Glalla '15 | 🍷 2 |
| ○ Collio Chardonnay '13 | YY 2* |
| ○ Collio Friulano '14 | YY 2* |
| ○ Collio Friulano '13 | YY 2* |
| ○ Collio Sauvignon '13 | YY 2* |
| ○ Malvasia Istriana '14 | YY 2* |

## Anita Vogric Kurtin

LOC. NOVALI, 9
34071 CORMÒNS [GO]
TEL. +39 048160685
www.winekurtin.it

藏酒销售
预约参观
年产量 60 000 瓶
葡萄种植面积 10 公顷

库尔廷家族（Kurtin）早在1906年就在科尔蒙斯（Cormòns）附近的诺瓦里（Novali）安居下来，并且充分意识到这片土地巨大的酿酒潜力，尤其是在酿造白葡萄酒方面，他们开始在从高利奥（Collio）前往斯洛文尼亚（Slovenia）天然形成的环形剧场般的地块中栽培葡萄。阿尔比诺·库尔廷（Albino Kurtin）是家族的第三代传人，在正式创建了家族酒庄之后，开始装瓶出售自家酿造的美酒，试图在本地传统和国际口味主导的市场需求之间达成妥协。但是阿尔比诺的过早离世，使他的儿子、年轻的阿莱西奥（Alessio）不得不承担起发展酒庄的重任，将其之前在意大利各地的工作经验投入到酒庄经营中来。阿莱西奥顺其自然地遵循着父亲开创的道路，在与传统保持紧密联系的同时也保持一颗开放创新的心，在提升葡萄表现力方面适应各种变革，并且最终取得了成功。在今年的品鉴中，库尔廷家族酒庄向我们推荐了多款酿造水平精湛的白葡萄酒，充分反映出年份特质：吐露着扑鼻的酒香，酒体纤细柔美，口感清爽，可饮性极佳。其中2015年份的弗留利安诺（Friuliano）的气质非常阳光，吐露着悦人的香氛，浸润着晒干的百里香的滋味，融入杏仁的醇美和蜜糖的香甜。

| | |
|---|---|
| ○ Collio Chardonnay '15 | 🍷🍷 3 |
| ○ Collio Friulano '15 | 🍷🍷 3 |
| ○ Opera Prima Bianco '15 | 🍷🍷 3 |
| ○ Collio Sauvignon '15 | 🍷 3 |
| ○ Collio Chardonnay '13 | YY 3 |
| ○ Collio Friulano '12 | YY 3 |
| ○ Collio Friulano '11 | YY 3 |
| ○ Collio Malvasia '11 | YY 3 |
| ○ Collio Malvasia '10 | YY 3 |
| ○ Collio Ribolla Gialla '10 | YY 3 |
| ○ Collio Sauvignon '14 | YY 3 |
| ○ Collio Sauvignon '12 | YY 3 |
| ○ Collio Sauvignon '11 | YY 3 |
| ○ Opera Prima Bianco '14 | YY 3 |
| ○ Opera Prima Bianco '13 | YY 4 |
| ○ Opera Prima Bianco '12 | YY 3 |

## Le Monde

loc. Le Monde
via Garibaldi, 2
33080 Prata di Pordenone [PN]
Tel. +39 0434622087
www.lemondewine.com

藏酒销售
预约参观
年产量 250 000 瓶
葡萄种植面积 50 公顷
可持续发展酒庄

2008年，干劲十足的年轻企业家阿历克斯·麦肯（Alex Maccan）买下了这座位于塔格里亚门图（Tagliamento）的繁荣酒庄，很快就将其提升为本地葡萄酒酿造图景中的顶级酒庄。勒蒙德酒庄（Le Monde）是坐落于利文扎河（Livenza）和梅杜纳河（Meduna）之间的一座兴旺酒庄，地处弗留利格拉夫产区（Friuli Grave Wine Region）与威尼托产区（Veneto）的交界地带，这里的土壤富含黏土和石灰质，给出品美酒带来独一无二的特质，因此这片土地成为种植园繁茂的酿造葡萄次产区。高品质得益于勒蒙德酒庄当时做出了非常罕见的决定，虽然酒庄葡萄园被公认为产区内的顶级葡萄园，但是每公顷保持很低的产量，园中葡萄藤的平均生长期都超过三十年。在今年的品鉴中，勒蒙德酒庄提交了多款卓越的参选酒品，其中的白比诺（Pinot Bianco）为勒蒙德酒庄再夺“三杯奖”大奖，这次凭借的是2015年份酒。勒蒙德酒庄出品始终能够保持极高水准，这一点令大家叹服，而且传统的白比诺总能为酒庄赢得荣誉。不过今年令人感到惊奇的是，即便是不论品类、从整个出品系列来考量，勒蒙德酒庄今年酒品获得的评分也不可思议地高，对比它们极为适当的价格，绝对是性价比最高的无悔选择。

| | |
|---|---|
| ○ Friuli Grave Pinot Bianco '15 | 🍷🍷🍷 2* |
| ● Friuli Grave Cabernet Sauvignon '14 | 🍷🍷 2* |
| ○ Friuli Grave Chardonnay '15 | 🍷🍷 2* |
| ○ Friuli Grave Friulano '15 | 🍷🍷 2* |
| ● Friuli Grave Merlot '14 | 🍷🍷 2* |
| ○ Friuli Grave Pinot Grigio '15 | 🍷🍷 2* |
| ● Friuli Grave Refosco P. R. '14 | 🍷🍷 2* |
| ● Friuli Grave Refosco P. R. Inaco Ris. '11 | 🍷🍷 4 |
| ○ Pratum '13 | 🍷🍷 4 |
| ○ Friuli Grave Sauvignon '15 | 🍷 2 |
| ○ Ribolla Gialla '15 | 🍷 3 |
| ○ Ribolla Gialla Brut | 🍷 3 |
| ○ Friuli Grave Pinot Bianco '14 | YYY 2* |
| ○ Friuli Grave Pinot Bianco '13 | YYY 2* |
| ○ Friuli Grave Pinot Bianco '12 | YYY 2* |
| ○ Friuli Grave Pinot Bianco '01 | YYY 2 |

## ★Lis Neris

via Gavinana, 5
34070 San Lorenzo Isontino [GO]
Tel. +39 048180105
www.lisneris.it

藏酒销售
预约参观
膳宿接待
年产量 400 000 瓶
葡萄种植面积 70 公顷
可持续发展酒庄

自从阿尔瓦罗·佩克拉里（Alvaro Pecorari）于1981年接过了丽兹诺瑞思酒庄（Lis Neris）的管理权，他就致力于将这座小型酒窖发展为一座真正的酒庄。虽然发展速度并不快，但是如今的丽兹诺瑞思酒庄的确已经壮大到令人艳羡的规模，并且成为意大利葡萄酒生产企业的重要代表之一。酒庄的葡萄园坐落在一小片高地上，与酒庄总部距离很近，东部阿尔卑斯山上（Alpi Orientali）融化的冰川雪水将底砾冲入河谷，此地正处于与斯洛文尼亚的边境交界地、伊松佐河（River Isonzo）的右岸。葡萄园分散在四个地区：格瑞斯（Gris）、皮科尔（Picol）、约罗萨（Jurosa）和诺瑞思（Neris）。阿尔瓦罗试图充分展现出每个不同地区的独特风土特质，建起了极具个性化的风格，利用强烈的温度变化帮助酿造果实缓慢成熟，使果实口感更加扎实，取得更好的平衡度。在今年的品鉴中，丽兹诺瑞思酒庄有四款美酒闯进了角逐“三杯奖”的决赛，最终卓越的塔鲁克特别珍酿（Tal Lùc Cuvée Speciale）不仅摘下了“三杯奖”桂冠，而且还荣获了“年度最佳甜酒”（Sweet Wine of the Year）的称号。这款珍酿以葡萄干化的弗留利安诺维多佐（Verduzzo Friulano）添加少量雷司令（Riesling）混酿而成。它的酿造理念在于，相信最佳甜酒需要添加陈年几年的珍酿来提升发展潜力。

| | |
|---|---|
| ○ Tal Lùc Cuvée Speciale | 🍷🍷🍷 8 |
| ○ Confini '13 | 🍷🍷 5 |
| ○ Friuli Isonzo Pinot Grigio Gris '14 | 🍷🍷 4 |
| ○ Lis '13 | 🍷🍷 5 |
| ○ Friuli Isonzo Chardonnay Jurosa '14 | 🍷🍷 4 |
| ○ Friuli Isonzo Sauvignon Picòl '14 | 🍷🍷 4 |
| ● Lis Neris '10 | 🍷🍷 6 |
| ○ Fiore di Campo '06 | YYY 3 |
| ○ Friuli Isonzo Pinot Grigio Gris '13 | YYY 4* |
| ○ Friuli Isonzo Pinot Grigio Gris '12 | YYY 4* |
| ○ Friuli Isonzo Pinot Grigio Gris '11 | YYY 4* |
| ○ Friuli Isonzo Pinot Grigio Gris '10 | YYY 4* |
| ○ Friuli Isonzo Pinot Grigio Gris '09 | YYY 4* |
| ○ Lis '03 | YYY 5 |
| ○ Pinot Grigio Gris '08 | YYY 4* |
| ○ Pinot Grigio Gris '04 | YYY 4* |
| ○ Sauvignon Picòl '06 | YYY 3* |

## ★Livon

FRAZ. DOLEGNANO
VIA MONTAREZZA, 33
33048 SAN GIOVANNI AL NATISONE [UD]
TEL. +39 0432757173
www.livon.it

藏酒销售
预约参观
膳宿接待
年产量 850 000 瓶
葡萄种植面积 180 公顷

多瑞诺·利旺（Dorino Livon）于1964年创建了家庭酒庄，利旺酒庄在这片带状土地上耕耘已经长达五十多年的时间，这个历史悠久的葡萄酒品牌如今由多瑞诺的儿子们、瓦尔内欧·利旺（Valneo Livon）和托尼诺·利旺（Tonino Livon）打理，他们拥有高超的经营天赋，深谙酒庄经营之道，帮助产区的小型酒庄扩展和推广，在全国乃至世界都获得了一定的声誉。如今兄弟两人各自的孩子马迪奥（Matteo）和弗朗西丝卡（Francesca）也充满热情地加入到酒庄的经营中来。如今母公司又加入了一系列新成员：包括高利奥戈里奇亚诺（Collio Goriziano）的隆科阿尔托（RoncAlto）、弗留利平原（Friuli）的奇欧普里斯庄（Villa Chiopris）、托斯卡纳产区（Tuscany）的萨尔切汀诺村（Borgo Salcetino）以及翁布里亚产区（Umbria）的科尔桑多（Colsanto）。所有这些产地都仰仗长期在利旺酒庄服务、经验丰富的酿酒师里纳尔多·斯托克（Rinaldo Stocco），监管酒庄生产的全过程，以凸显每一处产地的独特特质。在今年的品鉴中，2014年份的布莱德阿尔特（Braide Alte）展现出一贯的精彩表现，与此同时，利旺酒庄还有一款新发酒闯入了最终的决赛——索拉莱科白高利奥（Collio Bianco Solarco），并且最终斩获了“三杯奖”。这款由弗留利安诺（Friulano）和黄丽波拉（Ribolla gialla）两种最具特色的本地葡萄品种打造而成的混酿芬芳扑鼻，吐露着青柠的清爽香气，融入脆爽的果香，随之而来的口感动力十足，活跃异常。

| | | |
|---|---|---|
| ○ Collio Bianco Solarco '15 | 🍷🍷🍷 (red) | 3* |
| ○ Braide Alte '14 | 🍷🍷 (red) | 5 |
| ○ Collio Malvasia Soluna '15 | 🍷🍷 | 3 |
| ● Collio Merlot Tiare Mate '13 | 🍷🍷 | 5 |
| ○ Collio Pinot Grigio Braide Grande '15 | 🍷🍷 | 3 |
| ○ Collio Ribolla Gialla Roncalto '15 | 🍷🍷 | 3 |
| ○ Collio Sauvignon Valbuins '15 | 🍷🍷 | 3 |
| ● FCO Pignolo Eldoro '12 | 🍷🍷 | 5 |
| ● FCO Refosco P. R. Riul '13 | 🍷🍷 | 3 |
| ● TiareBlù '13 | 🍷🍷 | 5 |
| ○ Braide Alte '13 | 🍷🍷🍷 (white) | 5 |
| ○ Braide Alte '11 | 🍷🍷🍷 (white) | 5 |
| ○ Braide Alte '09 | 🍷🍷🍷 (white) | 5 |
| ○ Braide Alte '07 | 🍷🍷🍷 (white) | 5 |
| ○ Collio Braide Alte '08 | 🍷🍷🍷 (white) | 3 |
| ○ Collio Friulano Manditocai '12 | 🍷🍷🍷 (white) | 5 |
| ○ Collio Friulano Manditocai '10 | 🍷🍷🍷 (white) | 5 |

## Tenuta Luisa

FRAZ. CORONA
VIA CAMPO SPORTIVO, 13
34070 MARIANO DEL FRIULI [GO]
TEL. +39 048169680
www.tenutaluisa.com

藏酒销售
预约参观
膳宿接待
年产量 350 000 瓶
葡萄种植面积 100 公顷
可持续发展酒庄

埃迪·路易萨（Eddi Luisa）是本地葡萄酒酿造业中的典范人物。对于自己出身农家深感骄傲，埃迪总爱说起自从他13岁起，就看着日头劳作，从不看表。在全身心奉献给葡萄酒事业之前，埃迪曾经多年从事畜牧业。他逐渐但是坚定地扩展着葡萄园的规模，建设起一座被绿意葱葱的葡萄园包围的奇妙酒庄。在妻子奈拉（Nella）的支持下，埃迪与家庭成员关系亲密，领导着全家共同发展酒庄，不过如今他已经将酒庄的生意交给了孩子们：米歇尔·路易萨（Michele Luisa）负责酿酒，而戴维德·路易萨（Davide Luisa）则照料田间的葡萄藤。在今年的品鉴中，路易萨酒庄（Tenuta Luisa）推荐了一系列品质卓越的美酒参加品鉴，其中著名的费瑞提系列酒品（I Ferretti）中有两款都闯入了角逐“三杯奖”的决赛圈，最终2013年份的“怀旧”（Desiderium）斩获了大奖。这款酿造技艺高超的美酒由霞多丽（Chardonnay）、弗留利安诺（Friulano）和苏维翁（Sauvignon）混合酿造而成，吐露着诱人而直接的缕缕果香，融入热带水果的热烈芬芳，香氛显著，与恢宏的香氛相得益彰的是细腻的口感。

| | | |
|---|---|---|
| ○ Desiderium I Ferretti '13 | 🍷🍷🍷 (red) | 4 |
| ○ Friuli Isonzo Friulano I Ferretti '13 | 🍷🍷 (red) | 3 |
| ● Friuli Isonzo Cabernet Franc '14 | 🍷🍷 | 3 |
| ● Friuli Isonzo Merlot '14 | 🍷🍷 | 3 |
| ● Friuli Isonzo Refosco P. R. I Ferretti '11 | 🍷🍷 | 4 |
| ○ Friuli Isonzo Sauvignon '15 | 🍷🍷 | 3 |
| ○ Ribolla Gialla '15 | 🍷🍷 | 3 |
| ○ Friuli Isonzo Chardonnay '15 | 🍷 | 3 |
| ○ Traminer Aromatico '15 | 🍷 | 3 |
| ○ Desiderium Sel. I Ferretti '09 | 🍷🍷🍷 (white) | 4 |
| ○ Chardonnay I Ferretti '07 | 🍷🍷 (white) | 4 |
| ● Friuli Isonzo Cabernet I Ferretti '07 | 🍷🍷 (white) | 4 |
| ● Friuli Isonzo Cabernet Sauvignon I Ferretti '11 | 🍷🍷 (white) | 4 |
| ○ Friuli Isonzo Friulano I Ferretti '12 | 🍷🍷 (white) | 3 |
| ○ Friuli Isonzo Pinot Bianco '06 | 🍷🍷 (white) | 2 |
| ● Friuli Isonzo Refosco P. R. '08 | 🍷🍷 (white) | 3 |

## Magnàs

Loc. Boatina
via Corona, 47
34071 Cormòns [GO]
Tel. +39 048160991
www.magnas.it

藏酒销售
预约参观
膳宿接待
年产量 25 000 瓶
葡萄种植面积 10 公顷

马格纳斯酒庄（Magnàs）是一座由安德里亚·威斯汀（Andrea Visintin）打理的小型匠人酒庄。20世纪70年代早期，安德里亚的父亲、卢西亚诺·威斯汀（Luciano Visintin）决定以家族积累了一个世纪的农业经验重新塑造庄园的面貌，于是诞生了马格纳斯酒庄。酒庄的名字马格纳斯，来自本地人数代称呼卢西亚诺所在的家族一支时的昵称，传递着家族的忠诚、骄傲、尊严和牺牲精神。由于马格纳斯酒庄只拥有几公顷的葡萄园，因此安德里亚能够极其精细地照料每株葡萄藤。酒窖位于科尔蒙斯（Cormòns）DOC产区的博缇娜（Boatina）；酒庄的葡萄园则坐落于弗留利的伊松佐DOC产区（Friuli Isonzo），这里的干热气候众所周知，拥有石质土壤，对于葡萄藤的生长十分有益。酒庄只出产有限的几个系列，而且产量较低，但是出品品质非常高，价格也非常合理。在今年的品鉴中，2015年份的灰比诺（Pinot Grigio）从所有马格纳斯酒庄推荐的美酒中脱颖而出，凭借精彩表现令我们叹为观止，吐露着干花般诱人的花香，融入梨子和白桃的缕缕果香，底蕴中透露出丝丝香草和蜂蜜的甜美气息。美酒入喉，感到强劲的穿透感，酒质如同天鹅绒般丝滑柔美，展现出极佳的平衡度。

| | |
|---|---|
| ○ Pinot Grigio '15 | TT 3* |
| ○ Collio Bianco '15 | TT 3 |
| ○ Friuli Isonzo Friulano '15 | TT 3 |
| ○ Malvasia '15 | TT 3 |
| ● Merlot '13 | TT 3 |
| ○ Sauvignon '14 | TT 3 |
| ○ Collio Bianco '13 | YY 3* |
| ○ Collio Bianco '12 | YY 3 |
| ○ Friuli Isonzo Chardonnay '13 | YY 3 |
| ○ Friuli Isonzo Friulano '14 | YY 3 |
| ○ Friuli Isonzo Friulano '13 | YY 3 |
| ○ Friuli Isonzo Sauvignon '13 | YY 3 |
| ○ Friuli Isonzo Sauvignon '12 | YY 3 |
| ○ Malvasia '14 | YY 3 |
| ○ Malvasia '13 | YY 3 |
| ○ Pinot Grigio '14 | YY 3 |

## Valerio Marinig

via Brolo, 41
33040 Prepotto [UD]
Tel. +39 0432713012
www.marinig.it

藏酒销售
预约参观
年产量 25 000 瓶
葡萄种植面积 9 公顷

如同许多弗留利产区（Friuli）的传统家庭酒庄一样，经营基础在于对于人员的管理，因此会设有一个总管的角色。瓦雷里奥玛尼格酒庄（Valerio Marinig）的这一职责自然落到了瓦雷里奥·玛尼格的身上，他以高涨的热情和专注管理着这座从祖先手中继承下来的酒庄，并且追随先辈留下的种植和酿造方法及经验，将之代代相传。父亲赛吉奥·玛尼格（Sergio Marinig）依然活跃，还在乡间的葡萄园中帮助监督葡萄的种植，妻子米凯拉（Michela）和母亲玛丽莎（Marisa）也投入到酒庄的管理中。瓦雷里奥玛尼格酒庄的葡萄园遍布普雷波托（Prepotto）的山坡，占地达到9公顷，这里是司棋派蒂诺葡萄（Schioppettino）的原产地，独特的土壤形态和气候条件为高品质的葡萄生长提供了基础，使以其酿造的美酒展现出馥郁芬芳的典型特征。去年就闯入"三杯奖"决赛圈的红梗瑞福斯科达（Refosco dal Peduncolo Rosso）今年再次得到了我们的最高评分，这一次凭借的是2014年份酒。瓦雷里奥玛尼格酒庄今年推荐的其他美酒也表现精彩，白葡萄酒吐露着浓郁的酒香，持久不散；红葡萄酒则结构优秀，虽然单宁略显苦涩锐利，但是具有极强的陈年潜力，随着时间的推移品质和口感都会日臻完美。

| | |
|---|---|
| ● FCO Biel Cûr Rosso '13 | TT 4 |
| ○ FCO Friulano '15 | TT 2* |
| ● FCO Refosco P. R. '14 | TT 3 |
| ○ FCO Sauvignon '15 | TT 3 |
| ● FCO Schioppettino di Prepotto '12 | TT 4 |
| ○ FCO Pinot Bianco '15 | T 2 |
| ○ FCO Verduzzo Friulano '15 | T 3 |
| ● Biel Cûr Rosso '11 | YY 4 |
| ○ COF Friulano '13 | YY 2* |
| ○ COF Picolit '12 | YY 6 |
| ● COF Pignolo '09 | YY 4 |
| ○ COF Pinot Bianco '13 | YY 2* |
| ○ COF Sauvignon '13 | YY 3 |
| ● COF Schioppettino di Prepotto '10 | YY 4 |
| ○ FCO Pinot Bianco '14 | YY 2* |
| ● FCO Schioppettino di Prepotto '11 | YY 4 |

## Masùt da Rive

via Manzoni, 82
34070 Mariano del Friuli [GO]
Tel. +39 048169200
www.masutdarive.com

藏酒销售
预约参观
年产量 80 000 瓶
葡萄种植面积 22 公顷
可持续发展酒庄

马斯特达瑞弗酒庄（Masùt da Rive）在弗留利产区黑比诺葡萄（Pinot nero）的重新崛起中发挥了极其重要的作用——近些年来黑比诺在这片土地上几近绝迹。这要归功于始终相信黑比诺拥有巨大潜力的希尔诺瓦·盖洛（Silvano Gallo），他还将这种信仰和热情传递给了儿子法布里奇奥·盖洛（Fabrizio Gallo）和马可·盖洛（Marco Gallo），他们对于这种信念如获珍宝，每天都努力工作致力于改善黑比诺的品质。多年的研究和实验表明，在黑比诺的酿造中使用特殊的方法——常常是采用葡萄梗一同酿造——会带来令人喜出望外的美酒，如今黑比诺葡萄酒已经成为酒庄的旗舰产品。高速发展的马斯特达瑞弗酒庄奉献出越来越多的意趣佳酿，而且品质令人叹服，明晰地烙上了弗留利伊松佐产区（Friuli Isonzo）独有的风土特质。由于坚持只在条件最理想的年份里出产，我们今年遗憾地错过曾经连续两年闯入决赛的莫鲁斯黑比诺（Pinot Nero Maurus）。不过与此同时，我们非常喜爱2014年份的赤霞珠（Cabernet Sauvignon），部分弥补了我们的遗憾。它的香氛精致，美味辛辣，口感纯净，令人流连忘返。

- ● Friuli Isonzo Cabernet Sauvignon '14 ΨΨ 3
- ● Friuli Isonzo Pinot Nero '14 ΨΨ 5
- ● Friuli Isonzo Rosso Semidis '13 ΨΨ 5
- ○ Friuli Isonzo Sauvignon '15 ΨΨ 3
- ○ Pinot Grigio '15 ΨΨ 3
- ○ Friuli Isonzo Chardonnay '15 Ψ 3
- ● Friuli Isonzo Merlot '14 Ψ 4
- ○ Ribolla Gialla '15 Ψ 3
- ○ Friuli Isonzo Tocai Friulano '04 ΥΥΥ 3*
- ● Friuli Isonzo Cabernet Sauvignon '12 ΥΥ 4
- ○ Friuli Isonzo Chardonnay Rive Alte '14 ΥΥ 3
- ○ Friuli Isonzo Chardonnay Rive Alte '13 ΥΥ 3
- ● Friuli Isonzo Pinot Nero '13 ΥΥ 4
- ● Friuli Isonzo Refosco P. R. '12 ΥΥ 3
- ○ Friuli Isonzo Sauvignon Rive Alte '14 ΥΥ 3
- ○ Friuli Isonzo Sauvignon Rive Alte '13 ΥΥ 3

## Davino Meroi

via Stretta, 7b
33042 Buttrio [UD]
Tel. +39 0432673369
www.meroidavino.com

藏酒销售
预约参观
餐饮接待
年产量 45 000 瓶
葡萄种植面积 19 公顷
可持续发展酒庄

保罗·莫洛伊（Paolo Meroi）在产区经营着一家著名的餐厅，但是他更著名且擅长的工作则是打理父亲达维诺·莫洛伊（Davino Meroi）开创的酒庄，莫洛伊酒庄的葡萄园覆盖着布特廖（Buttrio）山间阳光灿烂的山坡，这里最为靠近亚得里亚海，许多老藤历史悠久，还是祖父多梅尼科·莫洛伊（Domenico Meroi）以老式技艺栽下的葡萄藤。三十年的老藤、产量极低并且从中甄选最佳果实，保证了莫洛伊酒庄能够得到最为健康的酿造果实，果味饱满且浓郁，通过在木桶中极富技巧地陈年发酵，赋予出品美酒别具一格的风味。如今，保罗的儿子达米亚诺（Damiano）开始协助父亲管理酒庄，主要负责市场业务；与此同时，米尔科·德甘（Mirko Degan）则在葡萄园的种植和酒窖的酿造过程中提供了宝贵的意见。对于莫洛伊酒庄，我们已经习惯于每年都看到有两款出品闯入我们最终的决赛，今年的两款佳酿是2013年份的弗留利安诺维多佐（Verduzzo Friulano）和2013年份的罗斯迪布利梅洛（Merlot Ros di Buri）。2013年份的弗留利安诺维多佐非常甜美，吐露着柑橘蜜饯的芬芳，飘散着马卡龙和香草的香气；而梅洛（Merlot）则香氛复杂，美味可口，嚼劲儿有力，但是口感圆润柔美，果味丰盈满口。

- ● FCO Merlot Ros di Buri '13 ΨΨ 5
- ○ FCO Verduzzo Friulano '13 ΨΨ 5
- ○ FCO Chardonnay '14 ΨΨ 5
- ○ FCO Sauvignon '14 ΨΨ 4
- ○ COF Friulano '11 ΥΥΥ 5
- ○ COF Friulano '10 ΥΥΥ 5
- ○ COF Verduzzo Friulano '08 ΥΥΥ 5
- ○ COF Chardonnay '12 ΥΥ 5
- ○ COF Friulano '13 ΥΥ 5
- ● COF Merlot Ros di Buri '12 ΥΥ 5
- ● COF Merlot V. Dominin '11 ΥΥ 8
- ○ COF Sauvignon '12 ΥΥ 4
- ○ FCO Malvasia Zitelle Durì '13 ΥΥ 6
- ● FCO Merlot V. Dominin '12 ΥΥ 8
- ○ FCO Picolit '13 ΥΥ 6
- ○ FCO Sauvignon '13 ΥΥ 4
- ○ FCO Verduzzo Friulano '12 ΥΥ 5

## Muzic

.oc. Bivio, 4
34070 San Floriano del Collio [GO]
Tel. +39 0481884201
www.cantinamuzic.it

藏酒销售
预约参观
年产量 90 000 瓶
葡萄种植面积 21 公顷
可持续发展酒庄

伊利亚·穆泽科（Elija Muzic）和法比捷·穆泽科（Fabijan Muzic）已经做好准备从父亲乔瓦尼·穆泽科（Giovanni Muzic）手中接过酒庄管理权的准备——当地人都亲切地称乔瓦尼为伊凡（Ivan）：他拥有自由的灵魂，热衷于身处葡萄藤间忙碌，是一位真正的葡萄酒艺术大师。而伊凡则是从父母那里继承了这座酒庄，他的父母本是在高利奥圣弗洛里亚诺（San Floriano del Collio）阳光普照的山坡上辛勤劳作的分成佃农，于1963年在这里买下了第一座占地面积达到5公顷的葡萄园。伊利亚和法比捷勤恳工作，分工明确，和谐合作。他们的母亲奥莱塔（Orieta）还协助监管着他们的工作，为家庭酒庄增加宝贵的附加值，令这座王牌酒庄在产区葡萄酒图景中成长为领军角色。在今年的品鉴中，穆泽科家族酒庄推荐的整个系列美酒都展现出无以伦比的卓越品质。是我们“三杯奖”大奖决赛中的中坚分子，我们一点儿也不惊讶地在“三杯奖”大奖决赛中再次看到华勒丽丝园弗留利安诺（Friulano Vigna Valeris），这款美酒早已是决赛中的常客和中坚分子，今年带给我们美妙感受的是2015年份酒。与此同时，2015年份的玛尔维萨（Malvasia）是一款令人愉悦的美酒，气质新锐，吐露着黄桃般的果香，融入枸杞的芬芳，酒香扑鼻，与此同时浸润着丰盈的果味。

| | |
|---|---|
| Collio Friulano V. Valeris '15 | 3* |
| Collio Malvasia '15 | 3* |
| Collio Bianco '15 | 3 |
| Collio Chardonnay '15 | 3 |
| Collio Merlot '14 | 3 |
| Collio Pinot Grigio '15 | 3 |
| Collio Ribolla Gialla '15 | 3 |
| Collio Sauvignon V. Pàjze '15 | 3 |
| Collio Bianco '13 | 3 |
| Collio Cabernet Sauvignon '12 | 3 |
| Collio Chardonnay '13 | 3 |
| Collio Malvasia '13 | 3 |
| Collio Pinot Grigio '13 | 3 |
| Collio Ribolla Gialla '13 | 3 |
| Collio Sauvignon V. Pàjze '14 | 3 |
| Collio Sauvignon V. Pàjze '12 | 3 |

## Paraschos

loc. Bucuie, 13a
34070 San Floriano del Collio [GO]
Tel. +39 0481884154
www.paraschos.it

藏酒销售
预约参观
年产量 14 000 瓶
葡萄种植面积 6 公顷

伊万格罗斯·帕拉绍斯（Evangelos Paraschos）的葡萄酒品牌具有鲜明的个性特色，清晰明白地展现出他的希腊血统。1979年移居到高利奥圣弗洛里亚诺（San Floriano del Collio）之后，伊万格罗斯立刻与当地酿酒传统亲密融合，将之与斯洛文尼亚边境附近的韦帕克河谷（Vipacco）的酿造风格完美结合。不论是红葡萄酒还是白葡萄酒，酿造葡萄首先都要带皮在池中长期浸渍发酵，接下来在开放的斯拉沃尼亚（Slavonia）橡木桶或者陶罐中采取生物动力学方式酿造，没有人工控温，完全信任酿造过程中天然酵母的作用，这样才能提升葡萄的香氛和口感，延长葡萄酒的陈年寿命。这样的酒液陈年两年后才能装瓶推出，而且不经过滤、澄清和稳定，不添加硫化物。在今年的品鉴中，我们依然只能有幸品尝帕拉绍斯酒庄推荐的数量不多的几款美酒，不过在去年年鉴中大放异彩的各款佳酿今年的表现依然非常精彩，令人信服。尤其是2013年份的诺特灰比诺（Pinot Grigio Not），品质卓越，洋溢着阳光的热烈风味，散发着风干野花的缕缕花香，融入水果蜜饯的甜美香气，美酒入喉，感到甜美干爽的果味，令人久久难忘。

| | |
|---|---|
| ○ Pinot Grigio Not '13 | 5 |
| ○ Ponka '11 | 5 |
| ○ Amphoreus Bianco '09 | 5 |
| ○ Amphoreus Malvasia '10 | 6 |
| ○ Chardonnay '09 | 3 |
| ○ Chardonnay '08 | 3 |
| ○ Kaj '11 | 5 |
| ○ Kaj '09 | 5 |
| ○ Malvasia Amphoreus '11 | 6 |
| ● Merlot '10 | 3* |
| ● Merlot '09 | 4 |
| ○ Pinot Grigio Not '11 | 5 |
| ○ Ponka '10 | 5 |
| ○ Ponka '09 | 5 |
| ● Ros di Lune '09 | 3 |
| ● Skala '07 | 5 |

## Alessandro Pascolo

LOC. RUTTARS, 1
34070 DOLEGNA DEL COLLIO [GO]
TEL. +39 048161144
www.vinipascolo.com

藏酒销售
预约参观
年产量 25 000 瓶
葡萄种植面积 7 公顷
可持续发展酒庄

这是一座新近成立的酒庄——由阿历桑德罗·帕斯科洛（Alessandro Pascolo）于2006年创建。20世纪70年代，阿历桑德罗的祖父安吉洛·帕斯科洛（Angelo Pascolo）幸运地买下了这里的农庄和葡萄园。庄园地产中的农庄用作酒窖，地处卢塔斯山（Ruttàrs）阳光灿烂的山坡上，是多莱尼亚德尔科产区（Dolegna del Collio）王冠上最闪耀的一颗宝石。年轻的阿历桑德罗在得到农艺和酿酒学位之后，决定跟随家族步伐，力图将祖父的投资效益最大化。阿历桑德罗帕斯科洛酒庄的葡萄园面积达到7公顷，拥有理想的日照条件，园中还有部分老藤，由阿历桑德罗亲自打理，以卓越的酿造技艺阐释本地的风土特质，将他对葡萄园的热爱统统注入酿造的美酒之中。在今年的品鉴中，阿历桑德罗帕斯科洛酒庄的所有出品美酒都得到了我们的一致认可，它们都展现出极佳的可饮性，最重要的是，每款佳酿都如此真实地反映出品种葡萄的特质。尤其是2015年份的玛尔维萨（Malvasia），凭借卓越表现闯入了我们今年角逐“三杯奖”的决赛，以其复杂多层次的香氛和逡巡不散的美妙果味口感而赢得了一致赞誉。

| | | |
|---|---|---|
| ○ Collio Malvasia '15 | 🍷🍷 | 3* |
| ○ Collio Bianco Agnul '14 | ▼▼ | 4 |
| ○ Collio Friulano '15 | ▼▼ | 3 |
| ● Collio Merlot Sel. '13 | ▼▼ | 5 |
| ○ Collio Sauvignon '15 | ▼▼ | 3 |
| ○ Collio Pinot Bianco '15 | ▼ | 3 |
| ○ Collio Bianco Agnul '13 | ▽▽ | 4 |
| ○ Collio Malvasia '13 | ▽▽ | 3 |
| ● Collio Merlot Sel. '12 | ▽▽ | 5 |
| ● Pascal '11 | ▽▽ | 3 |
| ○ Riesling Briach '07 | ▽▽ | 4 |

## Pierpaolo Pecorari

VIA TOMMASEO, 56
34070 SAN LORENZO ISONTINO [GO]
TEL. +39 0481808775
www.pierpaolopecorari.it

藏酒销售
预约参观
年产量 150 000 瓶
葡萄种植面积 30 公顷

佩科拉利家族（Pecorari）是根基悠久的
酿酒家族，在意大利葡萄酒酿造历史上
书写过浓重的几页。1970年，年轻的皮
耶尔保罗·佩科拉利（Pierpaolo Pecorari）
创建了自己的酒庄，并且很快将之发展
提升为弗留利伊松佐产区（Friuli Isonzo）
最重要的酿酒商之一。皮耶尔保罗的酿
造理念在于坚持生产只有这片热土才能
给予的、独具鲜明个性的瓶装美酒。也
正因为秉承这样的理念，皮耶尔保罗佩
科拉利酒庄只生产单一品种葡萄酒，并
且忠诚展现产区的风土特征，奉献出富
含矿物质风情、凸显品种葡萄特质的美
酒。皮耶尔保罗佩科拉利酒庄出品的白
葡萄酒在木桶中慢慢成熟，吐露着打发
奶油优雅的香气，散发着柑橘蜜饯的芬
芳，融入香草的缕缕醇香，美酒入喉，
感到柔美馥郁的果味。在今年的品鉴
中，2015年份的玛尔维萨（Malvasia）得
到了我们的最高评分，它的风味复杂，
香氛诱人，最重要的是拥有活跃且新鲜
的美味口感。

| | |
|---|---|
| ○ Malvasia '15 | 🍷🍷 |
| ● Merlot '14 | ▼▼ |
| ○ Pinot Grigio Olivers '14 | ▼▼ |
| ● Refosco P. R. Tao '12 | ▼▼ |
| ○ Sauvignon Kolaus '14 | ▼▼ |
| ○ Friuli Isonzo Friulano '15 | ▼ |
| ○ Chardonnay Soris '11 | ▽▽ |
| ○ Friuli Isonzo Friulano '11 | ▽▽ |
| ● Merlot Baolar '11 | ▽▽ |
| ○ Pinot Grigio Olivers '12 | ▽▽ |
| ○ Pinot Grigio Olivers '11 | ▽▽ |
| ● Refosco P. R. '12 | ▽▽ |
| ○ Sauvignon Blanc '10 | ▽▽ |
| ○ Sauvignon Blanc Altis '11 | ▽▽ |
| ○ Sauvignon Kolaus '12 | ▽▽ |
| ○ Sauvignon Kolaus '11 | ▽▽ |

## Perusini

LOC. GRAMOGLIANO
VIA DEL TORRIONE, 13
33040 CORNO DI ROSAZZO [UD]
TEL. +39 0432759151
www.perusini.com

藏酒销售
预约参观
膳宿接待
年产量 90 000 瓶
葡萄种植面积 15 公顷
葡萄栽培方式 有机认证
可持续发展酒庄

今天特蕾莎·佩鲁西尼（Teresa Perusini）所有的这座弗留利（Friuli）的古老酒庄最早创立于19世纪末期，她自祖父吉亚科莫·佩鲁西尼（Giacomo Perusini）的手中继承。这位对于艺术与美有着极大兴趣的热情葡萄酒生产商经营着佩鲁西尼酒庄及其声名显赫的葡萄园，证明了自己是当之无愧的卓越酿酒人，能够充分阐释本地风土特质，并且将自己的酿酒热情传递给家族的下一代——卡洛·托马索（Carlo Tommaso）和米歇尔（Michele），他们已经开始参与酒庄的经营管理。新鲜血液的加入实际上带来了酒庄发展的巨大飞跃，有效提升了整个产品线的生产。葡萄园坐落于弗留利东方山丘产区（Colli Orientali del Friuli）的格拉莫戈廖诺（Gramogliano）、罗萨泽奥（Rosazzo）和罗卡贝纳达（Rocca Bernarda）的山间，整枝系统严谨有效，种植密度集中，享受着风景壮美且日照条件非常优秀的山坡朝向。就佩鲁西尼酒庄的旗舰酒品而言，不论是白葡萄酒还是红葡萄酒都持续展现出极高的酿造水准。在今年的品鉴中，佩鲁西尼酒庄推荐的白葡萄酒清新爽口，首先洋溢着矿物质的丝丝醇香，酒香扑鼻。不过2015年份的灰比诺（Pinot Grigio）却在风味上略有不同，它散发着异域酒香，独具个性，吐露着柑橘和甜橙的丝丝果香。而红葡萄酒则展现出卓越的品质，吐露着丰盈的果香，融入香膏的缕缕芬芳。

| | |
|---|---|
| ○ FCO Pinot Grigio '15 | 3* |
| ● FCO Cabernet Franc '13 | 3 |
| ● FCO Merlot '13 | 3 |
| ○ FCO Picolit '13 | 8 |
| FCO Refosco P.R. '13 | 3 |
| ● FCO Rosso del Postiglione '13 | 3 |
| ○ FCO Sauvignon '15 | 3 |
| ○ FCO Chardonnay '15 | 3 |
| ○ FCO Ribolla Gialla '15 | 3 |
| COF Merlot '12 | 3 |
| ○ COF Picolit '12 | 8 |
| COF Refosco P.R. '12 | 3 |
| ● COF Rosso del Postiglione '12 | 3 |
| ○ FCO Pinot Grigio '14 | 3 |
| ○ FCO Ribolla Gialla '14 | 3 |
| ○ FCO Sauvignon '14 | 3 |

## Petrucco

VIA MORPURGO, 12
33042 BUTTRIO [UD]
TEL. +39 0432674387
www.vinipetrucco.it

藏酒销售
预约参观
年产量 80 000 瓶
葡萄种植面积 25 公顷

保罗·皮楚科（Paolo Petrucco）和妻子丽娜·皮楚科（Lina Petrucco）对于这片土地的热爱催生了这座卓越的家庭酒庄。1981年，皮楚科夫妇在蒙特布特廖（Buttrio di Monte）阳光普照的山坡上开垦葡萄园，美丽的天然阶梯状葡萄园正处于弗留利东方山丘产区（Colli Orientali del Friuli）开始的地方，接受温柔海风的吹拂，皮楚科酒庄就在这里安了家。经验丰富的卓越酿酒师弗拉维奥·卡巴斯（Flavio Cabas）深得酒庄主人的信任，至今依然在负责整个酿造生产链。他还细致照料着至今依然出产颇具声望的酿造葡萄的古老葡萄园——这座葡萄园在第一次世界大战前由意大利空军之父、伊曼纽拉·弗洛瑞奥伯爵夫人（Contessa Emanuela Florio）的丈夫伊塔洛·巴尔博（Italo Balbo）悉心种下，精选的果实用于酿造酒庄的骄傲——巴尔博隆科系列陈酿（Riserva Ronco del Balbo）。皮楚科酒庄只出产单一品种葡萄酒，但是今年向市场大力推出了2015年份的巴尔博隆科卡巴斯白葡萄酒（Bianco Cabas Ronco del Balbo），这是一款由霞多丽（Chardonnay）、苏维翁（Sauvignon）、弗留利安诺（Friulano）和玛尔维萨（Malvasia）打造的混酿，我们深深为它的卓越表现而叹服。

| | |
|---|---|
| ○ FCO Bianco Cabas Ronco del Balbo '15 | 4 |
| ○ FCO Malvasia '15 | 3 |
| ● FCO Merlot Ronco del Balbo '13 | 4 |
| ● FCO Pignolo Ronco del Balbo '11 | 5 |
| ○ FCO Pinot Bianco '15 | 3 |
| ○ FCO Pinot Grigio '15 | 3 |
| ● FCO Refosco P. R. Ronco del Balbo '13 | 4 |
| ○ FCO Sauvignon '15 | 3 |
| ○ FCO Friulano '15 | 3 |
| ● COF Merlot Ronco del Balbo '12 | 4 |
| ● COF Merlot Ronco del Balbo '11 | 3* |
| ● COF Refosco P. R. Ronco del Balbo '12 | 4 |
| ○ FCO Chardonnay '14 | 3 |
| ○ FCO Friulano '14 | 3 |
| ○ FCO Pinot Bianco '14 | 3* |
| ○ FCO Pinot Grigio '14 | 3 |

## Petrussa

via Albana, 49
33040 Prepotto [UD]
Tel. +39 0432713192
www.petrussa.it

藏酒销售
预约参观
膳宿接待
年产量 40 000 瓶
葡萄种植面积 10 公顷

1986年，吉安尼·贝特露莎（Gianni Petrussa）和保罗·贝特露莎（Paolo Petrussa）决定放弃现有工作，将全幅精力投入到家庭酒庄的发展中来。他们的第一个目标就是彻底深入地了解普雷波托阿尔巴纳产区（Albana di Prepotto）的特性，这片产区角落的土地是黄丽波拉葡萄（Ribolla Gialla）的摇篮——一种酿造司棋派蒂诺（Schioppettino）的地产葡萄。贝特露莎家族酒庄的葡萄园分散在弗留利东方山丘产区（Colli Orientali del Friuli）的东部各地，靠近朱利安前阿尔卑斯山（Julian Pre-Alps），地处避免强烈东风的河谷地带，享有独一无二的气候条件。对于普雷波托产区风土潜力的充分信任、以及提升产区酒典型特质的铁一般的意志，推动着贝特露莎兄弟二人积极地从先祖千年的农业实践经验中汲取精华，给他们酿造的美酒打上了两人直爽个性的深刻烙印。在今年的品鉴中，贝特露莎家族酒庄推荐了多款表现精彩的美酒，整个系列都给我们留下了非常深刻的印象，充分显示出该酒庄的出品随着时间的推移在品质方面更上一层楼。近年来的白葡萄年份酒忠诚地显露出本地葡萄品种的特质，美味可口，极易入口；而红葡萄酒则芬芳扑鼻，展现出极佳的复杂香氛，这显然来自美酒缓慢的成熟过程。

| | |
|---|---|
| ○ FCO Friulano '15 | ▼▼ 3 |
| ● FCO Merlot Rosso Petrussa '13 | ▼▼ 5 |
| ○ FCO Pinot Bianco '15 | ▼▼ 3 |
| ○ FCO Ribolla Gialla '15 | ▼▼ 3 |
| ○ FCO Sauvignon '15 | ▼▼ 3 |
| ● FCO Schioppettino di Prepotto '13 | ▼▼ 5 |
| ○ Pensiero '13 | ▼▼ 5 |
| ○ FCO Chardonnay S. Elena '14 | ▼ 4 |
| ● COF Cabernet '12 | ▽▽ 3 |
| ○ COF Chardonnay S. Elena '13 | ▽▽ 4 |
| ● COF Rosso Petrussa '12 | ▽▽ 5 |
| ○ COF Sauvignon '13 | ▽▽ 3 |
| ○ FCO Friulano '14 | ▽▽ 3 |
| ○ FCO Pinot Bianco '14 | ▽▽ 3 |
| ○ Pensiero '12 | ▽▽ 5 |
| ○ Pensiero '11 | ▽▽ 5 |

## Roberto Picéch

loc. Pradis, 11
34071 Cormòns [GO]
Tel. +39 048160347
www.picech.com

藏酒销售
预约参观
膳宿接待
年产量 30 000 瓶
葡萄种植面积 7 公顷
可持续发展酒庄

罗伯托·皮塞奇（Roberto Picéch）是高利奥（Collio）葡萄酒生产商中优秀的领袖人物，在高利奥经营着一座极受敬仰的酒庄，堪称产区典范。罗伯托皮塞奇酒庄位于距离科尔蒙斯（Cormòns）不远的普拉迪斯（Pradis）山坡，四周环绕着绿意苁蓉的葡萄园——罗伯托的父亲埃迪奥·皮塞奇（Egidio Picéch）早年独具慧眼地买下。埃迪奥个性十足，年轻时当地人都亲切地称他为"叛逆小子"，不过他极具前瞻性思想、意志坚定，同时也慷慨大方，随时愿意向他人提供帮助和建议。罗伯托的个性完全继承了父亲，也追随着父亲的脚印，在满足市场需求的前提下生产美酒，保持开放创新的精神，在酿造活动中持续追寻着新的动力和刺激。随着浸渍脱皮阶段越发持久，以及在酿造中避免跟随潮流和时下流行技法，罗伯托为自己酿造的美酒打上了独特的烙印，日益奉献出带有他无法错认的个人风格的美酒。在今年的品鉴中，2014年份的高利奥红葡萄酒（Collio Rosso）吐露着品丽珠（Cabernet Franc）的经典芬芳，散发着柳条和甘草根那标志性的草本植物的清香，而添加的梅洛（Merlot）和赤霞珠（Cabernet Sauvignon）进一步完善了这款卓越的混酿，传递出浸润着樱桃果香的美妙气息，更有丝丝甜美的烟草味道，塑造出复杂的香氛，收口感受也同样非常美妙。

| | |
|---|---|
| ● Collio Rosso '14 | ▼▼ 3 |
| ○ Collio Friulano '15 | ▼▼ 3 |
| ○ Collio Malvasia '15 | ▼▼ 3 |
| ○ Collio Pinot Bianco '15 | ▼▼ 3 |
| ○ Collio Bianco Athena '05 | ▽▽▽ 7 |
| ○ Collio Bianco Jelka '11 | ▽▽▽ 4 |
| ○ Collio Bianco Jelka '99 | ▽▽▽ 7 |
| ○ Collio Pinot Bianco '13 | ▽▽▽ 3 |
| ○ Collio Bianco Athena Magnum '12 | ▽▽ 7 |
| ○ Collio Bianco Athena Magnum '11 | ▽▽ 7 |
| ○ Collio Bianco Jelka '13 | ▽▽ 4 |
| ○ Collio Bianco Jelka '12 | ▽▽ 4 |
| ○ Collio Malvasia '14 | ▽▽ 3 |
| ○ Collio Pinot Bianco '14 | ▽▽ 3 |
| ● Collio Rosso '13 | ▽▽ 3 |
| ● Collio Rosso '12 | ▽▽ 3 |
| ● Collio Rosso Ruben Ris. '12 | ▽▽ 6 |

## Vigneti Pittaro

A Udine, 67
3033 Codroipo [UD]
el. +39 0432904726
www.vignetipittaro.com

藏酒销售
预约参观
善宿接待
年产量 400 000 瓶
葡萄种植面积 90 公顷
可持续发展酒庄

皮耶罗・皮塔洛（Piero Pittaro）来自拥有450年漫长酿酒历史的当地古老农业家族。皮塔洛酒庄大部分葡萄园环绕着科德罗伊（Codroipo）的酒窖——彰显建筑艺术与实用功能的完美结合，地处弗留利格拉芙产区（Grave del Friuli）干燥多石的地带；另外酒庄还有5公顷葡萄园坐落于弗留利东部山丘DOC产区（Friuli Colli Orientali DOC）最北端的拉曼多罗（Ramandolo）山间。多样的地形带来多样的美酒，皮塔洛酒庄品种繁多的系列美酒满足了各种市场的需求，尤其是最具名望的传统酿造法起泡酒（Classic Method）。负责酿造工作的经理斯蒂凡诺・特林克（Stefano Trinco）在传统酿造法起泡酒的生产方面具有丰富的经验，因此皮塔洛酒庄的起泡酒在整个产区都首屈一指，成为值得骄傲的经典产品。在今年的品鉴中，2009年份的黄标皮塔洛干型葡萄酒（Pittaro Brut Etichetta Oro）展现出名不虚传的卓越水准，而且它每一年的出品都给人留下更加深刻的印象和更加满意舒适的品感，总能领先他人一步，凭借扑鼻的酒香和饱满的果味从多款当地起泡酒中脱颖而出。

| | |
|---|---|
| Pittaro Brut Et. Oro '09 | 5 |
| FCO Friulano Ronco Vieri '15 | 3 |
| FCO Picolit Ronco Vieri '13 | 6 |
| Friuli Grave Cabernet '13 | 3 |
| Friuli Grave Chardonnay Mousquè '15 | 3 |
| Friuli Grave Rosso Agresto '11 | 4 |
| Pittaro Brut Et. Argento | 4 |
| Pittaro Brut Pink | 5 |
| Ramandolo Ronco Vieri '14 | 3 |
| Ribolla Gialla Brut | 3 |
| Friuli Grave Sauvignon Blanc '15 | 3 |
| Manzoni Bianco '15 | 3 |
| Friuli Grave Rosso Agresto '08 | 4 |
| Pittaro Brut Et. Oro '08 | 5 |
| Pittaro Brut Et. Oro '07 | 5 |

## Denis Pizzulin

via Brolo, 43
33040 Prepotto [UD]
Tel. +39 0432713425
www.pizzulin.com

藏酒销售
预约参观
年产量 30 000 瓶
葡萄种植面积 11 公顷

葡萄园的种植面积不大，酒庄产量也不高，但是在丹尼斯・皮祖林（Denis Pizzulin）澎湃的激情和天赋的高超酿造技艺打造下，丹尼斯皮祖林酒庄已经成为普雷波托地区（Prepotto）的经典酒庄之一。这里的葡萄种植和葡萄酒生产已经拥有了千年的历史。这片狭长的土地位于斯洛文尼亚（Slovenia）边境地带，微气候得益于良好的日照条件，不受大风侵袭，地基以砂石和泥灰质混合土壤为主，对于葡萄的生长非常理想。这里是黑丽波拉葡萄（Ribolla Nera）的摇篮，这种品种酿造的司棋派蒂诺（Schioppettino）也是丹尼斯皮祖林酒庄的旗舰美酒，不过丹尼斯在除此之外的其他酒品上也付出同样的耐心和努力。拉瑞索尔奇系列葡萄酒（Rarisolchi）包括红葡萄酒和白葡萄酒，都是在小型橡木桶中陈年的优质混酿。在今年的品鉴中，我们感到推荐的白葡萄酒品质尤为出众。每款都芬芳扑鼻，气质直接，融入柑橘香，果味美味可口。但是，2013年份的斯卡歌利亚梅洛红葡萄酒陈酿（Merlot Scaglia Rossa Riserva）的表现也非常惊人，得益于其紧致的结构和天鹅绒般丝滑的口感，浸润着碾碎樱桃的甜美滋味，融入香料的辛辣和黑甘草的甘甜。

| | |
|---|---|
| ● FCO Merlot Scaglia Rossa Ris. '13 | 4 |
| ○ FCO Friulano '15 | 3 |
| ● FCO Pignolo '11 | 6 |
| ○ FCO Pinot Grigio '15 | 3 |
| ○ FCO Sauvignon '15 | 3 |
| ● FCO Pinot Nero '13 | 4 |
| ● COF Merlot '13 | 3 |
| ● COF Merlot '12 | 3 |
| ○ COF Pinot Bianco '13 | 3 |
| ● COF Refosco P. R. '12 | 4 |
| ● COF Refosco P. R. Ris. '09 | 4 |
| ● COF Rosso Rarisolchi Ris. '09 | 4 |
| ○ COF Sauvignon '13 | 3 |
| ● COF Schioppettino di Prepotto '12 | 3 |
| ● COF Schioppettino di Prepotto '11 | 3 |
| ● COF Schioppettino di Prepotto '10 | 3 |

## Renata Pizzulin

via Celso Macor, 1
34070 Moraro [GO]
Tel. +39 0432713027
www.renatapizzulin.it

藏酒销售
预约参观
年产量 10 000 瓶
葡萄种植面积 3 公顷
可持续发展酒庄

这座规模不大的新酒庄以其芬芳扑鼻、可饮性极强的出品美酒而收获了众人的关注。年轻的夫妇阿尔伯托·佩洛斯（Alberto Pelos）和蕾娜塔·皮祖林（Renata Pizzulin）展现出令人印象深刻的专业能力，在弗留利伊松佐河（Isonzo）右岸富含矿物质铁的黏土土壤地块中栽培葡萄，严格区分地块，为每种葡萄品种选择最佳的土壤和气候条件。每处葡萄园都选取能够最充分展现品种葡萄特质的所在，每一款酒也都由于其酿造葡萄产地葡萄园的独特个性而非常容易识别。他们以古代地图中的地名为出品美酒命名，包括泰奥利斯（Teolis）、梅拉瑞斯（Melaris）、帕拉迪丝（Paladis）、穆莱利斯（Murellis）和卡拉尼斯（Clagnis）等。它们的初次登场令人十分惊艳，如今证明了阿尔伯托无愧我们的期待。为了保证最卓越的表达，酿造葡萄在采收后至少要经过两年漫长的瓶中陈年才会正式发布。在今年的品鉴中，我们品尝了蕾娜塔皮祖林酒庄所有的2014年份酒，这个客观条件并不理想的采收酿造季实际上并没有减损该酒庄系列酒品的精彩表现。

| | |
|---|---|
| ○ Friuli Isonzo Bianco Teolis '14 | ▼▼ 4 |
| ○ Friuli Isonzo Chardonnay Paladis '14 | ▼▼ 4 |
| ● Refosco P. R. Murellis '13 | ▼▼ 4 |
| ○ Friuli Isonzo Malvasia Melaris '14 | ▼ 3 |
| ○ Friuli Isonzo Bianco Teolis '13 | ▽▽ 3 |
| ○ Friuli Isonzo Bianco Teolis '12 | ▽▽ 3 |
| ○ Friuli Isonzo Chardonnay Paladis '13 | ▽▽ 3 |
| ○ Friuli Isonzo Chardonnay Paladis '12 | ▽▽ 3 |
| ○ Friuli Isonzo Malvasia Melaris '13 | ▽▽ 3 |
| ○ Friuli Isonzo Malvasia Melaris '12 | ▽▽ 3 |
| ● Friuli Isonzo Refosco P. R. Murellis '12 | ▽▽ 3 |
| ● Murellis '12 | ▽▽ 3 |

## Damijan Podversic

via Brigata Pavia, 61
34170 Gorizia
Tel. +39 048178217
www.damijanpodversic.com

藏酒销售
预约参观
年产量 24 000 瓶
葡萄种植面积 10 公顷
葡萄栽培方式 有机认证
可持续发展酒庄

从伊松佐河（River Isonzo）右岸的卡尔瓦里奥山（Mount Calvario）——高利奥产区（Collio）最高的山峰之一——向下望，满眼是起伏的山丘，继而缓缓融入下方广袤的平原，一直蔓延到海边。对于达米扬·波德沃斯科（Damijan Podversic）而言，这幅令人窒息的美景是他每天的享受，因为每天他都要勤勤恳恳地打理坐落于此地的葡萄园。达米扬是一位为酿酒事业真心自豪的农夫，对这片土地充满热爱，他依靠古老的酿造方法，在酿酒过程中勇敢地加长带皮浸渍的时间，即便是白葡萄酒也是如此，完全摒弃添加酵母、澄清、过滤或者人工控温等人为干预手法。在今年的品鉴中，我们只需一瞥决赛名录表就可以清楚地知道，达米扬的出品有多出色。多达四款美酒闯入了“三杯奖”的决赛！最终，2012年份的黄丽波拉（Ribolla Gialla）凭借卓越的表现获得了“三杯奖”大奖，吐露着生姜、蜂蜡、焚香、葡萄干和无花果的复杂香氛，随之而来的口感融入黑胡椒般的辛辣美味，进一步完善了强劲美味的果味。

| | |
|---|---|
| ○ Ribolla Gialla '12 | ▼▼▼ 8 |
| ○ Kaplja '12 | ▼▼ 6 |
| ○ Malvasia '12 | ▼▼ 8 |
| ● Rosso Prelit '12 | ▼▼ 6 |
| ○ Nekaj '12 | ▼▼ 6 |
| ○ Kaplja '08 | ▽▽▽ 6 |
| ○ Malvasia '10 | ▽▽▽ 6 |
| ○ Malvasia '09 | ▽▽▽ 6 |
| ○ Kaplja '11 | ▽▽ 6 |
| ○ Kaplja '10 | ▽▽ 6 |
| ○ Kaplja '09 | ▽▽ 6 |
| ○ Kaplja '07 | ▽▽ 6 |
| ○ Nekaj '11 | ▽▽ 6 |
| ○ Ribolla Giall '10 | ▽▽ 6 |
| ○ Ribolla Gialla '11 | ▽▽ 6 |
| ○ Ribolla Gialla '09 | ▽▽ 6 |
| ○ Ribolla Gialla '07 | ▽▽ 5 |

## sidoro Polencic

oc. Plessiva, 12
4071 Cormòns [GO]
el. +39 048160655
www.polencic.com

藏酒销售
预约参观
膳宿接待
年产量 120 000 瓶
葡萄种植面积 28 公顷

珀兰斯科家族（Polencic）在高利奥产区（Collio）的酿造历史久远得几乎记不清，漫长的酿酒岁月隐没在时光的迷雾里。家族传人伊斯多罗·珀兰斯科（Isidoro Polencic）性格固执，执着于农耕，当然更对酿酒着迷。不论在葡萄园的栽培上，还是在酒窖的酿造上，伊斯多罗都是当仁不让的一把好手。他于1968年创建了家庭酒庄，并且亲自经营多年，将酒庄发展为家庭经营酒庄中令人惊叹的规模和体量。如今酒庄的掌门人是伊斯多罗的三个儿女：伊莉莎贝塔·珀兰斯科（Elisabetta Polencic）、米歇尔·珀兰斯科（Michele Polencic）和阿历克斯·珀兰斯科（Alex Polencic），虽然他们依然年轻，但是展现出非凡的自信和雄心壮志。伊斯多罗珀兰斯科酒庄的经典美酒是费斯克系列（Fisc），酿造葡萄是从百年葡萄园移植来的弗留利安诺托凯（Tocai Friulano）。在今年的品鉴中，伊斯多罗珀兰斯科酒庄出品的整个系列都呈现出非常精彩的表现，所有高利奥产区（Collio）的最新年份白葡萄酒都忠诚反映出产地风土特质。每一款都充分展现出品种葡萄的魅力，散发着无与伦比的芬芳。

| | |
|---|---|
| Collio Chardonnay '15 | TT 3 |
| Collio Friulano '15 | TT 3 |
| Collio Pinot Bianco '15 | TT 3 |
| Collio Pinot Grigio '15 | TT 3 |
| Collio Ribolla Gialla '15 | TT 3 |
| Collio Sauvignon '15 | TT 3 |
| Collio Friulano Fisc '07 | YYY 3* |
| Collio Pinot Bianco '07 | YYY 3 |
| Collio Pinot Grigio '98 | YYY 3* |
| Collio Tocai Friulano '04 | YYY 3* |
| Collio Chardonnay '14 | YY 3 |
| Collio Friulano '14 | YY 3 |
| Collio Friulano Fisc '13 | YY 4 |
| Collio Pinot Bianco '13 | YY 3 |
| Collio Pinot Grigio '14 | YY 3 |
| Oblin Blanc '12 | YY 4 |

## Primosic

fraz. Oslavia
loc. Madonnina di Oslavia, 3
34070 Gorizia
Tel. +39 0481535153
www.primosic.com

藏酒销售
预约参观
年产量 210 000 瓶
葡萄种植面积 30 公顷

年轻的兄弟马科·普利莫斯科（Marko Primosic）和鲍里斯·普利莫斯科（Boris Primosic）经营着这座由他们的父亲斯尔韦斯特·普利莫斯科（Silvestro Primosic）于1956年创办的酒庄。奥斯拉维亚山（Oslavia）是高利奥地区（Collio）与斯洛文尼亚交界边境处的重要堡垒，拥有独特且非常适合葡萄生产的微气候环境。众多家庭酒庄在这片土地上耕耘劳作，曾经书写了高利奥产区历史的重要篇章，而且也将开创产区的未来。这里的酿酒活动代代相传，在边界两边都是如此，即便白葡萄也要采用长期带皮浸渍的古老方法打造美酒，尤其是黄丽波拉酒（Ribolla Gialla）。普利莫斯科酒庄打造的珍酿即便在多年后发布，依然能够激起过往时光的热情。除了传统美酒之外，酒庄当然也会推出现代技术酿造的美酒，为酒庄的产品线增加附加值，并且为国际市场提供充分展现产区风土特质的美酒。在今年的品鉴中，普利莫斯科酒庄出品系列整体上呈现出非常卓越的表现，尤其是2011年份的克林白葡萄酒（Bianco Klin）闯入了角逐"三杯奖"大奖的决赛，而最终是2012年份的奥斯拉维亚黄丽波拉陈酿（Ribolla Gialla di Oslavia Riserva）夺下了"三杯奖"桂冠，再现了去年的荣光。除此之外，我们不得不对高利奥产区酒、奥斯拉维亚酒和普莱莫斯酒（Primosics）的卓越表现鼓掌。

| | |
|---|---|
| ○ Collio Ribolla Gialla di Oslavia Ris. '12 | TTT 5 |
| ○ Collio Bianco Klin '11 | TT 5 |
| ○ Collio Chardonnay Gmajne '13 | TT 5 |
| ● Collio Merlot Murno '12 | TT 4 |
| ○ Collio Pinot Grigio Murno '15 | TT 4 |
| ○ Collio Pinot Grigio Ris. '12 | TT 4 |
| ○ Collio Sauvignon '15 | TT 3 |
| ○ Collio Sauvignon Gmajne '15 | TT 5 |
| ○ Ribolla Gialla '15 | T 3 |
| ○ Collio Chardonnay Gmajne '11 | YYY 4* |
| ○ Collio Ribolla Gialla di Oslavia Ris. '11 | YYY 5 |
| ○ Collio Bianco Klin Ris. '10 | YY 5 |
| ○ Collio Friulano Belvedere '14 | YY 3 |
| ● Collio Merlot Murno '11 | YY 3 |
| ○ Collio Sauvignon Gmajne '14 | YY 4 |

## ★Doro Princic

LOC. PRADIS, 5
34071 CORMÒNS [GO]
TEL. +39 048160723
doroprincic@virgilio.it

藏酒销售
预约参观
年产量 60 000 瓶
葡萄种植面积 10 公顷

多罗·普林奇科（Doro Princic）于1950年创建的多罗普林奇科酒庄（Doro Princic）是整个高利奥产区（Collio）的骄傲，这一品牌代表了绝对的高品质，这一切要感谢打理葡萄园和酿造传统美酒的大师阿历桑德罗（Alessandro）——这位不论外形还是个性都十分突出的男人，在奥匈式的胡子下面，嘴角总挂着会心的微笑。阿历桑德罗与妻子玛利亚格拉齐亚（Mariagrazia）是暖人心窝的一对夫妇。由于相信单一品种的巨大潜能，阿历桑德罗试图将每一种品种葡萄的特质发挥到极致，拒绝混酿、人工操控或者强力手法，相反致力于通过获取自然缔造的每种品种葡萄的精粹来收获最佳的自然表现力，而且这样的做法取得了成功。在今年的品鉴中，虽然2015年份的玛尔维萨（Malvasia）凭借高水准的表现再次闯入了角逐"三杯奖"的决赛圈，但是遗憾地与大奖失之交臂，没能维持住连续七年的获奖记录。2015年份的弗留利安诺（Friulano）则历尽挑战，代替玛尔维萨将"三杯奖"捧回了家。

| | | |
|---|---|---|
| ○ Collio Friulano '15 | 🍷🍷🍷 | 5 |
| ○ Collio Malvasia '15 | 🍷🍷 | 5 |
| ● Collio Merlot '12 | ▼▼ | 5 |
| ○ Collio Pinot Bianco '15 | ▼▼ | 5 |
| ○ Collio Pinot Grigio '15 | ▼▼ | 5 |
| ○ Collio Sauvignon '15 | ▼▼ | 5 |
| ○ Collio Ribolla Gialla '15 | ▼ | 5 |
| ○ Collio Malvasia '14 | ΨΨΨ | 5 |
| ○ Collio Malvasia '13 | ΨΨΨ | 5 |
| ○ Collio Malvasia '12 | ΨΨΨ | 5 |
| ○ Collio Malvasia '11 | ΨΨΨ | 5 |
| ○ Collio Malvasia '10 | ΨΨΨ | 4 |
| ○ Collio Malvasia '09 | ΨΨΨ | 4* |
| ○ Collio Malvasia '08 | ΨΨΨ | 4 |
| ○ Collio Pinot Bianco '07 | ΨΨΨ | 3 |
| ○ Collio Pinot Bianco '05 | ΨΨΨ | 3 |
| ○ Collio Tocai Friulano '06 | ΨΨΨ | 3* |

## Puiatti - Bertani Domains

LOC. ZUCCOLE, 4
34076 ROMANS D'ISONZO [GO]
TEL. +39 0481909608
www.puiatti.com

藏酒销售
预约参观
年产量 400 000 瓶
葡萄种植面积 50 公顷
可持续发展酒庄

维托里奥·普埃提（Vittorio Puiatti）在
留利产区葡萄酒生产史上写就了诸
重要篇章。20世纪60年代产区取得的
变飞跃，无疑要归功于伟大的维托
奥·普埃提。由于坚定地拒绝使用
木桶——以避免影响酿造果实的原始
味，他酿造的美酒打上了无法错认的
明个人风格，充分尊重每一种葡萄
种原始自然的特征，将酒精度控制在
低水平，令美酒更加容易入口。安赫
尼集团（Tenimenti Angelini group）收购
埃提酒庄后，也分享了同样的酿造
念，而且更加关注本地葡萄品种的种
和酿造，进一步完善酒品风格，将大
教化与今日需求完美结合的任务放心
交给酿酒师吉留埃托·安德烈（Giuria
Andrea）去完成。在今年的品鉴中，
多数标准年份白葡萄酒吐露着轻快的
香，酒精度很低，但是2014年份的黄
奇提皮（Gialla Archetipi）则从中脱颖
出。由于一定量的风干果实添加到基
中，它不同寻常的酿造过程带来了独
无二的特质。

| | | |
|---|---|---|
| ○ Friuli Isonzo Friulano Vuj '15 | ▼▼ | |
| ○ Ribolla Gialla Archetipi '14 | ▼▼ | |
| ○ Ribolla Gialla Extra Brut M. Cl. | ▼▼ | |
| ○ Sauvignon Fun '15 | ▼▼ | |
| ○ Pinot Grigio Sal '15 | ▼ | |
| ○ Traminer Aromatico Cur '15 | ▼ | |
| ● Collio Pinot Nero Ruttars '08 | ΨΨ | |
| ○ Friuli Isonzo Friulano Vuj '14 | ΨΨ | |
| ○ Friuli Isonzo Ribolla Gialla Archetipi '12 | ΨΨ | |
| ○ Friuli Isonzo Ribolla Gialla Lus '13 | ΨΨ | |
| ○ Oltre il Metodo Extra Brut '06 | ΨΨ | |
| ○ Ribolla Gialla Archetipi '13 | ΨΨ | |
| ○ Ribolla Gialla Lus '14 | ΨΨ | |

## ★Dario Raccaro

RAZ. ROLAT
A SAN GIOVANNI, 87
4071 CORMÒNS [GO]
EL. +39 048161425
z.agr.raccaro@alice.it

藏酒销售
页约参观
年产量 30 000 瓶
葡萄种植面积 6 公顷

尽管葡萄园的占地面积不大，出产的葡萄酒甚至也很少，达里奥·瑞卡罗（Dario Raccaro）却用事实证明了即便是这样的酒庄也有可能成为产区极具影响力的典范酒庄。瑞卡罗家族与高利奥产区（Collio）的渊源要回溯到1928年，当约瑟佩·瑞卡罗（Giuseppe Raccaro）放弃了气候条件干燥恶劣纳提森谷（Natisone），来到蔓延在科尔蒙斯地区（Cormòns）奎恩山（Monte Quarin）山脚下的农庄里定居下来。达里奥很快就意识到周边的土地非常适合种植高品质酿造葡萄，于是他于20世纪80年代决定将全部精力投入到酿酒事业中来。酒庄自有的葡萄园位于高利奥产区中心地带的奎恩山山间，围绕着酒庄分布，除此之外，达里奥还设法租赁了一家种植弗留利托凯葡萄（Tocai friulano）的古老的葡萄园——罗拉特葡萄园（Vigna del Rolàt）。在今年的品鉴中，达里奥·瑞卡罗只提交了两款美酒，丝毫不意外的是，它们都获得了极高的分数。2015年份的罗拉特弗留利安诺（Friulano Rolat）一如既往地出现在争夺“三杯奖”的决赛中，这款达里奥瑞卡罗酒庄的偶像级美酒证明了它无愧于最能充分表达产区特质的顶级美酒的荣誉。

| | | |
|---|---|---|
| Collio Friulano Rolat '15 | ΨΨ | 4 |
| Collio Malvasia '15 | ▼▼ | 5 |
| Collio Bianco '03 | ΨΨΨ | 3 |
| Collio Bianco '02 | ΨΨΨ | 3 |
| Collio Friulano V. del Rolat '09 | ΨΨΨ | 4 |
| Collio Friulano V. del Rolat '08 | ΨΨΨ | 4 |
| Collio Friulano V. del Rolat '07 | ΨΨΨ | 4 |
| Collio Malvasia '12 | ΨΨΨ | 5 |
| Collio Malvasia '11 | ΨΨΨ | 4* |
| Collio Tocai Friulano '05 | ΨΨΨ | 4 |
| Collio Tocai Friulano '04 | ΨΨΨ | 3 |
| Collio Tocai Friulano '01 | ΨΨΨ | 3* |
| Collio Tocai Friulano '00 | ΨΨΨ | 3* |
| Collio Tocai Friulano V. del Rolat '06 | ΨΨΨ | 4 |
| Collio Friulano V. del Rolat '14 | ΨΨ | 4 |
| Collio Friulano V. del Rolat '13 | ΨΨ | 4 |

## La Rajade

LOC. PETRUS, 2
34070 DOLEGNA DEL COLLIO [GO]
TEL. +39 0481639273
www.larajade.it

藏酒销售
预约参观
年产量 50 000 瓶
葡萄种植面积 6.5 公顷

新成立的拉嘉德酒庄（La Rajade）将农庄酒窖与已经在生产的葡萄园结合起来，坐落于弗留利（Friuli）东部山峦的山脚下，紧挨着朱卓尔河谷（River Judrior），沿着斯洛文尼亚边境线，处于高利奥产区（Collio）最北端的地带。从皮特鲁斯（Petrus）沿着山势顺坡蔓延而下的葡萄园，保证了种植葡萄能够得到充分的日照，这也是激发了酒庄主人赛吉奥·坎佩奥托（Sergio Campeotto）的灵感，将酒庄命名为拉嘉德的原因——在当地的方言中，拉嘉德的意思是一道日光。迭戈·赞尼（Diego Zanin）一年四季在酒庄忙碌，拥有非常重要且丰富的酿酒经验，领导着葡萄园的栽培工作和酒窖的酿造工作。在今年的品鉴中，拉嘉德酒庄推荐了一系列表现出色的美酒，其中2013年份的赤霞珠陈酿（Cabernet Sauvignon Riserva）再次从诸多参选美酒中脱颖而出，闯入了角逐“三杯奖”大奖的决赛。它吐露着成熟的樱桃香，融入刚刚烘焙的巧克力的醇香，一抹丁香花的芬芳萦绕其间，随之而来的口感非常诱人，作为支撑的单宁非常活跃，表现出卓越的精致。

| | | |
|---|---|---|
| ● Collio Cabernet Sauvignon Ris. '13 | ΨΨ | 4 |
| ○ Collio Friulano '15 | ▼▼ | 3 |
| ● Collio Merlot Ris. '13 | ▼▼ | 4 |
| ○ Collio Pinot Grigio '15 | ▼▼ | 3 |
| ○ Collio Ribolla Glalla '15 | ▼▼ | 3 |
| ○ Collio Sauvignon '15 | ▼▼ | 3 |
| ○ Collio Caprizi Ris. '13 | ▼ | 4 |
| ○ Collio Bianco '14 | ΨΨ | 3 |
| ○ Collio Bianco '13 | ΨΨ | 3 |
| ● Collio Cabernet Sauvignon Ris. '11 | ΨΨ | 4 |
| ● Collio Merlot Ris. '12 | ΨΨ | 4 |
| ○ Collio Pinot Grigio '14 | ΨΨ | 3 |
| ○ Collio Pinot Grigio '13 | ΨΨ | 3 |
| ○ Collio Ribolla Gialla '14 | ΨΨ | 3 |
| ○ Collio Ribolla Gialla '13 | ΨΨ | 3 |
| ○ Collio Sauvignon '14 | ΨΨ | 3 |

## Rocca Bernarda

FRAZ. IPPLIS
VIA ROCCA BERNARDA, 27
33040 PREMARIACCO [UD]
TEL. +39 0432716914
www.sagrivit.it

藏酒销售
预约参观
年产量 100 000 瓶
葡萄种植面积 38.5 公顷

罗卡贝纳达酒庄（Rocca Bernarda）坐落于罗卡贝纳达山脚下，气势恢宏的庄园带有四座圆形角塔，俯瞰着这片壮美的土地。罗卡贝纳达酒庄看起来好像一座城堡，但实际上它是瓦尔瓦森·马尼亚戈伯爵家族（Conti Valvason Maniago）于遥远的1567年修建的一座乡间别墅。在高高的围墙里，写就了一页页令人难忘的历史。尤其是19世纪末，这座壮丽的庄园见证了孔特阿斯奎尼（Conte Asquini）的皮克里特（Picolit）的重生，归功于当时的庄园主人佩鲁西尼伯爵（Conti Perusini）将它带到了这里。1977年，佩鲁西尼伯爵将这座庄园及其地产捐赠给了马耳他骑士团（Sovereign Military Order of Malta）。2006年以来，罗卡贝纳达酒庄就由意大利酿造协会（Società Agricola Vitivinicola Italiana）经营管理，协会将酿造工作放心地托付给了毛瑞里奥·基奥恰（Maurilio Chioccia）。天然呈碗状的壮美葡萄园环绕着酒庄建筑群，令这里的风景更具魅力。在今年的品鉴中，罗卡贝纳达酒庄只推荐了几款美酒，令人遗憾的是我们今年无缘与皮科里特（Picolit）一见，近些年来皮科里特一直是酒庄的典范美酒。但是2014年份的红梗瑞福斯科（Refosco dal Peduncolo Rosso）和2015年份的苏维翁（Sauvignon）都展现出卓越的酿造水准，是罗卡贝纳达酒庄最高品质的最佳代表。

| | |
|---|---|
| ● FCO Refosco P. R. '14 | 🍷🍷 3 |
| ○ FCO Sauvignon '15 | 🍷🍷 3 |
| ○ Novecento 1113-2013 '15 | 🍷 3 |
| ● COF Merlot Centis '99 | 🍸🍸🍸 7 |
| ○ COF Picolit '03 | 🍸🍸🍸 7 |
| ○ COF Picolit '98 | 🍸🍸🍸 7 |
| ○ COF Picolit '97 | 🍸🍸🍸 7 |
| ○ COF Chardonnay '13 | 🍸🍸 3 |
| ○ COF Friulano '13 | 🍸🍸 3 |
| ○ COF Friulano '12 | 🍸🍸 3 |
| ● COF Merlot Centis '09 | 🍸🍸 4 |
| ● COF Pignolo Novecento 1113-2013 '08 | 🍸🍸 5 |
| ○ COF Pinot Grigio '13 | 🍸🍸 3 |
| ● COF Refosco P. R. '13 | 🍸🍸 3 |
| ○ COF Sauvignon '13 | 🍸🍸 3 |
| ○ Novecento 1113-2013 '13 | 🍸🍸 3 |

## Paolo Rodaro

LOC. SPESSA
VIA CORMONS, 60
33043 CIVIDALE DEL FRIULI [UD]
TEL. +39 0432716066
www.rodaropaolo.it

藏酒销售
预约参观
年产量 200 000 瓶
葡萄种植面积 50 公顷
可持续发展酒庄

拉达罗家族（Rodaros）早在1846年就开始酿造美酒，如今这座历史悠久的老牌地产酒庄的掌门人保罗·拉达罗（Paolo Rodaro）已经是第六代传人，而且与酒庄的创始人同名同姓。保罗的父亲路易吉（Luigi）和叔叔埃多（Edo）为家族酒庄的现代化发展打下了坚实的基础，在二十世纪六七十年代将这座中规中矩的乡村酒庄改建发展成了弗留利产区规模最大、极富名望、出产珍贵美酒的葡萄酒庄。更是由于买下了罗曼诺伯爵庄园（Conte Romano Estate）以及高品质的葡萄园而达到了保罗拉达罗酒庄（Paolo Rodaro）发展的巅峰，园中出产的酿造葡萄用于生产酒庄的旗舰葡萄酒罗曼因系列美酒（Romain）——这种结构极度精美的红葡萄酒采用悬挂晾干的葡萄酿造而成；与此同时，标准系列美酒也表现突出。除此之外，传统酿造法起泡酒也得到越来越多的关注。在今年的品鉴中，2015年份的弗留利安诺（Friulano）以及同年份的玛尔维萨（Malvasia）都展现出本地年份白葡萄酒典型的可爱香氛，而且都忠诚而充分地反映出各自葡萄品种的特质。与此相比，毫不逊色的是201[illegible]年份的帕斯多斯传统酿造法桃红起泡酒（Metodo Classico Rosé Pas Dosé）以及2009年份的罗曼因系列罗曼因红葡萄酒（Rosso Romain di Romain），后者尤其口感强劲，丰盈肥腻，非常诱人。

| | |
|---|---|
| ● FCO Rosso Romain di Romain '09 | 🍷🍷(红) 6 |
| ○ FCO Friulano '15 | 🍷🍷 3 |
| ○ FCO Malvasia '15 | 🍷🍷 2 |
| ● FCO Schioppettino Romain '11 | 🍷🍷 5 |
| ⊙ Rosé Pas Dosé M.Cl. '12 | 🍷🍷 5 |
| ○ FCO Pinot Grigio '15 | 🍷 3 |
| ○ FCO Ribolla Gialla '15 | 🍷 3 |
| ● COF Refosco P. R. Romain '03 | 🍸🍸🍸 6 |
| ○ Ronc '00 | 🍸🍸🍸 3 |
| ● COF Merlot Romain '09 | 🍸🍸 5 |
| ● COF Schioppettino Romain '08 | 🍸🍸 4 |

## Ronc di Vico

Fraz. Bellazoia
Via Centrale, 5
33040 Povoletto [UD]
Tel. +39 3208822002
roncdivicobellazoia@libero.it

藏酒销售
预约参观
年产量 12 000 瓶
葡萄种植面积 7 公顷

新近成立的隆科迪维科酒庄（Ronc di Vico）很快就吸引了诸多关注，这要感谢吉安尼·德尔·法布罗（Gianni del Fabbro）于2004年继承了散落在弗留利东方山丘指定产区（Friuli Colli Orientali）最北端的几公顷古老葡萄园后做出的积极动作。这里的昼夜温差很大，气候条件对于种植香氛馥郁的酿造葡萄十分有利。在咨询了葡萄种植商朋友的专业意见之后，吉安尼决定重新布局葡萄园，在此期间得到了儿子洛德维格·德尔·法布罗（Lodovico del Fabbro）的大力协助——洛德维格因而自小在葡萄藤间长大，今天更是在葡萄园的栽培和酒窖的酿造工作中都发挥了重要作用。吉安尼决定将注意力只集中在少数几座葡萄园上的决定，日后被证明是明智之举。虽然隆科迪维科酒庄只出产几款美酒，但是每一款都品质卓越、激情饱满、声名远播。在今年的品鉴中，2013年份的红梗瑞福斯科（Refosco dal Peduncolo Rosso）表现精彩，从同品类的酒品中脱颖而出，并且闯入了“三杯奖”的决赛，这一切得益于其美妙的口味。它吐露着美妙的橡木香气，缕缕香料的辛香和香膏的芬芳提升了整款酒的香氛，入口后坚实的单宁极为柔滑圆润，丰盈的果味令人久久难忘。

| | |
|---|---|
| ● FCO Refosco P. R. '13 | ▼▼ 6 |
| ○ FCO Il Friulano '15 | ▼▼ 4 |
| ○ FCO Sauvignon '15 | ▼▼ 4 |
| ● FCO Vicorosso '13 | ▼▼ 4 |
| ○ COF Il Friulano '09 | ▽▽▽ 4 |
| ○ COF Il Friulano '08 | ▽▽▽ 4* |
| ○ COF Il Friulano '12 | ▽▽ 4 |
| ○ COF Picolit '11 | ▽▽ 7 |
| ● COF Refosco P. R. '11 | ▽▽ 6 |
| ○ COF Sauvignon '12 | ▽▽ 4 |
| ● COF Titut Ros '11 | ▽▽ 6 |
| ● COF Titut Ros '09 | ▽▽ 5 |
| ● COF Vicorosso '11 | ▽▽ 4 |
| ● COF Vicorosso '10 | ▽▽ 4 |
| ● FCO Titut Ros '12 | ▽▽ 6 |
| ● FCO Vicorosso '12 | ▽▽ 4 |

## Ronc Soreli

Loc. Novacuzzo, 46
33040 Prepotto [UD]
Tel. +39 0432713005
www.roncsoreli.com

藏酒销售
年产量 100 000 瓶
葡萄种植面积 42 公顷

2008年，弗拉维奥·斯奇拉提（Flavio Schiratti）接管了一座酒庄，位于普雷波托（Prepotto）附近古老的诺瓦库佐小村庄（Borgo di Novacuzzo）。带着极高的目标，信心满满的弗拉维奥开始重塑产品线，在酿造经验丰富的埃米利奥·德尔·麦蒂克（Emilio Del Medico）的协助下，隆科索莱利酒庄（Ronc Soreli）很快就成为产区内最佳的酒庄之一。胜利果实很快凸显出来。隆科索莱利酒庄的名字在当地方言中是指阳光普照的山坡，也就暗示着这里的葡萄园日照条件极佳，葡萄园环绕点缀着博斯科罗曼基诺（Bosco Romagno）风景秀美的自然公园，一直蔓延到朱卓欧河（River Judrio）的右岸，这里是与高利奥产区（Collio）的边界。在今年的品鉴中，2015年份的罗宾尼葡萄园弗留利安诺（Friulano Vigna delle Robinie）凭借卓越表现跻身决赛，从众多美酒中脱颖而出，充分证明了这种典范葡萄品种完全可以打造出最佳产区酒。它散发着活跃而复杂的香氛，融入精美的苹果果香，晒过的干草芬芳、蜜糖的香气和百里香的醇香萦绕其间，随之而来的口感馥郁饱满、质地柔滑、果味丰盈轻快，令人愉悦。

| | |
|---|---|
| ○ FCO Friulano V. delle Robinie '15 | ▼▼ 3* |
| ○ FCO Picolit '10 | ▼▼ 5 |
| ○ FCO Pinot Grigio Ramato '15 | ▼▼ 3 |
| ● FCO Schioppettino di Prepotto '10 | ▼▼ 5 |
| ○ FCO Sauvignon V. dei Peschi '15 | ▼ 3 |
| ○ COF Friulano V. delle Robinie '12 | ▽▽ 3 |
| ○ COF Pinot Grigio V. dei Melograni '12 | ▽▽ 3 |
| ● COF Ribolla Nera V. delle Marasche '11 | ▽▽ 3 |
| ● COF RossoRe '11 | ▽▽ 5 |
| ● COF Schioppettino di Prepotto Ris. '09 | ▽▽ 5 |
| ● COF Schioppettino V. delle Marasche '11 | ▽▽ 3 |
| ○ FCo Friulano V. delle Robinie '13 | ▽▽ 3* |
| ○ FCO Pinot Grigio V. dei Melograni '13 | ▽▽ 3 |
| ○ FCO Ribolla Gialla V. dei Nespoli '13 | ▽▽ 3 |
| ○ FCO Sauvignon V. dei Peschi '13 | ▽▽ 3 |
| ○ Friulano Otto Lustri '11 | ▽▽ 5 |

## La Roncaia

FRAZ. CERGNEU
VIA VERDI, 26
33045 NIMIS [UD]
TEL. +39 0432790280
www.laroncaia.it

藏酒销售
预约参观
年产量 50 000 瓶
葡萄种植面积 22 公顷

延续了三代的葡萄种植商芬提妮家族（Fantinel）于1998年买下了拉龙查亚酒庄（La Roncaia），这座坐落于赛格努（Cergneu）的酒庄实际上已经拥有三十多年的历史，地处弗留利东方山丘产区（Colli Orientali del Friuli）最北端的尼米斯（Nimis），以酿造卓越的拉曼多罗葡萄酒（Ramandolo）和皮克里特葡萄酒（Picolit）而闻名——它们的酿造果实都来自采用现代化设计的、植株密度较大的葡萄园。这两种获奖无数的甜酒壮大了拉龙查亚酒庄原本已经非常丰富多样的产品线，在高利奥（Collio）和广袤的高利奥格拉夫产区（Grave）都拥有令人印象深刻的数个生产庄园，因此能够生产全系列充分展现本地风土特色的地产酒，数量充足，足以供应国际市场。在今年的品鉴中，我们很遗憾地只品尝到了其中两款美酒，因此无法选出能够代表整个系列的佳品，但是它们得到的评分无疑都很高。尤其是2014年份的埃克里斯白葡萄酒（Bianco Eclisse）是主要由长相思（Sauvignon Blanc）添加少量皮科里特（Picolit）混酿而成，虽然闯入了决赛，却遗憾地以毫厘之差与“三杯奖”失之交臂。

| | | |
|---|---|---|
| ○ Bianco Eclisse '14 | ▼▼ | 5 |
| ● FCO Refosco P.R. '12 | ▼▼ | 5 |
| ○ Eclisse '12 | ▽▽▽ | 4* |
| ○ COF Bianco Eclisse '13 | ▽▽ | 4 |
| ● COF Cabernet Sauvignon '09 | ▽▽ | 3 |
| ○ COF Friulano '12 | ▽▽ | 4 |
| ○ COF Friulano '11 | ▽▽ | 4 |
| ● COF Merlot '11 | ▽▽ | 4 |
| ● COF Merlot '10 | ▽▽ | 4 |
| ● COF Merlot '09 | ▽▽ | 3 |
| ○ COF Picolit '10 | ▽▽ | 5 |
| ● COF Refosco P.R. '11 | ▽▽ | 5 |
| ○ FCO Friulano '13 | ▽▽ | 4 |
| ● FCO Merlot '12 | ▽▽ | 5 |
| ○ FCO Picolit '11 | ▽▽ | 5 |
| ○ Ramandolo '11 | ▽▽ | 5 |

## Il Roncal

FRAZ. COLLE MONTEBELLO
VIA FORNALIS, 148
33043 CIVIDALE DEL FRIULI [UD]
TEL. +39 0432730138
www.ilroncal.it

藏酒销售
预约参观
膳宿接待
年产量 130 000 瓶
葡萄种植面积 20 公顷

隆科尔酒庄（Roncal）是一座由女性主导的酒庄，玛蒂娜·莫莱尔（Martin Moreale）不仅是酒庄的主人，而且还是亲自负责葡萄园种植和酒庄酿造生产每个环节的经理。玛蒂娜的丈夫罗伯托·索瑞蒂（Roberto Zorzettig）开创了隆科尔酒庄，但是于2006年不幸离世，玛蒂娜忍着悲痛展现出真正的勇气和责任感，在很短的时间里就完成了丈夫生前设计并主持的酒窖重建工作。新落成的酒窖与酒庄大楼比肩，傲立于蒙特贝罗山巅（Montebello），地处弗留利东方山丘产区（Friuli Colli Orientali Zone）的中心地带，拥有绝妙的视野，极目可望向地平线，郁郁葱葱的树林和草地与茂盛的葡萄园交织融合，相映成趣。在今年的品鉴中，2014年份的珀蒂斯黛莉白葡萄酒（Bianco Ploe di Stelis）是一款由霞多丽（Chardonnay）、苏维翁（Sauvignon）和白雷司令（White riesling）以几乎同等比例混酿而成的美酒，得到了我们极高的评分。它吐露着饱满且多层次的香氛，融入热带水果的热烈芬芳，更有一抹令人印象深刻的花香萦绕其间，随之而来的口感质地圆润，更得到极具穿透力的酸度的完美搭配。

| | | |
|---|---|---|
| ○ FCO Bianco Ploe di Stelis '14 | ▼▼ | 4 |
| ● FCO Merlot '13 | ▼▼ | 3 |
| ● FCO Pignolo '10 | ▼▼ | 5 |
| ○ FCO Ribolla Gialla '15 | ▼▼ | 3 |
| ○ FCO Friulano '15 | ▼ | 3 |
| ○ COF Bianco Ploe di Stelis '12 | ▽▽ | 4 |
| ● COF Cabernet Franc '10 | ▽▽ | 4 |
| ● COF Pignolo '08 | ▽▽ | 5 |
| ● COF Refosco P.R. '11 | ▽▽ | 4 |
| ● COF Refosco P.R. '10 | ▽▽ | 4 |
| ● COF Rosso Civon '09 | ▽▽ | 4 |
| ● COF Schioppettino '10 | ▽▽ | 4 |
| ○ FCO Bianco Ploe di Stelis '13 | ▽▽ | 4 |
| ● FCO Pignolo '09 | ▽▽ | 5 |
| ○ FCO Ribolla Gialla '14 | ▽▽ | 3 |
| ● FCO Schioppettino '12 | ▽▽ | 4 |

## Il Roncat - Giovanni Dri

LOC. RAMANDOLO
VIA PESCIA, 7
33045 NIMIS [UD]
TEL. +39 0432790260
www.drironcat.com

藏酒销售
预约参观
年产量 40 000 瓶
葡萄种植面积 10 公顷

如今的疑问只剩下，到底乔凡尼·德瑞（Giovanni Dri）是拉曼多罗葡萄酒（Ramandolo）的代名词，还是拉曼多罗葡萄酒是乔凡尼·德瑞的代名词。无论是哪种情况，都说明是乔凡尼将该产区以及出产的拉曼多罗葡萄酒成功地推广到了全世界。该酒的酿造葡萄是黄维多佐葡萄（Verduzzo Giallo），这种本地品种产量极低，濒临灭绝，是乔凡尼成功地拯救并且改善了它——拥有石头一般坚毅性格的乔凡尼，正是出生于博纳迪亚（Mount Bernadia）的陡峭岩壁间，地处弗留利东方山丘产区（Friuli Colli Orientali）的最北端。他就在这里建起了自己设计的酒窖，将长久以来的梦想化为硕果累累的现实；这座酒窖非常简单，但是空间宽敞、结构上佳、亲切舒适而且功能齐全，完全以上年头的自然材料制成，完美嵌入周边的大自然。乔凡尼的女儿斯特法妮亚·德瑞（Stefania Dri）毕业于酿酒学校，如今掌管着酒庄的酿造生产。在今年的品鉴中，我们同样品尝了三种不同风格的拉曼多罗葡萄酒（Ramandolo），结果这三款佳酿都得到了我们极高的评分，这充分说明该产区出品的经典甜酒的卓越品质。同样表现尤异的还包括皮科里特（Picolit）以及红葡萄酒，都吐露着甜美的香料辛香和极具穿透力的美味。

| | |
|---|---|
| ● FCO Merlot '12 | ▼▼ 3 |
| ● FCO Refosco P.R. '12 | ▼▼ 3 |
| ● FCO Schioppettino Monte dei Carpin '12 | ▼▼ 4 |
| ○ Picolit Il Roncat '12 | ▼▼ 7 |
| ○ Ramandolo Il Roncat '11 | ▼▼ 5 |
| ○ Ramandolo Uve Decembrine '11 | ▼▼ 5 |
| ● FCO Cabernet '12 | ▼ 3 |
| ○ FCO Sauvignon '15 | ▼ 4 |
| ○ Ramandolo '12 | ▼ 4 |
| ● COF Cabernet '11 | ▽▽ 3 |
| ● COF Merlot '11 | ▽▽ 3 |
| ○ COF Picolit '10 | ▽▽ 7 |
| ● COF Refosco P. R. '10 | ▽▽ 3 |
| ● COF Refosco P.R. '11 | ▽▽ 3 |
| ○ Picolit Il Roncat '11 | ▽▽ 7 |
| ○ Ramandolo Uve Decembrine '10 | ▽▽ 5 |

## Ronchi di Manzano

VIA ORSARIA, 42
33044 MANZANO [UD]
TEL. +39 0432740718
www.ronchidimanzano.com

藏酒销售
预约参观
年产量 200 000 瓶
葡萄种植面积 60 公顷

这座卓越酒庄全部由女性经营管理，罗伯塔·贝佳斯（Roberta Borghese）与女儿丽莎（Lisa）和妮可（Nicole）共同打理着酒庄。朗奇迪曼扎诺酒庄（Ronchi di Manzano）拥有悠久的历史，特伦托伯爵（Conti Trento）就曾经在这里酿造美酒，供应给奥匈帝国的贵族们。1984年，贝佳斯家族买下了这座名庄，交由年轻的罗伯塔经营管理，这位极具商业头脑的女士很快就做出了成绩，赢得了众人的信任和拥护。对于精美风格非常敏锐，罗伯塔将女性的细腻特质贯彻到酿造的每个细节，打造出优雅的美酒。占地面积达到60公顷的葡萄园分布于几个不同的产区：包括曼扎诺的酒窖附近的隆科蒂索塞（Ronc di Scossai）和隆科蒂素布尔（Roc di Subule）；以及位于次产区更东面的隆科蒂罗萨佐（Ronc di Rosazzo），若要追寻附加值高的佳酿，不妨考虑该这里的出品。酒庄今年推荐的美酒都表现精彩，展现出极高的酿造水准和令人艳羡的直率口感，甚至就连基本款的2015年份白葡萄酒（Ellégri）都得到了我们的一致高分评价，最终闯入了角逐“三杯奖”大奖的决赛。这是一款融合了弗留利（Friulano）和霞多丽（Chardonnay）的混酿，添加少量长相思（Sauvignon Blanc），仿似拥有魔力一般，释放出既有意趣的美妙香气。

| | |
|---|---|
| ○ FCO Bianco Ellégri '15 | ▼▼ 3* |
| ● FCO Cabernet Franc '13 | ▼▼ 3 |
| ● FCO Cabernet Sauvignon '13 | ▼▼ 3 |
| ○ FCO Chardonnay '15 | ▼▼ 3 |
| ○ FCO Friulano '15 | ▼▼ 3 |
| ● FCO Merlot '13 | ▼▼ 3 |
| ○ FCO Pinot Grigio '15 | ▼▼ 3 |
| ○ FCO Sauvignon '15 | ▼▼ 3 |
| ○ FCO Verduzzo Friulano '15 | ▼▼ 2* |
| ○ FCO Pinot Grigio Ramato '15 | ▼ 3 |
| ○ FCO Ribolla Gialla di Rosazzo '15 | ▼ 3 |
| ○ COF Ellegri '13 | ▽▽▽ 3* |
| ○ COF Friulano '10 | ▽▽▽ 3 |
| ○ COF Friulano '09 | ▽▽▽ 3* |
| ○ COF Rosazzo Bianco Ellégri '11 | ▽▽▽ 3* |
| ○ Rosazzo Bianco '13 | ▽▽▽ 3* |
| ○ FCO Bianco Ellégri '14 | ▽▽ 3* |

## Ronchi San Giuseppe

VIA STRADA DI SPESSA, 8
33043 CIVIDALE DEL FRIULI [UD]
TEL. +39 0432716172
www.ronchisangiuseppe.com

藏酒销售
预约参观
年产量 400 000 瓶
葡萄种植面积 70 公顷
可持续发展酒庄

在弗留利奇维达莱（Cividale del Friuli）的斯佩萨（Spessa），索瑞蒂家族（Zorzettig）多年来涌现了数位极富天赋的酿酒人，每一位都在各自家庭的协助下，开创了属于自己的独立酒庄。弗兰科·索瑞蒂（Franco Zorzettig）和儿子福尔维奥·索瑞蒂（Fulvio Zorzettig）则经营管理着家族最古老的朗奇圣约瑟佩酒庄（Ronchi San Giuseppe）。弗兰科为人细心谨慎，引领着本地酿酒业的时代风潮，将全部注意力都集中到提升本地品种葡萄的品质上——当时鲜为人知或者不曾使用过的葡萄品种。朗奇圣约瑟佩酒庄完美地融合了传统和创新，充满技巧地将酒庄引领到本地最卓越的高度，凭借大自然自有的步骤和变化为美酒带来质朴的风味和真正的力道，总是避免过多的人工干预，令酒庄出品广受追捧。朗奇圣约瑟佩酒庄今年提供的品鉴酒品再次确认了酒庄在酿造中尊重品种葡萄特质而达到的高水平品质，整个推荐系列都得到了很高的评分，不仅品质卓越，而且价格合理。不管是白葡萄酒还是红葡萄酒，包括维多佐（Verduzzo），都呈现出直率的气质、丰盈的果味及高度忠实的品种葡萄特质。

| | | |
|---|---|---|
| ○ FCO Friulano '15 | 🍷🍷 | 2* |
| ● FCO Refosco P. R. '14 | 🍷🍷 | 2* |
| ○ FCO Ribolla Gialla '15 | 🍷🍷 | 2* |
| ○ FCO Sauvignon '15 | 🍷🍷 | 2* |
| ● FCO Schioppettino '14 | 🍷 | 2 |
| ○ FCO Verduzzo Friulano '14 | 🍷 | 2 |
| ○ COF Friulano '13 | ΥΥ | 2* |
| ○ COF Pinot Grigio '13 | ΥΥ | 2* |
| ○ COF Pinot Grigio '12 | ΥΥ | 2* |
| ○ COF Sauvignon '13 | ΥΥ | 2* |
| ● COF Schioppettino '12 | ΥΥ | 2* |
| ○ FCO Friulano '14 | ΥΥ | 2* |
| ○ FCO Pinot Grigio '14 | ΥΥ | 2* |
| ● FCO Refosco P. R. '13 | ΥΥ | 2* |
| ○ FCO Sauvignon '14 | ΥΥ | 2* |
| ● FCO Schioppettino '13 | ΥΥ | 2* |

## Ronco Blanchis

VIA BLANCHIS, 70
34070 MOSSA [GO]
TEL. +39 048180519
www.roncoblanchis.it

预约参观
年产量 60 000 瓶
葡萄种植面积 14 公顷
可持续发展酒庄

布朗奇斯山（Blanchis）是高利奥戈里奇亚诺地区（Collio Gorizia）海拔最高的地带，享受着充足的日照，拥有绝佳的气候条件，因此成为出产高品质美酒的著名产地。今天，吉安卡洛·帕拉（Giancarlo Palla）与儿子阿尔伯托·帕拉（Alberto Palla）和洛伦佐·帕拉（Lorenzo Palla）是隆科布朗奇斯酒庄（Ronco Blanchis）的主人。布朗奇斯这个名字就暗含着这片山坡曾经是种满白葡萄的领地，历史上的确如此。在隆科布朗奇斯酒庄的出品中，只有四款是单一品种葡萄酒，而来自最古老葡萄园的最佳酿造果实都用于打造该产区最具表现力的美酒——高利奥酒（Collio）。在卓越的酿酒顾问吉安尼·曼诺蒂（Gianni Menotti）的协助下，隆科布朗奇斯酒庄打造出了许多优质佳酿。在今年的品鉴中，我们再次看到成功的“双胞胎”美酒奉上了卓越的表现。2015年份的高利奥美酒是一款由弗留利安诺（Friulano）和霞多丽（Chardonnay）各占百分之五十酿造的美妙混酿，是最能代表这片产区的美酒，表现与此前年份酒一样精彩，并且杀入决赛与其他佳酿争夺“三杯奖”大奖。除此之外，2015年份的布朗奇斯白高利奥（Collio Blanc de Blanchis）这款混酿的品质也与之不相上下，给人带来美妙的享受。

| | | |
|---|---|---|
| ○ Collio '15 | 🍷🍷 | 5 |
| ○ Collio Blanc de Blanchis '15 | 🍷🍷 | 3* |
| ○ Collio Friulano '15 | 🍷🍷 | 4 |
| ○ Collio Sauvignon '15 | 🍷🍷 | 4 |
| ○ Collio Pinot Grigio '15 | 🍷 | 4 |
| ○ Collio '13 | ΥΥΥ | 3* |
| ○ Collio '12 | ΥΥΥ | 3* |
| ○ Collio Blanc de Blanchis '14 | ΥΥ | 3 |
| ○ Collio Friulano '14 | ΥΥ | 3* |
| ○ Collio Friulano '13 | ΥΥ | 3 |
| ○ Collio Friulano Blanchis '11 | ΥΥ | 3 |
| ○ Collio Pinot Grigio '14 | ΥΥ | 3 |
| ○ Collio Pinot Grigio '13 | ΥΥ | 3 |
| ○ Collio Pinot Grigio '12 | ΥΥ | 3 |
| ○ Collio Sauvignon '13 | ΥΥ | 3 |
| ○ Collio Sauvignon '11 | ΥΥ | 3 |

## ★Ronco dei Tassi

loc. Montona, 19
34071 Cormòns [GO]
Tel. +39 048160155
ww.roncodeitassi.it

藏酒销售
预约参观
年产量 110 000 瓶
葡萄种植面积 18 公顷

989年，法比奥·克索尔（Fabio Coser）创建了本产区令人印象最为深刻的酒庄之一——隆科德塔斯酒庄（Ronco dei Tassi）；这位技艺精湛的酿酒人深知高利奥产区（Collio）的独特风土条件和巨大酿造潜力。隆科德塔斯酒庄很快就在科尔蒙斯地区（Cormòns）声名远扬，成为本地的顶级酒庄之一，更重要的是，成为本产区葡萄酒业发展的领军角色。与其他家族酒庄常见的情况一样，法比奥的儿子马迪奥·克索尔（Matteo Coser）和恩里克·克索尔（Enrico Coser）也投入到酒庄管理中来，是酒庄不可分割的一部分，两人几乎万事亲力亲为，将酿酒事业融入了骨血。法比奥还拥有另一座酒庄——月桂酒庄（Vigna del Lauro），为市场提供风格简单、非常易于饮用、特色鲜明且价格便宜有竞争力的美酒。在2016年的年鉴中，我们表达了对品鉴2014年份的弗萨瑞恩（Fosarin）的渴望，我们的愿望终于在2017年得以实现。这款美酒吐露着柑橘的阵阵果香，融入薄荷的一抹清凉，散发着松柏的优雅醇香，随之而来的口感犹如天鹅绒般丝滑丰盈，果味饱满。尽管如此，2017年的“三杯奖”依然属于隆科德塔斯酒庄的瑰宝——2015年份的玛尔维萨（Malvasia）。

| | | |
|---|---|---|
| Collio Malvasia '15 | YYY (red) | 3* |
| Collio Bianco Fosarin '14 | YY (red) | 3* |
| Collio Friulano '15 | YY | 3 |
| Collio Pinot Grigio '15 | YY | 3 |
| ● Collio Rosso Cjarandon Ris. '12 | YY | 5 |
| Collio Sauvignon '15 | YY | 3 |
| Collio Ribolla Gialla '15 | Y | 3 |
| Collio Bianco Fosarin '10 | YYY (white) | 3 |
| Collio Bianco Fosarin '09 | YYY (white) | 3* |
| Collio Bianco Fosarin '08 | YYY (white) | 3* |
| Collio Bianco Fosarin '07 | YYY (white) | 3 |
| Collio Bianco Fosarin '06 | YYY (white) | 3 |
| Collio Malvasia '14 | YYY (white) | 3* |
| Collio Malvasia '13 | YYY (white) | 3* |
| Collio Malvasia '12 | YYY (white) | 3* |
| Collio Malvasia '11 | YYY (white) | 3* |
| Collio Sauvignon '05 | YYY (white) | 3* |

## Ronco delle Betulle

loc. Rosazzo
via Abate Colonna, 24
33044 Manzano [UD]
Tel. +39 0432740547
www.roncodellebetulle.it

藏酒销售
预约参观
年产量 60 000 瓶
葡萄种植面积 12 公顷
可持续发展酒庄

伊凡娜·阿巴米（Ivana Abami）的顽强倔强和独有女性视角的进取心缔造了隆科德莱毕图勒酒庄（Ronco delle Betulle），她的名字与其掌管了25年的酒庄紧紧联系在一起。今天酒庄取得的成绩要感谢伊凡娜的祖父乔万巴蒂斯塔·阿巴米（Giovanbattista Abami），他极具前瞻性，早于所有人对于罗萨佐山间（Rosazzo）土地的巨大潜力投下赌注，这里的葡萄园环绕着著名的十一世纪古老修道院，地产葡萄品种在这里总能得到最佳的保护。凭借长期的酿造经验、丰富的酿造技巧以及女性独有的敏锐和细腻，伊凡娜领导着酒庄的酿造工作，决心保存传统风味。她的儿子西蒙尼·阿巴米（Simone Abami）协助母亲管理酒庄，如今家族中的第三代也做好了参与酒庄经营的准备。在之前的年鉴中，我们就曾经提到每一年在隆科德莱毕图勒酒庄提供的酒品中拔得头筹的美酒都不同，这一事实充分说明了酒庄十分重视每个品种的葡萄酒酿造。今年轮到2009年份的罗萨佐皮格诺罗（Pignolo Rosazzo），这款动力十足的美酒口感劲道有力，回味无穷。

| | | |
|---|---|---|
| ● FCO Rosazzo Pignolo '09 | YY (red) | 6 |
| ● FCO Cabernet Franc '13 | YY | 3 |
| ○ FCO Friulano '15 | YY | 3 |
| ● FCO Merlot '13 | YY | 3 |
| ○ FCO Ribolla Gialla '15 | YY | 3 |
| ● FCO Rosazzo Rosso Narciso '11 | YY | 5 |
| ○ FCO Sauvignon '15 | YY | 3 |
| ○ FCO Pinot Grigio '15 | Y | 3 |
| ● Franconia '12 | Y | 3 |
| ○ FCO Bianco Vanessa '13 | YY (white) | 3 |
| ● FCO Cabernet Franc '11 | YY (white) | 3* |
| ○ FCO Friulano '14 | YY (white) | 3 |
| ● FCO Merlot '12 | YY (white) | 3 |
| ● FCO Refosco P. R. '12 | YY (white) | 3 |
| ● Franconia '11 | YY (white) | 3 |
| ○ Rosazzo Bianco '12 | YY (white) | 4 |

## Ronco Severo

via Ronchi, 93
33040 Prepotto [UD]
Tel. +39 04337133440
www.roncosevero.it

藏酒销售
预约参观
年产量 22 000 瓶
葡萄种植面积 8 公顷
葡萄栽培方式 有机认证

斯蒂凡诺・诺韦洛（Stefano Novello）领导着父亲赛维罗（Severo）创建的隆科赛维罗酒庄（Ronco Severo），在为数不多的几公顷葡萄园中辛勤劳作，拥有令人难忘的激情和对细节孜孜以求的认真，还是有机农业和生物动力学耕种的强有力支持者。有机和生物动力学方法主要是遵循古老的自然酿造方法，拒绝使用化学制剂和防腐剂、精挑细选的酵母、酶制剂，甚至是二氧化硫添加物。带皮的浸渍过程至少要几周时间，有时甚至达到几个月，酿造白葡萄酒也是如此。所有斯蒂凡诺酿造的美酒都表现出如出一辙的热辣气质：口感饱满丰盈，酒质柔美华丽，果味尤其诱人。在今年的品鉴中，隆科赛维罗酒庄提交了一众品质卓越的美酒，其中2014年份的黄丽波拉（Ribolla Gialla）表现卓越。它的果味饱满，吐露着橘皮蜜饯的缕缕芬芳，融入干花的花香，更有蜂胶的醇美气息萦绕其间；与此同时，2013年份的阿提鲁尔梅洛陈酿（Merlot Artiûl Riserva）香氛复杂，柔美的口感与香氛相得益彰，犹如奶油般柔滑浓醇，当然也令缔造了活跃的单宁质地。

| | |
|---|---|
| ● FCO Merlot Artiûl Ris. '13 | 🍷🍷 5 |
| ○ Ribolla Gialla '14 | 🍷🍷 4 |
| ○ FCO Friulano Severo Bianco '08 | ▼▼ 4 |
| ● FCO Refosco P.R. '13 | ▼▼ 5 |
| ● FCO Schioppettino di Prepotto '13 | ▼▼ 4 |
| ○ Pinot Grigio '14 | ▼▼ 4 |
| ○ Severo Bianco '14 | ▼▼ 4 |
| ○ Severo Bianco '12 | ▽▽▽ 4* |
| ○ COF Friulano Ris. '12 | ▽▽ 4 |
| ● COF Merlot Artiûl Ris. '11 | ▽▽ 5 |
| ○ COF Pinot Grigio '12 | ▽▽ 4 |
| ● FCO Merlot Artiûl Ris. '12 | ▽▽ 5 |
| ● FCO Schioppettino di Prepotto '12 | ▽▽ 4 |
| ○ Pinot Grigio '13 | ▽▽ 4 |
| ○ Ribolla Gialla '13 | ▽▽ 4 |
| ○ Severo Bianco '13 | ▽▽ 4 |

## Roncùs

via Mazzini, 26
34076 Capriva del Friuli [GO]
Tel. +39 0481809349
www.roncus.it

藏酒销售
预约参观
膳宿接待
年产量 40 000 瓶
葡萄种植面积 10 公顷

隆科斯酒庄（Roncùs）的主人是马可・珀克（Marco Perco），他是一位真正的酿造大师、勤勉的葡萄种植商、本地酿造传统的忠诚观察者和守卫者，将其生产理念贯彻始终，包括通过延长与精美酒泥同时发酵的时间而获得更加浓郁深邃的品种葡萄芳香，从而令其酿造的美酒烙上了无法错认的阿尔萨斯化（Alsatian）风格的个性标签。这使出品美酒的香氛更加集中，同时也意味着它们更具陈年潜力、需要更长的成熟时间——通常在果实采收至少一年半以后才能推出美酒——但是最终都会展现出极佳的口感。隆科斯酒庄的葡萄园散落于高利奥产区中心弗留利卡普莱瓦（Capriva del Friuli）山间各处不同的地块之中，其中许多地块的种植历史超过五十年。这些老藤绝对是隆科斯酒庄最为宝贵的遗产，它们出产极为卓越的酿造葡萄，而且产量很低。在今年的品鉴中，2012年份的老藤白高利奥（Collio Bianco Vecchie Vigne）表现精彩，这款美酒全部由本地葡萄品种混酿而成——包括弗留利安诺托凯（Tocai Friulano）、伊斯的利亚玛尔维萨（Malvasia Istriana）以及黄丽波拉（Ribolla Gialla）；每一年都能从众多酒品中脱颖而出，夺得桂冠。它吐露着干花的缕缕花香，融入西番莲的阵阵果香，更有蜂蜜的醇香飘散其间，底蕴中透露出丝丝野生草本植物的清香，随之而来的口感犹如奶油般绵密浓醇，酒质细腻柔滑，略有淡淡海盐的咸味儿。

| | |
|---|---|
| ○ Collio Bianco V. V. '12 | 🍷🍷 5 |
| ○ Collio Bianco '14 | ▼▼ 3 |
| ○ Collio Friulano '15 | ▼▼ 4 |
| ○ Pinot Bianco '14 | ▼▼ 4 |
| ○ Ribolla Gialla '15 | ▼▼ 3 |
| ○ Collio Bianco V. V. '08 | ▽▽▽ 5 |
| ○ Roncùs Bianco V. V. '01 | ▽▽▽ 5 |
| ○ Collio Bianco '12 | ▽▽ 3 |
| ○ Collio Bianco V. V. '10 | ▽▽ 5 |
| ○ Collio Friulano '13 | ▽▽ 4 |
| ○ Collio Friulano '12 | ▽▽ 4 |
| ● Merlot '12 | ▽▽ 3 |
| ○ Pinot Bianco '13 | ▽▽ 4 |
| ○ Ribolla Gialla '14 | ▽▽ 3 |
| ● Val di Miez '12 | ▽▽ 5 |
| ● Val di Miez '09 | ▽▽ 5 |

## ★Russiz Superiore

ia Russiz, 7
34070 Capriva del Friuli [GO]
Tel. +39 048180328
www.marcofelluga.it

藏酒销售
预约参观
膳宿接待
年产量 180 000 瓶
葡萄种植面积 50 公顷
可持续发展酒庄

汲富远见的马可·费鲁格（Marco
elluga）颇具创新思维，他充分意识到
立于高利奥产区（Collio）中心弗留利卡
普莱瓦（Capriva del Friuli）山间的十三世
纪古老小村卢西斯（Russiz Superiore）拥
有不可限量的酿造潜力，于是他买下了
这片土地，将葡萄园用围墙围起，在此
定居下来。今天的卢西斯酒庄由马可的
儿子罗伯托·费鲁格（Roberto Felluga）经
营管理，多年来他打理着种植面积已经
扩展到50公顷的广袤葡萄园，繁茂的葡
萄藤从位于弗留利卡普莱瓦的戈里奇亚
（Gorizia）附近的高利奥（Collio）山坡一
直蔓延开去，品种葡萄在这里找到了茁
壮成长的天堂。费鲁格家族持续努力打
造酒庄品牌，酒品呈现出可敬的持续性
高品质，并取得了相当成功的反响。与
此同时，罗伯托还开发了一个新项目，
可以为顾客定制极具陈年潜力的白葡萄
酒，这种难以言喻的独特魅力令买家难
以抗拒。在今年的品鉴中，2015年份的
弗留利安诺（Friulano）再次从卢西斯酒
庄提交的诸多美妙好酒中脱颖而出，而
且将"三杯奖"大奖捧回了家。除此之
外，2013年份的科尔蒂索拉（Col Disôre）
也加入了决赛美酒的行列，这款颇有意
趣的本地品种混酿白葡萄酒吐露着柑橘
和黄桃的阵阵果香，融入接骨木树液的
缕缕醇香，随之而来的口感馥郁饱满，
圆润细腻，浸润着饱满且强劲的果味，
令人回味无穷。

| | |
|---|---|
| ○ Collio Friulano '15 | 🍷🍷🍷 4* |
| ○ Collio Bianco Col Disôre '13 | 🍷🍷 5 |
| ● Collio Cabernet Franc '13 | 🍷🍷 4 |
| ○ Collio Pinot Bianco '15 | 🍷🍷 4 |
| ○ Collio Pinot Grigio '15 | 🍷🍷 4 |
| ● Collio Rosso Ris. degli Orzoni '10 | 🍷🍷 5 |
| ○ Collio Sauvignon '15 | 🍷🍷 4 |
| ○ Collio Bianco Russiz Disôre '01 | 🍷🍷🍷 5 |
| ○ Collio Bianco Russiz Disôre '00 | 🍷🍷🍷 4 |
| ○ Collio Friulano '14 | 🍷🍷🍷 4* |
| ○ Collio Pinot Bianco '07 | 🍷🍷🍷 4 |
| ○ Collio Pinot Grigio '11 | 🍷🍷🍷 4* |
| ○ Collio Sauvignon '05 | 🍷🍷🍷 3 |
| ○ Collio Sauvignon '04 | 🍷🍷🍷 5 |
| ○ Collio Sauvignon '98 | 🍷🍷🍷 4* |
| ○ Collio Tocai Friulano '99 | 🍷🍷🍷 3* |

## Sant'Elena

via Gasparini, 1
34072 Gradisca d'Isonzo [GO]
Tel. +39 048192388
www.sant-elena.com

藏酒销售
预约参观
年产量 130 000 瓶
葡萄种植面积 30 公顷

多米尼克·诺切里诺（Dominic Nocerino）是一位将意大利葡萄酒出口到美国市场的著名葡萄酒贸易商，他于1997年买下了这座始建于1893年的古老酒庄，并对其进行了改建翻修。实际上，直至20世纪60年代中期，由于意识到这片土地拥有不可限量的酿酒潜力，庄园的原主人才将土地转化为葡萄园。多米尼克接手后，决心酿造出忠诚反映弗留利伊松佐指定产区（Friuli Isonzo）风土特质的美酒。这片平原地带的自然条件比较恶劣，地表层拥有红土土壤，富含氧化铁，其下原本是冲击土层，附着在缺乏石灰质和有机含量的贫瘠土地上。意识到这里可以出产品质极高的酿造葡萄，芬芳四溢且饱含矿物质，能够为酿造的美酒带来独一无二、不可模仿的特质，多米尼克立即建造了一座酒窖，并且将酿酒实践托付给酿造经验丰富的毛里奇奥·德拉斯科（Maurizio Drascek）。在去年的年鉴中，我们提到圣艾琳娜酒庄只推荐的红葡萄酒参选；不过今年酒庄推荐的佳酿全是白葡萄酒，包括2013年份的米尔罗西（Mil Rosis），这款主要由霞多丽（Chardonnay）酿造而成的美酒添加了少量琼瑶浆（Traminer）和白雷司令（White Riesling），酒香扑鼻，留下非常独特的个性印记。

| | |
|---|---|
| ○ Friuli Isonzo Friulano Rive Alte '15 | 🍷🍷 3 |
| ○ Friuli Isonzo Pinot Grigio Rive Alte '15 | 🍷🍷 3 |
| ○ Friuli Isonzo Chardonnay Rive Alte '15 | 🍷 3 |
| ○ Friuli Isonzo Sauvignon Rive Alte '15 | 🍷 4 |
| ○ Friuli Isonzo Traminer Aromatico '15 | 🍷 4 |
| ○ Mil Rosis '13 | 🍷 5 |
| ● Cabernet Franc '11 | 🍷🍷 3 |
| ● Friuli Isonzo Pignolo Quantum '11 | 🍷🍷 7 |
| ○ Friuli Isonzo Pinot Grigio Rive Alte '13 | 🍷🍷 3 |
| ○ Friuli Isonzo Sauvignon Blanc Rive Alte '13 | 🍷🍷 4 |
| ● Merlot '11 | 🍷🍷 4 |
| ● Merlot '10 | 🍷🍷 4 |
| ● Merlot '09 | 🍷🍷 3 |
| ● Merlot Ròs di Rôl '10 | 🍷🍷 5 |
| ● Tato '10 | 🍷🍷 5 |
| ● Tato '09 | 🍷🍷 5 |

## Marco Sara

FRAZ. SAVORGNANO DEL TORRE
VIA DEI MONTI, 3A
33040 POVOLETTO [UD]
TEL. +39 0432666066
www.marcosara.com

藏酒销售
预约参观
年产量 20 000 瓶
葡萄种植面积 8 公顷
葡萄栽培方式 有机认证

依然年轻的马可·萨拉（Marco Sara）经营这座家庭酒庄已经有些年头，他始终秉承自然发酵酿造的理念来生产美酒。马可萨拉酒庄的葡萄园遍布波沃莱托（Povoletto）山区——这里以容纳了许多小酿酒商而著称，酒庄葡萄园由散落各处的大约十小块葡萄种植地块组成，每块地块的日照条件和气候环境都各异，因此给酒庄出产的美酒带来了丰富而广泛的表现力以及强烈的风土特色。瑞弗尔肯葡萄园（Riu Falcon）是其中最古老的一座葡萄园，凉爽的气候和黏土质土壤对于白葡萄品种的生长非常有利，能够以此打造顶级的贵腐葡萄酒（Botrytis）；而海拔较高的隆科斯地区（Roncus）则昼夜温差极大，非常适合酿造葡萄的香氛发展。在今年的品鉴中，2014年份的皮科里特（Picolit）表现精彩，它是整个乌迪内省（Udine）山区产区出品的经典标杆，与去年一样，毫无悬念地闯入了角逐“三杯奖”大奖的决赛。它吐露着脆爽的杏仁碎醇香，融入大麦糖的甜美气息，更有乳制品的醇浓和蜜糖的甜美萦绕其间，这些复杂香气亲密缭绕，逐渐让位给如花芬芳；美酒入喉，带来诱人的甜美果味。

| | |
|---|---|
| ○ FCO Picolit '14 | 5 |
| ○ FCO Friulano '14 | 3 |
| ○ FCO Verduzzo '14 | 3 |
| ● FCO Cabernet Franc Frank '14 | 3 |
| ● COF Cabernet Franc Frank '13 | 3 |
| ○ COF Erba Alta '13 | 4 |
| ○ COF Picolit '13 | 5 |
| ● COF Refosco P. R. El Re '13 | 3 |
| ● COF Schioppettino '13 | 3 |
| ● COF Schioppettino '12 | 3* |
| ○ FCO Friulano '13 | 2* |

## Sara & Sara

LOC. SAVORGNANO DEL TORRE
VIA DEI MONTI, 5
33040 POVOLETTO [UD]
TEL. +39 04323859042
www.saraesara.com

藏酒销售
预约参观
年产量 25 000 瓶
葡萄种植面积 7.5 公顷

在该产地的葡萄酒图景中，这座规模很小的萨拉与萨拉酒庄（Sara & Sara）是一座真正的瑰宝酒庄。在弟弟曼纽勒（Manuele）的协助下，非常年轻的阿历桑德罗·萨拉（Alessandro Sara）引领家庭酒庄不断前行，在运用传统技法打造拥有独特个性且令人愉悦的现代美酒方面，已经走在了本地酒庄的前列。萨拉与萨拉酒庄的酒窖位于萨沃尔尼亚诺德托勒（Savorgnano del Torre）这座弗留利东方山丘DOC产区（Colli Orientali del Friuli DOC）最西端的小村庄；酒庄的葡萄园一直绵延攀爬上山坡，此地河流众多，长青树林茂密繁盛，山坡的土质主要以泥灰质和砂质黏土土壤为主。寒冷的北部产区保证了日夜温差呈现巨大的波动，令生长在这里的葡萄展现出芬芳扑鼻的特质。优越的气候条件造就了优质的贵腐葡萄（Botrytis）。今年的品鉴与往年一样，萨拉与萨拉酒庄只推荐甜酒参选——不仅是萨拉酒庄，周边的其他酒庄也以甜酒为主要产品。2013年份的弗留利安诺克莱维洛佐（Verduzzo Friulano Crei）和2011年份的皮科里特（Picolit）都吐露着热带水果般热烈的果香，融入无花果的缕缕芬芳，更有一抹柑橘蜜饯的甜美香气萦绕其间，淡淡藏红花的奇异醇香缓缓飘散，入口后带来愉悦的口感，甜美果味层层叠叠地渐次延宕。

| | |
|---|---|
| ○ FCO Verduzzo Friulano Crei '13 | 5 |
| ○ FCO Picolit '11 | 6 |
| ○ COF Friulano '12 | 3 |
| ○ COF Friulano '10 | 3 |
| ○ COF Picolit '10 | 5 |
| ○ COF Picolit '09 | 5 |
| ○ COF Picolit '07 | 5 |
| ○ COF Picolit '06 | 5 |
| ● COF Refosco P. R. '10 | 3 |
| ● COF Rosso Il Rio Falcone '08 | 3 |
| ○ COF Verduzzo Friulano Crei '11 | 5 |
| ○ COF Verduzzo Friulano Crei '09 | 5 |
| ○ COF Verduzzo Friulano Crei '08 | 5 |
| ○ FCO Verduzzo Friulano Crei '12 | 5 |
| ● Il Rio Falcone | 3 |
| ○ Sauvignon '12 | 2 |

## ★★Schiopetto

IA PALAZZO ARCIVESCOVILE, 1
34070 CAPRIVA DEL FRIULI [GO]
TEL. +39 048180332
www.schiopetto.it

藏酒销售
预约参观
年产量 190 000 瓶
葡萄种植面积 30 公顷
可持续发展酒庄

从1965年到2015年。回溯1965年，马里奥・史欧贝朵（Mario Schiopetto）将他酿造的第一款弗留利安诺托凯（Tocai Friulano）装瓶出售。在高利奥的戈里奇亚（Collio Gorizia），对于今天已经收获了顶级荣耀的史欧贝朵酒庄而言，弗留利安诺（不再有托凯）始终是酒庄的偶像级美酒。罗托洛家族（Rotolo）坚定地继承和发扬史欧贝朵酒庄的卓越遗产和传统已经有三年的时间，更能难能可贵的是，充满激情、幽默风趣的罗托洛家族的年轻一代、弗朗西斯科・罗托洛（Francesco Rotolo）和阿历桑德罗・罗托洛（Alessandro Rotolo）也投入到酒庄的生产和管理中，在洛伦佐・兰迪（Lorenzo Landi）的协助下，将酒庄推向更加灿烂的明天。2015年采收酿造季的客观条件非常优越，正如史欧贝朵酒庄今年推荐的2015年份弗留利安诺（Friulano）的精彩表现证明的那样。与此前两年的年份酒相比，2015年份酒毫不逊色，而且也同样将“三杯奖”的桂冠捧回了家。它吐露着令人兴奋的香氛，散发着新割下的干草的醇香，融入葡萄柚的缕缕果香，更有淡淡热带水果的芬芳萦绕其间，随之而来的口感展现出极高的酿造技艺，令丝滑质地与脆爽酸度完美结合，给人带来美味的享受。

| | |
|---|---|
| ○ Collio Friulano '15 | 🍷🍷🍷 4* |
| ○ Collio Pinot Bianco '15 | 🍷🍷 4 |
| ○ Collio Sauvignon '15 | 🍷🍷 4 |
| ○ Blanc des Rosis '15 | 🍷🍷 4 |
| ○ Collio Malvasia '15 | 🍷🍷 4 |
| ○ Collio Pinot Grigio '15 | 🍷🍷 4 |
| ● Poderi dei Blumeri '13 | 🍷🍷 5 |
| ● Rivarossa '13 | 🍷🍷 4 |
| ○ Blanc des Rosis '07 | 🍷🍷🍷 4 |
| ○ Blanc des Rosis '06 | 🍷🍷🍷 4 |
| ○ Collio Friulano '14 | 🍷🍷🍷 4* |
| ○ Collio Friulano '13 | 🍷🍷🍷 4* |
| ○ Mario Schiopetto Bianco '08 | 🍷🍷🍷 5 |
| ○ Mario Schiopetto Bianco '07 | 🍷🍷🍷 5 |
| ○ Mario Schiopetto Bianco '03 | 🍷🍷🍷 5 |
| ○ Mario Schiopetto Bianco '02 | 🍷🍷🍷 5 |

## La Sclusa

LOC. SPESSA
VIA STRADA DI SANT'ANNA, 7/2
33043 CIVIDALE DEL FRIULI [UD]
TEL. +39 0432716259
www.lasclusa.it

藏酒销售
预约参观
膳宿接待
年产量 160 000 瓶
葡萄种植面积 30 公顷

乔巴塔・佐泽提戈（Giobatta Zorzettig）带领家中其他葡萄种植者，自1963年起就在弗留利东方山丘产区（Colli Orientali del Friuli）中心地带的斯佩萨迪奇维达莱地区（Spessa di Cividale）辛勤劳作。他的子孙已经开枝散叶，以各个家庭团队为单位，全部投身葡萄种植的事业中。其中著名的一家由吉诺・佐泽提戈（Gino Zorzettig）经营管理，他已经在四十多年的时光中一直照料着自己的酒庄。科尔诺河（Corno）的支流拉舒鲁萨河（La Sclusa）穿过酒庄的葡萄园，成为这座酒庄的名字，并且赋予其出产的酒品以明确个性。如今，吉诺的儿子杰曼诺・佐泽提戈（Germano Zorzettig）、毛里齐奥・佐泽提戈（Maurizio Zorzettig）和卢西亚诺・佐泽提戈（Luciano Zorzettig）合力经营着这座拉舒鲁萨酒庄（La Sclusa）。佐泽提戈家族的酿造理念是充分反映试图获取最佳酿造果实的种植商的传统，跟随自然的节奏，避免人力的过多干预。在今年的品鉴中，2015年份的弗留利安诺（Friulano）不论从香氛上还是从口感上，都充分地表现出品种葡萄的特质，因此赢得了我们的赞许。除此之外，2015年份的霞多丽（Chardonnay）吐露着饱满的果香，给人留下相当深刻的印象，飘散着仿似白甜瓜、油桃和黄李子般的芬芳；而2015年份的黄丽波拉（Ribolla Gialla）则凭借卓越表现从其他美酒中脱颖而出，它散发着清爽的果香，酒香扑鼻，口感直接，令人愉悦。

| | |
|---|---|
| ○ FCO Chardonnay '15 | 🍷🍷 3 |
| ○ FCO Friulano '15 | 🍷🍷 3 |
| ○ FCO Picolit '12 | 🍷🍷 7 |
| ○ FCO Ribolla Gialla '15 | 🍷🍷 3 |
| ○ FCO Sauvignon '15 | 🍷🍷 3 |
| ○ FCO Pinot Grigio '15 | 🍷 3 |
| ○ COF Chardonnay '12 | 🍷🍷 3 |
| ● COF Merlot '12 | 🍷🍷 3 |
| ○ COF Picolit '10 | 🍷🍷 6 |
| ○ COF Ribolla Gialla '13 | 🍷🍷 3 |
| ○ COF Ribolla Gialla '12 | 🍷🍷 3 |
| ○ FCO Chardonnay '14 | 🍷🍷 3 |
| ○ FCO Friulano '14 | 🍷🍷 3 |
| ○ FCO Picolit '11 | 🍷🍷 6 |
| ○ FCO Pinot Grigio '14 | 🍷🍷 2* |
| ○ FCO Ribolla Gialla '14 | 🍷🍷 3 |

## Roberto Scubla

FRAZ. IPPLIS
VIA ROCCA BERNARDA, 22
33040 PREMARIACCO [UD]
TEL. +39 0432716258
www.scubla.com

藏酒销售
预约参观
年产量 60 000 瓶
葡萄种植面积 12 公顷

一棵高大古老的桑树伫立在酒窖的前庭，似乎在守卫着这座坐落在罗卡贝纳达（Rocca Bernarda）山区第一座绵延山峰上的酒庄。1991年，罗伯托・斯库巴拉在这里买下了一栋几近破落坍塌的老房子及其周边几公顷的葡萄园。今天，当年的那片废墟已经成为著名的葡萄酒之家，以温暖舒适的内装和田园牧歌式的氛围见长。附近山丘塑造的优质地形令这片土地得以享受布拉季风（Bora）的吹拂，不仅保证了葡萄园良好的通风条件，而且还能够自然风干晾晒在棚子下的维多佐葡萄（Verduzzo）。罗伯托的好朋友吉安尼・曼诺蒂（Gianni Menotti）在酒窖的酿造过程中提供宝贵的技术支持。在今年的品鉴中，我们很高兴地看到许多“老朋友”回归角逐“三杯奖”的决赛，例如2013年份的科拉提斯维多佐弗留利安诺（Verduzzo Friulano Cràtis）以及珀莫蒂斯白葡萄酒（Pomèdes）——这些高品质美酒历年来都是我们的心头最爱。除此之外，我们还遇到了一款卓越的新酒——2015年份的弗留利安诺（Friulano），充分利用了采收酿造季的优势条件，将这种本地葡萄品种的品质发挥到极致，堪称地产酒中的佼佼者。

| | | |
|---|---|---|
| ○ FCO Bianco Pomèdes '14 | ŸŸ | 5 |
| ○ FCO Friulano '15 | ŸŸ | 3* |
| ○ FCO Verduzzo Friulano Cràtis '13 | ŸŸ | 5 |
| ● FCO Cabernet Franc '14 | ŸŸ | 3 |
| ● FCO Cabernet Sauvignon '14 | ŸŸ | 3 |
| ● FCO Merlot '14 | ŸŸ | 3 |
| ○ FCO Pinot Bianco '15 | ŸŸ | 3 |
| ● FCO Rosso Scuro '13 | ŸŸ | 4 |
| ○ FCO Sauvignon '15 | ŸŸ | 3 |
| ○ RS Brut M. Cl. | ŸŸ | 7 |
| ○ COF Bianco Pomèdes '04 | ŸŸŸ | 4 |
| ○ COF Bianco Pomèdes '99 | ŸŸŸ | 4* |
| ○ COF Verduzzo Friulano Cràtis '09 | ŸŸŸ | 5 |
| ○ COF Verduzzo Friulano Cràtis '06 | ŸŸŸ | 5 |
| ○ COF Verduzzo Friulano Cràtis '04 | ŸŸŸ | 5 |
| ○ COF Verduzzo Friulano Graticcio '99 | ŸŸŸ | 5 |

## Renzo Sgubin

VIA FAET, 15/1
34071 CORMÒNS [GO]
TEL. +39 0481630297
www.renzosgubin.it

藏酒销售
预约参观
年产量 28 000 瓶
葡萄种植面积 12 公顷
可持续发展酒庄

伦佐・斯古宾（Renzo Sgubin）是弗留利产区酿造技艺最为高超的大师，同时也是一位骄傲的葡萄栽培师和农夫，深爱这片从先祖手中代代相传的肥沃土地。伦佐斯古宾酒庄的葡萄园占地面积达到十几公顷，坐落于科尔蒙斯地区（Cormòns）附近的普莱蒂斯（Pradis），其中有些位于戈里齐亚（Gorizia）附近的高利奥（Collio）山上，其余地块则位于弗留利伊松佐DOC产区（Friuli Isonzo DOC）。2003年，伦佐开始给自产的美酒装瓶，在很短的时间里，就为自己的高品质酒庄赢得了盛誉。由于酒窖规模适中，使得伦佐能够亲身参与酿造的每个环节。在今年的品鉴中，伦佐斯古宾酒庄递交了多款优质美酒，其中2015年份的343——这款酒的名字是为了纪念伦佐第一个儿子的出生时刻——是一款主要由弗留利安诺（Friulano）、霞多丽（Chardonnay）和伊斯的利亚玛尔维萨（Malvasia Istriana）混酿而成的美酒，呈现出及其优越的精彩表现，一抹优雅的芬芳提升了整体香氛，不论是酒香还是口感都更显意趣，令人久久难忘。除此之外，以高利奥地区（Collio）的酿造葡萄打造而成的2013年份梅洛（Merlot）品质卓越，果味饱满，酒体丰盈，展现出极佳的陈年潜力。

| | | |
|---|---|---|
| ○ 3, 4, 3 '15 | ŸŸ | 3 |
| ● Collio Merlot '13 | ŸŸ | 3 |
| ○ Friuli Isonzo Chardonnay '15 | ŸŸ | 3 |
| ○ Friuli Isonzo Malvasia '15 | ŸŸ | 3 |
| ○ Friuli Isonzo Pinot Grigio '15 | ŸŸ | 3 |
| ● Plagnis '11 | ŸŸ | 3 |
| ○ Friuli Isonzo Friulano '15 | Ÿ | 3 |
| ○ Friuli Isonzo Sauvignon '15 | Ÿ | 3 |
| ● Collio Merlot '12 | ŸŸ | 3 |
| ● Collio Merlot '11 | ŸŸ | 3 |
| ○ Friuli Isonzo Chardonnay '14 | ŸŸ | 3 |
| ○ Friuli Isonzo Chardonnay '13 | ŸŸ | 3 |
| ○ Friuli Isonzo Friulano '14 | ŸŸ | 3 |
| ○ Friuli Isonzo Friulano '13 | ŸŸ | 3 |
| ○ Friuli Isonzo Malvasia '14 | ŸŸ | 3 |
| ● Plagnis '09 | ŸŸ | 3 |

## Simon di Brazzan

FRAZ. BRAZZANO
VIA SAN ROCCO, 17
34070 CORMÒNS [GO]
TEL. +39 048161182
www.simondibrazzan.com

藏酒销售
预约参观
年产量 70 000 瓶
葡萄种植面积 13 公顷
葡萄栽培方式 有机认证

布拉赞西蒙酒庄（Simon di Brazzan）是位于科尔蒙斯（Cormòns）的一家精品酒庄，酒庄主人是恩里克·威利斯吉（Enrico Veliscig），即便已经98岁高龄，依然协助孙子达尼埃莱·杜瑞思（Daniele Drius）亲手打理葡萄园，达尼埃莱掌管酒庄已经长达二十多年。达尼埃莱当年刚一接手酒庄，就立即在田间放弃使用化学制剂，只采用自然方式培育葡萄藤，进过多年的实践，已经成功地建起了生物动力学栽培体系。用马尾属荨麻制成制剂喷洒在葡萄叶上，以各种草本植物混合做成肥料，隔行施肥。五月末等花季过后，就开始割草入肥。整个生产酿造过程也都非常传统。布拉赞西蒙酒庄在当地非常著名，但从来没有向年鉴推荐过酒品。今年，达尼埃莱（Daniele）终于决定向我们提交品鉴酒品，这些美酒也都是品质极佳的上品。我们对布拉赞西蒙酒庄的整个系列都倾心不已，有几款酒甚至闯入了我们最终角逐“三杯奖”大奖的决赛。这真是一个好的开始啊……

| | |
|---|---|
| ○ Blanc di Simon '15 | 🍷🍷 3* |
| ○ Ri.nè Blanc '14 | 🍷🍷 3* |
| ○ Blanc di Simon Tradizion '10 | 🍷🍷 5 |
| ● Cabernet Franc '14 | 🍷🍷 3 |
| ○ Malvasia '15 | 🍷🍷 3 |
| ● Merlot '13 | 🍷🍷 4 |
| ○ Pinot Grigio '15 | 🍷🍷 3 |
| ○ Pinot Grigio Tradizion '14 | 🍷🍷 5 |
| ○ Sauvignon '15 | 🍷🍷 3 |
| ○ Blanc di Simon '06 | 🍷🍷 3 |
| ○ Blanc di Simon '04 | 🍷🍷 2* |
| ○ Friuli Isonzo Sauvignon '03 | 🍷🍷 3* |
| ○ Pinot Grigio '05 | 🍷🍷 3* |

## Sirch

VIA FORNALIS, 277/1
33043 CIVIDALE DEL FRIULI [UD]
TEL. +39 0432709835
www.sirchwine.com

藏酒销售
预约参观
年产量 150 000 瓶
葡萄种植面积 25 公顷

我们都知道瑟奇酒庄（Sirch）与圣格莱格里奥的福地酒庄（Feudi di San Gregorio）之间存在着紧密的合作关系。福地酒庄作为坎帕尼亚地区（Campania）的顶级酒庄拥有巨大的国际市场，迄今已经有一段时间，瑟奇酒庄的全系列弗留利产地酒（Friuli）只通过福地酒庄（Feudi San Gregorio）销售发行。瑟奇酒庄的出品品质卓越，气质可爱，忠诚地反映出每种葡萄品种的特色、产地风土特质以及相应生产酿造季的气候条件。瑟奇酒庄占地面积达到25公顷的葡萄园几乎被分为无数小型地块，散落于奇韦达莱地区（Cividale）的各处，主要位于弗留利东方山丘产区（Colli Orientali del Friuli）的阿尔巴马（Albana）和普雷波托（Prepotto）及其周边地带，由于土质和微气候环境各异，卢卡·瑟奇（Luca Sirch）得以根据具体情况选择最适合生长的品种栽培。在今年的品鉴中，瑟奇酒庄推荐了多款表现精彩的美酒，都呈现出持久一致的高品质。其中2014年份的科拉莱希斯白葡萄酒（Bianco Cladrecis）凭借卓越的表现杀入了角逐“三杯奖”大奖的决赛。这款美酒在多年前曾经取得过这样的好成绩，这一次重新得到大家的认可为其光明的未来打下了基础。

| | |
|---|---|
| ○ FCO Bianco Cladrecis '14 | 🍷🍷 3* |
| ● FCO Cabernet '14 | 🍷🍷 3 |
| ○ FCO Chardonnay '15 | 🍷🍷 3 |
| ○ FCO Friulano '15 | 🍷🍷 3 |
| ● FCO Merlot '14 | 🍷🍷 3 |
| ○ FCO Pinot Grigio '15 | 🍷🍷 3 |
| ○ FCO Ribolla Gialla '15 | 🍷🍷 3 |
| ● FCO Rosso Cladrecis '13 | 🍷🍷 3 |
| ○ FCO Sauvignon '15 | 🍷🍷 3 |
| ● FCO Schioppettino '14 | 🍷🍷 3 |
| ● FCO Refosco P.R. '14 | 🍷 3 |
| ○ COF Friulano '07 | 🍷🍷🍷 2* |
| ○ FCO Bianco Cladrecis '13 | 🍷🍷 3 |
| ○ FCO Chardonnay '14 | 🍷🍷 3 |
| ○ FCO Ribolla Gialla '14 | 🍷🍷 3 |
| ○ FCO Sauvignon '14 | 🍷🍷 3 |

## Skerk

FRAZ. SAN PELAGIO
LOC. PREPOTTO, 20
34011 DUINO AURISINA [TS]
TEL. +39 040200156
www.skerk.com

藏酒销售
预约参观
餐饮接待
年产量 22 000 瓶
葡萄种植面积 7 公顷
葡萄栽培方式 有机认证

桑迪·斯科尔克（Sandi Skerk）是一位真正的葡萄酒大师，也是喀斯特高原（Karst）上最优秀的种植商之一。这里的一切种植事务都得依靠双手完成，操作空间极为有限，极小的干燥红土地块星罗棋布、散落四处，土地贫瘠而多石，但是却富含石灰岩和铁质。桑迪酿造美酒完全遵循本地传统和自然流程，既不澄清也不过滤，带皮浸渍至少数周，自有到了月亏期才会上架。这种耗费时间的酿造技术为美酒带来别具一格的特色和个性，令果味饱满丰盈，悠然香氛罕见优雅。斯科尔克酒庄的酒窖是在喀斯特地形的岩石中凿刻出来的真正艺术杰作，能够达到全年恒温恒湿。在今年的品鉴中，斯科尔克酒庄推荐了多款表现优异的美酒。其中连续四年夺得最高荣誉的奥戈拉德系列（Ograde）今年虽然依然闯入了角逐最后大奖的决赛，但是却遗憾地空手而归；而最后夺得桂冠的是2013年份的玛尔维萨（Malvasia），它凭借卓越表现勇夺“三杯奖”。它吐露着悦人的香气，融入碘化物的缕缕醇香，更有棉花糖的丝丝香甜气息萦绕其间，随之演化的口感带有地中海灌木丛的淡淡咸味儿。

- ○ Malvasia '13 🍷🍷🍷 5
- ○ Ograde '13 🍷🍷 5
- ○ Vitovska '13 ▼▼ 5
- ● Terrano '13 ▼ 5
- ○ Carso Malvasia '08 ▽▽▽ 4
- ○ Ograde '12 ▽▽▽ 5
- ○ Ograde '11 ▽▽▽ 5
- ○ Ograde '10 ▽▽▽ 4
- ○ Ograde '09 ▽▽▽ 4*
- ○ Malvasia '12 ▽▽ 5
- ○ Malvasia '11 ▽▽ 5
- ● Terrano '12 ▽▽ 5
- ● Terrano '11 ▽▽ 5
- ● Terrano Ris. '06 ▽▽ 5
- ● Terrano Sel. '11 ▽▽ 5
- ○ Vitovska '12 ▽▽ 5
- ○ Vitovska '11 ▽▽ 5

## Skerlj

VIA SALES, 44
34010 SGONICO [TS]
TEL. +39 040229253
www.agriturismoskerlj.com

藏酒销售
预约参观
膳宿接待
年产量 5 000 瓶
葡萄种植面积 2 公顷
葡萄栽培方式 有机认证

纵观的里雅斯特卡索地区（Trieste Carso），有许多小型酒庄存在，其中有些甚至规模极小，但是却是能够生产出独具原始风味和扑鼻酒香美酒的瑰宝酒庄。马捷·斯科尔杰（Matej Skerlj）和克里斯蒂娜·斯科尔杰（Kristina Skerlj）经营的小酒庄就是其中之一，酒庄占地只有两公顷的葡萄园是两人从祖父母手中继承而来，但是正是由于地块面积很小，令他们可以精耕细作，采用极其耗时的本地传统酿造技艺处理酿造果实。基本上可以说，一切工作都真正的亲手完成。斯科尔杰酒庄只生产三大系列葡萄酒，分别是玛尔维萨（Malvasia）、维多斯卡（Vitovska）和特兰诺（Terrano），年产量只有5000瓶。在卡索地区，酿造本地传统葡萄品种的技艺经过时间的洗礼，令果实在与夏季干旱和布拉风（Bora wind）的对抗中并未失去品质，保证收获了质量上乘的酿造葡萄。这一点，通过斯科尔杰酒庄出品的佳酿时常出现在我们争夺“三杯奖”大奖的决赛中就可以做出证明。在今年的品鉴中，2013年份的玛尔维萨（Malvasia）表现精彩，闯入了决赛与其他美酒一争高下。它吐露着华美的香氛，融入碘化物的缕缕醇香，更有一抹地中海灌木丛的咸味儿飘散其间。

- ○ Malvasia '13 🍷🍷 5
- ○ Vitovska '13 ▼▼ 5
- ● Terrano '13 ▼ 5
- ○ Malvasia '12 ▽▽ 5
- ○ Malvasia '11 ▽▽ 5
- ○ Malvasia '10 ▽▽ 5
- ○ Malvasia '07 ▽▽ 4
- ○ Malvasia '06 ▽▽ 4
- ● Terrano '12 ▽▽ 5
- ● Terrano '07 ▽▽ 4
- ○ Vitovska '12 ▽▽ 5
- ○ Vitovska '11 ▽▽ 5
- ○ Vitovska '10 ▽▽ 5
- ○ Vitovska '08 ▽▽ 4
- ○ Vitovska '07 ▽▽ 4
- ○ Vitovska '06 ▽▽ 4

## Edi Skok

Loc. Giasbana, 15
34070 San Floriano del Collio [GO]
Tel. +39 3408034045
www.skok.it

藏酒销售
预约参观
年产量 38 000 瓶
葡萄种植面积 11 公顷

埃迪·斯科克（Edi Skok）和奥列塔·斯科克（Orietta Skok）经营的家庭酒庄坐落于高利奥圣弗洛里亚诺（San Floriano del Collio）附近的吉斯巴纳（Giasbana），这里被公认为种植葡萄的理想所在，尤其对于白葡萄品种的生长更是十分有益。山坡朝向十分理想、微气候温差波动较大，给予了种植区的每种葡萄品种高品质果实。尊重本地酿造传统，深植于家族的农业根源，埃迪同时并不排斥创新，他实验着不再进行长期浸渍以采取更多的现代酿造技法已经有一段时间，致力于酿造更多保持了品种葡萄特质且酒香扑鼻的美酒。在今年的品鉴中，埃迪斯科克酒庄推荐的美酒呈现出一如既往的卓越表现，每款酒的品质都达到了很高的水准。其中，2015年份的扎布拉弗留利安诺（Friulano Zabura）气质优雅，吐露着阵阵花香和酒香，融入热带水果的热烈芬芳，入口后感到惬意柔美的口感，略有咸味儿，收口余韵绵延不绝，浸润着美妙的果味，更有略苦的杏仁滋味若隐若现，一抹薄荷油的清凉风情萦绕其间，卓越表现令我们叹为观止。

| | |
|---|---|
| ○ Collio Friulano Zabura '15 | 🍷🍷 3 |
| ● Collio Merlot Villa Jasbinae '11 | 🍷🍷 3 |
| ○ Collio Pinot Grigio '15 | 🍷🍷 3 |
| ○ Collio Sauvignon '15 | 🍷🍷 3 |
| ○ Collio Bianco Pe Ar '13 | 🍷🍷 3 |
| ○ Collio Bianco Pe Ar '12 | 🍷🍷 3 |
| ○ Collio Bianco Pe Ar '11 | 🍷🍷 3 |
| ○ Collio Chardonnay '14 | 🍷🍷 2* |
| ○ Collio Chardonnay '13 | 🍷🍷 2* |
| ○ Collio Chardonnay '12 | 🍷🍷 2* |
| ○ Collio Friulano Zabura '14 | 🍷🍷 3 |
| ● Collio Merlot '13 | 🍷🍷 3 |
| ○ Collio Pinot Grigio '14 | 🍷🍷 3 |
| ○ Collio Pinot Grigio '13 | 🍷🍷 3 |
| ○ Collio Pinot Grigio '12 | 🍷🍷 3 |
| ○ Collio Sauvignon '13 | 🍷🍷 3 |

## Leonardo Specogna

via Rocca Bernarda, 4
33040 Corno di Rosazzo [UD]
Tel. +39 0432755840
www.specogna.it

藏酒销售
预约参观
年产量 120 000 瓶
葡萄种植面积 18 公顷
葡萄栽培方式 有机认证

李奥纳多·斯派科纳（Leonardo Specogna）在大约五十年前创建的家族酒庄依然处于不断发展壮大之中。家族中的年轻一代酿酒师米歇尔·斯派科纳（Michele Specogna）和克里斯蒂安·斯派科纳（Michele Specogna）展现出无尽的进取精神和精湛的酿造技巧，如今管理着酒庄，将其发展为本地顶级酒庄之一，被大家公认为弗留利高利奥东方山丘DOC产区（Friuli Colli Orientali DOC Zone）风土特质的全球宣传大使。斯派科纳酒庄的葡萄园坐落于罗卡贝纳达（Rocca Bernarda）阳光灿烂的山坡上，米歇尔和克里斯蒂安不仅继续在这里扩展地块，同时还大力推广拉曼多罗次产区（Ramandolo），几年前还在这里创建了托布拉酒庄（Toblâr）——一次勇敢的冒险，但是收获了成功。在今年的品鉴中，斯派科纳酒庄推荐的美酒数量很多，几乎容纳了酒庄所有的出品系列，而这些美酒得到的高分再次证明了酒庄出品的卓越品质，以及在国外的巨大影响力。而且，其中有两款以上的佳酿闯入了我们角逐"三杯奖"大奖的最终决赛。2013年份的"身份"（Identità）是完全由本地品种葡萄弗留利安诺（Friulano）、玛尔维萨（Malvasia）和黄丽波拉（Ribolla Gialla）混酿而成的美酒，表现精彩，令人回味无穷。

| | |
|---|---|
| ○ FCO Identità '13 | 🍷🍷 6 |
| ● FCO Oltre '11 | 🍷🍷 6 |
| ○ FCO Chardonnay '14 | 🍷🍷 3 |
| ○ FCO Friulano '15 | 🍷🍷 3 |
| ○ FCO Picolit '12 | 🍷🍷 6 |
| ● FCO Pignolo '11 | 🍷🍷 6 |
| ● FCO Refosco P. R. '14 | 🍷🍷 3 |
| ○ FCO Ribolla Gialla '15 | 🍷🍷 3 |
| ○ FCO Sauvignon '15 | 🍷🍷 3 |
| ○ Sauvignon Duality '13 | 🍷🍷 6 |
| ● FCO Merlot '14 | 🍷 4 |
| ○ FCO Pinot Grigio '15 | 🍷 3 |
| ● COF Merlot '13 | 🍷🍷 4 |
| ● COF Oltre '11 | 🍷🍷 6 |
| ● COF Pignolo '10 | 🍷🍷 6 |
| ● COF Refosco P. R. '13 | 🍷🍷 3 |

## Tenuta Stella

LOC. SCRIÒ
VIA SDENCINA, 1
34070 DOLEGNA DEL COLLIO [GO]
TEL. +39 0499318135
www.tenutastellacollio.it

藏酒销售
预约参观
年产量 32 000 瓶
葡萄种植面积 7 公顷
葡萄栽培方式 有机认证
可持续发展酒庄

刚刚创建不久的斯黛拉酒庄（Tenuta Stella）虽然对于本地酿造业来说还是一个新名字，但是它很快就凭借出品的高质量赢得了威名——酒庄只生产以本地葡萄品种打造的白葡萄酒。斯黛拉酒庄非常幸运地在斯克里奥（Scriò）拥有占地面积达到12公顷的葡萄园，这里隶属高利奥多莱尼亚产区（Dolegna del Collio），是高利奥DOC产区（Collio DOC）海拔最高的地带，陡峭的山坡耕种条件十分艰苦、令人疲累，但是它们朝向理想，同时也慷慨地给予了生长葡萄独一无二、无法模仿的特质。酒庄葡萄园的梯田随着山势自然蔓延，这就意味着大多数的种植和采摘环节必须依靠手工劳动。土质富含泥灰石和海底沙砾，从亚得里亚海的海底上升到了地表，被当地人称为“庞卡”（Ponca）——通过沉积而得到的特殊土壤。在今年的品鉴中，斯黛拉酒庄推荐的所有佳酿都得到了很高的评分，再次确认了此前年鉴对于该酒庄卓越出品的判断。今年，酒庄提交的酒品除了高利奥经典的非起泡酒之外，还包括两款卓越的传统酿造法起泡酒（Metodo Classico sparklers）。其中的塔尼干型葡萄酒珍酿（Cuvée Tanni Brut）将馥郁香氛、柔美酒质、甜蜜果味和陈年潜力完美结合，堪称一款无以伦比的佳酿。

| | |
|---|---|
| ○ Collio Friulano Scriò '14 | 🍷🍷 3 |
| ○ Collio Malvasia '14 | 🍷🍷 4 |
| ○ Collio Ribolla Gialla '14 | 🍷🍷 4 |
| ○ Cuvée Tanni Brut | 🍷🍷 5 |
| ○ Ribolla Gialla Brut | 🍷🍷 4 |
| ○ Collio Bianco '12 | YY 3 |
| ○ Collio Friulano Scriò '13 | YY 3 |
| ○ Collio Friulano Scriò '12 | YY 3* |
| ○ Collio Malvasia '13 | YY 4 |
| ○ Collio Malvasia '12 | YY 4 |
| ○ Collio Ribolla Gialla '13 | YY 4 |
| ○ Collio Ribolla Gialla '12 | YY 4 |

## Subida di Monte

LOC. SUBIDA
VIA SUBIDA, 6
34071 CORMÒNS [GO]
TEL. +39 048161011
www.subidadimonte.it

藏酒销售
预约参观
膳宿接待
年产量 45 000 瓶
葡萄种植面积 9 公顷

苏比达蒙特酒庄（Subida di Monte）是一座由克里斯蒂安·安托努提（Cristian Antonutti）和安德里亚·安托努提（Andrea Antonutti）经营管理的家庭酒庄，由他们的父亲路易吉·安托努提（Luigi Antonutti）于1972年创建——路易吉是本地酿造高品质美酒的先驱人物之一，一直试图将其全职葡萄酒生产商的梦想发挥到极致。这座现代化酒庄占地面积巨大，不论是酿造操作间还是供游客使用的品酒间都十分宽敞，坐落于俯瞰伊松佐河（Isonzo）和朱卓欧河（Judrio）之间的高利奥戈里奇亚诺（Gorizia Collio），环绕的葡萄园完美嵌入周边的树林和林地，沐浴在灿烂的阳光中，环绕着的阿尔卑斯山为之提供了屏障，与此同时享受着亚得里亚海微咸的海风吹拂。克里斯蒂安和安德里亚热情万丈地继承了家族酒庄的酿造理念，致力于出产自然淳朴、酒香扑鼻的美酒，尊重酿造葡萄品种的特质。在今年的品鉴中，2015年份的玛尔维萨（Malvasia）表现非常出色，它吐露着诱人而复杂的香氛，融入橘皮蜜饯的芬芳，散发着白桃和苹果的缕缕果香，一抹香叶的奇异辛香萦绕其间，随之而来的是果味饱满丰盈的口感，余韵漫长悠然，持久不散。除此之外，2014年份的品丽珠（Cabernet Franc）也让我们十分惊喜，它吐露着樱桃的果香，融入雨打青草的缕缕清爽芬芳，一抹烘焙的醇香不仅萦绕在香氛中，更浸润在美妙的口感中。

| | |
|---|---|
| ● Collio Cabernet Franc '14 | 🍷🍷 3 |
| ○ Collio Friulano '15 | 🍷🍷 3 |
| ○ Collio Malvasia '15 | 🍷🍷 3 |
| ○ Collio Sauvignon '15 | 🍷🍷 3 |
| ○ Collio Pinot Grigio '15 | 🍷 3 |
| ● Collio Cabernet Franc '12 | YY 3 |
| ○ Collio Friulano '14 | YY 3 |
| ○ Collio Friulano '13 | YY 3 |
| ○ Collio Friulano '12 | YY 3 |
| ○ Collio Malvasia '14 | YY 3 |
| ● Collio Merlot '13 | YY 3 |
| ● Collio Merlot '11 | YY 3 |
| ○ Collio Pinot Grigio '13 | YY 3 |
| ● Collio Rosso Poncaia '12 | YY 4 |
| ○ Collio Sauvignon '14 | YY 3 |
| ○ Collio Sauvignon '13 | YY 3 |

## Matijaz Terčič

.OC. BUCUIE, 4A
34070 SAN FLORIANO DEL COLLIO [GO]
TEL. +39 0481884920
www.tercic.com

藏酒销售
预约参观
年产量 30 000 瓶
葡萄种植面积 9.5 公顷

马提杰兹・泰瑞克（Matijaz Terčič）建立并经营的酒庄是高利奥圣弗洛里亚诺产区（San Floriano del Collio）葡萄酒世界中最有意趣且最著名的酒庄之一，这里也是弗留利（Friuli）东部产区最吸引人的山脚种植地带。陡峭的山坡上，成行的樱兆树蔓延远去，其间点缀着茂密的葡萄藤，沿着山坡一路向下，直至美丽的河谷边缘。得益于独特的地形，这里拥有种植葡萄的最佳微气候环境，更重要的是结合了蛇形穿行韦帕克河谷（Vipacco 'alley）的布拉风（Bora Wind）与吹拂来的海风的双重影响，为葡萄的生产提供了极佳的通风条件，令这里的酿造葡萄馥郁芬芳而且十分干爽。泰瑞克家族世代在这里酿造美酒，但是马提杰兹将家族酒庄发展到了极致。他酿造的美酒具有无法错认的个人风格，直率美味，非常容易入口。2011年份的塞米梅洛（Merlot ɜeme）表现精彩，除此之外还涌现出一系列酿造水准精湛的白葡萄酒，其中最令我们心仪的是2013年份的维诺德奥蒂（Vino Degli Orti），这款由弗留利安诺（Friulano）和玛尔维萨（Malvasia）以同等比例混酿而成的美酒吐露着柑橘花的缕缕花香，融入桃子和杏的甜美果香，更有绿茶的清爽风情萦绕其间，随之而来的是均衡完美的口感，如同奶油般绵密细腻，果味甘美柔滑，馥郁芬芳。

| | |
|---|---|
| ○ Vino degli Orti '13 | 🍷🍷 3* |
| ○ Collio Bianco Planta '12 | ▼▼ 4 |
| Collio Merlot Seme '11 | ▼▼ 5 |
| ○ Collio Pinot Grigio Dar '12 | ▼▼ 4 |
| ○ Collio Sauvignon '14 | ▼▼ 3 |
| ○ Friuli Isonzo Friulano '14 | ▼▼ 3 |
| ○ Collio Pinot Grigio '07 | ▽▽▽ 3* |
| ○ Collio Bianco Planta '11 | ▽▽ 4 |
| ○ Collio Chardonnay '12 | ▽▽ 3* |
| ○ Collio Chardonnay '11 | ▽▽ 3 |
| Collio Merlot '10 | ▽▽ 4 |
| ○ Collio Pinot Grigio '13 | ▽▽ 3 |
| ○ Collio Pinot Grigio '12 | ▽▽ 3* |
| ○ Collio Sauvignon '13 | ▽▽ 3 |
| ○ Collio Sauvignon '12 | ▽▽ 3 |
| ○ Vino degli Orti '12 | ▽▽ 3 |

## Tiare - Roberto Snidarcig

FRAZ. VENCÒ
LOC. SANT'ELENA, 3A
34070 DOLEGNA DEL COLLIO [GO]
TEL. +39 048162491
www.tiaredoc.com

藏酒销售
预约参观
餐饮接待
年产量 90 000 瓶
葡萄种植面积 10 公顷
可持续发展酒庄

罗伯托・斯尼达西格（Roberto Snidarcig）对于耕作的这片土地的热爱令其将自己的酒庄命名为泰瑞酒庄（Tiare）——在当地的方言中意为土地。一切从奎恩山（Mount Quarin）上占地面积只有1公顷的种植地块开始，正是这座山为科尔蒙斯城（Cormòns）阻挡住了从韦帕克河谷（Valle del Vipacco）吹来的寒冷东风。在接下来的岁月里，罗伯托成倍扩张了葡萄园的规模，提升出品质量，在很短的时间内就将泰瑞酒庄推到了本产区最著名的酒庄行列。今天的泰瑞酒庄总部位于高利奥的多莱尼亚（Dolegna del Collio），拥有面积宽敞且功能完备的酒窖，罗伯托与妻子桑德拉（Saundra）并肩奋斗，继续着扩大酒庄规模的重大计划。在今年的品鉴中，2015年份的苏维翁（Sauvignon）吐露着令人兴奋的酒香，融入阵阵花香，凭借卓越品质勇夺“三杯奖”。对于热爱这一品种美酒的爱好者而言，这绝对是一款无法错过的经典美酒，展现出极佳的平衡度和优雅质感，浸润着缕缕矿物质的醇浓滋味。还记得这款美酒的2014年份酒也同样斩获了我们的最高荣誉。

| | |
|---|---|
| ○ Collio Sauvignon '15 | 🍷🍷🍷 5 |
| ○ Collio Chardonnay '15 | ▼▼ 3 |
| ○ Collio Friulano '15 | ▼▼ 4 |
| ○ Collio Malvasia '15 | ▼▼ 3 |
| ○ Collio Ribolla Gialla '15 | ▼▼ 4 |
| ○ Il Tiare '15 | ▼▼ 3 |
| ● Schioppettino '14 | ▼▼ 3 |
| ○ Collio Pinot Grigio '15 | ▼ 4 |
| ○ Collio Sauvignon '14 | ▽▽▽ 5 |
| ○ Collio Sauvignon '13 | ▽▽▽ 3* |
| ○ Collio Friulano '14 | ▽▽ 4 |
| ○ Collio Malvasia '14 | ▽▽ 3* |
| ○ Collio Malvasia '13 | ▽▽ 3 |
| ○ Collio Pinot Grigio '13 | ▽▽ 3 |
| ● Collio Pinot Nero '14 | ▽▽ 2* |
| ○ Collio Ribolla Gialla '14 | ▽▽ 4 |
| ○ Collio Ribolla Gialla '13 | ▽▽ 3* |

## ★Franco Toros

LOC. NOVALI, 12
34071 CORMÒNS [GO]
TEL. +39 048161327
www.vinitoros.com

藏酒销售
预约参观
年产量 60 000 瓶
葡萄种植面积 11 公顷

弗兰科·托罗斯（Franco Toros）是伟大的葡萄酒种植商、酿酒大师，更是一位真正的艺术家。他谦虚而和善，总是安静地置身葡萄园中忙于栽培和酿造，尽量避免出现在公众场合的宣传活动中。实际上托罗斯家族（Toros）自上个世纪初就定居在科尔蒙斯（Cormòns）附近的诺瓦里地区（Novali），从事农业劳作。托罗斯家族打造的高利奥产区（Collio）白葡萄酒极富个性，甚至成功地吸引了奥地利以及附近威尼托产区（Veneto）的美酒爱好者。弗兰科充分利用代代相传的传统酿造经验和技法，他打造的美酒都是无可争议的典范之作，成为各家争相模仿的经典，更是该产区的骄傲，气质清凛直率，表现出对于葡萄品种特征的最大尊重，拥有令人愉悦的、极易入口的美味果味。因此，在今年的品鉴中弗兰科托罗斯酒庄未能摘下“三杯奖”桂冠恐怕会变成令人惊讶的新闻流传起来。不过弗兰科托罗斯酒庄今年推荐的美酒无疑都是顶级佳酿，得益于良好的生长酿造季，尤其是新鲜柔美的2015年份弗留利安诺（Friulano）以及2015年份酒香扑鼻、果味饱满的白比诺（Pinot Bianco），凭借令人艳羡的品质闯入了我们的决赛。

| | |
|---|---|
| ○ Collio Friulano '15 | 🍷🍷 4 |
| ○ Collio Pinot Bianco '15 | 🍷🍷 4 |
| ○ Collio Chardonnay '15 | 🍷🍷 4 |
| ○ Collio Pinot Grigio '15 | 🍷🍷 4 |
| ○ Collio Sauvignon '15 | 🍷🍷 4 |
| ○ Collio Friulano '12 | ŸŸŸ 4* |
| ○ Collio Friulano '11 | ŸŸŸ 4* |
| ○ Collio Friulano '10 | ŸŸŸ 4 |
| ○ Collio Friulano '09 | ŸŸŸ 4* |
| ○ Collio Friulano '08 | ŸŸŸ 4* |
| ○ Collio Pinot Bianco '14 | ŸŸŸ 4* |
| ○ Collio Pinot Bianco '13 | ŸŸŸ 4* |
| ○ Collio Pinot Bianco '08 | ŸŸŸ 4* |
| ○ Collio Pinot Bianco '07 | ŸŸŸ 4 |
| ○ Collio Pinot Bianco '05 | ŸŸŸ 4 |
| ○ Collio Tocai Friulano '06 | ŸŸŸ 4 |
| ○ Collio Tocai Friulano '04 | ŸŸŸ 4 |

## Torre Rosazza

FRAZ. OLEIS
LOC. POGGIOBELLO, 12
33044 MANZANO [UD]
TEL. +39 0422864511
www.torrerosazza.com

藏酒销售
预约参观
年产量 200 000 瓶
葡萄种植面积 90 公顷
可持续发展酒庄

特丽酒庄（Torre Rosazza）是忠利农业集
团（Le Tenute di Genagricola）旗下的顶级
酒庄，忠利农业集团在弗留利地区的酒
庄还包括伯杰酒庄（Poggiobello）、玛格
丽朵酒庄（Borgo Magredo）和圣安娜酒
庄（Tenuta Sant' Anna）。在意大利各个
重要产区都拥有葡萄园的忠利农业集团
于1979年买入了这座酒庄，随即立刻着
手研究并划分占地面积达到110公顷的
葡萄园，对地块朝向和地理位置等客观
条件做出判断，为每一种葡萄品种找到
最适合并且最能激发葡萄表现力特质的
种植区。今天的特丽酒庄由恩里克·拉
蒂（Enrico Raddi）担任总经理，以一座
十八世纪的古老庄园马奇庄园（Palazz
de Marchi）作为酒庄总部，伫立在曼扎诺
（Manzano）的山巅之上。自然形成的壮
美阶梯状葡萄园环绕着古老的酒庄，葡
萄园地块的朝向和微气候环境都堪称弗
留利东方山丘产区（Colli Orientali）的瑰
宝地块。这里是许多地产葡萄品种的发
源地，例如皮格诺罗（Pignolo）和黄丽波
拉（Ribolla Gialla）——都是弗留利产区的
骄傲。特丽酒庄的两款比诺酒（Pinots）
交替登顶品质的巅峰，今年轮到了201
年份的灰比诺（Pinot Grigio），凭借卓越
表现赢得了我们的“三杯奖”大奖。除
此之外，同样表现精彩的还包括2015年
份的弗留利安诺（Friulano），它果味饱
满，品质卓越，吐露着诱人的香膏般的
芬芳。

| | |
|---|---|
| ○ FCO Pinot Grigio '15 | 🍷🍷🍷 3 |
| ○ FCO Friulano '15 | 🍷🍷 3 |
| ○ Blanc di Neri Brut | 🍷🍷 5 |
| ○ FCO Picolit '12 | 🍷🍷 5 |
| ○ FCO Pinot Bianco '15 | 🍷🍷 3 |
| ● FCO Refosco P. R. '14 | 🍷🍷 3 |
| ○ FCO Ribolla Gialla '15 | 🍷🍷 3 |
| ○ FCO Sauvignon '15 | 🍷🍷 3 |
| ● FCO Pinot Nero Ronco del Palazzo '09 | 🍷 3 |
| ○ FCO Verduzzo Friulano '13 | 🍷 3 |
| ○ COF Pinot Grigio '13 | ŸŸŸ 3 |
| ○ COF Pinot Grigio '12 | ŸŸŸ 3 |
| ○ FCO Pinot Bianco '14 | ŸŸŸ 3 |
| ● COF Cabernet Sauvignon '13 | ŸŸ 3 |
| ● COF Refosco P. R. '13 | ŸŸ 3 |
| ○ FCO Sauvignon '14 | ŸŸ 3 |

## a Tunella

AZ. IPPLIS
DEL COLLIO, 14
3040 PREMARIACCO [UD]
L. +39 0432716030
www.latunella.it

戚酒销售
预约参观
F产量 390 000 瓶
葡萄种植面积 70 公顷
可持续发展酒庄

内拉酒庄（La Tunella）是国际上公认
弗留利产区（Friuli）最具名望的酒
之一。今年是李维奥・索瑞蒂（Livio
orzettig）离开原来工作的酒庄、在艾普
斯（Ipplis）安顿下来并成立了自己的
庭酒庄三十周年的纪念日。如今年轻
马西莫・索瑞蒂（Massimo Zorzettig）
毛罗・索瑞蒂（Mauro Zorzettig）兄弟
人经营着这家酒庄，他们的母亲加布
埃拉（Gabriella）从旁协助，试图将
族三代从事酿造事业累积下来的丰富
验传授给新一代成员。酿造大师路易
诺・赞帕罗（Luigino Zamparo）也为索
蒂酒庄助力，在令人印象深刻、采用
科技设计的酒庄建筑中忙碌。他的任
是将优质的酿造果实转变为高品质美
，既能充分反映本地风土特质，又能
存每一种酿造葡萄品种的独特之处。
今年的品鉴中，索瑞蒂酒庄同样又有
少于两款佳酿闯入了我们角逐“三杯
”的决赛，最终是2014年份的拉琳达
La Linda）夺冠，这款卓越的混酿完全
本地葡萄品种打造而成：包括弗留利
诺（Friulano）、伊斯的利亚玛尔维萨
Malvasia Istriana）和黄丽波拉（Ribolla
alla）。它吐露着柠檬皮蜜饯般的甜美
芳，融入白桃的缕缕果香，更有焚香
的悠然香气萦绕其间，底蕴中透露出
丝香料的辛香，随之而来的口感如同
鹅绒般丝滑，浓郁集中的口感略有咸
儿。

| | |
|---|---|
| FCO Bianco LaLinda '14 | 🍷🍷🍷 (red) 4* |
| FCO BiancoSesto '14 | 🍷🍷 (red) 4 |
| FCO Friulano Col Livius '14 | 🍷🍷 4 |
| FCO Pinot Grigio '15 | 🍷🍷 3 |
| FCO Ribolla Gialla Col de Bliss '14 | 🍷🍷 4 |
| FCO Ribolla Gialla Rjgialla '15 | 🍷🍷 3 |
| FCO Rosso L'Arcione '11 | 🍷🍷 5 |
| FCO Sauvignon Col Matiss '14 | 🍷🍷 4 |
| FCO Schioppettino '12 | 🍷🍷 4 |
| Noans '14 | 🍷🍷 5 |
| COF BiancoSesto '11 | ♡♡♡ 4* |
| COF BiancoSesto '07 | ♡♡♡ 3 |
| COF BiancoSesto '06 | ♡♡♡ 3* |
| Noans '12 | ♡♡♡ 5 |
| COF BiancoSesto '13 | ♡♡ 4 |
| COF Friulano Col Livius '13 | ♡♡ 4 |
| COF Schioppettino '11 | ♡♡ 4 |

## Valchiarò

FRAZ. TOGLIANO
VIA DEI LAGHI, 4C
33040 TORREANO [UD]
TEL. +39 0432715502
www.valchiaro.it

藏酒销售
预约参观
年产量 45 000 瓶
葡萄种植面积 14 公顷
可持续发展酒庄

瓦尔奇里奥酒庄（Valchiarò）讲述了一个关于激情和友谊的故事。1990年，六名从事各种职业的投资人在奇韦达莱的托雷亚诺（Torreano di Cividale）联合创建了瓦尔奇里奥酒庄，每个人都将自己种植的葡萄贡献至酒庄，合在一起进行发酵酿造。这个于25年前做出的决定最初看起来似乎有点儿天真，但是今天已经被证明是在互相尊重和理解基础上发挥团队精神非常可行的现实。瓦尔奇里奥酒庄随着时间的推移发生了许多重大改变，包括建起了一座大型的现代化酒庄大厦并于2006年正式投入使用，在吉安尼・曼诺蒂（Gianni Menotti）的宝贵协助下，瓦尔奇里奥酒庄如今已经成为高品质保证的经典品牌。瓦尔奇里奥酒庄今年提供的品鉴酒品再次获得了极好的分数，确认了整个系列的优异表现。来自优质生长酿造季的白葡萄酒完美反映出每种品种葡萄的特质，酒香馥郁，而且更重要的是保留了浓郁的原始果香。尤其是2015年份的尼克斯弗留利安诺（Friulano Nexus）将柔美的口感与明显的海盐咸味儿完美结合，给人带来极其美妙的享受。

| | |
|---|---|
| ○ FCO Friulano '15 | 🍷🍷 3 |
| ○ FCO Friulano Nexus '15 | 🍷🍷 3 |
| ○ FCO Picolit '11 | 🍷🍷 6 |
| ○ FCO Pinot Grigio '15 | 🍷🍷 3 |
| ● FCO Refosco P. R. Ris. '12 | 🍷🍷 3 |
| ○ FCO Sauvignon '15 | 🍷🍷 3 |
| ○ FCO Verduzzo Friulano '12 | 🍷🍷 4 |
| ● FCO Cabernet '12 | 🍷 3 |
| ● COF Cabernet '11 | ♡♡ 3 |
| ● COF Merlot Ris. '11 | ♡♡ 3 |
| ○ COF Picolit '10 | ♡♡ 6 |
| ○ COF Verduzzo Friulano '11 | ♡♡ 4 |
| ○ COF Verduzzo Friulano '10 | ♡♡ 4 |
| ○ FCO Friulano '14 | ♡♡ 3 |
| ○ FCO Pinot Grigio '14 | ♡♡ 3 |
| ○ FCO Sauvignon '14 | ♡♡ 3 |

## Valpanera

via Trieste, 5a
33059 Villa Vicentina [UD]
Tel. +39 0431970395
www.valpanera.it

藏酒销售
预约参观
年产量 450 000 瓶
葡萄种植面积 55 公顷

瓦尔帕内拉酒庄（Valpanera）是弗留利阿奎莱亚DOC产区（Friuli Aquileia DOC zone）最具发展潜力的代表酒庄之一，根基坚实，品质卓越。詹彼得罗·达尔·韦奇奥（Giampietro Dal Vecchio）与儿子乔瓦尼（Giovanni）共同创建了瓦尔帕内拉酒庄，他们带着勇气与决心，将注意力完全集中在打造高品质红梗瑞福斯科葡萄酒（Refosco dal Peduncolo Rosso）上——酿造果实来自本产区最具代表性的地产红葡萄品种。做出这一勇敢决定的前提是对于阿奎莱亚DOC产区的客观条件做出了充分的调查和研究，认为红梗瑞福斯科在这里找到了理想的生长环境，土壤虽然呈沙质，但是同时黏土质地丰厚，布拉风（Bora）的吹拂令这里保持空气流通，而毗邻亚得里亚海带来的凉爽微风也令健康且芬芳的葡萄成熟得更好。在瓦尔帕内拉酒庄今年提供的品鉴酒品中，通常表现最为精彩的陈酿（Riserva）令人遗憾地缺席，但是另外两款红梗瑞福斯科依然令我们感到惊艳。其中2013年份的超级红梗瑞福斯科（Refosco dal Peduncolo Rosso Superiore）吐露着饱满的辛香，融入黑胡椒的缕缕芬芳和丁香花的甜美花香，随之而来的口感浸润丰盈的果味，惬意怡人。

- ● Friuli Aquileia Refosco P. R. '14 TT 2*
- ● Friuli Aquileia Refosco P. R. Sup. '13 TT 3
- ● Friuli Aquileia Rosso Alma '11 TT 5
- ○ Friuli Aquileia Verduzzo Friulano '13 TT 4
- ○ Friuli Aquileia Sauvignon '15 T 3
- ● Le Tre Uve '15 T 2
- ● Friuli Aquileia Refosco P. R. '13 YY 2*
- ● Friuli Aquileia Refosco P. R. '12 YY 2*
- ● Friuli Aquileia Refosco P. R. Ris. '11 YY 5
- ● Friuli Aquileia Refosco P. R. Ris. '08 YY 5
- ● Friuli Aquileia Refosco P. R. Ris. '07 YY 5
- ● Friuli Aquileia Refosco P. R. Sup. '12 YY 3
- ● Friuli Aquileia Refosco P. R. Sup. '10 YY 3
- ● Friuli Aquileia Rosso Alma '08 YY 5
- ● Rosso di Valpanera '12 YY 2*
- ● Rosso di Valpanera '10 YY 2*

## ★Venica & Venica

loc. Cerò, 8
34070 Dolegna del Collio [GO]
Tel. +39 048161264
www.venica.it

藏酒销售
预约参观
膳宿接待
年产量 280 000 瓶
葡萄种植面积 39 公顷

吉安尼·维尼卡（Gianni Venica）和乔
奥·维尼卡（Giorgio Venica）将这座小
家庭农场发展成为一座规模宏大的现
化典范酒庄——活力四射、组织得宜
闻名全球并且广受追捧。凭借农业家
传统中典型的团队合作意识，无可争
的卓越酿造技巧以及敏锐的商业观
力，维尼卡家族将这座酒庄打造成为
卓越的地产酒庄之一。欧尼拉·维尼
（Ornella Venica）与吉安帕奥罗·维
卡（Giampaolo）负责酒庄的公共关系
务，但实际上整个家族酒庄团队都对
尼卡家族酒庄品牌的成功付出了艰辛
努力，这是绝对品质的保证，酒庄出
系列广泛的美酒，将高利奥戈里奇亚
（Collio Goriziano）的独特风土条件发
到极致。在今年的品鉴中，维尼卡酒
提交了多款品质卓越的美酒，其中三
闯入了角逐“三杯奖”大奖的决赛圈，
虽然这三款佳酿最终都遗憾地未能摘
桂冠，但是这充分证明了维尼卡酒庄
巨大潜力。这三款顶级佳酿分别是201
年份的隆科德勒梅里苏维翁（Sauvign
Ronco delle Mele）、2015年份的隆科德
美弗留利安诺（Friulano Ronco delle Cime
以及2015年份的塔利斯白比诺（Pin
Bianco Tàlis），它们同时也无愧于被
为整个高利奥以及整个弗留利产区
骄傲。

- ○ Collio Friulano Ronco delle Cime '15 TT
- ○ Collio Pinot Bianco Tàlis '15 TT
- ○ Collio Sauvignon Ronco delle Mele '15 TT
- ○ Collio Malvasia Pètris '15 TT
- ○ Collio Pinot Grigio Jesera '15 TT
- ● Collio Refosco P. R. Bottaz '12 TT
- ○ Collio Sauvignon Ronco del Cerò '15 TT
- ○ Collio Traminer Aromatico '15 TT
- ○ Collio Sauvignon Ronco delle Mele '13 YYY
- ○ Collio Sauvignon Ronco delle Mele '12 YYY
- ○ Collio Sauvignon Ronco delle Mele '11 YYY
- ○ Collio Sauvignon Ronco delle Mele '10 YYY
- ○ Collio Sauvignon Ronco delle Mele '09 YYY
- ○ Collio Sauvignon Ronco delle Mele '08 YYY
- ○ Collio Sauvignon Ronco delle Mele '07 YYY
- ○ Collio Tocai Friulano Ronco delle Cime '06 YYY

## .a Viarte

A NOVACUZZO, 51
3040 PREPOTTO [UD]
EL. +39 0432759458
ww.laviarte.it

藏酒销售
预约参观
膳宿接待
F产量 100 000 瓶
葡萄种植面积 27 公顷
可持续发展酒庄

比亚特酒庄（La Viarte）的名字在当地方言中意为“春日时光”，切斯金家族（Ceschin）于四十年前初创酒庄时选取了这个美好的名字。从那以后，比亚特酒庄始终是生产地产酒中赫赫有名的酒庄之一。阿尔伯托·百旺（Alberto Piovan）是酒庄的新主人，他决意进一步发掘这片土地特有的风土特质，得益于成熟的葡萄园和不妥协的酒庄出品风格，阿尔伯托试图将未能充分表现的潜力完美发挥，出品保持低产量和高品质。作为具有洞察力和远见的商人，为了追求增长发展的目标，阿尔伯托最近聘用了吉安尼·曼诺蒂（Gianni Menotti）担任酿酒顾问，更令酒庄如虎添翼。近期的酒品系列重组使我们无法对比亚特酒庄生产的整个葡萄酒系列做出全面评估，但是透露出来的迹象非常令人鼓舞。整个出品系列的卓越表现证明了比亚特酒庄找到了正确的发展方向并大步向前迈进，不消多时，酒庄就会源源不断地奉献出令人满意的美酒。在今年的品鉴中，充分展现出类型特质的2015年份的赖恩德苏维翁（Sauvignon Liende）超越了我们所有人的期待，一举夺下“三杯奖”大奖，吐露着馥郁的酒香，与之完美匹配的口感惬意舒适，令人久久难忘。

| | |
|---|---|
| FCO Sauvignon Liende '15 | 🍷🍷🍷 5 |
| FCO Friulano Liende '15 | 🍷🍷 5 |
| Arteus '15 | 🍷🍷 3 |
| COF Sauvignon '15 | 🍷🍷 3 |
| FCO Friulano '15 | 🍷🍷 3 |
| FCO Merlot '12 | 🍷🍷 4 |
| FCO Ribolla Gialla '15 | 🍷🍷 3 |
| La Viarte Rosé Brut | 🍷🍷 4 |
| COF Merlot '11 | 🍸🍸 4 |
| COF Pinot Grigio '13 | 🍸🍸 3 |
| COF Sauvignon '13 | 🍸🍸 3* |
| COF Sauvignon Liende '13 | 🍸🍸 5 |
| COF Tazzelenghe '09 | 🍸🍸 5 |
| FCO Chardonnay '14 | 🍸🍸 3 |
| FCO Friulano '14 | 🍸🍸 3 |
| FCO Pinot Bianco '14 | 🍸🍸 3 |

## Vidussi

VIA SPESSA, 18
34071 CAPRIVA DEL FRIULI [GO]
TEL. +39 048180072
www.vinimontresor.it

藏酒销售
预约参观
年产量 500 000 瓶
葡萄种植面积 30 公顷

自2000年起，维杜西家庭酒庄（Vidussi）就被租赁给维罗纳（Verona）的蒙特莎集团（Montresor）。维杜西酒庄坐落于高利奥（Collio）中心地带的弗留利卡普莱瓦（Capriva del Friuli），除了在高利奥朝向科尔蒙斯（Cormòns）的山间拥有葡萄园之外，维杜西酒庄在临近的弗留利东方山丘产区（Friuli Colli Orientali）以及弗留利伊松佐DOC产区（Friuli Isonzo DOC）也购入了其他地块。产地的风土条件和生长环境意味着种植品种以白葡萄为主，而且酿造果实大多属于本地传统的葡萄品种，尤其是维杜西酒庄最爱的黄丽波拉（Ribolla Gialla）。酒庄出品系列品种广泛，几乎覆盖了各个层级的市场需求，展现出极强的升值能力。年复一年，我们在每一年的年鉴中都会对该酒庄出品美酒的卓越口感赞不绝口，对于持之以恒的超高品质表示惊叹。维杜西酒庄的出品风格直爽，卓越品质一如既往，绝无虚饰或流于表面的花样，而是真正展现出极强的可饮性，与此同时表露出协调统一的口感和极度的美味。

| | |
|---|---|
| ○ Collio Chardonnay '15 | 🍷🍷 2* |
| ○ Collio Friulano '15 | 🍷🍷 3 |
| ○ Collio Malvasia '15 | 🍷🍷 2* |
| ○ Collio Pinot Grigio '15 | 🍷🍷 2* |
| ○ Collio Sauvignon '15 | 🍷🍷 2* |
| ○ Collio Traminer Aromatico '15 | 🍷🍷 2* |
| ○ Collio Ribolla Gialla '15 | 🍷 2 |
| ● Ribolla Nera o Schioppettino '15 | 🍷 3 |
| ○ Collio Chardonnay '14 | 🍸🍸 2* |
| ○ Collio Friulano '14 | 🍸🍸 3 |
| ○ Collio Malvasia '14 | 🍸🍸 2* |
| ○ Collio Pinot Bianco '14 | 🍸🍸 3 |
| ○ Collio Pinot Grigio '14 | 🍸🍸 2* |
| ○ Collio Ribolla Gialla '14 | 🍸🍸 2* |
| ○ Collio Traminer Aromatico '14 | 🍸🍸 2* |
| ● Ribolla Nera o Schioppettino '14 | 🍸🍸 3 |

## ★★Vie di Romans

LOC. VIE DI ROMANS, 1
34070 MARIANO DEL FRIULI [GO]
TEL. +39 048169600
www.viediromans.it

藏酒销售
预约参观
年产量 250 000 瓶
葡萄种植面积 55 公顷
可持续发展酒庄

维罗曼斯酒庄（Vie di Romans）是产区葡萄酒酿造业中的典范酒庄，也是最具名望的名庄之一，堪称产区真正的瑰宝。奇安弗兰科·高洛（Gianfranco Gallo）是站在这杰作背后之人，卓越出品的风格建立在精细的酿造策略上，并且结合了孜孜以求的酿造精神。维罗曼斯酒庄所有出产佳酿，尤其是白葡萄酒，都呈现典型的风土特质表达以及给人留下深刻印象的结构。葡萄园全部坐落于弗留利伊松佐DOC产区（Friuli Isonzo DOC），距离的里雅斯特湾（Bay of Trieste）只有几公里之遥，大陆性气候与地中海性气候在这里交汇，这里的气候受到阿尔卑斯山的保护，又得益于附近亚得里亚海吹拂来的阵阵海风。地块土壤主要呈现平原特征，但是享有理想的微环境气候，而且土质富含矿物质。在今年的品鉴中，维罗曼斯酒庄竟然有四款美酒闯入决赛——这种情况往年也时常发生，虽然通常不是同一个系列的美酒——最不可思议的是却没能将一座“三杯奖”奖杯收入囊中。不过，入围本身就说明了维罗曼斯酒庄出品的高超水准，不论是在不锈钢容器中陈年，还是在橡木桶中陈年的美酒都是如此。

| | |
|---|---|
| ○ Dut'un '13 | ΥΥ 6 |
| ○ Friuli Isonzo Bianco Flors di Uis '14 | ΥΥ 4 |
| ○ Friuli Isonzo Chardonnay Ciampagnis Vieris '14 | ΥΥ 4 |
| ○ Friuli Isonzo Sauvignon Piere '14 | ΥΥ 5 |
| ○ Friuli Isonzo Chardonnay Vie di Romans '14 | ΥΥ 5 |
| ○ Friuli Isonzo Friulano Dolée '14 | ΥΥ 5 |
| ○ Friuli Isonzo Malvasia Dis Cumieris '14 | ΥΥ 5 |
| ○ Friuli Isonzo Pinot Grigio Dessimis '14 | ΥΥ 6 |
| ○ Friuli Isonzo Sauvignon Vieris '14 | ΥΥ 5 |
| ○ Friuli Isonzo Bianco Flors di Uis '09 | ΥΥΥ 4* |
| ○ Friuli Isonzo Chardonnay Ciampagnis Vieris '13 | ΥΥΥ 4* |
| ○ Friuli Isonzo Friulano Dolée '12 | ΥΥΥ 5 |
| ○ Friuli Isonzo Friulano Dolée '11 | ΥΥΥ 4* |
| ○ Friuli Isonzo Sauvignon Piere '10 | ΥΥΥ 4* |

## Vigna del Lauro

LOC. MONTONA, 19
34071 CORMÒNS [GO]
TEL. +39 0481629549
www.vignadellauro.it

藏酒销售
预约参观
年产量 60 000 瓶
葡萄种植面积 10 公顷

今天的月桂酒庄（Vigna di Lauro）由隆科德塔斯酒庄（Ronco dei Tassi）的前庄主法比奥·克索尔（Fabio Coser）与妻子达尼埃拉（Daniela）、儿子马迪奥（Matteo 和恩里克（Enrico）共同经营管理。月桂酒庄创建于1994年，由法比奥·克索尔（Fabio Coser）与德国的意大利葡萄酒进口商埃伯哈德·施潘根贝尔博（Eberha Spangenberg）合伙成立；埃伯哈德希望藉此可以将意大利美酒区分化，以应对德国葡萄酒市场对于不同酒品的需求——德国市场尤其喜爱口感质朴、容易入口、带有典型特征且价格可承受的葡萄酒。月桂酒庄的酿造理念建立在葡萄酒生产必须关注并尊重原材料的基础上，这样才能将葡萄品种的特性和风土条件的特质发挥到极致。这样酿造的美酒展现出真正的卓越品质，极易入口，可饮性强，而且价格也很有竞争力。在今年的品鉴中，高利奥美酒（Collio）依然从众多款推荐佳酿中脱颖而出，略胜一筹，虽然其他平原出产的酒品也表现出既有意趣的特色。2014年份的梅洛（Merlot）开始时吐露着樱桃的阵阵甜美果香，继而融入诱人的香料辛香，香気循环缭绕，带来美味口感。除此之外，2015年份的阿罗玛蒂科琼瑶浆（Tramin Aromatico）也表现精彩，散发着接骨木树液的缕缕醇香，融入柑橘和白桃的阵阵果香，余韵回荡，令人久久难忘。

| | |
|---|---|
| ○ Collio Friulano '15 | ΥΥ |
| ○ Collio Pinot Grigio '15 | ΥΥ |
| ○ Collio Ribolla Gialla '15 | ΥΥ |
| ○ Collio Sauvignon '15 | ΥΥ |
| ● Friuli Isonzo Merlot '14 | ΥΥ |
| ○ Friuli Isonzo Traminer Aromatico '15 | ΥΥ |
| ○ Friuli Isonzo Friuliano '15 | Υ |
| ○ Friuli Isonzo Sauvignon '15 | Υ |
| ○ Collio Sauvignon '99 | ΥΥΥ |
| ○ Collio Friulano '14 | ΥΥ |
| ○ Collio Pinot Grigio '14 | ΥΥ |
| ○ Collio Ribolla Gialla '14 | ΥΥ |
| ○ Collio Sauvignon '14 | ΥΥ |
| ○ Collio Sauvignon '13 | ΥΥ |
| ● Friuli Isonzo Cabernet Franc '13 | ΥΥ |
| ● Friuli Isonzo Merlot '12 | ΥΥ |

## 'igna Petrussa

ʌ Albana, 47
3040 Prepotto [UD]
ɪl. +39 0432713021
www.vignapetrussa.it

藏酒销售
页约参观
三产量 30 000 瓶
葡萄种植面积 6.5 公顷

995年，希尔德·贝特路莎（Hilde etrussa）决定回归家族酒庄——贝特路莎葡萄园酒庄（Vigna Petrussa）在20世已初曾经名噪一时，而后则陷入了低谷。当发现必须更新葡萄园的栽培品种寸，希尔德试图优先种植本地品种，采用居由式（Guyot）培形法（将新长出的枝条捆绑在横向铁丝上），增加每公顷的植株密度，充分利用每一寸土地栽满葡萄藤。希尔德尤其喜爱黑丽波拉葡萄 Ribolla Nera），出产的葡萄用以酿造的棋奥派迪诺（Schioppettino），这里就是这种地产葡萄品种及其打造美酒的摇篮。多年来，希尔德与本地众多其他葡萄种植商一起掀起了多场运动，促进普雷波托司棋奥派迪诺次产区（Schioppettino Prepotto）得到正式认定。贝特路莎葡萄园酒庄出品总体上风格成熟，已经过了漫长的陈年，酒质演化完美，香氛浓郁。但是在今年的品鉴中，令我们大吃一惊的佳酿是2015年份的弗留利安诺 Friulano），它的浓郁口感得到众人追捧，吐露着复杂而诱人的香气，最重要的是强劲有力的口感与香氛相得益彰，果味层层蔓延开去，余韵似乎永无尽头。

| | |
|---|---|
| FCO Friulano '15 | TT 3* |
| FCO Picolit '12 | TT 5 |
| FCO Schioppettino di Prepotto '12 | TT 4 |
| Richenza '13 | TT 4 |
| FCO Refosco P. R. '13 | T 4 |
| COF Cabernet Franc '12 | YY 3 |
| COF Cabernet Franc '10 | YY 3 |
| COF Friulano '13 | YY 3 |
| COF Friulano '12 | YY 3 |
| COF Picolit '11 | YY 5 |
| COF Sauvignon '12 | YY 3 |
| COF Schioppettino di Prepotto '11 | YY 4 |
| COF Schioppettino di Prepotto '10 | YY 4 |
| FCO Sauvignon '14 | YY 3 |
| Richenza '12 | YY 4 |
| Richenza '11 | YY 4 |

## Vigna Traverso

via Ronchi, 73
33040 Prepotto [UD]
Tel. +39 0422804807
www.vignatraverso.it

藏酒销售
预约参观
餐饮接待
年产量 100 000 瓶
葡萄种植面积 22 公顷
可持续发展酒庄

特拉维尔索葡萄园酒庄（Vigna Traverso）曾经被称为隆科蒂卡斯泰格内托酒庄（Ronco di Castagneto），吉安卡洛·特拉维尔索（Giancarlo Traverso）与妻子欧尼拉·莫隆（Ornella Molon）拥有这座著名酒庄已经接近二十年——夫妇二人还是毗邻的威尼托产区（Veneto）同名的特拉维尔索酒庄的主人。夫妇二人将酒庄放心地托付给儿子斯蒂凡诺·特拉维尔索（Stefano Traverso）经营管理已经有一段时间——虽然斯蒂凡诺还年轻，但是他在葡萄酒酿造行业拥有广泛而丰富的经验，不论是在葡萄栽培方面，还是在葡萄酒的酿造方面都是如此，尤其重视恢复古老的葡萄园并种植本地葡萄品种。斯蒂凡诺还一直在普雷波托（Prepotto）的新酒窖辛苦工作，酒窖配备了最新技术设施，并且重新引入了传统的发酵水泥池。在今年的品鉴中，我们一致认为特拉维尔索葡萄园酒庄的白葡萄酒出品表现出色，但是更值得嘉奖的是2013年份的索托卡斯泰罗白葡萄酒（Bianco Sottocastello）和2012年份的红梗瑞福斯科（Refosco dal Peduncolo Rosso），它们都闯入了角逐最终大奖的决赛：索托卡斯泰罗白葡萄酒吐露着蛋奶冻的醇香和百花的浓香，红梗瑞福斯科则散发着烟叶的缕缕辛香，两款酒的口感都丰盈饱满，收口余韵馥郁美味，品后令人产生心满意足之感。

| | |
|---|---|
| ○ FCO Bianco Sottocastello '13 | TT 4 |
| ● FCO Refosco P. R. '12 | TT 3* |
| ○ FCO Friulano '15 | TT 3 |
| ○ FCO Ribolla Gialla '15 | TT 3 |
| ○ FCO Sauvignon '15 | TT 3 |
| ● FCO Troj '12 | TT 3 |
| ○ FCO Pinot Grigio '15 | T 3 |
| ● FCO Schioppettino di Prepotto '12 | T 4 |
| ○ COF Bianco Sottocastello '12 | YY 4 |
| ○ COF Bianco Sottocastello '11 | YY 4 |
| ● COF Merlot '11 | YY 3 |
| ● COF Rosso Troj '11 | YY 3 |
| ○ COF Sauvignon '13 | YY 3 |
| ● COF Schioppettino di Prepotto '11 | YY 4 |
| ○ FCO Friulano '14 | YY 3 |
| ○ FCO Sauvignon '14 | YY 3 |

## Vigne del Malina

FRAZ. ORZANO
VIA PASINI VIANELLI, 9
33047 REMANZACCO [UD]
TEL. +39 0432649258
www.vignedelmalina.com

藏酒销售
预约参观
年产量 45 000 瓶
葡萄种植面积 10 公顷

在上世纪前半叶，许多弗留利地区（Friuli）的年轻冒险家都前往委内瑞拉（Venezuela）碰碰运气，寻找财富，其中就包括阿尔伯托・巴凯蒂（Alberto Bacchetti）。在异乡取得成功后渴望回归故里，巴凯蒂家族于1967年在欧赞诺蒂雷曼扎科地区（Orzano di Remanzacco）购买了一座酒庄，这里地处弗留利的格拉芙DOC产区（Friuli Grave DOC），毗邻声名卓著的十九世纪帕西尼瓦内利堡（Villa Pasini Vianelli）。2007年，罗伯托・巴凯蒂（Roberto Bacchetti）与玛利亚・路易莎・特莱维森（Maria Luisa Trevisan）决定成立德马琳娜葡萄园酒庄（Vigne del Malina），致力于打造出顶级品质的佳酿，瓶中酒只有经历了漫长的陈年阶段变得完美成熟后才会发布推出。在今年的品鉴中，我们遗憾地得知必须要等到来年才能品尝到2013年份酒。与此同时，德马琳娜葡萄园酒庄推荐的两款白葡萄酒是酿造葡萄经过长期浸渍后酿造推出，因此是更加早的年份酒。它们的品质非常卓越，尤其是2009年份的阿尔苏维翁（Sauvignon Aur），吐露着非常复杂的香氛，酒香馥郁袭人，口感深邃美味。

| | |
|---|---|
| ○ Sauvignon Aur '09 | 🍷🍷 5 |
| ○ Pinot Grigio Ram '09 | 🍷🍷 4 |
| ● Cabernet Franc '11 | ΥΥ 3 |
| ● Cabernet Franc '09 | ΥΥ 3 |
| ○ Chardonnay '12 | ΥΥ 3 |
| ○ Friuli Grave Chardonnay '07 | ΥΥ 4 |
| ● Friuli Grave Refosco P.R. '07 | ΥΥ 4 |
| ○ Friuli Grave Sauvignon '09 | ΥΥ 3 |
| ○ Friuli Grave Sauvignon '08 | ΥΥ 2* |
| ○ Pinot Grigio '12 | ΥΥ 3 |
| ○ Pinot Grigio '11 | ΥΥ 3 |
| ○ Pinot Grigio '10 | ΥΥ 3 |
| ● Refosco P.R. '09 | ΥΥ 4 |
| ○ Sauvignon '12 | ΥΥ 3 |
| ○ Sauvignon '11 | ΥΥ 3 |

## ★Le Vigne di Zamò

LOC. ROSAZZO
VIA ABATE CORRADO, 4
33044 MANZANO [UD]
TEL. +39 0432759693
www.levignedizamo.com

藏酒销售
预约参观
年产量 280 000 瓶
葡萄种植面积 67 公顷
可持续发展酒庄

著名的扎莫葡萄园（Le Vigne di Zamò
的声望与其传奇创始人图里奥・扎
（Tullio Zamò）紧密相关，这座葡萄园
发展历史充分阐释了如何成为一名成
的企业家。1978年，图里奥在罗卡贝
达（Rocca Bernarda）的山坡上缔造了莱
葡萄园（Vigne dal Leon），几年后便创
了罗萨泽奥修道院系列葡萄酒（Abbaz
di Rosazzo）。在正对修道院的地方购
了占地面积达到15公顷的葡萄园后，
里奥在儿子皮耶路易吉・扎莫（Pierlui
Zamò）和席尔瓦诺・扎莫（Silvano Zamò
的协助下，于1996年创建了扎莫葡
园。今天，扎莫家族酒庄的发展道路
法里内蒂美食连锁集团（Farinetti Group
交叠重合在一起。新力量的投入进一
增强了扎莫酒庄的实力，更大大推动
保证了酒庄的国际影响力。酒庄总部
落在隐匿着著名修道院的山间，拥有
代化生产设施的酒窖也完全嵌入山中
自然环境。扎莫葡萄园的整个系列出
都展现出卓越的品质，但是多年来却
憾地总与大奖失之交臂。在今年的品
中，2015年份的无名弗留利安诺（Friula
No Name）终于打破了僵局，凭借本地
有代表性的葡萄品种勇夺“三杯奖”，
并且将酒庄带回产区顶级酒庄的行列。

| | |
|---|---|
| ○ FCO Friulano No Name '15 | 🍷🍷🍷 |
| ○ FCO Bianco Ronco delle Acacie '13 | 🍷🍷 |
| ● FCO Merlot V. Cinquant'Anni '12 | 🍷🍷 |
| ○ FCO Ribolla Gialla '15 | 🍷🍷 |
| ○ FCO Sauvignon '15 | 🍷🍷 |
| ○ FCO Pinot Grigio '15 | 🍷 |
| ○ COF Friulano V. Cinquant'Anni '09 | ΥΥΥ |
| ○ COF Friulano V. Cinquant'Anni '08 | ΥΥΥ |
| ● COF Merlot V. Cinquant'Anni '09 | ΥΥΥ |
| ● COF Merlot V. Cinquant'Anni '06 | ΥΥΥ |
| ● COF Merlot V. Cinquant'Anni '99 | ΥΥΥ |
| ○ COF Rosazzo Bianco Ronco delle Acacie '01 | ΥΥΥ |
| ● COF Rosazzo Pignolo '01 | ΥΥΥ |
| ○ COF Tocai Friulano V. Cinquant'Anni '06 | ΥΥΥ |

## lla de Puppi

Roma, 5
040 Moimacco [UD]
. +39 0432722461
w.depuppi.it

酒销售
约参观
产量 70 000 瓶
萄种植面积 25 公顷
持续发展酒庄

天，卡特琳娜·德·皮普（Caterina de
pi）和瓦尔弗莱多·德·皮普（Valfredo
Puppi）经营管理着皮普庄园酒庄（Villa
Puppi），他们是数个世纪前就开始在这
拥有古老历史的壮美庄园致力于葡萄栽
和葡萄酒酿造的贵族家庭中的最新一代
员。皮普庄园酒庄能够取得今天的声
得益于极有远见的路易吉·德·普皮
爵（Conte Luigi de Puppi），他早已认识
这片土地拥有巨大的发展潜力，并于
世纪末重组了葡萄园后再将酒庄交到
轻的儿女手中。此后，又由于在罗萨
（Rosazzo）山间拥有占地面积达到10
顷的葡萄园，以及合并了颇具名望的
萨博斯克系列品牌（Rosa Bosco）——
精选葡萄酿造而成、在橡木桶中陈
的佳酿——皮普庄园酒庄的成功得到
进一步的巩固和增强。在今年的品鉴
，皮普庄园酒庄提交的入门级葡萄酒
不包括去年采收的酿造葡萄打造的年
酒。似乎有证据显示，酒庄决定推迟
年年份酒的装瓶，给予其足够的成熟
间。最终闯入“三杯奖”决赛的美酒
2013年份的罗萨博斯克长相思白葡萄
（Sauvignon Blanc di Rosa Bosco），它吐
着一抹柠檬糖的甜美芬芳，晒干药草
醇香萦绕其间，随之而来的口感丰盈
满，美味异常。

| | |
|---|---|
| auvignon Blanc di Rosa Bosco '13 | 🍷🍷 5 |
| hardonnay '14 | 🍷🍷 3 |
| lerlot Il Boscorosso di Rosa Bosco '11 | 🍷🍷 6 |
| inot Grigio '14 | 🍷🍷 3 |
| ibolla Gialla di Rosa Bosco '14 | 🍷🍷 4 |
| aj Blanc '14 | 🍷🍷 3 |
| auvignon '14 | 🍷 3 |
| abernet '12 | ΥΥ 2* |
| lerlot Il Boscorosso di Rosa Bosco '10 | ΥΥ 4 |
| efosco P. R. '12 | ΥΥ 3 |
| efosco P.R. Cate '10 | ΥΥ 5 |
| ibolla Gialla di Rosa Bosco '13 | ΥΥ 4 |
| ibolla Gialla di Rosa Bosco '11 | ΥΥ 4 |
| auvignon '13 | ΥΥ 2* |
| auvignon Blanc di Rosa Bosco '12 | ΥΥ 4 |
| aj Blanc '13 | ΥΥ 2* |

## ★★Villa Russiz

via Russiz, 4/6
34070 Capriva del Friuli [GO]
Tel. +39 048180047
www.villarussiz.it

藏酒销售
预约参观
年产量 220 000 瓶
葡萄种植面积 45 公顷
可持续发展酒庄

在本产区历史悠久的名庄中，路西斯庄园酒庄（Villa Russiz）绝对算得上个中翘楚。1869年，法国伯爵特奥多罗·德·拉图尔（Teodoro de La Tour）颇有先见之明地发现阳光明媚的高利奥（Collio）是他与来自奥地利的妻子艾尔薇恩·瑞特（Elvine Ritter）共度美好山居时光的理想所在，更重要的是，是两人栽培葡萄、酿造美酒的最佳地点。特奥多罗·德·拉图尔伯爵无疑是一名出色的葡萄种植家，意识到这里是理想的葡萄种植地，从他的家乡将法国葡萄品种引进了高利奥地区，种满了山坡。新品种很快就完美地适应了新环境，由于酿造出了品质极佳的美酒，因此得到了广泛栽培，并且发展成为该产区的骄傲。不过伯爵的功绩不止于此，他还决定将路西斯庄园以及在该产区拥有的所有土地留给了当地的慈善机构，用以扶持当地的贫困儿童。在今年的品鉴中，路西斯庄园酒庄有两款美酒闯入了决赛，我们一致认为必有一款会将“三杯奖”捧回家。令人失望的是，这样的情况并没有发生，不过这丝毫不会改变2015年份的玛尔维萨（Malvasia）和2012年份的格拉芙德拉图尔霞多丽（Chardonnay Gräfin de La Tour）都是顶级美酒的事实，虽然两者风格不同，但是无论是香氛还是口感都呈现出极为优雅的特质。

| | |
|---|---|
| ○ Collio Chardonnay Gräfin de La Tour '12 | 🍷🍷 7 |
| ○ Collio Malvasia '15 | 🍷🍷 4 |
| ○ Collio Friulano '15 | 🍷🍷 4 |
| ○ Collio Pinot Bianco '15 | 🍷🍷 4 |
| ○ Collio Pinot Grigio '15 | 🍷🍷 4 |
| ○ Collio Sauvignon de La Tour '15 | 🍷🍷 6 |
| ● Collio Merlot '13 | 🍷 4 |
| ● Collio Merlot Gräf de La Tour '02 | ΥΥΥ 6 |
| ○ Collio Pinot Bianco '07 | ΥΥΥ 3 |
| ○ Collio Sauvignon de La Tour '08 | ΥΥΥ 5 |
| ○ Collio Sauvignon de La Tour '05 | ΥΥΥ 5 |
| ○ Collio Tocai Friulano '04 | ΥΥΥ 3 |

## Tenuta Villanova

loc. Villanova
via Contessa Beretta, 29
34072 Farra d'Isonzo [GO]
Tel. +39 0481889311
www.tenutavillanova.com

藏酒销售
预约参观
年产量 600 000 瓶
葡萄种植面积 105 公顷

维拉诺瓦酒庄（Tenuta Villanova）拥有悠久的历史，始建于遥远的1499年，庄园古老的围墙已经静默地经历了五个多世纪的风风雨雨。随着时间的推移，维拉诺瓦酒庄自然是几经易手，商人阿纳多·本纳蒂（Arnaldo Bennati）于1932年买下了它。阿纳多的妻子杰索菲娜·格罗西·本纳蒂（Giuseppina Grossi Bennati）今天依然经营着这座老庄，孙子阿尔伯托·本纳蒂（Alberto Grossi）担任酒庄的总经理，协助打理业务。维拉诺瓦酒庄的历史性转折发生于1869年，当时的酒庄主人阿尔伯托·莱维（Alberto Levi）邀请法国化学家和微生物学家路易·巴斯德（Louis Pasteur）前来庄园做客，当时的巴斯德正在弗留利短期逗留研究，他惊喜地发现维拉诺瓦酒庄出产的美酒与故乡的法国葡萄酒相比毫不逊色。酒庄拥有一支令人艳羡的年轻且团结的酿造团队，得到极富经验且能力超群的专家的指导。在今年的品鉴中，维拉诺瓦酒庄整个系列美酒的持续高品质再次得到验证，其中的佼佼者当属2015年份的隆科库索弗留利安诺（Friulano Ronco Cucco），闯入了角逐“三杯奖”大奖的决赛。它吐露着复杂而优雅的香氛，融入阵阵果香和缕缕香膏的芬芳，随之而来的口感诱人细腻，馥郁美味，浸润着丰盈的果味。

| | |
|---|---|
| ○ Collio Friulano Ronco Cucco '15 | TT 4 |
| ○ Collio Pinot Grigio Ronco Cucco '15 | TT 3 |
| ○ Collio Ribolla Gialla Ronco Cucco '15 | TT 3 |
| ○ Collio Sauvignon Ronco Cucco '15 | TT 4 |
| ● Fraja '10 | TT 5 |
| ● Friuli Isonzo Refosco P. R. '13 | TT 2* |
| ○ Friuli Isonzo Chardonnay '15 | T 2 |
| ○ Friuli Isonzo Sauvignon '15 | T 2 |
| ○ Collio Picolit Ronco Cucco '10 | YY 5 |
| ○ Collio Pinot Grigio Ronco Cucco '14 | YY 3 |
| ○ Collio Pinot Grigio Ronco Cucco '13 | YY 3 |
| ○ Collio Ribolla Gialla Ronco Cucco '14 | YY 3 |
| ○ Friuli Isonzo Malvasia '13 | YY 2* |
| ○ Friuli Isonzo Pinot Grigio '13 | YY 2* |
| ● Friuli Isonzo Refosco P. R. '12 | YY 2* |
| ○ Friuli Isonzo Sauvignon '14 | YY 2* |

## Andrea Visintini

via Gramogliano, 27
33040 Corno di Rosazzo [UD]
Tel. +39 0432755813
www.vinivisintini.com

藏酒销售
预约参观
年产量 110 000 瓶
葡萄种植面积 28 公顷
葡萄栽培方式 有机认证
可持续发展酒庄

奥利维罗·韦斯提尼（Oliviero Visintini
在双胞胎姊妹辛奇娅·韦斯提尼（Cin
Visintini）和帕尔米拉·韦斯提尼（Palm
Visintini）的协助下，打理着继承自父
安德里亚·韦斯提尼（Andrea Visintini）
家庭酒庄。安德里亚韦斯提尼酒庄是
尔诺迪罗萨佐地区（Corno di Rosazzo）
成功的酒庄之一，也是弗留利东方山
DOC产区（Friuli Colli Orientali DOC Zone）
骄傲。秀美的韦斯提尼酒庄建立在格
莫戈廖诺城堡（Castello di Gramogliano）
古老遗址之上，经过数个世纪的时间
转，这里被摧毁又被重建，但是一座
建于1560年的古老瞭望塔幸存下来，
终伫立山巅。除了尊重家族的酿造传
之外，奥利维罗的酿造理念是确保酿
活动充分尊重自然环境，并且将人工
预的程度降至最低，以最大限度保存
种葡萄的原始芬芳。在今年的品鉴中
安德里亚韦斯提尼酒庄所有提交的系
美酒都展现出物超所值的卓越品质，
以说售价偏低，尤其考虑到它们在品
中奉上的绝佳表现。所有白葡萄年份
都品质上乘，与此同时2009年份的皮
诺罗（Pignolo）也非常美味，它的发展
衡、香氛复杂、口感有力、气质活跃
不过单宁依然未被驯服，还需要一段
间的柔化。

| | |
|---|---|
| ○ FCO Friulano '15 | TT |
| ● FCO Pignolo '09 | TT |
| ○ FCO Pinot Bianco '15 | TT |
| ○ FCO Sauvignon '15 | TT |
| ○ Malvasia '15 | TT |
| ○ FCO Pinot Grigio '15 | T |
| ○ FCO Ribolla Gialla '15 | T |
| ○ COF Bianco '13 | YY |
| ● COF Merlot '12 | YY |
| ○ COF Pinot Bianco '13 | YY |
| ○ COF Pinot Grigio '13 | YY |
| ○ COF Ribolla Gialla '13 | YY |
| ○ COF Sauvignon '13 | YY |
| ○ FCO Bianco '14 | YY |
| ○ FCO Sauvignon '14 | YY |
| ○ Malvasia '14 | YY |

## itas 1907

:. Strassoldo
San Marco, 5
052 Cervignano del Friuli [UD]
. +39 043193083
ww.vitas.it

酒销售
约参观
宿接待
产量 130 000 瓶
萄种植面积 15 公顷
持续发展酒庄

塔斯酒庄（Vitas）的总部位于斯特拉索
（Strassoldo）一座古老的十八世纪庄园
，酒庄掩映在历史悠久的花园中，长长
林荫大道两侧种满玉兰树，浸润着浓
的古意，四周环绕着景色秀美的宏伟葡
园。维塔斯庄园占地面积达到15公顷的
萄园全部坐落于弗留利阿奎莱亚（Friuli
uileia）的DOC产区内，最早是冲积层地
，其上覆盖富含矿物质的黏土土壤。由
地理位置上靠近海岸，因此葡萄园的微
候环境对于葡萄的生长非常理想，冬日
凛冽寒风在这里变得柔和，气温略有升
，并且由于不断的微风吹拂，降低了
地的湿度。作为激情四射的酒庄第四
传人，罗伯托·维塔斯（Roberto Vitas）
1993年接管了酒庄，充分施展活力热
重组了葡萄园，引进高密度的栽培系
。由于产量较低，加上附近海洋带来
优越微气候条件，令酿造果实得以完
成熟。在今年的品鉴中，维塔斯酒
所有的参选酒品都一如既往地表现卓
，不论是红葡萄酒还是白葡萄酒。我
尤其对2014年份的马莱特（Marlet）印
深刻，这款由霞多丽（Chardonnay）、
维翁（Sauvignon）和伊斯的利亚玛尔
萨（Malvasia Istriana）混酿而成的美酒
露着诱人的酒香，口感美味，极富意
，飘散着橘皮蜜饯的缕缕香甜，融入
萝的阵阵果香，混合花蜜的香气萦绕
间，香草的芬芳与薄荷油的清凉若有
无地飘散。

| | |
|---|---|
| Friuli Aquileia Cabernet Franc '14 | ▼▼ 2* |
| Friuli Aquileia Refosco P. R. '14 | ▼▼ 2* |
| Marlet '14 | ▼▼ 3 |
| Vign. Romano '11 | ▼▼ 3 |
| Friuli Aquileia Friulano '15 | ▼ 2 |
| Friuli Aquileia Sauvignon '15 | ▼ 2 |
| Traminer Aromatico '15 | ▼ 2 |
| Friuli Aquileia Cabernet Franc '12 | ▽▽ 2* |
| Friuli Aquileia Refosco dal P. R. '12 | ▽▽ 3 |
| Friuli Aquileia Refosco P. R. '13 | ▽▽ 2* |
| Friuli Aquileia Sauvignon '14 | ▽▽ 2* |
| Marlet '13 | ▽▽ 3 |
| Marlet '12 | ▽▽ 4 |
| Traminer Aromatico '14 | ▽▽ 2* |
| Vign. Romano '10 | ▽▽ 3 |
| Vign. Romano '09 | ▽▽ 3 |

## ★Volpe Pasini

fraz. Togliano
via Cividale, 16
33040 Torreano [UD]
Tel. +39 0432715151
www.volpepasini.it

藏酒销售
预约参观
膳宿接待
年产量 400 000 瓶
葡萄种植面积 52 公顷
可持续发展酒庄

若要参观位于弗留利东方山丘产区（Colli Orientali area of Friuli）气势恢宏的沃尔普帕西尼酒庄（Volpe Pasini），只留出一天是怎么也不够的。沃尔普帕西尼庄园的历史悠久，古老花园的源起可以回溯到遥远的1596年，包括一座种满了黄丽波拉（Ribolla Gialla）的葡萄园，呈现出令人惊叹的田园美景，这里也是现代化沃尔普帕西尼酒庄的总部，酿酒大师约翰·图拉托（John Turato）负责酒窖中的酿造环节。打理葡萄园仿佛照料花园般精心，沃尔普帕西尼酒庄最大的资产无疑正是它强大的团队，始终以追求最高品质美酒为己任，越来越重视环保手段基础上的可持续发展。弗朗西斯科·罗托洛（Francesco Rotolo）以及阿历桑德罗·罗托洛（Alessandro Rotolo）在洛伦佐·兰迪（Lorenzo Landi）的协助下，奉献出卓越的2015年份酒——该年份的生长酿造季客观条件相当理想。2015年份的祖克迪沃尔普苏维翁（Sauvignon Zuc di Volpe）连续第七次勇夺“三杯奖”大奖！而且这一次它也不是唯一一款闯入决赛的沃尔普帕西尼酒庄佳酿，同出自祖克迪沃尔普系列的2015年份的白比诺（Pinot Bianco）和2015年份的灰比诺（Pinot Grigio），以及给人惊喜的沃尔普帕西尼系列（Volpe Pasini）2015年份的弗留利安诺（Friulano）也凭借出色表现跻身决赛。

| | |
|---|---|
| ○ FCO Sauvignon Zuc di Volpe '15 | ▼▼▼ 5 |
| ○ FCO Friulano Volpe Pasini '15 | ▼▼ 3* |
| ○ FCO Pinot Bianco Zuc di Volpe '15 | ▼▼ 5 |
| ● FCO Cabernet Volpe Pasini '13 | ▼▼ 3 |
| ● FCO Merlot Togliano Volpe Pasini '13 | ▼▼ 3 |
| ○ FCO Pinot Grigio Grivò Volpe Pasini '15 | ▼▼ 3 |
| ○ FCO Pinot Grigio Zuc di Volpe '15 | ▼▼ 4 |
| ● FCO Refosco P. R. Zuc di Volpe '13 | ▼▼ 5 |
| ○ FCO Ribolla Gialla Zuc di Volpe '15 | ▼▼ 4 |
| ○ COF Pinot Bianco Zuc di Volpe '12 | ▽▽▽ 4* |
| ○ COF Pinot Bianco Zuc di Volpe '10 | ▽▽▽ 4 |
| ○ COF Sauvignon Zuc di Volpe '13 | ▽▽▽ 4* |
| ○ COF Sauvignon Zuc di Volpe '12 | ▽▽▽ 4* |
| ○ COF Sauvignon Zuc di Volpe '11 | ▽▽▽ 4* |
| ○ COF Sauvignon Zuc di Volpe '10 | ▽▽▽ 3* |
| ○ FCO Sauvignon Zuc di Volpe '14 | ▽▽▽ 5 |

## Francesco Vosca

FRAZ. BRAZZANO
VIA SOTTOMONTE, 19
34071 CORMÒNS [GO]
TEL. +39 048162135
www.voscavini.it

藏酒销售
预约参观
年产量 50 000 瓶
葡萄种植面积 8.5 公顷

弗朗西斯科·沃斯卡（Francesco Vosca）的酒庄是产区内经典的家庭酒庄之一，沃斯卡家族本拥有傲人的农业传统，在20世纪的最后几十年间决定性地放弃了混合农业和畜牧业生意，转而专注于葡萄栽培和葡萄酒的酿造。这一重大决定并非没有风险，但是其依据便是整个家族充分意识到本地风土在葡萄酒酿造中的巨大潜力，但是同时也明白在如此险要的地形中种植葡萄将会遭遇无限困难，基本上无法采用机械化辅助手段而全靠人力。弗朗西斯科的妻子安妮塔（Anita）协助打理葡萄园，弗朗西斯科的儿子加布里埃（Gabriele）则掌管弗朗西斯科沃斯卡酒庄的酿造活动。弗朗西斯科沃斯卡酒庄出产的葡萄酒系列整体上具有内在一致的延续性，尤其是无论以平原葡萄还是以山丘葡萄酿造的美酒，都展现出同样的优越品质，并无差别。在弗朗西斯科沃斯卡酒庄这一季提供的品鉴酒品中，整个系列表现精彩，然而相比较而言还是高利奥产区酒（Collio）更胜一筹，尤其在馥郁酒香和上佳结构方面更上一层楼。2015年份的玛尔维萨（Malvasia）一如既往地成为所有酒品的个中翘楚，吐露着这款酒特有的芬芳，浸润着海盐的咸味儿。

| | |
|---|---|
| ○ Collio Friulano '15 | 🍷🍷 3 |
| ○ Collio Malvasia '15 | 🍷🍷 3 |
| ○ Collio Ribolla Gialla '15 | 🍷🍷 3 |
| ○ Friuli Isonzo Chardonnay '15 | 🍷🍷 3 |
| ○ Friuli Isonzo Pinot Grigio '15 | 🍷🍷 3 |
| ○ Friuli Isonzo Sauvignon '15 | 🍷 3 |
| ○ Collio Friulano '14 | 🍷🍷 3 |
| ○ Collio Friulano '13 | 🍷🍷 3 |
| ○ Collio Malvasia '14 | 🍷🍷 3 |
| ○ Collio Malvasia '13 | 🍷🍷 3 |
| ● Collio Merlot '11 | 🍷🍷 4 |
| ○ Collio Ribolla Gialla '14 | 🍷🍷 3 |
| ○ Collio Ribolla Gialla '13 | 🍷🍷 3 |
| ○ Friuli Isonzo Pinot Grigio '14 | 🍷🍷 3 |
| ○ Friuli Isonzo Pinot Grigio '13 | 🍷🍷 3 |
| ○ Friuli Isonzo Sauvignon '14 | 🍷🍷 3 |

## Zidarich

LOC. PREPOTTO, 23
34011 DUINO AURISINA [TS]
TEL. +39 040201223
www.zidarich.it

藏酒销售
预约参观
年产量 28 000 瓶
葡萄种植面积 8 公顷

贝尼亚米诺·兹达瑞奇（Beniami Zidarich）虽然拥有的土地并不多，但却有一股不屈不挠的精神和坚定的志，于1988年在喀斯特高原（Karst）的里雅斯特（Trieste）创建了酒庄，位于伊诺奥里西纳（Duino Aurisina）的普雷托（Prepotto）。酒庄置身于茂密的葡园和典型的喀斯特地貌植被中，葡萄享受着的里雅斯特湾（Bay of Trieste）卓的山坡朝向，高原上的大陆气候受到洋和海风——尤其是布拉风（Bora）的烈影响。虽然这限制了这片土地葡萄种的选择，但是维多斯卡（Vitovska）特兰诺（Terrano）在这里都十分常见。达瑞奇酒庄的酒窖就伫立于山巅，犹刻凿在岩峰间，使得橡木桶中的美酒够维持在凉爽的地下温度。酒庄出产格质朴的美酒，酒力强劲，精粹饱满展现出绝不妥协的硬汉气质。在今年荐的四款美酒中，有两款闯入了最终决赛。2013年份的玛尔维萨（Malvasia吐露着蜜饯的芬芳，融入茴香的奇异气，更有一抹绿茶和蜜桃的香气缭绕间；2013年份的普鲁克（Prulke）则是款由苏维翁（Sauvignon）、伊斯的利亚尔维萨（Malvasia Istriana）以及维多斯打造而成的混酿，吐露着复杂的香氛融入矿物质的醇浓香气，带有本地特的喀斯特岩石的风味。

| | |
|---|---|
| ○ Malvasia '13 | 🍷🍷 |
| ○ Prulke '13 | 🍷🍷 |
| ● Terrano '13 | 🍷🍷 |
| ○ Vitovska '13 | 🍷🍷 |
| ○ Carso Malvasia '09 | 🍷🍷🍷 |
| ○ Carso Malvasia '06 | 🍷🍷🍷 |
| ○ Carso Vitovska V. Collezione '09 | 🍷🍷🍷 |
| ○ Prulke '10 | 🍷🍷🍷 |
| ○ Prulke '08 | 🍷🍷🍷 |
| ● Carso Terrano '11 | 🍷🍷 |
| ○ Prulke '12 | 🍷🍷 |
| ● Ruje '10 | 🍷🍷 |
| ● Ruje '07 | 🍷🍷 |
| ● Terrano '12 | 🍷🍷 |
| ○ Vitovska '11 | 🍷🍷 |
| ○ Vitovska Kamen '13 | 🍷🍷 |

## Zorzettig

FRAZ. SPESSA
S.DA SANT'ANNA, 37
33043 CIVIDALE DEL FRIULI [UD]
TEL. +39 0432716156
www.zorzettigvini.it

藏酒销售
预约参观
膳宿接待
年产量 800 000 瓶
葡萄种植面积 110 公顷
可持续发展酒庄

安娜丽莎・索瑞蒂（Annalisa Zorzettig）是一位充满创新思想、活力四射的葡萄种植商，更是成功商人的典范。她的哥哥阿历桑德罗・索瑞蒂（Alessandro Zorzettig）则更愿意打理酒庄的葡萄园。兄妹二人合力经营管理着由父亲卡瓦利・约瑟佩・索瑞蒂（Cavalier Giuseppe Zorzettig）于1986年创建的索瑞蒂酒庄（Zorzettig）。在机缘巧合之下，卡瓦利买下了本地一片拥有悠久历史的农庄，他马上举家迁至这里，很快将之发展为一座功能全面的现代化酒庄。随着索瑞蒂酒庄生产规模的不断扩大，酒庄从不为了眼前的经济利益而牺牲酒品品质，在卓越的法比奥・克索尔（Fabio Coser）的领导下，新的迈欧（Myò）系列葡萄酒抵达了酒庄品质的巅峰。我们在去年的年鉴中曾经提及，索瑞蒂酒庄的出品是给人带来愉悦享受的意外惊喜，在今年的品鉴中，这种惊喜已经变成了壮美的现实。2015年份的迈欧系列白比诺（Pinot Bianco Myò）再次将"三杯奖"大奖捧回了家，再次确认了这款美酒在系列中的旗舰位置。除此之外，另一款非常优秀的2015年份的迈欧系列弗留利安若（Friulano Myò）也闯入了角逐大奖的决赛，它展现出类型酒的特质，令人久久难忘。

| | |
|---|---|
| ○ FCO Pinot Bianco Myò '15 | 🍷🍷🍷 4* |
| ○ FCO Friulano Myò '15 | 🍷🍷 4 |
| ○ FCO Malvasia Myò '15 | ▼▼ 4 |
| FCO Pignolo Myò '12 | ▼▼ 6 |
| ○ FCO Ribolla Gialla '15 | ▼▼ 3 |
| ○ FCO Sauvignon Myò '15 | ▼▼ 4 |
| ● FCO Schioppettino Myò '13 | ▼▼ 5 |
| ○ Ribolla Giall Brut Optimum '15 | ▼▼ 3 |
| ○ FCO Chardonnay '15 | ▼ 3 |
| ○ FCO Friulano '15 | ▼ 3 |
| ○ FCO Pinot Grigio '15 | ▼ 3 |
| ○ FCO Pinot Bianco Myò '14 | ▽▽▽ 4* |
| ○ COF Friulano Myò '13 | ▽▽ 4 |
| COF Pignolo Myò '11 | ▽▽ 6 |
| ● COF Refosco P.R. Myò '12 | ▽▽ 4 |
| COF Schioppettino Myò '12 | ▽▽ 5 |
| ○ FCO Friulano Myò '14 | ▽▽ 4 |

## Zuani

LOC. GIASBANA, 12
34070 SAN FLORIANO DEL COLLIO [GO]
TEL. +39 0481391432
www.zuanivini.it

藏酒销售
预约参观
膳宿接待
年产量 75 000 瓶
葡萄种植面积 15 公顷

卓尼酒庄（Zuani）是帕特里奇亚・弗鲁格（Patrizia Felluga）在多年葡萄栽培和葡萄酒酿造生涯中累积的丰富经验和生产理念的综合表达，毫无疑问，这位极有才干的女士也具有灵活的经商头脑，与葡萄酒酿造业的知识结合起来，令酒庄无往不利。作为葡萄种植商的女儿，帕特里奇亚试图将她对这片土地的热爱传递给儿子安东尼奥（Antonio）和女儿卡特琳娜（Caterina）。卓尼酒庄只出产一种美酒——白高利奥酒（Collio Bianco），酿造葡萄来自占地面积达到15公顷的酒庄葡萄园，位于高利奥圣弗洛里亚诺（San Floriano del Collio）壮美山坡上的吉斯巴纳（Giasbana）。在这些酿造果实中甄选少部分最佳者用于酿造在橡木桶中陈年的卓尼陈酿高利奥（Zuani Riserva）；而卓尼葡萄园高利奥（Zuani Vigne）则在不锈钢容器中发酵。通常情况下，当一款卓尼酒庄出品展现出卓越品质的时候，它的酿造果实来自何方并不重要，也无须在酒标上特殊注明。在这种情况下，为了满足大家的好奇心，我们在这里略作揭秘:其中一半的混酿由弗留利安诺（Friulano）和霞多丽（Chardonnay）打造而成，其他品种葡萄则组成了另一半出品图景。在今年的品鉴中，2015年份的卓尼葡萄园高利奥（Zuani Vigne）令人愉悦，吐露着浓郁的酒香，口感活跃，酒质演进成熟，展现出极佳的品质。

| | |
|---|---|
| ○ Collio Bianco Zuani Vigne '15 | 🍷🍷 4 |
| ○ Collio Bianco Zuani Ris. '13 | ▼▼ 5 |
| ○ Collio Bianco Zuani Vigne '10 | ▽▽▽ 3 |
| ○ Collio Bianco Zuani Vigne '07 | ▽▽▽ 3 |
| ○ Collio Bianco Zuani '08 | ▽▽ 5 |
| ○ Collio Bianco Zuani '07 | ▽▽ 5 |
| ○ Collio Bianco Zuani Ris. '12 | ▽▽ 5 |
| ○ Collio Bianco Zuani Ris. '11 | ▽▽ 5 |
| ○ Collio Bianco Zuani Ris. '10 | ▽▽ 5 |
| ○ Collio Bianco Zuani Ris. '09 | ▽▽ 5 |
| ○ Collio Bianco Zuani Vigne '14 | ▽▽ 4 |
| ○ Collio Bianco Zuani Vigne '13 | ▽▽ 4 |
| ○ Collio Bianco Zuani Vigne '12 | ▽▽ 3* |
| ○ Collio Bianco Zuani Vigne '11 | ▽▽ 3 |
| ○ Collio Bianco Zuani Vigne '09 | ▽▽ 3 |
| ○ Collio Bianco Zuani Vigne '08 | ▽▽ 3* |

## Anzelin

via Plessiva, 4
34071 Cormòns [GO]
Tel. +39 0481639821
www.anzelin.it

藏酒销售
预约参观
年产量 24 000 瓶
葡萄种植面积 9 公顷

| | |
|---|---|
| ○ Collio Pinot Bianco '15 | 🍷🍷 3* |
| ○ Collio Pinot Grigio '15 | 🍷🍷 3 |
| ○ Collio Sauvignon '15 | 🍷🍷 3 |
| ○ Collio Friulano '15 | 🍷 3 |

## Maurizio Arzenton

fraz. Spessa
via Cormons, 221
33043 Cividale del Friuli [UD]
Tel. +39 0432716139
www.arzentonvini.it

藏酒销售
预约参观
年产量 30 000 瓶
葡萄种植面积 10 公顷

| | |
|---|---|
| ○ FCO Friulano '15 | 🍷🍷 2* |
| ○ FCO Pinot Grigio '15 | 🍷🍷 2* |
| ○ FCO Sauvignon '15 | 🍷🍷 3 |
| ○ FCO Chardonnay '15 | 🍷 2 |

## Attems

fraz. Capriva del Friuli
via Aquileia, 30
34070 Gorizia
Tel. +39 0481806098
www.attems.it

藏酒销售
预约参观
年产量 420 000 瓶
葡萄种植面积 44 公顷

| | |
|---|---|
| ○ Chardonnay '15 | 🍷🍷 3 |
| ○ Collio Friulano '15 | 🍷🍷 3 |
| ○ Collio Sauvignon Blanc Cicinis '14 | 🍷🍷 5 |
| ○ Pinot Grigio '15 | 🍷 3 |

## La Bellanotte

s.da della Bellanotte, 3
34072 Farra d'Isonzo [GO]
Tel. +39 0481888020
www.labellanotte.it

藏酒销售
预约参观
年产量 100 000 瓶
葡萄种植面积 12 公顷
可持续发展酒庄

| | |
|---|---|
| ○ Bianco Armonico '14 | 🍷🍷 2* |
| ○ Collio Pinot Grigio '15 | 🍷🍷 3 |
| ○ Friuli Isonzo Bianco Luna de Ronchi '15 | 🍷🍷 3 |
| ○ Vento dell'Est | 🍷🍷 8 |

## Tenuta di Blasig

via Roma, 63
34077 Ronchi dei Legionari [GO]
Tel. +39 0481475480
www.tenutadiblasig.it

藏酒销售
预约参观
餐饮接待
年产量 120 000 瓶
葡萄种植面积 16 公顷

| | |
|---|---|
| ● Friuli Isonzo Merlot '13 | 🍷🍷 3 |
| ○ Friuli Isonzo Pinot Grigio '15 | 🍷🍷 3 |
| ● Friuli Isonzo Refosco P. R. '14 | 🍷🍷 3 |
| ● Friuli Isonzo Refosco P. R. Affreschi '13 | 🍷🍷 3 |

## Blason

loc. Bruma
via Roma, 32
34072 Gradisca d'Isonzo [GO]
Tel. +39 048192414
www.blasonwines.com

藏酒销售
预约参观
年产量 60 000 瓶
葡萄种植面积 18 公顷

| | |
|---|---|
| ● Cabernet Sauvignon '15 | 🍷🍷 3 |
| ○ Friuli Isonzo Friulano '15 | 🍷🍷 2 |
| ○ Ribolla Gialla '15 | 🍷🍷 2 |

## Blazic

oc. Zegla, 16
4071 Cormòns [GO]
el. +39 048161720
www.blazic.it

藏酒销售
预约参观
年产量 20 000 瓶
葡萄种植面积 6.5 公顷

| | | |
|---|---|---|
| ○ Collio Friulano '15 | 🍷🍷 | 3* |
| ○ Collio Malvasia '15 | 🍷🍷 | 3 |
| ○ Collio Pinot Grigio '15 | 🍷 | 3 |
| ○ Collio Ribolla Gialla '15 | 🍷 | 3 |

## Tenuta Borgo Conventi

s.da della Colombara, 13
24070 Farra d'Isonzo [GO]
Tel. +39 0481888004
www.borgoconventi.it

藏酒销售
预约参观
年产量 350 000 瓶
葡萄种植面积 40 公顷

| | | |
|---|---|---|
| ○ Collio Friulano '15 | 🍷🍷 | 3 |
| ○ Collio Ribolla Gialla '15 | 🍷🍷 | 3 |
| ○ Collio Sauvignon '15 | 🍷🍷 | 3 |
| ○ Friuli Isonzo Chardonnay '15 | 🍷🍷 | 2* |

## Borgo Judrio - Cornium

a Aquileia, 79
3040 Corno di Rosazzo [UD]
el. +39 0432755896
www.viniborgojudrio.it

藏酒销售
预约参观
年产量 20 000 瓶
葡萄种植面积 12 公顷

| | | |
|---|---|---|
| ○ FCO Friulano '15 | 🍷🍷 | 2* |
| ○ FCO Sauvignon '15 | 🍷🍷 | 2* |
| FCO Merlot '15 | 🍷 | 2 |
| ○ FCO Ribolla Gialla '15 | 🍷 | 2 |

## Borgo Magredo

loc. Tauriano
via Basaldella, 5
33090 Spilimbergo [PN]
Tel. +39 0422864511
www.borgomagredo.it

藏酒销售
预约参观
年产量 45 000 瓶
葡萄种植面积 105 公顷
可持续发展酒庄

| | | |
|---|---|---|
| ● Friuli Grave Cabernet Sauvignon '15 | 🍷 | 2 |
| ○ Friuli Grave Pinot Grigio '15 | 🍷 | 2 |
| ● Friuli Grave Refosco P. R. '15 | 🍷 | 2 |
| ○ Friuli Grave Sauvignon '15 | 🍷 | 2 |

## Ca' Ronesca

az. Lonzano
a Casali Zorutti, 2
4070 Dolegna del Collio [GO]
el. +39 048160034
ww.caronesca.it

藏酒销售
预约参观
年产量 250 000 瓶
葡萄种植面积 55 公顷

| | | |
|---|---|---|
| ○ Collio Bianco Marnà '12 | 🍷🍷 | 4 |
| ○ Collio Friulano '15 | 🍷🍷 | 3 |
| ○ Collio Pinot Grigio '15 | 🍷🍷 | 3 |
| ○ Collio Sauvignon '15 | 🍷 | 3 |

## Cantarutti

via Ronchi, 9
33048 San Giovanni al Natisone [UD]
Tel. +39 0432756317
www.cantaruttialfieri.it

藏酒销售
预约参观
膳宿接待
年产量 110 000 瓶
葡萄种植面积 54 公顷

| | | |
|---|---|---|
| ○ FCO Bianco Canto '14 | 🍷🍷 | 2* |
| ○ FCO Pinot Grigio '15 | 🍷🍷 | 2* |
| ○ FCO Sauvignon '15 | 🍷🍷 | 3 |
| ⊙ Prologo Brut Rosé '06 | 🍷🍷 | 4 |

## I Clivi

LOC. GRAMOGLIANO 20
33040 CORNO DI ROSAZZO [UD]
TEL. +39 3287269979
www.clivi.it

藏酒销售
预约参观
年产量 50 000 瓶
葡萄种植面积 12 公顷
葡萄栽培方式 有机认证

| | |
|---|---|
| ○ FCO Bianco Clivi Galea '14 | 🍷🍷 4 |
| ○ Collio Friulano Clivi Brazan '14 | 🍷🍷 4 |
| ○ Collio Malvasia 80 Anni '15 | 🍷🍷 4 |
| ○ FCO Friulano San Pietro '15 | 🍷🍷 3 |

## Colli di Poianis

VIA POIANIS, 34A
33040 PREPOTTO [UD]
TEL. +39 0432713185
www.collidipoianis.it

藏酒销售
预约参观
膳宿接待
年产量 50 000 瓶
葡萄种植面积 11 公顷
可持续发展酒庄

| | |
|---|---|
| ○ FCO Friulano '15 | 🍷🍷 3 |
| ○ FCO Malvasia '15 | 🍷🍷 3 |
| ○ FCO Pinot Grigio '15 | 🍷🍷 3 |
| ● FCO Schioppettino di Prepotto '13 | 🍷🍷 5 |

## Tenuta Conte Romano

VIA DELLE PRIMULE, 12
33044 MANZANO [UD]
TEL. +39 0432755339
info@tenutaconteromano.it

预约参观
年产量 40 000 瓶
葡萄种植面积 10 公顷

| | |
|---|---|
| ○ FCO Friulano '15 | 🍷🍷 3 |
| ○ FCO Malvasia '15 | 🍷🍷 3 |
| ○ FCO Sauvignon '15 | 🍷🍷 2* |

## Viticoltori Friulani La Delizia

VIA UDINE, 24
33072 CASARSA DELLA DELIZIA [PN]
TEL. +39 0434869564
www.ladelizia.com

藏酒销售
预约参观
年产量 16 000 000 瓶
葡萄种植面积 1 950 公顷

| | |
|---|---|
| ● Friuli Grave Merlot Sass Ter' '15 | 🍷🍷 [illegible] |
| ○ Friuli Grave Pinot Grigio Sass Ter' '15 | 🍷🍷 [illegible] |
| ○ Jadèr Cuvée Brut | 🍷🍷 [illegible] |
| ○ Ribolla Gialla Brut | 🍷🍷 [illegible] |

## Le Due Torri

LOC. VICINALE DEL JUDRIO
VIA SAN MARTINO, 19
33040 CORNO DI ROSAZZO [UD]
TEL. +39 0432759150
www.le2torri.com

藏酒销售
预约参观
年产量 36 000 瓶
葡萄种植面积 7.6 公顷

| | |
|---|---|
| ● Cabernet Sauvignon '13 | 🍷🍷 2* |
| ○ Friuli Grave Friulano '15 | 🍷🍷 2* |
| ○ Ribolla Gialla '15 | 🍷🍷 2* |
| ○ Friuli Grave Sauvignon '15 | 🍷 2 |

## Le Favole

LOC. TERRA ROSSA
VIA DIETRO CASTELLO, 7
33077 CANEVA [PN]
TEL. +39 0434735604
www.lefavole-wines.com

藏酒销售
预约参观
膳宿接待
年产量 70 000 瓶
葡萄种植面积 20 公顷

| | |
|---|---|
| ○ Friuli Annia Pinot Grigio '15 | 🍷🍷 [illegible] |
| ○ Friuli Annia Traminer Aromatico '15 | 🍷🍷 [illegible] |
| ○ Giallo di Roccia Brut | 🍷🍷 [illegible] |
| ○ Friuli Annia Friulano '15 | 🍷 [illegible] |

## 'edele Giacomo

)C. GRAMOGLIANO, 5
3040 CORNO DI ROSAZZO [UD]
EL. +39 3406078929
edele.giacomo@alice.it

藏酒销售
顶约参观
葡萄种植面积 18.5 公顷

| | | |
|---|---|---|
| FCO Cabernet Franc '14 | 🍷🍷 | 2* |
| FCO Refosco P.R. '13 | 🍷🍷 | 2* |
| FCO Sauvignon '14 | 🍷🍷 | 2* |
| Ribolla Gialla '14 | 🍷 | 2 |

## I Feudi di Romans

FRAZ. PIERIS
VIA CÀ DEL BOSCO, 16
34075 SAN CANZIAN D'ISONZO [GO]
TEL. +39 048176445
www.ifeudidiromans.it

藏酒销售
年产量 500 000 瓶
葡萄种植面积 90 公顷

| | | |
|---|---|---|
| ● Friuli Isonzo Cabernet Franc '14 | 🍷🍷 | 3 |
| ○ Friuli Isonzo Friulano '15 | 🍷🍷 | 3 |
| ● Friuli Isonzo Refosco P.R. '14 | 🍷🍷 | 3 |
| ○ Malvasia Istriana '15 | 🍷 | 2 |

## 'offani

AZ. CLAUIANO
ZZA GIULIA, 13
3050 TRIVIGNANO UDINESE [UD]
L. +39 0432999584
ww.foffani.com

藏酒销售
顶约参观
膳宿接待
E产量 80 000 瓶
葡萄种植面积 10 公顷
J持续发展酒庄

| | | |
|---|---|---|
| Friuli Aquileia Friulano TerVinum '15 | 🍷🍷 | 3 |
| Friuli Aquileia Refosco P. R. TerVinum '12 | 🍷🍷 | 3 |
| Friuli Sauvignon '15 | 🍷 | 2 |
| Merlot Bianco '15 | 🍷 | 3 |

## Fossa Mala

VIA BASSI, 81
33080 FIUME VENETO [PN]
TEL. +39 0434957997
www.fossamala.it

藏酒销售
预约参观
膳宿接待
年产量 130 000 瓶
葡萄种植面积 37 公顷

| | | |
|---|---|---|
| ○ Friuli Grave Friulano '15 | 🍷🍷 | 2* |
| ● Friuli Grave Merlot '13 | 🍷🍷 | 2* |
| ○ Friuli Grave Traminer Aromatico '15 | 🍷🍷 | 2* |
| ○ Friuli Grave Chardonnay '15 | 🍷 | 2 |

## lbano Guerra

C. MONTINA
LE KENNEDY, 39A
3040 TORREANO [UD]
L. +39 0432715479
ww.guerraalbano.it

藏酒销售
顶约参观
E产量 60 000 瓶
葡萄种植面积 10 公顷

| | | |
|---|---|---|
| FCO Friulano '15 | 🍷🍷 | 2* |
| FCO Malvasia '15 | 🍷🍷 | 2* |
| FCO Merlot '11 | 🍷🍷 | 2* |
| FCO Sauvignon '15 | 🍷🍷 | 2* |

## Humar

LOC. VALERISCE, 20
34070 SAN FLORIANO DEL COLLIO [GO]
TEL. +39 0481884197
www.humar.it

藏酒销售
预约参观
年产量 60 000 瓶
葡萄种植面积 12 公顷

| | | |
|---|---|---|
| ○ Collio Friulano '15 | 🍷🍷 | 3 |
| ○ Collio Pinot Grigio '15 | 🍷🍷 | 3 |
| ○ Collio Ribolla Gialla '15 | 🍷🍷 | 3 |
| ○ Collio Sauvignon '15 | 🍷 | 2 |

## Isola Augusta

Casali Isola Augusta, 4
33056 Palazzolo dello Stella [UD]
Tel. +39 043158046
www.isolaugusta.com

藏酒销售
预约参观
膳宿接待
年产量 270 000 瓶
葡萄种植面积 65 公顷
可持续发展酒庄

| | |
|---|---|
| ○ Chardì Extra Brut | 🍷3 |
| ○ Friuli Latisana Chardonnay '15 | 🍷2 |
| ○ Friuli Latisana Sauvignon '15 | 🍷2 |
| ○ Prosecco Brut '15 | 🍷3 |

## Job

fraz. Coia
via Coia di Levante, 26
33017 Tarcento [UD]
Tel. +39 0432783226
job.agricoltura@gmail.com

藏酒销售
预约参观
膳宿接待
年产量 3 000 瓶
葡萄种植面积 1 公顷

| | |
|---|---|
| ● FCO Refosco P. R. '09 | 🍷🍷3 |
| ○ Ramandolo '09 | 🍷🍷3 |
| ○ Ramandolo '06 | 🍷🍷3 |

## Rado Kocjancic

fraz. Dolina
via Dolina, 528
34018 San Dorligo della Valle [TS]
Tel. +39 3483063298
www.radokocjancic.eu

藏酒销售
预约参观
年产量 15 000 瓶
葡萄种植面积 5 公顷

| | |
|---|---|
| ○ Carso Malvasia '15 | 🍷🍷2* |
| ○ Vitovska '15 | 🍷🍷3 |

## Modeano

via Casali Modeano, 1
33056 Palazzolo dello Stella [UD]
Tel. +39 043158244
www.modeano.it

藏酒销售
预约参观
年产量 40 000 瓶
葡萄种植面积 31 公顷

| | |
|---|---|
| ● Friuli Latisana Cabernet Sauvignon '13 | 🍷🍷2 |
| ● Friuli Latisana Refosco P. R. '13 | 🍷🍷2 |
| ○ Friuli Latisana Chardonnay '15 | 🍷2 |
| ○ Pinot Grigio '15 | 🍷2 |

## Mulino delle Tolle

fraz. Sevegliano
via Mulino delle Tolle, 15
33050 Bagnaria Arsa [UD]
Tel. +39 0432924723
www.mulinodelletolle.it

藏酒销售
预约参观
膳宿接待
年产量 100 000 瓶
葡萄种植面积 22 公顷

| | |
|---|---|
| ○ Friuli Aquileia Chardonnay '15 | 🍷🍷3 |
| ○ Friuli Aquileia Malvasia '15 | 🍷🍷3 |
| ● Friuli Aquileia Rosso Sabellius '13 | 🍷🍷3 |

## Obiz

b.go Gortani, 2
33052 Cervignano del Friuli [UD]
Tel. +39 043131900
www.obiz.it

藏酒销售
年产量 100 000 瓶
葡萄种植面积 25 公顷

| | |
|---|---|
| ● Friuli Aquileia Cabernet Franc Cromazio '15 | 🍷🍷2 |
| ● Friuli Aquileia Refosco P.R. Teodoro '14 | 🍷🍷2 |
| ○ Friuli Aquileia Friulano Tampia '15 | 🍷2 |

## 'arovel

oc. Caresana, 81
4018 San Dorligo della Valle [TS]
el. +39 040227050
www.parovel.com

丰产量 35 000 瓶
葡萄种植面积 11 公顷
可持续发展酒庄

| | | |
|---|---|---|
| Matos Nonet '12 | 🍷🍷 | 6 |
| Carso Malvasia Poje '14 | 🍷🍷 | 5 |
| Carso Vitovska Onavè '13 | 🍷🍷 | 5 |
| Terrano Hodì '14 | 🍷🍷 | 4 |

## Norina Pez

via Zorutti, 4
34070 Dolegna del Collio [GO]
Tel. +39 0481639951
www.norinapez.it

藏酒销售
预约参观
年产量 40 000 瓶
葡萄种植面积 7 公顷

| | | |
|---|---|---|
| ○ Collio Friulano '15 | 🍷🍷 | 2* |
| ● Collio Merlot '13 | 🍷🍷 | 2* |
| ● Schioppettino '13 | 🍷🍷 | 3 |
| ○ Collio Sauvignon '15 | 🍷 | 2 |

## 'ighin

raz. Risano
le Grado, 11/1
3050 Pavia di Udine [UD]
el. +39 0432675444
ww.pighin.com

藏酒销售
预约参观
丰产量 1 000 000 瓶
葡萄种植面积 180 公顷

| | | |
|---|---|---|
| Collio Malvasia '15 | 🍷🍷 | 3 |
| Collio Pinot Grigio '15 | 🍷🍷 | 5 |
| Friuli Grave Risano '15 | 🍷🍷 | 4 |
| Collio Friulano '15 | 🍷 | 5 |

## Tenuta Pinni

via Sant'Osvaldo, 3
33098 San Martino al Tagliamento [PN]
Tel. +39 0434899464
www.tenutapinni.com

藏酒销售
预约参观
年产量 30 000 瓶
葡萄种植面积 23.55 公顷
可持续发展酒庄

| | | |
|---|---|---|
| ○ Pinot Grigio '15 | 🍷🍷 | 2* |
| ○ Sauvignon '15 | 🍷🍷 | 2* |
| ○ Traminer Aromatico '15 | 🍷🍷 | 2* |
| ○ Friuli Grave Friulano '15 | 🍷 | 2 |

## 'itars

a Tonello, 10
3098 San Martino al Tagliamento [PN]
el. +39 043488078
ww.pitars.it

藏酒销售
预约参观
丰产量 250 000 瓶
葡萄种植面积 125 公顷
可持续发展酒庄

| | | |
|---|---|---|
| Friuli Grave Cabernet Franc '14 | 🍷🍷 | 2* |
| Friuli Grave Merlot '14 | 🍷🍷 | 2* |
| Friuli Grave Pinot Grigio '15 | 🍷🍷 | 2* |
| Malvasia '15 | 🍷🍷 | 2* |

## La Ponca

loc. Scriò, 3
34070 Dolegna del Collio [GO]
Tel. +39 048162396
www.laponca.it

藏酒销售
预约参观
年产量 24 000 瓶
葡萄种植面积 10 公顷

| | | |
|---|---|---|
| ○ Collio Friulano '15 | 🍷🍷 | 3 |
| ○ Collio Malvasia '15 | 🍷🍷 | 3 |
| ○ Collio Sauvignon '15 | 🍷🍷 | 3 |
| ● Schioppettino '13 | 🍷🍷 | 3 |

## Flavio Pontoni

via Peruzzi, 8
33042 Buttrio [UD]
Tel. +39 0432674352
www.pontoni.it

藏酒销售
预约参观
膳宿接待
年产量 30 000 瓶
葡萄种植面积 4.5 公顷

| | |
|---|---|
| ○ FCO Chardonnay '15 | 🍷🍷 2* |
| ○ FCO Malvasia '15 | 🍷🍷 2* |
| ○ FCO Pinot Grigio '15 | 🍷🍷 2* |
| ● FCO Cabernet Franc '15 | 🍷 2 |

## Pradio

fraz. Felettis
via Udine, 17
33050 Bicinicco [UD]
Tel. +39 0432990123
www.pradio.it

藏酒销售
预约参观
年产量 300 000 瓶
葡萄种植面积 33 公顷

| | |
|---|---|
| ○ Friuli Grave Friulano Gaiare '15 | 🍷🍷 2 |
| ○ Friuli Grave Pinot Grigio Priara '15 | 🍷🍷 2 |
| ● Friuli Grave Refosco P. R. Tuaro '14 | 🍷🍷 2 |
| ○ Friuli Grave Sauvignon Sobaja '15 | 🍷🍷 2 |

## Reguta

via Bassi, 16
33050 Pocenia [UD]
Tel. +39 0432779157
www.giuseppeeluigivini.it

藏酒销售
预约参观
年产量 2 000 000 瓶
葡萄种植面积 240 公顷

| | |
|---|---|
| ● Altropasso '14 | 🍷🍷 3 |
| ● Collio Cabernet Sauvignon '15 | 🍷🍷 3 |
| ○ Collio Friulano '15 | 🍷🍷 3 |
| ○ Collio Chardonnay '15 | 🍷 3 |

## Ronco dei Pini

via Ronchi, 93
33040 Prepotto [UD]
Tel. +39 0432713239
www.roncodeipini.it

藏酒销售
预约参观
年产量 90 000 瓶
葡萄种植面积 15 公顷

| | |
|---|---|
| ○ Biglia '15 | 🍷🍷 3 |
| ○ FCO Pinot Grigio '15 | 🍷🍷 3 |
| ○ FCO Sauvignon '15 | 🍷🍷 5 |
| ● FCO Schiopettino di Prepotto '12 | 🍷🍷 5 |

## Ronco Margherita

loc. Pinzano al Tagliamento
via XX Settembre, 106
33094 Pinzano al Tagliamento [PN]
Tel. +39 0432950845
www.roncomargherita.it

藏酒销售
预约参观
年产量 100 000 瓶
葡萄种植面积 40 公顷

| | |
|---|---|
| ○ FCO Chardonnay '15 | 🍷🍷 3 |
| ○ FCO Friulano '15 | 🍷🍷 3 |
| ○ FCO Picolit '13 | 🍷🍷 5 |
| ○ FCO Ribolla Gialla '15 | 🍷🍷 3 |

## Ronco Scagnet

loc. Cime di Dolegna, 7
34070 Dolegna del Collio [GO]
Tel. +39 0481639870
www.roncoscagnet.it

藏酒销售
预约参观
年产量 80 000 瓶
葡萄种植面积 10 公顷

| | |
|---|---|
| ○ Collio Pinot Grigio '15 | 🍷🍷 2 |
| ○ Collio Ribolla Gialla '15 | 🍷🍷 2 |
| ○ Collio Sauvignon '15 | 🍷🍷 2 |
| ○ Raggio di Sole '15 | 🍷🍷 2 |

## Russolo

via San Rocco, 58a
33080 San Quirino [PN]
Tel. +39 0434919577
www.russolo.it

藏酒销售
预约参观
年产量 165 000 瓶
葡萄种植面积 16 公顷
可持续发展酒庄

- ● Borgo di Peuma '12 — 🍷🍷 5
- ○ Doi Raps '15 — 🍷🍷 3
- ● Refosco P. R. '13 — 🍷🍷 3
- ○ Sauvignon Ronco Calaj '15 — 🍷🍷 3

## San Simone

loc. Rondover
via Prata, 30
33080 Porcia [PN]
Tel. +39 0434578633
www.sansimone.it

藏酒销售
预约参观
年产量 900 000 瓶
葡萄种植面积 85 公顷
可持续发展酒庄

- ● Friuli Grave Cabernet Sauvignon Nexus '11 — 🍷🍷 3
- ○ Friuli Grave Friulano Case Sugan '15 — 🍷🍷 2*
- ○ Friuli Grave Sauvignon '15 — 🍷🍷 2*

## Scarbolo

fraz. Lauzacco
v.le Grado, 4
33050 Pavia di Udine [UD]
Tel. +39 0432675612
www.scarbolo.com

藏酒销售
预约参观
餐饮接待
年产量 160 000 瓶
葡萄种植面积 30 公顷

- ○ Bianco My Time '13 — 🍷🍷 4
- ● Friuli Grave Merlot '14 — 🍷🍷 3
- ○ Pinot Grigio Ramato XL '13 — 🍷🍷 4
- ● Refosco dal P. R. '12 — 🍷🍷 4

## Scolaris

via Boschetto, 4
34070 San Lorenzo Isontino [GO]
Tel. +39 0481809920
www.scolaris.it

藏酒销售
预约参观
年产量 600 000 瓶
葡萄种植面积 20 公顷
可持续发展酒庄

- ○ Collio Friulano '15 — 🍷🍷 3
- ○ Collio Malvasia '14 — 🍷🍷 3
- ○ Collio Sauvignon '15 — 🍷 3

## F.lli Stanig

via Albana, 44
33040 Prepotto [UD]
Tel. +39 0432713234
www.stanig.it

藏酒销售
膳宿接待
年产量 45 000 瓶
葡萄种植面积 9 公顷

- ● FCO Schioppettino di Prepotto '13 — 🍷🍷 3*
- ○ FCO Friulano '15 — 🍷🍷 3
- ● FCO Rosso del Gelso '11 — 🍷 4
- ○ FCO Sauvignon '15 — 🍷 3

## Stocco

via Casali Stocco, 12
33050 Bicinicco [UD]
Tel. +39 0432934906
www.vinistocco.it

藏酒销售
预约参观
餐饮接待
年产量 150 000 瓶
葡萄种植面积 44.2 公顷

- ● Cabernet Franc '14 — 🍷🍷 2*
- ○ Pinot Grigio '15 — 🍷🍷 2*
- ○ Pinot Grigio Ramato '15 — 🍷🍷 2*
- ○ Ribolla Gialla '15 — 🍷 2

## Tarlao

VIA SAN ZILI, 41
33051 AQUILEIA [UD]
TEL. +39 043191417
www.tarlao.eu

藏酒销售
预约参观
年产量 18 000 瓶
葡萄种植面积 5 公顷

| | |
|---|---|
| ○ Friuli Aquileia Malvasia '15 | 🍷🍷 3 |
| ○ Friuli Aquileia Pinot Bianco Poc ma Bon '15 | 🍷🍷 3 |
| ● Friuli Aquileia Refosco P. R. Mosaic Ros '12 | 🍷🍷 3 |

## Terre del Faet

V.LE ROMA, 82
34071 CORMÒNS [GO]
TEL. +39 3470103325
www.terredelfaet.it

预约参观
年产量 1 000 瓶
葡萄种植面积 3 公顷

| | |
|---|---|
| ○ Collio Friulano '15 | 🍷🍷 3 |
| ○ Collio Friulano Sel. '14 | 🍷🍷 3 |

## Terre di Ger

FRAZ. FRATTINA
S.DA DELLA MEDUNA, 17
33076 PRAVISDOMINI [PN]
TEL. +39 0434644452
www.terrediger.it

藏酒销售
预约参观
年产量 100 000 瓶
葡萄种植面积 50 公顷

| | |
|---|---|
| ○ Limine '13 | 🍷🍷 3* |
| ○ Brut M. Cl. | 🍷🍷 4 |
| ○ Friuli Grave Chardonnay '15 | 🍷🍷 2* |
| ○ Sauvignon Blanc '15 | 🍷 3 |

## Vicentini Orgnani

LOC. VALERIANO
VIA SOTTOPLOVIA, 4A
33094 PINZANO AL TAGLIAMENTO [PN]
TEL. +39 0432950107
www.vicentiniorgnani.it

藏酒销售
预约参观
年产量 50 000 瓶
葡萄种植面积 18 公顷
可持续发展酒庄

| | |
|---|---|
| ● Cabernet Sauvignon '12 | 🍷🍷 2* |
| ● Merlot '12 | 🍷🍷 3 |
| ○ Pinot Grigio '14 | 🍷🍷 2* |
| ● Cabernet Franc '12 | 🍷 2 |

## Villa Parens

VIA DANTE, 69
34072 FARRA D'ISONZO [GO]
TEL. +39 0481888198
www.villaparens.com

藏酒销售
预约参观
年产量 50 000 瓶
葡萄种植面积 6 公顷

| | |
|---|---|
| ○ Blanc de Blancs Extra Brut | 🍷🍷 5 |
| ⊙ Rosé de Noirs Dosage Zero '13 | 🍷🍷 5 |
| ● Pinot Nero '15 | 🍷 3 |
| ○ Ribolla Gialla '15 | 🍷 3 |

## Zaglia

LOC. FRASSINUTTI
VIA CRESCENZIA, 10
33050 PRECENICCO [UD]
TEL. +39 0431510320
www.zaglia.com

藏酒销售
预约参观
年产量 100 000 瓶
葡萄种植面积 15 公顷

| | |
|---|---|
| ● Friuli Latisana Cabernet Franc V. degli Amanti Ris. '10 | 🍷🍷 2* |
| ○ Friuli Latisana Pinot Grigio '15 | 🍷🍷 2* |
| ● Friuli Latisana Refosco P. R. '14 | 🍷🍷 2* |

# 艾米利亚-罗马涅区
# EMILIA ROMAGNA

两千两百多年来，艾米利亚地区（Emilia）将瑞米尼（Rimini）与皮亚琴察地区（Piacenza）连接起来，穿越地貌多样的广袤种植区，这些变化多端的本地风土从某种程度上而言并未被世人充分理解。从产区的北部出发，首先到达的是皮亚森堤尼丘陵地带（Colli Piacentini），这里的河谷和种植地块组成了复杂的系统，能够打造出极具个性的酿造果实。令人遗憾的是，这里的风土认证之路依然漫长，酿酒人正致力于纠正本地出品缺乏表现特质的弊病。我们继续旅程，向南进发，便抵达了兰博鲁斯科（Lambrusco）的世界，这里永远不乏热情与能量，尤其在热闹的摩德纳（Modena），众多酿造大师、协作酒庄和大型私人酒庄覆盖整个兰博鲁斯科酒供应链。每个环节中的生产者都全心全意地担当起自己的角色，以提升产区酒品的总体水平，但最重要的是更加清晰地阐释产区酒的特质，令外部世界更好地理解这种佳酿。这是一个积极的过程，但的确扩大了致力于打造独具个性的品质美酒者与持续沿着柔美传统标准前行者之间的差异。从品质的角度而言，索巴拉（Sorbara）和传统酿造法起泡酒（Metodo Classico）最受关注。博洛涅塞丘陵地带（Colli Bolognesi）成为匹诺莱托（Pignoletto）新的DOC产区，经过集体努力，终于令这片土地凭借打造融入矿物质醇香和细腻口感美酒的潜力而向世界发出了声音。我们的最后一站来到罗马涅产区（Romagna）周边地带，这里拥有绵延150公里远的河谷，在前几年，被分类为罗马涅桑娇维塞（Sangiovese）DOC的次产区，充分展现出本地风土的多样性遗产。罗马涅产区正处于转变期，重新规划品质边界。众多卓越酒庄试图以清爽的现代风格阐释桑娇维塞的风土特质，摆脱在小型木桶中经过漫长陈年打造出过于饱满、酒精度过高的陈酿桎梏。不过，超级桑娇维塞（Superiore）似乎带来更加清爽和新鲜的口感，品质卓越，陈年潜力不俗。最后，我们想谈一谈阿尔巴纳（Albana），这种白葡萄极具潜力，展示出独特的特性。罗马涅的种植商们并没有在利用其酸度上大做文章，而是致力于发掘这种葡萄成熟饱满的果味，在添加少量葡萄干化的酿造果实后，为阿尔巴纳美酒平添亮色。这种别具一格的酿造理念在本地达成了一定程度的共识，但是却阻碍了阿尔巴纳美酒走出本地市场、迈入国际市场的步伐。赛丽酒庄（Celli）2015年份的克罗皮（I Croppi）今年收获了“三杯奖”大奖，赛丽酒庄是以追求口感新鲜和极佳可饮性美酒为目标的为数不多的酒庄之一，因此将会沿着这条道路打造更加卓越的阿尔巴纳佳酿。

## Agrintesa

via G. Galilei, 15
48018 Faenza [RA]
Tel. +39 059952511
www.agrintesa.it

年产量 350 000 瓶
葡萄种植面积 44 公顷

阿格瑞泰萨酒庄（Agrintesa）的高品质美酒协作生产项目覆盖莫迪利亚纳产区（Modigliana）一小群生产商成员。酿造酒窖位于莫迪利亚纳城附近的马泽诺谷（Valle del Marzeno），因而卓越的酿造葡萄来自罗马涅产区（Romagna）海拔最高的种植区。阿格瑞泰萨酒庄的经理艾丽莎·穆奇内利（Elisa Muccinelli）将酿造大权全权授予年轻的酿酒师尼克拉·佐利（Nicola Zoli），收获的美酒品质着实惊人。令人信服的新系列美酒注重展现本地风土特色，使阿格瑞泰萨酒庄成为罗马涅产区最有意趣的典范酒庄之一。在今年的品鉴中，阿格瑞泰萨酒庄2015年份的桑娇维塞（Sangiovese）表现出色，极有个性，酒质细腻，吐露着淳朴的真正果香，随之而来的口感紧致而略咸，充分展示出种植区的优雅跃动风格。与此同时，2015年份的超级美酒（Superiore）非常干爽，酒质扎实，吐露着石榴般的浓郁果香，非常诱人，口感集中而质朴，浸润着美妙的果味，犹如剃刀般锋利锐口。除此之外，2015年份的阿尔巴纳（Albana）则在强劲酸度的支撑下，展现出发展成熟的酒质，余韵绵长悠然，令人回味无穷。

- ● Romagna Sangiovese Poderi delle Rose '15 — TT (red) 2*
- ○ Albana di Romagna Secco Poderi delle Rose '15 — TT 2*
- ● Romagna Sangiovese Sup. Poderi delle Rose '15 — TT 2*
- ○ Albana di Romagna Secco I Calanchi Loveria '12 — ΥΥ 2*
- ○ Albana di Romagna Secco I Calanchi Spighea '14 — ΥΥ 2*
- ○ Albana di Romagna Secco Poderi delle Rose '15 — ΥΥ 2*
- ● Romagna Sangiovese Poderi delle Rose '15 — ΥΥ 2*
- ● Romagna Sangiovese Sup. Poderi delle Rose '15 — ΥΥ 2*

## Ancarani

via San Biagio Antico, 14
48018 Faenza [RA]
Tel. +39 0546642162
www.viniancarani.it

藏酒销售
预约参观
餐饮接待
年产量 30 000 瓶
葡萄种植面积 14 公顷

克劳迪奥·安卡拉尼（Claudio Ancarani）在妻子瑞塔·巴比尼（Rita Babini）的协助下，在奥廖洛（Torre di Oriolo）附近打理着家庭酒庄的种植地块。这片地区规模虽然不大，但是以能够生产产区品质最佳的阿尔巴纳葡萄酒（Albana）和罕见的本地品种圣西米诺葡萄酒（Centesimino）而闻名遐迩。安卡拉尼酒庄的系列出品风格经典而传统，不过逐渐显露出酒体避免过于浓郁饱满的果香果味而偏向于较轻快、新鲜和优雅的风味。安卡拉尼酒庄的顶级酒品依然是圣卢萨阿尔巴纳（Albana Santa Lusa），这款美酒将力道、酸度和单宁完美结合在一起，充分凸显这种白葡萄品种的特色。在今年的品鉴中，安卡拉尼酒庄推荐了多款品质美酒，其中2014年份酒浓郁集中，吐露着温暖的气息，紧接着是紧致而跃动的口感，美妙的酸度令酒质更加深邃，融入矿物质的醇浓滋味。与此同时，2015年份的奥廖洛桑娇维塞（Sangiovese Oriolo）丰盈且新鲜，融入胡椒的缕缕辛香，果味表达有力精美。除此之外，2012年份的尤瓦派沙（Uvappesa）充分表现出品种葡萄独具的芳香特质，更加清爽，吐露着玫瑰般的馥郁浓香，融入橘子糖的甜美气息，更有天竺葵的香气缕缕飘散，随之而来的口感非常平衡精美。

- ○ Romagna Albana Secco Santa Lusa '14 — TT 3
- ● Sangiovese di Romagna Oriolo '15 — TT 2*
- ● Sâvignon Rosso Centesimino '15 — TT 2*
- ○ Signore '15 — TT 2*
- ● Uvappesa Centesimino '12 — TT 4
- ○ Albana di Romagna Santa Lusa '11 — ΥΥ 3
- ○ Albana di Romagna Santa Lusa '10 — ΥΥ 3
- ○ Romagna Albana Secco Santa Lusa '13 — ΥΥ 3
- ● Sangiovese di Romagna Oriolo '12 — ΥΥ 2*
- ● Sangiovese di Romagna Oriolo '11 — ΥΥ 2
- ● Sangiovese di Romagna Sup. Biagio Antico '11 — ΥΥ 2*
- ● Sâvignon Rosso '10 — ΥΥ 3
- ● Sâvignon Rosso Centesimino '12 — ΥΥ 3
- ● Uvappesa '11 — ΥΥ 4
- ● Uvappesa '10 — ΥΥ 4
- ● Uvappesa '09 — ΥΥ 4

## Balìa di Zola

via Casale, 11
47015 Modigliana [FC]
Tel. +39 0546940577
www.baliadizola.com

藏酒销售
预约参观
年产量 30 000 瓶
葡萄种植面积 5 公顷

阿塞莱塔谷（Acerreta）位于莫迪利亚纳产区（Modigliana），出产独一无二的优雅美酒，展现出这片次产区的独特风味，同时紧致且质地细密的单宁结构又确保了佳酿的绝佳陈年潜力和复杂口感。维鲁斯卡·伊卢西（Veruska Eluci）与丈夫克劳迪奥·菲奥里（Claudio Fiore）于1999年从托斯卡纳产区（Tuscany）来到罗马涅产区（Romagna），经营家族在卡斯泰卢乔（Castelluccio）的酒窖生意。他们很快就爱上了这片土地，于2003年买下了巴里亚蒂佐拉酒庄（Balìa di Zola），首先投资改建葡萄园，然后是小型酒窖，对本地清凛的泥灰岩和砂石土壤风土阐释提升到了新的高度。葡萄园经过整理移植如今已经火力全开，酒庄的系列美酒品质值得信赖，广销国内外。在今年的品鉴中，2015年份的巴里托尔（Balitore）表现出色，它是一款主要由桑娇维塞（Sangiovese）添加少量赤霞珠（Cabernet Sauvignon）打造而成的混酿，美味可口，动感十足，散发着石榴般的甜美果香——这是莫迪利亚纳产区酒的典型特征；口感紧致而复杂，酒质轻盈流畅，演化成熟，收口时感到一抹柑橘的香甜滋味。除此之外，2013年份的莱迪诺斯（Redinoce）浓郁丰盈、深邃美味、散发着优雅的青草清香，融入胡椒般的缕缕辛香，酒体饱满，口感劲道有力，饱满的果味给整款酒带来了跃动的节奏和紧致的口感。

| | |
|---|---|
| ● Romagna Sangiovese Sup. Balitore '15 | 🍷🍷 2* |
| ● Sangiovese di Romagna Sup. Redinoce Ris. '13 | 🍷🍷 4 |
| ● Sangiovese di Romagna Redinoce Ris. '09 | 🍷🍷🍷 4* |
| ● Sangiovese di Romagna Redinoce Ris. '08 | 🍷🍷🍷 4* |
| ● Romagna Sangiovese Modigliana Redinoce Ris. '12 | 🍷🍷 4 |
| ● Romagna Sangiovese Sup. Balitore '14 | 🍷🍷 2* |
| ● Sangiovese di Romagna Balitore '10 | 🍷🍷 2* |
| ● Sangiovese di Romagna Balitore '09 | 🍷🍷 2 |
| ● Sangiovese di Romagna Balitore '08 | 🍷🍷 2 |
| ● Sangiovese di Romagna Redinoce Ris. '11 | 🍷🍷 4 |
| ● Sangiovese di Romagna Redinoce Ris. '10 | 🍷🍷 4 |

## Le Barbaterre

loc. Bergonzano
via Cavour, 2a
42020 Quattro Castella [RE]
Tel. +39 0522247573
www.barbaterre.it

藏酒销售
预约参观
膳宿接待
年产量 20 000 瓶
葡萄种植面积 8 公顷
葡萄栽培方式 有机认证
可持续发展酒庄

这座规模不大但是地位重要的艾米利亚产区（Emilia）大师级酒庄代表着摩德纳地区（Modena）和雷焦艾米利亚（Reggio Emilia）附近山丘地带葡萄酒酿造业的复兴。未经除渣便在瓶中进行二次发酵是艾米利亚产区葡萄酒酿造的传统工序，今天，巴伯特拉酒庄（Le Barbaterre）再次追寻这种古老的传统酿造方法，是倡导这一传统复兴运动的重要酒庄之一。艾瑞卡·塔利亚维尼（Erika Tagliavini）照料着占地面积达到八公顷的葡萄园，葡萄园位于瓦尔德恩扎（Val d' Enza）附近海拔350米的所在，位于夸特罗卡斯泰拉（Quattro Castella）附近的群山间，葡萄藤生长在淤泥、黏土和泥灰质的蓬松土壤中，这里是加诺萨的玛蒂尔达（Matilda of Canossa）的中心地带，而且有一系列城堡护卫着这片土地：包括伫立在皮亚内洛（Pianello）、罗森纳（Rossena）、加诺萨（Canossa）、萨扎诺（Sarzano）以及卡尔皮内蒂（Carpineti）的多座城堡。在今年的品鉴中，2015年份的兰博鲁斯科（Lambrusco）气质优雅，吐露着泥土般的醇香，融入柑橘的甜美香气，随之而来的口感干爽而跃动，令人流连忘返。与此同时，2010年份的黑中白（Blanc de Noirs）以黑比诺（Pinot Nero）打造而成，融入矿物质的缕缕醇香和香料的丝丝辛香，口感清爽醇美，收口余韵美味，且融入鲜花般的风情。除此之外，2015年份的苏维翁（Sauvignon）跃动而紧致，经典的柑橘香和矿物质醇香亲密缭绕，交织散发。

| | |
|---|---|
| ○ Blanc de Noirs Brut M. Cl. '10 | 🍷🍷 6 |
| ● Lambrusco Rifermentato in Bottiglia '15 | 🍷🍷 3* |
| ⊙ Besmein Capoleg Marzemino Frizzante Rosé Rifermantato in Bottiglia '15 | 🍷🍷 2* |
| ○ Sauvignon Frizzante Rifermentato in Bottiglia '15 | 🍷🍷 3 |
| ⊙ Besmein Capoleg Marzemino Frizzante Rosé '12 | 🍷🍷 2* |
| ⊙ Besmein Capoleg Marzemino Frizzante Rosé '11 | 🍷🍷 2* |
| ○ CSC Pinot Nero Spumante L'Orlando Bianco '11 | 🍷🍷 5 |
| ● Lambrusco dell'Emilia '13 | 🍷🍷 2* |
| ● Lambrusco dell'Emilia '12 | 🍷🍷 2* |
| ○ Sauvignon Brut M. Cl. '11 | 🍷🍷 3 |
| ○ Sauvignon Frizzante '13 | 🍷🍷 3 |

## Francesco Bellei

FRAZ. CRISTO DI SORBARA
VIA NAZIONALE, 132
41030 BOMPORTO [MO]
TEL. +39 059902009
www.francescobellei.it

藏酒销售
预约参观
年产量 70 000 瓶
葡萄种植面积 5 公顷

弗朗西斯科贝莱酒庄（Francesco Bellei）位于摩德纳地区（Modena），在酿造传统酿造法起泡酒（Metodo Classico sparklers）方面拥有久远传统，经验丰富且极富天赋的桑德罗·卡韦留利（Sandro Cavicchioli）自2003年起接管了贝莱家族的传奇酒庄。对于在“祖传”的发酵方法基础上发展自己的系列美酒（未经除渣直接装瓶，是本地区经典的酿造技术）桑德罗展现出极大的热情。弗朗西斯科贝莱酒庄每一年的出品越来越浓郁集中，而且采取经过时光考验的古老发酵方法打造本地传统品种索巴拉（Sorbara）和匹诺莱托（Pignoletto）的混酿，奉献出气质优雅、口感复杂的原生态美酒。与此同时，桑德罗还在索巴拉克里斯托（Cristo di Sorbara）新建了一座小酒庄，主要为了吸引游客，推广这片产区令人惊叹的风土特色。在今年的品鉴中，2015年份的二次发酵祖先系列摩德纳（Modena Rifermentazione Ancestrale）是一款单一品种索巴拉，刚一开启，酒香就扑面而来，令人惊喜，吐露着缕缕融入辛辣风情的丁香和肉豆蔻的芬芳，继而和着略苦的柑橘和甜桔果香。美酒入喉，显露出美妙的果味口感，清凛而紧致，拥有令人印象深刻的劲道和细腻。相比较而言，2012年份的桃红葡萄酒（Rosé）气质更加清凛，果味更加饱满，入口清爽，酒质细腻，浸润着柑橘的甜美滋味和如花芬芳。

| | |
|---|---|
| ⊙ Cuvée Brut Rosé M.Cl. '12 | 🍷🍷 5 |
| ● Lambrusco di Modena Rifermentazione Ancestrale '15 | 🍷🍷 3* |
| ○ Cuvée Brut M.Cl. | 🍷🍷 5 |
| ● Modena Pignoletto Rifermentazione Ancestrale '15 | 🍷🍷 3 |
| ⊙ Cuvée Brut Rosé M.Cl. '11 | 🍷🍷 5 |
| ● Lambrusco di Modena Rifermentazione Ancestrale '14 | 🍷🍷 3* |
| ● Lambrusco di Modena Rifermentazione Ancestrale '13 | 🍷🍷 2* |
| ● Lambrusco di Modena Rifermentazione Ancestrale '12 | 🍷🍷 2* |
| ● Modena Pignoletto Rifermentazione Ancestrale '14 | 🍷🍷 3 |
| ● Modena Pignoletto Rifermentazione Ancestrale '13 | 🍷🍷 2* |

## Braschi

VIA ROMA, 37
47025 MERCATO SARACENO [FC]
TEL. +39 054791061
www.cantinabraschi.com

藏酒销售
预约参观
年产量 125 000 瓶
葡萄种植面积 34.5 公顷

坐落于罗马涅产区（Romagna）赛维奥河谷（Valle del Savio）的布拉斯基酒庄（Braschi）创建于1949年，这座历史悠久酒庄的复兴仰仗无穷无尽的新点子、用之不竭的旺盛精力和无法拒绝的酿造热情。在这一切的背后是自2011年接手酒庄的酿酒师文森佐·弗诺奇（Vincenzo Vernocchi）和销售经理戴维德·莫基·卡斯泰格诺里（Davide Moky Castagnoli）。布拉斯基酒庄的系列酒品展现出浓郁集中的特色，分为基础系列和来自各个种植商、呈现不同风土特质的精选系列。布拉斯基酒庄出品的美酒经典而传统，展现出精湛的酿造技艺，从贝尔蒂诺罗（Bertinoro）到赛维奥河谷，清晰呈现各种风土条件的表现力。在今年的品鉴中，2014年份的萨索山（Monte Sasso）表现出色，它是一款经典的桑娇维塞（Sangiovese），在大型橡木桶中陈年，酿造葡萄来自赛维奥河谷的顶级葡萄园。这款美酒展现出质朴的风味，吐露着优雅而细腻的酒香，融入肉豆蔻的辛香和甜桔美妙的果香，一路引领出紧致丰盈的跃动口感，收口余韵悠长延宕，持久在唇齿之间流连。除此之外，2014年份的坎珀马曼特（Campo Mamante）是一款拥有双重灵魂的阿尔巴纳（Albana），酒质强劲锐利的表现充分反映出生长季的客观条件，而相比较而言更加饱满和甜美的口感则是品种葡萄的特质，该产区出产高糖高多元酚类酿造果实的实力简直令人难以置信。

| | |
|---|---|
| ○ Albana di Romagna Secco Campo Mamante '14 | 🍷🍷 3 |
| ● Sangiovese di Romagna San Vicinio Monte Sasso '14 | 🍷🍷 3 |
| ● Sangiovese di Romagna San Vicinio Monte Sasso '12 | 🍷🍷🍷 3* |
| ○ Albana di Romagna '12 | 🍷🍷 2* |
| ● Romagna Sangiovese Bertinoro Il Costone Ris. '12 | 🍷🍷 4 |
| ● Romagna Sangiovese San Vicinio Monte Sasso '13 | 🍷🍷 3* |
| ● Sangiovese di Romagna Sup. Il Costone '12 | 🍷🍷 3 |
| ● Sangiovese di Romagna Sup. Il Costone '11 | 🍷🍷 3 |
| ● Sangiovese di Romagna Sup. Il Gelso '13 | 🍷🍷 3 |

## antina della Volta

PER MODENA, 82
030 BOMPORTO [MO]
. +39 0597473312
vw.cantinadellavolta.com

酒销售
约参观
产量 120 000 瓶
葡萄种植面积 14 公顷

信满满且极富天赋的克里斯蒂安·贝（Christian Bellei）正在享受着一系列令印象深刻的成功，他酿造的高品质美持续展露出浓郁优雅的特色，令人信。沃尔塔酒庄（Cantina della Volta）是艾利亚—罗马涅产区的领先酒庄，在传美酒的酿造方法方面，是整个意大利围内的典范酒庄。克里斯蒂安在摩德（Modena）附近的群山间，整日与索拉葡萄（Sorbara）为伍，除此之外，八顷的新葡萄园还种植了黑比诺（Pinot ero）。霞多丽（Chardonnay）则生长于拉马佐尼瑞柯（Riccò di Serramazzoni）黑土壤中，这片规模不大的土地多年展现出生产传统酿造法葡萄酒（Metodo assico）的极佳条件。在今年的品鉴，2012年份的桃红葡萄酒（Rosé）精悠然、能量满满、活力四射。它吐露丰盈的果香，一路演进，发展为持久强劲果味口感，浸润着柑橘的甜美滋，收口带有一抹蓓蕾的风味和白色果水果的美味。与此同时，2015年份的莫索（Rimosso）美味精致，浓郁而质，散发着森林水果的缕缕果香，继而入如花的芬芳，由于与酒泥一起长期同陈年以及诱人酸度的完美发展，而现出非常饱满充实的口感，虽然酒泥气息突出，但是同样无法忽略的是优的酒质。

| | |
|---|---|
| Lambrusco di Modena Brut Rosé M. Cl. '12 | 🍷🍷🍷 5 |
| Lambrusco di Sorbara Secco Rimosso '15 | 🍷🍷 3* |
| Lambrusco di Modena Brut M. Cl. Trentasei '12 | 🍷🍷 4 |
| Lambrusco di Sorbara Rimosso '13 | 🍷🍷🍷 3* |
| Lambrusco di Sorbara Rimosso '12 | 🍷🍷🍷 3* |
| Il Mattaglio Brut M. Cl '11 | 🍷🍷 5 |
| La Base Chardonnay Fermo '13 | 🍷🍷 3 |
| Lambrusco di Modena Brut M. Cl. Trentasei '10 | 🍷🍷 4 |
| Lambrusco di Modena Brut Rosé M. Cl. '11 | 🍷🍷 5 |
| Lambrusco di Sorbara Rimosso '10 | 🍷🍷 3* |
| Lambrusco di Sorbara Secco Rimosso '14 | 🍷🍷 3* |

## Cantina Sociale di Carpi e Sorbara

VIA CAVATA
41012 CARPI [MO]
TEL. +39 059 643071
www.cantinadicarpiesorbara.it

葡萄种植面积 2 300 公顷

如果说无论从种植面积、还是从阐释风土的能力上而言，摩德纳地区的酿造图景都呈现出良好的发展势头，这一切都要感谢20世纪初本地伟大酿酒先锋人物基诺·弗里德曼（Gino Friedmann）开创性地提出了协作酒庄的概念，保存并且守卫了本地的酿造文化。今天的卡皮和索巴拉协作酒庄（Cantina Sociale di Carpi e Sorbara）几乎控制着这片地区大部分的酿造业务，并且开始将自产的美酒装瓶，奉献出越来越令人信服的佳酿——不论从品质上而言，还是从范围广泛的可选酿造果实品种上而言都是如此。创建于1903年的卡皮酒庄（Carpi）以及创建于1923年的索巴拉酒庄（Sorbara）已经成为统一经营的一座酒庄，1600名葡萄种植商成员在占地面积达到2300公顷的葡萄园中辛勤劳作。在今年的品鉴中，2015年份的博蒂利亚（Bottiglia）表现出色，这款质朴美味的发酵基诺弗里德曼奥玛焦（Omaggio a Gino Friedmann Fermentazione）口感清凛，充分展现柑橘风情，一经开启就散发着橘子糖的香甜。与此同时，2015年份的基本款基诺弗里德曼奥玛焦（Omaggio a Gino Friedmann）则散发着蓓蕾的花香，融入苹果和梨子的缕缕果香，随之而来的是浓郁集中的口感，浸润着矿物质的醇美滋味，跃动锋利，给人留下深刻的印象。

| | |
|---|---|
| ● Lambrusco di Sorbara Secco Omaggio a Gino Friedmann '15 | 🍷🍷 3* |
| ● Lambrusco di Sorbara Secco Omaggio a Gino Friedmann FB '15 | 🍷🍷 3* |
| ● Lambrusco di Sorbara Amabile Emma '15 | 🍷🍷 2* |
| ● Lambrusco di Sorbara Secco Villa Badia '15 | 🍷 2 |
| ● Lambrusco di Sorbara Secco Omaggio a Gino Friedmann '13 | 🍷🍷🍷 3* |
| ● Lambrusco di Sorbara Secco Omaggio a Gino Friedmann FB '14 | 🍷🍷🍷 3* |
| ● Lambrusco di Sorbara Amabile Emma '14 | 🍷🍷 2* |
| ● Lambrusco di Sorbara Secco Le Bolle '14 | 🍷🍷 2* |
| ● Lambrusco di Sorbara Secco Omaggio a Gino Friedmann '14 | 🍷🍷 3* |
| ● Lambrusco Salamino di S. Croce Secco Novecento03 '14 | 🍷🍷 2* |

## Cavicchioli

via Canaletto, 52
41030 San Prospero [MO]
Tel. +39 059812412
www.cavicchioli.it

藏酒销售
预约参观
年产量 10 000 000 瓶
葡萄种植面积 90 公顷

意大利之花酒庄（Cavicchioli U. & Figli）不断扩大酒庄规模，对酿造设施持续加大投资，验证了酒庄对于未来发展的宏伟愿景，当然也得益于桑德罗·卡维奇奥利（Sandro Cavicchioli）和克劳迪奥·卡维奇奥利（Claudio Cavicchioli）兄弟二人与2010年接管了酒庄的意大利葡萄酒集团（Gruppo Italiano Vini）之间的共生关系的巩固和加强而得到的完美机遇。出品美酒无疑展示出酿酒人的野心和自信。该酒庄的索巴拉精选葡萄酒（Sorbara）是DOC产区内同类酒品中的最佳美酒，与此同时，意大利之花酒庄还出产更受大众欢迎的经典系列葡萄酒，例如系列三奖牌系列（Tre Medaglie），系列中的美酒日益增强着说服力、更加值得信赖。在今年的品鉴中，2015年份的克里斯托园佳酿（Vigna del Cristo）品质稳定，最初散发着扑鼻的花香，犹如玫瑰茶般甜美芬芳，继而让位给优雅的香料辛香和柑橘的甜美果香，甜桔的芳香越来越明显。随之而来的口感清凛而有力，虽然内敛，但是具有强大的潜力。与此同时，2012年份的克里斯托桃红葡萄酒（Rosé del Cristo）风味复杂，口感甜美，美酒入喉令人想起俯瞰大海的田园美景，散发着草本植物和藩篱墙的缕缕清香，随之而来的是榛子的醇香和肉豆蔻的辛辣。

| | |
|---|---|
| ● Lambrusco di Sorbara V. del Cristo '15 | YYY 2* |
| ⊙ Lambrusco di Sorbara Brut Rosé del Cristo M. Cl. '12 | YY 4 |
| ⊙ Lambrusco di Modena Rosé Extra Dry 1928 '15 | YY 2* |
| ● Lambrusco di Sorbara Tre Medaglie '15 | YY 2* |
| ● Lambrusco di Sorbara V. del Cristo '14 | YYY 2* |
| ● Lambrusco di Sorbara V. del Cristo '13 | YYY 2* |
| ● Lambrusco di Sorbara V. del Cristo '12 | YYY 2* |
| ● Lambrusco di Sorbara V. del Cristo '11 | YYY 2* |
| ● Lambrusco di Modena 1928 '14 | YY 2* |
| ● Lambrusco di Sorbara Secco Marchio Storico '13 | YY 2* |
| ● Lambrusco di Sorbara Tre Medaglie '14 | YY 2* |
| ● Lambrusco Grasparossa di Castelvetro Amabile Tre Medaglie '13 | YY 2* |

## Caviro

via Convertite, 12
48018 Faenza [RA]
Tel. +39 0546629111
www.caviro.it

藏酒销售
年产量 25 000 000 瓶
葡萄种植面积 31 公顷

这座卡玮珞协作酒庄集团（Caviro）
意大利葡萄酒酿造业的巨人企业，
八个地区的32家协作酒庄联合起来，
12000名葡萄种植商处搜集酿造葡萄，
无论从规模还是从覆盖范围而言，卡
珞酒庄的认证生产链都是独一无二的。
除了塔维诺罗（Tavernello）等人们熟
的每天都适合饮用的系列品牌——其
造葡萄来自意大利全境各个产区，卡
珞酒庄还有与罗马涅产区（Romagna
建立特殊联系的酒品——罗马涅产区
然是这座巨型企业的故乡。当我们回
卡玮珞酒庄深厚的罗马涅产区之根时，
会发现更多颇有意趣的美酒。从总体
而言，卡玮珞酒庄的系列葡萄酒品
值得信赖，2015年份的罗密欧阿尔巴
（Romio Albana）是一款别具个性的高
质美酒，吐露着经典的清爽酒香，干
活跃的口感中浸润着甜美的果味。与
同时，2015年份的罗密欧起泡匹诺莱
（Pignoletto Frizzante Romio）颇具意趣，
初散发着草本植物的清香，犹如鼠尾
的芬芳，继而融入苦艾和地榆植物的
息，新鲜圆润的口感与复杂的香氛相
益彰。除此之外，2015年份的弗蒂特
比奥罗（Trebbiano Terre Forti）果香果味
盈，展现出甜美诱人的酸度，提升了
款酒的品质。

| | |
|---|---|
| ○ Pignoletto Frizzante Romio '15 | YY 2 |
| ○ Romagna Albana Secco Romio '15 | YY 2 |
| ○ Romagna Trebbiano Terre Forti '15 | YY 1 |
| ● Romagna Sangiovese Sup. Romio '14 | Y 3 |
| ○ Romagna Albana Secco Romio '14 | YY 2 |
| ● Romagna Sangiovese Sup. Terragens Ris. '12 | YY 4 |
| ● Sangiovese di Romagna Brumale '13 | YY 2 |
| ● Sangiovese di Romagna Brumale '12 | YY 2 |
| ● Sangiovese di Romagna Terre Forti '13 | YY 2 |
| ● Sangiovese di Romagna Terre Forti '12 | YY 2 |

## Celli

V.LE CARDUCCI, 5
47032 BERTINORO [FC]
TEL. +39 0543445183
www.celli-vini.com

藏酒销售
预约参观
年产量 280 000 瓶
葡萄种植面积 30 公顷

赛丽酒庄（Celli）正在庆贺成立从业五十周年，它已经成为这片产区酿造传统与持久品质的象征，要知道甚至在20世纪90年代，这片土地上的酒庄还寥寥无几。赛丽酒庄占地面积达到30公顷的葡萄园部分地块为自有，部分地块从其他葡萄种植商处租赁，所有地块都位于贝尔蒂诺罗（Bertinoro），葡萄生长在当地典型的石灰质土壤中。西里家族（Sirri）和卡萨黛家族（Casadei）是产区内经典的酿酒家族，被视为罗马涅产区真正灵魂的代表，他们骄傲地持续推出容易入口但是具有浓郁风土特质的美酒，同时又展现出极强的陈年潜力。就连最简朴的基础酒系列也随着每一年新酒的推出而更富意趣。在今年的品鉴中，2015年份的克罗皮（I Croppi）是一款拥有强大表现力和深邃质感的佳酿，是该风格酒品中的典范之作。这款果味丰盈、口感干爽的阿尔巴纳（Albana）完全终于品种葡萄的质朴传统，但同时还在传统的基础上更上一层楼，将之带入现代化的世界。美酒入喉，感到干爽而紧致的柑橘美味，果味饱满的口感带有一丝咸味儿，作为支撑的酸度锐利怡人。除此之外，2015年份的格利莱桑娇维塞（Sangiovese Le Grillaie）吐露着缕缕果香，阵阵活跃的胡椒辛香萦绕其间，随之而来的口感略干但是依旧果味丰盈，质感清爽新鲜。

| | |
|---|---|
| ○ Romagna Albana Secco I Croppi '15 | ▼▼▼ 2* |
| ○ Romagna Albana Dolce Le Querce '15 | ▼▼ 2* |
| ● Romagna Sangiovese Sup. Le Grillaie '15 | ▼▼ 2* |
| ○ Romagna Pagadebit Campi di Fratta '15 | ▼ 2 |
| ○ Albana di Romagna Dolce Le Querce '12 | ΨΨ 2* |
| ○ Albana di Romagna Passito Solara '11 | ΨΨ 4 |
| ○ Albana di Romagna Passito Solara '08 | ΨΨ 3 |
| ○ Albana di Romagna Secco I Croppi '13 | ΨΨ 2* |
| ○ Albana di Romagna Secco I Croppi '12 | ΨΨ 2* |
| ○ Albana di Romagna Secco I Croppi '10 | ΨΨ 2* |
| Bron & Rusèval Sangiovese '11 | ΨΨ 3 |
| ○ Romagna Albana Dolce Le Querce '14 | ΨΨ 2* |
| ○ Romagna Albana Secco I Croppi '14 | ΨΨ 2* |
| ○ Romagna Pagadebit Campi di Fratta '14 | ΨΨ 2* |
| ● Romagna Sangiovese Sup. Le Grillaie '14 | ΨΨ 2* |
| Sangiovese di Romagna Sup. Le Grillaie '12 | ΨΨ 2* |

## Umberto Cesari

LOC. CASTEL SAN PIETRO TERME
VIA STANZANO, 1120
40024 CASTEL SAN PIETRO TERME [BO]
TEL. +39 0516947811
www.umbertocesari.it

藏酒销售
预约参观
年产量 3 500 000 瓶
葡萄种植面积 350 公顷

2014年，翁贝托柴萨利酒庄（Umberto Cesari）庆祝第五十个采收季的顺利完成。在许多国外市场，如今这一长串的成功故事令翁贝托柴萨利酒庄成为罗马涅产区最著名的酒庄，也是本地风土的典型代表。酒庄如今由吉安玛利亚·柴萨利（Gianmaria Cesari）经营管理，他继承了父亲的愿景抱负和对未来发展的远见，着眼于更多提升酒品的质量。他打造的美酒追求更加明确的风土特色，以满足越来越明智的市场需求。在今年的品鉴中，2012年份的利亚诺（Liano）吐露着饱满的香料辛香，融入阵阵成熟的果香，香氛馥郁集中，随之而来的口感跃动美味，单宁质地紧致细密，果味丰盈新鲜。除此之外，2013年的陈酿（Riserva）风味质朴，口感紧致，气质优雅，是翁贝托柴萨利酒庄最经典的传统酒，在大型橡木桶中陈年两年后才正式发布推出。

| | |
|---|---|
| ● Liano Rosso '13 | ▼▼ 4 |
| ● Romagna Sangiovese Sup. Ris. '13 | ▼▼ 3 |
| ○ Liano Bianco '14 | ▼ 4 |
| ● Moma Rosso '14 | ▼ 2 |
| ● Yemula Rosso '13 | ▼ 4 |
| ● Liano '12 | ΨΨ 4 |
| ● Liano '09 | ΨΨ 5 |
| ● Romagna Sangiovese Sup. Ris. '12 | ΨΨ 3 |
| ● Sangiovese di Romagna Laurento Ris. '10 | ΨΨ 3 |
| ● Sangiovese di Romagna Laurento Ris. '09 | ΨΨ 3 |

## Cleto Chiarli Tenute Agricole

VIA BELVEDERE, 8
41014 CASTELVETRO DI MODENA [MO]
TEL. +39 0593163311
www.chiarli.it

藏酒销售
预约参观
年产量 900 000 瓶
葡萄种植面积 100 公顷

如果没有极有远见的柯莱托·凯尔利（Cleto Chiarli）——在摩德纳（Modena）中心地区彭波萨（Pomposa）经营餐厅的生意人——兰博鲁斯科（Lambrusco）的故事将会变得完全不同。19世纪中叶，这位卓越人物开始出售高品质瓶装兰博鲁斯科葡萄酒，当时这种酒还是一种乡间土特产而言，一般只在家庭酿造和饮用，后来经过推广和商业运作，才成为意大利最重要的美酒之一。在古老的1860年的凯尔利酒庄（Chiarli）旁边，安塞勒蒙·凯尔利（Anselmo Chiarli）和毛罗·凯尔利（Mauro Chiarli）建起了这座农庄，只采用自有葡萄园中出产的葡萄进行酿造。他们致力于以利用现代技术和严格生产的理念获取的经验来革新高品质的兰博鲁斯科系列，他们的成功是兰博鲁斯科系列美酒今天能够复兴的重要原因之一。在今年的品鉴中，2015年份的方达托尔（Fondatore）是一款非常优雅的美酒，展现出索巴拉葡萄（Sorbara）千变万化的灵魂，带有咸味儿的精美酒体充满能量，。我们首先感受到索巴拉葡萄典型的略带咸味儿的酸度，十分诱人，是品种葡萄锐利且跃动的灵魂，接着融入馥郁的花香，展现柑橘的甜美。除此之外，2015年份的“绝对”（Sic et Simpliciter）妙不可言，它由一系列精选老克隆藤出产的果实精心打造而成，将格拉斯巴罗萨葡萄（Grasparossa）能够达到的巅峰水准展现得淋漓尽致：在精美酸度和细腻单宁的支撑下最大限度地显露出优雅气质。

- ● Lambrusco di Sorbara del Fondatore '15 — 3*
- ● Lambrusco di Sorbara Vecchia Modena Premium '15 — 2*
- ● Lambrusco Grasparossa di Castelvetro Vign. Cialdini '15 — 2*
- ● Lambrusco Grasparossa di Castelvetro Vign. Cialdini Sic et Simpliciter '15 — 2*
- ⊙ Rosé Brut '15 — 2*
- ○ Modena Modén Blanc Brut '15 — 2
- ● Lambrusco di Sorbara del Fondatore '14 — 3*
- ● Lambrusco di Sorbara del Fondatore '12 — 3*
- ● Lambrusco di Sorbara del Fondatore '11 — 2*
- ● Lambrusco di Sorbara del Fondatore '09 — 2*
- ● Lambrusco di Sorbara Vecchia Modena Premium '13 — 2*
- ● Lambrusco di Sorbara Vecchia Modena Premium '10 — 2*

## Condé

LOC. FIUMANA DI PREDAPPIO
VIA LUCCHINA, 27
47016 PREDAPPIO [FC]
TEL. +39 0543940860
www.conde.it

藏酒销售
预约参观
膳宿接待
年产量 150 000 瓶
葡萄种植面积 77 公顷
可持续发展酒庄

孔黛酒庄（Condé）的发展一方面有赖于弗朗西斯科·孔代洛（Francesc Condello）的远见与热情；另一方面则取决于继承了弗朗西斯科远大抱负的女儿基娅拉·孔代洛（Chiara Condello）的决心与信念，她接管酒庄的农业和技术方面业务已经有一段时间。仅在短短几年间，基娅拉就革新了酒庄的酿造理念，采用完全尊重土地的栽培和酿造方法。在酒窖的酿造过程中得到来自托斯卡纳的酿酒师费德里克·斯坦德瑞尼（Federico Staderini）的大力协助，基娅拉试图打造出优雅且高水准的酒品风格。这种风格变化得到了2014年投入使用的新酒窖的支持。在今年的品鉴中，2012年份的普莱达皮欧桑娇维塞陈酿（Sangiovese Predappio Riserva）表现突出，它的酿造葡萄来自酒庄海拔最高、朝向向东的葡萄园，那里的土壤孕育出更加精瘦清凛的果实。这款美酒酒体饱满，气质经典，浸润着清爽的果味，非常可口。除此之外，2012年份的超级美酒（Superiore）是一款质朴而优雅的桑娇维塞（Sangiovese），吐露着复杂而内敛的果香，融入柑橘的甜美和草本植物的清爽，美酒入喉，展现出诱人的新鲜口感，酒质发展完美优雅。

- ● Romagna Sangiovese Predappio Ris. '12 — 6
- ● Romagna Sangiovese Sup. '12 — 3
- ● Massera Merlot '12 — 3
- ● Romagna Sangiovese Predappio '12 — 3
- ● Romagna Sangiovese Predappio Ris. '11 — 2
- ● Sangiovese di Romagna '09 — 2
- ● Sangiovese di Romagna Capsula Nera '10 — 2
- ● Sangiovese di Romagna Sup. '11 — 2
- ● Sangiovese di Romagna Sup. '09 — 2
- ● Sangiovese di Romagna Sup. Condè Capsula Blu Ris. '09 — 5
- ● Sangiovese di Romagna Sup. Condè Capsula Rossa '10 — 3
- ● Sangiovese di Romagna Sup. Ris. '10 — 2
- ● Sangiovese di Romagna Sup. Ris. '08 — 2

## Leone Conti

Loc. Santa Lucia
via Pozzo, 1
48018 Faenza [RA]
Tel. +39 0546642149
www.leoneconti.it

藏酒销售
预约参观
年产量 80 000 瓶
葡萄种植面积 17 公顷

利昂·孔蒂（Leone Conti）如今得到了侄子弗朗西斯科·孔蒂（Francesco Conti）的有力协助，他是首批坚信阿尔巴纳葡萄（Albana）拥有巨大潜力的酿酒人之一，他打造的美酒也用事实明确无误地证明了这一点。如今阿尔巴纳美酒、尤其是干型葡萄酒得到了重新发掘和阐释，主要归功于利昂及其酿造的珀盖托1号阿尔巴纳（Progetto 1），象征着阿尔巴纳酒的重生。多年来，利昂始终将注意力集中在少数本地葡萄品种之上——如今则忙着研究圣西米诺（Centesimino）和尤瓦卢基因（Uva ruggine）等品种。在今年的年鉴中，我们遗憾错失了孔蒂酒庄的多款重要美酒，但是我们有幸尝到了酒庄的典范之作——珀盖托1号阿尔巴纳。2015年生长酿造季的客观条件非常完美，2015年份的珀盖托1号阿尔巴纳忠诚地反映出这一点，吐露着温辣复杂的香氛。在口感方面，这款佳酿从品种葡萄的特质中找到能量，收口非常干爽，是这种卓越的本地白葡萄品种的传统特色。

| | |
|---|---|
| ○ Romagna Albana Secco La mia Albana Progetto 1 '15 | 🍷🍷 3 |
| ● Romagna Sangiovese Sup. Never Walk Alone '15 | 🍷 2 |
| ○ Romagna Trebbiano Duit '15 | 🍷 2 |
| ○ Albana di Romagna Passito Nontiscordardime '07 | ΩΩΩ 6 |
| ○ Albana di Romagna Secco Progetto 1 '13 | ΩΩ 3 |
| ○ Albana di Romagna Secco Progetto 1 '12 | ΩΩ 3 |
| ⊙ Impressioni di Settembre '14 | ΩΩ 2* |
| ○ Romagna Albana Secco La mia Albana Progetto 1 '14 | ΩΩ 3 |
| ● Romagna Sangiovese Sup. Le Betulle '12 | ΩΩ 3 |
| ● Sangiovese di Romagna Sup. Never Walk Alone '13 | ΩΩ 2* |
| ● Sangiovese di Romagna Sup. Never Walk Alone '12 | ΩΩ 2* |

## Costa Archi

Loc. Serra
via Rinfosco, 1690
48014 Castel Bolognese [RA]
Tel. +39 3384818346
costaarchi.wordpress.com

藏酒销售
预约参观
年产量 15 000 瓶
葡萄种植面积 13 公顷

充满激情的葡萄种植商加布里埃·苏西（Gabriele Succi）在短短几年间，就凭借辛勤劳作和全心奉献，将科斯塔阿奇酒庄（Costa Archi）推上了DOC产区巅峰酒庄的行列。他骄傲而叛逆的天性成为这片占地面积不大的塞拉次产区（Serra）的最佳代言，而且将具有卓越品质和出色风味的产区酒传播出了产区边界，推向更加广泛的世界。科斯塔阿奇酒庄拥有占地面积达到13公顷的葡萄园，坐落于博洛涅塞堡（Castel Bolognese）山间两片不同的卓越地块：海拔大约80米的波代尔本尼费西欧（Podere Beneficio）以及更高处、海拔达到160米的波代尔蒙特布鲁罗（Podere Monte Brullo）。在今年的品鉴中，2012年份的布鲁罗山桑娇维塞陈酿（Sangiovese Monte Brullo Riserva）干爽而美味，单宁质地细密紧致而成熟，口感扎实，酸度切口，带来完美的平衡度，更有一抹柑橘的美味持久在果味余韵中流连不散，给人留下非常深刻的印象。与此同时，2013年份的GS还需要更多成熟时间，以去除现在过于显著的橡木香气，不过此时的口感已经非常紧致，果味饱满精美，给人带来惊喜。除此之外，2014年份的阿索罗（Assiolo）吐露着质朴的果香，随之而来的口感美味醇浓，但也展现出别具一格的个性。

| | |
|---|---|
| ● GS Sangiovese '13 | 🍷🍷 5 |
| ● Romagna Sangiovese Serra Monte Brullo Ris. '12 | 🍷🍷 2* |
| ● Romagna Sangiovese Sup. Assiolo '14 | 🍷🍷 2* |
| ● Romagna Sangiovese Sup. Assiolo '13 | ΩΩΩ 4* |
| ● Colli di Faenza Prima Luce '09 | ΩΩ 2* |
| ● GS Sangiovese '12 | ΩΩ 5 |
| ● GS Sangiovese '11 | ΩΩ 3* |
| ● Sangiovese di Romagna Sup. Assiolo '12 | ΩΩ 2* |
| ● Sangiovese di Romagna Sup. Assiolo '11 | ΩΩ 2* |
| ● Sangiovese di Romagna Sup. Assiolo '10 | ΩΩ 2* |
| ● Sangiovese di Romagna Sup. Monte Brullo Ris. '10 | ΩΩ 2* |
| ● Sangiovese di Romagna Sup. Monte Brullo Ris. '09 | ΩΩ 2* |

## Denavolo

LOC. GATTAVERA
FRAZ. DENAVOLO
29020 TRAVO [PC]
TEL. +39 3356480766
denavolo@gmail.com

藏酒销售
年产量 15 000 瓶
葡萄种植面积 3 公顷
可持续发展酒庄

这座小型家庭酒庄只有几公顷种植白葡萄的葡萄园，地处特雷比亚谷（Val Trebbia），土质精瘦松软，朱利奥·阿玛尼（Giulio Armani）和儿子雅各伯·阿玛尼（Jacopo Armani）照料着葡萄园，并进行酿造活动。一方面我们看到这片土地具有种植白葡萄的悠久传统，包括奥图戈（Ortrugo）、甘地亚玛尔维萨（Malvasia di Candia Aromatica）、罗马涅特雷比奥罗（Trebbiano Romagnolo）和玛珊（Marsanne）等。另一方面，朱利奥以自己的方式阐述着品种葡萄的特质，酿造中的浸渍时间很长，在这方面他无疑是个中高手。这样得到的系列美酒展现出复杂多面而精美的香氛，口感极为清新干爽且跃动。这些佳酿吐露着草本植物的清香，融入蜜糖的甜美气息，更有水果干的果香、碘化物和矿物质的醇香萦绕其间，随之而来的口感清新而律动，展现出令人惊讶的平衡性，而且总是非常易于入口。在今年的品鉴中，黛娜瓦罗酒庄并没有提供任何推荐酒品。由于恶劣的气候条件所限，酒庄并没有酿造2014年份的黛娜瓦罗（Dinavolo）；而2015年份的黛娜罗瓦诺（Dinavolino）则需要更多的成熟时间已臻完美。

| | |
|---|---|
| ○ Catavela '14 | 🍷🍷 2* |
| ○ Catavela '13 | 🍷🍷 2* |
| ○ Catavela '12 | 🍷🍷 2* |
| ○ Catavela '11 | 🍷🍷 2* |
| ○ Dinavolino '14 | 🍷🍷 5 |
| ○ Dinavolino '12 | 🍷🍷 5 |
| ○ Dinavolino '10 | 🍷🍷 2* |
| ○ Dinavolino '09 | 🍷🍷 2* |
| ○ Dinavolo '10 | 🍷🍷 4 |
| ○ Dinavolo '09 | 🍷🍷 4 |
| ○ Dinavolo '08 | 🍷🍷 4 |
| ○ Dinavolo '07 | 🍷🍷 4 |
| ○ Dinavolo '06 | 🍷🍷 5 |
| ○ Dinavolo '05 | 🍷🍷 5 |

## Donelli

VIA CARLO SIGONIO, 54
41100 MODENA
TEL. +39 0522908715
www.donellivini.it

藏酒销售
年产量 30 000 000 瓶
葡萄种植面积 120 公顷

安东尼奥·吉亚科巴茨（Antonio Giacobazzi）有四个孩子，现在其中三人都在协助他管理酒庄。安东尼奥对于兰博鲁斯科（Lambrusco）的风土条件有着深刻的认识，他丰富的经验令其能够精选酿造葡萄并打造出值得信赖的佳酿。这样的能力转换成数字，就是多来利酒庄（Donelli）至今为止已经向全球出口300万瓶高品质美酒。酿造葡萄来自酒庄自有的120公顷葡萄园，安东尼奥打造了塞尔吉奥斯卡列蒂系列（Sergio Scaglietti）佳酿，这一系列的名字来自为其设计酒瓶的著名法拉利赛车制造商。这一特殊的致敬系列显示出吉亚科巴茨家族与法拉利（Ferrari）以及第一方程式赛车世界之间的密切关联。吉亚科巴茨家族自1992年始有一段时间失去了这个著名品牌，但是2015年又重新拿回。在今年的品鉴中，2015年份的塞尔吉奥斯卡列蒂雷吉亚诺（Reggiano Sergio Scaglietti）是一款优雅清爽的美酒，美酒入喉，浸润着血橙的甜美滋味，收口余韵融入矿物质的醇浓，圆润丰盈。除此之外，2015年份的塞尔吉奥斯卡列蒂索巴拉（Sorbara Sergio Scaglietti）佳酿芬芳扑鼻，洋溢着香膏般的甜蜜香气，品质持续如一，浸润着美味的果味。

| | |
|---|---|
| ● Lambrusco di Sorbara Brut Sergio Scaglietti '15 | 🍷🍷 2* |
| ● Reggiano Lambrusco Brut Sergio Scaglietti '15 | 🍷🍷 2* |
| ● Lambrusco di Sorbara Secco Sergio Scaglietti '14 | 🍷🍷 2* |
| ● Lambrusco di Sorbara Secco Sergio Scaglietti '13 | 🍷🍷 2* |
| ● Lambrusco di Sorbara Secco Sergio Scaglietti '12 | 🍷🍷 2* |
| ● Lambrusco Reggiano Secco Sergio Scaglietti '13 | 🍷🍷 2* |
| ● Lambrusco Reggiano Secco Sergio Scaglietti '12 | 🍷🍷 2* |
| ● Reggiano Lambrusco Secco Sergio Scaglietti '14 | 🍷🍷 2* |

## rei Donà Tenuta La Palazza

c. Massa di Vecchiazzano
 del Tesoro, 23
7121 Forlì
l. +39 0543769371
ww.dreidona.it

戓酒销售
预约参观
三产量 130 000 瓶
葡萄种植面积 27 公顷
可持续发展酒庄

0世纪80年代早期，克劳迪奥·德雷
·多纳（Claudio Drei Donà）决定将全
精力投入到提升弗利（Forlì）附近家
酒庄的出品品质上，致力于将德雷
多纳酒庄打造成为整个产区的典范酒
——当时整个地区还以生产不装瓶的
价葡萄酒为主。德雷伊·多纳的努
从许多方面而言都是开创性和革命性
，致力于向全世界推广罗马涅产区酒
Romagna）。今天，克劳迪奥的儿子
里克·卡莫纳·德雷伊·多纳（Enrico
armona Drei Donà）掌管着酒庄，在他的
动下，酒庄的国际声誉日益提高。德
伊多纳品牌不仅在罗马涅产区享有盛
，而且在意大利境外的知名度也非常
，这并不是巧合。多年来，这座历史
久的名庄始终追求打造馥郁饱满的美
。在今年的品鉴中，2013年份的帕拉
陈酿（Riserva Palazza）风味质朴，融
悠悠柑橘香，吐露着香料般的辛辣气
，随之而来的口感干爽而新鲜，动
十足。除此之外，2012年份的圣母颂
Magnificat）果香果味丰盈，质地紧密，
宁成熟，以完美结合了丰盈与紧致的
格而著称。

| | |
|---|---|
| Magnificat Cabernet Sauvignon '12 | 🍷🍷 5 |
| Notturno Sangiovese '14 | 🍷🍷 3 |
| Romagna Sangiovese Sup. Palazza Ris. '13 | 🍷🍷 5 |
| Romagna Sangiovese Sup. Pruno Ris. '13 | 🍷🍷 5 |
| Il Tornese '15 | 🍷 3 |
| Sangiovese di Romagna Sup. Pruno Ris. '08 | 🍷🍷🍷 5 |
| Sangiovese di Romagna Sup. Pruno Ris. '07 | 🍷🍷🍷 5 |
| Sangiovese di Romagna Sup. Pruno Ris. '06 | 🍷🍷🍷 5 |
| Sangiovese di Romagna Sup. Pruno Ris. '01 | 🍷🍷🍷 4* |

## Emilia Wine

via 11 Settembre 2001, 3
42019 Scandiano [RE]
Tel. +39 0522989107
www.emiliawine.eu

年产量 300 000 瓶
葡萄种植面积 1 900 公顷

艾米利亚酒庄（Emilia Wine）成立于2014年，是合并了雷焦艾米利亚（Reggio Emilia）附近地区三座协作酒庄——阿赛洛酒庄（Arceto）、柯勒乔酒庄（Correggio）以及普拉托酒庄（Prato）——之后的成果。新酒庄的葡萄种植商成员们在总计1900公顷的葡萄园中忙碌劳作，年产量能够达到3500万升佳酿。这是一个巨型种植商协作酒庄，但是最重要的是它拥有极为卓越的生产体系，由兰博鲁斯科地区（Lambrusco）犹如马赛克般的小块葡萄园星罗棋布地构成。极具远见的酒庄主席戴维德·弗拉斯卡利（Davide Frascari）和技术专家、酿酒师卢卡·特格诺里（Luca Tognoli）合力打造出极为高效的生产体系。在今年的品鉴中，2015年份的尼维欧（Niveo）丰盈而紧致，是一款萨拉米诺（Salamin）风味浓郁的混酿，吐露着柑橘的阵阵果香，继而到来的口感也浸润着略苦的柑橘滋味，质朴的风味别具一格，展现出卓越的复杂度，收口干爽怡人，一抹矿物质的香醇滋味浸润酒中。与此同时，2015年份的罗索斯皮诺（Rossospino）活跃灵动，适合每日饮用，质感淳朴，单宁成熟，收口感到一抹柑橘的甜美滋味。除此之外，2015年份的罗萨斯皮诺气质优雅，香氛复杂，吐露着精美的酒香，丰盈精致的口感与之相得益彰。

| | |
|---|---|
| ⊙ Colli di Scandiano e di Canossa Lambrusco Rosaspino Cantina di Arceto '15 | 🍷🍷 2* |
| ● Colli di Scandiano e di Canossa Lambrusco Rossospino Cantina di Arceto '15 | 🍷🍷 2* |
| ● Reggiano Lambrusco Secco Niveo Cantina di Arceto '15 | 🍷🍷 2* |
| ● Colli di Scandiano e di Canossa Grasparossa Cardinale Pighini Cantina di Arceto '15 | 🍷 1* |
| ● Migliolungo Lambrusco '15 | 🍷 2 |
| ● Colli di Scandiano e di Canossa Grasparossa Cardinale Pighini Cantina di Arceto '14 | 🍷🍷 1* |
| ● Colli di Scandiano e di Canossa Lambrusco Rossospino Cantina di Arceto '14 | 🍷🍷 2* |

## Stefano Ferrucci

VIA CASOLANA, 3045/2
48014 CASTEL BOLOGNESE [RA]
TEL. +39 0546651068
www.stefanoferrucci.it

藏酒销售
预约参观
年产量 95 000 瓶
葡萄种植面积 16 公顷

伊拉里亚・费鲁奇（Ilaria Ferrucci）和瑟琳娜・费鲁奇（Serena Ferrucci）合力管理着这家由她们的父亲斯蒂凡诺・费鲁奇（Stefano Ferrucci）在博洛涅塞堡（Castel Bolognese）山间创建的传统深远的小酒庄。斯蒂凡诺费鲁奇酒庄的葡萄园坐落于塞拉次产区（Serra），旗舰品种桑娇维塞（Sangiovese）生长在海拔200米至250米之间的黏土和石灰土地带，呈现出锐利的单宁。多莫斯卡亚系列葡萄酒（Domus Caia）是酒庄的顶级系列，以略微葡萄干化的葡萄酿造而成，由斯蒂凡诺于20世纪80年代酿造而成，至今依然是罗马涅产区（Romagna）最具威望、最受欢迎的美酒。伊拉里亚经过多年努力，馥郁这款美酒更加细腻的酒质，同时并没有牺牲掉部分风化葡萄带来的精美口感。在今年的品鉴中，2013年份的多莫斯卡亚系列葡萄酒以部分风干的葡萄酿造而成，因而演化成一款更加复杂也更加优雅的美酒，虽然牺牲了清爽的口感，但是突出了更加芬芳扑鼻的桑娇维塞的质朴风味，香氛变化多端，融入水果干的果香，地中海灌木丛的热烈芬芳萦绕其间，更有香料的辛香和橘子糖的甜美气息淡淡飘散。紧致而扎实的口感呈现出发展成熟的酒质，单宁结构适当，从不过干。

| | |
|---|---|
| ● Romagna Sangiovese Auriga '15 | ▼▼ 2* |
| ● Romagna Sangiovese Sup. Domus Caia Ris. '13 | ▼▼ 5 |
| ● Romagna Sangiovese Sup. Centurione '15 | ▼ 2 |
| ○ Romagna Trebbiano Mattinale '15 | ▼ 1* |
| ○ Albana di Romagna Passito Domus Aurea '12 | ▽▽ 5 |
| ○ Romagna Albana Passito Domus Aurea '13 | ▽▽ 5 |
| ● Romagna Sangiovese Sup. Centurione '14 | ▽▽ 2* |
| ● Romagna Sangiovese Sup. Domus Caia Ris. '12 | ▽▽ 5 |
| ● Sangiovese di Romagna Auriga '11 | ▽▽ 2* |
| ● Sangiovese di Romagna Sup. Centurione '11 | ▽▽ 2* |
| ● Sangiovese di Romagna Sup. Domus Caia Ris. '11 | ▽▽ 5 |

## Fiorini

VIA PUGLIE, 4
41056 SAVIGNANO SUL PANARO [MO]
TEL. +39 059733151
www.poderifiorini.com

藏酒销售
预约参观
年产量 100 000 瓶
葡萄种植面积 9 公顷

自从1919年便一直活跃至今的菲奥里尼酒庄（Fiorini）是生产兰博鲁斯科区酒（Lambrusco）的著名摩德纳酒（Modena），拥有悠久的历史，由于处著名的索巴拉葡萄（Sorbara）种植区，因此也非常擅长阐释这种葡萄的风味。阿尔伯托・菲奥里尼（Alberto Fiorini）妹妹克里斯蒂娜（Cristina）管理着这座庄。酒庄的葡萄园地块分散各地：分是位于帕纳罗河畔萨维尼亚诺（Savignar sul Panaro）的纳尼科葡萄园（Torre d Nannicplot）；海拔450米、种植格拉斯罗萨（Grasparossa）的瑞克（Riccò）葡萄园；以及坐落于赛齐亚（Secchia）维拉诺瓦（Villanova）之间种植索巴拉古老葡萄园——这里的九公顷土地拥松软的沙质和淤泥土壤。在今年的品中，博蒂利亚（Bottiglia）2015年份的维纳德帕崔（Vignadelpadre）是一款风味始、口感略咸的二次发酵索巴拉（Sorba Rifermentato），吐露着香料般的精美香，口感紧致美味，收口美味浸润燧石的奇异风味和葡萄柚的精美果味而2015年份的柯特德格利阿提米（Cor degli Attimi）则显露出干爽质朴的风味收口带有玫瑰的甜美气息和甜桔的果风情。与此同时，2015年份的特拉阿索罗（Terra al Sole）是一款名园精选酿，酿造酒液经除渣后在瓶中进行二发酵，因而得到口感紧致、果味饱满美酒，散发着血橙的缕缕果香，继而来的口感融入泥土的醇香和矿物质的味。除此之外，2015年份的贝科红葡酒（Becco Rosso）浓郁集中，略显封闭是一款优雅佳酿，吐露着草本植物的香，融入橘子糖的甜美滋味。

| | |
|---|---|
| ● Lambrusco di Sorbara Brut Corte degli Attimi '15 | ▼▼ |
| ● Lambrusco di Sorbara Vignadelpadre Rifermentato in Bottiglia '15 | ▼▼ |
| ● Lambrusco Grasparossa di Castelvetro Becco Rosso '15 | ▼▼ |
| ● Lambrusco Grasparossa di Castelvetro Terre al Sole '15 | ▼▼ |
| ● Lambrusco di Sorbara Corte degli Attimi '14 | ▽▽ |
| ● Lambrusco di Sorbara Corte degli Attimi '13 | ▽▽ |
| ● Lambrusco di Sorbara Corte degli Attimi '12 | ▽▽ |
| ● Lambrusco Grasparossa di Castelvetro Terre al Sole '14 | ▽▽ |
| ● Lambrusco Grasparossa di Castelvetro Terre al Sole '13 | ▽▽ |

## Paolo Francesconi

LOC. SARNA
VIA TULIERO, 154
48018 FAENZA [RA]
TEL. +39 054643213
www.francesconipaolo.it

藏酒销售
预约参观
餐饮接待
年产量 20 000 瓶
葡萄种植面积 8 公顷
葡萄栽培方式 有机认证

保罗·弗朗切斯科尼（Paolo Francesconi）是一位新锐前卫的酿酒大师，从在葡萄园中照料葡萄藤——多年来始终坚持采用生物动力学方式栽培——到酒窖中的酿造活动，亲自监控着每一个生产环节。保罗非常擅长阐释法恩莎（Faenza）附近第一片山丘成熟的红土种植地块风味，给予桑娇维塞（Sangiovese）明快的果香和果味，单宁质地紧密。桑娇维塞的酿造已经炉火纯青、日臻完美，因此保罗开始将注意力转移到以延长带皮浸渍的时间来完善阿尔巴纳美酒（Albana）上。在今年的品鉴中，2014年份的里穆贝卡桑娇维塞（Sangiovese Limbecca）风格几近完美，充分展现出本地风土特质，这款经典美酒散发着质朴的果香，随着一呼一吸，泥土的醇香若有似无地飘散其间，随之而来的口感浸润着丰盈饱满的果味，得到诱人酸度的有力支撑。虽然这款略显内敛的佳酿还需要时间来慢慢打开，不过现阶段已经显露出相当了得的复杂度。与此同时，2012年份的艾迪桑娇维塞（Le ladi）吐露着石榴般甜美的果香，带来干爽而新鲜的美味口感，在口跃动，浸润着绵延不绝的柑橘滋味。除此之外，2015年份的菲奥里维特（Vite in Fiore）能量充沛，拥有绵延悠长的回味，口感略咸，干爽怡人。

- ● Romagna Sangiovese Sup. Limbecca '14 — 🍷🍷🍷 3*
- ● Romagna Sangiovese Sup. Le ladi Ris. '12 — 🍷🍷 5
- ● Arcaica '15 — 🍷🍷 3
- Vite in Fiore '15 — 🍷🍷 3
- ● Luna Nuova '15 — 🍷 2
- ● Sangiovese di Romagna Sup. Limbecca '11 — ΥΥΥ 3*
- ● Sangiovese di Romagna Sup. Limbecca '10 — ΥΥΥ 3*
- ● Arcaica '14 — ΥΥ 3
- ● Arcaica '13 — ΥΥ 3*
- ● Arcaica '12 — ΥΥ 3
- ● Romagna Sangiovese Sup. Limbecca '13 — ΥΥ 3
- ● Sangiovese di Romagna Sup. Limbecca '12 — ΥΥ 3*

## Maria Galassi

LOC. PADERNO DI CESENA
VIA CASETTE, 688
47023 CESENA [FC]
TEL. +39 054721177
www.galassimaria.it

藏酒销售
预约参观
年产量 18 000 瓶
葡萄种植面积 18 公顷
葡萄栽培方式 有机认证

玛利亚加拉西酒庄（Maria Galassi）坐落于赛维奥河谷（Savio Valley）和贝尔蒂诺罗（Bertinoro）之间，不过，这里的土壤类型完全符合贝尔蒂诺罗地区的特质，呈现典型的海岸凝灰岩土质。种植面积几近20公顷的酒庄葡萄园二十多年来一直采用有机方式种植酿造葡萄，继而甄选优质酿造果实在不锈钢容器或者大型橡木桶中发酵陈年，令贝尔蒂诺罗地区的桑娇维塞（Sangiovese）显露出非常优雅完美的风格，以缕缕矿物质风味而著称，随着陈年时间的蔓延，丰盈的单宁发展得日益优雅。在今年的品鉴中，2014年份的帕特努斯（Paternus）是一款桑娇维塞混酿，主要添加了梅洛（Merlot）和赤霞珠（Cabernet Sauvignon），优雅而强劲，酒质演化雅致，果味非常清晰明显，劲道美味。它最初散发着柑橘般的果香，融入如花芬芳，继而到来的口感浸润着血橙的甜美果味，与香氛相得益彰，但是从不过分喧宾夺主。与此同时，2014年份的斯梅巴（Smembar）缓缓释放着酒香，吐露着淡淡的柑橘果香，随之而来的口感略咸，但是质地极为细腻。除此之外，2012年份的纳图雷（NatoRe）果味圆润，质地细密紧致，口感略干，但是气质活跃，新鲜清爽。

- ● Romagna Sangiovese Sup. Smembar '14 — 🍷🍷 5
- ● Romagna Sangiovese Bertinoro natoRe Ris. '12 — 🍷🍷 2*
- ● Romagna Sangiovese Sup. Paternus '14 — 🍷🍷 2*
- ● Sangiovese di Romagna Sup. natoRe '10 — ΥΥΥ 2*
- ● Romagna Sangiovese Sup. natoRe '13 — ΥΥ 2*
- ● Romagna Sangiovese Sup. Paternus '13 — ΥΥ 2*
- ● Sangiovese di Romagna Sup. natoRe Ris. '11 — ΥΥ 2*
- ● Sangiovese di Romagna Sup. Paternus '11 — ΥΥ 2*
- ● Sangiovese di Romagna Sup. Paternus '10 — ΥΥ 2*
- ● Sangiovese di Romagna Sup. Smembar '13 — ΥΥ 5

## Gallegati

via Lugo, 182
48018 Faenza [RA]
Tel. +39 0546621149
www.aziendaagricolagallegati.it

藏酒销售
预约参观
膳宿接待
年产量 15 000 瓶
葡萄种植面积 6 公顷

凯萨·加莱盖提（Cesare Gallegati）和安东尼奥·加莱盖提（Antonio Gallegati）兄弟二人是酿造经典葡萄酒的大师，他们从不盲目跟随潮流，多年前就决意生产充分反映本地风土条件的美酒，与生长季气候条件紧密相连、风格高尚、质地细腻的美酒。占地面积达到六公顷的酒庄葡萄园位于法恩莎（Faenza）和布里西盖拉（Brisighella）之间的黏土地带，拥有本地最纯净的黏土土壤，优秀的风土条件带来了拥有强劲有力、华美流畅口感的果实。加莱盖提兄弟亲自照料葡萄园，每年都试图以最尊敬自然、最直接的方式来阐释天赐的美妙果实。在今年的品鉴中，2012年份的女王（Regina di Cuori）香气诱人，酚化物的芳香与精美的酸度相映成趣。它吐露着无花果干的香醇气息，融入杏的果香和苦薄荷的清凉，更有苦艾和黑茶混合起来的奇香萦绕其间，新磨咖啡粉的醇香飘散，逐渐演化为口中橘皮果脯和葡萄柚的甜美滋味，这真是一款淳朴与高贵并存的美酒。与此同时，2013年份的黑卡拉罗（Corallo Nero）是一款浓重且紧实的桑娇维塞（Sangiovese），酿造葡萄出自富含黏土的栽培地块，因而缔造出含有肉味的质朴果味，作为支撑的美妙酸度带来跃动口感，收口浸润着缕缕血橙的甜美滋味。

- ○ Romagna Albana Passito Regina di Cuori Ris. '12 🍷🍷🍷 4*
- ● Romagna Sangiovese Brisighella Corallo Nero Ris. '13 🍷🍷 4
- ○ Romagna Albana Secco Corallo Giallo '15 🍷🍷 4
- ● Romagna Sangiovese Brisighella Corallo Nero Ris. '12 🍷🍷 4
- ● Romagna Sangiovese Brisighella Corallo Rosso '14 🍷🍷 2*
- ○ Albana di Romagna Passito Regina di Cuori Ris. '10 ΨΨΨ 4*
- ○ Albana di Romagna Passito Regina di Cuori Ris. '09 ΨΨΨ 4*
- ● Sangiovese di Romagna Sup. Corallo Nero Ris. '06 ΨΨΨ 3
- ● Sangiovese di Romagna Sup. Corallo Nero Ris. '10 ΨΨ 4

## Gruppo Cevico

via Fiumazzo, 72
48022 Lugo [RA]
Tel. +39 0545284711
www.gruppocevico.com

藏酒销售
预约参观
年产量 20 000 000 瓶
葡萄种植面积 6700 公顷

齐维科集团（Gruppo Cevico）的主席 恩扎·桑塔德瑞（Ruenza Santandrea） 分地表达出对这片土地的热爱，以及 团愿意承担向全球大力推广和宣传罗 涅产区（Romagna）以及本地风土特 的责任的重大决心，令这座与原产 血脉相融的意大利葡萄酒酿造业规模 大的协作酒庄之一在罗马涅葡萄酒 界中占据了非常重要的地位。占地面 共计6700公顷的巨大规模葡萄园以及 计4500名葡萄种植商成员的庞大群体 成了了不起的齐维科酒庄，在风土阐 能力方面如今已经达到了过去难以想 的高水准，出品美酒别具个性。齐维 酒庄的主要系列品牌包括特莱齐维科 列（Terre Cevico）、加拉西葡萄园系 （Vigneti Galassi）、圣克里斯皮诺系 （Sancrispino）、隆科系列（Ronco）、 罗曼戴欧拉系列（Romandiola）和博 纳迪系列（Bernardi）。加拉西葡萄园 列用实力证明了什么叫做品量俱佳， 酒迷奉献出品质可靠、充分展现本地 土特质的系列美酒，而且价格非常平 近人。除此之外，2015年份的超级美 （Superiore）适合每日饮用，是一款果 动力十足、有嚼劲儿的佳酿，新鲜口 支撑着酒质的进一步演化，令人期待。

- ○ Albana di Romagna Secco Romandiola '15 🍷🍷 3
- ○ Colli di Imola Pignoletto Frizzante Romandiola '15 🍷🍷 2
- ● Romagna Sangiovese Sup. Vign. Galassi '15 🍷🍷 2
- ● Bosco Eliceo Merlot Terre Cevico '14 ΨΨ 1
- ● Romagna Sangiovese Sup. Romandiola Novilunio '14 ΨΨ 2
- ● Romagna Sangiovese Sup. Terre Cevico '14 ΨΨ 2
- ● Romagna Sangiovese Sup. Vign. Galassi '14 ΨΨ 2
- ● Romagna Sangiovese Terre Cevico '14 ΨΨ 2

## Lusenti

Loc. Casa Piccioni, 57
29010 Ziano Piacentino [PC]
Tel. +39 0523868479
www.lusentivini.it

藏酒销售
预约参观
年产量 100 000 瓶
葡萄种植面积 17 公顷
葡萄栽培方式 有机认证

卢多维卡・鲁森迪（Ludovica Lusenti）照料着位于蒂登谷（Val Tidone）高地占地面积达到17公顷的葡萄园，地处靠近产区边界的海拔300米处，这片土地展现出酿造清新优雅美酒的巨大潜力。卢多维卡试图靠近天然葡萄酒的世界已经有一段时期，他酿造的两个系列美酒都采用不经除渣的瓶中二次发酵技术打造：包括极富意趣、品质可靠的艾米莉娅娜玛尔维萨起泡酒（Malvasia Frizzante Emiliana）和古特欧尼向日葵起泡酒（Gutturnio Frizzante Tournesol）。在今年的品鉴中，2015年份的艾米莉娅娜（Emiliana）香氛复杂而精致，散发着桔子的香甜果香，融入牛至、鼠尾草、苦艾和咖喱草等奇异的芬芳，更有一抹香叶的气息融入香膏的芳香萦绕其间，久久不散。入口之后，感到矿物质的醇浓滋味，酒质劲道灵动，收口余韵精美绵长，浸润着如花风情。与此同时，2011年份的皮瑞奥罗（Piriolo）风味复杂，散发着无花果和杏的缕缕果香，融入柠檬皮蜜饯的甜美芬芳，更有淡淡牛至的气息萦绕其间。入口后感到诱人的酸度支撑着美妙的口感，酒质演化一路引领攀上收口巅峰，呈现出浸润着黑橄榄和酸豆般略咸的滋味。

| | |
|---|---|
| ○ C. P. Malvasia Frizzante Emiliana '15 | 🍷🍷 2* |
| ○ C. P. Malvasia Passito Il Piriolo '11 | 🍷🍷 5 |
| ○ C. P. Ortrugo Ciano '14 | 🍷🍷 2* |
| ○ Pinot Nero Rosé Nature M. Cl. '11 | 🍷🍷 3 |
| ● C. P. Gutturnio Frizzante '10 | 🍷🍷 2* |
| ● C. P. Gutturnio Frizzante Tournesol '11 | 🍷🍷 2* |
| ● C. P. Gutturnio Frizzante Tournesol '10 | 🍷🍷 2* |
| ○ C. P. Malvasia Frizzante Emiliana '12 | 🍷🍷 2* |
| ○ C. P. Malvasia Frizzante Emiliana '11 | 🍷🍷 2* |
| ○ C. P. Malvasia Passito Il Piriolo '10 | 🍷🍷 5 |
| ○ C. P. Pinot Nero Rosé Frizzante Fiocco di Rose '13 | 🍷🍷 4 |
| ● Gutturnio Frizzante Tournesol '12 | 🍷🍷 2* |

## Giovanna Madonia

loc. Villa Madonia
via de' Cappuccini, 130
47032 Bertinoro [FC]
Tel. +39 0543444361
www.giovannamadonia.it

藏酒销售
预约参观
餐饮接待
年产量 60 000 瓶
葡萄种植面积 13 公顷

从20世纪90年代开始，乔凡娜・曼冬尼亚（Giovanna Madonia）就致力于精准阐释贝尔蒂诺罗地区（Bertinoro）气候最寒冷的五月山次产区（Monte May）的风土条件，当地露出的岩层富含石灰质土壤，与沿海的山坡相比，这里的微气候条件要更加凉爽，因此葡萄的成熟时间要相对延迟二十多天，因此酿出的美酒也需要一定的时间完美表达卓越品质。曼冬尼亚酒庄（Madonia）出产的桑娇维塞（Sangiovese）总是需要很长时间，直至确认酒中所有锐利艰涩的口感都变得圆润浓郁，单宁紧致成熟，酸度精美诱人之后，乔凡娜才会结束一款美酒漫长的陈年阶段，装瓶出厂。出品的顶级美酒总能完美呈现生长季的气候条件。在今年的品鉴中，2012年份的奥姆布拉索（Ombroso）别具一格，香氛需要醒酒后缓缓释放，带有一股泥土的香醇，底蕴中透露出缕缕肉香，香氛逐渐发展成为质朴的石榴果香，随之而来的果味口感优雅而持久，浓郁精致，美味的柑橘滋味浸润酒中。与此同时，2013年份的弗玛温托（Fermavento）展现出热辣的酒精度，但是口感依然丰美，动感十足。除此之外，2013年份的巴鲁米（Barlume）吐露着质朴而浓郁的果香，随之而来的口感非常均衡美味。

| | |
|---|---|
| ● Colli Romanga Centrale Barlume Ris. '13 | 🍷🍷 4 |
| ○ Romagna Albana Secco Neblina '15 | 🍷🍷 2* |
| ● Romagna Sangiovese Bertinoro Ombroso Ris. '12 | 🍷🍷 5 |
| ● Romagna Sangiovese Sup. Fermavento '13 | 🍷🍷 3 |
| ○ Romagna Albana Secco Neblina '14 | 🍷🍷🍷 2* |
| ● Sangiovese di Romagna Sup. Ombroso Ris. '06 | 🍷🍷🍷 5 |
| ● Sangiovese di Romagna Sup. Ombroso Ris. '01 | 🍷🍷🍷 5 |
| ● Colli Romanga Centrale Barlume Ris. '11 | 🍷🍷 4 |
| ● Romagna Sangiovese Bertinoro Ombroso Ris. '11 | 🍷🍷 5 |
| ● Sangiovese di Romagna Sup. Fermavento '10 | 🍷🍷 3 |
| ● Tenentino '12 | 🍷🍷 2* |

## Ermete Medici & Figli

loc. Gaida
via Newton, 13a
42040 Reggio Emilia
Tel. +39 0522942135
www.medici.it

藏酒销售
预约参观
年产量 800 000 瓶
葡萄种植面积 75 公顷
可持续发展酒庄

阿尔伯托·麦迪西（Alberto Medici）三十年来走遍全球，将高品质的兰博鲁斯科酒（Lambrusco）推广到全世界。阿尔伯托是种植区新概念的先行者，他酿造的美酒拥有极高的声誉，这一切都建立在他突破性的切实工作基础上。随着齐维科集团（Cevico）的入股，帮助麦迪西家族（Medici）更加高效地经营酒庄，如今的麦迪西酒庄拥有更加理想的机会得以深入发展酒庄的酿造理念，更加乐观地迎接未来的挑战。除了美酒，麦迪西家族酒庄还出产卓越的雷焦艾米利亚传统香醋（Aceto Balsamico Tradizionale di Reggio Emilia），有一座专门为观光客准备的庄园，甚至还包括一座小型的兰博鲁斯科酒博物馆。在今年的品鉴中，浓郁集中、犹如奶油般绵密细腻的旗舰葡萄酒2015年份协奏曲系列（Concerto）非常经典，是一款极具表现力的美酒，它的果香优雅，口感跃动，具有专属独特风格——由于常年陈年虽然甜度退减，但是酒质的细腻程度更上一层楼。与此同时，2013年份的唯一系列美酒（Unique）则深邃且紧致，展现出极佳的复杂度。融入榛子和苦艾的醇香与一抹矿物质和海盐的气息交织缠绕，呈现出传统酿造法美酒的典型辛辣滋味。

| | |
|---|---|
| ● Reggiano Lambrusco Concerto '15 | YYY (red) 2* |
| ⊙ Brut Rosé M. Cl. Unique '13 | YY (red) 3* |
| ● C. P. Bonarda Castelli del Duca Ottavio '13 | YY 3 |
| ○ C. P. Malvasia Castelli del Duca Isabella '15 | YY 3 |
| ○ C. P. Sauvignon Castelli del Duca Vittoria '15 | YY 3 |
| ● Colli di Scandiano e di Canossa Grasparossa Bocciolo '15 | YY 2* |
| ● Reggiano Lambrusco Assolo '15 | Y 2 |
| ● Reggiano Lambrusco I Quercioli '15 | Y 1* |
| ● Reggiano Lambrusco Concerto '14 | YYY (white) 2* |
| ● Reggiano Lambrusco Concerto '13 | YYY (white) 2* |
| ● Reggiano Lambrusco Concerto '12 | YYY (white) 2* |
| ● Reggiano Lambrusco Concerto '11 | YYY (white) 2* |
| ● Reggiano Lambrusco Concerto '10 | YYY (white) 2* |

## Monte delle Vigne

loc. Ozzano Taro
via Monticello, 13
43046 Collecchio [PR]
Tel. +39 0521309704
www.montedellevigne.it

藏酒销售
预约参观
膳宿接待
年产量 350 000 瓶
葡萄种植面积 60 公顷

安德里亚·法拉利（Andrea Ferrari）和保罗·皮扎罗提（Paolo Pizzarotti）在种植面积达到60公顷的葡萄园附近建起了自己的酒庄，在园中只采用有机栽培方式打理葡萄藤，地块所在的帕尔玛地区（Parma）山丘以富含黏土和石灰质土壤而著称。费德里克·库塔兹（Federico Curtaz）负责葡萄园的种植业务，而现代化新酒窖中的酿造工作则交给了外聘的著名酿酒师阿迪里奥·帕戈里（Attilio Pagli）。近年来，葡萄园山酒庄（Monte delle Vigne）在生产起泡酒的同时，也增加了非起泡酒的产品线，尤其是以麦斯特莱葡萄（Maestri）打造而成的兰博鲁斯科（Lambrusco）。这个系列更加简朴，与葡萄园山酒庄一贯呈现的传统风土风尚联系密切。在今年的品鉴中，葡萄园山酒庄提交了一系列高品质好酒，其中MDV系列佳酿有力证明了酒庄出品的风格——由巴贝拉（Barbera）和伯纳达（Bonarda）混酿而成的红葡萄酒，激发了帕尔玛地区和皮亚琴察地区（Piacenza）的传统酿造而成，当地称为"古特欧尼酒"（Gutturnio）。优雅跃动的2014年份酒在不锈钢容器中陈年酿造，吐露着甜美细腻的果香，口感演进完美，得到诱人酸度的有力支撑。

| | |
|---|---|
| ● Colli di Parma Rosso MDV '14 | YYY (red) 2 |
| ○ Colli di Parma Malvasia Frizzante '15 | YY 2 |
| ● Colli di Parma Lambrusco I Calanchi '15 | Y 5 |
| ○ Colli di Parma Malvasia Poem '15 | Y 2 |
| ● Lambrusco Emilia '15 | Y 2 |
| ● Argille Malvasia '08 | YY (white) 5 |
| ○ Callas Malvasia '12 | YY (white) 2 |
| ○ Callas Malvasia '11 | YY (white) 4 |
| ○ Colli di Parma Malvasia Frizzante '14 | YY (white) 2 |
| ○ Colli di Parma Malvasia Poem '14 | YY (white) 2 |
| ● Colli di Parma Malvasia Poem '12 | YY (white) 2 |
| ● Colli di Parma Malvasia Poem '11 | YY (white) 2 |
| ○ Colli di Parma Sauvignon '13 | YY (white) 2 |
| ● Lambrusco Emilia '14 | YY (white) 2 |
| ○ Malvasia Frizzante Dolce '12 | YY (white) 2 |
| ⊙ Rubina Brut Rosé '13 | YY (white) 4 |

## Fattoria Monticino Rosso

via Montecatone, 7
40026 Imola [BO]
Tel. +39 054240577
www.fattoriadelmonticinorosso.it

藏酒销售
预约参观
年产量 70 000 瓶
葡萄种植面积 18 公顷

泽奥利家族（Zeoli）与这片土地建立了密不可分的关系，展现出来的热情动力见证了他们对这片种植区的坚定信仰。蒙蒂奇诺红农场酒庄（Fattoria Monticino Rosso）每年都在加大投资，计划进一步提升产量，与此同时提高酒庄的声誉。他们聘用的酿酒师是吉安卡洛·索维尔吉亚（Giancarlo Soverchia）——拥有伟大人格的酿酒师，无条件地支持泽奥利兄弟的好奇心和梦想，是蒙蒂奇诺红农场酒庄发展的动力。经过多年的发展，蒙蒂奇诺红农场酒庄已经成为生产白葡萄酒、尤其是阿尔巴纳葡萄酒（Albana）的典范酒庄，他们甚至推出了一小批限量阿尔巴纳酒，酿造葡萄经过长时间耐心的浸渍和特殊技术处理。在今年的品鉴中，蒙蒂奇诺红农场酒庄的表现不俗。其中风味原始的科多奇欧（Codronchio）由贵腐阿尔巴纳葡萄酿造而成，因而是一款较干的葡萄酒。香氛复杂而精致的2014年份科多奇欧展现出干爽的精美酒质，收口时浸润着鼠尾草、牛至和苦艾等草本植物的清爽滋味。与此同时，2015年份的S系列桑娇维塞（Sangiovese S）质朴简单，果香扑鼻，由于单宁干爽而使酒重略轻，但是果味依然饱满丰盈，酸度锐利强劲。

| | |
|---|---|
| ○ Romagna Albana Passito '11 | 🍷🍷 4 |
| ○ Romagna Albana Secco Codronchio '14 | 🍷🍷 3 |
| ● Romagna Sangiovese Sup. S '15 | 🍷🍷 2* |
| ○ Colli d'Imola Pignoletto P '15 | 🍷 2 |
| ○ Romagna Albana Secco A '15 | 🍷 2 |
| ● Romagna Sangiovese Sup. Le Morine '12 | 🍷 3 |
| ○ Albana di Romagna Secco Codronchio '08 | 🍷🍷🍷 3* |
| ○ Albana di Romagna Secco A '13 | 🍷🍷 2* |
| ○ Albana di Romagna Secco Codronchio '12 | 🍷🍷 3 |
| ○ Colli d'Imola Pignoletto P '14 | 🍷🍷 2* |
| ○ Romagna Albana Secco A '14 | 🍷🍷 2* |
| ○ Romagna Albana Secco Codronchio '13 | 🍷🍷 3 |
| ● Romagna Sangiovese Sup. Le Morine '11 | 🍷🍷 3 |
| ● Romagna Sangiovese Sup. S '14 | 🍷🍷 2* |

## Fattoria Moretto

via Tiberia, 13b
41014 Castelvetro di Modena [MO]
Tel. +39 059790183
www.fattoriamoretto.it

藏酒销售
预约参观
年产量 65 000 瓶
葡萄种植面积 10 公顷
葡萄栽培方式 有机认证
可持续发展酒庄

法乌斯托·阿尔塔瑞瓦（Fausto Altariva）和法比奥·阿尔塔瑞瓦（Fabio Altariva）是大师级的葡萄栽培师，照料着摩德纳（Modena）周边山丘上的酒庄葡萄园，地处兰博鲁斯科格拉斯巴罗萨（Lambrusco grasparossa）种植区的中心地带。多年来，他们守卫着兰博鲁斯科格拉斯巴罗萨品种葡萄独特的风土特质，展示出对这种品种葡萄越发质朴的特性进行现代阐释的卓越能力。出品美酒实际上显露出极富个性和特质的紧密单宁结构，口感干爽质朴，融入清爽的果味。莫雷托农庄酒庄（Fattoria Moretto）的葡萄园位于海拔200米的所在，坐落于拥有黏土土壤的南向和东南向山坡上，为有机方法种植提供的理想的微气候环境。葡萄酒的酿造过程也完全遵循有机原则，一切建立在长期的浸渍过程上，给予美酒充分的时间发展。莫雷托农庄酒庄还是首批为每座葡萄园单独发酵的酒庄之一，并且采取兰博鲁斯科地区很罕见的土壤分析理念来栽培和甄选酿造葡萄。在今年的品鉴中，两款卡诺瓦系列美酒（Canova）和单一葡萄园陈酿（Monovitigno Crus）展现出一如既往的高水准。2015年份的单一葡萄园佳酿（Monovitigno）香氛原始，吐露着玫瑰花薰衣草般的醇浓花香，一路演进为浓郁的柑橘果味口感，收口时感到美味的矿物质滋味，精美的果味最终清晰呈现。

| | |
|---|---|
| ● Lambrusco Grasparossa di Castelvetro Secco Monovitigno '15 | 🍷🍷 3* |
| ● Lambrusco Grasparossa di Castelvetro Secco Canova '15 | 🍷🍷 3 |
| ● Lambrusco Grasparossa di Castelvetro Secco Tasso '15 | 🍷 2 |
| ● Lambrusco Grasparossa di Castelvetro Secco Canova '14 | 🍷🍷 3* |
| ● Lambrusco Grasparossa di Castelvetro Secco Canova '13 | 🍷🍷 3* |
| ● Lambrusco Grasparossa di Castelvetro Secco Monovitigno '14 | 🍷🍷 3 |
| ● Lambrusco Grasparossa di Castelvetro Secco Monovitigno '13 | 🍷🍷 3 |
| ● Lambrusco Grasparossa di Castelvetro Secco Tasso '13 | 🍷🍷 2* |

## Poderi Morini

LOC. ORIOLO DEI FICHI
VIA GESUITA
48018 FAENZA [RA]
TEL. +39 0546634257
www.poderimorini.com

年产量 100 000 瓶
葡萄种植面积 26 公顷
可持续发展酒庄

阿历桑德罗·莫瑞尼（Alessandro Morini）是法恩莎地区（Faenza）卓越的酿酒商。他酿造的美酒来自酒庄自有的占地面积达到26公顷的葡萄园，所有地块都位于菲奇奥尔里奥（Oriolo dei Fichi）——这一小片低山地带以包容了诸多小型葡萄酒生产商而闻名。包括阿历桑德罗在内的这些小型酿酒商将精力投入到所剩不多的园中老藤上，复兴了芬芳四溢的古老的圣西米诺红葡萄酒（Centesimino）以及其他几种很少见的本地葡萄品种。这里也出产极富意趣的阿尔巴纳酒（Albana），结构紧致、芳香扑鼻。2015年份的七音符阿尔巴纳（Albana Sette Note）初始吐露着鼠尾草、苦艾和地榆般的草本植物清香，随之而来的口感饱满且极富表现力。收口浸润着美妙的果味，白李子的滋味一路跟随。除此之外，2015年份的莫莱尔桑娇维塞（Sangiovese Morale）经典而简单，干爽的口感带有一丝胡椒的滋味。与此同时，2015年份的桑娇维塞（Savignone）初始的芳香展露出圣西米诺葡萄典型的绿蔬风味，逐渐发展出更加质朴自然的微妙质感：散发着玫瑰花的浓香，底蕴中透露出一抹牵牛花、白胡椒和甜桔混合在一起的奇异芬芳，与缕缕丁香花的花香缭绕升腾，美妙至极。

| | |
|---|---|
| ○ Romagna Albana Secco Sette Note '15 | 🍷🍷 2* |
| ● Romagna Sangiovese Sup. Morale '15 | 🍷🍷 3 |
| ● Savignone Centesimino '15 | 🍷🍷 2* |
| ○ Morale DOC '15 | 🍷 2 |
| ● Sangiovese di Romagna Sup. Morale '14 | 🍷🍷 3 |
| ● Sangiovese di Romagna Sup. Morale '10 | 🍷🍷 3 |
| ● Sangiovese di Romagna Sup. Nonno Rico Ris. '10 | 🍷🍷 2* |
| ● Sangiovese di Romagna Sup. Nonno Rico Ris. '09 | 🍷🍷 2* |
| ● Sangiovese di Romagna Sup. Torre di Oriolo '11 | 🍷🍷 3 |
| ● Sangiovese di Romagna Sup. Torre di Oriolo '10 | 🍷🍷 3 |
| ● Savignone '11 | 🍷🍷 2* |
| ● Savignone Centesimo '13 | 🍷🍷 2* |
| ● Traicolli '10 | 🍷🍷 2* |

## Fattoria Nicolucci

LOC. PREDAPPIO ALTA
VIA UMBERTO PRIMO, 21
47016 PREDAPPIO [FC]
TEL. +39 0543922361
www.vini-nicolucci.it

藏酒销售
预约参观
年产量 70 000 瓶
葡萄种植面积 10 公顷
可持续发展酒庄

作为第五代酒庄传人，阿历桑德罗·尼库鲁西（Alessandro Nicolucci）继承了家族此前累积了四个世代的葡萄种植经验，对于整个罗马涅产区（Romagna）都是一笔宝贵的财富；通过多年的坚定追寻，阿历桑德罗正在收获别具一格、持久稳定展现出高品质的酿造果实。他打造的桑娇维塞（Sangioveses）风味经典，陈年潜力大，在水泥池或者大型橡木桶中完成陈年，完美阐释了本尼蒂罕见独特的风土条件——酒庄葡萄园露出的岩层含有黏土和硫化物。另一方面，在上普雷达皮奥种植区（Predappio Alta）还出产一种罕见的果实呈椭圆形的普雷达皮奥（Predappio），采用传统的树形藤栽培，是酒庄最古老的酿造品种。在今年的品鉴中，2013年份的格纳莱勒葡萄园佳酿（Vigna del Generale）优雅深邃而柔美，呈现桑娇维塞葡萄（Sangiovese）经典的雅致风味和质朴果味。这款美酒吐露着泥土的醇香，带有硫化物的气息，美味可口、精致细腻、质地丰盈细密、吐露着源源不断的酒香，融入铅笔屑的奇特气息，更有淡淡草本植物的清香萦绕其间，底蕴中透露出丝丝橘子糖的风味。除此之外，2015年份的三洛奇（Tre Rocche）表现力极佳，口感干爽而紧致，但是果香果味饱满复杂，展现出上普雷达皮奥产区（Predappio Alta）典型的矿物质风情。

| | |
|---|---|
| ● Romagna Sangiovese Sup. V. del Generale Ris. '13 | 🍷🍷🍷 5 |
| ● Romagna Sangiovese Sup. Tre Rocche '15 | 🍷🍷 3* |
| ● Romagna Sangiovese Sup. V. del Generale Ris. '12 | 🍷🍷🍷 5 |
| ● Sangiovese di Romagna Predappio di Predappio V. del Generale '11 | 🍷🍷🍷 5 |
| ● Sangiovese di Romagna Sup. V. del Generale Ris. '10 | 🍷🍷🍷 5 |
| ● Sangiovese di Romagna Sup. V. del Generale Ris. '08 | 🍷🍷🍷 5 |
| ● Sangiovese di Romagna V. del Generale Ris. '09 | 🍷🍷🍷 5 |
| ● Sangiovese di Romagna V. del Generale Ris. '05 | 🍷🍷🍷 4 |

## Enio Ottaviani

LOC. SANT'ANDREA IN CASALE
VIA PIAN DI VAGLIA, 17
47832 SAN CLEMENTE [RN]
TEL. +39 0541952608
www.eniottaviani.it

藏酒销售
预约参观
年产量 130 000 瓶
葡萄种植面积 12 公顷

戴维德·洛伦齐（Davide Lorenzi）和马西莫·洛伦齐（Massimo Lorenzi）在堂兄妹马可（Marco）和米兰娜（Milena）的协助下，将外祖父恩尼欧·奥塔韦亚尼（Enio Ottaviani）开创的令人尊敬的葡萄酒贸易事业转变为酿造农庄，出产的红葡萄酒和白葡萄酒都越发呈现出卓越的品质。恩尼欧奥塔韦亚尼酒庄占地面积达到12公顷的葡萄园坐落于罗马涅产区（Romagna）的南部，掩映在卡托利卡（Cattolica）身后的山间和孔卡河谷（Valle del Conca）的山脚下。得益于马西莫对于这片种植区的热爱以及勤恳努力以及戴维德严谨而出色的酿造工作，酒庄出品的品质得到了飞跃性发展，当然也得益于整个瑞米尼地区（Rimini）的风土条件。恩尼欧奥塔韦亚尼酒庄拥有宾至如归的待客农庄，充分展现出罗马涅人的好客和豪爽。在今年的品鉴中，2015年份的卡西雅拉（Caciara）气质开放，果香果味丰盈，它的强大力量蕴含于其紧致强劲的口感之中，在戴维德新近恢复重建的水泥池中完成了陈年。与此同时，2013年份的梅洛（Merlot）口感辛辣，吐露着醋栗和黑莓清爽的果香，随之而来的口感均衡美味，得益于诱人且成熟的单宁支撑。

| | |
|---|---|
| ○ Clemente Primo '15 | 🍷🍷 2* |
| ● Merlot '13 | 🍷🍷 2* |
| ● Romagna Sangiovese Caciara '15 | 🍷🍷 3 |
| ● Romagna Sangiovese Sup. Sole Rosso Ris. '13 | 🍷🍷 4 |
| ● Romagna Sangiovese Primalba '15 | 🍷 2 |
| ○ Clemente Primo '14 | 🍷🍷 2* |
| ● Romagna Sangiovese Primalba '14 | 🍷🍷 2* |
| ● Romagna Sangiovese Sup. Caciara '14 | 🍷🍷 2* |
| ● Romagna Sangiovese Sup. Primalba '13 | 🍷🍷 2* |
| ● Romagna Sangiovese Sup. Sole Rosso Ris. '11 | 🍷🍷 3 |

## Gianfranco Paltrinieri

FRAZ. SORBARA
VIA CRISTO, 49
41030 BOMPORTO [MO]
TEL. +39 059902047
www.cantinapaltrinieri.it

藏酒销售
预约参观
年产量 90 000 瓶
葡萄种植面积 15 公顷

帕尔特里涅利（Paltrinieri）就是顶级兰博鲁斯科酒（Lambrusco）的代名词。阿尔伯托·帕尔特里涅利（Alberto Paltrinieri）致力于证明这种美酒具有超前的意识，能够开启全新的风土概念，将顶级葡萄园的潜力发挥到极致。赛齐亚（Secchia）和帕纳罗（Panaro）之间这片条状地带的蓬松土壤和风土条件对于索巴拉葡萄（Sorbara）的生长极有益处，帕尔特里涅利酒庄在这产区的中心地带拥有占地面积达到15公顷的葡萄园。帕尔特里涅利酒庄的美酒浓烈精美，是索巴拉葡萄酒中的精品：浓郁集中、美味可口、充满能量。在今年的品鉴中，铁皮皇冠瓶塞系列的2015年份摩德纳兰博鲁斯科拉迪斯（Radice Lambrusco di Modena）口感清凛，纯粹而精美，充分展露出索巴拉葡萄（Sorbara）的优雅灵魂，更有一种不可思议的蓄势待发的口感，随着时间的推移将会日臻完美。入口后感到略咸的酸度，这是该品种葡萄的典型特征，更有演化完美的酒质。层层叠叠延宕开来的系列香氛从初开蓓蕾的花香到大海的气息无所不包。这种感受也能在同一基酒打造的普通橡木塞系列中找到。

| | |
|---|---|
| ● Lambrusco di Sorbara Radice '15 | 🍷🍷 2* |
| ● Radice Tappo a Corona '15 | 🍷🍷 2* |
| ● Lambrusco di Sorbara Leclisse '15 | 🍷🍷 2* |
| ● Lambrusco di Sorbara Sant'Agata '15 | 🍷🍷 2* |
| ● Brut Grosso M. Cl. '13 | 🍷🍷 2* |
| ● Lambrusco di Sorbara Leclisse '10 | 🍷🍷🍷 3* |
| ● Lambrusco di Modena Greto '13 | 🍷🍷 2* |
| ● Lambrusco di Modena M. Cl. Grosso '12 | 🍷🍷 2* |
| ● Lambrusco di Modena M. Cl. Grosso '11 | 🍷🍷 2* |
| ● Lambrusco di Sorbara La Piria '13 | 🍷🍷 2* |
| ● Lambrusco di Sorbara La Piria '12 | 🍷🍷 2* |
| ● Lambrusco di Sorbara Leclisse '14 | 🍷🍷 2* |
| ● Lambrusco di Sorbara Leclisse '13 | 🍷🍷 2* |
| ● Lambrusco di Sorbara Leclisse '12 | 🍷🍷 2* |
| ● Lambrusco di Sorbara Radice '14 | 🍷🍷 2* |

## Fattoria Paradiso

loc. Capocolle
via Palmeggiana, 285
47032 Bertinoro [FC]
Tel. +39 0543445044
www.fattoriaparadiso.com

藏酒销售
预约参观
年产量 500 000 瓶
葡萄种植面积 100 公顷

直至20世纪70年代一系列新酒庄的开张，罗马涅产区（Romagna）的农业传统才开始发生变化。带来改变的酒庄之一就是帕拉迪索农庄（Fattoria Paradiso），该酒庄第一次提出了将罗马涅桑娇维塞（Sangiovese di Romagna）打造成陈酿版本（Riserva）的酿造理念，与此同时韦内利（Veronelli）也促使马里奥・派兹（Mario Pezzi）开始就打造名园甄选系列美酒的开创性理念进行思考。今天，格莱泽拉・派兹（Graziella Pezzi）继承了久远的家庭传统，继续经营着酒庄，并且得到了儿子贾克珀（Jacopo）的支持，凭借品质值得信赖、极富意趣的系列出品，帕拉迪索农庄焕发了新生。在今年的品鉴中，2015年份的莫利诺园（Vigna del Molino）吐露着阵阵诱人的果香，风味复杂而优雅，口感扎实，收口浸润果味，融入甜美的橘子糖滋味。而2013年份的莱普瑞园（Vigna delle Lepri）则吐露着清新的酒香，口感紧致，酒质质地细密，单宁成熟。除此之外，2013年份的巴巴罗萨（Barbarossa）以本地芬芳扑鼻的红葡萄品种打造而成，融入胡椒的缕缕辛香和绿蔬的丝丝清香，新鲜而干爽。与此同时，2013年份的米托（Mito）也是一款经典的波尔多混酿（Bordeaux），口感圆润，美味令人回味无穷。

| | |
|---|---|
| ○ Albana V.T. '15 | ▼▼ 2* |
| ● Barbarossa Il Dosso '13 | ▼▼ 4 |
| ● Mito '13 | ▼▼ 6 |
| ● Romagna Sangiovese Sup. V. Del Molino Maestri di Vigna '15 | ▼▼ 2* |
| ● Romagna Sangiovese Sup. V. delle Lepri Ris. '13 | ▼▼ 3 |
| ○ Romagna Albana Secco '15 | ▼ 2 |
| ● Romagna Sangiovese Sup. Petit Paradiso '15 | ▼ 3 |
| ● Mito '10 | ▽▽ 6 |
| ● Sangiovese di Romagna Cuvée Rina Pezzi Ris. '11 | ▽▽ 3 |
| ● Sangiovese di Romagna Cuvée Rina Pezzi Ris. '10 | ▽▽ 3 |
| ● Sangiovese di Romagna Sup. V. delle Lepri Ris. '12 | ▽▽ 3 |

## Tenuta Pertinello

s.da Arpineto Pertinello, 2
47010 Galeata [FC]
Tel. +39 0543983156
www.tenutapertinello.it

藏酒销售
预约参观
年产量 70 000 瓶
葡萄种植面积 14 公顷
葡萄栽培方式 有机认证

珀提内罗酒庄（Tenuta Pertinello）占地面积达到14公顷的葡萄园地处罗马涅产区（Romagna）内最高的地区，海拔高度达到350米至430米，拥有泥灰沙质土壤，某种程度上成为与亚平宁山（Apennines）的交界地带，山林一直绵延到托斯卡纳（Tuscany），粘土质地的山丘则与艾米利亚产区（Emilia）毗邻。莫雷诺・曼希尼（Moreno Mancini）的珀提内罗酒庄就源于此地，令柏登特河谷（Bidente Valley）的风土特质得到新生，是出产品质美酒的核心地带，葡萄园采用树形葡萄藤栽培以及完全手工的种植方式。珀提内罗酒庄充分发掘这片土地的巨大潜力，酿造出酒质极为细腻的风土本色美酒。在今年的品鉴中，2013年份的珀提内罗（Pertinello）风格质朴，浸润着辛辣的果味，悠长蔓延的余韵充分展现出风土特质和生长其上的桑娇维塞（Sangiovese）的品种特点：单宁劲道、细腻且优雅。除此之外，2015年份的博斯科（Bosco）极具表现力，风格惬意，吐露着完美的果香，浸润着完美的果味，口感演化成熟，收口时感到甜美的柑橘滋味。

| | |
|---|---|
| ● Colli Romagna Centrale Sangiovese Pertinello '13 | ▼▼ (red) 3 |
| ● Colli Romagna Centrale Sangiovese Il Bosco '15 | ▼▼ 2 |
| ● Colli Romagna Centrale Sangiovese Il Sasso Ris. '11 | ▼▼ 5 |
| ● Colli Romagna Centrale Sangiovese Pertinello '08 | ▽▽▽ 3 |
| ● Colli Romagna Centrale Sangiovese Il Bosco '14 | ▽▽ 2 |
| ● Colli Romagna Centrale Sangiovese Il Sasso Ris. '10 | ▽▽ 5 |
| ● Colli Romagna Centrale Sangiovese Il Sasso Ris. '09 | ▽▽ 5 |
| ● Colli Romagna Centrale Sangiovese Pertinello '12 | ▽▽ 3 |
| ● Colli Romagna Centrale Sangiovese Pertinello '11 | ▽▽ 3 |

## Poderi dal Nespoli

oc. Nespoli
lla Rossi, 50
7012 Civitella di Romagna [FC]
el. +39 0543989911
www.poderidalnespoli.com

藏酒销售
预约参观
年产量 900 000 瓶
葡萄种植面积 30 公顷

奈斯珀利的波特丽酒庄（Poderi dal Nespoli）是罗马涅产区（Romagna）最重要的葡萄酒品牌之一，成功地将MGM酒业集团阿尔菲奥·马提尼（Alfeo Martini）与马可·马提尼（Marco Martini）优秀的商业技能与自1929年起便活跃在柏登特河谷（Bidente Valley）的拉瓦奥里家族（Ravaioli）丰富的酿造经验结合起来。新一代酿酒人已经继承了前辈对于亚平宁山脚下（Apennines）产区优质果实的卓越阐释能力，如今酒庄由法比奥·拉瓦奥里（Fabio Ravaioli）和赛丽塔·拉瓦奥里（Celita Ravaioli）掌管。今天的波特丽酒庄既拥有丰富的资源，又极具远见，近年来取得了飞速发展，除了自有的占地面积达到30公顷的葡萄园之外，还在当地购买了许多优秀地块，其中不少地块的种植商拥有多年的高品质保证。2013年份的奈斯珀利（Nespoli）极具表现力，首先吐露着馥郁的果香，口感集中有力，单宁成熟而诱人。与此同时，2015年份的普鲁格奈托（Prugneto）酿造精湛，酒质华美，犹如奶油般绵密细腻，散发着如花芬芳，气质开放，美妙的果香缕缕飘散。除此之外，2013年份的奎蒂（Borgo dei Guidi）风格风格国际化，吐露着复杂的辛香，酒质演化优雅完美。

| | |
|---|---|
| ● Borgo dei Guidi '13 | 🍷🍷 5 |
| ○ Romagna Albana Campodora '15 | 🍷🍷 4 |
| ● Romagna Sangiovese Sup. Il Nespoli Ris. '13 | 🍷🍷 4 |
| ● Romagna Sangiovese Sup. Il Prugneto '15 | 🍷🍷 2* |
| ● Sangiovese di Romagna Sup. Il Nespoli Ris. '07 | 🍷🍷🍷 4* |
| ● Sangiovese di Romagna Sup. Il Nespoli Ris. '06 | 🍷🍷🍷 4* |
| ● Borgo dei Guidi '12 | 🍷🍷 5 |
| ● Sangiovese di Romagna Sup. Il Nespoli Ris. '11 | 🍷🍷 4 |
| Sangiovese di Romagna Sup. Il Prugneto '14 | 🍷🍷 2* |
| Sangiovese di Romagna Sup. Il Prugneto '13 | 🍷🍷 2* |

## Il Pratello

via Morana, 14
47015 Modigliana [FC]
Tel. +39 0546942038
www.ilpratello.net

藏酒销售
预约参观
年产量 20 000 瓶
葡萄种植面积 5.5 公顷
葡萄栽培方式 有机认证

莫蒂利亚纳地区（Modigliana）无疑是整个罗马涅产区（Romagna）出产拥有最睥睨时间的陈年能力美酒的最佳地区，出产口感略咸的卓越佳酿，美味怡人，与其他罗马涅产区酒迥然不同。这其中的原因有很多，包括这里的高海拔地理位置令果实通常直至10月才缓慢成熟；得益于这里独一无二的精瘦且蓬松泥灰砂质土壤；而且这里的自然环境天然未受人为破坏，大片的天然森林令这片土地的面貌与众不同。除了上述优势之外，再加上埃米里奥·普拉希（Emilio Placci）的酿造天赋、罕见的敏锐远见和坚定的决心，令普莱泰罗酒庄（Il Pratello）得以生产出毫不妥协的顶级美酒来。普莱泰罗酒庄出品总是展现出极强的陈年潜力，同时充分显露出时光赋予的复杂风味。在今年的品鉴中，2011年份的巴蒂亚（Badia）是一款令人心情愉悦的美酒，堪称只有拥有超凡敏锐感和卓越能力的大师才能打造出来的杰作。美酒开启后，与空气亲密接触后，逐渐散发出秋日落叶的缕缕醇香，融入泥土的醇香，馥郁美妙的果香和香料的辛香萦绕其间，美酒入喉，质朴浓郁的口感浸润着美妙的果味，出乎意料地立刻涌现出来，一路蔓延，直至强劲且锐利的收口巅峰。

| | |
|---|---|
| ● Badia Raustignolo '11 | 🍷🍷 5 |
| ● Morana '12 | 🍷🍷 2* |
| ● Colli di Faenza Sangiovese Mantignano V. V. Ris. '04 | 🍷🍷🍷 3* |
| ● Mantignano V. V. '08 | 🍷🍷🍷 3* |
| ● Badia Raustignolo '08 | 🍷🍷 5 |
| ● Castagnara '11 | 🍷🍷 4 |
| ● Colli di Faenza Rosso Calenzone '04 | 🍷🍷 3 |
| ○ Le Campore '13 | 🍷🍷 2* |
| ○ Le Campore '10 | 🍷🍷 2* |
| ○ Le Campore '08 | 🍷🍷 2* |
| ○ Le Campore '06 | 🍷🍷 2 |
| ● Mantignano V. V. '09 | 🍷🍷 3 |
| ● Mantignano Vecchie Vigne '07 | 🍷🍷 2* |
| ● Sangiovese di Romagna Morana '10 | 🍷🍷 2* |
| ● Sangiovese di Romagna Morana '09 | 🍷🍷 2* |
| ● Sangiovese di Romagna Morana '08 | 🍷🍷 2 |

## Quarticello

via Matilde di Canossa, 1a
42027 Montecchio Emilia [RE]
Tel. +39 0522866220
www.quarticello.it

年产量 25 000 瓶
葡萄种植面积 5 公顷

罗伯托·麦斯特莱（Roberto Maestri）自2001年开始就在恩扎河畔（River Enza）的雷焦（Reggio）山间经营着自己的酒庄，收获品质日益提升的美酒。罗伯托是酿造兰博鲁斯科酒（Lambrusco）为数不多的极为大师之一，作为一名葡萄栽培师，他亲自照料着自己占地面积达到5公顷的葡萄园，亲自处理所有酿造环境的工序。他非常提倡瓶中的自然二次发酵，如同传统中所做的那样，在酒窖的酿造活动中也采取传统自然的技术和方法。奎奥提塞罗酒庄（Quarticello）酿造的美酒品质值得信赖，非常经典，口感集中浓郁，气质质朴，充分反映出产地的风土感。倒入杯中的2015年份斯皮纳玛尔维萨（Malvasia Despina）与空气紧密接触，经过醒酒后吐露着复杂的酒香，从矿物质的醇香到燧石的奇异芬芳萦绕其间，更有一抹碘化物的芳香和盐的风味飘散，鼠尾草和桉树香膏般的香气扑面而来。美酒入喉，精美的酸度保证了酒质的完美演化，余韵一路蔓延，直至攀上诱人美味的收口巅峰。与此同时，2015年份的费兰多兰博鲁斯科酒（Lambrusco Ferrando）最初吐露着泥土的醇香，继而融入橘子糖的芬芳，玫瑰的花香萦绕其间，底蕴中透露出一抹香料的辛香。入口后感到干爽和紧致的口感，优雅且活力四射。除此之外，2015年帕西塔斯特拉多拉玛尔维萨（Malvasia Passita Stradora）吐露着美妙复杂的酒香，融入新磨咖啡粉的缕缕醇香，底蕴中透露出无花果干、咖喱草、苦艾和杏混合起来的奇妙芬芳。

| | |
|---|---|
| ○ Despina Rifermentato in Bottiglia '15 | 2* |
| ⊙ Ferrando Rifermentato in Bottiglia '15 | 2* |
| ○ Stradora '15 | 3 |
| ○ Despina '14 | 2* |
| ○ Despina '13 | 2* |
| ○ Despina '12 | 2* |
| ⊙ Ferrando '14 | 2* |
| ⊙ Ferrando '13 | 2* |
| ⊙ Ferrando '11 | 2* |
| ⊙ Ferrando '11 | 2* |
| ○ Stradora '13 | 3* |

## Quinto Passo

loc. Sozzigalli di Soliera
via Canale, 267
410109 Modena
Tel. +39 0593163311
www.quintopasso.it

藏酒销售
年产量 40 000 瓶
葡萄种植面积 12 公顷

在摩德纳地区（Modena）拥有打造传统酿造法起泡酒（Metodo Classico）的丰富经验，以及索巴拉（Sorbara）等卓越葡萄品种在这片土地上的普及——具有酸度精美、带有海盐咸味儿并且气质优雅等特质——激发了这座最具新锐冒险精神的顶级酒庄对一系列重要项目加大投资。奇亚里家族（Chiarli）创立了专门生产传统酿造法起泡酒的昆托帕索酒庄（Quint Passo），将索兹加利地区（Sozzigalli）的古老奶制品厂改建为生产酒窖。这一激进前卫的决定凸显出奇亚里家族对于开启这段新冒险是多么认真和充满信心。在今年的品鉴中，2013年份的桃红葡萄酒（Rosé）纯粹而集中，是一款美妙的单一品种索巴拉美酒（Sorbara），吐露着悠然的花香，融入柑橘的果香，一路演化出颇具潜力的口感，轻快而浓郁，果味饱满，展现出索巴拉葡萄典型的特质。除此之外，2013年份的无添加起泡酒（Pas Dosé）主要以霞多丽（Chardonnay）添加索巴拉（Sorbara）混酿而成，酒质紧致优雅而细腻，收口余韵绵长美味，浸润着美味的草本植物滋味，更有芬芳的鼠尾草和苦艾风情。

| | |
|---|---|
| ⊙ Modena Rosé Brut M. Cl. '13 | 4 |
| ○ Pas Dosé '13 | 5 |
| ○ Cuvée Paradiso Brut '13 | 4 |
| ⊙ Modena Rosé Brut M. Cl. '12 | 4 |

## Noelia Ricci

FRAZ. FIUMANA
VIA PANDOLFA, 35
47016 PREDAPPIO [FC]
TEL. +39 0543940073
info@noeliaricci.it

预约参观
膳宿接待
年产量 200 000 瓶
葡萄种植面积 9 公顷
可持续发展酒庄

马可·塞莱斯（Marco Cirese）对历史久远的家族酒庄潘多法酒庄（Tenuta Pandolfa）进行了革新，将家族酿造传统遗产中的精华与活力四射、训练有素的全新人员配置相结合：弗朗西斯科·博迪尼（Francesco Bordini）监管葡萄园的种植和酒窖的酿造工作，而弗朗西斯科·瓜祖格利·马里尼（Francesco Guazzugli Marini）则负责所有商业运作。改革如此彻底，改变了酒庄的酿造理念，以至于需要重新取一个名字来凸显他的创新之处。在诺莱雅丽兹（Noelia Ricci）品牌中，酿造葡萄精选自潘多法酒庄以及家族历史悠久的古老葡萄园。在今年的品鉴中，2014年份的戈登扎（Godenza）展现出精致复杂的风味，酒质细腻柔滑，融入泥土的香醇气息，缕缕辛香与掌控得宜的果香交相辉映，随之而来的是柔滑新鲜、持久集中的口感，浸润着美味的柑橘滋味。与此同时，2015年份的桑娇维塞（Sangiovese）也表现出色，这款美酒常被称为“大黄蜂”，因为它的酒标上的黄蜂非常醒目，果味四溢，伴随着诱人而淳朴的缕缕果香，令人久久难忘。这款果味丰盈的美酒口感轻盈流畅，是罗马涅产区能够出产如此风格简朴、质地精美的高品质年份佳酿的明证。

| | |
|---|---|
| ● Romagna Sangiovese Sup. Godenza '14 | 🍷🍷🍷 3* |
| ○ Bro '15 | 🍷🍷 3 |
| ● Romagna Sangiovese Sup. Il Sangiovese '15 | 🍷🍷 2* |
| ● Romagna Sangiovese Sup. Il Sangiovese '14 | 🍷🍷🍷 2* |
| ○ Bro '14 | 🍷🍷 3 |
| ● Romagna Sangiovese Sup. '13 | 🍷🍷 2* |
| ● Romagna Sangiovese Sup. Godenza '13 | 🍷🍷 2* |

## Cantine Riunite & Civ

VIA G. BRODOLINI, 24
42040 CAMPEGINE [RE]
TEL. +39 0522905711
www.riuniteciv.it

藏酒销售
年产量 130 000 000 瓶
葡萄种植面积 3500 公顷
可持续发展酒庄

这座规模巨大的协作酒庄拥有2600名葡萄种植商成员，从总计占地面积达到3500公顷的广袤葡萄园中出产美酒。除了上述这些不可思议的数字，还要提及的是通过意大利葡萄酒集团（GIV Gruppo Italiano Vini）庞大的销售数字令其成为意大利规模最大的葡萄酒生产商。虽然里乌特利酒庄（Riunite）的规模巨大，但是它的灵魂和价值依然附着在当地的葡萄酒农身上以及酒庄一直秉承的团结原则之上：齐心协力、团结一致作为引领酒庄发展的关键理念，也是里乌特利酒庄从总裁科拉多·卡索利（Corrado Casoli）开始的所有经理人们团结奋斗的努力成果。近些年来，里乌特利酒庄的兰博鲁斯科葡萄酒（Lambrusco）品质越来越令人信服，瓦尼卢塞提酒庄（Vanni Lusetti）的出品也日益展现出风土特质和真正的卓越品质。在今年的品鉴中，2015年份酒表现非常精彩。其中，2015年份的FB兰博鲁斯科（Lambrusco FB）轻快优雅、精致跃动，吐露着藩篱墙的青绿风味，融入肉豆蔻的醇香和李子的阵阵芬芳，随之而来的口感浸润着美妙的柑橘滋味。2015年份的阿尔比尼卡纳利庄雷吉亚诺（Reggiano Albinea Canali）展现出质朴的风格，浸润着醇浓的果味，单宁质地细密。与此同时，2015年份的红叶（Foglie Rosse）香氛浓郁，充满肉香，散发着帕尔玛地区（Parma）紫罗兰的缕缕花香，随之而来的口感柔美圆润。除此之外，吐露着如花芬芳的2015年份匹诺莱托拉吉（Pignoletto Righi）口感集中，浸润着草本植物滋味的收口非常美味。

| | |
|---|---|
| ● Lambrusco Emilia FB Metodo Ancestrale Albinea Canali '15 | 🍷🍷 2* |
| ● Colli di Scandiano e di Canossa Lambrusco Grasparossa Frizzante Codarossa '15 | 🍷🍷 2* |
| ● L'Oscuro Gaetano Righi '15 | 🍷🍷 2* |
| ● Lambrusco di Modena Vecchio Ducato '15 | 🍷🍷 2* |
| ● Lambrusco di Sorbara Secco Gaetano Righi '15 | 🍷🍷 2* |
| ● Lambrusco Salamino di S. Croce Secco Gaetano Righi '15 | 🍷🍷 2* |
| ○ Pignoletto Spumante Gaetano Righi '15 | 🍷🍷 2* |
| ● Reggiano Lambrusco Albinea Canali '15 | 🍷🍷 2* |
| ● Reggiano Lambrusco Foglie Rosse Albinea Canali '15 | 🍷🍷 2* |
| ● Lambrusco Grasparossa di Castelvetro Secco Gaetano Righi '15 | 🍷 2 |

## Cantine Romagnoli

LOC. VILLÒ
VIA GENOVA, 20
29020 VIGOLZONE [PC]
TEL. +39 0523870904
www.cantineromagnoli.it

藏酒销售
预约参观
年产量 300 000 瓶
葡萄种植面积 45 公顷
可持续发展酒庄

近来，珀瑞尼家族（Perini）接管了这座皮亚琴察地区（Piacenza）历史悠久的酒庄。酿酒师卢西亚娜·拜恩多（Luciana Biondo）负责酒庄的整体酿造业务，她提倡的一系列酒庄变革方案帮助酒庄征服前路面临的挑战。这里是努尔河谷（Val Nure），是皮亚琴察地区最重要的葡萄酒产区之一，被视为皮亚琴察酿酒业的摇篮，河谷地带布满了声名远播的成熟酒庄。罗马格诺里酒庄（Cantine Romagnoli）拥有占地面积达到45公顷的葡萄园，葡萄生长在古老的红黏土土壤中，由于含有丰富铁质而呈现出独特的色彩。在今年的品鉴中，罗马格诺里酒庄推荐了多款品质卓越的美酒，其中2015年份的库尔托维泰托赛科托（Colto Vitato del Cicotto）清爽质朴，是一款单一品种的巴贝拉佳酿（Barbera），吐露着馥郁浓烈的果香，随之而来的口感惬意平和，浸润着甜美的柑橘滋味，酒体厚重，满溢着血橙和甜桔的美味正是本地风土的独特之处。除此之外，2015年份的库尔托维泰托贝拉瑞亚（Colto Vitato della Bellaria）口感圆润、果味丰盈、紧致饱满。

| | |
|---|---|
| ● Colto Vitato del Cicotto '15 | 🍷🍷 2* |
| ● Gutturnio Sup. Colto Vitato della Bellaria '15 | 🍷🍷 2* |
| ○ C. P. Ortrugo Frizzante Sasso Nero del Nure '15 | 🍷 2 |
| ● Caravaggio '14 | 🍷 5 |
| ● Gutturnio Frizzante Sasso Nero del Nure '15 | 🍷 3 |
| ● Caravaggio '12 | 🍷🍷 5 |
| ● Colto Vitato del Cicotto '14 | 🍷🍷 2* |
| ○ Sasso Nero del Nure Bianco '14 | 🍷🍷 2* |
| ○ Sasso Nero del Nure Malvasia '14 | 🍷🍷 2* |

## I Sabbioni

LOC. SABBIONI
VIA DEI SABBIONI, 22
47121 FORLÌ
TEL. +39 0543755711
www.isabbioni.it

藏酒销售
年产量 46 000 瓶
葡萄种植面积 7 公顷

萨比奥尼酒庄（I Sabbioni）坐落于弗利（Forlì）和法恩莎（Faenza）之间的奥廖洛次产区（Oriolo），这里的葡萄园土壤表层呈现罕见的黄色磨砾层，这种独特的风土条件中和了一些葡萄品种过于激进的质地，保证了出品美酒中的甜美果味。20世纪80年代，科学家在这里挖掘出极具自然研究价值的南方猛犸象（Mammuthus Meridionalis）头骨，今天被保存在法恩莎的公立自然科学博物馆（Museo Civico di Scienze Naturali）中。这一伟大发现证明了这片土地在地理上的独一无二和珍贵。在今年的品鉴中，萨比奥尼酒庄提交了多款表现卓越的美酒，其中2015年份的珀纳蒂亚（Bonadea）完美阐释了生长区的风土条件，清爽的美酒吐露着森林水果的缕缕芬芳，随之而来的口感十分跃动，果味充实，极为美味。它极易入口，柔美且充满能量，与此同时展现出完美的风格。除此之外，2014年份的西斯托（Sisto）的酿造葡萄出自沙地葡萄园，充满意趣的口感得到诱人酸度的支撑，但是略干的单宁令这款酒略有瑕疵。

| | |
|---|---|
| ● Romagna Sangiovese Rubrarosa Oriolo Sisto '14 | 🍷🍷 2* |
| ● Romagna Sangiovese Sup. Rubrarosa Bonadea '15 | 🍷🍷 2* |
| ● Romagna Sangiovese Sup. Rubrarosa Bonadea '14 | 🍷🍷 2* |
| ● Romagna Sangiovese Sup. Rubrarosa Elaide Ris. '13 | 🍷🍷 4 |

## San Biagio Vecchio

Via Salita di Oriolo, 13
48018 Faenza [RA]
Tel. +39 3393523168
www.cantinasanbiagiovecchio.com

藏酒销售
预约参观
年产量 8 000 瓶
葡萄种植面积 5.5 公顷

安德里亚·巴尔杜奇（Andrea Balducci）从圣比亚焦（San Biagio）的教区主教安东尼奥·巴尔达萨瑞（Don Antonio Baldassari）那里继承了卓越的酿酒经验，成为酿造气质质朴、品质优秀、拥有甜美表现力的阿尔巴纳葡萄酒（Albana）的大师。从这一经验出发，安德里亚与妻子露西亚·泽尼提（Lucia Ziniti）继续努力，试图展示这种白葡萄品种独特而奇妙的特性——酸度精美、力道十足、单宁结构细腻——尽管这一过程难度极高。萨比亚吉拉美酒（Sabbiagialla）的名字来自于更新世（Pleistocene）的沙土地，极富特色的土壤滋养着三十年前栽下的葡萄藤——当时从本地老克隆藤中经过长时间甄选后种下。在今年的品鉴中，圣比亚焦老藤酒庄（San Biagio Vecchio）出品的2015年份萨比亚吉拉如同往常一样是生长季气候条件的忠诚反映，吐露着诱人且浓郁的酒香，但是很快消散，不过却保证了复杂的风味和绵长的陈年能力。口感美味精致，收口余韵浸润着草本植物的清爽味道。香叶、咖喱草、葡萄柚、藏红花和蜜糖的香氛渐次涌现，缭绕升腾。

| | |
|---|---|
| ○ Sabbiagialla '15 | ▼▼ 2* |
| ○ MammaMia! '15 | ▼ 2 |
| ○ Ambrosia Albana Passito '07 | ▽▽ 3 |
| ● Centesimino Passito '12 | ▽▽ 4 |
| ○ Quintessenza Albana Passito '12 | ▽▽ 3 |
| ○ Sabbiagialla '14 | ▽▽ 2* |
| ○ Sabbiagialla '13 | ▽▽ 2* |
| ○ Sabbiagialla '12 | ▽▽ 2* |
| ○ Sabbiagialla '11 | ▽▽ 3 |
| ● Sangiovese di Romagna Sup. Barbatello '12 | ▽▽ 3 |
| ● Sangiovese di Romagna Sup. Serraglio '10 | ▽▽ 3 |
| ● Sangiovese di Romagna Sup. Serraglio '09 | ▽▽ 2* |

## Vigne di San Lorenzo

via Campiume, 6
48013 Brisighella [RA]
Tel. +39 3391137070
www.vignedisanlorenzo.it

藏酒销售
预约参观
膳宿接待
年产量 10 000 瓶
葡萄种植面积 3 公顷
葡萄栽培方式 有机认证

在布里西盖拉（Brisighella）以北几公里的拉莫恩谷（Valle del Lamone），位于从法恩莎（Faenza）前往佛罗伦萨（Florence）的途中，我们发现了坎皮姆小城（Campiume），这里的景色俊秀怡人，菲利珀·马内蒂（Filippo Manetti）在这里创建了规模不大的圣洛伦佐园酒庄（Vigne di San Lorenzo），并且为前来观光品酒的游客设立了五间品酒室。作为卓越的葡萄种植师和知识分子，他多年来一直在追求大师级的酿造风格，他打造的美酒精美优质，是生长季的忠诚表现，极具陈年潜力。在今年的品鉴中，圣洛伦佐园酒庄2012年份的坎皮姆（Campiume）风味复杂，是一款融入肉香和泥土醇香的桑娇维塞（Sangiovese），吐露着非常质朴的果香，口感美味跃动，呈现质地细密紧致的单宁，酒中浸润着甜美的石榴滋味。这款美酒在经过陈年后将会表现出更加卓越的品质。与此同时，2011年份的欧蒂丝（Oudeis）是一款单一品种桑娇维塞（Sangiovese），在大型橡木桶中陈年酿制，酒质精美，风味复杂，吐露着浓郁的酒香，口感非常优雅。秋日落叶般的芬芳和着泥土的矿物质醇香萦绕其间，更有一抹肉香在抵达收口巅峰时充分显露。

| | |
|---|---|
| ● Campiume '12 | ▼▼ 4 |
| ● Oudeis '11 | ▼▼ 5 |
| ● Campiume '11 | ▽▽ 4 |
| ● Campiume '09 | ▽▽ 4 |
| ● Campiume '08 | ▽▽ 4 |
| ● San Lorenzo '11 | ▽▽ 4 |
| ● San Lorenzo '09 | ▽▽ 4 |
| ● San Lorenzo '08 | ▽▽ 4 |
| ● San Lorenzo '07 | ▽▽ 4 |
| ● Sangiovese Campaglione '11 | ▽▽ 2* |
| ● Sangiovese di Romagna Sup. Campiume Ris. '07 | ▽▽ 4 |
| ● Sangiovese di Romagna Sup. Campiume Ris. '06 | ▽▽ 4 |

## ★San Patrignano

via San Patrignano, 53
47853 Coriano [RN]
Tel. +39 0541362111
www.spaziosanpa.com

预约参观
餐饮接待
年产量 500 000 瓶
葡萄种植面积 110 公顷
葡萄栽培方式 有机认证

圣帕翠格纳诺联合酒庄（Community of San Patrignano）拥有极具生产力的110公顷葡萄园，最初种植于20世纪90年代，今天成为整个瑞米尼产区（Rimini）最宝贵的财富，也是酒庄出品绝对品质的保证。瑞卡多·科塔瑞拉（Riccardo Cotarella）与酒庄工作人员面对挑战，追求越来越清晰阐释本地风土条件的美酒风格。圣帕翠格纳诺联合酒庄坐落于瑞米尼的山脚下，临近海滨带来的温和气候条件使这里出产的美酒果味表现力突出，单宁诱人，即便桑娇维塞（Sangiovese）也是如此——通常这里的桑娇维塞总是口感锐利，略显僵化。这里对于波尔多葡萄品种（Bordeaux）的生长非常理想，瑞米尼附近地区的波尔多葡萄能够发展出令人惊叹的复杂和优雅，与宝格利（Bolgheri）相比毫不逊色。2012年份的蒙泰皮罗赤霞珠（Cabernet Sauvignon Montepirolo）丰盈紧致，展现出细腻的酒质，辛辣的芬芳层层叠叠延宕开去，吐露着着质朴的果香。这是一款平衡度极佳的典范美酒，饱满的果味和优雅的气质相得益彰，展现出瑞米尼以及周边地区非常适合波尔多葡萄品种的生长。除此之外，成熟的2012年份艾薇（Avi）果香果味浓郁，单宁细腻紧致。

| | |
|---|---|
| ● Colli di Rimini Cabernet Sauvignon Montepirolo '12 | 🍷🍷🍷 4* |
| ○ Aulente Bianco '15 | 🍷🍷 2* |
| ● Romagna Sangiovese Sup. Ris. Avi '12 | 🍷🍷 4 |
| ● Aulente Rosso '15 | 🍷 2 |
| ● Colli di Rimini Cabernet Montepirolo '06 | 🍷🍷🍷 5 |
| ● Colli di Rimini Cabernet Montepirolo '04 | 🍷🍷🍷 5 |
| ● Colli di Rimini Rosso Noi '04 | 🍷🍷🍷 4 |
| ● Romagna Sangiovese Sup. Avi Ris. '11 | 🍷🍷🍷 5 |
| ● Sangiovese di Romagna Sup. Avi Ris. '08 | 🍷🍷🍷 5 |
| ● Sangiovese di Romagna Sup. Avi Ris. '07 | 🍷🍷🍷 5 |
| ● Sangiovese di Romagna Sup. Avi Ris. '06 | 🍷🍷🍷 5 |
| ● Sangiovese di Romagna Sup. Avi Ris. '05 | 🍷🍷🍷 5 |
| ● Sangiovese di Romagna Sup. Ora '12 | 🍷🍷🍷 3* |
| ● Sangiovese di Romagna Sup. Ora '11 | 🍷🍷🍷 3* |

## San Valentino

fraz. San Martino in Venti
via Tomasetta, 13
47900 Rimini
Tel. +39 0541752231
www.vinisanvalentino.com

藏酒销售
预约参观
膳宿接待
年产量 120 000 瓶
葡萄种植面积 20 公顷
葡萄栽培方式 生物动力学认证

圣瓦伦蒂诺酒庄（San Valentino）是一座历史悠久的著名酒庄，坐落于瑞米尼（Rimini）附近的山丘，酒庄葡萄园俯瞰大海，得益于亚得里亚海（Adriatic）凉爽海风吹拂下的适宜温差和夏日季风，出产优质美酒。多年来，罗伯托·马斯嘉瑞（Roberto Mascarin）非常勇敢地做出了许多冒险的决定，在法国酿酒师米歇尔·巴尔博（Michel Barbaud）的协助下，采用革命性的种植技术，全部转化为单一生物动力学栽培方式，致力于生产具有大师级特色、同时又符合精准标准的美酒。在今年的品鉴中，风味复杂、口感干爽的2014年份薇薇安（Vivian）是以桑娇维塞（Sangiovese）、蒙特普齐亚诺（Montepulciano）和西拉（Syrah）联合打造的混酿，个性十足，吐露着森林大地的缕缕醇香，融入土壤、水果和清草的混合芬芳，香氛多变，一路引领着辛辣而美味的口感，浸润着圆润且优雅的果味。与此同时，2000年的穆切蒂伯爵夫人（Contesse Muschetti）从各个方面而言都是一款圣酒（Vin Santo），吐露着品种葡萄典型的果香，融入新磨咖啡粉的醇香和水果干的芬芳，犹如无花果、胡桃皮、奶酪、咖喱草和苦艾混合起来的香气缭绕飘散。除此之外，2014年份的新月（Luna Nuova）是一款单一品种品丽珠（Cabernet Franc），吐露着绿蔬的清香和胡椒的辛香，美味令人迷醉。

| | |
|---|---|
| ● Vivian '14 | 🍷🍷 3* |
| ○ Colli di Rimini Rebola Passito Contesse Muschietti 15 Anni '00 | 🍷🍷 8 |
| ○ Colli di Rimini Rebola Scabi Bianco '15 | 🍷🍷 2* |
| ○ Due Bianco '15 | 🍷🍷 3 |
| ● Luna Nuova '14 | 🍷🍷 5 |
| ● Sangiovese di Romagna Sup. Scabi '14 | 🍷 2 |
| ● Sangiovese di Romagna Sup. Terra di Covignano Ris. '05 | 🍷🍷🍷 5 |
| ● Sangiovese di Romagna Sup. Terra di Covignano Ris. '03 | 🍷🍷🍷 4 |
| ● Sangiovese di Romagna Sup. Terra di Covignano Ris. '02 | 🍷🍷🍷 4 |
| ● Sangiovese di Romagna Sup. Terra di Covignano Ris. '01 | 🍷🍷🍷 4 |

## Cantina Sociale Santa Croce

S.S. 468 DI CORREGGIO, 35
41012 CARPI [MO]
TEL. +39 059664007
www.cantinasantacroce.it

藏酒销售
预约参观
年产量 400 000 瓶
葡萄种植面积 500 公顷

这座酒庄的古老历史最早可以追溯到1907年的源头，它位于卡皮（Carpi）附近的圣克罗齐（Santa Croce），位于罗马涅产区的中心地带，擅长出产萨拉米诺兰博鲁斯科（Lambrusco Salamino）。圣克罗齐联合酒庄（Cantina Sociale Santa Croce）拥有250名葡萄种植商成员，他们在摩德纳（Modena）南部平原占地面积总计500公顷的土地上忙碌培植酿造葡萄。有些成员位于艾米利亚的瑞吉欧地区（Reggio Emilia），地处赛齐亚（Secchia）左岸的里米蒂（Limidi）和索兹加里（Sozzigalli）以北不远处——那里的土壤质地松软，对于索巴拉葡萄（Sorbara）的生长极为理想。如果想要进一步了解圣克罗齐联合酒庄出品的系列美酒，那就品尝一下毛里奇奥·邦尼（Maurizio Boni）酿造的美酒，他刚刚接替伟大的酿酒师威廉姆·弗利热里（Villiam Friggeri）负责酒庄的酿造业务。在今年的品鉴中，2015年份的利尼亚（Linea）果香四溢，散发着奶油般浓醇的芬芳，是同类美酒中的佼佼者，充分反映出本地风土特质，果味饱满丰盈，口感清爽新鲜，气质质朴，单宁优雅。除此之外，2015年份的传统（Tradizione）果味丰盈饱满，质地紧密细腻，吐露着樱桃和黑莓的缕缕果香，令人迷醉。

| | |
|---|---|
| ● Lambrusco Salamino di S. Croce Secco Linea '15 | 🍷🍷 1* |
| ● Lambrusco Salamino di S. Croce Tradizione '15 | 🍷🍷 1* |
| ● Lambrusco Salamino di S. Croce Amabile Linea '15 | 🍷 1* |
| ● 100 Vendemmie Rosé Brut '14 | 🍷🍷 2* |
| ● Lambrusco Grasparossa di Castelvetro Secco '14 | 🍷🍷 2* |
| ● Lambrusco Salamino di S. Croce Enoteca '13 | 🍷🍷 1* |
| ● Lambrusco Salamino di S. Croce Tradizione '14 | 🍷🍷 1* |
| ● Lambrusco Salamino di S. Croce Tradizione '13 | 🍷🍷 1* |

## Tenuta Santini

FRAZ. PASSANO
VIA CAMPO, 33
47853 CORIANO [RN]
TEL. +39 0541656527
www.tenutasantini.com

藏酒销售
预约参观
年产量 40 000 瓶
葡萄种植面积 22 公顷

桑蒂尼酒庄（Tenuta Santini）靠近科里亚诺（Coriano），地处瑞米尼（Rimini）和里乔内（Riccione）山脚下，位于圣玛瑞诺（San Marino）和马雷基亚谷（Val Marecchia）之间。这片绵延的山丘拥有几乎一模一样的黏土和石灰土质土壤，由于沿海而气温波动较大——尤其在夏日，凉爽的海风带走了炎热，保证了地块上空良好的空气流通。桑蒂尼酒庄打造的桑娇维塞（Sangioveses）佳酿因而果香果味四溢，极易入口，气质优雅，单宁结构柔美不具攻击性。更有意趣的是以波尔多葡萄品种（Bordeaux）酿造而成的美酒，桑蒂尼酒庄试图展现深邃复杂、优雅原始的独特个性。因此，这片土地被称为亚得里亚海岸的宝格利（Adriatic's Bolgheri）绝非偶然。在今年的品鉴中，2014年份的巴塔莱奥（Battarreo）是以赤霞珠（Cabernet sauvignon）和梅洛（Merlot）打造而成的混酿，优雅浓郁、辛香四溢、饱满圆润、飘散的缕缕果香十分质朴，随之而来的是丰盈的果味口感，紧致而绵长，余韵持久在唇齿间流连。除此之外，2015年份的比托恩里克（Beato Enrico）吐露着诱人而温热的酒香，口感清爽新鲜，令人久久难忘。

| | |
|---|---|
| ● Battarreo '14 | 🍷🍷 3* |
| ● Romagna Sangiovese Sup. Beato Enrico '15 | 🍷🍷 2* |
| ● Romagna Sangiovese Sup. Cornelianum Ris. '13 | 🍷🍷 4 |
| ● Battarreo '09 | 🍷🍷 3 |
| ● Sangiovese di Romagna Sup. Beato Enrico '11 | 🍷🍷 2* |
| ● Sangiovese di Romagna Sup. Cornelianum Ris. '12 | 🍷🍷 4 |
| ● Sangiovese di Romagna Sup. Cornelianum Ris. '10 | 🍷🍷 4 |
| ● Sangiovese di Romagna Sup. Cornelianum Ris. '09 | 🍷🍷 4 |
| ● Sangiovese di Romagna Sup. Cornelianum Ris. '08 | 🍷🍷 4 |

## Cantina Sociale Settecani

via Modena, 184
41014 Castelvetro di Modena [MO]
Tel. +39 059702505
www.cantinasettecani.it

藏酒销售
年产量 1 000 000 瓶
葡萄种植面积 530 公顷

这座小型协作酒庄成立于1923年，180名种植商成员照料着种植总面积达到300公顷的葡萄园。萨泰卡尼协作酒庄（Cantina Sociale Settecani）位于历史悠久的卡斯特尔维特罗村（Borgo di Castelvetro），坐落于摩德纳地区（Modena）外围景色秀美的群山间，这里是兰博鲁斯科格拉斯巴罗萨葡萄（Lambrusco Grasparossa）最中心的种植区。只有一小部分葡萄酒进行装瓶，酒庄推荐的美酒都是经典佳酿，独具风土特色，展现出真正可以信赖的高品质，持续显露出卓越而稳定的质量，绝对是性价比最优之选。在今年的品鉴中，2015年份的赛科格拉斯巴罗萨（Grasparossa Secco）是一款气质经典的美酒，果香果味四溢，非常适合每日饮用，口感犹如奶油般绵密丝滑，美味的收口巅峰融入柑橘的甜美和泥土的醇香，丰盈饱满。与此同时，风味复杂的2015年份酒中之王（Vini del Re）展现出淳朴的灵魂，散发着矿物质的缕缕醇香，美酒入喉，浸润着血橙般的香甜果味，底蕴中更透露出丝丝海盐的咸味儿和草本植物的青绿风味，酒质美味而细腻。除此之外，2015年份的狄威诺（Divino）风格质朴，口感紧致，吐露着黑莓和醋栗的缕缕果香，融入黑茶的丝丝醇香，给人带来美妙享受。

- ● Lambrusco Grasparossa di Castelvetro Secco '15 🍷🍷 1*
- ● Lambrusco Grasparossa di Castelvetro Secco Divino '15 🍷🍷 1*
- ● Lambrusco Grasparossa di Castelvetro Secco Vini del Re '15 🍷🍷 1*
- ● Lambrusco Grasparossa di Castelvetro Amabile '14 🍷🍷 1*
- ● Lambrusco Grasparossa di Castelvetro Amabile '13 🍷🍷 1*
- ● Lambrusco Grasparossa di Castelvetro Secco '14 🍷🍷 1*
- ● Lambrusco Grasparossa di Castelvetro Secco '13 🍷🍷 1*
- ● Lambrusco Grasparossa di Castelvetro Secco '12 🍷🍷 1*

## La Stoppa

loc. Ancarano
29029 Rivergaro [PC]
Tel. +39 0523958159
www.lastoppa.it

藏酒销售
预约参观
餐饮接待
年产量 160 000 瓶
葡萄种植面积 32 公顷
葡萄栽培方式 有机认证

艾琳娜·潘塔莱奥尼（Elena Pantaleoni
是拉斯托帕酒庄（La Stoppa）发展史
的重量级人物——最初来自热那亚的
师安戈诺（Ageno）于二十世纪之初创
了拉斯托帕酒庄，曾经在这里实验种
一些法国的葡萄品种，这在当时已经
非常时髦的突破性尝试，1973年，潘
莱奥尼家族买下了这座古老的酒庄。
品别具一格的成熟风味以及高产量令
斯托帕酒庄成为意大利天然葡萄酒的
征，激励了数十名种植商采取革命性
方式进行酿造，并且展露出彼此交流
意愿。在这片带来清凛酒质的卓越种
地块，艾琳娜和朱里奥·阿玛尼（Giul
Armani）生产出风味复杂，口感纯粹
朴的美酒，展现出不可思议的深邃
感，同时凸显极为卓越的陈年潜力。
今年的品鉴中，2014年份的特莱比奥
弗莫（Trebbiolo Fermo）是一款以巴贝
（Barbera）和伯纳达（Bonarda）混酿
成的美酒，开启后需要与空气亲密接
一段时间才能展现出浓郁的果香和醇
的泥土风味，底蕴中透露出缕缕矿物
的醇香。随之而来的口感紧致锐利，
果味四溢，浸润着甜美的柑橘滋味。
除此之外，风味复杂的2010年份安戈
（Ageno）是一款经过浸渍的白葡萄酒，
吐露着水果干的缕缕芬芳，融入咖
草、苦艾和桉树的丝丝异香，一路引
着轻快而清爽的美味口感。

- ● Trebbiolo Rosso Fermo '14 🍷🍷
- ○ Ageno '10 🍷🍷
- ● Trebbiolo Rosso Frizzante '14 🍷🍷
- ● C. P. Cabernet Sauvignon Stoppa '96 🍷🍷🍷
- ○ C. P. Malvasia Passito V. del Volta '06 🍷🍷🍷
- ○ C. P. Malvasia Passito V. del Volta '04 🍷🍷🍷
- ○ C. P. Malvasia Passito V. del Volta '03 🍷🍷🍷
- ○ C. P. Malvasia Passito V. del Volta '97 🍷🍷🍷
- ● Macchiona '06 🍷🍷🍷
- ● Macchiona '05 🍷🍷🍷
- ○ Vigna del Volta '08 🍷🍷🍷
- ○ Ageno '11 🍷🍷
- ● Barbera della Stoppa '10 🍷🍷
- ● Barbera della Stoppa '09 🍷🍷
- ● Macchiona '09 🍷🍷
- ● Trebbiolo '13 🍷🍷

## enuta Saiano

AZ. MONTEBELLO
A CASONE, 30
7824 TORRIANA [RN]
EL. +39 3667862921
www.tenutasaiano.it

藏酒销售
预约参观
膳宿接待
年产量 15 000 瓶
葡萄种植面积 11 公顷
葡萄栽培方式 有机认证

商人曼里奥·马基欧利（Manlio Maggioli）于2003年创建了圣亚诺酒庄（Tenuta Saiano），酒庄在托利亚纳（Torriana）附近拥有占地面积达到10公顷的自有葡萄园，地块土壤富含白垩泥灰土质，地处瑞米尼（Rimini）海拔400米的山顶。白垩土质赋予出品美酒优雅质感和略咸口味，圣亚诺酒庄整个出品系列都展现出类似的风味。酒庄供应托利亚纳最著名的罗马涅圣阿尔坎杰洛桑娇维塞（La Sangiovesa di Santarcangelo di Romagna）——这里也是马基欧利家族名下产业；同时也为大师级的卓越威末酒（Vermouth）提供基酒。在今年的品鉴中，2015年份的圣亚诺（Saiano）是由赤霞珠（Cabernet）、梅洛（Merlot）和桑娇维塞（Sangiovese）混酿而成的美酒，口感强大有力，能量十足。这款丰盈饱满、口感辛辣、果香四溢的美酒，将赤霞珠葡萄的青绿风味与梅洛葡萄的饱满果味完美地结合起来，更有桑娇维塞葡萄平添优雅，令口感更加紧致有力。除此之外，果香果味四溢、如花芬芳的2015年份吉安乔托（Gianciotto）口感非常鲜美，展现出敏感精致而美味的灵魂。

| | |
|---|---|
| Romagna Sangiovese Sup. Gianciotto '15 | 🍷🍷 2* |
| Saiano Rosso '15 | 🍷🍷 2* |
| Romagna Sangiovese Sup. Gianciotto '14 | 🍷🍷 2* |
| Romagna Sangiovese Sup. Gianciotto '13 | 🍷🍷 2* |
| Saiano Rosso '14 | 🍷🍷 2* |
| Saiano Rosso '13 | 🍷🍷 2* |

## Torre San Martino

VIA SAN MARTINO IN MONTE
47015 MODIGLIANA [FC]
TEL. +39 0689786312
www.torre1922.it

藏酒销售
预约参观
年产量 38 000 瓶
葡萄种植面积 7.5 公顷

圣马丁诺酒庄（Torre San Martino）的葡萄园坐落于莫迪利亚纳地区（Modigliana）海拔350米的高地，拥有砂石质地的土壤，展现出独具特色的风土条件，给予这里生长的酿造葡萄细腻的口感和绵长的陈年潜力。这里距离阿塞莱塔谷（Valle dell' Acerreta）尤其近，只有一步之遥，是从莫迪利亚纳前往亚平宁山（Apennines）途中拔地而起的三座山谷之一。在这三座山谷中，这里最为富含黏土土壤。虽然圣马丁诺酒庄出品美酒拥有无法错认的风土特质，入口略咸，单宁非常优雅，酸度锐利怡人，但是与此同时也展现出更加扎实劲道的口感，酒质呈细腻的颗粒质感。圣马丁诺酒庄还拥有罗马涅产区（Romagna）最古老的葡萄园，葡萄园最早创建于1922年，如今在酒庄的葡萄栽培师和酿酒师弗朗西斯科·博迪尼（Francesco Bordini）的耐心重建下，园中地块遍布修剪成郁金香树形的葡萄藤。在今年的品鉴中，2013年份的1922年葡萄园系列桑娇维塞（Sangiovese Vigna 1922）带有矿物质的醇香和香膏的芬芳，更有一抹铅笔屑般的气息萦绕其间，香氛优雅，有植物的青绿风味。美酒入喉，略咸的酸度带来完美的酒质演化，得到质地紧致细腻的单宁支撑。除此之外，2015年份的格美（Gemme）吐露着浓郁集中且淳朴自然的果香，融入石榴和柑橘的甜美芬芳。

| | |
|---|---|
| ● Romagna Sangiovese Modigliana Sup. V. 1922 Ris. '13 | 🍷🍷🍷 6 |
| ● Romagna Sangiovese Modigliana Sup. Gemme '15 | 🍷🍷 3* |
| ● Colli di Faenza V. Claudia Ris. '13 | 🍷🍷 3 |
| ○ V. della Signora '15 | 🍷🍷 5 |
| ● Romagna Sangiovese Sup. Gemme '14 | 🍷🍷🍷 3* |
| ● Sangiovese di Romagna V. 1922 Ris. '11 | 🍷🍷🍷 6 |
| ○ Colli di Faenza Torre '12 | 🍷🍷 2* |
| ● Colli di Faenza V. Claudia Ris. '12 | 🍷🍷 3 |
| ● Romagna Sangiovese Sup. V. 1922 Ris. '12 | 🍷🍷 6 |
| ● Sangiovese di Romagna V. 1922 '08 | 🍷🍷 6 |

## Venturini Baldini

fraz. Roncolo
via Turati, 42
42020 Quattro Castella [RE]
Tel. +39 0522249011
www.venturinibaldini.it

藏酒销售
预约参观
餐饮接待
年产量 300 000 瓶
葡萄种植面积 35 公顷
葡萄栽培方式 有机认证

本图里尼巴尔迪尼酒庄（Venturini Baldini）创建于1975年，但是它的根基则拥有更加古老的历史渊源，可以追溯到曾在遥远的1670年设立在这里的一家庄园别墅。这里是距离艾米利亚瑞吉欧（Reggio Emilia）最近的山区地带，酒庄拥有占地面积达到35公顷的葡萄园，二十年来始终采用有机方式栽培照料，周围环绕着150公顷的林地和草地。近期，伊维尔纳投资集团（Iverna）旗下的大型意大利葡萄酒公司买下了本图里尼巴尔迪尼酒庄，今天的酒庄由约瑟佩・普莱斯提亚（Giuseppe Prestia）经营管理，洛伦佐・特西（Lorenzo Tersi）和莫妮卡・弗兰切斯凯蒂（Monica Franceschetti）与约瑟佩一道努力，将这个历史悠久的品牌带到更高的巅峰，坚定不移地相信本地风土条件和高品质兰博鲁斯科葡萄（Lambrusco）的巨大潜力。丹尼・比尼（Denny Bini）一直长期在酒庄担任酿酒顾问，将其宝贵的酿造经验奉献给酿酒师卡洛・福瑞尼（Carlo Ferrini）。今年是卡洛复杂出品的第二年，收获的系列美酒极富意趣，令人十分满意。在今年的品鉴中，本图里尼巴尔迪尼酒庄2015年份的马诺多瑞（Manodori）是一款酒质细腻的优雅美酒，吐露着清爽的柑橘香，融入美味的果味。

- ● Reggiano Lambrusco Secco Marchese Manodori '15 — 3*
- ○ Colli di Scandiano e di Canossa Malvasia Frizzante Secco Graniers '15 — 2*
- ⊙ Reggiano Lambrusco Rosato Spumante Secco Cadelvento '15 — 3
- ● Reggiano Lambrusco Secco Spumante Rubino del Cerro '15 — 3
- ● Reggiano Lambrusco Rosso Spumante Brut Quaranta '15 — 3
- ⊙ Reggiano Lambrusco Rosato Secco '14 — 2*
- ● Reggiano Lambrusco Secco '14 — 2*
- ● Rubino del Cerro Mater Spumante '14 — 2*

## Francesco Vezzelli

fraz. San Matteo
via Canaletto Nord, 878a
41122 Modena
Tel. +39 059318695
aavezzelli@gmail.com

藏酒销售
预约参观
年产量 120 000 瓶
葡萄种植面积 15 公顷

弗朗西斯科维泽利酒庄（Francesc Vezzelli）是一家始创于1958年的小型家 酒庄，如今家族的第三代执掌着这座 庄。酒庄坐落于摩德纳（Modena）外围 带的圣马提欧小村（San Matteo），酒 葡萄园则坐落于索兹加里（Sozzigalli）， 位于赛齐亚（Secchia）低矮的河谷大 与主堤之间的冲积平原。这里蓬松且 养贫瘠的土壤对于兰博鲁斯科索巴拉 萄（Lambrusco Sorbara）的生长且非常 想，能赋予果实馥郁芬芳和矿物质 感。格拉斯巴罗萨葡萄酒（Grasparossas 也在这里酿造而成，采用来自勒韦赞 兰格内（Levizzano Rangone）的其他种 商的酿造果实。在今年的品鉴中， 朗西斯科维泽利酒庄提交了多款品 卓越的美酒，其中2015年份的精选系 （Selezione）口感锐利，富含矿物质 香，但是还需要时间来慢慢释放质朴 味的果味。美酒入喉，饱满丰盈的 香与玫瑰花的芬芳完美结合，帕尔 （Parma）紫罗兰和山楂的香甜飘散， 有一抹燧石芬芳萦绕其间。口感跃动、 气质质朴的美酒浸润着优雅口感，酒 扎实清凛，纯净美味。

- ● Lambrusco di Sorbara Il Selezione '15 — 2
- ● Lambrusco di Sorbara Secco Soldino '15 — 2
- ⊙ Lambrusco di Sorbara Spumante Brut MoRosa Rosé '15 — 2
- ● Lambrusco Grasparossa di Castelvetro Secco Rive dei Ciliegi '15 — 2
- ● Lambrusco di Sorbara Il Selezione '14 — 2
- ⊙ Lambrusco di Sorbara Rosé MoRosa '14 — 2
- ● Lambrusco Grasparossa di Castelvetro Rive dei Ciliegi '14 — 2

## Villa di Corlo

loc. Baggiovara
s.da Cavezzo, 200
41126 Modena
Tel. +39 059510736
www.villadicorlo.com

藏酒销售
预约参观
年产量 85 000 瓶
葡萄种植面积 26.5 公顷

马利亚·安东尼塔·穆纳利（Maria Antonietta Munari）完美展现出摩德纳地区（Modena）及其人民的勤奋耐劳以及极为乐观的精神世界，更表露出对于这片历经时光考验的卓越种植地和酿酒地的热爱。科洛酒庄（Villa di Corlo）坐落于艾米利亚（Via Emilia）附近古老的庄园别墅，这里的葡萄园土壤非常适合种植格拉斯巴罗萨（Grasparossa），这是科洛酒庄最佳出品美酒的基础。酒品的整体质量非常值得信赖，格拉斯巴罗萨葡萄酒的风格十分诱人，果味浓郁，与其他更具本地风土特色表达的酒品迥然不同。这里同时也是摩德纳地区最古老且最精美的香醋制造工场的所在，出产品质卓越的传统巴萨米克香醋（Aceto Balsamico Tradizionale）。在今年的品鉴中，2015年份的克莱托（Corleto）是一款品质好酒，洋溢着阵阵果香，如今诱人的风格竟与多年前极易入口、丰盈饱满的风格迥然不同。这是出于酒庄主人做出重大革新的结果，但是我们依然能够从中感觉到这座小酒庄种植的高品质酿造葡萄拥有更胜从前的巨大潜力。除此之外，2015年份的格拉斯巴罗萨（Grasparossa）品质令人信服，但是散发着略显过熟的果香，口感却十分清新，只是过干的单宁略显瑕疵。

| | |
|---|---|
| ● Lambrusco Grasparossa di Castelvetro Corleto '15 | 🍷🍷 2* |
| ○ Lambrusco Grasparossa di Castelvetro Rosato Spumante Brut '15 | 🍷 2 |
| ● Lambrusco Grasparossa di Castelvetro Secco '15 | 🍷 2 |
| ○ Pignoletto Extra Dry '15 | 🍷 2 |
| ● Lambrusco di Sorbara Primevo '14 | 🍷🍷 2* |
| ● Lambrusco di Sorbara Primevo '13 | 🍷🍷 2* |
| ● Lambrusco Grasparossa di Castelvetro Amabile '13 | 🍷🍷 2* |
| ● Lambrusco Grasparossa di Castelvetro Corleto '13 | 🍷🍷 2* |

## Villa Liverzano

fraz. Rontana
via Valloni, 47
48013 Brisighella [RA]
Tel. +39 054680461
www.liverzano.it

藏酒销售
预约参观
膳宿接待
年产量 15 000 瓶
葡萄种植面积 3.2 公顷
葡萄栽培方式 有机认证

马可·蒙塔纳瑞（Marco Montanari）在这片独一无二的土地上照料着葡萄藤，这里拥有布里西盖拉地区（Brisighella）特有的白垩土质，为果味强劲、极富表现力的美酒带来极度细腻的酒质和持久如一的品质，在马可的故乡瑞典取得了极大的成功。马可在这片布里西盖拉地区海拔最高的地带与艰苦卓绝的气候条件做着持久的斗争，充分证明了出品美酒也是一种文化传达，佳酿讲述了每一位酿酒人充满感情色彩的故事。在里弗扎诺堡酒庄（Villa Liverzano），美酒出自农学家和酿酒师弗朗西斯科·博迪尼（Francesco Bordini）之手。在今年的品鉴中，2013年份的多恩（Don）是品丽珠（Cabernet franc）和佳美娜（Carmenere）混酿而成的美酒，别具一格，显示出自己的与众不同。它的香氛十分复杂，吐露着馥郁的果香，更有丝丝香料的辛香萦绕其间，底蕴中透露出缕缕石榴的清爽果香，一路引领出紧致浓郁且干爽的美味口感，果味丰盈而深邃。除此之外，2012年份的莱博洛（Rebello）是以桑娇维塞（Sangiovese）和梅洛（Merlot）混酿而成的美酒，单宁犹如丝绸般柔滑脆爽，酒中浸润着浓郁的果味。

| | |
|---|---|
| ● Don '13 | 🍷🍷 6 |
| ● Rebello '12 | 🍷🍷 5 |
| ● Donna Merlot '11 | 🍷🍷 7 |
| ● Don '11 | 🍷🍷 6 |
| ● Don '10 | 🍷🍷 6 |
| ● Don '09 | 🍷🍷 6 |
| ● Don '08 | 🍷🍷 6 |
| ● Donna '09 | 🍷🍷 7 |
| ● Rebello '11 | 🍷🍷 5 |
| ● Rebello '10 | 🍷🍷 5 |
| ● Rebello '08 | 🍷🍷 5 |
| ● Rebello '07 | 🍷🍷 5 |
| ● Trecento '12 | 🍷🍷 4 |
| ● Trecento '11 | 🍷🍷 4 |
| ● Trecento '10 | 🍷🍷 4 |

## Villa Papiano

via Ibola, 24
47015 Modigliana [FC]
Tel. +39 0546941790
www.villapapiano.it

藏酒销售
预约参观
年产量 50 000 瓶
葡萄种植面积 10 公顷

弗朗西斯科·博迪尼（Francesco Bordini）是一位季节大师，能够完美阐释莫迪利亚纳地区（Modigliana）的风土特质，而且试图在品质卓越、果味饱满的美酒中将泥灰砂石土壤的潜力发挥至极限，与此同时并不牺牲生长在埃博拉河谷（Valle dell' Ibola）海拔500米高的基奥达山（Mount Chioda）北坡的桑娇维塞（Sangiovese）的原始风味。帕皮安诺酒庄（Villa Papiano）出品的美酒气质纯朴，显示出罕见的单宁结构和无可匹敌的绵长陈年能力。酒庄的葡萄园堪称产区海拔最高的葡萄园，与丛林和牧场相映成趣，完美嵌入田园风光之中。在今年的品鉴中，帕皮安诺酒庄提交的多款品质好酒，其中2013年份的埃普罗比（I Probi）是一款单一品种的桑娇维塞（Sangiovese），在大型橡木桶中陈年，气质优雅，风格深邃质朴而且劲道有力。它吐露着层层叠叠的质朴香气，口感持久美味，单宁表现出罕见的硬朗，在其支撑下保证了这款美酒极强的陈年能力。除此之外，2015年份的帕皮斯（Le Papesse）果香四溢，果味丰盈，口感轻快而直接，非常紧致美味。

- ● Romagna Sangiovese Modigliana I Probi di Papiano Ris. '13 — ΨΨΨ 3*
- ● Romagna Sangiovese Sup. Le Papesse di Papiano '15 — ΨΨ 2*
- ○ Terra! '15 — ΨΨ 3
- ○ Tregenda Albana Passita V. T. '13 — ΨΨ 3
- ● Romagna Sangiovese I Probi di Papiano Ris. '12 — ΨΨΨ 3*
- ● Sangiovese di Romagna I Probi di Papiano Ris. '11 — ΨΨΨ 3*
- ● Sangiovese di Romagna I Probi di Papiano Ris. '10 — ΨΨΨ 3*

## Villa Venti

loc. Villaventi di Roncofreddo
via Doccia, 1442
47020 Forlì
Tel. +39 0541949532
www.villaventi.it

藏酒销售
预约参观
膳宿接待
年产量 27 500 瓶
葡萄种植面积 7 公顷
葡萄栽培方式 有机认证

在经验丰富的毛罗·卡蒂尼（Maur Giardini）和戴维德·卡斯特鲁奇（David Castellucci）的主持下，温蒂堡酒庄（Vill Venti）葡萄园的全部地块都成为种植区全力出产酿造果实，通过勤勉劳动充分利用土地的每一点风土变化来打造不同风格的美酒。奇特的是，这些星罗棋布的地块土壤条件各不相同，包括砂质土壤、红黏土和黄沙黏土等。理解和认识到风土条件的多样性需要细致谨慎的准确判断，以及长年在葡萄田间劳作积累起来的充分自信。这正是温蒂堡酒庄成为风土阐释典范酒庄的法宝，年复一年推出大师级经典美酒，并没有落入有机酒和天然酒常常无法避免的俗套中。有机会一定要造访温蒂堡酒庄，亲耳聆听酿酒人阐释不同的风土特征带来的不同美酒特色。普莱莫西格诺桑娇维塞（Sangiovese Primo Segno）是第一款挑战罗马涅产区（Romagna）酿造传统的桑娇维塞：这款超级美酒（Superiore）有着想成为陈酿（Riserva）的野心，其信心来自于这片种植区具有无限潜力，能够打造出无须陈年便显露出清爽、质朴而柔美特质的佳酿。在今年的品鉴中，2013年份的普莱莫西格诺桑娇维塞紧致丰盈，气质优雅，成熟的单宁支撑着美味口感，融入香料般辛香的滋味和甜桔般诱人的果味。

- ● Sangiovese di Romagna Sup. Primo Segno '13 — ΨΨ 3
- ○ Colli della Romagna Centrale Felis Leo '10 — ΨΨ 3
- ● Sangiovese di Romagna Longiano Primo Segno '11 — ΨΨΨ 3
- ● Sangiovese di Romagna Sup. Primo Segno '09 — ΨΨΨ 3
- ● Sangiovese di Romagna Sup. Primo Segno '08 — ΨΨΨ 3
- ● Romagna Sangiovese Longiano Ris. '12 — ΨΨ 4
- ● Sangiovese di Romagna Longiano Ris '11 — ΨΨ 4

# ★Fattoria Zerbina

FRAZ. MARZENO
VIA VICCHIO, 11
48018 FAENZA [RA]
TEL. +39 054640022
www.zerbina.com

藏酒销售
预约参观
年产量 220 000 瓶
葡萄种植面积 33 公顷

照料葡萄藤时——主要是成熟的树形葡萄藤——严格遵守种植规范，令克里斯蒂娜・杰米尼亚尼（Cristina Geminiani）以及几位合伙人能够收获品质出众的酿造原料。法托利亚泽比纳酒庄（Fattoria Zerbina）拥有占地面积达到33公顷的葡萄园，葡萄都生长在马泽诺次产区（Marzeno）引以为傲的红土之中。三十年采收酿造季积累的丰富经验令出品更加完善，与此同时令酒庄更加尊重传统技艺和小型次产区马泽诺的风土特质。酒庄系列葡萄酒的整体水平非常值得信赖，给人留下了深刻印象，除了著名的桑娇维塞（Sangiovese），他们还出产品质卓越的阿尔巴纳葡萄酒（Albana）——主要是传统的阿尔巴纳甜酒，不过近年来也包括极有意趣的干白葡萄酒。在今年的品鉴中，2012年份的皮埃特莫拉（Pietramora）显示出经典的泽比纳酒庄风格：扎实而饱满，强劲而直接。诱人的酸度带来动感的口感，收口巅峰蕴含着柑橘的美味和橘子糖的甜美。热辣的口感展现出质地紧密的单宁结构，生长地的红黏土风味也表露无遗。与此同时，2012年份的托瑞蒂塞帕拉诺（Torre di Ceparano）入口干爽，但是幸而由于新鲜而保证了果味的丰盈饱满。除此之外，2015年份的塞帕拉诺阿尔巴纳（Albana Ceparano）吐露着草本植物的清香，融入淡淡的茴香和泥煤芬芳，随之而来的是浸润着柑橘滋味的锐利口感。

- ○ Albana di Romagna Passito Arrocco '13 ▼▼ 5
- ○ Albana di Romagna Secco Ceparano '15 ▼▼ 2*
- ● Romagna Sangiovese Sup. Pietramora Ris. '12 ▼▼ 5
- ● Sangiovese di Romagna Sup. Torre di Ceparano Ris. '12 ▼▼ 3
- ○ Tergeno Albana Secco V. T. '14 ▼▼ 3
- ● Romagna Sangiovese Sup. Ceregio '15 ▼ 2
- ○ Romagna Trebbiano Ceregio Bianco '15 ▼ 2
- ○ Albana di Romagna Passito AR Ris. '06 ▽▽▽ 8
- ● Marzieno '08 ▽▽▽ 4*
- ● Sangiovese di Romagna Sup. Pietramora Ris. '08 ▽▽▽ 6

# Zucchi

LOC. SAN LORENZO
VIA VIAZZA, 64
41030 SAN PROSPERO [MO]
TEL. +39 059908934
www.vinizucchi.it

藏酒销售
预约参观
年产量 130 000 瓶
葡萄种植面积 10 公顷

祖奇酒庄（Zucchi）是一座历史悠久的小型精品酒庄，六十多年来始终以自家葡萄园的酿造果实打造少量但品质极高的索巴拉美酒（Sorbara）。从布鲁诺・祖奇（Bruno Zucchi）掌管酒庄的时候才开始装瓶销售，之后酒庄又传给了他的儿子戴维德・祖奇（Davide Zucchi）及其妻子莫拉（Maura）掌管。今天，随着祖奇家族最小的女儿西尔维娅（Silvia）的加入，经验丰富且对这片土地充满热爱和敬意的戴维德决定，将西尔维娅高涨的热情以及对于未来酒庄发展的野心与酒庄出品决不妥协的高品质完美结合起来。这一决定带来了酒庄发展的新思想，尽管祖奇酒庄实际上是一家非常传统的酒庄，依然在采用手工采收和酿造，致力于尽可能地打造干爽美酒。在今年的品鉴中，轻快而清凛的2015年份瑞托索巴拉（Rito）吐露着如花芬芳，融入缕缕果香和草本植物的清香，随之而来的跃动口感得到精美酸度的支撑，极富韵律，紧致扎实。收口巅峰浸润着柠檬和橘子糖的甜美滋味，更有一抹索巴拉葡萄标志性的咸味儿。除此之外，2013年份的传统酿造法起泡酒（Metodo Classico）风味复杂，酒质深邃。

- ● Lambrusco di Sorbara Secco Rito '15 ▼▼▼ 2*
- ● Lambrusco di Sorbara Dosaggio Zero M. Cl. '13 ▼▼ 2*
- ● Lambrusco di Sorbara Secco '15 ▼▼ 2*
- ● Lambrusco di Sorbara Secco Rifermentazione in Bottiglia '14 ▼▼ 2*
- ● Lambrusco di Sorbara Rito '14 ▽▽▽ 2*
- ● Lambrusco di Sorbara Secco '14 ▽▽ 2*
- ● Lambrusco di Sorbara Secco '13 ▽▽ 2*
- ● Lambrusco di Sorbara Secco Rito '13 ▽▽ 2*
- ● Modena Lambrusco Marascone '14 ▽▽ 2*

## Ariola Vigne e Vini

LOC. CALICELLA DI PILASTRO
FRAZ. PILASTRO
S.DA DELLA BUCA, 5A
43010 LANGHIRANO [PR]
TEL. +39 0521637678
www.viniariola.it

藏酒销售
预约参观
餐饮接待
年产量 800 000 瓶
葡萄种植面积 48 公顷

| | |
|---|---|
| ○ Forte Rigoni Nature Malvasia Brut '15 | 🍷🍷 3 |
| ● Marcello Dry '15 | 🍷🍷 3 |
| ● Marcello Nature Brut '15 | 🍷🍷 3 |

## Raffaella Alessandra Bissoni

LOC. CASTICCIANO
VIA COLECCHIO, 280
47032 BERTINORO [FC]
TEL. +39 0543460382
www.vinibissoni.com

藏酒销售
预约参观
年产量 25 000 瓶
葡萄种植面积 5 公顷
可持续发展酒庄

| | |
|---|---|
| ○ Albana di Romagna Passito '11 | 🍷🍷 5 |
| ● Sangiovese di Romagna Sup. Girapoggio '14 | 🍷 3 |

## Ca' di Sopra

LOC. MARZENO
VIA FELIGARA, 15
48013 BRISIGHELLA [RA]
TEL. +39 3284927073
www.cadisopra.com

藏酒销售
预约参观
年产量 24 000 瓶
葡萄种植面积 28 公顷
可持续发展酒庄

| | |
|---|---|
| ○ Romagna Albana Secco '15 | 🍷🍷 3 |
| ● Romagna Sangiovese Sup. Crepe '15 | 🍷🍷 2* |

## Calonga

LOC. CASTIGLIONE
VIA CASTEL LEONE, 8
47100 FORLÌ
TEL. +39 0543753044
www.calonga.it

藏酒销售
预约参观
年产量 30 000 瓶
葡萄种植面积 8 公顷

| | |
|---|---|
| ● Ordelaffo '15 | 🍷🍷 2 |
| ● Romagna Sangiovese Sup. Michelangiolo Ris. '12 | 🍷🍷 4 |

## Tenuta Carbognano

VIA CARBOGNANO, 3
47855 GEMMANO [RN]
TEL. +39 0541984507
www.tenutacarbognano.it

藏酒销售
预约参观
膳宿接待
年产量 10 000 瓶
葡萄种植面积 3 公顷
葡萄栽培方式 有机认证

| | |
|---|---|
| ● Ali '13 | 🍷🍷 3 |

## Carra di Casatico

LOC. CASATICO
S.DA LA NAVE, 10B
43013 LANGHIRANO [PR]
TEL. +39 0521863510
www.carradicasatico.com

藏酒销售
预约参观
年产量 120 000 瓶
葡萄种植面积 25 公顷

| | |
|---|---|
| ○ Colli di Parma Malvasia Frizzante '15 | 🍷🍷 2 |
| ● Torcularia Lambrusco Emilia '15 | 🍷 2 |

## astelluccio

c. Poggiolo di Sotto
 Tramonto, 15
7015 Modigliana [FC]
el. +39 0546942486
ww.ronchidicastelluccio.it

藏酒销售
预约参观
膳宿接待
年产量 100 000 瓶
葡萄种植面积 16 公顷

| | |
|---|---|
| Ronco del Re '09 | 5 |
| Sangiovese di Romagna Le More '15 | 2* |

## La Collina

via Paglia, 19
48013 Brisighella [RA]
Tel. +39 054683110
www.lacollina-vinicola.com

藏酒销售
年产量 17 000 瓶
葡萄种植面积 4 公顷

| | |
|---|---|
| ● Cupola '13 | 4 |
| ● Sangiovita '13 | 3 |

## ivinalux

 Caduti di Crivellari, 50
3025 Riolo Terme [RA]
el. +39 3314948859
ww.divinaluxwinery.com

预约参观
年产量 25 000 瓶
葡萄种植面积 7 公顷

| | |
|---|---|
| Hilla Trebbiano '14 | 6 |
| Romagna Albana Secco Dar '14 | 6 |

## Cantina Sociale Formigine Pedemontana

via Radici in piano, 228
41043 Formigine [MO]
Tel. +39 059558122
www.lambruscodoc.it

藏酒销售
预约参观
年产量 960 000 瓶
葡萄种植面积 580 公顷
葡萄栽培方式 有机认证

| | |
|---|---|
| ⊙ Modena Lambrusco For.Mo.Sa. Brut Rosé '15 | 2* |
| ○ Pignoletto For.Mo.Sa. Brut '15 | 2* |

## avioli

 Provinciale Ovest
1015 Nonantola [MO]
l. +39 059545462
ww.gaviolivini.com

藏酒销售
预约参观
年产量 250 000 瓶
葡萄种植面积 60 公顷

| | |
|---|---|
| Lambrusco di Sorbara Secco '15 | 2* |
| Lambrusco Emilia M. Cl. Brut '12 | 4 |
| Modena Lambrusco Rifermentazione Ancestrale '14 | 3 |

## Isola

fraz. Mongiorgio
via G. Bernardi, 3
40050 Monte San Pietro [BO]
Tel. +39 0516768428
isola1898@interfree.it

藏酒销售
预约参观
年产量 60 000 瓶
葡萄种植面积 12.5 公顷

| | |
|---|---|
| ○ C. B. Pignoletto Cl. V. V. '13 | 3 |
| ○ C. B. Pignoletto Picrì Brut '15 | 2* |

## Lini 910
FRAZ. CANOLO
VIA VECCHIA CANOLO, 7
42015 CORREGGIO [RE]
TEL. +39 0522690162
www.lini910.it

藏酒销售
预约参观
年产量 400 000 瓶
葡萄种植面积 25 公顷

| | |
|---|---|
| ● In Correggio Lambrusco Scuro '15 | 🍷🍷 2* |

## Alberto Lusignani
LOC. VIGOLENO
VIA CASE ORSI, 9
29010 VERNASCA [PC]
TEL. +39 0523895178
lusignani@agonet.it

藏酒销售
预约参观
年产量 3 000 瓶
葡萄种植面积 10 公顷

| | |
|---|---|
| ○ C. P. Vin Santo di Vigoleno '06 | 🍷🍷 8 |
| ● Barbera Frizzante '15 | 🍷🍷 1 |

## Manaresi
LOC. BELLA VISTA
VIA BERTOLONI , 14
40069 ZOLA PREDOSA [BO]
TEL. +39 051751491
www.manaresi.net

藏酒销售
预约参观
年产量 45 000 瓶
葡萄种植面积 11 公顷
可持续发展酒庄

| | |
|---|---|
| ○ C.B. Pignoletto Frizzante '15 | 🍷🍷 2* |
| ○ C.B. Pignoletto Cl. '15 | 🍷 2 |

## Tenuta Masselina
LOC. SERRÀ
VIA POZZE, 1030
48014 CASTEL BOLOGNESE [RA]
TEL. +39 0545651004
www.masselina.it

藏酒销售
年产量 35 000 瓶
葡萄种植面积 16 公顷

| | |
|---|---|
| ○ Romagna Albana Secco '14 | 🍷🍷 2 |
| ● Romagna Sangiovese Sup. 138 '15 | 🍷🍷 2 |

## Mattarelli
VIA MARCONI, 35
44049 VIGARANO MAINARDA [FE]
TEL. +39 053243123
www.mattarelli-vini.it

藏酒销售
预约参观
年产量 300 000 瓶
葡萄种植面积 11 公顷

| | |
|---|---|
| ○ Bosco Eliceo Bianco Frizzante '15 | 🍷🍷 3 |
| ● Bosco Eliceo Fortana Frizzante '15 | 🍷🍷 3 |

## Cantina Puianello e Coviolo
FRAZ. PUIANELLO
VIA C. MARX, 19A
42020 QUATTRO CASTELLA [RE]
TEL. +39 0522889120
www.cantinapuianello.it

藏酒销售
预约参观
年产量 980 000 瓶
葡萄种植面积 240 公顷
葡萄栽培方式 有机认证

| | |
|---|---|
| ⊙ Ancestrale Lambrusco Emilia Rosé Frizzante Secco '14 | 🍷🍷 2 |
| ● Reggiano Lambrusco Barghi L'Incontro '15 | 🍷🍷 2 |

## Rocca Le Caminate

…DA MELDOLA ROCCA DELLE CAMINATE, 15A
…7014 MELDOLA [FC]
…EL. +39 0543493482
…ww.roccalecaminate.it

…藏酒销售
…预约参观
…年产量 20 000 瓶
…葡萄种植面积 6 公顷
…葡萄栽培方式 有机认证 生物动力学认证

| | |
|---|---|
| Romagna Sangiovese Predappio Sbargoleto '13 | 🍷🍷 3 |
| Romagna Sangiovese Predappio Bramabene '13 | 🍷 2 |

## Le Rocche Malatestiane

VIA EMILIA, 104
47900 RIMINI
TEL. +39 0541743079
www.leroccheMalatestiane.it

藏酒销售
预约参观
年产量 800 000 瓶
葡萄种植面积 800 公顷

| | |
|---|---|
| ● Romagna Sangiovese Sup. Tre Miracoli '15 | 🍷🍷 2* |
| ● Romagna Sangiovese Sup. I Diavoli '15 | 🍷🍷 2* |
| ● Romagna Sangiovese Sup. Sigismondo '15 | 🍷🍷 2* |

## Fondo San Giuseppe

…A TURA
…8013 BRISIGHELLA [RA]
…EL. +39 3284333271
…ww.fondosangiuseppe.it

…预约参观
…年产量 20 000 瓶
…葡萄种植面积 4.5 公顷
…葡萄栽培方式 有机认证

| | |
|---|---|
| … Ca' Bianca Sangiovese '15 | 🍷🍷 3 |
| … Fiorile Albana '15 | 🍷🍷 3 |

## Tenuta Santa Lucia

VIA GIARDINO, 1400
47025 MERCATO SARACENO [FC]
TEL. +39 054790441
www.santaluciavinery.it

藏酒销售
预约参观
膳宿接待
年产量 90 000 瓶
葡萄种植面积 16 公顷
葡萄栽培方式 有机认证
可持续发展酒庄

| | |
|---|---|
| ○ Albana di Romagna Secco Alba Rara '15 | 🍷🍷 2* |
| ● Sangiovese di Romagna Sup. Taibo '15 | 🍷 2 |

## Santodeno

…A VILLA ROSSI, 50
…7012 CIVITELLA DI ROMAGNA [FC]
…EL. +39 3356556747
…abio.ravaioli@santodeno.it

…藏酒销售
…预约参观
…膳宿接待
…年产量 400 000 瓶
…葡萄种植面积 70 公顷

| | |
|---|---|
| Romagna Sangiovese Sup. '15 | 🍷🍷 2* |

## Il Teatro

VIA MONTE TREBBIO, 17
47015 MODIGLIANA [FC]
TEL. +39 3351358688
ilteatrodivino@icloud.com

藏酒销售
预约参观
年产量 5 000 瓶
葡萄种植面积 2.5 公顷

| | |
|---|---|
| ● Romagna Sangiovese Modigliana Violano '15 | 🍷🍷 4 |
| ● Romagna Sangiovese Sup. Atto II '15 | 🍷🍷 3 |

## Terraquilia

VIA CALDANA
41052 GUIGLIA [MO]
TEL. +39 059931023
www.terraquilia.it

藏酒销售
预约参观
年产量 40 000 瓶
葡萄种植面积 6 公顷
葡萄栽培方式 有机认证

- ● Falcorubens '15 ΨΨ 2*
- ○ Terrebianche '15 ΨΨ 2*

## Azienda Agricola Trerè

LOC. MONTICORALLI
VIA CASALE, 19
48018 FAENZA [RA]
TEL. +39 054647034
www.trere.com

藏酒销售
预约参观
膳宿接待
年产量 150 000 瓶
葡萄种植面积 30 公顷

- ● Sangiovese di Romagna Sup. Sperone '15 ΨΨ 2*
- ○ Albana di Romagna Arlùs '15 Ψ 2

## Marta Valpiani

LOC. CASTROCARO TERME
VIA BAGNOLO, 156/158
47011 FORLÌ
TEL. +39 0543769598
www.vinimartavalpiani.it

藏酒销售
预约参观
年产量 20 000 瓶
葡萄种植面积 8 公顷

- ○ Bianco '15 ΨΨ 2*
- ● Romagna Sangiovese Sup. '14 ΨΨ 2*

## Terre della Pieve

FRAZ. DIEGARO
VIA EMILIA PONENTE, 2412
47023 CESENA [FC]
TEL. +39 0547611535
www.terredellapieve.com

预约参观
年产量 25 000 瓶
葡萄种植面积 5 公顷

- ● Sangiovese di Romagna Sup. Nobis Ris. '12 ΨΨ 3

## Vallona

LOC. FAGNANO
40050 CASTELLO DI SERRAVALLE [BO]
TEL. +39 0516703333
www.fattorievallona.it

藏酒销售
预约参观
年产量 100 000 瓶
葡萄种植面积 31 公顷

- ○ C. B. Pignoletto Cl. Amestesso '11 ΨΨ 4
- ○ Pignoletto Frizzante '15 Ψ 2

## Podere Vecciano

VIA VECCIANO, 23
47852 CORIANO [RN]
TEL. +39 0541658388
www.poderevecciano.it

藏酒销售
预约参观
年产量 100 000 瓶
葡萄种植面积 15 公顷
葡萄栽培方式 有机认证
可持续发展酒庄

- ⊙ Ramante Rosé Brut '15 ΨΨ 2
- ● Romagna Sangiovese Sup. Vignalmonte '13 ΨΨ 3

# 托斯卡纳区
# TUSCANY

在今年的年鉴中，托斯卡纳产区（Tuscany）依然是“三杯奖”最大的赢家，这当然也是托斯卡纳产区整体一贯实力的体现——80款美酒斩获大奖。但更重要的是，历史上首次获得殊誉的产区酒庄数量也达到了前所未有的新纪录——10座酒庄，超过了产区酒庄总数的10%。“年度最佳新秀酒庄”大奖（Up-and-Coming Winery）连续第二年花落托斯卡纳，也绝非巧合：获奖的是来自经典奇安蒂产区（Chianti Classico）、由安吉拉·福隆蒂（Angela Fronti）创建的爱思婷酒庄，更不用说来自同一产区的奇利亚诺酒庄（Cigliano）和位于菲奥提尼山（Colli Fiorentini）中世纪遗址上的托拉科纳酒庄（Torre a Cona）都首次赢得“三杯奖”。同样位列获奖名单的经典奇安蒂产区酒庄还有16家，以及6家位于同一地区的IGT酒庄。这里曾经被当地的巨型产区错误地视为贫瘠萧条、墨守成规的一片土地，认为它无法复兴重生。幸好满怀希望的本地种植商相信这片土地的潜力，并且找到一条开发利用资源的好途径，同时也从经济角度出发，发现产区酿造葡萄的售卖价格过低。蒙塔奇诺产区（Montalcino）则集齐14座奖杯，其中一座给予了乌鹊酒庄（Uccelliera）的红葡萄酒（Rosso）。2010年份的陈酿（Riservas）也随着2011年份的布鲁奈罗（Brunellos）一并运抵，这里要强调的是，2011年份布鲁奈罗的品质非常卓越，虽然在2010年份陈酿的压迫下略显逊色，但是必须公正地评价它是一款卓越美酒。还有两个蒙塔奇诺产区酒庄首次摘下“三杯奖”桂冠，分别是塞斯塔酒庄（Tenuta di Sesta）和酿酒大师卡洛·费瑞尼（Carlo Ferrini）的小酒庄奇奥多丘酒庄（Podere Giodo）。保格利产区（Bolgheris）出产的2013年份酒大放异彩，凭借极佳的均衡、力道和结构以及完美饱满的单宁夺取了11座“三杯奖”，我们敢打赌，他们的酒窖出品品质更加卓越。随着世事迁移，时光流转，在今年的这一版年鉴中，我们很高兴地将“三杯奖”赋予法布里奥·莫塔（Fabio Motta）及其酿造的2013年份贡纳莱保格利超级红葡萄酒（Bolgheri Rosso Superiore Le Gonnare）。蒙特普齐亚诺诺贝勒产区（Nobile di Montepulciano）再次确认了去年的风格，出品美酒酒质更加浓郁，尤其单宁质地更加醇厚，或许源自自然风土条件，同时也涌现出新晋“三杯奖”名录的酒庄：塞塔格拉西亚诺酒庄（Tenuta di Gracciano della Seta）。马雷马产区（Maremma）的莫雷利诺（Morellino）和蒙特库科（Montecucco）等著名产区当然没有躺在功劳簿上睡大觉，他们出品的美酒强劲有力，专注于少即是多的酿造原则，在种植区和气候条件都非常理想的时候，种植商必须学会轻手轻脚地采摘优质葡萄。初获“三杯奖”的酒庄及酒品包括安东尼奥·卡米罗（Antonio Camillo）及其2014年份的马雷马托斯卡纳上瓦勒拉纳绮丽叶骄罗（Maremma Toscana Ciliegiolo Vallerana Alta），一款优雅精致解读品种葡萄特质的美酒；以及奇韦塔嘉酒庄（Civettaja）2013年份的黑比诺（Pinot Nero），它是托斯卡纳亚平宁山区（Apennines）固执的叛逆，显露出难能可贵的优雅细腻和美味。

## Acquabona

Loc. Acquabona
57037 Portoferraio [LI]
Tel. +39 0565933013
www.acquabonaelba.it

藏酒销售
预约参观
年产量 90 000 瓶
葡萄种植面积 18 公顷

十八世纪早期，阿奎博纳酒庄（Acquabona）当时所在岛屿上的一泓清泉以其高质量的水质而闻名，人们因而围绕着泉水建起了一座农庄。今天，现代化农庄的历史可以回溯到大约六十年前，当时由于葡萄栽培和酿酒事业的良好发展，此前建立起来的农庄业务包括草料、谷物和牲畜在内的不同种类作物种植和畜牧农事，便为了培植葡萄园而彻底放弃。三位擅长农艺栽培和酿造的伙伴于1987年聚到一起，决定接管阿奎博纳酒庄，试图重新发布艾尔巴阿利蒂科帕西多（Aleatico Passito dell' Elba）和艾尔巴安索尼卡（Ansonica），打造现代化多功能酿造酒庄。在近些年的品鉴中，阿利蒂科帕西多（Aleatico Passito）几乎成为角逐“三杯奖”桂冠的必到选手。在今年的品鉴中，2011年份的阿利蒂科帕西多略微显露出成熟果香带来的缕缕肉香，口感丰美，酒重扎实，别具一格，酒体饱满，收口美味劲道，持久在味蕾上跃动不散，是真正绵长的余韵。除此之外，2015年份的艾尔巴安索尼卡（Elba Ansonica）洋溢着如花的芬芳，融入杏仁的缕缕醇香，口感紧致但鲜美，令人感到非常愉悦。除此之外，2015年份的艾尔巴白葡萄酒（Elba Bianco）质感并不复杂，吐露着青柠的缕缕清香，随之而来的是令人垂涎的新鲜口感，浸润着诱人的果味。

| | |
|---|---|
| ● Elba Aleatico Passito '11 | TT 3* |
| ○ Elba Ansonica '15 | TT 3 |
| ○ Elba Bianco '15 | TT 2* |
| ● Voltraio '12 | TT 4 |
| ⊙ Elba Rosato '15 | T 2 |
| ● Elba Rosso '14 | T 2 |
| ● Elba Rosso Camillo Bianchi Ris. '15 | T 4 |
| ○ Elba Vermentino '15 | T 3 |
| ● Benvenuto '13 | YY 2* |
| ● Benvenuto '11 | YY 2* |
| ○ Elba Ansonica '13 | YY 3 |
| ○ Elba Bianco '13 | YY 2* |
| ○ Elba Vermentino '14 | YY 3 |
| ● Voltraio '10 | YY 4 |

## Agricoltori del Chianti Geografico

Loc. Mulinaccio, 10
53013 Gaiole in Chianti [SI]
Tel. +39 0577749489
www.chiantigeografico.it

藏酒销售
预约参观
膳宿接待
年产量 1 100 000 瓶
葡萄种植面积 270 公顷

虽然奇安蒂地区农庄（Agricoltori del Chiant Geografico）的历史不算久远，但是短短时间内取得了不少佳绩。这座协作酒庄始建于1961年，当时17位酿酒人决定将力量凝结在一起，合力阐释这片极富历史韵味热土的风土内涵。经过数年的努力，协作酒庄的酿酒商成员不断增加，近期酿造传统悠久的著名本地酿造商皮希尼家族（Piccini）也加入了酒庄，令协作酒庄的未来展现出更多发展的可能性。经典奇安蒂（Chianti Classico）依然是酒庄的主要产品，以多种多样的款式呈现。在今年的品鉴中，2012年份的蒙泰吉亚奇陈酿（Riserva Montegiachi）表现精彩，给我们留下了深刻印象。它吐露着极有个性的清澈酒香从饱满成熟的红莓果果香到淡淡的辛香无所不包，随之而来的口感惬意舒适，在融合度极高的单宁支撑下，酒体结构精美，收口余韵怡人且宽广。与此同时，2013年份的拉达康泰萨（Contessa di Radda）令人愉悦，吐露着经典的香氛，结构均衡，酸度清爽，收口干净利落。除此之外，2013年份的经典奇安蒂（Chianti Classico）口感美妙，非常诱人，酒质华美。

| | |
|---|---|
| ● Chianti Cl. '13 | TT 3 |
| ● Chianti Cl. Contessa di Radda '13 | TT 3 |
| ● Chianti Cl. Montegiachi Ris. '12 | TT 4 |
| ● Ferraiolo '13 | TT 5 |
| ● Pulleraia '13 | T 3 |
| ○ Vernaccia di S. Gimignano '15 | T 2 |
| ● Chianti Cl. Montegiachi Ris. '09 | YYY 4 |
| ● Chianti Cl. Montegiachi Ris. '07 | YYY 4 |
| ● Chianti Cl. Montegiachi Ris. '05 | YYY 4 |
| ● Brunello di Montalcino Castello Tricerchi '07 | YY 7 |
| ● Chianti Cl. Contessa di Radda '11 | YY 3 |
| ● Chianti Cl. Lucignano '12 | YY 3 |
| ● Chianti Cl. Molin Lungo '12 | YY 3 |
| ● Pulleraia '10 | YY 5 |

## ltesino

c. Altesino, 54
3024 Montalcino [SI]
L. +39 0577806208
www.altesino.it

藏酒销售
页约参观
膳宿接待
年产量 250 000 瓶
葡萄种植面积 49 公顷

可尔斯泰诺酒庄（Altesino）的历史与孔索己家族（Consonni）以及著名的蒙托索利（Montosoli）联系紧密，孔索尼家族于0世纪70年代创建了该酒庄；而蒙托索利位于蒙塔奇诺（Montalcino）北部山坡，上拥有一座顶级的葡萄园。2002年，丽莎贝塔·古蒂·安吉利尼（Elisabetta udi Angelini）买下了这座酒庄，逐渐将园的葡萄园扩展为40公顷，还从阿贝卡斯泰尔诺沃（Castelnuovo dell' Abate）皮安兹尼（Pianezzine）购入了其他重的葡萄园。酒庄葡萄园中栽培了梅洛 Merlot）、赤霞珠（Cabernet）、霞多丽 Chardonnay）、维蒙蒂诺（Vermentino）、欧尼（Viognier）、扎比安努（Trebbiano）玛尔维萨（Malvasia）；但是桑娇维塞 Sangiovese）依然占据主要位置，以其为料酿造出展现适度现代风尚的三款布鲁罗酒（Brunellos）。在今年的品鉴中，可尔斯泰诺酒庄推荐了多款品质坚实的酒，其中201年份的布鲁奈罗酒表现突，它吐露着缕缕橡木的甜美芬芳，融柑橘的果香，香料的辛香和草本植物清香萦绕其间，口感劲道有力，饱满盈。同年份的蒙托索利葡萄园精选系（Montosoli）相比较而言在现阶段更加郁质朴，但是也会如同2010年份陈酿 Riserva）那样，随着瓶中陈年时间的累，找到更加和谐的平衡度。

| | |
|---|---|
| Brunello di Montalcino '11 | 🍷🍷 6 |
| Brunello di Montalcino Montosoli '11 | ΨΨ 8 |
| Brunello di Montalcino Ris. '10 | ΨΨ 8 |
| Toscana Rosso '14 | ΨΨ 3 |
| Rosso di Montalcino '14 | Ψ 3 |
| Brunello di Montalcino '10 | ΥΥ 6 |
| Brunello di Montalcino '00 | ΥΥ 6 |
| Brunello di Montalcino Montosoli '10 | ΥΥ 8 |

## Amiata

loc. Montegiovi
58033 Castel del Piano [GR]
Tel. +39 3396902444
www.amiatavini.it

藏酒销售
预约参观
年产量 12 000 瓶
葡萄种植面积 3 公顷

虽然去年缺席本年鉴，时隔一年，阿米亚塔酒庄（Amiata）凭借卓越表现再次回归。这座年轻酒庄的主人是西蒙尼·托尼莱利（Simone Toninelli）和斯蒂凡尼亚·哥伦比尼（Stefania Colombini）。正如阿米亚塔酒庄名字所显示的那样，这座酒庄坐落于巨大的阿米亚塔山（Mount Amiata）山脚下，酒庄在这里拥有种植面积达到3公顷的葡萄园，不远的身后就是古老的死火山。葡萄园专门种植本地最普遍的葡萄品种桑娇维塞（Sangiovese）。所在的蒙特库科指定产区（Montecucco designation）就紧邻着蒙塔奇诺DOC产区（Montalcino DOC），而阿米亚塔酒庄出品的美酒充分证明了这里出产佳酿的巨大潜力。在今年的品鉴中，最终闯入决赛、但以毫厘之差遗憾错失大奖的是2010年份的塞内拉（Cenere），它是一款洋溢着泥土芬芳的桑娇维塞，散发着香草和香叶的细腻清香，香氛馥郁，融入矿物质的缕缕异香。缥缈的泥土醇香再次浸润在口感中，与此同时成熟的樱桃和黑莓果味在紧密细腻的单宁结构支撑下展现出来。同样极富意趣的还有2011年份的拉维克（Lavico）吐露着成熟黑莓的馥郁果香，单宁紧致美味。

| | |
|---|---|
| ● Montecucco Sangiovese Cenere Ris. '10 | 🍷🍷 5 |
| ● Montecucco Sangiovese Lavico '11 | ΨΨ 4 |
| ● Lapillo '09 | ΥΥ 3 |
| ● Montecucco Sangiovese Cenere Ris. '09 | ΥΥ 5 |
| ● Montecucco Sangiovese Cenere Ris. '08 | ΥΥ 3 |
| ● Montecucco Sangiovese Cenere Ris. '07 | ΥΥ 3 |
| ● Montecucco Sangiovese Lavico '10 | ΥΥ 4 |
| ● Montecucco Sangiovese Lavico '09 | ΥΥ 3* |
| ● Montecucco Sangiovese Lavico '08 | ΥΥ 3* |

## Ampeleia

FRAZ. ROCCATEDERIGHI
LOC. MELETA
58028 ROCCASTRADA [GR]
TEL. +39 0564567155
www.ampeleia.it

藏酒销售
预约参观
年产量 135 000 瓶
葡萄种植面积 35 公顷
葡萄栽培方式 有机认证
可持续发展酒庄

三十年前，当本年鉴初次发布的时候，梅莱塔农庄（Fattoria di Meleta）就在托斯卡纳产区酒庄（Tuscan）的介绍中现身。2002年，三位极富冒险精神的好朋友在梅莱塔农庄的基础上进一步探索酿酒事业的成功。今天，虽然托马斯・魏德曼（Thomas Widmann）离开了酒庄，但是伊丽莎贝塔・弗莱多利（Elisabetta Foradori）和吉亚科莫・庞蒂尼（Giacomo Pondini）依然在继续耕耘，打理安姆皮里亚酒庄（Ampeleia）种植面积达到35公顷、地处三个海拔高度的葡萄园。其中之一是位于索普拉安姆皮里亚（Ampelaia di Sopra）采用生物动力学栽培方式打理的种植地块，拥有15公顷土地，海拔高度在450米至600米之间，主要种植品丽珠（Cabernet Franc）。庄园只栽培了几行桑娇维塞（Sangiovese），其余都是适应了地中海气候的非本地品种葡萄。在今年的品鉴中，2014年份的凯珀斯混酿（Kepos）由黑阿利坎特（Alicante Nero）、卡里尼亚诺（Carignano）和紫北塞（Alicante Bouschet）联合打造而成，凭借优异表现闯入了角逐“三杯奖”的决赛，它散发着令人怀念的地中海灌木丛的热烈芬芳，口感浓郁，单宁紧致，收口有一股辛辣美味，非常诱人。与此同时，2015年份的卡里尼亚诺（Carignano）悦人香甜，吐露着清澈的樱桃香，随之而来的口感惬意平衡，发展良好。除此之外，2015年份的阿利坎特（Alicante）新鲜活跃，散发着红莓果的缕缕果香，酸度十分均衡。

| | |
|---|---|
| ● Kepos '14 | 🍷🍷 4 |
| ● Alicante '15 | 🍷🍷 5 |
| ● Carignano Campo Al Finocchio '15 | 🍷🍷 5 |
| ● Ampeleia '13 | 🍷 5 |
| ● Cabernet Franc '15 | 🍷 5 |
| ● Unlitro '15 | 🍷 3 |
| ● Ampeleia '12 | YY 5 |
| ● Ampeleia '11 | YY 5 |
| ● Ampeleia '09 | YY 5 |
| ● Kepos '13 | YY 4 |
| ● Kepos '12 | YY 4 |
| ● Kepos '11 | YY 3* |
| ● Kepos '10 | YY 3* |

## ★★Marchesi Antinori

P.ZZA DEGLI ANTINORI, 3
50123 FIRENZE
TEL. +39 05523595
www.antinori.it

藏酒销售
预约参观
膳宿接待
年产量 2 000 000 瓶
葡萄种植面积 2350 公顷

毫无疑问的是，如果没有安东尼世家
庄（Marchesi Antinori），意大利葡萄酒
会达到今天的巅峰状态。安东尼世家
庄自信的市场推广能力、极富经验的
产策略和高超酿造技艺，于上世纪八
年代中期带动了整个意大利的葡萄酒
复兴；虽然拥有工业化的巨大产量，
是酒庄依然由安东尼家族经营管理。
千多公顷的土地分散在半岛的最佳种
区域内，令安东尼家族成为全欧洲拥
最大规模葡萄园的家族。安东尼世
酒庄出品的美酒在酿造技艺上完美
缺，它们的品质可信，从风味美妙的
级入门酒品到珍贵罕见的顶级酒品，
所不包，因而能够满足各种市场需求
在今年的品鉴中，安东尼世家酒庄提
了一系列精美酒品，其中2013年份的
娜内罗干红葡萄酒（Tignanello）是这
酒历年来品质最为卓越的一年，以桑
维塞（Sangiovese）、赤霞珠（Cabern
Sauvignon）和品丽珠（Cabernet Franc
混酿而成的经典超级托斯卡纳葡萄
（Supertuscan），它多面而纯净的香
与令人垂涎三尺的口感相得益彰。与
同时，2013年份的安东尼侯爵奇安蒂
典陈酿（Chianti Classico Marchese Antin
Riserva）吐露着淡淡的铁屑气息，口感
美活跃。除此之外，2014年份的派珀
奇安蒂经典（Chianti Classico Pèppoli）是
款非常诱人的美酒。

| | |
|---|---|
| ● Tignanello '13 | 🍷🍷🍷 |
| ● Chianti Cl. Marchese Antinori Ris. '13 | 🍷🍷 |
| ● Maremma Botrosecco Le Mortelle '14 | 🍷🍷 |
| ● Chianti Cl. Pèppoli '14 | 🍷🍷 |
| ● Nobile di Montepulciano Santa Pia La Braccesca Ris. '12 | 🍷🍷 |
| ● Solaia '13 | 🍷🍷 |
| ● Cortona Syrah Achelo La Braccesca '14 | 🍷 |
| ● Maremma Poggio alle Nane Le Mortelle '13 | 🍷 |
| ○ Maremma Viva Le Mortelle '15 | 🍷 |
| ● Solaia '07 | YYY |
| ● Solaia '06 | YYY |
| ● Tignanello '09 | YYY |
| ● Tignanello '08 | YYY |

## enuta Argentiera

c. I Pianali
az. Donoratico
Aurelia, 412a
7022 Castagneto Carducci [LI]
el. +39 0565773176
ww.argentiera.eu

藏酒销售
预约参观
年产量 450 000 瓶
葡萄种植面积 75 公顷

艮爵酒庄（Tenuta Argentiera）的主人是克立多・弗拉提尼（Corrado Fratini）和马塞洛・弗拉提尼（Marcello Fratini），在DOC产区拥有种植面积达到70多公顷的葡萄园，占据着该产区内最佳次产区的地块，生产产区内的顶级美酒。酒庄的葡萄种植于黏土石质土壤中，对于保格利地区经典葡萄品种的生长十分有利：包括赤霞珠（Cabernet Sauvignon）、品丽珠（Cabernet Franc）、梅洛（Merlot）和西拉（Syrah）等。酒窖中的酿造工作令整个生产链条更加完美，得以推出气势恢宏、口感复杂而优雅的产区红葡萄酒。喜爱这种风格美酒的酒迷来到这里绝对不虚此行。在今年的品鉴中，银爵酒庄提交了多款表现精彩的美酒，其中2013年份保格利超级红葡萄酒（Bolgheri Rosso Superiore）摇曳着深邃美妙的色泽，果香四溢，吐露着烘焙橡木的芬芳，一路引导出复杂而饱满的馥郁香氛，随之而来的口感劲道扎实，单宁略显干爽，结构紧致。除此之外，2013年份的多诺拉提科堡保格利（Bolgheri Villa Donoratico）风格与之相似，但是又存在着明显的不同。

| | |
|---|---|
| Bolgheri Rosso Sup. '13 | ▼▼ 8 |
| Bolgheri Villa Donoratico '13 | ▼▼ 5 |
| Bolgheri Sup. Lavinia Maria '12 | ▼ 8 |
| Poggio ai Ginepri '15 | ▼ 3 |
| Bolgheri Sup. '11 | ▽▽▽ 8 |
| Bolgheri Sup. Argentiera '10 | ▽▽▽ 7 |
| Bolgheri Sup. Argentiera '06 | ▽▽▽ 7 |
| Bolgheri Sup. Argentiera '05 | ▽▽▽ 7 |
| Bolgheri Sup. Argentiera '04 | ▽▽▽ 7 |
| Bolgheri Rosso Poggio ai Ginepri '13 | ▽▽ 3 |
| Bolgheri Sup. '12 | ▽▽ 8 |
| Giorgio Bartholomaus '12 | ▽▽ 8 |
| Giorgio Bartholomaus '11 | ▽▽ 8 |
| Lavinia Maria '11 | ▽▽ 8 |

## Artimino

fraz. Artimino
v.le Papa Giovanni XXIII, 1
59015 Carmignano [PO]
Tel. +39 0558751423
www.artimino.com

藏酒销售
预约参观
膳宿接待
年产量 420 000 瓶
葡萄种植面积 88 公顷

俯瞰阿蒂米诺村（Artimino），这座美丽的美第奇时期费迪南达古堡（Medici villa Ferdinanda）自十六世纪末便是托斯卡纳大公（Grand Dukes of Tuscany）的夏日度假别墅。今天的阿蒂米诺庄园拥有占地面积超过700公顷的广袤土地，其上分别经营各种不同的产业：包括酒店、乡间度假别墅、餐厅和旅游观光接待等。但是阿蒂米诺庄园在卡米纳诺山脚下（Carmignano）拥有种植面积达到80公顷的葡萄园，生产本地经典美酒，包括从露丝泊（Vin Ruspo）到圣酒（Vin Santo）等各种品种佳酿以及卓越的初榨橄榄油。1533年，美第奇卡特琳娜（Caterina de' Medici）将赤霞珠（Cabernet Sauvignon）引入本地，今天这一葡萄品种基本上被视为本地的传统葡萄品种。在今年的品鉴中，阿蒂米诺酒庄推荐了多款好酒参选，都展现出了卓越的水准。其中2009年份的鸟眼圣酒（Vin Santo Occhio di Pernice）摇荡着美丽的琥珀色色泽，闯进了角逐“三杯奖”的决赛，吐露着葡萄干般馥郁的香氛，融入柑橘的缕缕果香，更有胡桃和榛子的醇香萦绕其间，底蕴中透露出香草的芬芳。口感扎实厚重，别具一格的甜美，无花果干和野茴香的奇异风味浸润酒中，流连不散，持久在唇齿间荡漾。除此之外，2013年份的卡米纳诺（Carmignano）品质卓越，再次确认了阿蒂米诺（Artimino）近些年来的酿造新方向。

| | |
|---|---|
| ● Vin Santo di Carmignano Occhio di Pernice '09 | (红)▼▼ 5 |
| ● Carmignano '13 | ▼▼ 3 |
| ● Carmignano Ris. '12 | ▼▼ 4 |
| ○ Vin Santo di Carmignano '12 | ▼▼ 4 |
| ● Barco Reale '15 | ▼ 2 |
| ⊙ Barco Reale Vin Ruspo '15 | ▼ 2 |
| ● Carmignano V. Grumarello Ris. '11 | ▼ 4 |
| ● Carmignano '11 | ▽▽ 3 |
| ● Carmignano '10 | ▽▽ 3 |
| ● Carmignano V. Grumarello Ris. '10 | ▽▽ 4 |
| ● Carmignano V. Grumarello Ris. '09 | ▽▽ 4 |
| ● Carmignano Villa Artimino Ris. '09 | ▽▽ 2* |
| ○ Vin Santo di Carmignano '10 | ▽▽ 4 |

## Assolati

FRAZ. MONTENERO
POD. ASSOLATI, 47
58040 CASTEL DEL PIANO [GR]
TEL. +39 0564954146
www.assolati.it

藏酒销售
预约参观
膳宿接待
年产量 18 000 瓶
葡萄种植面积 5 公顷

洛廖诺・詹内蒂（Loriano Giannetti）从祖父母和父母那里继承了一百多公顷的土地，位于阿米亚塔山（Mount Amiata）和马雷马地区（Maremma）之间。与此同时也树立了坚定的决心和自我否定精神，决定将这片崎岖林地改建为适合葡萄藤和橄榄树丛生长的沃土。今天的阿索拉蒂酒庄（Assolati）拥有种植面积达到5公顷的葡萄园，涉猎范围也从酿造果实的简单栽培转化为包括品质美酒的生产。在经过翻新和改建的农舍中，洛廖诺还发展出兴盛的农业生态旅游生意，供应当地特色的农家菜，售卖本地橄榄油和美酒。在今年的品鉴中，阿索拉蒂酒庄出品的系列美酒给我们留下了相当深刻的印象。其中2013年份的陈酿（Riserva）凭借卓越表现跻身“三杯奖”决赛，它的香氛质朴纯净，飘散着严谨内敛的果香，和着缕缕香膏的芬芳。美酒入喉，感到质地颗粒细腻的单宁——不过依然需要时间进一步融合，极为有力的酸度支撑活跃了整款酒的美妙口感。除此之外，2014年份的蒙特库科红葡萄酒（Montecucco Rosso）活跃清爽，展现出塞维利亚（Seville）桔子的缕缕果香，融入芳香植物的甜美香气。

| | | |
|---|---|---|
| ● Montecucco Sangiovese Ris. '13 | ▼▼ | 4 |
| ● Montecucco Rosso '14 | ▼▼ | 2* |
| ● Montecucco Sangiovese '13 | ▼▼ | 3 |
| ○ Dionysos '15 | ▼ | 2 |
| ● Montecucco Rosso '12 | ▽▽ | 2* |
| ● Montecucco Rosso '11 | ▽▽ | 2* |
| ● Montecucco Rosso '10 | ▽▽ | 2* |
| ● Montecucco Rosso '08 | ▽▽ | 2* |
| ● Montecucco Sangiovese '09 | ▽▽ | 3 |
| ● Montecucco Sangiovese Ris. '12 | ▽▽ | 3 |
| ● Montecucco Sangiovese Ris. '10 | ▽▽ | 3 |
| ● Montecucco Sangiovese Ris. '09 | ▽▽ | 4 |
| ● Montecucco Sangiovese Ris. '07 | ▽▽ | 4 |

## ★Avignonesi

FRAZ. VALIANO DI MONTEPULCIANO
VIA LODOLA, 1
53045 MONTEPULCIANO [SI]
TEL. +39 0578724304
www.avignonesi.it

藏酒销售
预约参观
餐饮接待
年产量 700 000 瓶
葡萄种植面积 180 公顷
葡萄栽培方式 有机认证

维吉尼・萨维瑞斯（Virginie Saverys）在瓦利亚诺庄园（Valiano）——同时利用新云雀酒庄（Tenuta Lodola Nuova）的葡萄园和酒庄——展开其极具野心的酿酒事业，在此过程中致力于保护自然环境不受人为破坏。阿雯诺尼斯酒庄（Avignonesi）的名字来自于创建酒庄的家族，如今采用的有机栽培方式令酒庄旗下所有葡萄园距离获得生物动力学认证已经不远。阿雯诺尼斯酒庄是蒙特普齐亚诺地区（Montepulciano）最典范的酒庄之一，出产美酒展现出和谐的口感，极具个性；尤其是伟大的传统蒙特普齐亚诺圣酒（Vin Santo）总是以各种形式出现在酒庄的顶级酒品目录中。在今年的品鉴中，阿雯诺尼斯酒庄推荐了多款品质美酒，其中2013年份的诺贝勒（Nobile）表现卓越，它吐露着馥郁的复杂香氛，随之而来的果味口感紧致而显著。2001年份的蒙特普齐亚诺圣酒（Vin Santo di Montepulciano）是一款气势恢宏的美酒，酒香四溢，酒重扎实，犹如奶油般绵密浓醇。与此同时，2012年份的大安内特诺贝勒（Nobile Grandi Annate）口感集中浓郁，吐露着香料般的缕缕辛香，果味丰盈饱满，只是橡木滋味略重。除此之外，2001年份的鸟眼蒙特普齐亚诺圣酒（Vin Santo Montepulciano Occhio di Pernice）表现极为出众，不过它一贯如此。

| | | |
|---|---|---|
| ● Nobile di Montepulciano '13 | ▼▼ | 5 |
| ○ Vin Santo di Montepulciano '01 | ▼▼ | 8 |
| ● Nobile di Montepulciano Grandi Annate '12 | ▼▼ | 7 |
| ● 50 & 50 '11 | ▼ | 8 |
| ● Rosso di Montepulciano '14 | ▼ | 3 |
| ● Vin Santo di Montepulciano Occhio di Pernice '01 | ▼ | 8 |
| ● Nobile di Montepulciano '12 | ▽▽▽ | 4 |
| ○ Vin Santo '98 | ▽▽▽ | 8 |
| ○ Vin Santo '96 | ▽▽▽ | 8 |
| ○ Vin Santo '95 | ▽▽▽ | 8 |
| ○ Vin Santo '93 | ▽▽▽ | 8 |
| ● Vin Santo Occhio di Pernice '97 | ▽▽▽ | 8 |
| ● Vin Santo Occhio di Pernice '93 | ▽▽▽ | 8 |
| ● Vin Santo Occhio di Pernice '90 | ▽▽▽ | 8 |

## 3adia a Coltibuono

oc. Badia a Coltibuono
i3013 Gaiole in Chianti [SI]
'el. +39 0577746110
www.coltibuono.com

藏酒销售
预约参观
善宿接待
手产量 240 000 瓶
葡萄种植面积 62 公顷
葡萄栽培方式 有机认证
可持续发展酒庄

乍为经典奇安蒂指定产区（Chianti Classico esignation）具有悠久历史沉淀的著名品牌，科提布诺巴迪亚酒庄（Badia a oltibuono）是意大利高度发达的葡萄酒业的典型代表。获得这一荣誉并不止由于科提布诺巴迪亚酒庄于2000年就得到了有机认证，更由于他们在整个生产过程中展现出来的卓越美酒敏锐度，能够酿造出睥睨时光的经典佳酿，别具个生，精美优雅，口感复杂。今天，科是布诺巴迪亚酒庄由罗伯托·斯塔奇（Roberto Stucchi）和伊曼努拉·斯塔奇（Emanuela Stucchi）兄妹打理，近些年致力于打造稳定、长久且内在持续统一的高品质美酒。在今年的品鉴中，科提布若巴迪亚酒庄提交了多款品质好酒，其中2012年份的奇安蒂经典陈酿（Chianti lassico Riserva）表现非常精彩，它飘散着非常浓郁的泥土醇香，和着如花芬芳，随之而来的口感缥缈美妙，令人垂涎。果味深邃而持久，诱人且极具个性。除此之外，2014年份的奇安蒂经典RS系列（Chianti Classico RS）毫无疑问受到了气候条件复杂的生长采收季的影响，香氛纯净，略显纤细，但是口感则馥郁饱满，十分美味。

| | |
|---|---|
| ● Chianti Cl. Ris. '12 | 🍷🍷 5 |
| Chianti Cetamura '15 | 🍷🍷 2* |
| ● Chianti Cl. RS '14 | 🍷🍷 2* |
| Chianti Cl. '14 | 🍷 3 |
| ● Montebello '11 | 🍷 7 |
| Chianti Cl. '13 | 🍷🍷🍷 3* |
| ● Chianti Cl. '12 | 🍷🍷🍷 3* |
| ● Chianti Cl. '06 | 🍷🍷🍷 3* |
| Chianti Cl. Cultus Boni '09 | 🍷🍷🍷 4* |
| ● Chianti Cl. Ris. '09 | 🍷🍷🍷 5 |
| Chianti Cl. Ris. '07 | 🍷🍷🍷 5 |
| ● Chianti Cl. Ris. '04 | 🍷🍷🍷 5 |
| Chianti Cl. RS '13 | 🍷🍷 2* |

## Badia di Morrona

via del Chianti, 6
56030 Terricciola [PI]
Tel. +39 0587658505
www.badiadimorrona.it

藏酒销售
预约参观
膳宿接待
年产量 350 000 瓶
葡萄种植面积 110 公顷

摩罗纳巴迪亚酒庄（Badia di Morrona）位于比萨（Pisa）和沃尔泰拉（Volterra）之间，这里拥有丰厚的历史文化遗产和不朽的艺术价值。它的古老渊源可以追溯到遥远的公元1000年，当时这里还是一座本尼迪克特修道院（Benedictine monastery）。20世纪30年代末期，伊塔洛·加斯利尼（Italo Gaslini）和马里奥·加斯利尼（Mario Gaslini）买下了这片土地——在总面积达到600公顷的土地中有100公顷葡萄园，出品现代风格美酒，堪称产区酒中的佼佼者。摩罗纳巴迪亚酒庄主要种植以桑娇维塞（Sangiovese）为首的本地黑葡萄品种，除此之外也栽培赤霞珠（Cabernet）、梅洛（Merlot）和西拉（Syrah）。在今年的品鉴中，2013年份的塔内图（Taneto）酒重扎实，风味复杂，无疑需要在瓶中继续陈年，已臻完美。不过它在现阶段已经呈现出极强的表现力：这款主要由西拉（Syrah）打造的混酿在前味中吐露着浓郁的烘焙香气，继而被柔美的果香中和，最后馥郁饱满的香氛萦绕其间，带来紧致深邃的美妙口感，果味四溢。而我们在2013年份的纳尼西亚（N' Antia）身上看到了同样的卓越品质。除此之外，2015年份的索迪德帕莱泰奥（I Sodi del Paretaio）是一款经典的奇安蒂（Chianti）类型酒，气质诱人，可饮性极佳，果香四溢，浸润着野生李子的美妙果味，融入精美辛香，余韵绵长萦绕，精致鲜美。

| | |
|---|---|
| ● Chianti I Sodi del Paretaio '15 | 🍷🍷 2* |
| ○ Felciaio '15 | 🍷🍷 2* |
| ● N'Antia '13 | 🍷🍷 5 |
| ● Taneto '13 | 🍷🍷 3 |
| ○ Vin Santo del Chianti '10 | 🍷 4 |
| ○ Felciaio '14 | 🍷🍷 2* |
| ● N'Antia '10 | 🍷🍷 5 |
| ● Taneto '12 | 🍷🍷 3 |
| ● Taneto '11 | 🍷🍷 3* |
| ● VignAalta '10 | 🍷🍷 5 |
| ● VignAalta '09 | 🍷🍷 5 |
| ○ Vin Santo del Chianti '09 | 🍷🍷 4 |

## Tenuta La Badiola

LOC. BADIOLA
58043 CASTIGLIONE DELLA PESCAIA [GR]
TEL. +39 0564944919
www.tenutalabadiola.it

藏酒销售
膳宿接待
年产量 150 000 瓶
葡萄种植面积 30 公顷

在加入莫莱提集团（Terra Moretti）【集团旗下包含托斯卡纳产区（Tuscany）的佩特拉酒庄（Petra）以及弗兰奇亚考达产区（Franciacorta）的康塔迪卡斯泰蒂酒庄（Contadi Castaldi）和贝拉维斯塔酒庄（Bellavista）】之前，这里是托斯卡纳大公（Grand Duke of Tuscany）、洛林的利奥波德二世（Leopold II of Lorraine）的夏宫。维托里奥·莫莱提（Vittorio Moretti）将巴迪奥拉酒庄（Tenuta La Badiola）打造成本地领军酿酒企业，并在庄园土地上添加了一座豪华的安达娜酒店（L' Andana）。占地面积达到30公顷的葡萄园栽培维蒙蒂诺（Vermentino）和维欧尼（Viognier），用以酿造白葡萄酒；种植梅洛（Merlot）、桑娇维塞（Sangiovese）和西拉（Shiraz），用以酿造红葡萄酒。除此之外，还种植了少量阿利坎特（Alicante），专门用于酿造桃红葡萄酒（Rosé）。巴迪奥拉酒庄出品美酒都能精美阐述本地风土，吐露着阳光般的地中海风情。2014年份的阿奎吉斯塔红葡萄酒（Acquagiusta Rosso）正反映出这样的风味：吐露着成熟草莓和樱桃的缕缕果香，融入灌木丛和柏树的怡人芬芳，随之而来的口感活跃而均衡，这要归功于支撑整款酒的和谐酸度表现精良，收口感到一丝辛辣美味。除此之外，2015年份的维蒙蒂诺（Vermentino）同样展现出持续优秀的品质，吐露着春花般的芬芳，更有一抹海盐的咸味风情萦绕其间，馥郁而紧致的果味口感与香氛相映成趣，相得益彰。

- ● Maremma Toscana Acquagiusta Rosso '14 — 3
- ○ Maremma Toscana Vermentino Acquagiusta '15 — 3
- ⊙ Maremma Toscana Rosato Acquagiusta '15 — 3
- ○ Acquadoro '11 — 4
- ● Acquagiusta Rosso '12 — 3*
- ● Acquagiusta Rosso '08 — 2*

## Fattoria di Bagnolo

VIA IMPRUNETANA PER TAVARNUZZE, 36
50023 IMPRUNETA [FI]
TEL. +39 0552313403
www.bartolinibaldelli.it

藏酒销售
预约参观
年产量 25 000 瓶
葡萄种植面积 10 公顷

自十五世纪以来就俯瞰佛罗伦萨（Florence）的这座山是邦格诺罗农庄（Fattoria di Bagnolo）的家，自1800年以来就归巴托利尼·巴德利家族（Bartolini Baldelli）所有。邦格诺罗农庄今天的主人是马可·巴托利尼·巴德利（Marc Bartolini Baldelli），除了邦格诺罗农庄，巴托利尼·巴德利家族还拥有其他两座庄园，分别是位于阿雷佐地区（Arezzo）佩尔吉内瓦尔达尔诺（Pergine Valdarno）的蒙托齐城堡（Castello di Montozzi）以及位于比萨地区（Pisa）圣明尼亚托（San Miniato）的斯卡莱塔庄园（Fattoria Scaletta）。地处因普鲁内塔（Impruneta）的邦格诺罗农庄葡萄园占地面积达到10公顷，主要种植桑娇维塞（Sangiovese），还包括科罗里诺（Colorino）、卡内奥罗（Canaiolo）、玛尔维萨（Malvasia）和扎比安努（Trebbiano）等其他本地葡萄品种；还有两种国际葡萄品种——赤霞珠（Cabernet Sauvignon）和梅洛（Merlot）。除了出产葡萄酒和橄榄油，邦格诺罗农庄最近更对发展和拓展农业观光旅游产生了浓厚的兴趣。在今年的品鉴中，2013年份的陈酿（Riserva）再次凭借卓越品质回归角逐"三杯奖"大奖的决赛，它吐露着和谐且多面的复杂香氛，从欧洲酸樱桃到黑樱桃的果香萦绕其间，烟草的醇香和香膏的芬芳亲缭绕，单宁结构精美，果香果味交相辉映，蕴含丝丝强劲口感。除此之外，2014年份的奇安蒂（Chianti）相比较而言更加丰满，内里更加一致和谐，美酒入喉非常惬意舒适。

- ● Chianti Colli Fiorentini Ris. '13 — 4
- ● Chianti Colli Fiorentini '14 — 2
- ● Capro Rosso '13 — 5
- ● Capro Rosso '12 — 5
- ● Capro Rosso '11 — 5
- ● Capro Rosso '10 — 5
- ● Capro Rosso '09 — 5
- ● Chianti Colli Fiorentini '13 — 2
- ● Chianti Colli Fiorentini Ris. '12 — 4
- ● Chianti Colli Fiorentini Ris. '11 — 4
- ● Chianti Colli Fiorentini Ris. '10 — 4
- ● Chianti Colli Fiorentini Ris. '08 — 3
- ○ Vin Santo del Chianti Ris. '04 — 5

## I Balzini

Loc. Pastine, 19
50021 Barberino Val d'Elsa [FI]
Tel. +39 0558075503
www.ibalzini.it

藏酒销售
预约参观
年产量 70 000 瓶
葡萄种植面积 12 公顷
可持续发展酒庄

1980年，职业会计师维琴佐·德埃桑托（Vincenzo d' Isanto）在佛罗伦萨（Florence）和锡耶纳（Siena）交界处发现了一片非常适合种植葡萄的土地，自此便成为了葡萄酒生产商。在接下来的岁月里，维琴佐的妻子安东内拉（Antonella）也辞掉了工作，全心全意地投入到巴尔兹尼酒庄（I Balzini）的业务中来，担任顾问，亲自监督葡萄园和酒窖的工作。今天的安东内拉依然如此，只是身边多了女儿黛安娜·德埃桑托（Diana d' Isanto）的陪伴。这座家庭酒庄的名字来自葡萄园占据的这片土地，巴尔兹尼酒庄在古老农舍的基础上改建而成，还包括片片茂盛的橄榄树丛。在今年的品鉴中，2013年份的白标系列（White Label）非常诱人美味，这款由桑娇维塞（Sangiovese）和赤霞珠（Cabernet Sauvignon）混酿而成的美酒给人带来愉悦的享受。它吐露着黑莓和樱桃的缕缕果香，融入香料的辛香和青草的清香，口感饱满华美，令人垂涎，精致自持，美味持久。与此同时，2013年份的黑标系列（Black Label）是由赤霞珠和梅洛（Merlot）打造而成的混酿，香氛馥郁精炼，吐露着肉桂和刺柏辛辣的芬芳，融入烘焙咖啡的幽然醇香，美酒入口，丰盈的果味携带极具穿透力的单宁，饱满圆润，质地精美，收口时的美味逡巡不散。

● I Balzini Black Label '13 6
● I Balzini Red Label '14 3
● I Balzini White Label '13 5
● I Balzini Green Label '15 3
⊙ I Balzini Pink Label '15 2
● I Balzini Black Label '12 6
● I Balzini Black Label '11 6
● I Balzini Black Label '10 6
● I Balzini Black Label '09 6
● I Balzini Green Label '12 2*
● I Balzini Green Label '11 2*
● I Balzini Red Label '11 3
● I Balzini White Label '12 5
● I Balzini White Label '11 5

## Bandini - Villa Pomona

Loc. Pomona, 39
s.da Chiantigiana
53011 Castellina in Chianti [SI]
Tel. +39 0577740473
www.fattoriapomona.it

藏酒销售
预约参观
膳宿接待
年产量 16 000 瓶
葡萄种植面积 4.70 公顷
葡萄栽培方式 有机认证

普蒙纳堡班迪尼酒庄（Villa Pomona Bandini）由莫妮卡·拉斯皮（Monica Raspi）和恩里克·塞尔维（Enrico Selvi）经营管理，经过多年努力，他们将这座小型酒庄发展为每一位热爱经典奇安蒂美酒（Chianti Classico）的酒迷们的必到之地。酒庄葡萄园采用有机栽培方式，打理种植在阿尔贝雷塞（Alberese）泥灰石灰质土壤中的葡萄藤。出品的特色在于它们经典的风格，酒液在大型木桶中陈年，在酒窖中的任何动作都耐心完整地做足时间，绝不走捷径，将人为干预降至最低水平，如此酿造出来的美酒展现出非常原始质朴的特质，极易入口，具有显著的个性，被公认为整个奇安蒂产区内与风土联系最为紧密的佳酿。在今年的品鉴中，2013年份的经典奇安蒂陈酿（Chianti Classico Riserva）是同类酒品中的佼佼者，它吐露着清爽的香气，优雅香氛的底蕴中总是透着一抹红莓果的果香。口感发展和谐，别具一格，只是略微缺少一些复杂度。除此之外，2014年份的经典奇安蒂（Chianti Classico）完全满足了我们的期待，它柔美精致，酒质顺滑，十分怡人。

● Chianti Cl. Ris. '13 4
● Chianti Cl. '14 3
● Chianti Cl. '13 3*
● Chianti Cl. '12 3*
● Chianti Cl. '11 3
● Chianti Cl. '10 3
● Chianti Cl. '09 3
● Chianti Cl. Ris. '12 4
● Chianti Cl. Ris. '11 4
● Chianti Cl. Ris. '10 4
● Chianti Cl. Ris. '09 4
● Chianti Cl. Ris. '08 4
● Chianti Cl. Ris. '07 4

## Baracchi

LOC. CEGLIOLO, 21
52044 CORTONA [AR]
TEL. +39 0575612679
www.baracchiwinery.com

藏酒销售
预约参观
膳宿接待
年产量 140 000 瓶
葡萄种植面积 32 公顷
可持续发展酒庄

里卡尔多·巴拉奇（Riccardo Baracchi）继承了家族自1860年起便一直持续经营了五个世代的酒庄事业。里卡尔多聪颖敏行，极富创造力，他将这座乡间产业转变成了迷人的度假胜地，设立了酒店、餐厅和温泉洗浴设施，四周环绕着美丽的葡萄园。这些怡人所在分散在四地：分别是圣马蒂诺（San Martino）、盖比亚诺（Gabbiano）、皮埃特拉亚（La Pietraia）和蒙坦拉（Montanare）。今天，在儿子本内迪托·巴拉奇（Benedetto Baracchi）的协助下，里卡尔多开始从事一项目标明确的新冒险：在尊重本地风土和传统的前提下进行现代化酿酒实践。在今年的品鉴中，巴拉奇酒庄提供了多款美味佳酿，其中2013年份的科尔托纳西拉陈酿（Cortona Syrah Riserva）表现可圈可点，闯入了角逐“三杯奖”大奖的决赛。它极具香氛表现力，吐露着馥郁而复杂的酒香，散发着红莓果和黑莓果的集中果香，缕缕辛辣芬芳柔和了整款酒的香气，更融入兽皮和皮革的阵阵醇香；最初入口感到恢宏诱人的口感，中程转变为精美活跃的气质，收口余韵发展精美，不可限量。

| | |
|---|---|
| ● Cortona Syrah Ris. '13 | 🍷🍷 6 |
| ● Cortona Smeriglio Syrah '13 | 🍷🍷 4 |
| ● Pinot Nero '13 | 🍷🍷 6 |
| ⊙ Brut Sangiovese Rosé M. Cl. '14 | 🍷 5 |
| ○ Brut Trebbiano M. Cl. '13 | 🍷 5 |
| ● Ardito '12 | 🍷🍷 6 |
| ● Ardito '11 | 🍷🍷 6 |
| ○ Astore '13 | 🍷🍷 3 |
| ● Cortona Merlot Smeriglio '13 | 🍷🍷 4 |
| ● Cortona Sangiovese Smeriglio '13 | 🍷🍷 4 |
| ● Cortona Smeriglio Sangiovese '12 | 🍷🍷 4 |
| ● Cortona Syrah Smeriglio '13 | 🍷🍷 4 |
| ● O'Lillo '14 | 🍷🍷 2* |
| ● Pinot Nero '12 | 🍷🍷 6 |

## Fattoria dei Barbi

LOC. PODERNOVI, 170
53024 MONTALCINO [SI]
TEL. +39 0577841111
www.fattoriadeibarbi.it

藏酒销售
预约参观
膳宿接待
年产量 600 000 瓶
葡萄种植面积 66 公顷

蒙塔奇诺（Montalcino）中东部地区的庞德诺韦（Podernovi）历史悠久，是传奇的芭比酒庄（Fattoria dei Barbi）及其博物馆的家，酒庄占地面积达到70公顷的恢宏葡萄园主要栽培桑娇维塞（Sangiovese）。从各个重要方面而言，芭比酒庄都是极受欢迎的传统葡萄酒品牌，骄傲地融入了长达数个世纪的厚重酿造传统，今天的掌门人斯蒂凡诺·齐内利·哥伦比尼（Stefano Cinelli Colombini）始终坚守家族自18世纪末便开始积累的宝贵经验，不断重新发掘。芭比酒庄最著名的旗舰酒品是三款布鲁奈罗酒（Brunellos），虽然它们采用不同的发酵和陈年方法（主要还是使用小型和中型橡木桶），但是都呈现出质朴且贵气的典型特征。在今年的品鉴中，所有芭比酒庄推荐的酒品都别具一格，得到了我们很高的评分。其中2010年份的布鲁奈罗陈酿（Brunello Riserva）品质出众，吐露着多样的香氛，散发着刺柏和树皮的醇香，融入焚香的芬芳，随之而来的口感浸润着活跃的果味，但是收口余韵略显僵化。与此同时，2011年份的布鲁奈罗（Brunello）展现出古老风尚，令人愉悦。而2011年份的费奥雷顶级葡萄园布鲁奈罗（Vigna del Fiore）相比较而言更具活力，果味精粹饱满。

| | |
|---|---|
| ● Brunello di Montalcino Ris. '10 | 🍷🍷 7 |
| ● Brunello di Montalcino '11 | 🍷🍷 5 |
| ● Brunello di Montalcino V. del Fiore '11 | 🍷🍷 7 |
| ● Rosso di Montalcino '14 | 🍷🍷 3 |
| ● Brunello di Montalcino '10 | 🍷🍷 5 |
| ● Brunello di Montalcino '09 | 🍷🍷 5 |
| ● Brunello di Montalcino '08 | 🍷🍷 5 |
| ● Brunello di Montalcino '07 | 🍷🍷 5 |
| ● Brunello di Montalcino Ris. '08 | 🍷🍷 7 |
| ● Brunello di Montalcino Ris. '07 | 🍷🍷 7 |
| ● Brunello di Montalcino V. del Fiore '10 | 🍷🍷 7 |
| ● Brunello di Montalcino V. del Fiore '08 | 🍷🍷 7 |
| ● Brunello di Montalcino V. del Fiore '07 | 🍷🍷 7 |
| ● Brunello di Montalcino V. del Fiore '06 | 🍷🍷 7 |
| ● Morellino di Scansano '11 | 🍷🍷 3 |
| ● Rosso di Montalcino '12 | 🍷🍷 3 |

## Baricci

Loc. Colombaio di Montosoli, 13
53024 Montalcino [SI]
Tel. +39 0577848109
www.baricci.it

藏酒销售
预约参观
年产量 30 000 瓶
葡萄种植面积 5 公顷

1955年从很多层面上都被视为蒙塔奇诺（Montalcino）发展史上具有深刻象征意义的一年，其中包括内罗·巴里奇（Nello Baricci）买下了克罗姆毕欧农庄（Colombaio）——被公认为专门出产布鲁奈罗酒（Brunello）的小型独立酿酒商中的先锋人物。内罗已经退休颐养天年有一段时间了，但是以他的名字命名的美酒依然是酒庄最忠诚表达风土特质的出品，展现出蒙托索利山（Montosoli）桑娇维塞（Sangioveses）饱含泥土醇香的经典风格。酒庄的管理权已经传递给了内罗的孩子格拉齐亚诺·巴里奇（Graziano Baricci）和格雷齐亚·巴里奇（Graziella Baricci）、女婿皮耶罗·布菲（Piero Buffi）、孙子费德里克·巴里奇（Federico Baricci）和弗朗西斯科·巴里奇（Francesco Baricci），他们全部都投入到农庄占地面积达到五公顷的葡萄园的种植工作和酒窖的酿造工作中，收获的果实需要在不锈钢罐中进行经典的发酵，浸渍工序很长，最后要在2000公升至4000公升的斯拉沃尼亚木桶（Slavonian）中进行陈年。巴里奇家族在六十年的时间里推出的第一款布鲁奈罗陈酿（Riserva di Brunello）就是广受赞誉的2010年份酒。这款美酒致敬伟大的创始人内罗，它的风格既现代又复古，李子的香氛和干花的芳香交织在一起，吐露着新翻起的潮湿泥土的醇香，融入咖啡粉的缕缕浓香，紧致且锐利的口感与香氛相得益彰。

| | | |
|---|---|---|
| ● Brunello di Montalcino Nello Ris. '10 | 🍷🍷🍷 | 6 |
| ● Brunello di Montalcino '11 | 🍷🍷 | 6 |
| ● Rosso di Montalcino '14 | ▼▼ | 4 |
| ● Brunello di Montalcino '10 | YYY | 6 |
| ● Brunello di Montalcino '09 | YYY | 5 |
| ● Brunello di Montalcino '07 | YYY | 5 |
| ● Brunello di Montalcino '83 | YYY | 5 |
| ● Brunello di Montalcino '08 | YY | 5 |
| ● Rosso di Montalcino '13 | YY | 4 |
| ● Rosso di Montalcino '11 | YY | 3* |
| ● Rosso di Montalcino '10 | YY | 3 |

## ★★Barone Ricasoli

Loc. Madonna a Brolio
53013 Gaiole in Chianti [SI]
Tel. +39 05777301
www.ricasoli.it

藏酒销售
预约参观
膳宿接待
年产量 2 500 000 瓶
葡萄种植面积 235 公顷
可持续发展酒庄

里卡索利伯爵酒庄（Barone Ricasoli）的历史悠久，是奇安蒂经典产区（Chianti Classico）不可动摇的支柱型酒庄，它也是世界上最古老的酒庄之一，自遥远的1141年就开始生产美酒。今天，里卡索利伯爵酒庄拥有奇安蒂DOC产区规模最大的葡萄园。弗朗西斯科·里卡索利（Francesco Ricasoli）在二十多年的时间里一直掌管着酒庄，致力于将家族酒庄发展成为意大利最具意趣的酒庄之一。里卡索利伯爵酒庄的系列葡萄酒风格现代，非常平衡，完美无瑕，同时也颇具个性，优雅美味，忠于本地风土表达。在今年的品鉴中，里卡索利伯爵酒庄提交了多款品质卓越的美酒，其中2013年份的克莱蒂拉精选经典奇安蒂（Chianti Classico Gran Selezione Colledilà）展现出伟大美酒的诸多特点。这款红葡萄酒混酿吐露着精美的香氛，融入香料的辛香和泥土的醇香，随之而来的口感非常复杂、活跃而深邃。除此之外，2013年份的洛卡奎奇亚达经典奇安蒂珍酿（Chianti Classico Rocca Guicciarda Riserva）也展现出卓越的品质，它的口感华美，令人垂涎，酒体饱满，浸润的果味让人心满意足。

| | | |
|---|---|---|
| ● Chianti Cl. Gran Sel. Colledilà '13 | 🍷🍷🍷 | 8 |
| ● Chianti Cl. Rocca Guicciarda Ris. '13 | 🍷🍷 | 5 |
| ● Casalferro '13 | ▼▼ | 8 |
| ● Chianti Cl. Bettino '13 | ▼▼ | 4 |
| ● Chianti Cl. Brolio Ris. '13 | ▼▼ | 6 |
| ● Chianti Cl. Gran Sel. Castello di Brolio '13 | ▼▼ | 8 |
| ● Chianti Cl. Brolio '14 | ▼ | 3 |
| ● Casalferro '08 | YYY | 8 |
| ● Chianti Cl. Castello di Brolio '07 | YYY | 8 |
| ● Chianti Cl. Castello di Brolio '06 | YYY | 8 |
| ● Chianti Cl. Castello di Brolio '04 | YYY | 7 |
| ● Chianti Cl. Castello di Brolio '03 | YYY | 5 |
| ● Chianti Cl. Castello di Brolio '01 | YYY | 6 |
| ● Chianti Cl. Colledilà '10 | YYY | 7 |
| ● Chianti Cl. Gran Sel. Colledilà '11 | YYY | 8 |
| ● Chianti Cl. Rocca Guicciarda Ris. '12 | YYY | 5 |

## Fattoria di Basciano

V.LE DUCA DELLA VITTORIA, 159
50068 RUFINA [FI]
TEL. +39 0558397034
www.renzomasibasciano.it

藏酒销售
预约参观
年产量 200 000 瓶
葡萄种植面积 35 公顷

自1925年起，马西家族（Masi）就一直经营着巴西亚诺农庄（Fattoria di Basciano），这座农庄由伦佐・马西（Renzo Masi）创建。今天，负责巴西亚诺农庄葡萄酒生产业务的是农庄主人、伦佐的儿子保罗・马西（Paolo Masi）和他的妻子安娜・瑞塔（Anna Rita）。农庄的葡萄园坐落于分隔阿古曼纳谷（Argomenna）和斯弗河（Sieve）两岸的山脚下，地处海拔300米，地块呈颗粒状土壤。葡萄园的种植面积达到35公顷，出产的果实用于酿造巴西亚诺农庄系列美酒，而伦佐马西系列佳酿（Renzo Masi）则采用从可信赖的酿造葡萄供应商那里采购的优质果实打造而成。除了葡萄酒和橄榄油，农庄还做起了假日农家住宿接待的生意，很受欢迎。在今年的品鉴中，巴西亚诺农庄提供的酒品品质高低不等，多少由于受到了2014年恶劣气候条件的影响。不过其中有两款美酒十分出众。2013年份的奇安蒂陈酿（Chianti Riserva）吐露着馥郁且无所不在的成熟果香，散发着李子的精美果香，融入香草荚的甜美香气，随之而来的口感温热柔美，浸润着辛辣的橡木滋味，但是有些过于直接显著。除此之外，2009年份的圣酒（Vin Santo）气质可爱，吐露着活跃的杏仁香，和着无花果干的缕缕果香，美酒入口，感到平衡和谐的美妙口感。

| | |
|---|---|
| ● Chianti Ris. '13 | 2* |
| ○ Vin Santo Chianti Rufina '09 | 3 |
| ● Chianti Rufina '14 | 2 |
| ● Chianti Rufina Ris. '13 | 3 |
| ● I Pini '14 | 4 |
| ● Il Corto '14 | 3 |
| ● Chianti Rufina '13 | 2* |
| ● Chianti Rufina Ris. '12 | 3 |
| ● Erta e China '13 | 2* |
| ● Erta e China '12 | 2* |
| ● I Pini '13 | 4 |
| ○ Vin Santo Chianti Rufina '08 | 3 |
| ○ Vin Santo Chianti Rufina Ris. '07 | 3 |

## Basile

POD. MONTE MARIO
58044 CINIGIANO [GR]
TEL. +39 0564993227
www.basilessa.it

藏酒销售
预约参观
年产量 50 000 瓶
葡萄种植面积 8 公顷
葡萄栽培方式 有机认证
可持续发展酒庄

从那不勒斯（Naples）到蒙特库科DOC产区（Montecucco）中心地带的奇尼贾诺山区（Cinigiano）：这就是吉欧凡・巴蒂斯塔・巴西勒（Giovan Battista Basile）自1999年开始的旅程，当时他离开南部城市，搬到托斯卡纳（Tuscany）开启酿造事业。多年来，吉欧凡始终以有机原则为准绳种植葡萄园，酿造充分尊重当地风土的美酒。在这样的地区采用有机栽培相对比较容易，因为这里的土地已经数十年不曾耕种过，非常适合现代葡萄园的栽培标准。占地面积达到8公顷的葡萄园地块沿着山脚蜿蜒分布，呈石灰泥灰土质，坐落于海拔330米至380米之间、主要呈西南朝向的山坡上。地块大多种植桑娇维塞（Sangiovese）、梅洛（Merlot）和绮丽叶骄罗（Ciliegiolo）等品种，同时也包括几行维蒙蒂诺（Vermentino）、维欧尼（Viognier）和小芒森（Petit Manseng）——这些酿造果实被用来打造酒庄唯一出品的阿泰泰科白葡萄酒（Artéteca）。在今年的品鉴中，2012年份的陈酿（Riserva）与往年相比酒香更加显著，气质更加诱人，凭借卓越表现斩获了“三杯奖”：它吐露着缕缕辛香，融入红莓果的甜美果香，底蕴中透露出丝丝香膏的芬芳，引领出果味馥郁清爽的口感，单宁柔滑，融入矿物质美妙滋味，收口余韵逡巡不散，果味始终在唇舌间跃动不停。除此之外，2013年份的卡塔坎特（Cartacanta）也奉献出卓越表现，它的口感劲道有力，呈现出一贯的高品质。

| | |
|---|---|
| ● Montecucco Sangiovese Ad Agio Ris. '12 | 5 |
| ● Montecucco Sangiovese Cartacanta '13 | 3 |
| ○ Artéteca '15 | 2 |
| ● Maremma Toscana Comandante '13 | 3 |
| ● Maremma Comandante '12 | 3 |
| ● Montecucco Ad Agio Ris. '08 | 3 |
| ● Montecucco Cartacanta '11 | 3 |
| ● Montecucco Cartacanta '08 | 2* |
| ● Montecucco Sangiovese Ad Agio Ris. '11 | 5 |
| ● Montecucco Sangiovese Ad Agio Ris. '09 | 3 |
| ● Montecucco Sangiovese Cartacanta '12 | 3 |

## Pietro Beconcini

FRAZ. LA SCALA
VIA MONTORZO, 13A
56028 SAN MINIATO [PI]
TEL. +39 0571464785
www.pietrobeconcini.com

藏酒销售
预约参观
年产量 95 000 瓶
葡萄种植面积 12 公顷

自二十世纪初始，瑞多费侯爵（Marchesi Ridolfi）就拥有这片种满了丹魄（Tempranillo）葡萄藤的土地。20世纪50年代中期，李奥纳多（Leonardo）的祖父买下了原本作为佃农耕种的这片农场，并传给了李奥纳多的父亲彼得罗（Pietro）——此后做出成为全职葡萄酒生产商的决定，最后交到了李奥纳多的手上。李奥纳多和伊娃·贝拉加穆巴（Eva Bellagamba）在打理葡萄园的时候采取新的发展方向，极力混合栽培不同品种葡萄：除了西班牙的葡萄品种丹魄之外，还包括桑娇维塞（Sangiovese）、卡内奥罗（Canaiolo）、白玛尔维萨（Malvasia Bianca）、黑玛尔维萨（Malvasia Nera）以及科罗里洛（Colorino）。在今年的品鉴中，2014年份的IXE是一款主要由丹魄添加少量桑娇维塞混酿而成的美酒，吐露着香叶和森林大地的芬芳，淡淡黑莓的成熟果香萦绕其间，更有一抹甘草的香气缓缓释放。美酒入口，感到紧致的肉味，逐渐攀上诱人的收口巅峰，果味逡巡不散，给人带来美妙满足的感觉。同样卓越的还有2012年份的尼基葡萄园（Vigna alle Nicchie），这款单一品种丹魄吐露着烘焙的醇香，融入黑莓酱的甜美果香和青草的缕缕清香，酒质紧致，单宁均衡，收口果味四溢，持久不衰。

| | | |
|---|---|---|
| ● Chianti Ris. '13 | [2 glasses] | 2* |
| ● IXE '14 | [2 glasses] | 3 |
| ● Vigna alle Nicchie '12 | [2 glasses] | 6 |
| ○ Vin Santo del Chianti Caratello '08 | [2 glasses] | 5 |
| ● Maurleo '14 | [1 glass] | 2 |
| ● IXE '13 | [2 glasses (outline)] | 3 |
| ● Vigna alle Nicchie '11 | [2 glasses (outline)] | 6 |
| ● Vigna alle Nicchie '09 | [2 glasses (outline)] | 6 |

## Podere Le Berne

LOC. CERVOGNANO
VIA POGGIO GOLO, 7
53040 MONTEPULCIANO [SI]
TEL. +39 0578767328
www.leberne.it

藏酒销售
年产量 25 000 瓶
葡萄种植面积 6 公顷

安德里亚·纳塔里尼（Andrea Natalini）不允许自己在伯尼农庄（Podere Le Berne）最近取得的出色成绩上骄傲自满，继续以同样的责任心和激情打理伯尼农庄位于彻沃纳诺（Cervognano）的葡萄园——蒙特普齐亚诺地区（Montepulciano）最重要的顶级葡萄园之一。伯尼农庄出品美酒的风味十分浓郁集中，质地清澈，它们具有极强的陈年潜力，能够睥睨时光，同时拥有极佳的可饮性，是经典的类型酒，极富个性。在今年的品鉴中，伯尼农庄提交了多款品质卓越的美酒。美妙的樱桃香与烟斗的醇香交相辉映，香料的辛香更成为2012年份诺贝勒陈酿（Nobile Riserva）的典型标志，入口和谐均衡，果味口感馥郁丰盈。与此同时，2013年份的年份的诺贝勒（Nobile）吐露着锐利的酒香，但是鲜美且强劲，融入阵阵精美的果香，和着如花芬芳，表现十分精彩，展现出迷人的清爽风味。除此之外，2015年份的蒙特普齐亚诺红葡萄酒（Rosso di Montepulciano）芬芳扑鼻，美味可口，是一款非常诱人的美酒，口感惬意，果味四溢。

| | | |
|---|---|---|
| ● Nobile di Montepulciano Ris. '12 | [2 glasses] | 5 |
| ● Nobile di Montepulciano '13 | [2 glasses] | 3 |
| ● Rosso di Montepulciano '15 | [2 glasses] | 2* |
| ● Nobile di Montepulciano '11 | [3 glasses (outline)] | 3* |
| ● Nobile di Montepulciano '06 | [3 glasses (outline)] | 3 |
| ● L'Affronto '11 | [2 glasses (outline)] | 2* |
| ● Nobile di Montepulciano '12 | [2 glasses (outline)] | 3* |
| ● Nobile di Montepulciano '09 | [2 glasses (outline)] | 3 |
| ● Nobile di Montepulciano Ris. '11 | [2 glasses (outline)] | 5 |
| ● Nobile di Montepulciano Ris. '10 | [2 glasses (outline)] | 5 |
| ● Nobile di Montepulciano Ris. '09 | [2 glasses (outline)] | 5 |
| ● Nobile di Montepulciano Ris. '08 | [2 glasses (outline)] | 5 |
| ○ Vin Santo di Montepulciano Ada '07 | [2 glasses (outline)] | 5 |
| ○ Vin Santo di Montepulciano Ada '06 | [2 glasses (outline)] | 5 |

## Tenuta di Bibbiano

VIA BIBBIANO, 76
53011 CASTELLINA IN CHIANTI [SI]
TEL. +39 0577743065
www.bibbiano.com

藏酒销售
预约参观
膳宿接待
年产量 100 000 瓶
葡萄种植面积 25 公顷
葡萄栽培方式 有机认证
可持续发展酒庄

比比安诺酒庄（Tenuta di Bibbiano）的葡萄园坐落于奇安蒂（Chianti）次产区卡斯特利纳（Castellina）的南部地带，临近与波吉邦西地区（Poggibonsi）的交界处，酒庄自1865年起就由马洛奇西·玛兹家族（Marrocchesi Marzi）拥有，但直到1969年才将其所产的经典奇安蒂（Chianti Classico）装瓶销售。多年来出品风格和品质都稳定不变，完美展现出本地风土特质。比比安诺酒庄的葡萄园采用有机方式打理，与此同时在酒窖的酿造环节中将人工干预的程度降至最低，致力于打造果味浓郁的美酒。比比安诺酒庄的佳酿都极具个性，酒液在大型橡木桶或者小型橡木桶中陈年，最终得到一系列风格传统且个性饱满的美酒。在今年的品鉴中，2013年份的蒙托内罗经典奇安蒂陈酿（Chianti Classico Montornello Riserva）刚刚开启后的香氛似乎比较犹豫不决，随着与空气接触的醒酒时间越长，逐渐吐露出如花芬芳，更有一抹泥土的香醇气息萦绕其间。美酒入口，展现出复杂的结构和发展柔顺的酒质，收口美味强劲，果味持久不衰。除此之外，2014年份的经典奇安蒂（Chianti Classico）酒体纤细，风味并不复杂，香氛持久缭绕，渐渐飘散，而清爽均衡的口感是这款酒的强大之处。

| | |
|---|---|
| ● Chianti Cl. '14 | 🍷🍷 3 |
| ● Chianti Cl. Montornello Ris. '13 | 🍷🍷 4 |
| ● Chianti Cl. '13 | 🍷🍷 3* |
| ● Chianti Cl. '11 | 🍷🍷 3* |
| ● Chianti Cl. '10 | 🍷🍷 3 |
| ● Chianti Cl. '07 | 🍷🍷 3* |
| ● Chianti Cl. Montornello '11 | 🍷🍷 3 |
| ● Chianti Cl. Montornello '09 | 🍷🍷 3 |
| ● Chianti Cl. Montornello '08 | 🍷🍷 3 |
| ● Chianti Cl. Montornello '06 | 🍷🍷 2* |
| ● Chianti Cl. Montornello Ris. '12 | 🍷🍷 4 |
| ● Chianti Cl. V. del Capannino Gran Sel. '10 | 🍷🍷 5 |
| ● Chianti Cl. V. del Capannino Ris. '10 | 🍷🍷 5 |
| ● Chianti Cl. V. del Capannino Ris. '06 | 🍷🍷 5 |

## Bindella

FRAZ. ACQUAVIVA
VIA DELLE TRE BERTE, 10A
53045 MONTEPULCIANO [SI]
TEL. +39 0578767777
www.bindella.it

藏酒销售
预约参观
年产量 160 000 瓶
葡萄种植面积 36.5 公顷

瓦罗西亚庄园（Vallocaia）被公认为蒙特普齐亚诺地区（Montepulciano）历史最为悠久的古老庄园之一，拥有三十多年的酿造历史，因此与当地风土建立起深厚的渊源，得以酿造出高品质美酒。酒庄的主人宾德拉家族（Bindella）来自瑞士，对于葡萄酒生产和餐饮业非常熟悉和擅长，酒庄拥有经验丰富、能力卓越且团结一致的种植和酿造团队，能够不断提升出品品质，给人留下非常深刻的印象，而能够证明这一切的无疑正是宾德拉酒庄出品的系列佳酿。在今年的品鉴中，宾德拉酒庄提交了多款表现精彩的好酒，其中2013年份的埃夸德瑞诺贝勒（Nobile I Quadri）气质简单，口感美妙，展现出独一无二的个性，入口深邃且缥缈，质地精美但变化多端。优雅的咸味和水果的甜味完美融合在精致酒质中——最终令这款佳酿为酒庄捧回了“三杯奖”的奖杯。除此之外，我们在这里还要骄傲地推荐2007年份的圣酒（Vin Santo Occhio di Pernice Sinfonia），这无疑是令人心悦诚服的经典美酒。

| | |
|---|---|
| ● Nobile di Montepulciano I Quadri '13 | 🍷🍷🍷 5 |
| ● Vin Santo di Montepulciano Occhio di Pernice Dolce Sinfonia '07 | 🍷🍷 7 |
| ● Nobile di Montepulciano '13 | 🍷🍷 4 |
| ● Rosso di Montepulciano Fosso Lupaio '14 | 🍷 2 |
| ● Nobile di Montepulciano I Quadri '12 | 🍷🍷🍷 5 |
| ● Nobile di Montepulciano '12 | 🍷🍷 4 |
| ● Nobile di Montepulciano '11 | 🍷🍷 4 |
| ● Nobile di Montepulciano I Quadri '11 | 🍷🍷 5 |
| ● Nobile di Montepulciano Vallocaia Ris. '10 | 🍷🍷 5 |
| ○ Vin Santo di Montepulciano Dolce Sinfonia '11 | 🍷🍷 5 |

## ★Biondi Santi Tenuta Il Greppo

Loc. Villa Greppo, 183
53024 Montalcino [SI]
Tel. +39 0577848087
www.biondisanti.it

藏酒销售
预约参观
膳宿接待
年产量 80 000 瓶
葡萄种植面积 25 公顷

坊间一直传言，碧安帝桑迪公司（Biondi Santi）的人事结构或许近期即将发生改变，该公司无疑在世界葡萄酒生产格局中扮演了重要角色。它一直是蒙塔奇诺地区（Montalcino）的旗舰酒庄，是最能够充分展现出布鲁奈罗葡萄酒（Brunello）的悠长生命力和风土表达潜力的酒庄。从许多方面而言，这种美酒的伟大旅程正是从格瑞坡庄园（Greppo）开启，而且十九世纪晚期出品的传奇布鲁奈罗在这里留下了毫无损毁的酒瓶，见证了这种美酒的发展。因此，碧安帝桑迪酒庄出品的红葡萄酒总是值得我们耐心等待，尤其是陈酿（Riserva）在大型木桶中经过漫长的陈年阶段，打造出无法错认的活力口感和鲜美凛冽的个性。在今年的品鉴中，涌现出了两款大师之作：2011年份的格瑞坡庄园布鲁奈罗葡萄酒（Brunello del Greppo）和2010年份的陈酿葡萄酒（Riserva）。我们不得不从中选出一款最爱，因此不得不进行细致入微的评判。因为这两款年份酒的特色迥然不同，前者更加容易入口，而后者活泼劲道，不过在阐释果味和风土方面都表现得十分精彩。最终果味四溢的陈酿略胜一筹，显露出犹如天鹅绒般丝滑的单宁和强劲的酸度——不过或许也并非如此，这一次实在难以决出高下啊！

| | |
|---|---|
| Brunello di Montalcino Ris. '10 | 🍷🍷🍷 8 |
| Brunello di Montalcino '11 | 🍷🍷 8 |
| Brunello di Montalcino '10 | YYY 8 |
| Brunello di Montalcino '09 | YYY 8 |
| Brunello di Montalcino '06 | YYY 7 |
| Brunello di Montalcino '04 | YYY 8 |
| Brunello di Montalcino '03 | YYY 8 |
| Brunello di Montalcino '01 | YYY 8 |
| Brunello di Montalcino Ris. '07 | YYY 8 |
| Brunello di Montalcino Ris. '06 | YYY 8 |
| Brunello di Montalcino Ris. '04 | YYY 8 |
| Brunello di Montalcino Ris. '01 | YYY 8 |

## Borgo Salcetino

Loc. Lucarelli
53017 Radda in Chianti [SI]
Tel. +39 0577733541
www.livon.it

预约参观
年产量 95 000 瓶
葡萄种植面积 15 公顷

利文家族（Livon）是弗留利产区（Friuli）著名的酿酒家族，在萨尔切汀诺小村（Borgo Salcetino）与当地风土建立了极其密切的联系，将这里的酿造潜力发挥到极致。萨尔切汀诺酒庄坐落于奇安蒂产区（Chianti）卓越的种植区拉达（Radda）。利文家族于20世纪90年代中期买下了这座酒庄，并且推出了令人印象极为深刻的系列美酒。萨尔切汀诺酒庄的出品风格绝对忠于经典奇安蒂葡萄酒（Chianti Classico）的传统原则，从在大型橡木桶中陈年开始。这些美酒风格优雅，果味活跃，在DOC产区的最佳酒品中常常也能够脱颖而出。在今年的品鉴中，我们惊讶地发现2014年份的经典奇安蒂（Chianti Classico）是所有2014年份酒中的佼佼者，由于这是一个气候条件非常恶劣的采收酿造季，对于经典奇安蒂产区尤其如此。然而萨尔切汀诺酒庄的2014年份酒则表现十分精彩。它吐露着红莓果精致的果香，气质缥缈，融入淡淡的辛香和一抹森林大地的醇香，而口感则美妙而平衡，热辣的酒精度搭配令人愉悦的果味带来完美的口感。

| | |
|---|---|
| ● Chianti Cl. '14 | 🍷🍷🍷 3* |
| ● Chianti Cl. '13 | YYY 3* |
| ● Chianti Cl. '11 | YYY 3* |
| ● Rossole '12 | YYY 3* |
| ● Chianti Cl. '10 | YY 3 |
| ● Chianti Cl. '09 | YY 3 |
| ● Chianti Cl. '08 | YY 3 |
| ● Chianti Cl. '07 | YY 3* |
| ● Chianti Cl. Lucarello Ris. '12 | YY 4 |
| ● Chianti Cl. Lucarello Ris. '11 | YY 4 |
| ● Chianti Cl. Lucarello Ris. '10 | YY 4 |
| ● Chianti Cl. Lucarello Ris. '07 | YY 4 |
| ● Rossole '08 | YY 3 |

## Il Borro

FRAZ. SAN GIUSTINO VALDARNO
LOC. IL BORRO, 1
52020 LORO CIUFFENNA [AR]
TEL. +39 055977053
www.ilborro.it

藏酒销售
预约参观
膳宿接待
年产量 160 000 瓶
葡萄种植面积 45 公顷

博罗酒庄（Il Borro）在历史上最早的明确记载可以追溯到遥远的1254年，一位来自米兰（Milanese）的贵族博罗·博瑞侯爵（Marchese Borro Borri）买下了这座城堡，他曾经是阿雷佐地区（Arezzo）的行政官。在行政官阿历桑德罗·博瑞（Alessandro dal Borri）的领导下，博罗酒庄最终发展到我们今天看到的规模。数个世纪以来，酒庄数次易手，诸多家族曾经入主，直至1993年费鲁奇奥·弗莱格默（Ferruccio Ferragamo）购入酒庄，对其大力重建，使博罗酒庄回复了往日的荣光，此后于1999年推出了第一季美酒。在今年的品鉴中，2013年份的博罗（Il Borro）依然如约出现在决赛中，它是一款以梅洛（Merlot）和赤霞珠（Cabernet Sauvignon）联合打造的混酿，略微添加些许西拉（Syrah）和小味尔多（Petit Verdot），吐露着复杂而精美的酒香，融入胡椒和肉桂的缕缕辛香，底蕴中透露出丝丝樱桃的美妙果香，令整款酒的香氛更加柔和。初入口感到诱人的酒重，口感如同天鹅绒般丝滑柔美，令人愉悦，清爽清新，酸度支撑的精美酒骨带来果味逡巡不散的美妙回味，余韵飘荡不散。除此之外，2011年份的博罗波莱（Bolle di Borro）是新进入选的美酒，这款传统酿造法起泡酒（Metodo Classico）以桑娇维塞（Sangiovese）酿造而成，吐露着如花芬芳，口感活跃美味。

| | | |
|---|---|---|
| ● Il Borro '13 | TT | 7 |
| ⊙ Brut Bolle di Borro '11 | TT | 8 |
| ● Pian di Nova '13 | TT | 3 |
| ● Polissena '12 | T | 5 |
| ● Il Borro '12 | YY | 7 |
| ● Il Borro '09 | YY | 4 |
| ● Il Borro '08 | YY | 6 |
| ● Pian di Nova '09 | YY | 3 |
| ● Polissena '11 | YY | 5 |
| ● Vin Santo del Chianti Occhio di Pernice '09 | YY | 7 |
| ○ Vin Santo del Chianti Occhio di Pernice '08 | YY | 5 |
| ○ Vin Santo del Chianti Occhio di Pernice '07 | YY | 5 |

## ★Poderi Boscarelli

LOC. CERVOGNANO
VIA DI MONTENERO, 28
53045 MONTEPULCIANO [SI]
TEL. +39 0578767277
www.poderiboscarelli.com

藏酒销售
预约参观
年产量 100 000 瓶
葡萄种植面积 14 公顷

波斯卡莱利酒庄（Boscarelli）或许代表着蒙特普齐亚诺产区（Montepulciano）桑娇维塞葡萄酒（Sangiovese）生产的巅峰酒庄。自1962年起，德·法拉利家族（De Ferrari）就拥有波斯卡莱利酒庄，他们始终致力于诺贝勒美酒（Vino Nobile）的生产并对其潜力充满信心，出品美酒极富个性，给人留下深刻的印象。波斯卡莱利酒庄出品的佳酿展现出显著的特色，风格连贯，品质如一，这要感谢酒庄在葡萄园的栽培和酒窖的酿造过程中进行的谨慎操作，并且毫不被稍纵即逝的酿造潮流所摆布。在今年的品鉴中，波斯卡莱利酒庄提交了一系列品质无懈可击的美酒，不过这样的情况已经不是第一次。其中表现最为出色的当属2012年份的蒙特普齐亚诺诺西欧诺贝勒（Nobile di Montepulciano Il Nocio）。这是桑娇维塞在托斯卡纳（Tuscany）卓越品质始终如一的美酒之一，几乎可以用完美来赞许。与此同时，2011年份的索托卡萨蒙特普齐亚诺诺贝勒陈酿（Nobile di Montepulciano Sottocasa Riserva）同样极富意趣，酒香四溢，活力四射；2004年份的法米利亚蒙特普齐亚诺圣酒（Vin Santo di Montepulciano Familiae）也给我们带来甜蜜的惊喜。除此之外，波斯卡莱利酒庄今年推荐的其他系列酒品也展现出值得信赖的高品质。

| | | |
|---|---|---|
| ● Nobile di Montepulciano Il Nocio '12 | TTT | 8 |
| ● Nobile di Montepulciano Sottocasa Ris. '11 | TT | 6 |
| ○ Vin Santo di Montepulciano Familiae '04 | TT | 7 |
| ● Cortona Merlot '12 | TT | 4 |
| ● Nobile di Montepulciano '13 | TT | 5 |
| ● De Ferrari '15 | T | 3 |
| ● Rosso di Montepulciano Prugnolo '15 | T | 3 |
| ● Nobile di Montepulciano Il Nocio '11 | YYY | 8 |
| ● Nobile di Montepulciano Nocio dei Boscarelli '10 | YYY | 8 |
| ● Nobile di Montepulciano Nocio dei Boscarelli '09 | YYY | 8 |
| ● Nobile di Montepulciano Nocio dei Boscarelli '08 | YYY | 8 |
| ● Nobile di Montepulciano Nocio dei Boscarelli '07 | YYY | 8 |

## ★Brancaia

Loc. Poppi, 42
53017 Radda in Chianti [SI]
Tel. +39 0577742007
www.brancaia.it

藏酒销售
预约参观
膳宿接待
年产量 700 000 瓶
葡萄种植面积 80 公顷
可持续发展酒庄

布兰凯亚酒庄（Brancaia）多年来凭借出品美酒的高品质和持久的内在一致性，获得了不俗的声望，而且最重要的是，布兰凯亚酒庄的酒品具有非常显著且一致的风格特征。所有出品的葡萄酒都展现出现代风尚，由于大量使用木桶陈年而提升了现代质感，口感平衡且优雅，更不用说跃动的活力和清爽的质感。不论是奇安蒂产区（Chianti）出品的佳酿，还是马雷马地区（Maremma）酿造的美酒，这种睿智的高品质融合度，都将布兰凯亚酒庄出产的奇安蒂产区酒推到了DOC产区典范葡萄酒的地位上。在今年的品鉴中，2013年份的经典奇安蒂陈酿（Chianti Classico Riserva）精美而缥缈，散发着非常怡人的酒香，活力四射，浸润馥郁果味。2014年份的经典奇安蒂（Chianti Classico）表现同样出色，它的酒体纤细，但是口感扎实，其无可比拟的优势在于诱人的果味。与此同时，2012年份的蓝色系列（Il Blu）以桑乔维塞（Sangiovese）、赤霞珠（Cabernet Sauvignon）和梅洛（Merlot）酿造而成，工艺精湛，吐露着诱人的果香，口感美味，令人垂涎，只是橡木滋味过重稍显逊色。除此之外，2013年份的伊拉特亚（Ilatraia）是以赤霞珠、品丽珠（Franc）和小味尔多（Petit Verdot）混酿而成的马雷马产地酒（Maremma），吐露着浓郁的酒香，酒质发展均衡，不过橡木滋味略重一些。

| | |
|---|---|
| Chianti Cl. Ris. '13 | 🍷🍷🍷 (red) 5 |
| ● Il Blu '12 | 🍷🍷 (red) 7 |
| Chianti Cl. Brancaia '14 | 🍷🍷 4 |
| ● Ilatraia '13 | 🍷🍷 6 |
| ● Brancaia Il Blu '08 | ♡♡♡ 8 |
| ● Brancaia Il Blu '07 | ♡♡♡ 7 |
| ● Brancaia Il Blu '06 | ♡♡♡ 6 |
| Brancaia Il Blu '05 | ♡♡♡ 6 |
| ● Brancaia Il Blu '04 | ♡♡♡ 6 |
| Chianti Cl. Brancaia '13 | ♡♡♡ 4* |
| ● Chianti Cl. Ris. '11 | ♡♡♡ 5 |
| ● Chianti Cl. Ris. '10 | ♡♡♡ 4* |
| Chianti Cl. Ris. '09 | ♡♡♡ 7 |

## Brancatelli

Loc. Riotorto
Casa Rossa, 2
57025 Piombino [LI]
Tel. +39 056520655
www.brancatelli.eu

藏酒销售
预约参观
膳宿接待
年产量 75 000 瓶
葡萄种植面积 15 公顷
葡萄栽培方式 有机认证

约瑟佩·布兰卡泰利（Giuseppe Brancatelli）离开了故乡西西里（Sicily）以及父亲位于梅西纳（Messina）的葡萄园，年轻的他选择前往荷兰追寻生活的道路。在餐饮业取得的成功和满足滋养了他对于葡萄酒的热情，但是他十分怀念每日与土地和大自然打交道的亲切感觉，那种重新被塑造和改变的感觉。想要回家做一名依恋土地的农夫的愿望开始征服了他。于是他开始在意大利寻找能够实现他的梦想的酒庄，就这样找到了山海之间的科尼亚谷（Val di Cornia）。自20世纪90年代起，约瑟佩重新移植了布兰卡泰利酒庄的葡萄园，添加了一些新藤，与此同时照料橄榄树丛并且开始生产美酒。在今年的品鉴中，2012年份的秘密（Segreto）表现非常精彩，这款赤霞珠（Cabernet Sauvignon）吐露着青草般的清爽芬芳，融入绿胡椒的缕缕辛香，和着野生莓果的果香和淡淡皮革的醇香。入口柔顺诱人，甘美丰盈，果味活跃，收口余韵绵长悠然。我们还十分喜爱2014年份的（Questo Dedicato A），这款美酒以同等比例的品丽珠（Cabernet Franc）、赤霞珠、小味尔多（Petit）和西拉（Syrah）混酿而成，吐露着浓郁的樱桃果酱芬芳，底蕴中透露出缕缕肉桂和丁香的辛香。入口热辣，充盈满口的果味持久不散，收口余韵绵长诱人。

| | |
|---|---|
| ● Cabernet Sauvignon Segreto '12 | 🍷🍷 7 |
| ● Questo Dedicato A '14 | 🍷🍷 3 |
| ○ Ansonica Splendente '15 | 🍷 3 |
| ⊙ Loren '15 | 🍷 3 |
| ● Valle delle Stelle '14 | 🍷 3 |
| ○ Ansonica Splendente '14 | ♡♡ 3 |
| ● Cabernet Sauvignon Segreto '11 | ♡♡ 7 |
| ● Cabernet Sauvignon Segreto '10 | ♡♡ 7 |
| ● Giuseppe Brancatelli '12 | ♡♡ 4 |
| ● Giuseppe Brancatelli '11 | ♡♡ 4 |
| ● Valle del Sogno '12 | ♡♡ 4 |
| ● Valle delle Stelle '13 | ♡♡ 3 |
| ● Valle delle Stelle '12 | ♡♡ 3 |

## Brunelli - Le Chiuse di Sotto

LOC. PODERNOVONE, 157
53024 MONTALCINO [SI]
TEL. +39 0577849337
www.giannibrunelli.it

藏酒销售
预约参观
膳宿接待
年产量 30 000 瓶
葡萄种植面积 6.5 公顷
可持续发展酒庄

带着坚定的决心，玛利亚・劳拉・瓦卡・布鲁内利（Maria Laura Vacca Brunelli）继续经营着由上一任丈夫吉安尼・布鲁内利（Gianni Brunelli）缔造的家庭酒庄——他是一位蒙塔奇诺地区（Montalcino）顶级的葡萄酒酿造商。布鲁内利酒庄葡萄园的种植面积刚刚超过6公顷，拥有两种迥然不同的土壤条件和气候环境，使得布鲁内利酒庄的酒品呈现出独有的风味。一处位于东北部山坡地带，被称为索托库斯（Le Chiuse di Sotto），距离坎纳利奇（I Canalicchi）并不远；另一处则是村庄东南地带的普德诺弗农场（Podernovo），分布着布鲁内利酒庄大部分的葡萄园和酒窖。这些地块出产非凡的布鲁奈罗酒（Brunellos），在年轻的时候绝不屈从潮流，通过适中的浸渍阶段后，要在2000公升至3000公升的橡木桶中进行陈年。卓越的红葡萄酒出品口感锐利，非常值得等待。重复去年的佳绩并不容易，不过这已经是布鲁内利酒庄酿造的桑娇维塞（Sangioveses）中的佼佼者。在今年的品鉴中，2011年份的布鲁奈罗（Brunello）轻快柔美，吐露着如花芬芳，融入矿物质的缕缕醇香，风格和口感非常接近更加恢宏和成熟的2010年份布鲁奈罗陈酿（Riserva），只不过现阶段依然受制于较为质朴的呈颗粒状的单宁。

| | | |
|---|---|---|
| ● Brunello di Montalcino '11 | ▼▼ | 6 |
| ● Brunello di Montalcino Ris. '10 | ▼▼ | 8 |
| ● Rosso di Montalcino '14 | ▼ | 4 |
| ● Amor Costante '05 | ▽▽▽ | 5 |
| ● Brunello di Montalcino '10 | ▽▽▽ | 6 |
| ● Amor Costante '10 | ▽▽ | 5 |
| ● Brunello di Montalcino '09 | ▽▽ | 6 |
| ● Brunello di Montalcino '08 | ▽▽ | 6 |
| ● Brunello di Montalcino '07 | ▽▽ | 6 |
| ● Brunello di Montalcino '06 | ▽▽ | 6 |
| ● Brunello di Montalcino Ris. '07 | ▽▽ | 8 |
| ● Brunello di Montalcino Ris. '06 | ▽▽ | 8 |
| ● Rosso di Montalcino '13 | ▽▽ | 4 |
| ● Rosso di Montalcino '12 | ▽▽ | 4 |

## Bruni

FRAZ. FONTEBLANDA
LOC. LA MARTA, 6
58010 ORBETELLO [GR]
TEL. +39 0564885445
www.aziendabruni.it

藏酒销售
预约参观
年产量 400 000 瓶
葡萄种植面积 36 公顷

1995年以来，布鲁尼酒庄（Bruni）由当前的主人、双胞胎马可・布鲁尼（Marc Bruni）和莫雷诺・布鲁尼（Moreno Bruni）经营管理，他们打造的系列美酒无懈可击、可饮性极高，风格自信，尤其有些佳品能够展现出相当强大的复杂原始风味。它们主要在小型橡木桶中陈年，虽然酒庄也采用大型橡木桶，特别强调酒质别具一格的发展，令这座位于丰特博兰达（Fonteblanda）的酒窖成为马雷马地区（Maremma）葡萄酒酿造图景中最具活力的酿造商之一。在今年的品鉴中，布鲁尼酒庄推荐了一系列表现精彩的美酒参选，其中2014年份的奥特孔菲尼马雷马歌海娜（Maremma Grenache Oltreconfine）气质优雅，风味复杂，吐露着甜美而多变的果香，精美芬芳四处缭绕，无所不在，其中香甜的莓果香令人想起勃艮第（Burgundy）。入口感到纤美的口感，酒质发展深邃而均衡，果味清爽而持久。除此之外，2013年份的斯堪萨诺莫雷利诺克莱尔陈酿（Morellino di Scansano Lair Riserva）的风格则迥然不同，别具一格，口感锐利，展现出令人愉悦的活跃香气和扎实果味。

| | | |
|---|---|---|
| ● Maremma Toscana Grenache Oltreconfine '14 | ▼▼ | 5 |
| ● Morellino di Scansano Laire Ris. '13 | ▼▼ | 4 |
| ○ Maremma Toscana Vermentino Perlaia '15 | ▼▼ | 3 |
| ○ Maremma Toscana Vermentino Brut Plinio Cuvée | ▼ | 3 |
| ○ Maremma Toscana Vermentino Plinio '15 | ▼ | 3 |
| ● Morellino di Scansano Marteto '15 | ▼ | 2 |
| ● Syrah Perlaia '15 | ▼ | 3 |
| ● Grenache Oltreconfine '13 | ▽▽▽ | 2 |
| ○ Dolce Muffato Perlaia '13 | ▽▽ | 5 |
| ● Morellino di Scansano Laire Ris. '12 | ▽▽ | 4 |
| ● Morellino di Scansano Marteto '13 | ▽▽ | 2 |
| ● Morellino di Scansano Marteto '12 | ▽▽ | 2 |
| ● Syrah Perlaia '13 | ▽▽ | 3 |

## Bulichella

Loc. Bulichella, 131
57028 Suvereto [LI]
Tel. +39 0565829892
www.bulichella.it

藏酒销售
预约参观
膳宿接待
年产量 60 000 瓶
葡萄种植面积 17 公顷
葡萄栽培方式 有机认证

布里盖拉酒庄（Bulichella）由来自意大利不同地区的四个家庭于1983年联合创办，他们决定在一起生活，分享种植和酿造经验，并在栽培中充分尊重自然环境。布里盖拉酒庄从成立伊始就决定采用有机栽培方式，可以说领先于时代。1999年，创始家庭中的宫川先生（Hideyuki Miyakawa）与妻子玛利亚·路易莎·巴萨诺（Maria Luisa Bassano）及其孩子们接管了整个布里盖拉酒庄，并且按照原计划不断推进酒庄的发展，不断改建酒窖、扩展葡萄园的规模。在今年的品鉴中，布里盖拉酒庄推出了多款品质好酒，其中2013年份的科尔迪派特莱罗斯（Coldipetrerosse）展现出酒庄的酿造新风格，表现非常出色。它吐露着香膏般的芬芳，融入薄荷的清凉风味，得到蕴含的缕缕肉桂和丁香香气的支撑，更有浓郁的野生莓果果香圆满了整款酒的香氛。美酒入喉，首先感到柔美而绵密、如同奶油般的口感，精美酒重与诱人单宁相得益彰，收口甘美，余韵久久不散。除此之外，2013年份的宫川酒（Hide）也别有意趣，这款单一品种的西拉（Syrah）吐露着肉香，融入兽皮和皮革的醇香，底蕴中透露出缕缕胡椒的辛香，美酒入口，感到强劲有嚼劲儿的果味，美味持久绵延，余韵回荡不绝。

| | |
|---|---|
| Suvereto Cabernet Coldipietrerosse '13 | ▼▼ 5 |
| Suvereto Merlot Maria Shizuko '13 | ▼▼ 6 |
| Suvereto Sangiovese Tuscanio '13 | ▼▼ 5 |
| Syrah Hide '13 | ▼▼ 5 |
| Rubino '14 | ▼ 2 |
| Aleatico Sfiziale '13 | ▽▽ 4 |
| Aleatico Sfiziale '12 | ▽▽ 4 |
| Suvereto Cabernet Sauvignon Coldipietrerosse '12 | ▽▽ 5 |
| Suvereto Sangiovese Tuscanio '11 | ▽▽ 5 |
| Syrah Hide '12 | ▽▽ 5 |
| Val di Cornia Merlot Maria Shizuko '10 | ▽▽ 6 |
| Val di Cornia Suvereto Coldipietrerosse '12 | ▽▽ 5 |
| Val di Cornia Suvereto Merlot Maria Shizuko '12 | ▽▽ 5 |
| Val di Cornia Suvereto Tuscanio '12 | ▽▽ 5 |

## Tenuta del Buonamico

Loc. Cercatoia
via Provinciale di Montecarlo, 43
55015 Montecarlo [LU]
Tel. +39 058322038
www.buonamico.it

藏酒销售
预约参观
膳宿接待
年产量 250 000 瓶
葡萄种植面积 43 公顷

博纳米克酒庄（Tenuta del Buonamico）位于蒙特卡洛（Montecarlo）西南部的塞卡托亚（Cercatoia），是一座不同凡响的酒庄，属于当地历史最悠久的古老酒庄之一，如今正经历着大规模革新。博纳米克酒庄建立于20世纪60年代初，方塔纳家族（Fontana）经营这家酒庄已经有些年头，始终致力于将其发展为国际水准的名庄。从酿造技术层面上而言，博纳米克酒庄出品美酒十分现代，不论在风格还是在生产类型上都是如此，热衷打造的起泡酒充分展现出这一点。在今年的品鉴中，博纳米克酒庄表现精彩，推荐了多款美酒，其中2015年份的蒙特卡洛白葡萄酒（Montecarlo Bianco）是一款精美的现代白葡萄酒，采用了如下六种品种葡萄混酿而成并且分开单独发酵：扎比安努（Trebbiano）、白比诺（Pinot bianco）、苏维翁（Sauvignon）、赛美蓉（Semillon）、瑚珊（Roussanne）和霞多丽（Chardonnay）。散发着活跃的果香，虽然只是淡淡果香但是非常劲道，口感柔美顺滑而清新，但是酸度似乎不够。除此之外，2013年份的塞卡托亚（Cercatoja）香氛非常开放馥郁，散发着浓郁的果浆香，随之而来的口感单宁突出，收口果味内敛。

| | |
|---|---|
| ○ Montecarlo Bianco '15 | ▼▼ 2* |
| ● Cercatoja '13 | ▼ 5 |
| ● Cercatoja Rosso '11 | ▽▽ 5 |
| ● Cercatoja Rosso '10 | ▽▽ 5 |
| ● Cercatoja Rosso '09 | ▽▽ 5 |
| ● Cercatoja Rosso '06 | ▽▽ 5 |
| ● Il Fortino '12 | ▽▽ 6 |
| ● Il Fortino Syrah '10 | ▽▽ 6 |
| ● Montecarlo Rosso '11 | ▽▽ 3 |
| ○ Vasario '12 | ▽▽ 4 |

## Ca' Marcanda

LOC. SANTA TERESA, 272
57022 CASTAGNETO CARDUCCI [LI]
TEL. +39 0565763809
info@camarcanda.com

藏酒销售
预约参观
年产量 450 000 瓶
葡萄种植面积 120 公顷

安杰洛·吉嘉（Angelo Gaja）拥有的酒庄坐落于托斯卡纳（Tuscan）海岸，取得了风格一致的持久进步。玛柯达酒庄（Ca' Marcanda）的葡萄园和精美酒窖掩映在茂密的橄榄树丛中，这座酒窖由著名建筑师乔凡尼·波（Giovanni Bo）设计建造，令整栋建筑完美和谐地融入周边环境。玛柯达酒庄拥有的葡萄园占地面积超过100公顷，种植的葡萄品种都是保格利地区（Bolgheri）常见的传统品种，在托斯卡纳（Tuscany）的这一角找到了最具表现力的最佳风土：主要包含赤霞珠（Cabernet Sauvignon）和梅洛（Merlot）。出品美酒从各个方面完美表现出酒庄的独特风格：浓郁集中、别具一格、在最卓越的美酒中能够感受到非常复杂的风味。简单来讲，就是极具辨识度的玛柯达酒庄风格。在今年的品鉴中，2013年份的保格利卡玛柯达红葡萄酒（Bolgheri Rosso Camarcanda）凭借浓郁多变的果香令人惊奇，细腻的酒质更上一层楼。它吐露着显著的黑莓果香，但是很快就被草本植物的清香所掩盖，香气精美辛辣，最后淡淡的香膏芬芳主宰了整款酒的香氛。美酒入口，感到非常复杂鲜美的果味，酒质发展成熟，收口浸润绵长的果味余韵，美味悠长不绝。

| | |
|---|---|
| ● Bolgheri Camarcanda '13 | 🍷🍷🍷 8 |
| ● Bogheri Magari '14 | 🍷 8 |
| ● Promis '14 | 🍷 1* |
| ● Bolgheri Camarcanda '07 | YYY 8 |
| ● Bolgheri Camarcanda '01 | YYY 8 |
| ● Bolgheri Camarcanda '12 | YY 8 |
| ● Bolgheri Camarcanda '11 | YY 8 |
| ● Bolgheri Camarcanda '10 | YY 8 |
| ● Bolgheri Camarcanda '09 | YY 8 |
| ● Bolgheri Camarcanda '08 | YY 8 |

## Tenuta Le Calcinaie

LOC. SANTA LUCIA, 36
53037 SAN GIMIGNANO [SI]
TEL. +39 0577943007
www.tenutalecalcinaie.it

藏酒销售
预约参观
年产量 60 000 瓶
葡萄种植面积 9.5 公顷
葡萄栽培方式 有机认证

对于葡萄酒的热情始终在西蒙尼·桑蒂尼（Simone Santini）的血液中流淌，以至于他决定加入锡耶纳（Siena）的农业学院进一步学习，并且最终从酿造专业顺利毕业。1986年，西蒙尼以一名酿酒师的身份开启了自己的葡萄酒事业，并于1993年开始栽培葡萄园、生产美酒。他很快就将卡西纳伊酒庄（Tenuta Le Calcinaie）转变为采用有机方式生产的酒庄，并于2001年得到有机生产认证。后来增建的新酒窖令西蒙尼得以更加持久专心地工作，在生产中对环境给予最大的尊重。在今年的品鉴中，2013年份萨西园维奈西卡陈酿（Vernaccia Vigna ai Sassi Riserva）凭借卓越品质闯入了角逐“三杯奖”的决赛，它的香氛复杂而多变，融入药草的醇香，和着苹果和杏的缕缕果香，底蕴中透露出淡淡的柑橘香。入口感到精美持重的酒体，展现出发展均衡的结构，收口美味诱人，持久不散的余韵浸润着美妙的草本植物滋味。除此之外，我们还非常喜爱2015年份的维奈西卡（Vernaccia），它吐露着柠檬和墨角兰的清爽果香，融入李子的甜美气息，入口感到发展均衡的果味，良好酸度支撑的酒骨带来令人印象深刻的收口感受，美味持久不衰。

| | |
|---|---|
| ○ Vernaccia di S. Gimignano V. ai Sassi Ris. '13 | 🍷🍷 3 |
| ○ Vernaccia di S. Gimignano '15 | 🍷🍷 2 |
| ● Chianti Colli Senesi Santa Maria Ris. '13 | 🍷 4 |
| ● Chianti Colli Senesi '12 | YY 2 |
| ● Gabriele '07 | YY 4 |
| ● Teodoro '07 | YY 4 |
| ○ Vernaccia di S. Gimignano '13 | YY 2 |
| ○ Vernaccia di S. Gimignano '12 | YY 2 |
| ○ Vernaccia di S. Gimignano '10 | YY 2 |
| ○ Vernaccia di S. Gimignano Ris. '08 | YY 2 |
| ○ Vernaccia di S. Gimignano V. ai Sassi Ris. '10 | YY 3 |
| ○ Vernaccia di S. Gimignano V. ai Sassi Ris. '09 | YY 3 |

## Camigliano

oc. Camigliano
a d'Ingresso, 2
3024 Montalcino [SI]
el. +39 0577844068
www.camigliano.it

藏酒销售
预约参观
年产量 350 000 瓶
葡萄种植面积 92 公顷
可持续发展酒庄

卡米利亚诺酒庄（Camigliano）坐落在一座拥有悠久历史的古老小村庄，这里位于蒙塔奇诺地区（Montalcino）的最西端、与马雷马产区（Maremma）的交界地带。盖齐家族（Ghezzi）于1957年接管了这家酒庄，加尔铁洛（Gualtiero）对于复兴这座小村庄热情万丈，试图将其从迅速蔓延的地中海植被中拯救出来，竭尽全力使其保持住产区内最具活力的酒庄地位，因而修整了面积接近100公顷的葡萄园。在梅塔利费雷山（Colline Metallifere）的环抱下，改建的酒庄成为生产中心，葡萄园主要栽培桑娇维塞（Sangiovese），这种品种葡萄的热辣和力道在卡米利亚诺酒庄出品的两款布鲁奈罗酒（Brunellos）中能够轻易地感受到——它们分别在2500公升和6000公升的法国橡木桶中完成陈酿。在今年的品鉴中，2011年份酒充分展现出风土的持续性和生产年份的气候特质：散发着瓶装樱桃罐头的缕缕果香，融入黄桃般的芬芳，一抹辛香萦绕其间，美酒入喉，感到诱人而有嚼劲儿的果味，层层叠叠延宕开来，与此同时却不是酒质的平衡。2010年份的瓜尔托陈酿（Gualto Riserva）相比较而言气质更加缥缈，更加容易入口，美妙的酒香经过最初的内敛期，逐渐焕发出来，随之而来的口感饱满丰盈，酒质发展均衡。除此之外，2014年份的红葡萄酒（Rosso）和2015年份的贾麦勒（Gamal）也紧随其后，表现精彩。

| | |
|---|---|
| ● Brunello di Montalcino '11 | ▼▼ 6 |
| ● Brunello di Montalcino Gualto Ris. '10 | ▼▼ 7 |
| ○ Gamal '15 | ▼ 2 |
| ● Rosso di Montalcino '14 | ▼ 2 |
| ● Brunello di Montalcino '10 | ▽▽ 6 |
| ● Brunello di Montalcino '09 | ▽▽ 6 |
| ● Brunello di Montalcino '08 | ▽▽ 6 |
| ● Brunello di Montalcino '08 | ▽▽ 6 |
| ● Brunello di Montalcino '06 | ▽▽ 6 |
| ● Brunello di Montalcino Gualto Ris. '09 | ▽▽ 7 |
| ● Brunello di Montalcino Gualto Ris. '07 | ▽▽ 7 |
| ● Brunello di Montalcino Gualto Ris. '06 | ▽▽ 7 |
| ● Brunello di Montalcino Gualto Ris. '05 | ▽▽ 7 |
| ○ Moscadello di Montalcino L'Aura '10 | ▽▽ 5 |
| ● Rosso di Montalcino '13 | ▽▽ 3 |

## Antonio Camillo

loc. Pianetti di Montemerano
fraz. Montemerano
58014 Manciano [GR]
Tel. 3391525224
info@antoniocamillo.com

藏酒销售
预约参观
年产量 50 000 瓶
葡萄种植面积 9 公顷
葡萄栽培方式 有机认证

就在马雷马地区（Maremma）生产葡萄酒、尤其种植酿造葡萄的丰富经验而言，几乎无人能与安东尼奥·卡米罗（Antonio Camillo）相媲美。而且，安东尼奥对于在本地再度复兴绮丽叶骄罗（Ciliegiolo）等具有卓越品质的古老品种表现出特别的兴趣和前瞻视野。安东尼奥卡米罗酒庄的葡萄园拥有不同的土壤成分，能够为绮丽叶骄罗葡萄提供不同的风味表达。他酿造出的最佳美酒都以绮丽叶骄罗打造而成，以其极易辨识的风格脱颖而出，这种品种葡萄放弃了粗粝口感，以换取更加令人愉悦的品质，并且再次发掘出品种葡萄的原始风味特征。在今年的品鉴中，上瓦勒拉纳绮丽叶骄罗（Ciliegiolo Vallerana Alta）凭借卓越表现实至名归地将“三杯奖”捧回了家。这款酒是该品种葡萄最复杂精美的表达，展示出极佳的可饮性，充分表露出一款伟大美酒的细腻与复杂。2014年份酒气质清爽，吐露着多层果香，优雅的香氛引领出深邃的口感，细腻精致。同样值得一提的还有2015年份的科托兹诺莫雷利诺（Morellino Cotozzino），酒质发展精美。

| | |
|---|---|
| ● Maremma Toscana Ciliegiolo V. Vallerana Alta '14 | ▲▲▲ 3* |
| ● Maremma Toscana Ciliegiolo Principio '15 | ▼▼ 2* |
| ● Morellino di Scansano Cotozzino '15 | ▼▼ 3 |
| ○ Vermentino '15 | ▼ 2 |
| ● Ciliegiolo Vallerana Alta '10 | ▽▽ 3* |
| ● Maremma Toscana Ciliegiolo Principio '14 | ▽▽ 2* |
| ● Maremma Toscana Ciliegiolo Principio '13 | ▽▽ 2* |
| ● Maremma Toscana Ciliegiolo Principio '11 | ▽▽ 2* |
| ● Maremma Toscana Ciliegiolo V. Vallerana Alta '13 | ▽▽ 3* |
| ● Maremma Toscana Ciliegiolo V. Vallerana Alta '12 | ▽▽ 3* |

## Canalicchio - Franco Pacenti

Loc. Canalicchio di Sopra, 6
53024 Montalcino [SI]
Tel. +39 0577849277
www.canalicchiofrancopacenti.it

藏酒销售
预约参观
餐饮接待
年产量 40 000 瓶
葡萄种植面积 10 公顷

20世纪60年代，罗西多·培森缇（Rosildo Pacenti）为创建的家庭酒庄选取了名字——坎纳利奇奥酒庄（Canalicchio）。这个名字源自拥有悠久酿酒传统的蒙塔奇诺（Montalcino）北部的著名产区坎纳利奇（Canalicchi）。后来，罗西多的儿子弗兰科·培森缇（Franco Pacenti）及其妻子卡拉（Carla）以及孩子们丽莎·培森缇（Lisa Pacenti）、瑟琳娜·培森缇（Serena Pacenti）和洛伦佐·培森缇（Lorenzo Pacenti）照料着家庭酒庄及其种植面积达到10公顷的葡萄园，将其转变为一座装瓶酒庄。葡萄园拥有典型的中型颗粒结构的土壤，黏土质地多于砂石质地，坐落于海拔300米处，专门栽培桑娇维塞（Sangiovese），经过适度的浸渍后在大型斯拉沃尼亚木桶（Slavonian）中完成陈年。鉴于出品展现出非常经典的质感和现代质地，我们向不介意年轻时口感较为锐利、能够接受需要耐心等待才能品鉴美酒的酒迷朋友们大力推荐坎纳利奇奥酒庄出品的佳酿。在今年的品鉴中，2011年份的布鲁奈罗酒（Brunello）充分展现出弗兰科·培森缇的酿造风格，吐露着秋天的气息，融入松露和新翻泥土的醇香，清晰的果香萦绕其间，口感更加鲜美清爽。既轻快又质朴的双重特性在显著且劲道的果味中得到了充分证明。除此之外，2010年份的陈酿（Riserva）更加成熟，结构更加紧致。

| | | |
|---|---|---|
| ● Brunello di Montalcino '11 | 🍷🍷 | 5 |
| ● Brunello di Montalcino Ris. '10 | 🍷🍷 | 7 |
| ● Rosso di Montalcino '14 | 🍷 | 3 |
| ● Brunello di Montalcino '04 | 🍷🍷🍷 | 5 |
| ● Brunello di Montalcino '10 | 🍷🍷 | 5 |
| ● Brunello di Montalcino '09 | 🍷🍷 | 5 |
| ● Brunello di Montalcino '08 | 🍷🍷 | 5 |
| ● Brunello di Montalcino '07 | 🍷🍷 | 5 |
| ● Brunello di Montalcino '06 | 🍷🍷 | 5 |
| ● Brunello di Montalcino '05 | 🍷🍷 | 5 |
| ● Brunello di Montalcino Ris. '07 | 🍷🍷 | 7 |
| ● Brunello di Montalcino Ris. '04 | 🍷🍷 | 7 |
| ● Rosso di Montalcino '13 | 🍷🍷 | 3 |
| ● Rosso di Montalcino '10 | 🍷🍷 | 3 |

## Canalicchio di Sopra

Loc. Casaccia, 73
53024 Montalcino [SI]
Tel. +39 0577848316
www.canalicchiodisopra.com

藏酒销售
预约参观
膳宿接待
年产量 55 000 瓶
葡萄种植面积 15 公顷

这是一个蒙塔奇诺产区（Montalcino）
大伟大的酿酒家庭将各自的丰富经验
宝贵资源汇合一处的故事：凯来丽可
庄（Canalicchio di Sopra）长久以来一直
索着将布鲁奈罗酒（Brunellos）推上品
的巅峰。培森缇家族（Pacenti）于1962
在坎纳利奇（Canalicchi）创立了酒庄，
酒窖也同样位于此处；20世纪80年代，
瑞帕奇奥利家族（Ripaccioli）在蒙托索
（Montosoli）种下的葡萄园已经可以出
优质的酿造葡萄。在几百米开外的北
山坡，他们采用桑娇维塞（Sangiovese）
分别酿造出呈现真正现代风格的布鲁
罗酒，风格迥异但又极具技巧地融入
当年气候条件的完美阐释。凯来丽可
庄的酒品在2000公升至3000公升的橡
桶中陈酿，展现出丝滑的酒质和紧实
结构，对于可信的陈酿潜力而言无疑
最好的保证。在凯来丽可酒庄今年提
的品鉴酒品中，又一款布鲁奈罗酒斩
了“三杯奖”大奖。最初是2010年份
标准系列，继而陈酿款（Riserva）也
此殊荣，都呈现出我们熟知且热爱的
味。野生莓果的果香融入坝上泥土的
息，更有一抹焦油的醇香萦绕其间，
口紧致，令人愉悦，充分展现出极强
陈年潜力。

| | | |
|---|---|---|
| ● Brunello di Montalcino Ris. '10 | 🍷🍷🍷 | 8 |
| ● Brunello di Montalcino '11 | 🍷🍷 | 6 |
| ● Rosso di Montalcino '14 | 🍷🍷 | 3 |
| ● Brunello di Montalcino '10 | 🍷🍷🍷 | 6 |
| ● Brunello di Montalcino '07 | 🍷🍷🍷 | 6 |
| ● Brunello di Montalcino '06 | 🍷🍷🍷 | 6 |
| ● Brunello di Montalcino '04 | 🍷🍷🍷 | 6 |
| ● Brunello di Montalcino Ris. '07 | 🍷🍷🍷 | 8 |
| ● Brunello di Montalcino Ris. '04 | 🍷🍷🍷 | 7 |
| ● Brunello di Montalcino Ris. '01 | 🍷🍷🍷 | 7 |
| ● Brunello di Montalcino '05 | 🍷🍷 | 5 |
| ● Brunello di Montalcino Ris. '06 | 🍷🍷 | 8 |
| ● Rosso di Montalcino '13 | 🍷🍷 | 3 |
| ● Rosso di Montalcino '12 | 🍷🍷 | 3 |
| ● Rosso di Montalcino '11 | 🍷🍷 | 3 |
| ● Rosso di Montalcino '09 | 🍷🍷 | 3 |

## Capanna

Loc. Capanna, 333
53024 Montalcino [SI]
Tel. +39 0577848298
www.capannamontalcino.com

藏酒销售
预约参观
年产量 70 000 瓶
葡萄种植面积 21 公顷

森奇欧尼家族（Cencioni）于1957年买下了卡帕纳酒庄（Capanna），这座酒庄地处俯瞰蒙塔奇诺产区（Montalcino）北部中心地带蒙托索利（Montosoli）的小山丘，处于海拔300米的所在，拥有富含泥灰质的土壤。卡帕纳酒庄的葡萄园占地面积达到20公顷，几乎全部种植桑娇维塞（Sangiovese），出产现代复古风格的布鲁奈罗酒（Brunellos），出品美酒在年轻的时候时常不走寻常路，很难阐释；但是随着时间的推移显露出难以想象的卓越表现，因此并不适合匆忙粗心的饮用。打造此等佳酿者是个性勤勉的帕吉欧・森奇欧尼（Patrizio Cencioni），这位真正的酿酒师总是严格遵循经典酿造环节和程序，包括酒液要在1000公升至3000公升的木桶中陈酿成熟。卡帕纳酒庄凭借2010年份的布鲁奈罗陈酿（Brunello Riserva）再次斩获“三杯奖”，这款纪念碑般的美酒吐露着野生草莓和红醋栗的缕缕果香，融入泥土的醇香，底蕴中透露出缕缕盐的咸味儿，随之而来的口感活跃而显著，酒质发展成熟，这一切要归功于馥郁但坚韧的单宁结构。与此同时，我们还要骄傲地提及2011年份的布鲁奈罗酒（Brunello）和2014年份的红葡萄酒（Rosso），这两款佳酿的表达风味类似，都馥郁华美且动力十足。

| | | |
|---|---|---|
| ● Brunello di Montalcino Ris. '10 | 🍷🍷🍷 | 8 |
| ● Brunello di Montalcino '11 | ▼▼ | 6 |
| ● Rosso di Montalcino '14 | ▼▼ | 3 |
| ● Brunello di Montalcino Ris. '06 | ▽▽▽ | 7 |
| ● Brunello di Montalcino Ris. '04 | ▽▽▽ | 7 |
| ● Brunello di Montalcino Ris. '90 | ▽▽▽ | 6 |
| ● Brunello di Montalcino '10 | ▽▽ | 6 |
| ● Brunello di Montalcino '09 | ▽▽ | 6 |
| ● Brunello di Montalcino '08 | ▽▽ | 6 |
| ● Brunello di Montalcino Ris. '07 | ▽▽ | 7 |
| ○ Moscadello di Montalcino '14 | ▽▽ | 3 |
| ○ Moscadello di Montalcino '13 | ▽▽ | 3 |
| ● Rosso del Cerro '10 | ▽▽ | 2* |
| ● Rosso di Montalcino '13 | ▽▽ | 3 |
| ● Sant'Antimo Rosso '10 | ▽▽ | 4 |

## Tenuta di Capezzana

loc. Seano
via Capezzana, 100
59015 Carmignano [PO]
Tel. +39 0558706005
www.capezzana.it

藏酒销售
预约参观
膳宿接待
年产量 450 000 瓶
葡萄种植面积 90 公顷
葡萄栽培方式 有机认证

康蒂・孔蒂尼・博纳克西伯爵（Conti Contini Bonacossi）拥有的卡皮扎娜酒庄（Tenuta di Capezzana）酿造高品质美酒的历史已经超过了一千两百年。今天的卡皮扎娜酒庄已经成为卡米纳诺地区（Carmignano）的顶级酒庄之一，拥有占地面积达到90公顷的可爱葡萄园，而且依然是一座家庭经营管理的酒庄，出产最佳的本地酒以及优质的初榨橄榄油。卡皮扎娜酒庄的卓越出品令这座托斯卡纳产区（Tuscan）的古老名庄享誉国际。酒庄古老的酒窖非常值得造访，它紧邻翠菲诺谷（Villa di Trefiano），还设有接待游客的膳宿设施。在今年的品鉴中，2009年份的圣酒陈酿（Vin Santo Riserva）毫无争议地以卓越表现斩获“三杯奖”，吐露着诱人且极具表现力的酒香，浓郁平衡，酒质深邃，风味复杂。不过优秀的2013年份卡皮扎娜庄卡米纳诺（Carmignano Villa di Capezzana）也闯入了角逐“三杯奖”的决赛，它酒香四溢，融入铁屑的气息，缕缕果香飘散，随之而来的口感强劲有力，单宁质地非常细腻。与此同时，2012年份的翠菲诺庄陈酿（Riserva di Trefiano）气质优雅，结构精美；而2015年份的翠菲诺庄（Trebbiano）则是产区同品类美酒中的佼佼者。酒庄其他推荐的系列美酒也都一如既往地展现出极高的水准。

| | | |
|---|---|---|
| ○ Vin Santo di Carmignano Ris. '09 | 🍷🍷🍷 | 6 |
| ● Carmignano Villa di Capezzana '13 | 🍷🍷 | 5 |
| ● Carmignano Trefiano Ris. '12 | ▼▼ | 6 |
| ○ Chardonnay '15 | ▼▼ | 3 |
| ● Ghiaie della Furba '12 | ▼▼ | 6 |
| ○ Trebbiano '15 | ▼▼ | 4 |
| ● Barco Reale '14 | ▼ | 3 |
| ⊙ Barco Reale Vin Ruspo '15 | ▼ | 2 |
| ● Carmignano Villa di Capezzana '07 | ▽▽▽ | 4 |
| ● Carmignano Villa di Capezzana '05 | ▽▽▽ | 4 |
| ● Carmignano Villa di Capezzana '99 | ▽▽▽ | 5 |
| ● Ghiaie della Furba '01 | ▽▽▽ | 5 |
| ○ Vin Santo di Carmignano Ris. '08 | ▽▽▽ | 6 |
| ○ Vin Santo di Carmignano Ris. '07 | ▽▽▽ | 6 |
| ○ Vin Santo di Carmignano Ris. '05 | ▽▽▽ | 5 |

## Cappella Sant'Andrea

LOC. CASALE, 26
53037 SAN GIMIGNANO [SI]
TEL. +39 0577940456
www.cappellasantandrea.it

藏酒销售
预约参观
餐饮接待
年产量 45 000 瓶
葡萄种植面积 9 公顷
葡萄栽培方式 有机认证
可持续发展酒庄

圣安德里亚教堂酒庄（Cappella Sant' Andrea）建立在对于土地的热爱以及对于家族酿造传统的虔诚基础之上；主人公弗拉维亚（Flavia）和弗朗西斯科（Francesco）几乎是在一个偶然的机遇下开启了葡萄酒酿造业的生涯。本由弗拉维亚的祖父打理的圣安德里亚酒庄意外地无人管理，因此两人才决定投入酒庄生意中来。热衷于艺术的弗朗西斯科将其艺术激情转化到葡萄园和美酒中，但是他做出的最重要的决定无疑是从一开始就以有机方式种植葡萄园。在今年的品鉴中，圣安德里亚教堂酒庄推荐了多款好酒，其中2013年份的曙光维奈西卡（Vernaccia Prima Luce）散发着清爽的酒香，仿佛葡萄柚般的果香馥郁饱满，融入浓郁的香膏般的芬芳，缕缕树脂萦绕其间，随之而来的劲道口感浸润着矿物质的美味，逡巡不散的果味始终在唇齿间流连。除此之外，2014年份的新世家维奈西卡（Vernaccia Casanuova）令人愉悦，别具一格，散发着草本植物的清香，融入黄油的缕缕醇香，苹果的果香萦绕其间，酒体饱满精美，口感丰盈馥郁，收口美味劲道，余韵持久不散。圣安德里亚教堂酒庄其他的推荐美酒也表现出色，极为诱人，展现出极高的可饮性。

| | |
|---|---|
| ○ Vernaccia di S. Gimignano Casanuova '14 | TT 3 |
| ○ Vernaccia di S. Gimignano Prima Luce '13 | TT 5 |
| ● Serreto '12 | T 4 |
| ○ Vernaccia di S. Gimignano Rialto '15 | T 3 |
| ○ Vernaccia di S. Gimignano '11 | YY 2* |
| ○ Vernaccia di S. Gimignano '10 | YY 2* |
| ○ Vernaccia di S. Gimignano Rialto '13 | YY 3 |
| ○ Vernaccia di S. Gimignano Rialto '12 | YY 3 |
| ○ Vernaccia di S. Gimignano Rialto '09 | YY 3 |

## Caprili

FRAZ. TAVERNELLE
LOC. CAPRILI, 268
53024 MONTALCINO [SI]
TEL. +39 0577848566
www.caprili.it

藏酒销售
预约参观
膳宿接待
年产量 75 000 瓶
葡萄种植面积 21 公顷
可持续发展酒庄

自巴特罗梅家族（Bartolommei）买下卡普瑞利酒庄（Caprili）已经过去了半个世纪之久，酒庄出产美酒也已经四十余载，在蒙塔奇诺DOC产区（Montalcino DOC）早非籍籍无名之辈，已经将自己打造成为DOC产区内拥有坚实实力的顶级酒庄。这座酒庄地处俯瞰奥西亚河（Orcia）和奥布罗内河（Ombrone）风景秀美的景观之中。但是卡普瑞利酒庄近来的出品风格有所变化，凸显浓郁风味和风土阐释的持久一贯性。带着北欧（Nordic）的精致和地中海的热辣，卡普瑞利酒庄的布鲁奈罗酒（Brunello）忠诚地反映出这片产区的温暖气候、陡峭地形、良好通风和砾质土壤带来的诸多特质，强劲有力的质地与严谨细致的清凛形态完美结合。在卡普瑞利酒庄占地面积达到15公顷的葡萄园中，大多数地块都种植了桑娇维塞（Sangiovese），按照不同产地地块各自分开发酵，然后在大型橡木桶中经过长期陈年之后再进行混酿。卡普瑞利酒庄出产的布鲁奈罗陈酿（Brunello Riserva）以其持久稳定的巅峰品质成为蒙塔奇诺DOC产区的最佳美酒之一。致敬阿尔伯托（AdAlberto）的2010年份酒以卓越表现证实了这一点。它最初吐露着无法抵御的纯净果香，融入树胶和橡皮泥的芬芳，随之而来的是更加悦人的果味口感，馥郁饱满，诚意十足。

| | |
|---|---|
| ● Brunello di Montalcino AdAlberto Ris. '10 | TTT 8 |
| ● Brunello di Montalcino '11 | TT 6 |
| ● Rosso di Montalcino '14 | TT 3 |
| ● Brunello di Montalcino '10 | YYY 6 |
| ● Brunello di Montalcino '06 | YYY 7 |
| ● Brunello di Montalcino Ris. '08 | YYY 7 |
| ● Brunello di Montalcino Ris. '06 | YYY 7 |
| ● Brunello di Montalcino Ris. '04 | YYY 5 |
| ● Brunello di Montalcino '09 | YY 5 |
| ● Brunello di Montalcino '08 | YY 5 |
| ● Brunello di Montalcino '07 | YY 5 |
| ● Brunello di Montalcino '05 | YY 5 |
| ● Rosso di Montalcino '13 | YY 3 |

## Fattoria Carpineta Fontalpino

FRAZ. MONTAPERTI
LOC. CARPINETA
53019 CASTELNUOVO BERARDENGA [SI]
TEL. +39 0577369219
www.carpinetafontalpino.it

藏酒销售
预约参观
膳宿接待
年产量 100 000 瓶
葡萄种植面积 23 公顷
葡萄栽培方式 有机认证

坐落于蒙塔佩尔蒂（Montaperti）的卡尔皮内塔方塔皮诺农庄（Fattoria Carpineta Fontalpino）是产区内数一数二的成熟酒庄。农庄出品美酒个性饱满，酿造工艺完美无瑕，风格现代，它们大部分要在小型木桶中经过陈年阶段，色泽美妙，结构扎实，酸度精美，单宁令人兴奋，其平衡和特性充分展现出这片土地的土壤条件和气候特征。每一年卡尔皮内塔方塔皮诺农庄生产的美酒都展现出各方面特质的完美结合，给我们留下越来越深刻的印象。在今年的品鉴中，卡尔皮内塔方塔皮诺农庄推荐的酒品都表现十分出色，2013年份的杜特戴斯（Do ut des）一如既往地品质精良，这款由赤霞珠（Cabernet sauvignon）、桑娇维塞（Sangiovese）和梅洛（Merlot）打造而成的混酿吐露着跃动的阵阵果香，融入香料的辛香和森林大地的缕缕醇香。而随之而来的口感质地精美，果味饱满，收口余韵绵长不绝。与此同时，2013年份的经典奇安蒂陈酿（Chianti Classico Riserva）吐露着活跃的香氛，果味强劲有力；而2014年份的经典奇安蒂（Chianti Classico）则以其清爽惬意的气质和极易入口的口感给我们留下了相当深刻的印象。

| | |
|---|---|
| ● Do ut des '13 | 🍷🍷🍷 5 |
| ● Chianti Cl. Fontalpino '14 | 🍷🍷 3 |
| ● Chianti Cl. Fontalpino Ris. '13 | 🍷🍷 5 |
| ● Montaperto '14 | 🍷 3 |
| ● Do ut des '12 | 🍷🍷🍷 5 |
| ● Do ut des '11 | 🍷🍷🍷 5 |
| ● Do ut des '10 | 🍷🍷🍷 5 |
| ● Do ut des '09 | 🍷🍷🍷 5 |
| ● Do ut des '07 | 🍷🍷🍷 5 |
| ● Dofana '10 | 🍷🍷🍷 7 |
| ● Dofana '07 | 🍷🍷🍷 8 |
| ● Chianti Cl. Fontalpino '13 | 🍷🍷 3 |
| ● Chianti Cl. Fontalpino '12 | 🍷🍷 3 |

## Casa alle Vacche

FRAZ. PANCOLE
LOC. LUCIGNANO, 73A
53037 SAN GIMIGNANO [SI]
TEL. +39 0577955103
www.casaallevacche.it

藏酒销售
预约参观
膳宿接待
年产量 115 000 瓶
葡萄种植面积 28 公顷

距离圣吉米亚诺（San Gimignano）著名的高塔只有几公里之遥，卡萨阿利瓦奇酒庄（Casa alle Vacche）散布在乡间。酒庄的名字非常具象地反映出这里多年前的最初用途：在十九世纪初，酒庄最古老的一座建筑用来饲养农耕所用牲畜以及贮藏饲料。齐亚皮家族（Ciappi）选择了这个名字，以见证他们打造这座现代化酒庄的勤勉奋斗和永不疲倦的努力。此后齐亚皮家族热情万丈地投入到这片土地的耕耘中，致力于出产美酒和优质橄榄油。他们采用整合式农耕技术已经有一段时间，展现出对于保护环境的特别关注。在今年的品鉴中，卡萨阿利瓦奇酒庄推出了系列高品质美酒，其中2013年份的番红花维奈西卡陈酿（Vernaccia Riserva Crocus）吐露着精美的果香，融入绿蔬的清香，和着白桃的缕缕芬芳，底蕴中透露出些许薄荷的清凉风味。入口优雅，口感层次繁复，浸润着精美的黄油滋味，收口余韵果味十足，绵长美味。与此同时，2015年份的维奈西卡玛奇欧尼（Vernaccia I Macchioni）也极富意趣，吐露着苹果和杏仁的缕缕醇香，香氛更偏传统，口感整齐，强劲完美，酸度活跃。卡萨阿利瓦奇酒庄今年推荐的其他美酒也都表现精彩，展现出极高的酿造水准，香氛纯净，结构上佳。

| | |
|---|---|
| ○ Vernaccia di S. Gimignano Crocus Ris. '13 | 🍷🍷 3 |
| ○ Vernaccia di S. Gimignano I Macchioni '15 | 🍷🍷 2* |
| ⊙ Rosato '15 | 🍷 2 |
| ● Sangiovese '15 | 🍷 2 |
| ○ Vernaccia di S. Gimignano '15 | 🍷 2 |
| ● Aglieno '12 | 🍷🍷 2* |
| ○ Vernaccia di S. Gimignano '13 | 🍷🍷 2* |
| ○ Vernaccia di S. Gimignano '11 | 🍷🍷 2* |
| ○ Vernaccia di S. Gimignano Crocus Ris. '11 | 🍷🍷 2* |
| ○ Vernaccia di S. Gimignano Crocus Ris. '10 | 🍷🍷 2* |
| ○ Vernaccia di S. Gimignano I Macchioni '14 | 🍷🍷 2* |
| ○ Vernaccia di S. Gimignano I Macchioni '11 | 🍷🍷 2* |

## Casa Emma

LOC. CORTINE
S.DA PROV.LE DI CASTELLINA IN CHIANTI, 3
50021 BARBERINO VAL D'ELSA [FI]
TEL. +39 0558072239
www.casaemma.com

藏酒销售
预约参观
餐饮接待
年产量 90 000 瓶
葡萄种植面积 25 公顷

布卡洛西家族（Bucalossi）拥有卡萨艾玛酒庄（Casa Emma），酒庄的葡萄园分散在奇安蒂的卡斯特利纳（Chianti Castellina）和埃尔萨谷巴贝利诺地区（Barberino Val d' Elsa）。这些特别产区出产的酿造葡萄都能够打造个性清晰的美酒，有时果实也混合在一起混酿，取得了不错的效果。卡萨艾玛酒庄出品的美酒风格精美明晰，典型地展现出追逐果味成熟风味的特色，主要在小型木桶中陈年；不过，酒品的现代风格得到了均衡的阐释和表述，强劲有力。这样得到的佳酿通常在酿造技艺方面完美无瑕，能够表现出与产地风土之间的紧密联系。2013年份的经典奇安蒂陈酿（Chianti Classico Riserva）吐露着清爽甜美的果香，尤其是缕缕樱桃香萦绕其间，与橡木的芬芳亲密缭绕，入口感到精美的酒重，果味充盈满口，酒质发展均衡。与此同时，2012年份的经典奇安蒂精选美酒（Chianti Classico Gran Selezione）酒质更加细腻，口感更加复杂多面。它的香氛更加个性突出，不过烘焙的气息似乎略重。除此之外，2014年份的经典奇安蒂（Chianti Classico）口感新鲜清爽，而单一品种梅洛酒（Merlot）索罗奥（Soloìo）则给人留下了非常深刻的印象。

| | |
|---|---|
| ● Chianti Cl. Gran Sel. '12 | 🍷🍷 5 |
| ● Chianti Cl. Ris. '13 | 🍷🍷 5 |
| ● Chianti Cl. '14 | ΨΨ 3 |
| ● Soloìo '12 | ΨΨ 6 |
| ● Chianti Cl. Ris. '95 | ΥΥΥ 4* |
| ● Chianti Cl. Ris. '93 | ΥΥΥ 5 |
| ● Soloìo '94 | ΥΥΥ 4* |
| ● Chianti Cl. '13 | ΥΥ 3 |
| ● Chianti Cl. '10 | ΥΥ 3 |
| ● Chianti Cl. Ris. '11 | ΥΥ 5 |
| ● Chianti Cl. Ris. '08 | ΥΥ 5 |
| ● Chianti Cl. Vignalparco '12 | ΥΥ 3 |
| ● Chianti Cl. Vignalparco '11 | ΥΥ 3 |

## Fattoria Casabianca

FRAZ. CASCIANO DI MURLO
LOC. CASABIANCA
53016 MURLO [SI]
TEL. +39 0577811033
www.fattoriacasabianca.it

藏酒销售
预约参观
膳宿接待
年产量 230 000 瓶
葡萄种植面积 70 公顷
葡萄栽培方式 有机认证
可持续发展酒庄

卡萨比安科农庄（Fattoria Casabianca）位于锡耶纳（Siena）的南部地区，与穆洛（Murlo）毗邻。这里是奇安蒂赛尼西山区（Chianti Colli Senesi）最南端的山丘，比产区其他地带享受着更加温暖的气候条件。卡萨比安科农庄拥有650公顷广袤土地，其中70公顷是葡萄园，于2015年得到了有机栽培认证。卡萨比安科农庄出产的美酒既使用小型橡木桶也使用大型橡木桶完成陈年，风格非常易于入口，气质优雅，酒品系列设计周到，能够满足市场需求。在今年的品鉴中，卡萨比安科农庄推荐的美酒都表现不俗，其中两款2013年份的奇安蒂赛尼西丘陈酿（Chianti Colli Senesi Riservas）都展现出卓越的酿造工艺。第一款吐露着纯净的果香，香氛演化成熟，果味丰盈精美。第二款贝赛德莱（Belsedere）的酿造葡萄来自同名葡萄园，酒香四溢，口感有力，收口余韵绵长悠然。除此之外，2013年份的斯泰奥瑞15系列（15 Staiori）是一款单一品种的梅洛（Merlot），同样展现出卓越品质，吐露着悠然清新的酒香，融入草本植物的清香，香氛细腻，引领出活跃而劲道的口感。

| | |
|---|---|
| ● 15 Staiori '13 | ΨΨ 5 |
| ● Chianti Colli Senesi Belsedere Ris. '13 | ΨΨ 5 |
| ● Chianti Colli Senesi Ris. '13 | ΨΨ 3 |
| ● Chianti Colli Senesi '11 | ΥΥ 2 |
| ● Chianti Colli Senesi Ris. '07 | ΥΥ 3 |
| ● Loccareto '11 | ΥΥ 4 |
| ● Loccareto '08 | ΥΥ 3 |

## Tenuta Casadei

Loc. San Rocco
57028 Suvereto [LI]
Tel. +39 0558300411
www.tenutacasadei.it

预约参观
年产量 80 000 瓶
葡萄种植面积 17 公顷
葡萄栽培方式 有机认证
可持续发展酒庄

斯蒂凡诺·卡萨德（Stefano Casadei）在葡萄酒酿造业拥有丰富的经验。他最初在父亲的酒庄开启了酿造冒险，尤其擅长打理葡萄藤、精通酿酒设施，为酿造提供建议，生产美味葡萄酒和优质橄榄油。后来斯蒂凡诺自立门户，在妻子安娜·巴杰·马卡里奥（Anna Baj Macario）和兄弟安德里亚（Andrea）的协助下，经营着三家庄园，除了这里的卡萨德庄园之外，还包括撒丁岛奥利安娜斯（Sardinia Olianas）的现代化活跃酒庄特莱比欧堡酒庄（Castello di Trebbio），以及于1997年购入的另一座卡萨德酒庄（Casa Dei），位于苏韦雷托（Suvereto），意在生产充分反映托斯卡纳（Tuscan）海岸地区风味的美酒。在今年的品鉴中，诱人的费莱尔18系列（Filare 18）是一款百分之百的品丽珠佳酿（Cabernet Franc），凭借多变的香氛表现闯入了角逐“三杯奖”的决赛，它吐露着绿胡椒的缕缕辛香，融入成熟的野生莓果果香，更有清爽缥缈的青草芬芳萦绕其间。入口感别具一格，温顺无伤，柔美精致，收口惬意放松，果味丰盈。除此之外，以小味尔多（Petit Verdot）打造而成的费莱尔41系列（Filare 41），吐露着黑莓和蓝莓般的跃动果香，融入地中海灌木丛的热烈芬芳，更有一抹芳香植物的香气萦绕其间，优雅且发展良好的酒体结构带来圆润且活力四射的收口口感，令人愉悦。

| | |
|---|---|
| ● Filare 18 '14 | 🍷🍷 6 |
| ● Filare 41 '14 | 🍷🍷 6 |
| ● Armonia '15 | 🍷 3 |
| ● Sogno Mediterraneo '14 | 🍷 4 |
| ● Armonia '10 | 🍷🍷 2* |
| ● Armonia '08 | 🍷🍷 3 |
| ● Filare 18 '13 | 🍷🍷 6 |
| ● Filare 18 '09 | 🍷🍷 5 |
| ● Filare 22 '08 | 🍷🍷 5 |
| ● Filare 41 '13 | 🍷🍷 6 |
| ● Filare 41 '11 | 🍷🍷 5 |
| ● Filare 41 '07 | 🍷🍷 5 |
| ● Sogno Mediterraneo '13 | 🍷🍷 4 |
| ● Syrah Le Anfore '14 | 🍷🍷 5 |

## Casale dello Sparviero Fattoria Campoperi

Loc. Casale, 93
53011 Castellina in Chianti [SI]
Tel. +39 0577743228
www.casaledellosparviero.it

藏酒销售
预约参观
膳宿接待
年产量 127 000 瓶
葡萄种植面积 88 公顷

卡塞斯帕韦罗酒庄（Casale dello Sparviero）拥有380公顷的广袤土地，其中种植葡萄藤的面积达到90公顷，坐落于奇安蒂的卡斯特利纳次产区（Castellina in Chianti），拥有温暖的微气候条件，出产特质显著、馥郁饱满的美酒，这些特质持久反映在卡塞斯帕韦罗酒庄每一季的出品中。酒庄主要采取小型橡木桶陈年，有时也使用大型橡木桶，这种交替结合利用带来了均衡美味、技术上无懈可击的系列佳酿。在今年的品鉴中，卡塞斯帕韦罗酒庄推荐了多款品质好酒，其中2013年份的经典奇安蒂（Chianti Classico）清爽甘美，吐露着纯净且显著的果香。2013年份经典奇安蒂陈酿（Chianti Classico Riserva）的特质与之相似，酒体结构更加复杂，更有一抹香料的辛香和香膏的芬芳萦绕其间。除此之外，2012年份的帕隆扎园精选经典奇安蒂（Chianti Classico Gran Selezione Vigna Paronza）强劲有力，口感紧致，馥郁芬芳，酒质华美，以复杂的香氛和细腻的酒质令我们心满意足。

| | |
|---|---|
| ● Chianti Cl. '13 | 🍷🍷 3 |
| ● Chianti Cl. Gran Sel. V. Paronza '12 | 🍷🍷 3 |
| ● Chianti Cl. Ris. '13 | 🍷🍷 3 |
| ● Chianti Cl. Gran Sel. Ada Andrighetti '12 | 🍷 3 |
| ● Chianti Sup. '14 | 🍷 3 |
| ● Chianti Cl. '08 | 🍷🍷 3 |

## Fattoria Le Casalte

FRAZ. SANT'ALBINO
VIA DEL TERMINE, 2
53045 MONTEPULCIANO [SI]
TEL. +39 0578798246
www.lecasalte.com

藏酒销售
预约参观
年产量 50 000 瓶
葡萄种植面积 13 公顷

齐娅拉・巴瑞欧费（Chiara Barioffi）是一位酿造技术精湛、对于美酒拥有敏锐判断力和清晰前瞻视野的卓越酿酒师。卡萨尔特农庄（Fattoria Le Casalte）由齐娅拉的父亲购入，她在很小的年纪就开始在葡萄园和酒窖中帮忙。卡萨尔特农庄的葡萄园主要呈现黏土土质，尤其在奎塞通达顶级葡萄园（Quercetonda）。今天，酒庄葡萄园都采用有机栽培方式，而且在酒窖的酿造工序中也将人为干预降至最低水平。出品美酒要在中型至大型橡木桶以及略小些的橡木桶中陈年，风格别具一格，优雅美味，从不过度，也不追求无谓虚饰。在卡萨尔特农庄这一季提供的品鉴酒品中，2013年份的奎塞通达诺贝勒（Nobile Quercetonda）非常浓郁，缥缈的香氛凸显个性，初开启吐露着微妙的花香，继而发展为红醋栗和野生草莓的缕缕果香，最后转为融入矿物质醇香和鹅卵石气息的风味。口感令美妙香氛的魔法得以持续，入口感到华美柔顺的口感，表现出令人难以预测的精致和鲜美，收口略有青草的青绿风味。除此之外，2013年份的诺贝勒（Nobile）质地紧密，口味相对而言更加辛辣美妙。

| | |
|---|---|
| ● Nobile di Montepulciano Quercetonda '13 | ΥΥ 5 |
| ● Nobile di Montepulciano '13 | ΥΥ 3 |
| ● Nobile di Montepulciano '08 | ΥΥ 3 |
| ● Nobile di Montepulciano Quercetonda '12 | ΥΥ 5 |
| ● Nobile di Montepulciano Quercetonda '07 | ΥΥ 5 |
| ● Nobile di Montepulciano Quercetonda '04 | ΥΥ 5 |
| ● Rosso di Montepulciano '13 | ΥΥ 2* |
| ● Rosso di Montepulciano '10 | ΥΥ 2* |
| ● Rosso Toscano '08 | ΥΥ 2* |
| ○ Vin Santo di Montepulciano '03 | ΥΥ 7 |
| ○ Vin Santo di Montepulciano '00 | ΥΥ 7 |
| ○ Vin Santo di Montepulciano '99 | ΥΥ 7 |

## ★Casanova di Neri

POD. FIESOLE
53024 MONTALCINO [SI]
TEL. +39 0577834455
www.casanovadineri.com

预约参观
膳宿接待
年产量 225 000 瓶
葡萄种植面积 63 公顷

卡萨诺瓦德内利酒庄（Casanova dei Neri）是蒙塔奇诺地区（Montalcino）最著名的国际葡萄酒品牌之一，由乔凡尼・内利（Giovanni Neri）、吉亚科莫・内利（Giacomo Neri）和吉安洛伦佐・内利（Gianlorenzo Neri）于20世纪70年代创建，今天的酒庄掌门人则是乔凡尼的儿子贾科莫・内利（Giacomo Neri）。为酒庄带来荣誉的无疑是以桑娇维塞（Sangiovese）为主要原料酿造的美酒，展现出强力风味：色泽浓烈、结构紧致、果味成熟。其他获得成功的因素还包括葡萄园管理策略的得当，以及卡萨诺瓦德内利酒庄地块的卓越土质。酒庄占地面积达到60公顷的葡萄园分散各处，包括临近酒庄处于菲耶索莱（Fiesole）和托雷涅利（Torrenieri）普德卢西奥（Poderuccio）的地块；位于东部地带的珀德努奥沃（Podernuovo）、塞莱塔尔托（Cerretalto）和斯佩莱塔（Spereta）；以及南边的勒赛琳（Le Cetine）和皮埃特德尼斯（Pietradonice）。除了在客观条件良好的年份推出基本款的布鲁奈罗（Brunello），卡萨诺瓦德内利酒庄还生产新酒庄系列（Tenuta Nuova）和塞莱塔尔托精选系列（Cerretalto），都在小型新橡木桶中陈年成熟。这一次，2011年份的布鲁奈罗（Brunello）果香四溢，口感活跃，极大地满足了我们的想象。它吐露着樱桃果酱般的馥郁果香，融入香膏的芬芳，更有一抹焦炭橡木的气息萦绕其间，随之而来的是显著的果味，只是在收口阶段才略显锐利。而同一年份的新庄系列（Tenuta Nuova）相比较而言香氛更加浓郁，但是在当下阶段没有那么容易入口。

| | |
|---|---|
| ● Brunello di Montalcino '11 | ΥΥ 6 |
| ● Brunello di Montalcino Tenuta Nuova '11 | ΥΥ 8 |
| ● Rosso di Montalcino '14 | ΥΥ 5 |
| ● Brunello di Montalcino '09 | ΥΥΥ 6 |
| ● Brunello di Montalcino '06 | ΥΥΥ 5 |
| ● Brunello di Montalcino Cerretalto '07 | ΥΥΥ 8 |
| ● Brunello di Montalcino Cerretalto '06 | ΥΥΥ 8 |
| ● Brunello di Montalcino Cerretalto '04 | ΥΥΥ 8 |
| ● Brunello di Montalcino Cerretalto '01 | ΥΥΥ 8 |
| ● Brunello di Montalcino Cerretalto '99 | ΥΥΥ 8 |
| ● Brunello di Montalcino Tenuta Nuova '06 | ΥΥΥ 8 |
| ● Brunello di Montalcino Tenuta Nuova '05 | ΥΥΥ 7 |
| ● Brunello di Montalcino Tenuta Nuova '01 | ΥΥΥ 6 |
| ● Brunello di Montalcino Tenuta Nuova '99 | ΥΥΥ 6 |
| ● Pietradonice '05 | ΥΥΥ 8 |
| ● Sant'Antimo Pietradonice '01 | ΥΥΥ 8 |

## Castell'in Villa

Loc. Castell'in Villa
53019 Castelnuovo Berardenga [SI]
Tel. +39 0577359074
www.castellinvilla.com

藏酒销售
预约参观
年产量 100 000 瓶
葡萄种植面积 54 公顷

科拉利亚·皮纳德里（Coralia Pignatelli）酿造的美酒忠诚反映本地风土的经典奇安蒂（Chianti Classico）美酒生产的巅峰。活跃且细腻，别具一格又令人兴奋，卡斯泰琳维拉酒庄（Castell' in Villa）毫不妥协地阐释着奇安蒂卡斯泰尔诺沃贝拉登加（Castelnuovo Berardenga）次产区最高贵且坚韧的灵魂。出品美酒气质优雅，展现出罕见的复杂风味和陈年潜力，持续追求托斯卡纳（Tuscan）美酒完美的风味表达，以果实的内在动力最大限度提升桑娇维塞（Sangiovese）的巨大潜力。简单来讲，在DOC产区酒、甚至整个意大利葡萄酒范围内做出选择的话，卡斯泰琳维拉酒庄的出品都不会令你失望。在今年的品鉴中，2012年份的经典奇安蒂（Chianti Classico）口感紧致，略显内敛。它吐露着成熟水果的缕缕果香，融入草莓酱的甜美芬芳，底蕴中透露出丝丝森林大地、蘑菇和动物的醇香，随之而来的口感果味充盈，酒精度不高，余韵绵长，收口口感干爽纯净。与此同时，2010年份的陈酿（Riserva）在收口阶段的单宁味道过重，但是它的酸度依然强劲有力。除此之外，2008年份的（Santacroce）酒香成熟，口感馥郁。

| | |
|---|---|
| ● Chianti Cl. '12 | 🍷🍷 5 |
| ● Chianti Cl. Ris. '10 | 🍷🍷 6 |
| ● La Gazzera '15 | 🍷 3 |
| ● Santacroce '08 | 🍷 6 |
| ● Chianti Cl. '11 | 🍷🍷🍷 5 |
| ● Chianti Cl. '09 | 🍷🍷🍷 5 |
| ● Chianti Cl. '08 | 🍷🍷🍷 5 |
| ● Chianti Cl. Poggio delle Rose Ris. '10 | 🍷🍷 6 |

## Castellani

Fraz. Santa Lucia
via del Popolo, 90e
56025 Pontedera [PI]
Tel. +39 0587292900
www.castelwine.com

藏酒销售
预约参观
年产量 25 000 000 瓶
葡萄种植面积 150 公顷

卡斯泰拉尼酒庄（Castellani）的历史可以回溯一个世纪之遥，当创始人阿尔弗莱德（Alfredo）于19世纪末开始装瓶出售自己酿造的美酒时。他将酿酒的理念传给了儿子杜里奥（Duilio）和马里奥（Mario），两兄弟将这座家庭酒庄发展成为了一座组织高效的成规模酒庄，不论从经济收益上还是美酒发行量上都是如此。卡斯泰拉尼酒庄的葡萄园坐落于比萨地区（Pisa）的各个庄园，家族在经典奇安蒂（Chianti Classico）也拥有地产。在今年的品鉴中，卡斯泰拉尼酒庄推荐了多款品质好酒，其中2014年份的绮丽叶骄罗（Ciliegiolo）气质出众，它来自桑塔露琪亚酒庄（Tenuta Santa Lucia），散发着跃动的芬芳，融入覆盆子和樱桃般的果香，和着烟斗和皮革的醇香，随之而来的口感强劲有嚼劲儿，收口余韵绵长悠然，酒质甘美，令人欲罢不能。与此同时，极富意趣的2012年份紫罗兰（Violetta）出自塞帕亚诺酒庄（Tenuta di Ceppaiano），主要以桑娇维塞（Sangiovese）添加少量赤霞珠（Cabernet Sauvignon）混酿而成，吐露着活跃的果香，口感持久如一，酸度精美惬意，收口浸润美妙果味，非常怡人。除此之外，诱人的2011年份特莱瓦达（Travalda）是一款经典的波尔多混酿（Bordeaux）：香氛辛辣，口感如同奶油般绵密细腻，活力四射。

| | |
|---|---|
| ● Alle Viole Tenuta di Ceppaiano '13 | 🍷🍷 3 |
| ● Ciliegiolo Tenuta di Santa Lucia '14 | 🍷🍷 3 |
| ● Travalda Tenuta Santa Lucia '11 | 🍷🍷 3 |
| ● Violetta Tenuta di Ceppaiano '12 | 🍷🍷 3 |
| ● Casone Tenuta di Poggio al Casone '13 | 🍷 3 |
| ● La Cattura Tenuta di Poggio al Casone '13 | 🍷 3 |
| ○ Vermentino Tenuta Santa Lucia '15 | 🍷 3 |

## ★Castellare di Castellina

LOC. CASTELLARE
53011 CASTELLINA IN CHIANTI [SI]
TEL. +39 0577742903
www.castellare.it

藏酒销售
预约参观
膳宿接待
年产量 200 000 瓶
葡萄种植面积 28 公顷

多年来，凯圣泰利酒庄（Castellare di Castellina）始终致力于将自己推上经典奇安蒂DOC产区（Chianti Classico DOC）领军酒庄的位置。凯圣泰利酒庄仰仗的坚实基础是其成熟的系列酒品，倚靠谨慎细致的生产，展现别具一格的内在持久性，令这座位于卡斯泰尔诺沃贝拉登加（Castelnuovo Berardenga）的酒庄避免受制于转瞬即逝的酿造潮流，而是忠于最伟大的奇安蒂传统。酿造风格凸显酒质的优雅而平衡，谨慎使用橡木陈年，保证了美酒的高品质水准，口感劲道精美，别具一格。在凯圣泰利酒庄这一季提供的品鉴酒品中，2012年份的尼古拉斯索迪（I Sodi di S. Niccolò）的风味独特，吐露着复杂而可爱的酒香，浸润着锐利的果味，换句话说，它的品质一如从前的卓越。与此同时，2013年份的珀嘉勒经典奇安蒂陈酿（Chianti Classico Il Poggiale Riserva）也紧随其后，吐露着药草般的醇香，融入泥土的芬芳，酒重扎实，果味精美跃动。除此之外，2013年份的经典奇安蒂陈酿（Chianti Classico Riserva）同样表现优异，酒质华美，发展均衡，果味丰盈饱满。

- ● I Sodi di S. Niccolò '12 8
- ● Chianti Cl. Il Poggiale Ris. '13 5
- ● Chianti Cl. Ris. '13 4
- ● Chianti Cl. '14 3
- ● Chianti Cl. V. Il Poggiale Ris. '01 5
- ● I Sodi di S. Niccolò '11 8
- ● I Sodi di S. Niccolò '10 8
- ● I Sodi di S. Niccolò '09 8
- ● I Sodi di S. Niccolò '08 7
- ● I Sodi di S. Niccolò '07 7
- ● I Sodi di S. Niccolò '06 7
- ● I Sodi di S. Niccolò '05 7
- ● I Sodi di S. Niccolò '04 7
- ● I Sodi di S. Niccolò '03 7
- ● I Sodi di S. Niccolò '02 7
- ● I Sodi di San Niccolò '01 7

## ★Castello Banfi

LOC. SANT'ANGELO SCALO
CASTELLO DI POGGIO ALLE MURA
53024 MONTALCINO [SI]
TEL. +39 0577840111
www.castellobanfi.com

藏酒销售
预约参观
膳宿接待
年产量 10 000 000 瓶
葡萄种植面积 850 公顷
可持续发展酒庄

尽管根据古老的文献记载，班菲酒庄（Castello Banfi）已经存在了数百年，这座蒙塔奇诺地区（Montalcino）的古老名庄及其超群美酒或许永远都不可能达到今天享有的盛誉——如果没有玛丽安尼家族（Mariani）在20世纪70年代开始扮演的重要角色的话。玛丽安尼家族于20世纪70年代买下了班菲酒庄，自此酒庄便发生了许多重要的变化：酒庄仅在蒙塔奇诺地区就拥有占地面积超过800公顷的葡萄园。今天，恩里克・威格利奇欧（Enrico Viglierchio）和莱莫・格拉西（Remo Grassi）经营着这座名副其实的农业巨头企业，为酒庄添加了皮埃蒙特产区（Piedmont）的瑞利葡萄园（Vigne Reali）和托斯卡纳班菲系列美酒产品线（Banfi Toscana）。班菲酒庄出品美酒馥郁饱满，系列安排合理均衡，从采用的葡萄品种而言也是如此，以经典的桑娇维塞（Sangiovese）为主酿造红葡萄酒，风格圆润，果味四溢。在今年的品鉴中，班菲酒庄推荐的系列美酒整体表现出色，但是很难决出脱颖而出的夺冠者，有几款单一布鲁奈罗酒（Brunellos）倒是非常不错。例如2011年份卓越的穆拉丘（Poggio alle Mura），浓郁集中，酒质柔美；以及2010年份的奥罗丘布鲁奈罗陈酿（Brunello Poggio all' Oro Riserva），相比而言更加成熟，酒质演化更加完美，单宁特质令人记忆犹新。更不用说2012年份的丰塔内莱霞多丽（Fontanelle Chardonnay），吐露着阳光的气息，毫无争议地堪称蒙塔奇诺地区（Montalcino）最佳白葡萄酒之一。

- ● Brunello di Montalcino Poggio alle Mura '11 6
- ● Brunello di Montalcino '11 6
- ● Brunello di Montalcino Poggio all'Oro Ris. '10 8
- ● Brunello di Montalcino Poggio alle Mura Ris. '10 8
- ○ Fontanelle Chardonnay '15 4
- ● Rosso di Montalcino '14 2
- ● Excelsus '12 6
- ● Rosso di Montalcino Poggio alle Mura '14 4
- ● Brunello di Montalcino Poggio all'Oro Ris. '04 8
- ● Brunello di Montalcino Poggio all'Oro Ris. '85 8
- ● Sant'Antimo Mandrielle '04 3

## Castello d'Albola

c. Pian d'Albola, 31
3017 Radda in Chianti [SI]
l. +39 0577738019
ww.albola.it

藏酒销售
预约参观
年产量 800 000 瓶
葡萄种植面积 157 公顷

林酒业集团（Zonin）旗下的巨型酒庄阿尔博拉堡酒庄（Castello d' Albola）是产区最具意趣的葡萄酒生产企业，对此定论我们已经强调了多次。这不仅是由于酒庄葡萄园在奇安蒂拉达次产区（Radda Chianti）拥有一些微气候条件最佳的地块，更由于酒庄的酿造团队精诚合作，致力于最大限度发掘本地酒饱满且持久的风土表达潜力。阿尔博拉堡酒庄自20世纪70年代以来，就成为意大利葡萄酒酿造业中最响亮的名字之一。阿尔博拉堡酒庄出品美酒风格凸显反映地区风土的清爽口感，展现完美无瑕的酿造技术以及丰富的酒品个性。在今年的品鉴中，阿尔博拉堡酒庄2013年份的精选经典奇安蒂（Chianti Classico Gran Selezione）无疑是令人目眩神迷的一款佳酿。它吐露着别具一格的复杂芬芳，从红莓果的果香到森林大地的醇香无所不包，底蕴中透露出缕缕燧石的奇异香气，入口馥郁甘美，细腻华丽，收口余韵绵长不绝，令人拍案称奇。除此之外，2013年份的经典奇安蒂（Chianti Classico）是这类美酒的典范之作，它的酒体饱满，口感清爽，果味四溢，和着诱人的酒香。

| | |
|---|---|
| Chianti Cl. Gran Sel. '13 | 🍷🍷🍷 (red) 5 |
| Chianti Cl. '13 | 🍷🍷 (red) 3* |
| Acciaiolo '13 | 🍷🍷 (black) 6 |
| Chianti Cl. Ris. '12 | 🍷🍷 (black) 4 |
| Acciaiolo '06 | 🍷🍷🍷 (outline) 6 |
| Acciaiolo '04 | 🍷🍷🍷 (outline) 6 |
| Acciaiolo '01 | 🍷🍷🍷 (outline) 6 |
| Chianti Cl. Il Solatio Gran Sel. '11 | 🍷🍷🍷 (outline) 5 |
| Chianti Cl. Il Solatio Gran Sel. '10 | 🍷🍷🍷 (outline) 5 |
| Chianti Cl. Le Ellere '08 | 🍷🍷🍷 (outline) 3 |
| Chianti Cl. Ris. '09 | 🍷🍷🍷 (outline) 4* |
| Chianti Cl. Ris. '08 | 🍷🍷🍷 (outline) 4* |
| Chianti Cl. Le Ellere '12 | 🍷🍷 (outline) 3* |

## ★★Castello del Terriccio

loc. Terriccio
via Bagnoli, 16
56040 Castellina Marittima [PI]
Tel. +39 050699709
www.terriccio.com

藏酒销售
预约参观
年产量 150 000 瓶
葡萄种植面积 60 公顷

德里西奥堡（Castello del Terriccio）是一座土地广袤的千年古庄，从海滨到山脚，拥有占地面积达到1800公顷的土地。此前城堡一直进行农作物生产，直至现任主人吉安·安尼贝勒·罗西迪麦德拉纳（Gian Annibale Rossi di Medelana）增加了葡萄园的地块，对城堡庄园进行现代化改造，因而美酒与文化之间的紧密联系越来越凸显出来。今天的德里西奥堡酒庄不仅在葡萄园中采用有机栽培方式，更在欧洲小麦、稻田、草料和橄榄树林中进行有机种植。在今年的品鉴中，2011年份的德里西奥堡（Castello del Terriccio）表现卓越，它是主要由西拉（Syrah）添加少量小味尔多（Petit Verdot）打造而成的混酿，吐露着复杂的酒香，散发着碘化物的醇香，融合药草的芬芳和黑醋栗以及黑莓的缕缕果香。入口后感到活跃而清爽的口感，酒质和谐，单宁柔美纤细，收口余韵久久飘散不绝。这是一款实至名归的"三杯奖"好酒。除此之外，2012年份的卢皮西亚（Lupicaia）是由赤霞珠（Cabernet Sauvignon）和小味尔多打造而成的美味混酿，吐露着森林大地跃动的醇香，融入薄荷的清凉，随之而来的口感华美和谐，十分美味。

| | |
|---|---|
| ● Castello del Terriccio '11 | 🍷🍷🍷 (red) 8 |
| ● Lupicaia '12 | 🍷🍷 (red) 8 |
| ● Tassinaia '12 | 🍷🍷 (black) 6 |
| ● Castello del Terriccio '07 | 🍷🍷🍷 (outline) 8 |
| ● Castello del Terriccio '04 | 🍷🍷🍷 (outline) 8 |
| ● Castello del Terriccio '03 | 🍷🍷🍷 (outline) 8 |
| ● Castello del Terriccio '01 | 🍷🍷🍷 (outline) 8 |
| ● Lupicaia '11 | 🍷🍷🍷 (outline) 8 |
| ● Lupicaia '10 | 🍷🍷🍷 (outline) 8 |
| ● Lupicaia '07 | 🍷🍷🍷 (outline) 8 |
| ● Lupicaia '06 | 🍷🍷🍷 (outline) 8 |
| ● Lupicaia '05 | 🍷🍷🍷 (outline) 8 |
| ● Lupicaia '04 | 🍷🍷🍷 (outline) 8 |
| ● Lupicaia '01 | 🍷🍷🍷 (outline) 8 |

## Castello del Trebbio

via Santa Brigida, 9
50065 Pontassieve [FI]
Tel. +39 0558304900
www.castellodeltrebbio.it

藏酒销售
预约参观
年产量 300 000 瓶
葡萄种植面积 52 公顷
可持续发展酒庄

这座特莱比欧堡（Castello del Trebbio）拥有古老的历史：城堡中的第一座建筑始建于遥远的1184年，隶属德帕兹家族（De' Pazzi）拥有。城堡的古老酒窖也保存了这种令人尊敬的历史魅力，今天依然对外开放，可供游人参观。整修过的农舍遍布菲奥提尼山（Colli Fiorentini），巴加·马卡里奥家族（Baj Macario）于1968年将其收入囊中，与此同时还有总占地面积达到380公顷的广袤土地，其中52公顷种植葡萄藤。如今围绕着古堡已经发展出众多卓越的特色旅游服务，从农业、旅游、民宿到葡萄酒旅游、婚礼承办、生产橄榄油和藏红花等，但是葡萄酒生产依然是家族生意的基础支点。城堡主人安娜·巴加·马卡里奥（Anna Baj Macario）与丈夫斯蒂凡诺·卡萨德（Stefano Casadei）监管着特莱比欧堡酒庄的葡萄酒生意。他们的热情促使两人在瓦尔蒂科尼亚（Val di Cornia）和托斯卡纳（Tuscany）之外的撒丁岛（Sardinia）也展开了酿酒事业。在今年的品鉴中，2012年份的拉斯特特瑞卡托（Lastricato）一路杀进了角逐“三杯奖”大奖的决赛，但是遗憾地仅以毫厘之差与大奖失之交臂。它吐露着清爽的花香，橡木的辛辣芬芳略微影响了整体香氛，随之而来的口感强劲有力，单宁活跃，芳香植物和香料的滋味与酒香交相辉映，相得益彰。除此之外，2014年份的超级奇安蒂（Chianti Superiore）也非常诱人，酒质华美纤细，令人愉悦。

| | | |
|---|---|---|
| ● Chianti Rufina Lastricato Ris. '12 | YY | 5 |
| ● Chianti Sup. '14 | YY | 2* |
| ○ Brut M. Cl. '13 | Y | 3 |
| ○ Congiura '15 | Y | 4 |
| ● Chianti Rufina Lastricato Ris. '11 | YYY | 4* |
| ○ Bianco della Congiura '14 | YY | 3 |
| ● Cabernet Franc Casa Dei '12 | YY | 5 |
| ● De' Pazzi '11 | YY | 4 |
| ● Pazzesco '11 | YY | 5 |
| ● Petit Verdot Casa Dei '12 | YY | 5 |
| ● Sangiovese '13 | YY | 5 |
| ○ Vin Santo del Chianti '07 | YY | 4 |
| ○ Viognier Casa Dei '13 | YY | 4 |

## ★★Castello di Ama

loc. Ama
53013 Gaiole in Chianti [SI]
Tel. +39 0577746031
www.castellodiama.com

藏酒销售
预约参观
年产量 300 000 瓶
葡萄种植面积 90 公顷

在拥挤的奇安蒂葡萄酒世界（Chianti）高手林立，成熟卓越的阿玛酒庄（Castel di Ama）依然稳健地名列前茅，洛伦扎塞巴斯蒂（Lorenza Sebasti）和马可·帕兰提（Marco Pallanti）不停地向酒迷们供应风格完美无瑕、具有独特真实口感的罕见美酒，能量十足，气质优雅。精心照料的葡萄园主要位于海拔500米的所在，分散在四处，分别是贝拉维斯塔园（Bellavista）、卡西纳园（Casuccia）、蒙特布尼（Montebuoni）和圣洛伦佐园（San Lorenzo）。美酒通常要在小型用过的橡木桶中完成陈年。在今年的品鉴中，2013年份的圣洛伦佐经典奇安蒂精选系列（Chianti Classico San Lorenzo Gra Selezione）表现非常抢眼，是一款节德卓越的伟大美酒。它吐露着多层的香氛，清爽馥郁，流畅华美，与活跃持久的酸度相得益彰。与此同时，2013年份的阿帕瑞塔（L' Apparita）是单一品种的梅洛酒（Merlot），结构紧致，别具一格。2014年份的阿玛经典奇安蒂（Chiar Classico Ama）酒体纤美，果味极易入口，吐露着淡淡的烟雾香气。除此之外，2013年份的俳句（Haiku）是由桑娇维塞（Sangiovese）、品丽珠（Cabernet franc）和梅洛混合打造的混酿，吐露着华美的果香，只是橡木香气显得略重。

| | | |
|---|---|---|
| ● Chianti Cl. Gran Sel. San Lorenzo '13 | YYY | 6 |
| ● L'Apparita '13 | YY | 8 |
| ● Chianti Cl. Ama '14 | Y | 4 |
| ● Haiku '13 | Y | 6 |
| ● Chianti Cl. Ama '11 | YYY | 4 |
| ● Chianti Cl. Bellavista '01 | YYY | 8 |
| ● Chianti Cl. Bellavista '99 | YYY | 8 |
| ● Chianti Cl. Castello di Ama '05 | YYY | [illegible] |
| ● Chianti Cl. Castello di Ama '03 | YYY | [illegible] |
| ● Chianti Cl. Castello di Ama '01 | YYY | [illegible] |
| ● Chianti Cl. Castello di Ama '00 | YYY | [illegible] |
| ● Chianti Cl. La Casuccia '04 | YYY | 8 |
| ● Chianti Cl. La Casuccia '01 | YYY | 8 |
| ● L'Apparita '01 | YYY | 8 |

## Castello di Bolgheri

LOC. BOLGHERI
S.DA LAURETTA, 7
57020 CASTAGNETO CARDUCCI [LI]
TEL. +39 0565762110
www.castellodibolgheri.eu

藏酒销售
预约参观
膳宿接待
年产量 80 000 瓶
葡萄种植面积 50 公顷

保格利酒庄（Castello di Bolgheri）拥有悠久的历史渊源：它曾经一度是德拉·吉拉迪斯卡伯爵（Conti della Gherardesca）庞大地产的一部分，创始日期最早可以追溯到遥远的十六世纪。不过，保格利酒庄的辉煌可不仅仅停留在历史中，这座现代化的酒庄依然在出品高品质美酒。酒庄主人齐拉利达尔弗玛家族（Zileri dal Verme）颇具技巧地经营管理着占地面积达到50公顷的葡萄园，葡萄就生长在富含矿物质、砾质石灰质的黏土土壤之中。每一季保格利酒庄美丽酒窖出产的佳酿总是表现得别具一格，风味复杂，精美平衡。在保格利酒庄这一季提供的品鉴酒品中，2013年份的保格利超级红葡萄酒（Bolgheri Rosso Superiore）非同凡响。坦率地说，这款酒在盲选中很难脱颖而出，不过得益于它非凡的香氛，令其成为一款卓越美酒。它吐露着浓郁的柑橘香，融入极为鲜明的葡萄柚的芬芳和橘子糖的香气。入口多汁，果味丰盈，美味持久，与此同时也具有极佳的可饮性。除此之外，2014年份的瓦瓦拉保格利红葡萄酒（Bolgheri Rosso Varvàra）浸润着柑橘和绿蔬的滋味。

| | |
|---|---|
| ● Bolgheri Rosso Sup. '13 | ▼▼ 7 |
| ● Bolgheri Varvàra '14 | ▼ 4 |
| ● Bolgheri Sup. Castello di Bolgheri '12 | ▽▽▽ 6 |
| ● Bolgheri Sup. Castello di Bolgheri '10 | ▽▽▽ 6 |
| ● Bolgheri Sup. Castello di Bolgheri '09 | ▽▽▽ 6 |
| ● Bolgheri Sup. Castello di Bolgheri '07 | ▽▽▽ 6 |
| ● Bolgheri Rosso Varvàra '10 | ▽▽ 4 |
| ● Bolgheri Rosso Varvàra '09 | ▽▽ 4 |
| ● Bolgheri Rosso Varvàra '08 | ▽▽ 4 |
| ● Bolgheri Sup. Castello di Bolgheri '11 | ▽▽ 6 |
| ● Bolgheri Varvàra '13 | ▽▽ 4 |
| ● Bolgheri Varvàra '12 | ▽▽ 4 |

## Castello di Bossi

LOC. BOSSI IN CHIANTI
53019 CASTELNUOVO BERARDENGA [SI]
TEL. +39 0577359330
www.bacciwines.it

藏酒销售
预约参观
膳宿接待
年产量 700 000 瓶
葡萄种植面积 124 公顷

巴西家族（Bacci）在蒙塔奇诺（Montalcino）、马雷马（Maremma）和经典奇安蒂产区（Chianti Classico）都拥有酒庄。而波西酒庄（Castello di Bossi）出品的美酒展现出清晰的个性，风格现代，结构紧致，劲道有力，由于在使用过的小型橡木桶中陈年而得到了难能可贵的风味。这些都是巴西家族酿造出品的典型特征，该家族自1980年起成为葡萄酒酿造商。波西酒庄出品系列展现出精湛的酿造工艺，维持稳定的高品质水准，不但探索抵达卓越的巅峰。在今年的品鉴中，波西酒庄推荐了系列表现精彩的美酒，其中2012年份的科巴亚（Corbaia）是一款风格古老的混酿，由桑娇维塞（Sangiovese）和赤霞珠（Cabernet Sauvignon）打造而成，香氛活跃，口感浸润橡木滋味，但是果味丰盈华美。与此同时，2012年份的伯拉多经典奇安蒂陈酿（Chianti Classico Berardo Riserva）吐露着阵阵果香，口感劲道，收口感受略干。2012年份的雷涅利庄麦嘉（Mega Tenuta di Renieri）是另一款由桑娇维塞和赤霞珠混酿的美酒，其风格与它的“大哥”颇为类似。相比较而言，2012年份的斯堪萨诺莫雷利诺泰珀塔拉莫陈酿（Morellino di Scansano Tempo Terre di Talamo Riserva）风味更加惬意，美味持久。

| | |
|---|---|
| ● Brunello di Montalcino Renieri '11 | ▼▼ 7 |
| ● Chianti Cl. Berardo Ris. '12 | ▼▼ 5 |
| ● Corbaia '12 | ▼▼ 8 |
| ● Mega Tenuta di Renieri '12 | ▼▼ 6 |
| ● Morellino di Scansano Tempo Terre di Talamo Ris. '12 | ▼▼ 5 |
| ● Brunello di Montalcino Renieri Ris. '10 | ▼ 7 |
| ● Chianti Cl. '13 | ▼ 4 |
| ● Chianti Cl. Tenuta di Renieri '13 | ▼ 5 |
| ● Grido Tenuta di Renieri '13 | ▼ 6 |
| ○ Vermentino Vento Terre di Talamo '15 | ▼ 5 |
| ○ Viogner Vento Teso Terre di Talamo '15 | ▼ 4 |
| ● Corbaia '03 | ▽▽▽ 6 |

## ★★★Castello di Fonterutoli

LOC. FONTERUTOLI
VIA OTTONE III DI SASSONIA, 5
53011 CASTELLINA IN CHIANTI [SI]
TEL. +39 057773571
www.mazzei.it

藏酒销售
预约参观
膳宿接待
年产量 800 000 瓶
葡萄种植面积 117 公顷
可持续发展酒庄

马泽家族（Mazzei）世代从事酿酒事业，是经典奇安蒂产区（Chianti Classico）以及托斯卡纳酿酒界、甚至在更加广泛的地域范围内的典范象征。凤都酒庄（Castello di Fonterutoli）的出品风格清晰可读，展现出开放而饱满的果味精粹，口感柔美，酿造技术上无懈可击，酒质劲道有力，保证了优雅活跃的整体气质。这一切特质都源于对于果实成熟度的娴熟把握，以及在小型橡木桶中完成陈酿。除了在凤都酒庄之外，同样卓越的酿造工序也在马雷马地区（Maremma）的贝加多酒庄（Tenuta Belguardo）上演。在今年的品鉴中，凤都酒庄提交了多款精美好酒，其中2013年份的塞皮（Siepi）是由桑娇维塞（Sangiovese）和梅洛（Merlot）打造而成的混酿，色泽光亮，香氛活跃复杂，别具一格，口感柔美。与此同时，音乐会（Concerto）推出的上一款年份酒还是在三十年前，今年凭借2013年份酒再度复出：这款酒质华美、馥郁芬芳的桑娇维塞和赤霞珠（Cabernet Sauvignon）混酿是凤都酒庄的经典作品，首次推出还是遥远的1981年。除此之外，2013年份的菲利普（Philip）是一款单一品种赤霞珠，吐露着活跃而丰盈的酒香，融入烘焙咖啡豆的醇香，更有红莓果的芬芳萦绕其间。

| | |
|---|---|
| ● Siepi '13 | 🍷🍷🍷 8 |
| ● Chianti Cl. Ser Lapo Ris. '13 | 🍷🍷 5 |
| ● Concerto '13 | 🍷🍷 8 |
| ● Philip '13 | 🍷🍷 6 |
| ● Morellino di Scansano Bronzone Tenuta di Belguardo '13 | 🍷🍷 4 |
| ● Poggio Badiola '14 | 🍷🍷 3 |
| ● Serrata di Belguardo Tenuta di Belguardo '14 | 🍷🍷 4 |
| ● Chianti Cl. Fonterutoli '14 | 🍷 5 |
| ● Mix36 '12 | 🍷 7 |
| ● Tenuta Belguardo '12 | 🍷 5 |
| ● Tirreno Tenuta di Belguardo '14 | 🍷 4 |
| ○ Vermentino Tenuta di Belguardo '15 | 🍷 4 |
| ● Mix36 '11 | 🍸🍸🍸 8 |
| ● Siepi '11 | 🍸🍸🍸 8 |

## Castello di Gabbiano

FRAZ. MERCATALE VAL DI PESA
VIA GABBIANO, 22
50020 SAN CASCIANO IN VAL DI PESA [FI]
TEL. +39 055821053
www.castellogabbiano.it

藏酒销售
预约参观
膳宿接待
年产量 1 000 000 瓶
葡萄种植面积 145 公顷

不论是从巨大的销量上，还是从酒庄拥有的广袤葡萄园而言，海鸥酒庄（Castello di Gabbiano）都是产区内的顶级酒庄。海鸥酒庄坐落于佛罗伦萨（Florence）以南，占据奇安蒂（Chianti）佩萨河谷圣卡夏诺次产区（San Casciano Val di Pesa）的最佳地块。海鸥酒庄出产的葡萄酒展现出现代化的风格，酿造工艺精湛，但是并无过熟果味或者过多橡木风味，主要在小型橡木桶中完成陈酿。系列美酒整体上呈现卓越表现，尽管略显缺乏个性，但是口感令人愉悦，而且在许多款美酒中展现出和谐酒质，融入原始的风土特质。在今年的品鉴中，海鸥酒庄推荐了多款高品质美酒，2012年份的经典奇安蒂布莱扎精选系列（Chianti Classico Bellezza Gran Selezione）酿造工艺精湛，吐露着成熟而清澈的果香，口感柔美华丽，精致平衡，果味丰盈。与此同时，2013年份的经典奇安蒂陈酿（Chianti Classico Riserva）同样表现出色，不过似乎仍然需要时间的累积来柔化酒中的橡木滋味。除此之外，2014年份的经典奇安蒂（Chianti Classico）气质简朴，但是非常怡人，香氛馥郁，口感华美。

| | |
|---|---|
| ● Chianti Cl. Gran Sel. Bellezza '12 | 🍷🍷 5 |
| ● Chianti Cl. Ris. '13 | 🍷🍷 5 |
| ● Chianti Cl. '14 | 🍷 3 |
| ● Alleanza '08 | 🍸🍸 5 |
| ● Alleanza '05 | 🍸🍸 5 |
| ● Bellezza '06 | 🍸🍸 5 |
| ● Bellezza '05 | 🍸🍸 5 |
| ● Bellezza '04 | 🍸🍸 5 |
| ● Chianti Cl. '11 | 🍸🍸 3 |
| ● Chianti Cl. Gran Sel. Bellezza '11 | 🍸🍸 5 |
| ● Chianti Cl. Ris. '12 | 🍸🍸 5 |
| ● Chianti Cl. Ris. '09 | 🍸🍸 5 |
| ● Chianti Cl. Ris. '07 | 🍸🍸 5 |
| ● Chianti Cl. Ris. '06 | 🍸🍸 4 |

## Castello di Meleto

Loc. Meleto
53013 Gaiole in Chianti [SI]
Tel. +39 0577749217
www.castellomeleto.it

藏酒销售
预约参观
膳宿接待
年产量 600 000 瓶
葡萄种植面积 144 公顷
可持续发展酒庄

位于奇安蒂（Chianti）盖奥勒次产区（Gaiole）的麦勒托堡酒庄（Castello di Meleto）是DOC产区内的领先酒庄，拥有超过140公顷的葡萄园，不论是从其葡萄园的规模来看，还是从其尤其适合葡萄生长的所在位置看来都是如此。从选择葡萄品种的角度而言，麦勒托堡酒庄葡萄酒的风格转变为越发重视保存奇安蒂产区内在的最重要特性，地块种植偏爱桑娇维塞（Sangiovese），酒液在橡木桶中陈年，并且引领大型橡木桶回归流行风尚。在今年的品鉴中，麦勒托堡酒庄推荐了多款卓越美酒，基本上都表现精彩，其中2013年份的麦勒托堡经典奇安蒂（Chianti Classico Meleto）酒体纤美，酒质华丽，果味层次繁复美味，酒香持久圆润，间或融入若有似无的辛辣芬芳和红莓果果香。除此之外，2013年份的经典奇安蒂卡西葡萄园珍酿（Chianti Classico Vigna Casi Riserva）吐露着成熟的酒香，随之而来的口感柔美馥郁。

| | | |
|---|---|---|
| ● Chianti Cl. Meleto '13 | 🍷🍷 (red) | 3* |
| ● Chianti Cl. V. Casi Ris. '13 | 🍷🍷 | 5 |
| ● Chianti Cl. Pieve di Spaltenna Ris. '12 | 🍷 | 3 |
| ● Chianti Cl. Ris. '03 | ΥΥΥ | 4 |
| ● Chianti Cl. V. Casi Ris. '11 | ΥΥΥ | 5 |
| ● Borgaio '11 | ΥΥ | 3 |
| ● Chianti Cl. '13 | ΥΥ | 3 |
| ● Chianti Cl. '09 | ΥΥ | 3 |
| ● Chianti Cl. Gran Sel. '10 | ΥΥ | 6 |
| ● Chianti Cl. V. Casi Ris. '12 | ΥΥ | 5 |
| ● Fiore '10 | ΥΥ | 5 |
| ● Fiore '09 | ΥΥ | 5 |
| ○ Vin Santo del Chianti Cl. '08 | ΥΥ | 5 |

## Castello di Monsanto

via Monsanto, 8
50021 Barberino Val d'Elsa [FI]
Tel. +39 0558059000
www.castellodimonsanto.it

藏酒销售
预约参观
年产量 450 000 瓶
葡萄种植面积 72 公顷

蒙森特酒庄（Castello di Monsanto）是经典奇安蒂产区（Chianti Classico）最有魅力的酒庄之一，在刚刚庆祝了开业半个世纪的纪念日，颇有远见的法布里奇奥·比安奇（Fabrizio Bianchi）开启了这段传奇的酿酒之旅，今天在女儿劳拉（Laura）的协助下共同管理着蒙森特酒庄。酒庄出产酒品传统而经典的风格特征成为产区内最为持久一致、谨慎细致的风土表达典范，吐露着雅致的香氛，单宁质地细腻，极具个性。蒙森特酒庄的美酒刚一发布的时候虽然常常无法充分表达精美特质，但是大多具有不可估量的陈年潜力，生命周期极长：对于那些喜爱质朴口感、享受陈年美酒的酒迷而言，是不可多得的卓越选择。在今年的品鉴中，蒙森特酒庄推荐了多款经典好酒。其中桑娇维塞精选系列美酒（Sangiovese）首发于1974年，是首批大获成功的单一品种桑娇维塞佳酿之一，今天的名字是桑娇维托（Sangioveto），今年推荐的2010年份的该款酒的确是同类型美酒中的佼佼者。它吐露着优雅的酒香，清澈且别具特色，随之而来的口感均衡美味，浸润着复杂且华美的果味。除此之外，2014年份的经典奇安蒂（Chianti Classico）酒体纤美，口感清爽，具有极强的可饮性。

| | | |
|---|---|---|
| ● Sangioveto '10 | 🍷🍷🍷 (red) | 7 |
| ● Chianti Cl. '14 | 🍷🍷 (red) | 3* |
| ● Chianti Cl. Il Poggio Ris. '11 | 🍷🍷 | 7 |
| ● Chianti Cl. Ris. '13 | 🍷🍷 | 5 |
| ● Chianti Cl. '11 | ΥΥΥ | 3* |
| ● Chianti Cl. Cinquantenario Ris. '08 | ΥΥΥ | 6 |
| ● Chianti Cl. Il Poggio Ris. '10 | ΥΥΥ | 8 |
| ● Chianti Cl. Il Poggio Ris. '06 | ΥΥΥ | 6 |
| ● Chianti Cl. Ris. '11 | ΥΥΥ | 5 |
| ● Chianti Cl. '13 | ΥΥ | 3* |
| ● Chianti Cl. Il Poggio Ris. '09 | ΥΥ | 7 |
| ● Chianti Cl. Ris. '12 | ΥΥ | 5 |
| ● Nemo '10 | ΥΥ | 6 |

## Castello di Potentino

LOC. POTENTINO, 6
58038 SEGGIANO [GR]
TEL. +39 0564950014
www.potentino.com

藏酒销售
预约参观
膳宿接待
年产量 20 000 瓶
葡萄种植面积 4 公顷

珀滕蒂诺城堡（Castello di Potentino）的地理位置非常出众，景色壮美，容易抵达，在中世纪时期用于防卫城市。但是，英国作家和记者夏洛特·霍顿（Charlotte Horton）在重新整修过这座赛贾诺（Seggiano）的城堡后，就决定对公众开放，这里是艺术与绝妙的当地美食美酒完美结合的场所。她酿造的美酒忠诚反映出本地风土条件。占地面积达到4公顷的葡萄园主要种植桑娇维塞（Sangiovese）、阿利坎特（Alicante）和黑比诺（Pinot Noir），地块距离蒙塔奇诺布鲁奈罗产区（Brunello di Montalcino）的边界只有几公里之遥，但总体地貌风土与布鲁奈罗大为不同，这里的气候受到死火山阿米亚塔山（Mount Amiata）的庇护。葡萄栽种在山坡的地块上，出产的美酒展现出活跃的矿物质口感，内在特性持久统一，质地处于不停的演化之中。在今年的品鉴中，我们尤其喜爱2011年份的巴拉克斯（Balaxus），这款由歌海娜葡萄（Grenache）酿造而成的美酒要在50公升的法国橡木桶中发酵陈年。2011年份酒展现出圆润的酒体，同时并没有牺牲饱满的果味和活跃的质感。刚一开启，它的香氛就立刻层层叠叠地延宕开去，融入饱满成熟的樱桃香，一抹香料的辛香萦绕其间，树脂的芬芳若有似无地飘散，随之而来的口感有嚼劲儿，深邃而宽广。除此之外，2012年份的圣山桑娇维塞（Sangiovese Sacromonte）品质卓越，而2012年份的派罗珀黑比诺（Pinot Nero Piropo）不如往年活跃。

| | | |
|---|---|---|
| ● Balaxus '11 | YY (red) | 4 |
| ● Sacromonte '12 | YY | 3 |
| ⊙ Jaspidem '14 | Y | 3 |
| ● Piropo '12 | Y | 5 |
| ● Balaxus '08 | YY | 3 |
| ● Piropo '11 | YY | 4 |
| ● Piropo '10 | YY | 4 |
| ● Sacromonte '11 | YY | 3* |
| ● Sacromonte '10 | YY | 3* |

## Castello di Radda

LOC. IL BECCO
53017 RADDA IN CHIANTI [SI]
TEL. +39 0577738992
www.castellodiradda.it

藏酒销售
预约参观
年产量 100 000 瓶
葡萄种植面积 33 公顷

古萨利贝瑞塔集团（Agricole Gussalli Beretta）由贝瑞塔家族领导的农业集团公司，经营管理着拉达堡酒庄（Castello di Radda）。拉达堡酒庄充分捕捉住这片土地的风土特质，在酒窖的酿造中人工干预的程度也被降至最低。酒庄葡萄园的种植历史长短不同、地块朝向各异，交替使用大型橡木桶和小型橡木桶以谨慎细致的态度进行陈年，打造出精美优雅、质地细腻的高效美酒。拉达堡酒庄的标志性美酒气质优雅，令人愉悦，展露出别样个性和复杂口感。在今年的品鉴中，拉达堡酒庄提交了系列卓越酒品，其中2013年份的经典奇安蒂陈酿（Chianti Classico Riserva）香氛多层，活力四射，引领出甘美华丽、深邃精美的清爽果味。同样富有意趣的是2012年份的精选经典奇安蒂（Chianti Classico Gran Selezione），香氛在这个阶段略显内敛封闭，但是入口馥郁饱满，带来愉悦而热辣的口感。除此之外，2014年份的经典奇安蒂（Chianti Classico）浓郁集中，尤其考虑到它的生长酿造季的恶劣条件，展现出如此品质实属不易。它的酒体纤美丰盈，酒质细腻，香氛别具一格。

| | | |
|---|---|---|
| ● Chianti Cl. Ris. '13 | YYY (red) | 5 |
| ● Chianti Cl. Gran Sel. '12 | YY (red) | 3* |
| ● Chianti Cl. '14 | YY | 3 |
| ● Chianti Cl. Ris. '12 | YYY | 5 |
| ● Chianti Cl. Ris. '11 | YYY | 6 |
| ● Chianti Cl. Ris. '07 | YYY | 5 |
| ● Chianti Cl. '08 | YY | 3 |
| ● Chianti Cl. Castello di Radda '10 | YY | 3 |
| ● Chianti Cl. Gran Sel. '11 | YY | 3 |
| ● Chianti Cl. Gran Sel. '10 | YY | 3 |
| ● Chianti Cl. Poggio Selvale '10 | YY | 3 |
| ● Guss '11 | YY | 6 |
| ● Guss '09 | YY | 6 |

## ★Castello di Volpaia

Loc. Volpaia
P.zza della Cisterna, 1
53017 Radda in Chianti [SI]
Tel. +39 0577738066
www.volpaia.com

藏酒销售
预约参观
膳宿接待
年产量 200 000 瓶
葡萄种植面积 46 公顷
葡萄栽培方式 有机认证
可持续发展酒庄

马斯凯洛尼·斯蒂安提家族（Mascheroni Stianti）拥有的火狐堡酒庄（Castello di Volpaia）将采用有机栽培方式打理的卓越葡萄园与基础坚实、无懈可击的酿酒技术完美结合。火狐堡酒庄出品的美酒呈现完美无瑕的现代优雅风尚，主要在小型橡木桶中完成陈年，与此同时不失酒中个性，又能表述出经典奇安蒂产区强健有力的典型风土特质，非常明智且谨慎地使用橡木，使得果味保持清爽，不会掩盖葡萄的原始风味。整体出品系列和谐美味，保证了一贯的卓越品质，令火狐堡酒庄出品佳酿跻身奇安蒂拉达次产区（Radda in Chianti）的顶级经典美酒之列。在今年的品鉴中，2013年份的经典奇安蒂陈酿（Chianti Classico Riserva）表现出色，它吐露着明晰而清新的果香，融入阳光般的气息，酒质深邃华美，果味精致平衡。与此同时，2012年份的巴里费欧（Balifico）是由桑娇维塞（Sangiovese）、赤霞珠（Cabernet Sauvignon）和梅洛（Merlot）打造而成的混酿，吐露着华美的果香，口感甜蜜活跃。除此之外，2014年份的经典奇安蒂（Chianti Classico）吐露着清爽的酒香，果味锐利但诱人；而2012年份的柯尔塔萨拉经典奇安蒂陈酿（Chianti Classico Coltassala Riserva）酒质依然略显硬朗。

| | |
|---|---|
| Chianti Cl. Ris. '13 | 🍷🍷🍷 5 |
| ● Balifico '12 | 🍷🍷 7 |
| Chianti Cl. '14 | 🍷🍷 3 |
| ● Chianti Cl. Coltassala Ris. '12 | 🍷🍷 7 |
| Chianti Cl. Gran Sel. Il Puro '11 | 🍷🍷 8 |
| ● Chianti Cl. '13 | 🍷🍷🍷 3* |
| Chianti Cl. Coltassala Ris. '04 | 🍷🍷🍷 6 |
| Chianti Cl. Coltassala Ris. '01 | 🍷🍷🍷 6 |
| ● Chianti Cl. Il Puro Vign. Casanova Ris. '08 | 🍷🍷🍷 8 |
| ● Chianti Cl. Il Puro Vign. Casanova Ris. '06 | 🍷🍷🍷 8 |
| ● Chianti Cl. Ris. '10 | 🍷🍷🍷 5 |
| Chianti Cl. Ris. '08 | 🍷🍷🍷 5 |
| ● Chianti Cl. Ris. '07 | 🍷🍷🍷 5 |

## Castello Romitorio

Loc. Romitorio, 279
53024 Montalcino [SI]
Tel. +39 0577847212
www.castelloromitorio.com

藏酒销售
预约参观
膳宿接待
年产量 150 000 瓶
葡萄种植面积 15 公顷

罗密欧城堡酒庄（Castello Romitorio）出产的系列美酒越来越被贴上“适中主义”标签，近些年的出品尤其如此。奇亚家族（Chia）打造的布鲁奈罗酒（Brunellos）果味丰盈满口，融合度极佳的质地给人带来惬意享受，口感细腻，将蒙塔奇诺产区（Montalcino）西部地块的风土特质表现得淋漓尽致，并且融入青草的青绿风味。罗密欧城堡酒庄占地面积达到15公顷的葡萄园就坐落于此，主要种植桑娇维塞（Sangiovese）。罗密欧城堡酒庄实际上还在奇安蒂山塞尼斯（Chianti Colli Senese）和斯堪萨诺的莫雷利诺（Morellino di Scansano）拥有地块，令酒庄整个农业和酿造项目的发展更加成熟，更令桑德罗·奇亚（Sandro Chia）这位常常被视为超前卫风格（Transavantgarde）最伟大拥护者的酿酒师艺术家享誉国际。在今年的品鉴中，罗密欧城堡酒庄出品的布鲁奈罗系列美酒（Brunello）再次得到我们的认可和青睐，其中2011年份酒活力四射，比已经令我们十分惊艳的2010年份酒更加令人惊叹，只是缺少些许深邃酒质以重复轰动性的成功。除此之外，2011年份的丝滑布鲁奈罗（Brunello）非常卓越，而2010年份的陈酿（Riserva）相比而言口感更加热辣，风味更加饱满精粹。

| | |
|---|---|
| ● Brunello di Montalcino '11 | 🍷🍷 8 |
| ● Brunello di Montalcino Filo di Seta '11 | 🍷🍷 8 |
| ● Brunello di Montalcino Ris. '10 | 🍷🍷 8 |
| ● Brunello di Montalcino '10 | 🍷🍷🍷 8 |
| ● Brunello di Montalcino '05 | 🍷🍷🍷 8 |
| ● Brunello di Montalcino Ris. '97 | 🍷🍷🍷 8 |
| ● Brunello di Montalcino '09 | 🍷🍷 8 |
| ● Brunello di Montalcino '08 | 🍷🍷 7 |
| ● Brunello di Montalcino Filo di Seta '10 | 🍷🍷 8 |
| ● Brunello di Montalcino Ris. '07 | 🍷🍷 8 |
| ● Morellino di Scansano '13 | 🍷🍷 3 |
| ● Morellino di Scansano Ghiaccio Forte '11 | 🍷🍷 5 |
| ● Rosso di Montalcino '12 | 🍷🍷 5 |
| ● Rosso di Montalcino '11 | 🍷🍷 4 |
| ● Rosso di Montalcino '10 | 🍷🍷 4 |

## Castello Sonnino

VIA VOLTERRANA NORD, 6A
50025 MONTESPERTOLI [FI]
TEL. +39 0571609198
www.castellosonnino.it

藏酒销售
预约参观
膳宿接待
年产量 250 000 瓶
葡萄种植面积 40 公顷

今天的索尼诺城堡酒庄（Castello Sonnino）依然保留着十三世纪古老的塔楼，俯瞰着周边的山谷。虽然德·伦茨·索尼诺家族（De Renzis Sonnino）自19世纪初就拥有索尼诺城堡，但是直至1987年索尼诺城堡才开始将重心转移到高品质农作物的生产上来。这要感谢阿里桑德罗（Alessandro）和卡特琳娜（Caterina）广泛地修缮改建了古城堡酒庄，为葡萄酒生产企业赋予新生，并将索尼诺城堡酒庄发展成为奇安蒂蒙特斯佩托DOC产区（Chianti Montespertoli DOC）的顶级酒庄。桑娇维塞（Sangiovese）和卡内奥罗（Canaiolo）是索尼诺城堡酒庄葡萄园栽培的主要本地品种，但是同样也种植梅洛（Merlot）、小味尔多（Petit Verdot）、西拉（Syrah）、赤霞珠（Cabernet Sauvignon）和马尔白克（Malbec）等其他国际品种。在今年的品鉴中，索尼诺城堡酒庄推荐了多款品质美酒，其中2010年份的坎蒂诺（Cantinino）完全由桑娇维塞酿造而成，吐露着黑莓和樱桃果酱的缕缕芬芳，口感扎实，收口果味美味逡巡，令人垂涎，源源不绝。除此之外，2013年份的索尼诺堡蒙特斯佩托奇安蒂（Chianti Montespertoli Castello di Sonnino）酒香馥郁，口感有力；而2009年的圣酒（Vin Santo）则口感诱人且气质缥缈。

- ● Cantinino '10 ▼▼ 4
- ● Chianti Montespertoli Castello di Sonnino '13 ▼▼ 2*
- ○ Vin Santo del Chianti '09 ▼▼ 5
- ● Chianti Montespertoli '15 ▼ 2
- ● Leone Rosso '15 ▼ 2
- ● Cantinino '09 ▽▽ 4
- ● Cantinino '08 ▽▽ 5
- ● Cantinino '07 ▽▽ 4
- ● Cantinino '06 ▽▽ 4
- ● Cantinino '05 ▽▽ 4
- ● Chianti Montespertoli '13 ▽▽ 2*

## Castello Vicchiomaggio

LOC. LE BOLLE
VIA VICCHIOMAGGIO, 4
50022 GREVE IN CHIANTI [FI]
TEL. +39 055854079
www.vicchiomaggio.it

藏酒销售
预约参观
膳宿接待
年产量 300 000 瓶
葡萄种植面积 38 公顷
可持续发展酒庄

瓦莱马焦堡酒庄（Castello d Vicchiomaggio）出产的美酒凭借卓越的品质为酒庄在经典奇安蒂产区（Chian Classico）的葡萄酒生产图景中赢得了领军角色。瓦莱马焦堡酒庄的葡萄园位于奇安蒂格拉芙指定产区（Greve in Chianti）的佛罗伦萨（Florentine），出产的优质酿造果实送往酒窖，在酿造过程中不增加任何不必要的人工干预。结果收获的佳酿展现出持续如一的高品质，值得信赖的现代系列酒品风格，与此同时，瓦莱马焦堡酒庄也在马雷马地区（Maremma）生产美酒。在今年的品鉴中，2012年份的普莱玛园经典奇安蒂精选系列（Chian Classico Vigna La Prima Gran Selezione）表现出色，果味和谐，果香清澈，令这款美酒从众多推荐酒品中脱颖而出。与此同时，2013年份的黑莓（The Ripa dell More）是由由桑娇维塞（Sangiovese）、赤霞珠（Cabernet sauvignon）和梅洛（Merlot）打造而成的混酿，果味持久，令人垂涎，但是香氛有时略显凌乱。除此之外，来自瓦莱马焦堡（Vill Vallemaggiore）的2013年份奥古斯蒂诺佩翠瓦莱马焦经典奇安蒂陈酿（Chian Classico Agostino Petri da Vicchiomaggi Riserva）清爽而柔美，令人愉悦。

- ● Chianti Cl. V. La Prima Gran Sel. '12 ▼▼
- ● Chianti Cl. Agostino Petri da Vicchiomaggio Ris. '13 ▼▼
- ● Ripa delle More '13 ▼▼
- ● Chianti Cl. San Jacopo da Vicchiomaggio '14 ▼
- ● Governo Villa Vallemaggiore '15 ▼
- ● Maremma Poggio Re Villa Vallemaggiore '14 ▼
- ● Ripa delle Mandorle '14 ▼
- ○ Vermentino Villa Vallemaggiore '15 ▼
- ● Chianti Cl. Vigna La Prima Gran Sel. '10 ▽▽▽
- ● FSM '07 ▽▽▽
- ● FSM '04 ▽▽▽
- ● Chianti Cl. San Jacopo da Vicchiomaggio '13 ▽▽

## Castelvecchio

.OC. SAN PANCRAZIO
IA CERTALDESE, 30
50026 SAN CASCIANO IN VAL DI PESA [FI]
EL. +39 0558248032
www.castelvecchio.it

藏酒销售
预约参观
膳宿接待
年产量 120 000 瓶
葡萄种植面积 22 公顷
葡萄栽培方式 有机认证
可持续发展酒庄

中世纪文献明确记载，这座酒庄拥有悠久的历史渊源，最初是十二世纪的一座农场，隶属卡瓦尔康蒂家族（Cavalcanti）产业。卡斯特罗维奇欧城堡酒庄（Castelvecchio）今天的主人是洛奇家族（Rocchi），洛奇家族于20世纪60年代买下了这座老庄，并且由伦佐·洛奇（Renzo Rocchi）重新恢复了农庄壮观的原貌，将其作为酒庄的中心总部，在周边地带栽培了第一批葡萄园；20世纪90年代中期，伦佐的儿子卡洛（Carlo）在他的孩子费立波·洛奇（Filippo Rocchi）和斯蒂凡尼亚·洛奇（Stefania Rocchi）的协助下，引领卡斯特罗维奇欧城堡酒庄向着酿造高品质美酒的方向迈出了决定性的一步。葡萄园的位置非常理想：桑娇维塞（Sangiovese）、赤霞珠（Cabernet Sauvignon）和小味尔多（Petit Verdot）都生长在东南朝向的山坡上；西北朝向的山坡海拔略高因而气候凉爽，主要栽培黑卡内奥罗（Canaiolo Nero）、梅洛（Merlot）和玛尔维萨（Malvasia）。在今年的品鉴中，2013年份的布莱奇奥里诺（Brecciolino）是一款以桑娇维塞、梅洛和小味尔多混酿而成的美酒，吐露着小味尔多独有的青绿风味，融入绿胡椒鲜明晰的辛香，底蕴中透露出缕缕甜美果香，入口展现出活跃劲道的口感，黑莓果的滋味与辛辣美味浸润酒中，收口余韵绵长悠然，持久不衰。除此之外，同年份的橡树园陈酿（Riserva Vigna La Quercia）相比而言更加质朴，别具一格。

| | |
|---|---|
| Chianti Colli Fiorentini V. La Quercia Ris. '13 | 🍷🍷4 |
| Il Brecciolino '13 | 🍷🍷5 |
| Orme in Rosso '13 | 🍷3 |
| Solo Uno '13 | 🍷6 |
| Il Brecciolino '11 | 🍷🍷🍷5 |
| Chianti Colli Fiorentini Il Castelvecchio '13 | 🍷🍷2* |
| Il Brecciolino '12 | 🍷🍷5 |
| Numero Otto '13 | 🍷🍷3 |
| Orme in Rosso '11 | 🍷🍷3 |
| Solo Uno '11 | 🍷🍷7 |
| Vin Santo del Chianti Chiacchierata Notturna '04 | 🍷🍷6 |

## Castiglion del Bosco

LOC. CASTIGLION DEL BOSCO
53024 MONTALCINO [SI]
TEL. +39 05771913750
www.castigliondelbosco.com

藏酒销售
预约参观
膳宿接待
年产量 250 000 瓶
葡萄种植面积 62 公顷
葡萄栽培方式 有机认证

若要把卡斯蒂利翁博斯科酒庄（Castiglio del Bosco）的卓越伟大之处浓缩在几行字间，是根本不可能完成的任务。马西莫·弗拉伽马（Massimo Ferragamo）于2003年买下这座酒庄后就始终致力于将其推上品质的巅峰。蒙塔奇诺产区（Montalcino）的西北部是一片人力不及的自然绿洲，茂密的树林点缀其间，卡斯蒂利翁博斯科酒庄在这里拥有占地面积达到60公顷的桑娇维塞葡萄园（Sangiovese），与此同时还建起了奢华的度假村，配备了两家餐厅、一家温泉洗浴，以及一座私人高尔夫俱乐部等等。两座主要的农场卡帕纳（Capanna）和贾焦勒（Gauggiole）出产系列多样的饱满佳酿，风格演化持久一致，旗舰美酒是三款布鲁奈罗（Brunellos）。在今年的品鉴中，卡斯蒂利翁博斯科酒庄的系列出品都展现出始终如一的高品质，尤其是2011年份的龙原（Campo del Drago），这款佳酿吐露着轻快而纯净的果香，若有似无的泥土醇香和烟熏气息令整体香氛更加完美。同年份的布鲁奈罗酒（Brunello）相比而言更加紧致，但是表现风格与之相似，吐露着覆盆子和百里香的阵阵芬芳。另一方面，2010年份的1100系列陈酿（Riserva 1100）展现出更加成熟的特质，口感更加紧致干爽。

| | |
|---|---|
| ● Brunello di Montalcino '11 | 🍷🍷6 |
| ● Brunello di Montalcino Campo del Drago '11 | 🍷🍷8 |
| ● Brunello di Montalcino Ris. 1100 '10 | 🍷🍷6 |
| ● Rosso di Montalcino '14 | 🍷3 |
| ● Brunello di Montalcino '07 | 🍷🍷6 |
| ● Brunello di Montalcino Campo del Drago '10 | 🍷🍷8 |
| ● Brunello di Montalcino Campo del Drago '08 | 🍷🍷8 |
| ● Brunello di Montalcino Campo del Drago '07 | 🍷🍷8 |
| ● Brunello di Montalcino Campo del Drago '04 | 🍷🍷8 |
| ● Brunello di Montalcino Ris. 1100 '10 | 🍷🍷6 |
| ● Rosso di Montalcino '11 | 🍷🍷3 |

## Famiglia Cecchi

LOC. CASINA DEI PONTI, 56
53011 CASTELLINA IN CHIANTI [SI]
TEL. +39 057754311
www.cecchi.net

预约参观
年产量 8 000 000 瓶
葡萄种植面积 330 公顷
可持续发展酒庄

奇迹酒庄（Famiglia Cecchi）是经典奇安蒂指定产区（Chianti Classico）最领先的酒庄之一，这不仅是从产量上而言。奇迹酒庄近期推出的酒品表现出品质的提升，尤其是口感更加有力的精选系列美酒，推动这座位于奇安蒂卡斯特利纳次产区（Chianti Castellina）的酒庄以无法对抗的势头迅猛发展。品质的提升归功于严格的风格甄选，最重要的是努力不断增强出品的独一无二的特质。塞奇家族（Cecchi）在托斯卡纳产区的产业包括位于圣吉米亚诺（San Gimignano）的蒙铎多城堡酒庄（Castello di Montauto）以及位于马雷马（Maremma）的瓦尔德拉罗斯酒庄（Val dele Rose）。2013年份的瑟纳庄经典奇安蒂陈酿（Chianti Classico Villa Cerna Riserva）对于产地风土与生产年份气候条件进行了精美阐释，吐露着清爽而独特的酒香，呈现出森林大地的醇香、香料的辛香与缥缈的果香交替出现复杂香氛，入口果味层次繁复，展现出紧致口感的完美演进，深邃华美。除此之外，2013年份的奇迹经典奇安蒂陈酿（Chianti Classico Riserva di Famiglia）同样表现精彩，但是橡木滋味时不时占据上风，还需要更多时间柔化。

| | |
|---|---|
| ● Chianti Cl. Villa Cerna Ris. '13 | 🍷🍷🍷 5 |
| ● Chianti Cl. Primo Colle Villa Cerna '14 | 🍷🍷 3 |
| ● Chianti Cl. Riserva di Famiglia '13 | 🍷🍷 5 |
| ○ Maremma Vermentino Litorale Val delle Rose '15 | 🍷🍷 3 |
| ● Morellino di Scansano Poggio al Leone Val delle Rose Ris. '13 | 🍷🍷 4 |
| ● Chianti Castello Montauto '14 | 🍷 2 |
| ● Maremma Aurelio '13 | 🍷 4 |
| ● Morellino di Scansano Val delle Rose '15 | 🍷 3 |
| ○ Vernaccia di S. Gimignano Castello di Montauto '15 | 🍷 3 |
| ● Chianti Cl. Villa Cerna Ris. '12 | YYY 5 |
| ● Chianti Cl. Villa Cerna Ris. '08 | YYY 5 |
| ● Coevo '11 | YYY 8 |
| ● Coevo '10 | YYY 7 |

## Centolani

LOC. FRIGGIALI
S.DA MAREMMANA
53024 MONTALCINO [SI]
TEL. +39 0577849454
www.tenutafriggialiepietranera.it

藏酒销售
预约参观
膳宿接待
年产量 260 000 瓶
葡萄种植面积 70 公顷

佩鲁索·森托兰尼家族（Pelus
Centolani）酿造的美酒由几座顶级的家
族农场出品，地处蒙塔奇诺DOC产区
（Montalcino DOC）罐状地带，位于不同
海拔高度，拥有各异的微气候条件。
弗吉利庄（Friggiali）位于产区西部地带
海拔250米至400米之间，这片土地地
势开阔，微风轻拂，主要呈泥灰质土
壤，略微附带黏土土质。距离圣安提莫
（Sant' Antimo）修道院不远处，坐落着
彼得拉内拉酒庄（Tenuta Pietranera），
由于这里海拔较低而且土壤密度更加紧
致，泥灰质土壤与淤泥和黏土融合在一
起，因此出产酒体更加厚重的桑娇维塞
（Sangioveses）。不过，虽然迥异的地形
条件带来了不同的酿造葡萄，但是在酒
窖的生产中却遵循同一种清晰的风格特
征，大多数酒液都要在3000公升至500
公升的橡木桶中进行陈年。在森托兰尼
酒庄（Centolani）这一季提供的品鉴酒品
中，2011年份的弗吉利庄（Friggiali）当下
阶段依然受困于过于明晰的橡木滋味，
但是果味已经非常扎实，给人留下深刻
印象。除此之外，同年份的彼得拉内拉
庄（Pietranera）相比而言酒香更加开放
熟，中程口感丰盈饱满，收口感到极具
活力的果味。

| | |
|---|---|
| ● Brunello di Montalcino Pietranera '11 | 🍷🍷 5 |
| ● Brunello di Montalcino Tenuta Friggiali '11 | 🍷🍷 6 |
| ● Brunello di Montalcino Pietranera Ris. '10 | 🍷🍷 6 |
| ● Brunello di Montalcino Poggiotondo '11 | 🍷 6 |
| ● Rosso di Montalcino Pietranera '14 | 🍷 3 |
| ● Brunello di Montalcino Tenuta Friggiali '04 | YYY 5 |
| ● Brunello di Montalcino Tenuta Friggiali Ris. '99 | YYY 7 |
| ● Brunello di Montalcino Pietranera '10 | YY 5 |
| ● Brunello di Montalcino Pietranera '09 | YY 5 |
| ● Brunello di Montalcino Poggiotondo '10 | YY 5 |
| ● Brunello di Montalcino Poggiotondo '09 | YY 5 |
| ● Brunello di Montalcino Tenuta Friggiali '10 | YY 5 |

## ★La Cerbaiola

P.zza Cavour, 19
53024 Montalcino [SI]
Tel. +39 0577848499
www.aziendasalvioni.com

预约参观
餐饮接待
年产量 15 000 瓶
葡萄种植面积 4 公顷

朱利奥·萨尔维尼（Giulio Salvioni）近来迎来职业生涯中第三十个采收季，众所周知，他是蒙塔奇诺产区（Montalcino）颇受爱戴的酿造大师。在妻子米雷拉（Mirella）与孩子大卫·萨尔维尼（David Salvioni）和阿莱西亚·萨尔维尼（Alessia Salvioni）的支持和帮助下，朱利奥在产区东北部的塞贝阿尔特（Cerbaie Alte）打理着占地面积达到4公顷的葡萄园，地处海拔大约四百米的所在。这是真正的顶级葡萄园，出产风格传统、但绝不是学院气的美酒，这是在2000公升的斯拉沃尼亚木桶（Slavonian）中自行发酵和陈年的结果。质地细密、极富个性的布鲁奈罗葡萄酒（Brunello）通常在年轻的时候展现出不易入口的特点，但是随着醒酒时间的推移越来越释放出完美的表现。今年提交的2011年份酒似乎也并不例外：它吐露着黑莓果浆的芬芳，融入缕缕辛辣风味，一抹烘焙醇香若有似无地飘散，入口后感到在精美酸度支撑下的多汁果味，口感恢宏，不过果味略显受阻。除此之外，2014年份的红葡萄酒（Rosso）展现出超凡卓越的酿造工艺，吐露着夏日水果的缕缕果香，馥郁饱满，融入地中海灌木丛的热烈芬芳，随之而来的口感紧致而美味，浸润着美妙果味，只是收口单宁的表现令这款美酒略有瑕疵。

| | | |
|---|---|---|
| Brunello di Montalcino '11 | ▼▼ | 8 |
| Rosso di Montalcino '14 | ▼▼ | 8 |
| Brunello di Montalcino '09 | ▽▽▽ | 8 |
| Brunello di Montalcino '06 | ▽▽▽ | 8 |
| Brunello di Montalcino '04 | ▽▽▽ | 8 |
| Brunello di Montalcino '00 | ▽▽▽ | 8 |
| Brunello di Montalcino '99 | ▽▽▽ | 8 |
| Brunello di Montalcino '97 | ▽▽▽ | 8 |
| Brunello di Montalcino '90 | ▽▽▽ | 8 |
| Brunello di Montalcino '89 | ▽▽▽ | 8 |
| Brunello di Montalcino '88 | ▽▽▽ | 8 |
| Brunello di Montalcino '87 | ▽▽▽ | 8 |
| Brunello di Montalcino '85 | ▽▽▽ | 8 |
| Brunello di Montalcino '10 | ▽▽ | 8 |
| Brunello di Montalcino '08 | ▽▽ | 8 |
| Brunello di Montalcino '07 | ▽▽ | 8 |

## Vincenzo Cesani

Loc. Pancole, 82d
53037 San Gimignano [SI]
Tel. +39 0577955084
www.cesani.it

藏酒销售
预约参观
膳宿接待
年产量 100 000 瓶
葡萄种植面积 21 公顷
葡萄栽培方式 有机认证

塞萨尼家族（Cesani）最早来自马尔凯地区（Marche），于20世纪50年代搬到了托斯卡纳（Tuscany）。文森佐·塞萨尼（Vincenzo Cesani）自那时便开始努力劳作，试图提升出品质量，六十年的辛勤耕耘和奉献令酒庄所有农业活动都采取有机方式进行，收获的果实质地纯净，甚至用来生产化妆品。今天，整个塞萨尼家族都积极地沉浸于农庄生意与农业旅游事业中，文森佐的女儿莱蒂齐亚·塞萨尼（Letizia Cesani）继承了父亲的酿酒理念，如今担当着维奈西卡联合酿酒会（Consorzio della Vernaccia）主席的职务；同时努力发掘圣吉米亚诺地区（San Gimignano）古老的农作物：藏红花（Saffron）。在今年的品鉴中，2013年份的萨尼采维奈西卡陈酿（Vernaccia Sanice Riserva）表现非常精彩，一路闯入了我们的决赛，它吐露着草本植物的清香，融入白桃的成熟果香，更有一抹淡淡的李子香气萦绕其间；随之而来的口感非常丰盈美味，动力十足，收口果味劲道持久，绵绵不绝，始终在唇齿之间流连。与此同时，2015年份的塞内西丘奇安蒂（Chianti Colli Senesi）令人愉悦，香氛并不复杂，吐露着樱桃和李子的清澈果香，伴着紫罗兰的如花芬芳。口感纤美，酒质和谐，由于酸度发展均衡因而呈现极佳的可饮性。文森佐塞萨尼酒庄其他推荐美酒也展现出高超的酿造工艺。

| | | |
|---|---|---|
| ○ Vernaccia di S. Gimignano Sanice Ris. '13 | ▼▼ | 3* |
| ● Chianti Colli Senesi '15 | ▼▼ | 2* |
| ● Luenzo '12 | ▼▼ | 4 |
| ⊙ Serarosa '15 | ▼ | 2 |
| ○ Vernaccia di S. Gimignano '15 | ▼ | 2 |
| ● Luenzo '99 | ▽▽▽ | 4 |
| ● Luenzo '97 | ▽▽▽ | 4* |
| ● Chianti Colli Senesi '13 | ▽▽ | 2* |
| ● Luenzo '11 | ▽▽ | 4 |
| ● San Gimignano Rosso Cellori '09 | ▽▽ | 4 |
| ● Serisè '12 | ▽▽ | 3 |
| ○ Vernaccia di S. Gimignano '13 | ▽▽ | 2* |
| ○ Vernaccia di S. Gimignano '12 | ▽▽ | 2* |
| ○ Vernaccia di S. Gimignano Sanice '11 | ▽▽ | 2* |
| ○ Vernaccia di S. Gimignano Sanice Ris. '12 | ▽▽ | 3* |

## Giovanni Chiappini

LOC. FELCIAINO
VIA BOLGHERESE, 189C
57020 BOLGHERI [LI]
TEL. +39 0565765201
www.giovannichiappini.it

藏酒销售
预约参观
年产量 70 000 瓶
葡萄种植面积 23 公顷
葡萄栽培方式 有机认证
可持续发展酒庄

虽然这只是一座小型家庭酒庄，但它却在国际上获得了令人动容的成功。乔瓦尼·基亚皮尼（Giovanni Chiappini）——这位来自马尔什地区（Marche）的谦逊的农人的儿子于20世纪50年代搬到了保格利地区（Bolgheri），决定开创一座小农场，随着农庄的不断成功，它在产区的重要性令人出其不意地不断提升。2010年以来，酒庄葡萄园全面采取有机栽培方式，分为多个地块。园中主要种植的葡萄品种是赤霞珠（Cabernet Sauvignon）、品丽珠（Cabernet Franc）、梅洛（Merlot）和小味尔多（Petit Verdot），还辅以少量的桑娇维塞（Sangiovese）和维蒙蒂诺（Vermentino）。通常酿造果实要分开发酵，以打造不同美酒，也来自不同品种。在今年的品鉴中，乔瓦尼·基亚皮尼推荐的美酒整体展现出卓越的品质。保格利超级瓜多德吉莫里红葡萄酒（Bolgheri Rosso Superiore Guado de' Gemoli）表现精彩，吐露着甜美清新的果香，融入皮革和烟草的醇香。口感发展均衡自信，如同天鹅绒般丝滑，收口果味融入青草般青绿风味，质地细腻，美味持久流连。

| | | |
|---|---|---|
| ● Bolgheri Sup. Guado de' Gemoli '13 | 🍷🍷 | 8 |
| ● Lienà Cabernet Franc '13 | 🍷🍷 | 8 |
| ○ Bolgheri Le Grottine '15 | 🍷 | 3 |
| ● Lienà Petit Verdot '13 | 🍷 | 8 |
| ● Bolgheri Felciaino '13 | YY | 4 |
| ● Bolgheri Rosso Felciaino '12 | YY | 3 |
| ● Bolgheri Rosso Ferrugini '11 | YY | 3 |
| ● Bolgheri Sup. Gaudo de' Gemoli '09 | YY | 6 |
| ● Lienà Cabernet Franc '12 | YY | 8 |
| ● Lienà Cabernet Franc '11 | YY | 7 |
| ● Lienà Cabernet Franc '08 | YY | 7 |
| ● Lienà Cabernet Sauvignon '10 | YY | 7 |
| ● Lienà Cabernet Sauvignon '08 | YY | 7 |

## Le Chiuse

LOC. PULLERA, 228
53024 MONTALCINO [SI]
TEL. +39 055597052
www.lechiuse.com

藏酒销售
预约参观
膳宿接待
年产量 30 000 瓶
葡萄种植面积 8 公顷
葡萄栽培方式 有机认证

回溯1986年，西蒙内塔·瓦利亚
（Simonetta Valiani）和她的丈夫尼
拉·马涅利（Nicolà Magnelli）开始在
姬丝酒庄（Le Chiuse）酿造布鲁奈罗
（Brunello）。西蒙内塔自菲奥雷拉·
翁迪·桑提（Fiorella Biondi Santi）手中
承了乐姬丝酒庄，还包括一座占地面
达到8公顷的单一地块葡萄园，地处
塔奇诺产区（Montalcino）北部的中心
带，俯瞰蒙托索利山丘（Montosoli），
专门种植桑娇维塞（Sangiovese）。
姬丝酒庄辉煌的历史以葡萄园中的勤
工作为依托，在没有人明白何为有机
业原则的时代，乐姬丝酒庄就坚定地
取有机栽培，最重要的是帮助酿造葡
将经典敏锐的阐释能力发挥到登峰造
的水平——通过在酒窖中的酿造工序
采用自行发酵，延长浸渍时间，酒
在2000公升、3000公升或者5000公升
橡木桶中进行陈年达成。2011年份酒
为乐姬丝酒庄出品的最佳布鲁奈罗
（Brunellos）之一。它吐露着野生莓
的果香，融入表层土壤的醇香，一抹
著的香料辛香萦绕其间，口感原始
实，果味美妙，极具可饮性，单宁
腻，收口余韵活力四射，持久不衰。
此之外，2014年份的蒙塔奇诺红葡萄
（Rosso di Montalcino）同样取得了轰动
的成功，口感美味而流畅。

| | |
|---|---|
| ● Brunello di Montalcino '11 | 🍷🍷🍷 |
| ● Rosso di Montalcino '14 | 🍷🍷 |
| ● Brunello di Montalcino '10 | YYY |
| ● Brunello di Montalcino '07 | YYY |
| ● Brunello di Montalcino Ris. '07 | YYY |
| ● Brunello di Montalcino Ris. '09 | YY |
| ● Brunello di Montalcino Ris. '06 | YY |
| ● Rosso di Montalcino '13 | YY |
| ● Rosso di Montalcino '12 | YY |
| ● Rosso di Montalcino '11 | YY |
| ● Rosso di Montalcino '10 | YY |

## Cigliano

A CIGLIANO, 17
0026 SAN CASCIANO IN VAL DI PESA [FI]
EL. +39 055820033
www.villadelcigliano.it

藏酒销售
预约参观
F产量 40 000 瓶
葡萄种植面积 25 公顷

E今天的经典奇安蒂产区（Chianti lassico），奇利亚诺酒庄（Cigliano）或许是最富意趣的酒庄之一。奇利亚诺酒庄始终致力于生产与本地风土建立起清晰关系的美酒。酒庄位于佩萨谷的圣卡夏诺次产区（San Casciano Val di Pesa），与弗罗伦萨（Florence）毗邻，生产的美酒广受好评。酒品风格雅致和谐，非常经典，这一切得益于葡萄园中的细致栽培和酒窖中的均衡酿造过程——酒液会在水泥池和大型橡木桶中进行陈年。在今年的品鉴中，奇利亚诺酒庄推荐了多款品质好酒，其中2013年份的经典奇安蒂（Chianti Classico）果香果味四溢，它吐露着清爽和谐的酒香，演化精良且不失复杂度，绝对是同品类美酒中的佼佼者，香氛独特清澈，馥郁非常。2012年份的经典奇安蒂陈酿（Chianti Classico Riserva）也表现出卓越的品质，气质质朴清淡，它散发着烟雾精巧的芬芳，随之而来的果味口感非常圆润，但是依然需要时间的累积来进一步释放。除此之外，2012年份的苏格内拉（Suganella）是一款以桑娇维塞（Sangiovese）、赤霞珠（Cabernet Sauvignon）和梅洛（Merlot）混酿而成的美酒，不论在香氛还是在口感中都融入了青草的青绿风味。

| | |
|---|---|
| Chianti Cl. Cigliano '13 | 3* |
| Chianti Cl. Villa Cigliano Ris. '12 | 4 |
| Suganella '12 | 4 |
| Chianti Cl. '10 | 2* |
| Chianti Cl. '07 | 2* |
| Chianti Cl. Cigliano '12 | 3* |
| Chianti Cl. Cigliano '11 | 3 |
| Chianti Cl. Villa Cigliano Ris. '11 | 4 |
| Chianti Cl. Villa Cigliano Ris. '09 | 4 |
| Suganella '06 | 4 |

## Fattoria di Cinciano

LOC. CINCIANO, 2
53036 POGGIBONSI [SI]
TEL. +39 0577936588
www.cinciano.it

年产量 70 000 瓶
葡萄种植面积 25 公顷

1983年，加莱家族（Garré）买下了奇奇阿诺农庄（Fattoria di Cinciano），它坐落于埃尔萨谷巴贝利诺（Barberino Val d' Elsa）和波吉邦西（Poggibonsi）之间。酒庄葡萄园采用最大限度尊重自然的方式栽培种植，与此同时，在酒窖的酿造环节中尽量避免人工因素的强力干预。如今更加谨慎明智地主要使用大型橡木桶陈年，尤其是在橡木滋味的控制上颇有心得。奇奇阿诺农庄系列酒品的出品风格似乎更富意趣，将美妙果味与优雅气质完美结合，展现出浓烈的个性以及与产地风土根基的紧密联系。在奇奇阿诺农庄这一季提供的品鉴酒品中，2013年份的经典奇安蒂陈酿（Chianti Classico Riserva）气质优雅，香氛多面，吐露着明显的莓果果香，融入香料的缕缕辛香，一路引领出集中且精美的果味口感。与此同时，2012年份的经典奇安蒂精选系列（Chianti Classico Gran Selezione）更加坚韧，散发着圆润而成熟的阵阵酒香，相比较而言果味的饱满度则略逊一筹。除此之外，2014年份的经典奇安蒂（Chianti Classico）酒体纤美，风味并不复杂，展现出卓越的可饮性。

| | |
|---|---|
| ● Chianti Cl. Ris. '13 | 3* |
| ● Chianti Cl. Gran Sel. '12 | 5 |
| ● Chianti Cl. '14 | 3 |
| ● Chianti Cl. '12 | 3 |
| ● Chianti Cl. '11 | 3 |
| ● Chianti Cl. '06 | 3 |
| ● Chianti Cl. Gran Sel. '11 | 5 |
| ● Chianti Cl. Ris. '12 | 3* |
| ● Chianti Cl. Ris. '11 | 3 |
| ● Chianti Cl. Ris. '10 | 3* |
| ● Chianti Cl. Ris. '06 | 4 |
| ● Chianti Cl. Ris. '05 | 4 |
| ● Pietraforte '11 | 2* |
| ● Pietraforte '07 | 4 |

## Le Cinciole

via Case Sparse, 83
50020 Panzano [FI]
Tel. +39 055852636
www.lecinciole.it

藏酒销售
预约参观
年产量 45 000 瓶
葡萄种植面积 11 公顷
葡萄栽培方式 有机认证
可持续发展酒庄

这座由卢卡·奥尔西尼（Luca Orsini）和瓦莱里娅·奥尔西尼（Valeria Orsini）经营的小酒庄虽然规模不大，但是颇有意趣，得到了经典奇安蒂（Chianti Classico）最迷人的次产区之一潘扎诺（Panzano）风土的重要支持。辛奇奥勒酒庄（Le Cinciole）的葡萄园采用有机方式栽培打理，酿造的美酒要在小型橡木桶和大型橡木桶中完成陈年。基础坚实的辛奇奥勒酒庄的酒品展现出清爽宜人、易于入口的清晰风格，果味和谐，具有极佳的陈年潜力，常常展示出别具一格的个性和特色。在今年的品鉴中，2012年份的皮特莱斯科（Petresco）是这款酒历史上表现最出色的一季年份酒，这款单一品种的桑娇维塞酒（Sangiovese）吐露着红莓果的阵阵果香，融入香料的辛香和刚刚割过草坪的清新芬芳，更有一抹森林大地的醇香萦绕其间，入口感到均衡发展的口感，复杂而深邃，果味尤其丰盈饱满，令人垂涎。与此同时，2012年份的路易吉经典奇安蒂陈酿（Chianti Classico A Luigi Riserva）吐露着极富意趣的缕缕果香，与鹅卵石的醇香亲密缭绕，口感跃动和谐，但是在收口阶段很不幸地显露出些许艰涩之感。除此之外，2013年份的经典奇安蒂（Chianti Classico）香氛尤其出众，吐露着清爽的果香，展现出极佳的可饮性果味。

| | | |
|---|---|---|
| ● Petresco '12 | ▼▼▼ | 5 |
| ● Chianti Cl. '13 | ▼▼ | 3 |
| ● Chianti Cl. A Luigi Ris. '12 | ▼▼ | 3 |
| ● Ciniorosso '13 | ▼▼ | 3 |
| ● Camalaione '04 | ▽▽▽ | 7 |
| ● Chianti Cl. '12 | ▽▽▽ | 3* |
| ● Chianti Cl. Petresco Ris. '01 | ▽▽▽ | 5 |
| ● Chianti Cl. '11 | ▽▽ | 3 |
| ● Chianti Cl. '10 | ▽▽ | 3 |
| ● Chianti Cl. Petresco Ris. '08 | ▽▽ | 5 |
| ● Chianti Cl. Petresco Ris. '07 | ▽▽ | 5 |
| ● Cinciorosso '12 | ▽▽ | 3 |
| ● Petresco '10 | ▽▽ | 5 |
| ⊙ Rosato '13 | ▽▽ | 2* |

## Citille di Sopra

fraz. Torrenieri
loc. Citille di Sopra, 46
53024 Montalcino [SI]
Tel. +39 0577832749
www.citille.com

藏酒销售
预约参观
年产量 35 000 瓶
葡萄种植面积 6 公顷

壮阔的蒙塔奇诺DOC产区（Montalcino）中
最东北端的托雷涅利小城（Torrenieri）
为希蒂勒索拉酒庄（Citille di Sopra）名
的来源——富尔维奥·伊诺森蒂（Fulvi
Innocenti）于20世纪50年代创建这座迷
的酒庄，今天由他的儿子法比奥·伊
森蒂（Fabio Innocenti）经营管理。希蒂
索拉酒庄的葡萄园种植面积不足6公顷，
坐落于海拔300米的所在，黏土土壤富
铁质和丝丝凝灰岩。在酒庄出品的三
布鲁奈罗酒（Brunellos）中——分别是
典款、陈酿款（Riserva）和罗克尼丘葡
园款（Poggio Ronconi）——这种非凡的
壤组成带来的风土特色展现得淋漓尽致，
同时酒庄的酿造环节根据不同的采收季
会做出相应的调整。酒庄尤其擅长生产
味质朴、口感浓郁、酒体饱满、气质自
的桑娇维塞（Sangioveses），但是对于
类美酒我们必须给予更多耐心，让它
更好地绽放。在这一季的品鉴中，希
勒索拉酒庄推荐的大部分极富进取心
美酒最终达到何种品质还很难说，但
其中2011年份的罗克尼丘园布鲁奈罗
（Poggio Ronconi）还是很值得推荐。它
露着不同凡响的阳光的气息，口感热
美味。与此同时，2014年份的红葡萄
（Rosso）呈现出精湛的酿造工艺，活
的果香令人愉悦，口感非常美味。

| | |
|---|---|
| ● Brunello di Montalcino V. Poggio Ronconi '11 | ▼▼ |
| ● Rosso di Montalcino '14 | ▼▼ |
| ● Brunello di Montalcino Ris. '10 | ▼ |
| ● Brunello di Montalcino '06 | ▽▽▽ |
| ● Brunello di Montalcino V. Poggio Ronconi '07 | ▽▽▽ |
| ● Brunello di Montalcino '10 | ▽▽ |
| ● Brunello di Montalcino '08 | ▽▽ |
| ● Brunello di Montalcino V. Poggio Ronconi '10 | ▽▽ |
| ● Brunello di Montalcino V. Poggio Ronconi '09 | ▽▽ |
| ● Brunello di Montalcino V. Poggio Ronconi '08 | ▽▽ |
| ● Rosso di Montalcino '12 | ▽▽ |

## odere della Civettaja

A DI CASINA ROSSA, 5A
2100 AREZZO
EL. 3397098418
www.civettaja.it

藏酒销售
预约参观
F产量 7 000 瓶
葡萄种植面积 3 公顷
葡萄栽培方式 有机认证

文森佐·托马西（Vincenzo Tommasi）是一位能力卓越、极有思想的种植商和酿酒师，他总是充满创造力，对于美酒的理解相当敏锐，在帕托韦焦的洛美纳（Romena di Pratovecchio）拥有一座小酒庄，深入卡森蒂诺（Casentino）腹地。这里处于亚平宁山脉（Apennine）的山脚下，近些年来这里已被证明是黑比诺（Pinot Nero）等葡萄品种理想的种植地。具体说来，这里是一座封闭的山谷，气候凉爽，海拔500米的种植地块富含黏土石灰土土质。有历史文献记载，黑比诺葡萄自古代起就在这里生长，奇韦塔嘉酒庄（Civettaja）在这片土地上种植黑比诺还要感谢勃艮第人（Burgundian）热爱旅行以及颇具洞察力。在不添加酵母的情况下，在不锈钢容器和水泥池中发酵黑比诺葡萄，此后再使用过的小型橡木桶进行陈年。在今年的品鉴中，我门非常喜爱奇韦塔嘉酒庄推荐的2010年份酒，但是2013年份酒更上一层楼：它从始至终都是一款美味可口的佳酿，酒精度与甜蜜果味达成了平衡，强劲果味口感中浸润着矿物质的醇美滋味，酸度活跃，口感锐利，美味逡巡不散，但是注定需要在瓶中度过更多的时间已臻成熟。

| | |
|---|---|
| Pinot Nero '13 | ▼▼▼ 4* |
| Pinot Nero '12 | ∇∇ 3 |
| Pinot Nero '11 | ∇∇ 3 |

## ★Tenuta Col d'Orcia

VIA GIUNCHETI
53020 MONTALCINO [SI]
TEL. +39 057780891
www.coldorcia.it

藏酒销售
预约参观
年产量 800 000 瓶
葡萄种植面积 142 公顷
葡萄栽培方式 有机认证
可持续发展酒庄

1973年，马隆·辛扎诺（Marone Cinzano）买下了拥有数个世纪古老历史的奥齐亚酒庄（Col d' Orcia），酒庄地处蒙塔奇诺产区（Montalcino）最南端的边界地带，今天的酒庄由孔蒂·弗朗西斯科（Conte Francesco）经营管理。奥齐亚酒庄种植面积达到142公顷的葡萄园嵌入圣安杰洛产区（Sant' Angelo in Colle）和奥西亚河（Orcia）之间，这片土地气候温暖，受到临近阿米亚塔山（Mt. Amiata）的庇护，土质整体上松软，富含砂质和石灰土土壤。葡萄园并不只栽培桑娇维塞（Sangiovese），但是布鲁奈罗酒（Brunellos）依然是酒庄的旗舰美酒，从温图丘珍酿（Poggio al Vento cru）开始，在2500公升和7500公升的法国阿列木桶（Allier）和小型斯拉沃尼亚木桶（Slavonian）中进行陈年。在奥齐亚酒庄这一季推荐的品质美酒中，脱颖而出者并非2009年份酒，不过尽管酒庄还处于重新组织的革新时期，本季美酒依然有亮点。2011年份的布鲁奈罗酒吐露着明快而活跃的香气，果味整齐，只是口感力道稍逊。与此同时，2012年份的奥马亚（Olmaia）无疑是一款热辣、融入阳光气息的经典赤霞珠（Cabernet），只是烘焙的滋味略重，显得略有不足。

| | |
|---|---|
| ● Brunello di Montalcino '11 | ▼▼ 7 |
| ● Sant'Antimo Cabernet Olmaia '12 | ▼▼ 6 |
| ● Rosso di Montalcino '14 | ▼ 4 |
| ● Sant'Antimo Nearco '12 | ▼ 4 |
| ● Brunello di Montalcino Poggio al Vento Ris. '06 | ∇∇∇ 8 |
| ● Brunello di Montalcino Poggio al Vento Ris. '04 | ∇∇∇ 8 |
| ● Brunello di Montalcino Poggio al Vento Ris. '99 | ∇∇∇ 8 |
| ● Brunello di Montalcino Poggio al Vento Ris. '97 | ∇∇∇ 7 |
| ● Brunello di Montalcino Poggio al Vento Ris. '83 | ∇∇∇ 7 |
| ● Olmaia '01 | ∇∇∇ 7 |
| ● Olmaia '00 | ∇∇∇ 7 |

## Col di Bacche

FRAZ. MONTIANO
S.DA DI CUPI
58010 MAGLIANO IN TOSCANA [GR]
TEL. +39 0564589538
www.coldibacche.com

藏酒销售
预约参观
年产量 80 000 瓶
葡萄种植面积 13.5 公顷

阿尔伯托·卡纳西亚利（Alberto Carnasciali）经营着一座模范农场，在马雷马产区（Maremma）的葡萄酒酿造业中占据重要的一席之地。浆果丘陵酒庄（Col di Bacche）的历史相对较短，葡萄园栽培于1998年，而直至2004年第一批美酒才上架。今天，无论是从出品稳定卓越的高品质还是产品的权威性而言，浆果丘陵酒庄毫无疑问都是产区的顶级酒庄之一。这些成绩背后唯一的秘诀就是酿酒人持续不懈的艰苦努力。在今年的品鉴中，浆果丘陵酒庄的表现十分精彩，其中2013年份的斯堪萨诺莫雷利诺罗韦特陈酿（Morellino di Scansano Rovente Riserva）品质卓越，吐露着带血丝肉的气息，果味口感非常跃动劲道，强劲美味。与此同时，库皮酒庄（Cupi）出品的2015年份斯堪萨诺莫雷利诺（Morellino di Scansano）或许是最佳的年份酒：可饮性极强的果味口感散发着活跃馥郁的香氛，酒质相当细腻。除此之外，2013年份的库比内洛（Cupinero）以梅洛（Merlot）和赤霞珠（Cabernet Sauvignon）混酿而成，香氛十分跃动，酒质发展完美，展现出品种葡萄的精美特质，果味清爽美味。

| | |
|---|---|
| ● Morellino di Scansano '15 | 3* |
| ● Morellino di Scansano Rovente Ris. '13 | 5 |
| ● Cupinero '13 | 5 |
| ○ Vermentino '15 | 2 |
| ● Morellino di Scansano Rovente '05 | 4 |
| ● Cupinero '12 | 5 |
| ● Cupinero '11 | 5 |
| ● Maremma Toscana Cupinero '10 | 5 |
| ● Morellino di Scansano '11 | 3 |
| ● Morellino di Scansano Rovente Ris. '12 | 5 |
| ● Morellino di Scansano Rovente Ris. '11 | 5 |
| ● Morellino di Scansano Rovente Ris. '10 | 5 |

## Fattoria Collazzi

LOC. TAVARNUZZE
VIA COLLERAMOLE, 101
50023 IMPRUNETA [FI]
TEL. +39 0552374902
www.collazzi.it

藏酒销售
预约参观
年产量 80 000 瓶
葡萄种植面积 32 公顷

博纳·玛奇家族（Bona Marchi）于1933年买下了这座克拉兹庄园（Fattoria Collazzi），庄园的占地面积达到400多公顷的广袤土地，地处佛罗伦萨城（Florence）的入口处。庄园群落中心的城堡是该地区最有名望的一栋建筑，由伟大的文艺复兴时期名家米开朗基罗·波纳罗蒂（Michelangel Buonarroti）设计建造。庄园的大部分地块种植橄榄树，但是葡萄酒事业对于庄园来说变得越来越重要，尤其自20世纪90年代以来，葡萄园经过了彻底的重建，栽培了新的葡萄品种；酒窖进行了现代化改造，博纳的儿子兰波托·弗雷斯克巴尔迪（Lamberto Frescobaldi）承担了更多的细致的农业和酿造管理工作。2013年份的克拉兹（Colazzi）是一款由梅洛（Merlot）、赤霞珠（Cabernet Sauvignon）和品丽珠（Cabernet Franc）共同混酿而成的美酒，凭借卓越表现闯入了角逐"三杯奖"的决赛，吐露着野生草莓浓郁的香气，融入香料的辛香和香膏的缕缕芬芳；入口后感到热辣和谐的口感，果味丰盈饱满，一抹逡巡不散的美味余韵持久在收口巅峰徘徊。除此之外，2013年份的法罗（Ferro）是一款颇具意趣的单一品种小味尔多（Petit Verdot），吐露着胡椒研的辛香，融入绿蔬的风情，果味口感丰盈，动力十足，收口惬意诱人。

| | |
|---|---|
| ● Collazzi '13 | 6 |
| ● Ferro '13 | 5 |
| ● Libertà '13 | 3 |
| ○ Otto Muri '15 | 3 |
| ● Chianti Cl. I Bastioni '11 | 3 |
| ● Collazzi '11 | 6 |
| ● Collazzi '10 | 6 |
| ● Collazzi '09 | 6 |
| ● Ferro '12 | 5 |
| ● Libertà '12 | 2 |
| ● Libertà '11 | 2 |
| ● Libertà '10 | 2 |
| ○ Otto Muri '14 | 3 |
| ○ Otto Muri '12 | 3 |

## Colle Massari

.oc. Poggi del Sasso
58044 Cinigiano [GR]
Tel. +39 0564990496
www.collemassari.it

藏酒销售
预约参观
膳宿接待
年产量 500 000 瓶
葡萄种植面积 110 公顷
葡萄栽培方式 有机认证
可持续发展酒庄

克劳迪奥·提帕（Claudio Tipa）在姐姐玛利亚·艾瑞斯·提帕（Maria Iris Tipa）的协助下，在蒙特库科DOC产区（Montecucco DOC）成功开启了酿造事业。克劳迪奥是一位冒险家，于1998年大手笔地买下了占地面积大到广袤的1200公顷的科尔马萨里堡酒庄（Castello di Colle Massari），其中包括60公顷的橄榄林、400公顷的耕地和110公顷的葡萄园。这只是开始，此后克劳迪奥继续在托斯卡纳产区（Tuscany）最富盛名的葡萄生长区继续扩大种植地块，例如保格利（Bolgheri）和蒙塔奇诺（Montalcino）。在蒙特库科DOC产区中心地带的奇尼贾诺山区（Cinigiano），茂盛的葡萄园在阿米亚塔山（Mt. Amiata）的山坡上俯瞰伊特鲁里亚海岸（Tyrrhenian），桑娇维塞（Sangiovese）毫无疑问是园中之王，部分精选系列出品还与比萨大学（University of Pisa）的研究机构合作推出。2013年份的蒙特库科红葡萄酒陈酿（Montecucco Rosso Riserva）凭借卓越表现将“三杯奖”捧回了家，这款美酒吐露着诱人的果香，融入缥缈甜美的辛香，清澈的樱桃香和红莓果香进一步丰满了整款酒的香氛；入口感到紧致的口感，果味扎实，单宁质地紧凑，发展平衡的酸度带来了美妙的果味，一路攀上令人愉悦的品感巅峰。

| | |
|---|---|
| ● Montecucco Rosso Ris. '13 | 🍷🍷🍷 3* |
| ● Montecucco Sangiovese Poggio Lombrone Ris. '12 | 🍷🍷 6 |
| ● Montecucco Rigoleto '14 | 🍷🍷 2* |
| ● Montecucco Sangiovese Rigomoro Ris. '13 | 🍷🍷 5 |
| ○ Montecucco Gròttolo '15 | 🍷 2 |
| ○ Montecucco Irisse '15 | 🍷 3 |
| ○ Montecucco Melacce '15 | 🍷 3 |
| ● Montecucco Sangiovese Lombrone Ris. '11 | 🍷🍷🍷 6 |
| ● Montecucco Sangiovese Lombrone Ris. '10 | 🍷🍷🍷 6 |
| ● Montecucco Sangiovese Lombrone Ris. '09 | 🍷🍷🍷 6 |
| ● Montecucco Sangiovese Lombrone Ris. '08 | 🍷🍷🍷 6 |

## Colle Santa Mustiola

via delle Torri, 86a
53043 Chiusi [SI]
Tel. +39 057820525
www.poggioaichiari.it

藏酒销售
预约参观
年产量 18 000 瓶
葡萄种植面积 5 公顷
可持续发展酒庄

对于追求真正的桑娇维塞美酒（Sangioveses）的酒迷而言，圣慕斯蒂奥拉丘酒庄（Colle Santa Mustiola）无疑是托斯卡纳产区（Tuscan）最有意趣的酒庄之一。圣慕斯蒂奥拉丘酒庄坐落于丘西（Chiusi），临近翁布里亚产区（Umbria），能够出产明快优雅、同时具有巨大陈年潜力的美酒。这要归功于敏锐而卓越的酿酒师法比奥·森尼（Fabio Cenni）和这片原始地带绝佳的风土条件——这里曾经是一片海床，土壤富含沙质、鹅卵石和黏土。从克隆藤的打理到种植实践，圣慕斯蒂奥拉丘酒庄在栽培桑娇维塞方面极有经验。圣慕斯蒂奥拉酒庄的酒窖值得前往一游，部分刻凿嵌入远古的伊特鲁里亚（Etruscan）陵寝中。解读风味原始的吉亚瑞丘美酒（Poggio ai Chiari）并不容易，这款佳酿经过长年陈年之后才正式发布。它的口感显然比我们品尝的普通红葡萄酒更加成熟，独特的个性不容争辩。在今年的品鉴中，2009年份酒吐露着泥土的醇香，融入干花的缥缈花香，和着野生莓果的缕缕果香，引领出非常诱人的勃艮第风格（Burgundy），入口后感到质地精美的单宁，果味美妙，一路攀上美味的收口巅峰。除此之外，芙拉维亚园桑娇维塞（Vigna Flavia）也展现出精美集中的口感。

| | |
|---|---|
| ● Poggio ai Chiari '09 | 🍷🍷 6 |
| ● Vigna Flavia '12 | 🍷🍷 5 |
| ● Poggio ai Chiari '06 | 🍷🍷🍷 6 |
| ● Poggio ai Chiari '08 | 🍷🍷 6 |
| ● Poggio ai Chiari '05 | 🍷🍷 6 |
| ● Poggio ai Chiari '04 | 🍷🍷 6 |
| ● Poggio ai Chiari '03 | 🍷🍷 6 |
| ● Poggio ai Chiari '02 | 🍷🍷 6 |
| ● Poggio ai Chiari '01 | 🍷🍷 6 |
| ● Vigna Flavia '11 | 🍷🍷 5 |
| ● Vigna Flavia '10 | 🍷🍷 5 |
| ● Vigna Flavia '09 | 🍷🍷 5 |

## Fattoria Colle Verde

FRAZ. MATRAIA
LOC. CASTELLO
55010 LUCCA
TEL. +39 0583402310
www.colleverde.it

藏酒销售
预约参观
年产量 30 000 瓶
葡萄种植面积 7 公顷

皮耶罗·塔尔塔尼（Piero Tartagni）和弗朗西丝卡·帕蒂尼（Francesca Pardini）离开了城市来到乡间，选择了另一种生活方式。但是他们没有前往尽人皆知的老地方，而是在玛特拉雅（Matraia）美丽的山坡上栽培葡萄园，这里无疑为葡萄的生长提供了绝佳的环境，但是当时并没有充分开发。葡萄园的栽培种植及其后的决定从一开始就坚定地采用了生物动力学原则。今天，弗德丘酒庄（Fattoria di Colle Verde）依然根据生物动力学原则进行栽培，出产风味原始、果味四溢的美酒。在今年的品鉴中，弗德丘酒庄提交了一系列品质美酒，其中2013年份的斯宾诺莎黑葡萄酒（Nero della Spinosa）表现精彩，品质卓越，它以西拉（Syrah）精粹打造而成，吐露着缕缕石榴的果香，融入辛辣的木材香气，提升了整款酒复杂的香氛；入口感到饱满精粹的果味。与此同时，布拉尼亚德拉吉亚安达（Brania delle Ghiandaie）的表现同样出色，酒质精美，别具一格，不过中程口感的单宁略显突出。

| | |
|---|---|
| ● Colline Lucchesi Rosso Brania delle Ghiandaie '13 | 🍷🍷 5 |
| ● Nero della Spinosa '13 | 🍷🍷 5 |
| ○ Brania del Cancello '13 | 🍸🍸 4 |
| ○ Colline Lucchesi Bianco Terre di Matraja '13 | 🍸🍸 2* |
| ● Colline Lucchesi Disinòpia '11 | 🍸🍸 4 |
| ● Colline Lucchesi Rosso Brania delle Ghiandaie '12 | 🍸🍸 5 |
| ● Colline Lucchesi Rosso Brania delle Ghiandaie '11 | 🍸🍸 5 |
| ● Colline Lucchesi Rosso Terre di Matraja '12 | 🍸🍸 2* |
| ● Colline Lucchesi Rosso Terre di Matraja '11 | 🍸🍸 2* |
| ● Nero della Spinosa '11 | 🍸🍸 5 |

## Collelceto

LOC. CAMIGLIANO
POD. LA PISANA
53024 MONTALCINO [SI]
TEL. +39 0577816606
www.collelceto.it

藏酒销售
预约参观
年产量 22 000 瓶
葡萄种植面积 6 公顷

莱奇山酒庄（Colle degli Elci）俯瞰奥布罗内河（Ombrone）的峡谷，地处蒙塔奇诺产区（Montalcino）的西南部——酒庄的名字来自圣栎树，布拉泽熙家族（Palazzesi）经营管理着酒庄和葡萄园。克莱塞托酒庄（Collelceto）占地面积达到6公顷的葡萄园几乎全部种植桑娇维塞（Sangiovese），出品美酒强劲有力，令人愉悦，这是由于种植地块坐落于产区的最西南角，呈现典型的黏土沙砾土壤，拥有罕见优越的微气候环境，在海拔200米的山坡上受到伊特鲁里亚（Tyrrhenian）温柔的海风吹拂。克莱塞托酒庄的红葡萄酒的风格呈现非常显著的地中海风情，由于受到海洋洋流的调和，产出美酒的口感紧致而鲜美。在生产酿造年份条件的基础之上，自然环境带来的美酒特质得到了酒窖中陈年工序的进一步加强，通常采用小型和中型尺寸的橡木桶进行陈年。克莱塞托酒庄今年推荐的系列美酒虽然没有达到去年的卓越高度，2011年份的布鲁奈罗（Brunello）和2010年份的伊利亚陈酿（Riserva Elia）依然表现出色。2011年份的布鲁奈罗美味可口，香氛多面，不过口感过于热辣蓬松。2010年份的伊利亚陈酿相比较而言酒重更重，更加质朴，不过收口阶段感到果味精粹略显逊色。

| | |
|---|---|
| ● Brunello di Montalcino '11 | 🍷🍷 5 |
| ● Brunello di Montalcino Elia Ris. '10 | 🍷🍷 6 |
| ● Rosso di Montalcino '14 | 🍷 3 |
| ● Brunello di Montalcino '10 | 🍸🍸🍸 5 |
| ● Brunello di Montalcino '06 | 🍸🍸🍸 5 |
| ● Brunello di Montalcino '09 | 🍸🍸 5 |
| ● Brunello di Montalcino '08 | 🍸🍸 5 |
| ● Brunello di Montalcino '07 | 🍸🍸 5 |
| ● Brunello di Montalcino '03 | 🍸🍸 5 |
| ● Brunello di Montalcino '01 | 🍸🍸 5 |
| ● Rosso di Montalcino '13 | 🍸🍸 3 |
| ● Rosso di Montalcino '12 | 🍸🍸 3 |
| ● Rosso di Montalcino '10 | 🍸🍸 3 |

## Tenuta di Collosorbo

FRAZ. CASTELNUOVO DELL'ABATE
LOC. VILLA A SESTA, 25
53024 MONTALCINO [SI]
TEL. +39 0577835534
www.collosorbo.com

藏酒销售
预约参观
年产量 100 000 瓶
葡萄种植面积 27 公顷

热烈欢迎乔瓦纳·齐亚西（Giovanna Ciacci）的酒庄再次回归我们的年鉴，科洛索伯酒庄（Tenuta di Collosorbo）始建于1995年，它的前身是塞斯塔酒庄（Tenuta di Sesta）分散各处的土地。在女儿们的协助下——酿酒师劳拉（Laura）和葡萄栽培师露西亚（Lucia），乔瓦纳打理着科洛索伯酒庄占地面积达到25公顷的葡萄园，地处蒙塔奇诺（Montalcino）南部地区，打造出拥有现代风尚的布鲁奈罗美酒（Brunellos），而且并未遵循严格典范的浸渍和陈年工序。每个地块都分开单独发酵，使用1200公升至5400公升的法国橡木桶和斯拉沃尼亚橡木桶（Slavonian oak）陈年。不过出品红葡萄酒呈现出多面的个性，而且最佳出品中总融入泥土的优雅醇香，是比遵循技术规章更加重要的事情。在今年的品鉴中，科洛索伯酒庄2010年份的陈酿（Riserva）正是如此。虽然有初始香气过于内敛的缺陷，但是这种遗憾很快就被草本植物的清香和树根的醇香所弥补，果味中浸润着木香滋味，质地淳朴，与此同时华美的酒质融入碘化物的美味。酒中个性比任何单一方面的品质都更加重要。

| | |
|---|---|
| Brunello di Montalcino Ris. '10 | ΥΥ 8 |
| ● Brunello di Montalcino '11 | ΥΥ 6 |
| Brunello di Montalcino '10 | ΥΥ 6 |
| ● Brunello di Montalcino '07 | ΥΥ 6 |
| ● Brunello di Montalcino '06 | ΥΥ 6 |
| ● Brunello di Montalcino '05 | ΥΥ 6 |
| ● Brunello di Montalcino '03 | ΥΥ 6 |
| ● Brunello di Montalcino '01 | ΥΥ 5 |
| ● Brunello di Montalcino Ris. '07 | ΥΥ 8 |
| Brunello di Montalcino Ris. '04 | ΥΥ 8 |
| Rosso di Montalcino '08 | ΥΥ 4 |
| ● Sant'Antimo '09 | ΥΥ 3 |

## Il Colombaio di Santa Chiara

LOC. RACCIANO
VIA SAN DONATO, 1
53037 SAN GIMIGNANO [SI]
TEL. +39 0577942004
www.colombaiosantachiara.it

藏酒销售
预约参观
膳宿接待
年产量 90 000 瓶
葡萄种植面积 12 公顷
葡萄栽培方式 有机认证

如果离开圣吉米亚诺（San Gimignano）出发前往沃尔泰拉（Volterra），你就会路过圣塔西亚拉科洛姆比奥酒庄（Il Colombaio di Santa Chiara）的土地，马里奥·罗吉（Mario Logi）的三个儿子——阿莱西奥（Alessio）、斯蒂凡诺（Stefano）和詹皮耶罗（Giampiero）一直秉承土地酿造美酒的理念进行生产。因此绝不采用杀虫剂，葡萄园中勤勉劳作，在采收季时进行极为耗费体力的人工采摘。除了生产葡萄酒之外，庄园还大力发展农业旅游，庄园地产上拥有一座最早建于十二世纪的罗马式圣多纳托皮弗教堂（Pieve di San Donato）。在今年的品鉴中，圣塔西亚拉科洛姆比奥酒庄提交了一系列品质卓越的好酒，其中2013年份的阿尔伯莱塔维奈西卡陈酿（Vernaccia Albereta Riserva）凭借卓越品质一路闯入了角逐“三杯奖”的决赛。它的香氛非常复杂多变，融入罗勒和其他芳香植物的芬芳，和着缕缕辛香，蜜桃和苹果的果香间或出现；随之而来的口感非常精美，果味充盈满口，绝无过度之嫌，酸度活跃怡人，收口感受令人愉悦，美味绵长持久，在口中流连不散。除此之外，2015年份的塞瓦比安卡维奈西卡（Vernaccia Selvabianca）展现出精致的酿造水准，吐露着绿蔬的青绿风味，酒体略轻但是均衡发展，收口余韵持久不散，令人遐思。

| | |
|---|---|
| ○ Vernaccia di S. Gimignano Albereta Ris. '13 | ΥΥΥ 3* |
| ○ Vernaccia di San Gimignano Selvabianca '15 | ΥΥ 3 |
| ● Chianti Colli Senesi Campale '14 | Υ 3 |
| ● Chianti Colli Senesi Il Priore '12 | Υ 4 |
| ⊙ Cremisi Rosato '15 | Υ 3 |
| ○ Vernaccia di S. Gimignano Campo della Pieve '14 | Υ 4 |
| ○ Vernaccia di S. Gimignano Albereta Ris. '12 | ΥΥΥ 5 |
| ○ Vernaccia di S. Gimignano Albereta Ris. '11 | ΥΥΥ 4* |
| ○ Vernaccia di S. Gimignano Campo della Pieve '11 | ΥΥΥ 3* |

## Conte Guicciardini

LOC. POPPIANO
VIA FEZZANA, 45/49
50025 MONTESPERTOLI [FI]
TEL. +39 05582315
www.conteguicciardini.it

藏酒销售
预约参观
年产量 270 000 瓶
葡萄种植面积 130 公顷
可持续发展酒庄

自古老的中世纪起，博皮亚诺堡（Castello di Poppiano）就在俯瞰山谷的维尔吉尼奥（Virginio）。古奇雅迪尼家族（Guicciardini）在本地农业一直非常活跃，他们拥有的城堡酒庄如今传到了费尔南多·古奇雅迪尼（Ferdinando Guicciardini）手上，费尔南多的侄子博纳尔多（Bernardo）也协助经营管理酒庄。整座古奇雅迪尼家族酒庄占地面积达到250公顷，其中130公顷种植葡萄。但是，古奇雅迪尼家族同时在莫雷利诺指定产区（Morellino）的马雷马地区（Maremma）还拥有曼德利亚马西葡萄园（Massi di Mandorlaia），种植面积达到56公顷。近期古奇雅迪尼家族又买下一座酒庄——贝弗德尔坎珀利酒庄（Belvedere Campoli），这座酒庄位于经典奇安蒂DOC产区（Chianti Classico DOC），拥有大约10公顷葡萄园。在今年的品鉴中，古奇雅迪尼家族酒庄推荐了一批好酒，其中2013年份的陈酿（Riserva）表现非常精彩，这是一款主要由桑娇维塞（Sangiovese）添加少量梅洛（Merlot）和赤霞珠（Cabernet）混酿而成的美酒，吐露着甜美的辛香，融入红莓果般成熟的果香，口感紧致集中。另一款品质卓越的美酒是“历史”（La Historia），这是一款活跃丰盈的单一品种梅洛。除此之外，斯堪萨诺产地酒（Scansano）并没有给我们留下深刻印象，与此同时，两款莫雷利诺（Morellinos）都受到橡木滋味过重缺陷的困扰。

| | |
|---|---|
| ● Chianti Colli Fiorentini Ris. '13 | ΨΨ 4 |
| ● La Historia '13 | ΨΨ 5 |
| ● Chianti Colli Fiorentini Il Cortile '14 | Ψ 2 |
| ● Morellino di Scansano I Massi '14 | Ψ 3 |
| ● Morellino di Scansano Massi di Mandorlaia Ris. '13 | Ψ 4 |
| ● Toscoforte '14 | Ψ 4 |
| ● Tricorno '13 | Ψ 6 |
| ● Chianti Colli Fiorentini Il Cortile '13 | ΥΥ 2* |
| ● Chianti Colli Fiorentini Ris. '11 | ΥΥ 4 |
| ● La Historia '12 | ΥΥ 5 |
| ● Syrah '13 | ΥΥ 3 |
| ● Toscoforte '13 | ΥΥ 3 |
| ● Tricorno '12 | ΥΥ 6 |

## Contucci

VIA DEL TEATRO, 1
53045 MONTEPULCIANO [SI]
TEL. +39 0578757006
www.contucci.it

藏酒销售
预约参观
膳宿接待
年产量 100 000 瓶
葡萄种植面积 21 公顷

康杜奇家族（Contucci）是在蒙特普齐亚诺地区（Montepulciano）拥有深刻历史根基的古老家族，他们的家和老酒窖都位于小镇中心的大教堂旁，家族酿造葡萄酒的历史源远流长。酒窖中摆满了古老的大型酒桶，充分证明了康杜奇酒庄主要的陈年方式。康杜奇酒庄的葡萄园只栽培与本地风土有着紧密联系的本地葡萄品种，古老的葡萄园如今已经经过了移植和修整。对于这样的酒庄，我们自然期待它的出品具有非常传统的风格，避免跟随浮躁的趋势，即便冒着牺牲风格的风险，在近期的酒品中我们已经尤其注意到了这一点，这令酒品的持续性高品质表现略打折扣。在这座俯瞰蒙特普齐亚诺大广场（Montepulciano's Piazza Grande）的康杜奇家族酒庄，时常至少有一款出品佳酿给我们留下非常深刻的印象，展现出经典的特质和极佳的复杂风味。在今年的品鉴中，轮到了2012年份的蒙特普齐亚诺诺贝勒陈酿（Nobile di Montepulciano Riserva）。它吐露着多层次的繁复香氛，如花芬芳萦绕其间，底蕴中透露出缕缕铁屑的气息，更有淡淡辛香飘散，入口华美活跃，酒质发展精美均衡。除此之外，2013年份的皮埃特诺贝勒红葡萄酒（Nobile Pietra Rossa）相比而言略显粗粝，但是口感依然新鲜且果味十足。

| | |
|---|---|
| ● Nobile di Montepulciano Ris. '12 | ΨΨ 5 |
| ● Nobile di Montepulciano Pietra Rossa '13 | ΨΨ 5 |
| ● Nobile di Montepulciano '13 | Ψ 3 |
| ● Nobile di Montepulciano Mulinvecchio '13 | Ψ 5 |
| ● Nobile di Montepulciano Mulinvecchio '12 | ΥΥ 5 |
| ● Nobile di Montepulciano Pietra Rossa '10 | ΥΥ 4 |
| ● Rosso di Montepulciano '14 | ΥΥ 2 |

## l Conventino

raz. Gracciano
a della Ciarliana, 25b
3040 Montepulciano [SI]
el. +39 0578715371
www.ilconventino.it

藏酒销售
预约参观
年产量 55 000 瓶
葡萄种植面积 12 公顷
葡萄栽培方式 有机认证

003年，布里尼兄弟（Brini）两人决定在蒙特普齐亚诺（Montepulciano）建立康弗蒂诺酒庄（Il Conventino），在这片土地上出产的美酒能够充分表达出本地风土的特质，而且在葡萄生长时无需强迫自然及其栖息地。这就是康弗蒂诺酒庄成为该产区第一批引进有机葡萄种植方法的酒庄之一的原因。出品美酒充分显示出优势：基本系列的诺贝勒（Nobile）以其馥郁丰盈的口感脱颖而出；而诺贝勒陈酿（Nobile Riserva）则展现出更加饱满的酒体，结构也更加复杂。出品风格偏向质朴细腻和优雅，使之成为蒙特普齐亚诺地区近十年来最具趣味的酒庄之一。佳酿主要在大型橡木桶中完成陈年，酒庄葡萄园也只栽培当地葡萄品种：包括桑娇维塞（Sangiovese）、科罗里洛（Colorino）和卡内奥罗（Canaiolo）等。在今年的品鉴中，2012年份的蒙特普齐亚诺诺贝勒陈酿（Nobile di Montepulciano Riserva）散发着如花芬芳，融入烟斗缕缕醇香，森林大地和紫罗兰的诱人香气若有似无地飘散。口感别具一格，很有个性，单宁锐利，酒质精美深邃，果味新鲜而美味，令人垂涎。相比较而言，2013年份的蒙特普齐亚诺诺贝勒（Nobile di Montepulciano）吐露着更加惬意放松的新鲜樱桃香，融入阵阵花香，覆盆子的果香萦绕其间。除此之外，2015年份的蒙特普齐亚诺红葡萄酒（Rosso di Montepulciano）也给人带来愉悦享受。

| | |
|---|---|
| Nobile di Montepulciano Ris. '12 | 🍷🍷 5 |
| ● Nobile di Montepulciano '13 | 🍷🍷 4 |
| ● Rosso di Montepulciano '15 | 🍷 2 |
| ● Nobile di Montepulciano '10 | 🍷🍷🍷 4* |
| ● Nobile di Montepulciano '12 | 🍷🍷 4 |
| ● Nobile di Montepulciano '11 | 🍷🍷 4 |
| ● Nobile di Montepulciano '09 | 🍷🍷 4 |
| Nobile di Montepulciano Ris. '11 | 🍷🍷 5 |
| ● Nobile di Montepulciano Ris. '10 | 🍷🍷 5 |
| ● Nobile di Montepulciano Ris. '09 | 🍷🍷 5 |
| ● Nobile di Montepulciano Ris. '08 | 🍷🍷 5 |
| ● Rosso di Montepulciano '12 | 🍷🍷 2* |

## La Corsa

s.da Vicinale del Prataccione, 19
58015 Orbetello [GR]
Tel. +39 0564880007
www.lacorsawine.it

藏酒销售
预约参观
年产量 25 000 瓶
葡萄种植面积 14 公顷

马可·巴斯蒂（Marco Bassetti）与妻子斯蒂凡尼亚·克拉西（Stefania Craxi）在马雷马地区（Maremma）经营的科萨酒庄（La Corsa）呈现极佳的发展势头。一切源于2005年，在酿酒师维托里奥·费奥莱（Vittorio Fiore）和芭芭拉·塔姆布瑞尼（Barbara Tamburini）的协助下，科萨酒庄开始了酿酒冒险，如今已经发展成为拥有14公顷葡萄园的酒庄，地处卡帕尔比奥（Capalbio）和安塞多尼亚（Ansedonia）之间，这是一片尤其纯净的土地，覆盖林地，未被人类污染，沙质土壤富含红土和黏土，土质结构非常适合葡萄的生长。科萨酒庄葡萄园除了种植桑娇维塞（Sangiovese）之外，还栽培了许多其他在本地十分罕见的葡萄品种，例如特洛迪戈（Teroldego）和小味尔多（Petit Verdot），尤其是小味尔多似乎非常适应这片次产区温和的微气候环境，这里是整个产区雨水最少的地方。在今年的品鉴中，2014年份的巴巴多纳（Barbadonna）是一款指定葡萄园小味尔多（Petit Verdot），以其复杂而多面的风味从酒庄众多推荐美酒中脱颖而出。它吐露着细腻而新鲜的酒香，仿佛黑胡椒的辛香融入雪茄烟的醇香，更有一抹精美的青草清香萦绕其间，果味劲道细腻，十分美味。与此同时，2014年份的曼德瑞隆（Mandrione）是一款吐露着如花芬芳的桑娇维塞（Sangiovese），酒重沉稳，口感扎实，缕缕烟熏质感浸润酒中。除此之外，2015年份的阿吉洛（Aghiloro）也呈现出上佳表现。

| | |
|---|---|
| ● Aghiloro '15 | 🍷🍷 3 |
| ● Barbadonna '14 | 🍷🍷 8 |
| ● Mandrione '14 | 🍷🍷 7 |
| ⊙ Macchiatonda '15 | 🍷 3 |
| ● Petit Verdot '15 | 🍷 4 |
| ● Settefinestre '15 | 🍷 3 |

## Villa Le Corti

LOC. LE CORTI
VIA SAN PIERO DI SOTTO, 1
50026 SAN CASCIANO IN VAL DI PESA [FI]
TEL. +39 055829301
www.principecorsini.com

藏酒销售
预约参观
膳宿接待
年产量 150 000 瓶
葡萄种植面积 50 公顷
葡萄栽培方式 有机认证

在葡萄园中采取有机方式种植葡萄，而在酒窖中的酿造活动则穿插使用水泥池、大型橡木桶和小木桶进行陈年——这就是杜乔·科尔西尼（Duccio Corsini）经营的柯迪堡酒庄（Villa Le Corti）打造美酒的秘诀配方。出品佳酿搭上了浓重的奇安蒂（Chianti）传统烙印，加上完美无瑕、无可挑剔的酿造技艺，每款美酒都呈现出活跃的气质，非常易于入口，个性十足，同时忠于本地风土。与此同时，科尔西尼家族还在马雷马地区（Maremma）拥有另一座酒庄——马西利亚纳酒庄（Tenuta Marsiliana）。在今年的品鉴中，柯迪堡酒庄表现精彩，推荐了一系列卓越好酒，其中2013年份的经典奇安蒂（Chianti Classico）吐露着如花芬芳，口感紧致精美，果味层层叠叠延宕开去，酒质演进成熟，非常美味。2013年份的考特维奇亚经典奇安蒂陈酿（Chianti Classico Cortevecchia Riserva）美味可口，吐露着跃动且纯净的香气，果味平衡，只是在收口阶段由于橡木滋味过重耳略显艰涩。与此同时，令人愉悦的2013年份比瑞罗（Birillo）来自马雷马地区（Maremma），气质活跃而充满阳光，是一款由赤霞珠（Cabernet Sauvignon）和梅洛（Merlot）混酿而成的美酒。除此之外，同样来自马雷马地区的2012年份马西利亚纳（Marsiliana）则更加遒劲有力，它也是一款混酿，由赤霞珠、梅洛和小味尔多（Petit Verdot）合力打造。

| | |
|---|---|
| ● Chianti Cl. '13 | 🍷🍷 3* |
| ● Birillo Tenuta Marsiliana '13 | 🍷🍷 3 |
| ● Chianti Cl. Cortevecchia Ris. '13 | 🍷🍷 4 |
| ● Marsiliana '12 | 🍷🍷 5 |
| ● Chianti Cl. '12 | YYY 3* |
| ● Chianti Cl. Cortevecchia Ris. '05 | YYY 4 |
| ● Chianti Cl. Le Corti '10 | YYY 3* |
| ● Birillo Tenuta Marsiliana '11 | YY 5 |
| ● Chianti Cl. A-101 Ris. '07 | YY 3 |
| ● Chianti Cl. Cortevecchia Ris. '11 | YY 4 |
| ● Chianti Cl. Don Tommaso Gran Sel. '11 | YY 5 |
| ● Chianti Cl. Don Tommaso Gran Sel. '10 | YY 5 |
| ● Chianti Cl. Le Corti '11 | YY 3 |

## Fattoria Corzano e Paterno

LOC. CORZANO
FRAZ. SAN PANCRAZIO
VIA SAN VITO DI SOPRA
50020 SAN CASCIANO IN VAL DI PESA [FI]
TEL. +39 0558248179
www.corzanoepaterno.com

藏酒销售
预约参观
膳宿接待
年产量 85 000 瓶
葡萄种植面积 19 公顷
葡萄栽培方式 有机认证

克扎诺与帕特诺农庄（Fattoria Corzano Paterno）占地面积达到19公顷的葡萄园位于佛罗伦萨（Florence）南部海拔300米、布满鹅卵石的山坡上。建筑师温德林·赫尔普克（Wendelin Gelpke）于1969年开启了这段冒险旅程，今天，他的家人已经渐渐全部加入到他的追梦之旅中。今年经营农庄的是埃尤齐亚·戈尔德施密特（Aljoscha Goldschmidt）和阿芮安娜·赫尔普克（Arianna Gelpke），分别是创始人的侄子和女儿。克扎诺与帕特诺农庄的葡萄园种植本地经典葡萄品种：在主派的桑娇维塞（Sangiovese）旁，是卡内奥罗（Canaiolo）、玛尔维萨（Malvasia）和扎比安努（Trebbiano）；还有一些国际葡萄品种，例如赤霞珠（Cabernet sauvignon）、梅洛（Merlot）和霞多丽（Chardonnay）等。在今年的品鉴中，2013年份的奇安蒂三伯利陈酿（Chianti I Tre Borri Riserva）凭借卓越表现闯入了争夺"三杯奖"的决赛，它吐露着樱桃和覆盆子般成熟而纯净的果香，鼠尾草和香叶等淡淡的植物青绿风味萦绕其间；入口后感到丰盈流畅的酒质，酸度精美，单宁融合度很高，收口余韵活跃悠长，持久不散。除此之外，颇有意趣的2013年份科扎诺（Corzano）是一款以赤霞珠、梅洛和桑娇维塞混合打造的美酒，吐露着矿物质的醇香，融入香膏的芬芳，酒体结构饱满丰盈，细腻微妙，单宁显著，后程口感非常清爽。

| | |
|---|---|
| ● Chianti I Tre Borri Ris. '13 | 🍷🍷 5 |
| ● Chianti Terre di Corzano '14 | 🍷🍷 2 |
| ● Il Corzano '13 | 🍷🍷 5 |
| ● Chianti I Tre Borri Ris. '07 | YYY 5 |
| ● Il Corzano '05 | YYY 5 |
| ● Chianti I Tre Borri Ris. '12 | YY 5 |
| ● Chianti I Tre Borri Ris. '11 | YY 5 |
| ● Chianti I Tre Borri Ris. '09 | YY 5 |
| ○ Il Corzanello '14 | YY 2 |
| ● Il Corzano '11 | YY 5 |
| ● Il Corzano '10 | YY 5 |
| ● Il Corzano '09 | YY 5 |
| ○ Passito di Corzano '11 | YY 6 |
| ○ Passito di Corzano '02 | YY 6 |

## Andrea Costanti

oc. Colle al Matrichese
3024 Montalcino [SI]
el. +39 0577848195
www.costanti.it

藏酒销售
预约参观
年产量 60 000 瓶
葡萄种植面积 12 公顷

安德里亚·康斯坦提（Andrea Costanti）骄傲地为玛奇切斯山（Colle al Matrichese）长达数个世纪之久的古老传统再添新的色彩。安德里亚康斯坦提酒庄拥有大约10公顷的葡萄园，坐落于从蒙塔奇诺（Montalcino）小城到托雷涅利（Torrenieri）路途中东部海拔300米至450米之间的所在。这片土地比较贫瘠，主要呈泥灰质土壤，令这里出产的美酒带有泥土的醇香和强劲的口感，单宁结构非常有力，融入柑橘的美味，并且一抹咸味儿更增风采。酒液在酒窖中进行长时间的浸渍，并在3000公升大型橡木桶或者中型橡木桶中陈年，进一步耐心的瓶中陈年更令美酒获益良多，展现出强劲质朴的特质。这些推荐语或许同样可以应用在2010年份的陈酿（Riserva）身上，在今年的品鉴中，我们发现这款美酒正处于浓郁干爽的发展时期，吐露着纯净的果酱芬芳，但是经过加长醒酒时间后，演化出更加平和和谐的特质。2011年份的布鲁奈罗（Brunello）风格与之类似，但是酒香更加清澈，吐露着皮革的经典芬芳，融入缕缕辛香，灌木和树根的醇香萦绕其间，但是质地略显粗粝。

| | |
|---|---|
| Brunello di Montalcino Ris. '10 | ▼▼ 8 |
| Brunello di Montalcino '11 | ▼▼ 6 |
| Brunello di Montalcino '06 | ▽▽▽ 6 |
| Brunello di Montalcino '88 | ▽▽▽ 6 |
| Brunello di Montalcino '10 | ▽▽ 6 |
| Brunello di Montalcino '09 | ▽▽ 6 |
| Brunello di Montalcino '08 | ▽▽ 6 |
| Brunello di Montalcino '07 | ▽▽ 6 |
| Brunello di Montalcino '99 | ▽▽ 6 |
| Brunello di Montalcino Calbello '00 | ▽▽ 6 |
| Brunello di Montalcino Ris. '07 | ▽▽ 8 |
| Brunello di Montalcino Ris. '06 | ▽▽ 8 |
| Brunello di Montalcino Ris. '01 | ▽▽ 8 |
| Rosso di Montalcino '11 | ▽▽ 4 |

## La Cura

loc. Cura Nuova, 12
58024 Massa Marittima [GR]
Tel. +39 0566918094
www.cantinalacura.it

藏酒销售
预约参观
年产量 30 000 瓶
葡萄种植面积 15 公顷
可持续发展酒庄

1968年，安德里亚·柯西（Andrea Corsi）买下了库拉庄园（La Cura）。这片土地曾经只种植粮食和蔬菜，但是由于安德里亚极度热爱葡萄酒，令这里发生了翻天覆地的变化，他成为庄园主人后做的第一件事就是种下了庄园最初的两公顷葡萄田。安德里亚的儿子恩里克·柯西（Enrico Corsi）如今执掌库拉酒庄，他已经将葡萄园扩展到了15公顷，在与比萨大学（University of Pisa）达成的协议下，葡萄园栽培的葡萄品种经过精心选择，包括很多国际葡萄品种；打造出充分尊重环境可持续发展特色的酒庄，而且利用太阳光电系统为酒庄的酿造提供所需电力。在今年的品鉴中，库拉酒庄推荐了一系列品质好酒，其中一款梅洛（Merlot）脱颖而出，完美阐释了2013年份的气候条件和品种葡萄特质，吐露着李子经典的成熟果香，融入如花芬芳，口感柔美惬意，单宁温顺且圆润。与此同时，2015年份的特瑞努斯（Trinus）也表现优异，这是一款以维蒙蒂诺（Vermentino）、玛尔维萨（Malvasia）和霞多丽（Chardonnay）混酿而成的美酒。它吐露着蜜桃和杏的缕缕果香，融入夏日繁花的美妙芬芳。除此之外，2015年份的意大利卡瓦列雷（Cavaliere d'Italia）也令人惊喜，这款桑娇维塞（Sangiovese）口感悦人，酒香馥郁，果味持久且轻快。

| | |
|---|---|
| ● Maremma Toscana Merlot '13 | ▼▼ 5 |
| ● Predicatore '15 | ▼▼ 3 |
| ○ Trinus '15 | ▼▼ 2* |
| ● Maremma Toscana Cavaliere d'Italia '15 | ▼ 2 |
| ● Monteregio di Massa Marittima Rosso Breccerosse '14 | ▼ 3 |
| ● Maremma Merlot La Cura '12 | ▽▽ 5 |
| ● Maremma Podere di Monte Muro Vedetta '11 | ▽▽ 3 |
| ● Monteregio di Massa Marittima Rosso Breccerosse '13 | ▽▽ 3 |
| ● Predicatore '13 | ▽▽ 3 |
| ○ Trinus '14 | ▽▽ 2* |
| ● Vedetta '13 | ▽▽ 4 |

## Casale Daviddi

via Nottola, 9
53045 Montepulciano [SI]
Tel. +39 0578738257
www.casaledaviddi.it

年产量 100 000 瓶
葡萄种植面积 20 公顷

达维蒂家族（Daviddi）拥有历史悠久的农耕传统，最早可以追溯到遥远的十七世纪初。达维蒂酒庄（Casale Daviddi）坐落于瓦利亚诺地区（Valiano），是DOC产区极具风土特质的属地，临近翁布里亚产区（Umbria），与特拉西梅诺湖（Lake Trasimeno）毗邻。达维蒂酒庄葡萄园所在的土地呈现中等程度的黏土土质，富含砂石颗粒。酒庄葡萄园也坐落在瓦利亚诺地区，分别位于格拉西亚诺（Gracciano）、阿巴迪亚（Abbadia）和阿夸维瓦（Acquaviva），主要种植经典葡萄品种，出品美酒与本地传统的联系非常紧密。在今年的品鉴中，我们还要大力推荐品质卓越的2013年份蒙特普齐亚诺诺贝勒酒（Vino Nobile di Montepulciano），它的香氛令人愉悦，无处不在，精美细腻且集中，吐露着野生莓果和森林大地的醇香，口感非常诱人，精美优雅，新鲜持久，同时并没有失去强劲的本质，不过单宁过重是唯一缺陷。

| | | |
|---|---|---|
| ● Nobile di Montepulciano '13 | 🍷🍷 | 4 |
| ● Nobile di Montepulciano Ris. '12 | 🍷 | 5 |
| ● Nobile di Montepulciano '12 | ΥΥ | 4 |

## Maria Caterina Dei

via di Martiena, 35
53045 Montepulciano [SI]
Tel. +39 0578716878
www.cantinedei.com

藏酒销售
预约参观
膳宿接待
年产量 230 000 瓶
葡萄种植面积 55 公顷
可持续发展酒庄

自1991年起，玛利亚·卡特琳娜·德
（Maria Caterina Dei）经营着家族酒庄；
座酒庄的前身是购买于1964年的博索
葡萄园（Bossona），以及后来于1973
买下的马蒂厄纳庄园（Martiena）及其
边土地——马蒂厄纳庄园如今是酒庄的
总部。1985年，玛利亚卡特琳娜德尔
庄的第一批瓶装酒面世，从此以后，
庄出品逐渐征服了酒迷，玛利亚卡特
娜德尔酒庄也渐渐成为蒙特普齐亚诺
贝勒产区（Nobile di Montepulciano）的顶
酒庄之一，出产一系列结构紧致、且
具可饮性的卓越美酒，酒质和谐，具
绵长的陈年潜力。在玛利亚卡特琳娜
尔酒庄这一季提供的品鉴酒品中，201
年份的蒙特普齐亚诺诺贝勒（Nobile
Montepulciano）无疑是一款好酒，还很
能是该款美酒有史以来最好的一季。
的酒香多面且新鲜，融入阵阵果香，
抹花香萦绕其间，底蕴中透露出缕缕
啡粉和香料的芬芳。质地细腻的单宁
来复杂而丰美的果味，令人愉悦的同
保证了持久绵长的余韵。这无疑是一
真正的好酒。除此之外，玛利亚卡特
娜德尔酒庄其他的系列出品也都展现
极佳的品质。

| | | |
|---|---|---|
| ● Nobile di Montepulciano '13 | 🍷🍷🍷 | 4 |
| ● Nobile di Montepulciano Bossona Ris. '11 | 🍷 | 6 |
| ● Nobile di Montepulciano '11 | ΥΥ | 4 |
| ● Nobile di Montepulciano '10 | ΥΥ | 4 |
| ● Nobile di Montepulciano '09 | ΥΥ | 4 |
| ● Nobile di Montepulciano '08 | ΥΥ | 4 |
| ● Nobile di Montepulciano Bossona Ris. '10 | ΥΥ | 6 |
| ● Nobile di Montepulciano Bossona Ris. '09 | ΥΥ | 6 |
| ● Nobile di Montepulciano Bossona Ris. '08 | ΥΥ | 5 |
| ● Nobile di Montepulciano Bossona Ris. '07 | ΥΥ | 5 |
| ● Rosso di Montepulciano '12 | ΥΥ | 2 |
| ● Rosso di Montepulciano '11 | ΥΥ | 2 |
| ○ Vin Santo di Montepulciano '07 | ΥΥ | 5 |

## Fabrizio Dionisio

Fraz. Ossaia
Loc. Il Castagno
52044 Cortona [AR]
Tel. +39 063223541
www.fabriziodionisio.it

预约参观
年产量 35 000 瓶
葡萄种植面积 15 公顷
可持续发展酒庄

上个世纪七十年代，对于托斯卡纳（Tuscany）的热爱以及意欲逃离罗马城市喧嚣的强烈意愿，在塞吉奥·迪奥尼西奥（Sergio Dionisio）做出决定的时候发挥了重要的作用，他决定在乡间找一处惬意的所在度过闲暇时光，于是便在俯瞰科尔托纳（Cortona）的山坡上买下了一座农庄作为度假别墅，农庄配有占地面积达到7公顷的葡萄园和橄榄树林。二十多年过去后，他的儿子法布里奇奥·迪奥尼西奥（Fabrizio Dionisio）掌管了这座农庄，又买下了一块种植地块，使酒庄扩大到今天的规模，并且为这座传统酒庄的现代化酿酒事业打下了坚实的基础。在妻子阿历桑德罗（Alessandra）的支持下，法布里奇奥决定将西拉（Syrah）移植到古老的葡萄园中，为酒庄添加了另一种充分展示本地风土的葡萄品种。在今年的品鉴中，2013年份的科尔托纳卡斯塔格诺西拉（Cortona Syrah Il Castagno）表现精彩，它吐露着复杂的酒香，香氛精美浓郁而集中，融入醋栗和覆盆子的缕缕果香，更有丁香和香草的阵阵芬芳萦绕其间，随之而来的丰美口感融入精美的单宁，收口感受令人喜悦。除此之外，2015年份卓越的卡斯塔基诺（Castagnino）吐露着清爽美妙的阵阵果香，随之而来的口感活跃清爽，美味悦人，浸润着果味的收口巅峰持久流连不散。

| | | |
|---|---|---|
| ● Cortona Syrah Il Castagno '13 | YY (red) | 5 |
| ● Cortona Syrah Castagnino '15 | YY (red) | 3 |
| ● Rosa del Castagno '15 | Y (black) | 3 |
| ● Cortona Syrah Il Castagno '12 | YYY | 5 |
| ● Cortona Syrah Il Castagno '11 | YYY | 5 |
| ● Cortona Syrah Il Castagno '10 | YYY | 5 |
| ● Cortona Syrah '07 | YY | 4 |
| ● Cortona Syrah Castagnino '14 | YY | 3 |
| ● Cortona Syrah Castagnino '09 | YY | 3* |
| ● Cortona Syrah Cuculaia '10 | YY | 7 |
| ● Cortona Syrah Cuculaia '09 | YY | 6 |
| ● Cortona Syrah Cuculaia '08 | YY | 6 |
| ● Cortona Syrah Il Castagno '09 | YY | 5 |
| ● Cortona Syrah Il Castagno '08 | YY | 5 |

## Donna Olga

Loc. Friggiali
S.da Maremmana
53024 Montalcino [SI]
Tel. +39 0577849454
www.tenutedonnaolga.it

藏酒销售
预约参观
膳宿接待
年产量 25 000 瓶
葡萄种植面积 11 公顷

奥尔加·佩卢索·森托莱尼（Olga Peluso Centolani）的桑娇维塞（Sangioveses）来自两座不同的葡萄园，分别位于海拔270米至400米的所在。多纳奥尔加酒庄（Donna Olga）伫立山坡之上，俯瞰大海，这个小村落基本上坐落于火山喷发的堆积物基础之上，分别位于两片不同的山坡，因此拥有不同的土壤条件和气候环境。西南坡上靠近维罗纳堡（Castello della Velona）的地块富含砾石、石灰泥灰土；高海拔的东南坡上的地块则遍布泥灰质的加列斯托土壤（Galestro）。卓越的微气候条件与肥沃的土壤结合起来，打造出品质优秀、果味四溢、极具活力的现代布鲁奈罗（Brunellos），果实需要经过长时间的发酵，其中一半要在3000公升和5000公升的斯拉沃尼亚木桶（Slavonian）中长期陈年，另一半在小型橡木桶中陈年。在今年的品鉴中，多纳奥尔加酒庄提交了多款品质好酒，其中2010年份的布鲁奈罗陈酿（Brunello Riserva）极具表现力，从第一口美酒入喉就带来清澈果味的巨大冲击力，与草本植物的清香和碘化物的醇香打造的复杂香氛相得益彰。口感演进成熟，果味极具穿透力，带来甜美而精致的收口感受，不过略微缺少打造圆润深邃酒质从而令人难以忘怀的源动力。

| | | |
|---|---|---|
| ● Brunello di Montalcino Ris. '10 | YY (red) | 6 |
| ● Brunello di Montalcino '11 | YY (black) | 7 |
| ● Brunello di Montalcino '09 | YYY | 7 |
| ● Brunello di Montalcino '06 | YYY | 7 |
| ● Brunello di Montalcino '01 | YYY | 6 |
| ● Brunello di Montalcino Collezione Arte '06 | YYY | 7 |
| ● Brunello di Montalcino Ris. '01 | YYY | 6 |
| ● Brunello di Montalcino '10 | YY | 7 |
| ● Brunello di Montalcino '08 | YY | 7 |
| ● Brunello di Montalcino '07 | YY | 7 |
| ● Brunello di Montalcino Favorito '07 | YY | 7 |
| ● Brunello di Montalcino Favorito Collezione Arte '09 | YY | 7 |
| ● Brunello di Montalcino Ris. '07 | YY | 6 |

## Donna Olimpia 1898

FRAZ. BOLGHERI
LOC. MIGLIARINI, 142
57020 CASTAGNETO CARDUCCI [LI]
TEL. +39 0302279601
www.donnaolimpia1898.it

藏酒销售
膳宿接待
年产量 250 000 瓶
葡萄种植面积 45 公顷
可持续发展酒庄

奥林匹克女神酒庄（Donna Olimpia）的主人是奎多·佛罗纳利（Guido Folonari），他是托斯卡纳产区（Tuscan）甚至整个意大利葡萄酒酿造业中的先驱。酒庄得名于1898年，选取古代著名的贵族盖拉多·德拉·吉拉迪斯卡（Gherardo della Gherardesca）的妻子、毕瑟诺（Biserno）夫人奥林匹亚·阿丽亚塔（Olimpia Alliata）为名。酒庄占地面积达到45公顷的葡萄园精选栽培各种保格利地区（Bolgheri）传统的葡萄品种，但是也包括一些较为罕见的葡萄品种：用于酿造红葡萄酒的小味尔多（Petit Verdot）以及酿造白葡萄酒的维蒙蒂诺（Vermentino）、维欧尼（Viognier）和小芒森（Petit Manseng）。葡萄园与米兰大学（University of Milan）塞恩扎教授（Professor Scienza）达成了合作，针对克隆藤的创新进行研究。对于梅里帕保格利超级红葡萄酒（Bolgheri Rosso Superiore Millepassi）而言，2013年是个好年头。2013年份酒活跃而激荡，吐露着美妙成熟的果香，融入草本植物的清香和缕缕辛香，底蕴中透露出丝丝优雅的烘焙香气。口感也非常美味，酒精适度，入口丰盈饱满，惬意浓郁的果味层层延宕，得到细腻而美味的单宁支撑。除此之外，2013年份的保格利红葡萄酒（Bolgheri Rosso）品质不俗，虽然收口阶段并没有特别惊艳的表现，但是整体口感清脆美味，令人遐思。

| | |
|---|---|
| ● Bolgheri Rosso Sup. Millepassi '13 | 6 |
| ● Bolgheri Rosso '13 | 5 |
| ● Tageto '14 | 2 |
| ● Bolgheri Rosso Sup. Millepassi '11 | 8 |
| ● Bolgheri Rosso '12 | 5 |
| ● Bolgheri Rosso '10 | 5 |
| ● Bolgheri Rosso '09 | 5 |
| ● Bolgheri Rosso '08 | 4 |
| ● Bolgheri Rosso Sup. Millepassi '12 | 6 |
| ● Bolgheri Rosso Sup. Millepassi '09 | 8 |
| ● Bolgheri Rosso Sup. Millepassi '08 | 6 |
| ● Tageto '09 | 2 |

## Duemani

LOC. ORTACAVOLI
56046 RIPARBELLA [PI]
TEL. +39 0583975048
www.duemani.eu

年产量 40 000 瓶
葡萄种植面积 10 公顷
葡萄栽培方式 生物动力学认证
可持续发展酒庄

许多酿酒顾问都梦想着有朝一日能够拥 属于自己的酒庄。卢卡·德阿托玛（Luc D’Attoma）在妻子艾琳娜·塞利（Elen Celli）的帮助下终于实现了这个梦想，他 酒庄选在了比萨地区（Pisa），作为根据 理由也非常具体：找到一处对于他最爱 葡萄品种——品丽珠（Cabernet Franc）、 西拉（Syrah）和梅洛（Merlot）—— 为理想的生长地。2000年，卢卡终于 功找到了梦想之地——俯瞰大海的里 尔贝拉山坡（Riparbella）：“一片风 极端、气候条件艰苦的恢宏狂野之地， 未被人类涉足，满眼都是令人兴奋的 景”，这就是艾琳娜和卢卡口中的杜 利酒庄（Duemani）。杜马利酒庄的 事就此开启，并且根据生物动力学的 培方式移植葡萄园。在今年的品鉴中， 2013年份的杜马利（Duemani）是一款 一品种的品丽珠（Cabernet Franc）， 借出色的表现赢得了“三杯奖”，它 露着香膏般的清爽芬芳，融入地中海 木丛的热烈香气，更有阵阵清澈的新 野生莓果果香飘散其间，丰盈满口的 味与融合度极佳的单宁相得益彰，美 的收口余韵持久流连不散。与此同时， 2013年份的苏萨西（Suisassi）是一款 的西拉（Syrah），吐露着药草的醇香， 融入金鸡纳树和皮革的芬芳，活跃成 的野生莓果果香萦绕其间，口感馥郁 层，紧致美味，持久的果味在口中流 忘返。

| | |
|---|---|
| ● Duemani '13 | |
| ● Cifra '14 | |
| ● Suisassi '13 | |
| ● Altrovino '14 | |
| ⊙ Si | |
| ● Duemani '12 | |
| ● Duemani '09 | |
| ● Suisassi '10 | |
| ● Altrovino '13 | |
| ● Altrovino '11 | |
| ● Cifra '11 | |
| ● Duemani '10 | |
| ● Suisassi '12 | |
| ● Suisassi '11 | |
| ● Suisassi '09 | |

## Eucaliptus

via Bolgherese, 275a
57022 Livorno
Tel. +39 0565763511
www.agriturismoeucaliptus.com

预约参观
膳宿接待
年产量 20 000 瓶
葡萄种植面积 5 公顷

帕斯夸利诺·迪·维拉（Pasqualino Di Vaira）凭借精湛的酿造技艺和坚定的意志经营着这家可爱的保格利产区（Bolgheri）酒庄。尤卡利普斯酒庄（Eucaliptus）创办于20世纪60年代，当时出售的美酒并未装瓶；但是随着时间的推移，酒庄已经发生了巨大的变化，如今的尤卡利普斯酒庄是产区内最具意趣的酒庄之一。酒庄葡萄园中种植的葡萄品种包括梅洛（Merlot）、赤霞珠（Cabernet Sauvignon）、小味尔多（Petit Verdot）、西拉（Syrah）和桑娇维塞（Sangiovese）等红葡萄；以及维蒙蒂诺（Vermentino）和霞多丽（Chardonnay）等白葡萄。在今年的品鉴中，尤卡利普斯酒庄推荐的系列美酒展现出一如既往的优质表现，我们对这一季的美酒很满意。其中2013年份的鲁斯提彻堡超级保格利（Bolgheri Superiore Ville Rustiche）以其缥缈的个性、清澈而跃动的果香给我们留下了极为深刻的印象。它吐露着多面的香氛，从黑莓到蓝莓的成熟果香缕缕飘散，入口后感到甜美的果味，气势恢宏宽广，酒质深邃，浸润着清爽的青草滋味和柑橘美味。与此同时，2014年份的克拉瑞斯保格利红葡萄酒（Bolgheri Rosso Clarice）气质纯朴，酒质非常华美清凛，但是不失成熟。除此之外，皮内特维蒙蒂诺（Vermentino Le Pinete）的风味并不复杂。

| | |
|---|---|
| ● Bolgheri Rosso Clarice '14 | 🍷🍷 3 |
| ● Bolgheri Sup. Ville Rustiche '13 | 🍷🍷 5 |
| ○ Bolgheri Le Pinete '15 | 🍷 3 |
| ● Bolgheri Rosso Clarice '13 | 🍷🍷 3 |
| ● Bolgheri Rosso Clarice '12 | 🍷🍷 3 |
| ● Bolgheri Rosso Clarice '11 | 🍷🍷 3 |
| ● Bolgheri Sup. Ville Rustiche '12 | 🍷🍷 5 |
| ● Bolgheri Sup. Ville Rustiche '11 | 🍷🍷 5 |
| ● Bolgheri Sup. Ville Rustiche '10 | 🍷🍷 5 |

## I Fabbri

loc. Lamole
via Casole, 52
50022 Greve in Chianti [FI]
Tel. 339412622
www.agricolaifabbri.it

藏酒销售
预约参观
年产量 35 000 瓶
葡萄种植面积 11 公顷
葡萄栽培方式 有机认证

2000年初，在法布莱酒庄（I Fabbri）长期出租结束后，苏珊娜·格拉西（Susanna Grassi）和玛德莲娜·格拉西（Maddalena Grassi）姐妹两人收回了这座家庭酒庄，开始共同努力经营。法布莱酒庄位于拉莫勒次产区（Lamole），出品香氛和口感都非常浓郁的精致美酒。酒庄葡萄园如今已经转化为有机方式种植，酒窖中的酿造工序非常严谨，酒液会在产自法国中部的阿列橡木桶（Tonneaux）、不锈钢罐以及水泥池中陈年，令出产的美酒具有明晰的个性和精妙的风格，将活力口感与清爽果味完美结合。在今年的品鉴中，法布莱酒庄推荐了多款美酒，其中2013年份的拉莫勒经典奇安蒂（Chianti Classico Terre di Lamole）无疑展示出卓越的品质，它吐露着如花芬芳，融入泥土的醇香，一抹辛香萦绕其间，口感轻快精美而活跃，尤其是美味的单宁带来锐利且可口的收口感受，令人垂涎。与此同时，2014年份的奥林托经典奇安蒂（Chianti Classico Olinto）美味可口，果味清爽惬意，香氛清澈馥郁。除此之外，2012年份的经典奇安蒂陈酿（Chianti Classico Riserva）口感更加粗粝，香氛细腻，但是橡木芬芳略显厚重，过多的橡木滋味也妨碍了流畅的酒质。

| | |
|---|---|
| ● Chianti Cl. Terra di Lamole '13 | 🍷🍷🍷 3* |
| ● Chianti Cl. Olinto '14 | 🍷🍷 4 |
| ● Chianti Cl. Ris. '12 | 🍷 4 |
| ● Chianti Cl. '13 | 🍷🍷 4 |
| ● Chianti Cl. '12 | 🍷🍷 4 |
| ● Chianti Cl. '10 | 🍷🍷 4 |
| ● Chianti Cl. Gran Sel. '11 | 🍷🍷 6 |
| ● Chianti Cl. Lamole '11 | 🍷🍷 2* |
| ● Chianti Cl. Olinto '12 | 🍷🍷 4 |
| ● Chianti Cl. Olinto '10 | 🍷🍷 4 |
| ● Chianti Cl. Olinto '08 | 🍷🍷 4 |
| ● Chianti Cl. Ris. '11 | 🍷🍷 4 |
| ● Chianti Cl. Ris. '10 | 🍷🍷 4 |
| ● Chianti Cl. Terra di Lamole '10 | 🍷🍷 2* |

## Tenuta Fanti

fraz. Castelnuovo dell'Abate
Podere Palazzo, 14
53020 Montalcino [SI]
Tel. +39 0577835795
www.tenutafanti.it

藏酒销售
预约参观
年产量 200 000 瓶
葡萄种植面积 50 公顷

凡蒂酒庄（Fanti）占地面积超过300公顷，其中葡萄园的种植面积达到50公顷，令凡蒂酒庄成为蒙塔奇诺产区（Montalcino）东南部规模最大的酒庄之一。凡蒂酒庄距离阿贝特卡斯特努沃（Castelnuovo dell' Abate）只有一步之遥，这片阳光灿烂的山坡非常适合种植桑娇维塞（Sangiovese），气候条件温暖又通风，能够带出酿造葡萄的活跃果香和地中海特质，加上泥灰石灰土质土壤的助力，令出品美酒展露出强劲口感。费立波・凡蒂（Filippo Fanti）于20世纪70年代创建了凡蒂酒庄，今天与女儿伊莉莎・凡蒂（Elisa Fanti）共同经营。他们总能勤恳地奉献出极具表现力的布鲁奈罗葡萄酒（Brunellos），以各种陈年方式打造风格持久统一的美酒，既使用中型橡木桶也使用小型橡木桶。在今年的品鉴中，我们再次确认了凡蒂酒庄这一季酒品的卓越表现，从两款2011年份的布鲁奈罗葡萄酒（Brunellos）开始：基本款瓦罗奇奥布鲁奈罗（Vallocchio）的气质已经非常开放成熟，果味演化美妙，单宁直接。而2010年份的玛奇拉莱勒园陈酿（Vigna Le Macchiarelle Riserva）吐露着甜美的第三类香气，口感精粹达到了更高的标准。

| | |
|---|---|
| ● Brunello di Montalcino '11 | 🍷🍷 6 |
| ● Brunello di Montalcino V. Le Macchiarelle Ris. '10 | 🍷🍷 6 |
| ● Brunello di Montalcino Vallocchio '11 | 🍷🍷 6 |
| ● Rosso di Montalcino '14 | 🍷 3 |
| ● Brunello di Montalcino '07 | 🍷🍷🍷 5 |
| ● Brunello di Montalcino '00 | 🍷🍷🍷 6 |
| ● Brunello di Montalcino '97 | 🍷🍷🍷 5 |
| ● Brunello di Montalcino Ris. '95 | 🍷🍷🍷 5 |
| ● Brunello di Montalcino '10 | 🍷🍷 6 |
| ● Brunello di Montalcino '09 | 🍷🍷 6 |
| ● Brunello di Montalcino V. Le Macchiarelle Ris. '09 | 🍷🍷 6 |
| ● Brunello di Montalcino Vallocchio '10 | 🍷🍷 6 |

## Le Farnete/Cantagallo

via Valicarda, 35
50050 Capraia e Limite [FI]
Tel. +39 0571910078
www.tenutacantagallo.it

藏酒销售
预约参观
膳宿接待
年产量 180 000 瓶
葡萄种植面积 30 公顷
可持续发展酒庄

皮埃拉佐利家族（Pierazzuoli）拥有的可爱的方内特酒庄（Le Farnete）始建于20世纪70年代，坐落在两处庄园：分别是位于卡尔米尼亚诺指定产区（Carmignano）的方内特庄园以及附近奇安蒂蒙塔尔巴诺产区（Chianti Montalbano）的坎塔加洛庄园（Tenuta Cantagallo），共拥有超过30公顷的葡萄园。恩里克・皮埃拉佐利（Enrico Pierazzuoli）和家人带着万张热情在葡萄园和酒窖中辛勤劳作，与此同时酒庄还开发了农业旅游度假项目，开设餐厅和农舍，接待游客的膳宿。2001年之后，皮埃拉佐利家族酿造的美酒就没有再获得过“三杯奖”，上次获得殊誉还是凭借1997年卓越的卡米纳诺陈酿（Riserva di Carmignano）。但是在今年的品鉴中，终于取得了突破，2012年份的陈酿（Riserva）以其超凡的优雅质感和纯净的风格在今年的评选中再次为酒庄摘下桂冠。这款伟大的红葡萄酒不仅口感扎实，果味精粹饱满，而且吐露着复杂和谐且优雅的香氛。不过，酒庄提交的整体系列酒品都展现出卓越的酿造水准。

| | |
|---|---|
| ● Carmignano Le Farnete Ris. '13 | 🍷🍷🍷 4* |
| ● Gioveto Tenuta Cantagallo '13 | 🍷🍷 4 |
| ● Carmignano Le Farnete '14 | 🍷🍷 3 |
| ● Chianti Montalbano Tenuta Cantagallo Ris. '13 | 🍷🍷 3 |
| ● Barco Reale Le Farnete '15 | 🍷 2 |
| ● Chianti Montalbano Tenuta Cantagallo '15 | 🍷 2 |
| ● Carmignano Le Farnete Ris. '97 | 🍷🍷🍷 6 |
| ● Carmignano Le Farnete '13 | 🍷🍷 3 |
| ● Carmignano Le Farnete Ris. '12 | 🍷🍷 4 |
| ● Carmignano Le Farnete Ris. '11 | 🍷🍷 4 |
| ● Chianti Montalbano Ris. '12 | 🍷🍷 3 |
| ● Gioveto '12 | 🍷🍷 4 |

## Fattoi

LOC. SANTA RESTITUTA
POD. CAPANNA, 101
53024 MONTALCINO [SI]
TEL. +39 0577848613
www.fattoi.it

藏酒销售
预约参观
年产量 50 000 瓶
葡萄种植面积 9 公顷

法蒂奥家族（Fattoi）的酿造历史已经几近四十个春秋，在托斯卡纳葡萄酒的世界，这座家族酒庄绝非刚刚崭露头角的新角色。我们也不会被该酒庄出品美酒的卓越品质而感到惊讶，毕竟它们出自蒙塔奇诺产区（Montalcino）的顶级葡萄园——桑塔瑞提塔教区葡萄园（Pieve Santa Restituta）。在最近几年，奥菲里奥·法蒂奥（Ofelio Fattoi）创立的家族酒庄被视为生产最佳布鲁奈罗（Brunello）的酒庄之一，出品风格原始，极具个性，越来越娴熟地以自然风土表现力和令人垂涎的果味来弥补单宁方面的细微瑕疵和还原性的暗哑。气质质朴、令人迷醉的桑娇维塞（Sangioveses）展现出大师级的敏锐度，在3300公升和4500公升的斯拉沃尼亚木桶（Slavonian）中陈年，是非常理想的餐桌酒。法蒂奥家族酿造的红葡萄酒今年总体上都呈现出上佳表现，不过缺乏艳冠群芳者。吐露着桑葚花的甜美花香，融入覆盆子的缕缕果香，一抹糖浸气息萦绕其间，这就是甜美的2011年份布鲁奈罗（Brunello），不过由于该年份的气候条件而酒质较干。除此之外，2010年份的陈酿（Riserva）被酒质中的粗粝感觉影响，不过它的口感活跃，整体品感令人心满意足。

| | | |
|---|---|---|
| ● Brunello di Montalcino '11 | ▼▼ | 5 |
| ● Brunello di Montalcino Ris. '10 | ▼▼ | 7 |
| ● Rosso di Montalcino '14 | ▼▼ | 3 |
| ● Brunello di Montalcino '09 | YY | 5 |
| ● Brunello di Montalcino '07 | YY | 6 |
| ● Brunello di Montalcino '06 | YY | 6 |
| ● Brunello di Montalcino '04 | YY | 5 |
| ● Brunello di Montalcino '03 | YY | 5 |
| ● Brunello di Montalcino Ris. '08 | YY | 7 |
| ● Brunello di Montalcino Ris. '07 | YY | 7 |
| ● Brunello di Montalcino Ris. '06 | YY | 4 |
| ● Brunello di Montalcino Ris. '03 | YY | 5 |
| ● Rosso di Montalcino '13 | YY | 3 |
| ● Rosso di Montalcino '12 | YY | 3 |
| ● Rosso di Montalcino '10 | YY | 3 |
| ● Rosso di Montalcino '05 | YY | 3 |

## ★★Felsina

VIA DEL CHIANTI, 101
53019 CASTELNUOVO BERARDENGA [SI]
TEL. +39 0577355117
www.felsina.it

藏酒销售
预约参观
年产量 480 000 瓶
葡萄种植面积 94 公顷
葡萄栽培方式 有机认证
可持续发展酒庄

在葡萄园中逐渐且持续地坚持向生物动力学栽培方式转变，随之而来在酒品风格方面的重要变化，标志着菲尔希纳酒庄（Felsina）这座托斯卡纳产区（Tuscan）的偶像级酒庄在不断进化发展路上的显著特质。菲尔希纳酒庄对于经典奇安蒂产区（Chianti Classico）获得的成功贡献良多，而且是卡斯泰尔诺沃贝拉登加次产区（Castelnuovo Berardenga）最重要的代表酒庄之一。出品美酒展现出非常现代的表述力，摇曳着更加明快的色泽，橡木的芬芳越发浓烈，果味精粹口感更加厚重。在今年的品鉴中，菲尔希纳酒庄整体表现出色，其中2013年份的拉洛大师桑娇维塞（Sangiovese Maestro Raro）是一款令人十分愉悦的超级托斯卡纳美酒，吐露着圆润扑鼻的紫罗兰芬芳，融入樱桃的缕缕果香，底蕴中透露出橡木的辛香，口感甜美华丽，果味均衡美妙。与此同时，两款2013年份酒——经典奇安蒂陈酿（Chianti Classico Riserva）和兰西亚经典奇安蒂陈酿（Chianti Classico Rancia Riserva）都受到陈年时的橡木滋味的严重影响；2013年份的方塔罗洛（Fontalloro）这款单一品种桑娇维塞（Sangiovese）的酒香和口感也同样受到橡木滋味的影响。

| | | |
|---|---|---|
| ● Maestro Raro '13 | ▼▼ | 6 |
| ● Chianti Cl. Berardenga Ris. '13 | ▼ | 5 |
| ● Chianti Cl. Rancia Ris. '13 | ▼ | 6 |
| ● Fontalloro '13 | ▼ | 7 |
| ○ I Sistri '14 | ▼ | 4 |
| ● Chianti Cl. Rancia Ris. '07 | YYY | 6 |
| ● Chianti Cl. Rancia Ris. '05 | YYY | 5 |
| ● Chianti Cl. Rancia Ris. '04 | YYY | 5 |
| ● Chianti Cl. Rancia Ris. '03 | YYY | 5 |
| ● Fontalloro '10 | YYY | 6 |
| ● Fontalloro '07 | YYY | 6 |
| ● Fontalloro '06 | YYY | 6 |
| ● Fontalloro '05 | YYY | 6 |
| ● Maestro Raro '08 | YYY | 6 |

## Le Filigare

LOC. LE FILIGARE
VIA SICELLE, 35
50020 BARBERINO VAL D'ELSA [FI]
TEL. +39 0558072796
www.lefiligare.it

藏酒销售
预约参观
年产量 45 000 瓶
葡萄种植面积 10 公顷

菲利嘉拉酒庄（Le Filigare）的葡萄园占地面积达到10公顷，位于经典奇安蒂产区（Chianti Classico）的佛罗伦萨（Florentine），靠近锡耶纳地区（Siena）。菲利嘉拉酒庄的葡萄园呈现出黏土土质结构紧密结合的典型特征，是奇安蒂地区非常传统的土壤条件，葡萄园的种植地块地处海拔300米处。在酒窖的酿造过程中，既采用大型橡木桶也使用小型橡木桶陈年，出品美酒整体上展现出和谐的风格，在酿造过程中尽量避免无意义的人力干预，或者过分抛光的美酒。2013年份的洛伦佐经典奇安蒂（Chianti Classico Lorenzo）在今年的品鉴中大放异彩，距离最高奖项只有毫厘之差。它吐露着阵阵果香，融入带血的肉香，更有缕缕甘草和森林大地的醇香萦绕其间，随之而来的口感非常丰美多汁，酒质发展均衡，质地细腻，美味深邃，收口余韵绵长持久，始终在口中徘徊不去。与此同时，2014年份的经典奇安蒂（Chianti Classico）同样非常值得推荐，这款酒体纤美的佳酿吐露着内敛的果香，融入多样且淡淡的果味。除此之外，以桑娇维塞（Sangiovese）和赤霞珠（Cabernet Sauvignon）混酿而成的2013年份罗斯丘（Podere Le Rocce）也给我们留下了非常深刻的印象，显露出紧致的酒体和口感。

| | |
|---|---|
| ● Chianti Cl. Lorenzo '13 | ▼▼ 4 |
| ● Chianti Cl. '14 | ▼▼ 4 |
| ● Podere Le Rocce '13 | ▼▼ 4 |
| ● Chianti Cl. Lorenzo '06 | ▽▽ 4 |
| ● Chianti Cl. Lorenzo '04 | ▽▽ 4 |
| ● Chianti Cl. Maria Vittoria Ris. '05 | ▽▽ 5 |
| ● Chianti Cl. Maria Vittoria Ris. '04 | ▽▽ 5 |
| ● Pietro '01 | ▽▽ 8 |
| ● Podere Le Rocce '01 | ▽▽ 6 |

## ★Tenute Ambrogio e Giovanni Folonari

LOC. PASSO DEI PECORAI
VIA DI NOZZOLE, 12
50022 GREVE IN CHIANTI [FI]
TEL. +39 055859811
www.tenutefolonari.com

藏酒销售
预约参观
膳宿接待
年产量 1 400 000 瓶
葡萄种植面积 200 公顷

安布罗吉奥·佛伦纳利（Ambrogio Folonari）和乔凡尼·佛伦纳利（Giovanni Folonari）是意大利葡萄酒王朝中的领军人物。2000年，佛伦纳利兄弟走上了独立酿造的道路，托斯卡纳（Tuscany）毫无疑问是大本营，这里正是两人酒庄总部的所在地，除此之外他们还在产区风土条件最佳的位置拥有数座庄园：包括奇安蒂格拉芙（Greve in Chianti）的诺索勒庄园（Nozzole）、保格利（Bolgheri）的卡姆珀阿尔玛莱庄园（Campo al Mare）、蒙塔奇诺（Montalcino）的拉夫加庄园（La Fuga）、蒙特普齐亚诺（Montepulciano）的托卡尔瓦诺庄园（Torcalvano）以及马雷马（Maremma）的珀罗纳葡萄园（Vigne a Porrona）。佛伦纳利酒庄的美酒展现出完美无瑕的酿造工艺，风格现代，并不排斥大量使用橡木桶陈年，追求非常易于入口、果香果味馥郁饱满的美酒。今年，在品鉴了不同庄园出产的美酒后，我们对来自拉夫加庄园（La Fuga）的2011年份布鲁奈罗酒（Brunello）以及2010年份的两姐妹陈酿（Riserva Le Due Sorelle）留下了相当深刻的印象，这两款佳酿都呈现出饱满丰盈的果味，但与此同时酸度都非常精美明晰。2013年份的经典奇安蒂（Chianti Classico）相比较而言没有那么浓厚，单宁精粹似乎过多；2014年份的皮埃特卡布莱奥（Cabreo La Pietra）似乎也存在同样的问题，橡木滋味似乎过重。酒庄其他的保格利产区酒（Bolgheri）则展现出令人信赖的高品质。

| | |
|---|---|
| ● Brunello di Montalcino Tenuta La Fuga '11 | ▼▼ 6 |
| ● Brunello di Montalcino Le Due Sorelle Tenuta La Fuga Ris. '10 | ▼▼ 7 |
| ● Cabreo Il Borgo '13 | ▼▼ 6 |
| ● Bolgheri Campo al Mare '14 | ▼ 3 |
| ● Bolgheri Sup. Baia al Vento Campo al Mare '12 | ▼ 6 |
| ○ Cabreo La Pietra '14 | ▼ 6 |
| ● Chianti Cl. '13 | ▼ 4 |
| ● Il Pareto '09 | ▽▽▽ 7 |
| ● Il Pareto '07 | ▽▽▽ 7 |
| ● Il Pareto '04 | ▽▽▽ 7 |
| ● Il Pareto '01 | ▽▽▽ 7 |

## ★★Fontodi

Fraz. Panzano in Chianti
via San Leolino, 89
50020 Greve in Chianti [FI]
Tel. +39 055852005
www.fontodi.com

藏酒销售
预约参观
膳宿接待
年产量 300 000 瓶
葡萄种植面积 80 公顷
葡萄栽培方式 有机认证

福地酒庄（Fontodi）是一个非常值得信赖的高品质葡萄酒品牌，出品美酒展现出十分易于入口的清爽风格。这些红葡萄酒坚韧强劲，馥郁饱满，拥有强大的陈年潜力，同时又展现出非常均衡的酒质表达。潘扎诺地区（Panzano）非常著名的康卡德奥罗（Conca d' Oro）是经典奇安蒂（Chianti Classico）最著名的次产区之一，其卓越的风土条件得到大家的一致认可。而福地酒庄的葡萄园就坐落于这里，优质的酿造果实采用有机栽培方式得来。美酒大多在小型橡木桶中完成陈年，因而时常会隐藏起自然赋予的巨大能量，尤其在酒质发展的初级阶段更会如此。在今年的品鉴中，福地酒庄推荐一系列品质上佳的美酒，其中2013年份的经典奇安蒂（Chianti Classico）堪称卓越水准的代表：它酒香四溢，散发着典型的果香，融入缕缕花香，口感活跃多层，果味非常饱满丰盈。与此同时，2014年份的卡萨维亚黑比诺（Pinot Nero Case Via）也是极具意趣的一款美酒，它或许受益于良好的采收酿造季，吐露着细腻纯净的果香，浸润着持久美妙的果味，只是收口阶段略微受到过多橡木滋味的影响。

| | |
|---|---|
| ● Chianti Cl. '13 | 🍷🍷 4 |
| ● Pinot Nero Case Via '14 | 🍷🍷 5 |
| ● Chianti Cl. Gran Sel. V. del Sorbo '13 | 🍷 6 |
| ● Chianti Cl. '10 | 🍷🍷🍷 4* |
| ● Flaccianello della Pieve '12 | 🍷🍷🍷 8 |
| ● Flaccianello della Pieve '09 | 🍷🍷🍷 8 |
| ● Flaccianello della Pieve '08 | 🍷🍷🍷 8 |
| ● Flaccianello della Pieve '07 | 🍷🍷🍷 6 |
| ● Flaccianello della Pieve '05 | 🍷🍷🍷 6 |
| ● Flaccianello della Pieve '03 | 🍷🍷🍷 6 |
| ● Chianti Cl. V. del Sorbo Gran Sel. '11 | 🍷🍷 6 |
| ● Flaccianello della Pieve '10 | 🍷🍷 8 |

## Fornacelle

loc. Fornacelle, 232a
57022 Castagneto Carducci [LI]
Tel. +39 0565775575
www.fornacelle.it

藏酒销售
预约参观
年产量 35 000 瓶
葡萄种植面积 15 公顷

弗纳塞勒酒庄（Fornacelle）是保格利地区（Bolgheri）最值得信赖的酒庄之一，由比尔·巴蒂斯托尼家族（Billi Batistoni）经营管理，他们出品的美酒颇具个性。这是一座规模不大的大师级酒庄，酿造技艺精湛，酿造工序有趣。弗纳塞勒酒庄的名字来自于曾经伫立于此的数座窑炉，而它们在酒窖下的遗迹还依稀可辨。虽然巴蒂斯托尼家族打理酒庄已经长达四个世代，但是弗纳塞勒酒庄出品品质提升的转折点发生于1998年酒庄葡萄园的重新移植和酒窖酿造工序的改建。从此以后，出品酒品展现出优良的品质以及上佳的表达力，是DOC产区的典范。在这一季中，弗纳塞勒酒庄出品的所有美酒都值得考虑购入。2013年份的瓜达博世超级保格利（Bolgheri Superiore Guarda Boschi）的表现精彩，碘化物的芬芳萦绕其间，带有生产酿造年份特有的咸味儿。口感非常鲜美，并不过于浓厚，强劲有力，单宁显著但并不苦楚。相比较而言，另一款2013年份的保格利超级美酒（Bolgheri Superiore）福里奥38系列（Foglio 38）更加成熟，展现出同样精湛的酿造工艺。

| | |
|---|---|
| ● Bolgheri Sup. Foglio 38 '13 | 🍷🍷 6 |
| ● Bolgheri Sup. Guarda Boschi '13 | 🍷🍷 6 |
| ○ Bolgheri Bianco Zizzolo '15 | 🍷 3 |
| ● Bolgheri Rosso Zizzolo '14 | 🍷 3 |
| ○ Bianco Fornacelle '10 | 🍷🍷 2 |
| ● Bolgheri Rosso Zizzolo '13 | 🍷🍷 3 |
| ● Bolgheri Rosso Zizzolo '12 | 🍷🍷 3 |
| ● Bolgheri Rosso Zizzolo '09 | 🍷🍷 6 |
| ● Bolgheri Sup. Guarda Boschi '12 | 🍷🍷 6 |
| ● Bolgheri Sup. Guarda Boschi '11 | 🍷🍷 6 |
| ● Bolgheri Sup. Guarda Boschi '08 | 🍷🍷 6 |
| ○ Bolgheri Vermentino Zizzolo '14 | 🍷🍷 3 |
| ● Foglio 38 '11 | 🍷🍷 6 |

## Podere Fortuna

via San Giusto a Fortuna, 7
50038 Scarperia e San Piero [FI]
Tel. +39 0558487214
www.poderefortuna.com

藏酒销售
预约参观
膳宿接待
年产量 25 000 瓶
葡萄种植面积 6 公顷

阿历桑德罗·布罗基（Alessandro Brogi）选择的酿酒场位于穆杰罗（Mugello），这里拥有古老的历史：比邻的卡法吉奥堡（Cafaggiolo）由美第奇家族（Medici）建造，隶属著名的“伟大罗伦佐”（Lorenzo il Magnifico）的产业。一份1465年的文件记录表明，福图纳丘酒庄（Podere Fortuna）当时就出产美酒。福图纳酒庄是卡法吉奥堡拥有的12座农场之一。当阿历桑德罗于上个世纪九十年代开启酿酒冒险的时候，经过对于土壤土质和气候条件的考察后，决定栽种霞多丽（Chardonnay）和黑比诺（Pinot Noir）——后者在托斯卡纳产区（Tuscany）可并不常见。在今年的品鉴中，1465系列黑比诺精选系列（Pinot Nero Selection, 1465）展现出极佳的品质，它的气质清新，吐露着经典的黑比诺果香，融入野生莓果的缕缕芬芳，更有青草的清香萦绕其间，得到一抹薄荷清凉风味的支持。美酒入喉，先是感到后者扎实的果味，继而发展为恢宏壮美的诱人质感，酒体并不十分饱满，但是逡巡不散的收口余韵非常成熟。2013年份的科尔戴亚（Coldaia）相比较而言更加容易入口，适合即时饮用，吐露着浓郁的香氛，口感柔美，果味清爽宜人，收口余韵绵长悠然，持久不绝。

| | |
|---|---|
| ● 1465 MCDLXV '11 | 8 |
| ● Coldaia '13 | 5 |
| ● Fortuni '11 | 6 |
| ● 1465 MCDLXV '10 | 8 |
| ● 1465 MCDLXV '09 | 8 |
| ● 1465 MCDLXV '07 | 8 |
| ● Ardito del Mugello '10 | 3 |
| ● Coldaia '11 | 5 |
| ● Coldaia '09 | 5 |
| ● Fortuni '12 | 5 |
| ● Fortuni '10 | 6 |
| ● Fortuni '09 | 6 |
| ○ Greto alla Macchia '12 | 5 |
| ○ Greto alla Macchia '10 | 5 |

## La Fralluca

loc. Barbiconi, 153
57028 Suvereto [LI]
Tel. +39 0565829076
www.lafralluca.com

藏酒销售
预约参观
年产量 40 000 瓶
葡萄种植面积 10 公顷
可持续发展酒庄

弗拉卢卡酒庄（La Fralluca）的名字来自两位创始人名字的合写，来自米兰（Milanese）的卢卡·雷奇内（Luca Recine）和来自比萨（Pisa）的弗朗西丝卡·博里尼（Francesca Bellini）。两人都在时尚业工作，于上个世纪九十年代末在米兰相遇，结婚生子，然后带着两个孩子和一个梦想来到托斯卡纳（Tuscany）这片葡萄酒的梦想之国。经过三年的调查研究，他们爱上了位于苏韦雷托（Suvereto）山巅的那片土地，一座废弃的农场俯瞰茂密的树林。这就是弗拉卢卡酒庄及其酿酒人故事的源起。十年前，夫妇二人开始种植葡萄园，开始将酿酒发展成为终生的事业。在今年的品鉴中，弗拉卢卡酒庄推荐的美酒表现不俗。其中2013年份的品丽珠（Cabernet Franc）吐露着番茄叶的清新芬芳，融入绿胡椒的辛香，黑莓与覆盆子的成熟果香萦绕其间，口感热辣，果味充盈满口，酒重精美平衡，酸度清爽宜人，收口滋味美妙。除此之外，2014年份的鲍西（Bauci）气质飘逸，是一款维欧尼（Viognier），给人留下了极为深刻的印象，它吐露着如花芬芳和绿蔬风情，融入柠檬和李子的缕缕果香，口感柔美均衡。

| | |
|---|---|
| ○ Bauci '14 | 3 |
| ● Cabernet Franc '13 | 5 |
| ○ Filemone '15 | 3 |
| ● Fillide '13 | 3 |
| ● Suvereto Ciparisso '13 | 5 |
| ● Suvereto Sangiovese Ciparisso '12 | 5 |
| ● Cabernet Franc '12 | 5 |
| ● Cabernet Franc '11 | 6 |
| ● Fillide '12 | 3 |
| ● Syrah Pitis '12 | 5 |
| ● Syrah Pitis '10 | 3 |
| ○ Viognier '11 | 2 |
| ○ Viognier Bauci '13 | 3 |
| ○ Viognier Bauci '12 | 3 |

## Frank & Serafico

RAZ. ALBERESE
..DA SPERGOLAIA
58100 GROSSETO
EL. +39 0564418491
www.frankeserafico.com

藏酒销售
预约参观
餐饮接待
年产量 90 000 瓶
葡萄种植面积 25 公顷

这座酒庄的历史并不长，法布里奇奥·泰斯塔（Fabrizio Testa）与皮尔保罗·普拉泰西（Pierpaolo Pratesi）合力于2010年创建了弗兰克与塞拉菲科酒庄（Frank & Serafico）。酒庄的葡萄园散落在格罗塞托（Grosseto）各地：阿尔贝雷塞（Alberese）自然保护区、坎帕格纳提科（Campagnatico）、马格利安诺（Magliano）和卡帕尔比奥（Capalbio）等地。弗兰克与塞拉菲科酒庄出品各类酒品都展现出馥郁饱满的果味，呈现出极易入口的风格，品质卓越，不过可能需要更多时间来缓缓释放日益浓郁的原始特质。酿造果实非常优质，在酿造过程中也尽量避免无谓的人类干预。在今年的品鉴中，2013年份的蒙塔扎托（Montalzato）是以赤霞珠（Cabernet Sauvignon）、梅洛（Merlot）和桑娇维塞（Sangiovese）联合打造的混酿，纯净美味，结构上佳，吐露着果味丰盈的精美口感。2012年份的马雷马桑娇维塞（Maremma Sangiovese）果味丰美，香氛纯净细腻。2013年份的塞拉菲科（Serafico）不循常规但是极富意趣，这款以枝上风干的维蒙蒂诺（Vermentino）打造的美酒吐露着活跃的果香，口感略带咸味儿。与此同时，2014年份的弗兰克（Frank）展现出精湛的酿造技艺，但是有些缺乏个性。除此之外，弗兰克与塞拉菲科酒庄今年提交的其余品鉴酒品也都非常美味。

| | |
|---|---|
| Maremma Toscana Sangiovese '12 | 🍷🍷 4 |
| ● Montalzato '13 | 🍷🍷 2* |
| ○ Serafico '13 | 🍷🍷 4 |
| Frank '14 | 🍷 3 |
| ● Maremma Toscana Rosso Redola '15 | 🍷 2 |
| Morellino di Scansano Mr '14 | 🍷 2 |
| ○ Vermentino VR '15 | 🍷 2 |
| Frank '09 | 🍷🍷 6 |
| Morellino di Scansano Mr '13 | 🍷🍷 2* |
| ● Morellino di Scansano Mr '12 | 🍷🍷 2* |
| Sangiovese '11 | 🍷🍷 4 |

## Frascole

LOC. FRASCOLE, 27A
50062 DICOMANO [FI]
TEL. +39 0558386340
www.frascole.it

藏酒销售
预约参观
膳宿接待
年产量 65 000 瓶
葡萄种植面积 16 公顷
葡萄栽培方式 有机认证

弗拉斯科酒庄（Frascole）坐落在穆杰罗（Mugello）和瓦尔蒂西弗（Valdisieve）之间的迪科玛诺（Dicomano）小村，建立在一座伊特鲁里亚（Etruscan）和古罗马时期的废墟之上，酒庄附近的伊特鲁里亚时期堡垒依然可供游人参观。弗拉斯科酒庄种植面积达到16公顷的葡萄园覆盖着俯瞰小村的山坡，以最大程度尊重土地和环境的方法进行栽种，得到了有机栽培认证。酒庄的主人里皮家族（Lippi）和桑托尼家族（Santoni）就生活在酒庄里，那里还包含另外五座中世纪时期的古老建筑，散布点缀在葡萄园、橄榄树林和耕地之间，通过重新修缮和开发古建筑，为游人提供完善的旅游和住宿接待服务。在今年的品鉴中，弗拉斯科酒庄给我们寄来了一款2002年份的帕西多甜酒（Passito）以供品尝。酿造果实采用经典的、酿造圣酒（Vin Santo）的扎比安努（Trebbiano）和白玛尔维萨（Malvasia Bianca），打造出我们曾经品尝过的最诱人的甜酒之一。它吐露着缕缕药草香，融入蜜桃和杏的果香，口感扎实，如同奶油般绵密细腻，但是绝不甜腻。除此之外，2014年份的鲁菲娜（Rufina）展现出精湛的酿造工艺，口感辛辣，动力十足，十分精美。

| | |
|---|---|
| ○ Passito '02 | 🍷🍷 8 |
| ● Chianti Rufina '14 | 🍷🍷 2* |
| ● Chianti Rufina Ris. '13 | 🍷 3 |
| ○ Bianco InAlbis '13 | 🍷🍷 2* |
| ○ Bianco InAlbis Sulle Bucce '11 | 🍷🍷 2* |
| ● Chianti Rufina '13 | 🍷🍷 2* |
| ● Chianti Rufina '11 | 🍷🍷 2* |
| ● Chianti Rufina Ris. '12 | 🍷🍷 3* |
| ● Chianti Rufina Ris. '11 | 🍷🍷 3 |
| ● Limine '10 | 🍷🍷 2* |
| ● Rosso Limine '09 | 🍷🍷 2* |
| ○ Vin Santo del Chianti Rufina '05 | 🍷🍷 7 |

## ★Marchesi de' Frescobaldi

via Santo Spirito, 11
50125 Firenze
Tel. +39 05527141
www.frescobaldi.it

藏酒销售
预约参观
年产量 7 000 000 瓶
葡萄种植面积 923 公顷

弗雷斯克巴尔迪家族（Frescobaldi）是意大利酿造史上经典的名字之一，该家族自十四世纪开始就对葡萄酒充满了激情。花思蝶酒庄（Marchesi de' Frescobaldi）最初在鲁菲那（Rufina）和附近的珀米诺（Pomino）从事生产活动，后来种植地块遍布整个托斯卡纳产区（Tuscany），从蒙塔奇诺（Montalcino）到马雷马（Maremma），从斯堪萨诺（Scansano）到菲奥提尼山（Colli Fiorentini），甚至跃出产区界限，扩展到了弗留利产区（Friuli）。兰贝托·弗雷斯克巴尔迪（Lamberto Frescobaldi）接手花思蝶酒庄已经有几年的时间，他大力推进酒庄在葡萄园和酒窖中的革新，尤其致力于提升酒庄生产的生态可持续发展性。在今年的品鉴中，2013年份的鲁菲娜园老藤珍酿（Rufina Vecchie Viti Riserva）是花思蝶酒庄最具代表性的旗舰酒品之一，今年以出色表现斩获了“三杯奖”大奖。它吐露着缕缕野生莓果和血橙的果香，单宁结构和谐整洁，令均衡的酸度和多汁的口感更加活跃起来。在花思蝶酒庄今年推荐的美酒中，其中一款蒙塔奇诺产地酒（Montalcino）闯入了我们角逐“三杯奖”大奖的决赛——2013年份的露斯（Luce）。这款美酒吐露着樱桃和黑莓的缕缕果香，融入黑胡椒和肉桂的缕缕辛香。口感令人鼓舞，酒质华美，果味逡巡不散，酒重扎实，收口余韵浸润果味，绵长怡人。

| | | |
|---|---|---|
| ● Chianti Rufina Nipozzano V. V. Ris. '13 | 🍷🍷🍷 | 5 |
| ● Luce '13 | 🍷🍷 | 8 |
| ● Chianti Rufina Nipozzano Ris. '13 | 🍷🍷 | 5 |
| ● Lucente '14 | 🍷🍷 | 4 |
| ● Morellino di Scansano Pietraregia dell'Ammiraglia Ris. '12 | 🍷🍷 | 5 |
| ● Tenuta di Castiglioni '13 | 🍷🍷 | 4 |
| ○ Pomino Bianco '15 | 🍷 | 3 |
| ○ Pomino Bianco Benefizio Ris. '14 | 🍷 | 5 |
| ○ Pomino Brut Leonia '12 | 🍷 | 6 |
| ○ Pomino Vin Santo '08 | 🍷 | 6 |
| ● Chianti Rufina Montesodi '01 | YYY | 6 |
| ● Chianti Rufina Montesodi '99 | YYY | 5 |
| ● Chianti Rufina V. V. Ris. '11 | YYY | 6 |
| ● Mormoreto '05 | YYY | 7 |
| ● Mormoreto '01 | YYY | 7 |
| ● Mormoreto '97 | YYY | 7 |

## Fuligni

via Saloni, 33
53024 Montalcino [SI]
Tel. +39 0577848710
www.fuligni.it

藏酒销售
预约参观
年产量 52 000 瓶
葡萄种植面积 12 公顷

位于海拔380米至450米之间的柯迪梅利（I Cottimelli）是蒙塔奇诺DOC产区（Montalcino DOC）内最高的地块。弗利尼家族（Fuligni）经营的家庭酒庄在柯迪梅利的东北部勤恳劳作、出产美酒已经几近一个世纪的时间，西格诺拉·玛利亚·弗洛拉·弗利尼（Signora Maria Flora Fuligni）及其信任的团队将无尽的热情都投注到葡萄种植和葡萄酒的生产上来。弗利尼酒庄的葡萄园种植面积大约10公顷，拥有富含泥灰石灰质和砾石的土壤，出产的优质果实带来口感紧致且别具一格的经典布鲁奈罗酒（Brunello）——在产自法国中部的阿列橡木桶（Tonneaux）中短暂停留后，移到3000公升的橡木桶中继续陈年。弗利尼酒庄出品的红葡萄酒口感或许有时不循常规，在年轻的时候甚至会比较模糊不清，但是假以时日，耐心和等待就会收获更加温柔和沉稳的酒质。在今年的品鉴中，我们品尝到的美酒就充分彰显上述特质。首先，2011年份的布鲁奈罗（Brunello）给人带来截然相反的印象，飘散着成熟的缕缕酒香，融入水果干的芬芳和森林大地的醇香，更有鞣制皮革的奇异香气萦绕其间，但是干爽质朴的单宁在现阶段依然有些内敛。除此之外，2014年份的吉奈斯泰托红葡萄酒（Rosso Ginestreto）也展现出这种局限性，气质更加简朴，口感更加紧致，但是也呈现出精美的可饮性。

| | | |
|---|---|---|
| ● Brunello di Montalcino '11 | 🍷🍷 | 6 |
| ● Rosso di Montalcino Ginestreto '14 | 🍷 | 4 |
| ● Brunello di Montalcino '10 | YYY | 6 |
| ● Brunello di Montalcino Ris. '01 | YYY | 8 |
| ● Brunello di Montalcino Ris. '97 | YYY | 8 |
| ● Brunello di Montalcino '09 | YY | 6 |
| ● Brunello di Montalcino '08 | YY | 6 |
| ● Brunello di Montalcino '07 | YY | 6 |
| ● Brunello di Montalcino '06 | YY | 6 |
| ● Brunello di Montalcino Ris. '07 | YY | 8 |
| ● Brunello di Montalcino Ris. '06 | YY | 8 |
| ● Brunello di Montalcino Ris. '04 | YY | 8 |
| ● Rosso di Montalcino Ginestreto '13 | YY | 4 |
| ● Rosso di Montalcino Ginestreto '10 | YY | 3 |
| ● S. J. '12 | YY | 3 |

## ★Tenuta di Ghizzano

Fraz. Ghizzano
Via della Chiesa, 4
56037 Peccioli [PI]
Tel. +39 0587630096
www.tenutadighizzano.com

藏酒销售
预约参观
膳宿接待
年产量 80 000 瓶
葡萄种植面积 20 公顷
葡萄栽培方式 有机认证

在意大利葡萄酒业界最著名的一位实力女性杰妮亚·维纳罗西·佩肖利尼（Ginevra Venerosi Pesciolini）掌管着辉煌的吉赞诺酒庄（Tenuta di Ghizzano），这座酒庄在古老传统与创新精神之间达成了完美平衡。吉赞诺酒庄拥有占地面积达到350公顷的壮阔葡萄园，散落掩映在周边的大自然环境中，风景宜人华美，而且地块来自海洋的砂质黏土中布满了化石。吉赞诺酒庄的葡萄园首先采用有机栽培方式，如今采用生物动力学种植方式。出品美酒酒体饱满馥郁，展现出浓郁的地中海风情，风味现代，果香果味四溢。在今年的品鉴中，吉赞诺酒庄推荐了一系列难以忘怀的好酒，表现十分卓越，其中更有杀入“三杯奖”决赛并摘得桂冠者。2013年份的纳姆布洛特（Nambrot）非常卓越，它是一款以梅洛（Merlot）、品丽珠（Cabernet Franc）和小味尔多（Petit Verdot）混酿而成的经典佳酿，品质精美，别具一格，吐露着缕缕辛香，融入青草的清爽芬芳，更有香膏的一抹香气萦绕其间，果味馥郁鲜美，酒质无限深邃，正是波尔多式（Bordeaux）结构带来的妙处。如同同年份的维奈罗索（Veneroso）一样，无疑是一款伟大的美酒，酒质发展更加紧凑和复杂。

| | |
|---|---|
| ● Terre di Pisa Nambrot '13 | 🍷🍷🍷 6 |
| ● Terre di Pisa Veneroso '13 | 🍷🍷 5 |
| ○ San Germano Passito '13 | 🍷🍷 5 |
| ○ Il Ghizzano Bianco '15 | 🍷 3 |
| ● Il Guizzano Rosso '14 | 🍷 3 |
| ● Nambrot '09 | 🍸🍸🍸 6 |
| ● Nambrot '08 | 🍸🍸🍸 6 |
| ● Nambrot '06 | 🍸🍸🍸 6 |
| ● Nambrot '05 | 🍸🍸🍸 6 |
| ● Nambrot '04 | 🍸🍸🍸 6 |
| ● Nambrot '03 | 🍸🍸🍸 6 |
| ● Terre di Pisa Nambrot '12 | 🍸🍸🍸 6 |
| ● Veneroso '10 | 🍸🍸🍸 5 |
| ● Veneroso '07 | 🍸🍸🍸 5 |
| ● Veneroso '04 | 🍸🍸🍸 5 |
| ● Terre di Pisa Veneroso '12 | 🍸🍸 5 |

## Marchesi Ginori Lisci

Fraz. Ponteginori
Loc. Querceto
56040 Montecatini Val di Cecina [PI]
Tel. +39 058837443
www.marchesiginorilisci.it

藏酒销售
膳宿接待
年产量 35 000 瓶
葡萄种植面积 17 公顷
葡萄栽培方式 有机认证

基诺利里希庄园（Ginori Lisci）的占地面积达到2000公顷，位于切奇纳谷（Val di Cecina）的内陆地带。庄园的中心是库尔切托城堡（Castello di Querceto），与基诺利·里希侯爵家族的漫长历史联系紧密，以出产精美瓷器而著称。直至20世纪晚期，里奥纳尔多·基诺利（Lionardo Ginori）与侄子路易吉·马兰切尼（Luigi Malenchini）才开始改造庄园，种植新的葡萄园，并且在地产中寻找新的位置建造功能更加齐备的现代化酒窖。基诺利里希酒庄所处的小村庄在遥远的公元1000年就已经存在，如今已经被改造为酒庄办公的场所，更盖满了度假公寓。在基诺利里希酒庄这一季提供的品鉴酒品中，诱人的2013年份狼之丛林（Macchion del Lupo）表现非常精彩。它是一款单一品种的赤霞珠葡萄酒（Cabernet Sauvignon），气质飘逸，吐露着芳香植物的清新香气，融入鼠尾草和香叶般的奇异芬芳，散发着黑莓和李子的阵阵果香；口感劲道有力，颇有意趣，果味美妙，收口余韵持久不绝。与此同时，基诺利堡系列（Castello Ginori）是一款梅洛酒（Merlot），品质卓越，吐露着覆盆子和草莓果酱的缕缕果香，融入刺柏和丁香的辛香，口感柔美华丽，酒重扎实，收口感受馥郁绵密，美妙的果味持久在口中流连不散。除此之外，基诺利里希酒庄提交的其他美酒也表现不俗。

| | |
|---|---|
| ● Montescudaio Cabernet Macchion del Lupo '13 | 🍷🍷 3 |
| ● Montescudaio Merlot Castello Ginori '12 | 🍷🍷 2* |
| ⊙ Bacio '15 | 🍷 2 |
| ● Montescudaio Rosso Campordigno '14 | 🍷 2 |
| ○ Virgola '15 | 🍷 2 |
| ● Montescudaio Cabernet Macchion del Lupo '11 | 🍸🍸 3* |
| ● Montescudaio Cabernet Macchion del Lupo '09 | 🍸🍸 3 |
| ● Montescudaio Merlot '08 | 🍸🍸 2* |
| ● Montescudaio Merlot Campordigno '12 | 🍸🍸 2* |
| ● Montescudaio Merlot Castello Ginori '11 | 🍸🍸 2* |
| ● Montescudaio Merlot Castello Ginori '09 | 🍸🍸 4 |
| ● Montescudaio Rosso Campordigno '10 | 🍸🍸 2* |

## Giodo

Loc. Piazzini
53011 Montalcino [SI]
carlo.ferrini27@gmail.com

年产量 8 000 瓶
葡萄种植面积 2.5 公顷
可持续发展酒庄

卡洛·费瑞尼（Carlo Ferrini）是意大利最著名、最炙手可热的酿酒人之一，于2000年初在蒙塔奇诺（Montalcino）创建了自己的品牌。卡洛·费瑞尼的葡萄园坐落于从阿贝特卡斯泰尔诺沃（Castelnuovo dell' Abate）前往圣安杰洛产区（Sant' Angelo in Colle）路程的南部，只出产一款布鲁奈罗酒（Brunello），首次发布的美酒是2009年份酒，并且产自指定产区之外。凭借出品标签般鲜明的特质，奇奥多丘酒庄（Podere Giodo）很快就跻身DOC产区最佳酒庄的行列。从很多方面而言，奇奥多丘酒庄出品的红葡萄酒总是展现出后现代的风味，表露出对于农业文明设计和酿酒高端艺术睿智的结合。卡洛·费瑞尼极富创造力的美酒立刻获得了轰动，开始在奇奥多丘酒庄的主要精选系列中推出，并且凭借2011年份的奇奥多布鲁奈罗（Brunello Giodo）将“三杯奖”捧回了家。这款美酒吐露着覆盆子果胶的芬芳，融入地中海灌木丛的温暖气息，一抹铅笔芯的奇异香气飘散其间，带来充盈满口的果味口感，弥补了浓郁且强劲的酸度导致的有力口感的缺失。

| | |
|---|---|
| ● Brunello di Montalcino Giodo '11 | 8 |
| ● Giodo '13 | 6 |

## I Giusti & Zanza Vigneti

Loc. Fauglia
via dei Puntoni, 9
56043 Fauglia [PI]
Tel. +39 058544354
www.igiustiezanza.it

藏酒销售
预约参观
膳宿接待
年产量 100 000 瓶
葡萄种植面积 17 公顷
葡萄栽培方式 有机认证

保罗·朱斯蒂（Paolo Giusti）的酒庄自从20世纪90年代就在弗利亚山（Fauglia）山间进行葡萄栽培和酿酒活动，这里位于比萨（Pisa）和利沃诺（Livorno）之间。今天的朱斯蒂桑萨酒庄（I Giusti e Zanza）始终致力于追求外界对于本地风土的尊重和最大认可以及与自然和谐相处的酿造方法，首先采用了有机栽培方法，近几年又转向了生物动力学种植方法。酒庄葡萄园拥有砂质和黏土土壤，富含的砾石有助于排水。朱斯蒂桑萨酒庄的出品风格非常现代，忠于本地风土，同时极富个性，但是不论是在果味的成熟度还是在融入橡木风味的整合度上，都不过分或者让人有强人所难之感。2014年份酒总是充满挑战，对于贝尔克莱（Belcore）和珀布鲁诺（Perbruno）都是如此。在今年的品鉴中，这两款西拉（Syrahs）由于2014年的气候环境并不理想，导致酒体结构纤细，橡木滋味过重，略微影响了余韵的绵长和后程口感中的甜度。除此之外，主要以赤霞珠（Cabernet）打造的2013年份杜尔卡马拉（Dulcamara）非常浓郁集中，但是橡木滋味依然过重。

| | |
|---|---|
| ● Dulcamara '13 | 5 |
| ● Belcore '14 | 3 |
| ● Perbruno '14 | 4 |
| ● Belcore '13 | 3 |
| ● Belcore '12 | 3 |
| ● Dulcamara '12 | 5 |
| ● Dulcamara '11 | 5 |
| ● Dulcamara '10 | 5 |
| ● Dulcamara '09 | 5 |
| ● Dulcamara '08 | 5 |
| ○ Nemorino Bianco '12 | 2 |
| ● Perbruno '13 | 4 |
| ● Perbruno '12 | 4 |
| ● Perbruno '10 | 4 |

## 'enuta di Gracciano
## lella Seta

AZ. GRACCIANO
A UMBRIA, 59
3045 MONTEPULCIANO [SI]
EL. +39 0578708340
www.graccianodellaseta.com

載酒销售
预约参观
F产量 100 000 瓶
葡萄种植面积 18 公顷
可持续发展酒庄

亏地面积达到315公顷的恢宏庄园包括
茂密的橄榄林、农作物耕地、树林，当
然还有大片的葡萄园。这是多娜泰拉·
贡迪（Donatella Gondi）和弟弟博纳尔多
（Bernardo）共同经营管理的塞塔格拉西
亚诺酒庄（Tenuta di Gracciano della Seta），
同时得到了博纳尔多的儿子杰拉多
（Gerardo）和拉普（Lapo）的支持；他
们是自16世纪晚期就拥有这片土地的贵
族家族的继承人。一旦采收后，自19公
顷的葡萄园中摘下的果实将在城堡地下
室古老的酒窖中进行发酵。塞塔格拉西
亚诺酒庄还在莫雷洛山（Mt. Morello）拥
有沃尔米安诺农场（Volmiano）。在今
年的品鉴中，塞塔格拉西亚诺酒庄的表
现卓越。2012年份的蒙特普齐亚诺诺贝
勒陈酿（Nobile di Montepulciano Riserva）
是一款令人兴奋的好酒，它融入矿物质
和泥土的香醇气息，极具个性，酿造水
准极高，展现出精美的复杂度。它吐露
着覆盆子和其他野生莓果的阵阵果香，
柔意细腻，美妙悦人，更有缕缕皮革和
烟草的醇香层层展开；入口跃动，果味
持久，酒质鲜美而丰润，精美的单宁酒
体支撑着美妙的果味口感。除此之外，
2013年份的诺贝勒（Nobile）浓郁集中，
辛辣刺激。

| | | |
|---|---|---|
| Nobile di Montepulciano Ris. '12 | YYY (red) | 5 |
| Nobile di Montepulciano '13 | YY | 4 |
| Rosso di Montepulciano '14 | Y | 3 |
| Nobile di Montepulciano '11 | YY (white) | 3 |
| Nobile di Montepulciano '06 | YY (white) | 5 |
| Nobile di Montepulciano Ris. '10 | YY (white) | 5 |
| Nobile di Montepulciano Ris. '06 | YY (white) | 5 |
| Nobile di Montepulciano Ris. '04 | YY (white) | 5 |

## Bibi Graetz

VIA DI VINCIGLIATA, 19
50014 FIESOLE [FI]
TEL. +39 055597289
www.bibigraetz.com

预约参观
年产量 500 000 瓶
葡萄种植面积 10 公顷

毕比·格雷茨（Bibi Graetz）毫无疑问拥有绝不循规蹈矩的性格。在跟随父亲的脚步——他的父亲是一位国际知名的雕塑家——已经成为一名著名画家之后，毕比却决定改行去酿酒。毕比回到菲耶索莱（Fiesole）这片在葡萄酒世界几乎鲜为人知的土地，一头扎在葡萄园中，其酿酒发展模式也异于常规，致力于推广和发展那些几乎已经被遗忘的葡萄品种，以一种能够吸引国际市场消费者的形式，使它们得到回归。最终打造出的吉戈利奥安索尼卡美酒（Ansonica del Giglio）就是明证，它的酿造葡萄精选自岛屿生产的葡萄，以此来劝说大陆上的人们应当好好照料吉戈利奥安索尼卡葡萄，而不是抛弃它。在今年的品鉴中，2013年份的泰斯塔马特（Testamatta）是一款单一品种桑娇维塞（Sangiovese），凭借卓越的表现跻身“三杯奖”大奖的决赛，它纯净而简朴，散发着醋栗和樱桃的缕缕果香，香氛新鲜清爽，口感别具一格，并不十分有力，但是可爱的酸度带来绵长的果味余韵，口感和谐，收口美妙。除此之外，2011年份的克罗尔（Colore）风味飘逸，这是一款以同比例的科罗里诺（Colorino）、桑娇维塞和卡内奥罗（Canaiolo）混酿而成的美酒，它吐露着果酱的跃动果香，入口成熟美味，口感紧致，质地细密。

| | | |
|---|---|---|
| ● Testamatta '13 | YY (red) | 8 |
| ● Colore '11 | YY | 8 |
| ● Soffocone di Vincigliata '14 | YY | 5 |
| ⊙ Bollamatta | Y | 3 |
| ○ Scopeto '15 | Y | 3 |
| ○ Bugia '14 | YY (white) | 6 |
| ○ Bugia '13 | YY (white) | 6 |
| ○ Casamatta Bianco '11 | YY (white) | 2* |
| ○ Gigliese '11 | YY (white) | 3 |
| ● Grilli del Testamatta '10 | YY (white) | 5 |
| ● It's a Game '10 | YY (white) | 2* |
| ● Soffocone di Vincigliata '13 | YY (white) | 5 |
| ● Testamatta '12 | YY (white) | 8 |
| ● Testamatta '09 | YY (white) | 8 |

## ★Grattamacco

loc. Lungagnano
57022 Castagneto Carducci [LI]
Tel. +39 0565765069
www.collemassari.it

藏酒销售
预约参观
年产量 120 000 瓶
葡萄种植面积 16 公顷
葡萄栽培方式 有机认证
可持续发展酒庄

格拉塔马克酒庄（Grattamacco）创建于20世纪70年代，迅速成长成为保格利产区（Bolgheri）最为成功的酒庄之一。今天，提帕兄弟（Tipa）打理着这座酒庄，他们还同时拥有科尔马萨里堡酒庄（Colle Massari）和索托丘酒庄（Poggio di Sotto），凭借近期的几次地块收购进一步增强了格拉塔马克酒庄的葡萄酒生产能力。酒庄的葡萄园与林地交织缠绕，园中不同地块的土壤类型也大为不同，从砂质到泥灰石灰质土壤不等。格拉塔马克酒庄的葡萄酒生产拥有坚实的基础，出品美酒能够达到极高的水准，个性自信，细腻优雅，是我们在该DOC产区品尝到的最佳美酒。在今年的品鉴中，品质卓越的2013年份格拉塔马克保格利超级红葡萄酒（Bolgheri Rosso Superiore Grattamacco）得益于卓越的生长年份而进一步提升了经典的香氛和细腻的酒质。它吐露着诱人成熟而新鲜的红莓果果香，融入系列辛香，带来美味密实的口感，结构强韧。我们特别喜爱这款美酒，不重酒重而更重优雅口感，果味精粹饱满。除此之外，2013年份的拉尔贝莱罗（L' Alberello）也表现精彩，2013年份的保格利红葡萄酒（Bolgheri Rosso）也是同类美酒中的佼佼者，但是风格明显简朴。

- Bolgheri Rosso Sup. Grattamacco '13 ΨΨΨ 8
- Bolgheri Rosso '14 ΨΨ 4
- Bolgheri Sup. L'Alberello '13 ΨΨ 6
- Bolgheri Rosso Sup. Grattamacco '12 ΨΨΨ 8
- Bolgheri Rosso Sup. Grattamacco '10 ΨΨΨ 7
- Bolgheri Rosso Sup. Grattamacco '09 ΨΨΨ 7
- Bolgheri Rosso Sup. Grattamacco '07 ΨΨΨ 7
- Bolgheri Rosso Sup. Grattamacco '06 ΨΨΨ 7
- Bolgheri Rosso Sup. Grattamacco '05 ΨΨΨ 7
- Bolgheri Rosso Sup. Grattamacco '04 ΨΨΨ 7
- Bolgheri Rosso Sup. Grattamacco '03 ΨΨΨ 7
- Bolgheri Sup. L'Alberello '11 ΨΨΨ 6

## Guado al Melo

loc. Murrotto, 130a
57022 Castagneto Carducci [LI]
Tel. +39 0565763238
www.guadoalmelo.it

藏酒销售
预约参观
年产量 150 000 瓶
葡萄种植面积 20 公顷
葡萄栽培方式 有机认证
可持续发展酒庄

在去年的年鉴中，米歇尔·塞恩
（Michele Scienza）拥有并经营的美罗
多酒庄（Guado al Melo）被评选为“最
新秀酒庄”，是保格利产区（Bolgheri
发展势头最好的典范酒庄。美罗瓜
酒庄的葡萄园占地面积达到17公顷，
植多种葡萄品种，既能代表地中海传
也包容了高加索传统，将其集中在加
特品牌（Jassarte）下，凸显出美罗瓜
酒庄敢于创新实验的勇气，田间的栽
方式非常重视葡萄的品质和可持续发
性生产；而在酒窖中的酿造活动也采
大师级的匠人手法，避免采取人为入
性的酿造技法，忠诚反映本地风土。
栽培品种包括维蒙蒂诺（Vermentino
和桑娇维塞（Sangiovese）以及经典
赤霞珠（Cabernet Sauvignon）、品丽
（Cabernet Franc）和梅洛（Merlot）。
今年的品鉴中，美罗瓜多酒庄提交了
款优质美酒，其中我们一致认为2013
份的阿蒂斯超级保格利（Bolgheri Superio
Atis）依然是该酒庄最佳出品。与此
的年份酒相比，2013年份酒去掉了些
果香和浓烈的质感，而是致力于加重
草的清爽芬芳和香膏般的美妙香气，
且入口依然精美，优雅且丰盈。除此
外，2014年份的鲁特保格利干红葡萄
（Bolgheri Rosso Rute）和2013年份的加
特（Jassarte）都表现不俗，但是口感
对简单。

- Bolgheri Rosso Sup. Atis '13 ΨΨ
- Bolgheri Rosso Rute '14 Ψ
- Jassarte '13 Ψ
- Bolgheri Rosso Sup. Atis '12 ΨΨΨ
- Bolgheri Rosso Rute '13 ΨΨ

## enuta Guado al Tasso

:. Bolgheri
a Bolgherese km 3,9
020 Castagneto Carducci [LI]
. +39 0565749735
vw.guadoaltasso.it

藏酒销售
年产量 1 500 000 瓶
葡萄种植面积 300 公顷

格利地区（Bolgheri）的瓜多塔索庄园 Guado al Tasso）占据着一片广袤的土 ：总占地面积达到1000公顷，其中300 顷的地块出产酿造葡萄；除此之外，有大量林地和地中海灌木丛点缀其 。葡萄酒生产无疑是在这如画风景中最 要的产业。这里种植的葡萄涵盖最具代 性的本地葡萄品种：包括用于酿造红葡 酒的梅洛（Merlot）、赤霞珠（Cabernet uvignon）、小味尔多（Petit Verdot）和桑 维塞（Sangiovese）；对于酿造白葡萄 而言，维蒙蒂诺（Vermentino）是葡萄 最重要的栽培品种。瓜多塔索酒庄 Guado al Tasso）隶属令人尊敬的意大利 蒂诺里酒坊（Antinori Constellation），是 大利顶级的葡萄酒生产商之一。在今 的品鉴中，2013年份的瓜多塔索超级 格利（Bolgheri Superiore Guado al Tasso） 现非常精彩，吐露着红莓果和黑莓果 爽成熟而饱满的果香，精美的辛香和 焙醇香萦绕其间，带来结构上佳的美 口感，融入肉味，果味持久流连不 。除此之外，2014年份的布鲁齐亚托 Bruciato）风格更加质朴简单，但依然 我们今年品尝到的最佳保格利红葡萄 （Bolgheri Rossos）之一。

| | |
|---|---|
| Bolgheri Rosso Il Bruciato '14 | 🍷🍷 5 |
| Bolgheri Rosso Sup. Guado al Tasso '13 | 🍷🍷 8 |
| Bolgheri Vermentino '15 | 🍷 3 |
| Bolgheri Rosso Sup. Guado al Tasso '01 | 🍷🍷🍷 8 |
| Bolgheri Rosato Scalabrone '11 | 🍷🍷 3 |
| Bolgheri Rosato Scalabrone '10 | 🍷🍷 3* |
| Bolgheri Rosso Il Bruciato '13 | 🍷🍷 5 |
| Bolgheri Rosso Il Bruciato '12 | 🍷🍷 4 |
| Bolgheri Rosso Sup. Guado al Tasso '12 | 🍷🍷 8 |
| Bolgheri Rosso Sup. Guado al Tasso '10 | 🍷🍷 8 |
| Bolgheri Vermentino '14 | 🍷🍷 3 |
| Bolgheri Vermentino '13 | 🍷🍷 3 |
| Bolgheri Vermentino '12 | 🍷🍷 3 |
| Bolgheri Vermentino '11 | 🍷🍷 3 |

## Tenute Guicciardini Strozzi

loc. Cusona, 5
53037 San Gimignano [SI]
Tel. +39 0577950028
www.guicciardinistrozzi.it

藏酒销售
预约参观
年产量 800 000 瓶
葡萄种植面积 115 公顷

530公顷的广袤土地、超过千年的漫长时光：这就是库索纳庄园（Cusona）。库索纳家族曾经在意大利历史的发展过程中担当了重要的角色，在他们的祖先中就包括李奥纳多·达·芬奇一遍遍描画的那位蒙娜丽莎。位于这里的古恰蒂尼斯特罗兹酒庄（Tenute Gucciardini Strozzi）当前庄主的父亲吉罗拉莫·斯特罗齐（Girolamo Strozzi）于1933年首次将维奈西卡葡萄酒（Vernaccia）装入波尔多酒瓶中（Bordeaux）。大约二十年后，酒庄的酿造活动延展到了托斯卡纳（Tuscan）的马雷马地区（Maremma），这里位于保格利（Bolgheri）、斯堪萨诺（Scansano）、蒙特马西（Montemassi）和潘泰莱瑞亚（Pantelleria）之间，生产22种类型不同的美酒。在今年的品鉴中，2013年份的维奈西卡陈酿（Vernaccia Riserva）给人带来非常惬意的享受，凭借卓越表现跻身“三杯奖”决赛。它的气质优雅，香氛怡人，吐露着芳香植物的缕缕芬芳，融入柑橘的阵阵果香；随之而来的口感劲道有力，但并不会过度，与优雅的结构达成平衡，带来轻快而质朴的收口巅峰。与此同时，2011年份的索德尔（Sòdole）是一款桑娇维塞（Sangiovese），气质悦人，香氛质朴，散发着烟草的醇香和皮革的芬芳，但是微微盖住了果香。口感多汁，融入肉味，收口美味，气质简单。其余古恰蒂尼斯特罗兹酒庄提交的系列美酒都展现出卓越的酿造水准。

| | |
|---|---|
| ○ Vernaccia di S. Gimignano Ris. '13 | 🍷🍷 3* |
| ● Sòdole '11 | 🍷🍷 5 |
| ○ Arabesque '15 | 🍷 2 |
| ● Chianti Colli Senesi Titolato Strozzi '15 | 🍷 2 |
| ○ Vernaccia di S. Gimignano Cusona 1933 '14 | 🍷 3 |
| ○ Vernaccia di S. Gimignano Titolato Strozzi '15 | 🍷 2 |
| ● Millanni '08 | 🍷🍷 6 |
| ● Morellino di Scansano Titolato Strozzi '12 | 🍷🍷 2* |
| ○ Vernaccia di S. Gimignano Cusona 1933 '12 | 🍷🍷 3 |
| ○ Vernaccia di S. Gimignano Ris. '12 | 🍷🍷 3 |
| ○ Vernaccia di S. Gimignano Titolato Strozzi '12 | 🍷🍷 2* |

## ★★Isole e Olena

Loc. Isole, 1
50021 Barberino Val d'Elsa [FI]
Tel. +39 0558072763
www.isoleolena.it

藏酒销售
预约参观
年产量 200 000 瓶
葡萄种植面积 56 公顷

保罗·德·玛奇（Paolo De Marchi）最初来自皮埃蒙特产区（Piedmontese），如今已经完全融入奇安蒂产区（Chianti Classico），或许还是黑公鸡DOC产区（Gallo Nero DOC）引以为傲的最严谨精进的酿酒师之一。他拥有的奥莱娜小岛酒庄（Isole e Olena）被公认为经典奇安蒂产区最佳酒庄之一，多年来出品从未失过水准，展现出教科书般经典的持久高品质，其基础便是种植馥郁饱满的酿造果实，同时在发酵成熟时谨慎选择橡木。奥莱娜小岛酒庄另一大特色则建立在对本地风土最复杂表述的追求之上，呈现出持久性和专业性，给予出品佳酿美味持久的风味，成为整个DOC产区的典范。在今年的品鉴中，2013年份的恰巴列罗（Cepparello）给我们留下最为深刻的印象，或许是该款酒有史以来最佳的一季出品。它的香氛非常复杂，融入缕缕肉香，鲜花和森林大地的芬芳萦绕其间，更有一抹精致且明显的新鲜樱桃香始终流连。口感扎实且宽广，酒质华美，果味深邃，收口时感到淡淡的咸味儿，令人愉悦。除此之外，馥郁芬芳、惬意放松的经典奇安蒂（Chianti Classico）也展现出精湛的酿造水准，很容易就克服了生长酿造年份不利的气候条件带来的影响。

| | |
|---|---|
| ● Cepparello '13 | 🍷🍷🍷 8 |
| ● Cabernet Sauvignon Collezione De Marchi '12 | 🍷🍷 8 |
| ● Chianti Cl. '14 | 🍷🍷 5 |
| ● Cepparello '12 | 🍸🍸🍸 8 |
| ● Cepparello '09 | 🍸🍸🍸 8 |
| ● Cepparello '07 | 🍸🍸🍸 8 |
| ● Cepparello '06 | 🍸🍸🍸 8 |
| ● Cepparello '05 | 🍸🍸🍸 8 |
| ● Cepparello '03 | 🍸🍸🍸 7 |
| ● Cepparello '01 | 🍸🍸🍸 6 |
| ● Cepparello '00 | 🍸🍸🍸 6 |
| ● Cepparello '11 | 🍸🍸 8 |
| ● Cepparello '08 | 🍸🍸 8 |
| ● Chianti Cl. '13 | 🍸🍸 5 |

## Istine

via Roma, 11
53017 Radda in Chianti [SI]
Tel. +39 0577733684
www.istine.it

年产量 32 000 瓶
葡萄种植面积 34 公顷

爱思婷酒庄（Istine）是经典奇安蒂产
（Chianti Classico）新近涌现出来的优质
庄，2009年才推出第一批瓶装酒。它
跃的酿造活动为其在去年的年鉴中赢
了"最佳新秀酒庄"的荣誉。爱思婷
庄拥有三座独立葡萄园，两座位于拉
次产区（Radda），一座位于奇安蒂的
奥勒（Gaiole in Chianti），拥有不同的
坡朝向、海拔高度和土壤成分构成，
是同样都采用有机栽培方式和精简的
统酿造工序——例如所有葡萄酒都在
型橡木桶中完成陈年。在爱思婷酒庄
始人安吉拉·福隆蒂（Angela Fronti）的
领下，酒庄出品展现出独一无二的明
风格，优雅活跃，浓郁集中，果味轻
流畅，气质高雅古典，都是表达能力
常卓越的佳酿。在今年的品鉴中，20
年份的经典奇安蒂葡萄园陈酿（Chia
Classico LeVigne Riserva）非常美味，堪
同类酒品中的佼佼者。不仅口感诱人
复杂，而且香氛也非常馥郁多层。与
同时，2014年份的经典奇安蒂（Chia
Classico）也表现精彩，它的香氛细腻
妙，酒体纤美，口感活力四射。除此
外，2014年份的卡瓦奇奥园经典奇安
（Chianti Classico Vigna Cavarchione）品质
美，虽然香氛略显封闭，但是口感演
成熟，果味四溢。

| | |
|---|---|
| ● Chianti Cl. LeVigne Ris. '13 | 🍷🍷🍷 |
| ● Chianti Cl. '14 | 🍷🍷 |
| ● Chianti Cl. V. Cavarchione '14 | 🍷🍷 |
| ● Chianti Cl. V. Istine '14 | 🍷🍷 |
| ● Chianti Cl. '13 | 🍸🍸 |
| ● Chianti Cl. '11 | 🍸🍸 |
| ● Chianti Cl. '10 | 🍸🍸 |
| ● Chianti Cl. Le Vigne Ris. '12 | 🍸🍸 |
| ● Chianti Cl. V. Casanova '13 | 🍸🍸 |
| ● Chianti Cl. V. Casanova '12 | 🍸🍸 |
| ● Chianti Cl. V. Istine '13 | 🍸🍸 |
| ● Chianti Cl. V. Istine '12 | 🍸🍸 |

## Maurizio Lambardi

c. Canalicchio di Sotto, 8
3024 Montalcino [SI]
L. +39 0577848476
www.lambardimontalcino.it

藏酒销售
预约参观
年产量 17 000 瓶
葡萄种植面积 6.5 公顷

博巴蒂家族（Lambardi）自1965年便拥有托凯来丽可酒庄（Canalicchio di Sotto），位于蒙塔奇诺产区（Montalcino）的东北部。酒庄占地面积达到6公顷的葡萄园主要种植桑娇维塞（Sangiovese），地处海拔350米，凝灰质黏土富含砾石。今年索托凯来丽可酒庄的主人是毛瑞佐·兰博巴蒂（Maurizio Lambardi），他将长时间的浸渍以及在3000公升和5000公升的斯拉沃尼亚（Slavonian）橡木桶中的长期陈年等手法贯彻到底，甚至进一步加强这些方式带来的别具一格的风味印记。索托凯来丽可酒庄出品的红葡萄酒风格传统但并不一味复古，最佳年份酒能够在饱满的结构和活跃的动力之间达成完美平衡，典型的北方香氛搭配更加南方的单宁结构。在今年的品鉴中，2011年份的布鲁奈罗酒（Brunello）无疑展现出卓越的品质，它吐露着经典的香氛，融入烟斗和土壤的醇香，缕缕干花芬芳萦绕其间，香氛表现开放怡人，明显优于口感，因为单宁依然略显锐利，但是果味非常精美，质地紧致强劲，这是良好的生长酿造季的体现。

| | |
|---|---|
| Brunello di Montalcino '11 | 🍷🍷 5 |
| Rosso di Montalcino '14 | ▼ 3 |
| Brunello di Montalcino '10 | YY 5 |
| Brunello di Montalcino '09 | YY 5 |
| Brunello di Montalcino '08 | YY 5 |
| Brunello di Montalcino '07 | YY 5 |
| Brunello di Montalcino '06 | YY 5 |
| Brunello di Montalcino '05 | YY 5 |

## Lamole di Lamole

loc. Lamole
50022 Greve in Chianti [FI]
Tel. +39 0559331411
www.lamole.com

藏酒销售
预约参观
餐饮接待
年产量 242 000 瓶
葡萄种植面积 57 公顷
可持续发展酒庄

圣玛格丽特集团（Santa Margherita Group）是意大利的先锋葡萄酒企业之一，在国内许多产区都拥有葡萄园。在托斯卡纳产区（Tuscany）的经典奇安蒂（Chianti Classico），它拥有两座极具产能的卓越酒庄：包括位于奇安蒂格拉芙次产区（Greve in Chianti）的蝶舞园酒庄（Lamole di Lamole）——占据了奇安蒂地区星罗棋布的葡萄园中的最佳地块，以及位于盖奥勒（Gaiole）的维斯塔瑞尼城堡酒庄（Villa Vistarenni）；在马雷马（Maremma）还拥有一座萨索莱加勒酒庄（Sassoregale）。蝶舞园酒庄酿造的经典奇安蒂DOC产区酒（Chianti Classico DOC）展现出浓郁的风味，非常适合饮用，和谐且优雅。这要归功于可持续发展的栽培实践和付出辛勤汗水的酒窖酿造工作，尤其审慎明智地使用大型和小型橡木桶浸渍陈年。在今年的品鉴中，2013年份的白标经典奇安蒂（Chianti Classico Etichetta Bianca）的确非常美味，它的香氛跃动飘逸，口感复杂，无法拒绝的美妙果味持久在唇齿之间流连不散。与此同时，2013年份的蓝标经典奇安蒂（Chianti Classico Etichetta Blu）也呈现出精彩表现，它的风格更加现代，与对照性而言更加注重酒中的甜美滋味。除此之外，2012年份的经典奇安蒂陈酿（Chianti Classico Riserva）吐露着缕缕辛香，融入阵阵果香，果味浸润酒中，口感非常紧致。

| | |
|---|---|
| ● Chianti Cl. Lamole di Lamole Et. Bianca '13 | 🍷🍷🍷 3* |
| ● Chianti Cl. Lamole di Lamole Et. Blu '13 | ▼▼ 3 |
| ● Chianti Cl. Ris. '12 | ▼▼ 3 |
| ● Maremma Merlot Sassoregale '14 | ▼▼ 3 |
| ● Maremma Sangiovese Sassoregale '14 | ▼▼ 3 |
| ● Chianti Cl. Gran Sel. Vign. di Campolungo '10 | YYY 5 |
| ● Chianti Cl. Lamole di Lamole Et. Blu '12 | YYY 3* |
| ● Chianti Cl. Vign. di Campolungo Ris. '09 | YYY 5 |
| ● Chianti Cl. Vign. di Campolungo Ris. '08 | YYY 5 |
| ● Chianti Cl. Gran Sel. Vign. di Campolungo '11 | YY 5 |
| ● Chianti Cl. Lamole di Lamole Et. Bianca '12 | YY 3 |
| ● Chianti Cl. Lamole di Lamole Et. Blu '11 | YY 3 |
| ● Chianti Cl. Lamole di Lamole Ris. '10 | YY 4 |

## La Lastra

FRAZ. SANTA LUCIA
VIA R. DE GRADA, 9
53037 SAN GIMIGNANO [SI]
TEL. +39 0577941781
www.lalastra.it

藏酒销售
预约参观
年产量 58 000 瓶
葡萄种植面积 7 公顷
可持续发展酒庄

环境先于生意，人才先于品牌，实质先于形式：这些是拉斯特拉酒庄（La Lastra）的核心理念。在学习并真正成为酿酒顾问的十年期间，娜迪亚·贝蒂（Nadia Betti）和丈夫雷纳托·斯帕努（Renato Spanu）积累了丰富的经验，于上个世纪九十年代中期创建了拉斯特拉酒庄，娜迪亚的哥哥恩里克·贝蒂（Enrico Betti）、瓦雷利奥·佐兹（Valerio Zorzi）和恩里克·帕特诺斯特（Enrico Paternoster）很快也都参与其中。他们致力于生产高品质美酒，坚持生态可持续发展性，充分表达本地风土特质。在今年的品鉴中，一直闯入角逐"三杯奖"决赛的是2014年份的维奈西卡陈酿（Vernaccia Riserva），它别具一格，香氛优雅，散发着可辨识的芳香植物的缕缕香氛，仿似百里香的飘逸香气和薄荷的一抹清凉，继而融入苹果的果香和如花芬芳，随之而来的美味口感清爽新鲜，清澈多汁，收口余韵绵长持久。与此同时，2011年份的洛瓦奥（Rovaio）是以同比例的桑娇维塞（Sangiovese）、赤霞珠（Cabernet Sauvignon）和梅洛（Merlot）混酿而成的美酒，刚一开启就释放出精美的酒香，淡淡的青草香萦绕其间，极有意趣，酒体纤美，口感丰盈，单宁质地细腻，收口余韵绵长悠然，美味持久在口中流连不散。

| | |
|---|---|
| ○ Vernaccia di S. Gimignano Ris. '14 | TT 3* |
| ● Rovaio '11 | TT 4 |
| ○ Vernaccia di S. Gimignano '15 | T 2 |
| ○ Vernaccia di S. Gimignano Ris. '09 | YYY 3* |
| ● Rovaio '09 | YY 4 |
| ○ Vernaccia di S. Gimignano '13 | YY 2* |
| ○ Vernaccia di S. Gimignano '12 | YY 2* |
| ○ Vernaccia di S. Gimignano '11 | YY 2* |
| ○ Vernaccia di S. Gimignano '10 | YY 2* |
| ○ Vernaccia di S. Gimignano Ris. '12 | YY 3* |
| ○ Vernaccia di S. Gimignano Ris. '11 | YY 3* |
| ○ Vernaccia di S. Gimignano Ris. '10 | YY 3* |

## Fattoria Lavacchio

VIA DI MONTEFIESOLE, 55
50065 PONTASSIEVE [FI]
TEL. +39 0558317472
www.fattorialavacchio.com

藏酒销售
预约参观
膳宿接待
年产量 120 000 瓶
葡萄种植面积 22 公顷
葡萄栽培方式 有机认证
可持续发展酒庄

从蒙泰菲索（Montefiesole）海拔450米山巅向下望，是一片典型的托斯卡（Tuscan）美景，茂密的橄榄树丛和葡萄园交织错落，蔓延到远方。这里是瓦奇奥酒庄（Lavacchio）的家，从古的十八世纪开始，这座家庭酒庄就在瓦奇奥家族中代代传承，从创始人佩齐·拉瓦奇奥（Peruzzi Lavacchio）的中，一直传到了今天掌管酒庄的费伊拉瓦奇奥（Faye Lavacchio）的手中。拉奇奥酒庄是强烈意识到采取有机农耕式的必要性和重要性的首批本地酒庄一。今天的酒庄拥有占地面积达到22顷的葡萄园、橄榄树林和农作物耕地采取充分尊重环境和本地风土的有机式耕作栽培。费伊还将满腔热情投注酒庄开展的各项辅助业务中：包括农旅游、餐厅服务、商店销售，甚至还一座于2011年修缮过后能够帮助本地民碾磨麦子的风车磨坊!在今年的品中，由于卢迪陈酿（Riserva Ludiè）的席，塞德罗系列（Cedro）从其他酒庄荐的系列美酒中脱颖而出，拔得头筹它吐露着红莓果成熟的果香，融入橡带来的缕缕辛香，口感华美持久。除之外，2011年份的冯泰加里（Fontegalli也表现出色，这款以西拉（Syrah）和洛（Merlot）混酿而成的美酒口感柔美单宁如同天鹅绒般丝滑，收口浸润着草的美味。

| | |
|---|---|
| ● Chianti Rufina Cedro '14 | TT |
| ● Fontegalli '11 | TT |
| ● Chianti Puro '15 | T |
| ● Chianti Rufina Cedro Ris. '11 | T |
| ○ Oro del Cedro V. T. '14 | T |
| ● Chianti Rufina Cedro '12 | YY |
| ● Chianti Rufina Cedro Ris. '10 | YY |
| ● Chianti Rufina Ludié Ris. '10 | YY |
| ● Fontegalli '08 | YY |
| ○ Oro del Cedro V. T. '12 | YY |
| ○ Pachar '13 | YY |
| ○ Pachar '12 | YY |
| ○ Vin Santo del Chianti Rufina Ris. '09 | YY |
| ○ Vin Santo del Chianti Rufina Ris. '08 | YY |

## La Lecciaia

oc. Vallafrico
53024 Montalcino [SI]
Tel. +39 0583928366
www.lecciaia.it

预约参观
年产量 200 000 瓶
葡萄种植面积 16 公顷

回溯1983年，毛罗·帕西尼（Mauro Pacini）在蒙塔奇诺（Montalcino）的东部地区买下乐恰雅酒庄（La Lecciaia），并且逐渐将其发展成DOC产区最成熟和卓越的酒庄之一。乐恰雅酒庄拥有70公顷土地，其中包括种植面积达到16公顷的葡萄园，主要栽培的葡萄品种是桑娇维塞（Sangiovese），能够自然且完美地反映出海拔450米高山地带独特的气候和风土条件，土壤呈中型颗粒的沙土和黏土质土壤，富含砾石，终日吹拂着爽利的微风。在气候条件优越的年份，基本款的布鲁奈罗（Brunello）和玛娜佩特园布鲁奈罗（Vigna Manapetra cru）都会推出陈酿酒款，要在大型橡木桶中经过两至三周的温控浸渍。在今年的品鉴中，乐恰雅酒庄提交了全系列四款布鲁奈罗酒，其中给我们留下最深刻印象的美酒是2010年份的玛娜佩特园布鲁奈罗陈酿（Vigna Manapetra Riserva），这款顶级酒庄出产的美酒吐露着柑橘香，融入香膏的缕缕芬芳，更有一抹淡淡的杏仁滋味浸润酒中。同年份的陈酿（Riserva）相比较而言酒体略显纤细，风格类似，包括散发着缕缕桔子的芬芳。

| | | |
|---|---|---|
| ● Brunello di Montalcino Ris. '10 | 🍷🍷 | 6 |
| ● Brunello di Montalcino V. Manapetra Ris. '10 | 🍷🍷 | 6 |
| ● Brunello di Montalcino '11 | 🍷 | 5 |
| ● Brunello di Montalcino V. Manapetra '11 | 🍷 | 6 |
| ● Brunello di Montalcino V. Manapetra '09 | 🍷🍷🍷 | 6 |
| ● Brunello di Montalcino '10 | 🍷🍷 | 5 |
| ● Brunello di Montalcino Ris. '09 | 🍷🍷 | 6 |
| ● Brunello di Montalcino Ris. '08 | 🍷🍷 | 6 |
| ● Brunello di Montalcino V. Manapetra '10 | 🍷🍷 | 6 |
| ● Brunello di Montalcino V. Manapetra '08 | 🍷🍷 | 5 |
| ● Brunello di Montalcino V. Manapetra Ris. '08 | 🍷🍷 | 6 |
| ● Rosso di Montalcino '11 | 🍷🍷 | 3 |

## Tenuta Lenzini

fraz. Gragnano
via della Chiesa, 44
55012 Capannori [LU]
Tel. +39 0583974037
www.tenutalenzini.it

藏酒销售
预约参观
膳宿接待
年产量 60 000 瓶
葡萄种植面积 14 公顷
葡萄栽培方式 有机认证

格拉纳诺（Gragnano）是一片肥沃土地，非常适合栽种橄榄树和葡萄藤。位于卢卡（Lucca）周边的山间，兰兹尼酒庄（Tenuta Lenzini）拥有种植面积达到13公顷的葡萄园，主要栽培梅洛（Merlot）、赤霞珠（Cabernet sauvignon）、西拉（Syrah）和紫北塞（Alicante Bouschet）。除了选取优质的葡萄品种之外，兰兹尼酒庄获得成功还依靠周到细致的酿酒方法以及尊重果实原动力的酒窖酿造实践。虽然兰兹尼酒庄拥有古老的酿造历史和传统，但是于2007年开始才作为现代酒庄取得了进一步发展。在今年的品鉴中，由于采收酿造季的气候条件比较艰苦，兰兹尼酒庄推荐酒品给我们留下的总体印象是酒体较轻，底蕴较浓。以维蒙蒂诺（Vermentino）和苏维翁（Sauvignon）混酿而成的维蒙翁（Vermignon）吐露着活跃且别具一格的酒香，果味多汁，口感完美。除此之外，2014年的客观条件在2014年份的卢切西山教堂红葡萄酒（Colline Lucchesi Rosso Casa e Chiesa）身上刻下烙印，吐露着淡淡的辛香，单宁美味。

| | | |
|---|---|---|
| ○ Vermignon '15 | 🍷🍷 | 3 |
| ● Colline Lucchesi Rosso Casa e Chiesa '14 | 🍷 | 3 |
| ● Poggio de' Paoli '12 | 🍷 | 4 |
| ● Poggio de' Paoli '07 | 🍷🍷 | 4 |
| ● Syrah '12 | 🍷🍷 | 5 |
| ● Syrah '11 | 🍷🍷 | 5 |
| ● Syrah '07 | 🍷🍷 | 4 |
| ○ Vermignon '14 | 🍷🍷 | 3 |

## Cantine Leonardo da Vinci

via Provinciale Mercatale, 291
50059 Vinci [FI]
Tel. +39 0571902444
www.cantineleonardo.it

藏酒销售
预约参观
膳宿接待
年产量 4 500 000 瓶
葡萄种植面积 750 公顷

虽然数据常常显得不那么人性化、冷冰冰，但是却比千言万语更能准确地描述事实：1961年，李奥纳多达芬奇联合酒庄（Cantine Leonardo da Vinci）拥有30名成员商和70公顷葡萄园；今年的联合酒庄则增长到200名成员商和750公顷的广袤葡萄园。这要归功于这些相信本地风土能够打造高品质美酒的成员商们的不懈努力，以及他们拒绝放弃的勇气和信心。30家小型葡萄酒生产商于1961年在芬奇（Vinci）成立了李奥纳多达芬奇联合酒庄，他们决定联合小型酿酒商的力量，打造精品葡萄酒。1990年，酒庄迎来了重要的变革时刻，他们买下了蒙塔奇诺酒庄（Cantina di Montalcino），将业务扩展到了锡耶纳地区（Siena）。如今在50年的发展历程中，李奥纳多达芬奇联合酒庄无论是从出品品质还是从组织规模而言都达到了登峰造极的程度。2002年，联合酒庄设立了第二分支德勒葡萄园（Delle Vigne）来发行美酒。2012年，李奥纳多达芬奇联合酒庄并入了卡维罗集团（Caviro），这是酒庄历史上的另一个重大转折点。2013年份的奇安蒂达芬奇陈酿（Chianti Da Vinci Riserva）凭借卓越表现跻身角逐“三杯奖”大奖的决赛，它的气质柔美细腻，别具一格，吐露着野生莓果的缕缕果香，融入丁香和肉桂淡淡的辛香，更有一抹香膏的芬芳萦绕其间。初入口感受极佳，热辣和谐，令人垂涎，果味丰盈的收口感受持久不散。除此之外，2014年份的李奥纳多（Leonardo）令人愉悦，吐露着香草和刺柏的美妙芬芳，融入覆盆子和草莓的缕缕果香，入口犹如奶油般绵密细腻，口感柔美温和，果味丰盈。

| | |
|---|---|
| ● Chianti Da Vinci Ris. '13 | 🍷🍷 3* |
| ○ Bianco dell'Empolese Vin Santo Da Vinci '09 | 🍷🍷 5 |
| ● Brunello di Montalcino Cantina di Montalcino '11 | 🍷🍷 5 |
| ● Leonardo '14 | 🍷🍷 2* |
| ● Chianti '15 | 🍷 2 |
| ● Rosso di Montalcino Cantina di Montalcino '14 | 🍷 3 |
| ● Chianti Da Vinci Ris. '12 | YY 3* |
| ● Chianti Da Vinci Ris. '11 | YY 3* |
| ● Chianti Da Vinci Ris. '10 | YY 3 |

## Tenuta di Lilliano

loc. Lilliano, 8
53011 Castellina in Chianti [SI]
Tel. +39 0577743070
www.lilliano.com

藏酒销售
预约参观
膳宿接待
年产量 150 000 瓶
葡萄种植面积 35 公顷

莉莉安诺酒庄（Tenuta di Lilliano）可能是最能够展现奇安蒂卡斯泰利纳尔多次产区（Castellina in Chianti）风土的酒庄。鲁斯珀利家族（Ruspoli）拥有莉莉安诺酒庄已经长达一个世纪，创始人恩佐·摩根提（Enzo Morganti）和朱利奥·加姆贝利（Giulio Gambelli）是创造了经典奇安蒂产区（Chianti Classico）历史的传奇人物。今天莉莉安诺酒庄的出品更多吸收了突出的现代特质，同时依然尊重奇安蒂产区的传统。如此收获的系列美酒风格各异，散发着典型的华美果香，和谐运用大型和小型橡木桶进行陈年，总能展现出别具一格的特性，随着时间的蔓延更逐渐释放出越来越复杂和精美的果味。在莉莉安诺酒庄这一季提供的品鉴酒品中，2013年份的经典奇安蒂陈酿（Chianti Classico Riserva）越发质朴，它的气质优雅，展现出传统技法酿造此类美酒的高超水准，吐露着如花芬芳，融入泥土的醇香，口感果味丰盈，活力四射。除此之外，2012年份的经典奇安蒂精选系列（Chianti Classico Gran Selezione）风格略显现代，果味更加甜美，气质更加飘逸，香氛更加活跃。除此之外，2014年份的经典奇安蒂（Chianti Classico）虽然气质比较简单，但是口感诱人。

| | |
|---|---|
| ● Chianti Cl. Ris. '13 | 🍷🍷🍷 5 |
| ● Chianti Cl. Gran Sel. '12 | 🍷🍷 5 |
| ● Chianti Cl. '14 | 🍷 3 |
| ● Chianti Cl. '10 | YYY 3 |
| ● Chianti Cl. '09 | YYY 3 |
| ● Chianti Cl. Gran Sel. '11 | YYY 5 |
| ● Chianti Cl. Gran Sel. Ris. '10 | YYY 6 |
| ● Chianti Cl. '13 | YY 3 |
| ● Chianti Cl. '11 | YY 3 |
| ● Chianti Cl. '08 | YY 4 |
| ● Chianti Cl. Ris '08 | YY 5 |
| ● Chianti Cl. Ris. '11 | YY 5 |
| ● Chianti Cl. Ris. '10 | YY 5 |
| ● Chianti Cl. Ris. '09 | YY 5 |

## Lisini

RAZ. SANT'ANGELO IN COLLE
OD. CASANOVA
3024 MONTALCINO [SI]
EL. +39 0577844040
www.lisini.com

藏酒销售
预约参观
年产量 90 000 瓶
葡萄种植面积 21 公顷

自从19世纪晚期开始，里西尼家族（Lisini）就在蒙塔奇诺地区（Montalcino）活跃地进行酿酒活动，里西尼酒庄是20世纪60年代整体系列美酒都颇受好评的不多的酒庄之一，因而成为享誉世界的真正历史名庄。这座传奇酒庄今天依然处于不断的发展之中，作为根基的占地面积达到20公顷的葡萄园全部奉献给桑娇维塞（Sangiovese），大部分坐落于酒庄附近的西斯塔地区（Sesta），但只有一座葡萄园例外——尤格拉雅顶级葡萄园（Ugolaia），拥有清晰可辨的凝灰红土土壤。他们酿造的布鲁奈罗总是能将地中海风情与南蒙塔奇诺地区（Montalcino）的特色完美地融为一体，口感紧致、风格质朴的桑娇维塞总能展现出强大的陈年潜力。将出品的系列布鲁奈罗酒（Brunello）凝聚在一起的是气质质朴、果味丰盈的酿造原则，随着时间的推移香氛果味不减，这是酒液在中型斯拉沃尼亚橡木桶（Slavonian）中陈酿的结果。在今年的品鉴中，里西尼酒庄2010年份酒的竞赛最终以难分伯仲而终结。布鲁奈罗陈酿（Brunello Riserva）代表着极简主义，吐露着松露的经典香氛，融入干花的缕缕芬芳和皮革的醇香。与此同时，尤格拉雅顶级葡萄园（Ugolaia）吐露着浓郁的果香，酒质更加饱满，不过活跃的单宁和馥郁的酒精在当下阶段依然受阻，假以时日必将日臻完美。

| | |
|---|---|
| Brunello di Montalcino Ris. '10 | 🍷🍷 7 |
| Brunello di Montalcino Ugolaia '10 | 🍷🍷 8 |
| Brunello di Montalcino '11 | 🍷 6 |
| San Biagio '14 | 🍷 2 |
| Brunello di Montalcino '90 | 🍷🍷🍷 5 |
| Brunello di Montalcino '88 | 🍷🍷🍷 5 |
| Brunello di Montalcino Ugolaia '06 | 🍷🍷🍷 8 |
| Brunello di Montalcino Ugolaia '04 | 🍷🍷🍷 8 |
| Brunello di Montalcino Ugolaia '01 | 🍷🍷🍷 8 |
| Brunello di Montalcino Ugolaia '00 | 🍷🍷🍷 7 |
| Brunello di Montalcino Ugolaia '91 | 🍷🍷🍷 7 |

## Livernano

LOC. LIVERNANO, 67A
53017 RADDA IN CHIANTI [SI]
TEL. +39 0577738353
www.livernano.it

藏酒销售
预约参观
膳宿接待
年产量 100 000 瓶
葡萄种植面积 25 公顷

里弗纳诺酒庄（Livernano）的典型特点在于酒庄的葡萄园管理十分严格，从整枝系统类型开始，几乎完全是严格的树形整枝，按照每公顷7000棵葡萄藤的密度栽培，所有种植活动都以对环境展现出最大尊重为前提。在酒窖的酿造环节中，酒液只在小橡木桶中发酵陈年，强调自信的现代酿造手法，所产酒品追求饱满酒体、丰盈质地、馥郁果味的风格，在不牺牲细腻口感的同时保证精美的酸度。除此之外，里弗纳诺酒庄还在奇安蒂的拉达次产区（Radda in Chianti）拥有卡萨温托酒庄（Casalvento）。在里弗纳诺酒庄这一季提供的品鉴酒品中，2013年份的经典奇安蒂（Chianti Classico）品质卓越，尤其是持久稳定且强劲的果味令人赞叹，得到清爽且精美芬芳的香氛支持。2013年份的卡萨温托经典奇安蒂（Chianti Classico Casalvento）同样表现精彩，它吐露着精美的复杂香氛，果味令人垂涎，散发着香料的辛香和铅笔屑的奇异气息，口感浸润美味果味。除此之外，2013年份的经典奇安蒂陈酿（Chianti Classico Riserva）吐露着更加质朴的酒香，但是口感非常紧致，单宁质地细密，果味馥郁而华美。

| | |
|---|---|
| ● Chianti Cl. '13 | 🍷🍷 3* |
| ● Chianti Cl. Casalvento '13 | 🍷🍷 5 |
| ● Chianti Cl. Ris. '13 | 🍷🍷 4 |
| ● Chianti Cl. Ris. '04 | 🍷🍷🍷 4 |
| ● Livernano '05 | 🍷🍷🍷 6 |
| ● Livernano '03 | 🍷🍷🍷 6 |
| ● Livernano '99 | 🍷🍷🍷 7 |
| ● Chianti Cl. '12 | 🍷🍷 3* |
| ● Chianti Cl. '10 | 🍷🍷 3 |
| ● Chianti Cl. Gran Selezione '11 | 🍷🍷 7 |
| ● Chianti Cl. Ris. '11 | 🍷🍷 4 |
| ● Chianti Cl. Ris. '10 | 🍷🍷 4 |
| ○ L'Anima '14 | 🍷🍷 3 |
| ● Purosangue '10 | 🍷🍷 5 |

## Lunadoro

FRAZ. VALIANO
LOC. TERRAROSSA PAGLIERETO
53040 MONTEPULCIANO [SI]
TEL. 348 2215188
wwww.lunadoro.com

藏酒销售
预约参观
膳宿接待
年产量 60 000 瓶
葡萄种植面积 12 公顷
葡萄栽培方式 有机认证
可持续发展酒庄

总部在瑞士的斯琴科意大利葡萄酒公司（Schenk Italian Wineries）近期买下了位于瓦利亚诺（Valiano）的卢娜多罗酒庄（Lunadoro）。卢娜多罗酒庄创建于2002年，是蒙特普齐亚诺诺贝勒DOC产区（Nobile di Montepulciano DOC）最年轻的酒庄之一。出品美酒展现出清晰的浓郁风格，品质卓越，蕴含令人感到十分舒适的持久果味。这一切得益于在葡萄园的栽培和酒窖的酿造中不遗余力的辛苦劳作，而且在酿造过程中尽量避免不必要的人工干预。在卢娜多罗酒庄这一季提供的品鉴酒品中，2012年份的蒙特普齐亚诺奎尔西欧纳诺贝勒（Nobile di Montepulciano Quercione Riserva）吐露着清爽而精美的复杂香氛，融入橡木的辛香和可爱圆润的果香，入口感到持久宽广的果味，细腻丰盈，颇具深度。与此同时，2013年份的派格廖雷托诺贝勒（Nobile Pagliareto）香氛更加馥郁，酒质更加均衡，果味强劲有力，但是略微缺少复杂度。除此之外，2014年份的蒙特普齐亚诺普鲁纳莱洛红葡萄酒（Rosso di Montepulciano Prugnanello）或许是该款葡萄酒最佳一季年份酒，非常诱人，果味甜美，美味可口。

- Nobile di Montepulciano Quercione Ris. '12 — YY 4
- Nobile di Montepulciano Pagliareto '13 — YY 3
- Rosso di Montepulciano Prugnanello '14 — YY 2*
- Nobile di Montepulciano '11 — YY 4
- Nobile di Montepulciano '09 — YY 4
- Nobile di Montepulciano '08 — YY 3
- Nobile di Montepulciano Pagliareto '12 — YY 4
- Nobile di Montepulciano Quercione '11 — YY 4
- Nobile di Montepulciano Quercione '10 — YY 4
- Nobile di Montepulciano Quercione Ris. '09 — YY 5
- Rosso di Montepulciano Primo Senso '11 — YY 3

## I Luoghi

LOC. CAMPO AL CAPRIOLO, 201
57022 CASTAGNETO CARDUCCI [LI]
TEL. +39 0565777379
www.iluoghi.it

藏酒销售
年产量 15 000 瓶
葡萄种植面积 3.80 公顷
葡萄栽培方式 有机认证

斯蒂凡诺·格兰塔（Stefano Granata）
妻子宝拉·格兰塔（Paola Granata）建
了一座可爱的小酒庄，拥有自己的葡
园，无疑是对保格利（Bolgheri）葡萄
世界充满原始风味的有益补充。夫妇
人亲密无间地在真实反映本地风土的
实基础上打理着罗吉酒庄（I Luoghi），
关注葡萄园管理（分为两个地块）、
酵、陈年和酒品销售的每一个环节。
品风格展现出无法错认的优雅和个性，
酒体从不过于饱满，口感从不过于
腻。换句话说，出产酒品的风格与毫
争议的高品质是罗吉酒庄得到尊重的
因，而且罗吉酒庄始终是该DOC产区最
功的家庭酒庄之一。在今年罗吉酒庄
供的品鉴酒品中，2013年份的瑞托提
（Podere Ritorti）表现极为出色，云淡风
地捧走了“三杯奖”大奖。这款美酒
风尚与惯常标准相距甚远，吐露着泥
和矿物质的醇香，融入皮革和烟草的
异芬芳，质地非常优雅，果味四溢，
感从不过分浮夸，但是令人极度愉悦。
除此之外，2013年份的坎珀阿尔菲
（Campo al Fico）的特色不那么突出，
氛略微内敛封闭，很快就被遮掩，但
口感非常令人振奋。

- Bolgheri Sup. Podere Ritorti '13 — YYY
- Bolgheri Sup. Campo al Fico '13 — YY
- Bolgheri Sup. Campo al Fico '10 — YYY
- Bolgheri Sup. Campo al Fico '09 — YYY
- Bolgheri Sup. Campo al Fico '08 — YYY
- Bolgheri Sup. Campo al Fico '07 — YY
- Bolgheri Sup. Campo al Fico '06 — YY
- Bolgheri Sup. Podere Ritorti '12 — YY
- Bolgheri Sup. Podere Ritorti '11 — YY
- Bolgheri Sup. Podere Ritorti '10 — YY
- Bolgheri Sup. Podere Ritorti '09 — YY
- Bolgheri Sup. Podere Ritorti '08 — YY
- Bolgheri Sup. Podere Ritorti '07 — YY

## ★Le Macchiole

oc. Bolgheri
a Bolgherese, 189a
7022 Castagneto Carducci [LI]
el. +39 0565766092
www.lemacchiole.it

预约参观
年产量 157 000 瓶
葡萄种植面积 27 公顷

玛奇奥酒庄（Le Macchiole）讲述了保格利（Bolgheri）葡萄酒世界最暖心、最奇妙的故事。这座精致美丽、非常成功的酒庄是保格利地区成立最早且地位最重要的卓越酒庄之一，出产享誉全球的美酒，成为“意大利制造美酒”的典范标签，也是第一个发掘出产区巨大潜力的酒庄。1983年，欧金尼奥·卡姆珀米（Eugenio Campolmi）和辛齐亚·马里（Cinzia Merli）创建了玛奇奥酒庄，将他们的热情发展成为酿酒事业。今天的玛奇奥酒庄是一个活力四射的卓越酒庄，殷切追逐葡萄酒生产各个环节的变革和创新，试图以精湛和原创的酿造技艺将风土表达发挥到极致——正如它一贯所做的那样。在今年的品鉴中，玛奇奥酒庄提交了多款美酒，其中拔得头筹的是2013年份的帕里奥（Paleo），这款浓郁的红葡萄酒得益于卓越的生长酿造季而获得了不俗的优雅和深邃。它吐露着黑莓果的果香，融入森林大地的缕缕醇香，别具特色的香膏芬芳萦绕其间，更有一抹草地的清香飘散，入口后感到些许烘焙滋味仍然需要时间柔化在酒中，但是瓶中的陈年将会令这款美酒日臻完美。除此之外，2014年份的帕里奥白葡萄酒（Paleo Bianco）也同样令我们印象深刻。

| | |
|---|---|
| Paleo Rosso '13 | 🍷🍷🍷 8 |
| Bolgheri Bianco Paleo '14 | 🍷🍷 6 |
| Messorio '13 | 🍷🍷 8 |
| Scrio '13 | 🍷🍷 8 |
| Messorio '07 | 🍷🍷🍷 8 |
| Messorio '06 | 🍷🍷🍷 8 |
| Paleo Rosso '12 | 🍷🍷🍷 8 |
| Paleo Rosso '11 | 🍷🍷🍷 8 |
| Paleo Rosso '10 | 🍷🍷🍷 8 |
| Paleo Rosso '09 | 🍷🍷🍷 8 |
| Paleo Rosso '03 | 🍷🍷🍷 8 |
| Paleo Rosso '01 | 🍷🍷🍷 8 |
| Scrio '08 | 🍷🍷🍷 8 |

## Le Macioche

s.da prov.le 55 di Sant'Antimo km 4,850
53024 Montalcino [SI]
Tel. +39 0577849168
www.lemacioche.it

藏酒销售
预约参观
膳宿接待
年产量 18 000 瓶
葡萄种植面积 3 公顷

还需要花上几年的时间来评估马乔凯酒庄（Le Macioche）在生产环节以及风格方面发生的变化。这座历史悠久的蒙塔奇诺产区（Montalcino）酒庄近期被三位来自威尼托产区（Veneto）的年轻朋友们（如今是商业合作伙伴）收购——里卡尔多·卡利亚里（Riccardo Caliari）、斯蒂凡诺·布鲁奈托（Stefano Brunetto）和马西莫·布伦扎托（Massimo Bronzato）。马乔凯酒庄的总部依然位于来的小庄园，拥有占地面积只有3公顷的葡萄园，沿着圣安提莫河谷（Sant' Antimo）的西南山坡缓缓蔓延开去，海拔超过400米的地块拥有富含泥灰的石灰质土壤。迄今为止，我们一直习惯于马乔凯酒庄呈现飘逸有时甚至清凛风格的布鲁奈罗酒（Brunellos），它们的个性得到了酒窖酿造工序的有力支持：马乔凯酒庄采取极简的酿造工序，酒液在橡木桶中自行发酵后，置于4000公升的桶内进行长期陈年。在今年的品鉴中，马乔凯酒庄只提交了一款美酒，那就是2011年份卓越的布鲁奈罗酒（Brunello）。这款美酒充分显示出马乔凯酒庄的典型酒品风格，吐露着极具穿透力的强劲果香，仿佛柑橘和莓果般的芬芳，融入干爽辛香，入口感到流畅的果味，年轻而惬意，不过单宁质感略显突出。

| | |
|---|---|
| ● Brunello di Montalcino '11 | 🍷🍷 7 |
| ● Brunello di Montalcino '10 | 🍷🍷 7 |
| ● Brunello di Montalcino '09 | 🍷🍷 7 |
| ● Brunello di Montalcino '08 | 🍷🍷 7 |
| ● Brunello di Montalcino '07 | 🍷🍷 7 |
| ● Brunello di Montalcino '06 | 🍷🍷 6 |
| ● Brunello di Montalcino '04 | 🍷🍷 6 |
| ● Brunello di Montalcino '00 | 🍷🍷 5 |
| ● Brunello di Montalcino Ris. '06 | 🍷🍷 8 |
| ● Brunello di Montalcino Ris. '01 | 🍷🍷 6 |
| ● Rosso di Montalcino '13 | 🍷🍷 4 |
| ● Rosso di Montalcino '11 | 🍷🍷 4 |
| ● Rosso di Montalcino '10 | 🍷🍷 4 |
| ● Rosso di Montalcino '09 | 🍷🍷 4 |

## La Mannella

LOC. LA MANNELLA, 322
53024 MONTALCINO [SI]
TEL. +39 0577848268
www.lamannella.it

预约参观
年产量 35 000 瓶
葡萄种植面积 8 公顷

马可・科托奈西（Marco Cortonesi）是蒙塔奇诺产区（Montalcino）最受尊敬的葡萄酒酿造商之一，而这不仅是因为他自1990年起就在曼尼拉酒庄（La Mannella）酿造品质极其卓越的布鲁奈罗（Brunello）。曼尼拉酒庄创建于20世纪70年代，在酒庄以北拥有占地面积达到8公顷的葡萄园，坐落于海拔250米，拥有黏土质土壤；与此同时，在酒庄东南地带还拥有一块海拔400米的泥灰质土壤地块。酒庄出品的旗舰美酒要在温控的条件下在不锈钢容器中经过长时间的浸渍，继而在斯拉沃尼亚（Slavonian）橡木桶中进行长短不一的陈年发酵和成熟工序——例如部分波吉亚莱利园布鲁奈罗（I Poggiarelli）就在小型橡木桶中完成陈年。在今年的品鉴中，曼尼拉酒庄坚实的酿造团队冒着重复自我的危险，再度为我们奉献出超越巅峰的品质好酒。2010年份的布鲁奈罗陈酿（Brunello Riserva）极有意趣，吐露着香料的饱满辛香，融入树根的醇香，带来经典而扎实的果味口感。除此之外，2011年份的波吉亚莱利园布鲁奈罗（Brunello I Poggiarelli）似乎略显缺乏活力和扎实口感，但是它的香氛精美，散发着罐装水果的芬芳和滑石粉的气息。

- Brunello di Montalcino Ris. '10 TT 6
- Brunello di Montalcino I Poggiarelli '11 TT 5
- Rosso di Montalcino '14 TT 3
- Brunello di Montalcino '11 T 5
- Brunello di Montalcino '10 YY 5
- Brunello di Montalcino '09 YY 5
- Brunello di Montalcino '08 YY 5
- Brunello di Montalcino '07 YY 5
- Brunello di Montalcino Ris. '06 YY 6
- Brunello di Montalcino I Poggiarelli '10 YY 5
- Brunello di Montalcino I Poggiarelli '09 YY 5
- Brunello di Montalcino I Poggiarelli '08 YY 5
- Brunello di Montalcino I Poggiarelli '07 YY 5
- Rosso di Montalcino '13 YY 3

## Il Marroneto

LOC. MADONNA DELLE GRAZIE, 307
53024 MONTALCINO [SI]
TEL. +39 0577849382
www.ilmarroneto.it

藏酒销售
预约参观
年产量 30 000 瓶
葡萄种植面积 6 公顷
可持续发展酒庄

约瑟佩・莫里（Giuseppe Mori）于上个世纪七十年代创建了马洛内都酒庄（Il Marroneto），这里原本是一座俯瞰蒙托索利山（Montosoli）的古老栗子晾晒场，是约瑟佩将其改建成了酒庄，因此得名马洛内都酒庄。今天的马洛内都酒庄由约瑟佩的儿子阿历桑德罗・莫里（Alessandro Mori）经营管理，成为蒙塔奇诺产区（Montalcino）最闪耀的明星酒庄之一，这要感谢酒庄拥有世界著名的感恩玛多娜顶级葡萄园（Madonna delle Grazie cru）。马洛内都酒庄的出品展现出无法错认的独特风格，极少人工干预的痕迹，只等时光将其慢慢打开，缓缓释放登峰造极的果香和果味。出产的美酒通过在各种年龄和尺寸的斯拉沃尼亚橡木桶（Slavonian）中长期陈年，拥有了充分阐述本地风土的能力，因此质朴、极简且纯粹的布鲁奈罗酒（Brunellos）令耐心等待真正宝藏的酒迷们趋之若鹜——它们的风格用最恰当的词汇来表达的话就是北方之魂。在今年的品鉴中，从马洛内都酒庄推荐的各种款式的美酒中脱颖而出的美酒依然是感恩玛多娜（Madonna delle Grazie），凭借2011年份酒拔得头筹，炎热的生长酿造季在浓郁的果香中留下印记，和着缕缕树脂的芬芳，融入熏香和香膏的香气，带来复杂的整体香氛；更不用说强劲的单宁结构，跃动美味，令我们毫不怀疑它卓越的陈年潜力。

- Brunello di Montalcino Madonna delle Grazie '11 TTT 8
- Brunello di Montalcino '11 TT 7
- Brunello di Montalcino Madonna delle Grazie '10 YYY 8
- Brunello di Montalcino Madonna delle Grazie '08 YYY 8
- Brunello di Montalcino '10 YY 7
- Brunello di Montalcino '09 YY 7
- Brunello di Montalcino '08 YY 7
- Brunello di Montalcino Madonna delle Grazie '09 YY 8
- Rosso di Montalcino Ignaccio '13 YY 3
- Rosso di Montalcino Ignaccio '11 YY 3

## Cosimo Maria Masini

VIA POGGIO AL PINO, 16
56028 SAN MINIATO [PI]
TEL. +39 0571465032
www.cosimomariamasini.it

藏酒销售
预约参观
年产量 35 000 瓶
葡萄种植面积 17 公顷

马西尼家族（Masini）于2000年买下了柯西莫玛利亚马西尼酒庄（Cosimo Maria Masini）。马西尼家族原本并非从事葡萄酒行业的企业家，他们选择马西尼酒庄的主要原因在于其理想的地理位置、拥有占地面积达到40公顷的单一地块、更由于酒庄的前主人、比萨农业文化研究中心的创始人科斯莫·瑞多费（Cosmo Ridolfi）给酒庄留下了完备的组织结构，非常适合开展建立在生物动力学基础上的酿造活动。马西尼酒庄的现任主人、激情万丈的柯西莫·马西尼（Cosimo Masini）非常赞成科斯莫的理念，并且将其贯彻下去。在今年的品鉴中，我们非常喜爱2015年份的尼克尔（Nicole），这款单一品种桑娇维塞（Sangiovese）散发着清爽悦人的野生莓果果香，融入芳香植物的清香，口感柔滑流畅，酒体纤美，酸度精良，带来华丽的收口感受。除此之外，2015年份的考斯莫（Cosimo）主要由桑娇维塞打造而成，添加少量桑芙特（Sanforte）和博纳米克（Buonamico）等罕见葡萄品种，吐露着缕缕药草香，融入新鲜的果香，口感鲜美活跃，圆润美味。

| | |
|---|---|
| ● Cosimo '15 | TT 5 |
| ○ Daphné '15 | TT 4 |
| ● Nicole '15 | TT 3 |
| ○ Vin Santo del Chianti Fedardo '08 | TT 4 |
| ○ Annick '15 | T 2 |
| ○ Matilde '15 | T 2 |
| ● Sincero '15 | T 2 |
| ● Nicole '12 | YY 3 |
| ● Sincero '13 | YY 2* |
| ○ Vin Santo del Chianti Fedardo '06 | YY 4 |

## Mastrojanni

FRAZ. CASTELNUOVO DELL'ABATE
POD. LORETO SAN PIO
53024 MONTALCINO [SI]
TEL. +39 0577835681
www.mastrojanni.com

藏酒销售
预约参观
膳宿接待
年产量 110 000 瓶
葡萄种植面积 33 公顷

我们不得不再次说：在蒙塔奇诺产区（Montalcino）几座历史悠久的酒庄所有权交叠的混乱时期，没有一家如同马斯特加尼酒庄（Mastrojanni）这样能够以自信的规划和完备的风格顺利完成转型和交接。2008年，伊利集团（Illy group）买下了马斯特加尼酒庄，睿智地继续留用安德里亚·马切蒂（Andrea Machetti）担任酿造技术经理，继续推广阿贝特卡斯特努沃（Castelnuovo dell' Abate）东南地区顶级葡萄园出品美酒的经典和细腻特质。这些顶级葡萄园包括罗莱托葡萄园（Vigna Loreto），葡萄藤生长在凝灰土壤中，酒液在大型橡木桶中陈年；阿西诺斯切纳葡萄园（Vigna Schiena d' Asino），葡萄藤生长在沙质土壤中，酒液在1600公升的橡木桶中陈年。当然，持续一致的教科书般经典的特质比任何酿造细节更加重要。另一款表现值得赞许的美酒是2014年份的红葡萄酒（Rosso），它的层次繁复，气质缥缈。而明星产品2010年份的阿西诺斯切纳葡萄园佳酿（Vigna Schiena d' Asino）在今年的品鉴中从所有酒庄推荐的布鲁奈罗酒（Brunello）中脱颖而出，拔得头筹，它的美味果味和怡人辛香从头至尾都完美匹配，带来层层叠叠的馥郁口感。但是2011年份的罗莱托园布鲁奈罗（Vigna Loreto）无论在香氛还是在口感方面都紧随其后，非常接近。

| | |
|---|---|
| ● Brunello di Montalcino V. Schiena d'Asino '10 | TTT 8 |
| ● Brunello di Montalcino V. Loreto '11 | TT 7 |
| ● Rosso di Montalcino '14 | TT 3* |
| ● Brunello di Montalcino '11 | TT 5 |
| ● Brunello di Montalcino '97 | YYY 7 |
| ● Brunello di Montalcino '90 | YYY 7 |
| ● Brunello di Montalcino Ris. '88 | YYY 6 |
| ● Brunello di Montalcino Schiena d'Asino '08 | YYY 8 |
| ● Brunello di Montalcino Schiena d'Asino '93 | YYY 7 |
| ● Brunello di Montalcino Schiena d'Asino '90 | YYY 7 |
| ● Brunello di Montalcino V. Loreto '10 | YYY 7 |
| ● Brunello di Montalcino V. Loreto '09 | YYY 7 |

## Giorgio Meletti Cavallari

via Casone Ugolino,12
57022 Castagneto Carducci [LI]
Tel. +39 0565775620
www.giorgiomeletticavallari.it

藏酒销售
预约参观
膳宿接待
年产量 40 000 瓶
葡萄种植面积 10 公顷

乐蒂·卡瓦拉瑞家族（Meletti Cavallari）在保格利产区（Bolgheri）葡萄酒的发展历史中占据了重要的位置。作为家族中年轻一代的酿酒师，乔吉奥·麦乐蒂·卡瓦拉瑞（Giorgio Meletti Cavallari）创建了一座全新酒庄，包括两座分别两地的葡萄园，分别是位于卡斯泰格内托（Castagneto）山顶上的皮阿斯特拉亚葡萄园（Piastraia）以及山下从事农业旅游业务的农庄附近的瓦隆葡萄园（Vallone）。园中的土壤富含砾石和泥灰质的加列斯托黏土（Galestro），出产鲜美馥郁的美酒。麦乐蒂卡瓦拉瑞酒庄出品风格浓郁集中，出产美酒令人垂涎，口感鲜美。在今年的品鉴中，麦乐蒂卡瓦拉瑞酒庄推荐的美酒良莠不齐，展现出不同风貌。2013年份的指纹保格利超级红葡萄酒（Bolgheri Rosso Superiore Impronte）最为浓郁，它吐露着可爱的果香，口感柔美丰盈，吐露着野生莓果的缕缕果香，融入诱人的丝丝辛香。相比较而言，2014年份的保格利红葡萄酒（Bolgheri Rosso）色泽浅淡一些，反映出2014年生长酿造季客观条件的局限性。

| | | |
|---|---|---|
| ● Bolgheri Sup. Impronte '13 | TT | 5 |
| ● Bolgheri Rosso '14 | T | 3 |
| ○ Bolgheri Bianco Borgeri '14 | YY | 3 |
| ● Bolgheri Rosso Borgeri '13 | YY | 3 |
| ● Bolgheri Rosso Borgeri '12 | YY | 3 |
| ● Bolgheri Rosso Borgeri '06 | YY | 3 |
| ● Bolgheri Rosso Impronte '04 | YY | 5 |
| ● Bolgheri Sup. Impronte '12 | YY | 5 |
| ● Bolgheri Sup. Impronte '11 | YY | 5 |

## Melini

loc. Gaggiano
53036 Poggibonsi [SI]
Tel. +39 0577998511
www.cantinemelini.it

藏酒销售
预约参观
年产量 3 100 000 瓶
葡萄种植面积 136 公顷

位于波吉邦西（Poggibonsi）的美连尼酒庄（Melini）以及位于佩萨河谷圣卡夏诺（San Casciano Val di Pesa）的玛奇亚维利酒庄（Macchiavelli），都是意大利葡萄酒集团（GIV）在经典奇安蒂产区（Chiant Classico）拥有的酒庄，它们代表了DOC产区发展历史中非常重要的一部分。美连尼酒庄的历史就是经典奇安蒂产区的发展史：1860年，拉波莱·美连尼（Laborel Melini）第一次使用吸管瓶，来对抗机械压入瓶塞的压力，为奇安蒂产地酒的成功和走向世界做出了不可磨灭的巨大贡献。美连尼酒庄的酒品反映出完美无瑕的精湛酿造工艺，主要在大型橡木桶中完成陈年，同时绝不缺乏个性和别具一格的特色，在力道强劲的同时又非常易于入口。在美连尼酒庄这一季提供的品鉴酒品中，2012年份的泰拉罗萨经典奇安蒂精选系列（Chianti Classic Terrarossa Gran Selezione）的强项在于它那复杂美妙的香氛，吐露着显著的果香，融入阵阵辛香，还有淡淡香膏芬芳萦绕其间，随之而来的口感果味丰盈，收口精美，余韵不绝，底蕴中浸润着烘焙酵美和果味，与香氛相得益彰。除此之外，2015年份的科尔崔（I Coltri）是由桑娇维塞（Sangiovese）、赤霞珠（Caberne Sauvignon）和梅洛（Merlot）混酿而成的美酒，多汁美味，令人遐思。

| | | |
|---|---|---|
| ● Chianti Cl. Gran Sel. Terrarossa '12 | TT | 5 |
| ● I Coltri '15 | TT | 2 |
| ○ Vernaccia di S. Gimignano Le Grillaie '15 | TT | 3 |
| ● Chianti Cl. '15 | T | 4 |
| ● Chianti Cl. Granaio '14 | T | 4 |
| ● Chianti Governo all'uso Toscano '13 | T | 3 |
| ● Chianti San Lorenzo '15 | T | 3 |
| ● Il Principe Fattoria Machiavelli '14 | T | 5 |
| ● Chianti Cl. La Selvanella Ris. '06 | YYY | 5 |
| ● Chianti Cl. La Selvanella Ris. '03 | YYY | 4 |
| ● Chianti Cl. La Selvanella Ris. '01 | YYY | 4 |
| ● Chianti Cl. La Selvanella Ris. '00 | YYY | 4 |
| ● Chianti Cl. La Selvanella Ris. '12 | YY | 5 |

## Mocali

LOC. MOCALI
53024 MONTALCINO [SI]
TEL. +39 0577849485
www.mocali.eu

藏酒销售
预约参观
年产量 120 000 瓶
葡萄种植面积 9 公顷
葡萄栽培方式 有机认证
可持续发展酒庄

迪诺·奇亚（Dino Ciacci）是上世纪五十年代成立的蒙塔奇诺布鲁奈罗生产者联盟（Consorzio del Brunello di Montalcino）的创建成员商之一，无疑是产区的焦点人物。他的孙子提香·奇亚（Tiziano Ciacci）完全继承了祖父对于葡萄酒的激情和抱负，坚定地将莫卡利酒庄（Mocali）提升到DOC产区的热门酒庄。莫卡利酒庄拥有种植面积达到10公顷的葡萄园，大部分地块位于DOC产区的西南部。其中，桑娇维塞葡萄园（Sangiovese）坐落于海拔350米至400米之间，这里的土壤较硬，富含泥灰质和阿尔贝雷塞（Alberese），出产风味多面的红葡萄酒，酒质均衡，酒体饱满。在莫卡利酒庄的酒窖中，所有年份酒和名园酒的酿造工序都非常尊重自然，根据酿造原料产地不同和年份气候条件不同，酒液需要在小型木桶或者斯拉沃尼亚橡木桶（Slavonian）中陈年，顶级美酒在2000公升和5000公升的大型橡木桶中完成陈年。在今年的品鉴中，我们品尝了莫卡利酒庄提交的四款布鲁奈罗（Brunello），每一款都表现出色，不过我们略微偏爱两款2010年份的陈酿（Riservas）：基本款陈酿吐露着非常原始的森林芬芳，融入海上的气息，酒质略显粗粝；而莫卡利酒庄的劳内特园布鲁奈罗（Brunello Vigna delle Raunate）则从众多气质美好的系列酒品中再次脱颖而出，展现出强劲的精粹滋味，吐露着浓郁的果香。

| | |
|---|---|
| ● Brunello di Montalcino '11 | 🍷🍷 5 |
| ● Brunello di Montalcino Ris. '10 | 🍷🍷 7 |
| ● Brunello di Montalcino V. delle Raunate '11 | 🍷🍷 6 |
| ● Brunello di Montalcino V. delle Raunate Ris. '10 | 🍷🍷 8 |
| ● Rosso di Montalcino '14 | 🍷 2 |
| ● Brunello di Montalcino V. delle Raunate '08 | 🍷🍷🍷 6 |
| ● Brunello di Montalcino '10 | 🍷🍷 5 |
| ● Brunello di Montalcino '09 | 🍷🍷 5 |
| ● Brunello di Montalcino Ris. '07 | 🍷🍷 7 |
| ● Brunello di Montalcino V. delle Raunate '10 | 🍷🍷 6 |
| ● Brunello di Montalcino V. delle Raunate '09 | 🍷🍷 6 |

## Mocine

LOC. MOCINE CHIUSURE
53041 ASCIANO [SI]
TEL. +39 0577707075
www.mocine.it

藏酒销售
预约参观
膳宿接待
年产量 18 000 瓶
葡萄种植面积 4 公顷
葡萄栽培方式 有机认证

莫塞尼庄园（Mocine）位于锡耶纳地区（Siena）的克雷特塞内西（Crete Senesi），这里是著名的旅游胜地，但是出产的葡萄酒却没有那么高的声望。这座协作酒庄恐怕是打破这种状况的第一家酒庄。占地面积达到800公顷的恢宏庄园包括一片动物保护区、一座农庄旅游酒店和大片橄榄树林，目前葡萄藤的种植面积只有4公顷。莫塞尼酒庄葡萄园以有机栽培方式打理，只种植托斯卡纳产区（Tuscan）和锡耶纳地区传统的葡萄品种：包括桑娇维塞（Sangiovese）、巴萨琳娜（Barsaglina）、科罗里诺（Colorino）、弗格利亚通达（Foglia Tonda）和维蒙蒂诺（Vermentino）。莫塞尼酒庄出品美酒品质卓越，个性坦率直接，在小型橡木桶中完成陈年。在今年的品鉴中，莫塞尼酒庄推荐了一系列美酒，其中2013年份的斯多拉（S' indora）是一款单一品种弗格利亚通达，如花芬芳和辛辣气息交替出现缭绕，带来动力十足、令人垂涎的美妙果味。与此同时，2015年份的圣马塔（Santa Marta）表现精美，这款以桑娇维塞、巴萨琳娜和科罗里诺混酿而成的美酒气质清新，口感惬意。除此之外，2014年份的奥托瑞托奇（Otto Rintocchi）极富意趣，是以桑娇维塞、弗格利亚通达、巴萨琳娜和科罗里诺混酿而成的佳酿，只是橡木滋味略重有些减分。

| | |
|---|---|
| ● Otto Rintocchi '14 | 🍷🍷 4 |
| ● S'indora '13 | 🍷🍷 8 |
| ● Santa Marta '15 | 🍷🍷 3 |
| ○ Alba '15 | 🍷 3 |
| ● Mocine '14 | 🍷 3 |

## Fattoria Montellori

VIA PISTOIESE, 1
50054 FUCECCHIO [FI]
TEL. +39 0571260641
www.fattoriamontellori.it

藏酒销售
预约参观
膳宿接待
年产量 250 000 瓶
葡萄种植面积 50 公顷
葡萄栽培方式 有机认证
可持续发展酒庄

这座家庭酒庄的历史可以回溯到1895年，皮革商人约瑟佩·奈瑞（Giuseppe Nieri）买下了这里的别墅和土地——组成了蒙泰罗瑞农庄（Fattoria Montellori）最初的中心，并花费了不少时间亲自栽培葡萄，收获了颇有品质的美酒。一百多年以来，奈瑞家族一代又一代的人们在原始酒庄的基础上不断进行扩建，他们种植葡萄园，根据需要装备酒窖，直到20世纪80年代中期，酒庄建筑才呈现出今天我们看到的面貌，将相较于托斯卡纳（Tuscany）其他地区酿酒传统略逊的这片土地带入到现代化酿造世界中来。上世纪八十年代中期，阿历桑德罗·奈瑞（Alessandro Nieri）接管了酒庄并经营至今，致力于将家族酿造传统发扬光大。在今年的品鉴中，2013年份的迪卡托姆（Dicatum）是一款百分之百以桑娇维塞（Sangiovese）酿造的单一品种美酒，凭借出色表现闯入了决赛，它吐露着如花芬芳，融入辛辣的小豆蔻香气，风格可爱，口感均衡，酒质华美，收口感受丰盈饱满。与此同时，以霞多丽（Chardonnay）打造的帕斯多斯起泡酒（Spumante Pas Dosé）再次确认了其卓越品质，它吐露着淡淡且清爽的柑橘香，融入青柠、苹果和白桃的果香，更有面包屑的醇香萦绕其间，口感馥郁饱满，质地精美细腻，酸度精良，带来劲道的收口感受，美味持久回荡不散。

| | | |
|---|---|---|
| ● Dicatum '13 | 🍷🍷 | 5 |
| ○ Bianco dell'Empolese Vin Santo '10 | 🍷🍷 | 5 |
| ○ Montellori Pas Dosé '12 | 🍷🍷 | 5 |
| ● Chianti '14 | 🍷 | 2 |
| ○ Mandorlo '15 | 🍷 | 2 |
| ● Moro '13 | 🍷 | 3 |
| ⊙ Rosato '15 | 🍷 | 5 |
| ○ Bianco dell'Empolese Vin Santo '09 | 🍷🍷 | 5 |
| ○ Bianco dell'Empolese Vin Santo '07 | 🍷🍷 | 5 |
| ○ Montellori Pas Dosé '11 | 🍷🍷 | 5 |
| ● Moro '12 | 🍷🍷 | 3 |
| ● Salamartano '12 | 🍷🍷 | 6 |
| ● Salamartano '11 | 🍷🍷 | 5 |

## Montenidoli

LOC. MONTENIDOLI
53037 SAN GIMIGNANO [SI]
TEL. +39 0577941565
www.montenidoli.com

藏酒销售
膳宿接待
年产量 100 000 瓶
葡萄种植面积 24 公顷
葡萄栽培方式 有机认证

伊丽莎贝塔·法戈奥利（Elisabetta Fagiuoli）与塞尔吉奥（Sergio）一同搬到了圣吉米亚诺（San Gimignano），两人爱上了当时还是一片荒野的这片土地，此后在这里相伴共度四十五载。做出这一决定，并非只源于对于这片土地的热爱以及尊重这片自然将会种植出非常优秀的果实，更由于两人拥有一种庄严的责任感，希望能够促成新老两代人对于葡萄酒业发展困难的探讨和酿造经验方面的传承交流。从此以后，蒙特尼多利酒庄（Montenidoli）的生产理念就从未改变过：只栽培本地葡萄品种；永远采用生物动力学种植方法，甚至在得到认证之前也是如此；对于环境展现出最大程度的尊重——所有这些原则带来了品质日益优秀的美酒。除此之外，蒙特尼多利酒庄还配备了农业旅游设施，可以接待游客前来参观和品鉴，同时也是群体教育和酿酒教育的示范点。在今年的品鉴中，蒙特尼多利酒庄2012年份的卡雷托维奈西卡（Vernaccia Carato）夺得了我们的“三杯奖”，它的香氛复杂，吐露着芒果和蜜桃般的阵阵果香，融入树脂淡淡的意趣芬芳，一抹辛香萦绕其间，随之而来的口感非常华美，平衡精良，酸度和谐，清爽劲道，持久的收口余韵浸润果味，久久不散。与此同时，2014年份的传统维奈西卡（Vernaccia Tradizionale）吐露着诱人的果香，融入桃子和杏的芬芳，口感紧致精美，浸润果味，收口精良，强劲有力。

| | | |
|---|---|---|
| ○ Vernaccia di S. Gimignano Carato '12 | 🍷🍷🍷 | 4 |
| ○ Vernaccia di S. Gimignano Tradizionale '14 | 🍷🍷 | 2 |
| ○ Il Templare '12 | 🍷🍷 | 4 |
| ● Chianti Colli Senesi Il Garrulo '14 | 🍷 | 2 |
| ● Sono Montenidoli '09 | 🍷 | 5 |
| ○ Vernaccia di S. Gimignano Fiore '14 | 🍷 | 3 |
| ○ Vernaccia di S. Gimignano Carato '11 | 🍷🍷🍷 | 4 |
| ○ Vernaccia di S. Gimignano Carato '05 | 🍷🍷🍷 | 5 |
| ○ Vernaccia di S. Gimignano Carato '02 | 🍷🍷🍷 | 5 |
| ○ Vernaccia di S. Gimignano Fiore '09 | 🍷🍷🍷 | 3 |
| ○ Vernaccia di S. Gimignano Tradizionale '12 | 🍷🍷🍷 | 2 |

## Montepeloso

Loc. Montepeloso, 82
57028 Suvereto [LI]
Tel. +39 0565828180
www.montepeloso.it

年产量 22 000 瓶
葡萄种植面积 7 公顷
可持续发展酒庄

1999年，法比奥·查莱尔托（Fabio Chiarelotto）买下了这座规模不大的蒙特佩罗索酒庄（Montepeloso），他从不追逐声望和名誉，带着对于这片土地历史和宗教的兴趣展开栽培和酿造工作，引领酒庄持续、快速而稳健地向前发展着。对于葡萄酒的激情引导着法比奥致力于寻找一片沃土，为下一步成为葡萄酒生产商而奠定基础。因此，法比奥来到苏韦雷托地区（Suvereto）开垦了这片农场，在品尝过这里的美酒后，被这片土地巨大的酿酒潜能所征服。这只是法比奥冒险旅程的开始，通过实践的积累和时间的累积，蒙特佩罗索酒庄开始出产高品质美酒。在今年的品鉴中，蒙特佩罗索酒庄出品的纳度（Nardo）再次闯进了我们最终的决赛：这是一款以桑娇维塞（Sangiovese）、蒙特普齐亚诺（Montepulciano）和赤霞珠（Cabernet Sauvignon）混酿而成的美酒，这款2013年份混酿散发着黑莓般馥郁深邃的缕缕果香，融入清新的薄荷清凉风情，带来恢宏华美、柔软美味的口感，收口巅峰底蕴中融入缕缕辛辣的滋味。除此之外，2013年份的恩埃奥（Eneo）气质诱人，这款以桑娇维塞、科罗里诺（Colorino）和梅洛（Merlot）混酿而成的美酒吐露着皮革的醇香，融入兽皮的独特气息，成熟的果香萦绕其间，随之而来的口感精美且持久，果味四溢。

| | |
|---|---|
| ● Nardo '13 | YY 8 |
| ● Eneo '13 | YY 5 |
| ● Gabbro '13 | YY 8 |
| ● A Qu '14 | Y 5 |
| ● Gabbro '02 | YYY 8 |
| ● Nardo '01 | YYY 8 |
| ● Nardo '00 | YYY 8 |
| ● A Quo '13 | YY 5 |
| ● Eneo '12 | YY 5 |
| ● Gabbro '12 | YY 8 |
| ● Gabbro '08 | YY 8 |
| ● Gabbro '06 | YY 8 |
| ● Nardo '12 | YY 8 |
| ● Nardo '08 | YY 8 |

## Monteraponi

Loc. Monteraponi
53017 Radda in Chianti [SI]
Tel. +39 0577738280
www.monteraponi.it

藏酒销售
预约参观
膳宿接待
年产量 50 000 瓶
葡萄种植面积 10 公顷
葡萄栽培方式 有机认证

2003年以来，米歇尔·布拉格尼蒂（Michele Braganti）一直试图在经典奇安蒂产区（Chianti Classico）建起一座典范酒庄，采用有机栽培方式和传统酿造手法，从只采用大型橡木桶陈年开始。他酿造的美酒呈现纯净的风格，极易入口，极致展现出桑娇维塞（Sangiovese）酿造果实能够给予的最大程度的优雅、复杂和馥郁，种植地块堪称产区的最佳地块，在栽培桑娇维塞的同时，也种植令人兴奋的国际葡萄品种。酒品呈现的典型特征为时而活跃、时而细腻的香氛交替缭绕，果味发展紧致强劲，极有动感。在今年的品鉴中，蒙泰拉珀尼酒庄（Monteraponi）提交了系列推荐美酒，虽然乌戈伯爵系列（Baron' Ugo）令指定产区变成了IGT，但是它无疑是一款伟大的美酒。与此同时，2012年份酒吐露着如花的细腻芬芳，融入野兽的气息，入口劲道，果味四溢，口感深邃。几乎达到同样的标准，2013年份的坎皮泰洛经典奇安蒂陈酿（Chianti Classico Il Campitello Riserva）香氛稍微受到了过多橡木芬芳的打扰，融入持久的肉香，但是如花芬芳和泥土般的醇香令整体香氛依然美妙；随之而来的口感强劲有力，气质活跃，持久不衰。

| | |
|---|---|
| ● Baron'Ugo '12 | YYY 8 |
| ● Chianti Cl. Il Campitello Ris. '13 | YY 5 |
| ● Chianti Cl. '14 | Y 3 |
| ● Chianti Cl. Baron'Ugo Ris. '10 | YYY 7 |
| ● Chianti Cl. Baron'Ugo Ris. '09 | YYY 7 |
| ● Chianti Cl. Baron'Ugo Ris. '07 | YYY 5 |
| ● Chianti Cl. '13 | YY 3 |
| ● Chianti Cl. '12 | YY 3 |
| ● Chianti Cl. '11 | YY 3 |
| ● Chianti Cl. Baron'Ugo Ris. '11 | YY 7 |
| ● Chianti Cl. Il Campitello Ris. '12 | YY 5 |
| ● Chianti Cl. Il Campitello Ris. '11 | YY 5 |
| ● Chianti Cl. Il Campitello Ris. '10 | YY 5 |
| ● Vin Santo del Chianti Cl. '05 | YY 6 |

## Tenuta Monteti

S.DA DELLA SGRILLA, 6
58011 CAPALBIO [GR]
TEL. +39 0564896160
www.tenutamonteti.it

藏酒销售
预约参观
年产量 120 000 瓶
葡萄种植面积 28 公顷
可持续发展酒庄

蒙泰提山（Monteti）是这座酒庄名字的来源，庇护着占地面积达到28公顷的酒庄葡萄园免受海风侵袭，因为蒙泰提酒庄（Tenuta Monteti）距离海岸还不到15公里。在马雷马地区（Maremma）的树林和地中海灌木丛间，保罗·巴拉塔（Paolo Baratta）于1998年做出决定，在葡萄园中栽培国际黑葡萄品种，包括赤霞珠和品丽珠（Cabernet Sauvignon e Franc）、小味尔多（Petit Verdot）、梅洛（Merlot）和紫北塞（Alicante Bouchet）等品种。在酿酒顾问卡洛·费瑞尼（Carlo Ferrini）的帮助下，今天的蒙泰提酒庄由艾娃·巴拉塔（Eva Baratta）及其丈夫哈维尔·派德拉奇尼（Javier Pedrazzini）经营管理。种植面积达到28公顷的葡萄园地块分散各处，分开浸渍发酵，经过第一阶段的成熟过后才放在一起混酿。在今年的品鉴中，2012年份的蒙泰提（Monteti）表现出色，这款以赤霞珠、品丽珠和小味尔多混酿而成的美酒吐露着醇浓的药草香，别具一格，口感精美持久，单宁活跃，底蕴强劲，带来逡巡不散、丰盈满口的美妙果味。与此同时，2012年份的卡布尼奥（Caburnio）也展现出卓越品质，这款由赤霞珠、阿利坎特和梅洛混酿而成的美酒更易入口，不过在当下阶段略微受到橡木滋味的妨碍。

| | |
|---|---|
| ● Monteti '12 | ΨΨ 5 |
| ● Caburnio '12 | ΨΨ 3 |
| ⊙ TM Rosé '15 | Ψ 3 |
| ● Caburnio '11 | ΨΨ 3 |
| ● Caburnio '06 | ΨΨ 3 |
| ● Monteti '11 | ΨΨ 5 |
| ● Monteti '07 | ΨΨ 5 |
| ● Monteti '05 | ΨΨ 5 |
| ● Monteti '04 | ΨΨ 5 |

## Monteverro

S.DA AURELIA CAPALBIO, 11
58011 CAPALBIO [GR]
TEL. +39 0564890721
www.monteverro.com

藏酒销售
年产量 120 000 瓶
葡萄种植面积 30 公顷

葡萄园距离卡帕尔比奥（Capalbio）只有几公里之遥，但是蒙泰韦洛酒庄（Monteverro）的通用语言却是国际性的。这不仅是因为蒙泰韦洛酒庄的葡萄园鲜少栽培本地品种葡萄，更由于酒庄主人和栽培及酿造团队来自欧洲各国。酒庄的主人茱莉亚·韦伯（Julia Weber）和乔格·韦伯（Georg Weber）来自德国，他们在蒙泰韦洛酒庄找到了一片能够充分展现其酿造理念的完美风土，因此决定就此留在马雷马地区（Maremma）。在米歇尔·罗兰（Michel Rolland）的协助下，韦伯夫妇在蒙泰韦洛酒庄打造出了适合全球酒迷的佳酿，带有现代风尚，同时也不自觉地流露出地中海源头的风味。在蒙泰韦洛酒庄这一季提供的品鉴酒品中，2013年份的蒙泰韦洛混酿（Monteverro）表现优异。它是一款以品丽珠（Cabernet Franc）、赤霞珠（Cabernet Sauvignon）、小味尔多（Petit Verdot）和梅洛（Merlot）合力打造的波尔多混酿（Bordeaux），吐露着黑樱桃和酸樱桃般的缕缕果香，融入芳香植物的丝丝芬芳，口感圆润浓郁，但是酒重并不过于厚重。与此同时，2013年份的提纳塔（Tinata）也达到了同样的高水准：西拉（Syrah）和歌海娜（Grenache）令混酿酒香扑鼻，发展出成熟的果味。除此之外，2013年份的泰拉蒙泰韦洛（Terra di Monteverro）也同样令人愉悦，美味可口。

| | |
|---|---|
| ○ Chardonnay '13 | ΨΨ 8 |
| ● Monteverro '13 | ΨΨ 8 |
| ● Terra di Monteverro '13 | ΨΨ 7 |
| ● Tinata '13 | ΨΨ 8 |
| ● Monteverro '12 | ΨΨ 8 |
| ● Monteverro '08 | ΨΨ 8 |
| ● Terra di Monteverro '12 | ΨΨ 7 |
| ● Terra di Monteverro '09 | ΨΨ 5 |
| ● Tinata '12 | ΨΨ 8 |
| ● Tinata '08 | ΨΨ 8 |

## ★Montevertine

LOC. MONTEVERTINE
53017 RADDA IN CHIANTI [SI]
TEL. +39 0577738009
www.montevertine.it

预约参观
年产量 85 000 瓶
葡萄种植面积 15 公顷

1967年，马内蒂家族（Manetti）买下了特贝汀纳酒庄（Montevertine），瓶装酒首次正式发布于1971年，而当时的经典奇安蒂产区（Chianti Classico）并非如同今天这样享有盛誉。从此以后，特贝汀纳酒庄酿造的美酒在某种程度上成为整个产区风格的典范，该酒庄或许出产托斯卡纳产区（Tuscany）最精美的桑娇维塞佳酿（Sangiovese）之一，极易辨识的原始风味结合质朴均衡的风格，令特贝汀纳酒庄攀上了意大利葡萄酒酿造的绝对巅峰。出品美酒长期以来代表着一种经典的风格：洋溢着精巧的香氛，风味略显质朴且复杂，口感的节奏被绝对清爽和别具一格的果味之间的鲜明对照所主宰。在今年的品鉴中，拥有魔力般美妙的2013年份酒极为出色，几乎无法超越。特贝汀纳酒庄2013年份的勒珀格拉托特（Le Pergole Torte）吐露着诱人的酒香，底蕴极易辨识，复杂的香氛依然十分新鲜清爽，绵延至今，但是依然持久。美妙口感在酸度巅峰和优质单宁之间舞蹈，在如花芬芳和莓果果味之间摇摆，展露出桑娇维塞式的优雅。这是一款毫无争议的“三杯奖”美酒！

| | |
|---|---|
| ● Le Pergole Torte '13 | 🍷🍷🍷 8 |
| ● Montevertine '13 | 🍷🍷 6 |
| ● Pian del Ciampolo '14 | 🍷 4 |
| ● Le Pergole Torte '12 | 🍷🍷🍷 8 |
| ● Le Pergole Torte '11 | 🍷🍷🍷 8 |
| ● Le Pergole Torte '10 | 🍷🍷🍷 8 |
| ● Le Pergole Torte '09 | 🍷🍷🍷 8 |
| ● Le Pergole Torte '07 | 🍷🍷🍷 8 |
| ● Le Pergole Torte '04 | 🍷🍷🍷 8 |
| ● Le Pergole Torte '03 | 🍷🍷🍷 7 |
| ● Le Pergole Torte '01 | 🍷🍷🍷 8 |
| ● Montevertine '04 | 🍷🍷🍷 5 |
| ● Montevertine '01 | 🍷🍷🍷 5 |

## Cantina Vignaioli del Morellino di Scansano

LOC. SARAGIOLO
58054 SCANSANO [GR]
TEL. +39 0564507288
www.cantinadelmorellino.it

藏酒销售
预约参观
年产量 2 000 000 瓶
葡萄种植面积 470 公顷

斯堪萨诺的莫雷利诺联合酒庄（Cantina Cooperativa Vignaioli del Morellino di Scansano）始创于1972年，是当地矿产业衰退后的产物。联合酒庄成员商遍布整个DOC产区、斯堪萨诺产区（Scansano）以及皮蒂格利阿诺（Pitigliano）等外围地区，由具有高度责任感且激情澎湃的酿酒专家以及马雷马（Maremma）的农夫们组成，正处于发展成为产区最佳现代化协作酒庄的道路上，出品美酒品质持久一致且不断提升，酿造技艺精湛、完美无缺，令美酒得以充分表达类型特质。联合酒庄的发展需要得到种植商和酿酒商成员的一致认可，实行日益严格且细致的规章制度，以提升运输到酒窖的酿造果实的品质。对于成员商葡萄园栽培的日常监督、对于酒窖酿造进程从出品品质及数量上的把握，保证了酿造美酒达到可信赖的高水准，不过我们依然在等待斯堪萨诺的莫雷利诺联合酒庄的大跃进，一步攀上绝对卓越的巅峰。在斯堪萨诺的莫雷利诺联合酒庄这一季提供的品鉴酒品中，2015年份的韦格纳本尼菲佐奥（Vignabenefizio）表现非常精彩，这款斯堪萨诺莫雷利诺联合酒庄出品的美酒吐露着纯净的酒香，果味馥郁丰盈，非常美味。两款洛基亚（Roggianos）也展现出精湛的酿造水准，令人愉悦，非常容易入口。

| | |
|---|---|
| ● Morellino di Scansano Vignabenefizio '15 | 🍷🍷 2* |
| ● Morellino di Scansano Roggiano '15 | 🍷🍷 2* |
| ● Morellino di Scansano Roggiano Bio '15 | 🍷🍷 2* |
| ○ Vermentino V. Fiorini V.T. '15 | 🍷🍷 2* |
| ● Maremma Toscana Ciliegiolo Capoccia '15 | 🍷 2 |
| ● Morellino di Scansano Roggiano Ris. '13 | 🍷 3 |
| ● Morellino di Scansano Sicomoro Ris. '12 | 🍷 3 |
| ● Sangiovese Scantianum '15 | 🍷 1* |
| ○ Vermentino Scantianum '15 | 🍷 2 |
| ● Morellino di Scansano Roggiano '14 | 🍷🍷 2* |
| ● Morellino di Scansano Roggiano Bio '13 | 🍷🍷 2* |
| ● Morellino di Scansano Roggiano Ris. '12 | 🍷🍷 3 |
| ● Morellino di Scansano Vignabenefizio '13 | 🍷🍷 2* |

## Morisfarms

LOC. CURA NUOVA
FATTORIA POGGETTI
58024 MASSA MARITTIMA [GR]
TEL. +39 0566919135
www.morisfarms.it

藏酒销售
预约参观
膳宿接待
年产量 300 000 瓶
葡萄种植面积 71 公顷

莫瑞斯家族（Moris）拥有悠久的酿酒历史：两百年前，他们从西班牙来到意大利，在马雷马（Maremma）理想的居住地和酿酒地停留了下来，将对于葡萄酒的热爱之情付诸实践。另一方面，从20世纪80年代末始，阿多夫・帕莱蒂尼（Adolfo Parentini）极大提升了莫瑞斯农场酒庄（Morisfarms）出品的品质。今天在儿子朱利奥（Giulio）的协助下，阿多夫经营管理着莫瑞斯农场的两大农庄：分别是位于马萨马里蒂马（Massa Marittima）蒙特丽娇地区（Monteregio）的珀吉蒂农庄（Fattoria Poggetti），拥有37公顷的葡萄园；以及位于斯堪萨诺莫雷利诺DOC产区（Morellino di Scansano DOC）的波基奥阿拉莫扎农庄（Poggio alla Mozza），拥有33公顷的葡萄园。自1990年起，莫瑞斯农场就开始移植所有葡萄园中的葡萄藤，这项重要的工作持续了数年，直至桑娇维塞（Sangiovese）成为主要的生产品种。在莫瑞斯农场酒庄这一季提供的品鉴酒品中，由于阿沃托尔（Avvoltore）的缺席，曼德瑞欧罗（Mandriolo）从莫瑞斯农场酒庄推荐的美酒中脱颖而出，这款以桑娇维塞为主、添加少量国际品种葡萄的混酿吐露着极富意趣的酒香，从地中海灌木丛的热烈芬芳到成熟的樱桃香，而美味的单宁与强劲的果味令整个口感更上一层楼。与此同时，2013年份的莫雷利诺陈酿（Morellino Riserva）也展现出温热的口感，果味丰盈饱满。除此之外，莫瑞斯农场出品的白葡萄酒诱人且美味：2015年份的圣齐亚拉（Santa Chiara）吐露着苹果和梨子的阵阵果香，融入早餐麦片的醇香和缕缕花香，是一款可饮性极高的维蒙蒂诺（Vermentino）美酒。

| | |
|---|---|
| ● Maremma Toscana Mandriolo '15 | TT 1* |
| ● Morellino di Scansano Ris. '13 | TT 4 |
| ⊙ Maremma Toscana Mandriolo Rosato '15 | T 2 |
| ○ Monteregio di Massa Marittima Bianco Santa Chiara '15 | T 2 |
| ● Morellino di Scansano '15 | T 2 |
| ○ Vermentino '15 | T 2 |
| ● Avvoltore '06 | YYY 5 |
| ● Avvoltore '04 | YYY 5 |
| ● Avvoltore '01 | YYY 5 |
| ● Avvoltore '00 | YYY 5 |
| ● Avvoltore '12 | YY 6 |
| ● Avvoltore '11 | YY 6 |
| ○ Vermentino '14 | YY 2* |

## Mormoraia

LOC. SANT'ANDREA, 15
53037 SAN GIMIGNANO [SI]
TEL. +39 0577940096
www.mormoraia.it

藏酒销售
预约参观
膳宿接待
年产量 230 000 瓶
葡萄种植面积 40 公顷

自1980年起，莫拉亚酒庄（Mormoraia）就属于帕索尼家族（Passoni），令他们实现了在托斯卡纳（Tuscany）找到理想居住地的梦想。莫拉亚酒庄的名字来自修女们祷告时口中低声念的祈祷词。1990年开始革新，这座酒庄此后发生了巨大的变化：在葡萄园和橄榄林中采取有机栽培方式——橄榄林是帕索尼家族庄园另一种非常有趣的作物；开放农业观光旅游并且开设了一家餐厅。在今年的品鉴中，莫拉亚酒庄的表现非常精彩，其中2014年份的维奈西卡陈酿（Vernaccia Riserva）凭借高品质水准闯入了角逐“三杯奖”的决赛，吐露着香膏般浓郁的芬芳，融入芳香植物的缕缕清香，更有苹果和桃子的果香萦绕其间，随之而来的口感精美厚重，紧致和谐，收口果味绵长悠然，持久在口中徘徊不去。与此同时，我们也非常喜爱2015年份的奥斯特亚维奈西卡（Vernaccia Ostrea），它散发着柑橘等热带水果的缕缕果香，口感活跃，精致鲜美，收口果味丰满。除此之外，2014年份的赛尼西丘奇安蒂（Chianti Colli Senesi）风味并不复杂，令人愉悦，它吐露着澄清且给人留下深刻印象的香氛，口感鲜美，果味十足，展现出极佳的可饮性。

| | |
|---|---|
| ○ Vernaccia di S. Gimignano Ris. '14 | TT 3* |
| ● Chianti Colli Senesi '14 | TT 2* |
| ○ Vernaccia di S. Gimignano Ostrea '15 | TT 3 |
| ○ Vernaccia di S. Gimignano '15 | T 2 |
| ● Chianti Colli Senesi '11 | YY 2* |
| ● Syrah '12 | YY 3 |
| ● Syrah '11 | YY 2* |
| ○ Vernaccia di S. Gimignano '14 | YY 2* |
| ○ Vernaccia di S. Gimignano '13 | YY 2* |
| ○ Vernaccia di S. Gimignano '12 | YY 2* |
| ○ Vernaccia di S. Gimignano Ostrea '13 | YY 3 |
| ○ Vernaccia di S. Gimignano Ostrea '12 | YY 3* |
| ○ Vernaccia di S. Gimignano Ris. '11 | YY 3* |

## Fabio Motta

/IGNA AL CAVALIERE, 61
57022 CASTAGNETO CARDUCCI [LI]
EL. +39 0565773041
www.mottafabio.it

藏酒销售
预约参观
年产量 23 000 瓶
葡萄种植面积 6.5 公顷

自法布里奥·莫塔（Fabio Motta）获得农业和酿造专业学位并将之投入酿酒实践已经过去将近十年的时间，他做出重要决定，开启自己的酿酒冒险。主要种植黑葡萄的葡萄园坐落于皮埃韦（Le Pievi）的卡斯塔涅托卡尔杜奇（Castagneto Carducci）山脚下，拥有二十多年的发展历史，占地面积达到4公顷。维蒙蒂诺葡萄（Vermentino）来自弗纳塞勒（Fornacelle）。这座规模不大的新酒庄已经在努力脱颖而出，试图缔造颇具影响力的美酒。在今年的品鉴中，2013年份的贡纳莱保格利超级红葡萄酒（Bolgheri Rosso Superiore Le Gonnare）的精彩表现就是法布里奥莫塔酒庄实现自我价值的证明。2013年是气候条件优越的生长酿造年份，这款美酒在经过初始开启的紧闭和略显沉闷质感过后，逐渐转变为明快惬意的果香，非常馥郁诱人，令人欣喜。它的口感精美，果味精粹甜美，质地恢宏，收口融入淡淡的辛辣滋味。除此之外，2014年份的皮埃韦保格利红葡萄酒（Bolgheri Rosso Pievi）相比而言更加简单，展露出更加清爽的青草香。

| | |
|---|---|
| Bolgheri Sup. Le Gonnare '13 | 🍷🍷🍷 8 |
| Bolgheri Bianco Nova '15 | 🍷 4 |
| Bolgheri Rosso Pievi '14 | 🍷 4 |

## Tenute Silvio Nardi

LOC. CASALE DEL BOSCO
53024 MONTALCINO [SI]
TEL. +39 0577808269
www.tenutenardi.com

藏酒销售
预约参观
年产量 250 000 瓶
葡萄种植面积 80 公顷

西尔维奥纳蒂酒庄（Tenute Silvio Nardi）种植面积达到50公顷的布鲁奈罗（Brunello）认证葡萄园——葡萄园的占地面积达到80公顷——分成三十多块不同的地块，由西尔维奥·纳蒂（Silvio Nardi）于上世纪五十年代买下，已经发展成为蒙塔奇诺产区（Montalcino）最重要的酒庄之一。西尔维奥成为当地第一批“非本地”葡萄酒生产商之一；与几十年后的布鲁奈罗风潮相比，那个时期在许多方面都与之相反，是该产区葡萄酒生产和市场推广的冷冻期。今天的西尔维奥纳蒂酒庄由艾米莉亚·纳蒂（Emilia Nardi）执掌，主要农场分布在西北地区的卡萨德博斯科（Casale del Bosco）以及东部山坡上的曼娜齐亚拉农场（Manachiara）。桑娇维塞（Sangiovese）依然是变化多端的系列酒品中的主打，酒液在大型木桶和小型木桶中进行长期陈年，缓慢成熟。在今年的品鉴中，两款布鲁奈罗酒（Brunellos）也展现出极佳的品质，2011年份的基本款吐露着梨子、蜜瓜和覆盆子果酱般的成熟果香，融入香料的缕缕辛香，更有浓郁的橡木芬芳飘散其间，在突然而至的收口巅峰也展现出极为明显的橡木滋味。某种程度上酸度的瑕疵也出现在2010年份的多瑞亚丘老藤陈酿（Vigneto Poggio Doria Riserva）身上，但是它的质地紧密，风味质朴，多少弥补了这一缺憾。

| | |
|---|---|
| ● Brunello di Montalcino '11 | 🍷🍷 6 |
| ● Brunello di Montalcino Vign. Poggio Doria Ris. '10 | 🍷🍷 8 |
| ● Rosso di Montalcino '14 | 🍷 3 |
| ● Brunello di Montalcino Manachiara '99 | 🍷🍷🍷 7 |
| ● Brunello di Montalcino Manachiara '97 | 🍷🍷🍷 7 |
| ● Brunello di Montalcino '10 | 🍷🍷 5 |
| ● Brunello di Montalcino Manachiara '06 | 🍷🍷 8 |
| ● Brunello di Montalcino Manachiara '04 | 🍷🍷 8 |
| ● Brunello di Montalcino Vign. Manachiara '10 | 🍷🍷 8 |
| ● Brunello di Montalcino Vign. Poggio Doria '10 | 🍷🍷 8 |
| ● Rosso di Montalcino '07 | 🍷🍷 3 |

## Tenute Niccolai - Palagetto

via Monteoliveto, 46
53037 San Gimignano [SI]
Tel. +39 0577943090
www.tenuteniccolai.it

藏酒销售
预约参观
膳宿接待
年产量 250 000 瓶
葡萄种植面积 44 公顷

帕拉盖托（Palagetto）是连接尼科莱酒庄（Tenute Niccolai）众多庄园的神经中枢，地处圣吉米亚诺（San Gimignano）。萨布丽娜·尼科莱（Sabrina Niccolai）在帕拉盖托持续工作着，打理从父亲卢阿诺·尼科莱（Luano Niccolai）——一位热爱乡间的工业家——那里继承的酒庄，而这座酒庄是卢阿诺从他的父亲和岳父——两位都是酿酒师——那里继承而来。尼科莱酒庄除了在圣吉米亚诺拥有这座农庄之外，在蒙塔奇诺地区（Montalcino）还拥有贝拉瑞纳农场（Podere Bellarina），在蒙特库科地区（Montecucco）还拥有皮安德赛瑞农场（Pian de' Cerri）。主要的酿造活动都在圣吉米亚诺设备齐全的现代化酒窖中进行，原料来自其他庄园的葡萄酒也在这里酿造。帕拉盖托尼科莱酒庄的系列酒品品种多样，表现精彩。在今年的品鉴中，2014年份的安妮维奈西卡（Vernaccia Vent' anni）凭借出色表现进军“三杯奖”决赛，它吐露着杏仁般的经典酒香，融入如花的芬芳，口感紧致多层，精美繁复，清爽的果味与丰盈满口的酒质相得益彰，带来绵长而饱满的收口巅峰，美味持久在口中流连不散。除此之外，2014年份的维奈西卡陈酿（Vernaccia Riserva）同样品质卓越，它吐露着甜瓜和苹果的缕缕果香，精美的结构令人垂涎，强劲的收口巅峰浸润果味，十分美味。

| | |
|---|---|
| ○ Vernaccia di S. Gimignano Vent'anni '14 | 🍷🍷 3* |
| ○ Sauvignon '15 | 🍷🍷 3 |
| ○ Vernaccia di S. Gimignano '15 | 🍷🍷 2* |
| ○ Vernaccia di S. Gimignano Ris. '14 | 🍷🍷 3 |
| ○ Vernaccia di S. Gimignano V. Santa Chiara '14 | 🍷🍷 2* |
| ● Chianti Colli Senesi '14 | 🍷 2 |
| ○ I'Niccolò '15 | 🍷 3 |
| ○ I'Niccolò '14 | 🍸🍸 3 |
| ● San Gimignano Sangiovese Merlot Uno di Quattro '10 | 🍸🍸 6 |
| ○ Vernaccia di S. Gimignano Ris. '12 | 🍸🍸 3 |
| ○ Vernaccia di S. Gimignano Ris. '10 | 🍸🍸 3* |
| ○ Vernaccia di S. Gimignano V. Santa Chiara '13 | 🍸🍸 2* |

## Fattoria Nittardi

loc. Nittardi
53011 Castellina in Chianti [SI]
Tel. +39 0577740269
www.nittardi.com

藏酒销售
预约参观
年产量 94 000 瓶
葡萄种植面积 29 公顷

这座位于奇安蒂卡斯泰利纳（Castellina in Chianti）的尼塔尔迪农庄（Fattoria Nittardi）出品的美酒风格现代，风味浓郁，与此同时还展现出本地风土特质以及独特的个性。尼塔尔迪农庄的红葡萄酒非常易于入口，果味令人喜悦，吐露着活跃的酒香，口感发展令人激动。酒液在经过谨慎选择的小型橡木桶中陈年，追求最大限度的成熟，结构沉稳，酒体饱满，果味甜美。农庄还在马雷马（Maremma）购入了占地面积达到37公顷的附属葡萄园，这里出产的美酒都是同品类中的佼佼者。在今年的品鉴中，2013年份的经典奇安蒂陈酿（Chianti Classico Riserva）表现出色，它吐露着精美而平衡的果香和橡木芬芳，纯净飘逸的酒香与浸润着悦人果味的口感相得益彰。我们很乐意在这款美酒上下赌注，假以时日，等待它大放异彩。与此同时，2014年份的内科塔尔代（Nectar Dei）别具一格，展现出真正精湛的酿造技艺，是一款由马雷马出产的赤霞珠（Cabernet Sauvignon）、梅洛（Merlot）和小味尔多（Petit Verdot）共同混酿的美酒，吐露着跃动的果香。除此之外，2014年份的尼塔迪卡萨诺瓦经典奇安蒂（Chianti Classico Casanuova di Nittardi）果味四溢，酒质发展平稳均衡，吐露着纯净馥郁的酒香。

| | |
|---|---|
| ● Chianti Cl. Ris. '13 | 🍷🍷🍷 6 |
| ● Chianti Cl. Casanuova di Nittardi '14 | 🍷🍷 4 |
| ● Nectar Dei '14 | 🍷🍷 7 |
| ● Chianti Cl. Belcanto '14 | 🍷 4 |
| ● Ad Astra '08 | 🍸🍸🍸 3 |
| ● Chianti Cl. Ris. '11 | 🍸🍸🍸 6 |
| ● Chianti Cl. Ris. '10 | 🍸🍸🍸 6 |
| ● Ad Astra '13 | 🍸🍸 3 |
| ● Ad Astra '12 | 🍸🍸 3 |
| ● Chianti Cl. Belcanto '13 | 🍸🍸 4 |
| ● Chianti Cl. Casanuova di Nittardi '12 | 🍸🍸 4 |
| ● Chianti Cl. Casanuova di Nittardi '11 | 🍸🍸 4 |
| ● Chianti Cl. Ris. '12 | 🍸🍸 6 |
| ● Nectar Dei '12 | 🍸🍸 7 |
| ● Nectar Dei '10 | 🍸🍸 7 |

## Orma

via Bolgherese
57022 Castagneto Carducci [LI]
Tel. +39 0575477857
tenutasetteponti@tenutasetteponti.it

年产量 30 000 瓶
葡萄种植面积 5.5 公顷
可持续发展酒庄

足迹酒庄（Podere Orma）由一位热爱葡萄酒的成功商人安东尼奥·莫莱提（Antonio Moretti）缔造，这位成功的企业家将满腔热爱倾注在葡萄酒业上。他还在阿雷佐地区（Arezzo）拥有七桥酒庄（Tenuta Sette Ponti）——安东尼奥葡萄酒世界的总部，另外在西西里岛（Sicily）还拥有可爱的玛卡瑞酒庄（Maccari）。足迹酒庄的出品分为两个系列，其一是足迹系列，虽然并非保格利DOC产区酒（Bolgheri DOC），但无疑是该地区最佳红葡萄酒之一；以及基本保格利酒系列（Bolgheri）足迹酒庄是一座规模很小的瑰宝酒庄，只有五公顷葡萄园，葡萄园中的土壤是富含砾石的黏土土壤，赋予酿造美酒绝佳的复杂度和优雅口感。在今年的品鉴中，足迹酒庄的2013年份酒再获殊荣，一举夺下了“三杯奖”大奖，堪称保格利产区近年来难得一见的最佳美酒之一。它吐露着活跃的莓果香，融入香膏般的馥郁芳香，地中海灌木丛的热烈香气和香叶的独有芬芳亲密缭绕，逐渐升腾。口感将赤霞珠（Cabernet）和梅洛（Merlot）的结构与精湛的酿造技艺结合起来，对这片日照条件一流的肥沃土地的风土特色做出完美阐释。果味中从不缺乏酸度，单宁精粹展现出大师级的精湛技艺。

| | |
|---|---|
| ● Orma '13 | 𝕐𝕐𝕐 8 |
| ● Orma '12 | 𝕐𝕐𝕐 8 |
| ● Orma '11 | 𝕐𝕐𝕐 8 |
| ● Orma '10 | 𝕐𝕐𝕐 7 |
| ● Orma '09 | 𝕐𝕐𝕐 6 |
| ● Orma '08 | 𝕐𝕐𝕐 6 |
| ● Orma '07 | 𝕐𝕐𝕐 5 |
| ● Orma '06 | 𝕐𝕐𝕐 6 |
| ● Orma '05 | 𝕐𝕐 6 |

## Fattoria Ormanni

loc. Ormanni, 1
53036 Poggibonsi [SI]
Tel. +39 0577937212
www.ormanni.it

藏酒销售
预约参观
膳宿接待
年产量 70 000 瓶
葡萄种植面积 68 公顷

奥玛尼农庄（Fattoria Ormanni）在这片指定产区拥有悠久的历史，自1818年就隶属布瑞尼·巴塔奇家族（Brini Batacchi）。奥玛尼农庄的葡萄园已经生长了四十多年，坐落于佛罗伦萨（Florence）和锡耶纳（Siena）之间。打造经典奇安蒂美酒（Chianti Classico）所用的酿造果实来自佛罗伦萨地区。艾尔萨谷巴贝利诺地区（Barberino Val d' Elsa）的土壤肥沃，地块的高度较高，达到海拔350米。奥玛尼农庄在酒窖的酿造过程中注重传统方式，从使用大型橡木桶浸渍开始。如此收获的美酒强劲有力，时常展现出质朴风味，但又诱人且极富个性。在今年的品鉴中，2012年份的博罗德迪亚沃洛经典奇安蒂陈酿（Chianti Classico Borro del Diavolo Riserva）吐露着成熟的樱桃香和泥土的醇香，果味华美精致，偏硬的口感令人愉悦。与此同时，2012年份的经典奇安蒂（Chianti Classico）品质卓越，散发着香料的缕缕辛香，酸度与甜度相得益彰。除此之外，2011年份的经典奇安蒂精选系列（Chianti Classico Gran Selezione）相比较而言更加劲道有力，但是或许略显缺乏意趣；而2012年份的朱利斯（Julius）是以桑娇维塞（Sangiovese）、梅洛（Merlot）和西拉（Syrah）混酿而成的美酒，果香果味四溢。

| | |
|---|---|
| ● Chianti Cl. Borro del Diavolo Ris. '12 | 𝕐𝕐 4 |
| ● Chianti Cl. '12 | 𝕐𝕐 3 |
| ● Chianti Cl. Gran Sel. '11 | 𝕐𝕐 3 |
| ● Julius '12 | 𝕐𝕐 5 |
| ● Chianti Cl. '10 | 𝕐𝕐 3* |
| ● Chianti Cl. '08 | 𝕐𝕐 3 |
| ● Chianti Cl. '04 | 𝕐𝕐 2 |
| ● Chianti Cl. '03 | 𝕐𝕐 3 |
| ● Chianti Cl. Borro del Diavolo Ris. '08 | 𝕐𝕐 4 |
| ● Chianti Cl. Borro del Diavolo Ris. '06 | 𝕐𝕐 3 |
| ● Chianti Cl. Borro del Diavolo Ris. '01 | 𝕐𝕐 3 |
| ● Chianti Cl. Borro del Diavolo Ris. '00 | 𝕐𝕐 5 |
| ● Julius '00 | 𝕐𝕐 5 |

## ★★Ornellaia

FRAZ. BOLGHERI
LOC. ORNELLAIA, 191
57022 CASTAGNETO CARDUCCI [LI]
TEL. +39 056571811
www.ornellaia.it

预约参观
年产量 930 000 瓶
葡萄种植面积 112 公顷

奥纳亚酒庄（Ornellaia）是意大利葡萄酒在全世界范围内最著名的品牌之一，创建于20世纪80年代初期，无论是严苛的酒评家还是挑剔的酒迷都对奥纳亚酒庄赞赏有加。奥纳亚酒庄坐落于同名农庄内，它拥有的单一地块几乎全部在此，除了在DOC产区北部的贝拉尔雅（Bellaria）的另一座葡萄园。酒庄出产的美酒展现出非凡的特色，其中几款长期以来一直被视为国际葡萄酒酿造上的传奇。在几经移主之后，这座辉煌的酒庄如今隶属弗莱斯可巴尔迪家族（Frescobaldi）——托斯卡纳产区（Tuscan）著名的葡萄酒生产世家，在葡萄酒行业根基深远。在今年的品鉴中，奥纳亚庄保格利超级红葡萄酒（Bolgheri Rosso Superiore Ornellaia）再现了去年的精彩表现，因而再次夺得“三杯奖”桂冠。2013年采收季带给我们的这款佳酿虽然在很多方面依然内敛待发，但却是一款拥有太多长处和潜力的美酒，假以时日必将拥有光辉的未来。当下阶段，这款酒呈现出浓郁的果香，陈年橡木的芬芳也十分显著。因此这是一款依然需要时间来演化的美酒，拥有结合饱满质地和不同凡响深邃酒质的能力。

| | | |
|---|---|---|
| ● Bolgheri Sup. Ornellaia '13 | 🍷🍷🍷 | 8 |
| ● Masseto '13 | 🍷🍷 | 8 |
| ● Bolgheri Sup. Ornellaia '12 | 🍷🍷🍷 | 8 |
| ● Bolgheri Sup. Ornellaia '10 | 🍷🍷🍷 | 8 |
| ● Bolgheri Sup. Ornellaia '07 | 🍷🍷🍷 | 8 |
| ● Bolgheri Sup. Ornellaia '05 | 🍷🍷🍷 | 8 |
| ● Bolgheri Sup. Ornellaia '04 | 🍷🍷🍷 | 8 |
| ● Bolgheri Sup. Ornellaia '02 | 🍷🍷🍷 | 8 |
| ● Bolgheri Sup. Ornellaia '01 | 🍷🍷🍷 | 8 |
| ● Masseto '11 | 🍷🍷🍷 | 8 |
| ● Masseto '09 | 🍷🍷🍷 | 8 |
| ● Masseto '06 | 🍷🍷🍷 | 8 |
| ● Masseto '04 | 🍷🍷🍷 | 8 |

## Siro Pacenti

LOC. PELAGRILLI, 1
53024 MONTALCINO [SI]
TEL. +39 0577848662
www.siropacenti.it

藏酒销售
预约参观
年产量 60 000 瓶
葡萄种植面积 22 公顷

西诺帕森蒂酒庄（Siro Pacenti）最早生产瓶装葡萄酒要追溯到1988年，酒庄成立于1971年，是蒙塔奇诺产区（Montalcino）葡萄酒王朝中声名卓著的名庄之一。今天，吉安卡洛·佩森提（Giancarlo Pacenti）掌管着西诺帕森蒂酒庄，倡导在酿造布鲁奈罗酒（Brunellos）的过程中实验性地采用小型橡木桶陈年，从而彻底远离“中庸者”的俗套。坐落于佩拉格里利（Pelagrilli）的精美葡萄园位于海拔350米的所在，拥有典型的淤泥黏土土壤，所产果实主要用于酿造同名的布鲁奈罗酒以及PS陈酿（Ps Riserva）。西诺帕森蒂酒庄后来又购买了一片新的种植地块，位于皮安科奈罗（Piancornello）的南部，那里气候温暖，砾石土壤内的铁含量极高，出产的果实用于酿造老藤葡萄酒（Vecchie Vigne）和干红葡萄酒（Rosso）。在今年的品鉴中，吉安卡洛·佩森提再次成功地将所有推荐的布鲁奈罗酒都送入了角逐“三杯奖”大奖的决赛。其中，2010年份的PS陈酿（PS Riserva）香氛精彩诱人，它吐露着如花芬芳，与泥土的醇香完美缭绕；而2011年份的佩拉格里利（Pelagrilli）则受制于粗粝的果味精粹，不过这款酒的质地精美，能量十足。除此之外，2011年份的老藤园（Vecchie Vigne）酒质极为和谐，果味四溢。

| | | |
|---|---|---|
| ● Brunello di Montalcino Pelagrilli '11 | 🍷🍷 | 6 |
| ● Brunello di Montalcino PS Ris. '10 | 🍷🍷 | 8 |
| ● Brunello di Montalcino V. V. '11 | 🍷🍷 | 8 |
| ● Brunello di Montalcino '97 | 🍷🍷🍷 | 7 |
| ● Brunello di Montalcino '96 | 🍷🍷🍷 | 7 |
| ● Brunello di Montalcino '95 | 🍷🍷🍷 | 7 |
| ● Brunello di Montalcino '88 | 🍷🍷🍷 | 7 |
| ● Brunello di Montalcino PS Ris. '07 | 🍷🍷🍷 | 8 |
| ● Brunello di Montalcino V. V. '10 | 🍷🍷🍷 | 8 |
| ● Brunello di Montalcino '09 | 🍷🍷 | 8 |
| ● Brunello di Montalcino '07 | 🍷🍷 | 8 |
| ● Brunello di Montalcino '06 | 🍷🍷 | 8 |
| ● Brunello di Montalcino Pelagrilli '10 | 🍷🍷 | 6 |
| ● Brunello di Montalcino PS '04 | 🍷🍷 | 8 |
| ● Brunello di Montalcino PS Ris. '06 | 🍷🍷 | 8 |
| ● Rosso di Montalcino PS '11 | 🍷🍷 | 5 |

## Panizzi

Loc. Santa Margherita, 34
53037 San Gimignano [SI]
Tel. +39 0577941576
www.panizzi.it

藏酒销售
预约参观
膳宿接待
年产量 210 000 瓶
葡萄种植面积 50 公顷

伦巴第人（Lombard）乔瓦尼·帕尼齐（Giovanni Panizzi）对托斯卡纳（Tuscany）情有独钟，于上世纪七十年代末选择圣吉米亚诺（San Gimignano）作为酿酒的第二故乡，建立了帕尼齐酒庄，坚持认为维奈西卡葡萄（Vernaccia）并未得到应有的重视，仅用了几年的时间就复兴了维奈西卡葡萄。2005年，卢加诺·尼克莱（Luano Niccolai）买下了帕尼齐酒庄，乔瓦尼·帕尼齐依然留在酒庄工作，直至2010年去世。今天，西蒙尼·尼克莱（Simone Niccolai）继续经营着酒庄，不断增强酒庄的实力，扩大酒庄的规模。在今年的品鉴中，2014年份的圣玛格丽特园维奈西卡（Vernaccia Vigna Santa Margherita）表现非常精彩，一举闯入了“三杯奖”大奖的决赛圈。它吐露着精美细腻的酒香，融入既有意趣的绿蔬芬芳，和着百里香和墨角兰的香气，甜瓜和蜜桃甜美的果香萦绕其间，带来结构上佳、酒质发展均衡的口感，新鲜且和谐的收口巅峰浸润美妙果味。与此同时，气质缥缈的2013年份帕西多（Passito）吐露着复杂的酒香，融入无花果干的缕缕果香，和着杏的芬芳和榛子的醇香，随之而来的口感丰盈满口，美妙馥郁，酒重精致，甜美果味持久流连在口中。

| | |
|---|---|
| ○ Vernaccia di San Gimignano V. Santa Margherita '14 | 🍷🍷 3* |
| ○ Passito '13 | 🍷🍷 4 |
| ○ Ceraso Rosato '15 | 🍷 2 |
| ● Chianti Colli Senesi Vertunno Ris. '12 | 🍷 2 |
| ● San Gimignano Rosso Folgore '10 | 🍷 5 |
| ○ Vernaccia di S. Gimignano '15 | 🍷 2 |
| ○ Vernaccia di S. Gimignano Ris. '07 | 🍷🍷🍷 5 |
| ○ Vernaccia di S. Gimignano Ris. '05 | 🍷🍷🍷 5 |
| ○ Vernaccia di S. Gimignano Ris. '98 | 🍷🍷🍷 4* |
| ○ Vernaccia di S. Gimignano '13 | 🍷🍷 2* |
| ○ Vernaccia di S. Gimignano Ris. '12 | 🍷🍷 5 |
| ○ Vernaccia di S. Gimignano Ris. '11 | 🍷🍷 5 |

## Parmoleto

Loc. Montenero d'Orcia
Pod. Parmoletone, 44
58040 Castel del Piano [GR]
Tel. +39 0564954131
www.parmoleto.it

藏酒销售
预约参观
膳宿接待
年产量 23 000 瓶
葡萄种植面积 6 公顷

索迪家族（Sodi）最早来自蒙塔奇诺产区（Montalcino），自从20世纪初就拥有这座位于奥齐亚山谷（Val d' Orcia）的帕莫莱托庄园（Parmoleto）。但是杜里奥·索迪（Duilio Sodi）直至20世纪90年代才作出决定，将庄园总占地面积72公顷中的6公顷地块开辟为葡萄园。在生产橄榄油、豆类植物、小麦和藏红花的同时，帕莫莱托庄园还拥有一座繁荣的养猪场；与此同时，它已经成为蒙特库科地区（Montecucco）基础最坚固、深深根植于于本地风土的卓越酒庄之一。古老的农场俯瞰缓缓蔓延的托斯卡纳（Tuscan）群山，这里还是农业旅游观光中心。说起呈现本地风土特质和坚实口感，我们在卓越的蒙特库科桑娇维塞陈酿（Montecucco Sangiovese Riserva）中发现了同样特质，在今年的品鉴中凭此一路闯入“三杯奖”的决赛圈，成为本产区的最佳美酒之一。清爽的芳香植物芬芳与黑莓果的果香带来惬意精美的口感，单宁与酒精度相得益彰，在精美酸度酒骨的支撑下，口感新鲜美味。除此之外，2012年份的桑娇维塞（Sangiovese）也展现出高超的酿造水准，吐露着地中海灌木丛的热烈芬芳，随之而来的口感优雅持久，果味美妙。

| | |
|---|---|
| ● Montecucco Sangiovese Ris. '11 | 🍷🍷 3* |
| ● Montecucco Sangiovese '12 | 🍷🍷 3 |
| ● Montecucco Rosso '13 | 🍷 2 |
| ○ Carabatto '10 | 🍷🍷 2* |
| ● Montecucco Sangiovese '11 | 🍷🍷 3 |
| ● Montecucco Sangiovese Ris. '10 | 🍷🍷 3 |
| ● Sormonno '08 | 🍷🍷 4 |
| ● Sormonno '05 | 🍷🍷 4 |

## Tenuta La Parrina

FRAZ. ALBINIA
S.DA DELLA PARRINA
58010 ORBETELLO [GR]
TEL. +39 0564862636
www.parrina.it

藏酒销售
预约参观
膳宿接待
年产量 200 000 瓶
葡萄种植面积 60 公顷
葡萄栽培方式 有机认证

1830年，佛罗伦萨（Florentine）的银行家米歇尔·琼蒂尼（Michele Giuntini）决定向这片处女地投资，创立了帕瑞纳酒庄（Tenuta La Parrina）。今天，弗兰卡·斯皮诺拉（Franca Spinola）经营着帕瑞纳酒庄，在短短几十年间就带领酒庄重拾旧日辉煌。在DOC产区占地面积达到60公顷的葡萄园与酒庄共享一个名字，这样的情况在意大利并不多见，帕瑞纳葡萄园覆盖奥尔贝泰洛（Orbetello）海拔较低的山脚地带。不过帕瑞纳酒庄不止生产葡萄酒，在庄园地块上，与葡萄园同样茂盛的还有橄榄林、蔬菜地、谷物地和果树林，广袤的牧场上绵羊、山羊和奶牛悠闲地吃着草，其原则在于保护当地的自然环境，尊重自然的生物多样性。在今年的品鉴中，主要由桑娇维塞（Sangiovese）添加少量赤霞珠（Cabernet sauvignon）和梅洛（Merlot）混酿而成的穆拉乔（Muraccio）并没有受到2014年恶劣气候条件的影响，吐露着多层次的香氛，主要是成熟的红莓果果香融入辛辣的第三类香气。与此同时，2015年份的法塔丘（Poggio della Fata）是一款以苏维翁（Sauvignon）和维蒙蒂诺（Vermentino）混酿的美酒，拥有跃动且甘美的酒质，令人愉悦。

| | |
|---|---|
| ● Parrina Rosso Muraccio '14 | 🍷🍷 3* |
| ○ Costa dell'Argentario Ansonica '15 | 🍷🍷 3 |
| ○ Poggio della Fata '15 | 🍷🍷 3 |
| ○ Parrina Bianco '15 | 🍷 2 |
| ● Parrina Merlot Radaia '14 | 🍷 6 |
| ● Parrina Sangiovese '15 | 🍷 2 |
| ● Parrina Sangiovese Ris. '13 | 🍷 5 |
| ○ Parrina Vermentino '15 | 🍷 3 |
| ○ Ansonica Costa dell'Argentario '14 | 🍸🍸 3 |
| ○ Parrina Bianco '12 | 🍸🍸 2* |
| ● Parrina Radaia '13 | 🍸🍸 6 |
| ● Parrina Rosso Muraccio '13 | 🍸🍸 3 |
| ● Parrina Rosso Muraccio '11 | 🍸🍸 3 |
| ● Parrina Sangiovese '10 | 🍸🍸 4 |
| ● Parrina Sangiovese Ris. '12 | 🍸🍸 5 |

## Petra

LOC. SAN LORENZO ALTO, 131
57028 SUVERETO [LI]
TEL. +39 0565845308
www.petrawine.it

藏酒销售
预约参观
年产量 350 000 瓶
葡萄种植面积 94 公顷
可持续发展酒庄

从弗兰奇亚考达地区（Franciacorta）到科尼亚谷（Val di Cornia），这是维托里奥·莫莱提（Vittorio Moretti）实现酿造热忱的完美旅程。维托里奥在贝拉维斯塔弗兰奇亚考达（Franciacorta di Bellavista）和康塔迪卡斯泰蒂酒庄（Contadi Castaldi）取得了成功后，进取心和好奇心促使他前往托斯卡纳（Tuscany），一直深入到马雷马地区（Maremma）创建了巴迪奥拉酒庄（Badiola），不过这段冒险的关键性阶段发生在此前的佩特拉酒庄（Petra）。佩特拉酒庄的酒窖呈现未来主义风格，成为人们谈论的焦点，毫无疑问的是这座酒窖今天看来依然先锋味道十足，由马里奥·伯塔（Mario Botta）设计，象征意义和实际功能并重。佩特拉酒庄当前的掌门人是维托里奥的女儿弗朗西丝卡·莫莱提（Francesca Moretti），她致力于打造出描述这片独一无二热土之爱的美酒。在今年的品鉴中，这座莫莱提家族家族酒庄推荐的美酒总体上表现卓越，2013年份的佩特拉（Petra）更是斩获了“三杯奖”。这是一款以梅洛（Merlot）和赤霞珠（Cabernet Sauvignon）混酿而成的美酒，吐露显著的酒香，散发着绿胡椒的阵阵辛香，融入蓝莓和醋栗的缕缕果香，一抹薄荷的清凉和青草的芬芳萦绕其间，口感圆润馥郁，气质缥缈，收口美味怡人。除此之外，2013年份的珀滕提（Potenti）品质精美，吐露着矿物质的缕缕醇香，融入香膏的诱人芬芳，口感华美精致，逡巡不散的果味给人带来极其美妙的享受。

| | |
|---|---|
| ● Petra Rosso '13 | 🍷🍷🍷 8 |
| ● Potenti '13 | 🍷🍷 6 |
| ● Alto '12 | 🍷🍷 6 |
| ○ Belvento Vermentino '15 | 🍷🍷 3 |
| ○ La Balena '13 | 🍷🍷 6 |
| ● Quercegobbe '13 | 🍷🍷 6 |
| ● Belvento Cabernet Sauvignon '14 | 🍷 3 |
| ● Belvento Sangiovese '14 | 🍷 3 |
| ⊙ Belvento Velarosa '15 | 🍷 3 |
| ○ Belvento Viognier '15 | 🍷 3 |
| ● Hebo '14 | 🍷 3 |
| ● Petra Rosso '12 | 🍸🍸🍸 8 |
| ● Petra Rosso '11 | 🍸🍸🍸 8 |
| ● Petra Rosso '04 | 🍸🍸🍸 7 |

## ★Fattoria Petrolo

RAZ. MERCATALE VALDARNO
A PETROLO, 30
2021 BUCINE [AR]
EL. +39 0559911322
www.petrolo.it

预约参观
膳宿接待
年产量 70 000 瓶
葡萄种植面积 27 公顷

虽然在皮特罗农庄（Fattoria Petrolo）的土地上发现了远古的伊特鲁里亚时期（Etruscan）遗迹，但是从酒庄的名字来看就知道它拥有古罗马渊源："皮特罗"一词来自"petroliarum"，意指拥有古罗马贵族省督官邸的乡间城堡。广袤的林地种植葡萄藤和橄榄丛，并且出产美酒的历史十分久远。1716年，托斯卡纳的大公爵科西莫三世（Tuscan Grand Duke Cosimo III）曾经发布政令，确定了四个葡萄种植区域：奇安蒂产区（Chianti）、卡尔米尼亚诺产区（Carmignano）、庞美路产区（Pomino）和索帕拉阿诺谷（Val d' Arno di Sopra），而皮特罗农庄就坐落于索帕拉阿诺谷。卢卡·桑觉斯特（Luca Sanjust）是当前酒庄的主人，他的母亲露西亚·巴佐基（Lucia Bazzocchi）协助他管理酒庄，正是母亲的巴佐基家族在二战后的1947年买下了这片土地及酒庄，这座酒庄的家族传承已经有四代的时间。在今年的品鉴中，单一品种的加拉托纳梅洛酒（Merlot Galatrona）没有失约，再次凭借出色表现跻身"三杯奖"的决赛。2013年份酒吐露着优雅的果香，融入丁香的缕缕辛香，更有黑胡椒的风味与香草的气息萦绕其间，入口后感到开放而绵密的酒质，口感热辣，果味丰盈，酒体精美，收口余韵绵长美味，令人欲罢不能。

| | | |
|---|---|---|
| Valdarno di Sopra Galatrona '13 | 🍷🍷🍷 (red) | 8 |
| Valdarno di Sopra Boggina '14 | 🍷🍷 (red) | 6 |
| • Valdarno di Sopra Bogginanfora '14 | 🍷🍷 | 7 |
| Valdarno di Sopra Inarno '15 | 🍷 | 2 |
| • Valdarno di Sopra Torrione '14 | 🍷 | 5 |
| Galatrona '12 | 🍷🍷🍷 | 8 |
| • Galatrona '11 | 🍷🍷🍷 | 8 |
| • Galatrona '10 | 🍷🍷🍷 | 8 |
| Galatrona '09 | 🍷🍷🍷 | 8 |
| • Galatrona '08 | 🍷🍷🍷 | 8 |
| Galatrona '07 | 🍷🍷🍷 | 8 |
| Galatrona '06 | 🍷🍷🍷 | 8 |
| Galatrona '05 | 🍷🍷🍷 | 8 |
| Torrione '11 | 🍷🍷🍷 | 5 |

## ★Piaggia

LOC. POGGETTO
VIA CEGOLI, 47
59016 POGGIO A CAIANO [PO]
TEL. +39 0558705401
www.piaggia.com

藏酒销售
预约参观
年产量 75 000 瓶
葡萄种植面积 15 公顷

万努奇家族（Vannucci）对于这片土地热情奉献，毛罗·万努奇（Mauro Vannucci）和妻子瑞塔（Rita）于20世纪70年代中期创立了自己的酒庄——皮亚乔酒庄（Piaggia）。这座位于卡尔米尼亚诺（Carmignano）的可爱酒庄获得了持续的成功，这些成绩源于坚实的基础。如今，毛罗的女儿西尔维娅·万努奇（Silvia Vannucci）也加入到酒庄的管理经营中，主要负责酒品销售业务，同时也担任本地生产商联盟主席。皮亚乔酒庄占地面积达到25公顷，其中15公顷是得到悉心照料的葡萄园，其余部分则留给了橄榄林。阿尔伯托·安东尼尼（Alberto Antonini）和埃米里奥·法西尼（Emiliano Falsini）酿造经验丰富，担任酒庄的技术顾问。在今年的品鉴中，2013年份陈酿（Riserva）收获了巨大成功，这款伟大的红葡萄酒果味精粹饱满丰盈，经过在品质精美的全新橡木桶中陈年，完全自信地同时完美驾驭了国际风尚与优雅的本土特性。成熟红色水果的甜美滋味得到清爽酸度的支撑，单宁质地如同天鹅绒般丝滑，搭配完美果味，一路攀上辛辣果味逡巡不散的收口巅峰，融入香膏的一抹诱人芬芳。除此之外，2014年份的柯利丘（Poggio de' Colli）是一款表现同样卓越的品丽珠（Cabernet Franc），吐露着黑莓和蓝莓的缕缕果香，融入薄荷的清凉，更有巧克力和咖啡的醇香萦绕其间。

| | | |
|---|---|---|
| ● Carmignano Ris. '13 | 🍷🍷🍷 (red) | 6 |
| ● Poggio de' Colli '14 | 🍷🍷 (red) | 7 |
| ● Carmignano Il Sasso '14 | 🍷🍷 | 5 |
| ● Carmignano Ris. '12 | 🍷🍷🍷 | 6 |
| ● Carmignano Ris. '11 | 🍷🍷🍷 | 6 |
| ● Carmignano Ris. '08 | 🍷🍷🍷 | 5 |
| ● Carmignano Ris. '07 | 🍷🍷🍷 | 5 |
| ● Carmignano Ris. '99 | 🍷🍷🍷 | 5 |
| ● Carmignano Ris. '98 | 🍷🍷🍷 | 5 |
| ● Carmignano Ris. '97 | 🍷🍷🍷 | 5 |
| ● Carmignano Sasso '07 | 🍷🍷🍷 | 4 |
| ● Il Sasso '01 | 🍷🍷🍷 | 4 |
| ● Poggio de' Colli '11 | 🍷🍷🍷 | 7 |
| ● Poggio de' Colli '10 | 🍷🍷🍷 | 6 |

## Piancornello

LOC. PIANCORNELLO
53024 MONTALCINO [SI]
TEL. +39 0577844105
piancornello@libero.it

藏酒销售
预约参观
年产量 50 000 瓶
葡萄种植面积 10 公顷

皮安科奈罗酒庄（Piancornello）是蒙塔奇诺产区（Montalcino）南部山坡上最为独特的一家酒庄，通常被视为最被认可、出品品质最稳定一致的酒庄，今天酒庄的掌门人是席尔瓦纳·皮艾瑞（Silvana Pieri）和克劳迪奥·莫纳奇（Claudio Monaci）。俯瞰阿尔恰河（Orcia）的高地望过去，阿米塔山（Amiata）就出现在地平线上，皮安科奈罗酒庄占地面积达到十公顷的葡萄园以其卓越的气候和地理条件从众多葡萄园中脱颖而出——拥有典型的地中海式微气候环境、地理位置山势陡峭、土壤富含砾石和岩石且可疏水。这些客观条件有助于桑娇维塞葡萄（Sangiovese）的完全成熟，打造出美味丰盈、带有阳光气息的美酒。不过不要期待那种极易入口、即时饮用的布鲁奈罗酒（Brunello）；相反，皮安科奈罗酒庄出品的布鲁奈罗酒拥有活跃的单宁结构，又在小型橡木桶中经过陈年而更加强了活力，需要更多关注和耐心等待。2011年份的布鲁奈罗酒吐露着刺柏和黑胡椒的芬芳，融入芳香植物的清香，一抹柑橘蜜饯的果香萦绕其间，这款美酒馥郁直接的香氛满足了我们对于这片土地以及卓越生长季的期待。不过还是缺乏一些劲道的能量和深邃的质感，但是这点缺憾已经被阳光般灿烂的美妙果味所弥补。与此同时，2014年份的红葡萄酒（Rosso）似乎受到气候条件复杂的采收酿造季的影响更大。

| | |
|---|---|
| ● Brunello di Montalcino '11 | ▼▼ 6 |
| ● Rosso di Montalcino '14 | ▼ 3 |
| ● Brunello di Montalcino '10 | ▽▽▽ 6 |
| ● Brunello di Montalcino '06 | ▽▽▽ 6 |
| ● Brunello di Montalcino '99 | ▽▽▽ 6 |
| ● Brunello di Montalcino '09 | ▽▽ 6 |
| ● Brunello di Montalcino '08 | ▽▽ 6 |
| ● Brunello di Montalcino '07 | ▽▽ 6 |
| ● Brunello di Montalcino '04 | ▽▽ 6 |
| ● Brunello di Montalcino '03 | ▽▽ 6 |
| ● Brunello di Montalcino Ris. '06 | ▽▽ 6 |
| ● Brunello di Montalcino Ris. '04 | ▽▽ 6 |
| ● Rosso di Montalcino '11 | ▽▽ 3 |
| ● Rosso di Montalcino '08 | ▽▽ 3* |

## Piandaccoli

VIA DI PIANDACCOLI, 7
50055 LASTRA A SIGNA [FI]
TEL. +39 0550750005
www.piandaccoli.it

藏酒销售
预约参观
膳宿接待
年产量 90 000 瓶
葡萄种植面积 20 公顷

自从詹姆保罗·布鲁尼（Giampaolo Bruni）决定将所有精力和创造力都投入到家庭酒庄的美酒生产上来，他拥有的皮安达科利酒庄（Piandaccoli）多年来始终致力于保护和推广托斯卡纳（Tuscan）本地葡萄品种。詹姆保罗大力发展那些濒临被抛弃边缘的本地葡萄品种，并用它们来打造美酒，其中包括文献记载中出现于十九世纪末期的托斯卡纳本地葡萄品种巴萨琳娜（Barsaglina）、名字来自葡萄皮饱满色泽的科罗里诺（Colorino）、弗格利亚通达（Foglia tonda）、玛墨兰（Mammolo）、葡萄串的形状如同小拳头的普尼特罗（Pugnitello），当然还有必不可少的桑娇维塞（Sangiovese）。在今年的品鉴中，2013年份的文艺复兴普尼特罗（Pugnitello del Rinascimento）凭借精彩表现跻身角逐"三杯奖"大奖的决赛，它吐露着樱桃和黑莓的阵阵果香，香料的辛香飘散其间，随之而来的口感十分紧致，酒体锐利，单宁融合度极佳，收口余韵绵长悠然，令人垂涎。除此之外，2013年份的文艺复兴弗格利亚通达（Foglia Tonda del Rinascimento）令人愉悦，胡椒的辛香和绿蔬的青绿风味似乎无所不在，融入李子的果香，带来紧实精美的果味，精致的结构支撑着绵绵不绝的悦人果味，余韵持久在口中流连不散。

| | |
|---|---|
| ● Pugnitello del Rinascimento '13 | ▼▼ 6 |
| ● Foglia Tonda del Rinascimento '13 | ▼▼ 6 |
| ● Maiorem '13 | ▼▼ 5 |
| ● Chianti Cosmus Ris. '13 | ▼ 2 |
| ● In Primis '13 | ▼ 3 |
| ⊙ Operandi '15 | ▼ 3 |
| ● Chianti Cosmus '11 | ▽▽ 2 |
| ● Chianti Cosmus Ris. '12 | ▽▽ 2 |
| ● Foglia Tonda del Rinascimento '12 | ▽▽ 6 |
| ● Maiorem '12 | ▽▽ 5 |
| ● Maiorem '11 | ▽▽ 5 |
| ● Maiorem '10 | ▽▽ 5 |

## Pietrafitta

Loc. Cortennano, 54
53037 San Gimignano [SI]
Tel. +39 0577943200
www.pietrafitta.com

藏酒销售
预约参观
膳宿接待
年产量 230 000 瓶
葡萄种植面积 80 公顷

几年前开始彻底重建的皮埃特菲塔庄园（Pietrafitta）实际上已经度过了漫长的历史时光。这座古老庄园的创建可以追溯到遥远的公元961年，作为弗西庄园（Fosci）的一部分，都是尤戈·萨利科侯爵（Marchese Ugo Salico）的产业。经过数个世纪的历史变迁，皮埃特菲塔庄园几经易手，但在萨伏依王朝（House of Savoy）期间在葡萄种植和葡萄酒酿造方面得到了突飞猛进的发展，并于20世纪初建起了一座设计精美、功能完备的酒窖。在今年的品鉴中，2015年份的)博尔盖托维奈西卡（Vernaccia Il Borghetto）表现出众，它吐露着浓郁集中的果香，融入药草的缕缕醇香，口感精美多汁，酸度诱人美味，收口质感跃动，浸润着丰盈的果味。与此同时，2012年份的海岸维奈西卡陈酿（Vernaccia La Costa Riserva）气质诱人，主要散发着矿物质的醇香，伴随着阵阵干花的芬芳，融入清爽的蜜桃果香；随之而来的口感宽阔怡人，质地精美，收口滋味美妙。除此之外，2007年份的圣酒（Vin Santo）气质缥缈宜人，吐露着奶制品的经典醇香，融入杏仁的缕缕芬芳，随之而来的口感如同奶油般绵密细腻，华美诱人，收口美味持久流连不散。

| | |
|---|---|
| ○ San Gimignano Vin Santo '07 | 🍷🍷 5 |
| ○ Vernaccia di S. Gimignano Il Borghetto '15 | 🍷🍷 3 |
| ○ Vernaccia di S. Gimignano La Costa Ris. '12 | 🍷🍷 4 |
| ● Chianti dei Colli Senesi '12 | 🍷 2 |
| ○ Vernaccia di S. Gimignano La Costa Ris. '15 | 🍷 2 |
| ● Chianti Colli Senesi '07 | ♀♀ 2* |
| ○ S. Gimignano Vin Santo '04 | ♀♀ 5 |
| ○ Vernaccia di S. Gimignano La Costa Ris. '11 | ♀♀ 4 |
| ○ Vernaccia di S. Gimignano La Costa Ris. '08 | ♀♀ 3 |
| ○ Vernaccia di S. Gimignano V. La Costa Ris. '06 | ♀♀ 3 |

## Pietroso

Loc. Pietroso, 257
53024 Montalcino [SI]
Tel. +39 0577848573
www.pietroso.it

藏酒销售
预约参观
年产量 30 000 瓶
葡萄种植面积 5 公顷

皮耶特索酒庄（Pietroso）的规模不大，拥有的三座葡萄园都只栽培桑娇维塞（Sangiovese），令吉安尼·皮格纳泰（Gianni Pignattai）及其家人酿造出的系列美酒越来越显示出不凡意趣。皮耶特索（Pietroso）葡萄园环绕着酒庄，位于海拔500米的高山上，这里的土壤布满砾石和岩石，比较贫瘠；地处海拔350米的北部山坡的弗奈罗葡萄园（Fornello），拥有泥灰质土壤；地处圣安提莫河谷（Sant' Antimo）修道院附近、海拔400米的南部山坡的科洛比奥罗葡萄园（Colombaiolo）则拥有泥灰凝灰质黏土土壤。不同地块出产的酿造葡萄分开发酵，按照不同的陈年工序进入酿造环节，在最终混酿之前，一般在3000公升的橡木桶中进行陈年。在皮耶特索酒庄这一季提供的品鉴酒品中，2010年份的布鲁奈罗陈酿（Brunello Riserva）表现非常精彩，品质卓越，距离巅峰只有一步之遥。它吐露着经典的第三类香气，融入黑樱桃的缕缕果香，和着烟斗的醇香和芥末的气息，精粹的果味浸润在酒中，带来美妙的口感，但是过干的收口感受令整体品感略逊一筹。除此之外，2011年份的布鲁奈罗（Brunello）也吐露着甜美的果香，风味质朴。

| | |
|---|---|
| ● Brunello di Montalcino Ris. '10 | 🍷🍷 6 |
| ● Brunello di Montalcino '11 | 🍷🍷 6 |
| ● Rosso di Montalcino '14 | 🍷🍷 4 |
| ● Brunello di Montalcino '09 | ♀♀♀ 6 |
| ● Brunello di Montalcino '10 | ♀♀ 6 |
| ● Brunello di Montalcino '08 | ♀♀ 6 |
| ● Brunello di Montalcino '04 | ♀♀ 5 |
| ● Rosso di Montalcino '13 | ♀♀ 4 |
| ● Rosso di Montalcino '12 | ♀♀ 4 |
| ● Rosso di Montalcino '11 | ♀♀ 3* |
| ● Rosso di Montalcino '07 | ♀♀ 3 |

## Pieve de' Pitti

LOC. PIEVE DE' PITTI, 7BIS
56030 TERRICCIOLA [PI]
TEL. +39 0587635724
www.pievedepitti.it

藏酒销售
预约参观
年产量 60 000 瓶
葡萄种植面积 16 公顷

198公顷的树林、耕地以及最重要的葡萄园和橄榄林围绕着泰瑞奇奥拉（Terricciola），犹如射线般覆盖着俯瞰山谷和帕瓦城堡（Castello di Pava）的山坡。皮蒂宫酒庄（Pieve de' Pitti）就坐落在这里，酒庄的名字来自佛罗伦萨（Florentine）的皮蒂家族（Pitti），在17世纪中期之前他们一直拥有这座宫殿庄园以及圣乔瓦尼（San Giovanni）教区教堂——在伊特鲁里亚（Etruscan）文明古老教堂的遗迹上建造起来，直至今天依然在使用之中。桑娇维塞（Sangiovese）是这里主要的种植品种，但是酒庄的空间和精力也奉献给其他在这片产区比较罕见的葡萄品种，例如维蒙蒂诺（Vermentino）、扎比安努（Trebbiano）和西拉（Syrah）等。在今年的品鉴中，2013年份的西拉（Syrah）表现非常精彩，吐露着黑胡椒般的辛香，融入甘草的醇香，在樱桃和黑莓的果香中蕴含着皮革的浓醇气息。口感非常放松惬意，得到酒精度的精美支撑，收口非常纯净绵长，果味余韵悠远延宕。与此同时，2012年份的阿普托（Appunto）是一款桑娇维塞和梅洛（Merlot）的混酿，非常诱人，吐露着醋栗和蓝莓般的缕缕果香，精美单宁的融合度非常高，酒精度十分活跃，口感清爽，收口余韵美味悠长。

| | |
|---|---|
| ● Appunto '12 | 2* |
| ● Moro di Pava '11 | 4 |
| ● Syrah '13 | 2* |
| ○ Aprilante '15 | 2 |
| ● Chianti Sup. Cerretello '12 | 2 |
| ○ Aprilante '14 | 2* |
| ● Scopaiolo '11 | 3 |

## Pieve Santo Stefano

LOC. SARDINI
55100 LUCCA
TEL. +39 0583394115
www.pievedisantostefano.com

藏酒销售
预约参观
膳宿接待
年产量 45 000 瓶
葡萄种植面积 10.6 公顷
可持续发展酒庄

这座坐落在卢卡（Lucca）山上古老庄园现在的主人是弗朗西斯卡·博加兹（Francesca Bogazzi）和安托尼·赫瑞兹（Antoine Hiriz）夫妇二人，他们完美掌握了开发这里葡萄园巨大潜力的方法。圣斯蒂凡诺宫酒庄（Pieve Santo Stefano）种植地块富含黏土土壤，质地紧密，海拔200米至300米的微气候条件比卢卡地区其他地区更加多雨，温差变化也更加大，这些条件结合起来对于生产酒体纤细、非常美味的葡萄酒十分有利。这也是圣斯蒂凡诺宫酒庄出品佳酿的主要特点，总体上呈现出平衡和优雅的特质，也源于睿智谨慎地使用了大型橡木桶和小型橡木桶陈年。在今年的品鉴中，圣斯蒂凡诺宫酒庄推荐的系列美酒表现出色，其中2013年份的科里卢奇西卢多维克桑蒂尼（Colline Lucchesi Ludovico Sardini）吐露着锐利的酒香，口感强劲，果味深邃。与此同时，2015年份的桑蒂尼庄（Villa Sardini）美味多汁，口感悦人；2014年份的利珀（Lippo）是一款以品丽珠（Cabernet Franc）和梅洛（Merlot）打造而成混酿，酒体纤细，酒质发展均衡，美味令人难忘。

| | |
|---|---|
| ● Colline Lucchesi Ludovico Sardini '13 | 4 |
| ● Colline Lucchesi Villa Sardini '15 | 2 |
| ● Lippo '14 | 4 |
| ● Colline Lucchesi Ludovico '08 | 2 |
| ● Colline Lucchesi Ludovico Sardini '12 | 4 |
| ● Colline Lucchesi Ludovico Sardini '11 | 2 |
| ● Colline Lucchesi Villa Sardini '13 | 2 |
| ● Colline Lucchesi Villa Sardini '12 | 2 |
| ● Lippo '11 | 3 |
| ● Lippo '10 | 3 |
| ● Ludovico Sardini '12 | 3 |

## Podere 414

Loc. Maiano Lavacchio, 10
58051 Magliano in Toscana [GR]
Tel. +39 0564507818
www.podere414.it

藏酒销售
预约参观
年产量 150 000 瓶
葡萄种植面积 22 公顷
葡萄栽培方式 有机认证

西蒙尼·卡斯泰利（Simone Castelli）于1998年创建了自己的酒庄，从一开始就将赌注全部押在了马雷马地区（Maremma）。414农场（Podere 414）这个名字是马雷马地区土地改革机构于20世纪60年代在分割大型农庄过程中给这一地块分配的数字，因此保留这一名字强调了酒庄与这片农场以及本地悠久历史的紧密联系。这种紧密联系也充分反映在出品的美酒中——以日益罕见的本地古老传统葡萄品种打造的别具一格的美酒。在今年的品鉴中，414农场提交了多款品质卓越的美酒，其中2014年份斯甚萨诺莫雷利诺（Morellino di Scansano）的强项在于它的美妙果味，它浸润着丰盈、清爽而鲜美的浓郁果味，强劲的收口巅峰融入淡淡的咸味儿。香氛纯净轻快，散发着华美的果香，精致显著，新鲜的樱桃香尤为突出。除此之外，2015年份的花力罗萨托（Rosato Flower Power）以桑娇维塞（Sangiovese）酿造而成，浸润着轻快美味的果味，散发着馥郁持久的果香。

| | |
|---|---|
| ● Morellino di Scansano '14 | ŸŸ 3 |
| ○ Rosato Flower Power '15 | ŸŸ 2* |
| ● Aleatico Passito '14 | YY 7 |
| ● Aleatico Passito '13 | YY 7 |
| Morellino di Scansano '13 | YY 3 |
| ● Morellino di Scansano '12 | YY 3 |

## Poderi del Paradiso

Loc. Strada, 21a
53037 San Gimignano [SI]
Tel. +39 0577941500
www.poderidelparadiso.it

藏酒销售
预约参观
膳宿接待
年产量 130 000 瓶
葡萄种植面积 27 公顷

圣吉米亚诺地区（San Gimignano）的塞提家族（Cetti）拥有极为悠久的酿酒历史。实际上，家族第一个确知的祖先是大约公元1000年左右某位来自佩萨河谷（Val di Pesa）的普奇奥迪塞托（Puccio di Cetto）。帕拉迪索酒庄（Poderi del Paradiso）的历史也可以追溯到极为遥远的过往，有历史文献记载，帕拉迪索地区在十三世纪就开始酿酒活动，但是塞提家族于1973年才买下了酒庄，此后又进行了多项改建工作，使酒庄跟上时代的发展，更新葡萄园，在栽培桑娇维塞（Sangiovese）和维奈西卡（Vernaccia）等本地传统品种的同时也种植国际品种等。在今年的品鉴中，2014年份的比斯克多拉维奈西卡（Vernaccia Biscondola）非常诱人，散发着缕缕香料的辛香，融入桃子和杏的果香，更有芳香植物的清香令整体香氛更加圆满；入口感到清爽精美的果味，酒体丰盈饱满，强劲的美味口感发展平衡，收口余韵绵长缥缈。除此之外，2013年份的西里科姆（Silicum）是一款由桑娇维塞（Sangiovese）、梅洛（Merlot）和西拉（Syrah）混酿而成的美酒，表现出色，吐露着樱桃和李子的阵阵果香，融入香膏般均衡有节的香氛，黑胡椒和肉桂的辛香若有似无地飘散，随之而来的口感紧致美味，单宁精美，收口余韵绵长清爽，在口中久久流连不散。

| | |
|---|---|
| ● Silicum '13 | ŸŸ 3 |
| ○ Vernaccia di S. Gimignano Biscondola '14 | ŸŸ 3 |
| ● Chianti Colli Senesi '14 | Ÿ 2 |
| ● San Gimignano Rosso Bottaccio '13 | Ÿ 3 |
| ● A Filippo '02 | YYY 4 |
| ● Saxa Calida '00 | YYY 5 |
| ● Saxa Calida '99 | YYY 4 |
| ● Chianti Colli Senesi Ris. '12 | YY 3 |
| ● San Gimignano Sangiovese Bottaccio '11 | YY 4 |
| ● San Gimignano Sangiovese Bottaccio '10 | YY 5 |
| ○ San Gimignano Vin Santo '07 | YY 5 |
| ○ Vernaccia di S. Gimignano '12 | YY 3 |
| ○ Vernaccia di S. Gimignano Biscondola '11 | YY 3 |

## Podernuovo a Palazzone

loc. Le Vigne, 203
53040 San Casciano dei Bagni [SI]
Tel. +39 057856056
www.podernuovoapalazzone.com

年产量 130 000 瓶
葡萄种植面积 20 公顷
可持续发展酒庄

珀德努沃庄园（Podernuovo）及其酿酒设施和项目隶属乔瓦尼·布尔加里（Giovanni Bulgari）——保罗·布尔加里（Paolo）的儿子，保罗是著名的珠宝商以及同名精品店主席。珀德努沃庄园拥有种植面积达到20公顷的葡萄园，主要栽培桑娇维塞（Sangiovese）、蒙特普齐亚诺（Montepulciano）、赤霞珠（Cabernet Sauvignon）、品丽珠（Cabernet Franc）和梅洛（Merlot），呈现黏土石灰土质与化石和沙质土壤混合。虽然在今天，托斯卡纳（Tuscany）这片产区的酿酒活动并非十分活跃，但是这里的酿造传统十分悠久。珀德努沃庄园出品美酒风格现代，绝不随意添加无意义的人工干预工序，最重要的是审慎判别橡木的使用。在今年的品鉴中，2013年份的塔拉（Therra）酒香四溢，展现出极佳的可饮性，由桑娇维塞、蒙特普齐亚诺、赤霞珠、品丽珠和梅洛联合打造而成。相比较而言，2013年份的阿基洛（Argirio）风味更加复杂，这款以赤霞珠和品丽珠混酿而成的美酒吐露着新鲜的酒香，果味柔美，相当深邃。除此之外，2011年份的索提瑞欧（Sotirio）是一款单一品种的桑娇维塞（Sangiovese），它的香氛非常成熟，口感劲道，但是融入了浓郁的橡木滋味。

| | |
|---|---|
| ● Argirio '13 | 🍷🍷 6 |
| ● Therra '13 | 🍷🍷 5 |
| ● Sotirio '11 | 🍷 7 |

## Poggerino

loc. Poggerino, 6
53017 Radda in Chianti [SI]
Tel. +39 0577738958
www.poggerino.com

藏酒销售
预约参观
膳宿接待
年产量 60 000 瓶
葡萄种植面积 11.3 公顷
葡萄栽培方式 有机认证

波杰利诺农庄（Fattoria Poggerino）坐落于奇安蒂地区（Chianti）的拉达次产区（Radda），皮耶罗·兰扎（Piero Lanza）和伯纳德塔·兰扎（Benedetta Lanza）掌管着酒庄，出品美酒表现得越来越鲜美和容易入口，品质卓越，美味诱人。这种酿造风格在酒质发展的初期阶段就显露出鲜明的酸度与锐利的单宁的完美搭配，带来极富个性和活力的美酒。在葡萄园的栽培过程中采用生物动力学方式代替有机方式打理，在酒窖的酿造过程中逐渐以大型橡木桶取代小型橡木桶发酵陈年。在今年的品鉴中，波杰利诺农庄推荐了系列优质出品，其中2013年份的布加拉经典奇安蒂陈酿（Chianti Classico Bugialla Riserva）凭借卓越表现，再次确认了其一款伟大美酒的地位，吐露着清爽而复杂的酒香，新鲜的果香与辛辣的芬芳交替出现，萦绕不散，一抹如花芬芳和精美的泥土醇香飘散其间，随之而来的口感令人垂涎，浸润着美妙且持久的果味，单宁结构紧致，得到活跃酸度的完美支撑，就橡木滋味的表现而言，现阶段还略显突出，这是由于这款美酒依然年轻的缘故。除此之外，2013年份的经典奇安蒂（Chianti Classico）口感紧致，酒质发展成熟均衡。

| | |
|---|---|
| ● Chianti Cl. Bugialla Ris. '13 | 🍷🍷🍷 5 |
| ● Chianti Cl. '13 | 🍷🍷 4 |
| ● Chianti Cl. Bugialla Ris. '12 | 🍷🍷🍷 5 |
| ● Chianti Cl. Bugialla Ris. '09 | 🍷🍷🍷 5 |
| ● Chianti Cl. Bugialla Ris. '08 | 🍷🍷🍷 5 |
| ● Primamateria '01 | 🍷🍷🍷 5 |
| ● Chianti Cl. '12 | 🍷🍷 3* |
| ● Chianti Cl. '08 | 🍷🍷 3 |
| ● Chianti Cl. '06 | 🍷🍷 3* |
| ● Chianti Cl. Bugialla Ris. '10 | 🍷🍷 5 |
| ● Primamateria '10 | 🍷🍷 5 |
| ● Primamateria '07 | 🍷🍷 5 |
| ● Primamateria '06 | 🍷🍷 5 |

## Poggio al Gello

oc. Gello
8045 Civitella Paganico [GR]
el. +39 0564906025
www.poggioalgello.it

藏酒销售
预约参观
年产量 20 000 瓶
葡萄种植面积 4 公顷
葡萄栽培方式 有机认证
可持续发展酒庄

阿尔达・齐亚瑞尼（Alda Chiarini）和乔吉奥・内利（Giorgio Nelli）于1998年创建了盖洛丘酒庄（Poggio al Gello）。从酒庄创始之初，两人就确定了发展原则：充分尊重环境、对于种植和生产的每个环节都谨慎对待、在葡萄园的栽培中以及酒窖的酿造中都要将人工干预程度将至最低、促进土地展现出真正的自然特色。占地面积只有四公顷的葡萄园采用有机方式栽培打理，只种植本地葡萄品种：除了桑娇维塞（Sangiovese）之外，还包括法兰娜（Foglia Tonda）和普尼特罗（Pugnitello）等鲜为人知的本地品种；最近甚至发现了更加古老的本地葡萄品种，以此为原料酿造出完美佳酿。葡萄酒的生产从不急于求成或者追求刺激，而且酿造的重心放在那些知名度不高的本地葡萄品种上。盖洛红葡萄酒（Rosso del Gello）是单一品种的桑娇维塞酒，吐露着浓郁的树根芬芳和土壤醇香，开启后散发着阵阵层次繁复的果香，如同黑莓和樱桃的芬芳萦绕其间，引领出多汁精美的口感与香氛相得益彰，惬意的果味与紧实的单宁搭配完美。除此之外，2012年份的弗索德尼比奥（Fosso del Nibbio）同样展现出卓越品质，酒香四溢，口感诱人。

| | |
|---|---|
| Montecucco Rosso Fosso del Nibbio '12 | 🍷🍷 3 |
| Montecucco Sangiovese Rosso del Gello '13 | 🍷🍷 3 |
| Agellus '14 | 🍷 4 |
| Montecucco Sangiovese Rosso del Gello '11 | ♀♀ 3* |
| Montecucco Sangiovese Rosso del Gello Ris. '11 | ♀♀ 4 |

## Poggio al Tesoro

loc. Felciaino
via Bolgherese, 189b
57022 Bolgheri [LI]
Tel. +39 0565773051
www.poggioaltesoro.it

藏酒销售
预约参观
年产量 330 000 瓶
葡萄种植面积 65 公顷

得益于近年来酒庄酒品品质的提升以及原始风格的进一步确定，泰索罗丘酒庄（Poggio al Tesoro）日益发展为保格利地区（Bolgheri）最富意趣的酒庄之一。葡萄园显然非常重要，泰索罗丘酒庄栽培的酿造葡萄都是DOC产区典型的本地品种，种植地块的土壤环境各异，从富含砾石和黏土的土质，到更加厚重甚至完全沙土土质不等。酒庄出产的美酒展现出成熟的风格，很有特色，而果香豪华、果味持久是其重要的标志性特征。泰索罗丘酒庄隶属以瓦尔波利切拉（Valpolicella）为总部的阿莱格里尼集团（Allegrini），该集团是意大利葡萄酒业的著名品牌。在泰索罗丘酒庄这一季提供的品鉴酒品中，2013年份卓越的桑德瑞亚保格利超级红葡萄酒（Bolgheri Rosso Superiore Sondraia）吐露着复杂且多面的酒香，从阵阵果香到青草芬芳，更融入醋栗的芬芳和红胡椒的辛香，底蕴中透露出缕缕烟斗的醇香，更有一抹薄荷叶的清凉风味萦绕其间，入口感到热辣而紧致的口感，单宁华丽。除此之外，2013年份的沃尔特专供（Dedicato a Walter）品质非常卓越，吐露着青草的芬芳，非常清爽且原始，底蕴中透露出缕缕绿胡椒的辛香，更有一抹淡淡的芬芳萦绕其间。

| | |
|---|---|
| ● Bolgheri Sup. Sondraia '13 | 🍷🍷🍷 5 |
| ● Bolgheri Sup. Dedicato a Walter '13 | 🍷🍷 7 |
| ○ Bolgheri Vermentino Solosole '15 | 🍷🍷 3 |
| ● Bolgheri Sup. Sondraia '11 | ♀♀♀ 5 |
| ● Bolgheri Sup. Sondraia '10 | ♀♀♀ 5 |
| ● Dedicato a Walter '12 | ♀♀♀ 7 |
| ● Dedicato a Walter '09 | ♀♀♀ 7 |
| ⊙ Bolgheri Rosato Cassiopea '13 | ♀♀ 2* |
| ● Bolgheri Sup. Sondraia '12 | ♀♀ 5 |
| ○ Bolgheri Vermentino Solosole '13 | ♀♀ 3 |
| ● Dedicato a Walter '11 | ♀♀ 7 |
| ● Dedicato a Walter '10 | ♀♀ 7 |
| ● Mediterra '13 | ♀♀ 3 |
| ● Mediterra '12 | ♀♀ 3 |

## ★Poggio Antico

Loc. Poggio Antico
53024 Montalcino [SI]
Tel. +39 0577848044
www.poggioantico.com

藏酒销售
预约参观
餐饮接待
年产量 120 000 瓶
葡萄种植面积 32 公顷

对于热衷蒙塔奇诺产区酒（Montalcino）的酒迷而言，安蒂科丘酒庄（Poggio Antico）的名字会激起无法忘怀的美妙回忆。安蒂科丘酒庄于20世纪70年代和80年代推出的陈酿（Riservas）创造了DOC产区的历史，而它们的出现无疑要归功于宝拉·葛德勒（Paola Godler）和阿尔伯托·蒙特菲欧瑞（Alberto Montefiori）的激情劳作。他们打造的雅致且鲜美的布鲁奈罗酒（Brunellos）充分反映出非凡产地的非凡潜力——坐落于产区西南部海拔最高、通风条件最佳的地块，受到伊特鲁里亚海岸（Tyrrhenian）来风的巨大影响。而安蒂科丘酒庄在酒窖中的酿造活动则很有远见，利用3700公升至5500公升的橡木桶为基本年份酒和陈酿（Riserva）陈年，而用小木桶和阿列木桶（Tonneaux）为阿尔黛罗系列（Altero）陈年。在安蒂科丘酒庄这一季提供的品鉴酒品中，陈酿（Riserva）又一次拔得头筹，2010年份的陈酿吐露着多变的酒香，散发着樱桃和西瓜的缕缕果香，融入铅笔屑的奇异芬芳，随之而来的纯净口感与香氛相得益彰，相对照而言现阶段的单宁却过于突出。除此之外，该酒庄推出的两款2011年份布鲁奈罗酒都表现出极佳的陈年潜力。

| | | |
|---|---|---|
| ● Brunello di Montalcino Ris. '10 | ΨΨ | 8 |
| ● Brunello di Montalcino '11 | ΨΨ | 7 |
| ● Brunello di Montalcino Altero '11 | ΨΨ | 8 |
| ● Madre '13 | Ψ | 6 |
| ● Rosso di Montalcino '14 | Ψ | 5 |
| ● Brunello di Montalcino '05 | ΨΨΨ | 7 |
| ● Brunello di Montalcino '88 | ΨΨΨ | 7 |
| ● Brunello di Montalcino Altero '09 | ΨΨΨ | 7 |
| ● Brunello di Montalcino Altero '07 | ΨΨΨ | 8 |
| ● Brunello di Montalcino Altero '06 | ΨΨΨ | 8 |
| ● Brunello di Montalcino Altero '04 | ΨΨΨ | 8 |
| ● Brunello di Montalcino Altero '99 | ΨΨΨ | 8 |
| ● Brunello di Montalcino Ris. '01 | ΨΨΨ | 7 |

## Poggio Argentiera

Loc. Alberese
s.da Banditella, 2
58010 Grosseto
Tel. 3484952767
www.poggioargentiera.com

藏酒销售
预约参观
年产量 200 000 瓶
葡萄种植面积 22 公顷
葡萄栽培方式 有机认证

詹尼保罗·帕格利亚（Gianpaolo Paglia
创建的银山酒庄（Poggio Argentiera）去
租借给了位于苏韦雷托（Suvereto）的
丽塔酒庄（Tua Rita），合约长达二十年，
但是酒庄的整体生产方向并没有发生
化。银山酒庄是马雷马地区（Maremma
的顶级酒庄之一，它的生产标准一致
持在产区的卓越水准上。出品佳酿的
格依然处于不断的演化和提升之中，
是它们的基础坚实：例如采用高品质
酿造果实、酿酒选择上的稳定一致，
及根据不同类型酒品对于打造美酒诱
特质给予极大的关注等。在银山酒庄
一季提供的品鉴酒品中，2013年份的
帕托斯塔斯堪萨诺莫雷利诺（Morellin
di Scansano Capatosta）表现精彩，吐露
精美稳定的果香，红莓果的芬芳尤其
著，融入精致的辛香，酒质发展均衡，
收口余韵绵长悠然，口感持久有力。
与此同时，2015年份的贝拉马西利
斯堪萨诺莫雷利诺（Morellino di Scansar
Bellamarsilia）相比较而言更加容易
口，口感同样柔美多汁，香氛也活
馥郁。除此之外，2015年份的马莱曼
（Maremmante）酒质轻快，融入胡椒的
缕辛香，这款以等比例的西拉（Syrah
和阿利坎特（Alicante）混酿而成的美酒
质清爽，非常美味。

| | |
|---|---|
| ● Maremmante '15 | ΨΨ |
| ● Morellino di Scansano Bellamarsilia '15 | ΨΨ |
| ● Morellino di Scansano Capatosta '13 | ΨΨ |
| ● Finisterre '07 | ΨΨΨ |
| ● Morellino di Scansano Capatosta '00 | ΨΨΨ |
| ○ Guazza '13 | ΨΨ |
| ● Morellino di Scansano Bellamarsilia '13 | ΨΨ |
| ● Morellino di Scansano Bellamarsilia '12 | ΨΨ |
| ● Morellino di Scansano Bellamarsilia '11 | ΨΨ |
| ● Morellino di Scansano Capatosta '12 | ΨΨ |
| ● Morellino di Scansano Capatosta '11 | ΨΨ |
| ● Morellino di Scansano Capatosta '10 | ΨΨ |

## oggio Bonelli

a dell'Arbia, 2
3019 Castelnuovo Berardenga [SI]
el. +39 057756661
www.poggiobonelli.it

藏酒销售
预约参观
膳宿接待
年产量 125 000 瓶
葡萄种植面积 87 公顷

博内利丘酒庄（Poggio Bonelli）和奇吉萨拉奇尼城堡酒庄（Villa Chigi Saracini）都是隶属MPS泰尼曼提（MPS Tenimenti）的品牌，主人是锡耶纳的蒙特帕斯奇财团（Montepaschi di Siena）。锡耶纳的财团于2000年开始完全掌控博内利丘酒庄，但是该酒庄与奇吉萨拉奇尼城堡酒庄一样，都初创于20世纪50年代，创始人是锡耶纳的博内利家族。这里酿造出的美酒展现出结构极佳的风格，获得了尤其强劲的力道和饱满的口感，尽管大规模使用小型橡木桶陈年，但是上述这些特性依然可以忠诚地反映出产地的风土特征。在今年的品鉴中，2013年份的珀吉亚塞（Poggiassai）显露出高超的酿造水准，这款由桑娇维塞（Sangiovese）和赤霞珠（Cabernet Sauvignon）混酿而成的美酒吐露着精致的果香，融入缕缕辛香，更有香草的芬芳萦绕其间，带来柔美持续的果味口感，收口余韵绵长悠然，美味持久在口中流连不散，只是口感略干。与此同时，2015年份的奇吉萨拉奇尼庄奇安蒂（Chianti Villa Chigi Saracini）酒质柔美，可饮性极强，吐露着樱桃的缕缕果香，随之而来的口感果味四溢，活力四射。除此之外，2014年份的经典奇安蒂（Chianti Classico）相比较而言释放美妙口感的速度要稍微慢一些，酒体纤美，但是橡木滋味似乎略重。

| | |
|---|---|
| Chianti Villa Chigi Saracini '15 | 🍷🍷 3 |
| Poggiassai '13 | 🍷🍷 6 |
| Chianti Cl. '14 | 🍷 3 |
| Poggiassai '11 | 🍷🍷🍷 6 |
| Poggiassai '10 | 🍷🍷🍷 6 |
| Poggiassai '08 | 🍷🍷🍷 5 |
| Poggiassai '07 | 🍷🍷🍷 5 |
| Poggiassai '06 | 🍷🍷🍷 5 |
| Tramonto d'Oca '10 | 🍷🍷🍷 5 |
| Chianti Cl. '13 | 🍷🍷 3 |
| Chianti Villa Chigi Saracini '14 | 🍷🍷 3 |
| Chianti Villa Chigi Saracini '13 | 🍷🍷 3 |
| Chianti Villa Chigi Saracini '12 | 🍷🍷 3 |

## Poggio di Sotto

fraz. Castelnuovo dell'Abate
loc. Poggio di Sotto
53024 Montalcino [SI]
Tel. +39 0577835502
www.collemassari.it

藏酒销售
预约参观
膳宿接待
年产量 35 000 瓶
葡萄种植面积 12 公顷
葡萄栽培方式 有机认证
可持续发展酒庄

提帕家族（Tipa）出品的系列美酒种类正在不断增长之中，随着他们在（La Velona）购入新的地块，家族在蒙特库科地区（Montecucco）的葡萄园面积已经翻倍。绝非冒犯“姐妹”酒庄[马雷马地区（Maremma）的卡勒玛萨瑞酒庄（Collemassari）和保格利（Bolgheri）的格拉塔马克酒庄（Grattamacco）]，但是2011年份的索托丘酒庄（Poggio di Sotto）出品是提帕家族所有出品中最令人兴奋的一季。2011年，由皮耶罗·帕尔穆奇（Piero Palmucci）创建的索托丘酒庄成为布鲁奈罗酒（Brunello）世界最耀眼的一颗明星。酒庄酿造甚至朝着更加强调持续表现风土特征的新方向发展，所有的生产酿造活动都围绕着10公顷左右的单一地块葡萄园展开，葡萄园位于阿贝特卡斯特努沃（Castelnuovo dell'Abate）的山坡上，地处DOC产区的东南部；除此之外，酒液主要在3000公升的斯拉沃尼亚橡木桶（Slavonian）中陈年。在今年的品鉴中，2011年份的布鲁奈罗酒（Brunello）完美展现出上述出品特色，这款酒是索托丘酒庄新团队合力推出的首款年份酒。它吐露着西瓜的芬芳，融入树根和药草的醇香，展现出索托丘酒庄出品的典型风格，轻快华美的果味与相对应的优质特色紧密结合。除此之外，2013年份的红葡萄酒（Rosso）气质华美，虽然略显敷衍，但是酒质也同样令人激动。

| | |
|---|---|
| ● Brunello di Montalcino '11 | 🍷🍷🍷 8 |
| ● Rosso di Montalcino '13 | 🍷🍷 8 |
| ● Brunello di Montalcino Ris. '10 | 🍷🍷 8 |
| ● Brunello di Montalcino '10 | 🍷🍷🍷 8 |
| ● Brunello di Montalcino '07 | 🍷🍷🍷 8 |
| ● Brunello di Montalcino '04 | 🍷🍷🍷 8 |
| ● Brunello di Montalcino '99 | 🍷🍷🍷 8 |
| ● Brunello di Montalcino Ris. '07 | 🍷🍷🍷 8 |
| ● Brunello di Montalcino Ris. '99 | 🍷🍷🍷 8 |
| ● Brunello di Montalcino Ris. '95 | 🍷🍷🍷 8 |
| ● Rosso di Montalcino '07 | 🍷🍷🍷 6 |

## Poggio Rubino

Loc. La Sorgente, 62
S.da Provinciale Castiglion del Bosco
53024 Montalcino [SI]
Tel. +39 05771698133
www.poggiorubino.it

藏酒销售
预约参观
膳宿接待
年产量 32 000 瓶
葡萄种植面积 7 公顷

坐落于蒙塔奇诺产区（Montalcino）中西部山坡上的卢比诺丘酒庄（Poggio Rubino）是一座只拥有7公顷葡萄园的小酒庄，由爱德华·柯西（Edward Corsi）和阿历桑德罗·马佐奇（Alessandra Marzocchi）经营管理。酒庄的葡萄园地块散布在DOC产区的几处，主要种植桑娇维塞葡萄（Sangiovese），而且采用生物可持续性发展方法耕作。这片土地以接近450米的高海拔而著称，地块富含石灰质土壤和砂质土壤，混有淤泥，为布鲁奈罗酒（Brunellos）的酿造果实提供了理想的微气候环境，出品美酒风格传统，但是并不完全复古，酒窖的传统工序选择经过长时间的浸渍，酒液要在2500公升和3000公升的橡木桶中进行陈年。卢比诺丘酒庄系列佳酿的每一步进展都取得了极大成功。在今年的品鉴中，卢比诺丘酒庄推荐的美酒表现精彩，我们对于2011年份的布鲁奈罗酒（Brunello）最感兴趣，它的口感坚硬锐利而集中浓郁，吐露着蔬菜般的青绿风味，融入香膏般的缕缕芬芳，更有自信的强劲果香萦绕其间。除此之外，2010年份的陈酿（Riserva）吐露着更加浓郁的酒香，融入咖啡的醇香和树皮的芬芳，紧致强劲的酒体结构带来恢宏美味的口感。

| | | |
|---|---|---|
| ● Brunello di Montalcino '11 | 2 (black) | 6 |
| ● Brunello di Montalcino Ris. '10 | 2 (black) | 7 |
| ● Rosso di Montalcino '14 | 1 (black) | 3 |
| ● Brunello di Montalcino '10 | 2 (white) | 6 |
| ● Brunello di Montalcino '09 | 2 (white) | 6 |
| ● Brunello di Montalcino '08 | 2 (white) | 6 |
| ● Brunello di Montalcino '07 | 2 (white) | 6 |
| ● Brunello di Montalcino '06 | 2 (white) | 6 |
| ● Brunello di Montalcino Ris. '07 | 2 (white) | 7 |
| ● Brunello di Montalcino Ris. '06 | 2 (white) | 6 |
| ● Rosso di Montalcino '12 | 2 (white) | 3 |

## Poggio Trevvalle

Fraz. Arcille
S.da Prov.le 24 Fronzina, km 0,600
58042 Campagnatico [GR]
Tel. +39 0564998142
www.poggiotrevvalle.it

藏酒销售
预约参观
年产量 80 000 瓶
葡萄种植面积 13.35
葡萄栽培方式 有机认证
可持续发展酒庄

特莱瓦勒丘酒庄（Poggio Trevvalle）虽然最初来自马雷马产区（Maremma）之外，但是如今已经成为该产区最精美的大师级酒庄之一，出品风格优雅卓越。伯纳尔多·瓦利（Bernardo Valle）和翁贝托·瓦利（Umberto Valle）兄弟来自那不勒斯（Naples），曾经在普利亚区（Puglia）种植酿造葡萄，最后于1999年来到托斯卡纳南部（Tuscany）定居，展开了酿酒冒险。特莱瓦勒丘酒庄的葡萄园大部分坐落在莫雷利诺（Morellino）DOC产区和蒙特库科地区（Montecucco）之间，从一开始就采用有机栽培方法打理葡萄园，坚信只有这样才能得到高品质的酿造果实。他们的选择结合酒窖中自信的酿造技术带来系列令人愉悦的特色美酒。在今年的品鉴中，2015年份的帕塞拉（Passera）是2015年最好的莫雷利诺（Morellinos）之一，吐露着阳光的芬芳，融入华美的果香，底蕴中透露出缕缕香料的辛香和淡淡泥土的醇香。美酒入口，感到恢宏而华美的酒质，深邃美味，收口感到浓郁的辛辣滋味，令人久久难忘。与此同时，2015年份的蒙特库科红葡萄酒（Montecucco Rosso）品质卓越，质感年轻，口感清爽惬意。除此之外，2014年份的托莱罗桑娇维塞（Sangiovese Torello）同样清爽均衡，不过陈年时融入的橡木滋味略显过重。

| | | |
|---|---|---|
| ● Morellino di Scansano Passera '15 | 2 (red) | 2 |
| ● Montecucco Rosso '15 | 2 (black) | 3 |
| ● Morellino di Scansano '15 | 1 (black) | 3 |
| ● Torello '14 | 1 (black) | 2 |
| ● Morellino di Scansano '12 | 3 (white) | 2 |
| ● Morellino di Scansano '11 | 2 (white) | 2 |
| ● Morellino di Scansano Larcille Ris. '12 | 2 (white) | 4 |
| ● Morellino di Scansano Pàssera '14 | 2 (white) | 3 |
| ● Morellino di Scansano Pàssera '13 | 2 (white) | 2 |
| ● Morellino di Scansano Pàssera '12 | 2 (white) | 2 |
| ● Rafele '08 | 2 (white) | 2 |

## Tenuta Il Poggione

raz. Sant'Angelo in Colle
oc. Monteano
3024 Montalcino [SI]
el. +39 0577844029
www.tenutailpoggione.it

藏酒销售
预约参观
膳宿接待
年产量 600 000 瓶
葡萄种植面积 127 公顷

法布里奇奥·宾多奇（Fabrizio Bindocci）与弗朗西斯奇家族（Franceschi）拥有这座产区重要的波吉欧酒庄（Tenuta Poggione）已经长达五个世代，与酿酒这件事的联系已经绝非一个职业那么简单，而是倾注了无限心血。多年来，法布里奇奥经营着蒙塔奇诺地区（Montalcino）最重要的农场之一、在圣安杰洛产区（Sant' Angelo in Colle）的南部地区拥有超过120公顷葡萄园的波吉欧酒庄。用以酿造基本款布鲁奈罗酒（Brunello）以及帕格内里葡萄园布鲁奈罗陈酿（Vigna Paganelli Riserva）的桑娇维塞（Sangiovese）都采用传统方式栽培，需要经过20天的浸渍，然后在3000公升和5000公升的法国橡木桶中完成陈年。葡萄园中同时还种植少量的梅洛（Merlot）、维蒙蒂诺（Vermentino）和霞多丽（Chardonnay），令酿造果实种类更加完善。在今年的品鉴中，2010年份酒是帕格内里葡萄园陈酿（Vigna Paganelli Riservas）近十年来最好的一季酒品，浸润着美妙多汁的果味，木材的芬芳和香料的辛香打造复杂的酒香，与美味口感相得益彰，收口浸润着淡淡的果味。不过整个波吉欧酒庄的出品系列都展现出极高的酿造水准，从馥郁饱满的2011年份布鲁奈罗酒（Brunello）到2014年份的鲜美平价的蒙塔奇诺红葡萄酒（Rosso di Montalcino）都是如此。

| | |
|---|---|
| Brunello di Montalcino V. Paganelli Ris. '10 | 🍷🍷 8 |
| Brunello di Montalcino '11 | 🍷🍷 7 |
| ● Rosso di Montalcino '14 | 🍷🍷 4 |
| ● Toscana Rosso '13 | 🍷🍷 3 |
| ○ Bianco di Toscana Vermentino Chardonnay '15 | 🍷 3 |
| Brunello di Montalcino Ris. '97 | 🍷🍷🍷 7 |
| ● Brunello di Montalcino '10 | 🍷🍷 7 |
| ● Brunello di Montalcino '09 | 🍷🍷 6 |
| ● Brunello di Montalcino '08 | 🍷🍷 6 |
| ● Brunello di Montalcino V. Paganelli Ris. '07 | 🍷🍷 7 |
| ● Brunello di Montalcino V. Paganelli Ris. '06 | 🍷🍷 7 |
| ● Rosso di Montalcino '13 | 🍷🍷 4 |
| ● Rosso di Montalcino '12 | 🍷🍷 3 |

## Poggiotondo

loc. Cerreto Guidi
via Torribina, 83
50050 Cerreto Guidi [FI]
Tel. +39 0571559167
www.poggiotondowines.com

预约参观
膳宿接待
年产量 300 000 瓶
葡萄种植面积 20 公顷

我们置身于切雷托圭迪（Cerreto Guidi），拥有典型的托斯卡纳（Tuscan）地貌，地处佛罗伦萨（Florence）到比萨（Pisa）的途中。酿酒师阿尔伯托·安东尼尼（Alberto Antonini）在妻子阿里桑德拉（Alessandra）的协助下，经营着这座家族世代传承的酒庄——托多丘酒庄（Poggiotondo）。托多丘酒庄的葡萄园采取有机和生物动力学方式栽培打理，出品美酒忠诚展示本地风土条件。在酒窖中的酿造过程中尽量避免人工干预，以保证美酒尽可能的自然特色。在今年的品鉴中，托多丘酒庄推荐了多款美酒，表现精彩，其中1928葡萄园系列奇安蒂陈酿（Chianti Riserva Vigna del 1928）展现出卓越的酿造水平，吐露着悦人的花香，仿似紫罗兰般的一抹幽香萦绕其间，樱桃和黑莓的缕缕果香飘散，轻快的薄荷清凉若有似无，随之而来的口感清爽活跃，结构上佳，单宁精美，与优质酒精度搭配和谐，收口余韵持久惬意，令人久久难忘。与此同时，2013年份的贝壳园系列奇安蒂（Chianti Vigna delle Conchiglie）的香氛更加野性狂放，融入森林大地的缕缕醇香，口感劲道有力，美味可口，酒体饱满丰盈，美味余韵持久在口中徘徊不散。

| | |
|---|---|
| ● Chianti V. del 1928 Ris. '13 | 🍷🍷 6 |
| ● Chianti V. delle Conchiglie '13 | 🍷🍷 6 |
| ○ Vermentino '14 | 🍷🍷 2* |
| ● Chianti Ris. '13 | 🍷 5 |
| ● Chianti Sup. '14 | 🍷 2 |
| ● Chianti Sup. '10 | 🍷🍷 2* |
| ● Chianti V. delle Conchiglie '10 | 🍷🍷 6 |

## Poggioventoso

S.DA DI TERENZANA, 5
56046 RIPARBELLA [PI]
TEL. 3938973677
www.poggioventoso.wine

藏酒销售
预约参观
年产量 25 000 瓶
葡萄种植面积 6 公顷

这是一家相对年轻的酒庄，成立不过十多年，地处比萨（Pisa）附近的帕尔贝拉山坡（Riparbella），占据绝佳的地理位置。温托索丘酒庄（Poggioventoso）的葡萄园拥有理想的微气候条件，酒庄的名字也并非随意选取的：因为不论在夏天还是在冬天，吹拂的季风都对这片土地产生了持续的影响。酒庄的酿造技术非常精湛，出品品质卓越坚实。马里卡·阿法塔托（Maricla Affatato）及其家人带着极大的热情缔造了这座酒庄，并将其发扬光大，出品美酒不论从品质上还是风格上都展现出持久的提升。在今年的品鉴中，温托索丘酒庄推荐的系列美酒表现精彩，其中2013年份的弗奇（Fuochi）主要由梅洛（Merlot）打造而成，它吐露着缕缕果香，融入青草的芬芳，更有一抹胡椒的辛香萦绕其间，随之而来的口感恢宏华美，热辣精致，给人带来愉悦的享受。与此同时，2015年份的诗意（Poetico）主要以维蒙蒂诺（Vermentino）添加少量玛尔维萨（Malvasia）和和小芒森（Petit Manseng）混酿而成，口感优雅而流畅，果味跃动多汁，入口强劲美味。

| | |
|---|---|
| ● Fuochi '13 | YY 6 |
| ○ Poetico '15 | YY 5 |
| ● Fuochi '12 | YY 6 |

## ★★Poliziano

FRAZ. MONTEPULCIANO STAZIONE
VIA FONTAGO, 1
53045 MONTEPULCIANO [SI]
TEL. +39 0578738171
www.carlettipoliziano.com

藏酒销售
预约参观
年产量 650 000 瓶
葡萄种植面积 160 公顷

在相对较短的三十年间，费德里克·卡莱蒂（Federico Carletti）就将宝丽酒庄（Poliziano）提升到了拥有重要国际影响的酒庄地位，出产的美酒不仅在托斯卡纳产区（Tuscany）而且在世界其他地区也堪称典范。不仅是由于宝丽酒庄的美酒达到了极高的品质水准，更加难能可贵的是它们还一直维持在这个水平上。近期，他们成功地转变了标志性的出品风格，酒品从结构和果味精粹厚重扎实转变为气质优雅，口感复杂。在今年的品鉴中，宝丽酒庄推荐了大批美酒，其中2013年份的阿斯诺尼蒙特布扎诺诺贝勒（Nobile di Montepulciano Asinone）的香氛非常强劲有力，是这款酒独一无二的特色：复杂而精美的香氛从华美果香到铁屑风味无所不包，融入淡淡的烘烤咖啡香气。入口后感到活跃圆润的果味，单宁锐利，口感强劲，美味浸润唇口感受，持久不散。2013年份的蒙特布扎诺诺贝勒（Nobile di Montepulciano）美味可口，呈现出极高的可饮性；与此同时，2014年份的侯萨斯堪萨诺莫雷利诺（Morellino di Scansano Lhosa）则酒香扑鼻，果味四溢，显露出显著集中的质感。除此之外，宝丽酒庄今年提交的全系列美酒都呈现出极高的酿造水准。

| | |
|---|---|
| ● Nobile di Montepulciano Asinone '13 | YY |
| ● Cortona Merlot In Violas '13 | YY |
| ● Mandrone di Lohsa '12 | YY |
| ● Morellino di Scansano Lohsa '14 | YY |
| ● Nobile di Montepulciano '13 | YY |
| ● Rosso di Montepulciano '14 | Y |
| ● Le Stanze '03 | YYY |
| ● Nobile di Montepulciano '09 | YYY |
| ● Nobile di Montepulciano Asinone '12 | YYY |
| ● Nobile di Montepulciano Asinone '11 | YYY |
| ● Nobile di Montepulciano Asinone '07 | YYY |
| ● Nobile di Montepulciano Asinone '06 | YYY |
| ● Nobile di Montepulciano Asinone '05 | YYY |
| ● Nobile di Montepulciano Asinone '04 | YYY |
| ● Nobile di Montepulciano Asinone '03 | YYY |
| ● Nobile di Montepulciano Asinone '01 | YYY |

## Tenuta Le Potazzine

loc. Le Prata, 262
53024 Montalcino [SI]
Tel. +39 0577846168
www.lepotazzine.it

藏酒销售
预约参观
餐饮接待
年产量 50 000 瓶
葡萄种植面积 4.70 公顷

山雀酒庄（Le Potazzine）处于不断发展壮大的过程之中：家族酒庄年轻一代的维奥拉·柯雷利（Viola Gorelli）和索菲亚·柯雷利（Sofia Gorelli）逐渐加入到酒庄的经营管理中来，酒庄的名字是托斯卡纳当地对山雀的叫法，五颜六色的酒标上的两只小山雀正是她们小时候的昵称。约瑟佩·柯雷利（Giuseppe Gorelli）和吉廖拉·吉安内蒂（Gigliola Giannetti）创立的山雀酒庄出品的桑娇维塞（Sangiovese）展现出惬意舒适、极富感染力的风格，展现出一贯的高水准。山雀酒庄的葡萄园坐落于两处：占地面积只有3.5公顷的葡萄园坐落在蒙塔奇诺产区（Montalcino）西部地带的勒普拉塔（Le Prata），这里由于海拔极高（大约500米）因此在许多方面都具有独一无二的特性，昼夜温度变化较大，而且土壤富含铁质；山雀酒庄在托尔（Torre）还拥有1.2公顷种植地块，那里连接着塞斯塔（Sesta）和圣安杰洛（Sant' Angelo），出产更加强劲、风格更加质朴的美酒。山雀酒庄最近发布的美酒尤其呈现出酒庄出品的特色，从2014年份的红葡萄酒（Rosso）开始：它开放且活跃，口感演进激进，果味鲜美。除此之外，2011年份的布鲁奈罗酒（Brunello）吐露着草本植物的清香，融入缕缕柑橘香，只是酒重略轻，稍欠绵长余韵。

| | | |
|---|---|---|
| ● Brunello di Montalcino '11 | 🍷🍷 | 7 |
| ● Rosso di Montalcino '14 | 🍷🍷 | 4 |
| ● Parus '14 | 🍷 | 3 |
| ● Brunello di Montalcino '10 | 🍷🍷🍷 | 7 |
| ● Brunello di Montalcino '08 | 🍷🍷🍷 | 7 |
| ● Brunello di Montalcino Ris. '06 | 🍷🍷🍷 | 8 |
| ● Brunello di Montalcino '09 | 🍷🍷 | 7 |
| ● Brunello di Montalcino '07 | 🍷🍷 | 6 |
| ● Brunello di Montalcino '04 | 🍷🍷 | 7 |
| ● Brunello di Montalcino Ris. '04 | 🍷🍷 | 7 |
| ● Rosso di Montalcino '13 | 🍷🍷 | 4 |
| ● Rosso di Montalcino '12 | 🍷🍷 | 4 |
| ● Rosso di Montalcino '10 | 🍷🍷 | 4 |

## Fabrizio Pratesi

loc. Seano
fraz. Carmignano
via Rizzelli, 10
59011 Carmignano [PO]
Tel. +39 0558704108
www.pratesivini.it

藏酒销售
预约参观
餐饮接待
年产量 60 000 瓶
葡萄种植面积 12 公顷

回溯遥远的1875年，法布里奇奥·普莱泰西（Fabrizio Pratesi）的祖先彼得罗·普莱泰西（Pietro Pratesi）创建了家族酒庄，如今法布里奇奥带着极大的热情经营着普莱泰西酒庄（Pratesi），同时兼任卡尔米尼亚诺葡萄酒生产商联盟（Consorzio dei Vini di Carmignano）的主席职务。随着一系列购买和移植工作的进展，普莱泰西酒庄的葡萄园达到了相当高的种植密度，如今拥有12公顷种植地块，出品美酒品质极高。普莱泰西酒庄的出品风格既展现出浓郁的果味，又拥有极强的陈年潜力。在今年的品鉴中，2013年份的赛科干红葡萄酒珍酿（The Riserva Il Circo Rosso）凭借卓越表现跻身"三杯奖"大奖的决赛，它的结构紧致有力，特色鲜明，馥郁浓香。摇曳着红宝石般的美丽色泽，黑莓果的成熟果香缕缕飘散，气质缥缈，融入薄荷的清凉和香膏的芬芳，底蕴中透露出淡淡辛香。随之而来的口感馥郁丰盈，酒精度饱满，口感扎实，但是酒质均衡，果味余韵持久在口中流连不散。与此同时，2014年份的卡米恩（Carmione）馥郁饱满，酒质华美，单宁柔顺，吐露着黑莓果和红莓果的可爱果香，融入地中海灌木丛的缕缕热烈芬芳。除此之外，巴克瑞艾尔（Barco Reale）也展现出卓越的品质。

| | | |
|---|---|---|
| ● Carmignano Il Circo Rosso Ris. '13 | 🍷🍷 | 6 |
| ● Carmione '14 | 🍷🍷 | 6 |
| ● Barco Reale '15 | 🍷 | 2 |
| ● Carmignano '13 | 🍷🍷 | 4 |
| ● Carmignano '12 | 🍷🍷 | 3 |
| ● Carmignano '08 | 🍷🍷 | 4 |
| ● Carmignano Circo Rosso Ris. '11 | 🍷🍷 | 5 |
| ● Carmignano Circo Rosso Ris. '10 | 🍷🍷 | 4 |
| ● Carmignano Circo Rosso Ris. '08 | 🍷🍷 | 5 |
| ● Carmignano Il Circo Rosso Ris. '12 | 🍷🍷 | 6 |
| ● Carmione '10 | 🍷🍷 | 4 |
| ● Carmione '08 | 🍷🍷 | 5 |
| ● Carmione '07 | 🍷🍷 | 5 |
| ● Merlot Barche di Bacchereto '12 | 🍷🍷 | 3 |
| ● Merlot Barche di Barchereto '10 | 🍷🍷 | 3 |

## ★Fattoria Le Pupille

S.DA PIAGGE DEL MAIANO
58100 GROSSETO
TEL. +39 0564409517
www.fattorialepupille.it

藏酒销售
预约参观
膳宿接待
年产量 450 000 瓶
葡萄种植面积 80 公顷

伊丽莎贝塔・盖皮提（Elisabetta Geppetti）是马雷马（Maremma）斯堪萨诺莫雷利诺产区（Morellino di Scansano）的顶级葡萄酒大师之一，凭借令人兴奋的个人经验以及令人叹服的超越时代的判断力，使她做出了相信这片土地潜力的决定，事后被证明是英明的抉择。布比耶农庄（Fattoria Le Pupille）最初一季美酒出品于20世纪80年代末，但是酒庄真正的崛起依靠的是三十年前伊斯提亚奥姆布隆庄园（Istia d' Ombrone）发布的萨福乐迪（Saffredi）。今天的布比耶农庄已经成为非常成熟的产区卓越代表，也是全意大利葡萄酒酿造业的领军酒庄之一。在今年的品鉴中，2013年份的斯堪萨诺莫雷利诺陈酿（Morellino di Scansano Riserva）给我们带来了极大的喜悦，吐露着融合度极高、别具个性的馥郁酒香，果味层次繁复，不断演进，浸润美味，收口余韵绵长悠然而宽广。与此同时，2013年份的萨福乐迪（Saffredi）是以赤霞珠（Cabernet Sauvignon）、梅洛（Merlot）和小味尔多（Petit Verdot）混酿而成的美酒，吐露着多面而跃动的果香，不过用于陈年的橡木滋味还没有完全柔化吸收。除此之外，2015年份的派罗菲诺（Pelofino）是一款清爽惬意的美味混酿，由桑娇维塞（Sangiovese）、西拉（Syrah）、赤霞珠和品丽珠（Franc）联合打造而成。

| | |
|---|---|
| ● Saffredi '13 | 🍷🍷🍷 8 |
| ● Morellino di Scansano Ris. '13 | 🍷🍷 6 |
| ● Morellino di Scansano '14 | 🍷 2 |
| ● Morellino di Scansano Poggio Valente Ris. '12 | 🍷 5 |
| ● Pelofino '15 | 🍷 2 |
| ● Morellino di Scansano Poggio Valente '04 | ΥΥΥ 5 |
| ● Saffredi '05 | ΥΥΥ 8 |
| ● Saffredi '04 | ΥΥΥ 8 |
| ● Saffredi '03 | ΥΥΥ 8 |
| ● Saffredi '02 | ΥΥΥ 7 |
| ● Saffredi '01 | ΥΥΥ 7 |
| ● Saffredi '00 | ΥΥΥ 7 |

## La Querce

VIA IMPRUNETANA PER TAVARNUZZE, 41
50023 IMPRUNETA [FI]
TEL. +39 0552011380
www.laquerce.com

藏酒销售
预约参观
膳宿接待
年产量 35 000 瓶
葡萄种植面积 8 公顷

20世纪60年代初，基诺・玛奇（Gino Marchi）在对于葡萄酒的狂热激情驱使下买下了拉奎斯酒庄（La Querce），这座酒庄位于因普鲁内塔（Impruneta）的群山环抱之中，地处佛罗伦萨（Florence）以南几公里处。今天，基诺的儿子马西莫・玛奇（Massimo Marchi）继承了父亲的志愿，照顾经营着占地面积达到42公顷的酒庄（其中葡萄园的种植面积达到8公顷）；与此同时，他的孩子们唐娜泰拉・玛奇（Donatella Marchi）、伯纳德塔・玛奇（Benedetta Marchi）和朱利奥・玛奇（Giulio Marchi）还致力于开发老别墅的待客价值，打造庄园酒店。葡萄园的地块大多位于南向山坡上，近些年来基本上全部种植传统葡萄品种，例如桑娇维塞（Sangiovese）、科罗里洛（Colorino）和梅洛（Merlot）等。在今年的品鉴中，2015年份的索莱托勒（Sorrettole）以这三种葡萄混酿而成，这款奇安蒂美酒（Chianti）以丰盈的可饮性果味为显著特色。它的香氛和口感都展现出红莓果的清爽风情，酒质华美，果味非常可口。与此同时，2015年份的卡内奥罗贝尔罗索（Canaiolo Belrosso）表现同样精彩，果香四溢，可饮性极佳。不过2014年份的托莱塔（La Torretta）有些让人失望，低于平常的标准。

| | |
|---|---|
| ● Belrosso '15 | 🍷🍷 2* |
| ● Chianti Sorrettole '15 | 🍷🍷 2* |
| ● Chianti Colli Fiorentini La Torretta '14 | 🍷 2 |
| ● La Querce '13 | 🍷 5 |
| ● La Querce '11 | ΥΥΥ 5 |
| ● Chianti Colli Fiorentini La Torretta '13 | ΥΥ 2* |
| ● Chianti Colli Fiorentini La Torretta '12 | ΥΥ 2* |
| ● La Querce '12 | ΥΥ 5 |
| ● La Querce '10 | ΥΥ 5 |
| ● La Querce '09 | ΥΥ 5 |
| ● La Querce '08 | ΥΥ 5 |
| ● M '09 | ΥΥ 6 |
| ● M '07 | ΥΥ 6 |

## Querce Bettina

LOC. LA CASINA DI MOCALI, 275
53024 MONTALCINO [SI]
TEL. +39 0577848588
www.quercebettina.it

藏酒销售
预约参观
年产量 15 000 瓶
葡萄种植面积 2.5 公顷

在上个世纪90年代末，真正独一无二的自然条件激发了奎斯贝缇娜酒庄（Querce Bettina）的莫莱提斯（Morettis）发奋工作。这里地处蒙塔奇诺产区（Montalcino）的最西南部，在这片土地上到处点缀着美丽的森林，使这里形成融为一体的美景，即便是从自然环境而言，这里的美酒也非常值得推荐。奎斯贝缇娜酒庄拥有占地面积达到2.5公顷的葡萄园，主要栽培桑娇维塞（Sangiovese），而葡萄藤就扎根在海拔四百多米的土壤中富含砂石颗粒的泥灰质淤泥黏土。这片光照充分、通风条件极佳的土地给予奎斯贝缇娜酒庄酿出的布鲁奈罗美酒（Brunellos）双面个性，风格非常活泼，常常展现出无法预计的表现力，通常选用2500公升的奥地利橡木桶进行陈年，搭上了适度的南方烙印。奎斯贝缇娜酒庄出品的桑娇维塞总能完美表现原出产地的风味，正如我们今年品鉴的2011年份布鲁奈罗索展示的那样：酒质华美轻快，吐露着柠檬和桔子的甜美果香，融入药草的缕缕醇香，口感美味悦人。除此之外，2013年份的红葡萄酒（Rosso）吐露着美妙的果香，果味四溢，相比较而言风味更加成熟。

| | |
|---|---|
| ● Brunello di Montalcino '11 | 🍷🍷 7 |
| ● Rosso di Montalcino '13 | 🍷🍷 4 |
| ● Brunello di Montalcino '06 | ♀♀♀ 7 |
| ● Brunello di Montalcino '10 | ♀♀ 7 |
| ● Brunello di Montalcino '09 | ♀♀ 7 |
| ● Brunello di Montalcino '08 | ♀♀ 6 |
| ● Brunello di Montalcino '07 | ♀♀ 7 |
| ● Brunello di Montalcino '05 | ♀♀ 7 |
| ● Brunello di Montalcino Ris. '07 | ♀♀ 8 |
| ● Brunello di Montalcino Ris. '06 | ♀♀ 8 |

## Le Ragnaie

LOC. LE RAGNAIE
53024 MONTALCINO [SI]
TEL. +39 0577848639
www.leragnaie.com

藏酒销售
预约参观
膳宿接待
年产量 80 000 瓶
葡萄种植面积 15.5 公顷
葡萄栽培方式 有机认证

里卡尔多·卡姆皮诺提（Riccardo Campinoti）被公认为酿造布鲁奈罗酒（Brunellos）的顶级专家之一，在过去的一个世代掌握着这座蒙塔奇诺地区（Montalcino）最成功的韵丽尔酒庄（Le Ragnaie），拥有一系列顶级葡萄园——包括海拔高度达到600米之高的“灯火熄灭小路”（Lume Spento pass）上的维齐亚葡萄园（Vigna Vecchia），以及位于阿贝特卡斯特努沃（Castelnuovo dell' Abate）最东南段的洛雷托（Loreto）的弗尔纳切葡萄园（Fornace），拥有皮耶特索地块（Pietroso）。不同地块的风土条件各异，但都拥有同样强劲的表现力，果味活跃优雅，对于不同年份的酒液，在酒窖中采取的陈年方式也不同，但一般在经历了长时间的浸渍后放入2500公升的橡木桶中进行陈年。这种典型的风格出现在我们今年的品鉴中，最新发布的2011年份老藤布鲁奈罗酒（Brunello Vecchie Vigne）非常卓越，吐露着清爽且复杂的酒香，融入一抹东方香料的奇异芬芳，多变的香氛与果味演进的每一步相得益彰，口感中浸润着活跃强劲的美味，能力十足。同年份的弗尔纳切（Fornace）同样展现出出众的品质，口感非常惬意，质地非常热辣质朴。

| | |
|---|---|
| ● Brunello di Montalcino V. V. '11 | 🍷🍷🍷 8 |
| ● Brunello di Montalcino Fornace '11 | 🍷🍷 8 |
| ● Brunello di Montalcino '11 | 🍷🍷 7 |
| ● Rosso di Montalcino '13 | 🍷🍷 5 |
| ● Chianti Colli Senesi '14 | 🍷 2 |
| ⊙ Rosato '14 | 🍷 5 |
| ● Brunello di Montalcino Fornace '08 | ♀♀♀ 8 |
| ● Brunello di Montalcino V. V. '10 | ♀♀♀ 8 |
| ● Brunello di Montalcino V. V. '07 | ♀♀♀ 5 |
| ○ Bianco '11 | ♀♀ 4 |
| ● Brunello di Montalcino '10 | ♀♀ 6 |
| ● Brunello di Montalcino '09 | ♀♀ 6 |
| ● Brunello di Montalcino V. V. '09 | ♀♀ 8 |
| ● Chianti Colli Senesi '13 | ♀♀ 2* |

## Podere La Regola

LOC. SAN MARTINO
56046 RIPARBELLA [PI]
TEL. +39 0586698145
www.laregola.com

藏酒销售
预约参观
年产量 90 000 瓶
葡萄种植面积 20 公顷

20世纪初，努提家族（Nuti）在拉瑞格拉（La Regola）买下了这座距离海岸只有五公里的酒庄，出产葡萄酒和橄榄油，只供家庭使用。这座在伊特鲁里亚人（Etruscan）小村遗迹上创建的酒庄土地肥沃，气候宜人，非常适合葡萄的生长和葡萄酒的酿造。直至二十多年前，卢卡·努提（Luca Nuti）在取得农学学位后，决定将这座规模很小的家庭农庄发展为结构适度的酒庄，种植葡萄藤，监管葡萄酒的酿造生产，打造日益自然和拥有高辨识度的美酒。就在几年后，他的弟弟、专业律师弗拉维奥·努提（Flavio Nuti）也加入了家族酒庄，负责酒庄的销售业务和市场宣传。在今年的品鉴中，2013年份的斯特多（Strido）以百分之百的梅洛（Merlot）酿造而成，凭借卓越的表现闯入角逐“三杯奖”的决赛，吐露着阵阵果香，融入咖啡的醇香和烘焙的芬芳，继而和着森林水果的缕缕果香，底蕴中透露出丝丝香草的芳香。美酒入口，果味丰盈，酒质如同奶油般绵密细腻，精美单宁与酒精度完美融合，口感清爽，收口美妙，余韵悠长甜美。除此之外，2013年份的瓦利诺（Vallino）表现卓越，这款赤霞珠（Cabernet Sauvignon）吐露着薄荷的清凉，融入香膏的芬芳，更有阵阵清爽果香萦绕其间，随之而来的口感饱满丰盈，活力十足。

| | |
|---|---|
| ● Stridо '13 | 🍷🍷 8 |
| ● La Regola '13 | 🍷🍷 6 |
| ○ Steccaia Bianco '15 | 🍷🍷 3 |
| ● Vallino '13 | 🍷🍷 5 |
| ● Beloro '13 | 🍷 6 |
| ○ Lauro Bianco '12 | 🍷 4 |
| ○ Le Prode '15 | 🍷 3 |
| ● Ligustro '14 | 🍷 3 |
| ● Montescudaio Rosso Le Prode '14 | 🍷 2 |
| ○ Spumante Brut M. Cl. | 🍷 4 |
| ● La Regola '12 | 🍷🍷 6 |
| ○ Sondrete '05 | 🍷🍷 6 |
| ● Strido '11 | 🍷🍷 8 |
| ● Syrah '13 | 🍷🍷 3 |
| ● Vallino '11 | 🍷🍷 5 |

## Podere Le Ripi

LOC. LE RIPI
53021 MONTALCINO [SI]
TEL. +39 0577835641
www.podereleripi.it

藏酒销售
预约参观
年产量 25 000 瓶
葡萄种植面积 12 公顷
葡萄栽培方式 生物动力学认证
可持续发展酒庄

早在了解弗朗西斯科·伊利（Francesco Illy）酿造的美酒之前，全世界的酒迷都首先听说他将要开创极富创建性酒庄的消息。弗朗西斯科于20世纪90年代末来到蒙塔奇诺产区（Montalcino），在阿贝特卡斯特努沃（Castelnuovo dell' Abate）建起新酒庄，总占地面积达到50公顷，其中12公顷是葡萄园，完全采用生物动力学方式栽种。多样的种植地块包括如今非常著名的“盆栽葡萄园”，种植密度高达到每公顷超过6万株葡萄藤，出产限量的桑娇维塞美酒（Sangiovese）。瑞皮坡酒庄（Podere le Ripi）拥有一座“黄金酒窖”，出品的HQ风味美酒依然处于不断进化中，但是已经显露出美味的果味和非常自然的可饮性。在今年的品鉴中，瑞皮坡酒庄凭借2010年份的鲁皮塞瑞尼陈酿布鲁奈罗美酒（Brunello Lupi e Sirene Riserva）为首的一系列原始风味佳酿进入了主流市场。这款美酒吐露着令人喜悦的柑橘糖芬芳，浸润着流畅且持久的清爽果味，收口的单宁略显锐利，不过仍是一款卓越美酒。

| | |
|---|---|
| ● Brunello di Montalcino Lupi e Sirene Ris. '10 | 🍷🍷 6 |
| ● Rosso di Montalcino '11 | 🍷🍷 5 |

## Rocca delle Macìe

LOC. LE MACÌE, 45
53011 CASTELLINA IN CHIANTI [SI]
TEL. +39 05777321
www.roccadellemacie.com

藏酒销售
预约参观
膳宿接待
年产量 3 700 000 瓶
葡萄种植面积 194 公顷
可持续发展酒庄

塞吉奥·津加雷利（Sergio Zingarelli）拥有这座马西葡萄园酒庄（Rocca delle Macìe），他同时再次连任经典奇安蒂产区葡萄酒生产联盟（Consorzio del Chianti Classico）的主席，这座酒庄是卡斯泰利纳尔多次产区（Castellina）历史悠久的著名酒庄。马西葡萄园酒庄的出品风格已经发展成熟，展现出现代性和传统性的极佳融合，一方面拥有纯净的口感、非常易于入口，另一方面各种不同寻常的个性也能达到彼此平衡。出品的旗舰系列美酒显然风味更加复杂，避免了流俗和基于扩大产量而带来的弊病：诸如橡木滋味或者果味过于浓郁，而是再次强调了酒质的优雅和谐。马西葡萄园酒庄不仅出产经典奇安蒂（Chianti Classico），而且在马雷马（Maremma）还拥有两座庄园——坎姆珀马奇诺庄（Campomaccione）和卡撒玛利亚庄（Casamaria），出品品质也相当有保障。在今年的品鉴中，2013年份的经典奇安蒂费赞诺陈酿精选系列（Chianti Classico Riserva di Fizzano Gran Selezione）展现出脱颖而出的细腻和优雅，吐露着多面的酒香，随之而来的口感甜美紧致，令人垂涎。与此同时，2012年份的塞吉奥津加雷利经典奇安蒂精选系列（Chianti Classico Sergio Zingarelli Gran Selezione）受到橡木芬芳的些许影响，吐露着清澈的酒香，随之而来的口感细腻美妙。除此之外，2014年份的塞吉奥津加雷利经典奇安蒂（Chianti Classico Sergio Zingarelli）和2013年份的陈酿（Riserva）都十分美味，令人遐思。

| | |
|---|---|
| ● Chianti Cl. Gran Sel. Riserva di Fizzano '13 | 🍷🍷🍷 6 |
| ● Chianti Cl. Gran Sel. Sergio Zingarelli '12 | 🍷🍷 8 |
| ● Chianti Cl. Famiglia Zingarelli '14 | 🍷🍷 3 |
| ● Chianti Cl. Famiglia Zingarelli Ris. '13 | 🍷🍷 4 |
| ● Morellino di Scansano Campomaccione '15 | 🍷🍷 3 |
| ● Roccato '13 | 🍷🍷 6 |
| ● Chianti Cl. Tenuta S. Alfonso '14 | 🍷 5 |
| ● Ser Gioveto '13 | 🍷 6 |
| ● Chianti Cl. Famiglia Zingarelli Ris. '09 | 🥂🥂🥂 3* |
| ● Chianti Cl. Fizzano Ris. '10 | 🥂🥂🥂 5 |
| ● Chianti Cl. Gran Sel. Sergio Zingarelli '11 | 🥂🥂🥂 8 |
| ● Chianti Cl. Famiglia Zingarelli '13 | 🥂🥂 3* |
| ● Chianti Cl. Gran Sel. Riserva di Fizzano '12 | 🥂🥂 6 |

## Rocca di Castagnoli

LOC. CASTAGNOLI
53013 GAIOLE IN CHIANTI [SI]
TEL. +39 0577731004
www.roccadicastagnoli.com

藏酒销售
预约参观
膳宿接待
年产量 500 000 瓶
葡萄种植面积 132 公顷
可持续发展酒庄

卡斯泰格诺里葡萄园（Rocco di Castagnoli）掌握了各个地区不同风土的细腻差异，追求奇安蒂美酒（Chianti Classico）最经典的特性——平衡和优雅，清澈和持久，绝无锐利强迫之感。酒庄还在奇安蒂卡斯利纳次产区（Castellina in Chianti）买下了卡普莱雅酒庄（Tenuta di Capraia）和马雷马产区（Maremma）的玛斯特瑞诺斯皮奇奥丘庄园（Poggio Maestrino-Spiaggiole）。出品美酒随着时间的流逝越发呈现出持久可信的高品质水准，极富个性，无须酿造过程中的人工干预就能够表达出有力的自然口感。在今年的品鉴中，卡斯泰格诺里葡萄园推荐了系列卓越美酒参选，其中2013年份的弗拉提丘经典奇安蒂陈酿（Chianti Classico Poggio ai Frati Riserva）展现出精湛的酿造水准，吐露着复杂精美的酒香，果味华美持久。而更加容易入口的2014年份卡斯泰格诺里葡萄园经典奇安蒂（Chianti Classico Rocca di Castagnoli）展现出极佳的可饮性，果味轻快，更加惬意，令人垂涎。与此同时，2013年份的卡普莱雅庄经典奇安蒂陈酿（Chianti Classico Tenuta di Capraia Riserva）吐露着热辣的酒香，口感精美，层次繁复，收口感受深邃馥郁。除此之外，2012年份的布瑞安诺（Buriano）是一款气质跃动的赤霞珠（Cabernet Sauvignon）。

| | |
|---|---|
| ● Chianti Cl. Poggio ai Frati Ris. '13 | 🍷🍷 4 |
| ● Chianti Cl. Rocca di Castagnoli '14 | 🍷🍷 3 |
| ● Chianti Cl. Tenuta di Capraia Ris. '13 | 🍷🍷 5 |
| ● Le Pratola '12 | 🍷🍷 6 |
| ● Buriano '12 | 🍷 6 |
| ● Chianti Cl. Tenuta di Capraia '14 | 🍷 4 |
| ● Morellino di Scansano Spiaggiole Poggio Maestrino '14 | 🍷 3 |
| ● Morellino di Scansano Spiaggiole Poggio Maestrino Ris. '13 | 🍷 3 |
| ● Chianti Cl. Capraia Ris. '07 | 🥂🥂🥂 4 |
| ● Chianti Cl. Poggio ai Frati Ris. '08 | 🥂🥂🥂 4 |
| ● Chianti Cl. Poggio ai Frati Ris. '06 | 🥂🥂🥂 4* |
| ● Chianti Cl. Tenuta di Capraia Ris. '06 | 🥂🥂🥂 4* |

## ★Rocca di Frassinello

LOC. GIUNCARICO
58023 GAVORRANO [GR]
TEL. +39 056688400
www.roccadifrassinello.it

藏酒销售
预约参观
膳宿接待
年产量 **400 000 瓶**
葡萄种植面积 **80 公顷**

甚至直至21世纪之初这片土地是否能够生产美酒，依然存在疑问的情况下，法拉斯奈罗葡萄园（Rocca di Frassinello）在这场豪赌中大获全胜。法拉斯奈罗葡萄园坐落于马雷马地区（Maremma），嵌入保格利DOC产区（Bolgheri）以南、斯堪萨诺莫雷利诺（Morellino di Scansano）以北地区，出品美酒成为全世界市场追捧的热点产品。身为编辑的酒庄主人保罗·帕纳雷（Paolo Panerai）同时还在经典奇安蒂DOC产区（Chianti Classico DOC）与凯圣泰利酒庄（Castellare di Castellina）合作，在西西里岛（Sicily）与费碧基莎酒庄（Feudo del Pisciotto）合作酿造美酒。法拉斯奈罗葡萄园每年生产35万瓶美酒，以地中海风格和国际风格为主，忠诚地反映出马雷马这部分地区的风土特征，出品结构强劲有力。产能强劲的葡萄园种植的非本地葡萄品种包括赤霞珠（Cabernet）、品丽珠（Cabernet Franc）、梅洛、小味尔多（Petit Verdot）等，这些品种尤其适应当地气候；同时也栽培桑娇维塞（Sangiovese）和维蒙蒂诺（Vermentino）等本地葡萄品种。在今年的品鉴中，以百分之百梅洛（Merlot）打造而成的黑巴弗（Baffo Nero）尽管采收酿造季的气候条件并不理想，但是依然试图收获“三杯奖”大奖。它最初散发着成熟的李子香融入刺柏莓果的阵阵浓郁果香，更有芳香植物的缕缕清香萦绕其间，入口热辣，果味丰盈饱满，酒质奢华。

| | | |
|---|---|---|
| ● Maremma Toscana Baffo Nero '14 | 🍷🍷🍷 (red) | 8 |
| ● Maremma Toscana Le Sughere di Frassinello '14 | 🍷🍷 | 4 |
| ● Maremma Toscana Ornello '14 | 🍷🍷 | 3 |
| ● Maremma Toscana Rocca di Frassinello '14 | 🍷🍷 | 6 |
| ○ Maremma Toscana Vermentino '15 | 🍷🍷 | 3 |
| ● Maremma Toscana Poggio alla Guardia '14 | 🍷 | 3 |
| ● Baffo Nero '12 | ☐☐☐ | 8 |
| ● Baffo Nero '11 | ☐☐☐ | 8 |
| ● Baffo Nero '10 | ☐☐☐ | 8 |
| ● Baffo Nero '09 | ☐☐☐ | 8 |
| ● Le Sughere di Frassinello '10 | ☐☐☐ | 4* |
| ● Maremma Toscana Baffo Nero '13 | ☐☐☐ | 8 |
| ● Rocca di Frassinello '12 | ☐☐☐ | 6 |
| ● Rocca di Frassinello '11 | ☐☐☐ | 6 |

## Rocca di Montegrossi

FRAZ. MONTI IN CHIANTI
53010 GAIOLE IN CHIANTI [SI]
TEL. +39 0577747977
www.roccadimontegrossi.it

藏酒销售
预约参观
年产量 **80 000 瓶**
葡萄种植面积 **18 公顷**
葡萄栽培方式 **有机认证**

马可·里卡索利·费瑞多尔菲（Marco Ricasoli Firidolfi）拥有的巨石山酒庄（Rocca di Montegrossi）毫无疑问产出忠诚反映奇安蒂产区（Chianti）特质的真正美酒。这场别具一格的酿酒冒险开始于20世纪80年代早期，在经过了必要的技术革新之后，巨石山酒庄今天继续以展现奇安蒂蒙提次产区（Monti in Chianti）的特色为傲。巨石山酒庄出品既和谐又优雅，一切从审慎睿智地使用大型橡木桶和小型木桶陈年开始。巨石山酒庄卓越的圣酒（Vin Santo）是最佳产区酒之一，更是一款“面临绝迹”的传统美酒。2007年份的圣酒极为迷人，吐露着碘化物的缕缕芬芳，融入水果干的阵阵浓香，更有一抹奶制品的醇香萦绕其间，随之而来的口感馥郁饱满，犹如奶油般绵密醇浓，酸度十分活跃。与此同时，2012年份的圣马赛诺老藤经典奇安蒂精选系列（Chianti Classico Vigneto San Marcellino Gran Selezione）展现出精湛的酿造工艺，吐露着热辣而清爽的缕缕果香，随之而来的口感紧致华美，但是受到过多艰涩单宁的阻碍而略显逊色。除此之外，2012年份的格莱米亚（Geremia）是由梅洛（Merlot）和赤霞珠（Cabernet Sauvignon）混酿而成的美酒，饱满馥郁，质地精美，果味四溢。

| | | |
|---|---|---|
| ○ Vin Santo del Chianti Cl. '07 | 🍷🍷 (red) | 5 |
| ● Chianti Cl. Gran Sel. Vign. S. Marcellino '12 | 🍷🍷 | 5 |
| ● Geremia '12 | 🍷🍷 | 6 |
| ● Chianti Cl. Vign. S. Marcellino '07 | ☐☐☐ | 6 |
| ● Chianti Cl. Vign. S. Marcellino Ris. '99 | ☐☐☐ | 4 |
| ● Chianti Cl. '13 | ☐☐ | 3 |
| ● Chianti Cl. '12 | ☐☐ | 3 |
| ● Chianti Cl. Vign. S. Marcellino '11 | ☐☐ | 5 |
| ● Chianti Cl. Vign. S. Marcellino '10 | ☐☐ | 5 |
| ● Chianti Cl. Vign. S. Marcellino '09 | ☐☐ | 5 |
| ● Chianti Cl. Vign. S. Marcellino '08 | ☐☐ | 3 |
| ○ Vin Santo del Chianti Cl. '06 | ☐☐ | 5 |
| ○ Vin Santo del Chianti Cl. '04 | ☐☐ | 5 |

## Rocca di Montemassi

oc. Pian del Bichi
raz. Montemassi
.da prov.le 91
8036 Roccastrada [GR]
el. +39 0564579700
ww.roccadimontemassi.it

藏酒销售
预约参观
膳宿接待
年产量 200 000 瓶
葡萄种植面积 165 公顷
可持续发展酒庄

蒙特马西葡萄园酒庄（Rocca di Montemassi）隶属卓林酒业集团（Zonin），该集团在托斯卡纳产区（Tuscan）的产业还包括经典奇安蒂产区（Chianti Classico）的阿尔博拉堡酒庄（Castello d' Albola）以及圣吉米亚诺（San Gimignano）附近的奥利维托阿巴齐亚山酒庄（Abbazia Monte Oliveto）。蒙特马西葡萄园酒庄坐落于马雷马地区（Maremma），占地面积达到460公顷，其中165公顷种植葡萄园，地处伊特鲁里亚海岸（Tyrrhenian）与梅塔利费雷山（Colline Metallifere）之间，于1999年被卓林酒业集团收购，此后本着最大限度尊重本地环境的具体原则进行了改建：不允许任何一座酒庄建筑对周边环境造成负面影响，缔造了一座与当地环境和谐共处的宜居酒庄。因此，我们今天看到的酒庄建筑群几乎完美地融入了周边环境的包围之中，保存了乡村景色以及本地的生物多样性和个性。葡萄园主要种植很久之前就从国外引进的本地葡萄品种，非本地品种也完全适应了地中海的气候环境，例如赤霞珠（Cabernet Sauvignon）、品丽珠（Cabernet Franc）、小味尔多（Petit Verdot）、维欧尼（Viognier）以及两种主要的本地品种——桑娇维塞（Sangiovese）和维蒙蒂诺（Vermentino）。2014年份的萨萨布鲁纳（Sassabruna）是一款美妙的混酿，由桑娇维塞添加少量西拉（Syrah）和梅洛（Merlot），品质非常卓越，只是在收口阶段缺少了些许获得最佳奖项应有的冲劲儿。它吐露着成熟的黑莓果香，融入巧克力的醇香和香草派的芬芳，一路引领出成熟流畅、果味饱满的口感。

| | |
|---|---|
| Maremma Toscana Sassabruna '14 | 🍷🍷 (red) 3* |
| Maremma Toscana Sangiovese Le Focaie '15 | 🍷🍷 3 |
| Maremma Toscana Calasole '15 | 🍷 3 |
| Maremma Toscana Rocca di Montemassi '14 | 🍷 5 |
| Maremma Toscana Viognier Astraio '15 | 🍷 4 |
| Maremma Toscana Rocca di Montemassi '13 | YYY 5 |
| Rocca di Montemassi '10 | YYY 5 |
| Rocca di Montemassi '09 | YYY 5 |
| Maremma Rocca di Montemassi '12 | YY 5 |
| Monteregio di Massa Marittima Sassabruna '11 | YY 3 |
| Rocca di Montemassi '11 | YY 5 |
| Rocca di Montemassi '08 | YY 5 |

## Roccapesta

loc. Macereto, 9
50854 Scansano [GR]
Tel. +39 0564599252
www.roccapesta.it

藏酒销售
预约参观
年产量 100 000 瓶
葡萄种植面积 18.5 公顷

洛卡佩斯塔酒庄（Roccapesta）的发展非常迅猛。2003年，来自米兰的经理阿尔伯托·坦兹尼（Alberto Tanzini）决定改变他的生活，将自己的全副精力投入到葡萄的种植和葡萄酒的酿造事业中。今天，阿尔伯托的酒庄已经发展成产区成熟经典的酒庄之一，得益于他清晰的洞见力和明智坚定的决定。采用古老的葡萄园——例如拥有四十年历史的卡莱斯塔亚葡萄园（Calestaia）、进行长时间浸渍、利用大型橡木桶和瓶中陈年生产出精致且极具陈年潜力的美酒，展现出精美的个性，这种风格甚至在几年前的斯堪萨诺（Scansano）都无法想象。在今年的品鉴中，洛卡佩斯塔酒庄推荐的系列美酒表现出色，其中2013年份的斯堪萨诺莫雷利诺陈酿（Morellino di Scansano Riserva）吐露着诱人的酒香，融入泥土的醇香，更有一抹馥郁果香萦绕其间，底蕴中透露出缕缕烟斗的香气和如花芬芳。果味持久如一，口感强劲，有时颇为锐利，收口时融入樱桃的美味。除此之外，2014年份的瑞贝奥斯堪萨诺莫雷利诺（Morellino di Scansano Ribeo）同样美味，酒质发展均衡，口感纤美，香氛优雅轻快。

| | |
|---|---|
| ● Morellino di Scansano Ris. '13 | 🍷🍷🍷 (red) 4* |
| ● Morellino di Scansano Ribeo '14 | 🍷🍷 (red) 3* |
| ● Maremma Toscana Masca '14 | 🍷🍷 2* |
| ● Morellino di Scansano '14 | 🍷🍷 3 |
| ● Pugnitello '13 | 🍷🍷 6 |
| ● Morellino di Scansano Calestaia Ris. '11 | YYY 5 |
| ● Morellino di Scansano Calestaia Ris. '10 | YYY 5 |
| ● Morellino di Scansano Calestaia Ris. '09 | YYY 5 |
| ● Masca '13 | YY 2* |
| ● Masca '12 | YY 2* |
| ● Morellino di Scansano '13 | YY 3* |
| ● Morellino di Scansano Ribeo '13 | YY 3 |
| ● Morellino di Scansano Ris. '12 | YY 4 |
| ● Morellino di Scansano Ris. '11 | YY 4 |
| ● Pugnitello '12 | YY 5 |

## Salcheto

FRAZ. SANT'ALBINO
VIA DI VILLA BIANCA, 15
53045 MONTEPULCIANO [SI]
TEL. +39 0578799031
www.salcheto.it

藏酒销售
预约参观
膳宿接待
年产量 300 000 瓶
葡萄种植面积 50 公顷
葡萄栽培方式 有机认证
可持续发展酒庄

虽然萨尔切托酒庄（Salcheto）拥有古老的历史，但是直至1997年米歇尔·马内里（Michele Manelli）的到来，酒庄才发生了革命性的变革。就环境可持续性发展方面而言，米歇尔将萨尔切托酒庄发展成为世界上最具创新能力的酒庄之一。米歇尔选择将可持续发展性作为重要判断原则带入到酒庄工作的方方面面：在葡萄园中采取生物动力学栽培方式，在酒窖使用自控节能设备，更自己生产了发酵罐——这只是其中几项而已。这样酿造出的美酒极度纯净，展现出本地风土的特质。古老的葡萄园——萨尔科园（Vigna del Salco）和拉格赫托园（Vigna del Laghetto）——出产各种版本的蒙特普齐亚诺萨尔科诺贝勒（Nobile di Montepulciano Salco）。在今年的品鉴中，萨尔切托酒庄推荐的美酒表现精彩，其中伟大的2012年份酒吐露着浓郁的地中海灌木丛芬芳，融入了阳光的风味，刚一开启，就散发着成熟的阵阵果香，底蕴中透露出雪茄烟的缕缕芬芳，和着铅笔屑的独特香气，阵阵甘草的芳香萦绕其间。口感持久，品质如一，结构上佳，吐露着开放的缕缕果香，香氛显著，融入灌木丛的缕缕芬芳，单宁美味令人垂涎，口感非常干爽。除此之外，2012年份的陈酿（Riserva）有点过熟迹象；而2013年份的诺贝勒（Nobile）吐露着树根的醇香和香料的辛香。

| | |
|---|---|
| ● Nobile di Montepulciano Salco '12 | ▼▼ 6 |
| ● Nobile di Montepulciano '13 | ▼▼ 4 |
| ● Nobile di Montepulciano Ris. '12 | ▼▼ 5 |
| ● Nobile di Montepulciano '10 | YYY 4* |
| ● Nobile di Montepulciano '97 | YYY 3* |
| ● Nobile di Montepulciano Salco '11 | YYY 6 |
| ● Nobile di Montepulciano Salco '10 | YYY 5 |
| ● Nobile di Montepulciano Salco Evoluzione '06 | YYY 6 |
| ● Nobile di Montepulciano Salco Evoluzione '01 | YYY 6 |
| ● Nobile di Montepulciano '11 | YY 4 |
| ● Nobile di Montepulciano Ris. '10 | YY 4 |
| ● Rosso di Montepulciano '14 | YY 2* |

## Leonardo Salustri

FRAZ. POGGI DEL SASSO
LOC. LA CAVA, 7
58044 CINIGIANO [GR]
TEL. +39 0564990529
www.salustri.it

藏酒销售
预约参观
膳宿接待
年产量 80 000 瓶
葡萄种植面积 25 公顷
葡萄栽培方式 有机认证
可持续发展酒庄

19世纪末，塞孔多·萨鲁斯崔（Second
Salustri）开始在珀吉萨索（Poggi de
Sasso）种植葡萄园，这里是马雷马产
区（Maremma）的中心地带，地处阿米
亚塔山（Mount Amiata）海拔最低的山胈
处。萨鲁斯崔酒庄今天的主人李奥纳
多·萨鲁斯崔（Leonardo Salustri）依然在
辛勤劳作，打理这座古老的葡萄园，园
中有不少克隆精选老藤。李奥纳多于2
世纪50年代开始种植自己的葡萄园，9
年代与比萨大学葡萄酒酿造学院（Facult
of Oenology of the University of Pisa）合作重
新移植了葡萄园。葡萄园种植地块的气
候条件堪称理想，与本地风土达成了完
美和谐，产出的美酒深深根植于这片土
地，具有非常鲜明的地方特质。在今年
的品鉴中，萨鲁斯崔酒庄推荐的美酒
中有两款闯入了最终角逐“三杯奖”
的决赛——2013年份的圣马塔桑娇维塞
（Sangiovese Santa Marta）以及同年份的
格罗特红葡萄酒（Grotte Rosse）。前者吐
露着缥缈的酒香，融入血橙和醋栗的缕
缕果香，酒中浸润着精美的果味，口感
有力，收口余韵中回荡着柑橘的甜美滋
味，单宁依然活跃，显然拥有绵长的陈
年潜力。后者散发着黑色水果的缕缕果
香，随之而来的口感更加放松惬意，充
盈满口。

| | |
|---|---|
| ● Montecucco Sangiovese Grotte Rosse '13 | ▼▼ 6 |
| ● Montecucco Sangiovese Santa Marta '13 | ▼▼ 4 |
| ● Montecucco Sangiovese Terre d'Alviero '13 | ▼▼ 8 |
| ● Montecucco Grotte Rosse '08 | YYY 6 |
| ● Montecucco Grotte Rosse '07 | YYY 5 |
| ● Montecucco Santa Marta '06 | YYY 4 |
| ● Montecucco Grotte Rosse '11 | YY 6 |
| ● Montecucco Grotte Rosse '10 | YY 6 |
| ● Montecucco Grotte Rosse '06 | YY 5 |
| ● Montecucco Santa Marta '12 | YY 4 |
| ● Montecucco Santa Marta '10 | YY 4 |
| ● Montecucco Santa Marta '09 | YY 4 |
| ● Montecucco Santa Marta '08 | YY 4 |
| ● Montecucco Santa Marta '07 | YY 4 |

## ?odere San Cristoforo

OC. BAGNO
IA FORNI
8023 GAVORRANO [GR]
EL. 3358212413
www.poderesancristoforo.it

藏酒销售
预约参观
膳宿接待
手产量 50 000 瓶
葡萄种植面积 16 公顷
葡萄栽培方式 有机认证

各伦佐·佐尼（Lorenzo Zonin）是圣克里斯托弗洛酒庄（Podere San Cristoforo）的主人和酿酒师，葡萄园采用生物动力学栽培方式打理。尽量降低人工技术的干扰、大量采用手工劳作、最大限度尊重本地环境：这是圣克里斯托弗洛酒庄酿造美酒的指导性原则。酒庄葡萄园占地面积达到45公顷，葡萄藤的栽培面积达到5公顷，还有两公顷地块用于种植橄榄树木，20公顷土地用于耕种其他谷物和向日葵。桑娇维塞（Sangiovese）是葡萄园中的主要栽培品种，除此之外还有小味尔多（Petit Verdot）、西拉（Syrah）、维蒙蒂诺（Vermentino）和扎比安努（Trebbiano）等品种，酿造的系列美酒致力于最大限度忠诚表达本地风土特质。在今年的品鉴中，2015年份的卡兰德勒（Carandelle）是一款精美的桑娇维塞，吐露着飘逸精美的酒香，融入缕缕花香，更有胡椒的辛香萦绕其间，入口活跃，动力十足，酸度优雅，单宁柔滑。与此同时，清澈新鲜的2015年份阿玛兰蒂（Amaranti）口感清爽，单宁略显辛辣，酒体流畅和谐。除此之外，2015年份的卢米诺索（Luminoso）也奉献上佳表现，这款以维蒙蒂诺、玛尔维萨（Malvasia）和扎比安努混酿而成的美酒口感强劲有力，略有咸味，活力四射，果味丰盈饱满，令人垂涎。

| | |
|---|---|
| ● Maremma Toscana Sangiovese Carandelle '15 | YYY 3* |
| ● Maremma Toscana Luminoso '15 | YY 3 |
| ● Maremma Toscana Sangiovese Amaranto '15 | YY 3 |
| ● Maremma Toscana Podere San Cristoforo '13 | YYY 3* |
| ● Maremma Toscana Sangiovese Amaranto '14 | YY 2* |
| ● Podere San Cristoforo '12 | YY 5 |
| ● San Cristoforo '10 | YY 5 |
| ● San Cristoforo '09 | YY 4 |

## ★San Felice

LOC. SAN FELICE
53019 CASTELNUOVO BERARDENGA [SI]
TEL. +39 05773991
www.agricolasanfelice.it

藏酒销售
预约参观
膳宿接待
年产量 900 000 瓶
葡萄种植面积 140 公顷

圣菲利斯酒庄（San Felice）在托斯卡纳（Tuscan）经典奇安蒂DOC产区（Chianti Classico DOC）的葡萄酒生产史上占有重要的一席之地，它坐落于这片土地已经长达四十多年，出品美酒无疑受到卡斯泰尔诺沃贝拉登加（Castelnuovo Berardenga）次产区微气候环境的影响，全系列酒品都展现出极佳的可饮性和强韧的结构。圣菲利斯酒庄隶属安联保险集团（Allianz Insurance Group），该集团同时还在蒙塔奇诺产区（Montalcino）拥有卡姆珀吉瓦尼农场（Campogiovanni），在马雷马产区（Maremma）拥有珀瑞奥拉（Periolla），各个生产单位犹如马赛克般散落在托斯卡纳产区（Tuscany）最顶级的种植区。在今年的品鉴中，圣菲利斯酒庄提交了多款精致美酒，其中2013年份的经典奇安蒂（Chianti Classico）表现出色，或许是这款美酒最好的一届年份酒。它吐露着细腻的香氛，融入红莓果的缕缕果香，和着泥土和森林大地的阵阵醇香，随之而来的口感浸润着清爽的果味，精美和谐，演进成熟。除此之外，2013年份的经典奇安蒂灰色精选系列（Chianti Classico Il Grigio Gran Selezione）也散发着演化得当的酒香，虽然有些过熟嫌疑，但是果味非常华美圆润，令人欲罢不能。

| | |
|---|---|
| ● Chianti Cl. '13 | YYY 3* |
| ● Brunello di Montalcino Il Quercione Campogiovanni Ris. '10 | YY 6 |
| ● Chianti Cl. Gran Sel. Il Grigio da San Felice '13 | YY 5 |
| ● Chianti Cl. Gran Sel. Poggio Rosso '11 | Y 6 |
| ● Rosso di Montalcino Campogiovanni '14 | Y 3 |
| ● Vigorello '12 | Y 6 |
| ● Chianti Cl. Gran Sel. Il Grigio da San Felice '11 | YYY 5 |
| ● Chianti Cl. Gran Sel. Il Grigio da San Felice '10 | YYY 5 |
| ● Pugnitello '07 | YYY 6 |
| ● Pugnitello '06 | YYY 6 |
| ● Vigorello '10 | YYY 6 |
| ● Vigorello '08 | YYY 6 |

## San Ferdinando

LOC. CIGGIANO
VIA DEL GARGAIOLO, 33
52041 CIVITELLA IN VAL DI CHIANA [AR]
TEL. +39 0575440355
www.sanferdinando.eu

藏酒销售
预约参观
膳宿接待
年产量 30 000 瓶
葡萄种植面积 10 公顷

圣费尔南多酒庄（San Ferdinando）是一座可爱的原始风味酒庄，它的存在提升了基亚纳谷（Val di Chiana）酿酒业的整体声望。1998年，格瑞冯尼家族（Grifoni）创建了圣费尔南多酒庄，不仅栽培了葡萄园，而且建起了现代化的酒窖，于2009年正式投入生产。所有一切都建立在推广托斯卡纳（Tuscan）本地葡萄品种的理想基础之上，其中最重要的是桑娇维塞（Sangiovese）和绮丽叶骄罗（Ciliegiolo）等红葡萄品种，以及维蒙蒂诺（Vermentino）和普尼特罗（Pugnitello）等白葡萄品种。整枝和栽培采取最大限度尊重自然环境的方式，酒窖中的发酵和陈年工序也致力于保护美酒的自然表达。在今年的品鉴中，2015年份的绮丽叶骄罗（Ciliegiolo）表现非常精彩，它饱满而清爽，令人耳目一新，口感强劲，果味质地甜美诱人，更有一抹黑胡椒的辛香提升了整款酒的风味。与此同时，2013年份的普尼特罗（Pugnitello）风格与之类似，显然更加成熟，不过美味和可饮性毫不逊色。除此之外，2014年份的加穆巴奇安蒂（Chianti Podere Gamba）也非常出众；2015年份的维蒙蒂诺（Vermentino）更加开放，活跃口感比往年略逊一筹。

| | |
|---|---|
| ● Chianti Podere Gamba '14 | 🍷🍷 2* |
| ● Ciliegiolo '15 | 🍷🍷 2* |
| ● Pugnitello '13 | 🍷🍷 3 |
| ○ Vermentino '15 | 🍷 3 |
| ● Ciliegiolo '12 | 🍸🍸 2* |
| ● Ciliegiolo '10 | 🍸🍸 2* |
| ● Sangiovese '10 | 🍸🍸 3 |

## San Giusto a Rentennano

LOC. SAN GIUSTO A RENTENNANO, 20
53013 GAIOLE IN CHIANTI [SI]
TEL. +39 0577747121
www.fattoriasangiusto.it

藏酒销售
预约参观
年产量 80 000 瓶
葡萄种植面积 27 公顷
葡萄栽培方式 有机认证
可持续发展酒庄

希格拉的马蒂尼家族（Martini di Cigala）拥有这座圣朱斯托酒庄（San Giusto Rentennano），酒庄属于DOC产区中的典范酒庄，出品中即便是最基本款的经典奇安蒂（Chianti Classico）也都跻身产区优质名酒的行列。但是近年来，它出产的酒品似乎部分丢失了以往经典而传奇的风格，正在忍受陈年橡木过多融入酒中带来的影响，这种过多的橡木气息和滋味窒息了顶级酿造果实本应有的巨大品质表现力。不过整个活力四射的系列出品美酒依然忠诚反映出莫尼提次产区（Monti）的风土特质，上述瑕疵对体现品质的果实造成了一些影响。在今年的品鉴中，圣朱斯托酒庄推荐了多款优质美酒，其中2013年份的巴隆科尔经典奇安蒂陈酿（Chianti Classico Le Barònco Riserva）呈现出精彩的表现，美妙的果香和辛辣芬芳交替出现，缭绕不散，随之而来的口感扎实劲道，十分美味。与此同时，2014年份的经典奇安蒂（Chian Classico）相比较而言更加浓郁集中，令人愉悦，尽管遭遇了气候条件非常恶劣的生长酿造季；而2012年份的珀卡洛（Percarlo）是一款百分之百以桑娇维塞（Sangiovese）打造的单一品种美酒，中露着明显的烘焙醇香，香氛纯净但略显不自信，果味有些内敛。

| | |
|---|---|
| ● Chianti Cl. Le Baròncole Ris. '13 | 🍷🍷 (红) 5 |
| ● Chianti Cl. '14 | 🍷🍷 4 |
| ● Percarlo '12 | 🍷 8 |
| ● Chianti Cl. '10 | 🍸🍸🍸 4 |
| ● Percarlo '07 | 🍸🍸🍸 7 |
| ● Percarlo '99 | 🍸🍸🍸 7 |
| ● Percarlo '97 | 🍸🍸🍸 6 |
| ● Percarlo '95 | 🍸🍸🍸 6 |
| ● Percarlo '88 | 🍸🍸🍸 6 |
| ● Chianti Cl. '09 | 🍸🍸 3 |
| ● Chianti Cl. Le Baròncole Ris. '11 | 🍸🍸 5 |
| ● Chianti Cl. Le Baròncole Ris. '10 | 🍸🍸 5 |
| ● Chianti Cl. Le Baròncole Ris. '09 | 🍸🍸 5 |
| ● Chianti Cl. Le Baròncole Ris. '07 | 🍸🍸 5 |
| ● Chianti Cl. Le Baròncole Ris. '06 | 🍸🍸 5 |
| ● Percarlo '05 | 🍸🍸 7 |

## ★★Tenuta San Guido

RAZ. BOLGHERI
OC. LE CAPANNE, 27
7022 CASTAGNETO CARDUCCI [LI]
EL. +39 0565762003
www.sassicaia.com

预约参观
餐饮接待
年产量 780 000 瓶
葡萄种植面积 90 公顷

保格利地区（Bolgheri）如今享有的惊人国际声誉和成功，主要归功于因吉萨·德拉·罗切塔侯爵（Marchesi Incisa ella Rocchetta）。侯爵创建了圣奎托酒庄（Tenuta San Guido），并且在没有人意识到此地卓越的酿造潜力时，就向市场推出了保格利地产酒西施佳雅（Sassicaia）——无论从哪方面而言，在意大利国内甚至全球范围内，西施佳雅可能都是最著名的意大利葡萄酒。圣奎托酒庄的土地从第勒尼安海（Tirreno）一直蔓延到卡斯蒂利翁切洛（Castiglioncello），拥有不同的土壤条件和朝向山坡，有些靠海，有些临山。主要栽培的酿造葡萄是赤霞珠（Cabernet Sauvignon）和品丽珠（Franc），美酒要在小型法国橡木桶中陈年。在今年的品鉴中，我们完全被2013年份的西施佳雅（Sassicaia）所迷倒，这是一款不可思议的美酒。上一次该款美酒呈现出如此优异的表现，还要回溯到2009年，而今年推出的这款佳酿又与往年美酒不同，我要说不仅是不同，甚至呈现出出乎意料的迥异风格。而这还不是全部：2013年份的西施佳雅毫无疑问更加优秀，在所有时代伟大美酒的评选中都会占据一席之地。它紧致而跃动，酒质活跃诱人，香氛复杂，口感深邃，绵长的余韵似无尽头，持久在唇齿间流连不散。真是一款不折不扣的伟大美酒。

| | |
|---|---|
| Bolgheri Sassicaia '13 | 🍷🍷🍷 8 |
| Guidalberto '14 | 🍷🍷 6 |
| Bolgheri Sassicaia '12 | 🍷🍷🍷 8 |
| Bolgheri Sassicaia '11 | 🍷🍷🍷 8 |
| Bolgheri Sassicaia '10 | 🍷🍷🍷 8 |
| Bolgheri Sassicaia '09 | 🍷🍷🍷 8 |
| Bolgheri Sassicaia '08 | 🍷🍷🍷 8 |
| Bolgheri Sassicaia '07 | 🍷🍷🍷 8 |
| Bolgheri Sassicaia '06 | 🍷🍷🍷 8 |
| Bolgheri Sassicaia '05 | 🍷🍷🍷 8 |
| Bolgheri Sassicaia '04 | 🍷🍷🍷 8 |
| Bolgheri Sassicaia '03 | 🍷🍷🍷 8 |
| Guidalberto '08 | 🍷🍷🍷 6 |
| Guidalberto '04 | 🍷🍷🍷 6 |

## San Michele a Torri

VIA SAN MICHELE, 36
50020 SCANDICCI [FI]
TEL. +39 055769111
www.fattoriasanmichele.it

藏酒销售
预约参观
年产量 200 000 瓶
葡萄种植面积 55 公顷
葡萄栽培方式 有机认证

圣米歇尔阿托利农场（San Michele a Torri）的主人保罗·诺岑蒂尼（Paolo Nocentini）是一位从事交通事业的企业家，在追求酿造高品质美酒的道路上发奋追逐。极有能力的保罗将这座农庄转变为传统农业的典范，对外推广托斯卡纳产区（Tuscany）最真实的面貌。农庄的葡萄园占地面积达到55公顷，部分坐落于经典奇安蒂DOC产区（Chianti Classico DOC）；圣米歇尔阿托利农场同时也生产当地典型的农业土特产，不仅包括地产橄榄油，还包括琴塔熏肉（Cinta Senese）、鸡蛋、肉、蔬菜、面包、豆荚、蜂蜜、果酱和以传统稻谷研磨的面粉等。这些产品都输送到农庄在佛罗伦萨开设的餐厅，供客人享用。在圣米歇尔阿托利农场这一季提供的品鉴酒品中，两款菲奥提尼山奇安蒂（Chianti Colli Fiorentini）的表现都非常精彩。2013年份的97圣乔瓦尼陈酿（Riserva San Giovanni Novantasette）展现出扎实地质地，圆润的单宁带来柔美的果味。而2014年份的菲奥提尼山奇安蒂则气质活跃，这款混酿添加了少量卡内奥罗（Canaiolo）、科罗里洛（Colorino）和梅洛（Merlot），吐露着阵阵醋栗和覆盆子的美妙果香，融入如花芬芳，随之而来的口感令人愉悦，极具表现力。

| | |
|---|---|
| ● Chianti Colli Fiorentini '14 | 🍷🍷 2* |
| ● Chianti Colli Fiorentini S. Giovanni Novantasette Ris. '13 | 🍷🍷 4 |
| ● Chianti Cl. '11 | 🍷🍷 3 |
| ● Chianti Colli Fiorentini '13 | 🍷🍷 2* |
| ● Chianti Colli Fiorentini '10 | 🍷🍷 2* |
| ● Chianti Colli Fiorentini '09 | 🍷🍷 2* |
| ● Chianti Colli Fiorentini S. Giovanni Novantasette Ris. '12 | 🍷🍷 4 |
| ○ Chianti Colli Fiorentini Vin Santo '07 | 🍷🍷 3 |
| ● Murtas '11 | 🍷🍷 5 |
| ● Murtas '09 | 🍷🍷 5 |
| ● Murtas '07 | 🍷🍷 5 |
| ○ Vin Santo '08 | 🍷🍷 6 |

## San Polo

loc. Podernovi, 161
53024 Montalcino [SI]
Tel. +39 0577835101
www.poggiosanpolo.com

藏酒销售
预约参观
年产量 150 000 瓶
葡萄种植面积 17 公顷

在瓦尔波利切拉（Valpolicella）负有盛名的艾格尼家族（Allegrini）在蒙塔奇诺产区（Montalcino）东南朝向的山坡上拥有圣保罗酒庄（San Polo），这座精致的酒庄出产别具一格的好酒。好酒源自蒙塔奇诺产区东南朝向山坡上的珀德诺威（Podernovi）占地面积达到17公顷的葡萄园，这里形成了真正的自然瞭望台，富含肥沃的石灰质土壤的地块位于海拔400米高的山上。圣保罗酒庄出产的布鲁奈罗酒（Brunellos）在水泥池中发酵，在斯拉沃尼亚橡木桶（Slavonian）或者中等尺寸的法国阿列橡木桶（Allier）中陈年，为美酒带来纯净和活力。为了令出品系列更加完整，除了红葡萄酒（Rosso）之外，圣保罗酒庄还生产一种主要以桑娇维塞（Sangiovese）打造的混酿梅佐帕尼IGT（Mezzopane IGT）；以及一种单一品种桑娇维塞卢比奥（Rubio），在大型橡木桶中完成陈年。在今年的品鉴中，2010年份的布鲁奈罗陈酿（Brunello Riserva）展现出有史以来圣保罗酒庄的最高酿造水准，毫无异议地跻身“三杯奖”决赛。它吐露着黑莓的阵阵果香，融入香料的缕缕辛香，底蕴中透露出丝丝可可粉的醇浓香气，随之而来的口感甜美圆润，只是收口阶段由于橡木滋味的影响而略显艰涩。与此同时，2011年份的布鲁奈罗（Brunello）也展现出精彩的酿造工艺，非常容易入口，散发着缕缕樱桃香，和着咖啡的醇浓芬芳。

● Brunello di Montalcino Ris. '10 7
● Brunello di Montalcino '11 6
● Rosso di Montalcino '14 3
● Brunello di Montalcino '10 6
● Brunello di Montalcino '09 6
● Brunello di Montalcino '08 6
● Brunello di Montalcino '07 6
● Brunello di Montalcino '06 6
● Brunello di Montalcino Ris. '06 7
● Brunello di Montalcino Ris. '04 7
● Rosso di Montalcino '13 3
● Rosso di Montalcino '12 3
● Rosso di Montalcino '11 3
● Rubio '10 2*
● Rubio '08 2

## Tenuta San Vito

via San Vito, 59
50056 Montelupo Fiorentino [FI]
Tel. +39 057151411
www.san-vito.com

藏酒销售
预约参观
膳宿接待
年产量 150 000 瓶
葡萄种植面积 35 公顷
葡萄栽培方式 有机认证

崔吉家族（Drighi）大约于1960年买下了圣韦托酒庄（Tenuta San Vito）。罗伯托·崔吉（Roberto Drighi）打理葡萄园，栽培橄榄林，开始在油磨坊建起酒窖。圣韦托酒庄是托斯卡纳地区（Tuscan）首批认真对待有机栽培方式的酒庄之一，于1985年在罗伯托的女儿劳拉（Laura）的不懈努力之下，终于获得了有机栽培认证。今天，在距离佛罗伦萨（Florence）只有几公里的山坡上的蒙特卢波菲奥伦蒂诺（Montelupo Fiorentino），圣韦托酒庄的农舍开展热闹的农场观光旅游生意，由罗伯托的侄子内里·加祖里（Neri Gazulli）经营管理，他同时也打理着酒窖。在今年的品鉴中，圣韦托酒庄推荐了一系列美酒，其中我们特别喜爱2015年份的圣韦托奇安蒂（Chianti San Vito），这是一款单一品种桑娇维塞（Sangiovese），清爽而紧致，吐露着红色水果的缕缕果香，诱人又怡人。与此同时，2013年份的上丘（Poggio Alto）表现同样精彩，这款由科罗里诺（Colorino）、卡内奥罗（Canaiolo）、梅洛（Merlot）和绮丽叶骄罗（Ciliegiolo）混酿而成的美酒吐露着黑色莓果的美妙果香，融入一丝辛香，随之而来的口感非常跃动有力，收口余韵美味，融入胡椒的辛辣风味。

● Chianti San Vito '15 2
● Poggio Alto '13 4
● Chianti Colli Fiorentini Darno '13 2
○ Amantiglio '05 2
● Chianti dei Colli Fiorentini Darno '12 2
● Chianti dei Colli Fiorentini Darno '06 2
● Chianti dei Colli Fiorentini Darno '05 2
● Colle dei Mandorli '11 6
● Colle dei Mandorli '10 6
● Colle dei Mandorli '07 5
● Colle dei Mandorli '06 5
● Colle dei Mandorli '05 5
● Madiere '06 3
● Madiere '05 3
○ Vin Santo del Chianti Malmatico '07 5

## Sangervasio

oc. San Gervasio
a dei Cipressi, 13
6036 Palaia [PI]
el. +39 0587483360
www.sangervasio.com

藏酒销售
预约参观
膳宿接待
年产量 100 000 瓶
葡萄种植面积 22 公顷
葡萄栽培方式 有机认证

00公顷的壮美土地环抱着这座16世纪内古老村庄：这里就是托马西尼家族（Tommasini）于1960年买下的圣盖瓦肖庄园（San Gervasio）。卢卡·托马西尼（Luca Tommasini）于上世纪九十年代中期在圣盖瓦肖庄园中实行了一系列重大改革：在葡萄园中采用有机栽培方式，翻新古老的酒窖，移植老藤，购入数公顷新地块并在其上开垦先锋葡萄园。如此令圣盖瓦肖酒庄出品质量得到了飞跃性的提升。在今年的品鉴中，圣盖瓦肖酒庄的推荐美酒表现卓越，其中2011年份的赤霞珠（Cabernet Sauvignon）馥郁深邃，气质跃动，吐露着浓郁的香膏芬芳，融入丁香和肉桂的缕缕辛香，恢宏均衡的口感与香氛相得益彰，收口余韵柔美持久，活跃而新鲜，果味久久在口中徘徊不散。与此同时，纯粹的单一品种梅洛酒（Merlot）、2011年份的雷奈（I enai）给人留下非常深刻的印象，它散发着野生红莓果的浓郁果香，随之而来的和谐口感展露出融合度极佳的单宁，果味活跃，充盈满口，收口余韵强劲有力。除此之外，2005年份的雷西纳奥圣酒（Vin Santo Recinaio）吐露着奶制品的经典醇香，融入无花果干的缕缕果香，更有烘焙杏仁的香气萦绕其间，随之而来的口感犹如奶油般绵密浓醇，果味丰盈饱满，收口余韵丝滑如同天鹅绒。

| | |
|---|---|
| Cabernet Sauvignon '11 | ▼▼ 5 |
| Colli dell'Etruria Centrale Vin Santo Recinaio '05 | ▼▼ 5 |
| I Renai '11 | ▼▼ 5 |
| Chianti Sangervasio '15 | ▼ 2 |
| Terre di Pisa Sangiovese a Sirio '11 | ▼ 4 |
| I Renai '09 | ▽▽ 5 |
| I Renai '03 | ▽▽ 5 |
| Sangervasio Bianco '05 | ▽▽ 2 |
| Sangervasio Rosso '09 | ▽▽ 2* |
| Sangervasio Rosso '05 | ▽▽ 2 |
| Terre di Pisa Sangervasio '11 | ▽▽ 4 |

## Podere Sanlorenzo

Pod. Sanlorenzo, 280
53024 Montalcino [SI]
Tel. 3396070930
www.poderesanlorenzo.net

藏酒销售
预约参观
年产量 18 000 瓶
葡萄种植面积 4.5 公顷

圣洛伦佐农场酒庄（Podere Sanlorenzo）的创始人布拉曼特·费莱蒂（Bramante Ferretti）最近刚刚过了百岁寿诞，他的生日成为（Montalcino）蒙塔奇诺地区人民的一场美酒盛宴。虽然年事已高，但是布拉曼特依然能够给予孙子洛伦佐·乔尔菲（Lorenzo Ciolfi）建议和激励。2003年，洛伦佐决定逐步改变酒庄种植的大部分葡萄品种，并将家族酒庄转变为装瓶酒庄，立刻收获了极富意趣的美酒。占地面积达到四公顷左右的葡萄园坐落在勒普莱塔（Le Prata）海拔500米的西南向山坡上，拥有典型的混杂着砂质和泥灰质的黏土土壤，是生产桑娇维塞（Sangioveses）的理想地块，能令酿造葡萄强劲有力的同时又气质蜿蜒迂回。这里是质朴劲道、丰盈饱满的布鲁奈罗酒（Brunellos）的出产地，酒液要经过长时间的浸渍，并且要在3000公升的斯拉沃尼亚橡木桶（Slavonian）中长时间陈年。我们一直对圣洛伦佐农场酒庄的红葡萄酒很感兴趣，也将其推荐给极富耐心的酒迷朋友，在今年的品鉴中，对2011年份的布拉曼特（Bramante）也是如此，这款美酒已经发展精美，香氛独特，融入泥土的醇香和木材的芬芳，与此同时葡萄精粹口感依然略占上风，但是依然呈现出强劲有力的质感。除此之外，2014年份的红葡萄酒（Rosso）精致出色，相比较而言酒质演化程度更好。

| | |
|---|---|
| ● Brunello di Montalcino Bramante '11 | ▼▼ 6 |
| ● Rosso di Montalcino '14 | ▼▼ 3 |
| ● Brunello di Montalcino Bramante '07 | ▽▽▽ 6 |
| ● Brunello di Montalcino Bramante '07 | ▽▽▽ 8 |
| ● Brunello di Montalcino Bramante '10 | ▽▽ 6 |
| ● Brunello di Montalcino Bramante '09 | ▽▽ 6 |
| ● Brunello di Montalcino Bramante '08 | ▽▽ 6 |
| ● Brunello di Montalcino Bramante '04 | ▽▽ 6 |
| ● Rosso di Montalcino '13 | ▽▽ 3 |
| ● Rosso di Montalcino '11 | ▽▽ 3 |
| ● Rosso di Montalcino '10 | ▽▽ 3 |

## Sant'Agnese

loc. Campo alle Fave, 1
57025 Piombino [LI]
Tel. +39 0565277069
www.santagnesefarm.it

藏酒销售
预约参观
年产量 25 000 瓶
葡萄种植面积 6 公顷
可持续发展酒庄

1994年，吉戈利家族（Gigli）拥有一座农场的夙愿终于得以实现，在拍卖会中买下了这座环山怀抱、俯瞰大海的圣阿涅塞酒庄（Sant' Agnese）。拍卖胜出后，保罗·吉戈利（Paolo Gigli）发现自己面对的是一座百废待兴的农庄，荒废的土地和废弃的建筑都需要重建。无论如何，保罗对于葡萄酒的热爱和激情克服了所有问题，今天的圣阿涅塞酒庄由吉戈利兄弟打理，已经成为产区内最值得尊敬的一家酒庄，规模虽然不大，但是组织有序，传统的托斯卡纳（Tuscan）葡萄品种与其他品种一起在这片土地上找到了理想的生长地。在今年的品鉴中，2010年份的蓝花（Fiori Blu）表现出色，这款赤霞珠（Cabernet Sauvignon）吐露着成熟的酒香，融入皮革和烟斗的缕缕醇香，继而到来的是香膏的馥郁芬芳和成熟的阵阵果香。口感强劲饱满，令人期待，融合度极佳的单宁带来活跃甘美的收口巅峰，余韵绵长持久，缓缓在口中释放。除此之外，以百分之百梅洛（Merlot）打造的2013年份卢比度（Rubido）也颇具意趣，散发着覆盆子和樱桃果酱般的缕缕果香，融入蕃茄叶的清香，随之而来的口感精美扎实，热辣而和谐。

| | |
|---|---|
| ● I Fiori Blu '10 | 🍷🍷 6 |
| ● Rubido '13 | 🍷🍷 2* |
| ⊙ A Rose is a Rose '15 | 🍷 2 |
| ○ Kalendamaia '15 | 🍷 2 |
| ● I Fiori Blu '08 | 🍸🍸 6 |
| ● Libatio '08 | 🍸🍸 4 |
| ● Merlot I Fiori Blu '09 | 🍸🍸 6 |
| ● Rubido '12 | 🍸🍸 2* |
| ● Rubido '11 | 🍸🍸 2* |
| ● Spirto '09 | 🍸🍸 5 |
| ● Spirto '08 | 🍸🍸 5 |
| ● Spirto '06 | 🍸🍸 5 |
| ○ Val di Cornia Kalendamaia '11 | 🍸🍸 2* |
| ● Val di Cornia Rubido '09 | 🍸🍸 2* |
| ● Val di Cornia Rubido '08 | 🍸🍸 2* |

## Santa Lucia

fraz. Fonteblanda
s.da stat.le Aurelia, 264
58015 Orbetello [GR]
Tel. +39 0564885474
www.azsantalucia.com

藏酒销售
预约参观
膳宿接待
年产量 150 000 瓶
葡萄种植面积 35 公顷
可持续发展酒庄

卢西亚诺·斯克托（Luciano Scotto）所有的家庭酒庄以占地面积达到35公顷的葡萄园为傲，拥有年产8万瓶美酒的能力。以往的历史验证了圣露西亚酒庄（Santa Lucia）生产颇具意趣的葡萄酒，品质卓越，表现精彩。出品风格馥郁饱满，显露地中海风情，这种强烈的风味甚至有时令人感到葡萄成熟度或者使用橡木方面的不确定性。在今年的品鉴中，圣露西亚酒庄提交了多款品质美酒，卢西亚诺似乎修正了过往的不确定性，守住一贯风格的同时又令其更加精致和坚实。2015年份的卢西亚诺斯堪萨诺莫雷利诺（Morellino di Scansano A Luciano）吐露着纯净诱人且浓郁的果香，果味口感非常吸引人；与此同时，同样美味的2014年份托德摩罗斯堪萨诺莫雷利诺（Morellino di Scansano Torre del Moro）是一款令人焕然一新的美酒，收口余韵中浸润着令人愉悦碘化物滋味。相比较而言，2013年份的托德摩罗莫雷利诺陈酿（Morellino Tore del Moro Riserva）饱满丰盈，风味复杂，吐露着辛辣的果香，随之而来的果味坚实且给人留下深刻的印象。

| | |
|---|---|
| ● Betto '13 | 🍷🍷 3 |
| ● Maremma Toscana Losco '15 | 🍷🍷 2 |
| ● Morellino di Scansano A Luciano '15 | 🍷🍷 2 |
| ● Morellino di Scansano Tore del Moro '14 | 🍷🍷 2 |
| ● Morellino di Scansano Torre del Moro Ris. '13 | 🍷🍷 4 |
| ○ Maremma Toscana Ansonica '15 | 🍷 2 |
| ○ Maremma Toscana Vermentino Brigante '15 | 🍷 2 |
| ○ Maremma Vermentino Brigante '12 | 🍸🍸 2 |
| ● Morellino di Scansano A Luciano '14 | 🍸🍸 2 |
| ● Morellino di Scansano A Luciano '13 | 🍸🍸 2 |
| ● Morellino di Scansano Tore del Moro '12 | 🍸🍸 2 |
| ● Morellino di Scansano Tore del Moro '11 | 🍸🍸 2 |

## Podere Sapaio

LOC. LO SCOPAIO, 212
57022 CASTAGNETO CARDUCCI [LI]
TEL. +39 0565765187
www.sapaio.it

预约参观
年产量 75 000 瓶
葡萄种植面积 25 公顷

沙佩欧农场酒庄（Podere Sapaio）是一座迷人的酒庄，由马西莫·皮西尼（Massimo Piccini）于1999年创建。皮西尼家族来自威尼托（Veneto），在保格利（Bolgheri）威名远扬之前就对该地区进行投资，充分信任保格利的风土条件和酿造潜力，信任此地能够打造出风味原始的美酒。事实证明的确如此。今天的沙佩欧农场酒庄已经跻身DOC产区最被认可、最有趣的酒庄行列。酒庄葡萄园占地面积达到40公顷，其中25公顷出产酿造葡萄，葡萄园中种植本地经典的葡萄品种，而葡萄则生长在砂质石灰质土壤之中。酒品风格非常现代，精粹秀人，而且要在全新的橡木桶中进行陈年。在沙佩欧农场酒庄这一季提供的品鉴酒品中，我们对于2013年份的保格利超级红葡萄酒（Bolgheri Rosso Superiore）留下了极为深刻的印象，它展现出一如既往的卓越品质，但是酒质更加和谐优雅，最初吐露着辛辣的酒香，融入烘焙的缕缕醇香，继而融入成熟馥郁的果香，底蕴中透露出丝丝绿蔬风情和香膏的芬芳；随之而来的口感饱满丰盈，精粹美味，而且鲜美活跃的酒质还有进一步发展的空间。

| | |
|---|---|
| ● Bolgheri Rosso Sup. '13 | 🍷🍷🍷 7 |
| ● Bolgheri Volpolo '14 | 🍷 5 |
| ● Bolgheri Rosso Sup. '12 | 🍷🍷🍷 7 |
| ● Bolgheri Rosso Sup. '11 | 🍷🍷🍷 7 |
| ● Bolgheri Sup. Sapaio '10 | 🍷🍷🍷 6 |
| ● Bolgheri Sup. Sapaio '09 | 🍷🍷🍷 6 |
| ● Bolgheri Sup. Sapaio '08 | 🍷🍷🍷 6 |
| ● Bolgheri Sup. Sapaio '07 | 🍷🍷🍷 6 |
| ● Bolgheri Sup. Sapaio '06 | 🍷🍷🍷 6 |
| ● Bolgheri Sup. Sapaio '05 | 🍷🍷 6 |
| ● Bolgheri Volpolo '13 | 🍷🍷 5 |
| ● Bolgheri Volpolo '12 | 🍷🍷 4 |
| ● Bolgheri Volpolo '11 | 🍷🍷 4 |
| ● Bolgheri Volpolo '08 | 🍷🍷 4 |
| ● Bolgheri Volpolo '07 | 🍷🍷 4 |

## Michele Satta

LOC. VIGNA AL CAVALIERE, 61B
57022 CASTAGNETO CARDUCCI [LI]
TEL. +39 0565773041
www.michelesatta.com

藏酒销售
预约参观
年产量 150 000 瓶
葡萄种植面积 20 公顷

米歇尔·萨塔（Michele Satta）的名字在托斯卡纳（Tuscan）葡萄酒界如雷贯耳，他也是最早阐释和宣传保格利地区（Bolgheri）风土的先驱之一。米歇尔对于桑娇维塞（Sangiovese）的激情令其在葡萄园中为该品种葡萄腾出了越来越多的栽培空间，园中大部分种植的品种依然是本地的波尔多葡萄（Bordeaux）。米歇尔·萨塔的酿造风格的确令人印象深刻。他的栽培和酿造经验丰富，于20世纪80年代就建起了个人酒庄，对于酿酒技术具有敏感的前瞻性并勇于实践。如果你想寻找一些采用不同方法打造的真正美酒，那么米歇尔·萨塔酿造的佳酿无疑是别具魅力的选择。在今年的品鉴中，米歇尔·萨塔推荐了多款高品质美酒，其中2012年份的卡斯塔格尼保格利超级干红葡萄酒（Bolgheri Rosso Superiore I Castagni）表现出色，它均衡美味，注重细腻酒质更甚于一味精粹，大多时候酒体纤美，当然同时展现出清凛的风味，但是总是美味异常，加强也延长了美味的口感余韵。除此之外，2015年份的朱利亚海岸保格利白葡萄酒（The Bolgheri Bianco Costa di Giulia）吐露着白桃般的缕缕果香，口感多汁鲜美，美味怡人。

| | |
|---|---|
| ○ Bolgheri Bianco Costa di Giulia '15 | 🍷🍷 4 |
| ● Bolgheri Rosso Sup. I Castagni '12 | 🍷🍷 8 |
| ● Bolgheri Sup. Piastraia '13 | 🍷 6 |
| ● Bolgheri Rosso Piastraia '02 | 🍷🍷🍷 6 |
| ● Bolgheri Rosso Piastraia '01 | 🍷🍷🍷 6 |
| ⊙ Bolgheri Rosato '13 | 🍷🍷 2* |
| ● Bolgheri Rosso '13 | 🍷🍷 3 |
| ● Bolgheri Rosso '12 | 🍷🍷 3 |
| ● Bolgheri Rosso '11 | 🍷🍷 3 |
| ● Bolgheri Rosso Piastraia '12 | 🍷🍷 5 |
| ● Bolgheri Rosso Piastraia '11 | 🍷🍷 5 |
| ● Bolgheri Rosso Piastraia '10 | 🍷🍷 5 |
| ● Syrah '12 | 🍷🍷 5 |

## Savignola Paolina

via Petriolo, 58
50022 Greve in Chianti [FI]
Tel. +39 0558546036
www.savignolapaolina.it

藏酒销售
预约参观
膳宿接待
年产量 35 000 瓶
葡萄种植面积 6 公顷

这里原名萨维格诺拉农场（Savignola），于19世纪中叶由法布瑞家族（Fabbri）买下，在两次世界大战的中间期，帕奥丽娜（Paolina）将自己的名字也添加到酒庄名字中，开启了酿酒事业，令其成为指定产区最杰出的酿酒商之一。今天，她的重孙女卢多维卡（Ludovica）经营着帕奥丽娜萨维格诺拉农场（Savignola Paolina），为出品美酒缔造出清晰明确的风格，在酿造过程中采用精湛的技术工序，在小型橡木桶中陈年，因而保留了凉爽地带生产的经典奇安蒂酒（Chianti Classicos）的特色和个性。在今年的品鉴中，2013年份的经典奇安蒂陈酿（Chianti Classico Riserva）是一款非常浓郁的美酒，吐露着活跃而珍贵的酒香，交织着草莓的甜美果香和如花芬芳，更有一抹辛辣的香气萦绕其间，底蕴中透露出缕缕泥土的醇香。美酒入喉，与力道相比口感更重果味，令人垂涎，美味持久绵延，直至攀上精美强劲的收口巅峰。与此同时，2014年份的经典奇安蒂（Chianti Classico）风味柔美，而且入口扎实，吐露着可爱的酒香，果味馥郁丰盈，非常易于入口，口感简朴，与精美的酒香相得益彰。

| | |
|---|---|
| ● Chianti Cl. '14 | 3 |
| ● Chianti Cl. Ris. '13 | 4 |
| ● Chianti Cl. '10 | 3 |
| ● Chianti Cl. '09 | 3 |
| ● Chianti Cl. Ris. '11 | 4 |
| ● Chianti Cl. Ris. '08 | 4 |
| ● Chianti Cl. Ris. '06 | 4 |
| ● Chianti Cl. Ris. '05 | 4 |
| ● Chianti Cl. Ris. '04 | 4 |
| ● Chianti Cl. Ris. '03 | 3 |
| ● Granaio '08 | 4 |
| ● Granaio '07 | 4 |
| ● Granaio '06 | 4 |

## La Selva

loc. Fonte Blanda
s.da prov.le 81 Osa, 7
58010 Orbetello [GR]
Tel. +39 0564885669
www.laselva-bio.it

藏酒销售
预约参观
膳宿接待
年产量 200 000 瓶
葡萄种植面积 32 公顷
葡萄栽培方式 有机认证

卡尔·艾格（Karl Egger）经营的塞尔瓦酒庄（La Selva）的支柱性特征如下：自1980年创建酒庄起就采用有机栽培方式；专注于本地葡萄品种的栽培和酿造；在酒窖的酿造过程中对于可持续性生产的关注更甚。除此之外，塞尔瓦酒庄的酒品价格非常公道，令这座坐落于奥尔贝泰洛（Orbetello）的卓越酒庄成为马雷马产区（Maremma）强有力的潜力酒庄之一，为酒迷奉献出令人愉悦且品质始终如一的系列美酒，近期的发展尤为迅猛。在塞尔瓦酒庄这一季提供的品鉴酒品中，2013年份的尤赛利娜斯堪萨诺莫雷利诺陈酿（Morellino di Scansano Colli dell' Uccellina Riserva）表现非常精彩，它的果香果味四溢，吐露着清爽而跃动的酒香，随之而来的口感劲道均衡，果味丰盈。与此同时，2015年份的斯堪萨诺莫雷利诺（Morellino di Scansano）相比较而言则更加易于入口，气质开放，但是同样美味。除此之外，2013年份的马雷马绮丽叶骄罗（Maremma Ciliegiolo）锐口精致，气质优雅，果香显著，果味更加突出。还有2014年份的努多桑娇维塞（Nudo Sangiovese），酒质华美，酒香扑鼻，是一款由塞尔瓦酒庄的酿酒师罗兰·克莱伯塞（Roland Krebser）与斯蒂凡诺·巴姆巴焦尼（Stefano Bambagioni）合力打造的佳酿。

| | |
|---|---|
| ● Maremma Toscana Ciliegiolo '13 | 3 |
| ● Morellino di Scansano '15 | 2 |
| ● Morellino di Scansano Colli dell'Uccellina Ris. '13 | 3 |
| ● Nudo Sangiovese '14 | 2 |
| ● Maremma Toscana Privo '15 | 2 |
| ○ Maremma Toscana Vermentino '15 | 2 |
| ● Pugnitello '12 | 5 |
| ○ Vermentino Nudo '15 | 3 |
| ○ Bianco Toscano '14 | 2 |
| ● Maremma Toscana Ciliegiolo '12 | 3 |
| ● Prima Causa '11 | 5 |
| ● Pugnitello '11 | 5 |

## Fattoria Selvapiana

ɔc. Selvapiana, 43
0068 Rufina [FI]
el. +39 0558369848
www.selvapiana.it

藏酒销售
预约参观
年产量 220 000 瓶
葡萄种植面积 60 公顷

这座附带农庄的宏伟城堡的源起可以追溯到遥远的中世纪，当时作为保卫佛罗伦萨城（Florence）的堡垒，沿着斯弗河（Sieve）而建。今天的塞尔瓦皮亚纳酒庄（Fattoria Selvapiana）由西尔维娅·琼蒂尼·马塞提（SilviaGiuntini Masseti）和费德里克·琼蒂尼·马塞提（Federico Giuntini Masseti）兄妹共同管理，他们是使鲁菲娜奇安蒂次产区（Chianti Rufina）能够从其他次产区中脱颖而出的酿造传统的最后一批守望者。两人如今接受了新的挑战，向全世界推广鲁菲娜奇安蒂次产区——科西莫·德·美第奇（Cosimo de' Medici）曾经将这里视为世界上最精美的葡萄酒产地。塞尔瓦皮亚纳酒庄的葡萄园占地面积达到250公顷，其中60公顷栽培葡萄藤，地块位于亚平宁山（Apennines）的山脚下，即便在夏天这里的天气也非常凉爽。自1990年起，这里的葡萄园和橄榄树林都采用有机方式栽培打理。在今年的品鉴中，2013年份的布塞奇勒（Bucerchiale）再次进入了我们最终的决赛，它的香氛非常成熟且跃动，散发着黑莓果和红莓果的阵阵可爱果香；果味口感层次繁复，逐渐蔓延开去，动力十足，质地精美，劲道有力。与此同时，我们还非常喜爱2014年份的鲁菲娜奇安蒂（Chianti Rufina），散发着迷人的樱桃香，和着淡淡的青草芬芳，口感强劲而流畅。

| | |
|---|---|
| Chianti Rufina Bucerchiale Ris. '13 | 5 |
| Chianti Rufina '14 | 2* |
| Pomino '12 | 2 |
| Selvapiana '15 | 2 |
| Chianti Rufina '13 | 2* |
| Chianti Rufina '12 | 2* |
| Chianti Rufina '11 | 2* |
| Chianti Rufina Bucerchiale Ris. '12 | 5 |
| Chianti Rufina Bucerchiale Ris. '11 | 5 |
| Fornace '11 | 5 |
| Fornace '09 | 5 |
| Pomino Villa Petrognano '12 | 2* |
| Vin Santo del Chianti Rufina '07 | 2* |

## Sensi

via Cerbaia, 107
51035 Lamporecchio [PT]
Tel. +39 057382910
www.sensivini.com

藏酒销售
预约参观
年产量 2 000 000 瓶
葡萄种植面积 80 公顷

森西家族（Sensi）酿造葡萄酒的历史十分悠久，最早可以追溯到遥远的1895年，当皮耶罗·森西（Pietro Sensi）开始在地区市场上销售在自家葡萄园酿造的美酒的时候。后来皮耶罗的儿子们维托里奥（Vittorio）和阿米多（Armido）创建了心思酒庄（Sensi），用马车拉着出产的美酒，挨家挨户地送。第二次世界大战结束后，心思酒庄的管理权传递到了皮耶罗的孙子们手中，其后不久，酒庄就扩张成了全国性的大酒庄。心思酒庄当前的主人是马西莫·森西（Massimo Sensi）和罗伯塔·森西（Roberta Sensi），两人于1987年加入家族酒庄，对于酒庄在国际市场上取得的飞跃性成绩贡献良多。心思酒庄旗下包括两家家庭酒庄，分别是位于奇安蒂菲奥伦蒂诺产区（Chianti Fiorentino）的波吉奥酒庄（Tenuta del Poggio）和卡拉皮亚诺农庄（Fattoria di Calappiano），占地面积达到80公顷的葡萄园也在这两座酒庄之间分布。在今年的品鉴中，2013年份的奇安蒂韦齐亚诺陈酿（Chianti Vinciano Riserva）再次如约出现在角逐"三杯奖"的决赛中，吐露着缕缕成熟的果香，散发着显著的樱桃般的芬芳，底蕴中透露出森林大地和烟斗的醇香；随之而来的口感得到卓越酸度的支撑，酒体轻快，单宁细腻，酒质华美柔顺，收口余韵绵长不绝。与此同时，2014年份的泰斯塔多（Testardo）也表现精彩，这款桑娇维塞（Sangiovese）和赤霞珠（Cabernet Sauvignon）的混酿吐露着精美辛辣的酒香，融入香膏的芬芳，口感柔美恢宏，果味丰盈四溢，收口余韵绵长悠然，令人遐思。

| | |
|---|---|
| ● Chianti Vinciano Fattoria di Calappiano Ris. '13 | 6 |
| ● Bolgheri Sabbiato '14 | 5 |
| ● Brunello di Montalcino Boscoselvo '11 | 7 |
| ● Mantello '14 | 4 |
| ● Morellino di Scansano Pretorio '15 | 3 |
| ● Testardo '14 | 4 |
| ● Chianti Campoluce '15 | 2 |
| ● Chianti Sup. Vagante '15 | 3 |
| ● Chianti Vinciano '15 | 4 |
| ● Ninfato '15 | 4 |
| ● Chianti Dalcampo Ris. '12 | 3 |
| ● Chianti Vinciano Fattoria di Calappiano Ris. '12 | 6 |
| ● Lungarno Fattoria di Calappiano '13 | 7 |
| ● Mantello '13 | 4 |

## Serpaia

LOC. FONTEBLANDA
VIA GOLDONI, 15
58100 GROSSETO
TEL. +39 0461650129
www.serpaiamaremma.it

年产量 134 500 瓶
葡萄种植面积 30 公顷

2000年，来自特伦托（Trento）的恩德瑞奇集团公司（Endrizzi）在斯堪萨诺莫雷利诺DOC产区（Morellino di Scansano DOC）南部的丰特博兰达（Fonteblanda）扎下了根。两种迥然不同的酿酒传统相遇后，达成了美妙的融合，获得了不俗的成功。今天塞帕亚酒庄（Serpaia）的葡萄园在栽培和酿造桑娇维塞（Sangiovese）的过程中采用整合式农业种植方法打理，遵循生态可持续发展的原则，绝不采用任何化学制剂和人工的强行干预，借助多元化的栽培技术和适度发酵的方法，收获了吐露着清澈酒香的绝佳美酒。既在大型橡木桶中陈年，也采用小型橡木桶陈年，令美酒获得了均衡和细腻。以蒙特布兰达（Monteblanda）为总部的塞帕亚酒庄酿造酒品都显示出精湛的酿造工艺，口感坚实美味。在今年的品鉴中，2014年份的斯堪萨诺莫雷利诺（Morellino di Scansano）表现突出，它散发着非常诱人的纯净酒香，融入阵阵果香，精致的辛香萦绕其间，底蕴中透露出丝丝烘焙的醇香。美酒入口，感到非常清爽均衡的口感，劲道有力。除此之外，2014年份的塞帕廖罗（Serpaiolo）也表现精彩，这款以梅洛（Merlot）、桑娇维塞和赤霞珠（Cabernet Sauvignon）混酿而成的美酒别具特色，酒香清爽馥郁，果味层次繁复，美味持久在唇齿间流连不散。

| | |
|---|---|
| ● Morellino di Scansano '14 | TT 2* |
| ● Serpaiolo '14 | TT 2* |
| ● Morellino di Scansano '13 | YY 2* |
| ● Morellino di Scansano '12 | YY 2* |
| ● Morellino di Scansano Dono Ris. '11 | YY 3 |
| ● Morellino di Scansano Dono Ris. '08 | YY 3 |

## Serraiola

FRAZ. FRASSINE
LOC. SERRAIOLA
58025 MONTEROTONDO MARITTIMO [GR]
TEL. +39 0566910026
www.serraiola.it

藏酒销售
预约参观
年产量 40 000 瓶
葡萄种植面积 12 公顷

塞拉易欧拉酒庄（Serraiola）坐落于格罗塞托地区（Grosseto）和利沃诺地区（Livorno）的交界处，是蒙特丽娇DOC产区（Monteregio DOC）最远的典范酒庄。兰兹家族（Lanzi）于20世纪60年代晚期买下了这座酒庄，马上就开始种植第一批葡萄藤。塞拉易欧拉酒庄今天的掌门人是费奥雷拉（Fiorella），在她的不懈努力下，酒庄的现代化改造步伐才进一步加快，形成了今天的规模，出产美酒能够达到可信赖的高品质水准，令塞拉易欧拉酒庄跻身DOC产区最具意趣的酒庄行列。种植面积达到12公顷的葡萄园逐渐开始移植工作，改种更加适合本地风土条件的精选克隆藤，还有一部分国际葡萄品种，包括用于酿造红葡萄酒的桑娇维塞（Sangiovese）和梅洛（Merlot）；以及用于打造白葡萄酒的扎比安努（Trebbiano）、玛尔维萨（Malvasia）、维蒙蒂诺（Vermentino）、霞多丽（Chardonnay）和苏维翁（Sauvignon）。在今年的品鉴中，2014年份的坎珀蒙特克里斯托（Campo Montecristo）表现精彩，它是一款单一品种梅洛酒，吐露着覆盆子和成熟樱桃的缕缕果香，更散发出第三类香气，令人迷醉。凉爽的生长酿造季赋予这款美酒更加流畅易饮的口感，但是牺牲了些许惯常的柔美为代价。与此同时，2014年份的兰提斯科桑娇维塞（Sangiovese Lentisco）展现出卓越的酿造水平，酒质发展均衡，果味持久不衰。

| | |
|---|---|
| ● Campo Montecristo '14 | TT 5 |
| ● Lentisco '14 | TT 3 |
| ● Maremma Toscana Sassonero '15 | T 2 |
| ○ Maremma Toscana Violina '15 | T 3 |
| ○ Serrabacio '15 | T 3 |
| ● Shiraz '14 | T 3 |
| ● Campo Montecristo '13 | YY 5 |
| ● Campo Montecristo '09 | YY 5 |
| ● Campo Montecristo '08 | YY 5 |
| ● Campo Montecristo '07 | YY 5 |
| ● Monteregio di Massa Marittima Lentisco '11 | YY 3 |
| ● Monteregio Massa Marittima Lentisco '13 | YY 3 |
| ● Shiraz '13 | YY 3 |
| ● Shiraz '07 | YY 3 |
| ○ Vermentino '13 | YY 2 |

## Sesti - Castello di Argiano

FRAZ. SANT'ANGELO IN COLLE
LOC. CASTELLO DI ARGIANO
53024 MONTALCINO [SI]
TEL. +39 0577843921
www.sestiwine.com

藏酒销售
预约参观
年产量 61 000 瓶
葡萄种植面积 9 公顷

阿加诺城堡酒庄（Castello di Argiano）由约瑟佩·塞斯塔（Giuseppe Sesta）创建，今天他的女儿伊莉莎·塞斯塔（ElisaSesta）经营着酒庄。阿加诺城堡酒庄坐落于蒙塔奇诺（Montalcino）的西南角，掩映在古老的伊特鲁里亚（Etruscan）遗迹林地和地中海灌木丛间。这里受到海风的吹拂，土壤呈现凝灰质砂质土壤。和谐惬意的环境与能量的循环：这些都是阿加诺城堡酒庄生产背后的重要理念，终极生产理念的分析比严格的技术数据更有意义。城堡俯瞰着葡萄园，酒庄进行的操作与祖先类似，依然根据日出月亏来计算栽培和酿造的时间表。这里的一切不仅与农耕有关，更关乎历史、地理和天文学，全部影响着酒窖的酿造决定。布鲁奈罗酒（Brunellos）的酿造充分说明了这一点，从中可以发现受到伊特鲁里亚（Tyrrhenian）强烈影响的结果。在今年的品鉴中，2011年份的布鲁奈罗仿佛教科书般标准，它吐露着复杂的香氛，从如花芬芳到地中海典型的热烈香气无所不包，口感柔美丰盈，只是略微欠缺活力。与此同时，2010年份的奇迹陈酿（Phenomena Riserva）展现出较高的酿造水准，吐露着土壤的醇香，融入草莓果酱的缕缕果香，更有黑橄榄的芬芳萦绕其间，随之而来的口感更加干爽，果味更加广泛恢宏。

| | |
|---|---|
| ● Brunello di Montalcino Phenomena Ris. '10 | 🍷🍷 8 |
| ● Brunello di Montalcino '11 | 🍷🍷 6 |
| ● Rosso di Montalcino '14 | 🍷🍷 4 |
| ○ Sauvignon '15 | 🍷🍷 3 |
| ● Grangiovese '14 | 🍷 2 |
| ⊙ Rosato '15 | 🍷 2 |
| ● Brunello di Montalcino '06 | 🍷🍷🍷 6 |
| ● Brunello di Montalcino Phenomena Ris. '07 | 🍷🍷🍷 8 |
| ● Brunello di Montalcino Phenomena Ris. '01 | 🍷🍷🍷 8 |
| ● Brunello di Montalcino Ris. '04 | 🍷🍷🍷 8 |
| ● Brunello di Montalcino '10 | 🍷🍷 6 |
| ● Rosso di Montalcino '13 | 🍷🍷 4 |

## Tenuta Sette Ponti

VIA SETTE PONTI, 71
52029 CASTIGLION FIBOCCHI [AR]
TEL. +39 0575477857
www.tenutasetteponti.it

藏酒销售
预约参观
膳宿接待
年产量 225 000 瓶
葡萄种植面积 55 公顷
可持续发展酒庄

20世纪50年代，莫莱提家族（Moretti）从玛格丽塔（Margherita）和玛利亚·克莉丝汀娜·迪·萨沃亚（Maria Cristina di Savoia）姐妹手中买下了这座七桥酒庄（Tenuta Sette Ponti）。最初只将这座庄园视为乡间别业，田地包括葡萄园都运用传统方法进行耕作。当现任庄主安东尼奥·莫莱提（Antonio Moretti）接手后，酒庄的面貌就发生了重大转变——这位时尚界的企业家对于葡萄酒极度热爱。七桥酒庄命名的主意就来自于安东尼奥，纪念连接佛罗伦萨（Florence）和阿雷佐（Arezzo）之间阿诺河（River Arno）两岸的七座桥。在今年的品鉴中，七桥酒庄推荐了多款美酒参选，其中有两款推荐美酒闯入了最终的决赛：2013年份的奥莱诺（Oreno）是一款时常晋级决赛的精美混酿，由梅洛（Merlot）、赤霞珠（Cabernet Sauvignon）和小味尔多（Petit Verdot）打造而成，一如既往地以其恢宏的香氛、细腻柔美的单宁、紧致精美的质地和无限绵长的余韵赢得了我们的青睐；但是我们最终还是将"三杯奖"授予了2013年份的帝国葡萄园桑娇维塞（Sangiovese Vigna dell' Impero），这款美酒优雅跃动，纯净出众，别具一格，是一款真正纯正的经典佳酿。

| | |
|---|---|
| ● Valdarno di Sopra V. dell'Impero '13 | 🍷🍷🍷 8 |
| ● Oreno '13 | 🍷🍷 8 |
| ● Crognolo '14 | 🍷🍷 5 |
| ○ Grisoglia '12 | 🍷🍷 5 |
| ● Chianti V. di Pallino '15 | 🍷 2 |
| ● Chianti V. di Pallino Ris. '13 | 🍷 3 |
| ● Oreno '12 | 🍷🍷🍷 7 |
| ● Oreno '11 | 🍷🍷🍷 7 |
| ● Oreno '10 | 🍷🍷🍷 7 |
| ● Oreno '09 | 🍷🍷🍷 7 |
| ● Oreno '05 | 🍷🍷🍷 7 |
| ● Oreno '00 | 🍷🍷🍷 5 |

## Talenti

FRAZ. SANT'ANGELO IN COLLE
LOC. PIAN DI CONTE
53020 MONTALCINO [SI]
TEL. +39 0577844064
www.talentimontalcino.it

藏酒销售
预约参观
年产量 100 000 瓶
葡萄种植面积 21 公顷

回溯1980年，皮耶路易吉·塔内蒂（Pierluigi Talenti）决定从罗马涅产区（Romagna）迁往蒙塔奇诺地区（Montalcino），买下了俯瞰奥西亚河（Orcia）的皮安迪康特庄园（Pian di Conte），距离圣安杰洛产区（Sant' Angelo in Colle）只有一步之遥。面积达到20公顷的葡萄园主要栽培桑娇维塞（Sangiovese），在海拔200米至400米之间分为多个地块，石灰砂质土壤非常肥沃。今天的塔内蒂酒庄由皮耶路易吉的孙子里卡尔多（Riccardo）掌管，打造出一系列数量不多、但品质卓越的美酒，采用不同的陈年工序——分为中型橡木桶和小型橡木桶陈年的布鲁奈罗酒（Brunellos）。在今年的品鉴中，塔内蒂酒庄以卓越的2011年份酒来庆贺酒庄成立三十周年，这款美酒充分表达出三十周年布鲁奈罗（Brunello Trentennale）的独特气质：吐露着新鲜的果香，融入树根的醇香，更有一抹药草的芬芳萦绕其间，复杂的香氛引领出甜美的口感，收口余韵绵长美味，令人垂涎，单宁精粹华美。除此之外，2014年份的红葡萄酒（Rosso）和2010年份的陈酿（Pian di Conte Riserva）也显示出极为卓越的品质。

- Brunello di Montalcino Trentennale '11 — 8
- Brunello di Montalcino Pian di Conte Ris. '10 — 7
- Rosso di Montalcino '14 — 3
- Brunello di Montalcino '04 — 8
- Brunello di Montalcino '88 — 8
- Brunello di Montalcino Ris. '99 — 6
- Brunello di Montalcino V. del Paretaio Ris. '01 — 6
- Brunello di Montalcino '10 — 6
- Brunello di Montalcino '09 — 6
- Brunello di Montalcino '08 — 6
- Brunello di Montalcino '06 — 6

## Fattoria della Talosa

VIA TALOSA, 8
53045 MONTEPULCIANO [SI]
TEL. +39 0578758277
www.talosa.it

藏酒销售
预约参观
年产量 100 000 瓶
葡萄种植面积 35 公顷

古老的塔罗萨酒庄酒窖（Talosa）位于两座古老城堡的地下室，地处蒙特普齐亚诺（Montepulciano）中心地带，充分展现出这片产区重要酒庄的酿造图景。自上世纪七十年代起，塔罗萨酒庄就隶属安杰罗·加克洛希（Angelo Jacorossi）所有，酒庄葡萄园位于DOC产区的最佳地块，海拔高度在350米至400米之间。出品美酒展现出馥郁饱满的个性以及优质的陈年潜力——我们在今年的品鉴中尝到的几款经典陈酿再次证明了这一点。塔罗萨酒庄提供的这一季美酒表现精美，令人愉悦。2013年份的蒙特普齐亚诺诺贝勒（Nobile di Montepulciano）尤其展现出极高的酿造水平，吐露着红醋栗和樱桃的阵阵果香，口感优美惬意，深邃经典，紧致新鲜，收口余韵意味清凛。除此之外，2015年份的蒙特普齐亚诺红葡萄酒（Rosso di Montepulciano）虽然没有带来强烈的冲击，但是气质十分大胆，融入青草的青绿风情。

- Nobile di Montepulciano '13 — 4
- Rosso di Montepulciano '15 — 2
- Nobile di Montepulciano '11 — 4
- Nobile di Montepulciano '10 — 3
- Nobile di Montepulciano '08 — 3
- Nobile di Montepulciano '07 — 3
- Nobile di Montepulciano '07 — 4
- Nobile di Montepulciano '06 — 3
- Nobile di Montepulciano Filai Lunghi '11 — 5
- Nobile di Montepulciano Filai Lunghi '07 — 5
- Nobile di Montepulciano Ris. '10 — 4
- Nobile di Montepulciano Ris. '07 — 4

## ★Tenimenti Luigi d'Alessandro

via Manzano, 15
52042 Cortona [AR]
Tel. +39 0575618667
www.tenimentidalessandro.it

藏酒销售
预约参观
膳宿接待
年产量 130 000 瓶
葡萄种植面积 37 公顷
葡萄栽培方式 有机认证

自十八世纪起，阿历桑德罗酒庄（Tenimenti d'Alessandro）就是基亚纳谷（Val di Chiana）的顶级酒庄之一。今天，卡拉布莱希家族（Calabresi）经营着这座古老的酒庄，自20世纪60年代阿历桑德罗家族种下第一座西拉（Syrah）葡萄园便开始的创新性酿造工作终于收获了成果——西拉葡萄如今是科尔托纳地区（Cortona）最广泛生长的葡萄品种。自2013年，阿历桑德罗酒庄便开始采用有机栽培方式打理葡萄园，2016年获得了有机认证。酒庄出品美酒展现出令人印象深刻的持久高品质。在今年的品鉴中，阿历桑德罗酒庄提交了多款美酒，其中2011年份的米格里亚拉（Migliara）凭借卓越表现闯入了角逐"三杯奖"大奖的决赛圈，它吐露着复杂的第三类香气，口感更加馥郁饱满，结构上佳，果味逡巡绵长的收口感受令人拍案叫绝。与此同时，2012年份的博斯科（Bosco）相比较而言更加直接、令人心满意足，吐露着浓郁的野生莓果果香，随之而来的口感更加惬意舒适，诱人美味。除此之外，阿历桑德罗酒庄今年推荐的其他美酒也表现出卓越品质，包括白葡萄酒在内，尤其是单一品种的维欧尼（Viognier）和冯塔卡（Fontarca）。

| | |
|---|---|
| ● Cortona Syrah Il Bosco '12 | 🍷🍷🍷 6 |
| ● Cortona Syrah Migliara '11 | 🍷🍷 8 |
| ○ Bianco del Borgo '15 | 🍷🍷 3 |
| ● Cortona Syrah Borgo '14 | 🍷🍷 3 |
| ● Cortona Syrah V. V. '12 | 🍷🍷 5 |
| ○ Cortona Vin Santo '04 | 🍷🍷 6 |
| ○ Fontarca '14 | 🍷🍷 5 |
| ● Cortona Il Bosco '09 | YYY 6 |
| ● Cortona Il Bosco '06 | YYY 6 |
| ● Cortona Il Bosco '04 | YYY 5 |
| ● Cortona Il Bosco '03 | YYY 5 |
| ● Cortona Syrah Migliara '08 | YYY 8 |
| ● Cortona Syrah Migliara '07 | YYY 8 |

## Tenuta di Sesta

fraz. Castelnuovo dell'Abate
loc. Sesta
53024 Montalcino [SI]
Tel. +39 0577835612
www.tenutadisesta.it

藏酒销售
预约参观
年产量 150 000 瓶
葡萄种植面积 30 公顷

塞斯塔（Sesta）是蒙塔奇诺地区（Montalcino）为数不多的真正能够被称为顶级葡萄园的所在，地处圣安杰罗（Sant' Angelo）与阿贝特卡斯特努沃（Castelnuovo dell' Abate）之间，而塞斯塔酒庄的名字骄傲地显示出该酒庄与这片蒙塔奇诺南部地区最佳葡萄种植地之间的紧密联系。20世纪60年代，提香·奇亚西（Tiziano Ciacci）创建了塞斯塔酒庄，今天则由新一代家族成员乔凡尼（Giovanni）和弗朗西斯卡（Francesca）经营管理。这里位于DOC产区的南部，是一片处于海拔200米至400米之间的被包围地带，土质精瘦独特，富含石灰质，土壤和气候条件为品种葡萄表达本地风土创造了非常理想的环境，尤其是精瘦飘逸的布鲁奈罗酒（Brunellos）。卓越的酿造技巧、优质酿造果实的特质，再加上中等橡木桶中的长期陈年，打造出塞斯塔酒庄美妙的出品。在今年的品鉴中，我们发现一款勇敢探索陈酿（Riserva）原始风味的美酒：2010年份的陈酿在许多方面都明确呈现出这种特质，迈着轻盈的步态，令人仿佛置身春日时光——茉莉、柑橘、生姜和野花的混合香氛亲密缭绕。它并非看上去那么纤弱，酒质发展证明了这一点，极具穿透力的果味浸润酒中，带来绵长而馥郁的收口余韵，久久不散。

| | |
|---|---|
| ● Brunello di Montalcino Ris. '10 | 🍷🍷🍷 7 |
| ● Brunello di Montalcino '11 | 🍷 5 |
| ● Brunello di Montalcino '10 | YY 5 |
| ● Brunello di Montalcino '09 | YY 5 |
| ● Brunello di Montalcino '08 | YY 5 |
| ● Brunello di Montalcino '07 | YY 5 |
| ● Brunello di Montalcino '06 | YY 5 |
| ● Brunello di Montalcino '05 | YY 5 |
| ● Brunello di Montalcino Ris. '09 | YY 7 |
| ● Brunello di Montalcino Ris. '07 | YY 7 |
| ● Brunello di Montalcino Ris. '06 | YY 7 |
| ● Poggio d'Arna '11 | YY 2* |
| ● Poggio d'Arna '10 | YY 2* |
| ● Rosso di Montalcino '13 | YY 3 |
| ● Rosso di Montalcino '11 | YY 3 |
| ● Rosso di Montalcino '10 | YY 3* |

## Tenuta di Trinoro

via Val d'Orcia, 15
53047 Sarteano [SI]
Tel. +39 05782671100578267110
www.tenutaditrinoro.it

预约参观
年产量 70 000 瓶
葡萄种植面积 20 公顷

1995年是黑天鹅酒庄（Tenuta di Trinoro）第一次实验性的采收酿造季，酒庄主人安德里亚·弗兰凯蒂（Andrea Franchetti）立刻以其打造的极富个性的美酒出品获得了成功，出品风格浓郁集中、易于解读。这样的成功很大程度上归功于波尔多（Bordeaux）式的种植和酿造方法，但是黑天鹅酒庄美酒独具个性的表达也无疑起到了关键作用，而这一点则通过尽可能晚收酿造葡萄、在水泥池中发酵、适度精粹以及采用小型橡木桶陈年等方法达成。出品美酒总是表现出活跃的香氛，活力四射，果味令人心满意足。在今年的品鉴中，黑天鹅酒庄提交了多款优质美酒，其中2014年份的黑天鹅庄混酿（Tenuta Trinoto）并不乏橡木滋味，由品丽珠（Cabernet Franc）、赤霞珠（Cabernet Sauvignon）、梅洛（Merlot）和小味尔多（Petit Verdot）联合打造的这款佳酿质地饱满，口感犹如天鹅绒般丝滑。在酒庄出品的三种单一品种品丽珠酒中，我们最爱首次发布的2014年份的蒂娜歌利亚（Campo di Tenaglia），这款美酒吐露着淡淡的柑橘香，融入泥土的醇香，果味深邃，收口辛辣美味。

| | | |
|---|---|---|
| ● Campo di Tenaglia '14 | TT (red) | 8 |
| ● Tenuta di Trinoro '14 | TT (red) | 8 |
| ● Campo di Camagi '14 | TT | 8 |
| ● Campo di Magnacosta '14 | TT | 8 |
| ● Palazzi '14 | TT | 8 |
| ● Le Cupole '14 | T | 5 |
| ● Tenuta di Trinoro '08 | YYY | 8 |
| ● Tenuta di Trinoro '04 | YYY | 8 |
| ● Tenuta di Trinoro '03 | YYY | 8 |
| ● Magnacosta '13 | YY | 8 |
| ● Palazzi '13 | YY | 8 |
| ● Tenuta di Trinoro '13 | YY | 8 |
| ● Tenuta di Trinoro '12 | YY | 8 |

## Tenute del Cerro

fraz. Acquaviva
via Grazianella, 5
53045 Montepulciano [SI]
Tel. +39 0578767722
www.tenutedelcerro.it

藏酒销售
预约参观
膳宿接待
年产量 1 700 000 瓶
葡萄种植面积 233 公顷

塞若酒庄（Tenute del Cerro）隶属拥有众多意大利顶级酒庄的尤尼珀尔集团（Unipol），该集团旗下酒庄的总种植面积达到惊人的5000公顷。除了位于蒙特普齐亚诺（Montepulciano）的塞若酒庄，集团旗下在托斯卡纳产区（Tuscany）还拥有其他酒庄，位于蒙塔奇诺（Montalcino）、蒙特法尔科萨格兰迪诺（Montefalco Sagrantino）和蒙特茹弗利（Monterufoli）——后者专门种植维蒙蒂诺（Vermentino）。塞若酒庄拥有占地面积达到94公顷的葡萄园，堪称产区皇冠上的一颗耀眼宝石，也是维诺诺贝勒蒙特普齐亚诺指定产区（Vino Nobile di Montepulciano）规模最大、最吸引人、所处地理位置最佳的酒庄之一。在今年的品鉴中，从众多美酒中脱颖而出的当属2012年份的维诺诺贝勒蒙特普齐亚诺陈酿（Vino Nobile di Montepulciano Riserva），它的酒质跃动，结构完美，刚一开启，就立即吐露出令人印象深刻的清爽且成熟的酒香，一抹如花芬芳摇荡其间，融入水果的缕缕果香和香料的辛香，随之而来的是极易入口美味口感，很有嚼劲儿，气质跃动，收口浸润绵长果味，余韵久久不散。

| | | |
|---|---|---|
| ● Nobile di Montepulciano Ris. '12 | TTT (red) | 4* |
| ● Nobile di Montepulciano '13 | TT | 3 |
| ○ La Grazianella Brut | T | 2 |
| ● Montefalco Rosso Còlpetrone '13 | T | 3 |
| ○ Vermentino '15 | T | 2 |
| ○ Vin Santo '12 | T | 5 |
| ● Nobile di Montepulciano '11 | YYY | 3* |
| ● Nobile di Montepulciano '10 | YYY | 3* |
| ● Nobile di Montepulciano '90 | YYY | 3* |
| ● Nobile di Montepulciano Ris. '11 | YYY | 4* |
| ● Nobile di Montepulciano Ris. '06 | YYY | 4 |
| ● Nobile di Montepulciano Vign. Antica Chiusina '00 | YYY | 6 |
| ● Nobile di Montepulciano Vign. Antica Chiusina '99 | YYY | 6 |
| ● Nobile di Montepulciano Vign. Antica Chiusina '98 | YYY | 6 |

## Terenzi

LOC. MONTEDONICO
58054 SCANSANO [GR]
TEL. +39 0564599601
www.terenzi.eu

藏酒销售
预约参观
膳宿接待
年产量 350 000 瓶
葡萄种植面积 60 公顷

2007年，特伦茨家族（Terenzi）向市场投放了第一批系列美酒。经过几年的发展，特伦茨酒庄酿造的美酒便找到了适合的位置，成为首屈一指的莫雷利诺产区酒（Morellino）。尊重本地风土和酿造传统是特伦茨酒庄通过整合性农业追求的目标之一，对此决不妥协，致力于酿造以极高的平衡度和可饮性为特色的美酒，融入得当的橡木风味和适度精粹的果味。他们谨慎地选择种植地块，仔细研究可以栽培的葡萄品种，最终精选了八种品种，包括两种不同的桑娇维塞（Sangiovese）克隆品种。酒庄的旗舰酒品总能展现出伟大美酒的独特之处。在今年的品鉴中，2013年份的斯堪萨诺莫雷利诺马德莱切萨陈酿（Morellino di Scansano Madrechiesa Riserva）再次凭借卓越表现，荣获同类美酒中的桂冠。它的表现非常抢眼，吐露着复杂多面的香氛，散发着如花芬芳，融入香料的缕缕辛香，底蕴中透露出香膏的芬芳，一抹薄荷的清凉风味萦绕其间；口感强劲有力，华美深邃，果味丰盈。同样展现出精湛酿造水准的还有2013年份的斯堪萨诺莫雷利诺纯粹陈酿（Morellino di Scansano Purosangue Riserva），这款美酒首次发布，它的风味与上述马德莱切萨陈酿类似，但是橡木滋味更加浓重一些。

| | |
|---|---|
| ● Morellino di Scansano Madrechiesa Ris. '13 | ▼▼▼ 5 |
| ● Morellino di Scansano Purosangue Ris. '13 | ▼▼ 4 |
| ● Maremma Toscana Bramaluce '14 | ▼▼ 3 |
| ● Morellino di Scansano '15 | ▼▼ 3 |
| ○ Petit Manseng Passito '13 | ▼▼ 5 |
| ○ Maremma Toscana Vermentino Balbino '15 | ▼ 2 |
| ● Morellino di Scansano Madrechiesa Ris. '12 | ▽▽▽ 5 |
| ● Morellino di Scansano Madrechiesa Ris. '11 | ▽▽▽ 5 |
| ● Morellino di Scansano Madrechiesa Ris. '10 | ▽▽▽ 5 |
| ● Morellino di Scansano Madrechiesa Ris. '09 | ▽▽▽ 5 |

## Terre del Marchesato

FRAZ. BOLGHERI
LOC. SANT'UBERTO, 164
57022 CASTAGNETO CARDUCCI [LI]
TEL. +39 0565749752
www.terredelmarchesato.com

藏酒销售
预约参观
膳宿接待
年产量 80 000 瓶
葡萄种植面积 15 公顷

20世纪中期，从马尔凯地区（Marche）迁往保格利（Bolgheri）的人数众多，其中就包括埃米利奥·富塞利（Emilio Fuselli），他拥有的土地过去曾经属于因吉萨·德拉·罗切塔侯爵（Marchesi Incisa della Rocchetta）。经过数代家族传承，今天的玛尔凯萨托酒庄（Terre del Marchesato）活力更胜从前，展现出专注于葡萄种植和葡萄酒酿造的现代风尚。在今年的品鉴中，玛尔凯萨托酒庄提供的品鉴酒品再次呈现精彩的表现，系列酒品展现出令人艳羡的高品质。2013年份的玛奇塞勒（Marchesale）凭借卓越品质再次从众多酒品中脱颖而出，它吐露着清晰的烘焙醇香，融入缕缕辛香，和着野生莓果的馥郁果香，融入咖啡豆的阵阵芬芳；这款显露出明确现代风格的美酒饱满精粹，仍然需要在瓶中进一步陈年已臻完美，但是现阶段的酒质已经发展良好，十分深邃。表现同样卓越的还有2013年份的诺比利斯（Nobilis），这款类似法国苏特恩白葡萄酒（Sauternes）的佳酿吐露着蜜糖的甜蜜芬芳，融入白桃的缕缕果香，口感扎实流畅，清爽美味。除此之外，2013年份的阿尔登（Aldone）入口多汁，酒体饱满。

| | |
|---|---|
| ● Marchesale '13 | ▼▼ 6 |
| ● Aldone '13 | ▼▼ 7 |
| ○ Nobilis '13 | ▼▼ 5 |
| ○ Papeo '15 | ▼▼ 4 |
| ○ Emilio Primo Bianco '15 | ▼ 3 |
| ● Tarabuso '13 | ▼ 5 |
| ● Bolgheri Rosso Emilio I '13 | ▽▽ 3 |
| ● Bolgheri Rosso Emilio I '12 | ▽▽ 3 |
| ○ Emilio I '13 | ▽▽ 5 |
| ● Inedito '13 | ▽▽ 2* |
| ● Marchesale '12 | ▽▽ 7 |
| ○ Nobilis '11 | ▽▽ 5 |
| ○ Papeo '13 | ▽▽ 6 |
| ● Tarabuso '12 | ▽▽ 6 |
| ● Tarabuso '11 | ▽▽ 6 |

## Terre Nere

Loc. Castelnuovo dell'Abate
53024 Montalcino [SI]
Tel. 3358107743
www.terreneremontalcino.it

藏酒销售
预约参观
膳宿接待
年产量 50 000 瓶
葡萄种植面积 10 公顷

这座非常年轻的酒庄由帕斯夸里・瓦洛内（Pasquale Vallone）和皮耶拉・坎佩利（Piera Campigli）创建，拥有种植面积只有3公顷的葡萄园，在20世纪90年代已经拓展到10公顷。地块土壤呈现本地典型的肥沃土质，带来卓越的桑娇维塞美酒（Sangioveses），在3000公升和5000公升的大型斯拉沃尼亚橡木桶（Slavonian）中完成陈年。风格古老、令人愉悦的布鲁奈罗酒（Brunellos）常常在第一口入喉的美酒中就完美展示出自然风土的表达，经过酒庄多年发展——也要感谢帕斯夸里和皮耶拉的孩子们、如今也在酒庄全职奉献的弗朗西斯卡（Francesca）和费德里克（Federico）——已经呈现出更上一层楼的卓越品质。吐露着石榴的果香，融入柠檬糖的甜美气息，更有一抹干花的芬芳萦绕其间，异域香料的辛香若有似无地飘散：2010年份的布鲁奈罗陈酿（Brunello Riserva）至少完美呈现了原始香氛，随之而来的口感与之类似，融入轻快浓郁的果味，这款美酒只缺少那么一点点动力以成为伟大不朽的佳酿。与此同时，同属一个系列的2010年份布鲁奈罗（Brunello）也同样美味可口。

| | |
|---|---|
| ● Brunello di Montalcino Ris. '10 | 🍷🍷 6 |
| ● Brunello di Montalcino '11 | 🍷🍷 5 |
| ● Rosso di Montalcino '14 | 🍷 3 |
| ● Brunello di Montalcino '10 | 🍷🍷 5 |
| ● Brunello di Montalcino '09 | 🍷🍷 5 |

## Teruzzi & Puthod

Loc. Casale, 19
53037 San Gimignano [SI]
Tel. +39 0577940143
www.teruzzieputhod.it

藏酒销售
预约参观
年产量 1 000 000 瓶
葡萄种植面积 94 公顷

20世纪70年代中期，恩里克・泰卢兹（Enrico Teruzzi）和卡门・普赛德（CarmenPuthod）离开米兰（Milan）搬到圣吉米亚诺（San Gimignano），他们认为这里是托斯卡纳产区（Tuscany）最适合从事葡萄酒生产的地区，带着对于这片土地及其酿造传统的热爱，两人在这里开启了酿酒的冒险旅程。凭借伟大的创新精神、在合作伙伴和商业策略上的明智选择，令泰卢兹与普赛德酒庄（Teruzzi & Puthod）在当地葡萄酒生产商中获得了一席之地，当然这一切还要归功于酒庄酿造的高品质美酒。2013年，金巴利集团（Campari）买下了泰卢兹与普德酒庄，并向其葡萄园以及新购入地块加大投入，重新进行现代化改造。在今年的品鉴中，2011年份的维奈西卡陈酿（Vernaccia Riserva）凭借卓越表现闯入了角逐"三杯奖"大奖的最终决赛，它吐露着优雅而复杂的酒香，融入矿物质的醇香，更有杏和柠檬的缕缕果香萦绕其间，底蕴中透露出丝丝芳香植物的香气；入口美妙多汁，果味丰盈，精美的酸度酒骨支撑下的口感令人垂涎，收口浸润着圆润缥缈的果味。除此之外，2015年份的维奈西卡（Vernaccia）风味诱人，果香四溢，吐露着蜜桃般别具一格的香氛，随之而来的口感精美优雅，结构上佳，令人愉悦的果味始终在唇齿间流连不散。

| | |
|---|---|
| ○ Vernaccia di S. Gimignano Ris. '11 | 🍷🍷 4 |
| ○ Carmen Puthod '14 | 🍷🍷 3 |
| ○ Vernaccia di S. Gimignano '15 | 🍷🍷 2* |
| ● Peperino '13 | 🍷 2 |
| ○ Terre di Tufi '14 | 🍷 4 |
| ○ Vernaccia di S. Gimignano Sant'Elena '15 | 🍷 3 |
| ● Peperino '12 | 🍷🍷 2* |
| ○ Vernaccia di S. Gimignano '14 | 🍷🍷 2* |
| ○ Vernaccia di S. Gimignano '13 | 🍷🍷 2* |
| ○ Vernaccia di S. Gimignano '12 | 🍷🍷 2* |
| ○ Vernaccia di S. Gimignano '11 | 🍷🍷 2* |
| ○ Vernaccia di S. Gimignano Ris. '10 | 🍷🍷 4 |

## Tolaini

LOC. VALLENUOVA
S.DA PROV.LE 9 DI PIEVASCIATA, 28
53019 CASTELNUOVO BERARDENGA [SI]
TEL. +39 0577356972
www.tolaini.it

藏酒销售
预约参观
年产量 300 000 瓶
葡萄种植面积 50 公顷
可持续发展酒庄

在葡萄园中追寻波尔多模式（Bordeaux）勤勉地打理葡萄藤，在酒窖的酿造过程中避免毫无意义的人工干预，请教国际酿造顾问：这些是皮耶路易吉·托莱尼（Pierluigi Tolaini）的酒庄取得成功的主要原因。皮耶路易吉·托莱尼（Pierluigi Tolaini）的酒庄坐落于皮亚内拉（Pianella）和瓦利亚利（Vagliagli）之间的山坡上，托莱尼酒庄近些年来已经成为经典奇安蒂产区（Chianti Classico）涌现出来的重要酒庄之一。托莱尼酒庄的出品风格和谐现代，同时不失劲道口感和丰盈酒质。虽然大部分出品葡萄酒都在小型橡木桶中完成陈年，但这并没有妨碍、甚至提升了酒品的优雅与细腻。在今年的品鉴中，2012年份的阿尔帕索（Al Passo）表现出色，这款以桑娇维塞（Sangiovese）和梅洛（Merlot）打造而成的混酿酒香四溢，质感柔美，但是果味劲道活跃。与此同时，2012年份的瓦尔蒂桑提（Valdisanti）口感紧致，香氛馥郁，是一款以桑娇维塞、赤霞珠（Cabernet sauvignon）和品丽珠（Cabernet Franc）混酿而成的美酒，吐露着成熟华美的果香，果味丰盈馥郁，充盈满口。除此之外，以梅洛、赤霞珠和小味尔多（Petit Verdot）打造而成的混酿2011年份的皮克内罗（Picconero）则陈年橡木的滋味显得略重了一些。

| | |
|---|---|
| ● Al Passo '12 | 🍷🍷 4 |
| ● Valdisanti '12 | 🍷🍷 5 |
| ● Picconero '11 | 🍷 8 |
| ● Picconero '10 | 🍷🍷🍷 8 |
| ● Picconero '09 | 🍷🍷🍷 8 |
| ● Valdisanti '08 | 🍷🍷🍷 8 |
| ● Al Passo '09 | 🍷🍷 4 |
| ● Al Passo '07 | 🍷🍷 4 |
| ● Chianti Cl. Gran Sel. '11 | 🍷🍷 5 |
| ● Chianti Cl. Montebello Vign. n.7 Ris. '10 | 🍷🍷 6 |
| ● Chianti Cl. Ris. '10 | 🍷🍷 5 |
| ● Chianti Cl. Ris. '08 | 🍷🍷 5 |
| ● Valdisanti '11 | 🍷🍷 5 |
| ● Valdisanti '09 | 🍷🍷 8 |

## Fattoria La Torre

VIA PROV.LE DI MONTECARLO, 7
55015 MONTECARLO [LU]
TEL. +39 058322981
www.fattorialatorre.it

藏酒销售
预约参观
膳宿接待
年产量 43 500 瓶
葡萄种植面积 6.5 公顷

这座规模不大、活力四射的大地农庄（Fattoria la Torre）隶属塞瑞家族（Cerri），农庄的葡萄园面积不大，但是得到了悉心照料，同时农庄还配备了度假设施和餐厅。这里酿酒的历史最早可以追溯到遥远的1887年，蒙特卡洛地区（Montecarlo）是当时最早开始种植法国葡萄品种的地区之一。大地农庄决定保留古老的建筑，但是配备现代化的设施来完善它，现在正在使用的酒窖就建立在原有酒窖的基础之上。在今年的品鉴中，大地农庄推荐的酒品表现出众。其中完全以西拉（Syrah）酿造而成的单一品种葡萄酒2013年份的埃塞（Esse）吐露着明晰的野生莓果果香，融入缕缕辛香，更有淡淡皮革和兽皮的风味萦绕其间，口感热辣，结构紧致，能够体察的单宁融合度上佳，收口感到令人满意的丰盈果味。与此同时，2015年份的牵牛星（Altair）是由维蒙蒂诺（Vermentino）和维欧尼（Viognier）精选打造的混酿，吐露着诱人的花香和果香，融入苹果和白桃的芬芳，入口非常滑顺，口感锐利丰盈，收口感受利落。除此之外，2015年份的斯崔加奥（Stringaio）活力四射，辛辣的果香飘散，这款混酿由西拉添加少量赤霞珠（Cabernet Sauvignon）打造而成。

| | |
|---|---|
| ○ Altair '15 | 🍷🍷 3 |
| ● Esse Syrah '13 | 🍷🍷 5 |
| ● Stringaio '14 | 🍷🍷 3 |
| ● Albireo '14 | 🍷 4 |
| ○ Montecarlo Vermentino '15 | 🍷 2 |
| ● Esse '07 | 🍷🍷 7 |
| ● Esse '01 | 🍷🍷 7 |
| ○ Montecarlo Bianco '11 | 🍷🍷 2* |
| ● Stringaio '07 | 🍷🍷 3 |

## Torre a Cona

LOC. SAN DONATO IN COLLINA
50067 RIGNANO SULL'ARNO [FI]
TEL. +39 055699000
www.torreacona.com

藏酒销售
预约参观
膳宿接待
年产量 75 000 瓶
葡萄种植面积 14 公顷

位于菲奥提尼山（Colli Fiorentini）中世纪遗址上的托拉科纳酒庄（Torre a Cona）是托斯卡纳产区（Tuscany）最美丽的酒庄之一，最早创建于遥远的十八世纪，经过岁月洗礼，逐渐发展成今天的面貌。在漫长的发展过程中，酒庄数度易手，直至1937年罗西・迪・蒙特莱拉伯爵（Conti Rossi di Montelera）买下了它。多年来，新一代的管理者加强了酿造葡萄和橄榄树的栽培工作，与此同时还致力于将托拉科纳酒庄发展成为产区内最舒适美丽的待客地。托拉科纳酒庄的葡萄园栽培着本地典型的经典葡萄品种，尤其是桑娇维塞（Sangiovese），还有部分梅洛（Merlot）以酿造单一品种葡萄酒。在今年的品鉴中，托拉科纳酒庄首次荣获“三杯奖”大奖，令酒庄获得殊誉的正是巴迪亚柯特桑娇维塞陈酿（Riserva Badia a Corte），这款美酒历史上数次无限接近“三杯奖”却遗憾空手而归。它的香氛复杂多面，吐露着野生黑莓果般的精巧果香，而且随着醒酒时间的流逝越来越浓重，融入药草的醇香，略有些许香膏的芬芳，口感精美丰盈，单宁与悦人的强劲口感之间达成了完美的平衡。

| | |
|---|---|
| ● Chianti Colli Fiorentini Badia a Corte Ris. '13 | 3 red glasses 4* |
| ● Chianti Colli Fiorentini '14 | 2 black glasses 2* |
| ● Merlot '13 | 2 black glasses 5 |
| ● Terre di Cino '13 | 2 black glasses 3 |
| ● Chianti Colli Fiorentini '13 | 2 white glasses 3 |
| ● Chianti Colli Fiorentini Badia a Corte Ris. '12 | 2 white glasses 4 |
| ● Chianti Colli Fiorentini Badia a Corte Ris. '11 | 2 white glasses 4 |
| ● Chianti Colli Fiorentini Badia a Corte Ris. '10 | 2 white glasses 4 |
| ● Merlot '12 | 2 white glasses 3* |
| ● Merlot '11 | 2 white glasses 3* |
| ● Terre di Cino '12 | 2 white glasses 3 |
| ● Terre di Cino '11 | 2 white glasses 3 |

## Le Torri

VIA SAN LORENZO A VIGLIANO, 31
50021 BARBERINO VAL D'ELSA [FI]
TEL. +39 0558076161
www.letorri.net

藏酒销售
预约参观
膳宿接待
年产量 170 000 瓶
葡萄种植面积 28 公顷
可持续发展酒庄

葡萄酒爱好者们对于托斯卡纳（Tuscany）总是充满眷恋，这样的情感驱使一群朋友于20世纪80年代买下了经典奇安蒂（Chianti Classico）东部边界地带的这片土地。占地面积达到28公顷的托瑞酒庄（Le Torri）葡萄园覆盖海拔300米至350米的山坡，主要种植品种当然是桑娇维塞（Sangiovese），不过同时还包括科罗里诺（Colorino）、卡内奥罗（Canaiolo）和扎比安努（Trebbiano），以及赤霞珠（Cabernet Sauvignon）、梅洛（Merlot）、西拉（Syrah）和霞多丽（Chardonnay）等国际品种。托瑞酒庄在葡萄酒品质方面的飞跃要感谢掌门人，其中一位合伙人的女儿阿特丽斯・莫兹（Beatrice Mozzi），她重新改进了生产工序，采纳历史上不同的陈年方法来改善酒品的风格。在今年的品鉴中，我们非常享受2013年份菲奥提尼山珍酿（Riserva Colli Fiorentini）的卓越品质，它吐露着李子和樱桃的缕缕清爽果香，相对照的融入甜美的肉桂辛香，开启了惬意优雅的果味口感，美味余韵久久回荡，在唇齿之间流连不散。与此同时，2014年份的奇安蒂（Chianti）也展现出精湛的酿造水平，吐露着如花芬芳，融入水果的果香，口感持久一致而和谐。除此之外，2014年份的梅迪厄斯（Meridius）气质简朴，口感惬意，令人愉悦。

| | |
|---|---|
| ● Chianti Colli Fiorentini Ris. '13 | 2 black glasses 3 |
| ● Chianti Colli Fiorentini '14 | 1 black glass 2 |
| ● Meridius '14 | 1 black glass 2 |
| ● Chianti Colli Fiorentini '10 | 2 white glasses 2 |
| ● Chianti Colli Fiorentini Ris. '12 | 2 white glasses 3 |
| ● Chianti Colli Fiorentini Ris. '11 | 2 white glasses 3 |
| ● Chianti Colli Fiorentini Ris. '10 | 2 white glasses 3 |
| ● Magliano '12 | 2 white glasses 5 |
| ● Magliano '10 | 2 white glasses 5 |
| ● Magliano '09 | 2 white glasses 5 |
| ● Magliano '08 | 2 white glasses 5 |
| ● Meridius '13 | 2 white glasses 2 |
| ● San Lorenzo '12 | 2 white glasses 5 |
| ● Vigliano '08 | 2 white glasses 5 |
| ● Vigliano '04 | 2 white glasses 5 |

## ravignoli

ia Travignoli, 78
0060 Pelago [FI]
el. +39 0558361098
ww.travignoli.com

藏酒销售
预约参观
年产量 250 000 瓶
葡萄种植面积 70 公顷

在特拉维格诺里酒庄（Travignoli）能呼吸到历史的空气，在酒庄的土地上发现了一座公元前500年古老的伊特鲁里亚文明（Etruscan）石碑，上面描绘着这里曾经举办的一场宴会，席间供应美妙的葡萄酒，充分说明了即便在遥远的古代，这片土地也已经奉献给了葡萄酒。特拉维格诺里酒庄的历史久远，从十五世纪末创建开始一直延续到今天。酒庄今天的主人也是奇安蒂（Chianti）葡萄酒生产协会的主席乔瓦尼·布西（Giovanni Busi）。占地面积达到70公顷的葡萄园在鲁菲娜次产区（Rufina）的山坡上蔓延，地块主要位于海拔250米至400米之间，呈现泥灰土质。南部日照保证了葡萄的完美成熟，而来自附近亚平宁山（Apennines）清爽的山间凉风带来完美的通风条件，尤其在夏日。在今年的品鉴中，2013年份的特格拉亚陈酿（Riserva Tegolaia）再次呈现精彩表现，吐露着一贯的果酱芬芳，融入青草的清香和成熟黑莓果的果香，美味融入强劲的口感，单宁精美圆润，与香氛相得益彰。除此之外，2010年份的圣酒（Vin Santo）展现出经典的特质，散发着胡桃的醇香和奶制品的芬芳，随之而来的美味中浸润着饼干的滋味，轻快的酸度完美平衡了整款酒的口感。

| | |
|---|---|
| Chianti Rufina Tegolaia Ris. '13 | 3* |
| Vin Santo Chianti Rufina '10 | 4 |
| Calice del Conte '08 | 5 |
| Chianti Rufina '12 | 2* |
| Chianti Rufina Ris. '05 | 3 |
| Chianti Rufina Tegolaia Ris. '12 | 3 |
| Chianti Rufina Tegolaia Ris. '11 | 3 |
| Chianti Rufina Tegolaia Ris. '10 | 3 |
| Chianti Rufina Tegolaia Ris. '09 | 3 |
| Chianti Rufina Tegolaia Ris. '08 | 3 |
| Chianti Rufina Tegolaia Ris. '07 | 3 |
| Tegolaia '06 | 4 |
| Vin Santo Chianti Rufina '09 | 4 |
| Vin Santo Chianti Rufina '01 | 4 |

## ★Tua Rita

loc. Notri, 81
57028 Suvereto [LI]
Tel. +39 0565829237
www.tuarita.it

预约参观
年产量 250 000 瓶
葡萄种植面积 35 公顷
葡萄栽培方式 有机认证

三十多年前，维吉奥·比斯提（VirgilioBisti）与瑞塔·图阿（Rita Tua）决定在科尼尼亚谷（Val di Cornia）买下一栋乡间房屋以及周边的少许土地，作为退休后颐养天年的居所。占地面积达到两公顷的葡萄园足以点燃两人的酿酒热情，虽然这座乡间居所发展成为酒庄之日还在遥远的未来，但是他们一步步朝着这个方向努力，建造起逐渐高效运转的图丽塔酒庄（Tua Rita）。如今酒庄的葡萄园面积得到了进一步扩张，成为农庄酿造活动的核心，由瑞塔的女儿西蒙娜（Simona）和女婿斯蒂凡诺·弗拉斯克拉（Stefano Frascolla）组织管理。在今年的品鉴中，2013年份的吉斯托诺特利（Giusto di Notri）是一款以赤霞珠（Cabernet Sauvignon）、梅洛（Merlot）和品丽珠（Cabernet Franc）混酿而成的美酒，香氛复杂多层，气质清爽，散发着薄荷的清凉和柠檬草般的清香，底蕴中透露出缕缕野生莓果的果香，融入若有似无的辛香；口感清爽恢宏，单宁发展均衡，果味四溢，收口余韵持久在口中流连。除此之外，2014年份的博斯科珀拉托（Perlato del Bosco）是由桑娇维塞（Sangiovese）和赤霞珠打造而成的混酿，吐露着逐渐消散的酒香，口感紧致鲜美。

| | |
|---|---|
| Giusto di Notri '13 | 8 |
| Perlato del Bosco Rosso '14 | 5 |
| Rosso dei Notri '15 | 4 |
| Redigaffi '08 | 8 |
| Redigaffi '07 | 8 |
| Redigaffi '06 | 8 |
| Redigaffi '04 | 8 |
| Redigaffi '03 | 8 |
| Redigaffi '02 | 8 |
| Redigaffi '01 | 8 |
| Giusto di Notri '11 | 8 |
| Giusto di Notri '10 | 8 |
| Giusto di Notri '10 | 8 |
| Rosso dei Notri '14 | 4 |
| Rosso dei Notri '12 | 3 |
| Syrah Per Sempre '12 | 8 |

## Uccelliera

FRAZ. CASTELNUOVO DELL'ABATE
POD. UCCELLIERA, 45
53020 MONTALCINO [SI]
TEL. +39 0577835729
www.uccelliera-montalcino.it

藏酒销售
预约参观
年产量 60 000 瓶
葡萄种植面积 6 公顷

对于任何想要深入了解蒙塔奇诺产区（Montalcino）风土知识，尤其是产区南方地区特质的人，乌鹊酒庄（Uccelliera）酿造的布鲁奈罗酒（Brunellos）都是必须品鉴的典范之作。乌鹊酒庄在阿贝特卡斯特努沃（Castelnuovo dell' Abate）拥有占地面积达到六公顷的葡萄园，地处蒙塔奇诺DOC产区的东南角，这里拥有中型颗粒的砂质黏土土壤，海拔高度在250米左右。不知疲倦的安德里亚·科通尼斯（Andrea Cortonesi）在这里打造着独具特色的美酒，酿造工序根据适应每块地块的具体特色和采收季的具体情况分别对待，有时采用小型木桶陈年，有时也使用斯拉沃尼亚橡木桶（Slavonian Oak）陈年。在今年的品鉴中，我们的最高赞誉要送给2014年份的红葡萄酒（Rosso），对于那些了解乌鹊酒庄的人们而言，这款美酒的惊人表现一点儿也不令人感到意外。对于气候条件并不理想的2014年份酒而言，这款桑娇维塞（Sangiovese）展现了酿造果实精粹，吐露着清澈的果香，果味质地精美，堪称这片地区风土力量的经典表达，均衡与控制相结合，这正是2011年份布鲁奈罗所缺少的特质。

- ● Rosso di Montalcino '14 — 4*
- ● Brunello di Montalcino '11 — 6
- ● Brunello di Montalcino '10 — 6
- ● Brunello di Montalcino '08 — 7
- ● Brunello di Montalcino Ris. '97 — 8
- ● Brunello di Montalcino '09 — 6
- ● Brunello di Montalcino '07 — 7
- ● Brunello di Montalcino '06 — 7
- ● Brunello di Montalcino Ris. '08 — 8
- ● Brunello di Montalcino Ris. '07 — 8
- ● Brunello di Montalcino Ris. '06 — 8
- ● Brunello di Montalcino Ris. '04 — 8
- ● Rapace '08 — 5
- ● Rosso di Montalcino '11 — 4
- ● Rosso di Montalcino '10 — 4
- ● Rosso di Montalcino '09 — 4

## F.lli Vagnoni

LOC. PANCOLE, 82
53037 SAN GIMIGNANO [SI]
TEL. +39 0577955077
www.fratellivagnoni.com

藏酒销售
预约参观
膳宿接待
年产量 120 000 瓶
葡萄种植面积 17 公顷
葡萄栽培方式 有机认证

瓦格诺尼兄弟（Vagnoni）的酒庄占据潘科尔（Pancole）部分优质山坡已经超过六十年的历史，家族酒庄的两座葡萄园就坐落于此。瓦格诺尼兄弟酒庄的其他种植地块位于圣迪奥（San Biagio），2007年，新酒窖就在这里投入使用，由于与老酒窖并立，有效地增加了酒窖的空间。新酒窖包含一座巨大的品酒室，一间烘干酿造果实的房间[用于酿造圣酒（Vinsanto）的原料葡萄]、酿酒和陈年区域，以及完全以凝灰岩覆盖的布满橡木桶的酒窖，电子控制温度和湿度。除了生产葡萄酒，瓦格诺尼庄园还种植橄榄树、果树以及栽培农作物，都采用有机生产方式，出产特级初榨橄榄油和葡萄果渣白兰地格巴拉酒（Grappa），与此同时还经营农业旅游。在今年的品鉴中，2013年份的摩卡利陈酿（La Riserva I Mocali）给我们留下了极为深刻的印象，凭借卓越品质一路闯入角逐“三杯奖”大奖的决赛，吐露着复杂而诱人的酒香，结合香草和肉桂的缕缕辛香，融入芒果和菠萝等热带水果的甜美果香；初入口感到复杂口感，恢宏扎实，果味多汁，颇有意趣，收口余韵绵长均衡。与此同时，2015年份的维奈西卡（Vernaccia）气质简朴，但是精妙平衡，吐露着清爽的酒香，融入缕缕柠檬的果香和芳香植物的清香，口感更加纤美和谐，收口感受惬意放松，和谐美味。

- ○ Vernaccia di S. Gimignano I Mocali Ris. '13 — 3
- ○ Vernaccia di S. Gimignano '15 — 2
- ● Chianti Colli Senesi '14 — 2
- ○ Vinbrusco '14 — 1
- ● Chianti Colli Senesi Capanneto Ris. '11 — 3
- ● San Gimignano Vin Santo Occhio di Pernice '07 — 5
- ● Sodi Lunghi '11 — 3
- ○ Vernaccia di S. Gimignano '13 — 2
- ○ Vernaccia di S. Gimignano Fontabuccio '13 — 2
- ○ Vernaccia di S. Gimignano I Mocali Ris. '12 — 3
- ○ Vernaccia di S. Gimignano I Mocali Ris. '11 — 3

## Val delle Corti

loc. La Croce, 141
53017 Radda in Chianti [SI]
Tel. +39 0577738215
www.valdellecorti.it

藏酒销售
预约参观
膳宿接待
年产量 30 000 瓶
葡萄种植面积 6 公顷
葡萄栽培方式 有机认证

罗伯托·比安奇（Roberto Bianchi）自1999年始便经营着这座家庭农庄，成功地将瓦尔德柯迪酒庄（Val delle Corti）发展为拉达次产区（Radda）中的最佳酒庄之一，也始终保持着与传统酿造方法的紧密联系，始终关注在种植和酿造过程中对于环境的保护。随着时间的推移，瓦尔德柯迪酒庄的有机栽培葡萄园逐渐转变为生物动力学栽培葡萄园，出品美酒主要在大型橡木桶中完成陈年。虽然并非极易入口的美酒，但是瓦尔德柯迪酒庄生产的葡萄酒展现出独一无二的复杂果香和果味，忠诚反映本地风土特质，即便在经典奇安蒂（Chianti Classico）这样的卓越产区也很难遇到如此顶级的美酒。在今年的品鉴中，罗伯托·比安奇推出了一系列品质卓越的佳酿，其中他酿造的2013年份经典奇安蒂（Chianti Classico）表现非常精彩，它的特质清晰显著，吐露着清爽的酒香，口感明显强劲，果味极度诱人。除此之外，2013年份的经典奇安蒂陈酿（Chianti Classico Riserva）品质同样卓越，散发着雅致纯净的缕缕果香，随之而来的口感复杂美味，作为支撑的单宁结构轻快，浸润着怡人的果味。

| | |
|---|---|
| Chianti Cl. '13 | 🍷🍷🍷 4* |
| ● Chianti Cl. Ris. '13 | 🍷🍷 5 |
| ● Chianti Cl. '12 | 🍷🍷🍷 4* |
| ● Chianti Cl. '11 | 🍷🍷🍷 3* |
| ● Chianti Cl. '10 | 🍷🍷🍷 3* |
| Chianti Cl. '09 | 🍷🍷🍷 2* |
| ● Chianti Cl. '06 | 🍷🍷 2* |
| ● Chianti Cl. '05 | 🍷🍷 2* |
| ● Chianti Cl. '04 | 🍷🍷 2* |
| ● Chianti Cl. Ris. '11 | 🍷🍷 5 |
| ● Chianti Cl. Ris. '09 | 🍷🍷 5 |
| ● Chianti Cl. Ris. '07 | 🍷🍷 4 |
| ● Il Campino | 🍷🍷 2* |

## Tenuta Valdipiatta

via della Ciarliana, 25a
53040 Montepulciano [SI]
Tel. +39 0578757930
www.valdipiatta.it

藏酒销售
预约参观
膳宿接待
年产量 80 000 瓶
葡萄种植面积 23 公顷

多年来，米利亚姆·卡珀拉里（Miriam Caporali）经营的瓦尔蒂皮亚塔酒庄（Tenuta Valdipiatta）出品美酒呈现出极易辨识的风味，其基本特色便是和谐和优雅。所有系列葡萄酒都展现出持久可靠的高品质，风味精美如一，而且极富个性。二十多年来，瓦尔蒂皮亚塔酒庄一直是蒙特普齐亚诺地区（Montepulciano）最具潜力的桑娇维塞（Sangiovese）生产商之一。在今年的品鉴中，瓦尔蒂皮亚塔酒庄提交了一系列表现出色的美酒，其中2013年份的阿尔费罗园诺贝勒（Nobile Vigna d' Alfiero）吐露着阵阵浓郁的果香，入口后感到极美的酒质和复杂的口感，只是收口感受受到橡木滋味略重的些许妨碍，与此同时融入青草的美妙风味。与此同时，2013年份的诺贝勒（Nobile）特质显著，果味均衡且美味，吐露着馥郁的酒香，口感锐利，果味单宁质地华美，令人垂涎。除此之外，2014年份的蒙特普齐亚诺红葡萄酒（Rosso di Montepulciano）展现出同样的风格特征，只是程度略逊一筹，它酒香四溢，酒体纤美，酒质丰盈，展现出极具可饮性的果味。

| | |
|---|---|
| ● Nobile di Montepulciano '13 | 🍷🍷 4 |
| ● Nobile di Montepulciano V. d'Alfiero '13 | 🍷🍷 6 |
| ● Rosso di Montepulciano '14 | 🍷 3 |
| ● Nobile di Montepulciano Ris. '90 | 🍷🍷🍷 5 |
| ● Nobile di Montepulciano V. d'Alfiero '99 | 🍷🍷🍷 5 |
| ● Nobile di Montepulciano '12 | 🍷🍷 4 |
| ● Nobile di Montepulciano '11 | 🍷🍷 4 |
| ● Nobile di Montepulciano '10 | 🍷🍷 4 |
| ● Nobile di Montepulciano '09 | 🍷🍷 4 |
| ● Nobile di Montepulciano '08 | 🍷🍷 4 |
| ● Nobile di Montepulciano V. d'Alfiero '12 | 🍷🍷 6 |
| ● Nobile di Montepulciano V. d'Alfiero '10 | 🍷🍷 6 |
| ● Nobile di Montepulciano V. d'Alfiero '08 | 🍷🍷 6 |
| ● Rosso di Montepulciano '10 | 🍷🍷 3 |

## ★Tenuta di Valgiano

VIA DI VALGIANO, 7
55015 LUCCA
TEL. +39 0583402271
www.valgiano.it

藏酒销售
预约参观
年产量 70 000 瓶
葡萄种植面积 20 公顷
葡萄栽培方式 生物动力学认证

华姿山庄（Tenuta di Valgiano）自己就是一个世界。莫雷诺・彼得里尼（Moreno Petrini）和劳拉・迪・克罗比亚诺（Lauradi Collobiano）设计并创造了这个迷幻的世界，并以富有魔力的地名为之命名。华姿山庄采用生物动力学栽培方式打理葡萄藤，提升了这片产区在农业和酿酒业方面的可持续发展性。这要感谢萨维里奥・帕特里利（Saverio Patrilli）提供的技术支持和敏锐的酿造感觉，这里生物动力学栽培的经典案例值得意大利所有酒庄学习借鉴。山庄出品美酒完全体现出上述特色带来的风味，以及日照等气候和风土条件带来的质感。华姿山庄是卢切西山产区的最佳酒庄，也是托斯卡纳产区（Tuscany）内首屈一指的名庄。在今年的品鉴中，华姿山庄2013年份酒（Tenuta di Valgiano）的表现超乎想象，非常迷人，色泽比以往年份酒更浅白，气质优雅，它的卓越应当以其后继潜力来评判，无疑需要在瓶中继续陈年，以完美地释放所有特质。开启后，这款美酒吐露着清爽成熟的黑莓果香，令人愉悦，融入石榴的缕缕芬芳，更有黑胡椒的辛香萦绕其间，随之而来的口感质朴流畅，紧致有力，虽然略显艰涩但是气质激荡，浸润的美妙果味、而非美酒质地支撑着绵长的收口余韵。

- Colline Lucchesi Tenuta di Valgiano '13 🍷🍷🍷 8
- Colline Lucchesi Palistorti di Valgiano '13 🍷🍷 5
- Colline Lucchesi Tenuta di Valgiano '12 🍷🍷🍷 6
- Colline Lucchesi Tenuta di Valgiano '11 🍷🍷🍷 6
- Colline Lucchesi Tenuta di Valgiano '10 🍷🍷🍷 6
- Colline Lucchesi Tenuta di Valgiano '09 🍷🍷🍷 6
- Colline Lucchesi Tenuta di Valgiano '08 🍷🍷🍷 6
- Colline Lucchesi Tenuta di Valgiano '07 🍷🍷🍷 6
- Colline Lucchesi Tenuta di Valgiano '06 🍷🍷🍷 6
- Colline Lucchesi Tenuta di Valgiano '05 🍷🍷🍷 6
- Colline Lucchesi Tenuta di Valgiano '04 🍷🍷🍷 6
- Colline Lucchesi Tenuta di Valgiano '03 🍷🍷🍷 6
- Colline Lucchesi Tenuta di Valgiano '01 🍷🍷🍷 8

## Varramista

LOC. VARRAMISTA
VIA RICAVO
56020 MONTOPOLI IN VAL D'ARNO [PI]
TEL. +39 057144711
www.varramista.it

藏酒销售
预约参观
膳宿接待
年产量 65 000 瓶
葡萄种植面积 14.2 公顷

20世纪50年代，比亚乔家族（Piaggio
和阿涅利家族（Agnelli）选择这里作
他们的乡村别业，于是抒写了瓦拉米
斯塔酒庄（Varramista）的第一篇章。
但是要感谢开启并且负责酿造工作的
乔凡尼・阿尔伯托・阿涅利（Giovanr
Alberto Agnelli）的不懈努力，才将这座
家庭酒庄发展成为真正的农庄。葡萄园
栽培多种葡萄品种，但是偏爱桑娇维塞
（Sangiovese）——托斯卡纳经典的红葡
萄酒酿造原料；以及西拉（Syrah）——
在瓦拉米斯塔酒庄找到了理想的生长环
境。在今年的品鉴中，瓦拉米斯塔酒庄
推荐的美酒表现出色，其中向大家大力
推荐2011年份酿造工艺精湛的西拉，这
款美酒馥郁饱满，得到紧致的酸度酒
骨支撑，吐露着品种葡萄独有的芬芳，
融入胡椒的缕缕辛香，底蕴中透露出
丝丝新摘下的黑莓果的果香。除此之
外，2013年份的弗拉斯卡（Frasca）也
表现优异，它是一款由桑娇维塞、梅洛
（Merlot）和西拉混酿而成的美酒，给
人留下了极为深刻的印象，吐露着烘烤
的缕缕醇香，融入橡木的丝丝辛香，随
之而来的口感纯净流畅，收口浸润持久
的果味，非常迷人，在口中久久徘徊
不散。

- Frasca '13 🍷🍷 4
- Syrah '11 🍷🍷 6
- Varramista '00 🍷🍷🍷 6
- Chianti Monsonaccio '12 🍷🍷 2
- Frasca '08 🍷🍷 3
- Frasca Rosso '11 🍷🍷 3
- Ottopioppi '08 🍷🍷 3
- Sterpato '12 🍷🍷 2
- Sterpato '11 🍷🍷 2
- Varramista '08 🍷🍷 6
- Varramista '07 🍷🍷 6

## Veroni

ia Tifariti, 5
0065 Pontassieve [FI]
el. +39 0558368886
ww.iveroni.it

藏酒销售
预约参观
膳宿接待
年产量 110 000 瓶
葡萄种植面积 20 公顷
葡萄栽培方式 有机认证

十二世纪初，古蒂伯爵（Conti Guidi）拥有的这座附带广袤土地的庄园位于艾米利亚罗马涅（Emilia Romagna）和托斯卡纳（Tuscany），伯爵建起了数座高塔，守望着斯弗河（Sieve）和阿尔诺河（Arno）之间的土地。其中一座高塔坐落于维罗尼酒庄（Veroni），充分展现出这座酒主的古老历史。如今，这座高塔与洛伦佐・马里尼亚（Lorenzo Mariani）充满激情地经营的农庄合并在一起。20世纪0年代，在洛伦佐的主持下，维罗尼酒主的葡萄园进行了广泛的移植和整修，增加了植株的密度。在栽培葡萄藤的20公顷地块中，16公顷地块种植桑娇维塞（Sangiovese），2公顷地块种植国际葡萄品种，其余面积则专门种植生产圣酒（Vin Santo）所用的白葡萄。在今年的品鉴中，维罗尼酒庄提交了多款表现卓越的美酒，其中一款甚至闯入了角逐“三杯奖”大奖的决赛。它是2013年份的陈酿（Riserva），吐露着精美的黑莓果果香，随之而来的口感活力四射，浸润美妙果味，酸度庄重而自持。除此之外，2014年份的陈酿也令人愉悦，酒质清爽而柔顺。

| | | |
|---|---|---|
| Chianti Rufina Ris. '13 | YY (red) | 5 |
| Chianti Rufina '14 | YY | 3 |
| Vin Santo del Chianti Rufina '07 | YY | 5 |
| Chianti Rufina '13 | YY | 2* |
| Chianti Rufina '12 | YY | 2* |
| Chianti Rufina '11 | YY | 2* |
| Chianti Rufina Ris. '12 | YY | 4 |
| Chianti Rufina Ris. '11 | YY | 4 |
| Chianti Rufina Ris. '10 | YY | 4 |
| Chianti Rufina Ris. '09 | YY | 4 |
| Chianti Rufina Ris. '08 | YY | 4 |
| Rosso di Toscana '13 | YY | 2* |
| Vin Santo del Chianti Rufina '06 | YY | 5 |
| Vin Santo del Chianti Rufina '05 | YY | 5 |
| Vin Santo del Chianti Rufina '04 | YY | 5 |

## Vignamaggio

via di Petriolo, 5
50022 Greve in Chianti [FI]
Tel. +39 055854661
www.vignamaggio.com

藏酒销售
预约参观
膳宿接待
年产量 350 000 瓶
葡萄种植面积 62.5 公顷
葡萄栽培方式 有机认证

坐落于奇安蒂格拉芙次产区（Greve in Chianti），距离佛罗伦萨（Florence）和锡耶纳（Siena）大约三十公里，维纳马焦堡酒庄（Villa Vignamaggio）拥有三百多年的酿酒历史。如今的现代化酒庄大楼建于2010年，美酒则在十五世纪的古老建筑中陈年，这里为佳酿不经现代技术干扰的自然成熟提供了理想的环境。2014年，维纳马焦堡酒庄开始全面转变为有机栽培方式，与此同时也致力于重新发掘欧奇罗索（Occhiorosso）等古老本地葡萄品种的巨大潜力。在今年的品鉴中，维纳马焦堡酒庄推荐了数款表现精彩的美酒，其中2014年份的潘扎诺堡经典奇安蒂（Chianti Classico Terre di Prenzano）显露出精湛的酿造工艺，酒质细腻，果味单宁质地紧致，发展精良，吐露着清爽的果香。与此同时，2013年份的品丽珠（Cabernet Franc）也展现出极高的水准，吐露着辛辣的酒香，令人精神为之一振，融入愉悦的青草芬芳，随之而来的口感紧致精美，果味发展均衡。除此之外，2015年份的莫瑞诺（Morino）给我们带来了美味口感，这是一款以桑娇维塞（Sangiovese）和梅洛（Merlot）打造而成的混酿，酿造果实出自维纳马焦堡酒庄最年轻的葡萄园。

| | | |
|---|---|---|
| Cabernet Franc '13 | YY | 8 |
| Chianti Cl. Terre di Prenzano '14 | YY | 3 |
| Il Morino '15 | Y | 2 |
| Vignamaggio '06 | YYY | 7 |
| Vignamaggio '05 | YYY | 7 |
| Vignamaggio '04 | YYY | 6 |
| Vignamaggio '01 | YYY | 6 |
| Vignamaggio '00 | YYY | 6 |
| Chianti Cl. Gherardino '13 | YY | 3 |
| Chianti Cl. Gran Sel. Castello di Monna Lisa '10 | YY | 5 |
| Chianti Cl. Terre di Prenzano '13 | YY | 3 |
| Chianti Cl. Terre di Prenzano '12 | YY | 3 |
| Chianti Cl. Terre di Prenzano '11 | YY | 3 |

## Villa Calcinaia

FRAZ. GRETI
VIA CITILLE, 84
50022 GREVE IN CHIANTI [FI]
TEL. +39 055853715
www.villacalcinaia.it

藏酒销售
预约参观
膳宿接待
年产量 90 000 瓶
葡萄种植面积 27 公顷
葡萄栽培方式 有机认证

加西纳亚堡酒庄（Villa Calcinaia）近年来在出品葡萄酒品质提升的道路上迈出了关键步伐。加西纳亚堡酒庄的主人塞巴斯蒂安诺·卡珀尼（Sebastiano Capponi）不断扩张酒庄的葡萄园——如今占地面积已经达到27公顷，而且采取有机栽培方式打理——但是依然种植传统葡萄品种。在酒窖的酿造过程中，美酒既在小型木桶中陈年，也在大型橡木桶中陈年，而且后者的使用越来越广泛。如此酿造出来的佳酿气质诱人，果味丰盈，别具个性，与本地风土联系紧密，常常表现出优雅和和谐的特质。在今年的品鉴中，加西纳亚堡酒庄推荐的美酒都表现出色，其中2013年份的巴斯蒂格纳诺园经典奇安蒂精选系列（Chianti Classico Gran Selezione Vigna Bastignano）吐露着活跃的果香，融入泥土的醇香，酒质发展和谐平衡，细腻美味。与此同时，2013年份的经典奇安蒂陈酿（Chianti Classico Riserva）愉悦自信，口感锐利，散发着铁屑般的气息，融入森林大地的缕缕醇香。除此之外，对于2013年份的路易莎伯爵夫人葡萄园经典奇安蒂精选系列（Chianti Classico Gran Selezione Vigna Contessa Luisa）而言，强项在于特别均衡的酒体和馥郁饱满的口感。

| | |
|---|---|
| ● Chianti Cl. Gran Sel. V. Bastignano '13 | 6 |
| ● Chianti Cl. Gran Sel. V. Contessa Luisa '13 | 6 |
| ● Chianti Cl. Villa Calcinaia Ris. '13 | 5 |
| ● Casarsa '13 | 5 |
| ● Chianti Cl. '13 | 3 |
| ● Chianti Cl. '10 | 3* |
| ● Chianti Cl. '01 | 3 |
| ● Chianti Cl. Ris. '10 | 3 |
| ● Chianti Cl. Ris. '05 | 5 |
| ● Chianti Cl. Ris. '04 | 5 |
| ● Chianti Cl. Ris. '03 | 5 |
| ● Chianti Cl. V. Bastignano Ris. '09 | 4 |

## Villa Sant'Anna

FRAZ. ABBADIA
VIA DELLA RESISTENZA, 143
53045 MONTEPULCIANO [SI]
TEL. +39 0578708017
www.villasantanna.it

藏酒销售
预约参观
年产量 80 000 瓶
葡萄种植面积 18 公顷

这座历史悠久的圣安娜堡酒庄（Villa Sant' Anna）属于西蒙娜·鲁基瑞·法布隆尼（Simona Ruggeri Fabroni）母亲的家族，今天这座酒庄主要都由女性来经营和管理。现代化的葡萄园种植密度很高，酒窖的酿造设备、陈年用的大小橡木桶都经过了更新换代。圣安娜堡酒庄出品美酒展现出自信且浓郁的风味，品质不断提升，在自然温度的古老地下酒窖中陈年。在今年的品鉴中，圣安娜堡酒庄推荐的美酒表现精彩，其中2013年份的蒙特普齐亚诺诺贝勒（Nobile di Montepulciano）凭借卓越表现，跻身"三杯奖"决赛圈。它的香氛复杂而多面，在杯中醒酒时也在不断变幻着香氛，展现出活跃的能量。首先吐露着缕缕果香，继而融入浓郁的辛香，更有强烈的血的气息萦绕其间，随之而来的口感轻快新鲜，质地精美，多汁美味。

| | |
|---|---|
| ● Nobile di Montepulciano '13 | 4 |
| ● Rosso di Montepulciano '13 | 2* |
| ● Chianti Colli Senesi '13 | 2 |
| ● Nobile di Montepulciano '10 | 4 |
| ● Nobile di Montepulciano '07 | 4 |
| ● Nobile di Montepulciano '06 | 4 |
| ● Nobile di Montepulciano '02 | 3 |
| ● Nobile di Montepulciano '01 | 3 |
| ● Nobile di Montepulciano Poldo '05 | 5 |
| ● Nobile di Montepulciano Poldo '03 | 5 |
| ● Nobile di Montepulciano Poldo '01 | 5 |
| ○ Vin Santo '99 | 8 |
| ○ Vin Santo di Montepulciano '06 | 8 |
| ○ Vin Santo di Montepulciano '05 | 8 |
| ○ Vin Santo di Montepulciano '04 | 8 |

## Tenuta Vitereta

a Casanuova, 108/1
2020 Laterina [AR]
el. +39 057589058
www.tenutavitereta.com

藏酒销售
预约参观
膳宿接待
年产量 45 000 瓶
葡萄种植面积 45 公顷
葡萄栽培方式 有机认证

在20世纪70年代初，农学家和酿酒师马塞洛·比蒂尼（Marcello Bidini）买下了这座维泰莱塔酒庄（Tenuta Vitereta），随着时间的推移，这座酒庄在马塞洛的持续努力下发展成为高效的现代化农场，如今马塞洛的两个女儿弗朗西斯卡（Francesca）和玛蒂娜（Martina）也投入到酒庄的生产和管理中来。自2009年获得有机认证以来，维泰莱塔农庄栽培了各种类型的农作物，整个农庄的生产都展现出对于土地和环境的最大尊重。涉及到葡萄酒生产方面，表现为生产工序中的人为干预程度被降至最低。维泰莱塔酒庄推出两款特色圣酒（Vin Santos）作为酒庄的代表酒品，两款美酒呈现出饱满的果味精粹和令人惊讶的不同风格：2009年份的“鸟眼”（Occhio di Pernice）更加丰盈饱满，口感如同天鹅绒般丝滑柔美；而2005年份的顶级美酒（Supremo）则吐露着纯净的果香，别具一格。与此同时，2013年份的瑞帕莫扎（Ripa della Mozza）是一款果香显著的桑娇维塞（Sangiovese），酒质流畅，给人带来愉悦的享受，酸度怡人；而2013年份的多纳罗拉（Donnaurora）则吐露着葡萄皮的芳香，口感发展精良，强劲有力，果味余韵绵长精美，持久在口中流连不散。

| | |
|---|---|
| ○ Donnaurora '13 | TT 4 |
| ● Ripa della Mozza '13 | TT 3 |
| ● Vin Santo del Chianti Occhio di Pernice '09 | TT 8 |
| ● Vin Santo del Chianti Occhio di Pernice '08 | TT 8 |
| ○ Vin Santo del Chianti Supremo '05 | TT 8 |
| ● Chianti Casarossa Ris. '13 | T 4 |
| ● Ripa della Mozza '11 | YY 3 |
| ● Ripa della Mozza '10 | YY 3 |
| ● Vin Santo del Chianti Occhio di Pernice '07 | YY 8 |
| ● Vin Santo del Chianti Occhio di Pernice '06 | YY 8 |

## Fattoria Viticcio

via San Cresci, 12a
50022 Greve in Chianti [FI]
Tel. +39 055854210
www.fattoriaviticcio.com

藏酒销售
预约参观
膳宿接待
年产量 250 000 瓶
葡萄种植面积 30 公顷
可持续发展酒庄

韦提奇奥农庄（Fattoria Viticcio）占地面积达到30公顷的葡萄园主要坐落于经典奇安蒂DOC产区（Chianti Classico DOC）、马雷马产区（Maremma）以及保格利产区（Bolgheri）。韦提奇奥农庄致力于发展结构完美、质地恢宏的葡萄酒，在一定程度上得到均衡橡木风味的支撑，自信的酸度常常保证了别具一格的风味。韦提奇奥农庄出品的系列美酒展现出非常可靠的高水准，有些酒品堪称同类葡萄酒中的佼佼者。在今年的品鉴中，韦提奇奥农庄提交的酒品都表现出色，其中2013年份的经典奇安蒂陈酿（Chianti Classico Riserva）入口后令人感到非常愉悦，恢宏圆润，香氛清澈强劲，别具特色，一抹辛香和烘焙橡木的芬芳与之交相辉映。与此同时，2014年份的经典奇安蒂（Chianti Classico）则显露出锐利但是悦人的单宁结构，以甘美丰盈的果味为傲。除此之外，2013年份的普鲁尼奥经典奇安蒂（Chianti Classico Prunaio）依然还处于发展之中，展现出精湛的酿造水平，但是在收口阶段的演化缺乏变化，略显逊色，现阶段的口感只得到橡木滋味的支撑。

| | |
|---|---|
| ● Chianti Cl. '14 | TT 3 |
| ● Chianti Cl. Ris. '13 | TT 4 |
| ● Chianti Cl. Gran Sel. Prunaio '13 | T 6 |
| ○ Vermentino '15 | T 3 |
| ● Chianti Cl. '12 | YY 3 |
| ● Chianti Cl. Gran Sel. Beatrice '11 | YY 5 |
| ● Chianti Cl. Ris. '12 | YY 4 |
| ● Chianti Cl. Ris. '11 | YY 4 |
| ● Monile '11 | YY 6 |
| ● Prunaio '11 | YY 6 |
| ● Prunaio '08 | YY 6 |

## Abbadia Ardenga

FRAZ. TORRENIERI
VIA ROMANA, 139
53028 MONTALCINO [SI]
TEL. +39 0577834150
www.abbadiardengapoggio.it

藏酒销售
预约参观
年产量 40 000 瓶
葡萄种植面积 10 公顷

| | |
|---|---|
| ● Brunello di Montalcino '11 | 🍷 5 |
| ● Brunello di Montalcino Ris. '09 | 🍷 6 |
| ● Brunello di Montalcino V. Piaggia '11 | 🍷 5 |

## Acquacalda

LOC. ACQUA CALDA
57033 MARCIANA MARINA [LI]
TEL. +39 0565998111
www.tenutaacquacalda.com

藏酒销售
预约参观
年产量 15 000 瓶
葡萄种植面积 2 公顷

| | |
|---|---|
| ○ Elba Ansonica '15 | 🍷🍷 2 |
| ○ Elba Bianco '15 | 🍷🍷 2 |
| ○ Elba Vermentino '15 | 🍷 2 |

## Agrisole

LOC. LA SERRA
VIA SERRA, 64
56028 SAN MINIATO [PI]
TEL. +39 0571409825
www.agri-sole.it

藏酒销售
年产量 30 000 瓶
葡萄种植面积 7 公顷

| | |
|---|---|
| ● Mafefa '12 | 🍷🍷 2* |
| ● Colorino '14 | 🍷 6 |
| ● Sangiovese '14 | 🍷 5 |

## Podere Albiano

LOC. PETROIO
POD. ALBIANO
53020 TREQUANDA [SI]
TEL. +39 0577665386
www.poderealbiano.it

藏酒销售
预约参观
年产量 20 000 瓶
葡萄种植面积 4 公顷

| | |
|---|---|
| ● Albiano '11 | 🍷🍷 5 |
| ● Orcia Tribolo Ris. '11 | 🍷🍷 5 |
| ● Citto '11 | 🍷 2 |
| ● Orcia Ciriè '11 | 🍷 3 |

## Fattoria Ambra

VIA LOMBARDA, 85
59015 CARMIGNANO [PO]
TEL. +39 3358282552
www.fattoriaambra.it

藏酒销售
预约参观
年产量 80 000 瓶
葡萄种植面积 20 公顷
葡萄栽培方式 有机认证

| | |
|---|---|
| ● Carmignano Montalbiolo Ris. '12 | 🍷🍷 5 |
| ● Carmignano Santa Cristina in Pilli '13 | 🍷🍷 3 |
| ○ Trebbiano '15 | 🍷🍷 2* |
| ○ Vin Santo di Carmignano '08 | 🍷🍷 5 |

## Stefano Amerighi

LOC. POGGIOBELLO DI FARNETA
FRAZ. FARNETA
VIA DI POGGIOBELLO
52044 CORTONA [AR]
TEL. +39 0575648340
www.stefanoamerighi.it

藏酒销售
预约参观
年产量 28 000 瓶
葡萄种植面积 8.5 公顷
葡萄栽培方式 生物动力学认证
可持续发展酒庄

| | |
|---|---|
| ● Cortona Syrah '13 | 🍷🍷 5 |

## Tenuta di Arceno - Arcanum

Loc. Arceno
Fraz. San Gusmé
53010 Castelnuovo Berardenga [SI]
Tel. +39 0577359346
www.tenutadiarceno.com

藏酒销售
预约参观
年产量 250 000 瓶
葡萄种植面积 92 公顷

| | |
|---|---|
| ● Valadorna '11 | 🍷🍷 7 |
| Arcanum '11 | 🍷 8 |
| ● Chianti Cl. '14 | 🍷 3 |
| ● Chianti Cl. Ris. '13 | 🍷 5 |

## Argiano

Fraz. Sant'Angelo in Colle
53024 Montalcino [SI]
Tel. +39 0577844037
www.argiano.net

预约参观
膳宿接待
年产量 350 000 瓶
葡萄种植面积 55 公顷

| | |
|---|---|
| ● Brunello di Montalcino '11 | 🍷 7 |
| ● Brunello di Montalcino Ris. '10 | 🍷 8 |
| ● Rosso di Montalcino '14 | 🍷 4 |
| ● Solengo '13 | 🍷 8 |

## Arizzi Wine

Loc. Casciano
Via Fontazzi, 6
53016 Murlo [SI]
Tel. +39 05771655845
www.arizziwine.it

藏酒销售
预约参观
年产量 60 000 瓶
葡萄种植面积 12 公顷

| | |
|---|---|
| ○ Il Lato Social del Vivere '15 | 🍷🍷 3 |
| ● Chianti Colli Senesi Il Lato Selvaggio del Vivere '15 | 🍷 3 |

## Arrighi

Loc. Pian del Monte, 1
57036 Porto Azzurro [LI]
Tel. +39 3356641793
www.arrighivigneolivi.it

藏酒销售
预约参观
年产量 30 000 瓶
葡萄种植面积 6 公顷

| | |
|---|---|
| ● Tresse '12 | 🍷🍷 5 |
| ○ V.I.P. '15 | 🍷🍷 4 |
| ● Elba Aleatico Passito Silosò '15 | 🍷 5 |
| ○ Elba Ansonica Mattanto '15 | 🍷 3 |

## Fattoria di Bacchereto

Loc. Bacchereto
Via Fontemorana, 179
59015 Carmignano [PO]
Tel. +39 0558717191
terreamano@gmail.com

藏酒销售
预约参观
膳宿接待
年产量 15 000 瓶
葡萄种植面积 8 公顷

| | |
|---|---|
| ● Carmignano '12 | 🍷🍷 5 |
| ○ Sassocarlo '14 | 🍷🍷 4 |

## Le Badelle

Fraz. Acquaviva
Pod. Badelle
53045 Montepulciano [SI]
Tel. +39 0577679156
www.lebadelle.it

年产量 5 000 瓶
葡萄种植面积 6 公顷

| | |
|---|---|
| ● Nobile di Montepulciano '13 | 🍷🍷 4 |
| ● Nobile di Montepulciano Rubeo '13 | 🍷 5 |

## Alfonso Baldetti

loc. Pietraia, 71a
52044 Cortona [AR]
Tel. +39 057567077
www.baldetti.com

藏酒销售
预约参观
年产量 100 000 瓶
葡萄种植面积 15 公顷
可持续发展酒庄

| | |
|---|---|
| ● Cortona Sangiovese Marius '12 | 🍷🍷4 |
| ● Cortona Syrah Crano '12 | 🍷🍷4 |
| ○ Chagré '14 | 🍷2 |
| ⊙ Piet Rosé '15 | 🍷3 |

## Erik Banti

loc. Fosso dei Molini
58054 Scansano [GR]
Tel. +39 0564508006
www.erikbanti.com

藏酒销售
预约参观
年产量 350 000 瓶
葡萄种植面积 25 公顷
葡萄栽培方式 有机认证

| | |
|---|---|
| ● Morellino di Scansano '15 | 🍷🍷2 |
| ● Morellino di Scansano Ciabatta '13 | 🍷🍷4 |
| ○ Il Vermentino '15 | 🍷2 |
| ● Morellino di Scansano Carato '13 | 🍷3 |

## Cantine Bellini

via Piave, 1
50068 Rufina [FI]
Tel. +39 0558396025
www.bellinicantine.it

藏酒销售
年产量 900 000 瓶
葡萄种植面积 15 公顷

| | |
|---|---|
| ● Chianti Rufina Ris. '13 | 🍷🍷2* |
| ● Chianti '15 | 🍷1* |
| ● Le Lodole '12 | 🍷2 |

## Podere Bellosguardo

loc. Santa Maria Poppiena
52015 Pratovecchio Stia [AR]
bellosguardo.miraglia@virgilio.it

藏酒销售
年产量 1 400 瓶
葡萄种植面积 2 公顷

| | |
|---|---|
| ● Syrah '13 | 🍷🍷5 |
| ● Pied Franc '13 | 🍷🍷8 |
| ○ Il Passito | 🍷5 |
| ● Syrah '14 | 🍷5 |

## Le Bertille

via delle Colombelle, 7
53045 Montepulciano [SI]
Tel. +39 0578758330
www.lebertille.com

藏酒销售
预约参观
膳宿接待
年产量 65 000 瓶
葡萄种植面积 14 公顷
可持续发展酒庄

| | |
|---|---|
| ● Nobile di Montepulciano '12 | 🍷🍷3 |
| ● Nobile di Montepulciano Ris. '11 | 🍷5 |

## Buccelletti Winery

via Santa Cristina, 16
52043 Castiglion Fiorentino [AR]
Tel. +39 0575650179
www.famigliabuccelletti.it

藏酒销售
预约参观
膳宿接待
年产量 10 000 瓶
葡萄种植面积 3 公顷
葡萄栽培方式 有机认证

| | |
|---|---|
| ● Merigge '11 | 🍷🍷3 |
| ● Poventa '11 | 🍷🍷3 |
| ⊙ Albestre '15 | 🍷2 |
| ○ Paggino '15 | 🍷2 |

## Caccia al Piano 1868

LOC. BOLGHERI
VIA BOLGHERESE, 279
57022 CASTAGNETO CARDUCCI [LI]
TEL. +39 0565763394
www.berlucchi.it

藏酒销售
预约参观
年产量 127 000 瓶
葡萄种植面积 18 公顷
可持续发展酒庄

| | |
|---|---|
| Bolgheri Sup. Levia Gravia '13 | 7 |
| Bolgheri Ruit Hora '14 | 4 |

## Cacciagrande

FRAZ. TIRLI
LOC. AMPIO
58040 CASTIGLIONE DELLA PESCAIA [GR]
TEL. +39 0564944168
www.cacciagrande.com

藏酒销售
预约参观
年产量 100 000 瓶
葡萄种植面积 20 公顷
可持续发展酒庄

| | |
|---|---|
| ● Cortigliano '15 | 3 |
| ○ Maremma Toscana Vermentino '15 | 3 |
| ● Castiglione '14 | 4 |
| ● Maremma Toscana Rosso Cacciagrande '15 | 2 |

## Caiarossa

LOC. SERRA ALL'OLIO, 59
56046 RIPARBELLA [PI]
TEL. +39 0586699016
www.caiarossa.com

藏酒销售
预约参观
年产量 120 000 瓶
葡萄种植面积 32 公顷
葡萄栽培方式 生物动力学认证

| | |
|---|---|
| Caiarossa '12 | 6 |
| Aria di Caiarossa '12 | 5 |
| Pergolaia '12 | 3 |
| Oro di Caiarossa '09 | 6 |

## Calafata

P.ZZALE ARRIGONI, 2
55100 LUCCA
TEL. +39 0583 430939
info@calafata.it

年产量 13 000 瓶
葡萄种植面积 10 公顷

| | |
|---|---|
| ○ Levato di Gronda '15 | 4 |
| ● Levato di Majulina '13 | 4 |

## Campo alla Sughera

LOC. CACCIA AL PIANO, 280
57020 BOLGHERI [LI]
TEL. +39 0565766936
www.campoallasughera.com

藏酒销售
预约参观
年产量 110 000 瓶
葡萄种植面积 16.5 公顷

| | |
|---|---|
| Bolgheri Rosso Adeo '14 | 4 |
| Bolgheri Sup. Arnione '13 | 6 |
| Arioso '15 | 5 |
| Bolgheri Achenio '15 | 5 |

## Camporignano

FRAZ. MONTEGUIDI
53031 CASOLE D'ELSA [SI]
TEL. +39 0577963915
www.camporignano.com

藏酒销售
年产量 30 000 瓶
葡萄种植面积 10 公顷

| | |
|---|---|
| ● Cerronero '13 | 5 |
| ● Terre di Casole Mattaione '13 | 3 |
| ● Camporignano '15 | 2 |
| ⊙ Rosa Rosa '15 | 3 |

## Candialle

via Chiantigiana, km 34,00
50020 Panzano [FI]
Tel. +39 055852201
www.candialle.com

藏酒销售
预约参观
年产量 35 000 瓶
葡萄种植面积 11.3 公顷
可持续发展酒庄

- ● La Misse '14 🍷🍷 3
- ● Mimas '14 🍷🍷 4
- ● Ciclope '13 🍷 4

## Podere Il Carnasciale

loc. Il Carnasciale
52020 Mercatale Valdarno [AR]
Tel. +39 0559911142
www.caberlot.eu

预约参观
年产量 10 000 瓶
葡萄种植面积 4.5 公顷
可持续发展酒庄

- ● Caberlot '13 🍷🍷

## Carusvini

loc. Mercatale val di Pesa
via Perseto, 20
50026 San Casciano in Val di Pesa [FI]
Tel. +39 0558218296
www.carusvini.it

藏酒销售
年产量 30 000 瓶
葡萄种植面积 13 公顷
可持续发展酒庄

- ● Chianti Cl. Gaudio '12 🍷🍷 5
- ● Tespero '12 🍷🍷 4
- ● Chianti Cl. Baldero '12 🍷 3
- ● Robeo '12 🍷 4

## Fattoria Casa di Terra

fraz. Bolgheri
loc. Le Ferruggini, 162a
57022 Castagneto Carducci [LI]
Tel. +39 0565749810
www.fattoriacasaditerra.com

藏酒销售
预约参观
膳宿接待
年产量 180 000 瓶
葡萄种植面积 44.5 公顷

- ● Bolgheri Rosso Mosaico '13 🍷🍷
- ○ Bolgheri Vermentino '15 🍷🍷
- ● Bolgheri Rosso Sup. Maronea '12 🍷
- ● Lenaia '15 🍷

## Casa Lucii

loc. Santa Maria a Villacastelli
53037 San Gimignano [SI]
Tel. +39 0577950199
www.casalucii.it

年产量 120 000 瓶
葡萄种植面积 100 公顷

- ○ Vernaccia di S. Gimignano Mareterra Ris. '13 🍷🍷 6
- ● Chianti Colli Senesi Senarum '13 🍷 5
- ○ Vernaccia di S. Gimignano '15 🍷 4

## Casavyc

loc. Poggioferro
pod. Camporomano, 43
58054 Scansano [GR]
Tel. +39 3356880673
www.casavyc.it

藏酒销售
预约参观
年产量 40 000 瓶
葡萄种植面积 14 公顷

- ○ Brut M. Cl. A Riveder Le Stelle 🍷🍷
- ○ Piano Piano Poco Poco '15 🍷🍷
- ⊙ Vedorosa '15 🍷

## astelfalfi

oc. Castelfalfi
0050 Montaione [FI]
el. +39 0571891400
ww.castelfalfi.it

产量 50 000 瓶
萄种植面积 23 公顷

| | | |
|---|---|---|
| Poggio alla Fame '13 | 🍷🍷 | 5 |
| Poggionero '13 | 🍷 | 3 |

## Castello di Querceto

loc. Querceto
via A. François, 2
50022 Greve in Chianti [FI]
Tel. +39 05585921
www.castellodiquerceto.it

藏酒销售
预约参观
膳宿接待
年产量 600 000 瓶
葡萄种植面积 60 公顷

| | | |
|---|---|---|
| ● Chianti Cl. Ris. '13 | 🍷🍷 | 4 |
| ● Chianti Cl. Gran Sel. Il Picchio '13 | 🍷 | 5 |

## astello Tricerchi

c. Altesi
da prov.le 45 del Brunello km 1,700
3024 Montalcino [SI]
el. +39 0577806081
ww.castellotricerchi.com

酒销售
约参观
产量 30 000 瓶
萄种植面积 13 公顷

| | | |
|---|---|---|
| Brunello di Montalcino '11 | 🍷🍷 | 6 |
| Rosso di Montalcino '14 | 🍷 | 4 |

## Castelsina

fraz. Sinalunga
loc. Osteria, 54a
53011 Sinalunga [SI]
Tel. +39 0577663595
www.castelsina.it

藏酒销售
预约参观
年产量 2 000 000 瓶
葡萄种植面积 400 公顷

| | | |
|---|---|---|
| ● Chianti '15 | 🍷🍷 | 2* |
| ● Chianti Ris. '11 | 🍷🍷 | 2* |
| ● Orcia '15 | 🍷🍷 | 3 |

## astelvecchi

c. Castelvecchi
3017 Radda in Chianti [SI]
el. +39 0577735612
ww.chianticastelvecchi.it

酒销售
约参观
宿接待
产量 70 000 瓶
萄种植面积 18 公顷
持续发展酒庄

| | | |
|---|---|---|
| Chianti Cl. Capotondo '14 | 🍷🍷 | 5 |
| Chianti Cl. Lodolaio Ris. '12 | 🍷 | 6 |

## Castelvecchio

loc. Seano
via delle Mannelle, 19
59011 Carmignano [PO]
Tel. +39 0558705451
www.castelvecchio.net

藏酒销售
预约参观
年产量 40 000 瓶
葡萄种植面积 10 公顷

| | | |
|---|---|---|
| ● Carmignano '12 | 🍷🍷 | 3* |

## I Cavallini

LOC. CAVALLINI
58014 MANCIANO [GR]
TEL. +39 0564609008
www.icavallini.it

年产量 25 000 瓶
葡萄种植面积 9.5 公顷

- ● Alicante '14 🍷🍷 3
- ● Maremmma Merlot Pause '14 🍷🍷 5
- ○ Maremma Toscana Vermentino Diaccio '15 🍷 3
- ● Morellino di Sansano '15 🍷 3

## Ceralti

VIA DEI CERALTI, 77
57022 CASTAGNETO CARDUCCI [LI]
TEL. +39 0565763989
www.ceralti.com

藏酒销售
预约参观
膳宿接待
年产量 50 000 瓶
葡萄种植面积 9 公顷
葡萄栽培方式 有机认证

- ● Bolgheri Sup. Sonoro '13 🍷🍷 7
- ○ Bolgheri Vermentino '15 🍷
- ○ Lillarae '15 🍷 4

## Il Cerchio

VIA VALMARINA, 24
58011 CAPALBIO [GR]
TEL. +39 0564898856
www.ilcerchiobio.it

藏酒销售
预约参观
葡萄种植面积 5 公顷
葡萄栽培方式 有机认证
可持续发展酒庄

- ● Maremma Toscana Alicante Tinto '13 🍷🍷 4
- ○ Ansonica Costa dell'Argentario '15 🍷 2
- ○ Ansonica Passito l'Altro '15 🍷 3
- ● Maremma Toscana Valmarina '14 🍷 3

## La Cerreta

VIA CAMPAGNA SUD, 143
57020 SASSETTA [LI]
TEL. +39 0565794352
www.lacerreta.it

年产量 20 000 瓶
葡萄种植面积 8 公顷
葡萄栽培方式 生物动力学认证

- ● Sangiovese '13 🍷🍷
- ○ Matis '13 🍷
- ● Rio de' Messi '11 🍷
- ● Solatio della Cerreta '13 🍷

## La Ciarliana

FRAZ. GRACCIANO
VIA CIARLIANA, 31
53040 MONTEPULCIANO [SI]
TEL. +39 0578758423
www.laciarliana.it

藏酒销售
预约参观
年产量 30 000 瓶
葡萄种植面积 12 公顷

- ● Nobile di Montepulciano '13 🍷🍷 4
- ● Rosso di Montepulciano '14 🍷 3

## Donatella Cinelli Colombini

LOC. CASATO,17
53024 MONTALCINO [SI]
TEL. +39 0577662108
www.cinellicolombini.it

藏酒销售
预约参观
膳宿接待
年产量 120 000 瓶
葡萄种植面积 34 公顷

- ● Brunello di Montalcino Ris. '10 🍷🍷 8
- ● Rosso di Montalcino '14 🍷

## .a Cipriana

OC. CAMPASTRELLO, 176B
7022 CASTAGNETO CARDUCCI [LI]
EL. +39 0565775568
www.lacipriana.com

藏酒销售
预约参观
膳宿接待
年产量 30 000 瓶
葡萄种植面积 8 公顷

| | |
|---|---|
| Bolgheri Rosso Sup. San Martino '13 | 🍷🍷 6 |
| ● Bolgheri Rosso Scopaio '14 | 🍷🍷 4 |
| ○ Bolgheri Vermentino Paguro '15 | 🍷 2 |

## Colle di Bordocheo

LOC. SEGROMIGNO IN MONTE
VIA DI PIAGGIORI BASSO, 123
55012 CAPANNORI [LU]
TEL. +39 0583929821
www.colledibordocheo.com

藏酒销售
预约参观
膳宿接待
年产量 30 000 瓶
葡萄种植面积 10 公顷

| | |
|---|---|
| ○ Bianco dell'Oca '15 | 🍷🍷 3 |
| ● Colline Lucchesi Rosso Picchio Rosso '13 | 🍷🍷 3 |
| ○ Quinto Vendemmia Tardiva | 🍷 5 |

## Collemattoni

RAZ. SANT'ANGELO IN COLLE
OC. COLLEMATTONI, 100
3024 MONTALCINO [SI]
EL. +39 0577844127
www.collemattoni.it

藏酒销售
预约参观
年产量 60 000 瓶
葡萄种植面积 11 公顷
葡萄栽培方式 有机认证
可持续发展酒庄

| | |
|---|---|
| Rosso di Montalcino '14 | 🍷🍷 4 |
| Brunello di Montalcino V. Fontelontano Ris. '10 | 🍷 8 |

## Le Colline di Sopra

VIA DELLE COLLINE, 17
56040 MONTESCUDAIO [PI]
TEL. +39 0586650377
www.collinedisopra.com

藏酒销售
预约参观
年产量 27 000 瓶
葡萄种植面积 5.1 公顷
葡萄栽培方式 有机认证
可持续发展酒庄

| | |
|---|---|
| ○ Tredici '15 | 🍷🍷 3 |
| ● Eola '15 | 🍷 3 |
| ● Montescudaio Sangiovese Sopra '13 | 🍷 6 |

## Colline San Biagio

OC. BACCHERETO
A SAN BIAGIO 6/8
9015 CARMIGNANO [PO]
EL. +39 0558717143
www.collinesanbiagio.it

藏酒销售
预约参观
膳宿接待
年产量 35 000 瓶
葡萄种植面积 7 公顷
可持续发展酒庄

| | |
|---|---|
| Carmignano Sancti Blasii '10 | 🍷🍷 4 |
| Sangiovese Donna Mingarda '12 | 🍷🍷 4 |
| Balè Rosato '15 | 🍷 3 |

## Colognole

LOC. COLOGNOLE
VIA DEL PALAGIO, 15
50065 PONTASSIEVE [FI]
TEL. +39 0558319870
www.colognole.it

藏酒销售
预约参观
膳宿接待
年产量 90 000 瓶
葡萄种植面积 27 公顷

| | |
|---|---|
| ● Chianti Sinopie '15 | 🍷🍷 2* |
| ● Chianti Rufina '13 | 🍷 3 |
| ○ Sinopie '15 | 🍷 2 |

## Corte dei Venti

LOC. PIANCORNELLO, 35
53024 MONTALCINO [SI]
TEL. +39 3473653718
www.lacortedeiventi.it

藏酒销售
预约参观
年产量 20 000 瓶
葡萄种植面积 5 公顷

| | |
|---|---|
| ● Brunello di Montalcino '11 | 8 |
| ● Brunello di Montalcino Donna Elena Ris. '10 | 8 |
| ● Sant'Antimo Poggio dei Lecci '14 | 3 |

## Cupelli Spumanti

V.LE MARCONI, 203
56028 SAN MINIATO [PI]
TEL. +39 057143801
www.cupellivini.com

藏酒销售
预约参观
餐饮接待
年产量 30 000 瓶
葡萄种植面积 8 公顷

| | |
|---|---|
| ○ L'Erede Limited Edition | 4 |
| ○ L'Erede | 4 |
| ⊙ L'Erede Rosé | 5 |

## Dal Cero Tenuta Montecchiesi

LOC. MONTECCHIO DI CORTONA
CASE SPARSE, 403
52044 CORTONA [AR]
TEL. +39 0575618503
www.vinidalcero.com

藏酒销售
预约参观
年产量 300 000 瓶
葡萄种植面积 65 公顷

| | |
|---|---|
| ● Cortona Syrah Klanis '12 | 5 |
| ● Sangiovese '14 | 2* |
| ○ Vermentino Chardonnay Montecchiesi '15 | 2 |

## Dalle Nostre Mani

VIA DEI CIPRESSI, 14
50124 FUCECCHIO [FI]
TEL. +39 3395734846
www.dallenostremani.com

藏酒销售
预约参观
膳宿接待
年产量 50 000 瓶
葡萄种植面积 19 公顷
葡萄栽培方式 有机认证
可持续发展酒庄

| | |
|---|---|
| ● Foglia Punta Riserva di Botte '13 | 4 |
| ● Foglia Tonda Riserva di Botte '13 | 4 |
| ● Arialdo '14 | 2 |
| ● Foglia Punta '13 | 3 |

## Diadema

VIA IMPRUNETANA PER TAVARNUZZE, 19
50023 IMPRUNETA [FI]
TEL. +39 0552311330
www.diadema-wine.com

藏酒销售
预约参观
膳宿接待
年产量 240 000 瓶
葡萄种植面积 15 公顷

| | |
|---|---|
| ● D'Amare Rosso '14 | 5 |
| ● Diadema '14 | 8 |
| ● D'Ado '14 | 2 |
| ○ D'Amare Bianco '15 | 3 |

## Dianella

VIA DIANELLA, 48
50059 VINCI [FI]
TEL. +39 0571508166
www.dianella.wine

藏酒销售
预约参观
膳宿接待
年产量 70 000 瓶
葡萄种植面积 25 公顷
可持续发展酒庄

| | |
|---|---|
| ○ Dolci Ricordi V.T. | 5 |
| ● Il Matto delle Giuncaie '13 | 2 |
| ⊙ All'Aria Aperta '15 | 2 |
| ● Le Veglie di Neri '15 | 3 |

## Dievole

Fraz. Vagliagli
via Dievole, 6
53010 Castelnuovo Berardenga [SI]
Tel. +39 0577322613
www.dievole.it

藏酒销售
预约参观
膳宿接待
年产量 350 000 瓶
葡萄种植面积 80 公顷

- Chianti Cl. Ris. '13 ŸŸ 5
- Chianti Cl. '14 Ÿ 4

## Donne Fittipaldi

Loc. Bolgheri
via Bolgherese, 198
57022 Castagneto Carducci [LI]
Tel. +39 0565762175
www.donnefittipaldi.it

年产量 60 000 瓶
葡萄种植面积 9.5 公顷

- Bolgheri Rosso Sup. Superior '13 ŸŸ 6

## Podere Fedespina

Loc. Bosco Arpiola, 1
54026 Mulazzo [MS]
Tel. +39 0187439610
www.poderefedespina.it

年产量 5 000 瓶
葡萄种植面积 1 公顷

- Ca' '12 ŸŸ 5
- Spinorosso '13 ŸŸ 4

## Fattoria di Fiano

Loc. Fiano
via Firenze, 11
50050 Certaldo [FI]
Tel. +39 0571669048
www.ugobing.it

藏酒销售
预约参观
年产量 150 000 瓶
葡萄种植面积 22 公顷

- Chianti Colli Fiorentini Ris. '13 ŸŸ 2*
- Chianti Colli Fiorentini '14 Ÿ 2

## Ficomontanino

Loc. Ficomontanino
53043 Chiusi [SI]
Tel. +39 065561283
www.agricolaficomontanino.it

藏酒销售
预约参观
年产量 40 000 瓶
葡萄种植面积 9 公顷

- Chianti Colli Senesi Terre del Fico '15 ŸŸ 2*
- Lucumone del Fico '12 Ÿ 5

## Il Fitto

Fraz. Cignano
Loc. Chianacce, 126
52042 Cortona [AR]
Tel. +39 0575648988
www.podereilfitto.com

藏酒销售
预约参观
膳宿接待
年产量 30 000 瓶
葡萄种植面积 8 公顷

- Cortona Sangiovese Il Fitto '14 ŸŸ 2*
- Cortona Syrah Il Fitto '14 ŸŸ 3

## Poderi Fontemorsi

VIA DELLE COLLINE
56040 MONTESCUDAIO [PI]
TEL. +39 3356843438
www.fontemorsi.it

藏酒销售
膳宿接待
年产量 50 000 瓶
葡萄种植面积 8.5 公顷
葡萄栽培方式 有机认证

- ● Montescudaio Rosso Spazzavento '12 ΨΨ 2*
- ● Volterrano '12 ΨΨ 4
- ● Guadipiani '12 Ψ 4
- ○ Tresassi '15 Ψ 2

## Le Fonti

FRAZ. PANZANO IN CHIANTI
LOC. LE FONTI
50022 GREVE IN CHIANTI [FI]
TEL. +39 055852194
www.fattorialefonti.it

藏酒销售
预约参观
年产量 45 000 瓶
葡萄种植面积 8.81
葡萄栽培方式 有机认证

- ● Chianti Cl. '13 ΨΨ 3
- ● Chianti Cl. Ris. '12 Ψ 4
- ● Fontissimo '12 Ψ 5

## La Fornace

POD. FORNACE, 154A
53024 MONTALCINO [SI]
TEL. +39 0577848465
www.agricola-lafornace.it

藏酒销售
预约参观
年产量 15 000 瓶
葡萄种植面积 4.5 公顷

- ● Rosso di Montalcino '14 ΨΨ 4

## Fattoria di Fubbiano

LOC. SAN GENNARO
VIA DI TOFORI FUBBIANO
55010 CAPANNORI [LU]
TEL. +39 0583978011
www.fattoriadifubbiano.it

藏酒销售
预约参观
膳宿接待
年产量 100 000 瓶
葡萄种植面积 20 公顷

- ○ Colline Lucchesi Vermentino '15 ΨΨ 2*
- ● Schiller '15 Ψ 3

## Gattavecchi

LOC. SANTA MARIA
VIA DI COLLAZZI, 74
53045 MONTEPULCIANO [SI]
TEL. +39 0578757110
www.gattavecchi.it

藏酒销售
预约参观
餐饮接待
年产量 280 000 瓶
葡萄种植面积 40 公顷

- ● Nobile di Montepulciano '13 ΨΨ 4
- ● Nobile di Montepulciano Riserva dei Padri Serviti '12 Ψ 5

## Gentili

VIA DEL TAMBURINO, 120
53040 CETONA [SI]
TEL. +39 0578244038
www.gentiliwine.com

藏酒销售
预约参观
年产量 100 000 瓶
葡萄种植面积 15 公顷

- ● Le Favorite '13 ΨΨ 5
- ● Matero '15 ΨΨ 1*
- ○ Chardonnay '15 Ψ 2
- ○ Costa del Sole '15 Ψ 1

## La Gerla

loc. Canalicchio
pod. Colombaio, 5
53024 Montalcino [SI]
Tel. +39 0577848599
www.lagerla.it

藏酒销售
预约参观
年产量 80 000 瓶
葡萄种植面积 11.5 公顷

- ● Rosso di Montalcino '14 ⚲⚲ 3
- ● Brunello di Montalcino '11 ⚲ 6

## Giomi Zannoni

via Aurelia Nord, 63
57029 Campiglia Marittima [LI]
Tel. +39 0565846416
www.giomi-zannoni.com

藏酒销售
预约参观
餐饮接待
年产量 18 000 瓶
葡萄种植面积 7 公顷

- ● Aldò 917 '15 ⚲⚲ 5
- ● Val di Cornia Sangiovese Solemare '15 ⚲⚲ 2*
- ○ Val di Cornia Bianco Corniola '15 ⚲ 3
- ○ Vermentino Ninà 910 '15 ⚲ 3

## Marchesi Gondi Tenuta Bossi

loc. Bossi
via dello Stracchino, 32
50065 Pontassieve [FI]
Tel. +39 0558317830
www.tenutabossi.com

藏酒销售
预约参观
膳宿接待
年产量 50 000 瓶
葡萄种植面积 19 公顷

- ● Chianti Rufina Pian dei Sorbi Ris. '12 ⚲⚲ 3
- ● Chianti Rufina San Giuliano '13 ⚲ 2

## Greppone Mazzi Tenimenti Ruffino

loc. Greppone
53024 Montalcino [SI]
Tel. +39 0556499717
www.ruffino.it

预约参观
年产量 45 000 瓶
葡萄种植面积 13 公顷

- ● Brunello di Montalcino '11 ⚲⚲ 7

## Fattoria di Grignano

via di Grignano, 22
50065 Pontassieve [FI]
Tel. +39 0558398490
www.fattoriadigrignano.com

藏酒销售
预约参观
年产量 200 000 瓶
葡萄种植面积 53 公顷
葡萄栽培方式 有机认证
可持续发展酒庄

- ● Chianti Rufina '13 ⚲⚲ 2*
- ● Salicaria '10 ⚲ 5

## Fattoria Il Lago

fraz. Campagna, 23
50062 Dicomano [FI]
Tel. +39 055838047
www.fattoriaillago.com

藏酒销售
预约参观
膳宿接待
年产量 50 000 瓶
葡萄种植面积 17 公顷
可持续发展酒庄

- ● Pinot Nero '12 ⚲⚲ 5
- ● Chianti Rufina '13 ⚲ 2

## Tenuta La Macchia

Loc. Casagiustri, 3
56040 Montescudaio [PI]
Tel. +39 3381258469
www.tenutalamacchia.com

年产量 15 000 瓶
葡萄种植面积 2.20 公顷

| | |
|---|---|
| ○ Aura '15 | 🍷🍷 3 |
| ● Scutum '14 | 🍷🍷 3 |
| ⊙ Materia '15 | 🍷 4 |

## Leuta

via Pietraia, 21
52044 Cortona [AR]
Tel. +39 3385033560
www.leuta.it

藏酒销售
预约参观
年产量 25 000 瓶
葡萄种植面积 12.6 公顷

| | |
|---|---|
| ● Cortona Cabernet Franc 2,618 '13 | 🍷🍷 5 |
| ● Cortona Sangiovese Solitario '12 | 🍷🍷 6 |
| ● Cortona Merlot 1.618 '11 | 🍷 5 |
| ● Cortona Syrah 0,618 '13 | 🍷 5 |

## Lornano

Loc. Lornano, 11
53035 Monteriggioni [SI]
Tel. +39 0577309059
www.lornano.it

藏酒销售
预约参观
膳宿接待
年产量 250 000 瓶
葡萄种植面积 45 公顷

| | |
|---|---|
| ● Chianti Cl. Gran Sel. '12 | 🍷🍷 6 |
| ● Chianti Cl. Ris. '12 | 🍷 3 |

## La Magia

Loc. La Magia
53024 Montalcino [SI]
Tel. +39 0577835667
www.fattorialamagia.it

年产量 80 000 瓶
葡萄种植面积 15 公顷

| | |
|---|---|
| ● Brunello di Montalcino '11 | 🍷🍷 6 |
| ● Brunello di Montalcino Ris. '10 | 🍷🍷 8 |
| ● Rosso di Montalcino '14 | 🍷 3 |

## Fattoria di Magliano

Loc. Sterpeti, 10
58051 Magliano in Toscana [GR]
Tel. +39 0564593040
www.fattoriadimagliano.it

藏酒销售
预约参观
膳宿接待
年产量 300 000 瓶
葡萄种植面积 50 公顷
葡萄栽培方式 有机认证

| | |
|---|---|
| ● Morellino di Scansano Heba '15 | 🍷🍷 3 |
| ● Perenzo '13 | 🍷 6 |
| ● Poggio Bestiale '13 | 🍷 5 |

## Malenchini

Loc. Grassina
via Lilliano e Meoli, 82
50015 Bagno a Ripoli [FI]
Tel. +39 055642602
www.malenchini.it

藏酒销售
预约参观
年产量 120 000 瓶
葡萄种植面积 17 公顷

| | |
|---|---|
| ● Chianti Colli Fiorentini '14 | 🍷🍷 2* |
| ● Chianti Colli Fiorentini '15 | 🍷 2 |

## Fattoria Mantellassi

Loc. Banditaccia, 26
58051 Magliano in Toscana [GR]
Tel. +39 0564592037
www.fattoriamantellassi.it

藏酒销售
预约参观
年产量 900 000 瓶
葡萄种植面积 72 公顷

| | |
|---|---|
| ● Morellino di Scansano Mentore '15 | 🍷🍷 2* |
| ○ Maremma Toscana Scalandrino '15 | 🍷 2 |

## Máté

Loc. Santa Restituta
53024 Montalcino [SI]
Tel. +39 0577847215
www.matewine.com

藏酒销售
预约参观
年产量 28 000 瓶
葡萄种植面积 6.5 公顷

| | |
|---|---|
| ● Brunello di Montalcino '11 | 🍷🍷 6 |
| ● Brunello di Montalcino Ris. '10 | 🍷🍷 7 |
| ● Rosso di Montalcino '14 | 🍷🍷 3 |

## Le Miccine

Loc. Le Miccine
S.da Stat.le Traversa Chiantigiana, 44
53013 Gaiole in Chianti [SI]
Tel. +39 0577749526
www.lemiccine.com

藏酒销售
预约参观
膳宿接待
年产量 30 000 瓶
葡萄种植面积 7 公顷
葡萄栽培方式 有机认证

| | |
|---|---|
| ● Chianti Cl. Ris. '13 | 🍷🍷 5 |
| ● Chianti Cl. '14 | 🍷 4 |

## Mola

Loc. Gelsarello, 2
57031 Porto Azzurro [LI]
Tel. +39 0565958151
www.tenutepavoletti.it

藏酒销售
预约参观
年产量 47 000 瓶
葡萄种植面积 12 公顷

| | |
|---|---|
| ● Elba Aleatico Passito '12 | 🍷🍷 4 |
| ○ Cuvée Brut A '14 | 🍷 3 |
| ○ Elba Ansonica '15 | 🍷 3 |
| ○ Elba Vermentino '15 | 🍷 2 |

## Il Molinaccio

Via Antica Chiusina, 12
53045 Montepulciano [SI]
Tel. +39 0578758660
www.ilmolinaccio.com

藏酒销售
膳宿接待

| | |
|---|---|
| ● Nobile di Montepulciano '13 | 🍷🍷 4 |
| ● Nobile di Montepulciano '12 | 🍷🍷 4 |

## Podere Monastero

Loc. Monastero
53011 Castellina in Chianti [SI]
Tel. +39 0577740436
www.poderemonastero.com

藏酒销售
预约参观
膳宿接待
年产量 7 000 瓶
葡萄种植面积 3 公顷

| | |
|---|---|
| ● La Pineta '14 | 🍷🍷 6 |
| ● Campanaio '14 | 🍷🍷 6 |

## Montemercurio

via di Totona, 25a
53045 Montepulciano [SI]
Tel. +39 0578716610
www.montemercurio.com

藏酒销售
预约参观
年产量 40 000 瓶
葡萄种植面积 10 公顷
葡萄栽培方式 有机认证

- ● Rosso di Montepulciano Petaso '12 — 🍷🍷 3

## Montepepe

via Sforza, 76
54038 Montignoso [MS]
Tel. +39 0585831042
www.montepepe.com

藏酒销售
预约参观
年产量 20 000 瓶
葡萄种植面积 5.4 公顷

- ○ Montepepe Bianco '14 — 🍷🍷 4
- ○ Montepepe Bianco Vintage '11 — 🍷 5

## Fattoria Montereggi

via Bosconi, 44
50014 Fiesole [FI]
Tel. +39 055540005
www.fattoriamontereggi.it

藏酒销售
预约参观
年产量 100 000 瓶
葡萄种植面积 15 公顷
可持续发展酒庄

- ● Chianti Ris. '10 — 🍷🍷 3*
- ● Chianti '14 — 🍷🍷 2*

## Monterinaldi

loc. Lucarelli
53017 Radda in Chianti [SI]
Tel. +39 0577733533
www.monterinaldi.it

年产量 400 000 瓶
葡萄种植面积 65 公顷

- ● Chianti Cl. Campopazzo '13 — 🍷🍷 3
- ● Chianti Cl. Ris. '13 — 🍷🍷 4

## Monterotondo

loc. Monterotondo, 12
53013 Gaiole in Chianti [SI]
Tel. +39 0577 749089
www.agriturismomonterotondo.net

预约参观
住宿接待
年产量 20 000 瓶
葡萄种植面积 4 公顷
葡萄栽培方式 有机认证

- ● Chianti Cl. Vaggiolata '12 — 🍷🍷 3*
- ● Chianti Cl. Ris. '11 — 🍷 4

## Podere Morazzano

s.da Morazzano 5
56040 Montescudaio [PI]
Tel. +39 0445529693
www.poderemorazzano.it

年产量 20 000 瓶
葡萄种植面积 5 公顷

- ● Eriva '11 — 🍷🍷 5
- ● Montescudaio Rerosso '11 — 🍷🍷 4
- ● Ribuio '12 — 🍷 2

## Giacomo Mori

FRAZ. PALAZZONE
P.ZZA SANDRO PERTINI, 8
53040 SAN CASCIANO DEI BAGNI [SI]
TEL. +39 0578227005
www.giacomomori.it

藏酒销售
预约参观
膳宿接待
年产量 40 000 瓶
葡萄种植面积 11 公顷
葡萄栽培方式 有机认证

| | |
|---|---|
| ● Chianti Castelrotto Ris. '13 | 🍷🍷 3 |
| ● Chianti '14 | 🍷 2 |

## Mario Motta

LOC. BANDITELLA ALBERESE
58100 GROSSETO
TEL. +39 0564405105
www.mottavini.com

藏酒销售
预约参观
年产量 40 000 瓶
葡萄种植面积 9 公顷

| | |
|---|---|
| ● Ciliegiolo '15 | 🍷🍷 3 |
| ● Morellino di Scansano Ris. '13 | 🍷🍷 5 |
| ● Morellino di Scansano '15 | 🍷 3 |

## Nottola

FRAZ. GRACCIANO
LOC. BIVIO DI NOTTOLA, 9A
53045 MONTEPULCIANO [SI]
TEL. +39 0578707060
www.cantinanottola.it

藏酒销售
预约参观
膳宿接待
年产量 120 000 瓶
葡萄种植面积 20 公顷

| | |
|---|---|
| ● Nobile di Montepulciano '13 | 🍷🍷 4 |
| ● Rosso di Montepulciano '14 | 🍷 2 |

## Cantina Olivi Le Buche

VIA CASELFAVA, 25
53047 SARTEANO [SI]
TEL. +39 0578274066
www.lebuche.com

藏酒销售
预约参观
膳宿接待
年产量 100 000 瓶
葡萄种植面积 30 公顷
可持续发展酒庄

| | |
|---|---|
| ● I Puri Syrah '11 | 🍷🍷 8 |
| ● Orcia Le Buche '12 | 🍷🍷 5 |
| ● Chianti Sup. Olivi '13 | 🍷 3 |
| ● Orcia Coreno '15 | 🍷 3 |

## Oliviera

S.DA PROV.LE 102 DI VAGLIAGLI, 36
53019 CASTELNUOVO BERARDENGA [SI]
TEL. +39 3498950188
www.oliviera.it

年产量 30 000 瓶
葡萄种植面积 9 公顷

| | |
|---|---|
| ● Chianti Cl. Ris. '12 | 🍷🍷 4 |
| ● Chianti Cl. '14 | 🍷 3 |

## Ottomani

VIA DI PANCOLE, 119
50027 GREVE IN CHIANTI [FI]
TEL. +39 3407105484
www.ottomanivino.com

年产量 25 000 瓶
葡萄种植面积 12 公顷

| | |
|---|---|
| ● Chianti Colli Fiorentini '14 | 🍷🍷 2* |
| ● Sangiovese '13 | 🍷🍷 4 |
| ● Canaiolo '12 | 🍷 5 |

## Fattoria Il Palagio

FRAZ. CASTEL SAN GIMIGNANO
LOC. IL PALAGIO
53030 COLLE DI VAL D'ELSA [SI]
TEL. +39 0577953004
www.ilpalagio.it

藏酒销售
预约参观
年产量 800 000 瓶
葡萄种植面积 79 公顷

| | |
|---|---|
| ○ Chardonnay Chioppaia '15 | 🍷🍷3 |
| ○ Sauvignon Melaia '15 | 🍷3 |
| ○ Vernaccia di San Gimignano Le Ginestrelle '15 | 🍷3 |

## Il Palagione

VIA PER CASTEL SAN GIMIGNANO, 36
53037 SAN GIMIGNANO [SI]
TEL. +39 0577953134
www.ilpalagione.com

藏酒销售
预约参观
膳宿接待
年产量 40 000 瓶
葡萄种植面积 16 公顷
葡萄栽培方式 有机认证

| | |
|---|---|
| ○ Vernaccia di S. Gimignano Ori Ris. '14 | 🍷🍷3 |
| ● Chianti Colli Senesi Caelum '14 | 🍷2 |
| ● Chianti Colli Senesi Drago Ris. '13 | 🍷3 |
| ⊙ Sunrosé '15 | 🍷2 |

## La Palazzetta

FRAZ. CASTELNUOVO DELL'ABATE
VIA PODERE LA PALAZZETTA, 1P
53024 MONTALCINO [SI]
TEL. +39 0577835531
palazzettafanti@gmail.com

藏酒销售
预约参观
膳宿接待
年产量 70 000 瓶
葡萄种植面积 20 公顷

| | |
|---|---|
| ● Brunello di Montalcino '11 | 🍷🍷5 |

## Palazzo

LOC. PALAZZO, 144
53024 MONTALCINO [SI]
TEL. +39 0577849226
www.aziendapalazzo.it

藏酒销售
预约参观
年产量 21 000 瓶
葡萄种植面积 4 公顷
葡萄栽培方式 生物动力学认证

| | |
|---|---|
| ● Brunello di Montalcino Ris. '10 | 🍷🍷7 |
| ● Brunello di Montalcino '11 | 🍷6 |
| ● Rosso di Montalcino '14 | 🍷3 |

## Tenuta Il Palazzo

LOC. ANTRIA
52100 AREZZO
TEL. +39 0575 361338
www.tenutailpalazzo.it

藏酒销售
预约参观
年产量 300 000 瓶
葡萄种植面积 40 公顷

| | |
|---|---|
| ● Syrah '12 | 🍷🍷3 |
| ○ Vin Santo del Chianti Ris. '07 | 🍷🍷4 |
| ● Chianti Il Palazzo '14 | 🍷3 |
| ● Chianti Il Palazzo Ris. '11 | 🍷3 |

## Palazzo Vecchio

FRAZ. VALIANO
VIA TERRAROSSA, 5
53040 MONTEPULCIANO [SI]
TEL. +39 0578724170
www.vinonobile.it

藏酒销售
预约参观
餐饮接待
年产量 40 000 瓶
葡萄种植面积 25 公顷

| | |
|---|---|
| ● Nobile di Montepulciano Maestro '13 | 🍷🍷4 |

## Fattoria Pancole

Loc. Pancole
53037 San Gimignano [SI]
Tel. +39 0577955078
www.fattoriadipancole.it

藏酒销售
预约参观
膳宿接待
年产量 120 000 瓶
葡萄种植面积 17 公顷
葡萄栽培方式 有机认证
可持续发展酒庄

- ● Terraisassi '12 🍷🍷 5
- ● Chianti dei Colli Senesi '15 🍷 2
- ● Dogato '12 🍷 4
- ○ Vernaccia di S. Gimignano '15 🍷 2

## Perazzeta

Loc. Montenero d'Orcia
via dell'Aia, 14
58040 Castel del Piano [GR]
Tel. +39 0564954158
www.perazzeta.it

藏酒销售
预约参观
年产量 40 000 瓶
葡萄种植面积 7.5 公顷

- ● Montecucco Rosso Alfeno '14 🍷🍷 2*
- ⊙ Sara Rosé '15 🍷 2

## Fattoria di Petroio

Fraz. Quercegrossa
via di Mocenni, 7
53019 Castelnuovo Berardenga [SI]
Tel. +39 0577328045
www.fattoriapetroio.it

藏酒销售
预约参观
餐饮接待
年产量 40 000 瓶
葡萄种植面积 15 公顷
葡萄栽培方式 有机认证

- ● Poggio al Mandorlo '14 🍷🍷 5

## Pian delle Querci

via Giacomo Leopardi, 10
53024 Montalcino [SI]
Tel. +39 0577834174
www.piandellequerci.it

藏酒销售
预约参观
年产量 53 000 瓶
葡萄种植面积 8.5 公顷

- ● Brunello di Montalcino '11 🍷🍷 5
- ● Brunello di Montalcino Ris. '10 🍷🍷 5
- ● Rosso di Montalcino '14 🍷 3

## La Piana

via Regina Margherita, 4
57032 Capraia Isola [LI]
Tel. +39 3920592988
www.lapianacapraia.it

预约参观
年产量 8 000 瓶
葡萄种植面积 5.5 公顷
葡萄栽培方式 有机认证

- ● Cristino '15 🍷🍷 5
- ○ Palmazio '15 🍷🍷 3
- ⊙ Asfoledo Rosé '15 🍷 3
- ⊙ Rosa della Piana '15 🍷 3

## Piandibugnano

Loc. Pian di Bugnano
58038 Seggiano [GR]
Tel. +39 0564950773
www.piandibugnano.com

藏酒销售
预约参观
年产量 27 800 瓶
葡萄种植面积 3.8公顷

- ● Montecucco Sangiovese L'Erpico '13 🍷🍷 5
- ● Nanerone Aleatico Passito '14 🍷 5

## Pianirossi

LOC. PORRONA
POD. SANTA GENOVEFFA, 1
58044 CINIGIANO [GR]
TEL. +39 0564990573
www.pianirossi.it

藏酒销售
预约参观
膳宿接待
年产量 50 000 瓶
葡萄种植面积 14 公顷

- ● Montecucco Sidus '14 ♥♥ 2*
- ● Pianirossi '13 ♥ 6
- ● Solus '13 ♥ 3

## Fattoria Piccaratico

LOC. SPICCHIO
VIA PICCARATICO, 9
50059 VINCI [FI]
TEL. +39 0571509143
www.fattoriapiccaratico.it

藏酒销售
预约参观
膳宿接待
年产量 28 000 瓶
葡萄种植面积 10 公顷

- ○ Bianco dell'Empolese Vin Santo Semiramis '07 ♥♥ 5
- ● Rosso del Rinserrato '13 ♥♥ 3
- ● Chianti Colle dei Fossili '15 ♥ 2

## Agostina Pieri

FRAZ. SANT'ANGELO SCALO
LOC. PIANCORNELLO
53024 MONTALCINO [SI]
TEL. +39 0577844163
www.pieriagostina.it

年产量 45 000 瓶
葡萄种植面积 10.78 公顷

- ● Brunello di Montalcino '11 ♥♥ 6
- ● Rosso di Montalcino '14 ♥♥ 3

## La Pierotta

LOC. LA PIEROTTA, 19
58020 SCARLINO [GR]
TEL. +39 056637218
www.@lapierotta.it

藏酒销售
预约参观
年产量 50 000 瓶
葡萄种植面积 13 公顷

- ● Monteregio di Massa Marittima Rosso Selvaneta '14 ♥♥ 2*
- ● Monteregio di Massa Marittima Scarilius '13 ♥ 3

## Pieve Santa Restituta

LOC. CHIESA DI SANTA RESTITUTA
53024 MONTALCINO [SI]
TEL. +39 0577848610
info@pievesantarestituta.com

年产量 75 000 瓶
葡萄种植面积 27 公顷

- ● Brunello di Montalcino Sugarille '11 ♥♥ 8
- ● Brunello di Montalcino Rennina '11 ♥ 8

## Pinino

LOC. PININO, 327
53024 MONTALCINO [SI]
TEL. +39 0577849381
www.pinino.com

藏酒销售
预约参观
年产量 90 000 瓶
葡萄种植面积 16 公顷

- ● Brunello di Montalcino '11 ♥♥ 7
- ● Brunello di Montalcino Pinone Ris. '10 ♥♥ 8
- ● Rosso di Montalcino Pinino '14 ♥ 3

## Cantina Cooperativa di Pitigliano

via Nicola Ciacci, 974
58017 Pitigliano [GR]
Tel. +39 0564616133
www.cantinadipitigliano.it

藏酒销售
预约参观
年产量 3 000 000 瓶
葡萄种植面积 1000 公顷
葡萄栽培方式 有机认证

- ● Maremma Toscana Ciliegiolo '15 — 🍷🍷 3
- ● Sovana Sup. Vignamurata Sangiovese '15 — 🍷🍷 2*
- ○ Bianco di Pitigliano Sup. Ildebrando '15 — 🍷 2

## Podere dell'Anselmo

loc. Anselmo
via Panfi, 12
50025 Montespertoli [FI]
Tel. +39 0571671951
www.forconi.net

藏酒销售
预约参观
膳宿接待
年产量 40 000 瓶
葡萄种植面积 13 公顷

- ● Pax '12 — 🍷🍷 6
- ● Terre di Bracciatica '14 — 🍷🍷 2*
- ● Chianti Montespertoli '13 — 🍷 2
- ● Chianti Montespertoli Ingannamatti Ris. '12 — 🍷 3

## Poggio al Tufo

loc. Poggio Cavalluccio
58017 Pitigliano [GR]
Tel. +39 0457701266
www.tommasiwine.it

藏酒销售
年产量 165 000 瓶
葡萄种植面积 66 公顷

- ● Cabernet Sauvignon '14 — 🍷🍷 2*
- ● Alicante '13 — 🍷 3
- ● Rompicollo '14 — 🍷 2

## Poggio Nicchiaia

via San Martino, 7
56037 Peccioli [PI]
Tel. +39 0587697139
www.poggionicchiaia.it

年产量 80 000 瓶
葡萄种植面积 50 公顷

- ● Mania '13 — 🍷🍷 3
- ● Chianti Filetto '14 — 🍷 2
- ○ Fiore del Borgo '15 — 🍷 2

## Tenuta Poggio Rosso

fraz. Populonia
loc. Poggio Rosso, 1
57025 Piombino [LI]
Tel. +39 056529553
www.tenutapoggiorosso.it

藏酒销售
预约参观
年产量 35 000 瓶
葡萄种植面积 6 公顷

- ● Velthune '13 — 🍷🍷 6
- ○ Feronia '15 — 🍷 4
- ○ Losna '14 — 🍷 6
- ○ Phylika '15 — 🍷 3

## Fattoria Pogni

loc. Marcialla
via Pogni di Sopra, 159
50052 Certaldo [FI]
Tel. +39 3331334379
www.fattoriapogni.it

藏酒销售
预约参观
膳宿接待
年产量 100 000 瓶
葡萄种植面积 12 公顷

- ● Nappolaio '12 — 🍷🍷 3
- ● Terrasole '12 — 🍷🍷 4
- ● Chianti Poggio ai Falchi Ris. '11 — 🍷 3
- ● Gorgogli '12 — 🍷 4

## Pometti

LOC. LA SELVA, 16
53020 TREQUANDA [SI]
TEL. +39 057747833
www.pometti.it

藏酒销售
预约参观
膳宿接待
年产量 40 000 瓶
葡萄种植面积 11 公顷

- ● Tinotre '13 🍷🍷 4
- ● Tarchun Us '12 🍷 3

## Il Ponte

S.DA CARIGE ALTA, 15
58010 CAPALBIO [GR]
TEL. +39 068547928
www.agricolailponte.it

藏酒销售
预约参观
年产量 25 000 瓶
葡萄种植面积 14 公顷

- ● Maremma Toscana Balto '12 🍷🍷 4
- ● Capalbio Rosso T-Lex '14 🍷 4
- ○ Costa dell'Argentario Ansonica T-Lex '15 🍷 4

## Provveditore

LOC. SALAIOLO, 174
58054 SCANSANO [GR]
TEL. +39 3487018670
www.provveditore.net

藏酒销售
预约参观
餐饮接待
年产量 15 000 瓶
葡萄种植面积 30 公顷

- ● Morellino di Scansano '14 🍷🍷 3
- ○ Maremma Toscana Sauvignon Il Bargaglino '15 🍷 3
- ● Morellino di Scansano Irio '15 🍷 2

## La Rasina

LOC. RASINA, 132
53024 MONTALCINO [SI]
TEL. +39 0577848536
www.larasina.it

藏酒销售
预约参观
膳宿接待
年产量 60 000 瓶
葡萄种植面积 12.5 公顷

- ● Brunello di Montalcino '11 🍷🍷 6
- ● Brunello di Montalcino Il Divasco Ris. '10 🍷🍷 8

## Riecine

LOC. RIECINE
53013 GAIOLE IN CHIANTI [SI]
TEL. +39 0577749098
www.riecine.com

藏酒销售
预约参观
年产量 60 000 瓶
葡萄种植面积 11 公顷
葡萄栽培方式 有机认证

- ● Riecine di Riecine '12 🍷🍷 5
- ● La Gioia '12 🍷 6

## Rigoli

LOC. CAFAGGIO
VIA DEGLI ULIVI, 8
57021 CAMPIGLIA MARITTIMA [LI]
TEL. +39 0565843079
www.rigolivini.com

年产量 30 000 瓶
葡萄种植面积 5 公顷

- ● N'Etrusco '15 🍷🍷 1*
- ○ Stradivino '15 🍷🍷 1*
- ● Assiolo '11 🍷 1*

## Tenute delle Ripalte

Loc. Ripalte
57031 Capoliveri [LI]
Tel. +39 056594211
www.tenutadelleripalte.it

藏酒销售
预约参观
膳宿接待
年产量 60 000 瓶
葡萄种植面积 15 公顷
可持续发展酒庄

| | |
|---|---|
| ● Elba Aleatico Passito Alea Ludendo '12 | 🍷🍷 6 |
| ● Alicante '14 | 🍷🍷 3 |
| ⊙ Rosato delle Ripalte '15 | 🍷 3 |
| ○ Vermentino '15 | 🍷 3 |

## Sada

S.da Prov.le dei 3 Comuni
56040 Casale Marittimo [PI]
Tel. +39 0586650180
www.agricolasada.com

藏酒销售
预约参观
年产量 60 000 瓶
葡萄种植面积 11.5 公顷
葡萄栽培方式 有机认证

| | |
|---|---|
| ● Bolgheri Sup. '13 | 🍷🍷 6 |
| ● Integolo '13 | 🍷🍷 6 |
| ○ Vermentino '15 | 🍷 3 |

## San Benedetto

Loc. San Benedetto, 4a
53037 San Gimignano [SI]
Tel. +39 3386958705
www.agrisanbenedetto.com

藏酒销售
年产量 40 000 瓶
葡萄种植面积 25 公顷

| | |
|---|---|
| ○ Vernaccia di San Gimignano Ris. '13 | 🍷🍷 2* |
| ● Chianti '14 | 🍷 2 |
| ○ Vermentino '15 | 🍷 2 |
| ○ Vernaccia di San Gimignano '15 | 🍷 2 |

## Fattoria San Felo

Loc. Pagliatelli
58051 Magliano in Toscana [GR]
Tel. +39 05641836727
www.fattoriasanfelo.it

预约参观
年产量 200 000 瓶
葡萄种植面积 30 公顷

| | |
|---|---|
| ○ Chardonnay '15 | 🍷🍷 3 |
| ● Morellino di Scansano Lampo '13 | 🍷🍷 3 |
| ○ Le Stoppie '15 | 🍷 2 |

## Fattoria Sardi

Fraz. Monte San Quirico
via della Maulina, 747
55100 Lucca
Tel. +39 0583341230
www.fattoriasardi.com

藏酒销售
预约参观
膳宿接待
年产量 110 000 瓶
葡萄种植面积 14 公顷
葡萄栽培方式 有机认证

| | |
|---|---|
| ● Colline Lucchesi Rosso Sebastiano '13 | 🍷🍷 5 |
| ⊙ Fattoria Sardi Rosé '15 | 🍷 3 |

## Vasco Sassetti

Loc. Castelnuovo dell'Abate
via Bassomondo, 7
53024 Montalcino [SI]
Tel. +39 0577835619
lanzini.massimo@tiscali.it

藏酒销售
预约参观
餐饮接待
年产量 100 000 瓶
葡萄种植面积 20 公顷

| | |
|---|---|
| ● Brunello di Montalcino '11 | 🍷🍷 6 |
| ● Rosso di Montalcino '14 | 🍷🍷 4 |
| ● Brunello di Montalcino Ris. '10 | 🍷 7 |

## SassodiSole

FRAZ. TORRENIERI
LOC. SASSODISOLE, 85
53024 MONTALCINO [SI]
TEL. +39 0577834303
www.sassodisole.it

藏酒销售
预约参观
年产量 30 000 瓶
葡萄种植面积 8 公顷
可持续发展酒庄

| | |
|---|---|
| ● Brunello di Montalcino '11 | 🍷🍷 5 |
| ● Brunello di Montalcino Ris. '10 | 🍷🍷 8 |

## Il Sassolo

VIA CITERNA, 5
59015 CARMIGNANO [PO]
TEL. +39 0558706488
www.ilsassolo.it

年产量 9 000 瓶
葡萄种植面积 5.5 公顷

| | |
|---|---|
| ● Carmignano '13 | 🍷🍷 3 |
| ⊙ Barco Reale Vin Ruspo '15 | 🍷 2 |

## Sassotondo

LOC. PIAN DI CONATI, 52
58010 SOVANA [GR]
TEL. +39 0564614218
www.sassotondo.it

藏酒销售
预约参观
年产量 50 000 瓶
葡萄种植面积 12 公顷
葡萄栽培方式 有机认证

| | |
|---|---|
| ● Maremma Toscana Ciliegiolo San Lorenzo '13 | 🍷🍷 6 |
| ● Sovana Rosso Sup. Ombra Blu '14 | 🍷 3 |
| ● Tufo Rosso '15 | 🍷 2 |

## Sedime

POD. SEDIME, 63
53026 PIENZA [SI]
TEL. +39 0578748436
www.capitoni.eu

藏酒销售
预约参观
年产量 12 000 瓶
葡萄种植面积 5 公顷

| | |
|---|---|
| ● Orcia Rosso Capitoni Ris. '12 | 🍷🍷 4 |
| ● Orcia Sangiovese Troccolone '15 | 🍷🍷 3 |

## Fulvio Luigi Serni

LOC. LE LAME, 237
57022 CASTAGNETO CARDUCCI [LI]
TEL. +39 0565763585
www.sernifulvioluigi.it

藏酒销售
预约参观
年产量 20 000 瓶
葡萄种植面积 3.5 公顷

| | |
|---|---|
| ● Bolgheri Rosso Tegoleto '14 | 🍷🍷 3 |
| ○ Bolgheri Bianco Le Lame '15 | 🍷 2 |
| ⊙ Bolgheri Rosato Arcanto '15 | 🍷 2 |
| ● Bolgheri Rosso Acciderba '13 | 🍷 4 |

## Solaria - Cencioni Patrizia

POD. CAPANNA, 102
53024 MONTALCINO [SI]
TEL. +39 0577849426
www.solariacencioni.com

藏酒销售
预约参观
年产量 35 500 瓶
葡萄种植面积 9 公顷

| | |
|---|---|
| ● Brunello di Montalcino 123 Ris. '10 | 🍷🍷 8 |
| ● Brunello di Montalcino '11 | 🍷 6 |
| ● Rosso di Montalcino '14 | 🍷 3 |

## Borgo La Stella

LOC. VAGLIAGLI
B.GO LA STELLA, 60
53017 RADDA IN CHIANTI [SI]
TEL. +39 0577740699
www.borgolastella.com

年产量 21 000 瓶
葡萄种植面积 4.5 公顷

- Cronos '14 ♀♀5
- Chianti Cl. '14 ♀3

## Tenuta di Sticciano

VIA DI STICCIANO, 207
50052 CERTALDO [FI]
TEL. +39 0571669191
www.tenutadisticciano.it

藏酒销售
预约参观
膳宿接待
年产量 65 000 瓶
葡萄种植面积 25 公顷
葡萄栽培方式 有机认证

- Chianti Villa di Sticciano Ris. '12 ♀♀3
- Chianti Maggiano '14 ♀2

## Stomennano

LOC. STOMENNANO
53035 MONTERIGGIONI [SI]
TEL. +39 0577304033
www.stomennano.it

预约参观
膳宿接待
年产量 50 000 瓶
葡萄种植面积 11 公顷
可持续发展酒庄

- Chianti Cl. '14 ♀♀5

## Suveraia

LOC. CAMPETROSO, 26
58025 MONTEROTONDO MARITTIMO [GR]
TEL. +39 3356211060
www.suveraia.it

藏酒销售
预约参观
年产量 30 000 瓶
葡萄种植面积 6 公顷

- Monteregio di Massa Marittima Bacucco di Suveraia '12 ♀♀5
- Monteregio di Massa Marittima Rosso di Campetroso '15 ♀♀3

## Tassi

V.LE P. STROZZI, 1/3
53024 MONTALCINO [SI]
TEL. +39 0577848025
www.tassimontalcino.com

年产量 20 000 瓶
葡萄种植面积 5 公顷

- Brunello di Montalcino '11 ♀♀7
- Brunello di Montalcino Franci Ris. '10 ♀♀8
- Brunello di Montalcino Franci '11 ♀8

## Tenuta degli Dei

VIA SAN LEOLINO, 56
50022 GREVE IN CHIANTI [FI]
TEL. +39 055852593
www.deglidei.it

预约参观
年产量 65 000 瓶
葡萄种植面积 9 公顷

- Chianti Cl. '14 ♀♀3
- Le Redini '14 ♀4

## Tenuta La Chiusa

LOC. MAGAZZINI, 93
57037 PORTOFERRAIO [LI]
TEL. +39 0565933046
lachiusa@elbalink.it

藏酒销售
预约参观
膳宿接待
年产量 25 000 瓶
葡萄种植面积 7.5 公顷

| | |
|---|---|
| ● Elba Aleatico Passito '14 | 🍷🍷 6 |
| ○ Elba Bianco '15 | 🍷 2 |
| ○ Elba Vermentino '15 | 🍷 2 |

## Terre dell'Etruria Il Poderone

LOC. PODERONE
58051 MAGLIANO IN TOSCANA [GR]
TEL. +39 0564593011
www.terretruria.it

藏酒销售
预约参观
年产量 200 000 瓶
葡萄种植面积 90 公顷

| | |
|---|---|
| ● Briglia Ciliegiolo '14 | 🍷🍷 2* |
| ● Morellino di Scansano Giogo '15 | 🍷 2 |
| ○ Vermentino Marmato '15 | 🍷 2 |

## Tenuta Tre Rose

FRAZ. VALIANO
VIA DELLA STELLA, 3
53040 MONTEPULCIANO [SI]
TEL. +39 0577804101
www.tenutatrerose.it

藏酒销售
预约参观
年产量 650 000 瓶
葡萄种植面积 102 公顷

| | |
|---|---|
| ● Nobile di Montepulciano Simposio '11 | 🍷🍷 6 |
| ● Rosso di Montepulciano Salterio '15 | 🍷🍷 3 |

## Tenuta di Trecciano

S.DA PROV.LE 52 DELLA MONTAGNOLA, 16
53018 SOVICILLE [SI]
TEL. +39 0577314357
www.trecciano.it

藏酒销售
预约参观
年产量 80 000 瓶
葡萄种植面积 15.5 公顷

| | |
|---|---|
| ● Chianti Colli Senesi '15 | 🍷🍷 2* |
| ● I Campacci '14 | 🍷🍷 4 |
| ● Suavis Locus IIIe '14 | 🍷 4 |

## Tringali - Casanuova

LOC. CASA AL PIANO, 68
57022 CASTAGNETO CARDUCCI [LI]
TEL. +39 0565774101
www.tringalipro.it

藏酒销售
预约参观
膳宿接待
年产量 35 000 瓶
葡萄种植面积 4 公顷

| | |
|---|---|
| ● Bolgheri Casa al Piano '14 | 🍷🍷 3 |
| ● Bolgheri Sup. Renzo '13 | 🍷 6 |

## Tuttisanti

LOC. FIORENTINA
57025 PIOMBINO [LI]
TEL. +39 056535226

藏酒销售
预约参观
年产量 20 000 瓶
葡萄种植面积 4.6 公顷

| | |
|---|---|
| ● Val di Cornia Merlot '15 | 🍷🍷 2* |
| ○ Val di Cornia Vermentino '15 | 🍷🍷 2* |
| ○ Val di Cornia Bianco '15 | 🍷 2 |
| ⊙ Val di Cornia Rosato '15 | 🍷 2 |

## Fattoria Uccelliera

via Pontita, 26
56043 Fauglia [PI]
Tel. +39 050662747
www.uccelliera.com

藏酒销售
预约参观
膳宿接待
年产量 100 000 瓶
葡萄种植面积 17 公顷

| | |
|---|---|
| ● Ginepraia '15 | ♀♀ 2* |
| ○ Ficaia '15 | ♀ 2 |
| ○ Lupinaio '15 | ♀ 3 |
| ● Poggio alla Pietra '14 | ♀ 4 |

## Urlari

loc. Urlari
56046 Riparbella [PI]
Tel. +39 335215031
www.urlari.com

藏酒销售
预约参观
年产量 30 000 瓶
葡萄种植面积 6 公顷

| | |
|---|---|
| ● Pervale '13 | ♀♀ 3 |
| ● L'Urlo '13 | ♀ 5 |
| ● Ritasso '13 | ♀ 5 |

## Usiglian Del Vescovo

via Usigliano, 26
56036 Palaia [PI]
Tel. +39 0587622138
www.usigliandelvescovo.it

藏酒销售
预约参观
年产量 150 000 瓶
葡萄种植面积 28 公顷
可持续发展酒庄

| | |
|---|---|
| ● Il Barbiglione '13 | ♀♀ 5 |
| ○ Il Ginestraio '15 | ♀ 5 |
| ● Il Grullaio '15 | ♀ 3 |

## Val di Suga

loc. Val di Cava
53024 Montalcino [SI]
Tel. +39 0577804101
www.valdisuga.it

藏酒销售
预约参观
年产量 270 000 瓶
葡萄种植面积 55 公顷

| | |
|---|---|
| ● Brunello di Montalcino Poggio al Granchio '10 | ♀♀ 8 |
| ● Brunello di Montalcino V. Spuntali '10 | ♀ 8 |
| ● Brunello di Montalcino Val di Suga '11 | ♀ 6 |

## Val di Toro

loc. Poggio La Mozza
s.da delle Campore, 18
58100 Grosseto
Tel. +39 0564409600
www.valditoro.it

藏酒销售
预约参观
年产量 70 000 瓶
葡萄种植面积 10 公顷

| | |
|---|---|
| ● Morellino di Scansano Reviresco '14 | ♀♀ 3 |
| ○ Maremma Toscana Auramaris '15 | ♀ 2 |

## Valdonica

fraz. Sassofortino
loc. Casalone dell'Ebreo
58036 Roccastrada [GR]
Tel. +39 0564567251
www.valdonica.com

藏酒销售
预约参观
年产量 35 000 瓶
葡萄种植面积 10 公顷
葡萄栽培方式 有机认证

| | |
|---|---|
| ● Maremma Toscana Ciliegiolo '12 | ♀♀ 6 |
| ● Monteregio di Massa Marittima Sangiovese Ris. '12 | ♀♀ 4 |
| ● Monteregio Saragio '12 | ♀ 5 |

## Valentini

LOC. VALPIANA
POD. FIORDALISO, 69
58024 MASSA MARITTIMA [GR]
TEL. +39 0566918058
www.agricolavalentini.it

藏酒销售
预约参观
膳宿接待
年产量 40 000 瓶
葡萄种植面积 5.5 公顷

- ● Monteregio di Massa Marittima '14 ΨΨ 2*

## Vecchia Cantina di Montepulciano

VIA PROVINCIALE, 7
53045 MONTEPULCIANO [SI]
TEL. +39 0578716092
www.vecchiacantina.com

藏酒销售
预约参观
年产量 5 000 000 瓶
葡萄种植面积 1000 公顷

- ○ Vin Santo di Montepulciano '10 ΨΨ 6
- ● Nobile di Montepulciano Briareo Ris. '11 Ψ 5
- ● Rosso di Montepulciano '14 Ψ 2

## Ventolaio

LOC. VENTOLAIO, 51
53024 MONTALCINO [SI]
TEL. +39 0577835779

藏酒销售
预约参观
年产量 70 000 瓶
葡萄种植面积 14 公顷

- ● Brunello di Montalcino Ris. '10 ΨΨ 8
- ● Brunello di Montalcino '11 Ψ 6
- ● Rosso di Montalcino '13 Ψ 3

## Verbena

LOC. VERBENA, 100
53024 MONTALCINO [SI]
TEL. +39 0577846035
www.aziendaverbena.it

藏酒销售
预约参观
年产量 50 000 瓶
葡萄种植面积 10 公顷

- ● Brunello di Montalcino '11 ΨΨ 5
- ● Brunello di Montalcino Ris. '10 Ψ 7
- ● Rosso di Montalcino '14 Ψ 3

## Villa Corliano

LOC. BRUCIANESI
VIA DI CORLIANO, 4
50058 LASTRA A SIGNA [FI]
TEL. +39 0558734542
www.villacorliano.com

藏酒销售
预约参观
年产量 35 000 瓶
葡萄种植面积 6.78 公顷

- ● Ghirigoro '12 ΨΨ 3
- ○ Vin Santo Dedicato '06 ΨΨ 5
- ○ Italobianco Trebbiano Viognier '15 Ψ 2
- ● Italorosso Sangiovese Syrah '14 Ψ 2

## Tenuta Vitanza

FRAZ. TORRENIERI
POD. BELVEDERE, 145
52024 MONTALCINO [SI]
TEL. +39 0577832882
www.tenutavitanza.it

藏酒销售
预约参观
年产量 200 000 瓶
葡萄种植面积 26 公顷

- ● Brunello di Montalcino '11 Ψ 5
- ● Rosso di Montalcino '14 Ψ 3

# 马尔凯区
# MARCHE

在今年的年鉴中，马尔凯产区（Marche）进一步拓展了上榜的卓越名酒名录，增加了好几款优秀的白葡萄酒。在斩获“三杯奖”的20款美酒中，14款是维蒂奇诺酒（Verdicchio）——产地从耶西地区（Jesi）直至马泰利卡地区（Matelica），3款是奥菲达佩克利诺（Offida Pecorino）。不过，无论这些数字如何精彩，都无法充分表达出我们在上述地区观察到的无尽酿造活力和不断提升的品质水平。一个值得关注的现象就是获奖酒庄之间的竞争极为激烈，你方唱罢我方登场般的层出不穷，每座酒庄在每一年都必须用尽全力来证明自己拥有足够实力摘下桂冠，在夺冠的道路上永不停歇。因此，我们应该为布西酒庄（Bucci）、卡萨法雷多酒庄（Casalfarneto）、斯皮内利酒庄（Tenuta Spinelli）、瓦勒诺西酒庄（Velenosi）、塔瓦尼亚诺酒庄（Tenuta di Tavignano）【其出品的2015年份耶西古堡米斯克传统维蒂奇诺超级美酒（Verdicchio dei Castelli di Jesi Classico Superiore Misco）荣获今年的“年度白葡萄酒大奖”】、帕拉帕尼兄弟酒庄（Sparapani）、贝利萨里奥酒庄（Belisario）和克莱斯蒂凡诺酒庄（Collestefano）举杯庆贺，他们在2016年努力工作，呈现出极其精彩的表现，令其从众多出色的竞争者中脱颖而出，最终夺得佳绩。说回到“三杯奖”的领奖台，在缺席一年甚至更长时间之后，我们欣慰地再次看到皮耶瓦尔塔酒庄（Pievalta）、玛提奥利丘酒庄（Poderi Mattioli）、马洛提坎姆皮酒庄（Marotti Campi）、蒙特卡彭酒庄（Montecappone）、毕西酒庄（Bisci）和蒙纳赛思卡酒庄（La Monacesca）的身影。除此之外，还有数座首次斩获大奖的酒庄也加入其中，它们的规模大小不一，从萨宾奈尔区（Sabbionare）高端的匠人风格到产区最为著名的格里弗尼家族酒庄（Tenuta Cocci Grifoni）——凭借献给奎多·格里弗尼（Guido Grifoni）的美酒摘下令人垂涎的大奖。奎多是马尔凯产区葡萄酒酿造之父，以及本地葡萄品种的忠诚守卫者，是第一个重新发现佩克利诺葡萄（Pecorino）并拯救其免于被遗忘的人。马尔凯产区的红葡萄酒酿造也加快了脚步。科内罗产区（Conero）再次回到顶级美酒产地的名单上，这要感谢乌曼尼隆基酒庄（Umani Ronchi）出品的2011年份圣乔吉奥陈酿（Campo San Giorgio Riserva）的卓越表现；而比切诺（Piceno）和马切拉塔地区（Macerata）等重要的种植区也榜上有名。采收酿造季糟糕的气候条件对于蒙特普齐亚诺（Montepulciano）、桑娇维塞（Sangiovese）及黑葡萄品种的酿造的确造成了整体上的影响，但是酿酒人无论如何不能放低标准，警惕酚类成熟度，适当利用橡木桶陈年，注意去除过于浓郁的果味和精粹。我们一致认为2013年份的库普拉（Kupra）是一颗璀璨的宝石，凸显现代风味，由极富经验的卓越酿酒人马可·卡索兰内提（Marco Casolanetti）打造而成。同样令人惊叹的，还有充满激情的新人伊曼努尔·迪亚内蒂（Emanuele Dianetti）带来的2013年份奥菲达韦格纳基利亚红葡萄酒（Offida Rosso Vignagiulia）。无论如何，我们还应当跳脱出“三杯奖”获奖名录，仔细看一看今年年鉴中马尔凯产区各个酒庄的详细品鉴，其中涌现出许多新名字，这里无疑是天赋的温床，或许正孕育着未来的新星。准备好你的鼻子和嘴巴，让我们开始探索这里的美酒，你绝不会失望！

## Aurora

Loc. Santa Maria in Carro
c.da Ciafone, 98
63073 Offida [AP]
Tel. +39 0736810007
www.viniaurora.it

藏酒销售
预约参观
膳宿接待
年产量 53 300 瓶
葡萄种植面积 9.5 公顷
葡萄栽培方式 有机认证

在欧若拉酒庄（Aurora），酿酒是一种宗教信仰，这座规模不大的小型协作酒庄拥有全心奉献的酿造商成员，分布在齐亚冯地区（Contrada Ciafone）的肥沃地块，拥有令人印象深刻的优质葡萄园。这座协作酒庄在葡萄的种植过程中以及酒窖的酿造过程中禁用一切化学制剂和无意义的外部人力干涉，出品系列展现出完整性，即便在面对千变万化的市场需求和转瞬即逝的潮流压力时也毫不退让。这种忠诚的做法无疑打造出极富自然特色的美酒，在比切诺地区（Piceno）古老酿造传统的激发下，奉献出活跃的佳酿。在今年的品鉴中，欧若拉酒庄推荐了卓越的系列美酒，其中2013年份的奥菲达巴瑞卡迭罗红葡萄酒（Offida Rosso Barricadiero）是最佳典范：它的酒体饱满，非常容易入口，能量爆裂，能将偶尔显露出的粗粝质感转变为无可比拟的独特个性。与此同时，2014年份的菲奥博佩克瑞诺（Pecorino Fiobbo）吐露着茴香般的辛香，融入芳香植物的芬芳和苹果的缕缕果香，随之而来的口感丰盈饱满，令人垂涎，酸度锐利，收口果味深邃。除此之外，2015年份的比切诺红葡萄酒（Rosso Piceno）表现也非常卓越，吐露着真正浓郁的传统果香，口感尽管简单，但是绝不平庸。

| | | |
|---|---|---|
| ○ Offida Pecorino Fiobbo '14 | 🍷🍷 | 3* |
| ● Offida Rosso Barricadiero '13 | 🍷🍷 | 4 |
| ● Rosso Piceno '15 | 🍸🍸 | 2* |
| ● Rosso Piceno Sup. '13 | 🍸🍸 | 2* |
| ⊙ Rosato '14 | 🍸 | 2 |
| ● Barricadiero '10 | 🥂🥂🥂 | 4* |
| ● Barricadiero '09 | 🥂🥂🥂 | 4 |
| ● Barricadiero '06 | 🥂🥂🥂 | 4 |
| ● Barricadiero '04 | 🥂🥂🥂 | 3 |
| ● Barricadiero '03 | 🥂🥂🥂 | 3* |
| ● Barricadiero '02 | 🥂🥂🥂 | 3 |
| ● Barricadiero '01 | 🥂🥂🥂 | 3* |
| ● Offida Rosso Barricadiero '11 | 🥂🥂🥂 | 4* |
| ○ Offida Pecorino Fiobbo '11 | 🥂🥂 | 2* |
| ○ Offida Pecorino Fiobbo '10 | 🥂🥂 | 2* |
| ○ Offida Pecorino Fiobbo '09 | 🥂🥂 | 2* |

## Belisario

via Aristide Merloni, 12
62024 Matelica [MC]
Tel. +39 0737787247
www.belisario.it

藏酒销售
预约参观
年产量 1 000 000 瓶
葡萄种植面积 300 公顷

在葡萄酒酿造业，协作酒庄并非总能缔造成功故事，但是他们的合作的确能为整个地区带来飞速发展。贝利萨里奥酒庄（Belisario）正是如此，在长达四十五年的时间里，一直是推动马泰利卡维蒂奇诺产区（Verdicchio di Matelica）前进的动力。它劝说小型种植商不要拔除葡萄园，凭借展现出多样化的系列美酒系列出品美酒带领DOC产区不断发展，并将高品质的美酒价格定在非常合理的范围内。在罗伯托·波泰提尼（Roberto Potentini）领导下的酿造专家团队对各个生产商成员进行直接的监督和指导，在大型且功能齐备的酒窖中进行酿造。在今年的品鉴中，贝利萨里奥酒庄推荐的系列美酒表现精彩，其中2015年份的老藤B系列美酒（Vigneti B.）气势恢宏，跃动的口感展现出打破记录的绵长余韵，诱人的酒香融入缕缕山楂的果香，更有杏仁的醇香萦绕其间，底蕴中透露出缕缕鹅卵石的风味，无疑是一款经典而标准的马泰利卡酒（Matelica），卓越而美好。与此同时，2013年份的卡姆布鲁吉安诺（Cambrugiano）吐露着橡木的芬芳，融入夏日水果的阵阵果香，更有一抹花香萦绕其间，随之而来的口感丰盈饱满，果味四溢。除此之外，贝利萨里奥酒庄今年推荐的其他美酒也展现出非常可靠的品质，尤其是2015年份的德尔塞洛（Del Cerro），堪称非常精美的类型酒。

| | | |
|---|---|---|
| ○ Verdicchio di Matelica Vign. B. '15 | 🍷🍷🍷 | 3* |
| ○ Verdicchio di Matelica Cambrugiano Ris. '13 | 🍷🍷 | 3* |
| ○ Verdicchio di Matelica Del Cerro '15 | 🍸🍸 | 2* |
| ○ Verdicchio di Matelica L'Anfora '15 | 🍸🍸 | 2* |
| ○ Verdicchio di Matelica Terre di Valbona '15 | 🍸🍸 | 2* |
| ○ Verdicchio di Matelica Meridia '13 | 🍸 | 3 |
| ○ Verdicchio di Matelica Cambrugiano Ris. '12 | 🥂🥂🥂 | 3* |
| ○ Verdicchio di Matelica Cambrugiano Ris. '08 | 🥂🥂🥂 | 3* |
| ○ Verdicchio di Matelica Cambrugiano Ris. '06 | 🥂🥂🥂 | 3* |
| ○ Verdicchio di Matelica Cambrugiano Ris. '02 | 🥂🥂🥂 | 3* |
| ○ Verdicchio di Matelica Meridia '10 | 🥂🥂🥂 | 3* |
| ○ Verdicchio di Matelica Meridia '07 | 🥂🥂🥂 | 3 |

## Bisci

via Fogliano, 120
62024 Matelica [MC]
Tel. +39 0737787490
www.bisci.it

藏酒销售
预约参观
年产量 120 000 瓶
葡萄种植面积 20 公顷
葡萄栽培方式 有机认证

今天的毕西家族(Bisci)酒庄由毛罗·毕西(Mauro Bisci)经营管理，他的父亲约瑟佩(Giuseppe)和叔叔皮埃尔诺(Pierino)于1980年创建了这座家族酒庄。作为维蒂奇诺(Verdicchio)的坚定拥护者，毛罗限制了黑葡萄的产量，将桑娇维塞(Sangiovese)和梅洛(Merlot)的种植面积限制在2公顷以内，与此同时增加了白葡萄品种的栽培面积。位于圣韦斯诺山(Mount San Vicino)西向山坡山脚下的葡萄园拥有理想的朝向，最大化地利用了卡梅里诺地区(Camerino)独特的斜向微气候条件，保证了出品的美酒酸度饱满，萃取精良，展现出众所周知的绵长陈年潜力。古老酒窖中的水泥池依然保留下来，如今用来陈年马泰利卡(Matelica)。在今年的品鉴中，毕西酒庄的表现精彩，酒庄另一款获得"三杯奖"的美酒是2013年份的弗格利安诺老藤葡萄酒(Vigneto Fogliano)，精美的佳酿最初吐露着典型的马泰利卡风土芬芳，融入茴香的缕缕异香，更有柑橘和杏仁的美妙香气萦绕其间，口感优雅持久，酒质发展平稳，融入矿物质的醇浓滋味，收口余韵极具恢宏魅力。除此之外，2015年份的马泰利卡吐露着馥郁的花香，浸润果味的美妙口感一路攀上逡巡不散的收口巅峰，非常美味。

| | |
|---|---|
| ○ Verdicchio di Matelica Vign. Fogliano '13 | 🍷🍷🍷 3* |
| ○ Verdicchio di Matelica '15 | 🍷🍷 3 |
| ○ Verdicchio di Matelica Vign. Fogliano '10 | 🍷🍷🍷 3* |
| ○ Verdicchio di Matelica Vign. Fogliano '08 | 🍷🍷🍷 3* |
| ○ Verdicchio di Matelica '14 | 🍷🍷 2* |
| ○ Verdicchio di Matelica '13 | 🍷🍷 3 |
| ○ Verdicchio di Matelica '12 | 🍷🍷 2* |
| ○ Verdicchio di Matelica '11 | 🍷🍷 3 |
| ○ Verdicchio di Matelica '10 | 🍷🍷 2* |
| ○ Verdicchio di Matelica Senex '09 | 🍷🍷 4 |
| ○ Verdicchio di Matelica Vign. Fogliano '11 | 🍷🍷 3* |
| ○ Verdicchio di Matelica Vign. Fogliano '07 | 🍷🍷 3* |

## Boccadigabbia

loc. Fontespina
c.da Castelletta, 56
62012 Civitanova Marche [MC]
Tel. +39 073370728
www.boccadigabbia.com

藏酒销售
预约参观
年产量 100 000 瓶
葡萄种植面积 25 公顷

埃尔维奥·亚历山德里(Elvio Alessandri)是一位来自奇维塔诺瓦(Civitanova)的著名商人，从博卡迪格比亚酒庄(Boccadigabbia)拿破仑时代的名称中获得灵感为自己的酒窖命名，酒庄在二十世纪末的辉煌岁月过后发展略显停滞，如今埃尔维奥带着饱满的热情再度复兴这座卓越的酒庄。在2014年采收酿造季中，埃尔维奥跟随直觉，并且信任来自托斯卡纳(Tuscan)的酿酒师艾米利安诺·法西尼(Emiliano Falsini)，将重塑博卡迪格比亚酒庄系列出品个性和持久性的重大任务交给艾米利安诺。酒庄葡萄园主要种植赤霞珠(Cabernet)、梅洛(Merlot)和霞多丽(Chardonnay)等国际葡萄品种。不过埃尔维奥内心始终对本地葡萄品种情有独钟，他在马切拉塔地区(Macerata)的维拉玛格纳酒庄(Villamagna)葡萄园就主要种植蒙特普齐亚诺(Montepulciano)、桑娇维塞(Sangiovese)和瑞博纳(Ribona)。在今年的品鉴中，博卡迪格比亚酒庄推荐了多款美酒参选，其中2012年份的阿克隆特(Akronte)表现精彩，酒质坚实，以赤霞珠(Cabernet sauvignon)酿造而成，吐露着香膏的芳香，散发着黑莓的缕缕果香，绿胡椒的辛香萦绕其间，呈现出典型的葡萄品种风味，口感有力，得到坚实酒体结构的支撑，果味丰盈爆裂。2012年份的皮克斯(Pix)紧随其后，这款果味优雅的梅洛(Merlot)展现出如同丝绸般的质地，香氛果味浓郁深邃，单宁甜美，带有橡木风味的收口感受非常诱人。与此同时，2015年份的勒格兰(Le Grane)融入引以为傲的柑橘香气，而2012年份的萨尔塔皮奇奥(Saltapicchio)酒重扎实，口感热辣，饮用感受非常卓越美妙。

| | |
|---|---|
| ● Akronte '12 | 🍷🍷 8 |
| ● Pix '12 | 🍷🍷 6 |
| ○ Colli Maceratesi Ribona Le Grane '15 | 🍷🍷 3 |
| ● Rosso Piceno '13 | 🍷🍷 3 |
| ● Saltapicchio '12 | 🍷🍷 4 |
| ○ La Castelletta '15 | 🍷 3 |
| ● Akronte '98 | 🍷🍷🍷 7 |
| ● Akronte '97 | 🍷🍷🍷 7 |
| ● Akronte '95 | 🍷🍷🍷 7 |
| ● Akronte '94 | 🍷🍷🍷 7 |
| ● Akronte '93 | 🍷🍷🍷 7 |
| ● Akronte Cabernet '92 | 🍷🍷🍷 7 |
| ● Akronte '10 | 🍷🍷 8 |
| ● Akronte '08 | 🍷🍷 7 |
| ● Pix '10 | 🍷🍷 6 |
| ● Pix '09 | 🍷🍷 6 |

## Borgo Paglianetto

loc. Pagliano, 393
62024 Matelica [MC]
Tel. +39 073785465
www.borgopaglianetto.it

藏酒销售
预约参观
年产量 60 000 瓶
葡萄种植面积 25 公顷
葡萄栽培方式 有机认证

如果说马泰利卡地区维蒂奇诺酒（Verdicchio di Matelica）的整体品质非常出众的话，那么这样的佳绩要尤其感谢帕格利安内托酒庄（Borgo Paglianetto）的大力付出。多年来，酿酒师阿罗尔多·贝莱利（Aroldo Bellelli）及其领导的酿造团队只使用不锈钢罐进行陈年以及不同成熟度的酿造果实来打造美酒，即便是最初级的美酒也如此精心，最终酿造出类型精良、忠诚反映本地风土特质的维蒂奇诺佳酿。酿造葡萄来自帕格利安诺区（Contrada Pagliano）朝向极佳的单一地块葡萄园，葡萄的成熟度和接下来的具体酿造过程决定了各色美酒的特质。在今年的品鉴中，帕格利安内托酒庄推荐的系列美酒表现不俗，其中我们尤其喜爱2015年份的皮特拉拉（Petrara）。这款美酒吐露着接骨木花的阵阵精美芬芳，融入青柠的清爽果香，更有鹅卵石的气息萦绕其间，与之交相辉映的是开阔而和谐的口感，展现出精湛的酿造技艺，收口略有咸咸的滋味。在其后紧追不舍的是2015年份的特拉维格纳塔（Terravignata），它的口感柔美滑顺，浸润着美味的柑橘果味，清爽宜人。与此同时，2012年份的杰拉（Jera）吐露着美妙的花香，酒体扎实厚重，口感果味四溢，其中各种成分柔和的质感塑造出主要的感受。

| | | |
|---|---|---|
| ○ Verdicchio di Matelica Petrara '15 | 2 (red) | 2* |
| ○ Verdicchio di Matelica Jera Ris. '12 | 2 (black) | 4 |
| ○ Verdicchio di Matelica Terravignata '15 | 2 (black) | 2* |
| ○ Verdicchio di Matelica Jera Ris. '10 | 3 (white) | 4* |
| ○ Verdicchio di Matelica Vertis '09 | 3 (white) | 3* |
| ○ Verdicchio di Matelica Aja Lunga '05 | 2 (white) | 2* |
| ○ Verdicchio di Matelica Jera Ris. '11 | 2 (white) | 4 |
| ○ Verdicchio di Matelica Jera Ris. '09 | 2 (white) | 4 |
| ○ Verdicchio di Matelica Petrara '09 | 2 (white) | 2* |
| ○ Verdicchio di Matelica Terravignata '11 | 2 (white) | 2* |
| ○ Verdicchio di Matelica Vertis '13 | 2 (white) | 3* |
| ○ Verdicchio di Matelica Vertis '12 | 2 (white) | 3* |
| ○ Verdicchio di Matelica Vertis '10 | 2 (white) | 3* |
| ○ Verdicchio di Matelica Vertis '08 | 2 (white) | 3* |

## ★Bucci

fraz. Pongelli
via Cona, 30
60010 Ostra Vetere [AN]
Tel. +39 071964179
www.villabucci.com

藏酒销售
预约参观
年产量 120 000 瓶
葡萄种植面积 31 公顷
葡萄栽培方式 有机认证

如果说低调依然是葡萄酒的一项美德，这要感谢殷切诚恳的真正绅士阿姆佩利奥·布西（Ampelio Bucci）。追寻布西酒庄成熟的传统，所有酒品的酿造葡萄都并非来自特定的顶级葡萄园，而是来自散落在蒙泰卡罗托地区（Montecarotto）、塞拉德孔蒂（Serra de' Conti）以及巴贝拉山（Barbara）的八座葡萄园，打造出的美酒非常优雅，气质超凡。葡萄园的生长时间各不相同，其中最古老的一座已经拥有接近半个世纪的历史。所有地块都分开发酵，继而在大型橡木桶中完成陈年成熟。在他十分信赖的酿酒顾问乔吉奥·格列（Giorgio Grai）的协助下，姆佩利奥·布西所酿酒品展现出独特的风格，令人亲密无间的合作是布西酒庄系列美酒出品背后的坚实保障。就连2014年糟糕的气候条件也没能损伤布西酒庄卓越的出品，酒庄今年参加品鉴的2014年份酒充分说明了这一点。相反，浓郁的茴香、甜菜和小雏菊的混合美味提升了传奇般的优雅质感，带来飘逸且复杂的口感。与此同时，不要低估经典酒的魅力（Classico）：2014年份酒成熟且扎实，而2015年份酒则酒质演进稳健惬意，展现出多样口感，收口余韵美妙地无尽延宕，令人乐在其中。

| | | |
|---|---|---|
| ○ Castelli di Jesi Verdicchio Cl. Villa Bucci Ris. '14 | 3 (red) | 6 |
| ○ Verdicchio dei Castelli di Jesi Cl. Sup. '15 | 2 (red) | 3 |
| ○ Verdicchio dei Castelli di Jesi Cl. Sup. '14 | 2 (red) | 3 |
| ● Rosso Piceno Villa Bucci '13 | 2 (black) | 5 |
| ○ Castelli di Jesi Verdicchio Cl. Villa Bucci Ris. '13 | 3 (white) | 6 |
| ○ Castelli di Jesi Verdicchio Cl. Villa Bucci Ris. '12 | 3 (white) | 6 |
| ○ Castelli di Jesi Verdicchio Cl. Villa Bucci Ris. '10 | 3 (white) | 6 |
| ○ Verdicchio dei Castelli di Jesi Cl. Villa Bucci Ris. '09 | 3 (white) | 6 |
| ○ Verdicchio dei Castelli di Jesi Cl. Villa Bucci Ris. '07 | 3 (white) | 6 |
| ○ Verdicchio dei Castelli di Jesi Cl. Villa Bucci Ris. '06 | 3 (white) | 6 |

## Le Caniette

C.da Canali, 23
63065 Ripatransone [AP]
Tel. +39 07359200
www.lecaniette.it

藏酒销售
预约参观
年产量 60 000 瓶
葡萄种植面积 16 公顷
葡萄栽培方式 有机认证

艰苦但井然有序的移植是瓦格诺尼兄弟（Vagnoni）取得成功的秘诀，同时也推动着坎涅特酒庄（Le Caniette）成为比切诺地区（Piceno）的典范酒庄之一。酒庄的酒窖拥有十年的历史，不仅十分引人注目，而且非常高效。蒙特普齐亚诺葡萄（Montepulciano）堪称坎涅特酒庄红葡萄酒出品的骨架，处理这种热情洋溢的酿造葡萄的冒险历程中艰险不断，佩克瑞诺（Pecorino）美酒的酿造中不乏失误和尝试性的试验，才最终打造出不过滤澄清的韦罗尼卡（Veronica）及在小型橡木桶中陈年的版本。坎涅特酒庄的酒品风格经过了调整，不再一味追求葡萄扑鼻的浓郁芬芳，而是转向更加审慎地使用小型木桶陈年。这里出产的美酒整体上呈现现代风格，但与此同时并没有切断与本地酿造传统的联系。在坎涅特酒庄这一季提供的品鉴酒品中，2014年份的艾欧索诺吉亚（Iosonogaia）吐露着淡淡薄荷清凉风味，融入活跃的柑橘果香，随之而来的口感鲜美丰盈，令人垂涎，十分和谐。与此同时，2015年份的韦罗尼卡（Veronica）就没有那么挑战，果味清爽。2012年份的齐纳布罗（Cinabro）表现精彩，以博尔多葡萄（Bordò）酿造而成，它吐露着白巧克力的缕缕醇香，融入东方香料的丝丝辛香，质地紧密的单宁结构支撑着活跃而精美的口感，与美妙香氛相得益彰。除此之外，2011年份莫尔洛（Morellone）略显成熟，吐露着橡木的芬芳，单宁质地如同丝般柔滑，口感美味。

| | |
|---|---|
| Cinabro '12 | 🍷🍷 8 |
| ○ Offida Pecorino Iosonogaia non sono Lucrezia '14 | 🍷🍷 4 |
| ● Piceno Sup. Morellone '11 | 🍷🍷 4 |
| ○ Offida Pecorino Veronica '15 | ▼▼ 3 |
| ● Piceno Nero di Vite '09 | ▼▼ 6 |
| ● Piceno Rosso Bello '14 | ▼▼ 2* |
| ○ Lucrezia '15 | ▼ 2 |
| ○ Offida Pecorino Iosonogaia non sono Lucrezia '10 | ▽▽▽ 4* |
| ● Piceno Morellone '10 | ▽▽▽ 4* |
| Piceno Morellone '08 | ▽▽▽ 4* |
| ● Cinabro '11 | ▽▽ 8 |
| ○ Offida Pecorino Iosonogaia non sono Lucrezia '13 | ▽▽ 4 |
| ○ Offida Pecorino Iosonogaia non sono Lucrezia '12 | ▽▽ 4 |

## Carminucci

via San Leonardo, 39
63013 Grottammare [AP]
Tel. +39 0735735869
www.carminucci.com

藏酒销售
年产量 200 000 瓶
葡萄种植面积 52 公顷
葡萄栽培方式 有机认证

卡密努西家族酒庄（Carminucci）是一座大规模酒庄，坐落于瓦尔泰西诺（Valtesino）入口处，距离亚得里亚海（Adriatic）只有几公里。它的酿造葡萄来自酒庄面积广袤的葡萄园，其中最佳地块位于奥菲达（Offida），采用有机栽培实践已经有几年。乔万尼·卡密努西（Giovanni Carminucci）非常擅长呈现极易入口的美酒风格，追求浓郁的果香果味，美酒品质日益提升，不会受到不利因素或者人为强力的影响。卡密努西酒庄的系列出品主要建立在比切诺地区（Piceno）典型的葡萄品种上，采用不锈钢容器来增加佩克利诺（Pecorino）和帕斯琳娜（Passerina）葡萄的清爽口感，采用小型和中型橡木桶酿造蒙特普齐亚诺（Montepulciano）和桑娇维塞（Sangiovese）。卡密努西酒庄的佩克利诺贝拉托（Pecorino Belato）凭借卓越表现数年主宰我们的品鉴，这一次也毫不意外地奉献出精彩表现，浓郁集中，果香果味四溢。2015年份的佩克利诺贝拉托闪耀着伟大美酒的荣光，这得益于和谐的酸度和柔美的口感，浸润着缕缕甜美的柑橘滋味。与此同时，2015年份的卡斯塔（Casta）虽然风味没有那么复杂，但是同样是一款不可多得的美酒。除此之外，2013年份的比切诺超级努玛奇欧（Piceno Superiore Naumakos）与以往一样的品质非常值得信赖，吐露着黑樱桃的缕缕果香，融入甜美的辛香，口感活跃清爽，美味怡人。

| | |
|---|---|
| ○ Offida Pecorino Belato '15 | 🍷🍷 2* |
| ○ Offida Passerina Casta '15 | ▼▼ 2* |
| ● Rosso Piceno Sup. Naumakos '13 | ▼▼ 2* |
| ○ Falerio Grotte sul Mare '15 | ▼ 1* |
| ○ Falerio Naumakos '14 | ▼ 2 |
| ⊙ Rosato Grotte sul Mare '15 | ▼ 2 |
| ● Rosso Piceno Grotte sul Mare '15 | ▼ 1* |
| ○ Falerio Naumachos '14 | ▽▽ 2* |
| ○ Falerio Naumachos '13 | ▽▽ 2* |
| ○ Offida Pecorino Belato '14 | ▽▽ 2* |
| ○ Offida Pecorino Belato '13 | ▽▽ 2* |
| ○ Offida Pecorino Belato '12 | ▽▽ 2* |
| ● Paccaosso '09 | ▽▽ 7 |
| ● Rosso Piceno Sup. Naumachos '12 | ▽▽ 2* |
| ● Rosso Piceno Sup. Naumachos '11 | ▽▽ 2* |
| ● Rosso Piceno Sup. Naumachos '10 | ▽▽ 2* |

## CasalFarneto

via Farneto, 12
60030 Serra de' Conti [AN]
Tel. +39 0731889001
www.casalfarneto.it

藏酒销售
预约参观
年产量 580 000 瓶
葡萄种植面积 32 公顷

托格尼家族（Togni）买下卡萨法雷多酒庄（CasalFarneto）之后，在经验丰富的酒庄经理达尼洛·索卢（Danilo Solustri）的协助下，对于酒庄下一步应实现的发展目标并没有定下最后期限或者强行规定。塞拉德孔蒂山（Serra De' Conti）是一片完美的葡萄酒王国，界限分明的地块特色迥然不同，严谨地描画出维蒂奇诺（Verdicchio）的成熟曲线。不论采收季是早、是晚，还是适时，卡萨法雷多酒庄现代化的酿造技术都为旗下各个出品系列塑造出清晰的个性，而每个系列都呈现出典型的温和力量，并不过分炫耀突出，而且追求细腻多于力道，致力于打造可饮性而非过多结构。在卡萨法雷多酒庄这一季提供的品鉴酒品中，2013年份的克里西欧（Crisio）从更加漫长的瓶中陈年获益：吐露着生姜和柑橘的诱人芬芳，融入烟熏风味，随之而来的口感平衡美味，层次繁复，跌宕开去，与美妙的香氛相得益彰，收口果味深邃。与此同时，2014年份的格兰卡萨勒（Grancasale）散发着香膏的芬芳，随之而来的口感活跃有力，展现出精湛的酿造工艺，收口融入缕缕芳香植物的美味，杏仁和松针的风味浸润其中。除此之外，2012年份的埃孔帕西多（Passito Ikòn）非常精致，质地如同天鹅绒般丝滑，酒质丰美，融入蜜桃罐头和百里香的缕缕芬芳。

| | |
|---|---|
| ○ Castelli di Jesi Verdicchio Cl. Crisio Ris. '13 | 3* |
| ○ Verdicchio dei Castelli di Jesi Cl. Sup. Grancasale '14 | 3* |
| ○ Cimaio '13 | 4 |
| ○ Verdicchio dei Castelli di Jesi Cl. Sup. Fontevecchia '15 | 2* |
| ○ Verdicchio dei Castelli di Jesi Passito Ikòn '12 | 5 |
| ● Merago '12 | 3 |
| ○ Castelli di Jesi Verdicchio Cl. Crisio Ris. '12 | 3* |
| ○ Castelli di Jesi Verdicchio Cl. Crisio Ris. '11 | 3* |
| ○ Verdicchio dei Castelli di Jesi Cl. Crisio Ris. '10 | 3* |
| ○ Verdicchio dei Castelli di Jesi Cl. Sup. Grancasale '13 | 3* |

## Maria Pia Castelli

c.da Sant'Isidoro, 22
63813 Monte Urano [FM]
Tel. +39 0734841774
www.mariapiacastelli.it

藏酒销售
预约参观
年产量 25 000 瓶
葡萄种植面积 8 公顷

泰纳山谷（Tenna）中段地带依然容纳着不少微型葡萄园，这里生长的酿造葡萄主要用于个人消费。在本世纪之初，恩里克·巴托莱蒂（Enrico Bartoletti）和妻子玛利亚·皮亚·卡斯泰莱（Maria Pia Castelli）决定将家族酿造热情转变为真正的职业：在自己的葡萄园中只栽培本地葡萄品种。舒适的酒庄是一栋两层楼的建筑，一楼用来储存不锈钢罐和锥形发酵木桶，地下室是布局合理的酒窖，在著名酿酒师马可·卡索兰内提（Marco Casolanetti）的指引下打造美酒。他们的目标在于酿造品质卓越、数量有限且极富原始个性和风味的美酒。实际上他们的美酒口感复杂，有时甚至有些难涩，所以需要在杯中更多接触空气，品尝时需要更多耐心。在今年的品鉴中，2012年份的伊拉斯莫卡斯泰莱（Erasmo Castelli）是一款单一品种的蒙特普齐亚诺（Montepulciano），融入铁屑和带血肉的气息，吐露着酸豆的咸咸风味，入口后感到活力四射、极富动力的口感，个性十足。与此同时，2014年份的斯泰拉弗洛拉（Stella Flora）是一款精美混酿，由佩克利诺（Pecorino）、帕斯琳娜（Passerina）、扎比安努（Trebbiano）和玛尔维萨（Malvasia）联合打造而成，在小型橡木桶中陈年：吐露着杏干的果香，融入芳香植物的芬芳，一抹榛子的醇香萦绕其间，美妙的口感与香氛相得益彰，果味口感饱满，充盈满口，酸度活力四射，热情洋溢。

| | |
|---|---|
| ● Erasmo Castelli '12 | 5 |
| ○ Stella Flora '14 | 5 |
| ● Erasmo Castelli '06 | 5 |
| ● Erasmo Castelli '11 | 5 |
| ● Erasmo Castelli '10 | 5 |
| ● Erasmo Castelli '09 | 5 |
| ● Erasmo Castelli '07 | 5 |
| ● Orano '11 | 4 |
| ● Orano '10 | 3 |
| ⊙ Sant'Isidoro '13 | 2 |
| ○ Stella Flora '12 | 5 |
| ○ Stella Flora '11 | 5 |
| ○ Stella Flora '10 | 5 |
| ○ Stella Flora '09 | 5 |
| ○ Stella Flora '08 | 5 |
| ○ Stella Flora '07 | 5 |

## Cherri d'Acquaviva

Via Roma, 40
63075 Acquaviva Picena [AP]
Tel. +39 0735764416
www.vinicherri.it

藏酒销售
预约参观
年产量 160 000 瓶
葡萄种植面积 33 公顷

雪利家族（Cherri）在阿夸维瓦皮切纳地区（Acquaviva Picena）的山间庄园是比切若（Piceno）乡间风光的掠影：种植了向日葵、谷物、橄榄林和葡萄园的地块散落交错，这里的黏土含量很高。这里的地形避免受到亚得里亚海（Adriatic）咸咸海风的吹拂，城中古老恢宏的堡垒是酒庄的皇冠。宝拉·雪利（Paolo Cherri）于2003年在这片土地上开垦葡萄园、创建新酒窖，种植精选的活力四射的蒙特普齐亚诺（Montepulciano）和桑娇维塞（Sangiovese）等黑葡萄品种，以及佩克利诺（Pecorino）、帕斯琳娜（Passerina）和扎比安努（Trebbiano）等白葡萄品种，将本地风土中的力道和奢华都融入美酒之中。所有出品佳酿的风格都非常现代且纯净，都呈现出果香四溢且不乏优雅的卓越品质。在今年的品鉴中，2015年份的阿提西莫（Altissimo）凭借卓越表现再次证明了一贯的高品质，这款佩克利若（Pecorino）吐露着柑橘的果香，融入野生草本植物的清香，缓缓释放的香氛与慢慢延展的柔滑口感相得益彰。与此同时，精美的2015年份拉迪奥萨奥菲达帕斯琳娜（Offida Passerina Radiosa）口感清爽，果香与强劲果味相得益彰、完美搭配；而相比较而言，2015年份的帕斯琳娜（Passerina）则更加简单，但是依然果香果味四溢，是一款更加令人欲罢不能的基酒。除此之外，2014年份的超级比切诺（Piceno Superiore）从多款红葡萄酒中脱颖而出：它柔顺饱满，结构得当，入口时融入甜美的樱桃滋味。

| | |
|---|---|
| ○ Offida Passerina Radiosa '15 | TT 3 |
| ○ Offida Pecorino Altissimo '15 | TT 3 |
| ○ Passerina '15 | TT 2* |
| ● Rosso Piceno Sup. '14 | TT 2* |
| ○ Ancella '15 | T 2 |
| ○ Falerio Pecorino '15 | T 2 |
| ● Offida Rosso Tumbulus '12 | T 4 |
| ○ Pecorino Brut | T 3 |
| ● Rosso Piceno '15 | T 2 |
| ○ Offida Pecorino Altissimo '14 | YY 3 |
| ○ Offida Pecorino Altissimo '13 | YY 3* |
| ● Rosso Piceno '14 | YY 2* |
| Rosso Piceno '13 | YY 2* |
| ● Rosso Piceno Sup. '13 | YY 2* |
| ● Rosso Piceno Sup. '12 | YY 2* |

## Ciù Ciù

loc. Santa Maria in Carro
c.da Ciafone, 106
63035 Offida [AP]
Tel. +39 0736810001
www.ciuciuvini.it

藏酒销售
预约参观
膳宿接待
年产量 800 000 瓶
葡萄种植面积 180 公顷
葡萄栽培方式 有机认证

沃尔特·巴尔托洛梅伊（Walter Bartolomei）和马西米里昂诺·巴尔托洛梅伊（Massimiliano Bartolomei）兄弟二人经营着比切诺地区（Piceno）最具冒险精神的卓越酒庄之一。近些年来，奇欧酒庄（Ciù Ciù）在奥菲达（Offida）和阿夸维瓦皮切纳地区（Acquaviva Picena）之间买下了最肥沃的种植地块，生长在那里的黑葡萄得到阳光普照，而白葡萄则更喜欢气候凉爽的山坡，整个葡萄园都采用有机栽培方式打理。配备先进酿造设备的大型酒窖能够供应越来越多的产量，为市场奉献出别具风味、芳香扑鼻的美酒。在今年的品鉴中，2012年份的澳皮杜牧（Oppidum）中，一款浓郁、高酒精度的蒙特普齐亚诺酒（Montepulciano）——这一特质表现得更加淋漓尽致。它是酒庄的旗舰王牌美酒，散发着黑樱桃般的缕缕果香，一抹花香令整体香氛更加柔美，底蕴中透露出丝丝香料辛辣的风味，入口后感到强劲有力的口感，充盈满口的果味浸润其中，而且并无过多浓缩负累。与此同时，2012年份的艾斯珀兰托（Esperanto）品质一如既往的卓越，单宁质地柔美；2015年份的奥瑞斯（Oris）从多款推荐的白葡萄酒中脱颖而出、拔得头筹，吐露着金冠苹果的缕缕果香，纯净而美妙，融入饱满柔顺且令人愉悦的强劲果味。除此之外，2015年份的乐美拉泰尔（Merlettaie）散发着青橄榄的缕缕果香，吐露着如花芬芳，入口后感到紧致的果味。

| | |
|---|---|
| ● Oppidum '12 | TT 4 (red) |
| ○ Falerio Oris '15 | TT 2* |
| ○ Offida Pecorino Merlettaie '15 | TT 2* |
| ● Offida Rosso Esperanto '10 | TT 5 |
| ● Rosso Piceno Sup. Gotico '13 | TT 2* |
| ○ Altamarea Brut | T 2 |
| ○ Evoé '15 | T 2 |
| ● Rosso Piceno Bacchus '15 | T 2 |
| ○ Falerio Oris '13 | YY 2* |
| ○ Offida Pecorino Le Merlettaie '14 | YY 2* |
| ○ Offida Pecorino Le Merlettaie '13 | YY 2* |
| ○ Offida Pecorino Le Merlettaie '12 | YY 2* |
| ● Offida Rosso Esperanto '09 | YY 5 |
| ● Oppidum '08 | YY 4 |
| ● Rosso Piceno Sup. Gotico '12 | YY 2* |
| ● Rosso Piceno Sup. Gotico '11 | YY 2* |

## Tenuta Cocci Grifoni

LOC. SAN SAVINO
C.DA MESSIERI, 12
63038 RIPATRANSONE [AP]
TEL. +39 073590143
www.tenutacoccigrifoni.it

藏酒销售
预约参观
膳宿接待
年产量 380 000 瓶
葡萄种植面积 50 公顷
可持续发展酒庄

科奇·格里弗尼家族（CocciGrifoni）自1933年以来就拥有里帕特兰索内（Ripatransone）和奥菲达（Offida）之间的葡萄园，成为这片土地的守护者，并且推动这里的葡萄酿造业的发展。近年来，家族中的马瑞丽娜（Marilena）和宝拉（Paola）姐妹两人重新修整了酒窖，买下了新的葡萄园，将童年的家变为宾至如归的乡村度假酒店。科奇格里弗尼酒庄出品风格经典，尤其是红葡萄酒，在斯拉夫尼亚（Slavonian）橡木桶中完成漫长的陈年。佩克利诺（Pecorino）在这里焕发了新生，这要感谢奎多·格里弗尼（GuidoGrifoni）——马尔凯产区（Marche）葡萄酒酿造之父以及本地葡萄品种的忠诚守卫者，将其从濒临灭绝的边缘拯救了回来。奎多是在这个山脚下第一个重新发现佩克利诺葡萄并使其免于被遗忘的人。奎多酿造的第一批年份酒就是佩克利诺酒，果实来自1987年的葡萄园，立刻斩获了当年的“三杯奖”。这款风味现代的精美白葡萄酒充分表达出这一品种葡萄的巨大潜力：吐露着清爽的酒香，融入茴香和甜菜的芬芳，入口后感到层层叠叠的美味，口感略咸，非常优雅。与此同时，2010年份的格里弗尼（Grifone）无疑是一款珍宝美酒，它美妙地融入矿物质的醇香，口感劲道有力，气势恢宏。

| | |
|---|---|
| ○ Offida Pecorino Guido Cocci Grifoni '13 | 4* |
| ● Offida Rosso Il Grifone '10 | 5 |
| ○ Falerio Pecorino Le Torri '15 | 2* |
| ● Rosso Piceno '15 | 2* |
| ○ Adamantea '15 | 2 |
| ○ Passerina Brut Gaudio Magno '15 | 3 |
| ○ Offida Pecorino Colle Vecchio '14 | 3 |
| ○ Offida Pecorino Colle Vecchio '13 | 3 |
| ○ Offida Pecorino Podere Colle Vecchio '12 | 3 |
| ○ Offida Pecorino Podere Colle Vecchio '10 | 3* |
| ● Rosso Piceno Sup. Le Torri '11 | 2* |
| ● Rosso Piceno Sup. Le Torri '10 | 3 |
| ● Rosso Piceno Sup. Le Torri '08 | 3 |
| ● Rosso Piceno Sup. Tenute Messieri '10 | 4 |
| ● Rosso Piceno Sup. V. Messieri '10 | 4 |
| ● Rosso Piceno Sup. V. Messieri '07 | 4 |

## Col di Corte

VIA SAN PIETRO, 19A
60036 MONTECAROTTO [AN]
TEL. +39 073189435
www.coldicorte.it

藏酒销售
预约参观
年产量 40 000 瓶
葡萄种植面积 11.5 公顷
葡萄栽培方式 有机认证
可持续发展酒庄

贾科莫·罗西（Giacomo Rossi）、卡洛·朱迪切（Carlo Giudice）和保罗·玛切里尼（Paolo Marcellini）于2011年联合创建了科迪克特酒庄（Col di Corte），今天酒庄的发展日益成规模。酒庄遵循有机栽培原则，并决心以匠人大师般的细致工艺打造美酒，避免走捷径，因此酒品风格的塑造颇费时间。科迪克特酒庄还在这方面更进一步，在葡萄园中进行了一系列生物动力学栽培试验，并且采用自然发酵的方式酿造美酒，迄今为止这些实验只在托比亚老藤园（Vigneto di Tobia）中进行。酒庄白葡萄酒的生产主要以维蒂奇诺酒（Verdicchio）为核心，辅以蒙特普齐亚诺（Montepulciano）等本地黑葡萄品种打造的佳酿。在今年的品鉴中，201[illegible]年份的圣安索维诺陈酿（Sant' Ansovin[illegible] Riserva）品质卓越，在小型橡木桶中陈年12个月，吐露着浓郁的柑橘香，果味惬意，丰盈满口，令人回味无穷。与此同时，我们还非常喜爱2015年份的超级经典酒（Classico Superiore），它散发着[illegible]香的缕缕辛香，融入杏仁的丝丝醇香，口感质朴美妙。除此之外，2015年份的托比亚老藤维蒂奇诺（Verdicchio Vigneto [illegible] Tobia）与其他推荐美酒相比略逊一筹，酸味过于突出，烘焙苹果的气息盖住了酒香。

| | |
|---|---|
| ○ Castelli di Jesi Verdicchio Cl. Sant'Ansovino Ris. '14 | 5 |
| ○ Verdicchio dei Castelli di Jesi Cl. Sup. '15 | 3 |
| ○ Verdicchio dei Castelli di Jesi Cl. Vign. di Tobia '15 | 3 |
| ○ Castelli di Jesi Verdicchio Cl. Ris. '12 | 3 |
| ○ Verdicchio dei Castelli di Jesi Cl. '05 | [illegible] |
| ○ Verdicchio dei Castelli di Jesi Cl. Anno I '14 | 2 |
| ○ Verdicchio dei Castelli di Jesi Cl. Sup. Anno Zero '12 | 3 |
| ○ Verdicchio dei Castelli di Jesi Cl. Vign. di Tobia '06 | 2 |
| ○ Verdicchio dei Castelli di Jesi Cl. Vign. di Tobia '04 | 2 |

## Collestefano

Loc. Colle Stefano, 3
62022 Castelraimondo [MC]
Tel. +39 0737640439
www.collestefano.com

藏酒销售
预约参观
膳宿接待
年产量 110 000 瓶
葡萄种植面积 17.5 公顷
葡萄栽培方式 有机认证

再说起来恐怕是陈词老调了，不过法比奥·马尔基奥尼（Fabio Marchionni）的确坚定地相信葡萄园应当被当作花园一样精心对待，得到最细致的打理。只有通过尊重自然规律、遵循植株生长的周期和特点、利用好气候条件、避免使用杀虫剂和除草剂等化学制剂，克莱斯蒂凡诺酒庄（Collestefano）才能与这片土地达成深入的和谐一致。法比奥并没有给酿造果实去梗，并且使用自然压榨、培养酵母、控制温度和在不锈钢容器中发酵等方法打造美酒。与此同时，卓越的维蒂奇诺（Verdicchio）葡萄果实、充足的日光照射以及鲁斯塔诺（Rustano）卓越的风土条件都为卓越出品奠定了基础。法比奥也逐渐学会了如何应对较为炎热的采收酿造季——它的阿喀琉斯之踵。在这样的采收酿造季中，法比奥试着在若干系列美酒中保存典型的葡萄酸度，与此同时不牺牲紧致的结构。如此打造出的美酒就是我们在今年的品鉴中赞不绝口的2015年份马泰利卡（Matelica），它吐露着诱人的酒香，经典且这款酒独有的雨后鹅卵石小路的气息萦绕其间，入口后浸润着缕缕柑橘的甜美果味。说到起泡酒，就不得不提到2013年份的极干型起泡酒（Extra Brut），它与往年相比更加浓郁集中，令人愉悦，给人带来美妙的享受。

| | |
|---|---|
| ○ Verdicchio di Matelica Collestefano '15 | 🍷🍷🍷 2* |
| ○ Verdicchio di Matelica Extra Brut M. Cl. '13 | 🍷🍷 3* |
| ○ Verdicchio di Matelica Collestefano '14 | 🍷🍷🍷 2* |
| ○ Verdicchio di Matelica Collestefano '13 | 🍷🍷🍷 2* |
| ○ Verdicchio di Matelica Collestefano '12 | 🍷🍷🍷 2* |
| ○ Verdicchio di Matelica Collestefano '10 | 🍷🍷🍷 2* |
| ○ Verdicchio di Matelica Collestefano '07 | 🍷🍷🍷 2* |
| ○ Verdicchio di Matelica Collestefano '06 | 🍷🍷🍷 2* |

## Cantina dei Colli Ripani

c.da Tosciano, 28
63065 Ripatransone [AP]
Tel. +39 07359505
www.colliripani.it

藏酒销售
预约参观
年产量 1 300 000 瓶
葡萄种植面积 700 公顷
葡萄栽培方式 有机认证

作为产区领先的协作酒庄之一，拉帕尼丘酒庄（Colli Ripani）自1969年起，就将里帕特兰索内（Ripatransone）和奥菲达（Offida）之间诸多小型葡萄酒生产商成员团结起来，协调生产，统一管理。拉帕尼丘酒庄的酿造活动对于这片土地而言具有相当重要的社会含义，阻止了这里葡萄园的损毁，并为许多从事农业生产的当地家庭补充了额外收入。这也对葡萄酒的最终消费者产生了影响，他们能够以非常合理和低廉的价格买到以传统方法打造的现代化美酒。巨大的康塔达图西安诺酒窖（Contrada Tosciano）中布满大型橡木桶，还有一些为了酿造几款比切诺红葡萄酒（Rosso Picenos）而准备的小型橡木桶——陈年时间颇为漫长，而白葡萄酒则始终在不锈钢容器中陈年。在今年的品鉴中，拉帕尼丘酒庄推荐的美酒都表现精彩，其中2013年份的卡斯泰拉诺（Castellano）吐露着清爽的欧洲酸樱桃果香，底蕴中透露出缕缕香料的辛香和淡淡的烟熏气息，入口后感到均衡的口感，单宁相对静默。与此同时，2012年份的塞唐塔斯77e超级比切诺（Piceno Superior Settantase77e）的风格与之相似，但是口感更加柔美和流畅。在白葡萄酒中，我们最爱2015年份的金鲁格罗（Rugaro Gold），它吐露着可爱的柠檬派清香，口感浸润四溢的果味；而2015年份的法莱瑞奥佩克利诺（Falerio Pecorino Bio）也非常柔美，柑橘美味十足。

| | |
|---|---|
| ○ Falerio Pecorino Bio '15 | 🍷🍷 2* |
| ○ Offida Pecorino Rugaro Gold '15 | 🍷🍷 2* |
| ● Rosso Piceno Sup. Castellano '13 | 🍷🍷 2* |
| ● Rosso Piceno Sup. Settantase77e '12 | 🍷🍷 2* |
| ○ Falerio Pecorino 9 '15 | 🍷 2 |
| ○ Offida Passerina Ninfa Ripana Gold '15 | 🍷 2 |
| ● Rosso Piceno Bio '15 | 🍷 2 |
| ● Rosso Piceno Rupe Nero Gold '15 | 🍷 2 |
| ○ Falerio Brezzolino '13 | 🍷🍷 1* |
| ○ Falerio Pecorino Rugaro '14 | 🍷🍷 2* |
| ○ Falerio Pecorino Rugaro '13 | 🍷🍷 2* |
| ● Khorakhanè '09 | 🍷🍷 5 |
| ○ Offida Passerina Passito Anima Mundi '08 | 🍷🍷 4 |
| ○ Offida Pecorino Rugaro Gold '14 | 🍷🍷 2* |
| ○ Offida Pecorino Rugaro Gold '13 | 🍷🍷 2* |

## Colonnara

via Mandriole, 6
60034 Cupramontana [AN]
Tel. +39 0731780273
www.colonnara.it

藏酒销售
预约参观
年产量 1 000 000 瓶
葡萄种植面积 120 公顷

库普拉蒙塔纳（Cupramontana）被公认为维蒂奇诺美酒（Verdicchio）之都，这要归功于科罗纳拉酒庄（Colonnara）的不懈努力。自1959年起，这座协作酒庄就将成员商收获的酿造葡萄集中起来，生产充分展示出与本地酿造传统渊源深厚的美酒。酿造果实来自海拔较高、气候相对凉爽的山坡，主要用于打造起泡酒。科罗纳拉酒庄以出品卓越的起泡酒而闻名，酸度饱满，精粹美味。所有曾经参观过科罗纳拉酒庄地下酒窖的游客都会注意到酒窖中存有大量传统酿造法维蒂奇诺起泡酒（Verdicchio Metodo Classico）正在等待过滤澄清。在今年的品鉴中，科罗纳拉酒庄推荐的美酒表现出色，其中2009年份的尤巴尔多罗西（Ubaldo Rosi）凭借卓越表现再次捍卫了自己本产区最佳传统酿造法起泡酒的地位。它的香氛微妙，融入杏仁的缕缕醇香，更有香膏的芬芳萦绕其间，底蕴中透露出丝丝茴香的异香，继而到来的结构紧致，口感锐利，进一步增强了奶油般绵密的果味。如果您想尝试一些没那么具有挑战性、同时又不失复杂风味的美酒，那就千万不要错过路易吉吉斯莱瑞系列（Luigi Ghislieri）。除此之外，2015年份的库普莱斯（Cuprese）此时的酒香略显封闭，口感锐利，但是随着时间的流逝势必释放出更加浓郁的果香和果味。

| | |
|---|---|
| ○ Verdicchio dei Castelli di Jesi Brut M. Cl. Ubaldo Rosi Ris. '09 | 🍷🍷 5 |
| ● Tornamagno '12 | 🍷🍷 3 |
| ○ Verdicchio dei Castelli di Jesi Brut M. Cl. Luigi Ghislieri | 🍷🍷 4 |
| ○ Verdicchio dei Castelli di Jesi Cl. Lyricus '15 | 🍷🍷 2* |
| ○ Verdicchio dei Castelli di Jesi Cl. Sup. Cuprese '15 | 🍷🍷 2* |
| ○ Verdicchio dei Castelli di Jesi M. Cl. Brut Ubaldo Rosi Ris. '06 | 🍷🍷🍷 5 |
| ○ Verdicchio dei Castelli di Jesi Brut M. Cl. Ubaldo Rosi '07 | 🍷🍷 5 |
| ○ Verdicchio dei Castelli di Jesi Brut M. Cl. Ubaldo Rosi Ris. '08 | 🍷🍷 5 |
| ○ Verdicchio dei Castelli di Jesi Cl. Sup. Cuprese '12 | 🍷🍷 2* |

## Il Conte Villa Prandone

c.da Colle Navicchio, 28
63033 Monteprandone [AP]
Tel. +39 073562593
www.ilcontevini.it

藏酒销售
预约参观
年产量 200 000 瓶
葡萄种植面积 50 公顷

伊曼纽尔·德·安吉利斯（EmmanuelDe Angelis）是主持普朗顿庄酒庄（Il Conte Villa Prandone）的灵魂人物，全世界的葡萄酒商店都出售他酿造的系列美酒。这是一个葡萄栽培和葡萄酒酿造家族，酒窖的徽章充分展现出德安吉利斯家族四位兄弟姐妹完美团结在一起的精神，全家人都全力以赴地投入到酒庄的经营中，各司其职，打理着占地面积达到数公顷的葡萄园，栽培传统的比切诺葡萄（Piceno）以及几行国际葡萄品种。普朗顿庄酒庄采用成熟的黑葡萄和白葡萄来酿造美酒，出品风格浓郁精粹，充分且忠诚地反映出特朗托谷（Tronto）和煦阳光照耀的风土条件。在今年的品鉴中，2013年份的卢孔特（LuKont）闪耀着耀眼的光芒，这款单一品种的蒙特普齐亚诺（Montepulciano）果味丰盈，质地紧密，浸润着成熟多汁的黑樱桃果味。除此之外，2013年份的泽珀罗（Zipolo）结构有力，酒体饱满，同样浸润着美妙的果味。与此同时，2015年份的多奈罗（Donello）是一款精美的类型酒，这款芬芳扑鼻的桑娇维塞（Sangiovese）气质含蓄，果味四溢。而在白葡萄酒中，我们最爱2015年份的纳韦奇欧山园（Navicchio），它的口感柔美，果味丰盈，吐露着草本植物的清香，一抹柑橘香萦绕其间。

| | |
|---|---|
| ● Donello '15 | 🍷🍷 2* |
| ○ Emmanuel Maria Extra Dry | 🍷🍷 3 |
| ● LuKont '13 | 🍷🍷 6 |
| ○ Offida Pecorino Navicchio '15 | 🍷🍷 3 |
| ● Zipolo '13 | 🍷🍷 5 |
| ○ Falerio Aurato '15 | 🍷 2 |
| ○ L'Estro del Mastro '13 | 🍷 4 |
| ○ Offida Passerina Cavaceppo '15 | 🍷 2 |
| ● Rosso Piceno Conte Rosso '15 | 🍷 2 |
| ● Rosso Piceno Sup. Marinus '14 | 🍷 3 |
| ● Donello '14 | 🍷🍷 2* |
| ● LuKont '12 | 🍷🍷 6 |
| ● LuKont '11 | 🍷🍷 6 |
| ○ Offida Pecorino Navicchio '14 | 🍷🍷 3 |
| ● Zipolo '12 | 🍷🍷 5 |
| ● Zipolo '11 | 🍷🍷 5 |

## Conti di Buscareto

FRAZ. PIANELLO
VIA SAN GREGORIO, 66
60010 OSTRA [AN]
TEL. +39 0717988020
www.contidibuscareto.com

藏酒销售
预约参观
年产量 250 000 瓶
葡萄种植面积 70 公顷

恩里克·贾科梅利（Enrico Giacomelli）和克劳迪奥·加贝利尼（Claudio Gabellini）共同缔造了布斯卡莱托酒庄（Conti di Buscareto），拥有多块卓越的地块。布斯卡莱托酒庄在阿尔切维亚利帕尔塔（Ripalta di Arcevia）山地间的单一地块种植维蒂奇诺葡萄（Verdicchio）；黑拉奎马葡萄（Lacrima nera）则主要生长在阿尔巴莫罗（Morro d'Alba）的圣阿米科顶级葡萄园（Sant'Amico），还有少量酿造葡萄来自酒庄附近的奥斯特拉皮安内罗（Pianello di Ostra）；蒙特普齐亚诺（Montepulciano）、桑娇维塞（Sangiovese）和其他国际葡萄品种则生长在蒙特圣维托（Monte San Vito）和卡梅拉塔皮切纳（Camerata Picena）。布斯卡莱托酒庄的酒窖规模很大，配备精良，白葡萄酒在不锈钢容器中发酵陈年，而红葡萄酒则在橡木桶中发酵陈年。对于酒迷而言，2013年份的阿玛扎孔特（Ammazzaconte）也是非常不错的选择：杏仁的醇香和橘子皮的果香交替浮现，随之而来的口感非常清爽，浸润着浓郁的柑橘滋味，收口余韵绵长悠然，令人回味无穷。与此同时，2013年份的玫瑰公司（Compagnia della Rosa）也非常迷人，吐露着典型的花香，融入缕缕辛香，随之而来的口感果味四溢，单宁强劲，极富个性。除此之外，以拉奎马葡萄（Lacrima）酿造的干型桃红酒（Brut Rosé）非常浓郁，展现出悦人的可饮性。

| | |
|---|---|
| ○ Verdicchio dei Castelli di Jesi Ammazzaconte '13 | ▼▼ (red) 3* |
| ⊙ Brut Rosé | ▼▼ 3 |
| ● Lacrima di Morro d'Alba Sup. Compagnia della Rosa '13 | ▼▼ 4 |
| ○ Brut Bianco | ▼ 3 |
| ● Lacrima di Morro d'Alba '15 | ▼ 2 |
| ● Rosso Piceno '15 | ▼ 2 |
| ○ Verdicchio dei Castelli di Jesi '15 | ▼ 2 |
| ● Bisaccione '09 | ▽▽ 4 |
| ○ Castelli di Jesi Verdicchio Ammazzaconte Ris. '10 | ▽▽ 3 |
| ● Lacrima di Morro d'Alba Passito '11 | ▽▽ 3* |
| ● Lacrima di Morro d'Alba Passito '10 | ▽▽ 3* |
| ● Lacrima di Morro d'Alba Sup. Compagnia della Rosa '08 | ▽▽ 4 |

## Fattoria Coroncino

C.DA CORONCINO, 7
60039 STAFFOLO [AN]
TEL. +39 0731779494
www.coroncino.it

藏酒销售
预约参观
年产量 45 000 瓶
葡萄种植面积 9.5 公顷

卢西奥·卡内斯特拉里（LucioCanestrari）是维蒂奇诺葡萄酒（Verdicchio）酿造界最受尊重的名字之一，这一切得益于他固执地拒绝任何只为了提高产量和销量的短视做法。他的座右铭出现在每一瓶酒的酒标上，意味着他致力于自己力所能及的酿造事业，并且将其精益求精，保持在家庭手工酿造的范围内——酒庄伊始便是如此。科隆奇诺酒庄（Fattoria Coroncino）出品的著名风格来自极长的浸渍成熟期，打造出劲道有力、酒精度较高、果味饱满的佳酿。维蒂奇诺葡萄酒常常表现出极端的个性，但是无疑都是不走寻常路、拥有别具一格魅力的好酒，且风格稳定一致。如同2014年这样寒冷多雨的采收酿造季都没有令强劲的盖欧斯皮诺（Gaiospino）丧失力道，它依然吐露着活跃的蜜桃果香，融入杏和柠檬的芬芳，美妙的香氛与甜美厚重且活力四射的口感相得益彰。与此同时，2014年份的斯特拉卡乔（Stracacio）采用小型橡木桶陈年，为美酒带来典型特质，吐露着馥郁的烘焙芬芳，融入缕缕花香和柑橘的果香，随之而来的美味口感充盈满口，强劲浓郁。除此之外，2014年份的科隆奇诺（Coroncino）口感有力，酒质如同丝绸般柔滑，充满热带风情。

| | |
|---|---|
| ○ Verdicchio dei Castelli di Jesi Cl. Sup. Gaiospino '14 | ▼▼ 4 |
| ○ Verdicchio dei Castelli di Jesi Cl. Sup. Stracacio '14 | ▼▼ 5 |
| ○ Verdicchio dei Castelli di Jesi Cl. Sup. Il Bacco '15 | ▼ 2 |
| ○ Verdicchio dei Castelli di Jesi Cl. Sup. Il Coroncino '14 | ▼ 2 |
| ○ Verdicchio dei Castelli di Jesi Cl. Sup. Gaiospino '03 | ▽▽▽ 4 |
| ○ Verdicchio dei Castelli di Jesi Cl. Sup. Gaiospino '13 | ▽▽ 4 |
| ○ Verdicchio dei Castelli di Jesi Cl. Sup. Gaiospino Fumé '12 | ▽▽ 5 |
| ○ Verdicchio dei Castelli di Jesi Cl. Sup. Il Coroncino '13 | ▽▽ 2* |

## Tenuta De Angelis

via San Francesco, 10
63030 Castel di Lama [AP]
Tel. +39 073687429
www.tenutadeangelis.it

藏酒销售
预约参观
年产量 500 000 瓶
葡萄种植面积 50 公顷

1958年，当德·安杰利斯家族（De Angelis）开始酿造和出售美酒的时候，还没有迎来经济迅猛发展的时期。德安杰利斯酒庄（Tenuta De Angelis）发展的转折点发生在20世纪90年代初，他们决定在已有的种类广泛的非灌瓶产品之外，生产一系列瓶装佳酿，寻求最大程度地充分利用本地风土及其上生长的葡萄藤的特色。从此以后，德安杰利斯酒庄就在推广本地产区酒的道路上大步前进，向市场供应性价比极高的美酒，出品风格展现出浓郁的果香果味和劲道有力的酸度，尤其是蒙特普齐亚诺（Montepulciano）和桑娇维塞（Sangiovese）打造而成的红葡萄酒。实际上比切诺红葡萄酒（Rosso Picenos）是我们今年品鉴中的主角：2012年份的超级金色比切诺（Superiore Oro）结合了浓郁的咖啡醇香与甘草芬芳，入口感到复杂的口感，浸润精美的果味，融合度极佳。与此同时，2014年份的超级比切诺（Superiore）则散发着非常浓郁的品种葡萄的独特芬芳——犹如黑樱桃般的浓香和黑橄榄般醇香，酒体饱满，浸润果味，口感劲道有力，与整体香氛完美搭配。除此之外，2015年份的奎埃特（Quiete）是一款未过滤的精美佩克瑞诺（Pecorino），吐露着自信的果香，浸润着美妙的果味。

| | |
|---|---|
| ○ Offida Pecorino Quiete '15 | 🍷🍷 2* |
| ● Rosso Piceno '15 | 🍷🍷 1* |
| ● Rosso Piceno Sup. '14 | 🍷🍷 2* |
| ● Rosso Piceno Sup. Oro '12 | 🍷🍷 3 |
| ○ Offida Passerina '15 | 🍷 2 |
| ○ Offida Pecorino '15 | 🍷 2 |
| ● Anghelos '12 | YY 3 |
| ● Anghelos '11 | YY 3 |
| ○ Offida Passerina '12 | YY 2* |
| ○ Offida Pecorino '14 | YY 2* |
| ○ Offida Pecorino '13 | YY 2* |
| ○ Offida Pecorino '12 | YY 2* |
| ● Rosso Piceno Sup. '13 | YY 2* |
| ● Rosso Piceno Sup. '12 | YY 2* |
| ● Rosso Piceno Sup. '11 | YY 2* |
| ● Rosso Piceno Sup. '10 | YY 2* |
| ● Rosso Piceno Sup. Oro '11 | YY 3 |

## Fattoria Dezi

c.da Fontemaggio, 14
63839 Servigliano [FM]
Tel. +39 0734710090
fattoriadezi@hotmail.com

藏酒销售
预约参观
膳宿接待
年产量 45 000 瓶
葡萄种植面积 15 公顷

黛兹酒庄（Fattoria Dezi）是泰纳谷（Tenna）的首批高品质酒庄之一。斯蒂凡诺兄弟（Stefano）在父母工作的基础上进一步发展了酒庄，于20世纪90年代初将出品品质提升到了新的水准。他们在本地传统葡萄品种的栽培上下了苦功，位于冯特马焦区（Contrada Fontemaggio）的葡萄园享受阳光普照，占据俯瞰艾特谷（Ete）全景的山坡。由于地理位置靠近高海拔的内陆地区，并且进行短梢修剪，这里生长的酿造葡萄很少受到过熟的影响，这通常是困扰该产区的一大通病。以蒙特普齐亚诺（Montepulciano）和桑娇维塞（Sangiovese）打造的红葡萄酒在年轻的时候单宁突出，酒精度较强，但是拥有缓慢陈年的潜力，在小型或者中型橡木桶中的陈年可以柔化任何艰涩锐利的口感，保证了瓶中美酒的缓慢且美妙的发展，去除任何多余的橡木滋味或者任何不合时宜的香氛。白葡萄酒则在水泥池中陈年，与深邃口感相比更重视展现宽广的果味。2014年份的索罗（Solo）非常深邃，融入新切鲜花的缕缕芬芳，和着矿物质的醇香，更有一抹东方香料的辛香萦绕其间，入口感到均衡自信的酒质，收口浸润淡淡甘草的美味。除此之外，2014年份的黛兹奥（Dezio）吐露着黑樱桃的阵阵果香，收口单宁浸润果味，非常美妙。

| | |
|---|---|
| ● Solo '14 | 🍷🍷(red) 6 |
| ● Dezio '14 | 🍷🍷 3 |
| ○ Falerio Pecorino Servigliano P. '14 | 🍷 3 |
| ○ Solagne '14 | 🍷 3 |
| ● Regina del Bosco '06 | YYY 6 |
| ● Regina del Bosco '05 | YYY 6 |
| ● Regina del Bosco '03 | YYY 6 |
| ● Solo Sangiovese '05 | YYY 6 |
| ● Solo Sangiovese '01 | YYY 5 |
| ● Solo Sangiovese '00 | YYY 6 |
| ● Dezio '13 | YY 3 |
| ● Dezio '12 | YY 3 |
| ○ Falerio Pecorino P. '11 | YY 3 |
| ● Regina del Bosco '11 | YY 6 |
| ● Regina del Bosco '10 | YY 6 |
| ● Regina del Bosco '09 | YY 6 |
| ● Solo '12 | YY 6 |

## Emanuele Dianetti

DA VALLEROSA, 25
3063 CARASSAI [AP]
TEL. +39 3383928439
www.dianettivini.it

藏酒销售
预约参观
年产量 6 600 瓶
葡萄种植面积 2 公顷

伊曼努尔・迪亚内蒂（Emanuele Dianetti）白天在银行工作，但是酿酒对于他不仅仅是兴趣而已。他将激情和尊重等家庭价值奉献给这项事业，由于酿酒耗费相当大的精力和时间，酒庄的生意得到了母亲朱莉安娜（Giuliana）的全力支持。朱莉安娜是酒庄的核心人物，在米歇尔・夸格利亚瑞尼（Michele Quagliarini）的帮助下，她照料着几公顷的葡萄园，主要种植传统的比切诺葡萄（Piceno）。优雅的风格为整个生产过程打上烙印，从手工精选酿造果实到酒窖建筑的隽永细节都是如此，酒窖采用不锈钢池陈年白葡萄酒，木桶陈年红葡萄酒。伊曼努尔挑选品质最佳的酿造葡萄打造美酒，具有酸性酒骨，这些特质在2013年份的奥菲达韦格纳基利亚红葡萄酒（Offida Rosso Vignagiulia）中得到了突出表现。在今年的品鉴中，这款美酒表现突出。精美浓郁的单宁结构令这款别具一格、悦人美味的华丽美酒更添风采。与此同时，2015年份的奥菲达佩克利诺韦格纳基利亚（Offida PecorinoVignagiulia）吐露着甜美的柑橘果香，融入贝壳的气息，随之而来的口感带有咸咸的味道。

| | |
|---|---|
| Offida Rosso Vignagiulia '13 | 🍷🍷🍷 5 |
| Offida Pecorino Vignagiulia '15 | 🍷🍷 3* |
| Offida Pecorino Vignagiulia '14 | ΥΥ 3* |
| Offida Pecorino Vignagiulia '13 | ΥΥ 3 |
| Offida Rosso Vignagiulia '12 | ΥΥ 4 |
| Offida Rosso Vignagiulia '11 | ΥΥ 4 |

## Fazi Battaglia

VIA ROMA, 117
60031 CASTELPLANIO [AN]
TEL. +39 073181591
www.fazibattaglia.it

藏酒销售
预约参观
年产量 450 000 瓶
葡萄种植面积 130 公顷

贝塔尼庄园（Bertani Domains）去年买下了这座位于卡斯泰皮安诺（Castelplanio）的酒庄，并且对它进行了一系列大规模深度重建，目标只有一个：提升维蒂奇诺出品（Verdicchio）的品质及酒庄历史悠久的品牌知名度。法兹巴塔利亚酒庄（Fazi Battaglia）已经发生了巨大的变化。酒庄的葡萄园占地广袤，有些位于葡萄酒王国中绝佳的种植地块，出产一系列特色鲜明的品牌美酒，充分展现出耶西古堡（Castelli di Jesi）地区葡萄的多样个性。在今年的品鉴中，法兹巴塔利亚酒庄推荐了多款佳酿，表现精彩。其中2014年份的圣西斯托（San Sisto）满溢着优雅和个性，在小型橡木桶中完美无瑕地陈年一年，为这款美酒带来了极佳的复杂度和无尽魅力，吐露着清爽的烤杏仁芬芳，融入八角茴香的缕缕醇香，美酒入喉，感到非常清凛的口感，流畅华美，不过收口略显滞后，美中不足。与此同时，2014年份马萨奇奥（Massaccio）在水泥池与精美酒泥共同发酵六个月酿造而成，展现出更加厚重的结构特质和精美的处理手法，酒体饱满，美味四溢，收口时爆发出浓郁的果味。除此之外，2013年份的阿凯齐亚（Arkezia）是一款精致复杂的维蒂奇诺（Verdicchio），吐露着成熟的梨子果香，甜度精美平衡，散发着诱人的酒香，美味持久在口中流连不散。

| | |
|---|---|
| ○ Castelli di Jesi Verdicchio Cl. San Sisto Ris. '14 | 🍷🍷🍷 4* |
| ○ Arkezia '13 | 🍷🍷 5 |
| ○ Verdicchio dei Castelli di Jesi Cl. Sup. Massaccio '14 | 🍷🍷 3 |
| ○ Verdicchio dei Castelli di Jesi Cl. Le Moie '15 | 🍷 2 |
| ○ Verdicchio dei Castelli di Jesi Cl. Titulus '15 | 🍷 2 |
| ○ Castelli di Jesi Verdicchio Cl. San Sisto Ris. '10 | ΥΥΥ 4* |
| ○ Verdicchio dei Castelli di Jesi Cl. San Sisto Ris. '09 | ΥΥΥ 4* |
| ○ Verdicchio dei Castelli di Jesi Cl. San Sisto Ris. '07 | ΥΥΥ 4 |
| ○ Verdicchio dei Castelli di Jesi Cl. San Sisto Ris. '05 | ΥΥΥ 4 |

## Andrea Felici

via Sant'Isidoro, 28
62021 Apiro [MC]
Tel. +39 0733611431
www.andreafelici.it

藏酒销售
预约参观
年产量 53 000 瓶
葡萄种植面积 9 公顷
葡萄栽培方式 有机认证

年轻的莱奥纳多・费里奇（Leopardo Felici）在意大利葡萄酒的圣殿塑造了对于美酒的良好品位和质感追求，一回到故乡阿皮罗（Apiro），就下定决心将余生奉献给葡萄酒酿造事业——这个既熟悉又充满神秘色彩的世界。如今的莱奥纳多已经成为卓越的葡萄栽培师，头脑中有着清晰的规划和目标，成为本产区的奠基人物之一。安德里亚费里奇酒庄（Andrea Felici）出品结构紧致，口感锐利，融入咸味儿，是本地风土条件的纯粹表达，毫无疑问显露出亚平宁山区（Apennine）特色。维蒂奇诺（Verdicchio）的陈年使用不锈钢容器和水泥池，这一品种只生长在坎提科菲奎拉（Cantico della Figura）原葡萄园附近新开垦的地块。由于莱奥纳多决定2013年份的坎提科陈酿（Cantico Riserva）还需要更长的成熟时间，因此缺席了今年的品鉴，我们要等到明年才能见到她的芳踪。不过费里奇酒庄的经典名酒表现出色，2015年份的安德里亚费里奇（Andrea Felici）弥补了这一遗憾，呈现出对该年份的大师级完美阐释。它吐露着杏仁的缕缕醇香，一抹接骨木花朵的芬芳萦绕其间，更有爆裂般浓郁的柑橘果香扑面而来，继而带来精美酒骨支撑下的美妙口感，活力四射，绵长的果味余韵持久饱满，令人回味无穷。

| | |
|---|---|
| ○ Verdicchio dei Castelli di Jesi Cl. Sup. Andrea Felici '15 | 🍷🍷 3* |
| ○ Castelli di Jesi Verdicchio Cl. Il Cantico della Figura Ris. '12 | 🍷🍷🍷 4* |
| ○ Castelli di Jesi Verdicchio Cl. Il Cantico della Figura Ris. '11 | 🍷🍷🍷 4* |
| ○ Castelli di Jesi Verdicchio Cl. Il Cantico della Figura Ris. '10 | 🍷🍷🍷 4* |
| ○ Verdicchio dei Castelli di Jesi Cl. Il Cantico della Figura Ris. '09 | 🍷🍷🍷 4* |
| ○ Verdicchio dei Castelli di Jesi Cl. Sup. Andrea Felici '14 | 🍷🍷 3* |
| ○ Verdicchio dei Castelli di Jesi Cl. Sup. Andrea Felici '13 | 🍷🍷 2* |
| ○ Verdicchio dei Castelli di Jesi Cl. Sup. Andrea Felici '12 | 🍷🍷 2* |

## Fiorano

c.da Fiorano, 19
63067 Cossignano [AP]
Tel. +39 073598446
www.agrifiorano.it

藏酒销售
预约参观
膳宿接待
年产量 30 000 瓶
葡萄种植面积 6 公顷
葡萄栽培方式 有机认证

从度假农庄的梯田望开去，尤其在炎夏日的某天置身此地欣赏日落，游客会看到心醉神迷的美丽景色，茂密的萄园和橄榄林环抱形成了天然的剧场。菲欧拉诺酒庄（Fiorano）就是这片土地闪闪发光的瑰宝。带着过人的勇气和越的直觉，保罗・贝莱塔（Paolo Beretta与妻子宝拉・马西（Paola Massi）在里辛勤劳作，采用有机栽培方式打理萄园，建起了完美且高效的酒窖。他酿造的美酒极具表现力，吐露着犹如劈般的明晰香氛，受到每个年份客观件的影响而呈现不同优质风味，每一酒都是独一无二的最佳体验。在今年品鉴中，2015年份的多纳奥吉拉（Don Orgilla）出自炎热的采收酿造季，柑橘香与往年相比略显逊色，咸味口感也有不足，不过仍然展示出精美的复杂味。与此同时，2014年份的朱利亚厄尼亚（Giulia Erminia）是一款成熟的佩利诺酒（Pecorino），在小型新橡木桶完成陈年，吐露着新鲜的黄油醇香，入柠檬的清香和芳香植物的甜美气息，随之而来的口感果味四溢，紧致绵密，如同奶油一般。除此之外，2013年份特拉蒂吉欧比（Terre di Giobbe）散发着樱桃的缕缕醇香，酒质发展均衡，品上佳。

| | |
|---|---|
| ○ Giulia Erminia '14 | 🍷🍷 2 |
| ● Fiorano Sangiovese '15 | 🍷🍷 2 |
| ○ Offida Pecorino Donna Orgilla '15 | 🍷🍷 3 |
| ● Rosso Piceno Sup. Terre di Giobbe '13 | 🍷🍷 3 |
| ⊙ Rosato '15 | 🍷 2 |
| ○ Offida Pecorino Donna Orgilla '14 | 🍷🍷🍷 3 |
| ● Fiorano '14 | 🍷🍷 2 |
| ○ Offida Pecorino Donna Orgilla '13 | 🍷🍷 3 |
| ○ Offida Pecorino Donna Orgilla '12 | 🍷🍷 3 |
| ○ Offida Pecorino Donna Orgilla '11 | 🍷🍷 3 |
| ● Rosso Piceno Sup. Terre di Giobbe '12 | 🍷🍷 3 |
| ● Rosso Piceno Sup. Terre di Giobbe '11 | 🍷🍷 3 |
| ● Rosso Piceno Sup. Terre di Giobbe '10 | 🍷🍷 3 |
| ● Sangiovese '11 | 🍷🍷 2 |

## Cantine Fontezoppa

C.DA SAN DOMENICO, 38
62012 CIVITANOVA MARCHE [MC]
TEL. +39 0733790504
www.cantinefontezoppa.it

藏酒销售
预约参观
膳宿接待
年产量 290 000 瓶
葡萄种植面积 38 公顷

冯泰佐帕酒庄（Cantine Fontezoppa）供应酒品的范围十分广泛，这是由于它的酿造葡萄来自三个不同产区的缘故。酒庄葡萄园中栽培的葡萄品种非常多样，这是为了找到各个品种最适合生长的风土条件和位置——不过维蒂奇诺（Verdicchio）始终主宰着马泰利卡地区（Matelica）的地块。经过二十年的努力后，可以说冯泰佐帕酒庄的最佳酒品已经确定下来，来自奇维塔诺瓦（Civitanova）的瑞博纳（Ribona）和赤霞珠（Cabernet sauvignon）以及来自塞拉佩特罗纳（Serrapetrona）的黑维奈西卡（Vernaccianera）。黑比诺（Pinot nero）也生长在塞拉佩特罗纳，这里的气候条件带有亚平宁山区特色，出产美酒别具魅力。在今年的品鉴中，2013年份的莫洛（Morò）散发着莓果的美妙果香，融入黑胡椒的丝丝辛香，这是维奈西卡葡萄（Vernaccia）的典型特质；美酒入喉，感到紧致的口感，坚定的收口感受中浸润着泥土的醇美滋味。与此同时，2012年份的圣马隆园黑比诺（Pinot Nero San Marone）气质精美，别具一格，散发着淡淡的烟熏气息，口感成熟惬意，令人回味无穷。除此之外，2012年份的卡拉派托（Carapetto）是一款以赤霞珠酿造而成的单一品种葡萄酒，给人留下极为深刻的印象，它吐露着薄荷的清凉风味，融入雪杉和黑莓的缕缕醇香，口感精瘦质朴，入口感到较高的酒精度。

| | |
|---|---|
| Serrapetrona Morò '13 | 🍷🍷 5 |
| Carapetto '12 | 🍷🍷 5 |
| San Marone '12 | 🍷🍷 5 |
| M. Cl. Extra Brut Rosé | 🍷 5 |
| Colli Maceratesi Ribona '12 | 🍷 3 |
| Frapiccì '15 | 🍷 2 |
| Verdicchio di Matelica Vardì '15 | 🍷 3 |
| Carapetto '11 | 🍷🍷 5 |
| Dedicato a Piero '09 | 🍷🍷 5 |
| I Terreni di San Severino Cascià Passito '07 | 🍷🍷 4 |
| Serrapetrona Carpignano '09 | 🍷🍷 2* |
| Serrapetrona Falcotto '12 | 🍷🍷 4 |
| Serrapetrona Falcotto '09 | 🍷🍷 4 |
| Serrapetrona Morò '09 | 🍷🍷 5 |

## ★Gioacchino Garofoli

VIA CARLO MARX, 123
60022 CASTELFIDARDO [AN]
TEL. +39 0717820162
www.garofolivini.it

藏酒销售
预约参观
年产量 2 000 000 瓶
葡萄种植面积 42 公顷

在超过一百年的漫长时光中不断稳固发展的坚实风格，四十多年来经过同一双手的精心酿造，都令加洛弗里（Garofoli）成为马尔凯产区（Marche）最受敬仰的名字之一。加洛弗里家族是马尔凯葡萄酒图景中重要的核心家族，他们拥有马尔凯历史上最著名的葡萄酒公司，制定并持有最精准的行业标准，掌握着规模庞大的上下游分销网络。酒庄宽敞的酒窖位于卡斯泰罗斐达罗（Castelfidardo），重建翻修后配备了高科技酿造设施，令酿酒工作变得更加容易，出产品质无可置疑、具有鲜明个性的经典维蒂奇诺酒（Verdicchios）。这座产区明星酒庄在生产起泡酒以及卓越精美的科内罗蒙特普齐亚诺（Montepulciano del Coneros）方面拥有悠久的传统，展现出惊人的窖藏陈年潜力。2014年份的波蒂姆系列（Podium）是最佳选择：它散发着柑橘的缕缕果香，融入接骨木花的悠然芬芳，更有一抹燧石的醇香和藏红花的异香萦绕其间，随之而来的口感非常优雅精致，尤其强调细节，不过令人感到遗憾的是缺乏伟大佳酿的深邃口感。与此同时，2012年份的塞拉弗莱斯（Serra Fiorese）采用小型橡木桶陈年，吐露着甜美的酒香，口感强劲有力，浸润美妙果味，收口感受柔美，令人十分愉悦。除此之外，2012年份浓郁深邃的阿贡塔诺（Agontano）展现出铁屑风味，别具个性，质朴迷人。

| | |
|---|---|
| ○ Verdicchio dei Castelli di Jesi Cl. Sup. Podium '14 | 🍷🍷 4 |
| ● Camerlano '11 | 🍷🍷 4 |
| ○ Castelli di Jesi Verdicchio Cl. Serra Fiorese Ris. '12 | 🍷🍷 4 |
| ● Conero Grosso Agontano Ris. '12 | 🍷🍷 5 |
| ● Rosso Conero Piancarda '13 | 🍷🍷 3 |
| ● Rosso Piceno Colle Ambro '13 | 🍷🍷 2* |
| ○ Verdicchio dei Castelli di Jesi Brut M. Cl. Ris. '09 | 🍷🍷 4 |
| ⊙ Kòmaros '15 | 🍷 2 |
| ○ Verdicchio dei Castelli di Jesi Brut M. Cl. Delis '12 | 🍷 4 |
| ○ Verdicchio dei Castelli di Jesi Cl. Sup. Macrina '15 | 🍷 2 |
| ○ Verdicchio dei Castelli di Jesi Cl. Sup. Podium '13 | 🍷🍷🍷 4* |

## Marco Gatti

via Lagua e San Martino, 2
60043 Cerreto d'Esi [AN]
Tel. +39 0732677012
www.gattiagri.it

藏酒销售
预约参观
年产量 10 000 瓶
葡萄种植面积 7 公顷

马可·盖提（Marco Gatti）是极富天赋的葡萄栽培师和苗圃种植家。他打理着塞莱托迪埃希（Cerreto d' Esi）最北部占地几公顷的葡萄园。其中，部分是租赁地块，部分是自有地块，这里隶属马泰利卡维蒂奇诺产区（Verdicchio di Matelica）。小型地块出产的酿造葡萄分开发酵，以提取最能反映本地风土的优质果实。酒庄的旗舰酒品来自塞莱托迪埃希夸德莱顶级葡萄园（Quadrelle di Cerreto d' Esi），马可·盖提在这里酿造出了精选系列美酒。发酵过程全程只采用不锈钢容器，出品美酒个性天然，酒体饱满，馥郁芬芳，充分显露出成熟酿造果实的风味。在今年的品鉴中，虽然旗舰美酒米罗陈酿（MilloRiserva）并没有推出2014年份酒，但是马可盖提酒庄其他推荐美酒都展现出非常经典的特质。我们非常喜爱2015年份的马里拉庄（Villa Marilla），吐露着山楂花儿的阵阵芬芳，融入苹果和梨子的缕缕果香，随之而来的是劲道复杂的口感，酒质极端华美流畅。与此同时，2015年份的卡萨莱文扎（Casale Venza）质地精美，口感和谐，吐露着细腻清爽的杏仁醇香，展现酿造果实的典型特质。除此之外，马可盖提酒庄大家族中的小婴儿、2015年份的阿瑞斯托（Aristo）是一款剔透美味的佳酿，活力四射，融入柑橘皮的缕缕果香。

| | |
|---|---|
| ○ Verdicchio di Matelica Aristo '15 | TT 2* |
| ○ Verdicchio di Matelica Casale Venza '15 | TT 2* |
| ○ Verdicchio di Matelica Villa Marilla '15 | TT 2* |
| ○ Verdicchio di Matelica '14 | YY 2* |
| ○ Verdicchio di Matelica '13 | YY 2* |
| ○ Verdicchio di Matelica Millo Ris. '13 | YY 3* |
| ○ Verdicchio di Matelica Millo Ris. '12 | YY 3 |
| ○ Verdicchio di Matelica Villa Marilla '14 | YY 2* |
| ○ Verdicchio di Matelica Villa Marilla '13 | YY 2* |

## Luciano Landi

via Gavigliano, 16
60030 Belvedere Ostrense [AN]
Tel. +39 073162353
www.aziendalandi.it

藏酒销售
预约参观
膳宿接待
年产量 80 000 瓶
葡萄种植面积 20 公顷

贝弗戴莱奥斯滕斯（Belvedere Ostrense）是埃西诺河（Esino）以北、隶属拉奎马DOC产区（Lacrima DOC）的六大区之一。当我们列举那些将莫罗达尔巴拉奎马地区（Lacrima di Morro d' Alba）提升到应有的重要产区位置上的伟大人物的时候，卢西亚诺·兰迪（Luciano Landi）的名字就是无法被忽略的一个。他采用短梢修剪的方式打理葡萄园、精选生长在黏土和石灰土质中完全成熟的果实来酿造美酒，打造出非常馥郁浓烈的风格佳酿。卢西亚诺即便在气候条件最恶劣的年份里，也能够利用不同品种葡萄来克服客观条件的局限，酿出美酒。除了口碑最佳的维蒂奇诺（Verdicchio）之外，卢西亚诺还在其葡萄园中种植少量蒙特普齐亚诺（Montepulciano）和其他国际葡萄品种。在今年的品鉴中，卢西亚诺推荐了系列好酒，其中2014年份的拉奎马超级加维格利亚诺（Lacrima Superiore Gavigliano）吐露着黑樱桃般的甜美果香，融入诱人且淡淡的辛辣芬芳，随之而来的口感清爽活跃，能量十足，浸润着柑橘糖的美味，收口余韵精美持久。2015年份的拉奎马（Lacrima）吐露着美妙的花香，融入红莓果糖果的缕缕芬芳，继而带来坚实持重的口感。与此同时，不要低估了丰盈满口、果味四溢、令人垂涎的2015年份经典维蒂奇诺（Verdicchi Classico）。除此之外，2010年份的诺比内罗（Nobilnero）口感强劲有力，是一款芳香扑鼻的蒙特普齐亚诺产区酒。

| | |
|---|---|
| ● Lacrima di Morro d'Alba Sup. Gavigliano '14 | TT 3 |
| ● Nobilnero '10 | TT 6 |
| ○ Verdicchio dei Castelli di Jesi Cl. '15 | TT 2 |
| ● Kore '10 | T 3 |
| ● Lacrima di Morro d'Alba '15 | T 2 |
| ● Ragosto '13 | T 2 |
| ● Goliardo '10 | YY 4 |
| ● Lacrima di Morro d'Alba '14 | YY 2 |
| ● Lacrima di Morro d'Alba Sup. Gavigliano '13 | YY 3 |
| ● Lacrima di Morro d'Alba Sup. Gavigliano '11 | YY 3 |
| ● Ragosto '11 | YY 2 |
| ● Ragosto '10 | YY 2 |
| ⊙ Syla '13 | YY 2 |

## Conte Leopardi Dittajuti

via Marina II, 24
60026 Numana [AN]
Tel. +39 0717390116
www.conteleopardi.it

藏酒销售
预约参观
年产量 350 000 瓶
葡萄种植面积 49 公顷

莱奥帕尔迪蒂塔朱提酒庄（Conte Leopardi Dittajuti）的大部分葡萄园都位于科内罗的自然公园（Parco Naturale del Conero）内——一处能够眺望亚得里亚海（Adriatic）的石灰岩海岬。非比寻常的土壤构成、临近大海的地理位置为这里塑造出温热的气候环境，以及持续吹拂的海风，令科内罗成为蒙特普齐亚诺葡萄（Montepulciano）能够达到持续成熟的最北部地区。皮耶尔维托瑞欧·莱奥帕尔迪（Piervittorio Leopardi）在酒窖的酿造过程中施以现代化手法，柔化了强壮的口感和过多的酒精，在许多不同系列品牌出品中都采用了不同的精湛工艺。在今年的品鉴中，两款2013年份科内罗陈酿（Conero Riservas）都在小型橡木桶中经过了长期陈年。其中，皮格曼托科内罗陈酿（Conero Riserva Pigmento）散发着欧洲酸樱桃的缕缕果香，和着蔬菜的青绿风味，随之而来的口感浓醇可爱。相比较而言，阿特曼诺科内罗陈酿（Artemano）风味更加复杂，散发着浓郁的果香，继而到来的口感展现出强劲力道和丰富个性。而2014年份的玛丽娜庄（Villa Marina）毫不意外地奉献出精彩表现，它吐露着皮革的缕缕醇香，带有一丝酸樱桃的风味，入口干爽，浸润果味，底蕴中更透露出矿物质的浓醇滋味。除此之外，在其他年轻的美酒中，2015年份的弗鲁克塔斯（Fructus）浸润着清爽而丰盈的果味口感，得到精美结构的有力支撑，美味令人垂涎，十分怡人。

| | |
|---|---|
| ● Conero Artemano Ris. '13 | 🍷🍷 5 |
| ● Conero Pigmento Ris. '13 | 🍷🍷 5 |
| ● Lacrima di Morro d'Alba '14 | 🍷🍷 2* |
| ● Rosso Conero Fructus '15 | 🍷🍷 2* |
| ● Rosso Conero Villa Marina '14 | 🍷🍷 3 |
| ○ Bassamarea '15 | 🍷 2 |
| ○ Calcare '15 | 🍷 3 |
| ● Rose del Coppo '15 | 🍷 2 |
| ● Rosso Conero Antichi Poderi del Conte '13 | 🍷 2 |
| ● Rosso Conero Casirano '14 | 🍷 4 |
| ○ Verdicchio dei Castelli di Jesi Cl. Castelverde '15 | 🍷 2 |
| ● Conero Pigmento Ris. '12 | 🍷🍷 5 |
| ● Rosso Conero Casirano '13 | 🍷🍷 4 |
| ● Rosso Conero Villa Marina '13 | 🍷🍷 3 |

## Roberto Lucarelli

loc. Ripalta
via Piana, 20
61030 Cartoceto [PU]
Tel. +39 0721893019
www.laripe.com

藏酒销售
预约参观
年产量 200 000 瓶
葡萄种植面积 32 公顷

罗伯托·卢卡莱利（Roberto Lucarelli）是佩萨罗地区（Pesaro）最富天赋的葡萄栽培师之一。罗伯托在绿意茵茵的卡托塞托地区（Cartoceto）开垦出自己的葡萄园，其间点缀着茂盛的橄榄林，簇拥着逐渐成为产区明珠的罗伯托卢卡莱利酒庄。他主要栽培比安切洛（Bianchello）和桑娇维塞（Sangiovese），此外也种植一些国际葡萄品种。出品风格非常现代，口感清爽，极具可饮性，香氛纯净，整体上呈现出令人愉悦的高品质，而且从不落入风味过于简单的俗套之中。在今年的品鉴中，既在不锈钢容器中又在小型橡木桶中陈年的罗彻（Rocho）是风味最为复杂而优雅的2015年份比安切洛（Bianchello），它吐露着苹果和梨子的果香，融入雨水冲刷后鹅卵石小路的独特气息，继而到来的是和谐而精美的口感。同样堪称类型酒中精品的是2015年份的拉瑞皮比安切洛（BianchelloLa Ripe），融入夏日果香，随之而来的口感劲道丰美，非常可口。说到红葡萄酒，我们最爱2012年份的古奇翁（Goccione）：它吐露着辛辣的完美酒香，融入丁香花的缕缕幽然花香，更有一抹大黄的奇异芬芳缭绕其间，随之而来的口感强劲有力，惬意舒适，浸润着浓郁的果味，得到优质单宁结构的支撑。

| | |
|---|---|
| ○ Bianchello del Metauro La Ripe '15 | 🍷🍷 2* |
| ○ Bianchello del Metauro Sup. Rocho '15 | 🍷🍷 2* |
| ○ Collemare '15 | 🍷🍷 2* |
| ● Colli Pesaresi Sangiovese Goccione '12 | 🍷🍷 3 |
| ○ Verdicchio dei Castelli di Jesi Cl. Villa Piana '15 | 🍷🍷 2* |
| ● Colli Pesaresi Sangiovese La Ripe '15 | 🍷 2 |
| ⊙ Rosato '15 | 🍷 2 |
| ○ Bianchello del Metauro La Ripe '12 | 🍷🍷 2* |
| ○ Bianchello del Metauro Rocho '11 | 🍷🍷 2* |
| ○ Bianchello del Metauro Sup. Rocho '12 | 🍷🍷 2* |
| ○ Chardonnay '12 | 🍷🍷 2* |
| ● Colli Pesaresi Sangiovese Goccione '11 | 🍷🍷 3 |
| ● Colli Pesaresi Sangiovese Insieme Ris. '11 | 🍷🍷 4 |
| ● Colli Pesaresi Sangiovese La Ripe '12 | 🍷🍷 2* |

## La Marca di San Michele

VIA TORRE, 13
60034 CUPRAMONTANA [AN]
TEL. +39 0731781183
www.lamarcadisanmichele.com

藏酒销售
预约参观
膳宿接待
年产量 25 000 瓶
葡萄种植面积 6 公顷
葡萄栽培方式 有机认证

2007年，阿里桑德罗·博恩西（Alessandro Bonci）、比阿特里斯·博恩西（Beatrice Bonci）和丹妮拉·夸莱西玛（Daniela Quaresima）联合创建了圣米歇尔拉玛卡酒庄（La Marca di San Michele）。三人是传统农耕方法的坚定支持者，他们从初创酒庄就采用了严格的有机栽培原则，这意味着要在葡萄园中进行大量繁复的工作，并且在酒窖的酿造环节中着重几步重要的工序。借此，生长在圣米歇尔顶级葡萄园（San Michele）的酿造果实才能自由表述本地浓郁的风土特色以及采收和酿造年份的独特气候特征。圣米歇尔拉玛卡酒庄出品的美酒气质活跃，毫无界限，活泼美味，展现出真正的魅力。在今年的品鉴中，圣米歇尔拉玛卡酒庄推荐了一系列卓越美酒，其中2014年份的帕索莱恩托（Passolento）首先在大型橡木桶中陈年九个月，继而不锈钢容器和瓶中继续成熟，开启后吐露着绿蔬风情，仿似刚刚修剪过的草坪清香萦绕其间，继而演化出烤杏仁的醇美芬芳，浸润着果味的口感华美流畅，复杂度不断升级。除此之外，2015年份的卡珀沃尔托（Capovolto）散发着阵阵花香，融入略苦的植物气息，口感精美略咸，收口余韵绵长悠然，浸润着杏仁的醇美滋味，更有显著的维蒂奇诺葡萄（Verdicchios）典型风味。

| | |
|---|---|
| ○ Castelli di Jesi Verdicchio Cl. Passolento Ris. '14 | ŢŢ 4 |
| ○ Verdicchio dei Castelli di Jesi Cl. Sup. Capovolto '15 | ŢŢ 3 |
| ○ Verdicchio dei Castelli di Jesi Cl. Sup. Capovolto '13 | ŢŢŢ 3* |
| ○ Verdicchio dei Castelli di Jesi Cl. Sup. Capovolto '10 | ŢŢŢ 3* |
| ○ Capovolto '12 | ŢŢ 3 |
| ○ Verdicchio dei Castelli di Jesi Cl. Il Pigro Ris. '08 | ŢŢ 5 |
| ○ Verdicchio dei Castelli di Jesi Cl. Sup. Capovolto '14 | ŢŢ 3 |
| ○ Verdicchio dei Castelli di Jesi Cl.Sup. Capovolto '09 | ŢŢ 2* |

## Maurizio Marchetti

FRAZ. PINOCCHIO
VIA DI PONTELUNGO, 166
60131 ANCONA
TEL. +39 071897386
www.marchettiwines.it

藏酒销售
预约参观
年产量 60 000 瓶
葡萄种植面积 20 公顷

隶属科内罗产区（Conero）的这片土地的历史由毛里济奥·马尔凯蒂（Maurizio Marchetti）的酒庄写就。他的父亲马里奥（Mario）于20世纪60年代发展葡萄酒生产和销售，不过家族酒庄的历史其实已经绵延了一个世纪之久。毛里济奥追随父亲的梦想，以酿造高品质美酒为毕生追求，得到了洛伦佐·兰迪（Lorenzo Landi）的大力支持。两人合力修正移植了位于阳光普照的坎蒂亚山坡（Candia）上的葡萄园，其中最好的地块留给了蒙特普齐亚诺（Montepulciano）。他们偏爱短梢修剪，采用成熟果实打造系列风味适中的美酒，而且保持了本地的传统特质。在今年的品鉴中，毛里济奥·马尔凯蒂推荐了多款好酒，其中2013年份的柏诺米庄（Villa Bonomi）在小型橡木桶中陈年长达16个月，吐露着莫利洛黑樱桃般的浓郁芬芳，融入巧克力的醇香和阵阵烟熏气息，美妙的口感与香氛交相辉映，质地柔顺的单宁与健康美味的果味十分和谐。与此同时，系列出品中的小兄弟、2015年份的圣思维乔卡斯特罗（Castro di San Silvestro）也吐露着清爽怡人的果香，但是略显缺乏丰美果味。除此之外，2015年份的维蒂奇诺（Verdicchio）非常易于入口，展现出绝佳的果味。

| | |
|---|---|
| ● Conero Villa Bonomi Cento Vendemmie Mario Marchetti Ris. '13 | ŢŢ 5 |
| ○ Verdicchio dei Castelli di Jesi Cl. '15 | ŢŢ 2* |
| ● Rosso Conero Castro di San Silvestro '15 | Ţ 2 |
| ○ Verdicchio dei Castelli di Jesi Cl. Sup. Tenuta del Cavaliere '15 | Ţ 3 |
| ● Rosso Conero Villa Bonomi Ris. '02 | ŢŢŢ 4 |
| ● Conero Villa Bonomi Ris. '12 | ŢŢ 5 |
| ● Conero Villa Bonomi Ris. '11 | ŢŢ 5 |
| ● Conero Villa Bonomi Ris. '10 | ŢŢ 4 |
| ○ Verdicchio dei Castelli di Jesi Cl. Sup. Tenuta del Cavaliere '14 | ŢŢ 3 |
| ○ Verdicchio dei Castelli di Jesi Cl. Sup. Tenuta del Cavaliere '13 | ŢŢ 3 |

## Marotti Campi

via Sant'Amico, 14
60030 Morro d'Alba [AN]
Tel. +39 0731618027
www.marotticampi.it

藏酒销售
预约参观
膳宿接待
年产量 220 000 瓶
葡萄种植面积 68 公顷

纵观马洛提坎姆皮酒庄（Marotti Campi）的各项数据，似乎显示出这不过是一家匠人酒庄，但实际上这座酒庄在占地面积不大、但是十分重要的拉奎马产区（Lacrima）堪称酿酒界的巨头。雄伟壮观的庄园围墙见证着马洛提坎姆皮酒庄的绵长历史，但是直至1991年，当这座酒庄决定升级葡萄园时才真正进入现代。经过多年的发展，洛伦佐（Lorenzo）酿造的美酒以值得信赖的不变高品质证明了自己。这些成绩归功于马洛提坎姆皮酒庄采取了成功的经营策略：包括管理得当的葡萄园、精细耐心的酿造工序以及明智组建系列产品架构并进行及时调整等。在酒庄的出品中，维蒂奇诺（Verdicchio）占据主要角色。2013年份的萨尔玛瑞安诺（Salmariano）品质卓越，为莫罗达尔巴地区（Morro d' Alba）捧回了"三杯奖"。它的香氛非常活跃，吐露着柠檬果冻般的甜美香气，融入芳香植物的缕缕芬芳，随之而来的口感非常自信，展现出酒质无可阻挡的强势演进，收口余韵绵长活跃，融入芳香植物的美味，随着酒质的柔化演进，口感逐渐变得略重。2014年份的奥吉奥罗（Orgiolo）依然是我们最喜爱的美酒，这款拥有神圣地位的红葡萄酒品质一如既往：吐露着别具一格的辛辣香气，酒骨紧致，令人印象深刻，浸润着黑樱桃美味的口感悠然绵长。除此之外，2012年份的唐德尔（Donderè）是一款非凡的混酿，以小味尔多（Petit Verdot）、蒙特普齐亚诺（Montepulciano）和赤霞珠（Cabernet）打造而成，吐露着胡椒的辛香，随之而来的口感精美优雅。

| | |
|---|---|
| ○ Castelli di Jesi Verdicchio Cl. Salmariano Ris. '13 | 🍷🍷🍷 3* |
| ● Lacrima di Morro d'Alba Sup. Orgiolo '14 | 🍷🍷 3* |
| ○ Brut Rosé | 🍷🍷 3 |
| ● Donderè '12 | 🍷🍷 3 |
| ● Lacrima di Morro d'Alba Rùbico '15 | 🍷🍷 2* |
| ○ Verdicchio dei Castelli di Jesi Cl. Sup. Luzano '15 | 🍷🍷 2* |
| ● Xyris | 🍷🍷 2 |
| ○ Verdicchio dei Castelli di Jesi Cl. Albiano '15 | 🍷 1* |
| ○ Verdicchio dei Castelli di Jesi Cl. Salmariano Ris. '08 | 🍷🍷🍷 3* |
| ○ Verdicchio dei Castelli di Jesi Cl. Salmariano Ris. '07 | 🍷🍷🍷 2* |

## Poderi Mattioli

via Farneto, 17a
60030 Serra de' Conti [AN]
Tel. +39 0731878676
www.poderimattioli.it

藏酒销售
预约参观
年产量 18 000 瓶
葡萄种植面积 6.5 公顷
葡萄栽培方式 有机认证

大厅中展现20世纪60年代田园风光的巨幅照片似乎与玛提奥利丘酒庄（Poderi Mattioli）的现代化建筑产生了鲜明的对比，但是却有效而直观地反映出该酒庄的理念：成功融合传统技艺与时下最新酿造知识。佐奥丹奴·玛提奥利（Giordano Mattioli）照料着酒庄的葡萄园，包括三座各具特色的顶级葡萄园；他的弟弟贾科莫（Giacomo）则忙于酒窖中的发酵和陈年工作。酿造劳洛系列（Lauro）和家族陈酿系列（Riserva）的优质果实都来自莫格利特葡萄园（Mogliette）。在今年的品鉴中，玛提奥利丘酒庄推荐了系列美酒，其中2013年份酒的类型非常典型，特色显著，融入柑橘的果香和杏仁的醇香，更有清爽的八角茴香奇异风味萦绕其间，充分阐释了本地风土条件。美酒入喉，口感活跃精致，气质跃动，酒质发展别具一格，收口感到一抹持久的咸味儿。与此同时，零添加美酒（Dosaggio Zero）也同样展现出精湛的酿造工艺，香氛活跃，果味强劲，这款以维蒂奇诺（Verdicchio）为主添加15%的霞多丽（Chardonnay）酿造的传统酿造法起泡酒（Metodo Classico）风姿绰约，令人喜爱。

| | |
|---|---|
| ○ Castelli di Jesi Verdicchio Cl. Lauro Ris. '13 | 🍷🍷🍷 3* |
| ○ M. Cl. Dosaggio Zero '11 | 🍷🍷 5 |
| ○ Verdicchio dei Castelli di Jesi Cl. Sup. Ylice '12 | 🍷🍷🍷 2* |
| ○ Verdicchio dei Castelli di Jesi Cl. Sup. Lauro '10 | 🍷🍷 3* |
| ○ Verdicchio dei Castelli di Jesi Cl. Sup. Ylice '14 | 🍷🍷 3 |
| ○ Verdicchio dei Castelli di Jesi Cl. Sup. Ylice '13 | 🍷🍷 3 |
| ○ Verdicchio dei Castelli di Jesi Cl. Sup. Ylice '11 | 🍷🍷 2* |

## Valter Mattoni

via Pescolla, 1
63030 Castorano [AP]
Tel. +39 073687329
www.valtermattoni.it

藏酒销售
预约参观
年产量 6 000 瓶
葡萄种植面积 3.5 公顷

虽然产量非常有限，但是瓦尔特・玛托尼（Valter Mattoni）酿造的美酒受到全世界葡萄酒爱好者的广泛追捧。葡萄园种植的数行扎比安努（Trebbiano）、蒙特普齐亚诺（Montepulciano）和博尔多（Bordò），酿造出完美表达本地风土特质的美酒，在尊重传统的基础上，收获了采用自然方式酿造的益处，避免任何人工添加。杯中美酒缓慢释放，逐渐展现出表达力，一旦完全打开后就会呈现出恢宏而直接的个性。精致的酒窖最近进行了修整，摆满了小型橡木桶，用以陈年红葡萄酒和特莱宾（Trebbien）——瓦尔特・玛托尼酿造的唯一一款白葡萄酒。在今年的品鉴中，瓦尔特・玛托尼推荐的所有美酒都表现不俗，令人刮目相看。其中，2013年份的罗索柏杜（Rossobordò）以歌海娜（Grenache）克隆藤的优质果实打造而成，独一无二，精美细腻，吐露着一阵黑樱桃的甜美气息，和着薰衣草的缕缕花香，融入甘草的醇香。与此同时，2014年份的阿舒拉（Arshura）则正相反，它吐露着欧洲酸樱桃的活跃果香，和着燃烧的灰烬的气息，鲜活强劲的矿物质醇香萦绕其间，带来了仿佛横扫一切的有力口感，充分展现出蒙特普齐亚诺产区（Montepulciano）葡萄的真正馥郁果味。除此之外，2014年份的特莱宾（Trebbien）吐露着苹果的果香，酒质粗犷且活泼。

| | |
|---|---|
| ● Arshura '14 | 🍷🍷 5 |
| ● Rossobordò '13 | 🍷🍷 8 |
| ○ Trebbien '14 | 🍷🍷 3 |
| ● Arshura '11 | 🍷🍷🍷 3* |
| ● Arshura '13 | 🍷🍷 5 |
| ● Arshura '12 | 🍷🍷 5 |
| ● Arshura '10 | 🍷🍷 3* |
| ● Arshura '09 | 🍷🍷 3 |
| ● Arshura '08 | 🍷🍷 3 |
| ● Rosso Bordò '10 | 🍷🍷 8 |
| ● Rossobordò '12 | 🍷🍷 8 |
| ● Rossobordò '11 | 🍷🍷 8 |
| ○ Trebbien '13 | 🍷🍷 3 |
| ○ Trebbien '12 | 🍷🍷 2* |

## Federico Mencaroni

via Olmigrandi, 72
60013 Corinaldo [AN]
Tel. +39 0717975625
www.mencaroni.eu

预约参观
年产量 30 000 瓶
葡萄种植面积 7.5 公顷

耶西古堡（Castellidi Jesi）最北端的科瑞纳尔多（Corinaldo）布满海拔高度适中的舒缓山坡，在邻近亚得里亚海（Adriatic）的岸边地带密集种植了许多葡萄藤。酿造家族的第四代传人菲德瑞科・曼卡罗尼（Federico Mencaroni）在意大利其他地区收获了丰富的学习和工作经验，继而决定回到家乡，接续叔叔内韦罗（Nevio）在家族酒庄的责任。今天的菲德瑞科曼卡罗尼酒庄地下酒窖中堆满了数万瓶香槟酒瓶，致力于推广维蒂奇诺起泡酒（Verdicchio）的核心生产理念，得益于酒庄年轻的酿造和经营团队拥有清晰的思路和无穷的勇气。在今年的品鉴中，菲德瑞科曼卡罗尼酒庄推荐了多款美酒，其中2011年份的康塔图（Contatto）与酒泥共同发酵了40个月，吐露着跃动的如花芬芳，这款卓越的起泡酒口感极美，精美气泡与和谐酸度完美搭配，结构强劲，融入甘草的甜美。除此之外，2011年份的阿波罗尼亚（Apollonia）与酒泥共同发酵了50个月，展现出更加质朴的活力，口感更加紧致有力，但是和谐度略逊一筹，口感中带有些许犹豫的绿蔬青涩。除此之外，我们还有一个来自非起泡静止酒的好消息：2013年份的埃索拉（Isola）干爽美味，这款略咸的维蒂奇诺（Verdicchio）拥有活跃的酒骨，令人喜爱。

| | |
|---|---|
| ○ Verdicchio dei Castelli di Jesi M. Cl. Brut Contatto '11 | 🍷🍷 4 |
| ○ Verdicchio dei Castelli di Jesi Isola '13 | 🍷🍷 3 |
| ○ Verdicchio dei Castelli di Jesi M. Cl. Brut Nature Apollonia '11 | 🍷🍷 5 |
| ○ Verdicchio dei Castelli di Jesi Isola '11 | 🍷🍷 3 |
| ○ Verdicchio dei Castelli di Jesi Isola '10 | 🍷🍷 2 |
| ○ Verdicchio dei Castelli di Jesi M. Cl. Brut Apollonia '09 | 🍷🍷 5 |
| ○ Verdicchio dei Castelli di Jesi M. Cl. Brut Contatto '10 | 🍷🍷 4 |
| ○ Verdicchio dei Castelli di Jesi M. Cl. Brut Nature Apollonia '10 | 🍷🍷 5 |

## ★La Monacesca

C.DA MONACESCA
62024 MATELICA [MC]
TEL. +39 0733672641
www.monacesca.it

藏酒销售
预约参观
年产量 180 000 瓶
葡萄种植面积 30 公顷

阿尔多·塞夫拉（Aldo Cifola）抱着一颗坚定的心经营管理着蒙纳赛思卡酒庄（La Monacesca），将其发展成为意大利白葡萄酒生产界的顶级明星酒庄。他酿造的完美无瑕的维蒂奇诺酒（Verdicchio）酒体饱满，馥郁芬芳，从不使用木桶陈年，已经成为本地的经典美酒，展现出不容错认的独特风格。在连续多年缺席品鉴名录之后，我们终于有幸在今年的品鉴中看到了蒙纳赛思卡酒庄第三季马泰利卡维蒂奇诺（Verdicchio di Matelica）的身影：洒脱的马泰利卡基酒与饱满复杂的米勒姆（Mirum）完美结合，无疑是系列酒品中的佼佼者。寒冷的采收酿造季赋予2014年份的米勒姆意料之外的丰盈饱满，复杂的中程口感并未受到任何不利影响，在矿物质的醇美滋味驱动下，一路攀上极端细腻的收口巅峰。2012年份的泰拉蒂梅佐（Terra di Mezzo）融入贵腐风味和金雀花的缕缕芬芳，得到成熟饱满酒骨的支撑，口感多面，十分美味。与此同时，2014年份的维蒂奇诺（Verdicchio）吐露着柑橘的酸度，浸润着果味的口感令人垂涎。除此之外，2015年份的教会维蒂奇诺（Ecclesia）是一款令人惊叹、拥有原始风味的霞多丽（Chardonnay），口感恢宏更胜深邃酒质，令人欣喜。

| | |
|---|---|
| ○ Verdicchio di Matelica Mirum Ris. '14 | 🍷🍷🍷 5 |
| ○ Ecclesia '15 | 🍷🍷 3 |
| ○ Verdicchio di Matelica '14 | 🍷🍷 3 |
| ○ Verdicchio di Matelica Terra di Mezzo '12 | 🍷🍷 4 |
| ○ Verdicchio di Matelica Mirum Ris. '12 | 🍷🍷🍷 5 |
| ○ Verdicchio di Matelica Mirum Ris. '11 | 🍷🍷🍷 5 |
| ○ Verdicchio di Matelica Mirum Ris. '10 | 🍷🍷🍷 4* |
| ○ Verdicchio di Matelica Mirum Ris. '09 | 🍷🍷🍷 4 |
| ○ Verdicchio di Matelica Mirum Ris. '08 | 🍷🍷🍷 4 |
| ○ Verdicchio di Matelica Mirum Ris. '07 | 🍷🍷🍷 4* |
| ○ Verdicchio di Matelica Mirum Ris. '06 | 🍷🍷🍷 4 |
| ○ Verdicchio di Matelica Mirum Ris. '04 | 🍷🍷🍷 4 |
| ○ Verdicchio di Matelica Mirum Ris. '02 | 🍷🍷🍷 3 |

## Monte Schiavo

FRAZ. MONTESCHIAVO
VIA VIVAIO
60030 MAIOLATI SPONTINI [AN]
TEL. +39 0731700385
www.monteschiavo.it

藏酒销售
预约参观
年产量 950 000 瓶
葡萄种植面积 103 公顷
可持续发展酒庄

拥有广袤的103公顷葡萄园，贝亚雷斯家族（Pieralisi）在蒙泰奇埃沃地区（Monteschiavo）的斯齐亚沃山酒庄（Monte Schiavo）是马尔凯产区（Marche）规模最大的私人葡萄酒生产商之一。这片土地分为多个地块，包括位于阿尔切维亚（Arcevia）和罗索拉（Rosora）之间著名的塔萨纳拉葡萄园（Tassanare）。卡洛·费瑞尼（Carlo Ferrini）掌管着宽敞的酒窖，他致力于赋予经典耶西产区（Jesi）现代化的风味阐释。维蒂奇诺（Verdicchio）无疑占据主要的种植面积，但是葡萄园同时也栽培了拉奎马（Lacrima）和红比切诺（Rosso Piceno）等红葡萄品种。在今年的品鉴中，2013年份的吉努卡莱（Le Giuncare）吐露着馥郁的酒香，散发着菠萝和蜜桃般成熟的果香，融入更加甜美的辛香，和着烤杏仁和巧克力黄油的缕缕醇香，随之而来的口感展现出均衡的结构和绵长的余韵，果味四溢，收口美味非常持久。除此之外，贝亚雷斯家族出品的2013年份的朋友（Friends）吐露着黑樱桃的缕缕果香，融入丝丝烟熏气息，更有一抹丁香的浓郁花香萦绕其间，随之而来的口感展现出原始风味，单宁结构非常精美。

| | |
|---|---|
| ○ Castelli di Jesi Verdicchio Cl. Le Giuncare Ris. '13 | 🍷🍷 3* |
| ● Esino Rosso Pieralisi for Friends '13 | 🍷🍷 5 |
| ● Lacrima di Morro d'Alba Marzaiola '15 | 🍷 2 |
| ● Rosso Piceno Sassaiolo '13 | 🍷 2 |
| ○ Verdicchio dei Castelli di Jesi Cl. Coste del Molino '15 | 🍷 2 |
| ○ Verdicchio dei Castelli di Jesi Cl. Sup. Pallio di S. Floriano '15 | 🍷 3 |
| ○ Verdicchio dei Castelli di Jesi Cl. Sup. Pallio di S. Floriano '11 | 🍷🍷🍷 2* |
| ○ Verdicchio dei Castelli di Jesi Cl. Sup. Pallio di S. Floriano '10 | 🍷🍷🍷 2* |
| ○ Verdicchio dei Castelli di Jesi Cl. Sup. Pallio di S. Floriano '09 | 🍷🍷🍷 2* |

## Montecappone

via Colle Olivo, 2
60035 Jesi [AN]
Tel. +39 0731205761
www.montecappone.com

藏酒销售
预约参观
年产量 150 000 瓶
葡萄种植面积 70 公顷

吉安卢卡·米瑞兹（Gianluca Mirizzi）对于他在库普拉蒙塔纳（Cupramontana）和蒙特罗伯托（Monteroberto）之间新近购入的六公顷土地十分满意，这里气候凉爽，山坡朝向理想。吉安卢卡发现新地块非常适合打造他心中理想的美酒，能够保存白葡萄酒中的酸度活力和柑橘果香，以及以蒙特普齐亚诺（Montepulciano）为主酿造的红葡萄酒中的完美果味。地处耶西（Jesi）的宽阔酒窖内存放了许多酿造二次发酵传统酿造法起泡酒（Charmat）的压力罐，更配备了用于发酵白葡萄酒的水泥池，以及陈年顶级红葡萄酒所需的小型橡木桶等。在今年的品鉴中，2013年份的乌托邦（Utopia）充分利用了完美的一年，吐露着柔美的柑橘果香，活跃的野生草本植物清香萦绕其间，继而别具一格的口感展现出持久的果味，收口果味强劲，美味逡巡不散。真是一款美妙的“三杯奖”美酒！与此同时，2015年份的菲德瑞克（FedericoII）吐露着可爱的酒香，融入茴香的异香，更有阵阵花香萦绕其间，随之而来的口感非常活跃，初入口就动力十足。而在红葡萄酒生产方面，2013年份的比切诺乌托邦红葡萄酒（Rosso Piceno Utopia）表现精彩，吐露着清爽的果香，融入别具特色的美味果味。

- ○ Castelli di Jesi Verdicchio Cl. Utopia Ris. '13 — 🍷🍷🍷 4*
- ○ La Breccia '15 — 🍷🍷 3
- ● Rosso Piceno Utopia '13 — 🍷🍷 5
- ○ Verdicchio dei Castelli di Jesi Cl. '15 — 🍷🍷 2*
- ○ Verdicchio dei Castelli di Jesi Cl. Sup. Federico II a.D. 1194 '15 — 🍷🍷 3
- ⊙ Pergolesi a. D. 1710 '15 — 🍷 2
- ● Rosso Piceno '15 — 🍷 2
- ○ Sauvignon Extra Dry '15 — 🍷 3
- ○ Tabano '15 — 🍷 3
- ○ Verdicchio dei Castelli di Jesi Cl. Utopia Ris. '08 — ΥΥΥ 4
- ○ Verdicchio dei Castelli di Jesi Cl. Utopia Ris. '07 — ΥΥΥ 4*
- ○ Castelli di Jesi Verdicchio Cl. Utopia Ris. '12 — ΥΥ 4

## Alessandro Moroder

via Montacuto, 121
60029 Ancona
Tel. +39 071898232
www.moroder-vini.it

藏酒销售
预约参观
年产量 130 000 瓶
葡萄种植面积 18 公顷
葡萄栽培方式 有机认证
可持续发展酒庄

阿里桑德罗·莫罗德尔（Alessandr Moroder）是科内罗产区（Conero）之父，近些年来努力工作，试图将所有葡萄园都转变为有机方式栽培打理，令所产美酒更加忠于本地风土表达。阿里桑德罗的儿子马可（Marco）如今也加入了酒窖的酿造工作，近来更吸引了极富天赋的酿酒师马可·格奇（Marco Gozzi）的加入。他们齐心合力打造出系列经典佳酿，品质值得信赖：红葡萄酒在各种尺寸的橡木桶中完成陈年和成熟，而风味并不复杂、非常易于饮用的白葡萄酒则在不锈钢容器中成熟。在今年的品鉴中，多力克（Dorico）依然是我们最爱的精选系列美酒，这一次凭借2011年份酒赢得了我们的喜爱：它散发着成熟的酒香，融入丝丝皮革和甘草的醇香，更有一抹香料的辛香萦绕其间，随之而来的口感成熟而精美，得到精美单宁的完美支撑。与此同时，2012年份的贡雷诺莫罗德陈酿（Conero Moroder Riserva）风格迥然不同，吐露着阵阵果香，口感坚实浓郁，单宁突出。除此之外，2014年份的贡雷诺埃农红葡萄酒（Rosso Conero Aiòn）向气候条件恶劣的采收酿造季妥协，散发着些许蔬菜的青绿气息，好在口感依然干爽清新，动力十足。

- ● Conero Dorico Ris. '11 — 🍷🍷 5
- ● Conero Moroder Ris. '12 — 🍷🍷 5
- ● Rosso Conero Aiòn '14 — 🍷🍷 2
- ○ Candiano '15 — 🍷 2
- ○ Malvasia '15 — 🍷 2
- ⊙ Rosa di Moroder '15 — 🍷 2
- ● Rosso Conero '13 — 🍷 2
- ● Conero Dorico Ris. '05 — ΥΥΥ 5
- ● Conero Dorico Ris. '09 — ΥΥ 5
- ● Conero Dorico Ris. '08 — ΥΥ 5
- ● Conero Dorico Ris. '07 — ΥΥ 5
- ● Conero Moroder Ris. '11 — ΥΥ 5
- ● Rosso Conero Aiòn '13 — ΥΥ 2
- ● Rosso Conero Moroder '12 — ΥΥ 2
- ● Rosso Conero Moroder '08 — ΥΥ 2

## Muròla

.da Villamagna, 9
2010 Urbisaglia [MC]
el. +39 0733506843
www.murola.it

藏酒销售
预约参观
F产量 700 000 瓶
葡萄种植面积 60 公顷

回溯2004年，莫斯维奇一家人（Mosiewicz）决定将其坐落于马切拉塔（Macerata）乡间地带风景最美丽的恢宏庄园的一部分改建为穆罗拉酒庄（Murola）。今天的酒庄拥有设施先进的酒窖和海拔高度位于250米至300米之间的葡萄园，呈现富含黏土的土质。白葡萄酒在不锈钢容器中成熟，而顶级红葡萄酒则在小型橡木桶中度过漫长的陈年时期。穆罗拉酒庄采用瑞博纳（Ribona）打造传统酿造法起泡酒（Metodo Classico），与酵母共同发酵36个月之久，实在是一款不可多得的意趣美酒。在今年的品鉴中，穆罗拉酒庄推荐酒品的表现都非常精彩。其中2013年份的泰奥多罗（Teodoro）是一款纯净的蒙特普齐亚诺酒（Montepulciano），无疑是今年品鉴中的最佳美酒：它吐露着欧洲酸樱桃的缕缕果香，融入优雅的辛辣香气，与品种葡萄的果味相得益彰，口感丰美饱满，滋味美妙丰盈，同时展现出静默的单宁。与此同时，尤雷克传统起泡酒（Jurek Metodo Classico）是一款卓越的起泡酒，果味十足，芬芳扑鼻，美味诱人，口感带有淡淡的咸味儿，令人垂涎不已。除此之外，2014年份的埃基洛桑娇维塞（Sangiovese Agello）质感轻快，融入缕缕花香，美味果味浸润酒中，尽管还没有达到完美成熟，已经展现出扑鼻芬芳的细腻特质。

| | | |
|---|---|---|
| Teodoro '13 | 🍷🍷 | 3* |
| Agello '14 | ▼▼ | 2* |
| Colli Maceratesi Ribona Agar '15 | ▼▼ | 2* |
| Jurek M.Cl. Brut | ▼▼ | 4 |
| Millerose '15 | ▼▼ | 2* |
| Verdicchio di Matelica Vitige '15 | ▼▼ | 3 |
| Baccius '15 | ▼ | 2 |
| Gremone '15 | ▼ | 2 |
| Jole Brut '14 | ▼ | 3 |
| Varà Brut Passerina '15 | ▼ | 2 |
| Teodoro '12 | ▽▽▽ | 3* |
| Camà '12 | ▽▽ | 2* |
| Camà '11 | ▽▽ | 3* |
| Camà '10 | ▽▽ | 4 |
| Sangiovese '14 | ▽▽ | 2* |
| Teodoro '11 | ▽▽ | 3 |

## ★Oasi degli Angeli

c.da Sant'Egidio, 50
63012 Cupra Marittima [AP]
Tel. +39 0735778569
www.kurni.it

藏酒销售
预约参观
年产量 5 000 瓶
葡萄种植面积 16 公顷

自从马可·卡索兰内提（Marco Casolanetti）和伊莲诺拉·罗西（Eleonora Rossi）为1996年份的佩玛蒂尔德（Permatilde）精选第一批蒙特普齐亚诺酿造果实（Montepulciano），已经过去了二十年之久——这款酒从某种程度上而言是库尔尼（Kurni）的原型。自1996年首次推出后大获成功，吸引了众多酒迷的追捧，不过也有少数声音抱怨口感过于活跃精粹。不过，今天的天使园酒庄（Oasi degli Angeli）依然大步向前，已经收获了世界级名庄的威望，堪称这种风格中的经典。马可的酿造实验依然在持续进展之中，致力于重新发掘博尔多葡萄（Bordò）的巨大潜力，这种歌海娜葡萄（Grenache）的克隆藤来自百年历史的老园，用来打造另一款卓越美酒——库普拉（Kupra）。在今年的品鉴中，2013年份的库普拉吐露着多变且精美的酒香，融入桃金娘、甜菜和莓果的缕缕芬芳，更有一抹熏香的风味萦绕其间，白巧克力的醇香和焦炭橡木的气息若有似无地飘散。入口后最初感到精美的果味，继而酒质飞速演化，给人留下非常深刻的印象。除此之外，2014年份的库尔尼（Kurni）散发着李子和欧洲酸樱桃般的缕缕果香，随之而来的口感非比寻常的饱满丰盈，精粹美味，果味如同爆裂般喷涌而出。

| | | |
|---|---|---|
| ● Kupra '13 | 🍷🍷🍷 | 8 |
| ● Kurni '14 | 🍷🍷 | 8 |
| ● Kupra '12 | ▽▽▽ | 8 |
| ● Kupra '10 | ▽▽▽ | 8 |
| ● Kurni '10 | ▽▽▽ | 8 |
| ● Kurni '09 | ▽▽▽ | 8 |
| ● Kurni '08 | ▽▽▽ | 8 |
| ● Kurni '07 | ▽▽▽ | 8 |
| ● Kurni '04 | ▽▽▽ | 8 |
| ● Kurni '03 | ▽▽▽ | 8 |
| ● Kurni '02 | ▽▽▽ | 8 |
| ● Kurni '01 | ▽▽▽ | 8 |
| ● Kurni '00 | ▽▽▽ | 8 |
| ● Kurni '98 | ▽▽▽ | 8 |
| ● Kurni '97 | ▽▽▽ | 8 |

## Pantaleone

via Colonnata Alta, 118
63100 Ascoli Piceno
Tel. +39 3478757476
www.pantaleonewine.com

预约参观
年产量 60 000 瓶
葡萄种植面积 13 公顷
葡萄栽培方式 有机认证

森林、荒原和花丛。弗朗西丝卡·潘塔隆尼（Francesca Pantaloni）和弗雷德里克·潘塔隆尼（Federica Pantaloni）姐妹俩拥有的潘塔莱隆酒庄（Pantaleone）是一座规模不大、活力四射的酒庄，距离阿斯科利皮切诺（Ascoli Piceno）只有几分钟的车程，但是却具有与城市天壤之别的自然美景。若隐若现的阿森西隆山（Mount Ascensione）为本地气候带来重大影响，在本地葡萄品种打造的不同凡响的清爽美酒中留下印记。今天的潘塔莱隆酒庄正在加强与蒙特普齐亚诺（Montepulciano）、佩克瑞诺（Pecorino）和帕斯琳娜（Passerina）等传统葡萄品种的联系，复兴本地传统的歌海娜（Grenache）克隆品种——博尔多葡萄（Bordò）。在潘塔莱隆酒庄这一季的品鉴酒品中，2015年份的昂尼罗赛普（Onirocep）再次拔得头筹，它的气质清爽，吐露着与以往一样葡萄柚般的阵阵果香，融入鼠尾草的芬芳和青苹果的甜美气息，随之而来的口感劲道有力，果味四溢，得益于活跃的酸度，缔造出鲜美诱人的丰盈收口感受。与此同时，馥郁饱满的2015年份奇卡（Chicca）以帕斯琳娜（Passerina）酿造而成，充分展现出品种葡萄特质，融入悦人的柑橘滋味。除此之外，唯一的红葡萄酒是2012年份的雷巴尔塔（Ribalta），以博尔多葡萄（Bordò）酿造而成，吐露着诱人的阳光气息，成熟的果香缕缕飘散，随之而来的口感结构有力，酒质柔滑，单宁强劲，果味逡巡不散，直至攀上美妙的收口巅峰，令人向往。

| | | |
|---|---|---|
| ○ Falerio Pecorino Onirocep '15 | 🍷🍷 | 2* |
| ● Ribalta '12 | 🍷🍷 | 8 |
| ○ Chicca '15 | 🍷 | 2 |
| ● Atto I '10 | YY | 2* |
| ● Atto I '09 | YY | 2* |
| ● Boccascena '12 | YY | 3 |
| ○ Chicca '13 | YY | 2* |
| ○ Falerio Pecorino Onirocep '14 | YY | 2* |
| ○ Falerio Pecorino Onirocep '13 | YY | 2* |
| ● La Ribalta '10 | YY | 8 |
| ○ Onirocep '11 | YY | 2* |
| ○ Onirocep '10 | YY | 3 |
| ● Sipario '09 | YY | 2* |
| ● Sipario '06 | YY | 2* |

## Pievalta

via Monteschiavo, 18
60030 Maiolati Spontini [AN]
Tel. +39 0731705199
www.baronepizzini.it

藏酒销售
预约参观
年产量 110 000 瓶
葡萄种植面积 26.5 公顷
葡萄栽培方式 生物动力学认证

皮耶瓦尔塔酒庄（Pievalta）今年推出了系列维蒂奇诺美酒（Verdicchio），而且瓶装酒的产量达到里程碑的9万瓶，这些都展现出弗兰奇亚考达地区（Franciacorta）皮耶瓦尔塔酒庄的主人、皮兹尼伯爵酒庄（Barone Pizzini）的酿造经理阿历桑德罗·费尼诺（Alessandro Fenino）和总监尔瓦诺·布莱西亚尼（Silvano Brescianini）的卓越成绩。这些成绩带来的信息包含了认同、透明和责任，是以下重要价值观的结合：生物动力学栽培方式为葡萄酒的生产带来动力，以及致力于缔造真正解读本地风土条件及耶西古堡（Castel di Jesi）典型葡萄品种的美酒。阿历桑德罗采用生物动力学方法，运用手工操作打理葡萄园，他酿造的美酒气质淡雅，酒质演化逐渐达到活跃的巅峰，结构上佳，能够充分反映出生长年份的特质。在今年的品鉴中，皮耶瓦尔塔酒庄提交了多款卓越美酒，其中2013年份的圣保罗陈酿（San Paolo Riserva）令人难忘：它吐露着多样的香氛，融入柑橘的果香，散发着香叶的香气，如花的芬芳萦绕其间，更有缕缕甜杏仁的气息和茴香的醇香飘散，随之而来的劲道口感颇具爆破力，得到精美酸度和结构的支撑，浸润着矿物质美味口感，与深邃的果味完美融合，劲爆有力——无疑是一款大师杰作。除此之外，2015年份的多米尼（Dominè）吐露着柑橘蜜饯甜美的果香，精美的香氛提升了略咸的口感，展示出美味跃动的活力。

| | | |
|---|---|---|
| ○ Castelli di Jesi Verdicchio Cl. San Paolo Ris. '13 | 🍷🍷🍷 | 3 |
| ○ Perlugo Zero M. Cl. | 🍷🍷 | 3 |
| ○ Verdicchio dei Castelli di Jesi Cl. Sup. Dominè '15 | 🍷🍷 | 2 |
| ○ Verdicchio dei Castelli di Jesi Cl. Sup. Pievalta '15 | 🍷🍷 | 2 |
| ● Rosso Pievalta '14 | 🍷 | 2 |
| ○ Castelli di Jesi Verdicchio Cl. San Paolo Ris. '10 | YYY | 3 |
| ○ Verdicchio dei Castelli di Jesi Cl. Sup. Pievalta '09 | YYY | 2 |
| ○ Castelli di Jesi Verdicchio Cl. San Paolo Ris. '12 | YY | 3 |
| ○ Verdicchio dei Castelli di Jesi Cl. San Paolo Ris. '09 | YY | 3 |
| ○ Verdicchio dei Castelli di Jesi Passito Curina '11 | YY | 3 |

## odere sul Lago

oc. Borgiano
a Castello, 20
2020 Serrapetrona [MC]
el. +39 3333017380
ww.poderesullago.it

藏酒销售
预约参观
年产量 10 000 瓶
葡萄种植面积 4 公顷
可持续发展酒庄

卡莫湖（Lake Caccamo）湖畔风景如画，地区典型的山区风貌掩映其间，美丽葡园的四周被茂密的树林环绕，这里能够敏锐地感受到气温的变化。这里是黑维西卡（Vernaccia nera）的王国。桑德瑞·奎德拉罗利（Sandrino Quadraroli）并有如同传统做法那样用这种美妙的酿造实打造起泡酒，而是利用其酿造出两款质卓越的塞拉佩特罗纳非起泡红葡萄酒 Serrapetrona）。他还采用另一种他十分爱的葡萄品种梅洛（Merlot）来酿造净的鲁格罗酒（Il Ruggero）；以同等例的梅洛和维奈西卡（Vernaccia）打塞希斯（Cercis）。2014年的气候条件然恶劣，但是桑德瑞诺巧妙地避开了些劣势：在小型橡木桶中陈年的拉库（Lacus）吐露着诱人的黑胡椒辛香，入香叶的缕缕芬芳和熏香的香气，入后感到略咸的美妙口感，酒骨结构显著突出。与此同时，托库拉（Torcular）一款在不锈钢罐中陈年的纯净维奈西酒，散发着胡椒的辛香，和着樱桃的香，底蕴中透露出绿蔬的缕缕青绿风，展现出辛辣强劲的口感。相比较而，鲁格罗（Ruggero）的果香果味更加盈，单宁柔顺，一抹青绿风情带来持而饱满的口感。除此之外，以晒干维奈西卡酿造的佐奥塞尔吉奥（Zio ergio）口感辛辣，酒中糖分均衡，酒质美。

| | | |
|---|---|---|
| Il Ruggero '14 | ▼▼ | 5 |
| Serrapetrona Lacus '14 | ▼▼ | 5 |
| Serrapetrona Torcular '14 | ▼▼ | 2* |
| Zio Sergio '14 | ▼▼ | 5 |
| Cercis '14 | ▼ | 3 |
| Cercis '13 | ▽▽ | 3 |
| Il Ruggero '13 | ▽▽ | 5 |
| Serrapetrona Torcular '13 | ▽▽ | 2* |

## Il Pollenza

c.da Casone, 4
62029 Tolentino [MC]
Tel. +39 0733961989
www.ilpollenza.it

藏酒销售
预约参观
年产量 300 000 瓶
葡萄种植面积 80 公顷
可持续发展酒庄

从自己创建的石油公司的经营中退出后，布拉凯蒂·皮莱提伯爵（Conte Brachetti Peretti）将大部分精力和时间投入到其位于珀兰扎（Pollenza）和托伦蒂诺（Tolentino）之间的恢宏酒庄中。若要令在全国葡萄酒酿造产业地图上的一片籍籍无名之地成为声名鹊起的著名产区，除了大笔的资金还必须通过大量专家制定详尽的计划、拥有足够的耐心以及出色的商业技能，才能达成上述目标。皮莱提壮观犹如艺术殿堂的酒窖，坐落在文艺复兴时期著名的建筑大师桑迦洛（Sangallo）设计建造的十六世纪的建筑珍宝中，优雅的氛围令人想起波尔多城堡（Bordeaux），持续出产着卓越的美酒；酒品呈现非凡纯净的风格，精细复杂地应用国际葡萄品种来酿造佳酿，以完美无瑕的国际化语言来阐述本地风土——近期在种植品种中又增加了瑞博纳（Ribona）和蒙特普齐亚诺（Montepulciano）。与此同时，2013年份的科斯米诺（Cosmino）是一款精美的赤霞珠（Cabernet），略显青涩芬芳，融入香膏般的香气，更有红莓果的果香和香料的辛香萦绕其间，令这款酒的果味更加活跃美妙。除此之外，2014年份的玛斯泰皮鲁斯九世（Pius IX Mastai）气势恢宏，是一款苏维农帕西多（Sauvignon Passito），吐露着蜜桃的果香，融入罗勒和小雏菊的芬芳，带来精美柔顺、令人垂涎的口感，美味持久在口中流连不散。

| | | |
|---|---|---|
| ● Cosmino '13 | ▼▼ (红) | 5 |
| ○ Pius IX Mastai '14 | ▼▼ (红) | 6 |
| ○ Colli Maceratesi Ribona Angera '15 | ▼▼ | 3 |
| ○ Brianello '15 | ▼ | 3 |
| ● Porpora '13 | ▼ | 3 |
| ● Il Pollenza '12 | ▽▽▽ | 8 |
| ● Il Pollenza '11 | ▽▽▽ | 7 |
| ● Il Pollenza '10 | ▽▽▽ | 7 |
| ● Il Pollenza '09 | ▽▽▽ | 7 |
| ● Il Pollenza '07 | ▽▽▽ | 7 |
| ● Cosmino '12 | ▽▽ | 5 |
| ● Cosmino '11 | ▽▽ | 5 |
| ● Cosmino '09 | ▽▽ | 5 |
| ○ Pius IX '13 | ▽▽ | 6 |
| ○ Pius IX '10 | ▽▽ | 6 |

## Alberto Quacquarini

VIA COLLI, 1
62020 SERRAPETRONA [MC]
TEL. +39 0733908180
www.quacquarini.it

藏酒销售
年产量 140 000 瓶
葡萄种植面积 25 公顷

阿尔伯托·夸克奎瑞尼（Alberto Quacquarini）被公认为塞拉佩特罗纳维奈西卡（Vernaccia di Serrapetrona）之父，这种特别的起泡红葡萄酒以维奈西卡葡萄酿造，采用部分风干葡萄酵母以复杂的二次发酵方式制成。1958年，阿尔伯托开始恢复将葡萄串吊晾在室内以获得更高糖分和更浓郁果香果味的古老乡村传统。毛罗·夸克奎瑞尼（Mauro Quacquarini）和卢卡·夸克奎瑞尼（Luca Quacquarini）接替了父亲的工作，勤勉地守护着传统，与此同时融入现代化的酿造操作手法。宽敞且重新打造的酒窖内装满了小型橡木桶和不锈钢容器，它们用来陈年非起泡红葡萄酒，酒窖内还配有晾干室和压力罐。在今年的品鉴中，阿尔伯托·夸克奎瑞尼供应了多款美酒，其中2014年份的塞拉佩特罗纳（Serrapetrona）是酒庄最年轻的美酒，吐露着尤为活跃的酒香，展现出品种葡萄经典的胡椒辛香，口感轻快丰盈，果味饱满跃动。与此同时，完全以风干维奈西卡葡萄酿造的佩特隆尼奥（Petronio）散发着浓郁的葡萄干果香，融入黑胡椒的辛香和黑樱桃罐头的甜美气息。除此之外，两款维奈西卡也都展现出精湛的酿造水平，我们尤其喜爱口感偏甜的那一款。

- ● Serrapetrona '14 — 2*
- ● Colli della Serra '12 — 2*
- ● Petronio '10 — 5
- ● Vernaccia di Serrapetrona Dolce — 2
- ● Vernaccia di Serrapetrona Secco — 3
- ○ Verdicchio di Matelica '15 — 2
- ● Petronio '02 — 5
- ● Petronio '01 — 5
- ● Serrapetrona '10 — 2*
- ● Serrapetrona '08 — 2

## Sabbionare

VIA SABBIONARE, 10
60036 MONTECAROTTO [AN]
TEL. +39 0731889004
www.sabbionare.it

藏酒销售
预约参观
年产量 35 000 瓶
葡萄种植面积 15 公顷

萨宾奈尔区（Contrada Sabbionare）是
片沙土地质的葡萄园和酒窖的名字。
20世纪90年代中期，唐娜泰拉·保罗
（Donatella Paoloni）及其丈夫扫罗·
卢奇（Sauro Paolucci）决定将其业余
酒生活发展到更高程度，在葡萄园旁
建起了酒窖。在栽培师皮耶路易吉·
纳（Pierluigi Donna）以及酿酒师塞尔
奥·保鲁奇（Sergio Paolucci）等真正
耶西（Jesi）葡萄酿造专家的协助下，
宾奈尔酒庄通过管理其他优质葡萄园
加了美酒产量，这些葡萄园基本上都
落于蒙泰卡罗托地区（Montecarotto）。
他们酿造的维蒂奇诺酒（Verdicchios）
风味显著明确，果香果味十足，口感
劲有力。年份酒在不锈钢容器中陈年，
品质卓越，当下品感上佳，而且具
极佳的陈年潜力。2015年份的萨宾奈
（Sabbionare）堪称这款佳酿最佳一季
份酒：它将品种葡萄的特质充分表达
来，浓郁集中的风味扑面而来，犹如
仁的醇香和接骨木花朵的芬芳，更有
爽的柑橘香萦绕其间，底蕴中还透露
缕缕白桃的果香。入口紧致自持，结
稳定，带有一缕咸咸的美味。这无
是担当的起“三杯奖”大奖的佳作。
除此之外，2015年份的艾尔费莱托（
Filetto）品质保持了以往一贯的高水准，
丰盈饱满，馥郁芬芳，是一款精美的
型酒。

- ○ Verdicchio dei Castelli di Jesi Cl. Sup. Sabbionare '15 — 2
- ○ Verdicchio dei Castelli di Jesi Cl. El Filetto '15 — 1
- ○ Verdicchio dei Castelli di Jesi Cl. I Pratelli '11 — 1
- ○ Verdicchio dei Castelli di Jesi Cl. I Pratelli '10 — 1
- ○ Verdicchio dei Castelli di Jesi Cl. Sup. Sabbionare '13 — 2
- ○ Verdicchio dei Castelli di Jesi Cl. Sup. Sabbionare '12 — 2
- ○ Verdicchio dei Castelli di Jesi Cl. Sup. Sabbionare '10 — 2
- ○ Verdicchio dei Castelli di Jesi Cl. Sup. Sabbionare '09 — 2

## Saladini Pilastri

ia Saladini, 5
63078 Spinetoli [AP]
Tel. +39 0736899534
www.saladinipilastri.it

藏酒销售
预约参观
年产量 1 000 000 瓶
葡萄种植面积 150 公顷
葡萄栽培方式 有机认证
可持续发展酒庄

萨拉丁尼·皮拉斯特瑞家族（Saladini Pilastri）的酒庄创建于1986年，但是家族酒庄的古老历史可以追溯到几百年前。皮拉斯特瑞家族恢宏的庄园位于斯皮内托利（Spinetoli）和蒙泰普兰多内（Monteprandone）之间的小城镇，占地面积广袤。几年来，皮拉斯特瑞家族酒庄采用有机栽培方式种植葡萄园，得益于卓越的山坡朝向和干爽的本地气候，令酒庄收获了卓越的美酒。酒窖打造的蒙特普齐亚诺特色美酒（Montepulciano）呈现出丰富的本地风土，极有个性的桑娇维塞（Sangiovese），打造出果香果味浓郁的美酒，结构紧致，缓缓释放出完美的能量。酿造手法非常现代，出品美酒在不同尺寸的橡木桶中陈年，而更富野心的红葡萄酒则使用更小尺寸的橡木桶陈年。在今年的品鉴中，皮拉斯特瑞家族酒庄推荐了多款美酒，其中2014年份的蒙泰提尼罗（Montetinello）吐露着阵阵焦炭橡木的芬芳，融入红色莓果的缕缕果香，和着活跃的果味口感，质地精美。与此同时，2014年份的蒙泰普兰多内葡萄园（Vigna Monteprandone）散发着欧洲酸樱桃的缕缕果香，和着李子的芬芳，随之而来的口感紧密细腻，单宁精美，非常值得等待它进一步发展演化，展现出巅峰品质。而在所有推荐的白葡萄酒中，我们最喜爱2015年份的帕斯琳娜（Passerina），吐露着美妙的花香，动力十足，品质精美。

| | | |
|---|---|---|
| ● Rosso Piceno Sup. Montetinello '14 | ▼▼ | 3 |
| ● Rosso Piceno Sup. V. Monteprandone '14 | ▼▼ | 5 |
| ○ Falerio Palazzi '15 | ▼ | 3 |
| ○ Offida Passerina '15 | ▼ | 3 |
| ○ Offida Pecorino '15 | ▼ | 3 |
| ● Pregio del Conte '14 | ▼ | 5 |
| ● Rosso Piceno '15 | ▼ | 3 |
| ● Rosso Piceno Sup. V. Monteprandone '00 | ▽▽▽ | 3 |
| ○ Offida Pecorino '14 | ▽▽ | 3 |
| ○ Offida Pecorino '10 | ▽▽ | 2* |
| ● Pregio del Conte Rosso '10 | ▽▽ | 4 |
| ● Rosso Piceno Sup. Montetinello '13 | ▽▽ | 3 |
| ● Rosso Piceno Sup. V. Monteprandone '13 | ▽▽ | 5 |
| ● Rosso Piceno Sup. V. Monteprandone '10 | ▽▽ | 4 |
| ● Rosso Piceno Sup. V. Montetinello '10 | ▽▽ | 2* |
| ● Rosso Piceno V. Piediprato '11 | ▽▽ | 3 |

## San Giovanni

c.da Ciafone, 41
63035 Offida [AP]
Tel. +39 0736889032
www.vinisangiovanni.it

预约参观
年产量 180 000 瓶
葡萄种植面积 35 公顷
葡萄栽培方式 有机认证

圣乔瓦尼酒庄（San Giovanni）于20世纪90年代由德洛伦佐家族（Di Lorenzo）创建，近年来进行了大规模的整修和重建，酒庄的庄园建筑和古老酒窖都进行了重大升级，不过位于康切达齐亚冯（Contrada Ciafone）的葡萄园并没有受到影响，这里是比切诺地区（Piceno）公认的最佳种植地块，并且拥有悠久的历史。几年前，圣乔瓦尼酒庄就从整体上采用了有机栽培方式，打理一系列传统葡萄品种。圣乔瓦尼酒庄生产的美酒风格现代，尤其是奎欧系列佳酿（Gyo）。在今年的品鉴中，圣乔瓦尼酒庄的明星产品在2015年份酒中依然闪耀：融入草本植物的清香和柑橘的果香，打造精美的整体香氛，美酒入口感到紧致活跃，非常诱人，无疑是今年品鉴中的最佳酒品。奎欧系列佳酿凭借美妙的果香和诱人的果味从诸多美酒中脱颖而出，口感精美且发展均衡。除此之外，2012年份的泽伊（Zeii）是一款令人印象深刻的红葡萄酒，吐露着黑樱桃的迷人果香，更有咖啡的浓醇香气萦绕其间，果味饱满，单宁紧密细腻。

| | | |
|---|---|---|
| ○ Offida Pecorino Kiara '15 | ▼▼ (red) | 3* |
| ○ Falerio Pecorino Gyo '15 | ▼▼ | 2* |
| ● Offida Rosso Zeii '12 | ▼▼ | 3 |
| ○ Passerina Gyo '14 | ▼▼ | 2* |
| ● Rosso Piceno Sup. Gyo '14 | ▼▼ | 2* |
| ○ Marta '15 | ▼ | 2 |
| ○ Marta Passerina Brut | ▼ | 3 |
| ○ Offida Pecorino Zagros '13 | ▼ | 4 |
| ○ Falerio Pecorino Gyo '14 | ▽▽ | 2* |
| ○ Offida Pecorino Kiara '13 | ▽▽ | 3 |
| ○ Offida Pecorino Kiara '12 | ▽▽ | 3 |
| ○ Offida Pecorino Kiara '11 | ▽▽ | 3 |
| ○ Offida Pecorino Kiara '10 | ▽▽ | 2* |
| ● Rosso Piceno Sup. Leo Guelfus '11 | ▽▽ | 3 |
| ● Rosso Piceno Sup. Leo Guelfus '07 | ▽▽ | 2* |
| ○ Zagros '11 | ▽▽ | 3 |

## Poderi San Lazzaro

FRAZ. BORGO MIRIAM
C.DA SAN LAZZARO, 88
63073 OFFIDA [AP]
TEL. +39 0736889189
www.poderisanlazzaro.it

藏酒销售
预约参观
年产量 50 000 瓶
葡萄种植面积 7.5 公顷
葡萄栽培方式 有机认证

在定义什么是大师级的葡萄酒生产的时候，界限总是非常模糊，但是当我们谈起保罗·卡普里奥蒂（Paolo Capriotti）的工作时，所有人都一致认为用“大师级”来描述他的作品毫无异议。保罗亲自监管着每一个生产环节，得到家人在葡萄园中辛勤劳作的大力支持。在酒窖中，保罗与马可·卡索兰内提（Marco Casolanetti）合力打造出极富个性的美酒，年轻的时候略显粗粝质朴，但是随着时间的流逝，越来越呈现出馥郁饱满的切诺地区特色（Piceno）。在今年的品鉴中，圣拉佐罗酒庄推荐了一系列卓越美酒，其中红葡萄酒的品质为最佳。2013年份的珀德尔72（Podere 72）吐露着诱人的草莓和樱桃果香，融入更加复杂的焦炭橡木的气息，质地浸润美妙果味，口感极具穿透力，但单宁并不过于锋利。与此同时，2012年份的博尔多（Bordò）在阿列橡木桶（Tonneaux）中完成陈年，自然表现出华美丰盈的酒质，帮助酒质自信发展，呈现辛辣口感。除此之外，2015年份的珀莱西奥桑娇维塞（Sangiovese Polesio）吐露着阵阵花香，口感轻盈流畅，非常易于饮用。2015年份的皮斯蒂洛（Pistillo）吐露着蔬菜般的青绿风味，果味四溢，但是也略有些滞后之嫌。

| | |
|---|---|
| ● Bordò '12 | 🍷🍷 (red) 7 |
| ● Piceno Sup. Podere 72 '13 | 🍷🍷 (red) 2* |
| ● Polesio '15 | 🍷🍷 2* |
| ○ Offida Passerina Passina '15 | 🍷 2 |
| ○ Offida Pecorino Pistillo '15 | 🍷 2 |
| ● Offida Rosso Grifola '11 | ♀♀♀ 4* |
| ● Bordò '11 | ♀♀ 7 |
| ● Grifola '10 | ♀♀ 4 |
| ● Offida Rosso Grifola '12 | ♀♀ 4 |
| ● Piceno Sup. Podere 72 '12 | ♀♀ 2* |
| ● Piceno Sup. Podere 72 '11 | ♀♀ 2* |
| ● Polesio '14 | ♀♀ 2* |
| ● Polesio '13 | ♀♀ 2* |
| ● Polesio '11 | ♀♀ 2* |
| ● Rosso Piceno Sup. Podere 72 '10 | ♀♀ 2* |
| ● Rosso Piceno Sup. Podere 72 '09 | ♀♀ 2* |

## San Savino - Poderi Capecc

LOC. SAN SAVINO
VIA SANTA MARIA IN CARRO, 13
63065 RIPATRANSONE [AP]
TEL. +39 073590107
www.sansavino.com

藏酒销售
预约参观
年产量 120 000 瓶
葡萄种植面积 22 公顷
葡萄栽培方式 有机认证

西蒙尼·卡佩西（Simone Capecci）是酿酒人的卓越代表，将世代相传的酿造技艺与现代手法完美结合，最大限度利用传统技艺对美酒做出现代风格的阐释。圣萨韦诺酒庄（San Savino）的葡萄园坐落于阿夸维瓦地区（Acquaviva）以及卡洛（Carro）的圣玛丽亚（Santa Maria）的凉爽山坡上，收获的酿造葡萄在酒窖中采用不同的酿造方法打造而成：佩克利诺葡萄（Pecorino）和帕斯琳娜葡萄（Passerina）在具有还原性的环境里选择冷浸法在不锈钢罐中浸渍脱皮；超级红葡萄酒则仰仗在小型橡木桶中的耐心发酵。在今年的品鉴中，西蒙尼为我们奉献出三款卓越的美酒。2015年份的赛普莱亚（Ciprea）香气高雅，略有草本植物的清香和茴香的苦香，融入白桃的缕缕果香，口感非常美味，融入了深邃、齐整且略有咸味儿的美味，极易入口。除此之外，2014年份的费德斯（Fedus）是一款非比寻常的桑娇维塞（Sangiovese），酒体饱满，动力十足，口感圆润，酒香层次繁复多样，酒中浸润美妙浓郁的果味。与此同时，2012年份的昆塔雷吉奥（Quint Regio）吐露着缕缕欧洲酸樱桃的果香，融入甜美的橡木香气，酒质华美浓郁，口感表现出健康的果实美味。

| | |
|---|---|
| ○ Offida Pecorino Ciprea '15 | 🍷🍷 (red) 3 |
| ● Offida Rosso Quinta Regio '12 | 🍷🍷 (red) 5 |
| ● Fedus '14 | 🍷🍷 4 |
| ● Rosso Piceno Sup. Picus '14 | 🍷🍷 2 |
| ○ Tufilla '15 | 🍷 2 |
| ● Fedus Sangiovese '06 | ♀♀♀ 4 |
| ○ Offida Pecorino Ciprea '10 | ♀♀♀ 3 |
| ○ Offida Pecorino Ciprea '09 | ♀♀♀ 3 |
| ○ Offida Pecorino Ciprea '08 | ♀♀♀ 3 |
| ● Quinta Regio '01 | ♀♀♀ 5 |
| ● Quinta Regio '00 | ♀♀♀ 5 |
| ○ Offida Pecorino Ciprea '14 | ♀♀ 3 |
| ● Quinta Regio '10 | ♀♀ 5 |
| ● Quinta Regio '08 | ♀♀ 5 |
| ● Rosso Piceno Sup. Picus '13 | ♀♀ 2 |

## Santa Barbara

B.GO MAZZINI, 35
60010 BARBARA [AN]
TEL. +39 0719674249
www.vinisantabarbara.it

藏酒销售
预约参观
年产量 650 000 瓶
葡萄种植面积 40 公顷

斯蒂凡诺·安东努奇（Stefano Antonucci）总是能带给大家惊喜，他与他的圣芭芭拉酒庄（Santa Barbara）常常登上报纸的头版头条。他拥有几十年的酿酒经验，十分擅长捕捉市场动态，而且呈现出永不疲倦的销售热情，他能够以无可比拟的大众传媒宣传技巧充分利用上述优势，成为击败其他同行的毁灭性武器。不过斯蒂凡诺另一项相比较而言鲜为人知的主要优势在于他组织起了团结的团队，其中包括皮耶路易吉·洛伦泽蒂（Pierluigi Lorenzetti）与年轻的达尼埃尔·罗塔托瑞（Daniele Rotatori）和罗伯托·罗塔托瑞（Roberto Rotatori）——酒庄技术生产部门的中流砥柱。圣芭芭拉酒庄成功的秘诀在于踊跃喷薄的新思想、与时俱进地更新风格，以及紧密的团队合作，合力打造出展现出诱人果味和纯净果香的佳酿。在今年的品鉴中，圣芭芭拉酒庄推荐的系列美酒令人喜出望外地展现出极佳的陈年潜力，尤其是威戈利维蒂奇诺酒（Verdicchios Le Vaglie），堪称当年年份酒中的佼佼者，吐露着明快的果香，口感清爽，收口果味强劲有力。同一产品线中的2015年份皮格诺克（Pignocco）也表现精彩，只是在酒质深邃度上略逊一筹。与此同时，2014年份的斯蒂凡诺安东努奇超级美酒（Superiore Stefano Antonucci）吐露着热带水果的芬芳，融入柑橘糖的香气，口感柔美滑顺。除此之外，2013年份的莫森尼（Mossone）是一款经典的梅洛酒（Merlot），拥有总能给人带来惊喜的质地，吐露着系列美妙的香氛，单宁甜美，收口余韵美味悠长，持久不衰。

- ● Mossone '13 — 🍷🍷 8
- ○ Verdicchio dei Castelli di Jesi Cl. Le Vaglie '15 — 🍷🍷 3*
- ○ Animale Celeste '15 — 🍷🍷 3
- ● Mossi Passito '14 — 🍷🍷 5
- ● Pathos '14 — 🍷🍷 6
- ○ Stefano Antonucci Brut M. Cl. — 🍷🍷 5
- ● Stefano Antonucci Rosso '14 — 🍷🍷 4
- ○ Verdicchio dei Castelli di Jesi Back to Basic '14 — 🍷🍷 5
- ○ Verdicchio dei Castelli di Jesi Cl. Pignocco '15 — 🍷🍷 2*
- ○ Verdicchio dei Castelli di Jesi Cl. Sup. Stefano Antonucci '14 — 🍷🍷 4
- Rosso Piceno Il Maschio da Monte '14 — 🍷 5
- ○ Verdicchio dei Castelli di Jesi Stefano Antonucci '15 — 🍷 2

## Sartarelli

VIA COSTE DEL MOLINO, 24
60030 POGGIO SAN MARCELLO [AN]
TEL. +39 073189732
www.sartarelli.it

藏酒销售
预约参观
年产量 280 000 瓶
葡萄种植面积 55 公顷

精致的专业化带来了维蒂奇诺（Verdicchio）历史上拥有最精美表现力的数款佳酿。宽敞的酒窖俯瞰风景如画的陡峭葡萄园，令人心醉神迷；在酒窖中只能看到不锈钢罐用来陈年。在今年的品鉴中，萨塔莱利酒庄推荐了系列高品质美酒，其中2015年份的传统美酒（Classico）正彰显了酒标上的特色：吐露着苹果的成熟果香，融入酿造葡萄风干后的风味，美妙的口感与之相映成趣，这款佳酿最大的特色就是馥郁恢宏的果味。与此同时，2014年份的巴尔席亚娜（Balciana）以晚收酿造果实打造而成，展现出黄桃的果香和蜂蜜的甜美气息，吐露着百里香般非凡的香气，口感绵密浓醇犹如奶油，收口跃动，糖分略高。除此之外，2014年份的特拉维沃（Tralivio）与往年相比浓郁度略低，这恐怕要怪罪于2014年恶劣的气候条件令其失去了应有的复杂度。

- ○ Verdicchio dei Castelli di Jesi Cl. '15 — 🍷🍷 2*
- ○ Verdicchio dei Castelli di Jesi Cl. Sup. Balciana '14 — 🍷🍷 5
- ○ Brut — 🍷 3
- ○ Verdicchio dei Castelli di Jesi Cl. Sup. Tralivio '14 — 🍷 3
- ○ Verdicchio dei Castelli di Jesi Passito '14 — 🍷 5
- ○ Verdicchio dei Castelli di Jesi Cl. Sup. Balciana '09 — 🍷🍷🍷 5
- ○ Verdicchio dei Castelli di Jesi Cl. Sup. Balciana '04 — 🍷🍷🍷 5
- ○ Verdicchio dei Castelli di Jesi Cl. Sup. Contrada Balciana '98 — 🍷🍷🍷 5
- ○ Verdicchio dei Castelli di Jesi Cl. Sup. Contrada Balciana '97 — 🍷🍷🍷 5

## Sparapani - Frati Bianchi

via Barchio, 12
60034 Cupramontana [AN]
Tel. +39 0731781216
www.fratibianchi.it

藏酒销售
预约参观
餐饮接待
年产量 40 000 瓶
葡萄种植面积 14 公顷

从结果来看，从古老陈旧的建筑升级为现代化的全新酒窖无疑是明智的选择，令斯帕拉帕尼兄弟（Sparapani）能够毫无限制地充分发挥他们的潜力。兄弟两人虽然年轻，但已经拥有丰富的酿造经验，从小就在父亲塞提莫（Settimio）的葡萄园中长大。斯帕拉帕尼酒庄在生产维蒂奇诺酒方面（Verdicchio）已经累积了丰富的经验，出品也获得了一致赞誉，如今的出品比以往美酒更加充分地表达出紧致结构、强劲个性等库普拉蒙塔纳（Cupramontana）的风土特质。作为这样一座偶像级酒庄，斯帕拉帕尼酒庄的业务范围包括从餐饮接待到葡萄酒生产等各个领域，酒窖坐落于库普拉蒙塔纳的耶西古堡（Castelli di Jesi）顶级葡萄园中，除了多纳克莱奥陈酿系列（Riserva Donna Cloe），所有美酒都在不锈钢容器中发酵，并在中型橡木桶中陈年16个月。在斯帕拉帕尼酒庄这一季提供的品鉴酒品中，2014年份的普里奥（Il Priore）轻松克服了采收酿造季恶劣气候带来的不利影响，吐露着甜美优雅的花香，融入缕缕杏仁的醇香，入口浓郁，浸润着矿物质的醇美滋味和一缕咸味儿，一路攀上脆爽且气势恢宏的收口巅峰。除此之外，2012年份的多纳克莱奥陈酿（Donna Cloe Riserva）风味复杂，活力四射；2015年份的萨勒纳（Salerna）则是一款卓越的标准系列维蒂奇诺，吐露着柑橘的芬芳，融入略咸的美味，果味清爽宜人。

| | | |
|---|---|---|
| ○ Verdicchio dei Castelli di Jesi Cl. Sup. Il Priore '14 | 🍷🍷🍷 | 2* |
| ○ Castelli di Jesi Verdicchio Cl. Donna Cloe Ris. '12 | 🍷🍷 | 5 |
| ○ Verdicchio dei Castelli di Jesi Cl. Salerna '15 | 🍷🍷 | 2* |
| ○ Verdicchio dei Castelli di Jesi Cl. Sup. Il Priore '13 | YYY | 2* |
| ○ Verdicchio dei Castelli di Jesi Cl. Sup. Il Priore '12 | YYY | 2* |
| ○ Verdicchio dei Castelli di Jesi Cl. Sup. Il Priore '06 | YYY | 2* |

## Tenuta Spinelli

via Lago, 2
63032 Castignano [AP]
Tel. +39 0736821489
www.tenutaspinelli.it

藏酒销售
预约参观
膳宿接待
年产量 30 000 瓶
葡萄种植面积 7 公顷

酿造葡萄酒最吸引人的一方面便是酿酒人投入的热情。年轻的无尽热情和初生牛犊不怕虎的激情引领着西蒙尼・斯皮内利（Simone Spinelli）在阿森西隆山（Mount Ascensione）海拔600米的多石地块栽培了佩克利诺葡萄（Pecorino）。带着同样的热忱，皮耶路易吉又接受了种植黑比诺（Pinot nero）的新挑战——世界上最难栽培、秉性最变幻无常的品种；以及进一步完善以佩克利诺葡萄为主酿造的传统起泡酒（Metodo Classico）。迄今为止，他的酒窖虽小但是设备配备完善，在处理白葡萄的时候只采用不锈钢罐发酵陈年。在今年的品鉴中，大胆无畏、无可匹敌的2015年份阿泰米希亚（Artemisia）终于为西蒙尼捧回了“三杯奖”，成功避开了炎热年份设下的陷阱，展现出层次繁复多面的酒香，融入剔透的芬芳，初入口感到恢宏的气势，与缕缕夏日水果的美味交相辉映，一路攀升到美妙的收口巅峰，得到跃动结构的大力支撑。与此同时，2015年份的伊顿（Eden）是一款单一品种的帕斯琳娜（Passerina），吐露着诱人的酒香，与美妙的口感相得益彰，融入清爽的柑橘美味，品质上佳，余韵持久在口中流连不散。

| | | |
|---|---|---|
| ○ Offida Pecorino Artemisia '15 | 🍷🍷🍷 | 2* |
| ○ Eden '15 | 🍷🍷 | 2* |
| ○ Offida Pecorino Artemisia '14 | YYY | 2* |
| ○ Offida Pecorino Artemisia '13 | YYY | 2* |
| ○ Offida Pecorino Artemisia '12 | YYY | 2* |
| ○ Eden '13 | YY | 2* |
| ○ Eden '11 | YY | 2* |
| ○ Méroe Pecorino M. Cl. '09 | YY | 3 |
| ○ Offida Pecorino Artemisia '11 | YY | 2* |

## Tenuta di Tavignano

LOC. TAVIGNANO
62011 CINGOLI [MC]
TEL. +39 0733617303
www.tenutaditavignano.it

藏酒销售
预约参观
年产量 100 000 瓶
葡萄种植面积 30 公顷
可持续发展酒庄

昂迪尼·德拉·菲尔德（Ondine de la Feld）是塔瓦尼亚诺酒庄（Tenuta di Tavignano）创始人斯蒂凡诺·阿梅瑞奇（Stefano Aymerich）的侄女，这座美丽的庄园环抱青葱的农场，城堡般的农庄统领着埃西诺河（River Esino）与穆索内河（River Musone）之间的山间景色。修建整齐的葡萄园环绕四周，朝向俱佳，通风条件良好，拥有含有钙质的黏土土壤。昂迪尼于几年前加入酒庄，为酒庄经营生产注入新的活力，在重新定义酒品风格方面支持出产佩斯蒂弗洛系列美酒（Pestifero），这款起泡酒不经除渣直接在瓶中进行二次发酵；同时也将酒庄出品不断推往更加成熟的市场。塔瓦尼亚诺酒庄酿造的维蒂奇诺美酒（Verdicchios）声名鹊起，令昂迪尼的工作变得容易一些，完美展现出口感力道、独特个性和强劲果味，同时也不乏多变性。在今年的品鉴中，2015年份的米斯克超级美酒（Misco Superiore）斩获了“三杯奖”和“年度最佳白葡萄酒”（White of the Year）两项大奖，这款别具一格的美酒充分显示出品种葡萄的果香，酒质深邃，果味持久，带来无以伦比、完美无瑕的美味口感。同时，2014年份的米斯克陈酿（Misco Riserva）品质极为卓越，吐露着甜菜的芬芳，融入杏仁的醇香和柑橘糖的甜美香气，口感结构紧致，酒质发展和谐，一路攀升直至恢宏的收口巅峰。除此之外，2015年份的韦德园（Vigna Verde）吐露着柠檬的清香，带来和谐悦人的口感，美味怡人，久久难忘。

| | |
|---|---|
| ○ Verdicchio dei Castelli di Jesi Cl. Sup. Misco '15 | 🍷🍷🍷 3* |
| ○ Castelli di Jesi Verdicchio Cl. Misco Ris. '14 | 🍷🍷 4 |
| ● Rosso Piceno Cervidoni '14 | 🍷🍷 2* |
| ○ Verdicchio dei Castelli di Jesi Cl. Sup. Villa Torre '15 | 🍷🍷 2* |
| ○ Verdicchio dei Castelli di Jesi Cl. V. Verde '15 | 🍷🍷 2* |
| ⊙ Buonasera Signorina '15 | 🍷 3 |
| ○ Il Pestifero Pas Dosé '15 | 🍷 2 |
| ○ Passerina '15 | 🍷 2 |
| ○ Verdicchio dei Castelli di Jesi Cl. Sup. Misco '14 | 🍷🍷🍷 3* |
| ○ Verdicchio dei Castelli di Jesi Cl. Sup. Misco '13 | 🍷🍷🍷 3* |

## Terre Cortesi Moncaro

VIA PIANOLE, 7A
63036 MONTECAROTTO [AN]
TEL. +39 073189245
www.moncaro.com

藏酒销售
预约参观
餐饮接待
年产量 7 500 000 瓶
葡萄种植面积 1200 公顷

置身一众由小生产商主宰的产区，蒙卡洛酒庄（Moncaro）拥有规模巨大的葡萄园，因此成为马尔凯产区（Marche）最大的协作酒庄，在生产高品质美酒方面从不妥协。从维蒂奇诺（Verdicchio）的山巅到科内罗（Conero）的海角以及马尔凯产区的最南端，蒙卡洛酒庄都拥有品质超群的卓越地块，可以最大限度地精选酿造果实——大部分来自本地品种，在耶西古堡（Castelli di Jesi）、科内罗以及阿夸维瓦皮切纳（Acquaviva Picena）三处酒窖分别发酵酿造。最佳酿造果实转化成现代风味的美酒，拥有坚实的风格，果香跃动，极易入口的果味非常诱人。蒙卡洛酒庄生产的白葡萄酒尤为卓越，来自不同风土条件的两款美酒从今年的品鉴中脱颖而出。2013年份的诺瓦里葡萄园（Vigna Novali）散发着缕缕碘化物的芬芳，融入香膏的气息，更有一抹茴香的异香萦绕其间，杏仁的醇香与之交相辉映，它的口感丰盈美味，惬意柔顺，毫无悬念地拔得头筹。除此之外，还有2015年份的奥菲斯佩克利诺（Ofithe Pecorino）吐露着无法拒绝的草本植物清香，融入柠檬糖的缕缕甜美芬芳，口感很有活力。与此同时，颇受欢迎的2015年份冯迪格莱（Fondiglie）同样令人感到舒适，果味美妙怡人。

| | |
|---|---|
| ○ Castelli di Jesi Verdicchio Cl. V. Novali Ris. '13 | 🍷🍷 3* |
| ○ Offida Pecorino Ofithe '15 | 🍷🍷 3* |
| ● Conero Vign. del Parco Ris. '11 | 🍷🍷 4 |
| ● Piceno Sup. Roccaviva '13 | 🍷🍷 2* |
| ● Rosso Conero Le Silve '15 | 🍷🍷 3 |
| ○ Verdicchio dei Castelli di Jesi Cl. Sup. Fondiglie '15 | 🍷🍷 3 |
| ● Conero Cimerio Ris. '13 | 🍷 3 |
| ● Conero Montescuro Ris. '13 | 🍷 3 |
| ○ Verdicchio dei Castelli di Jesi Cl. Le Vele '15 | 🍷 3 |
| ○ Verdicchio dei Castelli di Jesi Cl. Sup. Verde Ca' Ruptae '15 | 🍷 3 |
| ○ Castelli di Jesi Verdicchio Cl. V. Novali Ris. '10 | 🍷🍷🍷 3* |
| ● Rosso Piceno Sup. Roccaviva '12 | 🍷🍷🍷 2* |

## ★Umani Ronchi

via Adriatica, 12
60027 Osimo [AN]
Tel. +39 0717108019
www.umanironchi.com

藏酒销售
预约参观
年产量 3 000 000 瓶
葡萄种植面积 230 公顷
葡萄栽培方式 有机认证
可持续发展酒庄

从占地面积和瓶装酒产量的角度而言，乌曼尼隆基酒庄（Umani Ronchi）或许是马尔凯产区（Marche）规模最大的酒庄之一，但是它的核心依然是一座家庭酒庄。数年来，米歇尔·博奈提（Michele Bernetti）经营着父亲马西莫·博奈提（Massimo Bernetti）和叔叔斯蒂凡诺（Stefano）建起的酒庄，致力于持续提升产品美酒的品质。占地广袤的葡萄园位于耶西地区（Jesi）库普拉蒙塔纳（Cupramontana）和蒙泰卡罗托（Montecarotto）、科内罗地区（Conero）以及阿布鲁佐庄园（Abruzzo），生产品质最佳的酿造葡萄，用以打造风格精致的美酒，绝无过多人工干涉，大部分葡萄园逐步转向有机种植。塞拉卡萨尔（Casal di Serra）是乌曼尼隆基酒庄第一个得到有机认证的葡萄酒系列。在今年的品鉴中，2011年份的圣乔吉奥陈酿（Campo San Giorgio Riserva）显示出优雅的极致，融入矿物质的醇美滋味，充分表达出蒙特普齐亚诺科奈罗（Montepulciano del Conero）的风味，拥有精美且无与伦比的阐释力。它的小兄弟、2012年份的库马洛（Cùmaro）则更加明快，果香果味四溢，酸度紧致，与柔美的单宁紧密交织在一起。与此同时，2013年份的普莱尼奥（Plenio）优雅跃动，吐露着品种葡萄馥郁的果香，随之而来的口感非常劲道有力，超乎想象。除此之外，2013年份的马克西莫（Maximo）是一款贵妇苏维翁（Sauvignon），它的气质诱人，酒质华美，果味余韵绵长延宕。

| | |
|---|---|
| ● Conero Campo San Giorgio Ris. '11 | 🍷🍷🍷 7 |
| ● Conero Cùmaro Ris. '12 | 🍷🍷 4 |
| ○ Maximo '13 | 🍷🍷 4 |
| ○ Verdicchio dei Castelli di Jesi Cl. Sup. V. V. '14 | 🍷🍷 4 |
| ○ Castelli di Jesi Verdicchio Cl. Ris. Plenio '13 | 🍷🍷 4 |
| ○ La Hoz M. Cl. Brut Nature '10 | 🍷🍷 5 |
| ● Montepulciano d'Abruzzo Jorio '14 | 🍷🍷 3 |
| ● Pelago '12 | 🍷🍷 5 |
| ● Rosso Conero San Lorenzo '14 | 🍷🍷 3 |
| ● Rosso Conero Serrano '15 | 🍷🍷 2* |
| ○ Vellodoro '15 | 🍷🍷 2* |
| ○ Verdicchio dei Castelli di Jesi Cl. Sup. Casal di Serra '15 | 🍷🍷 3 |
| ○ Verdicchio dei Castelli di Jesi Cl. Villa Bianchi '15 | 🍷🍷 2* |

## Vallerosa Bonci

via Torre, 15
60034 Cupramontana [AN]
Tel. +39 0731789129
www.vallerosa-bonci.com

藏酒销售
预约参观
年产量 250 000 瓶
葡萄种植面积 26 公顷

佩皮·伯恩西（Peppe Bonci）就是一部行走的维蒂奇诺（Verdicchio）百科全书。他了解维蒂奇诺葡萄的每个细节，从无数个采收酿造季中积累了丰富的经验，主持自家酒庄的葡萄园进行有史以来最完备的克隆藤研究（与米兰大学合作），实验各种类型的酿造方法。伯恩西家族毫无疑问拥有壮阔的葡萄园：皮耶特隆园（Pietrone）、维亚托尔园（Viatorre）、曼西亚诺园（Manciano），尤其是地处南向山坡的圣米歇尔园（San Michele），充分展现出伯恩西家族始终对库普拉蒙塔纳地区的维蒂奇诺（Cupramontana Verdicchio）充满信心。这些地块海拔高度和山坡朝向各异，但是都位于库普拉蒙塔纳地区，令酿造果实个性多变，饱满丰盈，打造出各种特色显著的美酒。寒冷的2014年采收酿造季令出品美酒的酒精度和结构略轻，不过并没有失去一贯的强劲口感和令人垂涎的美妙果味。2015年份的曼西亚诺园（Manciano）在今年的品鉴中表现也十分精彩，吐露着清澈的柑橘果香，融入流畅的果味口感，收口略有咸味。除此之外，干型葡萄酒（Brut）的卓越品质一如既往，这款二次发酵法（Charmat）打造的顶级美酒吐露着杏仁的缕缕醇香，展现出顶级葡萄园的魅力。

| | |
|---|---|
| ○ Verdicchio dei Castelli di Jesi Cl. Manciano '15 | 🍷🍷 2* |
| ○ Verdicchio dei Castelli di Jesi Cl. Sup. S. Michele '14 | 🍷🍷 3 |
| ○ Verdicchio dei Castelli di Jesi Brut | 🍷 2 |
| ○ Verdicchio dei Castelli di Jesi Cl. Viatorre '15 | 🍷 2 |
| ○ Verdicchio dei Castelli di Jesi Cl. Pietrone Ris. '04 | 🍷🍷🍷 3 |
| ○ Verdicchio dei Castelli di Jesi Cl. Sup. S. Michele '10 | 🍷🍷🍷 3* |
| ○ Verdicchio dei Castelli di Jesi Cl. Sup. S. Michele '06 | 🍷🍷🍷 3 |
| ○ Verdicchio dei Castelli di Jesi Cl. Sup. S. Michele '00 | 🍷🍷🍷 3* |

## ★Velenosi

LOC. MONTICELLI
VIA DEI BIANCOSPINI, 11
63100 ASCOLI PICENO
TEL. +39 0736341218
www.velenosivini.com

藏酒销售
预约参观
年产量 2 500 000 瓶
葡萄种植面积 192 公顷

即便最小型的火车也需要发动引擎。从地区的角度而言，很少有酒庄将马尔凯产区酒（Marche）定位为拥有畅销全世界的能力，但是瓦勒诺西家族（Velenosi）就是其中之一。瓦勒诺西家族在将马尔凯产区酒推向全球的过程中担当了极为重要的角色，令马尔凯产区酒在全球市场的销量逐年猛增。安吉拉·瓦勒诺西（Angela Velenosi）在酒庄与各种人见面谈话，总是忧虑是否能够赶上下一班飞机在全世界推广酒庄的美酒，同时她还是皮切尼葡萄酒生产商联盟（Consorzio dei Vini Piceni）的主席。瓦勒诺西家族出产的美酒系列广泛，包括马尔凯最佳产区酒，这要感谢提供酿造果实的忠诚供应商和成熟的合作伙伴。从起泡酒到本地葡萄品种打造的白葡萄酒，再到红葡萄酒，这座令人艳羡的卓越酒庄出品美酒总有一款令您感到满意。在今年的品鉴中，2014年份的拉韦（Rêve）吐露着活跃的果香，融入清晰显著的葡萄柚芬芳，底蕴中透露出丝丝芳香植物的香气，华美精致的口感浸润丰盈果味，美味持久在口中流连不散。除此之外，2013年份的菲拉雷罗吉欧（Roggio del Filare）吐露着缕缕精美的果香，融入绿蔬的青绿风味，口感柔美，较为突出，质地多汁华美。

| | |
|---|---|
| ○ Offida Pecorino Rêve '14 | 🍷🍷🍷 5 |
| ● Rosso Piceno Sup. Roggio del Filare '13 | 🍷🍷 7 |
| ○ Falerio Pecorino Villa Angela '15 | 🍷🍷 4 |
| ● Lacrima di Morro d'Alba Querciantica '15 | 🍷🍷 4 |
| ○ Offida Pecorino Villa Angela '15 | 🍷🍷 4 |
| ○ Passerina Brut | 🍷🍷 3 |
| ○ Passerina Villa Angela '15 | 🍷🍷 4 |
| ● Rosso Piceno Sup. Brecciarolo '14 | 🍷🍷 4 |
| ● Rosso Piceno Sup. Brecciarolo Gold '14 | 🍷🍷 5 |
| ○ Verdicchio dei Castelli di Jesi Cl. Querciantica '15 | 🍷🍷 4 |
| ○ Chardonnay Villa Angela '15 | 🍷 4 |
| ● Offida Rosso Ludi '13 | 🍷 7 |
| ● Rosso Piceno Sup. Roggio del Filare '12 | 🍷🍷🍷 7 |
| ● Rosso Piceno Sup. Roggio del Filare '11 | 🍷🍷🍷 7 |
| ● Rosso Piceno Sup. Roggio del Filare '10 | 🍷🍷🍷 5 |

## Roberto Venturi

VIA CASE NUOVE, 1A
60010 CASTELLEONE DI SUASA [AN]
TEL. +39 3381855566
www.viniventuri.it

藏酒销售
预约参观
年产量 60 000 瓶
葡萄种植面积 8 公顷

罗伯托·温托瑞（Roberto Venturi）并没有被世界性的经济衰退吓到，也不惧怕传统马尔凯产区（Marche）的不利因素。不断追求他的目标，罗伯托实现了建造一座新酒窖的梦想，这座恢宏壮美的酒窖与其大师级的古老庄园完美契合，不过建筑和内部结构都极尽现代化。山坡上蔓延开去的葡萄园十分壮观，除了蒙泰卡罗托（Montecarotto）的地块之外，大部分种植地块都位于这里。蒙泰卡罗托的种植地块是坐落于埃西诺河（River Esino）左岸真正的顶级葡萄园，产出的原料葡萄用于酿造奎蒂葡萄酒（Qudì）。葡萄酒的酿造主要采取不锈钢容器。在今年的品鉴中，2014年份的奎蒂葡萄酒吐露着野生草本植物的芬芳，融入杏仁的醇香，入口感到强劲的结构和紧致有力的酒质。它的小兄弟2015年份的圣马蒂诺（San Martino）也表现非常精彩，散发着茴香般的缕缕异香，口感华美精致，非常怡人。与此同时，2015年份的黛西德瑞欧（Desiderio）是一款单一品种的莫斯卡托（Moscato），吐露着浓郁的柑橘芳香，融入缕缕辛香，口感轻快，果味饱满。除此之外，2015年份的巴尔萨米诺（Balsamino）是以埃丽提科（Aleatico）克隆品种酿造而成的美酒，气质简朴，绝无虚饰，酒香活跃，口感美妙。

| | |
|---|---|
| ○ Desiderio '15 | 🍷🍷 2* |
| ○ Verdicchio dei Castelli di Jesi Cl. Sup. Qudì '14 | 🍷🍷 2* |
| ○ Verdicchio dei Castelli di Jesi San Martino '15 | 🍷🍷 2* |
| ● Balsamino '15 | 🍷 2 |
| ○ Verdicchio dei Castelli di Jesi Cl. Sup. Qudì '13 | 🍷🍷🍷 2* |
| ○ Desiderio '14 | 🍷🍷 2* |
| ○ Desiderio '13 | 🍷🍷 2* |
| ○ Verdicchio dei Castelli di Jesi Cl. Sup. Qudì '12 | 🍷🍷 2* |

## Vicari

via Pozzo Buono, 3
60030 Morro d'Alba [AN]
Tel. +39 073163164
www.vicarivini.it

藏酒销售
预约参观
年产量 110 000 瓶
葡萄种植面积 22 公顷

纳扎莱诺·维卡瑞（Nazzareno Vicari）是拉奎马产区（Lacrima）的传奇人物，第二代传人维科·维卡瑞（Vico Vicari）和瓦伦蒂娜·维卡瑞（Valentina Vicari）如今掌管着家族酒庄，组成了紧密合作的团队：年轻的瓦伦蒂娜忙于酒庄的公关活动和促销活动，而维科则在葡萄园和酒窖中不知疲倦的辛勤劳作。在他们的酒窖中，得益于不同的发酵成熟方式和酿造手法，拉奎马（Lacrima）被阐释出了各种风格，包括二氧化碳浸渍法及葡萄风干化酿造法等，打造出果味活跃的美酒，展现出独特的个性。在今年的品鉴中，维卡瑞酒庄提交了一系列品质卓越的佳酿，其中2015年份的雅香赞（Essenza）酒香尤其浓郁跃动，非比寻常，融入缕缕酸樱桃的果香和丁香花的芬芳。入口后感到如同奶油般绵密细腻的酒质，虽然并非当下就极易入口，但是口感上佳。与此同时，2014年份的因索里托（Insolito）是一款典型的莫罗达尔巴维蒂奇诺（Morro d' Alba Verdicchio）：强劲有力、品质卓越、自信满满，洋溢着果香果味。除此之外，艾玛兰托（Amaranto）是一款甘美的甜白帕西多（Passito），它吐露着浓郁的花香，展现出经典拉奎马果味风情。

| | |
|---|---|
| ● Lacrima di Morro d'Alba Dasempre del Pozzo Buono '15 | 🍷🍷 2* |
| ● Lacrima di Morro d'Alba Essenza del Pozzo Buono '15 | 🍷🍷 3 |
| ● Lacrima di Morro d'Alba Passito Amaranto del Pozzo Buono '12 | 🍷🍷 4 |
| ○ Verdicchio dei Castelli di Jesi Cl. del Pozzo Buono '15 | 🍷🍷 2* |
| ○ Verdicchio dei Castelli di Jesi Cl. Sup. Insolito del Pozzo Buono '14 | 🍷🍷 3 |
| ● Lacrima di Morro d'Alba Sup. del Pozzo Buono '14 | 🍷 3 |
| ● Lacrima di Morro d'Alba Dasempre del Pozzo Buono '13 | 🍷🍷 2* |
| ● Lacrima di Morro d'Alba Sup. del Pozzo Buono '13 | 🍷🍷 3 |

## Vignamato

via Battinebbia, 4
60038 San Paolo di Jesi [AN]
Tel. +39 0731779197
www.vignamato.com

藏酒销售
预约参观
年产量 100 000 瓶
葡萄种植面积 27 公顷

安德里亚·塞西（Andrea Ceci）从小就在维蒂奇诺葡萄园（Verdicchio）中长大，因此接管父亲毛里济奥·塞西（Maurizio Ceci）和母亲塞莱内拉（Serenella）创建的韦格纳玛托酒庄（Vignamato）对他而言并无勉强之感。安德里亚拥有自信的性格，与酿酒师皮耶路易吉·洛伦泽蒂（Pierluigi Lorenzetti）达成的新合作关系正在加速升温。韦格纳玛托酒庄的出品风格从以往热情的高酒精度和精粹口感，转变为更加清爽的畅快口感，质地更加细腻优雅，果味更加强劲，在年复一年果味四溢的维蒂奇诺美酒（Verdicchios）中得到了证明。在今年的品鉴中，韦格纳玛托酒庄推荐了一系列美酒，其中带有显著果味标识的2015年份的沃西亚诺系列（Versiano）酸度突出，带来强劲的果味，酒质演化绵长均衡，收口感受非常明晰。2015年份的拉玛河谷系列（Valle della Lame）是一款柔美流畅的维蒂奇诺佳酿（Verdicchio），散发着白桃的甜美果香，融入茴香的缕缕异香。除此之外，我们将最高褒奖给予2011年份的安塔莱斯（Antares）：该产区是采用风干果实酿造的最佳葡萄酒之一，它的果香丰盈饱满，吐露着蜜桃罐头的甜美气息，融入烤杏仁的醇香和蜜瓜的缕缕果香，随之而来的口感犹如奶油般绵密细腻，但同时依然清爽宜人，劲道有力。

| | |
|---|---|
| ○ Verdicchio dei Castelli di Jesi Cl. Sup. Versiano '15 | 🍷🍷 3* |
| ○ Verdicchio dei Castelli di Jesi Passito Antares '11 | 🍷🍷 4 |
| ● Campalliano '13 | 🍷🍷 3 |
| ○ Castelli di Jesi Verdicchio Cl. Ambrosia Ris. '12 | 🍷🍷 3 |
| ○ Verdicchio dei Castelli di Jesi Cl. Sup. Eos '15 | 🍷🍷 2* |
| ○ Verdicchio dei Castelli di Jesi Cl. Valle delle Lame '15 | 🍷🍷 2* |
| ○ Versus '15 | 🍷 2 |
| ○ Verdicchio dei Castelli di Jesi Cl. Sup. Eos '14 | 🍷🍷 2* |
| ○ Verdicchio dei Castelli di Jesi Cl. Valle delle Lame '14 | 🍷🍷 2* |

## Maria Letizia Allevi

VIA P. C. ORAZI, 58
63081 CASTORANO [AP]
TEL. +39 073687646
www.vinimida.it

藏酒销售
预约参观
年产量 8 000 瓶
葡萄种植面积 3 公顷
葡萄栽培方式 有机认证

| | |
|---|---|
| ○ Offida Pecorino Mida '15 | ♈♈ 3 |
| ● Offida Rosso Mida '13 | ♈♈ 4 |

## Ca' Liptra

VIA SAN MICHELE, 21
60034 CUPRAMONTANA [AN]
TEL. +39 3491321442
www.caliptra.it

藏酒销售
预约参观
葡萄种植面积 2.3 公顷
葡萄栽培方式 有机认证
可持续发展酒庄

| | |
|---|---|
| ○ Castelli di Jesi Verdicchio Cl. S. M. 21 Ris. '14 | ♈♈ 4 |
| ○ Verdicchio dei Castelli di Jesi Cl. Sup. Kypra '15 | ♈♈ 3 |

## La Calcinara

FRAZ. CANDIA
VIA CALCINARA, 102A
60131 ANCONA
TEL. +39 3285552643
www.lacalcinara.it

藏酒销售
预约参观
年产量 26 000 瓶
葡萄种植面积 13 公顷
可持续发展酒庄

| | |
|---|---|
| ● Conero Terra Calcinara Ris. '13 | ♈♈ 3 |
| ⊙ Mun '15 | ♈♈ 2* |
| ● Rosso Conero Il Cacciatore di Sogni '14 | ♈ 2 |

## Cantine di Castignano

C.DA SAN VENANZO, 31
63072 CASTIGNANO [AP]
TEL. +39 0736822216
www.cantinedicastignano.com

藏酒销售
预约参观
年产量 450 000 瓶
葡萄种植面积 527 公顷
葡萄栽培方式 有机认证

| | |
|---|---|
| ○ Gramelot '14 | ♈♈ 2* |
| ● Templaria '14 | ♈♈ 2* |
| ○ Falerio Pecorino Destriero '15 | ♈ 1* |

## Cavalieri

VIA RAFFAELLO, 1
62024 MATELICA [MC]
TEL. +39 073784859
www.cantinacavalieri.it

预约参观
年产量 15 000 瓶
葡萄种植面积 8.24 公顷

| | |
|---|---|
| ○ Verdicchio di Matelica Gegè '14 | ♈♈ 3 |
| ● Sangiovese '13 | ♈ 3 |
| ○ Verdicchio di Matelica '15 | ♈ 2 |

## Giacomo Centanni

C.DA ASO, 159
63062 MONTEFIORE DELL'ASO [AP]
TEL. +39 0734938530
www.vinicentanni.it

藏酒销售
膳宿接待
年产量 100 000 瓶
葡萄种植面积 30 公顷
葡萄栽培方式 有机认证

| | |
|---|---|
| ● Monte Floris '14 | ♈♈ 2* |
| ○ Offida Pecorino '15 | ♈♈ 2* |
| ○ Offida Passerina '15 | ♈ 2 |

## Cantina Cològnola Tenuta Musone

loc. Colognola, 22a bis
62011 Cingoli [MC]
Tel. +39 0733616438
www.tenutamusone.it

藏酒销售
预约参观
年产量 150 000 瓶
葡萄种植面积 25 公顷

| | |
|---|---|
| ○ Verdicchio dei Castelli di Jesi Cl. Sup. Via Condotto '15 | 🍷🍷 2* |
| ○ Verdicchio dei Castelli di Jesi Cl. Sup. Ghiffa '14 | 🍷 3 |

## Colpaola

loc. Colpaola
fraz. Braccano
62024 Matelica [MC]
Tel. +39 0737768300
www.cantinacolpaola.it

藏酒销售
年产量 18 000 瓶
葡萄种植面积 9 公顷
葡萄栽培方式 有机认证

| | |
|---|---|
| ○ Verdicchio di Matelica '15 | 🍷🍷 2* |
| ○ Verdicchio di Matelica '14 | 🍷🍷 2* |

## Conti degli Azzoni

via Don Minzoni, 26
62010 Montefano [MC]
Tel. +39 0733850219
www.degliazzoni.it

藏酒销售
预约参观
膳宿接待
年产量 100 000 瓶
葡萄种植面积 130 公顷

| | |
|---|---|
| ● Passatempo '13 | 🍷🍷 5 |
| ● Rosso Piceno '13 | 🍷🍷 2* |
| ○ Colli Maceratesi Ribona '15 | 🍷 2 |

## Domodimonti

via Menocchia, 195
63010 Montefiore dell'Aso [AP]
Tel. +39 0734930010
www.domodimonti.com

藏酒销售
预约参观
膳宿接待
年产量 200 000 瓶
葡萄种植面积 40 公顷

| | |
|---|---|
| ● Il Messia '12 | 🍷🍷 5 |
| ○ Offida Pecorino LiCoste '15 | 🍷🍷 3 |
| ● Passione e Visione '12 | 🍷 8 |

## Filodivino

via Serra, 46
60030 San Marcello [AN]
Tel. +39 0731026139
www.filodivino.it

藏酒销售
膳宿接待
年产量 52 000 瓶
葡萄种植面积 15.5 公顷

| | |
|---|---|
| ○ Castelli di Jesi Verdicchio Cl. Dino Ris. '14 | 🍷🍷 4 |
| ○ Verdicchio dei Castelli di Jesi Filotto '14 | 🍷🍷 3 |
| ● Lacrima di Morro d'Alba Diana '14 | 🍷 3 |

## Fiorini

via Giardino Campioli, 5
61040 Barchi [PU]
Tel. +39 072197151
www.fioriniwines.it

藏酒销售
预约参观
膳宿接待
年产量 200 000 瓶
葡萄种植面积 45 公顷

| | |
|---|---|
| ○ Bianchello del Metauro Sup. Andy '14 | 🍷🍷 2* |
| ○ Bianchello del Metauro Sup. Tenuta Campioli '15 | 🍷🍷 2* |
| ● Colli Pesaresi Rosso Bartis '13 | 🍷🍷 3 |

## Luca Guerrieri

via San Filippo, 24
61030 Piagge [PU]
Tel. +39 0721890152
www.aziendaguerrieri.it

藏酒销售
预约参观
膳宿接待
年产量 250 000 瓶
葡萄种植面积 44.4 公顷

- ● Colli Pesaresi Sangiovese Galileo Ris. '13 ꕤꕤ 3
- ○ Guerriero Bianco '14 ꕤꕤ 2*
- ○ Lisippo '15 ꕤꕤ 2*

## Esther Hauser

c.da Coroncino, 1a
60039 Staffolo [AN]
Tel. +39 0731770203
www.estherhauser.it

藏酒销售
预约参观
年产量 6 000 瓶
葡萄种植面积 1 公顷

- ● Il Cupo '13 ꕤꕤ 5
- ● Il Ceppo '13 ꕤ 4

## La Valle del Sole

via San Lazzaro, 46
63035 Offida [AP]
Tel. +39 0736889658
valledelsoleoffida@gmail.com

预约参观
葡萄种植面积 11 公顷
葡萄栽培方式 有机认证

- ○ Offida Pecorino '15 ꕤꕤ 2*
- ● Rosso Piceno Sup. '14 ꕤꕤ 2*
- ○ Offida Passerina '15 ꕤ 2

## Laila Libenzi

via San Filippo sul Cesano, 27
61040 Mondavio [PU]
Tel. +39 0721979353
www.lailalibenzi.it

藏酒销售
预约参观
年产量 130 000 瓶
葡萄种植面积 33 公顷

- ● Torrile '14 ꕤꕤ 2*
- ○ Verdicchio dei Castelli di Jesi Casalta '14 ꕤꕤ 2*
- ● Rosso Conero Zizzero '14 ꕤ 2

## Stefano Mancinelli

via Roma, 62
60030 Morro d'Alba [AN]
Tel. +39 073163021
www.mancinellivini.it

藏酒销售
预约参观
膳宿接待
年产量 150 000 瓶
葡萄种植面积 25 公顷

- ● Terre dei Goti '11 ꕤꕤ 5
- ● Lacrima di Morro d'Alba '14 ꕤ 2
- ● Lacrima di Morro d'Alba Sensazioni di Frutto '15 ꕤ 2

## Mancini

fraz. Moie
60030 Maiolati Spontini [AN]
Tel. +39 0731702975
www.manciniwines.it

藏酒销售
预约参观
餐饮接待
年产量 140 000 瓶
葡萄种植面积 20 公顷

- ○ Verdicchio Castelli di Jesi Cl. S. Lucia '15 ꕤꕤ 2*
- ○ Verdicchio Castelli di Jesi Cl. Sup. Villa Talliano '15 ꕤꕤ 3

## Filippo Maraviglia

LOC. PIANNÉ, 593
62024 MATELICA [MC]
TEL. +39 0737786340
www.vinimaraviglia.com

藏酒销售
预约参观
膳宿接待
年产量 30 000 瓶
葡萄种植面积 27 公顷

| | |
|---|---|
| ● Colli Maceratesi Rosso Onorio '15 | 🍷🍷 2* |
| ○ Verdicchio di Matelica Alarico '15 | 🍷🍷 2* |
| ○ Verdicchio di Matelica Grappoli d'Oro Ris. '13 | 🍷 3 |

## Clara Marcelli

VIA FONTE VECCHIA, 8
63030 CASTORANO [AP]
TEL. +39 073687289
www.claramarcelli.it

预约参观
年产量 40 000 瓶
葡萄种植面积 14 公顷
葡萄栽培方式 有机认证

| | |
|---|---|
| ● Ruggine '11 | 🍷🍷 8 |
| ● K'un '13 | 🍷🍷 3 |
| ○ Offida Pecorino Irata '14 | 🍷 3 |

## Maurizio Marconi

VIA MELANO, 25
60030 SAN MARCELLO [AN]
TEL. +39 0731267223
www.marconivini.it

藏酒销售
预约参观
年产量 220 000 瓶
葡萄种植面积 50.5 公顷

| | |
|---|---|
| ○ Lilith '14 | 🍷🍷 3 |
| ● Rosso Piceno '15 | 🍷🍷 2* |
| ○ Verdicchio dei Castelli di Jesi Cl. Sup. Istinto '15 | 🍷🍷 2* |

## Enzo Mecella

VIA DANTE, 112
60044 FABRIANO [AN]
TEL. +39 073221680
www.enzomecella.com

藏酒销售
预约参观
年产量 200 000 瓶
葡萄种植面积 12 公顷

| | |
|---|---|
| ● Braccano '12 | 🍷🍷 4 |
| ○ Verdicchio di Matelica Pagliano '15 | 🍷🍷 2* |

## Claudio Morelli

V.LE ROMAGNA, 47B
61032 FANO [PU]
TEL. +39 0721823352
www.claudiomorelli.it

藏酒销售
预约参观
年产量 110 000 瓶
葡萄种植面积 40 公顷

| | |
|---|---|
| ○ Bianchello del Metauro Borgo Torre '15 | 🍷🍷 2* |
| ○ Bianchello del Metauro S. Cesareo '15 | 🍷🍷 2* |
| ○ Bianchello del Metauro La Vigna delle Terrazze '15 | 🍷 2 |

## Cantina Offida

VIA DELLA REPUBBLICA, 70
63073 OFFIDA [AP]
TEL. +39 0736880104
www.cantinaoffida.com

藏酒销售
预约参观
年产量 400 000 瓶
葡萄种植面积 300 公顷
葡萄栽培方式 有机认证

| | |
|---|---|
| ○ Offida Passerina '15 | 🍷🍷 2* |
| ○ Offida Pecorino '15 | 🍷🍷 2* |
| ● Offida Rosso Serpente Aureo '10 | 🍷 4 |

## La Pila

IA MICHELANGELO, 2
63833 MONTEGIORGIO [FM]
TEL. +39 0734277801
www.vinilapila.it

年产量 12 000 瓶
葡萄种植面积 4 公顷

| | |
|---|---|
| ● Cinabrum '15 | 2* |
| ● Furnace '13 | 3 |
| ○ Refolo '15 | 2* |
| ○ Emmar '15 | 3 |

## Rocca di Castiglioni

VIA CASTIGLIONI, 50
63072 CASTIGNANO [AP]
TEL. +39 0736821876
www.rocca-di-castiglioni.it

藏酒销售
预约参观
膳宿接待
年产量 25 000 瓶
葡萄种植面积 12 公顷

| | |
|---|---|
| ○ Offida Pecorino Valeo Si Vales '15 | 3* |
| ● Rosso Piceno Console Castino '15 | 2* |
| ○ Offida Passerina Alba Plena '15 | 2 |

## San Filippo

LOC. BORGO MIRIAM
C.DA CIAFONE, 17A
63035 OFFIDA [AP]
TEL. +39 0736889828
www.vinisanfilippo.it

藏酒销售
预约参观
年产量 20 000 瓶
葡萄种植面积 35 公顷
葡萄栽培方式 有机认证

| | |
|---|---|
| ○ Offida Pecorino '15 | 2* |
| ● Rosso Piceno Sup. Katharsis '14 | 2* |
| ● Offida Rosso Lupo del Ciafone '13 | 3 |

## Tenuta San Marcello

VIA MELANO, 30
60030 SAN MARCELLO [AN]
TEL. +39 0731831008
www.tenutasanmarcello.net

藏酒销售
膳宿接待
年产量 4 000 瓶
葡萄种植面积 3.5 公顷

| | |
|---|---|
| ● Lacrima di Morro d'Alba Bastaro '15 | 2* |
| ● Lacrima di Morro d'Alba Sup. Melano '15 | 3 |
| ○ Verdicchio dei Castelli di Jesi Cl. Buca della Marcona '15 | 2 |

## San Michele a Ripa

C.DA SAN MICHELE, 24
63065 RIPATRANSONE [AP]
TEL. +39 3356833088
www.sanmichelearipa.it

藏酒销售
预约参观
年产量 20 000 瓶
葡萄种植面积 5 公顷

| | |
|---|---|
| ○ Offida Pecorino Falchetti '15 | 3 |
| ● Periplo '14 | 3 |
| ○ Offida Passerina Brancuna '15 | 2 |

## Fattoria Serra San Martino

VIA SAN MARTINO, 1
60030 SERRA DE' CONTI [AN]
TEL. +39 0731878025
www.serrasanmartino.com

藏酒销售
预约参观
年产量 13 000 瓶
葡萄种植面积 3 公顷
葡萄栽培方式 有机认证

| | |
|---|---|
| ● Lysipp '12 | 5 |
| ● Il Paonazzo '13 | 5 |
| ● Roccuccio '13 | 3 |
| ● Costa dei Zoppi '12 | 4 |

## La Staffa

VIA CASTELLARETTA, 19
60039 STAFFOLO [AN]
TEL. +39 0731779810
www.vinilastaffa.it

藏酒销售
预约参观
年产量 30 000 瓶
葡萄种植面积 8 公顷
葡萄栽培方式 有机认证

- ○ Verdicchio dei Castelli di Jesi Cl. Sup. La Staffa '15 — 🍷🍷 3
- ○ Mai Sentito — 🍷 2

## Fattoria Le Terrazze

VIA MUSONE, 4
60026 NUMANA [AN]
TEL. +39 0717390352
www.fattorialeterrazze.it

藏酒销售
预约参观
年产量 100 000 瓶
葡萄种植面积 20 公顷

- ⊙ Donna Giulia Brut Rosé M. Cl. '13 — 🍷🍷 4
- ● Conero Sassi Neri Ris. '12 — 🍷 5
- ● Rosso Conero '14 — 🍷 2

## Fulvia Tombolini

C.DA CAVALLINE, 2
60039 STAFFOLO [AN]
TEL. +39 0731770330
www.fulviatombolini.it

年产量 160 000 瓶
葡萄种植面积 28 公顷

- ○ Castelli di Jesi Verdicchio Cl. Fulvia Tombolini Ris. '13 — 🍷🍷 3
- ○ Verdicchio dei Castelli di Jesi Cl. Sup. Fulvia Tombolini '15 — 🍷🍷 3

## Tenuta dell'Ugolino

VIA COPPARONI, 32
60031 CASTELPLANIO [AN]
TEL. +39 07310731 812569
www.tenutaugolino.it

藏酒销售
预约参观
年产量 50 000 瓶
葡萄种植面积 7 公顷
可持续发展酒庄

- ○ Verdicchio dei Castelli di Jesi Cl. Le Piaole '15 — 🍷🍷 2*
- ○ Verdicchio dei Castelli di Jesi Passito Dolce Cate '09 — 🍷🍷 5

## Le Vigne di Clementina Fabi

C.DA FRANILE, 3
63069 MONTEDINOVE [AP]
TEL. +39 338 7463441
www.levignediclementinafabi.it

藏酒销售
预约参观
膳宿接待
年产量 55 000 瓶
葡萄种植面积 7.32 公顷
葡萄栽培方式 有机认证

- ○ Offida Pecorino '15 — 🍷🍷 2*
- ● Dal Tino '13 — 🍷🍷 2*
- ○ Offida Passerina '15 — 🍷 2

## Zaccagnini

VIA SALMAGINA, 9/10
60039 STAFFOLO [AN]
TEL. +39 0731779892
www.zaccagnini.it

藏酒销售
预约参观
膳宿接待
年产量 250 000 瓶
葡萄种植面积 35 公顷

- ○ Verdicchio dei Castelli di Jesi Cl. Sup. Terratufo '15 — 🍷🍷 3
- ○ Verdicchio dei Castelli di Jesi Cl. Sup. Viterosa '15 — 🍷🍷 3

# 翁布里亚区

## UMBRIA

翁布里亚产区（Umbria）的酿酒产业有着深远的传统，文献中的清晰记载证明了该产区重要的历史地位。虽然翁布里亚的规模并不大，却很容易辨识它的各个产区、次产区和种植地，各自拥有不同的土壤条件、气候环境和栽培品种。最近，翁布里亚产区的红葡萄酒取得了巨大成功，引领着意大利国内和国际市场的潮流，不过这一趋势正在发生迅猛的变化，翁布里亚的白葡萄酒越来越脱颖而出，展现出不俗的实力。丝毫不令人感到惊奇的是，奥尔维耶托产区（Orvieto）依然是最著名的产区，从很早开始就一直占据翁布里亚产区的最佳种植地区榜首，近年来该地区展现出令人振奋的发展趋势以及不断更新自我的活力，这并非偶然。2015年采收酿造季气候干爽，阳光普照，凸显出品美酒中的地中海特质，令出品佳酿的平均水平都得到了极大提升，更为白葡萄酒的风行添加助力。纵览本年鉴中评选出来的翁布里亚产区顶级佳酿列表，就可以证明这一点。“三杯奖”大奖并没有止步于卓越细腻的2014年份萨拉赛瓦罗（Cervaro della Sala），而是同样花落明星美酒之家——帕拉佐恩酒庄（Palazzone）2014年份的坎珀德瓜蒂安诺（Campo del Guardiano）以及巴比迪库纳诺酒庄（Decugnano dei Barbi）2015年份的奥尔维耶托超级经典白葡萄酒（Orvieto Classico Superiore Il Bianco）。在产区的一角，托蒂的格莱切托（Todi Grechetto）十分活跃，打造了许多值得一提的美酒，不过它们中的佼佼者莫过于洛卡菲奥莱酒庄（Roccafiore）出品的2014年份超级菲奥菲奥莱（Superiore Fiorfiore），它的品质达到了前所未有的新巅峰，凭借始终如一的卓绝努力夺得了我们今年的“年度可持续性种植大奖”（Sustainable Viticulture Award）。如果我们再将众多特比安诺斯珀勒蒂诺（Trebbiano Spoletino）纳入卓越美酒的考量范围，本年鉴对该产区白葡萄酒的品鉴部分就完整了。那么今年红葡萄酒的表现如何呢？这里的红葡萄酒也带给我们不少新的消息，从纳瑞地区的绮丽叶骄罗（Ciliegiolodi Narnis）开始——这是以本地生产商固执地复兴的本地传统品种打造的美酒。在今年的品鉴中，我们推荐的系列美酒名单相当之长，但是在我们看来最佳美酒莫过于李奥纳多·布索莱提（Leonardo Bussoletti）酿造的2014年份的布莱奇埃罗（Brecciaro）。说到细腻而优雅的美酒，我们还可以在列表上添加卢加洛蒂酒庄（Lungarotti）出产的传奇般的2011年份托尔贾诺鲁贝斯克莫迪奇奥园红葡萄酒珍酿（Torgiano Rubesco Riserva Vigna Monticchio），展现出与以往年份同样的魅力，美味令人垂涎。最后，我们还要向读者推荐最具结构性的红葡萄酒，这样的佳酿无疑出自著名的蒙特法科种植区（Montefalco），出品美酒馥郁饱满。不过在今年的品鉴中，该地区斩获大奖的美酒数量较往年要少一些，这是由于2012年份酒似乎提出了较大的挑战，与往年相比，它的单宁比较厚重和僵化。尽管如此，依然有三款萨格兰蒂诺酒（Sagrantinos）脱颖而出：卡普莱酒庄（Caprai）稳健且卓越的克罗皮诺萨格兰蒂诺（Sagrantino Collepiano）、吉安保罗·塔巴瑞尼（Giampaolo Tabarrini）酿造的风味原始且美味的2012年份坎珀勒萨奎蒙特法科萨格兰蒂诺（Montefalco Sagrantino Campo alla Cerqua），以及一款闯入顶级美酒的新成员——来自极富魅力、出品精美的生产商帕蒂酒庄（Pardi），并且最终登上了最高奖的领奖台。

## Adanti

via Belvedere, 2
06031 Bevagna [PG]
Tel. +39 0742360295
www.cantineadanti.com

藏酒销售
预约参观
年产量 160 000 瓶
葡萄种植面积 30 公顷
可持续发展酒庄

安丹提酒庄（Adanti）无疑属于经典酒庄中的经典，至少在生产萨格兰蒂诺酒（Sagrantino）的酒庄中是这样。原因很简单：它是DOC产区中历史最为悠久的酒庄，无意被时尚所左右，坚定地保持着传统的风格。质朴传统、经典活力，再加上经受了时间考验的酿造理念，这些品牌价值深深植根于安丹提酒庄的出品中。酒庄庄重的主体建筑位于贝瓦尼亚（Bevagna）附近，而酒庄的部分葡萄园环绕四周，分为不同的地块。酿酒的过程只依靠本地酵母，适度提纯精粹，谨慎地控制木桶陈年的力道。出品的红葡萄酒需要更多时间成熟发展，但是在瓶中陈年多年后依然拥有令人震惊的表现力。在今年的品鉴中，安丹提酒庄推荐了多款卓越美酒，其中2010年份的蒙特法科萨格兰蒂诺（Montefalco Sagrantino）以其饱满而成熟的香氛赢得了我们的心。它的气质质朴，紧致而干爽的口感别具风味，尽管略显艰涩的单宁令整款酒当下的口感略逊一筹。除此之外，2008年份的帕西多（Passito）也是最佳的DOCG产区酒之一。

| | |
|---|---|
| ● Montefalco Sagrantino '10 | ΨΨ 5 |
| ○ Montefalco Bianco '15 | ΨΨ 2* |
| ● Montefalco Sagrantino Passito '08 | ΨΨ 6 |
| ○ Colli Martani Grechetto '15 | Ψ 2 |
| ● Montefalco Sagrantino Arquata '08 | ΨΨΨ 6 |
| ● Montefalco Sagrantino Arquata '06 | ΨΨΨ 5 |
| ● Montefalco Sagrantino Arquata '05 | ΨΨΨ 5 |
| ○ Colli Martani Grechetto '12 | ΨΨ 2* |
| ○ Montefalco Bianco '14 | ΨΨ 2* |
| ● Montefalco Rosso '11 | ΨΨ 2* |
| ● Montefalco Rosso '10 | ΨΨ 2* |
| ● Montefalco Rosso Ris. '10 | ΨΨ 4 |
| ● Montefalco Rosso Ris. '09 | ΨΨ 3* |
| ● Montefalco Sagrantino '09 | ΨΨ 5 |
| ● Montefalco Sagrantino Arquata '07 | ΨΨ 5 |
| ● Montefalco Sagrantino Il Domenico '08 | ΨΨ 6 |
| ● Montefalco Sagrantino Il Domenico '07 | ΨΨ 6 |

## Antonelli - San Marco

loc. San Marco, 60
06036 Montefalco [PG]
Tel. +39 0742379158
www.antonellisanmarco.it

藏酒销售
预约参观
膳宿接待
年产量 350 000 瓶
葡萄种植面积 50 公顷
葡萄栽培方式 有机认证
可持续发展酒庄

这座坐落于蒙特法科产区（Montefalco）的传奇酒庄是圣马可次产区（San Marco）的代表，这片卓越的农场拥有悠长的酿造传统。费立波·安东内利（Filipp Antonelli）的酒庄拥有170公顷广袤的单一地块，其中50公顷种植葡萄。葡萄园采取有机栽培方式打理，酒窖中的酿造则采用十分细腻的手法，美酒从不呈现过分的精粹，在大型或者中型橡木桶中陈年而获得的橡木滋味总是恰到好处，随着时间的推移展现出更加美好的酒质发展，令出品与众不同。每瓶佳酿都是对本地风土和酒庄别具一格的酿造理念的忠诚表述。在今年的品鉴中，安东内利酒庄推荐了多款美酒，表现精彩，其中卓越的2011年份萨格兰蒂诺（Sagrantino）凭借极高品质闯入了角逐“三杯奖”的最终决赛，它吐露着优雅诱人的香氛，融入野生莓果的缕缕精美果香，底蕴中透露出丝丝香料的辛香，更有一抹烘焙的醇香有待进一步驯服柔化。随之而来的口感精美均衡，鲜美异常，收口感到非常干爽的单宁。除此之外，安东内利酒庄今年推荐的其他参选佳酿也都呈现出上佳表现，达到了极高的平均水平。

| | |
|---|---|
| ● Montefalco Sagrantino '11 | ΨΨ 5 |
| ● Baiocco '15 | ΨΨ 2 |
| ● Montefalco Rosso '13 | ΨΨ 3 |
| ● Montefalco Sagrantino Chiusa di Pannone '09 | ΨΨ 6 |
| ○ Spoleto Trebbiano Spoletino Trebium '15 | ΨΨ 3 |
| ○ Colli Martani Grechetto '15 | Ψ 2 |
| ● Montefalco Sagrantino '09 | ΨΨΨ 5 |
| ● Montefalco Sagrantino '08 | ΨΨΨ 5 |
| ● Montefalco Sagrantino Chiusa di Pannone '04 | ΨΨΨ 6 |
| ○ Spoleto Trebbiano Spoletino Trebium '14 | ΨΨΨ 3 |
| ● Montefalco Rosso '12 | ΨΨ 3 |
| ● Montefalco Rosso '11 | ΨΨ 3 |
| ● Montefalco Sagrantino '10 | ΨΨ 5 |

## Barberani

loc. Cerreto
05023 Baschi [TR]
Tel. +39 0763341820
www.barberani.it

藏酒销售
预约参观
膳宿接待
年产量 350 000 瓶
葡萄种植面积 55 公顷
葡萄栽培方式 有机认证
可持续发展酒庄

它不仅是一座历史悠久的古老酒庄，历史和风土在巴伯莱尼酒庄（Barberani）新一代主人的手上也迸发出了活力，绝对是不可错过的经典酒庄，正在努力追寻一条酿造特色美酒的全新道路。在过去的十年间，巴伯莱尼酒庄的出品无论在品质上还是在风格上都取得了巨大的提升，所产美酒——包括日常餐酒以及更加高端的精品美酒系列——日益展现出尤异的本地风土感，值得信赖。风味原始经典、且极具前瞻性的美酒与创新理念无缝衔合，这要感谢巴伯莱尼酒庄在葡萄园的生活和管理上投入了越来越多的精力，开始采用有机方式进行栽培，并且在酒窖的酿造过程中越发自信。在今年的品鉴中，令人愉悦的路易吉乔瓦娜超级传统奥尔维耶托（Orvieto Classico Superiore Luigi e Giovanna）再次凭借卓越表现从众多佳酿中脱颖而出。2013年份酒展现出高超的酿造水准，吐露着甜美的果香，其中鲜美的柑橘香和醇浓的矿物质芬芳完美平衡，口感集中且清爽，圆润且清凛。这是一款完美的葡萄酒，吐露着丝丝细腻的第三类香气。除此之外，2015年份的卡斯塔格诺罗（Castagnolo）品质上佳；巴伯莱尼酒庄其余推荐的美酒也都是上乘之作。

| | |
|---|---|
| ○ Orvieto Cl. Sup. Luigi e Giovanna '13 | ▼▼▼ 5 |
| ● Aleatico Passito '09 | ▼▼ 6 |
| ○ Grechetto '15 | ▼▼ 3 |
| ○ Moscato Passito Villa Monticelli '13 | ▼▼ 6 |
| ○ Orvieto Cl. Sup. Castagnolo '15 | ▼▼ 3 |
| ○ Orvieto Cl. Sup. Muffa Nobile Calcaia '13 | ▼▼ 7 |
| ● Lago di Corbara Rosso Villa Monticelli '04 | ▽▽▽ 4 |
| ○ Orvieto Cl. Sup. Luigi e Giovanna Villa Monticelli '11 | ▽▽▽ 5 |
| ○ Orvieto Cl. Sup. Muffa Nobile Calcaia '10 | ▽▽▽ 5 |
| ○ Orvieto Cl. Sup. Castagnolo '13 | ▽▽ 3* |
| ○ Orvieto Cl. Sup. Luigi e Giovanna Villa Monticelli '12 | ▽▽ 5 |
| ○ Orvieto Cl. Sup. Muffa Nobile Calcaia '12 | ▽▽ 5 |

## Tenuta Bellafonte

loc. Torre del Colle
via Colle Nottolo, 2
06031 Bevagna [PG]
Tel. +39 0742710019
www.tenutabellafonte.it

藏酒销售
预约参观
膳宿接待
年产量 15 000 瓶
葡萄种植面积 9 公顷
可持续发展酒庄

贝拉冯特酒庄（Bellafonte）风味原始的高品质美酒与其他翁布里亚产区（Umbrian）所产佳酿大为不同。打造出不同特色主要归功于酿造经验丰富的酒庄经理彼得・海尔布伦（Peter Heilbron），他决定为自己的酒庄在贝瓦尼亚（Bevagna）附近购入一座恢宏的庄园。彼得带着强大的信心，施以细腻的酿造手法，开始塑造优雅的酒品风格，很快就令其酿造的佳酿从其他产地酒中脱颖而出。在大型橡木桶中陈年，在酿造中将人工干预的程度降至最低，它们展现出教科书般的精粹口感，更不用说还拥有该DOC产区特有的风土特质。卓越的风土条件铸成、不以人工强行介入生产，以及经过谨慎陈年的美酒极具个性，呈现出完美的自然表达力。当然，这也令年份客观条件成为影响酒品质量的决定性因素，因此出品水准高低起伏。在这一季的品鉴中，2012年份的各款萨格兰蒂诺酒（Sagrantino）就充分反映出这一特点。口感多汁，馥郁芬芳，诱人香氛变幻着节奏，但是略微受到淡淡的foxy气息的妨碍，同时也影响了单宁结构，与往年酒相比优雅程度下降，但是依然高于平均水平。除此之外，2014年份的阿内托特比安诺斯珀勒蒂诺（Trebbiano SpoletinoArnèto）非常迷人，而且这一年份酒的品质更胜以往。

| | |
|---|---|
| ○ Arnèto '14 | ▼▼ 5 |
| ● Montefalco Sagrantino Collenottolo '12 | ▼▼ 6 |
| ● Montefalco Sagrantino '09 | ▽▽▽ 6 |
| ● Montefalco Sagrantino Collenottolo '11 | ▽▽▽ 6 |
| ● Montefalco Sagrantino Collenottolo '10 | ▽▽▽ 6 |
| ● Montefalco Sagrantino '08 | ▽▽ 5 |

## Bocale

loc. Madonna della Stella
via Fratta Alzatura
06036 Montefalco [PG]
Tel. +39 0742399233
www.bocale.it

藏酒销售
预约参观
年产量 25 000 瓶
葡萄种植面积 4.20 公顷

虽然博卡莱酒庄（Bocale）的规模并不大，但是它的出品美酒风格越来越持久，保持在高水准之上，极具特色，能够对典型的蒙特法科产区美酒（Montefalco）做出极具原始风味的阐释。在经过了最初的不确定之后，瓦伦蒂尼家族（Valentini）出品的美酒开始找到令人信服的风格。红葡萄酒完美精粹，浓郁宜人，融入均衡的橡木风情，风味质朴，卓越反映本地风土特质，从而盛名远播。尤其值得一提的是，带皮浸渍的时间也相当长，自从2009年以来，在萨格兰蒂诺酒（Sagrantinos）的陈年过程中，大型橡木桶取代了小木桶，令风味更加明显。而新推出的白葡萄酒特比安诺斯珀勒蒂诺（Trebbiano Spoletino）似乎也找到了正确的方向。在今年的品鉴中，博卡莱酒庄的推荐酒品都表现出色，我们可以从两款卓越的红葡萄酒开始介绍。2013年份的萨格兰蒂诺酒（Sagrantino）令人愉悦，口感清爽而集中，果香四溢，果味饱满，不过收口余韵略短，而且单宁过于突出。一旦随着时间的流逝克服了这个缺陷，这款美酒将会成为最顶级的产区酒。除此之外，2014年份的蒙特法科干红葡萄酒（Montefalco Rosso）口感多汁，呈现出更高的可饮性。

| | |
|---|---|
| ● Montefalco Sagrantino '13 | 5 |
| ● Montefalco Rosso '14 | 3 |
| ○ Trebbiano Spoletino '15 | 3 |
| ● Montefalco Rosso '13 | 3 |
| ● Montefalco Rosso '12 | 2* |
| ● Montefalco Rosso '09 | 4 |
| ● Montefalco Rosso '08 | 4 |
| ● Montefalco Sagrantino '12 | 5 |
| ● Montefalco Sagrantino '11 | 5 |
| ● Montefalco Sagrantino '10 | 5 |
| ● Montefalco Sagrantino '09 | 5 |
| ● Montefalco Sagrantino '07 | 5 |
| ● Montefalco Sagrantino '06 | 5 |
| ● Montefalco Sagrantino Passito '09 | 5 |

## Briziarelli

via Colle Allodole, 10
06031 Bevagna [PG]
Tel. +39 07587461
www.cantinebriziarelli.it

藏酒销售
预约参观
膳宿接待
年产量 70 000 瓶
葡萄种植面积 18.5 公顷

布利扎莱利酒庄（Briziarelli）由成功的建筑商家族所有，他们的酿造事业从过去曾经购买的一座卓越农庄开始，位于贝瓦尼亚（Bevagna）和蒙特法科（Montefalco）之间。如今的布利扎莱利酒庄酒窖已经更加完善，酒庄已经成为产区的领先酒庄，出品美酒也与盛名相符，随着时间的推移，每一年推出的佳酿都更富意趣。在今年的品鉴中，布利扎莱利酒庄推荐的美酒表现出色，其中的韦特鲁维奥萨格兰蒂诺（Sagrantino Vitruvio）再次重现了去年年份酒的卓越品质，得到我们的一致赞赏。2010年份酒组成完整，风味复杂，显示出优雅的风格，避免了过多精粹浓缩和恼人的烘焙气息。与此同时，2011年份的1906（Uno Nove Zero Sei）非常卓越，质地辛辣，口感惬意舒适，浸润着缕缕焦油的醇香滋味。

| | |
|---|---|
| ● Montefalco Rosso '12 | 2* |
| ● Montefalco Rosso Mattone '12 | 4 |
| ● Montefalco Sagrantino Vitruvio '10 | 6 |
| ● UnoNoveZeroSei '11 | 5 |
| ● Montefalco Rosso '11 | 2* |
| ● Montefalco Rosso '10 | 2* |
| ● Montefalco Rosso Mattone '11 | 3 |
| ● Montefalco Sagrantino Vitruvio '09 | 4 |

## Leonardo Bussoletti

LOC. MIRIANO
S.DA DELLE PRETARE, 62
05035 NARNI [TR]
TEL. +39 0744715687
www.leonardobussoletti.it

预约参观
年产量 20 000 瓶
葡萄种植面积 7 公顷
葡萄栽培方式 有机认证

李奥纳多·布索莱提（Leonardo Bussoletti）的小酒庄是近年来在翁布里亚区最令人惊喜的酒庄之一。这座精品酒庄的激情坐落于坚实的基础之上：长期沉浸葡萄酒世界的经验、足以应对任何挑战的卓越风土，以及老藤新藤相间的葡萄园带来的酒品质朴，使李奥纳多布索莱提酒庄的出品日益提升信服力。虽然是葡萄酒界的老将，但是李奥纳多近些年才独立成立酒庄出产美酒，立刻就收获了媒体和鉴赏家的一致好评。酒窖和葡萄园都位于纳瑞地区（Narni），那里生长着不少老藤，本地传统的绮丽叶骄罗（Ciliegiolo）是他的最爱。酒窖的生产过程以及在橡木桶中的陈年得到越来越多的关注，因而带来不断的成功。不论是红葡萄酒还是白葡萄酒，出品美酒的平均水平都非常高，都忠诚地反映出本地风土条件。在今年的品鉴中2014年份的布莱奇埃罗（Brecciaro）十分优雅，也是李奥纳多布索莱提酒庄第一款斩获“三杯奖”的纳瑞绮丽叶骄罗（Ciliegiolo di Narni）。这款令人愉悦的红葡萄酒吐露着精巧而活跃的酒香，融入樱桃和覆盆子的缕缕果香，一抹黑胡椒的辛香萦绕其间，随之而来的是优雅而饱满的果味口感，丰美流畅，甘甜美味。除此之外，2014年份的奥奇奥格莱切托（Grechetto Colle Ozio）的品质也非常卓越，吐露着春日繁花的芬芳，口感中浸润着泥土的醇美滋味。

| | |
|---|---|
| ● Brecciaro '14 | 🍷🍷🍷 3* |
| ○ Colle Ozio Grechetto '14 | 🍷🍷 3* |
| ● 05035 Rosso '15 | 🍷🍷 2* |
| ○ Colle Murello '15 | 🍷🍷 3 |
| ● Vigna Vecchia '13 | 🍷🍷 7 |
| ○ 05035 Bianco '15 | 🍷 2 |
| ○ Colle Ozio Grechetto '12 | 🍷🍷🍷 3* |
| ● 05035 Narni Rosso '14 | 🍷🍷 2* |
| ● Brecciaro '13 | 🍷🍷 3* |
| ● Brecciaro '12 | 🍷🍷 3 |
| ● Brecciaro '11 | 🍷🍷 3 |
| ● Brecciaro '10 | 🍷🍷 3 |
| ● Ciliegiolo di Narni V. V. '11 | 🍷🍷 7 |
| ● Ciliegiolo di Narni V. V. '10 | 🍷🍷 7 |
| ● Ciliegiolo di Narni Vigna Vecchia '12 | 🍷🍷 7 |
| ○ Colle Ozio '12 | 🍷🍷 3 |

## ★★Arnaldo Caprai

LOC. TORRE
06036 MONTEFALCO [PG]
TEL. +39 0742378802
www.arnaldocaprai.it

藏酒销售
预约参观
年产量 800 000 瓶
葡萄种植面积 136 公顷
可持续发展酒庄

卡普莱酒庄（Caprai）在蒙特法科产区（Montefalco）和翁布里亚产区（Umbria）整体葡萄酒酿造业的发展中都起到了重要的奠基作用，而且不仅仅是在推广萨格兰蒂诺（Sagrantino）方面。卡普莱酒庄创建于20世纪70年代，于90年代初收获了鼎盛的国际声望。今天的卡普莱酒庄似乎进入全新的发展阶段，酒庄作为根基的酿造理念依然如一，但是著名的酿酒师米切尔·罗兰德（Michel Rolland）一直致力于打造出别具风格的美酒，对此进行了一系列酿造技艺上的改进和实验。由此酒庄确定了新的发展目标和完成时限，时间将会告诉我们最后的结果如何。在今年的品鉴中，卡普莱酒庄的表现非常出色，其中2012年份的克罗皮诺萨格兰蒂诺（Sagrantino Collepiano）无疑是一款伟大的佳酿，从所有推荐酒品中脱颖而出。这款美妙的红葡萄酒展现出独特的风格，浓郁优雅，口感深邃，吐露着甜美的缕缕果香，更有丝丝醇美的烘焙香气萦绕其间，十分精致，令整体香氛一路向微妙的皮革和雪松醇香演进。除此之外，我们也格外喜爱同年份的湖园（Vigna del Lago），它的卓越品质令我们折服，吐露着铅笔芯般的奇异香气。

| | |
|---|---|
| ● Montefalco Sagrantino Collepiano '12 | 🍷🍷🍷 7 |
| ● Montefalco Sagrantino 25 Anni '12 | 🍷🍷 8 |
| ○ Chardonnay '15 | 🍷🍷 5 |
| ○ Colli Martani Grechetto Grecante '15 | 🍷🍷 4 |
| ○ Montefalco Bianco '15 | 🍷🍷 3 |
| ● Montefalco Rosso '14 | 🍷🍷 4 |
| ● Montefalco Rosso V. Flaminia Maremmana '14 | 🍷🍷 4 |
| ● Montefalco Sagrantino V. del Lago '12 | 🍷🍷 8 |
| ● Montefalco Sagrantino 25 Anni '10 | 🍷🍷🍷 8 |
| ● Montefalco Sagrantino 25 Anni '09 | 🍷🍷🍷 8 |
| ● Montefalco Sagrantino 25 Anni '08 | 🍷🍷🍷 8 |
| ● Montefalco Sagrantino 25 Anni '07 | 🍷🍷🍷 8 |
| ● Montefalco Sagrantino 25 Anni '06 | 🍷🍷🍷 8 |
| ● Montefalco Sagrantino Collepiano '11 | 🍷🍷🍷 7 |
| ● Montefalco Sagrantino Collepiano '08 | 🍷🍷🍷 6 |

## La Carraia

LOC. TORDIMONTE, 56
05018 ORVIETO [TR]
TEL. +39 0763304013
www.lacarraia.it

藏酒销售
预约参观
年产量 580 000 瓶
葡萄种植面积 119 公顷

盖耶莱蒂（Gialletti）和科塔莱拉（Cotarella）精诚合作，持续奉献出系列精品美酒，充分展现出伟大酿酒师的卓越技能和不屈毅力。这种成功的结合持续多年，不断推出罕见且风格稳定在高水准上的系列美酒。历史悠久的拉卡瑞亚酒庄（La Carraia）位于奥尔维耶托（Orvieto），如今它酿造的白葡萄酒与经典的红葡萄酒同样闻名，堪称该产区最有意趣的美酒。出品涵盖各种品种的葡萄，风味纯净且质朴，极具个性。而拉卡瑞亚酒庄的旗舰美酒——不仅仅在白葡萄酒中，就是波基奥卡韦利奥尔维耶托超级传统酒（Orvieto Classico Superiore Poggio Calvelli）。在今年的品鉴中，该款酒的2015年份酒表现上佳，不过依然需要更多瓶中陈年的时间已臻完美。它吐露着诱人的药草香，融入薰衣草的缕缕花香，浓郁而奢华的蜜桃果香萦绕其间，更有淡淡杏的芬芳飘散，与香氛相得益彰的是深邃而明快的果味口感。除此之外，2014年份的提佐内罗（Tizzonero）是一款精美好酒，它散发着浓郁的烘焙醇香，果味精粹质地细腻；2015年份的桑娇维塞（Sangiovese）口感多汁，令人感到非常惬意。

| | | |
|---|---|---|
| ○ Orvieto Cl. Sup. Poggio Calvelli '15 | ▼▼ | 2* |
| ● Sangiovese '15 | ▼▼ | 2* |
| ● Tizzonero '14 | ▼▼ | 3 |
| ○ Le Basque '15 | ▼ | 3 |
| ○ Vermentino Porticina '15 | ▼ | 2 |
| ● Fobiano '03 | ▽▽▽ | 4 |
| ● Fobiano '99 | ▽▽▽ | 4* |
| ● Fobiano '98 | ▽▽▽ | 4* |
| ● Fobiano '12 | ▽▽ | 5 |
| ● Fobiano '11 | ▽▽ | 5 |
| ● Fobiano '10 | ▽▽ | 4 |
| ○ Orvieto Cl. Poggio Calvelli '10 | ▽▽ | 2* |
| ○ Orvieto Cl. Sup. Poggio Calvelli '14 | ▽▽ | 2* |
| ○ Orvieto Cl. Sup. Poggio Calvelli '13 | ▽▽ | 2* |
| ● Tizzonero '12 | ▽▽ | 3 |

## Tenuta Castelbuono

LOC. BEVAGNA
VOC. CASTELLACCIO, 9
06031 PERUGIA
TEL. +39 0742361670
www.tenutacastelbuono.it

年产量 123 000 瓶
葡萄种植面积 32 公顷

辉煌的卡斯泰布诺酒庄（Tenuta Castelbuono）以其地命名，拥有精美的庄园，堪称意大利境内酒庄中的佼佼者，隶属卢内利酒业集团（Tenute Lunelli），该集团还同时拥有特伦蒂诺产区（Trentino）的玛根酒庄（Margon）和托斯卡纳产区（Tuscany）的珀德诺沃酒庄（Podernovo）。卡斯泰布诺酒庄临近贝瓦尼亚（Bevagna），坐落于一片绵延壮美的群山之中，景致极美，地理位置非常卓越。酒庄建筑极具艺术性，出自卓越的建筑家阿纳尔多·波莫多罗（Arnaldo Pomodoro）之手，葡萄园的一些地块就掩映在这里的美景之中，而其余地块则分散在蒙特法科地区（Montefalco）。卡斯泰布诺酒庄依然在不断地取得技术进步，无疑会在未来给我们带来更多的惊喜。对此，我们满怀欣喜地关注它的发展。在卡斯泰布诺酒庄这一季提供的品鉴酒品中，我们非常享受两款卓越的2012年份萨格兰蒂诺酒（Sagrantinos）。干型萨格兰蒂诺酒美味可口，细腻精巧，就这种类型酒而言已属难能可贵。它吐露着野生樱桃的缕缕果香，融入如花芬芳，底蕴中透露出缕缕地中海灌木丛的热烈芳香，深邃而清凛的口感与香氛完美搭配，只是在收口时略微受到过于显著单宁滋味的困扰。除此之外，美味的帕西多（Passito）非常平衡，吐露着李子的成熟果香。

| | | |
|---|---|---|
| ● Montefalco Sagrantino Carapace '12 | ▼▼ | 5 |
| ● Montefalco Sagrantino Passito '12 | ▼▼ | 5 |
| ● Montefalco Rosso '10 | ▽▽ | 3 |
| ● Montefalco Rosso '09 | ▽▽ | 3 |
| ● Montefalco Rosso '07 | ▽▽ | 3 |
| ● Montefalco Rosso Lampante Ris. '10 | ▽▽ | 5 |
| ● Montefalco Rosso Ris. '09 | ▽▽ | 5 |
| ● Montefalco Rosso Ris. '08 | ▽▽ | 5 |
| ● Montefalco Rosso Ziggurat '11 | ▽▽ | 3 |
| ● Montefalco Sagrantino '10 | ▽▽ | 5 |
| ● Montefalco Sagrantino '08 | ▽▽ | 5 |
| ● Montefalco Sagrantino '07 | ▽▽ | 5 |
| ● Montefalco Sagrantino Carapace '09 | ▽▽ | 5 |

## ★★Castello della Sala

LOC. SALA
05016 FICULLE [TR]
TEL. +39 076386127
www.antinori.it

藏酒销售
预约参观
年产量 760 000 瓶
葡萄种植面积 140 公顷

当玛切西·安蒂诺瑞（Marchesi Antinori）开始寻找适合生产伟大白葡萄酒的完美风土条件、为家族位于托斯卡纳（Tuscany）生产卓越红葡萄酒的成熟酒庄更添华章，他们自信地选择了距离奥尔维耶托产区（Orvieto）不远的翁布里亚产区（Umbria）。萨拉赛瓦罗酒庄（Cervaro della Sala）的占地面积达到广袤约500公顷，其中葡萄园占据140公顷，呈现富含化石的黏土土质，平均海拔位于200米至450米之间。在今年的品鉴中，萨拉赛瓦罗酒庄推荐了一系列卓越酒品。其中以霞多丽（Chardonnay）添加少量格莱切托（Grechetto）打造而成的萨拉赛瓦罗（Cervaro della Sala）在小型橡木桶中发酵，是最著名的意大利白葡萄酒之一。2014年份酒展示出大师般的表现力，非常优雅，但是它依然散发着在橡木桶中陈年时融入的烘焙气息，不过只要过了当下阶段，这种香气就会慢慢柔化融合。它吐露着恢宏的果香，更有缕缕柑橘芬芳和燧石醇香萦绕其间。随之而来的口感果味饱满，别具一格，果味精粹，美妙精良。

| | |
|---|---|
| ○ Cervaro della Sala '14 | 🍷🍷🍷 6 |
| ○ Bramito del Cervo '15 | 🍷🍷 3 |
| ○ Conte della Vipera '15 | 🍷🍷 5 |
| ○ Muffato della Sala '11 | 🍷🍷 6 |
| ○ Orvieto Cl. Sup. San Giovanni della Sala '15 | 🍷🍷 3 |
| ● Pinot Nero '14 | 🍷 6 |
| ○ Cervaro della Sala '13 | 🍸🍸🍸 6 |
| ○ Cervaro della Sala '12 | 🍸🍸🍸 6 |
| ○ Cervaro della Sala '11 | 🍸🍸🍸 6 |
| ○ Cervaro della Sala '10 | 🍸🍸🍸 6 |
| ○ Cervaro della Sala '09 | 🍸🍸🍸 6 |
| ○ Cervaro della Sala '08 | 🍸🍸🍸 6 |
| ○ Cervaro della Sala '07 | 🍸🍸🍸 6 |
| ○ Cervaro della Sala '06 | 🍸🍸🍸 6 |
| ○ Cervaro della Sala '05 | 🍸🍸🍸 6 |

## Cantina Castello Monte Vibiano Vecchio

LOC. MONTE VIBIANO VECCHIO DI MERCATELLO
VOC. PALOMBARO, 22
06072 MARSCIANO [PG]
TEL. +39 0758783386
www.montevibiano.it

藏酒销售
预约参观
年产量 300 000 瓶
葡萄种植面积 35 公顷
可持续发展酒庄

法索拉博罗格纳（Fasola Bologna）的家族酒庄由极富前瞻视野的洛伦佐（Lorenzo）经营管理，地处佩鲁贾尼地区（Perugia）风景秀美的群山之间。这座恢宏壮美而极有抱负的比安诺山卡斯泰罗酒庄（Cantina Castello Monte Vibiano Vecchio）是世界上首批达到二氧化碳零排放标准的卓越酒庄之一，拥有悠久的酿造传统，致力于创新和持续发展。酒窖建于2002年，热忱欢迎游客的到访，酒庄采用电力车将在葡萄园中徜徉的观光客接到酒窖中。比安诺山卡斯泰罗酒庄出品近年来已经达到了非常高的品质水平，风格现代，浓郁集中，持久如一。比安诺山卡斯泰罗酒庄的旗舰美酒（Colli Perugini Rosso L' Andrea）在这一季的品鉴中再次回归，2012年份酒吐露着复杂而浓郁的酒香，香氛平衡，从浓郁的黑莓果香到香料的辛香无所不包，入口感到很有嚼劲儿的口感，令人感到放松惬意，酒质柔滑，只是收口单宁略显突出。除此之外，2015年份的玛利亚卡米拉白葡萄酒（Maria Camilla）品质卓越，而同年份的韦比安诺山庄红葡萄酒（Villa Monte Vibiano Rosso）则令人赞叹。

| | |
|---|---|
| ● Colli Perugini Rosso L'Andrea '12 | 🍷🍷 5 |
| ○ Maria Camilla '15 | 🍷🍷 3 |
| ● Villa Monte Vibiano Rosso '15 | 🍷🍷 1* |
| ○ Villa Monte Vibiano Bianco '15 | 🍷 2 |
| ● Colli Perugini Rosso L'Andrea '08 | 🍸🍸🍸 5 |
| ● Colli Perugini Rosso L'Andrea '10 | 🍸🍸 5 |
| ● Colli Perugini Rosso L'Andrea '09 | 🍸🍸 5 |
| ● Colli Perugini Rosso Monvì '12 | 🍸🍸 2* |
| ● Colli Perugini Rosso Monvì '10 | 🍸🍸 2* |
| ● Colli Perugini Rosso Monvì '09 | 🍸🍸 2* |
| ○ Maria Camilla '14 | 🍸🍸 3 |
| ○ Maria Camilla '13 | 🍸🍸 3 |
| ○ Villa Monte Vibiano Bianco '14 | 🍸🍸 2* |

## Cantina Cenci

fraz. San Biagio della Valle
voc. Anticello, 1
06072 Marsciano [PG]
Tel. +39 3805198980
www.cantinacenci.it

藏酒销售
预约参观
年产量 20 000 瓶
葡萄种植面积 5 公顷
可持续发展酒庄

乔瓦尼·森西（Giovanni Cenci）来到翁布里亚葡萄酒世界（Umbrian），无异于一场革命。乔瓦尼是一位出色的农学家和酿酒师，拥有丰富的酿造经验和技术知识，个性活跃，永不停歇，对于自己的想法相当肯定，从不妥协。所酿造的美酒气质年轻，融入火山地貌的风味，极具持续发展性和风土特质。葡萄园坐落于佩鲁贾尼（Perugia）与马尔夏诺（Marsciano）之间的圣比亚焦（San Biagio），这里的风景惊人的美丽，曾经是奥利维唐（Olivetan）统治者的乡间别墅。所有出品都堪称种植区最典型的美酒，口感劲道有力，酸度精美，忠诚反映出生产年份的客观条件。在今年的品鉴中，皮安塔塔桑娇维塞（Sangiovese Piantata）再次以卓越品质征服了我们。2014年份酒是一款精美的红葡萄酒，摇曳着华美的淡红色调，吐露着如花芬芳，一抹辛香萦绕其间，入口果味绵长多汁，酸度单宁精美平衡。2015年份的格莱切托安提切洛（Grechetto Anticello）比上一季年份酒更加饱满、更具潜力，与此同时展现出毫不逊色的平衡度和可饮性。这款美酒致敬翁布里亚产区传统的白葡萄，将其提升至前所未有的新高度。它吐露着葡萄皮浓郁饱满的香氛，质地均衡而细腻，随之而来的是浸润着肉味的惬意口感，底蕴中透露出缕缕野花的幽香。这是一款窖藏陈年潜力极高的美酒，能够与口感厚重的菜肴完美搭配。

| | | |
|---|---|---|
| ○ Alago Stellato '15 | 2 黑杯 | 2* |
| ○ Anticello '15 | 2 黑杯 | 2* |
| ○ Gioie '15 | 2 黑杯 | 2* |
| ● Piantata '14 | 2 黑杯 | 4 |
| ● Ascheria '14 | 1 黑杯 | 4 |
| ● Sanbiagio '14 | 1 黑杯 | 3 |
| ○ Alago '12 | 2 白杯 | 3 |
| ○ Anticello '14 | 2 白杯 | 2* |
| ○ Anticello '12 | 2 白杯 | 2* |
| ○ Gioie '14 | 2 白杯 | 2* |
| ● Piantata '13 | 2 白杯 | 4 |
| ● Piantata '12 | 2 白杯 | 2* |

## Fattoria Colleallodole

via Colleallodole, 3
06031 Bevagna [PG]
Tel. +39 0742361897
www.fattoriacolleallodole.it

藏酒销售
预约参观
年产量 70 000 瓶
葡萄种植面积 20 公顷

拥有克莱罗德尔农庄（Fattoria Colleallodole）的安塔诺家族（Antano）在萨格兰蒂诺地区（Sagrantino）以及典型本地酒的发展中发挥了非常重要的作用，他们奉献的几款美酒被美酒爱好者们评为最伟大的蒙特法科产区（Montefalco）红葡萄酒，甚至也吸引了路易吉·韦罗内利（Luigi Veronelli）的关注。农庄坐落于贝瓦尼亚（Bevagna）附近，你能够看到安塔诺家族成员在葡萄园和酒窖中忙碌的身影，他们酿造的美酒透彻而澄清。今天的克莱罗德尔农庄酿造的美酒比以往展现出更加悦人的气质，呈现出独一无二的个性和真正的大师水准风格，毫不妥协。新建成的更宽敞的酒窖也更加高效，无疑将会为克莱罗德尔农庄未来的发展大大助力。在今年的品鉴中，克莱罗德尔农庄推荐的美酒都表现不俗，其中2013年份的克莱罗德尔精选系列（Colleallodole）表现出些许矛盾特质，这款精美的意趣美酒吐露着黑莓的成熟果香，融入秋日落叶的缕缕醇香，更有一抹烘焙的香气萦绕其间。不过奢华、如同丝绸般柔美的口感却受到过于突出单宁的困扰，入口略苦。除此之外，华丽而成熟的2013年份蒙特法科红葡萄酒陈酿（Montefalco Rosso Riserva）品质精美，口感复杂。

| | | |
|---|---|---|
| ● Montefalco Sagrantino Colleallodole '13 | 2 红杯 | 8 |
| ● Montefalco Rosso Ris. '13 | 2 黑杯 | 5 |
| ● Montefalco Sagrantino '13 | 2 黑杯 | 6 |
| ● Montefalco Rosso '14 | 1 黑杯 | 3 |
| ● Montefalco Rosso Ris. '08 | 3 白杯 | 5 |
| ● Montefalco Sagrantino '12 | 3 白杯 | 6 |
| ● Montefalco Sagrantino Colleallodole '10 | 3 白杯 | 8 |
| ● Montefalco Sagrantino Colleallodole '09 | 3 白杯 | 8 |
| ● Montefalco Sagrantino Colleallodole '06 | 3 白杯 | 6 |
| ● Montefalco Sagrantino Colleallodole '05 | 3 白杯 | 6 |
| ● Montefalco Rosso Ris. '11 | 2 白杯 | 5 |
| ● Montefalco Sagrantino '10 | 2 白杯 | 5 |
| ● Montefalco Sagrantino '09 | 2 白杯 | 5 |
| ● Montefalco Sagrantino '08 | 2 白杯 | 8 |
| ● Montefalco Sagrantino Colleallodole '12 | 2 白杯 | 8 |
| ● Montefalco Sagrantino Colleallodole '11 | 2 白杯 | 8 |
| ● Montefalco Sagrantino Passito '07 | 2 白杯 | 8 |

## Fattoria Colsanto

Loc. Montarone
06031 Bevagna [PG]
Tel. +39 0742360412
www.livon.it

藏酒销售
预约参观
膳宿接待
年产量 50 000 瓶
葡萄种植面积 15 公顷

走过一条两侧栽满柏树的大路，就来到地处小山丘山顶的科尔桑托农庄（Fattoria Colsanto），四周环绕着美丽的葡萄园。这里风景优美，利文家族（Livon）在翁布里亚产区（Umbrian）创建的酒庄就在这里，位于贝瓦尼亚（Bevagna）附近的萨格兰蒂诺产区（Sagrantino）的中心地带，种植典型的本地葡萄品种，酿造典型的地产酒。随着初创期的慌乱过去，科尔桑托酒庄的出品佳酿如今不论是从品质上来说，还是从风格上而言，都几近完美无瑕。红葡萄酒只在传统的大型木桶中陈年。在今年的品鉴中，科尔桑托酒庄的酒品都表现出色，其中萨格兰蒂诺产区酒再次夺得“三杯奖”这最高荣誉，无疑是最令我们心动的佳酿。伟大的2012年份蒙特法科（Montefalco）红葡萄酒吐露着诱人的酒香，令人感到惬意放松，从混合莓果香到泥土和矿物质的醇香无所不包。入口后感到浓郁和劲道的果味，非常扎实，仍然具有极佳的可饮性，收口干爽，单宁略显僵化。除此之外，活跃且极易入口的蒙特法科红葡萄酒（Montefalco Rosso）风格与之类似，不过显然散发着迥然不同的香气，浸润着不同的果味，酒骨精良。

| | | |
|---|---|---|
| ● Montefalco Rosso '13 | ▼▼ | 3 |
| Montefalco Sagrantino '12 | ▼▼ | 5 |
| ● Montefalco Rosso '10 | ▽▽ | 3 |
| Montefalco Rosso '09 | ▽▽ | 3* |
| ● Montefalco Sagrantino '11 | ▽▽ | 5 |
| ● Montefalco Sagrantino '10 | ▽▽ | 5 |
| Montefalco Sagrantino '09 | ▽▽ | 5 |
| ● Montefalco Sagrantino '08 | ▽▽ | 5 |
| ● Montefalco Sagrantino '07 | ▽▽ | 5 |
| ● Montefalco Sagrantino '03 | ▽▽ | 5 |
| Ruris Rosso '13 | ▽▽ | 2* |
| ● Ruris Rosso '12 | ▽▽ | 2* |

## Decugnano dei Barbi

Loc. Fossatello, 50
05018 Orvieto [TR]
Tel. +39 0763308255
www.decugnano.it

藏酒销售
预约参观
年产量 130 000 瓶
葡萄种植面积 32 公顷

巴比迪库纳诺酒庄（Decugnano dei Barbi）是奥尔维耶托（Orvieto）最佳酒庄中的一座，也是经典酒庄中的典范。奇伟的酒窖历史悠久，从这里远古的伊特鲁里亚石窟（Etruscan）中就发现了陈年的葡萄酒，而且这里的土壤条件卓越，富含化石，对于白葡萄品种的生长非常理想。巴比迪库纳诺酒庄位于俯瞰科尔巴拉湖（Lake Corbara）的群山之间，壮美的风景令人折服，这里出产的美酒包括纯净跃动且富含矿物质的白葡萄酒，以及优雅成熟的红葡萄酒。伊特鲁里亚石窟非常值得一游，包括传统酿造法起泡酒（Metodo Classico）等好几款美酒至今依然在这里陈年成熟。总而言之，这是一座非常奇妙卓越的酒庄，建立在巴比家族（Barbi）无尽的爱心、智慧和耐心之上。在今年的品鉴中，巴比迪库纳诺酒庄推荐的美酒表现出色，其中2015年份的奥尔维耶托经典超级白葡萄酒（Orvieto Classico Superiore Il Bianco）是翁布里亚产区（Umbria）最精美的葡萄酒之一，它吐露着成熟的果香，酒体饱满，清爽的口感完全无损，我们要说这款杰作几乎呈现出北方酒的风味，气质跃动，口感清凛尖锐，吐露着美妙的柑橘香和青苹果芬芳。

| | | |
|---|---|---|
| ○ Orvieto Cl. Sup. Il Bianco '15 | ▼▼▼ (红) | 4* |
| ○ Decugnano Dosaggio Zero '10 | ▼▼ | 4 |
| ● Il Rosso '14 | ▼▼ | 3 |
| ○ Orvieto Cl. Pourriture Noble '14 | ▼▼ | 5 |
| ○ Orvieto Cl. Villa Barbi Bianco '15 | ▼▼ | 3 |
| ● Villa Barbi Rosso '14 | ▼ | 3 |
| ● "IL" Rosso '98 | ▽▽▽ | 5 |
| ○ Orvieto Cl. Sup. "IL" '11 | ▽▽▽ | 3* |
| ○ Orvieto Cl. Sup. Il Bianco '12 | ▽▽▽ | 3* |
| ○ Orvieto Cl. Sup. Il Bianco '10 | ▽▽▽ | 3 |
| ○ Orvieto Cl. Sup. Il Bianco '09 | ▽▽▽ | 4 |
| ● Il Rosso '13 | ▽▽ | 3 |
| ● Il Rosso '12 | ▽▽ | 4 |
| ○ Orvieto Cl. Sup. Il Bianco '14 | ▽▽ | 3* |
| ○ Orvieto Cl. Sup. Il Bianco '13 | ▽▽ | 3* |
| ○ Orvieto Cl. Sup. Pourriture Noble '13 | ▽▽ | 5 |
| ● Villa Barbi Rosso '13 | ▽▽ | 2* |

## Di Filippo

voc. Conversino, 153
06033 Cannara [PG]
Tel. +39 0742731242
www.vinidifilippo.com

藏酒销售
预约参观
年产量 227 000 瓶
葡萄种植面积 35 公顷
葡萄栽培方式 有机认证
可持续发展酒庄

蒂费立波家族酒庄（Di Filippo）的酿酒历史已经不短，坐落于两个卓越葡萄酒产区之间的边界之上。酒庄的所有葡萄园多年来一直采用有机方式栽培，也是翁布里亚产区（Umbria）首批采用有机种植方式的酒庄之一。种植地块上生长着不同品种的酿造葡萄，包括绝大部分的本地葡萄品种。蒂费立波酒庄如今已经十分成熟，不论是从产量上还是从酒品风格上而言都是如此，而且绝不缺乏创新的勇气。酒庄出品丰富多样，包含许多品牌和系列，平均品质水平近年来得到巨大提升，忠于风土的卓越风格也日益显露出来。在今年的品鉴中，我们尤其赞赏2015年份的马特尼格莱切托山（Colli Martani Grechetto），这款美酒的卓越表现再次重申了蒂费立波家族在阐释这种翁布里亚产区（Umbrian）最普遍生长的葡萄品种方面的卓越能力。它散发着清爽的柑橘香，更有一抹水果皮的气息飘散其间，随之而来的果味余韵绵长美味，结构紧致，忠实回应着品种葡萄的独有特质。除此之外，我们最爱的红葡萄酒是2012年份的萨格兰蒂诺（Sagrantino），口感浓郁集中，清爽芬芳，融入樱桃的甜美果香和森林大地的缕缕醇香。

| | |
|---|---|
| ○ Colli Martani Grechetto '15 | 🍷🍷 (red) 2* |
| ○ Colli Martani Grechetto Sassi d'Arenaria '14 | ▼▼ 3 |
| ● Colli Martani Sangiovese Properzio Ris. '13 | ▼▼ 3 |
| ● Colli Martani Vernaccia di Cannara '15 | ▼▼ 5 |
| ● Montefalco Sagrantino '12 | ▼▼ 5 |
| ● Sangiovese '15 | ▼ 3 |
| ○ Colli Martani Grechetto Planiarche '14 | ▽▽ 2* |
| ● Colli Martani Sangiovese Properzio '11 | ▽▽ 3 |
| ● Colli Martani Vernaccia di Cannara '14 | ▽▽ 4 |
| ● Montefalco Rosso '13 | ▽▽ 2* |
| ● Montefalco Rosso Sallustio '12 | ▽▽ 3 |
| ● Montefalco Sagrantino '11 | ▽▽ 5 |
| ● Montefalco Sagrantino '10 | ▽▽ 5 |
| ● Terre di S. Nicola Rosso '11 | ▽▽ 3 |

## Duca della Corgna

via Roma, 236
06061 Castiglione del Lago [PG]
Tel. +39 0759652493
www.ducadellacorgna.it

藏酒销售
预约参观
年产量 280 000 瓶
葡萄种植面积 55 公顷

群山环绕着特拉西梅诺湖畔（Lak
Trasimeno），具体来说，与托斯卡纳产区
（Tuscany）的交界处，长期以来一直被
视为精美的农耕地和葡萄生长的王国。
不过，这里的酿造传统却并没有得到充
分的开发，部分原因在于非本地葡萄品
种的大量传播。当地协作酒庄科格纳公
爵酒庄（Duca della Corgna）是产区的品
质之星，以总能完美激发特拉西梅诺佳
美（Trasimeno gamay）这种与歌海娜葡萄
（Grenache）非常类似的葡萄品种美味
而著称，成为产区的典范美酒。在今年
的品鉴中，科格纳公爵酒庄这一季提供
的所有品鉴酒品都表现出色，其中201
年份的科尼奥罗（Corniolo）口感深邃，
别具一格，再次回到了巅峰水准，吐露
着雅致的烘焙芬芳，令整体香氛更加复
杂，与此同时并没有失去活跃的口感。
2015年份的巴奇奥干红葡萄酒（Bacci
del Rosso）口感多汁，具有很高的收藏价
值；2015年份的迪薇娜庄白标特拉西梅
诺佳美（Trasimeno Gamay Divina Villa Etichett
Bianca）品质卓越。除此之外，科格纳公
爵酒庄本季推荐的其他美酒的表现也十
分精彩。

| | |
|---|---|
| ● C. del Trasimeno Rosso Corniolo Ris. '13 | 🍷🍷 (red) 4 |
| ○ Ascanio '15 | ▼▼ 2 |
| ● C. del Trasimeno Baccio del Rosso '15 | ▼▼ 2 |
| ● C. del Trasimeno Gamay Divina Villa Et. Bianca '15 | ▼▼ 2 |
| ○ C. del Trasimeno Baccio del Bianco '15 | ▼ 2 |
| ○ C. del Trasimeno Grechetto Nuricante '15 | ▼ 2 |
| ○ C. del Trasimeno Baccio del Bianco '13 | ▽▽ 2 |
| ● C. del Trasimeno Baccio del Rosso '14 | ▽▽ 2 |
| ● C. del Trasimeno Baccio del Rosso '13 | ▽▽ 2 |
| ● C. del Trasimeno Gamay Divina Villa Et. Bianca '14 | ▽▽ 2 |
| ● C. del Trasimeno Gamay Divina Villa Et. Bianca '13 | ▽▽ 2 |
| ● C. del Trasimeno Gamay Divina Villa Ris. '12 | ▽▽ 3 |

## Podere Fontesecca

voc. Fontesecca, 30
06062 Città della Pieve [PG]
Tel. +39 3496180516
www.fontesecca.it

藏酒销售
预约参观
膳宿接待
年产量 10 000 瓶
葡萄种植面积 3 公顷
葡萄栽培方式 有机认证

保罗·博拉（Paolo Bolla）在距离皮耶韦（Città del Pieve）中心地带不远的地方建起了一座小型的瑰宝酒庄，位于翁布里亚（Umbrian）与托斯卡纳（Tuscany）和拉齐奥（Lazio）交界的小镇中。无论从哪种角度而言，冯特塞卡酒庄（Podere Fontesecca）都是一座小酒庄，种植园面积只有几公顷，栽培本地传统的格莱切托（Grechetto）、特比安诺（Trebbiano）和马尔维萨（Malvasia）等白葡萄品种，以及桑娇维塞（Sangiovese）、绮丽叶骄罗（Ciliegiolo）和坎纳奥罗（Canaiolo）等黑葡萄品种。虽然规模不大，但是它在喜爱纯真美味佳酿的酒迷心中的地位却非常高，凭借纯净的果香果味与敏锐细腻的酿造工艺赢得了大家的心。冯特塞卡酒庄的出品风格并非每个人都能毫无压力地接受，需要品酒者给予更多耐心和关注，但是随着最初还原性气息的逐渐淡去，不论是红葡萄酒还是白葡萄酒都能够充分完美地展现出各自的个性和特色。在今年的品鉴中，2013年份的皮若（Pino）比上一季年份酒更具说服力和表现力，堪称翁布里亚产区（Umbrian）的最佳桑娇维塞酒（Sangiovese）之一；2014年份的绮丽叶骄罗（Ciliegiolo）和2015年份的艾尔索（Elso）也奉献出了精彩表现。

| | |
|---|---|
| ● Ciliegiolo '14 | 3* |
| ● Pino Sangiovese '13 | 3* |
| ○ Elso '15 | 2* |
| ○ Bianco Fontesecca '09 | 3 |
| ○ Canaiolo '14 | 3 |
| ○ Canaiolo '13 | 3 |
| ○ Canaiolo '12 | 3 |
| ○ Canaiolo '10 | 3 |
| ● Ciliegiolo '13 | 3 |
| ● Ciliegiolo '12 | 3 |
| ● Ciliegiolo '11 | 3 |
| ● Ciliegiolo '10 | 3* |
| ○ Elso '13 | 2* |
| ○ Elso '12 | 2* |
| ● Pino Sangiovese '09 | 3* |
| ● Pino Sangiovese '08 | 4 |

## Cantina La Spina

fraz. Spina
via Emilio Alessandrini, 1
06055 Marsciano [PG]
Tel. +39 0758738120
www.cantinalaspina.it

藏酒销售
预约参观
年产量 16 000 瓶
葡萄种植面积 2.2 公顷
可持续发展酒庄

斯皮纳酒庄（La Spina）是一座成功的佩鲁贾尼地区（Perugia）小酒庄，吸引了不少忠诚酒迷的关注。莫莱诺·皮西亚（Moreno Peccia）是翁布里亚地区（Umbria）最受尊敬的葡萄种植商和酿酒师之一，出品美酒打上了他的鲜明烙印。酒庄葡萄园掩映在佩鲁贾尼与马尔夏诺（Marsciano）之间连绵蔓延的群山之中。虽然酒庄的规模不大，但是酿造的美酒却非常诱人且均衡，在一个充满争议和定规的时代，却成功地避开了任何分类和教条。风格经典且现代的美酒无懈可击，同时展现出饱满质朴的特色，且从不过分精粹，尤其是白葡萄酒日益获得成功。酿造葡萄既包含本地葡萄品种，也包含更远地区和范围内的葡萄品种，重传统而轻短暂的风潮。这一季拉斯皮纳酒庄推出的酒品，再次证明了酒庄非凡的酿造能力。斯皮纳酒庄的旗舰美酒——2014年份的斯皮纳干红葡萄酒（Rosso Spina）从诸多推荐佳酿中脱颖而出，气势恢宏，浓郁集中，口感惬意、清凛，同时酒香扑鼻，果味厚重，极具可饮性，给人带来愉悦的享受。除此之外，在今年的品鉴中，2015年份的梅拉托（Merlato）给我们带来意外惊喜，它吐露着混合的莓果芬芳，口感紧致华美。

| | |
|---|---|
| ○ Filare Maiore '15 | 2* |
| ● Merlato '15 | 2* |
| ● Rosso Spina '14 | 3 |
| ○ Eburneo '15 | 2 |
| ● Polimante della Spina '14 | 4 |
| ○ Eburneo '14 | 2* |
| ○ Eburneo '13 | 2* |
| ○ Filare Maiore '14 | 2* |
| ● Polimante della Spina '11 | 3 |
| ● Polimante della Spina '10 | 3 |
| ● Rosso Spina '13 | 3 |
| ● Rosso Spina '12 | 3 |
| ● Rosso Spina '11 | 3 |
| ● Rosso Spina '10 | 3 |
| ● Rosso Spina '09 | 3 |
| ○ V. Maiore '13 | 2* |
| ○ V. Maiore '12 | 2* |

## ★Lungarotti

V.LE G. LUNGAROTTI, 2
06089 TORGIANO [PG]
TEL. +39 075988661
www.lungarotti.it

藏酒销售
预约参观
膳宿接待
年产量 2 400 000 瓶
葡萄种植面积 250 公顷
葡萄栽培方式 有机认证
可持续发展酒庄

英国著名的葡萄酒品鉴家休·约翰逊（Hugh Johnson）曾经这样评价：是卢加洛蒂家族（Lungarotti）令翁布里亚产区（Umbria）在世界葡萄酒地图之中占据了一席之地。迄今为止，这句话依然是这座酒庄在本产区重要性的忠诚描述。卢加洛蒂酒庄自20世纪60年代初建后，在接下来的数十年间以不可阻挡之势快速发展，家族在新千年之际面临着完全的创新挑战。卢加洛蒂酒庄采取的策略转变为酒庄带来了新生，同时又成功地维持住了原有的声望。今天，我们可以说卢加洛蒂酒庄又回到了巅峰酒庄的行列，开启了顶级美酒的风格之路。在酒庄这一季提供的品鉴酒品中，许多款美酒都让我们心驰神往，不过自进入21世纪的最初十年里，莫迪奇奥园美酒（Vigna Monticchio）就以一种现代风尚来阐释过去。部分美酒在大型橡木桶中再次陈年，从2009年起，只有桑娇维塞（Sangiovese）使用过橡木桶。2011年份酒更加卓越，比上一季更加饱满丰盈，品质上佳。表现精彩的还有2013年份的鲁贝斯克干红葡萄酒（Rubesco），它看起来质朴简单，实则十足反映出地中海风情，非常美味!

| | | |
|---|---|---|
| ● Torgiano Rosso Rubesco V. Monticchio Ris. '11 | 🍷🍷🍷 | 6 |
| ● Torgiano Rosso Rubesco '13 | 🍷🍷 | 3* |
| ● Montefalco Rosso '13 | ▼▼ | 3 |
| ● Montefalco Sagrantino '11 | ▼▼ | 5 |
| ○ Torgiano Bianco Torre di Giano '15 | ▼▼ | 2* |
| ○ Torgiano Bianco Torre di Giano V. il Pino Ris. '08 | ▽▽▽ | 3* |
| ● Torgiano Rosso Rubesco V. Monticchio Ris. '07 | ▽▽▽ | 6 |
| ● Torgiano Rosso V. Monticchio Ris. '10 | ▽▽▽ | 6 |
| ● Torgiano Rosso V. Monticchio Ris. '09 | ▽▽▽ | 6 |
| ● Torgiano Rosso V. Monticchio Ris. '08 | ▽▽▽ | 6 |
| ● Torgiano Rosso V. Monticchio Ris. '06 | ▽▽▽ | 5 |
| ● Torgiano Rosso V. Monticchio Ris. '05 | ▽▽▽ | 5* |
| ● Torgiano Rosso V. Monticchio Ris. '04 | ▽▽▽ | 5 |

## La Madeleine

S.DA MONTINI, 38
05035 NARNI [TR]
TEL. +39 3453208914
www.cantinalamadeleine.it

预约参观
年产量 40 000 瓶
葡萄种植面积 6.5 公顷

琳达·德阿莱玛（Linda D' Alema）和马西莫·德阿莱玛（Massimo D' Alema）于2008年买下了一座农庄，并决定沿用古老农庄的名字——玛德琳农庄（La Madeleine），如今这座农庄由他们的孩子朱利亚（Giulia）和弗朗西斯科（Francesco）经营打理。除了依然保留名字之外，玛德琳农庄的一切都发生了巨变。位于纳尼（Narni）和奥奇科里（Otricoli）附近的玛德琳农庄占地面积达到15公顷，其中6.5公顷是葡萄园，四周环抱着苍翠的群山。辛勤的汗水将玛德琳农庄变成了一座现代化葡萄生产酒庄，葡萄园中栽培的葡萄品种多种多样，尤其偏爱国际葡萄品种。在今年的品鉴中，玛德琳酒庄推荐酒品的表现非常不俗。我们尤其喜爱2014年份的斯菲德（Sfide），它是一款多汁的品丽珠（Cabernet franc），口感浓郁集中，质地精良，散发着深色莓果略显封闭的果香，融入青草的清香，更有一抹烘焙醇香萦绕其间。除此之外，2014年份的黑比诺（Pinot Nero）品质卓越，别具一格，口感鲜美，表现一如既往的精彩，非常美味。

| | | |
|---|---|---|
| ● Sfide '14 | 🍷🍷 | 3 |
| ● Pinot Nero '14 | ▼▼ | 6 |
| ● NarnOt '13 | ▼ | 6 |
| ⊙ Nerosé | ▼ | 5 |
| ● NarnOt '11 | ▽▽ | 6 |
| ● Sfide '13 | ▽▽ | 3 |

## Madrevite

Loc. Vaiano
via Cimbano, 36
06061 Castiglione del Lago [PG]
Tel. +39 0759527220
www.madrevite.com

藏酒销售
预约参观
餐饮接待
年产量 45 000 瓶
葡萄种植面积 10 公顷

这座规模不大的玛德莱维特酒庄（Madrevite）是特拉西梅诺湖畔（Lake Trasimeno）种植区最早的经典酒庄之一，非常重视和尊重本地的酿造传统和风土条件。玛德莱维特酒庄创建于2001年，在奇楚罗托家族酒庄（Chiucchiurlotto）的基础上重建而成，地处古老的马斯特努奇奥农庄（Podere Mastronuccio）旧址，有文献记载这座农庄最早的起源可以追溯到遥远的1651年。玛德莱维特酒庄拥有占地面积达到20公顷的单一地块葡萄园，其中10公顷既种植本地葡萄品种，也栽培国际葡萄品种。在今年的品鉴中，玛德莱维特酒庄推荐了一系列品质卓越的美酒，其中2015年份的雷米诺尔（Reminore）别具一格，口感鲜美，是生长在经典产区之外的特拉西梅诺佳美（Trasimeno gamay）打造的典范美酒：明快而浓郁，果香飘散，果味四溢，口感扎实，略有咸味。除此之外，以桑娇维塞（Sangiovese）、特拉西梅诺佳美和梅洛（Merlot）混酿而成的2014年份格拉尼奥（Glanio）也展现出高超的酿造技艺，吐露着诱人的酒香，融入清爽成熟的野生莓果香，底蕴中透露出缕缕优雅的烘焙芬芳，随之而来的口感绵长而多汁。

| | |
|---|---|
| ○ Il Reminore '15 | TT (red) 3* |
| ● Capofoco '12 | TT 4 |
| ● Glanio '14 | TT 3 |
| ○ La Bisbetica Rosé '15 | T 3 |
| ● Colli del Trasimeno Glanio '12 | YY 3 |
| ● Colli del Trasimeno Glanio '11 | YY 3 |
| ● Colli del Trasimeno Glanio '10 | YY 3* |
| ○ Il Reminore '14 | YY 3 |
| ○ Il Reminore '13 | YY 3 |
| ○ La Bisbetica Rosé '13 | YY 3 |
| ○ Re Minore '12 | YY 2* |
| ○ Re Minore '11 | YY 2* |

## Moretti Omero

Loc. San Sabino, 20
06030 Giano dell'Umbria [PG]
Tel. +39 074290426
www.morettiomero.it

藏酒销售
预约参观
膳宿接待
年产量 75 000 瓶
葡萄种植面积 13 公顷
葡萄栽培方式 有机认证
可持续发展酒庄

在全家的协助下，莫莱蒂·奥美罗（Moretti Omero）这位老派的酿造大师、翁布里亚农夫、橄榄树和葡萄藤的栽培者，完全将注意力投入到与土地直接相关的工作中。他的葡萄园和酒窖坐落于翁布里亚吉安诺（Giano dell' Umbria）附近的优质种植地，地处马特尼群山间（Martani）。莫莱蒂从最初就采用试验和尝试的传统方法，一直坚持有机农作方式，多年前葡萄园就获得了有机认证，不追逐时尚潮流，而是坚定地发展自己的风格。同样的理念也延展到葡萄酒的生产中，葡萄酒出品注重展现本真以及个性，更甚于只关注技术上的完善。在今年的品鉴中，2012年份的萨格兰蒂诺酒（Sagrantino）对该年份的客观条件进行了贴切而卓越的阐释。它吐露着极有意趣的酒香，散发着泥土的缕缕醇香，香氛的中程转化为成熟的果香，入口感到柔滑流畅，质地精美，劲道有力，浸润着典型的果味，单宁精巧得益，不过略显僵化，毫无疑问将会随着时间的流逝在瓶中缓慢陈年，走向巅峰。同样采用桑娇维塞（Sagrantino）酿造的2012年份阿戈帕西多（Passito Argo）也呈现出精彩表现。

| | |
|---|---|
| ● Argo Passito '12 | TT 5 |
| ○ Montefalco Bianco '15 | TT 3 |
| ● Montefalco Sagrantino '12 | TT 5 |
| ○ Grechetto '15 | T 2 |
| ○ Grechetto '14 | YY 2* |
| ○ Grechetto '12 | YY 2* |
| ○ Grechetto dell'Umbria '10 | YY 2 |
| ● Montefalco Rosso '10 | YY 3 |
| ● Montefalco Rosso '09 | YY 5 |
| ● Montefalco Sagrantino '11 | YY 5 |
| ● Montefalco Sagrantino '09 | YY 5 |
| ● Montefalco Sagrantino '08 | YY 5 |
| ○ Nessuno '14 | YY 2* |
| ○ Nessuno '13 | YY 2* |
| ○ Nessuno '12 | YY 2* |

## La Palazzola

LOC. VASCIGLIANO
05039 STRONCONE [TR]
TEL. +39 0744609091
www.lapalazzola.it

年产量 150 000 瓶
葡萄种植面积 28 公顷

斯蒂凡诺·格里利（Stefano Grilli）是翁布里亚（Umbrian）葡萄酒世界中最早的生产商之一。虽然它是产区内最古老的一家酒庄，但是它依然充满创新感，总能给酒迷带来惊喜。酒庄位于位于特尼（Terni）附近的瓦斯格里安诺（Vascigliano），常常发布新品，而这些新的冒险常常融合了一系列实验、创新、远见和高超技艺。从整体上而言，帕拉扎拉酒庄（La Palazzola）的出品系列包括卓越的古法起泡酒（Metodo Ancestrale）、超凡的圣酒（Vin Santos）和甜酒，更有迷人的红葡萄酒和白葡萄酒。在一个标准化泛滥的时代，我们在帕拉扎拉酒庄能够找到高度个性化的美酒，这不得不说非常难能可贵。举例来说，谁能想到帕拉扎拉酒庄会推出如此一款韦德罗酒（Verdello）呢？在今年的品鉴中，这种传统葡萄品种经过复兴成为了经典，在陶罐中完成陈年，吐露着浓郁的泥土芬芳，更有药草咸咸的气息，底蕴中透露出咖喱草和野生茴香的奇异芳香，随之而来的口感非常鲜美，果味饱满而美味。除此之外，古法起泡雷司令（Riesling Brut Metodo Ancestrale）非常精美，别具一格，卓越品质一如既往。

| | |
|---|---|
| ○ Riesling Brut Metodo Ancestrale '12 | 🍷🍷 3* |
| ○ Verdello '14 | 🍷🍷 3* |
| ○ Amelia Vin Santo '12 | ▼▼ 4 |
| ● Amelia Vin Santo Occhio di Pernice '12 | ▼▼ 5 |
| ○ Gran Cuvée Brut '13 | ▼▼ 4 |
| ○ Brut '11 | ▼ 4 |
| ● Syrah '13 | ▼ 3 |
| ● Merlot '97 | ▽▽▽ 4* |
| ○ Amelia Vin Santo '11 | ▽▽ 4 |
| ○ Riesling Brut Metodo Ancestrale '11 | ▽▽ 3 |
| ○ Riesling Brut Metodo Ancestrale '10 | ▽▽ 3* |
| ● Rubino '09 | ▽▽ 5 |
| ● Syrah '11 | ▽▽ 3 |

## Palazzone

LOC. ROCCA RIPESENA, 68
05019 ORVIETO [TR]
TEL. +39 0763344921
www.palazzone.com

藏酒销售
预约参观
膳宿接待
年产量 130 000 瓶
葡萄种植面积 24 公顷

乔瓦尼·杜比尼（Giovanni Dubini）是一位性格坚韧、拥有高超酿造技艺的葡萄酒生产商，他取得的卓越成绩与其积累的丰富酿造经验密不可分。他主持的帕拉佐恩酒庄（Palazzone）在翁布里亚产区（Umbrian）拥有重要地位，尤其以白葡萄酒出品为最佳，年复一年证实了其产区典范酒庄的不俗实力。在小块种植地块上出产的卓越白葡萄酒忠诚地反映出当地的风土特质，是少数能够经得住时间检验的佳酿。帕拉佐恩酒庄地处洛卡雷彭萨纳（Rocca Ripesena）和罗密托里奥（Il Romitorio）之间的山坡上，临近奥尔维耶托（Orvieto），周边环绕着绿意融融的葡萄园。酒窖中的酿造工作充分尊重葡萄品种特质和本地风土条件，呈现出传统与现代兼容并蓄的特色。帕拉佐恩酒庄出品的美酒品质上佳，是整个产区的骄傲。今年帕拉佐恩酒庄推荐的美酒都表现十分精彩，尤其是堪称里程碑般的2014年份坎珀德瓜蒂安诺（Campo del Guardiano），吐露着地中海灌木丛般热烈的芬芳，融入莓果的缕缕果香，更有一抹如花芳香萦绕其间，底蕴中透露出丝丝燧石的独特气息。入口感到活跃而深邃的果味，非常立体，浸润着夏日繁花的风情，融入清爽的青绿风味，继而到来的是泥土和药草的醇美滋味，更有淡淡燧石味道，收口非常美味。

| | |
|---|---|
| ○ Orvieto Cl. Sup. Campo del Guardiano '14 | 🍷🍷🍷 3* |
| ● Armaleo '13 | 🍷🍷 5 |
| ○ Orvieto Cl. Sup. Muffa Nobile '15 | ▼▼ 5 |
| ○ Orvieto Cl. Sup. Terre Vineate '15 | ▼▼ 2* |
| ○ Viognier '15 | ▼▼ 3 |
| ● Armaleo '00 | ▽▽▽ 5 |
| ● Armaleo '98 | ▽▽▽ 5 |
| ● Armaleo '97 | ▽▽▽ 5 |
| ● Armaleo '95 | ▽▽▽ 5 |
| ○ Orvieto Cl. Sup. Campo del Guardiano '11 | ▽▽▽ 2* |
| ○ Orvieto Cl. Sup. Campo del Guardiano '09 | ▽▽▽ 3 |
| ○ Orvieto Cl. Sup. Campo del Guardiano '07 | ▽▽▽ 3 |
| ○ Orvieto Cl. Sup. Terre Vineate '11 | ▽▽▽ 2 |

## F.lli Pardi

via G. Pascoli, 7/9
06036 Montefalco [PG]
Tel. +39 0742379023
www.cantinapardi.it

藏酒销售
预约参观
年产量 56 000 瓶
葡萄种植面积 11 公顷

精致的帕蒂酒庄（Pardi）将现代与传统完美结合，帕蒂家族在当地各色手工艺领域都拥有悠久的历史和卓著的声望，尤其在葡萄酒的酿造方面。不过，我们今天所知的帕蒂酒庄却成立相对较晚，距离蒙特法科（Montefalco）只有一臂之遥。酒庄的葡萄园分散在各个次产区的小型种植地块中，每块产地都拥有不同的特色。出产的美酒都具有极佳的表现力，别具一格，质地细腻，气质优雅，可饮性极佳，充分体现出帕蒂家族的酿造理念。在帕蒂酒庄这一季提供的品鉴酒品中，2012年份的萨格兰蒂诺（Sagrantino）气势恢宏，从帕蒂酒庄提供的多款蒙特法科酒（Montefalco）中脱颖而出，我们完全被其愉悦的轻快风味迷倒。它吐露着诱人的樱桃香，融入黑莓和红莓的缕缕果香，口感平衡，果味精粹美味，收口余韵绵长悠然，质地如同丝绸般柔美，收口更带有一抹柑橘滋味。除此之外，我们还对2014年份的蒙特法科干红葡萄酒（Montefalco Rosso）和2015年份的特比安诺斯珀勒蒂诺Trebbiano Spoletino）留下了非常深刻的印象。

| | |
|---|---|
| ● Montefalco Sagrantino '12 | 🍷🍷🍷 5 |
| ○ Colli Martani Grechetto '15 | 🍷🍷 2* |
| ● Montefalco Rosso '14 | 🍷🍷 2* |
| ● Montefalco Sagrantino Sacrantino '11 | 🍷🍷 6 |
| ○ Spoleto Trebbiano Spoletino '15 | 🍷🍷 2* |
| ○ Colli Martani Grechetto '13 | 🍷🍷 2* |
| ○ Colli Martani Grechetto '12 | 🍷🍷 2* |
| ● Montefalco Rosso '12 | 🍷🍷 3 |
| ● Montefalco Rosso '11 | 🍷🍷 2* |
| ● Montefalco Sagrantino '11 | 🍷🍷 5 |
| ● Montefalco Sagrantino '10 | 🍷🍷 5 |
| ● Montefalco Sagrantino Sacrantino '10 | 🍷🍷 6 |
| ● Montefalco Sagrantino Sacrantino '08 | 🍷🍷 6 |
| ○ Spoleto Trebbiano Spoletino '14 | 🍷🍷 2* |
| ○ Spoleto Trebbiano Spoletino '13 | 🍷🍷 2* |

## Cantina Peppucci

loc. Sant'Antimo
fraz. Petroro, 4
06059 Todi [PG]
Tel. +39 0758947439
www.cantinapeppucci.com

藏酒销售
预约参观
膳宿接待
年产量 70 000 瓶
葡萄种植面积 12.5 公顷

佩普希酒庄（Cantina Peppucci）已经在品质提升的道路上前行数年，已经成为产区内日益重要的卓越酒庄之一。酒庄地处连绵起伏的群山之间，景致优美，穿过托蒂地区（Todi）的山谷，距离萨格兰蒂诺（Sagrantino）DOC产区只有一臂之遥，出产越来越精美的佳酿，风味和品质都上佳。佩普希酒庄的白葡萄酒出品的确抵达了令人迷醉的品质巅峰，别具一格，这样卓越的水准即便在几年前都是无法想象的；而红葡萄酒出品则风格现代，精美平衡，呈现出类型美酒的经典特质，具有极强的瓶中陈年窖藏能力。在今年的品鉴中，佩普希酒庄新发布了一个新系列格莱切托（Grechetto）美酒，刚一推出就以鲜明的特色得到大家的喜爱和认可。虽然陈年带来的橡木气息依然需要时间来柔化，但是其余方面都展现出非常有潜力的发展前景。它的结构紧致，口感扎实，香氛精美平衡，融入缕缕香草的芬芳和面包屑的醇香，入口后感到馥郁饱满的果味。除此之外，在所有推荐酒品中，我们最爱的红葡萄酒还包括超级优秀的皮特洛罗4（Petroro 4）。

| | |
|---|---|
| ○ Todi Grechetto Sup. I Rovi '14 | 🍷🍷 3* |
| ● Todi Rosso Petroro 4 '15 | 🍷🍷 2* |
| ● Altro Io '12 | 🍷🍷 5 |
| ○ Todi Grechetto Montorsolo '15 | 🍷🍷 2* |
| ● Altro Io '11 | 🍷🍷 5 |
| ● Altro Io '10 | 🍷🍷 5 |
| ○ Colli Martani Grechetto di Todi Montorsolo '10 | 🍷🍷 2 |
| ● Giovanni '10 | 🍷🍷 4 |
| ● Giovanni '09 | 🍷🍷 4 |
| ● Petroro 4 '11 | 🍷🍷 2* |
| ○ Todi Grechetto Montorsolo '14 | 🍷🍷 2* |
| ○ Todi Grechetto Montorsolo '13 | 🍷🍷 2* |
| ○ Todi Petroro 4 '12 | 🍷🍷 2* |
| ● Todi Rosso Petroro 4 '14 | 🍷🍷 2* |
| ● Todi Rosso Petroro 4 '13 | 🍷🍷 2* |

## Perticaia

loc. Casale
06036 Montefalco [PG]
Tel. +39 0742379014
www.perticaia.it

藏酒销售
预约参观
年产量 120 000 瓶
葡萄种植面积 15.5 公顷
可持续发展酒庄

佩蒂恰酒庄（Perticaia）坐落于卡塞尔（Casale），这里是蒙特法科（Montefalco）风景壮美的次产区，很快就成为翁布里亚产区（Umbrian）声名显赫的名字，这要归功于蒙特法科卡塞尔一流的风土条件以及酒庄卓越的技术管理。佩蒂恰酒庄近期更换了主人，创建者奎多·瓜蒂格里（Guido Guardigli）将其卖给了出自翁布里亚（Umbrian）的企业家家族——鲁克斯姆伯格家族（Luxembourg）。据我们所知，佩蒂恰酒庄的持续发展并没有收到酒庄易主的影响，实际上除了追求更高的出品水准之外，酒庄在经营管理方面并没有发生什么变化。在交接期间，瓜蒂格里依然会统领整个酒庄，我们将持续关注佩蒂恰酒庄未来的动作。在今年的品鉴中，2015年份的特比安诺斯珀勒蒂诺（Trebbiano Spoletino）品质非常卓越，展现出极佳的瓶中陈年潜力。这款清爽而美味的白葡萄酒吐露着甜桔的缕缕果香，融入柠檬叶的丝丝清香，更有淡淡香叶的芬芳萦绕其间，随着时间的流逝将会呈现出更加完美的表现。与此同时，2012年份的蒙特法科萨格兰蒂诺（Montefalco Sagrantino）一如既往地跻身最佳美酒行列，吐露着奢华而鲜美的酒香，只是被依然突出的僵化单宁口感拖累而显得略有失色。除此之外，2015年份的翁布里亚红葡萄酒（Umbria Rosso）口感悦人，非常值得大量购入。

| | | |
|---|---|---|
| ● Montefalco Sagrantino '12 | 🍷🍷 | 5 |
| ○ Spoleto Trebbiano Spoletino '15 | 🍷🍷 | 2* |
| ● Montefalco Rosso '13 | ▼ | 3 |
| ● Umbria Rosso '15 | ▼ | 2 |
| ● Montefalco Sagrantino '11 | ▽▽▽ | 5 |
| ● Montefalco Sagrantino '10 | ▽▽▽ | 5 |
| ● Montefalco Sagrantino '09 | ▽▽▽ | 5 |
| ● Montefalco Sagrantino '07 | ▽▽▽ | 5 |
| ● Montefalco Sagrantino '06 | ▽▽▽ | 5 |
| ● Montefalco Sagrantino '05 | ▽▽▽ | 5 |
| ● Montefalco Sagrantino '04 | ▽▽▽ | 5 |
| ● Montefalco Rosso '11 | ▽▽ | 3 |
| ● Montefalco Rosso Ris. '11 | ▽▽ | 4 |
| ● Montefalco Rosso Ris. '09 | ▽▽ | 4 |
| ● Montefalco Rosso Ris. '08 | ▽▽ | 4 |
| ● Montefalco Sagrantino '08 | ▽▽ | 5 |

## Pucciarella

loc. Villa di Magione
via Case Sparse, 39
06063 Magione [PG]
Tel. +39 0758409147
www.pucciarella.it

藏酒销售
预约参观
膳宿接待
年产量 250 000 瓶
葡萄种植面积 58.5 公顷
可持续发展酒庄

什么东西在普西艾尔拉酒庄（Pucciarella）都是超大尺寸规模的，从它占地面积达到300公顷的恢宏庄园开始。普西艾尔拉酒庄是一座风格现代的重要酒庄，尤其在特拉西梅诺产区（Trasimeno）占据重要地位。酒庄的葡萄园和庄园都位于特拉西梅诺湖区的DOC产区内，地处马焦内（Magione）和科尔恰诺（Corciano）之间。这里的风景极为壮美，令人窒息，翁布里亚地区（Umbria）典型的绵延群山遇到温和气候，是卓越的葡萄酒产地。在庄稼和橄榄树林的簇拥下，广袤的葡萄园就坐落在海拔300米的所在。这里的土壤主要呈现为蓬松中型颗粒的砾石土壤，是本地产区著名的地块。普西艾尔拉酒庄出品的系列美酒品质值得信赖，更有几个系列佳酿的品质达到了卓越的巅峰，具有极高的收藏价值。在普西艾尔拉酒庄这一季提供的品鉴酒品中，安姆皮莱罗红葡萄酒（Empireo）非常优雅，以精美的香氛为显著特色，散发着红莓果的缕缕果香，融入甜美的香料辛香，更有一抹玫瑰水的芬芳萦绕其间，同样精美的是平衡的果味口感，饱满而精粹。与此同时，2013年份的特拉西梅诺山圣酒（Colli del Trasimeno Vin Santo）也非常令人感到叹服，它吐露着杏仁的缕缕醇香，随之而来的口感非常复杂，果味丰盈饱满。除此之外，2015年份的艾格诺罗（Agnolo）纯净而清爽。

| | | |
|---|---|---|
| ● Empireo '13 | 🍷🍷 | 3* |
| ○ Arsiccio '15 | ▼▼ | 3 |
| ● Colli del Trasimeno Sant'Anna di Pucciarella '13 | ▼▼ | 3 |
| ○ Colli del Trasimeno Vin Santo '13 | ▼▼ | 4 |
| ○ Agnolo '15 | ▼ | 2 |
| ○ Arsiccio '13 | ▽▽ | 3 |
| ○ Arsiccio '11 | ▽▽ | 3 |
| ● C. del Trasimeno Rosso Berlingero '13 | ▽▽ | 2* |
| ● C. del Trasimeno Rosso Sant'Anna Ris. '10 | ▽▽ | 2* |
| ● C. del Trasimeno Rosso Sant'Anna Ris. '09 | ▽▽ | 2* |
| ○ C. del Trasimeno Vin Santo '10 | ▽▽ | 3* |
| ○ C. del Trasimeno Vin Santo '09 | ▽▽ | 3 |
| ○ C. del Trasimeno Vin Santo '08 | ▽▽ | 3 |

## Raina

LOC. TURRI
VIA CASE SPARSE, 42
06036 MONTEFALCO [PG]
TEL. +39 0742621356
www.raina.it

藏酒销售
预约参观
餐饮接待
年产量 60 000 瓶
葡萄种植面积 10 公顷
葡萄栽培方式 有机认证
可持续发展酒庄

弗朗西斯科·马瑞安尼（Francesco Mariani）是来自蒙特法科产区（Montefalco）年轻有为的卓越酿酒人，在产区酿酒业的名声日隆。他能够打造出日益展现出个人特色且拥有极为诱人的原始风味的美酒。弗朗西斯科的葡萄园位于蒙特法科图锐（Turri di Montefalco），最初采取有机方式栽培，如今已经逐渐转向生物动力学方法。弗朗西斯科出品的美酒非常易于入口，极富个性，展现出匠人美酒的果香和果味，浓缩精粹适度。其中典型的本地红葡萄酒品质非常卓越，而白葡萄酒出品的风格则依然有待进一步确定。在莱纳酒庄（Raina）这一季提供的品鉴酒品中，2015年份的比安诺斯珀勒蒂诺（Trebbiano Spoletino）已经在正确的演化道路上日臻完美，它是一款散发着诱人酒香的佳酿，展现出缕缕奇幻微妙的特质，完全是难以模仿的佳品。它吐露着果皮的缕缕芬芳，融入稻谷的醇香和绿茶的清香，更有柠檬干的风味萦绕其间，随之而来的口感明快而活跃，清爽且果味四溢。除此之外，2014年份的戈巴红葡萄酒（Rosso della Gobba）也呈现出非常精彩的表现。

| | |
|---|---|
| ○ Spoleto Trebbiano Spoletino '15 | 🍷🍷 3* |
| ⊙ La Peschiera di Pacino '15 | 🍷🍷 2* |
| ● Montefalco Rosso '13 | 🍷🍷 3 |
| ● Rosso della Gobba '14 | 🍷🍷 2* |
| ○ Grechetto '15 | 🍷 2 |
| ● Montefalco Rosso '12 | 🍷🍷 2* |
| ● Montefalco Rosso '11 | 🍷🍷 2* |
| ● Montefalco Rosso '10 | 🍷🍷 3 |
| ● Montefalco Sagrantino '08 | 🍷🍷 5 |
| ● Montefalco Sagrantino Campo di Raina '10 | 🍷🍷 4 |
| ● Montefalco Sagrantino Le Pretelle '10 | 🍷🍷 5 |
| ● Rosso della Gobba '13 | 🍷🍷 2* |
| ● Rosso della Gobba '12 | 🍷🍷 2* |
| ○ Spoleto Trebbiano Spoletino '14 | 🍷🍷 3 |
| ○ Trebbiano Spoletino '12 | 🍷🍷 2* |

## Roccafiore

FRAZ. CHIOANO
VOC. COLLINA, 110A
06059 TODI [PG]
TEL. +39 0758942416
www.roccafiorewines.com

藏酒销售
预约参观
膳宿接待
年产量 120 000 瓶
葡萄种植面积 15 公顷
可持续发展酒庄

洛卡菲奥莱酒庄（Roccafiore）是一座组织得当的迷人酒庄，它非常现代，对于葡萄栽培和葡萄酒酿造的可持续发展十分重视，而且极力推广，因此我们今年将年度“可持续性种植大奖”（Sustainable Viticulture Award）颁给了洛卡菲奥莱酒庄。酒庄坐落于托蒂地区（Todi）附近连绵不绝群山之中，景致十分优美，是翁布里亚产区（Umbria）最美的画面之一。这里的葡萄园都以非人工强制干预方式进行栽培打理，主要种植本地葡萄品种，在酒窖的生产过程中也将人工干预降至最低程度。洛卡菲奥莱酒庄出品的美酒品质逐年提升，风味越发诱人。在今年的品鉴中，验证上述结论的美酒2014年份的菲奥菲奥莱（Fiorfiore）表现相当精彩，它是一款原始风味显著的自然发酵格莱切托（Grechetto），精心选择的酿造葡萄来自古老的葡萄藤，酒液在大型橡木桶中陈年发展。这款年份白葡萄酒吐露着令人眩晕的扑鼻芬芳，柔美而强劲的果味自信地与卓越香氛相得益彰，酸度鲜美，入口令人迷醉。除此之外，2013年份的普卢瓦德奥托（Prova d' Autore）也同样非常卓越，不过其他推荐的红葡萄酒也展现出令人激动的优秀品质，显露出日益清晰的风格。

| | |
|---|---|
| ○ Todi Grechetto Sup. Fiorfiore '14 | 🍷🍷🍷 3* |
| ● Prova d'Autore '13 | 🍷🍷 5 |
| ● Il Roccafiore '14 | 🍷🍷 3 |
| ○ Todi Bianco Fiordaliso '15 | 🍷🍷 2* |
| ● Todi Rosso Melograno '14 | 🍷🍷 2* |
| ○ Collina d'Oro Passito '15 | 🍷 5 |
| ○ Fiordaliso '12 | 🍷🍷 2* |
| ● Prova d'Autore '12 | 🍷🍷 4 |
| ○ Todi Bianco Fiordaliso '13 | 🍷🍷 2* |
| ○ Todi Grechetto Sup. Fiorfiore '13 | 🍷🍷 3* |
| ○ Todi Grechetto Sup. Fiorfiore '12 | 🍷🍷 3* |
| ○ Todi Grechetto Sup. Fiorfiore '11 | 🍷🍷 3* |
| ● Todi Rosso Melograno '12 | 🍷🍷 2* |
| ● Todi Rosso Melograno '11 | 🍷🍷 2* |
| ● Todi Sangiovese Rosso '10 | 🍷🍷 2* |
| ● Todi Sangiovese Sup. Il Roccafiore '12 | 🍷🍷 3 |
| ● Todi Sangiovese Sup. Il Roccafiore '11 | 🍷🍷 3* |

## Romanelli

LOC. COLLE SAN CLEMENTE, 129A
06036 MONTEFALCO [PG]
TEL. +39 0742371245
www.romanelli.se

藏酒销售
预约参观
年产量 40 000 瓶
葡萄种植面积 7.5 公顷

罗曼内利酒庄（Romanelli）一步步攀上了成功的长梯，就要登顶获得蒙特法科产区（Montefalco）皇冠酒庄的盛誉。我们一致认为罗曼内利酒庄打造的佳酿是产区内的最佳葡萄酒，他们在葡萄园中勤恳地栽培品种葡萄，在酒窖的酿造过程中严谨准确地施行每个生产环节。出品美酒不仅凭借卓越品质给人留下深刻印象，更由于优雅的风格从诸多美酒中脱颖而出，精准地展现出浓缩精粹度、平衡度和芳香表现力。罗曼内利酒庄坐落于圣克莱门特山（Colle San Clemente），距离蒙特法科（Montefalco）不远，酒庄的葡萄园拥有黏土和淤泥土质，位于海拔350米左右的所在。罗曼内利酒庄采用有机栽培方式打理葡萄园，在酿造过程中也将人工干预的程度降至最低。虽然罗曼内利酒庄的出品通常都是最具原始风味的顶级萨格兰蒂诺（Sagrantino），在今年的品鉴中，我们却发现推荐酒品缺乏与以往一致的高品质水准。不过，2011年份的麦迪欧（Medeo）品质上佳，它吐露着惬意且优雅的酒香，融入泥土的缕缕醇香，虽然劲道质朴不时逐渐淡去，但是酒骨强劲精美。除此之外，2012年份的萨格兰蒂诺（Sagrantino）表现也同样出色，不过与往年的年份酒相比，它的单宁略显突出，收口略干。

| | | |
|---|---|---|
| ● Montefalco Sagrantino '12 | ▼▼ | 5 |
| ● Montefalco Sagrantino Medeo '11 | ▼▼ | 8 |
| ○ Colli Martani Grechetto '15 | ▼▼ | 2* |
| ● Montefalco Rosso '12 | ▼ | 3 |
| ● Montefalco Sagrantino '11 | ▽▽▽ | 5 |
| ● Montefalco Sagrantino '10 | ▽▽▽ | 5 |
| ○ Colli Martani Grechetto '13 | ▽▽ | 2* |
| ○ Colli Martani Grechetto '12 | ▽▽ | 2* |
| ○ Colli Martani Grechetto '11 | ▽▽ | 2* |
| ○ Colli Martani Grechetto '08 | ▽▽ | 2 |
| ● Montefalco Rosso '11 | ▽▽ | 3 |
| ● Montefalco Rosso '10 | ▽▽ | 2* |
| ● Montefalco Rosso '09 | ▽▽ | 2* |
| ● Montefalco Rosso '08 | ▽▽ | 3 |
| ● Montefalco Rosso '07 | ▽▽ | 3 |
| ● Montefalco Rosso Ris. '09 | ▽▽ | 3 |
| ● Montefalco Sagrantino Passito '08 | ▽▽ | 5 |

## Scacciadiavoli

LOC. CANTINONE, 31
06036 MONTEFALCO [PG]
TEL. +39 0742371210
www.scacciadiavoli.it

藏酒销售
预约参观
年产量 200 000 瓶
葡萄种植面积 32 公顷
可持续发展酒庄

斯卡齐亚蒂沃利酒庄（Scacciadiavoli）是一家具有伟大历史价值的酒庄——它那美丽的酒窖是产区产业考古中罕见的典范，绝对值得游客前往一饱眼福。不过，酒庄主人帕姆布菲蒂家族（Pambuffetti）并没有躺在功劳簿上停滞不前，而是依然在不懈努力地打造奇迹。21世纪之初，葡萄园的种植工作和酒窖的发酵和陈年方法经过了彻底升级，今天的斯卡齐亚蒂沃利酒庄出品美酒已经数年持续达到较高水准，并且日益展现出显著的个性。它独具现代风尚和严谨的酿造工艺，显露出持久一致的可信品质，成为蒙特法科产区（Montefalco）的典范酒庄。在斯卡齐亚蒂沃利酒庄这一季提供的品鉴酒品中，2011年份的蒙特法科萨格兰蒂诺（Montefalco Sagrantino）吐露着李子和香草荚般成熟的果香，入口感到强劲有力、但却异常鲜美的果味，不过略显突出、有嚼劲儿的单宁令整款酒的口感略受影响。除此之外，我们还非常喜爱活力四射的2013年份蒙特法科红葡萄酒（Montefalco Rosso）、酿造工艺精湛的2014年份蒙特法科白葡萄酒（Montefalco Bianco）及2010年份的蒙特法科萨格兰蒂诺帕西多（Sagrantino Passito），它们的表现都非常精彩。

| | | |
|---|---|---|
| ● Montefalco Sagrantino '11 | ▼▼ | 5 |
| ○ Montefalco Bianco '14 | ▼▼ | 3 |
| ● Montefalco Rosso '13 | ▼▼ | 3 |
| ● Montefalco Sagrantino Passito '10 | ▼ | 5 |
| ● Montefalco Sagrantino '10 | ▽▽▽ | 5 |
| ○ Montefalco Bianco '13 | ▽▽ | 3 |
| ● Montefalco Rosso '12 | ▽▽ | 3 |
| ● Montefalco Rosso '11 | ▽▽ | 3 |
| ● Montefalco Rosso '10 | ▽▽ | 3 |
| ● Montefalco Rosso '09 | ▽▽ | 3* |
| ● Montefalco Rosso '08 | ▽▽ | 3 |
| ● Montefalco Sagrantino '09 | ▽▽ | 5 |
| ● Montefalco Sagrantino '08 | ▽▽ | 5 |
| ● Montefalco Sagrantino '07 | ▽▽ | 5 |
| ● Montefalco Sagrantino Passito '07 | ▽▽ | 5 |

## Sportoletti

via Lombardia, 1
06038 Spello [PG]
Tel. +39 0742651461
www.sportoletti.com

藏酒销售
预约参观
年产量 230 000 瓶
葡萄种植面积 30 公顷

斯珀托莱迪家族（Sportoletti）将全部精力都投入到家族酒庄的发展之中，并取得了成功，如今家族中的年轻一代已经成长起来，正式参与到酒庄的经营管理中来，酒庄未来的发展前景一片光明。毕竟斯珀托莱迪酒庄拥有坚实的农耕基础，与此同时还展现出无可否认的创新能力，这一点在最近的发展中已经得到了证实。酒庄朝向颇佳的葡萄园坐落于斯派洛地区（Spello）绵延的群山间，本地葡萄品种与国际葡萄品种并蒂耕种，常常混酿成酒庄的旗舰美酒。不论是红葡萄酒还是白葡萄酒，出品风格都非常现代，口感集中的美酒呈现极为纯净的质地，非常容易入口，展现出极佳的可饮性，给人带来惊喜和满足。在斯珀托莱迪酒庄这一季提供的品鉴酒品中，斯珀托莱迪家族酿造的两款令人印象深刻的美酒闯入了最终角逐"三杯奖"的决赛，它们在瓶中的卓越表现在我们今年品鉴中再次得到了证实。一款佳酿是一贯表现出众的费德里亚庄干红葡萄酒（Villa Fidelia Rosso），吐露着奢华的果香和烘焙醇香。除此之外，2015年份的阿西西干红葡萄酒（Assisi Rosso）保持了一如既往的高品质，呈现出出众的性价比，鉴于此我们极力推荐您大量购入。

- ● Assisi Rosso '15 — 2*
- ● Villa Fidelia Rosso '14 — 4
- ○ Villa Fidelia Bianco '14 — 3
- ○ Assisi Grechetto '15 — 1*
- ● Villa Fidelia Rosso '98 — 4*
- ○ Assisi Grechetto '13 — 1*
- ● Assisi Rosso '14 — 2*
- ● Assisi Rosso '13 — 2*
- ○ Villa Fidelia Bianco '13 — 3
- ○ Villa Fidelia Bianco '12 — 3
- ○ Villa Fidelia Bianco '11 — 3
- ● Villa Fidelia Rosso '13 — 4
- ● Villa Fidelia Rosso '12 — 4
- ● Villa Fidelia Rosso '11 — 4
- ● Villa Fidelia Rosso '10 — 4
- ● Villa Fidelia Rosso '08 — 5
- ● Villa Fidelia Rosso '07 — 5

## Giampaolo Tabarrini

fraz. Turrita
06036 Montefalco [PG]
Tel. +39 0742379351
www.tabarrini.com

藏酒销售
预约参观
年产量 70 000 瓶
葡萄种植面积 18 公顷
可持续发展酒庄

吉安保罗·塔巴瑞尼（Giampaolo Tabarrini）对于葡萄酒的奉献精神人人皆知，而且他对于扩展酒庄事业的未来主义计划简直令人匪夷所思，这位常常令人惊喜的酿造大师永不疲倦，总是在寻求改进其出品、或者令酿造佳酿别出心裁从而脱颖而出的方法。在这位精力充沛的领导人的引领下，酒庄逐年快速发展，使其成为产区内最卓越的酒庄之一。这正是他的个性，从不原地止步，永远充满奇思妙想。而他酿造出来的美酒——不论是红葡萄酒还是白葡萄酒——似乎也听从了他的意愿，不可避免地带有他强烈的个人特色。酒庄葡萄园中的葡萄藤得到了悉心照料，出品品质精美，尤其是采用名园精选酿造果实打造的系列美酒都是酒庄经典的旗舰产品。在吉安保罗塔巴瑞尼酒庄这一季提供的品鉴酒品中，2012年份的坎珀勒萨奎蒙特法科萨格兰蒂诺（Montefalco Sagrantino Campo alla Cerqua）的表现最为抢眼，它的酿造原料来自系列精选葡萄，竭力以优雅来平衡品种葡萄本身的活力跃动。尽管2012年份的气候条件恶劣，令打造的美酒很难完全展现巅峰状态，但是这款年份酒依然试图脱颖而出，尤其在强大的陈年潜力方面。这款极为诱人的红葡萄酒散发着香料的缕缕辛香，融入树脂和浓郁集中的果香，随之而来的口感热辣美妙，相当突出的单宁滋味暗示着这款酒强大的陈年潜力。除此之外，2014年份的阿达曼多（Adarmando）相比较而言比往年的年份酒更加清爽精美；而以本地葡萄品种酿造而成的皮安塔格莱托（Piantagrero）正在复兴崛起之中，也是非常值得一试的佳酿。

- ● Montefalco Sagrantino Campo alla Cerqua '12 — 6
- ○ Adarmando '14 — 4
- ● Montefalco Rosso Boccatone '13 — 3
- ● Montefalco Sagrantino Colle alle Macchie '12 — 6
- ● Montefalco Sagrantino Colle Grimaldesco '12 — 5
- ● Piantagrero '13 — 4
- ● Montefalco Sagrantino Campo alla Cerqua '11 — 6
- ● Montefalco Sagrantino Campo alla Cerqua '10 — 6
- ● Montefalco Sagrantino Campo alla Cerqua '08 — 6
- ● Montefalco Sagrantino Colle alle Macchie '09 — 6

## Terre de la Custodia

LOC. PALOMBARA
06035 GUALDO CATTANEO [PG]
TEL. +39 0742929586
www.terredelacustodia.it

藏酒销售
预约参观
年产量 1 000 000 瓶
葡萄种植面积 160 公顷
可持续发展酒庄

拥有库斯托迪亚酒庄（Terre de la Custodia）的法奇奥尼家族（Farchioni）以卓越的农产品铸造了自己的商业王国，从橄榄油到面粉再到葡萄酒，更不用说他们近期表现出对于使用翁布里亚（Umbria）生产的大麦酿造啤酒的热情。从产量和销售两方面而言，这些项目的发展都取得了成功。用于发酵和陈年的酒窖是一栋精美建筑，酿造所需的果实来自瓜尔多卡塔内奥地区（Gualdo Cattaneo）和托蒂地区（Todi）的葡萄园，白葡萄品种在这里的生长十分茂盛。出品美酒完美无瑕，风格现代，口感清爽，给人留下相当深刻的印象。这一季库斯托迪亚酒庄提供的品鉴酒品整体表现都十分卓越，多汁美味的2013年份蒙特法科陈酿（Montefalco Riserva）酒体清凛，质地精美，散发着覆盆子和野生草莓般的缕缕微妙果香。与此同时，2011年份的萨格兰蒂诺酒（Sagrantino）的品质同样出众，吐露着阵阵诱人的微妙果香，融入樱桃和黑莓的甜美气息，不过收口时单宁滋味似乎过重。除此之外，2014年份的普兰迪丝格莱切托（Grechetto Plentis）柔滑成熟，展现出日益令人信服的饱满果味，浓郁集中的香氛与之相映成趣。

| | |
|---|---|
| ● Montefalco Rosso Ris. '13 | 🍷🍷 5 |
| ○ Colli Martani Grechetto Plentis '14 | 🍷🍷 3 |
| ● Montefalco Sagrantino '11 | 🍷🍷 6 |
| ○ Sublimis Gladius Brut M. Cl. '10 | 🍷🍷 4 |
| ● Montefalco Sagrantino Exubera '06 | 🍷 8 |
| ● Colli Martani Collezione '12 | 🍷🍷 2* |
| ○ Colli Martani Grechetto '14 | 🍷🍷 2* |
| ○ Colli Martani Grechetto '13 | 🍷🍷 2* |
| ○ Colli Martani Grechetto '11 | 🍷🍷 2* |
| ○ Colli Martani Grechetto Plentis '12 | 🍷🍷 3 |
| ○ Colli Martani Grechetto Plentis '11 | 🍷🍷 3 |
| ● Montefalco Rosso '12 | 🍷🍷 4 |
| ● Montefalco Rosso '10 | 🍷🍷 4 |
| ● Montefalco Sagrantino '10 | 🍷🍷 6 |
| ● Montefalco Sagrantino '09 | 🍷🍷 6 |
| ● Montefalco Sagrantino Passito Melanto '11 | 🍷🍷 5 |

## Terre Margaritelli

FRAZ. CHIUSACCIA
LOC. MIRALDUOLO
06089 TORGIANO [PG]
TEL. +39 0757824668
www.terremargaritelli.com

藏酒销售
预约参观
年产量 120 000 瓶
葡萄种植面积 52 公顷
葡萄栽培方式 有机认证

玛格瑞特利酒庄（Terre Margaritelli）创建于20世纪50年代，最初是一座家庭酒庄，于21世纪之初进入了突飞猛进的发展期。今天的玛格瑞特利酒庄拥有傲人的60公顷有机认证种植地，其中50公顷的单一葡萄园种植酿造葡萄，全部位于托尔贾诺（Torgiano）山间，这里一直是生产优质葡萄酒的乐园。地块中生长的葡萄品种很多，包括经典的桑娇维塞（Sangiovese）和坎纳奥罗（Canaiolo）等黑葡萄品种，以及格莱切托（Grechetto）和特比安诺（Trebbiano）等白葡萄品种。出品美酒风格现代，展现出持续提升的酿造水准。在今年的品鉴中，2013年份的弗莱西亚德斯卡奇托尔贾诺红葡萄酒陈酿（Torgiano Rosso Riserva Freccia degli Scacchi）以自信的姿态闯入了角逐"三杯奖"的最后决赛。这款气势恢宏、风味复杂的红葡萄酒展现出和谐的果香，融入饱满的东方香料，随之而来的口感绵长深邃，质地精美，酸度宜人，只是口感略显热辣。除此之外，2015年份的托尔贾诺科斯泰拉托白葡萄酒（Torgiano Bianco Costellato）同样表现出色，散发着甜美的果香，融入饱满的果味。

| | |
|---|---|
| ● Torgiano Rosso Freccia degli Scacchi Ris. '13 | 🍷🍷 5 |
| ○ Greco di Renabianca '15 | 🍷🍷 3 |
| ● Roccascossa '15 | 🍷🍷 2* |
| ○ Torgiano Bianco Costellato '15 | 🍷🍷 2* |
| ○ Pietramala '15 | 🍷 2 |
| ● Malot '11 | 🍷🍷 3 |
| ● Roccascossa '11 | 🍷🍷 2* |
| ● Roccascossa '10 | 🍷🍷 2* |
| ○ Torgiano Bianco Costellato '14 | 🍷🍷 2* |
| ○ Torgiano Costellato '13 | 🍷🍷 2* |
| ● Torgiano Freccia degli Scacchi '10 | 🍷🍷 5 |
| ● Torgiano Freccia degli Scacchi '09 | 🍷🍷 5 |
| ● Torgiano Mirantico '08 | 🍷🍷 2* |
| ● Torgiano Mirantico '07 | 🍷🍷 2* |
| ● Torgiano Rosso Freccia degli Scacchi Ris. '10 | 🍷🍷 5 |

## Todini

FRAZ. ROSCETO
VIA COLLINA, 29
06059 TODI [PG]
TEL. +39 075887122
www.cantinafrancotodini.com

藏酒销售
预约参观
膳宿接待
年产量 300 000 瓶
葡萄种植面积 20 公顷

托蒂尼家族（Todinis）是非常重要的企业家家族，他们凭借这座卓越的酒庄而梦想成真。这里距离托蒂产区（Todi）只有几步之遥，被一片美丽的自然风光所环绕。20世纪70年代，托蒂尼酒庄就在这里起步，随着不断的发展壮大，形成了今日的规模，拥有120公顷广袤的土地，其中20公顷出产葡萄，并且包括一座精美酒窖和一座舒适惬意的乡间酒店。风格现代的美酒即包含本地葡萄品种，又包含国际葡萄品种。在今年的品鉴中，托蒂尼家族酒庄推荐的美酒都表现出色，有些旗舰酒品甚至攀上了卓越的巅峰。从所有美酒中脱颖而出的佼佼者包括2013年份的塞瓦拉黑葡萄酒（Nero della Cevara）和2014年份的托蒂桑娇维塞（Todi Sangiovese）。相比较而言，前者展现出更加浓重的风格，比以往年份酒更加芬芳扑鼻，一点儿也没有受到过多橡木气息的影响。相反，它清爽而优雅，散发着地中海灌木丛的缕缕热烈芬芳，融入香料的丝丝辛香，随之而来的口感华美原始，令人心旷神怡。而后者则融入泥土的醇香，浸润着甜美的果味。

| | |
|---|---|
| ● Nero della Cervara '13 | 🍷🍷 5 |
| ● Todi Sangiovese '14 | 🍷🍷 4 |
| ○ Marte Bianco '15 | 🍷🍷 2* |
| ● Marte Rosso '15 | 🍷🍷 2* |
| ● Merlot '14 | 🍷🍷 2* |
| ○ Todi Grechetto '15 | 🍷🍷 2* |
| ○ Todi Grechetto Sup. Bianco del Cavaliere '14 | 🍷🍷 3 |
| ○ Chardonnay '15 | 🍷 2 |
| ● Colli Martani Sangiovese Rubro '11 | 🍷🍷 4 |
| ○ Grechetto di Todi Bianco del Cavaliere Sup. '11 | 🍷🍷 3 |
| ○ Grechetto Riesling '12 | 🍷🍷 2* |
| ● Marte '14 | 🍷🍷 2* |
| ● Merlot '13 | 🍷🍷 2* |
| ● Relais Rosso '13 | 🍷🍷 3 |
| ● Relais Rosso '12 | 🍷🍷 2* |

## Tudernum

LOC. PIAN DI PORTO, 146
06059 TODI [PG]
TEL. +39 0758989403
www.tudernum.it

藏酒销售
预约参观
膳宿接待
年产量 2 000 000 瓶
葡萄种植面积 240 公顷

图德纳姆酒庄（Tudernum）是一座卓越的协作酒庄，凭借卓越的管理和无畏的创新精神从产区诸多酒庄中脱颖而出，使其在短短十年间，便从一座规模相对较小的葡萄酒生产商集合一跃成为地区经典酒庄。图德纳姆酒庄出品的美酒无懈可击，常年保持一贯的高水准，能够在国际市场上与竞争者一较高下。图德纳姆酒庄的葡萄园种植本地葡萄品种，最重要的就是桑娇维塞（Sangiovese）和萨格兰蒂诺（Sagrantino），出品的美酒品质卓越，更重要的是价格也非常合理。在图德纳姆酒庄这一季提供的品鉴酒品中，2013年份的洛加诺（Rojano）表现精彩，从诸多美酒中脱颖而出，将馥郁饱满的扎实口感与罕见的酒质完美结合起来。它吐露着皮革般的缕缕醇香，融入红莓果的丝丝果香，底蕴中透露出烟草的香气，随之而来的是跃动而紧致的口感，依然年轻，但却十分丰盈，暗示着极佳的陈年潜力，假以时日必将攀上完美的巅峰。除此之外，诱人且惬意的2011年份萨格兰蒂诺（Sagrantino）吐露着烟草的醇香，融入雨后大地的缕缕芬芳，质地精美；而托蒂红葡萄酒（Todi Rosso）则无疑是一款瑰宝佳酿。

| | |
|---|---|
| ● Montefalco Sagrantino Fidenzio '11 | 🍷🍷 4 |
| ● Todi Rosso Sup. Rojano '13 | 🍷🍷 3* |
| ○ Todi Grechetto '15 | 🍷🍷 2* |
| ● Todi Rosso '15 | 🍷🍷 2* |
| ○ Todi Bianco '15 | 🍷 2 |
| ● Montefalco Rosso '09 | 🍷🍷 3 |
| ● Montefalco Sagrantino Fidenzio '10 | 🍷🍷 4 |
| ● Montefalco Sagrantino Fidenzio '09 | 🍷🍷 4 |
| ● Montefalco Sagrantino Fidenzio '08 | 🍷🍷 5 |
| ○ Todi Grechetto '14 | 🍷🍷 2* |
| ○ Todi Grechetto '12 | 🍷🍷 2* |
| ○ Todi Grechetto Sup. Colle Nobile '13 | 🍷🍷 2* |
| ○ Todi Grechetto Sup. Colle Nobile '12 | 🍷🍷 2* |
| ● Todi Rosso '14 | 🍷🍷 2* |
| ● Todi Rosso Sup. Rojano '12 | 🍷🍷 3 |
| ● Todi Rosso Sup. Rojano '11 | 🍷🍷 3* |
| ● Todi Sangiovese '12 | 🍷🍷 2* |

## Tenuta Le Velette

FRAZ. CANALE DI ORVIETO
LOC. LE VELETTE, 23
05019 ORVIETO [TR]
TEL. +39 076329090
www.levelette.it

藏酒销售
预约参观
年产量 320 000 瓶
葡萄种植面积 119 公顷

博泰家族（Bottai）拥有奥尔维耶托产区（Orvieto）最美丽的酒庄之一——维莱特酒庄（Tenuta Le Velette），地处火山发源地，位于火山峭壁以东，这里占地面积达到100多公顷的葡萄园拥有与奥尔维耶托其他地区经典的“海洋性土壤”不同的土质，博泰家族在很早以前就在这里创建了酒庄。维莱特酒庄酿造的美酒品质卓越，葡萄园种植的葡萄品种很多，既包括白葡萄品种也包括红葡萄品种，种植面积超过100公顷。这样广袤的土地无疑意味着地块的土壤条件、朝向和微气候环境变化多端，每个地块区域都有自己独特的个性，种植不同品种的葡萄，得到不同特色的美酒。酒窖中的工作也相当高效，陈年的美酒被安置在古老的岩洞中。特质明显的佳酿展现出无懈可击的风格，将风土条件与现代性风尚完美结合。在今年的品鉴中，我们最爱的美酒依然是一款白葡萄酒。2015年份的奥尔维耶托经典伯格诺瑞奥（Berganorio Orvieto Classico）以扎实的口感和精粹的风味令我们感到震惊。它别具一格，香氛复杂，以诱人的果香为主，融入野生草本植物的清香，入口感到精美的酸度，更有缕缕燧石风味浸润其间，引领出绵长而悦人的收口余韵，极富意趣。除此之外，2012年份的卡兰科（Calanco）在所有红葡萄酒中表现最佳，吐露着薄荷脑的清凉风味，融入缕缕香叶的芬芳，更有深色莓果的果香萦绕其间，随之而来的口感非常多汁美味，不过单宁滋味略重。

| | | |
|---|---|---|
| ○ Orvieto Cl. Berganorio '15 | 🍷🍷 | 2* |
| ● Calanco '12 | ▼▼ | 4 |
| ○ Orvieto Cl. Sup. Lunato '15 | ▼▼ | 2* |
| ● Rosso Orvietano Rosso di Spicca '14 | ▼ | 2 |
| ● Calanco '03 | ▽▽▽ | 4 |
| ● Calanco '95 | ▽▽▽ | 4* |
| ● Gaudio '03 | ▽▽▽ | 4 |
| ● Accordo '10 | ▽▽ | 2* |
| ● Calanco '08 | ▽▽ | 4 |
| ● Gaudio '10 | ▽▽ | 4 |
| ● Gaudio '08 | ▽▽ | 4 |
| ○ Orvieto Cl. Berganorio '14 | ▽▽ | 2* |
| ○ Orvieto Cl. Berganorio '13 | ▽▽ | 2* |
| ○ Orvieto Cl. Sup. Lunato '14 | ▽▽ | 2* |
| ● Rosso Orvietano Rosso di Spicca '13 | ▽▽ | 2* |
| ○ Sole Uve '13 | ▽▽ | 3 |

## Villa Mongalli

VIA DELLA CIMA, 52
06031 BEVAGNA [PG]
TEL. +39 0742360703
www.villamongalli.com

藏酒销售
膳宿接待
年产量 70 000 瓶
葡萄种植面积 15 公顷

蒙吉尼家族（Menghini）统领着蒙嘉利酒庄（Villa Mongalli）的酿造工作，酒庄近年来通过不断发展，已经成为萨格兰蒂诺地区（Sagrantino）中最令人信服的酒庄之一。酒庄辉煌的葡萄园占据了蒙特法科地区（Montefalco）部分最佳种植地块，他们的酒庄也以高效的发酵和陈年酒窖而著称。出品中毫不虚饰的朴实风格忠诚展现出本地风土，提升了酿造果实本身的特质，它们主要都是本地传统的葡萄品种。蒙嘉利酒庄使用单一本地酵母进行发酵，而大多数美酒都在发布前经历了极为漫长的陈年过程。在今年的品鉴中，蒙嘉利酒庄推荐的美酒表现都非常出色，其中2012年份的珀佐库拉托萨格兰蒂诺（Sagrantino Pozzo del Curato）摇曳着淡淡的赤褐色色泽，我们觉得这样独特的色调非常惬意，并没有损害这款卓越美酒的口感。入口诱人而多汁，酒质的果味自然演进卓越，浸润着野生莓果的甜美滋味，一路攀上美妙而悠长的收口巅峰。除此之外，2015年份的卡利坎托特比安诺斯珀勒蒂诺（Trebbiano Spoletino Calicanto）饱满而成熟，正如这个特殊年份呈现出来的那样，不过依然保留着与以往年份酒一样的明快口感。

| | | |
|---|---|---|
| ● Montefalco Sagrantino Pozzo del Curato '12 | 🍷🍷 | 7 |
| ● Montefalco Rosso Le Grazie '14 | ▼▼ | 5 |
| ○ Trebbiano Spoletino Calicanto '15 | ▼▼ | 5 |
| ● Montefalco Sagrantino Colcimino '08 | ▽▽▽ | 3* |
| ● Montefalco Sagrantino Della Cima '10 | ▽▽▽ | 8 |
| ● Montefalco Sagrantino Della Cima '06 | ▽▽▽ | 6 |
| ● Montefalco Sagrantino Pozzo del Curato '09 | ▽▽▽ | 6 |
| ○ Calicanto Trebbiano Spoletino '13 | ▽▽ | 5 |
| ● Montefalco Rosso Le Grazie '12 | ▽▽ | 5 |
| ● Montefalco Rosso Le Grazie '11 | ▽▽ | 5 |
| ● Montefalco Sagrantino Colcimino '12 | ▽▽ | 8 |
| ● Montefalco Sagrantino Colcimino '11 | ▽▽ | 8 |
| ● Montefalco Sagrantino Colcimino '10 | ▽▽ | 3* |
| ● Montefalco Sagrantino Della Cima '08 | ▽▽ | 3* |
| ○ Trebbiano Spoletino Calicanto '14 | ▽▽ | 5 |

## Argillae

voc. Pomarro, 45
05010 Allerona [TR]
Tel. +39 0763624604
www.argillae.eu

藏酒销售
预约参观
年产量 65 000 瓶
葡萄种植面积 70 公顷

| | |
|---|---|
| ○ Orvieto '15 | 🍷🍷 2* |
| ● Sinuoso '15 | 🍷🍷 2* |
| ○ Grechetto '15 | 🍷 2 |
| ○ Orvieto Sup. Panata '15 | 🍷 2 |

## Berioli

loc. Case Sparse, 21
06063 Magione [PG]
Tel. +39 3355498173
www.cantinaberioli.it

年产量 15 000 瓶
葡萄种植面积 12 公顷

| | |
|---|---|
| ○ Grechetto Vercanto '15 | 🍷🍷 3 |
| ○ Toppo Bianco '15 | 🍷🍷 3 |
| ● Colli del Trasimeno Spiridione '11 | 🍷 3 |

## Bigi

loc. Ponte Giulio
05018 Orvieto [TR]
Tel. +39 0763315888
www.cantinebigi.it

预约参观
年产量 4 000 000 瓶
葡萄种植面积 248 公顷

| | |
|---|---|
| ○ Orvieto Cl. Secco '15 | 🍷🍷 2* |
| ○ Orvieto Cl. Torricella '15 | 🍷🍷 3 |
| ○ Grechetto Strozzavolpe '15 | 🍷 3 |
| ● Vipra Rossa '15 | 🍷 2 |

## Carini

loc. Canneto
fraz. Colle Umberto
s.da del Tegolaro, 3
06133 Perugia
Tel. +39 0756059495
www.agrariacarini.it

藏酒销售
预约参观
年产量 40 000 瓶
葡萄种植面积 10 公顷

| | |
|---|---|
| ○ C. del Trasimeno Rile '15 | 🍷🍷 2* |
| ○ Lumia V. T. | 🍷🍷 4 |
| ● Òscano '15 | 🍷🍷 2* |
| ○ Poggio Canneto '14 | 🍷🍷 3 |

## Castello di Corbara

loc. Corbara, 7
05018 Orvieto [TR]
Tel. +39 0763304035
www.castellodicorbara.it

藏酒销售
预约参观
年产量 200 000 瓶
葡萄种植面积 100 公顷

| | |
|---|---|
| ○ Orvieto Cl. Sup. '15 | 🍷🍷 2* |
| ○ Orzalume '15 | 🍷🍷 3 |
| ● Sangiovese Merlot '15 | 🍷🍷 2* |
| ● Lago di Corbara '14 | 🍷 3 |

## Castello di Magione

v.le Cavalieri di Malta, 31
06063 Magione [PG]
Tel. +39 0755057319
www.sagrivit.it

藏酒销售
预约参观
年产量 200 000 瓶
葡萄种植面积 41 公顷

| | |
|---|---|
| ⊙ Belfiore '15 | 🍷🍷 2* |
| ○ C. del Trasimeno Grechetto Monterone '15 | 🍷🍷 2* |
| ○ Chardonnay '15 | 🍷🍷 3 |
| ● Nerocavalieri '13 | 🍷🍷 4 |

## Chiorri

loc. Sant'Enea
via Todi, 100
06132 Perugia
Tel. +39 075607141
www.chiorri.it

藏酒销售
预约参观
膳宿接待
年产量 100 000 瓶
葡萄种植面积 25 公顷

| | |
|---|---|
| ○ Grechetto '15 | 🍷🍷 2* |
| ● Sangiovese '15 | 🍷🍷 2* |
| ⊙ Colli Perugini Rosato '15 | 🍷 2 |

## Le Cimate

fraz. Casale
loc. Cecapecore, 41
06036 Montefalco [PG]
Tel. +39 0742290136
www.lecimate.it

藏酒销售
预约参观
膳宿接待
年产量 800 000 瓶
葡萄种植面积 20 公顷
可持续发展酒庄

| | |
|---|---|
| ● Montefalco Sagrantino '12 | 🍷🍷 5 |
| ○ Trebbiano Spoletino '15 | 🍷🍷 3 |

## Cantina Colle Ciocco

via Pietrauta
06036 Montefalco [PG]
Tel. +39 0742379859
www.colleciocco.it

藏酒销售
预约参观
年产量 45 000 瓶
葡萄种植面积 15 公顷

| | |
|---|---|
| ● Montefalco Rosso '12 | 🍷🍷 3 |
| ● Montefalco Sagrantino '10 | 🍷🍷 5 |
| ○ Spoleto Trebbiano Spoletino Tempestivo '15 | 🍷🍷 3 |

## Coste del Faena

voc. Cherabò
06054 Fratta Todina [PG]
Tel. +39 0758745043
www.costedelfaena.com

藏酒销售
预约参观
年产量 40 000 瓶
葡萄种植面积 14 公顷

| | |
|---|---|
| ● Merlot '15 | 🍷🍷 3 |
| ○ Todi Grechetto '15 | 🍷🍷 4 |

## Custodi

loc. Canale
v.le Venere
05018 Orvieto [TR]
Tel. +39 076329053
www.cantinacustodi.com

藏酒销售
预约参观
年产量 65 000 瓶
葡萄种植面积 40 公顷

| | |
|---|---|
| ○ Orvieto Cl. Belloro '15 | 🍷🍷 2* |
| ○ Orvieto Cl. Sup. Pertusa V. T. '15 | 🍷🍷 5 |
| ● Piancoleto '15 | 🍷 2 |

## Fattoria Giro di Vento

loc. Schifanoia
s.da Collespino, 39
05035 Narni [TR]
Tel. +39 3356136353
www.fattoriagirodivento.it

藏酒销售
预约参观
年产量 30 000 瓶
葡萄种植面积 10.5 公顷
可持续发展酒庄

| | |
|---|---|
| ● Ciliegiolo di Narni Spiffero '15 | 🍷🍷 2* |
| ○ Raggio '15 | 🍷 2 |

## Roberto Lepri

S.DA SAN VETTURINO, 16
06126 PERUGIA
TEL. +39 3388156147
www.robertolepri.com

年产量 10 000 瓶
葡萄种植面积 3.5 公顷

| | |
|---|---|
| ● Gamay Perugino '14 | 2* |
| ○ Gocce di Stelle '15 | 2* |
| ● Fiore d'Alba '10 | 3 |
| ● Luce di Gemma '11 | 2 |

## Morami

FRAZ. PANICAROLA
VOC. MORAMI
06060 CASTIGLIONE DEL LAGO [PG]
TEL. +39 0759589107
www.morami.it

藏酒销售
预约参观
膳宿接待
年产量 20 000 瓶
葡萄种植面积 11 公顷

| | |
|---|---|
| ○ Cardissa '14 | 5 |
| ○ Pratolungo '15 | 3 |

## Cantine Neri

LOC. BARDANO, 28
05018 ORVIETO [TR]
TEL. +39 0763316196
www.neri-vini.it

年产量 65 000 瓶
葡萄种植面积 52 公顷

| | |
|---|---|
| ○ Orvieto Cl. Sup. Ca' Viti '15 | 2* |
| ○ Bianco dei Neri Chardonnay '15 | 2* |
| ○ Bianco dei Neri Grechetto '14 | 3 |
| ○ Poggio Forno '13 | 5 |

## Cantina Ninni

FRAZ. TERRAIA
06049 SPOLETO [PG]
TEL. +39 3355450523
www.cantinaninnispoleto.com

藏酒销售
预约参观
年产量 15 000 瓶
葡萄种植面积 3 公顷

| | |
|---|---|
| ● Diavolacciu '13 | 3 |
| ○ Spoleto Trebbiano Spoletino Poggio del Vescovo '15 | 2* |
| ○ Misluli Bianco '15 | 2 |

## Domenico Pennacchi

FRAZ. MARCELLANO
VIA SANT'ANGELO, 10
06035 GUALDO CATTANEO [PG]
TEL. +39 0742920069
pennacchidomenico@tiscalinet.it

藏酒销售
预约参观
年产量 12 000 瓶
葡萄种植面积 6 公顷

| | |
|---|---|
| Colli di Fontivecchie Rosso '12 | 2* |
| Montefalco Rosso Ris. '12 | 4 |
| Colli di Fontivecchie Grechetto '15 | 2 |

## La Plani Arche

VOC. CONVERSINO, 160A
06033 CANNARA [PG]
TEL. +39 3356389537
www.planiarche.it

年产量 15 000 瓶
葡萄种植面积 6 公顷
葡萄栽培方式 有机认证
可持续发展酒庄

| | |
|---|---|
| ● Colli Martani Vernaccia di Cannara '15 | 5 |
| ● Montefalco Sagrantino Brown Label '11 | 4 |
| ○ Spoleto Trebbiano Spoletino '15 | 2* |

## Pomario

LOC. POMARIO
06066 PIEGARO [PG]
TEL. +39 064818418
www.pomario.it

藏酒销售
预约参观
年产量 8 000 瓶
葡萄种植面积 6 公顷
葡萄栽培方式 有机认证

- ○ Arale '15 🍷🍷 4
- ● Sariano '13 🍷🍷 3
- ⊙ Rondirose '15 🍷 3

## Sandonna

LOC. SELVE
05024 GIOVE [TR]
TEL. +39 0744992274
www.cantinasandonna.it

藏酒销售
预约参观
年产量 28 000 瓶
葡萄种植面积 5.5 公顷

- ● Ciliegiolo di Narni '15 🍷🍷 2*
- ● Jovio '13 🍷🍷 2*
- ● Selve di Giove '13 🍷 4

## Cantina Santo Iolo

S.DA MONTINI, 36
05035 NARNI [TR]
TEL. +39 0744796754
www.santoiolo.it

藏酒销售
预约参观
年产量 15 000 瓶
葡萄种植面积 3.5 公顷
可持续发展酒庄

- ○ Pratalia '15 🍷🍷 3
- ● Santoiolo '12 🍷🍷 4
- ● Rossoiolo '13 🍷 3

## Sasso dei Lupi

VIA CARLO FAINA, 18
06055 MARSCIANO [PG]
TEL. +39 0758749523
www.sassodeilupi.it

年产量 400 000 瓶
葡萄种植面积 400 公顷

- ● L'Intruso '15 🍷🍷 1
- ○ Luno '14 🍷 5
- ○ Montali '15 🍷 2

## Tenuta di Titignano

LOC. CIVITELLA DEL LAGO
VOC. SALVIANO, 44
05020 BASCHI [TR]
TEL. +39 0744950459
info@titignano.it

藏酒销售
预约参观
年产量 150 000 瓶
葡萄种植面积 70 公顷

- ○ Orvieto Cl. Sup. Salviano '15 🍷🍷 2*
- ● Lago di Corbara Rosso Solideo '13 🍷 2

## Zanchi

VIA ORTANA, 122
05022 AMELIA [TR]
TEL. +39 0744970011
www.cantinezanchi.it

藏酒销售
预约参观
年产量 80 000 瓶
葡萄种植面积 31 公顷
可持续发展酒庄

- ● Amelia Rosso Armané '13 🍷🍷 2
- ● Amelia Rosso Sciurio Ris. '09 🍷🍷 4
- ○ Vignavecchia '12 🍷🍷 5
- ● Amelia Ciliegiolo Carmìno '15 🍷 2

# 拉齐奥区
## LAZIO

在最近几年里，我们发现拉齐奥产区出品美酒的品质有了整体上的提升，但是对于今年的酒品，我们的评价却没有那么积极。当然，这归结于两个客观条件，恶劣的采收酿造季影响了许多产区出品葡萄酒的口感，但是这样的状况也同时反映出拉齐奥产区葡萄酒业的脆弱。大部分酿造商都接受这样的理念——拉齐奥产区酒重回颇具竞争力水准的唯一途径就是在生产中瞄准品质为目标，导致产量锐减也在所不惜，甚至在有些条件不佳的年份要做出放弃生产出品的决定。总而言之，2014年的暴雨和冰雹袭击了拉齐奥的主要产区，例如，最著名的赛森斯（Cesanese）种植地；继而到来的2015年温度攀升犹如热带，最初的气候条件看似天公作美，然而最终收获的白葡萄酒则颇为厚重，缺乏清爽口感以及保证绵长余韵和可饮性的正确酸度，令拉齐奥产区酒庄跌了大跟头。无论如何，这一年除了此前多年的疑虑之外，总体上保证质量以及适当产量成为一件必须奋战的事情。在罗马城堡产区（Castelli Romani）以及弗拉斯卡提DOC产区（FrascatiDOC），这是一个非常严重的问题，对于以维泰博（Viterbo）以及拉蒂纳省（Latina）的其他地区也产生了显著的影响，我们因此不得不承认2014年份的白葡萄酒——我们中的许多人认为与2013年份酒相比而言要逊色许多——实际上要比2015年份酒表现出色。在70%的地区出产白葡萄酒的拉齐奥产区，却只有三款白葡萄酒得到了“三杯奖”，这不是一个巧合现象。就“三杯奖”获奖美酒而言，我们要声明两点：一点是绝对事实，而另一点则是相对判断。伊曼纽尔·庞格拉齐（Emanuele Pangrazi）的圣焦韦纳莱酒庄（San Giovenale）及其酿造的2014年份哈比慕斯（Habemus）实际上开发了一片新的种植区，为拉齐奥产区名酒名录又增新光。另一款美酒则是阿历桑德罗杰科布·博克帕吉尼·卢多维西（Alessandrojacopo Boncompagni Ludovisi）的荣耀回归，他打造的费奥拉奈罗红葡萄酒（Fioranello Rosso）遵循同品牌白葡萄酒的方法酿造。而2011年份酒将会触动那些热爱费奥拉奈罗系列美酒的酒迷，引领他们回到阿历桑德罗杰科布的叔叔阿尔布里科（Alberico）的酿酒时代。至于其他拉齐奥产区的经典获奖佳酿包括赛吉奥穆图拉酒庄（Sergio Mottura）的海岸山丘格莱切多（Grechetto Poggio della Costa），或者伐勒科酒庄（Falesco）永恒经典的蒙提雅诺（Montiano）；还有那些正在向经典攀登的美酒，例如，沃尔皮丘酒庄（Poggio Le Volpi）的皮格廖赫尼克斯超级赛森斯（Cesanesedel Piglio Superiore Hernicus），更不用说卡塞勒德吉戈利奥酒庄（Casale del Giglio）的安东尼奥·桑塔雷利（Antonio Santarelli）将安齐奥产区（Anzio）的砂质土壤视为酿造纯净的安提姆贝朗尼（Antium Bellone）的敲门砖。

## Antiche Cantine Migliaccio

via Pizzicato
04027 Ponza [LT]
Tel. +39 3392822252
lucianasabino@libero.it

藏酒销售
预约参观
年产量 10 000 瓶
葡萄种植面积 2.5 公顷

古老传统与现代酿造技术在这里相遇结合，令伊曼努尔・维特瑞欧（Emanuele Vittorio）和妻子露西安娜・萨宾诺（Luciana Sabino）于2000年创建了米格里亚乔酒庄（Antiche Cantine Migliaccio），追随一位先祖的脚步——这位先祖最早于1734年在蓬扎岛（Ponza）上的蓬塔菲耶诺（Punta Fieno）开始酿造美酒。酒庄的葡萄园俯瞰大海，拥有沙质黏土土壤，在酿酒师文森佐・莫丘利奥（Vincenzo Mercurio）的协助下，他们成功地将白莱拉（Biancolella）、弗拉斯塔（Forastera）、加纳查（Guarnaccia）、阿里亚尼考（Aglianico）和派迪洛索（Piedirosso）等珍贵的本地葡萄品种的巨大潜力开发出来，其中许多还未经接枝。在今年的品鉴中，2015年份的蓬扎菲耶诺白葡萄酒（Fieno di Ponza Bianco）表现非常精彩，它是一款经典的白葡萄酒混酿，融入典型的柑橘酒香，口感劲道有力，以80%的白莱拉和弗拉斯塔混合打造而成。它柔美流畅，口感浓郁集中，充分体现出蓬扎岛的独特风味。与此同时，2015年份的蓬扎白莱拉（Biancolella di Ponza）吐露着缕缕苹果的甜美果香，口感果味饱满，融入矿物质的醇美滋味，展现出精美的力道。最后，2014年份的蓬扎菲耶诺红葡萄酒（Fieno di Ponza Rosso）非常悦人，散发着黑色莓果和红色莓果的缕缕果香，融入野蔷薇的甜美花香，底蕴中更透露出淡淡花园蔬菜的清香，单宁美味中浸润着丝丝海风味道。

| | | |
|---|---|---|
| ○ Fieno di Ponza Bianco '15 | 🍷🍷 (red) | 4 |
| ○ Biancolella di Ponza '15 | 🍷🍷 | 5 |
| ● Fieno di Ponza Rosso '14 | 🍷 | 4 |
| ○ Biancolella di Ponza '14 | YY | 5 |
| ○ Biancolella di Ponza '13 | YY | 5 |
| ○ Biancolella di Ponza '12 | YY | 5 |
| ○ Fieno di Ponza Bianco '14 | YY | 4 |
| ● Fieno di Ponza Rosso '13 | YY | 4 |

## Marco Carpineti

s.da prov.le Velletri-Anzio, 3
04010 Cori [LT]
Tel. +39 069679860
www.marcocarpineti.com

藏酒销售
预约参观
年产量 300 000 瓶
葡萄种植面积 52 公顷
葡萄栽培方式 有机认证

马可・卡皮奈提（Marco Carpineti）是这片产区有机酿造的先锋，最近他决定在葡萄园的栽培中重新启用马匹作为动力。葡萄藤生长在富含鹅卵石的凝灰岩和石灰岩火山土壤中。除了优越的葡萄园，马可还在酒庄审慎地使用着最先进的酿造设备。出品美酒系列整体水准相当高，正如2015年份的卡珀莱莫勒白葡萄酒（Capolemole Bianco）所展现出来的那样，这款闯入了“三杯奖”决赛的佳酿具有极高的收藏价值，它的口感平衡，果味精美。与前一年份相比，2014年份的莫罗（Moro）结构更加紧致，酒质发展更加缓慢，但是随着时间的流逝，每一次入口都变得越来越清澈，显示出未来极强的发展潜力。在今年的品鉴中，2013年份的库瑞斯干型葡萄酒（Kius Brut）显露出非常协调坚实的风格品质，表现非常精彩。与此同时，2012年份的库瑞斯罗萨托（Kius Rosato）活跃而成熟，不过酒质发展依然不太均衡。迪斯拉姆波斯（Dithyrambus）是一款以同比例的蒙特普齐亚诺（Montepulciano）和黑波诺（Nero buono）混酿而成的美酒，很遗憾地缺席今年的品鉴；2015年份的图法里焦（Tufaliccio）是一款非常值得推荐的基本红葡萄酒，展现出一贯的极佳可饮性；而2013年的卡珀莱莫勒红葡萄酒（Capolemole Rosso）是经典的类型酒。

| | | |
|---|---|---|
| ○ Capolemole Bianco '15 | 🍷🍷 (red) | 2 |
| ○ Moro '14 | 🍷🍷 (red) | 3 |
| ○ Kius Brut '13 | 🍷🍷 | 3 |
| ● Tufaliccio '15 | 🍷🍷 | 2 |
| ● Capolemole Rosso '13 | 🍷 | 3 |
| ⊙ Kius Extra Brut Rosato '12 | 🍷 | 5 |
| ○ Capolemole Bianco '14 | YY | 2 |
| ○ Capolemole Bianco '13 | YY | 2 |
| ● Capolemole Rosso '12 | YY | 3 |
| ● Dithyrambus '10 | YY | 5 |
| ○ Kius Brut '12 | YY | 3 |
| ○ Moro '13 | YY | 3 |
| ○ Moro '12 | YY | 3 |
| ⊙ Os Rosae '13 | YY | 2 |
| ● Tufaliccio '13 | YY | 2 |

## Casale del Giglio

Loc. Le Ferriere
s.da Cisterna-Nettuno km 13
04100 Latina
Tel. +39 0692902530
www.casaledelgiglio.it

藏酒销售
预约参观
年产量 1 276 600 瓶
葡萄种植面积 164 公顷
可持续发展酒庄

安东尼奥・桑塔雷利（Antonio Santarelli）和酿酒师保罗・芬蒂塔勒（Paolo Tiefenthaler）买下了蓬扎地区（Ponza）最受人尊敬的古老酒窖之一，从附近的葡萄园采收酿造葡萄打造白莱拉美酒（Biancolella）；还从安齐奥（Anzio）最著名的葡萄酒产区内几十年前就开始栽培的卓越葡萄园中采收酿造葡萄——有些并未嫁枝，酿造贝朗尼（Bellone），收获了品质极佳的酒品，他们的出品达到了极高的水平。酿造的美酒凭借卓越的品质为酒庄赢得了又一座“三杯奖”大奖——这一次荣誉归于2015年份的安提姆（Antium），每一口美酒入口都令人感到精美细腻的质感；不过2015年份的法罗德拉圭迪亚（Faro della Guardia）相比较而言略显缺乏想象力。2013年份的马特马图塔（Mater Matuta）在缺席去年的品鉴后再次杀回今年角逐大奖的决赛，果香和橡木的芬芳得到了完美的平衡。而2014年份的特姆普莱尼丘（Tempranijo）则首次闯入决赛，这几乎是一款瓦波利切拉风格的利帕索（Valpolicella-style Ripasso），优秀的单宁质地释放出成熟的果味和果香。酒庄今年推荐的庞大系列酒品依然保持着卓越的品质，尤其是2015年份的（Albiola），堪称该地区顶级的罗萨托酒（Rosatos）之一；更有2015年份的小芒森（Petit Manseng），是我们迄今为止品鉴过的该类型酒中最佳的一款，收口余韵绵长悠然，香氛饱满，口感丰盈。

| | |
|---|---|
| ○ Antium Bellone '15 | 🍷🍷🍷 4* |
| ● Mater Matuta '13 | 🍷🍷 7 |
| ● Tempranijo '14 | 🍷🍷 5 |
| ○ Albiola Rosato '15 | 🍷🍷 3 |
| ○ Antinoo '14 | 🍷🍷 5 |
| ○ Biancolella Faro della Guardia '15 | 🍷🍷 5 |
| ● Madreselva '13 | 🍷🍷 5 |
| ○ Petit Manseng '15 | 🍷🍷 4 |
| ○ Chardonnay '15 | 🍷 3 |
| ○ Satrico '15 | 🍷 3 |
| ● Shiraz '14 | 🍷 4 |
| ○ Viognier '15 | 🍷 3 |
| ○ Antium Bellone '14 | 🍸🍸🍸 4* |
| ○ Biancolella Faro della Guardia '13 | 🍸🍸🍸 5 |

## Castel de Paolis

via Val de Paolis
00046 Grottaferrata [RM]
Tel. +39 069413648
www.casteldepaolis.com

藏酒销售
预约参观
餐饮接待
年产量 80 000 瓶
葡萄种植面积 11 公顷

朱利奥・桑塔雷利（Giulio Santarelli）于20世纪80年代中期创建了宝利斯堡酒庄（Castel de Paolis），朱利奥在政治和农业领域极有经验。在妻子阿芮安娜（Adriana）的支持下，朱利奥恢复了建在罗马城堡遗址之上的中世纪古堡宝利斯堡昔日的荣光。他们还恢复和重建了周边的葡萄园，不仅复兴了本地葡萄品种，而且还在米兰大学（University of Milan）教授阿提廖・塞恩扎（Attilio Scienza）的监督指导下对国际葡萄品种进行了诸多实验。宝利斯堡酒庄正处于向有机栽培方式转化的过程之中。法布瑞奇奥・桑塔雷利（Fabrizio Santarelli）和酿酒师法布瑞奇奥・波诺（Fabrizio Bono）以种植面积达到11公顷的葡萄园合力打造了一系列美酒。在今年的品鉴中，我们尤其喜爱2015年份的多纳阿芮安娜（Donna Adriana），这款以维欧尼（Viognier）和拉齐奥玛尔维萨（Malvasia del Lazio）混酿而成的美酒表现非常精彩，它的酒骨坚实，个性鲜明，吐露着蜜桃的缕缕果香，融入夏日繁花的芬芳，口感复杂且清爽，果味馥郁。与此同时，2015年份的弗拉斯卡提（Frascati）均衡且美味，果香和果味浓郁，极具风情，入口感到热辣的酒精浓度。除此之外，2014年份的老藤坡红葡萄酒（Campo Vecchio Rosso）绵长而多汁，融入缕缕黑胡椒的辛香和黑莓果的果香。

| | |
|---|---|
| ● Campo Vecchio Rosso '14 | 🍷🍷 3 |
| ○ Donna Adriana '15 | 🍷🍷 4 |
| ○ Frascati Sup. '15 | 🍷🍷 3 |
| ○ Frascati Campo Vecchio '15 | 🍷 2 |
| ● I Quattro Mori '12 | 🍷 5 |
| ● Rosathea '15 | 🍷 4 |
| ● Campo Vecchio Rosso '12 | 🍸🍸 3 |
| ○ Frascati Campo Vecchio '14 | 🍸🍸 2* |
| ○ Frascati Sup. '12 | 🍸🍸 3 |
| ● I Quattro Mori '11 | 🍸🍸 5 |
| ○ Muffa Nobile '11 | 🍸🍸 5 |

## Cincinnato

via Cori-Cisterna, km 2
04010 Cori [LT]
Tel. +39 069679380
www.cincinnato.it

藏酒销售
预约参观
膳宿接待
年产量 600 000 瓶
葡萄种植面积 400 公顷
可持续发展酒庄

据我们所知，科瑞山（Cori）上的葡萄园自古罗马时期就繁茂地生长在这里，这段历史就体现在辛辛纳托协作酒庄（Cincinnato）的名字中，但是人力在美酒出品中始终占据同等重要的地位。意识到这一点，纳扎兰诺·米里塔（Nazareno Milita）和卡洛·莫莱提尼（Carlo Morettini）一直坚守这一原则，监督管理着最先进的酒窖，保证他们的种植商按照最严格的葡萄园管理方法提供最优质的酿造果实，所有一切造就了过往二十年间辛辛纳托酒庄取得的巨大成功。酒庄的生产主要围绕着两种伟大的本地葡萄品种展开——黑波诺（Nero buono）和贝朗尼（Bellone）。在今年的品鉴中，我们品尝到了它们最主要的产品——圆润且均衡的2013年份艾瑞科尔黑波诺（Ercole Nero Buono），以及气质缥缈、充满矿物质醇香、果味饱满的2014年份珀佐多瑞科贝朗尼（Pozzodorico Bellone），这两款美酒都闯进了角逐“三杯奖”大奖的决赛。本地葡萄品种打造的美酒则以2013年份的科瑞拉夫罗斯红葡萄酒（Cori Rosso Raverosse）和2015年份的科瑞伊利瑞欧奥白葡萄酒（Cori Bianco Illirio）为代表；而在当地被称为莫罗（Moro）的黄格雷克葡萄（Greco giallo）用来酿造2015年份的潘塔莱奥（Pantaleo），展现出强劲的口感，略有杏仁的醇美滋味。辛辛纳托酒庄本年度的其他推荐美酒也都表现出色，充分展现出对应类型酒的特质，不过我们对于佳品年份酒的印象更加深刻。

| | |
|---|---|
| ● Ercole Nero Buono '13 | 🍷🍷 3* |
| ○ Pozzodorico Bellone '14 | 🍷🍷 2* |
| ○ Cori Bianco Illirio '15 | 🍷🍷 2* |
| ● Cori Rosso Raverosse '13 | 🍷🍷 2* |
| ○ Pantaleo '15 | 🍷🍷 2* |
| ● Arcatura '14 | 🍷 2 |
| ○ Castore '15 | 🍷 2 |
| ● Arcatura '13 | YY 2* |
| ○ Castore '14 | YY 2* |
| ○ Cori Bianco Illirio '13 | YY 2* |
| ● Ercole Nero Buono '12 | YY 3 |
| ● Ercole Nero Buono '11 | YY 3 |
| ○ Pantaleo '14 | YY 2* |
| ○ Pozzodorico Bellone '12 | YY 2* |

## Damiano Ciolli

via del Corso
00035 Olevano Romano [RM]
Tel. +39 069563334
www.damianociolli.it

藏酒销售
预约参观
年产量 25 000 瓶
葡萄种植面积 5 公顷
可持续发展酒庄

达米亚诺·赛奥利（Damiano Ciolli）的酒庄于2001年开张，但是赛奥利家族在这里种植葡萄已经长达四个世代。他的产量并不高，全部是以奥莱瓦诺罗曼诺指定产区（Olevano Romano denomination）的酿造果实为基础的赛森斯（Cesanese）美酒。酒庄位于阿菲莱赛森斯（Cesanese d Affile）的葡萄藤生长在富含火山灰的红色土壤中，处于海拔高度450米左右，葡萄藤的年龄在15岁到35岁之间。除此之外，达米亚诺还拥有一公顷60岁的葡萄老藤，由达米亚诺的祖父于1953年亲手栽下，产出的优质酿造葡萄专门用以塑造奥莱瓦诺罗曼诺塞瑟姆葡萄园精选系列赛森斯（Olevano Romano Cesanese Cirsium）。在今年的品鉴中，达米亚诺推荐的美酒与往年相比略逊一筹。2012年份的奥莱瓦诺罗曼诺塞瑟姆葡萄园赛森斯陈酿（Cesanese di Olevano Romano Cirsium Riserva）吐露着黑莓果的缕缕果香，融入地中海灌木的热烈芬芳，更有丝丝橡木的甜美香气萦绕其间，入口后感到非常充盈，但是单宁依然略显艰涩。相比较而言，2014年份的奥莱瓦诺罗曼诺超级塞林赛森斯（Cesanese di Olevano Romano Superiore Silene）的酒体较轻，几近单薄，这是由于受到2014年的气候条件的影响，不过口感清爽，果香丰盈，果味饱满，令人愉悦。

| | |
|---|---|
| ● Cesanese di Olevano Romano Cirsium Ris. '12 | 🍷🍷 5 |
| ● Cesanese di Olevano Romano Sup. Silene '14 | 🍷🍷 3 |
| ● Cesanese di Olevano Cirsium '08 | YY 5 |
| ● Cesanese di Olevano Romano Cirsium '11 | YY 5 |
| ● Cesanese di Olevano Romano Sup. Cirsium '09 | YY 5 |
| ● Cesanese di Olevano Romano Sup. Cirsium Ris. '10 | YY 5 |
| ● Cesanese di Olevano Romano Sup. Silene '13 | YY 3 |
| ● Cesanese di Olevano Romano Sup. Silene '12 | YY 3 |
| ● Cesanese di Olevano Romano Sup. Silene '10 | YY 3 |
| ● Cesanese di Olevano Silene '11 | YY 2* |

## Antonello Coletti Conti

via Vittorio Emanuele, 116
03012 Anagni [FR]
Tel. +39 0775728610
www.coletticonti.it

藏酒销售
预约参观
年产量 20 000 瓶
葡萄种植面积 20 公顷

安东内洛·科莱提·孔蒂（Antonello Coletti Conti）的小型酒庄坐落于皮格廖赛森斯指定产区（Cesanese del Piglio）的中心地带，这里传家宝的葡萄品种成为酒庄的主流产品，这一点儿也不令人感到意外。除此之外，颇具好奇心和冒险勇气的安东内洛同时也探索其他酿造之路，包括波尔多（Bordeaux）和杂交曼佐尼（Incrocio Manzoni）等品种，近期更栽培了传统的帕斯琳娜（Passerina）。他在经营葡萄园和酒庄的时候完全依靠自己的判断和抉择。这也解释了为什么每一年总有些酒品由于没有达到安东内洛的严苛标准而不予出品。而在今年的品鉴中，安东内洛第一次向我们提供了全系列美酒，这很让人感到兴奋。其中两款赛森斯（Cesanese）都闯入了角逐“三杯奖”大奖的决赛圈，而我们更加喜爱它们的小兄弟——2014年份的赫尼克斯（Hernicus）。它的风味复杂，口感美妙，在如此早的阶段就能够达到这样的平衡度非常值得称赞。与此同时，2014年份的罗曼尼克（Romanico）也同样表现精彩，展现出同样出色的平衡度，不过它的丰盈果味依然需要时间来吸收酒中过多的橡木美味。除此之外，2014年份的科斯玛托品丽珠（Cabernet Franc Cosmato）颇具国际风尚；还有两款优质白葡萄酒——其中2015年份的杂交曼佐尼阿卡迪亚（Incrocio ManzoniArcadia）酒质优雅，随着时间的推移，必将登上品质的巅峰。

| | | |
|---|---|---|
| ● Cesanese del Piglio Sup. Hernicus '14 | ▼▼▼ | 3* |
| ● Cesanese del Piglio Sup. Romanico '14 | ▼▼ | 5 |
| ○ Arcadia '15 | ▼▼ | 3 |
| ● Cosmato '14 | ▼▼ | 5 |
| ○ Passerina del Frusinate Hernicus '15 | ▼ | 3 |
| ● Cesanese del Piglio Romanico '11 | ▽▽▽ | 5 |
| ● Cesanese del Piglio Romanico '07 | ▽▽▽ | 5 |
| ● Cesanese del Piglio Sup. Hernicus '12 | ▽▽▽ | 3* |
| ● Cesanese del Piglio Hernicus '11 | ▽▽ | 3* |
| ● Cesanese del Piglio Romanico '12 | ▽▽ | 5 |
| ● Cesanese del Piglio Romanico '10 | ▽▽ | 5 |
| ● Cesanese del Piglio Sup. Hernicus '13 | ▽▽ | 3 |
| ● Cesanese del Piglio Sup. Romanico '13 | ▽▽ | 5 |
| ● Cosmato '12 | ▽▽ | 5 |

## Paolo e Noemia D'Amico

loc. Palombaro
fraz. Vaiano
01024 Castiglione in Teverina [VT]
Tel. +39 0761948034
www.paoloenoemiadamico.it

藏酒销售
预约参观
餐饮接待
年产量 150 000 瓶
葡萄种植面积 30 公顷
可持续发展酒庄

不同的生活经历在这里合为一处，写就了美酒酿造的新篇章。保罗·达米科（Paolo D' Amico）是船舶业家族的第三代成员，从小就在葡萄园的环绕下长大；而那美亚·达米科（Noemia D' Amico）来自葡萄牙，继承了祖父对于美酒的热爱。两人齐心合力，投入了全部心思，致力于在上台伯河谷（Upper Tiber）的肥沃土地上创建属于自己的酒庄。酒庄的葡萄生长在图西亚（Tuscia）中心地带富含火山灰的土壤中，葡萄园中主要栽培国际品种葡萄。在今年的品鉴中，2015年份的卡兰奇瓦亚诺（Calanchi Vaiano）展现出非同寻常的精彩表现。与此同时，系列酒品种中最令我们心仪的莫过于2014年份的法拉西亚霞多丽（Chardonnay Falesia），它吐露着蜜桃和杏的缕缕甜美果香，融入树篱的阵阵清香，口感十分有力。除此之外，2013年份的诺托诺卡兰奇（Notturno dei Calanchi）辛辣而美味，展现出极佳的发展潜力，这款气质轻快而酒质流畅的黑比诺（Pinot Nero）散发着森林水果的阵阵暖香。同样显露出精湛酿造工艺的还有2015年份的奥尔维耶托卡兰奇（Orvieto Noe dei Calanchi），散发着柑橘和热带水果的阵阵果香；更有2015年份的特莱蒂拉（Terre di Ala），这款70%以赛美蓉（Sémillon）和苏维翁（Sauvignon）打造而成的芬芳扑鼻的混酿，美味在舌尖上舞蹈。

| | | |
|---|---|---|
| ○ Falesia '14 | ▼▼ | 5 |
| ● Notturno dei Calanchi '13 | ▼▼ | 5 |
| ○ Calanchi di Vaiano '15 | ▼ | 3 |
| ○ Orvieto Noe dei Calanchi '15 | ▼ | 2 |
| ○ Terre di Ala '15 | ▼ | 3 |
| ● Villa Tirrena '12 | ▼ | 3 |
| ● Atlante '12 | ▽▽ | 5 |
| ○ Calanchi di Vaiano '12 | ▽▽ | 3 |
| ○ Falesia '11 | ▽▽ | 4 |
| ● Notturno dei Calanchi '12 | ▽▽ | 5 |
| ● Notturno dei Calanchi '11 | ▽▽ | 5 |
| ○ Seiano Bianco '11 | ▽▽ | 2* |
| ● Seiano Rosso '11 | ▽▽ | 2* |
| ○ Terre di Ala '13 | ▽▽ | 3 |

## ★★Falesco

LOC. SAN PIETRO
05020 MONTECCHIO [TR]
TEL. +39 07449556
www.falesco.it

藏酒销售
预约参观
膳宿接待
年产量 4 100 000 瓶
葡萄种植面积 370 公顷

伐勒科酒庄（Falesco）是一座家庭酒庄，由伦佐·科塔瑞拉（RenzoCotarella）和里卡尔多·科塔瑞拉（Riccardo Cotarella）于1979年创建。今天的酒庄在家庭新一代成员的辅佐下——将酿造科学与传统热情完美结合，迈向更加辉煌的明天。伐勒科酒庄的葡萄藤根植于拉齐奥产区（Lazio）和翁布里亚产区（Umbria）之间的土地，居于蒙泰菲亚斯科（Montefiascone）和博赛纳湖（Lake Bolsena）之间，这里既种植本地葡萄品种，也栽培国际葡萄品种，拥有富含火山灰质地的土壤。在奥尔维耶托（Orvieto）以南的山坡地块，我们可以发现梅洛（Merlot）、赤霞珠（Cabernet）、桑娇维塞（Sangiovese）、维蒂奇诺（Verdicchio）和维蒙蒂诺（Vermentino）等品种，还有些许实验性品种。在今年的品鉴中，2014年份的蒙提雅诺（Montiano）再次确认了这款酒一贯的高品质。这款以梅洛打造的美酒吐露着黑莓的芬芳，融入甘草的气息，一抹橡木香气萦绕其间，入口感到劲道且绵长的果味。与此同时，2014年份的特莱塔尼（Trentanni）华美而多汁，以同等比例的梅洛和桑娇维塞混酿而成，散发着黑莓的缕缕果香，融入香料的阵阵辛香；而2015年份的蒙泰菲亚斯科采桑丘“就是它”干白葡萄酒（Est! Est!! Est!!! di Montefiascone Poggio dei Gelsi）则吐露着鼠尾草和苹果的微妙芬芳。从整体上而言，伐勒科酒庄这一季推荐的所有系列酒品都品质上佳，凸显并一再验证了酒庄持久优越的表现。

| | | |
|---|---|---|
| ● Montiano '14 | 🍷🍷🍷 | 6 |
| ● Trentanni '14 | 🍷🍷 | 4 |
| ● Appunto '15 | ▼▼ | 1* |
| ○ Est! Est!! Est!!! di Montefiascone Accenno '15 | ▼▼ | 2 |
| ○ Est! Est!! Est!!! di Montefiascone Poggio dei Gelsi '15 | ▼▼ | 2* |
| ○ Falesco Brut M. Cl. '11 | ▼▼ | 4 |
| ○ Ferentano '14 | ▼▼ | 4 |
| ● Messidoro '15 | ▼▼ | 1* |
| ○ Soente '15 | ▼▼ | 3 |
| ○ Tellus Oro '15 | ▼▼ | 2* |
| ● Tellus Syrah '15 | ▼ | 3 |
| ● Vitiano Rosso '15 | ▼ | 2 |
| ○ Vitiano Vermentino '15 | ▼ | 3 |
| ● Montiano '13 | ▽▽▽ | 6 |
| ● Montiano '12 | ▽▽▽ | 6 |

## Fontana Candida

VIA FONTANA CANDIDA, 11
00040 MONTE PORZIO CATONE [RM]
TEL. +39 069401881
www.fontanacandida.it

藏酒销售
预约参观
餐饮接待
年产量 3 700 000 瓶
葡萄种植面积 97 公顷

隶属意大利葡萄酒集团（Gruppo Italiano Vini）并为其最著名的品牌之一，坎迪达酒庄（Fontana Candida）每年要处理5万公担葡萄果实，葡萄园主要位于弗拉斯卡蒂（Frascati）、格罗塔费拉塔（Grottaferrata）、蒙泰波尔齐奥卡托内（Monte Porzio Catone）、罗马（Rome）和蒙泰孔帕特里（Montecompatri），由190多家葡萄种植商为酒庄提供酿造原料，是罗马城堡区（Castelli Romani）规模最大的葡萄酒生产商之一。葡萄园地块的砂质火山灰土壤中富含钾、磷、钙、镁、铁和各种微量元素。坎迪达酒庄主要出品白葡萄酒，旗舰系列都来自本地的葡萄品种。在今年的品鉴中，酒庄系列出品的类型多样而完善，尤其是2015年份的卢娜马特尔超级弗拉斯卡蒂陈酿（Superiore Luna Mater Riserva）吐露着典型的热带水果的成熟果香，结构精美，底蕴中透露出缕缕橡木的香气和香料的辛香。与此同时，2015年份的超级特莱德格瑞菲（Superiore Terre dei Grifi）散发着草本植物的缕缕清香，融入柑橘的阵阵果香，入口感到作为有力支撑的酸度十分优美；而2015年份的圣特莱萨老藤超级弗拉斯卡蒂（Superiore Vigneto Santa Teresa）则捕捉到了白色果肉水果的阵阵果香，融入柠檬的缕缕清香，底蕴中蕴含丝丝蔬菜的青绿气息。除此之外，2015年份的罗马普提纳塔玛尔维萨（Roma Malvasia Puntinata）以甜美的柑橘香和鼠尾草的奇异芬芳而著称。

| | | |
|---|---|---|
| ○ Frascati Sup. Luna Mater Ris. '15 | 🍷🍷 | 3 |
| ○ Frascati Sup. Terre dei Grifi '15 | ▼▼ | 2 |
| ○ Frascati Sup. Vign. Santa Teresa '15 | ▼▼ | 2 |
| ○ Roma Malvasia Puntinata '15 | ▼▼ | 3 |
| ○ Frascati Secco '15 | ▼ | 2 |
| ○ Sesto 21 Passito '12 | ▼ | 4 |
| ● Sesto 21 Syrah '13 | ▼ | 4 |
| ○ Frascati Secco '14 | ▽▽ | 2 |
| ○ Frascati Sup. Luna Mater Ris. '14 | ▽▽ | 4 |
| ○ Frascati Sup. Terre dei Grifi '14 | ▽▽ | 2 |
| ○ Frascati Sup. Vign. Santa Teresa '14 | ▽▽ | 2 |
| ○ Frascati Sup. Vign. Santa Teresa '13 | ▽▽ | 2 |
| ● Siroe '14 | ▽▽ | 3 |

## ★Sergio Mottura

LOC. POGGIO DELLA COSTA, 1
01020 CIVITELLA D'AGLIANO [VT]
TEL. +39 0761914533
www.motturasergio.it

藏酒销售
预约参观
膳宿接待
年产量 97 000 瓶
葡萄种植面积 37 公顷
葡萄栽培方式 有机认证

赛吉奥·穆图拉(Sergio Mottura)毫无疑问是复兴格莱切多葡萄(Grechetto)——一种自20世纪60年代初就收获许多大奖的优越品种——的先锋人物，也是酿造这种葡萄酒的大师。他一直持续对这一品种葡萄的特性加以研究，他尤其以酿造酒品的高品质和对于环境的关注而闻名。赛吉奥穆图拉酒庄坐落于奇维泰拉达利亚诺(Civitella d' Agliano)和台伯河谷(Tiber valley)之间的黏土溪沟中，拥有37公顷以有机方式栽培的葡萄园，酒标上的刺猬显示着这里的生态环境十分美好。葡萄园的本地葡萄品种生长茂盛，包括格莱切多、珠佩吉欧(Drupeggio)、维代洛(Verdello)和普罗卡尼克(Procanico)等。在今年的品鉴中，2015年份的海岸山丘格莱切多(Grechetto Poggio della Costa)再次上演了去年的精彩表现，成功斩获"三杯奖"。它吐露着柑橘般的缕缕果香，融入藏红花和夏日繁花的芬芳，入口后感到果味饱满，得到优雅且劲道的单宁支撑。与此同时，风味复杂、口感丰盈的2014年份拉图奇维泰拉(Latour a Civitella)再次回归品质的巅峰，散发着柑橘般甜美而辛辣的酒香；2015年份的奥尔维耶托特拉古纳诺(Orvieto Tragugnano)则依然表现出众，果味饱满，香氛辛辣。最后是2015年份的奇维泰拉罗萨托(Civitella Rosato)，口感和谐，美味曼妙，给人带来愉悦的享受。

| | |
|---|---|
| ○ Poggio della Costa '15 | 🍷🍷🍷 3* |
| ○ Grechetto Latour a Civitella '14 | 🍷🍷 5 |
| ○ Orvieto Tragugnano '15 | 🍷🍷 3* |
| ⊙ Civitella Rosato '15 | 🍷🍷 3 |
| ● Civitella Rosso '14 | 🍷 3 |
| ○ Orvieto Secco '15 | 🍷 3 |
| ○ Grechetto Latour a Civitella '11 | 🍷🍷🍷 4* |
| ○ Grechetto Latour a Civitella '06 | 🍷🍷🍷 4* |
| ○ Grechetto Poggio della Costa '14 | 🍷🍷🍷 3* |
| ○ Grechetto Poggio della Costa '10 | 🍷🍷🍷 3* |
| ○ Grechetto Poggio della Costa '09 | 🍷🍷🍷 3* |
| ○ Grechetto Poggio della Costa '08 | 🍷🍷🍷 3* |
| ○ Poggio della Costa '12 | 🍷🍷🍷 3* |
| ○ Poggio della Costa '11 | 🍷🍷🍷 3* |

## Omina Romana

VIA FONTANA PARATA, 75
00049 VELLETRI [RM]
TEL. +39 0696430193
www.ominaromana.com

藏酒销售
预约参观
年产量 130 000 瓶
葡萄种植面积 80 公顷

2004年，德国企业家安东·博纳(Anton F. Börner)决定在阿尔巴尼山(Colli Albani)的韦莱特里(Velletri)投资一片占地面积达到80公顷的土地，距离罗马大约40公里。奥米纳罗马纳酒庄(Omina Romana)的酒标上飞舞着凤凰，酿造美酒的名字在当地方言中意为辟邪，出品美酒颇具国际风范。葡萄园的风土条件极佳，地处富含火山灰土壤的山坡地带，受到海风的持久吹拂，出品美酒表现顶级。酿酒师克劳迪奥·格瑞(Claudio Gori)和农艺师宝拉·帕切科(Paula Pacheco)打理着十二种不同的本地和国际葡萄品种，酿出精品美酒。在今年的品鉴中，奥米纳罗马纳酒庄提交了一系列美酒参选。其中顶级佳酿的名单很长，尤其是2013年份的阿斯玛纳品丽珠(Cabernet Franc Linea Ars Magna)，吐露着黑莓的缕缕果香，融入甜美的橡木芬芳，更有一抹雨后大地的醇香萦绕其间。同样令人印象深刻的还有2013年份的赫尔墨斯迪亚特洛斯(Hermes Diactoros)，这款清爽的波尔多(Bordeaux)混酿展现出极佳的水果风味，口感辛辣，单宁结构得当。除此之外，2013年份的梅洛(Merlot)也是类型酒中的极品，散发着精美且浓郁的果香，融入烟草叶的缕缕醇香，更有可可粉的浓醇风味萦绕其间。除此之外，2014年份的贝朗尼干型葡萄酒(Bellone Brut)也显示出令人愉悦的清爽风情。

| | |
|---|---|
| ● Cabernet Franc Linea Ars Magna '13 | 🍷🍷 8 |
| ○ Bellone Brut '14 | 🍷🍷 4 |
| ● Hermes Diactoros '13 | 🍷🍷 4 |
| ● Merlot '13 | 🍷🍷 7 |
| ● Cabernet Sauvignon '11 | 🍷🍷 7 |
| ● Diana Nemorensis I '12 | 🍷🍷 6 |
| ● Merlot '12 | 🍷🍷 7 |

## Principe Pallavicini

via Roma, 121
00030 Colonna [RM]
Tel. +39 069438816
www.vinipallavicini.com

藏酒销售
预约参观
餐饮接待
年产量 600 000 瓶
葡萄种植面积 65 公顷

帕拉韦辛尼酒庄（Principe Pallavicinis）是本地产区酿酒业的支柱酒庄。自遥远的十七世纪开始，帕拉韦辛尼家族就是拉齐奥地区（Lazio）位高权重的望族之一，家族历史中出现了无数王公贵族、骑士、教皇，还酿造出了数不清的美酒：在罗马城堡区（Castelli Romani）古老的科罗纳庄园（Colonna）延续着历时345年的酿造历史。今天帕拉韦辛尼酒庄的总部依然坐落于此，如今酒庄的掌门人是玛利亚·卡米拉·帕拉韦辛尼（Maria Camilla Pallavicini），拥有占地面积达到80公顷的葡萄园，其中54公顷用于种植白葡萄，致力于发掘弗拉斯卡蒂指定产区（Frascati）的最大潜力，这样庞大的规模使其成为本地最大的私人葡萄园。大部分地块位于罗马城堡区，白葡萄生长在富含火山灰的肥沃土壤中。酒庄由卓越酒窖和出色的酿造团队和管理团队组成，切尔韦泰利庄园（Cerveteri）的种植地块拥有富含卵石的石灰质土壤，非常适合种植桑娇维塞（Sangiovese）、梅洛（Merlot）和西拉（Syrah）。在今年的品鉴中，2014年份的阿玛拉斯科塞森斯（Cesanese Amarasco）展现出精湛的酿造水平，它散发着水果的缕缕芬芳，引领出轻快的果味，浸润着黑莓的美妙滋味，收口精美，可饮性极强。同样精心打造，不过我们感到并没有超越去年年份酒水平的2015年份韦德丘超级弗拉斯卡蒂（Frascati Superiore Poggio Verde）风味质朴，口感扎实，底蕴中展现出微妙的绿蔬青绿滋味。除此之外，2015年份的罗马善提纳塔玛尔维萨（Roma Malvasia Puntinata）也同样极富意趣，带来令人愉悦的清爽滋味，散发着鼠尾草和玫瑰花的浓香。

| | |
|---|---|
| ○ Frascati Sup. Poggio Verde '15 | 2* |
| ● Amarasco '14 | 3 |
| ○ Roma Malvasia Puntinata '15 | 2* |
| ● Soleggio '14 | 3 |
| ○ Stillato '14 | 3 |
| ● Syrah '14 | 2 |
| ○ Frascati Sup. Poggio Verde '13 | 2* |
| ● Amarasco '11 | 3 |
| ● Casa Romana '12 | 5 |
| ○ Frascati '13 | 2* |
| ○ Frascati Sup. Poggio Verde '14 | 2* |
| ○ Frascati Sup. Poggio Verde '12 | 2* |
| ○ Stillato '13 | 3* |
| ○ Stillato '12 | 3 |

## Tenuta La Pazzaglia

s.da di Bagnoregio, 4
01024 Castiglione in Teverina [VT]
Tel. +39 0761947114
www.tenutalapazzaglia.it

藏酒销售
预约参观
膳宿接待
年产量 56 000 瓶
葡萄种植面积 12 公顷

今天的维德奇亚家族（Verdecchia）庆祝踏足酿酒事业25周年。自1991年在卡兰奇山谷（Valle dei Calanchi）创建帕扎格里亚酒庄（Tenuta La Pazzaglia）以来，维德奇亚家族便开启了将传统与创新连接起来的冒险征程，期间充满了尝试挑战甚至是错误失败。今天，皮耶弗朗西斯科·特莱萨（Pierfrancesco Teresa）——父母是兰多尔夫·特莱萨（Randolfo Teresa）和安妮斯·特莱萨（Agnese Teresa）——照料着酒庄的葡萄园；而皮耶弗朗西斯科的妹妹玛利亚·特莱萨（Maria Teresa）则掌管着酿造工作。格莱切多（Grechetto）和梅洛（Merlot）是酒庄处理的最常见品种，葡萄园种植的葡萄既有本地品种，也包含国际品种，出产一系列令人心旷神怡、可饮性极强的美酒。在今年的品鉴中，2014年份的特莱勒丘格莱切多（Grechetto Poggio Triale）是又一款凭借卓越表现跻身"三杯奖"决赛的美酒，吐露着树篱的缕缕清爽芬芳，融入杏的丝丝果香，随之而来的口感展现出扎实的果味，优雅而丰盈。与此同时，我们再次为109系列格莱切多（Grechetto 109）而倾倒，这款劲道的2015年份酒吐露出阵阵白色果肉水果的清爽芬芳，一抹茉莉花的花香萦绕其间，底蕴中透露出丝丝柑橘的甜美果香。除此之外，2015年份的科诺（Corno）十分美味，以格莱切多、霞多丽（Chardonnay）和白比诺（Pinot bianco）酿造而成，散发着缕缕蜜桃和杏的果香，融入柑橘花的芬芳。最后是2015年份的奥尔维耶托韦格纳米亚（Orvieto Vignamia），它吐露着柑橘的果香，浸润着精美的果味。

| | |
|---|---|
| ○ Poggio Triale '14 | 3* |
| ○ Grechetto 109 '15 | 3 |
| ○ Il Corno '15 | 2* |
| ○ Orvieto Vignamia '15 | 2 |
| ○ Grechetto 109 '14 | 3 |
| ○ Grechetto 109 '13 | 3* |
| ○ Il Corno '14 | 2* |
| ○ Il Corno '12 | 2* |
| ○ Orvieto '12 | 2* |
| ○ Orvieto '11 | 2* |
| ○ Poggio Triale '12 | 3 |
| ⊙ Rosé Marie '14 | 2* |

## Pietra Pinta

via Le Pastine km 20,200
04010 Cori [LT]
Tel. +39 069678001
www.pietrapinta.com

藏酒销售
预约参观
膳宿接待
年产量 300 000 瓶
葡萄种植面积 33 公顷
葡萄栽培方式 有机认证
可持续发展酒庄

费莱蒂家族（Ferretti）长期以来一直致力于推广科瑞地区（Cori）的风土特产。坚实而稳定的高品质葡萄酒为西泽尔·费莱蒂（Cesare Ferretti）拥有并经营的酒庄带来稳健的声誉。除了坐落在科瑞附近的皮埃特拉皮塔酒庄（Pietra Pinta）之外，西泽尔还于近十年推出了卓越的农庄民宿以及橄榄油生产业务，还涉足化妆品行业。不过无论如何，这里的荣耀始终归于伟大的葡萄酒。我们非常喜爱出色的阿玛托山（Colle Amato），这款美酒令皮埃特拉皮塔酒庄收获了全国顶级酒庄的声誉，酒品品质再次展现出一贯的卓越水准。2012年份酒酒体饱满且均衡，吐露着深色莓果的缕缕果香，前味中更有一抹甘草的醇香。紧随其后的是两款风格更加现代的白葡萄酒，展现出皮埃特拉皮塔酒庄近来集中于国际葡萄品种的酿造——2015年份的霞多丽（Chardonnay）非常迷人，果香果味非同寻常地饱满；以及2015年份的维欧尼（Viognier），吐露着美妙的柑橘香，融入蜜桃和杏的甜美香气。其他推荐美酒的风格也比较类似，我们更加钟情费莱蒂家族酿造的白葡萄酒，尤其是2015年份的普提纳塔玛尔维萨（Malvasia Puntinata）和2015年份的苏维翁（Sauvignon），散发着令人愉悦的酒香。

| | | |
|---|---|---|
| ○ Chardonnay '15 | ▼▼ | 2* |
| ● Colle Amato '12 | ▼▼ | 4 |
| ○ Viognier '15 | ▼▼ | 2* |
| ○ Costa Vecchia Bianco '15 | ▼ | 2 |
| ● Costa Vecchia Rosso '15 | ▼ | 2 |
| ○ Malvasia Puntinata '15 | ▼ | 2 |
| ○ Sauvignon '15 | ▼ | 2 |
| ● Shiraz '14 | ▼ | 2 |
| ○ Chardonnay '13 | ▽▽ | 2* |
| ● Colle Amato '10 | ▽▽ | 4 |
| ○ Costa Vecchia Bianco '14 | ▽▽ | 2* |
| ● Costa Vecchia Rosso '13 | ▽▽ | 2* |
| ○ Malvasia Puntinata '14 | ▽▽ | 2* |
| ● Nero Buono '13 | ▽▽ | 2* |
| ○ Sauvignon '14 | ▽▽ | 2* |

## Poggio Le Volpi

via Colle Pisano, 27
00040 Monte Porzio Catone [RM]
Tel. +39 069426980
www.poggiolevolpi.it

藏酒销售
预约参观
餐饮接待
年产量 300 000 瓶
葡萄种植面积 70 公顷

20世纪90年代，菲利斯·莫吉（Felice Mergè）是这个酿酒家族的第三代传人，接过了祖父曼里奥·莫吉（Manlio Mergè）和父亲阿曼多·莫吉（Armando Mergè）肩上的重担，将传统与创新研究相结合，经过不断实验，取得了商业上的成功。出品美酒风格现代，别具一格，主要归功于沃尔皮丘酒庄（Poggio Le Volpi）火山黏土质地的种植地块土壤。酒庄位于蒙泰波尔齐奥卡托内（Monte Porzio Catone）海拔400米的山坡上，葡萄园主要种植本地葡萄品种。在今年的品鉴中，2015年份的易泊思超级弗拉斯卡蒂陈酿（Frascati Superiore Epos Riserva）斩获了“三杯奖”大奖，它吐露着甜美的柑橘香，继而到来的是不断演化发展的美妙口感，扎实精美且清爽宜人。与此同时，2011年份的卡内利诺弗拉斯卡蒂（Frascati Cannellino）展现出类型酒的突出特质，融入欧楂果的阵阵果香，和着春日盛放的花香，口感中的甜度和酸度达成了精美的平衡。除此之外，2014年份的巴卡罗萨科瑞黑波诺（Nero Buono di Cori Baccarossa）非常悦人，尽管依然有未能柔化的橡木香气，酒液中却浸润着丰盈的丝丝果味。最后，是卓越的2015年份多纳鲁斯（Donnaluce），以普提纳塔玛尔维萨（Malvasia puntinata）、克雷格（Greco）和霞多丽（Chardonnay）混酿而成，吐露着苹果的甜美果香和树脂的芬芳。

| | | |
|---|---|---|
| ○ Frascati Sup. Epos Ris. '15 | ▼▼▼ | 3* |
| ● Baccarossa '14 | ▼▼ | 5 |
| ○ Donnaluce '15 | ▼▼ | 4 |
| ○ Frascati Cannellino '11 | ▼▼ | 4 |
| ● Baccarossa '13 | ▽▽▽ | 4* |
| ● Baccarossa '11 | ▽▽▽ | 4* |
| ○ Frascati Sup. Epos '13 | ▽▽▽ | 2* |
| ○ Frascati Sup. Epos '11 | ▽▽▽ | 2* |
| ○ Frascati Sup. Epos '10 | ▽▽▽ | 2* |
| ○ Frascati Sup. Epos '09 | ▽▽▽ | 2* |
| ● Baccarossa '12 | ▽▽ | 4 |
| ○ Donnaluce '13 | ▽▽ | 3 |
| ○ Donnaluce '12 | ▽▽ | 3 |
| ○ Frascati Sup. Epos '14 | ▽▽ | 2* |

## San Giovenale

loc. La Macchia
01010 Blera [VT]
Tel. +39 066877877
www.sangiovenale.it

藏酒销售
预约参观
膳宿接待
年产量 7 000 瓶
葡萄种植面积 10 公顷
葡萄栽培方式 有机认证
可持续发展酒庄

这是一座注重耕地保护的有机酒庄，圣焦韦纳莱酒庄（San Giovenale）拥有傲人的可持续发展酒窖，可活动的屋顶以及移动墙壁，配备了地热温控设备。圣焦韦纳莱酒庄在葡萄园中也做出了相应的有机栽培调整，地块中种植歌海娜（Grenache）、西拉（Syrah）、卡尼纳诺（Carignano）和品丽珠（Cabernet franc），其中前三种混酿成白标哈比慕斯（Habemus Etichetta Bianca）；而红标哈比慕斯（Habemus Cabernet Etichetta Rossa）是一款单一品种的品丽珠。这款美酒四年前就发布了，哈比慕斯堪称本地最精美的红葡萄酒之一，2014年份酒更凭借优异表现将"三杯奖"收入囊中。它散发着辛辣的芬芳，融入橄榄酱的气息和成熟黑莓的阵阵果香，逐渐让位给典型细密的口感，优雅的单宁作为支撑，得到出乎意料的清爽口感的平衡，展现出一款复杂度极佳、极富个性的美酒。除此之外，2013年份的红标哈比慕斯（Habemus Cabernet Etichetta Rossa）也显露出超凡的劲道口感，酒体精美，可饮性极佳。

| | |
|---|---|
| ● Habemus '14 | 🍷🍷🍷 7 |
| ● Habemus Cabernet '13 | 🍷🍷 8 |
| ● Habemus '13 | ♀♀ 7 |
| ● Habemus '12 | ♀♀ 7 |
| ● Habemus '11 | ♀♀ 7 |
| ● Habemus '10 | ♀♀ 4 |

## Sant'Andrea

loc. Borgo Vodice
via Renibbio, 1720
04019 Terracina [LT]
Tel. +39 0773755028
www.cantinasantandrea.it

藏酒销售
预约参观
年产量 1 000 000 瓶
葡萄种植面积 85 公顷

极为诱人的葡萄园——有些地块来自租赁——坐落于齐尔切奥指定产地（Circeo）最佳的葡萄酒生产地，尤其出产泰拉齐纳莫斯卡托（Moscato di Terracina）。加布里埃·潘多尔夫（Gabriele Pandolfo）和安德里亚·潘多尔夫（Andrea Pandolfo）将圣安德里亚酒庄（Sant' Andrea）的声誉推广到全国。几年前，酒庄推出了汉姆系列（Hum）作为奥皮杜姆系列（Oppidum）的姊妹酒，但是在今年的品鉴中，我们发现2015年份的汉姆系列有些差强人意。酒庄做出加长陈年时间的决定是非常明智的，由此得到的2013年份汉姆系列酒吐露着浓郁的酒香，洋溢着地中海温热的气息。与此同时，2014年份的齐尔切奥杜恩白葡萄酒（Circeo Bianco Dune）表现出色，深邃而优雅，颇有勇气地选择了玛尔维萨（Malvasia）添加扎比安努（Trebbiano）在木桶中陈年；而2011年份的索格诺（Sogno）是由梅洛（Merlot）和赛森斯（Cesanese）混酿而成，香氛和口感达成了完美和谐。在这里，我们要特别推荐福莱希系列（Riflessi），这个系列的佳酿品质的平均水平很高，而且价格非常有竞争力。我们尤其喜爱2015年份的齐尔切奥白葡萄酒（Circeo Bianco），与此同时也被由梅洛（Merlot）酿造而成的2015年份的齐尔切奥罗萨托（Circeo Rosato）迷倒。这款极干美酒（Extra Dry）是由扎比安努（Trebbiano）和玛尔维萨（Malvasia）混酿而成的起泡酒，口感略干。

| | |
|---|---|
| ○ Circeo Bianco Dune '14 | 🍷🍷 2* |
| ○ Circeo Bianco Riflessi '15 | 🍷🍷 2* |
| ○ Moscato di Terracina Hum '13 | 🍷🍷 5 |
| ● Sogno '11 | 🍷🍷 3 |
| ⊙ Circeo Rosato Riflessi '15 | 🍷 2 |
| ● Circeo Rosso Incontro al Circeo '12 | 🍷 2 |
| ○ Moscato di Terracina Amabile Templum '15 | 🍷 2 |
| ○ Moscato di Terracina Secco Oppidum '15 | 🍷 2 |
| ○ Riflessi Extra Dry | 🍷 2 |
| ⊙ Circeo Rosato Riflessi '14 | ♀♀ 2* |
| ● Circeo Rosso Riflessi '14 | ♀♀ 2* |
| ○ Moscato di Terracina Passito Capitolium '13 | ♀♀ 4 |

## Tenuta di Fiorano

VIA DI FIORANELLO, 19-31
00134 ROMA
TEL. +39 0679340093
www.tenutadifiorano.it

藏酒销售
预约参观
餐饮接待
年产量 18 000 瓶
葡萄种植面积 6 公顷

距离罗马（Rome）只有几英里远，时光似乎遗忘了这个天堂的角落，这里的一切美丽都不曾随着时间的流逝而减损分毫，悠久而精美的酿酒传统也是如此。阿历桑德罗杰科布・博克帕吉尼・卢多维西（Alessandrojacopo Boncompagni Ludovisi）最初在叔叔阿尔布里科（Alberico）的指导下打理酒庄，后于20世纪90年代末接管了酒庄，严格监督酒庄葡萄园地块的选择、克隆藤的栽培和种植，最终复兴了位于阿皮亚古道（Appia Antica）的费奥拉诺酒庄（Tenuta di Fiorano）。占地面积达到5公顷的葡萄园种植的黑葡萄品种依然没有变化，包括赤霞珠（Cabernet sauvignon）和梅洛（Merlot）；而玛尔维萨（Malvasia）和赛美蓉（Semillon）则被格莱切多（Grechetto）和维欧尼（Viognier）取代。在今年的品鉴中，2011年份的费奥拉诺红葡萄酒（Fiorano Rosso）表现非常出色，它散发着地中海灌木丛热烈的芬芳，一抹蘑菇的醇香萦绕其间，更有黑莓果的阵阵果香飘散，随后让位给结构紧致的口感，不仅果味丰盈，而且气质优雅。与此同时，2014年份的费奥拉诺白葡萄酒（Fiorano Bianco）香气浓郁，入口浓烈，散发着缕缕如花芬芳，还有苹果的果香和藏红花的奇香萦绕其间，香料的辛香淡淡飘散。除此之外，2014年份的费奥拉奈罗红葡萄酒（Fioranello Rosso）也展现出同样精湛的酿造工艺，它散发着黑莓果的阵阵果香，融入奎宁的醇香；2015年份的费奥拉奈罗白葡萄酒（Fioranello Bianco）口感清爽，十分怡人。

| | |
|---|---|
| ● Fiorano Rosso '11 | 🍷🍷🍷 7 |
| ○ Fiorano Bianco '14 | 🍷🍷 5 |
| ○ Fioranello Bianco '15 | 🍷🍷 3 |
| ● Fioranello Rosso '14 | 🍷🍷 4 |
| ○ Fiorano Bianco '13 | 🍷🍷🍷 5 |
| ○ Fiorano Bianco '12 | 🍷🍷🍷 4* |
| ○ Fiorano Bianco '10 | 🍷🍷🍷 5 |
| ○ Fioranello Bianco '14 | 🍷🍷 3 |
| ● Fioranello Rosso '13 | 🍷🍷 4 |
| ○ Fiorano Bianco '11 | 🍷🍷 4 |
| ● Fiorano Rosso '10 | 🍷🍷 7 |
| ● Fiorano Rosso '09 | 🍷🍷 7 |
| ● Fiorano Rosso '07 | 🍷🍷 4 |

## Giovanni Terenzi

VIA FORESE, 13
03010 SERRONE [FR]
TEL. +39 0775594286
www.viniterenzi.com

藏酒销售
预约参观
年产量 150 000 瓶
葡萄种植面积 12 公顷

在过去的50年间，特莱兹酒庄（Terenzi）一直将注意力集中在塞森斯（Cesanese）的生产上，高品质的葡萄园种植地块分布在皮格廖指定产区（Piglio）以及临近的奥莱瓦诺罗马诺指定产区（Olevano Romano DOC）两地，呈现火山石灰质土壤。在今年的品鉴中，令我们大吃一惊的是最成功的美酒竟然是2012年份的圣奇里科山红葡萄酒（Quercia Rossa），这款以桑娇维塞（Sangiovese）打造而成的佳酿果香饱满，果味持久，第三极香气与均衡的单宁相得益彰。就酒庄生产的塞森斯（Cesaneses）而言，继卓越的2011年份酒和2012年份酒之后，2013年份的瓦杰斯库洛塞森斯（Vajoscuro）再次确认了这款美酒的巅峰状态。它堪称特莱兹酒庄最具野心的美酒，获得这一称号并非巧合，经过漫长陈年，吐露着奎宁和大黄精妙的芬芳，口感非常圆润。与此同时，2014年份的韦洛布拉（Velobra）和2013年份的弗玛山（Colle Forma）似乎都略微缺乏深度和复杂度，因此更加适合即时饮用。除此之外，2015年份的圣塔庄帕斯琳娜（Passerina Villa Santa）是一款非凡的年份酒，它吐露着杏仁的阵阵醇香，不过更加近的年份酒似乎更具说服力，更加展现出品种葡萄的特质。

| | |
|---|---|
| ● Cesanese del Piglio Sup. Vajoscuro Ris. '13 | 🍷🍷 4 |
| ● Quercia Rossa '12 | 🍷🍷 3 |
| ● Cesanese del Piglio Sup. Colle Forma '13 | 🍷 4 |
| ● Cesanese del Piglio Velobra '14 | 🍷 2 |
| ○ Passerina Villa Santa '15 | 🍷 2 |
| ● Cesanese del Piglio Sup. Colle Forma '11 | 🍷🍷 4 |
| ● Cesanese del Piglio Sup. Vajoscuro Ris. '12 | 🍷🍷 4 |
| ● Cesanese del Piglio Sup. Vajoscuro Ris. '11 | 🍷🍷 4 |
| ● Cesanese del Piglio Vajoscuro '10 | 🍷🍷 5 |
| ● Cesanese del Piglio Velobra '13 | 🍷🍷 2* |
| ● Cesanese del Piglio Velobra '12 | 🍷🍷 2* |
| ● Cesanese del Piglio Velobra '11 | 🍷🍷 2* |
| ● Cesanese di Olevano Romano Colle S. Quirico '13 | 🍷🍷 2* |

## Trappolini

via del Rivellino, 65
01024 Castiglione in Teverina [VT]
Tel. +39 0761948381
www.trappolini.com

藏酒销售
预约参观
年产量 150 000 瓶
葡萄种植面积 30 公顷

在20世纪60年代早期，马里奥·特莱珀利尼（Mario Trappolini）建立了自己的酒庄，批发出售产自拉齐奥产区（Lazio）和翁布里亚产区（Umbria）交接处的自家葡萄园酿造的美酒。今天，罗伯托·特莱珀利尼（Roberto Trappolini）和保罗·特莱珀利尼（Paolo Trappolini）管理着酒庄，酒庄的生产依然主要建立在本地葡萄品种的基础上，从格莱切多（Grechetto）到普罗卡尼克（Procanico），从埃丽提科（Aleatico）到桑娇维塞（Sangiovese）。葡萄园拥有富含火山灰的肥沃土壤，使酿造葡萄展现出饱满的矿物质醇香和果味，而且冲积层黏土质地又赋予美酒坚实的结构。不消说，酿造的重心依然放在黑葡萄品种上，对于这片土地来说并不寻常。在今年的品鉴中，2015年份的格莱切多（Grechetto）表现精彩，吐露着黄色果肉水果的缕缕果香，融入藏红花的奇香，随之而来的口感浸润着丝丝杏仁美味，收口和谐，果味饱满。与此同时，我们还非常喜爱2015年份的蒙泰菲亚斯科“就是它”干白葡萄酒（Est! Est!! Est!!! di Montefiascone），气质质朴，散发着苹果和柠檬的阵阵果香。除此之外，2014年份的帕特诺红葡萄酒（Paterno）品质出众，吐露着阵阵紫罗兰的悠然花香，融入红莓果的缕缕果香，随之而来的口感持久且清爽，浸润着一抹黑胡椒的辛辣美味。更有2014年份的品丽珠（Cabernet Franc）芬芳扑鼻，散发着红辣椒的辛香和烟草叶的醇香，令这款美酒展现出馥郁的特色和品种葡萄的特质。

| | |
|---|---|
| ○ Grechetto '15 | 🍷🍷 2* |
| ● Cabernet Franc '14 | 🍷🍷 3 |
| ○ Est! Est!! Est!!! di Montefiascone '15 | 🍷🍷 2* |
| ● Paterno '14 | 🍷🍷 4 |
| ○ Brecceto '15 | 🍷 3 |
| ● Canaiolo Nero '14 | 🍷 2 |
| ● Cenereto '15 | 🍷 2 |
| ● Idea '15 | 🍷 4 |
| ○ Orvieto '15 | 🍷 2 |
| ○ Sartei '15 | 🍷 2 |
| ○ Grechetto '14 | 🍸🍸🍸 2* |
| ● Cabernet Franc '13 | 🍸🍸 3 |
| ● Paterno '13 | 🍸🍸 4 |
| ● Paterno '12 | 🍸🍸 4 |

## Valle Vermiglia

via A. Gramsci, 7
00197 Roma
Tel. +39 3487221073
www.vallevermiglia.it

藏酒销售
年产量 30 000 瓶
葡萄种植面积 8 公顷
可持续发展酒庄

位于图斯库拉山间（Mount Tuscolo）的蒙泰波尔齐奥卡托内（Monte Porzio Catone）是弗米吉利亚河谷酒庄（Valle Vermiglia）的家。回溯2000年，为了酿造高品质的弗拉斯卡蒂（Frascati），马里奥·马西尼（Mario Masini）在8公顷的地块中开辟了葡萄园，这里的土壤富含火山灰，非常蓬松，处于海拔600米高的所在，环绕科罗纳山（Monte Corona）上的圣本尼迪克特修道院（Benedictine）——这里的教规严苛，禁止女性入内。甘地亚玛尔维萨（Malvasia di Candia）、拉齐奥玛尔维萨（Malvasia del Lazio）、黄色扎比安努（Trebbiano giallo）、白博比诺（Bombino bianco）等严格进行手工采摘的本地葡萄品种，被用来酿造弗米吉利亚河谷酒庄唯一的系列美酒。高海拔、林地间的葡萄园、加上或许是指定产区最凉爽的地块，被广泛视为弗米吉利亚河谷酒庄的强大优势。不过在2014年这样困难的采收生产季，上述优势就不复存在了。因此，尽管2014年份的埃莱莫图斯柯兰诺超级弗拉斯卡蒂（Frascati Superiore Eremo Tuscolano）依然是一款果味饱满的美酒，清爽而迷人，不过缺乏2013年份酒的深邃质感。

| | |
|---|---|
| ○ Frascati Sup. Eremo Tuscolano '14 | 🍷🍷 3* |
| ○ Frascati Sup. Eremo Tuscolano '13 | 🍸🍸🍸 3* |
| ○ Frascati Sup. Eremo Tuscolano '12 | 🍸🍸 3* |

## Casale Cento Corvi

via Aurelia km 45,500
00052 Cerveteri [RM]
Tel. +39 069903902
www.casalecentocorvi.it

藏酒销售
预约参观
年产量 300 000 瓶
葡萄种植面积 35 公顷

| | |
|---|---|
| ● Giacchè Rosso '12 | 🍷🍷 6 |
| ● La Nostra Scelta '13 | 🍷 5 |

## Casale della Ioria

loc. La Gloria
s.da prov.le 118 Anagni-Paliano
03012 Anagni [FR]
Tel. +39 077556031
www.casaledellaioria.com

藏酒销售
预约参观
年产量 65 000 瓶
葡萄种植面积 38 公顷
可持续发展酒庄

| | |
|---|---|
| ● Cesanese del Piglio Sup. Torre del Piano Ris. '13 | 🍷🍷 4 |
| ○ Passerina Colle Bianco '15 | 🍷 2 |

## Cominium

via Ritinto
03041 Alvito [FR]
Tel. +39 0776510683
www.cantinacominium.it

藏酒销售
年产量 70 000 瓶
葡萄种植面积 18 公顷

| | |
|---|---|
| ● Atina Cabernet Satur '13 | 🍷🍷 3 |
| ○ Maturano '15 | 🍷🍷 2* |
| ● Atina Cabernet Ris. '13 | 🍷 5 |
| ● Colle Alto '15 | 🍷 2 |

## Cordeschi

loc. Acquapendente
via Cassia km 137,400
00121 Acquapendente [VT]
Tel. +39 3356953547
www.cantinacordeschi.it

藏酒销售
预约参观
年产量 35 000 瓶
葡萄种植面积 8.5 公顷

| | |
|---|---|
| ● Ost '14 | 🍷🍷 3 |
| ● Saìno '13 | 🍷🍷 3 |
| ○ Palea '15 | 🍷 2 |
| ⊙ Siele '15 | 🍷 2 |

## Corte dei Papi

loc. Colletonno
03012 Anagni [FR]
Tel. +39 0775769271
www.cortedeipapi.it

藏酒销售
预约参观
年产量 40 000 瓶
葡萄种植面积 25 公顷

| | |
|---|---|
| ● Cesanese del Piglio Colle Ticchio '15 | 🍷🍷 2* |
| ● Cesanese del Piglio San Magno '14 | 🍷 4 |
| ○ Colle Sape '15 | 🍷 2 |
| ○ Passerina '15 | 🍷 2 |

## Agricola Emme

via Maggiore, 126
03010 Piglio [FR]
Tel. +39 0775769859
www.agricolaemme.com

年产量 25 000 瓶
葡萄种植面积 25.7 公顷

| | |
|---|---|
| ● Cesanese del Piglio Sup. Casal Cervino Ris. '12 | 🍷🍷 4 |
| ○ Passerina Casal Cervino '15 | 🍷🍷 2* |
| ● Cesanese del Piglio Hyperius '15 | 🍷 2 |

## Federici

via Santa Apollaria Vecchia, 30
00039 Zagarolo [RM]
Tel. +39 0695461022
www.vinifederici.com

藏酒销售
预约参观
年产量 350 000 瓶
葡萄种植面积 3 公顷

| | |
|---|---|
| ● Cesanese del Piglio Sapiens '15 | 🍷🍷 4 |
| ● Cesanese del Piglio Sup. Nunc '13 | 🍷🍷 5 |
| ○ Le Coste '15 | 🍷 2 |
| ● Wwwine '15 | 🍷 3 |

## La Ferriera

via Ferriera, 723
03042 Atina [FR]
Tel. +39 0776691226
www.laferriera.it

藏酒销售
预约参观
年产量 50 000 瓶
葡萄种植面积 15 公顷

| | |
|---|---|
| ● Atina Cabernet Real Magona '12 | 🍷🍷 3 |
| ○ Real Magona Brut '12 | 🍷🍷 4 |
| ● Atina Cabernet Real Magona Ris. '12 | 🍷 5 |
| ● Ferrato '13 | 🍷 2 |

## Formiconi

loc. Farinella
00021 Affile [RM]
Tel. +39 3470934541
www.cantinaformiconi.it

年产量 7 500 瓶
葡萄种植面积 1.8 公顷

| | |
|---|---|
| ● Cesanese di Affile Capozzano Ris. '14 | 🍷🍷 4 |
| ● Cesanese di Affile Cisinianum '14 | 🍷🍷 3 |

## Alberto Giacobbe

c.da San Giovenale
03018 Paliano [FR]
Tel. +39 0775579198
www.vinigiacobbe.it

预约参观
年产量 25 000 瓶
葡萄种植面积 9 公顷

| | |
|---|---|
| ● Cesanese del Piglio Sup. Lepanto Ris. '13 | 🍷🍷 4 |
| ○ Passerina Duchessa '15 | 🍷 2 |
| ○ Passerina Maddalena '14 | 🍷 2 |

## Donato Giangirolami

b.go Montello
fraz. Le Ferriere
via del Cavaliere, 1414
04100 Latina
Tel. +39 3358394890
www.donatogiangirolami.it

藏酒销售
预约参观
年产量 80 000 瓶
葡萄种植面积 38 公顷
葡萄栽培方式 有机认证

| | |
|---|---|
| ○ Propizio '15 | 🍷🍷 2* |
| ○ Apricor Passito '13 | 🍷🍷 4 |
| ○ Regius '15 | 🍷🍷 2* |
| ● Pancarpo '13 | 🍷 3 |

## Gotto d'Oro

loc. Frattocchie
via del Divino Amore, 115
00040 Marino [RM]
Tel. +39 0693022211
www.gottodoro.it

藏酒销售
预约参观
年产量 9 000 000 瓶
葡萄种植面积 1400 公顷

| | |
|---|---|
| ● Mitreo Mithra '14 | 🍷🍷 2* |
| ● Mitreo Korex '14 | 🍷 2 |
| ○ Mitreo Sol '15 | 🍷 2 |
| ○ Mitreo Taurus '14 | 🍷 2 |

## Podere Grecchi

S.da Sammartinese, 8
01100 Viterbo
Tel. +39 0761305671
www.poderegrecchi.com

藏酒销售
预约参观
年产量 70 000 瓶
葡萄种植面积 10.5 公顷
可持续发展酒庄

| | |
|---|---|
| ● CEV Merlot Poggio Ferrone '15 | 🍷🍷 2* |
| ○ CEV Rossetto Il Fedele '15 | 🍷🍷 2* |
| ○ San Silvestro '15 | 🍷 2 |
| ○ Sauvignon '15 | 🍷 2 |

## Antica Cantina Leonardi

via del Pino, 12
01027 Montefiascone [VT]
Tel. +39 0761826028
www.cantinaleonardi.it

藏酒销售
预约参观
膳宿接待
年产量 100 000 瓶
葡萄种植面积 37 公顷
葡萄栽培方式 有机认证

| | |
|---|---|
| ● Don Carlo '13 | 🍷🍷 2* |
| ○ Luce di Lago '15 | 🍷🍷 2* |
| ○ Est! Est!! Est!!! di Montefiascone Poggio del Cardinale '15 | 🍷 2 |

## Casale Marchese

via di Vermicino, 68
00044 Frascati [RM]
Tel. +39 069408932
www.casalemarchese.it

藏酒销售
预约参观
年产量 150 000 瓶
葡萄种植面积 40 公顷

| | |
|---|---|
| ○ Clemens '14 | 🍷🍷 3 |
| ○ Frascati Sup. '15 | 🍷🍷 2* |
| ○ Cannellino di Frascati '14 | 🍷 3 |

## Antonella Pacchiarotti

via Roma, 14
01024 Grotte di Castro [VT]
Tel. +39 0763796852
www.vinipacchiarotti.it

藏酒销售
预约参观
年产量 10 000 瓶
葡萄种植面积 3.5 公顷
可持续发展酒庄

| | |
|---|---|
| ● Cavarosso '15 | 🍷🍷 3 |
| ○ Matée '15 | 🍷🍷 3 |
| ○ Ramatico '11 | 🍷🍷 3 |

## Tenuta Ronci di Nepi

via Ronci 2072
01036 Nepi [VT]
Tel. +39 0761555125
www.roncidinepi.it

藏酒销售
预约参观
年产量 130 000 瓶
葡萄种植面积 18 公顷

| | |
|---|---|
| ○ Grechetto '15 | 🍷🍷 2* |
| ○ Manti '14 | 🍷 4 |
| ○ Oro di Nè '15 | 🍷 2 |
| ● Veste Porpora '14 | 🍷 2 |

## Le Rose

via Ponte Tre Armi, 25
00045 Genzano di Roma [RM]
Tel. +39 0693709671
www.aziendaagricolalerose.com

藏酒销售
预约参观
年产量 70 000 瓶
葡萄种植面积 10 公顷
葡萄栽培方式 有机认证
可持续发展酒庄

| | |
|---|---|
| ○ La Faiola '15 | 🍷🍷 5 |
| ○ Artemisia '15 | 🍷 4 |
| ○ Tre Armi '15 | 🍷 3 |

## Tenuta Sant'Isidoro

LOC. PORTACCIA
01016 TARQUINIA [VT]
TEL. +39 0766869716
www.santisidoro.net

藏酒销售
预约参观
年产量 65 000 瓶
葡萄种植面积 57 公顷

- ● Soremidio '12 — 🍷🍷 4
- ○ Forca di Palma '15 — 🍷 2
- ○ Soraluisa '15 — 🍷 3
- ● Terzolo '15 — 🍷 2

## Stefanoni

LOC. ZEPPONAMI
VIA STEFANONI, 48
01027 MONTEFIASCONE [VT]
TEL. +39 0761825651
www.cantinastefanoni.it

藏酒销售
预约参观
年产量 100 000 瓶
葡萄种植面积 10 公顷

- ○ Est! Est!! Est!!! di Montefiascone Cl. Foltone '15 — 🍷🍷 2*
- ○ Brut M. Cl. '13 — 🍷 3
- ● Fanum '13 — 🍷 3

## Terra delle Ginestre

S.DA ST.LE 630 AUSONIA, 59
04020 SPIGNO SATURNIA [LT]
TEL. +39 3495617153
www.terradelleginestre.it

藏酒销售
预约参观
年产量 15 000 瓶
葡萄种植面积 4 公顷

- ● Il Generale '14 — 🍷🍷 3
- ○ Lentisco '14 — 🍷🍷 3
- ○ Letizia '15 — 🍷 2

## Villa Caviciana

LOC. TOJENA CAVICIANA
01025 GROTTE DI CASTRO [VT]
TEL. +39 0763798212
www.villacaviciana.com

藏酒销售
预约参观
年产量 25 000 瓶
葡萄种植面积 16 公顷
葡萄栽培方式 有机认证

- ○ Lorenzo Brut — 🍷🍷 3
- ● Maddalena '11 — 🍷🍷 5
- ⊙ Tadzio '15 — 🍷🍷 2
- ● Faustina '13 — 🍷 6

## Villa Gianna

B.GO SAN DONATO
S.DA MAREMMANA
04010 SABAUDIA [LT]
TEL. +39 0773250034
www.villagianna.it

藏酒销售
预约参观
膳宿接待
年产量 1 000 000 瓶
葡萄种植面积 65 公顷
葡萄栽培方式 有机认证

- ○ Circeo Bianco Innato '15 — 🍷🍷 2*
- ○ Moscato di Terracina Secco '15 — 🍷🍷 2*
- ● Rudestro '14 — 🍷 2
- ○ Vigne del Borgo Sauvignon '15 — 🍷 2

## Cantine Volpetti

VIA NETTUNENSE, 21
00040 ARICCIA [RM]
TEL. +39 069342000
www.cantinevolpetti.it

藏酒销售
预约参观
年产量 450 000 瓶
葡萄种植面积 40 公顷

- ○ Malvasia del Lazio V.T. — 🍷🍷 3
- ● Shiraz Le Piantate '14 — 🍷🍷 2
- ● Cesanese Le Piantate '14 — 🍷 2
- ○ Frascati Sup. Le Piantate '14 — 🍷 2

# 阿布鲁佐区
# ABRUZZO

阿布鲁佐产区（Abruzzo）葡萄酒产业的表现从未如此精彩。至少从不断提升的出品平均水准来判断，就能得出上述结论，而且产区酒的价格亲民，从性价比方面而言也越来越具有市场竞争力。能够畅饮如此美酒，却花费极少，在整个欧洲也找不到几个地方。泰伯瑞奥酒庄（Tiberio）2015年份的佩克利诺（Pecorino）就是本季这类美酒的巅峰，它荣获我们本年度“最佳性价比大奖”（Best Value for Money）。不过剑有双刃，阿布鲁佐产区酒的这一特色也显现出不利的一面。入门级别酒品价格非常亲民，令本地葡萄酒生产商投入更具野心的酿造项目的兴趣不断缩减。在中高端美酒市场上，阿布鲁佐产区酒在与世界上其他著名葡萄酒品牌的竞争中处于不利境地。除此之外，产区酒中还有占据比例极高的产区外整体装瓶操作，因此专业买家依然没有对阿布鲁佐产区酒建立坚实的认可的原因也非常清晰了。不过，从我们每一轮的品鉴结果来看，阿布鲁佐产区葡萄酒产业的整体发展依然令人振奋。品质值得信赖的典型系列美酒随着出产年份的累积而不断增加，这令我们的工作变得越来越困难——究竟挑选哪一家酒庄进行全篇幅的介绍？因此在接下来的产区酒庄介绍中，还有很多卓越酒庄由于篇幅有限而非品质原因而未能出现在全篇幅的推介中。在这一季的品鉴中，得到最高评分的酒庄既有德高望重的传统品牌，也包括新晋涌现的产业新星；既有小酒庄，也包括大葡萄酒生产企业，更不用说能够满足市场所有需求和挑战的、网络广泛而高效的协作酒庄。除此之外，绿色酒庄的数量也在不断地增加，它们在葡萄园中采用生物兼容的生产方式，在酒窖中更新最先进的酿造技法，结合古老的酿造传统：包括自然发酵、“少即是多”的酿造理念、模块化的陈年体系、在使用橡木桶和不锈钢罐的同时也采用陶罐和水泥池。不过，本季斩获“三杯奖”大奖美酒数目的显著跌落可能会引起误解。我们在最近的品鉴中发现，造成这一状况的原因主要来自出产年份气候的影响:潮湿而阴冷的2014年令许多极具代表性的红葡萄酒变得复杂，而干热的2015年则极大地影响了白葡萄酒和桃红葡萄酒强劲深邃的细腻口感。一如既往，蒙特普齐亚诺酒（Montepulciano）始终是产区最佳美酒之王，拥有多种风土特质和风味表达，还包括许多塞拉索罗美酒（Cerasuolo）。但是，我们同时也非常高兴地看到对于佩克利诺（Pecorino）和扎比安努（Trebbiano）的阐释越来越精彩，这日益展现出亚得里亚海（Adriatic）与亚平宁山脉（Apennine）的特殊交汇给予了阿布鲁佐产区如此独特的地貌，也带来别具一格的风土表达。

## Agriverde

LOC. CALDARI
VIA STORTINI, 32A
66026 ORTONA [CH]
TEL. +39 0859032101
www.agriverde.it

藏酒销售
预约参观
餐饮接待
年产量 900 000 瓶
葡萄种植面积 65 公顷
葡萄栽培方式 有机认证
可持续发展酒庄

德·卡洛家族（De Carlo）在两个多世纪的漫长时间里一直是葡萄种植商。绿农酒庄（Agriverde）的种植地块分布在卡达瑞（Caldari）、奥托纳（Ortona）、罗嘉提（Rogatti）、弗利萨（Frisa）、克雷基奥（Crecchio）以及柯利尼泰提尼产区（Colline Teatine）。绿农酒庄是当地首批选择有机栽培方法的酿酒商之一；首批酿造现代风格、颇具野心的美酒的酿酒商之一；首批开展葡萄酒旅游，并为游客提供精品酒店住宿服务的酒庄之一；首批以生物建筑学原则来经营，技术超前的酒窖的酒庄之一，出品的系列美酒范围广泛，能够满足现代顾客的所有需求。绿农酒庄的蒙特普齐亚诺红葡萄酒（Montepulciano）最为著名，类型精美，风格现代，展现出精湛的酿造技艺，口感令人愉悦，在国际市场上非常有竞争力。但是，除此之外的塞拉索罗（Cerasuolo）、佩克利诺（Pecorino）和扎比安努（Trebbiano）以及各种其他美酒也同样在出品系列中占有重要的一席之地。绿农酒庄向酒迷们奉献出了非常丰富的选择，在今年的品鉴中，尤其耀眼的明星是2012年份的索拉瑞亚蒙特普齐亚诺（Montepulciano Solàrea），它吐露着成熟的酒香，融入缕缕果酱的浓香，得到持久宽广且有些烟熏滋味口感的完美搭配和支持。与此同时，2015年份的埃克斯佩克利诺（Pecorino Eikos）紧随其后，飘散着淡淡的麝香气息，融入鲜花的芬芳。

| | |
|---|---|
| ● Montepulciano d'Abruzzo Solàrea '12 | YY 4 |
| ○ Eikos Pecorino '15 | YY 3 |
| ● Montepulciano d'Abruzzo Eikos '14 | YY 3 |
| ● Montepulciano d'Abruzzo Natum Biovegan '15 | YY 2* |
| ○ Riseis Pecorino '15 | YY 3 |
| ○ Trebbiano d'Abruzzo Piane di Maggio '15 | YY 2* |
| ○ Abruzzo Cococciola Riseis '15 | Y 2 |
| ⊙ Cerasuolo d'Abruzzo Natum Biovegan '15 | Y 2 |
| ⊙ Cerasuolo d'Abruzzo Solàrea '15 | Y 3 |
| ● Montepulciano d'Abruzzo Piane di Maggio '15 | Y 2 |
| ● Montepulciano d'Abruzzo Riseis '14 | Y 3 |
| ○ Natum Pecorino Biovegan '15 | Y 2 |
| ○ Riseis Passerina '15 | Y 3 |
| ● Montepulciano d'Abruzzo Plateo '04 | YYY 6 |

## Barone Cornacchia

C.DA TORRI, 20
64010 TORANO NUOVO [TE]
TEL. +39 0861887412
www.baronecornacchia.it

藏酒销售
预约参观
膳宿接待
年产量 300 000 瓶
葡萄种植面积 42 公顷
葡萄栽培方式 有机认证

科纳齐亚家族（Cornacchia）拥有高贵的血缘传统和悠久的历史，他们的葡萄栽培和葡萄酒酿造历史最早可以追溯到遥远的16世纪。科纳齐亚伯爵酒庄（Barone Cornacchia）位于强手如林的柯利尼特洛玛娜（Colline Teramane），是阿布鲁佐区（Abruzzo）唯一的DOCG产区，对推动呈现这里的独特风土负有责任。酒庄拥有面积达到40公顷的单一地块葡萄园，坐落于亚得里亚海和格兰萨索（Gran Sasso）之间，这里形成了自然的微气候条件，葡萄园采取有机种植方式，在阳光和大海的协助下，打造出品质令人惊叹的酿造葡萄。菲利珀（Filippo）和卡迪瑞娜（Caterina）如今掌管着酒庄，以有机方式打造整个系列美酒。在这里，蒙特普齐亚诺精选系列红葡萄酒（Montepulciano）永远都是最重要的出品。在今年的品鉴中，我们还要特殊提出的是白葡萄酒出品日益呈现出坚实的品质、独特的风味和持久如一的风格——包括佩克利诺（Pecorino）、扎比安努（Trebbiano）和帕斯琳娜（Passerina），更不用说还有塞拉索罗（Cerasuolo）。最近的品鉴一再证明了科纳齐亚伯爵酒庄强大的团队力量。2015年份的孔特罗圭拉托瑞庄帕斯琳娜（Controguerra Passerina Villa Torri）的品质令人惊叹，初开启散发着缕缕浸渍的气息，不过借由略咸的酒骨，酒质发展精美飘逸，令人叫绝。除此之外，2013年份的瓦莱诺丘蒙特普齐亚诺（Montepulciano Poggio Varano）再次以充盈饱满的果味口感赢得了我们的青睐。

| | |
|---|---|
| ⊙ Cerasuolo d'Abruzzo Sup. '15 | YY 2* |
| ○ Controguerra Passerina Villa Torri '15 | YY 2* |
| ○ Controguerra Pecorino Villa Torri '15 | YY 2* |
| ● Montepulciano d'Abruzzo Colline Teramane Vizzarro '12 | YY 5 |
| ● Montepulciano d'Abruzzo Poggio Varano Antico Feudo '13 | YY 3 |
| ○ Trebbiano d'Abruzzo Sup. Bio '15 | YY 2 |
| ● Montepulciano d'Abruzzo Bio '14 | Y 2 |
| ● Montepulciano d'Abruzzo '13 | YY 2 |
| ● Montepulciano d'Abruzzo Colline Teramane Vizzarro '11 | YY 5 |
| ● Montepulciano d'Abruzzo Poggio Varano '12 | YY 3 |
| ● Montepulciano d'Abruzzo V. Le Coste '12 | YY 3 |

## Tenute Barone di Valforte

C.DA PIOMBA, 11
64029 SILVI MARINA [TE]
TEL. +39 0859353432
www.baronedivalforte.it

藏酒销售
预约参观
年产量 280 000 瓶
葡萄种植面积 50 公顷

索瑞齐奥家族（Sorricchio）是令人尊敬的古老酿酒家族，他们自14世纪就拥有瓦尔福特（Valforte）这片土地，照料着柯利尼特洛玛娜产区（Colline Teramane）面积达到50公顷的葡萄园，地块散落在阿特里（Atri）、穆提纳诺（Mutignano）、卡索利（Casoli）和锡尔维玛丽娜（Silvi Marina）等地，而瓦尔福特伯爵酒庄（Tenute Barone di Valforte）的酒窖就坐落于锡尔维玛丽娜。种植地块拥有不同的土壤条件和气候环境，栽培佩克利诺（Pecorino）、扎比安努（Trebbiano）、帕斯琳娜（Passerina）和蒙特普齐亚诺（Montepulciano），更有一些国际葡萄品种，对品种和风土进行绝佳阐释，轻松满足所需的严苛酿造技术要求。瓦尔福特伯爵酒庄这一季提供的品鉴酒品颇有意趣，酿造工艺精湛，风格现代。年轻的红葡萄酒一如既往成为亮点：它们柔美流畅，活力四射，同时又保持了一定程度的复杂口感。2014年份的科勒萨拉蒙特普齐亚诺（Montepulciano Colle Sale）非常诱人，吐露着优雅的甘草芬芳，融入焦糖的醇浓香气，得到丰美果味口感的大力支持。同样的风格在2015年份的蒙特普齐亚诺（Montepulciano）身上表现得更加完美，这款奢华且简单的美酒吐露着浓郁的墨水和铅笔芯的风味，单宁质地细密紧致。

| | |
|---|---|
| ● Montepulciano d'Abruzzo '15 | 🍷🍷 2* |
| ● Montepulciano d'Abruzzo Colle Sale '14 | 🍷🍷 4 |
| ○ Pecorino '15 | 🍷 2 |
| ○ Trebbiano d'Abruzzo Villa Chiara '15 | 🍷 2 |
| ● Montepulciano d'Abruzzo '13 | 🍸🍸 2* |
| ⊙ Montepulciano d'Abruzzo Cerasuolo Valforte Rosé '14 | 🍸🍸 2* |
| ● Montepulciano d'Abruzzo Colline Teramane Colle Sale '13 | 🍸🍸 3* |
| ● Montepulciano d'Abruzzo Colline Teramane Colle Sale '10 | 🍸🍸 3* |
| ○ Passerina '14 | 🍸🍸 2* |
| ○ Pecorino '14 | 🍸🍸 2* |
| ○ Trebbiano d'Abruzzo Villa Chiara '14 | 🍸🍸 2* |

## Nestore Bosco

C.DA CASALI, 147
65010 NOCCIANO [PE]
TEL. +39 085847345
www.nestorebosco.com

藏酒销售
预约参观
年产量 600 000 瓶
葡萄种植面积 75 公顷

卡瓦列雷·博斯科（Cavaliere Bosco）留给儿子乔瓦尼（Giovanni）和孙子内斯托雷（Nestore）、孙女斯蒂芬妮娅（Stefania）一份真正伟大的精神遗产——如今内斯托雷负责酒庄的生产，斯蒂芬妮娅负责酒庄的管理。在一个多世纪的时间里，博斯科酒庄一直处于佩斯卡拉（Pescara）葡萄酒酿造全景的聚光灯下，为阿布鲁佐区（Abruzzo）的美酒打开了国际市场。古老的陈年酒窖优雅美丽，仅此一处就值得前往一游，更不用说还有海量美酒诱惑。占地面积达到75公顷的博斯科酒庄分为两座庄园：诺奇奥（Nocciano）位于佩斯卡拉绵延不绝的群山掩映间，俯瞰着大海；而最近买下的萨毕奎纳山谷（Subequana）地块位于马耶拉山（Mount Majella）的中心地带，土地耕种条件更为艰难，拥有典型的昼夜温差变化。如此酿造出品种广泛的系列美酒，包括了阿布鲁佐产区主要的葡萄品种——佩克利诺（Pecorino）、扎比安努（Trebbiano）、帕斯琳娜（Passerina）和蒙特普齐亚诺（Montepulciano），赋予其既传统又现代的阐释。在今年的品鉴中，2013年份的蒙特普齐亚诺酒（Montepulciano）充分展现出酒庄令人艳羡的强大酿造能力，高居美酒榜首：经典的R系列展现出内比奥罗（Nebbiolo）般的风味，融入持久不散的草本植物清香和莓果的阵阵果香；而内斯托雷博斯科（Nestore Bosco）则更加活跃，香氛浓郁，徘徊不去，吐露着泥土的醇香，但是中程口感越来越宽广，越来越活力四射。

| | |
|---|---|
| ● Montepulciano d'Abruzzo Nestore Bosco '13 | 🍷🍷 4 |
| ● Montepulciano d'Abruzzo R '13 | 🍷🍷 3* |
| ⊙ Cerasuolo d'Abruzzo Donna Bosco Rosé '15 | 🍷🍷 2* |
| ⊙ Cerasuolo d'Abruzzo Sup. '15 | 🍷🍷 3 |
| ● Montepulciano d'Abruzzo Donna Bosco '14 | 🍷🍷 3 |
| ● Montepulciano d'Abruzzo Pan Ris. '12 | 🍷🍷 4 |
| ● Montepulciano d'Abruzzo Don Bosco Ris. '12 | 🍷 4 |
| ○ Passerina '15 | 🍷 2 |
| ○ Pecorino '15 | 🍷 3 |
| ○ Pecorino Donna Bosco '15 | 🍷 2 |
| ○ Trebbiano d'Abruzzo Sup. '15 | 🍷 3 |
| ● Montepulciano d'Abruzzo '12 | 🍸🍸 2* |
| ● Montepulciano d'Abruzzo 110 Ris. '10 | 🍸🍸 6 |

## Castorani

LOC. C.DA ORATORIO
VIA CASTORANI, 5
65020 ALANNO [PE]
TEL. +39 3466355635
www.castorani.it

藏酒销售
预约参观
年产量 1 000 000 瓶
葡萄种植面积 72 公顷
葡萄栽培方式 有机认证

18世纪末，著名的外科医生拉斐尔·卡斯托拉尼（Raffaele Castorani）创建了这座著名的阿兰诺（Alanno）酒庄，地处马耶拉山（Majella）与亚德里亚海之间，占地面积达到100多公顷的葡萄园常常受到往复的海风和山风的吹拂，令这里生长的葡萄获取了非凡的品质。卡斯托拉尼酒庄（Castorani）今天的主人是退休的F1赛车手亚诺·特鲁利（Jarno Trulli）及其拍档，只用了15年的时间就将这座古老的酒庄变成了出产大量高品质瓶装美酒的现代化酒庄，酿造葡萄来自种植面积达到70公顷的有机栽培葡萄园。想要将卡斯托拉尼酒庄全系阿布鲁佐产区酒列出，并不是一件容易的事情。全系列中包括各种价位等级和酿造风格的品牌系列，明确以浓郁果香果味以及悦人的可饮性为追求目标。在今年的品鉴中，所有卡斯托拉尼酒庄的推荐佳酿都展现出了巅峰表现，其中的明星酒品无疑是2012年份的阿莫瑞诺蒙特普齐亚诺（Montepulciano Amorino），它吐露着血橙的缕缕果香，融入罐装樱桃的芬芳，交织着一抹地中海的热烈芳香，随之而来的口感突出热辣而华美的果味。与此同时，2014年份的卡德托（Cadetto）非常热辣，完美呈现品种特质和风土特质。

| | | |
|---|---|---|
| ● Montepulciano d'Abruzzo Amorino '12 | 🍷🍷🍷 | 3* |
| ● Montepulciano d'Abruzzo Cadetto '14 | 🍷🍷 | 2* |
| ○ Abruzzo Pecorino Sup. Amorino '15 | 🍷🍷 | 3 |
| ⊙ Cerasuolo d'Abruzzo Cadetto '15 | 🍷🍷 | 2* |
| ● Montepulciano d'Abruzzo Coste delle Plaie '13 | 🍷🍷 | 3 |
| ● Montepulciano d'Abruzzo Le Paranze '14 | 🍷🍷 | 2* |
| ● Montepulciano d'Abruzzo Podere Castorani Ris. '12 | 🍷🍷 | 5 |
| ○ Trebbiano d'Abruzzo Cadetto '15 | 🍷🍷 | 2* |
| ○ Trebbiano d'Abruzzo Coste delle Plaie '15 | 🍷🍷 | 3 |
| ○ Trebbiano d'Abruzzo Majolica '15 | 🍷🍷 | 1* |
| ○ Trebbiano d'Abruzzo Podere Castorani '13 | 🍷🍷 | 3 |
| ⊙ Cerasuolo d'Abruzzo Majolica '15 | 🍷 | 1* |
| ⊙ Cerasuolo d'Abruzzo Sup. Podere Castorani '15 | 🍷 | 3 |
| ● Montepulciano d'Abruzzo Jarno '13 | 🍷 | 2 |

## ★Luigi Cataldi Madonna

LOC. PIANO
67025 OFENA [AQ]
TEL. +39 0862954252
www.cataldimadonna.com

藏酒销售
预约参观
年产量 240 000 瓶
葡萄种植面积 31 公顷
可持续发展酒庄

奥菲纳高原（Ofena）位于拉奎拉地区（L'Aquila），正处于亚平宁卡尔代罗内山口（Calderone Apennine）的冰川下，风景极为美丽，被称为“阿布鲁佐产区的熔炉”，是卡塔尔迪玛多娜酒庄（Cataldi Madonna）的所在地。格兰萨索国家公园（Gran Sasso National Park）的中心地带拥有独一无二的土壤和气候条件，由于接近冰川，这里的日夜温差极大，出产劲道有力、结构紧致、高酒精度的美酒，通常在经过长期的酒窖陈年后展现出巅峰品质。在今年的品鉴中，要想在卡塔尔迪玛多娜酒庄出品的蒙特普齐亚诺（Montepulciano）、塞拉索罗（Cerasuolo）和佩克利诺（Pecorino）等精选系列美酒中选出拔得头筹者变得越来越艰难，它们在所有价格区间都有展现出巅峰水准的佳品。2013年份卓越的弗隆托内佩克利诺（Pecorino Frontone）在卡塔尔迪玛多娜酒庄完美无缺的系列美酒中只是冰山一角。它吐露着草本植物的芳香，香氛悠然自得，融入柑橘的缕缕果香，更有一抹碘化物的醇香萦绕其间，打造出结构复杂的优质白葡萄酒，口感劲道有力，浸润美妙果味，收口呈现卓越的淡淡桔子苦味，充分预示着这款美酒极强的陈年潜力。

| | | |
|---|---|---|
| ○ Pecorino Frontone '13 | 🍷🍷🍷 | 5 |
| ⊙ Cerasuolo d'Abruzzo Piè delle Vigne '14 | 🍷🍷 | 3* |
| ⊙ Cataldino '15 | 🍷🍷 | 2* |
| ⊙ Cerasuolo d'Abruzzo '15 | 🍷🍷 | 2* |
| ○ Pecorino Giulia '15 | 🍷🍷 | 2* |
| ○ Trebbiano d'Abruzzo '15 | 🍷🍷 | 2* |
| ● Montepulciano d'Abruzzo Malandrino '14 | 🍷 | 3 |
| ● Montepulciano d'Abruzzo Malandrino '13 | 🍷🍷🍷 | 3* |
| ● Montepulciano d'Abruzzo Malandrino '12 | 🍷🍷🍷 | 3* |
| ● Montepulciano d'Abruzzo Tonì '07 | 🍷🍷🍷 | 5 |
| ○ Pecorino '11 | 🍷🍷🍷 | 5 |
| ○ Pecorino '10 | 🍷🍷🍷 | 5 |
| ○ Pecorino '09 | 🍷🍷🍷 | 5 |
| ○ Pecorino '08 | 🍷🍷🍷 | 5 |

## Centorame

via delle Fornaci, 15
64030 Atri [TE]
Tel. +39 0858709115
www.centorame.it

藏酒销售
预约参观
年产量 100 000 瓶
葡萄种植面积 12 公顷
可持续发展酒庄

拉姆伯托·瓦努奇（Lamberto Vannucci）的森托拉穆酒庄（Centorame）正式成立于1987年，在阿特里卡索利（Casoli d' Atri）拥有占地面积达到10公顷的种植地块，地处泰拉莫山间（Teramo）的荒地，风景如画，距离海滨只有一步之遥，海拔180米。森托拉穆酒庄虽然于2002年才推出第一个瓶装酒系列品牌，但是很快就攀升成为阿布鲁佐产区（Abruzzo）重要的顶级酒庄，这要归功于建立在蒙特普齐亚诺（Montepulciano）、塞拉索罗（Cerasuolo）、佩克利诺（Pecorino）和帕斯琳娜（Passerina）等多种品种基础上的多样系列出品。森托拉穆酒庄提供圣米歇尔系列（San Michele）、斯库德瑞杜卡利系列（Scuderie Ducali）和卡斯泰勒姆维特斯系列（Castellum Vetus）等多条产品线，生产美酒以明快以及后续的优雅气质而著称，手法别具一格，避免使用教科书般惯常的酿造技术。在今年的品鉴中，正是这种不走寻常路的酿造手法引起了我们对于森托拉穆酒庄系列出品的极大兴趣。众多推荐美酒中脱颖而出的是2015年份的圣米歇尔扎比安努（Trebbiano San Michele），散发着独特的酒香，入口后感觉如沐日光，非常美味，融入了药草的醇美滋味。除此之外，同样迷人的还有2014年份的圣米歇尔蒙特普齐亚诺（Montepulciano San Michele），这款风格怀旧的美酒有一种汽油的芬芳，融入森林大地的醇香，更有一抹咖啡豆的香气飘散其间。

| | |
|---|---|
| ○ Trebbiano d'Abruzzo San Michele '15 | 🍷🍷 2* |
| ○ Abruzzo Passerina San Michele '15 | 🍷🍷 2* |
| ⊙ Cerasuolo d'Abruzzo San Michele '15 | 🍷🍷 2* |
| ● Montepulciano d'Abruzzo San Michele '14 | 🍷🍷 2* |
| ● Montepulciano d'Abruzzo Scuderie Ducali '14 | 🍷🍷 2* |
| ● Montepulciano d'Abruzzo Colline Teramane Castellum Vetus '13 | 🍷 4 |
| ● Montepulciano d'Abruzzo Liberamente '15 | 🍷 2 |
| ○ Scuderie Ducali '15 | 🍷 2 |
| ○ Trebbiano d'Abruzzo Castellum Vetus '14 | 🍷 3 |
| ○ Tuapina Pecorino '15 | 🍷 2 |
| ● Montepulciano d'Abruzzo San Michele '11 | 🍷🍷 2* |
| ● Montepulciano d'Abruzzo San Michele '10 | 🍷🍷 2* |
| ● Montepulciano d'Abruzzo San Michele '09 | 🍷🍷 2* |

## Cirelli

loc. Treciminiere
via Colle San Giovanni, 1
64032 Atri [TE]
Tel. +39 0858700106
www.agricolacirelli.com

藏酒销售
预约参观
膳宿接待
年产量 26 000 瓶
葡萄种植面积 5 公顷
葡萄栽培方式 有机认证

一片占地面积达到22公顷的有机栽培葡萄园掩映在阿特里（Atri）的山间，这里是泰拉莫地区（Teramo）著名的中心地带，美丽的山丘扑向大海的怀抱，山间有一座设施先进齐备的现代化酿酒农庄。查西雷利酒庄（Cirelli）出产的美酒犹如清风拂面，精湛的酿造技艺赢得了我们的心，而美酒只是农庄的产品之一。俯瞰亚得里亚海（Adriatic），这座小酒庄只有5公顷种植地块，但在上一季的年份中表现卓越，品质飞升，这样的评价不仅适用于美酒品质，也适用于更具野心的品牌个性。在今年的品鉴中，我们发现阿姆弗拉精选系列（Amphora）蒙特普齐亚诺（Montepulciano）、塞拉索罗（Cerasuolo）和扎比安努（Trebbiano）都极具意趣，年轻时显得混乱任性，但是随着适中绵长的陈年结束，口感变得越发醇浓成熟。有机山丘美酒（Collina Biologica）是一款纯粹的有机酒，以螺旋帽酒瓶盛载。今年推荐酒品回归巅峰水准，更有2015年份的阿姆弗拉精选系列塞拉索罗（Cerasuolo Amphora）闯入了“三杯奖”的决赛，这一切都预示着查西雷利酒庄良好的发展前景。这款美酒吐露着野花的阵阵花香，融入桔子的甜美果香，口感活跃鲜美，浸润着最精美的地中海玫瑰美味。一旦单宁成功柔化，这款佳酿将会展现出绝佳表现。

| | |
|---|---|
| ⊙ Cerasuolo d'Abruzzo Amphora '15 | 🍷🍷 5 |
| ⊙ Cerasuolo d'Abruzzo La Collina Biologica '15 | 🍷🍷 2* |
| ● Montepulciano d'Abruzzo La Collina Biologica '15 | 🍷🍷 2* |
| ○ Trebbiano d'Abruzzo '15 | 🍷🍷 2* |
| ● Montepulciano d'Abruzzo Amphora '15 | 🍷 5 |
| ○ Trebbiano d'Abruzzo La Collina Biologica '15 | 🍷 2 |
| ● Montepulciano d'Abruzzo '14 | 🍷🍷 2* |
| ● Montepulciano d'Abruzzo Amphora '14 | 🍷🍷 5 |
| ⊙ Montepulciano d'Abruzzo Cerasuolo '14 | 🍷🍷 2* |
| ⊙ Montepulciano d'Abruzzo Cerasuolo Amphora '14 | 🍷🍷 5 |
| ○ Trebbiano d'Abruzzo Amphora '14 | 🍷🍷 5 |
| ○ Trebbiano d'Abruzzo Amphora '13 | 🍷🍷 5 |

## Codice Citra

C.DA CUCULLO
66026 ORTONA [CH]
TEL. +39 0859031342
www.citra.it

藏酒销售
预约参观
年产量 18 000 000 瓶
葡萄种植面积 6000 公顷

柯蒂斯奇特拉酒庄（Codice Citra）是一座协作酒庄，将许多分散在基耶蒂地区（Chieti）的小种植商和小酒商联合起来，已经连续43年向大众推出美酒，3000多名成员商照料着面积高达6000公顷的广袤种植地块，年产美酒几近2000万瓶，在阿布鲁佐产区（Abruzzo）的葡萄酒生产中占据重要地位。如此规模的柯蒂斯奇特拉酒庄足以终结所有协作酒庄，在基耶蒂地区拥有9座庄园，供应一系列以本地传统葡萄品种打造的美酒，其中主要为蒙特普齐亚诺（Montepulciano）、佩克利诺（Pecorino）、扎比安努（Trebbiano）和帕斯琳娜（Passerina）。由于品牌和系列繁多，因此酒庄并没有统一的风格标签，但是酿造的美酒能够满足多种需求，既有适合即时饮用的佳品，也包括值得等待的窖藏精品。蒙特普齐亚诺酒依然在出品中居于领先阵地，每一款年份酒都独具特色。在今年的品鉴中，2014年份的费佐蒙特普齐亚诺（Ferzo）口感流畅华美，充分反映出该年份质朴的风味，融入酚化物的气息。与此同时，2010年份的卡洛索（Caroso）吐露着柑橘的果香，融入香料的辛香，口感十分深邃。除此之外，2015年份的费佐超级佩克利诺（Pecorino Superiore Ferzo）散发着李子和蜜桃的诱人果香，更有一抹地中海阳光质感的热烈芬芳萦绕其间。

| | |
|---|---|
| ○ Abruzzo Pecorino Sup. Ferzo '15 | ΥΥ 2* |
| ● Montepulciano d'Abruzzo Caroso '10 | ΥΥ 4 |
| ● Montepulciano d'Abruzzo Ferzo '14 | ΥΥ 3 |
| ○ Abruzzo Cococciola Sup. Ferzo '15 | Υ 3 |
| ⊙ Cerasuolo d'Abruzzo Palio '15 | Υ 2 |
| ● Montepulciano d'Abruzzo Laus Vitae Ris. '09 | Υ 5 |
| ○ Pecorino Palio '15 | Υ 2 |
| ○ Aer '14 | ΥΥ 3 |
| ○ La Volpe all'Uva Pecorino '12 | ΥΥ 3* |
| ● Montepulciano d'Abruzzo Aulicus '12 | ΥΥ 3* |
| ⊙ Montepulciano d'Abruzzo Cerasuolo Palio '14 | ΥΥ 2* |
| ○ Pecorino Palio '14 | ΥΥ 2* |
| ○ Trebbiano d'Abruzzo Palio '14 | ΥΥ 2* |

## Collefrisio

LOC. PIANE DI MAGGIO
66030 FRISA [CH]
TEL. +39 0859039074
www.collefrisio.it

藏酒销售
预约参观
年产量 500 000 瓶
葡萄种植面积 50 公顷
葡萄栽培方式 有机认证
可持续发展酒庄

阿米蒂欧·德·卢卡（Amedeo De Luca）与安东尼奥·帕崔切里（Antonio Patricelli）合力开启的冒险清晰地打上了产地的烙印：弗利萨（Frisa）的基耶蒂山区（Chieti）。这座相对年轻、却稳步发展的阿布鲁佐地区（Abruzzo）有机酒庄拥有种植面积达到50公顷的种植地块，其中三分之二为自有地块，将为其打造严谨、现代气息浓郁的美酒销售到世界各地。菲力山酒庄（Collefrisio）拥有三处主要的大型种植地，分别具有迥然不同的微气候条件，居于不同的海拔高度。蒙特普齐亚诺（Montepulciano）和扎比安努（Trebbiano）主要来自莫罗山谷（Valle del Moro）和莫拉西尼庄园（Tenuta Morracine）；朱利亚诺泰蒂诺庄园（Tenuta Giuliano Teatino）则海拔更高，出产佩克利诺（Pecorino）和其他白葡萄品种。酒庄系列美酒出品坚实紧致，展现出新经典的风味和口感，极具表现力。在今年的品鉴中，2014年份的蒙特普齐亚诺（Montepulciano）几近完美，令人惊叹。作为菲力山酒庄最佳出品之一，这款绝佳的红葡萄酒吐露着灌木丛的芬芳，融入树脂的气息，更有黑橄榄的风味萦绕其间，地中海风情是其核心所在，入口美味而清爽，浸润着饱满的果味。除此之外，2012年份的维纳科拉蒙特普齐亚诺（Montepulciano Vignaquadra）相比较而言酒香较为封闭，但品质精美，以其酚化物的酒骨和热辣口感著称。

| | |
|---|---|
| ○ Falanghina Vignaquadra '15 | ΥΥ 2* |
| ● Montepulciano d'Abruzzo '14 | ΥΥ 2* |
| ● Montepulciano d'Abruzzo Vignaquadra '12 | ΥΥ 3 |
| ○ Trebbiano d'Abruzzo Filarè '15 | ΥΥ 2* |
| ○ Collefrisio di Collefrisio Bianco '12 | Υ 5 |
| ● Montepulciano d'Abruzzo Collefrisio di Collefrisio '09 | Υ 5 |
| ● Montepulciano d'Abruzzo Morrecine '14 | Υ 2 |
| ● Montepulciano d'Abruzzo '11 | ΥΥ 2* |
| ⊙ Montepulciano d'Abruzzo Cerasuolo '14 | ΥΥ 2* |
| ● Montepulciano d'Abruzzo Morrecine '13 | ΥΥ 2* |
| ● Montepulciano d'Abruzzo Morrecine '12 | ΥΥ 2* |
| ○ Passerina Vignaquadra '14 | ΥΥ 2* |
| ○ Pecorino Vignaquadra '14 | ΥΥ 2* |
| ○ Trebbiano d'Abruzzo Filarè '14 | ΥΥ 2* |

## Contesa

LOC. CAPARRONE
S.DA DELLE VIGNE, 28
65010 COLLECORVINO [PE]
TEL. +39 0858205078
www.contesa.it

藏酒销售
预约参观
餐饮接待
年产量 260 000 瓶
葡萄种植面积 40 公顷
可持续发展酒庄

洛克·帕塞提（Rocco Pasetti）于2000年在佩斯卡拉（Pescara）附近阳光灿烂的科莱科尔维诺（Collecorvino）山间创建了这座成功的酒庄。孔泰萨酒庄（Contesa）的名字来自洛克的曾祖父安东尼奥·帕塞提（Antonio Pasetti），他在意大利刚刚统一后曾经卷入一场不名誉的土地纠纷。种植面积达到40公顷的葡萄园大部分坐落于马耶拉山（Majella）与亚得里亚海之间，距离酒窖不远，地处海拔250米的山坡上，俯瞰大海。这里的气候条件对于生产鲜美且活跃的美酒十分有利，能够最大程度上提升自然表现力和可饮性。孔泰萨酒庄主要打造本地传统的葡萄品种美酒，包括蒙特普齐亚诺（Montepulciano）、佩克利诺（Pecorino）、扎比安努（Trebbiano）和帕斯琳娜（Passerina），分为孔泰萨（Contesa）、安提卡皮西亚（Antica Persia）和科尔维诺园（Vigna Corvino）三个品牌系列。孔泰萨酒庄的白葡萄酒和红葡萄酒都相当成功。在今年的品鉴中，2015年份的萨哈法提达塞扎比安努（Trebbiano S' ha fatte da Sole）尤其精彩，吐露着经典的花香，酒体饱满丰盈。同样卓越的还包括科尔维诺园蒙特普齐亚诺（Montepulciano Vigna Corvino）。2014年份酒相对而言更加劲道有力，虽然暂时香氛和口感略显封闭，但是处于正确的演化道路上，日臻完美。

| | |
|---|---|
| ● Montepulciano d'Abruzzo '14 | 🍷🍷 3 |
| ● Montepulciano d'Abruzzo V. Corvino '15 | 🍷🍷 2* |
| ○ Trebbiano d'Abruzzo S'ha fatte da Sole '15 | 🍷🍷 3 |
| ○ Abruzzo Passerina V. Corvino '15 | 🍷 2 |
| ○ Abruzzo Pecorino '15 | 🍷 3 |
| ⊙ Cerasuolo d'Abruzzo '15 | 🍷 3 |
| ● Montepulciano d'Abruzzo Ris. '11 | 🍷 4 |
| ● Montepulciano d'Abruzzo Ris. '08 | 🍷🍷🍷 3* |
| ● Montepulciano d'Abruzzo Ris. '10 | 🍷🍷 4 |
| ● Montepulciano d'Abruzzo Ris. '09 | 🍷🍷 4 |
| ○ Passerina Vigna Corvino '14 | 🍷🍷 2* |
| ○ Pecorino '14 | 🍷🍷 3 |
| ○ Pecorino '13 | 🍷🍷 3 |
| ○ Trebbiano d'Abruzzo '13 | 🍷🍷 2* |

## De Angelis Corvi

C.DA PIGNOTTO
64010 CONTROGUERRA [TE]
TEL. +39 086189475
www.deangeliscorvi.it

藏酒销售
预约参观
年产量 40 000 瓶
葡萄种植面积 8 公顷
葡萄栽培方式 有机认证

在柯利尼特洛玛娜地区（Colline Teramane）的中心地带、山海之间的孔特罗圭拉（Controguerra），坐落着德吉列斯柯韦酒庄（De Angelis Corvi）占地面积达到13公顷的有机栽培方式认证葡萄园——科拉多·德·安吉列斯柯韦（Corrado De Angelis Corvi）于2002年创立了这座EVO小酒庄。酒庄拥有种植面积达到8公顷的有机葡萄园，主要栽培蒙特普齐亚诺（Montepulciano），同时还包括扎比安努（Trebbiano）、玛尔维萨（Malvasia）和帕斯琳娜（Passerina）。出品美酒展现出传统风格，不过当然不是死守传统的呆板抄袭，而是年复一年地呈现出可信赖的卓越表现。美酒表现力令人惊异地在飞速提升，不仅入门级的冯特拉维利诺系列（Fonte Raviliano）如此，诸如伊莱韦托（Elévito）等极富声望的精选系列美酒也是如此。在我们最近的品鉴中，2015年份的冯特拉维利诺系列扎比安努（Trebbiano Fonte Raviliano）以卓越表现再次确认了酒庄出品风格的潮流趋势。香氛依然还在演化之中，但是口感已经毫无疑问地抵达卓越，亚得里亚海的自然风味与成熟的果味以及一抹令人激动的咸味儿形成了鲜明对照。除此之外，蒙特普齐亚诺酒也非常值得推荐。

| | |
|---|---|
| ● Montepulciano d'Abruzzo Colline Teramane Elévito '11 | 🍷🍷 5 |
| ● Montepulciano d'Abruzzo Fonte Raviliano '13 | 🍷🍷 3 |
| ○ Trebbiano d'Abruzzo Fonte Raviliano '15 | 🍷🍷 2* |
| ⊙ Cerasuolo d'Abruzzo Sup. '15 | 🍷 2 |
| ⊙ Montepulciano d'Abruzzo Cerasuolo Sup. '14 | 🍷🍷 2* |
| ● Montepulciano d'Abruzzo Colline Teramane Elévito Ris. '10 | 🍷🍷 5 |
| ● Montepulciano d'Abruzzo Fonte Raviliano '12 | 🍷🍷 3 |
| ○ Trebbiano d'Abruzzo Sup. Fonte Raviliano '14 | 🍷🍷 2* |
| ○ Trebbiano d'Abruzzo Sup. Fonte Raviliano '13 | 🍷🍷 2* |

## Nicoletta De Fermo

C.DA CORDANO
65014 LORETO APRUTINO [PE]
TEL. +39 0858289136
www.defermo.it

藏酒销售
预约参观
年产量 26 000 瓶
葡萄种植面积 17 公顷
葡萄栽培方式 生物动力学认证
可持续发展酒庄

洛雷托阿普鲁蒂诺（Loreto Aprutino）这座阿布鲁佐产区（Abruzzo）的美酒之都持续打造着盛誉，这也得益于数座顶级匠人酒庄仅在几次采收酿造季过后的卓越表现。其中一座典范酒庄就是尼可莱塔·德·费莫（Nicoletta De Fermo）与其丈夫斯蒂凡诺·帕佩提·塞隆尼（Stefano Papetti Ceroni）经营管理的大师级酒庄。酒庄的葡萄园占地面积达到15公顷，其中只有部分出产葡萄用于尼可莱塔德费莫酒庄的酿造，主要地块都奉献给了佩克利诺（Pecorino）、霞多丽（Chardonnay）和蒙特普齐亚诺（Montepulciano）。酒庄的产量并不高，酒品系列具有极强的个性。这得益于葡萄园采取生物动力学方法打理照料，酒窖中的酿造环境避免一切虚浮狂热的不必要干预，自然发酵的同时采用水泥池和使用过的橡木桶进行长期陈年，收获了非常易于搭配食物的美酒佳酿。在今年的品鉴中，乐塞思超级塞拉索罗（Cerasuolo Superiore Le Cince）仅以毫厘之差遗憾错失“三杯奖”大奖，毫无疑问是2015年本地最佳桃红葡萄酒（Rosés）之一。酒中松软的特殊质感更胜从前，但是耐心的等待得到了令人满足的回馈，融入了药草香和橘子皮芬芳的美酒口感活跃，鲜美异常，展现出令人振奋的活力。

| | |
|---|---|
| ⊙ Cerasuolo d'Abruzzo Sup. Le Cince '15 | 🍷🍷 4 |
| ○ Abruzzo Pecorino Sup. Don Carlino '15 | 🍷🍷 4 |
| ○ Launegild Chardonnay '14 | 🍷🍷 5 |
| ● Montepulciano d'Abruzzo Concrete '15 | 🍷🍷 4 |
| ⊙ Montepulciano d'Abruzzo Cerasuolo Le Cince '14 | 🍷🍷🍷 4* |
| ● Montepulciano d'Abruzzo Prologo '12 | 🍷🍷🍷 5 |
| ○ Don Carlino '13 | 🍷🍷 4 |
| ○ Don Carlino Pecorino '14 | 🍷🍷 4 |
| ○ Launegild '13 | 🍷🍷 5 |
| ● Montepulciano d'Abruzzo Prologo '13 | 🍷🍷 5 |
| ● Montepulciano d'Abruzzo Prologo '11 | 🍷🍷 5 |
| ○ Piè Tancredi '11 | 🍷🍷 4 |

## Eredi Legonziano

C.DA NASUTI, 169
66034 LANCIANO [CH]
TEL. +39 087245210
www.eredilegonziano.it

藏酒销售
预约参观
年产量 200 000 瓶
葡萄种植面积 500 公顷

伊瑞迪·莱格恩赞诺（Eredi Legonziano）高举“百分之百阿布鲁佐产区酒”的标语为酒庄做宣传，而这一宣言无疑相当正确。这座位于兰西安诺（Lanciano）山间的协作酒庄拥有几近五十年的发展历史，所在的下基耶蒂地区（Chieti）是古老的酿酒区，拥有悠久的酿造传统。这里地处马耶拉山（Majella）与亚德里亚海（Adriatic）之间，主要出产佩克利诺（Pecorino）、塞拉索罗（Cerasuolo）和蒙特普齐亚诺（Montepulciano）。佩克利诺也被用来生产口感极佳的起泡酒。除此之外，酒庄葡萄园还种植些许帕斯琳娜（Passerina）和可可西欧拉（Cococciola），但是经典的安柯斯纳姆系列美酒（Anxanum）非常成功展现出轻快的个性特色。在这一方面，2014年份的安柯斯纳姆蒙特普齐亚诺（Montepulciano Anxanum）是个中典范。这款佳酿吐露着干花的芬芳，融入野生草本植物的缕缕清香，单宁细密紧致，预示着未来极佳的发展前景。但是伊瑞迪莱格恩赞诺酒庄王冠上最耀眼的明珠无疑当归属36个月系列传统酿造法起泡酒（Metodo Classicos 36 Mesi），它活跃沸腾，口感如同奶油般绵密浓醇，非常与众不同。

| | |
|---|---|
| ○ Abruzzo Brut M. Cl. 36 Mesi | 🍷🍷 4 |
| ○ Anxanum Pecorino '15 | 🍷🍷 2* |
| ⊙ Cerasuolo d'Abruzzo Anxanum '15 | 🍷🍷 2* |
| ● Montepulciano d'Abruzzo Anxanum '14 | 🍷🍷 2* |
| ○ Abruzzo M. Cl. Carmine Festa '10 | 🍷 3 |
| ● Montepulciano d'Abruzzo Diocleziano '10 | 🍷🍷 2* |
| ○ Pecorino Anxanum '13 | 🍷🍷 2* |
| ○ Pecorino Methys '13 | 🍷🍷 2* |

## Tenuta I Fauri

S.DA CORTA, 9
66100 CHIETI
TEL. +39 0871332627
www.tenutaifauri.it

藏酒销售
预约参观
年产量 150 000 瓶
葡萄种植面积 35 公顷

瓦伦蒂娜·迪·卡米罗（Valentina Di Camillo）和路易吉·迪·卡米罗（Luigi Di Camillo）经营的法瑞酒庄（Tenuta I Fauri）是阿布鲁佐产区（Abruzzo）最有竞争力的酒庄之一，在柯利尼泰提尼地区（Colline Teatine）尤其如此。法瑞酒庄拥有占地面积达到30公顷的葡萄园，这些种植地块散落在亚得里亚海与马耶拉山（Majella）之间临近基耶蒂（Chieti）的土地上，种植本地传统的葡萄品种。多变的风土加上葡萄种植商的悉心呵护，打造出经典而卓越的酿造葡萄，塑造出特色各异的经典品牌系列：包括巴多维诺系列（Baldovino）、圣塞西莉亚系列（Santa Cecilia）、佩克利诺系列（Pecorino）、奥托博干红蒙特普齐亚诺系列（Montepulciano Ottobre Rosso）、起泡酒以及微起泡酒等。酿造是关键步骤，通过自然发酵，其后在不锈钢罐以及水泥池中进行陈年，关注实质口感更胜形式，从而打造出了极易搭配美食的美酒。在今年的品鉴中，极具竞争力的系列美酒表现出色，不过巴多维诺系列蒙特普齐亚诺（Baldovino）拔得头筹。2015年份酒很快甩掉了还原性的负累，展开一段甜美多汁的美妙旅程，劲道有力，与此同时也不乏特质之间的彼此对照和映衬。除此之外，天然的塞拉索罗（Cerasuolo）也奉献出同样精彩的表现。

| | |
|---|---|
| ⊙ Cerasuolo d'Abruzzo Baldovino '15 | 🍷🍷 2* |
| ● Montepulciano d'Abruzzo Baldovino '15 | 🍷🍷 2* |
| ○ Abruzzo Pecorino '15 | 🍷🍷 2* |
| ● Montepulciano d'Abruzzo Ottobre Rosso '15 | 🍷🍷 2* |
| ○ Trebbiano d'Abruzzo Baldovino '15 | 🍷🍷 2* |
| ○ Passerina '15 | 🍷 2 |
| ○ Spumante Brut | 🍷 2 |
| ○ Abruzzo Pecorino '14 | 🍷🍷🍷 2* |
| ○ Abruzzo Pecorino '13 | 🍷🍷🍷 2* |
| ● Montepulciano d'Abruzzo Baldovino '14 | 🍷🍷 2* |
| ● Montepulciano d'Abruzzo Ottobre Rosso '14 | 🍷🍷 2* |
| ○ Passerina '14 | 🍷🍷 2* |
| ○ Trebbiano d'Abruzzo Baldovino '14 | 🍷🍷 2* |

## Feudo Antico

VIA PERRUNA, 35
66010 TOLLO [CH]
TEL. +39 0871969128
www.feudoantico.it

藏酒销售
预约参观
年产量 60 000 瓶
葡萄种植面积 20 公顷

费度·安提科（Feudo Antico）的酒庄是令人信服地发展出图勒姆指定产区（Tullum）巨大潜力的几座酒庄之一。这座年轻的协作酒庄创建于2008年，占地面积达到20公顷，拥有50名成员商，种植地块散落在佩德尼（Pedine）、科勒塞克（Colle Secco）、圣彼得罗（San Pietro）以及科勒卡普里（Colle dei Campli）等种植区，更不用说还在桑格罗堡（Castel di Sangro）高海拔地带、米其林星级大厨尼克·罗密托（Niko Romito）的卡萨多纳葡萄园（Casadonna）进行了一系列针对佩克利诺（Pecorino）的栽培实验。出产的卡萨多纳葡萄园美酒无疑是费度安提科酒庄王冠上最耀眼的宝石，包括一系列品质可靠的入门级蒙特普齐亚诺（Montepulcianos）、塞拉索罗（Cerasuolos）、佩克利诺，还有有机美酒可供选择，在不锈钢罐和水泥池中完成陈年，打造出美妙恢宏的口感特质。在今年的品鉴中，费度安提科酒庄酿造白葡萄酒的精湛技艺可以从2015年份图勒姆佩克利诺生物美酒（Tullum Pecorino Biologico）中得到证明，这款佳酿气质悦人，独具一格；但是2014年份的卡萨多纳葡萄园佩克利诺（Pecorino Casadonna）更加卓越，吐露着令人难以拒绝的柑橘香，更有河岸的缕缕气息铺面而来，随之而来的是同样精美且丰盈的果味口感。

| | |
|---|---|
| ○ Pecorino Casadonna '14 | 🍷🍷 7 |
| ○ Tullum Pecorino Biologico '15 | 🍷🍷 3 |
| ● Montepulciano d'Abruzzo '13 | 🍷 3 |
| ⊙ Rosato Bio '15 | 🍷 2 |
| ○ Tullum Pecorino '15 | 🍷 3 |
| ● Tullum Rosso Ris. '12 | 🍷 5 |
| ⊙ Rosato '14 | 🍷🍷 2* |
| ⊙ Rosato Terre di Chieti '13 | 🍷🍷 2* |
| ○ Tullum Bianco '13 | 🍷🍷 3 |
| ○ Tullum Bianco '11 | 🍷🍷 3 |
| ○ Tullum Brut | 🍷🍷 5 |
| ○ Tullum Passerina '14 | 🍷🍷 3 |
| ○ Tullum Pecorino '14 | 🍷🍷 3* |
| ○ Tullum Pecorino '12 | 🍷🍷 3* |
| ● Tullum Rosso '11 | 🍷🍷 3 |

## Gentile

via del Giardino, 7
67025 Ofena [AQ]
Tel. +39 0862956618
www.gentilevini.it

藏酒销售
预约参观
年产量 90 000 瓶
葡萄种植面积 12 公顷

虽然还不到40岁，里卡尔多·詹蒂莱（Riccardo Gentile）已经是阿布鲁佐产区（Abruzzo）葡萄酒酿造界的著名大师。他的酒迷发掘了奥芬纳（Ofena）的奇迹，这座小村庄坐落于阿布鲁佐（Abruzzo）的山区地带。詹蒂莱酒庄（Gentile）占地面积达到10公顷的葡萄园位于格兰萨索（Gran Sasso）山下的高地，四周高山环绕，拥有非凡的土壤条件和气候环境：土地条件醋栗；温差变化极大；白天持续不断的日照，到了晚上，山风令这里的温度骤降——这一切都有助于保持酿造葡萄的果香，令有限的出产系列美酒烙上无法错认的独特印记。詹蒂莱酒庄出品的派德格罗特系列（Pié della Grotta）包括蒙特普齐亚诺（Montepulciano）、塞拉索罗（Cerasuolo）、佩克利诺（Pecorino）和扎比安努（Trebbiano）等4个品种酒，而417地块精选系列与老藤系列（Vecchie Vigne）的口感更加丰盈，复杂度更高。很难从上述美酒中选出拔得头筹者。而派德格罗特系列中2014年份的蒙特普齐亚诺（Montepulciano）多汁而辛辣；2015年份的佩克利诺（Pecorino）则打上了品种葡萄的烙印。紧随其后的是2015年份的417地块精选帕提塞拉（Particella），口感精美，吐露着阵阵野生植物的清香，口感清爽，活力四射。

| | |
|---|---|
| ● Montepulciano d'Abruzzo Pié della Grotta '14 | 🍷🍷 5 |
| ○ Particella 417 Pecorino '15 | 🍷🍷 3 |
| ○ Pecorino Pié della Grotta '15 | 🍷🍷 2* |
| ⊙ Cerasuolo d'Abruzzo Pié della Grotta '15 | 🍷 3 |
| ● Montepulciano d'Abruzzo V. V. '12 | 🍷 4 |
| ○ Trebbiano d'Abruzzo Pié della Grotta '15 | 🍷 1* |
| ⊙ Montepulciano d'Abruzzo Cerasuolo Pié della Grotta '14 | YY 3 |
| ⊙ Montepulciano d'Abruzzo Cerasuolo Pié della Grotta '13 | YY 3 |
| ● Montepulciano d'Abruzzo Pié della Grotta '13 | YY 2* |
| ○ Pecorino Pié della Grotta '14 | YY 2* |
| ○ Pecorino Pié della Grotta '13 | YY 2* |
| ○ Trebbiano d'Abruzzo Pié della Grotta '14 | YY 1* |
| ○ Trebbiano d'Abruzzo Pié della Grotta '13 | YY 1* |

## ★Dino Illuminati

c.da San Biagio, 18
64010 Controguerra [TE]
Tel. +39 0861808008
www.illuminativini.it

藏酒销售
预约参观
年产量 1 150 000 瓶
葡萄种植面积 130 公顷

在全世界范围内，伊露米娜提（Illuminati）的名字就等同于阿布鲁佐的蒙特普齐亚诺酒（Montepulciano d'Abruzzo）。卡瓦利尔·迪诺（Cavalier Dino）是意大利酿酒界的先锋人物，他将这种DOC产区酒送进了全球各地的酒铺。如果不是对于这片俯瞰大海的柔美群山出产美酒的能力充满自信和骄傲，柯利尼特洛玛娜（Colline Teramane）就不会存在。酒庄成立于19世纪晚期，当时泰拉莫地区（Teramo）的酿造实践与今天迥然不同，随着时间的推移，逐渐发展出自己的个性，这在很大程度上要归功于位于孔特罗圭拉（Controguerra）的酒窖。今天，迪诺伊露米娜提酒庄由新一代掌门人洛伦佐（Lorenzo）、斯蒂法诺（Stefano）和安娜（Anna）全权管理，拥有傲人的100公顷土地，大部分葡萄园坐落于海拔300米的山坡上。迪诺伊露米娜提酒庄出产系列完整的传统美酒，在今年的品鉴中，恢宏且质朴的查娜系列（Zanna）和皮耶努尼蒙特普齐亚诺陈酿（Pieluni Montepulciano Riservas）一如既往地表现精彩，从诸多推荐美酒中脱颖而出。各款皮耶努尼蒙特普齐亚诺酒尤其如此。2015年份的瑞帕罗索（Riparosso）风格更为直接质朴，是一款大量生产的蒙特普齐亚诺酒，展露出黑莓的缕缕果香，融入可可粉的醇香，品质表现绝对超越普通的入门级葡萄酒。同样的现代风格在2011年份的查娜陈酿（Zanna Riserva）中再次上演，散发着胡椒的辛香和咖啡的浓醇风味。

| | |
|---|---|
| ● Montepulciano d'Abruzzo Colline Teramane Zanna Ris. '11 | 🍷🍷🍷 5 |
| ● Montepulciano d'Abruzzo Riparosso '15 | 🍷🍷 2 |
| ○ Controguerra Bianco Costalupo '15 | 🍷🍷 2 |
| ○ Controguerra Bianco Pligia '15 | 🍷🍷 2 |
| ● Controguerra Rosso Lumen Ris. '11 | 🍷🍷 5 |
| ⊙ Cerasuolo d'Abruzzo Campirosa '15 | 🍷 2 |
| ⊙ Cerasuolo d'Abruzzo Sitara '15 | 🍷 2 |
| ○ Controguerra Passerina '15 | 🍷 2 |
| ○ Controguerra Pecorino '15 | 🍷 2 |
| ● Montepulciano d'Abruzzo Ilico '14 | 🍷 2 |
| ● Montepulciano d'Abruzzo Spiano '15 | 🍷 2 |
| ● Montepulciano d'Abruzzo Colline Teramane Pieluni Ris. '10 | YYY 6 |
| ● Montepulciano d'Abruzzo Colline Teramane Zanna Ris. '10 | YYY 5 |

## ★★Masciarelli

Via Gamberale, 1
66010 San Martino sulla Marrucina [CH]
Tel. +39 087185241
www.masciarelli.it

藏酒销售
预约参观
膳宿接待
年产量 2 500 000 瓶
葡萄种植面积 300 公顷
可持续发展酒庄

关注阿布鲁佐产区（Abruzzo）近30年间葡萄酒业发展的人都会承认，吉安尼·玛奇亚莱利（Gianni Masciarelli）在期间发挥的重要作用。将身心全部投入葡萄酒的生产之中，玛奇亚莱利壮阔的酒庄——占地面积达到恢宏的300公顷——带着他实现了走向世界的梦想。葡萄园拥有各种各样的地势、土壤和环境条件，拥有风土和朝向各异的地块；出品风格现代而开放，丰富自持，酒品系列建设在新一代掌门人的手中日臻完美。如今包括经典系列（Classica）、吉安尼玛奇亚莱利系列（Gianni Masciarelli）、玛丽娜克维提科系列（Marina Cvetic）、塞米维科利堡系列（Castello di Semivicoli）以及嘉玛庄系列（Villa Gemma）等多个本地葡萄品种以及单一国际葡萄品种系列美酒，品牌总数达到20种。在今年的品鉴中，玛奇亚莱利取得的进步显而易见，尤其在2015年份的嘉玛庄塞拉索罗（Cerasuolo Villa Gemma）中更为明显，吐露着显著的海岸松脂香气，和着地中海灌木丛的热烈芬芳，口感清凛，重视美味更甚深邃，暗示着这是一款将在瓶中继续陈年，以臻完美的佳酿。与此同时，2011年份的嘉玛庄蒙特普齐亚诺（Montepulciano Villa Gemma）馥郁饱满，活力十足，口感干爽。

| | |
|---|---|
| ⊙ Cerasuolo d'Abruzzo Villa Gemma '15 | 🍷🍷🍷 3* |
| ● Montepulciano d'Abruzzo Villa Gemma '11 | 🍷🍷 7 |
| ○ Abruzzo Pecorino Castello di Semivicoli '15 | 🍷🍷 3 |
| ● Castello di Semivicoli Rosso '14 | 🍷🍷 3 |
| ● Montepulciano d'Abruzzo Colline Teramane Iskra '11 | 🍷🍷 5 |
| ● Montepulciano d'Abruzzo Gianni Masciarelli '14 | 🍷🍷 2* |
| ● Montepulciano d'Abruzzo Marina Cvetic San Martino '14 | 🍷🍷 4 |
| ○ Trebbiano d'Abruzzo Gianni Masciarelli '15 | 🍷🍷 2* |
| ⊙ Cerasuolo d'Abruzzo Gianni Masciarelli '15 | 🍷 2 |
| ● Marina Cvetic Merlot '13 | 🍷 5 |
| ● Marina Cvetic Syrah '14 | 🍷 5 |

## Camillo Montori

loc. Piane Tronto, 80
64010 Controguerra [TE]
Tel. +39 0861809900
www.montorivini.it

藏酒销售
预约参观
膳宿接待
年产量 600 000 瓶
葡萄种植面积 50 公顷

在技术手法对照日益精细的时代，蒙托瑞家族（Montori）经营管理的真正意义上的传统酒窖以其质朴风格脱颖而出。卡米罗·蒙托瑞（Camillo Montori）拥有这座令人敬仰的泰拉莫（Teramo）酒庄，他是柯利尼特洛玛娜（Colline Teramane）DOC产区的开创者之一，被位于亚得里亚海与格兰萨索（Gran Sasso）之间这片狭长地带独一无二的风土条件所迷倒。这座迷人的孔特罗圭拉（Controguerra）酒庄拥有占地面积达到50公顷的葡萄园，土壤肥沃，光照充足，主要栽培蒙特普齐亚诺（Montepulciano）和扎比安努（Trebbiano），更有不少佩克利诺（Pecorino）、帕斯琳娜（Passerina）、霞多丽（Chardonnay）、苏维翁（Sauvignon）、桑娇维塞（Sangiovese）、梅洛（Merlot）和赤霞珠（Cabernet）。不过，比较传统的葡萄品种是卡萨蒙托瑞系列（Casa Montori）和冯特库帕农庄系列（Poderi di Fonte Cupa）等顶级系列美酒的引路明灯，品种广泛的系列美酒有些以流畅的表达能力为特质，顺畅而浓郁。在今年的品鉴中，这种风格一再得到证明，尤其是2015年份的冯特库帕塞拉索罗（Cerasuolo Fonte Cupa），吐露着精妙的如花芬芳，优雅异常。两款蒙特普齐亚诺（Montepulciano）也紧随其后，不过相比较而言更加容易入口的2011年份的卡萨蒙托瑞系列蒙特普齐亚诺（Casa Montori）酒质更加柔美活跃；而2008年份的冯特库帕蒙特普齐亚诺陈酿（Fonte Cupa Riserva）则质地更加细密，同时却不失活力。

| | |
|---|---|
| ⊙ Cerasuolo d'Abruzzo Fonte Cupa '15 | 🍷🍷 2* |
| ● Montepulciano d'Abruzzo Colline Teramane Casa Montori '11 | 🍷🍷 2* |
| ● Montepulciano d'Abruzzo Colline Teramane Fonte Cupa Ris. '08 | 🍷🍷 5 |
| ○ Controguerra Passerina Fonte Cupa '15 | 🍷 2 |
| ○ Pecorino Fonte Cupa '15 | 🍷 3 |
| ○ Trebbiano d'Abruzzo Fonte Cupa '15 | 🍷 2 |
| ⊙ Montepulciano d'Abruzzo Cerasuolo Fonte Cupa '14 | 🥂🥂 2* |
| ● Montepulciano d'Abruzzo Colline Teramane Casa Montori '10 | 🥂🥂 2* |
| ● Montepulciano d'Abruzzo Fonte Cupa '11 | 🥂🥂 2* |
| ○ Pecorino Fonte Cupa '14 | 🥂🥂 3 |

## Fattoria Nicodemi

C.DA VENIGLIO
64024 NOTARESCO [TE]
TEL. +39 085895493
www.nicodemi.com

藏酒销售
预约参观
年产量 250 000 瓶
葡萄种植面积 30 公顷

这座占地面积达到30公顷的尼克德米酒庄（Fattoria Nicodemi）坐落于阳光灿烂的诺塔雷斯科平原（Notaresco），这座手工酒庄由伊莲娜·尼克德米（Elena Nicodemi）和阿历桑德罗·尼克德米（Alessandro Nicodemi）姐弟二人满怀信心地经营着。他们是家族在泰拉莫（Teramo）的第二代种植商，酒庄最早由他们的父亲布鲁诺（Bruno）于20世纪70年代创建。在尼克德米酒庄的单一地块葡萄园中，蒙特普齐亚诺（Montepulciano）和扎比安努（Trebbiano）占据了最佳朝向地块。这里呈现典型的地中海风土条件，后背紧靠格兰萨索（Gran Sasso），打造出日臻完美、气势恢宏、果味饱满丰盈的穆拉特系列（Le Murate）和诺塔瑞系列（Notàri）。内罗莫洛陈酿（Neromoro Riserva）是一款极具发展潜力的红葡萄酒，口感质朴丰盈，陈年窖藏潜力强大。在今年的品鉴中，尼克德米姐弟两人继续高举品质大旗，2014年份的诺塔瑞蒙特普齐亚诺（Montepulciano Notàri）表现精彩，吐露着辛辣的芬芳，复杂的香氛逐层开启，非常多变，最初呈现东方风情，收口时颇具法国风味，精美细腻。与之相对照的是2012年份的内罗莫洛（Neromoro），它的香氛更加成熟，口感和谐而柔和。

| | |
|---|---|
| ● Montepulciano d'Abruzzo Colline Teramane Neromoro Ris. '12 | 🍷🍷 5 |
| ● Montepulciano d'Abruzzo Colline Teramane Notàri '14 | 🍷🍷 4 |
| ○ Trebbiano d'Abruzzo Le Murate '15 | 🍷🍷 2* |
| ⊙ Cerasuolo d'Abruzzo Le Murate '15 | 🍷 2 |
| ● Montepulciano d'Abruzzo Colline Teramane Le Murate '14 | 🍷 3 |
| ○ Trebbiano d'Abruzzo Sup. Notàri '14 | 🍷 3 |
| ● Montepulciano d'Abruzzo Colline Teramane Neromoro Ris. '09 | ♡♡♡ 5 |
| ● Montepulciano d'Abruzzo Colline Teramane Neromoro Ris. '03 | ♡♡♡ 5 |

## Orlandi Contucci Ponno

LOC. PIANA DEGLI ULIVI, 1
64026 ROSETO DEGLI ABRUZZI [TE]
TEL. +39 0858944049
www.orlandicontucci.com

藏酒销售
预约参观
年产量 180 000 瓶
葡萄种植面积 31 公顷

一家发展了50多年的葡萄酒生产商是否依然能够保持生机勃勃的激情？如果我们置身活力四射的泰拉莫产区（Teramo），这个问题的答案显然是肯定的。这片土地一直激励着古老的传统酒庄不断推出新系列美酒，不断尝试新的酿造风格。奥兰迪孔图奇珀诺酒庄（Orlandi Contucci Ponno）就沿袭了这样的发展道路，它塑造了柯利尼特洛玛娜产区（Colline Teramane）的历史，它是该产区首批在酒品的品质和范围层面加大力度的酒庄之一。自从谷萨利贝莱塔家族（Gussali Beretta）接手后，更加快了发展速度。奥兰迪孔图奇珀诺酒庄位于罗塞托德格利阿布鲁佐（Roseto degli Abruzzi），俯瞰亚得里亚海，身后就是格兰萨索山（Gran Sasso），绵延起伏的山丘地带从来都非常适合种植葡萄。位于罗塞托（Roseto）占地面积达到30公顷的葡萄园既种植本地品种，也栽培国际品种，打造出一系列随遇而安的鲜美佳酿，既包括入门级别酒，也包括名园精选陈酿。在今年的品鉴中，至少有两款美酒赢得我们的青睐。2012年份的柯利尼特洛玛娜陈酿（Colline Teramane Riserva）吐露着黑莓的阵阵果香，融入可可粉的浓醇香气，更有一抹焦炭气息萦绕其间，这款紧致而活跃的蒙特普齐亚诺（Montepulciano）不乏精粹的美味果味。同样表现精彩的还有2015年份的沃明格廖塞拉索罗（Cerasuolo Vermiglio），散发着柑橘香，口感非常活跃。

| | |
|---|---|
| ⊙ Cerasuolo d'Abruzzo Vermiglio '15 | 🍷🍷 2 |
| ● Montepulciano d'Abruzzo Colline Teramane Ris. '12 | 🍷🍷 5 |
| ● Montepulciano d'Abruzzo Colline Teramane La Regia Specula '13 | 🍷🍷 3 |
| ● Montepulciano d'Abruzzo Rubiolo '15 | 🍷🍷 2 |
| ○ Trebbiano d'Abruzzo Sup. Colle della Corte Gusalli Beretta '15 | 🍷🍷 2 |
| ● Liburnio '12 | 🍷 5 |
| ○ Sauvignon Ghiaiolo '15 | 🍷 3 |
| ● Colle Funaro '11 | ♡♡ 3 |
| ● Montepulciano d'Abruzzo Colline Teramane Podere La Regia Specula '12 | ♡♡ 3 |
| ● Montepulciano d'Abruzzo Colline Teramane Ris. '11 | ♡♡ 5 |

## Pasetti

oc. c.da Pretaro
a San Paolo, 21
6023 Francavilla al Mare [CH]
el. +39 08561875
ww.pasettivini.it

藏酒销售
预约参观
膳宿接待
年产量 600 000 瓶
葡萄种植面积 70 公顷

白赛迪酒庄（Pasetti）的葡萄酒生产越来越凸显将山海风土紧密结合的特性，令人叫绝。今天的帕赛迪酒庄由米莫（Mimmo）和劳拉（Laura）经营管理，这座著名的酒庄坐落于亚得里亚海岸旁的弗兰卡维拉海滨（Francavilla al Mare），但是大部分葡萄园都在内陆山间：一座位于马耶拉山（Majella）的佩斯卡拉（Pescara）一侧的佩斯科桑索内斯科（Pescosansonesco）；另一座则位于格兰萨索山下（Gran Sasso）的卡佩斯特拉诺（Capestrano）——占地面积达到70公顷的葡萄园温度多变，且呈现多岩石的地貌，塑造了这里拥有独特特质的酿造葡萄。帕赛迪酒庄出品五个系列的美酒，其中包括以著名的的特斯塔罗萨酒庄（Tenuta Testarossa）命名的系列，酒品精美阐释出多汁和丰盈柔滑的口感，这一切要归功于酒窖充满创新且活力四射的酿造活动。对于这座已经非常卓越的名庄，我们希望帕赛迪酒庄能够在未来的发展中收获更大的飞跃。在今年的品鉴中，亮点是两款佩克利诺（Pecorinos）：2015年份着气场强大，以其绝佳的入口性弥补了一两处香氛上的缺失；而2014年份的塞维塔丘佩克利诺（Colle Civetta）也极具说服力，吐露着柑橘的阵阵果香，入口略咸，呈现出几近条顿的（Teutonic）持久口感和酒骨特质。

| | |
|---|---|
| Abruzzo Pecorino '15 | ▼▼ 2* |
| Abruzzo Pecorino Colle Civetta '14 | ▼▼ 3 |
| Abruzzo Passito Gesmino '14 | ▼ 4 |
| Passerina Testarossa '15 | ▼ 2 |
| Testarossa Rosato '15 | ▼ 2 |
| Abruzzo Pecorino '14 | ▽▽ 2* |
| Abruzzo Pecorino Colle Civetta '13 | ▽▽ 3 |
| Montepulciano d'Abruzzo '12 | ▽▽ 2* |
| Montepulciano d'Abruzzo Testarossa '11 | ▽▽ 4 |
| Montepulciano d'Abruzzo Testarossa '10 | ▽▽ 4 |
| Passerina Testarossa '13 | ▽▽ 2* |
| Testarossa Rosato '14 | ▽▽ 2* |
| Trebbiano d'Abruzzo Zarachè '14 | ▽▽ 2* |
| Trebbiano d'Abruzzo Zarachè '13 | ▽▽ 2* |

## Emidio Pepe

via Chiesi, 10
64010 Torano Nuovo [TE]
Tel. +39 0861856493
www.emidiopepe.com

藏酒销售
预约参观
膳宿接待
年产量 80 000 瓶
葡萄种植面积 15 公顷
葡萄栽培方式 生物动力学认证
可持续发展酒庄

艾米迪佩酒庄（Emidio Pepe）在阿布鲁佐产区（Abruzzo）匠人酒庄中拥有几近神的地位。20世纪60年代，于1899年建立的新托拉诺农庄（Torano Nuovo）转向生产瓶装美酒。今天，在产区的北部边缘地带，占地面积达到15公顷的有机和生物动力学葡萄园栽培典型的泰拉莫地区（Teramo）葡萄品种，主要包括蒙特普齐亚诺（Montepulciano）和扎比安努（Trebbiano）。酒庄近来已经将管理权传给了马里奥·索尔达提（Mario Soldati）的女儿——索菲娅（Sofia）和丹妮拉（Daniela），但是令人引以为傲的有限系列美酒并没有什么改变，依然以著名的自然发酵和在水泥池及瓶中的长期陈年而著称。艾米迪佩酒庄的出品永远不会出错。艾米迪佩酒庄这一季的酒品依然表现出一如既往的高品质，2014年份的扎比安努（Trebbiano）吐露着浓郁的苹果酒的芬芳，融入蜂蜜和干花的香气，口感劲道而美味。与此同时，2013年份的蒙特普齐亚诺（Montepulciano）展现出精湛的酿造技艺，吐露着松脂和烟垢的醇香，入口略苦，这可能是酒精度过强的干扰，但是口感质朴有力。

| | |
|---|---|
| ● Montepulciano d'Abruzzo '13 | ▼▼ 6 |
| ○ Trebbiano d'Abruzzo '14 | ▼▼ 5 |
| ⊙ Cerasuolo d'Abruzzo '15 | ▼▼ 5 |
| ○ Pecorino '14 | ▼▼ 6 |
| ● Montepulciano d'Abruzzo '98 | ▽▽▽ 8 |
| ● Montepulciano d'Abruzzo '12 | ▽▽ 6 |
| ● Montepulciano d'Abruzzo '11 | ▽▽ 6 |
| ● Montepulciano d'Abruzzo '10 | ▽▽ 6 |
| ● Montepulciano d'Abruzzo '09 | ▽▽ 5 |
| ⊙ Montepulciano d'Abruzzo Cerasuolo '14 | ▽▽ 5 |
| ⊙ Montepulciano d'Abruzzo Cerasuolo '13 | ▽▽ 5 |
| ⊙ Montepulciano d'Abruzzo Cerasuolo '12 | ▽▽ 5 |
| ○ Trebbiano d'Abruzzo '13 | ▽▽ 5 |
| ○ Trebbiano d'Abruzzo '12 | ▽▽ 5 |
| ○ Trebbiano d'Abruzzo '11 | ▽▽ 5 |

## La Quercia

c.da Colle Croce
64020 Morro d'Oro [TE]
Tel. +39 0858959110
www.vinilaquercia.it

藏酒销售
预约参观
年产量 200 000 瓶
葡萄种植面积 21 公顷

2000年，四名曾经在泰拉莫地区（Teramo）公司共事的同事一起买下了奎齐亚酒庄（La Quercia），作为友谊的延续。伊丽莎白·迪·博拉蒂诺（Elisabetta Di Berardino）、安东尼奥·拉莫纳（Antonio Lamona）、卢卡·莫莱提（Luca Moretti）以及法比奥·皮蒂科恩（Fabio Pedicone）共同拥有占地面积达到20公顷的葡萄园。其中一些地块为自有，一些来自租赁，主要集中在莫罗奥罗（Morro d' Oro）、比森提（Bisenti）和塞米纳诺（Cermignano）之间，栽培广泛的本地品种葡萄，还包括部分国际品种，例如霞多丽（Chardonnay）和黑比诺（Pinot nero）。酿造葡萄被分配在不同的产品线上，从经典系列（Classici）到普莱玛崔系列（Primamadre）、皮拉蒂系列（Peladi）、圣塔普帕系列（Santapupa）以及马斯特波诺陈酿系列（Mastrobono Riservas），在木桶中陈年并长期窖藏。在今年的品鉴中，奎齐亚酒庄数量有限的系列酒品表现精彩。普莱玛崔蒙特普齐亚诺（Montepulciano Primamadre）酒精度较高，活跃劲道，随之而来的是饱满丰盈、充满第三类香气的美妙酒香，口感迷人且扎实。同样出色的还有2013年份的奎齐亚蒙特普齐亚诺（Montepulciano La Quercia），它精美柔滑；2015年份的圣塔普帕蒙特普齐亚诺（Montonico Santapupa）气质精致，果香扑鼻，果味美味。

- ● Montepulciano d'Abruzzo Primamadre '12 — YY 2*
- ○ Abruzzo Montonico Sup. Santapupa '15 — YY 2*
- ○ Abruzzo Passerina Sup. Santapupa '15 — YY 2*
- ● Montepulciano d'Abruzzo La Quercia '13 — YY 2*
- ● Montepulciano d'Abruzzo '11 — YY 2*
- ⊙ Montepulciano d'Abruzzo Cerasuolo Peladi '13 — YY 1*
- ● Montepulciano d'Abruzzo Colline Teramane Mastrobono Ris. '07 — YY 5
- ● Montepulciano d'Abruzzo Colline Teramane Primamadre '08 — YY 3
- ● Montepulciano d'Abruzzo Colline Teramane Primamadre '07 — YY 3
- ● Montepulciano d'Abruzzo Primamadre '10 — YY 2*

## San Lorenzo Vini

c.da Plavignano, 2
64035 Castilenti [TE]
Tel. +39 0861999325
www.sanlorenzovini.com

藏酒销售
预约参观
年产量 800 000 瓶
葡萄种植面积 150 公顷

创建于1890年，圣洛伦佐酒庄（Sa Lorenzo Vini）在许多方面而言都是阿布鲁佐产区（Abruzzo）受到波尔多风格（Bordeaux）影响最大的酒庄之一。位于泰拉莫（Teramo）和佩斯卡拉（Pescara）交界处的这座大型酒庄拥有占地面积达到100多公顷的葡萄园，坐落在卡斯泰兰提庄园（Castilenti），地处亚得里亚海（Adriatic）和格兰萨索山（Mount Gra Sasso）的环绕之中，拥有出产高品质美酒的悠久传统，酿造酒品劲道馥郁，常常趋于现代风格，以吸引国际市场上的买家。圣洛伦佐酒庄以丰富的系列产品而著称，生产传统风格与创新系列相结合的美酒，既有适合早期饮用的物美价廉的佳酿，也生产精选名园系列和陈酿系列【尤其在蒙特普齐亚诺（Montepulciano）的生产上更是如此】，呈现更加质朴的表现力，采用不同的技术手法和规程酿造而成。在今年的品鉴中，2014年份的西瑞欧蒙特普齐亚诺（Montepulciano Sirio）就非常值得推荐，这款红葡萄酒品质上佳，不凡超群。它吐露着罐装樱桃的阵阵果香，风味颇为现代，融入巧克力的醇香，一抹烟灰的气息萦绕其间，显著且美味的口感十分丰盈，单宁精美，结构得宜。除此之外，2014年份的生物酒（Bio）以及同年份的安塔莱斯（Antàres）也同样非常卓越。

- ● Montepulciano d'Abruzzo Sirio '14 — YY 1
- ○ Chardonnay Chioma di Berenice '15 — YY 2
- ● Montepulciano d'Abruzzo Bio Raccolto a Mano '14 — YY 3
- ● Montepulciano d'Abruzzo Colline Teramane Antàres '14 — YY 3
- ○ Abruzzo Pecorino Il Pecorino '15 — Y 2
- ⊙ Cerasuolo d'Abruzzo Sirio '15 — Y 1
- ○ La Passerina '15 — Y 2
- ● Montepulciano d'Abruzzo Casabianca '14 — Y 2
- ● Montepulciano d'Abruzzo Colline Teramane Escol Ris. '11 — Y 5
- ● Montepulciano d'Abruzzo Colline Teramane Oinos '12 — Y 4
- ⊙ Rosato '15 — Y 2
- ○ Trebbiano d'Abruzzo Casabianca '15 — Y 2
- ○ Trebbiano d'Abruzzo Sirio '15 — Y 1

## Tenuta Terraviva

Via del Lago, 19
64081 Tortoreto [TE]
Tel. +39 0861786056
www.tenutaterraviva.it

藏酒销售
预约参观
年产量 65 000 瓶
葡萄种植面积 18 公顷
葡萄栽培方式 有机认证

在最近几个酿造季中，特莱维瓦酒庄（Tenuta Terraviva）正在经历发展的第二春。在重新慎重思考和考量酿造理念后，酒庄位于泰拉莫产区（Teramo）的托托莱托（Tortoreto）附近、种植面积达到20公顷的葡萄园转向了有机生产。酒窖的酿造也相应地转向与之匹配的自然发酵方法，并且致力于打造酒品的显著风格，注重活泼多变的可变性。特莱维瓦酒庄入门级别的蒙特普齐亚诺（Montepulcianos）、塞拉索罗（Cerasuolos）、扎比安努（Trebbianos）和佩克利诺（Pecorinos）表现已经非常出色，还供应更加强劲有力的精选系列。今年的品鉴再次证明了特莱维瓦酒庄出品的卓越水准和精彩表现，在推荐美酒中，至少有三款攀上了品质的巅峰。2015年份的埃克沃（Ekwo）非常活沃，是一款给人留下深刻印象的佩克利诺（Pecorino），与同年份的塞拉索罗（Cerasuolo）展现出类似的个性和风味。与此同时，2013年份的鲁伊蒙特普齐亚诺（Montepulciano Luì）个性突出，吐露着血橙的缕缕果香，融入绿胡椒的辛香，非常美妙。

| | |
|---|---|
| ● Montepulciano d'Abruzzo Luì '13 | 🍷🍷🍷 3* |
| ○ Abruzzo Pecorino Ekwo '15 | 🍷🍷 3* |
| ⊙ Cerasuolo d'Abruzzo Giusi '15 | 🍷🍷 2* |
| ● Montepulciano d'Abruzzo Terraviva '13 | ▼▼ 2* |
| ○ Trebbiano d'Abruzzo '15 | ▼▼ 2* |
| ○ Trebbiano d'Abruzzo Mario's 42 '15 | ▼▼ 3 |
| ○ Trebbiano d'Abruzzo Terraviva '15 | ▼▼ 2* |
| ○ Abruzzo Passerina '15 | ▼ 2 |
| ● Montepulciano d'Abruzzo Colline Teramane Polyphemos '10 | ▼ 6 |
| ● Solorosso '14 | ▼ 3 |
| ○ Abruzzo Pecorino Ekwo '14 | ▽▽ 3 |
| ● Montepulciano d'Abruzzo '13 | ▽▽ 2* |
| ○ Trebbiano d'Abruzzo '14 | ▽▽ 2* |
| ○ Trebbiano d'Abruzzo Mario's 41 '13 | ▽▽ 3 |

## Tiberio

c.da La Vota
65020 Cugnoli [PE]
Tel. +39 0858576744
www.tiberio.it

藏酒销售
预约参观
年产量 90 000 瓶
葡萄种植面积 30 公顷

泰伯瑞奥酒庄（Agricola Tiberio）只用了10年左右的时间就跻身阿布鲁佐产区（Abruzzo）葡萄酒酿造业的核心酒庄行列。这一切都从里卡尔多·泰伯瑞奥（Riccardo）买下了库尼奥利（Cugnoli）古老的扎比安努（Trebbiano）葡萄园开始。占地面积达到30公顷的泰伯瑞奥酒庄葡萄园地处皮斯卡拉山间（Pescara），海拔350米处，位于通往马耶拉山（Majella）的途中，常常受到从大海吹向高山的微风吹拂，并且早晚温差变化较大。在整个诺蒂（Noughties）以及其他种植地块，主要栽培蒙特普齐亚诺（Montepulciano）、艾格尼科（Aglianico）、佩克利诺（Pecorino）以及卡斯蒂廖内莫斯卡托（Moscato di Castiglione）。泰伯瑞奥酒庄已经传到了新一代掌门人克里斯蒂娜（Cristiana）和安东尼奥（Antonio）的手中。在他们的引领下，酒庄继续发展推出一系列值得铭记的好酒，尤其包括多个十分适合搭配食物的品牌，既包括鲜美且富含矿物质口感的美味白葡萄酒，也包括风味优雅、质地紧密的精品红葡萄酒。在今年的品鉴中，毫无疑问，最佳白葡萄酒的荣誉来自阳光普照的2015年采收酿造季，出自中南部地块的酿造葡萄带来了最迷人的佩克利诺美酒（Pecorino），它明快而多变，展露出柠檬皮的阵阵清香，融入薄荷的清凉，更有新烘焙面包的醇香和大坝流沙的气息萦绕其间。层层展开的口感丰盈饱满，演化和谐，如此美酒却以如此亲民的价格销售，它毫无疑问夺下了我们的“最高性价比美酒”（Best Value For Money）大奖。

| | |
|---|---|
| ○ Pecorino '15 | 🍷🍷🍷 3* |
| ● Montepulciano d'Abruzzo '14 | ▼▼ 2* |
| ○ Trebbiano d'Abruzzo '15 | ▼▼ 2* |
| ⊙ Cerasuolo d'Abruzzo '15 | ▼ 2 |
| ● Montepulciano d'Abruzzo '13 | ▽▽▽ 2* |
| ○ Pecorino '13 | ▽▽▽ 3* |
| ○ Pecorino '12 | ▽▽▽ 3* |
| ○ Pecorino '11 | ▽▽▽ 3* |
| ○ Pecorino '10 | ▽▽▽ 3 |
| ⊙ Montepulciano d'Abruzzo Cerasuolo '14 | ▽▽ 2* |
| ○ Pecorino '14 | ▽▽ 3* |
| ○ Pecorino FS '14 | ▽▽ 3* |
| ○ Trebbiano d'Abruzzo '14 | ▽▽ 2* |
| ○ Trebbiano d'Abruzzo '13 | ▽▽ 2* |

## Cantina Tollo

via Garibaldi, 68
66010 Tollo [CH]
Tel. +39 087196251
www.cantinatollo.it

藏酒销售
年产量 13 000 000 瓶
葡萄种植面积 3 200 公顷

这座位于基耶蒂地区（Chieti）的协作酒庄令阿布鲁佐产区酒（Abruzzo）在强手如林的国际葡萄酒市场上声名远播。除了身为最著名的阿布鲁佐产区酒庄之一，托罗酒庄（Cantina Tollo）还是欧洲领先的大型协作酒庄之一，拥有占地面积超过3000公顷的广袤葡萄园，旗下的种植商和酿酒商成员达到822家，年产量大约为1300万瓶，出产的美酒从未在质量方面令人失望过。这座旗舰酒庄完成了商业上的奇迹，在引领现代企业发展的同时，理性结合品种丰富且独具个性风味的产品线作为补充。总之，托罗酒庄既向顾客提供了性价比极高的蒙特普齐亚诺（Montepulciano）、塞拉索罗（Cerasuolo）、佩克利诺（Pecorino）、扎比安努（Trebbiano）、帕斯琳娜（Passerina）和可可西欧拉（Cococciola）等系列，同时也供应更加复杂、更加自信、阐释更多层次的窖藏美酒。托罗酒庄出品系列的高品质和可信性一直令人惊奇。在今年的品鉴中，两款完美平衡、互为补充的蒙特普齐亚诺（Montepulciano）在所有推荐美酒中拔得头筹，深得我们的青睐。2015年份的生物美酒（Biologico）非常甘美，同时还展现出缕缕柑橘、甜菜根和草本植物的略苦清香；2012年份的莫瑞斯陈酿（Mo Riserva）吐露着海盐般咸咸的气息，随之而来的口感质朴而紧致。

| | | |
|---|---|---|
| ● Montepulciano d'Abruzzo Mo Ris. '12 | 🍷🍷🍷 | 2* |
| ● Montepulciano d'Abruzzo Biologico '15 | 🍷🍷 | 2* |
| ● Montepulciano d'Abruzzo Cagiòlo Ris. '12 | 🍷🍷 | 5 |
| ● Montepulciano d'Abruzzo Colle Secco Rubì '13 | 🍷🍷 | 2* |
| ● Montepulciano d'Abruzzo Heliko '15 | 🍷🍷 | 3 |
| ○ Trebbiano d'Abruzzo Biovegano '15 | 🍷🍷 | 2* |
| ⊙ Cerasuolo d'Abruzzo Hedòs '15 | 🍷 | 3 |
| ○ Pecorino '15 | 🍷 | 3 |
| ○ Trebbiano d'Abruzzo Aldiano '15 | 🍷 | 2 |
| ● Montepulciano d'Abruzzo Cagiòlo Ris. '09 | YYY | 4* |
| ● Montepulciano d'Abruzzo Mo Ris. '11 | YYY | 2* |
| ○ Trebbiano d'Abruzzo C'Incanta '11 | YYY | 4* |
| ○ Trebbiano d'Abruzzo C'Incanta '10 | YYY | 4* |

## Torre dei Beati

c.da Poggioragone, 56
65014 Loreto Aprutino [PE]
Tel. +39 0854916069
www.torredeibeati.it

藏酒销售
预约参观
年产量 100 000 瓶
葡萄种植面积 20 公顷
葡萄栽培方式 有机认证
可持续发展酒庄

1999年，洛雷托阿普鲁蒂诺（Loretc Aprutino）皮埃诺（Piano）的圣玛丽亚教堂（Santa Maria）发现了珍贵的15世纪壁画，贝亚蒂酒庄（Torre dei Beati）就此得名。今天，阿德瑞娜·嘉乐索（Adriana Galasso）与福斯托·阿尔巴尼斯（Fausto Albanese）管理着占地面积达到20公顷的葡萄园。其中既有自有地块，也包括租赁地块，坐落于连绵不绝的佩斯卡拉山上（Pescara），海拔250米至300米之间，地处群山与亚德里亚海之间，由于靠近格兰萨索山（Gran Sasso）而日夜温差极大。从一开始葡萄园就采取有机方式栽培，主要种植本地典型的葡萄品种，包括蒙特普齐亚诺（Montepulciano）、扎比安努（Trebbiano）和佩克利诺（Pecorino）等，以匠人大师般的细腻手法进行阐释，奉献出广泛而精美的系列美酒，极具想象力。贝亚蒂酒庄拥有得到悉心照料的种植地块，将人工干预的程度降至最低，通过精湛的酿造技术打造极富个性但产量有限的美酒。在今年的品鉴中，贝亚蒂酒庄推荐的佳酿总体上表现精彩，堪称本产区风味最原始、品质最持久的出品系列之一。其中拔得头筹的是2014年份的白色思绪扎比安努（Trebbiano Bianchi Grilli per la Testa），吐露着杏和水果干的缕缕芬芳，酒骨富含甘油质感，收口阶段果味逐渐淡去。

| | | |
|---|---|---|
| ○ Trebbiano d'Abruzzo Bianchi Grilli per la Testa '14 | 🍷🍷🍷 | 4 |
| ○ Abruzzo Pecorino Giocheremo con i Fiori '15 | 🍷🍷 | 3 |
| ○ Abruzzo Pecorino Bianchi Grilli per la Testa '14 | 🍷🍷 | 4 |
| ⊙ Cerasuolo d'Abruzzo Rosa-ae '15 | 🍷🍷 | 2 |
| ● Montepulciano d'Abruzzo '07 | YYY | 2 |
| ● Montepulciano d'Abruzzo Cocciapazza '11 | YYY | 4 |
| ● Montepulciano d'Abruzzo Cocciapazza '10 | YYY | 4 |
| ● Montepulciano d'Abruzzo Cocciapazza '09 | YYY | 4 |
| ● Montepulciano d'Abruzzo Cocciapazza '08 | YYY | 4 |
| ● Montepulciano d'Abruzzo Cocciapazza '07 | YYY | 4 |

## Tenuta Ulisse

via San Polo, 40
66014 Crecchio [CH]
Tel. +39 0871407733
www.tenutaulisse.it

藏酒销售
预约参观
年产量 550 000 瓶
葡萄种植面积 75 公顷

安东尼·尤利瑟（Antonio Ulisse）和路易吉·尤利瑟（Luigi Ulisse）兄弟二人于2006年接管位于基耶蒂（Chieti）的酒庄开始，就下定决心，树立远大目标。尤利瑟家族在马耶拉山（Majella）与亚得里亚海之间的克雷基奥（Crecchio）栽培照料葡萄园已经长达数个世代，如今葡萄园的种植面积达到75公顷，大部分地块转向有机栽培。这里的风土条件非常适宜种植蒙特普齐亚诺（Montepulciano）、塞拉索罗（Cerasuolo）、佩克利诺（Pecorino）、扎比安努（Trebbiano）、帕斯琳娜（Passerina）和可可西欧拉（Cococciola）等品种，每个系列都独具特色，丰富的产品线品质卓越，这要归功于低温下的自然发酵。采收的葡萄在漂亮的新酒窖里进入下一个酿造环节，打造出融合了传统与现代风格的美酒。尤利瑟酒庄的出品——不论是红葡萄酒还是白葡萄酒，不论是入门级别还是名园精选——都越来越展现出强大的说服力。在今年的品鉴中，我们发现尤利瑟酒庄自信地向两个方向发展：一方面，2015年份的佩克利诺（Pecorino）美味多汁，吐露着茴香的奇异香气，融入跃动的柑橘果香，酒中更浸润着美妙果味；另一方面，同年份的本地蒙特普齐亚诺（Montepulciano Nativae）浓郁而精美，展现出令人惊异的活跃口感。

| | |
|---|---|
| ○ Abruzzo Pecorino Nativae '15 | 🍷🍷 4 |
| ● Montepulciano d'Abruzzo Nativae '15 | 🍷🍷 4 |
| ○ Pecorino '15 | 🍷🍷 3* |
| ○ Cococciola '15 | 🍷🍷 3 |
| ⊙ Cerasuolo d'Abruzzo '15 | 🍷 3 |
| ⊙ Merlot Rosé '15 | 🍷 3 |
| ● Montepulciano d'Abruzzo '15 | 🍷 4 |
| ● Montepulciano d'Abruzzo Amaranta '14 | 🍷 4 |
| ○ Passerina '15 | 🍷 3 |
| ○ Trebbiano d'Abruzzo '15 | 🍷 3 |
| ○ Trebbiano d'Abruzzo Nativae '15 | 🍷 4 |
| ○ Abruzzo Pecorino Nativae '13 | 🍷🍷🍷 4* |
| ● Montepulciano d'Abruzzo Nativae '14 | 🍷🍷🍷 4* |
| ● Montepulciano d'Abruzzo Nativae '12 | 🍷🍷🍷 4* |

## La Valentina

via Torretta, 52
65010 Spoltore [PE]
Tel. +39 0854478158
www.lavalentina.it

藏酒销售
预约参观
年产量 350 000 瓶
葡萄种植面积 40 公顷
葡萄栽培方式 有机认证
可持续发展酒庄

最初创建于1990年，几年后被萨巴蒂诺（Sabatino）、罗伯托（Roberto）和安德烈·迪·普罗佩佐（Andrea Di Properzio）买下，瓦伦汀娜酒庄（La Valentina）是今天的阿布鲁佐产区（Abruzzo）酿造业的著名先锋酒庄之一。对于有机生物农业始终心仪，瓦伦汀娜酒庄占地面积达到40公顷的葡萄园分布在佩斯卡拉山间（Pescara）的5处地块：临近海岸的斯波尔托雷（Spoltore）和卡瓦提奇（Cavaticchi）；位于内陆更高海拔的斯卡法（Scafa）、圣瓦伦蒂诺（San Valentino）和佩尼（Penne）。瓦伦汀娜酒庄生产的传统美酒芬芳扑鼻，宜人甜美，包括蒙特普齐亚诺（Montepulciano）、塞拉索罗（Cerasuolo）和扎比安努（Trebbiano）等品种，风土系列美酒呈现显著的劲道能量，尤其是斯派尔特系列（Spelt）。在今年的品鉴中，2015年份的斯派尔特超级扎比安努（Trebbiano Superiore Spelt）表现非常精彩，吐露着经典的枸杞芬芳，更有一抹新鲜的榛子醇香萦绕其间，口感美味多汁，表现出优秀的地中海风味。紧随其后的就是2012年份的斯派尔特蒙特普齐亚诺陈酿（Montepulciano Spelt Riserva），它散发着黑樱桃的阵阵果香，融入烟灰和铅笔芯的奇异气息，入口感到浓郁的果味，酒体强劲有力。

| | |
|---|---|
| ● Montepulciano d'Abruzzo Spelt Ris. '12 | 🍷🍷 4 |
| ○ Trebbiano d'Abruzzo Sup. Spelt '15 | 🍷🍷 3* |
| ⊙ Cerasuolo d'Abruzzo Spelt '15 | 🍷🍷 3 |
| ● Montepulciano d'Abruzzo '14 | 🍷🍷 2* |
| ● Montepulciano d'Abruzzo Bellovedere '12 | 🍷🍷 6 |
| ● Montepulciano d'Abruzzo Binomio Ris. '12 | 🍷🍷 5 |
| ○ Ahuà Fiano '15 | 🍷 3 |
| ⊙ Cerasuolo d'Abruzzo '15 | 🍷 2 |
| ○ Pecorino '15 | 🍷 2 |
| ● Montepulciano d'Abruzzo Bellovedere '05 | 🍷🍷🍷 6 |
| ● Montepulciano d'Abruzzo Spelt '08 | 🍷🍷🍷 3* |
| ● Montepulciano d'Abruzzo Spelt '07 | 🍷🍷🍷 3 |
| ● Montepulciano d'Abruzzo Spelt '05 | 🍷🍷🍷 3 |
| ● Montepulciano d'Abruzzo Spelt Ris. '11 | 🍷🍷🍷 4* |
| ● Montepulciano d'Abruzzo Spelt Ris. '10 | 🍷🍷🍷 3* |

## ★★★Valentini

VIA DEL BAIO, 2
65014 LORETO APRUTINO [PE]
TEL. +39 0858291138

年产量 30 000 瓶
葡萄种植面积 60 公顷

瓦伦蒂尼酒庄（Valentini）的主人是弗朗西斯科·保罗（Francesco Paolo）和妻子伊莲娜（Elena），他们是传承阿布鲁佐产区（Abruzzo）匠人酿造业家族中的最新一代掌门人，更将这门技艺推至巅峰。保罗家族拥有深远的农业根基和传统，最早可以追溯到17世纪前半叶，如今不仅持续着激情澎湃的酿造工作，而且更具全球视野，关注全球气候变暖和保护地球生态圈，并身体力行。这一切就解释了这座位于洛雷托阿普鲁蒂诺（Loreto Aprutino）的著名酒庄为何会成为喜爱傲视时光的蒙特普齐亚诺（Montepulciano）、塞拉索罗（Cerasuolo）和扎比安努（Trebbiano）美酒爱好者心目中的圣地。酒庄在古老的阿布鲁佐产区拥有占地面积达到60公顷的棚架式葡萄园，最高峰时年产量可以达到3万瓶。在今年的品鉴中，瓦伦蒂尼酒庄推荐的美酒表现都十分精彩，其中令我们等待多年、传奇的2006系列蒙特普齐亚诺（Montepulciano）终于满足了我们的夙愿。2012年份酒令人印象深刻，它吐露着无法错认的泥土醇香，融入丝丝血的腥气，很快引发浓郁的果味，单宁犹如天鹅绒般丝滑，口感劲道有力，令人神清气爽。

- ● Montepulciano d'Abruzzo '12 🍷🍷🍷 8
- ● Montepulciano d'Abruzzo '06 ♀♀♀ 8
- ● Montepulciano d'Abruzzo '02 ♀♀♀ 8
- ● Montepulciano d'Abruzzo '01 ♀♀♀ 8
- ⊙ Montepulciano d'Abruzzo Cerasuolo '09 ♀♀♀ 6
- ⊙ Montepulciano d'Abruzzo Cerasuolo '08 ♀♀♀ 6
- ⊙ Montepulciano d'Abruzzo Cerasuolo '06 ♀♀♀ 6
- ○ Trebbiano d'Abruzzo '12 ♀♀♀ 6
- ○ Trebbiano d'Abruzzo '11 ♀♀♀ 6
- ○ Trebbiano d'Abruzzo '10 ♀♀♀ 6
- ○ Trebbiano d'Abruzzo '09 ♀♀♀ 6
- ○ Trebbiano d'Abruzzo '08 ♀♀♀ 6
- ○ Trebbiano d'Abruzzo '07 ♀♀♀ 6
- ○ Trebbiano d'Abruzzo '05 ♀♀♀ 6
- ○ Trebbiano d'Abruzzo '04 ♀♀♀ 6
- ○ Trebbiano d'Abruzzo '02 ♀♀♀ 6

## ★Valle Reale

LOC. SAN CALISTO
65026 POPOLI [PE]
TEL. +39 0859871039
www.vallereale.it

藏酒销售
预约参观
年产量 250 000 瓶
葡萄种植面积 49 公顷
葡萄栽培方式 有机认证
可持续发展酒庄

如果你造访瑞勒谷酒庄（Valle Reale），只需看到当地的地理条件，就会明白亚平宁山脉（Apennines）给这里的农业经济带来了多么重要的影响。1998年初，皮佐罗家族（Pizzolo）开始利用这里的风土优势酿造美酒，打造品牌概念。2007年，皮佐罗家族又购入了新地块，凭借自然有机的生产程序、自然发酵以及地块酿造，塑造出与众不同的特色。今天的瑞勒谷酒庄拥有种植面积达到50公顷的葡萄园，坐落于佩斯卡拉（Pescara）与拉奎拉地区（L' Aquila）的边界，位于皮里格纳山谷（Val Peligna）和卡佩斯特拉诺（Capestrano）山口的波波利（Popoli），俯瞰奥菲纳平原（Ofena Plain），这样的地理环境形成了天然环形剧场般的包围，生产出优雅美味的蒙特普齐亚诺（Montepulciano）、塞拉索罗（Cerasuolo）和扎比安努（Trebbiano）。在今年的品鉴中，瑞勒谷酒庄白葡萄酒的表现令其脱颖而出，尤其是一系列精彩的扎比安努佳酿。两款2014年份的扎比安努品质卓越，不分上下——阳光普照的波波利老藤园（Vigneto di Popoli）出产的美味佳酿；以及更加浓郁深邃的卡佩斯特拉诺康温托园（Vigna del Convento d Capestrano）美酒，吐露着美妙的花香，融入柑橘的阵阵果香，更有淡淡矿物质的醇香萦绕其间，口感美妙丰盈，非常可口。

- ○ Trebbiano d'Abruzzo V. del Convento di Capestrano '14 🍷🍷🍷 5
- ○ Trebbiano d'Abruzzo Vign. di Popoli '14 🍷🍷 5
- ○ Trebbiano d'Abruzzo '15 🍷🍷 2
- ⊙ Cerasuolo d'Abruzzo '15 🍷 2
- ● Montepulciano d'Abruzzo '15 🍷 2
- ● Montepulciano d'Abruzzo '06 ♀♀♀ 3
- ● Montepulciano d'Abruzzo San Calisto '08 ♀♀♀ 5
- ● Montepulciano d'Abruzzo San Calisto '07 ♀♀♀ 5
- ● Montepulciano d'Abruzzo San Calisto '06 ♀♀♀ 5
- ● Montepulciano d'Abruzzo San Calisto '05 ♀♀♀ 5
- ○ Trebbiano d'Abruzzo V. di Capestrano '13 ♀♀♀ 5
- ○ Trebbiano d'Abruzzo V. di Capestrano '12 ♀♀♀ 5
- ○ Trebbiano d'Abruzzo V. di Capestrano '11 ♀♀♀ 5
- ○ Trebbiano d'Abruzzo V. di Capestrano '10 ♀♀♀ 5
- ○ Trebbiano d'Abruzzo V. di Capestrano '08 ♀♀♀ 4

## ★Villa Medoro

.DA Medoro
4030 Atri [TE]
EL. +39 0858708142
www.villamedoro.it

藏酒销售
预约参观
膳宿接待
年产量 300 000 瓶
葡萄种植面积 100 公顷

梅多罗酒庄（Villa Medoro）以著名的阿特里产区（Atri）的梅多罗地区命名，地处阿利尼特洛玛娜产区（Colline Teramane）山间，卓越的莫瑞科恩家族（Morricone）拥有这座正式开业于1997年的酒庄，此前该酒庄已经进行了20多年的酿酒实验。此后在当时发展相对停滞的阿布鲁佐产区（Abruzzo）快速发展，大展拳脚，这些都得益于品质坚实的系列美酒出品，葡萄园的占地面积几近100公顷，再加上新收购了冯塔内利庄园（Tenuta ontanelle）和冯特科沃庄园（Fonte orvo），令梅多罗酒庄如虎添翼。梅多罗酒庄的现代化酿造方法并无秘密可言，它在酒窖的实际操作中再得到证明，打造出美味丰盈的酒品风格，在近些年的出品中日臻完美，尤其是梅多罗酒庄的单一品种葡萄酒以及窖藏蒙特普齐亚诺精选系列（Montepulciano）更是酒庄的旗舰精品。在今年的品鉴中，我们有幸遇到一系列完美无缺的顶级美酒，让我们从2014年份的蒙特普齐亚诺开始。它饱满丰润，吐露着原始浓郁的花香，融入海盐的丝丝风味，令质朴而惬意的特性表露无疑，口感非常精美。除此之外，2013年份的阿德拉诺（Adrano）相比较而言更加浓郁，虽然风味质朴，但是香氛持久。

| | |
|---|---|
| ● Montepulciano d'Abruzzo '14 | 🍷🍷🍷 2* |
| ● Montepulciano d'Abruzzo Colline Teramane Adrano '13 | 🍷🍷 4 |
| ● Montepulciano d'Abruzzo Rosso del Duca '14 | 🍷🍷 3* |
| ○ Pecorino '15 | 🍷🍷 2* |
| ○ Trebbiano d'Abruzzo '15 | 🍷🍷 2* |
| ○ Cerasuolo d'Abruzzo '15 | 🍷 2 |
| ○ Montonico '15 | 🍷 2 |
| ○ Passerina '15 | 🍷 2 |
| ○ Trebbiano d'Abruzzo Chimera '15 | 🍷 2 |
| ● Montepulciano d'Abruzzo Colline Teramane Adrano '12 | 🍷🍷🍷 4* |
| ● Montepulciano d'Abruzzo Colline Teramane Adrano '10 | 🍷🍷🍷 4* |
| ● Montepulciano d'Abruzzo Rosso del Duca '12 | 🍷🍷🍷 3* |

## Ciccio Zaccagnini

c.da Pozzo
65020 Bolognano [PE]
Tel. +39 0858880195
www.cantinazaccagnini.it

藏酒销售
预约参观
年产量 1 500 000 瓶
葡萄种植面积 300 公顷

如果没有西奇克·扎克格尼尼（Ciccio Zaccagnini）数十年来在针对市场的勤勉工作，阿布鲁佐产区酒（Abruzzo）就不可能拥有如今的世界声望。扎克格尼尼酒庄最初只是一座家庭酒庄，如今发展成为拥有300公顷广袤土地的恢宏酒庄，地处佩斯卡拉山（Pescara）的博洛尼亚诺（Bolognano）附近，马耶拉山（Majella）在这里与亚得里亚海（Adriatic）相会。扎克格尼尼酒庄出产的美酒系列堪称产区中品种最多样、价格最亲民者；不仅提供各式风格的塞拉索罗（Cerasuolo）、佩克利诺（Pecorino）、扎比安努（Trebbiano）和蒙特普齐亚诺（Montepulciano），更不用说著名的特拉塞托系列（Tralcetto）、实验性起泡酒以及那些不添加硫化物的美酒。现代化的酒窖同时也承办卓越的艺术展览，长期以来一直令美酒爱好者心向往之，也吸引了无数公众活动参与者。在今年的品鉴中，扎克格尼尼酒庄推荐了一系列佳酿，其中蒙特普齐亚诺精选系列的品质令人惊叹，每一款都展现出独具魅力的特质。2013年份的圣克莱蒙特陈酿（San Clemente Riserva）血统纯正，年轻的时候略显内敛，但是经过几个月的柔化后毫无疑问将充分展现出美妙口感。与此同时，2013年份的切隆科（Chronicon）香氛丰盈，充满果香，单宁饱满，结构上佳，是一款不可多得的美酒。除此之外，阿贝特佩克利诺特酿（Pecorino Cuvée dell' Abate）的卓越口感更是令我们无比倾心。

| | |
|---|---|
| ● Montepulciano d'Abruzzo Chronicon '13 | 🍷🍷🍷 3 |
| ○ Abruzzo Pecorino La Cuvée dell'Abate '15 | 🍷🍷 2* |
| ● Montepulciano d'Abruzzo S. Clemente Ris. '13 | 🍷🍷 5 |
| ○ Abruzzo Pecorino Yamada '15 | 🍷🍷 3 |
| ⊙ Cerasuolo d'Abruzzo Myosotis '15 | 🍷🍷 3 |
| ○ Abruzzo Bianco San Clemente '14 | 🍷 4 |
| ● Capsico Rosso '09 | 🍷 4 |
| ○ Ispira Passerina '15 | 🍷 3 |
| ● Montepulciano d'Abruzzo Cuvée dell'Abate '14 | 🍷 2 |
| ● Montepulciano d'Abruzzo Il Vino dal Tralcetto '14 | 🍷 2 |
| ● Montepulciano d'Abruzzo No So2 '15 | 🍷 2 |
| ● Montepulciano d'Abruzzo S. Clemente Ris. '12 | 🍷🍷🍷 5 |

## Angelucci

c.da Vicenne, 7
65020 Castiglione a Casauria [PE]
Tel. +39 0857998193
www.angeluccivini.it

藏酒销售
预约参观
年产量 200 000 瓶
葡萄种植面积 30 公顷

| | |
|---|---|
| ○ Leonate Pecorino '15 | 🍷3 |
| ○ Moscatello Passito '11 | 🍷4 |
| ○ Travertine Moscatello '15 | 🍷3 |
| ○ Trebbiano d'Abruzzo Leonate '15 | 🍷2 |

## Bove

via Roma, 216
67051 Avezzano [AQ]
Tel. +39 086333133
info@cantinebove.it

藏酒销售
预约参观
年产量 1 200 000 瓶
葡萄种植面积 60 公顷

| | |
|---|---|
| ● Montepulciano d'Abruzzo Indio '13 | 🍷🍷2* |
| ● Montepulciano d'Abruzzo Poggio d'Albe '14 | 🍷2 |
| ○ Trebbiano d'Abruzzo Poggio d'Albe '15 | 🍷2 |

## Cerulli Spinozzi

s.s. 150 del Vomano km 17,600
64020 Canzano [TE]
Tel. +39 086157193
www.cerullispinozzi.it

藏酒销售
预约参观
膳宿接待
年产量 200 000 瓶
葡萄种植面积 53 公顷

| | |
|---|---|
| ○ Cortalto Pecorino '15 | 🍷🍷2* |
| ○ Trebbiano d'Abruzzo '15 | 🍷2 |

## Col del Mondo

c.da Campotino, 35c
65010 Collecorvino [PE]
Tel. +39 0858207831
www.coldelmondo.com

藏酒销售
预约参观
年产量 80 000 瓶
葡萄种植面积 12 公顷

| | |
|---|---|
| ● Montepulciano d'Abruzzo Sunnae '15 | 🍷🍷2* |
| ○ Abruzzo Bianco Sunnae '15 | 🍷2 |
| ○ Kerrias Pecorino '15 | 🍷2 |

## Antonio Costantini

s.da Migliori, 20
65013 Città Sant'Angelo [PE]
Tel. +39 0859699169
www.costantinivini.it

藏酒销售
预约参观
膳宿接待
年产量 450 000 瓶
葡萄种植面积 60 公顷

| | |
|---|---|
| ● Montepulciano d'Abruzzo Febe '15 | 🍷🍷2* |
| ○ Abruzzo Pecorino '15 | 🍷3 |
| ○ Trebbiano d'Abruzzo '15 | 🍷2 |
| ○ Trebbiano d'Abruzzo Febe '15 | 🍷2 |

## Coste di Brenta

c.da Camicie, 50
66034 Lanciano [CH]
Tel. +39 0872895280
www.costedibrenta.it

藏酒销售
预约参观
年产量 180 000 瓶
葡萄种植面积 15 公顷
葡萄栽培方式 有机认证

| | |
|---|---|
| ○ Abruzzo Pecorino '15 | 🍷🍷2* |
| ○ Abruzzo Pecorino Elisio '15 | 🍷🍷2* |
| ● Montepulciano d'Abruzzo '14 | 🍷2 |
| ○ Trebbiano d'Abruzzo Elisio '15 | 🍷2 |

## Faraone

s.s. 80, 290
64021 Giulianova [TE]
Tel. +39 0858071804
www.faraonevini.it

藏酒销售
预约参观
年产量 50 000 瓶
葡萄种植面积 9 公顷

| | |
|---|---|
| ⊙ Cerasuolo d'Abruzzo Le Vigne di Faraone '15 | 🍷🍷 2* |
| ○ Colle Pietro Passerina '15 | 🍷 2 |

## Fontefico

via Difenza, 38
66054 Vasto [CH]
Tel. +39 3284113619
www.fontefico.it

藏酒销售
预约参观
餐饮接待
年产量 30 000 瓶
葡萄种植面积 15 公顷
葡萄栽培方式 有机认证
可持续发展酒庄

| | |
|---|---|
| ● Montepulciano d'Abruzzo Fontefico '13 | 🍷🍷 3 |
| ⊙ Cerasuolo d'Abruzzo Sup. '15 | 🍷 3 |
| ● Montepulciano d'Abruzzo Colline Teramane Titinge Ris. '12 | 🍷 5 |

## Cantina Frentana

via Perazza, 32
66020 Rocca San Giovanni [CH]
Tel. +39 087260152
www.cantinafrentana.it

藏酒销售
预约参观
膳宿接待
年产量 800 000 瓶
葡萄种植面积 22 公顷

| | |
|---|---|
| ○ Abruzzo Pecorino Costa del Mulino '15 | 🍷🍷 1* |
| ● Montepulciano d'Abruzzo Panarda Ris. '13 | 🍷 2 |
| ● Montepulciano d'Abruzzo Torre Vinaria '14 | 🍷 2 |

## Lepore

c.da Civita, 29
64010 Colonnella [TE]
Tel. +39 086170860
www.vinilepore.it

藏酒销售
预约参观
年产量 330 000 瓶
葡萄种植面积 43 公顷

| | |
|---|---|
| ● Montepulciano d'Abruzzo '14 | 🍷🍷 2* |
| ● Montepulciano d'Abruzzo Colline Teramane Re '12 | 🍷🍷 3 |

## Marchesi De' Cordano

c.da Cordano, 43
65014 Loreto Aprutino [PE]
Tel. +39 0858289526
www.cordano.it

藏酒销售
预约参观
年产量 180 000 瓶
葡萄种植面积 50 公顷
葡萄栽培方式 有机认证
可持续发展酒庄

| | |
|---|---|
| ○ Brilla Cococciola '15 | 🍷🍷 3 |
| ● Montepulciano d'Abruzzo Aida '13 | 🍷🍷 2* |
| ● Santagiusta '11 | 🍷 4 |
| ○ Trebbiano d'Abruzzo Aida '15 | 🍷 2 |

## Cantine Mucci

c.da Vallone di Nanni, 65
66020 Torino di Sangro [CH]
Tel. +39 0873913366
www.cantinemucci.com

藏酒销售
预约参观
年产量 250 000 瓶
葡萄种植面积 24 公顷

| | |
|---|---|
| ○ Pecorino Valentino '15 | 🍷🍷 2* |
| ⊙ Cerasuolo d'Abruzzo Valentino '15 | 🍷 2 |
| ● Montepulciano d'Abruzzo Valentino '15 | 🍷 2 |
| ○ Trebbiano d'Abruzzo '15 | 🍷 2 |

## Tommaso Olivastri

c.da Quercia del Corvo, 37
66038 San Vito Chietino [CH]
Tel. +39 087261543
www.viniolivastri.com

藏酒销售
预约参观
年产量 50 000 瓶
葡萄种植面积 15 公顷

- ● Montepulciano d'Abruzzo La Grondaia '12 — 2*
- ⊙ Cerasuolo d'Abruzzo Marcantonio '15 — 2
- ○ Coccocciola L'Ariosa '15 — 2

## Pietrantonj

via San Sebastiano, 38
67030 Vittorito [AQ]
Tel. +39 0864727102
www.vinipietrantonj.it

藏酒销售
预约参观
年产量 650 000 瓶
葡萄种植面积 60 公顷

- ⊙ Cerasuolo d'Abruzzo Arboreo '15 — 2
- ⊙ Cerasuolo d'Abruzzo Sup. Cerano '15 — 3

## San Giacomo

c.da Novella, 51
66020 Rocca San Giovanni [CH]
Tel. +39 0872620504
www.cantinasangiacomo.it

藏酒销售
预约参观
年产量 20 000 瓶
葡萄种植面积 300 公顷
葡萄栽培方式 有机认证

- ● Montepulciano d'Abruzzo '13 — 1*
- ● Montepulciano d'Abruzzo Casino Murri '14 — 2*
- ○ Pecorino '14 — 1*
- ○ Pecorino Casino Murri '15 — 2*

## Strappelli

via Torri, 16
64010 Torano Nuovo [TE]
Tel. +39 0861887402
www.cantinastrappelli.it

藏酒销售
预约参观
年产量 65 000 瓶
葡萄种植面积 10 公顷
葡萄栽培方式 有机认证

- ⊙ Cerasuolo d'Abruzzo Sup. Colle Trà Sup. '15 — 2*
- ○ Trebbiano d'Abruzzo '15 — 2*
- ● Montepulciano d'Abruzzo '14 — 2

## Valle Martello

c.da Valle Martello, 10
66010 Villamagna [CH]
Tel. +39 0871300330
www.vallemartello.it

藏酒销售
预约参观
膳宿接待
年产量 120 000 瓶
葡萄种植面积 40 公顷
可持续发展酒庄

- ○ Cococciola Brado '15 — 3
- ● Montepulciano d'Abruzzo Prima Terra '10 — 4
- ○ Pecorino Brado '15 — 3
- ○ Cococciola Brut — 3

## Valori

via Torquato al Salinello, 8
64027 Sant'Omero [TE]
Tel. +39 087185241
www..vinivalori.it

预约参观
年产量 150 000 瓶
葡萄种植面积 26 公顷
葡萄栽培方式 有机认证
可持续发展酒庄

- ○ Abruzzo Pecorino '15 — 2*
- ● Montepulciano d'Abruzzo Colline Teramane V. Sant'Angelo '11 — 4
- ● Montepulciano d'Abruzzo '15 — 2

# 莫利塞区
# MOLISE

当我们谈起这里史诗般的葡萄酒种植和酿造业，我们指的不仅是以一众奇妙群山和怡人海岸线为特色的极富挑战的土壤条件和气候环境，我们更指那些在面临挑战时充满了勇气和决心的种植商和酿酒人，他们在世界葡萄酒地图上并没有清晰标注的这片热土上努力耕耘，奉献生命。这就是我们每年探访莫利塞产区（Molise）寻找最佳瓶装酒和最佳酒庄的出发点。在今年的品鉴中，我们收到的莫利塞产区系列酒数量不多，不过这些酒庄非常值得鼓励和支持，不论他们的酿造水平和出品评分如何。毫无疑问，这片人迹罕至的边远土地很快就会展现出它真正的附加值，在这里，人群与文化交汇，布鲁佐产区（Abruzzo）南部地区与弗洛西诺尼（Frosinone）内陆地区、多尼亚（Daunia）和萨尼欧（Sannio）自然连接起来，亚得里亚海（Adriatic）与亚平宁山（Apennines）也在这里相逢。地理环境和海拔高度的不同无疑对这片土地产生了重大影响，同样发挥巨大作用的还包括传统酿造方法和传统葡萄品种，而这其中的多样化程度令我们甚至难以全面评估。不过让人遗憾的是，种植地的多样化常常令人感到疑惑，更甚者大量过时古老，甚至非常简单粗暴的酿造方法也给这片产区的发展蒙上了一层阴影。尽管从市场角度以及地理位置而言，莫利塞产区都遭遇了不少阻碍，但是产区最有雄心壮志的葡萄酒生产商能够而且也应该展现出他们酿造的红葡萄酒独一无二的特质，包括蒙特普齐亚诺（Montepulciano）、阿里亚尼考（Aglianico）以及最重要的汀特丽雅（Tintilia）。更不用说以格莱科（Greco）、扎比安努（Trebbiano）、玛尔维萨（Malvasia）、法兰吉娜（Falanghina）等酿造的芬芳扑鼻、清爽美味的白葡萄酒，更有一些以苏维翁（Sauvignon）和霞多丽（Chardonnay）等国际葡萄品种打造而成的美酒。在我们看来，莫利塞产区的进一步发展可以通过克洛莱多酒庄（Borgo di Colloredo）、克劳迪奥赛普莱斯酒庄（Claudio Cipressi）和格瑞科庄园（Tenimenti Grieco）追寻一条健康发展之路，这些酒庄出产莫利塞产区旗舰系列美酒。在今年的品鉴中，莫利塞产区奉献出三个系列的美酒最终闯入了全国决赛，这个成绩非常值得认可，由于该产区酒庄提交的参选酒品非常有限。同样值得认可，甚至值得敲锣打鼓庆祝的是其中唯一最终收获“三杯奖”的佳酿——来自诺朗酒庄（Di Majo Norante）2013年份的莫利塞汀特丽雅（Molise Tintilia）。这座坎波马里诺（Campomarino）的著名酒庄无疑是产区的领军酒庄。

## Borgo di Colloredo

loc. Nuova Cliternia
via Colloredo, 15
86042 Campomarino [CB]
Tel. +39 087557453
www.borgodicolloredo.com

藏酒销售
预约参观
膳宿接待
年产量 200 000 瓶
葡萄种植面积 70 公顷
可持续发展酒庄

当地传说中坎波马里诺（Campomarino）城外的古老农舍充满传奇色彩，地处萨奇昂河（Saccione River）平原。克洛莱德酒庄（Borgo di Collored）就坐落在这里，是莫利塞产区（Molise）最顶级的葡萄酒庄，由西尔维奥·迪·圭里奥（Silvio Di Giulio）于1960年创建。如今酒庄由勤劳肯干的恩里克（Enrico）和帕斯夸里（Pasquale）兄弟两人掌管，占地面积达到70公顷的葡萄园分散在各地庄园。葡萄园中主要种植蒙特普齐亚诺（Montepulciano）、汀特丽雅（Tintilia）、阿里亚尼考（Aglianico）、格莱科（Greco）、扎比安努（Trebbiano）、玛尔维萨（Malvasia）、法兰吉娜（Falanghina）等本地传统葡萄品种，更有加格奈拉（Garganega）、霞多丽（Chardonnay）和西拉（Syrah）等国际品种，用于酿造比菲诺基洛纳系列（Biferno Gironia）、诺比利葡萄园系列（Nobili Vitigni）和经典系列（Classici）等。我们强烈建议您来到佩希丽丝（Pensilis）风景壮美的圣马蒂诺马赛瑞亚（Masseria San Martino），游览克洛莱德酒庄，这里地处阿奎拉-弗吉亚特拉图洛马格诺（L' Aquila–Foggia Tratturo Magno）的核心地带。在今年的品鉴中，美味多汁的2015年份基洛纳罗萨托（Gironia Rosato）和价格亲民的白葡萄酒，以及克洛莱多庄系列（Borgo di Colloredo）的表现都非常精彩，理论上也是风味更加直接的类型酒。酒庄出品展现出精湛的酿造技艺，不过也有如同2013年份的阿格里安尼科（Aglianico）等质感更加强劲的品牌系列奉献出果味成熟的佳酿。

| | |
|---|---|
| ● Aglianico '13 | 🍷🍷 3 |
| ⊙ Biferno Rosato Gironia '15 | 🍷🍷 2* |
| ○ Biferno Bianco Gironia '15 | 🍷 3 |
| ○ Greco '15 | 🍷 2 |
| ○ Molise Falanghina '15 | 🍷 2 |
| ● Aglianico '10 | 🍷🍷🍷 3* |
| ○ Biferno Bianco Gironia '14 | 🍷🍷 3 |
| ○ Biferno Bianco Gironia '13 | 🍷🍷 2* |
| ○ Biferno Bianco Gironia '12 | 🍷🍷 2* |
| ● Biferno Rosso Gironia Ris. '08 | 🍷🍷 4 |
| ● Molise Montepulciano '10 | 🍷🍷 2* |
| ● Molise Rosso '12 | 🍷🍷 2* |

## Claudio Cipressi

c.da Montagna, 11b
86030 San Felice del Molise [CB]
Tel. +39 3351244859
www.claudiocipressi.it

藏酒销售
预约参观
膳宿接待
年产量 40 000 瓶
葡萄种植面积 15 公顷
葡萄栽培方式 有机认证
可持续发展酒庄

克劳迪奥·赛普莱斯（Claudio Cipress），这位在莫利塞圣菲利斯（San Felice del Molise）——坎波巴索地区（Campobasso）地形崎岖的内陆地带——辛苦耕耘的酿酒人拥有清晰的头脑和无尽的热情，这是他总能酿造出好酒的秘诀所在。他的酒庄占地面积达到15公顷，葡萄园自第一个采收季就得到了有机栽培认证。克劳迪奥主要种植极具潜力的汀特丽雅（Tintilia），它是莫利塞产区真正地产的明星红葡萄品种，带有魔力般的质朴特征，果味锐利，克劳迪奥用其打造出数量有限的活跃美酒。酒庄出品系列不多，包括基本酒系列、66系列、玛奇雅罗萨精选系列（Macchiarossa）、克莱奎托桃红葡萄酒系列（Collequinto rosé）以及主要由蒙特普齐亚诺（Montepulciano）混酿而成的玛琪内拉系列（Macchianera）。除此之外，还有法兰吉娜瓦纳系列（Falanghina Vananh）和思科斯特扎比安努系列（Trebbiano Le Scoste）作为补充，它们同样优雅而低调。在今年的品鉴中，以汀特丽雅为基础酿造的美酒再次呈现出绝佳表现，2013年份的赛特维尼（Settevigne）和2011年份的66系列都是品质绝佳的美酒，不相伯仲，前者吐露着活跃的第三类香氛，后者融入了秋叶和甜菜根的缕缕芬芳，更有丝丝森林大地的醇香萦绕其间；同时也不要忘记2012年份卓越的玛奇雅罗萨精选系列（Macchiarossa），它们的风格类似，但是浸润着显著的草本植物的略苦滋味，有一抹血的细腻口感。除此之外，2015年份的白葡萄酒也非常卓越，紧随其后。

| | |
|---|---|
| ● Molise Tintilia 66 '11 | 🍷🍷 7 |
| ● Molise Tintilia Macchiarossa '12 | 🍷🍷 4 |
| ● Molise Tintilia Settevigne '13 | 🍷🍷 4 |
| ⊙ Molise Rosato Collequinto '15 | 🍷 3 |
| ● Molise Rosso Macchianera '11 | 🍷 5 |
| ○ Molise Trebbiano Le Scoste '15 | 🍷 4 |
| ○ Voira Falanghina '15 | 🍷 4 |
| ○ Falanghina '12 | 🍷🍷 2* |
| ○ Falanghina Voira '13 | 🍷🍷 3 |
| ● Molise Rosso Mekan '11 | 🍷🍷 3* |
| ● Molise Rosso Rumen '09 | 🍷🍷 2* |
| ● Molise Tintilia Macchiarossa '11 | 🍷🍷 4 |
| ● Molise Tintilia Macchiarossa '10 | 🍷🍷 4 |
| ● Molise Tintilia Settevigne '14 | 🍷🍷 4 |
| ○ Molise Trebbiano Le Scoste '13 | 🍷🍷 3 |

## ★Di Majo Norante

FRAZ. NUOVA CLITERNIA
VIA COLLE SAVINO, 6
86042 CAMPOMARINO [CB]
TEL. +39 087557208
www.dimajonorante.com

藏酒销售
预约参观
年产量 800 000 瓶
葡萄种植面积 125 公顷
葡萄栽培方式 有机认证

坎波马里诺（Campomarino）位于阿布鲁佐南部产区（Abruzzo）与多尼亚（Daunia）和萨尼欧（Sannio）交汇处的中心地带，这里拥有独特的风土条件和文化底蕴。诺朗酒庄（Di Majo Norante）几乎就是莫利塞产区（Molise）的代名词，很少有其他公司与其产地的关系能够到达这样的程度，出产个性多面的美酒，由阿莱西奥（Alessio）运营管理。诺朗酒庄拥有占地面积达到135公顷的广袤葡萄园，以生物有机共生原则打理，栽培亚平宁山（Apennines）以南地区典型而广泛的葡萄品种：包括蒙特普齐亚诺（Montepulciano）、阿里亚尼考葡萄（Aglianico）、汀特丽雅（Tintilia）和桑娇维塞（Sangiovese）等黑葡萄品种；以及扎比安努（Trebbiano）、玛尔维萨（Malvasia）、莫斯卡托（Moscato）、法兰吉娜（Falanghina）和格莱科（Greco）等白葡萄品种。在今年的品鉴中，风格适中的现代化系列美酒总体表现精彩，奉献出几款闯入最终决赛的美酒。2013年份的汀特丽雅（Tintilia）吐露着樱桃的阵阵果香，融入奎宁的芬芳和咖啡的浓醇香气，单宁结构坚实，口感美妙。与此同时，2014年份的有机阿里亚尼考（Aglianico Biorganic）的香氛更加多面，口感跃动，清爽优雅，绵长的收口余韵极具能量。

| | |
|---|---|
| ● Molise Tintilia '13 | 🍷🍷🍷 3* |
| ● Molise Aglianico Biorganic '14 | 🍷🍷 3* |
| ● Molì Rosso '15 | 🍷🍷 2* |
| ○ Molise Falanghina Biorganic '15 | 🍷🍷 2* |
| ● Sangiovese '15 | 🍷🍷 2* |
| ○ Molì Bianco '15 | 🍷 2 |
| ○ Molise Falanghina '15 | 🍷 2 |
| ○ Molise Greco '15 | 🍷 2 |
| ● Molise Aglianico Biorganic '11 | 🍷🍷🍷 2* |
| ● Molise Aglianico Contado Ris. '10 | 🍷🍷🍷 3* |
| ● Molise Aglianico Contado Ris. '09 | 🍷🍷🍷 3* |
| ● Molise Aglianico Contado Ris. '07 | 🍷🍷🍷 2* |
| ● Molise Don Luigi Ris. '08 | 🍷🍷🍷 5 |
| ● Molise Rosso Don Luigi Ris. '12 | 🍷🍷🍷 5 |
| ● Molise Rosso Don Luigi Ris. '11 | 🍷🍷🍷 5 |

## Tenimenti Grieco

C.DA DIFENSOLA
86045 PORTOCANNONE [CB]
TEL. +39 0875590032
www.tenimentigrieco.it

藏酒销售
预约参观
年产量 700 000 瓶
葡萄种植面积 85 公顷

格瑞科庄园（Tenimenti Grieco）只用了几个采收酿造季，就证明了自己无愧于莫利塞产区（Molise）领先酒庄的声望。酒庄地处波托坎努（Portocannone），是该产区种植地块最密集的地区，酒庄的四位合伙人努力拓展出占地面积达到100公顷的葡萄园，生产6个强劲美味的系列酒品：阿尼玛奥斯卡系列（Anima Osca）、马莱系列（Maré）、奇亚普系列起泡酒（Chapeau）、科斯塔里系列（Costali）、莫里萨尼系列（Molisani）以及帕索阿特莱米提系列（Passo alle Tremiti）等。系列出品来自栽培广泛的葡萄品种，包括法兰吉娜（Falanghina）、苏维翁（Sauvignon）、霞多丽（Chardonnay）、白比诺（Pinot Bianco）、汀特丽雅（Tintilia）、蒙特普齐亚诺（Montepulciano）、赤霞珠（Cabernet Sauvignon）和西拉（Syrah），窖藏美酒的风格注重果香果味以及极佳的可饮性。在今年的品鉴中，格瑞科庄园又向新的目标迈出了重要一步。出品美酒的平均水平非常高，其中2015年份的梅特瑞200系列汀特丽雅（Tintilia 200 Metri）是十分值得推荐的旗舰美酒，酒质华美，令人愉悦，毫无陈腐之意境，浓郁的果味和谐宜人，浸润精美的烟熏辛辣美味。

| | |
|---|---|
| ● Molise Tintilia 200 Metri '15 | 🍷🍷 2* |
| ● Biferno Bosco delle Guardie '14 | 🍷🍷 3 |
| ⊙ Molise Rosato Passo alle Tremiti '15 | 🍷🍷 3 |
| ● Triassi '13 | 🍷🍷 5 |
| ● Lenda '14 | 🍷 5 |
| ○ Molise Falanghina Passo alle Tremiti '15 | 🍷 3 |
| ● Molise Rosso Passo alle Tremiti '14 | 🍷 3 |
| ○ Passo alle Tremiti Sauvignon '15 | 🍷 3 |
| ● Cabernet Sauvignon '09 | 🍷🍷 2 |
| ○ Falanghina '08 | 🍷🍷 2 |
| ● Molise Monterosso '13 | 🍷🍷 2* |
| ⊙ Molise Rosato Passo alle Tremiti '14 | 🍷🍷 2* |
| ● Molise Rosso Podere di Sot '08 | 🍷🍷 2* |
| ● Molise Tintilia '14 | 🍷🍷 2* |
| ● Molise Tintilia Cupaia '13 | 🍷🍷 3 |

## Cantine Catabbo

C.DA PETRIERA
86046 SAN MARTINO IN PENSILIS [CB]
TEL. +39 0875604945
www.catabbo.it

藏酒销售
年产量 160 000 瓶
葡萄种植面积 54 公顷

| | |
|---|---|
| ● Molise Tintilia S '13 | 🍷4 |
| ● Petriera Merlot '15 | 🍷2 |
| ⊙ Petriera Rosé '15 | 🍷2 |
| ● Petriera Rosso '15 | 🍷1* |

## Angelo D'Uva

C.DA MONTE ALTINO, 23A
86035 LARINO [CB]
TEL. +39 0874822320
www.cantineduva.com

藏酒销售
预约参观
膳宿接待
年产量 70 000 瓶
葡萄种植面积 20 公顷
可持续发展酒庄

| | |
|---|---|
| ○ Biferno Bianco Kantharos '15 | 🍷2 |
| ○ Keres Falanghina '15 | 🍷2 |
| ● Molise Rosso Ricupo '13 | 🍷2 |

## Cantine Salvatore

C.DA VIGNE
86049 URURI [CB]
TEL. +39 0874830656
www.cantinesalvatore.it

藏酒销售
预约参观
年产量 80 000 瓶
葡萄种植面积 15 公顷
可持续发展酒庄

| | |
|---|---|
| ○ L'IndoVINO Falanghina '15 | 🍷🍷2* |
| ● L'IndoVINO Rosso '14 | 🍷🍷2* |
| ○ Molise Falanghina Nysias '15 | 🍷3 |
| ● Molise Rosso Biberius '12 | 🍷2 |

## Terresacre

C.DA MONTEBELLO
86036 MONTENERO DI BISACCIA [CB]
TEL. +39 0875960191
www.terresacre.net

藏酒销售
预约参观
膳宿接待
年产量 100 000 瓶
葡萄种植面积 35 公顷

| | |
|---|---|
| ○ Molise Falanghina '15 | 🍷3 |
| ● Molise Tintilia '13 | 🍷5 |
| ○ Molise Trebbiano Orovite '15 | 🍷2 |

# 坎帕尼亚区
# CAMPANIA

我们选择如下两个词汇来描绘坎帕尼亚（Campania）产区酒——美妙且难以预料。坎帕尼亚产区以如画的风景和令人惊叹的丰富风土条件及地产葡萄品种而著称，使其成为意大利最有趣味的产区之一。首先，坎帕尼亚产区的葡萄园坐落在全意大利最壮观美丽的所在：从亚平宁山脉海拔700米的葡萄园俯瞰奥马尔菲海岸（Amalfi Coast），到维苏威火山（Vesuvius）和罗卡蒙费纳火山（Roccamonfina），再到坎皮佛莱格瑞火山（Campi Flegrei）的火山灰质沙地，还有岛屿和皮森提尼山（Picentini），奇伦托国家公园（Cilento）眺望大海，在意大利境内很少有其他地区能够提供如此广阔且多样的葡萄种植条件。地形复杂的种植区拥有无可企及的活跃传统，一众中小型酒庄正在努力复兴当地品种。30年前，当我们第一版年鉴出版发行的时候，书中收录了8家坎帕尼亚产区酒庄，而在今年的年鉴中，这个数字增长到106个。很难按照惯例审视和考察坎帕尼亚的酿酒业，不仅因为这里缺乏整体性的推广，或许还由于这里比其他产区更具挑战性，等待更多地被发现、理解、讲述和传播。坎帕尼亚美酒风格质朴，极具表现力，香氛演化难以预料，果香果味饱满丰盈，更融入了精美的地中海气质。产区系列出品中的基础酒物美价廉，非常适合搭配美食。总之，今年的品鉴确认了清晰的界限：产区白葡萄酒达到了极高的水平，其中的佼佼者更攀上了国际美酒的巅峰；但是相比较而言，产区红葡萄酒的平均水平却远远落后，原因或许在于并没有系统地使用橡木桶进行酿造。让我们从初次斩获“三杯奖”的4款佳酿开始说起。坎皮佛莱格瑞火山（Campi Flegrei）的酿酒大师拉斐尔·莫齐亚（Raffaele Moccia）酿造的派迪洛索（Piedirosso）站上了最高领奖台；几近80岁耋耄之年的埃托莱·萨玛科（Ettore Sammarco）凭借一款忠诚反映中世纪小城拉韦洛（Ravello）和海滨风土条件的美酒夺下桂冠；毛拉·萨尔诺（Maura Sarno）以其代表性的明快且均衡的阿维利诺菲安诺（Fiano di Avellino）收获荣誉；最后是卡西亚格里酒庄（I Cacciagalli）极其活跃的产区酿酒师马里奥·巴斯克（Mario Basco）奉献的现代风味美酒，采用健康、智慧且并不强制干预的酿造方式打造的扎格莱奥（Zagreo）是全意大利最佳的浸渍白葡萄酒之一。在这一季的品鉴中，共有22款坎帕尼亚产区酒将“三杯奖”捧回了家。2015年采收季青睐阿维利诺菲安诺（Fiano di Avellino），该年份酒共收获了6座奖杯；紧随其后的是图弗格雷科（Greco di Tufo），在我们品鉴的这类美酒中，有数款已经非常适于饮用，以往锐利的口感得到了更好的柔化。这一季的奥马尔菲海岸产地酒极具个性，不少出品跻身“三杯奖”决赛。卡塞塔地区（Caserta）和桑尼奥地区（Sannio）也都传来了好消息，后者更是最忙碌的种植区之一，生产性价比极高的优雅白葡萄酒。陶拉西（Taurasi）指定产区今年的表现则略显失常，当然受到了问题百出的酿造季气候的巨大影响，但是酒窖中一些令人困惑的决定恐怕也是造成如此局面的原因之一。我们的奖项更多地授予了入门级别酒，它们强调了产区质朴的风格特性，但是还没有达到稳定持久的表现，酒庄产品层级显然还处于不稳定、轻易便可逆转的阶段。

## Agnanum

via Vicinale Abbandonata agli Astroni, 3
80125 Napoli
Tel. +39 3385315272
www.agnanum.it

藏酒销售
预约参观
年产量 25 000 瓶
葡萄种植面积 7.5 公顷

拉斐尔·莫齐亚（Raffaele Moccia）是一位性格倔强的酿酒人，经营着这座著名的阿格纳努酒庄（Agnanum），梯田状的葡萄园遍布阿斯托尼自然公园（Astroni Natural Park）陡峭的山坡，种植面积达到7公顷，其中一半栽培法兰吉娜（Falanghina），一半种植派迪洛索（Piedirosso）。拉斐尔拥有精湛的酿造技艺，打造的美酒忠诚反映出坎皮佛莱格瑞火山（Campi Flegrei）这片火山黑土地以及浸满阳光的地中海气候的强大潜力。阿格纳努酒庄的产量不高，拉斐尔钟爱未嫁接原藤，他的出品产量并未留下正式记录。在今年的品鉴中，阿格纳努酒庄出品的表现不俗。2015年份的派迪洛索（Piedirosso）更是攀上了前所未有的品质巅峰，成为该品种第一款闯入“三杯奖”决赛的美酒。它吐露着迷人的药草香，非常宜人，更有淡淡春日繁花的花香萦绕其间，底蕴中透露出缕缕百里香和迷迭香的香气，随之而来的是活跃且果味饱满的深邃口感，令人垂涎，欲罢不能，收口余韵柔美，果味有嚼劲儿。与此同时，2014年份的维尔皮园派迪洛索（Piedirosso Vigna delle Volpi）相比较而言色泽更加浓郁，香氛更加扑鼻，散发着黑胡椒和甜菜根的气息。而2015年份的维尔皮园法兰吉娜（Falanghina Vigna del Pino）非常悦人，吐露着春日草坪和小雏菊的诱人芬芳，收口蕴含一股似无尽头的烟熏味道。

| | |
|---|---|
| ● Campi Flegrei Piedirosso '15 | 🍷🍷🍷 4* |
| ○ Campi Flegrei Falanghina V. del Pino '15 | 🍷🍷 3* |
| ● Campi Flegrei Piedirosso V. delle Volpi '14 | 🍷🍷 4 |
| ○ Campi Flegrei Falanghina V. del Pino '14 | 🍷🍷 3 |
| ○ Campi Flegrei Falanghina '15 | 🍷 3 |
| ● Campi Flegrei Piedirosso '13 | 🍷🍷 3* |
| ● Campi Flegrei Piedirosso V. delle Volpi '12 | 🍷🍷 5 |

## Alois

loc. Audelino
via Ragazzano
81040 Pontelatone [CE]
Tel. +39 0823876710
www.vinialois.it

藏酒销售
预约参观
年产量 220 000 瓶
葡萄种植面积 30 公顷
可持续发展酒庄

由于始终处于卡塞塔地区（Reggia di Caserta）的阴影之下，阿利欧斯家族（Alois）放弃了生产昂贵丝绸的行业，转而开启了酿造美酒的旅途。米歇尔·阿利欧斯（Michele Alois）和马西莫·阿利欧斯（Massimo Alois）兄弟二人打理着坎帕尼亚产区最具意趣的酒庄之一，致力于推广卡塞塔地区的特产葡萄品种，他们的酿造理念建立在单一葡萄品种之上。出品美酒包括白狐狸尾（Pallagrello Bianco）品牌——其中的柴亚提系列（Caiatì）是卓越的名园精选系列、黑狐狸尾（Pallagrello nero）品牌和卡萨韦基亚（Casavecchia）品牌等。多纳保利纳系列（Donna Paolina）擅长酿造伊尔皮尼亚地产美酒（Irpinia），以经典的阿维利诺（Avellino）三部曲最为著名——菲安诺（Fiano）、格雷科（Greco）和陶拉西（Taurasi）。在今年的品鉴中，2014年份的柴亚提系列白狐狸尾（Caiatì）色泽不同寻常地浓郁深邃，是一款质朴且极富表达力的美酒，这使它成为这个不同寻常的系列美酒中的明星产品。它吐露着蜜桃和柠檬糖的芬芳，融入大麦的醇香，随之而来的口感浓郁，如同奶油般绵密，得到绵长的收口感受的有力支撑，带有一抹薄荷脑的清凉风味。与此同时，2012年份的特布兰姆（Trebulanum）紧随其后；2014年份的塞蒂莫（Settimo）紧致而脆爽；2015年份的多纳保利纳系列阿维利诺菲安诺（Fiano di Avellino Donna Paolina）更是展现出优雅的酒重精粹，令人艳羡的酸性酒骨支撑着美味且复杂的收口感受。

| | |
|---|---|
| ○ Caiatì '14 | 🍷🍷🍷 3* |
| ○ Caulino '15 | 🍷🍷 2* |
| ● Cunto '13 | 🍷🍷 4 |
| ○ Falanghina Donna Paolina '15 | 🍷🍷 3 |
| ○ Fiano di Avellino Donna Paolina '15 | 🍷🍷 3 |
| ○ Greco di Tufo Donna Paolina '15 | 🍷🍷 3 |
| ● Settimo '14 | 🍷🍷 2* |
| ● Taurasi Donna Paolina '11 | 🍷🍷 5 |
| ● Trebulanum '12 | 🍷🍷 5 |
| ● Campole '14 | 🍷 3 |
| ○ Pallagrello Bianco Caiatì Morrone '13 | 🍷🍷🍷 2* |
| ● Trebulanum '10 | 🍷🍷🍷 5 |
| ○ Caulino '14 | 🍷🍷 2* |
| ● Cunto '12 | 🍷🍷 4 |
| ● Settimo '13 | 🍷🍷 2* |

## Cantine Astroni

via Sartania, 48
80126 Napoli
Tel. +39 0815884182
www.cantineastroni.com

藏酒销售
预约参观
餐饮接待
年产量 330 000 瓶
葡萄种植面积 25 公顷
葡萄栽培方式 有机认证
可持续发展酒庄

阿斯卓尼酒庄（Cantine Astroni）坐落于阿斯卓尼火山口（Astroni）的外向山坡，地处那不勒斯（Naples）和波佐利（Pozzuoli）之间，属于美丽的坎皮佛莱格瑞火山次产区（Campi Flegrei），法兰吉娜（Falanghina）和派迪洛索（Piedirosso）在这里的种植历史相当久远。阿斯卓尼酒庄是本产区规模最大的酒庄之一，拥有种植面积达到13公顷的葡萄园，更有由长期供应酿造果实的忠诚种植商打理的12公顷种植地块。在妻子伊曼纽拉·卢索（Emanuela Russo）和堂兄文森佐（Vincenzo）的辅助下，杰拉多·韦纳扎罗（Gerardo Vernazzaro）经营管理着这座酒庄。出品的系列美酒展现出优雅且真实的个性。在今年的品鉴中，阿斯卓尼酒庄的总体表现不俗。2015年份的罗腾代拉派迪洛索（Piedirosso Colle Rotondella）凭借卓越水准闯入了角逐“三杯奖”的决赛圈，它飘散着诱人成熟的红色水果果香，我们非常享受它那深邃而芬芳的口感与浓烈的辛香形成鲜明对比，收口带有一抹活跃的柑橘美味，清爽宜人。与此同时，2015年份的因佩拉特里切法兰吉娜（Falanghina Colle Imperatrice）展现出令人印象深刻的深邃果味。除此之外，2014年份的阿斯卓尼园法兰吉娜（Falanghina Vigna Astroni）飘散着淡淡的矿物质醇香，融入一抹发酵的风味，令这款佳酿非常特别，口感融入令人愉悦的淡淡苦味。

| | |
|---|---|
| ● Campi Flegrei Piedirosso Colle Rotondella '15 | 🍷🍷 3* |
| ○ Campi Flegrei Falanghina Colle Imperatrice '15 | 🍷🍷 2* |
| ○ Campi Flegrei Falanghina V. Astroni '14 | 🍷🍷 3 |
| ○ Strione '11 | 🍷 4 |
| ○ Campi Flegrei Falanghina Colle Imperatrice '14 | 🍷🍷 2* |
| ○ Campi Flegrei Falanghina Colle Imperatrice '12 | 🍷🍷 2* |
| ○ Campi Flegrei Falanghina V. Astroni '13 | 🍷🍷 3 |
| ● Campi Flegrei Piedirosso Colle Rotondella '12 | 🍷🍷 2* |
| ○ Strione '10 | 🍷🍷 4 |

## Bambinuto

via Cerro
83030 Santa Paolina [AV]
Tel. +39 0825964634
www.cantinabambinuto.com

预约参观
年产量 25 000 瓶
葡萄种植面积 6 公顷

与许多伊尔皮尼亚地区（Irpinia）的小酒庄一样，巴姆比努托酒庄（Bambinuto）最初仅致力于向更大规模的葡萄酒生产商供应酿造果实，这样的操作持续多年。巴姆比努托酒庄坐落于圣保利纳（Santa Paolina），地处图弗格雷科产地（Greco di Tufo）的中心地带，葡萄藤生长在石灰质黏土土壤中，富含钙和钾等矿物质。在酿酒师安东尼·佩西（Antonio Pesce）的协助下，马瑞莱纳·奥菲罗（Marilena Aufiero）打造出两款在不锈钢罐中发酵和陈年的格雷科佳酿（Grecos）——包括一款基酒和一款皮克利（Picoli），后者的酿造葡萄来自同名葡萄园，采用更加丰盈浓郁、结构更佳的酿造果实打造而成。在今年的品鉴中，马瑞莱纳推荐的一款美酒在酒庄历史上第一次闯入了角逐“三杯奖”的决赛圈——2014年份的图弗格雷科（Greco di Tufo）,口味复杂而优雅，吐露着白垩碘化物的独特芬芳，融入缕缕芳香植物的清香，是一款优雅且跃动的美酒，收口带有海盐的咸味儿。除此之外，我们今年第一次品尝到2013年份的皮克利格雷科（Picoli），它的质感上佳，展现出类似雷司令（Riesling）般的芬芳和明快质感。2015年份的皮克利格雷科相比而言更加浓郁，吐露着杏和金雀花般的风味，如同奶油般醇香。最后还有非凡出众的2015年份因萨尼亚法兰吉娜（Falanghina Insania）。

| | |
|---|---|
| ○ Greco di Tufo '14 | 🍷🍷 2* |
| ○ Greco di Tufo Picoli '15 | 🍷🍷 4 |
| ○ Greco di Tufo Picoli '13 | 🍷🍷 4 |
| ○ Irpinia Falanghina Insania '15 | 🍷🍷 2* |
| ○ Greco di Tufo '13 | 🍷🍷 2* |
| ○ Greco di Tufo '12 | 🍷🍷 3 |
| ○ Greco di Tufo Picoli '11 | 🍷🍷 4 |
| ○ Greco di Tufo Picoli '10 | 🍷🍷 4 |
| ● Taurasi '07 | 🍷🍷 5 |

## I Cacciagalli

LOC. CAIANELLO
FRAZ. AORIVOLA
VIA TEANO, 3
81059 TEANO [CE]
TEL. +39 0823875216
www.icacciagalli.it

藏酒销售
预约参观
膳宿接待
年产量 20 000 瓶
葡萄种植面积 9 公顷
葡萄栽培方式 有机认证

戴安诺·埃卡诺尼（Diano Iaccannone）和马里奥·巴斯克（Mario Basco）打造的微型酒庄是坎帕尼亚产区酿酒业一颗冉冉升起的新星。卡西亚格里酒庄（I Cacciagalli）位于卡塞塔（Caserta）以北的奥瑞瓦拉（Aorivola），距离罗卡蒙费纳死火山（Roccamonfina）只有几公里之遥。酒庄的种植和酿造都遵循生物动力学方法，使用大型木桶和带不锈钢塞的双耳瓶进行发酵和陈年。出品美酒堪称本地区最为传统和质朴的美酒：它极富表现力，口感悦人，不同寻常的果味非常平衡，具有超级的可饮性，即便在最初的浸渍阶段也能表现出成熟的独特风味，非常现代。麦勒系列（Mille）是卡西亚格里酒庄新推出的系列美酒，主要以派迪洛索（Piedirosso）添加少量阿里亚尼考（Aglianico）混酿而成，在水泥池中陈年，此酒为了纪念加里波第（Garibaldi）与埃马努埃莱二世（Vittorio Emanuele II）于1860年在泰阿诺（Teano）的会面。在卡西亚格里酒庄这一季提供的品鉴酒品中，2015年份的扎格莱奥（Zagreo）是全意大利最佳的浸渍白葡萄酒之一，吐露着大麦的醇香，融入蜜桃的成熟果香，更有一抹黑茶和茴香的奇异芬芳萦绕其间，底蕴中透露出缕缕橘子糖的甜美香气，随之而来的口感强劲丰盈，芬芳扑鼻，果味饱满且略苦，不过活跃的收口感受与之完美平衡，绵长怡人，令人久久难忘。同样卓越的还有2015年份的麦勒系列混酿（Mille），这款美酒极有节律，吐露着黑橄榄浓郁的果香，融入铅笔芯的奇异芬芳，入口感到跃动的质感，单宁结构上佳，酸度怡人。

| | | |
|---|---|---|
| ○ Zagreo '15 | 🍷🍷🍷 | 4* |
| ○ Zagreo '14 | 🍷🍷 | 4* |
| ● Mille '15 | ▼▼ | 3 |
| ○ Aorivola '15 | ▼ | 3 |
| ○ Aorivola '13 | ▽▽ | 4 |
| ● Lucno '13 | ▽▽ | 4 |
| ● Masseria Cacciagalli '11 | ▽▽ | 4 |
| ● Phos '13 | ▽▽ | 4 |
| ● Sphaeranera '13 | ▽▽ | 4 |
| ○ Zagreo '13 | ▽▽ | 4 |

## Antonio Caggiano

C.DA SALA
83030 TAURASI [AV]
TEL. +39 082774723
www.cantinecaggiano.it

藏酒销售
预约参观
餐饮接待
年产量 155 000 瓶
葡萄种植面积 25 公顷

摄影、旅行和美酒是安东尼奥·卡吉亚诺（Antonio Caggiano）的三大嗜好。经过深远且广泛的探寻最佳地块之旅，安东尼奥创建了坎帕尼亚产区（Campania）最精美的酒庄之一，为其酿造的瓶装美酒找到一处壮观的圣所，同时还在酒庄中开设传统美酒酿造展览，令他的酒庄成为一座真正的葡萄酒博物馆。在儿子约瑟佩·卡吉亚诺（Giuseppe Caggiano）的协助下，安东尼奥打理着陶拉西产区（Taurasi）占地面积达到25公顷的精美葡萄园，朝向极佳，部分坐落于康特拉达萨拉（Contrada Sala）、圣彼得罗（San Pietro）、科斯蒂（Coste）和圣母山教堂的皮亚诺（Piano di Montevergine）等地卓越的酿酒地块之中。高蒂马奇亚葡萄园系列（Vigna Macchia dei Goti）是DOC产区最早的一款只在橡木桶中陈年的名园酒。在今年的品鉴中，2012年份的高蒂马奇亚葡萄园系列吐露着黑莓果浓郁的果香，融入血橙的淡淡芬芳，酒骨活跃，单宁均衡，酒体饱满，口感多汁，收口略显辛辣，精美柔和，美味怡人。与此同时，以菲安诺（Fiano）和格雷科（Greco）混酿而成的美酒梅尔（Mel）依然是坎帕尼亚产区的最佳甜酒之一，它吐露着番红花的缕缕花香，融入橘子皮的芬芳，口感别具一格，浓郁异常，带有一抹甜味儿。除此之外，2015年份的比查（Béchar）丰美诱人，活跃美味。

| | | |
|---|---|---|
| ● Taurasi V. Macchia dei Goti '12 | 🍷🍷 | 5 |
| ○ Fiano di Avellino Béchar '15 | ▼▼ | 3 |
| ○ Greco di Tufo Devon '15 | ▼▼ | 3 |
| ○ Mel | ▼▼ | 5 |
| ● Irpinia Aglianico Taurì '14 | ▼ | 2 |
| ● Irpinia Campi Taurasini Salae Domini '14 | ▼ | 5 |
| ○ Fiano di Avellino Béchar '13 | ▽▽▽ | 3* |
| ● Taurasi V. Macchia dei Goti '08 | ▽▽▽ | 5 |
| ● Taurasi V. Macchia dei Goti '04 | ▽▽▽ | 5 |
| ○ Fiano di Avellino Béchar '14 | ▽▽ | 3* |
| ● Irpinia Aglianico Taurì '13 | ▽▽ | 2* |
| ● Taurasi V. Macchia dei Goti '11 | ▽▽ | 5 |
| ● Taurasi V. Macchia dei Goti '10 | ▽▽ | 5 |

## Cantina del Taburno

via Sala, 16
82030 Foglianise [BN]
Tel. +39 0824871338
www.cantinadeltaburno.it

藏酒销售
预约参观
年产量 1 000 000 瓶
葡萄种植面积 600 公顷

自1901年始，贝内文托（Benevento）的农业生产联盟（Consorzio Agrario Provinciale）就一直在桑尼奥地区（Sannio）推进农业的发展。1972年，农业生产联盟在塔布诺山（Mount Taburno）创立了塔布诺酒庄（Cantina del Taburno），如今拥有大约300家葡萄种植和葡萄酒酿造商成员，葡萄园占地面积共计600多公顷，主要占据黏土山坡上的种植地块。塔布诺酒庄坐落于福利亚尼塞（Foglianise），主要酿造阿里亚尼考（Aglianico）、派迪洛索（Piedirosso）以及法兰吉娜（Falanghina）等桑尼奥（Sannio）的地产葡萄品种酒，同时也酿造格雷科（Greco）、费埃诺（Fiano）和狐狸尾（Coda di volpe）等品种酒。出品既有容易入口的悦人白葡萄酒、多汁精粹的红葡萄酒，更有帕西多甜酒（Passitos）和二次酿造法起泡酒（Charmat-method sparklers）。在今年的品鉴中，我们还需时间等待新一季的布阿皮斯（Bue Apis）以及德琉斯（Delius）出品。在此期间，我们对塔布诺桑尼奥法兰吉娜（Falanghina del Sannio Taburno）极易入口且令人愉悦的特性留下了深刻印象。2015年份酒吐露着茴香和杏仁的醇香，入口后感到坚实的果味，酒质呈流线型演化发展，丰盈果味充盈满口。除此之外，2015年份的赛思科德艾莱莫（Cesco dell' Eremo）同样令人惊艳，散发着青苹果的缕缕清香，口感华美，酸度与酒骨搭配得天衣无缝。

| | | |
|---|---|---|
| ○ Falanghina del Sannio Taburno '15 | 🍷🍷 (red) | 2* |
| ○ Cesco dell'Eremo '15 | 🍷🍷 (black) | 2* |
| ○ Coda di Volpe Amineo '15 | 🍷 (black) | 2 |
| ○ Greco '15 | 🍷 (black) | 2 |
| ● Sannio Aglianico Fidelis '13 | 🍷 (black) | 2 |
| ● Aglianico del Taburno Bue Apis '04 | 🍷🍷🍷 (white) | 8 |
| ● Aglianico del Taburno Delius '09 | 🍷🍷🍷 (white) | 4* |
| ● Bue Apis '00 | 🍷🍷🍷 (white) | 6 |
| ○ Bue Apis '99 | 🍷🍷🍷 (white) | 6 |
| ● Aglianico del Taburno Bue Apis '11 | 🍷🍷 (white) | 8 |
| ○ Cesco dell'Eremo '13 | 🍷🍷 (white) | 2* |
| ○ Coda di Volpe Amineo '14 | 🍷🍷 (white) | 2* |
| ○ Fiano '14 | 🍷🍷 (white) | 2* |
| ○ Greco '14 | 🍷🍷 (white) | 2* |
| ● Sannio Aglianico Fidelis '11 | 🍷🍷 (white) | 2* |

## Cautiero

c.da Arbusti
82030 Frasso Telesino [BN]
Tel. +39 3387640641
www.cautiero.it

藏酒销售
膳宿接待
年产量 18 000 瓶
葡萄种植面积 4 公顷
葡萄栽培方式 有机认证

福尔维奥·考迭罗（Fulvio Cautiero）和艾玛·克罗帕诺（Imma Cropano）的精品酒庄正在庆贺创建15周年纪念日。2002年，两人辞掉了工作，专心致志地在贝内文托（Benevento）附近的塔布诺-坎珀索罗地区公园（Parco Regionale del Taburno-Camposauro）荒芜的地块中酿造美酒。酒庄的酿造葡萄只选取自有的4公顷葡萄园中的果实，根植于富含卵石的黏土土壤，以有机方式栽培。法兰吉娜（Falanghina）是主要的栽培品种，始终是酒庄最典型的类型美酒，呈现出考迭罗酒庄独有的清爽、芬芳和紧致的经典特性，酒质演化非常纯粹。在今年的品鉴中，我们再次验证了考迭罗酒庄酒品整体上优秀水准，其出品的法兰吉娜再次成为指定产区酒中的佼佼者。它吐露着成熟的酒香，融入阳光的气息，更有接骨木花和小雏菊的清新风味萦绕其间，随之而来的口感馥郁而活跃，浸润果味，美味异常。同样表现精彩的还有2015年份的艾尔巴白葡萄酒（Erba Bianca），令人想起浸渍的草本植物的芬芳和大麦的醇香，清凛的口感劲道且鲜美，收口感受非常怡人，带有一抹绿茶滋味。除此之外，考迭罗酒庄这一季的红葡萄酒也表现精彩。

| | | |
|---|---|---|
| ○ Erba Bianca '15 | 🍷🍷 (red) | 2* |
| ○ Falanghina del Sannio Fois '15 | 🍷🍷 (red) | 2* |
| ● Sannio Aglianico Fois '13 | 🍷🍷 (black) | 2* |
| ○ Sannio Greco Trois '15 | 🍷🍷 (black) | 2* |
| ● Piedirosso '15 | 🍷 (black) | 2 |
| ● Sannio Aglianico Donna Candida '11 | 🍷 (black) | 4 |
| ○ Falanghina del Sannio Fois '13 | 🍷🍷🍷 (white) | 2* |
| ○ Erba Bianca '14 | 🍷🍷 (white) | 2* |
| ○ Falanghina del Sannio Fois '14 | 🍷🍷 (white) | 2* |
| ● Piedirosso '13 | 🍷🍷 (white) | 2* |
| ● Sannio Aglianico Fois '12 | 🍷🍷 (white) | 2* |
| ○ Sannio Greco Trois '14 | 🍷🍷 (white) | 2* |
| ○ Sannio Greco Trois '13 | 🍷🍷 (white) | 2* |

## Tenuta Cavalier Pepe

via Santa Vara
83050 Sant'Angelo all'Esca [AV]
Tel. +39 082773766
www.tenutapepe.it

藏酒销售
预约参观
膳宿接待
年产量 300 000 瓶
葡萄种植面积 50 公顷
可持续发展酒庄

意大利总统奥斯卡·路易吉·斯卡尔法罗（Oscar Luigi Scalfaro）授予安杰洛·佩普（Angelo Pepe）“行业骑士”称号（Cavaliere del Lavoro），用以表彰他在比利时对意大利美食美酒的推广做出的不可估量的无价贡献——安杰洛在比利时拥有6家卓越且著名的意大利餐厅。安杰洛的女儿米莱娜·佩普（Milena Pepe）曾在荷兰和法国学习酿酒，2005年也回到了意大利，投入位于圣安杰洛阿莱斯卡（Sant' Angelo all' Esca）的家族酒庄的生产管理中。佩普骑士酒庄（Cavalier Pepe）如今拥有种植面积达到50公顷的葡萄园，产地包括伊尔皮尼亚（Irpinia）所有指定产区，所有出品系列美酒都达到了相当高的品质水准，其中更有几款企及了品质的巅峰。在佩普骑士酒庄这一季提供的品鉴酒品中，2015年份的雷菲安诺阿维利诺菲安诺（Fiano di Avellino Refiano）吐露着和煦阳光的气息，酒香浓郁芬芳且成熟，口感别具一格，酒体纤细，浸润着缕缕草本植物的美味，收口纯净，余韵绵长且持久。与此同时，2011年份的欧佩拉米亚陶拉西（Taurasi Opera Mia）吐露着浓郁的第三类香气，仿似桃金娘和地中海灌木丛的热烈芬芳，入口感到热辣多汁、果味饱满的口感，美味收口进一步提升酒质，描画出一款已然饱满华丽的顶级美酒。

| | |
|---|---|
| ○ Fiano di Avellino Refiano '15 | 🍷🍷 3 |
| ○ Greco di Tufo Nestor '15 | 🍷🍷 3 |
| ● Taurasi Opera Mia '11 | 🍷🍷 5 |
| ○ Fiano di Avellino Brancato '14 | 🍷 4 |
| ● Irpinia Aglianico Terra del Varo '12 | 🍷 2 |
| ● Irpinia Rosso Sanserino '13 | 🍷 2 |
| ○ Fiano di Avellino Refiano '14 | ♈♈ 3 |
| ○ Fiano di Avellino Refiano '13 | ♈♈ 3 |
| ● Irpinia Aglianico Terra del Varo '11 | ♈♈ 2* |
| ● Taurasi La Loggia del Cavaliere Ris. '09 | ♈♈ 6 |
| ● Taurasi La Loggia del Cavaliere Ris. '08 | ♈♈ 6 |
| ● Taurasi La Loggia del Cavaliere Ris. '07 | ♈♈ 6 |
| ● Taurasi Opera Mia '10 | ♈♈ 5 |
| ● Taurasi Opera Mia '09 | ♈♈ 5 |

## Cenatiempo Vini d'Ischia

via Baldassarre Cossa, 84
80077 Ischia [NA]
Tel. +39 081981107
www.vinicenatiempo.it

藏酒销售
预约参观
年产量 70 000 瓶
葡萄种植面积 4 公顷

在经过令人印象深刻的三轮品鉴之后，塞纳提莫珀酒庄（Cenatiempo）终于凭借出品的卓越品质在我们的全篇幅介绍板块中赢得了一席之地。塞纳提莫珀酒庄始创于二战刚刚结束的1945年，创建人是伊斯基亚岛（Ischia）现代葡萄酒生产业中的先锋人物弗朗西斯科·塞纳提莫珀（Francesco Cenatiempo），如今酒庄的经营者是他的儿子帕斯夸里（Pasquale）。用于酿造的果实只来自于酒庄自有的4公顷葡萄园，酿造过程中只添加铜和硫化物。种植品种主要包括岛上的主要地处品种，包括白莱拉（Biancolella）、弗拉斯塔（Forastera）和派迪洛索（Piedirosso），还有几行加纳查（Guarnaccia）。出品风格良好地结合了饱满果香和丰美精致结构，每一季的出品品质都有所提升，尤其是白葡萄酒。在塞纳提莫珀酒庄这一季提供的品鉴酒品中，2015年份的伊斯基亚岛白莱拉（Ischia Biancolella）表现极为精彩，这款清爽的美酒吐露着诱人的香气，融入柑橘的芬芳，酒质发展惬意且紧致，呈现出优雅的个性。相比较而言，2015年份的伊斯基亚岛弗拉斯塔（Ischia Forastera）更加浓郁，同时也更加绵密，风味更加复杂，是我们品鉴过最美味的酒品之一。

| | |
|---|---|
| ○ Ischia Biancolella '15 | 🍷🍷 (red) 3 |
| ○ Ischia Biancolella Kalimera '14 | 🍷🍷 4 |
| ○ Ischia Forastera '15 | 🍷🍷 4 |
| ○ Ischia Bianco Lefkos '15 | 🍷 4 |
| ● Ischia Per' 'e Palummo '15 | 🍷 3 |
| ○ Ischia Biancolella Kalimera '13 | ♈♈ 4 |
| ● Ischia Per' 'e Palummo '14 | ♈♈ 3 |

## Colli di Lapio

via Arianiello, 47
83030 Lapio [AV]
Tel. +39 0825982184
www.collidilapio.it

藏酒销售
预约参观
年产量 6 000 瓶
葡萄种植面积 8 公顷

拉皮欧酒庄（Lapio）是生产阿维利诺菲安诺（Fiano di Avellino）的特级名庄（Grand Cru），海拔400米至600米地块中富含黏土的土壤能够带出果实中的丰盈果味，香氛宽广，清凛甘美，呈现出真实而复杂的表达，令这种白葡萄酒成为意大利品质最佳的白葡萄酒之一。出品美酒带有罕见的北方特质，精美的烟熏气息结合极具穿透力的酸度，保证了佳酿具有良好的陈年潜力。在酿酒师安杰罗•皮兹（Angelo Pizzi）的协助下，人称“菲安诺夫人”（La Signora del Fiano）的克莱莉亚•罗曼诺（Clelia Romano）经营着这座拉皮欧酒庄，她的子女卡梅拉（Carmela）和菲德瑞科（Federico）如今也投入到酒庄的管理中。在拉皮欧酒庄这一季提供的品鉴美酒中，阿维利诺菲安诺（Fiano di Avellino）再次将“三杯奖”捧回了家。2015年份酒比此前的年份酒更适合即时饮用，但是展现出同样复杂的风味和多面的特质。它吐露着草地野花的芬芳，融入阳光下甘草的清香，更有一抹桃子的果香萦绕其间，入口美味馥郁，紧致多汁，收口更加饱满丰盈，呈现更加柔美浓郁的果味，得到显著且有力的酒质演化的支撑。其他两款推荐美酒相比较而言略显逊色。

| | | |
|---|---|---|
| ○ Fiano di Avellino '15 | 🍷🍷🍷 | 4* |
| ○ Greco di Tufo Alexandros '15 | 🍷 | 3 |
| ● Irpinia Campi Taurasini Donna Chiara '14 | 🍷 | 3 |
| ○ Fiano di Avellino '14 | 🍷🍷🍷 | 4* |
| ○ Fiano di Avellino '13 | 🍷🍷🍷 | 4* |
| ○ Fiano di Avellino '10 | 🍷🍷🍷 | 4 |
| ○ Fiano di Avellino '09 | 🍷🍷🍷 | 4 |
| ○ Fiano di Avellino '08 | 🍷🍷🍷 | 4* |
| ○ Fiano di Avellino '07 | 🍷🍷🍷 | 4 |
| ○ Fiano di Avellino '05 | 🍷🍷🍷 | 4 |
| ○ Fiano di Avellino '04 | 🍷🍷🍷 | 4 |
| ○ Greco di Tufo Alèxandros '14 | 🍷🍷 | 3 |
| ○ Greco di Tufo Alèxandros '13 | 🍷🍷 | 3 |
| ● Taurasi V. Andrea '11 | 🍷🍷 | 5 |

## Michele Contrada

c.da Taverna, 31
83040 Candida [AV]
Tel. +39 0825988434
www.vinicontrada.it

藏酒销售
预约参观
年产量 60 000 瓶
葡萄种植面积 10 公顷

坎帕尼亚产区（Campania）遍布极具创造力的酿酒匠人和小型酒庄，令产区的酿造图景异常活跃，时时充满意外惊喜。杰拉多•孔特拉达（Gerardo Contrada）就是其中一位在伊尔皮尼亚（Irpinia）勤勉劳作的酿酒人。在我们今年品鉴的最终阶段，他的小酒庄是我们关注的大热门之一，不论基酒还是传统品种的名园精选酒都展现出精湛的酿造水准。尤其是阿维利诺菲安诺（Fiano di Avellino），捕捉到了坎蒂达地区（Candida）风土的典型特质，烙上了浓郁的矿物质风味标签，香气饱满且独特。与此同时，图弗格雷科（Greco di Tufo）和柯达蒂沃普（Coda di Volpe）完善了白葡萄酒出品系列，它们都在不锈钢容器中发酵陈年。在今年的品鉴中，2015年份的阿维利诺菲安诺表现精彩，它的果香果味浓郁，结构明快，吐露着蜜桃的果香，融入芳香植物的芬芳，口感和谐诱人，具有令人心满意足的可饮性，怡人美味。2011年份的陶拉西（Taurasi）是经典的类型酒，吐露着黑橄榄的芬芳，融入柏树的醇香，口感质朴成熟。除此之外，2015年份的桑尼奥法兰吉娜（Falanghina del Sannio）吐露着热带水果的热烈果香，更有烘烤杏仁的醇香萦绕其间。

| | | |
|---|---|---|
| ○ Fiano di Avellino '15 | 🍷🍷 | 3* |
| ● Taurasi '11 | 🍷🍷 | 5 |
| ○ Falanghina del Sannio '15 | 🍷 | 2 |
| ○ Fiano di Avellino Selvecorte '12 | 🍷🍷🍷 | 3* |
| ○ Fiano di Avellino '12 | 🍷🍷 | 3* |
| ○ Fiano di Avellino Selvecorte '13 | 🍷🍷 | 3* |
| ○ Fiano di Avellino Selvecorte '11 | 🍷🍷 | 3* |
| ○ Greco di Tufo '12 | 🍷🍷 | 3 |
| ○ Greco di Tufo Gaudioso '13 | 🍷🍷 | 2* |
| ○ Greco di Tufo Gaudioso '12 | 🍷🍷 | 3 |
| ● Taurasi Hirpus '08 | 🍷🍷 | 5 |

## Contrade di Taurasi

via Municipio, 41
83030 Taurasi [AV]
Tel. +39 082774483
www.cantinelonardo.it

藏酒销售
预约参观
年产量 18 000 瓶
葡萄种植面积 5 公顷
葡萄栽培方式 有机认证

得到文森佐·莫库瑞欧（Vincenzo Mercurio）的技术支持，阿里桑卓·鲁纳尔多（Alessandro Lonardo）创建的酒庄居于伊尔皮尼亚（Irpinia）葡萄酒世界酒庄之首，陶拉西孔特拉德酒庄（Contrade di Taurasi）正式创建于1998年。陶拉西孔特拉德酒庄有限的年产量反映出这是一座小规模的匠人酒庄，采取有机方法管理葡萄园，只使用自然生成的环境酵母，所有酿造果实均来自占地面积达到5公顷的自有葡萄园。出品的唯一白葡萄酒是格莱克慕斯（Grecomusc），这种独一无二的白葡萄酒吐露着原始的香氛，酿造葡萄是一种被称为洛韦耶罗（Rovello）的本地葡萄品种。地块还种植阿里亚尼考（Aglianico），出产两款气质协调、真实反映风土的陶拉西精选酒（Taurasi）——科斯特陶拉西（Coste）和阿尔托园陶拉西（Vigne d' Alto），酿造的果实都来自生长周期在80年以上的老藤。陶拉西孔特拉德酒庄出品风格以显著而纯净的酒香、精美浓郁的果味精粹以及优雅的酒质而著称。在今年的品鉴中，2011年份的科斯特陶拉西（Taurasi Coste）从众多佳酿中脱颖而出，拔得头筹。它最初吐露着皮革的缕缕醇香，融入黑胡椒的辛香和血橙的阵阵果香，随之而来的口感浸润着矿物质的鲜美滋味，融入复杂的酸度，收口带有金色烟叶和甜菜根的滋味。与此同时，2011年份的阿尔托园陶拉西有一抹燧石的风味，果味饱满，口感质朴；而2011年份的陶拉西（Taurasi）则紧致而鲜美，略显干爽的口感带来单宁馥郁的收口感受。除此之外，格莱克慕斯系列（Grecomusc）中的博莱斯奎（Burlesque）初次发布，展现出极有潜力的前景。

| | | |
|---|---|---|
| ● Taurasi Coste '11 | 🍷🍷🍷 | 8 |
| ● Taurasi '11 | 🍷🍷 | 6 |
| ○ Grecomusc' '14 | 🍷🍷 | 5 |
| ○ Grecomusc' Burlesque '14 | 🍷🍷 | 5 |
| ● Taurasi Vigne d'Alto '11 | 🍷🍷 | 8 |
| ○ Grecomusc' '12 | 🍷🍷🍷 | 4* |
| ○ Grecomusc' '10 | 🍷🍷🍷 | 4* |
| ● Taurasi '10 | 🍷🍷🍷 | 6 |
| ● Taurasi '04 | 🍷🍷🍷 | 6 |
| ● Taurasi Coste '08 | 🍷🍷🍷 | 7 |
| ○ Grecomusc' '13 | 🍷🍷 | 4 |
| ● Irpinia Aglianico '12 | 🍷🍷 | 3 |
| ● Taurasi '08 | 🍷🍷 | 5 |
| ● Taurasi Coste '09 | 🍷🍷 | 7 |
| ● Taurasi Vigne d'Alto '09 | 🍷🍷 | 5 |
| ● Taurasi Vigne d'Alto '08 | 🍷🍷 | 7 |

## Marisa Cuomo

via G. B. Lama, 16/18
84010 Furore [SA]
Tel. +39 089830348
www.marisacuomo.com

藏酒销售
预约参观
餐饮接待
年产量 109 000 瓶
葡萄种植面积 18 公顷

根据不成文的说法，伟大的葡萄酒只能产自令人惊叹的特殊地貌。仿佛这种地方与及其所产的果实之间存在某种灵魂的交换。玛丽莎·库罗莫（Marisa Cuomo）和安德里亚·弗莱奥利（Andrea Ferraioli）以及他们的孩子拉斐尔（Raffaele）和朵拉（Dora）酿造的美酒就是如此。这里是阿玛菲海岸（Amalfi Coast），是联合国教科文组织认定的世界历史遗产地之一，海岸线上一座居民不足1000人的小城福罗瑞（Furore）正坐落于齐亚托（River Schiato）河畔的悬崖峭壁之上，在硬冷的山岩间谋求生存空间。这里的地块栽培着极为罕见的葡萄品种，例如菲奈尔（Fenile）、里波利（Ripoli）、佩佩拉（Pepella）、丁拓尔（Tintore）和萨西诺索（Sciascinoso）等，出产富含阳光气息、扑鼻芬芳、口感复杂且略咸味的白葡萄酒。在今年的品鉴中，我们最爱2015年份的福罗瑞白葡萄酒（Furore Bianco），这款令人无法拒绝的美酒非常经典，而且别具一格。它吐露着无法错认的酒香，令人一下就会想起它的源起，融入新切开柠檬的阵阵清香。口感诱人的新鲜，紧致而美味，浸润果味的收口更有一抹薄荷脑的清凉风味始终缭绕。与此同时，2015年份的菲奥杜瓦（Fiorduva）馥郁饱满，非常和谐，吐露着夏日繁花的芬芳，融入柑橘皮的清香，入口比其他版本更加多汁饱满、轻盈流畅，唯一的缺点就是甜度过于显著。除此之外，2015年份的奥马尔菲海岸罗萨托（Costa d' Amalfi Rosato）也表现精彩，冰镇过口感更佳。

| | | |
|---|---|---|
| ○ Costa d'Amalfi Furore Bianco '15 | 🍷🍷🍷 | 4* |
| ○ Costa d'Amalfi Furore Bianco Fiorduva '15 | 🍷🍷 | 7 |
| ○ Costa d'Amalfi Ravello Bianco '15 | 🍷🍷 | 3 |
| ⊙ Costa d'Amalfi Rosato '15 | 🍷🍷 | 4 |
| ● Costa d'Amalfi Furore Rosso '15 | 🍷 | 3 |
| ● Costa d'Amalfi Ravello Rosso Ris. '13 | 🍷 | 5 |
| ○ Costa d'Amalfi Fiorduva '08 | 🍷🍷🍷 | 6 |
| ○ Costa d'Amalfi Fiorduva '07 | 🍷🍷🍷 | 6 |
| ○ Costa d'Amalfi Fiorduva '06 | 🍷🍷🍷 | 6 |
| ○ Costa d'Amalfi Fiorduva '05 | 🍷🍷🍷 | 6 |
| ○ Costa d'Amalfi Furore Bianco '10 | 🍷🍷🍷 | 4 |
| ○ Costa d'Amalfi Furore Bianco Fiorduva '14 | 🍷🍷🍷 | 7 |
| ○ Costa d'Amalfi Furore Bianco Fiorduva '10 | 🍷🍷🍷 | 6 |

## D'Ambra Vini d'Ischia

FRAZ. PANZA
VIA MARIO D'AMBRA, 16
80077 FORIO [NA]
TEL. +39 081907210
www.dambravini.com

藏酒销售
预约参观
年产量 450 000 瓶
葡萄种植面积 14 公顷

作为坎帕尼亚产区（Campania）首批创建的指定产区，也是整个意大利范围内首批创建的指定产区，今年是伊斯基亚岛指定产区（Ischia）庆贺成立50周年的日子。达姆布拉家族（D' Ambra）代表了伊斯基亚岛葡萄酒酿造业的集体记忆，该产区过去的产量远远高于现在。达姆布拉堡（Casa D' Ambra）正式创建于1888年，在岛上拥有各处风土条件不一的葡萄园地块，包括著名的弗拉塞特利酒庄（Tenuta Frassitelli）。从海上望向岛屿，能够看到层层的葡萄园以几近60度的倾角攀升，在海拔600米处的高架列车，以及埃博梅奥死火山（Epomeo）的山坡，这里的一切都令人心醉神迷。这里的葡萄园每年每公顷需要耗费1500小时的工作量，这是巨大的工作量，极费心神。在今年的品鉴中，时间将会最终揭晓我们对于弗拉塞特利酒庄2015年份的精选白莱拉（Biancolella Tenuta Frassitelli）是否过分热情，它吐露着精致的果香，融入缕缕薄荷的清凉和木炭的烟熏气息，收口略显单一。与此同时，2013年份的马里奥达姆布拉献祭红葡萄酒（Rosso Dedicato a Mario d' Ambra）吐露着极富意趣的青草香，香氛非常突出；而2013年份的梅勒安尼园（La Vigna dei Mille Anni）则散发着泥土般的醇香，和着咖啡的芬芳，更有一抹奶油般的香气萦绕其间。

| | |
|---|---|
| ○ Ischia Biancolella '15 | 🍷🍷 3 |
| ○ Ischia Biancolella Tenutta Frassitelli '15 | 🍷🍷 4 |
| ● Ischia Per'e Palummo La Vigna dei Mille Anni '13 | 🍷🍷 5 |
| ● Ischia Rosso Dedicato a Mario D'Ambra '13 | 🍷🍷 4 |
| ○ Gocce D'Ambra | 🍷 5 |
| ○ Ischia Bianco '15 | 🍷 2 |
| ○ Ischia Forastera '15 | 🍷 3 |
| ○ Ischia Biancolella Tenuta Frassitelli '12 | 🍷🍷🍷 3* |
| ○ Ischia Biancolella Tenuta Frassitelli '14 | 🍷🍷 3* |
| ○ Ischia Biancolella Tenuta Frassitelli '13 | 🍷🍷 3* |
| ○ Ischia Forastera Euposìa '14 | 🍷🍷 3 |
| ○ Ischia Forastera Euposìa '13 | 🍷🍷 3 |
| ● Ischia Rosso Dedicato a Mario D'Ambra '11 | 🍷🍷 4 |

## Di Meo

C.DA COCCOVONI, 1
83050 SALZA IRPINA [AV]
TEL. +39 0825981419
www.dimeo.it

藏酒销售
预约参观
餐饮接待
年产量 450 000 瓶
葡萄种植面积 30 公顷
可持续发展酒庄

吉内罗索・迪・梅奥（Generoso di Meo）和罗伯托・迪・梅奥（Roberto di Meo）酿造的美酒以其沉静精粹的风格在众多美酒中脱颖而出，新系列层出不穷，但是需要耐心等待和长期在瓶中陈年，才能够充分展现出最佳口感，因此向公众准确地推荐他们的美酒并不是一件易事。梅奥酒庄生产本地经典的白葡萄酒，包括阿维利诺菲安诺（Fiano di Avellino）、图弗格雷科（Greco di Tufo）、法兰吉娜（Falanghina）和阿里亚尼考（Aglianico）等。梅奥酒庄的旗舰葡萄园是位于海拔600米的蒙泰玛拉诺葡萄园（Montemarano），这里出产的陶拉西美酒（Taurasi）非常劲道有力，但是需要在瓶中陈年多时才能逐渐柔化锐利的口感，找到最佳平衡。梅奥酒庄这一季提供的品鉴酒品总体表现上佳，其中2015年份的菲安诺F系列（Fiano F）尤其突出，它缓慢释放着地中海灌木丛的热烈芬芳，融入橘子皮的缕缕果香，收口浸润着逐渐释放的烟熏美味。与此同时，2007年份的格雷科（Greco）也令人艳羡地展现出极长的生命周期，此刻依然色泽明快，散发着缕缕烤杏仁的醇香，和着淡淡麝香，收口结构支撑得当，非常美味。接下来是两款同样强劲且生命力绵长的陶拉西（Taurasis），不过它们的香氛迥然不同。

| | |
|---|---|
| ○ Fiano di Avellino F '15 | 🍷🍷 3* |
| ○ Greco di Tufo G '07 | 🍷🍷 3 |
| ● Taurasi Sel. Hamilton Ris. '08 | 🍷🍷 7 |
| ● Taurasi V. Olmo Ris. '10 | 🍷🍷 5 |
| ○ Coda di Volpe C '15 | 🍷 2 |
| ○ Falanghina '15 | 🍷 2 |
| ○ Greco di Tufo G '15 | 🍷 3 |
| ● Taurasi Ris. '06 | 🍷🍷🍷 5 |
| ○ Falanghina '14 | 🍷🍷 2* |
| ○ Fiano di Avellino Alessandra '10 | 🍷🍷 3 |
| ○ Fiano di Avellino Colle dei Cerri '10 | 🍷🍷 4 |
| ○ Fiano di Avellino F '12 | 🍷🍷 3 |
| ○ Fiano di Avellino F Sel. Alessandra '11 | 🍷🍷 3 |
| ● Taurasi V. Olmo Ris. '08 | 🍷🍷 5 |

## Di Prisco

C.DA ROTOLE, 27
83040 FONTANAROSA [AV]
TEL. +39 0825475738
www.cantinadiprisco.it

藏酒销售
预约参观
年产量 100 000 瓶
葡萄种植面积 10 公顷

作为伊尔皮尼亚地区（Irpinia）典型的酒农，帕斯夸利诺·蒂·普锐斯科（Pasqualino Di Prisco）是一位谦逊且勤勉的酿酒人，极度尊重风土传统。他也是本地为数不多的几位能够以同样卓越的水准、极为合理的价格同时打造红葡萄酒和白葡萄酒出品的酿酒商。普锐斯科酒庄位于丰塔纳罗萨（Fontanarosa），这里不仅气温变化极大，而且酿造果实在富含石灰质的土壤中生长，使其拥有了矿物质气息和美丽深邃的口感。白葡萄酒出品展现出明显的咸味儿，红葡萄酒出品则以优雅见长，精粹和丰美的口感拿捏得恰到好处。在今年的品鉴中，普锐斯科酒庄推荐的美酒总体上表现精彩，其中2013年份的皮埃特拉罗萨图弗格雷科（Greco di Tufo Pietra Rosa）开始时吐露着缕缕汽油的气息，融入鼠尾草和白胡椒的辛香，入口后感到坚实的麝香滋味，浸润着淡淡乳酸风味，美味深邃，给人留下相当深刻的印象，带来绵长而显著的收口余韵。与此同时，2015年份图弗格雷科（Greco di Tufo）的香氛非常纯净剔透，散发着柑橘和Broom的缕缕芬芳，随之而来的口感诱人精美，虽然风格质朴简洁，但是收口柔美，随着倒入杯中的醒酒时间的加长，会呈现出更加完美的表现。

| | |
|---|---|
| ○ Greco di Tufo '15 | 🍷🍷 3 |
| ○ Greco di Tufo Pietra Rosa '13 | 🍷🍷 3 |
| ● Irpinia Campi Taurasini '12 | 🍷 3 |
| ○ Greco di Tufo '11 | 🍷🍷🍷 2* |
| ● Taurasi '06 | 🍷🍷🍷 5 |
| ● Taurasi '05 | 🍷🍷🍷 5* |
| ○ Fiano di Avellino '12 | 🍷🍷 2* |
| ○ Greco di Tufo '13 | 🍷🍷 3* |
| ○ Greco di Tufo '12 | 🍷🍷 2* |
| ○ Greco di Tufo Pietra Rosa '12 | 🍷🍷 3* |
| ○ Greco di Tufo Pietra Rosa '11 | 🍷🍷 3* |
| ○ Greco di Tufo Pietra Rosa '10 | 🍷🍷 3* |
| ○ Irpinia Fiano Rotole '14 | 🍷🍷 3 |
| ● Taurasi '10 | 🍷🍷 5 |
| ● Taurasi '07 | 🍷🍷 5 |

## Donnachiara

LOC. PIETRACUPA
VIA STAZIONE
83030 MONTEFALCIONE [AV]
TEL. +39 0825977135
www.donnachiara.com

藏酒销售
预约参观
餐饮接待
年产量 200 000 瓶
葡萄种植面积 27 公顷

唐纳齐亚拉酒庄（Donnachiara）在阿维利诺地区（Avellino）强手如林的葡萄酒产业中坚实地占据一席之地。酒庄创建于2005年，十年间就凭借出色的出品表现打造出精品酒庄的声望，这一切要感谢伊塔莉亚·裴迪托（Italia Petitto）的勤勉工作和坚定决心。除了自有的24公顷葡萄园之外，唐纳齐亚拉酒庄还租赁了3公顷种植地块，种植品种非常广泛，地块占据伊尔皮尼亚地区（Irpinia）主要的指定产区，出品美酒以内敛的现代风格打造而成。白葡萄酒在不锈钢罐中酿造，与酒泥长时间共同发酵；而陶拉西（Taurasi）则主要在小型橡木桶中完成陈年。在今年的品鉴中，我们特别喜爱2015年份的图弗格雷科（Greco di Tufo），它吐露着优雅的茴香芬芳，融入香叶的缕缕香气，随之而来的口感浓郁而美味，逐渐攀上柔美且如同奶油般绵密的收口巅峰，带有淡淡佛手柑的滋味。与此同时，狐狸尾（Coda di Volpe）再次证明了自己的卓越，多汁惬意的2015年份酒散发着鼠尾草和香叶的芬芳，融入阵阵果香，引领出鲜美的果味口感。除此之外，2015年份的法兰吉娜（Falanghina）甜美怡人，果香果味均衡，从众多美酒中脱颖而出；2012年份的翁贝托陶拉西（Taurasi di Umberto）的香氛结构也表现不俗。

| | |
|---|---|
| ○ Falanghina '15 | 🍷🍷 2* |
| ○ Greco di Tufo '15 | 🍷🍷 3 |
| ○ Irpinia Coda di Volpe '15 | 🍷🍷 3 |
| ● Aglianico '14 | 🍷 2 |
| ○ Fiano di Avellino '15 | 🍷 3 |
| ● Irpinia Aglianico '13 | 🍷 3 |
| ● Taurasi di Umberto '12 | 🍷 5 |
| ○ Falanghina '14 | 🍷🍷 2* |
| ○ Falanghina del Beneventano '13 | 🍷🍷 2* |
| ○ Fiano di Avellino '13 | 🍷🍷 3 |
| ○ Fiano di Avellino '12 | 🍷🍷 3 |
| ○ Greco di Tufo '14 | 🍷🍷 2* |
| ○ Greco di Tufo '12 | 🍷🍷 3 |
| ● Irpinia Coda di Volpe '14 | 🍷🍷 2* |

## Favati

P.ZZA DI DONATO
83020 CESINALI [AV]
TEL. +39 0825666898
www.cantineifavati.it

藏酒销售
预约参观
年产量 80 000 瓶
葡萄种植面积 10 公顷

罗萨娜·佩特洛泽罗（Rossana Petrozziello）、皮埃萨比诺·法瓦提（Piersabino Favati）和吉安卡洛·法瓦提（Giancarlo Favati）经营着家族酒庄，推出品质坚实的系列美酒，品系管理得当。法瓦提酒庄出品王冠上最闪耀的宝石莫过于来自阿特里帕尔达（Atripalda）附近皮埃特玛拉葡萄园（Pietramora）的酿造果实打造的阿维利诺菲安诺（Fiano di Avellino）系列美酒；而美酒图弗格雷科（Greco di Tufo）的酿造果实则来自于蒙泰富斯科（Montefusco）——这两款酒都在不锈钢容器中发酵陈年。我们非常喜爱口感极为坚实的两款白标系列葡萄酒（Etichetta Bianca），这两款酒出自同一种植地块，只在最佳年份才推出，在投入市场之前还要在瓶中陈年多年，尤其是白葡萄酒。在几年后品尝时，能够充分说明这种葡萄品种随着时间的流逝能够演化到何种美妙的口感——这一点在我们最近再次品鉴较早年份酒时得到了确认。与此同时，红葡萄酒出品的口感更加丰盈精粹。在今年的品鉴中，皮埃特玛拉园阿维利诺菲安诺（Fiano di Avellino Pietramara）从众多推荐美酒中脱颖而出，得到了最高评分，再次捍卫了其经典美酒的荣誉。它吐露着坚果般醇浓的香气，融入缕缕烟熏气息，香氛非常诱人，底蕴中透露出丝丝铅笔芯的奇异芬芳，随之而来的口感完美成熟，劲道有力，浸润着白色果肉水果的甜美果味，作为一款活跃且激荡的白葡萄酒，展现出自信圆润且活力四射的收口感受。除此之外，2010年份的特佐特拉托陶拉西白标陈酿（Taurasi Terzo Tratto Etichetta Bianca Riserva）口感多汁，有力且精粹，洋溢着浓郁且美好的烘焙咖啡豆醇香。

| | |
|---|---|
| ○ Fiano di Avellino Pietramara '15 | 🍷🍷🍷 3* |
| ● Taurasi Terzo Tratto Et. Bianca Ris. '10 | 🍷🍷 7 |
| ○ Greco di Tufo Terrantica '15 | 🍷 2 |
| ● Irpinia Campi Taurasini Cretarossa '12 | 🍷 3 |
| ● Taurasi Terzo Tratto '10 | 🍷 5 |
| ○ Fiano di Avellino Pietramara '13 | 🍷🍷🍷 3* |
| ○ Fiano di Avellino Pietramara '12 | 🍷🍷🍷 3* |
| ○ Fiano di Avellino Pietramara '14 | 🍷🍷 3* |
| ○ Fiano di Avellino Pietramara Et. Bianca '13 | 🍷🍷 5 |
| ○ Greco di Tufo Terrantica '14 | 🍷🍷 2* |
| ● Taurasi Terzo Tratto '09 | 🍷🍷 5 |
| ● Taurasi Terzo Tratto Et. Bianca '08 | 🍷🍷 7 |

## Benito Ferrara

FRAZ. SAN PAOLO, 14A
83010 TUFO [AV]
TEL. +39 0825998194
www.benitoferrara.it

藏酒销售
预约参观
年产量 55 000 瓶
葡萄种植面积 13 公顷

著名的奇科格纳葡萄园（Vigna Cicogna）是最早生产图弗格雷科精选美酒（Greco di Tufo）的葡萄园之一——早在1996年。这座顶级葡萄园位于海拔500多米的图弗圣保罗（San Paolo di Tufo）南向山坡，单一地块的占地面积达到2公顷，在硫磺基底之上拥有富含黏土和砾石的土壤。嘉比瑞拉·法拉拉（Gabriella Ferrara）和丈夫赛吉奥·法拉拉（Sergio Ferrara）管理着这座精美的匠人酒庄，出品美酒充分展现出两人的个性，呈现浓郁的果香果味，同时不乏节律和如同丝绸般的柔美质感。本尼托法拉拉酒庄（Benito Ferrara）还生产两款以阿里亚尼考（Aglianico）打造而成的红葡萄酒，酿造果实来自夸特罗康菲尼葡萄园（Quattro Confini）；而今年酒庄则奉献出新品牌和新系列的菲安诺（Fiano）和格雷科（Greco）。2015年份的奇科格纳园（Vigna Cicogna）不走寻常路,较高的气温塑造出更加柔美和成熟的果实。初入口感到甜美的滋味，继而被优雅的烟熏味和饱满的果味索取代，底蕴中透露出丝丝咸味儿，有力支撑了整个口感，收口时一抹淡淡的硫化物滋味流连口中，徘徊不散。相比较而言，2015年份的葡萄地图弗格雷科（Greco di Tufo Terre d' Uva）酒体更加纤细，散发着茴香的芬芳，融入春日草坪的清香，绵长有力的余韵得到精美酸度的有力支撑。

| | |
|---|---|
| ○ Greco di Tufo V. Cicogna '15 | 🍷🍷🍷 4* |
| ○ Fiano d'Avellino Sequenzha '15 | 🍷🍷 4 |
| ○ Greco di Tufo Terra d'Uva '15 | 🍷🍷 4 |
| ● Taurasi V. Quattro Confini '12 | 🍷 6 |
| ○ Greco di Tufo V. Cicogna '14 | 🍷🍷🍷 4* |
| ○ Greco di Tufo V. Cicogna '13 | 🍷🍷🍷 5 |
| ○ Greco di Tufo V. Cicogna '12 | 🍷🍷🍷 4* |
| ○ Greco di Tufo V. Cicogna '10 | 🍷🍷🍷 4 |
| ○ Greco di Tufo V. Cicogna '09 | 🍷🍷🍷 4 |
| ○ Fiano di Avellino '13 | 🍷🍷 4 |
| ○ Fiano di Avellino '12 | 🍷🍷 4 |
| ○ Greco di Tufo '13 | 🍷🍷 4 |
| ○ Greco di Tufo '12 | 🍷🍷 3* |
| ○ Greco di Tufo V. Cicogna '11 | 🍷🍷 4 |
| ● Taurasi V. Quattro Confini '10 | 🍷🍷 6 |

## ★★Feudi di San Gregorio

LOC. CERZA GROSSA
83050 SORBO SERPICO [AV]
TEL. +39 0825986683
www.feudi.it

藏酒销售
预约参观
餐饮接待
年产量 3 500 000 瓶
葡萄种植面积 250 公顷
葡萄栽培方式 有机认证

福地酒园（Feudi di San Gregorio）由索伯·赛皮科（Sorbo Serpico）创建，是坎帕尼亚产区（Campania）葡萄酒行业的领军者，今年迎来了成立三十年的纪念日。在酒庄主席安东尼奥·卡帕尔多（Antonio Capaldo）的领导下，在卓越的农学家皮埃帕罗·瑟奇（Pierpaolo Sirch）的技术支持下，福地酒园成功地塑造了属于自己的风格个性。它的出品更加忠于本地风土表达，从深厚的酿造传统中汲取越来越多的精华加以传承和发展。随着时间的累积，红葡萄酒表现日益活跃；而部分精选白葡萄酒表现更加精彩。在福地酒园这一季提供的品鉴酒品中，包括酒庄新推出的福地斯塔蒂系列（Feudi Studi），这个限量系列的品质非常卓越，进一步提升了酒庄整体的酿造水准。2015年份的皮耶塔拉卡尔达阿维利诺菲安诺（Fiano d' Avellino Pietracalda）展现出卓越非凡的紧致风味，吐露着蜜桃和杏的浓郁果香，整体香氛精美复杂，搭配得当。与此同时，2015年份的库提兹图弗格雷科（Greco di Tufo Cutizzi）呈现极佳风味，品质持久稳定，散发着缕缕白色花香和柑橘的甜美果香。以格雷科（Greco）打造而成的新酒、经典传统起泡酒品牌都布零添加精华美酒（Dubl Esse Dosaggio Zero）非常值得推荐，堪称坎帕尼亚产区最佳起泡酒之一，它拥有扑鼻酒香，劲道有力的起泡诱人升腾，收口感受饱满而新鲜。

| | | |
|---|---|---|
| ○ Dubl Esse | TT (red) | 5 |
| ○ Fiano di Avellino Pietracalda '15 | TT (red) | 4 |
| ○ Dubl + Brut '13 | TT | 5 |
| ○ Greco di Tufo Cutizzi '15 | TT | 4 |
| ● Irpinia Aglianico Serpico '12 | TT | 7 |
| ○ Irpinia Fiano Passito Privilegio '14 | TT | 6 |
| ● Taurasi '12 | TT | 5 |
| ○ Dubl Brut | T | 4 |
| ⊙ Dubl Brut Rosé | T | 5 |
| ○ Falanghina del Sannio Serrocielo '15 | T | 3 |
| ● Taurasi Piano di Montevergine Ris. '11 | T | 6 |
| ○ Fiano di Avellino Pietracalda '09 | YYY | 3 |
| ○ Greco di Tufo Cutizzi '12 | YYY | 3* |
| ○ Greco di Tufo Cutizzi '10 | YYY | 3 |
| ○ Greco di Tufo Cutizzi '07 | YYY | 3* |
| ● Taurasi Piano di Montevergine Ris. '07 | YYY | 6 |

## Fontanavecchia

VIA FONTANAVECCHIA, 7
82030 TORRECUSO [BN]
TEL. +39 0824876275
www.fontanavecchia.info

藏酒销售
预约参观
膳宿接待
年产量 160 000 瓶
葡萄种植面积 18 公顷

冯塔纳维奇亚酒庄（Fontanavecchia）是桑尼奥产区（Sannio）最坚实可靠、最为持久的酒庄之一，更是整个贝内文托地区（Benevento）葡萄酒行业中的典范。利贝勒·瑞罗（Libero Rillo）不仅是酒庄的主人，同时也担任桑尼奥葡萄酒协会（Sannio Wine Consortium）的主席。利贝勒在复兴指定产区的过程中起到了无法估量的重要作用，在当地的葡萄酒种植商和酿造商中建立起有创建性的合作共赢氛围。冯塔纳维奇亚酒庄坐落于桑尼奥河谷（Sannio Valley）塔布诺山（Mount Taburno）的山坡上，在塔布诺阿里亚尼考（Aglianico del Taburno）和桑尼奥法兰吉娜DOC产区（Sannio Falanghina DOC zones）拥有两片傲人的葡萄园，还有部分租赁地块，种植面积达到14公顷。出品系列包括清爽活跃的白葡萄酒和结构更加紧致的红葡萄酒，后者主要在小型橡木桶中完成陈年。在今年的品鉴中，2015年份的桑尼奥法兰吉娜（Falanghina del Sannio）表现出色，它吐露着诱人精美的酒香，层层演进，口感成熟，特质显著。入口浸润着饱满的果味，酸度劲道有力，结构上佳，自持稳定，收口余韵绵长而清爽。与此同时，2015年份的桑尼奥红葡萄酒（Sannio Rosso）也非常卓越，这款年份红酒只在不锈钢容器中陈年，酒质华美成熟，果味丰盈，香氛诱人。

| | | |
|---|---|---|
| ○ Falanghina del Sannio Taburno '15 | TTT (red) | 2* |
| ● Aglianico del Taburno '11 | TT | 3 |
| ● Aglianico del Taburno V. Cataratte '09 | TT | 5 |
| ● Sannio Rosso '15 | TT | 2* |
| ○ Sannio Fiano '15 | T | 2 |
| ○ Sannio Greco '15 | T | 2 |
| ● Sannio Piedirosso '15 | T | 2 |
| ○ Falanghina del Sannio Taburno '14 | YYY | 2* |
| ○ Falanghina del Sannio Taburno '13 | YYY | 2* |
| ○ Falanghina del Sannio Taburno '12 | YYY | 2* |
| ● Aglianico del Taburno '09 | YY | 3 |
| ● Aglianico del Taburno V. Cataratte Ris. '08 | YY | 4 |
| ○ Sannio Fiano '13 | YY | 2* |
| ● Sannio Piedirosso '12 | YY | 2* |

## Fonzone

LOC. SCORZAGALLINE
83052 PATERNOPOLI [AV]
TEL. +39 08271730100
www.fonzone.it

藏酒销售
预约参观
年产量 57 000 瓶
葡萄种植面积 22 公顷
可持续发展酒庄

原本是一位外科医生的洛伦佐・丰佐内・卡塞斯（Lorenzo Fonzone Caccese）于2005年在帕泰尔诺波利（Paternopoli）成立了丰佐内酒庄，这片土地以生产优质的陶拉西美酒（Taurasi）而著称。酿造果实来自占地面积达到20公顷的葡萄园，在犹如艺术殿堂般的地下酒庄完成酿造工序，庄园与周边优美的环境融为一体。多年来，葡萄园实施害虫综合治理，这也就意味着田间不使用杀虫剂，采用覆盖作物栽培方法，保持土壤的生物动力。图弗格雷科（Greco di Tufo）、阿维利诺菲安诺（Fiano d' Avellino）和法兰吉娜（Falanghina）都只在不锈钢容器中陈年，为出品美酒带来与众不同的香氛和劲道口感。不过，斯科扎加林陶拉西陈酿（Taurasi Riserva Scorzagalline）却在新橡木桶中陈年，伊尔皮尼亚陶拉西尼（Irpinia Campi Taurasini）和塞夸亚菲安诺（Fiano Sequoia）也是如此。在今年的品鉴中，丰佐内酒庄推荐的美酒表现不俗。2014年份的图弗格雷科口感清爽且香氛多面，散发着经典的杏仁醇香，融入茴香的异香和春日草坪的缕缕清香，入口后感到惬意的奶油口感，十分跃动。与此同时，我们还非常喜爱2014年份的阿维利诺菲安诺，这款柔美丰盈的佳酿质地细密，散发着香叶和水果干的芬芳，随之而来的口感十分轻快，但是非常美味。

| | | |
|---|---|---|
| ○ Greco di Tufo '14 | YY | 3* |
| ○ Fiano di Avellino '14 | YY | 3 |
| ● Taurasi Scorzagalline Ris. '10 | YY | 5 |
| ○ Greco di Tufo '13 | YYY | 3* |
| ● Aglianico '12 | YY | 3 |
| ○ Fiano di Avellino '13 | YY | 3* |
| ○ Fiano di Avellino '12 | YY | 3 |
| ○ Greco di Tufo '12 | YY | 2* |
| ● Irpinia Campi Taurasini '10 | YY | 3 |
| ○ Irpinia Fiano Sequoia '13 | YY | 5 |

## La Fortezza

LOC. TORA II, 20
82030 TORRECUSO [BN]
TEL. +39 0824886155
www.lafortezzasrl.it

藏酒销售
预约参观
年产量 300 000 瓶
葡萄种植面积 50 公顷

这座活力四射的托雷库索（Torrecuso）酒庄在贝内文托（Benevento）附近地区拥有种植面积达到50公顷的广袤葡萄园，其中30公顷属于酒庄自有种植地块，分布在桑尼奥（Sannio）的各地，主要位于塔布诺坎珀索罗地区公园（Taburno Camposauro Regional Park）的东部山坡上。福尔泰扎酒庄（La Fortezza）广泛的出品系列包括经典系列（Classica）和卓越系列（Noi beviamo con la testa），主要出产阿里亚尼考（Aglianico）、法兰吉娜（Falanghina）、格雷科（Greco）和菲安诺（Fiano）等美酒。酿造设备先进的酒庄还拥有迷人的风景，配备了精美餐厅和带有石拱门的舒适酒店供游人使用。在今年的品鉴中，我们感到福尔泰扎酒庄推荐美酒的品质逐年不断提升，今年更凭借极易入口、风格质朴的2015年份塔布诺桑尼奥法兰吉娜（Falanghina del Sannio Taburno）闯入了角逐“三杯奖”的最后决赛。它吐露着柑橘的果香，融入新割下青草的芬芳，随之而来的是清凛而柔滑的口感，果味持续蔓延。与此同时，2015年份的桑尼奥菲安诺（Sannio Fiano）同样精彩，这款紧致而华美的佳酿散发着精美的香氛，酸度劲道有力，收口美味，略有烟熏滋味。除此之外，马勒维特姆法兰吉娜干型葡萄酒（Falanghina Brut Maleventum）是一款采用二次发酵法酿造的卓越起泡酒，它堪称同类起泡酒中的佼佼者。

| | | |
|---|---|---|
| ○ Falanghina del Sannio Taburno '15 | YY | 2* |
| ● Aglianico del Taburno '12 | YY | 3 |
| ○ Falanghina Brut Maleventum | YY | 3 |
| ○ Sannio Fiano '15 | YY | 2* |
| ○ Sannio Greco '15 | YY | 2* |
| ○ Fiano Noi beviamo con la testa '15 | Y | 2 |
| ● Sannio Aglianico Ris. '09 | Y | 4 |
| ● Aglianico del Taburno Ris. '07 | YY | 4 |
| ● Aglianico Noi Beviamo con la Testa '11 | YY | 3 |
| ○ Beneventano Falanghina '14 | YY | 2* |
| ○ Falanghina del Sannio Taburno '14 | YY | 2* |
| ○ Falanghina del Sannio Taburno '13 | YY | 2* |
| ○ Sannio Fiano '13 | YY | 2* |

## La Guardiense

C.DA SANTA LUCIA, 104/106
82034 GUARDIA SANFRAMONDI [BN]
TEL. +39 0824864034
www.laguardiense.it

藏酒销售
预约参观
餐饮接待
年产量 3 700 000 瓶
葡萄种植面积 1900 公顷

瓜蒂恩斯酒庄（La Guardiense）是一座位于南意大利的顶级现代化协作酒庄，在50年的发展历史中留下了许多令人瞠目结舌的数据，拥有1000多名葡萄种植和葡萄酒酿造商成员，葡萄园遍布桑尼奥地区（Sannio），占地面积几近2000公顷，年产量达到令人震惊的370万瓶，消耗的原料葡萄达到2万2千公吨。多米齐奥·皮格纳（Domizio Pigna）引领着这座巨大的葡萄酒生产帝国，仅在几年的时间里，就成为产区的典范酒庄，近年来的生产越发平衡。这种新的平衡建立在极度可信的高品质水准上，在酒庄推出的更富野心的精选系列中能够更加清楚地看到这种发展愿景和方向。品种广泛且涵盖多层的出品系列包括极具价格竞争力的基础款葡萄酒，更偶而涉猎起泡酒和甜酒的生产。在今年的品鉴中，2015年份的贾纳莱桑尼奥法兰吉娜（Falanghina del Sannio Janare）口感柔美，吐露着柑橘和热带水果的缕缕果香，入口复杂而多汁，一路引出持久且恢宏的收口巅峰。除此之外，我们对于2013年份的桑尼奥瓜尔迪亚圣弗拉蒙迪贾纳莱陈酿（Sannio Guardia Sanframondi Janare Riserva）也留下了相当深刻的印象，它的色泽光鲜，果味动力十足，单宁结构上佳，口感浓郁丰盈，犹如奶油般绵密浓醇，极具现代风格地融入了香料的丝丝辛辣滋味，同时并没有牺牲掉口感的饱满和劲道。

| | | |
|---|---|---|
| ○ Falanghina del Sannio Janare '15 | ▼▼▼ | 2* |
| ● Sannio Guardia Sanframondi Janare Ris. '13 | ▼▼ | 2* |
| ● Sannio Aglianico Janare '15 | ▼ | 2 |
| ● Sannio Aglianico Lucchero Janare '14 | ▼ | 3 |
| ○ Sannio Fiano Janare '15 | ▼ | 2 |
| ○ Sannio Greco Janare '15 | ▼ | 2 |
| ○ Falanghina del Sannio Janare '14 | ▽▽▽ | 2* |
| ○ Falanghina del Sannio Janare '13 | ▽▽▽ | 2* |
| ○ Falanghina del Sannio Calvese '13 | ▽▽ | 2* |
| ○ Sannio Fiano Colle di Tilio '13 | ▽▽ | 3 |
| ○ Sannio Fiano Janare '14 | ▽▽ | 2* |
| ● Sannio Piedirosso Janare '12 | ▽▽ | 2* |

## Lunarossa

VIA V. FORTUNATO P.I.P. LOTTO 10
84095 GIFFONI VALLE PIANA [SA]
TEL. +39 0898021016
www.viniepassione.it

藏酒销售
预约参观
年产量 50 000 瓶
葡萄种植面积 4.5 公顷

去年，我们称赞了这座位于皮森提尼（Picentini）山脚下的年轻酒庄取得的巨大进步——地处俯瞰萨勒诺湾（Gulf of Salerno）的坎帕尼亚亚平宁山脉（Campania Apennines）。在农学家马里奥·马兹泰利（Mario Mazzitelli）的带领下，露娜罗萨酒庄（Lunarossa）致力于复兴这片依然没有得到应有重视的传统产区，在生产的过程中非常注重环境和社会的可持续发展。露娜罗萨酒庄的出品美酒风格质朴，忠于风土，展现出和谐精粹的酒重，既成熟又清爽，极具可饮性；充分反映出酿造果实生长环境的影响——受到海风吹拂，由于亚平宁山脉的影响而昼夜温差极大。在今年的品鉴中，露娜罗萨酒庄的表现非常精彩。其中2015年份的科斯塔赛罗红葡萄酒（Costacielo Rosso）凭借精彩表现在众多推荐美酒中拔得头筹，它吐露着轻快的红莓果果香，口感馥郁芬芳，收口紧致华美。与此同时，我们还非常喜爱卡穆珀莱白葡萄酒（Camporeale Bianco），它散发着大麦的醇香，融入树篱的芬芳，随之而来的口感有力且华美，浸润着黄色果肉水果的美味。除此之外，2015年份的卡穆珀莱红葡萄酒（Camporeale Rosso）质地细腻，散发着缕缕烟熏香气，口感悦人，美味层层展开。

| | | |
|---|---|---|
| ○ Camporeale Falanghina '15 | ▼▼ | 2* |
| ● Camporeale Rosso '15 | ▼▼ | 2* |
| ● Costacielo Rosso '15 | ▼▼ | 3 |
| ⊙ Costacielo Rosato '15 | ▼ | 3 |
| ○ Quartara '13 | ▼ | 5 |
| ● Rossomarea '11 | ▼ | 4 |
| ● Borgomastro '09 | ▽▽ | 6 |
| ● Borgomastro '08 | ▽▽ | 6 |
| ● Borgomastro '07 | ▽▽ | 6 |
| ○ Camporeale '14 | ▽▽ | 2* |
| ○ Costacielo Bianco '13 | ▽▽ | 3* |
| ● Marea Rosso '09 | ▽▽ | 3 |
| ● Rossomarea '08 | ▽▽ | 4 |

## Masseria Felicia

FRAZ. CARANO
LOC. SAN TERENZANO
81037 SESSA AURUNCA [CE]
TEL. +39 0823935095
www.masseriafelicia.it

藏酒销售
预约参观
年产量 25 000 瓶
葡萄种植面积 5 公顷

费里奇亚·布瑞尼（Felicia Brini）和她的父亲阿历桑德罗·布瑞尼（Alessandro Brini）经营着玛西科火山地区（Massico）最富意趣的精品酒庄之一。马萨瑞亚费里奇亚酒庄（Masseria Felicia）地处安格法勒努斯（Ager falernus）的西北山坡，土壤蓬松，富含火山灰。这片土地历史古老悠久，今天依然在生产老普林尼（Pliny the Elder）和古罗马诗人卡图卢斯（Catullus）笔下的美酒。占地面积达到5公顷的葡萄园只种植本地品种：酿造白葡萄酒的法兰吉娜（Falanghina）在不锈钢罐中发酵；酿造红葡萄酒的阿里亚尼考（Aglianico）和派迪洛索（Piedirosso）紧密浓郁，非常诱人，带来饱满的果味和活跃的酸度。装瓶美酒香氛活跃，非常适合搭配美食。在今年的品鉴中，2012年份的铜标马西科法勒尔诺干红陈酿（Falerno del Massico Rosso Etichetta Bronzo Riserva）吐露着阵阵醋栗的果香，融入桃金娘的缕缕芬芳，继而铅笔芯和香叶的气息越发显著。这款浸润着阳光风味的多汁红葡萄酒口感和谐，结构紧致。除此之外，2015年份的安瑟罗吉亚马西科法勒尔诺白葡萄酒（Falerno del Massico Bianco Anthologia）展现出依然处于演化之中的火山气息，融入青草芬芳，结合果味饱满的丰盈口感，令人想起甜瓜的滋味和馥郁的夏日繁花。

| | |
|---|---|
| ○ Falerno del Massico Anthologia '15 | 🍷🍷 3 |
| ● Falerno del Massico Rosso Et. Bronzo Ris. '12 | 🍷🍷 5 |
| ● Falerno del Massico Rosso Et. Bronzo '10 | 🍷🍷🍷 5 |
| ○ Falerno del Massico Bianco Anthologia '13 | 🍷🍷 3 |
| ○ Falerno del Massico Bianco Anthologia '12 | 🍷🍷 3 |
| ● Falerno del Massico Rosso '12 | 🍷🍷 2* |
| ● Falerno del Massico Rosso '11 | 🍷🍷 2* |
| ● Falerno del Massico Rosso Ariapetrina '11 | 🍷🍷 3* |
| ● Falerno del Massico Rosso Ariapetrina '10 | 🍷🍷 3 |
| ● Falerno del Massico Rosso Et. Bronzo '11 | 🍷🍷 5 |
| ● Falerno del Massico Rosso Et. Bronzo '11 | 🍷🍷 5 |

## ★Mastroberardino

VIA MANFREDI, 75/81
83042 ATRIPALDA [AV]
TEL. +39 0825614111
www.mastroberardino.com

藏酒销售
预约参观
膳宿接待
年产量 2 000 000 瓶
葡萄种植面积 300 公顷
可持续发展酒庄

马斯特罗贝拉尔迪诺酒庄（Mastroberardino）代表着坎帕尼亚产区（Campanian）的过去，也代表着这里的未来。所有的一切都始于安东尼奥·马斯特罗贝拉尔迪诺（Antonio Mastroberardino）——伊尔皮尼亚（Irpinia）葡萄酒之父的辛勤劳作，如今由沃尔特·马斯特罗贝拉尔迪诺（Walter Mastroberardino）继承下来，日益努力地将坎帕尼亚美酒推向全世界。酿造葡萄来自酒庄拥有的占地面积达到300公顷的葡萄园，占据了伊尔皮尼亚大部分精良的次产区。在皮埃罗·马斯特罗贝拉尔迪诺（Piero Mastroberardino）的监管下，酒庄致力于本地葡萄品种的推广，出品系列品种广泛，尤其是年份较早的精选系列更是达到了品质的巅峰。系列美酒虽然产量有限，但是平均水准极高。在今年的品鉴中，2012年份的拉蒂奇陶拉西（Taurasi Radici）吐露着莓果的浓烈果香，融入黑橄榄的经典醇香，一抹橘子皮的芬芳萦绕其间，口感圆润持重，果味甜美，烘焙滋味略显过重，不过随着余韵的蔓延渐渐淡去，作为支撑的酸度十分平衡。除此之外，2015年份的拉蒂奇阿维利诺菲安诺（Fiano di Avellino Radici）均衡美味，吐露着花粉的芬芳和大麦的醇香，口感饱满而活跃，收口感受经典。马斯特罗贝拉尔迪诺酒庄其他的推荐酒品也表现不俗。

| | |
|---|---|
| ○ Fiano di Avellino Radici '15 | 🍷🍷🍷 3* |
| ● Taurasi Radici '12 | 🍷🍷🍷 5 |
| ○ Greco di Tufo Novaserra '15 | 🍷🍷 3 |
| ● Taurasi Naturalis Historia '09 | 🍷🍷 6 |
| ● Taurasi Radici Ris. '09 | 🍷🍷 5 |
| ○ Fiano di Avellino '87 | 🍷🍷🍷 2 |
| ○ Greco di Tufo Novaserra '07 | 🍷🍷🍷 3* |
| ○ Greco di Tufo Novaserra '06 | 🍷🍷🍷 3* |
| ● Taurasi Naturalis Historia '04 | 🍷🍷🍷 6 |
| ● Taurasi Radici '08 | 🍷🍷🍷 5 |
| ● Taurasi Radici '07 | 🍷🍷🍷 5 |
| ● Taurasi Radici '06 | 🍷🍷🍷 5 |
| ● Taurasi Radici '05 | 🍷🍷🍷 5 |
| ● Taurasi Radici Ris. '04 | 🍷🍷🍷 5 |
| ● Taurasi Radici Ris. '01 | 🍷🍷🍷 5 |

## Salvatore Molettieri

C.DA MUSANNI, 19B
83040 MONTEMARANO [AV]
TEL. +39 082763722
www.salvatoremolettieri.com

藏酒销售
预约参观
年产量 65 000 瓶
葡萄种植面积 13 公顷

萨尔瓦托·蒙勒特利（Salvatore Molettieri）是一位酿酒的大师，33年间独自在田间辛苦劳作，将传统方法和农耕经验与现代酿造技术相结合，缔造准确且完美反映出蒙泰玛拉诺（Montemarano）和卡斯泰尔夫兰奇（Castelfranci）产地风土的佳酿。令萨尔瓦托引以为傲的是酒庄壮美的葡萄园，位于海拔600多米的蒙泰玛拉诺，那里的采收季直至十一月下雪前才开始。产量低得令人惊讶，不过萨尔瓦托在酒窖的酿造中结合使用大型橡木桶和小型橡木桶进行陈年，缔造出劲道饱满且风格质朴的美酒，酸度显著，单宁后厚重，力量十足。充满反叛精神的美酒只能在瓶中经历岁月磨练才能最终柔化，已臻完美。在今年的品鉴中，2010年份的五棵橡树葡萄园（Vigna Cinque Querce）美酒忠诚反映出酒庄的传统风格，结构紧致，活力四射，单宁尤其优雅紧致，口感跃动，浸润果味，力道稳定，直至引领出带有一抹薄荷清凉和橘子皮美味的收口巅峰。与此同时，2011年份的雷诺陶拉西（Taurasi Renonno）风格类似，不过果味更加饱满，没有那么浓缩精粹。除此之外，2009年份的五棵橡树园陶拉西陈酿（Taurasi Riserva Vigna Cinque Riserva）已经展现出演化成熟的迹象。

| | | |
|---|---|---|
| ○ Greco di Tufo '14 | ▼▼ | 3 |
| ● Taurasi Renonno '11 | ▼▼ | 5 |
| ● Taurasi V. Cinque Querce '10 | ▼▼ | 6 |
| ○ Fiano di Avellino Apianum '14 | ▼ | 3 |
| ● Irpinia Aglianico Cinque Querce '12 | ▼ | 3 |
| ● Irpinia Aglianico O'Calice Rosso '13 | ▼ | 3 |
| ● Irpinia Rosso Ischia Piana '12 | ▼ | 3 |
| ● Taurasi V. Cinque Querce Ris. '09 | ▼ | 7 |
| ● Taurasi Renonno '08 | ▽▽▽ | 5 |
| ● Taurasi V. Cinque Querce '05 | ▽▽▽ | 6 |
| ● Taurasi V. Cinque Querce '04 | ▽▽▽ | 6 |
| ● Taurasi V. Cinque Querce '01 | ▽▽▽ | 5 |
| ● Taurasi V. Cinque Querce Ris. '05 | ▽▽▽ | 7 |
| ● Taurasi V. Cinque Querce Ris. '04 | ▽▽▽ | 7 |
| ● Taurasi V. Cinque Querce Ris. '01 | ▽▽▽ | 7 |

## Montesole

LOC. SERRA DI MONTEFUSCO
VIA SERRA
83030 MONTEFUSCO [AV]
TEL. +39 0825963972
www.montesole.it

预约参观
年产量 1 200 000 瓶
葡萄种植面积 120 公顷

蒙特索雷酒庄（Montesole）是一家维持了极高酒品水平的大型酒庄，坐落于伊尔皮尼亚（Irpinia）和桑尼奥（Sannio）之间。酒庄的名字来自蒙泰富斯科（Montefusco）小城最初的名字，这里海拔700米以上。蒙特索雷酒庄创建于1995年，并没有自有的葡萄园，但是与许多品质可靠的种植商签下了长期购买合同，在自己的酒窖中进行酿造生产。蒙特索雷酒庄出品系列品种广泛，主要集中在伊尔皮尼亚和桑尼奥本地品种上，其中几款酒的品质非常卓越。在今年的品鉴中，众多推荐美酒中的佼佼者是2015年份的阿夸维瓦园阿维利诺菲安诺（Fiano di Avellino Vigna Acquaviva），它的香氛柔美且浓郁，散发着阵阵花香，融入鼠尾草和百里香的芬芳，底蕴中透露出多汁黄桃的美妙果香，随之而来的口感精巧敏感，果味丰盈，带有一抹麝香滋味，一路攀上优雅的收口巅峰。与此同时，2009年的陶拉西（Taurasi）最初散发着泥土和菜根般的醇香，继而到来的口感有力劲道，浸润着美妙的果味；2009年份的维内瑞园陶拉西（Taurasi Vigna Vinieri）酒质演化精美成熟。

| | | |
|---|---|---|
| ○ Fiano di Avellino V. Acquaviva '15 | ▼▼(红) | 4 |
| ● Taurasi '09 | ▼▼ | 4 |
| ○ Falanghina del Sannio V. Zampino '15 | ▼ | 3 |
| ○ Greco di Tufo V. Breccia '15 | ▼ | 4 |
| ● Taurasi V. Vinieri '09 | ▼ | 6 |
| ○ Falanghina del Sannio V. Zampino '14 | ▽▽ | 3* |
| ○ Fiano di Avellino '14 | ▽▽ | 3 |
| ○ Fiano di Avellino '13 | ▽▽ | 3 |
| ○ Fiano di Avellino V. Acquaviva '14 | ▽▽ | 4 |
| ○ Fiano di Avellino V. Acquaviva '13 | ▽▽ | 4 |
| ○ Greco di Tufo V. Breccia '13 | ▽▽ | 4 |
| ○ Grilae Brut | ▽▽ | 3 |
| ● Sairus '08 | ▽▽ | 3 |
| ● Taurasi V. Vinieri '08 | ▽▽ | 6 |

## ★★Montevetrano

LOC. NIDO
VIA MONTEVETRANO, 3
84099 SAN CIPRIANO PICENTINO [SA]
TEL. +39 089882285
www.montevetrano.it

藏酒销售
预约参观
膳宿接待
年产量 25 000 瓶
葡萄种植面积 5 公顷

野心勃勃、极富远见的西尔维娅・因帕拉托（Silvia Imparato）将她对于摄影和美酒的两种爱好合二为一，就此诞生了蒙特维特拉诺酒庄（Montevetrano）。从她涉足酿酒业伊始，西尔维娅就提出了对出品的品质要求，致力于打造不仅能够代表本种植区、更能够与其他世界名酒在全球市场上一争高下的佳酿。她也做到了这一点。酒庄出产的蒙特维特拉诺（Montevetrano）是一款极为罕见、非常成功地将坎帕利亚本地葡萄品种进行混酿的尝试——具体说来是以阿里亚尼考（Aglianico）搭配赤霞珠（Cabernet）和梅洛（Merlot）。这款颇具潜力的美酒堪称意大利最佳红葡萄酒之一，首次发布于1991年。在今年的品鉴中，我们有幸品鉴到了酒庄推出的第一款白葡萄酒——科尔白葡萄酒（Core Bianco），一款以菲安诺（Fiano）和格雷科（Greco）混酿而成的美酒。2014年份的蒙特维特拉诺（Montevetrano）斩获"三杯奖"大奖，它的结构精美，口感扎实，吐露着地中海灌木丛的热烈香气，融入百里香的芬芳，和着红色水果轻快的果香，更有淡淡茄子的清香萦绕其间；入口后口感热情，新鲜而Suffused，结构上佳，劲道有力，后程口感表现精彩，绵长且极富个性的收口巅峰令人想起黑茶的滋味。除此之外，我们还非常喜爱2014年份的科尔白葡萄酒（Core Bianco），浸润着极易入口的黑莓果味，酒香扑鼻。

| | |
|---|---|
| ● Montevetrano '14 | ▼▼▼ 7 |
| ● Core '14 | ▼▼ 3 |
| ● Montevetrano '12 | ♀♀♀ 7 |
| ● Montevetrano '11 | ♀♀♀ 7 |
| ● Montevetrano '10 | ♀♀♀ 7 |
| ● Montevetrano '09 | ♀♀♀ 7 |
| ● Montevetrano '08 | ♀♀♀ 7 |
| ● Montevetrano '07 | ♀♀♀ 7 |
| ● Montevetrano '06 | ♀♀♀ 7 |
| ● Montevetrano '05 | ♀♀♀ 7 |
| ● Montevetrano '04 | ♀♀♀ 7 |
| ● Montevetrano '03 | ♀♀♀ 7 |
| ● Montevetrano '02 | ♀♀♀ 7 |
| ● Montevetrano '01 | ♀♀♀ 7 |
| ● Montevetrano '00 | ♀♀♀ 6 |

## Mustilli

VIA CAUDINA, 10
82019 SANT'AGATA DE' GOTI [BN]
TEL. +39 0823718142
www.mustilli.com

藏酒销售
预约参观
膳宿接待
年产量 150 000 瓶
葡萄种植面积 21 公顷

桑尼奥地区（Sannio）葡萄酒酿造业的复兴，以及慕斯提利酒庄（Mustilli）重新开发法兰吉娜（Falanghina）作为一种高品质酿造品种的潜力，都始于李奥纳多・慕斯提利（Leonardo Mustilli）早在20世纪60年代就将酿造作为自己的使命而努力追求。慕斯提利酒庄是最早信任并开发法兰吉娜品种的酒庄之一。早在1979年，酒庄经过谨慎研究法兰吉娜的品种特质，发现她非常适合在桑尼奥最小的次产区圣嘉塔德戈提（Sant' Agata de' Goti）的石灰质黏土土壤中生长，于是就酿造出了装瓶的单一品种法兰吉娜酒。今天，李奥纳多的女儿宝拉（Paola）和安娜齐亚拉（Annachiara）管理着酒庄及其20多公顷的葡萄园，生产品质可靠的系列美酒。游客不要错过瑞诺尼宫（Palazzo Rainone）凝灰岩下挖掘出的古老酒窖，酒庄更配有18世纪的古朴客房，迎候宾客的到来。在今年的品鉴中，2015年份的圣嘉塔德戈提桑尼奥法兰吉娜（Falanghina del Sannio Sant' Agata dei Goti）活跃美味，浸润着阳光，散发着梨子的阵阵果香，融入杉木的醇香，口感跃动自持，收口略带烟熏滋味。与此同时，2015年份的格雷科（Greco）结构坚实，香氛诱人，口感饱满，酸度清爽。除此之外，2015年份的派迪洛索（Piedirosso）摇曳着淡淡的光晕，酒香越来越浓烈，是这款美酒的典型特征，气质大胆，口感多汁鲜美，浸润着晒干的番茄和黑胡椒的风味。

| | |
|---|---|
| ○ Falanghina del Sannio Sant'Agata dei Goti '15 | ▼▼ 3* |
| ● Sannio Piedirosso '15 | ▼▼ 3 |
| ○ Sannio Sant'Agata dei Goti Greco '15 | ▼▼ 3 |
| ● Sannio Aglianico '14 | ▼ 3 |
| ● Sannio S'Agata dei Goti Aglianico Cesco di Nece '13 | ▼ 3 |
| ○ Falanghina del Sannio Sant'Agata dei Goti '14 | ♀♀ 2* |
| ○ Falanghina del Sannio Sant'Agata dei Goti '13 | ♀♀ 2* |
| ● Sannio Aglianico '12 | ♀♀ 4 |
| ● Sannio Piedirosso '13 | ♀♀ 2* |
| ○ Sannio Sant'Agata dei Goti Greco '14 | ♀♀ 2* |

## Nanni Copè

VIA TUFO, 3
81041 VITULAZIO [CE]
TEL. +39 330879815
www.nannicope.it

藏酒销售
预约参观
年产量 7 500 瓶
葡萄种植面积 3.5 公顷
可持续发展酒庄

经理、美酒作家以及出品人，这是乔瓦尼·阿西隆（Giovanni Ascione）于2007年买下蒙蒂塞利底卡斯泰尔坎帕尼亚诺（Monticelli di Castel Campagnano）占地面积只有2.5公顷的小酒庄时的职业头衔——这里位于卡塞塔地区（Caserta）柯林蔡蒂尼产区（Colline Caiatine）的中心地带。乔瓦尼就在这里种下了酒庄唯一出品的酿造葡萄——萨比蒂索普拉博斯科酒（Sabbie di Sopra il Bosco）90%以黑狐狸尾（Pallagrello nero）酿造而成，添加了少许卡萨韦基亚（Casavecchia）和阿里亚尼考（Aglianico）。乔瓦尼推出的第一季美酒是大家熟知的纳尼系列（Nanni）2008年份酒，证明了柯林蔡蒂尼产区的沙石土壤也可以产出美酒。它的风格现代，能够最大限度地保留品种果香果味，口感劲道，酸性显著，具有极高的可饮性。乔瓦尼对于年份美酒卓越的解读能力从2014年份酒中可见一斑。2014年份的萨比蒂索普拉博斯科酒（Sabbie di Sopra il Bosco）浓郁且活跃，吐露着缕缕烟熏气息，融入铅笔芯的奇异芬芳，更有黑胡椒的丝丝辛香。入口感到极为成熟的口感，细腻精巧，果味饱满，口感深邃，收口余韵绵长持久，并没有随着收口的蔓延而消退变淡。总体而言，这款美酒活力四射，是本年度最有意趣的红葡萄酒之一。

| | |
|---|---|
| ● Sabbie di Sopra il Bosco '14 | 🍷🍷🍷 5 |
| ● Sabbie di Sopra il Bosco '12 | 🍷🍷🍷 5 |
| ● Sabbie di Sopra il Bosco '11 | 🍷🍷🍷 5 |
| ● Sabbie di Sopra il Bosco '10 | 🍷🍷🍷 5 |
| ● Sabbie di Sopra il Bosco '09 | 🍷🍷🍷 5 |
| ● Sabbie di Sopra il Bosco '13 | 🍷🍷 5 |
| ● Sabbie di Sopra il Bosco '08 | 🍷🍷 5 |

## Perillo

C.DA VALLE, 19
83040 CASTELFRANCI [AV]
TEL. +39 082772252
cantinaperillo@libero.it

藏酒销售
预约参观
年产量 20 000 瓶
葡萄种植面积 5 公顷

我们很少看到米歇尔·派瑞罗（Michele Perillo）在意大利全国或者全世界奔走推广他酿造的美酒，因为他总是待在自己的葡萄园。他的葡萄园分布在卡斯泰尔夫兰奇（Castelfranci）和蒙泰玛拉诺（Montemarano）之间，海拔几近700米之处，土壤富含黏土和硅石，有些地块的开发最早可以追溯到20世纪30年代。这里的山坡朝向理想，葡萄的成熟期较长，令酿造葡萄采收延长到十一月才开始。葡萄园产量不高，酿造手法传统。每一年，米歇尔酿造的陶拉西（Taurasis）总能从众多美酒中脱颖而出，领先于人。精粹浓郁的酒质深邃有穿透力，脆爽的果味、活跃的口感和精美的酸度总能达到完美平衡。红葡萄酒劲道有力，酒体却从无过分厚重之感，口感如同天鹅绒般丝滑。这种特有之处只有世界上几款最伟大的美酒才具备。在今年的品鉴中，2007年份的陶拉西陈酿（Taurasi Riserva）无疑充分展现出上述特质。它活跃激荡，酒体扎实厚重，果味口感美妙，底蕴中透露出缕缕显著的灰味儿。与去年的年份酒相比，它的色泽如墨，辛辣的滋味更重。口感劲道有力，酒质发展完善，跃动的果味得到强劲单宁的支撑，收口余韵非常悠远绵长，十分美味。

| | |
|---|---|
| ● Taurasi Ris. '07 | 🍷🍷 6 |
| ● Taurasi '07 | 🍷🍷🍷 6 |
| ● Taurasi '05 | 🍷🍷🍷 4 |
| ● Taurasi Ris. '06 | 🍷🍷🍷 6 |
| ○ Irpinia Coda di Volpe '12 | 🍷🍷 3 |
| ● Taurasi '06 | 🍷🍷 4 |
| ● Taurasi '04 | 🍷🍷 4* |
| ● Taurasi '03 | 🍷🍷 5 |
| ● Taurasi Ris. '05 | 🍷🍷 5 |
| ● Taurasi Ris. '04 | 🍷🍷 5 |
| ● Taurasi Ris. '01 | 🍷🍷 5 |

## Ciro Picariello

via Marroni, 18a
83010 Summonte [AV]
Tel. +39 082533848
www.ciropicariello.it

藏酒销售
预约参观
年产量 50 000 瓶
葡萄种植面积 15 公顷
可持续发展酒庄

近些年来，阿维利诺菲安诺（Fiano d' Avellino）日益成为意大利葡萄酒业中顶级美酒的代表，无论从所获奖项、平均的品质水平和陈年潜力上而言都是如此。这一切要归功于新一代的酿酒人——塞罗·皮卡瑞罗（Ciro Picariello）和瑞塔·盖瑞埃罗（Rita Guerriero）。平均分布在苏姆蒙泰（Summonte）和蒙泰夫雷达内（Montefredane）两地的葡萄园为塞罗的酿造提供优质原料，出产美酒极具魅力，芬芳扑鼻，酒庄细腻柔美，带有极具穿透力的酸度口感，这是由于进行了部分乳酸发酵的结果。苏姆蒙泰可以被视为该产区的顶级葡萄园，具有独特的头层土壤，富含30厘米至40厘米厚的火山灰质。在今年的品鉴中，906系列塞罗菲安诺（Fiano Ciro）表现精彩，它的酿造果实来自著名的苏姆蒙泰地块，吐露着精致的泥灰烟熏气息，在2012年后单独装瓶。与此同时，2014年份阿维利诺菲安诺（Fiano di Avellino）的平衡度非常出众，配比发展合宜，毫无疑问是同一类型酒中的佳品。这款美酒的发展似乎已达完美，香氛清澈纯净，口感鲜美，酒体轻快，清凛的酸度酒骨支撑着无所不在的果香果味，一路引领攀上新鲜华美的收口巅峰。

| | |
|---|---|
| ○ Fiano di Avellino '14 | 🍷🍷🍷 4* |
| ○ Brut Contadino | 🍷🍷 4 |
| ○ Fiano di Avellino Ciro 906 '13 | 🍷🍷 4 |
| ○ Fiano di Avellino '10 | 🍷🍷🍷 3* |
| ○ Fiano di Avellino '08 | 🍷🍷🍷 3* |
| ○ Fiano di Avellino '13 | 🍷🍷 4 |
| ○ Fiano di Avellino '11 | 🍷🍷 3* |
| ○ Fiano di Avellino '09 | 🍷🍷 3 |
| ○ Fiano di Avellino '07 | 🍷🍷 3* |
| ○ Fiano di Avellino '06 | 🍷🍷 3* |
| ○ Fiano di Avellino '05 | 🍷🍷 3* |
| ○ Fiano di Avellino Ciro 906 '12 | 🍷🍷 4 |

## La Pietra di Tommasone

via prov.le Fango, 98
80076 Lacco Ameno [NA]
Tel. +39 0813330330
www.tommasonevini.it

藏酒销售
预约参观
年产量 100 000 瓶
葡萄种植面积 11 公顷

在今年的全篇幅酒庄介绍板块，我们再次推荐这座来自伊斯基亚岛（Ischia）的卓越酒庄，分别担任酒庄的酿酒师和经理的安东尼奥·蒙提（Antonio Monti）及其女儿露西亚（Lucia）酿造的美酒令人难忘。父亲托马索（Tommaso）于1980年去世后，安东尼奥离开了自伊斯基亚岛，前往德国发展，并在那里娶了一个当地女孩为妻。几年之后，他在科隆（Cologne）开了一间至今仍然大受欢迎的餐厅——奥斯特瑞亚森特维尼（Osteria Centovini）。80年代末，在一次返回故土岛屿的旅行中，安东尼奥做出复兴家族的酿酒传统的决定，并且重新修整了几块小的种植地块。他修复酒窖，种植新地块。2005年，上述准备终于诞生了托马森皮耶特拉酒庄（La Pietra di Tommasone），如今全家人都投入到打理葡萄园的业务中。强劲的白葡萄酒系列和lacklustre的红葡萄酒出品系列形成鲜明对照，其中两款白莱拉（Biancolellas）尤为出众。2015年份的普莱提园白莱拉（La Vigna dei Preti）气质优雅，吐露着金雀花和蜜瓜的甜美果香，酒质悄然演进，收口余韵绵长诱人，融入略咸的矿物质滋味。与此同时，2015年份的伊斯基亚岛白莱拉（Ischia Biancolella）吐露着烟熏气息，令人想起东方香料的奇异芬芳，它美味可口，气质惬意悠闲，不过入口缺乏显著的支撑酸度；2015年份的恩珀梅罗白葡萄酒（Epomeo Bianco）在收口时展现出诱人美味的碘化物滋味。

| | |
|---|---|
| ○ Epomeo Bianco '15 | 🍷🍷 3 |
| ○ Ischia Biancolella '15 | 🍷🍷 2* |
| ○ Ischia Biancolella V. dei Preti '15 | 🍷🍷 4 |
| ○ Pithecusa Bianco '15 | 🍷🍷 3 |
| ● Pithecusa Rosso '13 | 🍷 3 |
| ⊙ Rosamonti '15 | 🍷 2 |
| ○ Epomeo Bianco '13 | 🍷🍷 3 |
| ● Epomeo Rosso '11 | 🍷🍷 3 |
| ○ Ischia Biancolella '14 | 🍷🍷 2* |
| ○ Ischia Biancolella '12 | 🍷🍷 2* |
| ● Ischia Per' 'e Palummo '13 | 🍷🍷 3 |
| ● Pignanera '07 | 🍷🍷 6 |
| ○ Terradei '13 | 🍷🍷 3 |

## ★Pietracupa

C.DA VADIAPERTI, 17
83030 MONTEFREDANE [AV]
TEL. +39 0825607418
pietracupa@email.it

藏酒销售
预约参观
年产量 50 000 瓶
葡萄种植面积 7.5 公顷

蒙泰夫雷达内（Montefredane）山间出产伟大的美酒以及如同萨比诺·罗弗莱多（Sabino Loffredo）这样卓越而疯狂的酿酒人。萨比诺革命性地改进了父亲佩皮诺（Peppino）于1990年创建的酒庄，他酿造的白葡萄酒、阿维利诺菲安诺（Fiano di Avellino）以及图弗格雷科（Greco di Tufo）都是伊尔皮尼亚地区（Irpinia）最伟大的佳酿。生产风格明快，酸性口感逡巡不散，受到采收和酿造年份变幻无常气候的巨大影响。出品口感集中，酒质发展更为清凛，都是拥有北方特性的美酒，但是同时，菲安诺（Fiano）和格雷科（Greco）也分别清晰地反映出蒙泰夫雷达内和图弗白色矿物质土壤的风土特质。佳酿经过陈年展现出独特的优雅气质。2000年后，萨比诺·罗弗莱多开始酿造陶拉西（Taurasi）。在今年的品鉴中，2015年份的图弗格雷科表现精彩，这款极富个性的红葡萄酒香氛精致，非常值得特别推荐。它吐露着犹如葡萄柚般的剔透果香，融入碎石的气息，酒体饱满，收口浸润着似无尽头的薄荷清凉和柑橘美味，酒质演进非常成熟流线。而阿维利诺菲安诺则一如既往地紧随其后，2015年份酒的香氛随着时间的蔓延逐渐淡去，但是口感始终深邃，层次分明。给予足够的瓶中陈年时间，这款佳酿毫无疑问将会展现出更完美的品质。除此之外，2011年份的陶拉西（Taurasi）多汁缥缈，是该年份最浓郁的美酒之一。

| | | |
|---|---|---|
| ○ Greco di Tufo '15 | 🍷🍷🍷 | 3* |
| ○ Fiano di Avellino '15 | 🍷🍷 | 3* |
| ● Taurasi '11 | 🍷🍷 | 5 |
| ○ Cupo '10 | YYY | 5 |
| ○ Cupo '08 | YYY | 5 |
| ○ Cupo '05 | YYY | 5 |
| ○ Cupo '03 | YYY | 3* |
| ○ Fiano di Avellino '13 | YYY | 3* |
| ○ Fiano di Avellino '12 | YYY | 3* |
| ○ Greco di Tufo '14 | YYY | 3* |
| ○ Greco di Tufo '10 | YYY | 3* |
| ○ Greco di Tufo '09 | YYY | 3* |
| ○ Greco di Tufo '08 | YYY | 3* |
| ○ Greco di Tufo '07 | YYY | 3* |
| ○ Greco di Tufo '06 | YYY | 3* |
| ● Taurasi '10 | YYY | 5 |

## Quintodecimo

VIA SAN LEONARDO, 27
83036 MIRABELLA ECLANO [AV]
TEL. +39 0825449321
www.quintodecimo.it

藏酒销售
预约参观
膳宿接待
年产量 60 000 瓶
葡萄种植面积 18 公顷
可持续发展酒庄

人人都称呼路易吉·莫伊奥（Luigi Moio）为“教授”，从小就在葡萄园之中长大，跟随父亲米歇尔·莫伊奥（Michele Moio）的足迹继承了酿酒事业，总能迅速辨别出别具风味且品质持久稳定卓越的美酒。昆特蒂西莫酒庄（Quintodecimo）的名字来自于距离古城贝内文托（Benevento）15英里的萨尼特小城（Sannite）——昆特姆蒂西莫（Quintum decimum）。20世纪90年代，他开始在那不勒斯的费代里科二世大学（Federico II University）教授农学，而从此以后，他对于酿造葡萄酒的热情就从未削减。2001年，路易吉终于放弃教职，与妻子劳拉迪马佐（Laura di Marzo）回归酿酒事业。今天的昆特蒂西莫酒庄拥有种植面积达到18公顷的葡萄园，其中包括部分位于指定产区的最佳地块，出产的酿造果实能够打造出结构上佳、果味和酒重得宜、等待时间的演化日臻完美的佳酿。在今年的品鉴中，2014年份的复活阿维利诺菲安诺（Fiano di Avellino Exultet）凭借卓越表现跻身角逐“三杯奖”的决赛。这款年份酒比以往更具特色，同样不变的是繁多的风味层次，而且口感锐利。它吐露着茴香的缕缕辛香，融入蜜瓜的甜美果香，更有晒干水果的阵阵果香，口感鲜美而饱满，底蕴中透露出缕缕树脂的滋味。与此同时，2011年份的大塞兹托园陶拉西（Taurasi Vigna Grande Cerzito）显著的酒香再次令人回想起四川胡椒粒的浓郁辛香，口感非常柔美顺滑，一路引领攀上含有略苦巧克力滋味的收口巅峰。

| | | |
|---|---|---|
| ○ Fiano di Avellino Exultet '14 | 🍷🍷 | 6 |
| ○ Greco di Tufo Giallo D'Arles '14 | 🍷🍷 | 6 |
| ○ Irpinia Falanghina Via Del Campo '14 | 🍷🍷 | 5 |
| ● Taurasi V. Grande Cerzito Ris. '11 | 🍷🍷 | 8 |
| ● Irpinia Aglianico Terra d'Eclano '13 | 🍷 | 6 |
| ○ Fiano di Avellino Exultet '09 | YYY | 6 |
| ○ Fiano di Avellino Exultet '13 | YY | 6 |
| ○ Fiano di Avellino Exultet '12 | YY | 6 |
| ○ Fiano di Avellino Exultet '11 | YY | 6 |
| ○ Greco di Tufo Giallo d'Arles '13 | YY | 6 |
| ○ Greco di Tufo Giallo d'Arles '12 | YY | 6 |
| ● Irpinia Aglianico Terra d'Eclano '11 | YY | 6 |
| ● Taurasi V. Grande Cerzito Ris. '09 | YY | 8 |
| ● Taurasi V. Quintodecimo Ris. '10 | YY | 8 |
| ● Taurasi V. Quintodecimo Ris. '07 | YY | 8 |

## Fattoria La Rivolta

C.DA RIVOLTA
82030 TORRECUSO [BN]
TEL. +39 0824872921
www.fattorialarivolta.com

藏酒销售
预约参观
膳宿接待
年产量 180 000 瓶
葡萄种植面积 29 公顷
葡萄栽培方式 有机认证

在相信桑尼奥地区（Sannio）拥有巨大酿造潜力并不断推介的坚定支持者中，包括保罗·孔特内罗（Paolo Cotroneo）。这位药剂师掌管着桑尼奥地区最著名且历史最悠久的一座酒庄。多年来，保罗以坎帕尼亚产区（Campania）主要的传统品种打造出广泛的单一品种系列美酒，出售价格也非常低廉。瑞沃塔农庄（Fattoria La Rivolta）位于贝内文托（Benevento）的托雷库索（Torrecuso）中心地带，靠近塔布诺山（Mount Taburno），自1997年创办以来，一直隶属孔特内罗家族。酒庄出品清爽扑鼻的白葡萄酒，吐露着典型的品种葡萄香气；相比较而言，红葡萄酒则更加紧致，精粹程度更深。在今年的品鉴中，2013年份的塔布诺阿里亚尼考（Aglianico del Taburno）吐露着莓果的果香，融入药草的醇香和灰烬的气息，凭借卓越表现跻身“三杯奖”决赛。入口非常质朴，酸度表现精彩绝伦，带来劲道口感，收口浸润着甜美的柑橘滋味。与此同时，2015年份的桑尼奥菲安诺（Sannio Fiano）雅致多汁，收口活跃，融入桔子的美味和芳香植物的风味。除此之外，2013年份瑞沃塔之地陈酿（Terra di Rivolta Riserva）的烘焙滋味略重，单宁较干，能够进一步提升。而非常容易入口的罗萨托阿里亚尼考（Aglianico Rosato）展现出多汁果味，色泽罕见，几近红色。

| | |
|---|---|
| ● Aglianico del Taburno '13 | 🍷🍷 3* |
| ○ Sannio Taburno Fiano '15 | 🍷🍷 3 |
| ⊙ Aglianico del Taburno Rosato Le Mongolfiere a San Bruno '15 | 🍷 3 |
| ● Aglianico del Taburno Terra di Rivolta Ris. '13 | 🍷 5 |
| ○ Falanghina del Sannio Taburno '15 | 🍷 2 |
| ○ Sannio Taburno Greco '15 | 🍷 3 |
| ● Sannio Taburno Piedirosso '15 | 🍷 3 |
| ● Aglianico del Taburno '10 | 🍷🍷🍷 3* |
| ● Aglianico del Taburno Terra di Rivolta Ris. '08 | 🍷🍷🍷 5 |
| ● Aglianico del Taburno Terra di Rivolta Ris. '12 | 🍷🍷 5 |
| ○ Sannio Taburno Greco '14 | 🍷🍷 3 |

## Rocca del Principe

VIA ARIANIELLO, 9
83030 LAPIO [AV]
TEL. +39 08251728013
www.roccadelprincipe.it

藏酒销售
预约参观
年产量 30 000 瓶
葡萄种植面积 6.5 公顷

拉皮恩（Lapine）是阿维利诺菲安诺（Fiano di Avellino）的核心地带，大部分土地都种植葡萄。洛卡德尔普林赛普酒庄（Rocca del Principe）的故事始于2004年，在作为葡萄栽培师为其他酒庄工作多年之后，恩科尔·扎勒拉（Ercole Zarella）、妻子奥莱利亚·法布芮佐（Aurelia Fabrizio）和他的弟弟安东尼奥·扎勒拉（Antonio Zarella）决定创建自己的酒庄，只用了不到十年的时间，就成为热爱阿维利诺菲安诺美酒的酒迷心中的圣殿。尤其是他们酿造的菲安诺，精选生长在拉皮奥地区富含火山黏土的葡萄园中的果实，充分反映出城中至高点阿莱内罗山（Arianello）的风土特质，因气候较冷而果实晚收。扎勒拉家族酿造的阿维利诺菲安诺具有独特的香氛，不仅口感鲜美，而且酒骨饱满，吐露着烟熏气息，美妙的果味口感缓慢打开，延宕开去，直至呈现不可阻挡之势。在今年的品鉴中，2014年份的阿维利诺菲安诺（Zarrella Fiano di Avellino）表现出色，再次将“三杯奖”捧回了家。它的香气缓缓释放，吐露着茴香般的缕缕异香，融入草本植物的丝丝清香，更有鼠尾草和黄桃的芬芳萦绕其间。入口感到正在演化中的美妙口感，杯中美酒完全掌握全局，浸润着烟熏矿物质滋味，带有一缕青柠和新割干草的清香，单宁微妙，令口感瞬间立体起来，收口绵长美味。

| | |
|---|---|
| ○ Fiano di Avellino '14 | 🍷🍷🍷 3* |
| ○ Fiano di Avellino '13 | 🍷🍷🍷 3* |
| ○ Fiano di Avellino '12 | 🍷🍷🍷 3* |
| ○ Fiano di Avellino '10 | 🍷🍷🍷 3* |
| ○ Fiano di Avellino '08 | 🍷🍷🍷 2* |
| ○ Fiano di Avellino '07 | 🍷🍷🍷 2* |
| ○ Fiano di Avellino '11 | 🍷🍷 3* |
| ○ Fiano di Avellino '09 | 🍷🍷 3* |
| ● Irpinia Aglianico '11 | 🍷🍷 3* |
| ● Taurasi Master Domini '07 | 🍷🍷 5 |
| ● Taurasi Mater Domini '09 | 🍷🍷 5 |
| ● Taurasi Mater Domini '08 | 🍷🍷 5 |
| ● Taurasi Ris. '10 | 🍷🍷 5 |

## Ettore Sammarco

via Civita, 9
84010 Ravello [SA]
Tel. +39 089872774
www.ettoresammarco.it

藏酒销售
预约参观
年产量 66 000 瓶
葡萄种植面积 13 公顷

这座美丽的中世纪小城拉韦洛（Ravello）地处阿玛菲海岸（Amalfi Coast）的中心地带，俯瞰大海，今年首次斩获了“三杯奖”。这要感谢勤勉的埃托莱·萨玛科（Ettore Sammarco），他于1962年创建了酒庄，直至今天几近80岁高龄依然照料着葡萄园，不过他的孩子们巴托罗（Bartolo）、玛丽亚·罗萨瑞娅（Maria Rosaria）和安东内拉（Antonella）也都从旁协助。萨玛科酒庄坐落在布鲁萨拉（Mount Brusara）海拔500米的山坡上，只能通过步行抵达，格罗塔皮亚纳葡萄园（Vigna Grotta Piana）酿造的美酒最终为其捧回桂冠。这款由吉娜斯特雷（Ginestrella）、法兰吉娜（Falanghina）和白莱拉（Biancolella）混酿而成的美酒与精美酒泥共同在小型橡木桶中陈年数月。2015年份酒和谐精美，吐露着杏仁的芬芳，融入茴香和干草的醇香，随之而来的口感非常活跃、美味，结构上佳，几乎没有任何多余的烘焙滋味，收口绵长悠然，浸润着小雏菊的清香和黄柑橘的果味。可以说，萨玛科酒庄推荐的整体系列酒品都表现精彩，2015年的采收和酿造季客观条件良好，也为最后的美酒助力不少。

| | |
|---|---|
| ○ Costa d'Amalfi Ravello Bianco V. Grotta Piana '15 | ●●● 4* |
| ○ Costa d'Amalfi Ravello Bianco Selva delle Monache '15 | ●● 3 |
| ⊙ Costa d'Amalfi Ravello Rosato Selva delle Monache '15 | ●● 3 |
| ● Costa d'Amalfi Ravello Rosso Selva delle Monache '15 | ●● 3 |
| ● Costa d'Amalfi Ravello Rosso Selva delle Monache Ris. '12 | ●● 5 |
| ⊙ Costa d'Amalfi Rosato Terre Saracene '15 | ●● 3 |
| ● Costa d'Amalfi Terre Sarecene Rosso '14 | ● 3 |
| ● Costa d'Amalfi Ravello Rosso Selva delle Monache Ris. '10 | ○○ 4 |

## Tenuta San Francesco

fraz. Corsano
via Sofilciano, 18
84010 Tramonti [SA]
Tel. +39 089876748
www.vinitenutasanfrancesco.com

藏酒销售
预约参观
膳宿接待
年产量 40 000 瓶
葡萄种植面积 10 公顷

圣弗朗西斯科酒庄（Tenuta San Francesco）由波弗家族（Bove）、德阿维诺家族（D' Avino）和吉奥达诺家族（Giordano）共同创建，酒庄创立的初衷是出自友情使然，后来三家演化成了商业合作伙伴，打造出奥马尔菲海岸（Amalfi Coast）最精美的葡萄种植区之一——特拉蒙蒂次产区（Tramonti）。这里的农业依然质朴，拥有独一无二的酿造传统，视野所及到处布满未嫁接的葡萄藤和古老的梯田就可以验证这一点。游客造访这里，定会留下难忘记忆，一定不要错过。出品美酒果味饱满，精致诱人，忠诚反映出本地葡萄品种的特质，例如法兰吉娜（Falanghina）、白莱拉（Biancolella）、吉内斯特拉（Ginestra）、丁拓尔（Tintore）、派迪洛索（Piedirosso）和阿里亚尼考（Aglianico）等。在今年的品鉴中，2012年份的伊利斯（E' Iss）表现精彩，这款红葡萄酒由嫁接到古老抗根瘤蚜砧木的丁拓尔果实酿造而成，散发着阵阵烟熏气息，风味注重惬意更甚于紧致，吐露着醋栗的芬芳，融入番茄干的香气，随之而来的口感柔美且有力，极富个性和态度。与此同时，2014年份的珀伊娃奥马尔菲海岸白葡萄酒（Costa d' Amalfi Per Eva）是一款真正经典的类型酒，散发着精致的乳酸芬芳，融入干草的醇香，浸润着蜜桃的美味，一路攀上果味丰盈饱满的收口巅峰，余韵绵长悠然，非常诱人。

| | |
|---|---|
| ○ Costa d'Amalfi Bianco Per Eva '14 | ●● 4 |
| ○ Costa d'Amalfi Tramonti Bianco '15 | ●● 2* |
| ● Costa d'Amalfi Tramonti Rosso Quattrospine Ris. '12 | ●● 5 |
| ● E' Iss '12 | ●● 5 |
| ⊙ Costa d'Amalfi Tramonti Rosato '15 | ● 2 |
| ○ Costa d'Amalfi Bianco Per Eva '13 | ○○○ 4* |
| ○ Costa d'Amalfi Tramonti Bianco '14 | ○○ 2* |
| ⊙ Costa d'Amalfi Tramonti Rosato '14 | ○○ 2* |
| ● Costa d'Amalfi Tramonti Rosso '12 | ○○ 3 |
| ● Costa d'Amalfi Tramonti Rosso Quattrospine Ris. '11 | ○○ 5 |
| ● Costa d'Amalfi Tramonti Rosso Quattrospine Ris. '10 | ○○ 5 |
| ● E' Iss '11 | ○○ 5 |

## San Giovanni

C.DA TRESINO
84048 CASTELLABATE [SA]
TEL. +39 0974965136
www.agricolasangiovanni.it

藏酒销售
预约参观
膳宿接待
年产量 20 000 瓶
葡萄种植面积 4 公顷

在奇伦托国家公园（Cilento National Park）的中心地带，沿着萨勒诺湾（Salerno）以南的海岸漫步，可以看到著名的观光胜地普塔特莱西诺（Punta Tresino）。建筑师马里奥·科拉多（Mario Corrado）及其从事律师职业的妻子艾达（Ida）带着3个孩子离开了萨勒诺的故乡，来到这个天堂一角定居下来。他们选择了与环境和谐共处的生活，重建了一系列乡间小屋以及酒庄的酒窖。酒庄拥有种植面积达到4公顷的葡萄园，主要栽培菲安诺（Fiano）、阿里亚尼考（Aglianico）和派迪洛索（Piedirosso）。出品美酒充分展现出显著而精美的地中海风情，受到海洋气候的巨大影响。我们今年的品鉴颠覆了圣乔瓦尼酒庄（San Giovanni）自己的品牌层级构架。2015年份的帕斯特姆（Paestum）凭借卓越表现将“三杯奖”捧回了家。这款气质极度欢愉的菲安诺美酒吐露着阳光的温热气息，散发着纯净的果香，和着蜜桃和金雀花的芬芳，随之而来的是丰盈且美味的口感，收口余韵极为绵长，似无尽头，带有一抹咸味儿，无疑是一款不容错过的美酒。与此同时，2015年份的特莱希努斯（Tresinus）风格多面，散发着烟熏气息，收口感受到糖分存留略重；而2014年份的菲克内拉（Ficonera）是一款派迪洛索酒，美味令人咋舌，浸润着胡椒风味。

○ Paestum '15 🍷🍷🍷 2*
○ Fiano Tresinus '15 🍷🍷 3
● Ficonera '14 🍷🍷 5
● Maroccia '12 🍷 5
○ Fiano Tresinus '12 🍷🍷🍷 3*
● Castellabate '11 🍷🍷 3
○ Fiano Tresinus '14 🍷🍷 3
○ Fiano Tresinus '13 🍷🍷 3*
○ Fiano Tresinus '11 🍷🍷 3
● Ficonera '11 🍷🍷 5
● Maroccia '07 🍷🍷 5
○ Paestum Bianco '14 🍷🍷 2*

## San Salvatore

VIA DIONISIO
84050 GIUNGANO [SA]
TEL. +39 08281990900
www.sansalvatore1988.it

藏酒销售
膳宿接待
年产量 160 000 瓶
葡萄种植面积 23 公顷
葡萄栽培方式 生物动力学认证
可持续发展酒庄

圣萨尔瓦多酒庄（San Salvatore）将传统酿造技法与现代化设备完美结合。酒庄地处美丽的奇伦托国家公园（Cilento National Park），位于斯蒂欧（Stio）与帕埃斯图姆（Paestum）和奎恩佳诺（Giungano）的希腊神庙之间。约瑟佩·帕吉亚诺（Giuseppe Pagano）于2004年创立了酒庄，坚持生物动力学栽培和酿造，在出产美酒的同时还拥有蔬菜园、牧场和橄榄林。酒庄的太阳光能系统令能源消耗降至最低，减少了二氧化碳的排放，就连农耕的肥料都以本地喂养牛的牛粪代替，能源得到循环利用。占地面积达到23公顷的庄园生产教科书般经典的美酒，具有强烈的本地特色。所产葡萄酒的主要采用本地葡萄品种，白葡萄酒呈现出典型的芬芳特质，红葡萄酒口感犹如天鹅绒般丝滑、饱满精粹。在本轮品鉴中，圣萨尔瓦多酒庄推荐酒品表现上佳，不少佳酿得分很高，其中拔得头筹者莫过于2015年份的特莱特纳尔菲安诺（Trentenare Fiano）。它吐露着精美的碘化物芬芳，融入杏仁和杉树的醇香，收口馥郁芳香，精致而活跃。我们还非常期待2015年份的皮安迪斯蒂欧（Pian di Stio），它散发着青苹果和柑橘的清爽果香，瓶中的陈年将会令其更加完美。我们同样喜爱帕里努罗（Palinuro）、塞瑟拉莱（Cecerale）以及充满夏日风情的2013年份致敬基洛多斐斯阿里亚尼考（Aglianico Omaggio a Gillo Dorfles）。

○ Trentenare '15 🍷🍷🍷 3*
○ Pian di Stio '15 🍷🍷 4
● Aglianico Omaggio a Gillo Dorfles '13 🍷🍷 6
○ Calpazio '15 🍷🍷 3
○ Cecerale Senza Solfiti Aggiunti '15 🍷🍷 3
○ Palinuro '15 🍷🍷 2*
● Vetere '15 🍷🍷 3
● Aglianico Corleto '14 🍷 2
⊙ Joi Brut Rosé '13 🍷 5
● Jungano '14 🍷 3
○ Pian di Stio '14 🍷🍷🍷 4*
○ Pian di Stio '13 🍷🍷🍷 4*
○ Pian di Stio '12 🍷🍷🍷 3*
● Aglianico Corleto '13 🍷🍷 2*
○ Calpazio '14 🍷🍷 3
○ Falanghina '14 🍷🍷 3

## Sanpaolo di Claudio Quarta Vignaiolo

C.DA SAN PAOLO
VIA AUFIERI, 25
83010 TORRIONI [AV]
TEL. +39 0832704398
www.claudioquarta.it

藏酒销售
预约参观
膳宿接待
年产量 115 000 瓶
葡萄种植面积 22 公顷

克劳迪奥·夸尔达（Claudio Quarta）和女儿阿莱桑德拉·夸尔达（Alessandra Quarta）对于葡萄酒充满激情。在美国度过了一段时期后，他们构思了全面的酒庄复兴计划，在南意大利开启了最具活力、最有意趣的酿酒事业之一，将精力主要集中在研究、可持续性发展以及生物动力学栽培和酿造上。他们拥有3座庄园：两座位于普里亚产区（Puglia）的萨伦托（Salento），一座位于伊尔皮尼亚（Irpinia）的阿特里帕尔达（Atripalda）——位于图弗（Tufo）与托廖尼（Torrioni）之间。酒庄出品卓越的本地品种葡萄酒，包括来自贝内文托（Benevento）附近的皮耶特雷尔齐纳葡萄园（Pietrelcina）出产的法兰吉娜（Falanghina）、蒙泰富斯科（Montefusco）和图弗（Tufo）的供应商提供的优质格雷科（Greco），以及酒庄自有的帕泰尔诺波利（Paternopoli）地块出产的阿里亚尼考（Aglianico）和陶拉西（Taurasi）。2010年份的陶拉西陈酿（Taurasi Riserva）最初受到过重橡木香气的阻碍，继而发展出野生莓果的多汁美味，得到鲜美酸度的有力支撑，和着黑胡椒和橘子糖的甜美滋味。今年的炎热气候也在2015年份的克劳迪奥夸尔达精选图弗格雷科（Greco di Tufo Selezione Claudio Quarta）中得到充分反映，它吐露着繁花和蜂蜜的混合芬芳，融入杏仁的醇香，浓郁的果香逐渐让位给惬意恢宏的口感。除此之外，今年的法兰吉娜也再次表现出诱人的细腻精美。

| | |
|---|---|
| ● Taurasi Ris. '10 | 🍷🍷 5 |
| ○ Falanghina '15 | 🍷🍷 2* |
| ○ Fiano di Avellino '15 | 🍷🍷 2* |
| ○ Greco di Tufo Claudio Quarta '15 | 🍷🍷 6 |
| ○ Greco di Tufo '15 | 🍷 2 |
| ● Irpinia Aglianico '14 | 🍷 2 |
| ○ Greco di Tufo Claudio Quarta '13 | 🍷🍷🍷 6 |
| ○ Greco di Tufo Claudio Quarta '12 | 🍷🍷🍷 6 |
| ○ Falanghina '13 | 🍷🍷 2* |
| ○ Fiano di Avellino '13 | 🍷🍷 2* |
| ○ Greco di Tufo '13 | 🍷🍷 2* |
| ○ Greco di Tufo '12 | 🍷🍷 2* |
| ● Taurasi Ris. '09 | 🍷🍷 5 |
| ● Taurasi Ris. '08 | 🍷🍷 5 |

## Tenuta Sarno 1860

C.DA SERRONI, 4B
83100 AVELLINO
TEL. +39 082526161
www.tenutasarno1860.it

年产量 15 000 瓶
葡萄种植面积 6 公顷

毛拉·萨尔诺（Maura Sarno）对于葡萄酒的热情全年无休。她酿造的阿维利诺菲安诺（Fiano di Avellino）是海拔600米的伊尔皮尼亚（Irpinia）小村坎蒂达（Candida）风土特质的镜子。坎蒂达山巅的葡萄种植地块土壤富含黏土和石灰质，又受益于独特的日夜巨大温差。在文森佐·玛库瑞奥（Vincenzo Mercurio）的协助下，萨尔诺酿造出的美酒气质优雅，香氛扑鼻，果味饱满，浓郁深邃，风味复杂。菲安诺（Fiano）要在控温条件下在不锈钢罐中陈年，与精美酒泥至少共同浸渍六个月已臻成熟。在今年的品鉴中，萨尔诺1860酒庄第一次推出了起泡酒——采收酒庄单一地块葡萄园的酿造果实、经过漫长的二次发酵法酿造出这款卓越的菲安诺起泡酒。2015年份酒展现出巨大的魅力，为酒庄捧回了“三杯奖”。它吐露着逐渐浓郁的金雀花花香，直戳人心，融入茴香和小雏菊的芬芳，随之而来的口感惬意怡人，强劲有力，美妙恢宏的酒质正在演化中，直至攀上多面的收口巅峰，余韵绵长悠然，融入青草的清新风味。除此之外，2015年份的萨尔诺1860系列零添加起泡酒（Sarno 1860 Pas Dosé）跃动美味，吐露着柑橘果香。

| | |
|---|---|
| ○ Fiano di Avellino '15 | 🍷🍷🍷 4* |
| ○ Sarno 1860 Pas Dosé '15 | 🍷🍷 4 |
| ○ Fiano di Avellino '14 | 🍷🍷 3* |
| ○ Fiano di Avellino '13 | 🍷🍷 3* |
| ○ Fiano di Avellino '12 | 🍷🍷 3* |
| ○ Fiano di Avellino '11 | 🍷🍷 3 |
| ○ Fiano di Avellino '10 | 🍷🍷 3* |

## La Sibilla

FRAZ. BAIA
VIA OTTAVIANO AUGUSTO, 19
80070 BACOLI [NA]
TEL. +39 0818688778
www.sibillavini.com

藏酒销售
预约参观
年产量 70 000 瓶
葡萄种植面积 9.5 公顷

意大利很少有其他地区拥有如同坎皮佛莱格瑞（Campi Flegrei）这样独特的风土条件：临近海边，拥有富含火山灰和火山砾的土壤，带来了杯中美酒那难以言表的优雅咸味；受到那不勒斯湾（Gulf of Naples）影响的温和海洋气候；拥有数量众多的未嫁接的葡萄园；生物多样性表现丰富。拉西比拉酒庄（La Sibilla）就是坎皮佛莱格瑞地区独特风土的一面镜子。文森佐·迪·梅奥（Vincenzo Di Meo）酿造的美酒浓郁集中，口感多汁，各种类型和级别的出品都取得了轰动性的成功。出产美酒主要集中在法兰吉娜（Falanghina）和派迪洛索（Piedirosso）这两个典型的本地品种上，柯鲁娜德拉戈法兰吉娜（Falanghina Cruna deLago）尤为出色，需要在不锈钢容器中与精美酒泥共同陈年超过六个月的时间，在采收一年后才会正式发布。在今年的品鉴中，2014年份的柯鲁娜德拉戈法兰吉娜表现精彩，虽然如此褒奖对于这款美酒而言已经是陈词滥调。它吐露着矿物质的缕缕醇香，融入独特的汽油芬芳，更有苹果的成熟果香缭绕其间，果味口感活跃馥郁，饱满且无处不在，一路引领攀上美妙的收口巅峰，浸润着水果干和柑橘的美味。相比较而言，2015年份的法兰吉娜前景更可预估，它清爽而浓郁，散发着奇妙的烟熏气息；而同年份的派迪洛索则展现出地中海风情，散发着阳光下番茄的芬芳和牛脂的醇香。

| | |
|---|---|
| ○ Campi Flegrei Falanghina '15 | 🍷🍷 2* |
| ○ Campi Flegrei Falanghina Cruna deLago '14 | 🍷🍷 4 |
| ● Campi Flegrei Piedirosso '15 | 🍷🍷 3 |
| ● Campi Flegrei V. Madre '13 | 🍷 4 |
| ○ Campi Flegrei Falanghina '13 | 🍷🍷🍷 2* |
| ○ Campi Flegrei Falanghina '14 | 🍷🍷 3 |
| ○ Campi Flegrei Falanghina Cruna deLago '13 | 🍷🍷 4 |
| ○ Campi Flegrei Falanghina Cruna deLago '12 | 🍷🍷 4 |
| ● Campi Flegrei Piedirosso '14 | 🍷🍷 4 |
| ● Campi Flegrei Piedirosso '13 | 🍷🍷 3* |
| ● Campi Flegrei Piedirosso V. Madre '12 | 🍷🍷 4 |

## Luigi Tecce

C.DA TRINITÀ, 6
83052 PATERNOPOLI [AV]
TEL. +39 3492957565
ltecce@libero.it

预约参观
年产量 10 000 瓶
葡萄种植面积 5 公顷

路易吉·泰斯（Luigi Tecce）酿造的美酒能够演化到何种美妙的程度，我们很难预测。造访路易吉位于帕泰尔诺波利（Paternopoli）的葡萄园，意味着要一路攀到山顶，这里的土壤富含石灰质和沙土。他酿造的美酒既不澄清也不过滤，硫化物含量几乎不超过40mg/L，发酵和陈年过程根据采收条件不同而变化。路易吉每年都根据采收状态调整酿造计划，采用从双耳瓶到栗子木木桶的多种承载方式、与酒泥共同长期陈年，酿造出质朴、口感复杂多层次的红葡萄酒。路易吉在葡萄园中的艰辛劳作有目共睹，酒庄产量较低，只生产两种美酒——陶拉西（Taurasi）和伊尔皮尼亚坎皮陶拉西尼（Irpinia Campi Taurasini）。在今年的品鉴中，2012年份的珀利费莫陶拉西（Taurasi Poliphemo）给我们留下了非常深刻的印象。它吐露着成熟莓果的缕缕果香，融入野生樱桃的甜美芬芳，更有一抹烟囱灰的独特气息萦绕其间，淡淡橘子糖的香气飘散，随后到来的是馥郁强劲的口感，收口热辣而绵长。与此同时，2013年份的萨蒂利孔伊尔皮尼亚坎皮陶拉西尼（Satyricon）非常浓郁，散发着皮革的狂野香气，融入日光下番茄的芬芳，单宁劲道有力，收口极富个性。

| | |
|---|---|
| ● Taurasi Poliphemo '12 | 🍷🍷🍷 6 |
| ● Irpinia Campi Taurasini Satyricon '13 | 🍷🍷 4 |
| ● Taurasi Poliphemo '08 | 🍷🍷🍷 6 |
| ● Taurasi Poliphemo '07 | 🍷🍷🍷 6 |
| ● Irpinia Campi Taurasini Satyricon '12 | 🍷🍷 5 |
| ● Irpinia Campi Taurasini Satyricon '10 | 🍷🍷 5 |
| ● Irpinia Campi Taurasini Satyricon '09 | 🍷🍷 4 |
| ● Taurasi Poliphemo '11 | 🍷🍷 6 |
| ● Taurasi Poliphemo '10 | 🍷🍷 6 |
| ● Taurasi Poliphemo '09 | 🍷🍷 7 |
| ● Taurasi Poliphemo '06 | 🍷🍷 6 |
| ● Taurasi Poliphemo '05 | 🍷🍷 6 |

## Terre del Principe

LOC. SQUILLE
S.DA 325 SS GIOVANNI E PAOLO, 30
81010 CASTEL CAMPAGNANO [CE]
TEL. +39 0823867126
www.terredelprincipe.com

藏酒销售
预约参观
年产量 50 000 瓶
葡萄种植面积 11 公顷
葡萄栽培方式 有机认证
可持续发展酒庄

塔布诺山（Taburno）与马塞特山（Matese）之间这片土地的典型特征是富含卡亚佐（Caiazzo）风土的沙石土壤，早在五百万年至七百万年前的第三纪中新世代晚期就已经存在，土壤极为肥沃且非常特别。佩皮·曼西尼（Peppe Mancini）和曼纽埃拉·皮安卡斯泰利（Manuela Piancastelli）决定对即将灭绝的坎帕尼亚（Campania）本地葡萄品种进行投资。这意味着他们将会推出多款以现代风格阐释白狐狸尾（Pallagrello bianco）、黑狐狸尾（Pallagrello nero）和卡萨韦基亚（Casavecchia）葡萄的美酒。出品风格尤为馥郁芬芳，果香饱满，结构上佳，主要采用小型橡木桶进行酿造，有新有旧，而且都经过了漫长的陈年——阿姆布鲁克（Ambruco）、森托莫吉亚（Centomoggia）和狐狸尾都在小型橡木桶中陈年；两款精选白狐狸尾——冯塔娜维吉纳（Fontanavigna）只在不锈钢罐中陈年；勒塞罗（Le Sèrole）则需要在小木桶中度过三个月的陈年时间。在今年的品鉴中，2014年份的勒塞罗白狐狸尾（Le Sèrole）表现非常出色，它的香氛美妙，柑橘果香和绿茶清香四处飘散，口感中含有硫化物的滋味，稍显锋利，酸度别具一格，令人印象深刻，与精美酒骨完美结合，美味一路延宕直至收口巅峰。与此同时，2013年份的阿姆布鲁克（Ambruco）紧凑浓郁，果香果味持久；而森托莫吉亚（Centomoggia）则更加经典，散发着黑胡椒的辛香和甘草的醇香。

| | | |
|---|---|---|
| ○ Le Sèrole '14 | ▼▼ (red) | 5 |
| ● Ambruco '13 | ▼▼ | 5 |
| ● Centomoggia '13 | ▼▼ | 5 |
| ● Piancastelli '13 | ▼▼ | 6 |
| ● Ambruco '06 | ▽▽▽ | 5 |
| ● Ambruco Pallagrello Nero '10 | ▽▽▽ | 5 |
| ● Centomoggia '11 | ▽▽▽ | 5 |
| ● Centomoggia '08 | ▽▽▽ | 5 |
| ● Centomoggia '07 | ▽▽▽ | 5 |
| ○ Le Sèrole Pallagrello Bianco '13 | ▽▽▽ | 5 |
| ● Ambruco '12 | ▽▽ | 5 |
| ● Castello delle Femmine '13 | ▽▽ | 3 |
| ● Castello delle Femmine '12 | ▽▽ | 3 |
| ○ Le Sèrole '12 | ▽▽ | 5 |
| ○ Pallagrello Bianco Fontanavigna '14 | ▽▽ | 3 |
| ● Sasso di Riccardo '14 | ▽▽ | 5 |

## Terre Stregate

LOC. SANTA LUCIA
VIA MUNICIPIO, 105
82034 GUARDIA SANFRAMONDI [BN]
TEL. +39 0824817857
www.terrestregate.it

藏酒销售
预约参观
年产量 100 000 瓶
葡萄种植面积 22 公顷
可持续发展酒庄

费罗梅纳·亚科布奇（Filomena Iacobucci）和卡洛·亚科布奇（Carlo Iacobucci）对桑尼奥产地酒（Sannio）的推广贡献良多，他们的酒庄出品在去年的年鉴中还获得了"最佳性价比美酒奖"（Best Value for Money）。亚科布奇家族勤勉的工作平均分配在葡萄园和新建的酒窖中，而且由于去年遭受了严重的洪灾，复兴被损毁的种植地的工作也占用了他们的大量时间和精力。去年的产量有所下降，不过本地的海拔高度以及极端的温差条件打造出了健康而完美的成熟果实。因此，今年出产系列主要以法兰吉娜（Falanghina）为主，分为四个不同的系列，每个系列都体现出不同的特质和精美程度。在今年的品鉴中，2015年份的桑尼奥斯维拉托法兰吉娜（Falanghina Sannio Svelato）获得了我们的"三杯奖"，似乎展现出不仅在当地、而且要在整个坎帕尼亚地区（Campania）成为经典之势。它摇曳着明快的黄绿色色泽，吐露着蜜糖和坚果的芬芳，很快让位给更加清爽、更加馥郁的香氛；随之而来的口感非常圆润饱满，同时也非常浓郁强劲，收口余韵绵长，浸润薄荷清凉风情和茴香的异域滋味，非常美味。除此之外，2015年份的塔玛法兰吉娜（Falanghina Trama）也表现出色，散发着大麦的醇香，和着咖啡的芬芳，口感非常诱人。

| | | |
|---|---|---|
| ○ Falanghina del Sannio Svelato '15 | ▼▼▼ (red) | 2* |
| ○ Falanghina Trama '15 | ▼▼ | 2* |
| ● Sannio Aglianico Manent '14 | ▼▼ | 2* |
| ○ Falanghina Caracara '14 | ▼ | 6 |
| ○ Sannio Fiano Genius Loci '15 | ▼ | 2 |
| ○ Sannio Greco Aurora '15 | ▼ | 2 |
| ○ Falanghina del Sannio Svelato '14 | ▽▽▽ | 2* |
| ○ Falanghina del Sannio Svelato '13 | ▽▽▽ | 2* |
| ○ Falanghina del Sannio Svelato Sur Lies '13 | ▽▽ | 3* |
| ● Sannio Aglianico Manent '13 | ▽▽ | 2* |
| ○ Sannio Fiano Genius Loci '14 | ▽▽ | 2* |
| ○ Sannio Fiano Genius Loci '13 | ▽▽ | 2* |

## Terredora Di Paolo

VIA SERRA
83030 MONTEFUSCO [AV]
TEL. +39 0825968215
www.terredora.com

藏酒销售
预约参观
膳宿接待
年产量 1 000 000 瓶
葡萄种植面积 200 公顷

保罗酒庄（Terredora Di Paolo）是阿维利诺地区（Avellino）规模最大的酒庄之一，拥有占地面积达到200公顷的葡萄园，其中包含不少产区朝向最佳的种植地块，而这片土地更拥有悠久的酿酒历史和传统。保罗酒庄创建于1994年，当古老酿酒家族马斯特罗贝拉尔迪诺（Mastroberardino）的两位继承人安东尼奥（Antonio）和瓦尔特（Walter）选择了不同的道路从而分道扬镳之时。瓦尔特创建了保罗酒庄，他的孩子们丹妮拉（Daniela）和保罗（Paolo）如今掌控着酒庄的生产和管理。酒庄出品系列广泛，主要分为三条产品线：经典系列、名园精选系列以及陈酿系列。在今年的品鉴中，我们始终在等待陶拉西（Taurasi）新酒的发布，不过在此期间我们对保罗酒庄的两款白葡萄酒印象深刻。2015年份的保罗酒庄阿维利诺菲安诺（Fiano di Avellino Terredora Di Paolo）是一款个性鲜明的美酒，充分展现出不俗的表达力，果味饱满，酸度极具穿透力，美味一路攀上流畅恢宏的收口巅峰。与此同时，2015年份卓越的洛基亚德塞拉图弗格雷科（Greco di Tufo Loggia della Serra）香氛融入精美的树脂风味，与劲道清爽的口感形成鲜明对照；绵长的收口余韵浸润着小雏菊和榛子的美味，成为其显著特征。

| | |
|---|---|
| ○ Fiano di Avellino Terredora Di Paolo '15 | ▼▼ 3 |
| ○ Greco di Tufo Loggia della Serra '15 | ▼▼ 3 |
| ● Irpinia Aglianico Il Principio '10 | ▼ 4 |
| ⊙ Irpinia Rosato Rosaenovae '15 | ▼ 3 |
| ● Taurasi Fatica Contadina '08 | ΥΥΥ 5 |
| ● Aglianico '11 | ΥΥ 2* |
| ○ Falanghina '14 | ΥΥ 4 |
| ○ Fiano di Avellino Campore '12 | ΥΥ 5 |
| ○ Fiano di Avellino Campore '11 | ΥΥ 5 |
| ○ Greco di Tufo Loggia della Serra '13 | ΥΥ 3* |
| ○ Irpinia Falanghina '14 | ΥΥ 4 |
| ○ Lacryma Christi del Vesuvio Bianco '14 | ΥΥ 4 |
| ○ Lacryma Christi del Vesuvio Rosso '13 | ΥΥ 3 |
| ● Taurasi Fatica Contadina '09 | ΥΥ 5 |
| ● Taurasi Pago dei Fusi '08 | ΥΥ 5 |

## Torre a Oriente

LOC. MERCURI I, 19
82030 TORRECUSO [BN]
TEL. +39 0824874376
www.torreaoriente.eu

藏酒销售
预约参观
膳宿接待
年产量 40 000 瓶
葡萄种植面积 10 公顷
可持续发展酒庄

这座坐落于托雷库索（Torrecuso）的活跃酒庄是产区崛起的新秀酒庄之一，来自于帕特里齐亚·易安内拉（Patrizia Iannella）和乔吉奥·杰提尔科（Giorgio Gentilcore）的合力辛勤劳作。两人分享着对葡萄酒的共同热情，同时也生产橄榄油和果酱等卓越的农产品。但是我们对于他们酿造的美酒更感兴趣，出品大多采用奥蒂斯（Ortice）品种葡萄酿造而成。酒庄拥有占地面积达到10公顷的有机葡萄园，主要产品是不少于三个系列的法兰吉娜佳酿（Falanghina）。其中比安库泽塔系列（Biancuzita）是旗舰美酒，这款晚收佳酿严格控制产量，在果实采收几年后才会上市。在今年的品鉴中，2014年份的比安库泽塔法兰吉娜（Falanghina Biancuzita）毫无争议地再次成为同品类美酒中的佼佼者，云淡风轻地捧走了“三杯奖”。这是一款结构完美的白葡萄酒，吐露着浓郁的酒香，酸度饱满丰盈，拥有矿物质风味，收口清爽美味，令人想起绿茶和罗勒叶的滋味。与此同时，2011年份的杰尼科阿里亚尼考（Aglianico Janico）和2015年份的希瑞亚纳桑尼奥法兰吉娜（Falanghina Sannio Siriana）也都展现出令人愉悦的可饮性。

| | |
|---|---|
| ○ Falanghina del Sannio Biancuzita '14 | ▼▼▼ 3* |
| ○ Falanghina del Sannio Taburno Siriana '15 | ▼ 2 |
| ○ Sannio Aglianico Janico '11 | ▼ 2 |
| ○ Falanghina del Sannio Biancuzita '12 | ΥΥΥ 3* |
| ● Aglianico del Taburno U' Barone '08 | ΥΥ 3 |
| ○ Falanghina del Sannio Biancuzita '11 | ΥΥ 2* |
| ○ Falanghina del Sannio Biancuzita '10 | ΥΥ 2* |
| ○ Falanghina del Sannio Taburno Siriana '14 | ΥΥ 2* |
| ● Janico '10 | ΥΥ 2* |
| ● Sannio Aglianico Janico '10 | ΥΥ 2* |

## Traerte

c.da Vadiaperti
83030 Montefredane [AV]
Tel. +39 0825607270
info@traerte.it

藏酒销售
预约参观
年产量 81 000 瓶
葡萄种植面积 6 公顷

在蒙泰夫雷达内地区（Montefredane），鲜有人能与拉斐尔·特拉西（Raffaele Troisi）一较高下，拉斐尔从父亲安东尼奥（Antonio）手中继承了酒庄——安东尼奥·特拉西（Antonio Troisi）是本地首批创建自己的酒窖并出售自酿瓶装美酒的种植商之一。在经过了多次财政震荡之后，特拉埃特品牌（Traerte）作为瓦蒂亚珀提地区（Vadiaperti）最佳美酒的象征，于2011年正式创建。拉斐尔酿造优质的狐狸尾（Coda di Volpe），托拉玛精选系列（Torama）非常悦人，还有一些原始风味的阿维利诺菲安诺（Fiano di Avellinos）和图弗格雷科（Greco di Tufos）。这些美酒在杯中缓慢释放打开，带有些许咸味儿，酸度活跃。在今年的品鉴中，2015年份的艾皮埃提精选系列阿维利诺菲安诺（Fiano di Avellino Aipierti）凭借卓越表现跻身“三杯奖”决赛，吐露着诱人的泥煤气息，融入花粉和高山草本植物的清香，绵长而有节律的口感与香氛相得益彰，得到单宁略显突出的酒骨的支撑，收口非常劲道有力，结构上佳。与此同时，2015年份的托拉玛狐狸尾（Coda di Volpe Torama）浓郁多汁，带有咸咸的风味，酒精度较高，是产区酒中的佼佼者，口感也十分恢宏馥郁，演化成熟完善。

| | |
|---|---|
| ○ Fiano di Avellino Aipierti '15 | 🍷🍷 5 |
| ○ Irpinia Coda di Volpe Torama '15 | 🍷🍷 5 |
| ○ Greco di Tufo Tornante '15 | 🍷🍷 5 |
| ○ Irpinia Coda di Volpe '15 | 🍷🍷 2* |
| ○ Fiano di Avellino '15 | 🍷 3 |
| ○ Fuori Limite Le Vecchie Vigne '15 | 🍷 5 |
| ○ Greco di Tufo '15 | 🍷 3 |
| ○ Fiano di Avellino Aipierti '14 | 🍷🍷 5 |
| ○ Fiano di Avellino Aipierti '13 | 🍷🍷 5 |
| ○ Fiano di Avellino Aipierti '12 | 🍷🍷 5 |
| ○ Greco di Tufo Tornante '14 | 🍷🍷 5 |
| ○ Greco di Tufo Tornante '13 | 🍷🍷 5 |
| ○ Greco di Tufo Tornante '12 | 🍷🍷 5 |
| ○ Irpinia Coda di Volpe Torama '14 | 🍷🍷 5 |
| ○ Irpinia Coda di Volpe Torama '13 | 🍷🍷 5 |

## Antica Masseria Venditti

via Sannitica, 120/122
82037 Castelvenere [BN]
Tel. +39 0824940306
www.venditti.it

藏酒销售
预约参观
餐饮接待
年产量 61 000 瓶
葡萄种植面积 11 公顷
葡萄栽培方式 有机认证
可持续发展酒庄

当我们于1988年发行第一版《意大利葡萄酒年鉴》的时候，尼古拉·韦迪提（Nicola Venditti）的酒庄就是坎帕尼亚产区（Campania）酒庄介绍部分中8家酒庄之一。如今，尼古拉拥有占地面积达到11公顷的葡萄园，而不是多年前的7公顷，却依然秉承同样的热忱和对自然的尊重打理着这片土地。这片土地古老的酿酒传统可以追溯到遥远的1595年，今天的出品系列包括多款精心酿造的美酒，采用于环境有利的酿造方式打造而成。犹如艺术宫殿般的酒窖出产不添加硫化物的佳酿，出品主要集中在卡斯泰韦内拉（Castelvenere）的传统葡萄品种上，例如巴贝塔（Barbetta）或者巴贝拉（Barbera），但是可不要将后者与皮埃蒙特产区（Piedmontese）同名的葡萄品种搞混了。在今年的品鉴中，2015年份的阿森扎桑尼奥巴贝塔（Sannio Barbetta Assenza）吐露着野生玫瑰花的浓郁花香，融入蓝莓般甜美的标志性香气，口感多汁馥郁，芬芳柔滑，完美无瑕。相比较而言，2013年份的桑尼奥巴贝塔巴贝拉（Sannio Barbetta Barbera）更加卓越，散发着紫罗兰般的幽然花香，和着石榴的果香。除此之外，2011年份的卡尔迪亚桑尼奥红葡萄酒陈酿（Sannio Rosso Bosco Caldaia Riserva）柔滑美味，单宁极具穿透力，这是一款以阿里亚尼考（Aglianico）、蒙特普齐亚诺（Montepulciano）和派迪洛索（Piedirosso）混酿而成的美酒。

| | |
|---|---|
| ● Sannio Barbetta Assenza '15 | 🍷🍷 4 |
| ● Sannio Barbetta Barbera '13 | 🍷🍷 3 |
| ● Sannio Rosso Bosco Caldaia Ris. '11 | 🍷🍷 5 |
| ○ Falanghina del Sannio Assenza '15 | 🍷 4 |
| ○ Falanghina del Sannio Vàndari '15 | 🍷 3 |
| ● Sannio Rosso Sup. '14 | 🍷 2 |
| ○ Falanghina del Sannio Vàndari '13 | 🍷🍷 3 |
| ● Sannio Aglianico Marraioli '09 | 🍷🍷 4 |
| ● Sannio Aglianico Marraioli '08 | 🍷🍷 3 |
| ● Sannio Aglianico Marraioli '07 | 🍷🍷 3 |
| ● Sannio Barbera Barbetta '09 | 🍷🍷 3 |
| ● Sannio Rosso '10 | 🍷🍷 2* |
| ● Solopaca Rosso Bosco Caldaia '07 | 🍷🍷 4 |

## Vestini Campagnano

via Costa dell'Aia, 9
81044 Conca della Campania [CE]
Tel. +39 0823679087
www.vestinicampagnano.it

藏酒销售
预约参观
年产量 80 000 瓶
葡萄种植面积 7 公顷
葡萄栽培方式 有机认证

20世纪90年代，律师阿尔伯托・巴莱塔（Alberto Barletta）的酒庄引领着复兴卡塞塔地区（Caserta）本地葡萄品种的风潮，其中包括白狐狸尾（Pallagrello bianco）、黑狐狸尾（Pallagrello nero）以及卡萨韦基亚（Casavecchia）等。位于卡亚佐地区（Caiazzo）的酒庄出产广泛的系列美酒，近些年国际销量猛增，尤其是卓越的年份酒，气质精美，口感浓郁。出品混酿的新风格以极佳的可饮性为典型特征，也具有绵延生命周期的潜力。在今年的品鉴中，2015年份的白狐狸尾（Pallagrello Bianco）美味多汁，非常易于入口，吐露着白色果肉水果丰美的果香，融入馥郁的奶油醇香，口感成熟跃动，收口感受自持稳定，和谐美味。这是一款趋于完美的年份酒。与此同时，我们也非常喜爱2015年份的康卡洛索嘉卢奇奥红葡萄酒（Galluccio Rosso Concarosso），它的气质恢宏，展现出精美的可饮性，果香扑鼻而来，果味深邃，收口感受雅致。2015年份的卡佳内罗（Kajanero）主要是卡萨韦基亚与狐狸尾的混酿，添加了少量阿里亚尼考（Aglianico），因而更加丰盈饱满，浸润着青草的美味。2015年份的阿斯普瑞诺（Asprinio）是一款南意大利的绿酒（Vinho Verde），酸度精美，浸润着缕缕青柠的甜美果味。

| | |
|---|---|
| ○ Pallagrello Bianco '15 | 3* |
| ● Axilio '13 | 3 |
| ● Galluccio Rosso Concarosso '15 | 2* |
| ● Kajanero '15 | 2* |
| ○ Pallagrello Bianco Le Ortole '15 | 4 |
| ○ Asprinio '15 | 2 |
| ● Connubio '11 | 7 |
| ● Pallagrello Nero '13 | 5 |
| ⊙ Vado Ceraso '15 | 3 |
| ● Casavecchia '11 | 5 |
| ● Connubio '08 | 7 |
| ○ Le Ortole '12 | 4 |
| ○ Pallagrello Bianco '13 | 3 |
| ● Pallagrello Nero '12 | 5 |

## Villa Diamante

via Toppole, 16
83030 Montefredane [AV]
Tel. +39 0825670014
villadiamante1996@gmail.com

藏酒销售
预约参观
年产量 10 000 瓶
葡萄种植面积 4.5 公顷

带着倔强而坚韧的激情，迪亚曼泰・雷纳（Diamante Renna）接替了卓越的酿酒师安东尼・吉亚塔（Antoine Gaita），继续追求完美阐释蒙泰夫雷达内山区（Montefredane）风土表现的阿维利诺菲安诺（Fiano di Avellino）。迪亚曼泰酿造的两款瓶装菲安诺（Fianos）酒无惧时光，始终在酒迷心中占据特殊的位置。其中，集合葡萄园系列菲安诺（Vigna della Congregazione）的酿造果实来自蒙泰夫雷达内山区富含黏土和卵石的种植地块；而卡洛斯豪特阿维利诺菲安诺（Clos d' Haut）则表现的是蒙泰夫雷达内山顶地块的风土特质。更加浓郁的硫化物基底带来更加强劲有力的口感和更加多面的烟熏风味变化。在今年的品鉴中，酿酒师文森佐・玛库瑞奥（Vincenzo Mercurio）打造的两款菲安诺酒都提前发布。2015年份的卡洛斯豪特阿维利诺菲安诺再次展现出独一无二的个性，最初吐露着啤酒香，继而让位给泥煤气息，更融入丝丝咸咸的风味，收口非常鲜美。与此同时，2015年份的集合葡萄园系列菲安诺更加均衡，更加优雅，吐露着阳光下的馥郁果香，酒骨精美，口感柔美，收口层次繁多，余韵尤为绵长悠然。

| | |
|---|---|
| ○ Fiano di Avellino V. della Congregazione '15 | 5 |
| ○ Fiano di Avellino Clos d'Haut '15 | 5 |
| ○ Fiano di Avellino Clos d'Haut '13 | 5 |
| ○ Fiano di Avellino V. della Congregazione '10 | 5 |
| ○ Fiano di Avellino V. della Congregazione '08 | 4 |
| ○ Fiano di Avellino Vigna della Congregazione '06 | 4 |
| ○ Fiano di Avellino Vigna della Congregazione '04 | 4 |
| ○ Fiano di Avellino V. della Congregazione '13 | 5 |
| ○ Fiano di Avellino V. della Congregazione '11 | 5 |

## ★Villa Matilde

S.S. Domitiana, 18
81030 Cellole [CE]
Tel. +39 0823932088
www.villamatilde.it

藏酒销售
预约参观
膳宿接待
年产量 700 000 瓶
葡萄种植面积 130 公顷
可持续发展酒庄

弗朗西斯科·阿瓦隆（Francesco Avallone）对于葡萄酒酿造历史的好奇心催生了马蒂尔德酒庄（Villa Matilde）——拉丁作家老普林尼（Pliny the Elder）、马夏尔（Martial）和古罗马诗人奥维德（Ovid）笔下的美酒到底口感如何令弗朗西斯科投身酿造业。联手那不勒斯费德里科大学（Federico II University）研究机构，对于酿造美酒进行不懈的努力探索，马蒂尔德酒庄地处每一本意大利葡萄酒年鉴中都会收录的历史悠久的古老产区——玛西科法勒尔诺（Falerno del Massico），如今又弗朗西斯科的子女、萨尔瓦多·阿瓦隆（Salvatore Avallone）和玛利亚·艾达·阿瓦隆（Maria Ida Avallone）经营管理。马蒂尔德酒庄在成立五十周年之际又添加了新庄园：位于桑尼奥（Sannio）的洛卡德莱尼庄园（Tenuta Rocca dei Leoni）和位于伊尔皮尼亚（Irpinia）中心地带的阿尔塔维拉庄园（Tenute d' Altavilla），从而打造更加广泛的系列美酒。在今年的品鉴中，2015年份的图弗格雷科（Greco di Tufo）惬意绵密，这款白葡萄酒是真正的类型酒精品，吐露着烤杏仁的阵阵醇香，口感多汁，酒质发展均衡，收口感受令人心满意足。与此同时，2012年份的卡莱西系列玛西科法勒尔诺白葡萄酒（Falerno del Massico Bianco Vigna Caracci）摇曳着金色的光泽，风味复杂，散发着晒干水果的芬芳，融入树脂的气息，入口后有一股麝香滋味，美味令人回味，口感演化多变，酒体饱满丰盈，收口余韵绵长诱人。

| | |
|---|---|
| ○ Greco di Tufo Tenute di Altavilla '15 | 🍷🍷(red) 3* |
| ● Aglianico Rocca dei Leoni '13 | 🍷🍷 2* |
| ○ Falerno del Massico Bianco V. Caracci '12 | 🍷🍷 4 |
| ● Falerno del Massico Rosso '12 | 🍷🍷 3 |
| ○ Falanghina Rocca dei Leoni '15 | 🍷 2 |
| ● Falerno del Massico Rosso V. Camarato Ris. '11 | 🍷 7 |
| ○ Fiano di Avellino Tenute di Altavilla '15 | 🍷 3 |
| ● Taurasi Tenute di Altavilla '15 | 🍷 5 |
| ⊙ Terre Cerase '15 | 🍷 2 |
| ○ Falerno del Massico Bianco V. Caracci '08 | ＹＹＹ 3 |
| ● Falerno del Massico Camarato '05 | ＹＹＹ 6 |
| ● Falerno del Massico Camarato '04 | ＹＹＹ 5 |

## Villa Raiano

loc. San Michele di Serino
via Bosco Satrano, 1
83020 Serino [AV]
Tel. +39 0825595663
www.villaraiano.com

藏酒销售
预约参观
年产量 300 000 瓶
葡萄种植面积 22 公顷
葡萄栽培方式 有机认证

如今拉雅诺酒庄（Villa Raiano）的酿造活动火力全开，加速发展。拉雅诺酒庄位于塞里诺地区（Serino）的一座古老村庄中，俯瞰萨巴托河谷（Sabato）全貌，风景极佳，拥有种植面积达到22公顷的有机栽培地块，分布在三个不同的伊尔皮尼亚（Irpinia）指定产区。酒庄在塞里诺圣米歇尔（San Michele di Serino）以及拉皮欧（Lapio）葡萄园的地块，地处俯瞰蒙泰夫雷达内（Montefredane）的山坡上，供应卓越的菲安诺（Fiano）酿造果实；格雷科（Greco）来自蒙泰富斯科（Montefusco）；而阿里亚尼考（Aglianico）则来自卡斯泰尔夫兰奇（Castelfranci）海拔600米的地块。当地酿酒师福尔图纳托·塞巴斯蒂亚诺（Fortunato Sebastiano）出品两个复杂且风格迥异的系列酒品——经典系列（Linea Classica）和名园精选系列（Linea Vigne）。出品美酒忠于本地风土，别具一格，浓郁集中，口感细腻。在今年的品鉴中，无论从紧致程度还是从准确的风格表现上而言，2014年份的康特拉玛罗塔图弗格雷科（Greco di Tufo Contrada Marotta）都无疑是今年最佳的格雷科美酒之一。它优雅而细腻，吐露着新割草坪的缕缕清香，更有燧石的醇香萦绕其间，口感深邃，层次丰富，风味经典，融入麝香的滋味，令人回味。除此之外，2014年份的阿丽玛塔阿维利诺菲安诺（Fiano di Avellino Alimata）多汁美味，吐露着浓醇的榛子香，一抹香料和黑茶的芬芳飘散，香氛与口感完美搭配，一路攀升到美妙的收口巅峰。卓越的表现令这款酒也跻身"三杯奖"决赛。

| | |
|---|---|
| ○ Fiano di Avellino Alimata '14 | 🍷🍷(red) 4 |
| ○ Greco di Tufo Contrada Marotta '14 | 🍷🍷(red) 4 |
| ○ Fiano di Avellino '15 | 🍷🍷 3 |
| ○ Greco di Tufo '15 | 🍷🍷 3 |
| ○ Falanghina '15 | 🍷 3 |
| ● Irpinia Campi Taurasini '12 | 🍷 3 |
| ○ Fiano di Avellino 22 '13 | ＹＹＹ 4* |
| ○ Fiano di Avellino Alimata '10 | ＹＹＹ 4 |
| ● Taurasi Raiano '07 | ＹＹ 5 |
| ○ Fiano di Avellino '12 | ＹＹ 3 |
| ○ Fiano di Avellino 22 '12 | ＹＹ 4 |
| ○ Greco di Tufo '12 | ＹＹ 3 |
| ● Taurasi '10 | ＹＹ 5 |
| ● Taurasi '09 | ＹＹ 5 |
| ● Taurasi Raiano '08 | ＹＹ 5 |

## Abbazia di Crapolla

LOC. AVIGLIANO
VIA SAN FILIPPO, 2
80069 VICO EQUENSE [NA]
TEL. +39 3383517280
www.abbaziadicrapolla.it

年产量 12 000 瓶
葡萄种植面积 2 公顷

| | |
|---|---|
| ○ Sireo Bianco '14 | 5 |
| ● Noir '12 | 5 |

## Aia dei Colombi

C.DA SAPENZIE
82034 GUARDIA SANFRAMONDI [BN]
TEL. +39 0824817139
www.aiadeicolombi.it

藏酒销售
预约参观
年产量 60 000 瓶
葡萄种植面积 10 公顷

| | |
|---|---|
| ○ Falanghina del Sannio Guardia Sanframondi '15 | 2* |
| ○ Falanghina del Sannio Guardia Sanframondi Vignasuprema '14 | 2* |

## Albamarina

C.SO CARLO PISACANE, 28
84051 CENTOLA [SA]
TEL. +39 3495066001
www.fattorialbamarina.com

藏酒销售
预约参观
年产量 20 000 瓶
葡萄种植面积 10 公顷

| | |
|---|---|
| ○ Primula '15 | 3 |
| ○ Cilento Fiano Valmezzana '15 | 3 |

## Amarano

C.DA TORRE, 32
83040 MONTEMARANO [AV]
TEL. +39 082763351
www.amarano.it

藏酒销售
预约参观
年产量 20 000 瓶
葡萄种植面积 7 公顷

| | |
|---|---|
| ○ Fiano di Avellino Dulcinea '15 | 3* |
| ○ Irpinia Coda di Volpe Lucinda '15 | 3 |
| ● Taurasi Principe Lagonessa '12 | 5 |
| ● Irpinia Campi Taurasini Malambruno '12 | 3 |

## Vitivinicola Anna Bosco

VIA SAN TOMMASO, 34
CASTELVENERE [BN]
TEL. +39 0824940483
vitivinicolaannabosco@gmail.com

年产量 10 000 瓶
葡萄种植面积 3 公顷

| | |
|---|---|
| ● Armonico '15 | 2* |
| ● Oro Rosso '15 | 2* |
| ○ Griecos's '15 | 2 |

## Antico Castello

C.DA POPPANO, 11BIS
83050 SAN MANGO SUL CALORE [AV]
TEL. +39 3408062830
www.anticocastello.com

藏酒销售
预约参观
膳宿接待
年产量 50 000 瓶
葡萄种植面积 10 公顷
可持续发展酒庄

| | |
|---|---|
| ● Taurasi '12 | 4 |
| ○ Irpinia Greco '15 | 2 |

## Giuseppe Apicella

FRAZ. CAPITIGNANO
VIA CASTELLO SANTA MARIA, 1
84010 TRAMONTI [SA]
TEL. +39 089876075
www.giuseppeapicella.it

藏酒销售
预约参观
年产量 60 000 瓶
葡萄种植面积 7 公顷
葡萄栽培方式 有机认证

| | |
|---|---|
| ○ Costa d'Amalfi Tramonti Bianco '15 | 🍷🍷 3 |
| ○ Costa d'Amalfi Tramonti Bianco Colle Santa Marina '15 | 🍷🍷 2* |
| ● Piedirosso '15 | 🍷🍷 2* |

## Cantine Barone

VIA GIARDINO, 2
84070 RUTINO [SA]
TEL. +39 0974830463
www.cantinebarone.it

藏酒销售
预约参观
膳宿接待
年产量 100 000 瓶
葡萄种植面积 12 公顷
葡萄栽培方式 有机认证

| | |
|---|---|
| ○ Marsia Bianco '15 | 🍷🍷 1* |
| ⊙ Primula Rosa '15 | 🍷🍷 2* |
| ○ Cilento Fiano Una Mattina '15 | 🍷 2 |
| ○ Cilento Fiano Vignolella '15 | 🍷 3 |

## Bellaria

FRAZ. AREA PIP
LOC. CARRANI
83030 MONTEFALCIONE [AV]
TEL. +39 0825973467
www.agricolabellaria.it

藏酒销售
预约参观
年产量 100 000 瓶
葡萄种植面积 15 公顷

| | |
|---|---|
| ● Aglianico '13 | 🍷🍷 3 |
| ○ Fiano di Avellino '15 | 🍷 3 |
| ○ Greco di Tufo Oltre '15 | 🍷 4 |

## Boccella

VIA SANT'EUSTACHIO
83040 CASTELFRANCI [AV]
TEL. +39 082772574
www.boccellavini.it

藏酒销售
预约参观
年产量 10 000 瓶
葡萄种植面积 5 公顷
葡萄栽培方式 有机认证

| | |
|---|---|
| ● Taurasi Sant'Eustachio '11 | 🍷🍷 5 |
| ● Taurasi '11 | 🍷🍷 5 |
| ○ Casefatte '15 | 🍷 2 |

## Borgodangelo

C.DA BOSCO DELLA SELVA
S.DA PROV.LE 52 KM 10
83050 SANT'ANGELO ALL'ESCA [AV]
TEL. +39 082773027
www.borgodangelo.it

藏酒销售
预约参观
餐饮接待
年产量 30 000 瓶
葡萄种植面积 8.5 公顷
可持续发展酒庄

| | |
|---|---|
| ⊙ Irpinia Rosato '15 | 🍷🍷 2* |
| ○ Fiano di Avellino '15 | 🍷 2 |
| ● Taurasi Ris. '10 | 🍷 4 |

## Cantina dei Monaci

FRAZ. SANTA LUCIA, 206
83030 SANTA PAOLINA [AV]
TEL. +39 0825964350
www.cantinadeimonaci.it

藏酒销售
预约参观
年产量 80 000 瓶
葡萄种植面积 9.5 公顷

| | |
|---|---|
| ○ Greco di Tufo Decimo Sesto '14 | 🍷🍷 3 |
| ● Taurasi '08 | 🍷🍷 5 |
| ○ Fiano di Avellino '15 | 🍷 3 |
| ○ Greco di Tufo '15 | 🍷 3 |

## Cantina del Barone

via Nocelleto, 21
83020 Cesinali [AV]
Tel. +39 0825666751
www.cantinadelbarone.it

藏酒销售
预约参观
年产量 30 000 瓶
葡萄种植面积 2.5 公顷

| | |
|---|---|
| ○ Particella 928 '14 | 🍷🍷 3* |

## Cantina Riccio

c.da Campore
83040 Chiusano di San Domenico [AV]
Tel. +39 0825985631
www.cantinariccio.it

藏酒销售
预约参观
年产量 50 000 瓶
葡萄种植面积 5 公顷

| | |
|---|---|
| ○ Fiano di Avellino I Vini di Janus '15 | 🍷🍷 3 |
| ○ Greco di Tufo I Vini di Janus '15 | 🍷 2 |
| ● Irpinia Aglianico I Vini di Janus '15 | 🍷 2 |
| ● Taurasi Appia Antica '12 | 🍷 2 |

## Cantine dell'Angelo

via Santa Lucia, 32
83010 Tufo [AV]
Tel. +39 3384512965
www.cantinedellangelo.com

藏酒销售
预约参观
年产量 18 000 瓶
葡萄种植面积 5 公顷

| | |
|---|---|
| ○ Greco di Tufo '14 | 🍷🍷 3 |
| ○ Greco di Tufo Torrefavale '14 | 🍷🍷 3 |

## Capolino Perlingieri

via Marraioli, 58
82037 Castelvenere [BN]
Tel. +39 0824971541
www.capolinoperlingieri.com

藏酒销售
预约参观
年产量 25 000 瓶
葡萄种植面积 13 公顷
葡萄栽培方式 有机认证
可持续发展酒庄

| | |
|---|---|
| ○ Sannio Fiano Nembo '15 | 🍷🍷 3 |
| ○ Falanghina del Sannio Preta '15 | 🍷 2 |
| ● Sannio Aglianico Talento '11 | 🍷 4 |
| ○ Sannio Greco Vento '15 | 🍷 3 |

## Casebianche

c.da Case Bianche, 8
84076 Torchiara [SA]
Tel. +39 0974843244
www.casebianche.eu

藏酒销售
预约参观
年产量 30 000 瓶
葡萄种植面积 5.5 公顷
葡萄栽培方式 有机认证
可持续发展酒庄

| | |
|---|---|
| ○ La Matta Dosaggio Zero '15 | 🍷🍷 3* |
| ⊙ Il Fric '15 | 🍷🍷 3 |
| ○ Cilento Fiano Cumalè '15 | 🍷 3 |

## Tenute Casoli

via Roma, 28
83040 Candida [AV]
Tel. +39 3402958099
www.tenutecasoli.it

藏酒销售
预约参观
膳宿接待
年产量 100 000 瓶
葡萄种植面积 13 公顷

| | |
|---|---|
| ○ Fiano di Avellino Kryos '14 | 🍷🍷 3 |
| ○ Greco di Tufo Cupavaticale '14 | 🍷 5 |
| ● Taurasi Armonia '11 | 🍷 6 |

## Colle di San Domenico

s.da st.le Ofantina km 7,500
83040 Chiusano di San Domenico [AV]
Tel. +39 0825985423
www.cantinecolledisandomenico.it

藏酒销售
预约参观
年产量 80 000 瓶
葡萄种植面积 10 公顷

| | |
|---|---|
| ○ Falanghina del Sannio '15 | 2* |
| ○ Fiano di Avellino '15 | 3 |
| ○ Greco di Tufo '15 | 3 |
| ● Irpinia Campi Taurasini Principe '13 | 3 |

## Colli di Castelfranci

c.da Braudiano
83040 Castelfranci [AV]
Tel. +39 082772392
www.collidicastelfranci.com

藏酒销售
预约参观
膳宿接待
年产量 150 000 瓶
葡萄种植面积 25 公顷

| | |
|---|---|
| ○ Greco di Tufo Grotte '15 | 2* |
| ● Taurasi Alta Valle Ris. '09 | 7 |
| ○ Fiano di Avellino Pendino '15 | 2 |
| ○ Irpinia Fiano Paladino '14 | 4 |

## Contrada Salandra

fraz. Coste di Cuma
via Tre Piccioni, 40
80078 Pozzuoli [NA]
Tel. +39 0815265258
www.dolciqualita.com

藏酒销售
预约参观
年产量 15 000 瓶
葡萄种植面积 4 公顷

| | |
|---|---|
| ● Campi Flegrei Piedirosso '13 | 3* |
| ○ Campi Flegrei Falanghina '14 | 2* |

## Cuomo I Vini del Cavaliere

via Feudo La Pila, 16
84047 Capaccio [SA]
Tel. +39 0828725376
www.vinicuomo.com

藏酒销售
预约参观
年产量 25 000 瓶
葡萄种植面积 4 公顷

| | |
|---|---|
| ○ Cilento Fiano Heraion '15 | 3 |
| ● Cilento Aglianico Granatum '14 | 3 |

## D'Antiche Terre

c.da Lo Piano
s.da st.le 7bis
83030 Manocalzati [AV]
Tel. +39 0825675358
www.danticheterre.it

藏酒销售
预约参观
膳宿接待
年产量 420 000 瓶
葡萄种植面积 40 公顷
可持续发展酒庄

| | |
|---|---|
| ● Coriliano '14 | 2* |
| ○ Fiano di Avellino '15 | 3 |
| ○ Sannio Fiano '15 | 2 |
| ● Taurasi '09 | 5 |

## Viticoltori De Conciliis

loc. Querce, 1
84060 Prignano Cilento [SA]
Tel. +39 0974831090
www.viticoltorideconciliis.it

藏酒销售
预约参观
年产量 200 000 瓶
葡萄种植面积 21 公顷
葡萄栽培方式 有机认证
可持续发展酒庄

| | |
|---|---|
| ● Bacioilcielo Rosso '15 | 2* |
| ● Aglianico Donnaluna '14 | 3 |
| ○ Bacioilcielo Bianco '15 | 2 |

## Di Marzo

via Gaetano Di Marzo, 2
83010 Tufo [AV]
Tel. +39 0825998022
www.cantinedimarzo.it

藏酒销售
预约参观
年产量 150 000 瓶
葡萄种植面积 23 公顷

| | |
|---|---|
| ○ Greco di Tufo '15 | 2* |
| ○ Greco di Tufo Brut M. Cl. Anni Venti | 4 |
| ○ Greco di Tufo Franciscus '15 | 3 |

## Farro

loc. Fusaro
via Virgilio, 16/24
80070 Bacoli [NA]
Tel. +39 0818545555
www.cantinefarro.it

藏酒销售
预约参观
年产量 207 000 瓶
葡萄种植面积 20 公顷

| | |
|---|---|
| ○ Campi Flegrei Falanghina Le Cigliate '14 | 3 |
| ○ Campi Flegrei Falanghina '15 | 2 |
| ● Campi Flegrei Piedirosso '15 | 2 |

## Cantine Federiciane Monteleone

fraz. San Rocco
via Antica Consolare Campana, 34
80016 Marano di Napoli [NA]
Tel. +39 0815765294
www.federiciane.it

藏酒销售
预约参观
年产量 200 000 瓶
葡萄种植面积 15 公顷

| | |
|---|---|
| ● Penisola Sorrentina Gragnano '15 | 2* |
| ● Penisola Sorrentina Lettere '15 | 2* |
| Campi Flegrei Piedirosso '15 | 2 |

## Filadoro

c.da Cerreto, 19
83030 Lapio [AV]
Tel. +39 0825982536
www.filadoro.it

藏酒销售
预约参观
年产量 40 000 瓶
葡萄种植面积 6 公顷

| | |
|---|---|
| ○ Fiano di Avellino '14 | 3 |
| ○ Frizzy '15 | 2 |

## ★Galardi

fraz. San Carlo
s.da prov.le Sessa-Mignano
81037 Sessa Aurunca [CE]
Tel. +39 08231440003
www.terradilavoro.com

藏酒销售
预约参观
年产量 30 000 瓶
葡萄种植面积 10 公顷
葡萄栽培方式 有机认证

| | |
|---|---|
| ● Terra di Lavoro '14 | 7 |

## Raffaele Guastaferro

via Gramsci
83030 Taurasi [AV]
Tel. +39 082539244
www.guastaferro.it

藏酒销售
年产量 40 000 瓶
葡萄种植面积 10 公顷

| | |
|---|---|
| ● Taurasi Primum Ris. '07 | 4 |
| ● Irpinia Aglianico Memini '12 | 2* |
| ○ Greco di Tufo Cardinale '15 | 3 |

## Manimurci

S.DA ST.LE 164 KM 83,200
83052 PATERNOPOLI [AV]
TEL. +39 3938257033
www.peppebuiowinery.it

藏酒销售
预约参观
年产量 300 000 瓶
葡萄种植面积 20 公顷

| | |
|---|---|
| ○ Falanghina del Sannio Falange '15 | 🍷🍷 2* |
| ● Irpinia Campi Taurasini Rossocupo '14 | 🍷🍷 3 |
| ○ Greco di Tufo Zagreo '15 | 🍷 2 |
| ● Taurasi Poema '11 | 🍷 5 |

## Salvatore Martusciello

VIA SPINELLI, 4
80010 QUARTO [NA]
TEL. +39 0818766123
www.salvatoremartusciello.it

年产量 87 000 瓶
葡萄种植面积 2 公顷

| | |
|---|---|
| ● Campi Flegrei Piedirosso Settevulcani '15 | 🍷🍷 3 |
| ● Penisola Sorrentina Lettere Ottouve '15 | 🍷🍷 3 |
| ○ Campi Flegrei Falanghina Settevulcani '15 | 🍷 3 |
| ● Penisola Sorrentina Gragnano Ottouve '15 | 🍷 3 |

## Lorenzo Nifo Sarrapochiello

VIA PIANA, 62
82030 PONTE [BN]
TEL. +39 0824876450
www.nifo.eu

藏酒销售
预约参观
年产量 70 000 瓶
葡萄种植面积 16 公顷
葡萄栽培方式 有机认证

| | |
|---|---|
| ○ Sannio Fiano '15 | 🍷🍷 2* |
| ○ Falanghina del Sannio Taburno '15 | 🍷 2 |
| ○ Sannio Taburno Greco '15 | 🍷 2 |

## Raffaele Palma

LOC. SAN VITO
VIA ARSENALE, 8
84010 MAIORI [SA]
TEL. +39 3357601858
www.raffaelepalma.it

藏酒销售
年产量 20 000 瓶
葡萄种植面积 6 公顷
葡萄栽培方式 有机认证
可持续发展酒庄

| | |
|---|---|
| ○ Costa d'Amalfi Bianco Puntacroce '15 | 🍷🍷 6 |
| ● Costa d'Amalfi Rosso Montecorvo '13 | 🍷 6 |

## Petilia

LOC. CAMPO FIORITO
C.DA PINCERA
83011 ALTAVILLA IRPINA [AV]
TEL. +39 0825991696
www.aziendaagricolapetilia.it

藏酒销售
预约参观
年产量 80 000 瓶
葡萄种植面积 17 公顷
可持续发展酒庄

| | |
|---|---|
| ○ Fiano di Avellino '15 | 🍷🍷 3 |
| ○ Greco di Tufo 4 20 '15 | 🍷🍷 4 |
| ○ Irpinia Falanghina Hirpos '15 | 🍷 3 |

## Porto di Mola

VIA RISIERA
81050 GALLUCCIO [CE]
TEL. +39 0823925801
www.portodimola.it

藏酒销售
预约参观
年产量 250 000 瓶
葡萄种植面积 50 公顷

| | |
|---|---|
| ○ Colle Lepre '15 | 🍷🍷 2 |
| ○ Montecamino '15 | 🍷 2 |
| ● Peppì '13 | 🍷 2 |

## Quadrigato

C.DA TAVERNA VECCHIA
82034 GUARDIA SANFRAMONDI [BN]
TEL. +39 0824864296
www.quadrigato.com

藏酒销售
预约参观
年产量 70 000 瓶
葡萄种植面积 14 公顷

| | |
|---|---|
| ○ Falanghina del Sannio '15 | 🍷🍷 2* |
| ○ Sannio Greco '15 | 🍷🍷 2* |
| ○ Sannio Fiano '15 | 🍷 2 |

## Andrea Reale

LOC. BORGO DI GETE
VIA CARDAMONE, 75
84010 TRAMONTI [SA]
TEL. +39 089856144
www.aziendaagricolareale.it

藏酒销售
预约参观
膳宿接待
年产量 12 500 瓶
葡萄种植面积 2.5 公顷
葡萄栽培方式 有机认证

| | |
|---|---|
| ○ Costa d'Amalfi Tramonti Bianco Aliseo '15 | 🍷🍷 4 |
| ⊙ Costa d'Amalfi Tramonti Rosato Getis '15 | 🍷🍷 4 |
| ● Borgo di Gete '12 | 🍷 6 |

## Regina Viarum

LOC. FALCIANO DEL MASSICO
VIA VELLARIA
81030 FALCIANO DEL MASSICO [CE]
TEL. +39 0823931299
www.reginaviarum.it

藏酒销售
预约参观
年产量 19 000 瓶
葡萄种植面积 5 公顷
葡萄栽培方式 有机认证
可持续发展酒庄

| | |
|---|---|
| ● Falerno del Massico Zero5 '13 | 🍷🍷 3 |
| ● Falerno del Massico Barone '11 | 🍷 5 |

## Sclavia

VIA CASE SPARSE
81040 LIBERI [CE]
TEL. +39 3356654770
www.sclavia.com

年产量 50 000 瓶
葡萄种植面积 13 公顷

| | |
|---|---|
| ○ Calù '15 | 🍷🍷 3* |
| ● Granito '12 | 🍷🍷 3 |
| ● Liberi '12 | 🍷🍷 5 |
| ● Pallagrello Nero Montecardillo '13 | 🍷 3 |

## Tenuta Scuotto

C.DA CAMPOMARINO, 2/3
83030 LAPIO [AV]
TEL. +39 08251851965
www.tenutascuotto.it

藏酒销售
预约参观
年产量 40 000 瓶
葡萄种植面积 3 公顷

| | |
|---|---|
| ● Taurasi '12 | 🍷🍷 5 |
| ○ Greco di Tufo '15 | 🍷 3 |
| ○ Oi Nì '13 | 🍷 5 |

## Setaro

LOC. PARCO NAZIONALE DEL VESUVIO
VIA BOSCO DEL MONACO, 34
80040 TRECASE [NA]
TEL. +39 0818628956
www.casasetaro.it

年产量 50 000 瓶
葡萄种植面积 10 公顷

| | |
|---|---|
| ○ Caprettone Brut '12 | 🍷🍷 4 |
| ○ Falanghina Campanelle '15 | 🍷 2 |
| ○ Vesuvio Lacryma Christi Bianco Munazei '15 | 🍷 2 |

## Sorrentino

via Rio, 26
80042 Boscotrecase [NA]
Tel. +39 0818584963
www.sorrentinovini.com

藏酒销售
预约参观
膳宿接待
年产量 250 000 瓶
葡萄种植面积 30 公顷
葡萄栽培方式 有机认证

| | |
|---|---|
| ○ Vesuvio Lacryma Christi Bianco V. Lapillo '15 | 🍷🍷 3 |
| ⊙ Vesuvio Lacryma Christi Rosato V. Lapillo '15 | 🍷🍷 3 |

## Telaro

loc. Calabritto
via Cinque Pietre, 2
81045 Galluccio [CE]
Tel. +39 0823925841
www.vinitelaro.it

藏酒销售
预约参观
年产量 550 000 瓶
葡萄种植面积 70 公顷
葡萄栽培方式 有机认证

| | |
|---|---|
| ● Calivierno '13 | 🍷🍷 3 |
| ○ Galluccio Bianco Ripa Bianca '15 | 🍷🍷 2* |
| ○ Fiano '15 | 🍷 2 |
| ● Galluccio Rosso Ara Mundi Ris. '13 | 🍷 3 |

## Torre Varano

loc. Torrevono, 2
82030 Torrecuso [BN]
Tel. +39 0824876372
www.torrevarano.it

藏酒销售
预约参观
年产量 130 000 瓶
葡萄种植面积 12 公顷

| | |
|---|---|
| ● Aglianico del Taburno 36+6 '09 | 🍷🍷 5 |
| ● Aglianico '14 | 🍷 3 |
| ● Aglianico del Taburno '12 | 🍷 3 |
| ○ Falanghina del Sannio Taburno '15 | 🍷 2 |

## Il Verro

loc. Acquavalle, Lautoni
81040 Formicola [CE]
Tel. +39 3456416200
www.ilverro.it

藏酒销售
年产量 20 000 瓶
葡萄种植面积 4 公顷

| | |
|---|---|
| ○ Pallagrello Bianco Verginiano '15 | 🍷🍷 2* |
| ● Pallagrello Nero '15 | 🍷🍷 3 |
| ● Casavecchia Lautonis '15 | 🍷 2 |
| ○ Sheep '15 | 🍷 2 |

## Vigne Guadagno

via Tagliamento, 237
83100 Avellino
Tel. +39 08251686379
www.vigneguadagno.it

藏酒销售
预约参观
年产量 47 000 瓶
葡萄种植面积 10 公顷

| | |
|---|---|
| ○ Fiano di Avellino Contrada Sant'Aniello '13 | 🍷🍷 4 |
| ○ Greco di Tufo '15 | 🍷🍷 3 |
| ● Taurasi '10 | 🍷🍷 5 |

## Vinosia

c.da Nocelleto
83052 Paternopoli [AV]
Tel. +39 082771754
www.vinosia.com

藏酒销售
餐饮接待
年产量 800 000 瓶
葡萄种植面积 40 公顷
可持续发展酒庄

| | |
|---|---|
| ○ Fiano di Avellino Le Grade '15 | 🍷🍷 3 |
| ○ Greco di Tufo L'Ariella '15 | 🍷🍷 3 |
| ● Taurasi Marziacanale '09 | 🍷 5 |
| ● Taurasi Santandrea '12 | 🍷 4 |

# 巴西利卡塔区
# BASILICATA

巴西利卡塔产区（Basilicata）是意大利可爱、珍贵的产区之一，但是迄今为止仍然没有被完全开发。作为巴西利卡塔产区最著名的产地，沃尔图阿里亚尼考（Aglianico del Vulture）近期凭借出品的超级美酒（Superiore）以及超级陈酿（Superiore Riserva）为许多买家所熟知，更获得了DOCG产区认证。从沃尔图（Vulture）到维诺萨（Venosa），这片土地生产的阿里亚尼考系列美酒是产区的偶像级美酒。在今年的品鉴中，巴西利卡塔产区共有四款佳酿勇夺最高荣誉“三杯奖”，其中三家是领奖台上的老面孔——特拉德利塞维韦酒庄（Terre degli Svevi）、诺塔欧酒庄（Cantine del Notaio）和狄托罗酒庄（Titolo），而卢卡尼亚格瑞法尔科酒庄（Grifalco della Lucania）则凭借2014年份的超级格雷科（Gricos）首次斩获“三杯奖”。有趣的是，在我们今年的品鉴中，共计18款巴西利卡塔产区酒闯入了最终决赛，它们全部是沃尔图阿里亚尼考酒。来自泰拉德瑞酒庄（Terra dei Re）的沃尔卡努800系列（Vulcano 800）是一款美味优雅的黑比诺（Pinot Nero），产自高海拔葡萄园，充分展现出独一无二的风土表达潜力。或许埃塔娜（Etna）美酒的史诗冒险正在激发一向安静的巴西利卡塔？在接下来的岁月里，我们能否看到新酒庄不断开张并在国际葡萄酒市场上陆续取代传统品牌的地位？我们真诚地希望定会如此，因为巴西利卡塔产区已经展现出未来繁荣发展的种种迹象。在我们编辑修订本年度年鉴的最后时刻，传来了产区名庄帕特诺斯特酒庄（Paternoster）被著名的托马斯园（Tommasi Viticoltori）成功收购的消息，而前不久巴斯里斯克集团（Basilisco）接手福地酒园（Feudi di San Gregorio）、法尔内塞集团（Farnese）收购秃鹰酒庄（Vigneti del Vulture）的新闻热度还未褪去，更不用提GIV集团还买下了特拉德利塞维韦酒庄（Terre degli Svevi）这样拥有坚实传统的古老名庄。上述所有举动都一再验证了我们的理论。巴西利卡塔产区拥有整个南意大利最佳的酿造果实、风土条件和气候环境，非常适合出产卓越名酒，而帕特诺斯特酒庄（Paternoster）出产的两款美酒都成功跻身我们最终的“三杯奖”决赛圈，就是对该产区发展潜力的明证。不过，巴西利卡塔产区的葡萄酒酿造业可不仅仅局限于沃尔图地区，产区其他地区很多辛苦劳作且取得了一定成绩的酒庄也层出不穷，包括格洛迪诺罗卡诺瓦（Grottino di Roccanova）和特拉德拉塔瓦阿格里（Terre dell' Alta Val d' Agri）等，最重要的是马泰拉指定产区（Matera Designation）的确立，这些都充分展现出产区健康的发展活力。尤其在马泰拉DOC产区，最具潜力的莫洛系列（Moro）和普里米蒂沃系列（Primitivo）的诞生，使我们坚信在不远的未来，马泰拉DOC产区就可以与沃尔图产区并驾齐驱，共同展现巴西利卡塔产区巨大的发展潜力。

## Basilisco

LOC. BARILE
VIA DELLE CANTINE, 20/22
85022 BARILE [PZ]
TEL. +39 0972771033
www.basiliscovini.it

藏酒销售
预约参观
膳宿接待
年产量 55 000 瓶
葡萄种植面积 27 公顷
葡萄栽培方式 有机认证
可持续发展酒庄

当酿造技巧高超、激情四射的薇薇安娜·马拉法瑞纳（Viviana Malafarina）接手福地酒园（Feudi San Gregorio）的巴西利卡塔庄园（Basilicata），巴希里斯克酒庄（Basilisco）就迈入了新的发展阶段，成为沃尔图地区（Vulture）最著名的酒庄之一。新酒窖位于巴里（Barile）的中心地带，占地面积达到27公顷的种植地块分布在玛卡里克（Macarico）和杰罗西亚（Gelosia）等经典顶级葡萄园内，为巴希里斯克酒庄的成功添砖加瓦。除此之外，巴希里斯克酒庄还有许多堪称传家宝的卓越葡萄园，为特别精选系列提供酿造果实。美酒在历史悠久的凝灰岩山洞酒窖中成熟，这是巴里地区典型的酒窖。遗憾的是，在今年的品鉴中，2012年份的巴希里斯克（Basilisco）距离"三杯奖"只有一步之遥，以毫厘之差惜败。这款美酒结构上佳，口感有力，极富个性，果香扑鼻，果味饱满，风味质朴，散发着迷人的橡木香气，收口融入樱桃和黑莓的甜美滋味，单宁柔美，发展均衡。与此同时，2012年份的斯托瑞科普莱费罗瑟拉沃尔图阿里亚尼考精选系列（Aglianico del Vulture Storico Prefillosera）风味复杂，口感饱满多汁，但是略微受到浸渍成熟时使用的橡木桶残留气味的影响。除此之外，以菲安诺（Fiano）、白玛尔维萨（Malvasia Bianca）和琼瑶浆（Traminer）混酿而成的索菲亚（Sophia）是一款极富意趣的白葡萄酒。

| | |
|---|---|
| ● Aglianico del Vulture Basilisco '12 | TT 6 |
| ● Aglianico del Vulture Storico Prefillossera '12 | TT 5 |
| ○ Sophia '15 | T 3 |
| ● Aglianico del Vulture Basilisco '09 | YYY 5 |
| ● Aglianico del Vulture Basilisco '08 | YYY 5 |
| ● Aglianico del Vulture Basilisco '07 | YYY 5 |
| ● Aglianico del Vulture Basilisco '06 | YYY 5 |
| ● Aglianico del Vulture Basilisco '04 | YYY 5 |
| ● Aglianico del Vulture Basilisco '01 | YYY 5 |
| ● Aglianico del Vulture Basilisco '11 | YY 6 |
| ● Aglianico del Vulture Teodosio '13 | YY 3* |
| ● Aglianico del Vulture Teodosio '12 | YY 3 |

## Cantine del Notaio

VIA ROMA, 159
85028 RIONERO IN VULTURE [PZ]
TEL. +39 0972723689
www.cantinedelnotaio.com

藏酒销售
预约参观
餐饮接待
年产量 250 000 瓶
葡萄种植面积 30 公顷
葡萄栽培方式 有机认证

吉拉尔多·吉拉特拉伯奇蒂（Gerardo Giuratrabocchetti）带着极大的热情照料着占地面积达到30公顷的葡萄园，这里地处沃尔图DOC产区（Vulture DOC）五座城镇中的最佳种植地块，主要栽培阿里亚尼考（Aglianico）。出品美酒在全新的廖内罗（Rionero）酒窖中发酵，在17世纪圣方济会修道士修建的古老凝灰岩洞穴中完成陈年。诺塔欧酒庄（Cantine del Notaio）生产的美酒品种系列广泛，类型各异，致敬吉拉尔多父亲的精选系列水准极高，玛卡里克系列（Macarico）精美混酿市价合理。在今年的品鉴中，2014年份的雷佩尔托里奥（Il Repertorio）依然俘获了我们的心。作为一款别具一格、气势恢宏的沃尔图阿里亚尼考（Aglianico del Vulture），它非常注意避免在结构中注入过多强劲质感和过多精粹，而是致力于实现气质优雅、可饮性极强。它浸润着红色和黑色莓果的丰盈果味，单宁甜美，收口感受精美。与此同时，2013年份的拉弗玛（La Firma）酒质华美，与往年一样饱满浓郁。除此之外，玛卡里克系列美酒都品质精美，表现不俗。

| | |
|---|---|
| ● Aglianico del Vulture Il Repertorio '14 | TTT 4* |
| ● Aglianico del Vulture La Firma '13 | TT 6 |
| ● Aglianico del Vulture Macarì '14 | TT 2* |
| ● Aglianico del Vulture Macarico '13 | TT 3 |
| ○ La Parcella '15 | TT 7 |
| ○ La Postilla | TT 3 |
| ○ Il Preliminare '15 | T 3 |
| ○ Macarico Xjnestra '15 | T 2 |
| ● Aglianico del Vulture Il Repertorio '13 | YYY 4* |
| ● Aglianico del Vulture Il Repertorio '12 | YYY 4* |
| ● Aglianico del Vulture La Firma '10 | YYY 6 |
| ● Aglianico del Vulture La Firma '00 | YYY 5 |
| ● Aglianico del Vulture Il Sigillo '11 | YY 6 |
| ● Aglianico del Vulture La Firma '12 | YY 6 |

## Casa Vinicola D'Angelo

via Padre Pio, 8
85028 Rionero in Vulture [PZ]
Tel. +39 0972721517
www.dangelowine.it

藏酒销售
预约参观
年产量 300 000 瓶
葡萄种植面积 35 公顷

在廖内罗（Rionero）、巴里（Barile）和拉波拉（Rapolla）附近的经典沃尔图阿里亚尼考产区（Aglianico del Vulture），安赫洛家族（D' Angelo）酒庄是历史悠久的酿酒名庄。今天，艾米妮亚·安赫洛（Erminia D' Angelo）和洛克·安赫洛（Rocco D' Angelo）姐弟二人管理着这座酒庄，成功地继承了父亲的酿酒热情、沿袭酿造传统——他们的父亲性格倔强且坚韧，致力于通过实施长期浸渍和长期木桶陈年打造真正反映风土特质的美酒。除了占地面积达到35公顷的庄园外，安赫洛酒庄还有两处酒窖，一处用于发酵，一处用于陈年成熟，酒液都安置在小型橡木桶中。在今年的品鉴中，安赫洛酒庄推荐了广泛的系列酒品，我们尤其喜爱2014年份的两款别具一格的阿里亚尼考酒——安赫洛阿里亚尼考（D' Angelo）以及珀泰尔系列阿里亚尼考（Tenuta del Portale）。安赫洛阿里亚尼考果香饱满，融入草本植物的芳香；而珀泰尔系列阿里亚尼考则更加浓郁深邃，散发着烟熏气息，极具意趣。相比较而言，我们对2011年份的两款陈酿（Riservas）——卡塞莱陈酿（Caselle）和珀泰尔陈酿（Tenuta del Portale）的印象就没有那么深刻，我们将会在来年的年鉴中评论这两款酒。安赫洛酒庄的其他出品都表现精彩。

- ● Aglianico del Vulture Tenuta del Portale '14 — 🍷🍷 4
- ● Aglianico del Vulture '14 — 🍷🍷 3
- ● Aglianico del Vulture Le Vigne a Capanno Tenuta del Portale '13 — 🍷🍷 3
- ● Aglianico del Vulture Tecum '13 — 🍷 3
- ● Serra delle Querce '14 — 🍷 3
- ● Aglianico del Vulture V. Caselle Ris. '01 — YYY 3*
- ● Aglianico del Vulture '13 — YY 3
- ● Aglianico del Vulture Le Vigne a Capanno Tenuta del Portale '12 — YY 3
- ● Aglianico del Vulture Tenuta del Portale Ris. '10 — YY 4
- ● Canneto '12 — YY 4
- ○ Villa dei Pini '14 — YY 2*

## Eubea

s.da prov.le 8
85020 Ripacandida [PZ]
Tel. +39 3284312789
www.agricolaeubea.com

藏酒销售
预约参观
年产量 50 000 瓶
葡萄种植面积 16 公顷
葡萄栽培方式 有机认证

尤金妮娅·萨索（Eugenia Sasso）带着激情经营着这座可爱的小酒庄，酒庄葡萄园种植面积达到16公顷，葡萄藤的生长周期在40年至60年之间，地块分散在巴里（Barile）和瑞帕坎迪达（Ripacandida）朝向最佳的山坡上，土壤富含渗水性极佳的凝灰土和火山灰土。父亲弗朗西斯科·萨索教授（Professor Francesco Sasso）也协助尤金妮娅共同打理尤比酒庄（Eubea）。五十多年来，弗朗西斯科始终是巴西利卡塔（Basilicata）葡萄酒酿造业的卓越人物。尤比酒庄坐落于古老美丽的瑞帕坎迪达农场（Ripacandida），经过重新翻修，这里充分展现出本地酿造历史的方方面面。在今年的品鉴中，尤比酒庄凭借精彩表现再度回到今年年鉴的全篇幅酒庄介绍板块。2013年份的科沃德布瑞嘉提（Covo dei Briganti）在最终品鉴中脱颖而出，它的香气馥郁饱满，精粹丰盈，个性优雅，散发着黑莓和蓝莓的缕缕果香，香氛与口感都很浓郁，相得益彰，此时虽然清新的香气略微受到橡木风味的阻碍，但是随着时间的积累将会慢慢柔化。同一年份的罗伊诺（Ròinos）则果香扑鼻，果味诱人。

- ● Aglianico del Vulture Covo dei Briganti '13 — 🍷🍷 3*
- ● Aglianico del Vulture Ròinos '13 — 🍷🍷 5
- ⊙ La Vie en Rose M. Cl. '12 — 🍷🍷 2*
- ● Le More '15 — 🍷 2
- ⊙ Le Rose '15 — 🍷 2
- ● Aglianico del Vulture Ròinos '01 — YYY 8
- ● Aglianico del Vulture Covo dei Briganti '12 — YY 3
- ● Aglianico del Vulture Eubearosso '09 — YY 2*
- ● Aglianico del Vulture Covo dei Briganti '09 — YY 3
- ● Aglianico del Vulture Ròinos '12 — YY 5
- ● Aglianico del Vulture Roinos '09 — YY 5

## ★Elena Fucci

C.DA SOLAGNA DEL TITOLO
85022 BARILE [PZ]
TEL. +39 3204879945
www.elenafuccivini.com

藏酒销售
预约参观
年产量 25 000 瓶
葡萄种植面积 6.7 公顷
可持续发展酒庄

巴里（Barile）的古老葡萄园狄托罗索拉格纳（Contrada Solagna del Titolo）是弗西家族（Fucci）的传奇美酒沃尔图狄托罗阿里亚尼考（Aglianico del Vulture Titolo）的诞生地。自2000年以来，酒庄主人和酿酒师塞尔瓦托·弗西（Salvatore Fucci）与女儿伊莲娜·弗西（Elena Fucci）在其他家庭成员的协助下，在葡萄园中努力工作，激情四射地酿造高贵清爽、别具一格的伟大佳酿。今天，弗西酒庄对自然环境零影响的全新概念生态建筑酒窖已经落成，伊莲娜与丈夫安德里亚（Andrea）在这里继续打造忠诚反映本地风土特质的美酒。在今年的品鉴中，2014年份的狄托罗（Titolo）表现精彩，它浓郁集中，馥郁丰盈，口感均衡，只是酒质发展还不完善、略显滞后，不过随着时间的推移将会日臻完美。我们非常喜爱它别具一格的浓郁精粹的口感，果味丰盈满口，单宁结构柔滑，富含地中海个性风格，香氛逡巡不散。不得不说，随着时间的绵延，这款美酒将会奉上更加精彩的表现。

| | |
|---|---|
| ● Aglianico del Vulture Titolo '14 | 🍷🍷🍷 6 |
| ● Aglianico del Vulture Titolo '13 | ▽▽▽ 6 |
| ● Aglianico del Vulture Titolo '12 | ▽▽▽ 5 |
| ● Aglianico del Vulture Titolo '11 | ▽▽▽ 5 |
| ● Aglianico del Vulture Titolo '10 | ▽▽▽ 5 |
| ● Aglianico del Vulture Titolo '09 | ▽▽▽ 5 |
| ● Aglianico del Vulture Titolo '08 | ▽▽▽ 6 |
| ● Aglianico del Vulture Titolo '07 | ▽▽▽ 6 |
| ● Aglianico del Vulture Titolo '06 | ▽▽▽ 5 |
| ● Aglianico del Vulture Titolo '05 | ▽▽▽ 5 |
| ● Aglianico del Vulture Titolo '02 | ▽▽▽ 5 |
| ● Aglianico del Vulture Titolo '04 | ▽▽ 5 |
| ● Aglianico del Vulture Titolo '03 | ▽▽ 5 |
| ● Aglianico del Vulture Titolo '01 | ▽▽ 5 |
| ● Aglianico del Vulture Titolo '00 | ▽▽ 4 |

## Grifalco della Lucania

LOC. PIAN DI CAMERA
85029 VENOSA [PZ]
TEL. +39 097231002
grifalcodellalucania@email.it

藏酒销售
预约参观
年产量 65 000 瓶
葡萄种植面积 15 公顷
葡萄栽培方式 有机认证
可持续发展酒庄

在爱上了沃尔图（Vulture）这片土地，并且充分理解了生长在此地风土条件下的阿里亚尼考（Aglianico）的巨大潜力之后，法布里奇奥·皮辛（Fabrizio Piccin）和塞西莉娅·皮辛（Cecilia Piccin）决定将在托斯卡纳（Tuscan）的蒙特普齐亚诺（Montepulciano）积累的多年酿酒经验和技巧投注于这片山丘，并于2003年建起酒庄，专门打造沃尔图阿里亚尼考（Aglianico del Vulture），培育桑娇维塞（Sangiovese）和阿里亚尼考（Aglianico）两种主要的种植品种。卢卡尼亚格瑞法尔科酒庄（Grifalco della Lucania）在吉内斯特拉（Ginestra）、马斯基托（Maschito）、拉波拉（Rapolla）和维诺萨（Venosa）都购买了种植地块，今天的酒庄遵循有机栽培技术打理。格雷科（Gricos）是一款酒体复杂、饱满馥郁的沃尔图阿里亚尼考，在今年的品鉴中再次证明了它的荣誉所得非虚。2014年份酒吐露着饱满精粹的果香，单宁细密紧致，不失优雅细腻，得到精良酸度的有力支撑，一路引领攀上清爽的果味收口巅峰，酒质均衡，收口余韵绵长诱人，别具一格，底蕴中浸润着缕缕橡木醇香和草本植物的清香。这样精彩的表现无疑配得上一座“三杯奖”奖杯！

| | |
|---|---|
| ● Aglianico del Vulture Gricos '14 | 🍷🍷🍷 3* |
| ● Aglianico del Vulture Damaschito '12 | ▼▼ 4 |
| ● Aglianico del Vulture Grifalco '14 | ▼▼ 4 |
| ⊙ Frà '15 | ▼ 3 |
| ● Aglianico del Vulture Bosco del Falco '07 | ▽▽ 4 |
| ● Aglianico del Vulture Daginestra '11 | ▽▽ 5 |
| ● Aglianico del Vulture Damaschito '08 | ▽▽ 4 |
| ● Aglianico del Vulture Gricos '13 | ▽▽ 3* |
| ● Aglianico del Vulture Gricos '12 | ▽▽ 2* |
| ● Aglianico del Vulture Gricos '11 | ▽▽ 2* |
| ● Aglianico del Vulture Grifalco '13 | ▽▽ 4 |
| ● Aglianico del Vulture Grifalco '12 | ▽▽ 3* |
| ● Aglianico del Vulture Grifalco '11 | ▽▽ 3 |
| ● Aglianico del Vulture Grifalco '10 | ▽▽ 3 |

## Martino

via La Vista, 2a
85028 Rionero in Vulture [PZ]
Tel. +39 0972721422
www.martinovini.com

藏酒销售
预约参观
年产量 250 000 瓶
葡萄种植面积 50 公顷

马提诺家族（Martino）与葡萄酒的历史渊源始于19世纪末的沃尔图廖内罗（Vulture Rionero），当时这个家族不仅出售葡萄，更在全国范围内销售葡萄汁和葡萄酒。多纳托·马提诺（Donato Martino）时期，该家族推出自己的品牌，开始酿造并出售瓶装酒，今天酒庄的主人是多纳托的儿子阿曼多（Armando），他与沃尔图阿里亚尼考联合会（Consorzio dell' Aglianico del Vulture）的主席卡罗琳（Carolin）开展通力合作。今天的马提诺酒庄成为产区成熟的著名酒庄之一，在廖内罗（Rionero）拥有一座犹如艺术殿堂般的现代化高科技酒窖，地下室位于自然凝灰岩石洞中，空间广阔，足以储藏大量正度过漫长陈年期的美酒。在今年的品鉴中，我们非常喜爱2013年份的沃尔图阿里亚尼考（Aglianico del Vulture），它馥郁丰盈，芬芳扑鼻，酿造水平极高。这款可爱的美酒摇曳着深红宝石的美丽色泽，吐露着红色和黑色莓果的阵阵成熟果香，入口柔滑，酒体饱满，口感得到和谐酸度的有力支撑，称得上是一款美味逡巡不散的怡人美酒。但2011年份的沃尔图阿里亚尼考则略令人失望，与卓越的2010年份酒相比，它的酒质的总体演化略显过熟。

| | | |
|---|---|---|
| ● Aglianico del Vulture '13 | 🍷🍷 | 2* |
| ● Aglianico del Vulture Bel Poggio '11 | 🍷 | 2 |
| ● Aglianico del Vulture Oraziano '11 | 🍷 | 5 |
| ● Aglianico del Vulture Pretoriano '11 | 🍷 | 5 |
| ○ Greco I Sassi '15 | 🍷 | 2 |
| ● Aglianico del Vulture '12 | 🍷🍷 | 2* |
| ● Aglianico del Vulture '11 | 🍷🍷 | 2* |
| ● Aglianico del Vulture Bel Poggio '10 | 🍷🍷 | 2* |
| ● Aglianico del Vulture Bel Poggio '09 | 🍷🍷 | 2* |
| ● Aglianico del Vulture Oraziano '10 | 🍷🍷 | 5 |
| ● Aglianico del Vulture Oraziano '09 | 🍷🍷 | 5 |
| ● Aglianico del Vulture Pretoriano '10 | 🍷🍷 | 5 |
| ● Aglianico del Vulture Pretoriano '09 | 🍷🍷 | 5 |

## Paternoster

c.da Valle del Titolo
85022 Barile [PZ]
Tel. +39 0972770224
www.paternostervini.it

藏酒销售
预约参观
年产量 150 000 瓶
葡萄种植面积 20 公顷
葡萄栽培方式 有机认证

安塞勒蒙·帕特诺斯特（Anselmo Paternoster）早在1925年就创建了家族酒庄，如今它已成为沃尔图产区（Vulture）历史最为悠久的著名酒庄之一，也是整个意大利南部地区首批创造品牌、装瓶出售自家酿制美酒的酒庄之一。帕特诺斯特酒庄拥有占地面积达到20公顷的卓越葡萄园，并在巴里次产区（Barile）的两个主要种植区——玛卡里克（Macarico）和狄托罗谷（Valle del Titolo）新购入卓越地块，酒庄拥有的其他顶级葡萄园地块还包括位于杰罗西亚（Gelosia）、皮安迪卡洛（Pian di Carro）和马斯基托（Maschito）等地的朝向最好的山坡地块。酒庄最近还建起了全新的现代化酒窖。今年，在家族第四代代表、身为酿酒师的侄子法比奥·麦卡（Fabio Mecca）的协助下，维托·帕特诺斯特（Vito Paternoster）掌管着酒庄的经营和生产。在今年的品鉴中，2012年份的唐安塞勒蒙沃尔图阿里亚尼考酒（Aglianico del Vulture Don Anselmo）表现精彩，它浓郁诱人，吐露着红色和黑色莓果的阵阵成熟果香，融入缕缕香料和黑胡椒的辛香，入口后呈现恢宏广阔的口感，果味多汁和谐，但是收口余韵略短。与此同时，2012年份的罗顿多（Rotondo）在当下阶段更加有力质朴，但还需要在瓶中陈放更长时间以达平衡，日臻完美。除此之外，2013年份的吉维（Giuv）紧致芬芳，而2013年份的西塞斯（Synthesi）也一如既往地表现出色。

| | | |
|---|---|---|
| ● Aglianico del Vulture Don Anselmo '12 | 🍷🍷 | 6 |
| ● Aglianico del Vulture Rotondo '12 | 🍷🍷 | 5 |
| ● Aglianico del Vulture Giuv '13 | 🍷🍷 | 2* |
| ● Aglianico del Vulture Synthesi '13 | 🍷🍷 | 3 |
| ● Barigliòtt '15 | 🍷 | 2 |
| ○ Biancorte '15 | 🍷 | 3 |
| ● L'Antico Spumante | 🍷 | 3 |
| ⊙ Ros Retablì '15 | 🍷 | 3 |
| ● Aglianico del Vulture Don Anselmo '09 | 🍷🍷🍷 | 6 |
| ● Aglianico del Vulture Don Anselmo '94 | 🍷🍷🍷 | 6 |
| ● Aglianico del Vulture Don Anselmo Ris. '05 | 🍷🍷🍷 | 6 |
| ● Aglianico del Vulture Rotondo '11 | 🍷🍷🍷 | 5 |

## Re Manfredi Cantina Terre degli Svevi

LOC. PIAN DI CAMERA
85029 VENOSA [PZ]
TEL. +39 097231263
www.cantineremanfredi.it

藏酒销售
预约参观
餐饮接待
年产量 240 000 瓶
葡萄种植面积 120 公顷

今天的特拉德利塞维韦酒庄（Terre degli Svevi）拥有120公顷葡萄园，主要位于维诺萨地区（Venosa），大部分地块栽培的是阿里亚尼考（Aglianico）。1988年，意大利葡萄酒集团（Gruppo Italiano Vini）买下了这座酒庄，用于致敬曼菲蒂国王（King Manfredi）——腓特烈二世（Frederick II）的儿子、这片土地曾经的主人。阿里亚尼考用于酿造曼菲蒂国王系列（Re Manfredi）以及其他沃尔图阿里亚尼考精选系列（Aglianico del Vulture）。除此之外，酒庄还种植其他白葡萄品种，大多为琼瑶浆（Traminer）和穆勒图尔高（Müller Thurgau），用以酿造巴西利卡塔产区（Basilicata）最受欢迎的一款白葡萄酒——曼菲蒂国王系列白葡萄酒（Manfredi Bianco）。在今年的品鉴中，保罗·蒙特尼（Paolo Montrone）及其酿造团队奉献出一款品质极佳的沃尔图阿里亚尼考美酒——2013年份的曼菲蒂国王（Re Manfredi），它是酒庄有史以来品质最高的一款沃尔图阿里亚尼考。它摇曳着美丽的深红宝石色泽，复杂的香氛别具一格，散发着清新的香膏芬芳，融入缕缕辛香，更有水果果香萦绕其间，最后有一缕优雅精美的橡木香气飘逸其间；入口馥郁饱满，口感宽广诱人，紧致深邃，收口浸润着美妙的药草滋味。与此同时，2011年份的塞帕拉（Serpara）非常柔滑，果味精粹饱满；而曼菲蒂国王系列白葡萄酒（Manfredi Bianco）则清爽丰盈。

| | |
|---|---|
| ● Aglianico del Vulture Re Manfredi '13 | YYY 6 |
| ● Aglianico del Vulture Serpara '11 | YY 5 |
| ○ Re Manfredi Bianco '15 | YY 4 |
| ● Aglianico del Vulture Re Manfredi '11 | YYY 4* |
| ● Aglianico del Vulture Re Manfredi '10 | YYY 4* |
| ● Aglianico del Vulture Re Manfredi '05 | YYY 4 |
| ● Aglianico del Vulture Re Manfredi '99 | YYY 4* |
| ● Aglianico del Vulture Serpara '10 | YYY 5 |
| ● Aglianico del Vulture Vign. Serpara '03 | YYY 4* |
| ● Aglianico del Vulture '09 | YY 3 |
| ● Aglianico del Vulture Re Manfredi '09 | YY 4 |
| ● Aglianico del Vulture Serpara '08 | YY 5 |
| ● Aglianico del Vulture Taglio del Tralcio '12 | YY 4 |
| ● Aglianico del Vulture Taglio del Tralcio '11 | YY 4 |

## Taverna

C.DA TAVERNA, 15
75020 NOVA SIRI [MT]
TEL. +39 0835877083
www.aataverna.com

藏酒销售
预约参观
膳宿接待
年产量 50 000 瓶
葡萄种植面积 19 公顷

泰弗纳酒庄（Taverna）的历史始于1950年，当时已经在诺瓦西里（Nova Siri）购入一座葡萄园的帕斯夸莱·卢纳蒂（Pasquale Lunati）开始与科内利亚诺生态研究学院（Conegliano' s Istituto di Enologia）通力合作，致力于以本地葡萄品种打造美酒。今天酒庄的主人也叫帕斯夸莱，名字取自作为酒庄创始人的祖父，继续推动着巴西利卡塔产区（Basilicata）酿造传统，以两个产地的阿里亚尼考（Aglianico）、格雷科（Greco）和普里米蒂沃（Primitivo）等酿造葡萄生产美酒。泰弗纳庄园的占地面积达到280公顷，但是生产酿造葡萄的地块只是其中一小部分，围绕着维诺萨（Venosa）从马泰拉（Matera）一直蔓延到沃尔图次产区（Vulture），拥有最适合本地葡萄生长的风土条件。泰弗纳酒庄是本地最佳酒庄之一，这一美名主要来自其出产的卓越的马泰拉莫洛系列（Matera Moro）。在今年的品鉴中，2014年份的马泰拉莫洛萨西精选（I Sassi）表现尤为出色。这款馥郁饱满、果香扑鼻的红葡萄酒柔美而紧致，真正展现出DOC产区的风格。除此之外，2014年份的拉嘉瑞诺迪尼西欧（Lagarino di Dionisio）是一款波尔多混酿（Bordeaux），果味坚实有力；而2013年份的卢卡诺阿里亚尼考（Aglianico Lucano）也表现不俗。

| | |
|---|---|
| ● Il Lagarino di Dioniso '14 | YY 4 |
| ● Il Lucano '13 | YY 4 |
| ● Matera Moro I Sassi '14 | YY 3 |
| ○ Greco San Basile '15 | Y 2 |
| ⊙ Primitivo Rosato Maddalena '15 | Y 2 |
| ● Aglianico del Vulture Loukania '12 | YY 4 |
| ● Aglianico del Vulture Loukania '10 | YY 4 |
| ○ Dry Muscat | YY 2* |
| ● Matera Moro I Sassi '13 | YY 3 |
| ● Matera Moro I Sassi '12 | YY 3 |
| ○ Matera San Basile '12 | YY 3 |
| ● Primitivo '12 | YY 3* |
| ● Syrah '13 | YY 3 |
| ● Syrah '12 | YY 3 |

## Terra dei Re

via Monticchio km 2,700
85028 Rionero in Vulture [PZ]
Tel. +39 0972725116
www.terradeire.com

藏酒销售
预约参观
膳宿接待
年产量 70 000 瓶
葡萄种植面积 31 公顷
可持续发展酒庄

泰拉德瑞酒庄（Terra dei Re）虽然几年前才创建，但却继承了雷欧尼家族（Leone）悠久的酿造传统，如今雷欧尼家族与拉巴斯科家族（Rabasco）共同经营打理酒庄。泰拉德瑞酒庄的酒窖非常现代化，部分置于地下，酒庄拥有占地面积达到31公顷的葡萄园，葡萄藤的生长周期平均超过40年。种植地块位于巴里（Barile）、拉波拉（Rapolla）、梅尔菲（Melfi）和廖内罗（Rionero）等酿造沃尔图阿里亚尼考（Aglianico del Vulture）名酒的故乡。帕瑞德·雷欧尼（Paride Leone）是一位充满激情的实验家，他在海拔800米高的沃尔图山上种植了一片黑比诺（Pinot nero）葡萄园。虽然置身于传统上只栽培阿里亚尼考的产区，泰拉德瑞酒庄今年依然独辟蹊径地推出了最得我们青睐的黑比诺美酒——2015年份的沃尔卡努800系列（Vulcano 800）。如此高海拔产地生长出来的酿造果实极具表现力，气质优雅，吐露着红莓果般品种葡萄的芬芳，继而转为地中海草本植物的清香，更有一抹精美的木香气息蕴含其间；入口别具一格，清爽宜人，跃动美味，暗示着随着时间的累积，这款美酒将会呈现出更加精彩的表现。除此之外，两款2013年份阿里亚尼考酒（Aglianicos）——沃尔卡努（Vultur）和诺克特（Nocte），都表现出极高的水准。

| | |
|---|---|
| ⊙ Vulcano 800 '15 | 🍷🍷 4 |
| ● Aglianico del Vulture Nocte '13 | 🍷🍷 4 |
| ● Aglianico del Vulture Vultur '13 | 🍷🍷 2* |
| ○ Claris Bianco '15 | 🍷 2 |
| ● Claris Rosso '13 | 🍷 2 |
| ● Aglianico del Vulture Divinus '05 | 🍷🍷 4 |
| ● Aglianico del Vulture Divinus '04 | 🍷🍷 4 |
| ● Aglianico del Vulture Divinus '03 | 🍷🍷 4 |
| ● Aglianico del Vulture Divinus '01 | 🍷🍷 4 |
| ● Aglianico del Vulture Nocte '10 | 🍷🍷 4 |
| ● Aglianico del Vulture Nocte '04 | 🍷🍷 5 |
| ● Aglianico del Vulture Vultur '06 | 🍷🍷 2* |
| ● Aglianico del Vulture Vultur '01 | 🍷🍷 2 |
| ● Pacus '06 | 🍷🍷 3* |
| ● Pacus '05 | 🍷🍷 3* |

## Cantina di Venosa

loc. Vignali
via Appia
85029 Venosa [PZ]
Tel. +39 097236702
www.cantinadivenosa.it

藏酒销售
预约参观
年产量 800 000 瓶
葡萄种植面积 800 公顷
可持续发展酒庄

维诺萨酒庄（Cantina di Venosa）是意大利南部地区最著名的协作酒庄之一，成员商达到400余家，拥有占地面积接近800公顷的广袤葡萄园，坐落于维诺萨（Venosa）、瑞帕坎迪达（Ripacandida）、吉内斯特拉（Ginestra）和马斯基托（Maschito）等地。酒庄精选最佳阿里亚尼考（Aglianico）葡萄进行酿造，极为关注酒窖的酿造技术，以保证卡拉托韦努西欧（Carato Venusio）等卓越红葡萄酒的生产——这款酒是维诺萨酒庄最经典的美酒。不过，在今年的品鉴中，不仅红葡萄酒水准极高，白葡萄酒也同样如此。卡拉托韦努西欧（Carato Venusio）是这座协作酒庄的旗舰美酒，今年凭借2012年份酒再次证明了自己无愧于这一荣誉。它的酒质精美，结构上佳，是我们今年尝到的最佳沃尔图阿里亚尼考（Aglianico del Vulture）之一。它的香氛复杂，吐露着红色和黑色莓果的成熟果香，融入缕缕地中海灌木丛的热烈芬芳，底蕴中透露出丝丝别具一格的橡木香气；口感饱满紧致，浸润着美妙的樱桃、李子和成熟黑莓的美味，单宁优雅，收口余韵绵长，果味十足。不过令人遗憾的是，这款美酒以毫厘之差错失今年的“三杯奖”。

| | |
|---|---|
| ● Aglianico del Vulture Carato Venusio '12 | 🍷🍷 6 |
| ● Aglianico del Vulture Balì '13 | 🍷🍷 2* |
| ○ Terre di Orazio Dry Muscat '15 | 🍷🍷 2* |
| ● Aglianico del Vulture Balì'Aggio '13 | 🍷 2 |
| ⊙ Terre di Orazio Rosé '15 | 🍷 3 |
| ● Aglianico del Vulture Carato Venusio '11 | 🍷🍷 6 |
| ● Aglianico del Vulture Gesualdo da Venosa '11 | 🍷🍷 5 |
| ● Aglianico del Vulture Terre di Orazio '13 | 🍷🍷 4 |
| ● Aglianico del Vulture Terre di Orazio '12 | 🍷🍷 3* |
| ● Aglianico del Vulture Vignali '13 | 🍷🍷 2* |
| ● Aglianico del Vulture Vignali '12 | 🍷🍷 2* |
| ○ D'Avalos di Gesualdo '12 | 🍷🍷 3 |
| ○ Dry Muscat Terre di Orazio '13 | 🍷🍷 2* |
| ○ Dry Muscat Terre di Orazio '12 | 🍷🍷 2* |

## Alovini

S.DA PROV.LE 123 BIS KM 7,350
85013 GENZANO DI LUCANIA [PZ]
TEL. +39 0971776372
www.alovini.it

藏酒销售
预约参观
年产量 170 000 瓶
葡萄种植面积 18 公顷

- ● Aglianico del Vulture Alvolo '12 ΨΨ 4
- ● Aglianico del Vulture Armand '12 ΨΨ 3
- ● Cabànico '12 Ψ 3
- ○ Greco Le Ralle '15 Ψ 2

## Bisceglia

C.DA FINOCCHIARO
85024 LAVELLO [PZ]
TEL. +39 0972877033
www.vinibisceglia.it

藏酒销售
预约参观
餐饮接待
年产量 250 000 瓶
葡萄种植面积 45 公顷

- ● Aglianico del Vulture Gudarrà Ris. '08 ΨΨ 5
- ● Aglianico del Vulture Terra di Vulcano '14 ΨΨ 2*
- ○ Bosco delle Rose Chardonnay '15 Ψ 4
- ⊙ Bosco delle Rose Merlot Rosato '15 Ψ 3

## Carbone

VIA NITTI, 48
85025 MELFI [PZ]
TEL. +39 3482338900
www.carbonevini.it

藏酒销售
预约参观
年产量 30 000 瓶
葡萄种植面积 18 公顷
葡萄栽培方式 有机认证

- ● Aglianico del Vulture Stupor Mundi '13 ΨΨ 5

## Cantine Cerrolongo

C.DA CERROLONGO, 1
75020 NOVA SIRI [MT]
TEL. +39 0835536174
www.cerrolongo.it

藏酒销售
预约参观
年产量 25 000 瓶
葡萄种植面积 25 公顷
可持续发展酒庄

- ● Matera Primitivo Akratos '14 ΨΨ 2*
- ○ Matera Greco Le Paglie '15 Ψ 2
- ⊙ Matera Rosato Akratos '15 Ψ 2

## Cifarelli

C.DA SAN VITO
75010 MONTESCAGLIOSO [MT]
TEL. +39 0835208436
www.cantinecifarelli.it

藏酒销售
预约参观
年产量 25 000 瓶
葡萄种植面积 30 公顷

- ● La Regola '11 Ψ 4
- ● Matera Primitivo di San Vito '11 Ψ 3
- ● Rosso di San Vito '11 Ψ 2

## Consorzio Viticoltori Associati del Vulture

S.S. 93
85022 BARILE [PZ]
TEL. +39 0972770386
www.coviv.it

藏酒销售
预约参观
年产量 130 000 瓶
葡萄种植面积 100 公顷

- ● Aglianico del Vulture Vetusto '09 ΨΨ 7
- ● Aglianico del Vulture '11 Ψ 3

## Donato D'Angelo di Filomena Ruppi

VIA PADRE PIO, 10
85028 RIONERO IN VULTURE [PZ]
TEL. +39 0972724602
www.agrida.it

藏酒销售
预约参观
年产量 80 000 瓶
葡萄种植面积 20 公顷

- ● Aglianico del Vulture Donato D'Angelo '13 — 3*

## Cantine Di Palma Strapellum

C.DA SCAVONE
85028 RIONERO IN VULTURE [PZ]
TEL. +39 3286629077
www.cantinedipalmasrl.com

藏酒销售
预约参观
年产量 200 000 瓶
葡萄种植面积 27.7 公顷

- ● Aglianico del Vulture Il Nibbio Grigio '11 — 4
- ⊙ Strapellum Kline Rosato '15 — 1*
- ⊙ Strapellum Kline Rosato Vivace '15 — 2

## Eleano

FRAZ. PIAN DELL'ALTARE
S.DA PROV.LE 8
85028 RIPACANDIDA [PZ]
TEL. +39 0972722273
www.eleano.it

藏酒销售
预约参观
膳宿接待
年产量 53 000 瓶
葡萄种植面积 7.5 公顷

- ● Aglianico del Vulture Eleano '13 — 5
- ● Aglianico del Vulture Dioniso '13 — 3
- ○ Ambra Moscato V.T. '13 — 4

## Michele Laluce

VIA ROMA, 21
85020 GINESTRA [PZ]
TEL. +39 0972646145
www.vinilaluce.com

藏酒销售
预约参观
年产量 40 000 瓶
葡萄种植面积 7 公顷
可持续发展酒庄

- ● Aglianico del Vulture Zimberno '12 — 3
- ○ Morbino Bianco '15 — 3

## Tenuta Marino

C.DA PIANO DELLE ROSE
85035 NOEPOLI [PZ]
TEL. +39 0835815978
www.tenutamarino.it

藏酒销售
预约参观
年产量 120 000 瓶
葡萄种植面积 26 公顷
葡萄栽培方式 有机认证

- ● Terra Aspra '15 — 3
- ● Matera Primitivo '09 — 2

## Vigne Mastrodomenico

VIA NAZIONALE PER RAPOLLA, 87
85022 BARILE [PZ]
TEL. +39 0972770108
www.vignemastrodomenico.com

藏酒销售
预约参观
年产量 25 000 瓶
葡萄种植面积 8 公顷
葡萄栽培方式 有机认证
可持续发展酒庄

- ● Aglianico del Vulture Likos '13 — 3*

## Musto Carmelitano

via Pietro Nenni, 23
85020 Maschito [PZ]
Tel. +39 097233312
www.mustocarmelitano.it

藏酒销售
预约参观
膳宿接待
年产量 20 000 瓶
葡萄种植面积 14 公顷
葡萄栽培方式 有机认证

- ● Aglianico del Vulture Maschitano Rosso '14 — 🍷🍷 3
- ● Aglianico del Vulture Serra del Prete '13 — 🍷🍷 4
- ⊙ Maschitano Rosato '15 — 🍷 3

## Tenuta Parco dei Monaci

c.da Parco dei Monaci
75100 Matera
Tel. +39 0835259546
www.tenutaparcodeimonaci.it

预约参观
膳宿接待
年产量 20 000 瓶
葡萄种植面积 5 公顷

- ● Matera Moro Spaccasassi '13 — 🍷🍷 6
- ● Matera Primitivo Monacello '14 — 🍷🍷 5

## Francesco Radino

via Rione Vetera, 84
75100 Matera
Tel. +39 3385882673
www.radino.it

藏酒销售
预约参观
年产量 15 000 瓶
葡萄种植面积 4 公顷
葡萄栽培方式 有机认证

- ● Aglianico del Vulture Colignelli '13 — 🍷🍷 4
- ● Aglianico del Vulture Arcidiaconata '13 — 🍷🍷 4
- ● Aglianico del Vulture Kataos '12 — 🍷 4

## San Martino

c.da San Martino
85023 Forenza [PZ]
Tel. +39 097231002
lorenzo.sanmartino@email.it

藏酒销售
预约参观
年产量 25 000 瓶
葡萄种植面积 4 公顷
葡萄栽培方式 有机认证

- ● Aglianico del Vulture Arberesko '14 — 🍷🍷 4
- ● Aglianico del Vulture Siir '14 — 🍷🍷 3

## I Talenti - Padri Trinitari

p.zza Don Bosco, 3
85029 Venosa [PZ]
Tel. +39 097234221
www.trinitarivenosa.it

藏酒销售
预约参观
年产量 6 000 瓶
葡萄种植面积 5 公顷

- ○ Greco Muse '15 — 🍷🍷 3
- ● Matera Moro Teorema '13 — 🍷🍷 3

## Vigneti del Vulture

c.da Pipoli
85011 Acerenza [PZ]
Tel. +39 0971749363
www.vignetidelvulture.it

预约参观
年产量 100 000 瓶
葡萄种植面积 56 公顷

- ● Aglianico del Vulture Pipoli Zero '14 — 🍷🍷 2*
- ● Aglianico del Vulture Pipoli '13 — 🍷🍷 2*
- ○ Pipoli Greco Fiano '15 — 🍷 2
- ⊙ Pipoli Rosato '15 — 🍷 2

# 普利亚区
# PUGLIA

普利亚产区（Puglia）是一个大规模的复杂产区，很难将其作为一个单一产区来加以解读，但是在今年的年鉴中，我们感到对于普利亚产区的分析应当更加集中在天气条件而非地理因素的变化上。在过去的几年间，我们能够感到普利亚产区酒的平均水平处于不断提升的阶段，不论是旗舰美酒还是日常餐酒都是如此。尽管愿望是美好的，但是由于近两个采收酿造季都受到气候的剧烈影响，今年的普利亚产区酒的品质亦受到严重影响。这两年的气候条件尤其艰难，呈现两个极端。实际上，今年我们品鉴的大多数红葡萄酒都是2014年份酒，而无论在普利亚的任何地区，2014年都意味着低温、大雨甚至冰雹，致使大部分出品的2014年份酒都带有青涩的味道，酒质脆弱，缺乏该产区美酒应有的上佳结构。在今年闯入“三杯奖”最终决赛的36款普利亚产区酒中，只有四分之一是2014年份酒。我们品鉴的所有白葡萄酒几乎都是2015年份酒，2015年的气候条件与2014年正相反，那是一个非常炎热的夏天，实际上影响了整个产区出品的酸度和清爽口感，而这两点正是普利亚产区白葡萄酒一贯的弱点，导致一系列果味丰盈的白葡萄酒并没有演化出令人愉悦的口感，或者在收口的最后阶段略显拖沓迟滞。桃红葡萄酒也存在同样的问题。但是上述这些缺陷都无法阻止我们认可产区的普里米蒂沃酒（Primitivo）品质不断提升的事实，尤其是来自吉欧亚德科尔（Gioia del Colle）和曼杜里亚（Manduria）指定产区的普里米蒂沃酒。在这方面，我们要说，以普里米蒂沃为基础的葡萄酒无法随着时间的流逝而日臻完美的谬论不攻自破了。实际上，在今年的年鉴中，首次站上“三杯奖”领奖台的科皮酒庄（Coppi）就是凭借2010年份的焦亚德尔科莱塞纳托莱普里米蒂沃（Gioia del Colle Primitivo Senatore）获得了殊荣。除此之外，还有更多普里米蒂沃酒收获了“三杯奖”，其中之一是来自同一地区的特莱皮尼酒庄（Tre Pini）奉上的2013年份吉欧亚德科尔普里米蒂沃陈酿（Gioia del Colle Primitivo Riserva）；另一款则是来自曼杜里亚的保罗莱奥酒庄（Paolo Leo）奉献的2014年份卡迪纳尔帕索曼杜瑞拉普里米蒂沃（Primitivo di Manduria Passo del Cardinale）。其余获奖酒庄包括受人尊敬的莱尼德卡斯特里斯酒庄（Leone de Castris）、风塔酒庄（Torrevento）和费里尼酒庄（Felline）等名庄，它们再次凭借卓越表现验证了自己实至名归。与此同时，也有一些新酒庄赢得了荣誉，出品美酒的品质极有保证，例如棕榈树酒庄（Cantine Due Palme）、卢比诺酒庄（Rubino）、博瓦内拉酒庄（Polvanera）和奇亚罗蒙特酒庄（Chiaromonte）等。奇亚罗蒙特酒庄2014年份的吉奥亚德科普里米蒂沃穆罗圣安杰洛康特拉达巴贝托（Gioia del Colle Primitivo Muro Sant’Angelo Contrada Barbatto）更是凭借卓越表现，同时荣获“年度最佳红葡萄酒”（Red Wine of the Year）桂冠。除此之外，我们还会继续关注维斯帕酒庄（Vespa）以及卡维尼亚酒庄（Carvinea）等新涌现出来的酒庄，这些酿酒人激情四射，定会为产区带来更好的发展。

## Cantina Albea

via Due Macelli, 8
70011 Alberobello [BA]
Tel. +39 0804323548
www.albeavini.com

藏酒销售
预约参观
年产量 380 000 瓶
葡萄种植面积 40 公顷

阿尔比酒庄（Albea）创建于20世纪初，是阿尔贝罗贝洛地区（Alberobello）最古老的酒庄之一。酒窖位于一座20世纪初建造的石质建筑物之中，酿酒的大缸直接从岩石中雕凿出来，就如同特洛利地区（Trulli）直接从岩石中雕凿水缸一样。除此之外，阿尔比酒庄还拥有一座葡萄酒博物馆。风格现代的美酒出品主要以本地葡萄品种打造而成，尤其是黑托雅（Nero di Troia）、普里米蒂沃（Primitivo）、内格罗阿玛罗（Negroamaro）、苏素曼内罗（Susumaniello）、维戴卡（Verdeca）和白阿莱萨诺（Bianco d' Alessano）等。在今年的品鉴中，2014年份的皮特拉内罗普里米蒂沃（Primitivo Petranera）呈现出浓郁的香氛，最初散发着黑莓果的馥郁果香，继而融入精美的香料辛香，更有一抹巧克力的浓醇香气萦绕其间，入口后果味清爽，令人愉悦。与此同时，2014年份的卢黑托雅（Nero di Troia Lui）虽然表现不如皮特拉内罗普里米蒂沃，但也展现出精湛的酿造水平，它吐露着红莓果的清爽果香，融入甘草和刺山柑的阵阵芳香，不过口感中葡萄梗味道较重，橡木滋味过厚，美味闭塞，较缺乏表现力。除此之外，同一系列还供应2014年份的拉洛内格罗阿玛罗（Negroamaro Raro）和2015年份的塞尔瓦洛克罗通多（Locorotondo Il Selva）。

- ● Lui '14 (2 red glasses) 5
- ● Petranera '14 (2 black glasses) 3
- ○ Locorotondo Il Selva '15 (1 black glass) 2
- ● Raro '14 (1 black glass) 3
- ● Lui '06 (3 white glasses) 5
- ● Lui '05 (3 white glasses) 5
- ● Lui '13 (2 white glasses) 5
- ● Lui '12 (2 white glasses) 5
- ● Lui '11 (2 white glasses) 5
- ● Lui '10 (2 white glasses) 5
- ● Petranera '13 (2 white glasses) 3
- ● Raro '13 (2 white glasses) 3
- ● Riservato '10 (2 white glasses) 3*

## Cantele

s.da prov.le Salice Salentino-San Donaci km 35,600
73010 Guagnano [LE]
Tel. +39 0832705010
www.cantele.it

藏酒销售
预约参观
年产量 16 000 000 瓶
葡萄种植面积 200 公顷

坎泰勒家族酒庄（Cantele）最初是一家创立于1979年的瓶装酒公司，如今由表兄妹吉安尼·坎泰勒（Gianni Cantele）、保罗·坎泰勒（Paolo Cantele）、翁贝托·坎泰勒（Umberto Cantele）和路易莎·坎泰勒（Luisa Cantele）联合经营管理。他们早在20世纪90年代就开始购买葡萄园，打造自己的葡萄酒系列品牌，很快就成为普利亚产区（Puglia）品质坚实的酒庄之一。酒庄自有的葡萄园占地面积达到50公顷，位于瓜尼亚诺（Guagnano）、蒙泰梅索拉（Montemesola）和圣皮耶特罗韦尔诺蒂科（San Pietro Vernotico）之间，主要拥有红土土壤。与此同时，酒庄还得到其他100公顷地块中所产酿造葡萄的支持，酒庄的酿酒师长期为这些葡萄的种植商提供技术支持。广泛的出品系列既包括本地品种酒也包括国际品种酒，酿造水平极高，风格现代的混酿极具可饮1979性，产量与品质双保险。在今年的品鉴中，坎泰勒家族酒庄表现精彩，尤其是2014年份的阿玛蒂沃（Amativo）。这是一款以60%的普里米蒂沃（Primitivo）和40%的内格罗阿玛罗（Negroamaro）混酿而成的美酒，口感清爽，精美丰盈。与此同时，2015年份的阿提塞利菲安诺（Fiano Alticelli）也表现出色，它的酒体饱满，吐露着苹果的果香，底蕴中融入柑橘的芬芳和芳香植物的清香。除此之外，2014年份的特蕾莎马纳拉内格罗阿玛罗（Teresa Manara Negroamaro）果香扑鼻，洋溢着一股烟熏气息，和着树脂的芬芳；2015年份的罗西亚内格罗阿玛罗桃红葡萄酒（Rohesia Negroamaro Rosé）清新且强劲；2013年份的萨利切萨伦蒂诺红葡萄酒陈酿（Salice Salentino Rosso Riserva）类型经典，其发展前景可以预见。

- ● Amativo '14 (2 red glasses) 4
- ○ Alticelli Fiano '15 (2 black glasses) 2*
- ⊙ Rohesia '15 (2 black glasses) 3
- ● Salice Salentino Rosso Ris. '13 (2 black glasses) 2*
- ● Teresa Manara Negroamaro '14 (2 black glasses) 3
- ⊙ Negroamaro Rosato '15 (1 black glass) 2
- ○ Teresa Manara Chardonnay '15 (1 black glass) 3
- ● Amativo '07 (3 white glasses) 4*
- ● Amativo '03 (3 white glasses) 3*
- ● Salice Salentino Rosso Ris. '09 (3 white glasses) 2*
- ● Amativo '13 (2 white glasses) 4
- ● Amativo '12 (2 white glasses) 4
- ⊙ Negroamaro Rosato '14 (2 white glasses) 2*
- ● Primitivo '13 (2 white glasses) 2*
- ● Salice Salentino Rosso Ris. '12 (2 white glasses) 2*

## Cantine San Marzano

via Regina Margherita, 149
74020 San Marzano di San Giuseppe [TA]
Tel. +39 0999574181
www.cantinesanmarzano.com

预约参观
年产量 8 500 000 瓶
葡萄种植面积 1 500 公顷
可持续发展酒庄

圣马赞诺协作酒庄（Cantine San Marzano）最初由19位成员商创建于1962年，如今这座协作酒庄的成员已经增长到近1200家，照料着总面积达到1500公顷的广袤葡萄园。大部分葡萄园栽培着古老的灌木状整枝体系，主要种植本地葡萄品种，位于圣马赞诺地区（San Marzano）、萨瓦（Sava）和弗兰卡维拉丰塔纳（Francavilla Fontana），主要的土质为红土。栽培的品种也非常多样，从国际品种到传统的萨伦托（Salento）品种无所不包，尤其是普里米蒂沃（Primitivo）和内格罗阿玛罗（Negroamaro）。在今年的品鉴中，圣马赞诺协作酒庄推荐酒品的整体表现非常精彩，塞桑塔尼曼杜瑞拉普里米蒂沃（Primitivo di Manduria Sessantanni）一如既往地卓越，2013年份酒十分诱人，吐露着黑莓果浓郁的果香，融入香薰的缕缕芬芳，口感绵长而浸润果味，展现出独特的甜美滋味。相比较而言，2015年份的塔罗黑玛尔维萨（Talò Malvasia Nera）更加丰美，果味饱满精致。同样值得一提的还包括2013年份的杜瑞拉普里米蒂沃62周年陈酿（Primitivo di Manduria 62 Anniversario Riserva），吐露着缕缕辛香，融入地中海灌木丛的热烈芬芳；还有2013年份的F系列内格罗阿玛罗（F Negroamaro），口感颇甜。

| | |
|---|---|
| ● Malvasia Nera Talò '15 | 🍷🍷 3* |
| ● Primitivo di Manduria Sessantanni '13 | 🍷🍷 5 |
| ● Collezione Cinquanta +1 | 🍷🍷 5 |
| ● Negroamaro F '13 | 🍷🍷 5 |
| ● Negroamaro Talò '15 | 🍷🍷 3 |
| ● Primitivo di Manduria Anniversario 62 Ris. '13 | 🍷🍷 5 |
| ● Primitivo di Manduria Talò '14 | 🍷🍷 3 |
| ● Il Pumo Negroamaro '15 | 🍷 2 |
| ● Il Pumo Primitivo '15 | 🍷 2 |
| ● Primitivo di Manduria Talò '13 | 🍷🍷🍷 3* |
| ● Collezione Cinquanta | 🍷🍷 5 |
| ● Il Pumo Primitivo '14 | 🍷🍷 2* |
| ● Primitivo di Manduria Anniversario 62 Ris. '12 | 🍷🍷 5 |
| ● Salice Salentino Rosso Talò '12 | 🍷🍷 3 |

## Carvinea

loc. Pezza d'Arena
via per Serranova
72012 Carovigno [BR]
Tel. +39 0805862345
www.carvinea.com

藏酒销售
预约参观
膳宿接待
年产量 35 000 瓶
葡萄种植面积 12 公顷
葡萄栽培方式 有机认证

毕普·蒂·玛利亚（Beppe di Maria）的卡维尼亚酒庄（Carvinea）距离著名的托雷瓜塞托自然公园（Torre Guaceto）只有一步之遥，位于16世纪的著名农庄马萨瑞拉帕扎阿莱纳（Masseria Pezza d' Arena）中，周边环绕着占地9公顷的葡萄园，拥有石灰华土质。葡萄园主要种植诸如蒙特普齐亚诺（Montepulciano）、阿里亚尼考（Aglianico）、小味尔多（Petit verdot）、普里米蒂沃（Primitivo）、内格罗阿玛罗（Negroamaro）和奥塔维内洛（Ottavianello）等黑葡萄品种，也栽培菲安诺（Fiano）等白葡萄品种。毕普打造出了11个不同的系列酒品，都展现出卓越和稳定的品质。此前卡维尼亚酒庄主要致力于生产非本地品种酒，如今建立了新的目标，希望将本地品种的潜力最大化地发挥出来，尤其是物美价廉的奥塔维内洛酒。辛辣的2014年份的奥托（Otto）是一款单一品种奥塔维内洛，吐露着果蔬的芬芳，融入黑莓果的诱人果香，收口余韵逡巡不散。与此同时，虽然采收酿造季的气候条件不甚理想，但是2014年份的内格罗阿玛罗（Negroamaro）和同年份的普里米蒂沃（Primitivo）都展现出精湛的酿造技艺，果味浓郁，美味异常。

| | |
|---|---|
| ● Negroamaro '14 | 🍷🍷🍷 5 |
| ● Otto '14 | 🍷🍷 4 |
| ● Primitivo '14 | 🍷🍷 5 |
| ⊙ Brut Rosé M. Cl. '11 | 🍷 5 |
| ○ Lucerna '15 | 🍷 2 |
| ⊙ Merula Rosa '15 | 🍷 2 |
| ● Frauma '08 | 🍷🍷🍷 4 |
| ● Merula '11 | 🍷🍷🍷 3* |
| ● Negroamaro '13 | 🍷🍷🍷 5 |
| ● Negroamaro '11 | 🍷🍷🍷 3* |
| ● Sierma '09 | 🍷🍷🍷 5 |
| ● Frauma '11 | 🍷🍷 5 |
| ● Primitivo '13 | 🍷🍷 5 |
| ● Sierma '12 | 🍷🍷 5 |
| ● Sierma '11 | 🍷🍷 5 |

## Castello Monaci

via Case Sparse
73015 Salice Salentino [LE]
Tel. +39 0831665700
www.castellomonaci.it

藏酒销售
预约参观
餐饮接待
年产量 2 000 000 瓶
葡萄种植面积 150 公顷

意大利葡萄酒集团（Gruppo Italiano Vini）拥有卡斯泰罗莫纳奇酒庄（Castello Monaci），酒庄建筑坐落在萨利切萨伦蒂诺（Salice Salentino）外围地区，由十六世纪初法国僧侣所建，酒窖则被三千余棵橄榄树所环绕，周边葡萄园的种植面积达到150公顷。地块的黏土表层深达一米，凝灰土层较厚，在较干时期为植株提供了水分，地块主要栽培萨伦托（Salento）本地葡萄品种。在今年的品鉴中，卡斯泰罗莫纳奇酒庄的整体表现不俗，其中2013年份的萨利切萨伦蒂诺艾斯干红葡萄酒陈酿（Salice Salentino Rosso Aiace Riserva）尤为出色，是上佳DOC产区酒之一。它吐露着黑莓果的缕缕果香，融入香料的丝丝辛香，口感极富层次，酸度强劲有力，滋味清爽。同样，酿造水平极高的还包括2015年份的马鲁内格罗阿玛罗（Negroamaro Maru），这款令人愉悦的美酒气质柔美，散发着深色莓果的清爽果香；而2015年份的派特拉鲁斯（Petraluce）是一款单一品种的维戴卡（Verdeca），散发着黄色水果的缕缕果香，和着果蔬的清香，口感质地细密，果味充盈。

| | |
|---|---|
| ● Salice Salentino Aiace Ris. '13 | 🍷🍷 3* |
| ● Maru '15 | 🍷🍷 2* |
| ○ Petraluce '15 | 🍷🍷 2* |
| ○ Acante '15 | 🍷 2 |
| ○ Charà '15 | 🍷 3 |
| ● Pilùna '15 | 🍷 2 |
| ● Salice Salentino Rosso Liante '15 | 🍷 2 |
| ● Artas '07 | 🍷🍷🍷 5 |
| ● Artas '06 | 🍷🍷🍷 4 |
| ● Artas '05 | 🍷🍷🍷 4* |
| ● Artas '04 | 🍷🍷🍷 3* |
| ● Artas '13 | 🍷🍷 5 |
| ● Maru '14 | 🍷🍷 2* |
| ● Pilùna '14 | 🍷🍷 2* |

## Chiaromonte

vico Muro Sant'Angelo, 6
70021 Acquaviva delle Fonti [BA]
Tel. +39 0803050432
www.tenutechiaromonte.com

藏酒销售
预约参观
年产量 100 000 瓶
葡萄种植面积 27 公顷
葡萄栽培方式 有机认证

奇亚罗蒙特酒庄（Chiaromonte）的历史最早可以追溯到1826年，但是直至尼古拉・奇亚罗蒙特（Nicola Chiaromonte）于1998年接管了家族酒庄之后，奇亚罗蒙特酒庄才真正开始腾飞，逐渐成为普利亚产区毫无争议的明星酒庄。酒庄葡萄园大多采用老式的灌木丛整枝体系，而且园中布满老藤，植株年纪从六十岁到一百多岁不等。奇亚罗蒙特酒庄的葡萄园位于阿夸维瓦德莱丰蒂（Acquaviva delle Fonti）海拔超过300米的地方，基底土壤富含矿物质和石灰岩，其上覆盖着红土和黏土。在今年的品鉴中，2013年份的吉奥亚德科普里米蒂沃穆罗圣安杰洛康特拉达巴贝托（Gioia del Colle Primitivo Muro Sant' Angelo Contrada Barbatto）凭借卓越表现，斩获了"三杯奖"大奖和"年度最佳红葡萄酒"（Red Wine of the Year）桂冠，成为所有普里米蒂沃（Primitivo）生产商的典范，不仅酒质细密，果味丰盈，而且气质优雅，可饮性极强。它吐露着黑莓般的缕缕果香，融入辛辣的精美香气，带来紧致的口感，坚实的酒精度与清爽的酸度和馥郁的果味完美平衡。相比较而言，2011年份的陈酿（Riserva）风味更加复杂，但是酒精度和口感力道都略逊一筹。还有2014年份的埃尔莱（Elè），也是一款令人愉悦的美酒，浸润丰盈果味。

| | |
|---|---|
| ● Gioia del Colle Primitivo Muro Sant'Angelo Contrada Barbatto '13 | 🍷🍷🍷 5 |
| ● Gioia del Colle Primitivo Ris. '11 | 🍷🍷 8 |
| ● Elè '14 | 🍷🍷 3 |
| ○ Kimìa '15 | 🍷 3 |
| ○ Kimìa Moscato '15 | 🍷 3 |
| ⊙ Kimìa Rosato '15 | 🍷 3 |
| ● Gioia del Colle Primitivo Muro Sant'Angelo Contrada Barbatto '12 | 🍷🍷🍷 5 |
| ● Gioia del Colle Primitivo Muro Sant'Angelo Contrada Barbatto '11 | 🍷🍷🍷 5 |
| ● Gioia del Colle Primitivo Muro Sant'Angelo Contrada Barbatto '10 | 🍷🍷🍷 7 |
| ● Gioia del Colle Primitivo Muro Sant'Angelo Contrada Barbatto '09 | 🍷🍷🍷 5 |

## Coppi

S.DA PROV.LE TURI - GIOIA DEL COLLE
70010 TURI [BA]
TEL. +39 0808915049
www.vinicoppi.it

藏酒销售
预约参观
年产量 1 000 000 瓶
葡萄种植面积 100 公顷

科皮家族（Coppi）的酒庄创建于1976年，安东尼奥（Antonio）接管了始建于1882年的古老酒窖，他在这里工作已经长达十年。今天掌管科皮酒庄的是他的子女莉西娅（Lisia）、米利亚姆（Miriam）和多尼（Doni），一家人齐心合力促进酒品品质的提升。科皮家族拥有种植面积超过100公顷的广袤葡萄园，其中一半采用灌木丛整枝体系，种植诸如普里米蒂沃（Primitivo）、内格罗阿玛罗（Negroamaro）、黑玛尔维萨（Malvasia nera）、白玛尔维萨（Malvasia bianca）和法兰吉娜（Falanghina）等传统葡萄品种。不久前，科皮酒庄的产品令人感到疑惑，虽然去年的酒品品质得到了很大提升，但是我们很难期待科皮酒庄这么快又能获得一座"三杯奖"。结果2010年份的焦亚德尔科莱塞纳托莱普里米蒂沃（Gioia del Colle Primitivo Senatore）完全配得上这座奖杯，它的香氛浓郁，层次繁多，散发着森林水果的缕缕果香，融入烟草的醇香和巧克力的浓香；口感结构令人愉悦，得到清爽酸度的有力支撑，收口余韵惬意绵长。其他酿造水平极佳的美酒还包括2013年份的唐安东尼奥普里米蒂沃（Primitivo Don Antonio），吐露着地中海灌木丛的缕缕热烈芬芳；以及清新华美的2014年份西尼斯卡尔科（Siniscalco）。

| | |
|---|---|
| ● Gioia del Colle Primitivo Senatore '10 | 🍷🍷🍷 3* |
| ● Primitivo Don Antonio '13 | 🍷🍷 3 |
| ● Primitivo Siniscalco '14 | 🍷🍷 3 |
| ⊙ Coré '15 | 🍷 3 |
| ● Gioia del Colle Primitivo Vanitoso Ris. '09 | 🍷 5 |
| ● Negroamaro Pellirosso '15 | 🍷 3 |
| ● Gioia del Colle Primitivo Senatore '08 | 🍷🍷 3 |
| ● Gioia del Colle Primitivo Siniscalco '06 | 🍷🍷 2* |
| ○ Malvasia Bianca '08 | 🍷🍷 1* |
| ● Negroamaro Pellirosso '12 | 🍷🍷 2* |
| ● Primitivo '08 | 🍷🍷 1* |

## ★Cantine Due Palme

VIA SAN MARCO, 130
72020 CELLINO SAN MARCO [BR]
TEL. +39 0831617865
www.cantineduepalme.it

藏酒销售
预约参观
膳宿接待
年产量 10 000 000 瓶
葡萄种植面积 2 500 公顷
葡萄栽培方式 有机认证
可持续发展酒庄

安杰洛·马西（Angelo Maci）于1989年在萨伦托（Salento）的中心地带创立了棕榈树酒庄（Cantine Due Palme），这座协作酒庄已经发展到非常庞大的规模，包括1000多家葡萄栽培和葡萄酒生产商成员，照料的葡萄园面积总计超过2500公顷。棕榈树酒庄地处布林迪西（Brindisi）、塔伦托（Taranto）和莱斯（Lecce）三地的交界地带，拥有25个品牌的系列美酒，风格现代经典，果味饱满，非常浓郁，其中最著名的要数各种版本的萨利切萨伦蒂诺（Salice Salentino）。在棕榈树酒庄这一季提供的品鉴酒品中，萨利切萨伦蒂诺罗索塞尔瓦罗萨陈酿（Salice Salentino Rosso Selvarossa Riserva）再次证明了自己是同类型酒品中的最佳一款。2013年份的该款酒再次斩获"三杯奖"，这是这款美酒连续第十年收获大奖。它吐露着烟草的缕缕醇香，融入黑莓的阵阵果香，更有一抹东方香料的异香萦绕其间，紧致的口感果味浓郁，质地紧密，成熟的余韵绵长悠然。同样诱人的还有2013年份的1943总统系列（1943 del Presidente），美味令人咋舌，这款由普里米蒂沃（Primitivo）和阿里亚尼考（Aglianico）混酿而成的美酒果味浓郁，但是橡木滋味显得略重；还有2015年份的塞拉苏素曼内罗（Susumaniello Serre），表现出平衡和清爽。

| | |
|---|---|
| ● Salice Salentino Rosso Selvarossa Ris. '13 | 🍷🍷🍷 4* |
| ● 1943 del Presidente '13 | 🍷🍷 6 |
| ● Serre '15 | 🍷🍷 3 |
| ○ Anthea '15 | 🍷 2 |
| ⊙ Corerosa '15 | 🍷 3 |
| ○ Due Palme Brut M. Cl. '13 | 🍷 4 |
| ● Primitivo di Manduria Ettamiano Ris. '13 | 🍷 3 |
| ● Primitivo di Manduria San Gaetano '15 | 🍷 2 |
| ● Salice Salentino Rosso Selvarossa Ris. '12 | 🍷🍷🍷 4* |
| ● Salice Salentino Rosso Selvarossa Ris. '11 | 🍷🍷🍷 4* |
| ● Salice Salentino Rosso Selvarossa Ris. '10 | 🍷🍷🍷 4* |

## Tenute Eméra di Claudio Quarta Vignaiolo

C.DA PORVICA
74123 LIZZANO [TA]
TEL. +39 0832704398
www.claudioquarta.it

藏酒销售
预约参观
膳宿接待
年产量 550 000 瓶
葡萄种植面积 50 公顷
可持续发展酒庄

在克劳迪奥·夸塔（Claudio Quarta）拥有的玛吉斯特拉维尼集团（Gruppo Magistravini）旗下，埃莫拉酒庄（Tenute Eméra）是唯一一座以普利亚产区（Puglia）为总部的酒庄。在女儿阿里桑德拉（Alessandra）的协助下，克劳迪奥·夸尔塔（Claudio Quarta）打理着埃莫拉酒庄。葡萄园主要位于一块俯瞰艾奥尼亚（Ionian）海岸的单一种植地块，拥有渗透性极强的凝灰华土壤，还覆盖着一层岩屑和富含石灰质的岩石，种植着诸如普里米蒂沃（Primitivo）、内格罗阿玛罗（Negroamaro）、菲安诺（Fiano）等本地葡萄品种，除此之外，还种植了西拉（Syrah）、梅洛（Merlot）、赤霞珠（Cabernet Sauvignon）和霞多丽（Chardonnay）等国际葡萄品种。在最近五年，埃莫拉酒庄还在瓜尼亚诺（Guagnano）又购入了一公顷种植地，主要栽培用于酿造萨利切萨伦蒂诺（Salice Salentino）的内格罗阿玛罗（Negroamaro）和黑玛尔维萨（Malvasia Nera）。在今年的品鉴中，埃莫拉酒庄的整体表现精彩，尤其是2014年份酒。除此之外，2013年份的萨利切萨伦蒂诺莫罗斯干红葡萄酒陈酿（Salice Salentino Rosso Moros Riserva）吐露着缕缕辛香，融入烟草的醇香，呈现出黑莓果的果味。我们也非常喜爱2014年份的超级利扎诺（Lizzano Superiore），它清新多汁，令人愉悦；2014年份的埃莫拉曼杜里亚奥罗普里米蒂沃（Primitivo di Manduria Oro di Eméra）结构更加饱满；2014年份的苏德尔苏德（Sud del Sud）是一款酒质细密的内格罗阿玛罗，果香芬芳，融入草本植物的缕缕清香。

| | |
|---|---|
| ● Lizzano Negroamaro Sup. '14 | 🍷🍷 2* |
| ● Primitivo di Manduria Oro di Eméra '14 | 🍷🍷 5 |
| ● Salice Salentino Rosso Moros Ris. '13 | 🍷🍷 4 |
| ● Sud del Sud '14 | 🍷🍷 3 |
| ○ Amure '15 | 🍷 2 |
| ○ Anima di Chardonnay '15 | 🍷 2 |
| ● Primitivo di Manduria Anima di Primitivo '14 | 🍷 3 |
| ⊙ Rose '15 | 🍷 2 |
| ● Lizzano Negroamaro Sup. Anima di Negroamaro '13 | 🍷🍷 2* |
| ● Lizzano Negroamaro Sup. Anima di Negroamaro '12 | 🍷🍷 2* |
| ● Primitivo di Manduria Anima di Primitivo '12 | 🍷🍷 2* |
| ● Salice Salentino Rosso '11 | 🍷🍷 2* |
| ● Salice Salentino Rosso Moros Ris. '12 | 🍷🍷 4 |

## Felline

VIA SANTO STASI PRIMO, 42B
74024 MANDURIA [TA]
TEL. +39 0999711660
www.agricolafelline.it

藏酒销售
预约参观
年产量 1 000 000 瓶
葡萄种植面积 120 公顷
葡萄栽培方式 有机认证
可持续发展酒庄

自1994年起，格里高利·佩鲁齐（Gregory Perrucci）就成为复兴萨伦托地区（Salento）具有悠久酿造传统的领军人物，以保护并重塑本地葡萄品种和采取灌木整枝体系为基础，生产风格现代、果味饱满、准确反映风土、酒香扑鼻的美酒。在今年的品鉴中，斩获"三杯奖"的美酒是费里尼酒庄（Felline）2015年份的曼杜瑞拉普里米蒂沃（Primitivo di Manduria），它的果香浓郁，融入缕缕紫罗兰的幽香，口感激荡，活力四射，馥郁集中，余韵绵长。总之，这是一款令人真正垂涎的美酒。2010年份的曼杜瑞拉普里米蒂沃周年珍酿（Primitivo di Manduria Cuvée Anniversario Riserva）口感辛辣而扎实，不过略欠力道；2015年份的阿尔贝莱洛（Alberello）令人愉悦，这是一款以同比例的内格罗阿玛罗（Negroamaro）和普里米蒂沃（Primitivo）混酿而成的美酒，展现出卓越的可饮性。

| | |
|---|---|
| ● Primitivo di Manduria '15 | 🍷🍷🍷 3* |
| ● Primitivo di Manduria Cuvée Anniversario Ris. '10 | 🍷🍷 3* |
| ● Alberello '15 | 🍷🍷 2* |
| ● Nero di Troia '15 | 🍷🍷 2* |
| ● Pietraluna Torre Guaceto '15 | 🍷🍷 2* |
| ● Sum Torre Guaceto '15 | 🍷🍷 4 |
| ○ Verdeca '15 | 🍷🍷 2* |
| ● Anarkos '15 | 🍷 2 |
| ⊙ Cicala Rosé '15 | 🍷 2 |
| ● Primitivo di Manduria Segnavento '15 | 🍷 2 |
| ● Vigna del Feudo '97 | 🍷🍷🍷 4* |
| ● Alberello '11 | 🍷🍷 2* |
| ● Primitivo di Manduria Archidamo '12 | 🍷🍷 2* |
| ● Vigna del Feudo '09 | 🍷🍷 4 |

## Gianfranco Fino

via Piave, 12
74028 Sava [TA]
Tel. +39 0997773970
www.gianfrancofino.it

预约参观
年产量 20 000 瓶
葡萄种植面积 20 公顷
可持续发展酒庄

吉安弗兰科·菲诺（Gianfranco Fino）与西蒙娜·菲诺（Simona Fino）于2004年创建了家庭酒庄，在曼杜里亚（Manduria）买下了种植面积只有1.5公顷的葡萄园，以出产的卓越普里米蒂沃（Primitivo）果实酿造美酒。今天，吉安弗兰科菲诺酒庄已经拥有12块种植地块，都位于曼杜里亚和萨瓦（Sava）之间，有些地块还生长着五十岁至九十岁高龄的普里米蒂沃老藤，全部采取自然发展的头部剪枝方式，根植在红土和石灰质土壤之中。随着酒庄的不断发展，除了历史悠久的伊斯曼杜里亚普里米蒂沃（Primitivo di Manduria Es）之外，吉安弗兰科菲诺酒庄又逐渐增添了三个系列美酒：来自酒庄种植面积只有一公顷的内格罗阿玛罗果实的乔系列（Negroamaro Jo）、一款甜酒，以及一款二次发酵传统酿造法起泡酒。吉安弗兰科菲诺酒庄这一季依然只提供了伊斯曼杜里亚普里米蒂沃这一款品鉴酒品，这款2014年份酒的品质极佳，吐露着浓郁的黑莓果酱芬芳，融入无花果干的香气，入口果味饱满丰盈，不过与去年年份酒相比还是少了些令人惊叹的气质，结构紧致度略逊一筹。不过在气候条件如此恶劣的2014年，出品能够具有如此表现力也应当得到嘉奖。

| | |
|---|---|
| ● Primitivo di Manduria Es '14 | 🍷🍷 7 |
| ● Primitivo di Manduria Es '12 | 🍷🍷🍷 7 |
| ● Primitivo di Manduria Es '11 | 🍷🍷🍷 7 |
| ● Primitivo di Manduria Es '10 | 🍷🍷🍷 6 |
| ● Primitivo di Manduria Es '09 | 🍷🍷🍷 6 |
| ● Primitivo di Manduria Es '08 | 🍷🍷🍷 6 |
| ● Primitivo di Manduria Es '07 | 🍷🍷🍷 6 |
| ● Primitivo di Manduria Es '06 | 🍷🍷🍷 5 |
| ● Jo '08 | 🍷🍷 6 |
| ● Jo '07 | 🍷🍷 6 |
| ● Jo '06 | 🍷🍷 5 |
| ● Primitivo di Manduria Dolce Naturale Es + Sole '12 | 🍷🍷 7 |
| ● Primitivo di Manduria Es '13 | 🍷🍷 7 |
| ● Primitivo di Manduria Es '05 | 🍷🍷 5 |

## Vito Donato Giuliani

via Gioia Canale, 18
070010 Turi [BA]
Tel. +39 0808915335
www.vitivinicolagiuliani.com

年产量 100 000 瓶
葡萄种植面积 40 公顷

维托多纳托朱利亚尼酒庄（Vito Donato Giuliani）今年的表现依然精彩，再次为自己在全篇幅酒庄介绍版块赢得了一席之地。朱利亚尼家族于1940年创建了家庭酒庄，如今拥有四十多公顷的葡萄园，地块扩展到了图瑞（Turi）和吉欧亚德科尔（Gioia del Colle）之间的穆吉亚巴莱斯（Murgia Barese），属于普里米蒂沃（Primitivo）的上佳种植地之一。这里拥有这一地区典型的喀斯特土壤，一层薄薄的红土层覆盖着富含矿物质和砾石的基土层。在维托多纳托朱利亚尼酒庄今年提供的品鉴美酒中，吉欧亚德科尔普里米蒂沃（Gioia del Colle Primitivos）再次以卓越品质脱颖而出。2013年份的吉欧亚德科尔普里米蒂沃巴隆纳吉奥陈酿（Gioia del Colle Primitivo Baronaggio Riserva）风味复杂，吐露着红莓果的缕缕果香，融入燧石的芬芳，呈现出矿物质的醇美，深邃非凡，同时也清爽强劲。相比较而言，2013年份的吉欧亚德科尔普里米蒂沃拉瓦罗萨（Gioia del Colle Primitivo Lavarossa）辛辣而质朴，吐露着泥土的醇香，果香丰盈饱满，但是复杂度略逊一筹，收口浸润果味，余韵绵长诱人。

| | |
|---|---|
| ● Gioia del Colle Baronaggio Ris. '13 | 🍷🍷 5 |
| ● Gioia del Colle Primitivo Lavarossa '13 | 🍷🍷 3 |
| ● Gioia del Colle Baronaggio Ris. '12 | 🍷🍷 5 |
| ● Gioia del Colle Primitivo Lavarossa '12 | 🍷🍷 3* |

## Cantine Paolo Leo

via Tuturano, 21
72025 San Donaci [BR]
Tel. +39 0831635073
www.paololeo.it

藏酒销售
预约参观
膳宿接待
年产量 1 300 000 瓶
葡萄种植面积 35 公顷
葡萄栽培方式 有机认证
可持续发展酒庄

家族酒庄的第四代继承人保罗·莱奥（Paolo Leo）努力进行着酒庄现代化建设，于1989年建起了新酒窖，装瓶出售充分表达萨伦托（Salento）本地葡萄品种特质的美酒，包括普里米蒂沃（Primitivo）、内格罗阿玛罗（Negroamaro）、黑玛尔维萨（Malvasia Nera）和白玛尔维萨（Malvasia Bianca）等。保罗莱奥酒庄的自有葡萄园坐落于圣多纳奇（San Dònaci）附近，拥有石灰华土壤，以及十五岁的头部自由整枝体系葡萄藤和四十多岁的灌木整枝体系葡萄藤。在今年的品鉴中，保罗凭借2014年份的卡迪纳尔帕索曼杜瑞拉普里米蒂沃（Primitivo di Manduria Passo del Cardinale）摘下了“三杯奖”桂冠，它吐露着缕缕金鸡纳树皮的醇香，融入李子的阵阵果香，更有烟草的芬芳萦绕其间，底蕴中透露出丝丝橄榄酱的气息，口感质朴浓郁，酒质紧致。与此同时，2014年份的费雷葡萄园普里米蒂沃（Primitivo Fiore di Vigna）也展现出高超的酿造水准，吐露着如花芬芳，融入黑莓的果香和橡木的香气，口感紧致清爽，均衡怡人。除此之外，2014年份的奥菲欧内格罗阿玛罗（Negroamaro Orfeo）稍显逊色，未成熟的果香拖了后腿。

| | |
|---|---|
| ● Primitivo di Manduria Passo del Cardinale '14 | 🍷🍷🍷 3* |
| ● Fiore di Vigna '14 | 🍷🍷 5 |
| ○ 350 Alture Minutolo '15 | 🍷 3 |
| ○ Cala luna '15 | 🍷 3 |
| ● Orfeo '14 | 🍷 4 |
| ● Fiore di Vigna '13 | 🍸🍸 4 |
| ● Fiore di Vigna '12 | 🍸🍸 4 |
| ● Fiore di Vigna '10 | 🍸🍸 4 |
| ● Negramante '13 | 🍸🍸 3 |
| ● Orfeo '13 | 🍸🍸 4 |
| ● Orfeo '11 | 🍸🍸 4 |
| ● Taccorosso '13 | 🍸🍸 3* |

## ★Leone de Castris

via Senatore de Castris, 26
73015 Salice Salentino [LE]
Tel. +39 0832731112
www.leonedecastris.com

预约参观
年产量 2 500 000 瓶
葡萄种植面积 250 公顷
可持续发展酒庄

受人尊敬的莱尼德卡斯特里斯酒庄（Leone de Castris）历史悠久，早在遥远的1665年由雷默斯伯爵（Conte di Lemos）创建，于1925年开始出售酿造的瓶装酒，并且于1943年缔造了意大利历史上最早的瓶装桃红酒五朵玫瑰（Five Roses），于20世纪70年代初在萨利切萨伦蒂诺指定产区（Salice Salentino）的确认过程中起到了关键的作用。今天莱尼德卡斯特里斯酒庄拥有范围广泛的系列酒品，既种植本地葡萄品种，也种植国际葡萄品种，种植地块分布在萨利切萨伦蒂诺、坎皮萨伦蒂诺（Campi Salentino）和瓜尼亚诺（Guagnano）各地，打造风格现代、极易入口的美酒。在今年的品鉴中，2014年份的萨利切萨伦蒂诺五十度温德米亚干红葡萄酒（Salice Salentino Rosso 50° Vendemmia）表现精彩，清爽宜人，散发着浓郁而脆爽的果香；而2014年份的珀卢萨利切萨伦蒂诺干红葡萄酒陈酿（Salice Salentino Rosso Per Lui Riserva）相比较而言酒香更加成熟，酒体依然均衡，果味依然饱满，精美有力道。同样展现出卓越酿造水平的还包括2014年份果香果味四溢的珀卢普里米蒂沃（Per Lui Primitivo），以及散发着草莓果香、口感清爽的2015年份五朵玫瑰七十二度周年桃红酒（Five Roses 72° Anniversario）；2014年份的萨利切萨伦蒂诺干红葡萄酒陈酿（Salice Salentino Rosso Riserva）则展现出该年份酒的上佳结构。

| | |
|---|---|
| ● Salice Salentino Rosso 50° Vendemmia '14 | 🍷🍷🍷 3* |
| ⊙ Aleikos '15 | 🍷🍷 2* |
| ⊙ Five Roses 72° Anniversario '15 | 🍷🍷 3 |
| ● Per Lui Primitivo '14 | 🍷🍷 6 |
| ● Salice Salentino Rosso Per Lui Ris. '14 | 🍷🍷 6 |
| ● Salice Salentino Rosso Ris. '14 | 🍷🍷 3 |
| ● Elo Veni '15 | 🍷 2 |
| ⊙ Five Roses '15 | 🍷 2 |
| ● Per Lui Susumaniello '14 | 🍷 6 |
| ● Primitivo di Manduria Villa Santera '15 | 🍷 3 |
| ⊙ Salice Salentino Brut Five Roses M. Cl. '13 | 🍷 4 |
| ● Salice Salentino Rosso Per Lui Ris. '13 | 🍸🍸🍸 6 |

## Masseria Li Veli

S.DA PROV.LE CELLINO-CAMPI, KM 1
72020 CELLINO SAN MARCO [BR]
TEL. +39 0831618259
www.liveli.it

藏酒销售
预约参观
年产量 350 000 瓶
葡萄种植面积 33 公顷
葡萄栽培方式 有机认证

1999年，法尔福家族（Falvo）从生活了四十年的托斯卡纳（Tuscan）搬到了普利亚（Puglia），买下并重新整修了萨伦托地区（Salento）著名的酒庄——马萨瑞拉酒庄（Masseria Li Veli）。酒庄葡萄园拥有红土和沙质土壤，园中85%的植株采用灌木整枝系统和古老的六边形栽培技术。葡萄园主要种植本地葡萄品种，黑葡萄品种生长在圣马可塞利诺（Cellino San Marco）周边，白葡萄品种则生长在伊塔雅谷（Itria Valley）。马萨瑞拉酒庄在今年的品鉴中整体表现上佳，2014年份的佩佐莫加纳萨利切萨伦蒂诺干红葡萄酒陈酿（Salice Salentino Rosso Pezzo Morgana Riserva）尤为出色，吐露着缕缕黑莓的精美果香，融入香料的辛香，入口均衡，果味显著，余韵精致绵长。2013年份的MLV是一款由内格罗阿玛罗（Negroamaro）和赤霞珠（Cabernet Sauvignon）混酿而成的美酒，虽然果香果味馥郁饱满，但受到橡木滋味过重的困扰。与此同时，2009年份的埃丽提科帕西多甜酒（Aleatico Passito）散发着无花果干的阵阵芬芳，融入巧克力的醇香；2015年份的苏曼尼洛（Susumaniello）清爽宜人，极易入口，两款都是不可多得的美酒。

| | |
|---|---|
| ● Aleatico Passito '09 | 🍷🍷 6 |
| ● MLV '13 | 🍷🍷 5 |
| ● Salice Salentino Rosso Pezzo Morgana Ris. '14 | 🍷🍷 4 |
| ● Susumaniello Askos '15 | 🍷🍷 3 |
| ● Malvasia Nera Askos '15 | 🍷 3 |
| ⊙ Rosato '15 | 🍷 2 |
| ○ Verdeca Askos '15 | 🍷 3 |
| ● Masseria Li Veli '10 | 🍷🍷🍷 5 |
| ○ Fiano '14 | 🍷🍷 2* |
| ● MLV '12 | 🍷🍷 5 |
| ● Susumaniello Askos '14 | 🍷🍷 3 |

## Morella

VIA PER UGGIANO, 147
74024 MANDURIA [TA]
TEL. +39 0999791482
www.morellavini.com

藏酒销售
预约参观
年产量 26 000 瓶
葡萄种植面积 20 公顷
葡萄栽培方式 生物动力学认证

丽莎·基尔比（Lisa Gilbee）和格特诺·莫莱拉（Gaetano Morella）的酒庄在普利亚产区的曼杜里亚（Manduria）取得领先地位已经长达数年。普里米蒂沃（Primitivo）无疑是这里的王牌品种，同时莫莱拉酒庄也种植内格罗阿玛罗（Negroamaro）和少许菲安诺（Fiano）。这个拥有近一个世纪历史的古老葡萄园富含红土土壤，采用传统的头部整枝系统打理，单位植株的产量极低；酒窖中的酿造也注意不以强行干涉为原则——以上两点是理解莫莱拉酒庄美酒的关键所在。莫莱拉酒庄今年推荐的酒品的表现令我们颇感疑惑。虽然处于产品梯队顶端的2013年份老藤普里米蒂沃（Primitivo Old Vines）以及2013年份拉西格诺拉普里米蒂沃（La Signora）都呈现出相当馥郁的果香，融入地中海灌木丛的热辣芬芳，但是它们的表现依然低于我们的期待，在口感力道和浓郁度方面稍显逊色。而以普里米蒂沃为主的混酿——2015年份的梅扎诺特（Mezzanotte）以及2015年份的梅佐吉欧诺菲安诺（Fiano Mezzogiorno）都是典型的类型酒，但是缺乏往年的华美口感。

| | |
|---|---|
| ● Old Vines Primitivo '13 | 🍷🍷 6 |
| ● Primitivo La Signora '13 | 🍷🍷 6 |
| ● Mezzanotte '15 | 🍷 3 |
| ○ Mezzogiorno '15 | 🍷 3 |
| ● Primitivo La Signora '10 | 🍷🍷🍷 6 |
| ● Primitivo La Signora '07 | 🍷🍷🍷 5 |
| ● Primitivo Old Vines '09 | 🍷🍷🍷 5 |
| ● Primitivo Old Vines '08 | 🍷🍷🍷 5 |
| ● Primitivo Old Vines '07 | 🍷🍷🍷 5 |
| ● Negroamaro Primitivo Terre Rosse '12 | 🍷🍷 4 |
| ● Primitivo La Signora '11 | 🍷🍷 6 |
| ● Primitivo Malbek '11 | 🍷🍷 4 |
| ● Primitivo Old Vines '11 | 🍷🍷 6 |

## Palamà

via A. Diaz, 6
73020 Cutrofiano [LE]
Tel. +39 0836542865
www.vinicolapalama.com

藏酒销售
预约参观
膳宿接待
年产量 200 000 瓶
葡萄种植面积 15 公顷

帕拉玛家族酒庄（Palamà）创建于1936年，自1975年始，庄主柯西莫·帕拉玛（Cosimo Palamà）在家人的协助下，经营打理酒庄二十余年。帕拉玛家族酒庄只酿造普利亚产区（Puglia）本地葡萄品种美酒，例如内格罗阿玛罗（Negroamaro）、普里米蒂沃（Primitive）、黑玛尔维萨（Malvasia Nera）、白玛尔维萨（Malvasia Bianca）和维戴卡（Verdeca）等，种植地块位于库特罗菲亚诺（Cutrofiano）和马蒂诺（Matino）附近，部分采用灌木式整枝系统，部分采用杯状整枝系统，葡萄藤主要根植于适度蓬松、富含钙质的土壤中。出品系列广泛，出品风格传统经典。在帕拉玛家族酒庄这一季提供的品鉴酒品中，精选系列虽然没有达到去年的水准，但是依然展现出高超的酿造技艺。最出众的一款是2015年份的麦蒂索库系列罗萨托（Metiusco Rosato），它非常易于饮用，是该类型酒中的佼佼者，吐露着如花芬芳，口感轻快而劲道，融入红莓果的美味。与此同时，2015年份的75系列温德米（75 Vendemmie）是一款采用传统整枝系统果实酿造而成的内格罗阿玛罗，结构上佳，只是口感有些过甜；2015年份的麦蒂索库系列干红葡萄酒（Metiusco Rosso）与2015年份的麦蒂索库系列干白葡萄酒（Metiusco Bianco）也都非常怡人，极易入口。

| | |
|---|---|
| ● 75 Vendemmie '15 | ▼▼ 4 |
| ⊙ Metiusco Rosato '15 | ▼▼ 2* |
| ○ Metiusco Bianco '15 | ▼ 2 |
| ● Metiusco Rosso '15 | ▼ 2 |
| ● 75 Vendemmie '11 | ▽▽▽ 4* |
| ● 75 Vendemmie '13 | ▽▽ 4 |
| ● Albarossa Primitivo '13 | ▽▽ 2* |
| ● Mavro '13 | ▽▽ 3* |
| ● Mavro '12 | ▽▽ 3* |
| ● Mavro '11 | ▽▽ 3 |
| ⊙ Metiusco Rosato '13 | ▽▽ 2* |
| ● Patrunale '12 | ▽▽ 5 |
| ● Salice Salentino Rosso Albarossa '13 | ▽▽ 1* |

## Plantamura

via V. Bodini, 9a
70023 Gioia del Colle [BA]
Tel. +39 3474711027
www.viniplantamura.it

藏酒销售
预约参观
年产量 45 000 瓶
葡萄种植面积 8 公顷
葡萄栽培方式 有机认证
可持续发展酒庄

充满激情、经验丰富是玛丽安杰拉·普朗塔姆拉（Mariangela Plantamura）和丈夫文森佐（Vincenzo）经营的小酒庄的特色。他们出品的美酒忠诚反映吉欧亚德科尔普里米蒂沃DOC产区（Gioia del Colle Primitivo）的风土条件。普朗塔姆拉酒庄的葡萄园坐落于吉欧亚内陆乡间海拔350米的地方，拥有该地区典型的土质——喀斯特石灰岩层上覆盖着薄薄一层红土和黏土，栽培植株时既采取传统的灌木式整枝也采取头部整枝。虽然今年普朗塔姆拉酒庄提供的美酒最终未能摘下大奖，但是品质极为出色。2013年份的欧亚德科尔普里米蒂沃陈酿（Gioia del Colle Primitivo Riserva）品质更胜往年，给我们留下了相当深刻的印象。它吐露着缕缕红色莓果的甜美果香，融入地中海灌木丛的热烈芬芳，入口紧致清爽，口感强劲有力。相比较而言，2015年份的帕尔科拉戈系列红牌吉欧亚德科尔普里米蒂沃（Gioia del Colle Primitivo Etichetta Rossa Parco Largo）在口感力道上略逊一筹，果香果味精美；而2015年份的康特拉达圣彼德罗系列黑牌吉欧亚德科尔普里米蒂沃（Gioia del Colle Primitivo Etichetta Nera Contrada San Pietro）吐露着精巧的桑葚香气，融入芳香植物的缕缕清香。

| | |
|---|---|
| ● Gioia del Colle Primitivo Ris. '13 | ▼▼ 3* |
| ● Gioia del Colle Primitivo Et. Nera Contrada San Pietro '15 | ▼▼ 3 |
| ● Gioia del Colle Primitivo Et. Rossa Parco Largo '15 | ▼▼ 3 |
| ● Gioia del Colle Primitivo Et. Nera Contrada San Pietro '13 | ▽▽▽ 3* |
| ● Gioia del Colle Primitivo Et. Nera Contrada San Pietro '12 | ▽▽▽ 3* |
| ● Gioia del Colle Primitivo Et. Rossa '11 | ▽▽▽ 4* |
| ● Gioia del Colle Primitivo Et. Rossa Parco Largo '13 | ▽▽ 3* |
| ● Gioia del Colle Primitivo Ris. '12 | ▽▽ 3 |
| ● Gioia del Colle Primitivo Ris. '10 | ▽▽ 5 |

## Polvanera

S.DA VICINALE LAMIE MARCHESANA, 601
70023 GIOIA DEL COLLE [BA]
TEL. +39 080758900
www.cantinepolvanera.it

藏酒销售
餐饮接待
年产量 300 000 瓶
葡萄种植面积 90 公顷
葡萄栽培方式 有机认证

只用了十多年的时间，菲力波·卡萨若（Filippo Cassano）的博瓦内拉酒庄（Polvanera）及其酿造的普里米蒂沃美酒（Primitivo）就成为吉欧亚德科尔地区（Gioia del Colle）耀眼的明星。酒庄葡萄园位于阿夸维瓦（Acquaviva）和吉欧亚德科尔之间，地处海拔300多米处，拥有典型的穆尔吉亚（Murgia）喀斯特土壤（Karst），薄薄一层黏土覆盖在坚实的岩层之上。园中生长周期在十年至十五年间的葡萄藤采取居由剪枝法打理（Guyot）；而对于年龄超过六十岁的老藤则主要采用传统的头部整枝系统打理。在博瓦内拉酒庄这一季提供的品鉴酒品中，2013年份的蒙泰维拉17系列老藤吉欧亚德科尔普里米蒂沃（Gioia del Colle Primitivo17 Vigneto Montevella）再一次脱颖而出，斩获"三杯奖"桂冠。它吐露着黑莓的阵阵果香，融入奎宁的芬芳，地中海灌木丛的热烈香气萦绕其间，随之而来的口感深邃多汁，紧凑饱满，结构恢宏。同样卓越的还有2013年份活跃的16系列老藤吉欧亚德科尔普里米蒂沃（Gioia del Colle Primitivo 16），它散发着缕缕辛香，融入阵阵精美果香，酸度劲道，收口余韵绵延，口感圆润。除此之外，2013年份的玛奇萨纳14系列老藤吉欧亚德科尔普里米蒂沃（Gioia del Colle Primitivo 14 Vigneto Marchesana）则果味浓郁，气势磅礴，令人愉悦。

| | | |
|---|---|---|
| ● Gioia del Colle Primitivo 17 '13 | 🍷🍷🍷 (red) | 5 |
| ● Gioia del Colle Primitivo 16 '13 | 🍷🍷 (red) | 5 |
| ● Gioia del Colle Primitivo 14 Vign. Marchesana '13 | 🍷🍷 | 3 |
| ○ Minutolo '15 | 🍷 | 3 |
| ⊙ Rosato '15 | 🍷 | 2 |
| ● Gioia del Colle Primitivo 17 '10 | 🍷🍷🍷 (white) | 5 |
| ● Gioia del Colle Primitivo 17 '09 | 🍷🍷🍷 (white) | 5 |
| ● Gioia del Colle Primitivo 17 '08 | 🍷🍷🍷 (white) | 4* |
| ● Gioia del Colle Primitivo 17 Vign. Montevella '12 | 🍷🍷🍷 (white) | 6 |
| ● Gioia del Colle Primitivo 17 Vign. Montevella '11 | 🍷🍷🍷 (white) | 6 |

## Rivera

C.DA RIVERA
S.DA PROV.LE 231 KM 60,500
76123 ANDRIA [BT]
TEL. +39 0883569510
www.rivera.it

藏酒销售
预约参观
年产量 1 200 000 瓶
葡萄种植面积 75 公顷
可持续发展酒庄

20世纪40年代，德科拉托家族（De Corato）在蒙特堡地区（Castel del Monte）创建了这座家族酒庄。今天的瑞瓦拉酒庄（Rivera）在各个指定产区都拥有广袤的种植地块，土壤类型迥异：瑞瓦拉地区的博卡庄园（Torre di Bocca）和卡帕庄园（Coppa）位于海拔200米至230米之间，以拥有深厚的石灰钙质土壤为傲；而拉玛蒂科沃庄园（Lama di Corvo）则位于海拔350米处，可以俯瞰大海和加尔加诺半岛（Gargano），拥有钙质岩石层土壤。出品的美酒系列广泛，包含二十多种，产地从蒙特堡地区到萨伦托（Salento）以及伊塔雅谷（Valle d' Itria）不等。在今年的品鉴中，我们最爱2010年份的蒙特堡阿里亚尼考卡佩拉奇欧陈酿（Castel del Monte Aglianico Cappellaccio Riserva），它的香氛层层展开，和着红莓果的缕缕果香，融入胡椒的阵阵辛香，更有一抹树根的醇香萦绕其间，平衡的口感绵长悠然，浸润甜美果味，单宁优雅。与此同时，2014年份的蒙特堡维亚蓝特黑托雅（Castel del Monte Nero di Troia Violante）散发着红莓果怡人的阵阵果香；2015年份的蒙特堡桃红葡萄酒（Castel del Monte Rosé）清爽惬意，如花芬芳；2015年份的皮安尼蒂图法拉特拉尼莫斯卡托（Moscato di Trani Dolce Piani di Tufara）吐露着橘皮蜜饯般的芬芳，融入蜜糖的甜美香气。

| | | |
|---|---|---|
| ● Castel del Monte Aglianico Cappellaccio Ris. '10 | 🍷🍷 (red) | 2* |
| ● Castel del Monte Nero di Troia Violante '14 | 🍷🍷 | 2* |
| ⊙ Castel del Monte Rosé '15 | 🍷🍷 | 2* |
| ○ Moscato di Trani Piani di Tufara '15 | 🍷🍷 | 2* |
| ○ Castel del Monte Chardonnay Preludio n° 1 '15 | 🍷 | 2 |
| ○ Castel del Monte Fedora '15 | 🍷 | 2 |
| ● Castel del Monte Nero di Troia Puer Apuliae '04 | 🍷🍷🍷 (white) | 6 |
| ● Castel del Monte Nero di Troia Puer Apuliae '03 | 🍷🍷🍷 (white) | 6 |
| ○ Moscato di Trani Piani di Tufara '14 | 🍷🍷 (white) | 2* |
| ● Triusco '13 | 🍷🍷 (white) | 3 |

## Tenute Rubino

via E. Fermi, 50
72100 Brindisi
Tel. +39 0831571955
www.tenuterubino.com

藏酒销售
预约参观
年产量 1 200 000 瓶
葡萄种植面积 200 公顷

20世纪80年代中期，托马索·卢比诺（Tommaso Rubino）设计了家族酒庄的创建方案。只用了短短几年，卢比诺酒庄就成为普利亚产区（Puglia）成功的受人尊重的酒庄之一。他们经营着四座不同的庄园，从亚德里亚山（Adriatic）一路蔓延到布林迪西（Brindisi）身后的广袤平原。这四座庄园分别是：贾迪科庄园（Jaddico），拥有石灰质基地的土壤混合着大量砂质；马默莱洛庄园（Marmorelle），拥有最年轻的葡萄藤；尤吉奥庄园（Uggìo），钙质土壤均衡融合了砂土质地和黏土质地；普纳塔阿奎拉庄园（Punta Aquila），全部用于种植普里米蒂沃（Primitivo）。卢比诺酒庄出品系列广泛，最引以为傲的美酒依然是以本地葡萄品种打造而成。出品酿造技艺精湛，忠诚展现本地风土。卢比诺酒庄是酿造苏曼尼洛酒（Susumaniello）的先锋，于2000年初拥有一整座苏曼尼洛葡萄园。在今年的品鉴中，多次斩获大奖的托拉泰斯塔苏曼尼洛酒（Torre Testa）遗憾缺席，因此2015年份的奥特莱米苏曼尼洛（Susumaniello Oltremé）从推荐美酒中脱颖而出，它的果香复杂，融入黑莓和黑樱桃的缕缕浓郁香气，绵长而圆润。与此同时，2013年份的嘉蒂科布瑞迪希干红葡萄酒陈酿（Brindisi Rosso Jaddico Riserva）清爽而辛辣，酒质劲道有力，余韵绵长诱人。除此之外，2015年份的马默莱洛庄园霞多丽白葡萄酒（Chardonnay Marmorelle Bianco）也非常悦人。

- ● Oltremé Susumaniello '15 — 🍷🍷🍷 4*
- ● Brindisi Rosso Jaddico Ris. '13 — 🍷🍷 6
- ○ Marmorelle Bianco '15 — 🍷🍷 3
- ○ Giancòla '15 — 🍷 5
- ● Marmorelle Rosso '14 — 🍷 3
- ● Miraglio '14 — 🍷 4
- ● Punta Aquila '14 — 🍷 4
- ⊙ Saturnino '15 — 🍷 4
- ⊙ Torre Testa Rosé '15 — 🍷 5
- ● Torre Testa '13 — ☐☐☐ 6
- ● Torre Testa '12 — ☐☐☐ 6
- ● Torre Testa '11 — ☐☐☐ 6
- ● Torre Testa '11 — ☐☐☐ 6
- ● Torre Testa '02 — ☐☐☐ 5
- ● Torre Testa '01 — ☐☐☐ 5
- ● Visellio '10 — ☐☐☐ 4*

## Schola Sarmenti

via Generale Cantore, 37
73048 Nardò [LE]
Tel. +39 0833567247
www.scholasarmenti.it

藏酒销售
预约参观
年产量 240 000 瓶
葡萄种植面积 41 公顷
葡萄栽培方式 有机认证

在路易吉·卡洛·玛拉（Luigi Carlo Marra）和本内蒂托·卢索（Benedetto Lorusso）的斯奇拉萨门蒂酒庄（Schola Sarmenti），85%的葡萄藤采用头部整枝系统打理，其中包含不少生长周期已经长达八十年的老藤，令酒庄成为萨伦托地区（Salento）的典范，更是纳尔多地区（Nardò）的代表——酒庄在最近几十年间在此拓展了大片葡萄种植地块。葡萄园主要栽培内格罗阿玛罗（Negroamaro）、普里米蒂沃（Primitivos）和黑玛尔维萨（Malvasia Nera）等本地品种。出品的美酒果香果味四溢，展现出极佳的可饮性。不过2014年恶劣的采收酿造条件令斯奇拉萨门蒂酒庄的出品颇受影响。2014年份的纳尔多洛卡莫拉红葡萄酒（Nardò Rosso Roccamora）吐露着典型的黑莓果果香，但是口感显得过于强劲，幸好结构上佳。与此同时，2014年份的纳娜（Nauna）是一款以60%的内格罗阿玛罗添加普里米蒂沃酿造而成的混酿，吐露着奎宁的醇香，融入墨水的芬芳，更有成熟李子香萦绕其间，口感恢宏怡人。不过2014年份的迪乔托（Diciotto）给我们留下的印象并不深刻，它的酒精度过高，散发着水果干的风味，口感缺乏平衡。

- ● Nardò Rosso Roccamora '14 — 🍷🍷 2*
- ● Nauna '14 — 🍷🍷 5
- ● Cubardi '13 — 🍷 4
- ● Diciotto '14 — 🍷 8
- ○ Fiano '15 — 🍷 3
- ● Nardò Rosso Nerìo Ris. '13 — 🍷 3
- ● Cubardi '11 — ☐☐ 3
- ● Cubardi '10 — ☐☐ 3
- ● Diciotto '13 — ☐☐ 8
- ● Diciotto '12 — ☐☐ 7
- ● Nardò Nerìo Ris. '10 — ☐☐ 3
- ● Nardò Nerìo Ris. '09 — ☐☐ 3
- ● Nardò Rosso Roccamora '13 — ☐☐ 2

## Cantine Soloperto

.DA ST.LE 7
4024 MANDURIA [TA]
EL. +39 0999794286
www.soloperto.it

藏酒销售
预约参观
年产量 1 500 000 瓶
葡萄种植面积 50 公顷

梭罗珀托家族酒庄（Soloperto）创建于1967年，是曼杜里亚普里米蒂沃（Primitivo di Manduria）指定产区的先锋酒庄。酒庄的葡萄园既拥有红土土质，也拥有黑土土质，一半地块的葡萄藤以杯状整枝系统打理，其中有位于康特拉达巴格诺罗（Contrada Bagnolo）的较老藤，更有康特拉达斯派纳（Contrada Spina）和康特拉达斯齐亚沃尼（Contrada Schiavoni）地区的百年老藤。出品系列精美易饮，对于喜爱结构恢宏、口感复杂的美酒爱好者而言是必入之选。在今年的品鉴中，梭罗珀托家族酒庄的众多主要品牌美酒遗憾缺席，因此我们尤其喜爱年份酒系列。2015年份的赛普老藤普里米蒂沃（Vecchio Ceppo Primitivo）充分展现出该类型酒的所有特质，吐露着桃金娘的诱人芬芳，融入红莓果的阵阵果香，美味可口，清爽怡人，余韵绵长悠然，浸润着地中海灌木丛的热辣风味。与此同时，同一系列的2015年份曼杜里亚普里米蒂沃酒（Primitivo di Manduria）甘美异常，果香果味成熟馥郁，口感中浸润着李子的成熟美味。

| | |
|---|---|
| ● Vecchio Ceppo Primitivo '15 | 🍷🍷 2* |
| ● Primitivo di Manduria '15 | 🍷🍷 1* |
| ● Primitivo di Manduria Dolce Naturale Nektare '14 | 🍷 3 |
| ● Primitivo di Manduria Rubinum Et. Blu '14 | 🍷 2 |
| ● Primitivo di Manduria Centofuochi Tenuta Bagnolo '12 | ♀♀ 4 |
| ● Primitivo di Manduria Mono '11 | ♀♀ 3 |
| ● Primitivo di Manduria Patriarca '13 | ♀♀ 4 |
| ● Primitivo di Manduria Rubinum 17 Et. Rossa '13 | ♀♀ 2* |
| ● Primitivo di Manduria Rubinum Et. Rossa '14 | ♀♀ 2* |
| ⊙ Rosato Salento '13 | ♀♀ 2* |

## ★Tormaresca

LOC. TOFANO
C.DA TORRE D'ISOLA
76013 MINERVINO MURGE [BT]
TEL. +39 0883692631
www.tormaresca.it

藏酒销售
预约参观
膳宿接待
年产量 3 000 000 瓶
葡萄种植面积 380 公顷
葡萄栽培方式 有机认证
可持续发展酒庄

这座普利亚产区（Puglia）最重要的托玛莱斯卡酒庄（Tormaresca）隶属安蒂诺里家族（Antinori），创建于1998年，由两座庄园组成，第一座庄园是位于阿尔塔穆尔吉亚（Alta Murgia）的博卡蒂卢珀庄园（Bocca di Lupo），地处蒙特堡指定产区（Castel del Monte），主要种植阿里亚尼考（Aglianico）、黑托雅（Nero di Troia）、普利亚菲安诺（Fiano pugliese）和莫斯卡托莱尔（Moscato reale）；第二座庄园是位于上萨伦托地区（Upper Salento）的马赛瑞亚麦姆庄园（Masseria Maime），距离亚得里亚海不远，主要种植内格罗阿玛罗（Negroamaro）和普里米蒂沃（Primitivo）。除了本地品种之外，托玛莱斯卡酒庄还生产霞多丽（Chardonnay）和赤霞珠（Cabernet Sauvignon）等国际品种美酒。在今年的品鉴中，2013年份的马赛瑞亚麦姆庄内格罗阿玛罗（Negroamaro Masseria Maime）吐露着深色莓果的清新芬芳，略有辛香，口感果味饱满丰盈，特色显著。尽管因受到恶劣气候条件的影响而缺乏上佳结构，2014年份的蒙特堡皮埃特比安科霞多丽（Castel del Monte Chardonnay Pietrabianca）依然展现出高超的酿造水准，吐露着水果的缕缕果香。同样值得一提的还有2014年份的蒙特堡特伦唐格里干红葡萄酒（Castel del Monte Rosso Trentangeli），酒香扑鼻；除此之外，2014年份的托奇科达普里米蒂沃（Primitivo Torcicoda）虽然单宁依然锋利，但是果味美妙，可饮性极高。

| | |
|---|---|
| ● Masseria Maime '13 | 🍷🍷 5 |
| ○ Castel del Monte Chardonnay Pietrabianca '14 | 🍷🍷 4 |
| ● Castel del Monte Rosso Trentangeli '14 | 🍷🍷 3 |
| ● Torcicoda '14 | 🍷🍷 4 |
| ⊙ Calafuria '15 | 🍷 3 |
| ● Fichimori '15 | 🍷 2 |
| ○ Roycello '15 | 🍷 3 |
| ● Castel del Monte Rosso Trentangeli '11 | ♀♀♀ 3* |
| ● Masseria Maime '12 | ♀♀♀ 5 |
| ● Masseria Maime '08 | ♀♀♀ 5 |
| ● Masseria Maime '07 | ♀♀♀ 4 |
| ● Torcicoda '11 | ♀♀♀ 4* |
| ● Torcicoda '10 | ♀♀♀ 3* |
| ● Torcicoda '09 | ♀♀♀ 3 |

## ★Torrevento

S.DA PROV.LE 234 KM 10,600
70033 CORATO [BA]
TEL. +39 0808980923
www.torrevento.it

藏酒销售
膳宿接待
年产量 2 500 000 瓶
葡萄种植面积 450 公顷
可持续发展酒庄

弗朗西斯科·利安东尼奥（Francesco Liantonio）的风塔酒庄（Torrevento）是蒙特堡产区（Castel del Monte）的标杆性酒庄，拥有450公顷的种植地块，地处穆尔吉亚鲁拉莱公园（Parco Rurale della Murgia）。对于环境的尊重以及注重可持续发展酿造体系成为酒窖发展的基石。风塔酒庄广泛的系列出品主要以黑托雅（Nero di Troia）和其他本地葡萄品种为基础。酒窖中的酿造工序避免人工的强力介入，尊重美酒自身的力量，产品清爽优雅，果味浓郁。风塔酒庄持续成为蒙特堡DOC产区的旗舰酒庄。在今年的品鉴中，2014年份的奥塔格诺蒙特堡黑托雅陈酿（Castel del Monte Nero di Troia Ottagono Riserva）均衡美味，吐露着红色莓果的缕缕辛香，伴随着巧克力的醇香，口感浸润着精美的果味，余韵绵长令人艳羡。与此同时，2013年份的皮达尔园蒙特堡干红葡萄酒陈酿（Castel del Monte Vigna Pedale Riserva）果香浓郁，吐露着黑色莓果的馥郁芬芳，和着如花芬芳，口感均衡，清爽宜人，易于入口。

- ● Castel del Monte Nero di Troia Ottagono Ris. '14 — 🍷🍷🍷 5
- ● Castel del Monte Rosso V. Pedale Ris. '13 — 🍷🍷 3*
- ⊙ Castel del Monte Rosato Primaronda '15 — 🍷🍷 2*
- ● Infinitum '15 — 🍷🍷 2*
- ● Passione Reale Appassimento '15 — 🍷🍷 2*
- ○ Bacca Rara '15 — 🍷 3
- ● Castel del Monte Rosso Bolonero '14 — 🍷 2
- ● Torre del Falco '14 — 🍷 2
- ● Castel del Monte Rosso Bolonero '12 — 🍷🍷🍷 2*
- ● Castel del Monte Rosso V. Pedale Ris. '12 — 🍷🍷🍷 3*
- ● Castel del Monte Rosso V. Pedale Ris. '10 — 🍷🍷🍷 3*
- ● Castel del Monte Rosso V. Pedale Ris. '09 — 🍷🍷🍷 3*

## Cantine Tre Pini

VIA VECCHIA PER ALTAMURA S.DA PROV.LE 79 KM 16
70020 CASSANO DELLE MURGE [BA]
TEL. +39 080764911
www.agriturismotrepini.com

藏酒销售
预约参观
膳宿接待
年产量 30 000 瓶
葡萄种植面积 7 公顷
葡萄栽培方式 有机认证

沿着前往阿尔塔穆拉（Altamura）的老路前行，就能够遇到普朗塔姆拉家族（Plantamura）的特莱皮尼酒庄（Cantine Tre Pini），酒庄地处卡萨诺莫拉杰（Cassano Murge）的外围地带，坐落在阿尔塔穆尔吉亚国家公园（Alta Murgia National Park）之中。酒庄的葡萄园占地面积达到30公顷，其中种植面积达到7公顷，只栽培两种葡萄品种——普里米蒂沃（Primitivo）和白玛尔维萨（Malvasia Bianca）。普里米蒂沃单一葡萄园位于海拔450米的地方，而白玛尔维萨则生长在海拔400米朝向东南的山坡上，地质为典型的莫拉杰（Murge）喀斯特多石土壤。在今年的品鉴中，我们将“三杯奖”大奖授予2013年份的吉欧亚德科尔普里米蒂沃陈酿（Gioia del Colle Primitivo Riserva），这也是该酒庄首次斩获大奖。这款美酒吐露着浓郁的果香，融入秋日落叶的芬芳，更有树脂和可可粉的醇香萦绕其间，随之而来的口感复杂多样，馥郁美味，收口余韵惬意绵长。酿造技艺同样精湛的还有2013年份的皮斯齐纳德莫纳奇吉欧亚德科尔普里米蒂沃（Gioia del Colle Primitivo Piscina delle Monache），它散发着甜美的果香，融入草本植物的缕缕芳香，口感和谐精美，均衡怡人，果味丰盈。除此之外，2014年份的特罗迪卡内瓦里普里米蒂沃（Primitivo Trullo di Carnevale）洋溢着清新的果香。

- ● Gioia del Colle Primitivo Ris. '13 — 🍷🍷🍷 4*
- ● Gioia del Colle Primitivo Piscina delle Monache '13 — 🍷🍷 3
- ● Trullo di Carnevale '14 — 🍷🍷 2*
- ○ Pinus Brut M. Cl. — 🍷 3
- ● Gioia del Colle Primitivo '11 — 🍷🍷 4
- ● Gioia del Colle Primitivo Piscina delle Monache '12 — 🍷🍷 3*
- ● Gioia del Colle Primitivo Ris. '12 — 🍷🍷 4

## Agricole Vallone

Via XXV Luglio, 7
73100 Lecce
Tel. +39 0832308041
www.agricolevallone.it

预约参观
年产量 424 000 瓶
葡萄种植面积 161 公顷
葡萄栽培方式 有机认证
可持续发展酒庄

瓦隆家族酒庄（Vallone）的管理层近来发生了变化。这座令人敬仰的普利亚产区（Puglia）酒庄的经营管理权将会交到家族新一代继承者弗朗西斯科（Francesco）的手中，与此同时，酒庄正在布林迪西（Brindisi）北部建起新的酒窖，令已然悠久辉煌的酿造传统更添荣光。瓦隆家族酒庄的葡萄园分为三地，分别是布林迪西指定产区的弗拉米尼奥（Flaminio），萨利切萨伦蒂诺（Salice Salentino）的埃奥莱（Iore），以及地处卡洛韦格诺（Carovigno）外围、距离亚得里亚海（Adriatic）只有一步之遥的卡斯泰塞拉诺瓦（Castelserranova）。在今年的品鉴中，经过时光考验的旗舰美酒格拉提齐亚内格罗阿玛罗（Graticciaia Negroamaro）表现得依然精彩，2012年份酒吐露着缕缕黑莓果的成熟果香，融入干花的芬芳，更有一抹奎宁的醇香萦绕其间，酒精度强劲，口感恢宏，果味丰盈，收口浸润着无花果干的美味。2012年份的弗拉米尼奥园布林迪西干红葡萄酒陈酿（Brindisi Rosso Vigna Flaminio Riserva）散发着李子的果香，融入香料的辛香，口感持久美味，浸润着橘子皮的精致果味和黑桑椹的美妙滋味。除此之外，2015年份的苏素曼内罗（Susumaniello）前景更加光明，非常易于入口。

- ● Graticciaia '12 — 7
- ● Brindisi Rosso V. Flaminio Ris. '12 — 3
- ● Susumaniello '15 — 2
- ● Graticciaia '03 — 6
- ● Graticciaia '01 — 6
- ○ Brindisi Rosato V. Flaminio '13 — 2*
- ○ Brindisi Rosato V. Flaminio '11 — 2*
- ● Brindisi Rosso V. Flaminio '10 — 2*
- ● Brindisi Rosso V. Flaminio Ris. '09 — 3
- ● Brindisi Rosso V. Flaminio Ris. '06 — 2
- ● Graticciaia '10 — 7
- ○ Passo delle Viscarde '07 — 4
- ○ Salento Corte Valesio '12 — 2*
- ● Vigna Castello '11 — 5

## Varvaglione

c.da Santa Lucia
74020 Leporano [TA]
Tel. +39 0995315370
www.varvaglione.com

藏酒销售
预约参观
膳宿接待
年产量 3 000 000 瓶
葡萄种植面积 155 公顷
可持续发展酒庄

瓦沃格里奥酒庄（Varvaglione）前后四代人都参与了这座成立于1922年的家庭酒庄的运营和发展，柯西莫·泰拉萨（Cosimo Teresa）和玛利亚·泰拉萨（Maria Teresa）是瓦沃格里奥家庭酒庄的第三代传人，如今他们的儿女安杰罗（Angelo）和玛齐雅（Marzia）也在酒庄工作。瓦沃格里奥酒庄的系列酒品以占地达到155公顷的葡萄园所产的葡萄为原料进行酿造，其中自有地块20公顷，租赁地块13公顷。由于酒庄与许多本地种植商建立了和谐良好的合作关系，种植商们也为酒庄提供优质的本地葡萄品种，如普里米蒂沃（Primitivo）、内格罗阿玛罗（Negroamaro）、玛尔维萨（Malvasia）和维戴卡（Verdeca）等。瓦沃格里奥酒庄在今年的品鉴中不断取得佳绩，尤其是12麦佐系列（12 e Mezzo）当前的年份酒，这款2015年份的普里米蒂沃美妙多汁，吐露着黑樱桃和李子的美妙果香。相比较而言，2015年份的内格罗阿玛罗口感略甜，散发着更加浓郁的辛香和巧克力香醇气息，类型突出，收口余韵精美。2015年份的玛尔维萨（Malvasia）清爽美味，吐露着鼠尾草和蜜桃的缕缕芬芳。除此之外，2014年份的奥罗系列帕帕勒曼杜瑞拉普里米蒂沃（Primitivo di Manduria Papale Linea Oro）相比之下略显逊色，前景可见，受到艰苦采收酿造季的巨大影响。

- ○ 12 e mezzo Malvasia '15 — 2*
- ● 12 e mezzo Negroamaro '15 — 2*
- ● 12 e mezzo Primitivo '15 — 2*
- ● Primitivo di Manduria Papale Linea Oro '14 — 5
- ○ 12 e mezzo Malvasia '14 — 2*
- ● Passione '13 — 2*
- ● Primitivo di Manduria Gocce '12 — 2*
- ● Primitivo di Manduria Moi '12 — 2*
- ● Primitivo di Manduria Papale Linea Oro '13 — 5
- ● Primitivo di Manduria Papale Linea Oro '12 — 5
- ● Tatu '14 — 2*

## Vecchia Torre

via Marche, 1
73045 Leverano [LE]
Tel. +39 0832925053
www.cantinavecchiatorre.it

藏酒销售
预约参观
年产量 3 000 000 瓶
葡萄种植面积 1800 公顷

在超过半个世纪的时间里，这座大型协作酒庄成为整个莱韦拉诺产区（Leverano）的真正典范，在葡萄园的栽培工作中以及葡萄酒的酿造过程中，给予它的葡萄种植商成员数不清的帮助。从1959年仅有50家成员，发展到今天拥有1300多家成员，总种植面积接近2000公顷，主要栽培内格罗阿玛罗（Negroamaro）、普里米蒂沃（Primitivo）和莱切黑玛尔维萨（Malvasia nera di Lecce）等黑葡萄品种，其中许多葡萄藤依然采用灌木整枝系统，产品风格现代，而且兼具极高的性价比。在今年的品鉴中，2014年份的内格罗阿玛罗（Negroamaro）质地精美，吐露着泥土的醇香，融入黑莓的果香，更有一抹金鸡纳树的芬芳萦绕其间，收口余韵绵长而强劲。同样展现出绝佳表现的还有2013年份的五十度周年系列（50° Anniversario），它的酒质辛辣，质地上佳，是一款以等比例的内格罗阿玛罗和西拉（Syrah）混酿而成的现代风味美酒，吐露着巧克力的醇香，融入咖啡和秋日落叶的气息，随之而来的口感柔美怡人，果味丰盈扎实。最后是令人愉悦的2015年份莱韦拉诺罗萨托（Leverano Rosato），果香果味四溢。

| | |
|---|---|
| ● 50° Anniversario '13 | 🍷🍷 3 |
| ⊙ Leverano Rosato '15 | 🍷🍷 2* |
| ● Negroamaro '14 | 🍷🍷 2* |
| ● Arneide '13 | 🍷 3 |
| ● Leverano Rosso '14 | 🍷 2 |
| ● Leverano Rosso Ris. '11 | 🍷 2 |
| ⊙ Negroamaro Rosato '15 | 🍷 2 |
| ● Salice Salentino Rosso '14 | 🍷 2 |
| ● 50° Anniversario '12 | YY 3* |
| ● Arneide '11 | YY 3 |
| ⊙ Leverano Rosato '14 | YY 2* |
| ● Leverano Rosso '13 | YY 2* |
| ● Primitivo '13 | YY 2* |
| ● Salice Salentino Rosso '13 | YY 2* |
| ○ Vermentino '14 | YY 2* |

## Vespa
## Vignaioli per Passione

fraz. c.da Reni
via Manduria - Avetrana km 3
74024 Manduria [TA]
Tel. +39 0637514609
www.vespavignaioli.it

年产量 150 000 瓶
葡萄种植面积 20 公顷
可持续发展酒庄

在儿子阿里桑德罗（Alessandro）和费雷德瑞科（Federico）的帮助下，意大利顶级脱口秀主播布鲁诺·维斯帕（Bruno Vespa）在曼杜里亚产区（Manduria）外的农庄占有部分股份，同时还购入了20公顷的葡萄园，园区种植地块多为黏土沙质土壤。在酿酒师里卡尔多·科塔莱拉（Riccard Cotarella）的协助下，维斯帕酒庄开始出品自己酿造的美酒。酒庄的主要酒品当然是普里米蒂沃（Primitivo），不过也包括菲安诺（Fiano）、内格罗阿玛罗（Negroamaro）、埃丽提科（Aleatico）和蒙特普齐亚诺（Montepulciano）等。气候条件恶劣的2014年并没有过多影响拉孔塔米曼杜瑞拉普里米蒂沃（Primitivo d Manduria Raccontami），它展现出明显的高酒精度，散发着黑莓果酱的缕缕芬芳，融入甜美的香料辛香；入口呈现出饱满丰盈的果味，酒质细密紧致，收口余韵非常精美。除此之外，2015年份的维斯帕普里米蒂沃红葡萄酒（Primitivo Il Ross dei Vespa）散发着清爽的果香，融入可可粉的醇香，随之而来的口感惬意舒适，流畅华美。

| | |
|---|---|
| ● Primitivo di Manduria Raccontami '14 | 🍷🍷🍷 5 |
| ● Il Rosso dei Vespa '15 | 🍷🍷 3 |
| ⊙ Brut Rosé M. Cl. Noi Tre '12 | 🍷 5 |
| ⊙ Flarò Il Rosa dei Vespa '15 | 🍷 2 |
| ○ Il Bianco dei Vespa '15 | 🍷 2 |
| ● Il Bruno dei Vespa '15 | 🍷 2 |
| ● Primitivo di Manduria Raccontami '13 | YYY 5 |
| ⊙ Brut Rosé M. Cl. Noi Tre '11 | YY 5 |
| ● Il Bruno dei Vespa '14 | YY 2 |
| ● Il Bruno dei Vespa '13 | YY 2 |
| ● Primitivo di Manduria Raccontami '12 | YY 5 |

## Tenuta Viglione

S.DA PROV.LE 140 KM 4,100
70029 SANTERAMO IN COLLE [BA]
TEL. +39 0802123661
www.tenutaviglione.it

藏酒销售
预约参观
膳宿接待
年产量 400 000 瓶
葡萄种植面积 60 公顷
葡萄栽培方式 有机认证

乔瓦尼·祖罗（Giovanni Zullo）的威戈里诺酒庄（Tenuta Viglione）地跨巴里（Bari）和塔伦托（Taranto）两地，沿着古老的亚壁古道（Appian Way），葡萄园坐落于巴里穆尔吉亚（Bari Murgia）山间海拔450米处，处于DOC产区的最高点，拥有薄薄一层红土层，富含碎石灰岩和硅土，海洋化石含量丰富。威戈里诺酒庄已经成为吉欧亚德科尔指定产区（Gioia del Colle）品质改革的指路明灯。除了普里米蒂沃（Primitivo）之外，占地面积达到40公顷的葡萄园还栽培埃丽提科（Aleatico）、梅洛（Merlot）、法兰吉娜（Falanghina）、扎比安努（Trebbiano）和玛尔维萨（Malvasia）。令人期待的美酒是本地风土的忠诚表达。在今年的品鉴中，2012年份的吉欧亚德科尔普里米蒂沃马皮隆陈酿（Gioia del Colle Primitivo Marpione Riserva）再次成为本DOC产区数一数二的顶级美酒。它吐露着缕缕黑莓的果香，融入地中海灌木丛的热烈芬芳，和着淡淡咖啡的醇香，带来结构紧致、劲道有力的口感，只是略微欠缺复杂度，否则将会如同前两年那样再次摘得“三杯奖”桂冠。与此同时，2013年份的吉欧亚德科尔普里米蒂沃（Gioia del Colle Primitivo）工艺精湛，散发着精美的果香，和着蔬菜的清香，随之而来的口感多汁清爽，怡人美味。

| | |
|---|---|
| ● Gioia del Colle Primitivo Marpione Ris. '12 | 🍷🍷 3* |
| ● Gioia del Colle Primitivo '13 | 🍷🍷 2* |
| ○ Fiano '15 | 🍷 2 |
| ● Nisia '15 | 🍷 2 |
| ● Gioia del Colle Primitivo Marpione Ris. '11 | 🍷🍷🍷 3* |
| ● Gioia del Colle Primitivo Marpione Ris. '10 | 🍷🍷🍷 3* |
| ● Gioia del Colle Primitivo '12 | 🍷🍷 2* |
| ● Gioia del Colle Primitivo '10 | 🍷🍷 2* |
| ● Johe '13 | 🍷🍷 2* |
| ● Johe '12 | 🍷🍷 2* |
| ● Nisia '14 | 🍷🍷 2* |

## ★Conti Zecca

VIA CESAREA
73045 LEVERANO [LE]
TEL. +39 0832925613
www.contizecca.it

藏酒销售
预约参观
年产量 2 800 000 瓶
葡萄种植面积 320 公顷
可持续发展酒庄

在超过五个世纪的漫长时间里，拥有泽卡酒庄（Conti Zecca）的家族一直努力耕种着萨伦托产区（Salento）核心地带莱韦拉诺（Leverano）这片广袤的土地。泽卡酒庄拥有四座庄园，分别是萨拉赛诺（Saracena）、多纳马泽亚（Donna Marzia）、莱韦拉诺的圣托斯特凡诺（Santo Stefano）以及萨利切萨伦蒂诺（Salice Salentino）的坎塔鲁皮（Cantalupi），每座庄园都出产范围广泛的系列美酒，再加上精选系列，组成了泽卡酒庄出品的三十多款佳酿，其中大部分来自本地葡萄品种。产品风格现代，口感持久，同时也兼具极佳的性价比。在今年的品鉴中，泽卡酒庄的旗舰美酒——最著名的混酿奈罗（Nero）【以70%的内格罗阿玛罗添加赤霞珠（Cabernet Sauvignon）酿造而成】遗憾缺席，因此我们的焦点就落在了其他坎塔鲁皮（Cantalupi）美酒身上，尤其是2013年份的萨利切萨伦蒂诺坎塔鲁皮红葡萄酒陈酿（Salice Salentino Rosso Cantalupi Riserva），吐露着红色莓果的清爽芬芳。同样展现出精湛工艺的还有2015年份的坎塔鲁皮普里米蒂沃（Primitivo Cantalupi），果味甘美，吐露着淡淡的辛香。2014年份的洛狄诺普里米蒂沃（Primitivo Rodinò）结构上佳，口感清新，散发着奎宁的醇香和缕缕黑莓的果香。

| | |
|---|---|
| ● Salice Salentino Cantalupi Ris. '13 | 🍷🍷 3* |
| ● Cantalupi Primitivo '15 | 🍷🍷 2* |
| ● Rodinò '14 | 🍷🍷 7 |
| ○ Malvasia Bianca '15 | 🍷 3 |
| ● Negroamaro '13 | 🍷 3 |
| ○ Sole '15 | 🍷 2 |
| ⊙ Venus '15 | 🍷 3 |
| ● Nero '09 | 🍷🍷🍷 5 |
| ● Nero '08 | 🍷🍷🍷 5 |
| ● Nero '07 | 🍷🍷🍷 5 |
| ● Nero '06 | 🍷🍷🍷 5 |
| ● Nero '03 | 🍷🍷🍷 5 |
| ● Nero '02 | 🍷🍷🍷 5 |
| ● Nero '01 | 🍷🍷🍷 5 |

## A Mano

via San Giovanni, 41
70015 Noci [BA]
Tel. +39 0803434872
www.amanowine.it

藏酒销售
预约参观
年产量 390 000 瓶
葡萄栽培方式 有机认证

| | |
|---|---|
| ● Imprint '14 | 🍷🍷 2* |
| ● Primitivo '15 | 🍷🍷 2* |
| ○ A Mano Bianco '15 | 🍷 2 |
| ● Negroamaro '15 | 🍷 2 |

## Masseria Altemura

s.da prov.le 69 Mesagne
72028 Torre Santa Susanna [BR]
Tel. +39 0831740485
www.masseriaaltemura.it

藏酒销售
预约参观
膳宿接待
年产量 400 000 瓶
葡萄种植面积 150 公顷

| | |
|---|---|
| ● Negroamaro '14 | 🍷🍷 3 |
| ● Sasseo '14 | 🍷🍷 4 |
| ● Pietravia '13 | 🍷 5 |
| ⊙ Rosato '15 | 🍷 3 |

## Amastuola

via Appia km 632,200
74016 Massafra [TA]
Tel. +39 0998805668
www.amastuola.it

藏酒销售
预约参观
膳宿接待
年产量 360 000 瓶
葡萄种植面积 101 公顷
葡萄栽培方式 有机认证

| | |
|---|---|
| ● Aglianico '13 | 🍷🍷 3 |
| ● Centosassi '12 | 🍷 5 |
| ⊙ Ondarosa '15 | 🍷 2 |
| ● Primitivo '14 | 🍷 3 |

## Apollonio

via San Pietro in Lama, 7
73047 Monteroni di Lecce [LE]
Tel. +39 0832327182
www.apolloniovini.it

藏酒销售
预约参观
年产量 1 500 000 瓶
葡萄种植面积 20 公顷

| | |
|---|---|
| ● Elfo Negroamaro '15 | 🍷🍷 2* |
| ○ Elfo Bianco d'Alessano '15 | 🍷 2 |
| ● Elfo Susumaniello '15 | 🍷 2 |
| ● Terragnolo Negroamaro '11 | 🍷 5 |

## Bonsegna

via A. Volta, 17
73048 Nardò [LE]
Tel. +39 0833561483
www.vinibonsegna.it

藏酒销售
预约参观
年产量 100 000 瓶
葡萄种植面积 20 公顷

| | |
|---|---|
| ● Nardò Rosso Danze della Contessa '14 | 🍷🍷 2* |
| ● Baia di Uluzzo Primitivo '13 | 🍷 2 |
| ● Nardò Rosso Barricato V. della Contessa '13 | 🍷 3 |

## I Buongiorno

c.so Vittorio Emanuele II, 71
72012 Carovigno [BR]
Tel. +39 0831996286
www.giasottolarco.it

年产量 50 000 瓶
葡萄种植面积 10 公顷

| | |
|---|---|
| ● Negramaro '14 | 🍷🍷 2* |
| ● Primitivo '14 | 🍷🍷 3 |
| ⊙ Rosalento '15 | 🍷 2 |

## Francesco Cannito

c.da Parco Bizzarro
70025 Grumo Appula [BA]
Tel. +39 080623529
www.agricolacannito.it

藏酒销售
预约参观
年产量 60 000 瓶
葡萄种植面积 14 公顷
葡萄栽培方式 有机认证
可持续发展酒庄

| | |
|---|---|
| ● Gioia del Colle Primitivo Drùmon '12 | 🍷🍷 5 |
| ● Gioia del Colle Primitivo Drùmon S '12 | 🍷🍷 6 |
| ⊙ Gioia del Colle Rosato Drùmon Rosé '15 | 🍷 5 |
| ● Gioia del Colle Rosso Cannito '12 | 🍷 3 |

## Cantolio Manduria

via per Lecce km 2,5
74024 Manduria [TA]
Tel. +39 0999796045
www.cantolio.it

藏酒销售
预约参观
餐饮接待
年产量 500 000 瓶
葡萄种植面积 800 公顷
葡萄栽培方式 有机认证

| | |
|---|---|
| ● Primitivo di Manduria 14,0 '13 | 🍷🍷 3 |
| ● Vero '15 | 🍷🍷 2* |
| ⊙ L'Opis '14 | 🍷 2 |
| ● Primitivo di Manduria Urceus '15 | 🍷 2 |

## Cantine Cardone

loc. Locorotondo
via Martiri della Libertà, 32
70010 Locorotondo [BA]
Tel. +39 0804312561
www.cardonevini.com

藏酒销售
预约参观
年产量 300 000 瓶
葡萄种植面积 9 公顷

| | |
|---|---|
| ● Carmerum '15 | 🍷🍷 3 |
| ● Dione '15 | 🍷 2 |
| ● Primitivo di Manduria Primaio '15 | 🍷 3 |
| ○ Verdeca '15 | 🍷 2 |

## Giancarlo Ceci

c.da Sant'Agostino
76123 Andria [BT]
Tel. +39 0883565220
www.agrinatura.net

年产量 520 000 瓶
葡萄种植面积 70 公顷
葡萄栽培方式 生物动力学认证

| | |
|---|---|
| ○ Moscato di Trani Dolce Rosalia '15 | 🍷🍷 3 |
| ○ Castel del Monte Chardonnay Pozzo Sorgente '15 | 🍷 2 |
| ● Castel del Monte Rosso Almagia '15 | 🍷 2 |

## Tenuta Coppadoro

s.da prov.le 35 San Severo - Lesina km 5,850
71016 San Severo [FG]
Tel. +39 0882223174
www.tenutacoppadoro.it

藏酒销售
预约参观
年产量 360 000 瓶
葡萄种植面积 120 公顷

| | |
|---|---|
| ● Stibadium '13 | 🍷🍷 5 |
| ○ Diomede '15 | 🍷 2 |
| ○ Fujente Brut | 🍷 3 |
| ○ Ratino '15 | 🍷 2 |

## D'Alfonso del Sordo

c.da Sant'Antonino
71016 San Severo [FG]
Tel. +39 0882221444
www.dalfonsodelsordo.it

藏酒销售
预约参观
膳宿接待
年产量 250 000 瓶
葡萄种植面积 45 公顷

| | |
|---|---|
| ⊙ Dammirose '15 | 🍷🍷 2* |
| ● San Severo Rosso Posta Arignano '15 | 🍷🍷 2* |
| ● Guado San Leo '13 | 🍷 4 |
| ⊙ San Severo Rosato Posta Arignano '15 | 🍷 2 |

## De Falco

VIA MILANO, 25
73051 NOVOLI [LE]
TEL. +39 0832711597
www.cantinedefalco.it

藏酒销售
预约参观
膳宿接待
年产量 300 000 瓶
葡萄种植面积 20 公顷

| | |
|---|---|
| ● Salice Salentino Rosso Falco Nero Ris. '13 | 🍷🍷 3 |
| ● Squinzano Rosso Serre di Sant'Elia '14 | 🍷🍷 2* |
| ● Negroamaro '15 | 🍷 1* |
| ⊙ Rosato '15 | 🍷 2 |

## Feudi di Guagnano

VIA CELLINO, 3
73010 GUAGNANO [LE]
TEL. +39 0832705422
www.feudiguagnano.com

藏酒销售
预约参观
年产量 200 000 瓶
葡萄种植面积 15 公顷

| | |
|---|---|
| ● Vegamaro '15 | 🍷🍷 3 |
| ● Le Camarde '14 | 🍷 2 |
| ● Nero di Velluto '12 | 🍷 4 |
| ⊙ Rosarò '15 | 🍷 2 |

## Feudi Salentini

FRAZ. LEPORANO
VIA AMENDOLA, 36
74020 TARANTO
TEL. +39 0995315370
www.feudisalentini.com

预约参观
年产量 55 000 瓶
葡萄种植面积 25 公顷

| | |
|---|---|
| ● Primitivo di Manduria Gocce '14 | 🍷🍷 5 |
| ● Primitivo di Manduria Sassirossi '15 | 🍷🍷 3 |
| ● Uno/Due/Cinque Primitivo '15 | 🍷🍷 2* |
| ● Uno/Due/Cinque Negroamaro '15 | 🍷 2 |

## Feudo di Santa Croce

C.DA CIVITELLA
74021 CAROSINO [TA]
TEL. +39 0995924445
www.tinazzi.it

藏酒销售
年产量 600 000 瓶
葡萄种植面积 66 公顷

| | |
|---|---|
| ● Primitivo di Manduria Byzantium '14 | 🍷🍷 2* |
| ● Primitivo di Manduria LXXIV '14 | 🍷🍷 2* |
| ● Malnera '14 | 🍷 2 |

## Duca Carlo Guarini

L.GO FRISARI, 1
73020 SCORRANO [LE]
TEL. +39 0836460288
www.ducacarloguarini.it

藏酒销售
预约参观
膳宿接待
年产量 300 000 瓶
葡萄种植面积 70 公顷
葡萄栽培方式 有机认证

| | |
|---|---|
| ● Boemondo '12 | 🍷🍷 5 |
| ● Nativo '14 | 🍷🍷 3 |
| ● Piutri '13 | 🍷 2 |
| ● Rarum '14 | 🍷 5 |

## Cantine Imperatore

VIA MARCONI, 36
70010 ADELFIA [BA]
TEL. +39 0804594041
www.cantineimperatore.com

藏酒销售
预约参观
年产量 20 000 瓶
葡萄种植面积 5 公顷

| | |
|---|---|
| ● Gioia del Colle Primitivo Il Sogno '14 | 🍷🍷 5 |
| ● Gioia del Colle Primitivo Sonya '14 | 🍷🍷 2* |
| ⊙ Schietto '15 | 🍷 2 |
| ● VIII Decumano '14 | 🍷 5 |

## Masca del Tacco

via Tripoli, 5/7
72020 Erchie [BR]
Tel. +39 0831759786
www.mascadeltacco.it

年产量 80 000 瓶
葡萄种植面积 50 公顷

- ● Primitivo di Manduria Li Filitti Ris. '12 — 🍷🍷 4
- ○ L'Uetta '15 — 🍷 3
- ● Salice Salentino Lu Ceppu Ris. '11 — 🍷 4

## Menhir

via Scarciglia, 18
73027 Minervino di Lecce [LE]
Tel. +39 0836818199
www.cantinemenhir.com

藏酒销售
预约参观
餐饮接待
年产量 520 000 瓶
葡萄种植面积 18 公顷

- ● Fine '12 — 🍷🍷 4
- ● Primitivo di Manduria '13 — 🍷🍷 2*
- ○ Pass-O '15 — 🍷 3
- ● Quota 29 '13 — 🍷 2

## Mottura Vini del Salento

p.zza Melica, 4
73058 Tuglie [LE]
Tel. +39 0833596601
www.motturavini.it

预约参观
年产量 2 500 000 瓶
葡萄种植面积 200 公顷

- ● Negroamaro Villa Mottura '15 — 🍷🍷 3
- ● Primitivo Le Pitre '14 — 🍷🍷 6
- ● Negroamaro Le Pitre '14 — 🍷 5
- ● Primitivo di Manduria Villa Mottura '14 — 🍷 3

## Tenuta Patruno Perniola

via vic.le Marazagaglia, 2603
70023 Gioia del Colle [BA]
Tel. +39 3383940830
www.tenutapatrunoperniola.it

藏酒销售
预约参观
膳宿接待
年产量 12 000 瓶
葡萄种植面积 3 公顷
葡萄栽培方式 有机认证

- ● Gioia del Colle Primitivo 1821 Ris. '11 — 🍷🍷 5
- ● Gioia del Colle Primitivo Marzagaglia '11 — 🍷🍷 4

## Giovanni Petrelli

via Villa Convento, 33
73041 Carmiano [LE]
Tel. +39 0832603051
www.cantinapetrelli.com

藏酒销售
预约参观
年产量 100 000 瓶
葡萄种植面积 15 公顷

- ● Don Pepè '13 — 🍷🍷 4
- ⊙ Cavarletta '15 — 🍷 2
- ● Tenuta Scozzi 10000 '15 — 🍷 2

## Pietraventosa

s.da vic.le Latta Latta
70023 Gioia del Colle [BA]
Tel. +39 3355730274
www.pietraventosa.it

年产量 20 000 瓶
葡萄种植面积 5.4 公顷
葡萄栽培方式 有机认证
可持续发展酒庄

- ● Gioia del Colle Primitivo Allegoria '13 — 🍷🍷 3
- ⊙ EstRosa '15 — 🍷 3
- ● Ossimoro '12 — 🍷 3
- ● Volere Volare '13 — 🍷 2

## Pietregiovani

C.DA RENZO
S.DA VIC.LE PRIMOCIELO
70010 ACQUAVIVA DELLE FONTI [BA]
TEL. +39 3492699245 3492699245
www.pietregiovani.com

年产量 15 000 瓶
葡萄种植面积 3.5 公顷
可持续发展酒庄

| | |
|---|---|
| ● Primitivo '13 | 🍷🍷 4 |
| ⊙ Negroamaro Rosato '15 | 🍷 3 |

## Pirro Varone

VIA SENATORE LACAITA, 90
74024 MANDURIA [TA]
TEL. +39 3397429098
www.pirrovarrone.eu

藏酒销售
预约参观
年产量 90 000 瓶
葡萄种植面积 16 公顷
葡萄栽培方式 有机认证

| | |
|---|---|
| ● Primitivo di Manduria '12 | 🍷🍷 3 |
| ● Primitivo di Manduria Naturale Tocy '12 | 🍷🍷 6 |
| ● Primitivo di Manduria Ris. '11 | 🍷🍷 4 |
| ● Primitivo di Manduria Casa Vecchia '13 | 🍷 4 |

## Podere 29

C.SO NUNZIO RICCO, 61
76016 MARGHERITA DI SAVOIA [BT]
TEL. +39 3471917291
www.podere29.it

藏酒销售
膳宿接待
年产量 60 000 瓶
葡萄种植面积 10 公顷

| | |
|---|---|
| ● Gelso d'Oro '14 | 🍷🍷 5 |
| ● Avia Pervia '15 | 🍷 2 |
| ● Gelso Nero '15 | 🍷 2 |
| ⊙ Gelso Rosa '15 | 🍷 2 |

## Produttori Vini Manduria

VIA FABIO MASSIMO, 19
74024 MANDURIA [TA]
TEL. +39 0999735332
www.cpvini.com

藏酒销售
预约参观
年产量 800 000 瓶
葡萄种植面积 900 公顷
可持续发展酒庄

| | |
|---|---|
| ● Amoroso '15 | 🍷🍷 2* |
| ● Primitivo di Manduria Sonetto Ris. '12 | 🍷🍷 6 |
| ● Primitivo di Manduria Dolce Naturale Madrigale '13 | 🍷 3 |

## Rasciatano

S.DA ST.LE 93, KM 13
76121 BARLETTA
TEL. +39 0883510999
www.rasciatano.com

藏酒销售
预约参观
年产量 90 000 瓶
葡萄种植面积 18 公顷

| | |
|---|---|
| ● Tenute Nero di Troia '15 | 🍷🍷 3* |
| ○ Rasciatano Malvasia Bianca '15 | 🍷 3 |

## Risveglio Agricolo

C.DA TORRE MOZZA
72100 BRINDISI
TEL. +39 0831519948
www.cantinerisveglio.it

藏酒销售
预约参观
年产量 100 000 瓶
葡萄种植面积 44 公顷

| | |
|---|---|
| ● 72100 Sel. Speciale '13 | 🍷🍷 3* |
| ● 72100 '14 | 🍷🍷 2* |

## Rosa del Golfo

via Garibaldi, 18
73011 Alezio [LE]
Tel. +39 0833281045
www.rosadelgolfo.com

藏酒销售
预约参观
年产量 300 000 瓶
葡萄种植面积 40 公顷

| | |
|---|---|
| ○ Bolina '15 | 🍷🍷 2* |
| ○ Brut M. Cl. Bolina | 🍷 4 |
| ● Portulano '13 | 🍷 2 |

## Cantina Sociale Sampietrana

via Mare, 38
72027 San Pietro Vernotico [BR]
Tel. +39 0831671120
www.cantinasampietrana.com

藏酒销售
预约参观
年产量 1 500 000 瓶
葡萄种植面积 140 公顷

| | |
|---|---|
| ● Settebraccia '13 | 🍷🍷 3 |
| ● Salice Salentino V. delle Monache Ris. '12 | 🍷 4 |
| ● Sessantenario '13 | 🍷 3 |

## Cantina San Donaci

via Mesagne, 62
72025 San Donaci [BR]
Tel. +39 0831681085
www.cantinasandonaci.eu

藏酒销售
预约参观
年产量 350 000 瓶
葡萄种植面积 543 公顷

| | |
|---|---|
| ● Anticaia Negroamaro '14 | 🍷🍷 2* |
| ● Posta Vecchia '14 | 🍷🍷 2* |
| ⊙ Salice Salentino Rosato Anticaia '15 | 🍷 2 |
| ● Salice Salentino Rosso Anticaia Ris. '12 | 🍷 2 |

## L'Antica Cantina di San Severo

v.le San Bernardino, 94
71016 San Severo [FG]
Tel. +39 0882221125
www.anticacantina.it

藏酒销售
预约参观
年产量 1 700 000 瓶
葡萄种植面积 1000 公顷
可持续发展酒庄

| | |
|---|---|
| ⊙ San Severo Castrum Rosato '15 | 🍷🍷 2* |
| ● San Severo Castrum Rosso '15 | 🍷🍷 2* |
| ● Capitolo Rosso '15 | 🍷 2 |
| ○ San Severo Castrum Bianco '15 | 🍷 2 |

## Conte Spagnoletti Zeuli

c.da San Domenico
s.da prov.le 231 km 60,000
70031 Andria [BT]
Tel. +39 0883569511
www.contespagnolettizeuli.it

藏酒销售
预约参观
年产量 400 000 瓶
葡萄种植面积 120 公顷

| | |
|---|---|
| ⊙ Castel del Monte Bombino Nero Colombaio '15 | 🍷🍷 3 |
| ● Castel del Monte Rosso La Pozzacchera '15 | 🍷🍷 3 |

## Spelonga

via Menola
71047 Stornara [FG]
Tel. +39 0885431048
www.cantinespelonga.com

藏酒销售
预约参观
年产量 50 000 瓶
葡萄种植面积 17 公顷

| | |
|---|---|
| ⊙ Marilina Rosé '15 | 🍷🍷 2* |
| ● Samà Rosso '15 | 🍷🍷 2* |
| ● Nero di Troia '15 | 🍷 3 |
| ● Primitivo '14 | 🍷 3 |

## Tagaro
c.da Montetessa, 63
70010 Locorotondo [BA]
Tel. +39 0802042313
www.tagaro.it

年产量 120 000 瓶
葡萄种植面积 15 公顷

- ● Cinquenoci '14 🍷🍷 3
- ● Nero di Troia Pignataro '14 🍷🍷 2*
- ● Primitivo Pignataro '15 🍷 2
- ○ Verdazzo '15 🍷 3

## Cosimo Taurino
s.da st.le 365 km 1,400
73010 Guagnano [LE]
Tel. +39 0832706490
www.taurinovini.it

藏酒销售
预约参观
年产量 900 000 瓶
葡萄种植面积 90 公顷

- ● Notarpanaro '11 🍷🍷 3
- ⊙ Scaloti '15 🍷 2

## Cantine Teanum
via Croce Santa, 48
71010 San Severo [FG]
Tel. +39 0882336332
www.teanum.it

藏酒销售
预约参观
年产量 1 500 000 瓶
葡萄种植面积 170 公顷

- ● Gran Tiati Gold Vintage '12 🍷🍷 5
- ● Òtre Aglianico '13 🍷🍷 3
- ● Òtre Primitivo '14 🍷🍷 3
- ○ Alta Falanghina '15 🍷 2

## Torre Quarto
c.da Quarto, 5
71042 Cerignola [FG]
Tel. +39 0885418453
www.torrequarto.it

藏酒销售
预约参观
膳宿接待
年产量 500 000 瓶
葡萄种植面积 70 公顷

- ● Sangue Blu '14 🍷🍷 2
- ○ Capriccio '15 🍷 2
- ● Primitivo di Manduria Regale '15 🍷 2
- ⊙ Tavoliere Rosato Intrigo '15 🍷 2

## Vigneti Reale
via E. Reale, 55
73100 Lecce
Tel. +39 0832248433
www.vignetireale.it

预约参观
膳宿接待
年产量 100 000 瓶
葡萄种植面积 85 公顷
可持续发展酒庄

- ⊙ Malvasia Rosato '15 🍷🍷 2*
- ● Salice Salentino Santa Croce Ris. '13 🍷🍷 4
- ○ Blasi '15 🍷 2
- ● Rudiae '14 🍷 3

## Vinicola Mediterranea
via Maternità e Infanzia, 22
72027 San Pietro Vernotico [BR]
Tel. +39 0831676323
www.vinicolamediterranea.it

藏酒销售
预约参观
餐饮接待
年产量 500 000 瓶

- ● Don Vito Prestige '15 🍷🍷 2
- ● Salice Salentino Rosso Il Barone '14 🍷🍷 2
- ● Primonobile '14 🍷 3

# 卡拉布里亚区
## CALABRIA

若想总结卡拉布里亚产区（Calabria）这样容纳如此复杂多变酿酒场景的产区一年的工作，可绝非易事。正如我们今年品鉴证明的那样，卡拉布里亚产区酒的品质处于不断提升的阶段，虽然获奖美酒的数量并没有增加。领袖酒庄与其他酒庄之间的差距正在不断缩小，整个产区呈现飞速发展态势。卡拉布里亚产区从二十年前的默默无闻、发展停滞到今天酒庄数目的井喷式猛增，迫使这里的著名酒庄不得不与时俱进，重新审视产品和销售策略。因此，在近十年间，卡拉布里亚产区的许多酒庄都扩大了葡萄园的规模，建起现代化酒窖，开始研究本地葡萄品种，对种植区进行大力栽培，并与世界著名的酿酒师精诚合作。与此同时，本地酒庄对于环境和可持续发展的关注也日益增强，采用有机和生物动力学栽培方式成为一种普遍现象。大型酒庄，尤其位于奇洛地区（Cirò）的大型酒庄的产品尤为出色；新一代的年轻酿酒师喜爱以自然的方式来种植和酿造，并已获得了令人鼓舞的成果。不仅如此，在今年的品鉴中，雷焦卡拉布里亚（Reggio Calabria）正呈现出改变的迹象，这里的几座新酒庄也向我们提交了精选品鉴系列。萨拉切纳（Saracena）也有几座卓越酒庄，戴安娜酒庄（Cantine Diana）2014年份的莫斯卡托帕西多（Moscato Passito）尤其给我们留下了深刻印象。但是令人遗憾的是，由于本章篇幅所限，还有以下几座出色的酒庄我们无法收录：奇蒙托酒庄（Chimento）、科瑞塞拉酒庄（Criserà）、马蕾纳酒庄（Malena）、普瑞赛普皮扎托酒庄（La Pizzuta del Principe）、莫瑞莱酒庄（Le Moire）、玛赛瑞亚法尔弗酒庄（Masseria Falvo）、斯卡拉酒庄（Scala）以及泽托酒庄（Zito）。

## Sergio Arcuri

via Roma Vico Primo
88811 Cirò Marina [KR]
Tel. +39 3280250255
www.sergioarcuri.it

藏酒销售
预约参观
年产量 15 000 瓶
葡萄种植面积 3.68 公顷
葡萄栽培方式 有机认证

阿库瑞家族（Arcuri）早在1880年就根植于奇洛产区（Cirò）进行酿造活动，他们的曾祖父毕普（Beppe）创建了如今的家族酒庄。一百多年后，酒庄的领导权传递到了塞尔吉奥（Sergio）的手中，他继承发扬了家族的酿造传统。我们今年的品鉴结果再次证明了塞尔吉奥选择了正确的发展道路，他刚一接手酒庄就在葡萄园和酒窖中杜绝使用化学性产品，放弃使用人工培养酵母发酵，而以自然发酵取而代之，同时也不强行人为地控制温度。种植面积达到4公顷的葡萄园采取灌木式整枝系统，分为两个主要地块：一块是1948年在海边培育的皮齐亚拉（La Piciara）；另一块位于皮安纳迪弗朗兹（Piana di Franze）的高原山巅，受到爱奥尼亚海（Ionian Sea）海风的吹拂。在今年的品鉴中，2011年份的奇洛陈酿（Cirò Riserva）表现突出，将传统与风土完美结合，单宁、果味、酸度、结构精美平衡，展现出极具潜力的未来。与此同时，2013年份的奇洛阿瑞斯（Cirò Aris）也同样质朴，表现出品种葡萄的特质。

| | |
|---|---|
| ● Cirò Rosso Cl. Sup. Aris '13 | ▼▼ 4 |
| ● Cirò Rosso Cl. Sup. Ris. '11 | ▼▼ 6 |
| ● Cirò Rosso Cl. Sup. Aris '12 | ▽▽ 4 |

## Roberto Ceraudo

loc. Marina di Strongoli
c.da Dattilo
88815 Crotone
Tel. +39 0962865613
www.dattilo.it

藏酒销售
预约参观
膳宿接待
年产量 70 000 瓶
葡萄种植面积 20 公顷
葡萄栽培方式 有机认证

对于激情四射且极具酿造才能的罗伯托·塞劳多（Roberto Ceraudo）而言，这座位于达蒂洛（Dattilo）的酒庄代表着他在葡萄酒行业奉献一生后，梦想终成现实的喜悦。罗伯托酒庄非常重注保护生物多样化发展和生态系统，早在二十多年前就是首批转向有机农业种植方法的酒庄之一，无论在葡萄园的栽培工作中还是在酒窖的酿造环境中都进一步遵循生物动力学的原则和方法。自从儿女约塞佩（Giuseppe）、苏西（Susy）和卡迪瑞娜（Caterina）加入到家族酒庄的经营管理之后，酒庄的业务更加多元化，如今还包含一家餐厅和一座令人愉悦的度假农庄。酒庄出品的美酒风味直率，极富意趣，某些巅峰品质的好酒甚至令人激动万分，以典范模式充分展现出品种葡萄的特质，更结合了风土特色。在今年的品鉴中，2015年份的派克莱罗格瑞萨拉（Pecorello Grisara）吐露着诱人精美的酒香，融入蓓蕾的花香，阵阵果香飘散，和着地中海草本植物的清香，底蕴中透露出缕缕碘化物的醇香；入口和谐恢宏，口感强劲，浸润着甜美的果味。与此同时，非常有趣的2012年份佩特拉罗（Petraro）是一款以加里奥波（Gaglioppo）和赤霞珠（Cabernet Sauvignon）打造而成的混酿，犹如奶油般绵密，果味多汁，口感紧致，单宁厚重，气质优雅。

| | |
|---|---|
| ○ Grisara '15 | ▼▼▼ 4* |
| ● Petraro '12 | ▼▼ 5 |
| ● Dattilo '13 | ▼▼ 4 |
| ● Doro Bè '10 | ▼▼ 3 |
| ⊙ Grayasusi Et. Argento '15 | ▼▼ 5 |
| ⊙ Grayasusi Et. Rame '15 | ▼▼ 3 |
| ○ Imyr '15 | ▼▼ 5 |
| ○ Petelia '15 | ▼▼ 3 |
| ● Nanà '14 | ▼ 3 |
| ○ Grisara '14 | ▽▽▽ 3* |
| ○ Grisara '13 | ▽▽▽ 3* |
| ○ Grisara '12 | ▽▽▽ 3* |
| ⊙ Grayasusi Et. Argento '14 | ▽▽ 4 |
| ⊙ Grayasusi Et. Rame '14 | ▽▽ 3 |
| ○ Petelia '14 | ▽▽ 3 |

## iGreco

LOC. SALICE
C.DA GUARDAPIEDI
87062 CARIATI [CS]
TEL. +39 0983969441
www.igreco.it

藏酒销售
预约参观
膳宿接待
年产量 250 000 瓶
葡萄种植面积 80 公顷
可持续发展酒庄

虽然格莱科家族（Greco）的七位兄弟姐妹各自都拥有白天的正职工作，但是他们与卡利亚蒂（Cariati）这片土地和其父亲托马索（Tommaso）于1963年创立的酒庄之间拥有一种无法否认的紧密纽带，这里是整个意大利最著名的EVO产区。今天的爱格莱科酒庄（iGreco）发展迅猛，规模巨大，占地面积超过1000公顷，但是大部分用于栽培橄榄林，种植地块分散在克努托内（Crotone）周边七处不同的地区。酒庄总部及酒窖并没有从原址移走，依然位于卡利亚蒂。葡萄园的种植面积达到80公顷，分布于奇洛地区（Cirò）最精美的种植地区，出产优质起泡酒和其他伟大酒品，品种繁多，可饮性极强。在今年的品鉴中，2014年份的卡拉布雷斯黑马西诺（Calabrese Nero Masino）凭借卓越表现勇夺“三杯奖”，它吐露着红色莓果的成熟果香，融入香膏的芬芳和如花芳香，口感华美蓬松，饱满丰盈的果味得到精美单宁的有力支撑。同样表现精彩的还包括2014年份的卡塔加里奥波（Gaglioppo Catà），酿造果实产自奇洛地区（Cirò）的葡萄园，散发着樱桃和黑莓的原始果香，略带烟熏气息，清爽的果味口感一路蔓延，直至攀上收口巅峰，美味逡巡不散。

| | | |
|---|---|---|
| ● Masino '14 | 🍷🍷🍷 | 5 |
| ● Catà '14 | ▼▼ | 3 |
| ○ Filù '15 | ▼ | 3 |
| ⊙ Savù '15 | ▼ | 3 |
| ● Masino '12 | ▽▽▽ | 5 |
| ● Masino '11 | ▽▽▽ | 5 |
| ● Masino '10 | ▽▽▽ | 5 |
| ● Catà '13 | ▽▽ | 3 |
| ● Catà '11 | ▽▽ | 2* |
| ○ Filù '13 | ▽▽ | 2* |
| ⊙ Gaglioppo Gran Cuvée Rosé '11 | ▽▽ | 4 |
| ○ Greco Bianco Gran Cuvée '10 | ▽▽ | 4 |
| ● Masino '13 | ▽▽ | 5 |

## Ippolito 1845

VIA TIRONE, 118
88811 CIRÒ MARINA [KR]
TEL. +39 096231106
www.ippolito1845.it

藏酒销售
预约参观
年产量 1 000 000 瓶
葡萄种植面积 100 公顷

伊波利托家族（Ippolito）在奇洛玛瑞纳地区（Cirò Marina）拥有悠久的酿造历史，家族酒庄坐落于此地的城镇之中。这座酒庄是南意大利卡拉布里亚产区（Calabria）内最古老的一座酒庄，文森佐・伊波利托（Vincenzo Ippolito）和吉安卢卡・伊波利托（Gianluca Ippolito）遵循着先人的足迹，家族酿造的传统隐藏在历史的迷雾之中，最早可以追溯到遥远的1845年。兄弟二人致力于最大化释放本地葡萄的潜力，在葡萄园和酒窖中辛勤劳作，酿造出现代感十足、口感高度集中的美酒，与此同时又没有牺牲本地风土的特质。正如我们今年的品鉴反映出来的那样，将酿造集中于加里奥波（Gaglioppo）、格雷科（Greco）和派克莱罗（Pecorello）等本地品种上的决定为伊波利托家族酒庄带来了不少益处。2013年份的160系列安妮加里奥波（Gaglioppo 160 Anni）是又一款闯入“三杯奖”决赛的佳酿，其中部分酿造果实在架上风干直至十一月才最终采收。与此同时，2006年份的瑞普德法尔科奇洛陈酿（Cirò Riserva Ripe del Falco）展现出令人惊奇的清爽质感，风味质朴，层次繁复。除此之外，2015年份的派克莱罗（Pecorello）也表现出色，吐露着令人愉悦的青草香，口感美妙，果味丰盈饱满。

| | | |
|---|---|---|
| ● 160 Anni '13 | 🍷🍷 | 5 |
| ○ Cirò Bianco Res Dei '15 | ▼▼ | 2* |
| ● Cirò Rosso Cl. Sup. Ripe del Falco Ris. '06 | ▼▼ | 5 |
| ● I Mori '14 | ▼▼ | 2* |
| ○ Pecorello '15 | ▼▼ | 2* |
| ● Calabrise '15 | ▼ | 2 |
| ⊙ Cirò Rosato Mabilia '15 | ▼ | 2 |
| ● Cirò Rosso Cl. Sup. Colli del Mancuso Ris. '13 | ▼ | 3 |
| ● Cirò Rosso Cl. Sup. Liber Pater '14 | ▼ | 2 |
| ● 160 Anni '12 | ▽▽ | 5 |
| ● Cirò Rosso Cl. Sup. Colli del Mancuso Ris. '12 | ▽▽ | 3* |

## Cantine Lento

via del Progresso, 1
88040 Amato [CZ]
Tel. +39 096828028
www.cantinelento.it

藏酒销售
预约参观
年产量 500 000 瓶
葡萄种植面积 70 公顷

兰托酒庄（Lento）由拉梅齐亚泰尔梅（Lamezia Terme）周边三个不同地区的庄园组成。在近十年间，卡拉乔洛（Caracciolo）附近的原始酒庄只种植本地黑葡萄品种；位于罗密欧（Romeo）的地块则全部奉献给白格雷科（Greco Bianco）；更有规模恢宏的阿玛托庄园（Amato）加入酒庄行列，拥有接近80公顷的广袤葡萄园，更建起了大型先进酒窖。我们高兴地看到经历了几年的稳定发展、聘请了新的酿酒师后，历史悠久的兰托酒庄出品的美酒回归了以往的高品质水准。在今年的品鉴中，2012年份的菲德瑞科二世（Federico II）是所有推荐地产精选美酒中的明星产品，这款赤霞珠（Cabernet Sauvignon）酒香浓郁成熟，果香丰盈饱满，入口清爽丝滑，浸润着美妙的果味，酸度锐利，令整款酒的口感更加活跃，酒质甘美，可饮性极佳。与此同时，2012年份的马格里克（Magliocco）同样展现出精湛的酿造技艺，散发着地中海风情，散发着优雅的酒香，酒质演进精美活跃，口感清爽多汁，收口余韵持久不衰。

| | |
|---|---|
| ● Federico II '12 | 🍷🍷 4 |
| ○ Lamezia Greco '15 | 🍷🍷 3 |
| ● Magliocco '12 | 🍷🍷 5 |
| ○ Amatus Bianco '15 | 🍷 2 |
| ● Amatus Rosso '14 | 🍷 2 |
| ○ Contessa Emburga '15 | 🍷 3 |
| ○ Lamezia Bianco Dragone '15 | 🍷 2 |
| ● Lamezia Rosso Dragone '14 | 🍷 3 |
| ● Lamezia Rosso Salvatore Lento Ris. '12 | 🍷 4 |
| ● Federico II '11 | 🍷🍷 4 |
| ● Federico II '10 | 🍷🍷 4 |
| ● Federico II '09 | 🍷🍷 5 |
| ○ Lamezia Greco '13 | 🍷🍷 3 |
| ● Magliocco '11 | 🍷🍷 5 |

## ★Librandi

loc. San Gennaro
s.s. Jonica 106
88811 Cirò Marina [KR]
Tel. +39 096231518
www.librandi.it

藏酒销售
预约参观
年产量 2 200 000 瓶
葡萄种植面积 232 公顷

著名的里布兰迪酒庄（Librandi）拥有傲人的230公顷葡萄种植地，分散在三座大型庄园中：奇洛玛瑞纳（Cirò Marina）外围的杜卡圣菲利斯庄园（Duca San Felice），斯特隆格里（Strongoli）附近的科瑞托尼庄园（Critone），以及临近洛卡蒂内托（Rocca di Neto）的罗萨内提庄园（Rosaneti）。自1993年起，在与几所意大利大学建立了合作关系后，里布兰迪酒庄一直致力于对本地葡萄品种的深入研究。研究最初只集中在阿维诺（Arvino）、麦格洛科（Magliocco）、派克莱罗（Pecorello）和曼托尼克（Mantonico）等品种上，如今已经扩展到卡拉布里亚产区（Calabria）各地涌现的25个品种、200多款精选美酒中。为了拯救这些地产品种免于灭绝，里布兰迪酒庄于2003年在罗萨内提庄园的中心地带葡萄园中以罕见的螺旋形排列方式，种下了所有恢复的本地葡萄品种。在今年的品鉴中，2014年份优雅的格拉维诺（Gravello）凭借卓越品质一举摘下"三杯奖"桂冠，这款由赤霞珠（Cabernet）与加里奥波（Gaglioppo）合力打造的混酿是迄今为止我们品尝过的同类型酒中的佼佼者。与此同时，2014年份的杜卡圣菲利斯园奇洛酒（Cirò Duca Sanfelice）和2015年份的艾菲索（Efeso）也都跻身"三杯奖"的决赛圈，前者吐露着真正的地中海风味；后者是一款融入了矿物质醇香的曼托尼克酒，洋溢着蜜桃的甜美果香，带来清爽热情的美味口感，收口余韵绵长，逡巡不散。

| | |
|---|---|
| ● Gravello '14 | 🍷🍷🍷 5 |
| ● Cirò Rosso Cl. Duca Sanfelice '14 | 🍷🍷 3* |
| ○ Efeso '15 | 🍷🍷 4 |
| ● Cirò Rosso Cl. '15 | 🍷🍷 2* |
| ○ Critone '15 | 🍷🍷 2* |
| ○ Le Passule '14 | 🍷🍷 5 |
| ● Magno Megonio '14 | 🍷🍷 4 |
| ⊙ Terre Lontane '15 | 🍷🍷 2* |
| ○ Cirò Bianco '15 | 🍷 2 |
| ⊙ Cirò Rosato '15 | 🍷 2 |
| ● Melissa Rosso Asylia '15 | 🍷 2 |
| ● Cirò Rosso Cl. Sup. Duca Sanfelice Ris. '11 | 🍷🍷🍷 3* |
| ● Gravello '10 | 🍷🍷🍷 5 |
| ● Gravello '09 | 🍷🍷🍷 5 |
| ● Magno Megonio '13 | 🍷🍷🍷 4* |
| ● Magno Megonio '12 | 🍷🍷🍷 4* |

## G.B. Odoardi

c.da Campodorato, 35
88047 Nocera Terinese [CZ]
Tel. +39 098429961
www.cantineodoardi.it

藏酒销售
年产量 120 000 瓶
葡萄种植面积 80 公顷

格里戈里奥·奥多阿蒂（Gregorio Odoardi）与妻子芭芭拉（Barbara）多年来共同经营这座卓越的家庭酒庄。奥多阿蒂家族拥有这座诺塞拉特瑞尼斯（Nocera Terinese）酒庄已经长达五个世纪，责任心和丰富经验是这座占地面积达到300公顷的酒庄的优势所在。酒庄葡萄园种植面积达到80公顷，分为两个独立种植区。葡萄园位于萨乌托河（Savuto River）河畔，接受着第勒尼安海（Tyrrhenian）海风的吹拂。园内植株密度很大，每公顷甚至达到11000棵，覆盖从海平面起直至海拔600米高之处。艰苦的种植工作和酒窖酿造中对于橡木桶的谨慎使用，令奥多阿蒂酒庄的产品风格质朴且独一无二，以坚实饱满的瓶装酒为基础，酒重精粹强大，展现出浓郁的多酚气息。今年，2013年份的GB干红葡萄酒（GB Rosso）闯入了“三杯奖”的决赛。这款精粹好酒是以加里奥波（Gaglioppo）、麦格洛科（Magliocco）、内莱洛卡布奇诺（Nerello Cappuccino）和黑格雷科（Greco nero）混酿而成，忠诚表达年份特质，多酚气息浓烈，优雅精美，非常平衡。

| | |
|---|---|
| ● GB Rosso '13 | TT 5 |
| ● Savuto '14 | TT 2* |
| ○ Scavigna Bianco '15 | T 2 |
| ⊙ Scavigna Rosato '15 | T 2 |
| ● Scavigna V. Garrone '04 | YYY 5 |
| ● Scavigna V. Garrone '03 | YYY 5 |
| ● Scavigna V. Garrone '99 | YYY 5 |
| ○ Odoardi GB '14 | YY 5 |
| ○ Odoardi GB '13 | YY 4 |
| ● Odoardi GB '11 | YY 6 |
| ● Savuto '13 | YY 2* |
| ○ Terra Damia '14 | YY 2* |
| ● Terra Damia '12 | YY 3 |

## Fattoria San Francesco

loc. Quattromani
88813 Cirò [KR]
Tel. +39 096232228
www.fattoriasanfrancesco.it

藏酒销售
预约参观
年产量 224 000 瓶
葡萄种植面积 40 公顷

18世纪末，本尼德托·西奇利安尼（Benedetto Siciliani）创建了这座古老的奇洛产区（Cirò）酒庄，圣弗朗西斯科农庄（Fattoria San Francesco）今年的表现非常出色。酒庄在经历了几年的易主和转手之后，令人期待的十多年前的极佳品质终于再次回归。酒庄今天的主人是奇洛产区（Cirò）著名的酿酒巨头伊鲁佐里尼家族（Iuzzolini），农场葡萄园种植面积达到40公顷，位于产区最佳地块，其中有些地块的海拔高度达到350米。在今年的品鉴中，我们很难从圣弗朗西斯科农庄推荐的诸多美酒中选出拔得头筹者，每一款推荐酒都极其准确地反映出产区的风土条件，风格现代，与此同时也没有背叛浓郁的本地美酒个性和本地葡萄品种特质。除此之外，2013年份的夸特韦迪加里奥波（Gaglioppo Ronco dei Quattroventi）也非常值得一提，它的气质优雅，浓郁多汁，香氛美妙。

| | |
|---|---|
| ⊙ Cirò Rosato '15 | TT 2* |
| ● Cirò Rosso Cl. Sup. '14 | TT 2* |
| ● Ronco dei Quattroventi '13 | TT 3 |
| ○ Cirò Bianco '15 | T 2 |
| ⊙ Donna Rosa '15 | T 3 |
| ○ Settemari '15 | T 3 |
| ● Vignacorta '14 | T 3 |
| ○ Cirò Bianco '14 | YY 2* |
| ⊙ Cirò Rosato '13 | YY 2* |
| ⊙ Cirò Rosato San Francesco '12 | YY 2* |
| ● Cirò Rosso Cl. Ronco dei Quattroventi '08 | YY 5 |
| ● Cirò Rosso Cl. Sup. Duca dell'Argillone Ris. '10 | YY 4 |
| ● Donna Rosa '13 | YY 3 |

## Santa Venere

LOC. TENUTA VOLTA GRANDE
S.DA PROV.LE 04 KM 10,00
88813 CIRÒ [KR]
TEL. +39 096238519
www.santavenere.com

藏酒销售
预约参观
年产量 125 000 瓶
葡萄种植面积 25 公顷
葡萄栽培方式 有机认证

圣塔维纳庄园（Santa Venere）是一座忙碌的农庄，独具古老的乡间传统，等待着游客的来临。除了生产葡萄酒，农庄也出产橄榄油，并且饲养牲畜，提供顶级牛肉。农场实现完全的有机化栽培生产，几年前更开始向完全的生物动力学栽培生产转变。与此同时，还成功实验出在不添加硫化物的基础上，通过与酒泥共同陈年来生产传统起泡酒（Metodo Classico）。除了在奇洛地区（Cirò）酿造典型的加里奥波（Gaglioppo）和格雷科（Greco）之外，斯卡拉家族（Scala）还复兴了其他本地葡萄品种的酿造，例如瓜达维尔（Guardavalle）和黑玛塞恩（Marsigliana Nera）等。在今年的品鉴中，2015年份的奇洛干红葡萄酒（Cirò Rosso）散发着浓郁的果香，融入香料的缕缕辛香，和着香膏的芬芳，随之而来的口感清爽跃动，单宁饱满，果味美妙，入口多汁，美味紧致，展现出极佳的酿造水平。与此同时，2015年份的威斯克瓦多瓜达维尔（Guardavalle Vescovado）香氛优雅，散发着柑橘花瓣的幽然花香，继而发展为茉莉花的芬芳，更有李子和白桃的缕缕果香萦绕其间，很有特色，入口酸度清新，果味柔美。

| | |
|---|---|
| ○ Cirò Bianco '15 | 🍷🍷 2* |
| ⊙ Cirò Rosato '15 | 🍷🍷 2* |
| ● Cirò Rosso Cl. '15 | 🍷🍷 2* |
| ○ Vescovado '15 | 🍷🍷 3 |
| ● Vurgadà '14 | 🍷🍷 4 |
| ⊙ Scassabarile '15 | 🍷 3 |
| ● Speziale '15 | 🍷 3 |
| ● Cirò Cl. Sup. Federico Scala Ris. '12 | 🍸🍸 5 |
| ● Cirò Rosso Cl. '13 | 🍸🍸 2* |
| ● Cirò Rosso Cl. Sup. Federico Scala Ris. '11 | 🍸🍸 5 |
| ⊙ Rosé Brut SP 1 '11 | 🍸🍸 4 |
| ● Speziale '14 | 🍸🍸 3 |
| ● Speziale '13 | 🍸🍸 3 |
| ○ Vescovado '14 | 🍸🍸 3 |
| ● Vurgadà '12 | 🍸🍸 3 |
| ● Vurgadà '11 | 🍸🍸 3 |

## Serracavallo

C.DA SERRACAVALLO
87043 BISIGNANO [CS]
TEL. +39 098421144
www.viniserracavallo.it

藏酒销售
预约参观
餐饮接待
年产量 80 000 瓶
葡萄种植面积 32 公顷
葡萄栽培方式 有机认证

不知疲倦的德梅特里奥·斯坦卡迪（Demetrio Stancati）将自己的时间和精力平均分配在比西格纳诺（Bisignano）可爱的塞拉卡瓦罗酒庄（Serracavallo）以及运营新近成立的科森扎土地联盟（Terre di Cosenza Consortium）上。塞拉卡瓦罗酒庄的酒窖以及部分种植地块位于海拔600米的高山上，而其他地块则分布在海拔更高、更加陡峭险峻的山坡梯田中。德梅特里奥将酿造集中在麦格洛科（Magliocco）和曼托尼克（Mantonico）等本地品种上，不得不说是非常有勇气的选择，而且也带动了其他种植商的跟随。塞拉卡瓦罗酒庄的酿造理念始终是重质不重量。在今年的品鉴中，2012年份的萨夫科园麦格洛科（Magliocco Vigna Savuco）闯入了“三杯奖”的决赛圈，这要归功于它恢宏宽广的酒香，融入清爽的香氛气息，香料的辛辣萦绕其间，更有红莓果的淡淡果香飘散，随之而来的口感深邃圆润，单宁劲道有力而精美。除此之外，以派克莱罗（Pecorello）酿造的比西蒂尔（Besidiae）口感鲜美，非常适合早期饮用，同时不乏复杂度和优雅度。

| | |
|---|---|
| ● Vigna Savuco '12 | 🍷🍷 (红) 6 |
| ○ Besidiae '15 | 🍷🍷 2* |
| ● Terre di Cosenza Sette Chiese '15 | 🍷🍷 2* |
| ⊙ Terre di Cosenza Don Filì '15 | 🍷 3 |
| ⊙ Terre di Cosenza Filì '15 | 🍷 2 |
| ● Terre di Cosenza Quattro Lustri '15 | 🍷 3 |
| ● Terre di Cosenza Terraccia '13 | 🍷 3 |
| ○ Alta Quota '09 | 🍸🍸 5 |
| ⊙ Filì '14 | 🍸🍸 2* |
| ● Terraccia '12 | 🍸🍸 3 |
| ● Terraccia '11 | 🍸🍸 3 |
| ● Vigna Savuco '11 | 🍸🍸 6 |
| ● Vigna Savuco '10 | 🍸🍸 6 |
| ● Vigna Savuco '09 | 🍸🍸 6 |

## Statti

C.DA LENTI
88046 LAMEZIA TERME [CZ]
TEL. +39 0968456138
www.statti.com

藏酒销售
预约参观
餐饮接待
年产量 300 000 瓶
葡萄种植面积 100 公顷

在过去的十年间，对于美酒的热爱令安东尼奥·斯塔蒂（Antonio Statti）和阿尔伯托·斯塔蒂（Alberto Statti）再度复兴历史悠久的家庭酒庄，并在葡萄园中加大投资力度。如今园区种植面积已经超过100公顷，更有设备先进的酒窖为酿造传统方式起泡酒提供了足够宽敞的条件和精良的酿造技术。斯塔蒂家族酒庄的出品系列恢宏完整，值得信赖，包括两款优雅的传统酿造法起泡酒。斯塔蒂家族酒庄非常重注保护环境以及使用可替代新能源，利用现代化生态工厂将酒庄的废料转化为能量动力。庄园除了生产葡萄酒和橄榄油之外，大部分土地都用于放养品种珍贵的牲畜，它们的粪便部分用于给土地施肥，大部分则与其他农场废物一起运输到附近现代化的发电站，从而将生物沼气转换成电能，使整个庄园达到能源上的自给自足。在今年的品鉴中，2013年份的巴塔萨罗加里奥波（Gaglioppo Batasarro）品质精美，凭借精彩表现跻身“三杯奖”最终决赛，吐露着大樱桃的浓郁果香，融入黑醋栗的甜美芬芳，美妙的口感与香氛相映成趣，单宁优雅而厚重，支撑着整款酒的口感。与此同时，我们还非常喜爱2013年份的阿维诺（Arvino），这款由加里奥波（Gaglioppo）和赤霞珠（Cabernet）混酿而成的美酒吐露着香膏的芬芳，口感甜美，果味显著。

| | |
|---|---|
| ● Batasarro '13 | 🍷🍷 4 |
| ● Arvino '13 | 🍷🍷 2* |
| ● Gaglioppo '15 | 🍷🍷 2* |
| ● I Gelsi Rosso '15 | 🍷🍷 2* |
| ○ Mantonico '14 | 🍷🍷 3 |
| ○ Greco '15 | 🍷 2 |
| ○ I Gelsi Bianco '15 | 🍷 2 |
| ⊙ I Gelsi Rosato '15 | 🍷 2 |
| ● Arvino '12 | 🍷🍷 2* |
| ● Batasarro '12 | 🍷🍷 4 |
| ● Gaglioppo '14 | 🍷🍷 2* |
| ○ Greco '14 | 🍷🍷 2* |
| ○ Greco '13 | 🍷🍷 2* |
| ● I Gelsi Rosso '13 | 🍷🍷 1* |
| ○ Mantonico '14 | 🍷🍷 3 |

## Luigi Viola

VIA ROMA, 18
87010 SARACENA [CS]
TEL. +39 0981349099
www.cantineviola.it

藏酒销售
预约参观
年产量 15 000 瓶
葡萄种植面积 3 公顷
葡萄栽培方式 有机认证

路易吉·维欧拉（Luigi Viola）大约于20年前开始的这场战斗面临着最严峻的挑战。当时，这位勤勉的小学教师决定投身古老的萨拉切纳莫斯卡托（Moscato di Saracena）帕西多酒（Passito）世界，重新拥抱新生活。当时这种以莫斯卡泰罗（Moscatello）、瓜尔纳恰（Guarnaccia）和玛尔维萨（Malvasia）混酿而成，工序极为复杂的帕西多甜酒——曾经出现在十六世纪教皇酒窖中的美酒——已经濒临灭绝，每年只生产几公升，供家庭自饮使用。我们很高兴地看到路易吉有着这样的坚定信念，他决心拯救这种高贵的美酒免于灭绝。路易吉不仅劝说全家开始生产并且销售这种古老的美酒，而且还鼓励整个小山村的酿酒人复兴这款帕西多，如今在小村中有不下十座家庭酒庄出产这种高贵的佳酿。在今年的品鉴中，路易吉推荐的莫斯卡托（Moscato）甜酒紧致细密，吐露着清爽优雅的酒香，融入草本植物的清香，更有热带水果干的芬芳萦绕其间，香膏和东方香料的异香飘散，带来多汁的美味口感，收口余韵绵长悠然，但是略微缺乏华美酸度。

| | |
|---|---|
| ○ Moscato Passito '15 | 🍷🍷 6 |
| ○ Biancomargherita '14 | 🍷 3 |
| ● Rossoviola '13 | 🍷 3 |
| ○ Moscato Passito '14 | 🍷🍷🍷 6 |
| ○ Moscato Passito '13 | 🍷🍷🍷 6 |
| ○ Moscato Passito '12 | 🍷🍷🍷 6 |
| ○ Moscato Passito '11 | 🍷🍷🍷 6 |
| ○ Moscato Passito '10 | 🍷🍷🍷 6 |
| ○ Moscato Passito '09 | 🍷🍷🍷 6 |
| ○ Moscato Passito '08 | 🍷🍷🍷 6 |
| ○ Moscato Passito '07 | 🍷🍷🍷 6 |

## Cataldo Calabretta

via Mandorleto, 47
88811 Cirò Marina [KR]
Tel. +39 3471866941
www.cataldocalabretta.it

藏酒销售
预约参观
年产量 25 000 瓶
葡萄种植面积 13.5 公顷
葡萄栽培方式 有机认证

| | |
|---|---|
| ○ Ansonica '15 | 🍷🍷 3 |
| ○ Cirò Bianco '15 | 🍷🍷 3 |
| ⊙ Cirò Rosato '15 | 🍷 3 |
| ● Cirò Rosso Cl. Sup. Ris. '13 | 🍷 2 |

## Caparra & Siciliani

bivio s.s. 106
88811 Cirò Marina [KR]
Tel. +39 0962373319
www.caparraesiciliani.com

藏酒销售
预约参观
年产量 800 000 瓶
葡萄种植面积 180 公顷
葡萄栽培方式 有机认证

| | |
|---|---|
| ● Cirò Rosso Cl. Sup. Volvito Ris. '13 | 🍷🍷 2* |
| ● Cirò Cl. Sup. Solagi '14 | 🍷 2 |
| ○ Curiale '15 | 🍷 2 |
| ⊙ Insidia '15 | 🍷 2 |

## Capoano

c.da Ceramidio
88072 Cirò Marina [KR]
Tel. +39 096235801
www.capoano.it

藏酒销售
年产量 100 000 瓶
葡萄种植面积 20 公顷

| | |
|---|---|
| ● Cirò Rosso Cl. '14 | 🍷🍷 2* |
| ● Cirò Rosso Cl. Sup. Don Raffaele Ris. '13 | 🍷🍷 5 |
| ● Aeternum '13 | 🍷 4 |
| ⊙ Cirò Rosato '15 | 🍷 2 |

## Wines Colacino

via Colle Manco
87054 Rogliano [CS]
Tel. +39 09841900252
www.colacino.it

藏酒销售
预约参观
年产量 120 000 瓶
葡萄种植面积 21 公顷

| | |
|---|---|
| ● Savuto Si '15 | 🍷🍷 2* |
| ● Terre di Cosenza Magliocco '13 | 🍷🍷 3 |
| ● Savuto Sup. Britto '13 | 🍷 4 |
| ● Savuto V. Colle Barabba '15 | 🍷 3 |

## Tenuta del Conte

via Tirone, 131
88811 Cirò Marina [KR]
Tel. +39 096236239
www.tenutadelconte.it

预约参观
年产量 90 000 瓶
葡萄种植面积 20 公顷

| | |
|---|---|
| ● Cirò Rosso Cl. Dagò '13 | 🍷🍷 2* |
| ○ Cirò Bianco '15 | 🍷 2 |
| ⊙ Cirò Rosato '15 | 🍷 2 |
| ● Cirò Rosso Cl. Dalla Terra Ris. '11 | 🍷 2 |

## Cote di Franze

loc. Piana di Franze
88811 Cirò Marina [KR]
Tel. +39 3926911606
www.cotedifranze.it

藏酒销售
预约参观
年产量 18 000 瓶
葡萄种植面积 9 公顷
葡萄栽培方式 有机认证

| | |
|---|---|
| ⊙ Cirò Rosato '15 | 🍷🍷 2* |
| ● Cirò Rosso Cl. Sup. Ris. '12 | 🍷🍷 3 |
| ○ Cirò Bianco '15 | 🍷 2 |

## Cantina Enotria

LOC. SAN GENNARO
S.S. JONICA, 106
88811 CIRÒ MARINA [KR]
TEL. +39 0962371181
www.cantinaenotria.com

藏酒销售
预约参观
年产量 1 000 000 瓶
葡萄种植面积 170 公顷

- ○ Cirò Bianco '15 ♀♀ 2*
- ⊙ Cirò Rosato '15 ♀ 2
- ● Cirò Rosso Cl. Sup. Piana delle Fate Ris. '13 ♀ 5

## Tenute Ferrocinto

C.DA FERROCINTO
87012 CASTROVILLARI [CS]
TEL. +39 0981415122
www.cantinecampoverde.it

藏酒销售
预约参观
年产量 700 000 瓶
葡萄种植面积 45 公顷
葡萄栽培方式 有机认证

- ● Terre di Cosenza Pollino Magliocco 24 Ris. '13 ♀♀ 4
- ○ Terre di Cosenza Pollino Bianco '15 ♀ 3
- ● Terre di Cosenza Pollino Rosso '14 ♀ 3

## Feudo dei Sanseverino

VIA VITTORIO EMANUELE, 108/110
87010 SARACENA [CS]
TEL. +39 098121461
www.feudodeisanseverino.it

藏酒销售
预约参观
年产量 20 000 瓶
葡萄种植面积 6 公顷
葡萄栽培方式 有机认证
可持续发展酒庄

- ○ Moscato Passito Mastro Terenzio '13 ♀♀ 5
- ● Lacrima Nera Ris. '09 ♀ 3

## Tenuta Iuzzolini

LOC. FRASSÀ
88811 CIRÒ MARINA [KR]
TEL. +39 0962373893
www.tenutaiuzzolini.it

藏酒销售
预约参观
年产量 1 000 000 瓶
葡萄种植面积 65 公顷

- ● Artino '14 ♀♀ 3
- ⊙ Lumare '15 ♀♀ 3
- ○ Prima Fila '15 ♀♀ 3
- ● Principe Spinelli '15 ♀ 3

## Poderi Marini

LOC. SANT'AGATA
87069 SAN DEMETRIO CORONE [CS]
TEL. +39 0984947224
www.poderimarini.it

藏酒销售
年产量 42 000 瓶
葡萄种植面积 7 公顷
葡萄栽培方式 有机认证

- ● Basileus '14 ♀♀ 5
- ○ Collimarini Passito '15 ♀♀ 4
- ● Elaphe '14 ♀ 4
- ● Koronè Rosso '14 ♀ 2

## Nesci

VIA MARINA, 1
89038 PALIZZI [RC]
TEL. +39 3209785653
www.aziendanesci.it

年产量 28 000 瓶
葡萄种植面积 9 公顷

- ● Chapeaux '15 ♀♀ 2*
- ● Esperanto '15 ♀ 2
- ● Toto Corde '15 ♀ 2

## Tenute Pacelli

FRAZ. PAUCIURI
C.DA ROSE
87010 MALVITO [CS]
TEL. +39 0984501486
www.tenutepacelli.it

藏酒销售
预约参观
膳宿接待
年产量 15 000 瓶
葡萄种植面积 9 公顷
葡萄栽培方式 有机认证
可持续发展酒庄

| | |
|---|---|
| ● Tèmeso '12 | 🍷🍷 3 |
| ○ Barone Bianco '10 | 🍷 2 |
| ○ Zoe Brut | 🍷 4 |

## Senatore Vini

LOC. SAN LORENZO
88811 CIRÒ MARINA [KR]
TEL. +39 096232350
www.senatorevini.com

藏酒销售
预约参观
年产量 280 000 瓶
葡萄种植面积 30 公顷

| | |
|---|---|
| ● Cirò Rosso Cl. Arcano Ris. '09 | 🍷🍷 4 |
| ○ Alikia '15 | 🍷 3 |
| ○ Cirò Bianco Alalei '15 | 🍷 3 |
| ⊙ Cirò Rosato Puntalice '15 | 🍷 3 |

## Spadafora Wines 1915

ZONA IND. PIANO LAGO, 18
87050 MANGONE [CS]
TEL. +39 0984969080
www.cantinespadafora.it

藏酒销售
预约参观
年产量 600 000 瓶
葡萄种植面积 40 公顷

| | |
|---|---|
| ○ Terre di Cosenza Fiego Bianco '15 | 🍷🍷 2* |
| ● Terre di Cosenza Peperosso '15 | 🍷🍷 2* |
| ● Nerello '13 | 🍷 3 |
| ● Terre di Cosenza Telesio '13 | 🍷 4 |

## Terre del Gufo - Muzzillo

C.DA ALBO SAN MARTINO, 22A
87100 COSENZA
TEL. +39 0984780364
www.terredelgufo.it

藏酒销售
预约参观
年产量 25 500 瓶
葡萄种植面积 3 公顷

| | |
|---|---|
| ● Kaulos '15 | 🍷🍷 3 |
| ● Terre di Cosenza Portapiana '14 | 🍷🍷 4 |
| ● Timpamara '14 | 🍷🍷 5 |
| ⊙ Terre di Cosenza Chiaroscuro '15 | 🍷 2 |

## Tenuta Terre Nobili

LOC. CARIGLIALTO
87046 MONTALTO UFFUGO [CS]
TEL. +39 0984934005
www.tenutaterrenobili.it

藏酒销售
预约参观
膳宿接待
年产量 80 000 瓶
葡萄种植面积 15 公顷
葡萄栽培方式 有机认证

| | |
|---|---|
| ● Alarico '14 | 🍷🍷 3 |
| ● Cariglio '15 | 🍷🍷 2* |
| ● Ipazia '15 | 🍷 6 |
| ● Teodora '12 | 🍷 5 |

## Tramontana

LOC. GALLICO MARINA
VIA CASA SAVOIA, 156
89139 REGGIO CALABRIA
TEL. +39 0965370067
www.vinitramontana.it

藏酒销售
预约参观
年产量 200 000 瓶
葡萄种植面积 41 公顷

| | |
|---|---|
| ● Costa Viola '14 | 🍷🍷 2* |
| ● Palizzi '14 | 🍷🍷 2* |
| ○ 5 Generazioni '15 | 🍷 2 |
| ● Vorea '15 | 🍷 2 |

# 西西里岛
## SICILY

在今年的品鉴中，西西里岛产区（Sicily）捧走了21座“三杯奖”奖杯，前所未有的创纪录佳绩证明了这座岛屿出品的美酒的品质提升速度之快。产区地貌十分活跃多样，因此在著名种植区之外还存在许多极具显著个性的微小种植地。最能够说明问题的范例就在伊塔纳地区（Etna），这里的美酒持续广销，几乎尽人皆知：地处奇妙葡萄酒王国中独一无二的优秀产区，这里的新酒庄层出不穷，经常能看到新系列、新品牌和新名园精选酒的推出。伊塔纳产区酒今年斩获六座桂冠，其中两款美酒是首次站上领奖台：分别是库苏马诺酒庄（Cusumano）优雅的2014年份阿尔塔莫拉白葡萄酒（Alta Mora）以及特斯卡达美瑞塔酒庄（Tasca d' Almerita）精美的2015年份布诺拉（Buonora）。我们还要关注的另外一个地区是摩西拿（Messina）的法罗地区（Faro），这片指定产区的规模小得不能再小，却不仅以两座“三杯奖”奖杯再次确认了其出品的美酒的卓越品质，并且从整体上扩大了基础生产规模，博纳维塔酒庄（Bonavita）的2014年份法罗酒（Faro）只差一点儿就登上了今年的领奖台。西西里岛的东南部地区是巨大的塞拉索罗蒂维托里亚种植区（Cerasuolo di Vittoria），今年斩获的六座奖杯提升了这里已经非常有力的竞争地位，其中包括两款卓越的来自新晋获奖酒庄的黑珍珠酒（Nero d' Avolas）：尼科西亚酒庄（Nicosia）的2010年份索斯塔特莱桑迪黑珍珠（Sosta Tre Santi）以及鲁迪尼酒庄（Feudo Rudinì）传统的萨洛酒（Saro）。西西里岛西部地区今年的表现也非常精彩，将七座“三杯奖”奖杯收入囊中，包括巴格里奥皮亚内托酒庄（Baglio di Pianetto）首次推出的优雅的2013年份舍密尔（Shymer），展现出帕莱默（Palermo）内陆地区的酿造实力正在快速增长；以及菲维雅托酒庄（Firriato）2015年份的穆奇亚拉法维尼亚纳（Favinia La Muciara），这款由格里洛（Grillo）、卡塔拉托（Catarratto）和泽比波（Zibibbo）混酿而成的美酒非常迷人，来自艾格迪群岛（Egadi Archipelago）的法维尼亚纳（Favignana）新酒庄，古老的品种在一百多年后再度复兴。我们举出的每一个酒庄都是西西里岛酿酒业活跃发展的例证，这片产区在意大利葡萄酒生产图景中占据的地位日益重要。经典酒庄以更加浓郁的坚实品质证明了自己的声望，随着余韵蔓延，浓郁果味淡去，却提升了优雅的质感，出品的葡萄酒几乎全部采用本地葡萄品种酿造而成。不管怎样，令人心存感激的是，西西里岛依然还有许多空间和潜力有待进一步发掘，更多卓越的风土特质等待呈现，对于西西里岛许多新兴酒庄而言，只要能够精美阐释和解读真正卓越地块的风土密码，就能够获得成功。

## Abbazia Santa Anastasia

C.DA SANTA ANASTASIA
90013 CASTELBUONO [PA]
TEL. +39 0921671959
www.abbaziasantanastasia.com

藏酒销售
预约参观
膳宿接待
年产量 250 000 瓶
葡萄种植面积 65 公顷
葡萄栽培方式 生物动力学认证
可持续发展酒庄

这座地处帕克德玛多涅（Parco delle Madonie）山坡上的恢弘酒庄受到临近海岸吹来海风的轻抚，阿纳斯塔西亚圣修道院酒庄（Abbazia Santa Anastasia）占地面积达到300多公顷，其中葡萄园的种植面积达到70公顷。酒庄改建自12世纪古老的修道院，数个世纪以来，基廷会（Theatine）和本笃会（Benedictine）的僧侣们在这里专注学习和研究。1982年，弗朗科·莱纳（Franco Lena）获得了曾经属于修道院的部分土地，并在古老的遗址上建起了今天由复杂美妙的建筑群组成的勒莱斯庄园（Relais Château）以及为葡萄园服务的酒窖，他充满激情的工作，复兴了这片土地古老的文化传统。另外，值得一提的还有阿纳斯塔西亚圣修道院酒庄致力于减少种植和酿造对于环境的影响，采用可更新能源，从有机栽培方式发展为生物动力学农作方法。在今年的品鉴中，2012年份的利特拉（Litra）是一款单一品种赤霞珠（Cabernet Sauvignon），闯入了“三杯奖”的决赛圈，再次确认了这款美酒的实至名归：它摇曳着深邃的红宝石色泽，吐露着樱桃和李子的优雅香气，飘散着鼠尾草、百里香和胡桃皮的缕缕芬芳，随之而来的口感恢弘多层，余韵绵长。我们还非常喜爱2013年份的蒙泰奈罗（Montenero），这款以黑珍珠（Nero d' Avola）、梅洛（Merlot）和赤霞珠混酿而成的美酒风味复杂，犹如丝般柔滑。

| | | |
|---|---|---|
| ● Litra '12 | ▼▼ | 6 |
| ● Montenero '13 | ▼▼ | 4 |
| ● Passomaggio '13 | ▼▼ | 3 |
| ○ Q 1000 M. Cl. '13 | ▼▼ | 5 |
| ○ Grillo '15 | ▼ | 2 |
| ● Nero d'Avola '15 | ▼ | 2 |
| ○ Sinestesia '15 | ▼ | 3 |
| ● Cannemasche '13 | ▽▽ | 2* |
| ● Litra '10 | ▽▽ | 6 |
| ● Montenero '13 | ▽▽ | 4 |
| ● Montenero '12 | ▽▽ | 4 |
| ● Montenero '11 | ▽▽ | 4 |
| ● Passomaggio '12 | ▽▽ | 3 |
| ● Sens(i)nverso Cabernet Sauvignon '12 | ▽▽ | 4 |
| ● Sens(i)nverso Nero d'Avola '12 | ▽▽ | 4 |
| ● Sens(i)nverso Syrah '12 | ▽▽ | 4 |

## Alessandro di Camporeale

C.DA MANDRANOVA
90043 CAMPOREALE [PA]
TEL. +39 092437038
www.alessandrodicamporeale.it

藏酒销售
预约参观
年产量 180 000 瓶
葡萄种植面积 35 公顷
葡萄栽培方式 有机认证

阿莱桑德罗家族（Alessandro）在坎波雷亚莱（Camporeale）从事酿酒事业已经长达四个世代之久，他们匠人般的精湛工艺得到酒迷们的喜爱和认可。坎波雷亚莱阿莱桑德罗酒庄（Alessandro di Camporeal）由纳塔莱·阿莱桑德罗（Natale Alessandro）、尼诺·阿莱桑德罗（Nino Alessandro）和罗索里诺·阿莱桑德罗（Rosolino Alessandro）共同经营管理。今天，阿莱桑德罗家族新一代成员也加入到酒庄的生产经营中来，忙于35公顷的有机葡萄园栽培、酒窖中的酿造工作、美酒旅游以及在15个国家推广酒庄美酒等。对于酿造美酒的热情促使坎波雷亚莱阿莱桑德罗酒庄开启了新的冒险，在西西里堡（Castiglione di Sicilia）的皮埃诺菲力西（Piano Filici）购入5公顷的埃特纳葡萄园（Etna），很快即将投入生产。卡洛·费瑞尼（Carlo Ferrini）自2015年起就担任酒庄的酿酒顾问。2014年份的凯德西拉（Syrah Kaid）极具可饮性，闯入了我们最后的决赛，它的香气令人印象深刻，果味深邃，余韵细腻绵长。紧跟其后的是2015年份的晚收凯德（Kaid Vendemmia Tardiva），浓郁优雅，口感甜美和谐而惬意；更有2015年份的凯德苏维翁（Kaid Sauvignon），气质清爽，吐露着馥郁的热带气息。品质同样卓越的还有两款2015年份的曼德拉诺瓦葡萄园（Vigna di Mandranova）单一品种葡萄酒，分别来自格里洛（Grillo）和卡塔拉托（Catarratto）。

| | | |
|---|---|---|
| ● Sicilia Syrah Kaid '14 | ▼▼ | 3* |
| ● Kaid V. T. '15 | ▼▼ | 5 |
| ○ Sicilia Catarratto Benedè '15 | ▼▼ | 2* |
| ○ Sicilia Catarratto V. di Mandranova '15 | ▼▼ | 4 |
| ○ Sicilia Grillo V. di Mandranova '15 | ▼▼ | 3 |
| ● Sicilia Nero d'Avola DonnaTà '15 | ▼▼ | 2* |
| ○ Sicilia Sauvignon Kaid '15 | ▼▼ | 3 |
| ● DonnaTà '13 | ▽▽ | 2* |
| ● Kaid '13 | ▽▽ | 3* |
| ● Kaid Syrah '12 | ▽▽ | 3* |
| ● Kaid V. T. '14 | ▽▽ | 5 |
| ● Sicilia DonnaTà '14 | ▽▽ | 2* |
| ○ Sicilia Grillo V. di Mandranova '14 | ▽▽ | 3 |
| ○ Sicilia Kaid Sauvignon Blanc '14 | ▽▽ | 3 |

## Assuli

via Archi, 9
91100 Trapani
Tel. +39 0923546706
www.assuli.it

藏酒销售
年产量 100 000 瓶
葡萄种植面积 100 公顷

这是不断变化的一年：新的公司结构调整导致维拉弗朗卡的克劳蒂娅·阿里亚塔（Claudia Alliata di Villafranca）的离开，罗伯托·卡卢索（Roberto Caruso）接替她的位置继续管理酒庄。因此酒庄的名字也从阿里亚塔（Alliata）改成了阿苏里（Assuli），不过酒庄的实质并没有发生变化：总部依然坐落于玛扎拉（Mazara），葡萄园依然如故，分布在马萨拉（Marsala）附近占地面积达到100公顷的四个地块，这些种植区始终归于卡卢索家族所有。美酒出品表现出持久的高品质，这归功于酒庄在葡萄园的种植工作和酒窖的酿造工作中的尽心竭力，这要部分感谢酿造技术专家洛伦佐·兰迪（Lorenzo Landi）的指导。系列出品日益集中于本地单一葡萄品种美酒上。在今年的品鉴中，2015年份的罗兰多黑珍珠（Nero d' Avola Lorlando）华美卓越，表现天衣无缝，再次确认了其足以斩获"三杯奖"的优秀品质。它的色泽浓郁，风味复杂，吐露着浓郁的品种葡萄果香，随之而来的口感馥郁饱满，与香氛相得益彰，酒质紧致，余韵绵长。同样闯入决赛的还有2015年份的卢基洛西拉（Syrah Ruggiero），它的香气馥郁，融入苹果的阵阵果香，丰盈芬芳。与此同时，2015年份的菲奥迪利吉格里洛（Grillo Fiordiligi）散发着阵阵花香，融入草本植物的清香，随之而来的口感清爽而扎实。

| | |
|---|---|
| ● Lorlando '15 | 🍷🍷🍷 2* |
| ● Ruggiero '15 | 🍷🍷 2* |
| ○ Carinda '15 | 🍷🍷 2* |
| ○ Fiordiligi '15 | 🍷🍷 2* |
| ● Besi '13 | 🍷 5 |
| ● Lorlando '14 | 🍷🍷🍷 2* |
| ● Baltasàr '12 | 🍷🍷 5 |
| ○ Grillo '13 | 🍷🍷 2* |
| ● Kaspàr '12 | 🍷🍷 4 |
| ● Kaspàr '11 | 🍷🍷 4 |
| ● Lorlando '13 | 🍷🍷 2* |
| ● Melkior '12 | 🍷🍷 4 |
| ○ Mommo '13 | 🍷🍷 3 |
| ● Ruggiero '14 | 🍷🍷 2* |
| ● Ruggiero '13 | 🍷🍷 2* |
| ○ Taya '14 | 🍷🍷 4 |

## Baglio del Cristo di Campobello

c.da Favarotta
s.da st.le 123 km 19,200
92023 Campobello di Licata [AG]
Tel. +39 0922 877709
www.cristodicampobello.it

藏酒销售
预约参观
年产量 300 000 瓶
葡萄种植面积 30 公顷

博纳塔家族（Bonetta）世代都是极富技巧、激情四射的酒农，将家族酒庄发展成现代西西里岛产区的典范酒庄之一。他们取胜的策略无疑来自采用当地传统的酿造方法进行生产，配合对现代市场需求远见卓识的判断。酒庄的中心建筑巴格里奥（Baglio）是一座历史悠久的封闭式农场，这里有一座耶稣受难十字架，既是酒庄名字来源，也受到当地民众的膜拜。酒庄的葡萄园坐落在坎波贝洛（Campobello）南部山区，海拔超过350米，靠近吉拉海峡（Gela），附近海岸吹来的咸味海风掠过种植地块。在今年的品鉴中，2014年份的阿登泽亚红葡萄酒（Adènzia Rosso）表现精彩，它摇曳着紫红色的光泽，吐露着樱桃的精美果香，融入丁香花的花香，和着桃金娘和刺柏的醇香，展现出非常浓郁的可饮性。这款以黑珍珠（Nero d' Avola）和西拉（Syrah）混酿而成的美酒展露强烈个性，遗憾的是仅以毫厘之差与最后的"三杯奖"大奖失之交臂。同样品质优秀的还包括2014年份的卢帕翠黑珍珠（Nero d' Avola Lu Patri）以及2015年份的拉鲁奇（Lalùci）——前者充分展现出本地风土特色；后者飘散着诱人的格里洛（Grillo）品种葡萄果香，融入薄荷的清凉风味，浸润着白李子的甜美果味。

| | |
|---|---|
| ● Sicilia Rosso Adènzia '14 | 🍷🍷 3* |
| ○ C'D'C' Cristo di Campobello Bianco '15 | 🍷🍷 2* |
| ⊙ C'D'C' Cristo di Campobello Rosato '15 | 🍷🍷 2* |
| ○ Sicilia Bianco Adènzia '15 | 🍷🍷 3 |
| ○ Sicilia Grillo Lalùci '15 | 🍷🍷 3 |
| ○ Sicilia Laudàri '14 | 🍷🍷 4 |
| ● Sicilia Nero d'Avola Lu Patri '14 | 🍷🍷 5 |
| ● Sicilia Syrah Lusirà '14 | 🍷🍷 5 |
| ● Lu Patri '09 | 🍷🍷🍷 5 |
| ○ Sicilia Chardonnay Laudàri '13 | 🍷🍷 4 |
| ○ Sicilia Grillo Lalùci '14 | 🍷🍷 3 |
| ● Sicilia Nero d'Avola Lu Patri '13 | 🍷🍷 5 |
| ● Sicilia Syrah Lusirà '13 | 🍷🍷 5 |

## Baglio di Pianetto

loc. Pianetto
via Francia
90030 Santa Cristina Gela [PA]
Tel. +39 0918570002
www.bagliodipianetto.com

藏酒销售
预约参观
膳宿接待
年产量 550 000 瓶
葡萄种植面积 104 公顷
可持续发展酒庄

保罗·马佐托（Paolo Marzotto）的西西里岛之梦实现已达二十余年。20世纪50年代是赛车的黄金时期，作为赛车手的保罗与西西里岛之间的爱情故事发生在费罗里奥（Targa Florio）的弯道旁。1997年，随着巴格里奥皮亚内托酒庄（Baglio di Pianetto）的开业，保罗伯爵与西西里岛的联系变得更加紧密了。酒庄分为两个庄园，拥有各自的酒窖，坐落于岛屿的两端：保罗伯爵将北端的圣克里斯蒂纳杰拉庄园（Santa Cristina Gela）农场转化为优雅的乡间旅馆和农业旅游的民宿；位于南端诺托谷（Val di Noto）的帕奇诺庄园（Pachino）是黑珍珠（Nero d' Avola）的故乡——培育了酒庄的第一株黑珍珠葡萄藤。2016年，早年曾在巴格里奥皮亚内托酒庄就职的酿酒师雷纳托·德·巴托利（Renato De Bartoli）再度回归，作为总经理进行经营管理。在今年的品鉴中，2013年份的舍密尔（Shymer）斩获“三杯奖”，这款由产自诺托庄园的西拉（Syrah）和产自圣克里斯蒂纳杰拉庄园的梅洛（Erlot）混酿而成的美酒吐露着浓郁集中的酒香，香氛非常复杂，融入缕缕辛香，一路攀上令人满足的优雅口感巅峰，收口余韵绵长悠然。与此同时，2012年份的诺托拉斯莫斯卡托（Moscato di Noto Ra' is）相比较而言是更加浓郁的埃森扎（Essenza），散发着细腻的酒香，融入秋叶的气息和水果干的甜美果香，一路带出和谐而清爽的口感。

| | |
|---|---|
| ● Shymer '13 | 🍷🍷🍷 2* |
| ● Carduni '12 | 🍷🍷 5 |
| ○ Moscato di Noto Ra'is Essenza '12 | 🍷🍷 5 |
| ● Salici '12 | 🍷🍷 4 |
| ● Sicilia Ramione '14 | 🍷🍷 4 |
| ● Agnus Ris. '11 | 🍷 7 |
| ● Sicilia Cembali '13 | 🍷 5 |
| ○ Sicilia Ficiligno '15 | 🍷 3 |
| ○ Sicilia Ginolfo '13 | 🍷 4 |
| ○ Sicilia Timeo '15 | 🍷 3 |
| ● Ramione '04 | 🍷🍷🍷 3* |
| ● Sicilia Rosso Ramione '13 | 🍷🍷🍷 3* |
| ○ Sicilia Bianco Ficiligno '14 | 🍷🍷 4 |
| ● Sicilia Nero d'Avola Cembali '12 | 🍷🍷 6 |

## Tenuta Bastonaca

c.da Bastonaca
97019 Vittoria [RG]
Tel. +39 0932686480
www.tenutabastonaca.it

藏酒销售
膳宿接待
年产量 40 000 瓶
葡萄种植面积 10 公顷
可持续发展酒庄

在深厚的家族酿酒传统熏陶下，一对年轻夫妇创建了占地面积大约10公顷的巴斯托纳卡酒庄（Tenuta Bastonaca），其中葡萄种植面积达到8公顷。在塞拉索罗维托里亚（Cerasuolo di Vittoria）DOC产区核心地带的巴斯托纳卡农庄（Contrada Bastonaca），乔瓦尼·卡尔喀泰拉（Giovanni Calcaterra）与西尔维亚·兰尼奥罗（Silvana Raniolo）十分重视出品美酒的质量和环境保护，酒庄向有机栽培和酿造方式的转变正在进行之中。呈灌状整枝的葡萄藤无须人工灌溉，以培育果香果味馥郁的酿造果实。巴斯托纳卡酒庄建立在精美整修过的18世纪古老葡萄榨汁厂的基础之上。在今年的品鉴中，2014年份的塞拉索罗维托里亚（Cerasuolo di Vittoria）展现出浓郁的色泽和靓丽的紫罗兰光晕，具有极强的可饮性，辛辣成熟的果香与黑莓的甜美芬芳缭绕飘散，随之而来的是馥郁甜美、活跃优雅、惬意非常的口感。与此同时，清爽而芬芳的法拉帕托（Frappato）令人耳目一新，酿造葡萄都来自2015年——极富果味、意趣盎然的黑珍珠（Nero d' Avola）与热情万丈、受到清风吹拂的格里洛（Grillo）。

| | |
|---|---|
| ● Cerasuolo di Vittoria '14 | 🍷🍷 3 |
| ● Frappato '15 | 🍷🍷 3 |
| ○ Grillo '15 | 🍷🍷 3 |
| ● Nero d'Avola '15 | 🍷🍷 3 |

## ★Benanti

VIA G. GARIBALDI, 475
95029 VIAGRANDE [CT]
TEL. +39 0957893399
www.vinicolabenanti.it

藏酒销售
预约参观
年产量 120 000 瓶
葡萄种植面积 45 公顷

如果我们要为埃特纳地区（Etna）葡萄酒业的复兴拍摄纪录片的话，如下标题再确切不过——《约瑟佩·本纳提：卡瓦列尔与历史》（Giuseppe Benanti, the Cavaliere and the History）。作为这里最初的种植者和酿酒人，热情高涨的约瑟佩·本纳提始终在追寻酿造顶级美酒、将家庭酒庄发展成为埃特纳地区顶级酒庄的康庄大道；他终于在火山旁土地的传统和历史中、在充分忠于本地风土条件的本地葡萄品种中找到了答案。他的儿子安东尼奥（Antonio）和萨尔维诺（Salvino）也将年轻人的热情带到了这座著名的酒庄。谨慎选择风土条件使占地面积达到45公顷的葡萄园分散在条件最佳的各个葡萄酒之乡：蒙特塞拉（Monte Serra）、瓜迪奥拉（Guardiola）、罗维泰罗（Rovittello）、卡塞勒（Caselle）和卡瓦列尔（Cavaliere）。在今年的品鉴中，2012年份的皮耶特拉玛瑞娜（Pietramarina）表现非常精彩，风味复杂浓郁而优雅，吐露着燧石、紫藤和新鲜杏仁的芬芳，随之而来的口感令人信服和满足，十分惬意。与此同时，本纳提酒庄本季提供的其他系列品鉴酒品也大受我们的欢迎，从口感扎实、气质活跃的2012年份塞拉德孔泰萨（Serra della Contessa），到别具一格、果味丰盈多汁的2013年份奈莱洛卡普乔（Nerello Cappuccio）。

| | |
|---|---|
| ○ Etna Bianco '14 | 🍷🍷 3 |
| ○ Etna Bianco Sup. Pietramarina '12 | 🍷🍷 5 |
| ● Etna Rosso '14 | 🍷🍷 4 |
| ● Etna Rosso Nerello Mascalese '13 | 🍷🍷 5 |
| ● Etna Rosso Rovittello '12 | 🍷🍷 5 |
| ● Etna Rosso Serra della Contessa '12 | 🍷🍷 7 |
| ● Nerello Cappuccio '13 | 🍷🍷 5 |
| ○ Etna Bianco Sup. Pietramarina '04 | 🍷🍷🍷 6 |
| ○ Etna Bianco Sup. Pietramarina '02 | 🍷🍷🍷 5 |
| ○ Etna Bianco Sup. Pietramarina '01 | 🍷🍷🍷 5 |
| ○ Etna Bianco Sup. Pietramarina '00 | 🍷🍷🍷 5 |
| ● Etna Rosso Serra della Contessa '04 | 🍷🍷🍷 7 |
| ● Etna Rosso Serra della Contessa '03 | 🍷🍷🍷 7 |
| ● Il Drappo '04 | 🍷🍷🍷 5 |

## Bonavita

LOC. FARO SUPERIORE
C.DA CORSO
98158 MESSINA
TEL. +39 3471754683
www.bonavitafaro.com

预约参观
年产量 10 000 瓶
葡萄种植面积 2.5 公顷

当乔瓦尼·斯佳冯尼（Giovanni Scarfone）还是孩子的时候，就在祖父的小型葡萄园中玩耍，斯佳冯尼家族常常在掩映在葡萄园中的超级法罗（Faro Superiore）度过夏日时光。于是乔瓦尼在长大后，清楚地意识到自己想要选择什么样的职业生涯：在农业学院毕业拿到农学学位后，在意大利全国范围内的酒庄中工作以积累经验，最后成为独立的葡萄种植商。祖父的葡萄园依然伫立，园中部分老藤已经走过了七十多载岁月，如今博纳维塔酒庄（Bonavita）又在库拉西（Curcuraci）购入了新的种植地块，令葡萄园的总面积扩展到2.5公顷。斯佳冯尼亲自打理所有生产流程，从翻地到整枝，从整枝到采收。对于产量有限的出品而言，古老酒庄地库中的宽敞酒窖足以承载酿造任务。2014年份的法罗（Faro）在这次的品鉴中表现非常出色，以其高贵的酒香诱惑着我们，吐露着蜜桃和石榴的甜美果香，一路攀上清爽浓郁且甘美的口感巅峰，收口余韵非常绵长。

| | |
|---|---|
| ● Faro '14 | 🍷🍷 5 |
| ⊙ Rosato '15 | 🍷🍷 2* |
| ● Faro '13 | 🍷🍷 5 |
| ● Faro '12 | 🍷🍷 5 |
| ● Faro '11 | 🍷🍷 5 |
| ● Faro '10 | 🍷🍷 5 |
| ● Faro '09 | 🍷🍷 5 |
| ● Faro '08 | 🍷🍷 5 |
| ● Faro '07 | 🍷🍷 5 |
| ● Faro '06 | 🍷🍷 5 |
| ⊙ Rosato '14 | 🍷🍷 2* |
| ⊙ Rosato '13 | 🍷🍷 2* |
| ⊙ Rosato '12 | 🍷🍷 2* |
| ⊙ Rosato '09 | 🍷🍷 2* |

## Le Casematte

LOC. FARO SUPERIORE
C.DA CORSO
98163 MESSINA
TEL. +39 0906409427
www.lecasematte.it

藏酒销售
年产量 30 000 瓶
葡萄种植面积 11 公顷
葡萄栽培方式 有机认证
可持续发展酒庄

这座独一无二的雄伟酒庄坐落在富有魔力的自然环境之中，地处俯瞰着墨西拿海峡（Straits of Messina）的山巅，受到海风的吹拂。对于足球运动员安德里亚・巴扎格利（Andrea Barzagli）和会计师吉安弗朗科・萨巴迪诺（Gianfranco Sabbatino）两位美酒爱好者而言，一生的梦想在这里终于变成了现实：两人于2008年创建了碉堡酒庄（Le Casematte），名字来自本地三座第二次世界大战遗存下来的碉堡。碉堡酒庄加入了提升法罗（Faro）DOC葡萄酒产区声望、复兴产区发展的酒庄行列，严格按照有机栽培方式管理葡萄园，所产美酒颇具匠人美酒特色，得到了酒评人和葡萄酒爱好者的喜爱。在今年的品鉴中，2014年份的法罗酒（Faro）收获了最高荣誉，这款以马斯卡斯奈莱洛（Nerello Mascalese）、奈莱洛卡普乔（Nerello Cappuccio）、诺切拉（Nocera）和黑珍珠（Nero d' Avola）混酿而成的美酒，品质极为出众，获得了我们的“三杯奖”。这款酒色清亮的佳酿吐露着黑莓果般的成熟果香，融入地中海草本植物的缕缕清香，口感复杂，极具可饮性，酒质细腻，单宁精美，收口余韵优质绵长，劲道有力。除此之外，我们还非常喜爱优雅的罗塞玛特罗萨托（Rosato Rosematt）。

| | |
|---|---|
| ● Faro '14 | YYY (red) 5 |
| ○ Peloro Bianco '15 | YY (black) 3 |
| ● Peloro Rosso '14 | YY (black) 2* |
| ⊙ Rosematte Nerello Mascalese '15 | YY (black) 3 |
| ● Faro '13 | YYY 5 |
| ● Faro Quattroenne '12 | YY 5 |
| ● Faro Quattroenne '11 | YY 5 |
| ● Figliodiennenne '11 | YY 2* |
| ● Figliodiennenne '10 | YY 2* |
| ○ Peloro Bianco '14 | YY 3 |
| ● Peloro Rosso '13 | YY 2* |
| ⊙ Rosematte '14 | YY 3 |
| ⊙ Rosematte '13 | YY 3 |

## Frank Cornelissen

FRAZ. SOLICCHIATA
VIA NAZIONALE, 297
95012 CASTIGLIONE DI SICILIA [CT]
TEL. +39 0942986315
www.frankcornelissen.it

藏酒销售
预约参观
年产量 70 000 瓶
葡萄种植面积 18 公顷
葡萄栽培方式 有机认证

马戈玛（Magma）是弗兰科・孔奈利森（Frank Cornelissen）酿造的第一款酒，致力于凭此酒忠诚反映火山地区的风土条件和奈莱洛（Nerello）的复杂风味。对于如此疯狂热爱伊塔纳地区（Etna）自然之美的人而言，在古老葡萄园中展开自然的酿造是再自然不过的事情。孔奈利森坚信，人类对于控制的迷恋只能部分借助大自然的奇妙和复杂，应当在不影响大自然精美平衡的基础上听命运安排、与自然和谐共处。他的葡萄园坐落于海拔600米至980米高的伊塔纳北部山坡上，都是未嫁接的灌木整枝体系，它的藤条能够无须根茎生长成新的植株。孔奈利森打造的有趣美酒极具个性，对于奈莱洛葡萄进行了原始风味的阐释，近年来品种特质日益显著，与此同时不失最初的内在动力。在今年的品鉴中，2014年份的马戈玛马斯卡斯奈莱洛（Nerello Mascalese Magma）深邃而浓郁，极具可饮性，凭借精彩表现跻身“三杯奖”的最终决赛圈，吐露着质朴且恢弘的酒香，略有烟熏海盐的气息，融入蜜桃的成熟果香，更有一抹草本植物的清香萦绕其间，口感集中深邃，果味动力十足，得到肥厚单宁的有力支撑。除此之外，2014年份的穆杰博干红葡萄酒（Munjebel Rosso Monte Colla）散发着石榴、蜜桃和杏的阵阵果香，是这款复杂且绵长、浸润美妙果味佳酿的最突出特征。

| | |
|---|---|
| ● Magma Dodicesima Edizione '14 | YY (red) 8 |
| ● Munjebel Rosso Le Vigne Alte '14 | YY (black) 7 |
| ● Munjebel Rosso Monte Colla '14 | YY (black) 7 |
| ● Munjebel Rosso PA - Vign. Porcaria '14 | YY (black) 7 |
| ● Contadino 10 '12 | YY 4 |
| ○ Munjebel Bianco '14 | YY 5 |
| ○ Munjebel Bianco '13 | YY 5 |
| ● Munjebel Rosso '14 | YY 6 |
| ● Munjebel Rosso '13 | YY 6 |
| ● Munjebel Rosso Chiusa Spagnola '13 | YY 7 |
| ● Munjebel Rosso Le Vigne Alte '13 | YY 7 |
| ● Munjebel Rosso Monte Colla '13 | YY 7 |
| ⊙ Susucaru '13 | YY 4 |
| ● Vino del Contadino '14 | YY 4 |

## Cottanera

LOC. IANNAZZO
S.DA PROV.LE 89
95030 CASTIGLIONE DI SICILIA [CT]
TEL. +39 0942963601
www.cottanera.it

藏酒销售
预约参观
年产量 300 000 瓶
葡萄种植面积 65 公顷

坎布莱亚家族（Cambria）兄弟虽然年轻，但依然热情万丈地接下了父亲圭列莫·坎布莱亚（Guglielmo Cambria）二十多年前创建的家庭酒庄，带着同样的奉献精神投入生产，并收获了同样丰美的佳酿。康塔内拉酒庄（Cottanera）出品美酒极具个性，忠于本地风土表达，酿造果实产自65公顷的葡萄园中。在这片产区，如此大规模的葡萄园已经非常罕见，坎布莱亚兄弟以照料花园般的精心和细致打理着种植地块。葡萄园逐渐发展为集中种植火山地区的本地品种，包括马斯卡斯奈莱洛（Nerello Mascalese）、卡普乔奈莱洛（Nerello Cappuccio）和卡利坎特（Carricante）等，分布在帕索皮西亚诺镇（Passopisciaro）旁伊塔纳（Etna）北部山坡的五处种植地块中。在今年的品鉴中，康塔内拉酒庄推荐的各种伊塔纳酒都表现精彩，尤其是2012年份的佐托瑞尼托（Zottorinoto），凭借高超的酿造水准夺得了“三杯奖”大奖。它吐露着复杂的果香，融入紫罗兰的花香，更有秋叶的醇香缕缕飘散，底蕴中透露出丝丝辛香，随之而来的口感清爽优雅，得到质地细密、气质惬意的单宁结构的支撑。同样站上了最高领奖台的还有诱人和谐的2014年份伊塔纳蒂奇亚塞特萨米（Etna Diciassettesalme）；2015年份的伊塔纳白葡萄酒（Etna Bianco）饱满丰盈，酸性酒骨表现精彩。

| | |
|---|---|
| ● Etna Rosso Zottorinoto Ris. '12 | 🍷🍷🍷 8 |
| ○ Etna Bianco '15 | 🍷🍷 3* |
| ● Etna Rosso Diciassettesalme '14 | 🍷🍷 3* |
| ○ Etna Bianco Calderara '14 | 🍷🍷 5 |
| ● Etna Rosso '13 | 🍷🍷 5 |
| ● Etna Rosso Barbazzale '15 | 🍷🍷 2* |
| ● Sicilia L'Ardenza '12 | 🍷🍷 4 |
| ● Sicilia Sole di Sesta '13 | 🍷🍷 4 |
| ● Sicilia Fatagione '13 | 🍷 3 |
| ○ Etna Bianco '11 | 🍷🍷🍷 3* |
| ● Etna Rosso '11 | 🍷🍷🍷 5 |
| ● Etna Rosso '07 | 🍷🍷🍷 5 |
| ● Etna Rosso '06 | 🍷🍷🍷 5 |
| ● Etna Rosso '05 | 🍷🍷🍷 5 |
| ● Etna Rosso Zottorinoto Ris. '11 | 🍷🍷🍷 8 |
| ● Sole di Sesta '00 | 🍷🍷🍷 5 |

## ★Cusumano

C.DA SAN CARLO
S.DA ST. LE 113 KM 307
90047 PARTINICO [PA]
TEL. +39 0918908713
www.cusumano.it

藏酒销售
预约参观
年产量 2 500 000 瓶
葡萄种植面积 520 公顷
可持续发展酒庄

阿尔伯托·库苏马诺（Alberto Cusumano）和迭戈·库苏马诺（Alberto Cusumano）的家族酒庄创建于21世纪之初，两人追随悠久的家庭酿造传统，很快就将库苏马诺酒庄发展成为享誉国际市场的知名酒庄，成为西西里岛酿酒业在全球的名片。库苏马诺酒庄出品无懈可击，风格现代，气质优雅，既能完美表达本地葡萄品种极富意趣的特质，又能精彩阐释国际葡萄品种，更忠于各自种植地块的风土条件。在库苏马诺家族的家乡帕基诺（Partinico），我们发现了酒庄跳动的心脏，美丽的现代化酒窖就是酒庄酿酒理念的直观表达。在今年的品鉴中，2014年份的阿尔塔莫拉白葡萄酒（Alta Mora Bianco）毫无争议地夺得“三杯奖”桂冠，它的香氛细腻而超然，吐露着优雅的花香，融入柑橘糖的甜美气息，更有白桃的缕缕果香飘散其间，底蕴中透露出淡淡燧石的醇香，精美口感与优雅香氛相得益彰，得到真正经典的酸度清爽酒骨的有力支撑。与此同时，2014年份的阿尔塔莫拉红葡萄酒（Alta Mora Rosso）洋溢着矿物质的醇香和香料的辛香，与白葡萄酒同样精美，难能可贵，口感精巧，单宁活跃，收口余韵绵长诱人。除此之外，诺阿（Noà）和萨格纳（Sàgana）的精彩表现也极大满足了我们的原有期待。

| | |
|---|---|
| ○ Etna Bianco Alta Mora '14 | 🍷🍷🍷 3* |
| ● Etna Rosso Alta Mora '14 | 🍷🍷 4 |
| ● Sicilia Sàgana '14 | 🍷🍷 4 |
| ○ Angimbé Tenuta Ficuzza '15 | 🍷🍷 3 |
| ● Benuara Tenuta Presti e Pegni '15 | 🍷🍷 3 |
| ○ Brut M. Cl. 700 '13 | 🍷🍷 4 |
| ● Sicilia Noà '14 | 🍷🍷 4 |
| ○ Sicilia Shamaris '15 | 🍷🍷 3 |
| ○ Moscato dello Zucco '10 | 🍷🍷🍷 5 |
| ● Noà '10 | 🍷🍷🍷 4* |
| ● Sàgana '12 | 🍷🍷🍷 4* |
| ● Sàgana '11 | 🍷🍷🍷 4* |
| ● Sàgana '09 | 🍷🍷🍷 4 |
| ● Sàgana '08 | 🍷🍷🍷 4 |
| ● Sàgana '07 | 🍷🍷🍷 4 |
| ● Sicilia Noà '13 | 🍷🍷🍷 4* |

## Di Giovanna

c.da San Giacomo
92017 Sambuca di Sicilia [AG]
Tel. +39 09251955675
www.di-giovanna.com

藏酒销售
预约参观
年产量 250 000 瓶
葡萄种植面积 50 公顷
葡萄栽培方式 有机认证

精美的迪乔凡纳酒庄（Di Giovanna）最早创建于19世纪下半叶，最近的主人是奥雷利奥·迪乔凡纳（Aurelio Di Giovanna）及其德国妻子芭芭拉（Barbara）。如今，他们的儿子甘特（Gunther）和克劳斯（Klaus）掌握着酒庄的经营和管理，将西西里岛的活力与日耳曼的严谨完美结合。迪乔凡纳酒庄及其葡萄园地处西西里亚萨姆布卡（Sambuca di Sicilia）和孔泰萨恩泰利纳（Contessa Entellina）周边，海拔高度达到400米至800米之间，受益于极大的昼夜温差。迪乔凡纳酒庄秉承有机栽培生产理念，今年推荐的系列酒品表现十分精彩。让我们从2015年份的格里洛（Grillo）开始，这款美味佳酿可饮性极强，难有匹敌，摇曳着诱人的青绿光晕，吐露着青杏仁和白李子的阵阵芬芳，和着紫藤的花香，底蕴中透露出淡淡矿物质的鲜香和盐的咸香。与此同时，2015年份的马斯卡斯奈莱洛吉宾诺罗萨托（Gerbino Rosato di Nerello Mascalese）品质令人信服，清爽宜人，果香果味丰盈优雅，展现出经典美酒的特质，散发着红色莓果的果香。

| | |
|---|---|
| ⊙ Gerbino Rosato Nerello Mascalese '15 | 🍷🍷 2* |
| ● Gerbino Rosso '14 | 🍷🍷 2* |
| ○ Grillo '15 | 🍷🍷 3 |
| ● Helios Rosso '14 | 🍷🍷 5 |
| ● Nero d'Avola '14 | 🍷🍷 3 |
| ○ Helios Bianco '15 | 🍷 3 |
| ○ Viognier '15 | 🍷 3 |
| ○ Grillo '14 | YY 2* |
| ○ Grillo '12 | YY 2* |
| ○ Helios '12 | YY 3* |
| ○ Helios Bianco '14 | YY 3 |
| ○ Helios Bianco '13 | YY 3 |
| ● Helios Rosso '12 | YY 3 |

## ★Donnafugata

via Sebastiano Lipari, 18
91025 Marsala [TP]
Tel. +39 0923724200
www.donnafugata.it

藏酒销售
预约参观
年产量 2 200 000 瓶
葡萄种植面积 338 公顷
可持续发展酒庄

于2017年5月10日不幸逝世的吉亚科莫·拉罗（Giacomo Rallo）是一位极富远见的企业家，个性直率而慷慨，是颇具昔日遗风的真正绅士。他于1983年创建了多娜佳塔酒庄（Donnafugata），后来经过不断发展，在孔泰萨恩泰利纳（Contessa Entellina）和潘泰莱利亚（Pantelleria）都拥有酒窖和庄园。酒庄的总部坐落于19世纪的古堡玛萨拉（Marsala），这里向游人开放，同时也是占地面积达到2000多平方米的巨大地下酒窖的所在，这座雄伟的酒窖竣工于2008年。吉亚科莫的妻子嘉比瑞拉·拉罗（Gabriella）以及他的儿子何塞（José）和安东尼奥（Antonio）继承了吉亚科莫未完的事业，安东尼奥更是最近被选举为意大利葡萄酒业联合会（Unione Italiana Vino）的全国主席。在今年的品鉴中，2014年份传奇的本莱系列（Ben Ryé）再创佳绩，一举夺下又一座值得纪念的“三杯奖”，展现出无可匹敌的饱满丰盈和浓郁集中，香氛优雅，口感活跃，收口余韵不可思议的绵长诱人。除此之外，吉亚科莫酿造的另外两款美酒也闯入了决赛圈：口感深邃、酒体饱满的2011年份米莱纳诺特（Milleunanotte）香氛优雅，浸润着美妙果味的口感与香氛相得益彰；以及2012年份的坦科莱迪（Tancredi），它成熟且极具个性，展现出上佳的浓郁集中和绵长精良的余韵。

| | |
|---|---|
| ○ Passito di Pantelleria Ben Ryé '14 | 🍷🍷🍷 7 |
| ● Contessa Entellina Milleunanotte '11 | 🍷🍷 7 |
| ● Tancredi '12 | 🍷🍷 5 |
| ○ Contessa Entellina Chardonnay La Fuga '15 | 🍷🍷 3 |
| ○ Contessa Entellina Chiarandà '13 | 🍷🍷 5 |
| ● Sicilia Angheli '13 | 🍷🍷 4 |
| ○ Sicilia Bianco V. di Gabri '14 | 🍷🍷 3 |
| ○ Sicilia Brut Donnafugata '12 | 🍷🍷 5 |
| ○ Sicilia Lighea '15 | 🍷🍷 3 |
| ● Sicilia Sherazade '15 | 🍷🍷 3 |
| ○ Sicilia Sursur '15 | 🍷 3 |
| ○ Passito di Pantelleria Ben Ryé '12 | YYY 7 |
| ● Tancredi '11 | YYY 5 |

## Duca di Salaparuta

via Nazionale, s.da st.le 113
90014 Casteldaccia [PA]
Tel. +39 091945201
www.duca.it

预约参观
年产量 9 000 000 瓶
葡萄种植面积 155 公顷
可持续发展酒庄

自从1824年起，萨拉帕鲁卡公爵酒庄（Duca di Salaparuta）的威名就传遍了全世界，这座名庄由维拉弗兰卡大公、神圣罗马帝国王子和萨拉帕鲁塔公爵约瑟佩·阿丽亚塔（Giuseppe Alliata）于1824年在卡斯泰尔达恰（Casteldaccia）创建，在接近两百年中对西西里岛酿酒业的发展起到了非常关键的作用。2001年，充满远见卓识的奥古斯托·雷纳（Augusto Reina）所有的萨伦诺ILLVA（ILLVA di Saronno）买下了这座名庄——此前这座名庄由当地政府长期经营管理，新主人同时还收购了另一座历史名庄马萨拉弗洛瑞奥（Florio of Marsala）。萨拉帕鲁卡公爵酒庄以两个著名的葡萄酒品牌为傲：科沃系列（Corvo）包含更加易于入口的创新美酒，萨拉帕鲁卡公爵系列（Duca di Salaparuta）则是酒庄偶像级品牌，出品忠诚反映瓦加斯第（Vajasindi）、苏尔玛琪萨（Suor Marchesa）和雷西格诺罗（Risignolo）等种植地的风土条件。在今年的品鉴中，2014年份的瓦格内拉白葡萄酒（Bianca di Valguarnera）表现精彩，气质清爽，一开启就一如既往地散发着橡木香气。与此同时，2015年份的伊玛纳弗洛瑞斯（Irmàna Floris）精美馥郁，这款本地葡萄品种打造的混酿散发着茉莉花的芬芳，融入白色果肉水果的果香，口感清新脆爽，令我们惊叹。除此之外，还有三款极富意趣的红葡萄酒值得推荐：以奈雷洛玛斯卡莱斯（Nerello Mascalese）酿造的2013年份瓦加斯第维克（Vajasindi Làvico）、2014年份的瓦加斯第纳瓦瑞黑比诺（Vajasindi Pinot Nero Nawàri）及2014年份的卡拉尼卡弗拉帕托西拉（Calanìca Frappato Syrah）。

- ○ Bianca di Valguarnera '14 TT 6
- ● Calanìca Frappato Syrah '14 TT 3
- ○ Colomba Platino Risignolo '15 TT 4
- ● Duca Enrico '12 TT 8
- ○ Irmàna Floris Corvo '15 TT 3
- ● Làvico Vajasindi '13 TT 3
- ● Nawàri Vajasindi '14 TT 6
- ● Triskelè '13 TT 5
- ● Duca Enrico '03 YYY 6
- ● Duca Enrico '01 YYY 6
- ● Duca Enrico '92 YYY 6
- ● Duca Enrico '90 YYY 6
- ● Duca Enrico '88 YYY 6
- ● Duca Enrico '86 YYY 6
- ● Duca Enrico '85 YYY 6
- ● Duca Enrico '84 YYY 6

## Tenuta di Fessina

c.da Rovittello
via Nazionale, 22 s.da st.le 120
95012 Castiglione di Sicilia [CT]
Tel. +39 0942395300
www.tenutadifessina.com

藏酒销售
预约参观
年产量 70 000 瓶
葡萄种植面积 15 公顷
可持续发展酒庄

来自托斯卡纳（Tuscan）的葡萄种植商西尔维娅·马斯特莱利（Silvia Maestrelli）在造访西西里岛时爱上了伊塔纳（Etna）这片土地，并于2007年买下了部分古老葡萄园中的小型种植地块，地处古老的18世纪葡萄榨汁作坊旁。在令人惊叹的自然风景以及这里极具潜力的酿酒机遇鼓舞下，西尔维娅的酒庄取得了迅速的进步，很快就生产出带有著名优雅气质和个性的美酒，费西纳酒庄（Tenuta di Fessina）也成为伊塔纳地区阐释发展新风潮的最佳酒庄之一。费西纳酒庄跳跃的绿色心脏拥有7公顷葡萄园，位于海拔670米，活了一个世纪的马斯卡斯奈莱洛（Nerello Mascalese）灌木整枝老藤掩映在两条由于火山喷发而缔造的河流之后。在今年的品鉴中，2014年份的普达拉（A' Puddara）展现出超高可饮性，酒质非常细腻，虽然表现非常精彩，但以毫厘之差遗憾地与"三杯奖"失之交臂。这款卡利坎特酒（Carricante）风味复杂，吐露着柑橘和苹果的缕缕果香，融入金雀花的阵阵花香，更有一抹白胡椒的辛香萦绕其间，随之而来的悦人口感清爽而热情，浸润着显著的矿物质醇浓滋味。与此同时，2015年份的厄斯白葡萄酒（Erse Bianco）精美优雅，犹如水晶般剔透，展现出强劲果味，散发着薰衣草的甜香，融入葡萄柚、青杏仁和咖喱草的阵阵芬芳。

- ○ Etna Bianco A' Puddara '14 TT 5
- ○ Etna Bianco Erse '15 TT 4
- ● Etna Rosso Erse '15 TT 4
- ● Laeneo Nerello Cappuccio '14 TT 3
- ⊙ Etna Rosato '15 T 3
- ○ Etna Bianco A' Puddara '13 YYY 5
- ○ Etna Bianco A' Puddara '12 YYY 5
- ○ Etna Bianco A' Puddara '11 YYY 5
- ○ Etna Bianco A' Puddara '10 YYY 5
- ○ Etna Bianco A' Puddara '09 YYY 5
- ● Etna Rosso Musmeci '07 YYY 6
- ● Ero '13 YY 3
- ● Etna Rosso Musmeci Ris. '11 YY 6
- ● Laeneo '13 YY 3

## Feudi del Pisciotto

c.da Pisciotto
93015 Niscemi [CL]
Tel. +39 09331930280
www.castellare.it

藏酒销售
预约参观
膳宿接待
年产量 200 000 瓶
葡萄种植面积 45 公顷

参观古老农庄的正中心的十八世纪葡萄酒压榨机，仿佛经历了一场时间旅行。它就位于保罗·帕奈莱（Paolo Panerai）的西西里岛酒庄，在经过精美绝伦的重建之后，如今已经发展成为优雅的葡萄酒度假胜地。保罗仅在五年前才开始对这座著名的西西里岛毕修图酒庄（Baglio del Pisciotto）进行全方位的重建，而且重建并不包括刚刚开张的一家餐厅。著名的酿酒师阿历桑德罗·塞莱（Alessandro Cellai）以照料花园的精心和细致来打理葡萄园，谨慎地避免过多修剪和塑形。随着时间的流逝，葡萄藤日益成熟，只有这样才能给予出品美酒想要的深邃质感。毕修图酒庄出品以优雅展现风土特质见长，这要归功于酒庄在精粹和橡木桶陈年阶段的细致工作。在今年的品鉴中，2012年份的巴蒂斯塔瓦利帕里维多利亚瑟拉索洛（Cerasuolo di Vittoria Giambattista Valli Paris）气质质朴，获得了今年的“三杯奖”。它吐露着香膏般的阵阵果香，带来优雅多汁的金桃娘和李子口感，跃动有力，惬意怡人，一路攀上辛辣的收口巅峰。除此之外，2014年份的米索尼赤霞珠（Cabernet Sauvignon Missoni）浓郁复杂，果味口感扎实，活跃鲜美，单宁结构均衡。

| | |
|---|---|
| ● Cerasuolo di Vittoria Giambattista Valli Paris '12 | 🍷🍷🍷 6 |
| ● Cabernet Sauvignon Missoni '14 | 🍷🍷 4 |
| ○ Passito Gianfranco Ferrè '14 | 🍷🍷 5 |
| ● Baglio del Sole Nero d'Avola '14 | 🍷🍷 2* |
| ○ Chardonnay Alberta Ferretti '14 | 🍷🍷 4 |
| ● Frappato Carolina Marengo Kisa '14 | 🍷🍷 4 |
| ● L'Eterno '14 | 🍷🍷 7 |
| ● Nero d'Avola Versace '14 | 🍷🍷 4 |
| ○ Tirsat Gurra di Mare '14 | 🍷🍷 4 |
| ● Baglio del Sole Merlot Syrah '14 | 🍷 2 |
| ● Cerasuolo di Vittoria Giambattista Valli Paris '11 | 🍷🍷🍷 6 |
| ● Cerasuolo di Vittoria Giambattista Valli Paris '09 | 🍷🍷🍷 6 |
| ● Frappato Carolina Marengo '11 | 🍷🍷🍷 4* |
| ● Nero d'Avola Versace '12 | 🍷🍷🍷 4* |

## Feudo Arancio

c.da Portella Misilbesi
92017 Sambuca di Sicilia [AG]
Tel. +39 0925579000
www.feudoarancio.it

藏酒销售
预约参观
年产量 800 000 瓶
葡萄种植面积 690 公顷

国际葡萄酒巨头麦扎科罗纳家族公司（Mezzacorona）初创于1904年，它的总部坐落于特伦蒂诺（Trentino），这座阿兰奇奥酒庄（Feudo Arancio）是麦扎科罗纳家族在西西里岛上的两座酒庄之一。酒庄临近阿兰奇奥湖（Lake Arancio），风景宜人，受到山风吹拂的种植地块占地面积达到广袤的240公顷；而阿卡特庄园（Acate）的占地面积更是达到了不可思议的450公顷，地处卓越的葡萄酒王国。阿兰奇奥酒庄出品风格直率现代，充分表达本地风土的潜力、使用可持续性发展的农业耕作技术、尊重环境并将对环境的影响降至最低、以及达到令人印象深刻的高产量数字，是酒庄得以成功的秘诀。在今年的品鉴中，2014年份的阿比斯伯爵（Barone d' Albius）给我们留下了十分深刻的印象，这款由格里洛（Grillo）、伊佐里亚（Inzolia）、泽比波（Zibibbo）、霞多丽（Chardonnay）和维欧尼（Viognier）混酿而成的美酒风味原始，吐露着杏的幽香，和着青杏仁的芬芳和地中海草本植物的清香，更有一抹桔子的甜美气息萦绕其间，随之而来的口感活跃怡人，清爽美味。我们还非常喜爱它的伙伴酒——2012年份的阿比斯伯爵红葡萄酒，这款以黑珍珠（Nero d' Avola）、西拉（Syrah）、赤霞珠（Cabernet Sauvignon）、黑比诺（Pinot Nero）和梅洛（Merlot）混酿而成的美酒饱满丰盈，个性十足。

| | |
|---|---|
| ○ Barone d'Albius '14 | 🍷🍷 5 |
| ● Barone d'Albius '12 | 🍷🍷 5 |
| ○ Dalila '14 | 🍷🍷 4 |
| ○ Hekate Passito '13 | 🍷🍷 5 |
| ○ Sicilia Grillo '15 | 🍷🍷 2* |
| ● Cantodoro '13 | 🍷 3 |
| ○ Inzolia '15 | 🍷 3 |
| ● Sicilia Nero d'Avola '15 | 🍷 3 |
| ● Sicilia Syrah '14 | 🍷 4 |
| ● Barone d'Albius '11 | 🍷🍷 5 |
| ● Cantadoro '12 | 🍷🍷 4 |
| ○ Dalila '13 | 🍷🍷 4 |
| ○ Dalila '12 | 🍷🍷 3 |
| ○ Hekate Passito '12 | 🍷🍷 5 |
| ○ Sicilia Grillo '14 | 🍷🍷 2* |

## Feudo Maccari

c.da Maccari
s.da prov.le Pachino-Noto km 13,500
96017 Noto [SR]
Tel. +39 0931596894
www.feudomaccari.it

藏酒销售
预约参观
年产量 167 000 瓶
葡萄种植面积 50 公顷
可持续发展酒庄

2000年，带着对西西里岛的热爱，带着对酿造伟大美酒不屈不挠的决心，托斯卡纳塞特珀蒂酒庄（Tenuta Sette Ponti）的主人安东尼奥・莫莱提（Antonio Moretti）来到这里，开启了新的酿酒冒险。玛卡瑞酒庄（Feudo Maccari）地处诺托（Noto）到帕奇诺（Pachino）之间，临近韦迪卡瑞（Riserva di Vendicari）。安东尼奥相信风土的自然力量，极为谨慎地保持传统，尤其是数个世纪的古老传统——这就是为什么玛卡瑞酒庄只采用灌木式整枝，几乎只种植黑珍珠（Nero d' Avola）和格里洛（Grillo）的由来。在今年的品鉴中，2014年份的萨亚黑珍珠（Nero d' Avola Saia）凭借卓越品质斩获"三杯奖"，吐露着优雅的果香，浓郁集中，散发着樱桃和黑莓般的风情，伴随着清爽的香膏芬芳和海风气息，随之而来的口感跃动有力，十分活跃，收口余韵绵长，令人向往。与此同时，我们还非常喜爱2014年份的玛哈瑞斯（Mahâris），这款西拉（Syrah）吐露着地中海草本植物的缕缕清香，融入香料的丝丝辛香，更有香膏芬芳带动紧致结构，收口余韵绵长精美。

| | |
|---|---|
| ● Saia '14 | 🍷🍷🍷 4* |
| ○ Family&Friends '15 | 🍷🍷 5 |
| ● Sicilia Syrah Mahâris '14 | 🍷🍷 5 |
| ○ Grillo '15 | 🍷🍷 2* |
| ● Nero d'Avola '15 | 🍷🍷 2* |
| ○ Sultana '13 | 🍷 5 |
| ● Saia '13 | 🍷🍷🍷 4* |
| ● Saia '12 | 🍷🍷🍷 4* |
| ● Saia '11 | 🍷🍷🍷 4* |
| ● Saia '10 | 🍷🍷🍷 4* |
| ● Saia '08 | 🍷🍷🍷 4* |
| ● Saia '07 | 🍷🍷🍷 4* |
| ● Saia '06 | 🍷🍷🍷 4 |
| ○ Grillo '14 | 🍷🍷 2* |
| ● Nero d'Avola '13 | 🍷🍷 2* |

## Feudo Montoni

c.da Montoni Vecchi
90144 Cammarata [AG]
Tel. +39 091513106
www.feudomontoni.it

藏酒销售
预约参观
年产量 205 000 瓶
葡萄种植面积 30 公顷
葡萄栽培方式 有机认证
可持续发展酒庄

早在遥远的1469年，蒙托尼酒庄（Feudo Montoni）的前身就坐落于西西里岛中心地带青葱的卡马拉塔山区（Cammarata），古老的农庄一直处于绿色的怀抱。直至今天，这里依然是蒙托尼酒庄跃动的心脏，占地面积达到80公顷的土地上种植橄榄树、大麦和葡萄藤，地处海拔500米至700米之间。蒙托尼家族于19世纪末买下了酒庄，被这里独一无二的自然美景和波动极大的昼夜温差所吸引。法比奥（Fabio）将这片土地的潜力充分发挥出来，令蒙托尼酒庄成为寻找个性美酒买家心中的典范酒庄。酒庄出品颇重自然风味，匠人工艺精心打造。在今年的品鉴中，蒙托尼家族酒庄推荐的美酒表现不俗，其中2012年份的弗卢卡拉黑珍珠（Nero d' Avola Vrucara）尤为出色，摇曳着迷幻的深红宝色泽，吐露着黑李子的浓郁果香，融入刺柏和莓果的芬芳，底蕴中透露出缕缕诱人的碘化物醇香。入口后感到跃动的活力口感，别具一格，生动活泼，收口余韵绵长，令人难忘。与此同时，2015年份的蒂姆帕园格里洛（Grillo Vigna della Timpa）展现出极高的可饮性，散发着柑橘的甜美果香，融入桔子和橙子的风味，十分美味。

| | |
|---|---|
| ● Nero d'Avola Vrucara '12 | 🍷🍷 5 |
| ○ Sicilia Grillo V. della Timpa '15 | 🍷🍷 3 |
| ○ Sicilia Inzolia dei Fornelli '15 | 🍷🍷 3 |
| ● Sicilia Nero d'Avola V. Lagnusa '14 | 🍷🍷 4 |
| ○ Sicilia Catarratto V. del Masso '15 | 🍷 2 |
| ⊙ Sicilia Nerello Mascalese Rose di Adele '15 | 🍷 2 |
| ○ Catarratto '11 | 🍷🍷 2* |
| ● Nero d'Avola Vrucara '10 | 🍷🍷 5 |
| ● Nero d'Avola Vrucara '09 | 🍷🍷 5 |
| ○ Sicilia Catarratto V. del Masso '13 | 🍷🍷 3 |
| ○ Sicilia Grillo V. della Timpa '14 | 🍷🍷 3 |
| ○ Sicilia Grillo V. della Timpa '13 | 🍷🍷 3 |
| ● Sicilia Nero d'Avola V. Lagnusa '13 | 🍷🍷 4 |
| ● Sicilia Perricone V. del Core '14 | 🍷🍷 3 |

## Feudo Principi di Butera

c.da Deliella
93011 Butera [CL]
Tel. +39 0934347726
www.feudobutera.it

藏酒销售
预约参观
年产量 900 000 瓶
葡萄种植面积 180 公顷
可持续发展酒庄

卓林集团（Zonin）于二十年前重建了这座西西里岛古老酒庄，使其恢复了往日的荣光。葡泰酒庄（Principi di Butera）位于卡尔塔尼塞塔（Caltanissetta）和阿格里真托（Agrigento）之间，占地面积达到广袤的350公顷，距离基拉湾（Gulf of Gela）只有几公里。2002年，现代化大型酒窖在重新整修后的农庄附近投入生产。葡萄的种植面积达到180公顷，需要持续不断的关注和打理，以保证葡萄藤不论在任何气候条件下都充满活力，种植地块位于海边，呈现石灰质土壤。葡萄园中的艰辛劳作为酿造美酒提供优质果实，带有显著的地中海风情。在这一季的品鉴酒品中，2014年份的德里雅拉黑珍珠（Nero d' Avola Deliella）再次回到角逐"三杯奖"的决赛圈，但是遗憾地以毫厘之差再次与大奖失之交臂。这款单一品种黑珍珠散发着诱人的浓郁酒香，香氛复杂饱满，一路引导出恢弘但并不具有压迫性的活力口感，收口余韵绵长美味。除此之外，2014年份的波尔多混酿西姆珀西奥（Symposio）也闯入了决赛，它是由赤霞珠（Cabernet Sauvignon）、梅洛（Merlot）和小味儿多（Petit Verdot）混酿而成的美酒，吐露着甜美的果香和优雅的酒香，随之而来的口感饱满华丽，余韵罕见地绵长美妙。

| | | |
|---|---|---|
| ● Sicilia Nero d'Avola Deliella '14 | 🍷🍷 | 6 |
| ● Symposio '14 | 🍷🍷 | 5 |
| ○ Sicilia Chardonnay '15 | 🍷🍷 | 3 |
| ● Sicilia Merlot '14 | 🍷🍷 | 3 |
| ● Sicilia Nero d'Avola '14 | 🍷🍷 | 2* |
| ● Sicilia Syrah '14 | 🍷🍷 | 3 |
| ● Sicilia Cabernet Sauvignon '14 | 🍷 | 3 |
| ○ Sicilia Insolia Serò '15 | 🍷 | 3 |
| ● Cabernet Sauvignon '00 | 🍷🍷🍷 | 5 |
| ● Deliella '12 | 🍷🍷🍷 | 6 |
| ● Deliella '05 | 🍷🍷🍷 | 6 |
| ● Deliella '02 | 🍷🍷🍷 | 7 |
| ● Deliella '00 | 🍷🍷🍷 | 6 |
| ● Sicilia Deliella '13 | 🍷🍷🍷 | 6 |

## ★Firriato

via Trapani, 4
91027 Paceco [TP]
Tel. +39 0923882755
www.firriato.it

藏酒销售
预约参观
年产量 6 000 000 瓶
葡萄种植面积 320 公顷
葡萄栽培方式 有机认证

迪格特诺家族（Di Gaetano）堪称这片土地的守护者。菲维雅托酒庄（Firriato）名下的土地绵延至西西里岛的两端，形成从伊塔纳（Etna）到法维尼亚纳（Favignana）的拱形地带，更不用说还包括特拉帕尼（Trapani）附近的乡村地带，是所有故事开始的地方。出产的美酒带有不会认错的独特风格，同时也没有牺牲各地风土的个性，对于自然环境展现出最大程度的尊重，采用有机栽培的方式打理葡萄园和酿造美酒，在每个生产环节都注重保护环境的可持续性发展。如今，酒庄主人萨尔瓦多·迪·格特诺（Salvatore di Gaetano）和温泽亚·迪·格特诺（Vinzia di Gaetano）得到女儿伊莲娜（Irene）和来自蒙特埃托鲁姆巴多的女婿弗雷德里克（Federico Lombardo di Monte Iato）的协助，共同经营管理酒庄。如果您踏上畅游菲维雅托酒庄之旅的行程，那首先要从位于孔特拉达维泽拉（Contrada Verzella）的卡瓦内拉（Cavanera）古老的葡萄压榨机开始，然后是法维尼亚纳空气清新的住宿房间，最后更有壮阔辉煌的巴格里奥索瑞亚度假村（Baglio Soria），为游客展现壮美的海景和河谷景色。2014年份的穆奇亚拉法维尼亚纳（Favinia La Muciara）收获了"三杯奖"，这款由格里洛（Grillo）、卡塔拉托（Catarratto）和泽比波（Zibibbo）混酿而成的美酒非常迷人，呈现典型品种葡萄特质，浓郁醇香，优雅深邃，果香诱人，这要感谢法维尼亚纳地区的独特风土和气候条件。除此之外，2014年份的哈蒙尼姆黑珍珠（Nero d' Avola Harmonium）以及同年份的伊塔纳洛夫德库尼干红葡萄酒（Etna Rosso Rovo delle Coturnie）都闯入了最后的决赛：前者风味复杂，结构紧致；后者别具一格，余韵绵长。

| | | |
|---|---|---|
| ○ Favinia La Muciara '14 | 🍷🍷🍷 | 5 |
| ● Etna Rosso Cavanera Rovo delle Coturnie '14 | 🍷🍷 | 5 |
| ● Harmonium '14 | 🍷🍷 | 5 |
| ○ Etna Bianco Cavanera Ripa di Scorciavacca '14 | 🍷🍷 | 5 |
| ● Favinia Le Sciabiche '12 | 🍷🍷 | 5 |
| ○ Favinia Passulè '12 | 🍷🍷 | 6 |
| ○ L'Ecrù '14 | 🍷🍷 | 5 |
| ○ Quater Bianco '15 | 🍷🍷 | 4 |
| ● Quater Rosso '14 | 🍷🍷 | 5 |
| ● Ribeca '14 | 🍷🍷 | 5 |
| ● Santagostino Rosso Baglio Sorìa '14 | 🍷🍷 | 4 |
| ● Harmonium '13 | 🍷🍷🍷 | 5 |
| ● Ribeca '10 | 🍷🍷🍷 | 5 |
| ● Santagostino Rosso Baglio Sorìa '12 | 🍷🍷🍷 | 4* |

## Cantine Florio

via Vincenzo Florio, 1
91025 Marsala [TP]
Tel. +39 0923781111
www.duca.it/cantineflorio

藏酒销售
预约参观
年产量 3 500 000 瓶

费罗里奥家族（Florio）的名字与玛萨拉（Marsala）以及西西里岛的历史紧密联系在一起已有184年之久，引导产区走向辉煌繁荣的时代——与萨拉帕鲁卡公爵酒庄（Duca di Salaparuta）一样，费罗里奥酒庄也隶属ILLVA集团。著名的酒窖拥有交错天顶，储藏室有数百年的历史，还配有一座顶级游客中心，从酒庄层层叠叠的梯田葡萄园向下眺望可以观海。费罗里奥酒庄的系列出品声望极高，洋溢着地中海阳光的热力芬芳，传统的种植地出产玛萨拉酒、甜酒和加强酒。在今年的品鉴中，2004年份的韦吉尼特莱阿塞（Vergine Terre Arse）凭借精彩表现闯入了“三杯奖”的决赛，它吐露着浓郁的酒香，香氛非常复杂，纯净细腻，引导出令人印象深刻的活跃口感，收口余韵绵长悠然。与此同时，从优雅度上而言，2005年份的1840年塞米塞克塔加超级陈酿（Targa 1840 Superiore Riserva Semisecco）与前一年份酒相比略显逊色；但是依然表现出独特的个性和丝滑的酒质。除此之外，2013年份的莫西德露丝（Morsi di Luce）由泽比波（Zibibbo）酿造而成，气质甜美，洋溢着陈年带来的橡木香气，一如既往地令人愉悦。

| | |
|---|---|
| ○ Marsala Vergine Terre Arse '04 | 🍷🍷 4 |
| ○ Ambar Moscato Liquoroso | 🍷🍷 3 |
| ○ Marsala Sup. Semisecco Ambra Donna Franca Ris. | 🍷🍷 6 |
| ○ Marsala Sup. Semisecco Targa 1840 Ris. '05 | 🍷🍷 4 |
| ○ Morsi di Luce '13 | 🍷🍷 5 |
| ○ Passito di Pantelleria '14 | 🍷🍷 6 |
| ○ Marsala Sup. Vecchio Florio Secco '12 | 🍷 3 |
| ○ Oxydia | 🍷 3 |
| ○ Pantelleria Passito Liquoroso Zighidì '13 | 🍷 4 |
| ○ Marsala Sup. Semisecco Targa 1840 Ris. '04 | 🍷🍷🍷 4* |
| ○ Marsala Sup. Vecchio Florio '11 | 🍷🍷 2* |
| ○ Marsala Vergine Baglio Florio '02 | 🍷🍷 5 |
| ○ Morsi di Luce '12 | 🍷🍷 4 |
| ○ Passito di Pantelleria '12 | 🍷🍷 6 |

## Graci

loc. Passopisciaro
c.da Feudo di Mezzo
95012 Castiglione di Sicilia [CT]
Tel. +39 3487016773
www.graci.eu

藏酒销售
预约参观
年产量 65 000 瓶
葡萄种植面积 18 公顷
葡萄栽培方式 有机认证

虽然阿尔伯托·格拉西（Alberto Graci）还比较年轻，但是他已经自视为伊塔纳产区（Etna）酿造新风潮的先锋人物，只用了几年的时间就将格拉西酒庄推到了整个产区巅峰酒庄的地位。酒庄葡萄园分布在六个不同地区，海拔高度从650米到1000米不等。格拉西酿造的佳酿气质优雅，充分展现出产地特质，通过坚持有机栽培方式令美酒品质更上一层楼，在酒窖中的酿造活动非常注重限制人工干预的程度，只在水泥池和大型橡木桶中陈年。在今年的品鉴中，2014年份的费多迪梅佐伊塔纳干红葡萄酒（Etna Rosso Feudo di Mezzo）吐露着显著的矿物质醇香，香氛扑鼻，但是同时也洋溢着红莓果和玫瑰花茶的饱满芬芳，活力四射的口感与香氛相得益彰，得到丝滑单宁的支持，收口余韵绵长而优雅。同样闯入最终决赛的还有别具一格、风味独特的2014年份阿库瑞亚伊塔纳干红葡萄酒（Etna Rosso Arcurìa），它洋溢着成熟的阵阵果香，底蕴中透露出丝丝矿物质的醇香和香膏的芬芳，入口深邃浓郁，结构紧致。

| | |
|---|---|
| ● Etna Rosso Arcurìa '14 | 🍷🍷 6 |
| ● Etna Rosso Feudo di Mezzo '14 | 🍷🍷 6 |
| ○ Etna Bianco '15 | 🍷🍷 3 |
| ○ Etna Bianco Arcuria '14 | 🍷🍷 6 |
| ⊙ Etna Rosato '15 | 🍷🍷 3 |
| ● Etna Rosso '14 | 🍷🍷 3 |
| ○ Etna Bianco '10 | 🍷🍷🍷 4* |
| ○ Etna Bianco Arcuria '11 | 🍷🍷🍷 5 |
| ○ Etna Bianco Quota 600 '10 | 🍷🍷🍷 5 |
| ● Etna Rosso Arcurìa '13 | 🍷🍷🍷 6 |
| ● Etna Rosso Arcurìa '12 | 🍷🍷🍷 6 |
| ○ Etna Bianco '14 | 🍷🍷 3* |
| ○ Etna Bianco Arcuria '12 | 🍷🍷 6 |
| ⊙ Etna Rosato '14 | 🍷🍷 3 |

## Gulfi

C.DA PATRIA
97012 CHIARAMONTE GULFI [RG]
TEL. +39 0932921654
www.gulfi.it

藏酒销售
预约参观
膳宿接待
年产量 280 000 瓶
葡萄种植面积 70 公顷
葡萄栽培方式 有机认证

1996年，在漂泊法国和意大利北部多年后，维托·卡塔尼亚（Vito Catania）重新唤起了自己对于故乡和传统的热爱，决定回到古妃酒庄（Gulfi）著名的葡萄园生活和工作。他决定将注意力集中在本地葡萄品种之上。酒庄从帕奇诺（Pachino）到伊塔纳（Etna）之间的各处种植地块风土细腻，条件迥异；还一直采用环境可持续发展方法打理酒庄生产，从一开始就决定所有农耕都必须严格地遵守有机原则进行。选取灌木式剪枝系统是为了尽可能地持久展现品种和风土的原始特色，同时还不会丧失该年份气候给酒品带来的独一无二的特征；放弃人工灌溉，进行手工采收。如此打造出的美酒具有强烈的个性，令古妃酒庄成为令人艳羡的潮流酒庄。在今年的品鉴中，我们尤其喜爱帕奇诺庄2011年份的内罗玛卡瑞黑珍珠（Nero d' Avola Neromàccarj），它摇曳着浓郁的红宝石色泽，吐露着黑莓般迷人的果香，融入紫罗兰的幽然花香，和着甘草和奎宁的醇香气息，随之而来的是有嚼劲且馥郁的果味口感，收口余韵和谐绵长。除此之外，我们还对2012年份的皮诺（Pinò）留下深刻印象，它的口感紧致成熟，是以伊塔纳出产的黑比诺（Pinot Nero）打造而成。

| | |
|---|---|
| ● Neromàccarj '11 | 🍷🍷 6 |
| ● Pinò '12 | 🍷🍷 8 |
| ⊙ Rosà '15 | 🍷🍷 3 |
| ● Nerobaronj '11 | 🍷 5 |
| ● Nerobufaleffj '11 | 🍷 6 |
| ● Nerosanlorè '11 | 🍷 6 |
| ● Nerobufaleffj '07 | 🍷🍷🍷 5 |
| ● Neromàccarj '08 | 🍷🍷🍷 6 |
| ● Neromàccarj '07 | 🍷🍷🍷 5 |
| ● Neromàccarj '04 | 🍷🍷🍷 5 |
| ● Nerosanlorè '05 | 🍷🍷🍷 5 |
| ● Nerobufaleffj '09 | 🍷🍷 6 |
| ● Neromàccarj '10 | 🍷🍷 6 |
| ○ Sicilia Carjcanti '12 | 🍷🍷 5 |
| ○ Valcanzjria '13 | 🍷🍷 3 |

## Hauner

LOC. SANTA MARIA
VIA G.GRILLO, 61
98123 MESSINA
TEL. +39 0906413029
www.hauner.it

藏酒销售
预约参观
年产量 80 000 瓶
葡萄种植面积 18 公顷

萨里纳岛（Salina）在经典时代被称为迪戴姆岛（Didyme），是一座自然环境艰险、美景夺目的小岛，两座火山对于本地酿造业提出了严峻的挑战。不过最终酿出的美酒非常悦人——如同传奇的利帕瑞玛尔维萨（Malvasia delle Lipari），一款几乎被遗忘的十九世纪中期美酒。这款传奇甜酒能够得以保存主要归功于卡洛·豪纳（Carlo Hauner）的不懈努力，当这位著名的艺术家于20世纪60年代来到这里度假的时候，一眼就爱上了这片土地，爱上了从水面拔地而起的壮美火山以及这里出产的葡萄酒。十年后，卡洛决定搬到这里，通过现代化的栽培采摘和酿造方法，投身向全世界推广本地迷人甜美的地产葡萄酿造的美酒事业中来。他的儿子小卡洛·豪纳（Carlo Hauner Junior）以其过人的天赋和热情，继承了父亲的事业，推动酒庄的发展。2013年份的卡洛豪纳帕西多甜酒陈酿（Passito Riserva Carlo Hauner）跻身今年"三杯奖"的决赛，它的香氛复杂而饱满，吐露着杏干的芬芳，融入角豆和桔皮的香气，底蕴中透露出秋叶的优雅芳香，更有略苦的草本植物气息萦绕其间。入口和谐浓郁，口感甜美，收口余韵绵长。2014年份的锡拉（Hierà）由卡拉布雷塞（Calabrese）、阿利坎特（Alicante）和诺塞拉（Nocera）混酿而成，展露出优雅成熟的果香。2014年份的萨里纳红葡萄酒（Salina Rosso）也十分诱人。

| | |
|---|---|
| ○ Malvasia delle Lipari Passito Carlo Hauner Ris. '13 | 🍷🍷 8 |
| ● Hierà '14 | 🍷🍷 3 |
| ○ Malvasia delle Lipari Passito '14 | 🍷🍷 5 |
| ● Salina Rosso '14 | 🍷🍷 2* |
| ○ Iancura '15 | 🍷 2 |
| ○ Malvasia delle Lipari '14 | 🍷 5 |
| ○ Salina Bianco '15 | 🍷 2 |
| ○ Salina Bianco Carlo Hauner '14 | 🍷 2 |
| ○ Malvasia delle Lipari Ris. '11 | 🍷🍷🍷 8 |
| ○ Malvasia delle Lipari Ris. '10 | 🍷🍷🍷 8 |
| ● Hierà '13 | 🍷🍷 3 |
| ○ Malvasia delle Lipari Passito '13 | 🍷🍷 6 |
| ○ Malvasia delle Lipari Passito Carlo Hauner '12 | 🍷🍷 6 |

## Morgante

c.da Racalmare
92020 Grotte [AG]
Tel. +39 0922945579
www.morgantevini.it

藏酒销售
预约参观
年产量 310 000 瓶
葡萄种植面积 52 公顷

格罗特（Grotte）的乡间风景壮美，临近大海和泰普利谷（Valle dei Templi），漫山遍野覆盖着杏树和橄榄丛，河谷地带种植着麦田，还有些被废弃的硫矿见证着过往的极难时刻。莫尔甘特家族（Morgante）世代生活在这片土地上，海拔350米至500米之间的这片土地是黑珍珠葡萄（Nero d' Avola）的理想生长地，莫尔甘特非常擅长种植和酿造黑珍珠，出产美酒个性十足。莫尔甘特酒庄的葡萄园占地面积达到50公顷，绵延分布在方圆30公里的小城和乡间。这里的土壤富含石灰黏土，得益于变化激烈的昼夜温差，使这里唯一栽培的黑葡萄品种充分展现出品种特有的芬芳和无法错认的地中海风格。2014年份的唐安东尼奥黑珍珠（Nero d' Avola Don Antonio）今年表现非常出众，凭借卓越水准跻身“三杯奖”决赛，它的香气深邃浓郁，口感独具个性，散发着缕缕辛香，融入土壤的气息和成熟的李子香，和着淡淡的桃金娘的风味，一路引领出优雅华美的口感，得到活跃惬意的单宁作为支撑。今年紧随其后的美酒是2014年份的黑珍珠（Nero d' Avola），清爽芬芳，果香浓郁而脆爽，口感柔美，单宁滑顺。

| | | |
|---|---|---|
| ● Sicilia Nero d'Avola Don Antonio '14 | 🍷🍷 | 6 |
| ○ Bianco di Morgante '15 | ▼▼ | 3 |
| ● Sicilia Nero d'Avola '14 | ▼▼ | 2* |
| ● Don Antonio '07 | ▽▽▽ | 4 |
| ● Don Antonio '06 | ▽▽▽ | 4 |
| ● Don Antonio '03 | ▽▽▽ | 4 |
| ● Don Antonio '02 | ▽▽▽ | 4 |
| ● Don Antonio '01 | ▽▽▽ | 4 |
| ● Don Antonio '00 | ▽▽▽ | 5 |
| ● Don Antonio '99 | ▽▽▽ | 5 |
| ● Don Antonio '98 | ▽▽▽ | 5 |
| ○ Bianco di Morgante '14 | ▽▽ | 2* |
| ● Sicilia Nero d'Avola '13 | ▽▽ | 2* |
| ● Sicilia Nero d'Avola '12 | ▽▽ | 2* |
| ● Sicilia Nero d'Avola Don Antonio '13 | ▽▽ | 5 |

## Cantine Nicosia

via Luigi Capuana, 65
95039 Trecastagni [CT]
Tel. +39 0957806767
www.cantinenicosia.it

藏酒销售
预约参观
餐饮接待
年产量 1 800 000 瓶
葡萄种植面积 240 公顷
葡萄栽培方式 有机认证
可持续发展酒庄

尼科西亚家族（Nicosia）在伊塔纳（Etna）从事葡萄酒生产已经有119年，尼科西亚酒庄的核心位于海拔700米的特雷卡斯塔尼（Trecastagni），在这里可以眺望壮丽的景色，酒庄还配有诱人的葡萄酒旅游中心和农业博物馆。除此之外，酒庄在更南端的博尼康特拉（Bonincontro）的塞拉索罗维托里亚DOC产区（Cerasuolo di Vittoria）还拥有一片规模巨大的古老地产，其中包括一座古老的农场和酿酒场，葡萄园总种植面积达到240公顷。酒庄出品系列广泛，不仅包括有机美酒，还包括得到认证的系列素食美酒。在今年的品鉴中，2010年份的索斯塔特莱桑迪黑珍珠（Sosta Tre Santi）勇夺大奖，这款美酒以黑珍珠（Nero d' Avola）添加15%的西拉（Syrah）混酿而成，酿造果实来自维托里亚的葡萄园。它的香气浓郁而复杂，极富意趣，展现出卓越的酒体和细腻的酒质，美妙的口感与香氛相映成趣，收口感受绵长集中，令人心满意足。与此同时，2012年份的格纳山庄（Contrada Monte Gorna）新酒是一款令人惊艳的伊塔纳白葡萄酒（Etna Bianco），吐露着成熟的柑橘香，口感清爽，富含矿物质，只是遗憾错过夺取大奖的机会。

| | | |
|---|---|---|
| ● Nero d'Avola Sosta Tre Santi '10 | 🍷🍷🍷 | 5 |
| ○ Etna Bianco Contrada Monte Gorna '12 | ▼▼ | 6 |
| ○ Etna Bianco Fondo Filara '15 | ▼▼ | 4 |
| ● Etna Rosso Fondo Filara '13 | ▼▼ | 4 |
| ● Sicilia Nerello Mascalese Fondo Filara '14 | ▼▼ | 3 |
| ● Cerasuolo di Vittoria Cl. Fondo Filara '13 | ▼ | 4 |
| ○ Etna Brut Sosta Tre Santi Collezione di Famiglia '13 | ▼ | 5 |
| ● Sicilia Frappato Fondo Filara '15 | ▼ | 3 |
| ● Cerasuolo di Vittoria Cl. Fondo Filara '12 | ▽▽ | 4 |
| ● Etna Rosso Fondo Filara '12 | ▽▽ | 4 |
| ● Nerello Mascalese Sosta Tre Santi '10 | ▽▽ | 5 |
| ● Nero d'Avola Sosta Tre Santi '09 | ▽▽ | 5 |
| ● Sicilia Frappato '14 | ▽▽ | 3 |
| ● Sicilia Nerello Mascalese Fondo Filara '13 | ▽▽ | 3 |

## Occhipinti

s.da prov.le 68 Vittoria-Pedalino km 3,3
97019 Vittoria [RG]
Tel. +39 09321865519
www.agricolaocchipinti.it

藏酒销售
预约参观
年产量 130 000 瓶
葡萄种植面积 22 公顷
葡萄栽培方式 有机认证
可持续发展酒庄

搬往新建酒庄的工作终于完成，阿里安娜·欧奇皮提（Arianna Occhipinti）终于可以将这段转型时期工作放下，全心全意回到她热爱的葡萄栽培中来。在新建的现代化大型酒窖中，阿里安娜可以更加便捷地酿造心目中理想的美酒，将维托里亚（Vittoria）肥沃的土壤与法拉帕托（Frappato）和黑珍珠（Nero d' Avola）等本地葡萄品种的特性完美结合起来，不同品种的葡萄藤通过西西里岛典型的干石墙隔开。坚守维持生物多样性、保护环境可持续性发展的原则，阿里安娜只采用有机方式栽培植株；为了完美保存酒品的风土特性和品种葡萄特质，在酒窖中的酿造活动中，人工干预的程度被控制在最低水平。在今年的品鉴中，2015年份的SP68系列红葡萄酒（SP 68 Rosso）斩获了"三杯奖"，这款由黑珍珠与法拉帕托混酿而成的美酒吐露着红莓果精美的果香，融入芳香植物的缕缕清香，清爽的酸度带来优雅怡人且惬意的口感。与此同时，2014年份的法拉帕托（Il Frappato）也凭借卓越表现从诸多酒庄推荐美酒中脱颖而出，它鲜美异常，果味甜美，余韵精良，散发着地中海灌木丛的热烈香气，融入红莓果的缕缕果香，更有春天繁花的芳香飘散其间。

| | | |
|---|---|---|
| ● SP 68 Rosso '15 | 🍷🍷🍷 | 3* |
| ● Il Frappato '14 | 🍷🍷 | 6 |
| ● Siccagno '13 | 🍷🍷 | 6 |
| ○ SP 68 Bianco '15 | 🍷 | 3 |
| ● Il Frappato '12 | 🍷🍷🍷 | 5 |
| ● Il Frappato '11 | 🍷🍷🍷 | 5 |
| ● Il Frappato '13 | 🍷🍷 | 6 |
| ● Il Frappato '10 | 🍷🍷 | 4 |
| ● Siccagno '12 | 🍷🍷 | 6 |
| ● Siccagno '11 | 🍷🍷 | 5 |
| ○ SP 68 Bianco '14 | 🍷🍷 | 3 |
| ○ SP 68 Bianco '13 | 🍷🍷 | 4 |
| ○ SP 68 Bianco '12 | 🍷🍷 | 4 |
| ● SP 68 Rosso '14 | 🍷🍷 | 3 |
| ● SP 68 Rosso '13 | 🍷🍷 | 3 |
| ● SP 68 Rosso '12 | 🍷🍷 | 3 |

## ★Palari

loc. Santo Stefano Briga
c.da Barna
98137 Messina
Tel. +39 090630194
www.palari.it

年产量 50 000 瓶
葡萄种植面积 7 公顷

建筑家、修建者和美食美酒专家萨尔瓦托·格莱西（Salvatore Geraci）的故事很值得与大家分享。20世纪80年代末，朋友吉诺·韦隆奈利（Gino Veronelli）鼓励年轻的萨尔瓦托追求理想——拯救辉煌的、经历了时间考验的法罗（Faro）DOC产区免于被人们遗忘并最终灭绝。萨尔瓦托和他的兄弟詹姆皮埃罗（Giampiero）接手了地处陡峭山坡上的7公顷古老灌木式整枝葡萄园，墨西拿海峡（Straits of Messina）难以预计的海风不时吹拂这里。1990年，在18世纪建筑基础上扩展的家庭酒庄酿出了第一季帕拉里法罗酒（Faro Palari），很快就提升为享誉全球的美酒。在酒窖中延长陈年一年显然令2012年份法罗（Faro）受益良多，也为酒庄再捧回一座"三杯奖"奖杯，令该系列美酒的荣誉册上再增辉煌，这样的成绩几乎没有其他系列可以匹敌。它吐露着复杂的第三类香气，散发着草莓果酱和蜜桃的甜美果香，融入辛辣的甜香，更有烟草、皮革和熏香的气息混合飘散，带来丝滑浓郁的口感，优雅扎实，收口余韵不可思议的绵长。除此之外，2014年份的索普莱诺干红葡萄酒（Rosso del Soprano）表现成熟，浓郁馥郁，结构上佳。

| | | |
|---|---|---|
| ● Faro Palari '12 | 🍷🍷🍷 | 6 |
| ● Rosso del Soprano '14 | 🍷🍷 | 4 |
| ● Faro Palari '11 | 🍷🍷🍷 | 6 |
| ● Faro Palari '09 | 🍷🍷🍷 | 6 |
| ● Faro Palari '08 | 🍷🍷🍷 | 6 |
| ● Faro Palari '07 | 🍷🍷🍷 | 6 |
| ● Faro Palari '06 | 🍷🍷🍷 | 6 |
| ● Faro Palari '05 | 🍷🍷🍷 | 6* |
| ● Faro Palari '04 | 🍷🍷🍷 | 7 |
| ● Faro Palari '03 | 🍷🍷🍷 | 6 |
| ● Faro Palari '02 | 🍷🍷🍷 | 6 |
| ● Faro Palari '01 | 🍷🍷🍷 | 6 |
| ● Rosso del Soprano '11 | 🍷🍷🍷 | 4* |
| ● Rosso del Soprano '10 | 🍷🍷🍷 | 4* |
| ● Rosso del Soprano '07 | 🍷🍷🍷 | 4 |

## Carlo Pellegrino

VIA DEL FANTE, 39
91025 MARSALA [TP]
TEL. +39 0923719911
www.carlopellegrino.it

藏酒销售
预约参观
年产量 6 900 000 瓶
葡萄种植面积 150 公顷
可持续发展酒庄

这座著名酒庄组成了西西里岛葡萄酒历史中最奇幻的部分，由保罗·佩勒吉瑞诺（Paolo Pellegrino）于1880年创立。这座坐落于玛萨拉（Marsala）的古老酒庄在创始人的后世子孙保罗·佩勒吉瑞诺（Paolo Pellegrino）的打理下，发展得坚实而稳健，在意大利国内市场和国际市场都取得了佳绩，最初着力于玛萨拉，很快就增加了各种类型酒，但是都拥有无可置疑的高品质。酿造专家彼得罗·阿拉格纳（Pietro Alagna）和本尼德托·瑞恩达（Benedetto Renda）分别担任今天酒庄的主席和总经理，实施酒庄家族第六代传人保罗的新理念和新主意。2013年份的崔普蒂姆红葡萄酒（Tripudium Rosso）斩获了今年的“三杯奖”，这款由西西里岛本地葡萄品种与国际品种混酿而成的美酒赢得了我们的青睐。它吐露着浓郁的红莓果香，黑胡椒的缕缕辛香飘散其间，更有玫瑰花瓣的醇香缭绕，和着刺柏的芬芳。入口热辣深邃，十分诱人，酒质优雅均衡，单宁华美。我们还同样非常喜爱2014年份的奈斯帕西多甜酒（Passito Nes），它清爽而甜美，口感新鲜，浸润着无花果和大枣的美味。

| | | |
|---|---|---|
| ● Tripudium Rosso Duca di Castelmonte '13 | 🍷🍷🍷 | 5 |
| ○ Passito di Pantelleria Nes Duca di Castelmonte '14 | 🍷🍷 | 5 |
| ○ Gibelè Duca di Castelmonte '15 | ▼▼ | 2* |
| ○ Marsala Sup. Oro Dolce Ris. | ▼▼ | 3 |
| ○ Marsala Sup. Ambra Semisecco Ris. '85 | ▽▽▽ | 4* |
| ○ Marsala Vergine Ris. '81 | ▽▽▽ | 6 |
| ○ Passito di Pantelleria Nes '09 | ▽▽▽ | 5 |
| ● Tripudium Rosso Duca di Castelmonte '09 | ▽▽▽ | 4* |
| ○ Gibelè Duca di Castelmonte '14 | ▽▽ | 2* |
| ○ Marsala Vergine Ris. '00 | ▽▽ | 6 |
| ○ Passito di Pantelleria Nes '12 | ▽▽ | 5 |

## Pietradolce

FRAZ. SOLICCHIATA
C.DA RAMPANTE
95012 CASTIGLIONE DI SICILIA [CT]
TEL. +39 3484037792
www.pietradolce.it

年产量 28 000 瓶
葡萄种植面积 13 公顷

以火山石垒砌的可爱地下酒窖，屋顶上覆盖着一层土，种满了从内布洛狄山（Nebrodi）和伊塔纳地区（Etna）精选的地中海植物，这就是马里奥·法罗（Mario Faro）和米歇尔·法罗（Michele Faro）两兄弟最近完成的建设项目。兄弟俩的酿造灵感来自于祖父母，他们小的时候就一直看到祖父母在这片土地上劳作，并使两兄弟认识了高山葡萄酒穆塔格纳（Muntagna）。在短短几年的时间里，皮埃特拉多斯（Pietradolce）这座活跃的小型酒庄就发展成为伊塔纳地区的典范酒庄之一，更是凭借匠人风格和优雅美酒享誉整个西西里岛甚至全世界。在今年的品鉴中，2013年份的巴巴格里葡萄园系列酒（Vigna Barbagalli）表现精彩，一举夺得“三杯奖”。这款以马斯卡斯奈莱洛（Nerello Mascalese）打造的佳酿极具可饮性，酒质卓越，吐露着紫罗兰的优雅香气，融入成熟的莓果香，更有缕缕辛香飘散其间，百里香和鼠尾草的芬芳缭绕，入口后更加确定鲜美的果味，单宁如同丝绸般柔滑，收口余韵美妙绵长。紧随其后的是2014年份的阿奇内瑞（Archineri），它浓郁美妙，酒质深邃，展现出极佳的平衡度。

| | | |
|---|---|---|
| ● Etna Rosso V. Barbagalli '13 | 🍷🍷🍷 | 8 |
| ● Etna Rosso Archineri '14 | 🍷🍷 | 6 |
| ○ Etna Bianco Archineri '15 | ▼▼ | 6 |
| ○ Etna Bianco Pietradolce '15 | ▼▼ | 4 |
| ● Etna Rosso Contrada Rampante '14 | ▼▼ | 6 |
| ● Etna Rosso Pietradolce '15 | ▼▼ | 4 |
| ● Etna Rosso Archineri '10 | ▽▽▽ | 5 |
| ● Etna Rosso Archineri '08 | ▽▽▽ | 3* |
| ● Etna Rosso Archineri '07 | ▽▽▽ | 3* |
| ● Etna Rosso V. Barbagalli '12 | ▽▽▽ | 8 |
| ● Etna Rosso V. Barbagalli '11 | ▽▽▽ | 8 |
| ● Etna Rosso V. Barbagalli '10 | ▽▽▽ | 8 |
| ○ Etna Bianco Pietradolce '14 | ▽▽ | 4 |

## ★★Planeta

C.DA DISPENSA
92013 MENFI [AG]
TEL. +39 091327965
www.planeta.it

预约参观
膳宿接待
年产量 2 300 000 瓶
葡萄种植面积 390 公顷
可持续发展酒庄

1985年，在这片土地上耕耘了数个世纪的普罗内塔家族（Planeta）在阿兰奇奥湖（Lake Arancio）湖畔的乌尔莫庄园（Ulmo）附近种下了第一座葡萄园，十年后又在此地创建了自己的酒庄。此后，普罗内塔酒庄飞速发展，在整个西西里岛大幅扩张种植地块，所有地块都处于最佳种植区：包括蒙菲（Menfi）、萨姆布卡（Sambuca）、诺托（Noto）、维托里亚（Vittoria）、伊塔纳（Etna）和卡珀米拉佐（Capo Milazzo），每一处都有独立的酒窖和酿酒团队，分别出产凸显该风土特质的美酒，同时推广当地文化和传统，将艺术、待客、沟通交流、社会责任和环境的可持续发展等作为核心价值观。在这次推荐的2014年份酒中，传统多瑞利（Classico Dorilli）第三次蝉联“三杯奖”。这款自然精美的佳酿吐露着难以抵御的果香，融入青草的缕缕清香，和着矿物质的醇香，随之而来的口感活跃清爽，精美怡人，收口余韵给人留下深刻印象。除此之外，2014年份的诺托帕西多甜酒（Passito di Noto）也凭借卓越表现跻身决赛，它浓郁而和谐；同样晋级决赛的还有2011年份的布登斯赤霞珠（Cabernet Burdese），成熟复杂，口感惬意。

| | |
|---|---|
| ● Cerasuolo di Vittoria Cl. Dorilli '14 | 🍷🍷🍷 3* |
| ● Burdese '11 | 🍷🍷 4 |
| ○ Passito di Noto '14 | 🍷🍷 5 |
| ● Cerasuolo di Vittoria '14 | 🍷🍷 3 |
| ○ Menfi Chardonnay '14 | 🍷🍷 5 |
| ○ Menfi Fiano Cometa '15 | 🍷🍷 5 |
| ○ Noto Moscato Bianco '15 | 🍷🍷 3 |
| ● Noto Santa Cecilia '13 | 🍷🍷 5 |
| ○ Sicilia Carricante Eruzione 1614 '15 | 🍷🍷 4 |
| ● Sicilia Merlot Sito dell'Ulmo '13 | 🍷🍷 5 |
| ● Sicilia Nerello Mascalese Eruzione 1614 '14 | 🍷🍷 4 |
| ● Vittoria Frappato '15 | 🍷🍷 3 |
| ● Cerasuolo di Vittoria Cl. Dorilli '13 | 🍷🍷🍷 3* |
| ● Cerasuolo di Vittoria Cl. Dorilli '12 | 🍷🍷🍷 3* |
| ● Noto Santa Cecilia '10 | 🍷🍷🍷 5 |

## Poggio di Bortolone

FRAZ. ROCCAZZO
VIA BORTOLONE, 19
97010 CHIARAMONTE GULFI [RG]
TEL. +39 0932921161
www.poggiodibortolone.it

藏酒销售
预约参观
膳宿接待
年产量 80 000 瓶
葡萄种植面积 15 公顷
可持续发展酒庄

克森扎家族（Cosenza）在两百多年的时间里一直在基亚拉蒙泰古尔菲（Chiaramonte Gulfi）从事葡萄的种植和葡萄酒的酿造工作，这里正是帕拉帕拉河（Para Para）与马扎隆内罗河（Mazzarronello）交汇之处。波托隆酒庄（Poggio di Bortolone）现代化的农场相比较而言较新，于四十年前开始装瓶销售所酿造的美酒——至今依然是酒庄的旗舰美酒，这要感谢现任庄主皮耶路易吉·克森扎（Pierluigi Cosenza）的父亲因格纳佐·克森扎（Ignazio Cosenza）当时做出的明智决定。酒庄出品从一开始就展现出卓越的持久品质和传统风格，完美表现本地风土和葡萄品种的特性。2012年份的帕拉帕拉系列美酒（Il Para Para）质朴而优雅，在今年的品鉴中表现出色，吐露着香膏般的芬芳，融入辛辣的酒香，入口浸润着浓郁的果味，精美的酸性酒骨几乎无法控制，质地紧密而精美的单宁做为支撑。与此同时，2013年份的波托隆酒庄系列（Poggio di Bortolone）忠诚反映出生长季的客观条件，由于气候比往年更热，果实更加成熟，同时并没有牺牲掉细腻的口感。尽管香氛略显果酱气息，但是依然保持了清爽而活跃的果味口感，收口余韵绵长悠然。

| | |
|---|---|
| ● Cerasuolo di Vittoria Cl. Poggio di Bortolone '13 | 🍷🍷 3* |
| ● Cerasuolo di Vittoria Il Para Para '12 | 🍷🍷 4 |
| ● Addamanera '14 | 🍷🍷 2* |
| ● Cerasuolo di Vittoria Cl. Contessa Costanza '13 | 🍷🍷 3 |
| ● Petit Verdò '14 | 🍷🍷 3 |
| ● Sicilia Rosso Pigi '14 | 🍷🍷 5 |
| ● Vittoria Frappato '15 | 🍷🍷 2* |
| ⊙ Rosato '15 | 🍷 2 |
| ● Cerasuolo di Vittoria V. Para Para '05 | 🍷🍷🍷 4 |
| ● Cerasuolo di Vittoria V. Para Para '02 | 🍷🍷🍷 4* |
| ● Addamanera '13 | 🍷🍷 2* |
| ● Cerasuolo di Vittoria Cl. Para Para '11 | 🍷🍷 4 |
| ● Sicilia Rosso Pigi '13 | 🍷🍷 5 |
| ● Vittoria Frappato '14 | 🍷🍷 2* |

## Rallo

via Vincenzo Florio, 2
91025 Marsala [TP]
Tel. +39 0923721633
www.cantinerallo.it

藏酒销售
预约参观
年产量 420 000 瓶
葡萄种植面积 110 公顷
葡萄栽培方式 有机认证

安德里亚·韦斯科（Andrea Vesco）的酒庄坐落于玛萨拉（Marsala）的海边，望向埃加迪群岛（Egadi Islands）。这座始建于十九世纪的坚实农场曾经完全奉献给生产玛萨拉酒（Marsala），如今转变为一座设备先进的酒窖，拥有三座葡萄园：距离总部最近的一座位于斯塔格尼（Stagnone）的皮恩利奎德（Piane Liquide）；还有位于阿尔卡莫（Alcamo）乡间地带的帕蒂皮科洛（Patti Piccolo）；以及俯瞰维奈莱湖（Lake Venere）的潘泰莱利亚庄园（Pantelleria）。一向关注环境保护的安德里亚采用有机认证方式耕作占地面积超过1000公顷的广袤葡萄园。他酿造的优雅美酒水平极高，同时也拥有极高的收藏价值。今年的品鉴结果展现出一座活力四射的新晋酒庄是如何成功地关注了市场和消费者的需求。2015年份的布雷达卡塔拉托（Catarratto Beleda）凭借卓越表现斩获了今年的“三杯奖”，它的风味复杂，香氛细腻，吐露着柑橘的果香和茉莉花的花香，融入白色果肉水果的阵阵芬芳，随之而来的口感绵长热情，迸发出新鲜的果味。与此同时，精美的2015年份阿尔夸萨泽比波（Zibibbo Al Qasar）也闯入了决赛，给我们留下了非常深刻的印象，飘散着美妙的薄荷清凉风情。

| | | |
|---|---|---|
| ○ Alcamo Beleda '15 | 🍷🍷🍷 | 4* |
| ○ Al Qasar Zibibbo '15 | 🍷🍷 | 3* |
| ○ Passito di Pantelleria Bugeber '11 | 🍷🍷 | 5 |
| ○ Sicilia Bianco Maggiore '15 | 🍷🍷 | 3 |
| ○ Sicilia Evrò '15 | 🍷🍷 | 3 |
| ● Sicilia Il Principe '15 | 🍷🍷 | 2* |
| ● Sicilia La Clarissa '12 | 🍷🍷 | 2* |
| ○ Sicilia Carta d'Oro '15 | 🍷 | 2 |
| ● Sicilia Lacuba '14 | 🍷 | 3 |
| ○ Alcamo Beleda '13 | ▽▽▽ | 2* |
| ○ Bianco Maggiore '12 | ▽▽▽ | 3* |
| ○ Sicilia Bianco Maggiore '14 | ▽▽▽ | 3* |
| ○ Al Qasar Zibibbo '14 | ▽▽ | 3 |
| ○ Alcamo Beleda '14 | ▽▽ | 2* |
| ○ Bianco Maggiore '13 | ▽▽ | 3* |
| ● Siocilia Il Manto '13 | ▽▽ | 3 |

## Tenute Rapitalà

c.da Rapitalà
90043 Camporeale [PA]
Tel. +39 092437233
www.rapitala.it

藏酒销售
预约参观
年产量 2 800 000 瓶
葡萄种植面积 175 公顷

拉皮塔拉酒庄（Tenute Rapitalà）之名来自阿拉伯语，意为“真主安拉之河”，指的是这座精美的西西里岛酒庄门前流经的一条河；它已经是意大利葡萄酒集团（Gruppo Italiano Vini）旗下令人骄傲的品牌，今天由劳伦特·伯纳德·德拉·嘉提纳斯（Laurent Bernard de la Gatinais）经营管理。拉皮塔拉酒庄拥有种植面积达到175公顷的广袤葡萄园，地处坎波雷亚莱（Camporeale）和阿尔卡莫（Alcamo）之间的群山中海拔300米至600米的所在，占据了理想的种植地块，拥有富含黏土沙土质地的土壤以及较大的白日温度变化范围。在成立半个世纪后，拉皮塔拉酒庄向市场提供酿造工艺精湛、系列品种广泛的品牌美酒，品质可信，尤其具有极高的可饮性。在今年的品鉴中，我们从这座令人印象深刻的历史名庄出品中看到了绝佳表现。2013年份的索利内罗西拉（Syrah Solinero）吐露着草本植物的芳香，融入腌酸豆的气息和深色莓果的果香，一路引出紧致坚实且优雅的口感。与此同时，2014年份的胡戈尼斯（Hugonis）均衡美味，犹如丝绸般柔滑，是一款酿造技艺高超的黑珍珠（Nero d' Avola）和赤霞珠（Cabernet Sauvignon）混酿。除此之外，极具可饮性的2015年份格里洛（Grillo）洋溢着蓓蕾的花香，融入地中海草本植物的芬芳。

| | | |
|---|---|---|
| ● Solinero '13 | 🍷🍷 | 5 |
| ○ Conte Hugues Bernard de la Gatinais Grand Cru '14 | 🍷🍷 | 4 |
| ● Hugonis '14 | 🍷🍷 | 5 |
| ● Sicilia Alto Nero d'Avola '14 | 🍷🍷 | 3 |
| ○ Sicilia Grillo '15 | 🍷🍷 | 2* |
| ○ Alcamo Bianco V. Casalj '15 | 🍷 | 3 |
| ○ Bouquet '15 | 🍷 | 3 |
| ● Sicilia Nuhar '14 | 🍷 | 3 |
| ○ Conte Hugues Bernard de la Gatinais Grand Cru '10 | ▽▽▽ | 4* |
| ● Hugonis '01 | ▽▽▽ | 6 |
| ● Solinero '03 | ▽▽▽ | 5 |
| ● Solinero '00 | ▽▽▽ | 5 |

## Riofavara

LOC. VAL DI NOTO
FRAZ. FAVARA
S.DA PROV.LE 49 ISPICA-PACHINO
97014 ISPICA [RG]
TEL. +39 0932705130
www.riofavara.it

藏酒销售
预约参观
膳宿接待
年产量 70 000 瓶
葡萄种植面积 16 公顷
葡萄栽培方式 有机认证
可持续发展酒庄

马西莫·帕多瓦（Massimo Padova）和玛丽安塔·帕多瓦（Marianta Padova）无疑是埃斯皮卡地区（Ispica）酿造传统的最佳阐释者。两人于二十年前创立了瑞奥法瓦拉酒庄（Riofavara），坚持出品高品质葡萄酒，采用对于环境和风土可持续发展的生产理念，在葡萄园的田间采用有机栽培方法，在酒窖的生产环节中，采用环境酵母进行发酵，唯一的外部干预来自人工控温。自从发布第一瓶美酒以来，瑞奥法瓦拉酒庄的红葡萄酒就以融合了清澈的本地风土特征和黑珍珠（Nero d' Avola）经典品种特质而著称。在今年的品鉴中，瑞奥法瓦拉酒庄推荐的美酒展现出卓越的品质。2013年份的司棋亚瓦（Sciavè）表现精彩，不过遗憾地以毫厘之差错失了“三杯奖”。这款黑珍珠精美而均衡，令人向往。我们同样心仪2013年份的斯帕卡弗诺黑珍珠（Nero d' Avola Spaccaforno），它的风味复杂，口感精美，充分反映本地风土。清爽的2015年份米兹卡莫斯卡托（Moscato Mizzica）也非常出色，香氛饱满浓郁，口感浸润丰盈果味。

| | |
|---|---|
| ● Eloro Nero d'Avola Sciavè '13 | 🍷🍷 5 |
| ● Eloro Nero d'Avola Spaccaforno '13 | 🍷🍷 4 |
| ○ Marzaiolo '15 | 🍷🍷 3 |
| ○ Moscato di Noto Mizzica '15 | 🍷🍷 3 |
| ● San Basilio '14 | 🍷 3 |
| ● Eloro Nero d'Avola Sciavè '12 | 🍷🍷 5 |
| ● Eloro Nero d'Avola Spaccaforno '12 | 🍷🍷 3 |
| ○ Marzaiolo '14 | 🍷🍷 3 |
| ○ Marzaiolo '13 | 🍷🍷 2* |
| ○ Marzaiolo '12 | 🍷🍷 2* |
| ○ Moscato di Noto Notissimo '12 | 🍷🍷 3 |
| ● S. Basilio '13 | 🍷🍷 2* |
| ● San Basilio '12 | 🍷🍷 3 |
| ● San Basilio '11 | 🍷🍷 3 |

## Feudo Rudinì

C.DA CAMPOREALE
96018 PACHINO [SR]
TEL. +39 0931595333
www.vinirudini.it

预约参观
年产量 300 000 瓶
葡萄种植面积 24 公顷

萨洛·迪·彼得罗（Saro Di Pietro）与儿子约瑟佩（Giuseppe）共同经营的鲁迪尼酒庄（Feudo Rudinì）拥有悠久的家族酿造传统，坐落于西西里岛最南端的帕奇诺（Pachino），葡萄园拥有石灰质白土土壤。这里在19世纪是种植黑珍珠（Nero d' Avola）的核心地带，鲁迪尼伯爵（Barone Rudinì）拥有占地面积达到2000公顷的广袤葡萄园，每年出口500万升美酒，利用附近马赞梅尼（Marzamemi）的港口将美酒运输到世界各地。迪·彼得罗家族忠于传统酿造方法，尤其重视采用最原始的灌木式整枝系统来打理黑珍珠葡萄藤。在今年的品鉴中，鲁迪尼酒庄整体表现精彩，其中2013年份的埃尔洛帕奇诺萨洛（Eloro Pachino Saro）尤其恢弘，这款黑珍珠精选美酒凭借卓越品质斩获了今年的“三杯奖”，酿造果实来自酒庄最古老的葡萄园。它吐露着浓郁集中的石榴芬芳，融入诱人的碘化物气息，更有一抹酸豆风味飘散，随之而来的口感劲道丝滑，质地细密浓郁，收口余韵惬意，芬芳馥郁。除此之外，2015年份的诺托巴洛克莫斯卡托（Moscato di Noto Baroque）清爽宜人，口感甜美，吐露着蜜瓜的果香，融入热带水果的芬芳。

| | |
|---|---|
| ● Eloro Pachino Saro '13 | 🍷🍷🍷 3* |
| ○ Moscato di Noto Baroque '15 | 🍷🍷 3 |
| ● Nero d'Avola Le Origini '15 | 🍷🍷 2* |
| ○ Passito di Noto Scaramazzo '15 | 🍷🍷 4 |
| ● Eloro Pachino '05 | 🍷🍷 2 |
| ● Eloro Pachino Saro '06 | 🍷🍷 4 |

## Girolamo Russo

LOC. PASSOPISCIARO
VIA REGINA MARGHERITA, 78
95012 CASTIGLIONE DI SICILIA [CT]
TEL. +39 3283840247
www.girolamorusso.it

藏酒销售
预约参观
年产量 65 000 瓶
葡萄种植面积 15 公顷
葡萄栽培方式 有机认证

钢琴家、自学成才的作家、拥有悠久家族传统的葡萄栽培商约瑟佩·卢索（Giuseppe Russo）在伊塔纳地区（Etna）的家族葡萄园中忙碌，这里地处帕索皮西亚诺镇（Passopisciaro）和冉达佐（Randazzo）之间：其中12公顷地块位于圣洛伦佐（San Lorenzo）；6公顷位于费多（Feudo）；1公顷位于梅佐费多（Feudo di Mezzo）。约瑟佩采用经历了时光考验的本地传统方法酿造美酒，主要以灌式整枝系统打理百年老藤，整个葡萄园中的工作几乎没有任何机械动力参与，绝不使用任何人工化学制剂。如此打造的优质酿造果实在酒窖中发酵，以同样的关注和对自然发酵的尊重来完成整个酿造过程。在今年的品鉴中，2014年份的圣洛伦佐园精选（San Lorenzo）凭借卓越表现勇夺“三杯奖”，它展现出极强的陈年潜力，吐露着优雅的酒香，随之而来的口感十分惬意，捕捉到了精美的果味核心。与此同时，2014年份的费多（Feudo）也跻身决赛，相比较而言气质更加质朴，散发着果酱的芬芳，融入香料的缕缕辛香，个性突出，口感恢弘。除此之外，我们还非常喜爱果味精美、清爽扎实的2015年份伊塔纳罗萨托（Etna Rosato）。

| | | |
|---|---|---|
| ● Etna Rosso San Lorenzo '14 | 🍷🍷🍷 | 6 |
| ● Etna Rosso Feudo '14 | 🍷🍷 | 6 |
| ○ Etna Bianco Nerina '15 | 🍷🍷 | 5 |
| ⊙ Etna Rosato '15 | 🍷🍷 | 4 |
| ● Etna Rosso 'A Rina '14 | 🍷🍷 | 5 |
| ● Etna Rosso Feudo di Mezzo '14 | 🍷🍷 | 6 |
| ● Etna Rosso 'A Rina '12 | ??? | 3* |
| ● Etna Rosso Feudo '11 | ??? | 5 |
| ● Etna Rosso Feudo '10 | ??? | 5 |
| ● Etna Rosso Feudo '07 | ??? | 5 |
| ● Etna Rosso San Lorenzo '13 | ??? | 5 |
| ● Etna Rosso San Lorenzo '09 | ??? | 5 |
| ● Etna Rosso Feudo '13 | ?? | 5 |
| ● Etna Rosso Feudo '12 | ?? | 5 |

## Emanuele Scammacca del Murgo

VIA ZAFFERANA, 13
95010 SANTA VENERINA [CT]
TEL. +39 095950520
www.murgo.it

藏酒销售
预约参观
膳宿接待
年产量 230 000 瓶
葡萄种植面积 35 公顷

伊曼努尔斯卡玛卡德姆戈酒庄（Emanuele Scammacca del Murgo）的初创最早可以回溯到1860年，这段古老漫长的历史与这里独特的风土条件紧密结合，更与自此就在这片土地上劳作的酿造家族联系密切。酒庄当前的主人拥有宽广视野，决定给予这座古老酒庄新的生命，于1981年将其转变为一座现代化生产酒庄。家族拥有的三座庄园分别完美反映和阐释了不同风土条件和种植品种的特性。种植地块中主要栽培本地葡萄品种，其中不少自19世纪就在伊塔纳地区（Etna）生长。在今年的品鉴中，2014年份的圣米歇尔庄马斯卡斯奈莱洛（Nerello Mascalese Tenuta San Michele）表现非常出色，它极富意趣，摇曳着深紫罗兰色泽，吐露着紫罗兰的花香，飘散着蜜桃香，融入红色森林水果的缕缕芬芳，口感和谐，单宁美味。我们还非常喜爱2009年份的穆格极干起泡酒（Murgo Extra Brut），这款深邃的马斯卡斯奈莱洛吐露着如花芬芳，融入柑橘果香，更有绵密诱人的口感，令人回味无穷。

| | | |
|---|---|---|
| ○ Etna Bianco '15 | 🍷🍷 | 2* |
| ● Etna Rosso Tenuta San Michele '14 | 🍷🍷 | 2* |
| ⊙ Murgo Brut Rosé '12 | 🍷🍷 | 4 |
| ○ Murgo Extra Brut '09 | 🍷🍷 | 5 |
| ○ Murgo Brut '12 | 🍷 | 3 |
| ○ Arbiato '13 | ?? | 4 |
| ○ Etna Bianco '14 | ?? | 2* |
| ○ Etna Bianco Tenuta San Michele '12 | ?? | 2* |
| ⊙ Etna Rosato '13 | ?? | 2* |
| ● Etna Rosso '12 | ?? | 2* |
| ● Etna Rosso Tenuta San Michele '12 | ?? | 2* |
| ○ Murgo Brut '10 | ?? | 3 |
| ○ Murgo Extra Brut '07 | ?? | 5 |
| ○ Murgo Extra Brut '08 | ?? | 5 |
| ● Tenuta San Michele Pinot Nero '12 | ?? | 3 |

## Cantine Settesoli

s.da st.le 115
92013 Menfi [AG]
Tel. +39 092577111
www.cantinesettesoli.it

藏酒销售
预约参观
年产量 20 000 000 瓶
葡萄种植面积 6000 公顷

塞泰索利酒庄（Settesoli）的葡萄园位于蒙费（Menfi），地处西西里岛西南海岸，是一片纯净的高品质美酒出产地，拥有理想的气候条件。塞泰索利酒庄出品的曼德拉罗索系列（Mandrarossa）美酒以最佳种植地块出产的精选果实打造而成，经过多年研究和探索，如今的美酒充分反映出本地土质与各个品种葡萄发生交互作用带来的美味。这项研究带来了成功的出品，风格现代、极具可饮性的佳酿忠诚于风土和品种特质。塞泰索利酒庄常常成为研究论文的主题，如今更成为MBA课程中的经典案例。今天，掌管这座卓越酒庄的是颇有国际意识、干劲儿十足的经理维托·瓦沃罗（Vito Varvaro）。在今年的品鉴中，2014年份的曼德拉罗索系列卡塔果黑珍珠（Nero d' Avola Mandrarossa Cartagho）将“三杯奖”捧回了家，它散发着饱满的紫罗兰幽香，融入海盐的气息和黑樱桃的甜美果香，随之而来的口感绵长美味，单宁柔美，果味多汁。与此同时，我们还非常心仪2015年份的塞利格红葡萄酒（Seligo Rosso），这款以黑珍珠和西拉（Syrah）混酿而成的美酒吐露着缕缕辛香，融入成熟的蜜桃香，口感清爽，美味逡巡不散。

| | | |
|---|---|---|
| ● Sicilia Mandrarossa Cartagho '14 | 🍷🍷🍷 | 3* |
| ○ Sicilia Mandrarossa Urra di Mare '15 | 🍷🍷 | 2* |
| ● Sicilia Seligo Rosso '15 | 🍷🍷 | 2* |
| ● Mandrarossa Bonera '15 | 🍷🍷 | 3 |
| ● Mandrarossa Cavadiserpe '15 | 🍷🍷 | 3 |
| ● Mandrarossa Timperosse '15 | 🍷🍷 | 3 |
| ○ Mandrarossa Zibibbo '15 | 🍷🍷 | 2* |
| ● Mandrarossa Frappato '15 | 🍷 | 2 |
| ● Cartagho Mandrarossa '09 | 🍸🍸🍸 | 3* |
| ● Cartagho Mandrarossa '08 | 🍸🍸🍸 | 3* |
| ● Cartagho Mandrarossa '06 | 🍸🍸🍸 | 3 |
| ● Timperosse Mandrarossa '14 | 🍸🍸🍸 | 3* |
| ○ Santannella Mandrarossa '14 | 🍸🍸 | 3 |
| ○ Sicilia Urra di Mare Mandrarossa '14 | 🍸🍸 | 2* |

## ★★Tasca d'Almerita

c.da Regaleali
90129 Sclafani Bagni [PA]
Tel. +39 0916459711
www.tascadalmerita.it

藏酒销售
预约参观
膳宿接待
年产量 3 253 000 瓶
葡萄种植面积 388 公顷

在过去的两百年中，这座特斯卡达美瑞塔贵族家族（Tasca d' Almerita）拥有的卓越酒庄在西西里岛美酒史上起到了关键性的作用。约瑟佩伯爵（Conte Giuseppe）对这座古老酒庄进行了现代化结构改造，他的儿子卢西奥·特斯卡（Lucio Tasca）和孙子阿尔伯托·特斯卡（Alberto Tasca）和约瑟佩·特斯卡（Giuseppe Tasca）都继续着这项工作。虽然酒庄最初的庄园——恢弘的雷格雷阿利庄园（Feudo di Regaleali），坐落于西西里岛的中心地带，但是极具冒险和探索精神的特斯卡家族也积极投入到其他地区葡萄园的实验之中，包括萨利纳（Salina）的卡珀法罗（Capofaro）、伊塔纳（Etna）的塔斯坎特（Tascante），以及莫扎亚（Mozia）的维泰克（Whitaker）。他们的表亲萨利埃德拉图尔家族（Sallier de la Tour）则经营着贾托谷庄园（Valle dello Jato）。在今年的品鉴中，2015年份的塔斯坎特布诺拉（Tascante Buonora）表现精彩，这款伊塔纳白葡萄酒吐露着柑橘蓓蕾的芬芳，融入茉莉花的花香，口感极为浓郁集中，清爽宜人，美味逡巡不散。与此同时，2012年份的伯爵红葡萄酒（Rosso del Conte）也跻身决赛，展现出非常复杂的酒香，带有令人印象深刻的浓郁风情，吐露着地中海水果独有的芬芳，口感馥郁优雅。

| | | |
|---|---|---|
| ○ Sicilia Carricante Tascante Buonora '15 | 🍷🍷🍷 | 3* |
| ● Contea di Sclafani Rosso del Conte '12 | 🍷🍷 | 6 |
| ● Contea di Sclafani Cabernet Sauvignon '13 | 🍷🍷 | 5 |
| ○ Malvasia Tenuta Capofaro '15 | 🍷🍷 | 5 |
| ○ Sicilia Grillo Whitaker '15 | 🍷🍷 | 3 |
| ● Sicilia Nero d'Avola Lamùri '14 | 🍷🍷 | 3 |
| ● Sicilia Perricone Guarnaccio '14 | 🍷🍷 | 3 |
| ● Sicilia Rosso Cygnus '13 | 🍷🍷 | 4 |
| ● Cabernet Sauvignon '08 | 🍸🍸🍸 | 5 |
| ● Contea di Sclafani Cabernet Sauvignon '10 | 🍸🍸🍸 | 5 |
| ● Contea di Sclafani Riserva del Conte '10 | 🍸🍸🍸 | 7 |
| ● Contea di Sclafani Rosso del Conte '10 | 🍸🍸🍸 | 6 |
| ● Contea di Sclafani Rosso del Conte '07 | 🍸🍸🍸 | 6 |
| ● Cygnus '10 | 🍸🍸🍸 | 4* |

## ★Tenuta delle Terre Nere

c.da Calderara
95036 Randazzo [CT]
Tel. +39 095924002
www.tenutaterrenere.com

藏酒销售
预约参观
年产量 200 000 瓶
葡萄种植面积 30 公顷
葡萄栽培方式 有机认证

马可·德·格拉齐亚（Marco De Grazia）拥有过人的直觉，似乎在酿酒方面拥有透视眼一样，2002年便开始寻找独具特性的优秀种植地块，从本地卓越的葡萄园直至伊塔纳北部地区，期间买下了大约30公顷种植地块。他一踏足伊塔纳（Etna），就意识到这片风土条件丰富的土地拥有巨大的发展潜力，土质随着数百年覆盖其上的火山灰而发生变化，即便在同一座葡萄园中，土质也彼此不同。微环境也充满变化，不同的坡度、海拔和朝向带来完全不同的风味。因此，从第一个采收酿造季开始，马可就逐个葡萄园地块发酵和装瓶美酒，以展示不同风土特质，并成功改变了伊塔纳DOC产区的生产协议，此后酒标上必须明确标注顶级葡萄园的出处。优雅和本地风土质感是马可出品系列美酒的傲人之处，但是每一款佳酿都展现出迥然不同的香氛和口感，这是多么难以置信的一件事。在今年的品鉴中，酒庄的标志性美酒、2014年份的多派皮诺园普莱希罗埃克拉（Prephilloxera La Vigna di Don Peppino）斩获了“三杯奖”，它正如其古老葡萄藤所产的酿造果实般经典，融合了优雅和脆爽劲爆的果味，芳香四溢，口感清爽。向马可取得的佳绩致敬！

| | |
|---|---|
| ● Etna Rosso Prephylloxera La V. di Don Peppino '14 | 🍷🍷🍷 8 |
| ○ Etna Bianco Calderara Sottana Cuvée delle Vigne Niche '14 | 🍷🍷 6 |
| ● Etna Rosso Guardiola '14 | 🍷🍷 6 |
| ○ Etna Bianco '15 | 🍷🍷 4 |
| ○ Etna Bianco Santo Spirito Cuvée delle Vigne Niche '14 | 🍷🍷 6 |
| ⊙ Etna Rosato '15 | 🍷🍷 4 |
| ● Etna Rosso '14 | 🍷🍷 4 |
| ● Etna Rosso Calderara Sottana '14 | 🍷🍷 6 |
| ● Etna Rosso Feudo di Mezzo Quadro delle Rose '14 | 🍷🍷 6 |
| ● Etna Rosso Santo Spirito '14 | 🍷🍷 6 |
| ● Etna Rosso Calderara Sottana '13 | 🍷🍷🍷 6 |
| ● Etna Rosso Santo Spirito '12 | 🍷🍷🍷 6 |
| ● Etna Rosso Santo Spirito '11 | 🍷🍷🍷 6 |

## Terrazze dell'Etna

c.da Bocca d'orzo
95036 Randazzo [CT]
Tel. +39 0916236343
www.terrazzedelletna.it

藏酒销售
预约参观
年产量 120 000 瓶
葡萄种植面积 38 公顷

工程师尼诺·比维拉夸（Nino Bevilacqua）与女儿艾丽西亚（Alessia）经营着精美的泰拉扎伊塔纳酒庄（Terrazze dell' Etna），葡萄园占地面积达到38公顷，地处奥佐博卡（Bocca d' Orzo）的冉达佐（Randazzo），位于伊塔纳国家公园（Etna National Park）之中，拥有乡间未被人力玷污的自然之美。在附近的康特达阿莱纳（Contrada Arena），我们发现一座功能齐全、设备先进的现代化酒窖，用于美酒的发酵和陈年。今年的泰拉扎伊塔纳酒庄庆贺成功完成第8个采收酿造季的工作，出品的传统酿造法起泡酒（Metodo Classico）质朴优雅，极端细腻，更具可饮性。顶级系列塞内科（Cirneco）和克拉泰尔（Cratere）还需要在酒窖中再度过几个月的陈年时间，但是酒庄推荐的其他系列美酒都表现出色，从2014年份的卡鲁索伊塔纳红葡萄酒（Etna Rosso Carusu）开始。它散发着缕缕蓓蕾的花香，融入辛辣的芬芳，随之而来的是清爽均衡而优雅的口感。我们还非常喜爱2015年份的赛瑞（Ciuri），这款以未经带皮浸渍的马斯卡斯奈莱洛（Nerello Mascalese）和其他本地葡萄品种混酿而成，散发碘化物的醇香，和着夏日繁花的花香，更有一抹柑橘风味飘散，口感热情饱满。

| | |
|---|---|
| ○ Ciuri '15 | 🍷🍷 3 |
| ○ Cuvée Brut '13 | 🍷🍷 5 |
| ● Etna Rosso Carusu '14 | 🍷🍷 4 |
| ⊙ Rosé Brut '13 | 🍷🍷 5 |
| ● Etna Rosso Cirneco '09 | 🍷🍷🍷 6 |
| ● Etna Rosso Cirneco '08 | 🍷🍷🍷 5 |
| ○ Ciuri '14 | 🍷🍷 3 |
| ● Cratere '11 | 🍷🍷 4 |
| ○ Cuvée Brut '12 | 🍷🍷 5 |
| ● Etna Rosso Carusu '12 | 🍷🍷 4 |
| ● Etna Rosso Cirneco '12 | 🍷🍷 6 |
| ● Etna Rosso Cirneco '11 | 🍷🍷 6 |
| ⊙ Rosé Brut '12 | 🍷🍷 5 |
| ⊙ Rosé Brut '11 | 🍷🍷 5 |

## Valle Dell'Acate

c.da Bidini
97011 Acate [RG]
Tel. +39 0932874166
www.valledellacate.com

藏酒销售
预约参观
年产量 400 000 瓶
葡萄种植面积 100 公顷
可持续发展酒庄

回溯19世纪，这座精美的阿卡特谷酒庄（Valle dell' Acate）隶属贾克诺家族（Jacono）和费莱瑞家族（Ferreri）所有，酿酒家族拼尽奉献精神和责任感，将酒庄发展成为西西里酿酒界出产高品质美酒的典范。今天，管理酒庄的是家族新一代传人——杰塔娜·贾克诺（Gaetana Jacono），他是阿卡特谷酒庄形象设计者，弗朗西斯科·费莱瑞（Francesco Ferreri）则是权威的阿索维尼（Assovini）主席。壮美的酒庄庄园坐落于巨大山谷之中，位于阿卡特谷之下，迪瑞洛河（River Dirillo）川流而过，酒庄将这里悠久的酿造历史和传统与现代化酿造方法完美结合起来。在今年的品鉴中，2015年份的弗莱帕托（Frappato）闯进了“三杯奖”的决赛圈，它的紫红色色泽明快诱人，吐露着草莓和蔓越莓的缕缕优雅果香，更有一抹玫瑰花瓣的芬芳萦绕其间。入口口感优雅鲜美，与香氛完美搭配，极具可饮性，是一款不可多得、令人愉悦的美酒。除此之外，2013年份的莫罗黑珍珠（Nero d' Avola Il Moro）结构上佳，质朴美味，散发着成熟的果香，独具个性。

| | | |
|---|---|---|
| ● Vittoria Frappato '15 | ▼▼ (红) | 3* |
| ● Cerasuolo di Vittoria Cl. '13 | ▼▼ | 4 |
| ● Sicilia Il Moro '13 | ▼▼ | 3 |
| ● Sicilia Rusciano '13 | ▼▼ | 4 |
| ○ Sicilia Bidis '14 | ▼ | 4 |
| ○ Sicilia Zagra '15 | ▼ | 3 |
| ● Cerasuolo di Vittoria Cl. '12 | ▽▽ | 3* |
| ● Cerasuolo di Vittoria Cl. '11 | ▽▽ | 3 |
| ○ Sicilia Bidis '13 | ▽▽ | 4 |
| ● Sicilia Il Moro '12 | ▽▽ | 3 |
| ● Vittoria Il Frappato '14 | ▽▽ | 3 |
| ● Vittoria Il Frappato '13 | ▽▽ | 2* |
| ○ Vittoria Inzolia '13 | ▽▽ | 2* |

## Zisola

c.da Zisola
96017 Noto [SR]
Tel. +39 057773571
www.mazzei.it

藏酒销售
预约参观
年产量 120 000 瓶
葡萄种植面积 21 公顷
可持续发展酒庄

费立波·麦泽（Filippo Mazzei）是理解并相信西西里岛的帕奇诺产区（Pachino）、诺托产区（Noto）和文迪卡里自然保护区（Vendicari Nature Reserve）拥有无尽酿酒潜力的第一批酿酒人之一。因此，他一遇到合适的机会，就建起了泽索拉酒庄（Zisola），这座古老农庄拥有俯瞰只有1公里外巴洛克城（Baroque）的壮美景色。泽索拉酒庄占地面积达到21公顷的葡萄园全部采用灌木式剪枝系统，主要种植的品种是黑珍珠（Nero d' Avola），田间的耕作完全摒弃化学制剂，表现出对于环境的最大尊重，更表现出对于传统的坚守。在今年的品鉴中，2014年份的泽索拉黑珍珠（Nero d' Avola Zisola）凭借出色表现跻身“三杯奖”决赛，它的可饮性较强，吐露着品种葡萄的经典芬芳，融入铁屑的奇香氛，更有一抹紫罗兰的幽香飘散，腌酸豆和地中海植物的热烈芬芳萦绕其间，一路攀上均衡脆爽的收口巅峰，单宁并不突出。与此同时，2013年份的多皮奥泽塔（Doppiozeta）果味动力十足，酿造果实来自精选的黑珍珠，酒质依然处于不断转化之中。除此之外，泽索拉酒庄其他推荐美酒也深得我们的青睐。

| | | |
|---|---|---|
| ● Noto Zisola '14 | ▼▼ (红) | 4 |
| ● Effe Emme '13 | ▼▼ | 6 |
| ● Noto Zisola Doppiozeta '13 | ▼▼ | 6 |
| ○ Sicilia Azisa '15 | ▼▼ | 3 |
| ● Doppiozeta '10 | ▽▽ | 6 |
| ● Doppiozeta '07 | ▽▽ | 6 |
| ● Effe Emme '12 | ▽▽ | 7 |
| ● Noto Doppiozeta '11 | ▽▽ | 6 |
| ● Noto Zisola Doppiozeta '12 | ▽▽ | 7 |
| ● Sicilia Zisola '13 | ▽▽ | 4 |
| ○ Sicilia Zisola Azisa '14 | ▽▽ | 4 |
| ● Zisola '12 | ▽▽ | 5 |
| ● Zisola '10 | ▽▽ | 5 |
| ● Zisola '08 | ▽▽ | 4 |
| ● Zisola Nero d'Avola '11 | ▽▽ | 5 |

## Alagna

via Salemi, 752
91025 Marsala [TP]
Tel. +39 0923981022
www.alagnavini.com

藏酒销售
预约参观
膳宿接待
年产量 500 000 瓶
葡萄种植面积 50 公顷

| | |
|---|---|
| ○ Marsala Sup. Dolce Garibaldi | 🍷🍷 3 |
| ○ Marsala Sup. Secco S.O.M. | 🍷🍷 3 |
| ○ Marsala Vergine Baglio Baiata | 🍷 5 |
| ○ Zibibbo Liquoroso | 🍷 3 |

## Antichi Vinai 1877

loc. Passopisciaro
via Castiglione, 49
95030 Castiglione di Sicilia [CT]
Tel. +39 0942983232
www.antichivinai.it

藏酒销售
预约参观
膳宿接待
年产量 300 000 瓶
葡萄种植面积 59 公顷

| | |
|---|---|
| ● d'A '13 | 🍷🍷 4 |
| ● Etna Rosso Petralava '12 | 🍷🍷 5 |
| ● Il Mascalese '15 | 🍷🍷 4 |
| ○ Etna Bianco Petralava '15 | 🍷 5 |

## Avide - Vigneti & Cantine

c.da Mastrella, 346
97013 Comiso [RG]
Tel. +39 0932967456
www.avide.it

藏酒销售
预约参观
年产量 250 000 瓶
葡萄种植面积 68 公顷

| | |
|---|---|
| ● Cerasuolo di Vittoria Cl. Barocco '11 | 🍷🍷 6 |
| ○ Maria Stella Inzolia '15 | 🍷🍷 4 |
| ○ Nutaru Brut M. Cl. | 🍷🍷 5 |
| ● Cerasuolo di Vittoria Cl. Etichetta Nera '14 | 🍷 3 |

## Ampelon

c.da Calderara
95036 Randazzo [CT]
Tel. +39 3203298657
www.viniampelon.it

藏酒销售
年产量 50 000 瓶
葡萄种植面积 7 公顷
可持续发展酒庄

| | |
|---|---|
| ○ Etna Bianco Ampelon '14 | 🍷🍷 3 |
| ● Etna Rosso Passo alle Sciare '12 | 🍷🍷 3 |

## Augustali

fraz. Bosco Falconeria
s.da st.le 113 Alcamo-Partinico km 318,700
90047 Partinico [PA]
Tel. +39 3396132334
www.augustali.com

年产量 25 000 瓶
葡萄种植面积 15.5 公顷

| | |
|---|---|
| ○ Terza Nota Bianco '15 | 🍷🍷 3 |
| ● Terza Nota Rosso '15 | 🍷🍷 3 |
| ○ Contrasto del Bianco Vermentino '13 | 🍷 5 |
| ● Contrasto del Rosso Nero d'Avola '12 | 🍷 5 |

## Baglio Oro

c.da Perino, 235
91025 Marsala [TP]
Tel. +39 0923967744
www.bagliooro.it

藏酒销售
预约参观
年产量 80 000 瓶
葡萄种植面积 100 公顷

| | |
|---|---|
| ● Donsar '14 | 🍷🍷 2* |
| ○ Aralto '15 | 🍷 2 |
| ○ Kiggiari '15 | 🍷 2 |
| ○ Zafarà '15 | 🍷 2 |

## Biscaris
VIA MARESCIALLO GIUDICE, 52
97011 ACATE [RG]
TEL. +39 0932990762
www.biscaris.it

藏酒销售
年产量 50 000 瓶
葡萄种植面积 10 公顷
葡萄栽培方式 生物动力学认证

| | |
|---|---|
| ● Cerasuolo di Vittoria Pricipuzzu '15 | 🍷🍷 3 |
| ● Nero d'Avola Cavalieri '15 | 🍷🍷 2* |
| ● Frappato Barunieddu '15 | 🍷 2 |
| ○ U' Duca '15 | 🍷 2 |

## Calcagno
FRAZ. PASSOPISCIARO
VIA REGINA MARGHERITA,153
95012 CASTIGLIONE DI SICILIA [CT]
TEL. +39 3387772780
www.vinicalcagno.it

藏酒销售
预约参观
年产量 13 000 瓶
葡萄种植面积 3 公顷

| | |
|---|---|
| ● Etna Rosso Arcuria '13 | 🍷🍷 4 |
| ● Etna Rosso Feudo di Mezzo '13 | 🍷🍷 4 |
| ⊙ Etna Rosato Arcuria '15 | 🍷 3 |
| ○ Ginestra '15 | 🍷 3 |

## Paolo Calì
C.DA SALMÉ
VIA DEL FRAPPATO, 100
97019 VITTORIA [RG]
TEL. +39 0932510082
www.vinicali.it

藏酒销售
预约参观
年产量 90 000 瓶
葡萄种植面积 15 公顷

| | |
|---|---|
| ⊙ Osa! Frappato Rosato '15 | 🍷🍷 4 |
| ● Vittoria Frappato Mandragola '15 | 🍷🍷 3 |
| ● Cerasuolo di Vittoria Cl. Manene '14 | 🍷 4 |
| ● Jazz '15 | 🍷 3 |

## Cantina Viticoltori Associati Canicattì
C.DA AQUILATA
92024 CANICATTÌ [AG]
TEL. +39 0922829371
www.cvacanicatti.it

藏酒销售
预约参观
年产量 900 000 瓶
葡萄种植面积 1000 公顷

| | |
|---|---|
| ○ Aquilae Catarratto '15 | 🍷🍷 2* |
| ● Diodoros '13 | 🍷🍷 4 |
| ● Aquilae Nero d'Avola '14 | 🍷 2 |
| ● Sicilia Centouno '13 | 🍷 2 |

## Caravaglio
LOC. MALFA SALINA
VIA NAZIONALE, 33
98050 MALFA [ME]
TEL. +39 3398115953
caravagliovini@virgilio.it

藏酒销售
预约参观
年产量 40 000 瓶
葡萄种植面积 12 公顷
葡萄栽培方式 有机认证
可持续发展酒庄

| | |
|---|---|
| ○ Infatata '15 | 🍷🍷 3 |
| ○ Malvasia delle Lipari Passito '14 | 🍷🍷 5 |
| ○ Occhio di Terra '15 | 🍷🍷 3 |
| ● Nero du Munti '15 | 🍷 4 |

## Caruso & Minini
VIA SALEMI, 3
91025 MARSALA [TP]
TEL. +39 0923982356
www.carusoeminini.it

藏酒销售
预约参观
年产量 1 200 000 瓶
葡萄种植面积 120 公顷
葡萄栽培方式 有机认证

| | |
|---|---|
| ● Delia Nivolelli Nero d'Avola Cutaja Ris. '13 | 🍷🍷 3 |
| ● Sicilia Nero d'Avola Naturalmente Bio '15 | 🍷🍷 3 |
| ● Delia Nivolelli Syrah Ris. '10 | 🍷 5 |
| ○ Sicilia Grillo Timpune '15 | 🍷 3 |

## Centopassi
via Porta Palermo, 132
90048 San Giuseppe Jato [PA]
Tel. +39 0918577655
www.centopassisicilia.it

藏酒销售
预约参观
膳宿接待
年产量 500 000 瓶
葡萄种植面积 94 公顷
葡萄栽培方式 有机认证
可持续发展酒庄

| | |
|---|---|
| ● Sicilia Rosso Centopassi '15 | 🍷🍷 2* |
| ● Syrah Marne di Saladino '14 | 🍷🍷 4 |
| ○ Sicilia Bianco Centopassi '15 | 🍷 2 |
| ○ Tendoni di Trebbiano '14 | 🍷 4 |

## Ceuso
c.da Vivignato
91013 Calatafimi [TP]
Tel. +39 092422836
www.ceuso.it

预约参观
年产量 120 000 瓶
葡萄种植面积 50 公顷

| | |
|---|---|
| ● Ceuso '13 | 🍷🍷 5 |
| ● Fastaia '14 | 🍷🍷 3 |
| ○ Scurati Grillo '15 | 🍷🍷 2* |
| ● Scurati Nero d'Avola '15 | 🍷 2 |

## Cantine Colosi
loc. Pace del Mela
fraz. Giammoro
Diramazione Viaria C
98042 Messina
Tel. +39 0909385549
www.cantinecolosi.it

预约参观
年产量 100 000 瓶
葡萄种植面积 10 公顷

| | |
|---|---|
| ⊙ Cariddi Rosato '15 | 🍷🍷 2* |
| ○ Passito '11 | 🍷🍷 4 |
| ● Cariddi Rosso '14 | 🍷 3 |
| ○ Malvasia Delle Lipari Passito '10 | 🍷 5 |

## Terra Costantino
via Garibaldi, 417
95029 Viagrande [CT]
Tel. +39 095434288
www.terracostantino.it

藏酒销售
预约参观
年产量 40 000 瓶
葡萄种植面积 7 公顷

| | |
|---|---|
| ● Etna Rosso de Aetna '14 | 🍷🍷 3 |
| ⊙ Etna Rosato de Aetna '15 | 🍷 3 |

## Tenuta Coste Ghirlanda
loc. Piana di Ghirlanda
91017 Pantelleria [TP]
Tel. +39 3388244649
www.costeghirlanda.it

预约参观
年产量 35 000 瓶
葡萄种植面积 7 公顷

| | |
|---|---|
| ○ Silenzio '14 | 🍷🍷 6 |
| ○ Jardinu Zibibbo '14 | 🍷🍷 6 |

## Curatolo Arini
loc. Baglio Curatolo Arini
via Vito Curatolo Arini, 5
91025 Marsala [TP]
Tel. +39 0923989400
www.curatoloarini.com

年产量 2 000 000 瓶
葡萄种植面积 100 公顷

| | |
|---|---|
| ○ Coralto Grillo '14 | 🍷🍷 3 |
| ● Paccamora Syrah '14 | 🍷🍷 2* |
| ○ Zibibbo '15 | 🍷🍷 6 |
| ● Nero d'Avola '12 | 🍷 6 |

## Curto

s.da st.le 115 Ispica-Rosolini km 358
97014 Ispica [RG]
Tel. +39 0932950161
www.curto.it

藏酒销售
预约参观
年产量 70 000 瓶
葡萄种植面积 30 公顷

| | |
|---|---|
| ● Krio Syrah '12 | 🍷🍷 4 |
| ○ Moscato Passito Dulce Netum '14 | 🍷🍷 6 |
| ● Eloro Nero d'Avola Fontanelle '11 | 🍷 4 |
| ○ Poiano Inzolia '15 | 🍷 2 |

## Di Legami

via Marzabotto, 7
91014 Castellammare del Golfo [TP]
Tel. +39 3381749679
www.cantinedilegami.it

年产量 30 000 瓶
葡萄种植面积 45 公顷

| | |
|---|---|
| ○ Zafaràna Inzolia '15 | 🍷🍷 3 |
| ● Zafaràna Nero d'Avola '14 | 🍷🍷 3 |
| ○ Berlinghieri Chardonnay '15 | 🍷 2 |
| ○ Grillo Brut M. Cl. '13 | 🍷 3 |

## Gaspare Di Prima

loc. Sambuca di Sicilia
via G. Guasto, 27
92017 Sambuca di Sicilia [AG]
Tel. +39 0925941201
www.diprimavini.it

藏酒销售
预约参观
年产量 50 000 瓶
葡萄种植面积 38 公顷
葡萄栽培方式 有机认证

| | |
|---|---|
| ○ Sicilia Grillo del Lago '15 | 🍷🍷 2* |
| ● Sicilia Nero D'Avola Gibilmoro '13 | 🍷🍷 3 |
| ● Villamaura Syrah '11 | 🍷🍷 6 |
| ● Sicilia Pepita Rosso '14 | 🍷 2 |

## Feudo Disisa

fraz. Grisì
c.da Disisa
90046 Monreale [PA]
Tel. +39 0919127109
www.vinidisisa.it

藏酒销售
预约参观
年产量 150 000 瓶
葡萄种植面积 150 公顷
葡萄栽培方式 有机认证

| | |
|---|---|
| ● Adhara '14 | 🍷🍷 2* |
| ○ Sicilia Chardonnay Daliah '15 | 🍷🍷 3 |
| ○ Sicilia Grillo '15 | 🍷🍷 3 |
| ● Nero d'Avola '14 | 🍷 2 |

## Cantine Ermes

c.da Salinella
91029 Santa Ninfa [TP]
Tel. +39 092467153
www.cantineermes.it

藏酒销售
预约参观
年产量 3 000 000 瓶
葡萄种植面积 4 642 公顷
葡萄栽培方式 有机认证
可持续发展酒庄

| | |
|---|---|
| ● Marchese Montefusco Sangiovese '15 | 🍷🍷 1* |
| ● Vento di Mare Nero d'Avola Cabernet '15 | 🍷🍷 2* |
| ● Vento di Mare Nerello Mascalese '15 | 🍷 2 |
| ● Vento di Mare Nero d'Avola '15 | 🍷 2 |

## Cantina Sociale Europa

loc. bivio Triglia Scaletta
s.da st.le 115, km 42,400
91020 Petrosino [TP]
Tel. +39 0923961866
info@cantinaeuropa.it

藏酒销售
预约参观
年产量 2 000 000 瓶
葡萄种植面积 6 300 公顷

| | |
|---|---|
| ● Capofeto Nero d'Avola '15 | 🍷🍷 1* |
| ○ Eughenès Grillo Zibibbo '15 | 🍷🍷 2* |
| ○ Sicilia Grillo Eughenès '15 | 🍷🍷 2* |
| ○ Capofeto Grillo '15 | 🍷 1* |

## Fazio Wines

FRAZ. FULGATORE
VIA CAPITAN RIZZO, 39
91010 ERICE [TP]
TEL. +39 0923811700
www.faziowines.com

年产量 750 000 瓶
葡萄种植面积 100 公顷
可持续发展酒庄

| | |
|---|---|
| ○ Erice Grillo Aegades '15 | 🍷🍷 3 |
| ● Erice Nero d'Avola Torre dei Venti '14 | 🍷🍷 4 |
| ● Erice Syrah Luce d' Oriente '14 | 🍷🍷 3 |
| ● Sicilia Nero d'Avola Gàbal '14 | 🍷 4 |

## Ferreri

C.DA SALINELLA
91029 SANTA NINFA [TP]
TEL. +39 092461871
www.ferrerivini.it

藏酒销售
预约参观
年产量 70 000 瓶
葡萄种植面积 30 公顷

| | |
|---|---|
| ● Cabernet Sauvignon Karren '12 | 🍷🍷 5 |
| ○ Zibibbo '15 | 🍷🍷 3 |
| ○ Catarratto '15 | 🍷 3 |
| ○ Inzolia '15 | 🍷 3 |

## Feudo di Santa Tresa

S.DA COM.LE MARANGIO, 35
97019 VITTORIA [RG]
TEL. +39 09321846555
www.santatresa.it

预约参观
年产量 250 000 瓶
葡萄种植面积 38 公顷
葡萄栽培方式 有机认证

| | |
|---|---|
| ● Avulisi '13 | 🍷🍷 3 |
| ● Cerasuolo di Vittoria Cl. '13 | 🍷🍷 2* |
| ● Frappato '15 | 🍷🍷 2* |
| ○ Il Grillo di Santa Teresa Brut | 🍷 4 |

## Cantine Fina

C.DA BAUSA
91025 MARSALA [TP]
TEL. +39 0923733070
www.cantinefina.it

藏酒销售
预约参观
膳宿接待
年产量 250 000 瓶
葡萄种植面积 180 公顷
葡萄栽培方式 有机认证

| | |
|---|---|
| ○ Kikè '15 | 🍷🍷 3 |
| ● Perricone '15 | 🍷🍷 3 |
| ○ Sauvignon Blanc '15 | 🍷🍷 3 |
| ○ Kebrilla '15 | 🍷 2 |

## Fischetti

C.DA MOSCAMENTO
FRAZ. ROVITTELLO
VIA NAZIONALE N. 2
95012 CASTIGLIONE DI SICILIA [CT]
TEL. +39 3341272527
www.fischettiwine.it

藏酒销售
预约参观
年产量 8 000 瓶
葡萄种植面积 1.5 公顷

| | |
|---|---|
| ○ Etna Bianco Muscamento '15 | 🍷🍷 4 |
| ● Etna Rosso Muscamento '13 | 🍷🍷 4 |

## Tenuta Gatti

C.DA CUPRANI
98064 LIBRIZZI [ME]
TEL. +39 0941368173
www.tenutagatti.com

藏酒销售
预约参观
年产量 40 000 瓶
葡萄种植面积 15 公顷
葡萄栽培方式 有机认证

| | |
|---|---|
| ● Mamertino Rosso Curpanè '12 | 🍷🍷 3 |
| ● Nocera Sicè '14 | 🍷🍷 4 |
| ● Franco '11 | 🍷 3 |

## Geraci

via Corsica,18
90146 Palermo
Tel. +39 0916154146
www.tarucco.com

藏酒销售
预约参观
年产量 120 000 瓶
葡萄种植面积 15 公顷
葡萄栽培方式 有机认证

| | |
|---|---|
| ○ Tarucco Chardonnay '15 | 🍷🍷 3 |
| ○ Tarucco Grillo '15 | 🍷🍷 2* |
| ● Tarucco Merlot '14 | 🍷 3 |
| ● Tarucco Nero d'Avola '14 | 🍷 3 |

## Tenuta Gorghi Tondi

c.da San Nicola
91026 Mazara del Vallo [TP]
Tel. +39 0923719741
www.gorghitondi.com

藏酒销售
预约参观
膳宿接待
年产量 1 300 000 瓶
葡萄种植面积 130 公顷
葡萄栽培方式 有机认证

| | |
|---|---|
| ○ Rajah '15 | 🍷🍷 4 |
| ○ Sicilia Grillo Kheirè '15 | 🍷🍷 4 |
| ● Sicilia Nero d'Avola Sorante '13 | 🍷🍷 4 |
| ⊙ Palmarés Rosé Extra Dry | 🍷 3 |

## Hibiscus

c.da Tramontana
90010 Ustica [PA]
Tel. +39 0918449543
www.agriturismohibiscus.com

藏酒销售
预约参观
膳宿接待
年产量 10 000 瓶
葡萄种植面积 3 公顷

| | |
|---|---|
| ○ Grotta dell'Oro '15 | 🍷🍷 2* |
| ○ Zhabib Passito '15 | 🍷🍷 4 |
| ○ L'Isola Bianco '15 | 🍷 2 |
| ● L'Isola Rosso '15 | 🍷 2 |

## Judeka

c.da San Mauro Sotto
s.da prov.le 39/11
95041 Caltagirone [CT]
Tel. +39 09331895310
www.judeka.com

年产量 400 000 瓶
葡萄种植面积 33 公顷

| | |
|---|---|
| ○ Blandine '15 | 🍷🍷 3 |
| ● Vittoria Frappato '14 | 🍷🍷 2* |
| ● Cerasuolo di Vittoria '14 | 🍷 3 |

## Tenuta Enza La Fauci

c.da Mezzana-Spartà
98163 Messina
Tel. +39 3476854318
www.tenutaenzalafauci.com

藏酒销售
膳宿接待
年产量 14 000 瓶
葡萄种植面积 5 公顷

| | |
|---|---|
| ○ Case Bianche '15 | 🍷🍷 4 |
| ● Faro Oblì '13 | 🍷🍷 5 |

## Tenuta La Favola

via Principe di Piemonte, 39
96017 Noto [SR]
Tel. +39 0931839216
www.tenutalafavola.it

藏酒销售
预约参观
年产量 30 000 瓶
葡萄种植面积 10 公顷
葡萄栽培方式 有机认证
可持续发展酒庄

| | |
|---|---|
| ● Fravolato '15 | 🍷🍷 2* |
| ● Synà '14 | 🍷🍷 2* |
| ● Eloro Pachino Nero d'Avola La Favola '14 | 🍷 3 |
| ○ Grillo Catarratto '15 | 🍷 2 |

## Maggiovini

via Filippo Bonetti, 35
97019 Vittoria [RG]
Tel. +39 0932984771
www.maggiovini.it

藏酒销售
预约参观
膳宿接待
年产量 250 000 瓶
葡萄种植面积 45 公顷
葡萄栽培方式 有机认证
可持续发展酒庄

| | |
|---|---|
| ● Sicilia Nero d'Avola V. di Pettineo '14 | 🍷🍷 3 |
| ● Vittoria Frappato V. di Pettineo '15 | 🍷🍷 3 |
| ○ Vittoria Grillo V. di Pettineo '15 | 🍷🍷 3 |

## Marabino

c.da Buonivini
s.da prov.le Rosolini-Pachino km 8,5
97017 Noto [SR]
Tel. +39 3355284101
www.marabino.it

藏酒销售
预约参观
膳宿接待
年产量 100 000 瓶
葡萄种植面积 30 公顷
葡萄栽培方式 有机认证

| | |
|---|---|
| ● Eloro Pachino Archimede Ris. '13 | 🍷🍷 5 |
| ○ Moscato di Noto Muscatedda '15 | 🍷🍷 3 |
| ● Noto Nero d'Avola '14 | 🍷🍷 2* |
| ⊙ Eloro Nero d'Avola Rosato Rosa Nera '15 | 🍷 3 |

## Masseria del Feudo

c.da Grottarossa
93100 Caltanissetta
Tel. +39 0934569719
www.masseriadelfeudo.it

藏酒销售
预约参观
膳宿接待
年产量 100 000 瓶
葡萄种植面积 12 公顷
葡萄栽培方式 有机认证

| | |
|---|---|
| ● Sicilia Il Giglio Syrah '15 | 🍷🍷 2* |
| ● Sicilia Rosso delle Rose '14 | 🍷🍷 3 |
| ○ Sicilia Il Giglio Inzolia '15 | 🍷 2 |
| ● Sicilia Il Giglio Nero d'Avola '15 | 🍷 2 |

## Miceli

c.da Piana Scunchipani, 190
92019 Sciacca [AG]
Tel. +39 092580188
www.miceli.uno

预约参观
年产量 400 000 瓶
葡萄种植面积 60 公顷

| | |
|---|---|
| ○ Passito di Pantelleria Nun '13 | 🍷🍷 5 |
| ○ Baaria Grillo '15 | 🍷 2 |
| ○ Pantelleria Bianco Yrnm '14 | 🍷 4 |
| ○ Shahr Adonay '13 | 🍷 4 |

## Cantina Modica di San Giovanni

c.da Bufalefi
96017 Noto [SR]
Tel. +39 09311805181
www.vinidinoto.it

藏酒销售
预约参观
餐饮接待
年产量 80 000 瓶
葡萄种植面积 40 公顷
可持续发展酒庄

| | |
|---|---|
| ● Dolcenero '12 | 🍷🍷 5 |
| ○ Moscato di Noto Dolcenoto '15 | 🍷🍷 3 |
| ○ Lupara '15 | 🍷 2 |
| ⊙ Mamma Draja '15 | 🍷 2 |

## Cantine Mothia

via Giovanni Falcone, 22
91025 Marsala [TP]
Tel. +39 0923737295
www.cantine-mothia.com

藏酒销售
预约参观
年产量 100 000 瓶
葡萄种植面积 25 公顷

| | |
|---|---|
| ● Mosaikon '15 | 🍷🍷 2* |

## Tenute Orestiadi

v.le Santa Ninfa
91024 Gibellina [TP]
Tel. +39 092469124
www.tenuteorestiadi.it

藏酒销售
预约参观
餐饮接待
年产量 1 000 000 瓶
葡萄种植面积 100 公顷
葡萄栽培方式 有机认证
可持续发展酒庄

| | |
|---|---|
| ● Ludovico '11 | 🍷🍷 5 |
| ● Molino a Vento Nero d'Avola '15 | 🍷🍷 2* |
| ● Perricone '14 | 🍷🍷 3 |
| ● Molino a Vento Syrah '15 | 🍷 1* |

## Ottoventi

c.da Torrebianca - Fico
91019 Valderice [TP]
Tel. +39 0923 1877151
www.cantinaottoventi.it

藏酒销售
预约参观
膳宿接待
年产量 300 000 瓶
葡萄种植面积 35 公顷

| | |
|---|---|
| ○ Grillo '15 | 🍷🍷 4 |
| ○ Ottoventi Bianco '15 | 🍷 3 |
| ● Ottoventi Nero '14 | 🍷 3 |
| ○ Zibibbo '15 | 🍷 4 |

## Tenute dei Paladini

via Palestro, 23
91025 Marsala [TP]
Tel. +39 3463513366
www.tenutedeipaladini.com

年产量 40 000 瓶
葡萄种植面积 45 公顷

| | |
|---|---|
| ○ Grillo Palatium '15 | 🍷🍷 3 |
| ● Nero d'Avola Palatium '15 | 🍷🍷 3 |
| ○ Catarratto-Chardonnay Palatium '15 | 🍷 3 |
| ● San Giorgio '15 | 🍷 3 |

## Cantine Paolini

c.da Gurgo, 168a
91025 Marsala [TP]
Tel. +39 0923967042
www.cantinapaolini.com

年产量 4 000 000 瓶
葡萄种植面积 2739 公顷
葡萄栽培方式 有机认证

| | |
|---|---|
| ● Lance Nero d'Avola '14 | 🍷🍷 2* |
| ● Nero d'Avola '15 | 🍷🍷 2* |
| ○ Zibibbo '15 | 🍷🍷 2* |
| ○ Sicilia Grillo Gurgò '15 | 🍷 2 |

## Cantine Pepi

v.le del Lavoro, 7
95040 Mazzarrone [CT]
Tel. +39 093328001
wwww.cantinepepi.it

年产量 100 000 瓶
葡萄种植面积 35 公顷

| | |
|---|---|
| ● Agate Frappato '15 | 🍷🍷 2* |
| ● Tra Cielo e Terra Frappato Passito '15 | 🍷🍷 5 |
| ● Cerasuolo di Vittoria Eore '14 | 🍷 3 |
| ● Ex Nero d'Avola '14 | 🍷 2 |

## Pietracava

via Luigi Sturzo, 16
93011 Butera [CL]
Tel. +39 3392410117
www.pietracavawines.it

年产量 30 000 瓶
葡萄种植面积 30 公顷

| | |
|---|---|
| ○ Millelune Inzolia '15 | 🍷🍷 2* |
| ○ Pioggia di Luce '15 | 🍷🍷 3 |
| ● Manaar '14 | 🍷 4 |
| ● Neofos '15 | 🍷 3 |

## Quignones

VIA VITTORIO EMANUELE, 62
92027 LICATA [AG]
TEL. +39 0922773744
www.quignones.it

藏酒销售
预约参观
年产量 90 000 瓶
葡萄种植面积 28 公顷

| | |
|---|---|
| ● Castel San Giacomo Rosso '13 | 🍷🍷 2* |
| ○ Castel San Giacomo Bianco '15 | 🍷 2 |
| ⊙ Fimmina Rosato di Nero d'Avola '15 | 🍷 2 |
| ● Lagasìa Cabernet Sauvignon '10 | 🍷 2 |

## Cantine Russo

LOC. CRASÀ
FRAZ. SOLICCHIATA
VIA CORVO
95014 CASTIGLIONE DI SICILIA [CT]
TEL. +39 0942986271
www.cantinerusso.eu

藏酒销售
预约参观
年产量 190 000 瓶
葡萄种植面积 15 公顷

| | |
|---|---|
| ● Etna Luce di Lava '13 | 🍷🍷 3 |
| ○ Etna Rampante Contrada Crasà '15 | 🍷🍷 3 |
| ● Etna Rosso Rampante '10 | 🍷 4 |
| ⊙ Mon Pit Brut Rosé | 🍷 6 |

## Sallier de la Tour

C.DA PERNICE
90144 MONREALE [PA]
TEL. +39 0916459711
www.tascadalmerita.it

预约参观
年产量 250 000 瓶
葡萄种植面积 41 公顷

| | |
|---|---|
| ● Monreale La Monaca '13 | 🍷🍷 5 |
| ● Sicilia Nero d'Avola '14 | 🍷🍷 2* |
| ○ Sicilia Grillo '15 | 🍷 2 |
| ○ Sicilia Inzolia '15 | 🍷 2 |

## Scilio

V.LE DELLE PROVINCIE, 52
95014 GIARRE [CT]
TEL. +39 095932822
www.scilio.com

藏酒销售
预约参观
膳宿接待
年产量 90 000 瓶
葡萄种植面积 22 公顷
葡萄栽培方式 有机认证

| | |
|---|---|
| ○ Etna Bianco Valle Galfina '15 | 🍷🍷 3 |
| ● Etna Rosso Valle Galfina '14 | 🍷🍷 3 |

## Solidea

C.DA KADDIUGGIA
91017 PANTELLERIA [TP]
TEL. +39 0923913016
www.solideavini.it

年产量 12 000 瓶
葡萄种植面积 1.8 公顷

| | |
|---|---|
| ○ Moscato di Pantelleria '15 | 🍷🍷 4 |
| ○ Passito di Pantelleria '15 | 🍷🍷 5 |
| ○ Ilios '15 | 🍷 3 |

## Terre di Giurfo

VIA PALESTRO, 536
97019 VITTORIA [RG]
TEL. +39 0957221551
www.terredigiurfo.it

藏酒销售
预约参观
年产量 100 000 瓶
葡萄种植面积 40 公顷

| | |
|---|---|
| ● Etna Rosso Nardalici '13 | 🍷🍷 3 |
| ● Sicilia Nero d'Avola Kudyah '14 | 🍷🍷 2* |
| ● Vittoria Frappato Belsito '15 | 🍷🍷 2* |
| ● Sicilia Nero d'Avola Kuntàri '14 | 🍷 3 |

## Todaro

C.DA FEOTTO
90048 SAN GIUSEPPE JATO [PA]
TEL. +39 3461056393
www.todarowinery.com

预约参观
年产量 80 000 瓶
葡萄种植面积 25 公顷
葡萄栽培方式 有机认证

| | |
|---|---|
| ● Shadir '14 | 🍷🍷 2* |
| ○ Lybra '15 | 🍷 2 |
| ○ Nihal '15 | 🍷 2 |
| ● Virgo '14 | 🍷 2 |

## Girolamo Tola & C.

VIA GIACOMO MATEOTTI, 2
90047 PARTINICO [PA]
TEL. +39 0918781591
www.vinitola.it

年产量 180 000 瓶
葡萄种植面积 55 公顷

| | |
|---|---|
| ● Nero d'Avola '15 | 🍷🍷 3 |
| ● Nero d'Avola Black Label '13 | 🍷🍷 3 |
| ○ Chardonnay Insolia '15 | 🍷 2 |
| ○ Grillo '15 | 🍷 3 |

## Cantine Trapani

LOC. BOVARELLA
VIA MONACI, 41
91018 SALEMI [TP]
TEL. +39 092469938
www.trapanivini.it

年产量 40 000 瓶
葡萄种植面积 40 公顷

| | |
|---|---|
| ● Goccia Nero d'Avola '15 | 🍷🍷 2* |
| ○ Vento del Sud Grillo '15 | 🍷🍷 1* |
| ● Vento del Sud Syrah '15 | 🍷🍷 2* |
| ○ Quiete Catarratto Grillo '15 | 🍷 2 |

## Vaccaro

C.DA COMUNE
91020 SALAPARUTA [TP]
TEL. +39 092475151
www.vinivaccaro.it

藏酒销售
年产量 800 000 瓶
葡萄种植面积 40 公顷
葡萄栽培方式 有机认证
可持续发展酒庄

| | |
|---|---|
| ○ Luna Grillo '15 | 🍷🍷 1* |
| ● Luna Nero d'Avola '15 | 🍷🍷 4 |
| ● Salaparuta Rosso Zoe '14 | 🍷🍷 4 |
| ⊙ Rosato di Nero d'Avola '15 | 🍷 2 |

## Le Vigne di Eli

C.DA CALDERARA
95036 RANDAZZO [CT]
TEL. +39 095924002
www.tenutaterrenere.com

藏酒销售
预约参观
年产量 200 000 瓶
葡萄种植面积 30 公顷
葡萄栽培方式 有机认证

| | |
|---|---|
| ○ Etna Bianco Moganazzi Voltasciara '14 | 🍷🍷 6 |
| ● Etna Rosso Moganazzi Voltasciara '14 | 🍷🍷 6 |
| ● Etna Rosso Pignatuni '14 | 🍷🍷 6 |
| ● Etna Rosso San Lorenzo '14 | 🍷🍷 6 |

## Vivera

C.DA MARTINELLA
S.DA PROV.LE 59 IV
95015 LINGUAGLOSSA [CT]
TEL. +39 095643837
www.vivera.it

预约参观
年产量 120 000 瓶
葡萄种植面积 35 公顷
葡萄栽培方式 有机认证

| | |
|---|---|
| ○ A'mami '13 | 🍷🍷 3 |
| ○ Altrove '15 | 🍷🍷 2* |
| ● Etna Rosso Martinella '11 | 🍷🍷 4 |
| ● Terra dei Sogni '13 | 🍷 2 |

# 撒丁岛
# SARDINIA

关注今年的获奖美酒，以及跻身“三杯奖”决赛的众多葡萄酒品牌或者获得“两杯”荣誉的佳酿，我们不难得出结论：撒丁岛自几年前开始的任务如今进展良好。当然，这项任务也涉及葡萄种植商和酿造商的悠久传统——选取那些具有巨大风土潜力的适宜种植地，打造出的高品质撒丁岛产区酒才能在全球市场上引人注目。尽管各种指定产区并没有充分利用小型有限的特色种植地，但是今年的品鉴结果仍为我们指明了哪里才是真正的葡萄酒王国。与此前的采收酿造季相比，2015年采收酿造季比较炎热，显得略失平衡和水准，但仍产出部分顶级系列美酒和许多适合饮用的佳酿，尽管它们并不具有特别强大的陈年窖藏潜力。在白葡萄酒出品中，我们非常高兴地看到不仅著名的加卢拉地区（Gallura）表现精彩，坎皮达诺（Campidano）和撒丁岛西北部地区也都交出了令人满意的答卷。在红葡萄酒出品方面，来自诸如巴巴吉亚（Barbagia）和奥利亚斯特拉（Ogliastra）等最佳种植区的萨登纳卡诺娜（Cannonau di Sardegnas）显现不凡，撒丁岛南部地区的红葡萄酒也表现不俗。苏尔奇斯地区（Sulcis）及其所产的佳丽酿（Carignanos）表现令人满意，除此之外，该地区还奉献出不少以其他本地葡萄品种打造的惊喜美酒，例如尼德拉（Nieddera）、巴贝拉萨达（Barbera Sarda）等。在今年的品鉴中，斩获最高大奖的酒庄中既有历史悠久的名庄，也有初出茅庐的新手。有些美酒具有稳操胜券的品质保证，每年都会将大奖收入囊中，例如阿尔扎凯纳地区（Arzachena）贾巴斯酒庄（Gabbas）的杜尔传统萨登纳卡诺娜（Gabbas Cannonau di Sardegna Dule）或者卡普樹拉酒庄的同名美酒（Capichera）、苏劳酒庄（Surrau）的加卢拉维蒙蒂诺（Vermentino di Gallura）、帕拉酒庄（Pala）令人垂涎的斯黛拉托萨登纳维蒙蒂诺（Vermentino di Sardegna Stellato）、梅萨酒庄（Mesa）和吉巴酒庄（Giba）的苏尔奇斯卡诺娜（Carignano del Sulcis）、最忠诚表达奥里亚斯特拉卡诺娜（Ogliastra Cannonau）的D53系列等。孔蒂尼酒庄（Contini）以尼德拉（Nieddera）打造的巴里（Barrile），以及塞拉与莫斯卡酒庄以托巴多（Torbato）打造的161系列珍酿（Sella & Mosca Cuvée 161）都表现精彩，成为酿造生物多样性的代表美酒。接下来让我们认识一下初次登上领奖台的三款佳酿：阿吉拉斯酒庄（Argiolas）的首个森斯系列基础酒（Senes），这款2012年份酒是一款典型的卡诺娜（Cannonau），呈现经典的优雅特质；以本地传统葡萄混酿而成的2011年份法尔孔纳罗（Falconaro）为多利亚诺瓦酒庄（Cantina di Dolianova）赢得了第一座“三杯奖”桂冠；最后是桑塔迪酒庄（Cantina di Santadi）的2010年份拉提尼亚（Latinia），充分证明撒丁岛在利用风化葡萄酿造甜酒方面的巨大潜力。

## ★★Argiolas

via Roma, 28/30
09040 Serdiana [CA]
Tel. +39 070740606
www.argiolas.it

藏酒销售
预约参观
年产量 2 200 000 瓶
葡萄种植面积 230 公顷
可持续发展酒庄

不断进行研究，不断扩张并巩固系列范围，持续致力于将美酒出口到全球五大洲。这些都是阿吉拉斯酒庄（Argiolas）的主要特征。关于阿吉拉斯酒庄（Argiolas）的文章已经不计其数，这座撒丁岛上最伟大的酒庄年产量超过200万瓶，而且每一瓶酒都保证了极高的品质。这样优异的成绩要归功于以弗朗科（Franco）和佩皮托（Peppetto）兄弟二人为首的伟大的酿酒家族，他们始终战斗在生产的第一线，他们的孩子瓦伦蒂娜（Valentina）、弗朗西斯卡（Francesca）和安东尼奥（Antonio）如今也加入酒庄的经营管理。在今年的品鉴中，阿吉拉斯酒庄新推出了森斯系列基础酒（Senes），这款2012年份的萨登纳卡诺娜陈酿（Riserva di Cannonau di Sardegna）令人想起撒丁岛（Sardinian）美酒引以为傲的绵长生命周期。这款地中海伟大红葡萄酒吐露着玫瑰的芬芳，融入灌木丛的醇香，随之而来的口感清爽馥郁，浸润丰美果味，单宁深邃而华美。这款令人惊喜的美酒无疑配得上一座“三杯奖”奖杯！除此之外，图丽佳（Turriga）一如既往地表现精彩，不过今年这款年份酒还不算是最佳版本。阿吉拉斯酒庄推荐的其余佳酿也都展现出极高的酿造水准。

| | | |
|---|---|---|
| ● Cannonau di Sardegna Senes Ris. '12 | 🍷🍷🍷 (red) | 5 |
| ● Turriga '12 | 🍷🍷 (red) | 8 |
| ○ Angialis '13 | 🍷🍷 | 6 |
| ● Antonio Argiolas 100 '12 | 🍷🍷 | 6 |
| ● Cannonau di Sardegna Costera '14 | 🍷🍷 | 3 |
| ○ Cerdeña '12 | 🍷🍷 | 7 |
| ● Is Solinas '13 | 🍷🍷 | 4 |
| ● Korem '13 | 🍷🍷 | 5 |
| ● Monica di Sardegna Sup. Is Selis '14 | 🍷🍷 | 3 |
| ● Monica di Sardegna Perdera '14 | 🍷 | 3 |
| ○ Nasco di Cagliari Is Selis '15 | 🍷 | 3 |
| ○ Nuragus di Cagliari S'Elegas '15 | 🍷 | 2 |
| ⊙ Serralori '15 | 🍷 | 2 |
| ○ Vermentino di Sardegna Costamolino '15 | 🍷 | 3 |
| ○ Vermentino di Sardegna Is Argiolas '15 | 🍷 | 3 |
| ○ Vermentino di Sardegna Merì '15 | 🍷 | 3 |

## Capichera

s.s. Arzachena-Sant'Antonio, km 4
07021 Arzachena [OT]
Tel. +39 078980612
www.capichera.it

藏酒销售
预约参观
年产量 250 000 瓶
葡萄种植面积 50 公顷
可持续发展酒庄

卡普榭拉酒庄（Capichera）是意大利著名的葡萄酒品牌，享誉全球，拉吉尼达家族（Ragnedda）兄弟是撒丁岛上第一批生产瓶装美酒并将以维蒙蒂诺（Vermentino）为主要酿造原料的美味白葡萄酒出口到全世界各地的酒庄之一。此举在极大限度上推广和宣传了撒丁岛美酒以及加卢拉种植区（Gallura），这里正是卡普榭拉酒庄的所在地。酒庄的年产量为25万瓶，除了著名的白葡萄酒之外，整个系列的品质水准都极高。卡普榭拉酒庄酿造的红葡萄酒和白葡萄酒都气质优雅，别具个性，忠诚展现本地风土特质，更重要的是都具有极强的陈年潜力。在今年的品鉴中，卡普榭拉酒庄提交的美酒都表现精彩。维吉安吉拉加卢拉维蒙蒂诺（Vermentino di Gallura Vign' Angena）是最新的加卢拉酒，口感新鲜悦人，果味十分复杂。与此同时，2014年份的卡普榭拉（Capichera）毫无疑问达到了卓越的巅峰，它吐露着芳香植物的缕缕芬芳，融入柑橘和茴香的香气，随之而来的口感新鲜而强劲，收口浸润着淡淡的杏仁美味。除此之外，韦德米亚塔蒂瓦（Vendemmia Tardiva）也是一款伟大的美酒。

| | | |
|---|---|---|
| ○ Capichera '14 | 🍷🍷🍷 (red) | 6 |
| ○ Vermentino di Gallura Vign'angena '15 | 🍷🍷 (red) | 5 |
| ○ Capichera V.T. '14 | 🍷🍷 | 8 |
| ● Lianti '14 | 🍷 | 4 |
| ⊙ Tambè '15 | 🍷 | 4 |
| ○ Capichera '13 | 🍷🍷🍷 (outline) | 6 |
| ○ Capichera '12 | 🍷🍷🍷 (outline) | 6 |
| ○ Capichera '11 | 🍷🍷🍷 (outline) | 6 |
| ○ Capichera '10 | 🍷🍷🍷 (outline) | 5 |
| ○ Capichera V.T. '00 | 🍷🍷🍷 (outline) | 6 |
| ○ Vermentino di Gallura Vign'angena '10 | 🍷🍷🍷 (outline) | 5 |
| ○ Vermentino di Gallura Vign'angena '09 | 🍷🍷🍷 (outline) | 5 |

## Carpante

via Garibaldi, 151
07049 Usini [SS]
Tel. +39 079380614
www.carpante.it

藏酒销售
预约参观
年产量 30 000 瓶
葡萄种植面积 8 公顷

卡彭特酒庄（Carpante）坐落于乌西尼（Usini）——撒丁岛西北部的一座小城镇，始终是高品质美酒活跃的酿造中心。卡彭特酒庄的葡萄园地处海拔250米，拥有肥沃的石灰质土壤，非常适合生产以维蒙蒂诺（Vermentino）为主要酿造原料的白葡萄酒以及卡基努拉瑞（Cagnulari）红葡萄酒。尽管葡萄园占地面积并不大，出产美酒数量有限，但卡彭特酒庄的出品系列依然完整，包括卡基努拉瑞和维蒙蒂诺以及极富意趣的卡诺娜（Cannonaus）和佳丽酿（Carignanos）。卡彭特酒庄似乎正处于飞速发展时期，今年推荐的美酒表现非常精彩。2012年份的里佐茨（Lizzos）以精选卡基努拉瑞酿造而成，凭借卓越品质跻身“三杯奖”决赛。它吐露着辛辣的酒香，融入烟草的醇香，和着成熟且纯净的果香，口感非常质朴华美，单宁精美，收口尤其强劲深邃。在所有提交的白葡萄酒中，2015年份的隆赫拉萨登纳维蒙蒂诺（Vermentino di Sardegna Longhera）的品质最为优秀，酒体饱满，完全呈现出种植地乌西尼（Usini）的原始风土。

| | |
|---|---|
| ● Lizzos '12 | ▼▼ 4 |
| ● Cagnulari '14 | ▼▼ 3 |
| ● Carpante '12 | ▼▼ 4 |
| ● Disizzu '14 | ▼▼ 4 |
| ○ Vermentino di Sardegna Longhera '15 | ▼▼ 2* |
| ● Cannonau di Sardegna '14 | ▼ 3 |
| ○ Vermentino di Sardegna Frinas '15 | ▼ 4 |
| ● Carpante '11 | ▽▽ 4 |
| ● Carpante '10 | ▽▽ 4 |
| ● Carpante '09 | ▽▽ 4 |
| ● Disizzu '12 | ▽▽ 4 |
| ○ Vermentino di Sardegna Frinas '12 | ▽▽ 4 |
| ○ Vermentino di Sardegna Frinas '10 | ▽▽ 4 |
| ○ Vermentino di Sardegna Longhera '13 | ▽▽ 2* |

## Giovanni Maria Cherchi

loc. Sa Pala e Sa Chessa
07049 Usini [SS]
Tel. +39 079380273
www.vinicolacherchi.it

藏酒销售
预约参观
年产量 170 000 瓶
葡萄种植面积 30 公顷

著名的切尔奇酒庄（Cherchi）地处鲁古多罗（Logudoro），由伟大的酿酒家族于20世纪70年代创建。他们大力推广乌西尼（Usini）DOC产区，酿造出真正的美酒，对本地风土、微气候环境进行忠诚的阐释，萨登纳维蒙蒂诺（Vermentinos di Sardegna）始终都是切尔奇酒庄的最佳美酒，拥有傲视时光的陈年潜力。红葡萄酒出品也同样卓越，以卡基努拉瑞（Cagnulari）为首，酿造原料来自同名品种葡萄。酒庄的栽培和酿造研究始终在继续，几年前推出了越来越美味的传统起泡酒（Metodo Classico）。在今年的品鉴中，切尔奇酒庄又供应了一系列令人印象深刻的美酒，其中2015年份的图瓦欧斯萨登纳维蒙蒂诺（Vermentino di Sardegna Tuvaoes）表现精彩，吐露着缕缕鼠尾草的芬芳，融入柑橘的果香，口感强劲。与此同时，2014年份的萨登纳卡诺娜（Cannonau di Sardegna）清爽多汁；2014年份的卡基努拉瑞（Cagnulari）吐露着精美的辛香，散发着红莓果的缕缕果香，融入森林大地的醇香，随之而来的是深邃而紧致的口感。除此之外，2014年份的鲁扎纳（Luzzana）精致一如从前，这款卡基努拉瑞和卡诺娜的混酿十分美味，令人愉悦。

| | |
|---|---|
| ● Cagnulari '14 | ▼▼ 3 |
| ● Cagnulari Billia '15 | ▼▼ 3 |
| ● Cannonau di Sardegna '14 | ▼▼ 3 |
| ● Luzzana '14 | ▼▼ 4 |
| ○ Vermentino di Sardegna Tuvaoes '15 | ▼▼ 3 |
| ○ Tokaterra | ▼ 3 |
| ○ Vermentino di Sardegna Billia '15 | ▼ 2 |
| ○ Vermentino di Sardegna Tuvaoes '88 | ▽▽▽ 4* |
| ● Cagnulari '13 | ▽▽ 3 |
| ● Cagnulari '12 | ▽▽ 3 |
| ● Cagnulari Billia '12 | ▽▽ 3 |
| ● Cannonau di Sardegna '13 | ▽▽ 3 |
| ○ Vermentino di Sardegna Tuvaoes '14 | ▽▽ 3 |

## Chessa

via San Giorgio
07049 Usini [SS]
Tel. +39 3283747069
www.cantinechessa.it

藏酒销售
预约参观
年产量 43 000 瓶
葡萄种植面积 15 公顷

乔瓦娜·切萨（Giovanna Chessa）拥有自己的同名酒庄，近些年来酒庄凭借自身的快速发展脱颖而出，成为撒丁岛富有意趣的酒庄之一，出品美酒能够准确反映乌西尼产区（Usini）的风土特质。切萨酒庄生产的美酒气质质朴，极富个性。尽管卡基努拉瑞（Cagnular）这种葡萄品种非常难以打理，但通过勤勉栽培，乔瓦娜依然打造出很多和谐优雅的卡基努拉瑞美酒。其他品种佳酿也呈现出浓郁集中和清澈纯净的特质，如维蒙蒂诺（Vermentino）和莫斯卡托（Moscato）。在我们今年的品鉴中，切萨酒庄的整体表现上佳，而它酿造的卡基努拉瑞总是最能打动我们的佳酿。2014年份的卡基努拉瑞别具一格，这款精美的红葡萄酒吐露着桃金娘的芬芳，融入甜美的香料辛香，更有薄荷的清凉风味飘散其间，酒香馥郁芬芳，呈现出紧致的酒质，非常有力，但绝不过干，单宁美妙，收口强劲。除此之外，玛塔瑞嘉（Mattariga）也表现卓越；2015年份的萨登纳维蒙蒂诺（Vermentino di Sardegna）令人愉悦，酒香扑鼻。

| | |
|---|---|
| ● Cagnulari '14 | ▼▼ 3 |
| ○ Vermentino di Sardegna Mattariga '15 | ▼▼ 3 |
| ● Lugherra '13 | ▼ 5 |
| ● Cagnulari '13 | ▽▽ 3 |
| ● Cagnulari '12 | ▽▽ 3 |
| ● Cagnulari '11 | ▽▽ 3 |
| ● Cagnulari '10 | ▽▽ 3* |
| ○ Kentàles | ▽▽ 5 |
| ● Lugherra '12 | ▽▽ 5 |
| ● Lugherra '10 | ▽▽ 5 |
| ● Lugherra '09 | ▽▽ 5 |
| ○ Vermentino di Sardegna Mattariga '14 | ▽▽ 3 |
| ○ Vermentino di Sardegna Mattariga '13 | ▽▽ 3 |
| ○ Vermentino di Sardegna Mattariga '12 | ▽▽ 3 |
| ○ Vermentino di Sardegna Mattariga '10 | ▽▽ 3 |

## Attilio Contini

via Genova, 48/50
09072 Cabras [OR]
Tel. +39 0783290806
www.vinicontini.it

藏酒销售
预约参观
年产量 800 000 瓶
葡萄种植面积 70 公顷
葡萄栽培方式 有机认证
可持续发展酒庄

孔蒂尼酒庄（Contini）是撒丁岛（Sardinia）上规模宏大的私人酒庄之一，这一评判不仅出于产量标准，更从其酒品的质量和悠久的历史考量。孔蒂尼酒庄出品的美酒展示了整个产区的生产能力，主要集中在本地传统的葡萄品种上：从尼德拉（Nieddera）黑葡萄到奥利斯塔诺维奈西卡（Vernaccia di Oristano）白葡萄。酒庄投入大量精力研究奥利斯塔诺维奈西卡葡萄，酒窖中储藏了大量珍藏年份酒。孔蒂尼酒庄的美酒系列广泛，从维蒙蒂诺（Vermentino）和萨登纳卡诺娜（Cannonau di Sardegna）到起泡酒，从尼德拉到维奈西卡（Vernaccia）均包含在内。在今年的品鉴中，孔蒂尼酒庄的总体表现优异。2013年份的巴里（Barrile）是一款以尼德拉（Nieddera）酿造而成的美酒，酒庄始终坚信这一本地品种拥有巨大的发展潜力。它不可思议地精美，散发着复杂的酒香，和着香料的辛香，吐露着红色莓果的缕缕果香，更有一抹花香和灌木丛的温热辛辣萦绕其间，口感紧致，如同天鹅绒般丝滑，新鲜而有力。这款佳酿无疑配得上一座"三杯奖"奖杯。最新推出的奥利斯塔诺维奈西卡也非常迷人，1991年份的陈酿甚至在25年后依然在成熟发展之中，无惧时光。

| | |
|---|---|
| ● Barrile '13 | ▼▼▼ 7 |
| ○ Vernaccia di Oristano Ris. '91 | ▼▼ 7 |
| ● Cannonau di Sardegna Sartiglia '10 | ▼▼ 3 |
| ● I Giganti Rosso '13 | ▼▼ 5 |
| ● Nieddera Rosso '15 | ▼▼ 3 |
| ○ Pontis | ▼▼ 5 |
| ○ Vermentino di Gallura Elibaria '15 | ▼▼ 3 |
| ○ Vernaccia di Oristano Componidori '05 | ▼▼ 3 |
| ● Cannonau di Sardegna Tonaghe '15 | ▼ 2 |
| ○ I Giganti Bianco '13 | ▼ 5 |
| ○ Karmis '15 | ▼ 3 |
| ⊙ Nieddera Rosato '15 | ▼ 2 |
| ○ Vermentino di Sardegna Pariglia '15 | ▼ 2 |
| ○ Vermentino di Sardegna Tyrsos '15 | ▼ 2 |
| ○ Vernaccia di Oristano Flor '05 | ▼ 3 |
| ● Barrile '11 | ▽▽▽ 6 |

## Ferruccio Deiana

LOC. SU LEUNAXI
VIA GIALETO, 7
09040 SETTIMO SAN PIETRO [CA]
TEL. +39 070749117
www.ferrucciodeiana.it

藏酒销售
预约参观
年产量 520 000 瓶
葡萄种植面积 94 公顷

费鲁奇奥·狄安纳（Ferruccio Deiana）是一位拥有天赋的葡萄栽培师和酿酒师，以无尽的热情和非凡的领导力经营着位于撒丁岛（Sardinia）南部占地面积达到100公顷的广袤葡萄园。无论从产量还是从葡萄园的栽培面积上而言，他的酒庄都是产区的领袖酒庄。费鲁奇奥狄安纳酒庄拥有两处主要种植区，其中超过一半的酒品出自酒庄附近的苏卢奈克西葡萄园（Su Leunaxi），另一处则位于西比奥拉（Sibiola）这座特别适合出产葡萄酒的小城镇，距离酒庄只有几英里远。酒庄主要关注传统葡萄品种的种植和酿造，在许多情况下采取分开发酵的方式生产，只有一些优秀混酿除外。在今年的品鉴中，2013年份的赛兰诺萨登纳卡诺娜陈酿（Cannonau di Sardegna Sileno Riserva）凭借卓越表现跻身“三杯奖”决赛，将复杂风味和极佳可饮性完美结合，吐露着非常清澈的酒香，充分反映出撒丁岛南部本地葡萄品种的精美表现力。除此之外，阿佳娜（Ajana）是一款以传统葡萄品种混酿而成的红葡萄酒，品质非常卓越。而在该酒庄生产的白葡萄酒中，我们推荐2015年份的阿维尔萨登纳维蒙蒂诺（Arvali），它清爽而丰美。

| | |
|---|---|
| ● Cannonau di Sardegna Sileno Ris. '13 | 🍷🍷 4 |
| ● Ajana '13 | 🍷🍷 6 |
| ● Cannonau di Sardegna Sileno '14 | 🍷🍷 3 |
| ○ Oirad '14 | 🍷🍷 5 |
| ○ Vermentino di Sardegna Arvali '15 | 🍷🍷 3 |
| ⊙ Bellarosa '15 | 🍷 2 |
| ● Monica di Sardegna Karel '14 | 🍷 2 |
| ○ Pluminus '14 | 🍷 6 |
| ○ Vermentino di Sardegna Donnikalia '15 | 🍷 2 |
| ● Ajana '02 | 🍸🍸🍸 6 |
| ● Cannonau di Sardegna Sileno Ris. '10 | 🍸🍸🍸 3* |
| ● Ajana '12 | 🍸🍸 6 |
| ● Cannonau di Sardegna Sileno '13 | 🍸🍸 3 |
| ● Cannonau di Sardegna Sileno Ris. '12 | 🍸🍸 4 |
| ○ Vermentino di Sardegna Arvali '14 | 🍸🍸 3 |
| ○ Vermentino di Sardegna Donnikalia '14 | 🍸🍸 2* |

## Cantine di Dolianova

LOC. SANT'ESU
S.S. 387 KM 17,150
09041 DOLIANOVA [CA]
TEL. +39 070744101
www.cantinedidolianova.it

藏酒销售
预约参观
年产量 4 000 000 瓶
葡萄种植面积 1200 公顷

多利亚诺瓦酒庄（Cantina di Dolianova）是撒丁岛（Sardinia）规模庞大、古老的协作酒庄之一，居于帕特里奥拉地区（Parteolla）的中心，是本地许多种植商学习的典范。近年来，与许多其他撒丁岛的协作酒庄一样，这里的美酒品质得到了极大的提升，从典型但略乏意趣的类型酒到复杂且质朴的甄选美酒都是如此，它们承载着撒丁岛最伟大酒品系列的荣誉。多利亚诺瓦酒庄出品的美酒品种繁多，从非起泡酒、起泡酒到甜酒无所不包，都是性价比非常高的酒品，所有酒品都以本地传统葡萄品种酿造而成。在今年的品鉴中，2011年份的法尔孔纳罗（Falconaro）充分展现出多利亚诺瓦酒庄这些年来酒品品质的提升。它吐露着复杂的酒香，融入灌木丛的热烈芬芳，和着李子的果香，更有树脂的芳香萦绕其间，入口新鲜美味，余韵绵长强劲，果味丰盈馥郁。这款酒体饱满的地中海风味红葡萄酒由卡诺娜（Cannonau）、蒙特普齐亚诺（Montepulciano）和佳丽酿（Carignano）混酿而成，表现极为卓越，最终摘下了“三杯奖”桂冠。除此之外，布拉西奥（Blasio）和特莱思西（Terresicci）也都十分精彩，后者以巴贝拉萨达（Barbera Sarda）酿造而成。

| | |
|---|---|
| ● Falconaro '11 | 🍷🍷🍷 3* |
| ● Cannonau di Sardegna Blasio Ris. '11 | 🍷🍷 3 |
| ● Terresicci '11 | 🍷🍷 5 |
| ● Cannonau di Sardegna Anzenas San Pantaleo '14 | 🍷 2 |
| ○ Caralis Brut | 🍷 2 |
| ○ Malvasia Scaleri Demi Sec | 🍷 3 |
| ● Monica di Sardegna Arenada '14 | 🍷 2 |
| ○ Nuragus di Cagliari Perlas San Pantaleo '15 | 🍷 1* |
| ⊙ Sibiola Rosé '15 | 🍷 2 |
| ○ Vermentino di Sardegna Naeli '15 | 🍷 2 |
| ○ Vermentino di Sardegna Prendas San Pantaleo '15 | 🍷 2 |
| ● Cannonau di Sardegna Blasio Ris. '10 | 🍸🍸 3* |
| ● Falconaro '10 | 🍸🍸 3 |

## Cantina Dorgali

via Piemonte, 11
08022 Dorgali [NU]
Tel. +39 078496143
www.cantinadorgali.com

藏酒销售
预约参观
年产量 1 500 000 瓶
葡萄种植面积 600 公顷
可持续发展酒庄

多格利酒庄（Cantina Dorgali）是撒丁岛（Sardinia）最受人尊重的协作酒庄之一，地处努奥罗地区（Nuoro），它的葡萄园沿着山坡一直蔓延到第勒尼安海（Tyrrhenian）的海边，直至与奥利亚斯特拉种植区（Ogliastra）相交。这里是卡诺娜葡萄（cannonau）的天下，采用灌木式整枝系统打理，品质极高，但产量极低。近年来，多格利酒庄将丰富的酿造传统发挥到极致，在每个种植商的葡萄园中推行新的种植策略，这是该酒庄得以产出撒丁岛最佳萨登纳维蒙蒂诺美酒（Cannonau di Sardegna）的秘诀所在。该酒庄出品的美酒以清爽优雅和深邃见长，在整个酒品系列中，萨登纳维蒙蒂诺美酒总能给人留下最深刻的印象。在今年的品鉴中，多格利酒庄的整体表现非常出色，其中2013年份的D53萨登纳维蒙蒂诺品质卓越，凭借精彩表现斩获了今年的“三杯奖”，它吐露着玫瑰般的花香，融入黑莓的甜美果香，随之而来的是清爽甘美、别具一格、深邃异常的口感。与此同时，2013年份的维尼奥拉陈酿（Viniola Riserva）也非常卓越；多格利酒庄推荐的其他美酒也展现出精湛的酿造工艺。

| | |
|---|---|
| ● Cannonau di Sardegna Cl. D53 '13 | 🍷🍷🍷 4* |
| ● Cannonau di Sardegna Vinìola Ris. '13 | 🍷🍷 4 |
| ● Norìolo '13 | 🍷🍷 4 |
| ⊙ Cannonau di Sardegna Rosato Filieri '15 | 🍷 2 |
| ○ Vermentino di Sardegna Calaluna '15 | 🍷 2 |
| ○ Vermentino di Sardegna Filine '15 | 🍷 2 |
| ● Cannonau di Sardegna Cl. D53 '12 | 🍷🍷🍷 4* |
| ● Cannonau di Sardegna Viniola Ris. '10 | 🍷🍷🍷 4* |
| ● Cannonau di Sardegna Vinìola Ris. '07 | 🍷🍷🍷 3* |
| ● Cannonau di Sardegna Vinìola Ris. '06 | 🍷🍷🍷 3* |
| ● Hortos '08 | 🍷🍷🍷 6 |
| ● Cannonau di Sardegna Vinìola Ris. '12 | 🍷🍷 4 |
| ● Cannonau di Sardegna Vinìola Ris. '11 | 🍷🍷 4 |

## Giuseppe Gabbas

via Trieste, 59
08100 Nuoro
Tel. +39 078433745
www.gabbas.it

藏酒销售
预约参观
年产量 70 000 瓶
葡萄种植面积 20 公顷

约瑟佩·贾巴斯（Giuseppe Gabbas）是一位酿造技艺高超、极富天赋的葡萄酒生产商，他将自己的时间和精力平均分配在葡萄园的栽培工作和酒窖的酿造工作之间。凭借卓越的园中技艺和个性美酒，约瑟佩的酒庄被视为产区的典范。酒庄距离奥利耶纳（Oliena）只有几公里，拥有种植面积达到20公顷的葡萄园，主要栽培卡诺娜葡萄（Cannonau），根据地块位置和酿造方法的不同，出产四款风味不同的红葡萄美酒，更有曼扎奈尔萨登纳维蒙蒂诺白葡萄酒（Vermentino di Sardegna Manzanile）令酒庄的整个酒系更加完善。酒庄所有美酒出品都展现出优雅的可饮性，反映出种植地的风土特质。在今年的品鉴中，2013年份的杜尔传统萨登纳卡诺娜（Dule Cannonau di Sardegna Classico）展现出卓越的酿造水准，从诸多推荐美酒中拔得头筹，吐露着复杂而出众的酒香，口感恢宏而雅致，散发着阵阵桃金娘的芬芳，融入药草的醇香，更有香料的辛香缕缕飘散，和着野生莓果的果香，带来清爽且浸润丰美果味的口感，单宁精巧温和，收口余韵清澈绵长，毫无疑问是实至名归的“三杯奖”得主。2013年份的阿博尔（Arbòre）和2015年份的里洛夫（Lillové）也都表现不俗。

| | |
|---|---|
| ● Cannonau di Sardegna Cl. Dule '13 | 🍷🍷🍷 4* |
| ● Cannonau di Sardegna Cl. Arbòre '13 | 🍷🍷 4 |
| ● Cannonau di Sardegna Lillové '15 | 🍷🍷 2* |
| ○ Vermentino di Sardegna Manzanile '15 | 🍷 3 |
| ● Cannonau di Sardegna Cl. Dule '12 | 🍷🍷🍷 4* |
| ● Cannonau di Sardegna Cl. Dule '11 | 🍷🍷🍷 4* |
| ● Cannonau di Sardegna Dule Ris. '10 | 🍷🍷🍷 4* |
| ● Cannonau di Sardegna Dule Ris. '09 | 🍷🍷🍷 3* |
| ● Cannonau di Sardegna Dule Ris. '08 | 🍷🍷🍷 3* |
| ● Cannonau di Sardegna Dule Ris. '07 | 🍷🍷🍷 3* |
| ● Cannonau di Sardegna Dule Ris. '06 | 🍷🍷🍷 3* |
| ● Cannonau di Sardegna Dule Ris. '05 | 🍷🍷🍷 3* |
| ● Cannonau di Sardegna Cl. Arbòre '12 | 🍷🍷 4 |
| ● Cannonau di Sardegna Cl. Arbòre '11 | 🍷🍷 4 |

## Cantina Gallura

via Val di Cossu, 9
07029 Tempio Pausania
Tel. +39 079631241
www.cantinagallura.com

藏酒销售
预约参观
年产量 1 300 000 瓶
葡萄种植面积 350 公顷

加卢拉协作酒庄（Cantina Gallura）是撒丁岛东北产区的典范酒庄，也是滕皮奥保萨尼亚（Tempio Pausania）最著名的酒庄，由技艺精湛的酿酒师迪诺·阿蒂斯（Dino Addis）经营管理。酒庄出品系列范围广泛，品质卓越，其中加卢拉维蒙蒂诺（Vermentino di Gallura）占据主要部分。精选优质酿造果实，每个葡萄园独立发酵酿造，令这座协作酒庄得以推出物美价廉的佳酿，基础款葡萄酒的性价比尤其高，而且品质绝不平庸。与此同时，除了推出维蒙蒂诺（Vermentino）甜酒和起泡酒，加卢拉协作酒庄还出产滕皮奥莫斯卡托起泡酒（Moscato di Tempio Spumante）以及其他一些极富意趣的红葡萄酒，它们都采用本地传统葡萄品种酿造而成。在今年的品鉴中，另一个给我们留下深刻印象的酒品系列是维蒙蒂诺。以卡纳利韦德米亚塔蒂瓦（Canayli Vendemma Tardiva）为首，2015年份酒吐露着蜜桃和杏的阵阵果香，融入芳香植物的缕缕芬芳，金雀花与柑橘蓓蕾的花香萦绕其间，带来柔美且浸润丰满果味的口感。除此之外，超级卡纳利（Superiore del Canayli）也同样卓越；皮拉斯（Piras）一如既往的美味。其他推荐美酒也展现出精湛的酿造技艺。

| | |
|---|---|
| ○ Vermentino di Gallura Canayli V. T. '15 | 🍷🍷 4 |
| ○ Vermentino di Gallura Piras '15 | 🍷🍷 2* |
| ○ Vermentino di Gallura Sup. Canayli '15 | 🍷🍷 2* |
| ⊙ Campos '15 | 🍷 2 |
| ● Cannonau di Sardegna Templum '14 | 🍷 2 |
| ● Karana '15 | 🍷 2 |
| ○ Moscato di Tempio Pausania | 🍷 2 |
| ○ Vermentino di Gallura Gemellae '15 | 🍷 2 |
| ○ Vermentino di Gallura Mavriana '15 | 🍷 2 |
| ○ Vermentino di Gallura Canayli V. T. '14 | 🍷🍷🍷 4* |
| ○ Vermentino di Gallura Sup. Genesi '10 | 🍷🍷🍷 5 |
| ○ Vermentino di Gallura Sup. Genesi '08 | 🍷🍷🍷 5 |
| ○ Vermentino di Gallura Piras '14 | 🍷🍷 2* |
| ○ Vermentino di Gallura Sup. Canayli '14 | 🍷🍷 2* |

## Cantina Giba

via Principe di Piemonte, 16
09010 Giba [CI]
Tel. +39 0781689718
www.cantinagiba.it

藏酒销售
年产量 100 000 瓶
葡萄种植面积 15 公顷

吉巴（Giba）是撒丁岛西南部的一座小城镇，位于这里的同名酒庄专门酿造苏尔奇斯卡诺娜（Carignano del Sulcis），酿造果实来自采用古老灌木式整枝体系的葡萄园。吉巴酒庄在重组之前是六穆拉酒庄（6 Mura），如今六穆拉是酒庄的一条旗舰产品线，这座匠人酒庄生产口感质朴真实、风味诱人的美酒，酒质变化多端，绝不平庸，但是始终忠于苏尔奇斯的本地风土特质。除了两款卡诺娜（Carignano）和一款全新的桃红葡萄酒之外，还有两款以酒庄自有地块中出产的果实打造的萨登纳维蒙蒂诺（Vermentino di Sardegnas）使吉巴酒庄的酒品系列更加完整。在这一季的品鉴活动中，六穆拉系列再次达到了我们的期待。2011年份的六穆拉系列苏尔奇斯卡诺娜（Carignano del Sulcis）来自古老的未嫁枝葡萄园，是一款带有地中海风情的典范红葡萄酒，吐露着灌木丛的缕缕温热辛辣，融入红色莓果的阵阵果香和桃金娘的醇香，口感如同奶油般绵密柔美，单宁均衡活跃，浸润着教科书般经典的劲道果味，余韵绵长深邃，同时也清爽活跃。这无疑是一款实至名归的"三杯奖"美酒。除此之外，2015年份的六穆拉系列萨登纳维蒙蒂诺（Vermentino di Sardegna 6Mura）飘散着碘化物的咸咸气息。

| | |
|---|---|
| ● Carignano del Sulcis 6Mura '11 | 🍷🍷🍷 5 |
| ⊙ Carignano del Sulcis Giba Rosato '15 | 🍷🍷 2* |
| ○ Vermentino di Sardegna 6Mura '15 | 🍷🍷 4 |
| ○ Vermentino di Sardegna Giba '15 | 🍷 2 |
| ● Carignano del Sulcis 6Mura '10 | 🍷🍷🍷 5 |
| ● Carignano del Sulcis 6Mura '09 | 🍷🍷🍷 5 |
| ● Carignano del Sulcis 6Mura '11 | 🍷🍷 5 |
| ● Carignano del Sulcis Giba '13 | 🍷🍷 2* |
| ● Carignano del Sulcis Giba '12 | 🍷🍷 2* |
| ● Carignano del Sulcis Giba '11 | 🍷🍷 2* |
| ○ Vermentino di Sardegna '14 | 🍷🍷 4 |
| ○ Vermentino di Sardegna '12 | 🍷🍷 4 |
| ○ Vermentino di Sardegna Giba '13 | 🍷🍷 2* |

## Antichi Poderi Jerzu

via Umberto I, 1
08044 Jerzu [OG]
Tel. +39 078270028
www.jerzuantichipoderi.it

藏酒销售
预约参观
年产量 1 500 000 瓶
葡萄种植面积 750 公顷

安蒂奇柏德瑞酒庄（Antichi Poderi）是奥利亚斯特拉产区（Ogliastra）一座受人尊敬的协作酒庄，代表着耶尔祖次产区（Jerzu）的卓越品质。这座规模极为庞大的协作酒庄年产量达到150万瓶，酿酒商成员的种植地块超过750公顷。卡诺娜（Cannonau）在这里占据统治地位，几乎每一款红葡萄酒中都有她的身影。酒庄提升酒品品质的转折点发生在几年前，划区计划的推进取得了显著的效果，由于按照不同地理位置、陈年时间和种植地块朝向来安排不同的酿造工序，安蒂奇柏德瑞酒庄出产的美酒变得越发精美，展现出极强的风土特质，能够充分反映出生长采收季的状况。还有几款白葡萄酒进一步完善了酒庄的酒系，例如别具一格的萨登纳莫妮卡（Monica di Sardegna）。安蒂奇柏德瑞酒庄出品的萨登纳卡诺娜美酒（Cannonau di Sardegna）卓越到几乎无人可及。它吐露着森林大地的缕缕醇香，口感馥郁清爽。2013年份的奇埃拉（Chierra）虽然没有那么紧致，但是由于单宁更加柔美而与之平衡。2015年份的班图（Il Bantu）美味得令人垂涎，是一款更加标准的卡诺娜。除此之外，安蒂奇柏德瑞酒庄其他的推荐美酒也都展现出精湛的酿造工艺。

| | |
|---|---|
| ● Cannonau di Sardegna Bantu '15 | 🍷🍷 2* |
| ● Cannonau di Sardegna Chuerra Ris. '13 | 🍷🍷 5 |
| ● Cannonau di Sardegna Josto Miglior Ris. '13 | 🍷🍷 5 |
| ● Cannonau di Sardegna Marghìa '14 | 🍷🍷 4 |
| ● Akratos '12 | 🍷 5 |
| ⊙ Cannonau di Sardegna Isara '15 | 🍷 2 |
| ○ Vermentino di Sardegna Lucean Le Stelle '15 | 🍷 3 |
| ○ Vermentino di Sardegna Telavè '15 | 🍷 2 |
| ● Cannonau di Sardegna Josto Miglior Ris. '09 | 🍷🍷🍷 4* |
| ● Cannonau di Sardegna Josto Miglior Ris. '05 | 🍷🍷🍷 4 |
| ● Radames '01 | 🍷🍷🍷 5 |
| ● Cannonau di Sardegna Josto Miglior Ris. '12 | 🍷🍷 5 |

## Alberto Loi

s.s. 125 km 124,1
08040 Cardedu [OG]
Tel. +39 070240866
www.albertoloi.it

藏酒销售
预约参观
膳宿接待
年产量 250 000 瓶
葡萄种植面积 53 公顷

罗伊家族（Loi）是位于卡德杜（Cardedu）的酿酒家族，是本地区首批装瓶销售萨登纳卡诺娜（Cannonau di Sardegna）的酒庄之一，也是不断推广这款撒丁岛耶尔祖次产区（Jerzu）伟大美酒的酒庄之一。数十年过去，罗伊家族酒庄依然秉承匠人酿造传统，使用大型木桶发酵，从采取灌木式整枝系统打理的古老葡萄园中精选酿造果实。范围广阔的卡诺娜（Cannonaus）系列美酒包括陈酿款（Riserva）和精选名园款（Selezione），更有以卡诺娜为主要酿造原料的创新白葡萄酒，以及与其他传统葡萄品种共同打造的几款混酿。在酒庄今年提供的品鉴酒品中，罗伊家族再次证明了出品美酒的质朴风味，不会随着潮流而发生改变，充分展现出原产地耶尔祖次产区的风土特质。2012年份的阿尔伯托罗伊陈酿（Alberto Loi Riserva）就是一个明证。它吐露着干玫瑰花的幽然芬芳，融入树脂和树皮的醇香，最后透露出缕缕红莓果成熟的果香。口感热辣，单宁如同天鹅绒般丝滑，收口极为深邃。萨登纳卡诺娜的其他款佳酿也展现出值得信赖的品质。

| | |
|---|---|
| ● Cannonau di Sardegna Jerzu Alberto Loi Ris. '12 | 🍷🍷 3 |
| ● Cannonau di Sardegna Jerzu Sa Mola '14 | 🍷🍷 2* |
| ● Tuvara '13 | 🍷🍷 5 |
| ● Cannonau di Sardegna Jerzu Cardedo Ris. '13 | 🍷 3 |
| ● Monica di Sardegna Nibaru '15 | 🍷 2 |
| ○ Vermentino di Sardegna Theria '15 | 🍷 2 |
| ● Cannonau di Sardegna Jerzu Alberto Loi Ris. '11 | 🍷🍷 3 |
| ● Cannonau di Sardegna Jerzu Cardedo Ris. '12 | 🍷🍷 3 |
| ○ Leila '12 | 🍷🍷 4 |
| ● Tuvara '11 | 🍷🍷 5 |

## Masone Mannu

loc. Su Canale
s.s. 199 km 48
07020 Monti [SS]
Tel. +39 078947140
www.masonemannu.com

藏酒销售
预约参观
年产量 100 000 瓶
葡萄种植面积 19 公顷

玛森曼努酒庄（Masone Mannu）是加卢拉产区（Gallura）富有吸引力的重要的酒庄之一。酒庄虽然依然年轻，但是已经证明了自己有能力坚定前行在从酿造第一季年份酒开始就选择的品质之路。酒庄葡萄园的种植工作和酒窖中的酿造工序并不复杂，致力于展示加卢拉产区风土的独特之处。从三款维蒙蒂诺白葡萄酒（Vermentino）到同样卓越的以卡诺娜（Cannonau）、西拉（Syrah）、佳丽酿（Carignano）和波瓦雷（Bovale）等品种酿造而成的红葡萄酒和桃红葡萄酒，旨气质优雅，极具陈年潜力，香氛纯净剔透。在今年的品鉴中，2015年份的科斯塔雷纳斯（Costarenas）凭借卓越表现跻身"三杯奖"决赛。这款超级加卢拉维蒙蒂诺（Vermentino di Gallura Superiore）吐露着复杂的酒香，融入甜莱叶的芬芳，和着柑橘的果香，口感新鲜而劲道，非常美味。与此同时，2015年份的加卢拉皮崔扎（Petrizza Gallura）相比较而言更加质朴，更加浓郁。这款萨登纳卡诺娜（Cannonau di Sardegna）令人愉悦，优雅诱人。而2013年份的恩图（Entu）一如既往的表现卓越，是一款以本地传统葡萄品种打造而成的口感丰盈的红葡萄酒。

| | |
|---|---|
| ○ Vermentino di Gallura Sup. Costarenas '15 | 🍷🍷 3* |
| ● Cannonau di Sardegna Zòjosu '14 | 🍷🍷 3 |
| ● Entu '13 | 🍷🍷 5 |
| ○ Vermentino di Gallura Petrizza '15 | 🍷🍷 3 |
| ○ Vermentino di Gallura Sup. Roccaìa '14 | 🍷 5 |
| ⊙ Zeluiu '15 | 🍷 3 |
| ● Cannonau di Sardegna Zòjosu '13 | 🍷🍷 3 |
| ● Entu '12 | 🍷🍷 5 |
| ● Mannu '11 | 🍷🍷 8 |
| ○ Vermentino di Gallura Petrizza '14 | 🍷🍷 3 |
| ○ Vermentino di Gallura Petrizza '13 | 🍷🍷 3 |
| ○ Vermentino di Gallura Sup. Costarenas '14 | 🍷🍷 3* |
| ● Zùrria '14 | 🍷🍷 3 |

## Meloni Vini

via Gallus, 79
09047 Selargius [CA]
Tel. +39 070852822
www.melonivini.com

藏酒销售
预约参观
年产量 1 000 000 瓶
葡萄种植面积 200 公顷
葡萄栽培方式 有机认证
可持续发展酒庄

梅勒尼（Meloni）这座卓越的家庭酒庄拥有占地面积达到200公顷的广袤葡萄园，早在"有机"一词成为葡萄酒生产中的常见词汇之前，该酒庄已全部采用有机方式栽培打理葡萄园。在所产酒品令人沮丧的岁月过去后，梅勒尼酒庄终于带着优雅清爽、浸润果味的美酒华丽回归。梅勒尼酒庄备货充分的系列佳酿主要根植于本地传统葡萄品种以及DOC产区。与此同时，酒庄还为以芳香品种打造而成的酒香四溢的出品留下了巨大的发展空间，例如以本地品种纳斯科（Nasco）和加利亚里吉罗（Girò di Cagliari）酿造而成的美酒以及二次发酵法起泡酒（Charmat）等。在今年的品鉴中，我们最爱多纳约兰达系列甜酒（Donna Jolanda）。2012年份的加利亚里吉罗（Girò di Cagliari）是酒庄特供佳酿，这款酒香四溢的红葡萄酒吐露着李子的美妙果香，融入栗子树蜜的醇香，更有罐装樱桃的香气萦绕其间，果味甜美，精美新鲜的口感与略轻的单宁完美平衡。除此之外，2012年份的萨登纳莫斯卡托（Moscato di Sardegna）非常甜美，但是并不过腻，收口余韵强劲而显著。

| | |
|---|---|
| ● Cannonau di Sardegna Le Ghiaie Ris. '12 | 🍷🍷 4 |
| ● Cannonau di Sardegna Le Sabbie '13 | 🍷🍷 3 |
| ● Cannonau di Sardegna Terreforru '12 | 🍷🍷 2* |
| ● Girò di Cagliari Donna Jolanda '12 | 🍷🍷 3 |
| ○ Moscato di Sardegna Donna Jolanda '12 | 🍷🍷 2* |
| ○ Vermentino di Sardegna Le Sabbie '15 | 🍷🍷 3 |
| ○ Frius Brut | 🍷 2 |
| ● Monica di Sardegna Jaccia '13 | 🍷 2 |
| ○ Nue Bianco | 🍷 2 |
| ● Nue Rosso | 🍷 2 |
| ○ Vermentino di Sardegna Salike '15 | 🍷 2 |
| ● Cannonau di Sardegna Le Ghiaie Ris. '09 | 🍷🍷 4 |
| ○ Malvasia di Cagliari Donna Jolanda '11 | 🍷🍷 3 |
| ○ Moscato di Cagliari Donna Jolanda '09 | 🍷🍷 3 |
| ○ Vermentino di Sardegna Le Sabbie '14 | 🍷🍷 3 |

## Mesa

loc. Su Baroni
09010 Sant'Anna Arresi [CA]
Tel. +39 0781965057
www.cantinamesa.it

藏酒销售
预约参观
年产量 750 000 瓶
葡萄种植面积 70 公顷

位于苏尔奇斯地区（Sulcis）的梅萨酒庄（Mesa）由广告业巨头加维诺·萨纳（Gavino Sanna）在几年前创办，是苏尔奇斯罕见的私人酒庄之一。经过最初的试营业阶段，梅萨酒庄的整个酒品系列如今都保持在极高的水准上，从日常餐酒到所有高端美酒都是如此。梅萨酒庄的旗舰产品当然是各种款式的苏尔奇斯佳丽酿（Carignano del Sulcis），其中以风干葡萄打造的卓越款式，以及由未嫁枝老藤果实打造的几款精选系列美酒尤其突出。梅萨酒庄其他系列也很出色，包括以从撒丁岛上最佳种植区购入的传统品种葡萄打造的美酒。在梅萨酒庄今年提供的品鉴酒品中，“三杯奖”再次花落双黑（Buio Buio）。2013年份的苏尔奇斯佳丽酿陈酿（Riserva di Carignano del Sulcis），酿造果实来自酒庄最佳的葡萄园。它吐露着灌木的醇香，融入桃金娘和李子的芬芳，口感紧密，单宁丝滑，收口劲道有力。与此同时，萨登纳维蒙蒂诺（Vermentino di Sardegna）清爽剔透，别具一格，散发着碘化物的缕缕醇香，令人非常难忘。其他的佳丽酿美酒也都是经典的类型酒，尤其是2013年份的加维诺陈酿（Riserva Gavino），果味口感丰盈。

| | | |
|---|---|---|
| ● Carignano del Sulcis Buio Buio Ris. '13 | 🍷🍷🍷 | 5 |
| ○ Vermentino di Sardegna Opale '14 | 🍷🍷 | 4 |
| ● Carignano del Sulcis Buio '15 | 🍷🍷 | 3 |
| ● Carignano del Sulcis Gavino Ris. '13 | 🍷🍷 | 5 |
| ⊙ Carignano del Sulcis Rosa Grande '15 | 🍷 | 3 |
| ● Malombra '12 | 🍷 | 6 |
| ○ Vermentino di Sardegna Giunco '15 | 🍷 | 3 |
| ● Buio Buio '10 | 🍷🍷🍷 | 4* |
| ● Carignano del Sulcis Buio Buio Ris. '12 | 🍷🍷🍷 | 5 |
| ● Brace Cagnulari '14 | 🍷🍷 | 4 |
| ● Brama Syrah '14 | 🍷🍷 | 4 |
| ● Carignano del Sulcis Gavino Ris. '11 | 🍷🍷 | 5 |
| ○ Opale Dopo '12 | 🍷🍷 | 5 |
| ○ Orodoro '13 | 🍷🍷 | 5 |
| ○ Vermentino di Sardegna Giunco '13 | 🍷🍷 | 3 |

## Cantina di Mogoro Il Nuraghe

s.s. 131 km 62
09095 Mogoro [OR]
Tel. +39 0783990285
www.cantinadimogoro.it

藏酒销售
预约参观
年产量 850 000 瓶
葡萄种植面积 480 公顷

莫格罗协作酒庄（Cantina di Mogoro）位于坎皮达诺（Campidano），为撒丁岛的协作酒庄生产高举品质大旗。几乎从远古时期开始，这里就种植着葡萄，尤其是本地葡萄品种塞米达诺（Semidano），如今正由此而成立了莫格罗DOC产区，甚至萨多波瓦雷（Bovale Sardo）这个颇为麻烦的本地品种在某些DOC产区也能够收获令人意想不到的惊喜结果。莫格罗协作酒庄系列酒品的领头羊是普伊斯特瑞斯系列（Puisteris），这款莫格罗塞米达诺（Semidano di Mogoro）陈放三年后才正式发布，清爽且活跃，无疑证明了自己漫长的生命周期。实际上，在今年的品鉴中，普伊斯特瑞斯系列给我们留下了最深刻的印象。2013年份酒凭借卓越表现跻身“三杯奖”决赛，它的香氛复杂，融入桔皮蜜饯的风味，和着野生草本植物的清香，更有杏的芬芳萦绕其间，口感干爽活跃，充满力量。与此同时，酒庄推荐的卓越红葡萄酒还包括以波瓦雷葡萄打造的美酒，尤其是卡瓦列里萨多（Cavaliere Sardo），这款2013年份的特拉巴陈酿（Terralba Riserva）表现不俗。最后不得不提的是2015年份的莫拉白葡萄酒（Mora Bianca），这款非凡的白葡萄酒以罕见的白莫妮卡葡萄（Monica bianca）酿制而成。

| | | |
|---|---|---|
| ○ Semidano di Mogoro Sup. Puistèris '13 | 🍷🍷 | 4 |
| ○ Mora Bianca '15 | 🍷🍷 | 1* |
| ● Sardegna Terralba '13 | 🍷🍷 | 3 |
| ● Sardegna Terralba Bovale Cavaliere Sardo Ris. '13 | 🍷🍷 | 3 |
| ● Sardegna Terralba Bovale Tiernu '14 | 🍷🍷 | 3 |
| ○ Anastasia Brut | 🍷 | 3 |
| ⊙ Brut Rosato | 🍷 | 2 |
| ● Cannonau di Sardegna Nero Sardo '14 | 🍷 | 2 |
| ● Monica di Sardegna San Bernardino '14 | 🍷 | 2 |
| ○ Moscato di Sardegna Capodolce '14 | 🍷 | 3 |
| ○ Moscato Spumante | 🍷 | 2 |
| ○ Nuragus di Cagliari Ajò '15 | 🍷 | 2 |
| ○ Sardegna Semidano Mogoro Anastasia '15 | 🍷 | 2 |
| ○ Vermentino di Sardegna Don Giovanni '15 | 🍷 | 2 |

## Giovanni Montisci

via Asiago, 7b
08024 Mamoiada [NU]
Tel. +39 0784569021
www.barrosu.it

藏酒销售
预约参观
年产量 6 000 瓶
葡萄种植面积 2 公顷

乔瓦尼·蒙提西（Giovanni Montisci）是一位真正的酿酒大师，对葡萄园的种植工作充满激情，他酿造的美酒十分有限，但是充分反映出种植地马莫亚达（Mamoiada）的酿造传统。酒庄古老的葡萄园位于高海拔地带，采用灌木式整枝系统，每公顷的产量自然不高。出品美酒饱满精粹，酒精度较高，但是酒香馥郁，口感清爽活跃，质地精美。乔瓦尼酿造了两款卡诺娜（Cannonaus）——巴罗苏（Barrosu）和弗朗泽斯卡陈酿（Riserva Franzisca），后者由酒庄自有的八十年老藤所结的果实酿造而成。接下来还有同样以卡诺娜打造而成的罗萨托（Rosato）以及一款莫斯卡托（Moscato），后者以马莫亚达地区一座小葡萄园所产的果实为原料，通过几乎零残留糖分的方式酿造而成。在今年的品鉴中，乔瓦尼只推荐了一款以古老小型葡萄园产地来命名的精选卡诺娜美酒——2013年份的弗朗泽斯卡萨登纳卡诺娜陈酿（Cannonau di Sardegna Franzisca Riserva）。这款美酒是近些年来品鉴酒品中的佼佼者。它风味复杂、质地紧密，轻柔华美的口感得到教科书般经典的清爽质感的平衡。这款极端美妙的撒丁岛红葡萄酒的产量只有几千瓶。

| | |
|---|---|
| ● Cannonau di Sardegna Barrosu Franzisca Ris. '13 | 🍷🍷 6 |
| ● Cannonau di Sardegna Barrosu Franzisca Ris. '11 | 🍷🍷🍷 6 |
| ● Cannonau di Sardegna Barrosu '09 | 🍷🍷 6 |
| ● Cannonau di Sardegna Barrosu '08 | 🍷🍷 5 |
| ● Cannonau di Sardegna Barrosu Ris. '11 | 🍷🍷 6 |
| ● Cannonau di Sardegna Barrosu Ris. '10 | 🍷🍷 6 |
| ● Cannonau di Sardegna Barrosu Ris. '09 | 🍷🍷 6 |
| ● Cannonau di Sardegna Franzisca Ris. '12 | 🍷🍷 6 |
| ● Cannonau di Sardegna Franzisca Ris. '10 | 🍷🍷 6 |
| ● Cannonau di Sardegna Rosato '12 | 🍷🍷 3 |

## Mura

loc. Azzanidò, 1
07020 Loiri Porto San Paolo [OT]
Tel. +39 078941070
www.vinimura.it

藏酒销售
预约参观
餐饮接待
年产量 50 000 瓶
葡萄种植面积 12 公顷

玛丽安娜·穆拉（Marianna Mura）和萨尔瓦托·穆拉（Salvatore Mura）姐弟两人带着极大的激情和奉献精神，高效经营着这座占地面积只有12公顷的家族酒庄，两人各自负责销售和生产业务。穆拉酒庄坐落于加卢拉地区（Gallura）的核心地带，展现出真正忠于风土的特质。出品美酒气质优雅，具有极强的可饮性，以果味浓郁、果香飘散为显著特色，系列出品包括加卢拉维蒙蒂诺（Vermentino di Gallura）和一些酿造技艺精湛、类型精美的红葡萄酒。白葡萄酒出品也展现出极强的陈年潜力。在今年的品鉴中，2015年份的锡耶达加卢拉维蒙蒂诺（Sienda）毫无争议地在所有推荐美酒中拔得头筹，它吐露着甜菜的芬芳，融入稻花香，更有柑橘的果香萦绕其间，令其成为一款伟大的加卢拉维蒙蒂诺酒。与此同时，在采收三年后才正式发布的2015年份的切莱米加卢拉维蒙蒂诺（Cheremi）以及2013年份的锡耶达德塞尼欧（Sienda Il Decennio）同样美味可口。除此之外，2014年份的柯蒂斯（Cortes）是一款强劲有力的萨登纳卡诺娜（Cannonau di Sardegna），果味更加华美。

| | |
|---|---|
| ○ Vermentino di Gallura Sienda '15 | 🍷🍷 4 |
| ● Cannonau di Sardegna Cortes '14 | 🍷🍷 3 |
| ○ Vermentino di Gallura Cheremi '15 | 🍷🍷 3 |
| ○ Vermentino di Gallura Sup. Sienda Il Decennio '13 | 🍷🍷 3 |
| ● Baja '13 | 🍷 5 |
| ○ Vermentino di Sardegna Prisma '15 | 🍷 2 |
| ○ Vermentino di Gallura Sup. Sienda '13 | 🍷🍷🍷 3* |
| ● Cannonau di Sardegna Cortes '14 | 🍷🍷 3 |
| ○ Vermentino di Gallura Cheremi '14 | 🍷🍷 3 |
| ○ Vermentino di Gallura Cheremi '13 | 🍷🍷 3 |
| ○ Vermentino di Gallura Cheremi '12 | 🍷🍷 3 |
| ○ Vermentino di Gallura Sup. Sienda '14 | 🍷🍷 3* |
| ○ Vermentino di Gallura Sup. Sienda '12 | 🍷🍷 3* |
| ○ Vermentino di Sardegna Prisma '13 | 🍷🍷 2* |

## Pala

via Verdi, 7
09040 Serdiana [CA]
Tel. +39 070740284
www.pala.it

藏酒销售
预约参观
年产量 490 000 瓶
葡萄种植面积 98 公顷

帕拉家族（Pala）是由马里奥（Mario）领导的著名酿造家族，马里奥与妻子和三个孩子共同经营着撒丁岛上一座重要的酒庄。在业界著名的销售总监法比奥·安吉斯（Fabio Angius）的帮助下，帕拉酒庄出品的美酒风行世界五大洲。帕拉酒庄的出品系列广泛，出品的根基是广袤的古老葡萄园，拥有非常适合葡萄生产的风土条件，包括奥瑞斯塔诺（Oristano）附近沙质地块中几处未嫁枝的葡萄园，加上酒窖中大师般的精细酿造，便带来了优雅深邃、极具陈年潜力的美酒。在今年的品鉴中，斯黛拉托萨登纳维蒙蒂诺（Vermentino di Sardegna Stellato）凭借优异表现再次证明了它是一款伟大的撒丁岛白葡萄酒。这款2015年份酒吐露着春日繁花的芬芳，融入草本植物的芳香，蕴含淡淡柠檬皮的清新，随之而来的口感强劲新鲜、柔美活跃。这是一款当之无愧的“三杯奖”美酒。除此之外，萨登纳卡诺娜陈酿（Cannonau di Sardegna Riserva）和一款以传统葡萄打造的IGT白葡萄酒——伊恩特玛瑞（Entemari）也表现精彩。其他出品系列美酒也展现出精湛的酿造技艺，价格也十分合理。

| | | |
|---|---|---|
| ○ Vermentino di Sardegna Stellato '15 | 🍷🍷🍷 | 4* |
| ● Cannonau di Sardegna Ris. '14 | 🍷🍷 | 3* |
| ○ Entemari '14 | 🍷🍷 | 5 |
| ● Cannonau di Sardegna I Fiori '15 | ▼▼ | 3 |
| ● Siray '13 | ▼▼ | 3 |
| ○ Stellato Nature '15 | ▼▼ | 6 |
| ● Thesys '14 | ▼▼ | 3 |
| ⊙ Chiaro di Stelle '15 | ▼ | 3 |
| ● Monica di Sardegna I Fiori '15 | ▼ | 3 |
| ○ Nuragus di Cagliari I Fiori '15 | ▼ | 2 |
| ○ Silenzi Bianco '15 | ▼ | 2 |
| ⊙ Silenzi Rosato '15 | ▼ | 2 |
| ● Silenzi Rosso '15 | ▼ | 2 |
| ○ Vermentino di Sardegna I Fiori '15 | ▼ | 3 |
| ● Cannonau di Sardegna Ris. '12 | ▽▽▽ | 3* |
| ● Cannonau di Sardegna Ris. '11 | ▽▽▽ | 3* |
| ○ Vermentino di Sardegna Stellato '14 | ▽▽▽ | 3* |

## Cantina Pedres

zona ind. settore 7
07026 Olbia
Tel. +39 0789595075
www.cantinapedres.it

藏酒销售
预约参观
年产量 290 000 瓶
葡萄种植面积 40 公顷

安东妮拉·曼奇尼（Antonella Mancini）领导的珀德斯酒庄（Pedres）经营着加卢拉地区（Gallura）种植面积达到40公顷的葡萄园，年产量达到30万瓶。这位年轻的继承人来自古老的酿酒家族，她的家族在加卢拉地区拥有长达数个世纪的酿酒史。在身为酿酒师的丈夫的支持下，安东妮拉为酿造美酒而努力。珀德斯酒庄出品美酒中的佼佼者是优雅精致、跃动清爽的加卢拉维蒙蒂诺（Vermentino di Gallura），当然其他出品美酒也品质卓越，且每一款都在竭力追求柔滑的可饮性，这也是加卢拉地区风土的最直接反映。在今年的品鉴中，2015年份的泰里巴斯超级加卢拉维蒙蒂诺（Thilibas）表现精彩，质感精美，清爽的酸度提升了活跃的口感，果味强劲可爱，香氛复杂，具有缕缕杏仁醇香和柑橘果香。另一款维蒙蒂诺布瑞诺（Brino）也表现精彩，相比而言更加质朴，但是绝不平庸。在所有红葡萄酒出品中，我们最爱2014年份的苏丽泰萨登纳卡诺娜（Sulitài）和2015年份的塞拉西奥萨登纳卡诺娜（Cerasio），它们芬芳扑鼻，令人垂涎，吐露着野生莓果的果香。

| | | |
|---|---|---|
| ● Cannonau di Sardegna Cerasio '15 | ▼▼ | 4 |
| ● Cannonau di Sardegna Sulitài '14 | ▼▼ | 3 |
| ○ Vermentino di Gallura Brino '15 | ▼▼ | 3 |
| ○ Vermentino di Gallura Sup. Thilibas '15 | ▼▼ | 4 |
| ○ Moscato di Sardegna Spumante | ▼ | 3 |
| ○ Vermentino di Gallura Sup. Thilibas '10 | ▽▽▽ | 3* |
| ○ Vermentino di Gallura Sup. Thilibas '09 | ▽▽▽ | 3* |
| ● Cannonau di Sardegna Cerasio '13 | ▽▽ | 4 |
| ● Cannonau di Sardegna Sulitài '13 | ▽▽ | 3 |
| ● Cannonau di Sardegna Sulitài '10 | ▽▽ | 3 |
| ○ Moscato di Sardegna | ▽▽ | 3 |
| ○ Vermentino di Gallura Brino '13 | ▽▽ | 3 |
| ○ Vermentino di Gallura Sup. Thilibas '14 | ▽▽ | 4 |
| ○ Vermentino di Sardegna Colline '13 | ▽▽ | 2* |

## Agricola Punica

VIA CAGLIARI, 78
09010 SANTADI [CI]
TEL. +39 0781941012
www.agripunica.it

预约参观
年产量 300 000 瓶
葡萄种植面积 70 公顷

可爱的奥吉瑞克拉普尼卡酒庄（Agricola Punica）位于苏尔奇斯地区（Sulcis），始建于2000年初，由桑塔迪酒庄（Cantina di Santadi）及其主席安东内洛·皮隆尼（Antonello Pilloni）、圣奎多酒庄（Tenuta San Guido）的塞巴斯蒂安诺·罗萨（Sebastiano Rosa）以及刚刚逝世的酿酒人贾科莫·塔奇斯（Giacomo Tachis）联合创办。酒庄出品的三款美酒包括两款红葡萄酒和一款白葡萄酒，所有酒款都由本地葡萄品种混酿而成。巴鲁阿（Barrua）是顶级红葡萄酒系列，其他系列则从较为年轻的葡萄园撷取酿造果实，但都包括以苏尔奇斯最主要的品种佳丽酿（Carignano）与国际品种混酿打造的美酒；白葡萄酒则包括由苏维翁（Sauvignon）和维蒙蒂诺（Vermentino）混酿的美酒。在今年的品鉴中，奥吉瑞克拉普尼卡酒庄整体表现上佳。2013年份的巴鲁阿（Barrua）非常值得期待，它散发着红色莓果的成熟果香，融入干玫瑰花的芬芳，底蕴中透露出缕缕树脂的芳香，口感清爽柔美，充盈满口，充分展现出一款意大利南部美酒应有的一切特质。与此同时，2014年份的蒙泰苏（Montessu）以华美柔顺的口感弥补了缺乏复杂风味的遗憾；而2015年份的萨马斯（Samas）则是一款清爽强劲的白葡萄酒，带有一丝碘化物风味。

| | | |
|---|---|---|
| ● Barrua '13 | 🍷🍷 | 6 |
| ● Montessu '14 | 🍷🍷 | 4 |
| ○ Samas '15 | 🍷 | 3 |
| ● Barrua '12 | YYY | 6 |
| ● Barrua '10 | YYY | 6 |
| ● Barrua '07 | YYY | 6 |
| ● Barrua '05 | YYY | 5 |
| ● Barrua '11 | YY | 6 |
| ● Barrua '09 | YY | 6 |
| ● Barrua '08 | YY | 6 |
| ● Montessu '13 | YY | 4 |
| ● Montessu '12 | YY | 4 |
| ● Montessu '11 | YY | 4 |
| ● Montessu '10 | YY | 4 |
| ● Montessu '09 | YY | 4 |

## Santa Maria La Palma

FRAZ. SANTA MARIA LA PALMA
07041 ALGHERO [SS]
TEL. +39 079999008
www.santamarialapalma.it

藏酒销售
预约参观
年产量 4 000 000 瓶
葡萄种植面积 650 公顷

圣玛利亚拉帕尔玛酒庄（Santa Maria La Palma）是一座坐落在阿尔盖罗（Alghero）的古老协作酒庄，是撒丁岛规模庞大的协作酒庄之一，始终致力于岛屿酒的生产，并于近些年实行了新的战略，使酒庄不仅出产酿造工艺精湛、口感令人愉悦的美酒，还缔造出顶级的冠军酒品，能够与撒丁岛上其他明星品牌一较高下。出品美酒中既包含本地品种酒也包含国际品种酒。圣玛利亚拉帕尔玛酒庄的酒品系列广泛，从二次发酵起泡酒（Charmat）和通过研究得以不断改善的传统酿造法起泡酒（Metodo Classico）到甜酒和非起泡酒无所不包。每一款都具有极高的性价比，骄傲地展现出本地葡萄品种以及已经适应了本地风土的国际葡萄品种的特质，就连最基础款美酒都是如此。阿莱格斯塔（Aragosta）就是明证。这款撒丁岛维蒙蒂诺（Vermentino di Sardinia）年产量达到150万瓶。圣玛利亚拉帕尔玛酒庄这一季提供的品鉴酒品都表现不俗，其中2014年份的埃斯蒂乌阿尔盖罗苏维翁（Alghero Sauvignon Estìu）展现出复杂风味，但是香氛绝不过于甜腻，吐露着甜菜的阵阵芬芳，融入柠檬糖的甜美香气和春日繁花的花香，口感劲道清爽。与此同时，2015年份的帕皮瑞萨登纳维蒙蒂诺（Vermentino di Sardegna I Papiri）散发着碘化物的醇香，和着蜜桃和杏的成熟果香。卡基努拉瑞（Cagnulari）依然保持一贯的高水准，此外，酒庄还添加了两款新起泡酒帕尔米（Palmì）和坎塔韦格纳（Cantavigna），都非常悦人。

| | | |
|---|---|---|
| ● Alghero Cagnulari '15 | 🍷🍷 | 3 |
| ○ Alghero Chardonnay Triulas '14 | 🍷🍷 | 3 |
| ● Alghero Rosso Cabirol '14 | 🍷🍷 | 2* |
| ○ Alghero Sauvignon Estìu '14 | 🍷🍷 | 4 |
| ● Cannonau di Sardegna Ris. '14 | 🍷🍷 | 3 |
| ○ Vermentino di Sardegna I Papiri '15 | 🍷🍷 | 3 |
| ⊙ Alghero Rosato Frizzante Cantavigna '15 | 🍷 | 2 |
| ● Cannonau di Sardegna Valmell '15 | 🍷 | 2 |
| ○ Vermentino di Sardegna Extra Dry Akenta '15 | 🍷 | 3 |
| ○ Vermentino di Sardegna Palmì '15 | 🍷 | 3 |
| ● Cannonau di Sardegna Le Bombarde '14 | YY | 2* |
| ● Cannonau di Sardegna Le Bombarde '13 | YY | 2* |
| ● Cannonau di Sardegna Valmell '14 | YY | 2* |
| ○ Vermentino di Sardegna Aragosta '14 | YY | 2* |
| ○ Vermentino di Sardegna I Papiri '14 | YY | 3 |

## ★Cantina di Santadi

via Cagliari, 78
09010 Santadi [CI]
Tel. +39 0781950127
www.cantinadisantadi.it

藏酒销售
预约参观
年产量 1 740 000 瓶
葡萄种植面积 606 公顷

撒丁岛地区最大力度推动了高品质葡萄酒生产的酒庄非桑塔迪酒庄（Santadi）莫属。考虑到以苏尔奇斯（Sulcis）为总部的桑塔迪酒庄还是一座协作酒庄的事实，上述成就就更加令人钦佩。这样的评价并非出自产量标准，而是依据于该酒庄自从20世纪70年代开始就严格秉承的品质标准。这样的品质标准曾经激励了其他协作酒庄和私人酒庄提升酒品的质量，他们将赌注压在传统葡萄品种上，压在充分反映风土特质的酒品特色上，以及各种能够令美酒傲视时间的特点上。所有的这一切都归功于安东内洛·皮隆尼（Antonello Pilloni），他已经在酒庄担任主席长达四十年的时间。精选品质最佳的葡萄园，其中有些园区拥有非常古老的生长在砂质土壤中的未嫁枝老藤；为种植商提供非常详细的栽培指导；在酒窖中持续进行酿造研究，这些就是桑塔迪酒庄获得成功的秘诀。这样的努力还在继续，创新的实验也在继续，例如最近该酒庄开始利用陶器双耳罐进行陈年。桑塔迪酒庄出品的美酒能给人留下相当深刻的印象。在今年的品鉴中，2010年份的拉提尼亚（Latinia）脱颖而出，它的酿造果实非常成熟，吐露着令人惊异的复杂酒香，融入杏的成熟芬芳，更有水果干和树脂的气息萦绕其间，底蕴中透露出缕缕甜美的辛香。入口甜美且清爽，劲道的美味令口感更加活跃。除此之外，2012年份的特拉布鲁尼（Terre Brune）紧致而质朴。

- ○ Latinia '10 — 🍷🍷🍷 5
- ● Carignano del Sulcis Sup. Terre Brune '12 — 🍷🍷 7
- ● Cannonau di Sardegna Noras '13 — 🍷🍷 4
- ● Carignano del Sulcis Grotta Rossa '14 — 🍷🍷 2*
- ● Carignano del Sulcis Rocca Rubia Ris. '13 — 🍷🍷 4
- ○ Vermentino di Sardegna Villa Solais '15 — 🍷🍷 2*
- ○ Brut Solais M. Cl. — 🍷 5
- ⊙ Carignano del Sulcis Rosato Tre Torri '15 — 🍷 2
- ● Festa Noria — 🍷 6
- ● Monica di Sardegna Antigua '15 — 🍷 2
- ○ Nuragus di Cagliari Pedraia '15 — 🍷 2
- ○ Vermentino di Sardegna Cala Silente '15 — 🍷 3
- ● Carignano del Sulcis Sup. Terre Brune '11 — 🍷🍷🍷 7

## Sardus Pater

via Rinascita, 46
09017 Sant'Antioco [CI]
Tel. +39 0781800274
www.cantinesarduspater.com

藏酒销售
预约参观
年产量 600 000 瓶
葡萄种植面积 295 公顷

圣安蒂奥科岛（Sant' Antioco）通过延展出去的人工岛屿与撒丁岛相连，自20世纪50年代就拥有自己的协作酒庄——萨杜思佩特酒庄（Sardus Pater），岛上的葡萄园价值无限。酒庄所辖地块的种植面积达到300公顷，在这些古老地块的沙质土壤中，生长着许多未嫁枝的葡萄藤，有些老藤甚至达到90岁的高龄。酒庄的主要产品是各种版本的苏尔奇斯佳丽酿（Carignano del Sulcis），包括较为清爽的基础款佳丽酿、陈酿款佳丽酿、只采用未嫁枝老藤生长果实酿造的超级款佳丽酿，以及DOC产区甜酒阿蒙托斯（Amentos）。其他系列出品也都采用本地传统葡萄打造而成，还包括一款传统酿造法起泡酒（Metodo Classico）。在今年的品鉴中，2012年份的阿雷纳斯苏尔奇斯佳丽酿陈酿（Carignano del Sulcis Is Arenas Riserva）凭借卓越表现收获最高奖，它吐露着地中海灌木丛的热烈芬芳，融入红色莓果的阵阵果香，口感柔美顺滑，馥郁芬芳，收口余韵绵长而劲道。除此之外，阿鲁格苏尔奇斯佳丽酿（Arruga）紧致复杂，风格质朴，不过橡木风味过重多少影响了整款酒的口感。萨杜思佩特酒庄的其他推荐美酒也都是精彩的类型酒。

- ● Carignano del Sulcis Is Arenas Ris. '12 — 🍷🍷 4
- ● Carignano del Sulcis Nur '14 — 🍷🍷 3
- ● Carignano del Sulcis Sup. Arruga '10 — 🍷🍷 6
- ● Carignano del Sulcis Is Solus '15 — 🍷 2
- ⊙ Carignano del Sulcis Rosato Horus '15 — 🍷 2
- ○ Vermentino di Sardegna Lugore '15 — 🍷 3
- ○ Vermentino di Sardegna Terre Fenicie '15 — 🍷 2
- ● Carignano del Sulcis Arenas Ris. '05 — 🍷🍷🍷 3*
- ● Carignano del Sulcis Is Arenas Ris. '09 — 🍷🍷🍷 4*
- ● Carignano del Sulcis Is Arenas Ris. '08 — 🍷🍷🍷 4*
- ● Carignano del Sulcis Is Arenas Ris. '07 — 🍷🍷🍷 3*
- ● Carignano del Sulcis Is Arenas Ris. '06 — 🍷🍷🍷 3*
- ● Carignano del Sulcis Sup. Arruga '09 — 🍷🍷🍷 6
- ● Carignano del Sulcis Sup. Arruga '07 — 🍷🍷🍷 5

## Giuseppe Sedilesu

via Vittorio Emanuele II, 64
08024 Mamoiada [NU]
Tel. +39 078456791
www.giuseppesedilesu.com

藏酒销售
预约参观
年产量 120 000 瓶
葡萄种植面积 17 公顷

赛迪勒斯家族（Sedilesus）是马莫亚达地区（Mamoiada）重要的酿酒家族，所在的巴巴吉亚（Barbagia）小村已经拥有长达数十年的酿酒历史，如今掌管酒庄的是家族第三代传人。赛迪勒斯家族引领着复兴马莫亚达地产酒的风潮，此地不乏技艺精湛、经验丰富的酿酒人。这片土地属于卡诺娜葡萄（Cannonau），与其他葡萄品种相比，它能够更加充分地阐释本地原始的风土条件。土壤贫瘠、海拔较高、采用古老灌木式整枝系统的葡萄园出产风味复杂、结构上佳的美酒，馥郁芬芳，酸度经典，更添清爽口感和极强的可饮性。在今年的品鉴中，我们遗憾地无法与赛迪勒斯酒庄的卡诺娜酒（Cannonaus）相会，由于采收酿造年份的客观条件低于平均水平，该美酒需要延长在瓶中的陈年时间，因此我们只收到了有限的几款推荐酒。2014年份的玛穆索恩（Mamuthone）是一款丰盈的地中海风味红葡萄酒，吐露着有序且成熟的果香，融入玫瑰的芬芳，入口令人感到酒精的热辣，但是清爽强劲的果味口感完美平衡了酒精度，酒质如同丝绸般柔滑轻快。

| | |
|---|---|
| ● Cannonau di Sardegna Mamuthone '14 | 🍷🍷 3* |
| ○ Perda Pintà '14 | 🍷🍷 5 |
| ● Cannonau di Sardegna Erèssia '15 | 🍷 3 |
| ○ Granazza '15 | 🍷 5 |
| ● Popassa | 🍷 6 |
| ● Cannonau di Sardegna Mamuthone '12 | 🍷🍷🍷 3* |
| ● Cannonau di Sardegna Mamuthone '11 | 🍷🍷🍷 3* |
| ● Cannonau di Sardegna Mamuthone '08 | 🍷🍷🍷 3* |
| ○ Perda Pintà '09 | 🍷🍷🍷 4 |
| ○ Perda Pintà '07 | 🍷🍷🍷 5 |
| ● Cannonau di Sardegna Giuseppe Sedilesu Ris. '10 | 🍷🍷 3* |
| ● Cannonau di Sardegna Gràssia Ris. '11 | 🍷🍷 3 |
| ● Cannonau di Sardegna Sartiu '12 | 🍷🍷 3 |
| ○ Perda Pintà '13 | 🍷🍷 5 |

## ★★Tenute Sella & Mosca

loc. I Piani
07041 Alghero [SS]
Tel. +39 079997700
www.sellaemosca.com

藏酒销售
预约参观
年产量 6 700 000 瓶
葡萄种植面积 541 公顷

年产量达到700万瓶，葡萄园的种植面积超过500公顷，拥有欧洲规模最大的单一葡萄园——塞拉与莫斯卡酒庄（Sella & Mosca）毫无疑问是撒丁岛（Sardinian）规模最大的酒庄，同时也是意大利规模庞大、历史悠久的酒庄之一。卡姆帕瑞集团（Campari）拥有这座历史名庄，近来集团进一步检视了经营策略，更加坚定地推广撒丁岛美酒，促进撒丁岛葡萄酒产业的发展。出品系列广泛，从很早就在本地种植的国际葡萄品种到托巴多（Torbato）等本地葡萄品种都包含在内，塞拉与莫斯卡酒庄更是唯一酿造托巴多美酒的酒庄。在今年的品鉴中，有三款推荐美酒跻身"三杯奖"决赛，这已经充分说明了这座名庄的不俗实力。但是更令人欣赏的美酒是卓越的特莱116系列白葡萄酒陈酿（Terre Bianche Cuvée 161）。这款托巴多精选佳酿的精美质感别具一格，令人印象深刻。它吐露着复杂的香气，浸润着强劲的果味口感，深邃有力。2011年份的威玛侯爵干红葡萄酒（Marchese di Villamarina）最终斩获"三杯奖"，不过这款精美佳酿并非该系列中品质最高的一款年份酒。除此之外，2015年份的蒙特埃罗（Monteoro）也表现优异，它是一款加卢拉维蒙蒂诺（Vermentino di Gallura），忠诚反映种植地的风土特质。

| | |
|---|---|
| ○ Alghero Torbato Terre Bianche Cuvée 161 '15 | 🍷🍷🍷 4* |
| ● Alghero Rosso Marchese di Villamarina '11 | 🍷🍷 6 |
| ○ Vermentino di Gallura Sup. Monteoro '15 | 🍷🍷 3* |
| ● Alghero Anghelu Ruju Ris. '05 | 🍷🍷 6 |
| ○ Alghero Bianco Le Arenarie '15 | 🍷🍷 3 |
| ● Cannonau di Sardegna Dimonios Ris. '12 | 🍷🍷 3 |
| ● Carignano del Sulcis Terre Rare Ris. '12 | 🍷🍷 3 |
| ○ Alghero Bianco Parallelo 41 '15 | 🍷 4 |
| ⊙ Alghero Oleandro '15 | 🍷 3 |
| ○ Alghero Torbato Terre Bianche '15 | 🍷 3 |
| ● Monica di Sardegna Acino M '14 | 🍷 3 |
| ○ Vermentino di Sardegna Cala Reale '15 | 🍷 3 |
| ● Alghero Marchese di Villamarina '09 | 🍷🍷🍷 6 |
| ○ Vermentino di Gallura Sup. Monteoro '14 | 🍷🍷🍷 3* |

## Siddùra

Loc. Siddura
07020 Luogosanto [OT]
Tel. +39 0796513027
www.siddura.com

藏酒销售
预约参观
膳宿接待
年产量 250 000 瓶
葡萄种植面积 37 公顷
可持续发展酒庄

这座年轻的洛格桑托（Luogosanto）酒庄投入极大，展现出他们追求高品质美酒的巨大野心。希杜拉酒庄（Siddura）风景秀美的种植地块遍布在加卢拉（Gallura）山势连绵的海岬之上，葡萄园、花岗岩与地中海灌木丛在这里相遇融合，星罗棋布。酒庄致力于勤勉培栽以及进行先进的酿造实验，将注意力既集中在典型的加卢拉维蒙蒂诺（Vermentino di Gallura）上，也投入到由撒丁岛其他地区所产酿造葡萄打造的红葡萄酒上。出品的美酒追求细腻优雅的风格，展现出极强的可饮性，风味复杂，忠诚反映本地风土环境。在今年的品鉴中，希杜拉酒庄的整体表现非常出色。2015年份的斯佩拉加卢拉维蒙蒂诺（Vermentino di Gallura Spèra）吐露着缕缕枸杞的果香，融入鼠尾草和柑橘的芬芳，带来新鲜且典型的强劲口感，反映出加卢拉地区土壤的特质。与此同时，2014年份的弗拉萨登纳卡诺娜（Cannonau di Sardegna Fòla）也表现精彩，它口感飘逸，香氛醇香。除此之外，2014年的贝鲁加卢拉维蒙蒂诺（Bèru Vermentino di Gallura）在橡木桶中陈年成熟，但相比较而言略显逊色。

| | |
|---|---|
| ● Cannonau di Sardegna Fòla '14 | 🍷🍷 5 |
| ○ Vermentino di Gallura Spèra '15 | 🍷🍷 3 |
| ○ Vermentino di Gallura Sup. Bèru '14 | 🍷 6 |
| ○ Vermentino di Gallura Sup. Maìa '14 | 🍷🍷🍷 4* |
| ● Bàcco Cagnulari '14 | 🍷🍷 5 |
| ● Bàcco Cagnulari '13 | 🍷🍷 5 |
| ● Cannonau di Sardegna Fòla '13 | 🍷🍷 5 |
| ● Cannonau di Sardegna Fòla '12 | 🍷🍷 5 |
| ● Èrema '14 | 🍷🍷 3 |
| ● Èrema '13 | 🍷🍷 3 |
| ● Èrema '12 | 🍷🍷 4 |
| ● Tiros '12 | 🍷🍷 6 |
| ○ Vermentino di Gallura Spèra '12 | 🍷🍷 3 |
| ○ Vermentino di Gallura Sup. Maìa '13 | 🍷🍷 5 |
| ○ Vermentino di Gallura Sup. Maìa '12 | 🍷🍷 5 |

## Tenute Soletta

Loc. Signor'Anna
07040 Codrongianos [SS]
Tel. +39 079435067
www.tenutesoletta.it

藏酒销售
预约参观
年产量 100 000 瓶
葡萄种植面积 15 公顷
葡萄栽培方式 有机认证

索莱塔酒庄（Soletta）的主人是热情且极富酿造经验的翁贝托·索莱塔（Umberto Soletta），这位非凡的葡萄酒酿造商酿造出的美酒始终能够忠诚展示本地风土。酒庄位于撒丁岛西北部鲁古多罗地区（Logudoro）的康德吉安努斯（Codrongianus），是萨莎瑞（Sassari）山脚下的一个小村庄，也是当地最主要的葡萄酒酿造地。索莱塔酒庄酒品的突出特征在于结构扎实稳重，风味十分复杂，口感饱满精彩，尤其是卡诺娜酒（Cannonaus），展现出绝佳的陈年潜力。酒庄的白葡萄酒也给人留下了相当深刻的印象，主要以维蒙蒂诺（Vermentino）添加各种国际葡萄品种混酿而成。莫斯卡托甜酒（Moscato）是同品类美酒中的佼佼者，令索莱塔酒庄的品系更加完整。在今年的品鉴中，2011年份的科隆纳马耶尔陈酿（Corona Majore Riserva）是最佳类型酒，这款萨登纳卡诺娜陈酿（Cannonau di Sardegna）吐露着香薰、桃金娘和李子的成熟芬芳，口感强劲紧致，极富冲劲儿，但是单宁十分柔滑。与此同时，2010年份的IGT科拉莫斯（IGT Keramos）也给我们留下了相当深刻的印象。在所有的白葡萄酒出品中，我们推荐馥郁芬芳的奇莫拉（Chimera）以及清爽且浸润果味的萨登纳维蒙蒂诺（Vermentino di Sardegna）。

| | |
|---|---|
| ● Cannonau di Sardegna Corona Majore Ris. '11 | 🍷🍷 3 |
| ● Keramos '10 | 🍷🍷 5 |
| ○ Vermentino di Sardegna Chimera '15 | 🍷🍷 4 |
| ○ Kianos '14 | 🍷 4 |
| ⊙ Prius '15 | 🍷 3 |
| ● Cannonau di Sardegna Keramos Ris. '07 | 🍷🍷🍷 5 |
| ● Cannonau di Sardegna Keramos Ris. '04 | 🍷🍷🍷 4 |
| ● Cannonau di Sardegna Corona Majore '12 | 🍷🍷 4 |
| ● Cannonau di Sardegna Corona Majore '11 | 🍷🍷 4 |
| ● Cannonau di Sardegna Keramos Ris. '11 | 🍷🍷 5 |
| ○ Vermentino di Sardegna Chimera '14 | 🍷🍷 4 |
| ○ Vermentino di Sardegna Chimera '13 | 🍷🍷 4 |

## Su Entu

S.DA PROV.LE KM 1,800
09025 SANLURI [CA]
TEL. +39 07093571200
www.cantinesuentu.com

藏酒销售
预约参观
年产量 30 000 瓶
葡萄种植面积 32 公顷

这片美妙的内陆马米拉地区（Marmilla）曾经是麦田和葡萄园的摇篮。如今形势已经发生了变化，我们很高兴地看到苏恩图庄园（Su Entu）等本地企业家展现出投资当地农业的热情。这座酒庄由来自桑卢里（Sanluri）的企业家萨尔瓦托尔·皮罗尼（Salvatore Pilloni）创建。这位撒丁岛的能人也涉猎其他产业，但是对于酿酒拥有长久的热情，他从第一个采收季就在不懈追求着出产美酒，而高品质美酒的出产也开始令他美梦成真。这一切要归功于值得信赖、技术高超的酿酒顾问皮埃罗·塞拉（Piero Cella），不论是在葡萄的种植栽培还是在酒窖中的酿造工序上，他都起到了十分关键的作用。如今酒庄出品主要集中在维蒙蒂诺（Vermentino）和卡诺娜（Cannonau）上，也包括莫斯卡托（Moscato）以及该DOC产区的传统品种波瓦雷（Bovale）。2014年份的麦迪泰兰诺（Mediterraneo）致力于复兴马米拉地产红葡萄酒。这款以传统品种混酿而成的美酒吐露着桃金娘的缕缕芬芳，融入红色莓果的阵阵果香，散发着树脂的芳香和森林大地的醇香，口感强劲柔美，新鲜柔滑，单宁成熟。2014年份的波瓦雷也非常浓郁美味，只是略微受到橡木气息的影响，单宁结构恢宏。除此之外，2015年份的阿罗玛提科（Aromatico）非常干爽，这款以本地芳香葡萄打造的美酒极富意趣，令人愉悦。

| | | |
|---|---|---|
| ● Mediterraneo '14 | 🍷🍷 | 3* |
| ○ Aromatico '15 | 🍷🍷 | 3 |
| ● Bovale '14 | 🍷🍷 | 3 |
| ○ Passito '14 | 🍷🍷 | 5 |
| ● Cannonau di Sardegna '14 | 🍷 | 3 |
| ○ Vermentino di Sardegna '15 | 🍷 | 3 |
| ○ Vermentino di Sardegna + '13 | 🍷 | 4 |
| ○ Aromatico '13 | ▽▽ | 3 |
| ● Bovale '13 | ▽▽ | 3* |
| ● Cannonau di Sardegna '13 | ▽▽ | 3 |
| ● Cannonau di Sardegna '12 | ▽▽ | 3 |
| ● Cannonau di Sardegna '11 | ▽▽ | 3 |
| ○ Passito '13 | ▽▽ | 5 |
| ○ Vermentino di Sardegna '13 | ▽▽ | 3 |

## Vigne Surrau

S.DA PROV.LE ARZACHENA - PORTO CERVO
07021 ARZACHENA [OT]
TEL. +39 078982933
www.vignesurrau.it

藏酒销售
预约参观
年产量 300 000 瓶
葡萄种植面积 50 公顷
可持续发展酒庄

可爱的苏劳酒庄（Surrau）位于加卢拉产区（Gallura）的中心地带，正处于阿尔扎凯纳（Arzachena）的外围，是近些年来崛起的新酒庄之一，在极短的时间内就发展成为加卢拉产区的典范酒庄。苏劳酒庄初创时主要致力于在这片不寻常的花岗岩质土壤中栽培红葡萄品种，酿造伟大的红葡萄酒。实际上酒庄的所有出品的品质都极有保证，从口感清爽、别具一格的加卢拉维蒙蒂诺（Vermentino di Gallura），它拥有教科书般经典的强劲果味，同时具有卓越的陈年潜力，到红葡萄酒、甜酒和传统酿造法起泡酒（Metodo Classico），从维蒙蒂诺到在酒窖中酿造的卡诺娜（Cannonau）。不仅如此，除了酿酒的酒窖之外，苏劳酒庄还建起了一座超级游客中心，全年开放，可以用以举办展览、集会和品鉴活动。在今年的品鉴中，2015年份的斯奇亚拉（Sciala）堪称近些年来最佳的一款年份酒。这款加卢拉维蒙蒂诺吐露着典型的碘化物醇香，融入柑橘的果香，馥郁的春日繁花芬芳萦绕其间，结构精美平衡，酸度支撑得当，果味强劲有力，收口余韵清爽新鲜而深邃，是今年“三杯奖”的获得者。除此之外，2013年份的辛卡鲁陈酿（Sincaru Riserva）也表现精彩，证明了这片花岗岩质土地的风土环境也能造就出最精美的红葡萄酒。

| | | |
|---|---|---|
| ○ Vermentino di Gallura Sup. Sciala '15 | 🍷🍷🍷 | 5 |
| ● Cannonau di Sardegna Sincaru Ris. '13 | 🍷🍷 | 5 |
| ● Barriu '13 | 🍷🍷 | 5 |
| ● Cannonau di Sardegna Sincaru '14 | 🍷🍷 | 5 |
| ● Sole Ruju '14 | 🍷🍷 | 5 |
| ● Surrau '13 | 🍷🍷 | 4 |
| ○ Vermentino di Gallura Branu '15 | 🍷🍷 | 3 |
| ○ Vermentino di Gallura Spumante '12 | 🍷🍷 | 5 |
| ⊙ Brut Rosé '12 | 🍷 | 5 |
| ○ Sole di Surrau '14 | 🍷 | 5 |
| ● Surrau '09 | ▽▽▽ | 4* |
| ○ Vermentino di Gallura Sup. Sciala '14 | ▽▽▽ | 5 |
| ○ Vermentino di Gallura Sup. Sciala '13 | ▽▽▽ | 5 |
| ○ Vermentino di Gallura Sup. Sciala '12 | ▽▽▽ | 5 |

## Angelo Angioi

LOC. COLORAS
09079 TRESNURAGHES [OR]
TEL. +39 3409357227
saltodicoloras@gmail.com

藏酒销售
预约参观
年产量 5 000 瓶
葡萄种植面积 2.8 公顷

| | |
|---|---|
| ○ Malvasia di Bosa Dolce Salto di Coloras Ris. '10 | 🍷🍷 5 |
| ○ Malvasia di Bosa Dolce Salto di Coloras '14 | 🍷🍷 4 |

## Cantina Arvisionadu

VIA LODI, 4
07010 BENETUTTI [SS]
TEL. +39 079796947
www.cantina-arvisionadu.it

年产量 9 000 瓶
葡萄种植面积 2 公顷

| | |
|---|---|
| ○ G'Oceano Arvisionadu '15 | 🍷🍷 3 |
| ● Burghera '14 | 🍷 3 |

## Tenuta Asinara

LOC. MARRITZA
GOLFO DELL'ASINARA
07037 SORSO [SS]
TEL. +39 0793402017
www.tenutaasinara.com

藏酒销售
预约参观
年产量 70 000 瓶
葡萄种植面积 19 公顷

| | |
|---|---|
| ● Cannonau di Sardegna Indolente '14 | 🍷🍷 2* |
| ● Hassan '13 | 🍷🍷 3 |
| ● Herculis '13 | 🍷 4 |
| ○ Vermentino di Sardegna Indolente '15 | 🍷 2 |

## Poderi Atha Ruja

LOC. PRADONOS
08022 DORGALI [NU]
TEL. +39 347 8693936
www.atharuja.com

藏酒销售
预约参观
膳宿接待
年产量 25 000 瓶
葡萄种植面积 5 公顷

| | |
|---|---|
| ● Cannonau di Sardegna V. Sorella '14 | 🍷🍷 3 |
| ● Cannonau di Sardegna '12 | 🍷 3 |
| ● Muristellu '11 | 🍷 5 |
| ● Tuluj '10 | 🍷 5 |

## Audarya

S.DA STATALE 466 KM 10,100
09040 SERDIANA [CA]
TEL. +39 070740437
www.audarya.it

藏酒销售
预约参观
年产量 50 000 瓶
葡萄种植面积 35 公顷

| | |
|---|---|
| ○ Bisai '15 | 🍷🍷 4 |
| ● Bovale Nuracada '14 | 🍷🍷 4 |
| ○ Vermentino di Sardegna '15 | 🍷🍷 2* |
| ● Monica di Sardegna '15 | 🍷 2 |

## Cantina di Calasetta

VIA ROMA, 134
09011 CALASETTA [CI]
TEL. +39 078188413
www.cantinadicalasetta.it

藏酒销售
预约参观
年产量 100 000 瓶
葡萄种植面积 300 公顷

| | |
|---|---|
| ● Carignano del Sulcis Aina Ris. '13 | 🍷🍷 4 |
| ● Carignano del Sulcis Piede Franco '14 | 🍷🍷 2* |
| ● Carignano del Sulcis Maccòri '14 | 🍷 2 |
| ○ Vermentino di Sardegna Cala di Seta '15 | 🍷 2 |

## Cantina delle Vigne Piero Mancini

Loc. Cala Saccaia
via Madagascar, 17
07026 Olbia
Tel. +39 078950717
www.pieromancini.it

藏酒销售
预约参观
年产量 1 500 000 瓶
葡萄种植面积 100 公顷

- ○ Vermentino di Gallura Sup. Cucaione '15 🍷🍷 2*
- ○ Vermentino di Gallura Sup. Mancini Primo '15 🍷🍷 4

## Cantina Castiadas

Loc. Olia Speciosa
09040 Castiadas [CA]
Tel. +39 0709949004
www.cantinacastiadas.com

藏酒销售
预约参观
年产量 120 000 瓶
葡萄种植面积 150 公顷

- ● Cannonau di Sardegna Capo Ferrato Rei '14 🍷🍷 2*
- ● Cannonau di Sardegna Capo Ferrato Ris. '12 🍷🍷 4

## Consorzio San Michele

Loc. San Michele
07022 Berchidda [OT]
Tel. +39 078923865
www.consorziosanmichele.com

藏酒销售
预约参观
年产量 50 000 瓶
葡萄种植面积 10 公顷

- ○ Vermentino di Gallura Invidia Gallurese '15 🍷🍷 3
- ○ Vermentino di Gallura Sup. Superbia Gallurese '15 🍷🍷 4

## Vigne Deriu

Loc. Signoranna
07040 Codrongianos [SS]
Tel. +39 079435101
www.vignederiu.it

藏酒销售
预约参观
年产量 35 000 瓶
葡萄种植面积 6 公顷

- ● Cannonau di Sardegna '14 🍷🍷 3
- ○ Vermentino di Sardegna '15 🍷🍷 3
- ○ Moscato di Sardegna Passito Oroere '14 🍷 5
- ● Tiu Filippu '12 🍷 5

## Fradiles

Loc. Creccheri
08030 Atzara [NU]
Tel. +39 3331761683
www.fradiles.it

藏酒销售
预约参观
年产量 20 000 瓶
葡萄种植面积 14 公顷
可持续发展酒庄

- ● Mandrolisai Azzarra '14 🍷🍷 2*
- ● Mandrolisai Fradiles '14 🍷🍷 3
- ● Mandrolisai Sup. Istentu '12 🍷🍷 8
- ● Mandrolisai Sup. Antiogu '12 🍷 5

## Cantina Giogantinu

via Milano, 30
07022 Berchidda [OT]
Tel. +39 079704163
www.giogantinu.it

藏酒销售
预约参观
年产量 1 500 000 瓶
葡萄种植面积 320 公顷

- ○ Vermentino di Gallura Sup. Aldia '15 🍷🍷 2*
- ○ Vermentino di Gallura Sup. Giogantinu '15 🍷🍷 2*
- ○ Vermentino di Gallura Sup. Vigne Storiche del Giogantinu '15 🍷🍷 4

## Jankara

via Regina Elena, 55
07030 Sant'Antonio di Gallura [OT]
Tel. +39 399 4381296
www.vinijankara.com

年产量 14 000 瓶
葡萄种植面积 5 公顷

- ○ Vermentino di Gallura Sup. '15 🍷🍷 4
- ● Jankara '14 🍷 2

## Tenuta l'Ariosa

loc. Predda Niedda Sud
s.da 15
07100 Sassari
Tel. +39 079261905
www.lariosa.it

年产量 40 000 瓶
葡萄种植面积 9 公顷

- ● Sass'Antico Cagnulari '15 🍷🍷 4
- ○ Vermentino di Sardegna Galatea '15 🍷🍷 3
- ● Cannonau di Sardegna Assolo '14 🍷 3
- ○ Vermentino di Sardegna Arenu '15 🍷 3

## Andrea Ledda

via Musio, 13
07043 Bonnanaro [SS]
Tel. +39 079845060
www.vitivinicolaledda.com

藏酒销售
预约参观
年产量 25 000 瓶
葡萄种植面积 13 公顷

- ● Cannonau di Sardegna Mogano '13 🍷🍷 4
- ○ Vermentino di Sardegna Acero '15 🍷🍷 3

## Li Duni

loc. Li Parisi
07030 Badesi [OT]
Tel. +39 0799144480
www.cantinaliduni.com

藏酒销售
预约参观
年产量 40 000 瓶
葡萄种植面积 25 公顷

- ● Nalboni '14 🍷🍷 2*
- ○ Vermentino di Gallura Sup. Renabianca '15 🍷🍷 3

## Cantina Sociale del Mandrolisai

c.so IV Novembre, 20
08038 Sorgono [NU]
Tel. +39 078460113
www.cantinadelmandrolisai.com

藏酒销售
预约参观
年产量 200 000 瓶
葡萄种植面积 80 公顷

- ● Mandrolisai Kent'Annos '12 🍷🍷 4
- ● Mandrolisai Sup. V. V. '13 🍷🍷 2*
- ● Mandrolisai '14 🍷 2
- ● Mandrolisai Sup. '13 🍷 2

## Tenute Massidda

loc. Giuanni Porcu
09040 Donori [CA]
Tel. +39 3478088683
www.cantinemassidda.com

藏酒销售
预约参观
年产量 200 000 瓶
葡萄种植面积 45 公顷

- ● Cannonau di Sardegna Arenargiu '13 🍷🍷 3
- ● Monica di Sardegna Bainosa '13 🍷 3
- ○ Vermentino di Sardegna Cannisonis '15 🍷 4

## Abele Melis

via Santa Suina, 3
09098 Terralba [OR]
Tel. +39 0783851090
melis.vini@tiscali.it

藏酒销售
预约参观
年产量 100 000 瓶
葡萄种植面积 35 公顷

| | |
|---|---|
| ● Terralba Bovale Dominariu '14 | 🍷🍷 3 |
| ● Cannonau di Sardegna Horreum '14 | 🍷 3 |
| ○ Vermentino di Sardegna Iocalia '15 | 🍷 2 |

## Mora&Memo

via Verdi 9
09040 Serdiana [CA]
Tel. +39 3311972266
www.moraememo.it

藏酒销售
预约参观
年产量 35 000 瓶
葡萄种植面积 37 公顷
葡萄栽培方式 有机认证

| | |
|---|---|
| ● Cannonau di Sardegna Nau '15 | 🍷🍷 4 |
| ○ Vermentino di Sardegna Tino '15 | 🍷🍷 4 |
| ● Nau&Co '15 | 🍷 4 |
| ○ Tino Sur Lie '15 | 🍷 4 |

## Murales

loc. Piliezzu, 1
07026 Olbia
Tel. +39 078953174
www.vinimurales.com

藏酒销售
预约参观
膳宿接待
年产量 80 000 瓶
葡萄种植面积 20 公顷

| | |
|---|---|
| ○ Vermentino di Gallura Miradas '15 | 🍷🍷 4 |
| ● Cannonau di Sardegna Arcanos '13 | 🍷 3 |
| ● Nativo '14 | 🍷 3 |
| ○ Vermentino di Sardegna Tuttiventi '15 | 🍷 3 |

## Olianas

loc. Porruddu
08030 Gergei [CA]
Tel. +39 0558300411
www.olianas.it

藏酒销售
预约参观
年产量 120 000 瓶
葡萄种植面积 17 公顷
葡萄栽培方式 有机认证
可持续发展酒庄

| | |
|---|---|
| ● Cannonau di Sardegna '15 | 🍷🍷 3 |
| ⊙ Cannonau di Sardegna Rosato '15 | 🍷🍷 3 |
| ○ Vermentino di Sardegna '15 | 🍷 3 |

## Cantina Cooperativa di Oliena

via Nuoro, 112
08025 Oliena [NU]
Tel. +39 0784287509
www.cantinasocialeoliena.it

年产量 300 000 瓶
葡萄种植面积 180 公顷

| | |
|---|---|
| ● Cannonau di Sardegna Nepente '14 | 🍷🍷 2* |
| ● Lanaitto '14 | 🍷🍷 2* |
| ● Cannonau di Sardegna Cl. '11 | 🍷 2 |
| ● Cannonau di Sardegna Corrasi Ris. '10 | 🍷 4 |

## Cantine di Orgosolo

via Ilole
08027 Orgosolo [NU]
Tel. +39 0784403096
www.cantinediorgosolo.it

藏酒销售
预约参观
餐饮接待
年产量 17 000 瓶
葡萄种植面积 16 公顷
葡萄栽培方式 有机认证

| | |
|---|---|
| ● Cannonau di Sardegna Neale '14 | 🍷🍷 3 |
| ● Cannonau di Sardegna Urùlu '14 | 🍷🍷 4 |
| ● Cannonau di Sardegna Luna Vona '15 | 🍷 4 |

## Orro
via G. Verdi
09070 Tramatza [OR]
Tel. +39 3477526617
www.famigliaorro.it

藏酒销售
预约参观
膳宿接待
年产量 15 000 瓶
葡萄种植面积 5 公顷

- ○ Crannatza '12 🍷🍷 4
- ○ Passemtzia '13 🍷🍷 5
- ○ Vernaccia di Oristano '09 🍷🍷 5
- ⊙ Zenti Arrubia '15 🍷 2

## Paulis Cantina di Monserrato
via Giulio Cesare, 2
09042 Monserrato [CA]
Tel. +39 070652641
enologo@cantinepaulis.it

年产量 1 200 000 瓶
葡萄种植面积 450 公顷

- ○ Nasco di Cagliari Àilis '14 🍷🍷 4
- ○ Vermentino di Sardegna Evento '15 🍷🍷 2*
- ● Cannonau di Sardegna Noah '13 🍷 3

## Pusole
loc. Perda 'e Cuba
08040 Lotzorai [OG]
Tel. +39 3334047219
roberto.pusole@gmail.com

藏酒销售
预约参观
膳宿接待
年产量 10 000 瓶
葡萄种植面积 7.5 公顷
可持续发展酒庄

- ● Cannonau di Sardegna '15 🍷🍷 3*
- ⊙ Il Rosé di Pusole '15 🍷 3
- ○ Vermentino di Sardegna '15 🍷 5

## Quartomoro di Sardegna
via Dino Poli, 33
09092 Arborea [OR]
Tel. +39 3467643522
www.quartomoro.it

藏酒销售
预约参观
年产量 35 000 瓶
葡萄种植面积 2.5 公顷

- ○ Quartomoro Brut M. Cl. 🍷🍷 4
- ○ Vermentino di Sardegna Memorie di Vite '13 🍷 4
- ○ Vermentino di Sardegna Orriu '15 🍷 3

## Rigàtteri
loc. Santa Maria La Palma
reg. Flumelongu, 56
07041 Alghero [SS]
Tel. +39 3408636375
www.rigatteri.com

藏酒销售
预约参观
年产量 15 000 瓶
葡萄种植面积 10 公顷
可持续发展酒庄

- ● Cannonau di Sardegna Mirau '14 🍷🍷 3
- ● Alghero Cagnulari '14 🍷 3
- ○ Vermentino di Sardegna Ardella '14 🍷 3
- ○ Vermentino di Sardegna Yiòs '15 🍷 2

## Cantina Tani
loc. Conca Sa Raighina, 2
07020 Monti [SS]
Tel. +39 3386432055
www.cantinatani.it

藏酒销售
预约参观
膳宿接待
年产量 65 000 瓶
葡萄种植面积 15 公顷

- ○ Vermentino di Gallura Sup. Taerra '15 🍷🍷 3
- ○ Vermentino di Gallura Meoru '15 🍷 3

## Cantina Trexenta

V.LE PIEMONTE, 40
09040 SENORBÌ [CA]
TEL. +39 0709808863
www.cantinatrexenta.it

藏酒销售
预约参观
年产量 1 000 000 瓶
葡萄种植面积 350 公顷

| | |
|---|---|
| ● Cannonau di Sardegna Bingias '14 | 🍷🍷 2* |
| ● Cannonau di Sardegna Corte Auda '14 | 🍷🍷 2* |
| ● Cannonau di Sardegna Tanca su Conti Ris. '11 | 🍷🍷 4 |

## U Tabarka Tanca Gioia

LOC. GIOIA
09014 CARLOFORTE [CI]
TEL. +39 3356359329
www.u-tabarka.com

藏酒销售
预约参观
餐饮接待
年产量 30 000 瓶
葡萄种植面积 7 公顷

| | |
|---|---|
| ● Bovale Ciù Roussou '15 | 🍷🍷 3 |
| ● Carignano del Sulcis U-Tabarka Roussou '14 | 🍷🍷 3 |
| ⊙ Flamingo | 🍷 2 |

## Cantina del Vermentino

VIA SAN PAOLO, 2
07020 MONTI [SS]
TEL. +39 078944012
www.vermentinomonti.it

藏酒销售
预约参观
年产量 2 000 000 瓶
葡萄种植面积 500 公顷

| | |
|---|---|
| ○ Vermentino di Gallura Funtanaliras Oro '15 | 🍷🍷 3 |
| ○ Vermentino di Gallura S'Eleme Oro '15 | 🍷🍷 2* |
| ● Cannonau di Sardegna Kiri '15 | 🍷 2 |

## Cantina Sociale della Vernaccia

LOC. RIMEDIO
VIA ORISTANO, 6A
09170 ORISTANO
TEL. +39 078333383
www.vinovernaccia.com

藏酒销售
预约参观
年产量 260 000 瓶
葡萄种植面积 120 公顷

| | |
|---|---|
| ● Nieddera Montiprama '13 | 🍷🍷 1* |
| ○ Vernaccia di Oristano Jughissa '07 | 🍷🍷 3 |
| ● Cannonau di Sardegna Corash Ris. '13 | 🍷 3 |
| ○ Vermentino di Sardegna Benas '15 | 🍷 1* |

## Vigne Rada

REG. GUARDIA GRANDE, 12
07041 ALGHERO [SS]
TEL. +39 3274259136
www.vignerada.com

预约参观
年产量 28 000 瓶
葡萄种植面积 6 公顷

| | |
|---|---|
| ● Alghero Cagnulari Arsenale '14 | 🍷🍷 6 |
| ● Cannonau di Sardegna Riviera '14 | 🍷🍷 5 |
| ○ Vermentino di Sardegna Stria '15 | 🍷 5 |

## Vigneti Zanatta

VIA SPIRITO SANTO
07026 OLBIA
TEL. +39 3486679492
www.vignetizanatta.it

藏酒销售
预约参观
年产量 300 000 瓶
葡萄种植面积 80 公顷

| | |
|---|---|
| ○ Vermentino di Gallura Renadoro '15 | 🍷🍷 3 |
| ● Cannonau di Sardegna Salana '14 | 🍷 2 |

2017

# 索 引

# 酒庄按首字母顺序排序

# 酒庄按地区顺序排序